Graf von Westphalen
Der Leasingvertrag

Der Leasingvertrag

Herausgegeben von

Prof. Dr. Friedrich Graf von Westphalen

Bearbeitet von

Stephan Peter Hansen
Rechtsanwalt und Justitiar in Hamburg

Prof. Dr. rer. pol. Reinhard Heyd
Hochschule Nürtingen-Geislingen, Universität Ulm

Prof. Dr. Robert Koch
Universität Hamburg

Prof. Dr. Friedrich Graf von Westphalen
Rechtsanwalt in Köln

Dr. Christopher Woitkewitsch
Richter in Bremen

Herbert Zahn
Rechtsanwalt in Bonn, Ministerialdirektor a.D.

6., neu bearbeitete Auflage

2008

ovs
Verlag
Dr. Otto Schmidt
Köln

*Bibliografische Information
der Deutschen Nationalbibliothek*

Die Deutsche Nationalbibliothek verzeichnet diese Publikation in der Deutschen Nationalbibliografie; detaillierte bibliografische Daten sind im Internet über http://dnb.d-nb.de abrufbar.

Verlag Dr. Otto Schmidt KG
Gustav-Heinemann-Ufer 58, 50968 Köln
Tel. 02 21/9 37 38-01, Fax 02 21/9 37 38-943
info@otto-schmidt.de
www.otto-schmidt.de

ISBN 978-3-504-45025-0

Das verwendete Papier ist aus chlorfrei gebleichten Rohstoffen hergestellt, holz- und säurefrei, alterungsbeständig und umweltfreundlich.

Einbandgestaltung: Jan P. Lichtenford, Mettmann
Satz: WMTP, Birkenau
Druck und Verarbeitung: Kösel, Altusried-Krugzell
Printed in Germany

Vorwort

Leider sind mehr Jahre, als ursprünglich bei Vorlage der 5. Auflage geplant, ins Land gegangen, bevor nunmehr die 6. Auflage in reichlich geänderter Zusammensetzung des Autorenteams und aufgrund einer Neukonzeption fertig gestellt werden konnte. Maßgebende Ursache war hier sicherlich – wie in vielen anderen Bereichen auch – die Schuldrechtsreform. Denn vieles war – jedenfalls auf der Ebene der akademischen Debatte – in Streit geraten, so dass es sinnvoll erschien, die eine oder andere Klärung durch die Judikatur abzuwarten. Doch auch diese hat, wie für den Kundigen unschwer zu erkennen ist, die Hoffnungen nicht erfüllt. Denn immer noch stehen wesentliche kontroverse Fragen offen, an deren Klärung die Praxis ein großes Interesse hat.

Gerade unter dem Gesichtspunkt, trotz aller offenen Kontroversen der Praxis zu dienen, steht die weitreichende Neukonzeption der 6. Auflage. Für den Herausgeber war es eine große Genugtuung und Freude, dass sich zahlreiche höchst renommierte Praktiker und Wissenschaftler bereit erklärt haben, an der Neugestaltung dieses Werks mitzuwirken. So war es möglich, die einzelnen Materien wesentlich gründlicher zu durchdringen, als das bislang bei allem redlichen Mühen eines einzelnen Autors überhaupt zu schaffen war. Und es sind eben die einzelnen Bereiche, die – entsprechend ihrer praktischen Gewichtung – diese wesentlich erweiterte Neukonzeption auszeichnen, angefangen vom Bilanz- und Steuerrecht, über das Verbraucherleasing, das Kfz-Leasing, die so wichtige Refinanzierung bis hin zum Sondertypus des Sale-and-lease-back, das bedeutsame Insolvenz- und Vollstreckungsrecht nicht zu vergessen. In all diesen Gebieten konnten wichtige, praktisch bedeutsame Schwerpunkte gesetzt werden, die das Bild der Neukonzeption prägen.

Als Herausgeber danke ich den Autoren von Herzen für ihre engagierte und kundige, vor allem auch terminlich höchst verlässliche Mitarbeit. Sie haben ganz entscheidend zum Gelingen der Neukonzeption beigetragen.

Gleichwohl blieb durch alle Auflagen dieses Buches ein Grundakkord erhalten: Bei aller praktischen Bedeutung, die den Ergebnissen der Rechtsprechung zum Leasing zukommt, wird auch in dieser Auflage nicht die Auseinandersetzung mit der Wissenschaft vernachlässigt. Denn es geht nach wie vor um einen Dialog. Gerade weil Leasing im wahrsten Sinn des Wortes „Richterrecht" ist, muss die Verortung dieser Entwicklung im wissenschaftlichen Diskurs beachtet und mit hinreichender Sorgfalt beobachtet und kommentiert werden.

Herausgeber und Autoren hoffen, dass ihnen dieses durchaus ambitionierte Vorhaben gelungen ist. Für Anregungen und Hinweise aus der Praxis sind wir stets dankbar.

Köln, im Oktober 2007 Der Herausgeber

Inhaltsübersicht

Inhaltsverzeichnis

Literaturverzeichnis

Kommentare und Monographien

Adler/Düring/Schmaltz, Rechnungslegung nach internationalen Standards, 6. Auflage, Stuttgart 2005
Adler/Düring/Schmaltz, Rechnungslegung nach internationalen Standards, Abschnitt 12: Leasingverhältnisse (IAS 17), Stuttgart 2003

Bamberger/Roth, Kommentar zum Bürgerlichen Gesetzbuch, Band 1: §§ 1–610, CISG, 2. Auflage, München 2007
Baumbach/Hopt, HGB, 32. Auflage, München 2006
Baumbach/Lauterbach/Albers/Hartmann, ZPO, 65. Auflage, München 2007
Beckmann, Finanzierungsleasing, 3. Auflage, München 2006
Bien, Die insolvenzrechtliche Stellung des Refinanzierers der Leasinggesellschaft beim Finanzierungsleasing nach der Insolvenzordnung, Aachen 2000
Bordewin/Tonner, Leasing im Steuerrecht, 4. Auflage, Heidelberg 2003
Borggräfe, Die Zwangsvollstreckung in bewegliches Leasinggut, Köln 1976
Bork, Die Kontokorrentverrechnung und Bürgschaft, in: Festschrift für Hans-Peter Kirchhof, Bielefeld 2003, S. 57 ff.
Bornholdt, Leasingnehmer und refinanzierende Bank in der Insolvenz des Leasinggebers nach der InsO, Frankfurt am Main 1999
Braun, InsO, 2. Auflage, München 2004
Breutigam/Blersch/Goetsch, Kommentar der InsO, Berlin 1998
Bülow/Artz, Handbuch Verbraucherprivatrecht, Heidelberg 2005
Büschgen (Hrsg.), Praxishandbuch Leasing, München 1998

Canaris, Bankvertragsrecht, in: HGB Großkommentar Bd. 5 Teil 1, 3. Auflage, Berlin 1988
Coenenberg, Jahresabschluss und Jahresabschlussanalyse, 20. Auflage, Stuttgart 2005

Dauner-Lieb/Konzen/K. Schmidt, Das neue Schuldrecht in der Praxis, Köln 2003

Eckstein/Feinen, Leasing-Handbuch, 7. Auflage, Frankfurt am Main 2000
Engel, Handbuch Kraftfahrzeug-Leasing, 2. Auflage, München 2004
Engel/Völckers, Leasing in der Insolvenz, Herne 1999

Fahrholz, Neue Formen der Unternehmensfinanzierung, München 1998
Franken/Dahl, Mietverhältnisse in der Insolvenz, 2. Auflage, München 2006
Frankfurter Kommentar zur Insolvenzordnung, 3. Auflage, Neuwied 2002

Ganter, Die Ausübung unzulässigem wirtschaftlichen Drucks auf den vorläufigen Insolvenzverwalter beim Abschluss zur Fortführung des Schuldner-Unternehmens notwendiger Geschäfte, in: Festschrift für Walter Gerhardt, Köln 2004, S. 237 ff.

Häsemeyer, Insolvenzrecht, 3. Aufl., Köln, Berlin, Bonn, München 2003
Heidelberger Kommentar zur Insolvenzordnung, 4. Auflage, Heidelberg 2006
Helmschrott, Leasinggeschäfte in der Handels- und Steuerbilanz, Wiesbaden 1997
Henssler/Graf von Westphalen (Hrsg.), Praxis der Schuldrechtsreform, 2. Auflage, Recklinghausen 2002
Hess/Weis/Wienberg, Kommentar zur Insolvenzordnung, Band 1, 2. Auflage, Heidelberg 2001
Heyd, Internationale Rechnungslegung, Stuttgart 2003
Heyd, Rechnungslegung nach IFRS – eine Einführung, Troisdorf 2005

Jaeger/Henckel, Kommentar zur Konkursordnung, 9. Auflage, Berlin 1997

Kalkschmid, Immobilienleasing in der Insolvenz, Köln 2003
Kirsch, IAS 17 Leasingverhältnisse (Leases), in: Baetge et al., Rechnungslegung nach International Accounting Standards, Kommentar, Stuttgart 2003 ff., S. 1 ff.
Kölner Schrift zur Insolvenzordnung, 2. Auflage, Herne 2000
Krämer, Leasingverträge in der Insolvenz, Frankfurt am Main 2005
Kübler/Prütting, Kommentar zur Insolvenzordnung, Köln 2007
Kübler/Prütting, Das neue Insolvenzrecht: InsO/EGInsO, 2. Auflage, Köln 2000
Kümpel/Becker, Leasing nach IFRS, München 2006

Lorenz, Leasingverhältnisse, in: Löw (Hrsg.), Rechnungslegung für Banken nach IFRS, 2.Auflage, Wiesbaden 2005, S. 689 ff.

Marotzke, Gegenseitige Verträge im neuen InsolvenzR, 2. Auflage, Neuwied 1998
Martinek, Moderne Vertragstypen, Bd. I, München 1991
Münchener Kommentar zur Insolvenzordnung, München 2001 ff.
Münchener Kommentar zum BGB, 4. Auflage, München 2001 ff.
Münchener Kommentar zur ZPO, 3. Auflage, München 2000 ff.
Münchener Vertragshandbuch, Bd. 3/1, 5. Auflage, München 2004
Musielak, ZPO, 5. Auflage, München 2007

Nerlich/Römermann/Balthasar, Kommentar zur Insolvenzordnung, München 1999 ff.

Obermüller, Insolvenzrecht in der Bankpraxis, 7. Auflage, Köln 2007

Palandt, Kommentar zum Bürgerlichen Gesetzbuch, 66. Auflage, München 2007

Pape, Ablehnung und Erfüllung schwebender Rechtsgeschäfte durch den Insolvenzverwalter, in: Kölner Schrift zur Insolvenzordnung, Herne 1997, S. 405 ff.

Reinicke/Tiedtke, Kaufrecht, 7. Auflage, München 2004

Reinking, Auto Leasing, 3. Auflage, München 1999

Reinking/Eggert, Der Autokauf, 9. Auflage, München 2005

Reviol, Refinanzierung von Leasingverträgen, Frankfurt am Main 2003

Röhricht/Graf von Westphalen, HGB, Leasing, 2. Auflage, Köln 2001

Rosenberg/Gaul/Schilken, Zwangsvollstreckungsrecht, 11. Auflage, München 1997

Schimansky/Bunte/Lwowski, Bankrechts-Handbuch, 2. Auflage, München 2001

Schuschke/Walter, Vollstreckung und vorläufiger Rechtsschutz, Bd. 2, 3. Auflage, Köln 2005

Smid, Insolvenzordnung, 2. Auflage, Stuttgart 2001

Spittler, Leasing für die Praxis, 6. Auflage, Köln 2002

Staudinger Kommentar zum Bürgerlichen Gesetzbuch, 13. Bearbeitung, Berlin 1999 ff.

Stein/Jonas/Münzberg, ZPO, 22. Auflage, Tübingen 2002 ff.

Tacke, Leasing, 3. Auflage, Stuttgart 1999

Thomas/Putzo, ZPO, 28. Auflage, München 2007

Uhlenbruck, Kommentar zur InsO, 12. Auflage, München 2003

Ulmer/Brandner/Hensen, AGB-Recht, 10. Auflage, Köln 2006

Westphalen, Graf von, Vertragsrecht und AGB-Klauselwerke, München 2007

Westphalen, Graf von, Der Leasingvertrag, 5. Auflage, Köln 1998

Westphalen, Graf von, Der abhandengekommene Nutzen von AGB-Klauseln, in: Festschrift für Trinkner, Heidelberg 1995, S. 441 ff.

Westphalen, Graf von,/Lwowski, Leasing, insbesondere Fragen der regresslosen Finanzierung, Frankfurt am Main 1986

Wolf/Eckert/Ball, Handbuch des gewerblichen Miet-, Pacht- und Leasingrechts, 9. Auflage, Köln 2004

Wolf/Horn/Lindacher, Kommentar zum AGB-Gesetz, 4. Auflage, München 1999

Zahn/Bahmann, Kfz-Leasingvertrag, Köln 1999

Zöller/Stöber, ZPO, 26. Auflage, Köln 2007

Zöller, ZVG, 18. Auflage, München 2006

Aufsätze

Assies, Schuldrechtsreform – Das Aus für Leasinggeschäfte?, BKR 2002, 319

Bärenz, Von der Erlöschenstheorie zur Theorie der insolvenzrechtlichen Modifizierung – zur Dogmatik der neuen BGH-Rechtsprechung zu § 103 InsO, NZI 2006, 72

Basedow, Leistungsstörungen in internationalen Leasingverträgen. Der UNI-DROIT-Entwurf aus der Sicht des deutschen Rechts, RIW 1988, 1

Baum, Immobilien-Leasingfonds – eine sichere und rentable Anlagestrategie, DB-Beilage Nr. 8/1996, 15

Beckmann, Elke, Haftung des Leasinggebers und des Lieferanten wegen Falschberatung, CR 1994, 600

Beckmann, Heiner, Rechtswirkungen eines unberechtigten Rücktritts von einem Liefervertrag und Auswirkungen auf den Leasingvertrag, WM 2006, 952

Beckmann, Heiner, Subsidiäre und nachrangige Eigenhaftung des Leasinggebers bei Ausfall des Lieferanten, MDR 2005, 1207

Beckmann, Heiner, Das Leistungsverweigerungsrecht des Leasing-Nehmers bezüglich der Leasing-Raten, FLF 2005, 261

Beermann, Finanzrechtsprechung zur Software, CR 1986, 709

Berger, Neues zur klauselmäßigen Gefahrverlagerung beim Leasingvertrag, DB 1987, 367

Berger, Zur Wirksamkeit von Lösungsklauseln für den Konkursfall, ZIP 1994, 173

Bernstein,Anmerkung zu OLG Düsseldorf, Beschluss vom 24.5.1985 – 3 W 71/85, DB 1985, 2501

Bien, Die Insolvenzfestigkeit von Leasingverträgen nach § 108 Abs 1 Satz 2 InsO, ZIP 1998, 1017

Bitter, Pfändung des Dispositionskredits? Anmerkungen zum Urteil des BGH vom 29.3.2001, WM 2001, 889

Bitter/Meidt, Nacherfüllungsrecht und Nacherfüllungspflicht des Verkäufers im neuen Schuldrecht, ZIP 2001, 2114

Braun, Die Pflicht des Insolvenzverwalters zur Rückgabe von Mietsachen, NZI 2005, 255

Breitfeld, Die Schuldrechtsmodernisierung – Auswirkungen auf das Mobilien-Leasing, FLF 203, 215

Brunotte, Der Finanzierungs-Leasingvertrag – ein Beispiel richterlicher Rechtsfortbildung im Schuldrecht, DRiZ 1990, 396

Brzuska, Das neue Produkthaftungsrecht und Leasing, BB-Beilage Nr. 19/1990, 12

Bülow, Verbraucherkreditrecht im BGB, NJW 2002, 1145

Bydlinski, Zu den dogmatischen Grundfragen des Kontrahierungszwangs, AcP 180 (1980), 1

Canaris, Grundprobleme des Finanzierungsleasing im Lichte des Verbraucherkreditgesetzes, ZIP 1993, 401
Canaris, Interessenlage, Grundprinzipien und Rechtsnatur des Finanzierungsleasing, AcP 190 (1990), 410
Coester-Waltjen, Die Grundsätze der Vertragsfreiheit, Jura 2006, 436

Dauner-Lieb/Dötsch, Ein „Kaufmann" als „Verbraucher"? – Zur Verbrauchereigenschaft des Personengesellschafters, DB 2003, 1666
de Bra, Die Anfechtbarkeit der Verrechnung von Zahlungseingägnen auf debitorische Girokonten in dem letzten Monat vor dem Antrag auf Eröffnung des Insolvenzverfahrens, NZI 1999, 251
Deckers, Sind Kosten der Rückabwicklung des Kaufvertrages Vertragskosten i.S. von § 467 S. 2 BGB?, NJW 1997, 158
Derleder, Die Rechtsstellung des Wohn- und Gewerberaummieters in der Insolvenz des Vermieters, NZM 2004, 568
Dietz, Die betriebswirtschaftlichen Grundlagen des Leasings, AcP 190 (1990), 235

Ebenroth, Inhaltliche Schranken in Leasing-Formularverträgen aufgrund des AGB-Gesetzes, DB 1978, 2109
Eckardt, Kreditsicherung versus Insolvenzanfechtung, ZIP 1999, 1417
Eckert, Mietforderungen im vorläufigen Insolvenzverfahren – Besprechung des Urteils des BGH vom 18.7.2002, NZM 2003, 41
Eckert, Leasingraten – Masseschulden oder Konkursforderungen?, ZIP 1997, 2077
Eckert, Miete, Pacht und Leasing im neuen Insolvenzrecht, ZIP 1996, 897
Eckert, Anmerkung zu BGH, Urt. vom 14.12.1989, IX ZR 283/88, ZIP 1990, 185
Eckert, Die Übernahmebestätigung beim Leasing, ZIP 1987, 1510
Eckstein, Zur Anwendung des AGB-Gesetzes auf kündbare Leasingverträge, BB 1986, 2144
Emmerich, Das Verbraucherkreditgesetz, JuS 1991, 701
Emmerich, Grundprobleme des Leasings, JuS 1990, 1
Engel, Friedrich Wilhelm, Mängelansprüche bei Software-Verträgen, BB 1985, 1159
Engel, Johanna, Die rechtliche Behandlung von Leasing-Geber und Leasing-Nehmer in der Insolvenz, FLF 2005, 272
Engel, Johanna, Verbraucherleasing, NWB 2005, 963
Engel, Johanna, Kfz-Leasing – Relevante Vorschriften des Verbraucherkreditgesetzes für die Vertragsabwicklung, MDR 2000, 797
Engel, Johanna, Zum außerordentlichen Kündigungsrecht des Leasinggebers im privaten Kfz-Leasing-Geschäft wegen Zahlungsverzugs des Leasingnehmers, BB-Beilage Nr. 6/1997, 23
Engel, Johanna, Die Verjährung im Kraftfahrzeug-Leasinggeschäft, DB 1997, 761

Fehl, Gewährleistung beim Finanzierungsleasing, BB-Beilage Nr. 6/1988, 22

Feinen, Immobilien-Leasing-Fonds, BB-Beilage Nr. 6/1994, 1

Feldhahn, Die Anwendung des Leasing-Erlasses bei der Überlassung von Software, DStR 1985, 336

Felke, Die Pfändung der „offenen Kreditlinie" im System der Zwangsvollstreckung unter Berücksichtigung der Schuldrechtsreform, WM 2002, 1632

Flume, Die Rechtsfigur des Finanzierungsleasing, DB 1991, 265

Füllbier/Pferdehirt, Überlegungen des IASB zur künftigen Leasingbilanzierung: Abschied vom off balance sheet approach, KoR 2005, 275

Gabele/Kroll, Grundlagen des Immobilien-Leasing, DB 1991, 241

Gebler/Müller, Finanzierungsleasing: Die Auswirkungen der Schuldrechtsreform und neuere Entwicklungen in der Vertragspraxis, ZBB 2002, 111

Gerken, Tod des Leasingnehmers beim Finanzierungsleasing, DB 1997, 1703

Godefroid, Finanzierungsleasingverträge und Schuldrechtsmodernisierungsgesetz, BB-Beilage Nr. 5/2002, 2

Godefroid, Leasing und Verbraucherkreditgesetz – Eine Zwischenbilanz, BB-Beilage Nr. 6/1994, 14

Godefroid, Zur Kündigung und Beendigung von Leasingverträgen nach dem Verbraucherkreditgesetz, BB-Beilage Nr. 8/1993, 15

Gölzenleuchter, Die Herausgabe des Leasing-Objektes – die Hauptsicherheit des Leasing-Gebers – Möglichkeiten und Risiken, FLF 2004, 83

Götz/Spanheimer, Nutzungsrechte im Anwendungsbereich von IAS 17 – Inhalt und Auswirkungen von IFRIC 4 zur Identifizierung von Leasingverhältnissen, BB 2005, 259

Götz/Spanheimer, Zur Identifizierung von Leasingverhältnissen – Auswirkungen im Lichte erster Erfahrungen mit EITF 01-8, WPg 2004, 510

Grässle, Mit Direkt-Leasing in sechs Schritten zum neuen Auto, BB-Beilage Nr. 5/2002, 32

Groß, Kraftfahrzeugleasing: Vertragsabwicklung -Schadensersatz – Verbraucherkreditgesetz, DAR 1996, 438

Groß, Das Verbraucherkreditgesetz bei Kfz-Leasing und finanziertem Kfz-Kauf, FLF 1993, 132

Gzuk, Finanzierungsleasing als alternative Investitionsform, AcP 190 (1990), 208

Habersack, Verbraucherleasing nach der Schuldrechtsreform, BB-Beilage Nr. 6/2003, 1

Habersack, Verbundene Geschäfte nach § 9 Verbraucherkreditgesetz – eine Zwischenbilanz, DStR 1994, 1853

Hager, Rechtsfragen des Finanzierungsleasing von Hard- und Software, AcP 190 (1990), 324, 345

Hauter, Anmerkung zu BFH, Urt. vom 3.7.1987, III R 7/86, CR 1987, 580

Heermann, Verbundene Geschäfte im Sinne des § 9 I VerbKRG, AcP 200 (2000), 1
Heinrichs, Das Gesetz zur Änderung des AGB-Gesetzes, NJW 1996, 2190
Helming/Krafft, Grundpfandrechte und Vermieterpfandrechte – Risiken beim Fahrzeugleasing?, FLF 2000, 31
Helmschrott, Zum Einfluss von SIC 12 und IAS 39 auf die Bestimmung des wirtschaftlichen Eigentums bei Leasingvermögen nach IAS 17, WPg 2000, 426
Hemmer, Immobilien-Leasing mit Bauherren-Service auf Wunsch mit Festpreis und Festterminen – eine interessante Variante für mittelständische Unternehmen, DB-Beilage Nr. 6/1994, 13
Henkel, Die Vermeidung von Räumungskosten als Masseverbindlichkeit durch Freigabe der in die gemieteten Räume eingebrachten Gegenstände, ZInsO 2005, 1311
Hoeren, Gestaltungsvorschläge für Musterverträge und Einkaufsbedingungen nach In-Kraft-Treten des Schuldrechtsmodernisierungsgesetz – Teil 1, ZGS 2002, 10
Horn, Die richterliche Kontrolle von Entgeltklauseln nach dem AGB-Gesetz am Beispiel der Kreditwirtschaft, WM-Beilage Nr. 1/1997

Kaufmann, Das Online-Widerrufsrecht im Spiegel der Rechtsprechung, CR 2006, 764 ff
Kilian, Vertragsgestaltung und Mängelhaftung bei Computersoftware, CR 1986, 187
Kranemann, Vereinfachte Abzinsberechnung bei vorzeitiger Beendigung von Leasingverträgen, ZIP 1997, 1404

Leenen, Die Pflichten des Leasing-Gebers, AcP 190 (1990), 260
Lehmann, Das neue Software-Vertragsrecht – Verkauf und Lizensierung von Computerprogrammen, NJW 1993, 1822
Lehmann, Das neue deutsche Softwarerecht, CR 1992, 324
Lieb, Zur Risikoverteilung bei Finanzierungsleasingverträgen, insbesondere mit Kaufleuten, WM-Beilage Nr. 6/1992
Lieb, § 9 Verbraucherkreditgesetz und Finanzierungsleasing, WM 1991, 1533
Lieb, Anmerkung zu BGH, Urteil vom 24.1.1990 – VIII ZR 22/89, JZ 1990, 976
Lieb, Gewährleistung beim reinen Finanzierungs-Leasing, DB 1988, 2495
Lieb, Das Leitbild des Finanzierungs-Leasing im Spannungsfeld von Vertragsfreiheit und Inhaltskontrolle, DB 1988, 946
Lieb, Zur Inhaltskontrolle von Teilamortisations-Leasingverträgen, DB 1986, 2167
Link, Ankauf von Forderungen aus Leasingverträgen mit Kaufleuten durch Kreditinstitute, ZKW 1985, 658
Löbbe, Der Finanzierungsleasingvertrag nach der Schuldrechtsreform, BB-Beilage Nr. 6/2003, 12

Martinek/Oechsler, Die Unanwendbarkeit des Verbraucherkreditgesetzes auf Leasingverträge ohne Vollamortisationspflicht, ZIP 1993, 81
Martis, Verbundene Geschäfte nach § 9 VerbrKrG, MDR 1999, 65
Martis, Die Anwendbarkeit des Verbraucherkreditgesetzes, MDR 1998, 1189
Medicus, Über die Rückwirkung von Rechtsprechung, NJW 1995, 2577
Mehrings, Zum Wandlungsrecht beim Erwerb von Standardsoftware, NJW 1988, 2438
Mehrings, Computersoftware und Gewährleistungsrecht, NJW 1986, 1904
Mehrings, Computersoftware und Mängelhaftung – ein Problemaufriss, GRUR 1985, 189
Meincke, Steuerbezogene Argumente in der Zivilrechtsprechung zum Finanzierungsleasing, AcP 190 (1990), 358
Meyer, Durchführung und Abwicklung der vorläufigen Verwaltung mit gerichtlichem Zustimmungsvorbehalt nach §§ 21 II Nr. 2 Alt. 2, 55 II, 25 II InsO, DZWiR 2001, 309
Michalski/Ruess, Rechtsfolgen der Insolvenz des Leasinggebers bei im Wege des Factoring veräußerten Leasingforderungen, NZI 2000, 250
Mohrbutter, Zwangsvollstreckung, Konkurs und Vergleich auf Seiten des Leasinggebers, ZAP Fach 14, 23
Moritz, Überlassung von Programmkopien – Sachkauf oder Realakt in Vertrag sui generis?, CR 1994, 257
Mülbert, Außengesellschaften – manchmal ein Verbraucher?, WM 2004, 905
Müller, Die Umgehung des Rechts des Verbrauchsgüterkaufs im Gebrauchtwagenhandel, NJW 2003, 1975
Müller-Hengstenberg, Computersoftware ist keine Sache, NJW 1994, 3128
Müller-Hengstenberg, Bemerkungen zum Software-Gewährleistungsrecht, CR 1986, 441
Müller-Sarnowski, Zur Neufassung der VDA-Leasingbedingungen, DAR 2004, 608
Müller-Sarnowski, Privat-Autoleasing nach der Schuldrechtsreform, eine Bestandsaufnahme, DAR 2002, 485
Müller-Sarnowski, Die „vertragsgemäße Rückgabe des Leasingfahrzeuges", DAR 1997, 142
Müller-Sarnowski, Zur Kündigung wegen Zahlungsverzugs bei PKW-Leasingverträgen nach § 12 Verbraucherkreditgesetz, BB 1994, 2018
Müller-Sarnowski, Der Nennbetrag i.S.v. § 12 Abs. 1 Nr. 1 VerbrKrG bei PKW-Privatleasingverträgen, BB 1994, 446
Müller-Sarnowski, Privat-PKW-Leasingverträge und das neue Verbraucherkreditgesetz, DAR 1992, 81

Nauroth, Leistungsbeschreibung: Notwendiges Instrument zur Konkretisierung vertraglicher Leistungen bei Software-Verträgen, CR 1987, 153
Nordemann, CPU-Klauseln in Software-Überlassungsverträgen, CR 1996, 5

Obermüller/Livonius, Auswirkungen der Insolvenzrechtsreform auf das Leasinggeschäft, DB 1995, 27

Paulusch, Die Rechtsprechung des Bundesgerichtshofs zum Kaufrecht, WM-Beilage Nr. 1/1995, 34

Paulusch, Die Rechtsprechung des Bundesgerichtshofs zum Kaufrecht, WM-Beilage Nr. 9/1991

Paulusch, Die Rechtsprechung des Bundesgerichtshofs zum Kaufrecht, WM-Beilage Nr. 10/1986

Peters, Auswirkungen des BFH-Urteils vom 5.5.1999 – IX R 6/98 auf die (Re-) Finanzierung der Mobilien-Leasinggeber im Weg des regresslosen Forderungsverkaufs?, DB 2002, 864

Peters, Refinanzierung beim Mobilienleasing und Insolvenz des Leasinggebers, ZIP 2000, 1759

Peters, Leasing und Verbraucherkreditgesetz, WM 1992, 1797

Pfeiffer, Vom kaufmännischen Verkehr zum Unternehmensverkehr – Die Änderungen des AGB-Gesetzes durch das Handelsrechtsreformgesetz NJW 1999, 169

Porten, Serviceleistungen beim Immobilien-Leasing, DB-Beilage Nr. 7/1990, 22

Pötsch, Die rechtliche Einheit von Hard- und Software, CR 1989, 1063

Prasse, Existenzgründer als Unternehmer oder Verbraucher? – Die neue Rechtsprechung des BGH, MDR 2005, 961

Prasse, Uneingeschränkte Inhaltskontrolle der AGB bei Franchiseverträgen?, ZGS 2002, 354

Pres, Gestaltungsformen urheberrechtlicher Softwarelizenzverträge, CR 1994, 520

Reiner/Kaune, Die Gestaltung von Finanzierungsleasingverträgen nach der Schuldrechtsreform, WM 2002, 2314

Reinicke/Tiedtke, Zweifelsfragen bei der Anwendung des Verbraucherkreditgesetzes, ZIP 1992, 217

Reinicke/Tiedtke, Insolvenzrisiko im Finanzierungsleasing, DB 1986, 575

Reinking, Der Nacherfüllungsanspruch auf Lieferung eines mangelfreien Fahrzeugs im Rahmen des Kfz-Leasingvertrages, DAR 2002, 496

Reinking, Die Auswirkungen der Schuldrechtsreform auf das private Kraftfahrzeugleasing, DAR 2002, 145

Reinking, Auswirkungen der geänderten Sachmängelhaftung auf den Leasingvertrag, ZGS 2002, 229

Reinking/Nießen, Problemschwerpunkte im Verbraucherkreditgesetz, ZIP 1991, 634

Roß/Kunz/Drögemüller, Verdeckte Leasingverhältnisse bei Outsourcing-Maßnahmen nach US-GAAP und IAS/IFRS, DB 2003, 2023

Roth, Zur gerichtlichen Inhaltskontrolle von Finanzierungs-Leasingverträgen, AcP 190 (1990), 292

Rott, Widerruf und Rückabwicklung nach der Umsetzung der Fernabsatzrichtlinie und dem Entwurf eines Schuldrechtsmodernisierungsgesetzes, VuR 2001, 78

Runkel, Kurzkommentar zu OLG Köln, Beschluss vom 2.12.2002 – 15 W 93/02, EWiR 2003, 715

Scherer/Mayer, Insolvenz des Leasingnehmers und Wirksamkeit von Kreditsicherheiten im Lichte des Verbraucherkreditgesetzes, BB 1998, 2169

Schick, Die einstweilige Verfügung zur Herausgabe von finanzierten Nutzfahrzeugen/Ein probales Mittel des einstweiligen Rechtsschutzes, FLF 2005, 268

Schloßer, Mietkauf – Rechtmäßigkeit der klausularmäßigen Abwälzung der Sach- und Preisgefahr, MDR 2003, 70

Schmalenbach/Sester, Fortschreibung der typischen Vertragsstruktur für Leasingtransaktionen nach der Schuldrechtsreform, WM 2002, 2184

Schmid-Burgk, Kurzkommentar zu BGH v. 10.11.2004 – VIII ZR 186/03 (FlowTex), WuB I J 2. – 1.05, 281

Schmid-Burgk, Leasingraten – Masseschulden oder Konkursforderungen?, ZIP 1998, 1022

Schmid-Burgk/Ditz, Die Refinanzierung beim Leasing nach der Insolvenzrechtsreform, ZIP 1996, 1123

Schmid-Burgk/Schölermann, Probleme bei der Anwendung des neuen Verbraucherkreditgesetzes auf Leasingverträge, BB 1991, 566

Schmid-Burgk/Schölermann, Das Schriftformerfordernis bei Leasingverträgen nach dem Verbraucherkreditgesetz, DB 1991, 1968

Schmidt, Neue Entwicklungen beim regresslosen Forderungskauf?, ZGS 2006, 135

Schmidt/Schumm, Zur Übertragbarkeit der Rechtsprechung zur Sittenwidrigkeit von Ratenkreditverträgen auf Konsumentenleasingverträge, DB 1989, 2109

Schneider, „Ablieferung" bei Softwareüberlassungsverträgen, CR 1994, 385

Schneider, Das Fehlen der Dokumentation/Bedienungsanleitung – kein Mangel?, CR 1989, 193

Schölermann/Schmid-Burgk, Die Bestandshaftung des Verkäufers von Leasingforderungen, WM 1992, 933

Scholz, Zur Kündigung von Leasingverträgen mit Privatpersonen und „Existenzgründem" nach § 12 VerbrKrG, BB 1994, 805

Scholz, Grenzen der Anwendung des Verbraucherkreditgesetzes auf Existenzgründungskredite, DB 1993, 261

Scholz, Schwerpunkte der EG-Verbraucherkreditrichtlinie – unter Berücksichtigung des geltenden deutschen Rechts, MDR 1988, 730

Schubel, Schuldrechtsmodernisierung 2001/2002 – Das neue Kaufrecht, JuS 2002, 313

Schulz, Zur aktuellen Situation des Leasing in Deutschland, BB-Beilage Nr. 5/2002, 10

Schulz, Wirtschaftliches Eigentum beim Immobilien-Leasing, BB 1986, 2173

Schumacher, Leasingrelevante Aspekte des Euro – eine Bestandsaufnahme, FLF 1997, 56

Schwemer, Leasing in der Insolvenz, ZMR 2000, 348

Schwerdtfeger, Änderungen des AGB-Gesetzes durch Umsetzung der Verbrauchervertragsrichtlinie, DStR 1997, 499

Seibel/Westphalen, Graf von, Prospekthaftung beim Immobilien-Leasing, DB 1998, 169

Seifert, Verbraucherkreditgesetz und Finanzierungsleasing, FLF 1991, 54

Slama, Leasingspezifische Regelungen des Verbraucherkreditgesetzes, WM 1991, 569

Sobotka, Der neue Teilamortisationserlass im Immobilien-Leasing, BB 1992, 827

Spliedt, Die „halbstarke" Verwaltung – unbeherrschbare Masseverbindlichkeit oder sinnvolle Alternative?, ZIP 2001, 1941

Städler, Hochkonjunktur in der Leasingbranche, FLF 1990, 10

Leasing in Deutschland: Weiterhin eine gefragte Dienstleistung, FLF 1997, 9

Sternal, Neuregelungen zum Unternehmensinsolvenzrecht – Die geplanten Neuerungen im Entwurf eines Gesetzes zur Vereinfachung des Insolvenzverfahrens vom 8.2.2006, NZI 2006, 185

Tacke, Konzeptionelle Gestaltung und Struktur eines Leasing-Fonds, DB-Beilage Nr. 6/1995, 4

Teubner/Lelley, Die Pfändbarkeit und Verwertung von leasingvertraglichen Nutzungsrechten und Verkaufsoptionen, ZMR 1999, 151

Thamm, Umformulierung von Haftungsbegrenzungen in AGB wegen beweislastverändernder Klauseln, BB 1996, 653

Tiedtke, Schadenersatzansprüche des Leasinggebers wegen verspäteter Rückgabe der Leasingsache, ZIP 1989, 1437

Tiedtke/Möllmann, Auswirkungen der Schuldrechtsreform im Leasingrecht, DB 2004, 583

Tintelnot, Die gegenseitigen Verträge im neuen Insolvenzverfahren, ZIP 1995, 616

Toth, Die steuerliche Zurechnung des Leasingobjektes beim Immobilien-Leasing, BB 1994, 263

Uhlenbruck/Sinz, Die Fortfaitierung von Leasingforderungen im Konkurs, WM 1989, 1113

van de Loo, Devisentermingeschäft – Rücktrittsrecht der Bank nach Antrag auf Eröffnung des Vergleichs- oder Konkursverfahrens über das Vermögen des Bankkunden?, ZIP 1988, 352

Wagner, Neue Argumente zur Pfändbarkeit des Kontokorrentkredits, WM 1998, 1657

Walz, Die Stellung des Leasingnehmers beim Finanzierungsleasing beweglicher Anlagegüter in sachen-, vollstreckungs- und konkursrechtlicher Hinsicht, WM-Beilage Nr. 10/1985

Weber, Die Entwicklung des Leasingrechts von Mitte 2005 bis Mitte 2007, NJW 2007, 2525

Weber, Die Entwicklung des Leasingrechts von Mitte 2003 bis Mitte 2005, NJW 2005, 2195

Weber, Die Entwicklung des Leasingrechts in den Jahren 2001 bis Mitte 2003, NJW 2003, 2348

Westphalen, Graf von, Auswirkungen der Schuldrechtsreform auf das Leasingrecht, ZIP 2006, 1653

Westphalen, Graf von, Der Holzweg des Gesetzgebers, ZGS 2005, 173

Westphalen, Graf von, Rechtsprechungsübersicht zum Leasingrecht 2002–2004 BB 2004, 2025

Westphalen, Graf von, Options- und Andienungsrechte in Leasingverträgen mit Verbrauchern, ZGS 2002, 89

Westphalen, Graf von, Beschaffungsrisiko – Vertretenmüssen – Haftung des Verkäufers auf Schadenersatz, ZGS 2002, 154

Westphalen, Graf von, Schuldrechtsreform und die Verwendung „alter" Lieferanten-AGB bei Leasingverträgen, ZGS 2002, 64

Westphalen, Graf von, Nach der Schuldrechtsreform: Neue Grenzen für Haftungsfreizeichnungs- und Haftungsbegrenzungsklauseln, BB 2002, 209

Westphalen, Graf von, Das Schuldrechtsgesetz und Leasing, DB 2001, 1291

Westphalen, Graf von, Die Auswirkungen der Schuldrechtsreform auf die „Abtretungskonstruktion" beim Leasing, ZIP 2001, 2258

Westphalen, Graf von, Die Nutzlosigkeit von Haftungsfreizeichnungs- und Haftungsbegrenzungsklauseln im kaufmännischen Verkehr, DB 1997, 1805

Westphalen, Graf von, Die Novelle zum AGB-Gesetz, BB 1996, 2101

Westphalen, Graf von, Finanzierungsleasing – Der richtlinienwidrige Ausnahmetatbestand von § 3 II Nr. 1 VerbrKrG, NJW 1993, 3225

Westphalen, Graf von, Leasing: Die vernachlässigte Bedeutung des Einkaufsvertrages, DB 1993, 921

Westphalen, Graf von, Leasing und Verbraucherkreditgesetz: Mithaftende GmbH-Geschäftsführer/Gesellschafter, BB-Beilage Nr. 8/1993, 19

Westphalen, Graf von, AGB-Richtlinie und AGB-Gesetz, EWS 1993, 161

Westphalen, Graf von, Zivilrechtliche Auswirkungen des BFH-Urteils vom 26.7.1991 auf das private PKW-Leasing, DB 1992, 2379

Westphalen, Graf von, Leasing als „sonstige Finanzierungshilfe" gemäß § 1 Abs. 2 VerbrKrG, ZIP 1991, 639

Westphalen, Graf von, Der Leasingnehmer als Nichtkaufmann: Einbeziehung der Lieferanten-AGB und Rügepflichten, BB 1990, 1

Westphalen, Graf von, Die Rügepflichten gemäß §§ 377, 378 HGB bei einem Leasingvertrag gegenüber einem Nicht-Kaufmann, BB-Beilage Nr. 19/1990, 16

Westphalen, Graf von, Zivilrechtliche und steuerrechtliche Fragen beim Software-Leasing, DB-Beilage Nr. 3/1989, 1

Westphalen, Graf von, Leasing und Konkurs, BB 1988, 218

Westphalen, Graf von, Rechtliche Qualifizierung des Leasing, BB 1988, 1829

Westphalen, Graf von, Rechtsprobleme des Computer-Leasing, CR 1987, 477

Westphalen, Graf von, Gewährleistung beim Finanzierungsleasing – Geklärte und offene Fragen, BB-Beilage 3/1986, 7

Westphalen, Graf von, Anmerkung zu OLG Frankfurt, Urteil vom 22.1.1985 – 5 U 86/84, EWiR § 542 BGB 1/85, 465

Westphalen, Graf von, Anmerkung zu AG Marbach, Urteil vom 31.1.1985 – 1 C 614/84, EWiR § 588 BGB 2/85, 557

Westphalen, Graf von, Leasing-AGB markengebundener Kfz-Unternehmen, DAR 1984, 337

Weyer, Handelsgeschäfte (§§ 343 ff. HGB) und Unternehmergeschäfte (§ 14 BGB), WM 2005, 490

Woitkewitsch, Verbrauchergerichtsstand bei Widerruf auf Grund Fernabsatzgeschäfts, CR 2006, 284

Woitkewitsch,Schrottimmobilien – Haftung des Kreditinstituts bei Verstoß gegen Widerrufsbelehrungspflichten, MDR 2006, 241

Woitkewitsch,Rügeobliegenheit bei Verbrauchsgüterkauf, MDR 2005, 841

Woitkewitsch,Nutzungsersatzanspruch bei Ersatzlieferung?, VuR 2005, 1

Woitkewitsch/Pfitzer, Einmonatiges Widerrufsrecht bei Versandgeschäften im Internet, MDR 2007, 61

Zahn, Sicherungseigentum der Bank in der Insolvenz der Leasinggesellschaft, ZIP 2007, 365

Zahn, Die Rechte der Bank in der Insolvenz der Leasinggesellschaft bei Doppelstock-Refinanzierung, DB 2003, 2371

Zahn, Der kaufrechtliche Nacherfüllungsanspruch – ein Trojanisches Pferd im Leasingvertrag?, DB 2002, 985

Zahn, Die Leistung des Leasinggebers nach Übergabe – wertlos?, DB 1998, 1701

Zahn, Der Leasingvertrag über Mobilien in der Insolvenz des Leasinggebers nach der Novellierung der Insolvenzordnung, DB 1996, 1393

Zahn, Leasingnehmer und refinanzierende Bank in der Insolvenz des Leasinggebers nach der Insolvenzordnung, Teil I, DB 1995, 1597, Teil II, DB 1995, 1649

Zahn, Die Stellung des Finanzierungsleasing im Verbraucherkreditgesetz – ein Verstoß gegen EG-Recht?, DB 1994, 617

Zahn, Schuldbeitritt zum Leasingvertrag nach dem Verbraucherkreditgesetz, DB 1992, 1029

Zahn, Risiko des Leasinggebers und Vertragsgestaltung nach dem Immobilien-Erlass vom 23.12.1991, Teil I, DB 1992, 2482, Teil II, DB 1992, 2537

Zahn, Leasingvertrag und Widerrufsbelehrung nach dem Verbraucherkreditgesetz, DB 1991, 687

Zahn, Leasingpraxis nach Inkrafttreten des Verbraucherkreditgesetzes, DB 1991, 2171

Zahrnt, Die Rechtsprechung zu Aufklärungs- und Beratungspflichten vor Computer-Beschaffungen, NJW 1995, 1785

Abkürzungsverzeichnis

a.A.	anderer Ansicht
a.a.O.	am angegebenen Ort
Abs.	Absatz
AbzG	Abzahlungsgesetz
AcP	Archiv für civilistische Praxis
a.E.	am Ende
AfA	Absetzung für Abnutzung
AfP	Archiv für Presserecht
AG	Amtsgericht; Aktiengesellschaft
AGB	Allgemeine Geschäftsbedingungen
AGBE	*Bunte*, Entscheidungssammlung zum AGB-Gesetz
AGBG	Gesetz zur Regelung des Rechts der Allgemeinen Geschäftsbedingungen
AKB	Allgemeine Bedingungen für die Kraftfahrtversicherung
ALB	Allgemeine Leasingbedingungen
a.M.	anderer Meinung
Anh.	Anhang
Anm.	Anmerkung
AO	Abgabeordnung
Aufl.	Auflage
AVB	Allgemeine Versicherungsbedingungen
BankR	Bankrecht
BauR	Baurecht, Zeitschrift für das gesamte öffentliche und zivile Baurecht
BayObLG	Bayerisches Oberstes Landesgericht
BB	Der Betriebs-Berater
Bd.	Band
BdF	Bundesministerium der Finanzen
BerlinFG	Berlinförderungsgesetz
BeurkG	Beurkundungsgesetz
BewG	Bewertungsgesetz
BFH	Bundesfinanzhof
BFHE	Sammlung der Entscheidungen des Bundesfinanzhofs
BFuP	Betriebswirtschaftliche Forschung und Praxis
BGB	Bürgerliches Gesetzbuch
BGB-InfoV	BGB-Informationspflichten-Verordnung
BGBl.	Bundesgesetzblatt
BGH	Bundesgerichtshof
BGHZ	Entscheidungen des Bundesgerichtshofs in Zivilsachen
BStBl.	Bundessteuerblatt

BT-Drucks.	Drucksache des Deutschen Bundestages
bzw.	beziehungsweise
CR	Computer und Recht
DAR	Deutsches Autorecht
DB	Der Betrieb
ders.	derselbe
d.h.	das heißt
Diss.	Dissertation
DRiZ	Deutsche Richterzeitung
DStR	Deutsches Steuerrecht
DStZ	Deutsche Steuerzeitung
EFG	Entscheidungen der Finanzgerichte
EKG	Einheitliches Gesetz über den internationalen Kauf beweglicher Sachen
ErbBauVO	Verordnung über das Erbbaurecht
EstG	Einkommensteuergesetz
EWiR	Entscheidungen zum Wirtschaftsrecht
f., ff.	folgend(e)
FG	Finanzgericht
FinMin.	Finanzminister
FK	Frankfurter Kommentar
FLF	Finanzierung, Leasing, Factoring
Fn.	Fußnote
FS	Festschrift
GAAP	Generally Accepted Accounting Principles
GBO	Grundbuchordnung
GewO	Gewerbeordnung
GewStG	Gewerbesteuergesetz
GmbH	Gesellschaft mit beschränkter Haftung
GmbHG	Gesetz betreffend die GmbH
GPSG	Geräte- und Produktsicherheitsgesetz
GRUR	Gewerblicher Rechtsschutz und Urheberrecht
GVGA	Geschäftsanweisung für Gerichtsvollzieher
GWB	Gesetz gegen Wettbewerbsbeschränkungen
HausTWG	Gesetz über den Widerruf von Haustürgeschäften und ähnlichen Geschäften
HGB	Handelsgesetzbuch
HK	Heidelberger Kommentar

h.M.	herrschende Meinung
IAS	International Accounting Standards
JurA	Juristische Analysen
JuS	Juristische Schulung
JW	Juristische Wochenschrift
JZ	Juristenzeitung
KG	Kommanditgesellschaft, Kammergericht
KO	Konkursordnung
KoR	Zeitschrift für internationale und kapitalmarktorientierte Rechnungslegung
KWG	Kreditwesengesetz
LG	Landgericht
lit.	litera
LM	*Lindenmaier-Möhring*, Nachschlagewerk des Bundesgerichtshofs
LMK	Kommentierte BGH-Rechtsprechung Lindenmaier-Möhring
MDR	Monatsschrift für Deutsches Recht
MünchKomm.	Münchener Kommentar zum Bürgerlichen Gesetzbuch
m.w.N.	mit weiteren Nachweisen
MwSt.	Mehrwertsteuer
Nds.	Niedersachsen
NJW	Neue Juristische Wochenschrift
NJW-RR	NJW-Rechtsprechungsreport Zivilrecht
Nr.	Nummer
NRW	Nordrhein-Westfalen
NWB	Neue Wirtschaftsbriefe
NZM	Neue Zeitschrift für Miet- und Wohnungsrecht
oHG	offene Handelsgesellschaft
OLG	Oberlandesgericht
OLGR	OLG-Report
PflVersG	Pflichtversicherungsgesetz
PiR	Praxis der internationalen Rechnungslegung
ProdHaftG	Produkthaftungsgesetz

RG	Reichsgericht
RGRK	Großkommentar zum BGB, hrsg. von Mitgliedern des Bundesgerichtshofs
RGZ	Entscheidungen des Reichsgerichts in Zivilsachen
RIW	Recht der internationalen Wirtschaft
Rz.	Randziffer
S.	Seite
StGB	Strafgesetzbuch
StuB	Steuern und Bilanzen
StVG	Straßenverkehrsgesetz
UR	Umsatzsteuerrundschau
UrhG	Urheberrechtsgesetz
UStG	Umsatzsteuergesetz
VerbrKrG	Verbraucherkreditgesetz
VersR	Versicherungsrecht
vgl.	vergleiche
VOB	Verdingungsordnung für Bauleistungen
VVG	Versicherungsvertragsgesetz
WarnR	*Warneyer*, Rechtsprechung des Reichsgerichts
WM	Wertpapier-Mitteilungen
WPg	Die Wirtschaftsprüfung
WuB	Entscheidungssammlung zum Wirtschafts- und Bankrecht
ZAP	Zeitschrift für die Anwaltspraxis
z.B.	zum Beispiel
ZfIR	Zeitschrift für Immobilienrecht
Ziff.	Ziffer
ZIP	Zeitschrift für Wirtschaftsrecht
ZKW	Zeitschrift für das gesamte Kreditwesen
ZMR	Zeitschrift für Miet- und Raumrecht
ZPO	Zivilprozessordnung
ZVG	Zwangsvollstreckungsgesetz

A. Leasing im Bilanz- und Steuerrecht

I. Einleitung

Leasingbilanzierung ist in allen Rechnungslegungssystemen ein vielschichtiges Thema mit zahlreichen Facetten. Formelle Gesetze, Rechnungslegungsstandards, Verlautbarungen der Finanzverwaltung sowie die praktische Handhabung regeln die Abbildung von Leasingverhältnissen im Rechnungswesen. Besondere Bedeutung haben dabei einerseits die vielgestaltigen Vertragsabreden, andererseits die hohe **bilanzpolitische Motivation** und **bilanzanalytische Bedeutung** von Leasing. 1

Da Leasing keine typisierte Vertragsgestaltung darstellt, die in formellgesetzlichen Regelungen eine spezifische Definition und Beschreibung findet, gibt es im HGB auch keine spezifischen Regelungen für die bilanzielle Abbildung von Leasingverhältnissen. Diese Regelungslücke wurde in Deutschland durch **steuerliche Leasingerlasse** geschlossen, da hier aufgrund des Fehlens handelsrechtlicher Bilanzierungsvorschriften das Maßgeblichkeitsprinzip nicht zur Anwendung gebracht werden kann. Demzufolge haben für die Darstellung von Leasingverhältnissen nach HGB steuerliche Rechtsquellen unterhalb formell-gesetzlicher Normen als Ausdruck faktischer **umgekehrter Maßgeblichkeit** Bedeutung. 2

Anders ist die Rechtslage nach US-GAAP[1] und IFRS[2]. Da sich diese Rechnungslegungsstandards stark an den Bedürfnissen der Praxis ausrichten und Kriterien wie Relevance, Reliability und Decision Usefulness eine große Bedeutung haben[3], gibt es hier Abbildungsnormen, die auf dem **Grundsatz wirtschaftlicher Betrachtungsweise** beruhen (substance over form). Dieser Grundsatz durchdringt gleichermaßen die Vorschriften über 3

- die Identifizierung von Leasingverhältnissen,
- die Zurechnung des Leasinggegenstandes nach dem Kriterium von Chancen und Risiken auf Leasinggeber bzw. Leasingnehmer,
- die Bilanzierung des Leasinggegenstandes,
- die Darstellung der mit dem Leasingverhältnis verbundenen Ansprüche und Verpflichtungen sowie
- die Anforderungen an Anhangangaben zum Leasingverhältnis.

---

1 United States Generally Accepted Accounting Principles.
2 International Financial Reporting Standards.
3 IASB Framework Tz 22 ff., Conceptual Framework US-GAAP SFAC 2 Qualitative Characteristics of Accounting Information.

II. Leasing nach HGB und deutschem Steuerrecht

4 Unter Leasing versteht man die mittel- bis langfristige Vermietung (entgeltliche Gebrauchsüberlassung) von Investitions- und langlebigen Konsumgütern durch den Leasinggeber an den Leasingnehmer. Für Leasingverträge (engl.: to lease = mieten, pachten) gibt es keine allen Fallgestaltungen gerecht werdende Definition. Es handelt sich um Verträge, die Vereinbarungen über eine **entgeltliche Nutzungs- oder Gebrauchsüberlassung auf Zeit** enthalten.

Leasingverträge als **Rechtsbeziehungen sui generis** sind nach ihrem wirtschaftlichen Gehalt mit Elementen aus Miete, Kauf und Darlehen versehen. Durch die im Zivilrecht geltende Vertragsfreiheit kann bei der Vertragsgestaltung den Besonderheiten jedes einzelnen Falles Rechnung getragen werden[1].

Es haben sich jedoch einige gebräuchliche Vertragstypen/Leasingarten herausgebildet, bei denen nach den Leasingobjekten, nach der Zielgruppe, den Angebotswegen oder nach den wirtschaftlichen Zwecken unterschieden wird.

1. Leasingformen

a) Finanzierungsleasing

5 Beim Finanzierungsleasing steht im Vordergrund eine **Finanzierungsaufgabe**. In der Regel führt der Leasingnehmer die Kaufverhandlungen mit dem Hersteller/Lieferanten des fraglichen Gegenstandes, der anschließend von einem Finanzierungsunternehmen (Leasinggeber, Leasinggesellschaft) gekauft und an den Leasingnehmer zur längerfristigen Nutzung überlassen wird. Natürlich kann auch ein vom Leasingnehmer gekaufter Gegenstand an den Leasinggeber übereignet oder die Leasinggesellschaft vom Lieferanten zur Absatzförderung eingeschaltet werden.

Kennzeichen der Finanzierungsleasingverträge sind

- eine feste Grundmietzeit, während der der Vertrag von beiden Seiten grundsätzlich unkündbar ist,
- die Vereinbarung, dass die Gefahr des Untergangs und der Verschlechterung des Gegenstandes vom Leasingnehmer getragen wird, sowie
- die Abtretung der Gewährleistungsansprüche des Leasinggebers an den Leasingnehmer.

1 *Coenenberg*, Jahresabschluss und Jahresabschlussanalyse, 2005, S. 85.

Nach der Zahlung des Entgelts werden beim Finanzierungsleasing zwei Haupttypen unterschieden:

- Vollamortisationsverträge und
- Teilamortisationsverträge.

aa) Vollamortisationsverträge (Full-pay-out-Leasing)

Oft wird auch nur der Vollamortisationsvertrag als Finanzierungsleasing 6
bezeichnet.

Bei diesem Vertragstyp müssen die Raten, die der Leasingnehmer während der festen Grundmietzeit zu entrichten hat, mindestens die Anschaffungs- oder Herstellungskosten des Leasinggebers sowie dessen gesamte Nebenkosten einschließlich der Finanzierungskosten und einer Gewinnspanne abdecken. Ist die betriebsgewöhnliche Nutzungsdauer des Gegenstandes länger als die feste Grundmietzeit, bestehen nach deren Ablauf dann die folgenden Alternativen:

- **Kaufoption:** Der Leasingnehmer hat das Recht, den Gegenstand zu erwerben.
- **Verlängerungsoption:** Der Leasingnehmer hat die Möglichkeit, den Vertrag (i.d.R. zu herabgesetztem Entgelt) zu verlängern.
- **keine Optionen oder sonstigen Rechte:** Der Leasingnehmer hat den Gegenstand zurückzugeben.

bb) Teilamortisationsverträge (Non-pay-out-Leasing)

Bei Teilamortisationsverträge werden dem Leasinggeber während der 7
Grundmietzeit nicht seine gesamten Aufwendungen einschließlich eines Gewinnzuschlags gezahlt. Die Bemühungen der Leasinggesellschaften, sich auch bei diesem Vertragstyp hinsichtlich des am Ende der Grundmietzeit noch nicht abgedeckten Teils ihrer Aufwendungen abzusichern, ergeben folgende zusätzliche Vereinbarungsvarianten:

- **Andienungsrecht des Leasinggebers:** Der Leasingnehmer hat kein Recht, 8
den Gegenstand zu kaufen, er ist aber verpflichtet, den Gegenstand auf Verlangen des Leasinggebers zu einem bereits bei Vertragsabschluss festgelegten Preis zu erwerben.
- **Aufteilung des Mehrerlöses:** Der Gegenstand wird nach Ablauf der Grundmietzeit durch den Leasinggeber veräußert. Ist der Erlös niedriger als die Differenz zwischen den Gesamtkosten des Leasinggegenstandes und der Summe der bisher gezahlten Raten, muss der Leasingnehmer noch eine Abschlusszahlung in Höhe dieses Fehlbetrags leisten. Ist der Erlös höher, wird dieser zwischen Leasinggeber und Leasingnehmer aufgeteilt.

– **Kündigungsrecht mit Abschlusszahlung:** Der Leasingnehmer kann den Vertrag nach Ablauf der Grundmietzeit kündigen. Er muss dann eine Abschlusszahlung in Höhe der Restamortisation (bisher nicht gedeckte Kosten) des Leasinggebers bezahlen, die auf den Veräußerungserlös ganz oder zum Teil angerechnet wird.

b) Operate-Leasing

9 Der Leasinggegenstand wird auf unbestimmte Zeit vermietet, der Leasingnehmer hat ein jederzeitiges, relativ kurzfristiges Kündigungsrecht. Diese Verträge werden zumeist über langfristige Konsumgüter abgeschlossen (z.B. Kraftfahrzeuge), bei denen nach Kündigung durch den Leasingnehmer noch eine weitere Vermietung an einen anderen Kunden möglich ist. Es handelt sich steuer- wie handelsrechtlich um einen normalen Miet- oder Pachtvertrag, da das Risiko der Amortisation in vollem Umfang beim Leasinggeber verbleibt.

c) Sale-and-lease-back

10 Einzelne Wirtschaftsgüter oder oft auch komplette Betriebe werden an eine Leasinggesellschaft verkauft und anschließend von dieser wieder angemietet. Zweck solcher Verträge ist eine höhere Liquidität bzw. geringere Kapitalbindung.

d) Spezialleasing

11 Es wird auch individuelles Leasing genannt. Hierbei handelt es sich um Verträge über Leasinggegenstände, die speziell auf die Verhältnisse des Leasingnehmers zugeschnitten und nach Ablauf der Grundmietzeit regelmäßig nur noch beim Leasingnehmer wirtschaftlich sinnvoll verwendbar sind. Diese Verträge gibt es mit oder ohne Kaufoptionsklausel.

e) Abgrenzung von Miete und Leasing

12 Leasing kann je nach Vertragsgestaltung als **atypischer Mietvertrag** betrachtet werden[1]. Folgende Unterschiede ergeben sich zwischen Miete und Kauf:

Merkmale	**Miete (BGB)**	**Leasing**
Zweck	Entgeltliche Gebrauchsüberlassung einer Sache	Entgeltliche Gebrauchsüberlassung einer Sache
Interessen Vermieter/Leasinggeber	Entgelt für **Nutzungsüberlassung**	Entgelt für **Finanzierungsleistung**

1 *Döllerer*, DB 1971, 535.

Merkmale	**Miete (BGB)**	**Leasing**
Interessen Mieter/Leasingnehmer	Nutzung/Gebrauch einer Sache	Nutzung/Gebrauch und **Finanzierungsaspekt**
Instandhaltungsrisiko (Wartung, Reparatur, Versicherung)	Trägt der **Ver**mieter	Trägt der **Leasingnehmer**
Sach- und Preisgefahr	Trägt der **Ver**mieter	Trägt der **Leasingnehmer**
Bonitätsrisiko	Trägt der Vermieter	Trägt der Leasinggeber
Dauer	i.d.R. **unbestimmte Dauer** mit ordentlicher Kündigungsmöglichkeit	**Feste Grundmietzeit** ohne ordentliche Kündigungsmöglichkeit
Gewährleistung	Rechte auf Gewährleistung stehen dem **Vermieter** zu	Rechte auf Gewährleistung stehen dem **Leasingnehmer** nach Abtretung durch den Leasinggeber zu

Innerhalb des Leasings lassen sich folgende **Varianten** unterscheiden:

Leasing im HGB

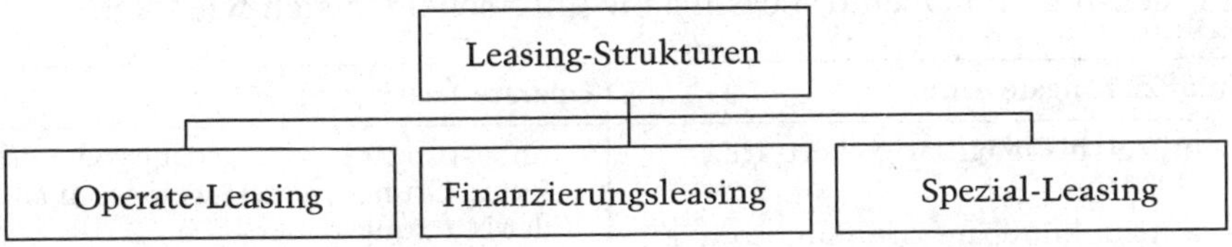

Operate-Leasing
- kurz- bis mittelfristige Leasingverträge
- jederzeitige Vertragskündigung durch Leasingnehmer möglich
- Leasinggeber trägt das Investitionsrisiko

eher wie ein Mietverhältnis behandelt

Finanzierungsleasing
- mittel- bis langfristige Leasingverträge
- unkündbare Grundmietzeit
- Leasingnehmer trägt das Investitionsrisiko

eher wie ein Kauf behandelt zivilrechtliches oder wirtschaftliches Eigentum

Nach der Verteilung des Investitionsrisikos unterscheidet man:

Vertragsformen nach Verteilung des Investitionsrisikos (HGB)

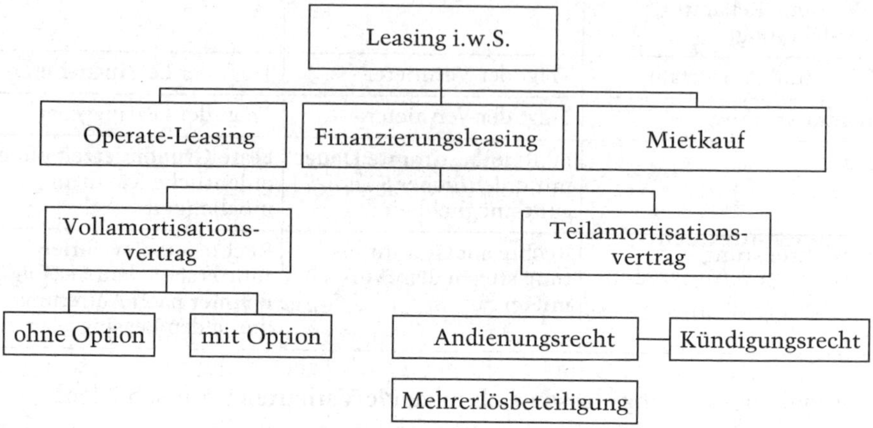

13 Die für die bilanzielle Zuordnung wichtigen Leasingformen sind Finanzierungsleasing und Operate-Leasing. Sie unterscheiden sich wie folgt:

Finanzierungsleasing	**Operate-Leasing**
– mittel- bis langfristige Verträge (3–7 Jahre) – feste unkündbare Grundmietzeit – gleich bleibende Ratenzahlung durch den Leasingnehmer – Wartungs- und Instandhaltungspflicht liegt beim Leasingnehmer – Zweck: Finanzierung einer vom Leasingnehmer geplanten Investition – Raten dienen dem Leasinggeber zur Abdeckung seiner Finanzierungskosten, Kreditrisiken, seines Gewinns und zur Bezahlung des Kaufpreises der Sache **Wesentliches Merkmal:** Der Leasinggeber erwirbt das Objekt auf Veranlassung des Leasingnehmers mit dem Ziel, es diesem zur Nutzung zu überlassen (Fremdinteresse). Der Leasingnehmer übernimmt das Investitionsrisiko.	– unbestimmte Vertragsdauer oder sehr kurze Grundmietzeit (gemessen an der Nutzungsdauer) – Operating-Leasingvertrag ist jederzeit kündbar – Wartungs- und Instandhaltungspflicht liegt beim Leasinggeber – Zweck: dient den Interessen des Herstellers, Leasingnehmer hat noch keine Vorstellung, wie lange er das Leasingobjekt nutzen möchte – kein Finanzierungsinteresse des Leasinggebers, nur Absatzinteresse des Leasinggebers, er trägt Investitionsrisiko (wie bei der Miete) – Leasinggeber überlässt das Leasinggut mehrfach an verschiedene Leasingnehmer **Beispiel:** Leasinggeber erwirbt/stellt Baukräne (her) und überlässt diese nacheinander mehreren Leasingnehmern ohne feste Grundmietzeit zur Nutzung.

2. Klassifizierungsrelevante Vertragsbestandteile in Leasingverhältnissen

Für die Verteilung der Chancen und Risiken und die daraus folgende Zurechnung nach dem wirtschaftlichen Eigentum können folgende Vertragsbestandteile von Bedeutung sein:

- **Kaufoption** 14

  Eine Kaufoption räumt dem Leasingnehmer das Recht ein, das Leasingobjekt am Ende der Grundmietzeit zu einem bei Vertragsschluss fixierten Preis zu erwerben. Der Leasinggeber hat bei einer Kaufoption kein Recht auf Abnahme des Leasingobjektes. Nur der Leasingnehmer hat ein Wahlrecht, ob er das Objekt erwerben möchte oder nicht.

- **Andienungsrecht** 15

  Ein Andienungsrecht räumt dem Leasinggeber das Recht ein, das Leasingobjekt am Ende der Grundmietzeit zu einem bei Vertragsschluss fixierten Preis an den Leasingnehmer zu verkaufen. Der Leasingnehmer hat bei einem Andienungsrecht des Leasinggebers kein Recht, den Leasinggegenstand zu erwerben. Nur der Leasinggeber hat ein Wahlrecht, ob er das Objekt am Ende der Grundmietzeit zu vorher festgelegten Konditionen veräußern möchte oder nicht.

- **Mehrerlösbeteiligung** 16

  Ist eine Mehrerlösbeteiligung vereinbart, so wird für den Fall, dass der Leasinggeber im Rahmen der Verwertung des Leasinggegenstandes am Ende des Vertrages einen Erlös erzielt, der die dem Leasinggeber entstandenen oder noch entstehenden Kosten übersteigt, der übersteigende Mehrerlös zwischen dem Leasinggeber und dem Leasingnehmer in einem vorher bestimmten Verhältnis aufgeteilt.

- **Mietkauf** 17

  Ein Mietkauf ist ein Mietvertrag, bei dem der Vermieter dem Mieter das Recht einräumt, innerhalb einer bestimmten Frist die Sache zu einem vorher bestimmten Preis zu kaufen, wobei die bis dahin bezahlte Miete ganz oder zum Teil auf den Kaufpreis angerechnet wird.

  Der Mietkauf ist eine Mischform zwischen Kredit und Leasing mit dem Charakteristikum, dass das Eigentum am Mietgegenstand/Investitionsgut während der gesamten Mietdauer beim Vermieter liegt, mit Zahlung der letzten Mietrate jedoch automatisch auf den Mieter übergeht.

- **Teil- oder Full-Service-Leasing** 18

  Leasingvertrag mit Anspruch des Leasingnehmers gegen den Leasinggeber auf Reparatur, Wartung, Versicherung, bei Kraftfahrzeugen auf Reifenerneuerung, Übernahme der Kfz-Steuer.

19 – **Restwertabsicherung und Mehrerlösbeteiligung**

Hierbei handelt es sich um einen Leasingvertrag mit Abschlusszahlung. Es wird bei Abschluss des Leasingvertrages eine bestimmte Laufzeit des Vertrages vereinbart sowie ein bestimmter kalkulatorischer Restwert. Nach Ablauf wird das Leasingobjekt verwertet. Unterschreitet der Veräußerungserlös den kalkulierten Restwert, so hat der Leasingnehmer den Differenzbetrag auszugleichen. Übersteigt der Veräußerungserlös den Restwert, so teilen sich der Leasingnehmer und der Leasinggeber den Erlös regelmäßig im Verhältnis 75 % zu 25 %.

20 Grundsätzlich wird ein Gegenstand vom **zivilrechtlichen Eigentümer** bilanziert. Nach dieser Regel wird der Leasinggegenstand prinzipiell in der Bilanz des Leasinggebers ausgewiesen.

21 Abweichend davon zählen zum Vermögen des Kaufmanns auch solche Gegenstände, die zwar zivilrechtlich einer anderen Person gehören, die aber nach der Ausgestaltung der Rechtsbeziehungen und nach den tatsächlichen Verhältnissen wirtschaftlich Bestandteil seines Vermögens sind[1]. Diese vermögensmäßige Zuordnung entspricht im Wesentlichen der Regelung des § 39 Abs. 2 Nr. 1 Satz 1 AO, nach der ein Wirtschaftsgut demjenigen zuzurechnen ist, der, ohne rechtlicher Eigentümer zu sein, die **tatsächliche Herrschaft über das Wirtschaftsgut** in der Weise ausübt, dass er den Eigentümer im Regelfall für die gewöhnliche Nutzungsdauer von der Einwirkung auf das Wirtschaftsgut ausschließen kann. Ob diese Voraussetzungen vorliegen, ist nach dem Gesamtbild der Verhältnisse im jeweiligen Einzelfall zu beurteilen.

3. Regelungen der obersten Finanzbehörde über die Zurechnungsfrage

22 Da es keine spezifischen Zurechnungsgrundsätze im HGB gibt, kommen hier die **steuerlichen Zurechnungsgrundsätze** in Betracht. Diese basieren auf den allgemeinen Grundsätzen einer **wirtschaftlichen Betrachtungsweise**[2]. Diese steuerliche Zurechnungsvorschrift findet über die faktische umgekehrte Maßgeblichkeit in der Handelsbilanz Anwendung[3].

23 Bei der Beurteilung von Leasinggeschäften gibt es daher keine Unterschiede zwischen Handels- und Steuerbilanz. Die Handelsbilanz löst die Zuord-

---

1 BFH, BStBl. II 1992, 182 ff.
2 § 39 AO.
3 *Leibfried/Weber*, Bilanzierung nach IAS/IFRS, 2003, S. 58; *Eisele*, Technik des betrieblichen Rechnungswesens, 2002, S. 281 ff.; *Leffson*, DB 1976, 637–641, 685–690; *Knobbe-Keuk/Klein/Moxter*, Handelsrecht und Steuerrecht, in FS Döllerer, 1988, S. 277 ff.; *Köhlertz*, Die Bilanzierung von Leasing, 1989, S. 76 ff.; *Körner/Weiken*, BB 1992, 1022 ff.; *Küting/Hellen/Brakensiek*, BB 1998, 1465–1473; *Seeliger*, Der Begriff des wirtschaftlichen Eigentums im Steuerrecht, 1962, S. 89 f.; *Weiss*, Praxishandbuch Leasingbilanzierung. Grundlagen und Praxis der Bilanzierung nach HGB und IFRS, 2006, S. 39 ff.

nungsprobleme nach denselben Regeln, die die Rechtsprechung und die Finanzverwaltung für die Zurechnung in der Steuerbilanz aufgestellt haben[1]. Diese Regeln wurden in mehreren **Erlassen** niedergelegt.

- **Mobilien-Leasingerlass** für
  - Vollamortisationsverträge[2],
  - Teilamortisationsverträge[3],
- **Immobilien-Leasingerlass** für
  - Vollamortisationsverträge[4],
  - Teilamortisationsverträge[5].

Diese Erlasse enthalten die folgenden typisierenden Regelungen über die Zurechnung.

Ferner ist die Zurechnung von Leasingobjekten Gegenstand zahlreicher Urteile des BFH und der Finanzgerichte.

Hauptkriterium für die Zurechnung gemäß dem **wirtschaftlichen Eigentum** ist das Verhältnis der unkündbaren Grundmietzeit und der betriebsgewöhnlichen Nutzungsdauer (laut AfA-Tabelle). Während dieser Grundmietzeit befindet sich der Leasinggegenstand beim Leasingnehmer. Dieser kann somit den Leasinggeber als rechtlichen Eigentümer von der Einwirkung auf das Wirtschaftsgut ausschließen. Je nach Verhältnis von **Grundmietzeit** und **betriebsgewöhnlicher Nutzungsdauer** kann damit das Eigentumsrecht des Leasingnehmers faktisch wertlos sein. Wenn dies der Fall ist, soll es auch nicht zur Grundlage der handels- oder steuerrechtlichen Bilanzierung gemacht werden. 24

Beläuft sich die unkündbare Grundmietzeit auf weniger als 40 % oder mehr als 90 % der betriebsgewöhnlichen Nutzungsdauer, so wird ein Ausschluss des zivilrechtlichen Eigentümers von der Chance einer Wertsteigerung und dem Risiko einer Wertminderung unterstellt. 25

- Beträgt die unkündbare **Grundmietzeit mehr als 90 %** der betriebsgewöhnlichen Nutzungsdauer, so ist das Eigentumsrecht des Leasinggebers nach § 903 BGB, nämlich die Möglichkeit, mit der Sache nach Belieben zu verfahren, sofern nicht Gesetz oder Rechte Dritter dem entgegenstehen, faktisch wertlos[6].
- Beträgt die unkündbare **Grundmietzeit weniger als 40 %** der betriebsgewöhnlichen Nutzungsdauer, so geht die Finanzverwaltung von Nebenabreden aus und interpretiert den Vertrag daher als Ratenkaufvertrag, da

1 *Bieg/Kussmaul*, Externes Rechnungswesen, 2006, S. 83 ff.
2 BdF v. 19.4.1971, BStBl. I 1971, 264.
3 BdF v. 22.12.1975, BB 1976, 72.
4 BdF v. 21.3.1972, BStBl. I 1972, 188.
5 BdF v. 23.12.1991 BStBl. I 1992, 13.
6 Anlehnung an BFH v. 26.1.1970 – IV R 144/66, BStBl. II 264.

es schwer vorstellbar ist, dass jemand bereit wäre, den Leasinggegenstand vollständig zu amortisieren, ohne sich – durch eine weitere Zahlung von höchstens einer Anerkennungsgebühr – das Recht auf eine weitere Nutzung oder den Erwerb zu sichern[1].

26 Die Unterscheidung in Voll- und Teilamortisationsverträge nimmt Bezug auf die Frage, ob über die unkündbare Grundmietzeit ein voller oder nur ein teilweiser Rückfluss auf die Anschaffungs- oder Herstellungskosten sowie alle Nebenkosten einschließlich der Finanzierungskosten des Leasinggebers erfolgt.

a) Vollamortisationsverträge über bewegliche Wirtschaftsgüter

27 Bei der Zuordnung von Leasinggegenständen aufgrund von Vollamortisationsverträgen[2] über bewegliche Wirtschaftsgüter unterscheidet man:

- Leasingverträge **ohne Kauf- oder Mietverlängerungsoption**,
- Leasingverträge **mit Kaufoption**, bei denen der Leasingnehmer das Recht hat, den Leasinggegenstand nach Ablauf der Grundmietzeit zu erwerben,
- Leasingverträge **mit Mietverlängerungsoption**, bei denen der Leasingnehmer das Recht hat, nach Ablauf der Grundmietzeit das Mietverhältnis zu verlängern,
- Verträge über **Spezialleasing**, bei denen die Leasinggegenstände speziell auf die Verhältnisse des Leasingnehmers zugeschnitten und nach Ablauf der Grundmietzeit nur noch von diesem zu verwenden sind.

Zurechnungsschema für Mobilienleasing bei Vollamortisation (Finanzierungsleasing)[3]		
Vertragstyp	**Vertragsbedingungen**	**Zurechnung**
Verträge ohne Kauf- oder Verlängerungsoption	a) Grundmietzeit mindestens 40 % und maximal 90 % der betriebsgewöhnlichen Nutzungsdauer	Leasinggeber
	b) Grundmietzeit weniger als 40 % oder mehr als 90 % der betriebsgewöhnlichen Nutzungsdauer	Leasingnehmer

1 Anlehnung an BFH v. 26.1.1970 – IV R 144/66, BStBl. II 264.

2 *Lenz*, Die Bilanzierung von Mobilien-Leasingverträgen gemäß deutschem Handelsrecht und U.S.-Generally Accepted Accounting Principles: Ein kritischer Vergleich, 1997, S. 119 f.; *Mellwig/Weinstock*, DB 1996, 2345–2352.

3 BdF-Schreiben v. 19.4.1971, BStBl. I 1971, 264 (s. Anh. Rz. 1).

Vertragstyp	Vertragsbedingungen	Zurechnung
Verträge mit Kaufoption	a) Grundmietzeit mindestens 40 % und maximal 90 % der betriebsgewöhnlichen Nutzungsdauer und vorgesehener Kaufpreis mindestens so hoch wie Buchwert oder niedrigerer gemeiner Wert im Zeitpunkt der Veräußerung (Buchwert muss unter Anwendung linearer AfA und nach der amtlichen AfA-Tabelle ermittelt werden)	Leasinggeber
	b) andernfalls	Leasingnehmer
Verträge mit Mietverlängerungsoption	a) Grundmietzeit mindestens 40 % und maximal 90 % der betriebsgewöhnlichen Nutzungsdauer und Anschlussmiete so bemessen, dass sie mindestens den Wertverzehr deckt, der sich ergibt, wenn der Restbuchwert durch die Restnutzungsdauer geteilt wird	Leasinggeber
	b) Grundmietzeit unter 40 % oder über 90 % der betriebsgewöhnlichen Nutzungsdauer	Leasingnehmer
	c) Grundmietzeit mindestens 40 % und maximal 90 % und Anschlussmiete deckt Wertverzehr nicht	Leasingnehmer
Spezialleasing		Leasingnehmer

b) Teilamortisationsverträge über bewegliche Wirtschaftsgüter

Für die Zuordnung des Leasinggegenstandes bei Teilamortisationsverträgen über bewegliche Wirtschaftsgüter sind folgende Kriterien von Bedeutung 28

- Vertragsmodell mit **Andienungsrecht des Leasinggebers**, jedoch ohne Optionsrecht des Leasingnehmers: Der Leasingnehmer ist auf Verlangen des Leasinggebers verpflichtet, den Leasinggegenstand zu einem bei Vertragsabschluss vereinbarten Preis zu kaufen.
- Vertragsmodell mit **Aufteilung des Mehrerlöses**: Es erfolgt eine Abschlusszahlung des Leasingnehmers, wenn der Veräußerungserlös niedriger als die Restamortisation (Gesamtkosten ./. Leasingraten) ist.
- (Sog.) **kündbarer Vertrag mit Abschlusszahlung des Leasingnehmers**: Es besteht ein Kündigungsrecht für den Leasingnehmer nach Ablauf der Grundmietzeit bei Anrechnung des Veräußerungserlöses.

Zurechnungsschema für Mobilienleasing bei Teilamortisation (Finanzierungsleasing)[1]		
Vertragstyp	**Vertragsbedingungen**	**Zurechnung**
Verträge mit Andienungsrecht des Leasinggebers ohne Optionsrecht des Leasingnehmers		Leasinggeber
Verträge mit Kündigungsrecht des Leasinggebers		Leasinggeber
Verträge mit Mehrerlösbeteiligung des Leasingnehmers	a) Veräußerungserlös ist niedriger als die Restamortisation (= Gesamtkosten des Leasinggebers abzüglich Summe der Leasingraten in der Grundmietzeit), d.h., Leasingnehmer muss Abschlusszahlung in Höhe der Differenz zahlen	Leasinggeber
	b) Veräußerungserlös ist höher als die Restamortisation, d.h., Differenz wird zwischen Leasinggeber und Leasingnehmer aufgeteilt	
	– Leasinggeber erhält mehr als 25 % des Mehrerlöses	Leasinggeber
	– Leasinggeber erhält weniger als 25 % des Mehrerlöses	Leasingnehmer
Spezialleasing		Leasingnehmer

Die Zurechnung von Leasinggegenständen erfolgt nach den Immobilien-Leasingerlassen.

Bei Immobilien sind die Zurechnungskriterien für Grund und Boden sowie Gebäude grundsätzlich getrennt zu prüfen.

c) Vollamortisationsverträge über unbewegliche Wirtschaftsgüter

29 Handelt es sich um einen Vollamortisationsvertrag über unbewegliche Wirtschaftsgüter, so sind zu unterscheiden:

- Leasingverträge **ohne Kauf- oder Mietverlängerungsoption**,
- Leasingverträge **mit Kaufoption**,
- Leasingverträge **mit Mietverlängerungsoption**,
- Verträge über **Spezialleasing**.

1 BdF-Schreiben v. 22.12.1975, BB 1976, 72 (s. Anh. Rz. 2).

Zurechnungsschema für Immobilienleasing bei Vollamortisation (Finanzierungsleasing)[1]		
Vertragstyp	**Vertragsbedingungen**	**Zurechnung**
I. Gebäude		
Verträge ohne Option	a) Grundmietzeit mindestens 40 % und maximal 90 % der betriebsgewöhnlichen Nutzungsdauer	Leasinggeber
	b) Grundmietzeit weniger als 40 % oder mehr als 90 % der betriebsgewöhnlichen Nutzungsdauer	Leasingnehmer
Verträge mit Mietverlängerungsoption	a) Grundmietzeit mindestens 40 % und maximal 90 % der betriebsgewöhnlichen Nutzungsdauer und Anschlussmiete mehr als 75 % der ortsüblichen Miete	Leasinggeber
	b) andernfalls	Leasingnehmer
Verträge mit Kaufoption	a) Grundmietzeit mindestens 40 % und maximal 90 % der betriebsgewöhnlichen Nutzungsdauer und Kaufpreis bei Ausübung der Option mindestens so hoch wie der unter Anwendung der linearen AfA ermittelte Restbuchwert des Gebäudes	Leasinggeber
	b) andernfalls	Leasingnehmer
Spezialleasing		Leasingnehmer
II. Grund und Boden		
Verträge ohne Option		Leasinggeber
Verträge mit Mietverlängerungsoption		Leasinggeber
Verträge mit Kaufoption	a) Wenn Gebäude nach obigen Grundsätzen dem Leasingnehmer zuzurechnen ist	Leasingnehmer
	b) andernfalls	Leasinggeber

d) Teilamortisationsverträge über unbewegliche Wirtschaftsgüter

Liegt ein Teilamortisationsvertrag über unbewegliche Wirtschaftsgüter 30
vor, so ist zu differenzieren in

- Verträge mit **Kaufoption**,
- Verträge mit **Mietverlängerungsoption**,

---

1 BdF-Schreiben v. 21.3.1972, BStBl. I 1972, 188 (s. Anh. Rz. 3).

- Verträge mit **Kauf- oder Mietverlängerungsoption** und **besonderen Verpflichtungen**, durch die Risiken, z.B. die Gefahr des zufälligen Untergangs des Leasinggegenstandes auf den Leasingnehmer übertragen werden, sowie
- Verträge über **Spezialleasing**.

1. Zurechnungsschema für Immobilienleasing bei Teilamortisation (Finanzierungsleasing)[1]		
Die Zurechnung von Grund und Boden und Gebäude erfolgt kongruent nach denselben Kriterien.		
Vertragstyp	**Vertragsbedingungen**	**Zurechnung**
Verträge ohne Option		Leasinggeber
Verträge mit Mietverlängerungsoption ohne besondere Verpflichtung	a) Grundmietzeit mindestens 40 % und maximal 90 % der betriebsgewöhnlichen Nutzungsdauer und Anschlussmiete mehr als 75 % der ortsüblichen Miete	Leasinggeber
	b) andernfalls	Leasingnehmer
Verträge mit Kaufoption ohne besondere Verpflichtung	a) Grundmietzeit mehr als 90 % der betriebsgewöhnlichen Nutzungsdauer oder der vorgesehene Kaufpreis geringer als der unter Anwendung der linearen AfA ermittelte Restbuchwert	Leasingnehmer
	b) andernfalls	Leasinggeber
Verträge mit Kauf- oder Mietverlängerungsoption und besonderen Verpflichtungen	a) Leasingnehmer trägt die Gefahr des zufälligen ganzen oder teilweisen Untergangs des Leasinggegenstandes, ohne dass sich die Leistungspflicht mindert	Leasingnehmer
	b) Leasingnehmer ist bei ganzer oder teilweiser Zerstörung des Leasinggegenstandes, die nicht von ihm zu vertreten ist, dennoch zur Wiederherstellung auf seine Kosten verpflichtet oder die Leistungspflicht mindert sich trotz der Zerstörung nicht	Leasingnehmer
	c) Für Leasingnehmer mindert sich die Leistungspflicht nicht, wenn die Nutzung des Leasinggegenstandes aufgrund eines nicht von ihm zu vertretenden Umstands langfristig ausgeschlossen ist	Leasingnehmer

1 BdF-Schreiben v. 23.12.1991, BStBl. I 1992, 13 (s. Anh. Rz. 4).

Vertragstyp	**Vertragsbedingungen**	**Zurechnung**
	d) Leasingnehmer hat Leasinggeber die bisher nicht gedeckten Kosten ggf. auch einschließlich einer Pauschalgebühr zur Abgeltung von Verwaltungskosten zu erstatten, wenn es zu einer vorzeitigen Vertragsbeendigung kommt, die der Leasingnehmer nicht zu vertreten hat	Leasingnehmer
	e) Leasingnehmer stellt den Leasinggeber von sämtlichen Ansprüchen Dritter frei, die diese hinsichtlich des Leasinggegenstandes gegenüber dem Leasinggeber geltend machen, es sei denn, dass der Anspruch des Dritten von dem Leasingnehmer verursacht worden ist	Leasingnehmer
	f) Leasingnehmer als Eigentümer des Grund und Bodens, auf dem der Leasinggeber als Erbbauberechtigter den Leasinggegenstand errichtet, ist aufgrund des Erbbaurechtsvertrags unter wirtschaftlichen Gesichtspunkten gezwungen, den Leasinggegenstand nach Ablauf der Grundmietzeit zu erwerben	Leasingnehmer
Spezialleasing		Leasingnehmer

4. Sonderfälle der Zurechnung

a) Sale-and-lease-back

Es gibt zum Sale-and-lease-back keine Regelung in den genannten Erlassen. 31
Die Behandlung ist sehr unterschiedlich und richtet sich nach den allgemeinen Regeln über die wirtschaftliche Betrachtungsweise. Es wird darauf abgestellt, ob die Veräußerung nur der Beschaffung von Liquidität dienen soll, ohne dass sich an der tatsächlichen Sachherrschaft etwas ändert, dann erfolgt weiterhin eine Zurechnung beim Leasingnehmer, oder ob eine echte Veräußerung vorliegt. Kriterium hierfür ist, ob eine **Aufdeckung der stillen Reserven** erfolgt; dann erfolgt die künftige Zurechnung des Leasingobjektes beim Leasinggeber.

b) Spezialleasing

Bei diesen Verträgen ist der Leasinggegenstand regelmäßig dem Leasing- 32
nehmer ohne Rücksicht auf das Verhältnis von Grundmietzeit und Nutzungsdauer bzw. Optionsklauseln zuzurechnen. Der **Leasingnehmer** ist als

wirtschaftlicher Eigentümer zu betrachten, da nur er den Gegenstand verwenden kann. Wegen der Spezialisierung auf den Betriebszweck des Leasingnehmers ist eine anderweitige Vermietung durch den Leasinggeber an einen anderen Leasingnehmer praktisch ausgeschlossen[1].

5. Ausweis und Bewertung von Leasinggegenständen

33 Aufgrund der differenzierten Zurechnungskriterien entsprechend den zugrundeliegenden Vertragsvereinbarungen erfolgt die Zuordnung des Leasinggegenstandes entweder beim Leasinggeber oder beim Leasingnehmer.

- Erfolgt die Zuordnung beim Leasinggeber, so wird der Leasingvertrag wie ein **Mietvertrag** betrachtet, d.h. beim Leasingnehmer als schwebendes Geschäft behandelt und der Leasinggegenstand wird beim Leasinggeber aktiviert.
- Erfolgt die Zuordnung beim Leasingnehmer, so wird der Leasingvertrag wie ein **Ratenkaufvertrag** behandelt, d.h.
  - beim Leasingnehmer wird der **Leasinggegenstand aktiviert** und eine entsprechende **Leasingverbindlichkeit passiviert**,
  - beim Leasinggeber wird eine Veräußerung und eine **Darlehensgewährung** gebucht.

	Zuordnung beim Leasinggeber	**Zuordnung beim Leasingnehmer**

Bilanzierung beim Leasinggeber	– Aktivierung zu Anschaffungs- oder Herstellungskosten AK/HK
	– Abschreibung nach der betriebsgewöhnlichen Nutzungsdauer
	– Leasingraten sind Betriebseinnahmen
		– Aktivierung einer Kaufpreisforderung (entsprechend AK/HK der Leasingraten) = Passivierung bei Leasingnehmer
		– Aufteilung der Leasingraten
		  – Tilgungsanteil: erfolgsneutral
		  – Zins- und Kostenanteil: Betriebseinnahme

Bilanzierung beim Leasingnehmer	– Leasingraten sind Betriebsausgaben
	  – meist degressive Leasingraten
		– Aktivierung zu AK/HK des Leasinggebers zuzüglich Nebenkosten
		– Abschreibung nach der betriebsgewöhnlichen Nutzungsdauer
		– Passivierung einer Verbindlichkeit in Höhe der AK/HK
		– Aufteilung der Leasingraten
		  – Tilgungsanteil: erfolgsneutral
		  – Zins- und Kostenanteil: Betriebsausgabe

1 *Hoffmann*, PiR 2006, 30.

a) Zurechnung beim Leasinggeber

Wird der Leasinggegenstand beim Leasinggeber zugerechnet[1], so hat ihn dieser im **Anlagevermögen** unter den einzelnen Posten des Sachanlagevermögens bzw. der immateriellen Vermögensgegenstände deutlich erkennbar als Leasinggegenstand auszuweisen. Denkbar ist eine besondere Postengruppe „**Vermietvermögen**" (römische Gliederungsziffer) zu Sachanlagen (§ 266 Abs. 2 i.V.m. § 265 Abs. 5 Satz 2 HGB). Dabei kann eine weitere Untergliederung erfolgen nach Immobilien und Mobilien ähnlich der Gliederung bei Sachanlagen, oder eine Untergliederung nach 34

- vermietetes Leasingvermögen,
- nicht vermietetes bzw. zur Vermietung bestimmtes Leasingvermögen und
- Anzahlungen.

Leasinggegenstände sind in den **Anlagenspiegel** aufzunehmen, der in der Bilanz oder im Anhang darzustellen ist (§ 268 Abs. 2 HGB). Leasinggegenstände können auch im **Umlaufvermögen** innerhalb der Vorräte ausgewiesen und besonders kenntlich gemacht werden (§ 266 Abs. 2 i.V.m. § 265 Abs. 5 und 6 HGB). Leasinggegenstände sind zu Anschaffungs- oder Herstellungskosten anzusetzen, die nach allgemeinen Grundsätzen zu bemessen sind. Sonderfragen können sich ergeben, wenn **Nebenkosten** oder **Ablösezahlungen** bzw. Abstandszahlungen anfallen sowie ein Eintritt in bestehende Verträge stattfindet. Die Abschreibung erfolgt planmäßig über die betriebsgewöhnliche Nutzungsdauer, der Ausweis kann separat unter den Aufwendungen aus dem Leasinggeschäft erfolgen. Bei der Prüfung einer **außerplanmäßigen Abschreibung** ist bei voraussichtlich **dauernder Wertminderung** auf den beizulegenden Wert abzuwerten. Allerdings ergeben sich zusätzliche Prüfkriterien für das Vorhandensein der Wertminderung. Ein niedrigerer beizulegender Wert ist u.a. anzunehmen, wenn der Barwert der künftigen Leasingraten zuzüglich der Verwertungserlös den Buchwert des Leasinggegenstandes nicht deckt. Eine unzureichende Bonität des Leasingnehmers allein ist kein Anlass für eine außerplanmäßige Abschreibung auf den Leasinggegenstand, solange das Leasinggut werthaltig ist. Für den Leasingvertrag selbst gelten die Grundsätze zur **Bilanzierung schwebender Geschäfte**. Nach dem Realisationsprinzip[2] finden schwebende Geschäfte keine bilanzielle Berücksichtigung, solange kein Gewinn realisiert ist oder kein Verlust droht. Lediglich **Erfüllungshandlungen** werden bilanziell erfasst. Wenn kein sachgerechter Ausgleich von Leistung und Gegenleistung besteht, ist eine Abgrenzung vorzunehmen. Ein gleich bleibender Nutzungsverlauf unterstellt auch einen **linearen Verlauf der Nutzungsentnahmen**. Ein anderer Verlauf ist denkbar, wenn die Nutzung an die Ausbringung, den Verbrauch, die km-Leistung etc. gekoppelt 35

1 IDW HFA 1/1989, WPg 1989, 625–626.
2 § 252 Abs. 1 Nr. 4 HGB.

wird. Dies wird zum Ausdruck gebracht durch degressive Leasingraten, progressive Leasingraten, Einmalzahlungen, Sonderzahlungen, Vormieten, erhöhte Erstmieten oder mietfreie Perioden[1]. Für zukünftige Leasingforderungen kann sich die Notwendigkeit einer **Drohverlustrückstellung** ergeben. Bestehen Schadensersatzforderungen des Leasinggebers bei vorzeitiger Kündigung, so ist diese unter den Forderungen aus Lieferungen und Leistungen auszuweisen. Sie errechnet sich wie folgt:

36 Barwert der künftig zu zahlenden Leasingraten
\+ Barwert des vertraglich vereinbarten Restwerts
\+ Verwertungskosten (Gutachten, Sicherstellung)
– Verkaufserlös
= Schadensersatzforderung gegenüber dem Leasingnehmer
– Wertberichtigung
= Ausweisbetrag unter „Forderungen aus Lieferungen und Leistungen"

Ferner hat der Leasinggeber die Leasingraten als Ertrag bzw. Betriebseinnahme zu behandeln. Der Leasingnehmer hat in diesem Fall die Leasingraten als Aufwand bzw. Betriebsausgabe zu behandeln. Sollte es sich um degressive Leasingraten handeln, so wären im Falle von Immobilienleasing die Beträge erfolgsrechnerisch zu linearisieren und über Rechnungsabgrenzungsposten darzustellen[2], wohingegen im Falle von Mobilienleasing keine **Linearisierung** der Leasingraten erfolgen müsste[3].

b) Zurechnung beim Leasingnehmer

37 Wird der **Leasinggegenstand** beim Leasingnehmer zugeordnet, so aktiviert ihn dieser mit den Anschaffungs- oder Herstellungskosten zuzüglich Nebenkosten und schreibt ihn über die betriebsgewöhnliche Nutzungsdauer ab. Er passiviert eine **Verbindlichkeit** in Höhe der Anschaffungs- oder Herstellungskosten, was zu einer **Verminderung der Eigenkapitalquote** führt. Er bezahlt seine Leasingraten, die er in einen **erfolgsneutralen Tilgungsanteil** einteilt, mit welchem er Verbindlichkeiten abbaut, und in einen **erfolgswirksamen Zins- und Kostenanteil**, den er als Betriebsausgabe bzw. Aufwand behandelt. Der Leasinggeber aktiviert eine Leasingforderung entsprechend den Anschaffungs- oder Herstellungskosten des Leasinggegenstandes. Als Gegenbuchung wird ein Umsatz ausgewiesen, dem bei Ausbuchung des Leasinggegenstandes ein gleich hoher Wareneinsatz gegenüber steht, der Vorgang bei Vertragsschluss somit erfolgsneutral ist. Die vereinnahmten Leasingraten sind einzuteilen in einen **erfolgsneutralen Tilgungsanteil**, in Höhe dessen Forderungen abgebaut werden, und einen

1 IDW HFA 1/1989, WPg 1989, 625–626.
2 BFH v. 12.8.1982 – IV R 184/79, BStBl. II 1982, 696.
3 BFH v. 28.2.2001 – IR 51/00, BStBl. II 2001, 645.

erfolgswirksamen Zins- und Kostenanteil, der als Betriebseinnahme bzw. Ertrag zu behandeln ist[1].

Die Aufteilung der Leasingraten in einen erfolgsneutralen Tilgungsanteil, mit dem beim Leasingnehmer Verbindlichkeiten und beim Leasinggeber Forderungen abgebaut werden, und einen erfolgswirksamen Zins- und Kostenanteil, der beim Leasingnehmer Betriebsausgabe bzw. Aufwand und beim Leasinggeber Betriebseinnahme bzw. Ertrag darstellt, hat **annuitätisch** zu erfolgen. Dafür stehen die **Barwertdifferenz**- und die **Zinsstaffelmethode** zur Verfügung. 38

Bei der **Barwertdifferenzmethode** wird zu jedem Bilanzstichtag der Barwert der noch zu leistenden Leasingraten berechnet; die Differenz gegenüber dem vorhergehenden Stichtag ist Aufwand der laufenden Periode. 39

Bei der **Zinsstaffelmethode** wird der Zins- und Kostenanteil eines Jahres errechnet als

$$\frac{\text{Summe der Zins- und Kostenanteile aller Leasingraten}}{\text{Summe der Zahlungsreihe aller Leasingraten}} \times \text{Anzahl der restlichen Raten} + 1$$

Beispiel: 40

Ein beweglicher Leasinggegenstand hat Anschaffungskosten von 144 000 Euro, die unkündbare Grundmietzeit beginnt am 2.2.2001 und beträgt fünf Jahre, die jährlich nachschüssig zu zahlenden Leasingraten betragen 36 000 Euro, die betriebsgewöhnliche Nutzungsdauer wird auf fünf Jahre geschätzt.

- Wem ist der Leasinggegenstand zuzurechnen?
- Wie sind die Leasingraten in einen erfolgsneutralen und einen erfolgswirksamen Anteil aufzugliedern?
- Wie sind die Vorgänge um den Leasingvertrag bei den Vertragspartnern buchhalterisch zu behandeln?

Lösung:

Da es sich um einen Mobilienleasingvertrag handelt, bei dem die Grundmietzeit 100 % der Nutzungsdauer beträgt, ist der Leasinggegenstand dem Leasingnehmer zuzurechnen.

Sowohl der Leasinggeber als auch der Leasingnehmer haben die Leasingraten in einen erfolgsneutralen Tilgungsanteil und einen erfolgswirksamen

1 *Amman/Wulf*, StuB 2000, 909; *Baetge/Ballwieser*, DBW 1978, 3–19; *Forster*, Grundsätze für die Abgrenzung von Leasingraten, in FS Döllerer, 1988, S. 147–155; *GEFIU*, Die Behandlung von Leasingverträgen in der Rechnungslegung, DB 1995, 333–337; *Grewe*, WPg 1990, 161–168; *Helmschrott*, Leasinggeschäfte in der Handels- und Steuerbilanz, 1997, S. 45 ff.; IDW HFA 1/1989, WPg 1989, 625; *Leffson*, DB 1976, 637–641, 685–690.

Zins- und Kostenanteil einzuteilen. Nach der Zinsstaffelmethode ergibt sich folgendes Vorgehen:

Summe der erfolgswirksamen Bestandteile der Leasingraten

180 000 – 144 000 = 36 000

Aufsummierte Jahre der Vertragslaufzeit 1 + 2 + 3 + 4 + 5 = 15

	Gesamtrate	Zins- und Kostenanteil	Tilgungsanteil
Rate 01	36 000	5/15 v. 36 000 = 12 000	24 000
Rate 02	36 000	4/15 v. 36 000 = 9 600	26 400
Rate 03	36 000	3/15 v. 36 000 = 7 200	28 800
Rate 04	36 000	2/15 v. 36 000 = 4 800	31 200
Rate 05	36 000	1/15 v. 36 000 = 2 400	33 600
Summe	180 000	36 000	144 000

Für ihn ergeben sich im Jahr 1 folgende Buchungen:

Aktivierung des Leasinggegenstandes	Anlagevermögen an Verbindlichkeiten 144 000
Abschreibung des Leasinggegenstandes	Abschreibungen an Anlagevermögen 28 800
Bezahlung der Leasingraten	Leasingaufwand 12 000 Verbindlichkeiten 24 000 an Zahlungsmittel 36 000

Der Leasinggeber hat folgende Buchungen zu veranlassen:

Abgang des Leasinggegenstandes	Forderungen an Umsatzerlöse 144 000 Bestandsminderung an Vorräte 144 000 (alternativ beim Handel: Wareneinsatz an Waren 144 000)
Vereinnahmung der Leasingraten	Zahlungsmittel 36 000 an Forderungen 24 000 Leasingertrag 12 000

6. Sonderfragen der Leasingbilanzierung nach HGB und deutschem Steuerrecht

a) Steuerliche Dauerschuldproblematik

41 Nach § 8 GewStG sind **Dauerschuldenzinsen** hälftig bei der Berechnung der gewerbeertragsteuerlichen Bemessungsgrundlage hinzuzurechnen. Dabei unterscheidet man

– Dauerschulden unabhängig von der Laufzeit:

  - Schulden in Zusammenhang mit der Gründung oder dem Erwerb des Betriebs und
  - Schulden in Zusammenhang mit der Erweiterung und Verbesserung des Betriebs,
- Dauerschulden abhängig von der Laufzeit:
  - Schulden mit einer Laufzeit von mehr als einem Jahr,
  - Kontokorrentschulden bei einem Mindestschuldbetrag an 358 Tagen.

Wird ein Leasinggegenstand beim Leasinggeber zugeordnet, erfolgt keine hälftige Hinzurechnung der Leasingraten, wenn die Leasingraten beim Leasinggeber der Gewerbesteuer unterliegen. Wird ein Leasinggegenstand beim Leasingnehmer zugeordnet, so erfolgt eine hälftige Hinzurechnung des Zinsanteils als Dauerschuldentgelt.

b) Forderungsverkauf/Forfaitierung[1]

42 Um die Kapitalbindung bis zum Eintreffen der Leasingraten zu reduzieren, kann der Leasinggeber seine Zahlungsansprüche aus dem Leasingvertrag, z.B. die Leasingraten und Restwertansprüche, an einen Dritten, regelmäßig ein Kreditinstitut, verkaufen. Weitere **Motive für den Forderungsverkauf** können sein:

- die Verlagerung des Bonitätsrisikos auf den erwerbenden Dritten,
- die Vermeidung eines Zinsänderungsrisikos wie bei Darlehen oder
- die Gewerbesteuerpräferenz, d.h. die Forfaitierung von Leasingraten begründet keine Dauerschuld und damit auch keine gewerbesteuerliche Hinzurechnung von hälftigen Dauerschuldzinsen (§ 8 GewStG).

Bei der **Forfaitierung** unterscheidet man eine echte und eine unechte Forfaitierung. Bei der **unechten Forfaitierung** verbleibt das Bonitätsrisiko beim Forderungsverkäufer; es handelt sich wirtschaftlich betrachtet um eine Darlehensgewährung. Bei der **echten Forfaitierung** geht das Bonitätsrisiko auf den Forderungskäufer über; mit dem Verkauf der Forderung bleiben keine Verpflichtungen mehr beim Verkäufer zurück.

43 Im Falle einer **unechten Forfaitierung** ist der Forfaitierungserlös als Dauerschuld zu passivieren; Zinsen bzw. der ratierliche Aufstockungsbetrag sind aufwandswirksam zu erfassen. Die Leasingraten sind als Ertrag auszuweisen.

44 Bei **echter Forfaitierung** ist der Forfaitierungserlös in einen passiven Rechnungsabgrenzungsposten einzustellen und gewinnerhöhend linear über die restliche Grundmietzeit aufzulösen. In diesem Fall hat der Käufer die Forderung zu aktivieren.

---

1 *Fasano*, Leasingbilanzierung – insbesondere Mobilien-Leasing – nach HGB und IFRS unter Berücksichtigung von Refinanzierungsaspekten 2004, S. 17 ff.

45 Werden fällige **Forderungen regresslos verkauft**, so scheiden diese Forderungen aus der Bilanz des Verkäufers aus und der entstehende Gewinn/Verlust ist sofort zu realisieren. Übernimmt der Verkäufer weiterhin die Verwaltung der Forderungen, hat er in Höhe der mit der Verwaltung der verkauften Forderungen noch anfallenden Kosten eine Rückstellung zu bilden. Werden **zukünftig fällige Forderungen** (z.B. Leasingraten) verkauft, ist keine Gewinnrealisierung gegeben. In diesem Fall ist der Erlös in den passiven Rechnungsabgrenzungsposten einzustellen (HAF 1/1989). Der passive Rechnungsabgrenzungsposten kann auf folgende Arten aufgelöst werden:

- annuitätisch durch Aufzinsung der Leasingforderungen; bei gleich bleibenden Leasingerträgen ergibt sich eine progressive Auflösung des passiven Rechnungsabgrenzungspostens,
- gemäß der vertraglichen Vereinbarung, d.h. linear, degressiv oder progressiv,
- unter Beachtung der allgemeinen Grundsätze über die Ertragsrealisierung, d.h. durch sachgerechten Ausgleich von Leistung und Gegenleistung oder
- linear als steuerlich zulässige Vereinfachungsregel.

46 Sondervorschriften bestehen zur **Forfaitierung von Restwerten**. In diesem Fall ist der Barwert passivisch abzugrenzen. Die Auflösung erfolgt erst mit der Verwertung des Leasinggegenstandes, eine Aufzinsung auf den Restbuchwert findet nicht statt. Die Forfaitierung von Restwerten ist steuerlich nicht anerkannt. In seinem Urteil vom 8.11.2000 nimmt der BFH[1] bei der Forfaitierung des Restwerts Dauerschulden an. Der Barwert des vertraglich vereinbarten Restwerts ist unter den sonstigen Verbindlichkeiten (nicht Rechnungsabgrenzungsposten) auszuweisen und über die Leasingvertragslaufzeit auf den Nennbetrag des Restwerts aufzuzinsen. Der periodische Aufzinsungsbetrag stellt gewerbesteuerliche Dauerschuldzinsen dar.

47 Stellt die **Restwertforfaitierung** einen Verkauf des Restwerts bei Andienungsrecht im Falle von Teilamortisationsverträgen dar, so ist handels- und steuerrechtlich der Forfaitierungserlös als Dauerschuld zu passivieren (BFH: wirtschaftlich wirkt die Zahlung des Forfaitierungskäufers als Vorauszahlung auf den späteren ungewissen Verwertungserlös[2]); ein jährlicher Aufwand entsteht durch ratierliche Aufzinsung.

1 BFH v. 8.11.2000 – I R 37/99, DB 2001, 122.
2 BFH v. 8.11.2000 – I R 37/99, DB 2001, 122.

Steuerliche Aspekte beim Leasing
Forfaitierung

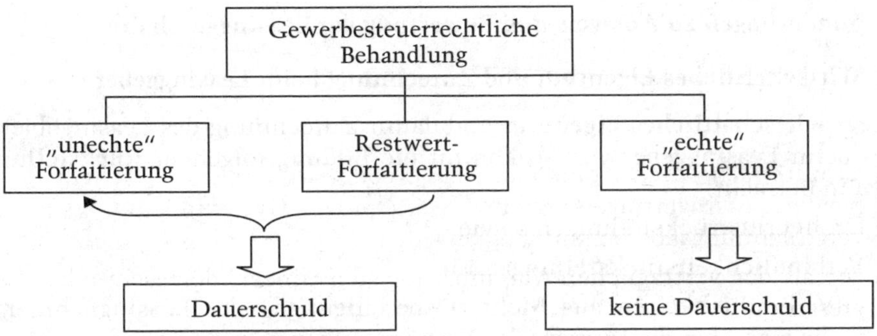

- Entgelt für Darlehensgewährung sowie der jährliche Aufstockungsbetrag sind hälftig hinzurechenbare Dauerschuldzinsen.

c) Risikovorsorge im Rahmen kredit- und leasingtypischer Risiken

Als **kredittypische Risiken** stellen sich beim Leasingvertrag das Bonitäts- und das Zinsrisiko dar. 48

- Das **Bonitätsrisiko** des Leasingnehmers wird durch Einzelwertberichtigungen, Drohverlustrückstellungen, Risikorückstellungen ähnlich einer Pauschalwertberichtigung oder durch außerplanmäßige Abschreibungen auf den Leasinggegenstand berücksichtigt. Der Leasinggeber kann Rückstellungen für von ihm zu übernehmende Kosten aus Serviceleistungen bilden oder außerplanmäßige Abschreibungen vornehmen.
- Dem **Zinsrisiko** aus einer inkongruenten Refinanzierung kann durch Drohverlustrückstellungen oder den Abschluss von Zinsderivaten mit kompensatorischen Hedge-Effekten begegnet werden.

Leasingtypische Risiken können das Objektrisiko und Vertragsrisiken sein. 49

- Das **Objektrisiko** besteht darin, dass die vereinbarten Leasingraten und der garantierte Restwert den Restbuchwert nicht abdecken. In diesem Fall sind außerplanmäßige Abschreibungen auf den Leasinggegenstand vorzunehmen. Ferner kann ein Restwertrisiko darin bestehen, dass eine Deckung der nicht garantierten Restbuchwerte durch die Verwertungserlöse nicht vorhanden ist. In diesem Fall ist eine Drohverlustrückstellung, die sich über die Vertragslaufzeit aufbaut, auch steuerlich anerkannt.

- **Vertragsrisiken**, z.B. durch fehlerhafte Anwendung des AGB-Rechts, Verbraucherschutzrechts etc. oder durch Fehler in der Vertragsgestaltung ist durch Drohverlustrückstellungen zu begegnen.

7. Sonderfragen zu Ausweis und Bewertung der Leasinggeschäfte

a) Wirtschaftliches Eigentum und Zurechnung beim Leasinggeber

50 Liegt **wirtschaftliches Eigentum** und damit Zurechnung des Leasingobjektes beim Leasinggeber vor, so kommt die Bildung folgender **Rückstellungen** in Betracht:

- Drohverlustrückstellungen sowie
- Verbindlichkeitsrückstellungen für
  - Verbindlichkeiten aus Mehrerlösbeteiligungen des Leasingnehmers, die sich über die Laufzeit des Vertrags aufbauen, sowie
  - Verbindlichkeiten aus der Auszahlung einer Investitionszulage am Ende des Vertrags.

51 Verbindlichkeiten sind ggf. anzusetzen für **Mietvorauszahlungen** oder **Mieterdarlehen**. In diesen Fällen sind Zahlungen des Leasingnehmers während der Vertragslaufzeit, die auf den Kaufpreis bei Kaufoption oder Verlängerungsraten angerechnet werden, als Darlehensverbindlichkeiten unter „sonstigen Verbindlichkeiten" auszuweisen. Es gelten die allgemeinen Bilanzierungsvorschriften. Bei Verkauf künftiger Mieterdarlehensraten erfolgt wegen der Rückzahlungspflicht **keine Erlösvereinnahmung** bzw. passive Rechnungsabgrenzung. Vielmehr ist der Barwert unter den sonstigen Verbindlichkeiten auszuweisen und aufzuzinsen.

52 **Leasingerträge** sind **als Umsatzerlöse** auszuweisen. Aufwendungen für verkaufte Leasinggegenstände und Mietkaufgegenstände sowie Dienstleistungen sind zwischen „sonstigen betrieblichen Erträgen" und „Personalaufwand" auszuweisen. Abschreibungen auf Leasingobjekte ist als zusätzlicher Unterposten bei den „Abschreibungen" anzufügen. „Zinsen aus Refinanzierung" sind unter „Zinsen und ähnliche Aufwendungen" darzustellen. Die Aufwendungen aus dem Leasinggeschäft enthalten bei Anwendung des Umsatzkostenverfahrens sowohl die Abschreibungen als auch die Zinsen aus Refinanzierung.

53 Im **Anhang** sind neben allgemeinen Anhangangaben nach § 284 HGB auch leasingbezogene **Angaben** zu machen. Als solche kommen in Betracht:

- Bildung und Auflösung von Rechnungsabgrenzungsposten,
- Bildung von Drohverlustrückstellungen,
- Abschreibung des Leasingvermögens,
- noch nicht fällige Leasingforderungen unter den sonstigen Vermögensgegenständen,

- Anlaufverluste und Auslaufgewinne,
- Gesamtbetrag der Verbindlichkeiten, die durch Pfandrechte gesondert sind (z.B. verkaufte Forderungen, die durch Leasinggegenstände gesichert sind).

Der Leasingnehmer hat im Falle des **wirtschaftlichen Eigentums** und damit der Zurechnung des Leasingobjektes beim Leasinggeber 54

- Verbindlichkeiten auszuweisen, soweit der Leasinggeber seine Leistung erbracht hat,
- bei nicht sachgerechtem Ausgleich von Leistung und Gegenleistung Abgrenzungen vorzunehmen, z.B.
  - wenn bei degressiven Leasingraten die Degression der tatsächlich vereinbarten Leasingraten die hinreichend objektivierte degressive Nutzungsinanspruchnahme überschreiten und der Differenzbetrag aktivisch abzugrenzen ist,
  - bei Einmalzahlungen, wenn ein aktiver Rechnungsabgrenzungsposten (Vorauszahlung) oder eine Verbindlichkeit (nachschüssige Zahlung) anzusetzen ist,
  - bei mietfreien Perioden, wenn bei Vertragsbeginn eine Verbindlichkeit bzw. bei Vertragsende ein aktiver Rechnungsabgrenzungsposten anzusetzen ist,
  - wenn ein Andienungsrecht besteht und ggf. eine Rückstellung für die Differenz zwischen dem Andienungspreis und dem Marktpreis (aufbauend über die Laufzeit) zu bilden ist,
  - bei Mietvorauszahlungen und Mietdarlehen, wenn die Darlehensforderung unter „Sonstige Ausleihungen" oder „Sonstige Vermögensgegenstände" auszuweisen ist,
- im Anhang den Gesamtbetrag der Leasingverpflichtungen anzugeben.

b) Wirtschaftliches Eigentum und Zurechnung beim Leasingnehmer

Ist der Leasinggegenstand beim Leasingnehmer auszuweisen, so hat der Leasinggeber die Leasingraten als **Forderungen** aus dem Verkauf des Leasinggegenstandes mit Erbringung der Leistungen auszuweisen; der Ausweis erfolgt unter den Posten „Forderungen aus Lieferungen und Leistungen" und „Umsatzerlöse" und ist mit dem Barwert anzusetzen bei Anwendung des internen Zinssatzes. Anteile für Service-Leistungen sind abzugrenzen und über die Laufzeit aufzulösen. Die Leasingraten sind in einen **Zins- und Tilgungsanteil** aufzuteilen. Die Raten unterliegen der **Umsatzsteuer**, die für den Gesamtbetrag aller Raten zum Lieferzeitpunkt entsteht und in Rechnung gestellt wird. Zum Bilanzstichtag kommen **Einzel- und/oder Pauschalwertberichtigungen** über ausstehende Raten in Betracht. Eine **Forfaitierung** führt zum Ausscheiden der Forderungen bzw. Teilforde- 55 rungen. Rückstellungen können gebildet werden für noch anfallende Verwaltungskosten bei verkauften Forderungen.

56 Der Leasinggeber hat den Barwert der Leasingraten, Optionspreise und den Zinsanteil der Raten in den Folgejahren als Umsatzerlöse auszuweisen; die Anschaffungskosten des Leasingobjektes werden als „Aufwendungen für bezogene Waren" dargestellt. Im Anhang sind besondere Angaben zur Methode der Forderungsbilanzierung, den Verbindlichkeiten und den Umsatzerlösen zu vermitteln.

57 Der Leasingnehmer hat den Leasinggegenstand in seinem **Anlagevermögen** ohne gesonderte Erwähnung auszuweisen. Es erfolgt auch kein gesonderter Ausweis der Abschreibungen und im Anlagespiegel. Für die Bewertung zu Anschaffungskosten bildet der Leasingvertrag die Grundlage (Leasingraten, Options- und Andienungspreis). Der Ansatz erfolgt zum **Barwert** bei Anwendung des internen Zinssatzes des Leasinggebers oder des Marktzinssatzes des Leasingnehmers für vergleichbare Finanzierungslaufzeiten. Für die Abschreibung existieren keine Unterschiede gegenüber einer Behandlung des Leasingobjektes beim Leasinggeber.

58 Der Leasingnehmer weist die **Verbindlichkeiten gegenüber dem Leasinggeber** abzüglich der geleisteten Mietvorauszahlungen aus. Diese werden unter den **Verbindlichkeiten aus Lieferungen und Leistungen** ausgewiesen. Der Ausweis erfolgt zum Barwert; später anfallende Leasingraten werden in einen **Tilgungs- und einen Zinsanteil** aufgeteilt.

Im Anhang sind methodische Angaben zur Ermittlung der Anschaffungskosten (z.B. Zinssatz) und zu den Leasingverbindlichkeiten zu machen, sofern sie sich nicht aus der Bilanz ergeben.

8. Überblick über wesentliche Änderungen durch die Unternehmensteuerreform 2008

59 Durch das **Unternehmensteuerreformgesetz 2008**[1] ergeben sich für das Leasing einige nennenswerte Veränderungen. Neben allgemeinen Vorschriften, die nicht-leasingspezifische, wohl aber leasing-relevante Themen behandeln wie

- Wegfall der Gewerbesteuer als abzugsfähige Betriebsausgabe,
- Abschaffung der degressiven AfA,
- Einschränkung der Sofortabschreibung von geringwertigen Wirtschaftsgütern sowie
- Regelungen zu Funktionsverlagerungen ins Ausland

1 BGBl. I 2007, 1912–1938.

können Themen wie

- Einführung der Zinsschranke als Abzugsbeschränkung für Zinsaufwendungen sowie
- die Hinzurechnung aller Zinsen und Finanzierungsanteile von Mieten, Pachten, Leasingraten und Lizenzen bei der gewerbesteuerlichen Bemessungsgrundlage mit einem Hinzurechnungsfaktor von 25 %, soweit deren Summe den Freibetrag von 100 000 Euro übersteigt,

für die steuerliche Behandlung und damit für die Vorteilhaftigkeit von Leasingverhältnissen gegenüber anderen Gestaltungsformen von Bedeutung sein.

a) Einschränkung des Zinsabzuges durch eine Zinsschrankenregelung

Die Eckpunkte der Zinsschrankenregelung lassen sich wie folgt zusammenfassen: 60

- Es werden grundsätzlich alle Unternehmen einbezogen (deshalb erfolgt die Regelung in § 4h EStG),
- Ausgangspunkt ist der gesamte (Netto-)Zinsaufwand (=Zinssaldo) eines Betriebs,
- die Safe-Heaven-Regelung bezieht sich auf 30 % des EBITDA,
- die Rechtsfolge besteht darin, dass die Zinsen als nicht abziehbare Betriebsausgabe gelten und nicht in eine verdeckte Gewinnausschüttung umqualifiziert werden (Gefahr von Mehrfachbelastungen),
- kleine und mittlere Unternehmen werden durch eine Freigrenze von 1 Mio. Euro Zinsaufwand aus der Zinsschranken-Regelung herausgenommen,
- die neuen Vorschriften werden ergänzt um § 8a KStG n.F. mit Regelungen zur schädlichen Gesellschafter-Fremdfinanzierung.

Maßgebend für die **Zinsschrankenregelung** ist der Zinssaldo je Betrieb und 61
Periode als Saldo des Zinsaufwands (§ 4h Abs. 3 EStG) und des Zinsertrags (§ 4h Abs. 3 EStG). Die Freigrenze beträgt je Betrieb und Periode 1 Mio. Euro. Bei Überschreiten der Freigrenze wird der Zinsabzug auf 30 % des EBITDA begrenzt. Bei fehlender Konzernzugehörigkeit gibt es keine Zinsschranke, vielmehr ist dann ein voller Zinsabzug möglich. Allerdings haben Kapitalgesellschaften § 8a Abs. 2 KStG n.F. zu beachten, wonach nicht konzernzugehörige Kapitalgesellschaften nur dann von der Zinsschrankenregelung ausgenommen sind, wenn sie nachweisen, dass der Zinsaufwand an wesentlich beteiligte Gesellschafter, also Gesellschafter mit einer Beteiligungsquote von mehr als 25 %, kleiner oder gleich 10 % des Zinssaldos beträgt. Bei Konzernzugehörigkeit ist eine Befreiung von der Zinsschrankenregelung nur möglich, wenn nachgewiesen wird, dass bei keiner Konzerngesellschaft der Zinsaufwand an wesentlich beteiligte

konzernexterne Gesellschaften mehr als 10 % des Zinssaldos beträgt (§ 8a Abs. 3 KStG n.F.)

b) Hinzurechnungen bei der Gewerbesteuer

aa) Abgrenzung zur bisherigen Rechtslage

62 Bislang werden nur die sog. Dauerschuldentgelte hinzugerechnet. Da alle übrigen Schuldentgelte von der Hinzurechnung ausgenommen sind, war die Bestimmung des Begriffs der Dauerschulden bisher ein häufiger Streitpunkt[1]. Zukünftig kommt es auf die Laufzeit der Schuld oder einen Zusammenhang mit der Gründung des Betriebs etc. nicht mehr an. Die Hinzurechnung erfolgt nicht im Hinblick auf Abzinsungen[2] sowie in Zusammenhang mit der neuen Zinsschranke[3]. Während die Bemessungsgrundlage signifikant verbreitert wurde, sind die Schuldentgelte mit 25 % hinzuzurechnen statt wie bisher mit 50 %, d.h., hinzugerechnet werden insbesondere Miet- und Pachtzinsen, bestimmte Renten und dauernde Lasten sowie Schuldzinsen[4].

bb) Darstellung im Detail

63 Die Neuregelung für die Hinzurechnung von Zinsaufwendungen bei der Gewerbesteuer fasst alle Schuldentgelte in einer Summe zusammen und „verschont" mit dem Freibetrag von 100 000 Euro (insgesamt für alle Finanzierungsaufwendungen) die Kleinstunternehmen[5]. Die Summe wird sodann mit einem Viertel hinzugerechnet. Die Zinsschranke wirkt indirekt auch bei der Gewerbesteuer, denn können die Zinsen nicht abgezogen werden, sind sie auch in dem Gewerbesteuermessbetrag mit 100 % enthalten, eine weitere Hinzurechnung erfolgt dann nicht mehr. Die Neuregelung verzichtet auf jede Einschränkung der Hinzurechnungen auf Dauerschulden und erfasst ferner den rechnerischen Aufwand aus der Abzinsung künftiger Zahlungsansprüche[6], selbst wenn diese mangels Periodenzugehörigkeit nicht bilanziert werden können (z.B. Forderungsverkauf). Allerdings bleiben Skonti und Wechseldiskontbeträge insofern ohne Hinzurechnung, als sie dem gewöhnlichen Geschäftsverkehr entsprechen. Mit der Formulierung „Wirtschaftsgüter des Anlagevermögens" in § 8 lit. d und e GewStG sind Wirtschaftsgüter gemeint, die, gehörten sie dem Mieter, als Anlage-

1 Vgl. nur die umfangreichen Erläuterungen in Abschn. 45 GewStR 1998.
2 Vgl. § 6 Abs. 1 Nr. 3 EStG.
3 Vgl. § 4h EStG, § 8a KStG i.V.m. § 8 Nr. 1 GewStG (Voraussetzung, dass entsprechende Beträge bei der Gewinnermittlung abgesetzt worden sind).
4 Vgl. zu den vorhergehenden Ausführungen insbesondere *Fehling*, NWB 29/07, 2459 ff., insbes. 2664 ff.
5 Vgl. § 8 Nr. 1 GewStG letzter Halbs.
6 Eine Ausnahme stellen lediglich Abzinsungen gem. § 6 Abs. 1 Nr. 3 und 3a EStG dar.

vermögen zu bilanzieren wären. Die hinzuzurechnenden Mieten werden regelmäßig bei inländischen Vermietern ergänzend (mehrfach) besteuert. Eine dem Bankenprivileg (§ 19 GewStDV) entsprechende Regelung für Vermietungsunternehmen existiert nicht.

cc) Hinzurechnung von Miet- und Pachtzinsen sowie zeitlich befristete Rechte

Zukünftig werden auch Miet- und Pachtzinsen für unbewegliche Wirtschaftsgüter[1] hinzugerechnet; Leasingraten werden ausdrücklich einbezogen. Hierbei handelt es sich jedoch lediglich um eine Klarstellung[2]. Im Gegensatz hierzu wird der Finanzierungsanteil der Aufwendungen beschränkt. Dieser wird bei beweglichen Wirtschaftsgütern auf 20 % und bei unbeweglichen Wirtschaftsgütern auf 75 % festgesetzt[3]. Die Hinzurechnung findet zukünftig unabhängig davon statt, ob die Miet- und Pachtzinsen beim Empfänger der Gewerbesteuer unterliegen („beabsichtigte Doppelbesteuerung"). Die auf diese Weise ermittelten Finanzierungsanteile werden hinzugerechnet. Im Falle von Finance-Lease-Verträgen ist der gesamte erfolgswirksame Zinsanteil als Schuldentgelt zu qualifizieren. 64

dd) Fazit

Die **Hinzurechnung für die Summenbildung** beträgt 65

- 20 % bei beweglichen Wirtschaftsgütern,
- 75 % bei nicht beweglichen Wirtschaftsgütern und
- 25 % bei zeitlich befristeter Überlassung von Rechten.

Dem liegen stark pauschalierte Finanzierungsdauern zugrunde, weil die Miet- und Pachtzinsen bzw. Aufwendung die Tilgung einschließen. Bei 5 % Zinsen und annuitätischer Zahlung ist der Zinsanteil ca. 40 % bei einem typischen Immobilienvertrag über 22 Jahre, 26 % bei einem Lizenzvertrag über 12 Jahre und 17 % bei einem Mobilienleasingvertrag über 7 Jahre.

Bei beweglichen Wirtschaftsgütern beträgt die effektive **Hinzurechnungsquote** also 5 % und bei unbeweglichen Wirtschaftsgütern 18,75 %. Bei Aufwendungen für die zeitlich befristete Überlassung von Rechten wird der Finanzierungsanteil auf 25 % festgesetzt, so dass sich eine effektive Hinzurechnung in Höhe von 6,25 % ergibt[4]. Fraglich ist, ob die Hinzurechnung von Lizenzaufwendungen mit der Zins- und Lizenzrichtlinie vereinbar ist[5]. 66

1 Vgl. § 8 Nr. 1e GewStG n.F. für unbewegliche Wirtschaftsgüter und § 8 Nr. 1d GewStG n.F. für bewegliche Wirtschaftsgüter.
2 Vgl. *Glanegger/Güroff*, GewStG, 6. Aufl. 2006, § 8 Nr. 7 Rz. 7.
3 Vgl. *Fehling*, NWB 29/07, 2459 ff., insbes. 2464 zu diesen Ausführungen.
4 Vgl. § 8 Nr. 1f GewStG n.F.
5 Vgl. Richtlinie 2003/49/EG des Rates v. 3.6.2003, ABl. EG 2003 Nr. L 157, 49; vgl. auch *Dörr/Fehling*, NWB 30/2007, 2535 ff. zur Europarechtsproblematik im Zusammenhang mit der Unternehmensteuerreform.

Für eine **Betriebsaufspaltung** kann dies folgende Auswirkungen haben:

- bei der Besitz(personen)gesellschaft
  - vermindert sich die Hinzurechnung von Finanzierungskosten (früher nur Dauerschuldzinsen) von der Hälfte auf ein Viertel,
  - erhöht sich der Gewinn durch die Zinsschranke und
  - erhöht sich der Gewinn durch Wegfall der degressiven AfA;
- bei der Betriebsgesellschaft
  - erhöht sich der Gewinn durch die erstmalige Hinzurechnung der Pachtzinsen, weil der Verpächter keinen (Teil-)Betrieb, sondern nur Betriebsgrundlagen verpachtet hat.

67 Für **Leasing und Forfaitierung** vermindert sich durch die erstmalige Hinzurechnung von Leasing- und Lizenzraten beim Mieter die Attraktivität grenzüberschreitender Gestaltungen (Finanzierung über ausländische (verbundene) Leasinggesellschaften und Etablierung ausländischer Lizenz- oder Patentverwertungsgesellschaften). Die Vermietung wird unattraktiver, weil der Mietaufwand nicht mehr voll abzugsfähig sein wird. Die Hinzurechnung bei Abschluss des Forfaitierungsvertrags in Höhe von einem Viertel der Gesamtdifferenz zwischen der Summe der abgetretenen Forderungen und dem Forfaitierungserlös im Zeitpunkt des Vertragsschlusses lässt die Forfaitierung als Form der Refinanzierung relativ weniger interessant erscheinen[1].

c) Sonderthemen

aa) Aufgabe des Korrespondenzprinzips

68 Bisher gilt für einige der vorgenannten Hinzurechnungstatbestände ein Korrespondenzprinzip. Die Hinzurechnung beim Leistenden findet nur statt, wenn die Zahlungen beim Empfänger nicht auch der Gewerbesteuer unterliegen (galt bisher bereits nur eingeschränkt bei Mietzahlungen und nicht bei Dauerschuldentgelten). Dieser Vorbehalt entfällt jetzt völlig, so dass das Prinzip einer gewerbesteuerlichen **Doppelbesteuerungsbelastung** für Unternehmer weiter verstärkt wurde[2].

bb) Hinzurechnung und Kürzung bei Streubesitzdividenden und weitere Änderung

69 – Verschärfung des Schachtelprivilegs durch Anhebung der Beteiligungsgrenze von 10 % auf 15 %. Darunter erfolgt eine gewerbesteuerliche Doppelbesteuerung.

---

1 § 8 Nr. 1a Satz 2, 2. Alt. GewStG n.F.

2 Gestaltungshinweis für verbundene Unternehmen: Organschaft i.V.m. Abschn. 41 Abs. 1 Satz 5 GewStR 1998; ähnlich *Bergemann/Markl/Althof*, DStR 2007, 693.

- Aufhebung der Kürzung bei Miet- und Pachteinnahmen mit der Folge einer Doppelbesteuerung im Rahmen der Unternehmensteuerreform[1].
- Gewerbsteuer ist nicht mehr als Betriebsausgabe abziehbar[2].
- Anhebung des Anrechnungsfaktors von 1,8 auf 3,8 bei der Einkommensteuer; Begrenzung jedoch auf den Betrag der zu zahlenden Gewerbesteuer (einseitige Typisierung, Verfassungsmäßigkeit in Frage gestellt)[3].
- Vereinheitlichung der Steuermesszahl rechtsformunabhängig auf 3,5 %[4].
- Gewerbsteuerverluste unterliegen ebenfalls den Neuregelungen des Verlustabzugs bei Körperschaften (so genannter Mantelkauf)[5].

III. Leasingbilanzierung nach IFRS

1. Anwendung von IFRS

Die EU-Verordnung 1606/2002[6] verpflichtet kapitalmarktorientierte Unternehmen, die ihren Sitz innerhalb der EU haben, ihren Konzernabschluss ab 2005 nach dem Rechnungslegungssystem des IASB aufzustellen. Darüber hinaus haben die Mitgliedstaaten die Möglichkeit, die Anwendung der IFRS für den Konzernabschluss nicht-kapitalmarktorientierter Unternehmen und für den Einzelabschluss aller Unternehmen vorzuschreiben, auf freiwilliger Basis zuzulassen (Wahlrecht) oder zu verbieten. Obwohl eine EU-Verordnung normalerweise nicht der Umsetzung durch den nationalen Gesetzgeber bedarf, erfolgte hier die Ausübung der nationalen Wahlrechte, welche die EU-Verordnung beinhaltet, durch das Bilanzrechts-Reformgesetz vom 4.12.2004[7]. 70

Nach § 315a HGB haben seit dem 1.1.2005 kapitalmarktorientierte Mutterunternehmen ihren **Konzernabschluss nach IFRS** aufzustellen (§ 315a Abs. 1 HGB). Dies gilt auch für Unternehmen, die die Zulassung eines Wertpapiers zum Handel an einem organisierten Markt im Inland beantragt haben (§ 315a Abs. 2 HGB). Nicht kapitalmarktorientierte Unternehmen haben ein Wahlrecht, ihren Konzernabschluss entweder nach HGB oder nach IFRS aufzustellen (§ 315a Abs. 3 HGB). Nach § 325 Abs. 2a HGB können auch **Jahresabschlüsse zu Informationszwecken nach IFRS** auf- 71

1 Aufhebung von § 9 Nr. 4 GewStG.
2 Vgl. § 4 Nr. 5b EStG n.F.
3 Vgl. *Fehling*, NWB 29/07, 2470; BVerfG v. 21.6.2006 – BvL 2/99, DB 2006, 1817.
4 Vgl. § 11 Abs. 2 GewStG n.F.
5 Vgl. § 10a Satz 8 GewStG n.F. i.v.m. § 8c KStG n.F. sowie *Fehling*, NWB 29/07, 2459 ff.
6 VO (EG) Nr. 1606/2002 v. 19.7.2002, ABl. EG Nr. L 243 v. 11.9.2002, 1–4.
7 BGBl. I 2004, 3166–3182.

gestellt werden, doch erspart dies nicht die Aufstellung eines HGB-Abschlusses für Zwecke des Gesellschafts- und Steuerrechts[1].

2. Definition von Leasingverhältnissen nach IFRS

72 Die grundlegende IFRS-Norm zur Leasingbilanzierung ist IAS 17. Allerdings gibt es im System der IFRS-Rechnungslegung eine Reihe weiterer Vorschriften, die für die Leasingbilanzierung Bedeutung haben. Als Beispiele sind zu nennen

- für den Anwendungsbereich der Leasingbilanzierung:
  - SIC 27 Beurteilung der wirtschaftlichen Transaktionen in der rechtlichen Form von Leasingverhältnissen,
  - IFIRC 4 Feststellung, ob eine Vereinbarung ein Leasingverhältnis enthält,
- für die Erst- und Folgebewertung von Leasinggegenständen:
  - IAS 16 Sachanlagen,
  - IAS 21 Auswirkungen von Änderungen der Wechselkurse,
  - IAS 36 Wertminderung von Vermögenswerten,
  - IAS 38 Immaterielle Vermögenswerte,
  - IAS 39 Finanzinstrumente: Ansatz und Bewertung einschließlich der Bestimmungen über die Verwendung der „Fair Value-Option",
  - IAS 40 Als Finanzinvestition gehaltene Immobilien,
- für Leasingobjektgesellschaften:
  - IAS 27 Konzern- und separate Einzelabschlüsse nach IFRS,
  - SIC 12 Konsolidierung – Zweckgesellschaften,
- zum Ausweis:
  - IAS 32 Finanzinstrumente: Darstellung
- sonstige, ergänzende Regelungen:
  - IAS 12 Ertragsteuern,
  - IAS 18 Erträge,
  - IAS 34 Zwischenberichterstattung,
  - IAS 37 Rückstellungen, Eventualschulden und Eventualforderungen,
  - IFRS 5 Zur Veräußerung gehaltene langfristige Vermögenswerte und aufgegebene Geschäftsbereiche,
  - SIC 15 Operating-Leasingverhältnisse – Anreizvereinbarungen[2].

---

1 *Schildbach*, BFuP 2002, 263; *Schruff*, BFuP 1993, 400–426.
2 *Kümpel/Becker*, Leasing nach IFRS, 2006, S. 2.

Nach IAS 17.4 ist ein Leasingverhältnis eine Vereinbarung, bei der der Leasinggeber dem Leasingnehmer gegen eine Zahlung oder eine Reihe von Zahlungen das Recht auf Nutzung eines Vermögenswertes für einen vereinbarten Zeitraum überträgt[1]. 73

Charakteristika eines Lease i.S.d. IAS 17 lassen sich wie folgt beschreiben: 74

- Die **Übertragung der Nutzungs- und Gebrauchsrechte** erfolgt an einem **bestimmten oder bestimmbaren Gut,**
- die Übertragung erfolgt für einen **bestimmten Zeitraum** und
- die Übertragung erfolgt **entgeltlich**.

Der Leasingbegriff ist allerdings weit auszulegen; er ist stark vom Grundsatz der **wirtschaftlichen Betrachtungsweise (substance over form)** geprägt, d.h. die Bezeichnung als Leasingvertrag ist für die Leasingbilanzierung unerheblich. Auch bestimmte Vertragsformen von Miete, Pacht, Erbbaurechte, Miet-/Ratenkaufverträge kommen als Leasingverhältnisse in Betracht. Bedeutsam ist, dass es sich um die Übertragung eines zeitlich befristeten Nutzungsrechts handelt und diese Übertragung entgeltlich erfolgt. Auf die Art des Entgelts kommt es nicht an; auch Gegenleistungen in Form von Tausch o.Ä. können unter Leasing fallen.

Um den Anwendungsbereich für die Leasingbilanzierung zu präzisieren, wurden „SIC 27 Evaluating the substance of transactions involving the legal form of a lease" und „IFRIC 4 Determining whether an arrangement contains a lease" veröffentlicht. Sie unterstreichen den Grundsatz der wirtschaftlichen Betrachtungsweise besonders deutlich. 75

Während sich SIC 27 mit Cross-Border-Leasingverhältnissen befasst[2], die zu einer Lease-and-lease-back-Transaktion führen, um steuerliche Effekte zu erzielen, bestimmt IFRIC 4, unter welchen Voraussetzungen in einem Dienstleistungsvertrag ein Leasingverhältnis unterstellt werden kann. 76

Nach IFRIC 4 ist zu prüfen, ob ein Leasingverhältnis i.S.d. IAS 17 vorliegt, auch wenn ein Vertrag (rechtlich) nicht als **Leasingvertrag** ausgestaltet ist, wirtschaftlich aber das Recht beinhaltet, einen Gegenstand für eine verein- 77

1 Vgl. als grundlegende Literaturquellen zur Leasingbilanzierung nach IFRS u.a. *Adler/Düring/Schmaltz*, Rechnungslegung nach internationalen Standards, 2005; *Kümpel/Becker*, PiR 2006, 81 ff.; *Lorenz*, Leasingverhältnisse, in: Löw (Hrsg.), 2005, S. 689–734; *Esser*, StuB 2005, 429–436; *Alvarez/Wotschofsky/Miethig*, WPg 2001, 933–947; *Schimmelschmidt/Happe*, DB 48/2004, Beilage; *Weiss*, Praxishandbuch Leasingbilanzierung. Grundlagen und Praxis der Bilanzierung nach HGB und IFRS, 2006; *Fuchs*, DB 1996, 1833–1836; *Findeisen*, RIW 1997, 838; *Feinen* DB 1998, Beilage 6, 16–18; *Feinen*, RIW 1999, Beilage 5, 18; *Mellwig*, DB 1998, Beilage 12; *Riebe* Leasingbilanzierung gemäß HGB, IAS und US-GAAP 2001; *Rieder-Stegner*, Die Bilanzierung von Leasingverhältnissen im internationalen Vergleich, 2005; *Sabel*, Leasingverträge in der kapitalmarktorientierten Rechnungslegung, 2006.

2 *Rügemer*, Cross Border Leasing, Ein Lehrstück zur globalen Enteignung der Städte, 2004.

barte Zeitdauer zu nutzen und im Gegenzug eine Zahlung(sreihe) zu leisten[1]. IFRIC 4 beschäftigt sich somit mit vertraglichen Abreden, bei denen der Leistungsempfänger zur **Abnahme eines Outputs** (Produkt, Dienstleistung) verpflichtet ist und sich daher die vertraglich vereinbarte Zahlung(sreihe) auf den Output und nicht auf den Vermögenswert, der für die Erstellung des Outputs eingesetzt wird, bezieht.

Beispiele können sein:

- **Outsourcingverträge**, z.B. ausgelagerte EDV-Funktionen oder Fertigungsprozesse, beispielsweise in der Automobilbranche,
- Abreden der Telekommunikationsindustrie, nach denen Lieferer von **Netzwerkkapazitäten** den Kunden das Recht auf diese Kapazitäten bereitstellen,
- **Take-or-pay-Abreden** oder ähnliche Verträge, nach denen die Kunden spezielle Zahlungen leisten müssen unabhängig davon, ob sie die Lieferung der Ware oder Dienstleistung annehmen, z.B. Verträge, nach denen der Käufer verpflichtet ist, nahezu den ganzen Output eines Kraftwerkes eines Lieferers abzunehmen,
- **Service-Konzessionsverträge**, in denen ein Lieferer, z.B. ein Privatunternehmen, die Nutzung eines Infrastrukturobjektes, z.B. einer Behörde oder Regierungseinrichtung, anbietet.

78 IFRIC 4 gibt keine Hinweise, ob solche als Leasing qualifizierte Abreden als Finance- oder Operate-Lease klassifiziert werden sollen. In manchen Abreden überträgt der Lieferer das Recht zur Nutzung eines Gegenstandes als Teil eines größeren Gegenstandes, z.B. die Nutzung von 50 % der Kapazität einer Pipeline. Auch diese Frage wird grundsätzlich nicht in IFRIC 4 geklärt, dennoch kann eine Beurteilung in Abstimmung mit den Grundsätzen von IFRIC 4 zweckmäßig sein.

79 Ein Vertrag enthält ein Leasingverhältnis, wenn folgende zwei Voraussetzungen erfüllt werden:

- die Erfüllung der Leasingvereinbarung hängt von der **Nutzung eines bestimmten Vermögenswertes** ab, der in der Vereinbarung entweder explizit oder implizit definiert ist und

1 *Küting/Hellen/Koch*, KoR 2006, 651; ferner: *Götz/Spanheimer*, WPg 2004, 510–518; *Götz/Spanheimer*, BB 2005, 259–265; *Petersen/Bansbach/Dornbach*, IFRS Praxishandbuch, 2005, S. 252 ff.; *Reinholz*, Stand und internationale Entwicklungen in der Leasingbilanzierung, 1995, S. 125–134; *Roß/Kunz/Drögemüller*, DB 2003, 2023–2027; *Zülch/Willms*, StuB 2005, 315–317; *Wassmer/Helmschrott*, DB 2000, 2025 ff.; *Weinstock*, WPg 1996, 794–800; *Weinstock*, Die Bilanzierung von Leasingverträgen nach IASC, 2000; *Wiley*, IFRS 2005, Chapter 14, Leasing, 2005, S. 455 ff.; *Heyd*, Internationale Rechnungslegung, 2003, S. 39 ff.; *Heyd*, Rechnungslegung nach IFRS – eine Einführung, 2005, S. 75 ff.; *Lüdenbach/Hoffmann*, IFRS Kommentar, 2007, S. 390 ff.; *Kirsch*, IAS 17 Leasingverhältnisse (Leases), in Baetge et. al., Rechnungslegung nach International Accounting Standards, 2003 ff.

– die Vereinbarung räumt ein **Recht zur Nutzung des Vermögenswertes** ein[1].

Das Recht zur Nutzung des Vermögenswertes ist nach IFRIC 4.9 dann gegeben, wenn 80

– der Käufer die Möglichkeit oder das **Recht zur eigenen wirtschaftlichen Nutzung** (operate) des Vermögenswertes hat oder andere dazu anweisen kann, während er Produkte oder Dienstleistungen aus dem Vermögenswert oder eine andere Nutzung in Höhe eines mehr als unwesentlichen Betrags erhält oder kontrolliert oder
– der Käufer die Möglichkeit oder das Recht auf die **Kontrolle des physischen Zugangs** hat, während er Produkte oder Dienstleistungen aus dem Vermögenswert oder eine andere Nutzung in Höhe eines mehr als unwesentlichen Betrags erhält oder kontrolliert oder
– es unwahrscheinlich ist, dass Dritte während der Laufzeit der Vereinbarung Produkte oder Dienstleistungen aus dem Vermögenswert oder eine andere Nutzung in Höhe eines mehr als unwesentlichen Betrags erhalten werden.

Die Festlegung, ob eine Abrede ein Leasingverhältnis beinhaltet, ist zu treffen, wenn die Abrede getroffen wird auf Basis der Tatsachen, die zu diesem Zeitpunkt bestehen. Eine Neufestlegung darf nur getroffen werden, wenn sich die Annahmen der Abrede verändert haben. Spätere Änderungen in den Rahmenbedingungen sind kein Anlass für eine Neufestlegung. Wenn eine Abrede ein Leasingverhältnis beinhaltet, werden die Vorschriften zur Klassifizierung sowie zu Ansatz, Bewertung und Anhangangaben vom Leasinggeber und Leasingnehmer gleichermaßen angewandt.

Andere Elemente der Abrede werden nach anderen Standards behandelt, 81
z.B. bei **Mehrkomponentenverträgen**. Für Zwecke der Anwendung der Vorschriften aus IAS 17 werden Zahlungen aus dem Vertrag aufgeteilt in solche aus dem Leasingverhältnis und solche für andere Bestandteile. Zur Durchführung dieser Trennung sind **Schätztechniken** anzuwenden. So kann z.B. der Teil der Zahlung, der auf den Leasingteil entfällt, durch einen Vergleich mit einem Leasingvertrag geschätzt werden, der keine anderen Bestandteile enthält. In seltenen Fällen können die Zahlungen nur unzuverlässig aufgeteilt werden:

– Im Falle von **Finance-Lease** ist der Gegenstand zu einem Wert anzusetzen, der dem Fair Value des zugrundeliegenden Gegenstandes entspricht.
– Im Falle von **Operate-Lease** sind alle Zahlungen aus dem Vertrag anzugeben, wobei die Minimumleasingraten gesondert zu erfassen sind. Ferner ist festzuhalten, dass die angegebenen Beträge auch Zahlungen für andere Bestandteile des Vertrags beinhalten.

---

1 IFRIC 4.6.

82 IFRIC 4 ist erstmalig anzuwenden für Geschäftsjahre, die am/nach dem 1.1.2006 beginnen. Die Erstanwendung ist lediglich auf die vertraglichen Abreden zu beziehen, die zu Beginn der Vergleichsperiode (Vorjahr) bereits existierten; weiter zurückliegende Vereinbarungen sind nicht nach IFRIC 4 neu zu bestimmen. Dies stellt eine Ausnahme vom Grundsatz der vollumfänglichen retrospektiven Anwendung dar.

83 Die Anwendung leasingrelevanter Vorschriften ist allerdings formal **ausgeschlossen** für Vereinbarungen wie

- Leasingverhältnisse in Bezug auf die Entdeckung und Verarbeitung von Mineralien, Öl, Erdgas und ähnlichen nicht regenerativen Ressourcen sowie
- Lizenzvereinbarungen über Filme, Videoaufnahmen, Theaterstücke, Manuskripte, Patente und Urheberrechte (IAS 17.2).

84 Leasingvereinbarungen über als Finanzinvestition gehaltene Immobilien und biologische Vermögenswerte fallen zwar grundsätzlich in den Anwendungsbereich von IAS 17, doch erfolgt die Bewertung der damit zusammenhängenden Assets nach IAS 40 bzw. IAS 41.

85 Die Regelungen des IAS 17 gelten sowohl für den Mieter (Leasingnehmer) als auch für den Vermieter (Leasinggeber).

3. Grundkonzept der Leasingbilanzierung nach IFRS

a) Verteilung von Chancen und Risiken auf Leasinggeber und Leasingnehmer

86 IAS 17 geht von der Vorstellung aus, dass ein Asset dazu bestimmt ist, **Nutzen zu stiften** und dass dafür auch **Risiken** in Kauf genommen werden müssen. Zur Bilanzierung ist derjenige verpflichtet, der unabhängig von seiner Rechtsstellung die **überwiegenden Chancen und Risiken** aus dem Asset trägt (risk and reward approach). Diese ergeben sich aus der wirtschaftlichen Verfügungsmacht, der Möglichkeit der Inanspruchnahme wirtschaftlichen Nutzens und der Berechtigung andere von der Nutzenziehung auszuschließen. Ein Anknüpfen an das juristische Eigentum wird dabei nach Framework F 57 nicht empfohlen, es kann lediglich als Indiz für das Vorliegen von wirtschaftlichem Eigentum dienen. Als mögliche Risiken aus dem Eigentum an einem Vermögenswert nennt IAS 17.7 Auslastungsrisiken, technische Risiken oder Risiken aufgrund geänderter wirtschaftlicher Rahmenbedingungen. Als Chancen gelten der Gewinn bringende Einsatz im betrieblichen Leistungsprozess, eine Wertsteigerung oder ein realisierter Restwert (IAS 17.7).

87 Da Leasingverträge keine rechtlich normierten Schuldverhältnisse darstellen, kann die **Verteilung von Chancen und Risiken** an dem Leasinggegen-

stand zwischen Leasingnehmer und Leasinggeber **sehr individuell geregelt** werden.

- Werden im Wesentlichen alle Chancen und Risiken, die mit dem Eigentum verbunden sind, auf den Leasingnehmer übertragen, spricht man von **Finance-Lease**. In diesem Fall bekommt der Leasingnehmer durch den Leasingvertrag eine eigentümerähnliche Stellung, indem ihm das dem Leasingobjekt innewohnende Nutzungspotenzial übertragen wird; damit ist meist auch die Übertragung von Risiken verbunden, die normalerweise nur ein Eigentümer zu tragen hat. Wirtschaftlich betrachtet wird somit dem Leasingnehmer eine Stellung eingeräumt, die der bei einem kreditfinanzierten Ratenkauf entspricht[1].
- Alle Leasingverträge, bei denen dies nicht der Fall ist, werden als **Operate-Lease**-Verträge bezeichnet (IAS 17.8)[2].

b) Klassifizierung von Leasingverträgen

Die Konkretisierung der Einschätzung über den **Transfer von Chancen und Risiken** erfolgt mit Hilfe bestimmter Kriterien und Indikatoren[3]. 88

Die Klassifizierung als Operate- oder Finance-Lease-Vertrag wird zu Beginn des Leasingverhältnisses vorgenommen (IAS 17.13). Der **Klassifizierungszeitpunkt** ist der frühere Zeitpunkt von 89

- Abschluss des Leasingvertrags oder
- Vereinbarung zwischen beiden Parteien bezüglich der wesentlichen Bestimmungen des Leasingvertrags.

Bei Vertragsänderungen während der Leasingdauer ist eine **Neuklassifizierung** vorzunehmen, sofern sich wesentliche Vertragsinhalte, z.B. Miethöhe oder Laufzeit, ändern und sofern bei rückwirkender Anwendung seit Beginn des Leasingvertrages eine andere Klassifikation getroffen worden wäre. **Änderungen von Schätzungen**, z.B. des Restwertes oder der wirtschaftlichen Nutzungsdauer sowie Veränderungen von Sachverhalten, z.B. Zahlungsverzug etc. stellen **keine Änderung der wesentlichen Vertragsinhalte** dar.

Beispiele für Situationen, die für sich allein betrachtet oder in Kombination normalerweise zur Klassifizierung als Finance-Lease führen (Klassifikationskriterien), sind nach IAS 17.10: 90

---

1 *Kümpel/Becker*, Leasing nach IFRS, 2006, S. 16.

2 Das IASB arbeitet gerade an einer grundlegenden Neuausrichtung der derzeit geltenden Bilanzierungsregeln zum Leasing. Danach soll die Klassifikation in Operate- und Finance-Leasing-Verträge aufgegeben werden und grundsätzlich das Recht auf Nutzung aktiviert und eine entsprechende Verpflichtung passiviert werden. Vgl. hierzu *Füllbier/Pferdehirt*, KoR 2005, 275–285; *Leibfried/Rogowski*, KoR 2005, 552–555.

3 Vgl. hierzu auch *Kümpel/Becker*, DStR 2006, 1471 ff.

- Der **Eigentumsübergang** auf den Leasingnehmer am Ende der Laufzeit des Leasingverhältnisses,
- eine **günstige Kaufoption** des Leasingnehmers am Ende der Laufzeit des Leasingverhältnisses; diese wird angenommen, wenn dem Leasingnehmer das Recht eingeräumt wird, den Leasinggegenstand zu einem Preis zu erwerben, der deutlich niedriger ist als der zum möglichen Optionszeitpunkt beizulegende Zeitwert (Fair Value), und es damit hinreichend sicher (reasonably assured) ist, dass die Option ausgeübt wird,
- die **Laufzeit des Leasingverhältnisses** umfasst den **überwiegenden Teil** der wirtschaftlichen Nutzungsdauer des Leasingobjektes,
- zu Beginn des Leasingverhältnisses entspricht der **Barwert der Mindestleasingraten** im Wesentlichen dem **beizulegenden Zeitwert** (Fair Value) des Leasingobjektes,
- das Leasingobjekt kann aufgrund seiner **spezifischen Beschaffenheit** ohne wesentliche Veränderungen nur vom Leasingnehmer genutzt werden.

91 Dabei handelt es sich um eine nicht abschließende Aufzählung von Beispielen; sie stellen allerdings keinen Automatismus der Vertragsklassifikation dar. Somit wird dem Bilanzierenden dadurch eine wirtschaftliche Gesamtwürdigung des Transfers von Chancen und Risiken nicht erspart. Im Gegensatz zu US-GAAP **verzichtet IAS 17 auf die Vorgabe quantitativer Grenzwerte** um zu verhindern, dass durch bewusstes Über- oder Unterschreiten der Grenzwerte Effekte erzielt werden, die der wirtschaftlichen Gesamtbeurteilung nicht entsprechen. Dennoch ist die Praxis an operationalen, objektivierbaren und **„prüfungssicheren" Kriterien** interessiert. Daher lehnt sie sich zumeist an die entsprechenden US-GAAP-Vorschriften an[1].

92 Während bei den genannten fünf Kriterien die Erfüllung eines Kriteriums ausreicht, um Finance-Lease zu begründen, gelten nachfolgende Kriterien eher als **Indikatoren** für Situationen, die allein oder in Kombination mit anderen zu einem Finance-Lease führen können. Zwar führt das Vorliegen von einem dieser Indikatoren (IAS 17.11) nicht automatisch zur Klassifizierung als Finance-Lease, doch werden die Auswirkungen dieser Indikatoren stets bei der Einschätzung der anderen Kriterien berücksichtigt. Die Indikatoren sind im Einzelnen:

- Bei **Kündigung** durch den Leasingnehmer werden die **Verluste durch den Leasingnehmer** getragen,
- **Veränderungen des Restwertes** werden durch den Leasingnehmer getragen,
- der Leasingnehmer hat eine **günstige Mietverlängerungsoption** (Bargain-Renewal-Option), d.h. er hat die Möglichkeit, das Mietverhältnis nach der ursprünglich vereinbarten Mietdauer für einen weiteren Zeitraum

1 *Kümpel/Becker*, Leasing nach IFRS, 2006, S. 19.

zu wesentlich unter der marktüblichen Miete liegenden Bedingungen fortzusetzen.

Die Festlegung muss zu **Beginn des Leasingverhältnisses** getroffen werden. Dies ist regelmäßig bei Vertragsschluss anzunehmen, in Ausnahmefällen bereits, wenn über die wesentlichen Vertragsbestimmungen Einigkeit erzielt wurde. Der Beginn des Leasingverhältnisses ist streng zu unterscheiden vom Beginn der Laufzeit des Leasingvertrags (commencement of the lease term); dieser ist für die Vertragsklassifikation ohne jede Bedeutung[1]. 93

c) Die Klassifizierungskriterien im Einzelnen

aa) Vertragsmäßiger Eigentumsübergang

Hier muss der **Eigentumsübergang** im Leasingvertrag bzw. in Nebenabreden festgelegt sein. Allerdings ist auch ein Miet- oder Ratenkaufvertrag, bei dem mit Zahlung der letzten Rate das juristische Eigentum auf den Leasingnehmer übergeht, unter dieses Kriterium zu fassen. Da dieses Kriterium sowohl nach den steuerlichen Leasingerlassen als auch nach IAS 17.10 (a) zu einem Finance-Lease führt, kann sich daraus beim Übergang von HGB auf IFRS für Erstanwender keine Neuklassifizierung ergeben. Allerdings kann ein an eine Objektgesellschaft gewährtes Mieterdarlehen, dessen Rückzahlung aus dem Verwertungserlös am Ende der Grundmietzeit nicht gewährleistet werden kann, zu einem **quasi-sicheren Eigentumsübergang** führen, weil der Leasingnehmer anstelle des teilweisen Verlusts seines Darlehensanspruchs lieber das Leasingobjekt in sein Eigentum aufnimmt und damit aus der Weiternutzung Cash-Flows generieren kann. Fraglich ist ein Eigentumsübergang dann, wenn Kündigungsklauseln oder Rückkaufoptionen des Leasinggebers am Ende der Vertragslaufzeit vereinbart worden sind. In diesen Fällen ist die Wahrscheinlichkeit des Eigentumsübergangs einzelfallbezogen unter Berücksichtigung von Erfahrungswerten aus der Vergangenheit und unter Würdigung der Gesamtumstände zu beurteilen. 94

bb) Günstige Kaufoption

Damit die Ausübung der **Kaufoption hinreichend sicher erwartet** werden kann, wird eine günstige Kaufoption angenommen, wenn 95

- der **Erwerbspreis** gemäß dieser Option **deutlich niedriger** als der **Fair Value** bei der Ausübung ist[2] und
- die Planungen des Leasingnehmers die **Weiternutzung** nach dem Ende der Leasingdauer nicht ausschließen.

1 *Kümpel/Becker*, Leasing nach IFRS, 2006, S. 22.
2 In der Praxis geht man von einer günstigen Kaufoption aus, wenn die Differenz zwischen dem Optionspreis und dem Fair Value mindestens 10 % des Fair Values beträgt.

Es muss aus der Würdigung der Gesamtumstände „reasonably assured" sein, dass der **Leasingnehmer die Option auch ausüben wird**. Dies ist anzunehmen, wenn der sich bei Ausübung einstellende Vorteil für den Leasingnehmer derart groß ist, dass ein rational handelnder Leasingnehmer sich ihm nicht entziehen kann; d.h. wenn die Option aufgrund ihrer Bedingungen bei einer Vorteilsabwägung „Ausübung oder Nichtausübung" einen schon zu Beginn des Leasingverhältnisses absehbaren faktischen Ausübungszwang auslöst[1].

96 Um zu beurteilen, ob eine günstige Kaufoption vorliegt, sind zwei Arbeitsschritte zu vollziehen:

- Schätzung des **potenziellen Ausübungsvorteils**,
- Eignung des Ausübungsvorteils der Höhe nach, einen **faktischen Ausübungszwang** auszulösen[2].

97 Zur Beurteilung dieser Fragen ist eine **Schätzung des Fair Values** für den Zeitpunkt am Ende der Vertragslaufzeit vorzunehmen. Hierbei gelten die allgemeinen Regeln zur Bestimmung des Fair Values, insbesondere die Fair-Value-Hierarchie nach IAS 16.32 ff. Danach ist zunächst zu versuchen, den Fair Value aus verfügbaren Marktdaten zu ermitteln. Gelingt dies nicht, ist eine Ableitung aus Wiederbeschaffungskosten, Gesamtinvestitionskosten, o.Ä. geboten. Existiert für das Leasingobjekt am Ende der Mietzeit wegen technischem und/oder wirtschaftlichem Fortschritt kein Beschaffungsmarkt mehr, sind Marktpreise ähnlicher Objekte heranzuziehen (Vergleichswertverfahren) bzw. durch Zu- oder Abschläge aus diesen abzuleiten. Gelingt auch dies nicht, ist auf fortgeführte Wiederbeschaffungskosten (analog IAS 16.33) zu gehen. Ein geschätzter Wiederbeschaffungsneuwert zum Zeitpunkt der potenziellen Optionsausübung ist um die während der Laufzeit des Leasingverhältnisses fiktiv anfallenden planmäßigen Abschreibungen zu vermindern. Dabei wird regelmäßig eine lineare Abschreibungsmethode auf Basis der wirtschaftlichen Restnutzungsdauer des Leasingobjektes zugrunde gelegt. Als letzte Stufe der Fair-Value-Hierarchie kommen Barwertverfahren (Ertragswertverfahren bzw. Discounted-Cash-Flow-Verfahren) in Betracht. Insbesondere bei Mobilien-Leasingverträgen ist allerdings die Zurechnung von Cash Flows auf einzelne Leasingobjekte problematisch.

98 Die Frage, ob eine günstige Kaufoption vorliegt, ist auch abhängig von den im Vertrag vorgesehenen **Alternativen zur Optionsausübung**. Wird der Leasingnehmer beispielsweise vor die Wahl gestellt, das Leasingobjekt zum Fair Value bzw. einem höheren Wert zu übernehmen oder dieses auf eigene Kosten abzubauen und an einen entlegenen Ort zu verbringen, kann die Kaufoption auch günstig sein, selbst wenn der Optionspreis den Fair Value nicht deutlich unterschreitet.

---

1 *Kümpel/Becker*, Leasing nach IFRS, 2006, S. 24.
2 *Kümpel/Becker*, Leasing nach IFRS, 2006, S. 24.

99 Weiterhin können **wirtschaftliche Nachteile** (economic penalties) eine Kaufoption günstig und damit deren Ausübung wahrscheinlich werden lassen. Als Beispiele könnte man sich Kompensationszahlungen für den Fall einer Nichtausübung der Option vorstellen, ferner eine Gesamtkaufoption mehrerer Leasingobjekte, die man nur einheitlich für alle Objekte ausüben oder ablehnen kann. Je nach Lage des Einzelfalles können Optionen unvorteilhafter Objekte zugunsten der Option vorteilhafter Objekte ausgeübt werden, selbst wenn eine einzelobjektbezogene Betrachtung zu einem anderen Ergebnis führen würde.

100 Bei **Immobilienleasing** kann anstelle des günstigen Erwerbs der Immobilie im Leasingvertrag vorgesehen sein, dass zu **günstigen Konditionen Anteile an der als Leasinggeber fungierenden Leasingobjektgesellschaft** erworben werden können. Man spricht in diesem Fall von einer indirekten Kaufoption[1].

101 In jedem Fall ist bei der Beurteilung dieses Kriteriums zu prüfen, ob dem Leasingnehmer auf Basis der ihm zu Beginn des Leasingverhältnisses bekannten Informationen keine wirtschaftlich sinnvolle Alternative zur Ausübung der Kaufoption zur Verfügung steht[2], diese Ausübung somit „reasonably assured" anzusehen ist.

cc) Verhältnis von Lease-Term und Nutzungsdauer (Laufzeittest)

102 Nach dem **Laufzeittest** kann Finance-Lease und damit für den Leasingnehmer wirtschaftliches Eigentum entstehen, wenn ihm das wirtschaftliche Nutzenpotenzial über einen derart langen Zeitraum zusteht, dass sich für den Leasinggeber **nach Rückgabe des Leasingobjektes keine nennenswerten Chancen und Risiken** mehr ergeben. Das Verhältnis von Vertragslaufzeit und wirtschaftlicher Nutzungsdauer zeigt den Umfang, in dem sich der Leasingnehmer das Nutzenpotenzial an dem geleasten Vermögenswert sichert[3].

103 Um dies beurteilen zu können ist zu klären, was als Laufzeit des Leasingverhältnisses anzusehen ist, was die wirtschaftliche Nutzungsdauer ist und was unter einem überwiegenden Teil zu verstehen ist.

- **Die Laufzeit des Leasingverhältnisses** bezeichnet die aus wirtschaftlicher Sicht zu erwartende Zeitdauer, in der der Leasingvertrag voraussichtlich in Kraft ist. Sie umfasst die unkündbare Zeitperiode, für die sich der Leasingnehmer vertraglich verpflichtet hat, den Vermögenswert zu mieten, sowie weitere Zeiträume, für die der Leasingnehmer mit oder

---

1 *Vogel*, Immobilienleasingverhältnisse (IAS 17), in *Weber/Baumunk* (Hrsg), IFRS Immobilien – Praxiskommentar der wesentlichen immobilienrelevanten International Financial Reporting Standards, 2005, Tz. 632.

2 *Adler/Düring/Schmaltz*, Rechnungslegung nach internationalen Standards, 2003, Abschnitt 12: Leasingverhältnisse (IAS 17), Tz. 42.

3 *Kümpel/Becker*, Leasing nach IFRS, 2006, S. 33.

ohne weitere Zahlungen eine Option ausüben kann, wenn zu Beginn des Leasingverhältnisses die Inanspruchnahme der Option durch den Leasingnehmer hinreichend sicher ist (IAS 17.4). Beispiele sind

- Anschlussmietzeiten mit vorteilhafter Mietverlängerungsoption,
- Anschlussmietzeiten, wenn bei Nichtwahrnehmung gewichtige Vertragsstrafen (economic penalties) drohen, etc.

104 **Kündigungsmöglichkeiten** bleiben prinzipiell bei der Betrachtung der Vertragslaufzeit außer Betracht. Ist allerdings bereits bei Beginn des Leasingverhältnisses eine Kündigung nicht mit der erforderlichen Sicherheit anzunehmen, umfasst die Vertragslaufzeit auch diesen prinzipiell kündbaren Zeitraum. Kompensationszahlungen zur Abwendung von Kündigungsmöglichkeiten sprechen für die Einbeziehung der Mietverlängerungsfrist in die Vertragsdauer.

105 Vertragliche Abreden, die darauf gerichtet sind, ein bestehendes Leasingverhältnis aufzulösen und zugleich einen neuen Vertrag über dasselbe oder ein ähnliches Objekt abzuschließen, führen dazu, dass die Laufzeit des Leasingverhältnisses aus den Laufzeiten beider Verträge zusammengesetzt wird.

106 **Vertragsverlängerungsoptionen** des Leasingnehmers sind der Vertragslaufzeit zuzurechnen, wenn deren Ausübung hinreichend sicher ist (reasonably certain). Dies ist anzunehmen, wenn ein wirtschaftlicher Ausübungszwang auf Seiten des Leasingnehmers besteht, die Mietdauer zu verlängern. Dies kann angenommen werden, wenn die im Verlängerungszeitraum zu entrichtenden Leasingraten deutlich unter den im Zeitpunkt der Optionsausübung geltenden marktüblichen Mieten für vergleichbare Vermögenswerte liegen (günstige Mietverlängerungsoption)[1]. Ein weiterer Indikator ist gegeben, wenn mit der Anschlussmiete nicht einmal der Wertverzehr des Leasingobjektes abgedeckt ist, der durch eine lineare Abschreibung über die wirtschaftliche Nutzungsdauer zu berechnen wäre. Mietverlängerungsoptionen zu unveränderten Konditionen bei gleichzeitiger Vereinbarung einer Wertsicherungsklausel führen nicht zu einer günstigen Verlängerungsoption. Demgegenüber können Vertragsstrafen für den Fall der Nichtausübung der Mietverlängerungsoption zu einem faktischen Ausübungszwang führen. Ähnliches gilt für den Fall, dass nur bei Ausübung einer Mietverlängerungsoption am Ende des Anschlussmietzeitraums eine günstige Kaufoption ausgeübt werden darf.

107 Ein **unkündbares Leasingverhältnis** wird nach IAS 17.4 angenommen, wenn ein Leasingvertrag nur aufgrund eines der folgenden Kriterien aufgelöst werden kann:

- Es tritt ein unwahrscheinliches Ereignis ein,

1 *Kümpel/Becker*, Leasing nach IFRS, 2006, S. 36.

  - der Leasinggeber erteilt seine Einwilligung,
  - es wird ein neuer Leasingvertrag über denselben oder einen entsprechenden Vermögenswert abgeschlossen (hier gilt das Leasingverhältnis als ungekündigt, sodass die Gesamtlaufzeit der Verträge zu beachten ist), oder
  - es ist für den Fall der Auflösung des Vertrags die Zahlung eines zusätzlichen Betrags durch den Leasingnehmer vereinbart, der die Fortsetzung des Vertragsverhältnisses über diesen Zeitpunkt hinaus schon bei Vertragsbeginn als hinreichend sicher erscheinen lässt.
- Die **wirtschaftliche Nutzungsdauer** ist der geschätzte verbleibende Zeitraum ab dem Beginn der Laufzeit des Leasingverhältnisses ohne Beschränkung durch die Laufzeit des Leasingverhältnisses, über den der im Vermögenswert enthaltene wirtschaftliche Nutzen voraussichtlich vom Unternehmen verbraucht wird (IAS 17.4). Sie ist unabhängig von der durch AfA-Tabellen festgelegten betriebsgewöhnlichen Nutzungsdauer. Sie stellt die Nutzungsdauer dar, die bei normaler Reparatur und Wartung ökonomisch sinnvoll ist; auf die unternehmensindividuelle Nutzungsdauer bei spezifischer Reparatur und Wartung kommt es dabei nicht an.
- Zur Bestimmung des **überwiegenden Teils der wirtschaftlichen Nutzungsdauer** wird anders als in den steuerlichen Leasingerlassen und anders als nach den US-GAAP-Regelungen zum Leasing in IAS 17.10 (c) auf quantitative Grenzwerte verzichtet. Damit soll vermieden werden, dass Fallgestaltungen auf die spezifischen Grenzwerte bezogen werden und die Vertragsparteien die Vertragsinhalte so bemessen, dass die Grenzen exakt umgangen werden. Aufgrund der allgemeiner gehaltenen Formulierungen soll die wirtschaftliche Betrachtungsweise eingefordert werden, gleichwohl erleichtern die Grenzwerte eine praktikable Anwendung der Kriterien und dienen der Objektivierung. Demzufolge orientiert sich der Begriff „überwiegender Teil" regelmäßig an dem aus den US-GAAP stammenden Grenzwert von 75 %[1].

dd) Verhältnis von Barwert der Mindestleasingraten und Fair Value (Barwerttest)

Der **Barwerttest** (Recovery of Investment Test) hat keine Entsprechung bei den deutschen Leasingerlassen; demzufolge kommt es hier sehr häufig zu Neuklassifizierungen bei der Erstanwendung von IFRS[2]. 108

Beim Barwerttest wird der Barwert der Mindestleasingzahlungen ins Verhältnis zum Fair Value des Leasingobjektes zu Beginn der Nutzungsdauer gesetzt. Ein **Transfer der überwiegenden Chancen und Risiken** wird angenommen, wenn der Leasingnehmer mit seinen Mindestleasingzahlun-

1 *Kirsch*, Einführung in die internationale Rechnungslegung nach IAS/IFRS, 2006, S. 79.

2 *Lorenz*, Accounting 8/2005, 4 ff.; *Lüdenbach*, PiR 2/2005, 31 ff.

gen dem Leasinggeber das Investitionsrisiko des Leasinggegenstandes abnimmt.

109 Während auch hier IAS 17.10 (d) einen Risikotransfer auf den Leasingnehmer unterstellt, wenn der Barwert der **Mindestleasingzahlungen im Wesentlichen dem Fair Value des Leasingobjektes** entspricht, „substantially all of the fair value of the leased asset" darstellt und damit eine präzise zahlenmäßige Festlegung vermeidet, wird in der Praxis die aus den US-GAAP abgeleitete Grenze von 90 % angewandt. Zu klären ist, woraus sich die Mindestleasingzahlungen zusammen setzen, wie der anzuwendende Diskontierungssatz zu ermitteln ist und wie der Fair Value des Leasingobjektes auf den Beginn der Vertragslaufzeit bestimmt werden kann.

- Die **Mindestleasingzahlungen** sind die Zahlungen, die der Leasingnehmer während der Laufzeit des Leasingvertrags zu leisten hat oder zu denen er herangezogen werden kann, denen er sich also nicht entziehen kann. Somit ist zunächst wieder zu klären, was die Laufzeit des Leasingvertrags aus wirtschaftlicher Sicht umfasst. Dabei sind die gleichen Bestandteile einzubeziehen wie beim Laufzeittest. Für die Bestimmung der Mindestleasingzahlungen ist eine Betrachtung aus Sicht des Leasingnehmers von der Sichtweise des Leasinggebers zu unterscheiden. Zu den Mindestleasingzahlungen gehören aus Sicht des Leasingnehmers neben den fest vereinbarten Leasingraten aus dem Vertrag auch Andienungsrechte, Restwertgarantien durch den Leasingnehmer, Vertragsstrafen für die Nichterneuerung des Leasingvertrags sowie günstige Kauf- und/oder Mietverlängerungsoptionen. Der Leasinggeber rechnet in seiner Betrachtung noch Restwertgarantien Dritter mit ein. Mindestleasingzahlungen schließen neben den fest vereinbarten Zahlungen während der Vertragslaufzeit ein
  - gewöhnliche Mieterhöhungen bei Vertragsverlängerungen bis zu einer günstigen Kaufoption,
  - den Kaufbetrag im Rahmen der günstigen Kaufoption,
  - den Betrag eines garantierten Restwertes,
  - eventuelle Mietanpassungen, z.B. Staffelmieten oder sich ändernde Mietzinsen, die auf einem vorhandenen Index, z.B. der „Prime Rate, dem Vorzugszins für erste Adressen, beruhen.

  Zu den Mindestleasingraten gehören **nicht**
  - die in den Leasingraten enthaltenen Kosten, z.B. Versicherung, Instandhaltung, Steuern,
  - nicht garantierte Restwerte,
  - eventuelle nicht verlässlich bestimmbare Mietanpassungen,
  - bedingte Mietzahlungen wie Leasingzahlungen, deren Höhe von künftigen Verkaufsmengen, künftigen Preisindizes, Marktzinssätzen oder der künftigen Nutzungsintensität abhängen.

Der **Optionspreis** einer vereinbarten Kaufoption ist in die Mindestleasingzahlungen einzubeziehen, wenn ihre Ausübung zu Beginn des Leasingverhältnisses hinreichend sicher erscheint. Dies wird insbesondere angenommen, wenn für den Fall der Nichtausübung eine Kompensationszahlung vereinbart ist. Analoges gilt für die während einer Mietverlängerung erwarteten Mietzahlungen, sofern die Mietverlängerungsoption mit einer sehr hohen Wahrscheinlichkeit ausgeübt wird. Im Falle von Sonderkündigungsrechten ist zu Beginn des Leasingverhältnisses die Wahrscheinlichkeit der Ausübung dieses Rechts zu beurteilen. Restwertgarantien des Leasingnehmers oder einer mit ihm verbundenen Partei gelten ebenfalls als Mindestleasingraten. In diesem Fall ist der Höchstbetrag, der im Zweifel zu zahlen ist, in die Mindestleasingzahlungen einzubeziehen. Auch Mindererlösbeteiligungen des Leasingnehmers stellen eine Restwertgarantie dar und sind in die Mindestleasingraten beider Parteien einzubeziehen. Dies gilt auch für Andienungsrechte des Leasinggebers. 110

Nicht zu den **Mindestleasingraten** gehören Beträge, die keine Gegenleistung für das überlassene Nutzungsrecht darstellen. Hierunter fallen Kostenersatzzahlungen für Grundsteuer, Abgaben, Energiekosten, Versicherungsprämien u.Ä. Werden sie nicht gesondert ausgewiesen, so sind sie durch geeignete Schätzungen aus den Leasingraten herauszurechnen. 111

- Als **Diskontierungszins** ist grundsätzlich der **implizite Zinssatz des Leasingobjektes** für den **Leasingnehmer** anzuwenden. Dies ist der Zins, bei dem der Kapitalwert der Zahlungsreihe für das Leasingobjekt aus Sicht des Leasinggebers Null wird. Diese Zahlungsreihe beinhaltet die Mindestleasingzahlungen sowie direkt zurechenbare Kosten einschließlich interner Kosten. Dabei ist Höhe und zeitlicher Verlauf der Leasingzahlungen bestmöglichst zu schätzen. Dies schließt auch progressive Leasingraten, mietfreie Perioden, schwankende Vormieten und geometrisch steigende Verwaltungskostenbeiträge bzw. Abschlagszahlungen während der Herstellungsphase ein[1]. Ist dieser Zins nicht bekannt und auch nicht zu ermitteln, so ist an seiner Stelle der **Grenzfremdkapitalzins** anzuwenden. Dies ist der Zinssatz, den der Leasingnehmer bezahlen müsste, wenn er den Leasinggegenstand nicht geleast sondern gekauft hätte. Zwar hängt dieser erheblich von der Bonität des Leasingnehmers ab, doch auch die Höhe der Leasingraten ist rating-abhängig, sodass dem Gesamteffekt der Bonität auf den Barwerttest keine allzu große Bedeutung zugemessen werden sollte[2]. 112

- Der **Fair Value** ist der Betrag, zu dem das Leasingobjekt zwischen sachverständigen und vertragswilligen Parteien wie unter von einander un- 113

---

1 *Kümpel/Becker*, Leasing nach IFRS, 2006, S. 58.
2 *Kümpel/Becker*, Leasing nach IFRS, 2006, S. 58.

abhängigen Geschäftspartnern erworben werden kann. Ausgangspunkt sind die Anschaffungskosten, sofern der Vermögenswert vom Leasinggeber erworben wurde. Dabei sind handelsübliche **Preisnachlässe** abzuziehen. Sind die Preisnachlässe davon abhängig, ob es sich um einen Großabnehmer (z.B. den Leasinggeber) oder um einen Kleinabnehmer (z.B. den Leasingnehmer) handelt, so sind die Verhältnisse des Leasinggebers zugrunde zu legen. Handelt es sich beim Leasinggeber um einen Händler, so sind geschätzte aktuelle Marktwerte für die Bestimmung des Fair Values maßgebend. In jedem Fall sind Steuergutschriften und staatliche Zuwendungen, deren Zahlung sicher ist, bei der Fair Value Bestimmung abzuziehen.

114 Durch das Barwertkriterium ist es schwierig, erlasskonforme Vollamortisationsverträge auch nach IFRS als Operate-Leases darzustellen. Eine Möglichkeit besteht darin, statt eher feststehender Leasingraten variable, bedingte Leasingraten zu vereinbaren, welche nicht als Bestandteile der Mindestleasingraten anzusehen sind. Dies bedeutet aber eine Neujustierung der Chancen-Risiko-Verteilung zwischen Leasinggeber und Leasingnehmer und hat insofern Auswirkungen auf das Geschäftsmodell. Weiterhin können Teile der aus dem Leasingvertrag vereinbarten Leasingraten als Kostenersatz anstelle von Leasingraten bezeichnet werden; im Rahmen allgemeiner Angemessenheitsgrenzen wird dies zu akzeptieren sein und damit finden sie im Barwerttest keine Berücksichtigung. Schließlich ist ein höherer Opportunitätskostenzinssatz für einen fiktiven Kauf der Anlage als Alternative zum Leasing (Grenzfremdkapitalzins) eher geeignet den Barwert der Mindestleasingraten zu reduzieren als der implizite Zinssatz des Leasinggebers. Ist dieser dem Leasingnehmer allerdings bekannt, muss er dem Barwerttest zugrunde gelegt werden.

ee) Spezialleasing

115 **Spezialleasing** ist dann anzunehmen, wenn das Leasingobjekt eine so spezifische Beschaffenheit hat, dass nur der Leasingnehmer etwas wirtschaftlich Vernünftiges mit dem Gegenstand vornehmen kann[1]. In diesem Fall trägt er die wesentlichen Chancen und Risiken aus dem Objekt. Ob Spezialleasing vorliegt, wird üblicherweise an dem Kriterium überprüft, ob **alternative Einsatzmöglichkeiten** in anderen Unternehmen der betrachteten Branche ohne wesentliche Veränderungen möglich sind. Das Klassifikationskriterium „Spezialleasing" existiert sowohl nach den steuerlichen Leasingerlassen als auch nach IAS 17.10(e); Neuklassifikationen aufgrund dieses Kriteriums sind daher nicht zu erwarten.

---

1 *Lüdenbach/Freiberg*, BB 2006, 259.

ff) Zusätzliche Indikatoren zur Klassifizierung von Leasingverträgen

Die drei zusätzlichen Kriterien (Indikatoren), welche zwar nicht für sich allein ein Finance-Lease auslösen, wohl aber die Annahme eines Finance-Leases unterstützen können, sind nach IAS 17.11 folgende: 116

- 1. Indikator: bei Kündigung durch den Mieter/Leasingnehmer werden die **Verluste durch den Mieter/Leasingnehmer getragen**.
  - Dieser Sachverhalt ist bei der Bestimmung der Leasingdauer je nach Erwartung einzubeziehen.
  - Auch beim Barwerttest sind diese Zahlungen als garantierter Restwert einzubeziehen, wenn die Kündigung erwartet wird.
- 2. Indikator: **Veränderungen des Restwertes** werden durch den **Leasingnehmer getragen**.
  - Hierunter ist vorab die klassische Restwertgarantie zu subsumieren.
  - Da eine Mehr- oder Mindererlösbeteiligung dem Leasinggeber einen u.U. proportionalen Restwert garantiert, ist der Sachverhalt als Bestandteil der Mindestleasingzahlungen beim Barwerttest einzubeziehen.
- 3. Indikator: **günstige Mietverlängerungsoption**.
  - Da mit einer Mietverlängerung sowohl die Laufzeit des Leasingvertrags verlängert als auch mit den in der Verlängerungsperiode stattfindenden Zahlungen der Barwert der Mindestleasingraten die 90 %-Grenze überschreiten kann, ist eine günstige Mietverlängerungsoption sowohl für den Laufzeit- als auch für den Barwerttest relevant.
  - Allerdings ist eine Mietverlängerungsoption nicht von vorn herein günstig, wenn der Mietzins unter der marktüblichen Miete liegt. Vielmehr ist das Geschäftsmodell und der technische und wirtschaftliche Fortschritt in die Betrachtung einzubeziehen, ob eine Mietverlängerung wahrscheinlich ist und damit die Verlängerungsperiode in den Laufzeittest bzw. die in der Verlängerungsperiode zu zahlenden Mietraten in den Barwerttest einbezogen werden müssen.

d) Sonderthema Immobilienleasing

Nach IAS 17.14 gelten die **allgemeinen Klassifizierungskriterien** grundsätzlich auch für die Beurteilung von Immobilien-Leasingverträgen. Allerdings sind für **Grund und Boden** Sondervorschriften notwendig, weil hier von einer **unendlichen Nutzungsdauer** auszugehen ist. Hinsichtlich der Klassifizierung von Grund und Boden sowie Gebäude ist grundsätzlich eine **separate Betrachtung** angesagt[1]. 117

1 Vgl. hierzu *Kümpel/Becker*, PiR 2006, 81 ff.; *Fahrholz*, Neue Formen der Unternehmensfinanzierung – Unternehmensübernahmen, Big ticket-Leasing, Asset Backed Securities und Projektfinanzierung, 1998, S. 89 ff.

Grund und Boden sowie Gebäude können jedoch in Ausnahmefällen als eine Einheit betrachtet werden.

aa) Betrachtung von Grund und Boden sowie Gebäude als Einheit

118 Hier sind zwei Fallgestaltungen denkbar:

- Ist der **Eigentumsübergang** am Ende der Leasingdauer zu erwarten, weil entweder eine vertragliche Regelung über den Erwerb des Eigentums durch den Leasingnehmer vereinbart oder eine günstige Kaufoption verabredet wurde (bargain purchase option), so erfolgt die Klassifizierung einheitlich für das gesamte Leasingobjekt als Finance-Lease.
- Ist der Wert des **Grund und Bodens als unwesentliche Komponente** anzusehen, so erfolgt aus **Materiality-Gründen** keine Separierung. In diesem Fall hat die Klassifizierung auf der Grundlage der allgemeinen Zurechnungskriterien zu erfolgen, wobei die unterstellte wirtschaftliche Nutzungsdauer der gesamten Einheit der wirtschaftlichen Nutzungsdauer des Gebäudes entspricht. Die Wesentlichkeitsgrenzen sind in IAS 17 nicht präzise geregelt. Daher kommt es vor, dass der in der Praxis gängige Grenzwert von 10 % des Gesamtwertes angewandt wird. Alternativ kann auch der in US-GAAP vorgeschriebene Grenzwert von 25 % Anwendung finden[1].

bb) Separate Betrachtung von Grund und Boden sowie Gebäude

119 Hier gilt der Grundsatz, dass die allgemeinen Klassifizierungskriterien jeweils **getrennt für Grund und Boden** einerseits und **Gebäude** andererseits anzuwenden sind. Bei Trennung von Grund und Boden einerseits und Gebäude andererseits gilt der Grund und Boden bei unterstellter unbegrenzter wirtschaftlicher Nutzungsdauer regelmäßig als **Operate-Lease**, sofern der Eigentumsübergang nicht ausdrücklich erwartet werden kann. Dies könnte gegeben sein, wenn ein **automatischer Eigentumsübergang** vereinbart wäre oder eine **günstige Kaufoption** des Leasingnehmers bzw. ein Andienungsrecht des Leasinggebers bestünde. Finance-Lease auf Grund und Boden ist ferner anzunehmen, wenn zwar das zivilrechtliche Eigentum nicht mit der erforderlichen Sicherheit übergehen wird, aber dem Leasingnehmer **Erlösbeteiligungen** bei der Veräußerung des Grundstücks zustehen, die dem Leasinggeber keine nennenswerten Chancen und Risiken aus der Anschlussverwertung des Leasingobjektes belassen[2]. Das Gebäude kann je nach Erfüllung der Kriterien Operate- oder Finance-Lease sein. Die Leasingzahlungen sind aufzuteilen auf die beiden **Komponenten**. Die Bilanzierung und Bewertung der **Gebäudekomponente** sowie der darauf ent-

1 *KPMG*, Rechnungslegung nach US-amerikanischen Grundsätzen, 2006, S. 239.
2 *Kümpel/Becker*, Leasing nach IFRS, 2006, S. 82, m.w.N.; *Lorenz*, Rechnungslegung nach IFRS, Leasing und Investment Property – IAS 17 und IAS 40, Schriftlicher Lehrgang IFRS-Rechnungslegung Management Circle, 2007, S. 46.

fallenden Verbindlichkeit erfolgen auf Grundlage dieser Aufteilung. Die Aufteilung der Mindestleasingzahlungen erfolgt auf Basis der **Zeitwerte der Miet- und Nutzungsrechte der beiden Komponenten** (IAS 17.16). Kann diese Allokationsregel nicht verlässlich und plausibel angewandt werden, so ist das gesamte Leasingverhältnis als **Finance-Lease** zu klassifizieren.

cc) Leasingtransaktionen mit Objektgesellschaften

120 Sondervorschriften bestehen bei Leasingtransaktionen mit **Objektgesellschaften**[1]. Obwohl der Leasingnehmer nicht oder nur unwesentlich an der zu seinen Gunsten etablierten Zweckgesellschaft beteiligt ist und er bei formaler Betrachtung auch sonst kaum Einfluss auf deren operative und finanzielle Unternehmenspolitik hat, kann sich ergeben, dass die Gesellschaft bei wirtschaftlicher Betrachtung vom Leasingnehmer beherrscht wird. Hierzu liefert SIC 12 vier beispielhafte Kriterien, anhand derer zu prüfen ist, ob eine **faktische Beherrschung durch den Leasingnehmer** gegeben ist: Eine faktische Beherrschung liegt vor, wenn bei wirtschaftlicher Betrachtungsweise

- die Geschäftstätigkeit der Special Purpose Entity (SPE) zu Gunsten des Unternehmens entsprechend seinen besonderen Geschäftsbedürfnissen geführt wird, so dass das Unternehmen Nutzen aus der SPE zieht,
- das Unternehmen über die Entscheidungsmacht verfügt, die Mehrheit des Nutzens aus der SPE zu ziehen oder durch Einrichtung eines „Autopilot"-Systems diese Entscheidungsmacht delegiert,
- das Unternehmen über das Recht verfügt, die Mehrheit des Nutzens aus der SPE zu ziehen und deshalb Risiken ausgesetzt ist im Zusammenhang mit der Geschäftstätigkeit der SPE, oder
- das Unternehmen die Mehrheit der mit der SPE verbundenen Residual- oder Eigentumsrisiken oder Vermögenswerte behält, um Nutzen aus der SPE zu ziehen (SIC 12.10).

121 Ein Sonderthema kann sich ergeben, wenn die Objektgesellschaft im Wesentlichen **fremdfinanziert** ist und die Kreditrückführung über die Grundmietzeit im Wesentlichen vollständig abgewickelt werden muss. Da dies regelmäßig nicht aus den laufend zu vereinnahmenden Leasingraten geleistet werden kann, hat sich die Vereinbarung eines Mieterdarlehens als häufig angewandte Finanzierungsform eingestellt[2]. Durch die in den Leasingzahlungen enthaltenen Darlehensraten baut sich ein Anspruch des Leasingnehmers gegen die Objektgesellschaft auf. Dieser entspricht der

---

1 Vgl. z.B. *Helmschrott*, WPg 2000, 426–429; *Heyd*, Rechnungslegung nach IFRS – eine Einführung, 2005, S. 155 f.; *Brakensiek*, Bilanzneutrale Fianzierungsinstrumente in der internationalen und nationalen Rechnungslegung, 2001; *Schruff/Rothenburger*, WPg 2002, 755–765.

2 *Freiberg*, PiR 2006, 92 ff.

Differenz zwischen dem Tilgungsanteil des Kapitaldienstes und der linearen Abschreibung des Leasingobjektes[1].

Am Ende der Grundmietzeit geht regelmäßig das juristische Eigentum an dem Leasingobjekt auf den Leasingnehmer über bei gleichzeitiger Verrechnung von Kaufpreis und Darlehen. Wird das Leasingobjekt am Ende der Grundmietzeit nicht vom Leasingnehmer übernommen, muss der Leasinggeber (Objektgesellschaft) das Darlehen an den Leasingnehmer zurückzahlen. Da dies wegen der Kapitalknappheit der Objektgesellschaft regelmäßig nur möglich ist, wenn das Leasingobjekt veräußert wird, kann eine Darlehensrückzahlung an den Leasingnehmer nur erfolgen, wenn bei der Verwertung des Leasingobjektes mindestens ein Preis in Höhe des Darlehens erzielt werden kann. Ist dies nicht möglich, wird regelmäßig der Leasingnehmer auf die Rückzahlung des Darlehens verzichten und das Leasingobjekt zur Weiternutzung übernehmen. Damit kommt dem **Mieterdarlehen** regelmäßig die Funktion einer **verdeckten Restwertgarantie** zu. In diesen Fällen ist das Darlehen in die Mindestleasingzahlungen im Rahmen des Barwerttests einzubeziehen. Damit kommt es regelmäßig zu einer Einstufung als Finance-Lease. Wird neben dem Mieterdarlehen noch eine Kaufoption vereinbart, von deren Ausübung zu Beginn des Leasingverhältnisses mit hinreichender Sicherheit ausgegangen werden kann, so ist nur der Teil des Optionspreises in die Mindestleasingraten zur Ausführung des Barwerttests einzubeziehen, der das Mieterdarlehen übersteigt; andernfalls würde es zu Doppelerfassungen kommen.

Ist der Darlehenszeitraum länger als die vereinbarte Grundmietzeit, so ist diese Tatsache bei der Einschätzung der Ausübung der Mietverlängerungsoption zu berücksichtigen. Dies ist als bedeutendes Indiz für die Ausübung der Verlängerungsoption zu werten, was auch den Lease-Term tendenziell verlängert. Wird bei Abrede eines Mieterdarlehens der Wille der Vertragsparteien vermutet, das juristische Eigentum am Leasingobjekt auf den Leasingnehmer zu übertragen, so ist dies bei der Beurteilung der **Wahrscheinlichkeit eines späteren Eigentumsübergangs** entsprechend zu würdigen[2].

4. Bilanzierung, Bewertung und Darstellung von Operate-Lease-Verträgen

122 Operate-Lease-Verträge gelten als **schwebende Dauerschuldverhältnisse**, welche grundsätzlich **nicht bilanziell zu erfassen** sind. Ausnahmen bilden Erfüllungshandlungen und (drohende) Verluste. Als Operate-Lease klassifizierte Vermögenswerte sind grundsätzlich beim **Leasinggeber zu bilanzieren**. Beim Leasingnehmer entsteht kein wirtschaftliches Eigentum. Die Leasingzahlungen sind bei ihm grundsätzlich in voller Höhe Aufwand, beim Leasinggeber in voller Höhe Ertrag. Leasingzahlungen sind linear

1 Die Gesamtzahlung enthält somit das Entgelt für die Nutzungsüberlassung des Leasingobjektes und dem Darlehen.
2 *Kümpel/Becker*, Leasing nach IFRS, 2006, S. 93.

über die Laufzeit des Leasingverhältnisses zu verteilen. Andere Verteilungsmodi sind nur bei entsprechender „Nutzungsentnahme" aus dem Leasingobjekt zulässig.

Bei nicht-linearer Ratenzahlung sind die Erfolgswirkungen der **Raten zu linearisieren**. Werden die Leasingzahlungen allerdings nicht linear bzw. der „Leistungsentnahme" aus dem Leasingobjekt entsprechend geleistet, ist eine erfolgsmäßige Linearisierung unter Zuhilfenahme von transitorischen bzw. antizipativen **Rechnungsabgrenzungsposten** geboten, um ein erfolgsrechnerisches „Backloading" bzw. „Frontloading" zu verhindern[1]. 123

Der Leasinggeber führt den Leasinggegenstand in seinem Betriebsvermögen und weist ihn gesondert als **Vermietvermögen** aus. Auch er linearisiert die Erfolgswirkungen der Raten über die Vertragslaufzeit, es sei denn, eine andere planmäßige Verteilung entspricht eher dem Nutzenverlauf[2]. 124

Sind **Veränderungen der Leasingzahlungen** in Abhängigkeit vom Eintritt bestimmter zukünftiger Faktoren abhängig, z.B. eine Anpassung an einen veränderten Refinanzierungszinssatz, Inflation o.Ä., dann wird dies erfolgswirksam bei Anfall berücksichtigt. Sind die Veränderungen entsprechend einer vertraglich festgesetzten Staffelung vereinbart, so hat die erfolgswirksame Erfassung der Leasingraten grundsätzlich linear zu erfolgen. 125

Beispiel: 126

Ein Leasingvertrag umfasst eine Grundmietzeit von sechs Jahren. Das erste Jahr ist mietfrei, für das zweite Jahr wird die Miete um 30 % reduziert, für die nächsten zwei Jahre beträgt die Miete vertragsgemäß 10 000 Euro p.a., für jedes nachfolgende Jahr erhöht sich die Miete gegenüber dem Vorjahr um 5 %. Außerdem werden zu Beginn des Leasingverhältnisses 2000 Euro Umzugskosten erstattet.

Jahr	Zahlung pro Jahr	Aufwand pro Jahr	Verbindlichkeit	Tilgung pro Jahr
1	–2 000	7 754	9 754	0
2	7 000	7 754	10 508	0
3	10 000	7 754	8 263	–2 246
4	10 000	7 754	6 017	–2 246
5	10 500	7 754	3 271	–2 746
6	11 025	7 754	0	–3 271
	46 525	46 525		

1 *Bieg/Hossfeld/Kußmaul/Waschbusch,* Handbuch der Rechnungslegung nach IFRS, 2006, S. 288.

2 *Bieg/Hossfeld/Kußmaul/Waschbusch,* Handbuch der Rechnungslegung nach IFRS, 2006, S. 288.

a) Darstellung von Operate-Leases beim Leasingnehmer

127 Da bei Operate-Lease-Verträgen die wesentlichen Chancen und Risiken beim Leasinggeber verbleiben, ist auch dieser zur Bilanzierung verpflichtet. Der Leasinggegenstand wird daher in der Bilanz des Leasingnehmers nicht angesetzt, weil ihm das wirtschaftliche Eigentum nicht zusteht. Es erfolgt bei ihm auch kein Ansatz der Verpflichtungen zu künftigen Leasingzahlungen aus dem Leasingvertrag. Vielmehr werden die Leasingzahlungen jeweils bei Fälligkeit erfolgswirksam als Aufwand berücksichtigt. Dabei ist allerdings unabhängig von der Höhe und den Fälligkeitszeitpunkten der vereinbarten Leasingraten eine **verursachungsgerechte Aufwandsverteilung** über die Perioden der Vertragsdauer des Leasingvertrags vorzunehmen. Dies bedeutet regelmäßig eine **Linearisierung des Leasingaufwands**, sofern nicht ein anderer Entwertungsverlauf des Leasinggegenstandes angemessener wäre.

128 Grundsätzlich behält der **Leasinggeber** bei **Operate-Lease-**Verträgen das **wirtschaftliche Eigentum**; für den **Leasingnehmer** stellen Operate-Lease-Verträge **schwebende Dauerschuldverhältnisse** dar, die grundsätzlich bilanziell nicht in Erscheinung treten. Allerdings lässt IAS 40.6 eine Ausnahme zu, indem dem Leasingnehmer die Möglichkeit eingeräumt wird, eine als Operate-Lease genutzte Immobilie so darzustellen, als wäre sie als **Finance-Lease** klassifiziert[1]. Dies führt zu einer **Doppelerfassung der Leasing-Immobilien** sowohl beim Leasingnehmer als auch beim Leasinggeber. Diese Option steht dem Leasingnehmer nur offen, wenn eine **Klassifizierung als Investment Property** erfolgt ist und für sie das **Fair-Value-Modell** nach IAS 40.33 ff. angewandt wird. Dabei kommt es auf den Zeitpunkt der Ausübung dieser Gestaltungsform an. Fallen später die Voraussetzungen weg, die Immobilie als Investment Property zu klassifizieren, z.B. weil sie einem anderen Verwendungszweck zugeführt wurde, so ist sie weiterhin so zu behandeln, als läge ein **Finance-Lease** vor.

129 Hat der Leasingnehmer eine **Restwertgarantie** übernommen, so hat er diese je nach Lage des Einzelfalles unter verständiger Würdigung der Wahrscheinlichkeit einer möglichen Inanspruchnahme als **Rückstellung zu passivieren** oder als **Eventualschuld** (contingent liability) in den **Notes** anzugeben. **Ausgleichszahlungen** für ein **vorzeitiges Kündigungsrecht** sind in die Mindestleasingzahlungen einzubeziehen. **Bedingte Mietraten** gehören ebenso wenig zu den Leasingzahlungen wie **initial direct costs**. Während initial direct costs Sofortaufwand der Periode darstellen, in der die Ausgabe erfolgt, es sei denn, es handelt sich um einen immateriellen Vermögenswert, sind **Incentive-Zahlungen** nach SIC 15 als Nutzenstiftung grundsätzlich zu aktivieren und über die Leasinglaufzeit zu verteilen.

Bei vorzeitiger Beendigung des Leasingverhältnisses sind bestehende Abgrenzungsposten erfolgswirksam aufzulösen. Bei vorzeitigem Erwerb des

---

1 *Helmschrott*, DB 2001, 2457 ff.

Leasingobjektes durch den Leasingnehmer sind diese Posten auf den Buchwert des Leasinggegenstandes anzurechnen. Für Operate-Lease-Verträge, die sich im Lauf der Vertragsdauer als **belastende Verträge (onerous contracts)** darstellen, gelten die Regelungen nach IAS 37.66 ff., d.h. es ist in diesem Fall eine Verlustantizipation entweder als Impairment Loss oder als Rückstellung vorzunehmen.

Leasingnehmer haben zu Operate-Lease-Verhältnissen folgende über die 130
Pflichtangaben nach IAS 32 hinausgehende **Anhangangaben** zu machen (IAS 17.35):

- die nach ihren jeweiligen Fälligkeitsintervallen
  - bis ein Jahr,
  - von einem bis fünf Jahren und
  - von mehr als fünf Jahren

  gegliederten künftigen Mindestleasingraten aus unkündbaren Operate-Lease-Verträgen,
- die Summe der aus unkündbaren Sublease-Verhältnissen zu erwartenden Mindesteinzahlungen,
- für das Geschäftsjahr als Aufwand erfasste Leasing- und Sublease-Zahlungen, getrennt nach Mindestleasingraten, bedingten Leasingraten und Sublease-Zahlungen,
- eine allgemeine Beschreibung der wesentlichen Leasingvereinbarungen, insbesondere
  - die Grundlagen, auf der bedingte Leasingzahlungen beruhen,
  - Bestehen und Inhalt von Verlängerungs- oder Kaufoptionen sowie Preisgleitklauseln,
  - aus dem Leasingverhältnis resultierende Beschränkungen für Dividenden, Schulden und weitere Leasingverhältnisse.

Diese exemplarische Aufzählung ist nicht abschließend und kann vom Leasingnehmer nach eigenem Ermessen erweitert werden.

b) Darstellung von Operate-Leases beim Leasinggeber

Bei Operate-Lease-Verhältnissen verbleibt das rechtliche und wirtschaftli- 131
che Eigentum beim Leasinggeber. IAS 17 enthält damit **keine eigenständigen Bilanzierungsvorschriften** für als Operate-Lease vermietete Gegenstände. Vielmehr sind IAS 16, IAS 38, IAS 40 und IAS 41 anzuwenden. Ferner finden die Vorschriften zur planmäßigen Abschreibung und zum Impairment nach IAS 36 Anwendung. Die **Leasingraten** sind beim Leasinggeber **als Einnahme zu erfassen**, wobei die **Ertragsrealisierung** grundsätzlich **linear** zu erfolgen hat, es sei denn, eine andere Periodisierung würde der wirtschaftlichen Nutzung eher entsprechen. **Bedingte Mietzahlungen** und **Erstattungen von Mietnebenkosten** sind nicht in die Betrachtung einzube-

ziehen. **Restwertgarantien von Dritten** sind bei der Anwendung der Klassifizierungskriterien außer acht zu lassen. Ansprüche auf Restwertgarantien sind als **Eventualforderung** nach IAS 37.10 zu behandeln, also zu aktivieren, wenn die **Vereinnahmung des Garantiebetrags** praktisch sicher ist (virtually certain) und als Anhangangabe zu vermerken, wenn sie mit überwiegender Wahrscheinlichkeit zufließt (probable als more likely than not)[1]. Garantiebeträge sind über die Laufzeit des Leasingverhältnisses zu verteilen, wenn es sich wirtschaftlich um eine **Mietabschlusszahlung** handelt. Incentives sind als Nettogegenleistung für die Nutzungsüberlassung anzusehen und planmäßig über die Leasinglaufzeit zu verteilen. Initial direct costs sind zu aktivieren und ebenfalls auf die Leasingdauer zu verteilen. Stellen sich Operate-Lease-Verhältnisse als **belastende Verträge** heraus (onerous contracts), so gelten die diesbezüglichen Regelungen nach IAS 37.66 ff[2].

132 Als **Anhangangaben** über Operate-Lease-Verhältnisse sind vom Leasinggeber gemäß IAS 17.56 zu benennen:

Die Summe der künftigen Mindestleasingraten aus unkündbaren Operate-Lease-Verträgen, gestaffelt nach Restlaufzeiten

- bis zu einem Jahr,
- zwischen einem und fünf Jahren sowie
- länger als fünf Jahre.

Ferner ist die Summe der in der Periode als Ertrag erfassten bedingten Mietzahlungen anzugeben und eine allgemeine Beschreibung der Leasingvereinbarungen zu vermitteln.

5. Bilanzierung, Bewertung und Darstellung von Finance-Lease-Verträgen

133 Da beim Finance-Lease die **wesentlichen Chancen und Risiken** aus dem Leasingvertrag auf den Leasingnehmer übergehen, hat er das wirtschaftliche Eigentum erworben und ist somit zur Aktivierung des Leasingobjektes verpflichtet. Gleichzeitig hat er die Verpflichtungen aus dem Leasingvertrag als Verbindlichkeit zu passivieren. In der GuV-Rechnung weist der Leasingnehmer die **Abschreibungen auf das Leasingobjekt** und den **Zinsanteil der Leasingrate** als Aufwand aus.

a) Darstellung von Finance-Leases beim Leasingnehmer

aa) Erstbilanzierung des Leasingobjektes und der Leasingverbindlichkeit

134 Da **Finance-Leases** ihrem wirtschaftlichen Gehalt entsprechend wie **kreditfinanzierte Ratenkäufe** darzustellen sind, hat der Leasingnehmer zu Beginn

1 *Kümpel/Becker*, Leasing nach IFRS, 2006, S. 183.
2 *Hoffmann*, PiR 2006, 46 ff.

der Laufzeit des Leasingvertrags den **Leasinggegenstand** und die **Leasingverbindlichkeit** zu (fiktiven) Anschaffungskosten anzusetzen. Diese entsprechen dem **beizulegenden Zeitwert** bzw. dem niedrigeren **Barwert der Mindestleasingzahlungen**. Handelt es sich um **Fremdwährungsgeschäfte**, sind die Umrechnungsregeln des IAS 21.21 f. anzuwenden und die Fremdwährungsposten zum Stichtagskurs umzurechnen, was dem Devisenkassakurs bzw. dem höheren Briefkurs entspricht. **Anfängliche direkte Kosten** sind als Anschaffungsnebenkosten ebenfalls zu aktivieren. **Abbruch-, Entsorgungs- oder Wiederherstellungskosten** sind ebenfalls in die Anschaffungskosten einzubeziehen; hier ist eine korrespondierende **Rückstellung** nach IAS 37 zu bilden. Spätere Änderungen von Schätzungen über die Höhe der Abbruch-, Entsorgungs- oder Wiederherstellungskosten sowie über die Höhe des anzuwendenden Diskontierungssatzes sind nach IFRIC 1.5 ff. zu behandeln. Die Leasingverbindlichkeit ist unter den sonstigen Verbindlichkeiten auszuweisen, wobei die **Fristigkeitsregelungen** (current, non-current) zu beachten sind (IAS 1.51, IAS 1.60 ff.). Maßgebend sind die Verhältnisse zu Beginn des Leasingverhältnisses, nicht zu Beginn der Vertragslaufzeit. Ferner ist auf **Steuerlatenzen** zu achten, wenn die bilanzielle Darstellung im IFRS-Abschluss nicht mit der der Steuerbilanz übereinstimmt. Das heißt, weicht die Klassifizierung nach IAS 17 von der nach den steuerlichen Leasingerlassen ab, so kommt der Ansatz von latenten Steuerabgrenzungen nach dem **Temporary Concept** für nicht permanente Bilanzstandsdifferenzen in Betracht.

Der Ansatz des Vermögenswertes erfolgt zum Fair Value des Vermögenswertes oder dem niedrigeren Barwert der Mindestleasingzahlungen bei Anwendung des **inhärenten Zinssatzes**. Ist dieser nicht bekannt, wird der **Grenzfremdkapitalzins** verwendet. 135

Barwertformel (bei vorschüssiger Zahlung):

$$\text{Barwert} = \sum_{t=1}^{n} \frac{m}{(1+i)^{t-1}} + \frac{(GRW + BPO)}{(1+i)^{n}}$$

m … Miet-/-leasingzahlungen
n … Miet-/-leasingdauer
i … anzuwendender Zinssatz
GRW … Garantierter Restwert
BPO … Bargain Purchase Option

Sofern der Barwert höher ist als der beizulegende Zeitwert des Vermögenswertes erfolgt die Bewertung zum **beizulegenden Zeitwert**. In diesem Fall ist der Zinssatz, zu dem der Zeitwert dem Barwert der Mindestleasingraten entspricht zu berechnen. Auch in diesem Fall sind die **initial direct costs als Anschaffungsnebenkosten** des Vermögenswertes zu aktivieren. 136

Die Verbindlichkeit ist mit dem **Barwert der Mindestleasingzahlungen** anzusetzen. Grundsätzlich wird der **Vermögenswert** und der **Schuldposten** korrespondierend zum **Barwert der Mindestleasingzahlungen** angesetzt.

Das bedeutet, dass bei Abwertung des Vermögenswertes auf den beizulegenden Zeitwert auch eine entsprechende Reduzierung der Verbindlichkeit erfolgt. Der planmäßige Abbau des Asset-Buchwertes über die planmäßige Abschreibung und des Verbindlichkeitsausweises über den Tilgungsanteil der Leasingrate führen allerdings zu temporären Unterschieden zwischen den Buchwerten auf der Aktiv- und Passivseite.

137 **Vertragsanbahnungs- und -abschlusskosten** (initial direct costs) fließen zwar in die Anschaffungskosten des Leasingobjektes ein, werden aber bei der Buchwertbestimmung der Verbindlichkeit nicht berücksichtigt.

138 Die Vermögenswerte, die als **Finance-Lease** behandelt werden, sind in einer **separaten Klasse** innerhalb des **Anlagevermögens** auszuweisen. Die Verbindlichkeiten aus Leasingverhältnissen sind in einer separaten Kategorie innerhalb der Verbindlichkeiten auszuweisen, wobei die Angabepflichten zu den Restlaufzeiten zu beachten sind.

bb) Folgebilanzierung des Leasingobjektes und der Leasingverbindlichkeit

(1) Folgebilanzierung des Leasingobjektes

139 Für die Folgebewertung des Vermögenswertes gilt, dass das Leasingobjekt erfolgswirksam nach den **allgemeinen Abschreibungsregeln** des IAS 17.27 unter Verweis auf IAS 16 und IAS 38 planmäßig fortzuführen ist. Die **planmäßige Abschreibung** erfolgt

- über die bestmöglich geschätzte wirtschaftliche Nutzungsdauer gleichartiger erworbener Vermögenswerte, sofern ein Eigentumsübergang am Ende der Mietdauer erwartet wird,
- in allen anderen Fällen über die Leasingdauer.

Die Abschreibungsmethode soll dem **Entwertungsverlauf des Leasingobjektes** entsprechen, regelmäßig erfolgt die planmäßige Abschreibung linear.

Neben planmäßigen Abschreibungen kommen auch **außerplanmäßige Abschreibungen** im Rahmen von Impairments nach IAS 36 in Betracht. Der Vermögenswert ist bei Vorliegen entsprechender Indikatoren auf seine Werthaltigkeit nach IAS 36 zu testen.

140 Als Finance-Lease zugeordnete Leasingobjekte stehen auch für die **Neubewertungsmethode** nach IAS 16.75 ff. offen. Die **Leasingraten** sind **annuitätisch** in einen **Zins- und Tilgungsanteil** aufzugliedern, wobei die **Barwertvergleichsmethode** oder die **Zinsstaffelmethode** anzuwenden sind. Nach IAS 17.25 sind bedingte Mietzahlungen periodisiert als Aufwand zu behandeln. Evtl. Fremdwährungsposten sind nach IAS 21.20 als monetärer Posten zu betrachten und unter Verwendung des **Stichtagskurses (Briefkurs)** umzurechnen; **Umrechnungsdifferenzen** sind **erfolgswirksam** zu behandeln.

Ist im Leasingvertrag ein **garantierter Restwert** vereinbart, so erfolgt die planmäßige Abschreibung auf den garantierter Restwert und somit nicht auf Null. 141

Ist eine **günstige Kaufoption** zu berücksichtigen, so erfolgt zwar die Abschreibung auf den Wert von Null, allerdings ist dem Abschreibungsplan die bestmöglich geschätzte wirtschaftliche Nutzungsdauer zugrunde zu legen. 142

Für den **Werthaltigkeitstest des Leasingobjektes** gelten die allgemeinen Vorschriften von **IAS 36**. Danach ist zu prüfen, ob der Buchwert höher ist als der **erzielbare Betrag**. Dieser ist seinerseits der höhere Wert aus **Verkaufspreis (Fair Value less costs to sell)** und **Nutzungswert (value in use)**. Während der Verkaufspreis aus einer Transaktion zu Marktbedingungen (Marktpreis) für das Leasingobjekt unter sachverständigen, vertragswilligen Parteien nach Abzug direkt zurechenbarer Veräußerungskosten abgeleitet wird, stellt sich der Nutzungswert dar als Barwert der künftigen Zahlungsmittelzu- und -abflüsse aus der fortgesetzten Nutzung und dem späteren Abgang des Vermögenswertes (IAS 36.5). Ist ein erzielbarer Betrag für das Leasingobjekt nicht gesondert ermittelbar, z.B. weil das einzelne Asset keine von anderen Vermögenswerten unabhängige Cash Flows hervorbringen kann, so hat der Impairmenttest auf Basis einer **Cash-Generating-Unit** zu erfolgen, welcher der Leasinggegenstand zuzurechnen ist. Ergibt sich im Rahmen eines Werthaltigkeitstests auf Basis von Cash-Generating-Units ein Wertminderungsbedarf, so ist zunächst der dieser Unit zugerechnete Goodwill abzuschreiben. Sollte dies nicht ausreichen, sind die übrigen der Unit zugeordneten Vermögenswerte proportional ihren Buchwerten abzustocken. Dabei darf der Buchwert des einzelnen Assets allerdings nicht unter den höchsten Wert aus 143

- Einzelveräußerungspreis (beizulegenden Zeitwert abzüglich Verkaufskosten),
- Nutzungswert (sofern bestimmbar) und
- Null

fallen.

Fallen zu einem späteren Zeitpunkt die Gründe für die zuvor eingetretene Wertminderung weg, so sind die abgestockten Vermögenswerte wieder zuzuschreiben, ein abgewerteter **Goodwill** unterliegt allerdings einem **Wertaufholungsverbot** nach IAS 36.A24. 144

Für die Folgebewertung sind die Leasingzahlungen in einen **erfolgsneutralen Tilgungsanteil** und einen **erfolgswirksamen Zinsanteil** einzuteilen. Während die Tilgungskomponente die Leasingverpflichtung reduziert, wird der Zinsanteil nach IAS 23 periodengerecht verteilt. Dies entspricht regelmäßig der erfolgsrechnerischen Erfassung im Zahlungszeitpunkt, kann 145 aber im Einzelfall auch über transitorische und antizipative Rechnungsabgrenzungsposten periodisiert werden.

146 Für die Aufteilung der Leasingrate in die Zins- und Tilgungskomponente stehen das Barwertvergleichsverfahren und die Zinsstaffelmethode zur Verfügung.

- Beim **Barwertvergleichsverfahren** wird ein konstanter Zinssatz auf die jeweilige Restschuld angewandt,
- bei der **Zinsstaffelmethode** als Näherungsverfahren wird Summe der Leasingraten durch die aufsummierten Jahre der Vertragslaufzeit dividiert, was einen konstanten Differenzbetrag zwischen den im Zeitablauf abnehmenden Zinsanteilen ergibt.

147 Stellt der Leasingvertrag für den Leasingnehmer ein **Fremdwährungsgeschäft** dar, so hat er die Umrechnung nach IAS 21.20 unter Verwendung des **Stichtagskurses** (jeweils aktueller Briefkurs) vorzunehmen und evtl. entstehende **Umrechnungsdifferenzen im Ergebnis** der Berichtsperiode zu erfassen[1].

(2) Folgebilanzierung der Leasingverbindlichkeit

148 Die Verbindlichkeit aus einem Finance-Lease-Vertrag ist in jeder Periode um die **Tilgungsanteile**, die in den Leasingraten enthalten sind, zu vermindern. Dabei ist aus der periodischen Leasingrate der **Zinsanteil** abzuziehen, um auf den Tilgungsanteil zu kommen. Der Zinsanteil seinerseits ermittelt sich durch Anwendung des Zinssatzes auf den ausstehenden Verbindlichkeitsbetrag, welcher dem Leasingvertrag zugrunde gelegt wurde. Leasingsonderzahlungen führen zu einer Sondertilgung auf die Verbindlichkeit. Bei Vorliegen eines garantierten Restbuchwertes bzw. einer günstigen Kaufoption (bargain purchase option) erfolgt die Tilgung der Verbindlichkeit so, dass zum Ende der Leasingdauer nur noch der **garantierte Restwert** bzw. die **Bargain purchase option** bilanziert wird.

149 Werden während der Leasinglaufzeit wesentliche Vertragsbestimmungen neu gefasst, so ist im Hinblick auf die bilanzielle Behandlung der nach IAS 17.13 vorgesehene Prüfungsvorgang zu durchlaufen. Handelt es sei bei den geänderten Bedingungen um Vertragsinhalte, die bei wirtschaftlicher Beurteilung

- kein neues Leasingverhältnis begründen bzw.
- ebenfalls als Finance-Lease anzusehen sind,

so gilt nach IAS 39.40 die Leasingverbindlichkeit als getilgt und ist daher auszubuchen. Wesentlich ist eine Vertragsänderung, wenn der Barwert der Mindestleasingraten nach der Vertragsänderung um mindestens 10 % vom Restbuchwert der Leasingverpflichtung abweicht. Eine neue Leasingver-

1 *Kümpel/Becker*, Leasing nach IFRS, 2006, S. 120.

bindlichkeit ist in diesem Falle einzubuchen, die dem aktivierten Betrag des Leasingobjektes als Barwert der Mindestleasingraten nach den neuen Bedingungen entspricht. Handelt es sich durch die **Vertragsänderungen** um ein **neues Leasingverhältnis**, so wird für die Barwertberechnung ein neuer, dem neuen Leasingverhältnis innewohnender Zinssatz verwendet; ersatzweise kann der **neu festgelegte Grenzfremdkapitalzins** des Leasingnehmers herangezogen werden. Wird bei wirtschaftlicher Betrachtung unter Berücksichtigung des Wesentlichkeitsgrundsatzes ein **neues Leasingverhältnis verneint**, so ist für die Barwertberechnung der **bisherige interne Zins** des Leasingverhältnisses zugrunde zu legen. Die so verursachte erfolgswirksame Berichtigung der Passivseite ist nicht konform mit der entsprechenden US-GAAP-Regelung nach SFAS 13.14.

Ist das geänderte Leasingverhältnis prospektiv als Operate-Lease zu qualifizieren, so stellt der Vorgang wirtschaftlich ein Sale-and-lease-back-Geschäft dar, das als Operate-Lease nach IAS 17.61 darzustellen ist.

cc) Anhangangaben des Leasingnehmers über Finance-Leases

Für Finance-Lease-Verträge sieht IAS 17.31 folgende **Anhangangabepflichten** des Leasingnehmers vor: 150

- Buchwerte der Finance-Lease-Objekte gesondert nach Anlageklassen, ferner sind alle Angabepflichten nach IAS 16, IAS 36, IAS 38, IAS 40 und IAS 41 auch für als Finance-Lease zugerechnete Vermögenswerte anzuwenden,
- Mindestleasingraten und Barwerte für die Zeiträume bis zu einem Jahr, zwischen einem und fünf Jahren und über fünf Jahren, wodurch die Effekte aus der Diskontierung und damit die Zinsstruktur der künftigen Zahlungsverpflichtungen abgeleitet werden können,
- die für die Berichtsperiode erfassten bedingten Mietzahlungen,
- die erwarteten künftigen Leasingzahlungen aus Untervermietungen (Subleases),
- für das Geschäftsjahr anfallende variable Leasingzahlungen und Erträge aus Untervermietungen, hierbei sind auch bedingte Mietzahlungen zu nennen, einschließlich der Bedingungen, auf denen diese Zahlungen beruhen,
- wesentliche Bestimmungen der Leasingverhältnisse, die als Finance-Lease zu klassifizieren sind, einschließlich der für sie geltenden wesentlichen Vertragsbedingungen, insbesondere
  - die Grundlage, auf welcher bedingte Mietzahlungen bestehen,
  - Grund und Bestimmungen für Verlängerungs- und Kaufoptionen sowie Preisgleitklauseln,
  - Beschränkungen, die durch das Leasingverhältnis begründet sind, wie Dividenden, zusätzliche Schulden und weitere Leasingverhältnisse,

- den Betrag der außerordentlichen Abschreibungen auf Vermögenswerte in Finance-Leases,
- den Betrag der neu abgeschlossenen Finance-Lease-Verträge der Periode,
- die Zinszahlungen der Periode sowie
- den Fair Value der Verbindlichkeiten.

dd) Beispiel für die bilanzielle Darstellung eines Finance-Lease-Verhältnisses

151 **Angaben**[1]**:**

Ein Leasingnehmer mietet am 1.1.2001 einen Vermögenswert für fünf Jahre (unkündbar).

- Die vereinbarten Leasingraten betragen 23 097 Euro p.a. zahlbar am Jahresende. Hinzu kommen 1500 Euro p.a. für Wartung und Versicherung.
- Am Ende der Grundmietzeit des Leasingvertrags wird der Vermögenswert an den Leasinggeber zurückgegeben.
- Eine Kaufoption wurde nicht vereinbart.
- Der Kaufpreis für den Vermögenswert beträgt 100 000 Euro (Leasinggeber).
- Die wirtschaftliche Nutzungsdauer des Vermögenswertes beträgt fünf Jahre.
- Die Leasingraten wurden laut Angaben des Leasinggebers mit einem internen Kalkulationszinssatz von 5,0 % p.a. berechnet. Der Refinanzierungssatz des Leasingnehmers liegt bei 6,5 % p.a.

Klassifizierung:

- Eigentumsübertragung → nein,
- günstige Kaufoption → nein,
- Laufzeittest: Vertragslaufzeit fünf Jahre versus wirtschaftliche Nutzungsdauer fünf Jahre, also 100 % > 75 % somit Finance-Leasing,
- Barwerttest: Anschaffungskosten 100 000 versus Barwert der Mindestleasingraten 100 000 (5 × 23 097 bei einem Diskontierungssatz von 5 %) also 100 % → Finance-Leasing,
- Spezialleasing → nein.

Folge:

Die Bilanzierung des Leasinggegenstandes hat wegen des einschlägigen Laufzeit- und Barwerttests beim Leasingnehmer zu erfolgen.

1 *Heyd*, Rechnungslegung nach IFRS – eine Einführung, 2005, S. 79 ff.

Überprüfung des Barwerttests

Jahr	Betrag	Formel	Ergebnis
1	23 097	$23\,097 \times 1{,}05^{-1}$	21 997
2	23 097	$23\,097 \times 1{,}05^{-2}$	20 950
3	23 097	$23\,097 \times 1{,}05^{-3}$	19 953
4	23 097	$23\,097 \times 1{,}05^{-4}$	19 003
5	23 097	$23\,097 \times 1{,}05^{-5}$	18 097
		Barwert	100 000

Die Wartungs- und Versicherungskosten gehen als laufender Periodenaufwand nicht in die Barwertberechnung ein.

Buchung: Aufwand an Zahlungsmittel 1500

Die Bilanzierung des Leasingobjektes erfolgt beim Leasingnehmer. Er aktiviert den Leasinggegenstand mit dem Barwert (100 000 Euro) und schreibt ihn über die Nutzungsdauer, maximal über die Vertragslaufzeit ab (hier fünf Jahre). Er passiviert eine Leasingverbindlichkeit in gleicher Höhe (100 000 Euro) und tilgt diese über die Vertragslaufzeit (fünf Jahre). Die über die Vertragslaufzeit vereinbarten Leasingzahlungen (23 097 Euro) sind in einen Tilgungs- und einen Zinsanteil aufzuteilen.

Jahr	Stand	Zins	Tilgung	Annuität	Restschuld
1	100 000	5 000	–18 097	23 097	81 903
2	81 903	4 095	–19 002	23 097	62 900
3	62 900	3 145	–19 952	23 097	42 948
4	42 948	2 148	–20 950	23 097	21 998
5	21 998	1 100	–21 997	23 097	0
Summe		15 487	–100 000	115 487	

Bilanz

Aktiva				Passiva		
Anlagevermögen				Verbindlichkeit		
Jahr	fortgef. AHK	Abschr.	Rest-BW	Darlehen	Tilgung	Restschuld
1	100 000	–20 000	80 000	100 000	–18 097	81 903
2	80 000	–20 000	60 000	81 903	–19 002	62 900
3	60 000	–20 000	40 000	62 900	–19 952	42 948
4	40 000	–20 000	20 000	42 948	–20 950	21 998
5	20 000	–20 000	0	21 998	–21 998	0
		–100 000			–100 000	

GuV-Rechnung

Jahr	Abschreibungen	Zinsanteil der L-Raten	Gesamtaufwand
1	20 000	5 000	25 000
2	20 000	4 095	24 095
3	20 000	3 145	23 145
4	20 000	2 147	22 147
5	20 000	1 100	21 100
Summe	100 000	15 487	115 487

b) Darstellung von Finance-Leases beim Leasinggeber

152 Da der Leasinggeber im Falle eines Finance-Lease das wirtschaftliche Eigentum am Leasingobjekt verliert, hat er den Leasinggegenstand auszubuchen und an seiner Stelle eine **Forderung gegenüber dem Leasingnehmer** zu bilanzieren. Diese Forderung ist unter den sonstigen Forderungen unter Beachtung der **Fristigkeitsregeln** auszuweisen; ein Hinweis auf den Inhalt dieser Forderung ist nur bei entsprechender Bedeutung geboten. Die Forderung ist nach IAS 17.36 in Höhe der **Nettoinvestition in das Leasingverhältnis** anzusetzen. Diese berechnet sich nach IAS 17.4, indem auf Basis des internen Zinssatzes des Leasinggebers die Bruttoinvestition in das Leasingverhältnis abdiskontiert wird. Die Bruttoinvestition ihrerseits setzt sich aus den **Mindestleasingzahlungen** und einem etwaigen **ungarantierten Restwert** zusammen. Die Abzinsung wird als **nicht realisierter Finanzierungsertrag** passivisch abgegrenzt. Sollte es sich dabei um ein **Fremdwährungsgeschäft** handeln, so sind die Posten nach IAS 21.21f mit dem zu Beginn der Laufzeit des Leasingverhältnisses geltenden Devisenkassakurs umzurechnen, was dem aktuellen Geldkurs entspricht. Für **anfängliche direkte Kosten** bestimmt IAS 17.38, dass bei einem Finanzierungsleasing, an dem kein Hersteller oder Händler beteiligt ist, diese bei der Erstbewertung der Leasingforderung einzubeziehen sind, wodurch die während der Leasingdauer erfolgswirksam vereinnahmten Zinsanteile der Leasingraten vermindert werden.

153 Entspricht der Buchwert des noch beim Leasinggeber bilanzierten Leasinggegenstandes dessen **beizulegenden Zeitwert**, so kann das Leasingobjekt **erfolgsneutral ausgebucht** werden. Es findet ein erfolgsneutraler Passivtausch statt. An Stelle des Leasingobjektes wird die Leasingforderung erfasst.

154 Entspricht der Buchwert nicht dem beizulegenden Zeitwert, so ist der Unterschiedsbetrag als **Veräußerungsgewinn bzw. -verlust** zu interpretieren. Dies wird bei einem Hersteller- oder Händlerleasing regelmäßig unterstellt. Hier ist der gesamte Ertrag als Differenz zwischen der Bruttoinvestition und dem Buchwert des Leasingobjektes nach den Grundsätzen des

Verkaufs auf Ratenbasis aufzuteilen. Der Leasinggeber realisiert neben seinem Veräußerungsgewinn einen Finanzertrag aus der übernommenen Finanzierung des Kaufpreises; zur bilanziellen Abbildung dieser Vorgänge sind IAS 17.42 ff. zu beachten.

Nach IAS 17.44 ergibt sich der **Veräußerungsgewinn oder -verlust** als Differenz zwischen den **Umsatzerlösen** und den **Umsatzkosten**. Als Umsatzerlös gilt der **beizulegende Zeitwert** des Leasingobjektes; dieser ist in diesem Fall absatzmarktorientiert zu bestimmen. Es handelt sich nach IAS 17.43 (a) um den Verkaufspreis abzüglich Mengenrabatte und sonstige Preisnachlässe. Untergrenze ist der auf Basis des marktüblichen Zinssatzes (regelmäßig der dem Leasingverhältnis zugrundeliegende Zinssatz) ermittelte Barwert der Mindestleasingraten, sofern dieser niedriger ist als der beizulegende Zeitwert. Künstlich niedrige Zinssätze, die auch in der Werbung herausgestellt werden, dürfen für die bilanzielle Betrachtung nicht herangezogen werden[1]. Die Umsatzkosten entsprechen nach IAS 17.44 dem Buchwert des Leasingobjektes abzüglich dem Barwert des nicht garantierten Restwertes. Auch hier ist für die Diskontierung der marktübliche Zinssatz anzuwenden. In der Folgezeit sind die **Leasingraten annuitätisch** in einen **Tilgungsanteil**, in Höhe dessen die Forderung abgebaut wird, und einen **Zinsanteil** der als Vergütung für die Finanzierung des Kaufpreises anzusehen ist, aufzugliedern. Die Aufteilung hat unabhängig von tatsächlichen Einzahlungen zu erfolgen, ggf. sind zeitliche Abgrenzungen notwendig. Fremdwährungsposten gelten in diesem Zusammenhang wiederum als monetäre Posten und sind zum Stichtagskurs mit dem aktuellen Geldkurs umzurechnen, wobei evtl. **Umrechnungsdifferenzen erfolgswirksam** zu erfassen sind. Nicht garantierte Restwerte sind nach IAS 17.41 einem regelmäßigen **Werthaltigkeitstest** zu unterziehen. Tritt eine Wertminderung ein, so verlangt IAS 17.41, dass die Verteilung des noch nicht realisierten Finanzertrags über die Laufzeit des Leasingverhältnisses zu berichtigen ist. **Wertminderungen** an Forderungen sind nach IAS 39.63 erfolgswirksam zu erfassen. Gleiches gilt für anschließende **Wertaufholungen**. Grundsätzlich gilt das **Prinzip der Einzelwertberichtigung**, ggf. können pauschalierte Einzelwertberichtigungen angewandt werden. 155

Erhält der Leasinggeber das Leasingobjekt am Ende der Grundmietzeit zurück, so bilanziert er dieses zum Buchwert der **Nettoinvestition in das Leasingverhältnis** und bucht in dieser Höhe die Leasingforderung aus; es handelt sich damit um einen reinen **Aktivtausch** (Asset an Forderungen). Beabsichtigt der Leasinggeber das Objekt zu verkaufen, hat er es unter den Vorräten auszuweisen; in diesem Fall darf der Buchwert den Nettoveräußerungswert (net realisable value) nicht übersteigen. 156

1 *Kümpel/Becker*, Leasing nach IFRS, 2006, S. 158 m.w.N.

157 Will der Leasinggeber über das Objekt einen **Anschlussleasingvertrag** schließen, den er als Finance-Lease ausgestalten möchte, so sind die Regeln über das Hersteller- oder Händlerleasing zu beachten.

158 Soll der Anschlussleasingvertrag als Operate-Lease gelten oder möchte er den Gegenstand selbst nutzen, so hat der Leasinggeber ihn in seinem Anlagevermögen auszuweisen und auf seine Werthaltigkeit nach IAS 36 zu überprüfen; ein Veräußerungserfolg entsteht in diesem Fall nicht.

159 Wird durch geänderte Vertragsbestimmungen während der Laufzeit eines Leasingvertrags entweder kein neues Leasingverhältnis begründet oder das neue Leasingverhältnis wird wiederum als Finance-Lease klassifiziert, so kann entweder ein Abgang der Altforderung und ein Zugang der Neuforderung unterstellt werden, oder es kann die Altforderung unter den geänderten Bedingungen weitergeführt werden.

160 Liegt eine **wesentliche Vertragsänderung** vor, so ist die neu einzubuchende Forderung zu bestimmen aus der Summe des Barwertes der neu festgelegten Mindestleasingraten und dem Barwert eines ggf. angepassten nicht garantierten Restwertes (angepasste Nettoinvestition in das Leasingverhältnis). Dabei findet der **neue interne Zinssatz des Leasingverhältnisses** Anwendung. Eine **Differenz** aus der Ausbuchung der Altforderung und der Einbuchung der Neuforderung ist **erfolgswirksam** zu behandeln (IAS 39.26).

161 Gelten die Vertragsänderungen als unwesentlich, so findet keine Ausbuchung der bilanzierten Leasingforderung statt; vielmehr ist sie zu den neuen Bedingungen anzupassen.

162 Wird mit der Vertragsänderung allerdings ein **Operate-Lease-Verhältnis** begründet, so ist die bilanzierte Leasingverbindlichkeit auszubuchen und der Leasinggegenstand ins Anlagevermögen des Leasinggebers aufzunehmen. Die Bewertung findet in Höhe der noch nicht amortisierten Nettoinvestition in das Leasingverhältnis statt. Ergibt ein Werthaltigkeitstest nach IAS 36, dass der erzielbare Betrag niedriger ist, ist ein Wertminderungsaufwand zu buchen[1].

1 *Kümpel/Becker*, Leasing nach IFRS, 2006, S. 177 f.

Bilanzierung von Vertragsänderungen bei Finanzierungsleasingverhältnissen aus der Sicht des Leasinggebers 163

	Wesentliche Vertragsänderung i.S.v. IAS 39.AG62	**Unwesentliche Vertragsänderung i.S.v. IAS 39.AG62**
Kein neuer Leasingvertrag	– Eliminierung der als getilgt anzusehenden Forderung und gleichzeitige Erfassung einer entsprechenden neuen Leasingforderung. – Erfolgswirksame Erfassung des Unterschiedsbetrags zwischen der bisher erfassten und der neu angesetzten Forderung (IAS 39.26). – Anwendung des Zinssatzes, der schon vor Vertragsänderung zur Bewertung der Nettoinvestition in das Leasingverhältnis (Barwertberechnung) verwendet wurde.	– Beibehaltung des (Rest-) Buchwerts der Leasingforderung. – Fortführung der Leasingforderung mit dem Zinssatz, bei dem der Barwert der geänderten noch ausstehenden Mindestleasingzahlungen zuzüglich des Barwerts des gegebenenfalls korrigierten nicht garantierten Restwerts der bisher bilanzierten Forderung gleich ist.
Neuvereinbarung ist ein Finance-Lease	– Eliminierung der als getilgt anzusehenden Forderung und gleichzeitige Erfassung einer entsprechenden neuen Leasingforderung. – Erfolgswirksame Erfassung des Unterschiedsbetrags zwischen der bisher erfassten und der neu angesetzten Forderung (IAS 39.26). – Anwendung des Zinssatzes, der dem Leasingverhältnis nunmehr zugrunde liegt, zur Bewertung der Nettoinvestition in das Leasingverhältnis (Barwertberechnung).	– Beibehaltung des (Rest-) Buchwerts der Leasingforderung. – Fortführung der Leasingforderung mit dem Zinssatz, bei dem der Barwert der geänderten noch ausstehenden Mindestleasingzahlungen zuzüglich des Barwerts des gegebenenfalls korrigierten nicht garantierten Restwerts der bisher bilanzierten Forderung gleich ist.
Neuvereinbarung ist ein Operating-Lease	– Eliminierung der Leasingforderung und gleichzeitige Aktivierung des Leasingobjekts in Höhe des Nettoinvestitionswerts. – Sicherstellung, dass der Nettoinvestitionswert den erzielbaren Betrag des Leasingobjekts nicht übersteigt.	– Eliminierung der Leasingforderung und gleichzeitige Aktivierung des Leasingobjekts in Höhe des Nettoinvestitionswerts. – Sicherstellung, dass der Nettoinvestitionswert den erzielbaren Betrag des Leasingobjekts nicht übersteigt.

Der Leasinggeber hat über Finance-Lease-Verhältnisse folgende über die Angabepflichten nach IAS 32 hinausgehende Angaben nach IAS 17.47 zu machen: 164

Danach ist eine **Überleitung** von der Bruttoinvestition in das Leasingverhältnis zum Barwert der am Bilanzstichtag ausstehenden Mindestleasingraten zu erstellen, einschließlich deren Einteilung nach Restlaufzeiten

- bis zu einem Jahr,
- zwischen einem und fünf Jahren sowie
- länger als fünf Jahre.

Ferner verlangt IAS 17.47 (b) die Angabe eines noch nicht realisierten Finanzertrags sowie der nicht garantierten Restwerte zugunsten des Leasinggebers. Ferner sind die kumulierten Wertberichtigungen für uneinbringliche ausstehende Mindestleasingraten sowie die in der Berichtsperiode als Ertrag erfassten bedingten Mietzahlungen anzugeben. Außerdem schreibt IAS 17.47 (f) eine allgemeine **Beschreibung der wesentlichen Leasingvereinbarungen** des Leasinggebers vor.

165 Mit der Zurechnung des Leasingobjektes zum Leasingnehmer geht bei ihm eine **Bilanzverlängerung** einher, die zu einer **Reduzierung der Eigenkapitalquote** führt. Außerdem werden im Rahmen von Finance-Lease-Verhältnissen auf der Aktivseite der Bilanz des Leasingnehmers Positionen ausgewiesen, die für Gläubiger **keine Haftungsmasse** darstellen. Während sich der Buchwert des Leasingobjekts regelmäßig linear durch Abschreibungen abbaut, baut sich der Buchwert der Leasingverbindlichkeit um den Tilgungsanteil der Leasingraten ab. Da diese aufgrund der annuitätischen Ermittlung zu Beginn der Laufzeit des Leasingvertrags niedrig sind und erst im Zeitablauf größer werden, stellt das Finance-Lease nicht nur eine Bilanzverlängerung dar, sondern führt über weite Teile der Leasingdauer zu einem betragsmäßigen **Überhang der Leasingverbindlichkeit** auf der Passivseite gegenüber dem Buchwert des Leasingobjektes auf der Aktivseite. Schließlich ergibt sich der Gesamtaufwand für den Leasingnehmer aus der Summe von (regelmäßig linearen) Abschreibungen und dem zunächst hohen Zinsanteil der Leasingraten, was einen **hohen Gesamtaufwand zu Beginn der Vertragsdauer** und im Zeitablauf sinkende Aufwandsverrechnungen zur Folge hat[1].

6. Sonderfragen der Leasingbilanzierung nach IFRS

a) Vorgehensweise zum Erstanwendungszeitpunkt der IFRS

166 Die zum Zeitpunkt des Übergangs von HGB auf IFRS bestehenden Verträge sind nach den Grundsätzen von IFRS auf **Leasingbestandteile** zu untersuchen[2]. Wird ein Leasingvertrag bejaht, so ist er zum Umstellungszeitpunkt auf IFRS retrospektiv zu klassifizieren. Das bedeutet:

1 *Vater*, DStR 2002, 2094 ff.
2 *Lorenz*, Accounting 8/2005, 4 ff.

- Die Klassifizierung ist zu den im Zeitpunkt des Vertragsabschlusses bzw. einer nachfolgenden aber noch vor dem Umstellungszeitpunkt stattgefundenen wesentlichen Vertragsänderung im Sinne des IAS 17.10 geltenden Vertragsinhalte vorzunehmen;
- eine Erleichterungsvorschrift für den Umstellungszeitpunkt besteht nach IFRS 1 nicht.

Der Leasingvertrag ist entsprechend der retrospektiven Klassifizierung auf den Zeitpunkt der Erstanwendung der IFRS fortzuschreiben. Sollte nach IFRS eine andere Klassifizierung bejaht werden als im lokalen Abschluss, hat die Anpassungsbuchung zum Erstanwendungszeitpunkt erfolgsneutral zu erfolgen. 167

b) Vertragsanbahnungs- und -abschlusskosten (Initial direct costs)

Initial direct costs sind der Transaktion direkt zurechenbare Kosten, z.B. Kosten für Gutachten, Beraterkosten, Courtage, Provisionen, Notargebühren sowie interne Kosten zur Vorbereitung des Leasingvertrags. Sie werden beim Leasinggeber zusammen mit dem Leasinggegenstand aktiviert und über die Leasingdauer erfolgswirksam aufgelöst. Für die Behandlung der Initial direct costs beim Leasingnehmer bestehen keine Regelungen; evtl. können diese als immaterieller Vermögenswert aktiviert werden[1]. 168

Durch den Leasinggeber gewährte **Anreizzahlungen** und **Vergünstigungen** (lease incentives) können bestehen in der Gewährung mietfreier Perioden, Anreizzahlungen oder Kostenerstattungen im Zusammenhang mit dem Vertragsschluss (exit costs, Umzugskosten). Sie stellen für den Leasingnehmer einen über die Vertragslaufzeit des Leasingvertrags zu verteilenden Ertrag und für den Leasinggeber einen über die Vertragslaufzeit zu verteilenden Aufwand dar. Beide sind grundsätzlich linear zu verrechnen[2]. 169

Leasingsonderzahlungen zu Beginn des Leasingvertrags sind erfolgswirksam zu berücksichtigen als Verminderung des Leasingaufwands bzw. -ertrags und werden ebenfalls linear verrechnet. 170

Zahlungen des Leasingnehmers an den Vormieter und ähnliche Kosten (Abstandszahlungen, Umzugskostenerstattungen), die der Leasingnehmer übernimmt, um früher den Leasinggegenstand nutzen zu können, sind grundsätzlich erfolgswirksam bei Verursachung zu berücksichtigen. Eine Ausnahme bilden **Abstandszahlungen an Vormieter**. Sie sind zu aktivieren und erfolgsmäßig auf den Zeitraum zu verteilen, um den die Nutzung früher erfolgen konnte, regelmäßig bis zum Ende der regulären Auflösungs- oder Kündigungsfrist. 171

---

1 *Kümpel/Becker*, Leasing nach IFRS, 2006, S. 140 m.w.N.
2 *Hoffmann*, PiR 2005, 97.

c) Reklassifizierung von Leasingverträgen

172 Eine **Reklassifizierung von Leasingverträgen** ist vorzunehmen, wenn sich Änderungen wesentlicher Konditionen während der Leasingdauer ergeben bzw. wenn sich wesentliche Vertragsbedingungen ändern, z.B.

- die Höhe der Leasingzahlungen,
- die Leasingdauer oder
- Kaufoptionen.

Keine Änderung wesentlicher Vertragsbedingungen liegt vor bei **Änderungen des Restwertes** oder der **wirtschaftlichen Nutzungsdauer.**

Geänderte wesentliche Vertragskonditionen führen nur dann zu einer **Neuklassifizierung des Vertrags**, wenn dies auch der Fall gewesen wäre, wenn diese Bedingungen bereits zum Zeitpunkt des Vertragsschlusses bestanden hätten.

173 Wird ein ursprünglich als Finance-Lease klassifizierter Vertrag in ein Operate-Lease-Verhältnis umgewidmet, so wird die Änderung analog einer Sale-and-lease-back-Transaktion behandelt, d.h.

- der Vermögenswert und die Verbindlichkeit werden zum Zeitpunkt der Vertragsänderung ausgebucht und
- die Differenz zwischen dem Buchwert des Vermögenswerts und dem Buchwert der Verbindlichkeit ist abzugrenzen und über die Restlaufzeit des Leasingvertrags aufzulösen.

Ab dem Zeitpunkt der Vertragsänderung wird der Leasingvertrag wie ein normaler Operate-Lease behandelt.

174 Wird ein ursprünglich als Operate-Lease klassifizierter Vertrag in ein Finance-Lease umgewidmet, so ist der **Vermögenswert und die Verbindlichkeit** zum Zeitpunkt der Änderung in Höhe des Barwertes der Mindestleasingraten bzw. zum niedrigeren beizulegenden Zeitwert einzubuchen. Die Folgebewertung richtet sich nach den üblichen Regelungen für Finance-Lease-Verträge.

175 Bei der Reklassifikation von Leasingverträgen ist zwischen folgenden Sachverhalten zu unterscheiden:

- Nachträgliche Änderungen der Leasingvereinbarung (changes in the provisions of the lease),
- Neuabschluss eines Leasingverhältnisses (renewing the lease),
- Änderungen von Schätzungen oder Rahmenbedingungen (changes in estimates or changes in circumstances).

In die erste Kategorie von **nachträglichen Vertragsänderungen** können z.B. fallen[1]

---

1 *Kümpel/Becker*, Leasing nach IFRS, 2006, S. 75.

- nachträgliche Anpassungen von Leasingraten bezüglich der Höhe oder dem Fälligkeitszeitpunkt,
- nachträgliche Vereinbarung oder Anpassung einer Restwertgarantie,
- nachträgliche Vereinbarung oder Anpassung einer Kaufoption,
- nachträglich beschlossene Verkürzung der Laufzeit des Leasingverhältnisses.

IAS 17.13 sieht ein zweistufiges Verfahren zur Berücksichtigung dieser Änderungssachverhalte vor:

Zunächst ist retrospektiv zu prüfen, ob der **Leasingvertrag zu Beginn des Leasingverhältnisses** hätte **anders klassifiziert werden müssen**, wenn die jetzt geltenden Vertragsbestimmungen bei Vertragsschluss schon gegolten hätten. Ist dies zu bejahen, ist das Leasingverhältnis in einem zweiten Schritt **prospektiv neu zu klassifizieren**. Ist dies zu verneinen, ist das Leasingverhältnis nicht neu zu klassifizieren. 176

Bei **Änderungen der Vertragsbestimmungen** während der Laufzeit bzw. bei vorzeitiger Beendigung oder Erwerb des Leasingobjektes ist der nach IAS 17.13 vorgesehene Prüfprozess zu durchlaufen. Wird bei wirtschaftlicher Betrachtungsweise **kein neues Leasingverhältnis begründet** oder führt auch die neue Vereinbarung wiederum zu einem Finance-Lease, so ist nach IAS 39.40 die Leasingverbindlichkeit als getilgt anzusehen und insofern auszubuchen. Eine wesentliche Änderung der Vertragsbestimmungen liegt vor, wenn der Barwert der Mindestleasingraten nach der Vertragsänderung mindestens 10 % vom (Rest-) Buchwert der Leasingverpflichtung abweicht. In diesem Fall ist der Betrag der Leasingverbindlichkeit neu zu bestimmen. Der geänderte Kontrakt wird als **neues Leasingverhältnis** angesehen und daher die Klassifizierung unter den neuen Bedingungen vorgenommen. Eine hierbei entstehende Differenz wird nach IAS 39.41 **erfolgswirksam** erfasst. Dies stellt einen Unterschied zur Vorgehensweise nach SFAS 13.14 dar, wonach eine Vertragsänderung keine Auswirkung auf das Ergebnis der Periode aufweist, in der die Modifikation stattfindet. Vielmehr erfolgt hier die Berücksichtigung über die Abschreibungen über die Restnutzungsdauer des Leasingobjektes. 177

Wird mit den neuen Vertragsbestimmungen ein Operate-Lease-Verhältnis begründet, so entspricht dies wirtschaftlich gesehen einer **Sale-and-lease-back-Transaktion**. Danach wäre sowohl das Leasingobjekt als auch die Leasingverpflichtung beim Leasingnehmer auszubuchen und der Abgangsgewinn bzw. -verlust nach den Regelungen für Sale-and-operate-lease-back Geschäften (IAS 17.61) darzustellen. 178

Werden durch einen Nachtrag **Leasingraten neu festgelegt**, so ist dies Anlass, den Leasingvertrag neu zu beurteilen (changes in the provisions of the lease). Dies gilt allerdings nicht für bedingte Mietzahlungen, geänderte Investitions- und Finanzierungskosten während der Bau- oder Herstellungs- 179 phase oder die Ausübung von Mietverlängerungsoptionen, da diese Sachverhalte bereits bei der ursprünglichen Klassifizierung mit einer bestmöglichen Schätzung berücksichtigt wurden.

Soll durch eine nachträgliche Vereinbarung der ursprüngliche Vertrag formal aufgehoben und durch einen neuen Vertrag ersetzt werden, so steht dies einem Nachtrag zum bestehenden Vertrag wirtschaftlich gleich.

180 **Geänderte Rahmenbedingungen** wie geänderte Marktzinssätze, Marktwerte für Objekte u.Ä. sind für die Klassifizierung eines bestehenden Leasingvertrages **unerheblich**.

d) Auswirkungen von Finance-Lease-Verträgen auf die Kapitalflussrechnung

181 Bei **Abschluss** des Leasingvertrags ergeben sich keine Auswirkungen auf die Kapitalflussrechnung, da zahlungswirksame Transaktionen weder im Investitions- noch im Finanzierungsbereich stattfinden. Es hat allenfalls eine Anhangangabe zu erfolgen.

In der **Folgezeit** des Leasingvertrags gelten
- Abschreibungen auf den Vermögenswert als Bestandteil der Überleitung vom Periodenergebnis zum operativen Cash Flow der Periode,
- Zinsaufwendungen als Bestandteil des operativen Cash Flows, eine Überleitung vom Zinsaufwand auf die Zinszahlung ist unter Einbezug der Veränderungen der Verbindlichkeiten möglich,
- Tilgungszahlungen als dem Cash Flow aus Finanzierungstätigkeit zugehörig.

e) Sale-and-lease-back

182 Beim **Sale-and-lease-back** werden zwei Rechtsgeschäfte inhaltlich miteinander verknüpft. Es geht um die Veräußerung eines Objektes und dessen Weiternutzung mittels Leasingvertrag[1]. Der Verkäufer ist der künftige Leasingnehmer, der Käufer ist der künftige Leasinggeber. Gründe für das Sale-and-lease-back können sein:
- Schaffung von Liquidität durch den Verkauf, ohne auf die Weiternutzung verzichten zu müssen,
- Auflösung stiller Reserven in ertragsschwachen Jahren,
- Ersatz für einen Kredit, indem die zugeflossene Liquidität aus dem Verkauf des Objektes über die Leasingraten „zurückgezahlt" wird (Pay-as-you-earn-Konzept).

1 *Kirsch*, KoR 2006, 220 ff.

Es handelt sich um zwei rechtlich selbständige, wirtschaftlich wohl aufeinander abgestimmte Verträge, nämlich

- einen Kaufvertrag und
- einen Leasingvertrag.

Die bilanzielle Behandlung des Leasingvertrags beim Leasingnehmer richtet sich danach, ob er als Finance-Lease oder als Operate-Lease zu qualifizieren ist. Die Klassifizierung des Leasingvertrags erfolgt nach den allgemeinen Grundsätzen, doch können Sondervorschriften bestehen für die Behandlung des Veräußerungserfolgs beim Verkaufsgeschäft. Zunächst ist zu klären, ob bei wirtschaftlicher Betrachtung überhaupt ein Verkauf stattgefunden hat oder ob die wesentlichen Chancen und Risiken nach wie vor beim Verkäufer/Leasingnehmer liegen. Im zweiten Schritt ist der Betrag des Veräußerungserfolgs festzulegen, der unmittelbar erfolgswirksam zu erfassen ist[1]. Insbesondere können durch die Festlegung des Verkaufspreises wie auch der Leasingraten Effekte erzielt werden, die ggf. einer Korrektur bedürfen, was den damit ausgelösten Erfolgsausweis betrifft. 183

aa) Sale-and-finance-lease-back

Handelt es sich bei dem Sale-and-lease-back-Geschäft um ein Finance-Lease, so gelten die wesentlichen Chancen und Risiken nicht übergegangen. Vielmehr ist es wirtschaftlich wie ein Finanzierungsvorgang anzusehen, bei dem das Leasingobjekt als Sicherheit dient[2]. Das Sale-and-lease-back-Geschäft in der Ausgestaltung eines Finance-Lease führt dazu, dass der Leasingnehmer den Leasinggegenstand vor und nach der Transaktion in seiner Bilanz hält. Da hieraus kein sofortiger Veräußerungsgewinnausweis resultieren darf, ist der **Saldo zwischen Veräußerungserlös und Buchwert passivisch abzugrenzen** und über die **Laufzeit des Leasingvertrags (lease term) zu verteilen**. Es wird also nur ein auf die Laufzeit des Leasingvertrags bezogener **Anteil des Veräußerungsgewinns jährlich als Erfolg gezeigt**[3]. Dem steht der Zins- und Kostenanteil der Leasingraten als periodischer Aufwand gegenüber. Damit soll vermieden werden, dass wenn im Falle insolvenzrelevanter Liquiditätsschwierigkeiten (Zahlungsunfähigkeit, drohende Zahlungsunfähigkeit) die Betriebsimmobilien mit niedrigem Buchwert und hohem Zeit- oder Verkehrswert veräußert werden, ein Veräußerungsgewinn gezeigt wird, der den Eindruck entstehen lassen könnte, es handle sich um den vollzogenen Turnaround[4]. 184

1 *Kümpel/Becker*, Leasing nach IFRS, 2006, S. 192.
2 *Pellens/Füllbier/Gassen*, Internationale Rechnungslegung, 2006, S. 592.
3 *Eiken*, in Winkeljohann, Leasing, Rechnungslegung nach IFRS, 2006, S. 219.
4 Zwar ist der Veräußerungsgewinn aus dem Verkauf von Betriebsgrundstücken nicht im operativen Ergebnis auszuweisen, doch könnte bei oberflächlicher Betrachtung durchaus ein Fehlschluss in Bezug auf die längerfristige Entwicklung der Ertragslage gezogen werden.

185 Handelt es sich um einen Veräußerungsverlust, so kann dieser zwei Ursachen haben:

- Handelt es sich um einen **Wertminderungsverlust** (Impairment nach IAS 36), so ist eine sofortige erfolgswirksame Abwertung geboten.
- Sollen mit einem niedrigen Verkaufspreis künftige Leasingraten bewusst niedrig gehalten werden, so ist dieser **Verlust über die Laufzeit abzugrenzen** und parallel zu den niedrigeren Leasingraten aufzulösen. Nicht eindeutig geklärt ist die Art und Weise der Auflösung dieser Abgrenzung. In Frage stehen
  - die finanzmathematische Auflösung,
  - die Auflösung analog der gewählten Abschreibungsmethode des Leasingobjektes oder
  - eine lineare Auflösung[1].

  Auch die Frage, ob die Auflösungsbeträge als betriebliche oder finanzwirtschaftliche Aufwendungen oder Erträge anzusehen sind, ist weder in IAS 17, noch in der Literatur eindeutig beantwortet.

Ferner finden sich in IAS 17 auch keine präzisen Vorschriften, wie der Käufer bzw. Leasinggeber mit dem Differenzbetrag umzugehen hat. Grundsätzlich sollte auch bei ihm eine Abgrenzung entsprechend den Grundsätzen wie beim Verkäufer bzw. Leasingnehmer erfolgen. Eine Mindermeinung lässt eine sofortige erfolgswirksame Erfassung zu.

bb) Sale-and-operate-lease-back

186 Handelt es sich beim Rücklease-Vertrag um ein Operate-Leasing, so ist der Veräußerungserfolg grundsätzlich ergebniswirksam auszuweisen. Allerdings ist die Form und Verteilung des Erfolgs von der Lage im Einzelfall abhängig (IAS 17.61–63).

187 Handelt es sich um einen **Veräußerungsvorgang zu marktüblichen Bedingungen**, so ist der gesamte Erfolg ergebniswirksam zu erfassen. In diesem Fall entspricht der Verkaufspreis dem Fair Value des Leasingobjektes.

188 Liegt der **Veräußerungspreis unter dem Fair Value**, so ist nach IAS 17.61 ein Veräußerungserfolg ebenfalls erfolgswirksam zu erfassen; wird ein niedrigerer Kaufpreis allerdings mit günstigen Mietzahlungen ausgeglichen, hat eine Abgrenzung über die voraussichtliche Nutzungsdauer des Leasingobjektes zu erfolgen, in der der Verkäufer als Leasingnehmer das Objekt noch nutzen wird. Die Verteilung des „Abweichungseffekts" hat proportional zur Verteilung der Leasingzahlungen zu erfolgen.

189 Ist allerdings der **Fair Value** im Übergangszeitpunkt **niedriger als der Buchwert**, so ist der Verlust nach IAS 17.63 in voller Höhe bei Erkennbarkeit zu erfassen. Übersteigt dagegen der Veräußerungspreis den Fair Value, so ist

1 *Kümpel/Becker*, Leasing nach IFRS, 2006, S. 194.

die Differenz nach IAS 17.61 abzugrenzen und über die Laufzeit des Leasingverhältnisses zu verteilen.

Übersteigen sowohl der Verkaufspreis als auch der Buchwert den Fair Value im Transaktionszeitpunkt, so ist das Objekt außerplanmäßig auf den Fair Value abzuschreiben. Der sich dann ergebende Differenzbetrag zwischen dem abgewerteten Buchwert (= Fair Value) und dem Verkaufspreis ist dann auf die Laufzeit des Leasingverhältnisses zu verteilen. 190

IV. Leasingbilanzierung nach US-GAAP

1. Einführung

a) Grundlagen der US-GAAP-Rechnungslegung[1]

US-GAAP bestehen aus einer Vielzahl von Quellen mit unterschiedlichem Verbindlichkeitsgrad, unterschiedlichen Autoren und unterschiedlichen Priorität. US-GAAP stellen **kein in sich geschlossenes Regelsystem** dar. Die Normen für die US-amerikanische Rechnungslegung stellen im Gegensatz zu den HGB-Vorschriften **überwiegend nicht Gesetze** im formellen Sinne dar, sondern sind Verlautbarungen verschiedener hierfür ermächtigter Standardsetter, welche aus **unterschiedlichen Quellen** Normen mit **abgestufter Verbindlichkeit** schaffen und **fortlaufend weiterentwickeln**. Vielmehr setzen sie sich aus einer Vielzahl von Quellen mit unterschiedlichem Verbindlichkeitsgrad zusammen. Dabei werden sowohl deduktive als auch induktive Methoden der Normgenerierung angewandt. Demzufolge unterscheidet man 191

- **praxisorientierte und theoriegeleitete Grundsätze**: sowohl das tatsächliche Verhalten bilanzierender Unternehmen als auch die von kompetenten Fachleuten als vorherrschende und sinnvolle Rechnungslegungsverfahren anerkannten Grundsätze sind US-GAAP,
- **Promulgated** und **Non-promulgated US-GAAP**: Promulgated US-GAAP sind Verfahrensnormen und Methoden, welche einen due process durchlaufen haben und von den Regelungsinstitutionen der Rechnungslegung (standard setter) im Rahmen einer offiziellen Verlautbarung formell veröffentlicht wurden; dies betrifft v.a. FASB Statements und Interpretations. APB Opinions bzw. Accounting Research Bulletins (ARB) bleiben bis zum Erlass einer zu diesem Thema erlassenen FASB-Verlautbarung in Kraft. Unpromulgated US-GAAP sind demgegenüber informell, d.h. über praktizierte Verfahrensweisen der bilanzierenden Unternehmen entstanden, unter der Voraussetzung, dass sie allgemein anerkannt sind und der substantial authoritative support besteht. Ob diese Voraussetzungen im

1 *Heyd*, Internationale Rechnungslegung, 2003, S. 86 ff.; *Jung*, US-amerikanische und deutsche Rechnungslegung, 1979; *Kieso/Weygandt/Warfield*, Intermediate Accounting, 2004.

Einzelfall erfüllt sind, ist vom Wirtschaftsprüfer zu beurteilen. Er hat die US-GAAP-Konformität zu bestätigen. Hierbei sind Analogien mit zweifelsfrei als US-GAAP anerkannte Grundsätzen zu überprüfen.

- **Übergeordnete Grundsätze** und **untergeordnete Methoden** und **Verfahren**. Während übergeordnete Grundsätze als theoretische Basis – z.B. APB Statements bzw. FASB Concept Statements – nicht Teil der US-GAAP sind, kommen Methoden und Verfahren zur Darstellung konkreter Bilanzierungs-, Bewertungs-, Gliederungs- und Konsolidierungssachverhalte einschließlich der mit ihnen in Zusammenhang stehenden verbalen Erläuterungen als US-GAAP mit unterschiedlichem Verbindlichkeitsgrad in Betracht.

192 Eine Systematisierung der US-GAAP ergibt sich aus der Darstellung des sog. **„House of US-GAAP"**[1].

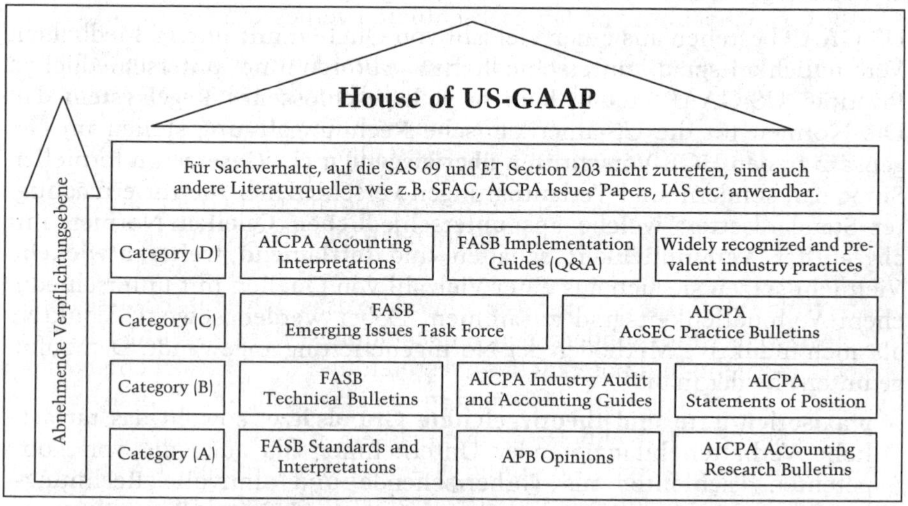

193 Kennzeichnend für die US-GAAP ist, dass es sich nicht um eindeutige gesetzliche Vorschriften handelt, sondern um Stellungnahmen, Verordnungen, Gutachten und Interpretationen sowie Kommentarmeinungen, welche anwendungsbezogen, situativ und überwiegend induktiv die konkret anstehenden Probleme der Rechtsanwender lösen sollen. Dabei bestehen unterschiedliche Verbindlichkeitsgrade und Verpflichtungserfordernisse für die einzelnen Ebenen des House of US-GAAP. Die Standards, ergänzt um die **Präzedenzfälle** der mit Fragen der Rechnungslegung befassten Gerichte (case law), bilden den Rahmen für die externe Berichterstattung börsennotierter Gesellschaften.

194 Um den Rahmen der US-GAAP, ihre inhaltliche Ausrichtung und ihre grundlegende Zielsetzung zu beschreiben, wurde schon 1973 basierend auf

1 *KPMG*, Rechnungslegung nach US-amerikanischen Grundsätzen, 2006, S. 3.

früheren Verlautbarungen ein Conceptual Framework entwickelt, welches im Gegensatz zu den US-GAAP nicht induktiv sondern deduktiv die „Objectives of Financial Statements" aus der Entscheidungsorientierung der Rechnungslegung für die Adressaten herleitet. Das **Conceptual Framework** sollte

- eine Leitlinie für den FASB bei der Entwicklung von Standards darstellen,
- einen Rahmen bei der Lösung von Fragen bilden, für die noch keine „promulgated" GAAP entwickelt wurden,
- den Ermessensspielraum bei der Erstellung von Jahresabschlüssen begrenzen,
- bei den Jahresabschlusslesern die Verständlichkeit und das Vertrauen in Jahresabschlussinformationen erhöhen und
- die Vergleichbarkeit von Jahresabschlüssen verbessern.

Zu beachten ist allerdings, dass das Conceptual Framework selbst nicht zu den US-GAAP gehört und eher eine zielführende Handlungsanweisung bzw. Begrenzung des Gestaltungsfreiraums für die Standard Setter im Hinblick auf konkrete Einzelvorschriften darstellt[1]. 195

Im Einzelnen sind folgende qualitative Merkmale und Grundsätze für die Gestaltung der Unternehmensberichterstattung nach US-GAAP maßgebend: 196

- **Decision Usefulness**: Sie stellt heraus, dass Jahresabschlüsse nicht Selbstzweck sind, sondern den Entscheidungsbedürfnissen der Kapitalgeber (aktuelle und potenzielle Investoren und Kreditgeber) entsprechen sollen. Dieser Grundsatz lässt sich in zwei große Bereiche gliedern.
- **Relevance**, d.h. Entscheidungserheblichkeit, indem die Jahresabschlussinformationen geeignet sind, die Auswahl des Kapitalgebers zwischen mehreren Entscheidungsalternativen zu beeinflussen. Dabei geht es vorrangig um
  - die Voraussagetauglichkeit (predictive value), d.h. aus Jahresabschlussinformationen Prognosen für zukünftige Trends und Entwicklungen abzuleiten sowie den Grad an Unsicherheit, welcher mit einer Entscheidung verbunden ist, zu reduzieren,
  - die Erwartungsüberprüfung (feedback value), d.h. frühere Erwartungen zu bestätigen bzw. zu korrigieren, was einerseits Rückschlüsse auf die Qualität der Informationen zulässt, andererseits Soll-Ist-Abweichungen aufzeigt und zum Anlass für Ursachenforschungen, Feststellungen von Verantwortlichkeiten und Anpassungsentscheidungen wird,

1 *Schildbach*, US-GAAP Amerikanische Rechnungslegung und ihre Grundlagen, 2002, S. 32, 40–65.

  - Aktualität (timeliness), d.h. die zeitnahe Berichterstattung lässt Soll-Ist-Abweichungen in einem Stadium erkennen, in welchem durch Anpassungsentscheidungen frühzeitig den zunächst nicht vorhersehbaren Entwicklungen begegnet und – sofern für die Zielerreichung von Bedeutung – entgegengesteuert werden kann.
- **Reliability** als Zuverlässigkeit der Informationen, d.h.
  - Abbildungstreue bzw. Messbarkeit (representational faithfulness) also wahrheitsgemäße Berichterstattung frei von Fehlern (true and fair),
  - Nachprüfbarkeit bzw. Objektivität (verifiability) also eine willkürfreie Darstellung ohne subjektive Einflussnahme,
  - Neutralität (neutrality), also intersubjektiv nachvollziehbare Informationen.

197 **Weitere Anforderungen** an Jahresabschlussinformationen sind

- Vergleichbarkeit (comparability), d.h. sowohl ein Zeitvergleich als auch ein zwischenbetrieblicher Vergleich muss aussagekräftige Analysen zulassen, was beinhaltet
- dass einmal gewählte Darstellungsmethoden beibehalten werden[1] (consistency),
- dass Gliederungs-, Segmentierungs- und Einteilungskriterien beibehalten werden und
- dass Anhangangaben einschließlich freiwilliger Veröffentlichungen sowohl im Zeitablauf als auch über alle Segmente hinweg einem einheitlichen Aufbau folgen,
- Verständlichkeit (understandability), d.h. Jahreabschlussinformationen müssen nachvollziehbar sein und durch Außenstehende interpretiert und im Hinblick auf den hinter ihnen stehenden wirtschaftlichen Gehalt zutreffend beurteilt werden können.

198 **Begrenzend** im Hinblick auf die Informationsansprüche wirken die Grundsätze

- Benefits > Costs, d.h. dass eine Information nur vermittelt werden muss, wenn der von ihr ausgehende Nutzen größer ist als die Kosten, die sie verursacht,
- Materiality, d.h. dass eine Information nur vermittelt werden muss, wenn sie aus Sicht des Adressaten als wesentlich und somit entscheidungserheblich angesehen werden kann. Unbedeutende und für Entscheidungen sowohl inhaltlich als auch betragsmäßig unerhebliche Informationen bleiben mit Blick auf die Klarheit und Übersichtlichkeit einerseits und die Vermeidung irreführender Annahmen über die Bedeu-

---

1 Dies bezieht sich auf Ansatz-, Bewertungs-, Gliederungs- und Konsolidierungsmethoden gleichermaßen.

tung eines Sachverhaltes sowie die Kosten der Berichterstattung andererseits aus der US-GAAP-Berichterstattung fern.

Zielgruppe	**Entscheidungsträger – Decision Maker and their characteristics**					
Nebenbedingungen	Wirtschaftlichkeit des Rechnungswesens (cost < benefit)			Wesentlichkeit (materiality)		
Anwenderbezogene Qualität	Verständlichkeit (understandability)					
Überwiegendes Kriterium	Entscheidungsnützlichkeit (decision usefulness)					
Erstrangige Anforderungen	relevance			reliability		
Bestandteile	Voraussagetauglichkeit (predictive value)	Erwartungsüberprüfung (feedback value)	Zeitnahe Berichterstattung (timeliness)	Nachprüfbarkeit (verifiability)	Zuverlässigkeit (representational faithfulness)	Neutralität (neutrality)
Zweitrangige Anforderungen	Vergleichbarkeit (comparability)			Stetigkeit (consistency)		

Aus den qualitativen Merkmalen und Grundsätzen der US-GAAP-Bericht- 199
erstattung leiten sich folgende Ansatz-, Bewertungs- und Ausweisprinzipien ab:

- **Fair presentation**: Die wahre und nicht irreführende Berichterstattung ist vorrangiges Ziel der Unternehmensberichterstattung. Sie soll gewährleistet werden durch Beachtung aller in den US-GAAP zusammengefassten Anforderungen[1]. Die Beachtung der Fair Presentation muss durch den Wirtschaftsprüfer bestätigt werden.
- **Accrual principle**: Der Jahresabschluss soll den wirtschaftlichen Erfolg einer Periode anhand von Erträgen und Aufwendungen beschreiben, nicht anhand unperiodisierter Zahlungsvorgänge. Aufgrund des pagatorischen Charakters der Aufwands-Ertrags-Rechnung können Erfolgs- und Zahlungsgrößen zwar temporär versetzt ausgewiesen werden, nicht aber über die Gesamtlebensdauer des Unternehmens auseinanderfallen (Kongruenzprinzip)[2].
- **Going concern principle**: Sowohl bei Ansatz als auch bei Bewertung soll von der Fortführung der Unternehmenstätigkeit ausgegangen werden. Dies bedeutet, dass jeder Bewertung mit Going-Concern-Werten eine Be-

1 Sie stellt daher grundsätzlich kein overriding principle dar; *Schildbach*, US-GAAP Amerikanische Rechnungslegung und ihre Grundlagen 2002, S. 55 ff.

2 Das Kongruenzprinzip wird aber durch die direkte Bebuchung des Eigenkapitals im Rahmen des Other Comprehensive Income nach US-GAAP teilweise verletzt. *Schildbach*, DB 1999, 1813–1820.

urteilung der Lebensfähigkeit des Unternehmens über einen überschaubaren zukünftigen Zeitraum vorausgehen muss.

- **Substance over form principle**: Für die Darstellung eines Sachverhalts im Jahresabschluss nach US-GAAP kommt es nicht auf die juristische Gestaltung sondern auf den wirtschaftlichen Gehalt an. Dabei sind die rational nachvollziehbaren Absichten der Beteiligten zu beurteilen (management judgement). Eine Vermutung kann allerdings durch spezifische Aufzeichnungen und den durch entsprechende Handlungen dokumentierten Willen der Beteiligten widerlegt werden.
- **Revenue recognition principle**: Der Zeitpunkt der Ertragsrealisierung nach US-GAAP weicht teilweise erheblich von der nach HGB ab. Dabei reichen die Varianten des Realisationsprinzips von einer extrem frühzeitigen Ertragsrealisierung[1] bis zu einem sehr vorsichtigen Erfolgsausweis[2].
- **Measurability**: Voraussetzung für den Ansatz eines Postens und die Wahl eines Bewertungsmaßstabs ist, dass dieser zuverlässig geschätzt und hinreichend genau in Geldeinheiten quantifiziert werden kann. Der Grundsatz der measurability lässt sich aus der allgemeinen Anforderung der reliability ableiten.
- **Conservatism**: Das Vorsichtsprinzip hat nach US-GAAP keine überragende Bedeutung, dennoch kommt es sowohl bei Ansatz- als auch bei Bewertungsvorschriften implizit zum Ausdruck und fordert, dass bei mehreren möglichen Ausweis- und Bewertungsalternativen eher eine vorsichtige als eine zu optimistische Variante gewählt werden soll. Allerdings ist eine bewusste stille Rücklagenbildung durch den Grundsatz des conservatism nicht gedeckt.

200 Ein Vergleich der Grundsätze für die HGB-Bilanzierung mit der Berichterstattung nach US-GAAP zeigt, dass keine grundsätzliche Verschiedenheit vorliegt, wohl aber Unterschiede in der Gewichtung und Bedeutung bestehen. Während dem Vorsichtsgrundsatz im HGB eine überragende Bedeutung zukommt, ist die **entscheidungsnützliche und zuverlässige Berichterstattung** das Hauptziel von US-GAAP-Abschlüssen. Hier dient das Vorsichtsprinzip lediglich dazu, bei mehreren möglichen Ausweisalternativen eine zu optimistische Darstellung zu vermeiden.

201 Die Bedeutung von US-GAAP-Regelungen hat für deutsche Unternehmen mit der IAS-**Verordnung der EU 1606/2002** zwar abgenommen, dennoch spielen US-GAAP für Unternehmen, die an US-amerikanischen Börsen gelistet sind, sowie für Unternehmen, die **Tochtergesellschaften US-ame-**

---

1 Z.B. bei Fair Value Bewertung bei Trading Wertpapieren, Percentage of Completion Methode u.Ä.

2 Z.B. durch das Wertaufholungsgebot, Wahl entsprechender Abschreibungsmethoden und Verbrauchsfolgeverfahren.

rikanischer Unternehmen sind, nach wie vor eine große Rolle. Letzteres gilt unabhängig davon, ob das US-amerikanische Mutterunternehmen börsennotiert ist oder nicht, da auch nicht-börsennotierte US-amerikanische Unternehmen auf eine einheitliche Konzernsprache und ein einheitliches Konzernberichtswesen Wert legen. Auch Unternehmen, die – trotz der Anforderungen durch die SEC und insbesondere durch den Sarbanes Oxley Act – ein **Börsenlisting in USA** anstreben, sind gehalten, einen US-GAAP-Abschluss aufzustellen. US-GAAP sind auch nach der Übergangszeit zur Umstellung auf IFRS nach Art. 9 EU-VO 1606/2002 bzw. Art. 57 EGHGB für in USA gelistete Unternehmen von Bedeutung, da entgegen den ursprünglichen Erwartungen bis 2007 eine vollständige Konvergenz der Rechnungslegungssysteme nach US-GAAP und IFRS nicht zu erwarten ist.

b) Wesentliche Verlautbarungen nach US-GAAP zum Leasing

Entsprechend der Heterogenität der Normquellen in US-GAAP allgemein existiert auch für die Leasingbilanzierung eine Vielzahl von Standards mit unterschiedlichen inhaltlichen Schwerpunkten: 202

Mobilienleasing

- SFAS 13, Accounting for Leases
- SFAS 28, Accounting for Sales with Leasebacks
- SFAS 98, Accounting for Leases
- EITF 97-10, The Effect of Lessee Involvement in Asset Construction
- EITF 98-9, Accounting for Contingent Rent
- EITF 01-8, Determining whether arrangement contains a lease

Immobilienleasing

- SFAS 66, Accounting for Sales of Real Estate
- SFAS 98, Accounting for Leases
- FIN 43, Real Estate Sales – an Interpretation of FASB Statement No. 66
- EITF 00-11, Meeting the Ownership Transfer Requirements of SFAS No. 13 for Lease of Real Estate
- EITF 00-13, Determining Whether Equipments Is „Integral Equipment".

Involvement of special purpose entities

- FIN 46 (R), Consolidation of variable interest entities
- 4 FASB staff positions (FSP FIN 46 (R)-1, FSP FIN 46(R)-2, FSP FIN 46(R)-3, FSP FIN 46 (R)-4)

2. Begriff und Arten von Leasing[1]

203 SFAS 13 definiert **Leasing** „as an greement conveying the right to use property, plant or equipment (land and/or depreciable assets) usually for a states period of time".

a) Abgrenzung von Finanzierungs- und Mietleasing

204 Bei **Mietleasing** verbleibt das wirtschaftliche Eigentum beim Leasinggeber. Er hat die laufenden Mietzahlungen als Aufwendungen über die Vertragslaufzeit zu erfassen. Dabei hat er grundsätzlich den Aufwand linear über die Abrechnungsperioden zu erfassen, auch wenn die Höhe der Zahlungen variiert (z.B. jährlich festgelegte und vorhersehbare Erhöhungen, mietfreien Perioden oder Staffelmieten). In diesen Fällen fallen Erfolgs- und Zahlungswirksamkeit der Mietraten auseinander. Eine Rückstellung für periodischen Mietaufwand (drohende Verluste aus schwebenden Geschäften) ist erforderlich, wenn der Mieter Rechte auf die Nutzung der Anlage hat, auch wenn die Anlage nicht genutzt wird.

205 Beim **Finanzierungsleasing** gehen die wesentlichen Chancen und Risiken aus dem Leasingobjekt auf den **Leasingnehmer** über. Er wird – obwohl das rechtliche Eigentum beim Leasinggeber verbleibt – **wirtschaftlicher Eigentümer** und ist damit zur Bilanzierung des Leasingobjektes verpflichtet. In diesem Fall ist der **Vermögenswert** zum Niederstwert aus Verkehrswert und Barwert der Mindestleasingzahlungen anzusetzen. Die Abschreibung des Vermögenswerts erfolgt über die Laufzeit des Mietvertrages. Gleichzeitig ist eine **Verbindlichkeit** in Höhe des Barwerts der Mindestleasingzahlungen zu passivieren und über die Vertragslaufzeit entsprechend dem Tilgungsanteil der Leasingraten zu vermindern. Die Leasingverpflichtung ist entsprechend ihrer Fristigkeit entweder als kurzfristige oder langfristige Verbindlichkeit auszuweisen.

b) Klassifizierung von Leasingverträgen nach US-GAAP

206 Nach SFAS 13, 28 und 98 unterscheiden die US-GAAP grundsätzlich das **Capital-Lease** und das **Operate-Lease**[2]. Liegen die wesentlichen Risiken und Chancen, welche sich aus der Nutzung des Leasinggegenstandes ergeben, beim Leasingnehmer (lessee) so liegt Capital-Lease vor; der Leasinggegenstand ist dann beim Leasingnehmer zu bilanzieren; liegen die Chancen und Risiken beim Leasinggeber (lessor) so wird von Operate-Lease

1 *KPMG*, Rechnungslegung nach US-amerikanischen Grundsätzen, 2006, S. 237 ff.
2 *Demberg*, Finanzierungsleasing beweglicher Anlagegüter (equipment leasing) in den Vereinigten Staaten der U.S.A. und der Bundesrepublik Deutschland, 1986; *Küting/Hellen/Brakensiek*, DStR 1999, 39–44; *McGregor*, Accounting for Leases: A New Approach, 1996; *Leippe*, Die Bilanzierung von Leasinggeschäften nach deutschem Handelsrecht und US-GAAP, 2001.

gesprochen; die Bilanzierung erfolgt dann beim Leasinggeber. Um zu prüfen, ob die Chancen und Risiken beim Leasingnehmer oder Leasinggeber liegen, ist zur Abgrenzung von Finanzierungs- und Mietleasing bei Beginn des Leasingvertrages anhand vier Kriterien der Vertragsinhalt zu analysieren. Es handelt sich bereits dann um ein Finanzierungsleasingverhältnis, wenn **eine** der vier Bedingungen erfüllt ist. Nur wenn keines der folgenden Kriterien erfüllt ist, liegt ein Mietleasingverhältnis vor:

Diese Bedingungen sind: 207

1. Das rechtliche Eigentum wird auf den Leasingnehmer nach Ablauf der Vertragslaufzeit übertragen, **Transfer-of-ownership-Test**.
2. Der Leasingvertrag enthält eine günstige Kaufoption, **Bargain-purchase-option-Test**.
3. Die Vertragslaufzeit umfasst mindestens 75 % der Nutzungsdauer des Leasingobjektes, **Economic-life-Test**.
4. Der Barwert der Mindestleasingzahlungen (einschließlich des garantierten Restwerts) beträgt zu Beginn der Vertragslaufzeit mindestens 90 % des Zeitwertes des Leasingobjektes, **Recovery-of-investment-Test**[1].

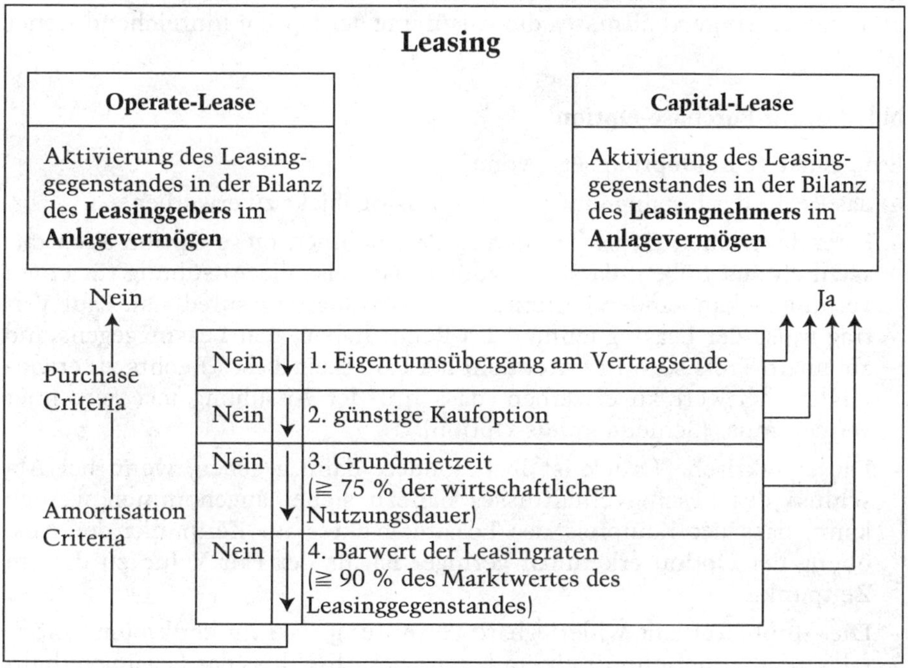

1 *Heyd*, Business Wissen A-Z Bilanzierung, 2005, S. 321.

c) Testkriterien zur Leasing-Klassifizierung

aa) Transfer-of-ownership-Test

208 Dieses Kriterium ist erfüllt, wenn laut Vertrag das **rechtliche Eigentum** am Ende der Gesamtmietzeit oder kurz danach auf den Leasingnehmer **übergeht**.

Die **Gesamtmietzeit** (Lease Term) bezeichnet die aus wirtschaftlicher Sicht zu erwartende Mietzeit und umfasst (SFAS 98.22a):

- unkündbare Grundmietzeit,
- Anschlussmietzeiten mit vorteilhafter Mietverlängerungsoption,
- Anschlussmietzeiten, wenn bei Nichtwahrnehmung gewichtige Vertragsstrafen drohen.

Die Gesamtmietzeit ist begrenzt durch den Zeitpunkt, an dem eine vorteilhafte Kaufoption ausgeübt werden kann.

Die **Vertragslaufzeit** (Lease Term) setzt sich dabei zusammen aus unkündbarer Grundmietzeit und weiteren Zeiträumen, für die der Leasingnehmer mit oder ohne weiteren Zahlungen eine Option ausüben kann, wenn zu Beginn des Leasingverhältnisses die Ausübung der Option hinreichend sicher ist.

bb) Bargain-Purchase-Option

209 Eine **günstige Kaufoption** setzt voraus:

- das Recht des Leasingnehmers, das Leasingobjekt zu erwerben,
- einen faktischen Druck auf den Leasingnehmer, diese Option auch tatsächlich auszuüben, da sie so günstig ist, dass die Ausübung für einen vernünftig handelnden Unternehmer „reasonably assured" ist. Laut Vertrag muss der Leasingnehmer das Recht haben, den Leasinggegenstand zu einem Preis so weit unter dem bei Fälligkeit dieses Rechts zu erwartenden Zeitwert zu erwerben, dass mit der Ausübung fest gerechnet werden muss (Schleuderpreis-Option).
- Dieser faktische Druck ist insbesondere dann gegeben, wenn bei Abschluss des Leasingverhältnisses nahezu sicher angenommen werden kann, dass der Kaufpreis des Leasingobjektes im Zeitpunkt der Ausübung der Option erkennbar geringer ist als der Fair Value zu diesem Zeitpunkt.
- Dies impliziert eine widerlegbare Vermutung, dass im konkreten Einzelfall eine Kaufoption mit einem bereits bei Abschluss des Leasingverhältnisses festgelegten Kaufpreis als günstig angesehen wird.
- Diese Vermutung könnte widerlegt werden

- durch Gutachten, aus denen sich ergibt, dass der Kaufpreis des Leasingobjektes im Ausübungszeitpunkt der Option höher ist als dessen Fair Value,
- durch einen Vergleich der Option mit der Situation im Falle eines Kaufes oder
- durch die Tatsache, dass keine vertraglichen oder sonstigen wirtschaftlichen Nachteile im Falle der Nichtausübung der Option bestehen und damit die Optionsausübung nicht reasonably assured ist.

cc) Lease-term-Economic-Life-Test

Dieses Kriterium ist erfüllt, wenn die Vertragslaufzeit mindestens 75 % der wirtschaftlichen Nutzungsdauer des Leasingobjektes umfasst. Die **Vertragslaufzeit** schließt ein: 210

- die Grundmietzeit gemäß Leasingvertrag,
- vorteilhafte Mietverlängerungsoptionen (Bargain renewal options),
- Mietverlängerungsklauseln, die aufgrund drohender wirtschaftlicher oder vertraglicher Strafen hinreichend sicher genutzt werden (die Faustregel bei Immobilien geht von 5–10 Jahren aus),
- Schuldgarantieerklärungen oder bereitgestellte Finanzierungen des Leasingnehmers zugunsten des Leasinggebers oder
- eine Mietverlängerungsoption seitens des Leasinggebers.

Bei neuen Leasinggütern muss die Gesamtmietzeit **mindestens 75 % der erwarteten wirtschaftlichen Nutzungsdauer** umfassen, um dieses Kriterium bejahen zu können. 211

Auch bei gebrauchten Leasinggütern muss die Gesamtmietzeit mindestens 75 % der erwarteten Restnutzungsdauer umfassen, um dieses Kriterium bejahen zu können. Wenn der Beginn der Gesamtmietzeit jedoch in die letzten 25 % der wirtschaftlichen Nutzungsdauer des Leasinggutes fällt, so ist dieses Kriterium allerdings nicht anwendbar.

Auch **günstige Mietverlängerungsoptionen** (Bargain renewal options) sind in den Lease Term einzubeziehen. Darunter versteht man das Recht des Leasingnehmers, die Grundmietzeit zu verlängern, wobei bei Abschluss des Leasingverhältnisses die ab dem Ausübungszeitpunkt der Option zu leistenden Mietzahlungen geringer sind als die Mietzahlungen bei Eintritt in ein vergleichbares Verhältnis. Im Unterschied zur günstigen Kaufoption ist eine Mietverlängerungsoption mit bereits bei Abschluss des Leasingverhältnisses festgelegten Leasingzahlungen nicht ohne Weiteres als günstig anzusehen. Hier ist eine Einzelfallbetrachtung notwendig, wobei neben der prognostizierten Entwicklung der Mietraten auch das Geschäftsmodell des Leasingnehmers und die technische und wirtschaftliche Entwicklung in die Betrachtung einbezogen werden muss. Indikationen für eine günstige Mietverlängerungsoption wären konstante Nutzenabgaben des Vermögens- 212 gegenstandes über die Mietverlängerungslaufzeit bei sinkenden Mietzahlungen.

213 Für die Beurteilung der **Wahrscheinlichkeit einer Mietverlängerung** können auch economic penalties eine Rolle spielen. Hierbei handelt es sich um drohende wirtschaftliche oder vertragliche Strafen, zu deren Umgehung Mietverlängerungsklauseln hinreichend sicher genutzt werden. Sie können im Ursprung vertraglich vereinbart sein oder auf Faktoren außerhalb des Leasingvertrages beruhen. Indikationen für eine günstige Mietverlängerungsoption können Hinweise sein auf den Verlust eines bestehenden oder zukünftigen wirtschaftlichen Vorteils, z.B.

- ein Einzelhändler mit „1a-Lage" der Geschäftsräume findet im Falle einer Nichtverlängerung des Leasingvertrages keine alternativen Geschäftsräume,
- ein vorteilhafter Leasingvertrag mit kurzer Grundmietzeit wird voraussichtlich verlängert,
- eine Handelskette least 20 Geschäfte von einem Leasinggeber, der Leasingnehmer muss entweder den Leasingvertrag für alle Geschäfte verlängern oder kann keinen Vertrag verlängern,
- ein unabhängiger Energieerzeuger least sein einziges Kraftwerk für 20 Jahre mit einer Verlängerungsoption auf weitere 10 Jahre; er hat einen Abnahmevertrag mit einem wesentlichen Kunden über 30 Jahre.

dd) Recovery-of-investment-Test

214 Capital-Lease kann auch gegeben sein, wenn der **Barwert der Zahlungsverpflichtungen** über die unkündbare Leasingdauer mindestens 90 % des Marktwertes des Leasinggutes bei Leasingbeginn beträgt. Fällt allerdings der Beginn der Gesamtmietzeit in die letzten 25 % der wirtschaftlichen Nutzungsdauer des Leasinggutes, so ist auch dieses Kriterium nicht anwendbar.

Für den Barwerttest sind folgende drei Determinanten zu bestimmen:

- den beizulegenden Zeitwert,
- den Diskontierungssatz und die
- Mindestleasingraten.

215 Unter dem **beizulegenden Zeitwert** des Leasingobjektes (Fair-Value-of-leased-property) versteht man den Marktwert des Leasingobjektes zwischen nicht verbundenen und transaktionsbereiten Unternehmen.

- Ist der Leasinggeber selbst Hersteller/Händler entspricht der Marktwert in der Regel dem üblichen Verkaufspreis unter Berücksichtigung von Nachlässen, Rabatten etc.
- Ist der Leasinggeber selbst nicht Hersteller/Händler, entspricht der Marktwert i.d.R. den Anschaffungskosten.

– In jedem Fall ist zum Zeitpunkt des Vertragsabschlusses eine Marktwertbetrachtung vorzunehmen.

Die Barwertberechnung erfolgt grundsätzlich mit der „interest rate implicit in the lease" (**impliziter Leasingzinssatz**). Dies ist der Zinssatz, der den Barwert der Mindestleasingzahlungen aus Sicht des Leasinggebers zuzüglich eines eventuellen, ihm zustehenden und nicht garantierten Restwerts des Leasinggegenstandes am Ende der Gesamtmietzeit und den Zeitwert dieses Gegenstandes am Anfang des Leasingvertrages abzüglich eventueller Investitionszuschüsse für den Leasinggeber durch Steuerermäßigungen gleich werden lässt. 216

Der maßgebende Diskontierungssatz ist der **implizite Zinssatz** des Leasingobjektes aus Sicht des Leasinggebers (interest-rate-implicit-in-the-lease). Ist dieser Zinssatz dem Leasingnehmer nicht bekannt, so verwendet er den Zinssatz, der ihm berechnet würde, wenn er den in Frage stehenden Gegenstand nicht leasen sondern kaufen würde (lessee's incremental borrowing rate). Er wird bestimmt bei Berücksichtigung der aktuellen Verschuldungssituation des Leasingnehmers, d.h. bei seinem aktuellen Rating. Es handelt sich dabei nicht um eine Durchschnittsverzinsung der bereits aufgenommenen Kredite zum Zeitpunkt der Klassifizierung. 217

In der Praxis verwendet der Leasingnehmer als Diskontierungsfaktor für die Abzinsung der Mindestleasingzahlungen seinen **Grenzfremdkapitalzinssatz**. Ausnahmsweise hat er bei Kenntnis des niedrigeren, dem Leasingvertrag zu Grunde liegenden Zinssatz, diesen internen Zins anzuwenden. Der Leasingnehmer ist gehalten, den internen Zins zu erfahren. Falls der Leasinggeber diesen nicht mitteilt oder dieser nicht im Leasingvertrag angegeben ist, kann nur in Kenntnisse aller relevanten Umstände eine Berechnung des internen Zinses durch den Leasingnehmer erfolgen. Eine bloße Schätzung des internen Zinses durch den Leasingnehmer ist nicht zulässig. Bei Leasingverhältnissen zwischen verbundenen Unternehmen wird regelmäßig beim Leasingnehmer die Kenntnis des internen Zinses unterstellt. Zwar werden beim Barwerttest durch den Leasingnehmer die aus seiner Sicht anfallenden Zahlungen diskontiert, was zu Abweichungen gegenüber der Zahlungsreihe aus Sicht des Leasinggebers führen kann, doch ist es praktischerseits sehr schwer, bei Anwendung des internen Zinssatzes des Leasinggebers bei einem erlasskonformen Vollamortisationsvertrag unter US-GAAP ein Operate-Lease nachzuweisen. Daher kann unter Anwendung eines höheren Grenzfremdkapitalzinssatzes u.U. der Barwert der Mindestleasingraten unter die 90 %-Grenze gebracht werden, was eine notwendige Voraussetzung für ein Operating-Lease ist. 218

Für den Barwerttest sind folgende Größen als Bestandteil der Mindestleasingraten einzubeziehen: 219

Leasingraten lt. Vertrag
\+ Andienungsrechte
\+ Restwertgarantie durch Leasingnehmer
\+ Vertragsstrafen für Nichterneuerung des Leasingvertrages (falls vorhanden)
\+ Günstige Kaufoptionen/Mietverlängerungsoption

= Mindestleasingzahlungen (aus Sicht des Leasingnehmers)
\+ Restwertgarantie durch Dritte

= **Mindestleasingzahlungen** (aus Sicht des Leasinggebers)
\+ nicht garantierte Restwerte (u.a. erwartete Verwertungserlöse)

= **Bruttoinvestitionen in das Leasingverhältnis**
(= Berechnungsbasis für den internen Zinssatz)

220 Wird ein Leasingvertrag als **Capital-Lease** qualifiziert, muss der Leasingnehmer den Leasinggegenstand bei sich aktivieren und zwar zum Barwert der Mindestleasingraten abzüglich der in den Leasingraten enthaltenen Kosten für Versicherung, Instandhaltung/Wartung und Steuern. Um den Barwert zu berechnen, muss der Leasingnehmer seinen Opportunitätszinssatz verwenden, außer er kennt den vom Leasinggeber verwendeten impliziten Zinssatz.

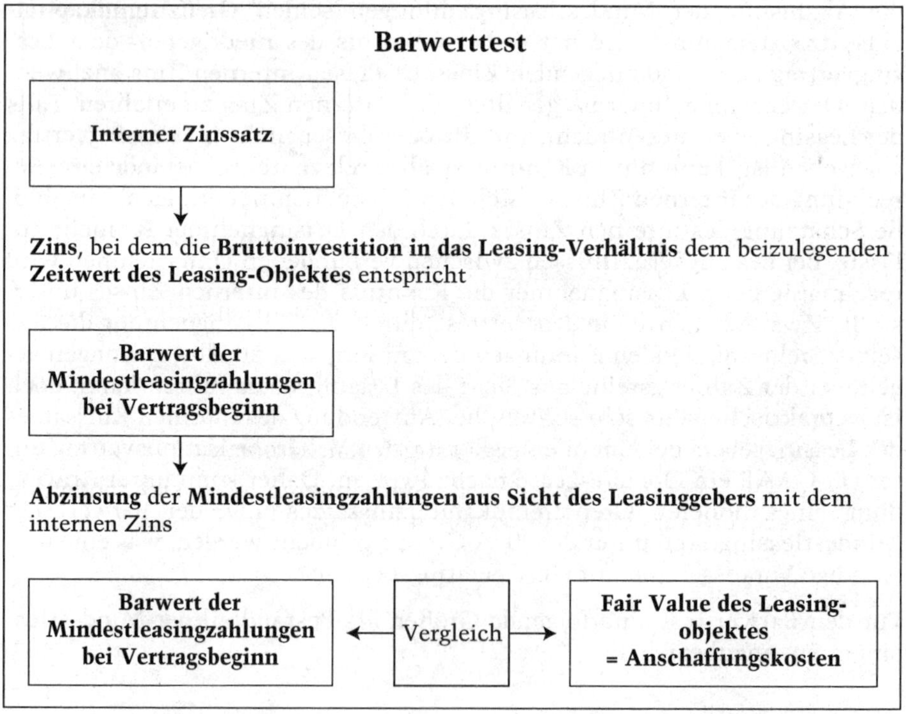

Capital-Lease – Berechnung der Mindestleasingraten

  monatliche Mindestmietraten
\+ durch den Lessee garantierten Restwert
\+ Vertragsstrafe für Nicht-Erneuerung des Leasingvertrages (wenn vorhanden)
\+ günstige Kaufoption

= Mindestleasingraten

Ist eine günstige Kaufoption vereinbart, so werden die Mietraten nur bis 221
zum festgelegten Ausübungszeitpunkt dieser Option in die Berechnung der Mindestleasingraten einbezogen.

Capital-Lease – Berechnung des Barwerts der Mindestleasingraten beim Leasingnehmer (Lessee)

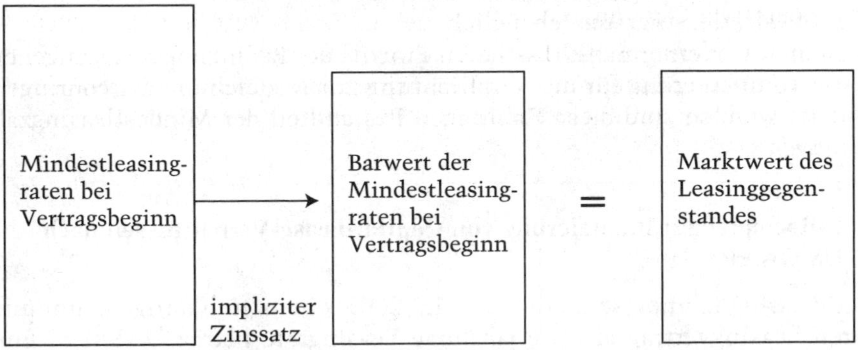

Die **Mindestleasingzahlungen** (minimum lease payments) schließen alle 222
Zahlungen ein, die vom Leasinggeber eingefordert werden können:

- alle Mindestleasingzahlungen während der Gesamtlaufzeit des Mietvertrages,
- gewöhnliche Mieterhöhungen bei Vertragsverlängerung (bis zu einer eventuellen günstigen Kaufoption),
- der Kaufbetrag im Rahmen der günstigen Kaufoption,
- eventuelle Mietanpassungen (z.B. Staffelmieten oder sich ändernder Mietzins), die auf einem vorhandenen Index (z.B. der „Prime Rate", dem Vorzugszins für erste Adressen) beruhen,
- der Höchstbetrag eines vom Mieter garantierten Restwertes.
- Zu den Mindestleasingzahlungen gehören **nicht:**
  - alle bereits in den Mindestleasingraten enthaltenen Kosten (Versicherung, Instandhaltung und Steuern, ggf. nachträglich zu eliminieren),
  - eventuelle nicht verlässlich bestimmbare Mietanpassungen.

223 **Bedingte Mietzahlungen** (contingent rents) gehören nach EITF 98-9 grundsätzlich **nicht** zu den Mindestleasingzahlungen.

- Bei bedingten Mietzahlungen handelt es sich um die Erhöhung oder Verminderung der zu leistenden Leasingzahlungen, die dem Grunde und der Höhe nach vom Eintritt/Nichteintritt festgelegter zukünftiger Ereignisse abhängen. Für die bilanzielle Behandlung der contingent rents ist die Wahrscheinlichkeit der Anpassungen z.B. durch indexgebundene Zahlungen, von Bedeutung. Für eine hohe Wahrscheinlichkeit müssen sich Anhaltspunkte aus der Vergangenheit anführen lassen. Schätzungen sind abzustellen auf den Zeitpunkt des Vertragsschlusses. Faktisch findet eine Wertaufhellung statt.
- Typischerweise orientiert sich die Einschätzung der Wahrscheinlichkeit bedingter Mietzahlungen am Eintritt bestimmter Ereignisse, die maßgebend sind bzgl.
  - Umsatz,
  - operativer Gewinn, o.Ä.
- Ist aber von einer nahezu sicheren Eintritt der Bedingungen auszugehen, die Voraussetzung für die Verpflichtung zur Begleichung der contingent rents sind, so sind diese Zahlungen Bestandteil der Mindestleasingzahlungen.

d) Fallbeispiel zur Bilanzierung von Capital-Lease-Verhältnissen nach US-GAAP

224 Der Leasingnehmer schließt zum 1.1.2001 einen fünfjährigen, unkündbaren Leasingvertrag ab. Die jährliche Leasingrate beträgt 25 981,62 Euro und ist zu Beginn jeden Jahres fällig. In der Zahlung ist ein Betrag von 2000 Euro für Nebenkosten (Steuern) enthalten; weitere Erhaltungs- und Versicherungsaufwendungen etc. entstehen direkt.

Die Anlage hat der Leasinggeber für 100 000 Euro erworben; der Stichtagszeitwert zu Beginn des Leasingkontraktes beläuft sich ebenfalls auf 100 000 Euro. Die voraussichtliche wirtschaftliche Nutzungsdauer beträgt fünf Jahre; ein Restwert verbleibt nicht.

Es fallen keine weiteren, dem Leasingvertrag zurechenbare Aufwendungen an.

Es bestehen keine Vertragsverlängerungsoptionen, und die Anlage wird nach Ablauf des Leasingvertrages an den Leasinggeber zurückgegeben.

Die Einbringlichkeit der Leasingraten ist hinreichend sicher, so dass dem Leasinggeber keine zusätzlichen Kosten entstehen.

Der Leasinggeber bemisst die Leasingrate so, dass sie eine jährliche Effektivverzinsung von 10 % erbringt.

Frage: Handelt es sich im vorliegenden Fall um ein Finance- oder Operate-Lease?

- Eigentumsübertragung
- günstige Kaufoption
- Laufzeit des Leasingvertrages entspricht der wirtschaftlichen Nutzungsdauer
- Barwert der Mindestleasingraten entspricht dem Verkehrswert
  23 981,62 × 4,16986 = 100 000,00
  4,16986 = vorschüssiger Rentenbarwertfaktor (10 %; fünf Jahre)

Ergebnis: Es handelt sich wegen des zu bejahenden Laufzeit- und Barwerttests um ein Finance-Lease.

Bilanzielle Erfassung beim Leasinggeber zum Vertragschluss:

Forderungen aus dem Leasingvertrag:
[(25 981,62 – 2000) × 5] = 119 908,10

an	Anlagen	100 000,00
	Unearned Interest Revenue-Leases	19 908,10

			Zinsen (10 %)		
Datum	**jährliche Leasingrate**	**Neben-kosten**	**auf die Netto-investition**	**Einbringung der Nettoinvestition**	**Netto-investition**
					100 000,00
1.1.00	25 981,62	2 000,00	0,00	23 981,62	76 018,38
1.1.01	25 981,62	2 000,00	7 601,84	16 379,78	59 638,60
1.1.02	25 981,62	2 000,00	5 963,86	18 017,76	41 620,84
1.1.03	25 981,62	2 000,00	4 162,08	19 819,54	21 801,30
1.1.04	25 981,62	2 000,00	2 180,13	21 801,30	0,00
	129 908,10	10 000,00	19 907,91	100 000,00	

Bilanzielle Erfassung der Leasingraten beim Leasinggeber während der Laufzeit

Buchungen zum 1.1.01:

Kasse	25 981,62	an	Leasingforderung	23 981,62
			Steueraufwand	2 000,00

Buchungen zum 31.12.01:

Unearned-Interest-Revenue-Leases	7 601,84			
		an	Zinserträge	7 601,84

Bilanzielle Erfassung beim Leasingnehmer zum Vertragschluss

Buchungen zum 1.1.01:

(1) Eingangsbuchung des Vermögenswertes		
geleaste Anlagen (Finance-Lease)	100 000,00	
an Verbindlichkeiten aus Finance-Lease		100 000,00

Bilanzielle Erfassung der Leasingraten beim Leasingnehmer während der Laufzeit

(2) Buchung der ersten Leasingrate		
Steueraufwand 2 000,00		
Verbindlichkeiten aus Finance-Lease	23 981,62	
an Kasse		25 981,62

Buchungen zum 31.12.01:

(3) Abschreibung (Finance-Lease)	20 000,00	
an Anlagen (Finance-Lease)		20 000,00
(4) Zinsaufwand	7 601,84	
an Verbindlichkeiten aus Finance-Lease		7 601,84

225 Für die Behandlung von **initial direct cost**/other costs bei der Aktivierung von Leasingobjekten gelten folgende Grundsätze:

- Vertragsabschlusskosten sind zu aktivieren und erfolgswirksam über die Vertragslaufzeit zu verteilen, falls die Kosten aus Transaktionen mit Dritten stammen, interne Kosten oder Kosten aus Transaktionen mit einer verbundenen Person/Gesellschaft sind regelmäßig als Aufwand zu erfassen.
- Vom Leasinggeber gebotene Anreize, die den Leasingnehmer zum Vertragsabschluss bewegen sollen, einschließlich vorab geleisteter Barzahlungen oder die Übernahme des Altmietvertrages durch den Leasinggeber, sind gemäß SFAS 13 als Abzug der Mindestleasingzahlungen zu behandeln; sie sind über die gesamte Vertragslaufzeit abzugrenzen (gilt für Finanzierungs- als auch für Mietleasing).
- Aufwendungen aus Altverträgen, d.h. der Aufwand des Leasingnehmers zur Beendigung eines Altvertrages (Umzugskosten, Verluste aus Untervermietung, Abschreibung aufgegebener Ein- und Umbauten an dem Leasingobjekt usw.) sind sofort erfolgswirksam zu erfassen (vgl. EITF 93-4).

e) Zusatzkriterien für Capital-Lease-Verhältnisse auf Seiten des Leasinggebers

226 Der Leasingnehmer muss für die Klassifizierung seiner Leasingverträge die beschriebenen vier Kriterien berücksichtigen.

Der Leasinggeber muss für die Klassifizierung seiner Leasingverträge noch folgende beiden Kriterien berücksichtigen:

- Mit **hinreichender Sicherheit** muss gewährleistet sein, dass die Leasingraten gezahlt werden.
- Es gibt **keine wesentlichen Unsicherheiten** über die nicht weiterbelastbaren Kosten, die dem Leasinggeber aus dem Leasinggeschäft noch entstehen können.

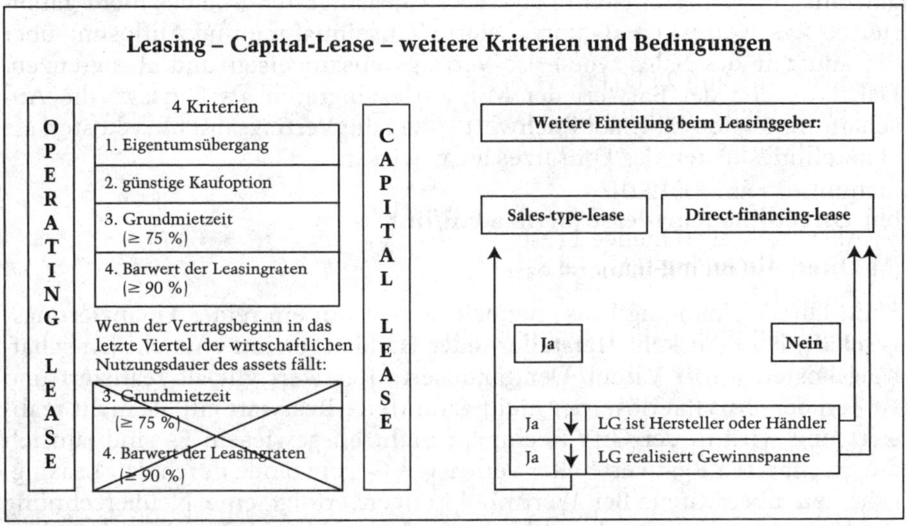

Nur wenn mindestens eines der vier genannten Kriterien plus diese beiden Zusatzkriterien erfüllt sind, behandelt der Leasinggeber den Leasingvertrag als Capital-Lease[1].

f) Formen von Capital-Lease-Verhältnissen

Liegt ein Capital-Lease vor, so ist nach US-GAAP weiterhin zu klären, ob eine **Bruttogewinnspanne** von Anfang an gezeigt werden kann oder nicht. Man unterscheidet dabei[2] 227

- Sales-type-lease
- Direct-financing-lease
  - Direct-financing-lease i.e.S.
  - Leveraged-lease

1 *Papst/Schmidt/Bacher*, DB 1990, 1197–1202.
2 *Heyd*, Grundlagen der Internationalen Rechnungslegung, 2003, S. 48 f.

aa) Sales-type-lease (SFAS 6.b.i.)

228 Ist der **Leasinggeber** gleichzeitig **Händler oder Hersteller**, so vereinigt das Leasingverhältnis ein Verkaufs- und Finanzierungsgeschäft. Aus der Kalkulation ergibt sich ein Hersteller- oder Handelsgewinn. Dies verlangt einen Ausweis der vereinbarten Mindestleasingraten und des nicht garantierten Restwertes als **Bruttoforderung**. Die Differenz zwischen Bruttoforderung und Marktwert des Leasingobjektes (d.h. Verkaufspreis einschl. Gewinnaufschlag bzw. abgezinstem Barwert der Leasingraten und des nicht garantierten Restwertes) ist als unrealisierte Zinseinnahme und Auflösung über die Laufzeit des Sales-type-lease-Vertrags auszuweisen und abzugrenzen. Dabei werden der Barwert der Mindestleasingraten als Umsatz, die Anschaffungskosten bzw. der Buchwert sowie die Vertragsabschlusskosten als Herstellungskosten des Umsatzes ausgewiesen.

bb) Direct-financing-lease (SFAS 6.b.ii/iii.)

(1) Direct-financing-lease i.e.S.

229 Beim Direct-Financing-Lease handelt es sich um ein **reines Finanzierungsgeschäft**, bei dem **kein Hersteller- oder Handelsgewinn** entsteht (Anschaffungskosten = Fair Value). Der garantierte Restwert gilt als realisiert und ist Teil der Umsatzerlöse, der nicht garantierte Restwert gilt als nicht realisiert und wird in der GuV-Rechnung nicht ausgewiesen. Es sind jährlich die geschätzten Restwerte aller verleasten Gegenstände durch den Leasinggeber zu überprüfen. Bei Wertminderungen erfolgt eine Neuberechnung des Vertragswertes. Der kumulierte Ergebniseffekt wird in der Erkennbarkeitsperiode in voller Höhe erfolgswirksam.

(2) Leveraged-lease

230 Beim Leveraged-lease als Spezialfall des Direct financing lease sind **mindestens drei Parteien** beteiligt: Leasinggeber, Leasingnehmer und der Kreditgeber. Es wird eine langfristige Finanzierung mit wesentlichem Hebeleffekt unterstellt. Die Finanzierung des Kreditgebers bezieht sich auf den Leasinggegenstand, es besteht kein Rückgriffsrecht auf den Leasinggeber. Die initial direct costs und origination fees (Einnahmen) werden in diesem Falle nicht sofort erfolgswirksam, sondern über die Vertragslaufzeit als Zinskorrektiv abgegrenzt. Es erfolgt ein saldierter Ausweis des Nettoinvestments, d.h. abzüglich des darauf bezogenen Kredits mit entsprechender Auswirkung auf die Bilanzsumme und die Eigenkapitalquote. Ferner werden latente Steuern direkt berücksichtigt.

g) Immobilienleasing

231 Für **Immobilienleasingverhältnisse** bestehen Sonderregelungen wegen der **unbegrenzten Nutzungsdauer des Grundstücks**. Immobilienleasingverträge werden als Capital-Lease qualifiziert, wenn die Kriterien 1 oder 2 erfüllt

sind (Eigentumsübergang oder günstige Kaufoption am Ende der Vertragsdauer); sonst liegt Operate-Lease vor. Die Kriterien 3 und 4 sind für unbebaute Grundstücke nicht anwendbar. Bei bebauten Grundstücken hängt die Einordnung nach Kriterien 3 und 4 vom Wertverhältnis vom Grund und Boden zum Gesamtwert ab.

- Beträgt der Wert des Grund und Bodens weniger als 25 % des Gesamtwertes des Immobilienleasingobjektes, erfolgt eine einheitliche Beurteilung.
- Beträgt der Wert des Grund und Bodens mehr als 25 % des Gesamtwertes erfolgt eine getrennte Beurteilung. In diesen Fällen erfolgt
  - die Klassifizierung des Grund und Bodens nach den Kriterien 1 und 2,
  - die Klassifizierung des Gebäudes nach den Kriterien 3 und 4.
- Maschinelle Anlagen sind stets getrennt zu beurteilen.

h) Sonderformen des Leasings

aa) Verkaufsvertrag mit Restwertgarantie

Garantiert der Verkäufer dem Käufer im Kaufzeitpunkt einen **festgelegten** 232
Restwert bzw. übernimmt eine **Rücknahmeverpflichtung** zu einem festgelegten Betrag, so verbleibt das wirtschaftliche Risiko beim Verkäufer; der Vertrag ist als Operate Lease zu qualifizieren. In diesem Fall erfolgt beim Leasinggeber kein Vermögensabgang und es ist kein Umsatzerlös auszuweisen. Vielmehr ist der Erlös als passiver Rechnungsabgrenzungsposten auszuweisen. Die **Restwertgarantie** ist als Verbindlichkeit aus Absatzfinanzierung darzustellen. Die Abschreibung des Anlagegutes erfolgt über den Garantiezeitraum auf den garantierten Restwert.

bb) Sale-and-lease-back-Transaktionen

Bei **Sale-and-lease-back-Transaktionen** handelt es sich um zwei zusam- 233
menhängende Geschäfte:

- die Veräußerung des künftigen Leasinggegenstandes vom Leasingnehmer an den Leasinggeber (Kaufvertrag),
- die weiterhin bestehende Nutzung des Leasingobjektes durch den Verkäufer (Leasingvertrag).

Die bilanzielle Behandlung erfolgt nach den beschriebenen Klassifizierungskriterien.

- Liegt ein Capital-Lease vor, ist der Veräußerungsgewinn oder -verlust über den Abschreibungszeitraum des Leasingobjektes linear abzugrenzen,
- liegt ein Operate-Lease vor, ist der Veräußerungsgewinn oder -verlust über die Vertragsdauer abzugrenzen,

- ist der Marktwert niedriger als der Restbuchwert im Veräußerungszeitpunkt, so ist der Verlust im Abgangszeitpunkt ergebniswirksam auszuweisen,
- ist der Barwert der Mindestleasingzahlungen niedriger als 10 % des Kaufpreises werden der Verkauf und das lease back als unabhängige Geschäfte behandelt; es erfolgt ein sofortiger Gewinnausweis ohne Abgrenzung.

cc) Sale-and-lease-back-Transaktionen bei Immobilien

234 Nach SFAS 98 und SFAS 66 gelten folgende Voraussetzungen für ein **Sale-and-lease-back-Geschäft** über **Immobilien**:

- Der Leasingnehmer muss das Leasingobjekt während der Vertragsdauer nahezu vollständig für seinen eigenen Geschäftsbetrieb nutzen (Weitervermietung nur in untergeordnetem Umfang).
- Der Käufer kann das Leasingobjekt finanzieren, das Investitionsrisiko tragen und den Kaufpreis an den Verkäufer zahlen.
- Die Chancen und Risiken gehen auf den Käufer über, d.h. der Verkäufer hat keine wesentlichen Rechte und Pflichten mehr (es besteht auch keine Kaufoption, ein Vorverkaufsrecht ist dagegen unschädlich).
- Ein continuing involvement des Verkäufers (Leasingnehmers) an den Chancen und Risiken der Immobilie schließt eine Bilanzierung als Sale and lease back Geschäft aus. In diesem Fall ist ein Ausweis als Finanzierungsvorgang geboten.

3. Ausgewählte Anhangangaben zum Leasing

235 Der **Leasingnehmer** hat in den Notes insbesondere folgende **Angaben** zu machen

für den Fall eines **Capital-Lease**

- Bruttobetrag der als Capital-Lease aktivierten Assets nach Gruppen,
- kumulierte gesamte Mindest-Leasingverpflichtung,
- Mindest-Leasingverpflichtungen pro Jahr für die nächsten fünf Jahre,
- Betrag der Nebenkosten und Zinsen.

für den Fall eines **Operate-Lease**

- Zukünftige Mindestverpflichtungen insgesamt und pro Jahr für die nächsten fünf Jahre,
- Aufwendungen im jeweiligen Geschäftsjahr,
- zukünftige Mindesterträge aus Sub-Lease-Verträgen,
- Erläuterungen über bedingte Leasingverpflichtungen, Verlängerungs- und Kaufoptionen,

- Informationen über sonstige durch Leasingverträge entstandene Verpflichtungen.

Der **Leasinggeber** hat in den Notes insbesondere anzugeben 236

für den Fall eines **Capital-Lease** (Sales-type oder Direct-financing-lease)
- Zusammensetzung des Net Investments,
- erwartete zukünftige Leasingzahlungen pro Jahr für die nächsten fünf Jahre.

für den Fall eines **Operate-Lease**
- Mindestmieten kumuliert und pro Jahr,
- historische Anschaffungs- und Herstellungskosten,
- kumulierte Abschreibungen der aktivierten Leasinggegenstände für die nächsten fünf Jahre.

4. Sonderthema: Variable Interest Entities (VIE)[1]

In der Praxis werden Leasingobjekte oft auf **Zweckgesellschaften** übertragen, um 237
- die mit einer Aktivierung einhergehenden Bilanzverlängerung und der damit verbundenen Verringerung der Eigenkapitalquote zu verhindern,
- Risiken nicht im (Konzern)Abschluss ausweisen zu müssen und
- eine formale Auslagerung fixer Kosten darzustellen.

Nach FIN 46 (revised December 2003) ist eine Konsolidierung von beherrschten Gesellschaften (controlling financial interests) für die Fair presentation unerlässlich. Die Beherrschung kann begründet sein aus
- der Mehrheit der Stimmrechte oder
- anderen vertraglich vereinbarten Rechten oder Einflussmöglichkeiten (other contractual rights).

Das folgende Ablaufschema zeigt, welche Prüfschritte zu durchlaufen sind, um zu einer Konsolidierung einer **Variable Interest Entity** (VIE) zu gelangen[2].

---

1 Vgl. im Folgenden *KPMG*, Rechnungslegung nach US-amerikanischen Grundsätzen, 2006, S. 269 ff.; siehe auch *Brakensiek/Küting*, StuB 2002, 209.

2 Vgl. *KPMG*, Rechnungslegung nach US-amerikanischen Grundsätzen, 2006, S. 269 ff.

238

Variable Interest Entities (VIE)

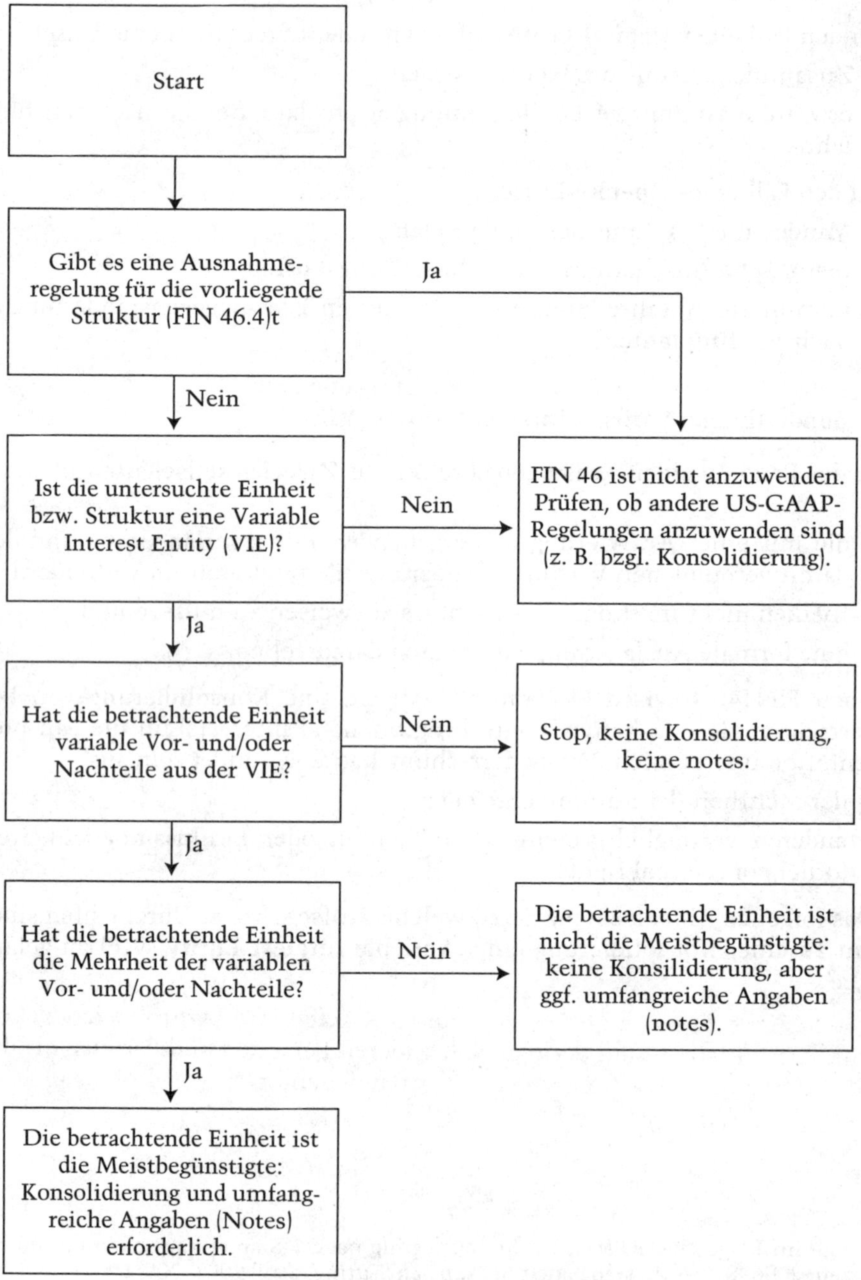

Zunächst ist zu prüfen, ob FIN 46 R anzuwenden ist oder ob ein Ausschlusstatbestand vom Geltungsbereich des FIN 46 R vorliegt. Von der Anwendung **von FIN 46 R ausgeschlossen** sind: 239

- Gemeinnützige Unternehmen nach SFAS 117 para. 168,
- Employee Benefit Plans,
- Qualifying Special Purpose Entities nach SFAS 140,
- Registered Investment Companies,
- Separate Accounts of Life Insurance Entities,
- virtuelle Special Purpose Entities innerhalb einer Voting Interest Entity,
- vor dem 31.12.2003 vorhandene VIE's, wenn keine Informationen erhältlich sind, sowie
- Governmental Organizations.

Dabei kommt es auf die Rechtsform der erfassten rechtliche Einheiten grundsätzlich nicht an. **FIN 46 R** ist **anzuwenden** auf:

- Joint Ventures,
- Kapital- und Personengesellschaften,
- Trusts,
- Sondervermögen oder
- Treuhandschaften.

Um in den Anwendungsbereich von FIN 46 R zu gelangen, muss es sich um eine **Variable Interest Entity** handeln. Dies setzt das Vorhandensein eines der beiden folgenden Kriterien voraus: 240

- nicht ausreichendes Eigenkapital oder
- fehlende charakteristische Eigenschaften der Eigenkapitalgeber.

Ist keines dieser beiden Kriterien erfüllt, kommt keine Anwendung und ggf. Konsolidierung nach FIN 46 R in Betracht, vielmehr sind dann die Konsolidierungsvoraussetzungen nach den allgemeinen Grundsätzen zu prüfen.

Nicht ausreichendes Eigenkapital: Eine VIE ist regelmäßig **nicht mit ausreichend Eigenkapital** ausgestattet. Reicht das zur Verfügung stehende Eigenkapital nicht aus, um die erwarteten Risiken und Verluste abzudecken, sind diese Risiken und Verluste von anderen Personen und Parteien als den Eigenkapitalgebern zu übernehmen. Ausreichend wäre regelmäßig eine Eigenkapitalausstattung in Höhe von 10 % der Bilanzsumme. Die erforderliche Eigenkapitalausstattung müsste höher sein, wenn Transaktionen oder Projekte mit hohem Risiko abgewickelt werden. Sie könnte geringer sein, wenn Aktivitäten mit geringerem Risiko abgewickelt werden, für welche das vorhandene Eigenkapital als ausreichend angesehen werden könnte. Die Eigenkapitalausstattung gilt als ausreichend, wenn das Eigenkapital alle erwarteten Verluste (expected losses) decken kann. Hierzu bedarf es der 241

Prognose alternativer künftiger Cash Flows, die mit ihrer jeweiligen Eintrittswahrscheinlichkeit gewichtet und mit einem risikoadjustiertem Zinssatz abdiskontiert werden.

242 **Fehlende charakteristische Eigenschaften der Eigenkapitalgeber:** Entsprechend der wirtschaftlichen Betrachtungsweise ist auch dann der Anwendungsbereich von FIN 46 R eröffnet, wenn zwar formal ausreichend Eigenkapital zur Verfügung steht, jedoch die **Fähigkeit der Eigenkapitalgeber**, über Stimmrechte Entscheidungen über die Aktivitäten der Gesellschaft zu bewirken, **beschränkt** ist. Zu den charakteristischen Eigenschaften der Eigenkapitalgeber gehört:

- die Verpflichtung, künftige erwartete Verluste (expected losses) zu tragen,
- das Recht auf Auskehrung künftig zu erwartender Überschüsse (expected residual returns),
- die Beteiligung an Entscheidungsprozessen,
- Ansprüche auf Informationen über den Jahresabschluss hinaus,
- etc.

243 Ist eines der beiden Kriterien erfüllt, liegt eine VIE vor und FIN46 R ist anwendbar. Allerdings ist weiterhin zu prüfen, ob eine Konsolidierungspflicht durch das betrachtete Unternehmen vorliegt. Hierbei ist in zwei Schritten vorzugehen.

1. Erhält das betrachtete Unternehmen variable Vor- und/oder Nachteile (Variable Interests) aus der VIE?
2. Ist das betrachtete Unternehmen Meistbegünstigter aus der Geschäftstätigkeit der VIE, d.h. steht ihm die Mehrheit der variablen Vor- und Nachteile aus deren Geschäftstätigkeit zu?

244 Das **Vorhandensein variabler Vor- und Nachteile** ist zu bejahen, wenn bei einer wirtschaftlichen Beurteilung nachstehende Kriterien gegeben sind:

- Eigenkapitalanteile mit Gewinn- und Verlustbeteiligung,
- nachrangige Verbindlichkeiten,
- Restwertgarantien in Leasingverträgen,
- Serviceverträge mit wesentlich vom Marktpreis abweichender Vergütung,
- Garantien, Bürgschaften, Patronatserklärungen,
- Stillhalterverpflichtungen aus Verkaufsoptionen,
- Rechte am Gewinn bzw. Nachschusspflicht bei Verlusten aus dem Verkauf von Assets,
- Total Return Swaps.

Im zweiten Arbeitsschritt ist weiterhin zu prüfen: Ist das **Unternehmen Meistbegünstigter** an der VIE? 245

- Meistbegünstigter ist, wer über variable Vor- und/oder Nachteile entweder mehr als die Hälfte der zu erwartenden Verluste einer Einheit übernehmen muss oder mehr als die Hälfte der zu erwartenden Überschüsse der Einheit erhält.
- Meistbegünstigter ist, wer den Hauptteil des Risikos trägt. Als Indiz kann gelten die direkte oder indirekte Möglichkeit, Entscheidungen herbeizuführen, die die Aktivitäten und finanziellen Ergebnisse der Einheit signifikant beeinflussen.
- Werden aus der VIE überwiegend fest vereinbarte Renditen bezogen, liegt keine Meistbegünstigung vor.
- Variable Vor- und Nachteile von nahe stehenden Personen werden wie eigene variable Vor- und Nachteile behandelt (SFAS 57, Related Party Disclosures).

Wird eine **Meistbegünstigung bejaht**, so hat der Meistbegünstigte die VIE zu konsolidieren und folgende Angaben in den Notes zu machen:

- Art, Zweck, Größe/Umfang und geschäftliche Tätigkeit der VIE,
- Buchwerte und Ausweis der konsolidierten Assets, die als Sicherheit für die Verbindlichkeiten der VIE gegeben wurden,
- fehlende Rückgriffsrechte von Gläubigern einer konsolidierten VIE gegenüber dem konsolidierenden Unternehmen.

Wird eine **Meistbegünstigung verneint**, so hat das betrachtete Unternehmen zwar die VIE nicht zu konsolidieren, wohl aber nachstehende Angaben in den Notes zu machen:

- Charakter und zeitlicher Beginn der Beziehung zu der VIE,
- Art, Zweck, Größe/Umfang und geschäftliche Tätigkeiten der VIE,
- maximales Verlustrisiko aus der Beziehung mit der VIE.

5. Bilanzielle Behandlung von Leasingverträgen nach US-GAAP

Die bilanzielle Behandlung von Leasingverträgen hängt vom Ergebnis der Klassifizierung nach den betrachteten Kriterien ab, insbesondere ob es sich um Capital-Lease oder Operate-Lease handelt. 246

a) Capital-Lease – Behandlung beim Leasingnehmer

Durch die Aktivierung von Capital-Lease-Verträge beim Leasingnehmer im Anlagevermögen und die Abgrenzung des Zinsaufwandes müssen die periodischen Leasingzahlungen in zwei Komponenten aufgeteilt werden: 247

- Amortisationsanteil
- Zinsanteil

Der Betrag, der unter dem **Zinsaufwand** gezeigt wird, errechnet sich aus dem Diskontierungszinssatz, der verwendet wurde, um den Barwert der Mindestleasingzahlungen zu errechnen.

Hat der Leasingnehmer den Leasinggegenstand im Anlagevermögen aktiviert, muss er ihn auch abschreiben. Dies erfolgt entweder über

- die geschätzte wirtschaftliche Nutzungsdauer, wenn der Leasingvertrag am Ende der Laufzeit einen Eigentumsübergang auf den Leasingnehmer oder eine günstige Kaufoption enthält, oder über
- die Laufzeit des Leasingvertrages, wenn der Leasingvertrag entweder aufgrund des 75 %-Tests (wirtschaftliche Nutzungsdauer) oder des 90 %-Tests (Barwert der Mindestleasingzahlungen) als Capital-Lease qualifiziert wurde.

Ist die **Abschreibungsdauer** festgelegt, erfolgt noch die Festlegung der **Abschreibungsmethode**. Im Anlagevermögen des Leasingnehmers aktivierte Leasinggegenstände sollen generell mit der gleichen Methode abgeschrieben werden, wie alle anderen vergleichbaren Anlagegegenstände des Leasingnehmers.

b) Operate-Lease – Behandlung beim Leasingnehmer

248 Erfüllt ein Leasingvertrag nicht eine der genannten Bedingungen für Capital-Lease, so handelt es sich um einen Operate-Lease unter US-GAAP. In der Regel werden Leasingraten für einen Operate-Lease während der gesamten Laufzeit jeweils bei Fälligkeit als Aufwendung gebucht. Die Aufwendungen werden auch dann in gleichen Raten erfasst, wenn die Mietzahlungen nicht in gleichen Raten entrichtet werden. Die Wahl der Abschreibungsmethode sollte dem zeitlichen Ablauf, über den aus dem Leasinggegenstand Nutzen gezogen wird, Rechnung tragen.

c) Capital-Lease – Behandlung beim Leasinggeber

249 Der Leasinggeber aktiviert den Leasinggegenstand beim Capital-Lease nicht, vielmehr hängt das bilanzielle Vorgehen davon ab, ob es sich um ein

- Sales-type-lease oder ein
- Direct-finance-lease

handelt.

aa) Sales-type-lease

250 Im Unterschied zum Direct-financing-lease werden beim Sales-type-lease **Umsatz und Umsatzkosten** gezeigt und **eine Spanne** realisiert. Dies ist der Fall, weil der Leasinggeber i.d.R. Hersteller oder Händler des Leasinggutes ist. Zu beachten ist, dass die unrealisierten Zinserträge sich aus zwei Komponenten zusammensetzen:

1. Zinskomponente in den Mindestleasingzahlungen:
   Bruttowert der Mindestleasingraten
   – Barwert der Mindestleasingraten
   = Zinskomponente in den Mindestleasingzahlungen

2. Zinskomponente im ungarantierten Restwert:
   Bruttowert des ungarantierten Restwerts
   – Barwert des ungarantierten Restwertes
   = Zinskomponente im ungarantierten Restwert

bb) Direct-finance-lease

Ist entweder der Leasinggeber nicht Hersteller oder Händler oder realisiert 251
er keine Gewinnspanne, so liegt **Direct-finance-lease vor.** In diesem Fall ist das Bruttoinvestment zu bestimmen aus der Summe aus den Mindestleasingraten und einem evtl. ungarantierten Restwert. Der unrealisierte Zinsertrag ist der Saldo aus dem Bruttoinvestment und den Anschaffungs- oder Herstellungskosten des Leasinggegenstandes. Zu Beginn des Leasingverhältnisses sind die Mindestleasingraten zu aktivieren, die Anschaffungskosten des Leasinggegenstandes sind auszubuchen und der unrealisierte Zinsertrag ist passivisch abzugrenzen. In den Folgeperioden sind die periodischen Leasingraten in einen Zinsanteil, der als laufender Periodenaufwand behandelt wird und den passiven Rechnungsabgrenzungsposten abbaut, und einen Tilgungsanteil, der das Nettoinvestment reduziert, aufzuteilen. In der Bilanz muss sichergestellt sein, dass die Leasingrate(n) der folgenden zwölf Monate als kurzfristige Forderung ausgewiesen werden, die darüber hinausgehenden Forderungen dagegen als langfristig gezeigt werden.

d) Operate-Lease – Behandlung beim Leasinggeber

Wenn der Leasingvertrag die Bedingungen für Capital-Lease nicht erfüllt, 252
wird er als **Operate-Lease** klassifiziert. In diesem Fall ist der Leasinggegenstand im Anlagevermögen des Leasinggebers zu bilanzieren und abzuschreiben. Auch hier erfolgt die Abschreibung gemäß der beim Leasinggeber üblichen Abschreibungspolitik. Die eingehenden Leasingzahlungen werden als Umsatz aus Leasing gebucht. Dieser Umsatz sollte linearisiert gebucht werden, auch wenn die Leasingzahlungen in unterschiedlicher Höhe eingehen. Die direkten Vertragsabschlusskosten sind abzugrenzen und proportional zur Buchung der Mieteinnahmen aufzulösen.

253

V. Gegenüberstellung Leasingbilanzierung US-GAAP, IFRS und HGB[1]

Kriterium	US-GAAP	IFRS	HGB
Definition Leasing	– Leasing beschreibt eine zeitlich befristete Vereinbarung zur Übertragung des Nutzungsrechts von Sachanlagen (SFAS 13.1) – Leasingarten: 1. Capital-Leases (Finanzierungsleasing), 2. Operate-Leases (Mietleasing), 3. Sale-and-lease-back-Geschäfte. – Leasingverhältnisse sind Gegenstand zahlreicher Standards und Interpretationen – Detaillierte Regelungen bestehen u.a. für Objektgesellschaften, Einbeziehung des Leasingunternehmers in der Bauphase des Leasingobjekts und Vorfinanzierung durch Leasingnehmer (u.a. FIN 46R, EITF 97-10) – Weitere Regelungen (EITF 01-8), welche Vereinbarungen	– Leasingverhältnis ist eine Vereinbarung, bei der der Leasinggeber dem Leasingnehmer gegen Zahlung oder Reihe von Zahlungen ein Recht auf Nutzung eines Vermögenswerts für vereinbarten Zeitraum überträgt (IAS 17.4) – Leasingarten: 1. Finance-Leases (Finanzierungsleasing), 2. Operate-Leases (Mietleasing), 3. Sale-and-lease-back-Geschäfte. – Sonderregelungen für Objektgesellschaften (SIC-12) – SIC-27 regelt Spezialfälle, in denen Unternehmen mittels verschiedener Geschäfte im Rahmen einer Transaktion Vermögenswerte sowohl als Leasinggeber als auch Leasingnehmer nutzen	– Leasing beschreibt eine Vereinbarung, bei der der Leasinggeber dem Leasingnehmer gegen Mietzahlung für bestimmte Zeit ein Nutzungsrecht an einem Vermögensgegenstands überträgt – Bilanzierung von Leasingverhältnissen im HGB nicht geregelt – In der Bilanzierungspraxis kommen i.d.R. die verschiedenen Leasingerlasse der Finanzverwaltung zur Anwendung

1 *Hayn/Graf Waldersee*, IFRS/US-GAAP/HGB im Vergleich, 2006, S. 116–125.

Kriterium	US-GAAP	IFRS	HGB
	als Leasingverträge zu qualifizieren sind und Regelungen für Vereinbarungen, die sowohl Leasing wie Nicht-Leasing Bestandteile enthalten (zur Bilanzierung bei Verkauf mit Restwertgarantie, siehe EITF 95-1)	– IFRIC 4 enthält Vorschriften zur Abgrenzung von Leasingverhältnissen und anderen Dienstleistungsverträgen sowie zu Embedded-leases	
Kriterien zur Abgrenzung von Finanzierungs- und Mietleasing (Abgrenzungskriterien)	– Ist eines der nachfolgenden Kriterien erfüllt, liegt Finanzierungsleasing vor (SFAS 13.7): 1. Übertragung des rechtlichen Eigentums auf den Leasingnehmer nach Ablauf der Vertragslaufzeit. Diese umfasst die Grundmietzeit zzgl. Mietverlängerungsoptionen, 2. Leasingvertrag enthält eine günstige Kaufoption, 3. Vertragslaufzeit umfasst mind. 75 % der Nutzungsdauer des Leasinggegenstands (soweit Leasingbeginn nicht in letzte 25 % der Gesamtnutzungsdauer fällt) oder 4. Barwert der Mindestleasingzahlungen (einschließlich garantierter Restwert,	– Ist eines der nachfolgenden Kriterien erfüllt, liegt normalerweise Finanzierungsleasing vor (IAS 17.10): 1. Übergang des rechtlichen Eigentums auf Leasingnehmer nach Ablauf der Vertragslaufzeit (Grundmietzeit zzgl. Mietverlängerungsoption), 2. Leasingvertrag enthält günstige Kaufoption, 3. Laufzeit umfasst den überwiegenden Teil der wirtschaftlichen Nutzungsdauer des Leasinggegenstandes, auch wenn Eigentumsrecht nicht übertragen wird (Interpretation analog US-GAAP 75 %), 4. zu Beginn entspricht der Barwert der Mindestlea-	– Einteilung der Leasingverträge in 1. Vollamortisationsverträge – über bewegliche Wirtschaftsgüter, – über Gebäude, – über Grund und Boden sowie 2. Teilamortisationsverträge entsprechend den steuerlichen Leasingerlassen – Zurechnung zum Leasingnehmer (Finance-Lease) erfolgt in Abhängigkeit des Vertragstyps: – bei Vollamortisationsverträgen über bewegliche Wirtschaftsgüter und Gebäude, wenn – Grundmietzeit zwischen 40 % – 90 % der betriebsgewöhnlichen

Kriterium	US-GAAP	IFRS	HGB
	aber ohne executory costs) beträgt zu Beginn der Vertragslaufzeit mind. 90 % des Zeitwerts des Leasinggegenstands – SFAS 13 differenziert drei Typen von Finanzierungsleasingverträgen (wenn ein obiges Kriterium erfüllt ist): – Sales-type-lease vereinigt Verkaufs- und Finanzierungsgeschäft, deshalb mit Mietkauf vergleichbar – Stichtagszeitwert des Leasingobjekts weicht um den Händler-Gewinn/Verlust von Anschaffungs- und Herstellungskosten ab – Direct-finance-lease, Stichtagszeitwert des Leasingobjekts entspricht den Anschaffungs- oder Herstellungskosten – Leveraged-lease entspricht grundsätzlich einem Direct-finance-lease, insolviert jedoch einen Kreditgeber als dritte Vertragspartei	singzahlungen im Wesentlichen mindestens dem beizulegenden Zeitwert des Leasinggegenstands (Interpretation analog US-GAAP 90 %) oder 5. Leasinggegenstand hat spezielle Beschaffenheit, dass ihn nur der Leasingnehmer nutzen kann, ohne dass wesentliche Veränderungen vorgenommen werden müssen (Spezialleasing) – Auch bei Erfüllung der Kriterien kann Finanzierungsleasing im Einzelfall widerlegt werden (IAS 17.12)	Nutzungsdauer beträgt und Vertrag günstige Mietverlängerungs- oder Kaufoption enthält, – Grundmietzeit unter 40 % bzw. über 90 % der betriebsgewöhnlichen Nutzungsdauer beträgt und Vertrag keine Mietverlängerungs- oder Kaufoption enthält oder – im Fall von Spezialleasing. – bei Vollamortisationsverträgen mit Kaufoptionen über Grund und Boden, nur wenn das mit dem Grund und Boden verbundene Gebäude dem Leasingnehmer zugerechnet wird, – bei Teilamortisationsverträgen über bewegliche Wirtschaftsgüter, wenn – der die Vollamortisation übersteigende Mehrerlös aus der Veräußerung mind. 75 % dem

Kriterium	US-GAAP	IFRS	HGB
			Leasingnehmer zugerechnet wird oder – Vertrag günstige Mietverlängerungs- oder Kaufoption beinhaltet – bei Teilamortisationsverträgen über unbewegliche Leasinggegenstände wird für die Zurechnung auf das Gebäude abgestellt (Beurteilung der Zurechnung von Grund und Boden erfolgt entsprechend). Gebäude sind nur dann dem Leasingnehmer zuzurechnen, wenn – Grundmietzeit über 90 % der betriebsgewöhnlichen Nutzungsdauer beträgt oder – Vertrag mit günstiger Kauf- und Mietverlängerungsoption oder bei besonderen Verpflichtungen des Leasingnehmers geschlossen wird
Anwendung der Abgrenzungskriterien bei Immobilien-Leasingverträgen	– Sind sowohl Grund und Boden als auch Gebäude Vertragsgegenstand, ist zu unterscheiden:	– Grund und Boden besitzt grds. unbegrenzte Nutzungsdauer, regelmäßige Einordnung als Operate-Leasing, au-	

Kriterium	US-GAAP	IFRS	HGB
	– Liegt der Anteil des Marktwertes des Grundstücks bei nicht mehr als 25 % des gesamten Marktwertes oder ist – Eigentumsübergang oder – günstige Kaufoption vereinbart, ist keine Trennung vorzunehmen. Kriterien zur Klassifizierung auf Leasingverhältnis als Einheit anwenden. – Liegt dagegen der Anteil über 25 % des gesamten Marktwertes und wurde – keine günstige Kaufoption vereinbart, ist eine Trennung von Grund und Boden sowie Gebäude notwendig. – Anteil des Leasingverhältnisses, der auf Grund und Boden entfällt, ist als Operate-Lease zu klassifizieren – Gebäudeteil unter Anwendung der allgemeinen Kriterien als Operate- oder Finanzierungsleasing zu behandeln	ßer wenn am Ende des Leasingverhältnisses Eigentum auf Leasingnehmer übergeht (IAS 17.14) – Leasing bebauter Grundstücke: Zur Klassifizierung des Leasingverhältnisses: Trennung Grund und Boden einerseits sowie Gebäude andererseits, sofern Eigentum nicht insgesamt am Ende der Laufzeit auf Leasingnehmer übergeht (IAS 17.15) – Anteil des Leasingverhältnisses auf Gebäude, unter Anwendung der Kriterien aus IAS 17.10 als Operate- oder Finanzierungsleasing einzuordnen (IAS 17.15) – Leasingvorauszahlungen, zu Beginn des Leasingverhältnisses gezahlt, sind auf beide Komponenten aufzuteilen (IAS 17.16). Ist eine zuverlässige Aufteilung nicht möglich, ist das Leasingverhältnis insgesamt als Finanzierungsleasing einzuordnen, wenn nicht insgesamt Operate-Leasing vorliegt (IAS 17.16)	

Kriterium	**US-GAAP**	**IFRS**	**HGB**
		– Bei unwesentlichem Anteil des Grund und Bodens ist dieser mit dem Gebäude als Einheit zu betrachten und die Nutzungsdauer des Grund und Bodens mit der des Gebäudes gleichzusetzen (IAS 17.17)	
Zinssatz zur Bestimmung des Barwerts **(Barwerttest)**	– Der Berechnung des Barwerts der Mindestleasingzahlungen liegt nach SFAS 13 der Marktzins zugrunde, den der Leasingnehmer bei vergleichbarer Finanzierung am Markt zahlen müsste (Grenzfremdkapitalzinssatz). – Bei Kenntnis des niedrigeren, dem Leasingvertrag zugrunde liegenden Zinssatzes ist dieser interne Zins anzuwenden (SFAS 13.7d)	– Bei der Berechnung des Barwerts der Mindestleasingzahlungen dient der dem Leasingverhältnis zugrunde liegende Zinssatz als Abzinsungsfaktor, sofern er in praktikabler Weise ermittelbar ist. – Ist dies nicht der Fall, ist der Grenzfremdkapitalzinssatz des Leasingnehmers anzuwenden (IAS 17.20)	– Bei Abzinsung der Leasingrate angemessenen Zinssatz ansetzen – Steuerliche Leasingerlasse unterstellen, dass dem Leasingnehmer die interne Kalkulation des Leasinggebers bekannt ist
Finanzierungsleasing – **Bilanzierung beim Leasingnehmer**	– Leasingnehmer hat als Anschaffungskosten des Leasinggegenstands den Barwert künftiger Mindestleasingraten abzgl. enthaltener Kosten (executory cost) zu aktivieren, z.B. – Versicherung, Instandhaltung, Steuern und darauf	– Bei Finanzierungsleasingverhältnissen sind Vermögenswerte und Schulden in gleicher Höhe in der Bilanz anzusetzen, in Höhe des zu Beginn des Leasingverhältnisses beizulegenden Zeitwerts des Leasingobjektes oder des Barwerts der Mindestleasingzahlungen, sofern	– Der Leasinggegenstand ist mit Anschaffungs- oder Herstellungskosten zu aktivieren. Es gelten die Anschaffungs- und Herstellungskosten des Leasinggebers, die bei Berechnung der Leasingraten zugrunde gelegt wurden, zzgl. eventueller weiterer An-

Kriterium	US-GAAP	IFRS	HGB
	entfallender Gewinn (SFAS 13.10) – Verbindlichkeit gegenüber Leasinggeber ist in gleicher Höhe zu passivieren – Übersteigen ermittelte Anschaffungskosten den Marktwert des Leasinggegenstands, so ist stattdessen der Marktwert (Wertobergrenze) zu aktivieren und eine Verbindlichkeit in gleicher Höhe zu passivieren (SFAS 13.10) – Vertragsabschlusskosten sind zu aktivieren, über die Vertragslaufzeit erfolgswirksam zu verteilen (SFAS 91.5)	dieser Wert niedriger (IAS 17.20) – Die Differenz zwischen den Leasingzahlungen und der Verbindlichkeit entspricht den Finanzierungskosten, die auf Laufzeit des Leasingvertrages i.S.e. konstanten Zinssatzes für die an jedem Bilanzstichtag ausstehende Verbindlichkeit annuitätisch zu verteilen sind (IAS 17.25) – Vertragsabschlusskosten sind zu aktivieren und über Vertragslaufzeit erfolgswirksam zu verteilen (IAS 17.24)	schaffungs- oder Herstellungskosten, die nicht in den Leasingraten enthalten sind – In Höhe der aktivierten Anschaffungs- oder Herstellungskosten (Ausnahme, nicht in den Leasingraten berücksichtigte Anschaffungs- oder Herstellungskosten des Leasingnehmers) ist eine Verbindlichkeit gegenüber dem Leasinggeber zu passivieren. – Leasingraten sind in einen Zins-/Kostenanteil und einen Tilgungsanteil aufzuteilen. – Auf die Tilgung entfallender Teil mindert (ertragsneutral) die Verbindlichkeit gegenüber dem Leasinggeber – Leasingnehmer bilanziert Leasingobjekt im Anlagevermögen
– **Bilanzierung beim Leasinggeber**	– Beim Sales-type-leasing: Leasinggeber aktiviert Leasingforderung in Höhe seiner Bruttoinvestition – Unterschiedsbetrag zwischen Brutto-/Nettoinvestition in Leasinggeschäft ist in Form passivischen Rechnungs-	– Leasinggeber: Ausbuchung der Vermögenswerte aus Finanzierungsleasing und Aktivierung einer Forderung in Höhe des Nettoinvestitionswerts aus dem Leasingverhältnis (IAS 17.36) – Annuitätische Erfassung der	– Leasinggeber aktiviert Kaufpreisforderung an Leasingnehmer in Höhe der den Leasingraten zugrunde gelegten Anschaffungs- oder Herstellungskosten – Betrag ist grundsätzlich mit der vom Leasingnehmer aus-

Kriterium	US-GAAP	IFRS	HGB
	abgrenzungsposten als noch unrealisierte Zinseinnahme abzugrenzen und über die Vertragslaufzeit aufzulösen – Ermittelter Barwert (auf Basis internen Rechnungszinssatzes) der Mindestleasingzahlungen (abzgl. enthaltener Nebenkosten und Gewinnanteile) ist vom Leasinggeber unmittelbar bei Vertragsbeginn als Umsatzerlös zu buchen, wobei Anschaffungs- und Herstellungskosten des Leasingobjekts als Wareneinsatz (cost of sales) erfasst werden (SFAS 13.17c) – Bilanzierung Direct finance leases: erfolgt analog wie bei Sales-type-leases, aber: kein Ausweis einer Händlerspanne – Bilanzierung von Leveraged lease: Wesentlicher Unterschied, Investition ist netto auszuweisen, d.h. abzgl. des unkündbaren Kredits (SFAS 13.43) Verkürzung der Bilanzsumme, Verbesserung der Eigenkapitalquote	Finanzerträge bei konstanter periodischer Verzinsung der ausstehenden Nettoinvestition des Leasinggebers in das Finanzierungsleasingverhältnis (IAS 17.39) – Bei Leveraged-lease ist die Nettodarstellung zu wählen, d.h. das Bruttoinvestment ist mit der zugehörigen Verbindlichkeit zu saldieren.	gewiesenen Verbindlichkeit identisch – Leasingraten sind in einen Zins-/Kostenanteil und einen Tilgungsanteil aufzuteilen – Der auf die Tilgung entfallende Teil mindert (erfolgsneutral) die Forderung gegenüber dem Leasingnehmer

Kriterium	US-GAAP	IFRS	HGB
Operate-Leasingverhältnis – **Bilanzierung beim Leasingnehmer**	– Leasingzahlungen werden linear als Aufwand erfasst, es sei denn, eine andere systematische Grundlage entspricht dem zeitlichen Verlauf des Nutzens für den Leasingnehmer, auch wenn Zahlungen nicht auf dieser Grundlage erfolgen (SFAS 13.15) Ausgenommen: – Aufwendungen für Leistungen wie Versicherung und Instandhaltung – Gewährte Anreize (vom Leasinggeber) für Vereinbarung eines neuen/erneuerten Operate-Leasingverhältnis sind abzugrenzen und linear über die Dauer des Leasingverhältnisses aufzulösen.	– Leasingzahlungen werden linear als Aufwand erfasst, es sei denn, eine andere systematische Grundlage entspricht dem zeitlichen Verlauf des Nutzens für den Leasingnehmer, auch wenn Zahlungen nicht auf dieser Grundlage erfolgen (IAS 17.34). – Gewährte Anreize (vom Leasinggeber) für Vereinbarung eines neuen/erneuerten Operate-Leasingverhältnis sind als Reduzierung der Leasingaufwendungen über die Dauer des Leasingverhältnisses zu erfassen (SIC-15)	– Leasingraten sind beim Leasingnehmer sofort aufwandswirksam über die Laufzeit des Leasingverhältnisses zu erfassen
– **Bilanzierung beim Leasinggeber**	– Operate-Lease: Gegenstände sind als Sachanlagevermögen zu aktivieren – Direkte Vertragsabschlusskosten (inital direct costs) sind grundsätzlich abzugrenzen und ratierlich aufzulösen. – Für unwesentliche Beträge kann sofortige Aufwandsver-	– Leasinggeber stellen Operate-Lease-Gegenstände in ihrer Bilanz in dem entsprechenden Gliederungsposten für diese Vermögenswerte dar (IAS 17.49) – Leasingverträge aus Operate-Leases sind im Periodenergebnis linear über die Laufzeit des Leasingverhältnisses	– Der Leasingvertrag ist ein rechtlich schwebendes Geschäft – Der Leasinggeber aktiviert den Vermögensgegenstand. – Der Ausweis erfolgt nach h.M. im Anlagevermögen – Negative Erfolgsbeiträge beim Vermieter sind dann bilanziell zu berücksichtigen,

Kriterium	US-GAAP	IFRS	HGB
	rechnung erfolgen. Abschreibung erfolgt über die wirtschaftliche Nutzungsdauer (SFAS 13.19) – Gewährte Anreize (vom Leasinggeber) für Vereinbarung eines neuen/erneuerten Operate-Leasingverhältnisses sind abzugrenzen; sie kürzen die Leasingerträge über die Laufzeit des Leasingverhältnisses	zu erfassen, es sei denn, eine andere planmäßige Verteilung entspricht eher dem zeitlichen Entwertungsverlauf (IAS 17.50) – Dem Leasingnehmer gewährte Anreize für Vereinbarung eines neuen/erneuerten Operate-Leasingverhältnisses sind als Reduktion der Leasingverträge über die Dauer des Leasingverhältnisses zu erfassen (SIC-15) – Abschreibung von Leasinggegenständen erfolgt entsprechend den üblichen Abschreibungsgrundsätzen des Leasinggebers für ähnliche Vermögenswerte (IAS 17.53)	wenn Aufwendungen für den Vermögensgegenstand den Miet- bzw. Pachtzins, jeweils abgezinst auf den Bilanzstichtag, übersteigen. – Berücksichtigung in Form einer Drohverlustrückstellung – Bewertet wird der Vermögensgegenstand zu Anschaffungs- oder Herstellungskosten vermindert um planmäßige Abschreibungen
Sale-and-lease-back-Transaktionen	– Grundsätzlich zwei getrennte, jedoch miteinander verknüpfte Verträge: 1. Vertrag über Veräußerung des künftigen Leasingobjekts vom Leasingnehmer (seller-lessee) an Leasinggeber (buyer-lessor) 2. Eigentlicher Leasingvertrag (Capital- oder Operate-Lease)	– Grundsätzlich zwei getrennte, jedoch miteinander verknüpfte Verträge: 1. Vertrag über Veräußerung des künftigen Leasingobjekts vom Leasingnehmer (seller-lessee) an Leasinggeber (buyer-lessor) 2. Eigentlicher Leasingvertrag (Finance- oder Operate-Lease)	– Veräußerung eines Vermögensgegenstands durch Verkäufer und Vermietung des gleichen Vermögensgegenstands zurück an Verkäufer – Verkaufspreis und Leasingzahlungen meist im Zusammenhang, da gemeinsam festgelegt – Bei Operate-lease-back-Ver-

Kriterium	US-GAAP	IFRS	HGB
	– Anhand genannter Abgrenzungskriterien ist der Leasingvertrag als Finanzierungs- oder Operate-Lease Vertrag zu klassifizieren und entsprechend zu bilanzieren (SFAS 13.33) – Der Veräußerungsgewinn ist abzugrenzen und über die wirtschaftliche Nutzungsdauer (Finance-lease-back) oder über Laufzeit des Lease back-Vertrages (Operate-lease-back) zu realisieren. – Sofortige Gewinnrealisierung bei unwesentlicher Restlaufzeit bzw. unwesentlichen Veräußerungserfolgen zulässig – Liegt der Marktwert des Leasingobjekts unter seinem Restbuchwert, ist der Verlust zum Zeitpunkt des Abgangs ergebniswirksam zu erfassen – Wegen wirtschaftlicher Bedeutung von Sale-and-lease-back-Geschäften im Zusammenhang mit Immobilien wurden SFAS 13 und 28 um Regelungen in SFAS 98 ergänzt. Diese prüfen u.a. bei	– Anhand genannter Abgrenzungskriterien ist der Leasingvertrag als Finanzierungs- oder Operate-Lease Vertrag zu klassifizieren und entsprechend zu bilanzieren (IAS 17.58) – Veräußerungsgewinn aus einem Sale-and-finance-lease-back ist abzugrenzen und über Laufzeit des Lease back-Vertrages (Finance-lease-back) zu realisieren (IAS 17.59) – Dagegen ist der Veräußerungserfolg im Fall eines Operate-lease-back sofort zu realisieren, sofern die Transaktion zum beizulegenden Zeitwert getätigt wird (IAS 17.61) – Allerdings differenziert IAS 17 3 Fallkonstellationen für Sale-and-operate-lease-back mit abweichenden bilanziellen Folgewirkungen (IAS 17.61 und 63): 1. Verkaufspreis < Fair value: – aktive Abgrenzung eines Veräußerungsverlustes, wenn die Leasingraten unter den	trägen erfolgt die Realisierung des Veräußerungsgewinns/-verlusts – Bei Finance-lease-back wird teilweise die Meinung vertreten, dass eine Realisierung nicht zu rechtfertigen sei – Wirtschaftlich gesehen: überhöhte Kaufpreise führen zu höheren Leasingraten und stellen ein Darlehen an den Leasingnehmer dar. Dies führt regelmäßig in Höhe der Differenz zu den üblichen Marktpreisen nicht zu einer Gewinnrealisierung

Kriterium	US-GAAP	IFRS	HGB
	wirtschaftlicher Betrachtungsweise, ob ein Verkauf stattgefunden hat – Leasingvertragsmodifikationen mit ähnlichen Auswirkungen wie ein Sale-and-lease-back sind wie ein Sale-and-lease-back zu behandeln (SFAS 145)	marktüblichen Leasingraten liegen und die Auflösung über die voraussichtliche Nutzungsdauer erfolgt; – bei marktüblichen Leasingraten erfolgt eine sofortige Erfassung von Gewinnen und Verlusten 2. Verkaufspreis > Fair Value: – Passivische Abgrenzung des Unterschiedsbetrags und ertragswirksame Auflösung über die voraussichtliche Nutzungsdauer 3. Buchwert > Fair Value: – sofortige Erfassung des Verlustes	

B. Rechtliche Qualifizierung von Finanzierungsleasingverträgen

1 Jeder richterlichen Inhaltskontrolle von typischen Leasingklauseln gemäß §§ 307 ff. BGB muss zwangsläufig die Antwort auf die Frage vorausgehen, wie denn Finanzierungsleasingverträge aufgrund dieser typischen Interessenbewertung rechtlich einzuordnen sind.

I. Qualifikationsmerkmale der Judikatur

1. Gesicherter Bestand

2 Ausgehend von der ersten BGH-Entscheidung, datierend vom 8.10.1975[1], reicht die Kette über zahlreiche Zwischenschritte[2] bis zum Urteil des BGH vom 16.9.1981[3], in der sich – nach und nach – die Rechtsprechung des BGH verfestigte[4]. Danach besteht ein im Wesentlichen festgefügtes Bild: Verträge im Bereich des Finanzierungsleasings sind „in erster Linie" dem **Mietrecht** gemäß §§ 535 ff. BGB zuzuweisen[5]. Demzufolge gilt: Die Typisierung des Finanzierungsleasings erschöpft sich nicht darin, dass der Leasinggeber die Finanzierung besorgt. Vielmehr schuldet der Leasinggeber – und dies ist essentiell – als Hauptpflicht, dem Leasingnehmer ein gebrauchstaugliches/funktionstüchtiges Leasinggut in einem für den Vertragszweck geeigneten Zustand während der Dauer des Leasingvertrages zur Verfügung zu stellen[6]. Es entspricht daher dem „Grundgedanken des Leasingvertrages", dass es sich hierbei um einen „auf den Austausch wechselseitiger Leistungen gerichteten Gebrauchsüberlassungsvertrag" handelt[7].

---

1 BGH v. 8.10.1975 – VIII ZR 81/74, WM 1975, 1203.

2 BGH v. 23.2.1977 – VIII ZR 124/75, WM 1977, 447; BGH v. 9.3.1977 – VIII ZR 192/75, WM 1977, 473; BGH v. 5.4.1978 – VIII ZR 42/77, WM 1978, 510.

3 BGH v. 16.9.1981 – VIII ZR 265/80, WM 1981, 1219.

4 BGH v. 31.3.1982 – VIII ZR 125/81, WM 1982, 666; BGH v. 9.10.1985 – VIII ZR 217/84, WM 1985, 1447; BGH v. 19.2.1986 – VIII ZR 91/85, WM 1986, 591. BGH v. 1.7.1987 – VIII ZR 117/86, ZIP 1987, 1187; BGH v. 30.9.1987 – VIII ZR 226/86, WM 1987, 1383; BGH v. 25.1.1989 – VIII ZR 302/87, ZIP 1989, 377. BGH v. 8.11.1989 – VIII ZR 1/89, ZIP 1990, 173.

5 BGH v. 28.10.1981 – VIII ZR 302/80, WM 1981, 1378; BGH v. 28.10.1981 – VIII ZR 175/80, WM 1982, 7, 9; 1447, 1448; BGH v. 30.9.1987 – VIII ZR 226/86, WM 1987, 1338, 1339.

6 BGH v. 16.9.1981 – VIII ZR 265/80, WM 1981, 1219, 1220; kritisch hierzu *Canaris*, NJW 1982, 305 ff.; vgl. auch *Klamroth*, BB 1982, 1949 ff.

7 BGH v. 28.10.1981 – VIII ZR 175/80, WM 1982, 7, 9.

Dabei betont der BGH schon sehr frühzeitig[1], dass neben der festen, unkündbaren Mietzeit die **auf Vollamortisation des Leasinggebers gerichtete Entgeltpflicht** große strukturelle Bedeutung hat, weil danach der Leasingnehmer verpflichtet ist, während der Mietzeit durch die von ihm gezahlten Leasingraten die Herstellungs- und Anschaffungskosten des Leasinggebers, einschließlich Zinsen, Nebenkosten und Gewinn voll zu amortisieren. Dieser Ansatz entspricht zum einen den steuerrechtlichen Vorgaben, zum anderen aber auch der grundlegenden Erkenntnis: Da es sich beim Finanzierungsleasing primär um eine Investitionsfinanzierung zugunsten des Leasingnehmers handelt[2], ist der Leasingnehmer zwangsläufig auch gehalten, die vom Leasinggeber eingesetzten Finanzierungsmittel (einschließlich Verzinsung und eines angemessenen Gewinns) während der Laufzeit des Leasingvertrages – oder auch nachfolgend durch etwaige, vertraglich vereinbarte Sonderregelungen (Rz. 20 ff.) – zu amortisieren. Gleichzeitig erkennt der BGH[3] an, dass der Leasinggeber berechtigt ist, im Rahmen von Formularklauseln die Sach- und Preisgefahr vom Leasinggeber auf den Leasingnehmer nach „kaufrechtlichem Vorbild"[4] abzuwälzen. Auf diesen Gesichtspunkt ist noch näher einzugehen (Kap. I Rz. 1 ff.). 3

2. Auswirkungen des VerbrKrG

Zu erwähnen ist in diesem Kontext auch, dass das am 1. Januar 1991 in Kraft getretene VerbrKrG[5] – inzwischen aufgehoben und ins BGB integriert (Rz. 15) – an der vom BGH bis zu diesem Zeitpunkt vorgenommenen Qualifikation des Finanzierungsleasings nichts geändert hat[6]. Ungeachtet der Tatsache, dass der Gesetzgeber in § 1 Abs. 2 VerbrKrG den Begriff „Kreditvertrag" als Oberbegriff eingesetzt hat, so dass dann die nachfolgenden Begriffe des „Zahlungsaufschubs" sowie – insbesondere – der der „sonstigen Finanzierungshilfe" Unterbegriffe wurden, hat dies in den Augen des BGH nicht dazu geführt, den Leasingvertrag als „sonstige Finanzierungshilfe" i.S.v. § 1 Abs. 2 VerbrKrG einzuordnen[7], um auf diese Weise zu erreichen, dass diese Verträge nunmehr gemischt-typische Verträge sein sollten, welche aus den Elementen des Kredit- und Geschäftsbesorgungsrechts zusammengesetzt sind, so dass der Vollamortisationsanspruch des Leasinggebers als Aufwendungsersatzanspruch – und damit: primär darlehensrechtlich – zu begreifen ist[8]. Demzufolge erschöpft sich – nach wie vor – die Typizität des Finanzierungsleasing „weder in der Finanzierungsfunktion" des Lea- 4

1 BGH v. 8.10.1975 – VIII ZR 81/74, WM 1977, 1203.
2 BGH v. 20.9.1989 – VIII ZR 239/88, ZIP 1989, 1461, 1463.
3 BGH v. 8.10.1975 – VIII ZR 81/74, WM 1977, 1203.
4 BGH v. 8.10.1975 – VIII ZR 81/74, WM 1977, 1203.
5 BGBl. 1990 I, 2840.
6 BGH v. 11.1.1995 – VIII ZR 82/94, NJW 1995, 1019, 1021.
7 Äußerst kritisch: *Canaris*, ZIP 1993, 401, 404 ff.
8 Ablehnend bereits *Graf von Westphalen*, ZIP 1991, 639, 643 f.; vgl. auch *Flume*, DB 1991, 265 ff.

singgebers[1], noch steht diese – typusbestimmend – im Vordergrund. Sie ist nicht geeignet, die mietvertragliche Gebrauchsverschaffungspflicht – sie ist die Hauptpflicht des Leasinggebers – zurücktreten zu lassen. Doch sind die „vereinbarten Leasingraten[2] „nicht nur das Entgelt" für eine zeitlich begrenzte Gebrauchsüberlassung. Vielmehr ist der Leasingnehmer zur Vollamortisation verpflichtet, weil der Leasinggeber die vom Leasingnehmer zu erbringenden Leistungen so festlegt, dass der Kapitaleinsatz, sonstige Aufwendungen und der Gewinn des Leasinggebers abgedeckt werden[3].

II. Meinungsstand in der Literatur

1. Qualifikation als Vertrag sui generis

5 Mit Recht ist festgestellt worden[4], dass etwa um das Jahr 1990 die in der Literatur heftig geführte Debatte um die zutreffende Einordnung des Finanzierungsleasing zum Erliegen gekommen ist. Daher reicht es in diesem Kontext aus, in erster Linie auf die Ausführungen in der Vorauflage[5] hinzuweisen und im Übrigen zu betonen, dass in der Spezialliteratur[6] sowie in der einschlägigen Kommentarliteratur die Auffassung des BGH weitgehend als zutreffend bezeichnet wird[7]. Weder die Auffassung von *Lieb*[8] noch die sehr ausführlich begründete abweichende Meinung von *Canaris*[9] haben die Rechtsprechung – und damit die Praxis der Instanzgerichte – überzeugt. Das Gleiche gilt für die in der Literatur immer wieder unternommenen Versuche[10], den Leasingvertrag als einen Vertrag sui generis dogmatisch zu verorten[11].

6 Freilich, *Stoffels*[12] und auch *Habersack*[13] vertreten auch jetzt noch dezidiert eine gegenteilige Auffassung; sie folgen nicht der Rechtsprechung des BGH. *Stoffels*[14] hält die Qualifikation des Leasingvertrages als einen **Ver-**

1 BGH v. 29.11.1989 – VIII ZR 323/88, WM 1990, 103, 105.
2 BGH v. 28.3.1990 – VIII ZR 17/89, NJW 1990, 1785, 1788.
3 BGH v. 11.1.1995 – VIII ZR 82/94, NJW 1995, 1019, 1021; BGH v. 10.7.1996 – VIII ZR 282/95, NJW 1996, 2860, 2861.
4 *Wolf/Eckert/Ball*, Rz. 1672.
5 Voraufl. Rz. 75 ff.
6 *Beckmann*, § 1 Rz. 42 f.
7 *Palandt/Weidenkaff*, vor § 535 BGB Rz. 38; *Erman/Jendrek*, Anh. zu § 535 BGB Rz. 15; *Wolf/Eckert/Ball*, Rz. 1674.
8 *Lieb*, DB 1988, 946 ff.; *Lieb*, DB 1988, 2495 ff.; *Lieb*, WM-Beilage Nr. 6/1992.
9 *Canaris*, AcP 190 (1990), 410, 438 ff.; *Canaris*, ZIP 1993, 401 ff.
10 *Martinek*, Moderne Vertragstypen, Bd. I, S. 86 ff.; MünchKomm./*Habersack*, Leasing Rz. 23 ff.
11 Hierzu auch *Bernstein*, Der Tatbestand des Immobilien-Finanzierungsleasingvertrages, S. 133 ff.; *Klamroth*, BB 1982, 1949, 1951; *Sannwald*, Der Finanzierungsleasingvertrag, S. 87 ff.
12 *Staudinger/Stoffels*, Leasing Rz. 75 ff.
13 MünchKomm./*Habersack*, Leasing Rz. 26 ff.
14 *Staudinger/Stoffels*, Leasing Rz. 76.

trag sui generis für vorzugswürdig, weil auf diese Weise die dem Leasingvertrag eigentümliche Finanzierungsfunktion – und damit auch die damit verbundene Vollamortisationspflicht des Leasingnehmers – zutreffender erfasst werde. Er betont denn auch, dass diese Qualifikation der Parteiautonomie besser gerecht werde, weil es zum Wesen des Leasingvertrages zu rechnen ist, dass dem Leasingnehmer gegenüber dem Leasinggeber keine eigenen – mietrechtlichen – Mängelansprüche zustehen, sondern nur die ihm abgetretenen kaufrechtlichen Ansprüche, die Gegenstand der leasingtypischen Abtretungskonstruktion sind. Auch *Habersack*[1] unterstreicht unter Bezugnahme auf die Regeln der §§ 499 Abs. 2, 500 BGB die kreditvertraglichen Elemente des Leasingvertrages in der Form der „sonstigen Finanzierungshilfe", so dass auch er auf die entscheidende **Finanzierungsfunktion** des Leasinggebers abstellt[2], welche neben dem leasingtypischen Beschaffungsvorgang[3] die Qualifikation als eigenständiger Vertragstyp nach sich ziehe.

2. Allgemeine Nachteile dieser Qualifikation

Die Begründung für diese rechtliche Qualifikation ist durchaus nachvollziehbar. Aber sie hat einen entscheidenden Nachteil: Bei allen modernen Vertragstypen geht die Rechsprechung mit überzeugenden (freilich nicht immer ausdrücklich geäußerten) Gründen davon aus, dass die richterliche Kontrolle von Formularklauseln nur dann festen Boden unter den Füßen hat, wenn sie diese – soweit irgend möglich und vertretbar – an den Normen des dispositiven Rechts gemäß § 307 Abs. 2 Nr. 1 BGB ausrichtet[4]. Damit steht das Instrument der richterlichen Inhaltskontrolle im Ergebnis auf der Basis der mietrechtlichen Vorschriften der §§ 535 ff. BGB, soweit diese nicht durch das beim Leasingvertrag jedenfalls teilweise anwendbare Kaufrecht – Stichwort: Abtretungskonstruktion – verdrängt werden. Das bietet ein höheres Maß an Verlässlichkeit und auch an Rechtssicherheit als das Abstellen auf die jeweiligen „Interessen" der Parteien, die ja vorwiegend und nahezu ausschließlich durch die AGB-Klauseln des Leasinggebers vorgegeben werden. Der Leasingnehmer hat ja außerhalb eines Individualvertrages nach § 305 Abs. 1 Satz 3 BGB keine inhaltliche Gestaltungsmacht, zumal die Einordnung des Leasingvertrages als Vertrag sui generis auch die Inhaltskontrolle nach § 307 Abs. 2 Nr. 2 BGB nach sich zieht. Mehr noch: Im Fall der Unwirksamkeit einer AGB-Klausel, welche an § 307 Abs. 2 Nr. 1 BGB scheitert, steht dispositives Recht auch im Rahmen der hypothetischen Vertragsauslegung nach § 306 Abs. 2 BGB[5] zur 7

1 MünchKomm./*Habersack*, Leasing Rz. 26.
2 MünchKomm./*Habersack*, Leasing Rz. 28.
3 MünchKomm./*Habersack*, Leasing Rz. 27 f.
4 *Wolf/Eckert/Ball*, Rz. 1673; auch *Ehlert*, in: Bamberger/Roth, vor § 535 BGB Rz. 48.
5 Hierzu *Ulmer/Brandner/Hensen*, § 306 BGB Rz. 33 ff. m.w.N.

Verfügung und besitzt bei der Füllung etwaiger Vertragslücken primäre Bedeutung[1]. Die Parteien erhalten mithin – trotz der Verwendung von AGB-Klauseln – auch an dieser Stelle ein hohes Maß an Rechtssicherheit.

8 Würde man demgegenüber – aus dogmatischen Erwägungen heraus – an der Konstruktion festhalten, dass moderne Vertragstypen, insbesondere auch der Finanzierungsleasingvertrag, ein eigenständiger Vertragstyp sind, dann würde, wie angedeutet, primär der Kontrollmaßstab gemäß § 307 Abs. 2 Nr. 2 BGB[2] aus der Interessenbewertung des Leasinggebers heraus vorgenommen. Das ist schwerlich vertretbar. Denn der Leasingnehmer ist vor allem – wie ein Mieter – an der Gebrauchsnutzung des Leasingguts interessiert, so dass diese im Vordergrund steht, nicht nur die dem Leasingvertrag zusätzlich eigentümliche Finanzierungsfunktion. So gesehen ist also das Mietrecht eine wesentlich sicherere Basis, um Vertragsgerechtigkeit zu erreichen[3].

III. Eigene Stellungnahme

9 Bevor im praktischen Ergebnis die Schlussfolgerung stabilisiert wird, dass – auch nach Inkrafttreten der Schuldrechtsreform – den bisherigen Vorgaben der BGH-Judikatur zur Typisierung des Finanzierungsleasingvertrages zu folgen ist[4], erscheint es geboten, die einzelnen Schritte bis zu diesem Ziel näher zu beleuchten. Denn es wäre im Rahmen dieser Abhandlung zu einfach, aus Gründen der praktischen Brauchbarkeit einfach in das Lied derjenigen einzustimmen, welche mit dem BGH das Attribut auf sich vereinen, was man die h.M. nennt.

1. Ausgangspunkt: Kongruenz zwischen steuerrechtlicher und zivilrechtlicher Qualifikation

a) Wirtschaftliches Eigentum des Leasinggebers

10 Kardinaler Ausgangspunkt für die – zutreffende – rechtliche Qualifizierung von Finanzierungsleasingverträgen ist und bleibt die Erkenntnis, dass eine strikte Kongruenz in Bezug auf die ertragsteuerliche Klassifizierungen sowohl im Bereich von Vollamortisations- als auch im Bereich von Teilamortisationsverträgen bestehen muss[5]. Es entspricht nämlich den erlasskonformen Voraussetzungen des Finanzierungsleasing, dass der Leasinggeber, nicht aber der Leasingnehmer rechtlicher und wirtschaftlicher Eigentümer

1 *Wolf/Eckert/Ball*, Rz. 1673.
2 So ausdrücklich MünchKomm./*Habersack*, Leasing Rz. 28.
3 So in der Sache *Wolf/Eckert/Ball*, Rz. 1679; *Palandt/Weidenkaff*, vor § 535 BGB Rz. 38.
4 *Wolf/Eckert/Ball*, Rz. 1679.
5 Im Einzelnen: *Graf von Westphalen*, BB 1988, 1829 ff.

des Leasingguts ist. Folglich aktiviert der Leasinggeber das Leasinggut in seinem Anlagevermögen. Gemäß § 247 Abs. 2 HGB sind die Leasinggüter dazu bestimmt, dauernd dem Geschäftsbetrieb des Leasinggebers zu dienen, was eine langfristige Bindung an den Betrieb voraussetzt[1].

Für den Leasingnehmer sind die zu entrichtenden Leasingraten sofort ab- 11
zugsfähige Betriebsausgaben. Deshalb darf die zivilrechtliche Einordnung des Finanzierungsleasing nicht dazu führen, die von den Parteien des Leasingvertrages stets gewollten Prärogativen des Steuerrechts und der handelsrechtlichen Zuordnung des Leasingguts zum Anlagevermögen des Leasinggebers auszuschalten oder auch nur in Frage zu stellen.

Unter diesem Gesichtspunkt kann es nicht ernsthaft zweifelhaft sein, dass 12
die Rechtsprechung des BGH bereits in ihrem dogmatischen Ansatz sicherstellt, dass der **Leasinggeber rechtlicher und wirtschaftlicher Eigentümer** des Leasingguts i.S.v. § 39 Abs. 2 Nr. 1 AO ist und bleibt[2]. Denn der Leasinggeber hat primär die Rechtsposition eines Vermieters. Dabei steht gleichzeitig fest, dass im Bereich des Leasings in erster Linie eine steuerrechtliche Betrachtung angezeigt ist, welche die zivilrechtliche Qualifikation bestimmt[3]. Von diesem Ansatzpunkt her wäre es daher steuerschädlich, würde man das Leasing – etwa wegen der als dominant einzuordnenden Finanzierungsfunktion des Leasinggebers – rechtlich so qualifizieren, dass darlehensrechtliche Elemente maßgebend sind – mit der weiteren Konsequenz, dass die Rolle des Leasinggebers im Wesentlichen auf die „Rolle des Geldgebers reduziert" würde[4]. Denn dann wäre im Ergebnis das Leasing dem Darlehen angenähert. Dann aber liegt auch die Gefahr auf der Hand, dass der Leasingnehmer seine Ratenzahlungspflicht – wie bei einem annuitätischen Darlehen – in einen Zins- und in einen Tilgungsteil aufspalten muss, so dass dann der Tilgungsteil der Leasingraten als Schuldposten zu bilanzieren ist; als weitere steuerrechtliche Konsequenz wäre dann dieser Schuldposten zu verselbständigen und die Schulden und Dauerschuldzinsen hinzuzurechnen[5]. Mehr noch: Würde man die Rolle des Leasinggebers primär als die eines Darlehensgebers – etwa auch: geschäftsbesorgungsrechtlich[6] – strukturieren, dann wäre der Herausgabeanspruch des Leasinggebers nach § 985 BGB als rechtlicher und wirtschaftlicher Eigentümer i.S.v. § 39 Abs. 2 Nr. 1 AO – jedenfalls bei der allein maßgebenden wirtschaftlichen Betrachtungsweise – gefährdet. Zwar könnte man argumentieren, das der bürgerlich-rechtliche Herausgabeanspruch gemäß § 985 BGB gleichwohl dem Leasinggeber verbleibt. Allein, dies ist nicht maßgebend. Vielmehr gibt – wie im Einzelnen dargelegt – eine

1 BFH v. 5.2.1987 – I VR 105/84, ZIP 1987, 861.
2 Im Einzelnen: *Meincke*, AcP 190 (1990), 358 ff.; vgl. auch *Kögel*, in Büschgen, Praxishandbuch Leasing, § 5 Rz. 61.
3 *Merkt*, in Baumbach/Hopt, HGB, § 246 Rz. 20.
4 *Meincke*, AcP 190 (1990), 358, 374.
5 *Meincke*, AcP 190 (1990), 358, 374 f.
6 Hierzu grundlegend: *Canaris*, AcP 190 (1990), 410, 465 ff.; *Canaris*, ZIP 1993, 401 ff.

wirtschaftliche Betrachtungsweise Maß; sie beurteilt autonom, ob der Herausgabeanspruch des Leasinggebers bei gewöhnlichem Ablauf der Dinge in einer wirtschaftlich sinnvollen Weise ausgeübt wird oder im Ergebnis nur auf dem Papier steht.

b) Mietvertragliche Entsprechung

13 Dem gegenüber erreicht die vom BGH vorgenommene Klassifikation des Finanzierungsleasing als eines primär mietrechtlichen Vertragsverhältnisses i.S.d. §§ 535 ff. BGB ohne weiteres – praktisch zwanglos –, dass die Schlussfolgerung eingreift: Der Leasinggeber kann als rechtlicher und wirtschaftlicher Eigentümer fungieren, weil er in der Lage ist, unter Berücksichtigung der Vorgaben des Vollamortisations- und des Teilamortisationserlasses den ihm gemäß § 985 BGB zustehenden Herausgabeanspruch zu realisieren. Wie ein Vermieter überlässt er dem Leasingnehmer die Nutzung des Leasingguts auf Dauer, nimmt nach Ablauf der Grundmietzeit – dies ist jedenfalls der Regelfall – das Leasinggut zurück und verwertet es, während der Leasingnehmer trotz der auch stets zu bedenkenden, vom Leasinggeber zu erfüllenden Finanzierungsfunktion gegenüber dem Leasingnehmer davon ausgehen kann und darf, dass er durch die von ihm bewirkten Zahlungen das Amortisationsinteresse des Leasinggebers befriedigt. Mit guten Gründen streicht daher auch *Habersack*[1] die Eigentümerstellung des Leasinggebers heraus, der ja keineswegs nur treuhänderischer Eigentümer ist, zumal sie darauf abzielt, dem Leasingnehmer die Nutzung des Leasingguts auf Dauer zu ermöglichen. Darin liegt ein ganz wesentliches Element des Leasings. Nimmt man es unter die Lupe, dann scheitern folglich alle kauf- oder gar darlehensrechtlichen Konstruktionen; insbesondere sind auch alle geschäftsbesorgungsrechtlichen Erwägungen allein aus diesem Grund abzulehnen[2]. Vielmehr und ganz entscheidend: Der Leasinggeber verfolgt ein eigenes wirtschaftliches Interesse, das außerhalb und oberhalb der reinen Finanzierungsfunktion liegt, weil es sich aus seiner Eigentümerstellung ergibt. Dieses zielt neben der Verschaffung der Gebrauchsnutzung auch darauf, einen „Restwert" – nach Ablauf der Grundmietzeit – zu erlösen. So realisiert der Leasinggeber vor allem im Bereich des Vollamortisationserlasses den nach Ablauf der Grundmietzeit vorhandenen Rest-Buchwert oder Zeitwert. Darin manifestiert sich der Tatbestand des wirtschaftlichen Eigentums des Leasinggebers. Beim Teilamortisationserlass nimmt hingegen der Leasinggeber immer die Chance der Wertsteigerung nach Ablauf der Grundmietzeit wahr. Denn entweder muss der Leasingnehmer das Leasinggut zum „Restwert" nach Ablauf der Grundmietzeit käuflich erwerben oder es findet eine Verwertung des Leasingguts statt, bei der der Leasinggeber auch finanziell partizipiert (Rz. 26 ff.). Diese dem Leasinggeber auf Grund dieser

1 MünchKomm./*Habersack*, Leasing Rz. 26.

2 Mit Recht MünchKomm./*Habersack*, Leasing Rz. 26; a.M. aber *Staudinger/Stoffels*, Leasing Rz. 76.

Erlasse verschaffte Rechtsposition entspricht daher sowohl bei wirtschaftlicher als auch bei rechtlicher Betrachtungsweise der eines Vermieters i.S.d. §§ 535 ff. BGB. Es ist daher verkürzt, das Interesse des Leasinggebers nur im Rahmen des Leasingvertrages, d.h. bis zum Erreichen der Vollamortisationsgrenze, zu berücksichtigen, nicht aber auch das – überschießende – Interesse im Auge zu behalten, welches sich in der Realisierung des jeweiligen „Restwertes" nach Ablauf der Grundmietzeit manifestiert.

c) Unerheblichkeit kaufrechtlicher Einschränkungen

Freilich ist damit lediglich die Hauptleistungspflicht des Leasinggebers umschrieben, dem Leasingnehmer während der Dauer der Grundmietzeit ein funktionstüchtiges/gebrauchstaugliches Leasinggut entgeltlich zur Verfügung zu stellen. Dass sich indessen die Typizität des Finanzierungsleasing darin nicht erschöpft, sei uneingeschränkt angemerkt. Denn der Leasinggeber räumt dem Leasingnehmer auf Grund des leasingtypischen Beschaffungsvorgangs nach kaufrechtlichem Vorbild im Hinblick auf die Tragung der Sach- und Preisgefahr die Rolle eines Käufers ein (Kap. I Rz. 1 ff.). Darüber hinaus zeichnet er sich von allen mietrechtlichen Mängelansprüchen gemäß §§ 536 f. BGB frei, indem er – statt dessen – dem Leasingnehmer die kaufrechtlichen Mängelansprüche gemäß § 437 BGB abtritt (Kap. H Rz. 1 ff.), welche ihm, dem Leasinggeber, gegenüber dem Lieferanten des Leasingguts zustehen. In der Sache unterstreicht diese Typizität die Finanzierungsfunktion des Leasinggebers; mit etwaigen Sachrisiken des Leasingguts will er nichts zu schaffen haben; deren Bewältigung ist Sache des Leasingnehmers. Doch hat diese kaufrechtliche Seite des Leasingvertrages keine Auswirkungen auf die Qualifikation des Leasingvertrages als eines primär mietrechtlich einzuordnenden Vertragstypus. Denn sie ist mit Ablauf der kaufrechtlichen Verjährungsfrist des § 438 BGB beendet. Das Kaufrecht kann daher auch nicht den Blick dafür freigeben, dass der Vollamortisationsanspruch des Leasinggebers sich erst während der Grundmietzeit realisiert. Und die Tatsache, dass der Leasinggeber als Eigentümer des Leasingguts ein vitales Interesse an der Realisierung des „Restwertes" hat, findet im Rahmen einer kaufrechtlichen Einordnung kein Echo. Daher ist dieser theoretische Ansatz abzulehnen; er findet auch – wie aufgezeigt – in der Rechtsprechung des BGH keine Resonanz. 14

2. Schuldrechtsreform – § 500 BGB

Zu fragen bleibt allerdings, ob die primär mietrechtliche Einordnung des Finanzierungsleasings nicht dadurch eine andere Wende erhalten hat, dass nunmehr der Gesetzgeber mit Wirkung vom 1.1.2002 an die Norm des § 500 BGB – Finanzierungsleasingverträge – geschaffen hat. Das ist indes- 15 sen zu verneinen[1]. Denn in Wirklichkeit hat der Gesetzgeber keine Neukonzeption des Finanzierungsleasings gewollt[2]. Vielmehr hat er seine legislatorische Aufgabe darin gesehen, die verschiedenen Bestimmungen der einzelnen Verbraucherschutzgesetze – damit auch die Normen des VerbrKrG – in das BGB zu integrieren. Diesem Bestreben verdankt auch § 500 BGB seine Genese; in ihrer Funktion entspricht diese Norm auch inhaltlich der früheren Regel des § 3 Abs. 2 Nr. 1 VerbrKrG[3]. So gesehen ist darauf hinzuweisen, dass die Neuregelung von § 500 BGB lediglich dazu führt, dass der auch vorher schon geltende Ausnahmetatbestand für Finanzierungsleasing, wie er in § 3 Abs. 2 Nr. 1 VerbrKrG Wirklichkeit geworden war, weiterhin fixiert wurde[4]. Dieser Gesichtspunkt entspricht auch der Empfehlung des Rechtsausschusses des Deutschen Bundestags, wie er zu § 1 Abs. 2 VerbrKrG formuliert wurde. Danach werden alle Leasingverträge von dieser Norm erfasst, „bei denen der Leasingnehmer für die Amortisation der vom Leasinggeber für die Anschaffung der Leasingsache gemachten Aufwendungen, Kosten einzustehen hat"[5]. Damit ist zumindest soviel klar, dass der Ausnahmetatbestand des früheren § 3 Abs. 2 Nr. 1 VerbrKrG, wie er nunmehr in § 500 BGB verankert ist, auf Leasingverträge Anwendung finden soll, welche – gemessen am Entgelt des Leasingnehmers – auf Vollamortisation des Leasinggebers gerichtet sind[6].

3. Schlussfolgerungen für die Rechtsnatur

a) Nach Maßgabe der Rechtsprechung

16 Bereits weiter oben wurde kurz darauf hingewiesen, dass der BGH in seinem Urteil vom 11.1.1995[7] kategorisch daran festgehalten hat, dass seine bisherige Rechtsprechung – primär mietrechtliche Einordnung des Leasings – auch unter Berücksichtigung der Grundentscheidung von § 1 Abs. 2 VerbrKrG stabil bleibt. Danach sind Leasingverträge „rechtlich in erster Linie der in BGB geregelten Miete zuzuordnen". Demzufolge gelten auch für die Inhaltskontrolle von AGB-Klauseln nur die nach diesen Normen des dispositiven Rechts maßgebenden Parameter, soweit sie nicht durch die Anwendung der kaufrechtlichen Bestimmungen im Rahmen der leasingtypischen Abtretungskonstruktion verdrängt werden. Dies ist deswegen von Bedeutung, weil zu bedenken ist, dass der Kreditbegriff in § 1 Abs. 2

1 Mit Recht *Wolf/Eckert/Ball*, Rz. 1967; *Ehlert*, in Bamberger/Roth, vor § 535 BGB Rz. 48; *Beckmann*, § 1 Rz. 42 f.
2 Statt aller *Palandt/Weidenkaff*, § 500 BGB Rz. 1; *Erman/Saenger*, § 500 BGB Rz. 1 – jeweils mit Hinweis auf die frühere parallele Regelung in § 3 Abs. 2 Nr. 1 VerbrKrG.
3 *Palandt/Weidenkaff*, § 500 BGB Rz. 1; *Erman/Saenger*, § 500 BGB Rz. 1.
4 *Palandt/Weidenkaff*, § 500 BGB Rz. 1.
5 BT-Drucks. 11/8274, 21.
6 BT-Drucks. 11/8274, 21.
7 BGH v. 11.1.1995 – VIII ZR 82/95, NJW 1995, 1019, 1021.

VerbrKrG – Kreditvertrag, Zahlungsaufschub, sonstige Finanzierungshilfe – bewusst weit gefasst wurde[1]. Da diese Bestimmung auf Art. 2 Abs. 1 lit. c VerbrKrRL beruht, ist zwangsläufig eine autonome – europarechtliche – Interpretation angezeigt, um das Tatbestandselement „Kredit" näher zu beleuchten. Ein Rückgriff auf nationales Recht scheidet zwangsläufig aus, weil nur eine EU-einheitliche Auslegung sicherstellt, welche Vertragstypen – unter Beachtung einer wirtschaftlichen Betrachtungsweise – in den Bereich der „Finanzierungshilfe" einzuordnen sind oder sogar als Darlehen gemäß §§ 498 ff. BGB qualifiziert werden müssen[2].

b) Einfluss der Verbraucherkreditrichtlinie

Folglich ist immer dann von einem **„Kredit"** zu sprechen, wenn dem Kreditnehmer zeitweilig finanzielle Mittel überlassen werden, welche ihn ohne Kreditabsprachen nicht zur Verfügung gestellt worden wären[3]. Unter dieser Prämisse spielt es keine Rolle, ob der Kredit i.S.v. §§ 499, 500 BGB als Darlehen, als Zahlungsaufschub oder als sonstige Finanzierungshilfe zu qualifizieren ist[4]. Doch bleibt festzuhalten, dass auf Basis der § 500 BGB vorgeschalteten Terminologie von § 1 Abs. 2 VerbrKrG der Begriff „Kredit" als Oberbegriff rangiert, während die Begriffe „sonstige Finanzierungshilfe" und „Zahlungsaufschub" als Auffangtatbestand eingeordnet werden müssen[5]. Das führt im Rahmen von § 500 BGB zu der Feststellung, dass nunmehr der Begriff „Finanzierungsleasing" **verselbständigt** ist. Doch bleiben – historisch betrachtet – die in der Vorgängernorm von § 1 Abs. 2 VerbrKrG und damit auch von § 3 Abs. 2 Nr. 1 VerbrKrG enthaltenen kreditspezifischen Wurzeln gewahrt[6]. Leasingspezifisch führt dies dann durchaus konsequent zu der zutreffenden Schlussfolgerung des BGH[7], welche die primär mietrechtliche Qualifikation des Leasings weiterhin aufrechterhält. Denn die **mietvertragliche Gebrauchsverschaffungspflicht** ist stets eine Hauptpflicht des Leasinggebers, so dass primär die §§ 535 ff. BGB für die rechtliche Qualifikation des Leasings maßgebend sind. Zusätzlich ist aber – so der BGH – zu berücksichtigen, dass die „vereinbarten Leasingraten"[8] „nicht nur Entgelt für eine zeitlich begrenzte Gebrauchsüberlassung" darstellen, sondern zugleich die vom Leasinggeber erbrachte Finanzierungsleistung repräsentieren, weil die „vom Leasingnehmer zu erbringende Leistung so festgelegt" wird, „dass der Kapitaleinsatz, sonstige Aufwendungen und der Gewinn des Leasinggebers abgewehrt werden"[9]. 17

1 BT-Drucks. 11/5462, 11.
2 Hierzu im Einzelnen: *Erman/Saenger*, § 499 BGB Rz. 9 ff.
3 BGH v. 16.11.1995 – I ZR 177/93, WM 1996, 148, 149.
4 BGH v. 16.11.1995 – I ZR 177/93, WM 1996, 148, 149.
5 *Palandt/Weidenkaff*, vor § 499 BGB Rz. 2 ff.
6 *Palandt/Weidenkaff*, § 500 BGB Rz. 6.
7 BGH v. 11.1.1995 – VIII ZR 82/94, NJW 1995, 1019, 1021.
8 BGH v. 11.1.1995 – VIII ZR 82/94, NJW 1995, 1019, 1021.
9 BGH v. 11.1.1995 – VIII ZR 82/94, NJW 1995, 1019, 1021.

c) Ansicht von *Canaris*

18 *Canaris*[1] hat unter Berücksichtigung der Vorgaben von § 1 Abs. 2 VerbrKrG i.V.m. § 3 Abs. 2 Nr. 1 VerbrKrG die Auffassung entwickelt, dass der „Amortisationsanspruch des Leasinggebers als begriffsprägendes Merkmal des Finanzierungsleasing festgeschrieben" worden ist. Der Unterschied zur Miete gemäß § 535 BGB besteht – so *Canaris* – darin, dass beim Finanzierungsleasing die Amortisationspflicht nach dem erforderlichenfalls im Wege der Auslegung zu ermittelnden beiderseitigen Parteiwillens – anders als bei der Miete – zum Vertragsinhalt wird. Daraus folgert *Canaris*, dass das Finanzierungsleasing unter Berücksichtigung der gesetzgeberischen Grundentscheidung von § 1 Abs. 2 VerbrKrG – und damit auch im Rahmen von § 500 BGB – sowie wegen der vom Leasingnehmer zu erfüllenden Vollamortisationspflicht als gemischt-typischer Vertrag einzuordnen ist, der aus Elementen des Kredit- und des Geschäftsbesorgungsrechts zusammengesetzt ist[2].

d) Eigene Auffassung – § 500 BGB

19 Zutreffend ist zunächst die Erkenntnis, dass der Gesetzgeber in § 500 BGB nichts anderes getan hat, als die bisherigen Hauptbegriffe des Finanzierungsleasings, wie sie in § 1 Abs. 2 VerbrKrG und in § 3 Abs. 2 Nr. 1 VerbrKrG niedergelegt worden sind, zu verselbständigen. Damit aber sind die Würfel gefallen. Unter Berücksichtigung der insoweit zutreffenden Auffassung des BGH, wie er diese bereits in seinem Urteil vom 11.1.1995[3] niedergelegt hat, bleibt es dabei, dass der Finanzierungsleasingvertrag ein Vertrag ist, der in erster Linie den mietrechtlichen Bestimmungen der §§ 535 ff. BGB folgt[4]. Das vernachlässigt die kreditorischen Elemente von § 500 BGB nicht. Denn auch der BGH hat anerkannt, dass der Leasingvertrag kein reiner Mietvertrag ist[5]. Es ist daher auch zweifelhaft, ob aus der Norm des § 500 BGB in ihrer Funktion als Umschreibung des Tatbestandes eines „Finanzierungsleasingsvertrages" mehr abgeleitet werden kann, als dass im Ergebnis eine typologische Beschränkung der mietrechtlichen Einordnung des Leasings angezeigt ist[6]. Unter der Voraussetzung einer weitgehenden und primären mietrechtlichen Qualifikation des Finanzierungsleasings ist aber auch sichergestellt, dass eine Kongruenz zwischen den steuerrechtlichen Vorgaben des Vollamortisations- und des Teilamortisationserlasses und der typologischen Einordnung des Leasings erreicht wird. Genau dies aber trifft – wie bereits im anderen Zusammenhang angedeutet

1 *Canaris*, ZIP 1993, 401 ff.
2 *Canaris*, ZIP 1993, 401, 404 ff.; im Übrigen auch *Canaris*, AcP 190 (1990), 410 ff., 450 ff.
3 BGH v. 11.1.1995 – VIII ZR 82/94, NJW 1995, 1019, 1021.
4 A.M. MünchKomm./*Habersack*, Leasing Rz. 26 ff.
5 BGH v. 11.1.1995 – VIII ZR 82/94, NJW 1995, 1019, 1021.
6 Mit Recht MünchKomm./*Habersack*, Leasing Rz. 26 ff.

– nicht zu, wenn man stattdessen einer darlehensrechtlichen oder geschäftsbesorgungsrechtlichen Konstruktion des Leasingvertrages das Wort redet.

IV. Typologische Konsequenzen der Kongruenz der steuerrechtlichen und zivilrechtlichen Betrachtung

Kardinaler Ausgangspunkt für die zutreffende rechtliche Qualifizierung von Finanzierungsleasingverträgen ist und bleibt also die Erkenntnis, dass eine strikte Kongruenz in Bezug auf die ertragsrechtliche Klassifizierung sowohl im Bereich von Vollamortisation- als auch im Bereich von Teilamortisationsverträgen unerlässlich ist[1]. Bei erlasskonformer Gestaltung ist mithin der Leasinggeber rechtlicher und wirtschaftlicher Eigentümer des Leasingguts; er aktiviert das Leasinggut in seinem Anlagevermögen gemäß § 247 Abs. 2 HGB. Anders gewendet und schärfer formuliert: Wenn die Parteien eines Leasingvertrages eine Vertragsgestaltung gewählt haben, die erlasskonform ist oder – dies ist auch immer zu bedenken – „nur" den Vorgaben von § 39 Abs. 2 Nr. 1 AO entspricht, dann ist jedermann an den so dokumentierten Parteiwillen gebunden[2]. Denn dieser äußert sich auch in dem anzuerkennenden „Restwert", den der Leasinggeber nach Ablauf der Grundmietzeit verwirklicht. 20

1. Bei Vollamortisationsverträgen

Finanzierungsleasingverträge sind also primär den mietvertraglichen Regeln der §§ 535 ff. BGB zu unterwerfen. Daran ändert auch ein – wie auch immer gestaltetes und geartetes – Finanzierungsinteresse des Leasinggebers nichts[3]. Denn der daraus entstehende **Vollamortisationsanspruch** des Leasinggebers wird durch Zahlung der Leasingraten abschließend befriedigt. Dies entspricht während der Dauer des Leasingvertrages, die maximal 90 % der betriebsgewöhnlichen Nutzungsdauer entspricht, den zwingenden Vorgaben des Vollamortisationserlasses (Anh. Rz. 1). Folglich hat unter dieser Perspektive der Amortisationsanspruch des Leasinggebers keine eigenständige, typusbestimmende Bedeutung, welche den mietrechtlichen Aspekt und die sich darin äußernde Eigentümerstellung des Leasinggebers verdrängt oder auch nur als gleichrangig einordnet. Denn der Leasingnehmer zahlt die Leasingraten nur für die Gebrauchtnutzung des Leasingguts; darin erschöpft sich seine Vollamortisationspflicht[4]. Die Verwertung des „Restwertes" ist Sache des Leasinggebers, was besonders deut- 21

1 Im Einzelnen: *Graf von Westphalen*, BB 1988, 1829 ff.
2 So mit Recht: *Wolf/Eckert/Ball*, Rz. 1674.
3 A.M. *Staudinger/Stoffels*, Leasing Rz. 76; MünchKomm./*Habersack*, Leasing Rz. 26 ff.
4 Ungenau BGH v. 11.1.1995 – VIII ZR 82/94, NJW 1995, 1019, 1021.

lich wird, wenn der Leasingvertrag nur auf die steuerrechtlich notwendige Mindestlaufzeit von 40 % der betriebsgewöhnlichen Nutzungsdauer nach der AfA-Tabelle ausgerichtet ist.

a) Rückgabe des Leasingguts nach Ende der Grundmietzeit

22 Bestimmt der Leasingvertrag, dass der Leasingnehmer nach Ablauf der Grundmietzeit verpflichtet ist, das Leasinggut zurückzugewähren, dann realisiert sich auf diese Weise der Herausgabeanspruch des Leasinggebers, wie er in § 985 BGB seinen Niederschlag gefunden hat. Dabei macht es keinen Unterschied, ob die Grundmietzeit auf 40 % der betriebsgewöhnlichen Nutzungsdauer des Leasingguts ausgerichtet ist oder gar eine Grundmietzeit aufweist, die 90 % der betriebsgewöhnlichen Nutzungsdauer des Leasingguts entspricht. Der danach verbleibende – reale – „Restwert" des Leasingguts steht dem Leasinggeber als rechtlicher und wirtschaftlicher Eigentümer zu. Er kann ihn nach Belieben nutzen, sei es durch Abschluss eines neuen Leasingvertrages, oder indem er das Leasinggut an den Leasingnehmer oder an einen Dritten veräußert. Keines dieser Elemente beeinflusst in irgendeiner Weise die vertragstypologische Klassifikation des Vertragsverhältnisses; auf dieses sind die mietvertraglichen Bestimmungen gemäß §§ 535 ff. BGB in erster Linie anzuwenden.

b) Kaufoption zugunsten des Leasingnehmers

23 Bestimmt der Leasingvertrag, dass dem Leasingnehmer – nach Ablauf der Grundmietzeit – ein Optionsrecht zusteht, das Leasinggut käuflich zu erwerben, dann ist in erster Linie eine Abgrenzung zu der Rechtsfigur des **Mietkaufs** vorzunehmen (Kap. B Rz. 78). Für die steuerrechtliche Beurteilung ist in diesem Kontext in erster Linie maßgebend, ob der Ziel- und Endpunkt eines solchen Geschäfts – wirtschaftliche Betrachtungsweise vorausgesetzt – der endgültige Eigentumserwerb des Leasingnehmers ist, dann liegt i.d.R. ein Mietkaufvertrag vor, oder ob der Herausgabeanspruch des Leasinggebers gemäß § 985 BGB – trotz Einräumen eines Optionsrechts zugunsten des Leasingnehmers – einen wirtschaftlichen Wert darstellt. Dies ist immer dann zu bejahen, wenn die erlasskonformen Voraussetzungen im Einzelnen beachtet sind.

24 Trifft dies zu, dann besteht auch bei diesem Modell keine Veranlassung, an der Einordnung eines solchen Vertrages als primär mietvertraglich gemäß §§ 535 ff. BGB zu zweifeln. Denn auch in diesem Fall realisiert sich die Vollamortisationspflicht des Leasingnehmers durch Zahlung der Leasingraten; das ihm zustehende Optionsrecht ändert daran nichts, zumal es – bei Abschluss des Leasingvertrages – durchaus noch ungewiss ist, ob der Leasingnehmer von diesem Recht tatsächlich Gebrauch macht.

c) Anschlussmiete zugunsten des Leasingnehmers

Aus den vorstehend dargestellten Erwägungen folgt bereits das Entscheidende: Auch dann, wenn dem Leasingnehmer – nach Ablauf der Grundmietzeit – eine Option eingeräumt wird, den Leasingvertrag durch Abschluss eines neuen Mietvertrages fortzusetzen, bleibt es bei der grundlegenden Erkenntnis. Diese zielt darauf ab, dass der Leasingnehmer während der Grundmietzeit die Vollamortisation des Leasinggebers bewirkt; er zahlt also für die Gebrauchsüberlassung. Die ihm eingeräumte Option, einen Anschlussmietvertrag abzuschließen, ändert daran nichts, sofern die dargestellten erlasskonformen Voraussetzungen erfüllt sind, d.h. wenn die Anschlussmiete entweder dem Restbuchwert oder dem Zeitwert des Leasingguts entspricht (Rz. 27). 25

2. Bei Teilamortisationsverträgen

a) Ausgangspunkt

Bei den Vertragsmodellen, die vom Teilamortisationserlass (Anh. Rz. 2) beherrscht werden, ist i.d.R. die Grundmietzeit auf 40 % der betriebsgewöhnlichen Nutzungsdauer, maximal aber auf 90 % dieser Zeitdauer fixiert. Damit steht zumindest der mietvertragliche Aspekt i.S.d. §§ 535 ff. BGB fest. Doch ist im gleichen Atemzug einzuräumen, dass dieser Erlass klarstellt: Die Vertragsgestaltung muss so strukturiert sein, dass der Leasingnehmer das Risiko der **Wertminderung** trägt, während der Leasinggeber die **Chance der Wertsteigerung** – nach Ablauf der Grundmietzeit – für sich reklamieren kann. Daraus folgt bereits, dass der Vollamortisationsanspruch des Leasinggebers sich nicht in der Zahlung der Leasingraten erschöpft, sondern dass er auch immer – abhängig vom jeweiligen Vertragsmodell – die weitergehende Pflicht einschließt, ein etwaiges Risiko der Wertminderung zu tragen. 26

b) Amortisationspflicht als Garantiepflicht des Leasingnehmers

Uneingeschränkt ist zunächst dem BGH insoweit zuzustimmen, als er Teilamortisationsverträge ebenfalls als Verträge einordnet, welche in erster Linie den mietrechtlichen Bestimmungen der §§ 535 ff. BGB zugeordnet sind[1]. In dieser mietvertraglichen Kategorisierung erschöpfen sich jedoch nicht die gegenseitigen Rechten und Pflichten von Leasinggeber und Leasingnehmer, wie sie für den Teilamortisationsvertrag – im Übrigen aber auch: modellabhängig – typisch sind. Der BGH meint allerdings, es gehöre zum Wesen „jeglicher Finanzierungen, dass die eingesetzten Mittel an den Kreditgeber zurückfließen"[2]. Und der BGH fügt an: 27

1 BGH v. 11.1.1995 – VIII ZR 82/94, NJW 1995, 1019, 1021.
2 BGH v. 11.1.1995 – VIII ZR 82/94, NJW 1995, 1019, 1021.

„Im Unterschied zu sonstigen Vermietern wird der Leasinggeber den vom Leasingnehmer nach dessen Bedürfnissen ausgesuchten Gegenstand zum Zwecke der Vermietung an den Leasingnehmer, wobei die Parteien des Leasingvertrages darüber einig sind, dass die vereinbarten Leasingraten nicht nur Entgelt für die gebrauchte Überlassung, sondern auch dazu bestimmt sind, den Kapitaleinsatz des Leasinggebers einschließlich des kalkulierten Gewinns zu tilgen"[1].

28 Der BGH vertritt indessen die Auffassung, dass immer dann, wenn der Teilamortisationsvertrag im Wege der ordentlichen Kündigung mit dem Leasingnehmer beendet werde, ein „leasingvertragstypischer Ausgleichsanspruch"[2] entsteht, der auf Vollamortisation des Leasinggebers gerichtet ist. So gesehen begreift der BGH den Vollamortisationsanspruch als „leasingtypisch"[3].

3. Kritik an der BGH-Rechtsprechung – eigene Position: Vollamortisationsanspruch – Garantiepflicht des Leasingnehmers

a) Notwendige Differenzierung zwischen Vollamortisations- und Teilamortisationsverträgen

aa) Besonderheit: Risiko der Wertminderung

29 Wenn man den Vollamortisationsanspruch des Leasinggebers im Bereich des Teilamortisationserlasses – wie der BGH dies tut – als „leasingtypisch" einordnet[4], dann übersieht man Wesentliches. Zunächst ist darauf hinzuweisen, dass dieser Amortisationsanspruch als vertraglicher Erfüllungsanspruch natürlich nur dann besteht, wenn und soweit die Parteien sich darüber verständigt haben, dass der Leasingnehmer das **Risiko der Wertminderung** des Leasingguts auf diese Weise trägt. Demzufolge wird man einen entsprechenden Anspruch nur dann bejahen dürfen, wenn sich die Parteien – transparente Vertragsgestaltung gemäß § 307 Abs. 1 Satz 2 BGB vorausgesetzt – über eben diesen Erfüllungsanspruch in seiner unterschiedlichen Ausgestaltung auch tatsächlich verständigt haben. Dies wird noch im Einzelnen zu behandeln sein (Rz. 40 ff.).

bb) Selbständiges Garantieversprechen

30 Klar ist jedoch damit, dass dieser Anspruch nur zutreffend erfasst werden kann, wenn man ihn als selbständiges Garantieversprechen nach § 311 Abs. 1 BGB interpretiert. Denn die Amortisationspflicht des Leasingnehmers setzt wegen der steuerlichen Vorgaben daran an, dass das Leasinggut eine **Wertminderung** während der Laufzeit des Vertrages erleidet, so dass – nach Ablauf der Grundmietzeit – der Zeitwert/Verkehrswert des betreffenden Leasinggutes unter dem kalkulierten Wert liegt, den der Leasinggeber

1 BGH v. 11.1.1995 – VIII ZR 82/94, NJW 1995, 1019, 1021.
2 BGH v. 20.9.1989 – VIII ZR 239/88, NJW 1990, 247, 248.
3 BGH v. 20.9.1989 – VIII ZR 239/88, NJW 1990, 247, 248.
4 BGH v. 10.7.1996 – VIII ZR 282/95, NJW 1996, 2860, 2861.

– verkörpert in dem jeweiligen „Restwert" des Leasingguts – zugrunde gelegt hat. Deshalb wird man diese Garantiepflicht insoweit auch als typusbildend für alle Fälle des Teilamortisationsvertrages einordnen müssen[1] – allerdings unter Aussparung der Vollamortisationsverträge, weil sich hier die Amortisationspflicht mit den zu zahlenden Leasingraten deckt. Mit dem allgemeinen Gedanken, den der BGH wiederholt geäußert hat, dass nämlich der Leasingnehmer – wie jeder andere Kreditnehmer auch – verpflichtet ist, die „eingesetzten Mittel an den Kreditgeber" zurückzuzahlen[2], hat die Bejahung einer typusbildenden, an dem Minderwert des Leasingguts anknüpfenden Garantiepflicht des Leasingnehmers nur bedingt etwas zu tun. Denn entscheidend ist, dass sowohl das Ob als auch der Umfang seiner Vollamortisationspflicht – außerhalb der als Entgelt für die Gebrauchsüberlassung bei Teilamortisationsverträgen entrichteten Leasingraten – entscheidend davon abhängig ist, wie die jeweiligen Marktdaten am Ende der Grundmietzeit beschaffen sind, ob nämlich insbesondere der Leasinggeber nicht in der Lage ist, die Chance der Wertsteigerung zu nutzen. Realisiert nämlich der Leasinggeber diese Chance, indem er selbst das Leasinggut verwertet, dann entfällt von vorneherein die auf Vollamortisation des Leasinggebers gerichtete Garantiepflicht des Leasingnehmers. Tut er dies hingegen nicht, weil eine Wertminderung des Leasingguts während der Dauer der Grundmietzeit eingetreten ist, die unterhalb der Schwelle des „Restwerts" liegt, dann ist die selbständige Zahlungspflicht des Leasingnehmers eingefordert.

cc) Keine primär kreditorischen Elemente

Dieser steuerlich vorgegebene Gedanke einer Garantiepflicht des Leasingnehmers hat nichts mit der Rückzahlungspflicht zu tun, wie sie für Kredite oder auch im Rahmen eines Amortisationsanspruchs des Leasinggebers in Betracht kommt. Denn bei diesen Fällen weiß der Leasingnehmer in seiner Funktion als Kreditnehmer von vornherein, welche Zahlungen auf den nicht getilgten Kredit noch ausstehen. Es handelt sich um eine feste Größe, die abhängig von der jeweils während der Laufzeit des Kredits vorgenommenen Tilgung ist. Dies aber ist bei den Leasingverträgen im Bereich des Teilamortisationserlasses (Anh. Rz. 2) anders. Denn vor Ablauf der Grundmietzeit ist der Leasingnehmer ganz und gar im Unklaren darüber, inwieweit er zu weiteren Zahlungen wegen der inzwischen eingetretenen Wertminderung des Leasingguts verpflichtet ist. Und er weiß insbesondere nicht, welcher Verwertungserlös nach Ende der Grundmietzeit erzielt werden wird, der dann die Restamortisationspflicht des Leasingnehmers auslöst. Es ist also gerade dieses Element der **Unsicherheit**, das das Risiko des Leasingnehmers ausmacht. Nur die Annahme eines selbständigen Garantievertrages i.S.d. § 311 Abs. 1 BGB ist daher geeignet, diese Risi- 31

1 Vgl. auch *Martinek*, Moderne Vertragstypen, Bd. I, S. 88 ff.
2 BGH v. 11.1.1995 – VIII ZR 82/94, NJW 1995, 1019, 1021.

ko- und Gefahrenübernahme des Leasingnehmers zutreffend typologisch zu erfassen.

32 Dabei ist im Auge zu behalten, dass ein solcher **Garantievertrag** dadurch charakterisiert ist, dass der Garant – hier: der Leasingnehmer – sich verpflichtet, für den Eintritt eines bestimmten Erfolgs ohne Rücksicht auf ein Vertretenmüssen einzustehen oder auch die Gefahr eines künftigen Schadens übernimmt[1]. Genau das trifft hier zu. Denn der Leasingnehmer übernimmt das ihm unbekannte und auch von ihm nicht beherrschbare Risiko, dass das Leasinggut während der Grundmietzeit seinen Marktwert – außerhalb der reinen Abnutzung – verliert, so dass der Leasingnehmer verpflichtet ist, entweder das Andienungsrecht des Leasinggebers anzunehmen und das Leasinggut käuflich zum vereinbarten Restwert zu übernehmen oder dass nach Verwertung des Leasingguts bei einem Vertrag mit Mehrerlösbeteiligung oder einem kündbaren Teilamortisationsvertrag eine Abschlagszahlung fällig wird, um die Vollamortisation des Leasinggebers zu erreichen. Diese Garantiepflicht gibt also Teilamortisationsverträgen – freilich: in unterschiedlicher Intensität, die von dem Typus des gewählten Vertrages abhängig ist – ihr Gepräge.

dd) Mietrechtliche Einordnung – Garantiepflicht – typengemischter Vertrag

33 Gleichwohl wird man Teilamortisationsverträge – insoweit in Übereinstimmung mit der BGH-Judikatur – zunächst als Dauerschuldverhältnisse begreifen, die in erster Linie den mietrechtlichen Bestimmungen der §§ 535 ff. BGB unterworfen sind. Darüber hinaus ist eine selbständige Garantiepflicht des Leasingnehmers – gerichtet auf Vollamortisation des Leasinggebers – anzuerkennen, welche, wie gesagt, ebenfalls typusbildenden Charakter besitzt. So gesehen handelt es sich bei den Verträgen des Teilamortisationserlasses um **gemischt-typische Verträge** i.S.d. § 311 BGB, und zwar des typenkombinierten Vertrages[2]. Es gelten also zum einen die (abgeschwächten) Regeln der Miete nach den §§ 535 ff. BGB, zum anderen die des Garantievertrages nach § 311 Abs. 1 BGB. Mithin ist auch – im Vergleich zu Vollamortisationsverträgen – eine klare Differenzierung vorzunehmen, weil die Amortisationspflicht des Leasingnehmers im Bereich aller Verträge des Vollamortisationserlasses (Anh. Rz. 1) durch Zahlung der Leasingraten erreicht wird, also keine über den § 535 Abs. 2 BGB hinausreichende Bedeutung besitzt[3]. So gesehen ist zu unterstreichen, dass die Vollamortisationspflicht des Leasingnehmers nur dann als zentraler Bestandteil des Finanzierungsleasings gewertet werden kann und darf, wenn

1 Hierzu BGH v. 10.2.1999 – VIII ZR 70/98, NJW 1999, 1542, 1543; *Palandt/Sprau*, vor § 765 BGB Rz. 16.

2 Hierzu *Palandt/Grüneberg*, vor § 311 BGB Rz. 21.

3 A.M. MünchKomm./*Habersack*, Leasing Rz. 28; *Palandt/Weidenkaff*, vor § 535 BGB Rz. 39; *Erman/Jendrek*, Anh. zu § 535 BGB Rz. 10.

und soweit es sich um einen Teilamortisationsvertrag, nicht aber um einen Vollamortisationsvertrag handelt[1].

b) Gemeinsamkeiten: Berücksichtigung des Beschaffungsvorgangs

Typologisch wird man darüber hinaus – und dies gilt ohne Unterschied, ob es sich um einen Vollamortisations- oder um einen Teilamortisationsvertrag handelt – darauf abheben müssen, dass es regelmäßig der Leasingnehmer ist, der das Leasinggut beim Lieferanten aussucht (Kap. C Rz. 76 ff.). Dies führt häufig auch dazu, dass der Leasingnehmer das Leasinggut beim Lieferanten bereits **bestellt** hat, so dass dann der Leasinggeber – mit Wissen und Wollen des Leasingnehmers sowie des Lieferanten – in den Leasingvertrag „einsteigt" (Rz. 121 ff.). Aber auch dann, wenn dieses „Einsteigemodell" nicht realisiert wird, ist es in der Praxis immer so, dass der Leasinggeber erst dann das Leasinggut beim Lieferanten erwirbt, wenn der Leasingvertrag zwischen ihm und dem Leasingnehmer wirksam zustande gekommen ist. Dieser leasingtypische Beschaffungsvorgang[2] bringt es mit sich, dass es allgemein anerkannt ist: Der Leasinggeber ist als AGB-Verwender berechtigt, im Rahmen der leasingtypischen Abtretungskonstruktion (Kap. H Rz. 1 ff.) sich von der mietvertraglichen Eigenhaftung gemäß §§ 536 ff. BGB zu dispensieren, um stattdessen den Leasingnehmer auf die kaufrechtlichen Mängelansprüche zu verweisen, die ihm, dem Leasinggeber, gegenüber dem Lieferanten des Leasingguts zustehen. In der Sache erhält also der Leasingnehmer insoweit die Stellung eines Käufers, was auch AGB-rechtlich grundsätzlich nicht zu beanstanden ist. Es fügt sich in dieses Bild, dass ebenfalls anerkannt ist, dass der Leasinggeber – auch AGB-rechtlich unbedenklich – die Sach- und Preisgefahr auf den Leasingnehmer wie auf einen Käufer überwälzen kann, so dass dieser die Rechtstellung des § 446 BGB erhält (Kap. I Rz. 1 ff.). Auf die damit bezeichneten Besonderheiten ist noch im Einzelnen einzugehen. Hier muss es ausreichen festzustellen, dass damit typusbildende **Abweichungen** umschrieben sind, welche die mietvertragliche Einordnung des Finanzierungsleasings beschränken[3]. Daraus folgt unter Berücksichtigung all dieser Elemente: Der Teilamortisationsvertrag stimmt typologisch mit dem Vollamortisationsvertrag im Blick auf die primäre mietrechtliche Einordnung nach den §§ 535 ff. BGB überein. 34

Doch wird dieser Ansatz bei allen Typen des Teilamortisationserlasses um eine **selbständige Garantiepflicht** des Leasingnehmers erweitert. Sie tritt eigenständig neben die mietrechtliche Qualifikation, so dass, wie gesagt, ein typengemischter Vertrag gegeben ist: Sowohl die Vermietungspflicht 35

1 A.M. *Wolf/Eckert/Ball*, Rz. 1675.
2 MünchKomm./*Habersack*, Leasing Rz. 27.
3 *Wolf/Eckert/Ball*, Rz. 1675 ff.; MünchKomm./*Habersack*, Leasing Rz. 27 f.; *Erman/Jendrek*, Anh. zu § 553 BGB Rz. 15.

des Leasinggebers als auch die Garantiepflicht des Leasingnehmers bestimmen daher den Charakter dieses Vertrages. Etwaige Leistungsstörungen und Pflichtverletzungen folgen damit je eigenen Rechtsregeln, wie dies für den sog. Kombinationsvertrag vorgegeben ist[1].

c) Kontrollnorm: § 307 Abs. 2 Nr. 1 oder § 307 Abs. 2 Nr. 2 BGB

36 Diese Sicht löst die Frage aus, welche Kontrollnorm für die Bewertung von AGB-Klauseln heranzuziehen ist.

aa) Ansatzpunkte für § 307 Abs. 2 Nr. 1 BGB

37 Soweit in der Literatur die Auffassung vertreten wird, der Finanzierungsleasingvertrag sei ein Vertrag sui generis[2], versteht es sich von selbst, dass die AGB-rechtliche Kontrollnorm ausschließlich § 307 Abs. 2 Nr. 2 BGB, nicht aber – ausgerichtet im Kern am dispositiven Recht – § 307 Abs. 2 Nr. 1 BGB ist. Da diese Einordnung hier abgelehnt wurde, stellt sich also nur noch die Frage, ob nach der hier vertretenen Ansicht uneingeschränkt auf § 307 Abs. 2 Nr. 1 BGB zurückzugreifen ist. Dafür spricht zunächst einmal die hier als richtig befundene grundsätzliche Einordnung des Leasings als eines Vertrages, auf den in „erster Linie" die Bestimmungen der §§ 535 ff. BGB zur Anwendung berufen sind (Rz. 9 ff.). Dies gilt in Bezug auf Vollamortisationsverträge auch insoweit, als beschaffungstypische Elemente des Finanzierungsleasings – kaufrechtliche Abtretungskonstruktion sowie Überwälzung der Sach- und Preisgefahr – in Rede stehen. Denn sie führen nicht dazu, diesen Vertragstyp primär kaufrechtlich einzuordnen[3]. Vielmehr tritt diese Teil-Charakterisierung hinter der mietrechtlichen Einordnung zurück, was auch der Auffassung des BGH entspricht und dogmatisch gegenüber anderen theoretischen Ansätzen – gerade im Blick auch auf eine erforderlich Kongruenz zum Steuerrecht – vorzugswürdig erscheint. Das besagt freilich nicht, dass nicht dann, wenn die kaufrechtlich ausgerichtete Abtretungskonstruktion in Rede steht, nicht auf die Bestimmungen des § 437 BGB und die entsprechend anwendbaren Regeln der §§ 307 ff. BGB zurückzugreifen ist. Doch ändert dies nichts daran, dass als Kontrollnorm gleichwohl § 307 Abs. 2 Nr. 1 BGB zu bemühen ist, soweit nicht die Sonderregeln der §§ 308 f. BGB eingefordert sind.

38 Folglich werden AGB-Klauseln im Rahmen eines **Vollamortisationsvertrages** primär nach § 307 Abs. 2 Nr. 1 BGB beurteilt. Gerade deswegen ist und bleibt erneut zu betonen, dass der Rückgriff auf die Kontrollnorm des § 307 Abs. 2 Nr. 1 BGB im Rahmen der richterlichen Inhaltskontrolle wesentlich

1 Statt aller *Palandt/Heinrichs*, vor § 311 BGB Rz. 21.
2 *Martinek*, Moderne Vertragstypen, Bd I, S. 86 ff.; *Bernstein*, Der Tatbestand des Mobilien-Finanzierungsleasingvertrages, S. 133 ff.; *Klamroth*, BB 1982, 1949, 1951; MünchKomm./*Habersack*, Leasing Rz. 28; *Staudinger/Stoffels*, Leasing Rz. 76.
3 Vgl. *Ebenroth*, JuS 1978, 588, 592.

verlässlicher ist, um eine hinreichende Rechtssicherheit zu schaffen, ohne in die Schwierigkeit oder gar das Dilemma zu geraten, die leasingtypischen Interessen des Leasinggebers/AGB-Verwenders – mehr oder weniger: interessentypisch gegenüber den berechtigten Interessen des Leasingnehmers abgrenzend – im Rahmen des „Zwecks" des Leasingvertrages nach § 307 Abs. 2 Nr. 2 BGB zu bewerten, weil dann keine klaren, vorgegebenen Maßstäbe vorhanden sind, auf die man zurückgreifen kann[1].

bb) Weitere Ansatzpunkte für § 307 Abs. 2 Nr. 1 BGB

Doch ist zu bedenken, dass nach der hier vertretenen Auffassung Verträge 39
im Bereich des **Teilamortisationserlasses** gemischt-typisch zu begreifen sind, weil sie zum einen mietvertragliche Elemente, zum anderen – abhängig von den jeweiligen Marktdaten – eine selbständige Garantiepflicht des Leasingnehmers zum Gegenstand haben. Damit stellt sich auch hier die Frage, ob nicht jedenfalls in diesen Fällen die Inhaltskontrolle an § 307 Abs. 2 Nr. 2 BGB auszurichten ist. Doch auch das ist zu verneinen. Schon aus einer nahe liegenden Erwägung folgt dies: Teilt man nämlich die hier vertretene Ansicht, dass es sich bei den Verträgen im Rahmen des Teilamortisationsvertrages um einen **Kombinationsvertrag** handelt[2], dann folgen die mietrechtlichen Pflichten dem Koordinatensystem der §§ 535 ff. BGB, die also als Komplex dispositiven Rechts nach § 307 Abs. 2 Nr. 1 BGB anzusehen sind. Es besteht nämlich insoweit gar kein Unterschied zu der Typizität des Vollamortisationsvertrages. Demgegenüber ist die Garantiepflicht des Leasingnehmers als selbständige Leistungspflicht ihren eigenen Gesetzen unterworfen. Auch sie folgt nicht der Regel des § 307 Abs. 2 Nr. 2 BGB, soweit AGB-Klauseln in Rede stehen. Denn auch in diesem Kontext ist – pflichtenbezogen – bei der Inhaltskontrolle auf § 307 Abs. 2 Nr. 1 BGB zu rekurrieren. Dabei ist es entsprechend den Vorgaben der bei gemischten Verträgen anwendbaren Kombinationstheorie eigentümlich, dass die jeweiligen **Hauptleistungen** nach ihren eigenständigen Gesetzmäßigkeiten beurteilt werden[3].

4. Folgerungen: Besonderheiten der garantiemäßigen Vollamortisationspflicht des Leasingnehmers bei den einzelnen Typen des Teilamortisationserlasses

Damit ist der dogmatische Ansatz gewonnen, die einzelnen Vertragstypen 40
näher zu beleuchten, welche auf Basis des Teilamortisationserlasses vereinbart werden.

---

1 *Wolf/Eckert/Ball*, Rz. 1673.

2 Hierzu: *Palandt/Grüneberg*, vor § 311 BGB Rz. 21; *Erman/Kindl*, vor § 311 BGB Rz. 16.

3 Hierzu auch: MünchKomm./*Emmerich*, § 311 BGB Rz. 46; *Palandt/Grüneberg*, vor § 311 BGB Rz. 25.

a) Teilamortisationsvertrag mit Andienungsrecht des Leasinggebers

41 Bei diesem Modell trägt der Leasinggeber die Chance der Wertsteigerung. Indessen trägt der Leasingnehmer das **Risiko der Wertminderung**. Dieses realisiert sich in folgender Weise: Der Leasinggeber kalkuliert seinen Vollamortisationsanspruch in zwei Schritten: Beide Parteien sind sich darüber einig, dass der Leasingnehmer durch Zahlung der Leasingraten während der unkündbaren Grundmietzeit lediglich eine Teilamortisation des Leasinggebers bewirkt. Der nach Ablauf der Grundmietzeit verbleibende Rest-Amortisationsanspruch des Leasinggebers wird als „Restwert" – kalkulatorisch bedingt und einseitig vom Leasinggeber ermittelt – zwischen den Parteien vereinbart. Zu diesem „Restwert" ist der Leasinggeber berechtigt, von seinem Andienungsrecht Gebrauch zu machen: Der Leasingnehmer ist dann verpflichtet, das Leasinggut nach Ablauf der Grundmietzeit zu dem jeweils vereinbarten „Restwert" käuflich zu erwerben. Indessen wird der Leasinggeber nur dann dies tun, wenn er – aufgrund der dann vorherrschenden Marktdaten – nicht in der Lage ist, die Chance der Wertsteigerung zu realisieren, indem er das Leasinggut nach Ablauf der Grundmietzeit an einen Dritten zu einem Preis veräußert, der oberhalb des vereinbarten „Restwerts" liegt.

aa) Zivilrechtliche Einordnung des Andienungsrechts

42 Früher ist in der Literatur die Auffassung vertreten worden[1], das in diesen Fällen vereinbarte Andienungsrecht verstoße gegen § 308 Nr. 1 BGB und sei im unternehmerischen Verkehr gemäß § 307 Abs. 2 Nr. 1 BGB zu beanstanden. Dies ist unter dogmatischen Gesichtspunkten jedenfalls dann nicht von der Hand zu weisen, wenn man das Andienungsrecht als **Annahmeerklärung** wertet, weil der Leasingnehmer – schon bei Abschluss des Leasingvertrages – ein entsprechendes (dauerhaftes) Angebot an den Leasingnehmer i.S.v. § 145 BGB abgegeben hat, das Leasinggut zum vereinbarten „Restwert" käuflich zu erwerben, sofern nur der Leasinggeber von seinem Andienungsrecht (Annahmeerklärung) tatsächlich Gebrauch macht. Denn unter Berücksichtigung von § 147 BGB ist dann die (dauerhafte) Bindung des Leasingnehmers an sein schon bei Abschluss des Vertrages gegebenes Angebot wesentlich zu lang. Es benachteiligt ihn unangemessen i.S.v. § 308 Nr. 1 BGB bzw. von § 307 Abs. 2 Nr. 1 BGB, so dass nach dieser Einschätzung das Andienungsrecht beim Teilamortisationsvertrag als **unwirksam** einzuordnen wäre.

43 Auch wenn man – abweichend zu dieser Auffassung – die Vereinbarung eines Andienungsrechts als Abschluss eines aufschiebend bedingten Kaufvertrages sieht[2], ändert dies an dem gefundenen Ergebnis nichts. Denn auch in diesen Fällen ist nicht zu sehen, wie die Hürde des § 308 Nr. 1

---

1 *Kurstedt*, DB 1981, 2525, 2529.
2 Vgl. auch MünchKomm./*Habersack*, Leasing Rz. 110.

BGB in Bezug auf die überlange Bindung an das Andienungsrecht des Leasinggebers beseitigt werden kann, was dann auch im unternehmerischen Verkehr nach § 307 Abs. 2 Nr. 1 BGB durchschlägt[1]. In seiner Entscheidung vom 29.11.1995[2] ist der BGH allerdings wie selbstverständlich von der Wirksamkeit des Andienungsrechts ausgegangen, indem er lediglich die Frage problematisiert hat, ob ein wörtliches Angebot ausreicht, um das Andienungsrecht auszuüben, wenn der Leasinggeber zuvor dem Leasingnehmer den unmittelbaren Besitz entzogen hatte, was mit Recht verneint wurde. Daraus ist abzuleiten, dass bislang keine verlässlichen Entscheidungen vorliegen, aus denen sich ergibt, dass das dem Leasingnehmer eingeräumte Andienungsrecht auch AGB-rechtlich unbedenklich ist.

bb) Garantiepflicht des Leasingnehmers

Doch ist dies aus einem anderen Grund zu bejahen. Übernimmt man nämlich den zuvor geäußerten Gedanken (Rz. 30), dass bei einem Teilamortisationsvertrag stets eine Garantiepflicht des Leasingnehmers – gerichtet auf Vollamortisation des Leasinggebers – als eigenständige Hauptpflicht anzunehmen ist, dann erweist sich dieser Ansatz auch hier als fruchtbar. Zu berücksichtigen ist zunächst, dass der selbständige Garantievertrag dadurch charakterisiert ist, dass der Leasingnehmer als Garant die Gefahr eines zukünftigen Schadens übernimmt und dabei auch für untypische Zufälle haftet[3]. Genau dies realisiert sich dann, wenn zwischen den Parteien des Leasingvertrages vereinbart wird, dass der Leasinggeber berechtigt ist, durch Ausübung seines Andienungsrechts einen Kaufvertrag gemäß §§ 433 ff. BGB mit dem Leasingnehmer zustande zu bringen, wobei der jeweils vereinbarte „Restwert" der Kaufpreis ist, den der Leasingnehmer schuldet. Zwar steht in diesen Fällen die Höhe des Kaufpreises von vorneherein fest; doch ist bei Abschluss des Leasingvertrags noch wegen der Ungewissheit der Marktentwicklung völlig offen, ob der Leasinggeber tatsächlich von seinem Andienungsrecht Gebrauch macht. Dies aber ist im Sinn der Typologie des selbständigen Garantievertrages die Gefahr, die damit der Leasingnehmer als Garant übernimmt. Der Eintritt dieser „Gefahr" ist nämlich von den **jeweiligen künftigen Marktdaten** abhängig, die nach Ablauf der Grundmietzeit eintreten und den Zeitwert/Verkehrswert des Leasingguts ausmachen. Liegt dieser nämlich oberhalb des vereinbarten „Restwertes", dann wird der Leasinggeber – unter Berücksichtigung wirtschaftlicher Handlungsmaximen – das Leasinggut an einen Dritten veräußern, um so einen Übererlös zu erzielen. Hierzu ist er auch steuerrechtlich verpflichtet, wenn er das ihm zustehende wirtschaftliche Eigentum gemäß § 39 Abs. 2 Nr. 1 AO nicht gefährden will. Genau dies würde er aber tun, wenn der „Restwert" so kalkuliert wäre, dass der Leasinggeber in jedem Fall von sei- 44

1 Die Frage nach der Wirksamkeit offen lassend *Beckmann*, § 3 Rz. 217 ff.
2 BGH v. 29.11.1995 – VIII ZR 32/95, NJW 1996, 923 – Ferrari.
3 BGH v. 13.6.1996 – IX ZR 172/95, NJW 1996, 2569; *Palandt/Sprau*, vor § 765 BGB Rz. 16.

nem Andienungsrecht Gebrauch macht. Denn er würde dann darauf verzichten, die Chance der Wertsteigerung zu nutzen, die ihrerseits Ausweis des ihm zustehenden wirtschaftlichen Eigentums ist.

45 **Steuerschädlich** ist es daher auch[1], wenn in diesen Fällen dem Leasingnehmer alternativ ein Optionsrecht zum Erwerb des Leasingguts eingeräumt wird, weil unter Berücksichtigung wirtschaftlicher Daten dieses Recht quer zum Andienungsrecht des Leasinggebers steht. Dass dies dann auch auf die wirtschaftliche Bedeutung des bürgerlich-rechtlichen Herausgabeanspruchs des Leasinggebers nach § 985 BGB durchschlägt, liegt auf der Hand. Denn wenn die wirtschaftlichen Daten für den Leasingnehmer nach Ablauf der Grundmietzeit vorteilhaft sind, wird er die Option ausüben, während der Leasinggeber darauf angewiesen ist, das Andienungsrecht in Stellung zu bringen, wenn die Marktdaten einen Wertverlust im Vergleich zum „Restwert" ausweisen.

cc) Kaufvertrag als Vehikel der Garantiepflicht

46 Damit wird gleichzeitig deutlich: Der zwischen Leasinggeber und Leasingnehmer vereinbarte Kaufvertrag i.S.d. §§ 433 ff. BGB ist in diesen Fällen lediglich das Vehikel, mit dessen Hilfe ein zwischen den Parteien vereinbarter Garantievertrag abgewickelt wird. AGB-rechtlich hat dies – wie bereits angedeutet – die Konsequenz, dass die jeweilige Höhe des vereinbarten „Restwertes" grundsätzlich der richterlichen Inhaltskontrolle gemäß § 307 Abs. 3 BGB entzogen ist. Denn der in Höhe des jeweils vereinbarten „Restwertes" zu zahlende Kaufpreis dient nur höchst vordergründig dem Erwerbsinteresse des Leasingnehmers. Ganz im Gegenteil: In der Praxis erweist es sich immer wieder, dass der Leasingnehmer bei diesem Modell praktisch überhaupt kein Interesse daran hat, das Leasinggut nach Ablauf der Grundmietzeit zum vereinbarten „Restwert" zu erwerben, weil er ja zur Kenntnis nimmt, dass das Leasinggut auf dem Markt einen wesentlich niedrigeren Zeit/Verkehrswert aufweist als der jeweils vereinbarte „Restwert" verkörpert. Noch schärfer formuliert: Der Leasingnehmer erwirbt das Leasinggut zu einem Preis, der nicht marktgerecht ist.

dd) Transparenzgebot

47 Doch ist dies grundsätzlich nicht zu beanstanden, weil – transparente Vertragsgestaltung i.S.v. § 307 Abs. 1 Satz 2 BGB vorausgesetzt – die gerade bei diesem Modell des Teilamortisationsvertrages auf den „Restwert" bezogene Garantiepflicht des Leasingnehmers AGB-rechtlich nicht zu beanstanden ist. Doch bleibt in Ausnahmefällen zu erwägen, ob man nicht wegen des Überraschungsmoments dann auf § 305c Abs. 1 BGB mit Erfolg zurückgreifen kann, wenn zwischen den während der Grundmietzeit zu zahlenden Leasingraten und dem bei Ende der Grundmietzeit vereinbarten

---

1 Vgl. aber auch MünchKomm./*Habersack*, Leasing Rz. 100.

„Restwert“ eine **auffällige Diskrepanz** besteht. Dann ist es nämlich höchstwahrscheinlich, dass der Leasinggeber sein Andienungsrecht zum überhöht vereinbarten „Restwert“ ausüben und auf diese Weise einen erheblichen Liquiditätsabfluss beim Leasingnehmer verursachen werde, indem er diesen zwingt, das Leasinggut zum wesentlich überhöhten „Restwert“ käuflich zu erwerben. Recht verstanden: So muss es nicht sein; so kann es aber sein; so ist auch wohl die Regel. Selten ist es so, dass der vereinbarte „Restwert“ dem tatsächlichen Zeitwert/Verkehrswert des Leasingguts nach Ablauf der Grundmietzeit entspricht. In diesen Fällen bleibt zu erwägen, auf § 305c Abs. 1 BGB zurückzugreifen und zu prüfen, ob es sich nicht um eine in der Tat überraschende Klausel handelt, mit der auch ein kundiger Leasingnehmer deswegen nicht zu rechnen braucht, weil er wie selbstverständlich davon ausgeht, dass zwischen dem Verkehrs- und Zeitwert des Leasingguts nach Ablauf der Grundmietzeit und dem von Anfang an vereinbarten „Restwert“ nur eine gewisse, nicht sonderlich ins Gewicht fallende Diskrepanz besteht[1]. Denn die berechtigte Erwartungshaltung des Leasingnehmers ist wesentlicher Bestandteil und Schutzgut des Überraschungsmoments in § 305c Abs. 1 BGB[2].

b) Vertragsmodell mit Mehrerlösbeteiligung des Leasingnehmers

aa) Erlasskonforme Vorgaben

Auch bei dieser Vertragsgestaltung verpflichtet sich der Leasingnehmer, 48
die Vollamortisation des Leasinggebers zu bewirken[3]. Soweit nämlich die vom Leasingnehmer während der unkündbaren Grundmietzeit gezahlten Leasingraten, einschließlich des Verwertungserlöses des Leasingguts, nicht ausreichen, die Vollamortisation des Leasinggebers zu bewirken, ist der Leasingnehmer verpflichtet, in Höhe der jeweiligen Differenz eine **Abschlusszahlung** zu entrichten. Damit wird deutlich, dass der Leasingnehmer das Risiko der Wertminderung trägt. Nur soweit sich – nach Beendigung der Grundmietzeit und der Verwertung des Leasingguts – herausstellt, dass ein die Vollamortisationsgrenze übersteigender **Mehrerlös** erwirtschaftet wurde, wird dieser zwischen Leasinggeber und Leasingnehmer in der Weise geteilt, dass mindestens 25 % dieses Mehrerlöses auf den Leasinggeber entfallen. Nur unter dieser Voraussetzung bleibt der Leasinggeber rechtlicher und wirtschaftlicher Eigentümer des Leasingguts; seine 25 %ige Beteiligung am Mehrerlös wird noch als wirtschaftlich ins Gewicht fallende Beteiligung qualifiziert, so dass unter dieser Perspektive § 39 Abs. 2 Nr. 1 AO eingreift.

---

1 Zu den Tatbeständen einer überraschenden Klausel *Ulmer/Brandner/Hensen*, § 305c BGB Rz. 11 ff.
2 Im Einzelnen *Ulmer/Brandner/Hensen*, § 305c BGB Rz. 22 ff.
3 Vgl. BGH v. 10.7.1996 – VIII ZR 282/95, NJW 1996, 2860, 2861.

bb) Verwertungspflicht des Leasinggebers – Garantiepflicht des Leasingnehmers

49 Auch bei diesem Modell des Teilamortisationserlasses gilt, dass die Entgeltpflicht des Leasingnehmers sich nicht mit der Zahlung der Leasingraten während der Grundmietzeit erschöpft. Vielmehr ist der Leasingnehmer – abhängig von der jeweiligen Verwertung des Leasingguts und dem dabei erzielten Erlös, der in voller Höhe anzurechnen ist[1] – zu einer Abschlusszahlung verpflichtet, soweit die Grenze des Vollamortisationsanspruchs des Leasinggebers nicht erreicht ist. Darin verwirklicht sich also das Risiko der Wertminderung, welches der Leasingnehmer zu tragen verpflichtet ist. Genau dies entspricht – ähnlich wie beim Teilamortisationsvertrag mit Andienungsrecht – dem Grundgedanken der Garantiepflicht des Leasingnehmers. Doch handelt es sich hier nicht um einen verkappten Kaufvertrag, weil die Garantiepflicht hier in ihrer reinen Form verwirklicht ist, indem der Leasingnehmer den Leasinggeber schadlos stellt, soweit dieser seinen Vollamortisationsanspruch – Leasingraten zuzüglich Verwertungserlös – nicht realisiert.

50 Denn die Verwertung des Leasingguts kann, muss aber nicht dazu führen, dass der Leasinggeber einen Mehrerlös erhält, der dann im Verhältnis von 75 % zu 25 % – Letzteres zugunsten des Leasinggebers – aufgeteilt wird. Es kann aber auch so sein, dass der Verwertungserlös zusammen mit den während der Grundmietzeit gezahlten Raten nicht ausreicht, die Vollamortisationsgrenze des Leasinggebers zu erreichen. Typologisch betrachtet ist die vom Leasingnehmer zu entrichtende **Abschlusszahlung** genauso zu bewerten wie das Andienungsrecht des Leasinggebers. Ob sie nämlich tatsächlich anfällt und in welcher Höhe dies der Fall ist, hängt entscheidend davon ab, wie der Wertverlust/Wertverzehr des Leasingguts während der Grundmietzeit ausfällt. Daher wird man auch dieses Modell des Teilamortisationserlasses als einen gemischt-typischen Vertrag ansehen. Es gelten die gleichen Erwägungen, die zuvor dargestellt worden sind (Rz. 44 ff.).

c) Vertragsmodell des kündbaren Teilamortisationsvertrages mit Abschlusszahlung des Leasingnehmers

aa) Steuerrechtliche Vorgaben

51 Auch bei einem kündbaren Teilamortisationsvertrag mit Abschlusszahlung des Leasingnehmers schuldet dieser dem Leasinggeber gegenüber die volle Amortisation. Dieser Anspruch realisiert sich – rechnerisch bewertet – in drei Etappen: Zu den vom Leasingnehmer bis zur Beendigung des Leasingvertrages gezahlten Leasingraten ist der vom Leasinggeber – nach Beendigung der Grundmietzeit – erzielte Veräußerungserlös hinzuzurechnen. Doch ist er nur in Höhe von 90 % auf die Vollamortisationspflicht des Lea-

1 Mit Recht BGH v. 26.6.2002 – VIII ZR 147/01, NJW 2002, 1723.

singnehmers anzurechnen. Verbleibt eine Differenz, ist der Leasingnehmer verpflichtet, eine **Abschlusszahlung** zu entrichten. Ist hingegen der Veräußerungserlös – so sagt es der Teilamortisationserlass – „höher als die Differenz zwischen Gesamtkosten des Leasinggebers und denen bis zur Veräußerung entrichteten Leasingraten, so erhält der Leasinggeber den Differenzbetrag in vollem Umfang". Auch bei diesem Modell ist der Leasinggeber rechtlich und wirtschaftlich Eigentümer des Leasingguts, weil ihm die Chance der **Wertsteigerung** des Leasingguts – verkörpert im nur in Höhe von 90 % anrechnungspflichtigen Veräußerungserlös – in vollem Umfang verbleibt. Demgegenüber trägt der Leasingnehmer das Risiko der **Wertminderung**. In der Regel ist er nämlich verpflichtet, eine Abschlusszahlung zu entrichten.

bb) Amortisationsrecht des Leasinggebers als Garantiepflicht des Leasingnehmers

Es ist hier nicht der Ort, der Frage im Einzelnen nachzugehen, ob die bishe- 52
rigen BGH-Entscheidungen[1] in allen Punkten die dogmatische Struktur der auf Vollamortisation gerichteten Garantiepflicht des Leasingnehmers zutreffend widerspiegeln. Zu erwähnen ist allerdings, dass der BGH in einer wichtigen Entscheidung[2] den Gesichtspunkt der Garantiepflicht des Leasingnehmers zumindest indirekt aufgreift, indem er – durchaus zutreffend – bemerkt, dass die „Ausgleichspflicht des Leasingnehmers" dann eingreift, wenn und soweit diese „ausdrücklich vereinbart" ist[3]. Auch wenn man den Amortisationsanspruch des Leasinggebers als „leasingtypisch"[4] bezeichnet, ändert dies am Ergebnis nichts. Denn in jedem Fall ist der Leasingnehmer verpflichtet, die Vollamortisation des Leasinggebers zu gewährleisten und neben den Leasingraten eine Abschlusszahlung zu entrichten, weil ja immer nur 90 % des Verwertungserlöses auf diesen Anspruch des Leasinggebers angerechnet werden. Typologisch gilt freilich auch bei diesem Modell das gleiche Schema wie bei den übrigen Modellen des Teilamortisationserlasses: Bis zur Kündigung des Leasingvertrages durch den Leasingnehmer liegt ein Dauerschuldverhältnis vor, auf welches in erster Linie die mietrechtlichen Bestimmungen der §§ 535 ff. BGB Anwendung finden. Soweit dann – nach optimaler Verwertung des Leasingguts und einer auf 90 % des Verwertungserlöses reduzierten Anrechnung – die Vollamortisationsgrenze des Leasinggebers nicht erreicht wird, ist der Leasinggeber verpflichtet, in Höhe der Differenz eine **Abschlusszahlung** zu leisten. Ob und in welcher Höhe diese eingreift, ist abhängig von den dann – nach Ablauf der Grundmietzeit – vorherrschenden Marktdaten. So gese-

1 BGH v. 12.6.1985 – VIII ZR 142/84, WM 1985, 860, 863; BGH v. 20.9.1989 – VIII ZR 239/88, NJW 1990, 247, 248; BGH v. 11.1.1995 – VIII ZR 82/94, NJW 1995, 1019, 1021; BGH v. 10.7.1996 – VIII ZR 282/95, NJW 1996, 2860, 2861.
2 BGH v. 10.7.1996 – VIII ZR 282/95, NJW 1996, 2860, 2861.
3 BGH v. 10.7.1996 – VIII ZR 282/95, NJW 1996, 2860, 2861.
4 BGH v. 10.7.1996 – VIII ZR 282/95, NJW 1996, 2860.

hen trägt der Leasingnehmer das Risiko der Wertminderung des Leasingguts; er ist zur garantiemäßigen Absicherung des Vollamortisationsanspruchs des Leasinggebers verpflichtet. Es handelt sich also um einen typenkombinierten Vertrag, auf den je nachdem die Bestimmungen der §§ 535 ff. BGB in erster Linie und sodann die aus § 311 Abs. 1 BGB abgeleitete Garantiepflicht eingreifen.

5. Rechtsfolgen im Fall der Unwirksamkeit

a) Bei Berufung auf § 307 Abs. 2 Nr. 2 BGB

53 Die unterschiedliche dogmatische Einordnung des Leasings hat naturgemäß auch unmittelbare Folgen, wenn und soweit eine AGB-Klausel in einem Leasingvertrag an den §§ 307 ff. BGB scheitert. Knüpft man nämlich – das wurde eingangs schon kurz angeschnitten – an die Rechtsnatur des Leasingvertrages als eines Vertrages sui generis an[1], dann kann es keinen Ausweg geben: Es gilt dann die Kontrollnorm des § 307 Abs. 2 Nr. 2 BGB. Es gilt dann aber auch im Rahmen von § 306 Abs. 2 BGB sogleich der Grundsatz der ergänzenden Vertragsauslegung nach den §§ 133, 157 BGB, weil ja dispositives Recht zur Lückenfüllung nicht zur Verfügung steht. Das hat vor allem im Bereich der leasingtypischen Abtretungskonstruktion praktische Folgen. *Habersack* ist daher der Ansicht: Wenn die kaufrechtliche Abtretungskonstruktion AGB-rechtlich scheitert, dann kommt nicht die mietvertragliche Eigenhaftung des Leasinggebers nach den §§ 535 ff. BGB zum Zuge, sondern zur unmittelbaren Haftung des Leasinggebers nach den §§ 434 ff. BGB[2]. *Stoffels* schlägt demgegenüber als Ersatzlösung im Rahmen der Inhaltskontrolle vor, dass im Rahmen einer wertenden Betrachtung die Klausel auf die jeweils anwendbare gesetzliche Einzelnorm ausgerichtet werden solle[3]. Das kodifizierte Vertragsrecht sei also auf entsprechend zur Anwendung zu berufende „Teillösungen" durchzumustern[4]. Doch ist für ihn – trotz seines abweichenden dogmatischen Ansatzes – die „Leitlinie" der Kommentierung gleichwohl die Rechtsprechung des BGH[5], so dass die Unwirksamkeit der Abtretungskonstruktion auch nach *Stoffels* keinen Grund darstellt, nicht die mietrechtlichen Eigenhaftung des Leasinggebers nach den §§ 535 ff. BGB einzufordern[6].

1 Neuestens MünchKomm./*Habersack*, Leasing Rz. 26; *Staudinger/Stoffels*, Leasing Rz. 76 ff.
2 MünchKomm./*Habersack*, Leasing Rz. 106.
3 *Staudinger/Stoffels*, Leasing Rz. 78.
4 *Staudinger/Stoffels*, Leasing Rz. 78.
5 *Staudinger/Stoffels*, Leasing Rz. 77.
6 *Staudinger/Stoffels*, Leasing Rz. 222.

b) Bei Berufung auf § 307 Abs. 2 Nr. 1 BGB

54 Gerade dieser Gesichtspunkt, wie die Sanktionsfolge des § 306 Abs. 2 BGB im Fall unwirksamer AGB-Klauseln in Stellung zu bringen ist, belegt, wie praktisch bedeutsam der Ansatz ist, die dogmatische Einordnung des Leasings primär den mietrechtlichen Vorschriften der §§ 535 ff. BGB zuzuordnen, weil dann nach § 306 Abs. 2 BGB – wie selbstverständlich – die mietrechtliche Eigenhaftung des Leasinggebers nach den §§ 535 ff. BGB eingefordert wird. Soweit allerdings die Garantiepflicht des Leasingnehmers an § 307 Abs. 1 Satz 2 BGB wegen fehlender Transparenz scheitert, gilt nach der hier vertretenen Auffassung jedenfalls im Bereich des **Verbraucherleasings** die Rechtsfolge des § 306 Abs. 2 BGB, so dass die Garantiepflicht als nicht wirksam begründet zu verwerfen, aber eine hypothetische Vertragsauslegung nach den §§ 133, 157 BGB zu bemühen ist (Rz. 56 ff.).

6. Erfordernis einer transparenten Vertragsgestaltung – Vorschlag

55 Da es in der Praxis immer wieder einige Schwierigkeiten gibt, wie die Vollamortisationspflicht des Leasingnehmers in hinreichend transparenter Weise ausgestaltet sein soll, sind nachfolgend einige Gedanken aufgezeigt, die hilfreich sein könnten.

a) Gegenüber dem Leasingnehmer als Verbraucher

56 Für die Praxis ist es von großer Wichtigkeit sicherzustellen, dass bei allen Teilamortisationsverträgen dem Erfordernis einer transparenten Vertragsgestaltung Rechnung getragen wird. Dies gilt unabhängig davon, ob es sich um einen „Restwert" handelt, auf den sich das Andienungsrecht des Leasinggebers bezieht, oder um eine Abschlusszahlung, weil der Verwertungserlös nicht ausreicht, die volle Amortisation des Leasinggebers sicherzustellen. Im Sinn von § 307 Abs. 1 Satz 2 BGB ist es daher erforderlich, dass die jeweilige vom Leasingnehmer zu übernehmende und vertraglich zu begründende Garantie der Vollamortisation dem Leasingvertrag das Gepräge gibt. Dies ist vor allem dann zu bejahen, wenn die Garantiepflicht auf der **Vorderseite** des Leasingvertrages eindeutig und unmissverständlich wiedergegeben ist. Dies bedeutet freilich nicht – und dies: anknüpfend an die BGH-Judikatur[1] –, dass der Leasinggeber verpflichtet sei, seine Kalkulation offen zu legen, wohl aber ist zu fordern, dass er alle diejenigen Faktoren klar und eindeutig bezeichnet, welche den Leasingnehmer in den Stand setzen, seine garantiemäßige Entgeltpflicht genau zu berechnen. Aus nahe liegenden Gründen gilt dies in erster Linie gegenüber einem **Verbraucher**.

1 BGH v. 4.6.1997 – VIII ZR 312/96, ZIP 1997, 1457, 1458.

b) Gegenüber Kaufleuten/Unternehmern als Leasingnehmer

57 Gegenüber Kaufleuten, auch gegenüber Unternehmern, gelten nicht die selben strengen Grundsätze. Denn es ist inzwischen wohl klar und auch zu erwarten, dass die finanztechnischen Besonderheiten von Teilamortisationsverträgen allgemein im kaufmännischen/unternehmerischen Verkehr bekannt sind. Doch bedeutet dies nicht, dass nicht auch in diesen Fällen die Frage nach einer hinreichend transparenten Vertragsgestaltung strikt unter die Lupe zu nehmen ist. Denn im Grundsatz gelten auch gegenüber einem Unternehmer die Verbote der Irreführung und der Verheimlichung, wie sie sich aus dem Transparenzgebot nach § 307 Abs. 1 Satz 2 BGB entwickelt haben[1]. Daher ist auch hier Wert darauf zu legen, dass die vom Leasingnehmer zu entrichtende Gesamtbelastung deutlich erkennbar wird.

c) Klauselvorschlag

58 Daher könnte eine solche Klausel folgenden Wortlaut aufweisen:

„Der Leasingnehmer garantiert durch Abschluss des Leasingvertrages die volle Amortisation aller Herstellungs-, Anschaffungs-, Neben- und Finanzierungskosten sowie eines Gewinns des Leasinggebers. Die Garantiepflicht besteht neben der Pflicht, während der Laufzeit dieses Vertrages die vereinbarten Raten zu zahlen. Sie erfasst insbesondere das Risiko einer etwaigen Wertminderung des Leasingguts, welches sich während der Laufzeit des Leasingvertrages – und damit: nach Ende der Grundmietzeit – realisiert."

59 Sodann ist eine modellspezifische Differenzierung vorzunehmen. Bei einem **Teilamortisationsvertrag mit Andienungsrecht** des Leasinggebers wäre weiter zu formulieren:

„Auf jeden Fall ist der Leasingnehmer verpflichtet, den vereinbarten „Restwert" zu zahlen, wenn der Leasinggeber sein Andienungsrecht nach Ablauf der Grundmietzeit gegenüber dem Leasingnehmer ausübt, und zwar auch dann, wenn der Verkehrswert/Zeitwert des Leasingguts zu diesem Zeitpunkt wesentlich unterhalb des vertraglich vereinbarten „Restwerts" liegt."

60 Bei einem **Teilamortisationsvertrag mit Mehrerlösbeteiligung** ist folgendermaßen zu formulieren:

„Nach Ablauf der Grundmietzeit veräußert der Leasinggeber das Leasinggut. Führen die während der Grundmietzeit gezahlten Leasingraten einschließlich des Veräußerungserlöses des Leasingguts nicht dazu, dass die Vollamortisation des Leasinggebers (vgl. Satz 1) erreicht wird, dann ist der Leasingnehmer in Höhe der Differenz verpflichtet, eine Abschlusszahlung zu leisten. Denn eine Mehrerlösbeteiligung in Höhe von 75 % kommt nur dann in Betracht, wenn in der Tat – abhängig von den jeweiligen Marktdaten – ein Mehrerlös durch Veräußerung des Leasinggutes erzielt worden ist, der in jedem Fall zu 25 % dem Leasinggeber gebührt."

1 Hierzu AGB-Klauselwerke/*Graf von Westphalen*, Transparenzgebot Rz. 16 f.

Beim Modell eines **kündbaren Vertrages** ist folgendermaßen zu formulieren: 61

„Sofern der Leasingnehmer von seinem ordentlichen Kündigungsrecht Gebrauch macht, ist der Leasinggeber verpflichtet, das Leasinggut zu veräußern; lediglich 90 % des Veräußerungserlöses werden auf die Vollamortisationspflicht des Leasingnehmers (vgl. Satz 1) angerechnet. Soweit danach eine Differenz verbleibt, ist der Leasingnehmer verpflichtet, in entsprechender Höhe eine Abschlusszahlung zu leisten."

d) Rechtsfolgen bei fehlender Transparenz

aa) Rückgriff auf § 306 Abs. 2 BGB

Wird das Erfordernis einer transparenten Vertragsgestaltung i.S.v. § 307 62
Abs. 1 Satz 2 BGB nicht oder nicht hinreichend berücksichtigt, dann ergeben sich die Rechtsfolgen unmittelbar aus § 306 Abs. 2 BGB. Im Gegensatz zu der in der Vorauflage vertretenen Auffassung[1] ist freilich in diesen Fällen – wie stets – das allgemeine Instrumentarium des § 306 Abs. 2 BGB zu bemühen. Dies bedeutet in erster Linie, dass ein Rückgriff auf das dispositive Recht in Betracht kommt[2]. Doch wird dies regelmäßig deswegen nicht zum Erfolg führen, weil – bezogen auf die Garantiepflicht des Leasingnehmers – dispositives Recht i.S.v. § 306 Abs. 2 BGB nicht zur Verfügung steht. Daher ist ein Rückgriff auf die Grundsätze der **ergänzenden Vertragsauslegung** gemäß §§ 133, 157 BGB angezeigt. Denn der ersatzlose Fortfall der Garantiepflicht würde den Leasingnehmer unangemessen bevorteilen; er wäre keine interessengerechte Lösung[3]. Der Leasinggeber kalkuliert ja seine Raten bei einem Teilamortisationsvertrag immer nur so, dass sie eben nur einen Teil seiner Kosten und seines Gewinns repräsentieren. Für den anderen „Teil" ist er auf die vertraglich zu fixierende Restamortisation angewiesen. Demzufolge ist – anknüpfend an die §§ 133, 157 BGB – zu fragen, welche Ersatzregelung die Parteien bei sachgerechter Abwägung ihrer beiderseitigen Interessen gewählt hätten, wenn ihnen die Unwirksamkeit der – intransparent vereinbarten – Garantiepflicht **bewusst** gewesen wäre. Denn es kann nicht Sinn und Zweck von § 306 Abs. 2 BGB sein, dem Leasingnehmer durch den ersatzlosen Fortfall der Garantiepflicht Vorteile zu verschaffen, die der typische Leasingvertrag ihm nicht gewährt, so dass sich das Vertragsgleichgewicht einseitig zu seinen Gunsten verschieben würde[4].

1 Vorauflage Rz. 166.
2 Statt aller *Palandt/Heinrichs*, § 306 BGB Rz. 6.
3 BGH v. 3.11.1999 – VIII ZR 269/98, NJW 2000, 1110, 1111 ff.
4 BGH v. 13.11.1997 – IX ZR 289/96, BGHZ 137, 153, 157.

bb) Bestehen eines leasingtypischen Ausgleichsanspruchs?

63 Dieser Ansatz bedingt in aller Regel, dass die Berücksichtigung der §§ 133, 157 BGB dazu führt, dass eine – leasingtypische – Vollamortisationspflicht eingreift. So gesehen realisiert sich dann der vom BGH aufgestellte Grundsatz, dass es zum Wesen jeder Finanzierung gehört, dass das vom Leasinggeber eingesetzte Kapital auch wieder an diesen zurückfließt[1]. Doch bleibt – anknüpfend an andere, aber vergleichbare Ergebnisse der Judikatur[2] – zu erwägen, ob in diesen Fällen einer **unwirksamen, weil intransparenten Vertragsgestaltung** in der Tat eine planwidrige Lücke vorliegt, welche den Rückgriff auf die §§ 133, 157 BGB überhaupt erst gestattet. Das könnte zweifelhaft sein. Freilich ist der BGH in einer langen Kette von Judikaten davon ausgegangen, dass ein leasingtypischer Ausgleichsanspruch auch dann besteht, wenn der Leasingnehmer den Leasingvertrag – Modell des kündbaren Teilamortisationsvertrages vorausgesetzt – aufgrund einer Klauselgestaltung kontrahiert, die als intransparent einzuordnen ist[3]. Infolgedessen verzichtete der BGH auf eine exakte Interpretation der durch den Fortfall der Garantiepflicht entstandenen Vertragslücke nach Maßgabe der §§ 133, 157 BGB, weil er sogleich auf das Bestehen eines leasingtypischen Ausgleichsanspruchs zurückgreift. Demzufolge sieht auch der BGH bewusst von einer Sanktion ab, die er in anderen Fällen der ergänzenden Vertragsauslegung jedenfalls von dem Zeitpunkt an rigoros verhängt, in welchem eine gegenläufige, die Unwirksamkeit einer Vertragsklausel begründende BGH-Entscheidung verkündet worden ist[4].

64 Doch das ist im Ergebnis – freilich mit Bedenken – hinzunehmen (Rz. 65); die dogmatischen Unschärfen dieses Ansatzes sind für die **Praxis** regelmäßig nicht relevant. Zu betonen ist vielmehr, dass der BGH einen vertragsimmanenten, leasingtypischen Ausgleichsanspruch in einer langen Linie von BGH-Judikaten begründet hat[5]. Daher kann und darf sich der Leasinggeber/AGB-Verwender auf diese Rechtsentwicklung einstellen und sich auf sie vertrauend einrichten, ohne Sanktionen nach § 306 Abs. 2 BGB – ersatzloser Fortfall der Garantiepflicht als Teil der Vollamortisation – befürchten zu müssen. Folglich liegt auch bei einer intransparenten und daher unwirksamen Vertragsgestaltung im Hinblick auf den „Restwert" oder sonstige Formen der Garantiepflicht des Leasingnehmers zwar eine plan-

1 BGH v. 11.1.1995 – VIII ZR 82/94, NJW 1995, 1019, 1021.
2 BGH v. 4.7.2002 – VII ZR 502/99, NJW 2002, 3098, 3099.
3 BGH v. 12.6.1985 – VIII ZR 142/84, WM 1985, 860, 862; BGH v. 19.3.1986 – VIII ZR 81/85, WM 1986, 673; BGH v. 15.10.1986 – VIII ZR 319/85, WM 1987, 39; BGH v. 26.11.1986 – VIII ZR 354/85, WM 1987, 288, 290; BGH v. 20.9.1989 – VIII ZR 239/88, NJW 1990, 247, 249; BGH v. 8.11.1989 – VIII ZR 1/89, BB 1990, 234, 235; BGH v. 16.5.1990 – VIII ZR 108/89, WM 1990, 1244, 1246; BGH v. 22.11.1995 – VIII ZR 57/95, WM 1996, 311; BGH v. 8.3.1995 – VIII ZR 313/93, WM 1995, 935.
4 BGH v. 4.7.2002 – VII ZR 502/99, NJW 2002, 3098, 3099 – Bürgschaft auf erstes Anfordern.
5 Hierzu auch *Wolf/Eckert/Ball*, Rz. 1957 ff.

widrige Vertragslücke vor[1], aber sie bleibt sanktionslos, weil es sich um eine BGH-Rechtsprechung handelt, die nicht als konsistent im Vergleich zu anderen Rechtsentwicklungen anzusehen ist. Sie schützt nämlich den Leasinggeber weitergehend als etwa den Bauunternehmer, der sich entweder eine Bürgschaft auf erstes Anfordern versprechen lässt[2] oder eine zu hohe Vertragsstrafe anfordert[3]. Denn hier greifen erbarmungslos die Sanktionen des § 306 Abs. 2 BGB.

cc) Ausnahme – Leasingnehmer als Verbraucher

Doch dabei wird man jedenfalls dann nicht stehen bleiben dürfen, wenn die Intransparenz der Vertragsgestaltung gegenüber einem Verbraucher verwendet wird. Denn für diesen sollte der Schutz des § 307 Abs. 2 Satz 1 BGB unbedingt gelten, so dass dann auch die Sanktion des § 306 Abs. 2 BGB eingreift, ohne dass ein Rückgriff auf die ergänzende Vertragsauslegung nach den §§ 133, 157 BGB in Betracht kommt. Entscheidend ist nämlich dann der Befund, dass die auf eine Intransparenz abzielende Rechtsprechung des BGH schon seit sehr langer Zeit bekannt ist[4]. Die Leasingbranche hatte Zeit genug, sich zum Schutz des Verbrauchers darauf einzurichten, in welcher Weise eine transparente Gestaltung des „Restwertes" beim kündbaren Teilamortisationsvertrag sowie beim Vertrag mit Andienungsrecht des Leasinggebers ausgestaltet sein sollte. Denn der Verbraucherschutz muss höher bewertet werden als das Vertrauen des Leasinggebers auf ein Weiterbestehen der bisherigen BGH-Judikatur, die § 306 Abs. 2 BGB weithin ignoriert. 65

V. Finanzierungsleasing – Hersteller- und Händlerleasing

1. Typologische Einordnung

Von dem „reinen" Finanzierungsleasing unterscheidet sich das Hersteller- und Händlerleasing vor allem dadurch, dass zwischen Leasinggeber und Hersteller/Lieferant entweder eine Verflechtung oder gar eine Identität besteht[5]. Anders gewendet: Für das Finanzierungsleasing ist entscheidend, ob der Leasinggeber – im Verhältnis zum Hersteller/Händler des Leasingguts – ein **unabhängiger Dritter** ist, der die Investitionsentscheidung des Leasinggebers finanziert. Denn im Fall des Hersteller- und Händlerleasings wird Leasing als Instrument der **Absatzförderung** eingesetzt[6]. 66

1 BGH v. 4.7.2002 – VII ZR 502/99, NJW 2002, 3098, 3099.
2 BGH v. 4.7.2002 – VII ZR 502/99, NJW 2002, 3098, 3099.
3 BGH v. 4.7.2002 – VII ZR 502/99, NJW 2002, 3098, 3099.
4 BGH v. 4.7.2002 – VII ZR 502/99, NJW 2002, 3098, 3099.
5 MünchKomm./*Habersack*, Leasing Rz. 7.
6 MünchKomm./*Habersack*, Leasing Rz. 7.

67 Für den weiteren Gang der Überlegung ist also danach zu differenzieren, ob es sich um ein **direktes Hersteller- oder Händlerleasing** handelt, weil der Hersteller/Händler zur Förderung des Absatzes seiner Produkte einen Dritten als Leasinggesellschaft nicht zwischenschaltet, oder ob ein sog. – **indirektes Hersteller- und Händlerleasing** gegeben ist, so dass ein Dritter – wenngleich nicht auch eine Tochtergesellschaft des Herstellers/Händlers – als Leasinggeber auftritt[1]. Die Terminologie ist im Übrigen nicht einheitlich[2].

2. Direktes Herstellerleasing

68 Beim direkten Herstellerleasing ist zumindest soviel sicher: Es fehlt das leasingtypische Dreiecksverhältnis[3]. Dies führt zwangsläufig dazu, dass die leasingtypische Abtretungskonstruktion (Kap. H Rz. 1 ff.) ins Leere geht; der Leasinggeber/AGB-Verwender ist nicht berechtigt, die mietrechtliche Eigenhaftung gemäß §§ 536 f. BGB abzubedingen, um den Leasingnehmer stattdessen auf die Ansprüche verweisen, die ihm, dem Leasinggeber, gegenüber dem Lieferanten des Leasingguts zustehen, weil es einen solchen – unabhängigen – Lieferanten nicht gibt. Dies führt zu der in der Literatur umstrittenen Frage, ob dieses Vertragsgebilde ein **reiner Mietvertrag** gemäß §§ 535 ff. BGB ist oder ob es dem Leasinggeber gleichwohl gestattet ist, einen Anspruch auf volle Amortisation in den Fällen durchzusetzen, in denen lediglich Vertragsmodelle angeboten werden, die dem Teilamortisationserlass zuzurechnen sind[4]. In der Literatur wird freilich überwiegend die Auffassung vertreten, dass in diesen Fällen – mangels leasingtypischen Dreiecksverhältnisses – ein Mietvertrag anzunehmen sei[5]. Würde man dieser Auffassung weiterhin folgen, dann wäre die garantiemäßige Absicherung der Vollamortisationspflicht des Leasingnehmers mit § 307 Abs. 2 Nr. 1 BGB unvereinbar, weil diese dem mietvertraglichen Typus widerstreitet. Dem ist jedoch nicht weiter nachzugehen. Es ist ersichtlich nicht zutreffend, weil nicht von den Parteien gewollt.

69 Entscheidend ist vielmehr die Erwägung, welche durchgängig die bisherigen Erwägungen und Erläuterungen geprägt hat, dass nämlich die **steuerrechtlichen Prämissen** des Teilamortisationserlasses (Anh. Rz. 2) für die zivilrechtliche Einordnung des Leasings, damit auch des direkten Her-

---

1 Hierzu *Ulmer/Schmidt*, DB 1983, 2558 ff., 2615 ff.

2 Vgl. *Berger*, Typus und Rechtsnatur des Herstellerleasings, S. 26 ff., 33 ff.; *Palandt/Weidenkaff*, vor § 535 BGB Rz. 42; *Ebenroth*, JuS 1978, 588, 589; *Emmerich*, JuS 1990, 3.

3 MünchKomm./*Habersack*, Leasing Rz. 8; *Palandt/Weidenkaff*, vor § 535 BGB Rz. 42.

4 Bejahend MünchKomm./*Habersack*, Leasing Rz. 8; in der Sache auch *Wolf/Eckert/Ball*, Rz. 1976.

5 *Berger*, Typus und Rechtsnatur des Herstellerleasings, S. 33 ff.; *Ebenroth*, JuS 1978, 588, 599; *Emmerich*, JuS 1990, 3; Vorauflage Rz. 172 f.; a.M. *Staudinger/Stoffels*, Leasing Rz. 27 f.

stellerleasings maßgebend sind. Danach ist aber nicht zu erkennen, dass die Vorgaben des Teilamortisationserlasses danach differenzieren, ob der Leasinggeber ein unabhängiger, d.h. selbständiger Dritter im Verhältnis zwischen Lieferant und Leasingnehmer ist oder ob – und darum geht es hier – eine Zwei-Personen-Beziehung besteht, die abschließend das Verhältnis zwischen Leasinggeber und Leasingnehmer prägt. Übernimmt man aber diese Prämisse, dann spricht nichts dagegen[1], dass es dem Leasinggeber auch beim direkten Herstellerleasing gestattet ist, den ihm zustehenden Vollamortisationsanspruch garantiemäßig gegenüber dem Leasingnehmer abzusichern. Folglich handelt es sich auch in diesen Fällen – wie in allen anderen Modellen des Teilamortisationserlasses – um einen gemischt-typischen Vertrag, der Elemente des Mietvertrages und des Garantievertrages miteinander verbindet. Dieser steuerrechtlich orientierte Ansatz hat auch den Vorzug, allen übrigen Differenzierungsmöglichkeiten eine Absage zu erteilen, die – mehr oder weniger ausgeprägt – ein Sonderrecht des absatzfördernden Leasing bejahen möchten[2]. Denn auch die Bejahung eines Absatzinteresses führt nicht zwingend dazu, das daneben bestehende Finanzierungsinteresse verneinen zu müssen[3]. Ein Blick auf das Institut des Warenkredits gemäß § 449 BGB belegt das Gemeinte nachhaltig. Denn dieses Vehikel verbindet auf das Trefflichste das Absatz- und Finanzierungsinteresse, zumal dann, wenn man die Figur des verlängerten Eigentumsvorbehalts näher ins Auge fasst, dem hier eine Weiterveräußerungs- und Einziehungsbefugnis des Vorbehaltskäufers eigentümlich ist[4].

Typologisch bleibt freilich zu erwähnen, dass es dem Leasinggeber/AGB-Verwender in diesen Fällen verwehrt ist, dem Leasingnehmer die Sach- und Preisgefahr zu überwälzen, um ihm auf diese Weise die Stellung eines Käufers gemäß § 446 BGB einzuräumen (Kap. I Rz. 1 ff.). Denn diese Rechtsposition ist nur dann mit § 307 Abs. 2 Nr. 1 BGB vereinbar, wenn im Übrigen der Leasinggeber in der Lage sind, die leasingtypische Abtretungskonstruktion einzusetzen, weil ein typisches Dreiecksverhältnis besteht. Mit anderen Worten: Beide Rechtsfiguren sind miteinander untrennbar verbunden; sie zeichnen das Finanzierungsleasing und geben ihm das Gepräge. Beim direkten Herstellerleasing aber kann das eine Privileg nicht ohne das andere bestehen bleiben. Folglich ist die Überwälzung der Sach- und Preisgefahr in diesen Fällen mit § 307 Abs. 2 Nr. 1 BGB unvereinbar. Doch hat dies für die Praxis nur geringe Auswirkungen, weil regelmäßig – wie noch zu zeigen sein wird (Kap. I Rz. 10 ff.) – eine Vertragsgestaltung gewählt wird, die dieses Risiko ohnehin zugunsten des Leasingnehmers versicherungsrechtlich durch Abschluss einer entsprechenden Sachversicherung absichert. 70

1 So auch MünchKomm./*Habersack*, Leasing Rz. 8.
2 Hierzu *Ulmer/Schmidt*, DB 1983, 2558 f., 2615 ff.
3 Mit Recht *Wolf/Eckert/Ball*, Rz. 1976.
4 Statt aller *Palandt/Weidenkaff*, § 449 BGB Rz. 18 m.w.N.

3. Indirektes Hersteller- und Händlerleasing

71 Wie schon im Einzelnen in der Vorauflage[1] dargelegt, besteht im Bereich des indirekten Hersteller- und Händlerleasing kein Anlass, einen reinen Mietvertrag gemäß §§ 535 ff. BGB anzunehmen[2]. Es gibt insoweit **kein Sonderrecht**[3]. Auch die kapital- und konzernrechtliche Verflechtung zwischen Hersteller/Händler und Leasinggeber ist nicht geeignet, eine abweichende rechtliche Qualifikation des Leasingvertrages herbeizuführen[4]. Maßgebend ist auch hier wieder die Erwägung, dass sich diese Vertragsgestaltung – wie immer die kapital- und konzernrechtliche Verflechtung zwischen Hersteller/Händler und Leasinggeber gestaltet sein mag – in nichts von der unterscheidet, die im Allgemeinen Gegenstand des Teilamortisationserlasses (Anh. Rz. 2) ist. Mehr noch: Soweit der Leasingnehmer in wirksamer Weise gegenüber dem Leasinggeber die Vollamortisationspflicht übernommen hat, ergeben sich im Hinblick auf die Vertragsgestaltung – auch unter AGB-rechtlichen Gesichtspunkten – keine Unterscheidungsmerkmale, die fruchtbar gemacht werden könnten. Demzufolge ist auch davon auszugehen, dass die leasingtypische Abtretungskonstruktion (Kap. H Rz. 1 ff.) auch in den Bereich des indirekten Hersteller- und Händlerleasings ihren Platz beanspruchen kann; Gleiches gilt für die Überwälzung der Sach- und Preisgefahr auf den Leasingnehmer, die – leasingtypisch – kaufrechtlichem Vorbild gemäß § 446 BGB entspricht (Kap. I Rz. 1 ff.).

72 Mit Recht grenzt daher auch der BGH[5] diese Fallkonstellation gegenüber dem Operating-Leasing ab. Danach ist nämlich entscheidend, dass beim indirekten Hersteller- und Händlerleasing keine mehrfache, kurzfristige Nutzung des gleichen Leasingguts ansteht oder gewollt ist. Im Gegenteil: Schuldet der Leasingnehmer dem Leasinggeber die Vollamortisation, dann liegt auch in dieser Perspektive Finanzierungsleasing vor[6]. Dies gilt auch dann, wenn der Händler als Teil der vom Leasingnehmer geschuldeten Sonderzahlung verpflichtet ist, einen gebrauchten Pkw in Zahlung zu nehmen[7].

73 **Anders** ist nur dann zu entscheiden, wenn – wie im Bereich des Kfz-Leasing üblich – der Leasinggeber das **Restamortisationsrisiko** übernommen hat. Bei dieser Vertragsgestaltung fehlt die Vollamortisationspflicht des

1 Vorauflage Rz. 147 ff.
2 So aber *Berger*, Typus und Rechtsnatur des Herstellerleasings, S. 48 ff.; wie hier *Staudinger/Stoffels*, Leasing Rz. 27 f.
3 So auch *Beckmann*, § 1 Rz. 8.
4 Mit Recht *Ulmer/Schmidt*, DB 1983, 2558; 2615 ff.; MünchKomm./*Habersack*, Leasing Rz. 8 f.; *Staudinger/Stoffels*, Leasing Rz. 27 f.
5 BGH v. 11.3.1998 – VIII ZR 205/97, DB 1998, 921; BGH v. 30.10.2002 – VIII ZR 119/02, DB 2003, 196, 197.
6 BGH v. 11.3.1998 – VIII ZR 205/97, DB 1998, 921; BGH v. 30.10.2002 – VIII ZR 119/02, DB 2003, 196, 197; MünchKomm./*Habersack*, Leasing Rz. 8.
7 BGH v. 30.10.2002 – VIII ZR 119/02, DB 2003, 196, 198.

Leasingnehmers; die Gebrauchsnutzung i.S.d. §§ 535 ff. BGB steht im Vordergrund; die Finanzierungsfunktion des Leasinggebers wird durch die Absatzfunktion des Kfz-Leasing – ausgeprägt insbesondere im Kilometer-Abrechnungsvertrag – untergeordnet. Folglich hat der Leasinggeber nur Anspruch auf die während der Dauer der Grundmietzeit fällig werdenden Leasingraten, soweit nicht die Erstattung von Minderkilometern oder die Zahlung von Mehrkilometern in Betracht kommt.

VI. Sale-and-lease-back-Verträge

Typologisch unterscheiden sich diese Verträge, wie noch im Einzelnen darzulegen ist, in nichts von Finanzierungsleasingverträgen[1]. Denn nur die Ausgangslage ist bei diesem Vertragsmodell eine andere: Anfänglicher Eigentümer beim Sale-and-lease-back ist der Leasingnehmer[2]. Im Rahmen des abzuschließenden Leasingvertrages überträgt der Leasingnehmer dem Leasinggeber das Eigentum am Leasinggut, um es sodann von diesem – ohne den Besitz am Leasinggut aufgegeben zu haben – wieder zu mieten[3]. Maßgebend für die typologische Einordnung ist in diesen Fällen wiederum der Befund, dass unter Berücksichtigung der steuerrechtlichen Prämissen kein Ansatz erkennbar wird, davon Abstand zu nehmen, dass auch dieses Vertragsmodell ein gemischt-typischer Vertrag ist, der gleichermaßen durch die mietvertragliche Gebrauchsverschaffungspflicht gemäß § 535 BGB als auch durch die garantiemäßige Absicherung des Vollamortisationsanspruchs des Leasinggebers qualifiziert ist. 74

Die Einzelheiten sind gesondert dargestellt (Kap. N). 75

VII. Operating-Leasing

Operating-Leasing ist dadurch charakterisiert, dass es sich um einen jederzeit kündbaren – regelmäßig: kurzfristigen – Vertrag handelt, der strukturell als Mietvertrag gemäß §§ 535 ff. BGB einzuordnen ist[4]. In diesem Kontext hat auch der BGH[5] bestätigt, dass diese Vertragsgestaltung steuerrechtlich durchaus Leasing i.S.v. § 39 Abs. 2 Nr. 1 AO sein kann, weil es nur darauf ankommt, ob der Leasinggeber insoweit als wirtschaftlicher Eigentümer des Leasingguts zu behandeln ist, als ein Herausgabeanspruch 76

---

1 Hierzu auch *Beckmann*, § 3 Rz. 320 ff.
2 Vgl. BGH v. 29.11.1989 – VIII ZR 323/88, BB 1990, 232, 233.
3 Hierzu auch *Graf von Westphalen*, BB 1991, 149 ff.
4 BGH v. 11.3.1998 – VIII ZR 205/97, NJW 1998, 1637, 1639; MünchKomm./*Habersack*, Leasing Rz. 4; *Flume*, DB 1972, 1, 2; *Emmerich*, JuS 1990, 1, 3; *Palandt/Weidenkaff*, vor § 535 BGB Rz. 40; *Beckmann*, § 1 Rz. 11.
5 BGH v. 30.10.2002 – VIII ZR 119/02, NJW 2003, 505; vgl. auch *Wolf/Eckert/Ball*, Rz. 1669, 1976.

gemäß § 985 BGB – wirtschaftlich betrachtet – werthaltig ist und nicht nur auf dem Papier steht. Freilich bedeutet dies nicht, dass dem Leasinggeber in diesen Fällen auch ein Vollamortisationsanspruch – nach Ablauf der Grundmietzeit – zusteht. Dies ist zum einen – steuerrechtlich gewertet – darin begründet, dass regelmäßig in diesen Fällen die Tatbestandsvoraussetzungen des Vollamortisationserlasses (Anh. Rz. 1) sowie die des Teilamortisationserlasses (Anh. Rz. 2) schon deswegen nicht vorliegen, weil die Dauer des Leasingvertrages in diesen Fällen mindestens 40 % der betriebsgewöhnlichen Nutzungsdauer des Leasingguts ausmachen muss. In zivilrechtlicher Hinsicht ist zu unterstreichen, dass die für das Operating-Leasing typische mehrfache Vermietung es verbietet, dem Leasingnehmer die Vollamortisationspflicht aufzuerlegen, weil dies dem Zweck der kurzfristigen Vermietung und des Leasingguts diametral widerstreitet.

77 Die Einordnung dieses Vertragstyps als **Mietvertrag** gemäß §§ 535 ff. BGB führt unmittelbar dazu, dass die leasingtypische Abtretungskonstruktion (Kap. H Rz. 1 ff.) in diesen Fällen an § 307 Abs. 2 Nr. 1 BGB scheitert[1]. Des Weiteren bestehen i.S.v. § 307 Abs. 2 Nr. 1 BGB durchgreifende Bedenken, wenn der Leasinggeber/AGB-Verwender in diesen Fällen dem Leasingnehmer die Sach- und Preisgefahrtragung gemäß § 446 BGB überwälzt[2]. Denn beide Privilegien sind Teil des Finanzierungsleasings; sie beruhen maßgeblich darauf, dass der Leasingnehmer gegenüber dem Leasinggeber die Vollamortisationspflicht übernommen hat, was wiederum voraussetzt, dass die steuerrechtlichen Prärogativen des Vollamortisations- bzw. Teilamortisationserlasses erfüllt sind. Genau das aber ist beim Operating-Leasing regelmäßig nicht der Fall.

VIII. Mietkauf

78 Der Mietkauf ist eine **Kombination von mietvertaglichen und kaufvertraglichen Elementen**: Der Vermieter räumt hierbei dem Mieter das Recht ein, innerhalb einer bestimmten Frist die Kaufsache zu einem vorher bestimmten Preis zu kaufen, wobei die bis dahin gezahlten Mietraten ganz oder teilweise auf den Kaufpreis angerechnet werden[3]. Damit steht fest: Der käufliche Erwerb des jeweiligen Wirtschaftsguts ist von Anfang an gewollt; er ist das Ziel des Rechtsgeschäfts. Der Unterschied zum Finanzierungsleasing ergibt sich zum einen aus der steuerrechtlichen Bewertung, zum anderen aus der zivilrechtlichen Einordnung.

---

1 Hierzu auch *Wolf/Horn/Lindacher*, § 9 AGBG L 42, 66; MünchKomm./*Habersack*, Leasing Rz. 4 bei Fn. 18.
2 *Wolf/Horn/Lindacher*, § 9 AGBG L 42, 66.
3 Statt aller *Palandt/Weidenkaff*, vor § 535 BGB Rz. 30; MünchKomm./*Habersack*, Leasing Rz. 5; im Einzelnen auch *Staudinger/Stoffels*, Leasing Rz. 39 ff.

1. Steuerrechtliche Differenzierung

Der maßgebende – auch zivilrechtlich nutzbar zu machende – Unterschied zwischen einem Mietkauf und dem Finanzierungsleasing besteht darin, dass das Mietobjekt beim Mietkauf zum Zwecke der Bilanzierung nach Handels- und/oder Steuerrecht dem **Mieter**, nicht aber – wie beim erlasskonformen Leasing – dem Leasinggeber zugerechnet wird[1]. Die Einzelheiten sind an andere Stelle erörtert (Kap. A Rz. 22 ff.). Festzuhalten ist hier lediglich: Dem Mietkauf fehlen alle die steuerrechtlichen Bonifikationen, die dem erlasskonformen Leasing deswegen zuzuweisen sind, weil der Leasinggeber rechtlicher und wirtschaftlicher Eigentümer des Leasingguts ist. Das maßgebende Abgrenzungskriterium zwischen Mietkauf und Leasing ist deshalb unter Berücksichtigung der nach § 39 Abs. 2 Nr. 1 AO gebotenen wirtschaftlichen Betrachtungsweise die Antwort auf die Frage, ob der bürgerlich-rechtliche Herausgabeanspruch des Vermieters gemäß § 985 BGB gegenüber dem Mieter – nach Ablauf der Mietzeit sowie unter Berücksichtigung der auf den käuflichen Erwerb gerichteten Option – noch einen wirtschaftlich eigenständigen Wert hat oder nicht[2]. Ist dies zu bejahen, so ist der Vermieter wirtschaftlicher Eigentümer des Mietobjekts. 79

Dies macht vor allem eine Abgrenzung zwischen dem Mietkauf einerseits und Vollamortisationsverträgen mit Kaufoption des Leasingnehmers andererseits erforderlich. Unter Berücksichtigung der Prämissen des Vollamortisationserlasses kommt deshalb alles entscheidend darauf an, wie die **Höhe der jeweiligen Kaufoptio**n ausgestaltet ist. Nur unter der Voraussetzung, dass sie sich nach den Kriterien des Vollamortisationserlasses richtet und deshalb im Restbuchwert nach Maßgabe der AfA-Tabelle für das jeweilige Wirtschaftsgut oder dem niedrigen gemeinen Verkehrswert/Zeitwert entspricht, kann von Finanzierungsleasing i.S.d. Vollamortisationserlasses noch die Rede sein. Anders gewendet und schärfer formuliert: Beim Vollamortisationsvertrag mit Kaufoption des Leasingnehmers realisiert der Leasinggeber während der unkündbaren Grundmietzeit seinen Anspruch auf volle Amortisation. Dies bedeutet, dass er alle Herstellungs- und Anschaffungskosten, einschließlich aller Nebenkosten sowie seines Gewinns durch Zahlung der Leasingraten verwirklicht. Die Höhe der Kaufoption bezieht sich dann regelmäßig auf den „Restwert", der nach Ablauf von maximal 90 % der betriebsgewöhnlichen Nutzungsdauer als Zeitwert/Buchwert des Leasingguts verbleibt. Anders gewendet und schärfer formuliert: Durch Ausübung der Kaufoption realisiert der Leasinggeber einen über die Vollamortisation hinausreichenden Erlös. 80

Dies ist beim Mietkauf nicht der Fall. Doch ist sogleich eine Einschränkung erforderlich: Unter Berücksichtigung der Prämissen von § 39 Abs. 2 81

1 *Runge/Bremser/Zöller*, Leasing, S. 34 ff., 219 ff.; MünchKomm./*Habersack*, Leasing Rz. 5.
2 Im Einzelnen auch *Bordewin*, Rz. 67 f.

Nr. 1 AO ist stets eine wirtschaftliche Betrachtungsweise erforderlich. Es ist also die Frage zu stellen, ob der Leasinggeber seinen bürgerlich-rechtlichen Herausgabeanspruch gemäß § 985 BGB – wirtschaftlich vernünftiges Handeln vorausgesetzt – gegenüber dem Mieter/Käufer realisieren wird oder ob der käufliche **Sacherwerb Ziel- und Endpunkt des Rechtsgeschäfts** ist. Trifft dies zu, dann scheitert der bürgerlich-rechtliche Herausgabeanspruch gemäß § 985 BGB bereits an dieser Barriere[1].

82 Besteht also der **bürgerlich-rechtliche Herausgabeanspruch** gemäß § 985 BGB nur auf dem Papier, dann ist steuerrechtlich bedingt von einem Mietkauf auszugehen, so dass der Mieter/Käufer verpflichtet ist, das jeweilige Wirtschaftsgut in seinem Anlagevermögen gemäß § 247 Abs. 2 HGB zu aktivieren. Dabei ist naturgemäß die jeweils vereinbarte Höhe des **Optionspreises** ein signifikantes Auslegungsindiz, ob – unter Berücksichtigung der Vorgaben des Vollamortisationserlasses (Anh. Rz. 1) – Mietkauf oder Finanzierungsleasing mit Kaufoption des Leasingnehmers gewollt ist. Folglich darf die Höhe der Kaufoption nicht niedriger sein als der niedrigere Wert, sei es der Verkehrswert oder der Buchwert.

2. Zivilrechtliche Einordnung

a) Maßgeblichkeit steuerrechtlicher Ausgangserwägungen

83 Wegen der allgemeinen Dominanz der steuerrechtlichen Betrachtungsweise ist auch die Differenzierung zwischen Mietkauf einerseits und Finanzierungsleasing mit Kaufoption des Leasingnehmers andererseits nach den steuerrechtlichen Vorgaben des § 39 Abs. 2 Nr. 1 AO auszurichten[2]. Damit kommt es entscheidend darauf an, was die Parteien bei wirtschaftlicher Betrachtungsweise tatsächlich gewollt haben. Wie stets ist dabei die Bezeichnung des Vertrages – „Mietkauf" oder „Leasing" – für sich allein genommen irrelevant[3]. Daher spricht grundsätzlich viel dafür, dass eine an wirtschaftlichen Gegebenheiten ausgerichtete Auslegung des jeweiligen Vertrages auch den beiderseitigen Interessen der Parteien und damit dem Zweck des Rechtsgeschäfts entspricht, zumal dann eine nach beiden Seiten interessengerechte Auslegung des Vertrages – und damit des tatsächlich von den Parteien bewusst Gewollten – angestrebt wird[4].

b) Zivilrechtliche Erwägungen

84 Folglich sind die Erwägungen, welche die Trennlinie zwischen Finanzierungsleasing und Mietkauf nur nach zivilrechtlichen Erwägungen vorneh-

1 Vgl. auch *Flume*, DB 1972, 1, 6.
2 So auch mit Recht MünchKomm./*Habersack*, Leasing Rz. 5.
3 Statt aller *Palandt/Heinrichs*, § 133 BGB Rz. 14 ff.
4 BGH v. 9.7.2001 – II ZR 228/99, NJW 2002, 747; statt aller *Palandt/Heinrichs*, § 133 BGB Rz. 18.

men wollen[1], nicht unbedingt und alleine zielführend. Denn es kommt gar nicht so sehr auf die Frage an, ob der Zweck des Geschäfts auf einen käuflichen Erwerb des Leasingguts gerichtet ist, sondern primär auf die Ausgestaltung von Preis und Raten in ihrem Verhältnis zueinander, weil sich danach entscheidet, ob der Leasinggeber noch **wirtschaftlicher Eigentümer** nach § 39 Abs. 2 Nr. 1 AO ist. Trifft dies zu, dann liegt auch zivilrechtlich die Qualifikation des Vertrages als Leasingvertrag nahe. Doch ergeben sich daraus, wie sogleich hinzuzufügen ist, auch zivilrechtliche Konsequenzen, weil die Attraktivität des Kaufpreises einen sehr weitreichenden Schluss auf das Vorliegen eines von den Parteien gewollten Kaufvertrages ermöglicht[2]. Handelt es sich hingegen um einen **Verbraucher**, dann sind nur die zivilrechtlichen Erwägungen maßgebend, weil das Steuerrecht für den Verbraucher bei Annahme eines Leasingvertrages keine Bonifikationen bereit hält, also auch bei der Beurteilung des Zwecks des Vertrages ausscheiden muss.

Liegt danach ein Vollamortisationsvertrag mit Kaufoption des Leasingnehmers vor, dann gelten die gleichen Erwägungen, die zuvor (Rz. 79 f.) dargestellt worden sind: Es ist davon auszugehen, dass es sich hierbei um ein Dauerschuldverhältnis handelt, welches in erster Linie den mietrechtlichen Bestimmungen der §§ 535 ff. BGB folgt. Abgesehen von den Fällen eines direkten Herstellerleasings (Rz. 66) gilt dann gleichzeitig, dass die leasingtypische „Abtretungskonstruktion" (Kap. H Rz. 1 ff.) eingreift und dass der Leasinggeber berechtigt ist, die Sach- und Preisgefahr auf den Leasingnehmer – wie auf einen Käufer – abzuwälzen, um ihm eine Rechtsstellung einzuräumen, die derjenigen entspricht, die der **Käufer** gemäß § 446 BGB innehat (Kap. I Rz. 1 ff.). Schließlich folgt daraus, dass das Instrumentarium der richterlichen Inhaltskontrolle nach der hier vertretenen Auffassung (Rz. 36 ff.) nach näherer Maßgabe von § 307 Abs. 2 Nr. 1 BGB zu vollziehen ist. 85

Ergibt allerdings eine an den §§ 133, 157 BGB orientierte Auslegung – unter primärer Berücksichtigung des wirtschaftlich Gewollten –, dass die Parteien einen Mietkauf vereinbaren wollten, so ist es zwingend, dass der mietrechtliche Teil – während der Dauer der Grundmietzeit – nach den Bestimmungen der §§ 535 ff. BGB einzuordnen ist, während dann der käufliche Erwerb – nach Ablauf der Grundmietzeit – nach den §§ 433 ff. BGB zu gestalten ist[3]. Mit anderen Worten: Miet- und Kaufrecht ist getrennt für den Vertragsteil anzuwenden. Mehr noch: In der Ausübung der Kaufoption liegt im Zweifel eine – zulässige – fristlose Kündigung des Mietvertrages[4]. 86

---

1 *Staudinger/Stoffels*, Leasing Rz. 40 f.
2 *Staudinger/Stoffels*, Leasing Rz. 41; MünchKomm./*Habersack*, Leasing Rz. 5.
3 *Palandt/Weidenkaff*, vor § 535 BGB Rz. 30.
4 *Palandt/Weidenkaff*, vor § 535 BGB Rz. 30; *Staudinger/Stoffels*, Leasing Rz. 40.

3. Weitere Rechtsfolge: Anwendbarkeit von § 499 BGB

87 Ergibt die Auslegung des zwischen den Parteien abgeschlossenen Rechtsgeschäfts, dass es sich um einen Mietkauf handelt, dann gilt § 499 BGB[1]. Denn die Norm des § 499 BGB hat die frühere Bestimmung von § 1 Abs. 2 VerbrKrG umgewandelt und auf diesem Wege integriert[2]. Handelt es sich hingegen um Finanzierungsleasing, dann ist die Bestimmung von § 500 BGB anzuwenden. Auf die sich insoweit ergebenden Konsequenzen ist hinzuweisen; sie sind gesondert dargestellt (Kap. L Rz. 267 ff.).

1 *Palandt/Weidenkaff*, vor § 535 BGB Rz. 30.
2 *Palandt/Weidenkaff*, § 499 Rz. 1; *Beckmann*, § 3 Rz. 264.

C. Vertragsabschluss zwischen Leasinggeber und Leasingnehmer

1 Bereits vor vielen Jahren hat *Reich*[1] mit Recht festgestellt, dass das Leasingrecht Formularrecht „par excellence" ist. Daran hat sich bis heute überhaupt nichts geändert: Leasingverträge sind typischerweise Verträge, auf die im Wesentlichen uneingeschränkt die Bestimmungen des AGB-Rechts gemäß §§ 305 ff. BGB zur Anwendung berufen sind. Demzufolge ist die Frage voranzustellen, unter welchen Voraussetzungen die von dem Leasinggeber/AGB-Verwender vorformulierten Klauseln des Vertrages AGB i.S.v. § 305 Abs. 1 BGB sind. Daran anzuschließen ist die Frage, unter welchen Bedingungen ein „Aushandeln" vorformulierter Vertragsbedingungen gemäß § 305 Abs. 1 Satz 3 BGB bejaht werden kann.

I. Tatbestandselemente von § 305 Abs. 1 Satz 1 BGB

2 Nach der gesetzlichen Definition von § 305 Abs. 1 Satz 1 BGB liegen AGB-Klauseln immer dann vor, wenn sie für eine „Vielzahl" von Verträgen vorformuliert worden sind, sofern eine Vertragspartei – „Verwender" – diese „der anderen Vertragspartei bei Abschluss eines Vertrages stellt". Da jede Leasinggesellschaft ihre eigenen AGB üblicherweise verwendet, ist in der Praxis regelmäßig davon auszugehen, dass der **Leasinggeber AGB-Verwender** i.S.v. § 305 Abs. 1 Satz 1 BGB ist.

1. Vorformulieren

3 Mit dem Begriff „Vorformulieren" hat der Gesetzgeber in § 305 Abs. 1 Satz 1 BGB ein formales Element in die Definition eingeführt[2]. Dies ist folglich immer dann zu bejahen, wenn Vertragsbedingungen in mehrfacher Verwendung schriftlich aufgezeichnet oder in sonstiger Weise fixiert sind[3]. Eine schriftliche Niederlegung der Vertragsbedingungen ist nicht notwendig[4], aber in der Praxis deswegen die Regel, weil Leasing-AGB ausgesprochen lange Vertragsmuster enthalten. Dabei entspricht es gängiger Auslegung, immer dann von einem „Vorformulieren" zu sprechen, wenn der AGB-Verwender die AGB-Klausel nicht für den einzelnen, konkreten Vertragsabschluss entworfen, sondern diese als Grundlage oder – anders ge-

1 *Reich*, Vertragsschuldverhältnisse, 1974, S. 58 f.
2 *Wolf/Horn/Lindacher*, § 1 AGBG Rz. 12; *Ulmer/Brandner/Hensen*, § 305 BGB Rz. 20.
3 *Palandt/Heinrichs*, § 305 BGB Rz. 8.
4 BGH v. 25.10.2000 – VIII ZR 306/99, NJW 2001, 2635.

wendet – als Rahmen für gleichartige Rechtsverhältnisse mit verschiedenen Regelungen im Vorhinein aufgestellt hat[1].

2. Vielzahl von Verträgen

4 Bei streitigen Auseinandersetzungen über die Frage, ob ein Individualvertrag vorliegt, auf den die Bestimmungen des AGB-Rechts gemäß §§ 305 ff. BGB keine Anwendung finden, spielt in der Praxis immer wieder der Einwand des AGB-Verwenders eine große Rolle, der Vertrag und seine Regelungen seien für den Einzelfall, nicht aber für eine Vielzahl „gestellt". Sieht man einmal davon ab, dass hiermit auch die Frage nach der Darlegungs- und Beweislast aufgeworfen ist (Rz. 14), ergeben sich folgende Daten: Eindeutig ist, dass nach feststehender Rechtsprechung[2] das Tatbestandselement der „Vielzahl" immer dann angenommen wird, wenn der AGB-Verwender die Absicht verfolgt, die betreffende Klausel in mindestens drei Fällen zu verwenden[3]. Kann dies nachgewiesen werden, ist freilich bereits die erste Verwendung der betreffenden Klausel (oder des ganzen Klauselwerks) als AGB i.S.v. § 305 Abs. 1 Satz 1 BGB einzustufen[4]. Dabei kommt es nicht entscheidend darauf an, ob von vornherein die **Absicht einer dreifachen Verwendung** des Klauselwerks oder einer einzelnen Klausel feststeht oder ob sich diese Absicht erst im Laufe der Zeit einstellt. Auf der anderen Seite ist ebenso klar: Wenn eine Klausel nur für den Einzelfall formuliert worden ist, sind die Bestimmungen des AGB-Rechts nicht anwendbar[5]. Ist aber die Absicht des AGB-Verwenders, die Klausel oder das Klauselwerk nicht nur einmal zu verwenden, nicht ohne weiteres deutlich erkennbar ist, sind insoweit – wie stets im Rahmen der Auslegung – alle Begleitumstände zu würdigen, so insbesondere auch die Tatsache, ob die Geschäftspraxis des Leasinggebers erkennbar darauf gerichtet ist, AGB-Klauseln wiederholt einzusetzen[6]. Hiervon ist im Zweifel auszugehen, weil Leasing ein typisches Massengeschäft ist. Es dürfte daher praktisch nicht vorkommen, dass eine Klausel in den Leasing-AGB allein für einen konkreten einzelnen Leasingvertrag vorformuliert wird. Dabei ist im Auge zu halten, dass nach der zutreffenden Rechtsprechung des BGH das Element der Vielzahl i.S.v. § 305 Abs. 1 Satz 1 BGB nicht voraussetzt, dass es sich bei den Kunden um verschiedene Vertragspartner handelt[7].

---

1 BGH v. 13.9.2001 – VII ZR 487/99, NJW-RR 2002, 13.
2 BGH v. 27.9.2001 – VII ZR 388/00, NJW 2002, 138.
3 Statt aller *Erman/Roloff*, § 305 BGB Rz. 11.
4 BGH v. 15.12.1976 – IV ZR 197/75, NJW 1997, 625.
5 BGH v. 29.5.1989 – II ZR 220/88, NJW 1989, 2683; BGH v. 26.9.1996 – VII ZR 318/95, NJW 1997, 135.
6 *Ulmer/Brandner/Hensen*, § 305 BGB Rz. 24.
7 BGH v. 11.12.2003 – VII ZR 31/03, NJW 2004, 1454.

3. „Stellen"

Anerkanntermaßen wird damit die Rolle des AGB-Verwenders bezeichnet: AGB-Klauseln werden folglich – davon ist in der Regel auszugehen – von der Partei i.S.v. § 305 Abs. 1 Satz 1 BGB „gestellt", auf deren Veranlassung die Einbeziehung der vorformulierten Klauseln in den Vertrag zurückgeht[1]. Denkbar ist allerdings auch, dass die Leasing-AGB vom Leasingnehmer gestellt werden. Dies ist etwa dann anzunehmen, wenn er über besondere Marktmacht im **Einkaufsbereich** verfügt. Dann sind natürlich die „Parteirollen" unterschiedlich, doch ist dies kein spezielles Problem des Leasingrechts, sondern der allgemeinen Vertragspraxis[2]. 5

4. Unerhebliche Umstände

Liegen die vorerwähnten Voraussetzungen von § 305 Abs. 1 Satz 1 BGB vor, dann ist es gemäß § 305 Abs. 1 Satz 2 BGB irrelevant, ob es sich um einen Formularvertrag handelt, in welcher **Schriftart** der Vertrag abgefasst ist und welche **Form** er besitzt. Dies bedeutet: Es ist unerheblich, ob die Leasing-AGB als Vertragsbedingungen in den Vertragstext eingearbeitet worden sind oder ob sie – wie für den Formularvertrag üblich – einen äußerlich gesonderten Bestandteil des Leasingvertrages bilden[3]. Auch ergibt sich aus § 305 Abs. 1 Satz 2 BGB, dass der **Umfang** des Klauselwerks irrelevant ist, z.B. bei Begründen der Mithaftung eines Dritten neben dem Leasingnehmer (Rz. 50 ff.). Schließlich ist aus § 305 Abs. 1 Satz 2 BGB abzuleiten, dass auch die Schriftart, in der die AGB verfasst worden sind – drucktechnisch, maschinenschriftlich etc. –, keine Bedeutung entfaltet; die Qualifikation als AGB-Klausel hängt von diesem Kriterium nicht ab[4]. 6

II. Aushandeln – Verhandeln – Individualvereinbarungen gemäß § 305 Abs. 1 Satz 3 BGB

1. Voraussetzungen

Nach ständiger Rechtsprechung des BGH liegt eine Individualabrede gemäß § 305 Abs. 1 Satz 3 BGB immer dann vor, wenn feststeht, dass der AGB-Verwender **abänderungsbereit** ist und dies auch seinem Vertragspartner als ernsthafte Intention signalisiert hat. Dem Vertragspartner – üblicherweise: dem Leasingnehmer – muss also bewusst sein, dass der AGB- 7

1 *Ulmer/Brandner/Hensen*, § 305 BGB Rz. 26 ff.; vgl. auch BGH v. 20.3.1985 – IV a ZR 223/83, NJW 1985, 2477; BGH v. 7.12.1983 – IVa ZR 52/82, WM 1984, 240, 241.
2 Vgl. auch *Graf von Westphalen*, Einkaufsbedingungen nach neuem Recht, 4. Aufl. 2003.
3 *Palandt/Heinrichs*, § 305 BGB Rz. 14.
4 *Palandt/Heinrichs*, § 305 BGB Rz. 16.

Verwender/Leasinggeber zur Abänderung einer jeden Klausel des vorgelegten Formulars wirklich bereit ist[1]. Dies schließt stets ein, dass nach der Standardformel des BGH der AGB-Verwender den „gesetzesfremden Kerngehalt" der AGB-Klausel inhaltlich zur Disposition stellt und dem Kunden Gestaltungsfreiheit zur Wahrung eigener Interessen einräumt, so dass dieser die „reale Möglichkeit" erhält, den Inhalt der vorformulierten Vertragsbedingungen nach seinen eigenen Interessen zu beeinflussen[2]. Folglich muss sich der AGB-Verwender/Leasinggeber ernsthaft zur gewünschten Abänderung einzelner Klauseln bereit erklären[3]. So gesehen gilt daher der „Regelsatz"[4]: Die dem Leasingnehmer eindeutig und unmissverständlich signalisierte Abänderungsbereitschaft[5] führt regelmäßig dazu, dass erkennbare Abänderungen des vorformulierten Textes vorgenommen werden[6]. In welcher Weise diese Abänderungen der jeweiligen AGB-Klausel Interessen des Leasingnehmers tatsächlich schützen, ist irrelevant.

8 Anders gewendet: Geht man i.S.v. § 305 Abs. 1 Satz 3 BGB davon aus, dass der Leasinggeber/AGB-Verwender die Vertragsgestaltungsfreiheit zuerst für sich – durch Vorformulieren der AGB – in Anspruch nimmt[7], dann muss der AGB-Verwender/Leasinggeber nicht nur abänderungsbereit sein. Vielmehr ist im Sinn eines tatsächlichen Aushandelns grundsätzlich erforderlich, dass er den vom dispositiven Recht abweichenden Kerngehalt der Klausel so ernsthaft und nachhaltig zur Disposition des Leasingnehmers stellt, dass dieser seinerseits nunmehr in der Lage ist, von seiner – gleichberechtigten – Vertragsgestaltungsfreiheit real Gebrauch zu machen[8]. Daraus folgt bereits: Ein **Aushandeln** i.S.v. § 305 Abs. 1 Satz 3 BGB ist immer **ergebnisorientiert**; es ist daher nicht mit einem Verhandeln gleichzusetzen, welches immer tätigkeitsbezogen zu verstehen ist[9]. Denn ein Aushandeln führt in der Regel dazu, dass eine Abänderung des vorformulierten Textes der AGB-Klausel tatsächlich stattfindet; demgegenüber erschöpft sich ein Verhandeln in der ergebnislosen Debatte[10].

1 BGH v. 15.12.1976 – IV ZR 197/75, NJW 1977, 624; Palandt/*Heinrichs*, § 305 BGB Rz. 20.
2 BGH v. 3.11.1999 – VIII ZR 269/98, NJW 2000, 1110, 1111 f.; BGH v. 16.7.1998 – VII ZR 9/97, NJW 1998, 3488, 3489.
3 BGH v. 3.11.1999 – VIII ZR 269/98, NJW 2000, 1110, 1111 f.
4 BGH v. 3.11.1999 – VIII ZR 269/98, NJW 2000, 1110, 1111 f.
5 BGH v. 15.12.1976 – IV ZR 197/75, NJW 1977, 624, 625.
6 BGH v. 3.11.1999 – VIII ZR 269/98, NJW 2000, 1110, 1111 f.; BGH v. 3.4.1998 – V ZR 6/97, NJW 1998, 2600, 2601.
7 BGH v. 10.3.1999 – VIII ZR 204/98, NJW 1999, 2180, 2181.
8 BGH v. 3.11.1999 – VIII ZR 269/98, NJW 2000, 1110, 1111 f.; BGH v. 16.7.1998 – VII ZR 9/97, NJW 1998, 3488, 3489.
9 Statt aller *Palandt/Heinrichs*, § 305 BGB Rz. 21.
10 Hierzu auch auf die erforderlichen Transaktionskosten abstellend sowie darauf, ob sich dies dann für den Kunden gelohnt hat, MünchKomm./*Basedow*, § 305 BGB Rz. 37.

Die Folgen eines derartigen Aushandelns i.S.v. § 305 Abs. 1 Satz 3 BGB sind gravierend: Der Leasingnehmer verliert den Schutz des AGB-Rechts i.S.d. §§ 307 ff. BGB; sein Schutz reduziert sich auf die zwingenden Normen der §§ 134, 138, 242 BGB. Mit vollem Recht ist daher in der Literatur auch darauf hingewiesen worden, dass eine Pflicht des Leasingnehmers, sich auf ein Aushandeln mit dem AGB-Verwender/Leasinggeber einzulassen, nicht anzuerkennen ist[1]. Denn ob der Leasingnehmer ein solches Aushandeln aus freien Stücken durchführt, ist allein seiner Entscheidung vorbehalten. Im Ergebnis verschlechtert er nämlich auf diese Weise recht häufig seine Rechtsposition, weil dann – nach erfolgtem Aushandeln – ein Rückgriff auf die engen Grenzen der richterlichen Inhaltskontrolle nach den §§ 307 ff. BGB nicht mehr in Betracht kommt. 9

2. Punktuelles Aushandeln

Da Leasing-AGB weitestgehend standardisiert und insbesondere auch die Wirksamkeitsgrenzen durch die Rechtsprechung des BGH inzwischen stabilisiert sind, ist im Hinblick auf das Vorliegen einer Individualabrede gemäß § 305 Abs. 1 Satz 3 BGB auch notwendigerweise auf die Rechtsfolgen hinzuweisen, wenn der Leasinggeber/AGB-Verwender lediglich einzelne Klauseln – punktuell – aushandelt[2]. Geschieht dies, so gilt zunächst der **Grundsatz**: Ein Aushandeln einzelner Vertragsbedingungen ändert grundsätzlich nichts daran, dass die übrigen AGB-Klauseln AGB i.S.v. § 305 Abs. 1 Satz 1 BGB bleiben, so dass die richterliche Inhaltskontrolle auf diese Klauseln gemäß §§ 307 ff. BGB uneingeschränkt Anwendung findet[3]. Dies folgt aus dem **Gesetzestext**, wonach eine – ausgehandelte – Individualabrede gemäß § 305 Abs. 1 Satz 3 BGB nur „soweit" vorliegt, als ein solches Aushandeln tatsächlich stattgefunden hat. Im Übrigen bleibt es bei der Klassifizierung der Formularklauseln als AGB-Klausel i.S.d. §§ 305 ff. BGB. Daraus folgt der praktische Satz: Die Voraussetzungen eines Aushandelns i.S.v. § 305 Abs. 1 S. 3 BGB müssen für **jede einzelne Klausel** gesondert geprüft und im Einzelnen auch nachgewiesen werden[4]. So kann es durchaus sein, dass einzelne Klauseln eines Leasingvertrages individualvertraglichen Charakter besitzen, während im Übrigen die Leasing-AGB als ABG-Klauseln gemäß § 305 Abs. 1 Satz 1 BGB der richterlichen Inhaltskontrolle gemäß §§ 307 ff. BGB unterworfen sind. 10

Dabei sind freilich zwei Einschränkungen zu machen: Bezieht sich ein Aushandeln lediglich auf den **kommerziellen Teil** eines Leasingvertrages – etwa auf die Höhe der Leasingraten oder das jeweils anwendbare Vertragsmodell –,wird man in der Regel davon ausgehen müssen, dass sich das Aus- 11

1 *Erman/Roloff*, § 305 BGB Rz. 19.
2 Hierzu auch MünchKomm./*Basedow*, § 305 BGB Rz. 39.
3 *Palandt/Heinrichs*, § 305 BGB Rz. 23.
4 Hierzu auch *Wolf/Horn/Lindacher*, § 1 AGBG Rz. 37.

handeln auch auf diesen Bereich beschränkt, so dass alle übrigen Leasingklauseln als AGB-Klauseln i.S.v. § 305 Abs. 1 Satz 1 BGB einzuordnen sind. Wenn jedoch innerhalb des Formularvertrages einzelne Klauseln in der Tat ausgehandelt sind[1], ist stets im Rahmen der Auslegung gemäß §§ 133, 157 BGB zu prüfen, inwieweit dieses Aushandeln auch auf andere Klauseln eine **Austrahlungswirkung** entfaltet und der Kunde eben dies auch tatsächlich erkannt hat[2]. Dies ist im Zweifel insoweit zu bejahen, als die – ausgehandelte – Klausel auch Inhalt und Zweck der – formell nicht ausgehandelten – Klausel erfasst und beeinflusst und der Kunde dies in eben diesem Zusammenhang auch realisiert.

3. Unveränderte Übernahme des vorformulierten Textes

12 Auch wenn man davon ausgehen muss, dass nach der bisherigen BGH-Judikatur[3] der Regelsatz gilt, dass nur abgeänderte Klauseln auch ausgehandelte Abreden i.S.v. § 305 Abs. 1 Satz 3 BGB sind, so besteht doch eine praktisch höchst bedeutsame Ausnahme[4]. Akzeptiert nämlich der Leasingnehmer – freilich: nach gründlicher Erörterung – den vorformulierten Text, dann müssen „besondere Umstände"[5] vorliegen, um im Ausnahmefall gleichwohl das Vorliegen einer Individualabrede gemäß § 305 Abs. 1 Satz 3 BGB zu begründen. Dies ist z.B. dann anzunehmen, wenn – beispielhaft formuliert – der Leasingnehmer eine bestimmte, unverändert übernommene Klausel als sachlich notwenig und adäquat akzeptiert[6] oder auch vor der sachlichen Notwendigkeit der vorformulierten Klausel überzeugt ist[7]. Dieser dogmatische Ansatz wird auch von der Literatur in der Sache als zutreffend angesehen[8].

13 Doch wird diese Konstellation bei der Verhandlung eines Leasingvertrages selten praktisch werden. Denn alle kritischen Klauseln, welche die Rechtsposition des Leasinggebers/AGB-Verwenders privilegieren, wie insbesondere die leasingtypische Abtretungskonstruktion (Kap. H Rz. 1 ff.) sowie die Überwälzung der Sach- und Preisgefahr auf den Leasingnehmer gemäß § 446 BGB (Kap. I Rz. 3 ff.), sind bereits von der BGH-Judikatur als nach § 307 BGB wirksam angesehen. Es ist also schwerlich zu erkennen, welche Bereiche für den Leasinggeber/AGB-Verwender von solcher Wichtigkeit sind, dass er darauf insistiert, dass die Klauseln unverändert übernommen

---

1 Hierzu BGH v. 3.11.1999 – VIII ZR 269/98, NJW 2000, 1110, 1111 f.
2 MünchKomm./*Basedow*, § 305 Rz. 39.
3 BGH v. 3.11.1999 – VIII ZR 269/98, NJW 2000, 1110, 1111 f.
4 BGH v. 3.11.1999 – VIII ZR 269/98, NJW 2000, 1110, 1111 f.
5 BGH v. 3.11.1999 – VIII ZR 269/98, NJW 2000, 1110, 1111 f.
6 BGH v. 3.4.1998 – V ZR 6/97, NJW 1998, 2600, 2601.
7 Vgl. BGH v. 26.2.1992 – XII ZR 129/90, NJW 1992, 2283, 2285.
8 *Palandt/Heinrichs*, § 305 BGB Rz. 22; *Ulmer/Brandner/Hensen*, § 305 BGB Rz. 51; MünchKomm./*Basedow*, § 305 BGB Rz. 37; *Becker*, in Bamberger/Roth, § 305 BGB Rz. 36; AGB-Klauselwerke/*Graf von Westphalen*, Individualvereinbarung Rz. 11 ff.

werden, um auf diese Weise der Gefahr vorzubeugen, dass die betreffende Klausel der richterlichen Inhaltskontrolle gemäß §§ 307 ff. BGB erfolgreich unterworfen wird. Es ist deshalb nur schwerlich zu sehen, dass – außerhalb der beiden erwähnten Bereiche – AGB-Klauseln verwendet werden könnten, auf deren unveränderte Übernahme der Leasinggeber/AGB-Verwender insistiert und die dann noch das Etikett der sachlichen Notwendigkeit nicht und der adäquaten Regelung für sich reklamieren könnten, wobei das Maß der Abweichung der Klausel vom dispositiven Recht immer ein wesentliches Indiz bleibt[1].

4. Darlegungs- und Beweislast

Sicher ist zunächst dies: Wer sich auf den Schutz der §§ 305 ff. BGB beruft, 14
muss darlegen und beweisen, dass die zum Vertragsbestandteil gemachten Klauseln AGB-Klauseln i.S.v. § 305 Abs. 1 Satz 1 BGB sind[2]. Bei einem **Formularvertrag** spricht ein erster Anschein dafür, dass es sich um AGB-Klauseln gemäß § 305 Abs. 1 Satz 1 BGB handelt[3]. In gleicher Weise sprechen wesentliche Anhaltspunkte dafür, dass es sich um AGB-Klauseln handelt, wenn die Leasing-AGB drucktechnisch oder maschinenschriftlich auf der Rückseite des Leasing-Vertragsformulars abgedruckt sind. Denn in diesen Fällen ist nach der Lebenserfahrung davon auszugehen, dass der Leasinggeber/AGB-Verwender diese Klauseln nicht nur für einen einzigen Leasingvertrag vorformuliert hat, sondern auch mehrfache Verwendung plant[4]. So gesehen wird man unterstreichen müssen, dass auch die – leasingtypische – Fassung einer Klausel darauf hindeutet, dass es sich um eine AGB-Klausel handelt[5]. Denn Leasingverträge sind in der Regel nach einem mehr oder weniger einheitlichen Schema aufgebaut; sie unterscheiden sich insoweit in keiner Weise von der Typizität eines Bauträger- oder eines Bauvertrages[6].

Ist das Vorliegen einer AGB-Klausel i.S.v. § 305 Abs. 1 Satz 1 BGB fest- 15
gestellt, so liegt es in der Hand des Leasinggebers/AGB-Verwenders, den Nachweis anzutreten, dass eine Individualabrede im Sinne eines „Aushandelns" gemäß § 305 Abs. 1 Satz 3 BGB tatsächlich vorliegt[7] oder dass es an dem Element der „Vielzahl" deswegen fehlt, weil der betreffende Vertrag oder die jeweilige Klausel nur für den Einzelfall „gestellt" wurde. Diese Verteilung der Darlegungs- und Beweislast bewirkt, dass in diesen Fällen

1 MünchKomm./*Basedow*, § 305 BGB Rz. 37.
2 BGH v. 6.6.1986 – V ZR 67/85, NJW 1986, 2824, 2825; BGH v. 14.5.1992 – VII ZR 204/90, NJW 1992, 2160, 2162.
3 BGH v. 14.5.1992 – VII ZR 204/90, NJW 1992, 2160, 2162 – Bauträgervertrag.
4 Hierzu auch *Wolf/Horn/Lindacher*, § 1 AGBG Rz. 61.
5 BGH v. 27.11.2003 – VII ZR 53/03, NJW 2004, 502.
6 BGH v. 27.11.2003 – VII ZR 53/03, NJW 2004, 502.
7 BGH v. 15.12.1976 – IV ZR 197/75, NJW 1977, 624, 625; *Wolf/Horn/Lindacher*, § 1 AGBG Rz. 63; *Palandt/Heinrichs*, § 305 BGB Rz. 24.

der Leasinggeber die richterliche Inhaltskontrolle der Leasing-AGB unter Hinweis auf diese Tatsache vermeiden kann. Soweit allerdings in den Leasing-AGB eine Klausel tatsächlich **abgeändert** worden ist, spricht der Beweis des ersten Anscheins dafür, dass es sich jedenfalls insoweit um eine Individualabrede gemäß § 305 Abs. 1 Satz 3 BGB handelt[1]. Zu widerlegen ist dies dann mit der (nachzuweisenden) Behauptung, dass der Leasinggeber/AGB-Verwender insoweit planmäßig, d.h. praktisch schon mit einer (dogmatisch gar nicht erforderlichen) Umgehungsabsicht gemäß § 306a BGB gehandelt hat, indem er eine „Abänderung" der jeweiligen AGB-Klausel akzeptiert, ohne aber in hinreichender Weise der Gestaltungsfreiheit und den Interessen des Leasingnehmers in der Gestaltung der AGB Rechnung zu tragen.

III. Verbraucherverträge gemäß § 310 Abs. 3 BGB

16 Soweit der Leasingnehmer **privater Verbraucher** i.S.v. § 310 BGB ist, richtet sich der Anwendungsbereich des AGB-Rechts, insbesondere der richterlichen Inhaltskontrolle gemäß §§ 307 ff. BGB, ausschließlich nach der Sondernorm von § 310 Abs. 3 BGB. Gegenüber § 305 Abs. 1 BGB ergeben sich verschiedene Abweichungen, die in der Praxis bedeutsam sind.

1. Anwendungsbereich

17 § 310 Abs. 3 BGB setzt voraus, dass der Leasingnehmer Verbraucher i.S.v. § 13 BGB ist. Dies ist immer dann zu bejahen, wenn der Leasingnehmer eine **natürliche Person** ist[2]. Der **Existenzgründer** ist solange Verbraucher i.S.v. § 13 BGB, als er seine unternehmerische/gewerbliche Tätigkeit – nach außen erkennbar – nicht aufnimmt[3]. So gesehen erscheint es gerechtfertigt, aus der Norm von § 507 BGB abzuleiten, dass es sich hierbei um eine generelle Regelung handelt, die nicht nur auf den Bereich des Verbraucherkredits beschränkt ist[4]. Die Einzelheiten werden gesondert dargestellt (Kap. L Rz. 19).

18 § 13 BGB setzt voraus, dass es sich um ein Rechtsgeschäft handelt, welches zu einem Zweck abgeschlossen worden ist, der weder der gewerblichen noch der beruflichen Tätigkeit der natürlichen Person zuzurechnen ist. Ob dies zutrifft, entscheidet indessen nicht der innere Wille des Handelnden, sondern der **durch Auslegung zu ermittelnde Inhalt des Rechtsgeschäfts**, wobei – wie stets – die Begleitumstände gemäß §§ 133, 157 BGB hin-

1 Vgl. *Wolf/Horn/Lindacher*, § 1 AGBG Rz. 63.
2 Hierzu *Heinrichs*, NJW 1996, 2190, 2191; *Palandt/Heinrichs*, § 13 BGB Rz. 2.
3 Hierzu *Palandt/Weidenkaff*, § 507 BGB Rz. 5; Palandt/*Heinrichs*, § 13 BGB Rz. 3; MünchKomm./*Micklitz*, § 13 BGB Rz. 41.
4 Mit Recht *Palandt/Heinrichs*, § 13 BGB Rz. 3; a.M. *Soergel/Pfeiffer*, § 13 BGB Rz. 55.

zuzunehmen sind. Auszugehen ist also jeweils vom Inhalt des Vertrages; maßgebend sind in erster Linie die objektiven Umstände[1]. Bleiben Zweifel, so sind die Schutzbestimmungen in § 310 Abs. 3 BGB genauso wenig anzuwenden wie die von § 13 BGB[2].

Es ist umstritten, ob § 310 Abs. 3 BGB auch dann zur Anwendung berufen ist, wenn der Leasingnehmer das Leasinggut sowohl für seine privaten als auch für seine gewerblichen oder beruflichen Zwecke einsetzt, z.B. bei einem Pkw-Leasing. Einvernehmen besteht darin, dass nur die Umstände heranzuziehen sind, die **bei Vertragsabschluss** – unter Berücksichtigung des Inhalts des jeweiligen Vertrages – erkennbar sind[3]. Nachträglich eintretende Umstände bleiben zwangsläufig außer Betracht; ein Rückschluss von Erkenntnissen der „Gegenwart" auf die „Vergangenheit" des Vertragsabschlusses ist unzulässig. Unter diesem Gesichtpunkt wird die Auffassung vertreten, § 310 Abs. 3 BGB – und auch § 13 BGB – seien immer dann anwendbar, wenn die **zu erwartende Nutzungsdauer** die gewerbliche – bezogen auf den Zeitpunkt des Vertragsabschlusses – überwiegt[4]. Auch diese Auffassung überzeugt nicht. Zutreffend erscheint es, den Zweck des Verbraucherschutzes dadurch zu stärken, dass die Schutzbestimmung des § 310 Abs. 3 BGB immer dann bei Leasingverträgen Anwendung findet, wenn der Abschluss des Vertrages nicht ausschließlich gewerblichen oder beruflichen Zwecken, sondern auch privaten Zwecken des Leasingnehmers dient[5]. Es ist nämlich aus praktischen Gründen schwer nachvollziehbar, in welcher Weise – nach dem Inhalt des Leasingvertrages, d.h. nach objektiven Umständen – festgestellt werden kann, ob die gewerbliche/berufliche Ziel- und Zwecksetzung des Leasingvertrages überwiegt oder ob die private Nutzung im Vordergrund steht, wenn ein klassischer Fall eines **„Dual-use"** gegeben ist. Lässt sich ein Schwerpunkt des jeweiligen Leasingvertrages nicht mit hinreichender Sicherheit feststellen, entscheidet faktisch die Anwendbarkeit von § 310 Abs. 3 BGB. Das ist unbefriedigend und wird dem Schutzzweck von § 310 Abs. 3 BGB nicht ausreichend gerecht. Zur Konsequenz hat dieses Auffassung, dass bei einem Mietgeschäft, dem ein „Dual-use" zuzuweisen ist, im Zweifel immer Verbraucherschutzrecht Anwendung findet. Zur Existenzgründung s. Kap. L Rz. 19 ff. 19

2. Verwendung von Drittklauseln

Nach § 310 Abs. 3 Nr. 1 BGB gelten die für eine Vielzahl von Verwendungen vorformulierten Vertragsbedingungen als vom **Leasinggeber/Unternehmer** gestellt, es sei denn, dass sie vom Verbraucher in den Vertrag eingeführt worden sind. Anerkannt ist in diesem Kontext, dass das Tat- 20

1 Statt aller *Heinrichs*, NJW 1996, 2190, 2191.
2 *Palandt/Heinrichs*, § 13 BGB Rz. 4.
3 *Palandt/Heinrichs*, § 13 BGB Rz. 4.
4 *Soergel/Pfeiffer*, § 13 BGB Rz. 38; *Palandt/Heinrichs*, § 13 BGB Rz. 4.
5 Hierzu auch *Graf von Westphalen*, BB 1996, 2101 f.

bestandselement des „Vorformulierens" in dieser Norm genauso auszulegen ist wie in § 305 Abs. 1 Satz 1 BGB (Rz. 3). Die **Besonderheit** von § 310 Abs. 3 Nr. 1 BGB besteht allerdings darin, dass diese Norm auch dann anwendbar ist, wenn die vorformulierte Regelung nicht auf Verlangen des Leasinggebers/Unternehmers, sondern auf Vorschlag eines Dritten, etwa eines Notars oder Maklers oder auch – beim Leasing nicht sehr oft relevant – von einer finanzierenden Bank Vertragsinhalt geworden ist[1]. Demzufolge werden auch so genannte Drittbedingungen in die richterliche Inhaltskontrolle einbezogen[2].

21 In dem Bereich des Leasings hat diese Bestimmung wenig praktische Bedeutung. Es ist schwerlich vorstellbar, dass nicht der Leasinggeber/AGB-Verwender die Klauseln in den Leasingvertrag einführt, sondern dass dies ein Dritter tut[3]. Es bleibt dann gleichwohl dabei, dass die **Beweislast** dafür, dass es sich um eine vom Verbraucher eingeführte Klausel oder um einen Individualvertrag handelt, der Leasinggeber/Unternehmer trägt[4]. Dies hängt damit zusammen, dass § 310 Abs. 3 Nr. 1 BGB von einer Fiktion ausgeht (vgl. „gelten").

3. Verwendung von Einmalbedingungen/Individualvertragsklauseln

22 Nach § 310 Abs. 3 Nr. 2 BGB wird der Anwendungsbereich wesentlicher Schutzvorschriften des AGB-Rechts auch auf solche Verträge ausgedehnt, bei denen **vorformulierte Vertragsbedingungen** zur **einmaligen Verwendung** bestimmt sind – vorausgesetzt, dass der Verbraucher/Leasingnehmer auf ihren Inhalt keinen Einfluss nehmen konnte. Die entsprechenden Vertragsbedingungen müssten also vorformuliert sein, bevor der Vertrag geschlossen wurde[5]. Dies ist immer dann anzunehmen, wenn der Leasinggeber/AGB-Verwender die jeweiligen Vertragsbedingungen vor Aufnahme der Verhandlungen – also: ohne Berücksichtigung der Vorstellungen seines Vertragspartners, des Leasingnehmers – vorab entworfen hat, um sie sodann dem Leasingnehmer vorzulegen[6].

23 Eine solche Fallkonstellation ist beim Leasing ausgesprochen **selten**. Denn Leasing ist ein klassisches Massengeschäft. Daher ist es im Rahmen dieser Abhandlung lediglich erforderlich, kurz darauf hinzuweisen: Eine Individualabrede liegt in diesem Kontext – abweichend von § 305 Abs. 1 Satz 3 BGB – immer dann vor, wenn der Leasingnehmer auf die Vertragsgestaltung Einfluss nehmen konnte[7]. Dabei ist strittig, ob die Norm des § 310

---

1 MünchKomm./*Basedow*, § 310 BGB Rz. 56; *Wolf/Horn/Lindacher*, § 24a AGBG Rz. 27.
2 *Palandt/Grüneberg*, § 310 BGB Rz. 12.
3 Vgl. auch *Heinrichs*, NJW 1996, 2190, 2192.
4 *Palandt/Grüneberg*, § 310 BGB Rz. 13.
5 *Erman/Roloff*, § 310 BGB Rz. 19.
6 *Erman/Roloff*, § 310 BGB Rz. 19.
7 *Palandt/Grüneberg*, § 310 BGB Rz. 17.

Abs. 3 Nr. 2 BGB in gleicher Weise zu interpretieren ist, wie dies für § 305 Abs. 1 Satz 3 BGB entwickelt wurde[1]. Verschiedentlich wird in der Literatur nämlich die Meinung vertreten, § 310 Abs. 3 Nr. 2 BGB verlange geringere Voraussetzungen, als dies im Rahmen des „Aushandelns" gemäß § 305 Abs. 1 Satz 3 BGB gefordert werde[2], so dass es ausreiche, wenn der Leasinggeber dem Leasingnehmer seine Bereitschaft signalisiert, auf etwaige Änderungswünsche einzugehen[3]; im Gegensatz zu § 305 Abs. 1 Satz 3 BGB sei es nicht erforderlich, dass der Leasinggeber/AGB-Verwender auch infolge der Einflussnahme des Leasingnehmers tatsächlich die jeweilige Klausel entsprechend den Interessen des Leasingnehmers abgeändert hat[4]. Zutreffend erscheint es, nach dem gleichen Grundmuster zu differenzieren, wie es zuvor für § 305 Abs. 1 Satz 3 BGB entwickelt wurde, weil die Möglichkeit der Einflussnahme nur dann als relevant anzusehen ist, wenn sie sich tatsächlich als inhaltliche Vertragsgestaltungsfreiheit – dies ist also der Regelsatz – manifestiert hat.

Indessen besteht insoweit ein **Unterschied**, als die Darlegungs- und Beweislast für das Vorliegen eines nicht ausgehandelten Individualvertrages i.S.v. § 310 Abs. 3 Nr. 2 BGB auf Seiten des **Verbrauchers** zu lokalisieren ist[5]. Dies folgt aus dem Wortlaut der Norm (vgl. „soweit"). 24

Die dann eintretende **Rechtsfolge** führt dazu, dass lediglich die §§ 305c Abs. 2, 306, 307 ff. BGB sowie Art. 29a EGBGB analog anzuwenden sind[6]. Dies schließt – für Verbraucherverträge von besonderer Bedeutung – auch das Transparenzgebot gemäß § 307 Abs. 1 Satz 2 BGB ein. Unschädlich ist allerdings, dass § 310 Abs. 3 Nr. 2 BGB nicht auf den Vorrang der Individualabrede gemäß § 305b BGB Bezug nimmt, weil bei einer einmaligen Verwendung von AGB-Klauseln ein Unterschied zwischen AGB-Klauseln einerseits und Individualabrede andererseits nur dadurch bedingt wird, dass der Verbraucher – wie dargelegt – auf die Gestaltung des Vertragstextes tatsächlich Einfluss nimmt[7]. 25

4. Berücksichtigung der den Abschluss des Leasingvertrages begleitenden Umstände

Aus § 310 Abs. 3 Nr. 3 BGB folgt, dass die besonderen Umstände, die den Vertragsabschluss begleiten, bei der richterlichen Inhaltskontrolle von AGB-Klauseln in Verbraucherverträgen zu berücksichtigen sind. Dies folgt aus der notwendigen Übernahme von Art. 4 Abs. 1 der EG-Klausel-Richt- 26

---

1 Bejahend *Wolf/Horn/Lindacher*, § 24 AGBG Rz. 36; *Erman/Roloff*, § 310 BGB Rz. 20; *Palandt/Grüneberg*, § 310 BGB Rz. 17.
2 *Coester-Waltjen*, in FS Medicus, 1999, S. 63, 69.
3 Vgl. BGH v. 15.12.1976 – IV ZR 197/75, NJW 1977, 624, 625.
4 BGH v. 3.11.1999 – VIII ZR 269/98, NJW 2000, 1110, 1111 f.
5 *Palandt/Grüneberg*, § 310 BGB Rz. 17.
6 *Erman/Roloff*, § 310 BGB Rz. 21; *Palandt/Grüneberg*, § 310 BGB Rz. 18.
7 *Graf von Westphalen*, BB 1996, 2101, 2104; *Palandt/Grüneberg*, § 310 BGB Rz. 18.

linie Nr. 13/93 ins deutsche Recht[1]. Daraus folgt die für die Praxis hoch bedeutsame Frage, in welchem **Rangverhältnis** die Grundsätze der abstrakt-generellen richterlichen Inhaltskontrolle gegenüber der von Art. 4 Abs. 1 der EG-Klausel-Richtlinie gebotenen Berücksichtigung der individuellen Umstände stehen. Mehrheitlich wird die Auffassung vertreten, dass die richterliche Inhaltskontrolle von AGB-Klauseln in diesem Kontext in zwei Schrittfolgen zu vollziehen ist: Zunächst ist eine **generell-abstrakte Bewertung** vorzunehmen, so dass dann – in einem zweiten Schritt – die **konkret-individuellen Umstände** berücksichtigt werden[2]. Sicher kann man einwenden, dass das Verbrauchergeschäft, wenn denn AGB-Klauseln überhaupt verwendet werden, ein Massengeschäft ist, so dass die Berücksichtigung konkret-individueller Umstände notwendigerweise selten ist, weil atypische Erscheinungsformen von vornherein praktisch ausscheiden[3]. Indessen wird man nicht daran vorbeisehen können, dass Art. 4 Abs. 1 der EG-Klausel-Richtlinie den Gesetzgeber – und auch die Gerichte – bindet. Welche konkret-individuellen Umstände in diesem Kontext maßgebend und daher zu berücksichtigen sind, ergibt sich aus Art. 4 Abs. 1 der EG-Klausel-Richtlinie nicht, wohl aber aus Nr. 16 Satz 3 der Erwägungsgründe. Danach ist besonders zu berücksichtigen, welches Kräfteverhältnis zwischen den Verhandlungspositionen der Parteien bestand, ob auf den Verbraucher in irgendeiner Weise eingewirkt wurde, seine Zustimmung zu der Klausel zu geben und ob die Güter oder Dienstleistung auf eine Sonderbestellung des Verbrauchers hin verkauft oder erbracht wurden[4]. Die danach zu berücksichtigenden Umstände können sich sowohl positiv als auch negativ für den Verbraucher und den Schutz seiner Rechtsstellung auswirken[5]. Doch in der Regel werden sie den Schutz des Verbrauchers verstärken. Dies gilt insbesondere dann, wenn erkennbar wird, dass der Leasinggeber – insbesondere: der von ihm eingeschaltete Vermittler – den Abschluss des Vertrages durch gewisse Druckmechanismen verstärkt haben sollte.

27 Konkrete Rechtsprechungsergebnisse sind in diesem Kontext noch nicht verfügbar. Demzufolge wird man unter Berücksichtigung der Vorgabe von Art. 4 Abs. 1 der EG-Klausel-Richtlinie so verfahren müssen, dass grundsätzlich eine generell-abstrakte Bewertung der Leasing-AGB i.S.v. § 310 Abs. 3 Nr. 3 BGB durchgeführt wird. Die konkret-individuellen Umstände sind sodann nur insoweit, aber auch immer dann zu berücksichtigen, wenn sie dazu führen, den Schutz des Verbrauchers vor unangemessenen, missbräuchlichen Klauseln zu verbessern, z.B., wenn der Leasinggeber die Un-

1 *Erman/Roloff*, § 310 BGB Rz. 22; *Palandt/Grüneberg*, § 310 BGB Rz. 19; MünchKomm./*Basedow*, § 310 BGB Rz. 70.
2 *Palandt/Grüneberg*, § 310 BGB Rz. 19; *Erman/Roloff*, § 310 BGB Rz. 24; a.M. MünchKomm./*Basedow*, § 310 BGB Rz. 74 f.
3 MünchKomm./*Basedow*, § 310 BGB Rz. 74 f.
4 Im Einzelnen *Erman/Roloff*, § 310 BGB Rz. 25; hierzu auch *Schmidt-Salzer*, BB 1995, 1493, 1498.
5 OLG Frankfurt v. 17.11.2000 – 25 U 226/99, NJW-RR 2001, 780.

erfahrenheit des Leasingnehmers ausgenutzt hat[1] oder wenn erkennbar ist, dass ein ganz erhebliches intellektuelles Gefälle zwischen dem Leasinggeber und dem Leasingnehmer besteht[2], wobei hinzuzusetzen ist, dass das klassische „Preisargument" schon wegen der regelmäßig sehr langen Dauer eines Leasingvertrages keine Bedeutung entfalten dürfte[3].

IV. AGB und unternehmerischer Verkehr

In der Literatur[4] ist jüngst ein engagiertes Plädoyer dafür gehalten worden, die von der BGH-Rechtsprechung bislang bejahten Voraussetzungen eines Aushandelns i.S.d. § 305 Abs. 1 Satz 3 BGB herabzusetzen, um auf diese Weise den Besonderheiten des kaufmännischen Verkehrs mehr Rechnung zu tragen, vor allem aber um die Vertragsfreiheit im kaufmännischen Verkehr nicht allzu rigide einzuschränken, wenn und soweit die Parteien jedenfalls den Vertrag und die von einer Seite vorgelegten AGB mehr oder weniger intensiv erörtert und darüber auch verhandelt haben[5]. Auch ist darauf aufmerksam zu machen, dass jedenfalls in zwei wichtigen neuen Kommentaren Kritik an der Rechtsprechung des BGH geübt wurde, weil die Voraussetzungen eines Aushandelns eben in der unternehmerischen Praxis engeren Grenzen zu unterwerfen seien[6]. Doch die Grenzen, die hier für ein Aushandeln anzunehmen sein sollen, werden gleichwohl nicht hinreichend eindeutig und verbindlich festgelegt, so dass die Rechtssicherheit erheblichen Schaden leiden würde, würde man diesen Stimmen nachgeben[7]. Denn die Konsequenzen der richterlichen Inhaltskontrolle von AGB-Klauseln sind immer sehr einschneidend, sie müssen daher auf Voraussetzungen beruhen, die hinreichend klar und eindeutig im Vorhinein abzugrenzen sind, was dann nicht der Fall ist, wenn primär die Umstände des Einzelfalls in Stellung gebracht werden. Hinzuzusetzen ist schließlich auch, dass sich die Rechtsprechung bisher in diesem Punkt keinen Millimeter bewegt hat[8] und dass der Gesetzgeber auch in § 305 Abs. 1 Satz 3 BGB keine Differenzierung zwischen einem Verbraucher und einem Unternehmer vorgenommen hat. Es bleibt daher bis auf weiteres auch im unternehmerischen und kaufmännischen Bereich bei der aufgezeigten Linie der BGH-Judikatur. Die Leasingbranche muss dies im Auge behalten und sich weiterhin darauf einrichten. 28

1 Vgl. *Erman/Roloff*, § 310 BGB Rz. 25.
2 *Palandt/Grüneberg*, § 310 BGB Rz. 21.
3 A.M. generell MünchKomm./*Basedow*, § 310 BGB Rz. 76.
4 *Berger*, ZIP 2006, 2149 ff.
5 Hierzu auch *Lischek/Mahnken*, ZIP 2007, 158 ff.
6 *Palandt/Heinrichs*, § 305 BGB Rz. 21; *Staudinger/Schlosser*, § 305 BGB Rz. 36; *Berger*, NJW 2001, 2152, 2154; *Lischek/Mahnken*, ZIP 2007, 158, 160.
7 Kritisch *Graf von Westphalen*, ZIP 2007, 149 ff.; vgl. auch MünchKomm./*Basedow*, § 305 BGB Rz. 37.
8 BGH v. 19.5.2005 – III ZR 437/04, NJW 2005, 2543 – allerdings: Verbraucher.

V. Antragsfristen: Bestellung des Leasingnehmers

29 Wie immer der Vertragsabschluss zwischen Leasinggeber und Leasingnehmer im Einzelnen zustande kommt, es entspricht üblicher Gestaltung, dass der Leasingnehmer ein Formular des Leasinggebers unterzeichnet, welches als „Leasingantrag" – und damit als Antrag gemäß § 145 BGB – einzuordnen ist. Diesen nimmt der Leasinggeber – nach Prüfung der Bonität von Leasingnehmer und Lieferant des Leasingguts, einschließlich der Prüfung der Fungibilität des Leasingguts an. Welche **Bindungsfristen** in den Leasing-AGB als wirksam anzusehen sind, ist indessen danach zu differenzieren, ob der Leasingnehmer Verbraucher oder Unternehmer ist.

1. Länge der Frist

a) Generelle Gesichtspunkte

30 Unter Berücksichtigung der Bindungswirkung, wie sie sich aus § 308 Nr. 1 BGB ergibt, wird in der Literatur im Verkehr gegenüber dem **Verbraucher** eine Frist für wirksam angesehen, welche **einen Monat** beträgt[1]. Diese Frist entspricht auch der BGH-Judikatur, welche bei Kreditverträgen eine gleich lange Frist als angemessen i.S.v. § 308 Nr. 1 BGB eingestuft hat[2]. Die vom Leasinggeber durchzuführenden Prüfungen – insbesondere im Hinblick auf die Bonität des Leasingnehmers – sind nicht wesentlich andere als diejenigen, die ein gewöhnlicher Kreditgeber durchzuführen hat. Dabei ist auch zu bedenken, dass der Leasinggeber sich die für die Bonitätsprüfung erforderlichen (wesentlichen) Kreditdaten regelmäßig über seinen Außendienst besorgt; auch wird er eine SCHUFA-Auskunft einholen, um die Beurteilung des Bonitätsrisikos des Leasingnehmers abzuschließen, sofern dieser lediglich Verbraucher ist.

31 **Längere Fristen** verstoßen gegenüber dem Verbraucher allemal gegen § 308 Nr. 1 BGB und sind unwirksam[3]. Ob etwa beim **Kfz-Leasing kürzere Fristen** in Ansatz zu bringen sind, erscheint fraglich. Zwar ist einzuräumen, dass gewichtige Argumente dafür sprechen, dass beim Kfz-Kauf eine Frist von vier Wochen bzw. einem Monat als zu lang i.S.v. § 308 Nr. 1 BGB einzuordnen ist[4]. Begründet wird dies unter Hinweis auf EDV-technische Kommunikationsmöglichkeiten, die eine rasche Abklärung der Verfügbarkeit eines bestellten Kfz gestatten[5]. Zwar wird auch gegenläufig geltend gemacht, dass beim Kfz-Erwerb regelmäßig eine Finanzierung – etwa auch

---

1 MünchKomm./*Habersack*, Leasing Rz. 40; *Staudinger/Stoffels*, Leasing Rz. 100; *Beckmann*, § 13 Rz. 9.
2 BGH v. 24.3.1988 – III ZR 21/87, NJW 1988, 2106.
3 OLG Hamm v. 14.3.1986 – 4 U 197/85, NJW-RR 1986, 928; *Erman/Roloff*, § 308 BGB Rz. 5.
4 LG Lüneburg v. 5.7.2001 – 1 S 3/01, NJW-RR 2002, 564; *Graf von Westphalen*, ZGS 2002, 214.
5 LG Lüneburg v. 5.7.2001 – 1 S 3/01, NJW-RR 2002, 564.

bei der Inzahlungnahme eines Gebrauchtwagen oder bei einer üblichen Kreditfinanzierung – bei der Berechnung der Antragsfrist i.S.v. § 308 Nr. 1 BGB einzuberechnen ist, so dass von daher gesehen eine Parallelität zur Leasingfinanzierung in Betracht kommt. Doch fehlt es bislang an gesicherter Judikatur, so dass – bis zum Erweis des Gegenteils – auch beim Kfz-Leasing von einer Frist von einem Monat als angemessen i.S.v. § 308 Nr. 1 BGB auszugehen ist.

b) Unternehmerischer Verkehr: Vorlage bestimmter Unterlagen

Im unternehmerischen Verkehr ist es regelmäßig so, dass der Leasinggeber 32
verpflichtet ist, gemäß § 18 KWG zu verlangen, dass der Leasingnehmer Steuerbescheide/Steuererklärungen/Bilanzen/G+V-Rechnung/Geschäftsberichte etc. vorlegt, damit der Leasinggeber in der Lage ist, auf Basis dieser Unterlagen die Bonität des Leasingnehmers zu prüfen. Hierbei handelt es sich zwar um eine gesetzliche Verpflichtung des Leasinggebers. Sie ist allerdings nicht geeignet, eine längere Bindungsfrist i.S.v. § 307 Abs. 2 Nr. 1 BGB unter Berücksichtigung von § 308 Nr. 1 BGB sowie von § 147 BGB – und dies dann im Rahmen von § 307 Abs. 2 Nr. 1 BGB – herbeizuführen. Vielmehr gelten hier grundsätzlich die gleichen Erwägungen, die auch bei der Kreditvergabe – wie bereits angedeutet – in Betracht zu ziehen sind[1].

aa) Transparenzerfordernis

Hinzu kommt freilich, dass i.S.v. § 307 Abs. 1 Satz 2 BGB zu bedenken ist, 33
dass die vom Leasingnehmer einzureichenden Unterlagen in der jeweiligen Klausel so eindeutig und klar umschrieben sein müssen, dass keine Zweifel möglich sind, welche Unterlagen der Leasinggeber benötigt, um die erforderliche Bonitätsprüfung durchführen zu können. Intransparent gemäß § 307 Abs. 1 Satz 2 BGB und daher **unwirksam** ist allemal eine Klausel, in der der Leasingnehmer verpflichtet wird, auf Nachforderung des Leasinggebers noch „weitere" Unterlagen zum Zweck der Bonitätsprüfung hereinzureichen. Denn durch eine solche unbestimmte Klausel wird auch der Leasinggeber als Unternehmer i.S.v. § 14 BGB unangemessen benachteiligt, weil er nicht in der Lage ist, das Ende der Bindungsfrist von sich aus zu berechnen, da völlig offen ist, was unter „weiteren" Unterlagen zu verstehen ist.

bb) Verlängerung der Bindungswirkung

Hingegen bestehen keine Bedenken dagegen, dass in den Leasing-AGB be- 34
stimmt wird, dass die Bindungsfrist sich entsprechend verlängert, wenn der Leasingnehmer aus Gründen, die er zu vertreten hat, die von ihm geforderten Unterlagen nicht rechtzeitig oder nicht vollständig dem Leasing-

1 BGH v. 24.3.1988 – III ZR 21/87, NJW 1988, 2106; *Erman/Roloff*, § 308 BGB Rz. 5; im Einzelnen auch AGB-Klauselwerke/*Fandrich*, Darlehensvertrag Rz. 40.

geber zum Zweck der Bonitätsprüfung zur Verfügung stellt. Dies ist im Grunde genommen eine Selbstverständlichkeit; sie folgt auch aus dem Grundsatz des § 147 Abs. 2 BGB, weil es eben nicht den „regelmäßigen Umständen" entspricht, wenn der Leasingnehmer von ihm konkret und detailliert geforderte Unterlagen nicht rechtzeitig beibringt. Doch bleibt zu bedenken, dass der Leasinggeber auch seinerseits gemäß § 241 Abs. 2 BGB verpflichtet ist, dafür selbständig Sorge zu tragen (Mahnung etc.), dass der Leasingnehmer die geforderten Unterlagen rechtzeitig und vollständig hereinreicht. Daher wird man erst dann eine Verlängerung der Bindungsfrist für angemessen und vertretbar erachten dürfen, wenn der Leasingnehmer – trotz Mahnung – die geforderten Unterlagen nicht rechtzeitig beibringt.

2. Nicht hinreichend bestimmte Frist

35 Gemäß § 307 Abs. 2 Nr. 1 BGB ist eine Klausel unwirksam, wonach der Leasingnehmer auf den Zugang der Annahme seines Leasingangebots durch den Leasinggeber im Vorhinein verzichtet[1]. Zu bedenken ist hierbei, dass der Verbotstatbestand von § 308 Nr. 1 BGB sich auch auf nicht hinreichend bestimmte Fristen bezieht, etwa dann, wenn entweder Fristbeginn, Fristdauer oder Fristende nicht sicher sind oder nur mit erheblichen Schwierigkeiten oder gar nur unter Berücksichtigung eines zuvor einzuholenden Rechtsrats bestimmt werden können[2]. Daraus ergibt sich die grundsätzliche Verpflichtung des Leasinggebers, die Annahme des Vertragsangebots des Leasingnehmers diesem gegenüber **ausdrücklich** zu erklären. Demzufolge sind Vertragsabschlussklauseln, welche lediglich an das **Schweigen** des Leasinggebers Rechtswirkungen knüpfen, als Fiktionsklauseln problematisch; sie scheitern im Zweifel an § 308 Nr. 1 BGB, sofern nicht der Leasingnehmer ohne weiteres in der Lage ist, den Lauf der Frist und deren Ende exakt zu bestimmen[3]. Demzufolge wird man allemal den Leasinggeber als verpflichtet ansehen müssen, den Leasingnehmer unverzüglich über die **Ablehnung** des Leasingantrags zu unterrichten[4]. Also wird man verlangen müssen, dass der Leasinggeber den Leasingantrag aufgrund einer entsprechenden AGB-Klausel **innerhalb der Monatsfrist** ausdrücklich im Sinn einer vorbehaltlosen Annahme bestätigt oder diese ablehnt.

3. Unternehmerischer Verkehr

36 Diese Erwägungen gelten auch gemäß § 307 Abs. 2 Nr. 1 BGB, soweit der Leasingnehmer Unternehmer i.S.v. § 14 BGB ist. Denn im unternehmeri-

---

1 OLG Hamm v. 14.3.1986 – 4 U 197/85, NJW-RR 1986, 927, 928; *Staudinger/Stoffels*, Leasing Rz. 100; a.M. wohl MünchKomm./*Habersack*, Leasing Rz. 47.
2 *Wolf/Horn/Lindacher*, § 10 Nr. 1 AGBG Rz. 18; vgl. auch *Palandt/Grüneberg*, § 308 BGB Rz. 5.
3 Hierzu auch *Erman/Roloff*, § 308 BGB Rz. 6.
4 So auch MünchKomm./*Habersack*, Leasing Rz. 47.

schen Verkehr besteht ein vitales Interesse daran, dass die Möglichkeiten einer „Leasingfinanzierung" rasch abgeklärt werden, weil Unternehmer regelmäßig in wesentlich stärkerem Maße auf den Erhalt der „Leasingfinanzierung" – und damit auf die Nutzung des Leasingguts – angewiesen sind als ein Verbraucher. Dies rechtfertigt grundsätzlich keine andere Beurteilung als diejenige, die im Rahmen von § 308 Nr. 1 BGB hier dargestellt wurde. Dies wird auch durch § 147 Abs. 2 BGB im Rahmen von § 307 Abs. 2 Nr. 1 BGB bestätigt[1].

VI. Einbeziehung der AGB des Lieferanten des Leasingguts

1. Wirksame Einbeziehung gemäß § 305 Abs. 2 BGB

2. Gegenüber dem Leasingnehmer als Unternehmer

a) Einbeziehung der Leasing-AGB

Aus § 310 Abs. 1 BGB folgt, dass § 305 Abs. 2 BGB im unternehmerischen/ 37
kaufmännischen Verkehr keine Anwendung findet. Gleichwohl ist daran festzuhalten, dass Leasing-AGB auch in diesen Fällen nur dann wirksam in den jeweiligen Leasingvertrag einbezogen werden, wenn und soweit die rechtsgeschäftlichen Voraussetzungen eines Einbeziehungsvertrages gemäß §§ 145 ff. BGB erfüllt sind[2]. Ausreichend, aber auch erforderlich ist es danach, dass der Leasinggeber als AGB-Verwender auf die Geltung der Leasing-AGB – sei es ausdrücklich oder stillschweigend – hinweist[3]. Doch ist auch hier Folgendes zu unterstreichen: Wenn der Leasinggeber ausdrücklich auf die Leasing-AGB hinweist, muss er gleichwohl dem Leasingnehmer ermöglichen, vom Inhalt der AGB in zumutbarer Weise **Kenntnis** zu nehmen, weil der Leasingnehmer ohne weiteres in der Lage sein muss, sich vom Inhalt der Leasing-AGB Kenntnis zu verschaffen[4], soweit er dies wünscht. In der Praxis ist es freilich regelmäßig so, dass der Leasinggeber auf der Vorderseite des Leasingvertrages auf die Geltung der Leasing-AGB – rückseitig abgedruckt – verweist, so dass sich insoweit praktisch keine weiteren Rechtsfragen stellen. Vielmehr reicht dieses Verfahren allemal i.S.d. §§ 145 ff. BGB aus, um die wirksame Einbeziehung der Leasing-AGB sicherzustellen.

Soweit – ausnahmsweise – der Leasinggeber lediglich **in schlüssiger Weise** 38
auf die Geltung der Leasing-AGB verweist, führt dies nur dann zu ihrer wirksamen Einbeziehung, wenn der Leasingnehmer ihrer Geltung nicht

1 Vgl. auch *Erman/Roloff*, § 308 BGB Rz. 12; MünchKomm./*Basedow*, § 308 Nr. 1 BGB Rz. 11.
2 *Wolf/Horn/Lindacher*, § 2 AGBG Rz. 61 ff.; *Palandt/Heinrichs*, § 305 BGB Rz. 50 ff.
3 *Wolf/Horn/Lindacher*, § 2 AGBG Rz. 62.
4 *Erman/Roloff*, § 305 BGB Rz. 50; *Palandt/Heinrichs*, § 305 BGB Rz. 54.

widerspricht[1]. Freilich ändert dies nichts daran, dass auch insoweit die Grundsätze der rechtsgeschäftlichen Einbeziehung gelten, was allemal eine Willensübereinstimmung beider Parteien voraussetzt[2].

b) AGB des Lieferanten

39 Zu berücksichtigen ist, dass im unternehmerischen/kaufmännischen Verkehr – anders als gegenüber dem Endverbraucher – anstelle der Kenntnisverschaffungsobliegenheit eine **Erkundigungspflicht** des Leasingnehmers im Hinblick auf den konkreten Inhalt der einzubeziehenden AGB gilt[3]. Dieser Ansatzpunkt hat unmittelbare Auswirkungen, soweit die leasingtypische Abtretungskonstruktion in Rede steht: Es ist nämlich regelmäßig als ausreichend i.S.d. §§ 145 ff. BGB anzusehen, wenn in den Leasing-AGB – etwa im Rahmen der Mängelhaftung oder an sonstiger geeigneter Stelle – auf die leasingtypische Abtretungskonstruktion Bezug genommen wird, ohne dass die AGB des Herstellers/Lieferanten auch – innerhalb der Leasing-AGB – wiedergegeben/abgedruckt werden[4]. Dabei fällt auch ins Gewicht, dass die **Abtretungskonstruktion leasingtypisch** ist. Es gibt in der Praxis keine Leasing-AGB, in denen nicht der Leasinggeber seine mietvertragliche Eigenhaftung gemäß §§ 536 f. BGB ausschließt, um dem Leasingnehmer stattdessen – in einem noch zu besprechenden Umfang (Kap. H Rz. 4 ff.) – die Ansprüche für etwaige Pflichtverletzungen abzutreten, die ihm, dem Leasinggeber, gegenüber dem Lieferanten aufgrund des zwischen beiden Parteien bestehenden Kaufvertrages zustehen. Daher ist es dem Leasingnehmer – auch bei strenger Beachtung der §§ 145 ff. BGB – zuzumuten, sich vom Inhalt der AGB des Lieferanten rechtzeitig Kenntnis zu verschaffen, welche im Rahmen der leasingtypischen Abtretungskonstruktion in Stellung gebracht worden sind, bevor er den Leasingvertrag kontrahiert. Sofern es hier überhaupt auch auf Kriterien der Zumutbarkeit ankommen sollte, fällt des Weiteren ins Gewicht, dass es ja grundsätzlich der Leasingnehmer ist, der den Hersteller/Lieferanten des Leasingguts „ausgesucht" hat[5].

3. Unwirksamkeit der Lieferanten-AGB

40 In der Praxis stellt sich immer wieder die Frage, welche rechtlichen Konsequenzen dann eintreten, wenn die leasingtypische Abtretungskonstruktion deswegen an den § 307 Abs. 2 Nr. 1 BGB scheitert, weil die Lieferanten-AGB entweder nicht den zwingenden Normen der §§ 474 ff. BGB

1 BGH v. 24.10.2002 – I ZR 104/00, NJW-RR 2003, 754, 755.
2 BGH v. 24.10.2002 – I ZR 104/00, NJW-RR 2003, 754, 755.
3 *Erman/Roloff*, § 305 BGB Rz. 50; enger wohl MünchKomm./*Basedow*, § 305 BGB Rz. 89.
4 Vgl. BGH v. 3.12.1987 – VII ZR 374/86, ZIP 1988, 175, 179.
5 Vgl. BGH v. 16.9.1981 – VIII ZR 265/80, WM 1981, 1219, 1221.

entsprechen (Kap. L Rz. 39 ff.) oder als AGB-Klauseln im unternehmerischen Verkehr an § 307 BGB scheitern.

a) Leasinggeber als AGB-Verwender?

aa) Lieferanten-AGB als integraler Bestandteil der Leasing-AGB

In der Literatur wird die Frage aufgeworfen, ob der Leasinggeber deswegen AGB-Verwender ist, weil er die AGB des Lieferanten im Rahmen der Abtretungskonstruktion als **eigene AGB** einsetzt[1]. Dem wird entgegen gehalten[2], dass der Leasinggeber durch den Verweis auf die AGB des Lieferanten nicht zu deren Verwender wird, weil der Begriff des „Verwenders" i.S.v. § 305 Abs. 1 Satz 1 BGB nicht so weit reiche[3]. Diese Argumentation überzeugt nicht. Auszugehen ist von dem allgemeinen Befund, wie er in § 305 Abs. 1 Satz 1 BGB vorgeprägt ist. AGB-Verwender ist danach diejenige Partei, die Vertragsbedingungen bei Vertragsabschluss gegenüber dem Kunden „stellt"[4]. Mit anderen Worten: Das Merkmal des „Stellens" in § 305 Abs. 1 Satz 1 BGB bezeichnet die Rolle derjenigen Partei, auf deren Veranlassung die Einbeziehung der vorformulierten Bedingungen in den Vertrag zurückgeht[5]. So gesehen kann kein Zweifel daran bestehen, dass – auch bezogen auf die Lieferanten-AGB, welche im Rahmen der leasingtypischen Abtretungskonstruktion in Bezug genommen werden – der Leasinggeber die Rolle des AGB-Verwenders übernimmt. Denn der Leasinggeber bedingt seine mietvertragliche Eigenhaftung gemäß §§ 536 f. BGB ab; er ersetzt diese durch Ansprüche, die ihm gegenüber dem Lieferanten des Leasingguts zustehen. Gerade diese „Ersatzfunktion" der Abtretungskonstruktion führt zu dem Ergebnis, dass der Leasinggeber auch insoweit AGB-Verwender ist, zumal die Lieferanten-AGB in die Leasing-AGB durch die Abtretungskonstrukion integriert sind. 41

Aus diesem Grund rechtfertigt sich auch die Argumentation des BGH. Soweit nämlich die Abtretungskonstruktion i.S.v. § 307 Abs. 2 Nr. 1 BGB daran scheitert, dass dem Leasingnehmer nicht endgültig, vorbehaltlos und vollständig die kaufrechtlichen Mängelansprüche abgetreten worden sind[6], kommt die mietvertragliche Eigenhaftung wieder zum Zuge. Sie lebt wieder auf. Denn die kaufrechtliche Mängelhaftung, die dem Leasingnehmer gegenüber dem Lieferanten zusteht, kompensiert – freilich in noch darzule- 42

---

1 *Graf von Westphalen* ZGS 2002, 64 ff.
2 *Löbbe*, BB-Beilage Nr. 6/2003, 7, 10; *Beckmann*, § 3 Rz. 8.
3 So auch *Arnold*, in Dauner-Lieb/Konzen/K. Schmidt, Das neue Schuldrecht in der Praxis, 2003, S. 589, 603.
4 *Palandt/Heinrichs*, § 305 BGB Rz. 10; *Ulmer/Brandner/Hensen*, § 305 BGB Rz. 26 f.
5 *Ulmer/Brandner/Hensen*, § 305 BGB Rz. 27.
6 BGH v. 17.12.1986 – VIII ZR 279/85, ZIP 1987, 240, 241; BGH v. 27.4.1988 – VIII ZR 84/87, WM 1988, 979, 982; BGH v. 25.10.1989 – VIII ZR 105/88, ZIP 1990, 175, 177; BGH v. 21.12.2005 – VIII ZR 85/05, ZIP 2006, 1001.

genden Grenzen (Kap. H Rz. 234 ff.) – die Abbedingung der mietvertraglichen Eigenhaftung des Leasinggebers gemäß §§ 536 f. BGB. Genauso wie der Leasinggeber im Blick auf die Leasing-AGB deren Verwender ist, gilt das Gleiche auch für die in den Leasingvertrag durch Verweisung einbezogenen Lieferanten-AGB.

bb) Vorformulieren der Lieferanten-AGB – keine Identität zum Verwenderbegriff

43 Zwar kann man nicht an der Tatsache vorbeisehen, dass die Lieferanten-AGB vom Lieferanten, nicht aber vom Leasinggeber i.S.v. § 305 Abs. 1 Satz 1 BGB vorformuliert worden sind. Doch es ist allgemein anerkannt, dass dieses Merkmal keineswegs identisch sein muss mit der Feststellung, dass diese Partei auch gleichzeitig Verwender der AGB-Klausel ist. Vielmehr ist es so, dass das Vorformulieren auch von einem beliebigen Dritten erfolgen kann, ohne dass damit die Tatbestandsvoraussetzungen von § 305 Abs. 1 Satz 1 BGB im Übrigen beeinträchtigt wären[1]. Das entspricht auch dem weiteren Befund, dass nämlich die Lieferanten-AGB originärer Teil des Kaufvertrages sind, wie er zwischen Leasinggeber und Lieferant kontrahiert wurde. Denn die leasingtypische Abtretungskonstruktion dient dem Zweck, dem Leasingnehmer die gleiche Stellung zu verschaffen, die der Leasinggeber – als Käufer – aufgrund seines Kaufvertrages mit den Lieferanten inne hat. Mehr noch: wenn es wirksam ist, dass der Verwender auf andere, weiterführende AGB-Klauseln verweisen darf, sofern er die Voraussetzungen des § 305 Abs. 2 BGB beachtet, übernimmt er insoweit die Pflichten eines Verwenders und ist – auch im Blick auf die in Bezug genommenen Drittklauseln – wie ein Verwender zu behandeln. Denn zwischen der Kenntnisverschaffungspflicht nach § 305 Abs. 2 BGB und der daran anknüpfenden richterlichen Inhaltskontrolle nach den §§ 307 ff. BGB besteht kein erkennbarer systematischer Unterschied: Das Zweite folgt zwingend aus dem Ersten[2].

b) Konsequenzen

aa) Verwenderrisiko nach § 306 Abs. 2 BGB

44 Sind aber die Lieferanten-AGB – gleichgültig aus welchem Grund – unwirksam, weil sie gegen die §§ 307 ff. BGB verstoßen, folgt aus der formalen Rechtstellung des Leasinggebers als AGB-Verwender, dass dieser dann auch das Risiko ihrer Unwirksamkeit gemäß § 306 Abs. 2 BGB trägt[3]. Auch möglicherweise ins Feld geführte Argumente der etwa fehlenden

---

1 BGH v. 19.1.2005 – XII ZR 107/01, NJW 2005, 1183, 1184; *Ulmer/Brandner/Hensen*, § 305 BGB Rz. 21; *Palandt/Heinrichs*, § 305 BGB Rz. 36; AnwKomm./*Kollman*, § 305 BGB Rz. 9.
2 Vgl. BGH v. 19.1.2005 – XII ZR 107/01, NJW 2005, 1183, 1185.
3 Vgl. auch *Graf von Westphalen*, ZGS 2002, 64 ff.

Schutzbedürftigkeit des Leasingnehmers führen hier nicht weiter. Einzuräumen ist zunächst sicherlich, dass der Lieferant als AGB-Verwender das Risiko der Unwirksamkeit seiner eigenen Klauseln gemäß § 306 Abs. 2 BGB tragen müsste, wenn der Leasinggeber im Rahmen seiner kaufvertraglichen Beziehungen ihm gegenüber als Käufer Ansprüche/Rechte gemäß § 437 BGB geltend macht, welche die Verbotstatbestände der §§ 307 ff. BGB oder die der §§ 474 ff. BGB nicht respektieren. Daraus könnte man folgern, dass der Lieferant von diesem Risiko durch den Leasinggeber entlastet und freigestellt wird, falls dieser die leasingtypische Abtretungskonstruktion verwendet und dabei unwirksame Lieferanten-AGB einsetzt. Doch ist dies keineswegs unangemessen: Für gewöhnlich weiß nämlich auch der **Leasinggeber**, ob er mit einem Verbraucher oder einem Unternehmer als Vertragspartner kontrahiert. Auch er ist also in der Lage, das hiermit verbundene Risiko, ob es sich beim Leasingnehmer um einen Verbraucher handelt oder nicht, vor Abschluss des Leasingvertrages zu überprüfen und entsprechend zu beherrschen. Dies gilt insbesondere dann, wenn zwischen Leasinggeber und Lieferant Kooperationsvereinbarungen oder ständige Geschäftsbeziehungen bestehen. Aber auch dann, wenn der Leasingnehmer sich die Leasingfinanzierung auf „eigene Faust" besorgt, gilt in der Sache nichts anderes: Das formale, aus § 305 Abs. 1 Satz 1 BGB resultierende Argument, welches den Leasinggeber im Blick auf die Lieferanten-AGB als Verwender bezeichnet und ihn nach § 305 Abs. 2 BGB zwingt, dem Leasingnehmer auch Kenntnis von den AGB des Lieferanten zu verschaffen, weist alle gegenläufigen Schutzargumente zurück. Denn auf dieser – formalen – Ebene des Gesetzes stellt sich die Frage nach einer etwaigen Schutzbedürftigkeit des Lieferanten oder des Leasinggebers gar nicht.

Zudem spricht nichts dagegen, vom Leasinggeber zu verlangen, dass er ent- 45
weder **eigene Bestell-AGB** verwendet, so dass das Risiko einer Unwirksamkeit dieser Klauseln im Rahmen der Abtretungskonstruktion gemäß § 307 BGB von vorneherein ausscheidet; dann kommen ja Lieferanten-AGB erst gar nicht ins Spiel, die unwirksam sein könnten. Nicht minder kann man aber vom Leasinggeber erwarten, dass er rechtsgeschäftlich hinreichend Vorsorge trifft, ob die Lieferanten-AGB dem allgemeinen Standard der §§ 307 ff. BGB oder der §§ 474 ff. BGB entsprechen. Das ist Teil seines Geschäftsrisikos. Denn er könnte es ja auch so halten, dass er den Leasingvertrag von vornherein mit mietrechtlichen AGB-Klauseln ausstattet und auf die Abtretungskonstruktion verzichtet.

bb) BGH-Entscheidung vom 21.12.2005

Dieser Lösungsansatz wird auch – jedenfalls im praktischen Ergebnis – von 46
der BGH-Entscheidung vom 21.12.2005[1] bestätigt. In diesem Urteil ging es darum, dass ein gebrauchter PKW von einem Verbraucher geleast wurde.

1 BGH v. 21.12.2005 – VIII ZR 85/05, ZIP 2006, 1001; hierzu auch *Graf von Westphalen*, ZIP 2006, 1653 ff.

Der Lieferant hatte gegenüber dem Leasinggeber indessen die Gewährleistung wegen etwaiger Mängel des gebrauchten Pkw gänzlich abbedungen. Der BGH ließ daher die Abtretungskonstruktion nach § 307 BGB scheitern, weil dies dem Mindeststandard der §§ 474 ff. BGB nicht entsprach, so dass die mietvertragliche Eigenhaftung des Leasinggebers gemäß §§ 536 f. BGB wieder zum Zuge kam[1]. Zwar ist diese Entscheidung nicht uneingeschränkt auf das hier zu diskutierende Problem zu übertragen, weil der Gewährleistungsausschluss des Pkw-Händlers gegenüber dem Leasinggeber als Kaufmann allemal wirksam war, so dass lediglich die Nichtbeachtung der zwingenden Bestimmungen der §§ 474 ff. BGB – wegen der Person des **Leasingnehmers als Verbraucher** – dazu führte, die Abtretungskonstruktion zum Scheitern zu bringen und die mietvertragliche Eigenhaftung des Leasinggebers gemäß §§ 536 f. BGB zu beleben. Doch ist zumindest dieser Tatbestand vergleichbar: Gegenüber dem Leasingnehmer als Verbraucher ist die vom Lieferanten in dem BGH-Urteil gewählte Vertragsgestaltung nach zutreffender Ansicht des BGH unwirksam. Genau dieses Risiko aber trägt der Leasinggeber[2]. Das muss daher auch für sonstige Gründe gelten, aus denen heraus Lieferanten-AGB unwirksam sind.

VII. Mithaftung Dritter

47 In Leasingverträgen ist es durchaus üblich, dass ein Dritter neben dem Leasingnehmer den Leasingvertrag unterzeichnet, etwa die Ehefrau des Leasingnehmers, der Gesellschafter/Geschäftsführer einer GmbH oder der Kommanditist einer KG. Hiermit verfolgt der Leasinggeber den Zweck, einen weiteren Haftenden als Schuldner zu erhalten. Folgende rechtliche Gestaltungsmöglichkeiten kommen im Einzelnen in Betracht:

1. Tatbestand von § 309 Nr. 11a BGB

48 Um den Anwendungsbereich von § 309 Nr. 11a BGB umgreifen zu können, ist es erforderlich, sich zunächst darüber klar zu werden, dass nach Auffassung des BGH[3] dieser Verbotstatbestand nicht den Fall betrifft, dass der Abschlussvertreter den Vertrag zugleich im eigenen Namen als namentlich aufgeführter weiterer Vertragspartner abschließt. Vielmehr soll diese Norm lediglich die Fallkonstellation verhindern, dem Vertreter – ohne hierauf gerichtete ausdrückliche und gesonderte Erklärung – „eine Eigenhaftung oder Einstandspflicht" in Form einer **Mithaftungserklärung** aufzuzwingen, ihn dabei gewissermaßen zu übertölpeln[4]. Mit anderen Worten: Die Vorschrift

1 Im Einzelnen *Graf von Westphalen*, ZIP 2006, 1653 ff.
2 BGH v. 21.12.2005 – VIII ZR 85/05, ZIP 2006, 1001.
3 BGH v. 23.3.1988 – VIII ZR 175/87, WM 1988, 874.
4 BGH v. 23.3.1988 – VIII ZR 175/87, WM 1988, 874, 875.

des § 309 Nr. 11a BGB schützt alle Personen, welche beim Abschluss von Verträgen **als Vertreter für einen anderen** tätig werden[1]. Dabei kommt es nicht entscheidend darauf an, ob die Vertretungsmacht dieser Personen auf Rechtsgeschäft oder auf Vertrag beruht oder ob sie neben dem Vertreter eine gesamtschuldnerische oder nur eine subsidiäre Haftung begründen wollen oder sollen[2]. Stets ist vielmehr im Auge zu behalten, dass grundsätzlich ein Handeln zur gleichen Zeit im fremden und im eigenen Namen vorgenommen werden kann[3]. Wenn also der Vertreter mit dem Leasinggeber einen auf die Begründung nicht nur von Pflichten, sondern auch von Rechten gerichteten Leasingvertrag abschließt, findet § 309 Nr. 11a BGB keine Anwendung[4]. Denn dann haftet der Vertretene.

Etwas anderes gilt jedoch dann, wenn der Vertreter – etwa in Form einer Bürgschaft, einer Schuldübernahme oder einer sonstigen Garantieverpflichtung – **neben dem eigentlichen Vertragspartner** in die Haftung einbezogen wird[5]. Demzufolge hat der BGH in einer Entscheidung vom 27.4.1988[6] die Auffassung vertreten: Wenn in einem Leasingvertrag – losgelöst von der Vertragsunterschrift – eine weitere, vom Vertreter des Leasingnehmers unterzeichnete Erklärung enthalten ist, so ist dem Verbotstatbestand von § 309 Nr. 11a BGB Genüge getan. Es handelt sich nämlich dann im Sinn der Norm um eine **„gesonderte Erklärung“** des Vertreters des Leasingnehmers, weil es nicht erforderlich ist, eine völlige Trennung zwischen dem Vertragsformular und der Verpflichtung des Vertreters des Leasingnehmers vorzunehmen. Insbesondere verlangt § 309 Nr. 11a BGB auch nicht, dass die Mithaftungserklärung des Vertreters des Leasingnehmers individuell zustande kommt: Die Unterschrift des Vertreters des Leasingnehmers unter dem Leasingvertrag deckt vielmehr dessen vollen Inhalt[7] – mit der Konsequenz, dass die gesonderte Verpflichtungserklärung des Mithaftenden in ausreichendem Maß begründet wird. Zu beachten bleibt aber gleichwohl: Sind die Voraussetzungen von § 309 Nr. 11a BGB erfüllt, schließt dies die Unwirksamkeit der Verpflichtung aus konkreten anderen Gründen, insbesondere aufgrund einer überraschenden oder unklaren Klauselgestaltung gemäß § 305c oder § 307 Abs. 1 Satz 2 BGB, nicht aus[8]. 49

1 MünchKomm./*Kieninger*, § 309 Nr. 11 BGB Rz. 3.
2 MünchKomm./*Kieninger*, § 309 Nr. 11 BGB Rz. 3; vgl. auch BGH v. 23.3.1988 – VIII ZR 175/87, WM 1988, 874.
3 RGZ 127, 103, 105.
4 BGH v. 23.3.1988 – VIII ZR 175/87, WM 1988, 874, 876.
5 BGH v. 23.3.1988 – VIII ZR 175/87, WM 1988, 874, 876; *Beckmann*, § 3 Rz. 238; *Wolf/Eckert/Ball*, Rz. 1714.
6 BGH v. 27.4.1988 – VIII ZR 84/87, WM 1988, 879; *Wolf/Eckert/Ball*, Rz. 1714.
7 BGH v. 27.4.1988 – VIII ZR 84/87, WM 1988, 879, 982.
8 BGH v. 27.4.1988 – VIII ZR 84/87, WM 1988, 979; *Wolf/Eckert/Ball*, Rz. 1714.

2. Mithaftungsverpflichtungen – Schuldbeitritt

50 Um das Bonitätsrisiko des Leasingnehmers abzusichern, hat es sich in der Leasingbranche weithin eingebürgert, dass der Leasinggeber **Dritte** im Rahmen und aufgrund des Leasingvertrages mit verpflichtet.

a) Mithaftungserklärung – grundsätzliche Erwägungen

51 Der Schuldbeitritt ist seinem Wesen nach – dies folgt aus der zutreffenden Rechtsprechung des BGH[1] – selbst kein Kreditvertrag; er ist aber bei wertender Betrachtung diesem gleichzustellen, wenn es sich bei dem Vertrag, zu dem der Beitritt erklärt wird, um einen „Kreditvertrag" handelt. In der Sache geht es hierbei darum, dass der Mithaftende zusätzlich **neben dem bisherigen Schuldner** in das Schuldverhältnis eintritt; beide werden Gesamtschuldner gemäß §§ 421 ff. BGB[2]. Dabei ist freilich stets zu prüfen, welchen Inhalt der Beitritt hat. So ist z.B. bei der gesamtschuldnerischen Haftung eines beigetretenen Nachmieters nicht notwendigerweise davon auszugehen, dass der Leasingnehmer auch für die Verbindlichkeiten aufgrund des Kaufvertrages haftet, den der Leasinggeber mit dem Nachmieter abgeschlossen hat, indem das Andienungsrecht ausgeübt wurde[3].

52 Der Schuldbeitritt in Form einer Mithaftung kann entweder zwischen Gläubiger (Leasinggeber) und dem beitretenden Dritten vereinbart werden; in diesen Fällen ist eine Abgrenzung zur Bürgschaft gemäß §§ 765 ff. BGB geboten[4]. Alternativ hierzu kann aber auch der Schuldmitübernahmevertrag zwischen dem Schuldner (Leasingnehmer) und dem Beitretenden vereinbart werden. Dann handelt es sich um einen Vertrag zugunsten Dritter; dieser hat dann den gleichen Inhalt wie der bereits abgeschlossene Leasingvertrag[5]. In diesen Fällen ist die Zustimmung des Leasinggebers als Dritter nicht erforderlich[6].

b) Abgrenzung gegenüber der Bürgschaft

53 Da die Bürgschaft gemäß §§ 765 ff. BGB zum einen akzessorisch, zum anderen formgebunden ist, stellt sich nicht selten die Frage, ob die jeweilige Verpflichtungserklärung des Dritten als Schuldbeitritt oder als Bürgschaft auszulegen ist. Der maßgebende **Unterschied** besteht darin: Der Beitretende übernimmt eine bis dahin fremde Schuld als eigene; es entsteht – wie angedeutet – ein gesamtschuldnerisches Verhältnis zwischen beiden ge-

---

1 BGH v. 8.11.2005 – XI ZR 34/05, NJW 2006, 431, 432; BGH v. 27.6.2000 – XI ZR 322/98, NJW 2000, 3496, 3497.
2 *Palandt/Grüneberg*, vor § 414 BGB Rz. 2.
3 BGH v. 16.10.1996 – VIII ZR 45/96, NJW 1997, 452.
4 *Palandt/Grüneberg*, vor § 414 BGB Rz. 4.
5 Vgl. BGH v. 26.10.1978 – VII ZR 71/76, NJW 1979, 157.
6 *Palandt/Grüneberg*, vor § 414 BGB Rz. 4.

mäß §§ 421 ff. BGB. Demgegenüber wird bei der Bürgschaft eine Haftung für fremde Schuld begründet[1]. Die Unterscheidung ist insoweit weitestgehend irrelevant geworden, als es um die Frage der **Form** geht (§ 766 BGB), weil – wie noch zu zeigen sein wird (Rz. 54 ff.) – der Schuldbeitritt jedenfalls dann gemäß § 492 BGB formbedürftig ist, sofern der Beitretende Verbraucher i.S.v. § 13 BGB ist (Rz. 16 ff.). Wenn also im Widerstreit zwischen Bürgschaft und Schuldbeitritt eine Auslegung gemäß §§ 133, 157 BGB erforderlich ist, ist nach der h.M. entscheidend, dass für das Vorliegen eines Schuldbeitritts ein **eigenes wirtschaftliches und rechtliches Interesse** des Beitretenden verlangt wird[2]. In der Praxis ist es daher häufig so, dass deswegen ein Schuldbeitritt, nicht aber eine Bürgschaft anzunehmen ist, weil der Beitretende am Zustandekommen des Leasingvertrages ein eigenes wirtschaftliches Interesse hat: Durch die Begründung der gesamtschuldnerischen Haftung gemäß §§ 421 ff. BGB wird die Bonität des (alleinigen) Leasingnehmers gestärkt, was oft Voraussetzung für das Zustandekommen des Leasingvertrages ist. Sicher ist einzuräumen, dass im Zweifel eine Bürgschaft anzunehmen ist, wenn nicht der Parteiwille klar und eindeutig auf das Vorliegen eines Schuldbeitritts gerichtet ist[3], weil es sich dann – bei Bejahung einer Bürgschaft – lediglich um eine „angelehnte" Verpflichtung handelt, nicht aber um eine selbständige[4].

c) Schuldbeitritt – Verbraucher gemäß § 13 BGB

In seiner Ausgangsentscheidung vom 5.6.1996[5] hat der BGH das Verbrau- 54
cherkreditgesetz auf den Schuldbeitritt in Analogie zum damaligen § 1 Abs. 2 VerbrKrG (jetzt: § 499 BGB) angewandt. Klargestellt hat er dabei, dass es sich beim Schuldbeitritt nicht um eine „sonstige Finanzierungshilfe" im Sinn dieser Bestimmung (nunmehr: § 499 BGB) handelt. Vielmehr fällt – so der BGH – entscheidend ins Gewicht, dass der Beitretende lediglich die Mithaftung für die Verpflichtung des Kreditnehmers aus dem Kreditvertrag übernimmt. Er erhält keinen Anspruch gegenüber dem Kreditgeber, dass ihm die Kreditvaluta ausgezahlt wird. Von daher rechtfertigt sich die analoge Anwendung von § 499 BGB, was auch auf § 500 BGB – Finanzierungsleasingvertrag – durchschlägt. Diese Rechtsprechung ist inzwischen fest etabliert[6]. Sie besagt konkret: Das **Schriftformerfordernis** gemäß § 500 BGB i.V.m. § 492 Abs. 1 Satz 1 bis 4 BGB gilt auch für den Mithaften-

1 *Erman/Westermann*, vor § 414 BGB Rz. 10; *Palandt/Grüneberg*, vor § 414 BGB Rz. 4.
2 RGZ 64, 318; RGZ 71, 118; *Erman/Westermann*, vor § 414 BGB Rz. 10; *Palandt/Grüneberg*, vor § 414 BGB Rz. 4; vgl. auch *Staudinger/Rieble*, Bearbeitung 2005, § 414 BGB Rz. 22 ff.
3 OLG Hamm v. 10.2.1993 – 12 U 167/92, NJW 1993, 2625.
4 Vgl. auch AnwKomm./*Eckardt*, § 414 BGB Rz. 10 f.
5 BGH v. 5.6.1996 – VIII ZR 151/95, ZIP 1996, 1209.
6 BGH v. 28.6.2000 – VIII ZR 240/99, NJW 2000, 3133; BGH v. 27.6.2000 – XI ZR 322/98, NJW 2000, 3496; BGH v. 8.11.2005 – XI ZR 34/05, NJW 2006, 431.

den. Darüber hinaus muss zugunsten des Mithaftenden bei einem Leasingvertrag § 492 Abs. 2 und Abs. 3 BGB berücksichtigt werden, was zum einen die Angabe des **effektiven Jahreszinses** einschließt und zum anderen verlangt, dass der Leasinggeber dem Mithaftenden eine Abschrift der Vertragserklärung zur Verfügung stellt (Kap. L Rz. 258 ff.). Es ergeben sich indessen für die Praxis zwei Problemkreise, nämlich: Gilt die analoge Anwendung von § 500 BGB auf die Mithaftungserklärung eines Dritten auch dann, wenn dieser Gesellschafter oder Geschäftsführer einer juristischen Person (GmbH/AG) ist? Wie steht es mit dem selbständigen Widerrufsrecht des Beitretenden?

aa) Gesellschaftsschuld – Beitretender

55 Unproblematisch sind die Fälle, in denen eine natürliche Person Leasingnehmer ist und der Beitretende Verbraucher gemäß § 13 BGB. Denn der BGH hat entschieden, dass die Bestimmungen der §§ 492 ff. BGB auch in den Fällen Anwendung finden, in denen der Kredit einer GmbH gewährt wird und der der Gesellschaftsschuld Beitretende deren Geschäftsführer/Gesellschafter ist[1]. Trotz mancher Kritik in der Literatur hat der BGH[2] an dieser Rechtsprechung festgehalten und die Anwendbarkeit der §§ 492 ff. BGB auf den Mithaftenden als richtig angesehen, wenn die Mithaftungsübernahme eines **Geschäftsführers** oder eines **Allein- oder Mehrheitsgesellschafters** einer GmbH in Rede stand[3]. Aus praktischer Sicht ist dieser Rechtsprechung zu folgen: Es kommt nicht auf den „Verwendungszweck" des Leasingvertrages an, ob er für gewerblich/berufliche oder private Zwecke kontrahiert wird. Vielmehr ist wegen der Selbständigkeit des Schuldverhältnisses zwischen dem Leasinggeber und dem Beitretenden[4] allein von Bedeutung, ob der Beitretende eine natürliche Person ist und daher in den Anwendungsbereich des Begriffs „Verbraucher" gemäß § 13 BGB fällt. Also: Ehefrauen, Lebensgefährten, Kinder, aber auch Gesellschafter und Geschäftsführer einer juristischen Person fallen in diese Kategorie, zumal die Funktion „Gesellschafter" keine gewerbliche oder berufliche Tätigkeit zum Gegenstand hat, was natürlich auch auf die Person des Geschäftsführers in gleicher Weise zutrifft[5].

1 BGH v. 5.6.1996 – VIII ZR 151/95, NJW 1996, 2156; BGH v. 10.7.1996 – VIII ZR 213/95, NJW 1996, 2865; BGH v. 28.6.2000 – VIII ZR 240/99, NJW 2000, 3113; BGH v. 8.11.2005 – XI ZR 34/05, NJW 2006, 431.

2 BGH v. 8.11.2005 – XI ZR 34/05, NJW 2006, 431.

3 Kritisch MünchKomm./*Ulmer*, § 491 BGB Rz. 41; *Canaris*, AcP 200 (2000), 273, 355, 359; *Dauner-Lieb/Dötsch*, DB 2003, 1666, 1667 f.

4 BGH v. 5.6.1996 – VIII ZR 151/95, ZIP 1996, 1209, 1210.

5 BGH v. 5.6.1996 – VIII ZR 151/95, ZIP 1996, 1209, 1210; BGH v. 8.11.2005 – XI ZR 34/05, NJW 2006, 431, 432 f.

bb) Selbständiges Widerrufsrecht – § 495 BGB

Da nach der zutreffenden Auffassung des BGH die §§ 499, 500 BGB auf den Schuldbeitritt analog anzuwenden sind, besteht die logische Konsequenz darin, dem Beitretenden auch ein **eigenes Widerrufsrecht** gemäß § 495 BGB zuzuweisen[1]. Fehlt also eine – im Zweifel nach dem Muster der Anlage 2 zur BGB-InfoV – angelehnte Widerrufsbelehrung, so ist der Beginn der Widerrufsfrist des § 355 Abs. 2 BGB entscheidend davon abhängig, ob diese bei ordnungsgemäßer Belehrung im Zeitpunkt des Beitritts beginnt oder – bei ordnungsgemäßer Belehrung nach Vertragsabschluss – von diesem Zeitpunkt an (Kap. L Rz. 334 ff.). Im ersten Fall beträgt die Widerrufsfrist gemäß § 355 Abs. 1 Satz 2 BGB zwei Wochen; im zweiten Fall ist sie auf einen Monat gemäß § 355 Abs. 2 Satz 2 BGB ausgedehnt. Da aber im Zweifel die Beitrittserklärung **schriftlich** abgeschlossen wird – dies folgt auch aus der analogen Anwendbarkeit von § 492 Abs. 1 Satz 1 bis Satz 4 BGB i.V.m. § 500 BGB –, beginnt die Frist nicht zu laufen, bevor dem Beitretenden auch eine Vertragsurkunde zur Verfügung gestellt worden ist. 56

Mithin ist der Leasinggeber nicht nur verpflichtet, den Leasingnehmer gemäß §§ 500, 495 BGB über das ihm zustehende Widerrufsrecht ordnungsgemäß zu belehren. Vielmehr erstreckt sich diese Verpflichtung – in gleicher Intensität – auch auf den Beitretenden. Fehlt es an einer ordnungsgemäßen **Widerrufsbelehrung gegenüber dem Beitretenden**, so erlischt sein selbständiges Widerrufsrecht gemäß § 355 Abs. 3 Satz 3 BGB nicht[2]. Daraus folgt: Der bloße Zeitablauf führt bei Fehlen einer ordnungsgemäßen Widerrufsbelehrung nicht zum Wegfall des Widerrufsrechts[3]. Demzufolge ist in der Praxis erhebliche Aufmerksamkeit der Frage zu widmen, eine Beitrittserklärung mit der erforderlichen selbständigen – ordnungsgemäßen – Widerrufsbelehrung auszustatten. Denn die Sanktionswirkung von § 355 Abs. 3 Satz 3 BGB ist für den Leasinggeber ansonsten verheerend, weil der Beitretende sich von seiner Verpflichtung ohne weiteres lösen kann. Die **Rechtsfolgen** folgen dann aus § 357 BGB: Die Rechtsregeln des Rücktritts finden gemäß §§ 346 ff. BGB analog Anwendung. Soweit also der Beitretende im Rahmen des gesamtschuldnerischen Haftungsverhältnisses Zahlungen für den Leasingnehmer geleistet hat, ist der Leasinggeber verpflichtet, diese dem Beitretenden zurück zu erstatten, wie dies in § 346 Abs. 1 BGB seinen Niederschlag gefunden hat. 57

---

1 BGH v. 5.6.1996 – VIII ZR 151/95, ZIP 1996, 1209, 1211; BGH v. 10.7.1996 – VIII ZR 213/95, NJW 1996, 2865, 2866; BGH v. 8.11.2005 – XI ZR 34/05, NJW 2006, 431, 433.

2 Statt aller *Palandt/Grüneberg*, § 355 BGB Rz. 22.

3 BGH v. 9.4.2002 – XI ZR 91/99, NJW 2002, 1881 – Haustürwiderrufsgesetz.

d) Schuldbeitritt: Angabepflichten gemäß § 492 BGB

58 Im Vorstehenden wurde bereits kurz die Frage gestreift, ob die Angabepflichten des § 492 BGB auf den Schuldbeitritt anwendbar sind, sofern sich dieser auf einen Leasingvertrag gemäß § 500 BGB bezieht. Soweit danach § 492 Abs. 1 Satz 1 bis Satz 4 BGB sowie § 492 Abs. 2 und Abs. 3 BGB in Rede stehen, ist dies ohne weiteres zu bejahen (Kap. L Rz. 303 ff.). Doch die entscheidende Frage liegt auf einer anderen Ebene. Auszugehen ist nämlich von der Feststellung, dass nach der zutreffenden Rechtsprechung des BGH der Schuldbeitritt ein separates Rechtsverhältnis zwischen den Beitretenden und dem Leasinggeber begründet, so dass – jedenfalls beim Schuldbeitritt, der sich auf einen Kreditvertrag bezieht – auch die weiteren Angabepflichten des § 492 Abs. 1 Satz 5 BGB zur Anwendung berufen sein könnten[1], was dann des Weiteren – mangels ordnungsgemäßer Angaben – zur Konsequenz haben könnte, dass der Schuldbeitritt gemäß § 494 BGB nichtig ist, obwohl diese Bestimmung gemäß § 500 BGB keine Anwendung findet.

aa) Weitere Angabepflichten

59 Das führt zu folgender Schlussfolgerung: Auf einen Schuldbeitritt hat der BGH die Schutzbestimmungen von § 4 Abs. 1 Nr. 1b, c, d und e VerbrKrG (jetzt: § 492 BGB) analog angewandt[2]. Auch wenn der Beitretende nicht zur Nutzung des Leasingguts berechtigt ist, sondern lediglich „haftet", stellt sich die Frage, ob die in § 492 Abs. 1 Satz 5 BGB angeführten Angabepflichten nicht – bei analoger Betrachtungsweise – zur Anwendung berufen sind, um dem Beitretenden das Risiko seiner Vertragspflicht im Einzelnen offen zu legen. Dabei ist die vom BGH ins Feld geführte Argumentation schlagend: Wenn nämlich der Ausgangspunkt der analogen Anwendung von § 492 BGB darin besteht, den Beitretenden mindestens ebenso ausgeprägt zu schützen, wie dies der Kreditnehmer gemäß §§ 491 ff. BGB erfährt, dann sind damit die Würfel gefallen: Notwendigerweise sind alle in § 492 Abs. 1 BGB in Bezug genommenen Angabepflichten auch zugunsten des Beitretenden zu respektieren. Denn das Schutzbedürfnis des Beitretenden ist nicht geringer als das des Kreditnehmers[3], was aber – um einen bereits geäußerten Gedanken wieder aufzugreifen – auch dann gilt, wenn der Beitretende in geschäftlichen Dingen erfahren ist, weil er die Stellung eines Mehrheitsgesellschafters oder eines Alleingeschäftsführers[4] oder auch die eines Alleingesellschafters[5] innehat und von daher betrachtet nicht unbedingt als „schutzwürdig" im Einzelfall bezeichnet werden müsste. Ob also

---

1 Hierzu BGH v. 8.11.2005 – XI ZR 34/05, NJW 2006, 431, 436.
2 BGH v. 12.11.1996 – XI ZR 202/95, ZIP 1997, 197, 198; BGH v. 8.11.2005 – XI ZR 34/05, NJW 2006, 431, 433.
3 *Staudinger/Kessal-Wulf*, § 1 VerbrKrG Rz. 21.
4 BGH v. 5.6.1996 – VIII ZR 151/95, ZIP 1996, 1209; BGH v. 8.11.2005 – XI ZR 34/05, NJW 2006, 431.
5 BGH v. 14.6.2000 – VIII ZR 73/99, NJW 2000, 3133.

der Leasingnehmer selbst Verbraucher oder eine juristische Person ist, ist in dieser Konstellation irrelevant.

bb) Einzelheiten

(1) Gleichstellung des Dritten mit Kreditnehmer

Damit stellt sich die Frage, ob die Angabepflichten gemäß § 492 Abs. 1 BGB zu beachten sind oder ob es ausreicht, wenn – entsprechend der Regelung von § 500 BGB – lediglich § 492 Abs. 1 Satz 1 bis Satz 4 sowie Abs. 2 und Abs. 3 BGB berücksichtigt werden. Mit anderen Worten: Gerade im Hinblick auf die Selbständigkeit des Schuldbeitritts ist zu erwägen, ob der Beitretende in Bezug auf die geforderten Angabepflichten die gleiche Rechtsstellung erhält, wie diese einem Kreditnehmer zuzuweisen ist[1], oder ob es ausreicht, den Schuldbeitritt bei einem Leasingvertrag genauso zu behandeln, wie dies der Leasingnehmer als Verbraucher beanspruchen kann. Würde man formalistisch argumentieren, dann läge die Schlussfolgerung nahe, sich auf die erste Alternative hin zu bewegen, zumal der Beitretende nicht berechtigt ist, die Nutzung des Leasingguts zu reklamieren, sondern lediglich gesamtschuldnerisch gemäß § 421 BGB zur Zahlung des Leasingentgelts für den Fall verpflichtet ist, dass der Leasingnehmer die Zahlung der Leasingraten nicht pünktlich bewirkt[2]. Dieser Gedanke würde auch durch die Erwägung gestützt werden können, dass § 500 BGB eine Ausnahmeregelung gegenüber den allgemeinen Angabepflichten enthält, die § 492 BGB zusammenfasst. Wenn aber dann – so die weitere Argumentation – lediglich die finanzielle Mitverpflichtung des Beitretenden in Rede steht, liegt es nahe zu verlangen, dass er in gleicher Weise geschützt wird, wie der Beitritt zu einem Kreditvertrag Schutz im Rahmen von § 492 BGB genießt. 60

(2) Gleichstellung des Dritten mit dem Leasingnehmer

Demgegenüber fällt allerdings ins Gewicht, dass der Beitretende mit dem Leasingnehmer – haftungsrechtlich – im selben Boot sitzt. Wenn es aber gemäß § 500 BGB ausreicht, dass gegenüber dem Leasingnehmer die Angabepflichten gemäß § 492 Abs. 2 und Abs. 3 BGB erfüllt werden, dann fällt es – trotz der Selbständigkeit des Schuldbeitritts – schwer, dem Beitretenden gemäß § 492 BGB einen umfassenderen Schutz zu gewähren, als er dem Leasingnehmer selbst zusteht. Gerade dann, wenn man mit dem BGH[3] darauf abstellt, dass aus der gesamtschuldnerischen Haftung zwischen Beitretendem und Leasingnehmer eine gleichrangige Schutzbedürftigkeit folgt, wird man es für ausreichend ansehen dürfen, im Rahmen von § 500 BGB lediglich § 492 Abs. 2 und Abs. 3 BGB in Ansatz zu bringen. Zur 61

1 Hierzu BGH v. 24.1.2006 – XI ZR 320/04, NJW 2006, 1431.
2 BGH v. 5.6.1996 – VIII ZR 151/95, ZIP 1996, 1209, 1210.
3 BGH v. 5.6.1996 – VIII ZR 151/95 ZIP, 1996, 1209, 1210.

Konsequenz hat dies, dasses ausreicht, aber auch erforderlich ist, dass der effektive Jahreszins gemäß § 492 Abs. 2 BGB in der Vertragsurkunde aufgeführt ist, die für den Beitretenden bestimmt und nach § 492 Abs. 3 BGB ihm auch abschriftlich zur Verfügung gestellt werden muss[1].

(3) Schriftformerfordernis

62 Wie bereits kurz angedeutet, bedarf der Beitrittsvertrag der Schriftform, d.h. beide Vertragspartner müssen ihre Erklärung schriftlich abgeben[2]. Entscheidend ist insoweit, dass der Schuldbeitritt ein zweiseitiger Vertrag ist, obwohl er nur die einseitige Verpflichtung des Beitretenden in seiner gesamtschuldnerischen Verbundenheit mit dem Leasingnehmer zum Gegenstand hat[3]. Aus § 492 Abs. 1 Satz 3 BGB folgt darüber hinaus, dass auf das Erfordernis der Einheitlichkeit der Urkunde (§ 126 Abs. 2 BGB) verzichtet werden kann. Es reicht aus, wenn Antrag und Annahme des Schuldbeitritts getrennt schriftlich erklärt werden[4]. Darüber hinaus ist der Leasinggeber verpflichtet, gemäß § 492 Abs. 3 BGB dem Beitretenden eine Abschrift der Beitrittsurkunde auszuhändigen, weil auch diese Bestimmung gemäß § 500 BGB analog auf den Schuldbeitritt anzuwenden ist.

63 Zu beachten ist, dass die Formwirksamkeit des Beitrittsvertrages voraussetzt, dass die schriftliche Vertragserklärung des Beitretenden als **Verbraucher** den Inhalt des abzuschließenden Leasingvertrages vollständig wiedergibt. Diese Frage hat insoweit hohe praktische Bedeutung, als es darum geht, die Frage zu beantworten, ob auch die **Lieferanten-AGB** wirksam Gegenstand des Leasingvertrages geworden sind, sofern der Leasinggeber, wie es üblicher Vertragspraxis entspricht, von der Abtretungskonstruktion Gebrauch macht. Diese Frage ist höchstrichterlich noch nicht geklärt[5]. Gleichwohl ist sie – wie bereits grundsätzlich dargelegt – in der Weise zu beantworten, dass die Einbeziehung der Lieferanten-AGB auch im Rahmen der leasingtypischen Abtretungskonstruktion voraussetzt, dass diese **integraler Bestandteil des Leasingvertrages** sind[6]. Denn die Frage der Formwirksamkeit ist ohne Rücksicht darauf zu beantworten, ob der Leasingnehmer oder der Beitretende Verbraucher ist; beide genießen den gleichen Schutz. Hinzu kommt, dass nach der hier vertretenen Auffassung (Rz. 37) der Leasinggeber auch im Hinblick auf die von ihm einbezogenen Lieferanten-AGB AGB-Verwender gemäß § 305 Abs. 1 Satz 1 BGB ist, so dass die Kenntnisverschaffungsobliegenheit gemäß § 305 Abs. 2 BGB auf seinen

---

1 Die gegenteilige Auffassung der Vorauflage Rz. 257 ff. wird fallengelassen.
2 *Wolf/Eckert/Ball*, Rz. 2077; *Beckmann*, § 3 Rz. 313.
3 BGH v. 30.7.1997 – XI ZR 239/96, NJW 1997, 3169.
4 *Wolf/Eckert/Ball*, Rz. 2078.
5 *Wolf/Eckert/Ball*, Rz. 2047.
6 Hierzu auch *Zahn*, DB 1991, 2171; *Zahn/Bahmann*, Rz. 182; im Übrigen auch *Graf von Westphalen/Emmerich/von Rottenburg*, VerbrKrG, 2. Aufl. 1996, § 3 VerbrKrG Rz. 66.

Schultern lastet[1]. Diese aber ist Anknüpfungspunkt dafür, dem Schriftformerfordernis von § 492 Abs. 1 Satz 3 BGB in vollem Umfang – auch zugunsten des Beitretenden – Rechnung zu tragen[2]. Lediglich die **Widerrufsbelehrung** braucht nicht Gegenstand dieser – einheitlichen – Vertragsurkunde zu sein, zumal eine Abschrift der Widerrufsbelehrung dem Verbraucher zu überlassen ist, wie sich aus § 355 Abs. 2 Satz 1 BGB ablesen lässt.

(4) Sanktionswirkung

Wird die Schriftform gemäß § 492 Abs. 1 Satz 1 bis 3 BGB nicht gewahrt, 64
folgt aus § 500 BGB, dass die Sanktionswirkung von § 494 Abs. 2 BGB keine Anwendung findet. Zur Folge hat dies, dass weder die Heilung eines formnichtigen Leasingvertrages noch die eines formnichtigen Schuldbeitritts in Betracht zu ziehen ist[3]. Dies gilt auch dann, wenn der Leasinggeber dem Leasingnehmer im Vertrauen auf die Wirksamkeit des Beitritts das Leasinggut zur Nutzung überlassen hat[4]. Unberührt bleibt selbstverständlich die Frage, ob der Mangel der Form gemäß § 492 Abs. 1 Satz 3 BGB nicht ausnahmsweise durch einen Rückgriff auf die Gebote von Treu und Glauben gemäß § 242 BGB geheilt werden kann. Dies ist nach der Rechtsprechung nur ausnahmsweise zu bejahen[5]. Ein solcher Ausnahmefall kann dann vorliegen, wenn eine Partei sich unter Berufung auf den Formmangel ihrer Verpflichtung entziehen will, obwohl sie längere Zeit aus dem nichtigen Vertrag Vorteile erlangt hat[6]. Ob diese Voraussetzungen gegeben sind, ist jedoch – wie stets – unter Berücksichtigung der Umstände des Einzelfalls zu entscheiden. Bezogen auf einen – formunwirksamen – Schuldbeitritt kommt eine solche **Ausnahmesituation** aber nur dann in Betracht, wenn zwischen dem Beitretenden und dem Leasingnehmer eine enge geschäftliche Verbindung besteht, etwa in der Form, dass der Beitretende Mehrheits- oder Alleingesellschafter des Leasingnehmers ist. Denn die Rechtsprechung berücksichtigt auch im Rahmen von § 242 BGB den Tatbestand, dass derjenige, der sich auf die Formunwirksamkeit beruft, in der Vergangenheit – über einen längeren Zeitraum hinweg – einen mittelbaren Vorteil erlangt hat[7]. Hat also der Leasingnehmer das Leasinggut über einen längeren Zeitraum genutzt und auf diese Weise im Rahmen des „pay as you earn" Vorteile aus der Nutzung gezogen, dann wird man dem Beitretenden in solchen Fällen die Berufung auf die Formunwirksamkeit seines Beitritts gemäß § 242 BGB versagen dürfen. Doch ist im gleichen Atemzug

1 BGH v. 19.1.2005 – XII ZR 107/01, NJW 2005, 1183, 1184.
2 Hierzu auch *Erman/Saenger*, § 492 BGB Rz. 5; *Bülow/Artz*, Verbraucherkreditrecht, § 492 BGB Rz. 53 f.
3 Statt aller *Wolf/Eckert/Ball*, Rz. 2048.
4 BGH v. 30.7.1997 – VIII ZR 244/96, ZIP 1997, 197.
5 BGH v. 30.7.1997 – VIII ZR 244/96, NJW 1997, 3169, 3170; BGH v. 26.5.1999 – VIII ZR 141/98, NJW 1999, 2664, 2667.
6 BGH v. 30.7.1997 – VIII ZR 244/96, NJW 1997, 3169, 3170.
7 BGH v. 30.7.1997 – VIII ZR 244/96, NJW 1997, 3169, 3170.

hinzuzufügen, dass entferntere mittelbare Vorteile nicht ausreichen, um der Berufung auf die Formunwirksamkeit den Stachel gemäß § 242 BGB zu nehmen, etwa in den Fällen, in denen der Schuldbeitritt der Ehefrau des Gesellschafters/Geschäftsführers zu einem Finanzierungsleasingvertrag in Rede steht[1], weil der Vorteil, den der Ehemann des Beitretenden als Gesellschafter aus der Nutzung des Leasingguts ziehen konnte, es nicht rechtfertigt, auch der Ehefrau die Berufung auf die Formunwirksamkeit gemäß § 242 BGB zu versagen[2].

(5) Formunwirksamkeit – § 139 BGB

65 Erweist es sich jedoch, dass zwischen Schuldbeitritt und Abschluss des Leasingvertrages ein „Einheitlichkeitswille"[3] in Bezug auf die Verbindung beider Verträge besteht, dann stellt sich die Frage, ob die Formunwirksamkeit des Schuldbeitritts die Konsequenz hat, dass damit auch der Leasingvertrag gemäß § 139 BGB nichtig wird[4]. Dies hängt nach der Rechtsprechung des BGH zu § 139 BGB – wegen des Dreipersonenverhältnisses – entscheidend davon ab, bei welchen Personen der insoweit erforderliche **„Einheitlichkeitswille"** tatsächlich vorhanden ist, weil sich diese Frage nach dem Willen aller beteiligten Parteien beurteilt[5]. Folglich kommt es maßgebend darauf an, ob beide Verträge so miteinander verbunden sind, dass das eine Geschäft nicht ohne das andere gewollt ist, weil die Vereinbarungen in ihrer Gesamtheit miteinander stehen oder fallen sollen[6]. Dabei ist es ausreichend, wenn der Leasinggeber – etwa: wegen Zweifeln an der Bonität des Leasingnehmers – den Schuldbeitritt als wesentliche Voraussetzung für das Zustandekommen des Leasingvertrages fordert und der Leasingnehmer diesen Willen erkennt, nicht aber beanstandet[7]. Im Zweifel wird man davon ausgehen müssen, dass ein nach § 139 BGB maßgebender „Einheitlichkeitswille"[8] zu bejahen ist, wenn Schuldbeitritt und Abschluss des Finanzierungsleasings deswegen von den Beteiligten gewollt sind, um auf diese Weise das Bonitätsrisiko des Leasingnehmers abzusichern. Das aber hat dann zur Konsequenz, dass der Fortfall des – formunwirksamen – Schuldbeitritts nach § 495 BGB auch die Nichtigkeit des Leasingvertrages bewirkt. Die zwischen Leasinggeber und Leasingnehmer ausgetauschten Leistungen sind dann gemäß §§ 812 ff. BGB zurück zu gewähren; es gelten die gleichen Grundsätze, die später im Einzelnen erörtert werden (Kap. H Rz. 157 ff.). Denn hier gilt in der Sache nichts anderes als in denen Fällen, in denen der zwischen Leasinggeber und Lieferant abge-

1 BGH v. 30.7.1997 – VIII ZR 244/96, NJW 1997, 3169.
2 BGH v. 30.7.1997 – VIII ZR 244/96, NJW 1997, 3169, 3170 f.
3 BGH v. 30.4.1976 – V ZR 143/74, NJW 1976, 1931.
4 Vgl. *Beckmann*, § 3 Rz. 314.
5 *Erman/Palm*, § 139 BGB Rz. 21.
6 BGH v. 10.1.1990 – VIII ZR 337/88, NJW-RR 1990, 443.
7 *Palandt/Heinrichs*, § 139 BGB Rz. 5; *Erman/Palm*, § 139 BGB Rz. 21.
8 BGH v. 30.4.1976 – V ZR 143/74, NJW 1976, 1931.

schlossene Kaufvertrag durch Rücktritt gemäß § 437 Nr. 2 BGB rückabgewickelt wird.

3. Vertragsübernahme

In der Praxis kommt es immer wieder zu Problemen, wenn ein Leasingvertrag notleidend wird, so dass dann ein **Dritter** den bestehenden Leasingvertrag übernimmt[1]. In diesen Fällen sind nämlich die verbraucherschützenden Bestimmungen der §§ 492 ff., 500 BGB auch dann zu beachten, wenn der ursprüngliche Leasingvertrag nicht von einem Verbraucher, sondern von einem Unternehmer oder einer juristischen Person kontrahiert wurde[2]. Daraus ergeben sich weitreichende Folgerungen: 66

a) Parallele zum Schuldbeitritt

Der Übernahmevertrag zwischen Leasinggeber und (neuem) Leasingnehmer muss dem **Schriftformerfordernis** des § 492 Abs. 1 Satz 3 BGB entsprechen[3]. Dies ist nur dann zu bejahen, wenn das vom Übernehmenden zu unterzeichnende Schriftstück alle zwischen den Parteien getroffenen Vereinbarungen des Leasingvertrages wiedergibt, weil nur so die Warnfunktion von § 492 Abs. 1 BGB erfüllt wird[4]. In der Sache gelten nämlich in diesen Fällen die gleichen Gesichtspunkte, die zuvor im Rahmen des Schuldbeitritts (Rz. 54) erörtert worden sind. Dies schließt naturgemäß ein, dass der Übernehmende ein eigenständiges **Widerrufsrecht** gemäß § 495 BGB erhalten muss. In diesem Kontext spielt es keine Rolle, ob die Vertragsübernahme in der Weise vollzogen wird, dass der Übernehmende in die Rolle des Leasingnehmers eintritt, so dass auf diese Weise ein dreiseitiger Vertrag abgeschlossen wird[5]. Wird hingegen der Vertrag zwischen Leasingnehmer und Übernehmendem abgeschlossen, muss der Leasinggeber dem zustimmen, so dass in der Sache dann die gleichen Erwägungen gelten[6]. 67

b) Weitere Haftung des (ursprünglichen) Leasingnehmers

Soweit im Rahmen der Vertragsübernahme formularmäßig bestimmt wird, dass der – ausscheidende – Leasingnehmer weiterhin verpflichtet ist, neben dem Übernehmer die Haftung für die Verbindlichkeiten des Leasingvertrages zu erfüllen, ist stets zu prüfen, ob es sich um eine **überraschende Klausel** gemäß § 305c Abs. 1 BGB handelt, so dass diese nicht Vertragsbestand- 68

1 BGH v. 26.5.1999 – VIII ZR 141/98, NJW 1999, 2664.
2 BGH v. 26.5.1999 – VIII ZR 141/98, NJW 1999, 2664.
3 BGH v. 26.5.1999 – VIII ZR 141/98, NJW 1999, 2664, 2667.
4 *Bülow/Artz*, Verbraucherkreditrecht, § 491 BGB Rz. 89.
5 Vgl. auch *Ulmer/Masuch*, JZ 1997, 654, 658.
6 *Bülow/Artz*, Verbraucherkreditrecht, § 491 BGB Rz. 89.

teil wird. Im Zweifel ist dies zu bejahen[1]. Denn der Leasingnehmer braucht nicht damit zu rechnen, dass im Rahmen einer Vertragsübernahme seine Haftung erhalten bleibt. Vielmehr rechnet er damit, dass eine solche Vereinbarung das „glückliche" Ende seines Leasingengagements ist, nicht aber das Fortbestehen seiner gesamtschuldnerischen Zahlungspflichten, obwohl er die Nutzung des Leasingguts dem Übernehmenden zu gestatten hat[2].

4. Mehrere Leasingnehmer

a) Tatsächlicher Ausgangspunkt

69 Sind mehrere Personen als Leasingnehmer verpflichtet, so entsteht eine gesamtschuldnerische Haftung gemäß § 421 BGB. Im Vordergrund steht jedoch das praktische Problem: Ist bei einem Finanzierungsleasingvertrag, nach dessen Inhalt das Leasinggut der Ausübung einer gewerblichen/beruflichen Tätigkeit des Leasingnehmers dient, ein weiterer Kreditnehmer als **Verbraucher** gemäß § 13 BGB verpflichtet, dann wird der gesamte Leasingvertrag als **Verbrauchergeschäft** behandelt[3]. Entscheidend ist insoweit, dass der Leasingvertrag auf eine unteilbare Leistung gerichtet ist[4]. Konkret bedeutet dies: Soweit ein Verbraucher als Mitverpflichteter einen Leasingvertrag unterzeichnet, „infiziert" seine Verbrauchereigenschaft das gesamte Vertragsverhältnis. Es macht insoweit keinen Unterschied, ob der oder die anderen Leasingnehmer Unternehmer gemäß § 14 BGB oder juristische Personen sind (AG/GmbH) oder ob es sich um natürliche Personen handelt[5]. Demzufolge ist große Vorsicht in den Fällen geboten, in denen ein Geschäftsführer oder Gesellschafter einer GmbH den Leasingvertrag mit unterzeichnet.

b) Konsequenzen

70 In diesen Fällen ist die gleiche Rechtsfolge im Auge zu behalten, die zuvor unter Berücksichtigung der §§ 500, 492 BGB dargestellt wurde (Rz. 64). Der Unterschied ist lediglich der: Während beim Schuldbeitritt eine analoge Anwendung der verbraucherschützenden Normen in Betracht gezogen wurde, ist dies im Rahmen einer gesamtschuldnerischen Mitverpflichtung nicht der Fall, weil dann vielmehr von einer unmittelbaren Geltung von § 500 BGB auszugehen ist. Auswirkungen hat dies also auf die Einräumung eines selbständigen **Widerrufsrechts** gemäß § 495 BGB; zudem sind die **Angabepflichten** gemäß § 492 Abs. 1 Satz 1 bis Satz 4 BGB sowie von § 492 Abs. 2 und Abs. 3 BGB zu beachten (Kap. L Rz. 315 ff.). Im Fall der Formun-

1 BGH v. 16.10.1996 – VIII ZR 45/96, NJW 1997, 452; im Einzelnen auch *Graf von Westphalen*, NJW 1997, 2906.
2 Vgl. auch *Beckmann*, § 3 Rz. 253.
3 BGH v. 28.6.2000 – VIII ZR 240/99, NJW 2000, 3133.
4 OLG Celle v. 29.1.1997 – 2 U 38/96, NJW-RR 1997, 1144.
5 Vgl. auch *Beckmann*, § 3 Rz. 306 ff.

wirksamkeit greift die Sanktionsfolge des § 126 BGB ein. Von elementarer praktischer Bedeutung ist jedoch, dass § 500 BGB die entsprechende Anwendung von § 498 BGB einfordert (im Einzelnen Kap. L Rz. 408 ff.). Will also der Leasinggeber etwa wegen Zahlungsverzugs des Leasingnehmers den Leasingvertrag kündigen, dann muss er – wegen des „Infekts" der Verbrauchereigenschaft eines Leasingnehmers – den gesamten Leasingvertrag unter Beachtung der weitreichenden Voraussetzungen von § 498 BGB fristlos kündigen[1]. Die Wirksamkeit der fristlosen Kündigung hängt also ausschließlich davon ab, dass die Voraussetzungen von § 498 BGB erfüllt sind, weil eine Kündigung nur einheitlich erfolgen kann[2].

5. Bürgschaft

a) Grundsätzliche Erwägungen

Nach der Rechtsprechung des BGH findet § 500 BGB keine Anwendung auf eine Bürgschaft, mit der ein Verbraucher einen gewerblichen Kredit absichert[3]. Dies ist als gesicherter Bestand anzusehen, so dass die Übernahme einer Privatbürgschaft für einen Leasingvertrag, der gewerblichen/beruflichen Zwecken i.S.v. § 14 BGB dient, ausscheidet[4]. Die instanzgerichtliche Judikatur ist diesem Ansatz gefolgt und hat konsequent eine analoge Anwendung von § 500 BGB auf diese Bürgschaftsfälle verneint[5]. Ein Teil der Literatur ist dem freilich entgegengetreten[6]. Geltend gemacht wird insbesondere, dass Bürgschaft und Schuldeintritt analoge Erscheinungsformen sind, weil es sich in beiden Fällen um gleich geartete Eventualverbindlichkeiten handelt, so dass es nicht zu rechtfertigen ist, beim Schuldbeitritt eine analoge Anwendung von § 500 BGB einzufordern, sie aber bei der Bürgschaft zu verneinen[7]. Entgegen der in der Vorauflage vertretenen Auffassung[8] ist aus praktischen Erwägungen der Auffassung des BGH zu folgen, auch wenn im gleichen Atemzug einzuräumen ist, dass die Verbraucherkredit-Richtlinie deswegen keine unbedingte Sperre für eine analoge Anwendung von § 500 BGB auf Leasingverträge ist, weil es dem nationalen Gesetzgeber, insbesondere auch der Rechtsprechung, unbenommen bleibt, 71

1 BGH v. 28.6.2000 – VIII ZR 240/99, NJW 2000, 3133.
2 BGH v. 28.6.2000 – VIII ZR 240/99, NJW 2000, 3133.
3 BGH v. 21.4.1998 – IX ZR 258/97, NJW 1998, 1939.
4 *Wolf/Eckert/Ball*, Rz. 2076; *Beckmann*, § 3 Rz. 317; *Palandt/Weidenkaff*, § 491 BGB Rz. 12; *Staudinger/Kessal-Wulf*, § 491 BGB Rz. 23.
5 OLG Rostock v. 11.12.1997 – 1 U 140/96, WM 1998, 446; OLG Hamm v. 12.11.1997 – 31 U 50/97, WM 1998, 171; OLG Düsseldorf v. 18.8.1997 – 15 W 60/97, WM 1998, 169.
6 *Bülow/Artz*, Verbraucherkreditrecht, § 491 BGB Rz. 123 ff.; *Bülow*, ZIP 1999, 1613.
7 *Bülow/Artz*, Verbraucherkreditrecht, § 491 BGB Rz. 124; vgl. auch *Graf von Westphalen*, DB 1998, 295 ff.
8 Dort Rz. 284.

einen höheren Standard für den Verbraucherschutz zu entwickeln als in der jeweiligen Richtlinie vorgesehen[1].

b) Privatbürgschaft – Privatleasing

72 Noch nicht entschieden hatte der BGH die Frage, ob dann eine analoge Anwendung von § 500 BGB auf den Bürgschaftsvertrag zu bejahen ist, sofern der durch eine Bürgschaft zu sichernde Leasingvertrag als Fall des **Verbraucherleasing** zu klassifizieren ist. Doch aus der bisherigen Begründungslinie des BGH[2] wird in der Literatur verschiedentlich gefolgert, dass die Übernahme einer privaten Bürgschaft auch in diesen Fällen nicht in den Schutzbereich von § 500 BGB fällt[3]. Geltend gemacht wird in diesem Kontext vor allem, dass der Bürge durch das Erfordernis der Schriftform gemäß § 766 BGB hinreichend geschützt ist, und dass dieser Schutz sich auch durch den Grundsatz der Akzessorietät gemäß §§ 768 ff. BGB – im Gegensatz zum Schuldbeitritt – verbessert, so dass kein Bedürfnis dafür besteht, § 500 BGB – aber auch alle sonstigen Bestimmungen der §§ 491 ff. BGB – auf die Bürgschaft analog anzuwenden[4]. Bedeutsam ist in diesem Kontext auch, dass der EuGH in seinem Urteil vom 23.3.2000[5] entschieden hat, dass der Bürgschaftsvertrag, der zur Sicherung der Rückzahlung eines Kredits geschlossen wird, nicht in den Anwendungsbereich der Richtlinie 87/102/EWG des Rates vom 22.12.1986 (Verbraucherkredit-Richtlinie) fällt, sofern weder der Bürge noch der Kreditnehmer im Rahmen ihrer Erwerbstätigkeit gehandelt haben. Diese Grundaussage des EuGH wird in der Literatur in dem Sinn verstanden[6], dass die bislang kontrovers diskutierte Frage einer analogen Anwendung einer privaten Bürgschaft im Rahmen des Privatleasing ein reines internes deutsches Problem ist[7], so dass eine Änderung der BGH-Judikatur[8] nicht zu erwarten sei[9]. Die besseren – vor allem: praktischen – Gründe sprechen daher dafür, auch im Rahmen des Privatleasing eine private Bürgschaft von den Fesseln des § 500 BGB zu befreien, dem Bürgen insbesondere kein eigenes Widerrufsrecht gemäß § 495 BGB einzuräumen[10].

1 So mit Recht *Bülow/Artz*, Verbraucherkreditrecht, § 491 BGB Rz. 124.
2 BGH v. 21.4.1998 – IX ZR 258/97, NJW 1998, 1939.
3 *Wolf/Eckert/Ball*, Rz. 2076; *Beckmann*, § 3 Rz. 317; *Möller/Wendehorst*, in Bamberger/Roth, vor § 491 BGB Rz. 29 f.; *Staudinger/Kessal-Wulf*, vor § 491 BGB Rz. 23; *Zahn*, DB 1998, 353, 358.
4 Vgl. auch *Erman/Saenger*, § 491 BGB Rz. 21.
5 EuGH v. 23.3.2000 – Rs. C-208/98, NJW 2000, 1323 – Berliner Kindl Brauerei AG.
6 *Erman/Saenger*, § 491 BGB Rz. 21; *Wolf/Eckert/Ball*, Rz. 2076; *Möller/Wendehorst*, in Bamberger/Roth, vor § 491 BGB Rz. 30.
7 *Fischer*, ZIP 2000, 828 ff.
8 BGH v. 21.4.1998 – IX ZR 258/97, NJW 1998, 1939.
9 A.M. unverdrossen *Bülow/Artz*, Verbraucherkreditrecht, § 491 BGB Rz. 123 f.
10 Die gegenteilige Auffassung der Vorauflage – dort Rz. 284 m.w.N. – wird aufgegeben.

c) Haustürgeschäft – § 312 BGB

Es braucht hier nicht im Einzelnen die Frage vertieft zu werden, ob es Situationen geben kann, bei denen der Abschluss des Leasingvertrages eine klassische „Haustürsituation" i.S.v. § 312 Abs. 1 BGB zum Gegenstand hat. Denn in diesem Kontext kommt es ausschließlich auf die Frage an, ob der Bürge berechtigt ist, sich auf eine entsprechende „Haustürsituation" mit Erfolg zu berufen und daher geltend zu machen, ihm stehe – wegen der damit gegebenen Überrumpelungssituation – ein Widerrufsrecht gemäß § 312 Abs. 2 BGB i.V.m. § 355 BGB zu. Hierzu hat der BGH entschieden[1], dass die Bürgschaftsverpflichtung, welche ein Verbraucher in einer „Haustürsituation" abgibt, dann kein Geschäft i.S.v. § 312 BGB[2] ist, wenn die Bürgschaft zur Absicherung einer gewerblichen Verbindlichkeit übernommen wird. Folglich müssen – so der BGH – sowohl Hauptschuldner als auch Bürge Verbraucher sein[3]; und es wurde gefordert, dass auch die Verbindlichkeit im Rahmen einer „Haustürsituation" eingegangen worden sein muss, so dass eine „zweifache Haustürsituation" die entscheidende Voraussetzung dafür war, den Geltungsbereich von § 312 BGB im Hinblick auf eine Privatbürgschaft zu eröffnen. Dieser Ansatz fand in der Literatur teils heftige Kritik[4], was auch in der Kommentarliteratur teilweise so gesehen wurde[5]. Nunmehr hat der XI. Senat des BGH in seinem Urteil vom 10.1.2006[6] diesen Ansatz erheblich aufgeweicht, weil nicht mehr gefordert wird, dass eine „zweifache Haustürsituation" erforderlich ist, sondern dass es vielmehr allein darauf ankommt, ob der **Bürge** selbst in einer **„Haustürsituation"** i.S.v. § 312 Abs. 1 BGB sich befunden hat, als er die Bürgschaft unterzeichnete. Denn § 312 Abs. 1 Satz 1 Nr. 1 BGB dient – so der BGH – dem Schutz des Verbrauchers vor der Gefahr, bei der Anbahnung eines Vertrages in einer ungewöhnlichen räumlichen Situation überrumpelt und zu einem unüberlegten Geschäftsabschluss veranlasst zu werden[7]. Diese Gefahr besteht aber auch für den Bürgen, und zwar unabhängig davon, ob die Hauptschuld ein Verbraucherdarlehen i.S.d. §§ 491 ff. BGB – und damit auch ein Finanzierungsleasing gemäß § 500 BGB – oder ob ein gewerblicher Kredit zugrunde liegt und ob der Hauptschuldner ebenfalls durch eine „Haustürsituation" zum Vertragsabschluss bestimmt wurde[8]. 73

---

1 BGH v. 14.5.1998 – IX ZR 56/95, ZIP 1998, 1144.

2 Entspricht der Norm des § 1 Abs. 1 HWiG, welche der Entscheidung des BGH zugrunde lag.

3 BGH v. 14.5.1998 – IX ZR 56/95, NJW 1998, 2356.

4 *Lorenz*, NJW 1998, 2937, 2939 f.; *Pfeiffer*, ZIP 1998, 1129, 1135 f.; *Reinicke/Tiedtke*, ZIP 1998, 893, 895.

5 *Erman/Saenger*, § 312 BGB Rz. 29; *Palandt/Grüneberg*, § 312 BGB Rz. 8; MünchKomm./*Ulmer*, § 312 BGB Rz. 22.

6 BGH v. 10.1.2006 – XI ZR 169/05, ZIP 2006, 363.

7 BGH v. 10.1.2006 – XI ZR 169/05, ZIP 2006, 363, 364.

8 BGH v. 10.1.2006 – XI ZR 169/05, ZIP 2006, 363.

d) Auswirkungen

74 Damit steht fest: Wenn ein Verbraucher i.S.v. § 13 BGB die Bürgschaft im Rahmen einer „Haustürsituation" gemäß § 312 Abs. 1 BGB unterzeichnet hat, dann muss der Leasinggeber dafür Sorge tragen, dass ihm ein entsprechendes, an § 355 BGB ausgerichtetes **Widerrufsrecht** eingeräumt wird. Dies gilt auch dann, wenn der Leasingvertrag nicht nur mit einem Unternehmer gemäß § 14 BGB, sondern mit einer juristischen Person abgeschlossen wurde (AG/GmbH). Wenn dann der Gesellschafter/Geschäftsführer die Bürgschaft für die Verbindlichkeiten übernimmt, die sich aus dem gewerblichen Leasingvertrag ergeben, kommt alles entscheidend darauf an, ob für den Bürgen eine „Haustürsituation" entstanden ist. Dies ist allerdings – die Fallkonstellationen sind freilich vielfältig – grundsätzlich nur dann anzunehmen, wenn der Verbraucher durch mündliche Verhandlungen – regelmäßig: in diesen Fällen wohl in seiner Privatwohnung gemäß § 312 Abs. 1 Satz 1 Nr. 1 BGB – oder unter den besonderen in § 312 Abs. 1 Satz 1 Nr. 2 und Nr. 3 BGB bezeichneten weiteren Umständen zur Abgabe der Bürgschaftsverpflichtung „bestimmt" wurde. Dies setzt einen ursächlichen, mindestens jedoch einen mitursächlichen Zusammenhang zwischen den Umständen des Vertragsabschlusses und der Abgabe der Willenserklärung des Verbrauchers voraus[1].

75 Die Entscheidung des BGH vom 10.1.2006[2] hat zudem in der Literatur mit Recht die Frage aufgeworfen[3], ob aus diesem Urteil Rückschlüsse auf den Anwendungsbereich der §§ 491 ff. BGB zu ziehen sind, so dass es nur darauf ankommen könne, ob der Bürge, der sich im Rahmen des **Privatleasing** gemäß §§ 765 ff. BGB verpflichtet, künftig erwarten darf, dass er ähnlich geschützt wird wie der Bürge, der sich auf das Vorliegen einer „Haustürsituation" i.S.v. § 312 Abs. 1 BGB – unabhängig von dem Charakter der Hauptschuld – berufen kann. Dies ist jedoch mit Recht zu verneinen[4], weil die Besonderheiten einer „Haustürsituation" auch zugunsten des Bürgen einen stärkeren Schutz verlangen als dies bei Übernahme einer Bürgschaft der Fall ist, die ja die Warnfunktion des § 766 BGB ausdrücklich bereithält.

VIII. Lieferant als Stellvertreter des Leasinggebers?

76 Bei den über die §§ 164 ff. BGB zu bewältigenden Problemfragen, ob nämlich der Lieferant des Leasingguts nicht nur Verhandlungsgehilfe des Leasinggebers gemäß § 278 BGB (Rz. 98 ff.), sondern auch dessen Vertreter gemäß §§ 164 ff. BGB ist, bleibt stets zu bedenken: Üblicherweise wird der

---

1 Im Einzelnen *Erman/Saenger*, § 312 BGB Rz. 32; *Palandt/Grüneberg*, § 312 BGB Rz. 13 ff.
2 BGH v. 10.1.2006 – XI ZR 169/05, ZIP 2006, 363.
3 *Zahn*, ZIP 2006, 1069 ff.
4 So insbesondere *Zahn*, ZIP 2006, 1069 ff.

Abschluss des Leasingvertrages durch den kommerziell-technischen Kontakt vorbereitet, der zwischen Leasingnehmer und Lieferant des Leasingguts aufgebaut wird und regelmäßig bis zur Bestellreife führt. Erst dann tritt der Leasinggeber auf den Plan. Doch gerade in den Fällen, in denen der Lieferant den Abschluss des Leasingvertrages – mit Wissen und Wollen des Leasinggebers – vorbereitet, also der Lieferant als Verhandlungsgehilfe i.S.v. § 278 BGB einzuordnen ist, stellt sich die Frage, ob dieser Umstand auch dazu führen kann, den Lieferanten als Stellvertreter des Leasinggebers anzusehen. Würde man dies bejahen, dann hätte dies in vielen Fällen zur Konsequenz, dass haftungsbegründende Zusagen, welche der Lieferant vor und bei Abschluss des Leasingvertrages tätigt, dem Leasinggeber auch rechtsgeschäftlich gemäß §§ 164 ff. BGB zuzurechnen wären. Demgegenüber bleibt es bei der Bejahung einer Verhandlungsgehilfenschaft nach § 278 BGB lediglich bei einer aus den §§ 241 Abs. 2, 280 Abs. 1 BGB resultierenden Schadensersatzhaftung des Leasinggebers (Rz. 152 ff.).

1. Grundaussage

§ 164 Abs. 2 BGB knüpft an das **Offenkundigkeitsprinzip** an, welches die 77
offene Stellvertretung beherrscht[1]. Erklärungen des Lieferanten sind daher grundsätzlich seine eigenen Erklärungen, weil und soweit sie im Namen des Vertretenen abgegeben worden sind. Zur Konsequenz hat dies, dass der Lieferant bei Abschluss des Leasingvertrages grundsätzlich nicht Vertreter des Leasinggebers i.S.d. §§ 164 ff. BGB ist[2]. Denn der Vertrag wird in der Regel unmittelbar zwischen Leasinggeber und Leasingnehmer selbst abgeschlossen. Der Lieferant wird, sofern ihm dies der Leasinggeber gestattet, nur im Rahmen der Vorbereitung des Leasingvertrages tätig, so dass er dann die Stellung eines Verhandlungs- und Erfüllungsgehilfen des Leasinggebers erhält (Rz. 98 ff.). Dabei ist allerdings auch die **Auslegungsregel** von § 164 Abs. 1 Satz 2 BGB im Auge zu behalten. Sie beantwortet nicht nur die Frage, ob der Vertreter im Namen eines anderen gehandelt hat. Vielmehr ist diese Norm auch dann heranzuziehen, wenn es ungewiss ist, in wessen Namen der Vertreter einen Vertrag abschließt[3]. In einem solchen Fall ist die Willenserklärung des Vertreters gemäß §§ 133, 157 BGB – unter Berücksichtigung aller Umstände des Einzelfalls – auszulegen. Dabei ist von Belang, wie sich die Erklärung nach Treu und Glauben mit Rücksicht auf die Verkehrssitte für einen objektiven Betrachter in der Lage des Erklärungsgegners darstellt[4]. Daraus folgt: Je umfassender der Lieferant des Leasinggebers im Zusammenhang mit dem abzuschließenden Leasingvertrag

---

1 Statt aller *Palandt/Heinrichs*, § 164 BGB Rz. 1.

2 BGH v. 3.7.1985 – VIII ZR 102/84, WM 1985, 906; BGH v. 1.7.1987 – VIII ZR 117/86, NJW 1988, 204; *Beckmann*, § 3 Rz. 98; MünchKomm./*Habersack*, Leasing Rz. 54; *Staudinger/Stoffels*, Leasing Rz. 99; *Emmerich*, JuS 1990, 1, 4.

3 BGH v. 17.12.1987 – VII ZR 299/86, WM 1988, 466, 467.

4 BGH v. 17.12.1987 – VII ZR 299/86, WM 1988, 466, 467.

Erklärungen gegenüber dem Leasingnehmer quasi im Namen des Leasinggebers abgibt, desto eher ist eine Eigenhaftung des Leasinggebers aufgrund des Erklärungsinhalts des Lieferanten – in seiner Funktion als Stellvertreter des Leasinggebers – begründet. Diese Gesichtspunkte können durchaus dazu führen, dass im praktischen Ergebnis entweder an das Bestehen einer Anscheins- oder Duldungsvollmacht anzuknüpfen ist oder eine **Wissenszurechnung** gemäß § 166 Abs. 1 BGB (analog) in den jeweils noch aufzuzeigenden Grenzen vorzunehmen ist.

2. Vollmachtsbeschränkende Klauseln

78 Doch zunächst ist die Frage zu stellen, ob denn vollmachtsbeschränkende Klauseln wirksam sind, was naturgemäß voraussetzt, dass etwaige Erklärungen des Lieferanten dem Leasinggeber nach den §§ 164 ff. BGB überhaupt zuzurechnen sind, insbesondere ob Anlass besteht, von einer Duldungs- oder Anscheinsvollmacht des Lieferanten auszugehen (Rz. 81) oder ob gar eine Wissenszurechnung nach § 166 BGB analog in Betracht kommt (Rz. 90).

a) Allgemeine Vertragspraxis

79 Einzuräumen ist es sicherlich, dass es üblicher Vertragspraxis in Leasing-AGB entspricht klarzustellen, dass der Lieferant des Leasingguts keine Vertretungsmacht für den Leasinggeber hat. Diese wird sogar in der Regel ausdrücklich ausgeschlossen, indem klargestellt wird, dass eine wie auch immer geartete Vertretungsmacht des Lieferanten zu Lasten des Leasinggebers nicht besteht und auch nicht anerkannt wird[1]. Allein, es stellt sich gleichwohl gemäß § 307 Abs. 2 Nr. 1 BGB die Frage, ob eine solche vollmachtsbeschränkende Klausel auch wirksam ist. Bei der Bewältigung dieser Fragestellung liegt eine gewisse Parallele zur Unwirksamkeit von Schriftformklauseln nahe, die dann immer gemäß § 307 Abs. 1 BGB eine unangemessene Benachteiligung darstellen, wenn und soweit die Voraussetzungen einer **Anscheins- oder Duldungsvollmacht** gegeben sind[2]. Soweit dies zutrifft[3], spricht vieles dafür, dass auf der Ebene des **individualvertraglichen Verhaltens** ein Vertrauenstatbestand geschaffen ist[4], so dass dann gegenläufige, vollmachtsbeschränkende Klauseln als unwirksam gemäß § 307 Abs. 1 BGB zu qualifizieren sind[5].

80 Im Ergebnis hängt diese Rechtsfolge auch mit folgender Feststellung zusammen: Wenn es dem Leasinggeber in seinen AGB verwehrt ist, die Haf-

---

1 Mit Recht *Beckmann*, § 3 Rz. 98.
2 AGB-Klauselwerke/*Graf von Westphalen*, Schriftformklausel Rz. 28 ff.
3 Hierzu *Palandt/Heinrichs*, § 173 BGB Rz. 10 f.
4 Hierzu auch AGB-Klauselwerke/*Graf von Westphalen*, Vollmachtsklausel, Rz. 6 ff.
5 A.M. *Beckmann*, § 3 Rz. 98.

tung für Dritte auszuschließen, sofern diese – wie etwa der Lieferant – als Verhandlungsgehilfen des Leasinggebers gemäß § 278 BGB tätig geworden sind[1], dann muss die gleiche Rechtsfolge auch dann gelten, wenn vollmachtsbeschränkende Klauseln zugunsten des Leasinggebers als AGB-Verwender in Rede stehen[2]. Denn beiden Klauselgestaltungen ist gemeinsam, dass die Haftung für etwaige Pflichtverletzungen des Lieferanten des Leasingguts abbedungen wird, soweit diese Auswirkungen auf den Inhalt des Leasingvertrages zum Nachteil der Rechtsstellung des Leasinggebers entfalten.

b) Anscheins- und Duldungsvollmacht

aa) Voraussetzungen

Da – wie bereits angedeutet – in den Leasing-AGB grundsätzlich formular- 81
mäßig festgestellt wird, dass der Hersteller/Lieferant nicht als Vertreter des Leasinggebers gemäß §§ 164 ff. BGB anzusehen ist[3], stellt sich in erster Linie die Frage, ob eine solche AGB-Klausel ausreicht, um das etwaige Entstehen einer Anscheins- oder Duldungsvollmacht zu hindern[4]. Dies wird man unter Beachtung der Testfrage bewerten müssen, dass das Vorliegen einer Anscheins- oder Duldungsvollmacht immer individualvertraglichen Charakter besitzt. Dabei ist festzuhalten, dass nach der Rechtsprechung eine Duldungsvollmacht dann anzunehmen ist, wenn der Vertretene – hier: der Leasinggeber – es wissentlich geschehen lässt, dass ein anderer für ihn wie ein Vertreter auftritt[5] und der Leasingnehmer dieses Dulden nach Treu und Glauben dahin versteht und auch verstehen darf, dass der Lieferant vom Leasinggeber entsprechend bevollmächtigt ist[6]. Von einer Anscheinsvollmacht ist demgegenüber dann zu sprechen, wenn der Vertretene das Handeln des anscheinend zur Vertretung berechtigten Dritten nicht kennt, es aber bei Anwendung ordnungsgemäßer Sorgfalt erkennen und auch verhindern hätte können[7]. Dabei ist weitere Voraussetzung, dass das Handeln des angeblich zur Vertretung berechtigten Dritten von einer gewissen Häufigkeit und Dauer ist, weil nur dann ein entsprechender Rechtsschein in einer dem Vertretenen zurechenbaren Weise begründet wird[8]. Insoweit ist zu unterstreichen, dass nur das schutzwürdige Vertrauen des Geschäftsgegners – hier: des Leasingnehmers – geeignet ist, die Voraussetzungen einer

---

1 BGH v. 3.7.1985 – VIII ZR 102/84, WM 1985, 906.
2 A.M. *Beckmann*, § 3 Rz. 98.
3 Hierzu auch *Beckmann*, § 3 Rz. 98.
4 Im Einzelnen AGB-Klauselwerke/*Graf von Westphalen*, Schriftformklausel Rz. 28 ff.
5 BGH v. 10.3.2004 – IV ZR 143/03, NJW-RR 2004, 1275, 1277; *Palandt/Heinrichs*, § 172 BGB Rz. 8.
6 *Erman/Palm*, § 167 BGB Rz. 15 f.
7 BGH v. 5.3.1998 – III ZR 183/96, NJW 1998, 1854, 1855; *Palandt/Heinrichs*, § 172 BGB Rz. 12.
8 BGH v. 5.3.1998 – III ZR 183/96, NJW 1998, 1854.

Anscheins- oder Duldungsvollmacht zu begründen[1]. Dies wird man z.B. dann bejahen müssen, wenn auf der Vorderseite des Leasingvertrages unter der Überschrift „Ihr Ansprechpartner" der Hersteller/Lieferant des Leasingguts angegeben ist[2].

bb) Beschränkende Klauseln

82 Doch sind die Fälle im Übrigen sehr selten, die den Schluss auf das Vorliegen einer ausreichend abgesicherten Anscheins- oder Duldungsvollmacht ergeben. Denn der Leasingnehmer sucht sich das Leasinggut beim jeweiligen Lieferanten aus; er weiß, dass der Lieferant nicht für den Leasinggeber auftritt, sondern dass der Leasingvertrag erst dann zustande kommt, wenn der Leasinggeber die vom Leasingnehmer herrührende Bestellung angenommen hat. Da jedoch in den Leasing-AGB grundsätzlich formularmäßig festgestellt wird, dass der Hersteller/Lieferant nicht als Vertreter des Leasinggebers gemäß §§ 164 ff. BGB anzusehen ist[3], stellt sich in diesen Fällen auch die Frage, ob eine solche AGB-Klausel ausreicht, um das etwaige Entstehen einer Anscheins- oder Duldungsvollmacht zu hindern[4]. Dies ist eine Frage der Auslegung, da das Vorliegen einer Anscheins- oder Duldungsvollmacht immer individualvertraglichen Charakter besitzt. Dies führt im Zweifel über § 305b BGB zum Vorrang der Individualabrede und damit zur Bejahung einer solchen Vollmacht. Die gestellte Frage ist daher im Zweifel zugunsten des Bestehens einer Anscheins- oder Duldungsvollmacht – und damit auch zugunsten des Vertrauensschutzes gegenüber dem Leasingnehmer – auflösen. Doch setzt dies selbstverständlich voraus, dass die Tatbestandsmerkmale einer solchen Vollmacht in der Tat gegeben sind[5].

83 In der Praxis sind diese Fälle vor allem dann zu bejahen, wenn der Lieferant als **Verhandlungsgehilfe** des Leasinggebers tätig wird (Rz. 98 ff.). Doch ist selbstverständlich nicht jeder nach § 278 BGB relevante Umstand geeignet, auch als Bestehen einer Anscheins- oder Duldungsvollmacht gewertet zu werden, weil diese – wie gezeigt – eigenständige Voraussetzungen zum Gegenstand haben[6]. Auf der anderen Seite führt die Bejahung einer Verhandlungsgehilfenschaft des Lieferanten nach § 278 BGB dazu, dass das Verhandlungsergebnis **kraft stillschweigender Vereinbarung** nicht nur für den Kaufvertrag, sondern auch für den Leasingvertrag (s. aber Rz. 93 ff.; 96) als vereinbart anzusehen ist[7]. In der Sache wird damit das gleiche Ergebnis er-

---

1 *Erman/Palm*, § 167 BGB Rz. 21.
2 OLG Dresden v. 20.11.2001 – 2 U 1928/01, NJW-RR 2003, 259 – „Ihr Ansprechpartner".
3 Hierzu auch *Beckmann*, § 3 Rz. 98.
4 Im Einzelnen AGB-Klauselwerke/*Graf von Westphalen*, Vollmachtsklauseln Rz. 6 f.
5 Hierzu im Einzelnen *Palandt/Heinrichs*, § 172 BGB Rz. 6 ff.
6 Mit Recht *Staudinger/Stoffels*, Leasing Rz. 99; vgl. auch *Ehlert*, in Bamberger/Roth, vor § 535 BGB Rz. 67.
7 So *Wolf/Eckert/Ball*, Rz. 1692.

reicht wie bei Annahme einer in der Tat bestehenden Anscheins- oder Duldungsvollmacht. Denn auch in diesen Fällen erfolgt – freilich auf gesetzlicher Basis – eine Willenszurechnung zwischen dem angeblich zur Vertretung berechtigten Dritten und dem Leasinggeber zugunsten des Leasingnehmers. Man kann indessen noch einen Schritt weiter gehen und die Erklärungen des Lieferanten dem Leasinggeber nach § 166 BGB analog zurechnen (Rz. 90 ff.), was aber hier abgelehnt wird. Festzuhalten ist also, dass das Verhalten des Lieferanten, wenn es denn mit Wissen und Wollen des Leasinggebers erfolgt, durchaus dem Leasinggeber auch dann zuzurechnen ist, wenn es sich nicht mit dem Inhalt des Leasingvertrages deckt, aber die Voraussetzungen einer Anscheins- oder Duldungsvollmacht gegeben sind (im Einzelnen auch Rz. 81).

3. Keine Empfangsvollmacht des Lieferanten

a) Vollmachtsbeschränkende Klausel

Es ist von hoher praktischer Bedeutung, der weiteren Frage nachzugehen, 84 ob der Lieferant auch bevollmächtigt ist, Willenserklärungen des Leasingnehmers entgegenzunehmen, die rechtsgeschäftlich eigentlich an den **Leasinggeber** adressiert sind[1]. Zunächst ist festzuhalten, dass das Verhalten des Lieferanten, welches beim Abschluss des Leasingvertrages geübt wurde, nicht ohne weiteres den Schluss rechtfertigt, dass eine – wie auch immer begründete – Vertretungsmacht des Lieferanten auch den Zeitpunkt der Auslieferung des Leasingguts übersteht und weiterhin gültig bleibt. Das ist etwa in den Fällen zu bedenken, in denen Rücktritts- oder Kündigungserklärungen, die eigentlich an den Leasinggeber zu richten sind, an den Lieferanten adressiert werden[2]. Denn der bei Beginn des Leasingvertrages – vor allem in seiner Vorbereitungsphase – begründete Rechtsschein besteht nicht ohne weiteres über den Zeitpunkt fort, dass der Leasingvertrag abgeschlossen und das Leasinggut auf Geheiß des Leasinggebers vom Lieferanten an den Leasingnehmer ausgeliefert worden ist. Auf vollmachtsbeschränkende Klauseln in den Leasing-AGB und deren Wirksamkeit kommt es daher so gesehen nicht an. Denn ihr Bestehen als Anscheins- oder Duldungsvollmacht auf der Ebene des Individualvertrages ist bereits sehr zweifelhaft.

Etwas anderes gilt indessen in den Fällen, in denen die leasingtypische **Abtretungskonstruktion** nach § 307 Abs. 2 Nr. 1 BGB oder nach § 307 Abs. 1 85 BGB **fehlschlägt**, so dass dann gemäß § 306 Abs. 2 BGB die mietvertragliche Eigenhaftung des Leasinggebers gegenüber dem Leasingnehmer wieder zum Zuge gelangt[3]. Denn dass der Lieferant im Rahmen einer wirksamen Abtretungskonstruktion keine Empfangsvollmacht benötigt, steht außer

1 Hierzu *Beckmann*, § 3 Rz. 99.
2 Hierzu *Beckmann*, § 3 Rz. 99.
3 Hierzu auch BGH v. 21.12.2005 – VIII ZR 85/05, ZIP 2006, 1001.

Frage, da die Abwicklung kaufrechtlicher Mängelansprüche unmittelbar die autonome Rechtssphäre des Lieferanten in seinem Vertragsverhältnis zum Leasinggeber betrifft. Dass der Leasinggeber hingegen gehalten ist, die sich insoweit ergebenden Rechtsfolgen, wie sie zwischen dem Leasingnehmer und dem Lieferanten vereinbart werden, gegen sich gelten zu lassen, steht auf einem anderen Blatt, hat aber mit dem Bestehen oder Nichtbestehen einer Empfangsvollmacht des Lieferanten nichts zu tun.

b) Bei Unwirksamkeit der Abtretungskonstruktion

86 Doch wenn – wie gesagt – die leasingtypische Abtretungskonstruktion versagt, stellen sich schwierige Fragen: Richtet nämlich dann der Leasingnehmer etwaige Nacherfüllungsansprüche wegen eines Mangels des Leasingguts gleichwohl an den Lieferanten, obwohl diese bei zutreffender Einschätzung der Rechtslage unmittelbar auf Grund der dann eingreifenden mietrechtlichen Eigenhaftung nach den §§ 536 f. BGB an den Leasinggeber zu richten wären, steht die Frage zur Beantwortung an, ob jedenfalls insoweit der Lieferant des Leasingguts **Empfangsvollmacht** für den Leasinggeber hat[1]. Das erscheint nahe liegend. Einzuräumen ist freilich erneut, dass allein der Befund, dass der Lieferant des Leasingguts Verhandlungsgehilfe des Leasinggebers nach § 278 BGB ist, für sich allein genommen nicht ausreicht, auch für die **Abwicklung** des Leasingvertrages eine entsprechende Bevollmächtigung des Lieferanten zu Lasten des Leasinggebers anzunehmen[2]. Denn zwischen dem Stadium der Vertragsanbahnung und dem der Vertragsabwicklung ist scharf zu unterscheiden. Insoweit stellt sich auch eine Parallele zum Recht des Handelsvertreters ein: Dieser hat zwar gemäß § 84 Abs. 1 HGB Geschäfte für den Prinzipal im Namen des Prinzipals abzuschließen[3], dies ist jedoch nicht gleichbedeutend mit der Feststellung, dass der Handelsvertreter dann auch berechtigt ist, die Zahlung des Kunden im Rahmen einer Inkassovollmacht entgegenzunehmen[4] oder die Berechtigung von Mängelrügen anzuerkennen. Daraus folgt zunächst: Mangels ausdrücklicher oder stillschweigender Erteilung einer entsprechenden Vollmacht ist der Lieferant des Leasingguts grundsätzlich nicht berechtigt, Willenserklärungen des Leasingnehmers mit Wirkung für und gegen den Leasinggeber entgegenzunehmen[5].

87 Doch fragt es sich, ob dieses Ergebnis nicht an § 242 BGB scheitern muss, wenn die Abtretungskonstruktion in der Tat unwirksam ist. Denn dieses Ergebnis ist für den gewöhnlichen Leasingnehmer – wenn denn überhaupt,

1 Ablehnend MünchKomm./*Habersack*, Leasing Rz. 54.
2 So auch MünchKomm./*Habersack*, Leasing Rz. 54.
3 Statt aller *Baumbach/Hopt*, § 84 HGB Rz. 24.
4 Hierzu auch *Küstner*, in Röhricht/Graf von Westphalen, HGB, 2. Aufl. 2001, § 87 HGB Rz. 34.
5 Hierzu aber auch die Sonderkonstellation in OLG Dresden v. 5.6.2002 – 8 U 280/02, NJW-RR 2003, 269 – „Ihr Ansprechpartner".

so nur sehr schwer – nachvollziehbar, sofern er sich nicht sehr kundigen Rechtsrats bedient hat, dass ihm dann eigene und unmittelbare mietrechtliche Ansprüche nach den §§ 536 f. BGB zustehen. Hinzu kommt, dass das geschriebene Wort in den Leasing-AGB ihn bei etwaigen Ansprüchen/Rechten nach § 437 BGB ausschließlich an die Adresse des Lieferanten verweist. Um den sich hieraus ergebenden Rechtsnachteil des Leasingnehmers aufzufangen, erscheint es daher notwendig, vom Bestehen einer Empfangsvollmacht des Lieferanten für und gegen den Leasinggeber auszugehen. Denn es ist eine von ihm geschaffene – unwirksame – Rechtlage, welche nicht zum alleinigen Risiko des Leasingnehmers ausgedeutet werden darf. Kommt es dann zwischen Lieferant und Leasingnehmer zu Verhandlungen i.S.d. § 203 BGB, um etwa die Berechtigung einer Mängelrüge zu prüfen, dann dürfte es zutreffend sein, den Leasinggeber daran auch festzuhalten. Im praktischen Ergebnis wird man also den Lieferanten gerade bei Versagen der Abtretungskonstruktion als **Empfangsboten** für und gegen den Leasinggeber einordnen müssen, damit der Leasingnehmer seine Rechte hinreichend wahren kann. Nur dies ist sachgerecht und entspricht dem klassischen Verwenderrisiko, welches der Leasinggeber trägt.

c) Keine Hinweis- und Aufklärungspflichten des Lieferanten

Ob man soweit gehen kann, aus dem Fehlen der Vollmacht des Lieferanten 88
abzuleiten, dass diesen insoweit Aufklärungs- und Hinweispflichten gemäß § 241 Abs. 2 BGB gegenüber dem Leasingnehmer treffen, er also gehalten ist, diesen genau über dieses Defizit aufzuklären, erscheint fraglich[1]. Denn aus der Tatsache, dass der Lieferant als **Verhandlungsgehilfe** des Leasinggebers einzuordnen ist (Rz. 98 ff.), folgt nach der hier vertretenen Auffassung, dass dann vieles dafür spricht, im Verhältnis zum Leasinggeber vom Bestehen einer Anscheins- oder Duldungsvollmacht auszugehen[2]; es drängt sich dann kein Anlass auf, gemäß § 241 Abs. 2 BGB Aufklärungs- und Hinweispflichten des Lieferanten zu generieren, um das Fehlen seiner Vertretungsmacht auszugleichen. Denn diese würden – der Auffassung von *Habersack* folgend – dazu führen, dass der Lieferant Aufklärung insoweit gegenüber dem Leasingnehmer schuldet und sich schadensersatzpflichtig nach den §§ 241 Abs. 2, 280 Abs. 1 BGB macht, wenn er diese Aufklärung pflichtwidrig unterlässt und dem Leasingnehmer dadurch ein Schaden entsteht.

Wie immer man dies alles rechtlich konstruieren mag – am praktischen Er- 89
gebnis ändert sich wenig: Soweit nämlich der Lieferant als Verhandlungsgehilfe des Leasinggebers nach § 278 BGB zu qualifizieren ist, muss der Leasinggeber das Verhandlungsergebnis des kaufvertraglichen Erwerbs-

1 So aber wohl MünchKomm./*Habersack*, Leasing, Rz. 54.
2 Einschränkend *Staudinger/Stoffels*, Leasing Rz. 99; MünchKomm./*Habersack*, Leasing Rz. 46; *Ehlert*, in Bamberger/Roth, vor § 535 BGB Rz. 67.

geschäfts auch als kongruent mit dem Inhalt des Leasingvertrages gegen sich gelten lassen[1]. Dies vollzieht sich kraft stillschweigender Vereinbarung, die aus dem Kaufvertrag auf den Inhalt des Leasingvertrages übergreift[2]. Damit ist freilich die Erfüllungsebene angesprochen. Das Gleiche gilt, wenn man vom Bestehen einer Anscheins- oder Duldungsvollmacht ausgeht, während eine Haftung des Lieferanten gemäß § 241 Abs. 2 BGB auf Schadensersatz gerichtet ist, wenn er es pflichtwidrig unterlassen hatte, den Leasingnehmer rechtzeitig darauf hinzuweisen, dass er keine Vertretungsmacht für und gegen den Leasinggeber hat.

4. Wissenszurechnung gemäß § 166 Abs. 1 BGB analog?

90 Auf das Vorhandensein einer Anscheins- oder Duldungsvollmacht kommt es indessen dann nicht an, wenn man zu dem Ergebnis gelangen würde, dass der Lieferant, sofern er Erfüllungsgehilfe des Leasinggebers bei der Vorbereitung des Leasingvertrages ist – etwa weil ihm die Vertragsdokumente überlassen wurden, damit er diese in der Verhandlung mit dem späteren Leasingnehmer für den Leasinggeber ausfüllt – auch gleichzeitig eine Wissenszurechnung verursacht, für die der Leasinggeber nach § 166 BGB analog einzustehen verpflichtet ist.

a) Lieferant als Verhandlungsgehilfe des Leasinggebers

91 Die BGH-Judikatur hat aus § 166 Abs. 1 BGB (analog) den allgemeinen Grundsatz abgeleitet, dass unabhängig vom Bestehen eines Vertretungsverhältnisses derjenige, der einen anderen mit der Erledigung bestimmter Angelegenheiten in eigener Verantwortung betraut, das in diesem Rahmen erlangte Wissen sich auch zurechnen lassen muss[3]. Ausgehend von diesem Gesichtspunkt stellt sich die schwierige Frage, ob jedenfalls dann, wenn der Lieferant als Verhandlungsgehilfe des Leasinggebers tätig wird (Rz. 98), diese Rechtsregel zur Anwendung zu berufen ist. Dies erscheint indessen insoweit **zweifelhaft**, als das Vertragsverhältnis zwischen Leasinggeber und Leasingnehmer in Rede steht[4]. Entscheidend fällt hier nämlich ins Gewicht, dass der Leasinggeber den Lieferanten – unabhängig vom Bestehen eines Vertragsverhältnisses – regelmäßig nicht damit betraut, bestimmte Angelegenheiten für ihn zu erledigen. Vielmehr ist es bei Vorbereitung/Abschluss des Leasingvertrages regelmäßig so, dass der Leasingnehmer – unabhängig von irgendwelchem Wissen des Leasinggebers – mit dem Liefe-

---

1 So auch *Wolf/Eckert/Ball*, Rz. 1692 – stillschweigende Vereinbarung einer entsprechenden Kongruenz.

2 *Wolf/Eckert/Ball*, Rz. 1692.

3 BGH v. 25.3.1982 – VII ZR 60/81, ZIP 1982, 670, 671; RGRK-BGB/*Steffen*, § 164 BGB Rz. 19, § 166 BGB Rz. 7, 9.

4 Ablehnend und zweifelnd vor allem *Wolf/Eckert/Ball*, Rz. 1690 f.; vgl. auch AGB-Klauselwerke/*Graf von Westphalen*, Leasing Rz. 42; ausdrücklich a.M. *Beckmann*, § 3 Rz. 117 ff.

ranten des Leasingguts die technischen und kommerziellen Details des abzuschließenden Erwerbsgeschäfts/Leasingvertrages erörtert und auch festlegt. Erst wenn dies geschehen ist, kommt die Frage der Finanzierung des Erwerbsgeschäfts ins Gespräch; erst dann fällt regelmäßig das Stichwort der „Leasingfinanzierung". Erst in diesem Augenblick entfaltet also der Lieferant weitere auf den Abschluss des Leasingvertrages gerichtete Tätigkeiten und erspart auf diese Weise – Wissen und Wollen des Leasinggebers insoweit vorausgesetzt – diesem eigenes Handeln[1]. Diese Konstellation ist mit derjenigen nicht vergleichbar, die § 166 Abs. 1 BGB im Auge hat. Sie ist vielmehr die Voraussetzung der Bejahung einer Erfüllungsgehilfenschaft des Lieferanten (Rz. 98).

Mehr noch: Würde man den Rechtsgedanken des § 166 Abs. 1 BGB auch in 92
den Fällen bemühen, in denen der Lieferant Verhandlungsgehilfe des Leasinggebers ist, dann würde auf Grund der entsprechenden Wissenszurechnung notwendigerweise der Leasingvertrag mit dem Inhalt zustande kommen, wie er sich aus dem Verhandlungsergebnis zwischen dem Lieferanten und dem Leasingnehmer ableiten lässt. Dies beruht dann darauf, dass eine unmittelbare Wissenszurechnung vom Lieferanten zum Nachteil des Leasinggebers vollzogen wird. Demzufolge ist auch die Rechtsprechung des BGH in jüngster Zeit erkennbar restriktiv, eine Wissenszurechnung dann nach § 166 Abs. 1 BGB analog zu bejahen, wenn der Lieferant – ohne Wissen und Wollen des Leasinggebers – Erklärungen abgibt, welche dem Leasingvertrag einen anderen Inhalt geben als nach dessen Bedingungen vorgesehen[2]. Das wird deutlich, wenn man sich vor Augen führt, dass die betreffende Erklärung des Lieferanten auf den Abschluss eines Kaufvertrages zwischen Leasingnehmer und Leasinggeber gerichtet ist[3]. Denn selbst wenn dann eine entsprechende Wissenszurechnung nach § 166 BGB analog zum Nachteil des Leasinggebers stattfinden würde, folgt daraus noch nicht, dass damit dem Leasingnehmer tatsächlich eine Kaufoption eingeräumt worden ist, welche ihm gegenüber dem Herausgabeanspruch des Leasinggebers nach § 985 BGB ein Recht zum Besitz nach § 986 BGB verschafft[4].

b) Stillschweigende Vereinbarung einer Kongruenz von Erwerbs- und Leasingvertrag

Doch bedeutet dies nicht, dass deswegen auch jegliche Einstandspflicht 93
des Leasinggebers für ein etwaiges Fehlverhalten des Lieferanten ausscheidet. Zu prüfen ist vielmehr, ob nicht im Blick auf die notwendige Kongruenz zwischen Erwerbs- und Leasingvertrag eine stillschweigende Abrede

1 BGH v. 3.7.1985 – VIII ZR 102/84, WM 1985, 906, 909.
2 BGH v. 1.6.2005 – VIII ZR 234/04, NJW-RR 2005, 1421, 1422; vgl. auch *Beckmann*, DStR 2006, 1329, 1331.
3 So auch BGH v. 1.6.2005 – VIII ZR 234/04, NJW-RR 2005, 1421, 1422.
4 BGH v. 1.6.2005 – VIII ZR 234/04, NJW-RR 2005, 1421, 1422.

vorliegt oder ob nicht – vorzugswürdig – eine Haftung nach §§ 241 Abs. 1, 280, 278 BGB zu bejahen ist.

94 In **praktischer Hinsicht** sind die hier zu bewältigenden Fälle dadurch umschrieben, dass der Leasinggeber dem Leasingnehmer auch dann eine Kaufoption einräumen müsste, wenn dies dem Verhandlungsergebnis entspricht, wie es zwischen Lieferant des Leasingguts und Leasingnehmer akkordiert wurde[1]. Nichts anderes gilt, sofern dem Leasingnehmer ein Rücktrittsrecht für den Fall gewährt wurde, dass der Kaufgegenstand (Computer) eine bestimmte Leistung nicht erbringt[2]. So gesehen ist darauf aufmerksam zu machen, dass nach der Rechtsprchung für die leasingtypischen „Dreiecksverhältnisse" das bereits kurz angesprochene **Kongruenzprinzip** von Erwerbs- und Leasingvertrag gilt[3]. Dies bedeutet: Der Leasinggeber muss akzeptieren, dass eine bestimmte Erklärung/Zusage des Lieferanten ihn unmittelbar bindet, weil und soweit der Leasingnehmer bei Abschluss des Leasingvertrages darauf vertraut hat, auch wenn der Leasinggeber vom Inhalt dieser Erklärung/Zusage des Lieferanten selbst keine Kenntnis erlangt hat oder auch nur erlangen konnte[4].

95 Konstruktiv ist gegenüber der (abzulehnenden) Analogie zu § 166 Abs. 1 BGB vorgeschlagen worden[5], dass das Ergebnis der kaufrechtlichen Vertragsverhandlungen zwischen Lieferant und Leasingnehmer jedenfalls dann kraft stillschweigender Vereinbarung Gegenstand des Leasingvertrages wird, wenn der Lieferant Verhandlungsgehilfe des Leasinggebers ist, sofern kein ausdrücklicher Vorbehalt gemacht wurde[6]. Dem ist jedoch zu widersprechen. Denn es ist gekünstelt, hier eine stillschweigende Vereinbarung anzunehmen, welche auf eine inhaltliche Kongruenz zwischen den vorvertraglichen kaufrechtlichen Verhandlungen einerseits und dem Leasingvertrag andererseits abstellt. Im Ergebnis müsste hier eine stillschweigende Vereinbarung zwischen Lieferant und Leasingnehmer vorliegen, welche den Leasinggeber bindet und den Leasingnehmer im Blick auf die entsprechenden Erklärungen/Zusagen des Lieferanten hinreichend in Bezug auf den Inhalt des Leasingvertrag schützt. Es müsste also auch bei diesem konstruktiven Ansatz eine Zurechnung der Willenserklärungen vorgenommen werden, wie sie zwischen Lieferant und Leasingnehmer im vorvertraglichen Stadium des Kauf- und des Leasingvertrages ausgetauscht worden sind. Dafür eignet sich das Vehikel einer stillschweigenden Abrede kaum. Sie ist daher abzulehnen.

1 Vgl. BGH v. 4.11.1987 – VIII ZR 313/86, NJW-RR 1988, 241; OLG Koblenz v. 29.7.2004 – 5 U 174/04, BB 2004, 2099.
2 BGH v. 3.7.1985 – VIII ZR 102/84, WM 1985, 906.
3 Im Einzelnen *Wolf/Eckert/Ball*, Rz. 1685 ff.
4 BGH v. 3.7.1985 – VIII ZR 102/84, WM 1985, 906.
5 *Wolf/Eckert/Ball*, Rz. 1692.
6 So *Wolf/Eckert/Ball*, Rz. 1692.

c) Lösung: Haftung des Leasinggebers aus §§ 241 Abs. 2, 280 BGB

96 Aus dogmatischer Sicht besteht im Blick auf die aufgezeigten praktischen Lösungsbedürfnisse keinerlei Notwendigkeit, einen Umweg zu gehen, sei es § 166 BGB analog anzuwenden oder gar – fast noch ein wenig mutiger – von einer stillschweigenden Kongruenz zwischen Erwerbsgeschäft und Finanzierungsgeschäft auszugehen. Denn der Leasingnehmer, der auf bestimmte Erklärungen/Zusagen des Lieferanten bei Abschluss des Leasingvertrages vertraut hat, ist hinreichend **geschützt**, wenn ihm gegenüber dem Leasinggeber ein Schadensersatzanspruch gemäß §§ 241 Abs. 2, 311 Abs. 2 BGB i.V.m. § 278 BGB zugebilligt wird. Das setzt freilich voraus, dass der Lieferant im Pflichtenkreis des Leasinggebers mit dessen Wissen und Wollen tätig geworden ist und die jeweilige Pflichtverletzung des Lieferanten diesen Bereich betrifft. So gesehen ist eine Abgrenzung gegenüber den sog. Sondervereinbarungen erforderlich, die erst nachfolgend dargestellt werden (Rz. 105 ff.). Liegt aber eine Schadensersatzhaftung des Leasinggebers für eine Pflichtverletzung des Lieferanten nach § 278 BGB vor, dann kann der Leasingnehmer nach § 249 BGB vom Leasinggeber verlangen, so gestellt zu werden, wie er stände, wenn die nicht dem Leasingvertrag entsprechende Erklärung/Zusage des Lieferanten ihm gegenüber nicht stattgefunden hätte[1]. Er kann dann in der Regel Freistellung von den Verbindlichkeiten des Leasingvertrages verlangen, wenn er nachweist, ohne die entsprechende Erklärung/Zusage des Lieferanten den Leasingvertrag nicht abgeschlossen zu haben. Diese dem Leasingnehmer zustehende – gesetzliche – Schadensersatzsanktion kompensiert sein frustriertes Vertrauen hinreichend, so dass weder der Umweg über eine Analogie zu § 166 Abs. 1 BGB zu beschreiten ist noch der Versuch unternommen werden muss, kraft stillschweigender Vereinbarung das Verhandlungsergebnis, welches zwischen Lieferant und Leasingnehmer akkordiert wurde, aber im Leasingvertrag keinen Eingang gefunden hat, in dieses Vertragsverhältnis zu implementieren.

d) Keine Verhandlungsgehilfenschaft des Lieferanten

97 Außerhalb des Tatbestandes einer Verhandlungsgehilfenschaft des Lieferanten nach § 278 BGB (Rz. 98) scheitert indessen von vorneherein jeder Versuch, seine Erklärungen/Zusagen dem Leasinggeber anzulasten. Dann ist erst recht für eine Analogie zu § 166 Abs. 1 BGB kein Raum, weil der Leasinggeber den Lieferanten nicht mit der Führung von Vertragsverhandlungen betraut hat. In diesen Fällen bleibt der Leasingnehmer darauf angewiesen, etwa ihm zustehende Schadensersatzansprüche aus § 311 Abs. 3 BGB unmittelbar gegenüber dem **Lieferanten** geltend zu machen. Denn es besteht angesichts des typischen Dreiecksverhältnisses beim Leasingvertrag kaum ein begründbarer Zweifel daran, dass der Lieferant ein erhebli-

1 Hierzu auch *Beckmann*, § 3 Rz. 113.

ches eigenes wirtschaftliches Interesse daran hat, dass mit dem Leasingnehmer ein Vertragsverhältnis zustande kommt, sei es ein unmittelbares Erwerbsgeschäft oder ein Leasingvertrag. Für den Lieferanten ist bei dieser Konstellation mit beiden Fällen ein ihn begünstigendes Veräußerungsgeschäft verbunden, das seinem wirtschaftlichen Eigeninteresse dient. Dies belegt, dass die Voraussetzungen von § 311 Abs. 3 BGB erfüllt sind; es wirkt mithin haftungsbegründend.

IX. Lieferant als Verhandlungs- und Erfüllungsgehilfe des Leasinggebers – Haftung nach § 278 BGB

98 Sofern, was häufig geschieht, der Lieferant die Vorbereitung des Leasingvertrages mit Wissen und Wollen des Leasinggebers übernimmt, ergeben sich zahlreiche Rechtsfragen, die nachfolgend zu erörtern sind.

1. Grundsatz

a) Verbindlichkeit des Leasinggebers

99 Es ist anerkannt, dass bereits das Bestehen eines vorvertraglichen Vertragsverhältnisses i.S.v. § 311 Abs. 2 BGB ausreicht, um eine „Verbindlichkeit" des Schuldners anzunehmen, so dass die strikte Haftung für die von ihm eingeschalteten Erfüllungsgehilfen gemäß § 278 BGB eingreift[1]. Notwendige Voraussetzung hierfür ist, dass sich der Leasinggeber als Schuldner eines Erfüllungsgehilfen – in Form des Lieferanten des Leasingguts – in der Weise „bedient", dass dieser mit Wissen und Wollen des Leasinggebers bei der Erfüllung einer dem Leasinggeber im Rahmen des Leasingvertrages obliegenden „Verbindlichkeit" tätig wird[2]. Unter Berücksichtigung dieser Ausgangsthese trifft dies immer dann zu, wenn und soweit der Lieferant mit Wissen und Wollen des Leasinggebers bei der Vorbereitung oder dem Abschluss des **Leasingvertrages** tätig wird[3]. So gesehen ist zunächst strikt zu differenzieren: Vorbereitung und Abschluss des den Leasingvertrag vorangehenden **Kaufvertrages** ist mit der Vorbereitung und dem Abschluss des Leasingvertrages nie gleichzusetzen. Daher kommen für eine Haftung des Leasinggebers gemäß § 278 BGB – bezogen auf etwaige Handlungen/Unterlassungen des Lieferanten des Leasingguts – nur solche Tatsachen in Betracht, die unmittelbar auf die **Vorbereitung und/oder den Abschluss des Leasingvertrages** bezogen sind und die – weitere Bedingung – mit Wissen und Wollen des Leasinggebers ausgeübt bzw. unterlassen werden. Liegen

1 *Palandt/Heinrichs*, § 278 BGB Rz. 3 f.
2 MünchKomm./*Grundmann*, § 278 BGB Rz. 20 ff.
3 BGH v. 3.7.1985 – VIII ZR 102/84, WM 1985, 906, BGH v. 4.11.1987 – VIII ZR 313/86, WM 1987, 84; BGH v. 28.9.1988 – VIII ZR 160/87, NJW 1989, 287, 288; im Einzelnen auch *Staudinger/Stoffels*, Leasing Rz. 167; MünchKomm./*Habersack*, Leasing Rz. 52.

diese Voraussetzungen vor, so sind etwaige Schadensersatzansprüche nach den §§ 241 Abs. 2, 280 BGB nicht gegen den Lieferanten des Leasingguts geltend zu machen sind, sondern sie sind unmittelbar dem Leasinggeber entgegenzuhalten.

b) Praktisch zentraler Fall: Überlassen von Vertragsformularen

Von einer Erfüllungsgehilfenschaft des Lieferanten des Leasingguts ist immer dann auszugehen, wenn der Leasinggeber ihm **Vertragsformulare** überlässt, die dieser dann mit Wissen und Wollen des Leasinggebers zur Vorbereitung des Abschlusses des Leasingvertrages im Einverständnis mit dem Leasingnehmer ausfüllt. Denn dann muss der Leasinggeber damit rechnen, und er ist auch damit einverstanden, dass der Lieferant ihn bei der Vorbereitung des Leasingvertrages unterstützt[1], indem er die Einzelheiten des abzuschließenden Leasingvertrages mit dem potentiellen Leasingnehmer abklärt[2]. Die gleiche Erwägung gilt dann, wenn der Leasinggeber dem Lieferanten die jeweils aktuelle **Leasingkalkulation** mitteilt, so dass dieser in der Lage ist, die Preisverhandlungen mit dem Leasingnehmer zu führen und damit den Abschluss des Leasingvertrages vorzubereiten[3]. Regelmäßig ist der Lieferant vor allem auch in den Fällen Verhandlungsgehilfe des Leasinggebers, in denen zwischen beiden Parteien eine **dauernde Geschäftsverbindung** besteht. Denn dann ist der Lieferant regelmäßig mehr oder weniger unmittelbar in die Vorbereitungen des Leasingvertrages eingebunden. Doch notwendig ist dieser Befund nicht[4]. Hat nämlich in diesen Fällen der Leasinggeber etwa dem Lieferanten gleichwohl keine Vertragsformulare überlassen, dann reicht allein der Tatbestand, dass eine dauernde Geschäftsverbindung zwischen beiden Parteien besteht, nicht aus, um die Erfüllungsgehilfenschaft gemäß § 278 BGB – bezogen auf die Vorbereitung und/oder den Abschluss des Leasingvertrages – zu bejahen. 100

c) Testfrage: Eigenes Handeln dem Leasinggeber erspart?

Die zu beantwortende Testfrage ist daher immer, ob der Lieferant mit Wissen und Wollen des Leasingnehmers dem Leasinggeber „eigenes Handeln" im Blick auf Vorbereitung und Abschluss des Leasingvertrages erspart hat[5]. Das ist bei einem Überlassen der Vertragsformulare sicherlich der Fall. Ob diese Voraussetzung auch dann gegeben ist, wenn der Lieferant lediglich für den Leasinggeber **Werbung** betreibt, erscheint fraglich: Jedenfalls reicht 101

1 BGH v. 3.7.1985 – VIII ZR 102/84, WM 1985, 906, 909; BGH v. 14.11.1987 – VIII ZR 313/86, WM 1987, 84,88; BGH v. 15.6.1988 – VIII ZR 316/87, WM 1988, 1122, 1124.
2 MünchKomm./*Habersack*, Leasing Rz. 52; *Ehlert*, in Bamberger/Roth, vor § 535 BGB Rz. 67.
3 BGH v. 3.7.1985 – VIII ZR 102/84, WM 1985, 906, 909.
4 MünchKomm./*Habersack*, Leasing Rz. 52.
5 BGH v. 3.7.1985 – VIII ZR 102/84, WM 1985, 906, 909.

die pauschale Behauptung, der Leasinggeber sei „ständiger Finanzierungspartner" des Lieferanten nicht aus, um den Tatbestand der Verhandlungsgehilfenschaft i.S.v. § 278 BGB zu begründen[1]. Von diesem Ausgangspunkt her betrachtet ist es auch nicht notwendig, die Rechtsfigur des Verhandlungsgehilfen – bezogen auf etwaige Erklärungen/Zusagen des Lieferanten, welche über den Inhalt des Leasingvertrages hinausgehen – auf solche Fälle gemäß § 278 BGB zu beschränken, in denen der Fall eines Hersteller- oder Händlerleasings vorliegt[2]. Das ist verfehlt. Daher hat auch der BGH es mit Recht abgelehnt, diese Rechtsfigur auf diese Konstellationen zu beschränken, so dass das Eingreifen von § 278 BGB im Blick auf entsprechende Erklärungen des Lieferanten auch auf alle anderen Fälle des Leasings – insbesondere aber auch auf die breite Palette des Finanzierungsleasings – erweitert werden kann[3]. Erforderlich ist eben nur, dass der Lieferant mit Wissen und Wollen des Leasinggebers bei der Vorbereitung bzw. dem Abschluss des Leasingvertrages, nicht nur des Kauf- oder Werklieferungsvertrages tätig wird[4].

2. Praktisch relevante Erklärungen des Lieferanten

a) Inhalt und Grenzen des Leasingvertrages

102 Praktisch wird die Haftung des Leasinggebers für etwaiges **Fehlverhalten** des Lieferanten i.S.v. § 278 BGB immer dann, wenn dieser Erklärungen/Zusagen gegenüber dem Leasingnehmer abgibt, die über den Inhalt des Leasingvertrages hinausreichen[5]. Regelmäßig handelt es sich hierbei darum, dass dem Leasingnehmer ein **Erwerbsrecht** nach Ablauf des Leasingvertrages eingeräumt wird, obwohl der Inhalt des Leasingvertrages diese Erklärung/Zusage nicht deckt[6]. Darin liegt grundsätzlich eine schuldhafte Verletzung der Aufklärungspflicht i.S.d. §§ 311 Abs. 2, 241 Abs. 2 BGB[7]. Denn als Verhandlungsgehilfe des Leasinggebers ist der Lieferant verpflichtet, den Leasingnehmer über Inhalt und Grenzen des Leasingvertrages aufzuklären und entsprechende Fragen wahrheitsgemäß und vollständig zu beantworten. Daher darf er keine Erklärungen/Zusagen abgeben, die mit dem Leasingvertrag im Widerspruch stehen. Hat nämlich der Leasingnehmer – und davon ist in diesen Fällen regelmäßig auszugehen – auf den Inhalt der Erklärung/Zusage des Lieferanten des Leasingguts vertraut und in-

---

1 BGH v. 30.1.1995 – VIII ZR 316/93, NJW 1995, 1146, 1147; *Staudinger/Stoffels*, Leasing Rz. 168.
2 BGH v. 3.7.1985 – VIII ZR 102/84, WM 1985, 906, 909.
3 Mit Recht *Wolf/Eckert/Ball*, Rz. 788.
4 Hierzu auch *Erman/Jendrek*, Anh. zu § 535 BGB Rz. 20.
5 Grundlegend BGH v. 4.11.1987 – VIII ZR 313/86, WM 1988, 84; BGH v. 15.6.1988 – VIII ZR 316/87, WM 1988, 1122; abweichend im Ergebnis jedenfalls BGH v. 1.6.2005 – VIII ZR 234/04, NJW-RR 2005, 1421.
6 *Wolf/Eckert/Ball*, Rz. 1739.
7 BGH v. 4.11.1987 – VIII ZR 313/86, WM 1988, 84, 88.

folgedessen den Leasingvertrag kontrahiert, dann zielt die Haftung des Leasinggebers gegenüber dem Leasingnehmer – vorbehaltlich der nachfolgenden Erwägungen – darauf, diesen von den Verbindlichkeiten des Leasingvertrages i.S.d. §§ 249 ff. BGB zu befreien. Es ist also dann regelmäßig von einer Rückabwicklung des Leasingvertrages auszugehen, weil ein solcher Vertrag – ohne das eingeräumte Erwerbsrecht – für den Leasingnehmer kein hinreichendes Interesse hat.

b) Einzelne Sanktionen

aa) Rücktritt

Die auf Rücktritt vom Leasingvertrag zielende Schadensersatzhaftung folgt 103
aus § 241 Abs. 1 BGB i.V.m. § 280 Abs. 1 BGB, weil der Leasingnehmer schon im vorvertraglichen Stadium (§ 311 Abs. 2 BGB) mit Recht erwarten darf, dass der Lieferant des Leasingguts ihn wahrheitsgemäß und vollständig über den Inhalt des Leasingvertrages aufklärt[1]. Mit anderen Worten: Die dem Leasinggeber anzulastenden Pflichtverletzung des Lieferanten i.S.v. § 278 BGB ergibt sich daraus, dass der Anwendungsbereich der §§ 241 Abs. 2, 311 Abs. 2 BGB den gesamten Pflichtenkreis des Geschäftsherrn/Leasinggebers erfasst, d.h. auf ein sorgfältiges Verhalten während der Anbahnung und dem Abschluss des Leasingvertrages gerichtet ist, an dem der Erfüllungsgehilfe teilhat[2]. Da bei wahrheitswidriger Zusage eines nach Ablauf des Leasingvertrages eingreifenden Erwerbsrechts die Verletzung einer **Aufklärungspflicht** durch den Leasinggeber in Rede steht, stellen sich für die **Berechnung des Schadensersatzanspruchs** unter Beachtung des Rücktrittsrechts des Leasingnehmers die allgemeinen Probleme: Es ist nämlich nicht immer klar, wie sich der Leasingnehmer verhalten hätte, wenn der Lieferant ihn ordnungsgemäß aufgeklärt und ihm keine Erklärungen/Zusagen unterbreitet hätte, die über den Inhalt des Leasingvertrages hinausreichen[3]. Daher gilt in diesen Fällen grundsätzlich die Vermutung eines „aufklärungsrichtigen" Verhaltens des geschädigten Leasingnehmers[4]. Dies schließt ein, dass der dann darlegungs- und beweispflichtige Leasinggeber gehalten ist, Tatsachen dafür vorzutragen, dass der Schaden auch bei pflichtgemäßem Verhalten des Hersteller/Lieferanten eingetreten wäre, der Geschädigte also den (ordnungsgemäßen und zutreffenden) Hinweis unbeachtet gelassen und auch bei wahrheitsgemäßen Angaben/Erklärungen des Herstellers/Lieferanten den Leasingvertrag – so wie geschehen – abgeschlossen hätte[5]. Gelingt dem Leasinggeber dieser Nachweis nicht – und davon ist in der Regel auszugehen –, dann geht die Rechtsprechung davon

1 *Palandt/Grüneberg*, § 311 BGB Rz. 21 f.
2 *Palandt/Grüneberg*, § 311 BGB Rz. 22.
3 MünchKomm./*Emmerich*, § 311 BGB Rz. 240.
4 Hierzu BGH v. 6.4.2001 – V ZR 402/99, NJW 2001, 2021, 2022; BGH v. 26.9.1997 – V ZR 29/96, NJW 1998, 302, 303.
5 MünchKomm./*Emmerich*, § 311 BGB Rz. 241.

aus, dass der Leasingnehmer im Rahmen der §§ 249 ff. BGB berechtigt ist, zu wählen, weil er entweder Vertragsaufhebung oder Vertragsanpassung verlangen kann[1].

bb) Ersatz des Vertrauensschadens

104 Es liegt in der Natur des Schadensersatzanspruchs gemäß §§ 241 Abs. 2, 311 Abs. 2, 280 Abs. 1 BGB, dass dieser nicht immer auf ordnungsgemäße Vertragserfüllung gerichtet ist, sondern in der Regel den Ausgleich der Nachteile, die durch die Verletzung des bei den Vertragsverhandlungen eingesetzten Vertrauens des Leasingnehmers entstanden sind, bezweckt[2]. Dieser aus § 311 Abs. 2 BGB resultierende Schadensersatzanspruch ist aber nicht durch das Erfüllungsinteresse begrenzt, sondern kann dieses auch übersteigen[3]. In der Leasingpraxis wird allerdings diese Konstellation selten praktisch. Es gilt nämlich darum festzuhalten, dass nach der insoweit zutreffenden Auffassung des BGH – Fehlverhalten des Lieferanten und Haftung des Leasinggebers gemäß § 278 BGB vorausgesetzt – der Schadensersatzanspruch nicht auf Erfüllung des zugesagten Erwerbsrechts, also auf Abschluss des Kaufvertrages gerichtet ist, sondern nur auf Ersatz des Vertrauensschadens zielt[4]. Es bleibt also grundsätzlich die nach § 249 BGB zu vollziehende Befreiung von der Verbindlichkeit des Leasingvertrages, wobei die Kausalitätserwägungen zum „aufklärungsrichtigen" Verhalten zu bedenken sind (Rz. 108). Die in der früheren Auflage in diesem Kontext vertretene Konstruktion über §166 Abs. 1 BGB analog wird ausdrücklich aufgegeben[5]. Es geht hier nicht um eine Wissenszurechnung, sondern um eine **Zurechnung des pflichtwidrigen Verhaltens des Lieferanten** zum Nachteil des Leasinggebers i.S.v. § 278 BGB[6].

3. Notwendige Grenzziehung

a) Allgemein

105 Ausgangspunkt für eine hier vorzunehmende Grenzziehung der Haftung des Lieferanten als Verhandlungs- und Erfüllungsgehilfe nach § 278 BGB ist zunächst die Feststellung, dass es der Rechtsprechung des BGH entspricht, von einer stillschweigend vereinbarten **Kongruenz** zwischen dem Inhalt des Erwerbsgeschäfts und dem Inhalt des Leasingvertrages auszugehen[7]. Anders gewendet: Der Lieferant muss als Erfüllungsgehilfe des Lea-

1 BGH v. 6.4.2001 – V ZR 394/99, NJW 2001, 2875, 2876.
2 BGH v. 16.11.1967 – III ZR 12/67, BGHZ 49, 77, 82; BGH v. 28.10.1971 – VII ZR 15/70, BGHZ 57, 191, 197; BGH v. 2.3.1988 – VIII ZR 380/86, NJW 1988, 2234, 2236.
3 BGH v. 6.4.2001 – V ZR 394/99, NJW 2001, 2875, 2876.
4 *Palandt/Grüneberg*, § 311 BGB Rz. 22.
5 Dort Rz. 300 f.
6 Ablehnend auch *Wolf/Eckert/Ball*, Rz. 1690 f.
7 Im Einzelnen auch *Wolf/Eckert/Ball*, Rz. 1682 ff.

singgebers dafür einstehen, dass zwischen Erwerbsgeschäft und Leasingvertrag ein „deckungsgleiches Verhandlungsergebnis" besteht[1]. Ob der Leasinggeber dieses Verhandlungsergebnis kennt, ist gleichgültig, weil es nicht auf eine Pflichtverletzung aus eigenem Verschulden des Leasinggebers, sondern auf eine Pflichtverletzung des Lieferanten i.S.v. § 278 BGB zum Nachteil des Leasinggebers entscheidend ankommt. *Beckmann* geht sogar so weit zu sagen, dass es in der „Natur der Sache" liegt, dass der Leasinggeber alle zwischen dem Leasingnehmer und dem Lieferanten ausgehandelten technischen und kommerziellen Absprachen und Modalitäten gegen sich gelten lassen muss[2]. Das ist im Blick auf den Gedanken einer erforderlichen Kongruenz sicherlich zutreffend. Doch die entscheidende Frage ist, ob denn wirklich auch solche Erklärungen und Zusagen dem Leasinggeber entgegengehalten werden können und dürfen, welche mit dem Inhalt des Leasingvertrages überhaupt nicht im Einklang stehen, weil der Lieferant Versprechungen abgegeben hat, die über diesen erheblich hinausgingen, wie etwa auch die Zusage eines Erwerbs des Leasingguts nach Ende der Grundmietzeit[3].

b) Sondervereinbarungen – keine Erfüllungsgehilfenschaft

aa) Ausgangspunkt

Ob man gerade auch unter Berücksichtigung dieses Kongruenzgebots davon ausgehen kann und darf, dass eine Haftung des Leasinggebers gemäß § 278 BGB für ein Fehlverhalten des Lieferanten nicht in Betracht kommt, wenn es sich um **atypische Sondervereinbarungen** handelt, erscheint zweifelhaft[4]. Doch wird man zur Abgrenzung die Grundaussagen der Rechtsprechung heranziehen müssen, welche im Kontext des § 278 BGB entwickelt worden sind[5]. Danach ist zu unterscheiden, ob sich die Pflichtverletzung des Lieferanten nur gelegentlich oder in einem **unmittelbaren sachlichen Zusammenhang** mit den ihm übertragenen Aufgaben und Pflichten ereignete[6]. Daher scheidet die Bejahung des § 278 BGB aus, wenn die Pflichtver- 106

1 BGH v. 3.7.1985 – VIII ZR 102/84, WM 1985, 906, 909; BGH v. 4.11.1987 – VIII ZR 313/86, WM 1988, 84, 88; BGH v. 15.6.1988 – VIII ZR 316/87, WM 1988, 1122, 1124.

2 *Beckmann*, § 1 Rz. 116.

3 Hierzu BGH v. 1.6.2005 – VIII ZR 234/04, NJW-RR 2005, 1421.

4 Hierzu diese Rechtsfigur bejahend: *Beckmann*, § 3 Rz. 163 ff.; vgl. für die Fälle des Verschuldens bei Vertragsabschluss *Wolf/Eckert/Ball*, Rz. 1724 ff.; für Sondervereinbarungen als Rechtsfigur auch OLG München v. 12.4.2002 – 21 U 4262/00, DB 2002, 2373 – besonderer Sachverhalt: Der im Rahmen eines Leasing überlassene Kran sollte als Referenz für den Hersteller dienen, so dass aus diesem Grund dem Leasingnehmer für ein Jahr die Finanzmittel für den Leasingvertrag unentgeltlich zur Verfügung gestellt wurden; vgl. auch *Staudinger/Stoffels*, Leasing Rz. 168.

5 *Palandt/Heinrichs*, § 278 BGB Rz. 20; AnwKomm./*Dauner-Lieb*, § 278 BGB Rz. 8; aus der reichhaltigen Rechtsprechung BGH v. 19.7.2001 – IX ZR 62/00, NJW 2001, 3190, 3191.

6 BGH v. 19.7.2001 – IX ZR 62/00, NJW 2001, 3190, 3191.

letzung des Lieferanten sich lediglich gelegentlich der Vorbereitung oder des Abschlusses des Leasingvertrages ereignete[1]. Dieser Ansatz hat die praktische Konsequenz, dass in der Regel die Annahme einer Erfüllungsgehilfenschaft des Lieferanten dann problematisch ist, wenn es sich um den Abschluss eines Leasingvertrages im Rahmen eines „Einsteigemodells" handelt[2]. Denn in diesen Fällen steht der Abschluss des Kaufvertrages zwischen dem potentiellen Leasingnehmer und dem Lieferanten im Vordergrund der Pflichten[3]. Dabei kann es natürlich sein, dass auch die Übernahmeverhandlungen betreffend das „Einsteigen" des Leasinggebers in den Kaufvertrag vom Lieferanten geführt werden, so dass eine Parallele zum Abschluss eines Erwerbsvertrages besteht[4]. Folglich ist stets eine sehr sorgfältige Analyse der Tatsachen durchzuführen, bevor die Feststellung gerechtfertigt ist, dass der Lieferant Verhandlungsgehilfe des Leasinggebers war oder ob – in der Terminologie bleibend – eine Sondervereinbarung zwischen Lieferant und Leasingnehmer besteht, an die der Leasinggeber nach § 278 BGB gebunden ist[5]. Folglich sollte die Trennlinie danach gezogen werden, ob die jeweilige haftungsbegründende Zusage/Erklärung des Lieferanten als naheliegend oder als **fernliegend** anzusehen ist, weil dann auch das Kriterium erfüllt ist, ob sie nur „gelegentlich" – also: fern liegend – oder in unmittelbarem sachlichen Zusammenhang mit der Vorbereitung des Leasingvertrages abgegeben wurde.

bb) Präjudizien

107 So ist etwa die Entscheidung des OLG München[6] auf Grund des besonderen Sachverhalts durchaus als „Sondervereinbarung" einzuordnen. Denn die Rückkauf- und Referenzvereinbarung für den geleasten Kran war dadurch charakterisiert, dass der Leasingnehmer die „Gegenleistung", nämlich den Einsatz des Krans für Werbezwecke nicht für den Leasinggeber, sondern zugunsten des Herstellers erbrachte[7], obwohl der Leasingnehmer dadurch für die Dauer eines Jahres von der Zahlung der Leasingraten entbunden wurde. Doch im Zentrum der praktisch zu bewältigenden Probleme stehen **Rückkauf- oder Erwerbsvereinbarungen**, welche vom Lieferanten – im Rahmen des von ihm für den Leasinggeber vorbereiteten Leasingvertrages – entgegen dem Inhalt des Leasingvertrages zugesagt werden. Diese begründen grundsätzlich eine Haftung des Leasinggebers. Genau dieser Ansatz hat den BGH auch in seinem Urteil vom 4.11.1987[8] dazu ge-

---

1 Staudinger/*Stoffels*, Leasing Rz. 168.
2 Für einen Ausnahmefall BGH v. 31.5.1989 – VIII ZR 97/88, NJW-RR 1989, 1140, 1142.
3 Mit Recht *Staudinger/Stoffels*, Leasing Rz. 168.
4 A.M. wohl Staudinger/*Stoffels*, Leasing Rz. 168.
5 Hierzu auch *Beckmann*, DStR 2006, 1329, 1331.
6 OLG München v. 12.4.2002 – 21 U 4262/00, DB 2002, 2373.
7 OLG München v. 12.4.2002 – 21 U 4262/00, DB 2002, 2373, 2374.
8 BGH v. 4.11.1987 – VIII ZR 313/86, NJW-RR 1988, 241.

bracht, in einem solchen Fall die Haftung des Leasinggebers auf Schadenersatz nach § 278 BGB zu begründen[1]. Das Urteil des OLG Koblenz[2] steht dieser Einordnung nicht entgegen. Denn in diesem Fall handelte es sich um eine eindeutige Sondervereinbarung, welche den Leasinggeber nicht nach § 278 BGB verpflichtete, hatte doch der Lieferant dem Leasingnehmer gegenüber schriftlich erklärt, dass er zum einen den Pkw nach Ablauf der Grundmietzeit käuflich erwerben wolle, und gleichzeitig dem Leasingnehmer eine Kaufoption eingeräumt[3].

cc) Lösungsansatz

Daher wird man kaum behaupten dürfen, dass eine jede Zusage, welche 108
der Lieferant dem Leasingnehmer in Bezug auf eine Kaufoption nach Ablauf der Grundmietzeit gewährt, schon deswegen den Leasinggeber nicht nach § 278 BGB verpflichtet, weil es sich in diesen Fällen um ein „eigenes Geschäft des Lieferanten" handelt, so dass eine atypische Händlerzusage anzunehmen ist[4]. Denn auch hier kann es sich um ein „Verhandlungsergebnis" handeln, das der Leasinggeber gegen sich wegen der Kongruenz von Erwerbs- und Leasingvertrag gelten lassen muss[5]. Dem BGH-Urteil vom 4.11.1987[6] ist vielmehr, wie bereits betont, nach wie vor uneingeschränkt zuzustimmen[7]. Immer kann daher der entscheidende Test nur der sein, ob der Lieferant **mit Wissen und Wollen** des Leasinggebers bei Vorbereitung bzw. Abschluss des Leasingvertrages – das ist allemal der Pflichtenkreis des Leasinggebers – und in **unmittelbarem sachlichen Zusammenhang** mit der Vorbereitung des Leasingvertrages gehandelt hat, so dass insoweit bezogen auf dieses Aufgabenfeld des Leasinggebers eine Handlung/Unterlassung des Lieferanten vorliegt, mit deren Erfüllung ihn der Leasinggeber beauftragt hatte[8], welche aber nicht vom Inhalt des Leasingvertrages gedeckt ist. Allein die Tatsache, dass die haftungsbegründende Erklärung/Zusage des Lieferanten über den Inhalt des Leasingvertrages hinausreicht, führt noch nicht dazu, eine Vereinbarung anzunehmen, welche als atypische Abrede nicht den Leasinggeber, sondern nur den Lieferanten verpflichtet.

---

1 Hierzu auch *Wolf/Eckert/Ball*, Rz. 1739.
2 OLG Koblenz v. 29.7.2004 – 5 U 174/04, BB 2004, 2099.
3 Der maßgebende Text lautete: „Nach Ablauf des Leasingvertrages *kaufen wir* das Fahrzeug von der A. Leasing. Ausnahmsweise *geben wir Ihnen* schon jetzt eine Kaufoption", S. 2100.
4 So *Beckmann*, DStR 2006, 1329, 1331.
5 Hierzu *Wolf/Eckert/Ball*, Rz. 1684; 1692, vgl. auch *Beckmann*, § 1 Rz. 116.
6 BGH v. 4.11.1987 – VIII ZR 313/86, NJW-RR 1988, 241.
7 A.M. wohl *Staudinger/Stoffels*, Leasing Rz. 168.
8 *Unbereith*, in Bamberger/Roth, § 278 BGB Rz. 26; im Einzelnen auch MünchKomm./*Emmerich* § 278 BGB Rz. 21 ff.

c) Leasingfinanzierung auf eigene Faust

109 **Strittig** ist, ob das Handeln des Lieferanten zum Nachteil des Leasingebers i.S.v. § 278 BGB auch dann in Betracht zu ziehen ist, wenn sich der Leasingnehmer – gleichgültig aus welchen Gründen – die Leasingfinanzierung auf „eigene Faust" selbst besorgt. Das ist grundsätzlich zu verneinen. Doch werden diese Fälle sehr selten sein, weil ja immer ein Tätigwerden des Herstellers/Lieferanten in Rede stehen muss, welches im Blick auf den abzuschließenden Leasingvertrag dem Leasinggeber zuzurechnen ist. Denn die Klammer des § 278 BGB stellt darauf ab, dass der Lieferant mit Wissen und Wollen des Leasinggebers tätig geworden ist. Hiervon abgesehen aber bleibt festzuhalten: Allein die Tatsache, dass sich der Leasingnehmer selbständig die Leasingfinanzierung besorgt und auf eigene Faust den Leasinggeber aussucht, ändert an der nach § 278 BGB vorzunehmenden Zuordnung einer dem Hersteller/Lieferanten zuzurechnenden Pflichtverletzung nichts, sofern sich diese Pflichtverletzung bei der Vorbereitung bzw. beim Abschluss des Leasingvertrages auswirkt (Rz. 98). Die Annahme einer Erfüllungsgehilfenschaft des Lieferanten kann naturgemäß auch dann – freilich: wohl selten – eingreifen, wenn der Leasinggeber in die jeweilige „Bestellung" zwischen Leasingnehmer und Hersteller/Lieferant „einsteigt", wie sie zwischen diesen beiden Parteien zuvor vereinbart worden ist. Immer kommt es nämlich nur darauf an, ob und in welchem Maße der Hersteller/Lieferant des Leasingguts bei der Vorbereitung bzw. beim Abschluss des Leasingvertrages mit Wissen und Wollen des Leasinggebers mitwirkt[1].

d) Ablehnung der Erfüllungsgehilfenschaft des Lieferanten

110 Fehlt aber eine dem Leasinggeber zuzurechnende Pflichtverletzung des Lieferanten i.S.v. § 278 BGB, scheidet eine Schadensersatzhaftung des Leasinggebers naturgemäß aus[2]. Allein die Tatsache, dass dem Abschluss von Leasingverträgen geschäftliche Kontakte zwischen dem Lieferanten des Leasingguts und dem potentiellen Leasingnehmer vorangegangen sind, reicht für sich genommen für die Annahme einer Verhandlungsgehilfenschaft gemäß § 278 BGB nicht aus, sofern sich die Tätigkeit des Lieferanten ohne jede Veranlassung/Wissen des Leasinggebers in Bezug auf den geplanten Leasingvertrag vollzieht[3]. Tatbestandsmäßig beschränkt sich in diesen Fällen die Haftung des Lieferanten gemäß §§ 241 Abs. 2, 311 Abs. 2, 280 Abs. 1 BGB auf Schadensersatz des mit dem potentiellen Leasingnehmer abzuschließenden oder abgeschlossenen Kauf- bzw. Werklieferungsvertrags. Daher kann auf die zuvor dargestellten Ausführungen zurückgegriffen werden (Rz. 108). Denn auch hier geht es dann in der Regel

---

1 A.M. *Palandt/Weidenkaff*, vor § 535 BGB Rz. 54; *Staudinger/Stoffels*, Leasing Rz. 168 – jeweils unter unzutreffender Berufung auf OLG Dresden v. 26.4.1995 – 8 U 1551/94, NJW-RR 1996, 625.
2 BGH v. 30.1.1995 – VIII ZR 316/93, NJW 1995, 1146, 1147.
3 BGH v. 30.1.1995 – VIII ZR 316/93, NJW 1995, 1146, 1147.

darum, den Leasingnehmer von der Verbindlichkeit des Leasingvertrages nach § 249 BGB zu befreien.

4. Wirksamkeit von Haftungsfreizeichnungsklauseln

a) Schadensersatzansprüche gegenüber dem Leasinggeber

Soweit nach dem Vorstehenden dem Leasingnehmer Schadensersatz- 111
ansprüche gemäß §§ 241 Abs. 2, 311 Abs. 2, 280 Abs. 1 BGB zustehen, für welche der Leasinggeber gemäß § 278 BGB einstehen muss, zielt der Schadensersatzanspruch des Leasingnehmers – wie bereits gezeigt – darauf ab, von den Verbindlichkeiten des Leasingvertrages gemäß § 249 BGB freigestellt zu werden. Deshalb stehen dem Leasinggeber keine Entgeltansprüche gegenüber dem Leasingnehmer zu, wenn und soweit er einen Freistellungsanspruch gegenüber dem Leasinggeber durchsetzt[1]. In diesem Kontext sind auch allgemeine Erwägungen zu Umfang und Inhalt eines Schadensersatzanspruchs – wie stets – zu berücksichtigen. Es kann daher durchaus sein, dass hier etwa der Tatbestand des **mitwirkenden Verschuldens** des Leasingnehmers gemäß § 254 BGB in Betracht zu ziehen ist, so dass der dem Leasingnehmer zustehende Schadensersatzanspruch entsprechend gemindert werden muss. Dies ist etwa dann zu bejahen, wenn der Leasingnehmer eine unrichtige Abnahme- oder Übernahmebestätigung ausgestellt hat und der Leasinggeber daraufhin den Kaufpreis an den Hersteller/Lieferanten des Leasingguts – einen Betrüger – ausgezahlt hat[2]. Denkbar ist es aber auch, dass sich der Leasingnehmer gegenüber dem Leasinggeber auf den **Fortfall der Geschäftsgrundlage** gemäß § 313 BGB mit Erfolg beruft. Dies ist z.B. dann zu bejahen, wenn der Leasinggeber die zum Abschluss des Leasingvertrages führenden Vorverhandlungen – wie zuvor im Einzelnen dargelegt (Rz. 98) – dem Lieferanten als seinem Verhandlungsgehilfen überlassen und dieser dem Leasingnehmer verbindlich zugesagt hat, einen bereits bestehenden Leasingvertrag „abzulösen"[3]. Kommt der Lieferant dieser Vereinbarung nicht nach, kann der Leasingnehmer gemäß § 313 BGB von dem neu abgeschlossenen Leasingvertrag zurücktreten[4]. Denn die Ablösung des (alten) Leasingvertrages ist hier Voraussetzung dafür, dass der (neue) Leasingvertrag kontrahiert wird. Im Ergebnis zeigt sich hier erneut das Prinzip der Kongruenz des Verhandlungsergebnisses, wie es zwischen Lieferant des Leasingguts als Verhandlungsgehilfe des Leasinggebers erzielt wurde, mit dem jeweiligen Leasingvertrag[5]. Es muss Deckungsgleichheit bestehen, und sie ist vom Lieferanten als dem Verhandlungsgehilfen des Leasinggebers zu gewährleisten.

1 OLG Hamburg v. 20.10.1987 – 9 U 111/86, NJW-RR 1988, 438.
2 OLG Bremen v. 17.1.1989 – 3 U 10/88, ZIP 1989, 579.
3 OLG Düsseldorf v. 23.6.1988 – 10 U 285/87, BB 1988, 1915.
4 OLG Düsseldorf v. 23.6.1988 – 10 U 285/87, BB 1988, 1915.
5 Hierzu *Wolf/Eckert/Ball*, Rz. 1687 ff.

b) Freizeichnungstatbestände

112 Wenn man nach dem zuvor Gesagten davon ausgeht, dass der Leasinggeber das zwischen den Lieferanten des Leasingguts und dem Leasingnehmer erzielte Verhandlungsergebnis gegen sich gelten lassen muss, stellt sich die weitere Frage, ob es dem Leasinggeber frei steht, sich in den Leasing-AGB von der aus §§ 311 Abs. 2, 241 Abs. 2, 280 Abs. 1 BGB resultierenden **Schadensersatzhaftung** wirksam freizuzeichnen. Man könnte insoweit etwa an eine Klausel denken, wonach der Leasinggeber in den Leasing-AGB erklärt, keine Haftung/Verantwortlichkeit für etwaige Pflichtverletzungen von Dritten zu übernehmen, einschließlich einer Pflichtverletzung des Herstellers/Lieferanten des Leasingguts.

aa) Reichweite der Haftungsfreizeichnung

113 Bei einer solchen Textierung ist zunächst zu fragen, wie diese Klausel aufgrund der gebotenen generell-abstrakten Betrachtungsweise zu bewerten ist. Dies hängt – bezogen auf den Tatbestand einer Haftung für einen „Dritten" – bereits entscheidend davon ab, ob der Hersteller/Lieferant des Leasingguts – unter Berücksichtigung der zuvor dargelegten Erwägungen (Rz. 98 ff.) – in der Tat **als „Dritter"** einzuordnen ist, wenn und soweit er als Verhandlungsgehilfe des Leasinggebers tätig war, so dass die Norm des §§ 278 BGB eingreift. Dann aber ist es sehr zweifelhaft, ob in der Tat eine dem Leasinggeber über § 278 BGB zuzurechnende Pflichtverletzung die eines „Dritten" ist. Das ist im Zweifel auch unter der Perspektive von § 307 Abs. 1 Satz 2 BGB zu verneinen. Daher erfasst die Kategorisierung als „Dritter" grundsätzlich nur solche Dritte, die nicht als Erfüllungsgehilfen tätig geworden sind, also nur etwaige ohnehin nicht dem Leasinggeber zuzurechnende Handlungen/Unterlassungen des Herstellers/Lieferanten. So gesehen ist vom Wortlaut her betrachtet die Freizeichnungsklausel leer laufend.

114 Hat sich indessen der Leasingnehmer die Leasingfinanzierung auf eigene Faust besorgt und ist der Hersteller/Lieferant in der Tat als „Dritter" anzusehen, dann bestehen, wie noch im Einzelnen zu zeigen sein wird (Rz. 115), aus einem anderen Gesichtspunkt durchgreifende Bedenken gegen die Wirksamkeit einer solchen Klausel i.S.v. § 307 Abs. 2 Nr. 1 BGB. Eine so allgemein formulierte Freizeichnungsklausel ist nämlich **zu weit gefasst**. Zu bedenken ist vor allem, dass der Lieferant des Leasingguts immer insoweit Erfüllungsgehilfe des Leasinggebers gemäß § 278 BGB ist, als die Anlieferung des Leasingguts in Rede steht. Mithin haftet der Leasinggeber für etwaige Pflichtverletzungen des Lieferanten des Leasingguts nach den §§ 280 ff. BGB, sei es wegen Verzugs oder einer zu vertretenen Möglichkeit i.S.v. § 311 Abs. 2 BGB (Kap. G Rz. 1 ff.): Das Ausbleiben der Lieferung des Leasingguts ist daher immer der Sphäre des Leasinggebers zuzurechnen[1].

---

1 BGH v. 1.7.1987 – VIII ZR 117/86, NJW 1988, 204; BGH v. 30.9.1987 – VIII ZR 226/86, NJW 1988, 198; vgl. auch *Beckmann*, § 2 Rz. 132 ff.

Die hier zu beachtenden Wirksamkeitsgrenzen von Haftungsfreizeichnungsklauseln sind gemäß § 307 Abs. 2 Nr. 1 BGB äußerst eng; sie werden später im Zusammenhang dargestellt (Kap. G Rz. 21 ff.). Aber im Rahmen des Verzugs kann es keine wirksame Freizeichnung geben[1] – gleichgültig, ob es sich beim Leasingnehmer um einen Verbraucher oder um einen Unternehmer handelt.

bb) Lieferant als Verhandlungsgehilfe des Leasinggebers

(1) Erfordernis einer wirksamen Einbeziehung – vorvertragliches Stadium

Will eine Haftungsfreizeichnungsklausel in Leasing-AGB indessen den hier interessierenden Tatbestand einer Haftung des Leasinggebers für etwaige Pflichtverletzungen des Lieferanten des Leasingguts im Stadium der **Vertragsanbahnung** erfassen und diese ausschließen, dann muss der Leasinggeber als AGB-Verwender zunächst diesen Tatbestand sehr exakt in seinen Leasing-AGB beschreiben. Aber selbst wenn er dies tut, steht fest, dass sich der Leasinggeber von einer auf Verschulden bei Vertragsabschluss gemäß § 311 Abs. 2 BGB beruhenden Schadensersatzhaftung seinen Leasing-AGB grundsätzlich nicht in wirksamer Weise freizeichnen kann, ohne dass eine solche Klausel an § 307 Abs. 2 Nr. 1 BGB scheitert[2]. Sobald sich nämlich die Freizeichnungsklausel auf den Tatbestand des § 311 Abs. 2 BGB bezieht, wird man zunächst erwägen müssen, ob die Klausel nicht schon aus formellen Gründen scheitert, weil die nach § 311 Abs. 2 BGB relevante Pflichtverletzung sich auf ein Stadium bezieht, in welchem die Leasing-AGB noch nicht gemäß § 305 Abs. 2 BGB oder gemäß §§ 145 ff. BGB wirksam in den Leasingvertrag einbezogen worden sind[3]. Für diese Folgerung spricht einiges. Denn die Pflichtverletzung geht hier dem Vertragsabschluss und damit auch der Einbeziehung der AGB voraus. Daher würde eine solche Freizeichnungsklausel auch ein **Überraschungselement** gemäß § 305c Abs. 1 BGB besitzen und aus diesem Grund nicht wirksam in den Leasingvertrag einbezogen werden. Denn ein Leasingnehmer braucht für gewöhnlich nicht damit zu rechnen, dass sich in den – später – einbezogenen Leasing-AGB eine Freizeichnungsklausel findet, die eine vorvertragliche Vertragsverletzung des Lieferanten des Leasingguts zum Gegenstand hat, für den aber der Leasinggeber gemäß § 278 BGB haftet. Für gewöhnlich braucht nämlich ein durchschnittlicher Leasingnehmer lediglich damit zu rechnen, dass sich eine Freizeichnungsklausel auf die Pflichten bezieht, welche Gegenstand eines Leasingvertrages sind. 115

1 BGH v. 27.9.2000 – VIII ZR 155/99, NJW 2001, 292 – Kfz-Kaufvertrag.
2 BGH v. 3.7.1985 – VIII ZR 102/84, WM 1985, 906, 909.
3 Im Übrigen AGB-Klauselwerke/*Graf von Westphalen*, Freizeichnungsklausel Rz. 75 ff.

(2) Unwirksamkeitskriterien

116 Überwindet man diese Hürde der §§ 305 Abs.2, 305c Abs. 1 BGB, spricht sehr viel dafür, eine Freizeichnungsklausel, die sich auf den Tatbestand des Verschuldens bei Vertragsabschluss gemäß § 311 Abs. 2 BGB bezieht, an § 307 Abs. 2 Nr. 1 BGB scheitern zu lassen[1]. Denn die Schadensersatzhaftung wegen Verschuldens bei Vertragsabschluss beruht auf dem Grundtatbestand, dass der Leasingnehmer den Erklärungen des Lieferanten des Leasingguts Vertrauen entgegen gebracht hat, welches nunmehr frustriert ist, sofern die Erklärung/Zusage des Lieferanten unwahr oder unvollständig war, die Freizeichnungsklausel aber gemäß § 307 Abs. 2 Nr. 1 BGB wirksam wäre[2]. Das ist nicht hinzunehmen, sondern enthält eine krasse unangemessene Benachteiligung des Leasingnehmers i.S.d. § 307 Abs. 2 Nr. 1 BGB.

117 Dieses Verdikt gilt allemal, sofern die Freizeichnungsklausel – bezogen auf das vorvertragliche Stadium des Leasingvertrages – nicht den Tatbestand von § 309 Nr. 7b BGB im Auge hat und die Haftung insoweit, als grobes Verschulden in Rede steht, ausklammert. Ist der Leasingnehmer **Unternehmer** gemäß § 14 BGB, dann gilt gemäß § 307 Abs. 1 BGB eine Parallelwertung zu § 309 Nr. 7b BGB[3]. Liegt indessen lediglich **einfache Fahrlässigkeit** im Rahmen einer Schadensersatzhaftung gemäß § 311 Abs. 2 BGB vor, dann gelten die zuvor auf dem Gedanken der Frustration des Vertrauens des Leasingnehmers dargelegten Erwägungen, so dass eine Freizeichnungsklausel auch insoweit nach § 307 Abs. 2 Nr. 1 BGB unwirksam ist. Folglich ist eine Freizeichnungsklausel, welche das vorvertragliche Stadium erfasst, unter allen Perspektiven als **unwirksam** anzusehen, sobald sie nicht eindeutig und transparent klar stellt, dass sich die Freizeichnungsklausel nur auf die Tatbestände bezieht, in denen der Leasingnehmer sich die Leasingfinanzierung auf eigene Faust besorgt hat.

cc) Rechtsfolge – Eingreifen der Abtretungskonstruktion

118 Sobald der Leasinggeber für eine etwaige Pflichtverletzung des Lieferanten gemäß § 278 BGB einzustehen verpflichtet ist, haftet er dem Leasingnehmer gegenüber in der Weise, dass er verpflichtet ist, den Leasingnehmer von den Verbindlichkeiten des Leasingvertrages gemäß §§ 249 ff. BGB freizustellen. Praktisch wird dies vor allen Dingen in den Fällen, in denen der Lieferant des Leasingguts – handelnd als Verhandlungsgehilfe des Leasinggebers gemäß § 278 BGB – dem Leasingnehmer entgegen dem Wortlaut/Inhalt des Leasingvertrages erklärt, ihm stehe eine Kaufoption nach Beendigung des Leasingvertrages zu[4]. Auf die zuvor angestellten Überlegungen

1 BGH v. 3.7.1985 – VIII ZR 102/84, WM 1985, 906, 909.
2 AGB-Klauselwerke/*Graf von Westphalen*, Freizeichnungsklausel Rz. 75 ff.
3 *Palandt/Grüneberg*, § 309 BGB Rz. 48; *Christensen*, in Ulmer/Brandner/Hensen, § 309 Nr. 7 BGB Rz. 43 ff.
4 BGH v. 30.9.1987 – VIII ZR 226/86, NJW 1988, 198; *Wolf/Eckert/Ball*, Rz. 1739.

wird verwiesen (Rz. 106 ff.). Die in § 311 Abs. 2 BGB i.V.m. § 280 Abs. 1 BGB ausgelösten Schadensersatzansprüche muss der Leasingnehmer gegenüber dem **Leasinggeber** geltend machen.

Dies wirft die Frage auf, ob der Leasinggeber nicht berechtigt sein könnte, 119
in den Leasing-AGB auch insoweit, als eine Haftung gemäß § 311 Abs. 2 BGB in Rede steht, von der leasingtypischen Abtretungskonstruktion Gebrauch zu machen (Kap. H Rz. 1 ff.), indem er dem Leasingnehmer die Ansprüche abtritt, die ihm, den Leasinggeber, gegenüber dem Lieferanten des Leasingguts zustehen, während er sich selbst von der mietvertraglichen Eigenhaftung gemäß §§ 536 ff. BGB freizeichnet. Die hiermit aufgeworfene Frage ist zu bejahen; Bedenken gegen die Wirksamkeit einer so weit gefassten Abtretungskonstruktion bestehen nicht.

Doch sei schon hier das Entscheidende angemerkt, dass nämlich dieser An- 120
satz überhaupt nur dann in Betracht kommt, wenn die betreffende Klausel in der Abtretungskonstruktion hinreichend klar auch Schadensersatzansprüche aus dem Gesichtspunkt des Verschuldens bei Vertragsabschluss von ihrem Wortlaut her klar, eindeutig und eben auch **transparent** erfasst. Das ist indessen schon vom Ansatz her zu verneinen, wenn die Abtretungskonstruktion sich – wie üblich – auf die Mängelhaftung bezieht und darauf auch beschränkt ist. Dass dem Leasinggeber regelmäßig Schadensersatzansprüche gegenüber dem Lieferanten des Leasingguts gemäß §§ 311 Abs. 2, 280 Abs. 1 BGB zustehen, wenn der Lieferant des Leasingguts – handelnd als Verhandlungsgehilfe/Erfüllungsgehilfe des Leasinggebers – Erklärungen abgibt, die über den Inhalt des Leasingvertrages hinausreichen, ist evident. Strukturell ist dieser Anspruch identisch mit demjenigen, der dem Leasingnehmer gegenüber dem Leasinggeber zusteht, weil sowohl der eine wie der andere Anspruch darauf gerichtet ist, den Leasingnehmer von den Verbindlichkeiten des Leasingvertrages zu befreien. Dies aber führt zu der Erkenntnis, dass die leasingtypische Abtretungskonstruktion durchaus dogmatisch geeignet ist, auch den Tatbestand des Verschuldens bei Vertragsverhandlungen gemäß § 311 Abs. 2 BGB zu umfassen, wenn die Klausel dies nur in hinreichender Transparenz vorsieht. Dann freilich richtet sich der Schadensersatzanspruch des Leasingnehmers gemäß §§ 311 Abs. 2, 280 BGB unmittelbar gegen den **Lieferanten**. Er ist darauf gerichtet, den Leasingnehmer von den Verbindlichkeiten des Leasingvertrages zu befreien, so dass im Ergebnis der Lieferant auf Ersatz des Schadens haftet, der dem Leasingnehmer kausal dadurch entstanden ist, dass er auf dessen pflichtwidrige Erklärungen/Zusagen vertraute und im Vertrauen darauf den Leasingvertrag kontrahiert hat.

X. „Einsteigen" des Leasinggebers in die Bestellung des Leasingnehmers

1. Grundtatbestand

a) Bestellung des Leasingnehmers beim Leasinggeber

121 Üblicher Praxis beim Abschluss eines Leasingvertrages entspricht es, dass der Leasingnehmer auf Veranlassung des Leasinggebers diesem eine „Bestellung" in Form eines **Antrags** gemäß § 145 BGB hereinreicht. Diese nimmt dann der Leasinggeber innerhalb der **Bindungsfrist** der Leasing-AGB (Rz. 29 ff.) an. Im unternehmerischen Verkehr gelten hier im Wesentlichen die gleichen Erwägungen, die für den Verbraucher gemäß § 308 Nr. 1 BGB eingreifen. Denn innerhalb dieser Bindungsfrist prüft der Leasinggeber die Bonität des Leasingnehmers, die von ihm für wichtig angesehene Fungibilität des Leasingguts sowie – nicht immer – die Bonität des Herstellers/Lieferanten. Kommt er dabei zu dem Resultat, dass keine Bedenken gegen die Annahme der Bestellung des Leasingnehmers bestehen, dann teilt er dieses Resultat dem Leasingnehmer mit oder veranlasst den Lieferanten, das Leasinggut – innerhalb der noch laufenden Bindungsfrist an das Angebot des Leasingnehmers – an diesen zu liefern. Soweit eine **Verlängerung** der Bindungsfrist in Betracht kommt, sei auf die weiter unten zu findenden Ausführungen verwiesen (Rz. 32 ff.).

b) „Einsteigen" des Leasinggebers

122 Ausgesprochen häufig vollzieht sich der Vertragsabschluss zwischen Leasinggeber und Leasingnehmer jedoch in der Weise, dass der Leasingnehmer zunächst mit dem Lieferanten des Leasingguts alle wesentlichen technischen und kommerziellen Details des abzuschließenden Geschäfts aushandelt und dann dem Lieferanten eine rechtsverbindliche Bestellung erteilt. Unter dieser Voraussetzung ist grundsätzlich davon auszugehen, dass zwischen Leasingnehmer und Lieferant des Leasingguts ein **wirksamer Kaufvertrag** zustande gekommen ist[1]. Dies gilt freilich nur unter der Voraussetzung, dass die Parteien – bezogen auf die **Leasingfinanzierung** – nichts Abweichendes vereinbart haben.

123 Genau dies aber trifft regelmäßig zu, wenn zwischen diesen Parteien vereinbart ist, dass letzten Endes der Vertrag „auf Leasingbasis" oder „im Rahmen eines Leasing" (oder in einer vergleichbaren Formulierung) zustande kommen soll[2]. Daraus ergeben sich dann folgende Fragestellungen, die in der Praxis sorgsam zu beachten sind:

1 BGH v. 9.5.1990 – VIII ZR 222/89, NJW-RR 1990, 1009.
2 BGH v. 9.5.1990 – VIII ZR 222/89, NJW-RR 1990, 1009.

In der Regel wird man eine derartige, leasingspezifische Verei
Rahmen des „Einsteigemodells“ dahin interpretieren, dass dam
lösende Bedingung gemäß § 158 Abs. 2 BGB vereinbart ist. Besch
lich der Leasinggeber – nach Prüfung der erforderlichen Detail
unterbreiteten Antrags – in die Bestellung des Leasingnehmers „e
gen“, so liegt eine typische Vertragsübernahme vor[1]. Diese ist nach allgemeiner Ansicht in Literatur und Rechtsprechung als einheitliches Geschäft zu qualifizieren[2]. Sie setzt voraus, dass alle drei Beteiligten mitwirken[3]. Dies kann entweder in der Weise geschehen, dass ein dreiseitiger Vertrag zwischen Leasinggeber – Leasingnehmer – Lieferant abgeschlossen wird oder auch in der Weise, dass sich Leasinggeber und Leasingnehmer über den Abschluss des Leasingvertrages einigen – vorausgesetzt, der Lieferant des Leasingguts ist auch damit einverstanden, dass der Leasinggeber in die vom Leasingnehmer getätigte Bestellung „einsteigt“[4]. Dabei ist es unerheblich, welcher der Beteiligten als Zustimmender mitgewirkt hat[5]. Doch wird es regelmäßig so sein, dass der Lieferant damit einverstanden ist, dass der Leasinggeber als Käufer des Leasingguts auftritt und damit die Rechtsposition übernimmt, die der Leasingnehmer aufgrund der von ihm getätigten Bestellung begründet hat[6].

Diese Konstellation hat erhebliche **praktische Konsequenzen**, soweit der 125
Leasingnehmer **Verbraucher** gemäß § 13 BGB ist. Denn unter dieser Voraussetzung stellt sich die im anderen Zusammenhang erörterte Frage, ob und inwieweit die zwingenden Bestimmungen der §§ 474 ff. BGB im leasingtypischen „Dreiecksverhältnis“ Wirkung entfalten und welche Partei – Leasinggeber oder Lieferant des Leasingguts – das Risiko trägt, dass die leasingtypische „Abtretungskonstruktion“ nicht dem Leasingnehmer in seiner Rechtsposition als Verbraucher die Rechte einräumt, welche den zwingenden Bestimmungen der §§ 474 ff. BGB entsprechen (Kap. L Rz. 65 ff.).

Der Eigentumserwerb i.S.d. §§ 929 ff. BGB vollzieht sich dann in der Wei- 126
se, dass der Lieferant mit Wissen und Wollen des Leasinggebers das Leasinggut an den Leasingnehmer ausliefert und der Leasingnehmer dabei – dies entspricht allgemeiner Vertragspraxis – als **Erfüllungsgehilfe** des Leasingnehmers gemäß § 278 BGB auftritt (Kap. E Rz. 2 ff.). Ungeachtet der Tatsache, dass eine Bestellung – und damit: ein wirksamer Kaufvertrag –

1 BGH v. 27.11.1985 – VIII ZR 316/84, WM 1986, 163, 164; BGH v. 24.1.1990 – VIII ZR 22/89, NJW 1990, 1290; *Beckmann*, § 1 Rz. 78.
2 BGH v. 29.10.1957 – VIII ZR 292/56, MDR 1958, 90; BGH v. 7.3.1973 – VIII ZR 204/71, WM 1973, 489; BGH v. 20.6.1985 – IX ZR 173/84, WM 1985, 1172, 1174; *Beckmann*, § 1 Rz. 79.
3 BGH v. 27.11.1985 – VIII ZR 316/84, WM 1986, 163, 164.
4 BGH v. 27.11.1985 – VIII ZR 316/84, WM 1986, 163, 164.
5 BGH v. 27.11.1985 – VIII ZR 316/84, WM 1986, 163, 164.
6 Hierzu auch *Staudinger/Stoffels*, Leasing Rz. 106; MünchKomm./*Habersack*, Leasing Rz. 42.

zwischen Leasingnehmer und Lieferant zunächst vereinbart worden war, vollzieht sich der Eigentumserwerb gleichwohl unmittelbar im Verhältnis zwischen Leasinggeber und Lieferant des Leasingguts, weil ja Leasing voraussetzt, dass der Leasinggeber rechtlicher und wirtschaftlicher Eigentümer des Leasingguts i.S.v. § 39 Abs. 2 Nr. 1 AO ist.

2. Scheitern der Vertragsübernahme

127 Ist hingegen der Leasinggeber nicht bereit, der „Leasingfinanzierung" in Form der Vertragsübernahme zuzustimmen, stellt sich regelmäßig die Frage, ob der Lieferant des Leasingguts berechtigt ist, den Leasingnehmer an der Bestellung festzuhalten und den Kaufvertrag durch Annahme des Angebots aufrechtzuerhalten. Dies hängt – wie stets – von der jeweiligen Vereinbarung der Parteien und ihrer zutreffenden Auslegung nach den §§ 133, 157 BGB ab. Für gewöhnlich wird man davon ausgehen müssen, dass der Kaufvertrag in seinem Bestand durch das Nichtzustandekommen des Leasingvertrages i.S.v. § 158 Abs. 2 BGB **auflösend bedingt** ist[1]. Dies setzt voraus, dass (potentieller) Leasingnehmer und Lieferant des Leasingguts den Abschluss des Kaufvertrages wirklich gewollt haben, so dass die Festlegung über die Einzelheiten des Leasings zu den Punkten zählte, über die eine vertragliche Einigung tatsächlich herbeigeführt werden sollte[2]. Entscheidend ist also für die Anwendbarkeit von § 158 Abs. 2 BGB, dass wenigstens eine Partei bei den Vertragsverhandlungen – sei es auch nur aufgrund schlüssigen Verhaltens – gegenüber der anderen Partei erklärt hat, sie halte eine Einigung über die „Leasingfinanzierung" für geboten[3] und dass die andere Partei dies erkannt, aber nicht beanstandet hat.

3. Verhinderung des Bedingungseintritts: § 162 Abs. 2 BGB

128 Aus § 162 Abs. 2 BGB folgt, dass sich die Partei, zu deren Vorteil der Eintritt der Bedingungen reicht, sich nicht auf ihren Eintritt mit Erfolg berufen kann, wenn sie diesen wider Treu und Glauben herbeigeführt hat, weil dann der Eintritt der Bedingung als nicht erfolgt anzusehen ist[4]. Aus diesem Grundgedanken ergibt sich folgende Differenzierung, welche in der Praxis zu bedenken ist:

129 Sind zwischen Leasingnehmer und Lieferant lediglich **Vorverhandlungen** über den Abschluss eines Kaufvertrages und einer entsprechenden „Leasingfinanzierung" geführt worden, dann ist das **Scheitern** der „Leasingfinanzierung" weder dem Lieferanten des Leasingguts noch dem Leasing-

1 Gegenteilig und unter Berücksichtigung der Fakten BGH v. 9.5.1990 – VIII ZR 222/89, WM 1990, 1241, 1243 f.
2 BGH v. 9.5.1990 – VIII ZR 222/89, WM 1990, 1241, 1243 f. – offengelassen.
3 Vgl. auch BGH v. 9.5.1990 – VIII ZR 222/89, WM 1990, 1241, 1244.
4 Statt aller *Rövekamp*, in Bamberger/Roth, § 162 BGB Rz. 4 ff.

geber als treuwidriges Verhalten i.S.v. § 162 Abs. 2 BGB zuzurechnen. Denn unter dieser Voraussetzung fehlt es am Abschluss eines wirksamen Kaufvertrages, so dass ein „Einsteigen" des Leasinggebers typologisch nicht in Betracht kommt. Vielmehr verbleibt es dabei, dass diese Konstellation unter Berücksichtigung der allgemeinen Grundsätze von § 311 Abs. 2 BGB zu bewältigen ist. Dies besagt: Nur dann, aber auch nur dann, wenn der Lieferant die Vertragsverhandlungen **grundlos** abgebrochen hat, kann es sein, dass eine Schadensersatzhaftung gemäß §§ 311 Abs. 2, 280 Abs. 1 BGB eingreift[1]. So gesehen bestehen keine Besonderheiten; es gelten vielmehr die allgemeinen Grundsätze, die von der Rechtsprechung entwickelt worden sind[2].

Dem **Leasinggeber** ist ein etwaiges Verschulden des Lieferanten bei Abschluss des Vertrags nur dann zuzurechnen, wenn dieser als Verhandlungsgehilfe des Leasinggebers i.S.v. § 278 BGB tätig geworden ist (Rz. 98). 130

Der Leasinggeber freilich ist **berechtigt**, den „Einstieg" in die Bestellung des Leasingnehmers zu verweigern, wenn hierfür berechtigte Gründe bestehen. Diese können entweder in der Bonität des Leasingnehmers oder in der des Lieferanten des Leasingguts oder auch in der Fungibilität des Leasingguts selbst liegen. Insoweit ist der Leasinggeber in seiner Entscheidung, ob er in die von den Parteien des Kaufvertrages gewollte „Leasingfinanzierung" „einsteigt", frei; die Grenzen seines unternehmerischen Ermessens sind zu respektieren. Freilich wird man auch dann eine **Einschränkung** machen müssen: Soweit nämlich der Lieferant als **Verhandlungsgehilfe** des Leasinggebers gemäß § 278 BGB tätig wird (Rz. 98), wird man das unternehmerische Ermessen des Leasinggebers i.S.v. § 162 Abs. 2 BGB als eingeschränkt ansehen müssen, jedenfalls insoweit als Bonität oder Seriosität des Lieferanten des Leasingguts, aber auch die Fungibilität der Leasinggüter in Rede steht, die für gewöhnlich vom Lieferanten auf den Markt gebracht werden und daher dem Leasinggeber bekannt sind. Denn in diesen Fällen schlägt das Wissen des Leasinggebers zu seinem Nachteil aus. Folglich verbleibt in diesen Fällen dem Leasinggeber lediglich das Recht, sich auf fehlende Bonität des Leasingnehmers mit Erfolg zu berufen, ohne dass § 162 Abs. 2 BGB in Stellung zu bringen ist. 131

4. Widerrufsrecht des Verbrauchers

Keineswegs ist es als treuwidriges Verhalten i.S.v. § 162 Abs. 2 BGB zu qualifizieren, wenn der Leasingnehmer in seiner Rechtsposition als **Verbraucher** von seinem Widerrufsrecht gemäß § 500 BGB i.V.m. § 495 BGB – § 355 BGB – Gebrauch macht[3]. In diesem Fall bleibt es vielmehr dabei, dass die zwingenden Bestimmungen des Verbrauchsgüterkaufs gemäß §§ 474 ff. 132

1 Hierzu *Palandt/Grüneberg*, § 311 BGB Rz. 34 ff.
2 BGH v. 7.12.2000 – VII ZR 360/98, NJW-RR 2001, 381, 382 m.w.N.
3 MünchKomm./*Habersack*, Leasing Rz. 49.

BGB zur Anwendung gelangen (Kap. L Rz. 47 ff.), soweit nicht die von den Parteien vereinbarte „Leasingfinanzierung" als auflösende Bedingung gemäß § 158 Abs. 2 BGB zu qualifizieren ist. Denn vieles spricht in diesen Fällen dafür, dass der Widerruf des Leasingvertrages über § 158 Abs. 2 BGB auch den Bestand des Kaufvertrages beseitigt, der zuvor zwischen Hersteller/Lieferant des Leasingguts und dem Leasingnehmer abgeschlossen worden ist.

5. Treuwidrigkeit des Leasingnehmers?

133 Festzuhalten ist, dass der Leasingnehmer regelmäßig treuwidrig handelt, wenn er geltend macht, der Leasinggeber habe sich geweigert, in die Bestellung „einzusteigen" und einen Leasingvertrag abzuschließen. Denn das Risiko eines abzuschließenden Leasingvertrages liegt in der Sphäre des Leasingnehmers, der sich – unter Berücksichtigung eines bereits mit dem Lieferanten abgeschlossenen Kaufvertrages – auf eine „Leasingfinanzierung" eingelassen hat. Doch ist im gleichen Atemzug hinzuzusetzen, dass dieses Ergebnis dann jedenfalls nicht gilt, wenn zwischen den Parteien des Kaufvertrages – gerade im Hinblick auf die beabsichtigte „Leasingfinanzierung" – Einvernehmen darüber bestand, dass deren Zustandekommen als auflösende Bedingung i.S.v. § 158 Abs. 2 BGB einzuordnen ist. Trifft dies nämlich zu, dann ist das Zustandekommen der „Leasingfinanzierung" gleichzusetzen mit dem Eintritt der Bedingung, so dass das bedingte Rechtsgeschäft – hier: der Kaufvertrag – ohne Rechtswirkungen bleibt; auch ein Rücktritt ist nicht erforderlich[1].

6. Anzahlungen/Vorauszahlungen auf den Kaufvertrag

134 Hat der Leasingnehmer – im Rahmen des mit dem Lieferanten abgeschlossenen Kaufvertrages – eine Anzahlung oder Vorauszahlung entrichtet, dann führt das „Einsteigen" des Leasinggebers dazu, dass diese Zahlung auf den vom Leasinggeber geschuldeten Kaufpreis anzurechnen ist[2]. Doch dürfte es sich regelmäßig empfehlen, in diesen Fällen eine **ausdrückliche Vereinbarung** darüber zu treffen, welches Schicksal die entsprechende Anzahlung/Vorauszahlung im Blick auf den Leasingvertrag erleidet. Es ist nämlich ohne weiteres auch möglich (und durchaus sinnvoll), dass diese im Rahmen der Leasingfinanzierung – durch eine entsprechende Reduktion der Leasingraten – ratierlich berücksichtigt wird. Welche von den beiden Alternativen unter Berücksichtigung der §§ 133, 157 BGB vorzuziehen ist, lässt sich generell nicht sagen: Liegt das „Einsteigemodell" vor, dann spricht einiges dafür, dass dann der Lieferant verpflichtet ist, die erhaltene

1 OLG Braunschweig v. 12.8.1997 – 4 U 13/97, NJW-RR 1998, 567; *Beckmann*, § 1 Rz. 90.
2 MünchKomm./*Habersack*, Leasing Rz. 50.

Zahlung dem Leasingnehmer zurückzuerstatten, weil ja dann der zwischen beiden Parteien abgeschlossene Kaufvertrag – bei Gelingen der „Leasingfinanzierung“ – ohne Rechtswirkungen bleibt. Demzufolge greift dann ein bereicherungsrechtlicher Anspruch gemäß §§ 812 ff. BGB zugunsten des Leasingnehmers durch.

7. Bemühen um eine Leasingfinanzierung

a) Dogmatische Struktur

Andere Ergebnisse gelten freilich dann, wenn sich der Lieferant des Leasingguts – auch in seiner Funktion als Verhandlungsgehilfe des Leasinggebers (Rz. 98) – nur verpflichtet hat, sich darum zu bemühen, eine Leasingfinanzierung auf den Weg zu bringen. Kommt dann diese Finanzierung nicht zustande, dann bleibt es bei dem wirksam abgeschlossenen Kaufvertrag. Es gelten dann in der Sache keine anderen Gesichtspunkte als sie dann eingreifen würden, wenn sich der prospektive Leasingnehmer selbst um eine Leasingfinanzierung bemüht hätte, daran aber gescheitert wäre. Die einzige Rechtsfrage, die sich in diesem Kontext stellt, bezieht sich darauf: Welche Bemühungen schuldet der Lieferant des Leasingguts, bevor er geltend machen kann, die Leasingfinanzierung sei gescheitert? Dogmatisch handelt es sich in diesem Fällen um ein **Leistungsverhalten des Leasingnehmers**, welches nicht auf die Herbeiführung eines Leistungserfolges – nämlich: auf das Zustandekommen des Leasingvertrages und der entsprechenden Finanzierung des Kaufpreises – gerichtet ist[1]. Folglich beziehen sich in diesen Fällen die vom Lieferant eingeforderten Pflichten auch nicht auf den Leistungserfolg, wie er in § 362 BGB seinen Niederschlag gefunden hat, weil ja dort immer auf den Eintritt des Leistungserfolges im Blick auf das Erlöschen der vertraglichen Erfüllungspflichten abgestellt wird[2]. Ob man eine solche Bemühens-Klausel in den Rang einer Nebenpflicht gemäß § 241 Abs. 2 BGB erheben kann, erscheint indessen fraglich. Denn ein Bemühen ist nicht „leistungsbezogen“, weil es nicht der Förderung eines – weitergehenden – Vertragszwecks dient, sondern sich vielmehr in dem Sich-Bemühen erschöpft. Zur Konsequenz hat dies, dass im Zweifel auch keine Schadensersatzpflicht gemäß § 280 Abs. 1 BGB eingreift, wenn der Lieferant sich nicht hinreichend bemüht, eine Leasingfinanzierung auf die Beine zu stellen. Die Grenze ist die Treuwidrigkeit und eine erkennbare sowie auch nachweisbare Pflichtverletzung i.S.d. § 241 Abs. 2 BGB. 135

b) Frist

Auch lässt sich nicht generell sagen, innerhalb welcher Frist der Lieferant berechtigt ist, das Scheitern seiner Bemühungen um eine Leasingfinanzie- 136

1 Hierzu MünchKomm./*Kramer*, § 241 BGB Rz. 7.
2 Statt aller *Palandt/Grüneberg*, § 362 BGB Rz. 5 f.

rung dem prospektiven Leasingnehmer/Käufer mitzuteilen. Für gewöhnlich wird man davon ausgehen dürfen, dass die Frist nicht länger als **max. zwei Monate** betragen darf, bevor das Scheitern der Bemühungen um eine Leasingfinanzierung festgestellt werden kann. Diese Frist beruht auf folgender Erwägung: Wie bereits dargelegt (Rz. 30 ff.), beträgt die Überlegungs- und Prüffrist einen Monat, die dem Leasinggeber zur Verfügung steht, um die Voraussetzungen zu prüfen, ob eine Leasingfinanzierung in Betracht kommt. Demzufolge wird man diese Frist – vorbehaltlich einer abweichenden Parteiabrede – um einen weiteren Monat ergänzen dürfen, innerhalb derer sich der Hersteller/Lieferant um eine solche Finanzierung bemühen muss.

8. Gleichzeitigkeit von Kauf- und Leasingantrag

137 In der Praxis kommt es durchaus vor, dass der prospektive Leasingnehmer zum einen eine „Bestellung" gegenüber dem Lieferanten des Leasingguts auf Abschluss eines Kaufvertrages abgibt, zum anderen einen „Leasingantrag" gegenüber dem Leasinggeber. Dann stehen beide Anträge – formell betrachtet – zueinander in Widerspruch. Indessen kann auch diese Konstellation durch das Gebilde einer **mehrseitigen Vertragsübernahme** aufgelöst werden[1]. Kommt jedoch eine solche Abrede nicht zustande, weil sich etwa der Leasinggeber weigert, dem „Leasingantrag" des prospektiven Leasingnehmers zuzustimmen, so spricht einiges dafür, wegen der Gleichzeitigzeit von Kauf- und Leasingvertrag die Frage zu stellen, ob auch in diesen Fällen eine Verknüpfung beider Rechtsgeschäfte im Sinn einer auflösenden oder auch einer aufschiebenden Bedingung gemäß § 158 BGB vorliegt[2]. Doch für das Eingreifen der Rechtsregeln des § 158 Abs. 2 BGB ist nur dann Raum, wenn zwischen den Beteiligten Einvernehmen darüber besteht, dass das Scheitern des Kaufvertrages gleichzeitig unmittelbare Auswirkungen auf den Bestand des Leasingvertrages haben soll[3], etwa dann, wenn alle Beteiligten darüber einig waren, dass der Kauf ratenweise finanziert werden sollte. Denn unter dieser Voraussetzung ist allemal eine „Finanzierung" gewollt, nicht aber der Abschluss eines Kaufvertrages, der gemäß § 433 Abs. 2 BGB die Zahlung des Kaufpreises als einmalige Gegenleistung einschließt. Fehlt aber eine solche, auf eine ratenweise Finanzierung des Kaufpreises zielende Abrede, dann bleibt zu bedenken, ob nicht der Kaufvertrag gleichwohl Bestand hat. Denn der prospektive Leasingnehmer/Käufer muss ja damit rechnen, dass der Abschluss des Leasingvertrages scheitern kann. Trifft er dann insoweit keine hinreichende Vorsorge, ist er an den Kaufvertrag gebunden, sofern der Nachweis nicht gelingt, dass der Lieferant sich darüber im Klaren war, dass ein unbedingter Kaufvertrag nicht endgültig gewollt war.

1 Vgl. BGH v. 27.11.1985 – VIII ZR 316/84, WM 1986, 163.
2 Vgl. OLG Braunschweig v. 12.8.1997 – 4 U 13/97, NJW-RR 1998, 567.
3 OLG Braunschweig v. 12.8.1997 – 4 U 13/97, NJW 1998, 567, 568.

XI. Verschulden bei Vertragsabschluss – Anspruchsarsenal im leasingtypischen Dreiecksverhältnis

In der Literatur wird die Auffassung vertreten[1], dass die Zuordnung der Ersatzansprüche im leasingtypischen Dreiecksverhältnis – bezogen auf den Tatbestand des Verschuldens bei Vertragsabschluss gemäß §§ 311 Abs. 2, 280 Abs. 1 BGB – „keine nachhaltige Bedeutung" entfalte, weil sie „deckungsgleich" seien. Denn es mache keinen Unterschied, ob der Leasingnehmer etwaige Schadensersatzansprüche im eigenen Namen geltend macht, weil diese ihm „von Anfang an" zustehen, oder ob er auf die leasingtypische „Abtretungskonstruktion" zurückgreift, so dass er diese Ansprüche aus abgetretenem Recht vom Leasinggeber erwirbt[2]. Dem ist aus dogmatischer Sicht sicherlich beizupflichten. Doch für die Praxis ist damit nicht unbedingt viel gewonnen. Folglich geht es nachstehend darum, im Einzelnen den hier kurz apostrophierten Fragestellungen nachzugehen. 138

Ausgangspunkt der hier anzustellenden Erwägungen ist immer die Feststellung, ob der Leasinggeber und/oder Lieferant eine nach § 241 Abs. 2 BGB geschuldete Aufklärungs- und Beratungspflicht nicht oder nicht ordnungsgemäß erfüllt hat und daher nach § 280 Abs. 1 BGB auf Ersatz des dem Leasingnehmer entstandenen Schadens haftet. Dabei ist die Feststellung einer solchen **Pflichtverletzung** stets kardinale Voraussetzung dafür, eine Haftung aus Verschulden bei Vertragsabschluss gemäß §§ 311 Abs. 2, 241 Abs. 2, 280 Abs. 1 BGB zu bejahen[3]. Unter diesem Gesichtswinkel bietet sich folgende Differenzierungen an, die zum einen den Erwerbs-, zum anderen den Leasingvertrag betreffen: 139

1. Aufklärungs-, Hinweis- und Beratungspflichten des Leasinggebers

a) Ausgangspunkt

Wer einen Leasingvertrag abschließt – dies gilt auch dann, wenn der Leasingnehmer **Verbraucher** ist – muss sich grundsätzlich selbst über dessen rechtlichen und wirtschaftlichen Gehalt informieren. Folglich besteht keine unmittelbare Pflicht des Leasinggebers, seinen Vertragspartner ungefragt über Inhalt und wirtschaftliche Folgen des Leasingvertrages aufzuklären[4]. Dies entspricht dem allgemeinen Befund, wie er sich aus der Rechtsprechung zu § 241 Abs. 2 BGB ableiten lässt, weil eine Aufklärungs-, Hinweis- und Beratungspflicht nur dann zwischen den Parteien eines prospektiven Vertrages besteht, wenn der andere Teil – hier: der Leasingnehmer – nach den im Verkehr herrschenden Anschauungen redlicherweise 140

1 *Wolf/Eckert/Ball*, Rz. 1731.
2 Hierzu im Einzelnen auch *Beckmann*, § 3 Rz. 159 ff.; *Staudinger/Stoffels*, Leasing Rz. 162 ff.
3 *Palandt/Heinrichs*, § 241 BGB Rz. 23 ff.; *Palandt/Grüneberg*, § 311 BGB Rz. 16 ff.
4 Mit Recht *Wolf/Eckert/Ball*, Rz. 1725.

Aufklärung erwarten darf[1]. Daraus folgt die Rechtsregel: Lediglich aufgrund der **besonderen Umstände des Einzelfalls** können sich Aufklärungs-, Hinweis- und Beratungspflichten ergeben[2]. Dies ist etwa dann zu bejahen, wenn für den Leasinggeber erkennbar wird, dass der Leasingnehmer falsche Vorstellungen über Art, Inhalt oder Bedeutung des Leasingvertrages hat und dass diese (falschen) Vorstellungen für seine Entscheidung über den Abschluss des Leasingvertrages maßgeblich sein könnten[3].

b) Betreffend die Auswahl des Leasingguts

141 Damit ist zunächst klar, dass sich die Reichweite von Aufklärungs-, Hinweis- und Beratungspflichten des Leasinggebers und auch des Lieferanten, sofern er als Erfüllungsgehilfe anzusehen ist (Rz. 98), auf den Leasingvertrag selbst konzentriert und beschränkt. Gleichzeitig ist aber im Auge zu behalten, dass der Leasingnehmer das Leasinggut beim Lieferanten aussucht und mit diesem die technischen und kommerziellen Details des abzuschließenden Leasingvertrages festlegt. Deshalb ist darauf hinzuweisen, dass – rein faktisch gesehen – stets zwischen Leasingnehmer und Lieferant vertragliche Vorverhandlungen stattfinden, welche auch einen ausreichenden rechtsgeschäftlichen Kontakt i.S.v. § 311 Abs. 2 BGB entfalten können. Dies aber bedeutet wiederum, dass der Leasinggeber – grundsätzlich betrachtet – nicht etwaige Aufklärungs-, Hinweis- und Beratungspflichten in Bezug auf die Eigenschaften des Leasingguts und seine Eignung für die besonderen Zwecke des Leasingnehmers schuldet[4]. Diese treffen grundsätzlich den Lieferanten des Leasingguts[5] in **selbständiger Verantwortlichkeit**. Für das insoweit gegenüber dem Lieferanten anzusprechende Pflichtenarsenal sind die Grundsätze maßgebend, welche die Rechtsprechung im Hinblick auf Aufklärungs-, Hinweis- und Beratungspflichten bei Abschluss eines **Kaufvertrages** konkretisiert hat (Rz. 145). Insbesondere ist in diesem Kontext zu unterstreichen, dass der Lieferant regelmäßig i.S.v. § 311 Abs. 3 BGB ein eigenes wirtschaftliches Interesse daran hat, dass sein Leasingvertrag abgeschlossen wird, so dass er – abhängig von den Umständen des Einzelfalls – grundsätzlich ein besonderes persönliches Vertrauen in Anspruch nimmt, was einen Schadensersatzanspruch des in seinem Vertrauen frustrierten Leasingnehmers zur Konsequenz haben kann[6].

---

1 *Palandt/Heinrichs*, § 280 BGB Rz. 30; *Erman/Westermann*, § 241 BGB Rz. 14; *Staudinger/Stoffels*, Leasing Rz. 165.
2 BGH v. 11.3.1987 – VIII ZR 215/86, NJW 1987, 2082, 2084.
3 BGH v. 11.3.1987 – VIII ZR 215/86, NJW 1987, 2082.
4 Mit Recht *Staudinger/Stoffels*, Leasing Rz. 166.
5 *Wolf/Eckert/Ball*, Rz. 1726.
6 *Beckmann*, § 3 Rz. 173; *Staudinger/Stoffels*, Leasing Rz. 173.

2. Lieferant als Erfüllungsgehilfe des Leasinggebers

a) Grundaussage

Da – wie gesagt – für gewöhnlich der Leasingvertrag durch den rechtsgeschäftlichen Kontakt zwischen Leasingnehmer und Lieferant vorbereitet wird, handelt es sich insoweit, als Informationen über die Eigenschaften des Leasingguts und seine Eignung für die besonderen Zwecke des Leasingnehmers in Rede stehen, um klassische Nebenpflichten, die stets dem Erwerbsgeschäft zuzuordnen sind[1]. Diese Erwägungen gelten erst recht, wenn der Leasingvertrag im Wege des „Einsteigemodells" abgeschlossen wird (Rz. 121 ff.), weil hier der Tatbestand des – vorangehenden – Erwerbsgeschäfts in Form eines Kaufvertrages vorliegt. 142

Unter diesem Gesichtswinkel vollzieht sich dann auch die Abgrenzung zwischen der Verletzung dieser Nebenpflichten i.S.v. § 241 Abs. 2 BGB gegenüber den kaufrechtlichen Regeln, wie sie insbesondere im Hinblick auf eine Beschaffenheitsvereinbarung gemäß § 434 Abs. 1 BGB in Rede stehen[2]. Die Ergebnisse der Judikatur können hier nicht im Einzelnen ausgebreitet werden; dies würde den vorgegebenen Rahmen sprengen. Festzuhalten ist lediglich dies: Soweit i.S.v. § 434 Abs. 1 BGB eine Beschaffenheitsvereinbarung zwischen den Parteien des Kaufvertrages vorliegt, hat eine insoweit eingreifende Pflichtverletzung des Lieferanten wegen der vorliegenden Parteivereinbarung gemäß § 434 Abs. 1 BGB Vorrang vor den allgemeinen Aufklärungs-, Hinweis- und Beratungspflichten des § 241 Abs. 2 BGB. Dies hängt unmittelbar damit zusammen, dass die Verletzung einer aus § 241 Abs. 2 BGB resultierenden Pflicht als **Nebenpflicht** des Kaufvertrages resultiert, während es bei der Nichterfüllung einer Beschaffenheitsvereinbarung i.S.v. § 434 Abs. 1 BGB darum geht, dass der Verkäufer eine ihm obliegende **Hauptpflicht** nicht erfüllt hat[3]. Daher bleibt es insoweit im Grundsatz bei der vor Inkrafttreten der Schuldrechtsmodernisierung geltenden Judikatur. Sie ging davon aus, dass die Gewährleistungsregeln der §§ 459 ff. BGB a.F. Sondernormen gegenüber einer Haftung für Verschulden bei Vertragsabschluss sind, soweit es sich um fahrlässig unzutreffende Erklärungen des Lieferanten handelt, die sich auf eine Eigenschaft/Beschaffenheit des Leasingguts beziehen[4]. Doch ist die Trennung zwischen der Verletzung einer kaufvertraglichen Nebenpflicht i.S.v. § 241 Abs. 2 BGB und der Verletzung einer Beschaffenheitsvereinbarung gemäß § 434 Abs. 1 BGB – jedenfalls unter Geltung der früheren Rechtsprechung – keineswegs eindeutig. So hat der BGH etwa entschieden, dass dann, wenn der Verkäufer aufgrund eingehender Vertragsverhandlungen sowie auf Be- 143

---

1 *Wolf/Eckert/Ball*, Rz. 1728; *Staudinger/Stoffels*, Leasing Rz. 166.

2 Hierzu *Palandt/Weidenkaff*, § 433 BGB Rz. 22 ff.; *Erman/Grunewald*, § 433 BGB Rz. 24 f.

3 Statt aller *Palandt/Weidenkaff*, § 433 BGB Rz. 22 ff.

4 Statt aller BGH v. 16.3.1973 – V ZR 118/71, BGHZ 60, 319; MünchKomm./*Habersack*, Leasing Rz. 51.

fragen des Käufers diesem eine unzutreffende Erklärung erteilt hat, eine Schadensersatzhaftung wegen Verschuldens bei Vertragsabschluss auch dann besteht, wenn sich diese fehlerhafte Beratung auf Angaben über Eigenschaften der Kaufsache erstreckt[1].

b) Leasingnehmer als Verbraucher

144 Ist der Leasingnehmer ein Verbraucher i.S.v. § 13 BGB, so wird man erwägen müssen, unter welchen Voraussetzungen davon auszugehen ist, dass eine **besondere Aufklärungs-, Hinweis- und Beratungspflicht** des Leasinggebers gegenüber dem (unerfahrenen) Leasingnehmer angenommen werden könnte[2]. Ist nämlich der Leasingnehmer in wirtschaftlichen Fragen, insbesondere im Hinblick auf den Abschluss eines Leasingvertrages erkennbar **unerfahren**, so fällt regelmäßig ins Gewicht, dass der Leasinggeber einen Wissensvorsprung besitzt, der i.S.v. § 241 Abs. 2 BGB dahin fruchtbar zu machen ist, dass eine entsprechende Aufklärungs-, Hinweis- oder Beratungspflicht zugunsten des Leasingnehmers zu bejahen sein kann[3]. Wesentlich kommt es hierbei stets darauf an, ob der Leasingnehmer zu erkennen gibt, dass er Fragen hat, deren Beantwortung er vom Leasinggeber erwartet. Ist dies für den Leasinggeber ersichtlich, so wird man davon ausgehen dürfen, dass er im Zweifel auch **ungefragt** dem Leasingnehmer Antworten über den Inhalt des Leasingvertrages, insbesondere über die jeweiligen Belastungen des Leasingnehmers schuldet. Dabei fällt auch ins Gewicht, dass regelmäßig eine Leasingfinanzierung – im Vergleich zu einer klassischen Kreditfinanzierung – keineswegs für den Leasingnehmer als Verbraucher günstiger ist, weil die Leasingraten – im Gegensatz zu den Darlehensraten – mit Mehrwertsteuer belastet und etwaige steuerlichen Vorteile für den Leasingnehmer als Verbraucher irrelevant sind[4]. Doch folgt daraus nicht notwendigerweise, dass man den Leasinggeber gemäß § 241 Abs. 2 BGB grundsätzlich als verpflichtet ansehen müsste, den Leasingnehmer – ohne weitere Nachfrage – darüber aufzuklären, ob im Einzelfall Leasing gegenüber einer Darlehensfinanzierung vorzuziehen oder als nachteilig zurückzuweisen sei. Dieses Risiko muss der Leasinggeber erst dann, aber auch dann vollständig und wahrheitsgemäß offenbaren, wenn der vom Leasingnehmer entsprechend gefragt wird.

---

1 BGH v. 13.7.1983 – VIII ZR 112/82, NJW 1983, 2697; BGH v. 6.6.1984 – VIII ZR 83/83, ZIP 1984, 962; OLG Köln v. 22.10.1993 – 19 U 62/93, NJW 1994, 1355.
2 Hierzu *Beckmann*, § 2 Rz. 67 f.
3 Vgl. BGH v. 18.1.2005 – XI ZR 201/03, NJW-RR 2005, 634.
4 Hierzu *Röhrenbacher/Fleischer*, Leasing versus Kredit, 2. Aufl. 1995, S. 107 ff.

3. Aufklärungs-, Hinweis- und Beratungspflichten des Lieferanten

a) Sondervereinbarungen

Soweit und unter Berücksichtigung des Gesagten (Rz. 106 ff.) feststeht, dass es sich um eine Sondervereinbarung zwischen Lieferant und Leasingnehmer handelt[1], besteht kein Zweifel daran, dass der Leasingnehmer einen entsprechenden Schadensersatzanspruch auf §§ 311 Abs. 2, 241 Abs. 2, 280 Abs. 1 BGB gegenüber dem Lieferanten des Leasingguts hat. Denn diese Vereinbarungen sind dadurch charakterisiert, dass der Leasinggeber keinen Anlass hat, die entsprechenden Erklärungen/Zusagen des Lieferanten als solche zu erkennen, und er sie sich nach § 278 BGB auch nicht zuzurechnen hat. Vielmehr handelt dann der Lieferant auf eigenes Risiko. 145

b) Lieferant als Verhandlungsgehilfe des Leasinggebers – § 278 BGB

Anders sind die hier interessierenden Rechtsfragen zu lösen, wenn der Lieferant als Verhandlungsgehilfe des Leasinggebers tätig wird (Rz. 98). Trifft dies zu, dann ist naturgemäß davon auszugehen, dass eine Verletzung der fraglichen Nebenpflichten i.S.v. § 241 Abs. 2 BGB auch dem Leasinggeber gemäß § 278 BGB anzulasten ist. Zur Konsequenz hat dies, dass dann der Leasinggeber dem Leasingnehmer gegenüber schadensersatzpflichtig wird. Gemäß §§ 249 ff. BGB ist daher der Leasinggeber verpflichtet, den Leasingnehmer von den Belastungen des Leasingvertrages freizustellen[2]. Dieses Resultat wird auch von Ergebnissen der Judikatur getragen[3]. 146

c) „Einsteigemodell“

Die jeweilige Aufklärungs-, Hinweis- und Beratungspflichten gemäß § 241 Abs. 2 BGB, wie sie zuvor – bezogen auf die Person des Leasinggebers sowie die des Lieferanten – entwickelt worden sind, ändern sich nicht, sofern zwischen Lieferant und Leasingnehmer zunächst ein Kaufvertrag abgeschlossen wird, in dem dann der Leasinggeber nach Prüfung der Bonität des Leasingnehmers und der Fungibilität des Leasingguts „einsteigt“. Gerade in diesen Fällen geht es primär darum, die Frage zu beantworten, ob und unter welchen Voraussetzungen der Lieferant gegenüber dem (potentiellen) Leasingnehmer Aufklärungs-, Hinweis- und Beratungspflichten schuldet[4]. Auch dann, wenn der Kaufvertrag unter der auflösenden Bedingung einer Leasingfinanzierung gemäß § 158 Abs. 2 BGB kontrahiert wird, besteht kein Anlass, den Lieferanten – außerhalb der Bejahung einer Verhandlungs- 147

---

1 *Beckmann*, § 3 Rz. 133 ff.

2 MünchKomm./*Habersack*, Leasing Rz. 51; vgl. auch *Staudinger/Stoffels*, Leasing Rz. 167; *Wolf/Eckert/Ball*, Rz. 1729; *Beckmann*, § 2 Rz. 70.

3 BGH v. 30.1.1995 – VIII ZR 316/95, NJW 1995, 1146; BGH v. 28.9.1988 – VIII ZR 160/87, NJW 1988, 287.

4 Hierzu im Einzelnen auch *Wolf/Eckert/Ball*, Rz. 1727.

gehilfenschaft gemäß § 278 BGB – als verpflichtet anzusehen, den Leasingnehmer auch über die leasingtypischen Risiken ungefragt zu unterrichten[1].

4. Selbständiger Beratungsvertrag

148 Andere Gesichtspunkte gelten dann, wenn die Voraussetzung eines selbständigen Auskunfts- oder Beratungsvertrages im Verhältnis zwischen Leasingnehmer und Lieferant des Leasingguts gegeben sind[2]. Davon ist dann zu sprechen, wenn die beratende Tätigkeit – sei es die des Leasinggebers, sei es die des Lieferanten – über **Inhalt, Umfang, Intensität und Bedeutung** für den jeweiligen Vertragspartner deutlich über das hinausgeht, was im Allgemeinen seitens des Verkäufers/Leasinggebers in Bezug auf die sachgemäße Anwendung oder den Einsatz des Leasingguts im Rahmen einer beratenden/empfehlenden Tätigkeit geleistet wird[3]. Mit anderen Worten: Es ist die Frage zu beantworten, ob es dem Leasingnehmer maßgebend darauf angekommen ist, umfassend das besondere Fachwissen des Leasinggebers oder des Lieferanten zu nutzen, wobei stets das „Gesamtbild"[4] für die Bejahung oder Verneinung eines selbständigen Aufklärungs- und Beratungsvertrages maßgebend ist. Trifft dies zu, dann besteht eine aus § 311 Abs. 1 BGB i.V.m. § 280 Abs. 1 BGB resultierende Haftung auf Ersatz des dem Leasingnehmer entstandenen Schadens. In diesen Fällen liegt regelmäßig eine „Sondervereinbarung" im beschriebenen Sinn vor (Rz. 106 ff.), so dass der Leasinggeber insoweit nicht haftet, weil der Abschluss eines selbständigen Beratungsvertrages allemal über den Pflichtenkreis der Zurechnungsnorm des § 278 BGB hinausreicht.

5. Aufklärungs-, Hinweis- und Beratungspflichten des Leasingnehmers

a) Allgemein: Keine Pflicht

149 In der Literatur[5] ist die Frage aufgeworfen worden, ob und unter welchen Voraussetzungen der Leasingnehmer gemäß § 241 Abs. 2 BGB verpflichtet ist, die **Interessen des Leasinggebers** wahrzunehmen, um diesen davor zu warnen, falls ein vom Leasingnehmer ausgesuchter Lieferant besonders unzuverlässig oder gar zahlungsunfähig ist. Dies wird man jedoch – wenn überhaupt – nur unter besonderen Umständen für richtig ansehen dürfen. Denn es bleibt auch im Verhältnis zwischen Leasinggeber – Lieferant bei dem allgemeinen Grundsatz, den der BGH in Bezug auf das Kaufrecht festgelegt hat: Wer einen Kaufvertrag abschließt, muss sich als Käufer grundsätzlich über die rechtlichen und wirtschaftlichen Risiken des abzuschlie-

1 Vgl. auch *Beckmann*, § 2 Rz. 66 ff.
2 Hierzu BGH v. 23.6.1999 – VIII ZR 84/98, NJW 1999, 3192, 3194.
3 BGH v. 23.6.1999 – VIII ZR 84/98, NJW 1999, 3192, 3194.
4 BGH v. 23.6.1999 – VIII ZR 84/98, NJW 1999, 3192, 3194.
5 Hierzu *Beckmann*, § 2 Rz. 75 f.

ßenden Geschäfts informieren[1]. Der im Rahmen eines Leasingvertrages abgeschlossene Kaufvertrag zwischen Lieferant und Leasinggeber macht insoweit keine Ausnahme, zumal der Leasinggeber als rechtlicher und wirtschaftlicher Eigentümer gemäß § 39 Abs. 2 Nr. 1 AO ein vitales Interesse daran hat, ein fungibles und für seine Zwecke taugliches Wirtschaftgut von einem solventen Lieferanten zu erwerben. Es ist daher primär Sache des Leasinggebers, sich über die Bonität des Lieferanten hinreichend kundig zu machen. Das gilt auch insoweit, als ja die leasingtypische Abtretungskonstruktion den Lieferanten unmittelbar ins Boot holt. Gerade dieser Umstand begründet eine besondere Informationspflicht des Leasinggebers gegenüber dem Lieferanten; auf etwaige Hinweise oder gar Warnungen des Leasingnehmers kann sich der Leasinggeber hier grundsätzlich nicht berufen und auch nicht verlassen.

b) Bestehen von „Sondervereinbarungen" zwischen Lieferant und Leasingnehmer

Äußerst zweifelhaft ist des Weiteren, ob der Leasingnehmer verpflichtet 150
ist, den Leasinggeber über solche Vereinbarungen zu unterrichten, die er mit dem Lieferanten abgeschlossen hat, was insbesondere dann eine praktische Rolle spielen soll, wenn es sich um sog. Sondervereinbarungen (Rz. 106 ff.) handelt[2]. Dazu besteht im Regelfall kein Anlass: Liegen nämlich derartige Vereinbarungen vor, dann ist ausschließlich der Lieferant gegenüber dem Leasingnehmer zu ihrer Offenlegung verpflichtet. Dies gilt vor allem, wenn man bedenkt, dass hier ohnehin eine Eigenhaftung des Lieferanten begründet wird, für die er notfalls Schadensersatz statt der Leistung gemäß § 281 BGB leisten muss. Von daher macht es wenig Sinn, den Leasinggeber noch zusätzlich dadurch zu schützen, dass man den Leasingnehmer gemäß § 241 Abs. 2 BGB mit Aufklärungs-, Hinweis- und Beratungspflichten belastet, um dem Leasinggeber das Bestehen von Sondervereinbarungen offenzulegen. Wenn denn überhaupt eine solche Pflicht in Betracht zu ziehen ist, dann trifft sie den Lieferanten in seinem Verhältnis zum Leasinggeber, weil und soweit eine entsprechende stillschweigende, auf Kongruenz zwischen Erwerbs- und Leasingvertrag zielende Vereinbarung vorliegt[3]. Da also Sondervereinbarungen den Leasinggeber in seinem Verhältnis zum Leasingnehmer nicht unmittelbar verpflichten, beschränken sich Erfüllung und Schadensersatz statt der Leistung auf das Vertragsverhältnis zwischen Lieferant und Leasingnehmer. Dies gilt selbst dann, wenn zwischen der Sondervereinbarung und dem Leasingvertrag eine Verbindung gemäß § 139 BGB besteht, weil zwischen beiden Geschäften ein „Einheitlichkeitswille" anzunehmen ist[4].

---

1 BGH v. 2.6.2004 – VIII ZR 329/03, NJW 2004, 2301.
2 *Beckmann*, § 2 Rz. 76.
3 Hierzu *Wolf/Eckert/Ball*, Rz. 1736.
4 Hierzu *Palandt/Heinrichs*, § 139 BGB Rz. 5; vgl. auch BGH v. 30.4.1976 – V ZR 143/74, NJW 1976, 1931.

6. Abschluss des Leasingvertrages – Ende der Haftung wegen Verschuldens bei Vertragsabschluss

151 Die Haftung wegen Verschuldens bei Vertragsabschluss gemäß § 311 Abs. 2 BGB endet regelmäßig mit dem Abschluss des Leasingvertrages[1]. Deshalb hat der BGH auch mit Recht festgestellt, dass die aus § 311 Abs. 2 BGB resultierende Haftung nicht wieder auflebt, falls der Lieferant – ohne entsprechenden Auftrag des Leasinggebers – einem am Vertragseintritt als Leasingnehmer interessierten Dritten Auskünfte über den Vertragsinhalt erteilt[2]. Dies gilt unabhängig davon, ob der Leasinggeber in die Bestellung des Leasingnehmers „einsteigt" oder ob unmittelbar zwischen Leasinggeber und Lieferant ein Kaufvertrag als Voraussetzung eines Leasingvertrages abgeschlossen wird.

7. Schadensersatzsanktionen

a) Ansprüche gegenüber dem Leasinggeber

152 Wie stets richtet sich der aus §§ 241 Abs. 2, 311 Abs. 2, 280 Abs. 1 BGB resultierende Schadensersatzanspruch des Leasingnehmers gegenüber dem Leasinggeber nach §§ 249 ff. BGB, so dass der Leasingnehmer vom Leasinggeber eine Befreiung von den Belastungen des Leasingvertrages verlangen kann[3]. Unter der Voraussetzung nämlich, dass der Leasingnehmer den Leasingvertrag bei ordnungsgemäßer Erfüllung der Aufklärungs-, Hinweis- und Beratungspflicht nicht abgeschlossen hätte[4], zielt die Schadensersatzsanktion darauf, den Leasingnehmer von eben diesen Verbindlichkeiten freizustellen. Soweit dem Leasingnehmer ein solcher Anspruch gegenüber dem Leasinggeber zusteht, hat der Leasinggeber einen Anspruch auf Ratenzahlung gegenüber dem Leasingnehmer[5]. Freilich ist dies zu bedenken: Die Darlegungs- und Beweislast dafür, dass sich der Leasingnehmer „aufklärungsrichtig" verhalten hätte, obliegt – wie stets – dem Leasinggeber.

b) Haftungsfreizeichnung

153 In Bezug auf die Wirksamkeitsgrenzen einer etwaigen Freizeichnungsklausel in den Leasing-AGB gelten hier grundsätzlich die gleichen Erwägungen, die zuvor (Rz. 111 ff.) im Zusammenhang mit einer Freizeichnung wegen Verschuldens bei Vertragsabschluss dargelegt worden sind. Denn die Grenzen sind im Rahmen der §§ 309 Nr. 7b, 307 Abs. 2 Nr. 1 BGB die gleichen[6].

---

1 BGH v. 31.5.1989 – VIII ZR 97/88, NJW 1989, 1140.
2 BGH v. 30.5.1989 – VIII ZR 97/88, NJW 1989, 1140.
3 MünchKomm./*Habersack*, Leasing Rz. 51.
4 Vgl. BGH v. 3.7.1985 – VIII ZR 102/84, WM 1985, 906, 909.
5 BGH v. 3.7.1985 – VIII ZR 102/84, WM 1985, 906, 909.
6 Im Einzelnen auch AGB-Klauselwerke/*Graf von Westphalen*, Freizeichnung Rz. 79 ff.

XII. Abschlussmängel – Irrtum – arglistige Täuschung

1. Einigungsmängel

Soweit ein nach § 119 BGB beachtlicher Irrtum des Leasinggebers oder des Leasingnehmers in Rede steht, bestehen keinerlei Besonderheiten; es gelten die allgemeinen Grundsätze, welche in Judikatur und Literatur für anfechtbare Rechtsgeschäfte entwickelt worden sind[1]. Zu beachten ist jedoch stets in diesen Fällen die dann unmittelbar eingreifende Schadensersatzsanktion des § 122 BGB, welche den Anfechtenden belastet[2]. 154

a) Kaufvertrag – Leasingvertrag

Ficht der Leasingnehmer erfolgreich gemäß § 119 BGB seine auf Abschluss des Leasingvertrages gerichtete Willenserklärung an, dann entsteht ein Rückabwicklungsverhältnis gemäß §§ 812 ff. BGB[3]. Problematisch kann in diesen Fällen allerdings die Schadensersatzsanktion gemäß § 122 BGB sein, sofern der Leasinggeber nicht in der Lage ist, den mit dem Lieferanten abgeschlossenen Kaufvertrag – nach Anfechtung des Leasingvertrages durch den Leasingnehmer – seinerseits anzufechten bzw. rückgängig zu machen. Da es jedoch den Besonderheiten des leasingtypischen Dreiecksverhältnisses entspricht, dass der Leasinggeber erst dann mit dem Lieferanten des Leasingguts einen Kaufvertrag abschließt, wenn der Leasingvertrag tatsächlich kontrahiert ist, bestehen keine durchgreifenden Zweifel: Der Leasingnehmer ist in diesen Fällen gemäß § 122 BGB auch insoweit zum Ersatz des Schadens verpflichtet, als er den Leasinggeber von der kaufvertraglichen Verbindlichkeit gegenüber dem Lieferanten freistellen muss. Denn der Abschluss dieses Erwerbsgeschäftes beruht auf dem Vertrauenstatbestand, der durch den Abschluss des Leasingvertrages – dem Leasingnehmer zurechenbar – entstanden ist. 155

Umgekehrt stellt sich die Frage, welche Rechtsfolgen dann eintreten, wenn der Leasinggeber seinerseits erfolgreich gemäß § 119 BGB seine Willenserklärung gegenüber dem Lieferanten anficht. Der Bestand des Leasingvertrages ist von einer solchen Anfechtung – insbesondere: von der Rechtswirkung des § 142 BGB – formal betrachtet unabhängig. Denn es handelt sich stets um zwei separate Rechtsgeschäfte, die Teil des leasingtypischen Dreiecksverhältnisses sind. Doch stellt sich dann die Frage, ob nicht in diesen Fällen ein Rückgriff auf den Grundsatz der Einheitlichkeit eines aus verschiedenen Teilen bestehenden Rechtsgeschäfts i.S.d. § 139 BGB anzunehmen[4] oder ob der **Fortfall der Geschäftsgrundlage** gemäß § 313 BGB in Be- 156

1 Statt aller *Palandt/Heinrichs*, § 119 BGB Rz. 7 ff.
2 *Palandt/Heinrichs*, § 122 BGB Rz. 3 ff.
3 *Palandt/Heinrichs*, § 142 BGB Rz. 2.
4 Vgl. *Palandt/Heinrichs*, § 139 BGB Rz. 5 m.w.N.

tracht zu ziehen ist, so dass auch der Fortbestand des Leasingvertrages die Rechtsfolge des § 142 BGB nicht überlebt, wenn der Kaufvertrag zwischen Leasinggeber und Lieferant hinfällig wird. Dafür spricht einiges. Vor allem bietet sich der **Rechtsgedanke des § 139 BGB** als Lösungsansatz an. Wenn man nämlich berücksichtigt, dass eine Kongruenz zwischen Erwerbsgeschäft und Leasingvertrag anzunehmen ist[1], dann liegt es auch nahe, i.S.v. § 139 BGB insoweit von einem einheitlichen Rechtsgeschäft auszugehen, zumal allen an der Leasingfinanzierung beteiligten Parteien klar ist, dass hier der nach § 139 BGB einzufordernde „Einheitlichkeitswille" nicht in Frage steht[2]. Denn der zwischen Leasinggeber und Lieferant abgeschlossene Kaufvertrag beruht auf dem zwischen Leasingnehmer und Leasinggeber kontrahierten Leasingvertrag. Nur im Blick auf den Bestand des Leasingvertrages erwirbt der Leasinggeber das Eigentum am Leasinggut, um es dann dem Leasingnehmer zur Nutzung zu überlassen.

157 Welcher der beiden Wege – Fortfall der Geschäftsgrundlage nach § 313 BGB oder Begründung einer Einheit zwischen Erwerbs- und Leasingvertrag i.S.d. § 139 BGB – dogmatisch letzten Endes zu bevorzugen ist, soll hier allerdings nicht weiter vertieft werden; beide Wege führen im praktischen Ergebnis zum gleichen Resultat, dass nämlich die wirksame Anfechtung des Erwerbsgeschäfts zwischen Leasinggeber und Lieferant des Leasingguts wegen der Rechtswirkung des § 142 BGB den Bestand des Leasingvertrages erfasst. Die Rückabwicklung dieses Vertragsverhältnisses vollzieht sich dann nach den Regeln der §§ 812 ff. BGB.

b) Irrtum des Lieferanten

158 Soweit ein Erklärungs- oder Inhaltsirrtum gemäß § 119 BGB dem Lieferanten anzulasten ist, stellt sich zunächst die Frage, ob diese Anfechtungserklärung lediglich gegenüber dem Leasinggeber als dem Käufer des Leasingguts ausgeübt werden kann oder ob auch die Möglichkeit besteht, die Anfechtungserklärung dem Leasingnehmer entgegen zu setzen. Dies wird man jedoch – wenn überhaupt – lediglich beim „Einsteigemodell" (Rz. 121 ff.) zulassen dürfen, und dies auch nur so lange, als der Kaufvertrag zwischen Lieferant und Leasingnehmer/Käufer nicht durch Abschluss des Leasingvertrages in Fortfall geraten ist.

c) Anfechtungsrecht des Lieferanten

159 Umgekehrt gilt: vollzieht sich die Anfechtungserklärung des Lieferanten gemäß § 119 BGB gegenüber dem Leasinggeber, gilt die Rechtswirkung der Nichtigkeit gemäß § 142 BGB in gleicher Weise, wie sie zuvor dargestellt

1 *Wolf/Eckert/Ball*, Rz. 1684 ff.
2 BGH v. 30.4.1976 – V ZR 143/74, NJW 1976, 1931; vgl. auch *Palandt/Heinrichs*, § 139 BGB Rz. 5.

worden ist (Rz. 156). Der in der Vorauflage[1] verfolgte Gedanke, auf die Rechtsfolge des § 166 Abs. 1 BGB (analog) zurückzugreifen, erweist sich als nicht weiter tragfähig; auf die weiter oben unterbreiteten Ausführungen wird verwiesen (Rz. 90 ff.).

2. Anfechtung wegen Arglist – § 123 BGB

a) Tatbestand der Arglist

Die in § 123 Abs. 1 BGB verankerte arglistige Täuschung setzt wie der strafrechtliche Betrugstatbestand voraus, dass eine **Täuschung** zum Zweck der Erregung oder Aufrechterhaltung eines Irrtums vorliegt[2]. Allerdings ist im Gegensatz zu § 263 StGB weder eine Bereicherungsabsicht des Täuschenden noch eine Schädigung des Vermögens des Getäuschten erforderlich[3]. Die Täuschungshandlung als positives Tun liegt in der Vorspiegelung oder im Verschweigen von Tatsachen, welche sich ihrerseits auf objektiv nachprüfbare Umstände beziehen müssen[4]. Das Verschweigen von Tatsachen – regelmäßig durch Unterlassen begangen – stellt jedoch nur dann eine Täuschung dar, wenn hinsichtlich der verschwiegenen Tatsachen eine Aufklärungspflicht bestand[5]. Im einen wie im anderen Fall ist es aber für die Annahme einer arglistigen Täuschung nicht erforderlich, dass für den Getäuschten bei größerer Aufmerksamkeit der Irrtum vermeidbar gewesen und dann die Erklärung nicht abgegeben worden wäre[6]. Denn auf ein Verschulden des Getäuschten kommt es in diesem Zusammenhang nicht an[7]. 160

b) Lieferant des Leasingguts als „Dritter" i.S.v. § 123 Abs. 2 BGB

Dritter i.S.v. § 123 Abs. 2 BGB ist immer nur derjenige, der an dem jeweiligen Geschäft nicht beteiligt ist[8]. Demgegenüber erfolgt eine Wissenszurechnung immer dann, wenn zwischen dem Erklärungsempfänger und dem Täuschenden eine enge Verbundenheit besteht, so dass bei einer wertenden Gesamtschau das Verhalten des Täuschenden dem des Erklärungsempfängers selbst gleichzusetzen ist[9]. Unter dieser Voraussetzung ist dann der Täuschende kein Dritter[10]. Dieser Ansatzpunkt, wonach im Ergebnis insoweit auch Billigkeitsgesichtspunkte maßgebend sind, ist auf das leasingstypische Dreiecksverhältnis zu übertragen. Nach der zutreffenden 161

1 Dort Rz. 325.
2 *Palandt/Heinrichs*, § 123 BGB Rz. 2 ff.; *Wendtland*, in Bamberger/Roth, § 123 BGB Rz. 7 ff.
3 *Palandt/Heinrichs*, § 123 BGB Rz. 2.
4 Im Einzelnen *Erman/Palm*, § 123 BGB Rz. 12.
5 Vgl. auch *Wendtland*, in Bamberger/Roth, § 123 BGB Rz. 11 ff.
6 BGH v. 28.9.1988 – VIII ZR 160/87, NJW 1989, 287, 288.
7 BGH v. 17.11.1960 – VII ZR 115/59, BGHZ 33, 302, 310.
8 *Palandt/Heinrichs*, § 123 BGB Rz. 13.
9 *Erman/Palm*, § 123 BGB Rz. 35.
10 *Wendtland*, in Bamberger/Roth, § 123 BGB Rz. 21 ff.

Auffassung des BGH kommt es mithin entscheidend darauf an, „ob die Beziehungen des Täuschenden zum Erklärungsempfänger so eng sind, dass der Erklärungsempfänger die Täuschung wie eine eigene zu vertreten hat und den Täuschenden deshalb nicht am Vertrag festhalten darf"[1]. Mithin ist letzten Endes auch darauf abzustellen, ob „Billigkeitsgesichtspunkt unter Berücksichtigung der Interessenlage"[2] es erfordern, dass das Handeln einer „Mittelsperson" dem Anfechtungsgegner deswegen zugerechnet wird, weil diese Person tatsächlich mit dem Willen des Erklärungsgegners in die Verhandlungen eingeschaltet[3] wurde.

162 Daher ist entscheidend darauf abzustellen, ob unter Berücksichtigung des zuvor Gesagten (Rz. 98) der **Lieferant des Leasingguts als Verhandlungsgehilfe des Leasinggebers** i.S.d. § 278 BGB tätig wurde[4]. Liegen diese Voraussetzungen vor, dann ist ein arglistiges Verhalten des Lieferanten i.S.v. § 123 Abs. 2 BGB dem Leasinggeber auch zuzurechnen, so dass dieser – bezogen auf eine Anfechtung des Leasingvertrages – nicht Dritter i.S.v. § 123 Abs. 2 BGB ist[5]. Dies wird in der Literatur teilweise anders gesehen[6]. Zu eng ist es freilich, wenn in dem Kontext des § 123 Abs. 2 BGB darauf abgestellt wird, ob der Lieferant als Vertreter des Leasinggebers aufgetreten ist[7]. Denn die Vertreterregeln der §§ 164 ff. BGB sind nicht kongruent mit der Zurechnung, die gemäß § 278 BGB – bezogen auf die vorvertraglichen Verhandlungen – dann stattfindet, wenn der Lieferant mit Wissen und Wollen des Leasinggebers bei Abschluss des Leasingvertrages tätig wurde und damit dem Leasinggeber eigenes Handeln erspart hat[8]. Dazu reicht es freilich nicht aus, wenn der Lieferant des Leasingguts den Leasingnehmer über den Inhalt des Leasingvertrages arglistig täuscht, weil seine Rechtsstellung als Lieferant noch nicht ausreicht, darin die Position eines Verhandlungsgehilfen gemäß § 278 BGB zu sehen[9]. Auf die bereits oben erläuterten Beispielsfälle wird Bezug genommen (Rz. 102 ff.).

163 Unter der Voraussetzung, dass der Lieferant Verhandlungsgehilfe des Leasinggebers ist, kann der arglistig getäuschte Leasingnehmer den Abschluss des Leasingvertrages gegenüber dem **Leasinggeber** wirksam wegen arglistiger Täuschung nach § 123 BGB innerhalb der Frist des § 124 BGB anfechten. Geschieht dies, wird der Leasingvertrag gemäß §§ 812 ff. BGB rück-

1 BGH v. 8.2.1979 – III ZR 2/77, WM 1979, 429, 431.
2 BGH v. 22.9.1980 – II ZR 271/79, WM 1980, 1451, 1453.
3 BGH v. 8.2.1979 – III ZR 2/77, WM 1979, 429, 431.
4 Grundlegend BGH 28.9.1988 – VIII ZR 160/87, NJW 1989, 287.
5 Vgl. auch *Beckmann*, § 2 Rz. 411.
6 *Palandt/Weidenkaff*, vor § 535 BGB Rz. 51; *Canaris*, NJW 1982, 305, 311; insbesondere auch *Erman/Jendrek*, Anh. zu § 535 BGB Rz. 20.
7 So *Palandt/Weidenkaff*, vor § 535 BGB Rz. 51; vgl. auch *Canaris*, NJW 1982, 305, 311.
8 BGH v. 3.7.1985 – VIII ZR 102/84, WM 1985, 906, 909; im Ergebnis auch *Wolf/Eckert/Ball*, Rz. 1747; *Beckmann*, § 2 Rz. 411.
9 BGH v. 28.9.1988 – VIII ZR 160/87, NJW 1989, 287.

abgewickelt; es findet ein bereicherungsrechtlicher Saldo im Rahmen der Rückforderung statt (Kap. H Rz. 157 ff.).

Dies ist freilich dann **anders**, wenn im Leasingvertrag die typische Abtretungskonstruktion gewählt ist[1], welche sich auch auf die Konstellation einer arglistigen Täuschung nach § 123 BGB bezieht. Das trifft in der Praxis nicht sehr oft zu. Ist dies aber zu bejahen, so dass auch die Rückabwicklung des Leasingvertrages im Rahmen der Nichtigkeit gemäß §§ 123, 142 BGB von der Abtretungskonstruktion erfasst wird, dann ist die Anfechtungserklärung als Gestaltungserklärung – ähnlich wie der Rücktritt gemäß § 437 Nr. 2 BGB – gegen den Lieferanten zu richten, so dass sich die Rückabwicklung des Leasingvertrages dann im Verhältnis zwischen Lieferant und Leasingnehmer vollzieht. 164

Doch stellt sich die Frage, ob nicht gegen diesen konstruktiven Ansatz einer Abtretungskonstruktion dogmatische Bedenken einzuwenden sind. Das ist im Ergebnis zwar zu verneinen. Doch ist folgende Argumentationskette zu durchlaufen: Zunächst dies: Die leasingtypische Abtretungskonstruktion basiert auf dem Grundgedanken, dass der Leasinggeber die mietvertragliche Eigenhaftung gemäß §§ 536 f. BGB ausschließt (Kap. H Rz. 1 ff.), um dem Leasingnehmer stattdessen die ihm, dem Leasinggeber, gegenüber dem Lieferanten zustehenden Mängelansprüche gemäß §§ 434 ff. BGB abzutreten. Im Hintergrund steht dabei ein Doppeltes, dass zum einen wegen eines Mangels des Leasingguts dem Leasingnehmer mietrechtliche Ansprüche zustehen, während zum anderen der Leasinggeber auf kaufrechtliche Mängelansprüche gemäß §§ 434 ff. BGB gegenüber dem Lieferanten als Verkäufer des Leasingguts zurückgreifen kann. Es besteht also eine Anspruchskette, würde der Leasinggeber nicht die mietvertragliche Eigenhaftung gemäß §§ 536 f. BGB abbedingen. Genau dies ist aber im Fall einer arglistigen Täuschung gemäß § 123 Abs. 1 BGB anders. 165

Hier steht ein Anfechtungsrecht gemäß § 123 Abs. 1 BGB ausschließlich dem Leasingnehmer zu, während der Leasinggeber auf Schadensersatzansprüche gemäß §§ 311 Abs. 2, 280 Abs. 1 BGB gegenüber dem Lieferanten zurückgreifen kann, sofern sich herausstellt, dass dieser als Verhandlungsgehilfe des Leasinggebers arglistig den Leasingnehmer getäuscht hat. Sieht man einmal davon ab, dass die Regeln von § 536 Abs. 1 und Abs. 3 BGB keinen Anspruch, sondern rechtsvernichtende Einwendungen gegenüber dem Anspruch auf Miete begründen[2], sind jedenfalls nach Überlassung der Mietsache die dann eingreifenden Schadens- und Aufwendungsersatzansprüche des Mieters wegen eines Mangels des Leasingguts kongruent mit denen, die § 437 Nr. 3 BGB im Auge hat. Macht also der Leasingnehmer Mängelrechte bzw. Mängelansprüche gemäß §§ 536 f. BGB gegenüber dem Leasinggeber geltend, dann stehen dem Leasinggeber als 166

1 *Beckmann*, § 2 Rz. 412.
2 Statt aller *Palandt/Weidenkaff*, § 536 BGB Rz. 1.

Käufer im Wesentlichen gleichgerichtete Ansprüche/Rechte gegenüber dem Lieferanten zu. Daher kann der Leasinggeber bei der leasingtypischen Abtretungskonstruktion eben diese Ansprüche/Rechte gemäß § 437 BGB an den Leasingnehmer abtreten, soweit sie ihn, dem Leasinggeber, gegenüber dem Lieferanten zustehen (Kap. H Rz. 16 ff. – Darstellung der Bedenken). Demgegenüber hat bei einer arglistigen Anfechtung des Leasingnehmers gemäß § 123 Abs. 1 BGB der Leasinggeber kein entsprechendes Gestaltungsrecht gegenüber dem Lieferanten, sofern die arglistige Täuschung des Leasingnehmers von diesem verursacht wurde und gemäß § 123 Abs. 2 BGB dem Leasinggeber zuzurechnen ist. Vielmehr steht dem Leasinggeber – wie gezeigt – lediglich ein Schadensersatzanspruch wegen Verschuldens bei Vertragsabschluss gemäß § 311 Abs. 2, 280 Abs. 1 BGB zu. Dieser aber kann schwerlich Gegenstand der leasingtypischen Abtretungskonstruktion sein, weil er erst die Konsequenz der Tatsache ist, dass der Leasingnehmer gegenüber dem Leasinggeber den Leasingvertrag wirksam gemäß § 123 Abs. 1 BGB – mit der Nichtigkeitsfolge des § 142 BGB – angefochten hat. Erst dann entsteht dem Leasinggeber ein Schaden, den er gegenüber dem Lieferanten gemäß §§ 311 Abs. 2, 280 Abs. 1 BGB reklamieren kann.

167 Diese Schwierigkeit lässt sich deshalb nur dadurch überwinden, dass die leasingtypische Abtretungskonstruktion ausdrücklich auch auf solche künftigen Ansprüche/Rechte erstreckt wird, welche Gegenstand einer Anfechtung nach § 123 Abs. 1 BGB sind. Dies setzt eine **transparente Vertragsgestaltung** i.S.d. § 307 Abs. 1 Satz 2 BGB voraus. Zweckmäßig dürfte es daher sein, sowohl gegenüber einem Verbraucher als auch gegenüber einem Leasingnehmer in den AGB ausdrücklich klarzustellen, dass die Abtretungskonstruktion sich auch auf etwaige Schadensersatzansprüche bezieht, die sich aus dem Tatbestand einer arglistigen Täuschung ableiten, welche deswegen dem Leasinggeber zuzurechnen sind, weil der Lieferant als Verhandlungsgehilfe des Leasinggebers aufgetreten ist und daher kein „Dritter" i.S.d. § 123 Abs. 2 BGB ist.

c) Lieferant des Leasingguts kein „Dritter"

168 Ist das arglistige Verhalten des Lieferanten dem Leasinggeber nicht nach § 278 BGB zuzurechnen, so ist dieser kein Dritter i.S.v. § 123 Abs. 2 BGB; ein Anfechtungsrecht steht daher auch dem Leasingnehmer gegenüber dem Leasinggeber nicht zur Seite. Es verbleiben dem Leasingnehmer dann lediglich unmittelbare Schadensersatzansprüche, die er gegenüber dem Lieferanten des Leasingguts geltend machen muss. Sie können sich aus §§ 311 Abs. 2, 280 Abs. 1 BGB wegen Verschuldens bei Vertragsabschluss herleiten lassen; sie sind aber auch aus § 823 Abs. 2 BGB i.V.m. § 263 StGB – abhängig von den Umständen des Einzelfalls – zu realisieren, soweit nicht unmittelbar sogar auf § 826 BGB zurückgegriffen werden kann. Alle diese Schadensersatzansprüche sind in der Sache gemäß § 249 BGB darauf ge-

richtet, den Leasingnehmer von den Verbindlichkeiten des Leasingvertrages freizustellen, weil der Leasingnehmer – arglistiges Verhalten des Lieferanten vorausgesetzt – in der Regel mit Erfolg geltend machen kann, den Leasingvertrag überhaupt nicht abgeschlossen zu haben, sofern er nicht über die Eignung des Leasingguts für seine eigenen technischen und wirtschaftlichen Zwecke arglistig getäuscht worden wäre.

3. Adressat der Anfechtungserklärung

a) Ausgangspunkt

Soweit der Lieferant **Verhandlungsgehilfe** des Leasinggebers ist und er die Stellung eines Dritten i.S.v. § 123 Abs. 2 BGB einnimmt, ist die Anfechtungserklärung des Leasingnehmers grundsätzlich an den **Leasinggeber** zu richten. Dies gilt unabhängig davon, ob der Tatbestand der arglistigen Täuschung sich nur auf den Inhalt des Leasingvertrages oder auch auf den Kaufvertrag, insbesondere darauf bezieht, ob das Leasinggut für die besonderen Zwecke des Leasingnehmers geeignet ist. An dieser Stelle kommen die Auswirkungen zum Tragen, dass nämlich zwischen Erwerbs- und Leasingvertrag deckungsgleiche Kongruenz besteht[1]. Tatbestandlich wird sie dadurch unterstrichen, dass die Vorbereitung des Leasingvertrages immer im Verhältnis zwischen Lieferant und Leasingnehmer vollzogen wird, so dass insoweit von einer wirtschaftlichen (und auch rechtlichen) Einheit zwischen Leasing- und Kaufvertrag auszugehen ist. 169

Wenn jedoch der Leasinggeber in die Bestellung des Leasingnehmers „einsteigt", der Lieferant aber eine arglistige Täuschung gegenüber dem Leasingnehmer im Rahmen des – zuvor kontrahierten – Kaufvertrages verübt hat, gilt in der Sache nichts anderes: Es kommt auch hier maßgebend darauf an, ob der Lieferant als Verhandlungsgehilfe des Leasinggebers tätig geworden ist. Dann ist die Anfechtungserklärung des Leasingnehmers grundsätzlich an den **Leasinggeber** zu adressieren. 170

Liegen indessen – bezogen auf die Rechtsstellung des Lieferanten – die Voraussetzungen einer Verhandlungsgehilfenschaft i.S.v. § 278 BGB nicht vor, dann ist der Lieferant des Leasingguts **Dritter** i.S.v. § 123 Abs. 2 BGB. Zur Konsequenz hat dies, dass die Anfechtungserklärung des Leasingnehmers **ausschließlich an den Lieferanten** zu richten ist. Doch dürfte es sich in diesen Fällen – wie bereits angedeutet – in der Praxis vor allem empfehlen, auf das Instrument der Schadensersatzhaftung gemäß §§ 311 Abs. 2, 280 Abs. 1, 823 Abs. 2, 826 BGB zurückzugreifen, so dass dann der Lieferant verpflichtet wird, den Leasingnehmer von den Verbindlichkeiten des Leasingvertrages freizustellen. 171

---

1 *Wolf/Eckert/Ball*, Rz. 1684 ff.

b) Leasinggeber – Lieferant – Empfangsbotenschaft?

172 Ist nach dem zuvor Gesagten der Leasingnehmer bei einer arglistigen Täuschung verpflichtet, seine Rechte unmittelbar gegenüber dem Lieferanten zu reklamieren, weil dieser im Verhältnis zum Leasinggeber Dritter gemäß § 123 Abs. 2 BGB ist, dann steht soviel fest: Richtet er in diesen Fällen die Anfechtungserklärung an die Adresse des Leasinggebers, so hat dieser gegenüber dem Lieferanten keine Empfangsvollmacht[1].

aa) Beim „Einsteigemodell"

173 Allerdings wird man erwägen müssen, bei dem leasingtypischen „Einsteigemodell" (Rz. 121 ff.) eine Ausnahme vorzusehen: Wenn nämlich der Leasinggeber in die Bestellung des Leasingnehmers „einsteigt", dann liegt darin – wie gezeigt – eine allseitige Vertragsübernahme, an der alle Beteiligten mitwirken. Deshalb erfasst das arglistige Verhalten des Lieferanten nicht nur das mit dem Leasingnehmer zuvor abgeschlossene Erwerbsgeschäft, sondern auch den Kaufvertrag mit dem Leasinggeber und den Leasingvertrag gleichermaßen. Soweit sich nämlich dann die arglistige Täuschung darauf bezieht, dass das Leasinggut für die besonderen Zwecke des Leasingnehmers/Käufers ungeeignet ist, wird man dem getäuschten Leasingnehmer nicht verübeln dürfen, wenn er eine Anfechtungserklärung dann unmittelbar – und ausschließlich – gegenüber dem Lieferanten gemäß § 123 Abs. 1 BGB geltend macht.

bb) Lieferant als Verhandlungsgehilfe

174 Wenn jedoch der Lieferant Verhandlungsgehilfe des Leasinggebers ist, liegt es in der Konsequenz, dass auch dann der Leasinggeber eine an den Lieferanten gerichtete Anfechtungserklärung gegen sich gelten lassen muss. Denn dann ist ja der Lieferant der eigentliche „Vertragspartner" des Leasingnehmers. Auf die früheren Ausführungen ist zu verweisen (Rz. 158 ff.). Konstruktiv ist hinzuzusetzen, dass dann gemäß § 130 BGB davon auszugehen ist, dass der Lieferant jedenfalls als **Bote** der gegen den Leasinggeber gerichteten Anfechtungserklärung des Leasingnehmers anzusehen ist[2].

cc) Lieferant kein Verhandlungsgehilfe

175 Ist allerdings der Hersteller/Lieferant nicht als Verhandlungsgehilfe des Leasinggebers einzuordnen, erscheint es konstruktiv sehr schwierig, eine ausschließlich an den Lieferanten gerichtete Anfechtungserklärung nach § 123 Abs. 1 BGB dem Leasinggeber zuzurechnen. Denn der Lieferant ist keineswegs verpflichtet, diese Erklärung an den Leasinggeber weiterzuleiten; insbesondere ist auch zu betonen, dass – mangels Annahme einer Verhandlungsgehilfenschaft – es problematisch ist, den Lieferanten als Boten

---

1 *Beckmann*, § 3 Rz. 115 f.
2 Vgl. *Beckmann*, § 3 Rz. 116.

für die Entgegennahme von Anfechtungserklärungen des Leasingnehmers zu qualifizieren. Denn Empfangsbote ist nur derjenige, der vom Empfänger zur Entgegennahme von Erklärungen bestellt worden ist oder nach der Verkehrsanschauung als bestellt angesehen werden kann[1]. Da von einer Bestellung des Lieferanten als Empfangsbote des Leasinggebers hier nicht die Rede sein kann, kommt es ausschließlich auf die Verkehrsanschauung an. Hierfür ist aber dann kein hinreichender Platz, wenn sich der Leasingnehmer die Leasingfinanzierung – trotz Vorliegen eines „Einsteigemodells" – auf eigene Faust besorgt hat, so dass das Tätigwerden des Lieferanten für den Abschluss des Leasingvertrages keineswegs ursächlich geworden ist.

4. Eigenhaftung des Lieferanten nach § 311 Abs. 3 BGB

a) Allgemeine Voraussetzungen

Immer dann, wenn der Lieferant nicht als Verhandlungsgehilfe des Leasinggebers gemäß § 278 BGG auftritt, ist zu fragen, ob er nicht als persönlich Haftender dem Leasingnehmer gegenüber zum Schadensersatz verpflichtet ist, sofern er gegenüber dem Leasingnehmer Zusagen/Erklärungen abgegeben hat, die fehlerhaft/irreführend waren und den Leasingnehmer zum Abschluss des Leasingvertrages motiviert haben. Nach der gesetzlichen Neuregelung von § 311 Abs. 3 Satz 2 BGB ist eine Haftung im Rahmen von § 241 Abs. 2 BGB i.V.m. §§ 311 Abs. 3, 280 Abs. 1 BGB immer dann anzunehmen, wenn der Dritte im besonderen Maße Vertrauen für sich in Anspruch genommen und dadurch die Vertragsverhandlungen oder den Vertragsabschluss erheblich beeinflusst hat[2]. Das nach § 311 Abs. 3 Satz 2 BGB geforderte **eigene wirtschaftliche Interesse** wird nach der bisherigen Rechtsprechung nur dann angenommen, wenn der Handelnde gleichsam in eigener Sache tätig wird, also als wirtschaftlicher Herr des Geschehens anzusehen ist[3]. Anders gewendet: Der „Vertreter" muss eine so enge Beziehung zum Vertragsgegenstand haben, dass er **wirtschaftlich betrachtet praktisch in eigener Sache handelt**[4]. Darüber hinaus muss der Handelnde in besonderem Maße **persönliches Vertrauen in Anspruch nehmen** und dadurch die Verhandlungen beeinflussen[5]. Hierzu ist Voraussetzung, dass er eine über das normale Verhandlungsvertrauen hinausweichende persönliche Gewähr für die Erfüllung des Vertrages übernommen hat[6], was auch von der Rechtsprechung so gesehen wird[7]. 176

1 *Palandt/Heinrichs*, § 130 BGB Rz. 9.
2 Hierzu im Einzelnen: *Palandt/Grüneberg*, § 311 BGB Rz. 60 ff.; *Erman/Kindl*, § 311 BGB Rz. 47 ff.; *Gehrlein*, in Bamberger/Roth, § 311 BGB Rz. 110.
3 BGH v. 13.6.2002 – VII ZR 30/01, NJW-RR 2002, 1309, 1310; BGH v. 11.10.1988 – X ZR 57/87, NJW-RR 1989, 110, 111.
4 BGH v. 13.6.2002 – VII ZR 30/01, NJW-RR 2002, 1309, 1310.
5 BGH v. 4.5.2004 – XI ZR 40/03, NJW 2004, 2523, 2525.
6 *Palandt/Grüneberg*, § 311 BGB Rz. 63; *Erman/Kindl*, § 311 BGB Rz. 48.
7 BGH v. 29.1.1997 – VIII ZR 356/95, NJW 1997, 1233 m.w.N.

b) Leasingtypisches Dreiecksverhältnis

177 Auch wenn zu berücksichtigen ist, dass die Rechtsprechung die Haftungsfigur des § 311 Abs. 3 BGB keineswegs großzügig bejaht[1], so wird man doch beim typischen Dreiecksverhältnis des Leasings Folgendes beachten müssen: Der Lieferant ist immer wegen einer Pflichtverletzung i.S.v. § 241 Abs. 1 BGB gegenüber dem Leasingnehmer zum Schadensersatz gemäß § 280 BGB verpflichtet, wenn er aufgrund seiner Sachnähe unmittelbaren Einfluss auf die Vertragsverhandlung mit dem Leasingnehmer hatte und selbst – das ist entscheidend – am Abschluss des Leasingvertrages wirtschaftlich stark interessiert ist[2]. Unabhängig davon, ob der Lieferant als Verhandlungsgehilfe des Leasinggebers gemäß § 278 BGB tätig wird, wird man die oben dargestellten Voraussetzungen des § 311 Abs. 3 BGB – bezogen auf die Person des Lieferanten als maßgebende Mittelsperson beim Abschluss des Finanzierungsleasingvertrages – schon deswegen grundsätzlich als gegeben bejahen müssen, weil er das Leasinggut als Folge des wirksam zustande gekommenen Leasingvertrages an den Leasinggeber veräußert und sodann auf Geheiß des Leasinggebers das von ihm hergestellte/erworben Leasinggut an den Leasingnehmer ausliefert, um dem Leasingnehmer – handelnd als Erfüllungsgehilfe des Leasinggebers – die Nutzung des Leasingguts zu ermöglichen[3]. Anders gewendet und schärfer formuliert: Für den Lieferanten ist es im Blick auf die Wertungskriterien des § 311 Abs. 3 BGB irrelevant, ob er lediglich mit dem Leasingnehmer (als Käufer) einen Kaufvertrag abschließt oder ob er diesen mit dem Leasinggeber kontrahiert, weil dieser mit dem Leasingnehmer einen Leasingvertrag abgeschlossen hat. Denn in beiden Fällen ist das eigentliche wirtschaftliche Interesse des Lieferanten des Leasingguts das gleiche: Es ist – umsatzbezogen und umsatzorientiert – auf den Abschluss eines Erwerbsgeschäfts gerichtet, aus dem der Lieferant auch dann (mehr oder weniger den gleichen) Gewinn erzielt, ob er den Kaufvertrag mit dem Leasingnehmer oder dem Leasinggeber abschließt.

178 Hinzu kommt i.S.v. § 311 Abs. 3 BGB, dass der Lieferant durch die mit dem Leasingnehmer geführten technischen und kommerziellen Vorverhandlungen **besonderes persönliches Vertrauen** des Leasingnehmers in Anspruch nimmt[4]. Denn der Lieferant ist regelmäßig besser als der Leasinggeber in der Lage, die technischen Qualitäten des Leasingguts sowie die besonderen Einsatzmöglichkeiten für den Leasingnehmer zu beurteilen[5]. Der Leasinggeber ist insoweit auf die Expertise des Lieferanten angewiesen. Daraus folgt: Dieser nimmt in der Regel gegenüber dem Leasingneh-

1 Einzelfälle bei *Erman/Kindl*, § 311 BGB Rz. 49; *Palandt/Grüneberg*, § 311 BGB Rz. 62.
2 BGH v. 16.9.1987 – VIII ZR 156/86, WM 1988, 1888, 1889.
3 BGH v. 14.3.1984 – VIII ZR 284/82, WM 1984, 694.
4 Vgl. BGH v. 6.6.1984 – VIII ZR 83/83, WM1984, 1092, 1093.
5 BGH v. 6.6.1984 – VIII ZR 83/83, WM 1984, 1092, 1094.

mer ein wesentlich höheres Vertrauen in Anspruch als der Leasinggeber selbst, der sich auf die Rolle des Finanziers gegenüber dem Leasingnehmer beschränkt, um diesem die Nutzung des vom Hersteller/Lieferanten erworbenen Leasingguts zu ermöglichen.

c) Vorvertragliche Schadensersatzhaftung des Lieferanten

Die aus den §§ 311, Abs. 3, 241 Abs. 2, 280 Abs. 1 BGB resultierende Schadensersatzhaftung zielt darauf ab, dass der Lieferant – Pflichtverletzungen i.S.v. § 241 Abs. 2 BGB vorausgesetzt – den Leasingnehmer so stellen muss, wie dieser stände, wenn der Leasingvertrag nicht abgeschlossen worden wäre. Der vom Lieferanten zu vertretene Schaden besteht darin, dass der Leasingnehmer mit den Verbindlichkeiten aus einem Leasingvertrag belastet wird, den er sonst nicht oder nicht in dieser Weise abgeschlossen hätte. 179

Gegenüber dieser Schadensersatzhaftung ist der Lieferant nicht berechtigt, in seinen **Verkaufs-AGB** eine wirksame Freizeichnung zu vereinbaren. Vielmehr scheitern alle Freizeichnungsklauseln an der Barriere des § 307 Abs. 2 Nr. 1 BGB[1]. Würde man nämlich eine solche Klausel als wirksam ansehen, wäre das vom Lieferanten in Anspruch genommene Vertrauen des Leasingnehmers frustriert; damit wäre auch der Schutzzweck des § 311 Abs. 3 BGB, frustriertes Vertrauen zu kompensieren, vereitelt, was nach § 307 Abs. 2 Nr. 1 BGB wegen der darin liegenden unangemessenen Benachteiligung nicht hinzunehmen ist. 180

1 Hierzu im Einzelnen: AGB-Klauselwerke/*Graf von Westphalen*, Freizeichnungsklauseln Rz. 75 ff.

D. Vertragsverhältnis Leasinggeber – Lieferant des Leasingguts

1 Die im Kontext zwischen Leasinggeber und Lieferant des Leasingguts anfallenden Rechtsprobleme sind durchaus vielgestaltig.

I. Kaufvertrag zwischen Leasinggeber und Lieferant des Leasingguts

2 Wie zuvor bereits aufgezeigt, liegt – steuerlich betrachtet – der Dreh- und Angelpunkt des erlasskonformen Leasings darin, dass der Leasinggeber rechtlicher und wirtschaftlicher Eigentümer des Leasingguts gemäß § 39 Abs. 2 Nr. 1 AO wird. Dies geschieht in der Weise, dass der Leasinggeber das Leasinggut vom Lieferanten erwirbt, nachdem der Leasingnehmer dieses beim Lieferanten ausgesucht und im Einzelnen spezifiziert hat.

1. Erwerbsvorgang

3 In der Literatur wird die Frage diskutiert, ob der **Leasinggeber verpflichtet ist, das Leasinggut vom Lieferanten zu erwerben**, weil und soweit er mit dem Leasingnehmer einen entsprechenden Leasingvertrag abgeschlossen hat[1]. Berücksichtigt man, dass der Leasinggeber frei ist darüber zu entscheiden, ob er den jeweiligen Antrag des Leasingnehmers auf Abschluss eines Leasingvertrages annimmt oder ablehnt, so ist die Antwort vorgezeichnet: Nimmt der Leasinggeber den an ihn gerichteten Antrag des Leasingnehmers gemäß §§ 145 ff. BGB an, kommt ein wirksamer Leasingvertrag zustande, auf den in erster Linie die Bestimmungen der §§ 535 ff. BGB Anwendung finden (Kap. B Rz. 5 ff.). Aus der damit vorgegebenen **mietvertraglichen Sachverschaffungspflicht**[2] folgt, dass der Leasinggeber auch verpflichtet ist, das jeweilige vom Leasingnehmer ausgesuchte Leasinggut vom Lieferanten käuflich zu erwerben. Denn die mietvertragliche Hauptpflicht des Leasinggebers, dem Leasingnehmer die Nutzung des Leasingguts für die Dauer des Leasingvertrages zu gestatten, schließt zwingend ein, dass der Leasinggeber zuvor das Leasinggut erwirbt, um auf diese Weise rechtlicher und wirtschaftlicher Eigentümer des Leasingguts gemäß § 39 Abs. 2 Nr. 1 AO zu werden. Weigert sich aber der Leasinggeber – gleichgültig, aus welchen Gründen –, das in dem Leasingvertrag spezifizierte Leasinggut vom Lieferanten zu erwerben, oder ist ihm die Erfüllung dieser Pflicht unmöglich, dann verletzt er seine mietvertragliche Sachverschaf-

---

1 Hierzu *Staudinger/Stoffels*, Leasing Rz. 84; vgl. auch *Larenz/Canaris*, Lehrbuch des Schuldrechts, Bd. II/2, 13. Aufl. 1994, S. 112.

2 Hierzu auch *Palandt/Weidenkaff*, vor § 535 BGB Rz. 50; *Ehlert*, in Bamberger/Roth, vor § 535 BGB Rz. 63; a.M. *Staudinger/Stoffels*, Leasing Rz. 83.

fungspflicht i.S.v. § 535 Abs. 1 BGB, so dass er dann – abhängig von einem Vertretenmüssen – gemäß §§ 280, 281 BGB gegenüber dem Leasingnehmer zum Schadensersatz verpflichtet wird. Ein Rücktrittsrecht des Leasingnehmers gemäß § 323 BGB bleibt hiervon unberührt; dies folgt aus § 325 BGB, weil danach kumulativ die Rechte auf Schadensersatz statt der Leistung und Rücktritt dem Leasingnehmer zur Verfügung stehen. Selbst dann, wenn der Lieferant – vor Auslieferung des Leasingguts an den Leasingnehmer – **insolvent** wird, besteht insoweit keine Ausnahme; vielmehr ist dann auf die weitergehenden Ausführungen zurückzugreifen, die im Zusammenhang mit der Insolvenz des Lieferanten hier dargestellt werden (Kap. H Rz. 234 ff.). Selbst der Einwand des Leasinggebers, der Nichterwerb des Leasingguts vom Lieferanten sei nicht von ihm i.S.v. § 276 Abs. 1 BGB zu vertreten, findet keine Gnade, weil ja das **Rücktrittsrecht** des § 323 Abs. 1 BGB vom Vertretenmüssen unabhängig ist.

Man wird noch einen zusätzlichen Gedanken mobilisieren müssen, der 4
weiter unten (Kap. G Rz. 1 ff.) noch im Einzelnen zu entfalten ist. Wenn es nämlich richtig ist, dass der Leasinggeber gegenüber dem Leasingnehmer – mietvertraglich bedingt – die Besitz- und Nutzungsverschaffung des Leasingguts schuldet, dann ist der **Lieferant** des Leasingguts Erfüllungsgehilfe des Leasinggebers gemäß § 278 BGB. Denn der Leasinggeber ist nur dann in der Lage, der ihm gemäß §§ 535 ff. BGB gegenüber dem Leasingnehmer obliegende **Hauptpflicht** in Form der Sachverschaffungspflicht zu genügen, wenn er sich bei der Erfüllung dieser Pflichten des Lieferanten gemäß § 278 BGB bedient[1]. Es ist stets der Lieferant des Leasingguts, der dieses auf Geheiß des Leasinggebers an den Leasingnehmer ausliefert, ohne dass der Leasinggeber zuvor unmittelbaren Besitz am Leasinggut erlangt hat oder auch erlangen will. Durch die Auslieferung des Leasingguts und durch die Besitzverschaffung zugunsten des Leasingnehmers wird auf der einen Seite der zwischen Leasinggeber und Lieferant bestehende Kaufvertrag i.S.d. §§ 433 ff., 929 ff. BGB, aber auf der anderen Seite auch der Leasingvertrag in Vollzug gesetzt. Sachenrechtlich hat dies zur Folge, dass der Leasingnehmer unmittelbarer Fremdbesitzer wird[2].

2. Bestell-AGB des Leasinggebers – Abtretungskonstruktion

Nach wie vor ist es selten, dass der Leasinggeber in seinem Verhältnis zum 5
Lieferanten eigene Bestell-AGB verwendet, um auf diese Weise sicherzustellen, dass **ausschließlich** diese AGB zum Zuge gelangen, um die eigenen Interessen optimal zu wahren. Denn das Abstellen auf die AGB des Lieferanten – anstelle der Verwendung eigener Bestell-AGB – bietet man-

1 BGH v. 14.3.1984 – VIII ZR 284/82, WM 1984, 691; BGH v. 24.1.1990 – VIII ZR 22/89, WM 1990, 15, 513.
2 *Martinek*, Moderne Vertragstypen, Bd. I, S. 128.

nigfache Nachteile, wie im Einzelnen bei der Erörterung der Abtretungskonstruktion zu besichtigen ist.

a) Vorteilhaftigkeit der Verwendung von Bestell-AGB

6 Der Vorteil eigener Bestell-AGB erweist sich insbesondere an zwei neuralgischen Punkten: Der Leasinggeber ist in der Lage, in seinen Bestell-AGB jedenfalls vorzusehen, dass gegenüber einem Leasingnehmer als **Verbraucher** die kaufmännische Untersuchungs- und Rügeobliegenheit gemäß § 377 HGB nicht eingreift, sondern abbedungen wird (Kap. E Rz. 6 ff.; Kap. L Rz. 118 ff.). Dann gelten die Mängelansprüche des § 437 BGB, soweit nicht im Übrigen die Lieferanten-AGB aus welchen Gründen immer gegen die §§ 307 ff. BGB verstoßen. Des Weiteren ist der Leasinggeber in seinen Bestell-AGB ohne weiteres im Stande, durch eine geeignete Vertragsgestaltung sicherzustellen, dass insgesamt gegenüber dem Lieferanten die zwingenden Bestimmungen des **Verbrauchsgüterkaufs** gemäß §§ 474 ff. BGB eingreifen, sofern der Leasingnehmer Verbraucher i.S.v. § 13 BGB ist. Im einen wie im anderen Fall ist dann sichergestellt, dass die leasingtypische Abtretungskonstruktion nicht an § 307 Abs. 2 Nr. 1 BGB scheitert. Der Lieferant wird durch einen Verzicht auf die Rügeobliegenheit nach § 377 HGB seinerseits nicht unangemessen i.S.v. § 307 Abs. 2 Nr. 1 BGB benachteiligt. Denn für gewöhnlich ist davon auszugehen, dass der geschäftliche Erstkontakt nicht zwischen Leasinggeber und Leasingnehmer, sondern zwischen Leasingnehmer und Lieferant des Leasingguts zustande kommt. Es ist nämlich der Leasingnehmer, der beim Lieferanten das jeweils für ihn geeignete Leasinggut aussucht und die kommerziellen und technischen Details mit dem Lieferanten vorab regelt. Dies gilt erst recht, wenn zwischen Lieferant und Leasingnehmer ein Kaufvertrag abgeschlossen worden ist, so dass dann das „Einsteigemodell" eingreift (Kap. C Rz. 121 ff.).

7 Unter dieser Voraussetzung aber weiß der Lieferant, dass der (prospektive) Leasingnehmer ein Verbraucher ist. Zur Konsequenz hat dies, dass ein zwischen ihm und dem Leasingnehmer als Käufer abgeschlossener **Kaufvertrag** auch die zwingenden Bestimmungen der §§ 474 ff. BGB berücksichtigen müsste, so dass für entgegenstehende Lieferanten-AGB kein Raum wäre. Also erhält der Lieferant aufgrund der Bestell-AGB des Leasinggebers die gleiche Stellung, die er als Verkäufer gegenüber dem Leasingnehmer gemäß §§ 474 ff. BGB einnehmen würde. Allein die Tatsache, dass dann schlussendlich der Kaufvertrag zwischen Leasinggeber und Lieferant ein Rechtsgeschäft ist, welches zwischen zwei **Unternehmern** abgeschlossen ist, führt nicht dazu, dass die auf den Verbraucher und an den §§ 474 ff. BGB ausgerichteten Bestell-AGB gemäß § 307 Abs. 2 Nr. 1 BGB unwirksam sind. Denn wenn der Lieferant davon Kenntnis erlangt, dass der (prospektive) Leasingnehmer eine „Leasingfinanzierung" anstrebt, dann muss er damit rechnen, dass der Leasinggeber von der leasingtypischen Abtretungs-

konstruktion Gebrauch macht, um auf diese Weise dem Leasingnehmer die ihm, dem Leasinggeber, gegenüber dem Lieferanten zustehenden Mängelansprüche anstelle der mietvertraglichen Eigenhaftung nach den §§ 536 f. BGB abzutreten. Folglich muss der Lieferant in Rechnung stellen, dass der Leasinggeber ein anerkennenswertes Interesse daran hat, dass der Leasingnehmer als Verbraucher im Rahmen des Leasingvertrages die Rechtsposition erhält, die mit den §§ 474 ff. BGB im Einklang steht. Denn nur dann werden dem Leasingnehmer endgültig, vorbehaltlos und unwiderruflich die Ansprüche und Rechte zugewiesen, die Gegenstand der „Abtretungskonstruktion" sind und auf diese Weise gewährleisten, dass die Rechtstellung des Leasingnehmers nicht unangemessen i.S.v. § 307 Abs. 2 Nr. 1 BGB beeinträchtigt wird (Kap. H Rz. 1 ff.).

b) Unwirksamkeit der Lieferanten-AGB – § 306 Abs. 2 BGB

Nach der hier vertretenen Auffassung (Kap. C Rz. 41 ff.) ist der Leasinggeber auch in Bezug auf die Lieferanten-AGB, welche im Rahmen der leasingtypischen Abtretungskonstruktion dem Leasingnehmer zediert werden, AGB-Verwender gemäß § 305 Abs. 1 Satz 1 BGB. Denn diese Haftung und die danach begründeten Ansprüche und Rechte ersetzen die eigentlich bestehende mietvertragliche Eigenhaftung des Leasinggebers. Unter dieser Voraussetzung aber trägt der Leasinggeber als AGB-Verwender auch das Risiko, dass die Lieferanten-AGB an § 307 BGB scheitern, weil sie Klauseln enthalten, die im unternehmerischen Verkehr den Leasinggeber unangemessen benachteiligen (Kap. C Rz. 44). Das dadurch verursachte Risiko der Unwirksamkeit gemäß § 306 Abs. 2 BGB trägt folglich der Leasinggeber, nicht der Lieferant als ursprünglicher AGB-Verwender, so dass nach der hier vertretenen Auffassung (Kap. C Rz. 44 ff.) als Sanktion der Unwirksamkeit der Lieferanten-AGB die mietrechtliche Eigenhaftung des Leasinggebers gemäß § 535 ff. BGB wieder auflebt. 8

c) Wiederaufleben der mietvertraglichen Eigenhaftung

Gerade dieser Gesichtspunkt aber ist es letztlich, der – nahezu zwingend – dazu führt, dass der Leasinggeber gut beraten ist, **eigene Bestell-AGB** zu verwenden. Gleichzeitig muss er sicherstellen, dass der Lieferant auf die Geltung eigener Verkaufs- und Lieferbedingungen verzichtet. Geschieht dies nämlich nicht, dann besteht – abhängig von verschiedenen, hier nicht zu diskutierenden Einzelfragen – das Risiko darin, dass gemäß § 154 Abs. 1 BGB wegen des Dissenses der Bestell-AGB und der Verkaufs-AGB dispositives Recht gemäß § 306 Abs. 2 BGB gilt[1]. Das freilich hat zur Folge, dass der Leasinggeber zumindest insoweit die leasingtypische Abtretungskonstruk- 9

1 Hierzu im Einzelnen *Ulmer/Brandner/Hensen*, § 305 BGB Rz. 188 ff.; *Palandt/Heinrichs*, § 305 BGB Rz. 55 f.; AGB-Klauselwerke/*Graf von Westphalen*, Vertragsabschlussklauseln Rz. 28 ff.

tion gegenüber dem Leasingnehmer unbedenklich verwenden kann, als dieser Verbraucher ist. Denn dann sind die zwingenden Bestimmungen des Verbrauchsgüterkaufs gemäß §§ 474 ff. BGB zu berücksichtigen, welche ungekürzt die Vorschriften der §§ 434 ff. BGB reflektieren. Das gilt dann wie selbstverständlich auch im unternehmerischen Verkehr. Denn dann stehen dem Leasingnehmer – wie einem Käufer – Ansprüche/Rechte gemäß § 437 BGB zu.

II. Risikoabwälzende Vereinbarungen

10 Ausgesprochen häufig finden sich in der Leasingpraxis Vereinbarungen zwischen Leasinggeber und Lieferant, die dem Ziel dienen, das **Geschäftsrisiko** des Leasinggebers zu mindern und dieses auf den Lieferanten zu überwälzen. Es lassen sich folgende Konstellationen unterscheiden:

1. Ergebnisse der Rechtsprechung – Wiederverkaufsrecht des Leasinggebers

a) Typologische Einordnung

11 Insbesondere beim Kfz-Leasing – aber keineswegs auf diesen Bereich begrenzt – finden sich zwischen Leasinggeber und Lieferant häufig Klauseln, welche den Lieferanten zum Rückkauf des Leasingguts verpflichten. Für den Fall des Zahlungsverzugs, insbesondere aber im Fall der fristlosen Kündigung des Leasingvertrages – also: auch im Zusammenhang mit dem Entstehen eines Bonitäts- und Insolvenzrisikos des Leasingnehmers – vereinbart der Leasinggeber zu seinen Gunsten ein **Wiederverkaufsrecht**[1]. Solche Vereinbarungen sind nach Auffassung des BGH als Wiederkauf i.S.d. §§ 456 ff. BGB einzuordnen[2]. AGB-rechtlich hat der BGH diese Vereinbarung nicht nach § 307 BGB beanstandet.

12 Zu den entscheidenden Pflichten des Wiederverkäufers gehört es dabei gemäß § 457 Abs. 1 BGB, dem Widerkäufer – also: dem Lieferanten – den gekauften Gegenstand herauszugeben[3] und den Kaufpreis zu zahlen, der dem jeweiligen Ausfall des Leasinggebers und dem „Restwert" des Leasingguts entspricht. Dabei ist darauf hinzuweisen, dass die Rechtsprechung des BGH[4] die zwischen Leasinggeber und Lieferant abgeschlossene Rückkaufvereinbarung, wonach bei Verzug des Leasingnehmers das Leasinggut zum Preis in Höhe der abgezinsten, noch ausstehenden Leasingraten von die-

1 Vgl. hierzu BGH v. 31.1.1990 – VIII ZR 280/88, ZIP 1990, 866; BGH v. 7.11.2001 – VIII ZR 312/00, NJW 2002, 506; *Müller-Sarnowski*, DAR 1992, 81 ff.; BGH v. 19.3.2003 – VIII ZR 135/02, ZIP 2003, 1095; *Beckmann*, § 3 Rz. 192 f.
2 Hierzu *Stoppel*, JZ 2007, 218 ff.
3 Hierzu *Leyens*, BB 2003, 1529 f.; *Wolf/Eckert/Ball*, Rz. 1708 ff.
4 BGH v. 31.1.1990 – VIII ZR 280/88, NJW 1990, 2546.

sem zurückzukaufen ist, weder als Ausfallgarantie noch als Ausfallbürgschaft qualifiziert hat[1]. Vielmehr sieht er in einer solchen Vereinbarung eine kaufrechtliche Absprache – mit der Konsequenz, dass der Kaufpreis sich nach Höhe der in Verzug befindlichen und der noch ausstehenden, freilich abgezinsten Leasingraten richtet[2]. Doch ist darauf aufmerksam zu machen, dass der BGH in seinem Urteil vom 31.1.1990[3] eine Abrede zu beurteilen hatte, die wirtschaftlich betrachtet als „Erfüllungsgarantie" des Vermittlers des Leasingvertrages einzuordnen war. Rechtstypologisch hat der BGH diese **individualvertragliche Vereinbarung** als Wiederverkaufsrecht des Leasinggebers beurteilt. Indessen hat er die Zahlungspflicht des Vermittlers als Wiederkäufer auf die Bonitätssicherung gegenüber dem Zahlungsrückstand des Leasingnehmers beschränkt und eine weitere Verpflichtung in Bezug auf die Beschädigung des Leasingguts abgelehnt.

b) Besitzverschaffungspflicht

Bei einer Rückkaufvereinbarung ist nach der zutreffenden Auffassung des BGH eine kardinale Pflicht des Leasinggebers darin zu sehen, dem Lieferanten den Besitz des Leasingguts zu verschaffen[4]. Bedeutsam ist insoweit, dass die verwendete Klausel – für sich allein genommen – völlig unbedenklich war[5]. Sie lautete: 13

„Die Übergabe des Objekts wird dadurch ersetzt, dass sie (die Leasinggeberin) ihre Herausgabeansprüche gegenüber dem Besitz an den Lieferanten abtritt"[6].

Doch war hier das Leasinggut veruntreut worden; es war abhanden gekommen, so dass der Herausgabeanspruch ins Leere ging. Der BGH vertrat daher mit Recht die Auffassung[7], dass eine formularmäßige Rückkaufvereinbarung dieses Risiko nicht abdecken kann, weil ein solcher Vertrag mit Blick auf ein solches Risiko „nicht der geeignete Vertragstypus"[8] ist, zumal dieses Risiko auch nicht durch den Abschluss einer Kaskoversicherung gedeckt war[9]. 14

c) Abbedingung der Mängelhaftung durch den Leasinggeber

In der Praxis stellt sich die Frage, ob der Leasinggeber berechtigt ist, die Mängelhaftung gemäß §§ 434 ff. BGB gegenüber dem Lieferanten abzube- 15

---

1 *Wolf/Eckert/Ball*, Rz. 1709.
2 Hierzu auch *Beckmann*, § 3 Rz. 192.
3 BGH v. 31.1.1990 – VIII ZR 280/88, NJW 1990, 3014, 3016.
4 BGH v. 19.3.2003 – VIII ZR 135/02, ZIP 2003, 1095; *Wolf/Eckert/Ball*, Rz. 1710; *Leyens*, BB 2003, 1525, 1530.
5 BGH v. 19.3.2003 – VIII ZR 135/02, ZIP 2003, 1095.
6 BGH v. 19.3.2003 – VIII ZR 135/02, ZIP 2003, 1095.
7 Vgl. auch *Graf von Westphalen*, BB 2004, 2025, 2026.
8 BGH v. 19.3.2003 – VIII ZR 135/02, ZIP 2003, 1095, 1096.
9 BGH v. 19.3.2003 – VIII ZR 135/02, ZIP 2003, 1095, 1096.

dingen, falls er von seinem Wiederverkaufsrecht gegenüber dem Lieferanten Gebrauch macht[1]. Um diese Frage zu beantworten, sind folgende Einzelheiten im Auge zu behalten:

aa) Gewährleistungsausschluss

16 Als Wiederverkäufer haftet der Leasinggeber für etwaige Mängel/Schäden des Leasingguts nach den §§ 434 ff. BGB. Eine gesetzliche Haftungsbeschränkung ergibt sich nicht aus § 457 Abs. 2 Satz 2 BGB[2]. Gerade weil sich der Leasinggeber nicht auf eine gesetzliche Haftungsbeschränkung mit Erfolg berufen kann, stellt sich die Frage, ob er berechtigt ist, eine Gewährleistungshaftung gemäß §§ 434 ff. BGB abzubedingen, ohne dass eine solche Vertragsgestaltung gegen § 307 Abs. 2 Nr. 1 BGB verstößt. Das Interesse des Leasinggebers an einer solchen Vertragsgestaltung liegt auf der Hand. Es ist dadurch charakterisiert, dass der Leasinggeber ausschließlich das Interesse daran hat, seine Restamortisation ungekürzt zu erhalten; etwaige begründete Mängelansprüche des Lieferanten als Wiederkäufer stehen daher zu diesem Interesse quer[3]. Auf der anderen Seite ist zu bedenken, dass ein allein mit dem Finanzierungsinteresse des Leasinggebers legitimierter Haftungsausschluss im Ergebnis dazu führt, dass der Lieferant das **Bonitätsrisiko** des Leasingnehmers übernimmt. Denn es steht außer Frage, dass der Leasinggeber nur dann von seinem Wiederverkaufsrecht gemäß § 457 Abs. 1 BGB Gebrauch macht, wenn der Leasingvertrag zuvor durch fristlose Kündigung – regelmäßig: als Folge des Zahlungsverzugs des Leasingnehmers – beendet wurde[4]. Daher sprechen zwar gewichtige Gründe gegen die Wirksamkeit eines Haftungsausschlusses. Doch ist auf der anderen Seite ins Auge zu fassen, dass der Lieferant einerseits als **Verkäufer** des Leasingguts aufgetreten ist, so dass die nach § 307 Abs. 1 BGB vorzunehmende Bilanzierung der beiderseitigen Interessen nicht der Konstellation entspricht, wie sie für den Verkauf gebrauchter Sachen und die daran anschließende Haftung des Verkäufers gemäß §§ 434 ff. BGB als einschlägig bekannt ist[5]. Soweit nämlich in diesen Fällen eine Mängelhaftung des Lieferanten gegenüber dem Leasinggeber gemäß §§ 434 ff. BGB noch besteht und die Verjährungsfrist des §§ 438 BGB nicht abgelaufen ist, gelten die gleichen Grundsätze, die an anderer Stelle mit dem Bereich des Sale-and-lease-back dargestellt werden (Kap. N Rz. 138 ff.). Aber auch dann, wenn die Verjährungsfrist abgelaufen ist, wird man im Ergebnis nur zurückhaltend eine Ausschlussklausel nach § 307 Abs. 1 BGB als unwirksam verwerfen dürfen.

---

1 Vgl. BGH v. 31.1.1990 – VIII ZR 280/88, ZIP 1990, 866, 868 f.
2 BGH v. 31.1.1990 – VIII ZR 280/88, NJW 1990, 2546; *Beckmann*, § 3 Rz. 198; *Wolf/Eckert/Ball*, Rz. 1709; MünchKomm./*Habersack*, Leasing Rz. 57.
3 Vgl. *Wolf/Eckert/Ball*, Rz. 1711.
4 Hierzu auch BGH v. 13.12.1989 – VIII ZR 168/88, NJW 1990, 1902, 1903.
5 Hierzu im Einzelnen: *Palandt/Weidenkaff*, § 434 BGB Rz. 72, 74, 77 ff.

bb) Weitergehende Abbedingung der Haftung

17 Dabei ist freilich für die Vertragsgestaltung allemal noch zu berücksichtigen, dass der Leasinggeber als AGB-Verwender den allgemeinen Verbotstatbestand von § 309 Nr. 7a BGB sowie von § 309 Nr. 7b BGB im Kontext von § 307 Abs. 1 BGB reflektiert[1]. Auch soweit das Verbot einer Freizeichnung bei fahrlässiger Verletzung wesentlicher Vertragspflichten in Rede steht, wird man den Leasinggeber nicht gemäß §307 Abs. 2 Nr. 2 BGB dispensieren dürfen, weil es sich hierbei um eine allgemein zu beachtende Unwirksamkeitsregel handelt[2].

d) Versicherte Risiken

18 Auch wenn mit Recht zu betonen ist, dass das Risiko gewöhnlicher Abnutzung nach der Rechtsprechung im Fall eines Wiederverkaufsrechts des Leasinggebers als stillschweigend abbedungen gilt[3], so ist doch zu erwägen, Haftungsausschlussklauseln dann die Wirksamkeit gemäß § 307 Abs. 2 Nr. 1 BGB zu versagen, wenn und soweit der entstandene Schaden durch eine Versicherung abgedeckt ist, die Gegenstand des Leasingvertrages ist[4]. Soweit nämlich der Leasingnehmer aufgrund der Leasing-AGB verpflichtet ist, eine **Sachversicherung** für das Leasinggut abzuschließen, handelt es sich grundsätzlich um eine Versicherung für fremde Rechnung gemäß §§ 74 ff. VVG (Kap. I Rz. 12 ff.). Zur Konsequenz hat dies, dass der Leasinggeber – er ist in der Regel im Besitz des Versicherungsscheins gemäß § 75 Abs. 2 VVG – über die Versicherungsleistung verfügen kann[5]. Ist aber der Leasinggeber berechtigt, Ersatzleistungen für einen Schaden am Leasinggut von der vom Leasingnehmer abgeschlossenen Versicherung zu reklamieren, dann verstößt es allemal gegen § 307 Abs. 1 BGB, wenn sich der Leasinggeber gleichwohl insoweit von dem Haftungsrisiko gemäß § 457 Abs. 2 BGB freizeichnet. Vielmehr ist die adäquate Risikoverteilung dann so zu gestalten, dass der Leasinggeber die Ersatzleistung der Versicherung insoweit für sich vereinnahmen muss, als die Entschädigungszahlung für die Reparatur des Leasingguts erforderlich ist. Etwaiger Überschuss ist zugunsten des Leasingnehmers auf die ausstehenden Leasingraten anzurechnen und mindert auf diese Weise die Kaufpreisschuld des Lieferanten.

19 Diese Vertragsgestaltung ist allemal nach § 307 Abs. 1 BGB angemessener als dem Leasinggeber zu gestatten, von der Möglichkeit Gebrauch zu machen, die Haftung aus § 457 BGB für etwaige Mängel des Leasingguts abzubedingen. Daher wird man die hier angebotene versicherungsrechtliche Lö-

1 Vgl. *Palandt/Grüneberg*, § 309 BGB Rz. 48.
2 Vgl. *Palandt/Grüneberg*, § 307 BGB Rz. 33 ff.; AGB-Klauselwerke/*Graf von Westphalen*, Freizeichnungsklausel Rz. 24 ff.
3 BGH v. 31.1.1990 – VIII ZR 280/88, NJW 1990, 2546; *Beckmann*, § 3 Rz. 199.
4 *Leyens*, MDR 2003, 311, 315.
5 *Prölss*, in Prölss/Martin, Versicherungsvertragsgesetz, 27. Aufl. 2004, § 75 VVG Rz. 5 ff.

sung als vorrangig angemessen i.S.v. § 307 Abs. 1 BGB ansehen müssen, so dass nur in den nicht von einer Sachversicherung gedeckten Fällen eine Freizeichnung des Leasinggebers anzuerkennen ist. Doch ist das Rangverhältnis zwischen beiden Lösungsansätzen in transparenter Weise gemäß § 307 Abs. 1 Satz 2 BGB auszugestalten. Im Ergebnis muss es sich also um eine Art Ausfallhaftung des Leasingnehmers handeln.

2. Benennung eines Nachmieters

20 Durchaus üblich ist es, dass der Lieferant den Leasingnehmer verpflichtet, für den Fall des „Notleidens" des Leasingvertrages einen Nachmieter zu benennen. Die Überwälzung dieser Verpflichtung ist grundsätzlich gemäß § 307 Abs. 1 BGB unproblematisch. In der Sache deckt sie sich mit dem Recht des Leasingnehmers, im Fall der fristlosen Kündigung des Leasingvertrages einen Dritten oder sich selbst als Käufer des Leasingguts zu benennen, um auf diese Weise die Schadensersatzpflicht gegenüber dem Leasinggeber abzumildern (Kap. J Rz. 86 ff.). Nichts anderes geschieht im Kern hier, wenn der Lieferant sich verpflichtet, einen Nachmieter zu benennen, der die Verpflichtung aus dem Leasingvertrag – anstelle des ursprünglichen Leasingnehmers – übernimmt. Sicherzustellen ist allerdings, dass der Leasingnehmer nicht formularmäßig in eine gesamtschuldnerische Haftung mit dem Nachmieter gedrängt wird. Denn diese Verpflichtung des Lieferanten wird – so der BGH[1] – als aufschiebend bedingter Kaufvertrag zwischen Leasinggeber und Drittem ausgelegt, was dann notwendigerweise die fristlose **Kündigung** des Leasinggebers einschließt[2]. Dieser Tatbestand ist es aber, der es auch i.S.v. § 305c Abs. 1 BGB verbietet, eine gesamtschuldnerische Haftung zwischen Leasingnehmer und Nachmieter formularmäßig zu bedingen. Denn der Leasingnehmer kann mit Recht erwarten, aufgrund der fristlosen Kündigung des Leasingvertrages aus den leasingvertraglichen Verpflichtungen entlassen zu sein. Die Verpflichtung des Lieferanten, einen Nachmieter zu benennen, der die leasingvertraglichen Rechte und Pflichten übernimmt, beendet den Leasingvertrag endgültig, soweit diese aufgrund einer fristlosen Kündigung noch notwendig sein sollte. Daher verstößt auch eine Klausel gegen § 307 Abs. 1 BGB, wenn sie darauf abzielt, den Leasingnehmer zu verpflichten, eine Ausfallhaftung zu übernehmen, sofern der vom Lieferanten benannte Nachmieter seinerseits die leasingvertraglichen Pflichten nicht ordnungsgemäß erfüllt. Die Überwälzung einer solchen Haftung ist also überraschend i.S.v. § 305c Abs. 1 BGB, weil diese – unübliche und ungewöhnliche – Vertragsgestaltung einseitig die Interessen des Leasinggebers als AGB-Verwender in den Vordergrund rückt und den Leasingnehmer, der ja auf die Endgültigkeit der fristlosen Kündigung vertrauen kann und auch vertrauen darf, unangemessen benachteiligt.

---

1 BGH v.13.12.1989 – VIII ZR 168/88, NJW 1990, 1902, 1903.

2 BGH v.13.12.1989 – VIII ZR 168/88, NJW 1990, 1902, 1903; MünchKomm./*Habersack*, Leasing Rz. 57.

Soweit eine wirksame Vereinbarung mit dem Ziel getroffen wird, dass der Lieferant einen Nachmieter zu benennen verpflichtet ist, ist der Leasingnehmer nicht berechtigt, sich auf etwaige Beschädigungen oder gar auf die Gebrauchsuntauglichkeit des Leasingguts als Haftungsgrund des Nachmieters mit Erfolg zu berufen[1]. Entscheidend ist in diesem Kontext, dass es der Typizität des Leasingvertrages – wie noch zu zeigen sein wird (Kap. I Rz. 3 ff.) entspricht, dass der Leasinggeber die Sach- und Preisgefahr auf den Leasingnehmer – wie auf einen Käufer – abwälzt. Ist dies aber in rechtlich einwandfreier Weise geschehen, so ist es dem Lieferanten verwehrt, sich darauf zu berufen, dass das von ihm käuflich zu erwerbende Leasinggut beschädigt oder gar gebraucht untauglich ist[2]; die gegenteilige Auffassung der Vorauflage – dort Rz. 370 – wird aufgegeben. 21

3. Vermarktungsvereinbarungen

Da der Leasinggeber – trotz seiner rechtlichen Stellung als Vermieter – im Grunde genommen auch die Rolle eines Finanziers übernimmt, wälzt er häufig das Vermarktungs- und Absatzrisiko, welches für ihn nach Ende des Leasingvertrages entsteht, klauselmäßig auf den Lieferanten ab[3]. Ob diese Vereinbarungen mit § 307 Abs. 1 BGB im Einklang stehen, hängt in erster Linie davon ab, welches konkrete Risiko Gegenstand dieser Abreden ist und ob der Leasingnehmer das Risiko des „Restwerts" trägt. 22

a) Allgemeines Vermarktungsrisiko

Unbedenklich i.S.v. § 307 Abs. 1 BGB sind alle Vertragsgestaltungen zwischen Leasinggeber und Lieferant, die darauf abzielen, dass der Lieferant sich verpflichtet, nach Ende des Leasingvertrages die Vermarktung des Leasingguts für den Leasinggeber zu **vermitteln**. Regelmäßig hat in diesen Fällen der Lieferant – rechtlich gewertet – die Stellung eines Handelsvertreters gemäß §§ 84 ff. HGB. Dies bedeutet: Er ist gehalten, sich darum zu bemühen, die Vermarktung des Leasingguts im Namen und für Rechnung des Leasinggebers durchzuführen, weil der Leasinggeber selbst keine hinreichenden Ressourcen sachlicher und personeller Art verfügbar hat. Bei einer solchen Konstellation macht sich der Leasinggeber lediglich die größere **Marktnähe** des Lieferanten zunutze[4]. Doch ist entscheidend, dass der Lieferant darüber hinaus kein eigenes Risiko, insbesondere keine originäre Verpflichtung übernimmt, das Leasinggut zu einem bestimmten, vom Leasinggeber festgesetzten Preis zu veräußern. 23

---

1 BGH v. 31.1.1990 – VIII ZR 280/88, NJW 1990, 2546; *Wolf/Eckert/Ball*, Rz. 1712; *Beckmann*, § 3 Rz. 240.
2 Hierzu auch *Wolf/Eckert/Ball*, Rz. 1712.
3 *Leyens*, MDR 2003, 312, 313.
4 So auch *Leyens*, MDR 2003, 312, 313.

24 Sofern der Lieferant diese Vermarktungspflicht im Rahmen eines fristlos gekündigten Leasingvertrages übernimmt, ergeben sich freilich weitergehende Rechtsfragen. Wie noch im Einzelnen zu zeigen sein wird (Rz. 25 ff.), ist der Leasinggeber in diesen Fällen nämlich ohnehin auf Grund einer nachwirkenden Pflicht aus dem Leasingvertrag verpflichtet, für eine **optimale Verwertung** des Leasingguts Sorge zu tragen. Verletzt er diese Pflicht, so ist – im Fall der fristlosen Kündigung – sein Schadensersatzanspruch statt der Leistung gemäß § 281 BGB gegenüber dem Leasingnehmer gemäß § 254 BGB gemindert. Denn vieles spricht auch dafür, dass im Rahmen der Verwertungspflicht der Lieferant **Erfüllungsgehilfe** des Leasinggebers ist, so dass eine etwaige Pflichtverletzung dem Leasinggeber unmittelbar nach § 278 BGB zugerechnet werden muss. Soweit eine AGB-Klausel das Risiko einer optimalen Vermarktungsvermittlung auf den Lieferanten des Leasingguts abwälzt, bestehen folglich gemäß § 307 Abs. 1 BGB keine Bedenken gegen die Wirksamkeit einer solchen Vertragsgestaltung, solange der Lieferant keine eigene Erfüllungshaftung übernimmt, sondern im Ergebnis die Stellung eines Handelsvertreters nach den §§ 84 ff. HGB innehat. Denn der Lieferant ist – wie gesagt – gerade wegen seiner Marktnähe auch in der Lage, das sich insoweit ergebende Risiko einer ordnungsgemäßen Pflichterfüllung und einer etwaigen Vertragsverletzung besser zu beherrschen als der Leasinggeber[1].

b) Garantiemäßige Überwälzung des Risikos des „Restwerts"

25 Problematischer i.S.d. § 307 Abs. 1 BGB sind indessen die Vereinbarungen zwischen Lieferant und Leasinggeber, die – außerhalb eines Wiederverkaufsrechts des Leasinggebers – darauf abzielen, das gesamte Risiko des „Restwerts" nach Veräußerung des Leasingguts an einen Dritten vom Leasinggeber auf den Lieferanten auf Grund einer Garantiehaftung zu überwälzen[2].

aa) Bonitäts- und Insolvenzrisiko des Leasingnehmers

26 Im Kern geht es darum, ob diese Klauseln deswegen an § 307 Abs. 1 BGB scheitern, weil der Leasinggeber das ihn eigentlich treffende Bonitäts- und Insolvenzrisiko des Leasingnehmers auf den Lieferanten überwälzt. Ausgangspunkt für die rechtliche Bewertung dieser Frage ist, dass die gegenseitigen Interessen – wie stets im Rahmen von § 307 Abs. 1 BGB – zu balancieren sind[3]. Es ist also zu fragen, welche Interessen den Leasinggeber als AGB-Verwender auszeichnen und welche schützenswerten Interessen des Lieferanten dem entgegenstehen. Einzuräumen ist zunächst, dass sich der Leasingnehmer den Lieferanten des Leasingguts aussucht und mit diesem

1 Vgl. auch *Leyens*, MDR 2003, 312, 313.
2 Das BGH-Urteil v. 31.1.1990 – VIII ZR 280/88, NJW 1990, 3014 beruht auf einer individualvertraglichen Abrede.
3 Statt aller MünchKomm./*Basedow*, § 307 BGB Rz. 31.

– entsprechen den Usancen des Leasinggeschäfts – die kommerziellen und technischen Daten des abzuschließenden Leasingvertrages aushandelt. Folglich ist das Bonitätsrisiko des Leasingnehmers dem Lieferanten nicht völlig unbekannt. Doch ist hinzuzusetzen, dass er keinen Anlass hat, eine eigene Prüfung der Bonität des Leasingnehmers vorzunehmen, weil er ja aufgrund der Vorverhandlung weiß, dass im Ergebnis eine „Leasingfinanzierung" gewünscht wird. Dem gegenüber ist der Leasinggeber sehr wohl in der Lage, das Bonitätsrisiko des Leasingnehmers zu prüfen; es ist das klassische Geschäftsrisiko seines Vertragspartners, das hier in Rede steht, abgestützt auch durch § 18 KWG.

Demzufolge fällt es schwer, eine solche Vertragsgestaltung – außerhalb eines Wiederverkaufsrechts des Leasinggebers – i.S.v. § 307 Abs. 1 BGB als angemessen zu bewerten. Näher liegt es, darin eine unangemessene Benachteiligung des Leasingnehmers gemäß § 307 Abs. 1 BGB zu sehen. Denn der Lieferant übernimmt in diesen Fällen nach Veräußerung des Leasingguts – und dies formularmäßig – das verbleibende Geschäftsrisiko, welches originärer Gegenstand des Leasingvertrages ist. Doch ist anzumerken, dass auch der Lieferant in keiner Weise in der Lage ist, dieses Risiko in angemessener Weise zu beherrschen. Vielmehr ist zu berücksichtigen, dass der Leasinggeber erst dann den Leasingvertrag mit dem Leasingnehmer kontrahiert, wenn er dessen Bonität hinreichend geprüft hat. Verbleiben ihm hierbei Zweifel oder Bedenken, dann kann der Leasinggeber ohne weiteres auf **Mithaftungserklärungen** (Kap. C Rz. 47 ff.) oder auf **Bürgschaftsverpflichtungen** (Kap. C Rz. 71 ff.) Dritter zurückgreifen und das gesamte Bonitätsrisiko des Leasingnehmers auf diese Weise zu seinen Gunsten absichern. 27

Damit ist gleichzeitig i.S.d. § 307 Abs. 1 BGB eine **Rangfolge** bezeichnet: Primär ist es nämlich Sache des Leasinggebers, das Risiko des Leasingvertrages in adäquater Weise abzusichern, sofern ihm Zweifel oder Bedenken an der Bonität des Leasingnehmers bei Prüfung des Vertragsangebots gekommen sind. Mithaftungs- und Bürgschaftsverpflichtungen Dritter sind dafür das Mittel der Wahl. Ungeachtet der Marktnähe des Lieferanten besteht daher – grundsätzlich gewertet – keinerlei Anlass, den Lieferanten auch im Hinblick auf das Bonitätsrisiko des Leasingnehmers in die Pflicht zu nehmen. Deshalb ist es erst recht nicht i.S.v. § 307 Abs. 1 BGB anzuerkennen, wenn der Leasinggeber eine Doppelsicherung erlangt, also zum einen Mithaftungserklärungen und Bürgschaftsverpflichtungen bei Abschluss des Leasingvertrages einfordert, um sodann – gleichgültig, ob vorher oder nachher – das Risiko des „Restwerts" nach Veräußerung des Leasingguts dem Lieferanten aufzuerlegen. Es gibt nämlich keinen Rechtssatz, der dem Leasinggeber das Recht einräumt, als AGB-Verwender das gesamte nach der Veräußerung des Leasingguts verbleibende Geschäftsrisiko seines Vertragspartners auf Dritte – also auf den Lieferanten oder auf einen Vierten – **formularmäßig** zu verlagern. 28

bb) „Einsteigemodell"

29 Die hier aufgezeigten grundsätzlichen Bedenken gegen die Wirksamkeit der Überwälzung des Risikos des „Restwerts" auf den Lieferanten gelten auch in den Fällen, in denen das „Einsteigemodell" praktiziert wird (Kap. C Rz. 121 ff.). Zwar ist zuzugeben, dass in diesen Fällen zunächst zwischen Lieferant und Leasingnehmer ein **Kaufvertrag** gemäß §§ 433 ff. BGB abgeschlossen wird, in den dann der Leasinggeber „einsteigt". Doch auch diese Konstellation rechtfertigt keine andere Beurteilung. Denn der Lieferant geht in diesen Fällen grundsätzlich nicht davon aus, dass der Kaufvertrag mit dem prospektiven Leasingnehmer bestehen bleibt, sofern die beabsichtigte „Leasingfinanzierung" scheitert. Deren Zustandekommen ist vielmehr eine auflösende Bedingung i.S.v. § 158 Abs. 2 BGB, so dass der Kaufvertrag im Zweifel gerade dann in Fortfall gerät, wenn die beabsichtigte „Leasingfinanzierung" sich nicht realisieren lässt. Dabei geht es im Wesentlichen ja auch darum, dass das Zustandekommen dieser Finanzierung entscheidend davon abhängig ist, dass der Leasinggeber die Bonität des Leasingnehmers nach sorgsamer Prüfung als hinreichend und als adäquat ansieht. Deshalb ist in diesen Fällen auch der Leasinggeber „näher dran", das Geschäftsrisiko dieses Vertrages endgültig zu tragen, so dass in der Sache die gleichen Bedenken gegen die Wirksamkeit einer Klausel i.S.v. § 307 Abs. 1 BGB anzubringen sind, die das Ziel verfolgt, das Bonitätsrisiko des Leasingnehmers – im Rahmen der Garantie eines „Restwerts" – auf den Lieferanten zu überwälzen.

c) Garantie des „Restwerts" – Leistungsstörungen: Schadensersatz statt der Leistung

30 Die vorstehend aufgeführten Bedenken i.S.d. § 307 Abs. 1 BGB werden noch verstärkt, wenn man berücksichtigt, dass aus praktischen Gründen die Überwälzung des Risikos des „Restwerts" vor allem in den Fällen bedeutsam wird, in denen der Leasinggeber Anlass hat, wegen Zahlungsverzugs den Leasingvertrag fristlos zu kündigen. Geschieht dies, ist der Leasinggeber zwar verpflichtet, eine optimale Verwertung des Leasingguts vorzunehmen (Kap. K Rz. 37 ff.). Es ist keineswegs auszuschließen, sondern vielmehr die Regel, dass dann das Risiko des „Restwerts" nicht nur den „kalkulierten Restwert" umfasst, sondern gleichbedeutend ist mit der Übernahme des **Restrisikos** des Leasingvertrages, wie es durch den Ausfall des Leasingnehmers begründet wurde. Unter dieser Perspektive wird man die richterliche Inhaltskontrolle einer Abwälzung auf den Lieferanten auch unter der Perspektive des **Äquivalenzprinzips** sehen müssen, welches in § 307 Abs. 2 Nr. 1 BGB verankert ist[1]. Es führt nämlich in diesen Fällen kein Weg an der Erkenntnis vorbei, dass der zwischen Leasinggeber und Lieferant bestehende **Kaufvertrag** mit dem gesamten Bonitätsrisiko des

1 Vgl. auch *Leyens*, MDR 2003, 312, 314.

Leasingnehmers belastet wird, welches aber seinerseits Gegenstand des Äquivalenzprinzips des **Leasingvertrages** ist, ohne dass dem Lieferanten eine Gegenleistung zufließt.

Der darin liegende grundlegende Verstoß gegen § 307 Abs. 2 Nr. 1 BGB kann auch nicht dadurch gerechtfertigt werden, dass der Leasinggeber die Absatzchancen des Lieferanten erhöht, weil dieser in der Lage ist, Produkte sowohl im Rahmen eines Kauf- als auch auf Basis eines Leasingvertrages zu vertreiben. So gesehen kommt zwar der Abschluss eines Leasingvertrages dem Lieferanten zugute. Doch ist diese Feststellung auch dann zutreffend, wenn eine gewöhnliche **Kreditfinanzierung** von Bank und Unternehmer/Käufer arrangiert wird. In diesen Fällen aber ist es gemäß § 359 BGB anerkannt, dass ein das Erfüllungsinteresse des Kreditgebers absicherndes Nutzungsversprechen des Käufers dann wirksam ist, wenn es sich auf Risiken beschränkt, die aus der Sphäre des Verkäufers stammen und auf diese Weise den Forderungsausfall des Kreditgebers begründen[1]. 31

Zusammenfassend ist also zu sagen: Die Wirksamkeitskontrolle von Klauseln, in denen der Leasinggeber das **Geschäftsrisiko** des Leasingvertrages auf den Lieferanten überwälzt, ist i.S.v. § 307 Abs. 2 Nr. 1 BGB zum einen davon abhängig, ob das Äquivalenzprinzip von Leistung und Gegenleistung beeinträchtigt ist, zum anderen ist der Risikogedanke zu mobilisieren. Dies aber besagt, dass das Geschäftsrisiko des Leasingvertrages **ausschließlich** Sache des Leasinggebers ist, weil der Lieferant keinerlei Möglichkeiten hat, dieses von sich aus zu beeinflussen oder sogar zu beherrschen. Wenn er aber dann vom Leasinggeber – und dies entspricht üblicher Vertragspraxis – keine Gegenleistung für diese Risikoübernahme erhält, sind i.S.v. § 307 Abs. 2 Nr. 1 BGB die Würfel gefallen: Eine das Geschäftsrisiko des Leasinggebers auf den Lieferanten überwälzende Klausel ist unwirksam. 32

4. Hersteller- und Händlerleasing

Offen ist noch die Antwort auf die Frage, ob die vorstehenden Erwägungen auch dann ungekürzt gemäß § 307 Abs. 1 oder gemäß § 307 Abs. 2 Nr. 1 BGB gelten, wenn – wie insbesondere beim Kfz-Leasing – ein Leasinggeber eingeschaltet wird, der mit dem Hersteller des Leasingguts eng verbunden ist. 33

a) Kilometer-Abrechnungsvertrag

aa) Grundsätzliche Erwägungen

Da – wie noch zu zeigen sein wird (Kap. M Rz. 7) – der Kilometer-Abrechnungsvertrag dadurch charakterisiert ist, dass der **Leasinggeber** die Garan- 34

1 BGH v. 12.2.1987 – III ZR 178/85, NJW 1987, 2076, 2077; MünchKomm./*Habersack*, § 359 BGB Rz. 79 f.

tie des „Restwerts" übernimmt, stellt sich die Frage, ob auch in diesen Fällen die Risikoüberwälzung auf den Lieferanten gemäß § 307 Abs. 1 BGB unwirksam ist, in einer anderen Dimension, die sorgsam zu bedenken ist. Zwar ist zunächst einzuräumen, dass auch in diesen Fällen das **Äquivalenzprinzip** von Leistung und Gegenleistung i.S.v. § 307 Abs. 2 Nr. 1 BGB in Rede steht, weil das vom Leasinggeber zu tragende Risiko des „Restwerts" Gegenstand des Leasingvertrages, nicht aber des zwischen Leasinggeber und Lieferant bestehenden Kaufvertrages ist. Doch ist zu beachten, dass der Leasinggeber bei Vereinbarung eines Kilometer-Abrechnungsvertrages nur das Risiko als „Restwert" übernimmt, welches er unter Berücksichtigung der prospektiven Marktdaten nach Ablauf des Leasingvertrages als realistisch einschätzt. Damit ist aber gleichzeitig gesagt, dass es sich um ein Risiko handelt, welches durchaus der Marktnähe des Lieferanten entspricht, weil es primär produktbezogen ist: Je günstiger die prospektiven Marktchancen des jeweiligen Pkw eingeschätzt werden, umso geringer ist die Risikoexposition des Leasinggebers und damit auch die Unangemessenheit einer Klausel i.S.v. § 307 Abs. 1 BGB, welche dieses Risiko vom Leasinggeber auf den Lieferanten überwälzt.

35 Zudem dürfte es in der Praxis regelmäßig so sein, dass die Auslegung des vom Leasinggeber zu übernehmenden „Restwerts" nicht ohne Berücksichtigung der Marktdaten stattfinden wird, die auch dem Lieferanten oder – dies wird sogar häufiger der Fall sein – dem Hersteller des Pkw zur Verfügung stehen. Wägt man also die beiderseitigen Interessen ab, so ist i.S.v. § 307 Abs. 1 BGB festzuhalten, dass keine grundsätzlichen Bedenken dagegen bestehen, das Risiko des „Restwerts" beim Kilometer-Abrechnungsvertrag auf den Lieferanten zu überwälzen.

bb) Abgrenzung über dem Bonitäts- und Insolvenzrisiko des Leasingnehmers

36 Dieses Resultat kann jedoch nur dann gemäß § 307 Abs. 1 Satz 2 BGB Bestand haben, wenn die betreffende Risikoklausel eine **eindeutige Trennung** gegenüber den Risiken aufweist, welche sich auf das Bonitäts- und Insolvenzrisiko des Leasingnehmers beziehen. Insoweit als das Bonitätsrisiko des Leasingnehmers in Rede steht, gelten die gleichen Bedenken, die zuvor geäußert wurden (Rz. 30 ff.). Ein sachlicher Unterschied zum Finanzierungsleasing ist nämlich insoweit nicht erkennbar.

37 Folglich kann die Bemessung des Risikos des „Restwerts" vom Leasinggeber auf den Lieferanten nur dann nach § 307 Abs. 1 Satz 2 BGB wirksam sein, wenn die jeweilige Klauselgestaltung die Risiken aus der Klausel ausklammert, die sich aus der Sphäre des Leasingnehmers ergeben, weil sie dem Bonitäts- und Insolvenzrisikos zuzurechnen sind. Denn auch beim Kilometer-Abrechnungsvertrag besteht kein Anlass, die Risiken dem Lieferanten zu überbürden, ohne dass darin eine unangemessene Benachteiligung i.S.v. § 307 Abs. 1 BGB liegt.

5. Weitere Bedenken: Garantiepflicht des Lieferanten und „Restwert"

Bedenkt man, das nach der hier vertretenen Auffassung (Kap. B Rz. 29 ff.) der Teilamortisationsvertrag dadurch charakterisiert ist, dass der Leasingnehmer im Rahmen einer – selbständigen – **Garantiepflicht** das Risiko des „Restwerts" – regelmäßig: in Form des Minderwertes bei Ende des Leasingvertrages – übernimmt, dann stellt sich die Frage, ob eine Überwälzung dieses Risikos auf den Lieferanten nicht schon aus einem anderen Grund unangemessen i.S.v. § 307 Abs. 1 BGB ist. Entscheidend fällt nämlich hier bereits ins Gewicht, dass eine in dieser Weise auf den Lieferanten überwälzte Garantiepflicht mit den gewöhnlichen Rechten und Pflichten eines Kaufvertrages nicht im Einklang steht. Denn üblicherweise übernimmt der Käufer einer Sache nur die Pflicht, den vereinbarten, regelmäßig bei Abschluss des Kaufvertrages feststehenden Kaufpreis nach § 433 Abs. 2 BGB zu entrichten. Das aber ist bei Übernahme einer „Garantiepflicht" aus zwei Gründen anders: Zum einen kann es sein, dass der Verkehrswert/ Zeitwert des Leasingguts bei Eintritt des „Garantiefalls" nichts mit dem Entgelt zu tun hat, welches der Lieferant dem Leasinggeber schuldet. Denn es geht ja auch um die Übernahme des Risikos der während der Dauer des Leasingvertrages eingetretenen **Wertminderung**, einschließlich des Risikos, den **Zahlungsausfall** des Leasingnehmers aufzufangen. Zum anderen ist zu unterstreichen, dass das Gesetz in § 276 Abs. 1 Satz 1 BGB davon ausgeht, dass ein Schuldner, der eine garantiemäßige Haftung übernimmt, verschuldensunabhängig verpflichtet ist[1]. Doch diese Haftungsfigur reicht hier nicht aus, weil es sich im Zweifel um ein selbständiges Garantieversprechen i.S.v. § 311 Abs. 1 BGB handelt. Dieses aber ist dadurch umschrieben, dass der Schuldner eine Verpflichtung zur Schadloshaltung übernimmt, falls der garantierte Erfolg nicht eintritt[2]. Der Umfang der Schadloshaltung bestimmt sich dann nach den Grundsätzen des Schadensersatzrechts gemäß §§ 249 ff. BGB, weil der Schuldner in diesem Fall verpflichtet ist, den Gläubiger so zu stellen, als ob der garantierte Erfolg eingetreten oder der Schaden nicht entstanden wäre[3]. 38

Genau dieser **garantiemäßige** Erfolg ist jedoch Gegenstand der Garantie des „Restwerts", weil der Leasingnehmer – steuerrechtlich bedingt – verpflichtet ist, das Risiko der Wertminderung des Leasingguts nach Ablauf der Grundmietzeit zu tragen. Wenn nun aber dieses Risiko noch dadurch gesteigert wird, dass es sich auf das Bonitäts- und Insolvenzrisikos des Leasingnehmers bezieht, dann erfasst es alle Eventualitäten, die geeignet sein könnten, den Vollamortisationsanspruch des Leasinggebers zu beeinträchtigen. Von der Struktur eines selbständigen Garantieversprechens betrachtet, fällt des Weiteren ins Gewicht, dass der Schuldner auch für nicht typi- 39

1 *Palandt/Heinrichs*, § 276 BGB Rz. 29.
2 BGH v. 10.2.1999 – VIII ZR 70/98, NJW 1999, 1542, 1543.
3 BGH v. 10.2.1999 – VIII ZR 70/98, NJW 1999, 1542, 1544.

sche Zufälle haftet, also: etwa für den Untergang oder die (vertragswidrige) Verschlechterung des Leasingguts und der Dauer der Grundmietzeit[1].

40 Verwendet also der Leasinggeber gegenüber dem Lieferanten zur Absicherung der Ausfallrisiken, welche – wie auch immer – aus dem Leasingvertrag herrühren können, den Terminus einer „Garantie" zu Lasten des Lieferanten, so sind damit auch gemäß § 305c Abs. 1 BGB sowie i.S.v. § 307 Abs. 1 Satz 2 BGB die Würfel gefallen. Denn es stellt sich in diesen Fällen die Frage, ob es sich nicht um eine **überraschende Klausel** handelt oder – mehr noch – ob das insoweit garantiemäßig begründete Risiko nicht intransparent nach § 307 Abs. 1 Satz 2 BGB ist. Insoweit fällt ins Gewicht, dass ein Lieferant für gewöhnlich nur damit rechnet und auch nur damit zu rechnen braucht, dass solche Klauseln in einen Kaufvertrag Eingang finden, die mit diesem Typus auch übereinstimmen. Trifft dies nicht zu, dann dürfte es sich regelmäßig um eine überraschende Klausel nach § 305c Abs. 1 BGB handeln. Hinzuzufügen ist, dass das Transparenzgebot das Verbot einer **Irreführung** sowie das Verbot einer **Verheimlichung** der wirtschaftlichen Nachteile einer Klausel zum Gegenstand hat[2]. Da aber das Rechtsverhältnis zwischen Leasinggeber und Lieferant primär durch die kaufrechtlichen Rechte und Pflichten gemäß §§ 433 ff. BGB qualifiziert ist, steht die Übernahme einer garantiemäßigen – zusätzlichen – Verpflichtung, die aus dem Leasingvertrag resultiert und dem Geschäftsrisiko des Leasinggebers zuzurechnen ist, hierzu quer. Es ist außerdem dem Lieferanten für gewöhnlich überhaupt nicht erkennbar, welche Auswirkungen sich im Einzelfall aus einer solchen garantiemäßigen Überwälzung des Ausfallrisikos des Leasingnehmers ergeben können.

41 Das gilt insbesondere auch dann, wenn die garantiemäßige Verpflichtung – und davon ist häufig auszugehen – als neben dem eigentlichen Kaufvertrag bestehende **Rückkaufverpflichtung** des Lieferanten formularmäßig begründet wird. Doch auch unabhängig hiervon wird man in der Regel zu dem Ergebnis gelangen müssen, dass die umfassende Überwälzung einer garantiemäßigen Einstandspflicht, welche insbesondere das Bonitäts- und Insolvenzrisiko des Leasingnehmers erfasst, gegen das Transparenzgebot des §§ 307 Abs. 1 Satz 2 BGB verstößt und daher unwirksam ist. Denn es ist regelmäßig nicht ohne weiteres erkennbar, welche Risiken dann vom Lieferanten übernommen werden müssen. Jedenfalls ist er in der Regel auch nicht in der Lage, von sich aus verlässlich zu beurteilen, ob eine Wahrscheinlichkeit besteht, dass sich die garantiemäßig abzusichernden Risiken realisieren.

1 Vgl. BGH v. 13.6.1996 – IX ZR 172/95, NJW 1996, 2569; *Palandt/Sprau*, vor § 765 BGB Rz. 16.

2 Statt aller: *Palandt/Heinrichs*, § 307 BGB Rz. 21 ff.

6. Weitere AGB-rechtliche Bedenken

a) Übernahme des Insolvenzrisikos des Leasingnehmers

Beckmann folgend[1] wird man in diesen Fällen von einem „dynamischen Kaufpreis" sprechen. Ob dieser aber dem Verkehrswert/Zeitwert des Leasingguts entspricht, ist keineswegs sicher, sondern – von allen bereits beleuchteten Einwänden abgesehen – auch entscheidend von der (ursprünglichen) Kalkulation der Leasingraten geprägt. Denn je niedriger die Raten sind, desto höher muss der „Restwert" sein, weil ja beide Größen zusammen die Gesamtamortisation des Leasinggebers repräsentieren, ohne dass eine realitätsnahe Relation zwischen „Restwert" und Kaufpreis des Lieferanten stets vorliegen muss. Außerdem ist in diesen Fällen der Umfang der Entgeltpflicht des Lieferanten davon abhängig, in welchem Zeitpunkt der Leasingnehmer in Zahlungsverzug geraten ist, so dass der Leasinggeber zu einer außerordentlichen Kündigung des Leasingvertrages berechtigt war. Daher stellt sich auch unter Berücksichtigung von § 307 Abs. 1 Satz 1 BGB die Frage, ob eine solche formularmäßige Vereinbarung nicht geeignet ist, den Lieferanten entgegen den Geboten von Treu und Glauben unangemessen zu benachteiligen. In der Literatur wird diese Frage verneint, so dass die Übernahme einer Ausfallhaftung des Lieferanten – auch in Form einer Bürgschaft oder einer Garantie – als unbedenklich angesehen wird, zumal der Lieferant aufgrund der leasingtypischen Vertragsanbahnung Kenntnis davon hatte, welche Person als Leasingnehmer in Betracht kam, um diesen dann an den Leasinggeber zu verweisen[2]. Ob dem zu folgen ist, erscheint freilich zweifelhaft[3]. 42

Von entscheidender Bedeutung ist nämlich, dass eine solche garantiemäßige Verpflichtung in der Sache darauf hinaus läuft, das **Insolvenzrisiko** des Leasingnehmers auf den Lieferanten zu überbürden, obwohl dieser – jedenfalls im Regelfall – mit dem Leasingnehmer keinen vertraglichen Kontakt hatte. Es bestand also für ihn auch kein Anlass, die Bonität des Leasingnehmers kritisch zu untersuchen, weil die Vertragsanbahnung für ihn von vornherein risikolos war. Im Vordergrund steht nämlich immer der Abschluss der „Leasingfinanzierung". Mehr noch: Man wird unter dem Blickwinkel von § 307 Abs. 1 Satz 1 BGB in Erwägung ziehen müssen, dass der Leasinggeber das Geschäfts- und Bonitätsrisiko des Leasingnehmers als seines Vertragspartners trägt. Zwischen Leasinggeber und Lieferanten bestehen indessen lediglich kaufvertragliche Beziehungen. Daher fragt es sich, ob nicht das kaufrechtliche **Äquivalenzprinzip** empfindlich gestört wird, wenn der Leasinggeber vom Lieferanten verlangt, im Fall einer fristlosen 43

1 *Beckmann*, § 3 Rz. 192.
2 MünchKomm./*Habersack*, Leasing Rz. 56; keine Bedenken auch bei *Beckmann*, § 3 Rz. 194.
3 So auch *Leyens*, MDR 2003, 312, 314.

Kündigung des Leasingvertrages den Leasingvertrag zu dem Preis abzulösen, der den ausstehenden, abgezinsten Leasingraten entspricht[1]. Diese Risikoüberwälzung ist unter Berücksichtigung der kaufrechtlichen Normen atypisch, weil sie darauf gerichtet ist, das gesamte Risiko der **Restamortisation** des Leasinggebers auf den Lieferanten abzuwälzen, ohne dafür irgendeine Gegenleistung zu erhalten. Deshalb sprechen die besseren Gründe dafür, eine solche formularmäßige Abrede als unwirksam gemäß § 307 Abs. 1 BGB zu qualifizieren, weil der Leasinggeber auf diese Weise einseitig seine eigenen Interessen zum Nachteil des Lieferanten durchsetzt.

b) „Einsteigemodelle"

44 Nicht ganz so sicher ist die Antwort auf diese Frage, wenn sich eine solche, das Insolvenzrisiko des Leasingnehmers absichernde Garantieklausel auf eine Konstellation bezieht, die als das „Einsteigemodell" charakterisiert wurde (Kap. C Rz. 121 ff.). Wenn nämlich der Lieferant vor Abschluss des Leasingvertrages einen Kaufvertrag mit dem Leasingnehmer begründet hatte, dann zeigt diese Konstellation eine wesentlich größere „Sachnähe", als sie dem zuvor beschriebenen Fall zuzuweisen ist. Doch reicht auch dies im Ergebnis wohl nicht aus, die Wirksamkeit eines garantiemäßig abgesicherten „dynamischen" Kaufpreises[2] zu rechtfertigen. Denn für gewöhnlich hat der Lieferant auch hier keinen Anlass, das Bonitätsrisiko des Leasingnehmers zu prüfen, weil er bei Abschluss seines Kaufvertrages über den Eigentumsvorbehalt gemäß § 449 BGB hinreichend gesichert ist. Dem gegenüber ist der Leasinggeber schon aufgrund der Norm des § 18 KWG allemal gehalten, das Bonitäts- und Insolvenzrisiko des Leasingnehmers vor Abschluss des Leasingvertrages zu untersuchen. Darüber hinaus fällt ins Gewicht, dass nach der hier vertretenen Auffassung der Kaufvertrag dann scheitert, wenn die ins Auge gefasste „Leasingfinanzierung" nicht zum Zuge gelangt (Kap. C Rz. 127). Aus dieser Risikoverteilung ist im Rahmen des leasingtypischen Dreiecksverhältnisses abzuleiten, dass auch der Lieferant beim „Einsteigemodell" unangemessen i.S.v. § 307 Abs. 1 BGB benachteiligt wird, wenn der Lieferant formularmäßig von ihm fordert, das Leasinggut käuflich zu erwerben, sofern er den Leasingvertrag wegen Zahlungsverzugs des Leasingnehmers fristlos gekündigt hat.

c) Hersteller- und Händlerleasing

45 Zweifelhaft ist hingegen, ob die Wertung gemäß § 307 Abs. 1 Satz 1 BGB auch in den Fällen in gleicher Weise durchgreifen kann, in denen es sich um ein Hersteller- oder Händlerleasing handelt, weil in diesen Fällen – vor allem im Bereich des Kfz-Leasing – eine auf Dauer angelegte Geschäfts-

---

1 So mit Recht *Leyens*, MDR 2003, 312, 314.
2 *Beckmann*, § 3 Rz. 192.

beziehung zwischen Leasinggeber und Lieferant besteht. Für den Lieferanten ist es in diesen Fällen regelmäßig gleichgültig, ob er mit dem Leasingnehmer einen Kaufvertrag abschließt, oder ob er – durch Zwischenschaltung des Leasinggebers – einen Leasingvertrag vermittelt, weil in beiden Fällen der Vertragsabschluss sein Absatzrisiko mindert. Auch tritt in diesen Fällen der Lieferant regelmäßig als **Verhandlungsgehilfe** des Leasinggebers auf, was gemäß § 278 BGB einschließt, dass der Lieferant Kenntnis von den Ergebnissen der Leasingkalkulation des Leasinggebers hat, weil er nur so regelmäßig in der Lage ist, den Leasingvertrag mit dem Leasingnehmer vorzubereiten. Im selben Atemzug ist zu bedenken, dass in diesen Fällen der Leasingnehmer häufig seinen „Gebrauchtwagen" als **Sonderzahlung** an den Lieferanten veräußert. Dies führt dann dazu, dass der Lieferant ohne weiteres in der Lage ist, die besondere Risikostruktur des Geschäftes zu erkennen. Von daher ist es nicht unangemessen, dem Lieferanten auch das Risiko des Scheiterns des Leasingvertrages aufzubürden, sofern hierfür Gründe maßgebend sind, die in der fehlenden Bonität des Leasingnehmers liegen oder der **allgemeinen Wertminderung** des Leasingguts entsprechen[1].

d) Kilometer-Abrechnungsvertrag

Da bei diesem Vertragmodell der Leasinggeber das Risiko der Wertmin- 46
derung trägt, gelten hier im Grunde genommen die gleichen Erwägungen, die zuvor für das Hersteller- und Händlerleasing dargestellt wurden (Rz. 45). Einzuräumen ist allerdings, dass diese Konstellation nicht allein dadurch charakterisiert ist, dass der Leasinggeber das Insolvenzrisiko des Leasingnehmers auf den Lieferanten überwälzt. Vielmehr ist eine garantiemäßig abgesicherte Rückkaufverpflichtung des Lieferanten auch durch die Höhe des „Restwerts" bestimmt, die der Leasinggeber als Verkehrswert/Zeitwert zum Zeitpunkt der Beendigung des Leasingvertrages erwartet. So gesehen wird hier auch teilweise ein Risiko auf den Lieferanten überwälzt, welches aus der Sphäre des Leasinggebers herrührt. So gesehen aber trägt der Lieferant hier nicht allein das Risiko des Leasingnehmers als eines vertragsfremden Dritten, sondern übernimmt – zumindest teilweise – auch das Risiko des „Restwerts" des Leasingguts, das er für gewöhnlich durch den Kfz-Handel – sei es als Neuwagen, sei es als Gebrauchtwagen – an den Käufer veräußert. Daher fällt auch hier i.S.v. § 307 Abs. 1 BGB ins Gewicht, dass eine hinreichende Sachnähe des Lieferanten besteht, wenn er verpflichtet wird, das Leasinggut im Fall der fristlosen Kündigung vom Leasinggeber zurück zu erwerben.

1 In der Sache auch *Leyens*, MDR 2003, 313, 315.

III. Verbot von Zusagen/Erklärungen des Lieferanten gegenüber dem Leasingnehmer

47 Unbedenklich i.S.v. § 307 Abs. 1 BGB ist es allemal, wenn der Leasinggeber eine Vertragsklausel vorsieht, wonach es dem Lieferanten untersagt ist, irgendwelche Erklärungen/Zusagen zugunsten des Leasingnehmers abzugeben, welche nicht Teil des Leasingvertrages, einschließlich der Leasing-AGB, sind. Denn dadurch sichert sich der Leasinggeber gegenüber einem Haftungsrisiko, welches darauf zurückzuführen ist, dass etwaige Zusagen oder Erklärungen des Lieferanten dem Leasinggeber nach § 278 BGB zugerechnet werden.

1. Haftungsrechtliche Konsequenzen

48 Wenn also der Lieferant in diesen Fällen **Verhandlungsgehilfe** des Leasinggebers ist, so dass er den Abschluss des Leasingvertrages vorbereitet und auf diese Weise dem Leasinggeber eigenes Handeln erspart[1], dann ist nach der hier vertretenen Auffassung (Kap. C Rz. 98) gleichwohl eine Haftung des Leasinggebers zu bejahen. Dies ist nur dann anders, wenn es sich um „Sondervereinbarungen" handelt, welche der Lieferant nicht in Erfüllung einer dem Leasinggeber obliegenden Verpflichtung als Zusagen/Erklärungen dem Leasingnehmer gegenüber abgegeben hat, sondern nur gelegentlich der von ihm gegenüber dem Leasingnehmer zu erfüllenden Verpflichtungen (Kap. C Rz. 105). Die Trennlinie ist nicht immer einfach zu ziehen.

2. Schadensersatzsanktion

49 Wenn aber sowohl die vollmachtsbeschränkende Klausel gegenüber dem Lieferanten als auch eine entsprechende Klausel in den Leasing-AGB (Kap. C Rz. 78) nicht geeignet sind, eine Einstandspflicht des Leasinggebers für etwaige Zusagen/Erklärungen des Lieferanten gegenüber dem Leasingnehmer zu verhindern, dann ist allemal gemäß § 280 Abs. 1 BGB eine **Schadensersatzhaftung** des Lieferanten gegenüber dem Leasinggeber zu bejahen. Soweit nämlich die Haftung des Leasinggebers in diesen Fällen darauf hinausläuft, den Leasingnehmer von den Verbindlichkeiten des Leasingvertrages gemäß § 249 BGB zu befreien, besteht die Schadensersatzhaftung des Lieferanten gegenüber dem Leasinggeber gemäß § 280 Abs. 1 BGB vor allem auch darin, dem Leasinggeber den Geschäftsgewinn gemäß § 252 BGB zu erstatten, der aus dem fehlgeschlagenen Leasingvertrag resultieren würde. Würde sich demgegenüber der Lieferant in etwaigen Verkaufs-AGB von dieser Einstandspflicht freizeichnen, so wäre diese Klausel nach § 307 Abs. 2 Nr. 1 BGB nicht hinzunehmen. Denn die aus § 311 Abs. 2 BGB i.V.m. § 280 Abs. 1 BGB resultierende Schadensersatzhaftung zielt darauf

---

1 BGH v. 3.7.1985 – VIII ZR 102/84, NJW 1985, 2258.

ab, das frustrierte Vertrauen des Leasinggebers zu kompensieren, so dass eine entgegenstehende Haftungsfreizeichnungsklausel erkennbar eine unangemessene Benachteiligung i.S.v. § 307 Abs. 2 Nr. 1 BGB enthält und daher unwirksam ist[1]. Spiegelbildlich gelten also hier die gleichen Erwägungen, die zuvor (Kap. C Rz. 111 ff.) dazu geführt haben, entsprechende Freizeichnungsklauseln in den Leasing-AGB für unwirksam zu erklären.

1 AGB-Klauselwerke/*Graf von Westphalen*, Freizeichnungsklausel Rz. 75 ff.

E. Vollzug des Leasingvertrages – Hauptpflichten des Leasinggebers

I. Hauptpflicht des Leasinggebers

1. Überlassung eines gebrauchstauglichen/funktionstüchtigen Leasingguts

1 Ausgangspunkt ist zunächst die Erkenntnis, dass Leasinggeber und Lieferant des Leasingguts die Parteien des **Kaufvertrages** gemäß §§ 433 ff. BGB sind. Folglich erwirbt der Leasinggeber vom Lieferanten das vom Leasingnehmer ausgesuchte Leasinggut mit der Maßgabe, dieses an den Leasingnehmer auszuliefern, damit dieser dann während der Dauer des Leasingvertrages in der Lage (und auch berechtigt) ist, das Leasinggut – vergleichbar einem Mieter – zu nutzen. Es entspricht daher der gefestigten Judikatur des BGH[1], dass die Hauptpflicht des Leasinggebers darin besteht, dem Leasingnehmer für die Dauer des Leasingvertrages ein gebrauchstaugliches/funktionstüchtiges Leasinggut zur Nutzung zu überlassen. Zutreffend ist es daher auch – wie bereits im Einzelnen dargelegt (Kap. B Rz. 20 ff.) – den Leasingvertrag „in erster Linie" den mietrechtlichen Bestimmungen der §§ 535 ff. BGB zuzuordnen[2], so dass diese gesetzlichen Bestimmungen „Leitbildfunktion" für den Leasingvertrag entfalten[3]. In den Worten des BGH liest sich dies wie folgt:

> „Der Zweck des Finanzierungsleasing besteht darin, dem Leasingnehmer ein seinen Wünschen entsprechendes, vom Leasinggeber zu beschaffendes Investitionsobjekt zur – befristeten – Nutzung gegen ein gänzlich oder überwiegend ratenweises Entgelt zu überlassen, so dass der Leasingnehmer die Anschaffung des Leasingguts nicht aus eigenen Mitteln bezahlen muss"[4].

a) Lieferant als Erfüllungsgehilfe des Leasinggebers

2 Leasingtypisch ist es daher auch, dass der Leasinggeber den Hersteller/Lieferanten des Leasingguts **anweist**, das jeweilige Leasinggut an den Leasingnehmer auszuliefern[5]. Mit anderen Worten: Der Lieferant ist insoweit, als die Nutzungsverschaffung in Rede steht, **Erfüllungsgehilfe** des Leasinggebers, so dass dieser für ein etwaiges Fehlverhalten des Lieferanten nach § 278 BGB einstehen muss[6]. So gesehen schließt die Erfüllung der eigenen

---

1 BGH v. 16.9.1981 – VIII ZR 265/80, WM 1981, 1219, 1220; BGH v. 9.10.1985 – VIII ZR 217/84, WM 1985, 1447, 1448; BGH v. 28.3.1990 – VIII ZR 17/89, NJW 1990, 1785, 1787; BGH v. 11.1.1995 – VIII ZR 82/94, NJW 1995, 1019, 1021.
2 Vgl. auch BGH v. 11.1.1995 – VIII ZR 82/94, NJW 1995, 1019, 1021.
3 BGH v. 11.1.1995 – VIII ZR 82/94, NJW 1995, 1019, 1021.
4 BGH v. 11.1.1995 – VIII ZR 82/94, NJW 1995, 1019, 1021.
5 BGH v. 20.10.2004 – VIII ZR 36/03, NJW 2005, 365.
6 BGH v. 14.3.1984 – VIII ZR 284/82, WM 1984, 691; BGH v. 24.1.1990 – VIII ZR 22/89, WM 1990, 510, 513; OLG Düsseldorf v. 17.6.2004 – 10 U 185/03, MDR 2005, 24; *Beckmann*, § 3 Rz. 131 ff.

Verpflichtung des Lieferanten gegenüber dem Leasinggeber – resultierend aus dem zwischen diesen Parteien abgeschlossenen Kaufvertrag – es keineswegs aus, dass die Auslieferung des Leasingguts an den Leasingnehmer eine doppelte Funktion entfaltet: Zum einen erfüllt der Lieferant durch Auslieferung des Leasingguts seine kaufvertraglichen Verpflichtungen gegenüber dem Leasinggeber, zum anderen handelt er gleichzeitig – bezogen auf den Leasingvertrag – als Erfüllungsgehilfe des Leasinggebers[1].

b) Pflichtverletzungen

Im Hinblick auf etwaige Pflichtverletzungen des Lieferanten, welche sich auf die Auslieferung des Leasingguts an den Leasingnehmer beziehen, hat diese Feststellung erhebliche praktische Bedeutung, weil nämlich der Leasinggeber für einen vom Lieferanten zu vertretenden **Verzug** gemäß § 278 BGB verantwortlich ist (Kap. G Rz. 25 ff.). Gleiches gilt für den Tatbestand der **Unmöglichkeit** (Kap. G Rz. 4 ff.). Soweit auch für diese Ansprüche des Leasingnehmers auf die leasingtypische Abtretungskonstruktion zurückgegriffen wird (was allemal vertragstechnisch zu bevorzugen ist), sei auf die späteren Ausführungen verwiesen (Kap. H Rz. 52 ff.). Denn dann kann der Leasinggeber den Leasingnehmer wegen dieser Ansprüche/Rechte an den Lieferanten verweisen. 3

c) Ende der Erfüllungsgehilfenschaft des Lieferanten

Die Rechtsstellung des Lieferanten als Erfüllungsgehilfe des Leasinggebers endet jedoch in dem Zeitpunkt, in welchem der Lieferant das Leasinggut weisungsgemäß an den Leasingnehmer übergibt[2]. Denn die Übergabe der tatsächlichen Sachherrschaft über das Leasinggut bewirkt, dass dann die alleinige Verfügungsgewalt des Leasingnehmers in Vollzug gesetzt wird. Damit endet i.S.d. § 278 BGB eine dem Leasinggeber obliegende Pflicht im Rahmen des durch den Leasingvertrag begründeten Schuldverhältnisses zur Verschaffung des Besitzes, was auch durch den Gefahrenübergang nach § 446 BGB belegt wird. Denn es entspricht der Typizität des Leasingvertrages, dass der Leasingnehmer insoweit die Rechtsstellung eines Käufers erhält (Kap. I Rz. 1 ff.). 4

2. Anlieferung/Annahme des Leasingguts

Die tatsächliche Übergabe des Leasingguts an den Leasingnehmer ist die entscheidende rechtlich bedeutsame Schnittstelle: Während sich der Leasinggeber bis zu diesem Zeitpunkt der Dienste des Lieferanten als seines Erfüllungsgehilfen bedient, endet diese Rechtsstellung in dem Augenblick, 5

1 *Martinek*, Moderne Vertragstypen, Bd. I, S. 128.
2 BGH v. 1.7.1987 – VIII ZR 117/86, NJW 1988, 204, 206 f.; OLG Düsseldorf v. 17.6.2004 – 10 U 185/03, NJW-RR 2005, 700.

in welchem der Leasingnehmer das Leasinggut – in Erfüllung der leasingvertraglichen Verpflichtungen des Leasinggebers – entgegengenommen/angenommen hat[1]. Bis zu diesem Ausgangspunkt ist stets zu bedenken, dass die **Erfüllungseigenschaft** des Lieferanten des Leasingguts neben der Lieferung auch noch zusätzliche Leistungen/Pflichten entsprechend der zugrunde liegenden Parteivereinbarung einschließen kann. Dies kommt insbesondere insoweit in Betracht, als bei der Lieferung von Maschinen Montage, Inbetriebnahme und Abnahme geschuldet wird oder wenn es sich im EDV-Geschäft darum handelt, dass Software zu adaptieren/zu implementieren ist und ein Probelauf erfolgreich durchgeführt werden muss[2]. Nichts anderes gilt auch in den Fällen, in denen – selten genug (wegen der damit verbundenen Probleme des wirtschaftlichen Eigentums des Leasinggebers i.S.v. § 39 Abs. 2 Nr. 1 AO) – der Leasingvertrag werkvertraglichen Charakter gemäß §§ 633 ff. BGB entfaltet, weil dann die erforderliche **Abnahme** gemäß § 640 BGB auch zu den Pflichten zählt, zu deren Erfüllung sich der Leasinggeber des Lieferanten als seines Erfüllungsgehilfen bedient.

II. Rüge- und Untersuchungspflicht – § 377 HGB

1. Überwälzung der Obliegenheiten – unternehmerischer Verkehr

a) Aufgrund ausdrücklicher Vereinbarung

6 Soweit – um das zuvor Gesagte wieder aufzugreifen – der Lieferant als Erfüllungsgehilfe des Leasinggebers gemäß § 278 BGB tätig wird und das jeweilige Leasinggut an den Leasingnehmer ausliefert, ist es Sache des **Leasingnehmers**, sowohl die Vollständigkeit als auch – soweit als möglich – die Mangelfreiheit des Leasingguts zu überprüfen[3]. Noch schärfer formuliert: Es obliegt – so der BGH – dem Leasingnehmer, die „Käuferinteressen des Leasinggebers für diesen wahrzunehmen und ihm die eigene Kontrolle ordnungsgemäßer Erfüllung des Kaufvertrages abzunehmen"[4]. Von daher betrachtet ist es gänzlich unbedenklich, wenn der Leasinggeber in seinen AGB vorsieht, dass der Leasingnehmer verpflichtet ist, die sich aus § 377 Abs. 1 HGB ergebenden Untersuchungs- und Rügeobliegenheiten zu erfüllen. Soweit der Leasingnehmer diese Obliegenheiten erfüllt, kommen die Mängelrechte des Leasingnehmers zum Zug, die grundsätzlich Bestandteil der leasingtypischen Abtretungskonstruktion sind und ausschließlich – Wirksamkeit dieser Konstruktion vorausgesetzt (Kap. H Rz. 3 ff.) – gegenüber dem Lieferanten wahrzunehmen und auch durchzusetzen sind. Ver-

---

1 BGH v. 30.9.1987 – VIII ZR 226/86, WM 1987, 1338, 1339; BGH v. 24.1.1990 – VIII ZR 22/89, NJW 1990, 1290, 1292; hierzu auch *Staudinger/Stoffels*, Leasing Rz. 175; *Beckmann*, § 2 Rz. 131.
2 Vgl. auch *Beckmann*, § 3 Rz. 135.
3 BGH v. 20.10.2004 – VIII ZR 36/03, NJW 2005, 365, 366.
4 BGH v. 20.10.2004 – VIII ZR 36/03, NJW 2005, 365, 367.

säumt der Leasingnehmer die Obliegenheit zur rechtzeitigen, weil unverzüglich geschuldeten Rüge, dann kann sich der Lieferant auf die Genehmigungsfunktion des § 377 Abs. 2 HGB mit Erfolg berufen, so dass dann dem Leasingnehmer wegen des betreffenden Mangels des Leasingguts keine Ansprüche/Rechte nach § 437 BGB zustehen. Auch kann er diese dann nicht im Rahmen von § 536 BGB – etwa als Minderungsrechte – gegenüber dem Leasinggeber einwenden. Vielmehr bleibt er trotz der Mangelhaftigkeit des Leasingguts zur Zahlung der vollen Leasingraten verpflichtet. Freilich gilt dies, wie der Vollständigkeit halber hinzuzusetzen ist, nur insoweit, als der betreffende Leasingnehmer Unternehmer i.S.d. § 14 BGB oder – dann gänzlich unbedenklich – Kaufmann nach § 1 HGB ist. Zur Frage der Geltung des § 377 HGB, falls der Leasingnehmer **Verbraucher** ist, vgl. Rz. 42.

b) Keine Genehmigungsfiktion des § 377 Abs. 2 und 3 HGB

Doch bezieht sich die sich aus § 377 Abs. 2 HGB abzuleitende Genehmigungsfiktion nicht auf solche Pflichtverletzungen, die mit dem Mangel nicht zusammenhängen, sondern auf einer sonstigen Pflichtverletzung des Herstellers/Lieferanten i.S.d. § 241 Abs. 2 BGB beruhen[1]. Auch deliktsrechtliche Ansprüche sind von der Genehmigungsfiktion des § 377 Abs. 2 HGB unabhängig[2]. Ferner bezieht sich die Genehmigungsfiktion von § 377 Abs. 2 HGB **nicht** auf Garantien i.S.v. § 444 BGB, soweit es sich um einen selbständigen Garantievertrag handelt[3]. Zweifelhaft ist freilich, ob das Gleiche auch dann gilt, wenn i.S.v. § 444 BGB eine unselbständige Garantie vorliegt, was jedoch zu bejahen sein dürfte. Denn die unselbständige Garantie lehnt sich stark an die Beschaffenheitsvereinbarung i.S.v. § 434 Abs. 1 BGB an, so dass für § 377 HGB eine gleiche Wertung veranlasst ist[4]. Gleiches gilt dann, wenn es sich um eine **Haltbarkeitsgarantie** gemäß § 443 BGB handelt. 7

2. Formularmäßige Verkürzung der Untersuchungs- und Rügeobliegenheit

Die Rechtsprechung des BGH ist in diesem Punkt streng: Soweit die Verkürzung der Untersuchungs- und Rügeobliegenheit gemäß § 377 HGB dazu führt, dass der Lieferant nicht für verborgene Mängel haftet, weil die Rügefrist dahin zu verstehen ist, dass die Haftung für „versteckte" Mängel im Ergebnis abbedungen ist, dann ist dies mit § 307 Abs. 2 Nr. 1 BGB unvereinbar[5]. Gleiches gilt dann, wenn die Untersuchungs- und Rügefrist auf starre Fristen bezogen wird, etwa auf drei Tage, weil dies mit der gesetzli- 8

1 *Baumbach/Hopt*, § 377 HGB Rz. 15.
2 BGH v. 24.6.1987 – IVb ZR 5/86, NJW 1988, 52.
3 *Baumbach/Hopt*, § 377 HGB Rz. 49.
4 Vgl. BGH v. 29.11.2006 – VIII ZR 92/06, ZIP 2007, 583.
5 BGH v. 3.7.1985 – VIII ZR 152/84, NJW-RR 1986, 52.

chen Grundwertung von § 377 Abs. 1 HGB – Merkmal der von den Umständen abhängigen Unverzüglichkeit – nicht im Einklang stehen würde[1]. Maßgebend ist insoweit, dass § 377 HGB wesentliche Gerechtigkeitserwägungen enthält; die Norm beruht nicht auf reinen Zweckmäßigkeitsgründen, auch wenn einzuräumen ist, dass es sich hierbei lediglich um eine **Obliegenheit** des Käufers handelt, deren Erfüllung in seinem Eigeninteresse liegt. Wird sie nämlich versäumt, dann gilt die auf dem Alles-oder-nichts-Prinzip beruhende Genehmigungsfiktion des § 377 Abs. 2 HGB.

3. Weiterreichende Untersuchungspflicht – Bestätigung der „Vertragsgemäßheit"

a) Wirksamkeit einer solchen Vereinbarung?

9 Da immer wieder Leasing-AGB darauf abstellen, dass der Leasingnehmer auch verpflichtet ist, die „Vertragsgemäßheit" des Leasingguts im Rahmen der Abnahme- und Übernahmebestätigung zu erklären, stellt sich die Frage, ob diese Vertragsgestaltung mit dem Grundprinzip des § 307 Abs. 2 Nr. 1 BGB im Einklang steht[2]. Dagegen bestehen durchgreifende **Bedenken**. Wenn es nämlich richtig ist, dass der Leasingnehmer – wie dargestellt – die Rechtsstellung eines **Käufers** im Rahmen der leasingtypischen Abtretungskonstruktion erhält, dann kann und darf der Leasingnehmer – gestützt und gestärkt durch seine Stellung als „Käufer" – erwarten, dass er keine weitergehenden Verpflichtungen/Obliegenheiten zu erfüllen hat, als sie in § 377 Abs. 1 HGB normiert sind. Gegen die Wirksamkeit spricht aber auch die leasingtypische Abtretungskonstruktion, die rein kaufrechtlich ausgestaltet ist und keiner zusätzlichen Überlagerung in Form einer Verschärfung durch Leasing-AGB zugänglich sein darf, ohne dass der Leasingnehmer auf diese Weise unangemessen i.S.v. § 307 Abs. 2 Nr. 1 BGB benachteiligt wird. Es kann deshalb offen bleiben, ob eine so weit reichende Klausel nicht bereits überraschend i.S.v. § 305c Abs. 1 BGB ist, weil sie sich keineswegs selten in Leasing-AGB wieder findet, also kaum als ganz und gar ungewöhnlich eingestuft werden kann. Doch entscheidend ist letztlich der aus § 307 Abs. 2 Nr. 1 BGB herzuleitende Einwand, weil auch der Leasingnehmer gar nicht weiß und auch nicht wissen kann, welche Voraussetzungen erforderlich sind, um in der Tat – außerhalb der für einen Kaufvertrag nicht vorgesehenen Abnahme – festzustellen, dass das angelieferte Leasinggut alle Funktionalitäten und Beschaffenheiten aufweist, alle „Garantien" erfüllt und alle sonstigen Eigenschaften besitzt, die in ihrer Gesamtheit als „vertragsgemäß" einzustufen sind. Daher wird man vorsorglich auch fehlende Transparenz einer solchen Klausel i.S.v. § 307 Abs. 1 Satz 2 BGB einwenden müssen, um im Ergebnis diese Klausel zu Fall zu bringen.

---

1 BGH v. 3.7.1985 – VIII ZR 152/84, NJW-RR 1986, 12, 13.
2 *Beckmann*, § 4 Rz. 80.

b) Bedenkliche Rechtsfolgen

Des Weiteren ist fraglich, welche Rechtsfolgen eintreten, sofern der Leasingnehmer – aus welchen Gründen immer – die von ihm geforderte Untersuchung auf „Vertragsgemäßheit, Vollständigkeit und Mängel"[1] nicht rechtzeitig durchführt und erfüllt. Dann stellt sich zunächst die Frage, ob trotz der weiten Fassung der Klausel gleichwohl an die **Genehmigungsfiktion** des § 377 Abs. 2 HGB angeknüpft werden darf, oder ob lediglich der Maßstab des mitwirkenden Verschuldens gemäß § 254 BGB heranzuziehen ist[2], falls der Leasingnehmer eine Bestätigung erteilt, von der im Nachhinein behauptet, sie sei unzutreffend, weil das Leasinggut doch nicht „vertragsgemäß" war und/oder „Mängel" aufwies. Doch weder der Rückgriff auf § 377 Abs. 2 HGB noch ein Abstellen auf die Rechtsfolge des § 254 BGB beseitigt die bereits aufgezeigten Schwierigkeiten. Denn es ist angesichts der aufgezeigten Fassung der Klausel ganz und gar unklar i.S.d. Transparenzgebots nach § 307 Abs. 1 Satz 2 BGB, in welchem Verhältnis die Rechtsfolge des mitwirkenden Verschuldens nach § 254 BGB zu der auf dem Alles-oder-nichts-Prinzip aufbauenden Genehmigungsfiktion des § 377 Abs. 2 HGB steht. Beide Rechtsfolgen passen in ihrer Struktur nicht zusammen, so dass auch von daher alles dafür spricht, die Unwirksamkeitssanktion des § 307 Abs. 2 Nr. 1 BGB zu bemühen. Es lässt sich auch nicht die Meinung halten, dass in Bezug auf die Fragen der „Vertragsgemäßheit" des Leasingguts § 254 BGB Maß gibt, während im Blick auf die Mängelfreiheit § 377 HGB regiert, weil die einheitliche Fassung der Klausel einer solchen, ohnehin praktisch nicht durchführbaren Differenzierung der Rechtsfolgen im Wege steht. 10

III. Abnahme- und Übernahmebestätigung

1. Rechtsnatur

a) Quittung

Die in Leasingverträgen übliche Abnahme- oder Übernahmebestätigung, welche der Leasingnehmer nach der Ablieferung des Leasingguts durch den Lieferanten ausstellt, wird vom BGH nicht als Anerkennung der Vertragsgemäßheit des Leasingguts bewertet[3]. Vorbehaltlich einer abweichenden Regelung im Einzelfall vertritt vielmehr der BGH zu Recht die Meinung, die Ausfüllung einer solchen Bestätigung sei – rechtlich gewertet – als **Quittung** zu qualifizieren[4]. Demzufolge handelt es sich um ein **Beweismit-** 11

1 So *Beckmann*, § 4 Rz. 80.
2 Hierzu BGH v. 16.9.1987 – VIII ZR 334/86, NJW 1988, 52 – Weinkorken.
3 BGH v. 1.7.1987 – VIII ZR 117/86, WM 1987, 1131, 1133.
4 BGH v. 1.7.1987 – VIII ZR 117/86, WM 1987, 1131.

tel für die Erfüllung des Leasingvertrages i.S.d. §§ 362, 363 BGB[1]. Demzufolge trifft den Leasingnehmer die Darlegungs- und Beweislast dafür, dass die abgegebene Bestätigung entgegen ihrem Wortlaut und unter Berücksichtigung der tatsächlichen – eingeschränkten, weil mangelhaften – Gebrauchstauglichkeit/Funktionstüchtigkeit des Leasingguts unrichtig war[2]. Anders gewendet: Die Ausstellung der Abnahme- und Übernahmebestätigung ist nicht als Verzicht auf etwaige Einwendungen zu interpretieren, die dem Leasingnehmer im Hinblick auf die erst später festgestellte und dann gerügte, fehlende oder eingeschränkte Gebrauchstauglichkeit/Funktionstüchtigkeit des Leasingguts zustehen[3].

b) Funktion der Abnahmebestätigung im Leasingprozess

12 Unterzeichnet der Leasingnehmer eine ihm vom Lieferanten des Leasingguts bei Anlieferung unterbreitete Abnahme/Übernahmebestätigung, dann hat dies für den **Leasingprozess** unmittelbare Auswirkungen. Der Leasingnehmer ist dann gegenüber dem Zahlungsanspruch des Leasinggebers verpflichtet, die Unrichtigkeit dieser Abnahme- und Übernahmebestätigung zu beweisen, soweit die Unrichtigkeit ihrerseits nicht unstreitig feststeht[4]; es findet eine **Umkehr der Beweislast** statt[5].

2. Empfangsbestätigung – Bestätigung der Mängelfreiheit – Besondere Erfordernisse gegenüber einem Leasingnehmer als Verbraucher

13 Es liegt auf der Hand, dass sich gerade auch in diesem Bereich besondere Probleme immer dann einstellen, wenn der Leasingnehmer nicht als Unternehmer, sondern als Verbraucher nach § 13 BGB einzuordnen ist. Denn das Vertragsverhältnis zwischen Leasinggeber und Lieferant gehört zweifelsfrei dem unternehmerischen Bereich an. Es ergeben sich folgende Ansatzpunkte:

a) Wertung nach § 309 Nr. 12b BGB

14 Berücksichtigt man, dass nach der dargestellten Rechtsprechung des BGH die Ausstellung einer Abnahme- und Übernahmebestätigung im Ergebnis als **Quittung** gemäß § 368 BGB zu qualifizieren ist, dann folgen daraus wesentliche Erkenntnisse, die für die Klauselgestaltung fruchtbar zu machen sind. Zunächst ist zu betonen, dass § 309 Nr. 12b BGB vorsieht, dass der dort niedergelegte Verbotstatbestand – Bestätigung bestimmter Tatsachen – dann nicht gilt, wenn es sich um ein gesondert unterschriebenes **Emp-**

1 Vgl. auch *Beckmann*, § 3 Rz. 58.
2 BGH v. 5.7.1989 – VIII ZR 334/88, WM 1989, 1574.
3 BGH v. 1.7.1987 – VIII ZR 117/86, WM 1987, 1131,1133.
4 BGH v. 5.7.1989 – VIII ZR 334/88, NJW 1989, 3222.
5 *Beckmann*, § 3 Rz. 59.

fangsbekenntnis handelt[1]. Voraussetzung ist insoweit, dass das Empfangsbekenntnis vom übrigen Vertragstext deutlich abgesetzt ist[2] Dies ist tendenziell unproblematisch, weil die Abnahme- und Übernahmebestätigung beim Leasing üblicherweise als gesonderte Urkunde vom Leasingnehmer unterzeichnet wird; sie ist nicht Teil der Leasing-AGB.

Doch geht die Praxis einen wesentlichen Schritt weiter: Der Leasinggeber verlangt vom Leasingnehmer nicht nur die reine Empfangsbestätigung, sondern fordert auch, dass der Leasingnehmer etwa bestätigt, dass ihm die Ware in „einwandfreiem" oder „mangelfreiem" Zustand übergeben wurde[3]. Ein solcher Text geht – unabhängig von den zuvor aufgezeigten Bedenken gegen die Wirksamkeit einer solchen Klausel (Rz. 9) – über den Verbotsrahmen von § 309 Nr. 12b BGB hinaus, so dass entsprechende Klauseln auch aus diesem Grund als **unwirksam** zu verwerfen sind[4]. Die Tatsache, dass der BGH in seinem Urteil vom 20.10.2004[5] eine entsprechende Klausel unbeanstandet gelassen hat, darf nicht missverstanden werden. Denn in diesem Urteil hatte die Frage keine Relevanz, ob der Verbotstatbestand von § 309 Nr. 12b BGB verletzt ist, weil **Kern des Rechtsstreits** – ausweislich der Leitsätze – die Frage war, ob der Lieferant bei Auslieferung des Leasingguts Erfüllungsgehilfe des Leasinggebers auch im Hinblick auf die vom Leasingnehmer abzugebende Abnahme- und Übernahmebestätigung ist, was der BGH nunmehr verneint[6]. Zwar ist nicht zu bezweifeln, dass der Leasinggeber ein vitales Interesse daran hat, dass der Leasingnehmer ihm bestätigt, dass das Leasinggut „einwandfrei" oder „ordnungsgemäß" bzw. „mangelfrei" ist, doch ändert dies nichts daran, dass der Verbotstatbestand von § 309 Nr. 12b BGB eindeutig und klar aufgebaut und keiner erweiternden Auslegung zugänglich ist. Daraus folgt: Soweit die Abnahme- und Übernahmebestätigung weiter geht als die reine Bestätigung der Tatsache, dass das Leasinggut vom Leasingnehmer in Empfang genommen worden ist, sind Klauseln insoweit als **unwirksam** gemäß § 309 Nr. 12b BGB einzustufen[7]. 15

b) Unternehmerischer Verkehr – § 307 BGB

aa) Hinreichender Schutz durch § 377 HGB

Die auf § 309 Nr. 12b BGB abhebende Argumentation gilt indessen auch dann im Rahmen von § 307 Abs. 2 Nr. 1 BGB, wenn der Leasingnehmer **Unternehmer** i.S.v. § 14 BGB ist. Insoweit ist ein Zweifaches zu bedenken: Zum einen enthält § 309 Nr. 12 BGB den allgemeinen Grundsatz, dass eine 16

1 Hierzu *Palandt/Grüneberg*, § 309 BGB Rz. 102.
2 *Palandt/Grüneberg*, § 309 BGB Rz. 102.
3 Hierzu OLG Koblenz v. 22.9.1995 – 2 U 620/94, NJW 1995, 3392 – Möbelhandel.
4 So auch mit Recht *Beckmann*, § 3 Rz. 53.
5 BGH v. 20.10.2004 – VIII ZR 36/03, NJW 2005, 365.
6 BGH v. 20.10.2004 – VIII ZR 36/03, NJW 2005, 365.
7 A.M. *Beckmann*, § 3 Rz. 55.

Verschiebung der gesetzlichen Beweislastregeln auch im unternehmerischen Verkehr an § 307 Abs. 2 Nr. 1 BGB scheitert[1]. Denn die Beweislastregeln enthalten wesentliche **Ausprägungen der Gerechtigkeitsgedanken**[2], so dass sie auch im unternehmerischen Verkehr gemäß § 307 Abs. 2 Nr. 1 BGB zu respektieren sind. Zwar mag es zweifelhaft sein, ob dieser Gesichtspunkt auch auf § 309 Nr. 12b BGB durchschlägt, weil dort nur davon die Rede ist, dass nur solche Tatsachen bestätigt werden dürfen, die Gegenstand eines einfachen – gesondert zu unterzeichnenden – Empfangsbekenntnisses sind. Das mag mit einer Verschiebung der Darlegungs- und Beweislast nicht unbedingt viel zu tun haben. Doch steht insoweit der Gedanke im Vordergrund, dass der Leasinggeber als Kaufmann durch § 377 HGB hinreichend geschützt ist: Wenn nämlich der Leasingnehmer verpflichtet ist, das Leasinggut unverzüglich nach Ablieferung auf etwaige Fehler/Mängel zu untersuchen und diese, soweit sie nach ordnungsgemäßem Geschäftsgang entdeckt worden sind, unverzüglich dem Lieferanten anzuzeigen hat, dann handelt es sich insoweit um eine der kaufmännischen Praxis entsprechende Usance, mit der der auch der Leasingnehmer in seiner Stellung als „Käufer" rechnen muss und auch tatsächlich rechnet. Denn sie unterscheidet sich in nichts von der üblichen kaufmännischen Geschäftspraxis, wie sie über § 346 HGB den Kauvertrag nach § 377 HGB beherrscht.

17 Demgegenüber benachteiligt den Leasingnehmer eine Empfangsbestätigung, welche sich auf die Mängelfreiheit bezieht, i.S.d. § 307 Abs. 2 Nr. 1 BGB unangemessen, wenn sie vom Lieferanten des Leasingguts zu einem Zeitpunkt eingefordert wird, in welchem der Leasingnehmer noch keine Möglichkeit besaß, die nach § 377 HGB geforderte Untersuchung ordnungsgemäß vorzunehmen. Trifft dies zu, dann ergibt sich aus dem zeitlich-sachlichen Zusammenhang dieser Klausel, dass sie als nach § 307 Abs. 2 Nr. 1 BGB unwirksam zu verwerfen ist[3].

bb) Keine besondere Kontrollfunktion

18 Auch die von *Beckmann*[4] ins Spiel gebrachte Argumentation, der Abnahme- und Übernahmebestätigung sei eine Kontrollfunktion im Hinblick auf die Funktionstüchtigkeit/Mangelfreiheit des Leasingguts zuzuweisen, überzeugt im Rahmen der Wertung nach § 307 Abs. 2 Nr. 1 BGB nicht. Sie wäre nur dann zutreffend, wenn der Leasinggeber – anders als ein gewöhnlicher Käufer im Handelsverkehr – darauf angewiesen wäre, eine Abnahme- und Übernahmebestätigung zu erhalten, die auch – weitergehend als in § 377 HGB verankert – die Funktionstüchtigkeit/Vertragsgemäßheit des

1 BGH v. 13.3.1996 – VIII ZR 333/94, NJW 1996, 1537, 1538; *Palandt/Grüneberg*, § 309 BGB Rz. 103.
2 Im Einzelnen auch *Thamm*, BB 1996, 653.
3 Hierzu im Einzelnen *Baumbach/Hopt*, § 377 HGB Rz. 5 ff.
4 *Beckmann*, § 3 Rz. 56.

Leasingguts bestätigt. Doch dem wäre nur zu folgen, wenn in der Tat der Leasingnehmer keine anderweitige Möglichkeit besäße, sich darüber zu vergewissern, ob das von ihm erworbene Leasinggut vertragsgemäß ist und daher seine berechtigten Erwartungen erfüllt. Das aber trifft nicht zu. Vielmehr ist es so, dass auch hier an die leasingtypische Abtretungskonstruktion anzuknüpfen ist (Kap. H Rz. 1 ff.): Wenn nämlich der Leasinggeber kraft autonomer Vertragsgestaltung dem Leasingnehmer die Stellung eines **Käufers** zuweist, dann reicht es aus, wenn der Leasingnehmer – wie ein Käufer im Handelsverkehr auch – gehalten ist, die Untersuchungs- und Rügepflicht des § 377 HGB zu erfüllen. Ein weiteres Informations- oder Kontrollbedürfnis hat der Leasinggeber im Blick auf die von ihm auszustellende Abnahme- und Übernahmebestätigung nicht.

cc) Zahlung des Kaufpreises durch den Leasinggeber nach Erhalt der Abnahmebestätigung

Auch die Tatsache, dass der Leasinggeber – nach Erhalt einer ordnungsgemäß vom Leasingnehmer bestätigen Abnahme- und Übernahmebescheinigung – dem Lieferanten den Kaufpreis auszahlt (Rz. 28 ff.), begründet keine andere Sicht. Vielmehr handelt hier der Leasinggeber genauso wie ein gewöhnlicher Käufer, der sich zu einer Zug-um-Zug-Zahlung des Kaufpreises nach Erhalt der Ware verpflichtet, bevor das Ergebnis einer Wareneingangskontrolle gemäß § 377 HGB vorliegt. Im Übrigen dürfte es in der Praxis ohnedies regelmäßig so sein, das der Leasinggeber auch nach Erhalt einer ordnungsgemäß ausgefüllten Abnahme- und Übernahmebestätigung den Kaufpreis für das Leasinggut erst mit **einiger zeitlicher Verzögerung** an den Lieferanten auszahlt. Denn auch der kaufmännische Betrieb des Leasinggebers erfordert eine gewisse Zeit zur Prüfung, ob die vom Lieferanten herrührende Rechnung und die vom Leasingnehmer ausgestellte Abnahme- und Übernahmebestätigung sachlich korrekt sind. Trifft aber dies zu, dann hat der Leasinggeber die gleiche Stellung wie ein gewöhnlicher Käufer im Handelsverkehr, der erst nach ordnungsgemäßer Wareneingangskontrolle (und entsprechender Prüfung der Rechnung) diese gegenüber dem Lieferanten zahlt. 19

Erfährt also der Leasinggeber – rechtzeitige und hinreichend substantiierte Rüge des Leasingnehmers gegenüber dem Lieferanten des Leasingguts vorausgesetzt – davon, dass das Leasinggut mangelhaft ist, dann kann er ohne weiteres selbständig die **Einrede des nicht erfüllten Vertrages** gemäß § 320 BGB erheben und die Zahlung des Kaufpreises verweigern. Voraussetzung ist insoweit lediglich, das der Leasinggeber den Leasingnehmer vertraglich verpflichtet, etwaige Mängelrügen nicht nur unmittelbar im Rahmen der leasingtypischen „Abtretungskonstruktion" an den Lieferanten zu senden, sondern auch ihn, den Leasinggeber, abschriftlich hiervon zu verständigen. Denn dann hat der Leasinggeber die uneingeschränkte Möglichkeit, die Einrede des nicht erfüllten Vertrages gemäß § 320 BGB gegenüber dem Lieferanten des Leasingguts geltend zu machen. 20

IV. Unrichtige Abnahme- und Übernahmebestätigung: Ansprüche des Leasinggebers

1. Grundtatbestand: Keine Erfüllungsgehilfenschaft des Lieferanten

21 Wenn eine Abnahme- und Übernahmebestätigung unrichtig ausgestellt wird, dann stellt sich zunächst die Frage, ob die dann entstehenden Schadensersatzansprüche des Leasinggebers – er zahlt ja den Kaufpreis an den Lieferanten aus – gegen den Leasingnehmer oder nur gegen den Lieferanten zu richten sind. Soweit die Rechtsstellung des Lieferanten in Rede steht, ist nach der insoweit zutreffenden Rechtsprechung des BGH zunächst soviel klar: Der Lieferant des Leasingguts ist **Erfüllungsgehilfe** des Leasinggebers, soweit es sich um Pflichten handelt, die bis zur Ablieferung des Leasingguts beim Leasingnehmer zu erfüllen sind, weil der Leasingnehmer erst dann die Stellung eines Käufers im Rahmen der leasingtypischen Abtretungskonstruktion erhalten kann, wenn das Leasinggut in der Weise an ihn abgeliefert worden ist, dass er Besitz und Verfügungsgewalt tatsächlich erhalten hat[1]. Im Hinblick auf die Ausstellung der vom Leasinggeber geforderten Abnahme- und Übernahmebestätigung ist indessen nach der Rechtsprechung des BGH[2] der Lieferant, der im Auftrag des Leasinggebers das Leasinggut an den Leasingnehmer ausliefert, **nicht Erfüllungsgehilfe des Leasinggebers**. Mithin wechselt der Tatbestand der Erfüllungsgehilfenschaft i.S.v. § 278 BGB in dem Augenblick, in dem der Leasingnehmer das Leasinggut gemäß § 446 BGB übernommen hat. Im Sinne von § 377 Abs. 1 HGB gewertet, ist damit die „Ablieferung" an den Leasingnehmer der Punkt, an welchem die Erfüllungsgehilfenschaft des Lieferanten des Leasingguts – handelnd insoweit als Erfüllungsgehilfe des Leasinggebers – endet[3].

a) Pflichtverletzung des Lieferanten

22 Für etwaige Pflichtverletzungen, die der Lieferant bis zur Ablieferung des Leasingguts i.S.v. §§ 241 Abs. 2, 280 Abs. 1 BGB zu vertreten hat, haftet folglich der Leasinggeber gegenüber dem Leasingnehmer. Daher kommt alles darauf an, ob der Lieferant **Kenntnis** von der Unrichtigkeit der Abnahme- und Übernahmebestätigung hatte oder ob diese Kenntnis auch auf Seiten des Leasingnehmers gegeben war. Trifft nur die erste Alternative zu, dann hat der geschädigte Leasinggeber nur Schadensersatzansprüche gegenüber dem Lieferanten. Sie ergeben sich als Verletzung einer zum Kaufvertrag anzuerkennenden Nebenpflicht i.S.d. § 241 Abs. 2 BGB, die freilich nach § 280 Abs. 1 Satz 2 BGB ein Vertretenmüssen voraussetzt.

---

1 BGH v. 14.3.1984 – VIII ZR 284/83, NJW 1984, 2034; *Wolf/Eckert/Ball*, Rz. 1771.
2 BGH v. 20.10.2004 – VIII ZR 36/03, NJW 2005, 365.
3 Vgl. *Baumbach/Hopt*, § 377 HGB Rz. 24.

b) Pflichtverletzung des Leasingnehmers

aa) Sanktionen

Stellt indessen der Leasingnehmer eine Abnahme- oder Übernahmebestätigung **fehlerhaft** aus, obwohl das Leasinggut entweder gar nicht oder nur teilweise angeliefert wurde, dann haftet er hierfür unmittelbar dem Leasinggeber gegenüber auf Schadensersatz[1]. Anspruchsgrundlage ist auch hier die aus § 241 Abs. 2 BGB i.V.m. § 280 Abs. 1 BGB abgeleitete Rücksichtspflicht gegenüber den Interessen des Leasinggebers. Die Schadensersatzhaftung des Leasingnehmers beruht auf der Erwägung, dass der Leasinggeber im Vertrauen auf die Richtigkeit/Vollständigkeit dieser Erklärung die geschuldete Kaufpreiszahlung an den Lieferanten des Leasingguts bewirkt[2] und dass der Leasingnehmer dies weiß. Versäumt der Leasingnehmer darüber hinaus auch die nach § 377 Abs. 1 HGB rechtzeitig durchzuführende Untersuchung und unterlässt er die unverzüglich geschuldete Mängelanzeige, dann führt dies im Rahmen der leasingtypischen Abtretungskonstruktion zum Verlust der Mängelansprüche des Leasingnehmers gemäß § 377 Abs. 2 HGB. 23

bb) Kein Anspruch auf Ausstellung einer bestimmten Form der Abnahmebestätigung

Doch wird man mit der Rechtsprechung des BGH festhalten muss, dass der Leasinggeber keinen Anspruch darauf hat, dass der Leasingnehmer die von ihm vorformulierte Abnahme- und Übernahmebestätigung – textlich identisch – unterzeichnet[3]. Gleichwohl wird man auf der Ebene des § 241 Abs. 2 BGB festhalten dürfen: Die ordnungsgemäße Ausstellung einer Abnahme- und Übernahmebestätigung ist eine **leasingvertragliche Nebenpflicht**, zu deren Erfüllung der Leasingnehmer gegenüber dem Leasinggeber verpflichtet ist[4]. Daraus folgt: Wenn und soweit der Leasingnehmer schuldhaft eine fehlerhafte oder unvollständige Abnahme- und Übernahmebestätigung ausstellt, haftet er gegenüber dem Leasinggeber auf Schadensersatz gemäß § 280 Abs. 1 BGB, wenn dieser den Kaufpreis an den Lieferanten des Leasingguts gezahlt hat und wegen Insolvenz des Lieferanten nicht mehr in der Lage ist, seinen Rückforderungsanspruch zu realisieren[5]. Ob man so weit gehen will, eine aus §§ 241 Abs. 2, 280 Abs. 1 BGB abzuleitende Schadensersatzhaftung des Leasingnehmers wegen unrichtiger/unvollständiger Ausstellung einer Abnahme- und Übernahmebestätigung auch dann zu bejahen, wenn der Rückforderungsanspruch des Leasinggebers gegenüber dem Lieferanten des Leasingguts nicht an der Insolvenz 24

1 BGH v. 20.10.2004 – VIII ZR 36/03, NJW 2005, 365.
2 BGH v. 1.7.1987 – VIII ZR 117/86, NJW 1988, 204; BGH v. 20.10.2004 – VIII ZR 36/03, NJW 2005, 365, 366; *Wolf/Eckert/Ball*, Rz. 1775; *Beckmann*, § 3 Rz. 70.
3 BGH v. 17.2.1993 – VIII ZR 37/92, NJW 1993, 1381.
4 *Beckmann*, § 3 Rz. 70.
5 BGH v. 20.10.2004 – VIII ZR 36/03, NJW 2005, 365.

des Lieferanten scheitert, erscheint fraglich[1]. Denn dieser Ansatz geht sehr weit. Mangels Insolvenz des Lieferanten sind die Belange/Interessen des Leasinggebers, auch wenn er den Kaufpreis zu Unrecht an den Lieferanten gezahlt hat, nicht ernsthaft gefährdet. Auch ist dem Leasinggeber zuzumuten, seinen Rückforderungsanspruch gegenüber dem Lieferanten grundsätzlich geltend zu machen; lediglich die Schwelle der Insolvenz darf nicht überschritten werden. Soweit Aufwendungen/Kosten des Leasinggebers in diesem Zusammenhang entstehen, sind sie Teil des Schadensersatzanspruchs, der gemäß §§ 241 Abs. 2, 280 Abs. 1 BGB gegenüber dem Leasingnehmer geltend gemacht werden kann.

c) Fehlendes Verschulden des Leasingnehmers

25 Sofern der Leasingnehmer unverschuldet keine Kenntnis bei Ausstellung der (fehlerhaften) Abnahme- und Übernahmebestätigung davon hatte, dass das Leasinggut nicht vollständig ausgeliefert wurde, stellt sich die Frage, ob nicht doch der Mitverschuldenseinwand gemäß § 254 Abs. 1 BGB zu Lasten des Leasinggebers insoweit durchschlägt, als die Frage beantwortet werden muss: Ist nicht der Lieferant des Leasingguts gemäß § 241 Abs. 2 BGB in jedem Fall verpflichtet, den Leasingnehmer ausdrücklich darauf hinzuweisen, dass das angelieferte Leasinggut unvollständig ist[2]? Die Antwort auf diese Frage hängt entscheidend davon ab, ob man – so der BGH[3] – die Kontrollfunktion der Abnahme- und Übernahmebestätigung – bezogen auf die Erfüllung der dem Lieferanten des Leasingguts obliegenden Verpflichtungen – dem „Umkreis des Aufgabenbereichs der Gebrauchsüberlassung" zuordnet und damit leasingtypisch fixiert oder ob man hier eine strikte Trennung vornimmt, welche dann zum Nachteil des Lieferanten ausschlägt. Letzteres scheint zutreffend. Denn wenn man dem BGH folgt und den Lieferanten des Leasingguts als Erfüllungsgehilfen des Leasinggebers gemäß § 278 BGB – bezogen auf die Sachverschaffungspflicht des Leasingvertrages – einordnet, dann liegt es nahe, den Lieferanten gemäß § 241 Abs. 2 BGB als verpflichtet anzusehen, den Leasingnehmer ausdrücklich darauf hinzuweisen, dass das angelieferte Leasinggut unvollständig ist, bevor der Leasingnehmer verpflichtet wird, eine Abnahme- und Übernahmebestätigung auszustellen. Denn die Tatsache, dass der Leasingnehmer eben dies nicht immer und ohne weiteres sogleich bei Anlieferung erkennen kann, also unverschuldet eine unrichtige Abnahme- und Übernahmebestätigung ausstellten könnte, ist Anlass genug, eine entsprechende **Aufklärungspflicht des Lieferanten** des Leasingguts gemäß § 241 Abs. 2 BGB einzufordern. Der Lieferant hat insoweit eine wesentlich größere Sachnähe als der Leasingnehmer, um beurteilen zu können, ob das Leasinggut vollständig oder nicht vollständig geliefert ist. Daher ist es sachgerecht, den

1 So wohl *Beckmann*, § 3 Rz. 71.
2 Vgl. *Beckmann*, § 3 Rz. 76a.
3 BGH v. 20.10.2004 – VIII ZR 36/03, NJW 2005, 365, 367.

Lieferanten als Erfüllungsgehilfen des Leasinggebers zu behandeln, so dass der Leasinggeber für eine unterlassene Aufklärung des Lieferanten gemäß § 278 BGB einzustehen verpflichtet ist. Doch gilt dies nur unter der Prämisse, dass der Leasingnehmer nicht ohne weiteres in der Lage ist, selbst festzustellen, dass das Leasinggut unvollständig angeliefert worden ist. Denn das Pflichtenkonzept des § 241 Abs. 2 BGB hängt entscheidend von den Umständen des Einzelfalls ab[1]. Eine insoweit einzufordernde Schutzbedürftigkeit des Leasingnehmers ist also Voraussetzung einer so ausgestalteten Haftung.

d) Kollusives Zusammenwirken zwischen Lieferant und Leasingnehmer

Ergibt sich, dass Lieferant und Leasingnehmer kollusiv zusammenwirken 26
und auf diese Weise gemeinsam den Leasinggeber schädigen, weil dieser in Unkenntnis der unzutreffenden Abnahme- und Übernahmebestätigung den Kaufpreis an den Lieferanten auszahlt, liegt im Zweifel der Tatbestand der sittenwidrigen Schädigung nach § 826 BGB vor. Es handelt sich dann um eine **gesamtschuldnerische Haftung von Lieferant und Leasingnehmer** nach den Grundsätzen der §§ 830, 840 BGB. Der Innenausgleich wird dann nach § 426 BGB vollzogen.

e) Mitverschulden des Leasinggebers?

Der BGH vertrat in seinem Urteil vom 1.7.1987[2] die Auffassung, bei einer 27
vom Leasinggeber herrührenden Abnahme- und Übernahmebestätigung müsse sich der Leasinggeber eine etwaige Mitverantwortlichkeit wegen unklarer oder nicht deutlicher Vorformulierung der Abnahme- und Übernahmebestätigung zurechnen lassen. Unterstützt wird diese Erwägung durch den Gedanken, dass die Haftungsfolgen aufgrund einer Abnahme- und Übernahmebestätigung – sofern sie unvollständig/unzutreffend sein sollte – klar und unmissverständlich zum Ausdruck gebracht werden sollen. Denn nur so werden die Interessen des Leasingnehmers hinreichend gewahrt. Mit Urteil vom 20.10.2004[3] ist der BGH allerdings von dieser Auffassung mit guten Gründen abgerückt[4]. Entscheidend ist folgende Erwägung, die uneingeschränkt als zutreffend anzuerkennen ist: Der Leasinggeber erfüllt die ihm obliegende Gebrauchsverschaffungspflicht in der Weise, dass er im Verhältnis zum Leasingnehmer den Lieferanten als seinen Erfüllungsgehilfen gemäß § 278 BGB einschaltet[5]. So gesehen fällt ins Gewicht, dass der Lieferant des Leasingguts seine Pflichten aus dem Kaufvertrag gegenüber dem Leasinggeber erfüllt, indem er das Leasinggut dem Lea-

1 Statt aller *Palandt/Heinrichs*, § 241 BGB Rz. 6 ff.
2 BGH v. 1.7.1987 – VIII ZR 117/86, NJW 1988, 204.
3 BGH v. 20.10.2004 – VIII ZR 36/03, NJW 2005, 365.
4 Kritik an dieser Auffassung bereits in der Vorauflage, dort Rz. 519 f.
5 BGH v. 20.10.2004 – VIII ZR 36/03, NJW 2005, 365, 367.

singnehmer abliefert. Doch die Ausstellung der Abnahme- und Übernahmebestätigung ist **genuine Pflicht des Leasingnehmers**. Insbesondere – so der BGH – muss sich auch der Leasinggeber nicht ein etwaiges Wissen des Lieferanten des Leasingguts i.S.v. § 166 BGB analog zurechnen lassen[1]. Daher ist auch die Kenntnis des Lieferanten von der Unrichtigkeit der Abnahme- und Übernahmebestätigung, welche der Leasingnehmer gegenüber dem Leasinggeber abgibt, dem Leasinggeber nicht entsprechend § 166 BGB anzulasten, wenn das Leasinggut gar nicht geliefert wurde[2]. Daraus folgt, dass der Leasingnehmer berechtigt ist, bei Nichtlieferung des Leasingguts die Ausstellung der von ihm geforderten Abnahme- und Übernahmebestätigung solange zu verweigern, bis das Leasinggut tatsächlich übergeben wurde. Dem ist zu folgen.

2. Grundtatbestand: Lieferantenprozess

a) Regelung des rechtzeitigen Erhalts der Abnahmebestätigung in den Bestell-AGB des Leasinggebers

28 Nach zutreffender Auffassung des BGH ist es mit § 307 Abs. 1 BGB vereinbar, wenn in den Bestellbedingungen des Leasinggebers eine Klausel mit dem Inhalt enthalten ist:

„Der Eingang der Abnahmebestätigung bei uns ist Voraussetzung für jegliche Verpflichtung unsererseits dem Lieferanten gegenüber“[3].

29 Darin liegt die Vereinbarung einer **Fälligkeitsabrede**, so dass der Leasinggeber erst dann zur Zahlung des Kaufpreises gegenüber dem Lieferanten des Leasingguts verpflichtet ist, wenn die vom Leasingnehmer ausgestellte Abnahme- und Übernahmebestätigung ihm zugegangen ist. Doch löst dies sogleich die Frage aus, ob der Leasingnehmer nicht insoweit Erfüllungsgehilfe des Leasinggebers i.S.v. § 278 BGB ist[4], so dass der Leasinggeber im Zahlungsprozess des Lieferanten dafür einstehen muss, dass der Leasingnehmer die Abnahme- und Übernahmebestätigung fehlerhaft ausgestellt hat. Ihm steht es daher nicht zu, unter Hinweis auf das Tätigwerden des Leasingnehmers die Zahlung des Kaufpreises gegenüber dem Lieferanten zu verweigern.

b) Leasingnehmer als Erfüllungsgehilfe des Leasinggebers

30 Die bereits zuvor erwähnte Entscheidung des BGH vom 20.10.2004[5] steht dieser rechtlichen Einordnung nicht entgegen, weil sie nur die Frage beantwortet, ob denn der Lieferant als Erfüllungsgehilfe des Leasinggebers im

---

1 BGH v. 20.10.2004 – VIII ZR 36/03, NJW 2005, 365, 367.
2 BGH v. 20.10.2004 – VIII ZR 36/03, NJW 2005, 365.
3 BGH v. 14.3.1984 – VIII ZR 284/82, NJW 1984, 2034.
4 So *Beckmann*, § 3 Rz. 62 f.
5 BGH v. 20.10.2004 – VIII ZR 36/03, NJW 2005, 365.

Blick auf eine unvollständige und unwahre Abnahme- und Übernahmebestätigung anzusehen ist. Hier aber geht es um die Zurechnung des Verhaltens des Leasingnehmers gegenüber dem Leasinggeber, wie sie sich im Verhältnis zwischen Leasinggeber und Lieferant wegen des zwischen beiden Parteien bestehenden Kaufvertrages darstellt. Denn die Übernahme des Leassingguts vollzieht sich ausschließlich in Erfüllung des zwischen Lieferant und Leasinggeber abgeschlossenen Kaufvertrages. Daher ist entscheidend, dass der Leasinggeber die sich aus der Übernahme des Leasingguts ergebende Verpflichtung nur mit Hilfe des Leasingnehmers erfüllen kann, was ja auch die Konsequenz des Geheißerwerbs ist, der zu einer unmittelbaren Auslieferung des Leasingguts vom Lieferanten an den Leasingnehmer führt. Doch ist im selben Atemzug hinzuzusetzen, dass dem Lieferanten natürlich nur dann ein Anspruch auf Zahlung zusteht, wenn er die Mangelhaftigkeit des Leasingguts **nicht zu vertreten** hat. Daher reduziert sich die hier zu untersuchende Konstellation auf die Fälle, in denen der Leasingnehmer die ohne weiteres korrekt auszustellende Abnahme- oder Übernahmebestätigung nicht rechzeitig an den Leasinggeber sendet. Soweit nämlich ein Mangel vorliegt und der Leasingnehmer berechtigt ist, eine Rüge nach § 377 Abs. 1 HGB geltend zu machen, steht der Kaupreisklage des Lieferanten gegenüber dem Leasinggeber die Einrede des § 320 BGB entgegen.

c) Verspätete Ausstellung der Abnahme- und Übernahmebestätigung

aa) Geltung von § 271 BGB?

Ist in den Leasing-AGB nicht bedungen, dass der Leasingnehmer verpflichtet ist, **„unverzüglich"** nach Ablieferung des Leasingguts die vorgelegte Abnahme- und Übernahmebestätigung auszufüllen und an den Leasinggeber zu übersenden, dann stellt sich die Frage, ob insoweit auf die allgemeine gesetzliche Regel des § 271 BGB zurückzugreifen ist. Zwar bestimmt diese Norm, dass die Leistung „sofort" verlangt werden kann. Doch stellt sich hier die Frage, ob die rechtzeitige Übersendung der Abnahme- und Übernahmebestätigung in der Tat als „Leistung" i.S.v. § 271 BGB zu begreifen ist, weil diese Norm nur die richtige Zeit für die Hauptleistung regelt, die aus einem Schuldverhältnis entspringt[1]. Das trifft hier auf die **Nebenpflicht**, eine Abnahme- und Übernahmebestätigung alsbald auszustellen, nicht zu. Dagegen spricht auch, dass Leasingverträge nach der hier vertretenen Auffassung „in erster Linie" den mietrechtlichen Bestimmungen der §§ 535 ff. BGB folgen, so dass die – rechtzeitige – Ausstellung einer Abnahme- und Übernahmebestätigung auch insoweit keine Hauptpflicht verkörpert, welche mit der vom Leasinggeber geschuldeten Gebrauchsüberlassungspflicht in einem Synallagma steht. 31

1 Statt aller *Unberath*, in Bamberger/Roth, § 271 BGB Rz. 1.

bb) Nebenpflicht oder Obliegenheit?

32 Dies wirft die Frage auf, ob die rechtzeitige Ausstellung einer Abnahme- und Übernahmebescheinigung als Verletzung einer Nebenpflicht nach § 241 Abs. 2 BGB oder nur als **Obliegenheit** einzuordnen ist, weil diese Kategorisierung Auswirkungen auf die Rechtsgrundlage einer Schadensersatzhaftung des Leasinggebers hat. Strukturell erscheint es zunächst sachgerecht, in Anlehnung an die kaufmännische Untersuchungs- und Rügeobliegenheit von § 377 HGB auszugehen und die rechtzeitige Absendung der Abnahme- und Übernahmebestätigung lediglich als Obliegenheit des Leasingnehmers einzuordnen. Doch der Unterschied ist erheblich. Bejaht man nämlich in diesen Fällen das Bestehen einer **Nebenpflicht**, dann kann der Leasinggeber durch Mahnung und Fristsetzung die Verzugshaftung gemäß § 286 BGB i.V.m. § 280 Abs. 2 BGB gegenüber dem Leasingnehmer auslösen und Schadensersatz verlangen, sofern dieser die geforderte Abnahme- und Übernahmebestätigung erst verspätet aus Gründen ausstellt, die er zu vertreten hat. Demgegenüber ist zu bedenken, dass bei Bejahung einer Obliegenheit, welche an § 377 HGB anknüpfen würde, es in der Sache nicht um die Beachtung der Rechtsstellung des Leasingnehmers geht, sondern um die Wahrung der Rechte des Leasinggebers. Diese Wirkung kann aber nur mit Hilfe einer Nebenpflicht nach § 241 Abs. 2 BGB angenommen werden. Ungeachtet der engen Verzahnung mit der Rügeobliegenheit des § 377 HGB wird man hier also nicht daran vorbeisehen dürfen, dass beide Normen anderen Zwecken dienen und unterschiedliche Schutzfunktionen herbeiführen sollen: Die Rügeobliegenheit des § 377 HGB liegt im Eigeninteresse des Leasingnehmers und schützt den Lieferanten; die Pflicht, eine Abnahme- und Übernahmebestätigung rechtzeitig auszustellen, schützt ausschließlich die Belange des Leasinggebers in seinem Verhältnis zum Lieferanten, der einen Anspruch auf Zahlung des Kaufpreises für das Leasinggut nach § 433 Abs. 2 BGB reklamiert. Daher ist die Annahme einer Nebenpflicht nach § 241 Abs. 2 BGB hier zwingend.

d) Entstehen des Zahlungsanspruchs

33 Unabhängig von allen Erwägungen zur Erfüllungsgehilfenschaft i.S.v. § 278 BGB wird man dem Lieferanten das Recht zuerkennen müssen, vom Leasinggeber entsprechend den Abreden des Kaufvertrages Zahlung beanspruchen zu dürfen, soweit das Leasinggut an den Leasingnehmer **mangelfrei** ausgeliefert worden ist. Die Zahlungspflicht folgt dann unmittelbar aus § 433 Abs. 2 BGB. Doch ist der Lieferant des Leasingguts bei einer Klage auf Kaufpreiszahlung gegenüber dem Leasinggeber gut beraten, den Nachweis der vollständigen Lieferung des Leasingguts an den Leasingnehmer nicht nur in der Weise zu führen, dass er die vom Leasingnehmer herrührende Abnahme- und Übernahmebestätigung als Quittung gemäß § 368 BGB vorlegt, sondern dass er auch in sonstiger Weise (Lieferschein/Zeugenbeweis etc.) den Beweis erbringt, seine Vertragspflichten durch Auslieferung

rung des Leasingguts an den Leasingnehmer ordnungsgemäß und vollständig erfüllt zu haben[1].

3. Rechte des Leasingnehmers trotz Ausstellung einer Abnahme- und Übernahmebestätigung

Abgesehen von der bereits behandelten Problematik, dass der Leasinggeber Zahlung des Kaufpreises an den Lieferanten leistet, falls der Leasingnehmer eine Abnahme- und Übernahmebestätigung ausgestellt hat, stellen sich noch weitere Fragen, die die Rechte des Leasingnehmers zum Gegenstand haben, obwohl er eine Abnahme- und Übernahmebestätigung ausgestellt hat. Das ist jetzt zu vertiefen. 34

a) Einrede des nicht erfüllten Leasingvertrages

Gelingt dem Leasingnehmer der Nachweis, dass der Leasinggeber nicht oder nicht ordnungsgemäß erfüllt hat, dann ist er gegenüber dem Leasinggeber berechtigt, die Einrede des nicht erfüllten Vertrages gemäß § 320 BGB zu erheben und die Zahlung der Leasingraten zu verweigern[2]. Der Leasingnehmer ist nämlich berechtigt, die Erfüllung des Leasingvertrages auf diesem Weg zu erzwingen. Darüber hinaus hat er das Recht, nach angemessener Fristsetzung den Leasingvertrag gemäß § 543 Abs. 2 Satz 1 Nr. 1 BGB wegen Nichtgewährung des Gebrauchs **fristlos zu kündigen**[3]. Doch ist hierbei stets zu bedenken, dass dem Leasingnehmer – wegen der von ihm herrührenden Abnahme- und Übernahmebestätigung – die Darlegungs- und Beweislast dafür trifft, dass der Lieferant das Leasinggut nicht oder nicht vollständig geliefert hat. Denn die Einordnung dieser Erklärung als Quittung i.S.v. § 368 BGB hat die Umkehr der Darlegungs- und Beweislast zur Konsequenz[4]. Überdies ist eine angemessene Fristsetzung erforderlich, bevor das fristlose Kündigungsrecht des Leasingnehmers eingreifen kann. 35

b) Teillieferung

aa) Grundsatz

Die gleichen Erwägungen gelten auch dann, wenn die vom Leasingnehmer herrührende Abnahme- und Übernahmebestätigung nur teilweise zutreffend ist, weil das Leasinggut nicht vollständig geliefert wurde. Denn es erscheint zweifelhaft, ob insoweit an der BGH-Entscheidung vom 1.7.1987[5] 36

1 Vgl. auch *Wolf/Eckert/Ball*, Rz. 1778.
2 BGH v. 29.5.1991 – VIII ZR 125/90, NJW 1991, 2135.
3 *Wolf/Eckert/Ball*, Rz. 1778; *Beckmann*, § 3 Rz. 68.
4 Statt aller *Palandt/Grüneberg*, § 368 BGB Rz. 4.
5 BGH v. 1.7.1987 – VIII ZR 117/86, NJW 1988, 204.

weiter festzuhalten ist. Danach war es zutreffend, den Lieferanten des Leasingguts als verpflichtet anzusehen, den Leasingnehmer ausdrücklich darauf hinzuweisen, dass das angelieferte Leasinggut keine vollständige Erfüllung darstellt, so dass demzufolge die zu unterzeichnende Abnahme- und Übernahmebestätigung nur mit Einschränkungen zu bestätigen ist. Der BGH hat in seinem Urteil vom 20.10.2004[1] seine Entscheidung jedoch lediglich auf den Sachverhalt gestützt, dass eine Schmälerung der Schadensersatzpflicht des Leasingnehmers gegenüber dem Leasinggeber wegen eines unterlassenen Hinweises auf die mangelnde Übereinstimmung der vom Leasinggeber vorformulierten Abnahme- und Übernahmebestätigung mit dem tatsächlichen Lieferumfang dann nicht in Betracht kommt, wenn das Leasinggut überhaupt nicht geliefert wurde. Die sachgerechte Lösung sollte sich auf folgenden Bahnen bewegen:

bb) Umfang der Zahlungsverweigerung, § 320 Abs. 2 oder § 641 Abs. 3 BGB?

37 Hat der Lieferant das Leasinggut nicht vollständig geliefert, steht dem Leasingnehmer das Recht auf Zahlungsverweigerung gemäß § 320 BGB zur Seite. Doch ist der Grundsatz der Verhältnismäßigkeit gemäß § 320 Abs. 2 BGB zu beachten: Der Leasingnehmer ist lediglich berechtigt, bei teilweiser Nichtlieferung einen Teil der Leasingraten zu verweigern. Wo die Grenze der Treuwidrigkeit liegt, kann nur aufgrund der Umstände des Einzelfalls beurteilt werden[2]. Jedenfalls steht fest, dass die „Daumenregel" des § 641 Abs. 3 BGB, nach der der Werkbesteller mindestens das Dreifache der Nachbesserungskosten zurückbehalten darf, auf den Leasingvertrag keine Anwendung findet, weil die mietvertragliche Einordnung dem entgegensteht. Nach Setzen einer angemessenen Frist wird man aber auch in diesen Fällen – vorbehaltlich des Einwands der Unverhältnismäßigkeit – dem Leasingnehmer nicht das Recht abschneiden dürfen, wegen Nichtgewährung des Gebrauchs des Leasingguts gemäß § 543 Abs. 2 Satz 1 Nr. 1 BGB den Leasingvertrag fristlos zu kündigen. Scheitert dann der Rückforderungsanspruch des Leasinggebers an der Insolvenz des Lieferanten des Leasingguts, dann bleibt die Frage zu beantworten, ob der Einwand des § 254 Abs. 1 BGB dem Schadensersatzanspruch des Leasinggebers mit Recht entgegengehalten werden kann.

4. Sperre des § 536b BGB?

a) Ausgangspunkt der Norm

38 Die primäre mietvertragliche Klassifikation des Leasingvertrages, auf den „in erster Linie" die Regeln der §§ 535 ff. BGB Anwendung finden, führt

1 BGH v. 20.10.2004 – VIII ZR 36/03, NJW 2005, 365.
2 Hierzu *Palandt/Grüneberg*, § 320 BGB Rz. 10.

unmittelbar in die Frage hinein, inwieweit die Sperrwirkung des § 536b BGB zur Anwendung berufen sein kann. Nach dieser Bestimmung kann sich der Mieter/Leasingnehmer nicht auf solche Mängel des Leasingguts berufen, die er bei Abschluss des Vertrages kennt, weil ihm dann die Rechte aus den §§ 536 und 536a BGB nicht zustehen. Diese Konstellation wird sehr selten in der Praxis eintreten, weil der Leasingnehmer in der Regel etwaige, ihm positiv bekannte und daher auch insofern ohne weiteres erkennbare Mängel des Leasingguts sogleich beanstanden wird. Hat aber der Leasingnehmer auf Grund **grober Fahrlässigkeit** trotz eines Mangels das Leasinggut angenommen, dann liegt es sehr nahe, zu fragen, ob nicht die Sperrwirkung von § 536b Satz 2 BGB zum Tragen kommt. Grobe Fahrlässigkeit bedeutet in diesem Kontext wie stets, dass die verkehrserforderliche Sorgfalt in besonders schwerem Maße verletzt wird, weil schon einfachste, ganz nahe liegende Überlegungen nicht angestellt werden und das nicht beachtet wird, was im gegebenen Fall jedem einleuchten müsste[1]. Unter dieser Voraussetzung stehen dem Leasingnehmer die Rechte wegen etwaiger Mängel des Leasingguts nur zu, wenn der Vermieter den betreffenden Mangel arglistig verschwiegen hat[2]. Im Übrigen bestimmt § 536b Satz 3 BGB, dass dem Leasingnehmer die Mängelrechte nur dann verbleiben, wenn er sie sich trotz Kenntnis bei der Annahme vorbehalten hat[3].

Würde man die Vorschrift des § 536b BGB auf den Bereich des Leasingver- 39
trages anwenden, was in der Sache – wie noch im Einzelnen zu begründen – zu verneinen ist, dann wäre zunächst ein Doppeltes zu klären: Zunächst müsste klar gestellt werden, wie denn diese Bestimmung im kaufmännischen Verkehr zu der Obliegenheit der Untersuchungs- und Rügepflicht des § 377 HGB angesichts der leasingtypischen Abtretungskonstruktion steht; sodann wäre die Frage zu beantworten, inwieweit § 536b BGB jedenfalls gegenüber einem Leasingnehmer als Verbraucher zur Anwendung berufen wäre.

b) Vorrang der leasingtypischen Abtretungskonstruktion

Auf Grund der Abtretungskonstruktion tritt der Leasinggeber die ihm zu- 40
stehenden Ansprüche/Rechte – innerhalb des jeweils vereinbarten Anwendungsbereichs – an den Leasingnehmer insoweit ab, als sie ihm, dem Leasinggeber, gegenüber dem Lieferanten des Leasingguts aufgrund der kaufvertraglichen Rechtsbeziehungen zustehen. Erfasst werden damit allemal Sach- und Rechtsmängel, für die im Kontext des § 536 BGB, aber auch im Rahmen von § 536a BGB eine Einstandspflicht des Leasinggebers besteht. Indessen ist zu bedenken, dass § 536b BGB auf den Zeitpunkt des

1 BGH v. 15.11.2001 – I ZR 182/99, NJW-RR 2002, 1108; *Palandt/Heinrichs*, § 277 BGB Rz. 5.
2 Hierzu *Palandt/Weidenkaff*, § 536b BGB Rz. 6.
3 Vgl. auch *Palandt/Weidenkaff*, § 536b BGB Rz. 7.

Vertragsabschlusses sowie auf den der **Annahme** des Leasingvertrages abstellt, während der Leasingnehmer regelmäßig erst dann Kenntnis von einem (möglichen) Mangel des Leasingguts erhalten kann, wenn der Lieferant das Leasinggut bei ihm – im Geheiß des Leasinggebers handelnd – abgeliefert hat. Dann aber trifft den Leasingnehmer – wie dargestellt – die Obliegenheit nach § 377 Abs. 1 HGB.

aa) Gegenüber § 377 HGB

41 Das spricht dafür, die Sperrwirkung des § 536b BGB auf Leasingverträge grundsätzlich nicht anzuwenden. Denn der Zeitpunkt der Ablieferung i.S.d. § 377 Abs. 1 HGB deckt sich mit dem der Annahme nach § 536b Satz 3 BGB. Mehr noch: Die leasingtypische Abtretungskonstruktion dient dem Zweck, die mietvertragliche Eigenhaftung des Leasinggebers gemäß §§ 536, 536a BGB abzubedingen, um stattdessen dem Leasingnehmer die Rechtsstellung eines **Käufers** einzuräumen. Geht man demzufolge davon aus, dass dem Leasingnehmer eine käuferähnliche Stellung eingeräumt wird, dann liegt es nahe, § 442 BGB zur Anwendung zu berufen. Diese Bestimmung enthält eine an § 536b BGB angelehnte parallele Vorschrift, so dass die Abbedingung der mietvertraglichen Eigenhaftung des Leasinggebers auch auf § 536b BGB durchschlägt. Wenn überhaupt, dann ist indessen insoweit nur § 442 BGB anwendbar. Auch danach sind die Rechte eines Käufers wegen eines Mangels der Kaufsache insoweit ausgeschlossen, als der Käufer den Mangel bei **Abschluss des Vertrages** kannte; der Vorbehalt grober Fahrlässigkeit entspricht in § 442 Abs. 1 Satz 2 BGB exakt der Konstellation, die § 536b Satz 2 BGB im Auge hat.

bb) Leasingnehmer als Verbraucher

42 Folglich bleibt lediglich die Frage offen, ob § 536b BGB jedenfalls dann anwendbar ist, sofern der Leasingnehmer nicht Unternehmer gemäß § 14 BGB ist, ohne der Rügeobliegenheit gemäß § 377 HGB unterworfen zu sein. Aber auch in diesen Fällen scheint es näher liegend zu sein, auf § 442 BGB zurückzugreifen, weil diese Norm der leasingtypischen Abtretungskonstruktion näher steht als § 536b BGB; auch im Verkehr gegenüber dem Verbraucher spricht nichts dagegen, auf diese Konstruktion zurückzugreifen, solange die zwingenden Bestimmungen des Verbrauchsgüterkaufs nach den §§ 474 ff. BGB respektiert werden. Mit anderen Worten: Ungeachtet der mietvertraglichen Dominanz der leasingtypischen Einordnung in das Korsett der §§ 535 ff. BGB führt die leasingtypische Abtretungskonstruktion dazu, auch bei fehlender Anwendbarkeit von § 377 HGB auf § 442 BGB zurückzugreifen. Doch scheitert der damit verbundene Ausschluss der Mängelansprüche an § 475 Abs. 1 BGB.

V. Abnahme des Leasingguts – weitere Vertragspflichten des Lieferanten

1. Grundsatz: Vertragliche Kongruenz von Kauf- und Leasingvertrag auch in Bezug auf etwaige weitere Erfüllungspflichten

In der Praxis kommt es immer wieder vor, dass der Lieferant – auf Geheiß 43
des Leasinggebers handelnd – nicht nur verpflichtet ist, das Leasinggut dem Leasingnehmer abzuliefern und ihm auf diese Weise die tatsächliche Verfügungsgewalt einzuräumen. Vielmehr ist es häufig so, dass die mietvertragliche Gebrauchsverschaffungspflicht auch **sonstige Pflichten** des Lieferanten einschließt, wie z.B. die Kosten der Montage, der Inbetriebnahme sowie – vor allem im Rahmen des Computer-Leasings praktisch – die Einweisung/Schulung des Personals. Soweit diese zusätzlichen Pflichten Gegenstand des Leasingvertrages – und damit auch des Kaufvertrages, der zwischen Leasinggeber und Lieferant abgeschlossen worden ist – sind, besteht kein Zweifel daran, dass der Lieferant verpflichtet ist, auch diese gegenüber dem Leasingnehmer zu erfüllen. Denn nur dann, wenn diese Pflichten vollständig erfüllt worden sind, kann der Leasinggeber die ihm obliegende Gebrauchsverschaffungspflicht i.S.d. §§ 535 ff. BGB ordnungsgemäß erfüllen. Nur dann besteht auch die immer wieder ins Auge zu fassende und zu beachtende Kongruenz zwischen den kauf- und den leasingvertraglichen Pflichten, wie immer man diese konstruktiv begründen mag.

Dabei macht es keinen Unterschied, ob der Leasinggeber in eine etwaige 44
Bestellung des Leasingnehmers „einsteigt“ oder ob er sich die Leasingfinanzierung auf eigene Faust besorgt. Soweit also – um ein Beispiel aufzugreifen – Transport-, Montage- und Inbetriebnahmekosten bereits Gegenstand des Kaufvertrages und damit auch des zu zahlenden Kaufpreises gegenüber dem Lieferanten sind, gilt dies auch – seitengleich – für die Kostentragungspflicht des Leasingnehmers, aber auch für die Erfüllungspflicht des Lieferanten, und zwar unabhängig davon, ob sich der Leasinggeber des Lieferanten als seines Erfüllungsgehilfe gemäß § 278 BGB bedient (Kap. C Rz. 98). Zudem kommt es darauf an, dass der Leasinggeber – gestützt durch die leasingvertragliche Abtretungskonstruktion – sicherstellt, dass der Leasingnehmer das Leasinggut frei von Sach- und Rechtsmängeln sowie unter Berücksichtigung aller sonstiger zu erfüllender Pflichten erhält, wie sie sich aus dem Kaufvertrag zwischen Leasinggeber und Lieferanten ergeben. So gesehen macht es eben keinen entscheidenden Unterschied, ob mangelhaft geliefert wurde oder ob der Lieferant aus dem Kaufvertrag resultierende sonstige Pflichten nicht erfüllt, weil in beiden Fällen eine **Pflichtverletzung** nach § 280 BGB vorliegt, welche Rechte und Ansprüche des Leasingnehmers auslöst. Unter dieser Perspektive ergeben sich keine unterschiedlichen Kriterien; es gelten vielmehr die gleichen Erwägungen, die zuvor (Rz. 11 ff.) im Einzelnen dargestellt worden sind.

2. Kostentragung

a) Transparenzgebot

45 Getrennt von der vorher behandelten Frage ist das Problem zu erörtern, ob auch die für die Zusatzleistung des Lieferanten gegenüber dem Leasinggeber in Rechnung gestellten Beträge von diesem berechtigterweise auch nach Maßgabe des Leasingvertrages gegenüber dem Leasingnehmer reklamiert werden können. Dies ist jedenfalls dann unbedenklich, wenn diese Zusatzleistungen des Lieferanten **integraler Teil der Leasingraten** sind und die Voraussetzungen einer transparenten Preisgestaltung nach § 307 Abs. 1 Satz 2 BGB beachtet sind, wie sich auch aus § 307 Abs. 3 Satz 2 BGB ablesen lässt. Denn dann handelt es sich um ein einheitliches Entgelt, welches der Leasingnehmer für die Gebrauchsüberlassung des Leasingguts gemäß § 535 Abs. 2 BGB schuldet. Schwieriger ist die Antwort auf die Frage, ob diese Unbedenklichkeit auch dann gilt, wenn die für die Zusatzleistungen zu entrichtenden Kosten **separat im Leasingvertrag ausgewiesen** sind, so dass der Leasingnehmer diese unabhängig von den Leasingraten zu entrichten verpflichtet ist. Auch das wird man im Ergebnis bei hinreichender Transparenz der Preisgestaltung bejahen müssen.

46 Da aber die Preisgestaltung grundsätzlich nicht der richterlichen Inhaltskontrolle unterworfen, sondern vielmehr gemäß § 307 Abs. 3 Satz 1 BGB von ihr ausgenommen ist, stellt sich allerdings die Frage, ob der Ausweis der für die Zusatzleistungen des Lieferanten zu erbringenden Entgelte nicht als überraschend i.S.v. § 305c Abs. 1 BGB zu qualifizieren ist.

b) Überraschende Klausel

47 Eine überraschende Klausel nach § 305c Abs. 1 BGB ist immer dann anzunehmen, wenn es sich um eine ungewöhnliche Klausel handelt, so dass der Leasingnehmer – nach dem äußeren Erscheinungsbild des Vertrages – mit ihr nicht zu rechnen brauchte. Dabei handelt es sich im Hinblick auf das Tatbestandsmerkmal „ungewöhnlich" um ein empirisch zu ermittelndes Element, während das Tatbestandselement der „Ungewöhnlichkeit" einen Übertölpelungscharakter aufweist[1]. Letzteres ist immer dann zu bejahen, wenn der Kunde berechtigterweise auf Grund der Umstände des individuellen Vertragsabschlusses Erwartungen hegt, die von der Klausel nicht gedeckt werden, sondern im Gegenteil belegen, dass aufgrund der Klausel zum Nachteil des Kunden ein **Überrumpelungs- oder Übertölplungseffekt** eintritt[2].

1 *Palandt/Heinrichs*, § 305c BGB Rz. 4; *Erman/Roloff*, § 305c BGB Rz. 10.
2 BGH v. 10.11.1989 – V ZR 201/88, NJW 1990, 577.

So gesehen ist die äußere Gestaltung der **Vorderseite** des Leasingvertrages maßgebend, um diese Frage zu bejahen oder zu verneinen: Kann nämlich der Leasingnehmer eindeutig und klar erkennen, dass die von ihm zu bezahlenden Zusatzleistungen **gesondert neben den zu entrichtenden Leasingraten** ausgewiesen werden, dann wird man Bedenken gemäß § 305c Abs. 1 BGB kaum rechtfertigen können. Ist aber die auf die Bezahlung der Zusatzleistungen gerichtete Entgeltregelung an versteckter Stelle angebracht, so spricht vieles dafür, den Überraschungseffekt gemäß § 305c Abs. 1 BGB zu bejahen. Denn der Leasingnehmer rechnet für gewöhnlich bei Abschluss eines Leasingvertrages nicht damit, noch zusätzliche Leistungen bezahlen zu müssen, die nicht in den Leasingraten enthalten sind, auch wenn sie im Vorfeld mit dem Lieferanten abgesprochen sind. Kalkulationsgrundlage für die Entscheidung des Leasingnehmers, eine „Leasingfinanzierung" durchzuführen, sind nämlich in der Regel ausschließlich die jeweils ausgewiesenen, monatlich zu entrichtenden Raten. Unter dieser Perspektive kann dann einiges dafür sprechen, dass eine Klausel, wonach zusätzliche Entgelte geschuldet werden, überraschend i.S.v. § 305c Abs. 1 BGB ist. Dann aber wäre im Zweifel auch ein Verstoß gegen das Transparenzgebot gemäß § 307 Abs. 1 Satz 2 BGB anzumahnen. So gesehen ist freilich zu bedenken, dass der Tatbestand einer überraschenden Klausel gemäß § 305c Abs. 1 BGB in **Gesetzeskonkurrenz** zu dem Transparenzgebot gemäß § 307 Abs. 1 Satz 2 BGB steht[1]. Denn sowohl § 305c Abs. 1 BGB als auch die allgemeine Unklarheitenregel von § 305c Abs. 2 BGB sind Ausprägungen des mittlerweile als überragend und bedeutsam anzusehenden Transparenzgebots gemäß § 307 Abs. 1 Satz 2 BGB[2]. Folglich wird man – bezogen auf eben dieses Transparenzerfordernis nach § 307 Abs. 1 Satz 2 BGB – darauf abstellen müssen, ob die Gestaltung des für die Zusatzleistung zu entrichtenden Entgelts ein Element der Irreführung aufweist, weil dann dem Transparenzgebot gemäß § 307 Abs. 1 Satz 2 BGB nicht hinreichend Rechnung getragen worden ist[3]. 48

In der Praxis aber dürfte es **selten** sein, dass die für die Zusatzleistungen – außerhalb der Leasingraten – zu entrichtenden Entgelte an § 305c Abs. 1 BGB oder an § 307 Abs. 1 Satz 2 BGB scheitern. Das hängt entscheidend von den Umständen ab, wie die Vorverhandlungen zwischen Leasinggeber und Lieferant in dem Punkt ausgestaltet waren und ob der Leasingnehmer mit Recht davon ausgehen kann, dass nur die monatlich ausgewiesenen Raten geschuldet werden. So gesehen dürfte es sich um einen gewissen Ausnahmetatbestand handeln, dass Zusatzleistungen neben der reinen Lieferung des Leasingguts erbracht werden, die eine Entgeltpflicht außerhalb der Raten auslösen. Doch allgemeine Antworten verbieten sich hier; es 49

1 *Erman/Roloff*, § 305c BGB Rz. 4.
2 Mit Recht *Erman/Roloff*, § 305c BGB Rz. 4; *Schmidt*, in Bamberger/Roth, § 305c BGB Rz. 8.
3 Hierzu *Palandt/Heinrichs*, § 307 BGB Rz. 24.

entscheiden die Umstände des Einzelfalls; insbesondere ist die jeweilige Gestaltung des Leasingvertrages zu beachten, um hier vertretbare Ergebnisse zu begründen.

VI. Ausbleiben der Lieferung – Fristloses Kündigungsrecht des Leasingnehmers gemäß § 543 Abs. 2 Nr. 1 BGB

50 Die hiermit zusammenhängenden Fragen werden gesondert erörtert (Kap. K Rz. 1 ff.).

F. Geschuldetes Entgelt

Im Hinblick auf das dem Leasinggeber zustehende Entgelt ist streng danach zu differenzieren, ob es sich um einen Vollamortisations- oder um einen Teilamortisationsvertrag handelt. Während beim **Vollamortisationsvertrag** Nutzungsdauer und kalkulierte Amortisationsdauer deckungsgleich sind[1], besteht bei allen Vertragsmodellen des **Teilamortisationserlasses** vom 22.12.1975 eine garantiemäßige Einstandspflicht des Leasingnehmers, die Vollamortisation des Leasinggebers auch insoweit herbeizuführen, als das in Raten gezahlte Entgelt während der Dauer der Gebrauchsüberlassung, einschließlich eines etwaigen Verwertungserlöses nicht ausreicht. Während die Absicherung des Vollamortisationsanspruchs in diesen Fällen erst später im Zusammenhang mit der ordentlichen Kündigung eines Leasingvertrages behandelt wird (Kap. J Rz. 50 ff.), soll nachfolgend beantwortet werden, welche Rechtsprobleme im Zusammenhang mit der Zahlung bzw. Nichtzahlung von Leasingraten eintreten. 1

I. Zahlung der Leasingraten

1. Fälligkeit

Es entspricht üblicher Vertragsgestaltung in Leasingverträgen, dass der Leasingnehmer verpflichtet ist, die geschuldeten Leasingraten zu **kalendermäßig fixierten Fälligkeitsdaten** zu zahlen. Damit ist regelmäßig der Tatbestand von § 286 Abs. 2 Nr. 1 BGB erfüllt, wenn z.B. bestimmt ist, dass die monatlich fälligen Leasingraten am 1. Werktag eines jeden Kalendermonats dem Konto des Leasinggebers gutgeschrieben sein müssen. 2

Da die **Fälligkeit der ersten Leasingrate** regelmäßig davon abhängt, zu welchem Zeitpunkt das Leasinggut an den Leasingnehmer ausgeliefert wird, dieser die erforderliche Abnahme- und Übernahmebestätigung ausgestellt und die Gebrauchsnutzung begonnen hat, ist es insoweit nicht möglich, an die gleiche Tatbestandsvoraussetzung von § 286 Abs. 2 Nr. 1 BGB anzuknüpfen. Denn § 286 Abs. 2 Nr. 1 BGB erfordert eine vertragliche Vereinbarung, welche unmittelbar oder mittelbar sich auf einen bestimmten Kalendertag bezieht[2]. Daran fehlt es, weil im Hinblick auf die erste Leasingrate keineswegs klar ist, zu welchem Kalendertag die Gebrauchsnutzung beginnt. Daher ist insoweit die Grundnorm des § 535 Abs. 2 BGB anzuwenden: Die Verpflichtung des Leasingnehmers zur Zahlung der Leasingraten ist nämlich Entgeltpflicht für die überlassene Nutzung des Leasingguts. Sobald also der Leasingnehmer mit der Gebrauchsnutzung begon- 3

---

1 BGH v. 20.9.1989 – VIII ZR 239/88, NJW 1990, 247, 248.
2 *Palandt/Heinrichs*, § 286 BGB Rz. 22.

nen hat, ist er entgeltpflichtig. Regelmäßig wird dieser Tatbestand in den Leasing-AGB in der Weise festgehalten, dass der Leasingnehmer **zeitratierlich** für den ersten Kalendermonat eine Leasingrate schuldet, bei der die monatlich geschuldete Leasingrate entsprechend den Tagen der Nutzungsdauer berechnet wird.

2. Verzug

a) Verzugszinsen

4 Soweit der Leasingnehmer **Unternehmer** i.S.v. § 14 BGB ist, beträgt der Verzugszins gemäß § 288 Abs. 2 BGB 8 Prozentpunkte über dem Basiszinssatz. Ist er hingegen **Verbraucher** gemäß § 13 BGB, so beträgt der Zinssatz gemäß § 288 Abs. 1 Satz 2 BGB 5 Prozentpunkte über dem Basiszinssatz.

5 Zwar bestimmt § 288 Abs. 4 BGB, dass der Leasinggeber auch berechtigt ist, einen weiteren Schaden geltend zu machen. Doch angesichts der Neuregelung von § 288 BGB ist mit Nachdruck darauf hinzuweisen, dass der Leasinggeber regelmäßig nicht in der Lage sein wird, einen höheren Schaden als Folge des Verzugs nachzuweisen, als er in § 288 BGB verankert ist[1]. Dies gilt sowohl im unternehmerischen Bereich als auch gegenüber einem Verbraucher, weil der Verzugszinssatz grundsätzlich höher liegt als die durch Anlage der (ausbleibenden) Leasingrate entgangenen Rendite des Leasinggebers. Nichts anderes gilt insoweit, als der Leasinggeber den entstandenen Verzugsschaden mit dem Argument begründet, wegen der erforderlichen Refinanzierung habe er Kreditzinsen aufwenden müssen, weil – betriebswirtschaftlich bedingt – der Kreditzins für die Refinanzierung wesentlich unterhalb des Verzugszins liegt. Deshalb wird man grundsätzlich davon ausgehen müssen, dass ein höherer Verzugszins i.S.v. § 288 Abs. 4 BGB gemäß § 309 Nr. 5a BGB kaum zu rechtfertigen ist. Das gilt auch im unternehmerischen Bereich nach § 307 Abs. 2 Nr. 1 BGB.

b) Vorbehalt des geringeren Schadens – § 309 Nr. 5b BGB

6 Sollte ausnahmsweise eine entsprechende Klausel höhere Verzugszinsen betreffend vereinbart sein, welche auch noch den Test des § 309 Nr. 5a BGB – bezogen auf den „nach dem gewöhnlichen Lauf der Dinge zu erwartenden Schaden" – erfüllt, dann ist darauf zu achten, dass der **Vorbehalt** gemäß § 309 Nr. 5b BGB in der jeweiligen Klausel erfüllt ist. Danach muss der Leasinggeber gegenüber dem Leasingnehmer als **Verbraucher** „ausdrücklich" den Nachweis gestatten, dass im konkreten Fall ein geringerer oder gar kein Verzugsschaden entstanden ist[2]. Insoweit ist ein unzweideutiger Hinweis zugunsten des Leasingnehmers erforderlich. Falls der Lea-

---

1 Vgl. auch *Palandt/Heinrichs*, § 288 BGB Rz. 13.
2 Hierzu *Palandt/Grüneberg*, § 309 BGB Rz. 30.

singnehmer jedoch **Unternehmer** ist, ist es strittig, ob der Gegenbeweis gemäß § 309 Nr. 5b BGB auch ausdrücklich gemäß § 307 Abs. 2 Nr. 1 BGB eröffnet sein muss, oder ob es ausreicht, dass der Gegenbeweis jedenfalls nicht abgeschnitten ist[1]. Praktische Bedeutung hat die Antwort auf diese Frage indessen nicht, weil – um es nochmals zu betonen – in aller Regel die Norm von § 288 Abs. 1 Satz 2 BGB als abschließend anzuerkennen ist, so dass ein Rückgriff auf § 309 Nr. 5b BGB ausscheidet.

3. Kosten der Mahnung – Pauschalen

Die Neuregelung von § 286 BGB hat dazu geführt, dass der Verbotstatbestand des § 309 Nr. 4 BGB in der Praxis kaum noch eine Bedeutung erlangt. Denn der Schuldner kommt gemäß § 286 Abs. 3 BGB spätestens dann in Verzug, wenn er eine Entgeltforderung nicht innerhalb von 30 Tagen nach Fälligkeit vom Zugang einer Rechnung oder gleichwertiger Zahlungsaufforderung leistet. In den Leasing-AGB wird diese Norm allerdings durch § 286 Abs. 2 Nr. 1 BGB verdrängt. Daher stellt sich die Frage, ob der Leasinggeber berechtigt ist, in den Leasing-AGB eine **Kostenpauschale** für eine Mahnung vorzusehen. Dies wird man – allerdings: in sehr engen Grenzen – im Rahmen von § 309 Nr. 5a BGB bejahen können. Ansatzpunkt ist hierfür, dass die Pauschale als durchschnittlich-schadenstypisch qualifiziert werden muss[2]. Berücksichtigt man in diesem Zusammenhang, dass lediglich die durch die Mahnung unmittelbar verursachten Kosten im Rahmen von § 309 Nr. 5a BGB Eingang finden können, dann wird man nur eine Pauschale als gerechtfertigt ansehen dürfen, die maximal 1,50 bis 2 Euro beträgt[3]. In der Literatur werden freilich teilweise auch noch geringfügig höhere Beträge bis zu maximal 2,50 Euro akzeptiert[4]. Die Stimmen sind jedoch uneinheitlich[5]. Da bei der Festsetzung einer Kostenpauschale für etwaige Mahnungen die **Gemeinkosten** des Leasinggebers in jedem Fall außer Betracht bleiben müssen, wird man in der Praxis zurückhaltend sein müssen, höhere Beträge als 2 Euro zu akzeptieren[6]. Denn es muss sich immer um kausal durch die Mahnung verursachte Kosten handeln; die Kosten für den Betrieb einer EDV-Anlage sind nicht einzurechnen, weil sie zu den Gemeinkosten zählen. 7

---

1 *Palandt/Grüneberg*, § 309 BGB Rz. 32; *Erman/Roloff*, § 309 BGB Rz. 51; weitergehend *Graf von Westphalen*, NJW 2002, 12, 20; *Koch*, WM 2002, 2173, 2177.

2 AGB-Klauselwerke/*Graf von Westphalen*, Verzugszinsklausel Rz. 18 ff.

3 Siehe hierzu OLG Hamm v. 10.10.1991 – 17 U 2/91, NJW-RR 1992, 242; OLG Stuttgart v. 22.4.1988 – 2 U 219/87, NJW-RR 1988, 1082; OLG Karlsruhe v. 13.2.1985 – 6 U 90/84, ZIP 1985, 603, 607; AGB-Klauselwerke/*Graf von Westphalen*, Verzugszinsklausel Rz. 20; *Palandt/Grüneberg*, § 309 BGB Rz. 28.

4 MünchKomm./*Kieninger*, § 309 Nr. 5 BGB Rz. 19; Bedenken allerdings auch bei *Erman/Roloff*, § 309 BGB Rz. 47.

5 Vgl. auch OLG Hamburg v. 29.4.1987 – 5 U 167/86, NJW-RR 1987, 1449, 1451 – DM 1/Mahnung; OLG Köln v. 23.10.1987 – 20 U 233/86, WM 1987, 1550; OLG Stuttgart v. 22.4.1988 – 2 U 219/87, NJW-RR 1988, 1082 – DM 5: nein.

6 Vgl. aber OLG Köln v. 23.10.1987 – 20 U 233/86, NJW-RR 1988, 174, 175.

8 Soweit eine Kostenpauschale für etwaige Mahnungen den Test von § 309 Nr. 5a BGB übersteht, wird man des Weiteren an § 309 Nr. 5b BGB anknüpfen müssen. Es geht also dann darum, dass – wie bereits dargelegt – dem Verbraucher der **Gegenteilsbeweis** gemäß § 309 Nr. 5b BGB ausdrücklich eröffnet sein muss, was für den unternehmerischen Verkehr gemäß § 307 Abs. 2 Nr. 1 BGB nicht einheitlich beantwortet wird; doch besteht Einvernehmen darüber, dass jedenfalls der Gegenteilsbeweis nicht abgeschnitten werden darf[1].

9 Werden in den Leasing-AGB neben einer Pauschale für Mahnungen auch sonstige pauschalierte Kosten, etwa für **Bearbeitungsgebühren** gefordert, so scheitern diese unmittelbar an § 309 Nr. 5a BGB. Denn es ist nicht zu erkennen, aus welchem Rechtsgrund der Leasinggeber berechtigt sein könnte, neben den Verzugszinsen gemäß § 288 Abs. 1 und Abs. 2 BGB und entsprechenden Pauschalen für eine Mahnung auch noch weitere Bearbeitungsgebühren in Rechnung zu stellen. Solche Kosten sind rechtlich nicht begründbar, auch wenn sie in Leasing-AGB immer wieder vorgesehen werden.

II. Vorauszahlungspflicht

10 Die regelmäßig am Beginn eines Kalendermonats vereinbarte Fälligkeit der Leasingraten entspricht der Grundnorm des § 556b Abs. 1 BGB: Der Leasingnehmer ist vorleistungspflichtig[2]. Bedenken i.S.v. § 307 Abs. 2 Nr. 1 BGB bestehen nicht, auch wenn einzuräumen ist, dass dem Leasingnehmer als Folge dieser Regelung das Leistungsverweigerungsrecht des § 320 BGB tendenziell abgeschnitten wird[3]. Doch hat diese Problematik für den Bereich des Leasings deswegen keine unmittelbare praktische Relevanz, weil insoweit die leasingtypische Abtretungskonstruktion zu bedenken ist (Kap. H Rz. 1 ff.). Danach aber wird die mietvertragliche Eigenhaftung des Leasinggebers – und damit auch das Leistungsverweigerungsrecht des Leasingnehmers gemäß § 320 BGB – dadurch ersetzt, dass dem Leasingnehmer die kaufrechtlichen Mängelansprüche abgetreten werden, die dem Leasinggeber gegenüber dem Lieferanten des Leasingguts zustehen. Dies hat auch unmittelbaren Einfluss auf die Reichweite des Leistungsverweigerungsrechts des § 320 BGB, soweit ein Mangel des Leasingguts geltend gemacht wird. Dies ist gesondert zu behandeln (Kap. H Rz. 120 ff.).

1 *Erman/Roloff*, § 309 BGB Rz. 51.
2 *Palandt/Weidenkaff*, § 556b BGB Rz. 4; *Ehlert*, in Bamberger/Roth, § 556b BGB Rz. 6.
3 Hierzu *Erman/Jendrek*, vor § 536 BGB Rz. 3.

III. Anpassungsklauseln

1. Erscheinungsformen

11 Üblicherweise treten Anpassungsklauseln in Leasingverträgen in **zwei Varianten** auf: Zum einen behält sich der Leasinggeber das Recht vor, die geforderten Leasingraten zu ändern, sofern sich der Preis des Leasingguts – nach Abschluss des Leasingvertrages – bis zu dessen Auslieferung/Abnahme durch den Leasingnehmer verändert, weil der Lieferant einen höheren Preis verlangt. Zum anderen entspricht es weit verbreiteter Vertragsgestaltung, dass sich der Leasinggeber das Recht ausbedingt, in Angleichung an die jeweiligen Geldmarktverhältnisse/Refinanzierungsbedingungen seine Leasingraten abzuändern, soweit sich diese Parameter nach Abschluss des Leasingvertrages bis zur Auslieferung/Abnahme des Leasingguts verändern. Dem gegenüber ist es in Leasingverträgen **unüblich**, dass sich der Leasinggeber während der Dauer des Leasingvertrages das Recht ausbedingt, die Leasingraten an die jeweils sich ändernden Verhältnisse des Kapitalmarkts anzupassen. Denn ein wesentlicher betriebswirtschaftlicher Vorteil des Leasings besteht darin, dass der Leasingnehmer in der Lage ist, mit fest vereinbarten, monatlich fälligen Leasingraten während der gesamten Dauer des Leasingvertrages zu rechnen.

2. Änderung der Leasingraten bei Änderungen des Preises des Leasingguts

a) Leasingnehmer als Verbraucher

12 Der Verbotstatbestand von § 309 Nr. 1 BGB gilt dann nicht, wenn der Leasinggeber deswegen die Leasingraten ändert, weil sich der Preis des Leasingguts in der Zeit zwischen Abschluss des Leasingvertrages und Auslieferung des Leasingguts ändert. Denn der Leasingvertrag ist als **Dauerschuldverhältnis** anzusehen, auf das „in erster Linie" die Bestimmungen der §§ 535 ff. BGB Anwendung finden. Zur Konsequenz hat dies, dass etwaige Preisanpassungsklauseln auch gegenüber dem Leasingnehmer als Verbraucher nur an der Grundnorm des § 307 Abs. 1 BGB gemessen werden können. Insoweit sind folgende Hindernisse zu überwinden:

aa) Kostenelementsklausel

13 Zunächst ist bei der hier anzustellenden rechtlichen Bewertung darauf aufmerksam zu machen, dass es typischer Vertragsgestaltung beim Leasing entspricht, dass sich der Leasingnehmer das Leasinggut beim Lieferanten aussucht und dabei alle technischen und kommerziellen Details festlegt. Dazu zählt auch der Preis des Leasingguts. Demzufolge kann der Leasinggeber nur dann eine etwaige Preisanpassung auf den Leasingnehmer abwälzen, wenn er hierfür den Nachweis erbringt, dass eine solche Preisanpassung mit § 307 Abs. 1 BGB im Einklang steht. Auch bei Verwendung einer

Kostenelementsklausel[1] wird man im Auge behalten müssen, ob nicht die betreffende Preiserhöhung des Lieferanten für den Leasinggeber vorhersehbar war. Überwindet man diese Hürde, dann stellt sich die Frage, ob die einzelnen Kriterien einer wirksamen Kostenelementsklausel auch tatsächlich beachtet sind. Danach ist es erforderlich, dass in der Klausel nur solche Kosten aufgeführt sind, welche der Verbraucher nachvollziehen und nachprüfen kann; nur dann ist die Vertragsgestaltung hinreichend transparent[2]. Hinzu kommen muss, dass eine klare und eindeutige Gewichtung der einzelnen Kostenelemente aus der Klausel ablesbar ist, so dass Kostensenkungen in einem Bereich auch auf die Gesamtbelastung durchschlagen, weil es mit § 307 Abs. 1 BGB unvereinbar ist, dass der Lieferant und auch der Leasinggeber einen höheren Gewinn auf Grund des Wirkmechanismus der Klausel erreichen als bei Abschluss des Vertrages kalkuliert[3]. Erfüllt eine Kostenelementsklausel diese auf Transparenz gemäß § 307 Abs. 1 Satz 2 BGB zielenden Voraussetzungen – aus welchen Gründen immer – nicht, dann ist eine hinreichend lange Ankündigungsfrist und ein bei Wirksamwerden der Preisanpassung eingreifendes Vertragslösungsrecht erforderlich[4], um die Unwirksamkeit einer intransparenten Kostenelementsklausel zu vermeiden[5]. Doch ist es dann erforderlich, dass dieses Sonderkündigungsrecht mit einer Frist von mindestens vier Wochen, möglicherweise sogar von sechs Wochen im Voraus zusammen mit der Preisanpassung angekündigt wird[6], damit sich der Leasingnehmer rechtzeitig vom Vertrag lösen kann.

bb) Verhältnis Leasinggeber – Lieferant

14 Unter welchen Voraussetzungen eine Kostenelementsklausel im unternehmerischen Verkehr – also im Verhältnis zwischen Leasinggeber und Lieferant – nach § 307 Abs. 1 BGB wirksam ist, ist vom BGH nur ansatzweise geklärt[7]: Ein wesentlicher Gesichtspunkt, der hier für die Berücksichtigung anderer, weniger einschneidender Kriterien spricht, ist der Umstand, dass der betreffende Liefervertrag langfristig angelegt ist[8]. Dieser Ansatz scheidet jedoch bei Leasingverträgen in aller Regel aus, weil die Lieferung des Leasingguts fast immer kurzfristig, höchstens mittelfristig vorgenommen wird. Aus diesem Grund stellt sich sogleich im Rahmen von § 307 Abs. 1 BGB die Frage, ob denn in der Tat ein **anerkennenswertes Bedürfnis** für Lieferanten – und damit auch für den Leasinggeber – besteht, eine Preis-

1 BGH v. 21.9.2005 – VIII ZR 38/05, NJW-RR 2005, 1717 – Flüssiggas I; BGH v. 13.12.2006 – VIII ZR 25/06, NJW 2007, 1054 – Flüssiggas II.
2 BGH v. 13.12.2006 – VIII ZR 25/06, NJW 2007, 1054 – Flüssiggas II.
3 BGH v. 21.9.2005 – VIII ZR 38/05, NJW-RR 2005, 1717 – Flüssiggas I.
4 BGH v. 13.12.2006 – VIII ZR 25/06, NJW 2007, 1054 – Flüssiggas II.
5 Hierzu im Ergebnis BGH v. 13.12.2006 – VIII ZR 25/06, NJW 2007, 1054 – Flüssiggas II.
6 BGH v. 13.12.2006 – VIII ZR 25/06, NJW 2007, 1054 – Flüssiggas II.
7 BGH v. 16.1.1985 – VIII ZR 153/83, NJW 1985, 853 – Schmiermittel.
8 AGB-Klauselwerke/*Graf von Westphalen*, Preisanpassungsklausel Rz. 55.

anpassung vorzunehmen. Das ist im Zweifel zu verneinen, sofern die vertraglich vereinbarte Frist von sechs bis zwölf Monaten Lieferzeit nicht überschritten worden ist. Denn innerhalb dieser zeitlichen Parameter kann man berechtigterweise vom Lieferanten, aber auch vom Leasinggeber verlangen, dass er in der Lage ist, etwaige Kostenerhöhungen kalkulatorisch aufzufangen. Daraus folgt, dass der Leasinggeber natürlich nicht berechtigt ist, die Preisänderung gegenüber dem **Leasingnehmer als Verbraucher** vorzunehmen, wenn seinerseits im Verhältnis zwischen ihm und dem Lieferanten keine wirksame Klausel vereinbart worden ist. Denn der Leasinggeber hat kein Recht, schon gar nicht einen durchsetzbaren Anspruch gegenüber dem Leasingnehmer, eine unwirksame Kostenbelastung durch den Lieferanten an den Leasingnehmer weiterzureichen.

cc) Verwendung einer Preisvorbehaltsklausel

Terminologisch ist von einer Preisvorbehaltsklausel dann zu sprechen, 15
wenn der Leasinggeber erklärt, dass er berechtigt sein soll, den Preis auf Basis einer entsprechenden Preisänderung des Lieferanten „nach billigem Ermessen" neu festzusetzen. Für die Wirksamkeit dieser Klauselgattung hat der BGH sehr enge Grenzen aufgestellt. Danach ist es i.S.d. § 307 Abs. 1 BGB erforderlich, dass der Verwender in seinen AGB **Anlass, Richtlinie und Grenzen** seines Ausübungsrechts in transparenter Weise festlegt[1]. Zwar ist eine Preisvorbehaltsklausel dadurch charakterisiert, dass der Leasinggeber berechtigt ist, die Leasingraten „entsprechend" anzupassen, sofern der Lieferant ihm gegenüber eine Preisanpassung vornimmt. In diesen Fällen findet dann eine Billigkeitskontrolle gemäß § 315 Abs. 3 BGB statt[2]. Das danach dem Leasinggeber eingeräumte einseitige Leistungsbestimmungsrecht ist deshalb nur dann wirksam, wenn es unter Beachtung der Grenzen der BGH-Rechtsprechung[3] im Ergebnis der Billigkeit entspricht[4]. Da bei einer solchen Vertragsgestaltung der Leasinggeber die Darlegungs- und Beweislast dafür trägt, dass die Anpassung der Leasingraten der Billigkeit entspricht, ist der Leasinggeber notfalls verpflichtet, seine Kalkulation offen zu legen[5].

b) Leasingnehmer als Unternehmer

Der Leasinggeber ist auch gegenüber dem Leasingnehmer, wenn dieser Un- 16
ternehmer ist, nur dann berechtigt, die Leasingraten anzupassen, wenn in seinem Verhältnis zum Lieferanten eine wirksame Preisanpassungsklausel vereinbart wurde. Abgesehen davon, dass die bereits angesprochenen Ge-

1 BGH v. 19.10.1999 – XI ZR 8/99, NJW 2000, 651.
2 *Palandt/Grüneberg*, § 315 BGB Rz. 2.
3 BGH v. 19.10.1999 – XI ZR 8/99, NJW 2000, 651.
4 AGB-Klauselwerke/*Graf von Westphalen*, Preisanpassungsklausel Rz. 49.
5 BGH v. 30.4.2003 – VIII ZR 279/02, NJW 2003, 3131, 3132; *Palandt/Heinrichs*, § 315 BGB Rz. 19.

sichtspunkte bei Vereinbarung einer **Kostenelementsklausel** gelten (Rz. 13), wird man auch hier verlangen müssen, dass der Leasinggeber ein **berechtigtes Interesse** nachweist, eine Änderung der Leasingrate vorzunehmen, so dass auch die Viermonatsfrist des § 309 Nr. 1 BGB insoweit zu berücksichtigen sein wird.

17 Im Übrigen ist an die Rechtsprechung des BGH zu erinnern, die in Bezug auf die Wirksamkeit von Preisänderungsklauseln – bei Verwendung einer **Preisvorbehaltsklausel** – im unternehmerischen Verkehr sehr restriktiv verfährt. Ihre Wirksamkeit setzt nämlich voraus, dass die Klausel selbst **schwerwiegende Änderungsgründe** aufführt, wobei in Voraussetzung und Folgen die Interessen des Kunden (Leasinggebers) angemessen berücksichtigt werden müssen[1]. Bedenkt man, dass der BGH in all diesen Entscheidungen die verwendeten Preisvorbehaltsklauseln nach § 307 Abs. 1 BGB verworfen hat, dann dürfte es schon aus diesem Grunde schwierig sein, dass der Lieferant gegenüber dem Leasinggeber – aufgrund einer wirksamen Klauselgestaltung – eine Preisänderung durchsetzen wird können. Um es zu wiederholen: Nur dann, wenn die im Verhältnis zwischen Lieferant und Leasinggeber vereinbarte Preisanpassungsklausel nach § 307 Abs. 1 BGB nicht zu beanstanden ist, wird man dem Leasinggeber ein **berechtigtes Interesse** i.S.v. § 307 Abs. 1 BGB konzedieren dürfen, eine Preisanpassung auch gegenüber dem Leasingnehmer durchzusetzen.

c) Unwirksamkeit der Klausel: § 306 Abs. 2 BGB – ergänzende Vertragsauslegung

18 Scheitert eine in den Leasing-AGB verankerte Preisanpassungsklausel an § 307 Abs. 1 BGB, so tritt die Rechtsfolge des § 306 Abs. 2 BGB ein, sofern nicht eine ergänzende Vertragsauslegung gemäß §§ 133, 157 BGB zum Zuge gelangt. Dass auf dieses Instrumentarium auch im Rahmen von § 306 Abs. 2 BGB zurückzugreifen ist, ergibt sich zwingend daraus, dass eine Lücke entsteht, die nicht durch dispositives Recht ausgefüllt werden kann[2]. Deshalb setzt eine ergänzende Vertragsauslegung gemäß §§ 133, 157 BGB auch zwingend voraus, dass in der Klausel selbst hinreichende Anhaltspunkte dafür vorhanden sind, welche Anpassung der Leasingraten die Parteien tatsächlich vorgenommen hätten, wenn sie gewusst hätten, dass die Anpassungsklausel an § 307 Abs. 1 BGB scheitert[3]. Ob dies zutrifft, kann nur aufgrund der jeweiligen Klauselfassung beantwortet werden; insoweit

1 BGH v. 12.1.1994 – VIII ZR 165/92, NJW 1994, 1060, 1064 – Daihatsu; BGH v. 6.10.1999 – VIII ZR 125/98, NJW 2000, 515, 520 – Kawasaki; BGH v. 20.7.2005 – VIII ZR 121/04, ZIP 2005, 1787 – Honda.

2 *Palandt/Heinrichs*, § 306 BGB Rz. 6 ff. m.w.N; vgl. auch BGH v. 13.12.2006 – VIII ZR 25/06, NJW 2007, 1054 – Flüssiggas II.

3 BGH v. 3.11.1999 – VIII ZR 269/98, NJW 2000, 1110, 1114; BGH v. 12.7.1989 – VIII ZR 297/88, NJW 1990, 115, 116; AGB-Klauselwerke/*Graf von Westphalen*, Rechtsfolgen Rz. 32.

ist eine generell-abstrakte Betrachtungsweise erforderlich, weil diese immer für die Auslegung von AGB-Klauseln Maß gibt[1].

3. Anpassung der Leasingraten an die „Geldmarktverhältnisse"

Eine an die Änderung der „Geldmarktverhältnisse" – oder „Refinanzierungsverhältnisse" – anknüpfende Anpassungsklausel ist schon im Ansatz **nicht hinreichend transparent** i.S.v. § 307 Abs. 1 Satz 2 BGB. Erforderlich ist nämlich, dass der Leasinggeber auf die relevanten Parameter Bezug nimmt, welche für seine Refinanzierung einschlägig sind[2]. Demzufolge hat der BGH beim (vergleichbaren) Passivgeschäft eine Zinsänderungsklausel nach § 307 Abs. 1 BGB verworfen, weil sie ein nach oben unbegrenztes einseitiges Leistungsänderungsrecht nach § 315 BGB vorsah[3]. Daraus ist zu folgern, dass – wenn denn überhaupt – nur solche Anpassungsklauseln in Leasing-AGB wirksam gemäß § 307 Abs. 1 Satz 2 BGB sind, welche konkret und nachvollziehbar an einen bestimmten Referenzzinssatz anknüpfen[4]. Bedenkt man in diesem Kontext, welche Bemühungen die Banken anstellen, um im Passivgeschäft wirksame Zinsanpassungsklauseln vorzusehen[5], so wird man mit gutem Grund Bedenken gemäß § 307 Abs. 1 Satz 2 BGB immer dann äußern müssen, wenn sich die Anpassungsklauseln in Leasing-AGB einer geringeren Konkretisierung als die Banken bedienen. 19

Zu bedenken bleibt schließlich, dass es grundsätzlich Sache des Leasinggebers ist, sich angemessen und rechtzeitig zu refinanzieren[6]. Ändern sich also – nach Abschluss des Leasingvertrages – die Kapitalmarktverhältnisse und damit auch Refinanzierungszinssätze, so realisiert sich grundsätzlich ein **Geschäftsrisiko**, welches unmittelbar dem Leasinggeber zuzurechnen ist. Deshalb wird man auch aus diesem Grund erhebliche Bedenken gegen die Wirksamkeit einer Anpassungsklausel gemäß § 307 Abs. 1 BGB ins Feld führen müssen, welche darauf beruht, dass der Leasinggeber die rechtzeitige Vorsorge für eine angemessene Refinanzierung – auch unter Berücksichtigung seiner Pflicht, etwaige Bereitstellungsprovisionen zahlen zu müssen – verletzt hat. Dies kann nach § 307 Abs. 1 BGB nicht außer Betracht bleiben. 20

---

1 Statt aller: *Erman/Roloff*, § 305c BGB Rz. 20.
2 *Palandt/Grüneberg*, § 309 BGB Rz. 10; LG Köln v. 6.12.2000 – 26 O 29/00, ZIP 2001, 65; LG Dortmund, 30.6.2000 – 8 O 559/99, ZIP 2001, 66.
3 BGH v. 17.2.2004 – XI ZR 140/03, NJW 2004, 1588.
4 Hierzu auch *Habersack*, WM 2001, 753 ff.; *Schimansky*, WM 2003, 1449 ff.
5 Hierzu *Buchner*, BKR 2001, 16 ff.; *Metz*, BKR 2001, 21 ff.
6 *Canaris*, Bankvertragsrecht, Rz. 1770.

4. Anpassung der laufenden Leasingraten

21 Obwohl es sehr selten ist, dass der Leasinggeber in seinen AGB bestimmt, dass er berechtigt ist, während der Laufzeit des Vertrages die Höhe der Raten zu ändern, sollen doch die sich hier einstellenden Rechtsfragen kurz angesprochen werden.

a) Überraschende Klausel

22 Man wird an der schon in der Vorauflage geäußerten Erwägung festhalten müssen, dass Anpassungsklauseln, die den Leasinggeber berechtigen, die Leasingraten **während der Dauer des Leasingvertrages** an die sich jeweils ändernden Geldmarktverhältnisse/Refinanzierungsbedingungen anzupassen, in der Regel i.S.v. § 305c Abs. 1 BGB als untypisch anzusehen sind. Daher stellt sich die Frage, ob sie auch im Sinn dieser Norm als **überraschend** zu behandeln sind. Davon ist nach der Rechtsprechung des BGH immer dann auszugehen, wenn zum einen die Klausel als objektiv ungewöhnlich erscheint, was aufgrund der jeweiligen Umstände des Vertrages zu beurteilen ist[1]. Zum anderen fordert § 305c Abs. 1 BGB, dass der Kunde mit dieser „ungewöhnlichen" Klausel „nicht zu rechnen brauchte", womit auf die Erwartungen des Leasingnehmers abgestellt wird[2]. So gesehen werden die Erwartungen des Leasingnehmers von den allgemeinen und individuellen Begleitumständen des Vertragsabschlusses bestimmt, wobei sowohl auf die in der Leasingbranche übliche Gestaltung als auch auf den Gang der Verhandlungen sowie auf den äußeren Zuschnitt des Leasingvertrages abzustellen ist[3].

23 Berücksichtigt man in diesem Kontext, dass die Leasingbranche für gewöhnlich ihre Verträge mit **fest vereinbarten Leasingraten** anbietet, welche während der gesamten Dauer des Leasingvertrages konstant bleiben, dann kommt alles entscheidend darauf an, ob die konkrete Vertragsgestaltung – insbesondere aber auch die Werbung[4] – derart war, dass der Leasingnehmer mit einer Veränderung der Leasingraten nicht zu rechnen brauchte. So gesehen bleibt auch hervorzuheben, dass der Leasinggeber durchaus in der Lage ist, das in einer solchen Anpassungsklausel liegende Überraschungsmoment dadurch **auszuschalten**, dass die Klausel drucktechnisch so hervorgehoben wird, dass mit Recht erwartet werden kann, der Leasingnehmer werde von dieser Klausel Kenntnis nehmen[5]. Wenn aber die konkreten Umstände des Vertragsabschlusses derart waren, dass der Leasinggeber (generell) darauf hingewiesen hat, die von ihm in Rechnung

1 *Erman/Roloff*, § 305c BGB Rz. 8 ff.; *Palandt/Heinrichs*, § 305c BGB Rz. 3 f. m.w.N.
2 BGH v. 11.12.2003 – III ZR 118/03, NJW-RR 2004, 780, 781.
3 BGH v. 21.6.2001 – IX ZR 69/00, NJW-RR 2002, 485, 486.
4 *Palandt/Heinrichs*, § 305c BGB Rz. 3.
5 BGH v. 21.6.2001 – IX ZR 69/00, NJW-RR 2002, 485, 487.

gestellten Leasingraten blieben während der Dauer des Leasingvertrages konstant, dann reicht ein Fettdruck nach der BGH-Judikatur nicht aus. Vielmehr ist dann ein **individueller Hinweis** erforderlich, den Leasingnehmer in hinreichendem Maße davon in Kenntnis zu setzen, dass die Leasingraten sich während der Dauer des Leasingvertrages ändern[1].

b) Transparenzgebot

Aber selbst wenn dies im Einzelfall gelingen sollte, bleiben doch die zuvor aufgeführten grundsätzlichen, an das Transparenzgebot gemäß § 307 Abs. 1 Satz 2 BGB anknüpfenden Bedenken erhalten: Eine Anpassung der Leasingraten an die geänderten „Refinanzierungsbedingungen" ist nur dann wirksam, wenn der jeweilige, marktgerechte Referenzzinssatz eindeutig bezeichnet ist (Rz. 19), was praktisch kaum je in wirksamer Weise vereinbart werden dürfte. Denn nach der Rechtsprechung des BGH ist zusätzlich sicherzustellen, dass die Klausel nicht derart sein darf, dass der Leasinggeber in der Lage ist, einen zusätzlichen Gewinn zu erwirtschaften[2]. Daher müssen die einzelnen Kostenelemente so transparent in der Klausel dargestellt sein, dass der Leasingnehmer als Verbraucher ohne weiteres in der Lage ist, sie auf ihre Richtigkeit zu überprüfen. Ferner muss eine entsprechende Gewichtung der einzelnen Kostenelemente vorgenommen werden, so dass eine Senkung in dem einen Bereich sogleich auf die Gesamtbelastung durchschlägt, weil es dem Verwender untersagt ist, eine Klauselgestaltung zu wählen, die es ihm ermöglicht, einen zusätzlichen Gewinn zu erwirtschaften[3]. 24

5. Überwälzung von Steuern und Abgaben

a) Änderung der Umsatzsteuer

Soweit sich die in der Leasingrate enthaltene Umsatzsteuer ändert, ist der Leasinggeber berechtigt, die entsprechend erhöhte oder abgesenkte Umsatzsteuer vom Leasingnehmer zu verlangen. Ob dieses Recht in AGB-Klauseln vorgesehen wird oder ob dies – aus welchen Gründen immer – vergessen wurde, ist gemäß § 29 UStG irrelevant, weil der Leasingnehmer – sowohl als Verbraucher als auch als Unternehmer – die Umsatzsteuer schuldet. 25

b) Abwälzung sonstiger Steuern

Notwendigerweise ist in diesem Zusammenhang danach zu differenzieren, ob es sich um Steuern, Abgaben etc. handelt, welche auf das Leasinggut be- 26

1 *Palandt/Heinrichs*, § 305c BGB Rz. 4.
2 BGH v. 21.9.2005 – VIII ZR 38/05, NJW-RR 2005, 1717 – Flüssiggas I.
3 BGH v. 21.9.2005 – VIII ZR 38/05, NJW-RR 2005, 1717 – Flüssiggas I.

zogen werden, oder ob diese Lasten – nach der gesetzlichen Wertung – vom Leasinggeber oder vom Leasingnehmer zu entrichten sind.

aa) Steuern, Abgaben betreffend das Leasinggut

27 Da der Leasinggeber rechtlicher und wirtschaftlicher Eigentümer des Leasingguts ist, sind auch alle mit dem Leasinggut zusammenhängenden Steuern, Abgaben etc. von ihm selbst zu entrichten. Gleichwohl ist es gemäß § 307 Abs. 1 BGB nicht zu beanstanden, wenn der Leasinggeber diese Lasten auf den Leasingnehmer formularmäßig abwälzt, soweit diese mit der **Nutzung** des Leasingguts unmittelbar zusammenhängen. Denn der Leasinggeber erwirbt nur deswegen das Leasinggut, um dem Leasingnehmer die von diesem gewollte Nutzung zu ermöglichen. Dass im Übrigen eine solche Klausel transparent gemäß § 307 Abs. 1 Satz 2 BGB formuliert sein muss, sei der Vollständigkeit halber erwähnt. Hinzuzufügen ist aber auch, dass eine solche Klausel zugunsten wie zu Lasten des Leasingnehmers – bezogen auf jegliche Veränderung der Steuer- und Abgabenlast – ausformuliert sein muss, um wirksam zu sein.

bb) Steuern, Abgaben betreffend den Leasinggeber

28 Dem gegenüber ist es i.S.v. § 307 Abs. 1 BGB nicht hinzunehmen, wenn der Leasinggeber auch solche Steuern, Abgaben etc. auf den Leasingnehmer abwälzt, die mit seinem eigenen **Geschäftsbetrieb** unmittelbar verknüpft sind und nicht direkt die Nutzung des Leasingguts betreffen. Denn insoweit ist ausschließlich die Sphäre des Leasinggebers berührt, so dass eine Überwälzung auf den Leasingnehmer als unangemessene Benachteiligung zu qualifizieren ist. Darüber hinaus spricht auch einiges dafür, dass eine solche Klausel überraschend gemäß § 305c Abs. 1 BGB einzuordnen ist.

cc) Steuern, Abgaben betreffend den Leasingnehmer

29 Es ist schwer vorstellbar, dass in Leasing-AGB oder in einem Leasingvertrag Steuern, Abgaben etc., welche den Leasingnehmer unmittelbar betreffen, auf den Leasinggeber abgewälzt oder von diesem übernommen würden.

6. Investitionszulagen – Subventionen

30 Soweit der Staat Investitionen des Steuerpflichtigen nach dem Investitionszulagengesetz 1993 fördert[1], stehen diese dem Leasinggeber als rechtlichen und wirtschaftlichen Eigentümer des Leasingguts zu[2]. Kraft individualvertraglicher Vereinbarung spricht jedoch nichts dagegen, dass die Parteien

1 Hierzu *Mainzer*, in Büschgen, § 35.
2 OLG Naumburg v. 25.9.1997 – 7 U (HS) 50/97, NJW-RR 1998, 1584.

festlegen, dass eine Investitionszulage letzten Endes dem Leasingnehmer zustehen soll[1].

31 Geschieht dies, werden sich regelmäßig hierdurch die Leasingraten mindern. Doch ist stets im Auge zu behalten, ob eine solche Vertragsgestaltung im Ergebnis dem Förderungszweck der Investitionszulage nicht zuwider läuft.

IV. Aufrechnungsverbote – § 309 Nr. 3 BGB

1. Gegenüber einem Verbraucher

32 Nach § 309 Nr. 3 BGB sind AGB-Klauseln verboten, in denen das Aufrechnungsrecht des Leasingnehmers auch mit solchen Forderungen gegenüber dem Leasinggeber ausgeschlossen wird, die unbestritten oder rechtskräftig festgestellt sind. Unbestritten ist eine Forderung immer dann, wenn über ihre Höhe oder über ihren Grund keine Meinungsverschiedenheit zwischen Leasinggeber und Leasingnehmer besteht[2] oder die mit unhaltbaren oder unsubstantiierten Einwendungen bekämpft wird[3]. Eine rechtskräftige Forderung ist immer dann anzunehmen, wenn sie in formeller und materieller Rechtskraft erwachsen ist[4]. Indessen fallen in den Bereich des Verbotstatbestandes nach § 309 Nr. 3 BGB auch solche Forderungen, die entscheidungsreif sind[5]. Folglich müssen Leasing-AGB diese Konstellationen berücksichtigen. Trifft dies nicht zu, dann gilt gemäß § 306 BGB dispositives Recht; die Aufrechnungslage entscheidet sich unter Berücksichtigung der §§ 387 ff. BGB.

2. Gegenüber einem Unternehmer

33 Auch im Verkehr zwischen Unternehmen ist § 309 Nr. 3 BGB als konkrete Ausformulierung von § 307 Abs. 2 Nr. 1 BGB zu beachten[6]. So gesehen besteht Parallelität zwischen dem Unternehmerbereich und den Klauseln, die gegenüber einem Leasingnehmer als Verbraucher verwendet werden.

34 In der Praxis spielen Aufrechnungsverbotsklauseln keine überragende Rolle. Dies ist darauf zurückzuführen, dass die leasingtypische Abtretungskonstruktion (Kap. H Rz. 1 ff.) im Vordergrund steht; die wesentlichen Auseinandersetzungen vollziehen sich also zwischen Lieferant und Lea-

1 *Beckmann*, § 3 Rz. 31.
2 BGH v. 6.7.1978 – III ZR 65/77, NJW 1978, 2244.
3 BGH v. 26.11.1984 – VIII ZR 217/83, NJW 1985, 1556.
4 *Wolf/Horn/Lindacher*, § 11 Nr. 3 AGBG Rz. 6.
5 BT-Drucks. 7/3919 S. 29; *Erman/Roloff*, § 309 BGB Rz. 29.
6 BGH v. 20.6.1984 – VIII ZR 337/82, NJW 1984, 2405; BGH v. 30.4.1986 – VIII ZR 90/85, NJW-RR 1986, 1110, 1111.

singnehmer, weil und soweit Pflichtverletzungen des Leasinggebers in Rede stehen, sofern diese von der Abtretungskonstruktion erfasst werden.

V. Einrede des nicht erfüllten Vertrages – § 320 BGB

1. Leasingnehmer als Verbraucher

35 Nach der hier vertretenen Auffassung sind Finanzierungsleasingverträge „in erster Linie" Mietverträge, die den Bestimmungen der §§ 535 ff. BGB folgen (Kap. B Rz. 9 ff.). Dies hat im Kontext der mietvertraglichen Mängelhaftung gemäß §§ 536 f. BGB zur Konsequenz, dass dem Leasingnehmer bis zur Erfüllung der auf Mängelbeseitigung gerichteten Vermieterpflicht die Einrede des nicht erfüllten Vertrages gemäß § 320 BGB zur Seite steht, so dass der Leasingnehmer auch gemäß § 536 BGB zur **Mietminderung** berechtigt ist[1]. Denn der Anspruch des Leasingnehmers bei Vorliegen eines Sach- oder Rechtsmangels i.S.v. § 536 BGB ist als Erfüllungsanspruch einzuordnen[2]. Behält man diese gesetzliche Ausgangslage im Visier, dann gilt es zu bedenken, dass die leasingtypische Abtretungskonstruktion dazu führt, dass der Leasinggeber die mietvertragliche Eigenhaftung gemäß §§ 536 f. BGB abbedingt. Statt dessen verweist er den Leasingnehmer auf die ihm gegenüber dem Lieferanten des Leasingguts zustehenden Ansprüche gemäß § 437 BGB. Dies führt dann zu der anderenorts detailliert behandelten Frage (Kap. H Rz. 120 ff.), ob der Verbotstatbestand von § 309 Nr. 2 BGB dem Leasingnehmer schon dann zugute kommt, wenn das Leasinggut mangelhaft ist[3].

36 In diesem Kontext reicht es aus darauf hinzuweisen, dass dem Leasinggeber mit Rücksicht auf § 309 Nr. 2a BGB verwehrt ist, das dem Leasingnehmer zustehende Leistungsverweigerungsrecht auszuschließen oder einzuschränken. Soweit also eine Haftung wegen Sach- oder Rechtsmängel in Betracht kommt, ist die Einrede des nicht erfüllten Vertrages gemäß § 320 BGB durch § 309 Nr. 2a BGB abgesichert. Dass der Leasingnehmer gemäß § 556b Abs. 1 BGB vorleistungspflichtig ist, ändert an dieser Konstellation nichts, weil das Vorliegen eines nach § 536 BGB dem Leasinggeber zuzurechnenden Sach- oder Rechtsmangels dazu führt, dass die ihm obliegende Hauptpflicht nicht erfüllt ist.

37 Soweit in den Leasing-AGB der Verbotstatbstand von § 309 Nr. 2a BGB an den von § 309 Nr. 3 BGB geknüpft ist, gilt nichts anderes. Auch diese Vertragsgestaltung ist unwirksam. Dies gilt etwa für folgende Klausel, die häufig anzutreffen ist:

---

1 *Erman/Jendrek*, vor § 536 BGB Rz. 3.

2 *Palandt/Weidenkaff*, § 536 BGB Rz. 6.

3 Vgl. *Wolf/Eckert/Ball*, Rz. 1860; *Löbbe*, BB-Beilage Nr. 6/2003, 7, 12; vgl. auch *Graf von Westphalen*, ZIP 2006, 1653, 1659 f.

„Aufrechnungs- oder Zurückbehaltungsrechte stehen dem Leasingnehmer nur zu, soweit seine Gegenforderung rechtskräftig festgestellt, anerkannt oder unbestritten sind."

2. Leasingnehmer als Unternehmer

Überwiegend wird die Auffassung vertreten, dass die formularmäßige Abbedingung des Leistungsverweigerungsrechtes des § 309 Nr. 2a BGB im unternehmerischen Verkehr gemäß § 307 Abs. 2 Nr. 1 BGB nicht zu beanstanden, sondern hinzunehmen ist[1]. Diese Sicht entspricht auch der Entscheidungslinie der BGH-Judikatur[2]. Doch ist im selben Atemzug geltend zu machen: Wenn der Leasingvertrag „in erster Linie" den mietrechtlichen Bestimmungen der §§ 535 ff. BGB folgt, dann ist die Abbedingung der Einrede des nicht erfüllten Vertrages gemäß § 320 BGB gleichbedeutend mit dem **Ausschluss** des Minderungsrechts gemäß § 536 Abs. 1 BGB. Denn insoweit ist allgemein anerkannt, dass das Vorliegen eines Sach- oder Rechtsmangels automatisch dazu führt, dass der Mieter von der Zahlung des Mietzinses befreit ist, solange die Gebrauchstauglichkeit der Mietsache hierdurch herabgesetzt oder aufgehoben wird[3]. Zu bedenken ist des Weiteren, dass die Mietminderung unabhängig davon eintritt, ob der Vermieter den Mangel zu vertreten hat oder nicht; auch ist unerheblich, ob die Mangelursache in seinem Einflussbereich liegt, oder ob dem Vermieter die Beseitigung des Mangels möglich ist[4]. Wenn aber im Bereich der Miete § 320 BGB nicht abbedungen werden kann, ohne dass damit die Hauptpflicht des Vermieters, dem Mieter ein gebrauchstaugliches Wirtschaftsgut zur Nutzung zu überlassen, beeinträchtigt wird, dann muss diese Wertung auch auf § 307 Abs. 2 Nr. 1 BGB durchschlagen, weil der Mieter auch dann, wenn er nur die geminderte Miete schuldet, die Einrede des nicht erfüllten Vertrages erheben und die Zahlung der Miete bis zur Behebung des Mangels verweigern darf[5]. Daraus ist abzuleiten, dass die Einrede des nicht erfüllten Vertrages gemäß § 320 BGB auch im unternehmerischen Verkehr nicht abbedungen werden kann, ohne dass die Klausel an § 307 Abs. 2 Nr. 1 BGB scheitert. Ob sich diese Rechtsfolge auch im Rahmen der leasingtypischen „Abtretungskonstruktion" durchsetzt, soll weiter unten näher geprüft werden (Kap. H Rz. 120 ff.). 38

1 *Palandt/Grüneberg*, § 309 BGB Rz. 16; *Erman/Roloff*, § 309 BGB Rz. 26; a.M. AGB-Klauselwerke/*Graf von Westphalen*, Zurückbehaltungsklausel Rz. 4.
2 BGH v. 16.6.1976 – VIII ZR 33/75, WM 1976, 1018.
3 Statt aller *Erman/Jendrek*, § 536 BGB Rz. 23.
4 *Wolf/Eckert/Ball*, Rz. 269.
5 BGH v. 5.7.1989 – VIII ZR 334/88, NJW 1989, 3322; *Wolf/Eckert/Ball*, Rz. 269.

VI. Sittenwidrigkeit gemäß § 138 Abs. 1 BGB

39 Ob ein Leasingvertrag unter Berücksichtigung aller Umstände als sittenwidrig gemäß § 138 Abs. 1 BGB einzuordnen ist, hängt entscheidend davon ab, ob zwei Voraussetzungen vorliegen, die jeweils gesondert zu prüfen sind: Ausgangspunkt aller Erwägungen zu § 138 Abs. 1 BGB ist zunächst die Feststellung, ob – erstens – der objektive Verkehrswert des Leasingguts im Vergleich zu dem vom Leasingnehmer während der Laufzeit des Leasingvertrages zu erbringenden Leistungen ein auffälliges Missverhältnis erkennen lässt und ob – zweitens – eine verwerfliche Gesinnung des Leasinggebers im Hinblick auf den Wert des Leasingguts vorliegt[1].

1. Auffälliges Missverhältnis

40 Ein auffälliges Missverhältnis zwischen dem objektiven Verkehrswert des Leasingguts einerseits und den vom Leasingnehmer zu entrichtenden Leasingraten andererseits ist immer dann zu bejahen, wenn das geforderte Leasingentgelt doppelt so hoch ist wie das übliche Leasingentgelt[2]. Die Antwort auf diese Frage wird regelmäßig davon abhängen, ob sich auf dem Markt erkennbar eine „Vergleichsmiete" herausgebildet hat oder ob zumindest – hilfsweise – ein **Sachverständiger** in der Lage ist, ein übliches Entgelt für das konkrete Leasinggut zu ermitteln[3]. Handelt es sich z.B. um ein Kraftfahrzeug oder um sonstige Wirtschaftsgüter, die für gewöhnlich im Rahmen einer Leasingfinanzierung genutzt werden, dann ist die Anwendung dieses „mietrechtlichen Prüfungsmodells" relativ unproblematisch[4]. Die Darlegungs- und Beweislast liegt insoweit in den Händen des Leasingnehmers. Er ist gehalten, den Nachweis zu erbringen, dass andere Leasinggeber ein vergleichbares Leasinggut bei gleichem Anschaffungswert, gleicher Vertragsdauer und unter gleichen Vertragsbedingungen zu deutlich niedrigeren Leasingraten auf dem Markt anbieten[5]. Dabei ist auch zu beachten, dass der nach § 138 Abs. 1 BGB geforderte Vergleichsmaßstab eine **repräsentative Größe** voraussetzt, was beträchtliche Anforderungen an die Darlegungs- und Beweislast des Leasingnehmers einschließt, weil er oft nicht in der Lage sein wird, den Nachweis entsprechender „Vergleichsmieten" schlüssig zu erbringen. An dieser Stelle kommt deshalb das Kriterium der **fehlenden Zumutbarkeit** zugunsten der Beweisführungslast des Leasingnehmers ins Spiel. Auch ist mit Recht darauf aufmerksam gemacht worden, dass es häufig an geeigneten Sachverständigen fehlen wird, die in der Lage sind, durch eigene Expertise den Nachweis zu erbringen, dass für

1 BGH v. 11.1.1995 – VIII ZR 82/94, NJW 1995, 1019, 1020.
2 BGH v. 11.1.1995 – VIII ZR 82/94, NJW 1995, 1019, 1020 f.
3 Hierzu auch OLG Hamm v. 28.6.1994 – 7 U 53/93, NJW-RR 1994, 1467.
4 Mit Recht auch OLG Dresden v. 8.12.1999 – 8 U 2462/99, NJW-RR 2000, 1305; *Beckmann*, § 2 Rz. 420; *Wolf/Eckert/Ball*, Rz. 1751.
5 *Wolf/Eckert/Ball*, Rz. 1751.

ein bestimmtes Leasinggut in der Tat „Vergleichsmieten" im Markt gefordert werden, welche – im Vergleich zu dem konkret geforderten Leasingentgelt – doppelt so niedrig sind[1]. Daraus ist – trotz aller praktischen Schwierigkeiten – abzuleiten, dass grundsätzlich diesem leasingtypischen Vergleichsmaßstab der Vorzug und auch der Vorrang gegenüber anderen Berechnungsmethoden gebührt. Angesicht der steuerrechtlich vorgegebenen Fungibilität des Leasingguts wird es wohl in der Regel möglich sein, im Ergebnis einen leasingtypischen Vergleichsmaßstab herauszuarbeiten, bevor dann auf die nachstehend abgebildeten Hilfserwägungen abzustellen ist. Denn diese haben alle den Nachteil, dass sie sich sehr schwer tun, den „Vorteil" des Leasinggebers angemessen mit dem Ratenkreditmodell in Einklang zu bringen, der darin besteht, dass der Leasinggeber neben dem Anspruch auf volle Amortisation – Kredit – auch noch einen „Restwert" in Höhe von 10 % des Buchwertes/Zeitwertes beim Vollamortisationsvertrag realisiert und bei den Modellen des Teilamortisationserlasses die Chance der Wertsteigerung ausüben kann, was jedoch im Verhältnis zu der zutreffenden Berechnung bei Vollamortisationsverträgen das kleinere Problem darstellt.

2. Ratenkredit als Vergleichsmaßstab

a) Vergleichbarkeit

Sofern es dem Leasingnehmer nicht möglich ist, entweder durch eigene Recherchen oder durch Einschaltung eines Sachverständigen die entsprechenden „Vergleichsmieten" herauszufinden, um die Sittenwidrigkeit der vom Leasinggeber geforderten Leasingraten gemäß § 138 Abs. 1 BGB zu begründen, stellt die Rechtsprechung[2] mit Zustimmung der Literatur[3] darauf ab, dass eine unmittelbare Vergleichbarkeit zwischen dem Ratenkreditvertrag einerseits und dem Leasingvertrag andererseits besteht: In beiden Fällen zahlt der Leasingnehmer/Darlehensnehmer die gesamten Herstellungs- und Anschaffungskosten, einschließlich aller Neben- und Finanzierungskosten sowie eines angemessenen Gewinns für die Nutzung/den Erwerb den jeweiligen Wirtschaftsguts. Wenn also das für einen Ratenkreditvertrag geforderte Entgelt nach § 138 Abs. 1 BGB sittenwidrig ist, dann gelten die gleichen Grundsätze auch für den Bereich des Finanzierungsleasings[4]. Unterstrichen wird diese Vergleichbarkeit auch durch den Befund, dass der Gesetzgeber[5] das Finanzierungsleasing gemäß § 499 Abs. 2 BGB mit dem Teilzahlungsgeschäft/Ratenkreditvertrag gleichgeschaltet hat[6]. Die Ver- 41

1 *Wolf/Eckert/Ball*, Rz. 1751.
2 BGH v. 11.1.1995 – VIII ZR 82/94, NJW 1995, 1019, 1021.
3 *Wolf/Eckert/Ball*, Rz. 1752 ff.; *Beckmann*, § 2 Rz. 421 ff.; *Staudinger/Stoffels*, Leasing Rz. 131 ff.
4 Vgl. auch BGH v. 23.2.1977 – VIII ZR 124/75, NJW 1977, 848.
5 Hierzu *Wolf/Eckert/Ball*, Rz. 1754.
6 Hierzu *Erman/Saenger*, § 499 BGB Rz. 14 ff.

gleichbarkeit zwischen dem Ratenkredit und dem Finanzierungsleasing ist auch von der nachfolgenden Rechtsprechung anerkannt[1]. Doch ergeben sich folgende einzelne Gesichtspunkte:

aa) Keine höheren Aufwendungen des Leasinggebers im Vergleich zum drittfinanzierten Kauf

42 Mit Recht hat der BGH darauf abgestellt, dass allein die Tatsache, dass der Leasinggeber rechtlicher und wirtschaftlicher Eigentümer des Leasingguts ist, noch keine zusätzliche „Leistung" des Leasinggebers begründet, welche die Vergleichbarkeit gegenüber dem Ratenkreditvertrag ausschließt[2]. Denn es handelt sich hierbei lediglich um einen Rechtstitel. Demgegenüber hat die drittfinanzierende Bank regelmäßig **Sicherungseigentum**. Dies aber begründet im Rahmen von § 39 Abs. 2 Nr. 1 AO eine Parallelität der Rechtsstellung, weil Sicherungseigentum genau so wie das wirtschaftliche Eigentum zu behandeln ist.

43 Beim Ratenkreditvertrag besteht indessen **kein Verwertungsrisiko**, weil der Darlehensnehmer/Käufer Eigentum erwirbt und auch Eigentum erwerben soll, so dass eine „Verwertung" des jeweils drittfinanzierten Wirtschaftsguts nur dann in Betracht kommt, wenn der Ratenkreditvertrag wegen Zahlungsverzugs des Darlehensnehmers/Käufers gekündigt worden ist. Auch beim **Vollamortisationsvertrag** besteht kein genuines Verwertungsrisiko des Leasinggebers[3]. Denn der Leasingnehmer hat während der Dauer des Leasingvertrages bereits die Vollamortisation des Leasinggebers durch Zahlung der Leasingraten bewirkt. Es verbleibt allerdings ein **Restwert** in Höhe von 10 % der Rest-AfA oder des niedrigen Verkehrswerts/Zeitwerts des Leasingguts, an dem sich entweder das Optionsrecht des Leasingnehmers oder die Mietverlängerungsoption auszurichten hat, soweit diese modellspezifisch vereinbart worden sind. Indessen ist es Ausfluss des rechtlichen und wirtschaftlichen Eigentums des Leasinggebers, dass dieser „Restwert" ihm zugute kommt. Besonders auffällig wird dieser Tatbestand, wenn der Leasinggeber – nach Ende der Grundmietzeit – das Leasinggut zu einem höheren Preis auf dem Markt veräußert, als er in dem jeweiligen buchmäßigen „Restwert" niedergelegt ist. So gesehen ist die Rechtsstellung des Leasinggebers im Vergleich zu derjenigen, die eine Bank im Rahmen der Abzahlungsfinanzierung einnimmt, sogar günstiger.

44 **Anders** ist es allerdings bei den Verträgen im Rahmen des Teilamortisations-Erlasses. Hier trägt der Leasingnehmer – erlasskonforme Vertragsgestaltung vorausgesetzt – das Verwertungsrisiko, weil die Vollamortisation des Leasinggebers – ungeachtet der während der Dauer des Leasingvertrages entrichteten Leasingraten – garantiemäßig abgesichert ist.

---

1 BGH v. 30.1.1995 – VIII ZR 316/93, NJW 1995, 1146, 1147; OLG Köln v. 31.5.1996 – 19 U 80/94, NJW-RR 1997, 1549.
2 BGH v. 11.1.1995 – VIII ZR 82/94, NJW 1995, 1019, 1021.
3 Vgl. aber BGH v. 11.1.1995 – VIII ZR 82/94, NJW 1995, 1019, 1021.

Daher ist der Leasingnehmer verpflichtet, das Leasinggut zum jeweils vereinbarten „Restwert" käuflich zu erwerben, sofern der Leasinggeber von seinem Andienungsrecht Gebrauch macht. Beim Vertragsmodell mit **Mehrerlösbeteiligung** ist die Verwertung des Leasingguts Voraussetzung dafür, ob ein Mehrerlös tatsächlich erzielt wird oder ob der Leasingnehmer leer ausgeht und die Vollamortisation des Leasinggebers garantiemäßig einlöst. Beim **kündbaren** Teilamortisationsvertrag werden indessen nur 90 % des Verwertungserlöses des Leasinggebers auf die Vollamortisationspflicht des Leasingnehmers angerechnet. Aus all dem folgt, dass das Verwertungsrisiko – genau so wie beim Abzahlungskauf – Sache des Leasingnehmers ist. Die Vergleichbarkeit zwischen Finanzierungsleasing und Abzahlungskauf wird jedoch dadurch nicht in Frage gestellt.

Etwas anderes könnte freilich dann gelten, wenn es sich um einen **Kilometer-Abrechnungsvertrag** handelt. Denn in diesen Fällen liegt das Risiko der Restamortisation beim Leasinggeber. Doch auch dieser Gesichtspunkt rechtfertigt keine unterschiedliche Beurteilung gegenüber dem Ratenkreditvertrag. Denn es ist bei diesem Vertragstyp üblich, dass der Leasinggeber mit dem Lieferanten des Leasingguts Einvernehmen darüber erzielt, dass der Lieferant sich verpflichtet, das Leasinggut – nach Ablauf der Grundmietzeit – zum jeweils vereinbarten „Restwert" käuflich zu erwerben (Kap. D Rz. 10 ff.). Also liegt auch in diesen Fällen keine zusätzliche Leistung des Leasinggebers vor, die es ausschließen könnte, von einer Vergleichbarkeit mit dem Ratenkreditvertrag auszugehen. 45

bb) Sonstige Mehraufwendungen

Sowohl der Leasinggeber als auch die drittfinanzierende Bank sind darauf angewiesen, sich auf dem Kapitalmarkt zu **refinanzieren**. So gesehen ist nicht zu erkennen, dass der Leasinggeber höhere Aufwendungen auf sich nimmt als die kreditfinanzierende Teilzahlungsbank. Fast könnte man sagen, dass der Leasinggeber sich in der Regel sogar günstiger refinanzieren kann, als dies einer Teilzahlungsbank möglich ist, weil die Risikolage häufig bei einer Teilzahlungsbank problematischer zu beurteilen ist als im Bereich des Leasings. Doch lassen sich sicherlich – ohne nähere Detailuntersuchungen sowie ohne Rücksicht auf den Einzelfall – keine allgemeinen belastbaren Differenzierungsmerkmale aufstellen, so dass bis auf weiteres davon auszugehen ist, dass die Risikosteuerung beim Finanzierungsleasing und beim finanzierten Abzahlungskauf vergleichbar ist. Jedenfalls sind Mehraufwendungen des Leasinggebers insoweit nicht erkennbar. 46

Nichts anderes gilt auch für die **Vertragsabbahnungs- und sonstigen Bearbeitungskosten**, weil auch diese – wie der BGH mit Recht festgestellt hat[1] – miteinander vergleichbar sind. Dabei ist freilich auch im Auge zu behalten, dass der BGH in diesem Punkt durchaus großzügig verfährt: Während 47

1 BGH v. 11.1.1995 – VIII ZR 82/94, NJW 1995, 1019, 1021.

die durchschnittlichen Bearbeitungs- und Verwaltungskosten beim finanzierten Ratenkredit mit 2,5 % angesetzt werden[1], ist der BGH bereit, diese beim Finanzierungsleasing auf 3 % oder gar auf 3,5 % zu erhöhen[2].

cc) Steuervorteile

48 Beim **Privatleasing** kommen Steuervorteile überhaupt nicht in Betracht, so dass sich weitere Erwägungen – bezogen auf die Vergleichbarkeit gegenüber dem Ratenkredit – von vornherein verbieten. Doch ist jedenfalls dies richtig: Nach der zutreffenden Auffassung des BGH kommen etwaige „Steuervorteile" ohnehin nur dann bei einer Vergleichsberechnung gemäß § 138 Abs. 1 BGB in Betracht, wenn sie die Steuervorteile übersteigen, die beim kreditfinanzierten Kauf vorliegen[3]. Dabei aber ist wiederum zu bedenken, dass die gewöhnliche Darlehensfinanzierung im Gegensatz zur Leasingfinanzierung keine hundertprozentige Fremdfinanzierung ermöglicht, so dass bei der Kreditfinanzierung notwendigerweise noch zusätzliche Kosten/Aufwendungen entstehen, wie etwa durch Einräumung einer Grundschuld. So gesehen ist der über § 138 Abs. 1 BGB angesteuerte Vergleich zwischen Finanzierungsleasing und drittfinanziertem Kauf ohnehin für den Leasinggeber günstiger, weil eben diese Kosten/Aufwendungen beim Leasing deswegen entfallen, weil hier eine **hundertprozentige Fremdfinanzierung** möglich und auch üblich ist: Außer dem Leasinggut verlangt der Leasinggeber für gewöhnlich keine weiteren Sicherheiten.

dd) Restbuchwert

49 Bei allen Verträgen im Bereich des Vollamortisationserlasses ist es zwangsläufig so, dass der Leasinggeber noch einen „Restwert" in Höhe von jedenfalls 10 % des Restbuchwertes realisiert. Abhängig vom jeweiligen Leasinggut kann es durchaus sein, dass dies nicht nur ein Hoffnungswert, sondern ein durchaus realistischer Wert ist[4]. Es ist daher nicht einzusehen, aus welchen Gründen dieser Vorteil nicht bei der Bewertung der Sittenwidrigkeit nach § 138 BGB zu berücksichtigen sein sollte[5]. Daher sind folgende Überlegungen anzustellen:

b) Berechnung des effektiven Jahreszinses – Ratenkreditvertrag

aa) Uniformmethode

50 Zur Feststellung eines objektiven Missverhältnisses zwischen Leistung und Gegenleistung wird bei Ratenkreditverträgen der **effektive Jahreszins**

1 BGH v. 13.3.1990 – XI ZR 254/89, NJW 1990, 1599, 1601.
2 BGH v. 11.1.1995 – VIII ZR 82/94, NJW 1995, 1019, 1021.
3 Mit Recht BGH v. 11.1.1995 – VIII ZR 82/94, NJW 1995, 1019, 1021 f.
4 OLG Dresden v. 8.12.1999 – 8 U 2462/99, NJW-RR 2000, 1305, 1306.
5 Mit Recht im Ansatz OLG Dresden v. 8.12.1999 – 8 U 2462/99, NJW-RR 2000, 1305, 1306.

als Berechnungs- und Bemessungsgrundlage herangezogen. Dieser errechnet sich aus den **Vertragskosten** des Darlehensnehmers, dem **Vertragszins** und dem marktüblichen effektiven Jahreszins, dem **Marktzins** eines vergleichbaren Kredits. Letzterer wird an Hand der Angaben der **Europäischen Zentralbank** – unter Berücksichtigung des jeweils ausgewiesenen Schwerpunktzinses – ermittelt. Hinzu kommt eine durchschnittliche Bearbeitungsgebühr von 3,5 %[1].

Bei Laufzeiten des Darlehensvertrages **bis zu 48 Monaten** wendet der BGH in ständiger Rechtsprechung[2] die sog. **Uniformmethode** an. Ihr liegt folgende Formel zugrunde: 51

$$\text{effektiver Jahreszins} = \frac{2400 \times \text{Gesamtkosten}}{\text{Nettokredit} \times (\text{Laufzeit} + 1)}$$

Bei Ratenkredit mit einer Laufzeit von **mehr als 48 Monaten** wendet die BGH-Judikatur nicht die Uniformmethode an[3]. Vielmehr bediente sich der BGH dann der finanzmathematischen Formel zur Umrechnung der pro-Monats-Sätze in effektive Jahreszinsen, wie sie in der Tabelle von *Sievi/Gillardon/Sievi* entwickelt worden ist[4]. Ob daran festzuhalten ist, erscheint unter Berücksichtigung von § 492 Abs. 2 BGB – diese Norm ist gemäß § 500 BGB auch auf Finanzierungsleasingverträge gegenüber Verbrauchern anwendbar – zweifelhaft, zumal § 6 PAngVO mittlerweile eine **andere Berechnungsmethode** zur Feststellung des effektiven Jahreszinses vorschreibt[5]. Das nach § 138 Abs. 1 BGB zu ermittelnde auffällige Missverhältnis zwischen Leistung und Gegenleistung ist daher auf Basis des effektiven Vertragszinses im Vergleich zum effektiven Vergleichszins zu ermitteln. Hierfür gilt folgende Formel: 52

$$\frac{(\text{effektiver Vertragszins} - \text{effektiver Marktzins}) \times 100}{\text{effektiver Marktzins}}$$

Ein auffälliges Missverhältnis gemäß § 138 Abs. 1 BGB liegt dann vor, wenn die Abweichung des effektiven Vertragszinses gegenüber dem effektiven Marktzins relativ rd. 100 % beträgt oder absolut 12 % übersteigt[6]. 53

1 *Wolf/Eckert/Ball*, Rz. 1756.
2 BGH v. 11.12.1990 – XI ZR 69/90, NJW 1991, 834, 835; BGH v. 20.2.1990 – XI ZR 195/88, NJW 1990, 1599.
3 BGH v. 5.3.1987 – III ZR 43/86, NJW 1987, 2220, 2221.
4 *Sievi/Gilladon/Sievi*, Effektivzinssätze für Ratenkredite, 2. Aufl. 1981.
5 Hierzu *Bülow/Artz*, Verbraucherkreditrecht, 6. Aufl. 2006, § 492 BGB Rz. 12 ff.; a.M. *Wolf/Eckert/Ball*, Rz. 1757 – allerdings noch mit Beträgen in Höhe von „DM 1000,–" rechnend; vgl. auch *Erman/Palm*, § 138 BGB Rz. 96.
6 BGH v. 11.1.1995 – VIII ZR 82/94, NJW 1995, 1019, 1022.

bb) Vollamortisationsverträge

54 Die so genannte Uniformmethode wendet der BGH bei Vollamortisationsverträgen an[1]. Ob bei Vollamortisationsverträgen mit einer Laufzeit von mehr als 48 Monaten weiterhin auf die Tabelle von *Sievi/Gillardon/Sievi*[2] zurückgegriffen werden kann, erscheint jedoch – wie bereits betont – zweifelhaft. Zutreffender ist es, wegen der Gleichartigkeit von Ratenkredit und Finanzierungsleasing, wie sie auch in § 492 Abs. 2 BGB ihren Niederschlag gefunden hat, auf die Regel von § 6 PAngVO zu reflektieren[3]. Freilich ändert dies nichts daran, dass auch in diesen Fällen ein Vergleichsmaßstab bei einer Hochzinsphase[4] relativ 100 % oder absolut 12 % beträgt[5].

55 Ob dem im Ergebnis gleichwohl stets zu folgen ist, erscheint zusätzlich deswegen zweifelhaft, weil diese Sicht den entscheidenden Ansatz außer Acht lässt, dass nämlich der Leasinggeber neben der vollen Amortisation auch noch berechtigt ist, nach Ablauf der Grundmietzeit den Restbuchwert in Höhe von 10 % zu realisieren. Ganz deutlich wird dies, wenn dem Leasingnehmer eine entsprechende Kaufoption eingeräumt worden ist. Dass dann der Vergleichswert des Ratenkredits um 10 % zu erhöhen ist, liegt nahezu auf der Hand. Denn nur so wird eine **Vergleichbarkeit** in Bezug auf die Belastung des Leasingnehmers erreicht. Doch nichts spricht dagegen, den gleichen Ansatz auch dann zu wählen, wenn es sich um einen einfachen Vollamortisationsvertrag handelt, der weder eine Kauf- noch eine Mietverlängerungsoption zugunsten des Leasingnehmers vorsieht. Denn die Vermögenslage des Leasinggebers ist in beiden Fällen die gleiche[6]. Zur Berechnung Rz. 50 ff. Deshalb ist im Ergebnis der Rechtsprechung des BGH nicht zu folgen[7]. Vielmehr ist den weiter unten dargestellten Voraussetzungen Rechnung zu tragen (Rz. 56), die das OLG Dresden entwickelt hat[8]. Denn nur diese Berechnungsmethode zollt dem Ansatz hinreichend Tribut (Rz. 61), dass der Leasinggeber innerhalb einer maximalen Laufzeit von 90 % der betriebsgewöhnlichen Nutzungsdauer seine volle Amortisation erzielt.

cc) Teilamortisationsverträge

56 Bereits in seinem Urteil vom 11.1.1995[9] hat der BGH angedeutet, dass die Uniformmethode dann nicht zutreffend ist, wenn ein Teilamortisationsvertrag im Hinblick auf seine Sittenwidrigkeit gemäß § 138 Abs. 1 BGB zu

---

1 BGH v. 30.1.1995 – VIII ZR 316/93, NJW 1995, 1146; *Wolf/Eckert/Ball*, Rz. 1759; *Beckmann*, § 2 Rz. 424; kritisch *Krebs*, NJW 1996, 1177 ff.
2 *Sievi/Gillardon/Sievi*, Effektivzinssätze für Ratenkredite, 2. Aufl. 1981.
3 *Bülow/Artz*, Verbraucherkreditrecht, 6. Aufl. 2006, § 492 BGB Rz. 113 ff.
4 BGH v. 13.3.1990 – XI ZR 252/89, WM 1990, 669.
5 BGH v. 11.1.1995 – VIII ZR 82/94, NJW 1995, 1019, 1022.
6 Hierzu auch OLG Dresden v. 8.12.1999 – 8 U 2462/99, NJW-RR 2000, 1305, 1308.
7 BGH v. 11.1.1995 – VIII ZR 82/94, NJW 1995, 1019.
8 OLG Dresden v. 8.12.1999 – 8 U 2462/99, NJW-RR 2000, 1305, 1308.
9 BGH v. 11.1.1995 – VIII ZR 82/94, NJW 1995, 1019.

beurteilen ist. Freilich geht der BGH auch in diesen Fällen zunächst von dieser Methode aus, sofern der Leasingvertrag keine längere Laufzeit als 48 Monate aufweist[1]. Der BGH[2] stützt sich in diesem Zusammenhang dann im Ergebnis auf die von *Schmidt/Schumm* entwickelte Formel[3]. Sie lautet:

$$X = \frac{\text{Vertragskosten} \times 0,5 \times (\text{Ratenzahl} + 1) \times a}{0,5 \times (\text{Ratenzahl} + 1) \times a + \text{Ratenzahl} \times b}$$

57 Dabei sind folgende Besonderheiten zu berücksichtigen: Faktor „a" steht für das zur Verfügung gestellte Kapital, abzüglich des Restwertes sowie einer etwaigen Sonderzahlung, die der Leasingnehmer bei Abschluss des Leasingvertrages tätigen muss[4]. Der Faktor „b" repräsentiert den Restwert, zuzüglich einer etwaigen Sonderzahlung. Wenn allerdings dem Leasinggeber hinsichtlich der Sonderzahlung keine Kapitalkosten entstanden sind, so ist dies bei dem Faktor „b" nicht zu berücksichtigen; anzusetzen ist dann lediglich der Restwert[5].

58 Auch hier wiederum kommt es darauf an, ob der Vertragszins gegenüber dem Marktzins – unter Berücksichtigung der jeweiligen Statistiken der Deutschen Bundesbank, eine Bearbeitungsgebühr von 2,5 % – relativ um 100 % oder absolut 12 % höher liegt[6].

dd) Nettokreditbetrag – Anschaffungswert

59 Soweit nach § 138 Abs. 1 BGB die Vergleichbarkeit zwischen Ratenkreditvertrag und Finanzierungsleasingvertrag herzustellen ist, können die vom Leasinggeber gezahlten Herstellungs- und Anschaffungskosten dem „Nettokreditbetrag" eines drittfinanzierten Kaufs gegenübergestellt werden. Dies ist der Ausgangspunkt für die Bewertung von Leistung und Gegenleistung[7]. Die Ermittlung dieses Wertes macht dann überhaupt keine Schwierigkeiten, wenn es sich um den Fall eines „Einsteigemodells" handelt, weil dann der **Kaufpreis** dem „Nettokreditbetrag" entspricht, den der Leasingnehmer/Darlehensnehmer beim Ratenkreditvertrag zu zahlen verpflichtet wäre. Das Gleiche gilt aber in der Regel auch dann, wenn der Leasinggeber ein entsprechendes Finanzierungsangebot des Leasingnehmers annimmt.

---

1 BGH v. 30.1.1995 – VIII ZR 316/93, NJW 1995, 1146, 1147.
2 BGH v. 30.1.1995 – VIII ZR 316/93, NJW 1995, 1146, 1147 f.
3 *Schmidt/Schumm*, DB 1989, 2109, 2112.
4 BGH v. 30.1.1995 – VIII ZR 316/93, NJW 1995, 1146, 1148.
5 BGH v. 30.1.1995 – VIII ZR 316/93, NJW 1995, 1146, 1148. In dem BGH-Urteil v. 30.1.1995 beliefen sich die Vertragskosten auf DM 21 363,18; der für „a" einzusetzende Wert betrug DM 53 105,26; für „b" war ein Wert in Höhe von DM 34 736,84 in Ansatz zu bringen. Also ergibt sich für „X" folgende Berechnung:

$$\frac{21363,18 \text{ (Vertragskosten)} \times 0,5 \times (\text{Ratenzahl} + 1 = 37) \times 52105,26}{0,5 \times 37 \times 52105,26 + 36 \times 34736,84,}$$

so dass sich „X" auf 9 299,27 berechnet (S. 1148).
6 BGH v. 30.1.1995 – VIII ZR 316/93, NJW 1995, 1146, 1148.
7 *Wolf//Eckert/Ball*, Rz. 1763; *Beckmann*, § 2 Rz. 422.

Auch in diesen Fällen weisen Leasingverträge grundsätzlich die vom Leasinggeber entrichteten Herstellungs- und Anschaffungskosten aus, welche zum Erwerb des Leasingguts aufgewandt wurden. Etwaige Finanzierungs- oder Bearbeitungskosten bleiben mithin außer Betracht.

ee) Kollusives Zusammenwirken

60 Es liegt auf der Hand, dass diese Vorgehensweise dann keine Gültigkeit beanspruchen kann, wenn Lieferant und Leasinggeber kollusiv zum Nachteil des Leasingnehmers zusammengewirkt haben[1]. In diesen Fällen kommt es zunächst entscheidend darauf an, den tatsächlich im Markt geschuldeten „Anschaffungswert„/Nettokreditbetrag zu ermitteln. Ist dies geschehen, kann auf die vorstehenden Ausführungen zur Ermittlung des auffälligen Missverhältnisses zwischen Leistung und Gegenleistung uneingeschränkt zurückgegriffen werden. Die Darlegungs- und Beweislast obliegt in diesen Fällen dem (getäuschten) Leasingnehmer.

c) Berücksichtigung sonstiger leasingtypischer Besonderheiten?

61 Bereits in der Vorauflage[2] wurde im Einzelnen dargelegt, dass gewichtige Gründe dafür sprechen, die Vergleichbarkeit zwischen Ratenkredit und Finanzierungsleasing zugunsten des Leasingnehmers zu korrigieren, weil insbesondere beim Finanzierungsleasing die Belastung mit der **Mehrwertsteuer** (19 %) ins Gewicht fällt und weil auf der anderen Seite der jeweilige **„Restwert“** sowohl bei den Modellen des Vollamortisations- als auch bei denen des Teilamortisationserlasses dem Leasinggeber zugute kommt. Diese Erwägungen hat das OLG Dresden im Ergebnis aufgegriffen[3], soweit der Restbuchwert eines Vollamortisationsvertrages in Rede steht. Das geschieht zweckmäßigerweise in der Form, dass die vom Leasingnehmer zu entrichtenden „Vertragskosten“ um den jeweiligen Buchwert des Leasingguts – „Restwert“ – erhöht werden, soweit dieser dem Leasinggeber nach Ablauf der Grundmietzeit verbleibt. Daraus errechnet dann das OLG Dresden – in Abgrenzung gegenüber der Ansicht des BGH[4] – eine abgewandelte Formel, die wie folgt lautet und vom OLG Dresden – über diesen Begriff kann man, sollte man aber nicht streiten – als „verdeckter Teilamortisationsvertrag“ bezeichnet wird[5]:

$$X = \frac{\text{Vertragskosten} \times 0,5 \times (\text{Ratenzahl} + 1) \times a}{(0,5 \times (\text{Ratenzahl} + 1) \times b}$$

62 Sofern danach keine Sonderzahlung vereinbart worden ist, bedeutet „a“ auch hier das eingesetzte Kapital, abzüglich des Restwertes, während „b“

1 *Wolf/Eckert/Ball*, Rz. 1764.
2 Rz. 612 ff.
3 OLG Dresden v. 8.12.1999 – 8 U 2462/99, NJW-RR 2000, 1305, 1306.
4 BGH v. 11.1.1995 – VIII ZR 82/94, NJW 1995, 1019.
5 OLG Dresden v. 8.12.1999 – 8 U 2462/99, NJW-RR 2000, 1305, 1307.

für den „Restwert" in Form des Restbuchwertes steht. Die Vertragskosten errechnen sich aus Ratenzahl × Nettoraten – Nettokaufpreis + Restwert[1]. Dem ist in der Sache grundsätzlich zu folgen. Doch ist gleichwohl darauf aufmerksam zu machen, dass der Ansatz der Nettoraten deswegen nicht nachvollziehbar ist, weil die Belastung mit der **Mehrwertsteuer** hinzukommt, die für den Verbraucher allemal im Vergleich zu den Raten bei einem Kredit eine deutliche Mehrbelastung darstellen, so dass richtigerweise die Bruttoraten in Ansatz zu bringen sind. Doch ist in jedem Fall der Ansicht des BGH nicht zu folgen; die Auffassung des OLG Dresden verdient mit der Maßgabe den Vorzug, dass die Berechnung den Restwert in den Blick nimmt, aber die Belastung mit der Mehrwertsteuer noch nicht zutreffend würdigt; es ist allerdings hinzuzusetzen, dass es sich in dem entschiedenen Fall um einen gewerblichen Leasingnehmer handelte, so dass – unter Beachtung des Rechts zum Abzug der Vorsteuer – der Meinung des OLG Dresden insoweit dann wieder zutreffend ist.

3. Subjektive Voraussetzungen des § 138 Abs. 1 BGB

Liegen die objektiven Voraussetzungen eines auffälligen Missverhältnisses zwischen Leistung und Gegenleistung gemäß § 138 Abs. 1 BGB vor, so ist im Hinblick auf die erforderlichen subjektiven Merkmale dieser Norm danach zu differenzieren, ob der Leasingnehmer **Kaufmann** oder privater **Verbraucher** ist. Denn subjektives Erfordernis der Sittenwidrigkeit des Leasingvertrages ist eine **verwerfliche Gesinnung** des Leasinggebers. 63

a) Leasingnehmer als Verbraucher

Wie beim Ratenkredit steht der BGH mit Recht auf dem Standpunkt, dass immer dann eine **Vermutung** dafür gilt, dass der Leasinggeber eine verwerfliche Gesinnung hatte, wenn der Leasingnehmer Verbraucher ist[2]. Es ist dann Sache des Leasinggebers darzulegen und zu beweisen, dass der Leasingnehmer sich auf den objektiv übermäßig belastenden Vertrag nicht nur wegen seiner wirtschaftlich schwächeren Lage, wegen seiner Rechtsunkundigkeit oder wegen seiner mangelnden Geschäftsgewandtheit eingelassen hat[3]. Eine – alternative – Verteidigungsmöglichkeit des Leasinggebers besteht darin, dass er selbst diese Zusammenhänge eines auffälligen Missverhältnises zwischen Leistung und Gegenleistung einerseits und der verwerflichen Gesinnung andererseits nicht erkannt oder ohne Leichtfertigkeit verkannt hat[4]. 64

1 OLG Dresden v. 8.12.1999 – 8 U 2462/99, NJW-RR 2000, 1305, 1307.
2 BGH v. 11.1.1995 – VIII ZR 82/94, NJW 1995, 1019, 1022.
3 BGH v. 11.1.1995 – VIII ZR 82/94, NJW 1995, 1019, 1022.
4 BGH v. 11.1.1995 – VIII ZR 82/94, NJW 1995, 1019, 1022.

65 Dabei ist selbstverständlich (vgl. aber Kap. B Rz. 90 ff.), dass jedenfalls hier eine **Wissenszurechnung** gemäß § 166 Abs. 1 BGB (analog) zum Nachteil des Leasinggebers vorgenommen wird, soweit auf Seiten des Lieferanten des Leasingguts die entsprechende verwerfliche Gesinnung vorlag, der Leasinggeber aber selbst die entsprechende Kenntnis nicht hatte, weil er nicht an den Tatsachen beteiligt war, die die Sittenwidrigkeit begründeten[1].

66 Folglich ist es Sache des **Leasinggebers**, die Vermutung der verwerflichen Gesinnung i.S.v. § 138 Abs. 1 BGB zu widerlegen[2]. Daher kommt es letzten Endes darauf an, das Vorliegen der objektiven Merkmale des § 138 Abs. 1 BGB – auffälliges Missverhältnis zwischen Leistung und Gegenleistung – zu widerlegen, weil bei deren Vorliegen das subjektive Merkmal – verwerfliche Gesinnung des Leasinggebers – vermutet wird[3].

b) Leasingnehmer als Unternehmer/Kaufmann

67 Soweit der Leasingnehmer Kaufmann/Unternehmer ist, liegen die Dinge genau umgekehrt: Hier ist es Sache des **Leasingnehmers**, den Nachweis zu führen, dass in der Person des Leasinggebers die subjektiven Voraussetzungen der Sittenwidrigkeit gemäß § 138 Abs. 1 BGB vorlagen, dass er also eine verwerfliche Gesinnung hatte, als er den Leasingvertrag kontrahierte[4]. Denn in diesem Kontext wird widerleglich vermutet, dass eben diese Voraussetzungen – verwerfliche Gesinnung des Leasinggebers – nicht vorliegen[5]. Daher muss der Leasingnehmer diese subjektiven Voraussetzungen darlegen und beweisen[6]. Dabei ist zu beachten, dass von einem kaufmännisch/unternehmerisch handelnden Leasingnehmer allemal erwartet werden kann, dass er in der Lage ist, die Belastungen des Leasingvertrages rechnerisch nachzuvollziehen, indem er einfach die monatlichen Raten aufaddiert und die Gesamtsumme in Relation zum „gewöhnlichen" Kaufpreis des Leasingguts setzt[7]. Da diese einfache Berechnung auch von jedem Leasinggeber erwartet werden kann, dürfte es regelmäßig sehr schwer fallen, die Umstände darzulegen und auch nachzuweisen, welche auf eine subjektiv verwerfliche Absicht des Leasinggebers schließen lassen, und dem Leasingnehmer bei Abschluss des Vertrages nicht sogleich offenkundig waren oder doch jedenfalls nicht verborgen hätten bleiben dürfen.

68 Einschränkend ist freilich hinzuzufügen: Soweit der Leasingnehmer – daran ist trotz der HGB-Reform von 1998 festzuhalten – **Minderkaufmann**

1 *Beckmann*, § 2 Rz. 426.
2 *Palandt/Heinrichs*, § 138 BGB Rz. 30; *Beckmann*, § 2 Rz. 427; *Wolf/Eckert/Ball*, Rz. 1766.
3 *Erman/Palm*, § 138 BGB Rz. 96.
4 *Beckmann*, § 2 Rz. 428 f.
5 BGH v. 11.1.1995 – VIII ZR 82/94, NJW 1995, 1019, 1022.
6 *Wolf/Eckert/Ball*, Rz. 1767; *Palandt/Heinrichs*, § 138 BGB Rz. 30.
7 Mit Recht weist das OLG Dresden v. 8.12.1999 – 8 U 2462/99, NJW-RR 2000, 1305, 1307 auf diesen Umstand hin.

ist, gilt die allgemeine Beweislastregel: Derjenige, der sich auf die Sittenwidrigkeit des Leasingvertrages i.S.v. § 138 Abs. 1 BGB beruft, ist danach gehalten, die subjektiven Voraussetzungen der Sittenwidrigkeit – Vorliegen einer verwerflichen Gesinnung auf Seiten des Leasinggebers – darzulegen und notfalls auch zu beweisen[1]. Dies gilt auch insoweit, als der Leasingnehmer einer freiberuflichen oder sonstigen selbständigen Tätigkeit i.S.v. § 14 BGB nachgeht[2].

4. Rechtsfolgen der Sittenwidrigkeit

a) Schadensersatz

Will der Leasingnehmer, was sein gutes Recht ist, trotz der Sittenwidrigkeit am Leasingvertrag festhalten, dann steht es ihm frei, einen Schadensersatzanspruch gemäß §§ 241 Abs. 2, 280 Abs. 1 BGB gegenüber dem Leasinggeber geltend zu machen. Der dem Leasingnehmer entstehende Schaden errechnet sich aus den §§ 249 ff. BGB: Soweit die vom Leasingnehmer zu entrichtenden Raten **überteuert** sind, ist der Leasinggeber verpflichtet, den Leasingnehmer von diesen Verbindlichkeiten insoweit zu befreien[3]. Daraus folgt gleichzeitig, dass die vom Leasingnehmer zu entrichtenden Leasingraten entsprechend herabzusetzen sind, so dass im Ergebnis der Leasingnehmer lediglich gehalten ist, Leasingraten in Höhe des **Marktpreises** des jeweiligen Leasingguts an den Leasinggeber zu entrichten. 69

Ob es auch in diesen Fällen zulässig ist, zugunsten des Leasinggebers von der leasingtypischen Abtretungskonstruktion Gebrauch zu machen, erscheint zweifelhaft[4]. Denn der Tatbestand der Sittenwidrigkeit des Leasingvertrages gemäß § 138 Abs. 1 BGB ist unmittelbar dem Verhalten des Leasinggebers zuzurechnen, so dass kaum Ansatzpunkte dafür bestehen dürften, dass dem Leasinggeber seinerseits gegenüber dem Lieferanten des Leasingguts Schadensersatzansprüche zustehen, die Gegenstand der leasingtypischen Abtretungskonstruktion werden könnten. Dies gilt auch insoweit, als zu bedenken ist, dass eine Wissenszurechnung gemäß § 166 Abs. 1 BGB (analog) zu Lasten des Leasinggebers stattfindet, sofern der Lieferant des Leasingguts sowohl in objektiver als auch in subjektiver Weise sittenwidrig gemäß § 138 Abs. 1 BGB handelt (Rz. 65). Etwas anderes gilt freilich in den Fällen, in denen Leasinggeber und Lieferant **kollusiv** zusammenwirken; unter dieser Voraussetzung bestehen gegen eine leasingtypische Abtretungskonstruktion keine Bedenken. Ohnedies ist nur dann der 70

---

1 BGH v. 11.1.1995 – VIII ZR 82/94, NJW 1995, 1019, 1022; *Wolf/Eckert/Ball*, Rz. 1768; *Beckmann*, § 2 Rz. 429.
2 BGH v. 11.1.1995 – VIII ZR 82/94, NJW 1995, 1019, 1022; *Beckmann*, § 2 Rz. 429; *Wolf/Eckert/Ball*, Rz. 1768.
3 *Beckmann*, § 2 Rz. 435.
4 A.M. *Beckmann*, § 2 Rz. 436.

Leasingnehmer verpflichtet, die ihm gegenüber dem Leasinggeber insoweit zustehenden Ansprüche gegenüber dem Lieferanten des Leasingguts geltend zu machen, wenn die jeweilige Abtretungskonstruktion hinreichend klar und **transparent** i.S.v. § 307 Abs. 1 Satz 2 BGB gestaltet ist. Doch kann auch eine solche Vertragsgestaltung nicht über den Grundtatbestand hinwegtäuschen, dass die Abtretungskonstruktion ihrerseits voraussetzt, dass dem Leasinggeber gegenüber dem Lieferanten des Leasingguts Ersatzansprüche überhaupt zustehen, die gemäß §§ 398 ff. BGB dem Leasingnehmer zediert werden könnten. Denn in der Sache ist stets davon auszugehen, dass dem Leasingnehmer der Anspruch auf Ersatz des Vertrauensschadens lediglich dann gebührt, wenn er am sittenwidrigen Vertrag festhalten will[1].

b) Rückforderungsanspruch

71 Stellt sich heraus, dass der Leasingvertrag gemäß § 138 Abs. 1 BGB sittenwidrig ist, so stellt sich die weitere Frage, wie der bereicherungsrechtliche Rückabwicklungsanspruch gemäß §§ 812 ff. BGB zu gestalten ist[2]. Soweit nämlich der Leasingnehmer – ungeachtet der Sittenwidrigkeit des Leasingvertrages – das Leasinggut tatsächlich genutzt hat, ist er verpflichtet, hierfür eine Entschädigung gemäß § 818 Abs. 2 BGB zu entrichten. Die Rechtsprechung tendiert dahin, bei Mietwucher den bewucherten Mieter zu verpflichten, einen angemessenen Mietzins zu zahlen, weil der Mietvertrag mit dem angemessenen Mietzins aufrechtzuerhalten ist, wobei allerdings die mietrechtliche Vereinbarung nur bis zur Höhe der Vergleichsmiete als wirksam angesehen wird[3]. Auch wenn einzuräumen ist, dass der Leasingvertrag nur „in erster Linie" nach den Bestimmungen der §§ 535 ff. BGB zu beurteilen ist (Kap. B Rz. 9 ff.), wird man doch den Rückforderungsanspruch des Leasingnehmers zweckmäßigerweise an diesen allgemeinen Erwägungen orientieren müssen. Für den Nutzungsanspruch des Leasinggebers, den dieser gemäß § 818 Abs. 2 BGB geltend machen kann, bedeutet dies, dass er nur einen Anspruch darauf hat, dass der durch die Nutzung tatsächlich herbeigeführte Wertverzehr vergütet wird[4]. Notfalls ist auf die Schätzung eines Sachverständigen zurückzugreifen, um den objektiven Verkehrswert der tatsächlich vom Leasingnehmer gemäß § 818 Abs. 2 BGB gezogenen Nutzungen zu ermitteln. Auf diesen Wert ist dann nach der amtlichen AfA-Tabelle die entsprechende AfA-Nutzungszeit anzusetzen. Diese ist in das Verhältnis der AfA-Zeit zu setzen, um auf diese Weise die Entschädigung für die Nutzung des Leasingguts angemessen zu ermitteln[5].

1 BGH v. 12.1.1996 – V ZR 289/94, NJW 1996, 1204.
2 Hierzu OLG Köln v. 31.5.1996 – 19 U 80/94, NJW-RR 1997, 1549.
3 *Palandt/Heinrichs*, § 138 BGB Rz. 76.
4 So mit Recht OLG Köln v. 31.5.1996 – 19 U 80/94, NJW-RR 1997, 1549.
5 So OLG Köln v. 31.5.1996 – 19 U 80/94, NJW-RR 1997, 1549.

Die vom Leasingnehmer zuviel gezahlten **Leasingraten** sind gemäß §§ 812, 818, 819 BGB zurückzuerstatten, einschließlich der aus § 288 Abs. 1 oder Abs. 2 BGB resultierenden Verzinsungspflicht[1]. Der **Lieferant** des Leasingguts muss an den Leasinggeber den Kaufpreis zurückzahlen[2]. Wie dieser Anspruch jedoch konstruktiv – Sittenwidrigkeit des Leasingvertrages gemäß § 138 Abs. 1 BGB vorausgesetzt – zu erreichen ist, ist dogmatisch umstritten. Teilweise wird die Auffassung vertreten, insoweit auf die Grundsätze des § 313 BGB zurückzugreifen, was in der Sache voraussetzt, dass das Bestehenbleiben des Leasingvertrages Geschäftsgrundlage des Kaufvertrages zwischen Lieferant und Leasinggeber ist[3]. Soweit demgegenüber vorgeschlagen wird, § 139 BGB zu bemühen, weil beide Rechtsgeschäfte miteinander stehen und fallen[4], ergibt sich konstruktiv kein entscheidender Unterschied, weil jedenfalls die Sittenwidrigkeit des Leasingvertrages i.S.v. § 138 Abs. 1 BGB zwangsläufig dazu führt, den Bestand des Kaufvertrages zwischen Leasinggeber und Lieferant ebenfalls scheitern zu lassen. Denn dass insoweit ein einheitliches Rechtsgeschäft i.S.v. § 139 BGB vorliegt, kann ernstlich nicht in Zweifel gezogen werden; und die dogmatischen Unterschiede zwischen einem Wegfall der Geschäftsgrundlage gemäß § 313 BGB und dem Eingreifen von § 139 BGB sind vernachlässigenswert. Dies gilt auch dann, wenn man – alternativ zu diesen Lösungsansätzen – davon ausgehen sollte, dass die Angemessenheit des Kaufpreises, den der Leasinggeber für die Beschaffung des Leasingguts gegenüber dem Lieferanten zu entrichten hat, als gemeinsamer Irrtum der Leasingvertragsparteien zu betrachten ist, so dass dann gemäß § 313 Abs. 2 BGB ohnehin von einem Wegfall der Geschäftsgrundlage auszugehen ist[5]. Vorzugswürdig ist also der aus § 313 Abs. 1 oder Abs. 2 BGB folgende Lösungsansatz[6]. Denn er deckt sich mit den Grundsätzen, wie sie auch bei der Rückabwicklung des Leasingvertrages im Rahmen der Abtretungskonstruktion zu bedenken sind (Kap. H Rz. 157 ff.). 72

5. Sittenwidrigkeit des Erwerbsgeschäfts zwischen Leasinggeber und Lieferant des Leasingguts

a) Ausgangslage

Soweit ausschließlich das Erwerbsgeschäft zwischen Leasinggeber und Lieferant des Leasingguts gemäß § 138 Abs. 1 BGB sittenwidrig ist, gelten zunächst insoweit die allgemeinen Kriterien. Ausgangspunkt also ist in 73

1 *Palandt/Sprau*, § 818 BGB Rz. 54.
2 *Beckmann*, § 2 Rz. 437.
3 Bejahend OLG Nürnberg v. 4.7.1995 – 3 U 63/95, WM 1996, 497; a.M. *Wolf/Eckert/Ball*, Rz. 1770; *Erman/Jendrek*, Anh. zu § 535 BGB Rz. 17; offen lassend *Beckmann*, § 2 Rz. 439.
4 *Beckmann*, § 2 Rz. 440.
5 Statt aller *Erman/Holoch*, § 313 BGB Rz. 30.
6 AGB-Klauselwerke/*Graf von Westphalen*, Leasing Rz. 89.

diesen Fällen – wie stets – der tatsächliche Verkehrswert/Zeitwert des Leasingguts[1]. Soweit danach der Leasinggeber auf Basis eines sittenwidrigen Erwerbsgeschäftes den Leasingvertrag abschließt, führt dies zu keiner anderen Beurteilung. Insbesondere ist zu betonen, dass es dem Leasinggeber im Verhältnis zum Leasingnehmer nicht entlastet, sofern er geltend machen sollte, die von ihm kalkulierten Leasingraten seien angemessen; nur der von ihm gezahlte Erwerbspreis gegenüber dem Lieferanten des Leasingguts sei sittenwidrig gemäß § 138 Abs. 1 BGB. Denn die Anschaffung des Leasingguts sowie die anschließende Nutzungsüberlassung bilden eine tatsächliche und wirtschaftliche Einheit, so dass das Verhalten des Lieferanten des Leasingguts insoweit dem Leasinggeber – in seinem Verhältnis zum Leasingnehmer – auch gemäß § 166 Abs. 1 BGB (analog) (Rz. 65) zuzurechnen ist[2].

74 Für die **Darlegungs- und Beweislast** der verwerflichen Gesinnung i.S.v. § 138 Abs. 1 BGB geltend die gleichen Erwägungen, die zuvor im Einzelnen dargestellt worden sind (Rz. 63).

b) Rechtsfolgen

75 Hat aber in diesen Fällen der Leasinggeber nicht erkannt, dass das Erwerbsgeschäft gemäß § 138 Abs. 1 BGB sittenwidrig ist und hat er auch nicht kollusiv mit dem Lieferanten des Leasingguts zum Nachteil des Leasingnehmers zusammengewirkt[3], dann stellt sich die Frage, ob die Sittenwidrigkeit/Nichtigkeit des Erwerbsgeschäfts unmittelbar auch auf den Leasingvertrag durchschlägt. Dies wird man entsprechend der zuvor aufgezeigten Begründung (Rz. 71 f.) auch hier wegen der Einheit zwischen Leasingvertrag und Erwerbsgeschäft bejahen müssen, zumal der Leasinggeber vom Lieferanten die Rückabwicklung des Kaufvertrages gemäß §§ 812 ff. BGB mit Recht verlangen kann[4].

---

1 OLG Köln v. 31.5.1996 – 19 U 80/94, NJW-RR 1997, 1549.
2 OLG Köln v. 31.5.1996 – 19 U 80/94, NJW-RR 1997, 549, 550; *Beckmann*, § 2 Rz. 433.
3 *Wolf/Eckert/Ball*, Rz. 1769.
4 So auch *Wolf/Eckert/Ball*, Rz. 1769.

G. Lieferstörungen: Unmöglichkeit und Verzug

I. Hauptpflicht des Leasinggebers

1. Überlassung eines gebrauchstauglichen/funktionstüchtigen Leasingguts

Es entspricht gefestigter Judikatur des BGH[1], dass die Hauptpflicht des Leasinggebers darin besteht, dem Leasingnehmer für die Dauer des Leasingvertrages ein gebrauchstaugliches/funktionstüchtiges Leasinggut zur Nutzung zu überlassen[2]. Deshalb ist es zutreffend, mit der Rechtsprechung des BGH den Leasingvertrag „in erster Linie" den mietrechtlichen Bestimmungen der §§ 535 ff. BGB zuzuordnen[3], so dass die gesetzlichen Bestimmungen „Leitbildfunktion" haben[4]. Daraus ist mit Recht die Schlussfolgerung gezogen worden, der Lieferant des Leasingguts sei in Bezug auf die vom Leasinggeber zu erfüllende Sachverschaffungspflicht dessen **Erfüllungsgehilfe**, so dass die Norm des § 278 BGB zum Zuge gelangt[5]. Denn es ist stets der Lieferant des Leasingguts, der dieses auf Geheiß des Leasinggebers an den Leasingnehmer ausliefert, ohne dass der Leasinggeber zuvor unmittelbaren Besitz am Leasinggut erlangt. 1

Für die Vertreter der Auffassung, dass das Finanzierungsleasing – entgegen der hier vertretenen Meinung – nicht primär den mietrechtlichen Bestimmungen der §§ 535 ff. BGB folgt, steht die **Finanzierungsfunktion** im Vordergrund[6]. Folglich erschöpft sich die Hauptpflicht des Leasinggebers darin, für die Finanzierung der Gebrauchsüberlassung einzustehen, ohne dass die Überlassung eines gebrauchstauglichen/funktionstüchtigen Leasingguts das Wesensmerkmal des Vertrages bildet, so dass dann auch – insoweit folgerichtig – von einem eigenständigen Vertragstyp des Finanzierungsleasing auszugehen ist[7]. Doch ist diese Auffassung – wie bereits an früherer Stelle erörtert (Kap. B Rz. 10 ff.) – abzulehnen, was hier nicht weiter zu vertiefen ist. Denn zwangsläufig sind die Rechtsfolgen bei einer Verletzung dieser (jeweils als dominant angesehen) Hauptpflicht – insbesondere im Fall der vom Lieferanten zu vertretenden Unmöglichkeit – andere als diejenigen, 2

---

1 BGH v. 16.9.1981 – VIII ZR 265/80, WM 1981, 1219, 1220, BGH v. 9.10.1985 – VIII ZR 217/84, WM 1985, 1447, 1448; BGH v. 28.3.1990 – VIII ZR 17/89, NJW 1990, 1785, 1787; BGH v. 16.5.1990 – VIII ZR 108/89, WM 1990, 1244, 1246; BGH v. 11.1.1995 – VIII ZR 82/94, NJW 1995, 1019, 1021.

2 Vgl. auch *Beckmann*, § 2 Rz. 16; a.M. *Staudinger/Stoffels*, Leasing Rz. 81 ff.

3 BGH v. 11.1.1995 – VIII ZR 82/94, NJW 1995, 1019, 1021.

4 BGH v. 11.1.1995 – VIII ZR 82/94, NJW 1995, 1019, 1021.

5 BGH v. 14.3.1984 – VIII ZR 284/82, WM 1984, 691; BGH v. 24.1.1990 – VIII ZR 296/88, WM 1990, 15, 513.

6 *Canaris*, AcP 190 (1990), 410, 432 ff.; *Lieb*, WM-Beilage Nr. 6/1992; *Leenen*, AcP 190 (1990), 275 ff.; MünchKomm./*Habersack*, Leasing Rz. 27 ff.; *Staudinger/Stoffels*, Leasing Rz. 81 ff.

7 MünchKomm./*Habersack*, Leasing Rz. 28.

die hier als richtig bezeichnet werden. Das Risiko einer Nichterfüllung trifft ja nur dann den **Leasinggeber**, wenn man mit dem BGH und der h.M. die Meinung vertritt, dass der Leasinggeber gegenüber dem Leasingnehmer insoweit vorleistungspflichtig ist, als er gehalten ist, dem Leasingnehmer ein gebrauchstaugliches/funktionstüchtiges Leasinggut für die Dauer des Leasingvertrages zur Nutzung zu überlassen[1].

2. Hauptpflicht des Lieferanten

3 Da für gewöhnlich zwischen Lieferanten und Leasinggeber ein Kaufvertrag gemäß §§ 433 ff. BGB abgeschlossen ist, ist der Lieferant gegenüber dem Leasinggeber wie ein gewöhnlicher **Verkäufer** verpflichtet, ein mangelfreies Leasinggut gemäß § 443 Abs. 1 Satz 2 BGB zu liefern. Dies bedeutet insbesondere auch, dass der Lieferant auf Geheiß des Leasinggebers verpflichtet ist, das Leasinggut an den Leasingnehmer auszuliefern. Gleichzeitig ist aber festzuhalten, dass – bezogen auf die danach jeweils auszustellende Abnahme- und Übernahmebestätigung – der Leasingnehmer **Erfüllungsgehilfe des Leasinggebers** ist, so dass dieser für ein etwaiges Verschulden des Leasingnehmers gemäß § 278 BGB einstehen muss[2]. Insoweit ist der Lieferant auch regelmäßig vorleistungspflichtig[3], denn eine Klausel in den Einkaufs-AGB des Leasinggebers, wonach der Eingang der Abnahmebestätigung „Voraussetzung für jegliche Verpflichtung unsererseits gegenüber den Lieferanten" ist, ist nach § 307 Abs. 1 BGB nicht zu beanstanden[4]. Wie ein Käufer schuldet der Leasinggeber dann die Zahlung des Kaufpreises gegenüber dem Lieferanten; Voraussetzung ist aber hierfür regelmäßig – wie bereits angedeutet – der Erhalt einer ordnungsgemäß vom Leasingnehmer herrührenden uneingeschränkten Abnahme- und Übernahmebestätigung[5]. Notwendigerweise ist daher auch eine Klage des Lieferanten auf Zahlung des Kaufpreises gemäß § 433 Abs. 1 BGB gegen den Leasinggeber zu richten; die leasingtypische Abtretungskonstruktion ändert daran nichts, weil sie ja nur darauf abzielt, dass die dem Leasinggeber gegenüber dem Lieferanten zustehenden Ansprüche/Rechte an den Leasingnehmer zediert werden (Kap. H Rz. 1 ff.).

II. Unmöglichkeit/Ausbleiben der Lieferung

4 Ansatzpunkt für die zutreffende Erkenntnis ist hier die Feststellung, dass der aus § 536 BGB abgeleitete Anspruch des Leasingnehmers, ein gebrauchstaugliches/funktionstüchtiges Leasinggut während der Dauer des

1 So auch *Beckmann*, § 2 Rz. 8; im Einzelnen *Wolf/Eckert/Ball*, Rz. 1791 ff.
2 BGH v. 14.3.1984 – VIII ZR 284/82, WM 1984, 694.
3 *Beckmann*, § 2 Rz. 5.
4 BGH v. 14.3.1984 – VIII ZR 284/82, WM 1984, 694; *Wolf/Eckert/Ball*, Rz. 1772.
5 *Beckmann*, § 2 Rz. 7.

Leasingvertrages nutzen zu können, auf einem **Erfüllungsanspruch** beruht[1]. Daraus folgt gleichzeitig: Solange dieser Anspruch nicht durch Lieferung eines gebrauchstauglichen/funktionstüchtigen Leasingguts seitens des Lieferanten – handelnd als Erfüllungsgehilfe des Leasinggebers – erfüllt ist, steht dem Leasingnehmer zur Erzwingung der Leistung des Leasinggebers die Einrede des **nicht erfüllten Vertrages** gemäß § 320 BGB zur Seite[2]. Zwar ist es regelmäßig so, dass der Tatbestand der Unmöglichkeit in der Person des Lieferanten begründet ist, weil es diesem unmöglich ist, das jeweils vom Leasingnehmer ausgewählte Leasinggut auch tatsächlich herzustellen und zu liefern, doch zwingend ist dies nicht. Ohne weiteres sind auch Fälle denkbar, in denen es sich um eine Unmöglichkeit handelt, welche allein der Leasinggeber zu vertreten hat. Da im ersten Fall grundsätzlich § 278 BGB anwendbar ist, macht es allerdings für die rechtliche Beurteilung der Folgen der Unmöglichkeit keinen Unterschied, in welcher Person – Lieferant oder Leasinggeber – dieser Tatbestand eingetreten ist. Entscheidend ist in der Regel, dass der Leasingnehmer zwar mit einem bestimmten Lieferanten die technischen Details des abzuschließenden Leasingvertrages abspricht. Doch begründet dann eine in der Person des betreffenden Lieferanten eintretende Unmöglichkeit in der Regel keine objektive Unmöglichkeit, weil das Leasinggut grundsätzlich eine **Gattungssache** ist, die – schon aus steuerlichen Gründen – eine hinreichende Fungibilität aufweisen muss. Unter diesem Gesichtswinkel betrachtet sind Fälle der Unmöglichkeit im Rahmen eines Leasingvertrages extrem selten. Denn je mehr das Interesse des Leasingnehmers ausschließlich auf die Person und die technischen Möglichkeiten des Lieferanten bezogen sind, desto mehr gerät eine solche Fallkonstellation in den Bereich des „Spezial-Leasing" und ist daher steuerlich zweifelhaft, wenn nicht sogar abzulehnen.

1. Anfängliche objektive Unmöglichkeit

Nachdem § 306 BGB a.F. in Fortfall geraten ist, gelten insoweit vor Über- 5
lassung des Leasingguts die allgemeinen Bestimmungen der §§ 275, 311a BGB[3]. Zur Konsequenz hat dies: Die beiderseitigen Leistungspflichten entfallen; die des Leasinggebers gemäß § 275 Abs. 1 BGB, die des Leasingnehmers gemäß § 326 Abs. 1 BGB. Nach § 311a Abs. 2 BGB kann der Leasingnehmer auch **Ersatz des Schadens** verlangen, den er durch die Nichterfüllung des Leasingvertrages erleidet, soweit der Leasinggeber dieses Ereignis – der Lieferant ist hier regelmäßig Erfüllungsgehilfe – zu vertreten hat. Auch steht dem Leasingnehmer das Recht zu, gemäß § 284 BGB Ersatz der vergeblichen Aufwendungen zu fordern. Doch das Recht auf Schadensersatz statt der Leistung und auch das Rücktrittsrecht stehen

1 *Palandt/Weidenkaff*, § 536 BGB Rz. 6.
2 BGH v. 10.10.1994 – VIII ZR 295/93, NJW 1995, 187, 188.
3 *Palandt/Weidenkaff*, § 536 BGB Rz. 8; *Erman/Jendrek*, vor § 536 BGB Rz. 6; *Wolf/Eckert/Ball*, Rz. 319 f.

dem Leasingnehmer nur dann zu, wenn er zuvor dem Lieferanten vergeblich eine **angemessene Frist** zur Bewirkung der geschuldeten Leistung gesetzt hat[1]. Soweit dies geschieht, ist der Leasingnehmer verpflichtet, den Leasinggeber hiervon in Kenntnis zu setzen; dies folgt aus § 241 Abs. 2 BGB. Doch gelten diese Rechtsfolgen dann nicht, wenn der Leasinggeber bei Abschluss des Leasingvertrages das Leistungshindernis nicht kannte und seine Unkenntnis auch i.S.v. § 311a Abs. 2 Satz 2 BGB nicht zu vertreten hat (Rz. 7). Daneben ist stets § 543 BGB zugunsten des Leasingnehmers anwendbar[2]. Für die Anwendbarkeit des fristlosen Kündigungsrechts des § 543 BGB macht es indessen keinen Unterschied, ob es sich um eine anfängliche oder um eine nachträgliche Unmöglichkeit handelt[3].

2. Nachträgliche Unmöglichkeit

6 Der Untergang des Leasingguts nach Abschluss des Leasingvertrages – und die damit eintretende Unmöglichkeit – führt nicht dazu, dass der Leasingvertrag beendet wird[4]. Da vielmehr der Lieferant als Erfüllungsgehilfe des Leasinggebers dafür verantwortlich ist, dass der Leasingnehmer ein gebrauchstaugliches/funktionstüchtiges Leasinggut zur Nutzung erhält, führt dieses Ereignis regelmäßig dazu, dass der Leasinggeber das Leistungshindernis zu **vertreten** hat. Denn ein Verschulden des Lieferanten ist dem Leasinggeber über § 278 BGB zuzurechnen. Doch entfällt die Leistungspflicht des Leasinggebers gemäß § 275 Abs. 1 BGB[5]. Die Befreiung des Leasinggebers von der primären Leistungspflicht lässt aber den Schadensersatzanspruch des Leasingnehmers gemäß §§ 280, 283 BGB unberührt; unberührt bleibt auch das Recht des Leasingnehmers, den Leasingvertrag gemäß § 543 Abs. 2 Nr. 1 BGB fristlos zu kündigen[6].

3. Nichtvertreten des Leasinggebers

7 Wenn aber der Lieferant die Unmöglichkeit – gleichgültig, ob anfängliche oder nachträglich eingetretene – nicht i.S.v. § 276 BGB zu vertreten hat, wird man im Zweifel auch den Leasinggeber als nach § 326 Abs. 1 BGB entlastet ansehen müssen[7]. Der Anspruch des Leasinggebers auf die Gegenleistung entfällt, weil der Leasinggeber seinerseits nicht zur Leistung verpflichtet ist[8]. Die gleiche Rechtsfolge gilt dann, wenn sich der Lieferant – und damit der Leasinggeber – auf die Einrede des § 275 Abs. 2 und Abs. 3

1 Vgl. *Palandt/Grüneberg*, § 311a BGB Rz. 7.
2 *Ehlert*, in Bamberger/Roth, § 543 BGB Rz. 11.
3 *Ehlert*, in Bamberger/Roth, § 543 BGB Rz. 11.
4 *Wolf/Eckert/Ball*, Rz. 229; a.M. *Palandt/Weidenkaff*, § 543 BGB Rz. 9.
5 BGH v. 3.7.1974 – VIII ZR 6/73, NJW 1974, 1551, BGH v. 12.10.1977 – VIII ZR 73/76, NJW 1978, 103; *Wolf/Eckert/Ball*, Rz. 329.
6 *Wolf/Eckert/Ball*, Rz. 331.
7 *Wolf/Eckert/Ball*, Rz. 1794.
8 *Erman/Westermann*, § 326 BGB Rz. 4 ff.

BGB mit Erfolg berufen kann. Es handelt sich hier um die Tatbestände der praktischen oder der wirtschaftlichen Unmöglichkeit, weil die Leistungserbringung – so § 275 Abs. 2 BGB – nur mit einem unverhältnismäßigem Aufwand durchführbar wäre[1], oder dass – so § 275 Abs. 3 BGB – die Erbringung der Leistung dem Schuldner – etwa im Rahmen eines Arbeits- oder eines Dienstvertrages – persönlich unzumutbar ist[2]. Letzteres wird im Bereich des Leasings kaum je praktisch werden. Eine faktische Unmöglichkeit ist dann – selten genug – zu bejahen, wenn der vom Lieferanten und damit auch vom Leasinggeber zu erbringende Aufwand in keinem vernünftigen, weil grobem Missverhältnis zu dem Interesse des Leasingnehmers steht, welches dieser an der ordnungsgemäßen Erfüllung des Leasingvertrages hat[3]. In der Literatur wird hier als Lösung angeboten, dass der Gesamtaufwand des Lieferanten und damit auch der des Leasinggebers in Erwartung der Gegenleistung um mehr als das Doppelte liegt, was dann für die Einrede des § 275 Abs. 2 BGB ausreichend sein soll[4]. Ob dem zu folgen ist, erscheint zweifelhaft. Denn bei den einem Leasingvertrag regelmäßig zugrunde liegenden Kaufverträgen ist die Norm des § 439 Abs. 3 BGB im Rahmen der **Nacherfüllung** ohnehin als Sondernorm anzusehen[5]. Zudem gilt bei Mietverträgen die „Opfergrenze"[6] als Maßstab. Ob diese erfüllt ist, kann nur auf Grund einer wertenden Betrachtungsweise unter gleichzeitiger Beachtung der Interessen beider Parteien hinreichend sicher beantwortet werden[7].

Ist die Unmöglichkeit nicht vom Lieferanten und damit auch nicht vom Leasinggeber zu vertreten, dann kann der Leasingnehmer nach § 326 Abs. 5 BGB **zurücktreten**[8]. Dass auch in diesen Fällen dem Leasingnehmer das Recht zusteht, den Leasingvertrag fristlos nach § 543 Abs. 2 Satz 1 Nr. 1 BGB zu **kündigen**, sei der Vollständigkeit halber erwähnt[9]. 8

III. Rechtsfolgen für den Leasingvertrag

1. Kein Rückgriff auf den Fortfall der Geschäftsgrundlage

Der BGH[10] vertritt in diesem Zusammenhang die Auffassung, dass dem Leasingvertrag – genauso wie im Fall des begründeten Rücktritts vom 9

1 *Palandt/Heinrichs*, § 275 BGB Rz. 26 ff.; *Erman/Westermann*, § 275 BGB Rz. 21 ff.
2 Hierzu *Palandt/Heinrichs*, § 275 BGB Rz. 30.
3 Hierzu *Erman/Westermann*, § 275 BGB Rz. 24 f.
4 *Erman/Westermann*, § 275 BGB Rz. 27 m.w.N.
5 *Palandt/Weidenkaff*, § 439 BGB Rz. 14 ff.
6 BGH v. 20.7.2005 – VIII ZR 342/03, NJW 2005, 3284.
7 BGH v. 20.7.2005 – VIII ZR 342/03, NJW 2005, 3284; *Palandt/Heinrichs*, § 275 BGB Rz. 28.
8 *Wolf/Eckert/Ball*, Rz. 1794.
9 *Wolf/Eckert/Ball*, Rz. 1794.
10 BGH v. 9.10.1985 – VIII ZR 217/84, WM 1985, 1447.

Kaufvertrag wegen eines vorhandenen Sach- oder Rechtsmangels – die Geschäftsgrundlage gemäß § 313 BGB fehlt, sofern der Lieferant außer Stande ist, das Leasinggut überhaupt zu liefern, und dies auf einem Umstand beruht, den der Leasingnehmer nicht zu vertreten hat. Ob an diesem Urteil festzuhalten ist, ist in der Literatur mit beachtlichen Gründen in Zweifel gezogen worden[1]. Entgegen der Auffassung, die noch in der Vorauflage[2] vertreten wurde, sind folgende Gesichtspunkte nunmehr als maßgeblich dafür anzusehen, bei Ausbleiben der Lieferung des Leasingguts **nicht** auf die Grundsätze des Wegfalls der Geschäftsgrundlage gemäß § 313 BGB zurückzugreifen: Zunächst ist darauf aufmerksam zu machen, dass der BGH-Entscheidung vom 3.10.1985[3] ein durchaus untypischer Sachverhalt zugrunde lag: Hier ging es darum, dass der Leasinggeber vom Leasingnehmer – trotz Ausbleibens der Lieferung des Leasingguts – Erstattung der vom Leasinggeber an die Refinanzierungsbank geleisteten Bereitstellungsprovision und Nichtabnahmeentschädigung auf Basis einer entsprechenden AGB-Klausel verlangte. Begründet wurde dies im Übrigen mit der Erwägung, dass der Erwerb des Leasingguts, einschließlich Nutzungsverschaffung und Finanzierung durch den Leasingnehmer, als wirtschaftliche Einheit zu werten ist[4]. Doch die entscheidende Frage läuft darauf hinaus, ob in der Tat ein Bedürfnis dafür besteht, auf die Grundsätze des § 313 BGB zu rekurrieren. Denn das Institut des § 313 BGB ist gegenüber den ansonsten im Rahmen des Mietrechts anzuwendenden Bestimmungen subsidiär (vgl. auch Kap. H Rz. 144 ff.). Vielmehr kann der Leasingnehmer wegen Ausbleibens der Lieferung des Leasingguts ohne Rücksicht auf ein Verschulden des Leasinggebers gemäß § 326 Abs. 5 BGB vom Vertrag zurücktreten. Denn die Bestimmung des § 536 BGB gilt erst dann, wenn das Leasinggut dem Leasingnehmer überlassen wurde[5]. Insbesondere steht dem Leasingnehmer im Fall der Unmöglichkeit – wie bereits angedeutet – das fristlose Kündigungsrecht des § 543 Abs. 2 Satz 1 Nr. 1 BGB zur Seite[6]. Hinzufügen kann man darüber hinaus den gegen die Anwendbarkeit von § 313 BGB streitenden Gedanken, dass die Lieferung eines gebrauchstauglichen/funktionstüchtigen Leasingguts **Vertragsinhalt** ist[7]. Denn alles das, was Vertragsinhalt ist, kann nicht Geschäftsgrundlage i.S.d. § 313 BGB sein[8]. Genau diese Restriktion trifft aber – wie gezeigt – auf die mietvertragliche Hauptpflicht des Leasinggebers gemäß §§ 535 ff. BGB zu; sie ist Vertragsgegenstand[9]. Daher reichen die dem Leasingnehmer zur Verfügung stehenden

---

1 *Beckmann*, § 2 Rz. 31; insbesondere *Wolf/Eckert/Ball*, Rz. 1791 ff.
2 Rz. 388.
3 BGH v. 9.10.1985 – VIII ZR 217/84, WM 1985, 1447.
4 Vgl. *Wolf/Eckert/Ball*, Rz. 1791.
5 *Palandt/Weidenkaff*, § 536 BGB Rz. 10.
6 Im Einzelnen *Wolf/Eckert/Ball*, Rz. 1794; *Ehlert*, in Bamberger/Roth, § 543 BGB Rz. 11.
7 *Palandt/Grüneberg*, § 313 BGB Rz. 10.
8 *Palandt/Grüneberg*, in Bamberger/Roth, § 313 BGB Rz. 10.
9 *Wolf/Eckert/Ball*, Rz. 194; *Beckmann*, § 2 Rz. 31.

Rechtsbehelfe des Mietrechts nach den §§ 535 ff. BGB aus, um seine Rechte angemessen zu wahren, zumal auch noch zu bedenken ist, dass dem Leasingnehmer auch die Einrede des nicht erfüllten Vertrages gemäß § 320 BGB verbleibt, so dass er berechtigt ist, die Zahlung der Leasingraten so lange zu verweigern, bis ihm ein gebrauchstaugliches/funktionstüchtiges Leasinggut geliefert ist (Rz. 118 ff.).

2. Dominanz des Kündigungsrechts

Das dem Leasingnehmer gemäß § 543 Abs. 2 Satz 1 Nr. 1 BGB zustehende fristlose Kündigungsrecht ist im Fall der Unmöglichkeit unmittelbar gegenüber dem **Leasinggeber** auszuüben[1]. Sofern aber der Leasingnehmer – aus welchen Gründen immer – seine Kündigungserklärung an den Lieferanten des Leasingguts richtet, ist diese gegenüber dem Leasinggeber nur dann wirksam, wenn der Lieferant insoweit **Empfangsvollmacht** zugunsten des Leasinggebers besitzt[2], was regelmäßig – mangels besonderer Vereinbarung – nicht zutrifft. Voraussetzung eines fristlosen Kündigungsrechts gemäß § 543 Abs. 2 Satz 1 Nr. 1 BGB ist des Weiteren, dass der Leasingnehmer dem Leasinggeber eine **angemessene Frist zur Abhilfe** gemäß § 543 Abs. 3 BGB setzt[3]. Welche Frist insoweit maßgebend ist, kann stets nur unter Berücksichtigung der Umstände des Einzelfalls beurteilt werden[4]. Eine unangemessen kurze Frist setzt – wie stets – eine angemessene in Lauf[5]. 10

Neben dem fristlosen Kündigungsrecht steht dem Leasingnehmer das Recht zu, **Schadensersatz statt der Leistung** gemäß § 281 BGB zu verlangen[6]. Dass der Leasinggeber die Pflichtverletzung i.S.v. § 280 Abs. 1 Satz 1 BGB hier nicht zu vertreten hat, erscheint sehr zweifelhaft, wenn man bedenkt, dass der Lieferant des Leasingguts stets Erfüllungsgehilfe des Leasinggebers ist, so dass ein Verschulden des Lieferanten dem Leasinggeber – auch im Hinblick auf das Ausbleiben der Lieferung des Leasingguts – zuzurechnen ist. Doch bleibt dem Leasinggeber naturgemäß der Einwand fehlenden Verschuldens nach § 280 Abs. 1 Satz 2 BGB offen, wofür er allerdings auch die Beweislast trägt[7]. Gerade die Sanktionen – fristloses Kündigungsrecht/Schadensersatz statt der Leistung – schützen aber die Interessen des Leasingnehmers hinreichend. Es ist daher – auch unter Berücksichtigung der gesetzlich verfügten Änderungen in § 313 BGB – nicht 11

---

1 BGH v. 1.7.1987 – VIII ZR 117/86, WM 1987, 1131, 1133; BGH v. 30.9.1987 – VIII ZR 226/86, WM 1987, 1338 f.; BGH v. 27.4.1988 – VIII ZR 84/87, WM 1988, 979, 983; BGH v. 7.10.1992 – VIII ZR 182/91, NJW 1993, 122.
2 BGH v. 27.4.1988 – VIII ZR 84/87, WM 1988, 979, 983.
3 BGH v. 27.4.1988 – VIII ZR 84/87, WM 1988, 979, 984.
4 *Palandt/Weidenkaff*, § 543 BGB Rz. 46 ff.
5 Vgl. *Ehlert*, in Bamberger/Roth, § 543 BGB Rz. 41 f.
6 *Palandt/Weidenkaff*, § 543 BGB Rz. 61.
7 *Erman/Westermann*, § 281 BGB Rz. 39.

erforderlich, am Inhalt der BGH-Entscheidung vom 9.10.1985[1] festzuhalten und auf die Grundsätze des Wegfalls der Geschäftsgrundlage gemäß § 313 BGB zurückzugreifen. Dies gilt vor allem, weil dann die Schadensersatzansprüche des Leasingnehmers gegenüber dem Leasinggeber nach § 281 BGB „in der Luft hängen"; denn der Fortfall der Geschäftsgrundlage führt dazu, dass die Geschäftsgrundlage „von vornherein" im Leasingvertrag fehlt[2].

3. Rücktrittsrecht – § 326 BGB

12 Steht dem Leasingnehmer wegen des Ausbleibens der Lieferung des Leasingguts ein Anspruch auf **Rücktritt** gemäß § 326 Abs. 1 BGB zu[3] – es gilt nämlich vor Lieferung des Leasingguts allgemeines Schuldrecht[4] – so folgt aus § 325 BGB, dass der Schadensersatz statt der Leistung **neben** dem Rücktritt uneingeschränkt geltend gemacht werden kann. Auch dieses Argument führt dazu, von der präjudiziellen Wirkung der BGH-Entscheidung vom 9.10.1985[5] Abstand zu nehmen, weil nur so die Rechte des Leasingnehmers hinreichend und umfassend geschützt werden.

4. Sonderzahlung

13 Soweit der Leasingnehmer bei Abschluss des Leasingvertrages eine Sonderzahlung an den Leasinggeber oder auch an den Lieferanten entrichtet hat, kann der Leasingnehmer diese als Teil des ihm gemäß § 281 BGB zustehenden Schadensersatzes statt der Leistung zurückfordern. Weder die gleichzeitige Geltendmachung eines Rücktrittsrechts gemäß § 326 Abs. 1 BGB noch die Ausübung eines Kündigungsrechts gemäß § 543 Abs. 2 Satz 1 Nr. 1 BGB beseitigen diesen zusätzlichen Anspruch des Leasingnehmers. Allerdings ist im Zusammenhang mit der Schadensberechnung die schadensersatzrechtliche Differenztheorie zur Anwendung zu berufen, welche die Grundstruktur von § 249 BGB bestimmt[6]. Soweit die Sonderzahlung an den Lieferanten unmittelbar entrichtet wurde, steht dem Leasinggeber im Fall eines Ausgleichs der Schadensforderung des Leasingnehmers das Recht aus § 255 BGB zu: Er kann dann Abtretung des etwa dem Leasingnehmer gegenüber dem Lieferanten zustehenden Anspruchs geltend machen[7].

1 BGH v. 9.10.1985 – VIII ZR 217/84, WM 1985, 1447.
2 Ablehnend bereits Vorauflage Rz. 391.
3 *Ehlert*, in Bamberger/Roth, § 536 BGB Rz. 8.
4 *Palandt/Weidenkaff*, § 536 BGB Rz. 6 ff.
5 BGH v. 9.10.1985 – VIII ZR 217/84, WM 1985, 1447.
6 Vgl. *Palandt/Heinrichs*, vor § 249 BGB Rz. 19 ff.
7 *Erman/Kuckuk*, § 255 BGB Rz. 3.

5. Teilweise Nichterfüllung

a) Grundtatbestand

14 Besteht Streit zwischen Leasinggeber und Leasingnehmer darüber, ob der Lieferant – handelnd als Erfüllungsgehilfe des Leasinggebers – vollständig oder nur teilweise oder gar mangelhaft den Leasingvertrag erfüllt hat, so gilt es, Folgendes zu bedenken: In diesen Fällen steht dem Leasingnehmer – abgesehen von dem noch gesondert zu behandelnden Fall der mangelhaften Erfüllung (Kap. H Rz. 1 ff.) – die **Einrede des nicht erfüllten Vertrages** gemäß § 320 BGB zur Seite[1]. Dies gilt jedenfalls so lange, als das Leistungsverweigerungsrecht nicht wegen Geringfügigkeit ausgeschlossen ist[2] und dem Zweck dient, die Erfüllung des Leasingvertrages zu erzwingen. Insoweit gelten die allgemeinen Grundsätze, die sich aus § 320 BGB ableiten lassen: Zum einen bedeutet dies, dass der Leasingnehmer selbst vertragstreu sein muss[3]. Zeigt sich der Leasinggeber von der erhobenen Einrede nach § 320 BGB nicht beeindruckt, sondern fordert weiterhin die Leasingraten an, dann bleibt dem Leasingnehmer keine andere Wahl, als auf das fristlose Kündigungsrecht gemäß § 543 Abs. 2 Satz 1 Nr. 1 BGB zurückzugreifen[4]. Voraussetzung hierfür ist aber grundsätzlich, dass der Leasingnehmer dem Leasinggeber erfolglos zuvor eine Abmahnung hat zukommen lassen, durch die der Leasinggeber nachdrücklich auf die Folgen einer Nichterfüllung des Vertrages hingewiesen wird[5]. Zu bedenken ist zum anderen, dass bereits das Bestehen des Leistungsverweigerungsrechts gemäß § 320 BGB den Eintritt des Schuldnerverzugs ausschließt; es ist nicht erforderlich, dass sich der Leasingnehmer auf die Einrede des nicht erfüllten Vertrages beruft[6]. Die daraus abzuleitende **prozessuale Wirkung** besteht darin, dass gemäß § 322 BGB eine Verurteilung zur Leistung Zug um Zug zu erfolgen hat, was allerdings voraussetzt, dass der Leasingnehmer diese Einrede tatsächlich erhebt[7].

15 Im Hintergrund steht jeweils in diesen Fällen die Erwägung, dass der Leasinggeber die geschuldete Gebrauchsüberlassungspflicht erst dann gegenüber dem Leasingnehmer ordnungsgemäß erfüllt hat, wenn der Leasingnehmer die Abnahme- und Übernahmebestätigung – sie hat allerdings die Funktion einer Quittung gemäß § 368 BGB (Kap. E Rz. 11 ff.) – ordnungsgemäß ausgestellt hat. Auf der anderen Seite – bezogen auf das Rechtsverhältnis zwischen Leasinggeber und Lieferant – ist anzumerken, dass allein

---

1 Vgl. BGH v. 10.10.1994 – VIII ZR 295/93, NJW 1995, 187, 188.
2 BGH v. 10.10.1994 – VIII ZR 295/93, NJW 1995, 187, 188.
3 *Palandt/Grüneberg*, § 320 BGB Rz. 6.
4 *Wolf/Eckert/Ball*, Rz. 1795.
5 BGH v. 4.7.2002 – I ZR 313/99, NJW 2002, 3541, 3542.
6 *Palandt/Grüneberg*, § 320 BGB Rz. 12.
7 BGH v. 7.10.1998 – VIII ZR 100/97, NJW 1999, 53; *Palandt/Grüneberg*, § 320 BGB Rz. 1.

dem Leasinggeber die kaufrechtlichen Erfüllungsansprüche zustehen[1]. Dies löst dann zwangsläufig die Frage aus, ob nicht der Leasinggeber die leasingtypische Abtretungskonstruktion auch auf den Fall der **Erfüllung** bzw. **teilweisen Nichterfüllung** erstrecken kann (Kap. H Rz. 227 ff.). Die hiermit zusammenhängenden Probleme sollen gesondert untersucht werden, weil üblicherweise die in Leasingverträgen verwendete Abtretungskonstruktion sich lediglich auf die Fallkonstellationen erstreckt, die mit dem Stichwort der mangelhaften Lieferung umschrieben sind.

b) Teilweise Nichterfüllung – Rücktritt – Erwerbsgeschäft

16 Der BGH hatte in seinem Urteil vom 7.3.1990[2] die Fallkonstellation zu behandeln, dass der Tatbestand einer teilweisen Nichterfüllung vorlag, weil das **Erwerbsgeschäft aus mehreren Teilen** bestand. In diesen Fällen stellt sich dann die Frage, ob der Leasinggeber berechtigt ist, vom gesamten Erwerbsgeschäft gegenüber dem Lieferanten gemäß § 323 Abs. 1 BGB – nach fruchtlosem Ablauf einer angemessenen Frist – zurückzutreten. Dies wird man jedenfalls dann bejahen müssen, wenn auch im Verhältnis zwischen Leasingnehmer und Leasinggeber insoweit der Tatbestand eines fristlosen Kündigungsrechts des Leasingnehmers – nach angemessener Fristsetzung und Ablehnungsandrohung – gemäß § 543 Abs. 2 Satz 1 Nr. 1 BGB gegeben ist, so dass also auch der Leasingnehmer an der teilweisen Erfüllung des Leasingvertrages kein Interesse mehr hat, sondern berechtigt ist, sich vom Leasingvertrag uneingeschränkt zu lösen[3]. Fraglich ist allerdings, wie diese Verknüpfung zwischen Erwerbs- und Leasingvertrag konstruktiv zu bewältigen ist. Sofern die Voraussetzungen eines einheitlichen Rechtsgeschäfts i.S.v. § 139 BGB vorliegen, weil nach dem Willen aller Beteiligten – trotz förmlicher Trennung beider Verträge – eine Einheit besteht, so dass beide Verträge miteinander stehen oder fallen[4], bereitet die über den Rücktritt gemäß § 323 Abs. 1 BGB zu vollziehende Lösung keine Schwierigkeiten. Fehlt jedoch die Grundlage dafür, § 139 BGB in Form eines „Einheitlichkeitswillens"[5] in Stellung zu bringen, dann wird man gleichwohl im Auge behalten müssen: Der Leasinggeber erwirbt das Leasinggut als rechtlicher und wirtschaftlicher Eigentümer nur deswegen vom Lieferanten, weil er mit dem Leasingnehmer einen Leasingvertrag abgeschlossen hat und verpflichtet ist, dem Leasingnehmer das so erworbene Leasinggut zur Nutzung zu überlassen. Diese Verknüpfung von Erwerbs- und Leasingvertrag reicht aus, um bezogen auf das Interesse aller beteiligten Parteien § 323 Abs. 1 BGB zu bemühen, sofern nicht ohnedies – dies dürfte in der Praxis der Regelfall sein – der Impuls vom Leasingnehmer ausgeht, der sich auf

1 *Wolf/Eckert/Ball*, Rz. 1795.
2 BGH v. 7.3.1990 – VIII ZR 56/89, WM 1990, 987.
3 Vgl. *Wolf/Eckert/Ball*, Rz. 1797.
4 Hierzu *Palandt/Heinrichs*, § 139 BGB Rz. 5 m.w.N.
5 BGH v. 30.4.1976 – V ZR 143/74, NJW 1976, 1931.

ein fristloses Kündigungsrecht gemäß § 543 Abs. 2 Satz 1 Nr. 1 BGB gegenüber dem Leasinggeber beruft.

IV. Regelungen in den Leasing-AGB

Zu untersuchen bleibt aber die Frage, ob der Leasinggeber berechtigt ist, in den Leasing-AGB die Rechtsfolgen zum Nachteil des Leasingnehmers abzubedingen, welche sich daraus ableiten, dass die Erfüllung des Leasingvertrages ausbleibt, weil es sich um den Tatbestand der Unmöglichkeit handelt. 17

1. Inkrafttreten des Leasingvertrages erst bei Ausstellung einer Abnahme- und Übernahmebestätigung

Alle Tatbestände der Unmöglichkeit fallen in sich zusammen, wenn der Leasinggeber gegenüber dem Leasingnehmer berechtigt wäre, in wirksamer Weise in seinen AGB zu vereinbaren, dass der abgeschlossene Leasingvertrag erst dann in Kraft tritt, wenn das Leasinggut ausgeliefert und der Leasingnehmer die von ihm erbetene Abnahme- und Übernahmebestätigung ausgestellt hat[1]. Danach wäre nämlich die tatsächliche Lieferung des Leasingguts eine **aufschiebende Bedingung** für das Inkrafttreten des Leasingvertrages gemäß § 158 Abs. 1 BGB. Wie *Martinek* aber mit Recht hervorgehoben hat[2], scheitert diese Konstruktion – gleichgültig ob sie individualvertraglich oder AGB-rechtlich formuliert wird – an § 162 BGB: Wenn nämlich der Lieferant des Leasingguts – und davon ist auszugehen – Erfüllungsgehilfe des Leasinggebers ist, weil ja der Leasinggeber nur so in der Lage ist, die dem Leasingnehmer gegenüber geschuldete Gebrauchsverschaffungspflicht zu erfüllen, dann liegt der Tatbestand der Unmöglichkeit in der Sphäre des Leasinggebers. Dann aber kann sich der Leasinggeber im Verhältnis zum Leasingnehmer nicht mit Erfolg auf das Ausbleiben der Lieferung und damit auf das Nichtinkrafttreten des Leasingvertrages berufen. Wäre dies nämlich nicht nach § 162 BGB als treuwidrig zu beanstanden, dann könnte der Leasingnehmer in diesen Fällen auch nicht den Weg der fristlosen Kündigung des Leasingvertrages gemäß § 543 Abs. 2 Satz 1 Nr. 1 BGB beschreiten. Es wäre dann ausschließlich Sache des Leasingnehmers, in seinem Verhältnis zum Lieferanten die Rechtsfolge der §§ 280 ff., 323 ff. BGB auszulösen. Folgerichtig hat der BGH auch in seinem Urteil vom 17.2.1993[3] zum Ausdruck gebracht, dass bereits durch den Abschluss des Leasingvertrages die beiderseitigen Rechte und Pflichten dem Grunde nach entstehen; nur der Beginn der Vertragslaufzeit wird auf einen späteren Zeitpunkt – nämlich: auf den Zeitpunkt der Übernahme des Leasingguts 18

1 Vgl. *Martinek*, Moderne Vertragstypen, Bd. I, S. 129.
2 *Martinek*, Moderne Vertragstypen, Bd. I, S. 129.
3 BGH v. 17.2.1993 – VIII ZR 37/92, NJW 1993, 1381, 1383.

durch den Leasingnehmer – verlegt, so dass erst in diesem Zeitpunkt die Leasingraten fällig werden.

2. Kein Anspruch des Leasinggebers auf Aufwendungsersatz

19 Da der Lieferant als Erfüllungsgehilfe des Leasinggebers tätig wird, sind auch die von ihm im Fall der Unmöglichkeit zu vertretenden Tatbestände dem Leasinggeber gemäß § 278 BGB zuzurechnen. Das Scheitern des Leasingvertrages ist daher der **Risikosphäre** des Leasinggebers zuzuweisen. Zur Konsequenz hat dies, dass es dem Leasinggeber als AGB-Verwender verwehrt ist, irgendwelchen **Aufwendungsersatz** vom Leasingnehmer zu verlangen, um auf diese Weise das Scheitern des Leasingvertrages zu kompensieren[1]. Daher ist es mit § 307 Abs. 2 Nr. 1 BGB nicht vereinbar, wenn der Leasinggeber in seinen Leasing-AGB für eben diesen Fall verlangt, dass eine Bereitstellungsprovision oder Nichtabnahmeentschädigung vom Leasingnehmer zu erstatten ist, weil der Leasinggeber verpflichtet ist, derartige Zahlungen an seine refinanzierende Bank zu leisten.

20 Genauso wie es nach § 162 BGB unzulässig ist, das Inkrafttreten des Leasingvertrages an das Erteilen der Abnahme- und Übernahmebestätigung zu knüpfen, ist es mit § 307 Abs. 2 Nr. 1 BGB unvereinbar, wenn in den Leasing-AGB bestimmt wird, dass als Folge der unterbliebenen Lieferung des Leasingguts der Leasingvertrag „gegenstandslos" wird[2]. Dies hängt unmittelbar mit der Erkenntnis zusammen, dass der Leasinggeber – als Folge der mietrechtlichen Einordnung des Leasingvertrages (Kap. B Rz. 10 ff.) – dem Leasingnehmer die Gebrauchsverschaffung und damit die Gebrauchsnutzung des Leasingguts auf Dauer schuldet. Damit hat sich der BGH zu Recht[3] von den gegenläufigen Thesen von *Lieb*[4] distanziert. Danach wäre nämlich der leasingtypische Beschaffungsvorgang – im Wesentlichen resultierend aus dem vorvertraglichen Kontakt zwischen Leasingnehmer und Lieferant des Leasingguts – so zu gestalten, dass der Leasinggeber nicht für die Gebrauchstauglichkeit des Leasingguts gegenüber dem Leasingnehmer einstehen muss, so dass die aus dem Beschaffungsvorgang resultierenden Risiken letzten Endes Sache des Leasingnehmers sind[5]. Im Übrigen bleibt anzumerken, dass sich die Zweiteilung zwischen Beschaffungsvorgang und Leasingvertrag in der Praxis – entgegen dem konstruktiven Vorschlag von *Lieb*[6] – bislang nicht durchgesetzt hat[7]. Vielmehr hat sich die Leasingpraxis der Rechtsprechung des BGH aus naheliegenden Gründen weitest-

---

1 BGH v. 9.10.1985 – VIII ZR 217/84, WM 1985, 1447; *Martinek*, Moderne Vertragstypen, Bd. I, S. 140; *Wolf/Eckert/Ball*, Rz. 1798.
2 BGH v. 9.10.1985 – VIII ZR 217/84, WM 1985, 1447.
3 Vgl. auch BGH v. 17.2.1993 – VIII ZR 37/92, NJW 1993, 1381, 1383.
4 *Lieb*, WM-Beilage Nr. 6/1992.
5 A.M. auch MünchKomm./*Habersack*, Leasing Rz. 24.
6 *Lieb*, WM-Beilage Nr. 6/1992.
7 Kritisch bereits *Graf von Westphalen*, DB 1993, 921 ff.

gehend angeschlossen. Diese aber ist dadurch charakterisiert, dass die Äquivalenz von Leistung und Gegenleistung beim Leasingvertrag in ähnlicher Weise ausgebildet ist, wie dies den Typenvorgaben der §§ 535 ff. BGB entspricht (Kap. B Rz. 10 ff.). Wenn also infolge des Ausbleibens (gleichgültig, ob ganz oder teilweise) des Leasingguts eine Nichterfüllung des Leasingvertrages eintritt, dann hat der Leasinggeber die ihm obliegende Hauptpflicht nicht erfüllt. Daher stehen ihm dann auch keine Ansprüche auf eine wie auch immer geartete Gegenleistung zu. Alle hiergegen gerichteten Klauseln in den Leasing-AGB sind mit § 307 Abs. 2 Nr. 1 BGB unvereinbar.

3. Freizeichnungsverbote

a) Verbotstatbestand von § 309 Nr. 8 BGB

Nach dieser Bestimmung ist es dem Leasinggeber als AGB-Verwender gegenüber dem Leasingnehmer als **Verbraucher** untersagt, bei nicht ordnungsgemäßer Erfüllung seiner mietvertraglichen Verpflichtungen gemäß §§ 535 ff. BGB das Recht des Leasingnehmers abzubedingen, sich vom Leasingvertrag zu lösen. Indessen bezieht sich diese Bestimmung lediglich auf Kauf- und Werkverträge, so dass sie auf den Bereich des Leasingvertrages in seiner Form als Mietvertrag gemäß §§ 535 ff. BGB nicht richtig passt. Man wird daher unmittelbar an § 307 Abs. 2 Nr. 1 BGB anknüpfen müssen, weil das zentrale Recht des Leasingnehmers gegenüber dem Leasinggeber in diesen Fällen aus § 543 Abs. 2 Satz 1 Nr. 1 BGB resultiert: Dem Leasingnehmer steht bei Ausbleiben der Lieferung des Leasingguts ein fristloses Kündigungsrecht zu. Dieses aber ist unter Berücksichtigung des Äquivalenzprinzips von Leistung und Gegenleistung derart zentral, dass es dem Leasinggeber verwehrt ist, sich von dieser Verpflichtung freizuzeichnen. 21

b) § 307 Abs. 2 Nr. 1 BGB – § 543 Abs. 2 Satz 1 Nr. 1 BGB

Notwendigerweise gilt die gleiche Rechtsfolge auch dann, wenn der Leasingnehmer **Unternehmer** gemäß § 14 BGB ist. Denn das Äquivalenzprinzip von Leistung und Gegenleistung ist zentraler Anknüpfungspunkt der richterlichen Inhaltskontrolle, wie sie in § 307 Abs. 2 Nr. 1 BGB ihren Niederschlag gefunden hat, weil es sich insoweit um einen wesentlichen Grundgedanken der gesetzlichen Regelung handelt[1]. 22

4. Anwendung und Zulässigkeit der Abtretungskonstruktion

Wie bereits kurz betont, ist daran zu denken, die leasingtypische Abtretungskonstruktion auch auf die Fälle auszudehnen, in denen die Lieferung des Leasingguts aus Gründen ausbleibt, die der Leasinggeber gemäß § 278 23

1 Statt aller *Palandt/Heinrichs*, § 307 BGB Rz. 25 ff.

BGB zu vertreten hat. Denn die dieser Konstruktion zugrunde liegenden Ansprüche/Rechte sind die gleichen, welche auch bei einer Mängelhaftung nach § 437 BGB in Szene zu setzen sind. Daher sei auf die späteren Ausführungen verwiesen und hier lediglich betont, dass auch in Bezug auf Rechte/Ansprüche aus Verzug und Unmöglichkeit keine Sonderregeln eingreifen (Rz. 4 ff.). Demzufolge ist es zulässig, dem Leasingnehmer auch in diesen Fällen die Ansprüche/Rechte abzutreten, die dem Leasinggeber gegenüber dem Lieferanten des Leasingguts zustehen. Das Gleiche gilt in Bezug auf die Ermächtigungskonstruktion, wobei auch hier die gleichen Schwierigkeiten im Blick auf die Geltendmachung der dem Leasingnehmer entstandenen Schäden bestehen, wie dies im Zusammenhang mit der Mängelhaftung im Einzelnen darzustellen ist (Kap. H Rz. 16 ff.). Es empfiehlt sich daher, die Abtretungskonstruktion auch auf die Fälle zu erstrecken, in denen es um die Bewältigung der Rechtsfolgen von Verzug und Unmöglichkeit geht, welche der Lieferant als Erfüllungsgehilfe des Leasinggebers zu vertreten hat, so dass letzterer dafür nach § 278 BGB einzustehen hat.

24 Geschieht dies, so ist im Hinblick auf die **Wirksamkeit** der Lieferanten-AGB Folgendes zu bedenken: Es ist dem Lieferanten als AGB-Verwender nach § 307 Abs. 2 Nr. 1 BGB nicht gestattet, in dem Kaufvertrag gegenüber dem Leasinggeber das nach § 323 Abs. 1 BGB einsetzende **Rücktrittsrecht** abzubedingen, sofern der Lieferant – trotz erfolgloser Fristsetzung – das Leasinggut nicht an den Leasingnehmer liefert[1]. Die aus § 323 BGB resultierende Rechtsfolge des Rücktritts ist auch im unternehmerischen Bereich gemäß § 307 Abs. 2 Nr. 1 BGB anzuerkennen[2]. Zur Konsequenz hat dies, dass der Lieferant gehalten ist, in den Lieferanten-AGB das aus § 323 BGB resultierende Vertragslösungsrecht dem Leasinggeber einzuräumen. Erfasst dann die Abtretungskonstruktion auch dieses Rücktrittsrecht, dann wird der Leasingnehmer verpflichtet, dieses gegenüber dem Lieferanten auszuüben. Nach der hier vertretenen Auffassung (Kap. H Rz. 144 ff.) ist dann fraglich, ob auf den Fortfall der Geschäftsgrundlage gemäß § 313 BGB in gleicher Weise zu rekurrieren ist wie in den Fällen, in denen das vom Lieferanten gelieferte Leasinggut mangelhaft ist. Vorzugswürdig ist die Lösung, hier auf das fristlose Kündigungsrecht des § 543 BGB zurückzugreifen und die Regeln des allgemeinen Leistungsstörungsrechts der §§ 280 ff. BGB zu bemühen.

---

1 Statt aller *Palandt/Grüneberg*, § 309 BGB Rz. 52.
2 BGH v. 20.3.2003 – I ZR 225/00, NJW-RR 2003, 1056, 1060; *Erman/Roloff*, § 309 BGB Rz. 85.

V. Lieferverzug

1. Rechtsgrundlage

Nach der hier vertretenen Auffassung muss der Leasinggeber gegenüber dem Leasingnehmer eine Hauptpflicht i.S.d. §§ 535 ff. BGB erfüllen, indem er dem Leasingnehmer durch den Lieferanten rechtzeitig den Besitz und damit die Nutzung des Leasingguts verschafft[1]. Da der Lieferant das Leasinggut im Auftrag des Leasinggebers – mithin: als dessen Erfüllungsgehilfe – anliefert, ist ein Verschulden des Lieferanten immer dem Leasinggeber gemäß § 278 BGB zuzurechnen. Folglich haftet der Leasinggeber im Fall des Lieferverzuges gegenüber dem Leasingnehmer nach den gesetzlichen Bestimmungen. Kommt also der Lieferant mit der Lieferung des Leasingguts in Verzug, kann der Leasingnehmer dem Zahlungsanspruch des Leasinggebers die **Einrede des nicht erfüllten Vertrages** gemäß § 320 BGB entgegensetzen[2]. Der Leasingnehmer ist nicht vorleistungspflichtig[3]. Auch hier spielt die Frage eine praktische Rolle, ob es sich um den Tatbestand einer **teilweisen Nichterfüllung** handelt[4]. Trifft dies zu, sind die gleichen Erwägungen anzustellen, die zuvor im Einzelnen unterbreitet worden sind (Rz. 16). 25

Infolge des Verzugs steht dem Leasingnehmer das Recht zu, gegenüber dem Leasinggeber Ersatz des **Verzugsschadens** gemäß § 280 Abs. 2 BGB zu reklamieren. Das setzt freilich voraus, dass der Tatbestand des Verzugs gemäß § 286 BGB erfüllt ist. Ob dies zutrifft, entscheidet sich regelmäßig nach näherer Maßgabe der vertraglichen Bestimmungen des Leasingvertrages. Gerät indessen der Leasinggeber – trotz Setzen einer angemessenen Frist – mit der Erfüllung des Leasingvertrages und damit der Lieferung eines mangelfreien Leasingguts in Verzug, kann der Leasingnehmer gemäß § 323 Abs. 1 BGB vom Vertrag zurücktreten; daneben besteht zugunsten des Leasingnehmers (vgl. § 325 BGB) auch das Recht, Schadensersatz statt der Leistung gemäß § 281 BGB zu fordern. Stellt man zusätzlich dem Leasingnehmer ein **fristloses Kündigungsrecht** gemäß § 543 Abs. 2 Satz 1 Nr. 1 BGB zur Seite, dann ist dieses auch zur Anwendung zu berufen; insoweit bleibt aber der Anspruch auf Ersatz des Schadens statt der Leistung unberührt[5]. 26

2. Eingreifen der leasingtypischen Abtretungskonstruktion

Sofern der Leasinggeber in den Leasing-AGB die leasingtypische Abtretungskonstruktion auch auf die Fälle des Verzugs erstreckt (Kap. H 27

---

1 BGH v. 9.10.1985 – VIII ZR 217/84, WM 1985, 1447, 1448.
2 *Wolf/Eckert/Ball*, Rz. 1804.
3 *Wolf/Eckert/Ball*, Rz. 1804.
4 BGH v. 5.7.1989 – VIII ZR 334/88, NJW 1989, 3222.
5 *Palandt/Weidenkaff*, § 543 BGB Rz. 15.

Rz. 227 ff.), was unbedenklich ist, solange eine transparente Vertragsgestaltung gewählt wird, ist der Leasingnehmer verpflichtet, die Ansprüche auf Ersatz des Verzugsschadens sowie das Recht auf Rücktritt gemäß § 323 BGB, einschließlich des Anspruchs auf Schadensersatz statt der Leistung gemäß § 281 BGB, unmittelbar gegenüber dem Lieferanten des Leasingguts geltend zu machen. Hingegen ist das fristlose Kündigungsrecht gemäß § 543 Abs. 2 Satz 1 Nr. 1 BGB unmittelbar gegenüber dem **Leasinggeber** auszuüben, weil damit die Rechte aus dem Leasingvertrag betroffen sind, nicht hingegen etwaige Ansprüche aus dem Kaufvertrag, der zwischen Leasinggeber und Lieferant kontrahiert wurde.

a) Leasingnehmer als Verbraucher

28 Soweit die leasingtypische Abtretungskonstruktion eingreift, müssen die Lieferanten-AGB sicherstellen, dass dem Verbotstatbestand von § 309 Nr. 8a BGB Rechnung getragen ist. Folglich hat der Leasingnehmer gegenüber dem Lieferanten ein unentziehbares Recht, vom Vertrag gemäß § 323 BGB zurückzutreten. Soweit hingegen der Anspruch auf Ersatz des **Verzugsschadens** gemäß § 280 Abs. 2 BGB in Rede steht, müssen die Lieferanten-AGB jedenfalls den Verbotstatbestand von § 309 Nr. 7b BGB berücksichtigen. Soweit also der Tatbestand groben Verschuldens – Vorsatz/grobe Fahrlässigkeit – gegeben ist, scheitert eine Haftungsfreizeichnung ebenso wie eine Haftungsbegrenzung. Liegt hingegen lediglich der Tatbestand **einfachen Verschuldens** gemäß § 276 BGB vor, dann stellt sich die Frage, ob der Lieferant berechtigt ist, in seinen Verkaufs-AGB diesen Schadensersatzanspruch wirksam abzubedingen, ohne an § 307 Abs. 2 Nr. 1 BGB zu scheitern. Dies ist nach der Judikatur, wie sie insbesondere zu § 11 Nr. 8b AGBG ergangen ist, zu verneinen[1]. Dieser Grundsatz gilt auch unter Berücksichtigung von § 307 Abs. 2 Nr. 1 BGB, weil davon auszugehen ist, dass die rechtzeitige Lieferung eine wesentliche Vertragspflicht im Sinne dieser Norm ist[2].

29 Darüber hinaus ist in diesen Fällen auch zu bedenken, ob die Vereinbarung eines festen Liefertermins nicht unter den Gesichtspunkt des § 305b BGB zu subsumieren ist, so dass vom **Vorrang der Individualabrede** gegenüber einer entgegenstehenden AGB-Klausel auszugehen ist[3]. Dies gilt insbesondere dann, wenn die Lieferung des Leasingguts so rechtzeitig erfolgen muss, dass daraus der Charakter eines **Fixgeschäfts** gemäß § 323 Abs. 2 Nr. 2 BGB gefolgert werden kann. Zielt man insoweit auf das Vertragsver-

---

1 BGH v. 27.9.2000 – VIII ZR 155/99, NJW 2001, 292, 295; BGH v. 18.1.1989 – VIII ZR 142/88, NJW-RR 1989, 625, 626; im Einzelnen auch AGB-Klauselwerke/*Graf von Westphalen*, Freizeichnungsklausel Rz. 63.

2 AGB-Klauselwerke/*Graf von Westphalen*, Freizeichnungsklausel Rz. 63 m.w.N.

3 Im Einzelnen: AGB-Klauselwerke/*Graf von Westphalen*, Freizeichnungsklausel Rz. 58 ff.

hältnis zwischen Leasinggeber und Lieferant ab, wird man regelmäßig den Charakter eines Fixgeschäfts bejahen müssen, sofern die Voraussetzungen von § 376 HGB erfüllt sind[1].

b) Leasingnehmer als Unternehmer

aa) Allgemeine Erwägungen

Es erscheint unter Berücksichtigung des allgemeinen Grundsatzes, wonach die fahrlässige Verletzung einer wesentlichen Vertragspflicht nicht zur wirksamen Freizeichnung führt, sondern an § 307 Abs. 2 Nr. 1 BGB scheitert, nur folgerichtig, auch im unternehmerischen Bereich eine Freizeichnungsklausel als unwirksam zu verwerfen. Gleiches gilt im Hinblick auf den Schadensersatzanspruch statt der Leistung, was jedoch im Einzelnen sehr umstritten und von der Rechtsprechung bislang nicht abschließend entschieden worden ist[2]. Doch ist von entscheidender Bedeutung, dass der Vertragszweck – Lieferung eines gebrauchstauglichen Leasingguts – vereitelt wird, wenn der Leasingnehmer im Rahmen der leasingtypischen Abtretungskonstruktion gehalten ist, gegenüber dem Lieferanten Schadensersatz statt der Leistung zu verlangen. Dass dann der Lieferant berechtigt sein soll, diesen Schadensersatzanspruch – auch im Rahmen leichter Fahrlässigkeit – in wirksamer Weise abzubedingen, erscheint nicht einsichtig, widerspricht vor allem auch der Wertung der Rechtsprechung, wie sie zu § 11 Nr. 8a AGBG ergangen ist[3]. Dass im Rahmen groben Verschuldens gemäß § 309 Nr. 7b BGB eine Freizeichnung im unternehmerischen Bereich nach § 307 Abs. 1 BGB unwirksam ist, entspricht der h.M.[4]. Soweit dem gegenüber als Folge des Verzugs das Rücktrittsrecht gemäß § 323 Abs. 1 BGB ausgelöst wird, kann eine Freizeichnung hiervon nach § 307 Abs. 2 Nr. 1 BGB keinen Bestand haben[5], was auch der BGH-Judikatur entspricht[6]. So gesehen gelten für die Wirksamkeitsgrenzen von Lieferanten-AGB im unternehmerischen Bereich die gleichen Gesichtspunkte, die zuvor für den Fall entwickelt worden sind, dass der Leasingnehmer als Verbraucher einen Leasingvertrag abschließt. 30

Unberührt bleibt freilich auch in diesen Fällen das Recht des Leasingnehmers, sich gemäß § 543 Abs. 2 Satz 1 Nr. 1 BGB durch Ausübung eines fristlosen Kündigungsrechts gegenüber dem **Leasinggeber** nach angemesse- 31

1 Hierzu *Baumbach/Hopt*, § 376 HGB Rz. 6 f.
2 Hierzu im Einzelnen: AGB-Klauselwerke/*Graf von Westphalen*, Freizeichnungsklausel Rz. 51 ff.; a.M. *Erman/Roloff*, § 309 BGB Rz. 74; auch *Palandt/Heinrichs*, § 307 BGB Rz. 45 ff.; im Übrigen: wie hier *Koch*, WM 2002, 2173, 2179.
3 BGH v. 27.9.2000 – VIII ZR 155/99, NJW 2001, 292, 295.
4 *Palandt/Grüneberg*, § 309 BGB Rz. 48; *Wolf/Horn/Lindacher*, § 11 Nr. 8 AGBG Rz. 48; OLG Hamm NJW-RR 1996, 969.
5 *Erman/Roloff*, § 309 BGB Rz. 85.
6 BGH v. 20.3.2003 – I ZR 225/00, NJW-RR 2003, 1056, 1058 f.

ner Fristsetzung vom Vertrag zu lösen und Schadensersatz statt der Leistung zu reklamieren[1].

bb) Wirksamkeitsgrenzen bei Haftung aus Verzug oder Unmöglichkeit

32 Auch wenn es aus systematischen Gründen nicht ganz leicht nachvollziehbar sein könnte, hier nicht sogleich die allgemeinen Wirksamkeitsgrenzen von Haftungsfreizeichnungs- und Haftungsbegrenzungsklauseln – bezogen auf die Tatbestände eines Verzugs oder einer Unmöglichkeit – darzustellen, so darf doch nicht übersehen werden, dass auf Grund der **Schuldrechtsmodernisierung** das Arsenal der Pflichtverletzungen und auch die Grenzen der Wirksamkeit von Haftungsfreizeichnungs- und Haftungsbegrenzungsklauseln einheitlich geregelt worden sind. Dieser Gesichtspunkt legt es jedenfalls aus praktischen Gründen nahe, diese sich aus den §§ 307 ff. BGB ergebenden Fragen zusammenhängend zu behandeln, was weiter unten geschieht (Kap. H Rz. 73 ff.).

3. Fehlen oder Unwirksamkeit der leasingtypischen Abtretungskonstruktion

33 Hat der Leasinggeber – gleichgültig aus welchen Gründen – im Zusammenhang mit Ansprüchen wegen verspäteter Lieferung oder Unmöglichkeit der Lieferung des Leasingguts zu Recht auf die leasingtypische Abtretungskonstruktion zurückgegriffen, dann stellt sich die Frage, ob insoweit gemäß § 307 Abs. 2 Nr. 1 BGB andere Wirksamkeitsgrenzen gelten als zuvor dargelegt. Dies ist zu verneinen. Gegenüber einem Verbraucher findet die Rechtsregel von § 309 Nr. 8a BGB zwar nur indirekt Anwendung, weil dem Verhältnis Leasinggeber – Lieferant ein Kauf- oder Werkvertrag zugrunde liegt. Doch ist in diesen Fällen wegen des unternehmerischen Bezugs dieses Rechtsverhältnisses unmittelbar auf § 307 Abs. 2 Nr. 1 BGB zurückzugreifen. Sowohl die Sanktionsfolge von § 280 Abs. 2 BGB als auch die der §§ 323, 281 ff. BGB sind – sowohl gegenüber dem Leasingnehmer als Verbraucher als auch im unternehmerischen Verkehr – von so entscheidender Bedeutung, dass hiervon in AGB-Klauseln nicht wirksam abgewichen werden kann. Es ist nicht zu erkennen, dass unter der Perspektive von § 307 Abs. 2 Nr. 1 bei strikter Berücksichtigung des dispositiven Rechts als Leitlinie für die richterliche Inhaltskontrolle andere Kriterien gelten sollen, als in § 309 Nr. 8a BGB für den Bereich des Verbraucherleasings niedergelegt. Zwangsläufig gilt diese Erwägung auch im Rahmen des Verbotstatbestandes von § 309 Nr. 7b BGB, weil dieser i.S.d. § 307 Abs. 1 BGB auf den Tatbestand der allgemeinen Pflichtverletzung abstellt und grobes Verschulden als Tatbestandsvoraussetzung verlangt. Insofern ist uneingeschränkt auf die zuvor unterbreiteten Ausführungen zurückzugreifen.

---

1 *Palandt/Weidenkaff*, § 543 BGB Rz. 15.

Man wird indessen bedenken müssen, dass in Leasing-AGB auch der Verbotstatbestand von § 309 Nr. 7a BGB Berücksichtigung verdient: Hat also der Leasinggeber – insoweit handelnd durch den Lieferanten als seinen Erfüllungsgehilfen – Leben, Körper oder Gesundheit des Leasingnehmers verletzt, dann ist dieser Verbotstatbestand gegenüber dem Leasingnehmer als Verbraucher zwingend zu berücksichtigen. Man wird auch einen Schritt weitergehen und fordern müssen, dass das Gleiche auch gemäß § 307 Abs. 2 Nr. 1 BGB im **unternehmerischen Bereich** Geltung beansprucht, weil der Leasinggeber ohne weiteres gemäß § 1 AHB in der Lage ist, dieses Risiko mit Abschluss einer Haftpflichtversicherung abzudecken – ganz abgesehen davon, dass der Schutz von Leben, Körper und Gesundheit einen überragenden Stellenwert besitzt und eine Freizeichnung schlechthin verbietet[1]. 34

Gemäß § 543 Abs. 2 Satz 1 Nr. 1 BGB wird man dem Leasingnehmer auch das **fristlose Kündigungsrecht** für den Fall des Verzugs und der Unmöglichkeit der Lieferung des Leasingguts nicht nehmen dürfen, ohne dass eine solche Vertragsgestaltung mit § 307 Abs. 2 Nr. 1 BGB unvereinbar ist. Denn das Vertragslösungsrecht ist – vgl. § 309 Nr. 8a BGB – ein wesentlicher Bestandteil des dispositiven Rechts, wie es in § 543 Abs. 2 Satz 1 Nr. 1 BGB für den Bereich des Dauerschuldverhältnisses als Kündigungsrecht seinen Niederschlag gefunden hat. Das Gleiche gilt dann auch für den Schadensersatzanspruch statt der Leistung gemäß §§ 281 ff. BGB, wobei erneut hinzuzufügen ist, dass es sich hierbei um eine Streitfrage handelt, die noch nicht abschließend – bezogen auf den Tatbestand der fahrlässigen Pflichtverletzung und einer entsprechenden Freizeichnungsklausel und ihre Wirksamkeit – von der Rechtsprechung höchstrichterlich gelöst ist[2]. Dem Leasinggeber bleibt es freilich unbenommen, im Rahmen einfacher Fahrlässigkeit die Haftung auf Ersatz des Verzugsschadens gemäß § 280 Abs. 2 BGB in angemessener Weise **zu begrenzen**, ohne damit zwangsläufig gegen § 307 Abs. 2 Nr. 1 BGB zu verstoßen[3]. Doch muss die Schadensersatzpauschale, die dem Leasingnehmer im Fall des Verzuges zur Verfügung steht, angemessen sein. Bei einem Betrag in Höhe von 1 % des Vertragswerts, maximal 5 %, wird man dies jedenfalls im unternehmerischen Verkehr bejahen dürfen, sofern nicht branchentypische Besonderheiten eine andere Lösung nahe legen. Immer ist i.S.v. § 307 Abs. 2 Nr. 1 BGB zu fragen, ob die Schadensersatzpauschale im Hinblick auf den vorhersehbaren, typischerweise eintretenden Verzugsschaden eine angemessene Kompensation darstellt oder nur auf dem Papier steht. Dies setzt natürlich voraus, dass die Haftung auf Ersatz des Verzugsschadens gemäß § 280 Abs. 2 BGB nicht in den Rang einer wesentlichen Vertragspflicht gemäß 35

1 AGB-Klauselwerke/*Graf von Westphalen*, Freizeichnungsklausel Rz. 20 ff.
2 Im Einzelnen: AGB-Klauselwerke/*Graf von Westphalen*, Freizeichnungsklausel Rz. 51 ff. m.w.N.
3 BGH v. 27.9.2000 – VIII ZR 155/99, NJW 2001, 292, 295.

§ 307 Abs. 2 Nr. 1 BGB erhoben wird[1], weil dann mit Recht die BGH-Judikatur zum Zuge gelangt, welche davon ausgeht, dass nur eine solche Haftungsbegrenzungsklausel wirksam ist, die sich auf den vorhersehbaren, typischerweise eintretenden Schaden bezieht[2]. Entscheidet man sich, wofür gute Gründe sprechen, dass letztere Lösung nach § 307 Abs. 2 Nr. 1 BGB sachgerecht ist, dann wird man dem Leasinggeber eine Haftungsbegrenzungsklausel mit gleicher Stringenz verweigern, wie dies für den Lieferanten im Rahmen der leasingtypischen Abtretungskonstruktion gilt (Kap. H Rz. 73 ff.).

4. Sonstige Rechtsfolgen

36 Genauso wie im Rahmen der Unmöglichkeit stellt sich auch hier die Frage, welche Rechtsfolge für den Leasingvertrag eintritt, wenn der Leasingnehmer im Rahmen der leasingtypischen Abtretungskonstruktion von seinem Rücktrittsrecht Gebrauch macht. Doch wird man hier den Rückzug auf § 313 BGB genauso aus dogmatischen Erwägungen heraus vermeiden müssen, wie dies zuvor dargestellt worden ist (Rz. 9); der Leasingnehmer kann nämlich das Recht zur fristlosen Kündigung des Leasingvertrages gemäß § 543 Abs. 2 Satz 1 Nr. 1 BGB ausüben, so dass kein Bedürfnis dafür besteht, den Fortfall der Geschäftsgrundlage gemäß § 313 BGB zu bemühen (vgl. aber Kap. H Rz. 144 ff.). Sofern aber die leasingtypische Abtretungskonstruktion nicht zum Zuge gelangt, steht dem Leasingnehmer ohnehin das fristlose Kündigungsrecht zur Seite, so dass es dann Sache des Leasinggebers ist, sich von den Fesseln des Kaufvertrages gegenüber dem Lieferanten des Leasingguts gemäß § 323 BGB zu befreien.

1 BGH v. 12.1.1994 – VIII ZR 165/92, NJW 1994, 1060, 1063 – Daihatsu.
2 BGH v. 11.11.1992 – VIII ZR 238/91, NJW 1993, 335 – ständige Rechtsprechung.

H. Abtretungskonstruktion – Haftung für Sach- und Rechtsmängel des Leasingguts

Es entspricht üblicher Vertragsgestaltung im Leasing-AGB, dass der Leasinggeber dem Leasingnehmer die Mängelansprüche gemäß §§ 434 ff. BGB abtritt, die ihm, dem Leasinggeber, gegenüber dem Lieferanten des Leasingguts zustehen. Gleichzeitig zeichnet sich der Leasinggeber von der mietvertraglichen Eigenhaftung gemäß §§ 536 f. BGB frei[1]. Auf diese Weise ersetzt der Leasinggeber die mietvertragliche Eigenhaftung durch die kaufrechtlichen Mängelansprüche[2]. In diesem Kontext stellen sich zahlreiche Fragen, welche sorgsam gegeneinander abgegrenzt werden müssen: 1

I. Allgemeine Wirksamkeitsvoraussetzungen

1. Bisherige Rechtsprechung des BGH

Nach der Rechtsprechung des BGH steht fest, dass der Leasinggeber in seinen Leasing-AGB nur dann in wirksamer Weise von der Abtretungskonstruktion Gebrauch macht und die mietvertragliche Eigenhaftung gemäß §§ 536 f. BGB durch die kaufrechtlichen Gewährleistungsansprüche gemäß §§ 434 ff. BGB – gerichtet gegen den Lieferanten des Leasingguts – ersetzt, wenn er die kaufrechtliche Rechtsposition dem Leasingnehmer **vorbehaltlos, unmittelbar und unbedingt** im Rahmen einer Zession überlässt[3]. Daraus folgt: Der Leasinggeber muss das Ergebnis der gewährleistungsrechtlichen Auseinandersetzung zwischen dem Leasingnehmer und dem Lieferanten für und gegen sich gelten lassen[4]. Das gilt sowohl für etwaige für den Leasingnehmer positive Ergebnisse wie beim negativen Ausgang der gewährleistungsrechtlichen Auseinandersetzung zwischen dem Leasingnehmer und dem Lieferanten[5]. 2

---

1 BGH v. 16.9.1981 – VIII ZR 265/80, WM 1981, 1219; BGH v. 20.6.1984 – VIII ZR 131/83, WM 1984, 1089; BGH v. 5.12.1984 – VIII ZR 277/83, WM 1985, 226; BGH v. 5.12.1984 – VIII ZR 87/83, WM 1985, 263; BGH v. 27.2.1985 – VIII ZR 328/83, WM 1985, 573; BGH v. 19.2.1986 – VIII ZR 91/85, WM 1986, 591; BGH v. 17.12.1986 – VIII ZR 279/85, ZIP 1987, 240, 241; BGH v. 27.4.1988 – VIII ZR 84/87, WM 1988, 979, 982; BGH v. 25.10.1989 – VIII ZR 105/88, ZIP 1990, 175, 177.

2 *Wolf/Eckert/Ball*, Rz. 1810 ff.; *Beckmann*, § 2 Rz. 94 ff.; MünchKomm./*Habersack*, Leasing Rz. 79 ff.; *Staudinger/Stoffels*, Leasing Rz. 213 ff.

3 BGH v. 17.12.1986 – VIII ZR 279/85, ZIP 1987, 240, 241; BGH v. 27.4.1988 – VIII ZR 84/87, WM 1988, 979, 982; BGH v. 25.10.1989 – VIII ZR 105/88, ZIP 1990, 175, 177; BGH v. 21.12.2005 – VIII ZR 85/05, ZIP 2006, 1001.

4 BGH v. 16.9.1981 – VIII ZR 265/80, WM 1981, 1219; BGH v. 13.3.1991 – VIII ZR 34/90, ZIP 1991, 519; BGH v. 7.10.1992 – VIII ZR 182/91, ZIP 1993, 130, 132.

5 BGH v. 7.10.1992 – VIII ZR 182/91, ZIP 1993, 130, 132; vgl. auch *Beckmann*, § 2 Rz. 98 ff.

2. Unwirksame Klauselgestaltungen

a) Eindeutig unwirksame Klauseln

3 Wenn es zutreffend ist, dass dem Leasingnehmer die kaufrechtlichen Mängelansprüche gemäß §§ 434 ff. BGB vorbehaltlos, unmittelbar und unbedingt gegenüber dem Lieferanten des Leasingguts eingeräumt sein müssen[1], dann folgt daraus: Unwirksam gemäß § 307 Abs. 2 Nr. 1 BGB ist danach eine Klausel, die „nach Wahl des Vermieters" den Leasingnehmer verpflichtet, Gewährleistungsansprüche gegenüber dem Lieferanten „entweder im eigenen Namen oder im Namen des Vermieters" geltend zu machen[2]. Denn unter dieser Voraussetzung sind die Gewährleistungsansprüche der §§ 434 ff. BGB zugunsten des Leasingnehmers nicht unbedingt abgetreten[3]. Dies gilt erst recht in den Fällen, in denen der Vermieter/Leasinggeber zusätzlich berechtigt ist, „die in dieser Wahl liegende Ermächtigung jederzeit" zu widerrufen „und die Ansprüche selbst (zu) verfolgen"[4]. Insoweit ist entscheidend, dass die an den Leasingnehmer gerichtete „Ermächtigung" gerade nicht unbedingt erteilt wurde, „sondern durch den Widerrufsvorbehalt eingeschränkt" war[5]. Gleiches gilt dann, wenn in den Leasing-AGB bestimmt wird, dass zum einen die leasingtypische Abtretungskonstruktion gewählt wird, zum anderen aber der Leasinggeber berechtigt bleibt, die „eigene Rechtsverfolgung" gegenüber dem Lieferanten durchzuführen[6].

b) Leasingnehmer als Verbraucher

4 Besondere praktische Bedeutung hat die zutreffende Klauselgestaltung, wenn der Leasingnehmer **Verbraucher** i.S.v. § 13 BGB ist, weil dann die leasingtypische Abtretungskonstruktion die **zwingenden Bestimmungen** des Verbrauchsgüterkaufs gemäß §§ 474 ff. BGB umfassen muss (Kap. L Rz. 39 ff.). Nach der BGH-Entscheidung vom 21.12.2005[7] steht jedenfalls soviel fest: Wenn zwischen Leasinggeber und Lieferanten des Leasingguts ein umfassender, aber insoweit – beide Parteien waren Unternehmer – auch wirksamer Gewährleistungsausschluss vorgesehen ist, dann stehen dem Verbraucher nicht die Ansprüche auf Nacherfüllung, Minderung und Rücktritt gemäß §§ 475 Abs. 1 und Abs. 2, § 437 Nr. 1 und Nr. 2 BGB zur Seite, so dass dann die leasingtypische Abtretungskonstruktion an § 307

1 BGH v. 27.4.1988 – VIII ZR 84/87, WM 1988, 979, 982; BGH v. 7.10.1992, ZIP 1993, 130, 132.
2 BGH v. 7.12.1986 – VIII ZR 279/85, ZIP 1987, 290.
3 BGH v. 27.4.1988 – VIII ZR 84/87, WM 1988, 979, 982.
4 BGH v. 25.10.1989 – VIII ZR 105/88, ZIP 1990, 175, 176.
5 BGH v. 17.12.1986 – VIII ZR 279/85, ZIP 1987, 240, 242; BGH v. 25.10.1989 – VIII ZR 105/88, ZIP 1990, 175, 176.
6 BGH v. 27.4.1988 – VIII ZR 84/87, WM 1988, 979, 982; BGH v. 25.10.1989 – VIII ZR 105/88, ZIP 1990, 175, 177.
7 BGH v. 21.12.2005 – VIII ZR 85/05, ZIP 2006, 1001.

Abs. 2 Nr. 1 BGB scheitert. Zur Konsequenz hat dies dann, dass insoweit § 306 Abs. 2 BGB ins Spiel gelangt, so dass die mietvertragliche Eigenhaftung des Leasinggebers gemäß §§ 536 f. BGB wieder auflebt. Denn sie ist die zwingende Konsequenz, wenn und soweit eine leasingtypische Abtretungskonstruktion an § 307 Abs. 2 Nr. 1 BGB scheitert[1]. Auf diese besondere Fallgestaltung, die sich aus der Berücksichtigung der zwingenden Regeln der §§ 474 ff. BGB ergibt, kann hier nicht weiter eingegangen werden; es ist auf die Ausführungen zu verweisen, die in dem Sonderkapitel aufgeführt sind (Kap. L Rz. 39 ff.).

c) Wirksame, aber bedenkliche Klauseln

Zweifelhaft ist die Rechtslage, wenn in den Leasing-AGB die leasingtypische Abtretungskonstruktion mit der Maßgabe gewählt wird, dass der Leasinggeber **„auf Verlangen des Leasingnehmers"** sich verpflichtet, die kaufrechtlichen Gewährleistungsansprüche gemäß §§ 434 ff. BGB an den Leasingnehmer abzutreten, während sich der Leasinggeber selbst von der mietvertraglichen Eigenhaftung gemäß §§ 536 f. BGB freizeichnet. Denn die entscheidende Frage i.S.v. § 307 Abs. 2 Nr. 1 BGB ist hier, ob insoweit noch von einer „unmittelbaren" sowie einer „vorbehaltlosen" Abtretungskonstruktion die Rede sein kann. Auch dies ist im Zweifel zu bejahen. Denn wenn man – entsprechend der BGH-Judikatur – fordert, dass kein Widerspruchsvorbehalt des Leasinggebers im Rahmen der leasingtypischen Abtretungskonstruktion bestehen darf[2], dann führt ein entsprechendes Verlangen des Leasingnehmers gegenüber dem Leasinggeber zur Abtretungspflicht, welche dann nur ihre Grenze in § 242 BGB findet. Das reicht aus. Darüber hinaus belastet das Erfordernis, die Abtretung der Mängelansprüche vom Leasinggeber zu verlangen, den Leasingnehmer keineswegs unangemessen i.S.v. § 307 Abs. 2 Nr. 1 BGB. Etwas anderes gilt freilich in den Fällen, in denen sich der Leasinggeber das Recht zur eigenen Rechtsverfolgung gegenüber dem Lieferanten auf Kosten des Leasingnehmers vorbehalten hat[3]. 5

Anders wiederum sind die Klauseln zu beurteilen, in denen der Leasinggeber die dezidierte Pflicht zur Rechtsverfolgung von seiner vorherigen **„Zustimmung"** abhängig gemacht hat. Denn in diesen Fällen ist keineswegs sicher, ob diese Zustimmung auch ohne weiteres, d.h. vorbehaltlos und unbedingt erteilt wird. Eng zusammen mit dieser Konstruktion hängt eine weitere Konstellation, in der der Leasinggeber sich einen **„Widerruf"** der Zession der Mängelansprüche gemäß §§ 434 ff. BGB vorbehält, sofern der Leasingnehmer – aus welchen Gründen immer – diese Ansprüche/Rechte nicht ausübt. Denn in einer solchen Vertragsgestaltung liegt keine 6

1 BGH v. 21.12.2005 – VIII ZR 85/05, ZIP 2006, 1001, 1002; im Einzelnen auch *Graf von Westphalen*, ZIP 2006, 1653 ff.
2 BGH v. 17.12.1986 – VIII ZR 279/85, ZIP 1987, 240, 242.
3 BGH v. 9.7.2002 – X ZR 70/00, NJW-RR 2003, 51, 52.

unangemessene Benachteiligung des Leasingnehmers, weil die nicht rechtzeitige Durchsetzung der zedierten Mängelansprüche gegenüber dem Lieferanten ja unmittelbar die Rechtsposition des Leasinggebers zu beeinträchtigen geeignet ist[1].

d) Sonstige unwirksame Einschränkungen

7 Wenn es richtig ist, dass der Leasinggeber verpflichtet ist, die Konsequenzen einer gewährleistungsrechtlichen Auseinandersetzung zwischen Leasingnehmer und Lieferant als für sich verbindlich hinzunehmen[2], stellt sich die Frage, ob der Leasinggeber berechtigt ist, in den Leasing-AGB vorzusehen, dass der Leasingnehmer verpflichtet ist, die ihm zedierten Ansprüche/Rechte stets auch in einem **Rechtsstreit** gegenüber dem Lieferanten durchzusetzen[3]. Entscheidend ist hier, dass gemäß § 307 Abs. 2 Nr. 1 BGB kein Recht des Leasinggebers besteht, den Leasingnehmer zu verpflichten, gegenüber dem Lieferanten des Leasingguts einen Rechtsstreit zu führen, der im Grunde genommen etwa deswegen nicht notwendig ist, weil der Lieferant die Mangelhaftigkeit des Leasingguts konzediert und nicht bestreitet[4]. Demzufolge sind derartige Klauseln unabhängig davon gemäß § 307 Abs. 2 Nr. 1 BGB zu beanstanden, ob die Klagepflicht des Leasingnehmers lediglich auf den Anspruch auf Nacherfüllung oder auch auf die Rechte auf Minderung/Rücktritt gemäß § 437 Nr. 2 BGB bezogen wird. Zwar sind solche Klauseln geeignet, die Kollusion des Leasingnehmers mit dem Lieferanten des Leasingguts von vornherein zu verhindern. Aber bei einer generell-abstrakten Auslegung einer solchen AGB-Klausel, die immer gemäß § 307 Abs. 2 Nr. 1 BGB geboten ist[5], schießt sie weit über das Ziel hinaus; sie enthält daher eine unangemessene Benachteiligung zu Lasten des Leasingnehmers und ist unwirksam. **Anders** verhält es sich allerdings bei einer Klausel, welche vorsieht, dass die Anspruchs- und Rechtsverfolgung im Rahmen der leasingtypischen Abtretungskonstruktion immer **auf Kosten und auf Risiko** des Leasingnehmers zurückzuführen ist[6]. Diese Fallgestaltung ist nämlich so lange unbedenklich, als der Lieferant des Leasingguts nicht **insolvent** ist. Trifft dies zu, dann trägt nach der hier vertretenen Auffassung (Rz. 237) der Leasinggeber das Insolvenzrisiko des Lieferanten. Doch wird man es nicht als unangemessene Benachteiligung des Leasingnehmers i.S.v. § 307 Abs. 2 Nr. 1 BGB bewerten dürfen, wenn dieser aufgrund einer Klausel in den Leasing-AGB die Rechtsverfolgungskosten bis zum Zeitpunkt der Eröffnung des Insolvenzverfahrens über das Vermögen des Lieferanten trägt. Denn erst bei Eintritt der Insolvenz – und der

---

1 OLG Rostock v. 18.3.2002 – 3 U 234/00, NJW-RR 2002, 1712, 1713; vgl. auch *Beckmann*, § 2 Rz. 120.
2 BGH v. 7.10.1992 – VIII ZR 182/91, ZIP 1993, 130, 132.
3 Hierzu *Tiedtke/Möllmann*, DB 2004, 583, 584; *Beckmann*, § 2 Rz. 118.
4 *Tiedtke/Möllmann*, DB 2004, 583, 584.
5 Statt aller: *Erman/Roloff*, § 307 BGB Rz. 21.
6 Vgl. *Beckmann*, § 2 Rz. 119.

dadurch beeinträchtigten und nicht mehr möglichen Rechtsverfolgung der zedierten Ansprüche gegenüber dem Lieferanten des Leasingguts – kommt der Anspruch auf Fortfall der Geschäftsgrundlage gemäß § 313 Abs. 1 BGB zum Zuge. Mehr noch: Wenn die Rechtsverfolgung gegenüber dem Lieferanten des Leasingguts fehl schlägt, weil das Leasinggut – entgegen der Behauptung des Leasingnehmers – nicht mangelhaft ist, dann ist es selbstverständlich, dass der Leasingnehmer die insoweit entstehenden Kosten zu tragen hat. Dies folgt auch aus dem allgemeinen Prinzip von § 91 ZPO. Eine unangemessene Benachteiligung des Leasingnehmers ist insoweit nicht zu erkennen.

Erweist sich die leasingtypische Abtretungskonstruktion allerdings als **unwirksam** gemäß § 307 Abs. 2 Nr. 1 BGB, dann lebt die mietvertragliche Eigenhaftung gemäß §§ 536 f. BGB gegenüber dem Leasinggeber wieder auf. In diesen Fällen handelt dann der Leasingnehmer – getrieben durch eine unwirksame, aber von ihm nicht als solche erkannte Abtretungskonstruktion – als Geschäftsführer ohne Auftrag, so dass die Kosten der Rechtsverfolgung gemäß §§ 683, 670 BGB vom **Leasinggeber** zu tragen sind[1]. Dies gilt freilich nur insoweit, als der Leasingnehmer nicht in der Lage ist, diese Kosten gemäß § 91 ZPO auf den Lieferanten des Leasingguts abzuwälzen, was dann praktisch Bedeutung erlangt, wenn der Lieferant **insolvent** wird. 8

e) Erstattungspflicht – Transparenzgebot

aa) Grundsätzlicher Ansatz

Ob der Leasinggeber berechtigt ist, im Fall der Insolvenz des Lieferanten das Kostenrisiko des Leasingnehmers zu tragen, welches durch die ihm auferlegte Anspruchs- und Rechtsverfolgungspflicht entsteht, ist strittig. Das OLG Köln[2] hat sich dafür ausgesprochen, dass der Leasinggeber nicht für die Prozesskosten haftet, wenn der Lieferant insolvent wird, der vom Leasingnehmer gegenüber dem Lieferanten verfolgte Anspruch auf Rücktritt aber erfolgreich durchgesetzt werden kann. Ob dieser Auffassung zu folgen ist, erscheint fraglich. Zu bedenken ist in erster Linie, dass der BGH in seinem Urteil vom 10.11.1993[3] grundsätzlich davon ausgegangen ist, dass der Leasingnehmer – objektiv gewertet – ein Geschäft des Leasinggebers verfolgt, wenn und soweit er im Rahmen einer unwirksamen Abtretungskonstruktion die Prozessführung gegenüber dem Lieferanten des Leasingguts durchführt. Es macht aber in der Sache keinen Unterschied, ob eine unwirksame Freizeichnung des Leasinggebers das Ergebnis trägt, dass insoweit eine Geschäftsführung ohne Auftrag gemäß §§ 670, 683 BGB ein- 9

1 BGH v. 25.10.1989 – VIII ZR 105/88, NJW 1990, 314; BGH v. 10.11.1993 – VIII ZR 119/92, NJW 1994, 576.
2 OLG Köln v. 27.5.2004 – 15 U 8/04, NJW-RR 2005, 210, 211; *Weber*, NJW 2005, 2195, 2198.
3 BGH v. 10.11.1993 – VIII ZR 119/92, NJW 1994, 576, 578.

greift[1] oder ob der Rücktrittsprozess gemäß § 437 Nr. 2 BGB deswegen geführt wird, um wegen der Mangelhaftigkeit des Leasingguts den Fortfall der Geschäftsgrundlage gemäß § 313 Abs. 1 BGB herbeizuführen[2]. Denn das Risiko der Insolvenz des Lieferanten des Leasingguts ist **uneingeschränkt** dem Leasinggeber zuzuweisen[3]. Daraus folgt in der Sache, dass der Leasingnehmer nur insoweit das Prozesskostenrisiko trägt, als er den aus abgetretenem Recht geführten Rechtsstreit gegenüber dem Lieferanten verliert; dann bleibt es bei der allgemeinen Kostenregelung des § 91 ZPO. Denn der Leasingnehmer hätte dieses Risiko auch dann zu tragen, wenn er den Anspruch wegen angeblicher Mangelhaftigkeit des Leasingguts unmittelbar gegenüber dem Leasinggeber gemäß §§ 536 f. BGB verfolgen würde. Daraus folgt des Weiteren: Die Tatsache, dass der Leasingnehmer den Lieferanten des Leasingguts ausgesucht hat, ist für die mietrechtlich zu verortende Risikoverteilung des Leasingvertrages irrelevant[4].

bb) Beachtung des Transparenzgebots

10 Dies löst unmittelbar die Frage aus, ob es mit dem Transparenzgebot des § 307 Abs. 1 Satz 2 BGB vereinbar ist, wenn der Leasinggeber in den Leasing-AGB generell und damit **ausnahmslos** formularmäßig das Kostenrisiko im Rahmen der leasingtypischen Abtretungskonstruktion auf den Leasingnehmer überwälzt. Dies könnte man i.S.v. § 307 Abs. 2 Nr. 1 BGB nur dann rechtfertigen, wenn das (nicht vom Leasingnehmer zu tragende) Insolvenzrisiko des Lieferanten nicht bereits tatbestandlich im Rahmen der generell-abstrakten Bewertungsweise einer AGB-Klausel gemäß § 307 Abs. 2 Nr. 1 BGB berücksichtigt wäre. Dies aber erscheint zweifelhaft. Zwar ist einzuräumen, dass Ausnahmetatbestände bei der gebotenen Auslegung bzw. richterlichen Inhaltskontrolle von AGB-Klauseln außer Betracht zu lassen sind, die als untypisch und daher vom AGB-Verwender nicht zu bedenkende Fallkonstellation aufzufassen sind[5]. Dies aber wird man im Hinblick auf das Insolvenzrisiko des Lieferanten kaum bejahen dürfen. Daher ist eine Kostentragungsklausel zu Lasten des Leasingnehmers nur dann mit § 307 Abs. 2 Nr. 1 BGB vereinbar, wenn sie den Tatbestand der Insolvenz des Lieferanten eindeutig und transparent aus der Klauselgestaltung ausklammert.

1 BGH v. 25.10.1989 – VIII ZR 105/88, NJW 1990, 314, 317.
2 BGH v. 10.11.1993 – VIII ZR 119/92, NJW 1994, 576, 578.
3 Mit Recht auch *Beckmann*, § 7 Rz. 66; a.M. *Weber*, NJW 2005, 2195, 2198.
4 A.M. *Weber*, NJW 2005, 2195, 2198.
5 BGH v. 20.10.1992 – X ZR 74/91, NJW 1993, 658; *Palandt/Heinrichs*, vor § 307 BGB Rz. 9.

3. Weisungsrecht des Leasinggebers

a) Bestehen eines Auftragsverhältnisses?

In der Literatur wird gelegentlich die Auffassung vertreten, die leasingtypische Abtretungskonstruktion führe dazu, dass zwischen Leasinggeber und Leasingnehmer ein Auftragsverhältnis i.S.d. §§ 662 ff. BGB entsteht[1]. Das erscheint zweifelhaft. Einzuräumen ist zunächst, dass der BGH entschieden hat, dem Leasingnehmer gegenüber dem Leasinggeber einen Anspruch auf Erstattung der Prozesskosten aus Geschäftsführung ohne Auftrag gemäß §§ 670, 683 BGB zuzuweisen, sofern die leasingtypische Abtretungskonstruktion – und damit die Haftungsfreizeichnung des Leasinggebers – gemäß § 307 Abs. 2 Nr. 1 BGB **unwirksam** ist[2]. Daraus aber wird man schwerlich ableiten dürfen, dass die leasingtypische Abtretungskonstruktion ganz generell dazu führt, zwischen Leasinggeber und Leasingnehmer ein Auftragsverhältnis gemäß §§ 662 ff. BGB zu begründen. Dazu besteht auch gar kein Anlass. Es reicht vielmehr aus, aus dieser Abtretungskonstruktion i.S.v. § 241 Abs. 2 BGB zu folgern, dass der Leasingnehmer im Rahmen der Anspruchs- und Rechtsverfolgung gegenüber dem Lieferanten des Leasingguts verpflichtet ist, auf die berechtigten Interessen des Leasinggebers in angemessener Weise Rücksicht zu nehmen. Daher sind entsprechende geeignete Informationen gegenüber dem Leasinggeber eingefordert, um diesen zeitnah davon in Kenntnis zu setzen, wie sich die Rechtsverfolgung zwischen Leasingnehmer und Lieferant im Einzelnen gestaltet. Der Charakter einer dadurch statuierten **Nebenpflicht** entspricht dogmatisch wesentlich einsichtiger der grundsätzlich zu bejahenden mietvertraglichen Qualifikation des Leasings i.S.d. §§ 535 ff. BGB. Dass dann etwas anderes gilt, wenn die leasingtypische Abtretungskonstruktion an § 307 Abs. 2 Nr. 1 BGB scheitert, liegt auf der Hand, weil ja dann eine Rechtsgrundlage dafür erforderlich ist, das Handeln des Leasingnehmers – und seine Anspruchs- und Rechtsverfolgung gegenüber dem Lieferanten des Leasingguts – im Verhältnis zum Leasinggeber zu legitimieren[3]. Demzufolge ist der aus § 670 BGB, notfalls aus § 683 BGB abzuleitende Kostenerstattungsanspruch des Leasingnehmers gegenüber dem Leasinggeber auf die Fälle zu beschränken, dass der dem Leasingnehmer gemäß § 91 ZPO gegenüber dem Lieferanten zustehende Kostenerstattungsanspruch nicht durchsetzbar ist[4]. 11

b) Klage im Rahmen der Rückabwicklung gemäß § 437 Nr. 2 BGB

Weiter folgt aus dem Grundsatz angemessener Interessenwahrung, wie er in § 241 Abs. 2 BGB zugunsten des Leasinggebers seinen Niederschlag ge- 12

1 *Beckmann*, § 7 Rz. 63 ff.; vgl. auch MünchKomm./*Habersack*, Leasing Rz. 101.
2 BGH v. 10.11.1993 – VIII ZR 119/92, NJW 1984, 576, 578.
3 Im Ganzen a.M. wohl *Beckmann*, § 7 Rz. 63 ff.
4 Mit Recht MünchKomm./*Habersack*, Leasing Rz. 101.

funden hat, dass der Leasingnehmer verpflichtet ist, im Rahmen der Rückabwicklung des Liefervertrages Rückzahlung des an den Lieferanten gezahlten Kaufpreises unmittelbar an den **Leasinggeber** zu verlangen[1]. Besteht also eine entsprechende „Weisung" in den Leasing-AGB, so ist sie gemäß § 307 Abs. 2 Nr. 1 BGB völlig unbedenklich. Denn mit Zugang der wirksamen Rücktrittserklärung des Leasingnehmers gegenüber dem Lieferanten i.S.v. § 437 Nr. 2 BGB entsteht der Anspruch des Leasinggebers, Zug um Zug gegen Rückzahlung des Kaufpreises das Leasinggut zurückzuerhalten[2]. Demzufolge fügt es sich in dieses dogmatische Geflecht ohne weiteres ein, wenn der Leasingnehmer verpflichtet wird, durch einen entsprechenden **Klageantrag** sicherzustellen, dass der Kaufpreis im Rahmen von § 437 Nr. 2 BGB i.V.m. dem §§ 346 ff. BGB unmittelbar an den Leasinggeber erstattet wird (im Einzelnen Kap. H Rz. 144 ff.). Fehlt indessen eine entsprechende Klausel und damit auch eine „Weisung" des Leasinggebers, dann ergeben sich unter Beachtung der Pflichten aus § 241 Abs. 2 BGB keine anderen Erwägungen: Auch in diesem Fall ist der Leasingnehmer verpflichtet, einen Klageantrag dahin zu stellen, dass die Rückzahlung des Kaufpreises unmittelbar an den Leasinggeber zu leisten ist. Denn nur so kann der Leasingnehmer seiner Pflicht zur Wahrung der Interessen des Leasinggebers ordnungsgemäß nachkommen.

13 Daraus folgt gleichzeitig: Wenn kein entsprechender Klageantrag des Leasingnehmers auf Rückzahlung des Kaufpreises an den Leasinggeber gestellt wird, ist die Klage deswegen **unbegründet**, weil sie dann die sich aus der Abtretungskonstruktion ergebende Konsequenz der §§ 346 ff. BGB missachtet. Es geht nämlich um die rechtlich zutreffende Bewältigung des Vertragsverhältnisses zwischen Leasinggeber und Lieferanten. Dieser Lösungsansatz ist auch gegenüber der Gewährung eines etwaigen Schadensersatzanspruchs nach §§ 241 Abs. 2, 280 Abs. 1 BGB vorzugswürdig. Denn es ist im Rahmen der Abtretungskonstruktion nicht zu erkennen, dass der Leasingnehmer berechtigt sein sollte, Rückzahlung an sich selbst zu fordern, so dass die Sanktion eines Ersatzanspruchs nach § 280 Abs. 1 BGB hier zu kurz greift. Dass nämlich der Leasingnehmer verpflichtet ist, den etwa erhaltenen Kaufpreis an den Leasinggeber umgehend auszukehren, ist evident und folgt letztlich auch aus dem Verbot der ungerechtfertigten Bereicherung nach den §§ 812 ff. BGB (Rz. 157 ff.).

c) Unwirksame Weisung

14 Sollte in den Leasing-AGB die Pflicht des Leasingnehmers verankert werden, auf Weisung des Leasinggebers im Einzelfall bestimmte Rechtsbehelfe i.S.v. § 437 BGB gegenüber dem Lieferanten wegen einer behaupteten Man-

---

1 Vgl. BGH v. 16.9.1981 – VIII ZR 265/80, WM 1981, 1219, 1220; insbesondere auch BGH v. 27.2.1985 – VIII ZR 328/83, NJW 1995, 1535.
2 *Wolf/Eckert/Ball*, Rz. 1871.

gelhaftigkeit des Leasingguts geltend zu machen, so wäre dies mit der von der Rechtsprechung des BGH zu Recht geforderten unbedingten, vorbehaltlosen Abtretung[1] der Ansprüche/Rechte des Leasinggebers an den Leasingnehmer unvereinbar. Da nämlich der Leasingnehmer das Leasinggut – wie ein Mieter – zu nutzen berechtigt ist, hat er auch ein eigenes vitales Interesse daran, darüber zu befinden, welche Ansprüche/Rechte er im Rahmen von § 437 BGB gegenüber dem Lieferanten des Leasingguts aufgrund der leasingtypischen Abtretungskonstruktion im Fall einer Mangelhaftigkeit des Leasingguts geltend macht[2].

Dabei ist hinzuzufügen: Ist der Leasingnehmer **Verbraucher** i.S.v. § 13 BGB, dann scheitert die hier untersuchte Klausel in den Leasing-AGB unmittelbar an den zwingenden Bestimmungen des **Verbrauchsgüterkaufs** gemäß §§ 474 ff. BGB (Kap. L Rz. 39 ff.), weil die dem Leasingnehmer zustehenden Rechte nicht entgegen der zwingenden Norm von § 475 Abs. 1 BGB in irgendeiner Weise eingeschränkt oder verkürzt werden dürfen[3]. 15

II. Abtretungskonstruktion – Gestaltungsrechte § 437 Nr. 2 BGB

1. Auswirkungen der Schuldrechtsmodernisierung

a) Zulässigkeit der Abtretungskonstruktion

An anderer Stelle ist die Frage aufgeworfen worden[4], ob die leasingtypische Abtretungskonstruktion aufrecht erhalten werden kann, nachdem der Gesetzgeber in § 437 Nr. 2 BGB das Rücktritts- und Minderungsrecht als **Gestaltungsrecht** ausgeprägt hat[5]. Dass im Rahmen der leasingtypischen Abtretungskonstruktion der Anspruch auf **Nacherfüllung** gemäß § 437 Nr. 1 BGB in wirksamer Weise abgetreten werden kann, ist indessen auch unter dem Diktat der Schuldrechtsreform ebenso unstrittig und unbedenklich wie die Tatsache, dass auch der Schadensersatzanspruch gemäß § 437 Nr. 3 BGB einer Abtretung zugänglich ist[6]. Der BGH hat sich zu dieser Frage, ob Gestaltungsrechte nach § 437 Nr. 2 BGB wirksam abgetreten werden können, noch nicht äußern können[7]. In der Sache geht es darum, ob das Rücktritts- und Minderungsrecht als **unselbständiges Gestaltungsrecht** isoliert – also: ohne Übertragung der Käuferstellung im Ganzen – übertragbar 16

1 BGH v. 25.10.1989 – VIII ZR 105/88, ZIP 1990, 175, 177.
2 Im Ergebnis auch *Beckmann*, § 2 Rz. 127.
3 Statt aller *Erman/Grunewald*, § 475 BGB Rz. 2 ff.
4 *Graf von Westphalen*, ZIP 2001, 2258, 2263; *Graf von Westphalen*, ZGS 2002, 64 ff.
5 A.M. *Beckmann*, FLF 2002, 46, 48 f.; MünchKomm./*Habersack*, Leasing Rz. 80; *Staudinger/Stoffels*, Leasing Rz. 215; *Zahn*, DB 2002, 985, 986; *Löbbe*, BB-Beilage Nr. 6/2003, S. 7 f.
6 AGB-Klauselwerke/*Graf von Westphalen*, Leasing Rz. 114; MünchKomm./*Habersack*, Leasing Rz. 81.
7 Vgl. *Wolf/Eckert/Ball*, Rz. 1823 ff.

ist[1]. Überwiegend werden jedoch gegen die Beibehaltung der leasingtypischen Abtretungskonstruktion – trotz der Neugestaltung von § 437 Nr. 2 BGB – keine durchgreifenden Bedenken in der Literatur geltend gemacht[2]. Dabei wird im Kern darauf hingewiesen, dass die isolierte Abtretung eines Gestaltungsrechts nach der bisherigen BGH-Judikatur nicht umfassend ausgeschlossen ist[3]. Dem ist – unter Aufgabe der früher geäußerten Auffassung[4] – künftig zu folgen. Jedenfalls im Zusammenhang mit der leasingtypischen Abtretungskonstruktion, bei der dem Leasingnehmer neben dem Recht auf Minderung und Rücktritt auch die Ansprüche auf Nacherfüllung/Ersatzlieferung und Schadensersatz abgetreten werden[5], wird man dogmatische Bedenken gegen die Beibehaltung der Abtretungskonstruktion nicht weiter verfolgen müssen. Denn der Leasingnehmer erhält hier die Gläubigerstellung des Käufers in ihrem vollen Umfang, weil während der Gewährleistungsfrist des § 438 BGB der Leasingnehmer im Rahmen und auf Grund der Abtretungskonstruktion wie ein Käufer behandelt wird. Das muss ausreichend sein, weil es hier nicht darum geht, allein die Gestaltungsrechte des § 437 Nr. 2 BGB an den Leasingnehmer zu zedieren. Vielmehr sind diese Teil des „Gesamtpakets", welches die Abtretungskonstruktion im Blick auf Rechte und Ansprüche vom Leasinggeber auf den Leasingnehmer transferiert.

b) Alternativ: Ermächtigungskonstruktion betreffend die Rechte aus § 437 Nr. 2 BGB

17 Freilich bestehen – gegenläufig argumentiert sowie aus Gründen äußerster Vorsicht formuliert – keine Bedenken dagegen, die leasingtypische Abtretungskonstruktion auf Ansprüche der Nacherfüllung/Ersatzlieferung gemäß § 437 Nr. 1 BGB sowie auf den Anspruch auf Schadensersatz gemäß § 437 Nr. 3 BGB zu konzentrieren, so dass dann – isoliert im Hinblick auf Minderungs- und Rücktrittsrechte gemäß § 437 Nr. 2 BGB – anstelle der leasingtypischen Abtretungskonstruktion die **Ermächtigungskonstruktion** gewählt wird[6]. Jedenfalls ist dieser Ansatzpunkt aus dogmatischen und praktischen Gründen allemal zu bevorzugen gegenüber der Konstruktion,

1 Hierzu BGH v. 1.6.1973 – V ZR 134/72, NJW 1973, 1793 – vertragliches Rücktrittsrecht zusammen mit Kaufpreisforderung: übertragbar; BGH v. 11.7.1985 – VII ZR 52/83, NJW 1985, 2822 – Minderungsrecht beim Werkvertrag: übertragbar; Frage als „irrelevant" bezeichnend MünchKomm./*Habersack*, Leasing Rz. 80; *Wolf/Eckert/Ball*, Rz. 1825; *Beckmann*, § 2 Rz. 110.

2 *Beckmann*, § 2 Rz. 110; *Palandt/Weidenkaff*, vor § 535 BGB Rz. 56; *Tiedtke/Möllmann*, DB 2004, 583; *Erman/Jendrek*, Anh. zu § 535 BGB Rz. 28; MünchKomm./*Basedow*, § 307 BGB Rz. 90; *Schmidt*, in Ulmer/Brandner/Hensen, Anh. zu § 310 BGB Rz. 530.

3 *Palandt/Grüneberg*, § 413 BGB Rz. 7; *Erman/Jendrek*, Anh. zu § 535 BGB Rz. 530.

4 AGB-Klauselwerke/*Graf von Westphalen*, Leasing Rz. 514 f.; vgl. auch *Graf von Westphalen*, DB 2001, 1291, 1292.

5 *Wolf/Eckert/Ball*, Rz. 1825.

6 AGB-Klauselwerke/*Graf von Westphalen*, Leasing Rz. 115 f.

eine nach § 307 Abs. 2 Nr. 1 BGB unwirksame Abtretungskonstruktion in eine Ermächtigungskonstruktion gemäß § 185 BGB umzudeuten[1]. Denn das geht entschieden zu weit und ist mit anerkannten Prinzipien der Auslegung nicht vereinbar, weil die Ermächtigungskonstruktion, wie noch zu zeigen (Rz. 19), an § 307 Abs. 2 Nr. 1 BGB zerbricht. Sie gestattet nämlich dem Leasingnehmer nicht, seinen erlittenen Eigenschaden gegenüber dem Lieferanten geltend zu machen, weil nach § 185 BGB der Leasingnehmer nur berechtigt ist, den Eigenschaden des Leasinggebers zu reklamieren.

Davon unabhängig ist im Ansatz die Auffassung zu stützen, dass der Leasinggeber als AGB-Verwender verpflichtet ist, sich an einer – unwirksamen – Klausel festhalten zu lassen, weil er als Verwender nicht berechtigt ist, die **Unwirksamkeit** gemäß § 307 Abs. 2 Nr. 1 BGB für sich zu reklamieren, da dieser Schutz nur dem Kunden zusteht[2]. Man kann auch weitergehend sagen, dass im Fall einer unwirksamen Abtretungskonstruktion der Leasingnehmer als Geschäftsführer ohne Auftrag tätig wird und folglich Ersatz seiner Aufwendungen gemäß § 670 BGB reklamieren kann[3]. Doch eine solche nach § 140 BGB in Betracht gezogene **Umdeutung** scheitert zwingend daran, dass eine gegen § 307 Abs. 2 Nr. 1 BGB verstoßende Abtretungskonstruktion dazu führt, gemäß § 306 Abs. 2 BGB die mietvertragliche Eigenhaftung des Leasinggebers gemäß §§ 536 f. BGB wieder zum Zug zu bringen[4]. Für eine Umdeutung gemäß § 140 BGB besteht also keine Basis[5]. Auch verstößt der Rekurs auf § 140 BGB in fundamentaler Weise gegen das Verbot der geltungserhaltenden Reduktion[6]. 18

c) Bedenken gegen umfassende Ermächtigungskonstruktion – Schadensersatzansprüche

Hinzu tritt ein weiterer Gedanke, der ganz allgemein gegen die generelle Wirksamkeit/Praktikabilität einer Ermächtigungskonstruktion vorzubringen ist. Erfasst nämlich die Ermächtigungskonstruktion gemäß § 185 BGB den aus § 437 Nr. 3 BGB folgenden Schadensersatzanspruch, so zielt dieser darauf ab, dass dann der Leasingnehmer ermächtigt ist, den Schaden geltend zu machen, der dem Leasinggeber entstanden ist[7]. Dann aber bleibt der Leasingnehmer auf seinem Eigenschaden sitzen, was allemal – im Vergleich zur leasingtypischen Abtretungskonstruktion – eine unangemessene Benachteiligung i.S.v. § 307 Abs. 2 Nr. 1 BGB ist[8]. Eine solche – eingeschränkte – Rechtsposition ist aber deswegen eine unangemessene Benach- 19

---

1 So aber BGH v. 9.7.2002, NJW-RR 2003, 51.
2 BGH v. 9.7.2002 – X ZR 70/00, NJW-RR 2003, 51, 52.
3 BGH v. 9.7.2002 – X ZR 70/00, NJW-RR 2003, 51, 52.
4 BGH v. 21.12.2005 – VIII ZR 85/05, ZIP 2006, 1001 m.w.N.
5 Auch *Beckmann*, § 2 Rz. 111.
6 *Palandt/Heinrichs*, vor § 307 BGB Rz. 8 m.w.N.
7 Hierzu *Palandt/Heinrichs*, § 185 BGB Rz. 13.
8 Mit Recht auch *Wolf/Eckert/Ball*, Rz. 1826.

teiligung des Leasingnehmers i.S.v. § 307 Abs. 2 Nr. 1 BGB, weil ja der Leasinggeber seine mietvertragliche Eigenhaftung gemäß §§ 536 f. BGB abbedingt, so dass dem Leasingnehmer lediglich die Ansprüche/Rechte verbleiben, zu deren Geltendmachung er ermächtigt ist bzw. die ihm abgetreten sind. Daher ist – wenn denn überhaupt – die leasingtypische Ermächtigungskonstruktion nur isoliert in den Fällen praktikabel, in denen es sich um die Geltendmachung von Minderungs- und Rücktrittsrechten gemäß § 437 Nr. 2 BGB handelt[1].

2. Wirksamkeitsgrenzen der Lieferanten-AGB – Unternehmerischer Geschäftsverkehr

20 Geht man davon aus, dass der Leasinggeber nach der hier vertretenen Ansicht auch insoweit als AGB-Verwender zu behandeln ist (Kap. C Rz. 44), als die Lieferanten-AGB in Rede stehen, dann ergeben sich verschiedene Fallkonstellationen, die im Blick auf die Wirksamkeitsgrenzen dieser AGB im Auge zu behalten sind. Denn die Unwirksamkeit der AGB hat die Konsequenz des § 306 Abs. 2 BGB und führt damit zum Wiederaufleben der mietvertraglichen Eigenhaftung des Leasinggebers.

a) Anspruch auf Nacherfüllung

aa) Wahlrecht des Lieferanten oder des Leasingnehmers

21 Nach § 439 Abs. 1 BGB gilt, dass der Käufer – also: im Rahmen der leasingtypischen Abtretungskonstruktion: der Leasingnehmer – berechtigt ist, nach seiner **Wahl** entweder die Beseitigung des Mangels oder die Lieferung einer mangelfreien Sache (Ersatzlieferung) zu verlangen. Auf die besonderen Probleme, die beim **Verbraucherleasing** in diesem Punkt aus § 475 Abs. 1 BGB herzuleiten ist, sei verwiesen (Kap. L Rz. 172). Hier allein zu behandeln sind Fragen des unternehmerischen Geschäftsverkehrs. Es stellt sich daher die doppelte Frage: Kann der Lieferant in seinen AGB ohne Verstoß gegen § 307 Abs. 2 Nr. 1 BGB das Wahlrecht des § 439 Abs. 1 BGB vom Käufer/Leasingnehmer auf sich selbst verlagern? Ist es im Rahmen eines Finanzierungsleasingvertrages mit § 307 Abs. 2 Nr. 1 BGB vereinbar, wenn der Lieferant – und damit: der Leasinggeber als AGB-Verwender – den Anspruch auf **Ersatzlieferung** abbedingt, um den Leasingnehmer im Fall der Mangelhaftigkeit des Leasingguts ausschließlich auf einen Anspruch auf Mangelbeseitigung zu verweisen?

22 Man könnte angesichts des Wortlauts von § 439 Abs. 1 BGB daran denken, dass es mit § 307 Abs. 2 Nr. 1 BGB nicht vereinbar ist, wenn der Lieferant in seinen AGB bestimmt, dass er selbst darüber befinden soll, ob im Fall eines Mangels eine Nachbesserung oder eine Ersatzlieferung stattfindet.

1 Vgl. auch *Wolf/Eckert/Ball*, Rz. 1827.

Denn der Tatbestand der Schlechterfüllung i.S.v. § 433 Abs. 1 Satz 2 BGB ist damit bereits indiziert, so dass der Käufer/Leasingnehmer **anspruchsberechtigt** ist. Doch auf der anderen Seite gilt es, auch die Interessen des Lieferanten bei der nach § 307 Abs. 2 Nr. 1 BGB erforderlichen Abwägung der beiderseitigen Interessen[1] im Auge zu behalten. Er kann – jedenfalls im unternehmerischen Verkehr – in der Regel sachverständiger darüber befinden, ob es der jeweilige Mangel des Leasinggutes rechtfertigt, eine Mangelbeseitigung zu versuchen, oder ob es angezeigt ist, sogleich auf eine Ersatzlieferung zurückzugreifen. Berücksichtigt man also, was im Rahmen von § 307 Abs. 2 Nr. 1 BGB stets geboten ist[2], die beiderseitigen Interessen, so fehlt im Zweifel eine unangemessene Benachteiligung i.S.d. § 307 Abs. 2 Nr. 1 BGB, wenn der Lieferant das in § 439 Abs. 1 BGB vorgesehene Wahlrecht behält[3].

bb) Keine wirksame Abbedingung des Rechts auf Ersatzlieferung nach § 439 Abs. 1 BGB

Demgegenüber erscheint es mit § 307 Abs. 2 Nr. 1 BGB **unvereinbar**, wenn 23
in den Lieferanten-AGB das Recht des Käufers/Leasingnehmers, Ersatzlieferung gemäß § 439 Abs. 1 BGB zu reklamieren, abbedungen wird. In der Literatur wird freilich diese Frage verschiedentlich bejaht[4]. Ob dieser Auffassung auch unter Beachtung des Besonderheiten des unternehmerischen Verkehrs zu folgen ist, scheint allerdings sehr zweifelhaft[5]. Zunächst ist darauf aufmerksam zu machen, dass die bisherige Rechtsprechung des BGH davon ausgeht, dass die leasingtypische Abtretungsform nur dann mit § 307 Abs. 2 Nr. 1 BGB vereinbar ist, wenn der Leasinggeber dem Leasingnehmer – anstelle der mietrechtlichen Freizeichnung – alle kaufrechtlichen Mängelansprüche gemäß § 437 BGB abtritt, die ihm, dem Leasinggeber, gegenüber dem Lieferanten des Leasingguts zustehen[6]. Diese Mängelansprüche und Mängelrechte müssen dem Leasingnehmer vorbehaltlos, unmittelbar und unbedingt im Rahmen einer Zession zur Verfügung stehen[7]. Daran aber fehlt es, wenn dem Leasingnehmer im Rahmen der leasingtypischen Abtretungskonstruktion lediglich der Anspruch auf Nacherfüllung in Form der **Mangelbeseitigung** gemäß § 439 Abs. 1 BGB verbleibt, nicht aber der auf Ersatzlieferung. Zwar hat der BGH diese Frage noch nicht abschließend und präjudiziell in diesem Sinn entscheiden.

---

1 *Palandt/Heinrichs*, § 307 BGB Rz. 9 f.
2 *Palandt/Heinrichs*, § 307 BGB Rz. 9 f.
3 So auch *Wolf/Eckert/Ball*, Rz. 1815.
4 *Beckmann*, § 2 Rz. 320; *Zahn*, DB 2002, 985, 988 f.; *Godefroid*, BB-Beilage Nr. 5/2002, S. 6; *Palandt/Grüneberg*, § 309 BGB Rz. 61.
5 *Graf von Westphalen*, ZGS 2007, 219 ff.
6 *Wolf/Eckert/Ball*, Rz. 1814 f.; a.M. auch *Habersack*, BB-Beilage Nr. 6/2003, S. 2, 6; *Löbbe*, BB-Beilage Nr. 6/2003, S. 7, 10.
7 BGH v. 17.12.1986 – VIII ZR 279/85, ZIP 1987, 240, 241; BGH v. 27.4.1988 – VIII ZR 84/87, WM 1988, 979, 982; BGH v. 25.10.1989 – VIII ZR 105/88, ZIP 1990, 175, 177; BGH v. 21.12.2005 – VIII ZR 85/05, ZIP 2006, 1001, 1002.

Doch liegt es in der Logik der Entscheidungstendenz der BGH-Judikatur, eine dem Leasingnehmer nachteilige Abweichung von der Gesamtheit der Rechte/Ansprüche des § 437 BGB nicht hinzunehmen, weil damit die mietvertragliche Eigenhaftung des Leasinggebers nicht hinreichend kompensiert wird[1]. Dies aber ist dann – auch in Bezug auf den Ausschluss des Rechts auf Ersatzlieferung – nach § 307 Abs. 2 Nr. 1 BGB nicht hinzunehmen.

24 So gesehen macht es keinen entscheidenden Unterschied, ob eine Abbedingung des Anspruchs auf **Ersatzlieferung** in den Lieferanten-AGB oder den Leasing-AGB enthalten ist[2]. Denn nach der hier vertretenen Auffassung (Kap. C Rz. 44) ist der Leasingnehmer – auch im Hinblick auf die vom Lieferanten einbezogenen Lieferanten-AGB – AGB-Verwender, so dass die Argumentationskette, der Leasingnehmer sei in Wirklichkeit nicht „Käufer", sondern lediglich „Mieter", schon im Ansatz nicht überzeugt[3]. Die hiermit zusammenhängenden, weiteren Einzelheiten sollen als Sonderproblem weiter unten behandelt werden (Rz. 180 ff.).

cc) Übernahme der Mangelbeseitigungsaufwendungen – § 439 Abs. 2 BGB

25 Der Begriff der **Aufwendungen**, wie er in § 439 Abs. 2 BGB verwendet wird, entspricht dem Grundtatbestand des § 256 BGB[4]. Danach sind Aufwendungen freiwillige Vermögensopfer[5]. So gesehen ergibt sich ein Unterschied zum Schadensersatzanspruch gemäß §§ 249 ff. BGB, weil Schaden immer eine unfreiwillig erlittene Vermögenseinbuße darstellt[6]. Der **Umfang** der gemäß § 439 Abs. 2 BGB vom Lieferanten zu ersetzenden Aufwendungen ist beispielhaft in der Norm selbst aufgeführt; es handelt sich um Transport-, Wege-, Arbeits- und Materialkosten. Einvernehmen besteht darüber, dass die zum Zweck der Nachbesserung **erforderlichen** Aufwendungen/Kosten von § 439 Abs. 2 BGB erfasst werden, weil der Zweck der Norm dahin geht, dem Käufer keinerlei Belastungen aufzuerlegen[7]. Demzufolge fallen z.B. die Kosten für das erforderliche Aufstemmen von Wänden, um Wasserleitungen, Installationen etc. zu verlegen, in den Anwendungsbereich von § 439 Abs. 2 BGB[8]. Gleiches gilt für das Aufspüren der Schadensstelle[9]. Mithin sind auch **Schäden**, welche zwangsläufig bei Durchführung der Mangelbeseitigung am sonstigen Eigentum des Käufers auftreten, nach

---

1 BGH v. 21.12.2005 – VIII ZR 85/05, ZIP 2006, 1001.
2 *Graf von Westphalen*, ZIP 2001, 2258; *Beckmann*, § 2 Rz. 321 f.
3 So aber *Löbbe*, DB-Beilage Nr. 6/2003, S. 6, 10; im Ergebnis auch *Zahn*, DB 2002, 985, 991.
4 *Palandt/Weidenkaff*, § 439 BGB Rz. 10.
5 *Palandt/Heinrichs*, § 256 BGB Rz. 1.
6 *Palandt/Heinrichs*, § 249 BGB Rz. 4 ff.
7 *Erman/Grunewald*, § 439 BGB Rz. 4.
8 BGH v. 13.12.1962 – II ZR 196/60, NJW 1963, 805; BGH v. 13.12.1962 – II ZR 197/60, NJW 1963, 811.
9 BGH v. 23.1.1991 – VIII ZR 122/90, ZIP 1991, 802, 806; *Staudinger/Matusche-Beckmann*, § 439 BGB Rz. 32.

§ 439 Abs. 2 BGB zu erstatten[1]. Soweit der Käufer gehalten ist, im Rahmen der Mangelbeseitigung Dienste eines **Dritten** einzuschalten, gilt auch für diese Aufwendungen § 439 Abs. 2 BGB[2]. Hat der Käufer selbst die Mangeluntersuchung veranlasst, steht ihm ein Anspruch auf Erstattung seiner notwendigen Aufwendungen zu[3].

Es ist mit § 307 Abs. 2 Nr. 1 BGB unvereinbar, wenn der Lieferant die von 26
ihm im Rahmen der nach § 439 Abs. 2 BGB geschuldeten Mangelbeseitigung zu übernehmenden Aufwendungen/Kosten in ihren wesentlichen Teilen auf den Kunden überwälzt[4]. Im Kern wird diese Auffassung auch in der Literatur vertreten[5]. Man wird jedoch im Zweifel einen weiteren Schritt tun müssen: Es ist mit § 307 Abs. 2 Nr. 1 BGB auch nicht vereinbar, dass der Lieferant den aus § 439 Abs. 2 BGB folgenden **Erfüllungsanspruch** nur teilweise abbedingt, indem er vom Käufer/Leasingnehmer verlangt, wenigstens einen nicht unerheblichen, weil nicht nach § 307 Abs. 2 Nr. 1 BGB mehr angemessenen Teil der Mangelbeseitigungsaufwendungen zu tragen[6]. Nimmt man indessen eine Differenzierung an, wonach der Käufer/Leasingnehmer verpflichtet ist, alle weniger einschneidenden Teile der nach § 439 Abs. 2 BGB anfallenden Mangelbeseitigungsaufwendungen zu tragen, dann stellt sich unweigerlich die Frage, ob eine solche Vertragsgestaltung mit dem **Transparenzgebot** des § 307 Abs. 1 Satz 2 BGB noch vereinbar ist. Dies ist im Zweifel zu verneinen[7]. Denn eine plausible Abgrenzung der zu tragenden und der nicht mehr zu tragenden, weil vom Leasingnehmer zu übernehmenden Aufwendungen wird sich bei Beachtung einer generell-abstrakten Bewertung der Klausel angesichts der Vielfältigkeit der zu bewältigenden Situationen kaum vornehmen lassen. Des Weiteren gilt es zu überdenken, dass die Mangelbeseitigungsaufwendungen nach Ziff. 4.4 des Produkthaftpflicht-HUK-Modells versicherbar gestellt sind, was immer als wesentliches Argument dafür dienen kann, eine Abbedingung der insoweit entstehenden Aufwendungen als mit § 307 Abs. 1 BGB unvereinbar zu klassifizieren[8]. Denn es ist immer angemessener – und damit auch gerechter – den Lieferanten mit dessen Aufwendungen zu entlas-

---

1 BGH v. 13.12.1962 – II ZR 196/60, NJW 1963, 805; BGH v. 13.12.1962 – II ZR 197/60, NJW 1963, 811.

2 *Ehe*, BB 1972, 1387; im Einzelnen auch AGB-Klauselwerke/*Graf von Westphalen*, Mangelbeseitigung Rz. 25 f.

3 BGH v. 23.1.1991 – VIII ZR 122/90, ZIP 1991, 802, 806.

4 BGH v. 25.10.1995 – VIII ZR 258/94, NJW 1996, 389, 390; BGH v. 9.4.1981 – VII ZR 194/80, BB 1981, 935, 936; *Christensen*, in Ulmer/Brandner/Hensen, § 309 Nr. 8 BGB Rz. 86.

5 MünchKomm./*Kieninger*, § 309 Nr. 8 BGB Rz. 55; *Erman/Roloff*, § 309 BGB Rz. 108; *Palandt/Grüneberg*, § 309 BGB Rz. 66; im Einzelnen auch AGB-Klauselwerke/*Graf von Westphalen*, Mangelbeseitigung Rz. 31 ff.

6 *Christensen*, in Ulmer/Brandner/Hensen, § 309 Nr. 8 BGB Rz. 86; Erman/*Roloff*, § 309 BGB Rz. 108: AGB-Klauselwerke/*Graf von Westphalen*, Mangelbeseitigung Rz. 33.

7 AGB-Klauselwerke/*Graf von Westphalen*, Mangelbeseitigung Rz. 33.

8 AGB-Klauselwerke/*Graf von Westphalen*, Mangelbeseitigung Rz. 35.

ten, weil er in der Lage ist, das insoweit entstehende Risiko durch Abschluss einer Produkthaftpflicht-Versicherung zu decken, so dass die insoweit anfallende Prämie Kostenbestandteil ist und an die Masse der Kunden verteilt wird.

b) „Fehlschlagen“ der Mangelbeseitigung

aa) Allgemeines

27 Es ist allgemein anerkannt, dass der Verbotstatbestand von § 309 Nr. b bb BGB – wie auch aus § 440 BGB abzulesen – im unternehmerischen Verkehr gemäß § 307 Abs. 2 Nr. 1 BGB Geltung beansprucht[1]. Es gelten daher im unternehmerischen Verkehr die gleichen Erwägungen, die an anderer Stelle (Kap. L Rz. 133) für den Bereich des **Verbraucherleasing** dargestellt worden sind. Begriffsnotwendig setzt also das „Fehlschlagen“ der Mangelbeseitigung gemäß § 440 BGB voraus, dass der Lieferant dem Leasingnehmer zuvor Gelegenheit zur Mangelbeseitigung/Ersatzlieferung gewährt hat, soweit – diese Einschränkung ist selbstverständlich erforderlich – nicht ein Verweigern oder eine Unmöglichkeit der Nacherfüllung vorliegt, etwa weil die Nachlieferung wegen eines Konstruktionsfehlers ausgeschlossen ist[2]. Dies ist z.B. dann zu bejahen, wenn der Lieferant die Durchführung der Mangelbeseitigung verweigert[3], oder wenn sie aus Gründen, die der Lieferant zu vertreten hat, misslingt, weil dann dem Leasingnehmer nicht zuzumuten ist, sich auf weitere Mangelbeseitigungsversuche des Lieferanten einzulassen; dies ist regelmäßig dann zu bejahen, wenn sich die Durchführung der Mangelbeseitigung unzumutbar verzögert[4], insbesondere weil eine dem Lieferanten gesetzte angemessene Frist zur Mangelbeseitigung verstrichen ist. Welche Frist in diesem Zusammenhang angemessen ist, ist stets aufgrund der Umstände des Einzelfalls unter Abwägung der beiderseitigen Interessen zu entscheiden[5].

bb) Im Rahmen der Mangelbeseitigung

28 Nach § 440 Satz 2 BGB gilt die Mangelbeseitigung in Form der Nachbesserung grundsätzlich dann als „fehlgeschlagen“, wenn ein zweiter erfolgloser Versuch durchgeführt wurde[6]. Als Ansatzpunkt ist hier stets zu bedenken, dass die wesentlichen Erscheinungsformen des „Fehlschlagens“ der Nach-

---

1 BGH v. 22.3.1979 – VII ZR 142/78, BB 1979, 804; BGH v. 18.6.1979 – II ZR 65/78, BB 1980, 13; BGH v. 25.2.1981 – VIII ZR 35/80, BB 1981, 815; BGH v. 3.7.1985 – VIII ZR 152/84, NJW-RR 1986, 52, 53.

2 BGH v. 24.6.1974 – VII ZR 245/72, BB 1974, 1137; OLG Celle v. 28.1.1970 – 13 U 175/69, BB 1970, 513, 514.

3 BGH v. 22.3.1979 – VII ZR 142/78, BB 1979, 804.

4 Im Einzelnen *Christensen*, in Ulmer/Brandner/Hensen, § 309 Nr. 8 BGB Rz. 76; AGB-Klauselwerke/*Graf von Westphalen*, Mangelbeseitigung, Rz. 43 ff.

5 *Palandt/Heinrichs*, § 309 Rz. 62.

6 *Staudinger/Matusche-Beckmann*, § 440 BGB Rz. 10 f.

erfüllung die objektive oder subjektive Unmöglichkeit, die Unzulänglichkeit, die unberechtigte Verweigerung, die ungebührliche Verzögerung und der misslungene Versuch der Nacherfüllung ist[1]. Diese Konstellation hat für die Frage der **Transparenz** der Vertragsgestaltung gemäß § 307 Abs. 1 Satz 2 BGB kardinale Bedeutung. Denn die jeweilige Klausel in den Lieferanten-AGB ist nur dann mit § 307 Abs. 1 Satz 2 BGB vereinbar, wenn sie entweder – ganz pauschal – an die Fälle des „Fehlschlagens" der Nacherfüllung anknüpft oder wenn sie – stattdessen – alle Fälle aufführt, die entsprechend der dargestellten Differenzierung als Konstellationen zu behandeln sind, die dem „Fehlschlagen" der Nacherfüllung untergeordnet werden müssen[2].

cc) Im Rahmen der Ersatzlieferung

Hat der Leasingnehmer im Rahmen der Nacherfüllung auf den Rechtsbehelf der Ersatzlieferung zurückgegriffen, dann ist nach § 440 Satz 1 BGB nur dann von einem „Fehlschlagen" die Rede, wenn das ersatzweise gelieferte Leasinggut wiederum mangelhaft ist[3]. Doch verbieten sich auch hier generelle Aussagen. Daraus folgt gleichzeitig, dass es für gewöhnlich in Lieferanten-AGB nicht mit § 307 Abs. 2 Nr. 1 BGB vereinbar ist, wenn generell-abstrakt bestimmte Voraussetzungen formuliert werden, bei deren Vorliegen – unabhängig von den Umständen des Einzelfalls und der Wertung der beiderseitigen Interessen der Parteien – ein „Fehlschlagen" der Nacherfüllung angenommen wird[4]. 29

c) Bestehen weitergehender Ansprüche/Rechte

Die vorrangige Geltung des Rechts auf Nacherfüllung, wie es in § 439 Abs. 1 BGB verankert ist, ist in Lieferanten-AGB nur dann mit § 307 Abs. 2 Nr. 1 BGB vereinbar, wenn im Ergebnis sichergestellt ist, dass der Leasingnehmer das Recht hat, beim „Fehlschlagen" der Nacherfüllung **alternativ** auf das Rücktritts- oder Minderungsrecht entsprechend dem Vorbild des § 309 Nr. 8b bb BGB zurückzugreifen[5]. Nur durch die Einräumung dieser Rechte gemäß § 437 Nr. 2 BGB kann verhindert werden, dass der Leasingnehmer entgegen den Geboten von Treu und Glauben gemäß § 307 Abs. 2 Nr. 1 BGB unangemessen benachteiligt und damit im Ergebnis rechtlos ge- 30

---

1 BGH v. 2.2.1994 – VIII ZR 262/92, NJW 1994, 1004, 1005.
2 BGH v. 2.2.1994 – VIII ZR 262/92, NJW 1994, 1004, 1005.
3 OLG Hamburg v. 28.2.1974 – 8 U 176/73, MDR 1974, 577, 578; *Graf von Westphalen*, in Henssler/Graf von Westphalen, Praxis der Schuldrechtsreform, 2003, § 440 Rz. 26; a.M. *Faust*, in Bamberger/Roth, § 440 BGB Rz. 33.
4 BGH v. 29.10.1997 – VIII ZR 347/96, NJW 1998, 677 – drei Mangelbeseitigungsversuche: Verbraucher.
5 BGH v. 26.6.1991 – VIII ZR 231/90, ZIP 1991, 1362; *Christensen*, in Ulmer/Brandner/Hensen, § 309 Nr. 8 BGB Rz. 76; *Palandt/Grüneberg*, § 309 BGB Rz. 64; AGB-Klauselwerke/*Graf von Westphalen*, Mangelbeseitigung Rz. 65; MünchKomm./*Kieninger*, § 309 Nr. 8 BGB Rz. 47.

stellt wird[1]. Macht der Leasingnehmer im Rahmen der leasingtypischen Abtretungskonstruktion von seinem **Rücktritts- oder Minderungsrecht** Gebrauch, dann ergeben sich nach der hier vertretenen Auffassung (Rz. 144 ff.) die Rechtsfolgen aus § 313 Abs. 1 BGB; dem Leasingvertrag fehlt also von vornherein die Geschäftsgrundlage, so dass zwischen Leasinggeber und Leasingnehmer ein bereicherungsrechtlicher Ausgleich gemäß §§ 812 ff. BGB durchzuführen ist (Rz. 157). Da § 440 BGB auch den Anspruch des Leasingnehmers auf **Schadensersatz statt der Leistung** gemäß § 281 BGB in Stellung bringt, stellt sich die Frage, ob der Lieferant berechtigt ist, diesen Anspruch abzubedingen, ohne gegen § 307 Abs. 2 Nr. 1 BGB zu verstoßen. Dies wird an anderer Stelle verneint, so dass dem Leasingnehmer auch das Recht auf Ersatz des Schadens statt der Leistung zustehen muss und nicht in wirksamer Weise ausgeschlossen werden kann (Rz. 78).

3. Schadensersatzansprüche des Leasingnehmers – § 437 Nr. 3 BGB

31 Bei der Erörterung von Ansprüchen auf Schadensersatz ist streng zwischen den verschiedenen Ansprüchen auf Ersatz des Schadens zu differenzieren, je nachdem, ob es sich um solche handelt, die aus einer vertraglich begründeten Garantie resultieren, oder ob sie aus einer nach § 433 Abs. 1 Satz 2 BGB resultierenden Pflichtverletzung folgen, weil der Lieferant ein mangelhaftes Leasinggut geliefert hat.

a) Bestehen einer Garantie – Umfang und Inhalt der Abtretungskonstruktion

32 Aus § 443 Abs. 1 BGB folgt zwingend, dass etwaige Ansprüche, die aus einer Beschaffenheits- oder Haltbarkeitsgarantie gemäß § 443 Abs. 1 BGB resultieren, **unbeschadet** der gesetzlichen Ansprüche bestehen, wie sie im Fall des Sach- oder Rechtsmangels gemäß § 437 BGB vorgesehen sind[2]. Dabei ist stets zu bedenken, dass die Übernahme einer Garantie, wie sich aus § 276 Abs. 1 BGB ablesen lässt, auf einer vertraglichen Vereinbarung beruht, durch die die Rechte des Käufers wegen eines Mangels – im Vergleich zu den gesetzlichen Rechten – grundsätzlich **verstärkt** werden[3]. Dabei ist zunächst eine Abgrenzung gegenüber einer Beschaffenheitsvereinbarung nach § 343 Abs. 1 BGB zu vollziehen[4]. Anzuknüpfen ist insoweit an die

---

1 *Palandt/Grüneberg*, § 309 BGB Rz. 64; AGB-Klauselwerke/*Graf von Westphalen*, Mangelbeseitigung Rz. 65.

2 Grundlegend BGH v. 29.11.2006 – VIII ZR 92/06, NJW 2007, 1346; *Palandt/Weidenkaff*, § 443 BGB Rz. 21.

3 *Faust*, in Bamberger/Roth, § 443 BGB Rz. 6; *Staudinger/Matusche-Beckmann*, § 443 BGB Rz. 6.

4 BGH v. 29.11.2006 – VIII ZR 92/06, NJW 2007, 1346, 1347.

frühere Rechtsprechung des BGH zur Haftung wegen der Zusicherung einer Eigenschaft[1], wobei alle Umstände des Einzelfalls zu beachten sind. Gelangt man auf dieser Ebene zu einer Garantieerklärung, dann ist in einem zweiten Schritt gemäß §§ 133, 157 BGB zu ermitteln, ob es sich um eine **unselbständige Garantie** handelt, weil diese lediglich die gesetzliche Mängelhaftung erweitert, oder ob der Tatbestand einer **selbständigen Garantie** gegeben ist[2]. Denn von einer Garantie kann nur dann die Rede sein, wenn der Lieferant in vertraglich bindender Weise die Gewähr für das Vorhandensein einer bestimmten Eigenschaft der Sache übernimmt und gleichzeitig seine Bereitschaft erkennen lässt, für alle Folgen einzustehen, welche sich aus dem Fehlen der betreffenden Beschaffenheit des Leasingguts ableiten lassen, was vor allem auch die Dimension einer Haftung auf Ersatz des so entstandenen Schadens einschließt[3]. Sowohl bei einer Beschaffenheits- als auch bei einer Haltbarkeitsgarantie ergeben sich jedoch die dem Käufer zustehenden Rechte ausschließlich aus dem jeweiligen Garantieversprechen[4]. Es gelten die Regeln der §§ 249 ff. BGB. Auf die Einzelheiten kann hier nicht weiter eingegangen werden; es sei auf die Spezialliteratur verwiesen[5]. Doch im Rahmen eines Leasingvertrages stellen sich zwei Problemkreise, die sorgfältig analysiert werden müssen:

Gerade wegen der in § 443 Abs. 1 BGB niedergelegten **Unabhängigkeit** der 33
gesetzlichen Mängelrechte gegenüber Ansprüchen aus der jeweiligen **Beschaffenheits- oder Haltbarkeitsgarantie** stellt sich die Frage, ob sich eine leasingtypische Abtretungskonstruktion auch auf die in § 443 Abs. 1 BGB niedergelegten Garantien bezieht. Dies wird man nur dann unter Berücksichtigung allgemeiner Auslegungskriterien gemäß §§ 133, 157 BGB bejahen können, wenn die jeweilige Abtretungskonstruktion eindeutig klar ist, so dass dann der Leasingnehmer gegenüber dem Lieferanten – und auch gegen einen **Garantiegeber als Dritten** – die Rechte erhält, die Gegenstand des Garantieversprechens sind[6]. Bezieht sich etwa die Formulierung einer Abtretungskonstruktion lediglich auf etwaige „Gewährleistungsansprüche" oder auch nur auf „Mangelansprüche und Mangelrechte", dann ist im Zweifel davon auszugehen, dass die aus einer Beschaffenheits- oder Haltbarkeitsgarantie gemäß § 443 Abs. 1 BGB resultierenden Ansprüche dem Leasingnehmer nicht zustehen. Will also der Leasinggeber, was in der Sache unbedenklich ist, erreichen, dass die leasingtypische Abtretungskonstruktion auch die aus § 443 Abs. 1 BGB resultierenden Ansprüche erfasst,

1 BGH v. 29.11.2006 – VIII ZR 92/06, NJW 2007, 1346, 1348.
2 *Staudinger/Matusche-Beckmann*, § 443 BGB Rz. 12; *Erman/Grunewald*, § 443 BGB Rz. 13.
3 BGH v. 29.11.2006 – VIII ZR 92/06, NJW 2007, 1346, 1348.
4 *Erman/Grunewald*, § 443 BGB Rz. 9 ff.
5 *Palandt/Weidenkaff*, § 443 BGB Rz. 9 ff.; *Staudinger/Matusche-Beckmann* § 443 BGB Rz. 10 ff.; *Erman/Grunewald*, § 443 BGB Rz. 9 ff.
6 Im Einzelnen: *Graf von Westphalen*, ZIP 2001, 2258, 2263; *Beckmann*, § 2 Rz. 361.

dann ist es seine Sache, dies im Rahmen der Leasing-AGB eindeutig klarzustellen. Das Wort „Garantie" muss also in der Abtretungskonstruktion zweckmäßigerweise verwendet werden, um keine vermeidbaren Unklarheiten entstehen zu lassen.

b) Anspruchsberechtigung aus einer Garantie – „Sondervereinbarungen"

34 Liegen derartige Garantiezusagen – gleichgültig, ob es sich um selbständige oder unselbständige Erklärungen oder um Beschaffenheits- oder Haltbarkeitsgarantie handelt – vor[1], dann ist des Weiteren exakt nach den §§ 133, 157 BGB zu prüfen, ob diese Erklärungen des Lieferanten auch dem **Leasinggeber** zuzurechnen sind. Dies ist nur dann zu bejahen, wenn die weiter oben im Einzelnen dargestellten Voraussetzungen (Kap. C Rz. 98 ff.) vorliegen, weil der Lieferant als Verhandlungs- und Erfüllungsgehilfe des Leasinggebers anzusehen ist. Trifft dies nicht zu, sind diese Erklärungen für den Leasinggeber nicht verpflichtend. Es handelt sich dann um „Sondervereinbarungen", welche nur den Lieferanten verpflichten (Kap. C Rz. 105 ff.).

c) Grenzen der Freizeichnung in den Lieferanten-AGB – § 444 BGB

35 Soweit etwaige **Haftungsfreizeichnungsklauseln** in den Lieferanten-AGB oder auch auf Basis einer individualvertraglichen Regelung – nichts anderes gilt für entsprechende Klauseln in den Leasing-AGB – enthalten sind, ist stets zu prüfen, ob diese unter Berücksichtigung der Wertungskriterien von § 444 BGB wirksam sind. Dies kann nur in der Weise ermittelt werden, dass zunächst im Rahmen von § 276 Abs. 1 BGB festgestellt wird[2], welchen inhaltlichen Umfang die jeweilige Garantiezusage des Lieferanten gegenüber dem Leasingnehmer aufweist[3]. Es geht also darum, tatbestandlich festzustellen, ob es sich lediglich um eine verschuldensunabhängige Einstandspflicht handelt[4], die dann regelmäßig auch den Charakter einer unselbständigen Garantie entfaltet, oder ob ein selbständiges Garantieversprechen gegeben ist[5]. Letzteres ist nur dann anzunehmen, wenn festgestellt werden kann, dass die Garantieerklärung des Lieferanten einen selbständigen, verschuldensunabhängigen Vertrag widerspiegelt[6]. Je nach dem gefundenen Ergebnis der Auslegung steht dann gemäß § 444 BGB fest: Soweit der inhaltliche Umfang der jeweiligen Garantieerklärung reicht, ist eine Haftungsfreizeichnung unwirksam[7]. Dabei macht es keinen Unter-

1 Hierzu BGH v. 29.11.2006 – VIII ZR 92/06, NJW 2007, 1346, 1348.
2 Grundlegend BGH v. 29.11.2006 – VIII ZR 92/06, NJW 2007, 1346 – Garantieübernahme bei einem Pkw-Verkauf.
3 Im Einzelnen: *Erman/Westermann*, § 276 BGB Rz. 23 f.; *Palandt/Heinrichs*, § 276 BGB Rz. 29.
4 BGH v. 29.11.2006 – VIII ZR 92/06, NJW 2007, 1346, 1348; AnwKomm./*Dauner-Lieb*, § 276 BGB Rz. 18 ff.
5 *Palandt/Weidenkaff*, § 443 BGB Rz. 10 f.
6 *Palandt/Sprau*, vor § 765 BGB Rz. 16.
7 *Palandt/Weidenkaff*, § 444 BGB Rz. 12 f.

schied, ob es sich um eine individualvertragliche oder eine formularmäßige Erklärung gemäß § 305 Abs. 1 Satz 1 BGB handelt. Denn Ziel und Zweck von § 444 BGB besteht darin, im Umfang der jeweils übernommenen Garantiehaftung eine Freizeichnung zu unterbinden. Damit ist gleichzeitig vorgegeben, dass auch eine **Haftungsbegrenzungsklausel** dann an § 444 BGB scheitert, wenn und soweit sie – jeweils durch Auslegung gemäß §§ 133, 157 BGB zu ermitteln – im Ergebnis bewirkt, dass Inhalt und Umfang der jeweiligen Garantieerklärung in ihren haftungsrechtlichen Konsequenzen eingeschränkt werden[1].

III. Abtretungskonstruktion – § 437 Nr. 2 BGB: Rücktritt – Minderung

1. Rücktritt/Minderung als Gestaltungsrecht

Es ist allgemein anerkannt, dass das Rücktrittsrecht des Käufers im Rahmen von § 437 Nr. 2 BGB als Gestaltungsrecht ausgeprägt ist[2]. Das Gleiche gilt für das Minderungsrecht[3]. Zur Konsequenz hat diese Einordnung, dass die Ausübung eines Gestaltungsrechts **bedingungsfeindlich** ist[4]. Gleichzeitig steht fest, dass es sich bei der Rücktritts- und Minderungserklärung um eine empfangsbedürftige Willenserklärung gemäß § 130 BGB handelt, wie sich aus § 349 BGB ablesen lässt[5]. Die Voraussetzungen des Rücktritts sind verschuldensunabhängig, was einen elementaren Unterschied zum Anspruch auf Ersatz des Schadens ausmacht, wie sich aus § 280 Abs. 1 Satz 2 BGB ergibt. Gemäß § 323 Abs. 5 Satz 2 BGB ist darüber hinaus zu bedenken, dass der Rücktritt – wegen der Mangelhaftigkeit des Leasingguts – nur dann in Betracht kommt, wenn der Mangel als **erheblich** eingestuft werden kann und wenn der Leasingnehmer im Rahmen der leasingtypischen Abtretungskonstruktion dem Lieferanten erfolglos eine angemessene Frist zur Nacherfüllung gesetzt hat[6]. Welche Frist als angemessen anzusehen ist, ist stets unter Berücksichtigung der Umstände des Einzelfalls zu beurteilen[7]. Ist das Leasinggut mangelhaft und handelt es sich nicht lediglich um einen **Bagatellfall**, so ist grundsätzlich der Weg zum Rücktritt gemäß § 437 Nr. 2 BGB – erfolgloser Ablauf der angemessenen Frist vorausgesetzt – zulässig[8]. 36

1 AGB-Klauselwerke/*Graf von Westphalen*, Garantieklausel Rz. 37 ff.
2 Statt aller *Faust*, in Bamberger/Roth, § 437 BGB Rz. 8.
3 *Staudinger/Matusche-Beckmann*, § 441 BGB Rz. 1.
4 BAG v. 15.3.2001 – 2 AZR 705/99, NJW 2001, 3355.
5 *Palandt/Weidenkaff*, § 437 BGB Rz. 21.
6 Hierzu im Einzelnen *Faust*, in Bamberger/Roth, § 437 BGB Rz. 14 ff.
7 *Palandt/Weidenkaff*, § 437 BGB Rz. 24.
8 *Faust*, in Bamberger/Roth, § 437 BGB Rz. 25 f.

2. Regelung in den Lieferanten-AGB

a) § 309 Nr. 8b bb BGB – § 307 Abs. 2 Nr. 1 BGB

37 Nach der für den Bereich des **Verbraucherleasings** geltenden Norm des § 309 Nr. 8b bb BGB muss sichergestellt werden, dass eine Beschränkung der Rechte des Käufers/Leasingnehmers auf die Nacherfüllung – Mangelbeseitigung/Ersatzlieferung – dann unwirksam ist, wenn der Tatbestand eines „Fehlschlagens"[1] der Mangelbeseitigung vorliegt[2]. Erforderlich ist in diesem Kontext, dass die Lieferanten-AGB einen **ausdrücklichen Vorbehalt** aufweisen, der den Kunden in transparenter Weise davon in Kenntnis setzt, dass ihm das Recht auf Rücktritt oder Minderung in dem Fall zusteht, dass ein „Fehlschlagen" der Mangelbeseitigung vorliegt[3]. Für den **unternehmerischen Geschäftsverkehr** ist anerkannt, dass die Wertung von § 309 Nr. 8b bb BGB im Rahmen von § 307 Abs. 2 Nr. 1 BGB uneingeschränkte Anerkennung beansprucht[4]. Im Übrigen s. Rz. 27 f.

38 Verstößt eine Klausel in den Lieferanten-AGB gegen diese Grundsätze, so greift § 306 Abs. 2 BGB ein. Es gilt dann dispositives Recht, so dass es dann nicht mehr entscheidend darauf ankommt, ob im Einzelfall die Voraussetzungen des „Fehlschlagens" der Nacherfüllung gemäß § 440 BGB gegeben sind[5]. Vielmehr kann der Leasingnehmer bei Vorliegen der Voraussetzungen von § 437 Nr. 2 BGB nach seiner Wahl Rücktritt oder Minderung gemäß § 437 Nr. 2 BGB reklamieren.

3. Rechtswirkungen des Rücktritts

a) Einordnung als Gestaltungsrecht

39 Da Rücktritt und Minderung – wie dargestellt – Gestaltungsrechte sind, ist es zwangsläufig, dass die Rechtswirkungen des Rücktritts bzw. der Minderung schon in dem Zeitpunkt eintreten, in welchem die jeweilige Erklärung des Leasingnehmers dem Lieferanten gemäß § 130 BGB zugegangen ist[6]. Es kommt nicht entscheidend darauf an, ob der Lieferant mit der Erklärung des Rücktritts einverstanden ist[7]. Damit ist freilich noch nichts darüber gesagt, welche **Rechtsfolgen** eintreten, sofern der Lieferant – aus welchen Gründen immer – mit der Rücktritts- oder Minderungserklärung nicht einverstanden ist.

---

1 BGH v. 2.2.1994 – VIII ZR 262/92, NJW 1994, 1004, 1005.
2 Hierzu im Einzelnen *Palandt/Grüneberg*, § 309 BGB Rz. 62.
3 *Erman/Roloff*, § 309 BGB Rz. 102 f.
4 BGH v. 2.2.1994 – VIII ZR 262/92, NJW 1994, 1004, 1005; *Palandt/Grüneberg*, § 309 BGB Rz. 66.
5 Hierzu im Einzelnen *Palandt/Weidenkaff*, § 440 BGB Rz. 5 ff.; *Faust*, in Bamberger/Roth, § 440 BGB Rz. 28 ff.
6 *Graf von Westphalen*, ZIP 2001, 2258, 2261; *Arnold*, DStR 2002, 1049, 1052.
7 *Wolf/Eckert/Ball*, Rz. 1859; *Beckmann*, § 2 Rz. 212.

b) Rechtsfolgen

Insofern ist vielmehr folgende Differenzierung angezeigt und auch in der Praxis zu beachten. 40

aa) Einrede des nicht erfüllten Vertrages – §§ 320, 309 Nr. 2 BGB

Soweit der Lieferant ein **mangelhaftes Leasinggut** geliefert hat, steht fest, 41 dass der Leasinggeber gegenüber dem Leasingnehmer seine mietvertraglichen Erfüllungspflicht gemäß §§ 536 f. BGB, dem Leasingnehmer ein gebrauchstaugliches/funktionstüchtiges Leasinggut zur Nutzung während der Dauer des Leasingvertrages zu überlassen, nicht ordnungsgemäß erfüllt hat. Denn genauso wie die Pflicht, ein mangelfreies Wirtschaftsgut zu verkaufen, Hauptpflicht des Verkäufers ist[1], ist die Pflicht des Leasinggebers als Vermieter, dem Leasingnehmer in seiner Funktion als Mieter ein mangelfreies, d.h. ein gebrauchstaugliches/funktionstüchtiges Leasinggut zu überlassen, seine Hauptpflicht, weil auch in dieser Perspektive die (mangelfreie) Gebrauchsgewährung die maßgebende Hauptpflicht des Vermieters gemäß § 535 Abs. 1 Satz 1 BGB ist[2]. Daraus folgt für den Bereich des Kaufvertrages, dass dem Käufer im Fall der Mangelhaftigkeit die Einrede des nicht erfüllten Vertrages gemäß § 320 BGB zur Seite steht[3]. Lediglich die Schranken des § 320 Abs. 2 BGB sind zu beachten, so dass jeweils die Umstände des Einzelfalls, insbesondere die verhältnismäßige Geringfügigkeit des rückständigen Teils, ebenso zu beachten sind wie die Gebote von Treu und Glauben[4]. Als **Faustregel** mag gelten, dass der Gesetzgeber in § 641 Abs. 3 BGB bestimmt hat, dass die Zurückbehaltung des geschuldeten Entgelts immer dann angemessen und verhältnismäßig ist, wenn sie mindestens in Höhe des dreifachen Betrages angesiedelt ist, der für die Nacherfüllung erforderlich ist[5]. In gleicher Weise ist anerkannt, dass der **Mieter** berechtigt ist, das ihm nach § 536 Abs. 1 BGB im Fall der Mangelhaftigkeit der Mietsache zustehende **Minderungsrecht** auszuüben, was – übertragen auf den Leasingvertrag – bedeutet, dass der Leasingnehmer unter dieser Voraussetzung auch berechtigt ist, die Einrede des nicht erfüllten Vertrages gemäß § 320 BGB zu erheben, weil ja die Minderung ispo iure eintritt, ohne dass sich der Mieter darauf berufen muss[6]. Mit anderen Worten: Die Mietminderung gemäß § 536 Abs. 1 BGB wirkt so, als sei sie zwischen den Parteien vereinbart[7]. Hat der Mieter ungeachtet des Mangels die volle Miete weiter gezahlt, so ist er berechtigt, den zuviel gezahlten Betrag

1 *Palandt/Weidenkaff*, § 433 BGB Rz. 21.
2 Statt aller *Palandt/Weidenkaff*, § 535 BGB Rz. 14.
3 *Palandt/Weidenkaff*, § 437 BGB Rz. 49; *Faust*, in Bamberger/Roth, § 437 BGB Rz. 155.
4 *Grothe*, in Bamberger/Roth, § 320 BGB Rz. 13.
5 Im Einzelnen *Palandt/Sprau*, § 641 BGB Rz. 12.
6 *Palandt/Weidenkaff*, § 536 BGB Rz. 33.
7 *Erman/Jendrek*, § 536 BGB Rz. 23 ff.

gemäß §§ 812 ff. BGB zurückzufordern, soweit nicht die §§ 536b, 536c, 814 BGB entgegenstehen[1].

bb) Im Verbraucherleasing

42 Welche Konsequenzen sich im Hinblick auf die Einrede des nicht erfüllten Vertrages gemäß § 320 BGB – unter Berücksichtigung des Verbotstatbestandes von § 309 Nr. 2a BGB – im Verbraucherleasing ergeben, ist gesondert zu erörtern; auf Kap. L Rz. 218 ff. wird verwiesen.

cc) Gegenüber einem unternehmerischen Leasingnehmer

43 Im Hinblick auf den unternehmerischen Verkehr stellt sich gemäß § 307 Abs. 2 Nr. 1 BGB die Frage, ob der Leasingnehmer berechtigt ist, im Fall der Mangelhaftigkeit des Leasingguts die Zahlung der Leasingraten gegenüber dem Leasinggeber zu verweigern. Dieser Komplex wird gesondert behandelt, so dass darauf zu verweisen ist (Rz. 120 ff.).

dd) Rücktritt

44 Nach der früheren gesetzlichen Regelung der §§ 459 ff. BGB a.F. war es erforderlich, dass die Ausübung des Wandelungs- oder Minderungsrechts erst dann **vollzogen** wurde, wenn der Lieferant mit dem Wandelungs- oder Minderungsbegehren einverstanden war; erst dann war gemäß §§ 465, 467, 346 ff. BGB a.F. der Leasinggeber gegenüber dem Lieferanten verpflichtet, das Leasinggut zurückzugewähren, während der Lieferant seinerseits verpflichtet war, dem Leasinggeber den erhaltenen Kaufpreis zurückzuzahlen, so dass dann eine Rückgewähr Zug um Zug erfolgte[2]. Geht man von dieser Konstellation aus, so fällt ins Gewicht: Wenn die Ausübung des Rücktritts- oder Minderungsrechts gemäß § 437 Nr. 2 BGB als Ausübung eines **Gestaltungsrechts** zu begreifen ist, dann kommt es nicht mehr entscheidend darauf an, ob der Lieferant mit der Durchführung des Rücktritts- oder Minderungsrechts gemäß §§ 437 Nr. 2, 346 ff., 441 BGB einverstanden ist oder diese Erklärung als unbegründet zurückweist[3].

(1) Unbegründete Erklärung

45 Der hier zu entscheidende Meinungsstreit hat indessen vor allem deswegen praktische Bedeutung, weil es um die Antwort auf die Frage geht, wer im leasingtypischen Dreiecksverhältnis das Risiko trägt, dass die Rücktritts- oder Minderungserklärung des Leasingnehmers **unbegründet** ist.

1 BGH v. 23.11.1994 – XII ZR 150/93, NJW 1995, 254.
2 BGH v. 16.9.1981 – VIII ZR 265/80, WM 1981, 1219, 1222; BGH v. 27.2.1985 – IV a ZR 121/83, WM 1985, 573, 574.
3 Im Einzelnen AGB-Klauselwerke/*Graf von Westphalen*, Leasing Rz. 135 ff.; a.M. *Beckmann*, § 2 Rz. 233 ff.; in der Sache auch MünchKomm./*Habersack*, Leasing Rz. 88 f.; *Wolf/Eckert/Ball*, Rz. 1859.

Einvernehmen besteht zunächst darüber, dass es entscheidend auf den Zeitpunkt des **Zugangs** der Rücktritts- und der Minderungserklärung beim Lieferanten des Leasingguts ankommt, sofern dieser den Rücktritt bzw. die Minderung in der Sache als begründet erachtet. Denn unter dieser Voraussetzung steht fest – was noch im Einzelnen zu begründen sein wird (Rz. 149 ff.) –, dass dem Leasingvertrag die Geschäftsgrundlage gemäß § 313 Abs. 1 BGB fehlt[1]. Wenn aber der Lieferant die Rücktritts- oder Minderungserklärung des Leasingnehmers akzeptiert, dann steht gleichzeitig fest, dass dem Leasingnehmer gegenüber dem Leasinggeber ein Zahlungsverweigerungsrecht gemäß § 320 BGB zur Seite steht[2].

Bestreitet hingegen der Lieferant, dass die Rücktritts- oder Minderungs- 46
erklärung des Leasingnehmers berechtigt ist, dann will die wohl h.M. dieses Risiko dem Leasingnehmer auferlegen, weil er dann aufgrund der leasingtypischen Abtretungskonstruktion gezwungen sei, die Begründetheit der Rücktritts- oder der Minderungserklärung im Lieferantenprozess zu klären[3]. Die von der h.M. vorgetragenen Argumente überzeugen jedoch nicht. Wenn nämlich der Leasingnehmer aufgrund der leasingtypischen, kaufrechtlich verankerten Abtretungskonstruktion die Rechtsstellung eines **Käufers** hat, dann entfaltet die Rücktritts- oder Minderungserklärung gegenüber dem Kaufvertrag, der zwischen Leasinggeber und Lieferant des Leasingguts geschlossen wurde, ihre Rechtswirkungen, sobald die entsprechende Erklärung dem Lieferanten des Leasingguts zugegangen ist[4]. Aus dieser zwingenden dogmatischen Vorgabe ergeben sich Konsequenzen, welche auch im leasingtypischen Dreiecksverhältnis zu beachten sind. Wenn nämlich der Verkäufer die Rücktritts- oder Minderungserklärung des Käufers gemäß § 437 Nr. 2 BGB als **unbegründet** bewertet, dann muss diese Streitfrage – wie stets – prozessual abgeklärt werden, indem entweder der Lieferant eine negative Feststellungsklage gemäß § 256 ZPO erhebt oder der Leasingnehmer als „Käufer" eine Rücktritts- oder Minderungsklage anstrengt. Im Rahmen der leasingtypischen Abtretungskonstruktion ist also entscheidend, dass der Leasingnehmer die Rechtsstellung des Käufers einnimmt.

Die damit verbleibende, alles entscheidende **Streitfrage** spitzt sich deshalb 47
darauf zu, welche Konsequenzen eine Rücktritts- oder Minderungserklärung gegenüber dem Lieferanten des Leasingguts im Hinblick auf den **Leasingvertrag** entfaltet, sofern sie sich als nicht begründet erweist. Klar ist dabei, dass der Leasinggeber verpflichtet wäre, den Leasingnehmer auf Wei-

---

1 A.M. *Staudinger/Stoffels*, Leasing Rz. 242 ff., Rz. 249 ff., der die Kündigungslösung bevorzugt; vgl. auch *Lieb*, DB 1988, 946 ff.; *Lieb*, DB 1988, 2495 ff.; *Leene*, AcP 190 (1990), 275 ff.

2 *Wolf/Eckert/Ball*, Rz. 1859.

3 *Beckmann*, § 2 Rz. 233 ff.; *Wolf/Eckert/Ball*, Rz. 1859; MünchKomm./*Habersack*, Leasing Rz. 88.

4 So auch *Reinking*, ZGS 2002, 229, 233; *Löbbe*, BB-Beilage Nr. 6/2003, S. 7, 11; vgl. auch *Graf von Westphalen*, ZIP 2001, 2258, 2261.

terzahlung der Leasingraten zu verklagen, sofern dieser die Zahlung der Leasingraten gemäß § 320 BGB – unter Berufung auf die von ihm gegenüber dem Lieferanten des Leasingguts abgegebene Rücktritts- oder Minderungserklärung – eingestellt bzw. gemindert hat, obwohl der Leasinggeber und auch der Lieferant der Auffassung sind, Rücktritt oder Minderung seien unbegründet. Dass also der Leasinggeber dann zur Klage gegen den Leasingnehmer gezwungen wird, ist die angemessene, weil sachlich zutreffende Konsequenz aus der Tatsache, dass der Lieferant bzw. der Leasinggeber den Rücktritt oder die Minderung gegenüber dem Leasingnehmer als Käufer als nicht begründet zurückweist. Gleichwohl entfaltet die in der Rücktritts- oder Minderungserklärung des Leasingnehmers liegende Gestaltungswirkung ihre Rechtsfolgen. Diese können nicht auf den Leasingnehmer abgewälzt werden, weil eine die Gestaltungswirkungen des Rücktritts oder der Minderung missachtende Klausel nach § 307 Abs. 2 Nr. 1 BGB unwirksam wäre. Und es fügt sich in dieses Bild, dass unter dieser Voraussetzung eines nicht begründeten Rücktritts (oder einer Minderung) der Leasingnehmer auch nicht berechtigt ist, einen (begründeten) Anspruch wegen Fortfalls der Geschäftsgrundlage nach § 313 Abs. 1 BGB geltend zu machen (Rz. 149 ff.). So gesehen wird das Risiko einer nicht begründeten Rücktritts- oder Minderungserklärung zwischen den Parteien des leasingtypischen Dreiecksverhältnisses aufgeteilt: In beiden Fällen ist der Leasingnehmer in der Pflicht. Er muss gegenüber dem Zahlungsanspruch des Leasinggebers nachweisen, dass der Rücktritt oder die Minderung nach § 437 Nr. 2 BGB begründet ist; er trägt gegenüber dem Lieferanten das gleiche Risiko im Blick auf die Voraussetzungen des § 437 Nr. 2 BGB. Dies deckt sich mit der Tragung der Darlegungs- und Beweislast, die Sache des Leasingnehmers als „Käufer" ist, soweit er das Leasinggut als Erfüllung nach § 363 BGB abgenommen hat[1].

48 Gegenüber dem Leasinggeber riskiert der Leasingnehmer aber auch – und dies wiegt schwer – wegen Zahlungsverzugs die **fristlose Kündigung** gemäß § 543 Abs. 2 Nr. 3 BGB, weil und soweit er wegen einer nicht begründeten Rücktritts- oder Minderungserklärung mit zwei aufeinander folgenden Leasingraten in Verzug ist. Gegenüber dem Lieferanten des Leasingguts riskiert er den Verlust des Lieferantenprozesses, so dass er das Kostenrisiko gemäß § 91 ZPO zu tragen verpflichtet ist. Dadurch werden die Interessen des Leasinggebers keineswegs unangemessen beeinträchtigt[2]. Denn er ist zudem berechtigt, dem Rechtsstreit zwischen Leasingnehmer und Lieferant des Leasingguts im Rahmen einer **Nebenintervention** gemäß § 69 ZPO beizutreten. Außerdem hat er die Möglichkeit, eine Nebenintervention gemäß § 66 ZPO im Lieferantenprozess durchzuführen und dem Liefe-

1 *Erman/Grunewald*, § 434 BGB Rz. 70.
2 A.M. allerdings *Beckmann*, § 2 Rz. 233 ff.; so wohl auch *Wolf/Eckert/Ball*, Rz. 1859; MünchKomm./*Habersack*, Leasing Rz. 88; *Palandt/Weidenkaff*, vor § 535 BGB Rz. 58; *Ehlert*, in Bamberger/Roth, vor § 535 BGB Rz. 71; insbesondere auch *Staudinger/Stoffels*, Leasing Rz. 249 ff. – Kündigungsregelung.

ranten als Streitgenosse an die Seite zu treten. Natürlich ist es zutreffend, wenn bemerkt wird[1], dass der Leasinggeber von sich aus nicht in der Lage ist, die Berechtigung eines Sachmangels, insbesondere auch die Begründetheit einer Rücktritts- oder Minderungserklärung, gemäß § 437 Nr. 2 BGB nachzuprüfen.

Dies aber ist unerheblich. Denn aufgrund der vom Leasinggeber herrühren- 49
den leasingtypischen Abtretungskonstruktion realisiert sich damit ein Risiko, welches der Leasinggeber selbst geschaffen hat. Hätte der Leasinggeber es dabei bewenden lassen, die mietrechtliche Eigenhaftung gemäß §§ 536 f. BGB ungekürzt aufrecht zu erhalten, dann wäre er ohne weiteres in der Lage nachzuprüfen, ob der Mangel des Leasingguts tatsächlich besteht oder nur vorgetäuscht ist. Aber er wäre auch dann einem unberechtigten Minderungsverlangen des Mieters nach § 536 BGB ausgesetzt. Indessen wird man auch bei Bestehen einer leasingtypischen Abtretungskonstruktion dem Leasinggeber wegen seiner Rechtstellung als Vermieter das Recht nicht abschneiden dürfen, das Leasinggut in diesen Fällen beim Leasingnehmer zu besichtigen, weil er ja rechtlicher und wirtschaftlicher Eigentümer ist und einen entsprechenden gesetzlichen Anspruch hat. Aus diesem Grund hat auch die Rechtsprechung ein solches Recht des Vermieters selbst dann bejaht, wenn eine entsprechende vertragliche Regelung fehlt[2]. Folglich ist der Leasinggeber auch in diesen Fällen keineswegs schutzlos. Es ist demzufolge kein Grund ersichtlich, den Leasinggeber im Rahmen der Abtretungskonstruktion im Fall eines unbegründeten Rücktritts/Minderung anders zu behandeln als er als Vermieter behandelt werden würde. Hier wie da trägt er das Insolvenzrisiko und auch das Seriositätsrisiko des von ihm selbst ausgesuchten Vertragspartners, des Leasingnehmers.

(2) Begründete Erklärung

Betrachtet der Leasinggeber hingegen die Rücktritts- oder Minderungs- 50
erklärung des Leasingnehmers als begründet, vollzieht sich – wie noch im Einzelnen darzulegen (Rz. 157 ff.) – zwischen beiden Parteien des Leasingvertrages ein bereicherungsrechtlicher Ausgleich gemäß §§ 812 ff. BGB, weil und soweit dem Leasingvertrag nach § 313 Abs. 1 BGB die Geschäftsgrundlage fehlt (Rz. 149 ff.). Diesen Weg wird freilich der Leasinggeber dann **nicht beschreiten**, wenn er die Rücktritts- oder Minderungserklärung des Leasingnehmers gegenüber dem Lieferanten als unbegründet erachtet[3]. So gesehen ist diese Risikoverteilung im leasingtypischen Dreieck durchaus sach- und interessengerecht. Denn nur eine begründete Rücktritts- oder Minderungserklärung des Leasingnehmers gegenüber dem Lieferanten nach § 437 Nr. 2 BGB schützt ihn davor, nicht in einen Zahlungsprozess

1 *Beckmann*, § 2 Rz. 237.
2 Im Einzelnen *Wolf/Eckert/Ball*, Rz. 637.
3 A.M. wohl *Beckmann*, § 2 Rz. 236.

des Leasinggebers und in einen Lieferantenprozess wegen der nicht erwiesenen Mangelhaftigkeit des Leasingguts gleichzeitig verwickelt zu werden.

(3) Initiativrecht des Leasingnehmers

51 Zu bedenken ist auch, dass der Leasingnehmer seinerseits gegenüber dem Leasinggeber aktiv werden kann. Denn die Neugestaltung des Instituts des Wegfalls der Geschäftsgrundlage gemäß § 313 BGB beruht darauf, dass dem Leasingnehmer nunmehr ein **Anspruch** zusteht, den Leasingvertrag an die Rücktritts- oder Minderungserklärung **anzupassen**[1]. Mit anderen Worten: Früher trat der Fortfall der Geschäftsgrundlage gemäß § 242 BGB quasi automatisch – von Gesetzes wegen – ein; nunmehr steht beiden Parteien des Vertrages das Recht zu, eine entsprechende Anpassung zu verlangen. Dieses Recht des **Leasingnehmers** deckt sich allerdings – und dies ist entscheidend – mit dem (begründeten) Rücktritts- oder Minderungsrecht des § 437 Nr. 2 BGB. Folglich ist der Leasingnehmer berechtigt, gegenüber dem Lieferanten des Leasingguts das Rücktritts- oder Minderungsrecht gemäß § 437 Nr. 2 BGB zu mobilisieren und gleichzeitig gemäß § 313 Abs. 1 BGB gegenüber dem Leasinggeber den Fortfall der Geschäftsgrundlage oder die Anpassung des Leasingvertrages (Minderung) im Rahmen eines Anspruchs geltend zu machen. Erweist sich dann, dass der Leasingnehmer einen Anspruch – sowohl gegenüber dem Lieferanten als auch gegenüber dem Leasinggeber – unbegründet geltend gemacht hat, trägt der Leasingnehmer – wie gezeigt – allein das Risiko.

IV. Abtretungskonstruktion – § 437 Nr. 3 BGB – Schadensersatzanspruch

1. Ermächtigungskonstruktion

52 Dass der Leasingnehmer berechtigt und verpflichtet ist, den **Eigenschaden** des Leasinggebers gegenüber dem Lieferanten des Leasingguts geltend zu machen, sofern der Leasinggeber den Leasingnehmer gemäß § 185 BGB ermächtigt hat, diese Ansprüche im eigenen Namen und für eigene Rechnung geltend zu machen, wurde bereits gestreift und steht außer Streit[2]. Dass aber der Leasingnehmer in diesen Fällen dann – mangels eines verfügbaren Anspruchs – nicht in der Lage ist, seinen wegen der Mangelhaftigkeit des Leasingguts erlittenen Eigenschaden gegenüber dem Lieferanten erfolgreich zu reklamieren, führt nach der hier vertretenen Auffassung (Rz. 17 ff.) dazu, dass diese Konstruktion an § 307 Abs. 2 Nr. 1 BGB scheitert, weil sie den Leasingnehmer unangemessen benachteiligt. Ob freilich eine – unwirksame – Abtretungskonstruktion in eine – wirksame – Ermächtigungs-

1 Im Einzelnen *Palandt/Grüneberg*, § 313 BGB Rz. 28 ff.; *Erman/Holoch*, § 313 BGB Rz. 40 ff.
2 BGH v. 9.7.2002 – X ZR 70/00, NJW-RR 2003, 51, 52 f.

konstruktion gemäß § 140 BGB umgedeutet werden kann, ist nach der hier vertretenen Auffassung entgegen der Meinung des BGH[1] zumindest fraglich (Rz. 18). Denn für eine solche Umdeutung gemäß § 140 BGB fehlt es regelmäßig an den erforderlichen Indizien i.S.v. § 140 BGB[2].

2. Abtretungskonstruktion: Schaden des Leasingnehmers

a) Ersatz des Eigenschadens des Leasingnehmers

Zwangsläufig beruht die leasingtypische Abtretungskonstruktion auf dem Grundgedanken, dass der Leasinggeber sich von der mietvertraglichen Eigenhaftung gemäß §§ 536 f. BGB freizeichnet, um statt dessen dem Leasingnehmer die ihm, dem Leasinggeber, gegenüber dem Lieferanten zustehenden kaufrechtlichen Schadensersatzansprüche gemäß § 437 Nr. 3 BGB abzutreten. Trotz des Bestehens von zwei selbständigen Rechtsverhältnissen zwischen Leasinggeber – Lieferant sowie Leasinggeber – Leasingnehmer ist gleichwohl festzuhalten: Entsteht der Schadensersatzanspruch erst **nach** Begründung der Abtretungskonstruktion, d.h. nach Abschluss des Leasingvertrages, dann bestimmt sich der Schadensersatzanspruch gemäß § 437 Nr. 3 BGB **ausschließlich** nach der Person des Leasingnehmers, also nach seiner Vermögenseinbuße, weil aufgrund der Abtretung gemäß § 398 Satz 2 BGB ein Wechsel der Rechtszuständigkeit stattgefunden hat[3]. Daraus folgt des Weiteren, dass nicht nur der Inhalt, sondern auch der **Umfang des Schadensersatzanspruchs** sich ausschließlich nach der Person des Zessionars bestimmt[4]. Demzufolge ist allein der Leasingnehmer berechtigt, seinen **Eigenschaden** gemäß § 437 Nr. 3 BGB gegenüber dem Lieferanten des Leasingguts geltend zu machen. Wegen des Wechsels der Rechtszuständigkeit, wie er gemäß § 398 Satz 2 BGB vollzogen worden ist, bleibt daher der Leasinggeber zwangsläufig mit seinem Eigenschaden allein[5]. 53

Der gegenteiligen Auffassung von *Beckmann*[6] kann nicht zugestimmt werden. Sie übersieht die Grundtatsache, dass sich der Leasinggeber im Rahmen der leasingtypischen Abtretungskonstruktion von jeglicher Eigenhaftung gemäß §§ 536 f. BGB gegenüber dem Leasingnehmer freigezeichnet hat. Zwar ist nicht zu verkennen, dass der **Lieferant** eine Pflichtverletzung wegen der Mangelhaftigkeit des Leasingguts zu vertreten hat, wenn und soweit die Tatbestandsvoraussetzungen von § 437 Nr. 3 BGB erfüllt sind. Damit ist zwar unmittelbar das Vertragsverhältnis zwischen Leasinggeber und Lieferant betroffen. Doch die leasingtypische Abtretungskonstruktion 54

1 BGH v. 9.7.2002 – X ZR 70/00, NJW-RR 2003, 51, 52 f.
2 Statt aller *Erman/Palm*, § 140 BGB Rz. 15 f.
3 BGH v. 9.2.1995 – III ZR 174/93, NJW 1995, 1282, 1283; *Palandt/Grüneberg*, § 398 BGB Rz. 18 a.
4 BGH v. 9.2.1995 – III ZR 174/93, NJW 1995, 1282, 1283; BGH v. 25.9.1991 – VIII ZR 264/90, NJW-RR 1992, 219.
5 Hierzu auch *Löbbe*, BB-Beilage Nr. 6/2003, S. 7, 14.
6 *Beckmann*, § 2 Rz. 269 ff.

führt hier zwingend dazu, dass ausschließlich die Person des Leasingnehmers als Geschädigter in Rede steht, weil die Pflichtverletzung zu einem Zeitpunkt, d.h. nach Abschluss des Leasingvertrages und damit auch nach Abschluss des Kaufvertrages, eintritt, nachdem mithin auch die Abtretung der Schadensersatzansprüche gemäß § 437 Nr. 3 BGB bereits vollzogen ist[1]. Dies alles hat mit einem wie auch immer gearteten Zurechnungsgedanken wenig zu tun[2], sondern beruht ausschließlich auf dem Grundprinzip, dass im Rahmen der Abtretung die **gesamte Forderung** auf den Zessionar übergeht. Diese aber dient dann – einschließlich des Nichterfüllungsschadens – im Verhältnis zwischen Leasingnehmer und Lieferant als Kompensation für die im Verhältnis zwischen Leasinggeber und Leasingnehmer eigentlich geltende mietvertragliche Eigenhaftung des Leasinggebers gemäß §§ 536 f. BGB. Daraus folgt gleichzeitig, dass der Leasinggeber – mangels eines verfügbaren Schadensersatzanspruchs gemäß § 437 Nr. 3 BGB – auch nicht berechtigt und auch nicht in der Lage ist, seinen Eigenschaden gegenüber dem Lieferanten geltend zu machen[3].

b) Umfang des Schadens: Minderwert – Nutzungsschaden

55 Macht also der Leasingnehmer wegen eines Mangels des Leasingguts Schadensersatzansprüche statt der Leistung gemäß §§ 437 Nr. 3, 281 BGB geltend und verlangt im Rahmen des „kleinen" Schadensersatzanspruchs Ersatz des mangelbedingten **Minderwerts des Leasingguts**, dann handelt es sich nach der Rechtsprechung des BGH um einen typischen **Nutzungsschaden**, weil und soweit die Gebrauchsmöglichkeit des Leasingnehmers durch den Mangel gemäß § 437 Nr. 3 BGB genau so eingeschränkt ist wie die Gebrauchsmöglichkeit des Eigentümers[4]. Demzufolge ist der Leasingnehmer berechtigt, vom Lieferanten den Minderwert der Sache als Nutzungsschaden gemäß § 437 Nr. 3 BGB zu reklamieren. Macht hingegen der Leasingnehmer den „großen" Schadensersatzanspruch gegenüber dem Lieferanten geltend, ist ohnehin die Rückabwicklung des Kaufvertrages als Rechenposten in die Schadenskalkulation einzustellen und der Gesamtschaden des Leasingnehmers zu liquidieren[5].

aa) Schadensausgleich zugunsten des Leasingnehmers

56 Im Verhältnis zwischen Leasinggeber und Leasingnehmer führt dies freilich nur ansatzweise dazu, dass dem Leasingvertrag insoweit, als der Nutzungsausfallschaden reicht, die Geschäftsgrundlage gemäß § 313 Abs. 1 BGB fehlt. Doch wird dieser Anspruch dadurch torpediert, dass der Lea-

---

1 *Palandt/Grüneberg*, § 398 BGB Rz. 18a; *Erman/Westermann*, § 398 BGB Rz. 29.
2 So aber *Beckmann*, § 2 Rz. 269 ff.
3 A.M. wohl *Beckmann*, § 2 Rz. 275.
4 BGH v. 16.9.1987 – IVb ZR 27/86, NJW 1988, 251; *Palandt/Heinrichs*, vor § 249 BGB Rz. 27; *Erman/Kuckuk*, § 249 BGB Rz. 51.
5 *Palandt/Heinrichs*, § 281 BGB Rz. 41.

singnehmer seinen Schaden vom Lieferanten ersetzt erhält[1]. Damit ist seine Vermögensbilanz ausgeglichen. Es ist dann kein Raum mehr, im Verhältnis zwischen den Parteien des Leasingvertrages den Leasingnehmer als berechtigt anzusehen, einen Anspruch auf Anpassung der Leasingraten nach § 313 Abs. 1 BGB geltend zu machen. Vielmehr zahlt der Leasingnehmer dann unter Berücksichtigung der Kompensationswirkung des geleisteten Schadensersatzes nach § 249 BGB weiterhin die von Anfang geschuldeten Leasingraten. Demzufolge hat der BGH auch Schadensersatzansprüche des Leasingnehmers anerkannt, und zwar betreffend Reparaturkosten, entgangenen Gewinn und merkantilem Minderwert des Leasingnehmers[2]. Soweit also die durch die Mangelhaftigkeit des Leasingguts eingetretenen Vermögenseinbußen des Leasingnehmers kompensiert werden, ist das anfänglich bestehende Äquivalenzverhältnis von Leistung und Gegenleistung wiederhergestellt. Es handelt sich um einen klassischen Nutzungsschaden des Leasingnehmers[3].

bb) Nutzungsausfallschaden zugunsten des Leasinggebers?

Beckmann vertritt die Ansicht, es sei unproblematisch, den Leasingnehmer zu verpflichten, auch solche Schäden im Rahmen der Abtretungskonstruktion gegenüber dem Lieferanten geltend zu machen, die in der Person des Leasinggebers entstanden sind[4]. Das überzeugt nicht. Dem steht nämlich der Befund entgegen, dass eine Abtretung nach § 398 BGB zur Folge hat, dass bei Leistungsstörungen dem Zessionar – also: dem Leasingnehmer – die Ansprüche aus den §§ 280 ff. BGB zustehen[5]. Dies entspricht auch – bezogen auf den Verzugsschaden – der Rechtsprechung des BGH[6]. Was indessen für den Bereich des Verzugsschadens zutreffend ist, muss in gleicher Weise auch für den Bereich des Schadensersatzes wegen einer mangelhaften Lieferung des Leasingguts gelten. Denn aus den §§ 398, 280 ff. BGB ergibt sich kein erkennbarer Unterschied. Der in der Person des Leasinggebers als des Zedenten entstandene Eigenschaden bleibt daher sanktionslos. 57

58 Folglich besteht auch kein Anlass, eine Parallele zur Rücktrittsklage zu ziehen und anzustreben, dass der zurückzuzahlende Kaufpreis dem Leasinggeber zusteht. Selbst soweit ein Eigenschaden des Leasinggebers in Rede steht – es handelt sich ja dann ohnedies immer nur um einen künftigen Schaden wegen Verminderung des „Restwertes" des Leasingguts –, besteht kein Grund, dass der Leasingnehmer den Klageantrag im Verfahren gegen

1 BGH v. 9.7.2002 – X ZR 70/00, NJW-RR 2003, 51.
2 BGH v. 9.7.2002 – X ZR 70/00, NJW-RR 2003, 51, 52 f.
3 *Wolf/Eckert/Ball*, Rz. 2023.
4 *Beckmann*, § 2 Rz. 277 f.
5 *Palandt/Grüneberg*, § 398 BGB Rz. 18a; *Staudinger/Busche*, § 398 BGB Rz. 82; MünchKomm./*Roth*, § 398 BGB Rz. 93.
6 BGH v. 25.9.1991 – VIII ZR 264/90, ZIP 1991, 1436.

den Lieferanten stellt, den jeweiligen Minderwertschaden im Rahmen von § 437 Nr. 3 BGB an den Leasinggeber auszukehren[1].

cc) Drittschadensliquidation?

59 Man könnte zugunsten der Rechte des Leasinggebers erwägen, in diesen Fällen auf das Instrument der Drittschadensliquidation zurückzugreifen. Darauf rekurriert jedenfalls dann die Rechtsprechung des BGH[2], wenn es sich um eine Sicherungszession handelt und der jeweilige, von der Sicherungszession erfasste Schaden nur in der Person des Zedenten/Sicherungsgebers angefallen ist, nicht aber in der Person des Zessionars[3]. Dieser Gesichtspunkt würde tendenziell auch die Tatsache in Rechnung stellen, dass der Nutzungsausfallschaden primär aufgrund des zwischen Leasinggeber und Lieferanten abgeschlossenen Kaufvertrages in der Person des Leasinggebers als Käufer/Eigentümer eintritt, so dass nur die leasingtypische Abtretungskonstruktion dazu führt, den Wechsel der Rechtszuständigkeit mit dem zu reklamierenden Schaden gemäß § 398 Satz 2 BGB in der Person des Leasingnehmers zu verankern[4]. Denn wenn primär ein Schaden in der Person des Zedenten – hier: des Leasinggebers – eintritt, geht die Rechtsprechung[5] unter Berücksichtigung der insoweit zustimmenden Literatur[6] davon aus, dass dann auf die Figur der Drittschadensliquidation zurückzugreifen ist, zumal diese in Treuhandverhältnissen ohnehin anerkannt ist. So gesehen könnte man dann den aus § 241 Abs. 2 BGB abzuleitenden Gedanken der Interessenwahrungspflicht, wie er zwischen Leasinggeber und Leasingnehmer gemäß § 241 Abs. 2 BGB begründet ist, mit dem Instrument der Drittschadensliquidation koppeln, um auf diese Weise sicherzustellen, dass der Lieferant des Leasingguts dem Leasinggeber als Käufer/Eigentümer den mangelbedingten Minderwertschaden gemäß § 437 Nr. 3 BGB erstattet.

60 Doch es gilt zu sehen, dass diese Rechtsprechung auf der Rechtsfigur der Sicherungszession zurückgeht[7]. Sie aber ist nicht voll vergleichbar mit der leasingtypischen Abtretungskonstruktion, die ja dem primären Zweck dient, das Anspruchsarsenal des Mietrechts zum Nachteil des Leasingnehmers auszuschalten, indem dieser auf etwaige Ansprüche/Rechte gegenüber dem Lieferanten verwiesen wird. So gesehen besteht auch kein Bedürfnis dafür, dem Leasinggeber unter die Arme zu greifen und ihn nicht an den rechtlichen Folgen der von ihm freiwillig gewählten Abtretungs-

1 Die Entscheidung des BGH v. 9.7.2002 – X ZR 70/00, NJW-RR 2003, 51, 52 f. – ist hier nicht präjudiziell, obwohl *Beckmann*, § 2 Rz. 275 ff., sich maßgeblich auf dieses Urteil beruft. Denn der BGH weist diesen Anspruch dem Leasingnehmer zu.
2 BGH v. 14.2.1995 – XI ZR 65/94, NJW 1995, 1282.
3 *Staudinger/Busche*, § 398 BGB Rz. 82.
4 *Palandt/Grüneberg*, § 398 Rz. 18a.
5 BGH v. 14.2.1995 – XI ZR 65/94, NJW 1995, 1282, 1283.
6 *Peters*, JZ 1977, 119, 120; *Seetzen*, AcP 169 (1969), 352, 355.
7 *Staudinger/Busche*, § 398 Rz. 82.

konstruktion festzuhalten. Daraus folgt, dass auch der Gedanke der Drittschadensliquidation nicht im Leasingdreieck zu mobilisieren ist, sondern dass die Abtretungskonstruktion dazu führt, dass nur die dem Leasingnehmer entstandenen Eigenschäden gegenüber dem Lieferanten geltend gemacht werden können.

3. Einzelne Schadensersatzpositionen im Rahmen von § 437 Nr. 3 BGB

Das hier gefundene Ergebnis soll prototypisch noch an einigen Beispielen dargestellt und – soweit erforderlich – weiter vertieft werden. 61

a) Schadensersatzanspruch auf entgangenen Gewinn gemäß § 280 Abs. 1 BGB

Während der Reparaturaufwand – ähnlich dem Mangelunwert, der zuvor dargestellt wurde – Teil des Schadensersatzanspruchs statt der Leistung gemäß § 281 BGB ist, fällt der Schadensersatzanspruch wegen Nutzungsausfalls, insbesondere auch der wegen **entgangenen Gewinns** unter § 280 Abs. 1 BGB[1]. Hat also das vom Lieferanten gelieferte Leasinggut einen Mangel, der beim Leasingnehmer zu einem Nutzungsausfall, insbesondere auch zu einem Schaden wegen entgangenen Gewinns führt, kommt die leasingtypische Abtretungskonstruktion in ihr volles Recht: Es ist dann Sache des Leasingnehmers, diesen Schaden als eigenen Schaden gemäß §§ 437 Nr. 3, 280 Abs. 1 BGB gegenüber dem Lieferanten zu reklamieren. Unwahrscheinlich ist es in diesen Fällen, dass auch beim Leasinggeber gleichzeitig ein Schaden wegen entgangenen Gewinns entsteht, weil die Benutzung des Leasingguts ausschließlich Sache des Leasingnehmers ist, während der Leasinggeber die Nutzungsvergütung in Form von Leasingraten erhält. 62

Macht allerdings der Leasingnehmer in diesen Fällen von seinem Leistungsverweigerungsrecht gemäß § 320 BGB Gebrauch, dann entsteht auch beim Leasinggeber ein entsprechender Ausfallschaden. Insoweit dürfte es sich dann aus praktischen Gründen – begrenzt auf diese Fallkonstellation – anbieten, auf den Grundsatz der **Drittschadensliquidation** zurückzugreifen, so dass dann der Leasingnehmer verpflichtet wäre, den beim Leasinggeber entstandenen Ausfallschaden – nicht bezahlte, aber mit Recht verweigerte Leasingraten – vom Lieferanten nach § 437 Nr. 3 BGB i.V.m. § 280 Abs. 1 BGB ersetzt zu verlangen. Würde man aber – abweichend von der hier vertretenen Auffassung – dem Leasingnehmer für diese Fälle der Mangelhaftigkeit **kein Leistungsverweigerungsrecht** einräumen, dann könnte der Leasingnehmer die an den Leasinggeber gezahlten Leasingraten nicht mit der Begründung ersetzt verlangen, dass er das Leasinggut als Folge des 63

1 Statt aller *Palandt/Heinrichs*, § 280 BGB Rz. 18; *Palandt/Weidenkaff*, § 437 BGB Rz. 34 f.

Sachmangels nicht nutzen konnte, gleichwohl aber verpflichtet war, die Leasingraten an den Leasinggeber zu entrichten. Denn für den Ersatz dieses Schadens fehlt es an der erforderlichen Kausalität: Der Leasingnehmer war nämlich dann – unabhängig von dem Bestehen eines Sachmangels des Leasingguts – verpflichtet, die Leasingraten deswegen an den Leasinggeber zu zahlen, weil dies der aus § 535 Abs. 2 BGB resultierenden Pflicht zur Entgeltzahlung entsprach. Diese aber war bereits durch Abschluss des Leasingvertrages begründet; mit dem später auftretenden Sachmangel des Leasingguts i.S.v. § 437 Nr. 3 BGB hat die durch den Leasingvertrag begründete Entgeltpflicht des Leasingnehmers nichts zu tun.

b) Anspruch auf Ersatz des Verspätungsschadens

64 Von einem Verspätungsschaden ist – außerhalb des reinen Verzugstatbestandes gemäß §§ 286, 280 Abs. 2 BGB – nur dann zu reden, wenn der Lieferant aus von ihm zu vertretenden Gründen eine erforderliche Mangelbeseitigung i.S.v. § 439 Abs. 1 BGB nicht rechtzeitig erledigt[1]. Ein solcher Schaden ist zwar durch den Mangel des Leasingguts bedingt, hat aber seine Wurzeln nicht in § 280 Abs. 1 BGB, sondern ausschließlich in § 280 Abs. 2 BGB[2]. Daher sei auf die an anderer Stelle unterbreiteten Erwägungen verwiesen, sofern der Leasingnehmer auch diesen Eigenschaden dann geltend machen kann und sich die Abtretungskonstruktion auf diese Ansprüche erstreckt (Rz. 227). Trifft dies nicht zu, dann kann der Leasingnehmer diese auf Ersatz des Verzugsschadens gerichteten Ansprüche unmittelbar nach § 280 Abs. 2 BGB i.V.m. § 286 BGB gegenüber dem Leasinggeber durchsetzen, der dann seinerseits gegenüber dem Lieferanten Regress nehmen kann.

c) „Weiterfressender" Schaden

65 Oft hängen deliktische Ansprüche und Mängelansprüche nach § 437 Nr. 3 BGB eng zusammen, so dass sich folgendes Bild ergibt, falls ein weiterfressender Schaden am Leasinggut eintritt:

aa) Stand der Judikatur

66 Seit der grundlegenden Schwimmschalter-Entscheidung des BGH vom 24.11.1976[3] liegt eine weitgehend gefestigte Rechtsprechung zu diesem Problemkreis vor[4]. Sie grenzt diese Figur gegenüber der klassischen Män-

---

1 *Palandt/Weidenkaff*, § 437 BGB Rz. 36; *Oechsler*, NJW 2004, 1825, 1828.
2 *Staudinger/Matusche-Beckmann*, § 437 BGB Rz. 54; *Erman/Grunewald*, vor § 437 BGB Rz. 9.
3 BGH v. 24.11.1976 – VIII ZR 137/75, BB 1977, 162.
4 BGH v. 5.7.1978 – VIII ZR 172/77, NJW 1978, 2241 – Hinterradreifen; BGH v. 18.1.1983 – VI ZR 310/79, NJW 1983, 810 – Gaszug; BGH v. 14.5.1985 – VI ZR 168/83, NJW 1985, 2420 – Kompressor; BGH v. 20.5.1986 – VI ZR 127/85, VersR

gelhaftung des § 437 BGB mit dem Stichwort der **„Stoffgleichheit"** ab. Soweit der Fehler einer Sache lediglich das **Äquivalenzinteresse** des Käufers beeinträchtigt, gelten lediglich die kaufrechtlichen Regeln der §§ 434 ff. BGB, was immer dann anzunehmen ist, wenn unter Berücksichtigung einer wirtschaftlich-tatsächlichen Betrachtungsweise der anfängliche Mangelunwert der Sache mit dem später eintretenden Schaden im Wesentlichen deckungsgleich ist[1]. Demgegenüber liegt **keine** Stoffgleichheit vor, wenn das **Integritätsinteresse** des Käufers durch den Mangel – sowie den dadurch verursachten weitergehenden Schaden – beeinträchtigt wird, also der Käufer einen Schaden erleidet, der über den ursprünglichen Minderwert der Sache hinausreicht[2]. Liegt nach den im Einzelnen durchaus nicht immer einfach zu vollziehenden Abgrenzungskriterien ein **„weiterfressender" Schaden** vor, weil das Integritätsinteresse des Käufers – außerhalb des Äquivalenzinteresses – verletzt worden ist, dann besteht zwischen der Mängelhaftung nach den §§ 434 ff. BGB und der deliktischen Haftung gemäß § 823 BGB Anspruchskonkurrenz[3].

Die Rechtsfigur des „weiterfressenden" Schadens wird in der Literatur – vor allem auch nach der Reform des Schuldrechts – vielfach kritisch beurteilt[4]. Doch ist aus wohlerwogenen Gründen den Leitlinien der BGH-Judikatur zu folgen[5], weil die Praxis sich auf diese Entwicklung inzwischen eingerichtet hat und – dies ist das entscheidende Argument – die Besonderheiten des Deliktsrechts gemäß § 823 Abs. 1 BGB auf diese Weise angemessen berücksichtigt werden[6]. Demzufolge ist auch **nach der Schuldrechtsreform** an der Rechtsfigur des „weiterfressenden" Schadens gemäß § 823 Abs. 1 BGB festzuhalten, auch wenn nicht zu verkennen ist, dass die nunmehr geltende zweijährige Verjährungsfrist des § 438 Abs. 1 Nr. 3 BGB geeignet ist, einen wesentlich weitergehenden Schutz zugunsten des Käufers sicherzustellen, als dies unter der Geltung der sechsmonatigen Verjährungsfrist des § 477 BGB a.F. der Fall war. Gerade wenn man aber auf die deliktsrechtlichen Besonderheiten abstellt, welche das Ergebnis einer Eigentumsverletzung – 67

1986, 1003 – Dichtungsbahn; BGH v. 16.9.1987 – VIII ZR 334/86, NJW 1988, 52 – Weinkorken; BGH v. 12.2.1992 – VIII ZR 276/90, NJW 1992, 1225 – Kondensator; BGH v. 24.3.1992 – VI ZR 210/91, NJW 1992, 1678 – Austauschmotor; BGH v. 16.2.1993 – VI ZR 252/92, NJW-RR 1993, 1113 – Primelerde; BGH v. 31.3.1998 – VI ZR 109/97, ZIP 1998, 865 – Transistor; BGH v. 2.2.1999 – VI ZR 392/97, ZIP 1999, 366 – Torfsubstrat; BGH v. 12.12.2000 – VI ZR 242/99, VersR 2001, 462 – Schlacke.

1 Hierzu im Einzelnen Produkthaftungshandbuch/*Foerste*, § 21 Rz. 41 ff.; *Palandt/Sprau*, § 823 BGB Rz. 177; *Staudinger/Matusche-Beckmann*, § 437 BGB Rz. 60 ff.

2 BGH v. 24.11.1976 – VIII ZR 137/75, BB 1977, 162 – Schwimmschalter; BGH v. 18.1.1983 – VI ZR 310/79, NJW 1983, 810, 811 – Gaszug.

3 BGH v. 24.11.1976 – VIII ZR 137/75, BB 1977, 162.

4 *Rengier*, JZ 1977, 346; *Foerste*, NJW 1992, 27; im Einzelnen auch Produkthaftungshandbuch/*Foerste*, § 21 Rz. 86 ff.; a.M. *Palandt/Sprau*, § 823 BGB Rz. 177; *Staudinger/Matusche-Beckmann*, § 437 BGB Rz. 62.

5 BGH v. 27.11.2005 – VII ZR 158/03, NJW 2005, 1423 – Geschossdecke.

6 *Staudinger/Matusche-Beckmann*, § 437 BGB Rz. 62.

und damit der Verletzung des Integritätsinteresses des Käufers – sind, so wird man berücksichtigen müssen, dass der Gesetzgeber bei der Schaffung der Schuldrechtsreform[1] die weitere Entwicklung der Rechtsfigur des weiterfressenden Schadens der Judikatur ausdrücklich überlassen hat. Dies wird zu Recht von einem beträchtlichen Teil in der Literatur dahin verstanden, dass damit die frühere BGH-Judikatur fortgesetzt werden soll[2].

bb) Erstrecken der leasingtypischen Abtretungskonstruktion auf Ansprüche nach § 823 Abs. 1 BGB

(1) Wirksamkeitsbedenken – § 536a Abs. 1 BGB

68 Es könnte freilich unter Beachtung von § 307 Abs. 2 Nr. 1 BGB **zweifelhaft** sein, ob der Leasinggeber berechtigt ist, die leasingtypische Abtretungskonstruktion auch – eindeutige Formulierung vorausgesetzt – auf die deliktsrechtlichen Ansprüche des § 823 Abs. 1 BGB zu erstrecken. Denn die mietvertragliche Eigenhaftung des Leasinggebers gemäß § 536a Abs. 1 BGB bezieht sich immer auf – verschuldensunabhängige – **Schadensersatzansprüche**, sofern das Leasinggut schon bei Abschluss des Leasingvertrages mangelhaft war. Es handelt sich hierbei um eine gesetzliche Garantiehaftung des Vermieters[3]. Anerkanntermaßen ist der Umfang dieses Schadensersatzanspruchs dahin zu verstehen, dass nicht nur der Nachteil zu ersetzen ist, der darin besteht, dass das Leasinggut mangelhaft ist, also: Minderwert, Mangelbeseitigungsaufwendungen, entgangener Gewinn[4]. Vielmehr ist der Vermieter auch verpflichtet, dem Mieter selbst die Schäden nach § 536a Abs. 1 BGB zu ersetzen, die als weitergehende Folgeschäden zu qualifizieren sind, weil und soweit sie dem Begriff des Schadensersatzes statt der Leistung gemäß §§ 281 ff. BGB zuzuordnen sind[5]. Die Schwierigkeit i.S.v. § 307 Abs. 2 Nr. 1 BGB besteht nunmehr darin, dass der aus § 536a BGB resultierende Schadensersatzanspruch **verschuldensunabhängig** ist, während die aus § 823 Abs. 1 BGB resultierende Schadensersatzhaftung wegen eines „weiterfressenden" Schadens trotz einer regelmäßig eingreifenden Beweislastumkehr[6] den Nachweis fehlenden Verschuldens zugunsten des Lieferanten/Herstellers offen lässt. Indessen fällt diese Differenzierung zwischen §§ 536a Abs. 1, 823 Abs. 1 BGB im Rahmen von § 307 Abs. 2 Nr. 1 BGB nicht ins Gewicht.

---

1 BT-Drucks. 14/6040, S. 229.

2 *Faust*, in Bamberger/Roth, § 437 BGB Rz. 189; *Staudinger/Matusche-Beckmann*, § 437 BGB Rz. 62; *Palandt/Sprau*, § 823 BGB Rz. 177; *Staudinger*, ZGS 2002, 145 f.; a.M. *Brüggemeier*, WM 2002, 1376, 1384 f.; *Grigoleit*, ZGS 2002, 78, 79 f.

3 *Palandt/Weidenkaff*, § 536a BGB Rz. 9.

4 *Palandt/Weidenkaff*, § 536a BGB Rz. 14; *Erman/Jendrek*, § 536a BGB Rz. 13.

5 *Palandt/Weidenkaff*, § 536a BGB Rz. 14; *Ehlert*, in Bamberger/Roth, § 536a BGB Rz. 18.

6 BGH v. 29.11.2006 – VIII ZR 92/06, NJW 2007, 1346; BGH v. 26.11.1968 – VI ZR 212/66, BGHZ 51, 91 ff. – Hühnerpest.

(2) Lösungsvorschlag

Entscheidend ist nämlich, dass auch grundsätzlich die kaufrechtliche Mängelhaftung gemäß § 437 Nr. 3 BGB verschuldensabhängig ausgeprägt ist. Hat nämlich der Verkäufer im Rahmen von § 276 Abs. 1 BGB keine Garantie gewährt[1] und auch kein Beschaffungsrisiko übernommen[2], dann folgt aus § 280 Abs. 1 Satz 2 BGB ohnehin, dass die Haftung auf Schadensersatz – freilich mit den Ingredienzien einer Beweislastumkehr zum Nachteil des Verkäufers[3] – von einem Verschulden abhängig ist. Da aber die Rechtsprechung des BGH die Ersetzung der mietvertraglichen Eigenhaftung des Leasinggebers gemäß §§ 536 f. BGB durch die kaufrechtliche Mängelhaftung gemäß § 437 BGB gestattet (Rz. 2 ff.), liegt in der Diskrepanz zwischen den §§ 536a Abs. 1, 437 Nr. 3, 280 Abs. 1 Satz 2 BGB keine unangemessene Benachteiligung zu Lasten des Leasingnehmers: Zwar kann er im Rahmen des Mietrechts auf die verschuldensunabhängige Garantiehaftung des § 536a Abs. 1 BGB bei Vorliegen eines anfänglichen Mangels des Leasingguts zurückgreifen, aber auch diese Schadensersatzhaftung wird durch die kaufrechtlichen Mängelansprüche des § 437 BGB kompensiert, ohne dass darin ein Makel gemäß § 307 Abs. 2 Nr. 1 BGB liegt. Was aber zugunsten der kaufrechtlichen Abtretungskonstruktion nach § 307 Abs. 2 Nr. 1 BGB nicht zu beanstanden ist, darf auch nicht unter der Perspektive einer – weitergehenden – Abtretungskonstruktion im Fall eines weiterfressenden Schadens gemäß § 823 Abs. 1 BGB in Zweifel gezogen werden. Deshalb bestehen gegen die Erstreckung der leasingtypischen Abtretungskonstruktion auf weiterfressende Schäden gemäß § 823 Abs. 1 BGB keine durchgreifenden Bedenken gemäß § 307 Abs. 2 Nr. 1 BGB. 69

(3) Beachtung des Transparenzgebots

Sofern sich aber die Abtretungskonstruktion lediglich auf die „Gewährleistungsansprüche" oder auch auf „Mängelansprüche" bezieht, die dem Leasinggeber gegenüber dem Lieferanten des Leasingguts zustehen, ist es unter Berücksichtigung allgemeiner Auslegungsregeln gemäß § 305c Abs. 2 BGB **zweifelhaft**, ob damit auch deliktsrechtliche Ansprüche gemäß § 823 Abs. 1 BGB überhaupt erfasst werden[4]. Zwar besteht insoweit Anspruchskonkurrenz[5]. Entgegen der in der Vorauflage vertretenen Auffassung bleibt es bei einer solchen Vertragsgestaltung dann – mangels eindeutiger Formulierungen in der Abtretungsklausel – bei folgendem Resultat: Aufgrund der leasingtypischen Abtretungskonstruktion verfügt der Leasingnehmer lediglich über die kaufrechtlichen Mängelansprüche gemäß §§ 434 ff. BGB; die 70

---

1 *Palandt/Heinrichs*, § 276 BGB Rz. 29.
2 *Palandt/Heinrichs*, § 276 BGB Rz. 30; *Erman/Westermann*, § 276 BGB Rz. 19 f.
3 *Palandt/Heinrichs*, § 280 BGB Rz. 34 ff.
4 BGH v. 24.11.1976 – VIII ZR 137/75, BB 1977, 162 – Schwimmschalter: verneinend.
5 BGH v. 24.11.1976 – VIII ZR 137/75, BB 1977, 162 – Schwimmschalter.

weitergehenden deliktsrechtlichen Ansprüche aber verbleiben beim Leasinggeber[1]. Dieses Auslegungsresultat wird man jedoch gemäß §§ 133, 157 BGB dann nicht unbedingt vertreten dürfen, wenn sich die leasingtypische Abtretungskonstruktion auf etwaige Ansprüche bezieht, die sich aufgrund eines **„Fehlers des Leasingguts"** ergeben. Denn dass ein „weiterfressender" Schaden i.S.v. § 823 Abs. 1 BGB auch darauf beruht, dass das Leasinggut einen „Fehler" hat, ist evident, führt also nach allgemeinem Verständnis dazu, dass dann auch die deliktsrechtlichen Ansprüche gemäß § 823 Abs. 1 BGB dem Leasingnehmer zediert sind. Denn sowohl die Verletzung des Äquivalenzinteresses als auch die Beeinträchtigung des Integritätsinteresses des Leasingnehmers – beides: in seiner Stellung als Käufer – resultieren aus einem „Fehler" oder einem „Mangel" des Leasingguts, was bei letzterem Begriff allerdings zweifelhaft ist. Sowohl die Gewährleistungsansprüche gemäß §§ 434 ff. BGB als auch die deliktsrechtliche Schadensersatzhaftung gemäß § 823 Abs. 1 BGB haben daher bei Verwendung einer auf einen „Fehler" abstellenden Formulierung dieselbe Wurzel. Deshalb kann bei einer solchen Konstellation der Leasingnehmer gegenüber dem Lieferanten folgendermaßen den Schadensersatz liquidieren:

71 Soweit ein **Minderwert** des Leasingguts in Rede steht, gelten die zuvor unterbreiteten Erwägungen (Rz. 62), so dass der Leasingnehmer diese Ansprüche mit der Maßgabe geltend machen kann, dass der jeweilige Minderwert gemäß § 441 BGB an den Leasinggeber ausgekehrt wird. Soweit aber ein weiterfressender Schaden in Form einer **Eigentumsverletzung** gemäß § 823 Abs. 1 BGB eingetreten ist, steht auch der daraus resultierende Schadensersatz in gleicher Weise dem Leasinggeber zu, weil dieser ja rechtlicher und wirtschaftlicher Eigentümer des Leasingguts ist. Demzufolge tritt die gleichzeitig vorliegende Beeinträchtigung des Nutzungsrechts des Leasingnehmers – und damit seines Besitzrechts i.S.v. § 823 Abs. 1 BGB – dahinter zurück[2]. Freilich bleibt es dem Leasingnehmer unbenommen, die vom Lieferanten erhaltene Ersatzleistung dazu zu verwenden, das Leasinggut wieder herzustellen[3]. Unter dieser Voraussetzung gelten dann die gleichen Erwägungen, die weiter unten im Zusammenhang mit der Risikotragung und einer entsprechenden **Ersatzleistung der Versicherung** abgehandelt werden (Kap. I Rz. 14 ff.).

cc) Fassung des Klageantrags

72 Dies löst die Frage aus, wie bei einem „weiterfressenden" Schaden der zweckmäßige Klageantrag des Leasingnehmers gegenüber dem Lieferanten lauten soll: Klagt nämlich der Leasingnehmer sowohl im Hinblick auf den Ersatz des Minderwertes als auch des durch den Mangel beeinträchtigten Integritätsinteresses auf Leistung an sich selbst, muss er allemal unter Be-

1 Vorauflage Rz. 821.
2 Vgl. auch *Beckmann*, § 2 Rz. 286 ff.
3 *Beckmann*, § 2 Rz. 287.

achtung der **Zweckbestimmung** der Schadensersatzleistung sicherstellen, dass diese zur Wiederherstellung des Leasingguts verwendet wird. Ihm steht dann freilich unter Berücksichtigung der hier vertretenen Auffassung (Rz. 120 ff.) wegen der insoweit vom Leasinggeber zu vertretenden Schlechterfüllung/Pflichtverletzung die Einrede des nicht erfüllten Vertrages gemäß § 320 BGB zur Seite, so dass er berechtigt ist, die Zahlung der Leasingraten von dem Zeitpunkt an zu verweigern, in welchem der „weiterfressende" Schaden aufgetreten ist und sich realisiert hat. Klagt hingegen der Leasingnehmer gegenüber dem Lieferanten auf Zahlung von Minderwert und weitergehendem Schadensersatz an den **Leasinggeber**, dann ist dieses Begehren gleichbedeutend mit der Durchsetzung eines **Minderungsrechts** gemäß § 441 BGB, soweit das Äquivalenzinteresse des Leasingnehmers in Rede steht.

V. Wirksamkeitsgrenzen von Haftungsfreizeichnungsklauseln in den Lieferanten-AGB

Soweit also die leasingtypische Abtretungskonstruktion sowohl die Mängelhaftung des Lieferanten wegen Störung des Äquivalenzverhältnisses als auch die deliktsrechtliche Haftung wegen Beeinträchtigung des Integritätsinteresses des Leasingnehmers umfasst, stellt sich i.S.v. § 307 Abs. 2 Nr. 1 BGB die Frage, in welchem Umfang der Lieferant berechtigt ist, die ihn treffende **Schadensersatzhaftung** wegen eines Mangels des Leasingguts in wirksamer Weise abzubedingen. Diese Frage ist – wie früher angedeutet – die gleiche, die sich auch im Blick auf die Haftung wegen Verzugs oder wegen Unmöglichkeit aufdrängt; Unterschiede bestehen nicht, weil die Grundlage der Haftung auf Ersatz des Schadens die Grundnorm des § 280 BGB ist und die Grenzen aus den §§ 307 ff. BGB herzuleiten sind. Dies soll nachfolgend vertiefend geschehen. 73

1. Schadensersatz wegen schuldhafter Verletzung von Leben, Körper oder Gesundheit – § 309 Nr. 7a BGB

Sofern der Leasingnehmer **Verbraucher** i.S.v. § 13 BGB ist, ist der zwingende Verbotstatbestand von § 309 Nr. 7a BGB uneingeschränkt zu berücksichtigen. Gleiches gilt aber auch dann, wenn der Leasingnehmer **Unternehmer** gemäß § 14 BGB ist[1]. Denn im Regelfall ist der i.S.v. § 309 Nr. 7a BGB Geschädigte deswegen ein Verbraucher, weil er mit dem Leasingnehmer jedenfalls dann nicht personenidentisch ist, wenn es sich um eine juristische Person des privaten Rechts handelt (GmbH, AG). So ist insbesondere allgemein anerkannt, dass der Geschäftsführer einer GmbH, wenn er 74

1 BGH v. 15.11.2006 – VIII ZR 3/06, ZGS 2007, 65, 67 – Notwendigkeit, den Verbotstatbestand von § 309 Nr. 7a BGB zu beachten.

für diese nicht als Vertretungsorgan handelt, Verbraucher gemäß § 13 BGB ist[1]. So gesehen ist er Dritter, so dass eine Haftungsfreizeichnungsklausel im Zweifel nicht zu seinen Lasten gilt. Aber auch dann, wenn der Geschädigte mit dem Leasingnehmer personenidentisch ist (BGB-Gesellschaft, oHG, KG), wird man bei schuldhafter Verletzung von Leben, Körper oder Gesundheit eine Schadensersatzhaftung deswegen als unabdingbar bezeichnen müssen, weil zum einen dies durch den besonderen Schutz der verletzten Rechtsgüter angezeigt ist, und weil zum anderen der Lieferant als AGB-Verwender ohne weiteres in der Lage ist, ausreichenden Haftpflichtversicherungsschutz für diese Risiken zu erlangen, weil sie gemäß § 1 AHB gedeckt sind[2].

2. Grobes Verschulden – § 309 Nr. 7b BGB

75 Sofern der Leasingnehmer **Verbraucher** ist, besteht kein Zweifel daran, dass der gesamte Verbotstatbestand von § 309 Nr. 7b BGB in den Lieferanten-AGB berücksichtigt werden muss. Dies gilt aber auch dann, wenn der Leasingnehmer **Unternehmer** ist, weil die h.M. mit Recht davon ausgeht, dass eine Haftungsfreizeichnung bei einer auf grobem Verschulden beruhenden Pflichtverletzung eine unangemessene Benachteiligung des Geschädigten i.S.v. § 307 Abs. 1 BGB darstellt[3]. Daran ist in jedem Fall festzuhalten, was auch regelmäßig in den Lieferanten-AGB berücksichtigt wird.

3. Schuldhafte Verletzung einer vertragswesentlichen Pflicht – § 307 Abs. 2 Nr. 1 BGB

a) Grundsätzlicher Ansatz

76 Es kann hier nicht der Ort sein, im Einzelnen der Frage nachzugehen, unter welchen Voraussetzungen die BGH-Judikatur von der Existenz einer wesentlichen Vertragspflicht ausgeht, bei deren schuldhafter Verletzung eine Freizeichnung an § 307 Abs. 2 Nr. 1 BGB scheitert[4]. Entscheidend ist allemal, dass es dem Lieferanten als AGB-Verwender nicht gestattet ist, in seinen AGB solche Rechtspositionen des Kunden auszuschließen oder einzuschränken, die ihm der Vertrag nach seinem Inhalt und Zweck zu gewähren hat, weil die Erfüllung dieser Pflichten erst die Erreichung des Ver-

1 BGH v. 15.7.2004 – III ZR 315/03, ZIP 2004, 1647; BGH v. 28.6.2000 – VIII ZR 240/99, NJW 2000, 3133.

2 Im Einzelnen AGB-Klauselwerke/*Graf von Westphalen*, Freizeichnungsklausel Rz. 23 f.; zum Problembereich des Versicherungsschutzes vgl. insbesondere BGH v. 24.10.2001 – VIII ARZ 1/01, NJW 2002, 673, 675: Sachschaden.

3 *Palandt/Grüneberg*, § 309 BGB Rz. 48; *Erman/Roloff*, § 309 BGB Rz. 76, jeweils m.w.N.

4 Hierzu im Einzelnen AGB-Klauselwerke/*Graf von Westphalen*, Freizeichnungsklausel Rz. 28 ff.; *Erman/Roloff*, § 309 BGB Rz. 72.

tragszwecks gewährleistet, da es sich um solche Rechtspositionen handelt, auf deren Erfüllung der Vertragspartner vertrauen konnte und auch vertrauen durfte[1]. Anders gewendet: Eine Haftungsfreizeichnung darf nicht dazu führen, dass der AGB-Verwender von der Verpflichtung befreit wird, deren Erfüllung die ordnungsgemäße Durchführung des Vertrages überhaupt erst ermöglicht und auf deren Einhaltung der Vertragspartner regelmäßig sein Vertrauen setzt[2]. Demzufolge ist lediglich zu unterstreichen, dass nach der Rechtsprechung des BGH sowohl **Hauptpflichten**, welche im Synallagma stehen[3], als auch die Erfüllung von wesentlichen **Nebenpflichten** in dieses Konzept einzustellen sind[4]. Daraus ergibt sich, dass der Lieferant gehalten ist, in seinen AGB – unabhängig davon, ob der Leasingnehmer **Verbraucher** oder **Unternehmer** ist – eine freizeichnungsfeste Regelung für die Fälle vorzusehen, in denen er eine wesentliche Vertragspflicht schuldhaft verletzt.

b) Transparenzgebot

Nach der Rechtsprechung des BGH[5] verstößt es gegen das Transparenzgebot des § 307 Abs. 1 Satz 2 BGB, wenn der Lieferant als AGB-Verwender das Freizeichnungsverbot auf den Begriff der **„Kardinalpflicht"** bezieht. Die **Rechtsfolge** einer unwirksamen Haftungsfreizeichnungsklausel i.S.v. § 307 Abs. 2 Nr. 1 BGB – verschiedentlich wird auch § 307 Abs. 2 Nr. 2 BGB bemüht[6] – besteht darin, dass dispositives Recht gemäß § 306 Abs. 2 BGB zum Zuge gelangt. Es gelten dann die allgemeinen Haftungsregeln der §§ 241 Abs. 2, 280 Abs. 1, 437 Nr. 3 BGB. Dabei besteht freilich auch kein Zweifel daran, dass das Haftungskonzept der wesentlichen Vertragspflicht gemäß § 307 Abs. 2 Nr. 1 BGB auch dann gilt, wenn der AGB-Verwender eine Pflichtverletzung zu vertreten hat, die den Bereich des **Verschuldens bei Vertragsabschluss** gemäß § 311 Abs. 2 BGB zum Gegenstand hat[7]. Nichts anderes gilt dann, wenn eine **verschuldensunabhängige Zusicherungshaftung** i.S.v. § 276 Abs. 1 BGB[8] Gegenstand des Vertrages geworden ist[9]. Denn in all diesen Fällen hat der AGB-Verwender in erheblichem Umfang das Vertrauen des Kunden für sich in Anspruch genommen; wird es dann enttäuscht, darf es nicht aufgrund einer als wirksam anzusehenden Haftungsfreizeichnungsklausel als frustriert qualifiziert werden. Vielmehr ist dann der Vertrauensschutz eingefordert, der das Verbot der Haftungsfrei- 77

1 BGH v. 20.7.2005 – VIII ZR 121/04, ZIP 2005, 1785, 1797 – ständige Rechtsprechung.
2 BGH v. 20.7.2005 – VIII ZR 121/04, ZIP 2005, 1785, 1797.
3 AGB-Klauselwerke/*Graf von Westphalen*, Freizeichnungsklausel Rz. 29 ff.
4 *Erman/Roloff*, § 309 BGB Rz. 72; *Palandt/Heinrichs*, § 307 BGB Rz. 35 f.
5 BGH v. 20.7.2005 – VIII ZR 121/04, ZIP 2005, 1785, 1797.
6 BGH v. 20.7.2005 – VIII ZR 121/04, ZIP 2005, 1785, 1797; *Erman/Roloff*, § 309 BGB Rz. 72; vgl. auch *Palandt/Heinrichs*, § 307 BGB Rz. 33 ff.
7 Im Einzelnen AGB-Klauselwerke/*Graf von Westphalen*, Freizeichnungsklausel Rz. 39 ff.
8 BGH v. 29.11.2006 – VIII ZR 92/06, NJW 2007, 1346.
9 AGB-Klauselwerke/*Graf von Westphalen*, Freizeichnungsklausel Rz. 44 ff.

zeichnung gemäß § 307 Abs. 2 Nr. 1 BGB nach sich zieht. Gestützt wird diese Erwägung auch durch den **Verbotstatbestand** von § 444 BGB: Ist eine Beschaffenheitsgarantie oder eine Haltbarkeitsgarantie gemäß § 443 BGB Gegenstand des Kaufvertrages, wie er zwischen Lieferant und Leasinggeber kontrahiert wird, dann kann – wie bereits dargestellt (Rz. 35) – eine Freizeichnung nur insoweit als wirksam angesehen werden, als sie Inhalt und Umfang der gegebenen, haftungsbegründenden Garantiezusage nicht limitiert[1].

c) Zentrale Streitfrage: Freizeichnungsverbote im Rahmen der §§ 281 ff. BGB

78 Bislang hatte die Rechtsprechung noch keine Gelegenheit, zu der in der Literatur heftig umstrittenen Frage Stellung zu nehmen, ob das Freizeichnungsverbot des § 307 Abs. 2 Nr. 1 BGB wegen Verdacht der Verletzung einer vertragswesentlichen Pflicht auch dann zum Zuge gelangt, wenn der Kunde/Leasingnehmer berechtigt ist, gemäß § 437 Nr. 3 BGB einen Schadensersatzanspruch statt der Leistung gemäß §§ 281 ff. BGB zu reklamieren. Das Meinungsspektrum in der Literatur ist geteilt; doch erscheint es als zutreffend, davon auszugehen, dass der Lieferant als AGB-Verwender nicht berechtigt ist, sich von dem Risiko eines Schadensersatzanspruchs statt der Leistung gemäß §§ 281 ff. BGB in wirksamer Weise freizuzeichnen[2], um den Kunden/Leasingnehmer stattdessen auf ein Rücktrittsrecht zu verweisen[3]. Für eine strikte Beachtung des Verbotstatbestands von § 307 Abs. 2 Nr. 1 BGB spricht in diesen Fällen vor allem die Erwägung, dass der Käufer gemäß § 433 Abs. 1 Satz 2 BGB grundsätzlich ein Recht darauf hat, eine **mangelfreie** Sache zu erhalten. Darin liegt eine Hauptpflicht des Lieferanten. Unterbleibt diese Pflicht aus Gründen, die der Lieferant zu vertreten hat, so dass ein Schadensersatzanspruch statt der Leistung gemäß §§ 281 ff. BGB eingreift, dann kann diese Rechtsposition nicht durch eine Haftungsfreizeichnungsklausel ihres kompensatorischen Inhalts entleert werden, ohne dass darin eine unangemessene Benachteiligung des Kunden/Leasingnehmers liegt. Insbesondere ist darauf aufmerksam zu machen, dass der Rücktritt zwar gemäß § 309 Nr. 8b bb BGB bzw. gemäß § 307 Abs. 2 Nr. 1 BGB eine unverzichtbare Rechtsposition zugunsten des Käufers darstellt. Doch ist im selben Atemzug zu betonen, dass § 325 BGB das Recht auf Rücktritt sowie den Anspruch auf Schadensersatz statt der Leistung **kumulativ** gewährt, was ein deutliches Indiz dafür ist, dass der Schadensersatzanspruch statt der Leistung gemäß §§ 281 ff. BGB eine mindes-

1 *Palandt/Weidenkaff*, § 444 BGB Rz. 12 f.

2 Hierzu neuestens *Fuchs*, in Ulmer/Brandner/Hensen, § 307 BGB Rz. 292 ff.; *Graf von Westphalen*, BB 2002, 109, 214; *Koch*, WM 2002, 2173, 2179.

3 Im Einzelnen AGB-Klauselwerke/*Graf von Westphalen*, Freizeichnungsklausel Rz. 51 ff.; *Koch*, WM 2002, 2173, 2179; a.M. *Erman/Roloff*, § 309 BGB Rz. 74; *Palandt/Heinrichs*, § 307 BGB Rz. 34a.

tens ebenso wichtige Rechtsposition für den Käufer darstellt wie das ihm gemäß § 437 Nr. 2 BGB im Fall der Mangelhaftigkeit zustehende Rücktrittsrecht.

Daraus folgt also im Ergebnis, dass der aus § 281 BGB resultierende Scha- 79
densersatzanspruch statt der Leistung vor allem in den Fällen praktisch wird, in denen es sich um das „Fehlschlagen" der Nacherfüllung (Rz. 27) handelt. Denn diese Rechtsposition wird dem Käufer auch gemäß § 440 BGB gewährt, so dass der Hinweis auf die abschließende Geltung des Verbotstatbestandes von § 309 Nr. 8b bb BGB – im unternehmerischen Verkehr ist stattdessen an § 307 Abs. 2 Nr. 1 BGB anzuknüpfen – nicht als ausreichende Kompensation für die Rechtsstellung des Käufers angesehen werden darf. Häufig ist der Lieferant auch verpflichtet, in seinen AGB für die Fälle des „Fehlschlagens" der Nacherfüllung das weitergehende Recht auf Schadensersatz statt der Leistung gemäß § 281 BGB vorzusehen, so dass jedenfalls dieser Anspruch nicht in wirksamer Weise abbedungen werden darf. Geschieht dies trotzdem, so ist die aus § 306 Abs. 2 BGB abzuleitende **Rechtsfolge** die gleiche, die in diesen Fällen stets eingreift. Es gilt dann dispositives Recht.

d) Versicherungsschutz zugunsten des Lieferanten – Sachschäden: § 1 AHB

Es ist von hoher Wichtigkeit, sich vor Augen zu führen, dass die Rechtspre- 80
chung des BGH eine Haftungsfreizeichnungsklausel auch dann an § 307 Abs. 1 BGB scheitern lässt, wenn der Lieferant als AGB-Verwender in der Lage ist, sich gegen das jeweilige Schadensersatzrisiko durch Abschluss einer typischerweise zu kontrahierenden Haftpflicht- bzw. Produkthaftpflichtversicherung abzudecken[1]. Praktisch wird diese Konstellation vor allem dann, wenn die Mangelhaftigkeit des Leasingguts dazu führt, dass ein **Sachschaden** eintritt, einschließlich eines weitergehenden Vermögensschadens, wie insbesondere eines **entgangenen Gewinns**. In dieser Perspektive kann es keinen Zweifel daran geben, dass der Lieferant für gewöhnlich über eine Haftpflicht- bzw. Produkthaftpflichtversicherung verfügt. Diese aber deckt das Risiko eines Sachschadens gemäß § 1 AHB; der Anspruch auf Ersatz des entgangenen Gewinns ist freilich in Produkthaftpflichtversicherungspolicen zumindest teilweise ausgeschlossen. Besteht aber üblicherweise Deckung für einen Sachschaden im Rahmen einer Haftpflicht- bzw. Produkthaftpflichtversicherung, dann ist es gemäß § 307 Abs. 1 BGB als unangemessene Benachteiligung zu qualifizieren, wenn der Lieferant als AGB-Verwender/Schädiger gleichwohl seine Haftung für das Schadensereignis und die Schadensfolgen abbedingt. Denn es ist allemal gerechter,

1 *Christensen*, in Ulmer/Brandner/Hensen, § 309 Nr. 7 BGB Rz. 44; AGB-Klauselwerke/*Graf von Westphalen*, Freizeichnungsklausel Rz. 82 ff.; BGH v. 24.10.2001 – VIII ARZ 1/01, NJW 2002, 673, 675.

wenn der Geschädigte mit seinem Schaden nicht allein gelassen wird, sondern dafür die **Ersatzleistung** der Versicherung erhält, zumal der Lieferant als AGB-Verwender für den Abschluss der Versicherung auch eine Prämie gezahlt hat, die er als Kostenelement in den Preis einkalkulieren kann[1]. Folglich ist grundsätzlich davon auszugehen, dass eine Haftungsfreizeichnungsklausel bei Bestehen einer Haftpflichtversicherung an § 307 Abs. 1 BGB scheitert[2].

81 Besteht also eine Haftpflicht- oder Produkthaftpflichtversicherung, welche den eingetretenen Sachschaden wegen der Mangelhaftigkeit des Leasingguts deckt, dann ist der Lieferant verpflichtet, die **Ersatzleistung** der Versicherung dem Leasingnehmer zur Verfügung zu stellen, damit dieser in der Lage ist, die entstandenen Sachschäden – regelmäßig: außerhalb des geschädigten Leasingguts[3] – zu beseitigen und den vor dem Schadensereignis bestehenden Zustand wiederherzustellen.

e) Haftungsbegrenzungsklausel

82 Im Rahmen **groben Verschuldens** gemäß § 309 Nr. 7b BGB ist es anerkannt, dass der Lieferant im unternehmerischen Verkehr berechtigt ist, seine Schadensersatzhaftung auf den typischerweise eintretenden, vorhersehbaren Schaden zu begrenzen, ohne dass eine solche Klausel gegen § 307 Abs. 2 Nr. 1 BGB verstößt[4]. Entscheidend ist insoweit, dass eine derart gestaltete Haftungsbegrenzungsklausel von der Rechtsprechung des BGH insbesondere für die Fälle anerkannt wurde, in denen der AGB-Verwender schuldhaft eine wesentliche Vertragspflicht i.S.v. § 307 Abs. 2 Nr. 1 BGB verletzt hat[5]. Folglich ist der Lieferant als AGB-Verwender berechtigt, seine Haftung für die Fälle auszuschließen, in denen ein Exzess-Schaden eintritt, mit dem typischerweise nicht gerechnet werden konnte, weil er nicht vorhersehbar war[6]. Freilich ist anzumerken, dass der Unterschied zwischen einer Haftungsbegrenzung, die auf den vorhersehbaren, typischerweise eintretenden Schaden abstellt, und einer Haftungsbegrenzung, die die §§ 249 ff. BGB im Auge hat, praktisch kein nennenswerter Unterschied besteht[7]. In der Sache ist also mit einer solchen Haftungsbegrenzungsklausel wenig gewonnen.

---

1 Zu weiteren Fragen vgl. AGB-Klauselwerke/*Graf von Westphalen*, Freizeichnungsklausel Rz. 82 ff.
2 *Palandt/Heinrichs*, § 307 BGB Rz. 47.
3 Vgl. § 4 II 5 AHB.
4 *Palandt/Grüneberg*, § 309 BGB Rz. 49; *Erman/Roloff*, § 309 BGB Rz. 78; *Christensen*, in Ulmer/Brandner/Hensen, § 309 Nr. 7 BGB Rz. 47 – teilweise einschränkend.
5 BGH v. 11.11.1992 – VIII ZR 238/91, NJW 1993, 335 – st. Rspr.
6 *Palandt/Heinrichs*, § 307 BGB Rz. 50.
7 Hierzu auch AGB-Klauselwerke/*Graf von Westphalen*, Freizeichnungsklausel Rz. 97 f.

Denn nach der Rechtsprechung des BGH steht fest, dass der Lieferant als AGB-Verwender lediglich berechtigt ist, sich von der schuldhaften Nichterfüllung solcher Pflichten wirksam freizuzeichnen, die für die Erreichung des Vertragszwecks als **nicht wesentlich** angesehen werden und die weder einen Körper- oder Gesundheitsschaden i.S.v. § 309 Nr. 7a BGB zur Konsequenz haben noch einen Sachschaden. Denn der Verbotstatbestand von § 309 Nr. 7a BGB ist unabhängig davon, ob die schuldhaft verletzte Pflicht wesentlich oder unwesentlich war; entscheidend ist allein, dass der Schutz von Leben, Gesundheit und Körper absolut ist. Ähnliches gilt auch dann, wenn im Falle eines vom Lieferanten herrührenden Sachschadens üblicherweise davon auszugehen ist, dass er durch Abschluss einer Haftpflicht- bzw. Produkthaftpflichtversicherung adäquat hätte gedeckt werden können. Trifft dies nämlich zu, dann scheitert eine Haftungsfreizeichnungs- oder Haftungsbegrenzungsklausel an § 307 Abs. 1 BGB[1]. 83

4. Lieferverzug

Wegen des systematischen Zusammenhangs erscheint es sachgerecht, die Frage nach den Wirksamkeitsgrenzen von Lieferanten-AGB hier auch insoweit zu behandeln als der Tatbestand des vom Lieferanten zu vertretenden Lieferverzugs in Rede steht, für dessen Folgen ja der Leasinggeber deswegen einstehen muss, weil die Zurechnungsnorm des § 278 BGB insoweit gilt (Kap. E Rz. 2). 84

a) Vorrang des Individualvertrages

Immer dann, wenn ein verbindlicher Liefertermin gesetzt ist, stellt sich die Frage, ob der Lieferant als AGB-Verwender berechtigt ist, diesen in den AGB als „unverbindlich" zu bezeichnen, so dass auf diese Weise die Rechtsfolgen eines Verzugs nach den §§ 286, 280 Abs. 2 BGB abbedungen werden. Dies ist im Blick auf die Vorrangigkeit der Individualabrede nach § 305b BGB allemal zu verneinen[2]. Die hiermit aufgeworfene Frage hat vor allem dann entscheidende praktische Bedeutung, wenn es sich um die Vereinbarung eines **Fixgeschäfts** nach § 323 Abs. 2 Nr. 2 BGB oder nach § 376 HGB handelt, weil dann ein maßgeblicher Vertrauenstatbestand zugunsten des Leasingnehmers geschaffen worden ist, der durch gegenläufige AGB-Klauseln nicht eingeschränkt oder gar zerstört werden darf, ohne dass nicht auch § 307 Abs. 2 Nr. 1 BGB als Sperre eingreifen würde[3]. 85

---

1 BGH v. 24.10.2001 – VIII ARZ 1/01, NJW 2002, 673, 675.
2 Im Einzelnen AGB-Klauselwerke/*Graf von Westphalen*, Freizeichnungsklausel Rz. 58 ff.
3 AGB-Klauselwerke/*Graf von Westphalen*, Freizeichnungsklausel Rz. 61.

b) Grobes Verschulden

86 Unter Beachtung von § 309 Nr. 7b BGB gelten hier die gleichen Erwägungen, wie sie zuvor dargestellt worden sind (Rz. 75).

c) Einfache Fahrlässigkeit

87 Die Rechtsprechung des BGH[1] geht davon aus, dass die Haftung auf Ersatz des Verzugsschadens auch im Rahmen einfacher Fahrlässigkeit nicht wirksam freigezeichnet werden darf[2]. Diese Urteile betreffen zwar nur den Bereich der gegenüber einem Verbraucher verwendeten AGB; sie sind aber auch gegenüber einem Unternehmer nach § 307 Abs. 2 Nr. 1 BGB entsprechend zu berücksichtigen[3]. Offen bleibt dabei immer die Antwort auf die Frage, ob es sich nicht bei der Haftung wegen Verzugs nach den §§ 286, 280 Abs. 2 BGB um die Verletzung einer wesentlichen Vertragspflicht handelt, so dass auch § 307 Abs. 2 Nr. 1 BGB eingreift und die Unwirksamkeit der Klausel bedingt.

d) Rücktrittsrecht

88 In § 309 Nr. 8a BGB ist bestimmt, dass das Rücktrittsrecht des Kunden im Fall des Verzugs nicht wirksam abbedungen werden darf. Diese Rechtsfolge gilt anerkanntermaßen auch im unternehmerischen Verkehr gemäß § 307 Abs. 2 Nr. 1 BGB[4].

e) Schadensersatz statt der Leistung

89 Hier gelten uneingeschränkt die gleichen Erwägungen, die zuvor im Einzelnen dargestellt worden sind (Rz. 76 ff.).

5. Unmöglichkeit

90 Da der Tatbestand der Unmöglichkeit in § 311a BGB seinen Niederschlag gefunden hat und dort in Absatz 2 bestimmt ist, dass der Gläubiger berechtigt ist, in diesen Fällen nach seiner Wahl Rücktritt oder Ersatz des Schadens statt der Leistung zu verlangen, gelten für etwaige Freizeichnungs- oder Begrenzungsklauseln die gleichen Grundsätze, die zuvor erarbeitet worden sind (Rz. 82). Freilich ist die Haftung auf Schadensersatz davon abhängig, dass der Schuldner das Leistungshindernis kannte und diese Kenntnis auch zu vertreten hat, so dass es sich hier anbietet, von den Erwägun-

---

1 BGH v. 27.9.2000 – VIII ZR 155/99, NJW 2001, 292, 295.
2 BGH v. 12.1.1994 – VIII ZR 163/92, NJW 1994, 1060, 1063 – Daihatsu.
3 AGB-Klauselwerke/*Graf von Westphalen*, Freizeichnungsklausel Rz. 68.
4 BGH v. 20.3.2003 – I ZR 225/00, NJW-RR 2003, 1056, 1060; *Erman/Roloff*, § 309 BGB Rz. 85.

gen auszugehen, welche für die Schadensersatzhaftung nach §§ 281 ff. BGB entwickelt worden sind (Rz. 78).

6. Rechtsfolgen

Nach der hier vertretenen Auffassung ist der Leasinggeber auch insoweit als AGB-Verwender anzusehen, als er sich im Rahmen der leasingtypischen Abtretungskonstruktion auf die Lieferanten-AGB beruft. Sind diese nach den §§ 307 ff. BGB unwirksam, treffen die sich aus § 306 Abs. 2 BGB ergebenden Rechtsfolgen den Leasinggeber, weil er dann nach den mietrechtlichen Bestimmungen der §§ 535 ff. BGB einstehen muss[1]. 91

VI. Verbindliche Hinnahme des Ergebnisses der gewährleistungsrechtlichen Auseinandersetzung zwischen Lieferant und Leasingnehmer

Da die mängelspezifischen Auseinandersetzungen immer zwischen Lieferant und Leasingnehmer im Rahmen der Abtretungskonstruktion geführt werden, kommt es entscheidend darauf an, ob es dem Leasinggeber gestattet ist, sich gegen das im Verhältnis zwischen Lieferant und Leasingnehmer erzielte Ergebnis – wie immer es ausfallen mag – erfolgreich zu wehren oder ob er daran gebunden ist. 92

1. Grundsatz

Bereits in seiner wegweisenden Entscheidung vom 16.9.1981[2] hat der BGH mit Recht hervorgehoben, es entspräche einer „interessengerechten Auslegung" der leasingtypischen Abtretungskonstruktion, dass damit der Leasinggeber die „rechtlichen Folgen, die sich aus der Geltendmachung der Gewährleistungsrechte durch den Leasingnehmer ergeben, als für sich verbindlich"[3] hinnimmt. Das hat der BGH in der nachfolgenden Entscheidung mit Nachdruck bestätigt[4]. Dahinter steht die zutreffende Erwägung, dass anderenfalls der Leasingnehmer im praktischen Ergebnis rechtlos gestellt würde, weil ihm ja eigene Gewährleistungsansprüche gegenüber dem Lieferanten des Leasingguts nicht zustehen[5] und die mietrechtlichen Ansprüche ausgeschlossen sind. Die Beachtung dieses Grundsatzes hat zur Konsequenz: Tritt der Leasinggeber nicht uneingeschränkt, unwiderruflich 93

1 BGH v. 21.12.2005 – VIII ZR 85/05, ZIP 2006, 1001.
2 BGH v. 16.9.1981 – VIII ZR 265/80, WM 1981, 1219.
3 BGH v. 16.9.1981 – VIII ZR 265/80, WM 1981, 1219, 1221.
4 BGH v. 27.2.1985 – VIII ZR 328/83, WM 1985, 573, 574; BGH v. 13.3.1991 – VIII ZR 34/90, ZIP 1991, 519, 521; BGH v. 7.10.1992 – VIII ZR 182/91, ZIP 1993, 130, 132; *Wolf/Eckert/Ball*, Rz. 1840 ff.; MünchKomm./*Habersack*, Leasing Rz. 91.
5 *Wolf/Eckert/Ball*, Rz. 1840.

und vorbehaltlos die ihm gegenüber dem Lieferanten zustehenden kaufrechtlichen Mängelansprüche gemäß § 437 BGB ab, dann verstößt eine solche Vertragsgestaltung gegen § 307 Abs. 2 Nr. 1 BGB und ist unwirksam[1].

94 Dies gilt unabhängig davon, ob der Leasingnehmer Verbraucher oder **Unternehmer** ist. Denn die Klauselgestaltung darf es dem Leasinggeber nicht gestatten, die Rechte des Leasingnehmers – bezogen auf den Bestand des Leasingvertrages – einzuschränken, weil und soweit der Leasinggeber danach nicht verpflichtet ist, das Ergebnis der kaufrechtlichen Auseinandersetzung zwischen Leasingnehmer und Lieferant des Leasingguts als verbindlich anzuerkennen, sondern sich vorbehält, es erneut – in einem weiteren Verfahren – bezogen auf seine mietvertragliche Eigenhaftung gemäß §§ 536 ff. BGB in Frage zu stellen.

a) Interessengerechte Auslegung

95 Im Hinblick auf die insoweit erforderliche **Klauselgestaltung** in den Leasing-AGB ist es nicht entscheidend, dass der Grundsatz der verbindlichen Hinnahme des Ergebnisses der gewährleistungsrechtlichen Auseinandersetzung zwischen Leasingnehmer und Lieferant ausdrücklich festgeschrieben wird. Es reicht vielmehr aus, wenn die Leasing-AGB über diesen Gesichtspunkt schweigen, weil dann die Bindungswirkung des Leasinggebers – Gleiches gilt natürlich auch für den Leasingnehmer – an das Ergebnis der gewährleistungsrechtlichen Auseinandersetzung zwischen Leasingnehmer und Lieferant aufgrund einer **„interessengerechten Auslegung“** der leasingtypischen Abtretungskonstruktion[2] vorgezeichnet ist. Freilich bleibt zu erwähnen, dass insoweit im Hinblick auf die Geltung des **Transparenzgebotes** gemäß § 307 Abs. 1 Satz 2 BGB noch nicht das letzte Wort gesprochen ist. Doch ist zu bedenken, dass die verbindliche Hinnahme dieses Ergebnisses vor allem an die Adresse des **Leasinggebers** gerichtet ist, der nicht Partei dieser Auseinandersetzung ist. Anders gewendet und schärfer formuliert: Auch der Schutz des Transparenzgebots gemäß § 307 Abs. 1 Satz 2 BGB gilt in erster Linie nur den Interessen des Leasingnehmers, weil ja der Leasinggeber als AGB-Verwender nicht berechtigt ist, sich auf die Unwirksamkeit einer AGB-Klausel mit Erfolg zu berufen, da dies dem Schutzzweck des AGB-Rechts widerstreiten würde[3]. Diese Erwägung führt dazu, dass auf den ersten Blick der Leasinggeber nicht verpflichtet ist, das Transparenzgebot gemäß § 307 Abs. 1 Satz 2 BGB in diesem Kontext zu beachten.

---

1 BGH v. 13.3.1991 – VIII ZR 34/90, ZIP 1991, 519, 521.
2 BGH v. 16.9.1981 – VIII ZR 265/80, WM 1981, 1219.
3 BGH v. 2.4.1998 – IX ZR 79/97, NJW 1998, 2280; *Palandt/Heinrichs*, § 307 BGB Rz. 7.

b) Erfordernis einer klarstellenden AGB-Klausel

Doch auf den zweiten Blick tritt ein anderer Aspekt in den Vordergrund. Denn die entscheidende Frage stellt sich hier auf der Ebene des **Leasingvertrages**. Es geht nämlich in der Sache darum, welche Verteidigungsmittel dem Leasinggeber noch zur Verfügung stehen, sofern der Leasingnehmer geltend macht, zwischen ihm und dem Lieferanten sei eine – wie auch immer geartete – gewährleistungsrechtliche Auseinandersetzung mit einem bestimmten Ergebnis beendet worden, welches dann für den Bestand des Leasingvertrages als verbindlich anzuerkennen ist. Hier wird deutlich, dass der Hinweis des BGH auf eine „interessengerechte Auslegung" der leasingtypischen Abtretungskonstruktion[1] nicht ausreichend ist, um die berechtigten Interessen des Leasingnehmers i.S.v. § 307 Abs. 1 Satz 2 BGB zu schützen. Dies kann vielmehr nur dann erfolgreich geschehen, wenn man den Leasinggeber verpflichtet, in seinen Leasing-AGB unmittelbar klarzustellen, dass er verpflichtet ist, das Ergebnis einer gewährleistungsrechtlichen Auseinandersetzung zwischen dem Leasingnehmer und dem Lieferanten des Leasingguts uneingeschränkt und **widerspruchslos** hinzunehmen. Fehlt eine solche – transparente – Klausel, dann stellt sich die Frage, ob auch in diesen Fällen dem Leasingnehmer die kaufrechtlichen Mängelansprüche vorbehaltlos, unmittelbar und unbedingt im Rahmen der leasingtypischen Abtretungskonstruktion zediert wurden[2]. Denn sowohl im Hinblick auf die Merkmale „vorbehaltlos" als auch „unbedingt" bestehen in diesen Fällen Zweifel, ob die Rechtslage für den Leasingnehmer – dies gilt auch im unternehmerischen Verkehr – hinreichend deutlich wiedergegeben wird, so dass die Rechtsfolgen für den Leasingnehmer und damit auch für den Bestand des Leasingvertrages auch hinreichend **verständlich** sind[3]. Dies ist im Zweifel zu verneinen, so dass dann die mietvertragliche Eigenhaftung gemäß §§ 536 f. BGB wieder in ihr Recht tritt. Denn die Intransparenz einer leasingtypischen Abtretungskonstruktion führt zwangsläufig dazu, dass die **Rechtsfolge** des § 306 Abs. 2 BGB in Geltung gesetzt wird. 96

2. Eingeschränktes und unbeschränktes Recht auf Rücktritt – § 437 Nr. 2 BGB

Nach der Rechtsprechung des BGH steht fest, dass die Rückabwicklung des Kaufvertrages, wie er zwischen Leasinggeber und Lieferant geschlossen worden ist, Sache der hieran beteiligten Vertragsparteien ist[4]. Die Voraussetzungen beziehen sich nach § 437 Nr. 2 BGB auf die Mängelhaftung und 97

1 BGH v. 16.9.1981 – VIII ZR 265/80, WM 1981, 1219, 1221.
2 BGH v. 17.12.1986 – VIII ZR 279/85, ZIP 1987, 240, 241; BGH v. 27.4.1988 – VIII ZR 84/87, WM 1988, 979, 982; BGH v. 25.10.1989 – VIII ZR 105/88, ZIP 1990, 175, 177; BGH v. 21.12.2005 – VIII ZR 85/05, ZIP 2006, 1001, 1003.
3 Vgl. hierzu *Palandt/Grüneberg*, § 309 BGB Rz. 22.
4 BGH v. 20.6.1984 – VIII ZR 131/83, WM 1984, 1080; *Wolf/Eckert/Ball*, Rz. 1841.

dürfen daher im Vertragsverhältnis zwischen Leasinggeber und Lieferant des Leasingguts nicht anders behandelt werden als aufgrund der leasingtypischen Abtretungskonstruktion, welche dann zu einer Auseinandersetzung zwischen Leasingnehmer und Lieferant führt[1]. Schlechthin muss also dem Leasinggeber jede anderweitige Beurteilung der Mängelhaftung im Verhältnis zum Leasingnehmer auf Grund der Abtretungskonstruktion genommen sein. Denn es tritt eine strikte Bindungswirkung ein, welche dann – auch im Fall eines Rücktritts gemäß § 437 Nr. 2 BGB – dazu führt, dass der Leasinggeber das Leasinggut zurückgewähren muss, während der Lieferant verpflichtet ist, den Kaufpreis zurückzuzahlen[2]. Zu den weiteren Konsequenzen betreffend den Leasingvertrag s. Rz. 144 ff.

3. Anspruch auf Nacherfüllung, Minderung, Schadensersatz

98 Notwendigerweise sind die Konsequenzen die gleichen, wenn der Leasingnehmer – davon ist regelmäßig auszugehen – zunächst gegenüber dem Lieferanten einen Anspruch auf **Nacherfüllung** gemäß § 437 Nr. 1 BGB geltend macht. Dies gilt auch insoweit, als sich der Lieferant im Einvernehmen mit dem Leasingnehmer dazu entschließt, eine **Ersatzlieferung** vorzunehmen (hierzu Rz. 180 ff.). Nichts anderes gilt im Fall der Minderung gemäß § 437 Nr. 2 BGB oder dann, wenn der Leasingnehmer im Rahmen der leasingtypischen Abtretungskonstruktion einen Anspruch auf Schadensersatz, einschließlich eines Anspruchs auf Schadensersatz statt der Leistung gemäß § 437 Nr. 3 BGB, reklamiert. Freilich ist in diesen Fällen stets zu bedenken, ob nicht die Tatbestandsvoraussetzungen einer **Kollusion** gegeben sind. Denn dass die Bindungswirkung des Leasinggebers dann endet, wenn Leasingnehmer und Lieferant des Leasingguts kollusiv tätig werden, um auf diese Weise den Leasinggeber zu schädigen, liegt auf der Hand, ist aber stets in der Praxis eine Frage des Beweises (Rz. 103).

4. Rechtskräftiges Urteil

99 Hat die gewährleistungsrechtliche Auseinandersetzung zwischen Leasingnehmer und Lieferant dazu geführt, dass letzterer wegen eines Mangels rechtskräftig auf Nacherfüllung, Minderung/Rücktritt oder auf Schadensersatz verurteilt worden ist, ist der Leasinggeber gehalten, dieses Ergebnis klaglos hinzunehmen. Liegt nämlich ein kontradiktorisches Urteil vor, dann ist es in der Sache gleichgültig, welchen Inhalt es im Hinblick auf die Rechte/Pflichten des Leasingnehmers gemäß § 437 BGB entfaltet[3]. Zwangsläufig gilt das Gleiche aber auch dann, wenn ein **Versäumnisurteil** ergangen ist[4]. Selbst die Tatsache, dass eine Mängelklage erst nach **Eintritt**

1 BGH v. 13.3.1991 – VIII ZR 34/90, ZIP 1991, 519, 521.
2 BGH v. 16.9.1981 – VIII ZR 265/80, WM 1981, 1219.
3 MünchKomm./*Habersack*, Leasing Rz. 91.
4 BGH v. 13.3.1991 – VIII ZR 34/90, ZIP 1991, 519, 521.

der Verjährung gegenüber dem Lieferanten geltend gemacht worden ist, ändert grundsätzlich nichts an der Rechtsfolge, dass nämlich der Leasinggeber verpflichtet ist, das Ergebnis der gewährleistungsrechtlichen Auseinandersetzung zwischen Leasingnehmer und Lieferant als verbindlich hinzunehmen[1]. Dies gilt selbst dann, wenn der Lieferant – aus welchen Gründen immer – die Einrede der Verjährung nach § 438 Abs. 1 Nr. 3 BGB nicht erhebt, weil ja der Leasingnehmer aufgrund der leasingtypischen Abtretungskonstruktion das Prozessrisiko trägt[2]. Auch wenn bei Insolvenz über das Vermögen des Lieferanten die sich aus der vollzogenen Wandelung/Rücktritt ergebende Forderung zur **Tabelle im Insolvenzverfahren** gemäß § 178 InsO angemeldet worden ist, ist das Resultat das gleiche: Der Leasinggeber muss dies gegen sich verbindlich gelten lassen[3]. Zwischen einem rechtskräftigen Urteil und der Anmeldung des Anspruchs auf Rückzahlung des Kaufpreises zur Tabelle im Insolvenzverfahren besteht kein Unterschied. In beiden Fällen kommt es nämlich nicht darauf an, ob das Rücktrittsbegehren des Leasingnehmers sachlich gerechtfertigt war und ob der Lieferant oder der Insolvenzverwalter sich mit dem Rücktritt einverstanden erklärt hat und welchen Inhalt ein Urteil hat, das in dem durch die Eröffnung des Insolvenzverfahrens unterbrochenen und nicht wieder aufgenommen Rechtsstreit über die Rücktrittsklage ergangen wäre[4]. Mit einer Erstreckung der Rechtskraft des Verfahrens zwischen Leasingnehmer und Lieferant hat dies freilich nichts zu tun, sondern ist – wie mit Recht festgestellt wurde[5] – das Ergebnis der „interessengerechten Auslegung" der leasingtypischen Abtretungskonstruktion[6].

5. Außergerichtliche Abreden

a) Innerhalb der Verjährungsfristen

Aus den zuvor dargestellten Gründen folgt des Weiteren, dass der Leasinggeber auch verpflichtet ist, die wegen eines Sachmangels getroffenen Vereinbarungen i.S.v. § 437 BGB als verbindlich hinzunehmen, welche zwischen Leasingnehmer und Lieferant des Leasingguts außergerichtlich akkordiert wurden[7]. Hat nämlich der Leasinggeber im Rahmen der leasingtypischen Abtretungskonstruktion seine kaufrechtlichen Mängelansprüche an den Leasingnehmer zediert, so kann der Leasinggeber nicht verlangen, dass der Leasingnehmer – etwa: zum Schutz der Interessen des Leasinggebers – den Lieferanten wegen eines Sachmangels zunächst mit ei- 100

1 BGH v. 13.3.1991 – VIII ZR 34/90, ZIP 1991, 519, 521.
2 MünchKomm./*Habersack*, Leasing Rz. 91.
3 BGH v. 10.11.1993 – VIII ZR 119/92, ZIP 1993, 1876.
4 BGH v. 10.11.1993 – VIII ZR 119/92, ZIP 1993, 1876.
5 MünchKomm./*Habersack*, Leasing Rz. 91.
6 BGH v. 16.9.1981 – VIII ZR 265/80, WM 1981, 1219.
7 BGH v. 27.2.1985 – VIII ZR 328/83, WM 1985, 573; MünchKomm./*Habersack*, Leasing Rz. 92; *Wolf/Eckert/Ball*, Rz. 1843.

ner Klage überzieht, sofern dieser bereits im außergerichtlichen Stadium mit dem Nacherfüllungsverlangen, insbesondere aber mit der Rücktritts- oder Minderungserklärung gemäß § 437 Nr. 2 BGB einverstanden ist. Trifft dies nämlich zu, so fehlt einer Klage auf Durchführung des Rücktritts gemäß §§ 437 Nr. 2, 346 ff. BGB sowie der Vollziehung einer Minderung gemäß §§ 437 Nr. 2, 441 BGB das erforderliche Rechtsschutzbedürfnis. Das Gleiche gilt selbstverständlich auch im Zusammenhang mit einem Schadensersatzanspruch gemäß § 437 Nr. 3 BGB.

b) Außerhalb der Verjährungsfristen

101 Kritisch ist die Antwort auf die Frage, ob diese Ansatzpunkte auch in gleicher Weise dann gelten, wenn es sich um eine Vereinbarung zwischen Leasingnehmer und Lieferant handelt, die **nach Eintritt der Verjährung** gemäß § 438 Abs. 1 Nr. 3 BGB getroffen wurde. Die h.M. bejaht hier eine Parallelität[1]. Ansatzpunkt für die zutreffende Antwort ist zunächst die Feststellung, dass der Leasingnehmer aufgrund der leasingtypischen Abtretungskonstruktion das Risiko des Eintritts der Verjährung trägt[2]. Die Einzelheiten werden noch später erörtert (Rz. 212 ff.). Nach der Rechtsprechung des BGH[3] besteht das besondere Risiko des Leasinggebers jedoch darin, dass sich der Lieferant – aus welchen Gründen immer – nicht auf die Einrede der Verjährung gemäß § 438 Abs. 1 Nr. 3 BGB beruft, obwohl er hierzu berechtigt wäre. Folgt man auch in diesem Punkt der Ansicht des BGH[4], dann stellt sich die Frage, in welcher Weise der Leasinggeber sich gegen dieses Risiko erfolgreich schützen kann. Klar ist zunächst, dass eine AGB-Klausel nach § 307 Abs. 1 BGB zu beanstanden ist, welche die Bindung des Leasinggebers an das Ergebnis der gewährleistungsrechtlichen Auseinandersetzung zwischen Lieferant und Leasingnehmer für den Fall aufhebt, dass die Einrede der Verjährung erfolgreich erhoben werden könnte[5]. Klar ist des Weiteren, dass es dem Leasinggeber offen steht, in einem Gerichtsverfahren auf Seiten des Lieferanten als **Nebenintervenient** beizutreten, was sich aus § 66 ZPO ableiten lässt, zumal er dann berechtigt ist, alle Einreden der Hauptpartei, also des Lieferanten, zu erheben[6].

102 Doch damit ist dann wenig geholfen, wenn sich der Lieferant – außerhalb eines Gerichtsverfahrens – mit dem Leasingnehmer trotz Eintritt der Verjährung auf die Berechtigung einer Mängeleinrede einlässt und diese als be-

---

1 BGH v. 13.3.1991 – VIII ZR 34/90, ZIP 1991, 519, 521; *Wolf/Eckert/Ball*, Rz. 1843; *Beckmann*, § 4 Rz. 106; *Staudinger/Stoffels*, Leasing Rz. 261; a.M. MünchKomm./*Habersack*, Leasing Rz. 92.

2 *Staudinger/Stoffels*, Leasing Rz. 260; *Beckmann*, § 2 Rz. 106.

3 BGH v. 13.3.1991 – VIII ZR 34/90, ZIP 1991, 519, 521.

4 *Wolf/Eckert/Ball*, Rz. 1843.

5 *Staudinger/Stoffels*, Leasing Rz. 261; *Beckmann*, § 4 Rz. 106.

6 Hierzu *Zöller/Vollkommer*, § 67 ZPO Rz. 11; *Beckmann*, § 4 Rz. 107; *Staudinger/Stoffels*, Leasing Rz. 261.

gründet akkordiert. Unter dieser Voraussetzung stellt sich die Frage, ob der Leasinggeber berechtigt ist, in den **Bestell-AGB** gegenüber dem Lieferanten zu vereinbaren, dass dieser verpflichtet ist, die Einrede der Verjährung gemäß § 438 Abs. 1 Nr. 3 BGB zu erheben, wann immer hierzu Anlass besteht. Dass eine solche Klausel dann jedenfalls nicht als überraschend gemäß § 305c Abs. 1 BGB zu qualifizieren ist, wenn sie drucktechnisch besonders hervorgehoben wird[1], liegt auf der Hand, weil damit der Überraschungseffekt der Klausel für gewöhnlich beseitigt wird[2]. Doch damit ist die Frage nicht beantwortet, ob denn ein solches Weisungsrecht i.S.v. § 307 Abs. 1 BGB mit dem Erfordernis im Einklang steht, dass die leasingtypische Abtretungskonstruktion die dem Leasingnehmer zedierten Mängelrechte vorbehaltlos, unmittelbar und unbedingt zur Verfügung stellen muss[3]. Dies ist im Zweifel zu bejahen, weil der Leasinggeber – außerhalb einer Kollusion zwischen Leasingnehmer und Lieferant – an das Ergebnis der gewährleistungsrechtlichen Auseinandersetzung zwischen Lieferant und Leasingnehmer abschließend gebunden ist. Nimmt er aber in Form einer **Weisung** auf die Ausübung der Einrede der Verjährung gemäß § 438 Abs. 1 Nr. 3 BGB Einfluss, dann wird man schwerlich eine solche Abtretungskonstruktion noch als vorbehaltlos i.S.d. BGH-Judikatur qualifizieren können. Denn soweit der Leasinggeber nicht in der Lage ist, die Rolle eines Nebenintervenienten gemäß § 66 ZPO auszuüben, tritt eine grundsätzliche Bindungswirkung ein.

6. Kollusion

a) Voraussetzungen

Die Grenze einer hinzunehmenden Bindungswirkung ist jedoch dann erreicht, wenn der Leasinggeber – wie selten genug – in der Lage ist, den 103
Nachweis zu führen, dass Leasingnehmer und Lieferant kollusiv zu seinem Nachteil zusammen gewirkt und demzufolge das Vorliegen eines reklamationspflichtigen Sachmangels grundlos bejaht haben[4]. Ein solches Verhalten liegt allerdings nur dann vor, wenn auf Seiten des Leasingnehmers **Schädigungsabsicht** nachzuweisen ist[5]. Dazu reicht es nicht aus, wenn der Leasingnehmer gegenüber dem Lieferanten die Rücktritts- oder Minderungsklage erst **nach Eintritt der Verjährung** erhebt, weil es ja sachgerechte kaufmännische Gründe dafür geben kann, dass sich ein Lieferant nicht auf die Einrede der Verjährung beruft[6]. Folglich bedarf es stets **kon-**

1 *Beckmann*, § 4 Rz. 107.
2 Im Einzelnen hierzu *Erman/Roloff*, § 305c BGB Rz. 12.
3 BGH v. 17.12.1986 – VIII ZR 279/85, ZIP 1987, 240, 241; BGH v. 27.4.1988 – VIII ZR 84/87, WM 1988, 979, 982; BGH v. 25.10.1989 – VIII ZR 105/88, ZIP 1990, 175, 177; BGH v. 21.12.2005 – VIII ZR 85/05, ZIP 2006, 1001, 1003.
4 BGH v. 13.3.1991 – VIII ZR 34/90, ZIP 1991, 519, 521; MünchKomm./*Habersack*, Leasing Rz. 93; vgl. auch *Beckmann*, § 2 Rz. 444 ff.
5 BGH v. 13.3.1991 – VIII ZR 34/90, ZIP 1991, 519, 521.
6 MünchKomm./*Habersack*, Leasing Rz. 93.

kreter Anhaltspunkte dafür, dass ein kollusives Verhalten vorliegt, was im Einzelnen der **Leasinggeber** nachzuweisen hat. Denn es geht in der Sache darum, dass das kollusive Verhalten einen **Ausnahmetatbestand** gegenüber dem Grundsatz bedeutet, wonach der Leasinggeber verpflichtet ist, das Ergebnis der gewährleistungsrechtlichen Auseinandersetzung zwischen Leasingnehmer und Lieferant für sich als verbindlich anzuerkennen. Gelingt dieser Nachweis, dann hat das Ergebnis der gewährleistungsrechtlichen Auseinandersetzung zwischen Leasingnehmer und Lieferant keinerlei Auswirkung auf die Rechtsposition des Leasinggebers. Vielmehr bleibt dieser berechtigt, seinen **Entgeltanspruch** gegenüber dem Leasingnehmer uneingeschränkt weiter zu verfolgen. In keinem Fall steht dann dem Leasingnehmer die Einrede des nicht erfüllten Vertrages gemäß § 320 BGB in Form eines **Leistungsverweigerungsrechts** zur Seite. Beruft sich der Leasingnehmer gleichwohl auf dieses Recht, dann gerät er – als Folge des kollusiven Zusammenwirkens mit dem Lieferanten – im Ergebnis in Zahlungsverzug, so dass der Leasinggeber berechtigt ist, den Leasingvertrag fristlos gemäß § 543 Abs. 2 Nr. 3 BGB zu kündigen. Darüber hinaus ist er berechtigt, Schadensersatz statt der Leistung gemäß § 281 BGB zu fordern. Es gelten dann die allgemeinen Regeln.

b) Kulanz

104 Abzugrenzen sind die Fälle des kollusiven Zusammenwirkens zwischen Leasingnehmer und Lieferant in der Praxis immer von den Tatbeständen, in denen der Lieferant aus **Kulanz** bereit ist, irgendwelche Ansprüche/Rechte des Leasingnehmers gemäß § 437 BGB zu akkordieren, obwohl kein hinreichender Rechtsgrund für dieses Begehren vorhanden war. Dabei bleibt zu bedenken, dass Kulanz immer das wirtschaftliche **Eigeninteresse** des Lieferanten in den Vordergrund der Erwägungen stellt, weil es um die Vertiefung der Kundenbeziehung geht; die Hoffnung auf das nächste Geschäft steht Pate. Dass eine solche Kulanz zwangsläufig dazu führt, die Interessen des Leasinggebers zu beeinträchtigen, da dieser ja an das Ergebnis der gewährleistungsrechtlichen Auseinandersetzung zwischen Leasingnehmer und Lieferant gebunden ist, führt allerdings noch nicht dazu, die Grenze zur Kollusion zu verschieben. Entscheidend ist und bleibt, dass eine jede Kollusion dadurch gekennzeichnet ist, dass hier ein bewusstes Zusammenwirken zum Nachteil des Leasinggebers mit entsprechender Schädigungsabsicht gegeben sein muss[1]. Man wird daher – ein wenig vergröbernd – fast so weit gehen können zu behaupten: Bei der Abgrenzung zur Kulanz liegt ein kollusives Zusammenwirken zwischen Leasingnehmer und Lieferant nur dann vor, wenn keine vernünftigen kaufmännischen Gründe dafür erkennbar sind, dass der Lieferant gegenüber dem Leasingnehmer aus Kulanz gehandelt haben könnte. Dass insoweit alle Umstände des Einzelfalls – wie stets – zu berücksichtigen sind, liegt auf der Hand, sollte aber noch-

---

1 Vgl. auch *Palandt/Heinrichs*, § 164 BGB Rz. 13.

mals betont werden, um in der einen oder anderen Richtung kurzschlüssige Folgerungen vermeiden zu helfen.

VII. Leistungsverweigerungsrecht des Leasingnehmers – Mängelrüge – Nacherfüllung

Kontrovers ist die Antwort auf die Frage, ob und unter welchen Voraussetzungen der Leasingnehmer berechtigt ist, gegenüber dem Leasinggeber ein Leistungsverweigerungsrecht gemäß § 320 BGB geltend zu machen, sobald er gegenüber dem Lieferanten – im Namen der leasingtypischen Abtretungskonstruktion – eine Mängelrüge gemäß § 377 HGB hat. Es bietet sich folgende Differenzierung an: 105

1. Leasingnehmer als Verbraucher

Die hiermit zusammenhängenden Rechtsfragen werden im Einzelnen gesondert erörtert; darauf wird verwiesen (Kap. L Rz. 218 ff.). Dies gilt auch insoweit, als die Frage zu beantworten ist, ob und unter welchen Voraussetzungen der Leasingvertrag als **verbundenes Geschäft** gemäß § 358 BGB einzuordnen ist, so dass Einwendungen gemäß § 359 BGB – insbesondere gemäß § 359 Satz 3 BGB – zu begründen sind. 106

2. Leasingnehmer als Unternehmer

a) Leasingnehmer als „Käufer"

aa) Ausgangserwägungen

Der Ausgangspunkt für die weiteren Erwägungen ist zunächst die BGH-Entscheidung vom 10.10.1994[1]. Danach steht fest: Der Leasinggeber ist berechtigt, dem Kaufpreisanspruch des Lieferanten des Leasingguts entgegen zu halten, dass er dem Leasingnehmer den vertraglichen Nacherfüllungsanspruch – in Form des Nachbesserungsanspruchs – abgetreten hat; dies kann der Leasinggeber dem Lieferanten einredeweise entgegen halten[2]. Dabei gilt es zu bedenken, dass – nach der vor dem 1.1.2002 geltenden Rechtslage – die Einrede des nicht erfüllten Vertrages gemäß § 320 BGB nicht mehr erhoben werden konnte, wenn und soweit der **Gefahrenübergang** stattgefunden hatte, weil die gesetzlichen Gewährleistungsansprüche der §§ 459 ff. BGB a.F. spezialgesetzliche Sondernormen gegenüber dem Allgemeinen Schuldrecht darstellen[3]. Daraus folgerte der BGH: Soweit – ab- 107

1 BGH v. 10.10.1994 – VIII ZR 295/93, NJW 1995, 187.
2 BGH v. 10.10.1994 – VIII ZR 295/93, NJW 1995, 187.
3 BGH v. 18.1.1991 – V ZR 11/90, NJW 1991, 1048; BGH v. 10.10.1994 – VIII ZR 295/93, NJW 1995, 187, 188.

weichend vom gesetzlichen Typenbild der §§ 459 ff. BGB a.F. – zwischen den Parteien des Kaufvertrages ein primäres Nachbesserungsrecht **vertraglich** vereinbart war, steht dem Käufer wegen unvollständiger Nachbesserung ein Leistungsverweigerungsrecht gemäß § 320 BGB zu, welches er dem Zahlungsverlangen des Verkäufers entgegenhalten kann, soweit dieses nicht wegen Geringfügigkeit ausgeschlossen ist[1]. Geht man von dieser Rechtslage aus, so ergibt sich für den weiteren Gang der Erwägungen eine doppelte Erkenntnis:

108 Zunächst besteht nicht der mindeste Zweifel daran, dass der **Nacherfüllungsanspruch** gemäß § 437 Nr. 1 BGB i.V.m. § 439 BGB ein Erfüllungsanspruch ist[2]. Folglich gehört die Lieferung eines mangelfreien Leasingguts zur vertragsgemäßen Erfüllungspflicht, worin ein bedeutender Unterschied zur früheren Rechtslage liegt, nach der die Sachmängelhaftung als sondergesetzliche Gewährleistungshaftung gemäß §§ 459 ff. BGB a.F. ausgeprägt war[3]. Kommt der Verkäufer also dieser Pflicht gemäß § 433 Abs. 1 Satz 2 BGB nicht nach, steht dem Käufer zweifelsfrei die Einrede des nicht erfüllten Vertrags gemäß § 320 BGB zur Seite[4]. Während die frühere BGH-Judikatur[5] diese Einrede nur dann gewährte, wenn die Parteien des Kaufvertrages – abweichend vom gesetzlichen Gewährleistungsrecht der §§ 459 ff. BGB a.F. – einen Nachbesserungsanspruch vertraglich vereinbart hatten, gilt dies nunmehr **uneingeschränkt** im Rahmen der Ansprüche/Rechte, die § 437 BGB in Ansehung einer mangelhaften Kaufsache gewährt.

bb) Konsequenzen der Abtretungskonstruktion

109 Daraus ist nunmehr abzuleiten, dass dem **Leasingnehmer** dieses Einrederecht des § 320 BGB auch deswegen in gleicher Weise wie dem **Käufer** zur Seite steht, weil die leasingtypische Abtretungskonstruktion darauf abzielt, dass der Leasingnehmer (nicht nur) die Stellung eines Mieters erhält, sondern dass er vielmehr im Rahmen der leasingtypischen Abtretungskonstruktion wie ein **Käufer** zu behandeln ist. Ihm sind die kaufrechtlichen Ansprüche/Rechte zediert, die dem Leasinggeber gegenüber dem Lieferanten des Leasingguts aufgrund der zwischen diesen beiden Parteien bestehenden kaufrechtlichen Beziehungen erwachsen sind. Zwar ist es zutreffend, dass der BGH in seinem Urteil vom 8.10.1990[6] festgestellt hat, dass der Leasinggeber nach Überlassung des gebrauchstauglichen/funktionstüchtigen Leasingguts seine Vorleistungspflicht in vollem Umfang erbracht hat[7] – und man wird hinzusetzen dürfen, dass dies erst recht gilt,

1 BGH v. 10.10.1994 – VIII ZR 295/93, NJW 1995, 187, 188.
2 BGH v. 23.2.2005 – VIII ZR 100/04, NJW 2005, 1348, 1350; *Palandt/Weidenkaff*, § 434 BGB Rz. 54 f.
3 *Palandt/Weidenkaff*, § 433 BGB Rz. 21.
4 Statt aller *Erman/Grunewald*, vor § 437 BGB Rz. 6.
5 BGH v. 10.10.1994 – VIII ZR 295/93, NJW 1995, 187, 188.
6 BGH v. 8.10.1990 – XI ZR 94/89, NJW 1991, 102.
7 Hierzu auch *Beckmann*, § 5 Rz. 16.

wenn und soweit der Leasingnehmer vorbehaltlos eine Abnahme- und Übernahmebestätigung ausgestellt hat. Doch diese Vorleistungspflicht des Leasinggebers wird unter der Perspektive der Einrede des nicht erfüllten Vertrages gemäß § 320 BGB in zweifacher Hinsicht **relativiert**: Hätte der Leasinggeber nicht von seiner leasingtypischen Abtretungskonstruktion Gebrauch gemacht, dann bestände nicht der mindeste Zweifel daran, dass der Leasingnehmer bei Vorliegen eines Mangels des Leasingguts berechtigt wäre, **Mietminderung** gemäß § 536 Abs. 1 BGB zu verlangen[1]. Da der Leasingnehmer in seiner Rechtsposition als **Mieter** nicht verpflichtet ist, sich auf die Mietminderung zu berufen, weil diese vielmehr als **rechtsvernichtende Einwendung** gegenüber dem Zahlungsanspruch des Vermieters/Leasinggebers bei Auftreten eines Mangels entsteht[2], tritt hier eine Parallele zur Einrede des nicht erfüllten Vertrages gemäß § 320 BGB zumindest in der Substanz auch zugunsten des Leasingnehmers als „Käufer" offen zu Tage. Wenn sich nämlich der Leasinggeber von der mietvertraglichen Eigenhaftung gemäß §§ 536 f. BGB freizeichnet, um den Leasingnehmer statt dessen im Rahmen der leasingtypischen Abtretungskonstruktion die Rechtsstellung eines **Käufers** einzuräumen, dann ist nicht zu sehen, aus welchen Gründen diese Freizeichnung zur Konsequenz haben sollte, dass nicht gleichwohl die dem Leasingnehmer als Käufer zustehenden Rechte gemäß § 320 BGB zum Zuge kommen sollten[3].

b) Anwendung der Rechtsregel des § 359 Satz 3 BGB (analog)?

So gesehen ist es auch nicht zutreffend, wenn immer wieder bemerkt wird, 110
die Rechtslage des Leasingnehmers im Rahmen der Einrede des § 320 BGB habe sich aufgrund der Schuldrechtsreform nicht geändert[4]. Sicherlich, es unterliegt keinem Zweifel, dass die Einrede des nicht erfüllten Vertrages – als Folge der leasingtypischen Abtretungskonstruktion – zunächst einmal dem Lieferanten des Leasingguts entgegenzusetzen ist[5]. Doch die entscheidende weitere Frage stellt sich dann, ob denn die Rechtsregel des § 359 Satz 3 BGB hier eine andere Wertung nach sich zieht, weil danach der Käufer bei einem **finanzierten Kaufvertrag** erst dann berechtigt ist, die Rückzahlung des Darlehens gemäß § 320 BGB zu verweigern, wenn ein „Fehlschlagen" der Nacherfüllung eingetreten ist[6]. Diese Norm wird nämlich auch im Bereich der leasingtypischen Abtretungskonstruktion in Stellung gebracht, um das Argument zu rechtfertigen, dass auch dem Leasingnehmer erst dann die Einrede des nicht erfüllten Vertrages gemäß § 320 BGB

1 Statt aller *Palandt/Weidenkaff*, § 536 BGB Rz. 31 ff.
2 *Palandt/Weidenkaff*, § 536 BGB Rz. 1.
3 A.M. *Beckmann*, § 5 Rz. 16; *Staudinger/Stoffels*, Leasing Rz. 230; *Wolf/Eckert/Ball*, Rz. 1860 ff.
4 *Beckmann*, § 5 Rz. 20; *Tiedtke/Möllmann*, DB 2004, 583, 584; *Zahn*, DB 2002, 985, 986.
5 Insbesondere *Tiedtke/Möllmann*, DB 2004, 583, 584.
6 *Palandt/Grüneberg*, § 359 BGB Rz. 3.

gegenüber dem **Leasinggeber** zusteht, wenn die Nacherfüllung fehlgeschlagen ist[1]. Doch ist dem gegenüber zu unterstreichen, dass nach zutreffender Auffassung § 359 BGB auf den Finanzierungsleasingvertrag – auch gegenüber einem Verbraucher – gar keine Anwendung findet, so dass auch deswegen eine analoge Anwendung dieser Norm ausscheidet, weil der Leasingnehmer nur am Leasingvertrag, nicht aber gleichzeitig am Kaufvertrag über das Leasinggut als Vertragspartei beteiligt ist[2].

111 Würde man indessen den Rechtsgedanken des § 359 Satz 3 BGB auf den Bereich des Finanzierungsleasing gleichwohl – jedenfalls analog – erstrecken, dann könnte man daraus nur die Folgerung ziehen: Wenn schon der Leasingnehmer als Verbraucher nach dem ausdrücklichen Willen des Gesetzgebers erst dann die Einrede des nicht erfüllten Vertrages gemäß § 320 BGB reklamieren kann, wenn die Nacherfüllung fehlgeschlagen ist, dann ist der Leasingnehmer in seiner Rechtsposition als **Unternehmer** jedenfalls nicht schutzbedürftiger[3]. Das mag man so sehen. Doch entscheidend ist, dass die unmittelbare Anwendung des § 320 BGB der Anwendung einer anlogen Regel des § 359 Satz 3 BGB immer vorgeht. Geht man davon aus, dass § 320 BGB daher zugunsten des Leasingnehmers eingreift, dann ergeben sich weitere Gesichtspunkte, die nunmehr zu beleuchten sind.

c) Teilweise Lieferung – Nichterfüllung – Nacherfüllung durch den Lieferanten

112 Die danach gemäß §§ 320, 307 Abs. 2 Nr. 1 BGB unter Beachtung auch von § 309 Nr. 2a BGB vorzunehmende Bewertung hat zunächst einmal den gesicherten Besitzstand der BGH-Judikatur ins Auge zu fassen. Ausgangspunkt ist hier das Urteil des BGH vom 29.10.1986[4]. Dort ging es darum, dass ein im Rahmen des Leasings gemietetes Flugzeug von Anfang an Mängel in der Ausrüstung und in der Lackierung aufwies. Zur Behebung dieser Mängel war das Flugzeug in die Werft überstellt worden. Der BGH wandte hier die Rechtsregel des § 537 BGB a.F. an und erklärte, der Leasingnehmer schulde für die Zeit der Reparatur keine Leasingraten. Denn:

> „Ist die Mietsache, wie hier, von Anfang an mit einem Mangel behaftet, der im Laufe der Mietzeit zur Aufhebung der Gebrauchstauglichkeit führen würde, und nimmt der Vermieter sie in seinen Besitz, um den Mangel beheben zu lassen, so gilt die Gebrauchstauglichkeit für die Dauer der Mängelbeseitigung als aufgehoben mit der Folge, dass der Mieter während dieser Zeit von der Entrichtung des Mietzinses befreit ist."

---

1 *Zahn*, DB 2002, 985, 986 f.; *Reinking*, ZGS 2002, 229, 232; *Wolf/Eckert/Ball*, Rz. 1862.

2 *Wolf/Eckert/Ball*, Rz. 1862; a.M. *Zahn*, DB 2002, 985, 986; *Staudinger/Stoffels*, Leasing Rz. 230.

3 So *Wolf/Eckert/Ball*, Rz. 1862; *Gebler/Müller*, ZBB 2002, 107, 114; *Arnold*, DStR 2001, 1049, 1052; *Godefroid*, BB-Beilage Nr. 5/2002, S. 7.

4 BGH v. 29.10.1986 – VIII ZR 144/85, WM 1987, 219.

Diese Entscheidung begegnet in der Literatur – soweit zu sehen – keinen Bedenken[1]. In gleicher Weise gewährt die Rechtsprechung des BGH ein Leistungsverweigerungsrecht gemäß § 320 BGB, soweit der Leasinggeber den Leasingvertrag nur **teilweise** erfüllt hat[2]. Denn mit Hilfe dieser Einrede kann der Leasingnehmer die Erfüllung des Leasingvertrages durch den Leasinggeber erzwingen[3]. Deshalb stellt sich die Frage, ob in der Tat ein substantieller Unterschied im Hinblick auf die Anwendbarkeit der Rechtsregel des § 320 BGB besteht, wenn das Leasinggut ganz oder teilweise nicht geliefert wird oder wenn der Leasinggeber dem Leasingnehmer lediglich ein mangelhaftes, d.h. nicht gebrauchstaugliches/funktionsuntüchtiges Leasinggut zur Nutzung überlassen hat. Insoweit kann man – wenn denn überhaupt – nur dann eine Differenzierung vornehmen, als man feststellt, dass der Leasingnehmer bei Lieferung eines mangelhaften Leasingguts auf die Ansprüche/Rechte beschränkt ist, die ihm im Rahmen der leasingtypischen Abtretungskonstruktion zediert sind[4]. Doch ist dieser argumentative Ansatz jedenfalls dann verfehlt, wenn man berücksichtigt, dass der Leasinggeber ohne weiteres berechtigt ist, sich von der mietvertraglichen Eigenhaftung gemäß §§ 536 f. BGB auch in all den Fällen durch eine entsprechende Abtretungskonstruktion zu befreien, in denen der Tatbestand einer Pflichtverletzung aufgrund des mit dem Leasinggeber geschlossenen Kaufvertrages dem Lieferanten anzulasten ist (Rz. 227). 113

Abgesehen davon ist zu unterstreichen, dass der Tatbestand eines Ausbleibens, der teilweisen Lieferung oder der Schlechtlieferung des Leasingguts immer i.S.v. § 280 Abs. 1 BGB auf einer Pflichtverletzung beruhen, die dem Lieferanten anzulasten sind und deswegen dem Leasinggeber zuzurechnen sind, weil er sich des Lieferanten gemäß § 278 BGB bedient, um den Leasingvertrag außer Vollzug zu setzen. Sowohl unter Berücksichtigung der Wertungen der §§ 536 f. BGB als auch im Rahmen der leasingtypischen Abtretungskonstruktion gemäß §§ 433 Abs. 1 Satz 2, 437 BGB scheitert die ordnungsgemäße Erfüllung dieser Pflicht, soweit das Leasinggut in einem mangelhaften Zustand oder nur teilweise, d.h. in einer geringeren Menge gemäß § 434 Abs. 3 BGB geliefert wurde. Insoweit wird man jedenfalls dann von einer **Parallelschaltung** ausgehen müssen, wenn man unter der Perspektive des § 434 Abs. 3 BGB zu dem Resultat gelangt, dass diese Norm auch dann anwendbar ist, wenn von verschiedenen verkauften Sachen nicht alle geliefert wurden[5]. Deshalb ist zu unterstreichen und festzuhalten: Wenn und soweit das Leasinggut zwar geliefert wurde, aber funk- 114

---

1 Vgl. insbesondere *Tiedtke/Möllmann*, DB 2004, 583, 584.

2 BGH v. 5.7.1989 – VIII ZR 334/88, WM 1989, 1574, 1578; BGH v. 29.5.1991 – VIII ZR 125/90, NJW 1991, 2135.

3 Vgl. auch *Wolf/Eckert/Ball*, Rz. 1791, 1797.

4 *Wolf/Eckert/Ball*, Rz. 1793.

5 *Faust*, in Bamberger/Roth, § 434 BGB Rz. 112; *Palandt/Weidenkaff*, § 434 BGB Rz. 53; hier: *Erman/Grunewald*, § 434 BGB Rz. 62; vgl. auch *Staudinger/Matusche-Beckmann*, § 434 BGB Rz. 123.

tionsuntüchtig/gebrauchsuntauglich ist, dann liegt genau so eine „Teilschlechtleistung" vor wie in den Fällen, in denen Teile des vereinbarten Leasingguts geliefert wurden[1]. Daraus folgt also i.S.v. § 307 Abs. 2 Nr. 1 BGB: Wenn der BGH[2] – wie gezeigt (Rz. 107; 112) – im Fall einer teilweisen Nichterfüllung dem Leasingnehmer die Einrede des nicht erfüllten Vertrages gemäß § 320 BGB gewährt, dann muss das Gleiche auch dann gelten, wenn das gelieferte Leasinggut mangelhaft ist, weil in beiden Fällen die gleiche, dem Lieferanten gemäß § 433 Abs. 1 Satz 2 BGB anzulastende Pflichtverletzung vorliegt. Wenn diese aber dem Leasinggeber als Käufer die Einrede des § 320 BGB gewährt, dann muss im Rahmen der leasingtypischen Abtretungskonstruktion das Gleiche gelten.

3. Gleichbehandlungspflicht für den Leasingnehmer als „Käufer"

115 Dann aber stellt sich nur noch die Frage, ob in der Abbedingung des § 320 BGB deswegen eine unangemessene Benachteiligung des Leasingnehmers gemäß § 307 Abs. 2 Nr. 1 BGB liegt, weil die insoweit festgestellte Abweichung vom dispositiven Recht den Leasingnehmer schlechter behandelt als einen gewöhnlichen Käufer. Auch wenn die Rechtsprechung des BGH, wie an anderer Stelle im Einzelnen dargelegt[3], § 309 Nr. 2a BGB im **unternehmerischen Verkehr** nicht uneingeschränkt gemäß § 307 Abs. 2 Nr. 1 BGB vitalisiert, so sind doch erhebliche Bedenken gegen die Wirksamkeit einer § 320 BGB ausschließenden Klausel in den Leasing-AGB gemäß § 307 Abs. 2 Nr. 1 BGB angezeigt. Denn nach der bisherigen Rechtsprechung des BGH müssten jedenfalls zwei Ausnahmen in der Klausel vorgesehen werden. Zum einen scheitert die Klausel nach § 307 Abs. 2 Nr. 1 BGB, sofern das Leasinggut nur teilweise geliefert wurde[4], zum anderen ist die Einrede des § 320 BGB zu gewähren, sofern der Lieferant das Leasinggut zum Zwecke der Nacherfüllung wieder an sich genommen hat, weil dann die Gebrauchstauglichkeit für die Dauer der Mangelbeseitigung als aufgehoben gilt[5]. Darüber hinaus ist zu bedenken, dass nach der BGH-Judikatur die Einrede des nicht erfüllten Vertrages gemäß § 320 BGB immer dann nicht wirksam abbedungen werden kann, wenn eine grobe Pflichtverletzung zugrunde liegt[6].

116 Schließlich ist im Auge zu behalten, dass dem Leasinggeber nur dann ein Entgelt zusteht, wenn und soweit er seinerseits die ihm obliegende Leis-

1 So überzeugend: *Lorenz*, NJW 2003, 3097, 3099.
2 Zweifelnd allerdings, ob diese Rechtsprechung durchzusetzen ist, *Wolf/Eckert/Ball*, Rz. 1792.
3 AGB-Klauselwerke/*Graf von Westphalen*, Zurückbehaltungsrecht Rz. 21 ff.
4 BGH v. 14.3.1984 – VIII ZR 284/82, WM 1984, 694; BGH v. 24.1.1989 – VIII ZR 22/89, WM 1990, 510, 513.
5 BGH v. 29.10.1986 – VIII ZR 144/85, WM 1987, 129.
6 OLG Frankfurt v. 17.5.1988 – 5 U 129/87, NJW-RR 1988, 1458; vgl. auch *Erman/Roloff*, § 308 BGB Rz. 26.

tung – Gebrauchtüberlassung eines funktionstüchtigen/gebrauchstauglichen Leasingguts – ordnungsgemäß erfüllt[1]. Da aber all diese Fälle bei der Klauselfassung zu bedenken sind, stellt sich – jedenfalls aus praktischen Gründen – weiterhin das Problem, ob eine auf § 320 BGB zielende Ausschlussklausel in den Leasing-AGB überhaupt in transparenter Weise gemäß § 307 Abs. 1 Satz 2 BGB abgefasst werden kann. Hinzu tritt die Erwägung, dass § 641 Abs. 3 BGB in seinem Anwendungsbereich zwingend in Geltung zu setzen ist, wenn und soweit die Einrede des nicht erfüllten Vertrages gemäß § 320 BGB besteht[2]. Hier bietet sich eine Übernahme dieses Rechtsgedankens für den Bereich des Leasings an, falls aufgrund der leasingtypischen Abtretungskonstruktion, dem Leasingnehmer die Rechtsstellung eines Käufers eingeräumt wird. So gesehen kommt es nicht entscheidend darauf an, dass der Leasinggeber (naturgemäß) nicht „Verkäufer der Leasingsache"[3] ist, sondern dass der Leasinggeber sich des Lieferanten des Leasingguts als eines Erfüllungsgehilfen gemäß § 278 BGB bedient, um den Leasingvertrag in Vollzug zu setzen, und dass er dann aufgrund eben der leasingtypischen Abtretungskonstruktion dem Leasingnehmer die Rechtsstellung eines Käufers einräumt. Dass die Ansprüche/Rechte gemäß § 437 BGB „aus abgetretenem Recht"[4] ihm zustehen, ist unbestritten. Doch führt dies unmittelbar dazu, dem Leasinggeber – insgesamt – die Rechtsstellung eines Käufers zu gewähren, was sowohl im Blick auf § 377 HGB als auch insoweit zu unterstreichen ist, als der Leasingnehmer anerkanntermaßen die Sach- und Preisgefahr – wie ein Käufer gemäß § 446 BGB – zu tragen verpflichtet ist (Kap. I Rz. 1 ff.)[5].

4. Ausübung des Zurückbehaltungsrechts

Im Ergebnis ist also festzuhalten, dass der umfassende Ausschluss des Leis- 117
tungsverweigerungsrechts des Leasingnehmers gemäß § 320 BGB auch im unternehmerischen Verkehr an § 307 Abs. 2 Nr. 1 BGB scheitert, sobald der Leasingnehmer im Rahmen der leasingtypischen Abtretungskonstruktion gegenüber dem Lieferanten einen Nacherfüllungsanspruch geltend macht[6]. Das hat auch nach der hier abgelehnten Meinung im Fall einer **begründeten Mängelrüge** jedenfalls dann keine anderen Folgen, wenn das Rücktritts- oder Minderungsrecht nach § 437 Nr. 2 BGB gerichtlich anhängig und gegenüber dem Lieferanten geltend gemacht wird (Rz. 40 ff.). Erweist sich die Mängelrüge hingegen als unbegründet, kommt der Leasingnehmer bei Nichtzahlung der Leasingraten gegenüber dem Leasinggeber in

1 Vgl. *Palandt/Grüneberg*, § 309 BGB Rz. 16.
2 A.M. *Beckmann*, § 5 Rz. 21.
3 So aber *Beckmann*, § 5 Rz. 21.
4 *Beckmann*, § 5 Rz. 21.
5 Hierzu auch *Graf von Westphalen*, DB 2001, 1291, 1292; *Graf von Westphalen*, ZIP 2001, 2258, 2259; *Graf von Westphalen*, ZIP 2006, 1653, 1659 f.
6 A.M. auch MünchKomm./*Habersack*, Leasing Rz. 87.

Zahlungsverzug, so dass dann der Leasinggeber berechtigt ist, den Leasingvertrag unter den Voraussetzungen von § 543 Abs. 2 Nr. 3 BGB fristlos zu kündigen. Außerdem ist er berechtigt, Schadensersatz gemäß § 280 Abs. 1 BGB zu verlangen. Das Risiko trägt also auch nach dieser Meinung stets der Leasingnehmer, nicht aber der Leasinggeber. Das ist nur dann anders, wenn der Leasingnehmer insolvent wird; dabei handelt es sich jedoch um ein allgemeines Vertragsrisiko, das der Leasinggeber ohnehin zu tragen verpflichtet ist, soweit er es nicht auf den Lieferanten im Rahmen einer Wiederkaufsvereinbarung abwälzt (Kap. D Rz. 10 ff.) oder in sonstiger Weise sich gegen dieses Risiko, etwa durch die Bürgschaft Dritter, absichert (Kap. C Rz. 47 ff.).

5. Versäumnis der Rüge gemäß § 377 HGB

118 Ist der Lieferant im Rahmen der leasingtypischen Abtretungskonstruktion berechtigt, die **Genehmigungsfiktion** von § 377 Abs. 2 HGB deswegen in Stellung zu bringen, weil der Leasingnehmer die Obliegenheit zur unverzüglichen Rüge gemäß § 377 Abs. 1 HGB versäumt hat, dann kommt die mietvertragliche Eigenhaftung des Leasinggebers gemäß §§ 536 f. BGB uneingeschränkt zum Zuge. Für diese Fälle anerkennt selbst *Beckmann* die Berechtigung des Leistungsverweigerungsrechts gemäß § 320 BGB, wenn und soweit der Leasingnehmer geltend macht, das Leasinggut sei i.S.v. § 536 BGB mangelhaft oder ihm sei aufgrund eines Mangels des Leasingguts ein Schaden gemäß § 536b BGB erwachsen. Diese Sicht ist im Rahmen von § 307 Abs. 2 Nr. 1 BGB deswegen zwingend, weil die leasingtypische Abtretungskonstruktion nur dann wirksam zum Zuge gelangt, wenn die kaufrechtlichen Mängelansprüche/Mängelrechte dem Leasingnehmer vorbehaltlos, unmittelbar und unbedingt im Rahmen der leasingtypischen Abtretungskonstruktion zediert worden sind[1].

119 Doch stellt sich in diesem Kontext eine abschließende Wertungsfrage, die im Raum von § 307 Abs. 2 Nr. 1 BGB **nicht widerspruchsfrei** aufgelöst werden kann, wenn man der h.M. folgt. Wenn nämlich der Leasingnehmer im Rahmen der leasingtypischen Abtretungskonstruktion die ihm auferlegte Rügeobliegenheit gemäß § 377 Abs. 1 HGB ordnungsgemäß erfüllt, dann – so die h.M. – kann er erst dann wegen eines Mangels des Leasingguts die Einrede des nicht erfüllten Vertrages gemäß § 320 BGB gegenüber dem Zahlungsanspruch des Leasinggebers geltend machen, wenn er gegenüber dem Lieferanten Minderungs- oder Rücktrittsklage erhoben hat. Versäumt aber der Leasingnehmer diese Obliegenheit und tritt damit die Genehmigungsfiktion des § 377 Abs. 2 HGB ein, so dass wegen eines Mangels des Leasingguts ihm keine Ansprüche/Rechte gemäß § 437 BGB zur Seite stehen, dann wird dieses Versäumnis offenbar dadurch prämiert, dass dem

1 BGH v. 17.12.1986 – VIII ZR 279/85, ZIP 1987, 240, 241; BGH v. 25.10.1989 – VIII ZR 105/88, ZIP 1990, 175, 177.

Leasingnehmer dann unmittelbar das Leistungsverweigerungsrecht gemäß § 320 BGB im Fall eines Mangels des Leasingguts gegenüber dem Zahlungsanspruch des Leasinggebers zusteht. Diese Wertungsdiskrepanz ist nicht leicht einsichtig. Auch aus diesem Grund ist die h.M. abzulehnen.

VIII. Klageweise Durchsetzung der Rechte/Ansprüche aus § 437 Nr. 2 BGB

1. Frühere Rechtslage

a) Recht auf Zahlungsverweigerung

Bis zum Inkrafttreten der Schuldrechtsreform am 1.1.2002 hatte sich eine 120
gefestigte Rechtsprechung des BGH herauskristallisiert. Danach war der Leasingnehmer erst dann berechtigt, die Zahlung der Leasingraten zu verweigern, wenn er Wandelungs- oder Minderungsklage erhoben hatte[1]. Enthielte der Leasingvertrag – und dieser Gedanke ist zielführend – keine Freizeichnung des Leasinggebers von der mietvertraglichen Eigenhaftung gemäß §§ 536 f. BGB, so wäre es selbstverständlich, dass der Leasingnehmer als Mieter berechtigt wäre, unter Berufung auf § 536 Abs. 1 BGB wegen des Mangels des Leasingguts Minderung zu verlangen und die weitere Zahlung von Leasingraten ganz oder teilweise einzustellen[2]. Folglich besteht das Recht zur Zahlungsverweigerung so lange, bis abschließend darüber befunden ist, ob die vom Leasingnehmer reklamierten Mängelansprüche gegenüber dem Lieferanten zu Recht bestehen.

b) Aussetzen einer Zahlungsklage des Leasinggebers – § 148 ZPO

Soweit der Leasinggeber gleichwohl Zahlungsklage gegenüber dem Lea- 121
singnehmer erhebt, obwohl dieser gegenüber dem Lieferanten **Wandelungs- oder Minderungsklage** geltend gemacht hat, ist dieses Verfahren gemäß § 148 ZPO so lange auszusetzen, bis eine rechtskräftige Entscheidung im Wandelungs- oder Minderungsprozess gegen den Lieferanten ergangen ist[3]. Erweist sich das Begehren des Leasingnehmers danach als **berechtigt**, besteht kein Zahlungsanspruch des Leasinggebers, weil dann – als Folge eines dem Wandelungs- oder Minderungsbegehren stattgebenden Sachurteils – dem Leasingvertrag gemäß § 313 Abs. 1 BGB von vornherein die Geschäfts-

---

1 BGH v. 19.2.1986, – VIII ZR 91/85, WM 1986, 951, 953; *Wolf/Eckert/Ball*, Rz. 1854; *Beckmann*, § 2 Rz. 205; MünchKomm./*Habersack*, Leasing Rz. 88; *Palandt/Weidenkaff*, vor § 535 BGB Rz. 58; *Ehlert*, in Bamberger/Roth, vor § 535 BGB Rz. 71.

2 Hierzu BGH v. 19.2.1986 – VIII ZR 91/85, WM 1986, 591, 593; *Wolf/Eckert/Ball*, Rz. 1856.

3 BGH v. 19.2.1986 – VIII ZR 91/85, WM 1986, 951, 953; *Wolf/Eckert/Ball*, Rz. 1856 f.; MünchKomm./*Habersack*, Leasing Rz. 89.

grundlage fehlt[1]. Diese Frage ist freilich noch im Einzelnen zu behandeln (Rz. 144 ff.). Wird hingegen die Wandelungs- oder Minderungsklage des Leasingnehmers gegenüber dem Lieferanten als **unbegründet** abgewiesen, dann steht – so die frühere Rechtsprechung – fest, dass der Anspruch des Leasinggebers von vornherein auf Zahlung von Leasingraten – trotz des geltend gemachten Mangelanspruchs – begründet und nicht etwa zeitweilig unbegründet war[2]. Folglich gerät der Leasingnehmer in diesen Fällen in Zahlungsverzug gemäß § 286 BGB, so dass dann der Leasinggeber die Möglichkeit hat, gemäß § 543 Abs. 2 Nr. 3 BGB den Leasingvertrag fristlos zu kündigen und Schadensersatz statt der Leistung gemäß § 281 BGB zu reklamieren.

c) Keine unverzügliche Erhebung der Wandelungs- oder Minderungsklage

122 Hatte der Leasingnehmer zwar die Wandelung/Minderung des zwischen Leasinggeber und Lieferant bestehenden Kaufvertrages erklärt, aber noch keine entsprechende Klage erhoben, dann war die Geltendmachung dieses Gewährleistungsanspruchs deswegen irrelevant, weil – wie bereits angedeutet – der Anspruch auf Zahlungsverweigerung gemäß § 320 BGB erst dann besteht, wenn eine entsprechende Klage erhoben worden ist[3]. Daher hatte der Leasinggeber nach früherem Recht ein Eigeninteresse daran, möglichst umgehend nach der Erklärung der Wandelung auch Wandelungs- oder Minderungsklage gegen den Lieferanten zu erheben, um so in den Genuss des Rechts auf Zahlungsverweigerung gemäß § 320 BGB zu gelangen, weil dann auch ein Zahlungsanspruch des Leasinggebers gemäß § 148 ZPO ausgesetzt wurde.

2. Rechtslage nach der Schuldrechtsreform

a) Unproblematische Konstellationen

123 Geht man davon aus, dass die Ausübung des Rücktritts- oder Minderungsrechts gemäß § 437 Nr. 2 BGB – wie bereits dargestellt (Rz. 39) – ein **Gestaltungsrecht** ist, dann bestehen keinerlei dogmatische Schwierigkeiten für die zutreffende Einordnung der Einrede des nicht erfüllten Vertrages nach § 320 BGB gegenüber dem Leasinggeber, sofern der Lieferant das Rücktritts- oder Minderungsverlangen als **begründet** anerkennt[4]. Die Einrede nach § 320 BGB greift dann durch. Zwar bedarf die Begründetheit des Rücktritts- oder Minderungsrechts gemäß § 437 Nr. 2 BGB – im Gegensatz zum Vollzug der Wandelung/Minderung gemäß §§ 459, 462, 465, 467, 472

1 BGH v. 25.10.1989 – VIII ZR 105/88, ZIP 1990, 175, 177.
2 BGH v. 19.2.1986 – VIII ZR 91/85, WM 1986, 591, 594.
3 BGH v. 19.2.1986 – VIII ZR 91/85, WM 1986, 591.
4 Hierzu *Wolf/Eckert/Ball*, Rz. 1859; *Beckmann*, § 2 Rz. 212; *Graf von Westphalen*, ZIP 2001, 2258, 2261; *Reinking*, ZGS 2002, 229, 233; *Arnold*, DStR 2002, 1049, 1052.

BGB a.F. – keiner zustimmenden Einverständniserklärung des Lieferanten[1]. Doch führt ein Einverständnis des Lieferanten mit der entsprechenden Gestaltungserklärung des Leasingnehmers auch nach der gegenwärtig geltenden Rechtslage zwangsläufig dazu, dass der Leasingnehmer keinen Anlass hat, sein Begehren im Klagewege durchzusetzen. Vielmehr kann er gemäß § 437 Nr. 2 BGB sogleich im Fall des Rücktritts die Rücktrittsregeln der §§ 346 ff. BGB bemühen, weil dann alle tatbestandlichen Voraussetzungen des § 346 Abs. 1 BGB erfüllt sind[2]. Zur Konsequenz hat dies, dass das Vertragsverhältnis zwischen Lieferant und Leasinggeber in ein Abwicklungsverhältnis gemäß § 346 BGB umgestaltet wird. Dies vollzieht sich jedoch **ausschließlich** zwischen den Parteien des Kaufvertrages, also: zwischen Leasinggeber und Lieferant des Leasingguts[3]. Dass unter dieser Voraussetzung der Leasingnehmer auch berechtigt ist, die Einrede des nicht erfüllten Vertrages gemäß § 320 BGB gegenüber dem Zahlungsanspruch des Leasinggebers zu erheben, ist evident, weil ja dann – als weitere Folge der Rückabwicklung des Kaufvertrages – dem Leasingvertrag, wie noch zu zeigen sein wird (Rz. 144 ff.) die Geschäftsgrundlage auf Grund eines entsprechenden Anspruchs des Leasinggebers gemäß § 313 BGB fehlt, so dass dann ein bereicherungsrechtlicher Saldoausgleich gemäß §§ 812 ff. BGB zwischen Leasinggeber und Leasingnehmer zu vollziehen ist (Rz. 157 ff.).

b) Strittige Konstellation – Unbegründetheit des Rücktrittsverlangens

Erweist sich hingegen die Rücktrittserklärung gemäß § 437 Nr. 2 BGB in der Sache als unbegründet, dann vertritt die Literatur wohl überwiegend die Auffassung, dass dieses Risiko ungekürzt Sache des Leasingnehmers ist. Denn die Rechtsfolgen des Rücktritts treten naturgemäß im praktischen Ergebnis erst dann ein, wenn die Rücktrittserklärung berechtigt ist, d.h. wenn dem Leasingnehmer in der Tat gemäß § 346 Abs. 1 BGB ein gesetzliches Rücktrittsrecht zusteht[4]. Dies bedeutet im praktischen Resultat: Auf jeden Fall dann, wenn der Leasingnehmer gegenüber dem Lieferanten, der die Rücktrittserklärung als unbegründet erachtet, **Klage auf Rückzahlung des Kaufpreises** Zug um Zug gegen Rückgabe des Leasingguts erhebt, steht ihm das Leistungsverweigerungsrecht des § 320 BGB gegenüber dem Zahlungsanspruch des Leasinggebers zur Seite. Ein Fortfall der Geschäftsgrundlage gemäß § 313 Abs. 1 BGB kommt bei dieser Konstellation auch nach der hier vertretenen Auffassung deswegen nicht in Betracht, weil dieser Anspruch des Leasingnehmers nach § 313 Abs. 1 BGB die Begründetheit der Rücktrittserklärung im Ergebnis zwingend vorausgesetzt. Man kann auch einen Schritt weitergehen. Dann aber kommt es auf den 124

1 *Beckmann*, § 2 Rz. 213.
2 *Staudinger/Stoffels*, Leasing Rz. 237; *Beckmann*, § 2 Rz. 318.
3 *Wolf/Eckert/Ball*, Rz. 1841.
4 *Beckmann*, § 2 Rz. 217 ff.; *Staudinger/Stoffels*, Leasing Rz. 237; MünchKomm./*Habersack*, Leasing Rz. 88; *Zahn*, DB 2002, 985, 986 f.

Zeitpunkt des Zugangs der Erklärung des Rücktritts an, weil es sich um ein **Gestaltungsrecht** handelt[1]. Dieses entfaltet bereits in diesem Zeitpunkt seine Rechtsweiterungen. Es liegt aber auch nach diesem dogmatischen Ansatz im Risikobereich des Leasingnehmers, ob der von ihm erklärte Rücktritt gemäß § 437 Nr. 2 BGB gegenüber dem Lieferanten begründet oder unbegründet ist. Das ist zu vertiefen.

c) Verhinderung der Schlechterstellung des Leasingnehmers gegenüber dem Käufer bzw. Mieter

125 Ausgangspunkt ist zunächst die Feststellung, dass es maßgeblich darauf ankommt, ob der Leasingnehmer bei Beachtung dieser Auffassung schlechter gestellt wird als ein Käufer oder als ein Mieter, der sich auf das Vorliegen eines Mangels beruft und infolgedessen die Einrede des § 320 BGB erhebt. In all diesen Fällen ist eines sicher: Die Ausübung des dem Leasingnehmer zedierten Gestaltungsrechts gemäß § 437 Nr. 2 BGB ist vom Leasinggeber als verbindlich anzuerkennen[2]. Dies aber wird er nun dann tun, wenn nach seiner Überzeugung die Sach- und Rechtslage dies auch so gebietet. Ob nämlich der Rücktritt nach den §§ 346 ff. BGB i.V.m. der vom Leasingnehmer gegenüber dem Lieferanten nachzuweisenden Mangelhaftigkeit des Leasingguts tatsächlich begründet ist, steht auf einem anderen Blatt. Diese Frage entscheidet sich, wenn der Lieferant dem Rücktrittsbegehren widerspricht, im Zweifel erst im Laufe eines zwischen beiden Parteien geführten streitigen Verfahrens. Dann aber trägt der Leasingnehmer oder der Lieferant dieses Risiko – entsprechend dem Ausgang des Verfahrens. Dass der Käufer berechtigt ist, sein Rücktrittsverlangen nach § 437 Nr. 2 BGB durch ein Recht auf Verweigerung der Zahlung nach § 320 BGB abzustützen, steht außer Streit, weil die mangelfreie Lieferung eine Hauptpflicht des Verkäufers nach § 433 Abs. 1 Satz 2 BGB ist. Vergleicht man die Stellung des Leasingnehmers – außerhalb der leasingtypischen Abtretungskonstruktion – mit der eines Mieters, so folgt aus dem Vorliegen eines tatsächlich vorhandenen oder eines nur vermeintlichen Mangels das Eingreifen des Minderungsrechts nach § 563 BGB. Ob also die Geltendmachung des Minderungsrechts und damit die Kürzung der Miete begründet sind, fällt ausschließlich in die Risikosphäre des Mieters.

126 Genau die gleiche Konsequenz aber tritt ein, wenn der Leasingnehmer sich im Fall der Mangelhaftigkeit des Leasingguts auf die Einrede des nicht erfüllten Vertrages nach § 320 BGB beruft, und zwar unabhängig davon, ob er eine Rücktrittsklage nach § 437 Nr. 2 BGB gegen den Lieferanten erhebt. Daher geschieht dem Leasinggeber insoweit kein Unrecht, als der Leasingnehmer schon auf Grund der Abgabe der Rücktrittserklärung von seinem

---

1 *Graf von Westphalen*, ZIP 2001, 2258, 2260 f.; AGB-Klauselwerke/*Graf von Westphalen*, Leasing Rz. 184 ff.

2 H.M., hierzu *Wolf/Eckert/Ball*, Rz. 1841, 1859 f.

Leistungsverweigerungsrecht Gebrauch macht. Erweist sich nämlich in dem Verfahren zwischen Leasingnehmer und Lieferant die Mangelhaftigkeit des Leasingguts als nicht i.S.d. § 437 Nr. 2 BGB begründet, dann ist auch der Rücktritt oder die Minderung unbegründet. Doch ist der Leasinggeber dann allemal berechtigt, wegen **Zahlungsverzugs des Leasingnehmers** den Leasingvertrag gemäß § 543 Abs. 2 Nr. 3 BGB fristlos zu kündigen und Schadensersatz statt der Leistung zu fordern. So gesehen realisiert sich nur das dem Leasinggeber ohnehin zugewiesene **Bonitäts- und Seriositätsrisiko** des Leasingnehmers. Es ist deshalb unter Berücksichtigung des bei (behaupteter) Mangelhaftigkeit auf den Kauf- und auf den Mietvertrag anwendbaren Leistungsverweigerungsrechts des § 320 BGB nicht einzusehen, aus welchen Gründen dem Leasingnehmer erst dann dieses Recht zustehen soll, in welchem er Klage auf Rückgewähr des Kaufpreises gemäß § 346 BGB erhoben hat[1]. Denn dann wird nämlich der Leasingnehmer schlechter behandelt als ein Käufer oder ein vergleichbarer Mieter. Das geht nicht an.

Geht man noch einen Schritt weiter, dann wird man dem Leasingnehmer das Recht einräumen müssen, gegenüber dem Lieferanten gemäß § 437 Nr. 2 BGB das Rücktrittsrecht zu erklären und **gleichzeitig** gegenüber dem Leasinggeber den Anspruch gemäß § 313 Abs. 1 BGB geltend zu machen, dass dem Leasingvertrag die Geschäftsgrundlage fehlt, weil das Leasinggut mangelhaft ist. Die **schlüssige Behauptung** der Mangelhaftigkeit des Leasingguts reicht für beide Klagen aus. Doch auch in diesen Fällen setzt sich der Leasingnehmer mit dem aus § 313 Abs. 1 BGB resultierenden Anspruch erst dann endgültig durch, wenn sich der Rücktritt des Leasingnehmers gegenüber dem Lieferanten nach § 437 Nr. 2 BGB als begründet erweist[2]. 127

Erweist sich weder die Rücktrittserklärung noch der Anspruch auf Fortfall der Geschäftsgrundlage gemäß § 313 Abs. 1 BGB als begründet, dann ist der Leasingnehmer in Zahlungsverzug, so dass der Leasinggeber – wie gezeigt – berechtigt ist, den Leasingvertrag gemäß § 543 Abs. 2 Nr. 3 BGB fristlos zu kündigen und Schadensersatz statt der Leistung zu verlangen. Auch durch diese Lösung wird das Interesse des Leasinggebers nicht unangemessen benachteiligt. Er hat nämlich jede Möglichkeit, sich gegenüber dem Anspruch des Leasingnehmers, wegen eines Mangels des Leasingguts gemäß § 313 Abs. 1 BGB geltend zu machen, dass die Geschäftsgrundlage des Leasingvertrages in Fortfall geraten sei, durch ein Bestreiten mit Nichtwissen zur Wehr zu setzen. 128

1 Hierzu *Wolf/Eckert/Ball*, Rz. 1859; MünchKomm./*Habersack*, Leasing Rz. 88; *Zahn*, DB 2002, 985, 986 f.; *Staudinger/Stoffels*, Leasing Rz. 239; *Palandt/Weidenkaff*, vor § 535 BGB Rz. 58.

2 So auch mit Recht *Erman/Jendrek*, Anh. zu § 535 BGB Rz. 31; a.M. *Beckmann*, § 2 Rz. 231.

3. Geltendmachung des Minderungsrechts – § 437 Nr. 2 BGB

a) Gleichartigkeit der Rechtsfolgen

129 Da der Gesetzgeber in § 437 Nr. 2 BGB auch das Minderungsrecht als **Gestaltungsrecht** ausgeprägt hat[1], geltend insoweit die gleichen Überlegungen, die zuvor im Rahmen des Rücktritts dargestellt worden sind. Zu bedenken bleibt freilich, dass das Minderungsrecht seinerseits in § 441 BGB seinen Niederschlag gefunden hat. Will also der Leasingnehmer im Rahmen der leasingtypischen Abtretungskonstruktion von seinem Minderungsrecht Gebrauch machen, ist er verpflichtet, die Minderung gemäß § 441 Abs. 3 BGB zu berechnen. Dabei ist der Kaufpreis in dem Verhältnis herabzusetzen, in welchem zur Zeit des Vertragsschlusses der Wert des Leasingguts in mangelfreiem Zustand zu dem wirklichen Wert gestanden haben würde[2]. Es herrscht also die proportionale Berechnung, so dass im Rahmen der Minderung gemäß § 441 Abs. 3 BGB gewährleistet wird, dass das von den Parteien privatautonom festgelegte Verhältnis von Leistung und Gegenleistung auch im Rahmen der Minderung erhalten bleibt[3]. Macht daher der Leasingnehmer von seinem Minderungsrecht gegenüber dem Lieferanten des Leasingguts Gebrauch, dann gilt auch hier: Der Leasingnehmer ist gegenüber dem Leasinggeber berechtigt, die Einrede des nicht erfüllten Vertrages gemäß § 320 BGB geltend zu machen (Rz. 105 ff.). Ob die Minderung im praktischen Ergebnis begründet oder nicht begründet ist, spielt insoweit keine Rolle (Rz. 115), weil auch in diesen Fällen der Leasingnehmer das Risiko trägt, dass der Leasingvertrag nach § 543 Abs. 2 Nr. 2 BGB fristlos wegen Zahlungsverzugs gekündigt wird. In gleicher Weise führt die Ausübung des Minderrechts dazu, dass der Leasingnehmer auch einen **Anspruch** gemäß § 313 Abs. 1 BGB gegenüber dem Leasinggeber hat, die Geschäftsgrundlage an das tatsächliche Ergebnis der Minderung anzupassen.

b) Zulässigkeit einer Feststellungsklage nach § 265 ZPO

130 Insoweit ergibt sich freilich zu dem zuvor Gesagten ein **praktischer Unterschied**: Erklärt der Leasingnehmer gegenüber dem Lieferanten des Leasingguts den Rücktritt gemäß § 437 Nr. 2 BGB, dann kann er auf Rückabwicklung des Kaufvertrages zwischen Leasinggeber und Lieferant klagen. Gleichzeitig ist er berechtigt, den Fortfall der Geschäftsgrundlage gemäß § 313 Abs. 1 BGB gegenüber dem Leasinggeber geltend zu machen. Da sich jedoch bei Geltendmachung der **Minderung** gemäß § 437 Nr. 2 BGB der Minderungsbetrag gemäß § 441 Abs. 3 BGB erst dann ergibt, wenn feststeht, dass das Leasinggut tatsächlich einen Minderwert aufweist, ist – ge-

1 *Palandt/Weidenkaff*, § 437 BGB Rz. 29.
2 Hierzu im Einzelnen *Palandt/Weidenkaff*, § 441 BGB Rz. 12 ff.; *Faust*, in Bamberger/Roth, § 441 BGB Rz. 8 ff.
3 Im Einzelnen auch *Staudinger/Matusche-Beckmann*, § 441 BGB Rz. 19 ff.

nauso wie beim Rücktritt – die Vertragsanpassung gemäß § 313 Abs. 1 BGB auch erst dann **begründet**, wenn der vom Lieferanten des Leasingguts tatsächlich zu erstattende Minderungsbetrag feststeht. Erst in diesem Zeitpunkt ist eine Klage nach § 313 Abs. 1 BGB schlüssig. Gleichwohl wird man dem Leasingnehmer nicht das Recht abschneiden dürfen, gleichzeitig mit der Erklärung der Minderung gegenüber dem Lieferanten **Feststellungsklage** gemäß § 256 ZPO gegenüber dem Leasinggeber mit dem Ziel anzustrengen, dass eine Anpassung der Leasingraten an den tatsächlichen Minderwert des Lessingguts vom Leasinggeber gemäß § 313 Abs. 1 BGB akkordiert wird, sobald der vom Lieferanten zurückzuerstattende Minderungsbetrag feststeht. Daraus folgt gleichzeitig, dass der Leasingnehmer keineswegs gezwungen ist, sein Verlangen auf Anpassung der Leasingraten gemäß § 313 Abs. 1 BGB solange zurückzustellen, bis dass die Minderung gemäß § 441 Abs. 3 BGB tatsächlich im Lieferantenprozess feststeht[1].

Zur Höhe der im Rahmen einer Minderung gemäß § 313 Abs. 1 BGB anzupassenden Leasingraten s. Rz. 166. 131

c) Erheblichkeitsschwelle beim Rücktritt

Bei der Geltendmachung des Minderungsrechts gemäß § 437 Nr. 2 BGB 132 bleibt stets zu bedenken, dass dieses Recht dem Leasingnehmer **alternativ** zum Rücktrittsrecht gemäß § 437 Nr. 2 BGB zusteht. Doch ein weiterer entscheidender Unterschied besteht: Während der Rücktritt gemäß § 323 Abs. 5 Satz 2 BGB nur dann in Betracht kommt, wenn die der Mangelhaftigkeit zu Grunde liegende Pflichtverletzung erheblich ist[2], ist dieser Ausschlussgrund gemäß § 441 Abs. 1 Satz 2 BGB nicht einschlägig. Gleichwohl ist erforderlich, dass der Leasingnehmer dem Lieferanten vor Ausübung des Minderungsrechts erfolglos eine angemessene Frist zur Nacherfüllung gemäß § 437 Nr. 1 BGB eingeräumt hat, wie sich aus § 323 Abs. 1 BGB ablesen lässt[3].

IX. Rücktritt – Rücktrittsfolgen gemäß §§ 346 ff. BGB

1. Allgemeines

Ist aufgrund der leasingtypischen Abtretungskonstruktion der Rücktritt 133 im Verhältnis zwischen Leasinggeber – Lieferant des Leasingguts gemäß §§ 437 Nr. 2, 346 ff. BGB **begründet**, so ist der Leasinggeber gegenüber dem Lieferanten verpflichtet, das Leasinggut zurückzugewähren; der Lieferant ist seinerseits verpflichtet, dem Leasinggeber den erhaltenen Kaufpreis zu-

1 So aber *Beckmann*, § 2 Rz. 303 f.
2 Hierzu im Einzelnen *Erman/Westermann*, § 323 BGB Rz. 27.
3 Hierzu *Erman/Grunewald*, § 437 BGB Rz. 4.

rückzuzahlen. Die Rückgewähr muss Zug um Zug erfolgen[1]. Dabei ist der Leasinggeber verpflichtet, in den Leasing-AGB das Transparenzgebot gemäß § 307 Abs. 1 Satz 2 BGB mit der Maßgabe zu beachten, dass der Leasingnehmer Klage auf Rückgewähr des vom Leasinggeber entrichteten Kaufpreises nicht an sich selbst, sondern an den Leasinggeber bewirken muss.

134 Zum Anspruch des Leasingnehmers auf **Fortfall der Geschäftsgrundlage** gemäß § 313 Abs. 1 BGB s. Rz. 144. Zum bereicherungsrechtlichen Ausgleich zwischen Leasinggeber und Leasingnehmer, der sich gemäß §§ 812 ff. BGB vollzieht, vgl. Rz. 157.

2. Nutzungsentschädigung

a) Kongruenz zwischen Gebrauchsvorteilen und Leasingraten

135 Die Nutzungen, welche der Leasinggeber dem Lieferanten gemäß § 346 Abs. 1 BGB zurückgewähren muss, sind die jeweiligen Leasingraten, weil § 100 BGB den Begriff der Nutzungen auch mit dem Begriff des **Gebrauchsvorteils** umschreibt[2]. Denn es ist ja im leasingtypischen Dreiecksverhältnis der Leasinggeber, der die Gebrauchsvorteile des Leasingguts in der Weise nutzt, dass er das Leasinggut dem Leasingnehmer zum Gebrauch im Rahmen des Leasingvertrages überlässt. Bemessungsgrundlage ist im Rahmen von § 100 BGB anerkanntermaßen in der Regel die **übliche Miete oder Pacht**[3]. Unter Berücksichtigung eines objektiven Maßstabes wird man daher regelmäßig davon ausgehen müssen, dass zwischen den gezogenen Nutzungen einerseits und den Leasingraten andererseits Kongruenz besteht.

136 Diese Aussage muss jedoch hinterfragt werden. Entscheidend ist nämlich, dass der Rücktritt – und damit die Herausgabe der gezogenen Nutzungen gemäß § 346 Abs. 1 BGB – sich im Verhältnis zwischen Leasinggeber und Lieferant vollzieht. Der vom Leasinggeber entrichtete Kaufpreis ist nicht identisch mit der **Summe** der vom Leasingnehmer an den Leasinggeber zu entrichtenden **Leasingraten**, weil diese neben dem Bruttoeinkaufspreis des Leasinggebers noch die Finanzierungskosten, sonstige Nebenkosten und den Gewinn einschließen. Deshalb stellt sich die Frage, ob die dem Lieferanten geschuldete Nutzungsentschädigung gemäß § 346 Abs. 1 BGB sich nicht nur auf den Brutto-Kaufpreis beziehen muss, den der Leasinggeber dem Lieferanten gezahlt hat, so dass nur insoweit der von der Rechtsprechung üblicherweise im Rahmen von § 100 BGB angestellte Vergleich mit

---

1 BGH v. 16.9.1981 – VIII ZR 265/80, WM 1981, 1219, 1222; BGH v. 27.2.1985 – VIII ZR 328/83, WM 1985, 573, 574 – alle zur Wandelung gemäß §§ 465, 467, 346 ff. BGB a.F.

2 *Palandt/Heinrichs*, § 100 BGB Rz. 1; *Palandt/Heinrichs*, § 346 BGB Rz. 6.

3 BGH v. 22.10.1997 – XII ZR 142/95, NJW-RR 1998, 803, 805; *Fritzsche*, in Bamberger/Roth, § 100 BGB Rz. 10.

einer üblichen Miete[1] auf den Kaufpreis zu beziehen ist, nicht aber auf die zusätzlichen Finanzierungs-Nebenkosten und den Gewinn des Leasinggebers. Würde man von dieser Bemessungsgrundlage für die Festlegung der Nutzungsentschädigung des Leasingnehmers gemäß § 346 Abs. 1 BGB ausgehen, dann wäre in der Sache kaum sehr viel gewonnen: Zu berücksichtigen ist nämlich allemal, dass im Verhältnis zwischen Leasinggeber und Leasingnehmer – als Folge des Rücktritts des Leasingnehmers – ein Anspruch gemäß § 313 Abs. 1 BGB entsteht, dass die Geschäftsgrundlage des Leasingvertrages mit rückwirkender Kraft entfällt (Rz. 144) und einen Ausgleich nach den §§ 812 ff. BGB einschließt (Rz. 157).

Der aufgrund der leasingtypischen Abtretungskonstruktion vollzogene Rücktritt des Leasingnehmers betrifft allerdings ausschließlich das Rechtsverhältnis **Kaufvertrag** zwischen Leasinggeber und Lieferant des Leasingguts, so dass es zweckmäßig erscheint, die vom Leasinggeber zu entrichtende Nutzungsentschädigung gemäß § 346 Abs. 1 BGB an dem **objektiven Mietwert** des Leasingguts festzumachen[2]. Denn dass ein Leasinggut im Sinn dieser BGH-Rechtsprechung als „vermietbare Sache" anzusehen ist[3], steht außer Streit; dies ist das Ergebnis der steuerlich vorgegebenen Fungibilität des Leasingguts. Daher ist es auch – notfalls unter Zuhilfenahme des richterlichen Schätzungsrechts gemäß § 287 ZPO – vertretbar, ohne weiteres die Bewertung der Gebrauchsvorteile/Nutzungen i.S.v. § 346 Abs. 1 BGB mit den Leasingraten gleichzusetzen, die der Leasingnehmer gegenüber dem Leasinggeber zu entrichten verpflichten ist. Dieser Ansatz führt dann in der Praxis dazu, dass der **Leasinggeber** im Rahmen der vom Leasingnehmer tatsächlich gezogenen Nutzungen (Rz. 157 ff.) die von diesem gezahlten Leasingraten – bereicherungsrechtlich – behalten darf, aber gleichzeitig verpflichtet ist, sie als Nutzungsentschädigung gemäß § 346 Abs. 1 BGB dem Lieferanten des Leasingguts zu erstatten. 137

b) Probleme bei einer Wertminderung

Schwieriger ist die Berechnung der Nutzungsentschädigung gemäß § 346 Abs. 1 BGB jedoch dann, wen das Leasinggut als Folge einer mangelbedingten Wertminderung nur in engen Grenzen nutzbar war. Unter dieser Voraussetzung ist die Berechnung der Nutzungsentschädigung gemäß § 346 Abs. 1 BGB an Hand einer objektiven – vergleichbaren – Miete[4] kaum realistisch. Hier scheint es gemäß § 287 ZPO wesentlich näherliegend, den Brutto-Einkaufspreis des Leasingguts um die jeweilige Wertminderung zu 138

1 BGH v. 22.10.1997 – XII ZR 142/95, NJW-RR 1998, 803, 805; BGH v. 14.7.1995 – V ZR 45/94, NJW 1995, 2627, 2628.

2 Vgl. BGH v. 22.10.1997 – XII ZR 142/95, NJW-RR 1998, 803, 805; *Palandt/Heinrichs*, § 100 BGB Rz. 2.

3 BGH v. 7.11.1997 – LwZR 6/97, NJW 1998, 1707; *Erman/Michalski*, § 100 BGB Rz. 5.

4 BGH v. 22.10.1997 – XII ZR 142/95, NJW-RR 1998, 803, 805.

kürzen. Für den so ermittelten Wert ist dann eine lineare Abschreibung vorzunehmen, um die jeweiligen Nutzungen – pro Monat/Tag – zu ermitteln. Denn es ist ein Vergleich zwischen dem Umfang des tatsächlichen Gebrauchs und dem Umfang des vertraglich vorgesehenen Gebrauchs sowie unter Berücksichtigung der tatsächlichen Gebrauchsdauer und der voraussichtlichen Gesamtnutzungsdauer anzustellen[1]. Die so errechnete Nutzungsentschädigung orientiert sich dann wiederum – ratierlich – an den vereinbarten Leasingraten, die der tatsächlichen Nutzungsdauer des Leasingguts entsprechen[2].

c) Sonderproblem: Ersatzlieferung

139 Die bei einer Ersatzlieferung nach § 439 Abs. 4 BGB auftretenden Rechtsfragen werden gesondert dargestellt; dies gilt vor allem für die strittige Frage, ob der Lieferant berechtigt ist, eine Nutzungsentschädigung zu reklamieren, die dann der Leasinggeber als Käufer gemäß § 346 Abs. 1 BGB verpflichtet ist, dem Lieferanten zu erstatten (Rz. 188), wobei nach der hier vertretenen Auffassung zwischen dem Leasingnehmer als Verbraucher und als Unternehmer zu differenzieren ist.

3. Rückgabe des Leasingguts Zug um Zug gegen Rückzahlung des Kaufpreises

140 Die leasingtypische Abtretungskonstruktion führt dazu, dass das Rückgewährverhältnis gemäß §§ 346 ff. BGB in dem Augenblick in Gang gesetzt wird, in dem der Leasingnehmer gegenüber dem Lieferanten von seinem Rücktrittsrecht gemäß § 437 Nr. 2 BGB Gebrauch macht. Gemeinsamer **Leistungsort** für den Rücktritt ist der Ort, an dem sich das Leasinggut vertragsgemäß befindet[3]. Folglich bedient sich der Leasinggeber des Leasingnehmers als seines **Erfüllungsgehilfen** gemäß § 278 BGB, um die Rückgewähr des Leasingguts an den Lieferanten zu realisieren, was regelmäßig vereinbart wird. Insoweit ist jedoch zu beachten, dass der Leasingnehmer verpflichtet ist, auf die berechtigten Interessen des Leasingnehmers im Rahmen von § 241 Abs. 2 BGB Rücksicht zu nehmen. Er muss also sicherstellen, dass der Lieferant seinerseits die Zug-um-Zug-Verpflichtung des § 348 BGB gegenüber dem Leasinggeber beachtet und diesem den Kaufpreis – abzüglich der Nutzungsentschädigung gemäß § 346 Abs. 1 BGB – entrichtet. Sicherzustellen ist also, dass das Leasinggut nicht an den Lieferanten zurückgewährt wird, bevor nicht gewährleistet ist, dass dieser den Kaufpreis an den Leasinggeber erstattet.

---

1 OLG Köln v. 19.1.1994 – 2 U 74/93, NJW-RR 1994, 1204, 1205.
2 Teilweise abweichend Vorauflage Rz. 709.
3 *Palandt/Heinrichs*, § 269 BGB Rz. 16.

Verletzt der Leasingnehmer diese aus § 241 Abs. 2 BGB abzuleitende **Fürsorgepflicht**, dann macht er sich gemäß § 280 Abs. 1 BGB schadensersatzpflichtig, sofern der Leasinggeber dann nicht in der Lage ist, den gezahlten Kaufpreis – abzüglich der ihm nicht zustehenden Nutzungsentschädigung gemäß § 346 Abs. 1 BGB – gegenüber dem Lieferanten zu realisieren[1]. Etwas anderes gilt freilich dann, wenn sich das Leasinggut zum Zeitpunkt der Erklärung des Rücktritts bereits beim Lieferanten zum Zweck der Nachbesserung befindet[2]. 141

X. Nacherfüllung, Rücktritt und Minderung: Ermächtigungskonstruktion

Weiter oben (Rz. 19) wurde die Auffassung entwickelt, dass die Ermächtigungskonstruktion jedenfalls dann an § 307 Abs. 2 Nr. 1 BGB scheitert, wenn der Leasinggeber sie auch auf etwaige **Schadensersatzansprüche** gemäß § 437 Nr. 3 BGB bezieht. Denn unter dieser Voraussetzung ist der Leasingnehmer gemäß § 185 BGB nur berechtigt, den Schaden des Leasinggebers gegenüber dem Lieferanten geltend zu machen; er ist jedoch nicht in der Lage, seinen Eigenschaden gegenüber dem Lieferanten zu reklamieren, weil ihm insoweit kein Anspruch zediert ist und im Übrigen – dies ist letzten Endes entscheidend – die allgemeine Haftungsfreizeichnung des Leasinggebers eingreift, welche die §§ 536 f. BGB abbedingt. Diese Rechtlosstellung des Leasingnehmers ist mit § 307 Abs. 2 Nr. 1 BGB unvereinbar. 142

Etwas **anderes** gilt jedoch dann, wenn sich die Ermächtigungskonstruktion auf die übrigen Ansprüche/Rechte des § 437 Nr. 1 und Nr. 2 BGB bezieht[3]. Rechtliche Bedenken gegen die Ermächtigungskonstruktion bestehen in diesem Kontext nicht. Dies gilt auch insoweit, als in den Leasing-AGB vorgesehen ist, dass der Leasingnehmer verpflichtet wird, die Ansprüche auf Nacherfüllung und Ersatzlieferung gemäß § 439 BGB sowie die Rechte auf Rücktritt und Minderung gemäß § 437 Nr. 2 BGB **auf eigene Kosten und eigenes Risiko** geltend zu machen. Logische Folge der Ermächtigungskonstruktion ist es darüber hinaus, dass der Leasingnehmer gezwungen ist, Klage auf Rückzahlung des Kaufpreises – bei gleichzeitiger Rückgabe des Leasingguts gemäß § 348 BGB – an den Leasinggeber zu verlangen, weil er ja dessen Rechte wahrnimmt[4]. 143

1 Vgl. BGH v. 27.2.1985 – VIII ZR 328/83, WM 1985, 573.
2 Vgl. BGH v. 27.2.1985 – VIII ZR 328/83, WM 1985, 573.
3 *Wolf/Eckert/Ball*, Rz. 1826.
4 Vgl. *Palandt/Heinrichs*, § 185 BGB Rz. 13.

XI. Rückabwicklung im Verhältnis zwischen Leasinggeber und Leasingnehmer

144 Da die Ausübung des Rücktritts oder Minderungsrechts gemäß § 437 Nr. 2 BGB als **Gestaltungsrecht** konzipiert ist[1], stellt sich die Frage, welche Auswirkungen sich aus der Ausübung eines Rücktritts- oder Minderungsrechts im Verhältnis zwischen Leasinggeber und Leasingnehmer ergeben. Von praktischer Bedeutung ist hier eine auf der Ebene der Tatsachen liegende Differenzierung, ob der Rücktritt bzw. die Minderung nach § 437 Nr. 2 BGB berechtigt oder im Ergebnis unbegründet ist, weil sich daraus Auswirkungen auf § 313 Abs. 1 BGB ergeben können.

1. Anspruch auf Fortfall der Geschäftsgrundlage gemäß § 313 Abs. 1 BGB

a) Rechtsprechungsergebnisse vor der Schuldrechtsreform

145 Die Auffassung des BGH[2] war bislang eindeutig: Soweit Wandelung oder Minderung im Verhältnis zwischen Leasinggeber und Lieferant des Leasingguts **vollzogen** waren, fehlte dem Leasingvertrag „von vornherein", d.h. seit Anbeginn, die Geschäftsgrundlage gemäß § 242 BGB. Denn als Folge der vollzogenen Wandelung steht fest, dass der Zweck des Leasingvertrages nicht mehr erreicht werden kann, nämlich: dem Leasingnehmer ein gebrauchstaugliches/funktionstüchtiges Leasinggut während der Dauer des Leasingvertrages zur Gebrauchsnutzung zur Verfügung zu stellen. Diese Rechtsfolge galt nach Auffassung des BGH ohne Rücksicht darauf, ob das Leasinggut von Anfang an gebrauchsuntauglich/funktionsuntüchtig oder ob dies für eine begrenzte Zeit anders war[3]. Auch die Ausstellung einer Abnahme- oder Übernahmebestätigung hindert nicht, dass gemäß § 242 BGB die Geschäftsgrundlage des Leasingvertrages – als Folge einer vollzogenen Wandelung – in Fortfall gerät[4].

146 Aus welchen sachlichen Gründen die Wandelung vollzogen worden ist, war nach der Rechtsprechung für den Wegfall der Geschäftsgrundlage gemäß § 242 BGB irrelevant, z.B. auch bei Scheitern einer Tauschvereinbarung, die zwischen den Beteiligten geschlossen worden war, sofern das Scheitern nicht vom Leasingnehmer zu vertreten ist[5].

---

1 Statt aller *Faust*, in Bamberger/Roth, § 437 BGB Rz. 8.

2 BGH v. 23.2.1977 – VIII ZR 124/75, WM 1977, 447, 449; BGH v. 16.9.1981 – VIII ZR 265/80, WM 1981, 1219, 1221; BGH v. 5.12.1984 – VIII ZR 277/83, WM 1985, 226, 227; BGH v. 27.2.1985 – VIII ZR 328/83, WM 1985, 573, 574; BGH v. 25.10.1989 – VIII ZR 105/88, ZIP 1990, 1977.

3 BGH v. 19.2.1986 – VIII ZR 91/85, WM 1986, 591; BGH v. 25.10.1989 – VIII ZR 105/88, ZIP 1990, 175, 177.

4 BGH v. 25.10.1989 – VIII ZR 105/88, ZIP 1990, 175, 177.

5 BGH v. 30.7.1997 – VIII ZR 157/96, ZIP 1997, 1703, 1705; vgl. auch BGH v. 13.3.1991 – VIII ZR 34/90, ZIP 1991, 519, 520 f.

b) Rechtslage nach der Schuldrechtsreform

aa) Unproblematische Feststellungen

Eindeutig ist die rein faktische Feststellung, dass der Lieferant nicht mit der Rücktrittserklärung des Leasingnehmers gemäß § 437 Nr. 2 BGB einverstanden sein muss. Doch der Leasingnehmer übt ein Gestaltungsrecht aus, welches seine Rechtswirkungen immer bereits dann entfaltet, wenn es dem Erklärungsempfänger zugegangen ist. Auf eine Zustimmung des Lieferanten für das Wirksamwerden einer Rücktrittserklärung kommt es daher nicht an. Insofern hat sich die Rechtslage gegenüber der Wandelung gemäß §§ 459, 462, 465, 467 BGB a.F. grundlegend geändert[1]. Klar ist indessen, dass eine Rückgewähr gemäß §§ 437, Nr. 2, 346 ff. BGB im Verhältnis zwischen Leasinggeber und Lieferant nur dann tatsächlich in Betracht kommt, wenn der Lieferant sich der Berechtigung der Rücktrittserklärung des Leasingnehmers nicht widersetzt. Ist dies jedoch der Fall, dann ist der Leasingnehmer im Rahmen der leasingtypischen Abtretungskonstruktion gezwungen, den Lieferanten auf Rückzahlung des Kaufpreises – Zug um Zug gegen Rückgewähr des Leasingguts – zu verklagen[2]. Dessen ungeachtet steht die h.M. auf dem Standpunkt, dass der Fortfall der Geschäftsgrundlage gemäß § 313 Abs. 1 BGB erst dann eintritt, wenn die Berechtigung des Rücktritts gemäß § 437 Nr. 2 BGB feststeht[3]. Aber damit erschöpft sich das Problem nicht. 147

bb) Ersetzen der Lösung über § 313 Abs. 1 BGB durch Kündigungsregeln

Schon früher wurde die vom BGH entwickelte Lehre des Fortfalls der Geschäftsgrundlage nach § 242 BGB heftig in der Literatur angegriffen[4], ohne dass der BGH sich davon beeindrucken ließ. Nunmehr wendet vor allem *Stoffels* ein[5], es müsse nach der Reform des Schuldrechts auf die gesetzliche Sonderregel des § 314 BGB zurückgegriffen werden, welche die Grundsätze des § 313 BGB verdränge, so dass dem Leasingnehmer ein fristloses Kündigungsrecht dann zustehe, wenn und sobald feststeht, dass der Rücktritt des Leasingnehmers gegenüber dem Lieferanten nach § 437 Nr. 2 BGB begründet ist[6]. Daher will *Stoffels* folgerichtig sicher gestellt wissen, dass dem Leasinggeber bis zur Wirksamkeit der Kündigung der volle Amortisationsanspruch einschließlich eines entsprechenden Gewinnanspruchs ver- 148

1 *Graf von Westphalen*, ZIP 2001, 2258, 2261; *Reinking*, ZGS 2002, 229, 233; *Beckmann*, § 2 Rz. 312.
2 *Wolf/Eckert/Ball*, Rz. 1859; MünchKomm./*Habersack*, Leasing Rz. 88; *Palandt/Weidenkaff*, vor § 535 BGB Rz. 58; *Ehlert*, in Bamberger/Roth, vor § 535 BGB Rz. 71.
3 Im Einzelnen *Beckmann*, § 2 Rz. 217 ff.; *Wolf/Eckert/Ball*, Rz. 1859; MünchKomm./*Habersack*, Leasing Rz. 88; *Palandt/Weidenkaff*, vor § 535 BGB Rz. 58.
4 *Lieb*, WM-Beilage Nr. 6/1992, 1, 4; *Canaris*, Bankvertragsrecht, Rz. 1744; *Papapostolou*, S. 92 ff.
5 *Staudinger/Stoffels*, Leasing Rz. 246 ff.
6 *Staudinger/Stoffels*, Leasing Rz. 251 f.

bleibt[1]. Das führt gleichzeitig dazu, dass das Insolvenzrisiko des Lieferanten – entgegen der BGH-Judikatur[2] – nicht in die Risikosphäre des Leasinggebers fällt, sondern dem Leasingnehmer zuzurechnen sein soll. *Habersack* äußert sich im dogmatischen Ansatz in ähnlicher Weise, indem auch er einwendet, dass § 313 Abs. 1 BGB von den allgemeinen Regeln des Leistungsstörungsrechts verdrängt werde[3] und dass die Anwendung von § 313 BGB grundsätzlich nur eine Rechtsfolge mit Wirkung ex nunc nach sich zieht, nicht aber ex tunc, wie von der Rechtsprechung des BGH bejaht. Doch nach seiner Ansicht schlägt die **Rückabwicklung des Kaufvertrages** nach § 346 BGB auch – rückwirkend – auf den Leasingvertrag nach § 326 Abs. 4 BGB analog durch[4]. Folglich stehe dem Leasinggeber der Anspruch auf Rückzahlung des Kaufpreises gegenüber dem Lieferanten zu, so dass dem Leasingnehmer dann die gezahlten Raten zu erstatten sind, um eine ungerechtfertigte Bevorzugung der Interessen des Leasinggebers zu vermeiden. Auch andere Autoren haben sich gegen die Fortsetzung der auf § 313 Abs. 1 BGB aufbauenden BGH-Judikatur ausgesprochen[5]. Hingegen steht die durchaus als h.M. zu bezeichnende Auffassung weiterhin auf dem Standpunkt, dass sich – auch entsprechend dem Willen des Gesetzgebers zu § 313 BGB[6] – keine Änderung ergeben habe[7]. Das verdient vertieft zu werden.

c) Eigene Auffassung

aa) Anspruch gemäß § 313 Abs. 1 BGB

149 Wichtig ist hier zunächst die Feststellung, dass der Gesetzgeber die Struktur von § 313 BGB geändert hat: Liegen nämlich die Voraussetzungen von § 313 Abs. 1 oder Abs. 2 BGB vor, dann kann die Anpassung des Vertrages an die jeweils geänderten Umstände vom Anspruchsgegner verlangt werden[8]. Die Anpassung tritt also – anders als nach bisherigem Recht – nicht mehr kraft Gesetzes ein; vielmehr haben die Parteien zunächst die Verpflichtung, über eine Anpassung des Vertrages zu verhandeln[9]. Nur wenn dieser Ansatz nicht ausreicht, die Störung der Geschäftsgrundlage zu besei-

1 *Staudinger/Stoffels*, Leasing Rz. 255 f.
2 BGH v. 25.10.1989 – VIII ZR 105/88, NJW 1990, 314.
3 MünchKomm./*Habersack*, Leasing Rz. 98 ff.
4 MünchKomm./*Habersack*, Leasing Rz. 100.
5 *Arnold*, in Dauner-Lieb/Konzen/Schmidt, Das neue Schuldrecht in der Praxis, S. 589, 606 ff.; *Löbbe*, BB-Beilage Nr. 6/2003, S. 13 f.; *Möller/Wendehorst*, in Bamberger/Roth, § 500 BGB Rz. 40 f.; *Tiedtke/Möllmann*, DB 2004, 583, 588.
6 BT-Drucks. 14/6040, S. 176.
7 *Wolf/Eckert/Ball*, Rz. 1851; *Erman/Jendrek*, Anh. zu § 535 BGB Rz. 31; *Palandt/Weidenkaff*, vor § 535 BGB Rz. 58; *Beckmann*, § 7 Rz. 25.
8 BT-Drucks. 14/6040, S. 176; *Palandt/Heinrichs*, § 313 BGB Rz. 29; *Erman/Holoch*, § 313 BGB Rz. 4.
9 *Palandt/Heinrichs*, § 313 BGB Rz. 29; *Unberath*, in Bamberger/Roth, § 313 BGB Rz. 85.

tigen, kommt der **Anspruch auf Rücktritt** in Betracht. Unabhängig davon, ob also die durch die geänderten Umstände benachteiligte Partei berechtigt ist, sogleich auf die angepasste Leistung zu klagen[1], ist jedenfalls festzuhalten: Der Leasingnehmer, der im Rahmen der leasingtypischen Abtretungskonstruktion von seinem Rücktrittsrecht gemäß § 437 Nr. 2 BGB gegenüber dem Lieferanten Gebrauch macht, hat ohne weiteres die Rechtsmacht – und damit einen entsprechenden Anspruch –, gleichzeitig gegenüber dem Leasinggeber gemäß § 313 Abs. 1 BGB Klage auf Anpassung des Leasingvertrages (im Fall der Minderung) oder auf Fortfall der Geschäftsgrundlage (im Fall des Rücktritts) zu erheben. Dass diese Klage freilich erst dann Erfolg hat, wenn im Verhältnis zwischen Leasingnehmer und Lieferant feststeht, dass der Rücktritt gemäß § 437 Nr. 2 BGB i.V.m. den §§ 346 ff. BGB berechtigt ist, liegt auf der Hand. Im praktischen Ergebnis kommt daher der Fortfall der Geschäftsgrundlage gemäß § 313 Abs. 1 BGB erst dann zum Zuge, wenn die Begründetheit der Rücktrittserklärung gemäß § 437 Nr. 2 BGB erwiesen ist[2]. Diese Erkenntnis hängt auch unmittelbar damit zusammen, dass die Störung der Geschäftsgrundlage gemäß § 313 Abs. 1 BGB darauf beruht, dass das mangelhafte Leasinggut gemäß §§ 437 Nr. 2, 346 ff. BGB dem Lieferanten zurückgewährt werden muss, also dem Leasingnehmer nicht mehr zur Nutzung zur Verfügung steht. Also kann der Leasingnehmer Klage gemäß § 313 Abs. 1 BGB gegenüber dem Leasinggeber wegen Fortfalls der Geschäftsgrundlage in dem Zeitpunkt erheben, in welchem er gegenüber dem Lieferanten gemäß § 437 Nr. 2 BGB den Rücktritt erklärt hat[3]. Es besteht folglich insoweit kein Anlass, die bisherige Linie der BGH-Judikatur zum Fortfall der Geschäftsgrundlage gemäß § 313 Abs. 1 BGB zu verlassen[4]. Doch auch damit ist das Problem nicht erschöpft.

bb) Fortfall der Geschäftsgrundlage – außerordentliches Kündigungsrecht

(1) Zwingende Rückabwicklung des Kaufvertrages

Dogmatisch schwieriger ist es nämlich, dem Einwand zu begegnen, dass 150
der Gesetzgeber nach der Schuldrechtsreform das fristlose Kündigungsrecht für Dauerschuldverhältnisse ganz allgemein in § 314 BGB verankert hat, so dass eine Rückabwicklung bereits erbrachter Leistungen nach Rücktritts- oder Bereicherungsrecht gerade nicht stattfinden soll[5]. Daraus könnte man ableiten, dass der Gesetzgeber grundsätzlich auf dem Standpunkt steht, dass Dauerschuldverhältnisse, soweit sie in Vollzug gesetzt

---

1 BT-Drucks. 14/6040, S. 176; *Palandt/Grüneberg*, § 313 BGB Rz. 41; *Erman/Holoch*, § 313 BGB Rz. 40.
2 AGB-Klauselwerke/*Graf von Westphalen*, Leasing Rz. 137.
3 Soweit *Beckmann*, § 2 Rz. 232 die anderenorts vertretene Auffassung – AGB-Klauselwerke/*Graf von Westphalen*, Leasing Rz. 135 ff. – dahin interpretiert, dass bereits mit Zugang der Rücktrittserklärung der Fortfall der Geschäftsgrundlage eingreift, handelt es sich um ein Missverständnis, wie sich aus Rz. 137 ergibt.
4 So auch *Wolf/Eckert/Ball*, Rz. 1851; MünchKomm./*Habersack*, Leasing Rz. 88.
5 *Staudinger/Stoffels*, Leasing Rz. 251 ff.

worden sind, lediglich im Rahmen eines außerordentlichen Kündigungsrechts beendet werden können. Doch dieser Schritt ist nicht zwingend. Auch schon vor Inkorporation des außerordentlichen Kündigungsrechts gemäß § 314 BGB war klar, dass der Leasingvertrag – im Rahmen einer mietrechtlichen Qualifikation (Kap. B Rz. 10 ff.) – aufgrund eines fristlosen Kündigungsrechts gemäß § 543 BGB beendet werden kann, was den Regelungen der §§ 542, 544, 552, 554, 554a BGB a.F. entsprach[1]. Doch das entscheidende Gegenargument gegen die Vorrangigkeit des fristlosen Kündigungsrechts gemäß § 543 Abs. 2 Nr. 1 BGB, das ja eine Sonderregelung gegenüber § 314 BGB darstellt, bewegt sich auf einer anderen Linie. Auszugehen ist nämlich von dem Grundtatbestand, dass die leasingtypische Abtretungskonstruktion dazu führt, dass im Fall eines berechtigten Rücktritts des Leasingnehmers gemäß § 437 Nr. 2 BGB das kaufvertragliche Verhältnis zwischen Leasinggeber und Lieferant **rückabgewickelt** wird, weil die Norm des § 437 Nr. 2 BGB die Rücktrittsregelung der §§ 346 ff. BGB in Geltung setzt. Deshalb muss die Frage beantwortet werden, ob das Kündigungsrecht – ungeachtet seiner grundsätzlichen ex-nunc-Wirkung – überhaupt geeignet ist, im Vertragsverhältnis zwischen Leasinggeber und Leasingnehmer den Folgen der Rückabwicklung des Kaufvertrages zwischen Leasinggeber und Lieferant zu entsprechen. Das Problem liegt auf der Hand und wird auch von denjenigen ins Auge gefasst, die die Anwendbarkeit des § 313 BGB ablehnen.

(2) Rückzahlungsanspruch zugunsten des Leasinggebers

151 Um den Leasinggeber dennoch in den Genuss des Rückzahlungsanspruchs mit dem von ihm geleisteten Kaufpreisanspruch zu bringen, schlägt daher *Stoffels* vor[2], die Abwicklungszuständigkeit auf den **Leasinggeber** zu verlagern. Dieser Ansatzpunkt ist sicherlich mit der Ermächtigungskonstruktion gemäß § 185 BGB vereinbar; er widerstreitet jedoch der leasingtypischen Abtretungskonstruktion. Danach hat nämlich der Leasingnehmer das Recht, aber auch die Pflicht, Rückabwicklung des Kaufvertrages zwischen Leasinggeber und Lieferant gemäß §§ 437 Nr. 2, 346 ff. BGB zu vollziehen. Dass er gleichwohl verpflichtet bleibt, durch einen entsprechenden Klageantrag sicherzustellen, dass der Rückzahlungsanspruch dem Leasinggeber zugute kommt, steht auf einem anderen Blatt, führt aber nicht dazu, dass die „Abwicklungszuständigkeit auf den Leasinggeber" verlagert wird[3]. Darüber hinaus widerspricht es der Systematik, dass der Leasingnehmer jedenfalls dann berechtigt sein soll, gegenüber dem Leasinggeber ein Leistungsverweigerungsrecht gemäß § 320 BGB auszuüben, sobald er Klage auf Rückzahlung des Kaufpreises geleistet hat[4]. Denn wenn in der Tat das Lea-

1 *Erman/Jendrek*, § 543 BGB Rz. 1.
2 *Staudinger/Stoffels*, Leasing Rz. 252.
3 So aber *Staudinger/Stoffels*, Leasing Rz. 252.
4 *Staudinger/Stoffels*, Leasing Rz. 253.

singgut in einem solchen Maße mangelhaft ist, dass der Leasingnehmer im Rahmen der leasingtypischen Abtretungskonstruktion berechtigt ist, Rücktritt gemäß § 437 Nr. 2 BGB zu begehren, ist es schwer verständlich, aus welchen Gründen der Leasingnehmer nicht auch gegenüber dem Leasinggeber **gleichzeitig** berechtigt sein soll, Klage auf Anpassung (Fortfall) des Leasingvertrages gemäß § 313 Abs. 1 BGB mit dem Ziel zu erheben, wegen des von ihm behaupteten Fortfalls der Gebrauchstauglichkeit des Leasingguts eine rückwirkende „Anpassung" der Leasingraten zu erreichen.

(3) Rechtsfolgen für den Leasingvertrag

Dass im Übrigen das fristlose Kündigungsrecht gemäß § 543 Abs. 2 Nr. 1 152
BGB den Leasingnehmer nicht in angemessener Weise schützt, ergibt sich bereits daraus, dass dieses Instrument lediglich eine ex-nunc-Wirkung entfaltet. Daher bleibt der Leasinggeber – vorbehaltlich sonstiger Abhilfeerwägungen – berechtigt, die während der nicht vorhandenen Nutzungsdauer des Leasingguts vom Leasingnehmer entrichteten Leasingraten zu behalten. Dieser Ansatz ist aus Gründen der Gerechtigkeit nur dann überhaupt vertretbar, wenn man davon ausgeht, dass der Leasinggeber nicht verpflichtet ist, dem Leasingnehmer ein gebrauchstaugliches/funktionstüchtiges Leasinggut zur Nutzung zu überlassen, sondern wenn seine Verpflichtung sich nach Maßgabe des Leasingvertrages darin erschöpft, dem Leasingnehmer die von diesem gewünschte **Finanzierung** zur Verfügung zu stellen. Denn dann kommt es auf den Umstand, dass eine Gebrauchstauglichkeit/Funktionstüchtigkeit des Leasingguts nicht oder nur in höchst eingeschränktem Maße gegeben ist, nicht entscheidend an. Dieser Theorie ist indessen aus den aufgezeigten Gründen, die schon bei der Qualifikation des Leasingvertrages erörtert wurden, jede Gefolgschaft zu verweigern (Kap. B Rz. 10 ff.). Daher bleibt der von *Habersack* in Ansatz gebrachte Gedanke, eine Rückabwicklung des Leasingvertrages nach der analog anzuwenden Vorschrift des § 326 Abs. 4 BGB zu bewirken[1], um so eine Übervorteilung des Leasinggebers zu vermeiden und einen Gleichklang in der Rückabwicklung beider Verträge im leasingtypischen Dreieck sicherzustellen. Doch der wesentliche dogmatische Einwand gegen diese Überlegung liegt auf der Hand: Die Norm des § 326 Abs. 4 BGB ist für ein Leistungsaustauschverhältnis, nicht aber für ein Dauerschuldverhältnis konzipiert, so dass der Rückgriff auf die Rücktrittsregeln in § 326 Abs. 4 BGB wiederum sich dem Einwand ausliefert, die eigentlich anwendbare Kündigungsregel des § 314 BGB zu unterlaufen. Dass freilich das Grundanliegen von *Habersack* berechtigt ist, sei sogleich eingeräumt. Denn es geht darum, die Rückabwicklung des Kauvertrages zwischen Leasinggeber und Lieferant gleichzuschalten mit den Rechtsfolgen des Leasingvertrages. Sonst würde nämlich eine Übervorteilung des Leasinggebers eingreifen: Er könnte die

1 MünchKomm./*Habersack*, Leasing Rz. 100.

Kaufpreiszahlung zurückerhalten und die bereits vereinnahmten Leasingraten ebenfalls behalten, was ersichtlich ungerecht ist[1].

153 Letztlich spricht aber auch gegen die kündigungsrechtliche Lösung das weitere Argument, dass nämlich das Risiko der **Insolvenz des Lieferanten** auf diese Weise dem Leasingnehmer angelastet wird, während – wie noch zu zeigen sein wird – dieses Risiko nach der zutreffenden Rechtsprechung des BGH dem Leasinggeber zugewiesen wird, die *Habersack* freilich, wie der Vollständigkeit halber hinzuzusetzen ist, nicht angreift[2]. Aus alledem folgt, dass die kündigungsrechtliche Lösung zurückzuweisen ist; festzuhalten ist vielmehr an der Konstruktion, wonach dem Leasingnehmer ein **Anspruch** gemäß § 313 Abs. 1 BGB zur Seite steht, sobald er gegenüber dem Lieferanten des Leasingguts die Rücktritts- oder Minderungserklärung gemäß § 437 Nr. 2 BGB abgegeben hat und diese dem Lieferanten gemäß § 130 BGB zugegangen ist.

cc) Sonderregel des § 313 Abs. 3 Satz 1 oder Satz 2 BGB

154 Nur dieser Lösungsansatz[3] berücksichtigt in hinreichend adäquater Weise die **rückwirkende** Rechtswirkung des Rücktritts, den der Leasingnehmer im Rahmen der leasingtypischen Abtretungskonstruktion gemäß § 437 Nr. 2 BGB – bezogen auf das Vertragsverhältnis zwischen Leasinggeber und Lieferant – wegen der Mangelhaftigkeit des Leasingguts vollzieht. Gestützt wird dies letztlich auch durch die Regelung von § 313 Abs. 3 Satz 1 BGB[4]. Denn danach kommt ein **Rücktrittsrecht** anstelle eines Kündigungsrechts dann in Betracht, wenn wegen der geänderten Umstände eine Anpassung des Vertrages nicht möglich oder einem Teil nicht zumutbar ist. Freilich hat der Gesetzgeber in § 313 Abs. 3 Satz 3 BGB bestimmt, dass bei **Dauerschuldverhältnissen** das fristlose Kündigungsrecht an die Stelle des Rücktrittsrechts tritt. Daraus wird in der Literatur teilweise[5] gefolgert, dass diese gesetzgeberische Wertung zum Nennwert zu nehmen ist. Doch bleibt nach wie vor zu bedenken, dass die **Rückabwicklung** des Kaufvertrages, wie er zwischen Leasinggeber und Lieferant geschlossen worden ist, die Feststellung nach sich zieht, dass dem Leasingvertrag von vornherein die Grundlage gefehlt hat, weil kein gebrauchstaugliches/funktionstüchtiges Leasinggut zur Nutzung überlassen war. Daran aber fehlt es **von Anfang an**, wenn im Verhältnis zwischen Leasinggeber und Lieferant eine Rückabwicklung des Kaufvertrages gemäß §§ 346 ff. BGB stattfindet[6]. Mit Recht ist schließlich auch in der Literatur darauf hingewiesen worden[7], dass es

1 MünchKomm./*Habersack*, Leasing Rz. 100.
2 MünchKomm./*Habersack*, Leasing Rz. 100.
3 Hierzu auch *Tiedtke/Möllmann*, DB 2004, 583, 588.
4 *Wolf/Eckert/Ball*, Rz. 1851.
5 *Löbbe*, BB-Beilage Nr. 6/2003, 7, 11.
6 *Wolf/Eckert/Ball*, Rz. 1851.
7 *Beckmann*, § 7 Rz. 29; *Wolf/Eckert/Ball*, Rz. 1851.

nicht die Absicht des Gesetzgebers der Schuldrechtsmodernisierung war[1], lediglich die bisherige Rechtsprechung des BGH in § 313 BGB zu verankern. Mit anderen Worten: Der Gesetzgeber selbst hatte bei Schaffung der Regelung des § 313 Abs. 3 Satz 1 und Satz 2 BGB nicht die Absicht, das Kündigungsrecht für Dauerschuldverhältnisse auch in den Fällen zu verankern, in denen dem Dauerschuldverhältnis – hier: dem Leasingvertrag – von vornherein die Geschäftsgrundlage fehlte[2]. Daraus folgt, dass in der Sache gegen einen auf § 313 Abs. 3 Satz 2 BGB gestützten Lösungsansatz im Ergebnis die gleichen durchgreifenden Bedenken vorzubringen sind, die zuvor im Blick auf § 314 BGB in Ansatz gebracht wurden.

Folgt man dem nicht[3], so muss man zusätzlich erklären und hinreichend 155
begründen, dass der **Gesetzgeber** mit der Regelung von § 313 Abs. 3 Satz 2 BGB in der Tat eine Abkehr von der bisherigen BGH-Judikatur zum Finanzierungsleasing – abseits seines insoweit nicht erkennbaren Gestaltungswillens – vorgenommen hat. Dann ist nämlich das fristlose Kündigungsrecht des Leasingnehmers darauf zu beziehen, dass dem Leasinggeber – als Folge der Rückabwicklung des Kaufvertrages gemäß §§ 437 Nr. 2, 346 ff. BGB – die Überlassung eines gebrauchstauglichen/funktionstüchtigen Leasingguts **unmöglich** geworden ist[4]. Zur Konsequenz hat dieser Lösungsansatz, dass die Unmöglichkeit auf einem Umstand beruht, den der Leasingnehmer nicht gemäß § 326 Abs. 2 BGB zu vertreten hat, so dass der Leasinggeber gemäß § 326 Abs. 1 BGB seinen Anspruch auf die künftigen Leasingraten verliert[5]. Doch die alles entscheidende Frage bleibt immer die gleiche: Gebühren dem Leasinggeber dann auch die vom Leasingnehmer in der Vergangenheit gezahlten Leasingraten? Denn die ex-nunc-Wirkung der fristlosen Kündigung gemäß § 313 Abs. 3 Satz 1 BGB führt zwangsläufig dazu, dass der Leasinggeber die bereits gezahlten Leasingraten und den zurückgezahlten Kaufpreis für das zurückgewährte Leasinggut behalten darf[6]. Auch die von *Habersack* in Ansatz gebrachte Lösung über die analoge Anwendung von § 326 Abs. 4 BGB[7] hat ihre erkennbaren dogmatischen Gebrechen (Rz. 152). Im Ergebnis sprechen also die dogmatisch und praktisch überzeugenderen Argumente dafür, an der bisherigen Lösung über den Fortfall der Geschäftsgrundlage nach § 313 Abs. 1 BGB festzuhalten, wenn und soweit eine Rückabwicklung des Kaufvertrages zwischen Leasinggeber und Lieferanten nach §§ 437 Nr. 2, 346 ff. BGB stattfindet. Denn die dadurch indizierten Auswirkungen auf den Bestand des Leasingvertrages erfordern eine **rückwirkende Lösung**, weil ja dann der Leasinggeber es ver-

1 BT-Drucks. 14/6040, S. 174, 176.
2 *Beckmann*, § 7 Rz. 29; *Wolf/Eckert/Ball*, Rz. 1851.
3 Insbesondere MünchKomm./*Habersack*, Leasing Rz. 98 ff.
4 MünchKomm./*Habersack*, Leasing Rz. 99.
5 Vgl. auch *Emmerich*, JuS 1990, 1, 7; *Fehl*, BB-Beilage Nr. 6/1988, 22, 27 f.; MünchKomm./*Habersack*, Leasing Rz. 99.
6 Ablehnend *Beckmann*, § 7 Rz. 30; *Reinking*, ZGS 2002, 229, 233; *Wolf/Eckert/Ball*, Rz. 1851.
7 MünchKomm./*Habersack*, Leasing Rz. 100.

säumt hat, dem Leasingnehmer ein gebrauchstaugliches Leasinggut zur Nutzung zu verschaffen.

dd) *Minderung* – § 313 Abs. 1 BGB

156 Hierzu s. Rz. 149.

2. Rückabwicklung gemäß §§ 812 ff. BGB

157 Nach der zutreffenden Auffassung des BGH[1], dem die Literatur folgt[2], ist eine bereicherungsrechtliche Rückabwicklung der beiderseitigen Ansprüche von Leasinggeber und Leasingnehmer aufgrund des rückwirkenden Fortfalls der Geschäftsgrundlage gemäß § 313 BGB durchzuführen. Da es sich um die Rückabwicklung eines gegenseitigen Vertrages handelt, besteht der bereicherungsrechtliche Anspruch gemäß §§ 812, 818 BGB aufgrund der **Saldotheorie** von vornherein nur zugunsten einer der beiden Parteien in Höhe des jeweiligen Saldos der bereits erbrachten Leistungen[3]. Zur Konsequenz hat dies, dass entweder der Leasingnehmer oder der Leasinggeber – einer der beiden ist in jedem Fall **Bereicherungsgläubiger** – bereits im Klageantrag die jeweils erbrachte Gegenleistung berücksichtigen muss[4]. Dabei ist der Bereicherungsschuldner gehalten, den Nachweis zu führen, dass der vom Bereicherungsgläubiger geltend gemachte Saldo zu mindern ist[5]. Unter Berücksichtigung dieser bereicherungsrechtlichen Ausgangslage[6] ist folgende Differenzierung im Hinblick auf die jeweiligen vom Leasingnehmer und Leasinggeber zu berücksichtigenden bereicherungsrechtlichen Rechnungsposten erheblich:

a) Zugunsten des Leasingnehmers

aa) Gezahlte Leasingraten

158 Soweit der Leasingnehmer während der Dauer der Grundmietzeit **Leasingraten** an den Leasinggeber gezahlt hat, weil das Leasinggut jedenfalls für eine gewisse Zeit gebrauchstauglich/funktionstüchtig war, bevor er gegenüber dem Lieferanten gemäß §§ 437 Nr. 2, 346 ff. BGB den Rücktritt/Min-

---

1 BGH v. 25.10.1989 – VIII ZR 105/88, ZIP 1990, 175, 177; vgl. auch BGH v. 10.11.1993 – VIII ZR 119/92, NJW 1994, 576, 578.

2 *Beckmann*, § 7 Rz. 31 ff.; *Wolf/Eckert/Ball*, Rz. 1850; *Palandt/Weidenkaff*, vor § 535 BGB Rz. 58; *Ehlert*, in Bamberger/Roth, vor § 535 BGB Rz. 72; *Erman/Jendrek*, Anh. zu § 535 BGB Rz. 32; a.M. MünchKomm./*Habersack*, Leasing Rz. 101 f.; *Staudinger/Stoffels*, Leasing Rz. 249 ff.; a.M. *Tiedtke/Möllmann*, DB 2004, 583, 588 – Anwendbarkeit der Rücktrittsregeln.

3 BGH v. 25.10.1989 – VIII ZR 105/88, ZIP 1990, 175, 178; *Wolf/Eckert/Ball*, Rz. 1850.

4 BGH v. 25.10.1989 – VIII ZR 105/88, ZIP 1990, 175; *Beckmann*, § 7 Rz. 32 f.

5 BGH v. 25.10.1989 – VIII ZR 105/88, ZIP 1990, 175, 178.

6 *Martinek*, Moderne Vertragstypen, Bd. 1, S. 183.

derung – wegen der dann eingetretenen Gebrauchsuntauglich/Funktionsuntüchtigkeit des Leasingguts – reklamiert hat, ist er berechtigt, die geleisteten Leasingraten gemäß §§ 812, 818 BGB zu kondizieren. Denn die gezahlten Leasingraten sind wegen des – **rückwirkenden** Fortfalls der Geschäftsgrundlage gemäß § 313 Abs. 1 BGB von Anfang an als rechtsgrundlos gemäß § 812 Abs. 1 BGB anzusehen[1]. In die jeweiligen zurückzufordernden Leasingraten ist die vom Leasingnehmer gezahlte **Umsatzsteuer** einzubeziehen[2]. Dies gilt unabhängig davon, ob der Leasingnehmer **Verbraucher** oder **Unternehmer** ist.

bb) Bezahlung des Kaufpreises „Einsteigemodell"

Sofern der Leasingnehmer – insbesondere im Rahmen des „Einsteige- 159
modells" – an den Lieferanten des Leasingguts eine Anzahlung auf den Kaufpreis gezahlt hat, die dann vom Leasinggeber im Rahmen der Leasingfinanzierung verrechnet wurde, gilt das Gleiche: Auch hier ist der Leasingnehmer berechtigt, Rückerstattung gemäß §§ 812, 818 BGB vom Leasinggeber zu verlangen[3]. Der Leasingnehmer kann sich in einem solchen Fall nicht mit Erfolg auf die Einrede der Entreicherung gemäß § 818 Abs. 3 BGB berufen (Rz. 164), weil die Risikozuweisung des Leasingvertrages auch den bereicherungsrechtlichen Rückabwicklungsanspruch beherrscht[4]. Wenn also die vom Leasingnehmer an den Lieferanten geleistete Anzahlung im rechnerischen Ergebnis die Kaufpreisschuld des Leasinggebers gegenüber dem Lieferanten reduziert, dann muss dies der Leasinggeber bei der Rückabwicklung des Leasingvertrages gemäß §§ 812, 818 Abs. 2 BGB gegen sich gelten lassen. Denn das Risiko, dass der Leasinggeber gegenüber dem Lieferanten nicht in der Lage ist, den Rückforderungsanspruch durchzusetzen, trägt ausschließlich der **Leasinggeber** (Rz. 254 ff.).

cc) Nutzungsersatz

Da es nicht ganz auszuschließen ist, dass trotz des mit Recht erklärten 160
Rücktritts des Leasingnehmers gemäß §§ 437 Nr. 2, 346 ff. BGB der Leasingnehmer für eine gewisse Zeit tatsächlich Nutzungen gezogen hat, ist er verpflichtet, diese gemäß §§ 812 Abs. 1, 818 Abs. 1 BGB zu ersetzen. Die Berechnung des Nutzungsersatzes bestimmt sich nach der hier vertretenen Auffassung (Rz. 135) nach den gleichen Grundsätzen, die im Verhältnis zwischen Leasinggeber und Lieferant gelten[5]. Mit anderen Worten: Die vom Leasinggeber gegenüber dem Lieferanten zu erstattende Nutzungsent-

---

1 BGH v. 25.10.1989 – VIII ZR 105/88, ZIP 1990, 175, 177; hierzu auch BGH v. 5.12.1984 – VIII ZR 277/83, WM 1985, 226, 227.
2 BGH v. 10.11.1993 – VIII ZR 119/92, NJW 1994, 576, 578.
3 MünchKomm./*Habersack*, Leasing Rz. 101 – allerdings: über eine analoge Anwendung der §§ 326 Abs. 4, 346 ff. BGB; *Martinek*, Moderne Vertragstypen, Bd. 1, S. 183; *Beckmann*, § 7 Rz. 39.
4 So mit Recht *Martinek*, Moderne Vertragstypen, Bd. 1, S. 183.
5 So auch *Beckmann*, § 7 Rz. 44.

schädigung entspricht derjenigen, die der Leasingnehmer dem Leasinggeber im Rahmen der Leasingraten schuldet. In der Praxis können sich hier freilich gewisse Verschiebungen dadurch ergeben, dass der Lieferant im Rahmen der §§ 437 Nr. 2, 346 ff. BGB den vollen Kaufpreis an den Leasinggeber entrichtet, ohne die entsprechende Nutzungsentschädigung zu reklamieren, obwohl diese im Verhältnis zwischen Leasinggeber und Leasingnehmer gemäß §§ 812 Abs. 1, 818 Abs. 1 BGB geschuldet wird. Da letzten Endes aber der **Lieferant** berechtigt ist, für das von ihm gelieferte Leasinggut eine Nutzungsentschädigung zu erhalten, kann er diese, sofern hierzu aus tatsächlichen Gründen Anlass besteht, vom Leasingnehmer gemäß § 346 Abs. 1 BGB unmittelbar verlangen, sofern er dem Leasinggeber seinerseits den gesamten Kaufpreis gemäß § 346 Abs. 1 BGB zurückgezahlt hat[1].

dd) Erstattung der Prozesskosten

161 Darüber hinaus hat der Leasingnehmer Anspruch auf Erstattung der Prozesskosten, die er im Rahmen der leasingtypischen Abtretungskonstruktion aufgewandt hat, um den Rücktritts- oder Minderungsprozess erfolgreich gegenüber dem Lieferanten des Leasingguts zu führen, sofern er nicht in der Lage ist, diesen Anspruch gegenüber dem Lieferanten erfolgreich durchzusetzen. Dies hängt unmittelbar damit zusammen, dass nach der hier für richtig angesehenen Risikoverteilung der **Leasinggeber** das **Insolvenzrisiko** des Lieferanten als seines Vertragspartners trägt (Rz. 254 ff.). Demzufolge ist eine Klausel in den Leasing-AGB nicht nach § 307 Abs. 2 Nr. 1 BGB zu beanstanden, welche sicherstellt, dass die Durchsetzung der Ansprüche/Rechte, die im Rahmen der leasingtypischen Abtretungskonstruktion dem Leasingnehmer zediert worden sind, auf Risiko und Kosten des Leasingnehmers durchzuführen ist.

ee) Unwirksamkeit der Abtretungskonstruktion

162 Anders ist die Rechtslage freilich dann, wenn die leasingtypische Abtretungskonstruktion an § 307 Abs. 2 Nr. 1 BGB scheitert, weil dann – wie noch näher darzustellen (Rz. 236) – der Leasingnehmer die gerichtliche Auseinandersetzung mit dem Lieferanten im Rahmen einer Geschäftsführung ohne Auftrag besorgt, so dass er Aufwendungsersatz gemäß § 683 Satz 1 BGB reklamieren kann[2].

b) Zugunsten des Leasinggebers

aa) Darlegungs- und Beweislast betreffend gezogene Nutzungen

163 Wie bereits kurz dargestellt, ist der Leasingnehmer gegenüber dem Leasinggeber gemäß §§ 812 Abs. 1, 818 Abs. 1 BGB zur Herausgabe der gezoge-

1 So mit Recht *Beckmann*, § 7 Rz. 46.

2 BGH v. 25.10.1989 – VIII ZR 105/88, ZIP 1990, 175, 180; BGH v. 10.11.1993 – VIII ZR 119/92, NJW 1994, 576; vgl. auch MünchKomm./*Habersack*, Leasing Rz. 101.

nen Nutzungen verpflichtet[1]. Von Wichtigkeit ist jedoch die Feststellung, dass nicht allein die Tatsache, dass der Leasingnehmer für eine gewisse Zeit Leasingraten entrichtet hat, gleichbedeutend mit der Feststellung sein kann, dass der Leasingnehmer auch tatsächlich in der Lage war, das Leasinggut während dieser Zeit zu nutzen[2]. Selbst die Tatsache, dass der Leasingnehmer – aus welchen Gründen immer – nicht rechtzeitig die ihm zustehende Einrede des nicht erfüllten Vertrages gemäß § 320 BGB gegenüber dem Leasinggeber geltend gemacht hat, ändert an dieser grundsätzlichen Feststellung nichts. Entscheidend ist vielmehr, dass nach der zutreffenden Rechtsprechung des BGH der Leasinggeber die **Darlegungs- und Beweislast** dafür trägt, dass der Leasingnehmer tatsächlich Nutzungen gezogen hat[3]. Eine pauschale Behauptung, der Leasingnehmer habe das Leasinggut tatsächlich genutzt, reicht insoweit nicht aus[4]. Allerdings ist dem Leasinggeber die Sphäre des Leasingnehmers – mithin: Umfang und Ausmaß der von ihm tatsächlich gezogenen Nutzungen – versperrt. Doch führt dies nicht zu einer vollständigen Umkehr der Darlegungs- und Beweislast[5]. Folglich gilt: Soweit der Leasinggeber pauschal behauptet, der Leasingnehmer habe das Leasinggut genutzt und habe – dies kann dann als Indiz gewertet werden – auch für eine mehr oder weniger lange Zeit Leasingraten gezahlt, ist es Sache des **Leasingnehmers**, substantiiert und spezifiziert dieser pauschalen Behauptung des Leasinggebers entgegenzutreten[6].

bb) Keine Berücksichtigung bereicherungsmindernder Kosten des Leasinggebers

Es ist dem Leasinggeber untersagt, Aufwendungen, die er im Vertrauen auf die Rechtsbeständigkeit des Leasingvertrages geleistet hat, bereicherungsmindernd in Rechnung zu stellen, was insbesondere im Hinblick auf den vom Leasinggeber an den Lieferanten gezahlten **Kaufpreis** gilt[7]. Denn das Risiko, den an den Lieferanten gezahlten Kaufpreis zurückzuerhalten, liegt ausschließlich beim Leasinggeber[8]. Doch soweit der Leasinggeber – in Ansehung des abzuschließenden und dann auch abgeschlossenen Leasingvertrages – weitere Aufwendungen hatte, insbesondere Refinanzierungskosten, gilt nichts anderes. Entscheidend ist hier ein Doppeltes. Das Insol- 164

1 BGH v. 5.12.1984 – VIII ZR 227/83, WM 1985, 226, 228; BGH v. 25.10.1989 – VIII ZR 105/88, ZIP 1990, 175, 178; BGH v. 10.11.1993 – VIII ZR 119/92, NJW 1994, 576, 578; *Beckmann*, § 7 Rz. 42 ff.
2 BGH v. 10.11.1993 – VIII ZR 119/92, NJW 1994, 576, 578.
3 BGH v. 25.10.1989 – VIII ZR 105/88, ZIP 1990, 175, 180; *Beckmann*, § 7 Rz. 43.
4 BGH v. 25.10.1989 – VIII ZR 105/88, ZIP 1990, 175, 180.
5 BGH v. 25.10.1989 – VIII ZR 105/88, ZIP 1990, 175, 180.
6 Hierzu auch BGH v. 10.11.1993 – VIII ZR 119/92, NJW 1994, 576, 578.
7 BGH v. 25.10.1989 – VIII ZR 105/88, ZIP 1990, 175, 178; *Wolf/Eckert/Ball*, Rz. 1841; *Beckmann*, § 7 Rz. 40; MünchKomm./*Habersack*, Leasing Rz. 102; *Palandt/Weidenkaff*, vor § 535 BGB Rz. 58.
8 BGH v. 25.10.1989 – VIII ZR 105/88, ZIP 1990, 175, 177 f.; *Wolf/Eckert/Ball*, Rz. 1841; *Beckmann*, § 7 Rz. 40.

venzrisiko des Lieferanten trägt der **Leasinggeber** (Rz. 254 ff.). Das ist der eine Gesichtspunkt; der andere: Die Risikozuweisung im Rahmen des Bereicherungsausgleichs kann nicht anders behandelt werden als im Rahmen des ursprünglichen Vertrages, so dann auch Parallelität im Hinblick auf die Rechtsfolgen eintritt, die durch den Fortfall der Geschäftsgrundlage gemäß § 313 BGB bedingt sind[1].

165 Klauseln in Leasing-AGB, die das Risiko der Rückzahlung des Kaufpreises, des entgangenen Gewinns, der vergeblich aufgewendeten Refinanzierungskosten sowie sonstiger Aufwendungen dem Leasingnehmer auferlegen, verstoßen daher gegen § 307 Abs. 2 Nr. 1 BGB und sind **unwirksam**[2]. Diese Aufwendungen/Kosten kann der Leasinggeber lediglich vom Lieferanten ersetzt verlangen; er trägt insoweit auch das Ausfallrisiko (Rz. 254 ff.). Soweit in der Literatur eine gegenteilige Auffassung vertreten wird[3], ist dem nicht zu folgen. Dies gilt auch insoweit, als das Beschaffungsrisiko ausschließlich dem Leasingnehmer auferlegt wird[4].

XII. Geltendmachung des Minderungsrechts gemäß § 437 Nr. 2 BGB

166 Sofern sich der Leasingnehmer im Rahmen der leasingtypischen Abtretungskonstruktion dazu entschließt, Minderung gemäß § 437 Nr. 2 BGB wegen eines Sachmangels des Leasingguts gegenüber dem Lieferanten geltend zu machen, gelten im Grundsatz die gleichen Erwägungen, die zuvor im Einzelnen dargestellt worden sind. Dies bedeutet konkret: Der Leasingnehmer hat dann gegenüber dem Leasinggeber einen Anspruch auf **Anpassung der Leasingraten** gemäß § 313 Abs. 1 BGB. Dieser ist freilich erst dann begründet, wenn der Lieferant seinerseits die Minderung im Rahmen von § 441 BGB als begründet ansieht.

167 Erweist sich die Anpassung der Leasingraten im Rahmen von § 313 Abs. 1 BGB als begründet, gilt auch insoweit ein bereicherungsrechtlicher Saldoausgleich gemäß §§ 812 Abs. 1, 818 Abs. 1 BGB: Die tatsächlich gezogenen Nutzungen sind gemäß § 818 Abs. 1 BGB zurückzugewähren. Auch in diesem Kontext ist davon auszugehen, dass **Kongruenz** zwischen der Höhe der Leasingraten und der Nutzungsentschädigung im Rahmen des Kaufvertrages gilt. Freilich kommt hier die Rechtsregel der §§ 437 Nr. 2, 346 ff. BGB nicht zum Zuge; doch entspricht der Minderungsbetrag des Kaufvertrages im Rahmen von § 441 BGB im gleichen Verhältnis dem Anpassungsrecht

1 BGH v. 25.10.1989 – VIII ZR 105/88, ZIP 1990, 175, 178.
2 Vgl. BGH v. 20.6.1984 – VIII ZR 131/83, WM 1984, 1089, 1091; BGH v. 25.10.1989 – VIII ZR 105/88, ZIP 1990, 175, 177; BGH v. 13.3.1991 – VIII ZR 34/90, ZIP 1991, 1519, 522.
3 *Staudinger/Stoffels*, Leasing Rz. 256; *Lieb*, DB 1988, 2596, 2500; *Canaris*, AcP 190 (1990), 410, 421 ff.
4 Insbesondere *Lieb*, WM-Beilage Nr. 6/1993, S. 1 ff.; vgl. im Übrigen auch *Graf von Westphalen*, DB 1993, 921 ff.

des Leasingnehmers für die – geänderten – Leasingraten gemäß § 313 Abs. 1 BGB.

XIII. Schadensersatzanspruch statt der Leistung

Unproblematisch ist die Antwort auf die hier zu bewältigende Rechtsfrage nach dem Schicksal des Leasingvertrages dann, wenn der Leasingnehmer im Rahmen der leasingtypischen Abtretungskonstruktion gemäß § 437 Nr. 3 BGB den so genannten „kleinen" Schadensersatzanspruch realisiert, d.h. das Leasinggut trotz seines **Minderwerts** behält und den Differenzschaden im Übrigen liquidiert[1]. In diesen Fällen wird nämlich der Schadensersatzanspruch gemäß § 437 Nr. 3 BGB nach der Wertminderung des Leasingguts berechnet[2]. Es gelten dann die gleichen Grundsätze, die zuvor im Rahmen der Minderung dargestellt wurden (Rz. 167); in Bezug auf den Schadensersatzanspruch statt der Leistung gemäß § 281 BGB gelten im Rahmen der leasingtypischen Abtretungskonstruktion deshalb auch die bereits behandelten Erwägungen (Rz. 147 ff.). 168

Wählt der Leasingnehmer hingegen im Rahmen seines Schadensersatzanspruchs statt der Leistung gemäß § 437 Nr. 3 BGB den so genannten **„großen" Schadensersatzanspruch**, dann ist er verpflichtet, das Leasinggut gemäß § 281 Abs. 5 BGB zurückzugewähren[3]. Zur Konsequenz hat dies, dass auch hier die Rechtsregeln des **Rücktritts** gemäß §§ 346 ff. BGB im Rahmen von § 281 Abs. 5 BGB zur Anwendung berufen sind. Nach der hier vertretenen Auffassung (Rz. 147 ff.) kommt also auch dann, wenn der Leasingnehmer von seinem Recht Gebrauch macht, einen „großen" Schadensersatzanspruch statt der Leistung zu realisieren, der Fortfall der Geschäftsgrundlage gemäß § 313 BGB in Betracht. Zur Folge hat dies, dass dem Leasingvertrag von vornherein die Geschäftsgrundlage fehlt. Es gelten daher uneingeschränkt die gleichen Erwägungen, die zuvor im Einzelnen erläutert worden sind (Rz. 157 ff.). 169

XIV. Rechtsmängelhaftung

Mit Recht ist festgestellt worden[4], dass die Leasing-AGB sich für gewöhnlich lediglich auf den Tatbestand beschränken, die leasingtypische Abtretungskonstruktion auf den Bereich von **Sachmängeln** zu beziehen, den 170

1 Vgl. auch *Beckmann*, § 7 Rz. 76.
2 BGH v. 25.11.1992 – VIII ZR 176/91, NJW-RR 1993, 307; *Erman/Grunewald*, § 437 BGB Rz. 17; *Graf von Westphalen*, in Henssler/Graf von Westphalen, Praxis der Schuldrechtsreform, 2003, § 437 BGB Rz. 27 f.
3 *Erman/Grunewald*, § 437 BGB Rz. 18; *Graf von Westphalen*, in Henssler/Graf von Westphalen, Praxis der Schuldrechtsreform, 2003, § 437 BGB Rz. 27 f.
4 *Beckmann*, § 2 Rz. 151.

ebenso wichtigen Bereich der **Rechtsmängelhaftung** jedoch aussparen. Denn der Leasinggeber haftet auch für den rechtlichen Bestand, soweit das Recht eines Dritten dem Leasingnehmer die Nutzung des Leasingguts untersagt.

1. Erstreckung der leasingtypischen Abtretungskonstruktion

a) Keine dogmatischen Bedenken

171 Es besteht nicht der mindeste Zweifel daran, dass der Leasinggeber berechtigt ist, die leasingtypische Abtretungskonstruktion auch auf Rechtsmängel zu erstrecken. Denn § 433 Abs. 1 Satz 2 BGB begründet in gleicher Weise die **Hauptpflicht des Verkäufers**, die verkaufte Sache frei von Sach- und Rechtsmängeln zu liefern[1], was in der Sache dazu führt, dass dem Leasingnehmer dann gegenüber dem Lieferanten die gleichen Ansprüche zustehen wie in den Fällen, in denen das Leasinggut einen Sachmangel aufweist[2]. Demzufolge wird auch in der Literatur die Erstreckung der Abtretungskonstruktion auf Rechtsmängel als ganz und gar unbedenklich i.S.v. § 307 Abs. 2 Nr. 1 BGB bewertet[3]. Daher ist auch nicht zu sehen, dass die Rechtsprechung die im Fall eines Rechtsmangels auftretenden Probleme anders löst als bei einem Sachmangel[4].

b) Klarheit der Vertragsgestaltung

172 Offen ist allerdings die Antwort auf die Frage, ob auch die Rechtsmängelhaftung von der leasingtypischen Abtretungskonstruktion erfasst wird, wenn diese sich lediglich auf „Gewährleistungsansprüche" bezieht. Dies könnte deswegen sehr zweifelhaft sein, weil der Gesetzgeber im Rahmen der **Schuldrechtsmodernisierung** die früher bestehende Gewährleistungshaftung für Sachmängel gemäß §§ 459 ff. BGB a.F. durch das allgemeine Konzept der Pflichtverletzung ersetzt hat, wie es in § 433 Abs. 1 Satz 2 BGB seinen Niederschlag gefunden hat: Seitdem zählt die Lieferung einer mangelfreien Sache zur vertragsgemäßen Erfüllungspflicht des Lieferanten[5]. Demgegenüber war im früheren Recht die Rechtsmängelhaftung nicht als Gewährleistungshaftung ausgeprägt, weil sich die Ansprüche nach den §§ 440, 325 f. BGB a.F. richteten. Mit anderen Worten: Es bestanden im Rahmen der Rechtsmängelhaftung schon vor dem 1. Januar 2002 Ansprüche wegen Nichterfüllung des Kaufvertrages[6], so dass die Gewähr-

---

1 Statt aller *Palandt/Weidenkaff*, § 433 BGB Rz. 21.
2 Statt aller *Erman/Grunewald*, § 433 BGB Rz. 23.
3 *Beckmann*, § 2 Rz. 156 f.; MünchKomm./*Habersack*, Leasing Rz. 104.
4 Vgl. auch BGH v. 23.2.1977 – VIII ZR 124/75, WM 1977, 447, wo die Klausel gleichermaßen Sach- und Rechtsmängel des Mietgegenstandes" erfasste.
5 Statt aller *Palandt/Weidenkaff*, § 433 BGB Rz. 21.
6 *Palandt/Putzo*, BGB, 61. Aufl. 2001, § 441 BGB Rz. 1.

leistungsrechte des Käufers gemäß §§ 462, 465, 467 BGB a.F. nicht galten[1]. Legt man diesen Maßstab an, so spricht vieles dafür, dass der Leasinggeber nach wie vor den Terminus „Gewährleistungsansprüche" im Sinn der früher geltenden Sachmängelhaftung verstanden hat und dass auch der durchschnittliche Leasingnehmer diesen Begriff so verstehen kann und verstehen darf. Denn die neue Begrifflichkeit des modernisierten Schuldrechts ist noch keineswegs in allen Köpfen angekommen. Unter dieser Voraussetzung aber sind zwei Auslegungen möglich, nämlich: einmal die Auslegung, dass eine solche Abtretungskonstruktionen nur die Sachmängelhaftung des Leasinggebers im Auge hat und eine andere Auslegung, wonach „Gewährleistung" auch Rechtsmängelhaftung umfasst – so dass dann der Weg gemäß § 305c Abs. 2 BGB beschritten werden kann. Stehen nämlich bei Berücksichtigung einer generell-abstrakten Auslegung[2] mehrere Auslegungsvarianten zur Verfügung, dann wird sowohl im Verbands- als auch im Individualprozess das **Prinzip der kundenfeindlichsten Auslegung**[3] zum Zuge gelangen. Diese aber führt im Ergebnis dazu, dass dann die Abtretungskonstruktion sich nur auf solche „Gewährleistungsansprüche" bezieht, die nach früherem Recht der Sachmängelhaftung zuzuweisen sind. Die Abtretungskonstruktion bezieht sich folglich nicht auf eine etwaige Rechtsmängelhaftung des Leasinggebers.

Daher ist in Leasing-AGB strikt darauf zu achten, dass die Sach- und Rechtsmängelhaftung im Rahmen der leasingtypischen Abtretungskonstruktion gleichbehandelt wird, weil nur so sichergestellt ist, dass das Erfüllungsrisiko gemäß §§ 433 ff. BGB beim Lieferanten des Leasingguts verbleibt[4]. 173

2. Haftung des Leasinggebers

a) Haftung nach § 536a BGB

Falls sich die leasingtypische Abtretungskonstruktion **nicht** auf etwaige Rechtsmängel des Leasingguts bezieht, greift die Rechtsmängelhaftung gemäß § 536 Abs. 3 BGB zu Lasten des Leasinggebers ein, da gemäß § 536a BGB Sach- und Rechtsmängel gleichbehandelt werden[5]. Voraussetzung für eine Rechtsmängelhaftung ist jedoch nach § 536 Abs. 3 BGB, dass dem Leasingnehmer durch das Recht eines Dritten ganz oder teilweise der vertragsgemäße Gebrauch des Leasingguts entzogen wird[6]. Trifft dies zu, dann steht dem Leasingnehmer das Recht zu, **Minderung** gemäß § 536 Abs. 1 174

1 *Palandt/Putzo*, BGB, 61. Aufl. 2001, § 441 BGB Rz. 1.
2 *Palandt/Heinrichs*, § 305c BGB Rz. 18.
3 *Erman/Roloff*, § 305c BGB Rz. 120 ff.
4 So mit Recht *Beckmann*, § 2 Rz. 153.
5 *Erman/Jendrek*, § 536a BGB Rz. 2; *Palandt/Weidenkaff*, § 536a BGB Rz. 1; im Einzelnen *Wolf/Eckert/Ball*, Rz. 242 ff.
6 Hierzu auch *Erman/Jendrek*, § 536 BGB Rz. 20 f.

BGB zu verlangen. Unbeschadet dieses Rechts hat der Leasingnehmer aber auch das Recht, Schadensersatz gemäß § 536a Abs. 1 BGB zu fordern. Das fristlose Kündigungsrecht gemäß § 543 Abs. 2 Nr. 1 BGB bleibt selbstverständlich vorbehalten.

175 Hat der Leasinggeber in seinen AGB in Bezug auf die Haftung wegen etwaiger Rechtsmängel nicht auf die leasingtypische Abtretungskonstruktion zurückgegriffen, so liegt es erfahrungsgemäß nahe, dass er dann insoweit überhaupt **keine vertragliche Regelung** getroffen hat. Es bleibt dann bei den gesetzlichen Bestimmungen, insbesondere auch bei der Schadensersatzhaftung gemäß § 536a Abs. 1 BGB. Diese ist verschuldensunabhängig, sofern – 1. Alternative – ein Anfangsmangel des Leasingguts vorliegt, d.h. bei Abschluss des Vertrages ein entgegenstehendes Recht eines Dritten missachtet wurde. Denn insoweit gilt eine Garantiehaftung des Leasinggebers[1].

b) Freizeichnungsgrenzen

aa) In Leasing-AGB

176 Wenn jedoch der Leasinggeber – außerhalb der leasingtypischen Abtretungskonstruktion – die Rechtsmängelhaftung in seinen AGB tatsächlich erfasst hat, stellt sich die Frage, inwieweit er berechtigt ist, sich von dieser Haftung freizuzeichnen, ohne an § 307 Abs. 2 Nr. 1 BGB zu scheitern. Nach der Rechtsprechung des BGH ist es mit § 307 Abs. 2 Nr. 1 BGB vereinbar, wenn der Vermieter seine Garantiehaftung gemäß § 536a BGB – 1. Alternative – abbedingt[2]. Dieses Privileg wird man auch auf die Haftung des Leasinggebers für etwaige Rechtsmängel gemäß § 536a BGB erstrecken dürfen[3]. Wenn und soweit jedoch der Rechtsmangel auf einem **Verschulden** beruht, bestehen ernsthafte Zweifel, ob der Leasinggeber berechtigt ist, seine Schadensersatzhaftung gemäß § 536a BGB – 2. Alternative – in wirksamer Weise gemäß § 307 Abs. 2 Nr. 1 BGB abzubedingen. Denn damit verletzt der Leasinggeber seine im Synallagma mit der Zahlung der Leasingraten stehende Hauptpflicht, dem Leasingnehmer ein gebrauchstaugliches und funktionstüchtiges Leasinggut zur Nutzung zu überlassen. Zwischen der Sach- und der Rechtsmängelhaftung besteht kein Unterschied; die Freizeichnungsgrenzen sind unter der Perspektive die gleichen, so dass es dem Leasinggeber nicht freisteht, sich von einer „wesentlichen" Vertragspflicht in wirksamer Weise freizuzeichnen. Vielmehr sind diese Klauseln nach § 307 Abs. 2 Nr. 1 BGB unwirksam[4]. Dabei ist zusätzlich zu bedenken, dass der

1 Statt aller *Erman/Jendrek*, § 536a BGB Rz. 4; *Wolf/Eckert/Ball*, Rz. 276 ff. m.w.N.
2 BGH v. 4.10.1990 – XII ZR 46/90, NJW-RR 1991, 74; BGH v. 27.1.1993 – XII ZR 141/91, NJW-RR 1993, 519; *Wolf/Eckert/Ball*, Rz. 354.
3 Wohl a.M. *Wolf/Eckert/Ball*, Rz. 352.
4 BGH v. 20.7.2005 – VIII ZR 121/04, ZIP 2005, 1785, 1793.

Lieferant auch insoweit als Erfüllungsgehilfe des Leasinggebers tätig wird, so dass ein etwaiges Verschulden des Lieferanten dem Leasinggeber zuzurechnen ist (Kap. G Rz. 1 ff.). Denn es macht keinen Unterschied, ob der Lieferant – auf Geheiß des Leasinggebers – ein mangelhaftes Leasinggut an den Leasingnehmer abliefert oder ob dieses nur teilweise geliefert wird, weil in beiden Fällen gemäß § 434 Abs. 3 BGB die gleiche Sanktionsfolge eintritt.

Deshalb wird man dem Leasinggeber – wie dargestellt (Kap. C Rz. 111 ff.) 177
nicht gestatten dürfen, sich im Bereich groben Verschuldens gemäß § 309 Nr. 7b BGB von der Haftung wirksam freizuzeichnen, was auch gemäß § 307 Abs. 1 BGB gegenüber einem Leasingnehmer gilt, der als **Unternehmer** tätig ist[1]. Darüber hinaus wird man die Lieferung eines rechtsmängelfreien Leasingguts auch als wesentliche Vertragsbestimmung i.S.v. § 307 Abs. 2 Nr. 1 BGB einordnen müssen, sofern der Rechtsmangel nicht – etwa durch Zahlung einer entsprechenden Lizenz an den berechtigten Dritten – ausgeglichen werden kann[2].

Halten die Leasing-AGB diesem Test nicht stand, gilt § 306 Abs. 2 BGB, so 178
dass dann die gesetzliche Haftung des Leasinggebers für etwaige Rechtsmängel des Leasingguts nach § 536a BGB eingreift.

bb) In Lieferanten-AGB

Hier gelten die gleichen allgemeinen Freizeichnungsgrenzen, die zuvor im 179
Einzelnen entwickelt und dargestellt worden sind (Kap. C Rz. 111 ff.). Es bestehen keine Besonderheiten, weil eine Parallelschaltung zwischen Sach- und Rechtsmängeln eingreift, die auch die Grenzen der Freizeichnung erfasst.

XV. Sonderproblem Ersatzlieferung

Unabhängig von dem Befund, dass die Nacherfüllung in § 439 Abs. 1 BGB 180
verankert ist, besteht offenbar in der Leasingpraxis ein gewisses Bedürfnis, zwischen dem Recht auf Mangelbeseitigung und dem auf Ersatzlieferung zu unterscheiden, weil bei Wahrnehmung dieses Rechtsbehelfs Sonderfragen auftreten, die von der Rechtsprechung noch nicht in Angriff genommen worden sind.

---

1 Statt aller *Palandt/Grüneberg*, § 309 BGB Rz. 48; *Erman/Roloff*, § 309 BGB Rz. 76 f.

2 Hierzu im Einzelnen AGB-Klauselwerke/*Graf von Westphalen*, Freizeichnungsklausel Rz. 28 ff.

1. Kein wirksamer Ausschluss des Nacherfüllungsanspruchs gemäß § 439 Abs. 1 BGB

a) Verbraucherleasing

181 Als erstes stellt sich die Frage, ob es nicht wirksam ist, den Anspruch auf Ersatzlieferung einfach auszuschließen. Soweit in der Literatur[1] die Auffassung vertreten wird, es sei nach § 307 Abs. 2 Nr. 1 BGB nicht zu beanstanden, wenn im Rahmen der leasingtypischen Abtretungskonstruktion der Leasinggeber in seinen AGB den Anspruch des Leasingnehmers auf Ersatzlieferung gemäß § 439 BGB ausschließt, bestehen hiergegen durchgreifende Bedenken gemäß § 307 Abs. 2 Nr. 1 BGB. Soweit sich diese Bedenken auf den Bereich des **Verbraucherleasings** beziehen, wird auf die später darzustellen Erwägungen Bezug genommen (Kap. L Rz. 172). Denn hier wirkt die Sperre der §§ 474 ff. BGB unmittelbar[2].

b) Unternehmerischer Verkehr

aa) Kauf- und mietvertragliche Erwägungen

182 Aber auch im unternehmerischen Verkehr spricht alles dafür, eine solche Konstruktion als nach § 307 Abs. 2 Nr. 1 BGB unwirksam einzuordnen[3]. Entscheidend ist nämlich der Befund, dass die leasingtypische Abtretungskonstruktion mit § 307 Abs. 2 Nr. 1 BGB nur dann im Einklang steht, wenn dem Leasingnehmer – anstelle der mietrechtlichen Eigenhaftung des Leasinggebers gemäß §§ 536 f. BGB – unmittelbar, vollständig und vorbehaltlos die kaufrechtlichen Mängelansprüche/Rechte übertragen werden[4]. Dieses Erfordernis wird missachtet, wenn die leasingtypische Abtretungskonstruktion sich lediglich auf den Anspruch auf **Mangelbeseitigung** gemäß § 439 Abs. 1 BGB bezieht, den Anspruch auf Ersatzlieferung aber ausklammert[5]. Dabei ist auch i.S.v. § 307 Abs. 2 Nr. 1 BGB zusätzlich zu bedenken, dass ein Leasinggut – aus der Sicht des Leasinggebers betrachtet – immer im hohem Maß fungibel sein muss, weil es ja darum geht, den jeweils nach Ende der Grundmietzeit noch vorhandenen „Restwert" zu verwirklichen, um so auch zu dokumentieren, dass der Leasinggeber wirtschaftlicher Eigentümer des Leasingguts nach § 39 Abs. 2 Nr. 1 AO ist. Zivilrechtlich gewertet führt dies dazu, dass es sich regelmäßig um eine

---

1 *Habersack*, BB-Beilage Nr. 6/2003, 2, 6; *Löbbe*, BB-Beilage Nr. 6/2003, 7, 10; *Zahn*, DB 2002, 985, 990 ff.
2 BGH v. 21.12.2005 – VIII ZR 85/05, ZIP 2006, 1001.
3 *Wolf/Eckert/Ball*, Rz. 1814 f.
4 BGH v. 17.12.1986 – VIII ZR 279/85, WM 1987, 349; BGH v. 25.10.1989 – VIII ZR 105/88, ZIP 1990, 175, 177 f.; BGH v. 21.12.2005 – VIII ZR 85/05, ZIP 2006, 1001, 1002.
5 *Beckmann*, § 2 Rz. 331; vgl. auch *Tiedtke/Möllmann*, DB 2004 583, 586; *Assies*, in Lang/Assies/Werner, Schuldrechtsmodernisierung in der Bankpraxis, 2002, S. 226, 230; *Habersack*, in Neues Schuldrecht und Bankgeschäfte, 2003, S. 3, 45.

Gattungssache handelt. Hat aber der Leasingnehmer eine solche erworben, dann steht im Fall der Mangelhaftigkeit der auf Ersatzlieferung zielende Nacherfüllungsanspruch nicht minder im Zenit seines Erfüllungsinteresses als ein auf Mangelbeseitigung gerichteter Anspruch. Mit anderen Worten: § 307 Abs. 2 Nr. 1 BGB schützt die Erfüllungsebene des Kaufvertrages in strikter Anlehnung an die Vorgaben des § 439 Abs. 1 BGB. Auch dieser Gesichtspunkt spricht dafür, den Ausschluss des Anspruchs des Leasingnehmers auf Ersatzlieferung als nicht in wirksamer Weise abdingbar zu bezeichnen[1].

Auch der Hinweis darauf, dass dem **Mietrecht** ein Anspruch auf Ersatzlieferung fremd ist[2], vermag keine andere Beurteilung nach sich zu ziehen. 183
Entscheidend fällt nämlich ins Gewicht, dass der Leasinggeber die leasingtypische Abtretungskonstruktion einsetzt und damit auf die Lieferanten-AGB verweist. Diese aber gewähren dem Leasingnehmer die **Rechtsstellung eines Käufers**, so dass an § 439 Abs. 1 BGB i.V.m. § 307 Abs. 2 Nr. 1 BGB anzuknüpfen ist. Deshalb muss der Leasinggeber dafür geradestehen, dass er dem Leasingnehmer vorbehaltlos und vollständig die Zession der (gesetzlich verfügbaren) kaufrechtlichen Ansprüche/Rechte schuldet[3]. In gleicher Weise führt auch der Gedanke von *Beckmann* nicht weiter[4]. Er schlägt vor, dass der Ausschluss des Anspruchs auf Ersatzlieferung dann jedenfalls wirksam abbedungen werden darf, wenn dies in den Lieferanten-AGB ohne „Einwirken des Leasinggebers" geschehen sei. Denn nach der hier vertretenen Ansicht ist es eben so, dass der Leasinggeber auch im Blick auf die Lieferanten-AGB als Verwender anzusehen ist (Kap. C Rz. 41). Daher kommt es nur auf das tatsächliche Ergebnis der dem Leasingnehmer zustehenden Ansprüche auf Nacherfüllung i.S.d. § 439 Abs. 1 BGB an, nicht aber darauf, ob die Lieferanten-AGB mit oder ohne ein „Einwirken" des Leasinggebers formuliert worden sind.

bb) Amortisationsinteresse des Leasinggebers

Wenn man bedenkt, dass die richterliche Inhaltskontrollle von AGB-Klauseln nach § 307 BGB immer auch davon abhängt, eine Balancierung der 184
beiderseitigen Interessen vorzunehmen[5], könnte der Gedanke ins Gewicht fallen, dass die Bewirkung einer Ersatzlieferung – wie noch zu zeigen sein wird (Rz. 187) – geeignet sein könnte und ggf. auch geeignet ist, das Amortisationsinteresse des Leasinggebers zu beeinträchtigen. Das ist jedoch insoweit nicht der Fall, als eine Ersatzlieferung dazu führt, dass ein mangelhaftes und entsprechend auch genutztes Leasinggut gegen ein gleich-

1 Hierzu auch *Wolf/Eckert/Ball*, Rz. 1814 f.
2 Vgl. *Habersack*, BB-Beilage Nr. 6/2003, 6; *Zahn*, DB 2002, 985, 990 ff. – trojanisches Pferd.
3 *Wolf/Eckert/Ball*, Rz. 1814; a.M. *Palandt/Weidenkaff*, § 439 BGB Rz. 3.
4 *Beckmann*, § 2 Rz. 323.
5 Statt aller *Erman/Roloff*, § 307 BGB Rz. 11 m.w.N.

wertiges Leasinggut ausgetauscht wird, welches genauso abgenutzt ist wie das zunächst gelieferte. Etwas anderes kann aber dann gelten, wenn ein neues Leasinggut als Ersatz geliefert wird, welches noch nicht benutzt wurde. Namentlich in den Fällen, in denen dann der Leasinggeber verpflichtet ist, einen durch Veräußerung des Leasingguts erzielten Mehrwert mit dem Leasingnehmer zu teilen, erhält der Leasingnehmer in diesem Fall einen höheren Gegenwert, als er nach dem ursprünglichen Sinn und Zweck des Vertrages zu beanspruchen berechtigt war. Doch selbst wenn man dieses Interesse des Leasinggebers, das ursprüngliche Äquivalenzverhältnis von Leistung und Gegenleistung auch bei einer Ersatzlieferung aufrechtzuerhalten, anerkennt, ergibt sich im Rahmen von § 307 Abs. 2 Nr. 1 BGB keine abweichende Beurteilung. Denn die Tatsache, dass der Lieferant eine Ersatzlieferung nach § 439 Abs. 1 BGB bewirkt, ist zwingend darauf zurückzuführen, dass der Leasinggeber seine mietrechtliche Eigenhaftung ausgeschlossen und die leasingtypische Abtretungskonstruktion ins Werk gesetzt hat. Mithin realisiert sich im Rahmen einer Ersatzlieferung nichts anderes als das von Anfang an vom Leasinggeber freiwillig übernommene Vertragsrisiko. Dieses kann aber nicht in wirksamer Weise – auch nicht unter Beachtung eines Amortisationsinteresses des Leasinggebers – auf den Leasingnehmer abgewälzt werden, indem zu seinen Lasten ein an sich nach § 439 Abs. 1 BGB bestehender Ersatzlieferungsanspruch ausgeschlossen wird. Deshalb verstößt auch unter diesem Gesichtswinkel eine entsprechende AGB-Klausel gegen § 307 Abs. 2 Nr. 1 BGB und ist daher **unwirksam**.

2. Vollzug der Ersatzlieferung – Konsequenzen

a) Rücktritt bei Vollzug der Ersatzlieferung – Umtausch

185 Wenn der Leasingnehmer von seinem Recht Gebraucht macht, Neulieferung eines mangelfreien Leasingguts zu verlangen, dann bestimmt § 439 Abs. 4 BGB, dass die Regeln des Rücktritts nach den §§ 346 f. BGB anwendbar sein sollen. Wie dies konstruktiv im Hinblick auf den Leasingvertrag zu bewältigen ist, ist strittig und noch nicht geklärt. Teilweise wird die Auffassung vertreten, der Leasingvertrag bleibe auch im Fall der Nacherfüllung bestehen; demzufolge findet eine Rückabwicklung des Leasingvertrages gemäß §§ 346 ff. BGB nicht statt. Die Begründung fußt im Wesentlichen darauf, dass im Ergebnis lediglich ein **Austausch des Leasingguts** gemäß § 439 Abs. 4 BGB stattfindet, was im Ergebnis gleichzusetzen sei mit dem Umtausch der Ware im Rahmen eines Kaufvertrages[1]. Demzufolge bleiben alle sonstigen vertraglichen Vereinbarungen bestehen[2]. Auf der

1 BGH v. 30.7.1997 – VIII ZR 157/96, NJW-RR 1998, 123, 124 – betreffend den Nachlieferungsanspruch gemäß § 480 Abs. 1 BGB a.F.; *Tiedtke/Möllmann*, DB 2004, 583, 586 f.; *Beckmann*, § 2 Rz. 331.

2 *Beckmann*, § 2 Rz. 331.

anderen Seite wird auch die Meinung vertreten, in diesen Fällen müsse ein Fortfall der Geschäftsgrundlage gemäß § 313 Abs. 1 BGB stattfinden[1].

b) Bilanz- und steuerrechtliche Konsequenzen

Man macht es sich zu leicht, wenn man schlicht davon ausgeht, dass im 186
Rahmen einer Ersatzlieferung gemäß § 439 Abs. 4 BGB der – ursprüngliche – Kaufvertrag sowie der Leasingvertrag unberührt bleiben. Denn man kann bereits nicht an der Tatsache vorbeisehen, dass – anders als beim reinen Umtausch – nicht nur ein Vertragsverhältnis, nämlich der Kaufvertrag, betroffen ist, nicht aber der Leasingvertrag. Dieser wird schon dadurch und deswegen unmittelbar tangiert, weil der Leasinggeber auf der Ebene des **Bilanzrechts** verpflichtet ist, das mangelhafte, in seinem Anlagevermögen nach § 247 Abs. 2 HGB aktivierte Leasinggut als individuelles Wirtschaftsgut nach § 253 Abs. 1 Nr. 3 HGB zu bewerten ist, so dass eine **Wertberichtigung** für das mangelhafte Leasinggut vorzunehmen ist, sofern eine Ersatzlieferung als Neulieferung erfolgt. Denn das mangelhafte Leasinggut steht dem Leasinggeber nicht mehr zu Verfügung; es wird an den Lieferanten zurückgegeben. Für das neue, ersatzweise gelieferte Wirtschaftsgut erfolgt ein neuer bilanzieller Ansatz gemäß § 247 Abs. 2 HGB; eine **neue AfA** tritt in ihr Recht; und ein etwa bestehender Versicherungsvertrag für das Leasinggut ist neu abzuschließen[2]. Daraus folgt, dass auch auf der steuerrechtlichen Seite gemäß § 39 Abs. 2 Nr. 1 AO eine weitere Entscheidung getroffen wird: Der Leasinggeber wird rechtlicher und wirtschaftlicher Eigentümer des neuen, ersatzweise gelieferten Leasingguts. Auf der anderen Seite erhält der **Leasingnehmer** – bei Fortbestand des Leasingvertrages – ein neues Leasinggut, wodurch sich seine Rechtsstellung erheblich **verbessert**:

c) Teilweise Verbesserung der Rechtsstellung des Leasingnehmers

Das lässt modellspezifisch folgende Erwägungen als nahe liegend erschei- 187
nen: Soweit ein **Vollamortisationsvertrag** mit Kauf- oder Mietverlängerungsoption kontrahiert ist, liegt es sehr nahe, ist sogar – wirtschaftlich betrachtet – nahezu zwingend, dass der Leasingnehmer auf Grund einer neuwertigen Ersatzlieferung von seinem Optionsrecht Gebrauch macht. Denn der **Zeitwert/Verkehrswert** dieses Leasingguts ist dann wesentlich höher und günstiger als der Rest-Buchwert, der ja an Hand des ursprünglichen Leasingvertrages und der entsprechenden AfA-Zeitdauer berechnet wurde. Ähnliches gilt allerdings nicht im Bereich von **Teilamortisationsverträgen**, soweit nicht ein Vertrag mit Andienungsrecht des Leasinggebers vorliegt. Denn hier wird der Leasinggeber wie selbstverständlich von sei-

1 *Graf von Westphalen*, ZIP 2001, 2258, 2260; AGB-Klauselwerke/*Graf von Westphalen*, Leasing Rz. 101 ff.

2 So mit Recht *Reinking*, DAR 2003, 496, 497; AGB-Klauselwerke/*Graf von Westphalen*, Leasing Rz. 107.

nem Andienungsrecht keinen Gebrauch machen, sondern das Leasinggut auf dem Markt zu einem höheren Preis veräußern als im „Restwert" verankert. Wiederum anders liegen die Dinge bei einem Teilamortisationsvertrag mit **Mehrerlösbeteiligung**. Hier ist der Leasingnehmer berechtigt, 75 % des bei der Verwertung des Leasingguts erzielten Mehrerlöses zu erzielen, der natürlich bei der Veräußerung des ersatzweise gelieferten Leasingguts wesentlich höher liegt als bei der ursprünglichen Kalkulation der Leasingraten. Denn die bis zur „zweiten" Andienung des ersatzweise gelieferten Leasingguts verstrichene Nutzungszeit bleibt – wegen des Fortbestandes des Leasingvertrages – außer Betracht. Anders dürfte es wiederum regelmäßig im Fall eines **kündbaren** Teilamortisationsvertrages sein. Da hier nur 90 % des erzielten Verwertungserlöses auf den Restamortisationsanspruch des Leasingnehmers angerechnet werden, ist es wahrscheinlich, dass der Leasinggeber hier in einem wesentlich stärkerem Maß von dem (erhöhten) Wert einer Ersatzlieferung profitiert als nach seiner ursprünglichen Kalkulation vorgesehen.

3. Nutzungsentschädigung gemäß §§ 439 Abs. 4, 346 Abs. 1 BGB

a) Ausgangspunkt: BGH-Beschluss vom 16.8.2006

188 Die rechtliche Beurteilung der Vollamortisationsinteressen des Leasinggebers hängt indessen entscheidend von der Antwort auf eine weitere Frage ab. Es geht nämlich darum, ob der Lieferant berechtigt ist, nach §§ 439 Abs. 4, 346 ff. BGB vom Leasinggeber Ersatz der Nutzungen zu verlangen, die der Leasingnehmer während des Gebrauchs des alten, mangelhaften Leasingguts gezogen hat. Geht man von der Rückabwicklung des Kaufvertrages aus, wie er sich aus § 437 Nr. 2 BGB ergibt (Rz. 144 ff.), dann muss der Leasinggeber dem Lieferanten eine Nutzungsentschädigung nach § 346 Abs. 1 BGB entrichten. Der BGH sieht jedoch erhebliche Bedenken gegen die Gesetzesmäßigkeit von § 439 Abs. 4 BGB i.V.m. den §§ 346 ff. BGB, weil diese Regelungen Zweifel wegen eines möglichen Verstoßes gegen Art. 3 Abs. 2 bis 4 der Vebrauchsgüterkauf-Richtlinie auslösen, so dass die Entscheidung dem EuGH vorgelegt wurde[1]. Die hiermit zusammenhängenden Fragen sind beim **Verbraucherleasing** dargestellt (Kap. L Rz. 172). Gelangt man danach zu der Auffassung, dass der Lieferant im Fall einer Ersatzlieferung gemäß § 439 Abs. 1 BGB **keinen Anspruch auf Nutzungsentschädigung** für das zurückgenommene Leasinggut hat[2], dann hat dies naturgemäß auch Auswirkungen auf den jeweiligen Leasingvertrag: Das „Störpotential" einer Ersatzlieferung ist natürlich im Rahmen der leasingtypischen Abtretungskonstruktion reduziert, sofern der Leasinggeber nicht

1 Aus der reichhaltigen Literatur zu diesem Komplex vgl. *Ball*, NZV 2004, 217, 221; *Kohler*, ZGS 2004, 48; *Muthorst*, ZGS 2006, 90; *Fest*, NJW 2005, 2959; OLG Nürnberg v. 23.8.2005 – 3 U 991/05, NJW 2005, 3000 – Vorinstanz.

2 *Palandt/Weidenkaff*, § 439 BGB Rz. 25; *Gsell*, NJW 2003, 1969 ff.; *Woitkewitsch*, VuR 2005, 1 ff.; *Woitkewitsch*, VuR 2006, 32; *Rott*, BB 2004, 2478, 2479.

verpflichtet ist, dem Lieferanten des Leasingguts eine Nutzungsentschädigung für das zunächst gelieferte – mangelhafte – Leasinggut gemäß §§ 439 Abs. 4, 346 Abs. 1 BGB zu entrichten. Denn dann realisiert der Leasinggeber in jedem Fall sein Amortisationsinteresse – gleichgültig, welcher Typ eines Leasingvertrages zugrunde liegt.

b) Besonderheiten im unternehmerischen Verkehr

Bedenkt man jedoch, dass die wesentliche Argumentation, dem Lieferanten keine Nutzungsentschädigung im Rahmen einer Ersatzlieferung zuzugestehen, darauf zurückzuführen ist, dass Art. 3 Abs. 2 bis 4 der Verbrauchsgüterkauf-Richtlinie gebietet, dass die Nacherfüllung **unentgeltlich** zu erfolgen hat[1], dann stellt sich eine doppelte Frage: Zum einen ist darauf aufmerksam zu machen, dass eine auf die Verbrauchsgüterkauf-Richtlinie abstellende Argumentation für die gebotene Auslegung von § 439 Abs. 4 BGB i.V.m. § 346 BGB bei einer Ersatzlieferung im unternehmerischen Verkehr nichts hergibt. Denn insoweit sind die Vorgaben des Art. 3 Abs. 2 bis 4 der Verbrauchsgüterkauf-Richtlinie unerheblich. Daneben wird man berücksichtigen müssen, dass der Wille des Gesetzgebers[2] und die daran anknüpfende h.M. der Standardkommentare davon ausgegangen ist, dass eine Nutzungsentschädigung im Fall einer Ersatzlieferung für das zurückgewährte mangelhafte Wirtschaftsgut zu entrichten ist[3]. Denn es gilt, eine ungerechtfertigte Bereicherung des Käufers nach Erhalt einer Ersatzlieferung und (unentgeltlicher) Nutzung der mangelhaften Kaufsache zu vermeiden[4]. Daher ist es geboten, jedenfalls im unternehmerischen Verkehr der gesetzlichen Anordnung von § 439 Abs. 4 BGB unter Bezugnahme auf § 346 Abs. 1 BGB Rechnung zu tragen. Dem Lieferanten steht daher ein entsprechender Nutzungsanspruch gegenüber dem Leasinggeber zu. Wie an anderer Stelle im Zusammenhang mit dem Rücktritt nach § 437 Nr. 2 BGB dargelegt (Rz. 160), besteht auch hier kein Anlass, von einer Parallele zwischen Nutzungsentschädigung einerseits und Leasingrate andererseits auszugehen. Denn es besteht unter der Perspektive des § 346 Abs. 1 BGB Identität der anzupeilenden Rechtsfolgen. 189

Unter Berücksichtigung dieser Erwägungen kann man auch dogmatisch einen anderen Weg beschreiten und den Grundsatz der **gespaltenen Auslegung** von § 439 Abs. 4 BGB in Betracht ziehen[5]. Danach wäre im Rahmen 190

---

1 Hierzu *Gsell*, NJW 2003, 1969, 1973 f.; *Beckmann*, § 2 Rz. 337; *Woitkewitsch*, VuR 2005, 1 ff., VuR 2006, 32.
2 BT-Drucks. 14/6040, S. 232 f.
3 *Staudinger/Matusche-Beckmann*, § 439 BGB Rz. 56; *Faust*, in Bamberger/Roth, § 439 BGB Rz. 32; MünchKomm./*Westermann*, § 439 BGB Rz. 17; *Erman/Grunewald*, § 439 BGB Rz. 11; *Fest*, NJW 2005, 2959, 2960.
4 *Erman/Grunewald*, § 439 BGB Rz. 11; *Fest*, NJW 2005, 2959, 2960.
5 Hierzu *Mayer/Schürnbrand*, JZ 2004, 545 ff.; *Palandt/Heinrichs*, Einl. vor § 1 Rz. 44.

des Verbraucherleasings eine richtlinienkonforme Auslegung geboten[1], während bei einem Leasingvertrag mit einem **Unternehmer** der Wille des deutschen Gesetzgebers[2] zu respektieren ist. Danach ist nämlich – unabhängig vom Eingreifen des Art. 3 Abs. 2 und Abs. 3 der Verbrauchsgüterkauf-Richtlinie – davon auszugehen, dass eine Nutzungsentschädigung dem Lieferanten des Leasingguts zusteht[3]. Dem ist auch mit dieser dogmatischen Nuance zu folgen.

4. Lösungsvorschläge: Nutzungsentschädigung – Höherer Verwertungserlös

191 Gänzlich ungeklärt ist schließlich nach wie vor die Frage, wie die Interessen von Leasinggeber und Leasingnehmer zu harmonisieren sind, wenn aufgrund einer Ersatzlieferung der **Leasingnehmer** begünstigt wird, weil er ein neues Wirtschaftsgut im Rahmen der verbleibenden Nutzungsdauer erhält – und damit auch an einem höheren Verwertungserlös partizipiert –, während der **Leasinggeber** seinerseits verpflichtet ist, im Rahmen einer Ersatzlieferung eine Nutzungsentschädigung an den Lieferanten zu zahlen.

a) Grundsätzliche Erwägungen

192 Wie immer die Vorschläge aussehen mögen, welche für diese Konstellation in der Praxis angeboten werden, so ist doch der Grundtatbestand zu bedenken, dass der Leasingnehmer jedenfalls dann gemäß § 307 Abs. 2 Nr. 1 BGB unangemessen benachteiligt wird, wenn er im Fall einer Ersatzlieferung verpflichtet wäre, neben den bereits gezahlten Leasingraten auch noch die Nutzungsentschädigung dem Leasinggeber zu erstatten, die dieser gemäß §§ 439 Abs. 4, 346 Abs. 1 BGB dem Lieferanten des Leasingguts schuldet[4]. Daraus folgt zunächst, dass der **Leasinggeber** im Fall einer Ersatzlieferung gegenüber dem Lieferanten verpflichtet ist, Nutzungsentschädigung gemäß §§ 439 Abs. 4, 346 Abs. 1 BGB zu entrichten.

193 Zu bewältigen ist daher als erstes die Antwort auf die Frage, ob der Leasingnehmer nicht im Verhältnis zum Leasinggeber unangemessen i.S.v. § 307 Abs. 1 BGB benachteiligt wird, wenn er trotz der später im Laufe der Verjährungsfrist sich herausstellenden **Gebrauchsuntauglichkeit** des Leasingguts verpflichtet ist, die Leasingraten an den Leasinggeber ungekürzt zu zahlen. Das ist wohl hinzunehmen, es sei denn, man gelangt nach der hier vertretenen Auffassung zu dem Ergebnis, dass der Leasingnehmer – auch im unternehmerischen Verkehr – berechtigt ist, die Einrede des nicht er-

---

1 BGH v. 16.8.2006 – VIII ZR 200/05, NJW 2006, 3200 – Vorlagebeschluss zum EuGH.
2 BT-Drucks. 14/6040, S. 232 f.
3 *Erman/Grunewald*, § 439 BGB Rz. 11; vgl. auch *Wolf/Eckert/Ball*, Rz. 1821.
4 Mit Recht *Wolf/Eckert/Ball*, Rz. 1820; a.M. *Beckmann*, § 2 Rz. 339 f., wonach überhaupt keine Nutzungsentschädigung zu entrichten ist.

füllten Vertrages gemäß § 320 BGB geltend zu machen, sobald er gegenüber dem Leasinggeber rügt, dass das Leasinggut mangelhaft ist, weil eben der Leasingnehmer insoweit wegen der Besonderheiten der leasingtypischen Abtretungskonstruktion die Stellung eines **Käufers** einnimmt (Rz. 105 ff.). Nach der h.M. ist freilich zu unterstreichen, dass danach ein Leistungsverweigerungsrecht des Leasingnehmers erst dann anzuerkennen ist, wenn Rücktritt/Minderung klageweise geltend gemacht wird. Weiterhin besteht die h.M. darauf, dass die Geltendmachung eines Anspruchs auf Ersatzlieferung nicht dazu führt, den Bestand des Leasingvertrages zu berühren[1]. Auch der BGH tendiert wohl in diese Richtung[2]. Ausgehend von diesen Erwägungen haben sich in der Praxis verschiedene Klauseln und Vorschläge etabliert, die nachfolgend auf ihre Wirksamkeit zu überprüfen sind.

b) Forderung nach einer Erstattung der vom Leasinggeber an den Lieferanten gezahlten Nutzungsentschädigung

194 In der Literatur[3] wird vorgeschlagen, der Leasinggeber solle in den AGB den Leasingnehmer verpflichten, eine von ihm an den Lieferanten nach den §§ 439 Abs. 4, 346 Abs. 1 BGB gezahlte Nutzungsentschädigung zu erstatten. Doch eine solche Klausel scheitert an § 307 Abs. 2 Nr. 1 BGB. Denn ihr fehlt ersichtlich die gesetzliche Grundlage, von der sie sich sogar diametral entfernt, woraus dann eine unangemessene Benachteiligung des Leasingnehmers folgt[4]. Selbst wenn man erwägt, eine entsprechende Kompensation zugunsten des Leasingnehmers vorzusehen, indem eine entsprechende **Verlängerung der Laufzeit** des Leasingvertrages akkordiert und auch eine Beteiligung am künftigen Verwertungserlös zugesagt wird, werden dadurch die sich aus § 307 Abs. 2 Nr. 1 BGB ergebenden Probleme nicht beseitigt. Denn es ist zum einen nicht sicher, ob der Leasingnehmer überhaupt ein Interesse an einer entsprechend verlängerten Dauer des Leasingvertrages hat. Und es ist darüber hinaus auch ungewiss, in welcher Höhe tatsächlich ein Mehrerlös bei einer endgültigen Vermarktung des ersatzweise gelieferten Leasingguts durch den Leasinggeber (nach Ende des Vertrages) erreicht wird, weil ja die Marktdaten in der Zukunft liegen und keineswegs sicher sind.

c) Vorschlag von *Beckmann*

aa) Generelle Bedenken

195 *Beckmann*[5] schlägt vor, dass der Leasinggeber berechtigt sein soll, vom Leasingnehmer auf Grund einer AGB-Klausel die Nutzungsentschädigung

1 *Beckmann*, § 2 Rz. 330; *Tiedtke/Möllmann*, DB 2004, 583, 586.
2 BGH v. 30.7.1997 – VIII ZR 157/96, NJW-RR 1998, 123, 124.
3 *Beckmann*, § 2 Rz. 335 f.
4 Mit Recht *Wolf/Eckert/Ball*, Rz. 1820.
5 *Beckmann*, § 2 Rz. 350.

erstattet zu verlangen, die er dem Lieferanten im Rahmen einer Ersatzlieferung gemäß §§ 439 Abs. 4, 346 Abs. 1 BGB schuldet. Gleichzeitig heißt es:

„Zum Ausgleich für eine Nutzungsentschädigung wird dem Leasingnehmer ein Mehrerlös bei der Verwertung der Leasingsache in voller Höhe, höchstens aber in Höhe der gezahlten Leistungen gutgebracht."

196 Anstelle dieser Regelung kann allerdings der Leasingnehmer:

„die Verlängerung der Laufzeit des Leasingvertrages um den Zeitraum verlangen, für den er bis zur Nachlieferung der Leasingsache die Leasingraten in voller Höhe bezahlt hat, ohne weitere Leasingraten bezahlen zu müssen. Das Verlängerungsverlangen muss spätestens einen Monat vor Ablauf der vorgesehenen Laufzeit beim Leasinggeber eingehen"[1].

197 Teilt man die aus § 307 Abs. 2 Nr. 1 BGB resultierenden Bedenken gegen die Verpflichtung des Leasingnehmers, neben den Leasingraten dem Leasinggeber eine Nutzungsentschädigung zu erstatten, weil es für diese Verpflichtung keine Basis im dispositiven Recht gibt, dann stellt sich die weitere Frage, ob die darin liegende Benachteiligung des Leasingnehmers angemessen dadurch kompensiert wird, dass er jedenfalls in Höhe der gezahlten Nutzungsentschädigung an dem **„Mehrerlös"** beteiligt wird, den der Leasinggeber dadurch erzielt, dass das ersatzweise gelieferte Leasinggut nicht während der gesamten Dauer des Leasingvertrages genutzt wurde und nach Ende des Vertrages einen höheren Verwertungserlös erzielt. Dies aber ist – wie bereits aufgezeigt (Rz. 191) – zu verneinen[2]. Denn es ist ja gar nicht sicher, ob ein solcher Mehrerlös überhaupt realisiert wird. Bei einer generell-abstrakten Bewertung einer solchen AGB-Klausel spricht nichts dafür, dass dies der Fall sein muss. Dann aber trägt der Leasingnehmer den entsprechenden Nachteil, was nach § 307 Abs. 2 Nr. 1 BGB nicht hinzunehmen ist. Hinzu tritt die Erwägung, dass der Leasingnehmer selbst dann, wenn er eine Erstattung in Höhe der gezahlten Nutzungsentschädigung erhält, den insoweit entstehenden **Zinsverlust** allemal zu tragen verpflichtet ist, weil ja die Nutzungsentschädigung erst durch den „Verwertungserlös" zu einem späteren Zeitpunkt kompensiert wird.

198 Dass auch eine dem Leasingnehmer eingeräumte Option auf **Verlängerung des Leasingvertrages** nicht dazu führt, die Angemessenheit der Gesamtklausel zu begründen, wurde bereits angedeutet. Doch entscheidend ist letztlich dies: Keineswegs ist es so, dass bei einer gebotenen generell-abstrakten Bewertung dieser Klausel i.S.v. § 307 BGB davon auszugehen ist, dass der Leasingnehmer seine Option auch ausübt, weil er etwa an einer weiteren Nutzung des Leasingguts schlicht kein Interesse mehr hat. Von dieser Möglichkeit ist immerhin auszugehen. Damit bleibt aber die unangemessene Benachteiligung i.S.d. § 307 Abs. 2 Nr. 1 BGB erhalten. Also führen weder die (potentielle) Beteiligung des Leasingnehmers an einem höheren Verwertungserlös noch die Option, einen entsprechend verlänger-

1 *Beckmann*, § 2 Rz. 350.
2 *Wolf/Eckert/Ball*, Rz. 1820.

ten Leasingvertrag abzuschließen, dazu, dass die nach § 307 Abs. 2 Nr. 1 BGB ins Feld geführten Bedenken auszuräumen sind.

bb) Teilamortisationsvertrag mit Mehrerlösbeteiligung des Leasingnehmers

Dass der Vorschlag von *Beckmann* im Übrigen nicht geeignet ist, die aufgezeigten Probleme zu bewältigen, wird insbesondere dann deutlich, wenn man sich den Vertragstyp mit Mehrerlösbeteiligung des Leasingnehmers vor Augen führt. Denn dann stehen dem Leasingnehmer – steuerrechtlich bedingt – mindestens 75 % des Verwertungserlöses des Leasingguts zu. Unter dieser Voraussetzung stellt sich daher auch die Frage, ob es i.S.v. § 307 Abs. 1 Satz 2 BGB hinreichend **transparent** ist, wenn auf der einen Seite ein „Mehrerlös" „höchstens aber in Höhe der gezahlten Leasingraten" gutzubringen ist, während auf der anderen Seite – modellspezifisch – der Leasingnehmer in Höhe von 75 % an dem selben Verwertungserlös zu beteiligen ist. Denn die in der von *Beckmann* vorgeschlagenen Klausel zitierte Alternativität besteht nur darin, dass der „Mehrerlös bei der Verwertung der Leasingsache in voller Höhe" anzurechnen ist, um auf diese Weise die gezahlte Nutzungsentschädigung auszugleichen. Wie diese – zweifache – Anrechnung/Verrechnung im Rahmen des erzielten Verwertungserlöses transparent zu gestalten ist, bleibt dunkel. Es kann aber nur so sein, dass zum einen dem Leasingnehmer jedenfalls 75 % des erzielten Mehrerlöses verbleiben und dass zum anderen die Nutzungsentschädigung ebenfalls in voller Höhe angerechnet wird. Diese doppelte Anrechnung ist ersichtlich wohl nicht gewollt, aber verbal wohl zwangsläufig. 199

cc) Kündbarer Teilamortisationsvertrag

Nicht minder problematisch ist die Transparenz der vorgeschlagenen Klausel i.S.v. § 307 Abs. 1 Satz 2 BGB, wenn man den Typus eines kündbaren Teilamortisationsvertrages zugrunde legt. Denn bei diesem wird lediglich 90 % des erzielten Verwertungserlöses auf die Amortisationspflicht des Leasingnehmers angerechnet. Daher stellt sich bereits die Frage, was hier unter „Mehrerlös" zu verstehen ist, weil dieser ja – begrifflich vorgegeben – so verstanden wird, dass dies der „Mehrerlös" sein soll, der deswegen entsteht, weil das ersatzweise gelieferte Leasinggut – im Verhältnis zum ursprünglichen, aber mangelhaft gelieferten Leasinggut – nur für eine relativ kurze Zeit gebraucht wurde, also einen erheblich höheren Verwertungserlös erzielt als ursprünglich kalkuliert. Also kann bei diesem Modell ein „Mehrerlös" nur auf der Basis ermittelt werden, der den – hypothetischen – Betrag von 90 % des Verwertungserlöses des mangelhaft gelieferten Leasingguts in Abzug bringt. Nur diese Berechnung entspricht der erforderlichen Differenzbetrachtung. Denn diese basiert ja gerade nicht auf der Erwägung, dass der hypothetische Verwertungserlös des mangelhaften Leasingguts mit dem tatsächlich erzielten Verwertungserlös des ersatzweise gelieferten Leasingguts in Relation gesetzt wird. Selbst wenn man beim hy- 200 pothetischen Verwertungserlös und beim tatsächlich erzielten Verwertungserlös jeweils einen Betrag in Höhe von 10 % – steuerrechtlich bedingt – in Abzug bringt, ändert sich das Bild deswegen kaum, weil ja der Verwertungserlös des tatsächlich gelieferten, aber mangelhaften Leasingguts lediglich eine hypothetische Größe ist.

d) Vorschlag von *Ball*

201 *Ball*[1] verzichtet zwar auf eine detaillierte Formulierung, indem er sich auf die Grundaussage beschränkt: Eine AGB-Klausel sei nach seiner Auffassung in Leasingverträgen dann nach § 307 Abs. 1 BGB wohl nicht zu beanstanden, wenn der höhere Verwertungserlös am Vertragsende in dem Verhältnis aufgeteilt wird, in dem sich der durch Zahlung der Nutzungsentschädigung an den Lieferanten ergebende Amortisationsfehlbetrag des Leasinggebers und die vom Leasingnehmer entrichtete Nutzungsentschädigung einander gegenüberstehen. Doch überzeugt auch dieser Ansatz nicht. Vielmehr bestehen insoweit Bedenken gemäß § 307 Abs. 1 BGB, als der Klauselvorschlag von *Ball* den Amortisationsfehlbetrag des Leasinggebers als Differenz „zwischen kalkuliertem Restwert und hypothetischem Verkehrswert (Verkaufserlös) des ursprünglichen Leasingobjekts im mangelfreien Zustand" berechnet. Denn ein solcher „kalkulierter Restwert" ist lediglich beim Teilamortisationsvertrag mit **Andienungsrecht** des Leasinggebers vorhanden; auch findet er sich beim Kilometer-Abrechnungsvertrag. In allen anderen Varianten des erlasskonformen Finanzierungsleasings aber geht es ausschließlich um die Vollamortisationspflicht des Leasingnehmers, welche aus der Summe von Herstellungs- und Anschaffungskosten, einschließlich Finanzierungs- und Nebenkosten und entgangenem Gewinn kalkuliert wird. Hinzu kommt, dass der „Veräußerungserlös"[2] für Verträge des **Vollamortisationserlasses** – wie angedeutet – keine Bedeutung besitzt, weil der Leasingnehmer seine Vollamortisationspflicht ausschließlich mit Zahlung der Leasingraten bewirkt, in keiner Weise aber am Verwertungserlös – nach Ablauf der Grundmietzeit des Leasingvertrages – beteiligt wird, z.B. dann, wenn der Leasingnehmer von seiner Kauf- oder Mietverlängerungsoption Gebrauch macht.

e) Vorschlag von *Reinking*

202 *Reinking*[3] ist der Auffassung, dass es dem Leasinggeber als AGB-Verwender frei steht, im Fall der Ersatzlieferung zu vereinbaren, dass der Leasingvertrag erst mit der Überlassung des ersatzweise gelieferten Leasingguts in Vollzug gesetzt wird, so dass der Leasingnehmer bis zu diesem Zeitpunkt

1 *Wolf/Eckert/Ball*, Rz. 1821.
2 *Wolf/Eckert/Ball*, Rz. 1821.
3 *Reinking*, ZGS 2002, 229, 232.

lediglich verpflichtet ist, eine Nutzungsentschädigung zu zahlen, welche aber auf die Leasingraten anzurechnen ist. Dieser Vorschlag hat den Vorzug, dass er die Festlegung eines wie auch immer gearteten Differenzbetrages zwischen dem (hypothetischen) Veräußerungserlös und dem (aktuellen) Veräußerungserlös – und damit die Feststellung eines aktuellen Amortisationsfehlbetrages beim Leasinggeber – vermeidet. Denn im praktischen Ergebnis wird der „erste" Leasingvertrag rückabgewickelt, während dann der „zweite" Leasingvertrag im Rahmen der Restlaufzeit des „ersten" Leasingvertrages durchgeführt wird. Im dogmatischen Ergebnis entspricht diese Konstruktion dem Ansatz der Rechtsprechung, dass aufgrund eines (berechtigten) Rücktritts gemäß § 437 Nr. 2 BGB i.V.m. den §§ 346 ff. BGB eine Rückabwicklung des Liefervertrages zwischen Leasinggeber und Lieferant stattfindet, so dass dann im Verhältnis zwischen Leasinggeber und Leasingnehmer ein Anspruch des Leasingnehmers besteht, den Wegfall der Geschäftsgrundlage gemäß § 313 Abs. 1 BGB in Geltung zu bringen. Der Unterschied ist marginal: Während im Fall eines Rücktritts der **Leasingnehmer** den Anspruch aus § 313 Abs. 1 BGB geltend machen und den Bestand des Leasingvertrages rückwirkend vernichten kann, steht im Fall einer Ersatzlieferung gemäß § 439 Abs. 4 BGB i.V.m. § 346 Abs. 1 BGB dem **Leasinggeber** das Recht zu, den Fortfall der Geschäftsgrundlage des Leasingvertrages zu reklamieren.

5. Eigener Lösungsvorschlag

Es stellt sich nun die Frage, in welcher Weise das Schicksal des Leasingver- 203
trages zu gestalten ist, wenn der Leasingnehmer gegenüber dem Lieferanten einen Anspruch auf Ersatzlieferung nach § 439 Abs. 1 BGB durchsetzt und der Leasinggeber nach § 346 Abs. 1 BGB gegenüber dem Lieferanten eine entsprechende Nutzungsentschädigung entrichtet.

a) Fortfall der Geschäftsgrundlage gemäß § 313 Abs. 1 BGB?

Aus anderem Anlass[1] wurde die Auffassung vertreten, der Leasingnehmer 204
könne sich im Fall einer Ersatzlieferung – ähnlich wie bei einem Rücktrittsverlangen – auf den Fortfall der Geschäftsgrundlage gemäß § 313 Abs. 1 BGB berufen, so dass – freilich: mit Wirkung ex-nunc – eine Rückabwicklung des Leasingvertrages stattfindet. An diesem Lösungsansatz wird aus nachfolgenden Gründen nicht weiter festgehalten: Ob hier überhaupt ein Fortfall der Geschäftsgrundlage i.S.v. § 313 Abs. 1 BGB dogmatisch in Betracht kommt, könnte schon deswegen zweifelhaft sein, weil der Nacherfüllungsanspruch Teil der leasingtypischen Abtretungskonstruktion ist. Die Ersatzlieferung ist also Teil des Erfüllungsanspruchs und

1 *Graf von Westphalen*, ZIP 2001, 2258, 2260; AGB-Klauselwerke/*Graf von Westphalen*, Leasing Rz. 103.

damit **Vertragsinhalt**, nicht aber Geschäftsgrundlage[1]. Somit realisiert sich sowohl für den Leasinggeber als auch für den Leasingnehmer ein vertragliches Risiko, sofern der Leasingnehmer gegenüber dem Lieferanten einen Anspruch auf Ersatzlieferung gemäß § 439 Abs. 1 BGB geltend macht. Die damit gegebene – vertragsimmanente – Risikoverteilung ist zu beachten; sie kann nicht Gegenstand einer Geschäftsgrundlage i.S.v. § 313 Abs. 1 BGB werden. Im Übrigen ist auch der Unterschied zur Geltendmachung eines Rücktrittsrechts gemäß § 437 Nr. 2 BGB erheblich: Ist nämlich das Leasinggut mangelhaft, so dass der Leasingnehmer aufgrund der leasingtypischen Abtretungskonstruktion berechtigt ist, gegenüber dem Lieferanten gemäß § 437 Nr. 2 BGB ein Rücktrittsrecht geltend zu machen, dann hat der Leasinggeber seine leasingvertragliche Hauptpflicht nicht erfüllt, dem Leasingnehmer ein gebrauchstaugliches/funktionstüchtiges Leasinggut zur Nutzung zu überlassen (Kap. B Rz. 10 ff.). Diese Konstellation ist aber nicht mit derjenigen vergleichbar, dass der Lieferant gemäß § 439 Abs. 1 BGB von seinem Recht zur „zweiten Andienung" Gebrauch macht, indem er ein neues gebrauchstaugliches/funktionstüchtiges Leasinggut als Ersatz liefert. Denn dann wird der Leasingvertrag – unter Aufrechterhaltung des Kaufvertrages im Übrigen – in Vollzug gesetzt[2].

205 Demzufolge hat auch der Leasingnehmer gar keinen Anlass, einen Anspruch gemäß § 313 Abs. 1 BGB geltend zu machen, weil er aufgrund der Ersatzlieferung das erhält, worauf er einen vertraglichen Erfüllungsanspruch hat. Schon gar nicht ist der Leasinggeber berechtigt, § 313 Abs. 1 BGB in Stellung zu bringen, weil sich aufgrund der leasingtypischen Abtretungskonstruktion ein Risiko realisiert, welches seiner Sphäre zuzuordnen ist[3]. Soweit nämlich die vertragliche Risikoverteilung reicht, ist der Rückgriff auf den Fortfall der Geschäftsgrundlage gemäß § 313 Abs. 1 BGB versperrt.

b) Differenzierungsgebot

206 Es erscheint schon im Ansatz geboten, eine Kompensation des Leasinggebers im Blick auf die von ihm entrichtete Nutzungsentschädigung nur in den Fällen als nach § 307 Abs. 2 Nr. 1 BGB wirksam anzusehen, in denen ohnehin eine **Mehrerlösbeteiligung** des Leasingnehmers vertraglich vorgesehen ist. Denn nur bei diesem Vertragstyp entspricht der Eintritt eines zwischen den Parteien aufzuteilenden Verwertungserlöses den ursprünglichen Vorstellungen der Parteien. In allen anderen Fällen bleibt es bei den zuvor angeführten Bedenken nach § 307 Abs. 2 Nr. 1 BGB.

1 Hierzu *Palandt/Grüneberg*, § 313 BGB Rz. 6; *Erman/Holoch*, § 313 BGB Rz. 18.
2 Vgl. auch *Beckmann*, § 2 Rz. 330; *Gsell*, NJW 2003, 1969, 1970; *Jaggy*, BB-Beilage Nr. 5/2002, 14, 17.
3 Hierzu *Erman/Holoch*, § 313 BGB Rz. 19; *Palandt/Heinrichs*, § 313 BGB Rz. 16.

c) Berechnungsbeispiel

207 Folglich kann ein **Amortisationsdefizit**[1] des Leasinggebers wie folgt ermittelt werden: Eine Belastung des Leasingnehmers mit dem Nutzungsersatz, den der Leasinggeber dem Lieferanten gemäß §§ 439 Abs. 4, 346 Abs. 1 BGB schuldet, findet nicht statt[2]. Dieses Defizit ist im Rahmen einer Differenzbetrachtung wie folgt in Ansatz zu bringen: 25 % des tatsächlich erzielten Mehrerlöses ./. 25 % des (hypothetisch) erzielten Verwertungserlöses, der nur im Rahmen einer richterlichen Schadenschätzung gemäß § 287 ZPO ermittelt werden kann. Dieser Mehrbetrag ist dann von dem Betrag in Abzug zu bringen, den der Leasinggeber gegenüber dem Lieferanten als Nutzungsersatz gemäß §§ 439 Abs. 4, 346 Abs. 1 BGB entrichtet hat.

208 Um dann zu erreichen, dass der Leasinggeber seinen ursprünglich kalkulierten **Vollamortisationsanspruch** realisiert, ist der so ermittelte Amortisationsfehlbetrag von dem Betrag in Abzug zu bringen, der 75 % des tatsächlich erzielten Mehrerlöses des ersatzweise gelieferten Leasingguts entspricht. Der Übererlös verbleibt dann beim Leasingnehmer. Eine **Beispielrechnung** soll dies verdeutlichen.

209

Angenommen, der Vollamortisationsanspruch des Leasinggebers beträgt	200 000 Euro,
die an den Lieferanten zu entrichtende Nutzungsentschädigung beträgt	30 000 Euro.
Der tatsächlich erzielte Verwertungserlös beläuft sich auf so dass hiervon 25 % – 25 000 Euro – dem Leasinggeber zustehen, während 75 % – 75 000 Euro – dem Leasingnehmer gebühren.	100 000 Euro,
Der hypothetische Verwertungserlös (§ 287 ZPO) beträgt so dass dem Leasinggeber hiervon 18 750 Euro (25 %) und dem Leasingnehmer 56 250 Euro (75 %) zustehen. Da der Leasinggeber bei ordnungsgemäßem Vertragsverlauf einen Mehrerlös in Höhe von	75 000 Euro, 18 750 Euro
erzielt hätte, ergibt die Gesamtsumme	218 750 Euro.
Tatsächlich hat der Leasinggeber aber eine Nutzungsentschädigung in Höhe von 30 000 Euro gezahlt, so dass in dieser Höhe ein Amortisationsdefizit eintritt, welches jedoch um den tatsächlich ihm zufließenden Mehrerlös in Höhe von 25 000 Euro gemildert wird, so dass das Amortisationsdefizit per saldo	5 000 Euro

1 *Wolf/Eckert/Ball*, Rz. 1821.
2 *Wolf/Eckert/Ball*, Rz. 1820 f.

beträgt. Folglich ist eine AGB-Klausel nicht zu beanstanden, die berücksichtigt, dass der Leasingnehmer bei ordnungsgemäßem Vertragsverlauf lediglich einen Mehrerlös in Höhe von	56 250 Euro
erzielt hätte, aber tatsächlich einen Betrag in Höhe von	75 000 Euro
erlangt. Daher ist dieser tatsächliche Mehrerlös um das Amortisationsdefizit des Leasinggebers in Höhe von	5 000 Euro
zu kürzen, so dass dem Leasingnehmer aufgrund der Ersatzlieferung letzten Endes ein Mehrerlös zufließt, der nicht nur	56 250 Euro,
sondern	70 000 Euro
beträgt.	

d) Berücksichtigung besonderer Umstände

210 Von großer Wichtigkeit ist es allerdings darauf hinzuweisen, dass die vorstehende Klausel dann nicht zum Zuge kommt, wenn es dem Leasinggeber – freilich: mit Unterstützung des Lieferanten – gelingt, ein **gleichwertiges Ersatzleasinggut** zu beschaffen[1]. Denn unter dieser Voraussetzung besteht kein – wie auch immer gearteter – Ausgleichsbedarf. Ein Amortisationsdefizit des Leasinggebers ist nicht zu erkennen, weil er ja dann gegenüber dem Lieferanten einen Anspruch auf Rückzahlung des Teils des Kaufpreises hat, der als Differenz zwischen dem ursprünglichen Kaufpreis und dem Kaufpreis eines abgenutzten, aber gleichwertigen Leasingguts aufgrund der Marktbedingungen ausgewiesen wird.

e) Eigentumsverschaffung

211 Es versteht sich von selbst, dass zwischen Lieferant und Leasinggeber eine Eigentumsübertragung gemäß §§ 929 ff. BGB vollzogen werden muss[2]. Demzufolge ändert sich auch nicht der Tatbestand, dass der Leasinggeber wirtschaftlicher Eigentümer des ersatzweise gelieferten Leasingguts i.S.v. § 39 Abs. 2 Nr. 1 AO ist, sofern – regeltypisch – die Voraussetzungen des Vollamortisations- und die des Teilamortisationserlasses im Einzelnen erfüllt sind. Konkret bedeutet dies: Da das ersatzweise gelieferte Leasinggut die Verpflichtung des Leasinggebers begründet, eine neue AfA in Ansatz zu bringen, und da des Weiteren dieses Leasinggut gemäß § 247 Abs. 2 HGB in dem Anlagevermögen des Leasinggebers zu aktivieren ist, bestehen die Schwierigkeiten in diesen Fällen darin, dass die **Restlaufzeit** des ursprünglichen Leasingvertrages unterhalb der Schwelle von 40 % der betriebsgewöhnlichen Nutzungsdauer des ersatzweise gelieferten Leasingguts liegt[3].

---

1 *Beckmann*, § 2 Rz. 341.

2 *Beckmann*, § 2 Rz. 346; *Reiner/Kaune*, WM 2002, 2314, 2317; *Tiedtke/Möllmann*, DB 2004, 583, 587.

3 A.M. *Beckmann*, § 2 Rz. 347.

XVI. Verjährung – Haftung des Leasinggebers für „Spätschäden"

Es entspricht üblicher Vertragsgestaltung, dass der Leasinggeber im Rahmen der Abtretungskonstruktion den Leasingnehmer abschließend auf die Mängelansprüche verweist, die ihm, dem Leasinggeber, gegenüber dem Lieferanten des Leasingguts zustehen. Demzufolge erfasst die Freizeichnung des Leasinggebers von der mietvertraglichen Eigenhaftung gemäß §§ 536 f. BGB auch die Fälle, in denen ein Mangel des Leasingguts nach Ablauf der Verjährungsfrist des § 438 BGB auftritt. Daraus ergeben sich im Einzelnen folgende Konsequenzen: 212

1. Verjährungsfrist – Lieferanten-AGB

Aus dem Verbotstatbestand von § 309 Nr. 8b ff BGB folgt, dass der Lieferant als AGB-Verwender im Rahmen der leasingtypischen Abtretungskonstruktion nicht berechtigt ist, gegenüber dem **Verbraucher** die Verjährungsfrist des § 438 Abs. 1 Nr. 3 BGB zum Nachteil des Leasingnehmers zu verkürzen. Dies wird bei einem Verbrauchsgüterkauf gemäß § 475 Abs. 2 BGB nochmals ausdrücklich klargestellt (Kap. L Rz. 145). Die rechtlichen Konsequenzen eines Verstoßes gegen § 475 Abs. 2 BGB liegen auf der Hand: Dem Leasingnehmer ist dann nicht vorbehaltlos, unmittelbar und unbedingt das kaufrechtliche Anspruchsarsenal quittiert worden, so dass dann die mietvertragliche Eigenhaftung des Leasinggebers wieder auflebt[1]. 213

Gegen einen Leasingnehmer als **Unternehmer** stellt sich die Frage, ob die Verkürzung der Verjährungsfrist des § 438 Abs. 1 Nr. 3 BGB dazu führt, dass die Klausel an § 307 Abs. 2 Nr. 1 BGB scheitert. Es besteht Einvernehmen darüber, dass § 438 Abs. 1 Nr. 3 BGB grundsätzlich auch – § 309 Nr. 8b ff BGB hat insoweit Indizwirkung – im unternehmerischen Verkehr gemäß § 307 Abs. 2 Nr. 1 BGB zu berücksichtigen ist[2]. Zugrunde liegt dabei die Erkenntnis, dass Verjährungsbestimmungen einen hohen Gerechtigkeitsgrad aufweisen[3]. Dennoch wird man es als mit § 307 Abs. 2 Nr. 1 BGB vereinbar ansehen dürfen, wenn der Lieferant in seinen AGB die Verjährungsfrist des § 438 Abs. 1 Nr. 3 BGB von zwei Jahren auf **ein Jahr** verkürzt[4]. Doch verstößt eine solche Klausel dann gegen § 307 Abs. 2 Nr. 1 BGB, wenn sie auch den Tatbestand des „weiterfressenden Schadens" (Rz. 65) erfasst, weil die deliktische Haftung des § 823 BGB den Beginn der Verjährungsfrist gemäß §§ 195, 199 Abs. 1 Nr. 2 BGB davon abhängig macht, dass der Geschädigte – hier: der Leasingnehmer – von den Umstän- 214

1 Jüngst BGH v. 21.12.2005 – VIII ZR 85/05, ZIP 2006, 1001.
2 *Palandt/Grüneberg*, § 309 BGB Rz. 77; AGB-Klauselwerke/*Graf von Westphalen*, Verjährungsklausel Rz. 24 ff.; *Becker*, in Bamberger/Roth, § 309 Nr. 8 BGB Rz. 50.
3 BGH v. 3.12.1998 – VIII ZR 109/97, NJW 1999, 2434.
4 AGB-Klauselwerke/*Graf von Westphalen*, Verjährungsklausel Rz. 26; *Erman/Roloff*, § 309 BGB Rz. 123.

den und der Person des Schuldners Kenntnis erlangt hat oder ohne grobe Fahrlässigkeit erlangen musste[1]. Ausgehend von dieser Norm wäre der Leasingnehmers unangemessen i.S.v. § 307 Abs. 2 Nr. 1 BGB benachteiligt, wenn anstelle dieser Frist lediglich eine einjährige Verjährungsfrist gemäß § 438 Abs. 1 Nr. 3 BGB zum Zuge gelangen würde, die bei **Annahme** des Leasingguts zu laufen beginnt, ohne dass es darauf ankommt, ob überhaupt ein Schaden eingetreten ist und der Leasingnehmer Kenntnis davon hat, dass der Lieferant das haftungsbegründende Ereignis gesetzt hat.

215 Soweit Verjährungsfristen im unternehmerischen Bereich so verkürzt sind, dass die Sperre des § 307 Abs. 2 Nr. 1 BGB zur Anwendung gelangt, gilt die allgemeine Rechtsfolge: Es gilt dispositives Recht gemäß § 306 Abs. 2 BGB, so dass nach der hier vertretenen Auffassung die mietvertragliche Eigenhaftung des Leasinggebers gemäß §§ 536 f. BGB zur Anwendung gelangt.

2. Auftreten von „Spätschäden"

216 Die Anerkennung der leasingtypischen Abtretungskonstruktion hat unmittelbar zur Konsequenz, dass der **Leasingnehmer** das Risiko trägt, dass die ihm zedierten Ansprüche gegenüber dem Lieferanten des Leasingguts wegen Eintritts der Verjährung gemäß § 438 Abs. 1 Nr. 3 BGB nicht mehr geltend gemacht werden können[2]. Gleichzeitig besagt dies: Wenn sich der Lieferant des Leasingguts auf die Einrede der Verjährung der gegen ihn geltend gemachten Mängelansprüche (oder auch sonstige Ansprüche/Rechte) beruft, dann führt dies nicht dazu, dass die mietvertragliche Eigenhaftung des Leasinggebers gemäß §§ 536 f. BGB wieder zum Zuge gelangt[3]. Es ist und bleibt also Sache des Leasingnehmers, im Rahmen der leasingtypischen Abtretungskonstruktion dafür Sorge zu tragen, dass die ihm abgetretenen Ansprüche/Rechte rechtzeitig – damit ist insbesondere auch die **Mängelrüge** gemäß § 377 HGB gemeint – geltend gemacht werden, ohne dass der Lieferant die Einrede der Verjährung erhebt. Erst später auftretende Mängel des Leasingguts fallen daher abschließend in die Risikosphäre des Leasingnehmers. Selbstverständlich gilt dies nur insoweit, als die in Ansehung eines Schadens des Leasingnehmers ihm zustehenden Ansprüche/Rechte Gegenstand der Abtretungskonstruktion sind. Trifft dies nicht zu, weil sich etwa die Abtretungskonstruktion nur auf die Mängelansprüche/Rechte gemäß § 437 BGB bezieht, nicht aber andere, weitergehende Ansprüche erfasst, dann bleibt es von vornherein bei der mietvertraglichen Eigenhaftung des Leasinggebers.

---

1 Im Einzelnen *Henrich*, in Bamberger/Roth, § 199 BGB Rz. 18 ff.
2 *Beckmann*, § 4 Rz. 103.
3 So auch *Staudinger/Stoffels*, Leasing Rz. 260; *Beckmann*, § 4 Rz. 104; vgl. auch *Wolf/Eckert/Ball*, Rz. 1884 ff.

3. Werkvertragliche Verjährungsfristen

Es ist sicher **ausgesprochen selten**, dass zwischen Leasinggeber und Lieferant eine werkvertragliche Beziehung i.S.d. §§ 631 ff. BGB besteht. Läge sie nämlich vor, dann wäre **vorrangig** die Frage zu prüfen, ob hier nicht der Tatbestand des „Spezialleasing" vorliegt, so dass der bürgerlich-rechtliche Herausgabeanspruch des Leasinggebers gemäß § 985 BGB nur auf dem Papier steht mit der Konsequenz, dass der Leasinggeber deswegen nicht rechtlicher und wirtschaftlicher Eigentümer des Leasingguts gemäß § 39 Abs. 2 Nr. 1 AO ist, weil der Leasinggeber – nach Realisierung seines Herausgabeanspruchs gemäß § 985 BGB – praktisch nicht in der Lage ist, das Leasinggut mangels hinreichender Fungibilität auf dem Markt an einen Dritten zu veräußern. Die werkvertragliche Komponente in der Vertragsbeziehung zwischen Leasinggeber und Lieferant führt nämlich dazu, dass das Leasinggut für die besonderen Bedürfnisse/Zwecke des Leasingnehmers als Besteller hergestellt worden ist, weil dann gemäß § 633 Abs. 1 BGB regelmäßig der Lieferant als Hersteller verpflichtet ist, das versprochene „individuelle" Werk nach den Vorgaben/Spezifikationen/Bedürfnissen des Leasingnehmers herzustellen[1]. Dann handelt es sich um den Fall des Spezialleasing, der in der Regel dazu führt, dass das Leasinggut nicht dem Leasinggeber, sondern dem Leasingnehmer als wirtschaftlichem Eigentümer zugerechnet wird und dann auch von diesem in seinem Anlagevermögen zu bilanzieren ist. 217

Doch ist es nicht auszuschließen, dass – vor allem im Rahmen des **EDV-Leasing** – eine andere Beurteilung eingreift, weil die werkvertragliche Komponente dann zwar vorliegt, nicht aber notwendigerweise dazu führt, dass das wirtschaftliche Eigentum des Leasinggebers bei Anwendung einer wirtschaftlichen Betrachtungsweise zu verneinen ist. Trifft dies zu, dann ist davon auszugehen, dass die werkvertragliche Verjährungsfrist des § 634a BGB in Geltung gesetzt ist. Daraus ergeben sich folgende Konsequenzen: 218

a) Gegenüber einem Verbraucher

Ist der Leasingnehmer Verbraucher gemäß § 13 BGB, dann gilt der Verbotstatbestand von § 309 Nr. 8b ff BGB. Eine formularmäßige Verkürzung der Verjährungsfrist für die in § 634 Nr. 1, 2 und 4 BGB bezeichneten Ansprüche ist dann unwirksam. 219

b) Gegenüber einem Unternehmer

Ob eine Verkürzung der in § 634a Abs. 1 Nr. 1 BGB bezeichneten Ansprüche – Herstellung, Wartung oder Veränderung einer Sache oder Erbringung 220

---

1 Statt aller *Palandt/Sprau*, vor § 631 BGB Rz. 1.

von Planungs- und Überwachungsleistungen – nach § 307 Abs. 2 Nr. 1 BGB überhaupt in Betracht kommt, erscheint zweifelhaft. Fest steht jedenfalls, dass eine Verkürzung der **fünfjährigen** Verjährungsfrist gemäß § 634a Abs. 1 Nr. 2 BGB an § 307 Abs. 2 Nr. 1 BGB scheitert[1].

c) Konsequenzen

221 Soweit im Rahmen der hier anwendbaren Regeln der §§ 634, 634a BGB eine unwirksame Verkürzung der Verjährungsfrist in Rede steht, gelten die zuvor dargelegten Ausführungen: Es gilt dann die mietvertragliche Eigenhaftung des Leasinggebers gemäß §§ 536 f. BGB (Rz. 215).

4. Anerkenntnis – kein Berufen des Lieferanten auf die Einrede der Verjährung

a) Anerkenntnis

222 Nach § 212 Abs. 1 Nr. 1 BGB führt ein Anerkenntnis gegenüber dem „Gläubiger" dazu, dass ein **Neubeginn** der Verjährung eintritt[2]. Anerkenntnis im Sinn dieser Bestimmung ist danach das rein tatsächliche Verhalten des Schuldners – hier: des Lieferanten gegenüber dem Gläubiger – hier: gegenüber dem Leasingnehmer –, aus dem sich das Bewusstsein vom Bestehen des Anspruchs unzweideutig ergibt[3]. Aufgrund dieses Verhaltens muss also das Vertrauen des Gläubigers begründet werden, dass sich der Schuldner nicht nach Ablauf der Verjährungsfrist alsbald auf diese Einrede berufen wird[4]. Von praktisch hoher Bedeutung ist in diesem Kontext immer die Antwort auf die Frage, ob die Geltendmachung eines Anspruchs auf **Nacherfüllung** gemäß § 439 Abs. 1 BGB dazu führt, dass der Lieferant – sei es im Rahmen der Mangelbeseitigung, sei es im Rahmen der Ersatzlieferung – das Bestehen des Anspruchs i.S.v. § 212 Abs. 1 Nr. 1 BGB anerkannt hat. Soweit eine **Ersatzlieferung** in Rede steht, spricht auf den ersten Blick sehr viel dafür, dass ein Anerkenntnis und nicht nur eine Kulanzhandlung des Lieferanten vorliegt[5]. Denn regelmäßig ist eine Ersatzlieferung für den Lieferanten wesentlich kostspieliger und aufwendiger als die Nacherfüllung durch Mangelbeseitigung, so dass im Zweifel davon auszugehen ist, dass der Lieferant die mit einer Ersatzlieferung zusammenhängenden Beschwernisse nur deswegen auf sich genommen hat, weil er davon überzeugt war, dass er gegenüber dem Leasingnehmer/Gläubiger verpflichtet war, Nach-

1 Hierzu *Palandt/Grüneberg*, § 309 BGB Rz. 77.
2 *Palandt/Heinrichs*, § 212 BGB Rz. 2 ff.
3 BGH v. 20.6.2002 – IX ZR 444/00, NJW 2002, 2872, 2873.
4 BGH v. 27.1.1999 – XII ZR 113/97, NJW 1999, 1101, 1103; BGH v. 21.11.1996 – IX ZR 159/95, NJW 1997, 516, 517.
5 *Graf von Westphalen*, ZGS 2002, 19, 21 f.; vgl. auch *Auktor*, NJW 2003, 120, 121; *Palandt/Heinrichs*, § 212 BGB Rz. 4.

erfüllung zu leisten. Nicht ganz so eindeutig ist die Antwort i.S.v. § 212 Abs. 1 Nr. 1 BGB, soweit im Rahmen der Nacherfüllung **Mangelbeseitigung** gemäß § 439 BGB geleistet wird[1]. Dabei sind – wie stets – alle Umstände des Einzelfalls zu berücksichtigen. Maßgeblich ist insbesondere, ob der Lieferant – aus der Sicht des Leasingnehmers – nicht nur aus Kulanz oder zur gütlichen Beilegung eines Streits, sondern in dem Bewusstsein gehandelt hat, zur Nachbesserung verpflichtet zu sein, wobei Umfang, Dauer und Kosten der Mangelbeseitigungsarbeiten eine wichtige Rolle spielen[2].

Hat also ein Lieferant gegenüber dem Leasingnehmer ein Anerkenntnis gemäß § 212 Abs. 1 Nr. 1 BGB abgegeben, welches dann zum **Neubeginn** der Verjährung führt, ist dies für den Leasinggeber bindend[3]. Zu bedenken ist hierbei, dass ein solches Anerkenntnis keine empfangsbedürftige Willenserklärung darstellt[4], so dass es stets um die Beurteilung eines **tatsächlichen Verhaltens** des Lieferanten in seinem Verhältnis zum Leasingnehmer geht[5]. Gegen die Verbindlichkeit/Wirksamkeit eines Anerkenntnisses, das gemäß § 212 Abs. 1 Nr. 1 BGB zwischen Leasingnehmer und Lieferant vorliegt, kann sich der Leasinggeber im Rahmen der leasingtypischen Abtretungskonstruktion nicht erfolgreich zur Wehr setzen; er ist daran gebunden. Es gilt hier keine andere Rechtsfolge als die, die allgemein aufgrund der leasingtypischen Abtretungskonstruktion zu Lasten des Leasinggebers eingreift: Er muss das Ergebnis der gewährleistungsrechtlichen Auseinandersetzung zwischen Leasingnehmer und Lieferant als für sich verbindlich akzeptieren[6]. 223

b) Ablaufhemmung – Verhandlungen – § 203 BGB

Wichtigster Hemmungstatbestand ist nach der Schuldrechtsreform, dass zwischen Schuldner und Gläubiger gemäß § 203 BGB Verhandlungen schweben, die den Anspruch zum Gegenstand haben oder die den Anspruch begründende Umstände betreffen. Anerkannt ist dabei, dass der Begriff der **Verhandlungen** weit auszulegen ist. Es genügt nämlich, dass zwischen Gläubiger und Schuldner ein Meinungsaustausch über den Anspruch oder seine tatsächlichen Grundlagen stattfindet[7]. Eine solche Verhandlung i.S.v. § 203 BGB liegt aber schon dann vor, wenn der in Anspruch genommene Schuldner Erklärungen abgibt, die gegenüber dem Geschädig- 224

1 BGH v. 2.6.1999 – VIII ZR 322/98, NJW 1999, 2961.
2 BGH v. 2.6.1999 – VIII ZR 322/98, NJW 1999, 2961.
3 BGH v. 2.6.1999 – VIII ZR 322/98, NJW 1999, 2961 – Rückverweisung an das Berufungsgericht; BGH v. 8.7.1987 – VIII ZR 274/86, ZIP 1987, 1320, 1322.
4 *Wolf/Eckert/Ball*, Rz. 1886.
5 *Palandt/Heinrichs*, § 212 BGB Rz. 2; *Henrich*, in Bamberger/Roth, § 212 BGB Rz. 4.
6 *Wolf/Eckert/Ball*, Rz. 840 ff.
7 BGH v. 17.2.2004 – VI ZR 429/02, NJW 2004, 1654; BGH v. 8.5.2001 – VI ZR 208/00, NJW-RR 2001, 1168, 1169.

ten die Annahme rechtfertigen, der Schuldner lasse sich auf Erörterungen über die Berechtigung von Schadensersatzansprüchen ein, weil es eben nicht erforderlich ist, dass eine Vergleichsbereitschaft oder eine Bereitschaft zum Entgegenkommen bereits signalisiert worden ist[1]. Zur Konsequenz hat eine solche Verhandlung, dass gemäß § 203 Satz 2 BGB die Verjährung dann frühestens drei Monate nach dem Ende der Hemmung eintritt. Ein solches Ende ist immer dann anzunehmen, wenn ein klares und eindeutiges Verhalten einer der beiden Parteien zum Ausdruck bringt, dass eine Fortsetzung der Verhandlungen nicht mehr zweck- und sinnvoll ist[2]. Wegen der Bedeutung dieses Tatbestandes ist aber ein klares und eindeutiges Verhalten – dem anderen Vertragspartner gegenüber erkennbar – erforderlich[3].

225 Abzugrenzen ist dieser Tatbestand gegenüber dem **„Einschlafen“** der Verhandlungen[4]. Davon ist immer dann zu reden, wenn der andere Vertragsteil – aus welchen Gründen immer – auf ein Verhandlungsangebot nicht oder nicht in angemessener Zeit reagiert. Dann kommt es entscheidend darauf an, das **Ende** der Verhandlung i.S.v. § 203 Satz 2 BGB zu bestimmen[5]. Denn dann endet die Hemmung dann, wenn nach Treu und Glauben eine neue Äußerung zu erwarten gewesen wäre, ohne dass insoweit feste Fristen angenommen werden können[6]. Auch in all diesen Fällen und Verhandlungen zwischen Leasingnehmer und Lieferant i.S.v. § 203 BGB ist der Leasinggeber im Rahmen der leasingtypischen Abtretungskonstruktion an das jeweilige Ergebnis **gebunden**[7].

c) Kein Berufen auf den Eintritt der Verjährung

226 Es liegt in der zwingenden Konsequenz der leasingtypischen Abtretungskonstruktion, deren Ergebnisse, die zwischen Leasingnehmer und Lieferant akkordiert werden, den Leasinggeber binden, dass dieser sich – außerhalb eines kollusiven Zusammenwirkens zwischen Leasingnehmer und Lieferant – nicht dagegen wehren kann, dass sich der Lieferant – aus welchen sonstigen Gründen immer – nicht auf die Einrede der Verjährung beruft[8]. Nichts anderes gilt dann, wenn Leasinggeber und Lieferant – wiederum: außerhalb eines kollusiven Zusammenwirkens – eine Verlängerung der Verjährungsfrist vereinbaren, um etwa sicherzustellen, dass das Lea-

1 BGH v. 8.5.2001 – VI ZR 208/00, NJW-RR 2001, 1168, 1169.
2 BGH v. 30.6.1998 – VI ZR 260/97, NJW 1998, 2819, 2820.
3 BGH v. 30.6.1998 – VI ZR 260/97, NJW 1998, 2819, 2820.
4 BGH v. 8.5.2001 – VI ZR 208/00, NJW-RR 2001, 1168, 1169; BGH v. 7.1.1986 – VI ZR 203/84, NJW 1986, 1337, 1338.
5 Hierzu auch *Erman/Schmidt-Räntsch*, § 203 BGB Rz. 5.
6 BGH v. 7.1.1986 – VI ZR 203/84, NJW 1986, 1337, 1338; *Spindler*, in Bamberger/Roth, § 203 BGB Rz. 7.
7 Vgl. auch *Beckmann*, § 4 Rz. 129 f.
8 BGH v. 13.3.1991 – VIII ZR 34/90, NJW 1991, 1746; vgl. auch BGH v. 10.10.1994 – VIII ZR 295/93, NJW 1995, 187, 188.

singgut trotz seines aufgetretenen Mangels weiterhin zuverlässig funktioniert[1].

XVII. Umfang der Abtretungskonstruktion

Im Vorstehenden klang immer wieder die Überlegung an, ob es nicht sinnvoll sein könnte (und auch tatsächlich ist), in den Leasing-AGB eine **umfassende** Abtretungskonstruktion zu wählen, welche sich nicht nur auf die Mängelansprüche/Mängelrechte gemäß § 437 BGB erstreckt, sondern alle Tatbestände einer dem Leasinggeber zuzurechnenden **Pflichtverletzung** erfasst, die – mittelbar oder unmittelbar – mit den Sanktionen der §§ 280 ff., 323 ff. BGB enden. 227

1. Allgemeine Erwägungen

Die leasingtypische Abtretungskonstruktion beruht auf der Erwägung, dass der Leasinggeber zwar mietvertraglich verpflichtet ist, dem Leasingnehmer ein gebrauchstaugliches/funktionstüchtiges Leasinggut gemäß §§ 535 ff. BGB zur Nutzung zu überlassen, dass aber gleichwohl alle Fragen, die die Mängelhaftung des Leasinggebers zum Gegenstand haben, dadurch bewältigt werden können, dass der Leasinggeber die ihm gegenüber dem Lieferanten des Leasingguts zustehenden Ansprüche/Rechte gemäß §§ 434 ff. BGB abtritt. Der Streit über die Berechtigung dieser Ansprüche/Rechte wird dann – wie dargestellt – in das Vertragsverhältnis zwischen Leasinggeber und Lieferant verlagert, betrifft also nicht unmittelbar das Vertragsverhältnis zwischen Leasinggeber und Leasingnehmer[2]. Diese Erwägungen gelten jedoch ungekürzt auch für alle sonstigen Pflichtverletzungen, welche sich auf den Kaufvertrag beziehen, der zwischen Leasinggeber und Lieferant kontrahiert wurde. Denn in der Sache geht es immer darum, dass der Leasinggeber wegen seiner stets auch anzuerkennenden Finanzierungsfunktion kein Interesse daran hat, in die Auseinandersetzung einbezogen zu werden, die wegen einer dem Lieferanten zuzurechnenden Pflichtverletzung geeignet sein könnte, die Rechte und Pflichten des Leasingvertrages zu beeinträchtigen. So gesehen sprechen aber auch Gründe der **Vereinfachung** dafür, eine umfassende Abtretungskonstruktion zu wählen, weil dann alle Auseinandersetzungen ausschließlich in dem Rechtsverhältnis zwischen Leasinggeber und Lieferant abgewickelt werden, die – aufgrund der Abtretungskonstruktion – dann vom Leasingnehmer gegenüber dem Lieferanten geltend zu machen sind[3]. 228

---

1 Vgl. BGH v. 10.10.1994 – VIII ZR 295/93, NJW 1995, 187, 188; *Beckmann*, § 4 Rz. 119.

2 Hierzu *Beckmann*, § 2 Rz. 194 ff.; *Ehlert*, in Bamberger/Roth, vor § 535 BGB Rz. 68; vgl. auch *Wolf/Eckert/Ball*, Rz. 1796.

3 *Beckmann*, § 2 Rz. 196; *Wolf/Eckert/Ball*, Rz. 1796.

2. Transparente Vertragsgestaltung

a) Risiko der überraschenden Klausel

229 Man kann allerdings durchaus darüber streiten, ob eine umfassende, alle Pflichtverletzungen des Lieferanten umgreifende Abtretungskonstruktion nicht als überraschende Klausel gemäß § 305c Abs. 1 BGB einzuordnen ist[1]. In der Tat wird man kaum daran vorbeisehen dürfen, dass es sich bei einer solchen Klausel – angesichts des tatsächlichen Erscheinungsbilds von Leasing-AGB – um eine (noch) ungewöhnliche Klausel handelt, weil es insoweit nach § 305c Abs. 1 BGB lediglich auf das Merkmal einer objektiven Ungewöhnlichkeit ankommt[2]. Da mithin im Rahmen eines typischen Leasingvertrages eine solch umfassende Abtretungskonstruktion ungewöhnlich ist, geht es darum, ob – wie dargestellt – gute Gründe dafür sprechen, eine solche Konstruktion zu wählen, weil diese Argumentationskette im Rahmen von § 305c Abs. 1 BGB keine Relevanz besitzt[3]. Auch wird i.S.v. § 305c Abs. 1 BGB zu bedenken sein, dass der durchschnittliche Leasingnehmer – gleichgültig, ob er Verbraucher oder Unternehmer ist – kaum damit rechnet, dass er auch für solche Pflichtverletzungen unmittelbar den Lieferanten in Anspruch nehmen muss, obwohl der Leasinggeber für ein Verschulden des Lieferanten gemäß § 278 BGB deswegen haftet, weil dieser **Erfüllungsgehilfe des Leasinggebers** ist, wie insbesondere bei der Lieferung des Leasingguts (Kap. E Rz. 2). Demzufolge wird man eine solch umfassende Abtretungskonstruktion schwerlich als nach § 305c Abs. 1 BGB unbedenklich einstufen dürfen, solange sie sich nicht in der Praxis tatsächlich durchgesetzt hat[4]. Zwar beschränkt sich die übliche, typische Abtretungskonstruktion auf die Mängelansprüche/Mängelrechte des Leasingnehmers, so dass – angesichts einer umfassenden Abtretungskonstruktion – durchaus eine Diskrepanz zwischen den Erwartungen des durchschnittlichen Leasingnehmers und dem Inhalt der Abtretungskonstruktion besteht[5]. Damit ist jedoch keineswegs gesagt, dass eine solch umfassende Abtretungskonstruktion an § 305c Abs. 1 BGB scheitert. Denn es besteht durchaus die realistische Möglichkeit, durch eine **eindeutige, drucktechnische Hervorhebung** der umfassenden Abtretungskonstruktion sicherzustellen, dass das Überraschungselement beim durchschnittlichen Leasingnehmer beseitigt wird[6]. Entscheidend ist insoweit: Der Überraschungscharakter einer umfassenden Abtretungskonstruktion entfällt, wenn und soweit sie inhaltlich verständlich und drucktechnisch so hervorgehoben ist, dass redlicherweise erwartet werden kann, der Leasingnehmer werde sie zur Kenntnis nehmen[7].

1 Vgl. *Martinek*, Moderne Vertragstypen, Bd. 1, S. 158.
2 *Palandt/Heinrichs*, § 305c BGB Rz. 3; *Erman/Roloff*, § 305c BGB Rz. 9.
3 So aber *Beckmann*, § 2 Rz. 198.
4 A.M. *Beckmann*, § 2 Rz. 198.
5 Hierzu auch *Palandt/Heinrichs*, § 305c BGB Rz. 4.
6 BGH v. 21.6.2001 – IX ZR 69/00, NJW.RR 2002, 485, 487.
7 BGH v. 14.12.1994 – IV ZR 3/94, NJW 1995, 784, 785; *Palandt/Heinrichs*, § 305c BGB Rz. 4; *Erman/Roloff*, § 305c BGB Rz. 12.

Allerdings ist darauf aufmerksam zu machen, dass der BGH die Linie verfolgt: Eine **drucktechnische Hervorhebung** einer bestimmten Klausel reicht dann nicht aus, das Überraschungsmoment gemäß § 305c Abs. 1 BGB zu beseitigen, wenn der Vertragspartner des AGB-Verwenders wegen der dem Vertragsschluss vorausgegangenen konkreten Umstände überhaupt nicht mit einer solchen Klausel rechnen muss, so dass dann ein **individueller Hinweis** erforderlich ist[1]. Denn ein Fettdruck ist in diesen Fällen nicht geeignet, den Vertragspartner hinreichend über die vom AGB-Verwender angestrebte Änderung des Vertragsinhalts angemessen ins Bild zu setzen[2]. An Art und Deutlichkeit des drucktechnischen Hinweises sind um so höhere Anforderungen zu stellen, je ungewöhnlicher die betreffende Klausel für die angesprochenen Verkehrskreise ist[3], weil dann ein starkes Überraschungselemente vorliegt[4]. Dies wird man hingegen dann nicht sagen können, wenn anstelle der leasingtypischen Abtretungskonstruktion, die sich ausschließlich auf Mängelansprüche/Mängelrechte bezieht, mit eindeutiger, **drucktechnisch hervorgehobener Weise auch alle sonstigen Pflichtverletzungen** zum Gegenstand einer umfassend formulierten Abtretungskonstruktion werden, so dass der Leasingnehmer verpflichtet ist, alle auf einer Pflichtverletzung des Leasinggebers oder des Lieferanten beruhenden Ansprüche/Rechte unmittelbar und ausschließlich gegenüber dem **Lieferanten** geltend zu machen. 230

b) Transparenzgebot

Damit ist gleichzeitig das Transparenzerfordernis des § 307 Abs. 1 Satz 2 BGB angesprochen. Es reicht nämlich nicht aus, wenn die umfassende Abtretungskonstruktion lediglich unter der Rubrik „Gewährleistung" oder „Mängelhaftung" aufgeführt wird. Vielmehr ist sie praktisch an die Spitze des Leasingvertrages zu setzen, weil sie unmittelbar an die Pflicht des Leasinggebers anknüpft, dem Leasingnehmer ein gebrauchstaugliches/funktionstüchtiges Leasinggut für die Dauer des Leasingvertrages zu überlassen. Dann muss klargestellt werden, dass alle sich aus dieser Hauptpflicht ergebenden Pflichtverletzungen – einschließlich der Verletzung von Pflichten gemäß §§ 241 Abs. 2, 311 Abs. 2 BGB – einer umfassenden Abtretungskonstruktion unterworfen werden. Dies kann und sollte dann zweckmäßigerweise in einer separaten Bestimmung unter Beachtung einer entsprechend eindeutigen Überschrift vollzogen werden, wie etwa „Umfassende Abtretung aller sonstigen Ansprüche". 231

1 BGH v. 21.6.2001 – IX ZR 69/00, NJW-RR 2002, 485, 487.
2 BGH v. 17.3.1994 – IX ZR 102/93, NJW 1994, 1656, 1657; BGH v. 21.6.2001 – IX ZR 69/00, NJW-RR 2002, 485, 487.
3 *Erman/Roloff*, § 305c BGB Rz. 12.
4 *Palandt/Heinrichs*, § 305c BGB Rz. 4.

3. Vorbehalte – Einschränkungen

a) Ermächtigungskonstruktion

232 Zu bedenken ist bei einer umfassend formulierten Abtretungskonstruktion, dass die Geltendmachung des **Rücktrittsrechts** als Gestaltungsrecht nicht nur auf den Tatbestand des § 437 Nr. 2 BGB begrenzt ist (Kap. H Rz. 16), sondern auch das allgemeine Rücktrittsrecht der §§ 323, 324 BGB zum Gegenstand hat. Doch ist bei einer umfassenden Abtretungskonstruktion zu beachten, dass dann im praktischen Ergebnis alle Rechte und Pflichten, die im Vertragsverhältnis zwischen Leasinggeber und Lieferant begründet worden sind, an den Leasingnehmer abgetreten werden. Daher bestehen die an anderer Stelle aufgezeigten Bedenken (Kap. H Rz. 16 ff.) hier nicht. Denn es handelt sich dann nicht um die – möglicherweise unzulässige – Abtretung eines unselbständigen Gestaltungsrechts in Form des Rücktrittsrechts der §§ 323, 324 BGB, sondern darum, dass dem Leasingnehmer im praktischen Ergebnis alle Rechte und Pflichten aus dem Kaufvertrag zediert werden, was im Kontext von § 413 BGB dann unbedenklich ist[1]. Deshalb kommt es in diesen Fällen nicht darauf an, ob die Möglichkeit besteht, eine unzulässige Ermächtigungskonstruktion in eine wirksame Abtretungskonstruktion umzudeuten[2]. Die früher im Zusammenhang mit der Erörterung der Abtretungskonstruktion aufgezeigten Bedenken entfallen bei diesem Ansatz ohne weiteres (Kap. H Rz. 39 ff.).

b) Vorsorgliche Vertragsgestaltung

233 Doch ist hier gleichwohl eindeutig und **unmissverständlich** hervorzuheben, dass der BGH noch keine Gelegenheit hatte, die Frage zu prüfen, ob und unter welchen Voraussetzungen eine umfassende Abtretungskonstruktion als nach § 307 Abs. 2 Nr. 1 BGB wirksam eingestuft werden kann. Dafür spricht freilich, dass die Abtretungskonstruktion für die Ansprüche auf Nacherfüllung und Schadensersatz, und zwar für alle Formen des Schadensersatzes nach den §§ 280 ff. BGB ganz und gar dogmatisch unbedenklich ist. Folgt man der hier vertretenen Auffassung zur Unbedenklichkeit der Abtretungskonstruktion auch im Zusammenhang mit der Geltendmachung der Gestaltungsrechte nach § 437 Nr. 2 BGB, dann erübrigt sich auch dieser Einwand (Kap. H Rz. 39 ff.). Darüber hinaus ist allerdings zu beachten, dass jedenfalls die **Erwerberposition** des Leasinggebers – und damit der Erfüllungsanspruch – **nicht** zum Gegenstand der umfassenden Abtretungskonstruktion gemacht wird[3]. Denn diese ist deswegen zwingend

1 *Palandt/Grüneberg*, § 413 BGB Rz. 7; *Staudinger/Busche*, § 413 BGB Rz. 13; vgl. auch *Erman/Westermann*, § 413 BGB Rz. 2 f.; *Rohe*, in Bamberger/Roth, § 413 BGB Rz. 3.

2 Hierzu OLG Naumburg v. 10.12.1999 – 6 U 1107/97, MDR 2000, 260 – Kündigungserklärung: Leasingvertrag.

3 So auch mit Recht *Beckmann*, § 3 Rz. 204 – Klauselvorschlag.

in der Person des Leasinggebers zu begründen, weil nur dann sichergestellt sein dürfte, dass der Leasinggeber rechtlicher und wirtschaftlicher Eigentümer des Leasingguts i.S.v. § 39 Abs. 2 Nr. 1 AO ist[1]. Es ist nämlich unter wirtschaftlichen Gesichtspunkten betrachtet unsicher, ob diese Stellung auch dann dem Leasinggeber noch zuzubilligen ist, wenn er damit auch den Herausgabeanspruch nach § 985 BGB an den Leasingnehmer zediert hat, weil ja dieser berechtigt ist, die Erfüllung und damit auch die Lieferung des Leasingguts an sich selbst zu begehren. Doch man kann auch gegenläufig argumentieren und geltend machen, dass die Eigentümerstellung des Leasinggebers erst dann eintritt, wenn der Vollzug des Leasingvertrages durch Lieferung eines Leasingguts auf Geheiß des Leasinggebers nach den §§ 929 ff. BGB vollzogen ist. Ob es daher gegen den Grundgedanken des Leasings verstößt, wenn der Leasinggeber auch den Erfüllungsanspruch auf Lieferung des Leasingguts zum Gegenstand der umfassenden Abtretungskonstruktion machen würde, ist also offen. Doch der sicherere Weg ist der, durch die **begrenzte Abtretungskonstruktion** sicherzustellen, dass die Erfüllungsansprüche, die aus dem Kaufvertrag zwischen Leasinggeber und Lieferant resultieren, von der Abtretungskonstruktion nicht erfasst werden. Denn es ist dann eben nicht sicher, was aus dem Grundtatbestand des wirtschaftlichen Eigentums des Leasinggebers übrig bleibt, wenn er nicht einmal mehr berechtigt ist, die Erfüllung des zwischen ihm und dem Lieferanten geschlossenen Kaufvertrages zu verlangen. Dann dürfte sich auch die Frage stellen, ob in der Tat der Leasinggeber noch berechtigt ist, das Leasinggut in seinem Anlagevermögen gemäß § 247 Abs. 2 HGB zu aktivieren. Deshalb ist eine Verschiebung dieses wirtschaftlichen Gleichgewichts zum Nachteil des Leasingnehmers wohl als unangemessene Benachteiligung i.S.v. § 307 Abs. 2 Nr. 1 BGB zu qualifizieren. Denn dann wäre der Leasingnehmer wirtschaftlicher Eigentümer, was er niemals sein will und was dem Grundakkord des Leasinggeschäfts widerstreitet.

XVIII. Subsidiäre Eigenhaftung des Leasinggebers

Bislang ist die Rechtsprechung des BGH[2] davon ausgegangen (Kap. H Rz. 92), dass es einer „interessengerechten Auslegung" der leasingtypischen Abtretungskonstruktion entspricht, dass der Leasinggeber dadurch verpflichtet ist, „die rechtlichen Folgen, die sich aus der Geltendmachung der Gewährleistungsrechte durch den Leasingnehmer ergeben, als für sich verbindlich"[3] hinzunehmen[4]. Selbstverständlich gilt dies auch dann, wenn 234

1 Vgl. auch *Wolf/Eckert/Ball*, Rz. 1796, die insoweit Bedenken gegen die Abtretungskonstruktion deswegen vorsorglich vorbringen, weil Zweifel bestehen könnten „ob eine separate Abtretung dieser Rechte (der Rechte des Leasinggebers gegenüber dem Lieferanten) ohne Übertragung der Erwerberstellung möglich ist".
2 BGH v. 16.9.1981 – VIII ZR 265/80, WM 1981, 1219.
3 BGH v. 16.9.1981 – VIII ZR 265/80, WM 1981, 1219, 1221.
4 Vgl. auch *Wolf/Eckert/Ball*, Rz. 1796.

man der hier vertretenen Auffassung folgt und die leasingtypische Abtretungskonstruktion auf **alle Tatbestände einer Pflichtverletzung** erstreckt, die dem Leasinggeber unmittelbar oder mittelbar insoweit zuzurechnen sind, als der Leasinggeber gemäß § 278 BGB für ein Verschulden des Lieferanten als seines Erfüllungsgehilfen haftet. Mehr noch: Wenn die leasingtypische Abtretungskonstruktion an § 307 Abs. 2 Nr. 1 BGB scheitert, dann greift die mietrechtliche Eigenhaftung nach den §§ 536 f. BGB ein. Doch es stellt sich – gerade auch für diese Fälle – die Frage, ob der Leasinggeber nicht berechtigt ist, diese Haftung ganz oder teilweise einzuschränken oder abzubedingen, ohne gegen § 307 Abs. 2 Nr. 1 BGB zu verstoßen. So gesehen geht es also im Folgenden um die Bestimmung der Grenze der subsidiär eingreifenden mietrechtlichen Eigenhaftung des Leasinggebers. Daraus ergeben sich folgende Konstellationen, die zu bedenken sind:

1. Transparenzgebot gemäß § 307 Abs. 1 Satz 2 BGB

a) Auswirkungen der gewährleistungsrechtlichen Auseinandersetzung auf den Leasingvertrag

235 Nach der hier vertretenen Auffassung (Rz. 95 f.) ist es nicht mehr vertretbar, das Instrument einer „interessengerechten Auslegung" heranzuziehen, um auf diese Weise sicherzustellen, dass der Leasinggeber verpflichtet ist, das Ergebnis der gewährleistungsrechtlichen Auseinandersetzung zwischen Leasingnehmer und Lieferant als für sich verbindlich hinzunehmen. Vielmehr ist dies ausdrücklich klarzustellen, weil nur so der Leasingnehmer – gleichgültig, ob er Verbraucher oder Unternehmer ist – in der Lage ist, etwaige weitergehende Ansprüche/Rechte – etwa beim Fehlschlagen der Nacherfüllung – gegenüber dem Leasinggeber geltend zu machen, indem er dann einen Anspruch auf Fortfall der Geschäftsgrundlage gemäß § 313 Abs. 1 BGB geltend macht (Rz. 144). Indessen wird man bei diesem Ansatz, dem Transparenzerfordernis des § 307 Abs. 1 Satz 2 BGB zu genügen, nicht stehenbleiben dürfen. Mit anderen Worten: Es ist also in transparenter Weise sicherzustellen, unter welchen tatbestandlichen Voraussetzungen der Leasingnehmer einen unmittelbaren, eigenen Anspruch gegenüber dem Leasinggeber hat.

b) Auswirkungen aufgrund der Unwirksamkeit der Abtretungskonstruktion

236 Ebenso wichtig ist es, in den Leasing-AGB sicherzustellen, dass der Leasingnehmer klar und eindeutig darüber unterrichtet ist, unter welchen Voraussetzungen die mietvertragliche Eigenhaftung des Leasinggebers gemäß §§ 536 f. BGB zum Zuge gelangt, weil und soweit die dem Leasingnehmer im Rahmen der Abtretungskonstruktion zur Verfügung stehenden Ansprüche/Rechte nicht vorbehaltlos, unmittelbar und unbedingt überlassen

sind[1]. Es geht also darum, den Tatbestand in transparenter Weise gemäß § 307 Abs. 1 Satz 2 BGB zu bezeichnen, bei dessen Vorliegen ein „Wiederaufleben" der mietvertraglichen Eigenhaftung des Leasinggebers zum Zuge kommt. Da nach der hier vertretenen Auffassung dieser Sachverhalt auch im Rahmen der leasingtypischen Abtretungskonstruktion – mängelspezifisch – in transparenter Weise gemäß § 307 Abs. 1 Satz 2 BGB in den Leasing-AGB seinen Niederschlag gefunden haben muss, folgt daraus ein klassisches Erst-Recht-Argument: Hält man es nämlich – wie hier geschehen – nach § 307 Abs. 2 Nr. 1 BGB für wirksam, dass der Leasinggeber sämtliche Ansprüche wegen einer dem Leasinggeber/Lieferanten zuzurechnenden Pflichtverletzung an den Leasingnehmer zediert, so ist es unbedingt erforderlich, dass dieser Tatbestand klar gegenüber der **subsidiären Eigenhaftung** des Leasinggebers gemäß §§ 536 f. BGB abgegrenzt wird.

2. Insolvenz des Lieferanten – Rücktritt – Schadensersatz statt der Leistung

Dem Transparenzgebot des § 307 Abs. 1 Satz 2 BGB ist nur dann genügt, 237
wenn die subsidiäre Eigenhaftung des Leasinggebers als nachrangige Haftung gegenüber der primären Eigenhaftung des Lieferanten in den Leasing-AGB klar und unmissverständlich auch für den Fall zum Ausdruck gebracht wird[2], dass der Lieferant **insolvent** wird (Rz. 254 ff.). Denn dieses Risiko darf nicht auf den Leasingnehmer überwälzt werden, sondern ist und bleibt genuines Eigenrisiko des Leasinggebers. Der danach zu regelnde Sachverhalt umfasst keineswegs nur das Risiko, dass der Rückzahlungsanspruch des Leasinggebers gemäß §§ 437 Nr. 2, 346 BGB uneinbringlich ist, sondern zwangsläufig auch alle Tatbestände, in denen es dem Leasingnehmer kraft abgetretenen Rechts nicht gelingt, gegenüber dem Lieferanten den erlittenen **Eigenschaden** durchzusetzen – gleichgültig auf welcher Pflichtverletzung der eine oder der andere Tatbestand beruht[3]. Von einer notwendigerweise zu textierenden subsidiären Eigenhaftung des Leasinggeber ist aber auch dann zu sprechen, wenn ein Fehlschlagen der Nacherfüllung gemäß §§ 440, 636 BGB vorliegt (Rz. 27), weil dann der Leasingnehmer berechtigt ist, die Rücktrittssanktion – und damit den Fortfall der Geschäftsgrundlage nach § 313 Abs. 1 BGB – durchzusetzen (Rz. 144). Daraus folgt aber gleichzeitig, dass eine subsidiäre Eigenhaftung des Leasinggebers auch dann zum Zuge gelangen muss, wenn dem Leasingnehmer aus sonstigen Gründen **Rücktrittsrechte** gemäß §§ 323, 324 BGB zur Seite stehen. Denn auch deren Vorliegen löst den Anspruch des Leasingnehmers

1 BGH v. 17.12.1986 – VIII ZR 279/85, ZIP 1987, 240, 241; BGH v. 25.10.1989 – VIII ZR 105/88, ZIP 1990, 175, 177; BGH v. 21.10.2005 – VIII ZR 85/05, ZIP 2006, 1001, 1002.
2 *Beckmann*, § 2 Rz. 199 ff.
3 Vgl. auch *Beckmann*, § 2 Rz. 201.

nach § 313 Abs. 1 BGB aus, über dessen Voraussetzungen und Folgen der Leasingnehmer in den AGB hinreichend klar unterrichtet werden muss.

238 Dabei wird man jedoch nicht stehen bleiben dürfen. Steht nämlich dem Leasingnehmer kraft abgetretenen Rechts ein Schadensersatzanspruch statt der Leistung gemäß §§ 281 ff. BGB zu, dann muss dem Leasingnehmer das Recht verbleiben, diesen Schadensersatzanspruch in vollem Umfang gegenüber dem Leasinggeber insoweit geltend zu machen, als der Lieferant nicht bereit oder nicht in der Lage ist, volle Kompensation gemäß §§ 249 ff. BGB zu leisten. Notwendigerweise gilt die gleiche Erwägung auch dann, wenn der Leasingnehmer – kraft abgetretenen Rechts – anstelle des Anspruchs auf Schadensersatz statt der Leistung gemäß § 281 BGB einen Anspruch auf **Aufwendungsersatz** gemäß § 284 BGB realisieren will. Dieser Anspruch auf Ersatz vergeblicher Aufwendungen steht nämlich dem Gläubiger „anstelle" des Schadensersatzanspruchs statt der Leistung zu[1].

239 Notwendigerweise muss die mietvertragliche Eigenhaftung des Leasinggebers gemäß §§ 536 f. BGB auch dann zum Zuge gelangen, wenn der Leasingnehmer – kraft abgetretenen Rechts – nicht in der Lage ist, gegenüber dem Lieferanten einen **Schadensersatzanspruch** gemäß § 280 BGB zu realisieren. Dies gilt unabhängig davon, ob dieser Schadensersatzanspruch aus § 241 Abs. 2 BGB oder aus § 311 Abs. 2 BGB resultiert[2].

3. Subsidiäre Eigenhaftung des Leasinggebers – Wirksamkeit von Haftungsbegrenzungsklauseln

240 Folgt man der hier vertretenen Auffassung, wonach der Leasinggeber verpflichtet ist, in seinen AGB in transparenter Weise sicherzustellen, unter welchen tatbestandlichen Voraussetzungen – umfassende Abtretungskonstruktion vorausgesetzt – seine mietvertragliche Eigenhaftung gemäß §§ 536 f. BGB wieder zum Zuge gelangt, dann steht zunächst einmal auf Basis des dispositiven Rechts fest: Im Hinblick auf die weitreichende Gleichrangigkeit und Gleichwertigkeit der Haftungsregeln der §§ 434 ff. BGB und der mietvertraglichen Eigenhaftung gemäß §§ 536 f. BGB hat der Leasingnehmer im praktischen Ergebnis Anspruch darauf, dass ihm auf Basis der Abtretungskonstruktion keine wirtschaftlichen Nachteile entstehen, die weiter reichen als diejenigen, die ein **Käufer** in einer vergleichbaren Situation hätte.

241 Dies gilt uneingeschränkt im Rahmen des **Verbrauchsgüterkaufs** gemäß §§ 474 ff. BGB[3]; es gilt aber auch insoweit, als der Leasingnehmer **Unternehmer** gemäß § 14 BGB ist. Dieser Ansatz wird nach der hier vertretenen

1 Statt aller *Palandt/Heinrichs*, § 284 BGB Rz. 5.
2 Vgl. auch *Beckmann* § 2 Rz. 301.
3 BGH v. 21.12.2005 – VIII ZR 85/05, NJW 2006, 1066, 1068.

Auffassung noch dadurch **verstärkt**, dass im Rahmen der Abtretungskonstruktion – gleichgültig, welchen Umfang diese hat – der **Leasinggeber** stets als Verwender der AGB anzusehen ist, welche Gegenstand der Abtretungskonstruktion sind (Kap. C Rz. 41). Denn der Leasinggeber trägt insoweit das Risiko, dass eine in den Lieferanten-AGB enthaltene Klausel an der Hürde der §§ 307 ff. BGB scheitert, so dass dann dispositives Recht gemäß § 306 Abs. 2 BGB zum Zuge gelangt[1]. Daraus folgt im Grundsatz, dass der Leasinggeber seine subsidiäre mietrechtliche Eigenhaftung nur in den Grenzen wirksam beschränken kann, in denen dies dem gewöhnlichen „Vermieter" gemäß §§ 307 ff. BGB gestattet ist. Daraus ergeben sich folgende Konsequenzen:

a) Grobes Verschulden – § 309 Nr. 7b BGB

Es unterliegt keinem Zweifel, dass der Verbotstatbestand von § 309 Nr. 7b 242 BGB gegenüber einem Leasingnehmer als **Verbraucher** unmittelbar einschlägig ist. Und es unterliegt auch i.S.v. § 307 Abs. 1 BGB keinem Zweifel, dass im Fall groben Verschuldens die Haftungsfreizeichnung des Leasinggebers gegenüber einem Leasingnehmer als **Unternehmer** nicht hinzunehmen ist[2]. Eine Haftungsbegrenzung ist in diesen Fällen – ausgenommen der Tatbestand vorsätzlichen Verhaltens des Schuldners persönlich oder seiner Organe – nur dann mit § 307 Abs. 1 BGB vereinbar, wenn sich die Haftungsbegrenzung auf den typischerweise eintretenden, vorhersehbaren Schaden bezieht[3].

b) Einfache Fahrlässigkeit – wesentliche Vertragspflicht – § 307 Abs. 2 Nr. 1 BGB

Berücksichtigt man, dass das Konzept einer schuldhaften Verletzung einer 243 wesentlichen Vertragspflicht i.S.v. § 307 Abs. 2 Nr. 1 BGB alle Vertragstypen erfasst, dann macht der Leasing- oder Mietvertrag hiervon **keine Ausnahme**[4]. Soweit der BGH eine formularmäßige Freizeichnung von der Haftung für fahrlässig verursachte Sachschäden des Mieters als mit § 307 Abs. 2 Nr. 1 BGB vereinbar angesehen hat[5], ist zu bedenken, dass es sich hierbei um eine Entscheidung handelt, die auf den Bereich der **Wohnraummiete** bezogen war[6]. Es erscheint daher unwahrscheinlich, dass die gleiche Argumentation auch dann in Ansatz gebracht wird, wenn eine solche Klausel auf einen **Leasingvertrag** ausgedehnt würde[7]. Zwar ist einzuräumen, dass die Rechtsprechung des BGH es als nach § 307 Abs. 2 Nr. 1 BGB

---

1 BGH v. 2.2.1994 – VIII ZR 262/92, NJW 1994, 1004, 1005.
2 *Palandt/Grüneberg*, § 309 BGB Rz. 48; *Erman/Roloff*, § 309 BGB Rz. 76.
3 BGH v. 11.11.1992 – VIII ZR 238/91, NJW 1993, 335.
4 AGB-Klauselwerke/*Graf von Westphalen*, Freizeichnungsklausel Rz. 33 ff.
5 BGH v. 24.10.2001 – VIII ARZ 1/01, ZIP 2002, 220.
6 *Wolf/Eckert/Ball*, Rz. 358.
7 Bedenken auch bei *Wolf/Eckert/Ball*, Rz. 358.

unbedenklich erachtet, wenn der Anspruch auf **Mietminderung** ausgeschlossen ist[1]. Doch ist im Kontext eines Schadensersatzanspruchs des Leasingnehmers gemäß § 536a Abs. 1 BGB ein Doppeltes zu bedenken: Zum einen ist es mit § 307 Abs. 2 Nr. 1 BGB vereinbar, so dass auch nicht die Verletzung einer wesentlichen Vertragspflicht i.S.v. § 307 Abs. 2 Nr. 1 BGB eingewandt werden kann, wenn der Leasinggeber die in § 536a Abs. 1 BGB verankerte **Garantiehaftung** für das Vorhandensein von Mängeln bei Vertragsabschluss abbedingt[2]. Zum anderen liegt der Unterschied auf der Hand: Die Verletzung einer wesentlichen Vertragspflicht i.S.v. § 307 Abs. 2 Nr. 1 BGB setzt schuldhaftes Verhalten voraus; die Garantiehaftung des § 536a Abs. 1 BGB ist hiervon unabhängig.

244 Demzufolge wird man von der schuldhaften Verletzung einer wesentlichen Vertragspflicht i.S.v. § 536a Abs. 1 BGB vor allem dann ausgehen müssen, wenn der später, d.h. nach Abschluss des Leasingvertrages, auftretende Mangel auf einem Umstand beruht, den der **Vermieter zu vertreten** hat, oder wenn der Vermieter/Leasinggeber mit der Beseitigung eines Mangels in Verzug geraten ist. Insofern liegt in einer entsprechenden Freizeichnungsklausel im Zweifel eine unangemessene Benachteiligung des Leasingnehmers nach § 307 Abs. 2 Nr. 1 BGB, weil die vorgeschaltete Abtretungskonstruktion, die ihm ja die Stellung eines Käufers verliehen hat, nicht zum praktischen Erfolg geführt hat. Es ist vielmehr eine Inanspruchnahme des Leasinggebers im Rahmen einer subsidiären Haftung angezeigt, die mit der erstmaligen Inanspruchnahme eines Schuldners und der entsprechenden Gestattung einer Freizeichnung nicht vergleichbar ist. So gesehen wird man den Rechtsgedanken von § 309 Nr. 8b bb BGB hier zur Entfaltung nach § 307 Abs. 2 Nr. 1 BGB berufen müssen, um ein sachgerechtes Ergebnis zu erreichen und um zu verhindern, dass im Ergebnis der Leasingnehmer/Käufer rechtlos gestellt wird.

c) Schuldhafte Verletzung von Leben, Körper und Gesundheit

245 Nach der hier vertretenen Auffassung ist dieser Verbotstatbestand gegenüber dem Leasingnehmer als Verbraucher zwingend zu berücksichtigen, was auch Auswirkungen auf den Fall hat, dass der Leasingnehmer **Unternehmer** gemäß § 14 BGB ist (Rz. 74).

d) Weiterführende Erwägungen

246 In allen anderen Fällen ist, um die Summe zu ziehen, ein weiterer Gedanke zu mobilisieren. Er beruht darauf, dass die subsidiäre Eigenhaftung des Leasinggebers erst dann zum Zuge gelangt, wenn die – vorgeschaltete – Abtre-

---

1 BGH v. 20.6.1984 – VIII ZR 337/82, ZIP 1984, 1236; BGH v. 27.1.1993 – XII ZR 141/91, NJW-RR 1993, 519; *Wolf/Eckert/Ball*, Rz. 361.

2 BGH v. 4.10.1990 – XII ZR 46/90, NJW-RR 1991, 74; BGH v. 27.1.1993 – XII ZR 141/91, NJW-RR 1993, 519; BGH v. 3.7.2002 – XII ZR 327/00, NJW 2002, 3232.

tungskonstruktion dem Leasingnehmer nicht die Ansprüche/Rechte gewährt hat, welche nach der Rechtsprechung des BGH als vorbehaltlos, unmittelbar und unbedingt im Rahmen der Abtretungskonstruktion einzustufen sind[1]. Wenn aber die Abtretungskonstruktion nicht zum Erfolg geführt hat, so dass die leasingvertragliche Eigenhaftung des Leasinggebers gemäß §§ 536 f. BGB wieder zum Zuge gelangt, dann ist es i.S.v. § 307 Abs. 2 Nr. 1 BGB praktisch nicht nachvollziehbar, dass dann noch die Möglichkeit mit Recht bestehen sollte, dass der Leasinggeber in seinen Leasing-AGB die mietvertraglichen Ansprüche/Rechte gegenüber dem Leasingnehmer begrenzt, ohne dass darin eine unangemessene Benachteiligung des Leasingnehmers liegt. Diese Fallkonstellation ist nämlich – wie bereits angedeutet – nicht mit derjenigen vergleichbar, dass der Leasingnehmer unmittelbare Ansprüche gemäß §§ 536 f. BGB gegenüber dem Leasinggeber geltend macht – insoweit sind ja nach der Rechtsprechung des BGH gewisse Einschränkungen der Rechte des Mieters hinzunehmen[2] –, weil der Tatbestand im Auge behalten werden muss, dass der Leasingnehmer schon vergeblich versucht hat, seine Ansprüche/Rechte gegenüber dem Lieferanten des Leasingguts durchzusetzen. Eine zweifache – und in der Sache ergebnislose – Verfolgung seiner Ansprüche/Rechte ist dem Leasingnehmer allemal nicht gemäß § 307 Abs. 1 BGB zuzumuten, ohne dass darin eine unangemessene Benachteiligung liegt.

Daraus folgt im Ergebnis, dass der sicherere Weg darin besteht, die sub- 247
sidiäre Eigenhaftung des Leasinggebers uneingeschränkt nach den §§ 536 f. BGB auszurichten[3], was allerdings nicht das Recht des Leasinggebers ausschließt, die Garantiehaftung gemäß § 536a Abs. 1 BGB für anfängliche Mängel des Leasingguts in wirksamer Weise abzubedingen (Rz. 243). Damit sollte es aber auch sein Bewenden haben.

4. Anzeigepflicht gemäß § 536c BGB

Eine weitere, nicht immer bedachte Folge einer unwirksamen Abtretungs- 248
konstruktion liegt insbesondere darin, dass der Leasingnehmer verpflichtet ist, die während der Dauer des Leasingvertrages am Leasinggut auftretenden Schäden unverzüglich dem Leasinggeber anzuzeigen[4]. Geschieht dies nicht, dann ist der Leasingnehmer gemäß § 536c Abs. 2 BGB nicht berechtigt, den daraus entstehenden Schaden vom Leasinggeber zu reklamieren. Des Weiteren folgt aus § 536c Abs. 2 Satz 2 BGB: Soweit der Leasinggeber – als Folge der nicht rechtzeitigen Mängelanzeige – nicht in der Lage ist, Abhilfe zu schaffen, ist der Leasingnehmer nicht berechtigt, gemäß § 536 BGB Mietminderung oder gemäß § 536a Abs. 1 BGB Schadensersatz zu ver-

1 BGH v. 25.10.1989 – VIII ZR 105/88, ZIP 1990, 175, 177; BGH v. 21.10.2005 – VIII ZR 85/05, ZIP 2006, 1001, 1002.
2 *Wolf/Eckert/Ball*, Rz. 351 ff.
3 A.M. *Beckmann*, § 2 Rz. 204.
4 BGH v. 17.12.1986 – VIII ZR 279/85, ZIP 1987, 240; *Wolf/Eckert/Ball*, Rz. 1893.

langen[1]. Darüber hinaus verliert der Leasingnehmer sein fristloses Kündigungsrecht gemäß § 543 Abs. 3 Satz 1 BGB[2]. Doch gilt dies immer nur **insoweit**, als der Mangel tatsächlich behebbar gewesen wäre, weil eben nach § 536c Abs. 2 Satz 2 BGB der Rechtsverlust des Leasingnehmers davon abhängig ist, dass eine **Abhilfe** überhaupt möglich war[3]. Die **Darlegungs- und Beweislast** dafür, dass Abhilfe ursprünglich i.S.v. § 536c Abs. 2 Satz 2 BGB möglich war, als Folge der verspäteten Mängelanzeige aber entfallen ist, trifft den Leasinggeber[4].

249 Soweit Schadensersatz gemäß § 536 Abs. 2 Satz 1 BGB zu ersetzen ist, bezieht sich dieser immer nur auf den **Schaden**, der als Folge der vom Leasingnehmer nicht beachteten und daher verletzten Anzeigepflicht resultiert. Folglich ist der Leasingnehmer verpflichtet, den Zustand des Leasingguts herzustellen, der bei rechtzeitiger Anzeige hätte hergestellt werden können[5]. Diese Problemstellung kann insbesondere im Rahmen der Mängelhaftung bedeutsam werden[6]. Sind nämlich – um ein Beispiel aus der Rechtsprechung aufzugreifen – die kaufrechtlichen Mängelansprüche des Leasinggebers gegenüber dem Lieferanten bereits verjährt, so ist von Folgendem auszugehen: Der Minderungsanspruch im Verhältnis zwischen Leasinggeber und Lieferant ergibt sich aus § 437 Nr. 2 BGB i.V.m. § 441 BGB; es gilt allgemeines Kaufrecht, Besonderheiten bestehen nicht. Im Verhältnis zwischen Leasinggeber und Leasingnehmer bezieht sich jedoch der Minderungsbetrag gemäß § 536 BGB nicht auf den Kaufpreis, sondern umfasst alle Herstellungs- und Anschaffungskosten des Leasinggebers, einschließlich der Finanzierungs- und der Nebenkosten sowie des angemessenen Gewinns[7]. Daher ist der Leasingnehmer gemäß § 536a Abs. 1 BGB verpflichtet, die insoweit entstehende **Differenz** auszugleichen, so dass im Ergebnis der geminderte Kaufpreis und die Summe, um die die Leasingraten herabzusetzen sind, deckungsgleich sind[8].

XIX. Unwirksamkeit der leasingtypischen Abtretungskonstruktion – Schadensersatz- und Erstattungsansprüche des Leasingnehmers

250 Wenn eine Konstellation vorliegt, aus der sich ergibt, dass die leasingtypische Abtretungskonstruktion an § 307 Abs. 2 Nr. 1 BGB scheitert, ist dies oft das Ergebnis einer nicht ganz einfachen juristischen Bewertung. Nicht auszuschließen ist daher, dass der Leasingnehmer – in Unkenntnis der Un-

1 Hierzu auch *Palandt/Weidenkaff*, § 536c BGB Rz. 11.
2 *Wolf/Eckert/Ball*, Rz. 1894.
3 *Erman/Jendrek*, § 536c BGB Rz. 6.
4 BGH v. 17.12.1986 – VIII ZR 279/85, ZIP 1987, 240; *Wolf/Eckert/Ball*, Rz. 1895.
5 *Palandt/Weidenkaff*, § 536c BGB Rz. 10.
6 BGH v. 17.12.1986 – VIII ZR 279/85, ZIP 1987, 240.
7 *Wolf/Eckert/Ball*, Rz. 1896.
8 BGH v. 17.12.1986 – VIII ZR 279/85, ZIP 1987, 240; *Wolf/Eckert/Ball*, Rz. 1897.

wirksamkeit der Abtretungskonstruktion – entsprechende Ansprüche/Rechte gegenüber dem Lieferanten geltend macht, um dann im Rahmen eines rechtskräftigen Urteils festzustellen, dass er den falschen Weg gewählt hat. Dieses Ergebnis kann und darf den Leasingnehmer nicht belasten, weil – ganz allgemein – die Verwendung unwirksamer AGB-Klauseln eine Pflichtverletzung nach § 311 Abs. 2 BGB ist, für die der AGB-Verwender auf Ersatz des Schadens[1], aber auch auf sonstige Weise haftet.

1. Aufwendungserstattungsanspruch des Leasingnehmers

Nach der zutreffenden Auffassung des BGH hat der Leasingnehmer, der 251
aufgrund einer unwirksamen Freizeichnungsklausel in den Leasing-AGB den Wandelungsprozess gegen den Lieferanten des Leasingguts führt, gegen den Leasinggeber Anspruch auf Erstattung der Prozesskosten aus dem Gesichtspunkt der Geschäftsführung ohne Auftrag gemäß §§ 683, 670 BGB[2]. Wenn nämlich die leasingtypische Abtretungskonstruktion gegen § 307 Abs. 2 Nr. 1 BGB verstößt, ist der Leasingnehmer zu einem Prozess gegen den Lieferanten gezwungen, den er – streng genommen – nicht führen müsste. Denn er könnte sich darauf beschränken, wegen der Unwirksamkeit der Abtretungskonstruktion auf die wiederauflebende mietrechtliche Eigenhaftung des Leasinggebers gemäß §§ 536 f. BGB zurückzugreifen. Tut er dies nicht, weil er die Unwirksamkeit der Abtretungskonstruktion nicht erkennt, dann ist der Befund unausweichlich: Der Leasingnehmer führt aufgrund der leasingtypischen Abtretungskonstruktion, wie von § 677 BGB gefordert, ein Geschäft des Leasinggebers, wenn er den Lieferanten des Leasingguts gemäß § 437 BGB auf Nacherfüllung, Rücktritt, Minderung oder auf Schadensersatz statt der Leistung in Anspruch nimmt. In der Sache macht er damit Rechte geltend, die dem Leasinggeber unmittelbar gegenüber dem Lieferanten aufgrund der kaufvertraglichen Beziehungen zwischen beiden Parteien zustehen.

Dass der Leasingnehmer in diesen Fällen die Auffassung vertritt, er erfülle 252
gegenüber dem Lieferanten des Leasingguts wegen der Abtretungskonstruktion auch eine **eigene Verpflichtung**, schließt die Anwendung der Regeln über die Geschäftsführung ohne Auftrag nicht aus[3]. Irrelevant ist es daher auch, wenn der Leasinggeber dem Leasingnehmer entgegenhält, er führe den Rücktritts- oder Minderungsprozess in erster Linie nur zu dem Zweck, den Fortfall der Geschäftsgrundlage des Leasingvertrages gemäß § 313 Abs. 1 BGB herbeizuführen. Zwar hat der BGH[4] die Antwort auf diese Frage offen gelassen. Doch ist entscheidend, dass der Anspruch auf Fort-

---

1 BGH v. 14.6.1994 – XI ZR 210/93, NJW 1994, 2754; *Palandt/Heinrichs*, vor § 307 Rz. 14.
2 BGH v. 25.10.1989 – VIII ZR 105/88, ZIP 1990, 175, 177; BGH v. 10.11.1993 – VIII ZR 119/92, ZIP 1993, 1876, 1879.
3 BGH v. 25.10.1989 – VIII ZR 105/88, ZIP 1990, 175, 180.
4 BGH v. 10.11.1993 – VIII ZR 119/92, ZIP 1993, 1876, 1879.

fall der Geschäftsgrundlage gemäß § 313 Abs. 1 BGB erst dann zur Entstehung gelangt und begründet ist, wenn seinerseits Rücktritt/Minderung oder Schadensersatz statt der Leistung im Rahmen des Kaufvertrages zwischen Leasinggeber und Lieferant des Leasingguts begründet sind. Der aus § 313 Abs. 1 BGB resultierende Anspruch des Leasingnehmers ist nämlich nur ein mittelbarer Reflex der Rechtsfolgen, die im Kaufvertrag zwischen Leasinggeber und Leasingnehmer eintreten.

2. Schadensersatz gemäß § 311 Abs. 2 BGB

253 Indessen kann man den Aufwendungserstattungsanspruch, den der Leasingnehmer gemäß §§ 670, 683 BGB gegenüber dem Leasinggeber in diesen Fällen geltend macht, auch als Schadensersatzanspruch gemäß § 311 Abs. 2 BGB begründen. Entscheidend ist für diese Erwägung, dass die Verwendung unwirksamer AGB-Klauseln den Rechtsfrieden stört und daher zugunsten des Vertragspartners des AGB-Verwenders diesem gegenüber einen Schadensersatzanspruch gemäß § 311 Abs. 2 BGB begründet[1]. Danach hat der Leasingnehmer Anspruch darauf, gemäß § 249 BGB so gestellt zu werden, wie er stände, wenn der Leasinggeber als AGB-Verwender keine unwirksame AGB-Klausel ihm gegenüber eingesetzt hätte. Unter dieser Voraussetzung hätte der Leasingnehmer den Prozess gegenüber dem Lieferanten nicht geführt, so dass er gemäß § 249 BGB das Recht hat, von dieser Verbindlichkeit durch den **Leasinggeber** freigestellt zu werden. Diese Rechtsfolge gilt auch dann, wenn die Leasing-AGB vorsehen, dass der Leasingnehmer verpflichtet ist, die Rechtsverfolgung gegenüber dem Lieferanten im Rahmen der leasingtypischen Abtretungskonstruktion **auf eigenes Risiko und eigene Kosten** durchzuführen, was üblicher Vertragsgestaltung entspricht. Doch auch dies hindert den Schadensersatzanspruch des Leasingnehmers gegenüber dem Leasinggeber gemäß §§ 311 Abs. 2, 280 Abs. 1 BGB deswegen nicht, weil eine solche Klauselgestaltung – wie selbstverständlich – davon ausgeht, dass die Rechtsverfolgung dem Leasingnehmer nur dann auf eigenes Risiko und eigene Kosten angelastet werden kann, soweit es sich um die Verwendung einer wirksamen AGB-Klausel handelt. Keinesfalls kann es so sein, dass der Leasingnehmer unter schadensersatzrechtlichen Erwägungen dazu gezwungen ist, diese Kosten zunächst gegenüber seinem Prozessgegner, dem Lieferanten des Leasingguts, zu reklamieren, so dass dann der Leasinggeber lediglich gehalten ist, eine Ausfallhaftung zu übernehmen. Denn bei Verwendung einer wirksamen Abtretungskonstruktion wäre der Leasingnehmer gar nicht auf den Gedanken gekommen, den Lieferanten des Leasingguts in Anspruch zu nehmen; diese Erwägung ist schadensersatzrechtlich entscheidend. Die gegenteilige Auffassung der Vorauflage wird aufgegeben[2].

---

1 BGH v. 14.6.1994 – XI ZR 210/93, NJW 1994, 2754; *Palandt/Heinrichs*, vor § 307 BGB Rz. 14.

2 Dort Rz. 865 f.

XX. Überwälzung des Insolvenzrisikos des Lieferanten

Von großer praktischer Bedeutung ist die Antwort auf die Frage, ob der Leasinggeber berechtigt ist, das Risiko der Insolvenz des Lieferanten auf den Leasingnehmer zu überwälzen[1]. 254

1. Ergebnisse der Rechtsprechung

Die Judikatur des BGH ist in diesem Punkt seit langer Zeit eindeutig: Es verstößt in fundamentaler Weise gegen § 307 Abs. 2 Nr. 1 BGB bzw. gegen § 307 Abs. 1 BGB, wenn der Leasinggeber in seinen AGB den Versuch unternimmt, das Risiko der Insolvenz des Lieferanten auf den Leasingnehmer abzuwälzen[2]. Dabei ist es gleichgültig, zu welchem Zeitpunkt die Insolvenz des Lieferanten eintritt, solange sie nur bewirkt, dass der Leasingnehmer in seinen Rechten aufgrund der leasingtypischen Abtretungskonstruktion einen Nachteil erleidet, sei es im Rahmen einer Wandelung[3], so dass der Anspruch auf Rückzahlung des Kaufpreises ausfällt[4], sei es im Rahmen der Mangelbeseitigung. Gestützt wird dieses Argument durch die zutreffende Erwägung, dass das den Leasingvertrag beherrschende **Äquivalenzprinzip** von Leistung und Gegenleistung sonst gefährdet oder gar unmöglich gemacht würde, wenn man es dem Leasinggeber gestatten würde, sich von der Tragung des Insolvenzrisikos des Lieferanten zu dispensieren[5]. Es ist also in diesem Punkt von einer inzwischen festgefügten Judikatur auszugehen. Sie gilt gleichermaßen, ob der Leasingnehmer Verbraucher oder Unternehmer ist[6]. 255

2. Meinungen in der Literatur – eigene Auffassung

Die h.M. in der Literatur folgt der Rechtsprechung des BGH[7]. Doch gibt es auch Gegenstimmen[8]. Sie berufen sich in der Sache – freilich mit Nuancen – immer darauf, dass der Beschaffungsvorgang sowie die darin zu findende Finanzierung als typusbestimmend für den Leasingvertrag angesehen werden. Da aber im Vorstehenden bereits sehr deutlich herausgearbeitet wur- 256

1 Hierzu *Lieb*, DB 1998, 2495, 2499 f.; *Canaris*, AcP 190 (1990) 410, 421 ff.
2 BGH v. 16.9.1981 – VIII ZR 265/80, NJW 1982, 105; BGH v. 20.6.1984 – VIII ZR 131/83, NJW 1984, 2938; BGH v. 25.10.1989 – VIII ZR 105/88, NJW 1990, 3014.
3 BGH v. 20.6.1084 – VIII ZR 131/83, NJW 1984, 2928.
4 BGH v. 25.10.1989 – VIII ZR 105/88, NJW 1990, 3014.
5 BGH v. 13.3.1991 – VIII ZR 34/90, NJW 1991, 1746; BGH v. 10.11.1993 – VIII ZR 119/92, NJW 1993, 2870.
6 BGH v. 13.3.1991 – VIII ZR 34/90, NJW 1991, 1746.
7 *Beckmann*, § 13 Rz. 12; *Palandt/Weidenkaff*, vor § 535 BGB Rz. 57; *Erman/Jendrek*, Anh. zu § 535 BGB Rz. 33; *Flume*, DB 1991, 265, 269; MünchKomm./*Habersack*, Leasing Rz. 100; *Martinek*. Moderne Vertragstypen, Bd. I, S. 184 f.
8 *Lieb*, DB 1998, 2495, 2499 f.; *Canaris*, AcP 190 (1990) 410, 421 ff.; *Roth* AcP 190 (1990) 302, 305.

de, dass die rechtliche Qualifikation des Leasingvertrages eben nicht auf diesen Erwägungen beruht, sondern dass eine primär mietrechtliche Einordnung vorzugswürdig ist (Kap. B Rz. 10 ff.), sind damit auch für alle praktischen Anwendungsfälle die Würfel gefallen.

257 Das Insolvenzrisiko des Lieferanten ist abschließend dem **Risikobereich des Leasinggebers** zuzuweisen; entgegenstehende AGB-Klauseln scheitern an § 307 Abs. 2 Nr. 1 BGB und sind daher unwirksam[1]. Dabei macht es keinen Unterschied, in welcher Weise die finanziellen Konsequenzen einer Insolvenz des Lieferanten im Ergebnis auf den Leasingnehmer abgewälzt werden, ob im Rahmen eines Aufwendungserstattungsanspruchs oder einer Garantieerklärung.

---

1 Hierzu bereits *Graf von Westphalen*, WM 1980, 942 ff.

I. Risikotragungsklauseln – Unterhaltungspflichten

Es entspricht üblicher Vertragsgestaltung bei Finanzierungsleasingverträgen, dass der Leasinggeber die Sach- und Preisgefahr auf den Leasingnehmer überwälzt. Der Leasingnehmer erhält auf diese Weise die Stellung eines Käufers gemäß § 446 BGB. Es ergeben sich in diesem Zusammenhang folgende Erwägungen, die zu berücksichtigen sind, wobei auch die Frage angesprochen werden muss, wie denn bei einer Zerstörung oder Beschädigung des Leasingguts durch einen Dritten oder durch den Leasingnehmer zu entscheiden ist: 1

I. Begriffliches

Der Begriff **„Sachgefahr"** bezeichnet die Gefahr, neu leisten zu müssen, wenn eine Substanzbeeinträchtigung des Leasingguts durch zufälligen Untergang oder durch zufällige Verschlechterung eintritt[1]. Daher gilt der Grundsatz: Die Sachgefahr als Rechtsverlust bzw. als Rechtsbeeinträchtigung trifft den Rechtsinhaber, also den Vermieter/Leasinggeber[2]. Unter dem Begriff **„Preisgefahr"** ist die Gefahr zu verstehen, beim gegenseitigen Vertrag auch dann das vereinbarte Entgelt zahlen zu müssen, wenn die geschuldete Sachleistung infolge eines zufälligen Untergangs oder einer zufälligen Verschlechterung zerstört wird oder nicht mehr vorhanden ist[3]. Es muss sich folglich um einen Umstand handeln, den weder der Leasinggeber noch der Leasingnehmer zu vertreten haben[4]. Dies führt dann gemäß § 326 Abs. 1 Satz 1 BGB zu folgender Konsequenz: Braucht der Vermieter wegen eines zufälligen Untergangs der Sache nicht mehr zu leisten, dann entfällt auch der Anspruch auf die Gegenleistung. 2

II. Mietrechtliche Ausgangslage

Nach der hier im Einzelnen entwickelten Auffassung (Kap. B Rz. 10 ff.) ist der Leasingvertrag in erster Linie den mietrechtlichen Bestimmungen der §§ 535 ff. BGB zuzuordnen. Gleichzeitig ist zu betonen, dass der Leasingnehmer im Rahmen aller Teilamortisationsverträge verpflichtet ist, das Risiko der Wertminderung des Leasingguts zu tragen, indem er den **Vollamortisationsanspruch** des Leasinggebers garantiemäßig absichert. Diese Ausgangslage bringt es mit sich, dass der Leasinggeber – wie ein Vermieter 3

---

1 Statt aller: *Palandt/Weidenkaff*, § 446 BGB Rz. 5 ff.
2 *Wolf/Eckert/Ball*, Rz. 1783.
3 *Koch*, Störung beim Finanzierungsleasing, S. 168 ff.; *Palandt/Heinrichs*, § 275 BGB Rz. 33.
4 *Palandt/Weidenkaff*, § 446 BGB Rz. 8.

– mit der Sacherhaltungs- und Unterhaltungspflicht des Leasingguts während der Dauer des Leasingvertrages belastet ist. Gleichzeitig bedeutet dies: Der Leasinggeber trägt gemäß § 536 Abs. 1 BGB entsprechend § 326 Abs. 1 Satz 1 BGB die **Gegenleistungsgefahr**, wenn die Mietsache durch Zufall untergeht oder ein sonstiges, weder vom Leasingnehmer noch vom Leasinggeber zu vertretendes Ereignis eintritt, wonach das Leasinggut nicht mehr zu gebrauchen ist[1]. Der Leasinggeber verliert dann den Anspruch auf die Gegenleistung.

4 Dieser gesetzliche Ausgangspunkt nach § 536 Abs. 1 BGB hilft freilich nicht insoweit, als der Leasingnehmer bei **Teilamortisationsverträgen** garantiemäßig den vollen Amortisationsanspruch des Leasinggebers absichert. Denn der neben der mietvertraglichen Qualifikation gemäß §§ 535 ff. BGB bestehende Garantievertrag zielt darauf ab, dass der Leasingnehmer gegenüber dem Leasinggeber die Verpflichtung zur Schadloshaltung übernimmt, falls der garantierte Erfolg – nämlich: das Erreichen der Vollamortisation des Leasinggebers während der Dauer des Leasingvertrages – nicht eintritt, wobei der Leasingnehmer insoweit – wegen der übernommenen Garantie – auch für alle nicht typischen Zufälle haftet[2]. Soweit also während der Dauer eines Teilamortisationsvertrages ein Ereignis eintritt, welches weder vom Leasinggeber noch vom Leasingnehmer zu vertreten ist und das den Untergang oder die Gebrauchsuntauglichkeit des Leasingguts zur Konsequenz hat, bleibt der Leasingnehmer garantiemäßig weiterhin zur Vollamortisation des Leasinggebers verpflichtet.

1. BGH-Judikatur

5 In mehreren Entscheidungen hat der BGH die Überwälzung der Sachgefahr auf den Leasingnehmer als mit § 307 Abs. 2 Nr. 1 BGB vereinbar erklärt[3]. Der BGH sieht darin ein **Charakteristikum** des Finanzierungsleasings[4]. Dieses zählt er zum typischen Inhalt des Leasingvertrages und meint, es sei „grundsätzlich als angemessen zu billigen"[5], wenn der Leasingnehmer das Risiko der Sachgefahr trägt. Entscheidend ist auch hier, dass der Leasinggeber nicht nur eine Finanzierungsfunktion übernimmt, sondern dem Leasingnehmer das Leasinggut „zum Gebrauch zur Verfügung" stellt[6]. Deshalb ist es nach § 307 Abs. 2 Nr. 1 BGB nicht zu beanstanden, dass der Leasingnehmer durch die Leasing-AGB insoweit wie ein **Käufer** behandelt wird.

1 Statt aller: MünchKomm./*Habersack*, Leasing Rz. 70.
2 Statt aller: *Palandt/Sprau*, vor § 765 BGB Rz. 16.
3 BGH v. 8.10.1975 – VIII ZR 81/74, WM 1975, 1203, 1204; BGH v. 9.3.1977 – VIII ZR 192/75, WM 1977, 473; BGH v. 5.4.1978 – VIII ZR 49/77, WM 1978, 570, 571; BGH v. 12.2.1985 – X ZR 31/84, WM 1985, 602; BGH v. 15.10.1986 – VIII ZR 319/85, WM 1987, 38; BGH v. 30.9.1987 – VIII ZR 226/86, WM 1987, 1338.
4 BGH v. 9.3.1977 – VIII ZR 192/75, WM 1977, 473.
5 BGH v. 28.3.1990 – VIII ZR 17/89, NJW 1990, 1785, 1788.
6 BGH v. 30.9.1987 – VIII ZR 226/86, WM 1987, 1338, 1340.

Die daraus – in Abweichung vom Mietrecht der §§ 535 ff. BGB – resultierende Belastung ist für den Leasingnehmer deswegen i.S.v. § 307 Abs. 2 Nr. 1 BGB „erträglich, weil er die Leasingsache versichern lassen kann und ihm eine dem Leasinggeber ausgezahlte Versicherungssumme zugute kommen muss"[1]. Mehr noch: Der BGH stellt sogar darauf ab, dass der Leasingnehmer auch deswegen nicht unangemessen gemäß § 307 Abs. 1 BGB benachteiligt wird, weil ja der Leasinggeber „auch ohne besondere Vereinbarung" verpflichtet ist, dem Leasingnehmer die Leistung aus einer von diesem für das Leasinggut abgeschlossene Versicherung – durch Anrechnung auf einen etwaigen Ausgleich- oder Schadensersatzanspruch oder durch Abtretung eines Anspruchs gegen einen Dritten – zugute kommen zu lassen. Daher bedarf es auch keiner transparenten Klausel i.S.v. § 307 Abs. 1 Satz 2 BGB, um – so der BGH – dieses Ergebnis einer vollen Anrechenbarkeit der Ersatzleistung der Versicherung auf den Amortisationsanspruch des Leasinggebers zu begründen. Dies alles rechtfertigt es im Ergebnis, dass der Leasinggeber als AGB-Verwender eine Vertragsgestaltung – bezogen auf die Verteilung der Sach- und Preisgefahr beim Leasingvertrag – wählt, die vom Mietrecht in diesem Punkt entscheidend abweicht[2].

2. Literaturmeinungen – Eigene Stellungnahme

a) Meinungsspektrum

6 Auch in der Literatur wird überwiegend die Auffassung vertreten, es sei mit § 307 Abs. 2 Nr. 1 BGB vereinbar, dass der Leasinggeber dem Leasingnehmer die Sach- und Preisgefahr – wie gegenüber einem Käufer – überwälzt[3]. Dieser Auffassung ist zu folgen. Die wesentlichen Argumentationsketten sind hierbei folgende: Gerade wenn man – wie hier geschehen – davon ausgeht, dass Leasingverträge nur „in erster Linie den Bestimmungen der §§ 535 ff. BGB" zugeordnet sind, ist entscheidend, dass es sich um eine – limitierte – Anwendung der mietrechtlichen Bestimmungen der §§ 535 ff. BGB handelt. Zwar hat der Leasinggeber die Stellung eines Vermieters und ist – steuerrechtlich gewertet – rechtlicher und wirtschaftlicher Eigentümer des Leasingguts gemäß § 39 Abs. 2 Nr. 1 AO. Dabei besteht jedoch gleichwohl seine Hauptpflicht darin, dem Leasingnehmer die Sachnutzung eines gebrauchstauglichen/funktionstüchtigen Leasingguts für die Dauer des Leasingvertrages zu überlassen. Doch erwirbt der Lea-

1 BGH v. 30.9.1987 – VIII ZR 226/86, WM 1987, 1338, 1340; BGH v. 8.10.2003 – VIII ZR 55/03, BB 2004, 69.

2 BGH v. 28.3.1990 – VIII ZR 17/89, NJW 1990, 1785, 1788.

3 MünchKomm./*Habersack*, Leasing Rz. 70; *Wendehorst*, in Bamberger/Roth, § 500 BGB Rz. 26; *Erman/Jendrek*, Anh. zu § 536 BGB Rz. 23 f.; *Palandt/Weidenkaff*, vor § 535 BGB Rz. 59; *Wolf/Horn/Lindacher*, § 9 AGBG L 39; *Canaris*, Bankvertragsrecht, Rz. 1755; *Sannwald*, Der Finanzierungsleasingvertrag in bewegliche Sache mit Nicht-Kaufleuten, S. 153 ff.; *Wolf/Eckert/Ball*, Rz. 1785; *Beckmann*, § 2 Rz. 476.

singgeber das Leasinggut nur deswegen, weil er im Rahmen einer Finanzierungsentscheidung sicherstellt, dass der Leasingnehmer das von ihm ausgesuchte Leasinggut nutzen will. Deshalb ist es mit § 307 Abs. 2 Nr. 1 BGB vereinbar, wenn der Leasinggeber die Sach- und Preisgefahr auf den Leasingnehmer abwälzt.

7 Diese kaufrechtliche, dem Vorbild von § 446 BGB entsprechende Komponente wird allerdings in den Fällen **relativiert**, in denen sich um einen Teilamortisationsvertrag handelt. Denn hier wird – wie bereits festgestellt (Kap. B Rz. 40 ff.) – die Vollamortisationspflicht des Leasingnehmers garantiemäßig abgesichert. Es entspricht also dieser Garantiepflicht des Leasingnehmers, wenn er die Sach- und Preisgefahr für das Leasinggut übernimmt, also auch für dessen zufälligen Untergang oder zufällige Verschlechterung uneingeschränkt einstehen muss. Genau dies entspricht auch der vom Leasingnehmer übernommenen verschuldensunabhängigen Garantiehaftung. Daher ist es auch bei Teilamortisationsverträgen typusbedingt, dass der Leasingnehmer die Sach- und Preisgefahr trägt, weil sich die Gefahrtragung immer im praktischen Ergebnis in einem Wertverlust oder in einer Wertminderung des Leasingguts niederschlägt. Dies gilt unabhängig davon, ob der Leasingnehmer auch den „Restwert" übernimmt, wie dies einem Teilamortisationsvertrag mit Andienungsrecht des Leasinggebers entspricht.

b) Grenzen

8 Nach der Rechtsprechung ergeben sich jedoch – und auch dem ist zu folgen – gewisse Einschränkungen, die in der Praxis nicht immer hinreichend beachtet werden. Zunächst ist darauf aufmerksam zu machen, dass sich die Preisgefahr formularmäßig nur auf solche Risiken beziehen darf, die dem **Einflussbereich** des Leasingnehmers zuzurechnen sind[1]. Der BGH gelangt zu diesem Resultat, indem er eine restriktive Auslegung der Gefahrtragungsklausel favorisiert. Ob dem auch unter Beachtung des Transparenzgebots des § 307 Abs. 1 Satz 2 BGB zu folgen ist, könnte fraglich erscheinen. Der Begriff **„Zufall"** bezeichnet nämlich nur ein Ereignis, welches weder der Leasinggeber noch der Leasingnehmer zu vertreten hat[2]. Damit aber wird nicht hinreichend klar, dass ein solches zufälliges, den Untergang oder die Verschlechterung des Leasingguts auslösendes Ereignis auch aus der Sphäre des Leasinggebers resultieren muss. Hinzu kommt, dass der Begriff Zufall auch auf alle Ursachen und Umstände erstreckt werden kann, die den Untergang oder die Verschlechterung des Leasingguts nach sich ziehen[3]. Auch der Begriff **„Gefahr"** ist nicht hinreichend klar, wenn

---

1 BGH v. 27.2.1985 – VIII ZR 328/83, NJW 1985, 1535; MünchKomm./*Habersack*, Leasing Rz. 71; *Staudinger/Stoffels*, Leasing Rz. 363; *Palandt/Weidenkaff*, vor § 535 BGB Rz. 59; *Erman/Jendrek*, Anh. zu § 536 BGB Rz. 24; *Ehlert*, in Bamberger/Roth, vor § 535 BGB Rz. 79; a.M. *Canaris*, AcP 190 (1990), 411, 437 f.

2 Vgl. *Staudinger/Matusche-Beckmann*, § 446 BGB Rz. 26.

3 *Palandt/Weidenkaff*, § 446 BGB Rz. 8.

man sie auf solche Ereignisse beschränken will, die der Sphäre des Leasingnehmers zuzuordnen sind. Denn dieser Terminus erfasst auch solche Einwirkungen auf das Leasinggut, die gegenüber dem Leasingnehmer als Besitzer eintreten, aber auch von jedem Dritten oder aufgrund einer objektiven Sachlage, z.B. aufgrund eines Naturereignisses, verursacht sein können[1]. Angesichts dieser **Mehrdeutigkeit** der üblicherweise in Leasing-AGB verwendeten Begriffe „Zufall" und „Preis- und Sachgefahr" wird man also das Transparenzgebot gemäß § 307 Abs. 1 Satz 2 BGB bemühen müssen, um in der Sache sicherzustellen, dass nur solche Ereignisse von der Gefahr- und Risikotragung zum Nachteil des Leasingnehmers umfasst sind, die seiner Einfluss-Sphäre zuzuordnen sind, die jedenfalls zu einem Zeitpunkt eingetreten sind, als der Leasingnehmer das Leasinggut nutzte. Das ist also entsprechend klarzustellen.

Daraus folgt gleichzeitig: Wird das Leasinggut aufgrund eines Ereignisses 9
im Rahmen der Sach- und Preisgefahr verschlechtert oder geht es zu einem Zeitpunkt unter, als es sich beim **Lieferanten** befand, um etwa dort Mangelbeseitigungsarbeiten durchführen zu lassen, dann sind die Wirksamkeitsgrenzen einer üblichen Preis- und Sachgefahrtragung von ihrem Wortlaut her bereits überschritten[2]. Daher spricht viel dafür, in diesen Fällen die gesetzliche Regelung von § 536 Abs. 1 BGB i.V.m. § 326 Abs. 1 BGB zur Anwendung zu berufen, so dass dann im Fall eines Untergangs des Leasingguts sowohl der Leasinggeber als auch der Leasingnehmer von den ihnen obliegenden Leistungen befreit werden. Die gleiche Erwägung gilt in den Fällen, in denen das mit **Lieferung und Montage** zusammenhängende Risiko des Untergangs oder der Verschlechterung des Leasingguts dem Leasingnehmer zugewiesen werden. Auch eine solche Klausel ist nach § 307 Abs. 2 Nr. 1 BGB **unwirksam**[3]. Denn diese Leistungen liegen regelmäßig vor Ausstellung einer Abnahme- oder Übernahmebestätigung, fallen also eindeutig in den Risikobereich des Leasinggebers, der sich in diesen Fällen regelmäßig des Lieferanten als seines Erfüllungsgehilfen bedient[4]. Sie dürfen daher nicht auf den Leasingnehmer überwälzt werden, sondern sind vom Leasinggeber zu verantworten, weil der Lieferant hier als Erfüllungsgehilfe des Leasinggebers tätig wird.

III. Versicherungspflicht

Dass die Überwälzung der Sach- und Preisgefahr auf den Leasingnehmer 10
nicht an § 307 Abs. 2 Nr. 1 BGB scheitert[5], beruht, wie bereits angedeutet, auf der Erwägung, dass der Leasingnehmer – freilich: auf eigene Kosten – in

1 *Palandt/Weidenkaff*, § 446 BGB Rz. 5.
2 BGH v. 27.2.1985 – VIII ZR 328/83, NJW 1985, 1535 – restriktive Auslegung.
3 MünchKomm./*Habersack*, Leasing Rz. 71.
4 *Beckmann*, § 3 Rz. 135 f.
5 Hierzu auch *Staudinger/Stoffels*, Leasing Rz. 201 ff.

der Lage ist, sich gegen die hiermit zusammenhängenden **Risiken** durch Abschluss einer entsprechenden Sachversicherung abzusichern. Des Weiteren wird die Angemessenheit einer solchen Risiko- und Lastenverteilung in der Rechtsprechung mit zutreffenden Erwägungen damit begründet, dass der Leasinggeber verpflichtet ist, die von der Versicherung erhaltene **Ersatzleistung** an den Leasingnehmer – „auch ohne besondere Vereinbarung"[1] auszukehren[2]. Aus diesen grundsätzlichen Ansatzpunkten ergeben sich folgende Ableitungen:

1. Erforderliche Konkretisierung der durch die Versicherung abzudeckenden Risiken

11 Schon aufgrund des Transparenzgebots i.S.v. § 307 Abs. 1 Satz 2 BGB ist der Leasinggeber verpflichtet, in den Leasing-AGB exakt festzulegen, gegen welche Risiken der Leasingnehmer verpflichtet ist, auf eigene Kosten eine Sachversicherung abzuschließen, um auf diese Weise das Risiko der auf ihn überwälzten Sach- und Preisgefahr abzufedern. Für den Bereich des Kfz-Leasing gelten insoweit keine Besonderheiten; hier liegt der Abschluss einer **Kaskoversicherung** auf der Hand (Rz. 12). Doch in allen anderen Fällen wird man genau zu prüfen haben, ob der Leasinggeber in den Leasing-AGB lediglich pauschal bestimmt hat, dass der Leasingnehmer verpflichtet ist, sich gegen die „üblichen" Sachrisiken „angemessen" zu versichern oder ob die Klausel ausweist, dass die Versicherungspflicht Diebstahl-, Feuer-, Sach-, Strom- und Leitungsschäden (und sonstige Risiken) genau und **hinreichend konkret** umschreibt[3]. Auch wird man darauf Wert legen müssen sicherzustellen, ob es sich um den Abschluss einer Versicherung handelt, die den „Neuwert" oder lediglich den „Zeitwert" zum Gegenstand hat, weil bei einer Schadensversicherung der Versicherer gemäß § 50 VVG lediglich in Höhe der Versicherungssumme haftet[4].

2. Versicherung für fremde Rechnung – §§ 74 ff. VVG

12 Bei der Sachversicherung als einer **Objektversicherung** – und davon ist bei Leasing-AGB regelmäßig auszugehen – ist nach § 80 Abs. 1 VVG im Zweifel das **eigene** Interesse des Leasinggebers versichert. Folglich ist die Eigentümerposition des Leasinggebers Gegenstand der jeweils abgeschlossenen Sachversicherung. Dieser Umstand ist auch für den Leasingnehmer regelmäßig i.S.v. § 80 Abs. 1 VVG erkennbar, weil es auch aus seiner Sicht entscheidend darum geht, das Sacherhaltungsinteresse des Leasinggebers ab-

---

1 BGH v. 8.10.2003 – VIII ZR 55/03, BB 2004, 69, 71.
2 *Wolf/Eckert/Ball*, Rz. 2007; *Graf von Westphalen*, BB 2004, 2025, 2027 f.
3 Mit Recht OLG Düsseldorf v. 23.11.2004 – 24 U 168/04, NJW-RR 2005, 1289.
4 Im Einzelnen: *Kollhosser*, in Prölss/Martin, VVG, 27. Aufl. 2004, § 50 VVG Rz. 4 ff. – betreffend Anpassungsklauseln.

zusichern[1]. Zwar ist auch das Sacherhaltungsinteresse des Leasingnehmers als Nutzer des Leasingguts Gegenstand einer Sachversicherung[2]. Jedoch hat der BGH in seinem Urteil vom 14.7.1993[3] die Dinge klargestellt: Da in der Regel die Entschädigungshöhe durch den vom Versicherungsnehmer – also: dem Leasinggeber – aufgewendeten Neupreis des Leasingguts bestimmt ist, ist dieser auch als Versicherungsnehmer anzusehen[4]. Daher ist die Entschädigungshöhe grundsätzlich danach zu bemessen, was der Leasinggeber für die Wiederbeschaffung des Leasingguts aufwenden muss[5]. Das Gleiche muss aber auch dann gelten, wenn der Leasinggeber – gerade im Fall einer totalen Zerstörung oder erheblichen Beschädigung des Leasingguts – nicht verpflichtet ist, das Leasinggut erneut zu beschaffen, sondern wenn – davon wird noch die Rede sein (Rz. 40 ff.) – Leasinggeber und/ oder Leasingnehmer berechtigt sind, den Leasingvertrag vorzeitig durch fristlose Kündigung zu beenden[6].

Aus der Tatsache, dass es sich um eine Versicherung für fremde Rechnung 13
handelt, folgt gemäß § 75 Abs. 1 VVG, dass die Rechte aus dem Versicherungsvertrag ausschließlich dem **Leasinggeber** als dem Versicherungsnehmer zustehen[7]. Daher kann der Leasingnehmer gemäß § 75 Abs. 2 VVG nicht ohne Zustimmung des Leasinggebers über die Rechte aus der Sachversicherung verfügen; er ist auch nicht berechtigt, diese Rechte selbständig geltend zu machen, es sei denn, er ist im Besitz eines **Versicherungsscheins**[8]. Bei Erteilung des Versicherungsscheins ist der Versicherer im Zweifel auch verpflichtet, dem Leasinggeber Auskunft zu geben, ob das Leasinggut hinreichend versichert ist[9]. Doch sichert sich der Leasinggeber regelmäßig in der Weise, dass der Leasingnehmer schon bei Abschluss des Leasingvertrages die Verpflichtung eingeht, etwaige Ansprüche aus dem Versicherungsvertrag unwiderruflich an den Leasinggeber abzutreten. Außerdem erhält der Leasinggeber, nicht aber der Leasingnehmer einen Sicherungsschein, so dass seine Rechtsstellung abgesichert ist. Mit § 307 Abs. 2 Nr. 1 BGB oder mit § 307 Abs. 1 BGB ist dies alles ohne weiteres vereinbar, zumal die Entschädigungsleistung des Versicherers im Ergebnis dem Leasingnehmer zugute kommt, soweit sich ein Ereignis realisiert, welches der Sach- und Preisgefahrtragung zuzuordnen ist (im Einzelnen Rz. 14 ff.).

1 *Prölss*, in Prölss/Martin, VVG, 27. Aufl. 2004, § 80 VVG Rz. 5.
2 BGH v. 6.7.1988 – Iva ZR 241/87, NJW 1988, 2803.
3 BGH v. 14.7.1993 – IV ZR 181/92, NJW 1993, 2870.
4 BGH v. 14.7.1993 – IV ZR 181/92, NJW 1993, 2870; BGH v. 5.7.1989 – Iva ZR 189/88, NJW 1989, 3021.
5 *Prölss*, in Prölss/Martin, VVG, 27. Aufl. 2004, § 80 VVG Rz. 23; *Römer/Langheid*, VVG, 2. Aufl. 2003, § 74 VVG Rz. 13.
6 BGH v. 14.7.1993 – IV ZR 181/92, NJW 1993, 2870, 2871.
7 Hierzu auch OLG Hamm, 28.9.2001 – 20 U 48/01, NJW-RR 2002, 534.
8 *Prölss*, in Prölss/Martin, VVG, 27. Aufl. 2004, § 75 VVG Rz. 8.
9 BGH v. 6.12.2000 – IV ZR 28/00, NJW-RR 2001, 314 – Kran.

IV. Versicherungsleistungen – Anrechnungspflichten

14 Soweit der Leasingnehmer gegenüber dem Leasinggeber die Sach- und Preisgefahr trägt, ist der Leasinggeber im Innenverhältnis verpflichtet, eine etwaige Versicherungsleistung dem Leasingnehmer zur Verfügung zu stellen, damit dieser – je nach Lage des Falls – entweder eine Ersatzbeschaffung oder eine Reparatur vornimmt oder sicherstellt, dass die Ersatzleistung der Versicherung auf die Vollamortisationspflicht des Leasingnehmers angerechnet wird[1]. Verstärkt wird diese Argumentationskette, wenn man bedenkt, dass eine Sachversicherung – wie dargestellt – regelmäßig die Befriedigung von Ansprüchen des Leasinggebers bezweckt, welche aus der Beschädigung, der Zerstörung oder dem Verlust des Leasingguts resultieren[2]. Deshalb ist grundsätzlich davon auszugehen, dass die Abtretung der aus der Versicherung resultierenden Ersatzleistung **erfüllungshalber** gemäß § 364 Abs. 2 BGB vorgenommen wird. Dies hat zur Konsequenz, dass der Leasinggeber im Schadensfall grundsätzlich verpflichtet ist, primär Befriedigung aus der ihm abgetretenen Versicherungsleistung zu suchen[3]. Dies bedeutet des Weiteren: Soweit Zerstörung, Verlust oder Beschädigung des Leasingguts in Rede stehen, ist primär der Versicherer dem Leasinggeber gegenüber verpflichtet, so dass der Leasingnehmer lediglich eine **Ausfallhaftung** übernimmt, soweit ihm in rechtswirksamer Weise die Sach- und Preisgefahr gemäß § 307 Abs. 2 Nr. 1 BGB überbürdet wurde.

15 Aus dieser **Zweckbindung der Versicherungsleistung** ergibt sich auch, dass der Leasinggeber nicht berechtigt ist, mit rückständigen oder künftigen Leasingraten[4] aufzurechnen[5]. Zu weiteren Fragestellungen, die insbesondere im Bereich des Kfz-Leasings auftreten, vgl. Kap. M Rz. 85 ff.

1. Erfordernis einer transparenten AGB-Klausel

16 Aus eben dieser Zweckbindung der Versicherungsleistung folgt schließlich auch, dass der Rückgriff des Leasinggebers auf den Leasingnehmer so lange gestundet ist, als der Leasinggeber nicht den ernsthaften Versuch unternommen hat, Befriedigung aus der Versicherungsleistung zu erhalten[6]. Der BGH hat es in seinem Urteil vom 8.10.2003[7] allerdings nicht für erforderlich gehalten, dass eine ausdrückliche Regelung vorgesehen wird, welche

1 BGH v. 12.2.1985 – X ZR 31/84, WM 1985, 602; BGH v. 30.9.1987 – VIII ZR 226/86, WM 1987, 1338, 1340; vgl. auch BGH v. 11.12.1991 – VIII ZR 31/91, ZIP 1992, 179, 181; BGH v. 8.10.2003 – VIII ZR 55/03, NJW 2004, 1041.

2 Vgl. BGH v. 11.12.1991 – VIII ZR 31/91, ZIP 1992, 179, 181, *Prölss*, in Prölss/Martin, VVG, 27. Aufl. 2004, § 80 VVG Rz. 23.

3 BGH v. 11.12.1991 – VIII ZR 31/91, ZIP 1992, 179, 181.

4 *Prölss*, in Prölss/Martin, VVG, 27. Aufl. 2004, § 80 VVG Rz. 23; OLG Hamm, 9.12.2002 – 6 U 98/02, NJW-RR 2003, 774.

5 *Wolf/Eckert/Ball*, Rz. 2011.

6 OLG Koblenz v. 31.10.1995 – 6 U 690/94, NJW-RR 1996, 174.

7 BGH v. 8.10.2003 – VIII ZR 55/03, NJW 2004, 1041.

auf die Zweckbindung der Versicherungsleistung zielt. Vielmehr meinte der BGH, dass auch ohne ausdrückliche Vereinbarung, also: aufgrund einer interessengerechten Auslegung der Leasinggeber verpflichtet ist, dem Leasingnehmer die Ersatzleistung der Versicherung gemäß § 255 BGB zugute kommen zu lassen. Dem ist nicht zu folgen, weil das Transparenzgebot des § 307 Abs. 1 Satz 2 BGB – jedenfalls gegenüber dem Leasingnehmer als **Verbraucher** – eine Klarstellung in diesem Sinn gebietet. Denn von einem rechtlich nicht vorgebildeten Durchschnittskunden ist nicht zu erwarten, dass er den Rechtsgedanken des § 255 BGB in diesem Kontext – ohne eine entsprechende klarstellende Klausel – zutreffend versteht und anwendet[1]. Es ist ein wenig optimistisch zu erwarten, dass der Leasingnehmer auch bei Fehlen einer vertraglichen Regelung nicht davon abgehalten wird, „bei der Abrechnung der Forderung des Leasinggebers seine diesbezüglichen Rechte geltend zu machen"[2]. Deshalb ist eine eindeutige Anrechnungsklausel gegenüber dem Leasingnehmer als Verbraucher nach § 307 Abs. 1 Satz 2 BGB geboten.

Im **unternehmerischen** Verkehr dürfte allerdings das Transparenzgebot des § 307 Abs. 1 Satz 2 BGB hier nicht zu bemühen sein, weil von einem Unternehmer erwartet werden kann, dass er diesen Zusammenhang zwischen Gefahrtragung und Anrechnung der Ersatzleistung einer Versicherung übersieht. Der auf dem allgemeinen Rechtsgedanken des § 255 BGB aufbauende Gedanke einer Vorteilsausgleichung ist vielmehr für einen Unternehmer unmittelbar einsichtig. Dem Leasingnehmer steht also von Rechts wegen, d.h. auch ohne eine entsprechende Klausel gegenüber dem Leasinggeber ein Anspruch zu, dass ihm Versicherungs- und/oder Schadensersatzleistungen gegenüber Dritten zugute kommen. 17

2. Ersatzleistung – Vollamortisationspflicht

Es kann Fallkonstellationen geben, bei denen die Ersatzleistung der Versicherung – insbesondere aber der Schadensersatzanspruch des Leasinggebers gemäß § 823 Abs. 1 BGB gegenüber einem Schädiger – dazu führt, dass dieser die Vollamortisationspflicht des Leasingnehmers übersteigt. Trifft dies zu, dann steht dem Leasingnehmer jedenfalls der Übererlös aufgrund der Ersatzleistung der Versicherung bzw. der Schadensersatzleistung des Schädigers zu, wenn dem Leasingnehmer in rechtswirksamer Weise ein **Erwerbsrecht** in Form einer Kauf- oder Mietverlängerungsoption eingeräumt worden ist[3]. Die gleiche Konsequenz tritt allerdings auch dann ein, wenn ein Teilamortisationsvertrag mit **Mehrerlösbeteiligung** des Leasingnehmers vereinbart ist, weil ja nur dann von einem Mehrerlös die Rede 18

1 Hierzu *Graf von Westphalen*, BB 2004, 2025, 2028; so auch *Beckmann*, § 2 Rz. 481.
2 BGH v. 8.10.2003 – VIII ZR 55/03, BB 2004, 69, 72.
3 OLG Düsseldorf v. 14.1.2003 – 24 U 13/02, NJW-RR 2003, 775; *Graf von Westphalen*, BB 2004, 2025, 2028; *Beckmann*, § 2 Rz. 482.

sein kann, wenn der Vollamortisationsanspruch des Leasinggebers befriedigt ist. In allen anderen Fällen verbleibt hingegen der Mehrbetrag dem Leasinggeber, insbesondere dann, wenn es sich um einen Teilamortisationsvertrag mit Andienungsrecht des Leasinggebers handelt oder – selten genug – um einen Vollamortisationsvertrag, bei dem weder eine Kauf- noch eine Mietverlängerungsoption vereinbart sind.

3. Ersatzleistung der Versicherung – Kündigungsrecht des Leasingnehmers

19 Nach der hier vertretenen Auffassung steht dem Leasingnehmer – aber auch dem Leasinggeber – das Recht zur fristlosen Kündigung des Leasingvertrages zu, wenn das Leasinggut zerstört oder erheblich beschädigt worden ist (Rz. 40 ff.). An die Stelle des untergegangenen Leasingguts tritt dann die Ersatzleistung der Versicherung[1]. Auf diese Weise wird dem Leasingnehmer als Ersatz dasjenige gewährt, zu dessen Sicherung die jeweilige Sachversicherung abgeschlossen wurde[2]. Diese Konstellation könnte die Frage aufwerfen, ob auf der einen Seite nicht das fristlose Kündigungsrecht des Leasingnehmers gemäß § 543 Abs. 2 Satz 1 Nr. 1 BGB überflüssig wird oder ob auf der anderen Seite nicht – bezogen auf die Leasing-AGB – die Ersatzbeschaffungsklausel gemäß § 307 Abs. 1 BGB unangemessen ist. Beides ist jedoch zu verneinen. Entscheidend ist nämlich, dass der Leasingnehmer keineswegs verpflichtet ist, von seinem fristlosen Kündigungsrecht gemäß § 543 Abs. 2 Satz 1 Nr. 1 BGB Gebrauch zu machen, und zwar selbst dann, wenn es für diese Fälle zu seinen Gunsten vereinbart worden ist. Übt also der Leasingnehmer dieses Recht nicht aus, dann tritt die Ersatzbeschaffungsklausel in ihr Recht, weil ja dann der Leasinggeber die Ersatzleistung der Versicherung dem Leasingnehmer zum Zweck der Ersatzbeschaffung/Wiederherstellung des Leasingguts zur Verfügung stellen muss. Anders gewendet: Die Ersatzbeschaffungsklausel ist die Kehrseite des dem Leasingnehmer gemäß § 543 Abs. 2 Satz 1 Nr. 1 BGB eingeräumten fristlosen Kündigungsrechts. Beides kann und darf nebeneinander bestehen. Folglich ist auch der Leasinggeber nicht verpflichtet, das fristlose Kündigungsrecht gemäß § 543 Abs. 1 BGB auszuüben; es steht vielmehr auch ihm frei, den Leasingvertrag fortzusetzen, so dass dann der Leasingnehmer verpflichtet ist, ein gleichwertiges Leasinggut ersatzweise mit Hilfe der Ersatzleistung der Versicherung zu beschaffen. Ein solches Vorgehen entspricht auch regelmäßig dem wohlverstandenen Interesse des Leasinggebers, weil er ja im Fall einer Kündigung verpflichtet wäre, das in seinem Anlagevermögen bilanzierte Leasinggut abzuschreiben.

---

1 BGH v. 13.7.1976 – VI ZR 78/75, WM 1976, 1133; BGH v. 23.11.1976 – VI ZR 191/74, VersR 1977, 227.

2 Vgl. BGH v. 6.7.1988 – IVa ZR 241/87, NJW 1988, 2803; *Wolf/Eckert/Ball*, Rz. 2012.

Soweit der Leasingnehmer in diesen Fällen eine **Ersatzbeschaffung** vornimmt oder eine **Reparatur** durchführen lässt, ist grundsätzlich davon auszugehen, dass er beide Rechtsgeschäfte im eigenen Namen abschließt. Gerade darin ist auch die Zweckbindung der Versicherungsleistung begründet. Der Leasingnehmer kann daher vom Leasinggeber verlangen, dass dieser den Entschädigungsbetrag der Versicherung entweder zur Ersatzbeschaffung oder zur Durchführung der Reparatur zur Verfügung stellt, indem er, falls notwendig, auch den Leasingnehmer gegenüber dem Dritten von der entsprechenden Verbindlichkeit befreit[1]. 20

4. Abschluss der Versicherung durch den Leasingnehmer

Verschiedentlich sehen Leasing-AGB eine andere Variante vor. Danach ist der Leasingnehmer verpflichtet, im eigenen Namen und für eigene Rechnung eine Sachversicherung abzuschließen: Gleichzeitig aber wird dann regelmäßig bestimmt, dass der Leasingnehmer verpflichtet ist, die Ersatzleistung aus der Versicherung – als künftig entstehende Forderung – an den Leasingnehmer abzutreten. Kommt es bei einer solchen Konstellation zu einem Schadensereignis im Rahmen der Tragung der Sach- und Preisgefahr – gleichgültig, ob Zerstörung oder Beschädigung des Leasingguts –, dann ist auch hier der Leasinggeber verpflichtet, Befriedigung in erster Linie aus den ihm erfüllungshalber abgetretenen Ansprüche gegenüber der Versicherung zu suchen[2]. 21

5. Mehrwertsteuerberechtigung

Da eine vom Leasingnehmer abgeschlossene Sachversicherung zunächst das **Sacherhaltungsinteresse** des Leasinggebers absichert[3], ist der Versicherungswert identisch mit dem an der Person des Leasingnehmers zu orientierenden Sachwert[4]. Gleichzeitig hat dies zur Konsequenz, dass etwaige **Rabatte** dem Leasinggeber zustehen. Sofern eine Reparatur vorgenommen wird, ist im Hinblick auf die Mehrwertsteuer ebenfalls auf die Person des Leasinggebers abzustellen 22

1 *Wolf/Eckert/Ball*, Rz. 2010.
2 BGH v. 1.12.1991 – VIII ZR 31/91, ZIP 1992, 179; BGH v. 8.3.1995 – VIII ZR 313/93, ZIP 1995, 845; *Wolf/Eckert/Ball*, Rz. 2016.
3 BGH v. 2.11.1988 – VIII ZR 121/88, NJW 1988, 460.
4 OLG Koblenz v. 9.4.1999 – 10 U 838/98, VersR 2000, 449; *Prölss*, in Prölss/Martin, VVG, 27. Aufl. 2004, § 80 VVG Rz. 23.

V. Zerstörung/Beschädigung des Leasingguts aufgrund eines Umstands, den ein Dritter zu vertreten hat

23 Klarstellend ist hervorzuheben, dass hier nur solche Fragen erörtert werden, bei denen die Zerstörung/Beschädigung des Leasingguts **nicht** auf Umstände zurückzuführen ist, welche der Lieferant des Leasingguts zu vertreten hat. Denn dann greift – insbesondere im Kontext von § 437 Nr. 3 BGB – die leasingtypische Abtretungskonstruktion ein (Kap. H Rz. 1 ff.). Daher geht es hier ausschließlich um solche Schadensereignisse, die ein **sonstiger Dritter** zu vertreten hat. Damit ist gleichzeitig gesagt, dass schadensersatzrechtlich zum einen auf die Eigentümerposition des Leasinggebers, zum anderen auf das Nutzungsrecht des Leasingnehmers abzustellen ist. Materiell-rechtlich sind beide nebeneinander berechtigt, Schadensersatzansprüche geltend zu machen; die Bestimmungen der §§ 428, 432 BGB finden insoweit keine Anwendung[1].

1. Schadensersatzanspruch des Leasinggebers

24 Wenn und soweit der Leasinggeber die Sach- und Preisgefahr in wirksamer Weise auf den Leasingnehmer abgewälzt hat, ist ein Schadensereignis, welches ein sonstiger Dritter gesetzt hat, dem Bereich der Gefahrtragung zuzuweisen, vorausgesetzt dieser Umstand ist weder vom Leasingnehmer noch vom Leasinggeber zu vertreten. Soweit danach der Leasinggeber gegenüber einem Dritten Schadensersatzansprüche gemäß § 823 Abs. 1 BGB wegen der Verletzung seines Eigentums geltend macht, sind in Bezug auf diesen Schadensersatzanspruch in erster Linie **Kausalitätserwägungen** maßgebend. Der schädigende Dritte kann nämlich mit Recht dem Leasinggeber gegenüber einwenden, dass ihm wegen des Vollamortisations- und des leasingtypischen Ausgleichsanspruchs gegenüber dem Leasingnehmer kein eigener Schaden entstanden sei[2]. Daran scheitert ein Schadensersatzanspruch in der Regel. Allerdings ist ein Schadensersatzanspruch des Leasinggebers gegenüber dem schädigenden Dritten durch den Vollamortisationsanspruch, den der Leasinggeber gegenüber dem Leasingnehmer hat, nicht abschließend begrenzt. Denn bei Verträgen des Vollamortisationserlasses steht dem Leasinggeber nach Ablauf der Grundmietzeit, die maximal 90 % der betriebsgewöhnlichen Nutzungsdauer beträgt, ein „Restwert" zu, der schadensersatzrechtlich relevant ist. Bei den Verträgen im Rahmen des Teilamortisationserlasses gilt deswegen Vergleichbares, weil hier immer der Leasinggeber die Chance der Wertsteigerung besitzt.

25 Soweit aber dem Leasinggeber Schadensersatzansprüche gegenüber dem schädigenden Dritten gemäß § 823 Abs. 1 BGB zur Seite stehen, ist er ver-

---

1 Mit Recht *Beckmann*, § 10 Rz. 8 f.

2 BGH v. 13.7.1976 – VI ZR 78/75, WM 1976, 1133; BGH v. 23.11.1976 – VI ZR 191/74, VersR 1977, 227; BGH v. 23.10.1990 – VI ZR 310/89, BB 1990, 2441; vgl. auch *Dörner*, VersR 1980, 1000, 1005.

pflichtet, dem Leasingnehmer diese Schadensersatzansprüche **abzutreten**, sofern er diesem gegenüber seinen Anspruch auf die Gegenleistung geltend gemacht hat[1]. Denn nur so wird das Äquivalenzverhältnis von Leistung und Gegenleistung gewahrt und den aufgezeigten Kausalitätsbedenken Rechnung getragen. Der Leasinggeber, der Eigentümer, nicht aber Halter eines in einem Verkehrsunfall beschädigten Pkw ist, kann weder das Verschulden des Leasingnehmers nach § 254 BGB noch die Betriebsgefahr anspruchsmindernd anrechen lassen[2].

2. Schadensersatzanspruch des Leasingnehmers

In verschiedenen Urteilen hat der BGH den Grundsatz bestätigt, dass dem Leasingnehmer im Fall eines fremd verschuldeten Schadens eigene deliktsrechtliche Ansprüche gemäß § 823 Abs. 1 BGB sowie – im Falle eines Pkw-Leasing – auch Ansprüche aus § 7 Abs. 1 StVG zustehen[3]. Denn der Leasingnehmer ist rechtmäßiger Besitzer des vom Dritten zerstörten/beschädigten Leasingguts. Als solcher ist er berechtigt, Ersatz des ihm entstandenen **Nutzungsschadens** zu verlangen. Dieser erfasst alle Nachteile, die dem Leasingnehmer durch die Verhinderung der fortdauernden Gebrauchsmöglichkeit des Leasingguts bis zur endgültigen – ursprünglich vereinbarten – Beendigung der Grundmietzeit entstehen. Kalkulatorisch korrespondiert der Nutzungsschaden mit dem Vollamortisationsanspruch, den der Leasinggeber gegenüber dem Leasingnehmer hat[4]. 26

Die durch die von einem Dritten verursachte Schädigung des Leasingguts dem Leasingnehmer entgangenen Gebrauchsvorteile entsprechen in der Regel dem jeweiligen **Verkehrswert/Zeitwert** des Leasingguts[5]. Hat also der Leasinggeber die Preisgefahr auf den Leasingnehmer in wirksamer Weise überwälzt, so ist dieser weiter zur Vollamortisation verpflichtet. Der von dem schädigenden Dritten zu ersetzende Schaden besteht dann aber nicht in der Belastung mit den Leasingraten, weil der Leasingnehmer diese dem Leasinggeber aufgrund der wirksam überwälzten Preisgefahr ohnedies schuldet[6]. Erneut sind hier Kausalitätserwägungen maßgebend, die den Anspruch zu Fall bringen. Daher ist der dem Leasingnehmer zu ersetzende Nutzungsschaden gemäß §§ 823 Abs. 1, 249 BGB nur derjenige Schaden, der ursächlich nicht aus dem Abschluss des Leasingvertrages und der dadurch begründeten Vollamortisationspflicht, sondern aus der Beschädigung/Zerstörung des Leasingguts resultiert[7]. Das bedarf stets sorgfältiger Begründung. 27

---

1 BGH v. 15.10.1986 – VIII ZR 319/85, WM 1987, 38.
2 BGH v. 10.7.2007 – VI ZR 199/06, NJW 2007, 3120 mit Anm. von *Weber*.
3 BGH v. 18.11.1980 – VI ZR 215/78, NJW 1981, 750, 751; BGH v. 23.10.1990 – VI ZR 310/89, BB 1990, 2441, 2442; vgl. auch *Dörner*, VersR 1978, 884, 890; *Dörner*, VersR 1980, 1000, 1002.
4 BGH v. 15.10.1986 – VIII ZR 319/85, WM 1987, 38.
5 BGH v. 23.11.1976 – VI ZR 191/74, VersR 1977, 227, 228.
6 BGH v. 23.10.1990 – VI ZR 310/89, BB 1990, 2441, 2442.
7 Vgl. BGH v. 13.7.1976 – VI ZR 78/75, WM 1976, 1133, 1135; BGH v. 23.11.1976 – VI ZR 191/74, VersR 1977, 227, 228.

28 Fest steht des Weiteren, dass dem Leasingnehmer neben dem Ersatz des Nutzungsschadens auch der Anspruch auf die entsprechende **Mehrwertsteuer** zusteht, die in Höhe des Wiederbeschaffungswertes anfällt[1]. Das setzt natürlich voraus, dass der Leasingnehmer Verbraucher und daher nicht zum Abzug der Vorsteuer berechtigt ist[2], und dass er selbst, nicht aber der zum Abzug der Vorsteuer berechtigte Leasinggeber, die Ersatzbeschaffung vorgenommen hat.

3. Abtretung etwaiger Ersatzansprüche

29 Würde man dieses Ergebnis so stehen lassen, dann würden die Schadensersatzansprüche gemäß § 823 Abs. 1 BGB sowohl zugunsten des Leasinggebers als auch zugunsten des Leasingnehmers in der Regel leer ausgehen. Leidtragender wäre der Leasingnehmer, dessen Nutzungsmöglichkeiten vereitelt oder beeinträchtigt sind. Demzufolge ist es zwingend geboten, die Überwälzung der Sach- und Preisgefahr auf den Leasingnehmer mit der Verpflichtung zu koppeln, dass der Leasinggeber dem Leasingnehmer etwaige Ersatzansprüche gegenüber dem Dritten mit der Maßgabe abtritt, dass diese entweder auf die Leasingraten oder auf den Vollamortisationsanspruch des Leasinggebers angerechnet werden[3]. Das ist auch hier über § 255 BGB geboten. Macht dann aber der Leasinggeber diese Ansprüche geltend, muss er die Schadensersatzleistung dem Leasingnehmer zur Wiederherstellung/Reparatur des Leasingguts überlassen[4]. Es gelten hier deshalb die gleichen Erwägungen, die zuvor im Hinblick auf die **Anrechnungspflicht** der Ersatzleistung der Versicherung dargelegt worden sind (Rz. 14 ff.).

30 Nach der hier vertretenen Auffassung (Rz. 16) bedarf es aber einer eindeutigen, transparenten Klauselgestaltung, um den Leasingnehmer als **Verbraucher** davon in Kenntnis zu setzen, dass er gemäß § 255 BGB einen Anspruch gegenüber dem Leasinggeber hat, dass dieser ihm die Ersatzleistung im Schadens- wie im Versicherungsfall abtritt, so dass diese dann für die Ersatzbeschaffung bzw. für die Reparatur des Leasingguts eingesetzt werden kann. Soweit allerdings aufgrund der Schadensersatzleistung des Dritten dem Leasingnehmer ein **Mehrerlös** kraft abgetretenen Rechts zugeflossen ist, steht dem Leasinggeber ein Rückforderungsanspruch gemäß § 812 Abs. 1 Satz 1 BGB zu, soweit dieser Mehrerlös nicht dem Leasingnehmer gebührt. Dies kann nach der Grundkonstruktion des vertragskonformen Leasings nur dann überhaupt praktisch werden, wenn es sich um einen Vollamortisationsvertrag mit Kauf- bzw. Mietverlängerungsoption des Leasingnehmers oder um einen Teilamortisationsvertrag mit Mehrerlösbetei-

---

1 OLG Hamm v. 9.12.2002 – 6 U 98/02, NJW-RR 2003, 774.
2 OLG Hamm v. 9.12.2002 – 6 U 98/02, NJW-RR 2003, 774; *Betthäuser*, DAR 2002, 481, 483.
3 MünchKomm./*Habersack*, Leasing Rz. 62; *Staudinger/Stoffels*, Leasing Rz. 204.
4 BGH v. 12.2.1985 – X ZR 31/84, NJW 1985, 1537; *Beckmann*, § 10 Rz. 17.

ligung des Leasingnehmers in Höhe von 75 % handelt. In allen anderen Fällen aber steht der **Restwert**, der oberhalb des Vollamortisationsanspruchs anfallen sollte, dem Leasinggeber uneingeschränkt zu. Nimmt man in diesem Kontext den Gedanken der erforderlichen **Transparenz** der Vertragsgestaltung i.S.v. § 307 Abs. 1 Satz 2 BGB auf (Rz.16), dann spricht auch gegenüber einem Leasingnehmer als **Verbraucher** einiges dafür, dass der Anspruch auf Auskehrung des Übererlöses klauselmäßig verankert sein muss. Denn nur dann ist der Leasingnehmer in der Lage, von vornherein – ohne Einholung von Rechtsrat – auszurechnen, in welcher Höhe ihm eine Schadensersatzleistung eines Dritten zusteht und inwieweit diese im Ergebnis dem Leasinggeber teilweise gebührt. Freilich ist unter Berücksichtigung des BGH-Urteil vom 8.10.2003[1] die Beachtung eines so weit reichenden Transparenzgebotes nicht erforderlich, was aber zuvor als nicht zutreffend abgelehnt wurde[2].

VI. Zerstörung/Beschädigung des Leasingguts aufgrund eines Umstands, den der Leasingnehmer zu vertreten hat

Beruht die Zerstörung/Beschädigung des Leasingguts hingegen auf einem Umstand, den der Leasingnehmer zu vertreten hat, so stehen dem Leasinggeber folgende Ansprüche zu, weil es sich dann um einen Umstand handelt, der **nicht** der Tragung der Sach- und Preisgefahr zuzurechnen ist. 31

1. Grundgedanke des § 326 Abs. 2 BGB

Hat der Leasingnehmer die **Unmöglichkeit** – also: die Zerstörung oder die erhebliche Beschädigung des Leasingguts – zu verantworten, so behält der Leasinggeber den Anspruch auf die Gegenleistung. Zur Konsequenz hat dies, dass der Leasingnehmer an seiner Leistungspflicht, einschließlich seiner Vollamortisationspflicht festgehalten wird; ein Recht, den Leasingvertrag gemäß § 543 Abs. 2 Satz 1 Nr. 1 BGB fristlos zu kündigen, weil ihm der Gebrauch des Leasingguts nicht möglich ist, steht ihm nicht zu[3]. Dagegen wird der Leasinggeber von seiner Gebrauchsverschaffungspflicht gemäß § 275 Abs. 1–3 BGB frei. 32

2. Schadensersatzanspruch des Leasinggebers

Darüber hinaus ist der Leasinggeber als rechtlicher und wirtschaftlicher Eigentümer des Leasingguts berechtigt, vom Leasingnehmer wegen schuldhafter Verletzung des Eigentums gemäß § 823 Abs. 1 BGB Schadensersatz 33

1 BGH v. 8.10.2003 – VIII ZR 55/03, BB 2004, 69.
2 *Graf von Westphalen*, BB 2004, 2025, 2028; *Beckmann*, § 2 Rz. 481.
3 *Groß*, DAR 1996, 438, 444.

zu verlangen[1]. Gleichzeitig ist darauf hinzuweisen, dass der Leasingnehmer gemäß § 280 Abs. 1 BGB schadensersatzpflichtig wird; beide Ansprüche setzen indessen **Verschulden** voraus. Aus § 280 Abs. 1 Satz 2 BGB folgt dabei, dass der Leasingnehmer verpflichtet ist, sein Nichtverschulden an der Zerstörung oder an der Beschädigung des Leasingguts gegenüber dem Leasinggeber darzulegen und auch zu beweisen[2]. Selbstverständlich ist in diesem Zusammenhang aber auch wieder: Sobald dem Leasinggeber die Ersatzleistung der Versicherung zufließt, ist er verpflichtet, diese auf die Schadensersatzhaftung des Leasingnehmers anzurechnen. Der Leasinggeber ist sogar verpflichtet, zunächst die Ersatzleistung aus der Kasko-Versicherung in Anspruch zu nehmen; dies gilt allerdings dann nicht, wenn der Versicherer wegen eines Umstands, der in der Person des Leasingnehmers begründet ist, leistungsfrei geworden ist[3].

3. Höhe des Schadensersatzanspruchs – Restwert – Verkehrswert – Zeitwert des Leasingguts

34 Sowohl der Vollamortisations- als auch der Teilamortisationserlass beruhen auf der Erwägung, dass die maximale Dauer einer Grundmietzeit 90 % der betriebsgewöhnlichen Nutzungsdauer des Leasingguts nicht übersteigen darf. Innerhalb dieser Grundmietzeit realisiert der Leasinggeber als rechtlicher und wirtschaftlicher Eigentümer seinen Anspruch auf Vollamortisation, sei es durch die Leasingraten (Vollamortisationsverträge), sei es durch die Vollamortisationsgarantie, wie sie modellspezifisch bei Teilamortisationsverträgen vom Leasingnehmer gewährleistet wird. Deshalb kann der Leasinggeber bei allen Modellen – trotz Erreichens seines Vollamortisationsanspruchs – weiterhin über den im „Restwert" des Leasingguts verkörperten Zeitwert/Verkehrswert verfügen. Es handelt sich um eine seinem Vermögen zuzurechnende Rechtsposition.

35 Zwischen dem vertraglichen Anspruch auf Vollamortisation und einem etwaigen Schadensersatzanspruch des Leasinggebers gemäß § 823 Abs. 1 BGB oder gemäß § 280 Abs. 1 BGB besteht also ein **qualitativer Unterschied**. Dabei gilt es zu bedenken, dass der Leasinggeber erst dann in der Lage ist, den „Restwert" – in seiner Funktion als künftigen Schaden – zu realisieren, wenn die Grundmietzeit abgelaufen ist[4]. Bei Vollamortisationsverträgen beträgt dieser „Restwert" mindestens 10 % der restlichen AfA; bei Teilamortisationsverträgen ist er abhängig von der jeweiligen Marktlage, nämlich dem nach Ende der Grundmietzeit vorhandenen Verkehrswert/Zeitwert des Leasingguts. Da aber der Leasinggeber gemäß § 249 BGB

1 *Groß*, DAR 1996, 438, 444.
2 Statt aller: *Palandt/Heinrichs*, § 280 BGB Rz. 34.
3 *Groß*, DAR 1996, 438, 444; vgl. auch BGH v. 11.12.1991 – VIII ZR 31/91, ZIP 1992, 179, 181.
4 Hierzu im Einzelnen: *Canaris*, Bankvertragsrecht, Rz. 1754.

einen Anspruch darauf hat, so gestellt zu werden, wie er stände, wenn das Schaden stiftende Ereignis nicht eingetreten wäre, folgt daraus: Der Leasinggeber ist nicht auf die Geltendmachung des Vollamortisationsanspruchs gegenüber dem Leasingnehmer beschränkt; er ist auch berechtigt, den jeweiligen „Restwert" zu realisieren. Prozessual führt dies dazu, dass der Leasinggeber beim Schadensersatzanspruch gegenüber dem Leasingnehmer ohne weiteres in der Lage ist, im Wege der **Leistungsklage** den Vollamortisationsanspruch gegenüber dem Leasingnehmer gemäß §§ 280, 249 ff. BGB geltend zu machen. Soweit der Leasinggeber jedoch darüber hinaus auch beabsichtigt, den „Restwert" gemäß § 823 Abs. 1 BGB geltend zu machen, ist er auf eine **Feststellungsklage** gemäß § 256 ZPO verwiesen.

Soweit in der Literatur erkennbar, sind diese Ansprüche im Rahmen einer 36
Feststellungsklage gemäß § 256 ZPO bislang in der Praxis nicht geltend gemacht worden. Vielmehr geht die Praxis, ohne auf dieses Problem näher einzugehen, stillschweigend davon aus, dass sich der vertragliche Vollamortisationsanspruch mit dem deliktischen Schadensersatzanspruch deckt, sofern das Leasinggut aus einem Umstand, den der Leasingnehmer zu vertreten hat, **zerstört** worden ist. Dies mag damit zusammen hängen, dass bei Bestehen einer **Sachversicherung** die Ersatzleistung der Versicherung an die Stelle des Ersatzanspruchs des Leasinggebers tritt. Doch wenn die Versicherung – gleichgültig aus welchen Gründen – nicht eintritt, sondern leistungsfrei ist, steht dem Leasinggeber durchaus die Möglichkeit offen, Leistungs- und Feststellungsklage miteinander zu kombinieren, um so seine Ansprüche gegenüber dem Leasingnehmer in vollem Umfang durchzusetzen.

4. Sonderzahlung

Soweit der Leasingnehmer bei Abschluss des Leasingvertrages eine Sonder- 37
zahlung bewirkt hat, stellt sich die Frage, wie diese zu behandeln ist. Bei einer fristlosen Kündigung des Leasingvertrages steht nach der insoweit zutreffenden Rechtsprechung des BGH fest[1], dass eine anteilige Rückvergütung der noch nicht verbrauchten, aber auf die Leasingraten zu verteilenden Sonderzahlung nicht stattfindet. Das wird man auch so sehen müssen, wenn im Rahmen der Gefahrtragung eine derart schwerwiegende Beschädigung oder gar Zerstörung des Leasingguts eintritt, dass dann ein fristloses Kündigungsrecht des Leasingnehmers oder des Leasinggebers eingreift, weil das Erfüllungsinteresse und das Interesse sich im Rahmen eines Abwicklungsverhältnisses decken[2].

1 BGH v. 11.1.1995 – VIII ZR 61/94, NJW 1995, 954, 955.
2 A.M. andeutungsweise OLG Düsseldorf v. 14.1.2003 – 24 U 13/02, NJW-RR 2003, 775, 776.

5. Beschädigung des Leasingguts – Anrechnung des Schadensersatzanspruchs: Verkehrswert/Zeitwert des Leasingguts

38 Ist das Leasinggut jedoch in Folge eines vom Leasingnehmer zu vertretenden Umstandes lediglich beschädigt worden, gelten die Grundsätze der Schadensersatzberechnung gemäß §§ 249 ff. BGB uneingeschränkt. Abzustellen ist in diesen Fällen jedoch ausschließlich auf den jeweiligen Verkehrswert/Zeitwert des Leasingguts. Es macht keinen Unterschied, welche Anspruchsgrundlage bemüht wird. Wird nämlich das Leasinggut im Rahmen einer Reparatur wieder instand gesetzt, dann bleibt lediglich ein **merkantiler Minderwert**, der ohnedies dem Leasinggeber zusteht, auch wenn er sich erst bei einer Veräußerung des Leasingguts nach Ablauf der Grundmietzeit realisiert.

6. Ausschluss des Kündigungsrechts gemäß § 543 Abs. 2 Satz 1 Nr. 1 BGB

39 Es ist die zwingende Konsequenz der auf den Leasingnehmer überwälzten Sach- und Preisgefahr, dass damit auch die Anwendbarkeit der §§ 320, 323 BGB ausgeschlossen ist. Überdies – und dies ist auf den ersten Blick dogmatisch entscheidend – ist auch das fristlose Kündigungsrecht des Leasingnehmers gemäß § 543 Abs. 2 Satz 1 Nr. 1 BGB in den Fällen in wirksamer Weise abbedungen, in denen das Leasinggut zufällig untergeht oder zufällig verschlechtert wird. Die darin liegende Abweichung von der im Übrigen gegebenen mietrechtlichen Struktur des Leasings ist i.S.v. § 307 Abs. 2 Nr. 1 BGB nicht zu beanstanden[1]. Im Ergebnis wird also der Leasingnehmer, um es erneut zu betonen, wie ein Käufer gemäß § 446 BGB behandelt. Doch – wie bereits kurz angedeutet – kommen auf Grund der als zutreffend einzuschätzenden BGH-Judikatur hier noch weitere Gesichtspunkte ins Spiel, welche darauf hinauslaufen, das fristlose Kündigungsrecht einzufordern.

a) Fristloses Kündigungsrecht

40 Der BGH hat in verschiedenen Entscheidungen[2] entschieden, dass im Bereich des **Kfz-Leasings** (Kap. M Rz. 1 ff.) dem Leasingnehmer ein fristloses Kündigungsrecht gemäß § 543 Abs. 2 Satz 1 Nr. 1 BGB für den Fall in den Leasing-AGB zugestanden werden muss, in denen das Leasinggut zufällig untergeht oder erheblich geschädigt wird[3]. Der BGH begründet dies im We-

1 *Wolf/Eckert/Ball*, Rz. 1787; *Beckmann*, § 2 Rz. 476 f.; *Palandt/Weidenkaff*, vor § 535 BGB Rz. 59.

2 BGH v. 15.10.1986 – VIII ZR 319/85, WM 1987, 38; BGH v. 23.10.1990 – VI ZR 310/89, BB 1990, 2441; BGH v. 6.3.1996 – VIII ZR 98/95, ZIP 1996, 1172, 1174; BGH v. 11.3.1998 – VIII ZR 205/97, ZIP 1998, 698, 700; BGH v. 25.3.1998 – VIII ZR 244/97, ZIP 1998, 1003.

3 Hierzu auch *Wolf/Eckert/Ball*, Rz. 2000; *Beckmann*, § 2 Rz. 485; MünchKomm./*Habersack*, Leasing Az. 72.

sentlichen mit dem Interesse des Kfz-Leasingnehmers an einer „weitgehend" risikofreien Nutzung des Leasingguts[1]. Doch es fragt sich, ob diese Ergebnisse auch auf sonstige Konstellationen des Leasings zu übertragen sind.

b) Übertragung dieser Rechtsprechung auch auf alle anderen Leasinggüter

aa) Grundgedanke

Einzuräumen ist zunächst, dass unter Berücksichtigung der bisherigen BGH-Judikatur die für das Kfz-Leasing ergangene Rechtsprechung nicht ohne weiteres auf andere Leasinggüter übertragen werden kann[2]. Denn das Kfz ist ein Wirtschaftsgut, welches in hohem Maß dem Grundsatz der kommerzialisierten Nutznießung folgt, der nicht ohne weiteres bei der Nutzung anderer Leasinggüter, insbesondere auch im Investitionsbereich, fruchtbar gemacht werden kann. Doch wird in der Literatur mit zunehmender Intensität und mit beachtlichen Gründen die Auffassung vertreten, dass es nicht gerechtfertigt sei, das Kfz-Leasing zu privilegieren, so dass bei allen anderen Leasingverträgen das fristlose Kündigungsrecht des Leasingnehmers gemäß § 543 Abs. 2 Satz 1 Nr. 1 BGB in wirksamer Weise abbedungen werden kann[3]. Teilweise wird freilich die Meinung vertreten, dass eine typologische Unterscheidung angezeigt sei: Soweit nämlich eine kaufrechtsähnliche Gestaltung des Leasingvertrages gewählt sei, müsse dem Leasingnehmer im Fall der Zerstörung oder der erheblichen Beschädigung des Leasingguts ein fristloses Kündigungsrecht eingeräumt werden, was dann jedoch nicht erforderlich sei, wenn der Leasingvertrag eine primär mietrechtliche Struktur aufweise[4]. Diese Meinung ist jedoch abzulehnen; sie kann sich insbesondere auch nicht auf die BGH-Entscheidung vom 25.3.1998[5] mit Erfolg berufen[6]; auch das Urteil vom 15.7.1998[7] gibt in diesem Zusammenhang nichts her[8]. Vielmehr ist die Grundstruktur des Leasings immer die gleiche, sieht man einmal vom Kfz-Leasing und dem Kilometer-Abrechnungsvertrag ab, in dem der Leasinggeber den „Restwert" trägt (Kap. M Rz. 33). 41

Doch in beiden Urteilen sieht der BGH im Ausgangspunkt die Bewältigung der Sach- und Preisgefahr im Rahmen des Kfz-Leasings grundsätzlich als 42

1 BGH v. 30.9.1987 – VIII ZR 226/86, WM 1987, 1338, 1339; BGH v. 25.3.1998 – VIII ZR 244/97, ZIP 1998, 1003, 1004.
2 *Wolf/Eckert/Ball*, Rz. 1786.
3 Bedenken bei *Wolf/Eckert/Ball*, Rz. 1786; weitergehend MünchKomm./*Habersack*, Leasing Rz. 72; *Beckmann*, § 2 Rz. 487; *Staudinger/Stoffels*, Leasing Rz. 206.
4 *Palandt/Weidenkaff*, vor § 535 BGB Rz. 59; *Ehlert*, in Bamberger/Roth, vor § 535 BGB Rz. 79.
5 BGH v. 25.3.1998 – VIII ZR 244/97, NJW 1998, 2284.
6 Dazu aber *Ehlert*, in Bamberger/Roth, vor § 535 BGB Rz. 79.
7 BGH v. 15.7.1998 – VIII ZR 348/97, NJW 1998, 3270.
8 Dazu aber *Palandt/Weidenkaff*, vor § 535 BGB Rz. 59.

wirksam an, fordert aber dann im Rahmen von § 307 Abs. 2 Nr. 1 BGB ein fristloses Kündigungsrecht zugunsten des Leasingnehmers, wenn der Pkw untergeht oder eine nicht unerhebliche Beschädigung erfährt; dies gilt auch tendenziell beim Leasing eines Gebrauchtwagens, weil auch da der Leasingnehmer „zumindest bis zum Ablauf des Dritten auf die Erstzulassung des Leasingfahrzeugs des folgenden Jahres"[1] mit der ungestörten Nutzung rechnen darf. Doch mit einer unterschiedlichen typologischen Einordnung des Leasings – kaufrechtliche Struktur im Rahmen des Kfz-Leasings, im Übrigen mietrechtlicher Struktur – hat diese Erwägung erkennbar nichts zu tun. Sie ist auch nicht zu halten, denn die Überwälzung der Sach- und Preisgefahr auf den Leasingnehmer gewährt diesem in jedem Fall die Rechtsstellung eines Käufers gemäß § 446 BGB; dies ist leasingtypisch[2]. Erkennbar wird dies auch beim Kfz-Leasing in den Fällen, in denen eben eine Beschädigung eintritt, die unterhalb der Schwelle liegt, die als erheblich zu bezeichnen ist (Rz. 45).

bb) Einräumung eines fristlosen Kündigungsrechts

43 Demzufolge ist mit der h.M. zu fordern, dass auch für sonstige Leasinggüter – nicht nur für den Bereich des Kfz-Leasings – dem Leasingnehmer nur dann die Sach- und Preisgefahr gemäß § 307 Abs. 2 Nr. 1 BGB in wirksamer Weise überwälzt werden darf, wenn ihm **gleichzeitig** für den Fall der Zerstörung oder der nicht unerheblichen Beschädigung ein **fristloses Kündigungsrecht** eingeräumt wird. Denn es ist nicht zu erkennen, aus welchen Gründen beim Kfz-Leasing der Leasingnehmer ein höheres – und auch zu beachtendes – ungestörtes Nutzungsinteresse am Leasinggut haben sollte als der Leasingnehmer eines sonstigen beliebigen Wirtschaftsguts[3]. Man wird sogar erwägen müssen, ob hier nicht ein klassisches Erst-Recht-Argument eingreift. Denn beim Kfz-Leasing ist es in der Regel wegen der allgemeinen Marktlage ohne weiteres möglich, ein dem Leasing-Fahrzeug vergleichbares, gleich genutztes und daher gleichwertiges Leasinggut im Rahmen der Ersatzbeschaffung zu besorgen. Dem gegenüber ist gerade dies vor allem bei solchen Leasinggütern praktisch nicht möglich oder nur mit erheblichen Schwierigkeiten in Betracht zu ziehen, in denen das Leasinggut zumindest tendenziell auf die besonderen Bedürfnisse des Leasingnehmers zugeschnitten war, wie etwa im Bereich des Maschinenleasings oder beim Einsatz von anwenderspezifischer Software. Betont man also, wie dies der BGH im Rahmen des Kfz-Leasings getan hat[4], dass der Leasingnehmer damit rechnet, nicht mit Reparaturkosten, Ausfallzeiten oder einer möglicherweise geminderten Verkehrs- und Betriebssicherheit belastet zu werden oder gar einen Totalschaden zu erleiden, dann gilt diese Argumen-

---

1 BGH v. 15.7.1998 – VIII ZR 348/97, NJW 1998, 3270, 3271.
2 Hierzu auch *Wolf/Eckert/Ball*, Rz. 1784.
3 Vgl. auch *Wolf/Eckert/Ball*, Rz. 1786.
4 BGH v. 15.7.1998 – VIII ZR 348/97, NJW 1998, 3270, 3271.

tationskette nicht minder, möglicherweise sogar erst recht[1], für sonstige Leasinggüter, die weniger marktgängig sind.

Dabei fällt auch entscheidend ins Gewicht, dass die Überwälzung der **Sachgefahr** auf den Leasingnehmer im Rahmen von § 446 BGB bedeutet, dass der Leasingnehmer verpflichtet ist, den durch Zerstörung oder Beschädigung eingetretenen Substanzverlust des Leasingguts durch ein neues, gleich genutztes, gleichwertiges Leasinggut zu ersetzen. Dies aber setzt Marktgängigkeit dieses Leasingguts voraus. Darüber hinaus ist zu bedenken, dass die **Ersatzleistung** der Sachversicherung ohnehin dem Leasingnehmer zugute kommt; der Leasinggeber ist also verpflichtet, für eine Ersatzbeschaffung Sorge zu tragen und die Ersatzleistung der Versicherung hierfür einzusetzen. Daher ist es durchaus interessenkonform, wenn dem Leasingnehmer gerade in diesen Fällen der Zerstörung oder nicht unerheblichen Beschädigung ein fristloses Kündigungsrecht eingeräumt wird. Denn unter Berücksichtigung der Ersatzleistung der Versicherung kann – und muss – dann der Leasingvertrag ohnehin im Hinblick auf den **Vollamortisationsanspruch** des Leasinggebers abgerechnet/abgewickelt werden. Diese Fragen sind weiter oben bereits angesprochen worden (Rz. 14 ff.). Jedenfalls ist festzuhalten, dass der Leasingnehmer unangemessen i.S.v. § 307 Abs. 1 BGB benachteiligt wird, wenn ihm im Fall der Zerstörung oder der erheblichen Beschädigung des Leasingguts kein fristloses Kündigungsrecht gemäß § 543 Abs. 2 Satz 1 Nr. 1 BGB für diese Fälle zugestanden wird. Fürchtet der Leasingnehmer die durch die fristlose Kündigung ausgelöste **Liquiditätseinbuße** – er ist ja verpflichtet, die Vollamortisationspflicht des Leasinggebers zu erfüllen (Kap. K Rz. 37 ff.) –, dann bleibt es ihm unbenommen, den Leasingvertrag fortzusetzen und auf das fristlose Kündigungsrecht gemäß § 543 Abs. 2 Satz 1 Nr. 1 BGB zu verzichten. 44

c) Formularmäßige Verankerung des Kündigungsrechts des Leasingnehmers

Die zum Kfz-Leasing aufgebaute Parallele verlangt auch, dass der Leasinggeber in den Leasing-AGB dieses fristlose Kündigungsrecht gemäß § 543 Abs. 2 Satz 1 Nr. 1 BGB ausdrücklich verankert. Es reicht daher nicht aus, wenn in den Leasing-AGB lediglich bestimmt ist, dass der Leasingnehmer im Fall des „zufälligen Untergangs, Verlust, Diebstahls oder der Beschädigung" des Leasingguts verpflichtet ist, dieses entweder zu reparieren oder dem Leasinggeber „als Entschädigung netto Kasse sofort alle Beträge zu zahlen, die der Mieter dem Vermieter aufgrund dieses Vertrags noch schuldet, zuzüglich dem im Vertrag vereinbarten Restwert"[2]. Denn eine solche Regelung ersetzt kein fristloses Kündigungsrecht[3]. Zu bedenken ist frei- 45

1 Mit Recht *Wolf/Eckert/Ball*, Rz. 1786.
2 BGH v. 6.3.1996 – VIII ZR 98/95, ZIP 1996, 1172, 1173.
3 BGH v. 6.3.1996 – VIII ZR 98/95, ZIP 1996, 1172, 1174.

lich, dass der BGH in seinem Urteil vom 23.10.1990[1] entschieden hat, dass das fristlose Kündigungsrecht des Leasingnehmers – freilich: bezogen auf ein Kfz-Leasing – durch eine vertragliche Regelung in den Leasing-AGB in wirksamer Weise ersetzt werden kann, wonach der Leasingnehmer die **Befugnis** hat, in den Fällen der Gefahrtragung – also bei Zerstörung oder erheblicher Beschädigung des Leasingguts – an den Leasinggeber die **noch ausstehende Restamortisation zu zahlen**[2]. Offen gelassen hat der BGH in dieser Entscheidung freilich die maßgebende Frage, ob eine solche Befugnis gleichwertig ist mit der Einräumung eines fristlosen Kündigungsrechts zugunsten des Leasingnehmers i.S.v. § 543 Abs. 2 Satz 1 Nr. 1 BGB.

46 Dies ist jedenfalls unter dem Gesichtswinkel der Transparenz gemäß § 307 Abs. 1 Satz 2 BGB nachdrücklich zu verneinen[3]. In gleicher Weise ist an das Transparenzgebot zu erinnern, wenn in der Literatur die Auffassung geäußert wird, die Verankerung des fristlosen Kündigungsrechts in den Leasing-AGB sei nicht erforderlich, weil sich dieses Recht ohnehin aus § 314 BGB ableiten lasse[4]. Doch der durchschnittliche Leasingnehmer – gleichgültig, ob er Verbraucher oder Unternehmer ist – ist kaum in der Lage, sich ohne Einholung von kundigem Rechtsrat davon zu überzeugen, dass ihm ein fristloses Kündigungsrecht gemäß § 314 BGB (dogmatisch richtiger: § 543 Abs. 2 Satz 1 Nr. 1 BGB) zusteht, wenn das Leasinggut zerstört oder erheblich beschädigt worden ist, obwohl die Sach- und Preisgefahr im Übrigen auf den Leasingnehmer – wie auf einen Käufer – überwälzt wird.

d) Fristloses Kündigungsrecht auch des Leasinggebers?

47 In der Literatur wird verschiedentlich die Auffassung vertreten, dass im Fall der Zerstörung oder der erheblichen Beschädigung des Leasingguts auch dem **Leasinggeber** ein fristloses Kündigungsrecht einzuräumen ist, dass jedenfalls die Verankerung eines solchen Rechts in den Leasing-AGB nicht gegen § 307 Abs. 2 Nr. 1 BGB verstößt[5]. Begründet wird dies mit der Erwägung, dass die Fortführung des Leasingvertrages auch dem Leasinggeber in diesen Fällen nicht mehr zumutbar sei. Denn dann fehlt dem Leasinggeber, der ohnehin vorleistungspflichtig sei, die dingliche Kreditsicherheit[6], so

1 BGH v. 23.10.1990 – VI ZR 310/89, BB 1990, 2441.

2 Die vom VI. Senat des BGH zu beurteilende Klausel lautete dahin, dass der Leasingnehmer in diesen Fällen die Befugnis hat, „an den Vermieter als Entschädigung sämtliche zu diesem Zeitpunkt noch ausstehenden Mietraten nebst Restwert abgezinst mit 4 % über den zur Zeit des Vertragsschlusses gültigen Diskontsatz der Deutschen Bundesbank zu zahlen".

3 Hierzu *Groß*, DAR 1999, 438, 444.

4 *Staudinger/Stoffels*, Leasing Rz. 206; so auch *Beckmann*, § 2 Rz. 185.

5 *Martinek*, Moderne Vertragstypen, Bd. 1, S. 150 f.; MünchKomm./*Habersack*, Leasing Rz. 72; *Canaris*, Bankvertragsrecht, Rz. 1755; *Papapostolou*, Die Risikoverteilung beim Finanzierungsleasing, S. 116.

6 *Martinek*, Moderne Vertragstypen, Bd. 1, S. 151; MünchKomm./*Habersack*, Leasing Rz. 72.

dass das Äquivalenzverhältnis von Leistung und Gegenleistung dadurch erheblich beeinträchtigt sei. Dem ist zuzustimmen. Es ist in der Tat nach § 307 Abs. 2 Nr. 1 BGB nicht zu beanstanden, wenn dem Leasinggeber das gleiche Recht einer fristlosen Kündigung gemäß § 543 Abs. 1 BGB konzediert wird, welches dem Leasingnehmer – wie dargestellt – gemäß § 543 Abs. 2 Satz 1 Nr. 1 BGB einzuräumen ist. Gerade unter Berücksichtigung der durch das fristlose Kündigungsrecht ausgelösten **Vollamortisationspflicht** des Leasingnehmers spricht vieles dafür, hier von einer **Parallelität der Interessen** auszugehen. Freilich ist im selben Atemzug anzumerken, dass dies jedenfalls dann nicht ohne weiteres gilt, wenn der Leasingnehmer deswegen von dem ihm zustehenden fristlosen Kündigungsrecht Abstand nimmt, weil er seine Liquidität schonen will. Auch hängt die Beachtlichkeit dieses Einwands entscheidend davon ab, ob es sich in diesen Fällen um ein Ereignis handelt, welches die Ersatzleistung der Sachversicherung auslöst, weil diese ja ohnehin auf den Vollamortisationsanspruch des Leasinggebers anzurechnen ist (Rz. 14 ff.). Dies aber führt dazu, dass die Liquidität des Leasingnehmers auch dann nicht erheblich beeinträchtigt wird, wenn der Leasinggeber – wie hier vorgeschlagen – ein fristloses Kündigungsrecht gemäß § 543 Abs. 1 BGB erhält, weil das Leasinggut im Rahmen der Gefahrtragung zerstört oder erheblich beschädigt worden ist.

Ob es angezeigt ist, das dem Leasinggeber einzuräumende fristlose Kündi- 48
gungsrecht gemäß § 543 Abs. 1 BGB dogmatisch darauf zu stützen, dass er im Fall der Zerstörung oder der erheblichen Schädigung des Leasingguts seine Kreditsicherheit einbüßt[1], erscheint freilich zweifelhaft. Denn entscheidend ist auch in diesem Kontext, dass ja die Ersatzleistung der Sachversicherung dem Leasinggeber zugute kommt; sie dient dann als **Surrogate** für das untergegangene und erheblich beschädigte Leasinggut. Nur darauf kommt es letzten Endes nicht entscheidend an; wichtiger ist die Antwort auf die Frage, ob ein solches fristloses Kündigungsrecht dem Leasinggeber auch dann zusteht, wenn es in den Leasing-AGB nicht ausdrücklich vereinbart ist. Übernimmt man den zuvor geäußerten, am Transparenzgebot des § 307 Abs. 1 Satz 2 BGB orientierten Gedanken, dann gilt auch hier das Gleiche: Wenn der Leasinggeber verpflichtet ist zugunsten des Leasingnehmers ein fristloses Kündigungsrecht i.S.v. § 543 Abs. 2 Satz Nr. 1 BGB für den Fall dem Leasingnehmer zu konzedieren, dass das Leasinggut zerstört oder erheblich beschädigt worden ist, dann ist dieser Gedanke auch dann tragend, wenn es um das Recht des Leasinggebers zur fristlosen Kündigung des Leasingvertrages i.S.v. § 543 Abs. 1 BGB geht. Verneint man nämlich – wie hier geschehen – die Relevanz des Arguments, das fristlose Kündigungsrecht des Leasinggebers sichere sein Kreditrisiko, dann ist die unmittelbare Anwendbarkeit von § 543 Abs. 1 BGB – ohne ausdrückliche AGB-Klausel – eher zweifelhaft. Denn im Vordergrund steht

1 So *Martinek*, Moderne Vertragstypen, Bd. 1, S. 151; MünchKomm./*Habersack*, Leasing Rz. 72.

dann die auf den Leasingnehmer überwälzte Sach- und Preisgefahr, die ihm die Stellung eines Käufers gemäß § 446 BGB vermittelt. Das ist streng genommen gleichbedeutend mit der Verneinung des Kündigungsrechts. Das ist der eine Gedanke; der andere: Die nach § 543 Abs. 1 Satz 2 BGB erforderliche Berücksichtigung aller **Umstände des Einzelfalls** gebietet es dann auch, die Antwort in Rechnung zu stellen, ob die Ersatzleistung der Sachversicherung hier nicht eine angemessene Kompensation darstellt, so dass – unter Berücksichtigung der beiderseitigen Interessen – von der Fortsetzung des Leasingvertrages auszugehen ist. Denn man wird in Erwägung ziehen müssen, dass das fristlose Kündigungsrecht des Leasinggebers in der Regel nur dann ausgeübt wird, wenn der **Leasingnehmer** nicht von sich aus auf das ihm vertraglich eingeräumte fristlose Kündigungsrecht in diesen Fällen rekurriert. Tut er dies nicht, dann liegt darin ein nicht unerhebliches Indiz dafür, welches bei der erforderlichen Bilanzierung der beiderseitigen Interessen im Sinn von § 543 Abs. 1 Satz 2 BGB ins Kalkül zu ziehen ist.

7. Exakte Bezeichnung – Voraussetzungen des Kündigungsrechts

49 Hier gelten die gleichen Erwägungen, die im Bereich des Kfz-Leasings im Einzelnen dargestellt werden (Kap. M Rz. 96). Es ist nicht erkennbar, dass insoweit andere Gesichtspunkte herangezogen werden sollten; die Wertgrenzen sind zweckmäßigerweise die gleichen.

8. Fristlose Kündigung – Vollamortisationsanspruch des Leasinggebers

50 Falls der Leasingnehmer oder der Leasinggeber im Fall der Zerstörung oder der erheblichen Beschädigung des Leasingguts von ihrem fristlosen Kündigungsrecht Gebrauch machen, richtet sich die Berechnung des Vollamortisationsanspruchs des Leasinggebers nach den allgemeinen Grundsätzen, die hier gesondert dargestellt werden (Kap. K Rz. 37 ff.).

VII. Instandhaltung/Instandsetzung – Wartung

1. Instandhaltungs- und Unterhaltungspflicht

51 Leasing-AGB enthalten üblicherweise die Verpflichtung des Leasingnehmers, das Leasinggut „auf eigene Kosten in einem ordnungsgemäßen und funktionsfähigen Zustand" während der Dauer des Leasingvertrages zu erhalten. Geht man – wie hier geschehen – davon aus, dass der Leasingvertrag „in erster Linie" den mietrechtlichen Bestimmungen der §§ 535 ff. BGB zu unterwerfen ist, dann trifft die Unterhaltungs- und Instandhaltungspflicht gemäß § 535 Abs. 1 Satz 2 BGB den Vermieter, also den Lea-

singgeber[1]. Die Erhaltungspflicht gemäß § 535 Abs. 1 Satz 2 BGB hat alle Maßnahmen zum Gegenstand, die erforderlich sind, um dem Mieter/Leasingnehmer während der Dauer des Vertrages den vertragsgemäßen Gebrauch zu ermöglichen. Doch kann diese Pflicht im Rahmen des gewöhnlichen Mietvertrages auf den Mieter überwälzt werden[2]. Ungeachtet der Frage, ob und in welchem Umfang auf die Mieter die Erhaltungs- und Instandhaltungspflichten formularmäßig überwälzt werden können, steht jedenfalls die Rechtsprechung für den Bereich des Leasings fest[3]: Die Überwälzung der Erhaltungs- und Instandhaltungspflichten benachteiligt so lange den Leasingnehmer nicht unangemessen i.S.v. § 307 Abs. 2 Nr. 1 BGB, als es sich um Aufwendungen handelt, welche zur Aufrechterhaltung der ordnungsgemäßen Nutzung des Leasingguts erforderlich sind[4]. Rechtfertigender Gesichtspunkt hierfür ist die Feststellung, dass der Leasinggeber eine Investitionsentscheidung des Leasingnehmers finanziert und das von ihm erworbene Leasinggut dem Leasingnehmer zur Nutzung zur Verfügung stellt – mit der Konsequenz, dass das Sachnutzungsinteresse ganz überwiegend beim Leasingnehmer, nicht aber beim Leasinggeber anzusiedeln ist, der freilich – dies gilt es auch zu beachten – rechtlicher und wirtschaftlicher Eigentümer des Leasingguts ist und ein erhebliches Interesse an der Erhaltung des Restwerts besitzt. Daraus ist insgesamt abzuleiten, dass die Überwälzung von Erhaltungs- und Instandhaltungsaufwendungen auf den Leasingnehmer in diesem Rahmen keinen rechtlichen Bedenken begegnen.

2. Instandsetzungspflicht – Ersatzbeschaffungspflicht

In Leasingverträgen ist es darüber hinaus üblich, den Leasingnehmer zu 52
verpflichten, etwa am Leasinggut eingetretene Schäden auf eigene Kosten zu beseitigen. Darüber hinaus ist der Leasingnehmer im Rahmen der auf ihn überwälzten Sachgefahr verpflichtet, ein Ersatz-Leasinggut für den Fall zu beschaffen, dass das Leasinggut beschädigt oder erheblich zerstört worden ist[5]. Die Leistungen aus der Kasko-Versicherung stehen zwar dem Leasinggeber zu, weil er Eigentümer des Leasingguts ist[6]. Doch ist die Entschädigungszahlung auf den Restamortisationsanspruch des Leasinggebers anzurechnen, so dass auch ein etwaiger überschießender Betrag dem Leasingnehmer zugute kommt, falls eine wirksame Kaufoption zu seinen Gunsten begründet wurde[7] oder eine Vertragsgestaltung vorliegt, wonach

1 Statt aller: *Palandt/Weidenkaff*, § 535 BGB Rz. 30 ff.
2 *Palandt/Weidenkaff*, § 535 BGB Rz. 37; *Ehlert*, in Bamberger/Roth, § 535 BGB Rz. 48; *Erman/Jendrek*, § 535 BGB Rz. 87 ff.
3 BGH v. 15.10.1986 – VIII ZR 319/85, WM 1987, 38; BGH v. 30.9.1987 – VIII ZR 226/86, WM 1987, 1338.
4 So auch *Martinek*, Moderne Vertragstypen Bd. 1, S. 148; *Beckmann*, § 2 Rz. 477.
5 Hierzu auch *Martinek*, Moderne Vertragstypen, Bd. 1, S. 147.
6 OLG Düsseldorf v. 14.1.2003 – 24 U 13/02, NJW-RR 2003, 775, 776.
7 Vgl. OLG Düsseldorf v. 14.1.2003 – 24 U 13/02, NJW-RR 2003, 775, 776.

dem Leasingnehmer ein Mehrerlös in Höhe von bis zu 75 % zusteht. Denn der Leasinggeber hat nur insoweit Anspruch auf die Entschädigungsleistung, als sie ihm nach den getroffenen Abreden auch tatsächlich gebührt[1]. Nach der hier vertretenen Auffassung findet die Ersatzbeschaffungspflicht jedoch i.S.v. § 307 Abs. 2 Nr. 1 BGB dort ihre **Grenzen**, wo das fristlose Kündigungsrecht des Leasingnehmers einsetzt, weil das Leasinggut zerstört oder erheblich beschädigt worden ist. Doch ändert dies an der Anrechnungspflicht der Entschädigungszahlung der Kasko-Versicherung nichts, weil ja die fristlose Kündigung des Leasingvertrages den Restamortisationsanspruch des Leasinggebers auslöst.

3. Wartungsvertrag

53 Schließlich entspricht es üblicher Gestaltung der Leasing-AGB, den Leasingnehmer zu verpflichten, zur Aufrechterhaltung der Funktionstüchtigkeit des Leasingguts einen Wartungsvertrag abzuschließen. Dies gilt insbesondere, wenn die Software Teil des Leasingvertrages ist; doch finden sich auch vergleichbare Klauseln bei den typischen Fällen des Maschinenleasings.

a) Verbot des Koppelungsgeschäfts

54 Wird der Leasingnehmer in den Leasing-AGB verpflichtet, aufgrund eigenen Entschlusses einen Wartungsvertrag mit einem Dritten – für gewöhnlich: mit dem Hersteller/Händler – abzuschließen, dann bestehen insoweit gemäß § 307 Abs. 2 Nr. 1 BGB keine Bedenken. Etwas anderes gilt jedoch dann, wenn in den Leasing-AGB – im Rahmen eines Koppelungsgeschäfts – gleichzeitig mit dem Abschluss des Leasingvertrages der Abschluss eines Wartungsvertrages kontrahiert ist[2]. Bei dieser Konstellation stellt sich regelmäßig die Frage, ob eine solche Koppelungsklausel nicht bereits nach § 305c Abs. 1 BGB überraschend ist. Dies ist dann zu bejahen, wenn zum einen die Klausel – unter Berücksichtigung der jeweiligen Umstände, insbesondere des Erscheinungsbildes des Vertrages – als ungewöhnlich anzusehen ist und wenn der Vertragspartner damit nicht zu rechnen braucht[3]. Dabei ist die Ungewöhnlichkeit der Klausel anhand der objektiven Bewertung zu beantworten[4]. Im Hinblick auf das erforderliche Überraschungsmoment ist entscheidend, dass eine nicht unerhebliche Diskrepanz zwischen der Klausel einerseits und der Erwartungshaltung des Vertragspartners andererseits besteht[5]. Berücksichtigt man diese Kriterien, so wird man regelmäßig zu dem Ergebnis gelangen müssen, dass ein Kopp-

1 OLG Düsseldorf v. 14.1.2003 – 24 U 13/02, NJW-RR 2003, 775, 776.
2 Vgl. *Wolf/Horn/Lindacher*, § 9 AGBG M 63.
3 Statt aller: *Erman/Roloff*, § 305c BGB Rz. 8.
4 *Palandt/Heinrichs*, § 305c BGB Rz. 3.
5 BGH v. 11.12.2003 – III ZR 118/03, NJW-RR 2004, 780, 781.

lungsgeschäft als überraschend gemäß § 305c Abs. 1 BGB einzustufen ist. Entscheidend ist nämlich, dass bei Abschluss eines Leasingvertrages der Abschluss eines Wartungsvertrages zwar nahe liegt, dass aber der durchschnittliche Leasingnehmer nicht erwartet, dass er gleichzeitig beide Verträge kontrahiert. Denn dadurch wird ihm ein wesentlicher Bestandteil der ihm zuzuweisenden Vertragsabschluss- und Vertragsgestaltungsfreiheit im Hinblick auf Auswahl und Inhalt des Wartungsvertrages genommen. Dies ist im Zweifel auch nach § 307 Abs. 1 BGB nicht hinzunehmen, so dass unter Berücksichtigung dieses Ansatzpunktes kein Unterschied besteht, ob es sich um eine Klausel gegenüber einem Verbraucher oder gegenüber einem Leasingnehmer handelt, der Unternehmer gemäß § 14 BGB ist.

b) Leasingtypische Abtretungskonstruktion – Haftung des Lieferanten

Wird der Wartungsvertrag in wirksamer Weise mit dem Lieferanten des Leasingguts abgeschlossen, ist in entscheidendem Maße darauf Wert zu legen, dass der Wartungsvertrag nicht die Fallkonstellationen erfasst, die der Mängelhaftung des Lieferanten gegenüber dem Leasingnehmer gemäß §§ 434 ff. BGB zugeordnet sind. Denn der Leasingnehmer wird – gleichgültig, ob er Verbraucher oder Unternehmer ist – unangemessen i.S.v. § 307 Abs. 2 Nr. 1 BGB benachteiligt, wenn er aufgrund des Wartungsvertrages verpflichtet ist, Aufwendungen gemäß § 439 Abs. 1 BGB für die Nacherfüllung zu übernehmen, die der Lieferant dem Leasingnehmer im Rahmen der leasingtypischen Abtretungskonstruktion auf eigene Kosten schuldet. Deckt sich nämlich die Kostentragungspflicht des Wartungsvertrages mit den Mangelbeseitigungsaufwendungen, die der Lieferant gemäß § 439 Abs. 2 BGB zu tragen hat, dann liegt darin allemal eine unangemessene Benachteiligung gemäß § 307 Abs. 2 Nr. 1 BGB, weil ja der Leasingnehmer mit Recht damit rechnen kann, dass der Lieferant der Mangelbeseitigungspflicht gemäß § 439 Abs. 2 BGB **unentgeltlich** nachkommt. Die entsprechende Kostentragungspflicht im Wartungsvertrag ist also nach § 307 Abs. 2 Nr. 1 BGB unwirksam; ein Entgelt wird nicht geschuldet, wie sich aus § 306 Abs. 2 BGB ergibt. Zwischen einem Wartungsvertrag gegenüber einem Verbraucher und einem Unternehmer ergeben sich insoweit keine Unterschiede. 55

Stellt also der Wartungsvertrag nicht sicher, dass der Lieferant während der Dauer seiner Mängelhaftung (§ 438 BGB) diese gemäß § 439 Abs. 1 und Abs. 2 BGB unentgeltlich erfüllt, dann wird man auch erwägen müssen, diese Klauselgestaltung als **überraschend** gemäß § 305c Abs. 1 BGB einzuordnen. Denn der durchschnittliche Leasingnehmer rechnet nicht damit, dass er Wartungsentgelt für die Leistungen schuldet, die der Lieferant im Rahmen seiner Mängelhaftung ohnehin zu erbringen hat. Auch dieser Ansatz hat dann zur Folge, dass ein Entgelt im Rahmen des Wartungsvertrages nicht verlangt werden darf, weil die betreffende Klausel nicht Ver- 56 tragsbestandteil geworden ist. Auch diese Wertung wird man zwischen Verbraucher und Unternehmer parallel schalten müssen.

c) Dauer und Beendigung des Wartungsvertrages

aa) Grundsätzliche Erwägungen

57 Im **unternehmerischen Verkehr** ist es jedoch mit § 307 Abs. 1 BGB vereinbar, wenn der Leasinggeber in den Leasing-AGB verlangt, dass für die Dauer des Leasingvertrages ein Wartungsvertrag abgeschlossen werden soll. Damit sichert der Leasinggeber sein legitimes Interesse, das er als rechtlicher und wirtschaftlicher Eigentümer des Leasingguts – insbesondere unter Berücksichtigung des ihm zustehenden „Restwerts" – hat. Verträge, welche auf die Laufzeit des Leasingvertrages bezogen sind, sind also nicht zu beanstanden. Während gegenüber einem **Verbraucher** in diesen Fällen der Verbotstatbestand von § 309 Nr. 9 BGB zu berücksichtigen ist, so dass die Erstlaufzeit nicht länger als zwei Jahre betragen darf, wird man diese Erwägung im unternehmerischen Verkehr nicht anstellen[1]. Folglich bestehen keine Bedenken, von einer Kongruenz der Laufzeit des Leasing- und des Wartungsvertrages im unternehmerischen Verkehr auszugehen.

bb) Gefahrtragung – Kündigungsrecht

58 Besondere Probleme stellen sich jedoch dann, wenn man zu dem Ergebnis gelangt, dass dem Leasingnehmer, aber auch dem Leasinggeber ein fristloses Kündigungsrecht für den Fall zusteht, dass das Leasinggut im Rahmen der dem Leasinggeber überwälzten Gefahrtragung zerstört oder erheblich beschädigt worden ist. Denn dann stellt sich die Frage, ob der Leasingnehmer auch insoweit das Risiko des – fortlaufenden – Wartungsvertrages trägt oder ob er die Möglichkeit besitzt, den Wartungsvertrag jedenfalls dann zu beenden, wenn er gegenüber dem Leasinggeber von seinem fristlosen Kündigungsrecht gemäß § 543 Abs. 2 Satz 1 Nr. 1 BGB Gebrauch macht. Ist in diesen Fällen der Wartungsverbrauch mit dem **Lieferanten** des Leasingguts abgeschlossen, dann bestehen keine grundsätzlichen Bedenken dagegen, von einem Fortfall der Geschäftsgrundlage des Wartungsvertrages gemäß § 313 Abs. 1 BGB auszugehen, sofern der Leasingnehmer den Leasingvertrag gemäß § 543 Abs. 3 Satz 1 Nr. 1 BGB fristlos kündigt. Denn der Lieferant weiß ja dann, dass der Wartungsvertrag nur dem Zweck dient, die Funktionstauglichkeit des von ihm selbst gelieferten Leasingguts für die Dauer des Leasingvertrages sicherzustellen. Folglich hat der Leasingnehmer einen **Anspruch** darauf, dass der Wartungsvertrag im Wege der fristlosen Kündigung gemäß § 313 Abs. 3 Satz 2 BGB beendet wird[2].

---

1 Vgl. auch *Palandt/Grüneberg*, § 309 BGB Rz. 89.
2 Statt aller: *Palandt/Grüneberg*, § 313 BGB Rz. 41 ff.

Etwas anderes kann freilich dann gelten, wenn der Wartungsvertrag nicht mit dem Lieferanten, sondern mit einem **Dritten** abgeschlossen worden ist. Kündigt dann der Leasingnehmer den Leasingvertrag gemäß § 543 Abs. 2 Satz 1 Nr. 1 BGB, weil das Leasinggut im Rahmen der ihm überwälzten Gefahrtragung zerstört oder erheblich beschädigt worden ist, kommt alles entscheidend darauf an, ob der Dritte als Schuldner der Wartungsleistung auch i.S.v. § 313 Abs. 1 BGB – zusammen mit dem Leasingnehmer – die **gemeinsame Vorstellung** hatte, dass der Wartungsvertrag nur dem Zweck dient, ein im Rahmen des Leasings finanzierten Wirtschaftsgut für die Dauer des Leasingvertrages gebrauchstauglich/funktionstüchtig zu erhalten[1]. Ob dies zutrifft, ist Frage der jeweiligen Umstände des Einzelfalls; der Wille der Beteiligten ist gemäß §§ 133, 157 BGB sorgfältig zu ermitteln. Gelangt man hier zu dem Resultat, dass es sich um zwei separate Verträge handelt, ist auch der Grundgedanke des § 139 BGB zu bemühen. Es kommt dann entscheidend darauf an, ob zwischen den Parteien des Wartungsvertrages – bezogen auf den Leasingvertrag – der erforderliche **„Einheitlichkeitswille"**[2] anzuerkennen ist, weil mehrere Personen an den beiden Rechtsgeschäften beteiligt sind[3]. Es ist gleichgültig, wie man hier den Lösungsansatz erhält, es kommt immer entscheidend darauf an, ob der Dritte als Schuldner der Wartungsleistungen **Kenntnis** davon hatte, dass die von ihm zu erbringenden Leistungen dazu dienten, ein im Rahmen des Leasings genutztes Wirtschaftsgut funktionstüchtig/gebrauchstauglich zu erhalten. Denn nur unter dieser Voraussetzung kommt entweder § 313 Abs. 3 Satz 2 BGB im Hinblick auf den Wartungsvertrag zum Zuge; oder man geht den Weg, das fristlose Kündigungsrecht des Leasingnehmers gemäß § 543 Abs. 2 Satz 1 Nr. 1 BGB wegen der Einheitlichkeit zwischen Leasing- und Wartungsvertrag auch auf letzteren zu erstrecken, so dass die Rechtsfolge unter Berücksichtigung des hypothetischen Parteiwillens dazu führen kann, dem Leasingnehmer gegenüber dem Wartungsschuldner ein fristloses Kündigungsrecht gemäß § 314 BGB zu konzedieren. 59

1 Vgl. *Palandt/Grüneberg*, § 313 BGB Rz. 3.
2 BGH v. 9.3.1976 – VI ZR 98/75, NJW 1976, 1932.
3 Hierzu *Palandt/Heinrichs*, § 139 BGB Rz. 11a.

J. Ordentliche Beendigung des Leasingvertrages

1 Alle Vertragsmodelle im Bereich des erlasskonformen Leasings sind dadurch charakterisiert, dass sie eine feste Grundmietzeit aufweisen, die mindestens 40 %, höchstens aber 90 % der betriebsgewöhnlichen Nutzungsdauer des Leasingguts betragen darf. Nach Ablauf dieser Zeit stellen sich im Rahmen der Beendigung des Leasingvertrages verschiedene Rechtsfragen; sie sollen nachfolgend im Einzelnen erörtert werden:

I. Rückgabeanspruch – Rückgabepflicht

1. Grundnorm des § 546 Abs. 1 BGB

2 Es entspricht der gesetzlichen Wertung, dass der Leasingnehmer gemäß § 546 Abs. 1 BGB verpflichtet ist, das Leasinggut nach Beendigung des Leasingvertrages dem Leasinggeber zurückzugeben, indem er diesem den unmittelbaren Besitz verschafft[1]. So gesehen handelt es sich um eine **Bringschuld**. Sie ist daher am Geschäftssitz des Leasinggebers zu erfüllen, weil der Leasinggeber dort gemäß § 854 BGB in der Lage ist, den unmittelbaren Besitz am Leasinggut zurück zu erhalten[2]. Es ist daher nach § 307 Abs. 2 Nr. 1 BGB unbedenklich, wenn der Leasinggeber in den AGB zusätzlich vorschreibt, dass das Leasinggut auf **Kosten** und **Gefahr** vom Leasingnehmer an den Leasinggeber zurückzusenden ist[3].

3 Häufig ist es so, dass in den Leasing-AGB des Weiteren bestimmt wird, dass der Leasingnehmer das Leasinggut an den **Lieferanten** oder an einen vom Leasinggeber zu benennenden **Dritten** zurückzugeben hat. Ob eine solche Klauselgestaltung – unter Berücksichtigung der Grundüberlegung, dass es sich hierbei um eine Bringschuld gemäß § 269 BGB handelt – wirksam i.S.v. § 307 Abs. 2 Nr. 1 BGB vereinbart werden kann, ist umstritten. *Beckmann* ist der Ansicht, dass die Klausel jedenfalls insoweit unbedenklich ist, als der Lieferant regelmäßig in der Nähe des Leasingnehmers seinen gewerblichen Sitz haben wird, so dass die insoweit entstehenden zusätzlichen Aufwendungen nicht nennenswert ins Gewicht fallen[4]. Dem ist jedoch nicht zu folgen. Denn auch Leasing-AGB-Klauseln sind immer generell-abstrakt auszulegen[5]. Folglich kommt es nicht auf die besonderen Umstände des Einzelfalls an, sondern nur auf eine abstrakte Bewertung,

---

1 *Palandt/Weidenkaff*, § 546 BGB Rz. 4.
2 *Erman/Jendrek*, § 546 BGB Rz. 4.
3 Vgl. BGH v. 31.3.1982 – VIII ZR 125/81, WM 1982, 666, 668; *Beckmann*, § 8 Rz. 172.
4 *Beckmann*, § 8 Rz. 173.
5 Statt aller *Palandt/Heinrichs*, § 307 BGB Rz. 4; *Wolf/Horn/Lindacher*, § 9 AGBG Rz. 51.

die dann auch im Rahmen der richterlichen Inhaltskontrolle gemäß § 307 BGB durchschlägt[1]. Folglich ist es auch nicht zutreffend, diesen überindividuellen Maßstab dadurch zu ersetzen, dass eine „interessengerechte Auslegung der leasingtypischen Vertragsgestaltung“[2] hier in ihr angebliches Recht berufen wird. Denn auch eine solche Sicht widerstreitet der etablierten Dogmatik, wonach zunächst eine Auslegung der betreffenden Klausel nach den §§ 133, 157 BGB stattfindet[3], die an einem objektiven Maßstab auszurichten ist[4]. Maßgebend ist dabei der Verständnishorizont eines redlichen und verständigen Vertragspartners unter Abwägung der Interessen der üblicherweise an einem solchen Rechtsgeschäft beteiligten Parteien[5]. Dann aber ist davon auszugehen, dass es zwischen Leasingnehmer und dem Lieferanten eine nicht unerhebliche Distanz geben kann, so dass eine auf den gewerblichen Sitz des Lieferanten abstellende Bringschuld den Leasingnehmer wegen der damit verbundenen Kosten und Aufwendungen unangemessen i.S.v. § 307 Abs. 1 BGB benachteiligt. Diese Erwägungen gelten erst recht, wenn die Klausel vom Leasingnehmer verlangt, dass er das Leasinggut an einen **Dritten** auf eigene Kosten und Gefahr herausgibt. Denn bei Abschluss des Leasingvertrages ist keineswegs von vornherein erkennbar, welche Aufwendungen hiermit verbunden sind, weil ja nicht bekannt ist, welchen Dritten der Leasinggeber bei Beendigung des Leasingvertrages benennen wird. Folglich sind alle von § 546 Abs. 1 BGB abweichenden Klauselgestaltungen als nach § 307 Abs. 2 Nr. 1 BGB bedenklich anzusehen.

So gesehen besteht auch kein Unterschied zwischen dem mit einem **Verbraucher** abgeschlossenen Leasingvertrag und dem Leasingvertrag, der mit 4 einem **Unternehmer** kontrahiert wurde. Denn in beiden Fällen ist die gesetzliche Grundnorm des § 546 Abs. 1 BGB i.V.m. § 307 Abs. 2 Nr. 1 BGB maßgebend. In beiden Fällen gilt eine abstrakt-generelle Bewertung der Klausel, so dass daraus die Unangemessenheit abzuleiten ist.

2. Erfüllungsort

a) Grundsätzliche Wertung

Geht man davon aus, dass der Leasingnehmer verpflichtet ist, die Rück- 5 gabeverpflichtung in Form einer **Bringschuld** zu erfüllen, dann sind im Hinblick auf den Erfüllungsort gemäß § 269 Abs. 1 BGB die Würfel gefallen. Denn bei einer solchen Schuld ist der Wohnsitz des Gläubigers, d.h. des Leasinggebers, sowohl Leistungs- als auch Erfolgsort[6]. So gesehen

1 BGH v. 9.5.1996 – VII ZR 259/94, NJW 1996, 2155, 2156.
2 So aber *Beckmann*, § 8 Rz. 174.
3 Statt aller *Palandt/Heinrichs*, § 305c BGB Rz. 15 f.
4 BGH v. 23.11.2005 – VIII ZR 154/04, NJW 2006, 1056.
5 Ständige Rechtsprechung, BGH v. 23.11.2005 – VIII ZR 154/04, NJW 2006, 1056.
6 Statt aller *Palandt/Heinrichs*, § 269 BGB Rz. 1.

macht es keinen Unterschied, ob bei Beginn des Leasingvertrages der Leasingnehmer beim Lieferanten das Leasinggut abgeholt hat oder – was immer wieder vorkommt – ob der Leasinggeber den Lieferanten als seinen Erfüllungsgehilfen gemäß § 278 BGB veranlasst hat, das Leasinggut dem Leasingnehmer zu übergeben[1]. Deshalb ist in all diesen Fällen davon auszugehen, dass der **Erfüllungsort** in Form des Erfolgsortes nicht am Wohnsitz des Leasingnehmers, sondern im Zweifel am Sitz der gewerblichen Niederlassung des Leasinggebers belegen ist[2].

b) Im Rahmen eines vom Leasingnehmer ausgeübten Rücktrittsrechts

6 Offen ist die Antwort auf die Frage, ob eine Bringschuld auch für den Fall in wirksamer Weise vereinbart werden kann, dass die Beendigung des Leasingvertrages auf einem Umstand beruht, den der Leasinggeber und/oder der Lieferant des Leasingguts zu vertreten hat. Praktisch bedeutsam wird diese Konstellation, wenn der Leasingnehmer im Rahmen der leasingtypischen Abtretungskonstruktion von seinem **Rücktrittsrecht** gemäß § 437 Nr. 2 BGB Gebrauch macht, so dass dann eine Rückabwicklung des Leasingvertrages gemäß §§ 346 ff. BGB ansteht. Fest steht dabei zunächst, dass die Rücktrittserklärung die Ausübung eines **Gestaltungsrechts** ist, so dass bei Zugang der Rücktrittserklärung der zwischen Leasinggeber und Lieferant abgeschlossene Kaufvertrag in ein Rückabwicklungsverhältnis gemäß §§ 346 ff. BGB umgestaltet wird[3]. Für diesen Fall ist anerkannt, dass der **gemeinsame Leistungsort** der Ort ist, an dem sich das Leasinggut vertragsgemäß befindet[4]. Zur Konsequenz hat dies, dass der Leasinggeber in diesen Fällen verpflichtet ist, das Leasinggut beim Leasingnehmer gemäß § 269 Abs. 1 BGB abzuholen. Es liegt dann eine **Holschuld** vor. Folglich unterscheidet sich diese Konstellation von derjenigen, die bei einer (ordentlichen) Beendigung des Leasingvertrages vorzufinden ist.

7 Gleichwohl ist zu bezweifeln, ob es gemäß § 305c Abs. 2 BGB geboten ist, eine in den Leasing-AGB enthaltene Klausel im Hinblick auf die unterschiedliche Ausgestaltung der Rückgabepflichten zu differenzieren[5]. Denn auch im Rahmen einer generell-abstrakten Auslegung einer Klausel in den Leasing-AGB kommt es maßgebend darauf an, unter welcher **Rubrik** die Rückgabepflicht des Leasingnehmers aufgeführt ist. Ist klar erkennbar, dass es sich lediglich um die Pflicht des Leasingnehmers handelt, die bei einer **„Beendigung“** des Leasingvertrages eingreift, dann folgt daraus, dass diese Rückgabepflicht von ihrem objektiven Sinn her dann nicht gelten soll, wenn eine Rückabwicklung des Leasingvertrages gemäß §§ 437 Nr. 2, 346 ff. BGB in Rede steht, zumal diese Konstellation immer unter der Ru-

---

1 A.M. *Beckmann*, § 8 Rz. 177.
2 A.M. *Beckmann*, § 8 Rz. 178 ff.; wie hier *Staudinger/Stoffels*, Leasing Rz. 282.
3 *Palandt/Weidenkaff*, § 437 BGB Rz. 25.
4 *Palandt/Heinrichs*, § 269 BGB Rz. 16; MünchKomm./*Krüger*, § 269 BGB Rz. 41.
5 So aber *Beckmann*, § 8 Rz. 182 ff.

brik der „Mängelhaftung" aufgeführt wird. Zwar ist einzuräumen, dass eine „Beendigung" des Leasingvertrages auch dann vorliegt, wenn aufgrund der Rücktrittserklärung des Leasingnehmers gemäß §§ 437 Nr. 2, 346 ff. BGB ein **Rückgewährschuldverhältnis** entsteht. Doch spricht nichts dagegen, unter Berücksichtigung des **Gesamtzusammenhangs** der jeweiligen Klausel[1] eine Interpretation nach den Regeln der §§ 133, 157 BGB vorzunehmen, die im Ergebnis sicherstellt, dass eine mit der „Beendigung" des Leasingvertrages zusammenhängende Rückgabepflicht eben nur die Fälle eines Kündigungsrechts oder eines durch Zeitablauf beendeten Leasingvertrags umfassen soll, nicht aber diejenigen, mit denen – mängelbedingt – ein gesetzliches Rückgewährschuldverhältnis gemäß §§ 437 Nr. 2, 346 ff. BGB zur Entstehung gelangt. Demzufolge beschränkt sich eine allein auf die „Beendigung" des Leasingvertrages abhebende Klausel auf Fälle der ordentlichen oder der außerordentlichen Kündigung sowie auf die Konstellationen, in denen der Leasingvertrag durch Zeitablauf beendet wird. Andere Fallgestaltungen, insbesondere eine aus den §§ 437 Nr. 2, 346 ff. BGB abgeleitete Rückabwicklung werden also von einer nur die „Beendigung" des Leasingvertrages erfassenden Klausel im Zweifel nicht erreicht. Denn die anerkannten Grundsätze einer transparenten Vertragsgestaltung gebieten in der Regel eine Zweiteilung der Rückgabepflichten, zum einen bezogen auf die „Beendigung" des Leasingvertrages, zum anderen auf die Fälle eines mangelbedingten Rücktritts.

II. Ordnungsgemäßer Zustand des Leasingguts

1. Gesetzliche Ausgangslage – Beweislastverteilung

Nach § 546 Abs. 1 BGB ist der Leasingnehmer verpflichtet, das Leasinggut 8 in einem ordnungsgemäßen Zustand dem Leasinggeber zurückzugeben. Ordnungsgemäß ist nur der Zustand, der entweder der vertraglichen Vereinbarung oder dem Zustand entspricht, der – trotz Abnutzungen/Änderungen im Rahmen des vertragsgemäßen Gebrauchs – als ordnungsgemäß anzusehen ist[2]. Dies bedeutet, dass der Leasingnehmer nicht verpflichtet ist, bei Beendigung des Leasingvertrages eine durch den vertragsgemäßen Gebrauch des Leasingguts notwendigerweise eingetretene Beschädigung zu beseitigen[3].

Zu bedenken ist in diesem Kontext vor allem, dass § 538 BGB bestimmt, 9 dass der Leasingnehmer Veränderungen oder Verschlechterungen des Leasingguts, die durch den vertragsgemäßen Gebrauch herbeigeführt werden,

1 BGH v. 2.12.1992 – VIII ARZ 5/92, NJW 1993, 532; *Palandt/Heinrichs*, § 307 BGB Rz. 9; *Erman/Roloff*, § 307 BGB Rz. 11.
2 BGH v. 10.7.2002 – XII ZR 107/99, NJW 2002, 3234, 3235.
3 BGH v. 10.7.2002 – XII ZR 107/99, NJW 2002, 3234, 3235; *Palandt/Weidenkaff*, § 546 BGB Rz. 5.

nicht zu vertreten hat. Die darin liegende **Beweislastverteilung** betrifft allerdings grundsätzlich nur die Fälle, in denen das Leasinggut durch den vertragsgemäßen Gebrauch Schäden erlitten hat, so dass § 538 BGB jedenfalls dann nicht eingreift, wenn es sich um einen Sachverhalt handelt, bei dem es um die Verwirklichung eines Risikos geht, welches nicht durch den Gebrauch des Leasingguts verwirklicht wurde[1]. Anders gewendet: Es tritt auch hier eine Verteilung der Beweislast nach Sphären ein[2]. Daher hat der Vermieter/Leasinggeber zu beweisen, dass das Leasinggut während der Dauer des Leasingvertrages eine Veränderung oder Verschlechterung erfahren hat, was dann zwangsläufig voraussetzt, dass er gleichzeitig nachweist, in welchem Zustand sich das Leasinggut bei Beginn des Leasingvertrages befand und bei seinem (ordnungsgemäßen) Ende befunden haben müsste, weil nur bei dieser Differenzbetrachtung etwaige Veränderungen oder Verschlechterungen plausibel erkennbar werden[3]. Folglich trägt der Leasingnehmer die Darlegungs- und Beweislast dafür, dass er entweder den Eintritt der Veränderung/Verschlechterung nicht zu vertreten hat oder dass diese auf einen vertragsgemäßen Gebrauch des Leasingguts i.S.v. § 538 BGB zurückzuführen ist[4]. Dabei bleibt des Weiteren zu berücksichtigen, dass der Leasinggeber – durchaus im Gegensatz zum Vermieter – seine Verpflichtung nach Maßgabe der §§ 535 ff. BGB gegenüber dem Leasingnehmer bereits dadurch erfüllt hat, dass er diesem ein gebrauchstaugliches/funktionstüchtiges Leasinggut überlassen, sich selbst aber von der mietvertraglichen Eigenhaftung gemäß §§ 536 f. BGB freigezeichnet hat, um dem Leasingnehmer stattdessen die kaufrechtlichen Mängelansprüche gemäß § 437 BGB abzutreten, die ihm, dem Leasinggeber, gegenüber dem Lieferanten des Leasingguts zustehen.

2. AGB-Klauseln

10 Unbedenklich sind so genannte **Zustandsklauseln**. Sie sind dadurch charakterisiert, dass in den Leasing-AGB bestimmt wird: Das Leasinggut muss bei Rückgabe in einem unveränderten, dem Alter und der Abnutzung entsprechenden – vertragsgemäßen/ordnungsgemäßen – Zustand zurückgegeben werden und darf keine Schäden/Mängel aufweisen[5]. Hierzu auch Rz. 37 betreffend die Haftung auf Schadensersatz. Zu Fragen eines **Schiedsgutachtens** Rz. 104 ff.

11 Im Hinblick auf die Verteilung der Darlegungs- und Beweislast – vor allem im Kontext von § 538 BGB – ist der Verbotstatbestand von § 309 Nr. 9 BGB

1 BGH v. 18.5.1994 – XII ZR 188/92, NJW 1994, 2019, 2020.
2 *Palandt/Weidenkaff*, § 538 BGB Rz. 4.
3 *Ehlert*, in Bamberger/Roth, § 538 BGB Rz. 15.
4 BGH v. 18.5.1994 – XII ZR 188/92, NJW 1994, 2019, 2020.
5 LG München v. 3.3.1999 – 31 S 3200/96, DAR 1999, 268; LG München v. 27.1.2000 – 31 S 11235/99, DAR 2000, 363; *Beckmann*, § 8 Rz. 188; hierzu im Einzelnen auch *Müller-Sarnowski*, DAR 1997, 142, 147 f.

zu beachten. Berücksichtigt man nämlich, dass der Leasinggeber die Darlegungs- und Beweislast dafür trägt, dass das Leasinggut – abweichend von dem ordnungsgemäßen/vertragsgemäßen Abnutzungszustand – verschlechtert ist oder gar Schäden aufweist, dann darf die Darlegungs- und Beweislast nicht zum Nachteil des Leasingnehmers verschoben werden, weil eine solche Klausel gegenüber einem Verbraucher an § 309 Nr. 8 BGB, gegenüber einem **Unternehmer** an § 307 Abs. 2 Nr. 1 BGB scheitert[1]. Folglich darf der Leasingnehmer nur insoweit die Darlegungs- und Beweislast im Rahmen von § 538 BGB tragen, als eine vom Leasinggeber dargelegte und bewiesene Veränderung/Verschlechterung des Leasingguts die entsprechenden Darlegungen und Beweise des Leasingnehmers herausfordert, dass diese nur auf den vertragsgemäßen Gebrauch des Leasingguts zurückzuführen oder nicht von ihm zu vertreten sind[2].

III. Einbauten – Wegnahmepflicht des Leasingnehmers

Die aus § 546 Abs. 1 BGB abzuleitende Rückgabepflicht des Leasingnehmers schließt ein, dass etwaige Einrichtungen, mit denen er das Leasinggut versehen hat, auf seine Kosten zu entfernen sind[3]. Gleichzeitig ist zu unterstreichen, dass der Leasingnehmer gemäß § 539 Abs. 2 BGB **berechtigt** ist, eine Einrichtung wegzunehmen, mit der er das Leasinggut ausgestattet hat[4]. Entsprechend gestaltete AGB-Klauseln begegnen also keinen Bedenken nach § 307 BGB. 12

1. Vertragliche Vereinbarung: Verbindung mit Grund und Boden – Zubehör

In Leasing-AGB findet sich immer wieder die Klausel, wonach eine etwaige Verbindung des Leasingguts mit Grund und Boden nur zu „einem vorübergehenden Zweck" erfolgt. Die Klausel dient dazu, § 95 BGB abzubedingen: Das Leasinggut soll danach ohne Rücksicht auf eine feste Verbindung mit Grund und Boden **Zubehör** werden. Dabei ist die Auslegungsregel des § 95 Abs. 2 BGB zu beachten. Danach gehören Sachen, die nicht nur zu einem vorübergehenden Zweck in ein Gebäude eingefügt sind, nicht zu den Bestandteilen des Gebäudes. Zur Konsequenz hat dies, dass regelmäßig ein entsprechender Wille, die Verbindung nur zu einem **vorübergehenden Zweck** vorzunehmen, dann zu bejahen ist, wenn der Leasingnehmer als 13

1 Zur Verteilung der Darlegungs- und Beweislast BGH v. 10.7.2002 – XII ZR 107/99, NJW 2002, 3234; BGH v. 18.5.1994 – XII ZR 188/92, NJW 1994, 2019, 2020.
2 BGH v. 10.11.2004 – XII ZR 71/01, NJW-RR 2005, 235; BGH v. 10.7.2002 – XII ZR 107/99, NJW 2002, 3234.
3 BGH v. 5.4.2006 – VIII ZR 152/05, NJW 2006, 2115; *Palandt/Weidenkaff*, § 546 Rz. 6; *Ehlert*, in Bamberger/Roth, § 546 BGB Rz. 15.
4 Hierzu *Palandt/Weidenkaff*, § 539 BGB Rz. 10.

der Verbindende in Ausübung eines zeitlich begrenzten Nutzungsrechts gehandelt hat[1].

14 Eine solche Klauselgestaltung ist regelmäßig mit § 307 Abs. 2 Nr. 1 BGB **vereinbar**. Maßgebend ist hierfür eine doppelte Erwägung: Zum einen ist darauf hinzuweisen, dass ein Leasingvertrag, der den Tatbestand von § 95 Abs. 1 Satz 1 BGB oder von § 95 Abs. 2 BGB zur Konsequenz hat, immer nur auf einen „vorübergehenden Zweck" gerichtet ist, weil die Dauer des Nutzungsvertrages max. 90 % der betriebsgewöhnlichen Nutzungsdauer des entsprechenden Leasingguts betragen darf, soweit es sich um eine erlasskonforme Vertragsgestaltung handelt. Zum anderen ist im Auge zu behalten, dass der Leasinggeber rechtlicher und wirtschaftlicher Eigentümer des Leasingguts i.S.v. § 39 Abs. 2 Nr. 1 AO ist und auch bleiben will, so dass sein bürgerlich-rechtlicher Herausgabeanspruch gemäß § 985 BGB bei wirtschaftlicher Betrachtungsweise nur dann reflektiert wird, wenn die Verbindung mit dem Grundstück nicht auf Dauer vorgenommen wird. Zwar kommt es im Kontext von § 95 BGB auf den Willen des Verbindenden, also: auf den Willen des Leasingnehmers, an. Doch ist auch dem Leasingnehmer der Grundtatbestand des erlasskonformen Leasings evident, dass nämlich der Herausgabeanspruch des Leasinggebers gemäß § 985 BGB nicht nur auf dem Papier stehen darf. Dieser Zweck würde aber verfehlt, wenn die Verbindung von Leasinggut und Gebäude/Grundstück auf Dauer – auch aus der Perspektive des Willens des Leasingnehmers – vorgenommen würde. Dies deckt sich auch mit der Judikatur des BGH: Ist nämlich der Leasingnehmer lediglich Mieter/Pächter und erwirbt er als solcher ein Leasinggut, welches dann mit dem betreffenden Grundstück fest verbunden wird, so geht die Rechtsprechung des BGH ohnehin grundsätzlich davon aus, dass dies dem Tatbestand von § 95 Abs. 2 BGB entspricht[2].

2. Teilamortisationsvertrag mit Andienungsrecht des Leasinggebers

15 Der damit auf § 95 Abs. 1 Satz 1 BGB oder auf § 95 Abs. 2 BGB aufbauende Gedanke trägt aber auch dann, wenn es sich bei dem Leasingvertrag um einen Teilamortisationsvertrag mit Andienungsrecht des Leasinggebers handelt. Zwar zielt diese Vertragskonstellation darauf ab, durch Ausübung des Andienungsrechts den Leasingnehmer zu zwingen, das Leasinggut zum jeweils bei Abschluss des Leasingvertrages vereinbarten „Restwert" käuflich zu erwerben. Doch ist hier im Auge zu behalten, dass der Leasinggeber nur dann rechtlicher und wirtschaftlicher Eigentümer des Leasingguts ist, wenn er gleichzeitig bei Abschluss des Vertrages auch die **Chance der Wertsteigerung** hat, nicht nur wenn er das Risiko der Wertminderung dem

1 BGH v. 31.10.1952 – V ZR 36/51, BGHZ 8, 1, 5; *Palandt/Heinrichs*, § 95 BGB Rz. 3; *Fritzsche*, in Bamberger/Roth, § 95 BGB Rz. 4 ff.

2 BGH v. 31.10.1952 – V ZR 36/51, BGHZ 8, 1, 5; BGH v. 10.7.1953 – V ZR 22/52, BGHZ 10, 171, 175.

Leasingnehmer auflastet. Hat aber das Leasinggut nach Ende der Grundmietzeit einen höheren Marktwert/Zeitwert als im „Restwert" vereinbart, dann wird der Leasinggeber – wirtschaftlich sinnvolles Handeln vorausgesetzt – das Leasinggut zum Marktwert/Zeitwert anderweitig veräußern, nicht aber von seinem Andienungsrecht gegenüber dem Leasinggeber Gebrauch machen. Damit ist aber gleichzeitig belegt, dass auch bei dieser Vertragskonstellation der i.S.v. § 95 Abs. 1 Satz 1 BGB oder von § 95 Abs. 2 BGB angesprochene „vorübergehende Zweck" beachtet ist, soweit das Leasinggut mit einem Grundstück/Gebäude fest verbunden worden ist.

3. Kaufoption des Leasingnehmers

Nichts anderes gilt dann, wenn ein Vollamortisationsvertrag mit Kaufoption des Leasingnehmers vereinbart ist, weil auch bei dieser Vertragsgestaltung keineswegs von vornherein feststeht, dass der Leasingnehmer diese Kaufoption auch nach Ende des Leasingvertrages ausüben wird. Deshalb ist auch insoweit der Grundtatbestand von § 95 BGB – vorübergehender Zweck – beachtet. 16

IV. Verspätete Rückgabe – Fortsetzung des Gebrauchs – § 546a BGB

Sofern der Leasingnehmer das Leasinggut nicht oder nicht rechtzeitig zurückgibt, stellt sich regelmäßig die Frage, ob der Leasinggeber berechtigt ist, gemäß § 546a BGB weiterhin die vereinbarten Leasingraten als Nutzungsentschädigung zu verlangen. Die Antworten auf diese Konstellation haben in der Praxis regelmäßig hohe praktische Bedeutung. 17

1. Grundgedanke

a) Notwendiges Vorenthalten

Grundgedanke der gesetzlichen Regelung von § 546a BGB ist die Erwägung, dass der Leasingnehmer, der dem Leasinggeber die Sache **vorenthält** (Rz. 22), nicht besserstehen soll, als er stände, wenn der Leasingvertrag fortdauern würde[1]. Mit anderen Worten: § 546a BGB soll auf den Leasingnehmer Druck ausüben, das Leasinggut bei Beendigung des Leasingvertrages zurückzugewähren[2]. Von diesem Grundgedanken ausgehend hat der BGH in ständiger Rechtsprechung § 546a BGB auch auf den Leasingvertrag angewandt[3]. Folglich war der Leasingnehmer, sofern er dem Leasinggeber 18

1 *Wolf/Eckert/Ball*, Rz. 1943; *Palandt/Weidenkaff*, § 546a BGB Rz. 1.
2 *Wolf/Eckert/Ball*, Rz. 1943.
3 BGH v. 7.1.2004 – VIII ZR 103/03, NJW-RR 2004, 558; BGH v. 11.5.1988 – VIII ZR 96/87, ZIP 1988, 917.

das Leasinggut vorenthalten hat, verpflichtet, die vereinbarten Leasingraten bis zur endgültigen Rückgabe des Leasinguts zu entrichten[1].

b) Keine begrenzte Anwendbarkeit des § 546a BGB

19 Die entscheidende – in der Literatur kontrovers beurteilte – Frage zielt darauf ab, ob der in den Leasingverträgen typische **Amortisationszweck** nicht dazu führt, die Anwendbarkeit von § 546a BGB jedenfalls insoweit zu begrenzen, als der Leasinggeber bereits aufgrund der Zahlungen des Leasingnehmers die Vollamortisation des Leasinggebers erreicht hat. Zur Begründung wird hervorgehoben, dass die Zahlung der Leasingraten keineswegs lediglich das Äquivalent für die Gebrauchsüberlassung während der Vertragsdauer darstelle, sondern dass die Leasingraten eben im Wesentlichen dazu bestimmt seien, das Amortisationsinteresse des Leasinggebers zu befriedigen, so dass dem Leasinggeber auch dann kein Schaden entstehe, wenn der Leasingnehmer ihm das Leasinggut wegen nicht rechtzeitiger Rückgabe vorenthält[2]. So gesehen kann man diese Auffassung auf den Punkt bringen, indem man feststellt: Immer dann, wenn das Amortisationsinteresse des Leasinggebers im Vordergrund steht, ist es nicht gerechtfertigt, dem Leasinggeber deswegen ein höheres Entgelt in Form einer Nutzungsentschädigung (Leasingraten) gemäß § 546a BGB zukommen zu lassen, falls der Leasingnehmer das Leasinggut nicht rechtzeitig zurückgibt, obwohl dem Leasinggeber insoweit gar kein Schaden, jedenfalls nicht in Höhe der Leasingraten, entsteht.

20 Geht man hingegen – wie hier geschehen – von der Typisierung des Leasingvertrages als eines Dauerschuldverhältnisses aus, auf welches „in erster Linie" die mietrechtlichen Bestimmungen der §§ 535 ff. BGB Anwendung finden (Kap. B Rz. 10 ff.), dann liegt es in der Konsequenz dieser Einordnung, dass dann auch § 546a BGB auf den Leasingvertrag – ungeachtet des Erreichens der Vollamortisationsgrenze – Anwendung findet[3]. Doch ist darauf aufmerksam zu machen, dass der BGH in seinem Urteil vom 13.4.2005[4] eine gewisse **Konzession** an die Gegenansicht geäußert hat: Die Geltendmachung einer Nutzungsentschädigung gemäß § 546a BGB scheitert jedenfalls, so der BGH, dann an dem Grundsatz der unzulässigen Rechtsausübung gemäß § 242 BGB, wenn der Verkehrswert/Zeitwert des Leasingguts – alters- und gebrauchsbedingt – soweit abgesunken ist, dass

1 BGH v. 11.5.1988 – VIII ZR 96/87, ZIP 1988, 917; OLG Hamm v. 11.1.1999 – 13 U 132/98, NJW-RR 1999, 1729.

2 Hierzu *Canaris*, AcP 190 (1990), 410, 441 f.; *Martinek*, Moderne Vertragstypen, Bd. 1, S. 193 f.; *Tiedtke*, ZIP 1989, 1437 ff.; *Staudinger/Stoffels*, Leasing Rz. 286; *Reinking/Eggert*, Der Autokauf, Rz. 862.

3 *Wolf/Eckert/Ball*, Rz. 1943; *Beckmann*, § 8 Rz. 194; *Palandt/Weidenkaff*, vor § 535 BGB Rz. 66; *Erman/Jendrek*, Anh. zu § 535 BGB Rz. 36; *Ehlert*, in Bamberger/Roth, vor § 535 BGB Rz. 85.

4 BGH v. 13.4.2005 – VIII ZR 377/03, NJW-RR 2005, 1081.

die Nutzungsentschädigung gemäß § 546a BGB, die ja immer in Höhe der Leasingraten geschuldet wird, zu dem verbleibenden Zeitwert/Verkehrswert völlig außer Verhältnis steht[1]. Freilich ändert dies nichts daran, dass eine nicht rechtzeitige, weil dem Leasinggeber vorenthaltene Rückgabe des Leasingguts grundsätzlich dazu führt, dem Leasinggeber eine Nutzungsentschädigung in Höhe der jeweils vereinbarten Leasingraten gemäß § 546a BGB zu konzedieren (vgl. auch Rz. 30 f.). Daraus folgt gleichzeitig, dass eine auf diesen Umstand abstellende AGB-Klausel lediglich **deklaratorische Bedeutung** i.S.v. § 307 Abs. 3 Satz 1 BGB besitzt; sie unterliegt also nicht der richterlichen Inhaltskontrolle gemäß § 307 Abs. 2 Nr. 1 BGB.

c) Belastung mit Mehrwertsteuer

Dabei ist hinzuzusetzen, dass der Anspruch des Leasinggebers auf Zahlung 21
der Nutzungsentschädigung gemäß § 546a BGB auch der jeweils gültigen **Umsatzsteuer** zu unterwerfen ist[2]. Ist der Leasingnehmer mit der Zahlung der Nutzungsentschädigung – dies wird in der Praxis sehr häufig der Fall sein – in Verzug, dann schuldet der Leasingnehmer zusätzlich **Verzugszinsen** gemäß § 288 Abs. 1 BGB oder – im Fall eines mit einem Verbraucher abgeschlossenen Leasingvertrags – gemäß § 288 Abs. 2 BGB.

2. Einzelheiten zum Vorenthalten

a) Unterlassene Rückgabe – Willensrichtung des Leasinggebers

Der Anspruch auf Nutzungsentschädigung gemäß § 546a Abs. 1 BGB setzt 22
stets, wie bereits angedeutet, voraus, dass dem Leasinggeber das Leasinggut vorenthalten worden ist. Notwendig ist daher, dass der Leasingnehmer das Leasinggut – entgegen dem Willen des Leasinggebers – nicht oder verspätet zurückgewährt[3]. Mit anderen Worten: Von einem Vorenthalten kann nach ständiger Rechtsprechung des BGH nur dann die Rede sein, wenn das **Unterlassen der Rückgabe** des Leasingguts dem Willen des Leasinggebers widerspricht[4]. Erforderlich ist also, dass ein Rücknahmewille des Leasinggebers vorliegt, was dann jedenfalls nicht der Fall ist, wenn der Leasinggeber eine Fortsetzung des Leasingvertrages als gegeben annimmt oder gar verlangt[5].

---

1 Zustimmend *Palandt/Weidenkaff*, vor § 535 BGB Rz. 66; *Beckmann*, § 8 Rz. 194c.
2 BGH v. 11.5.1988 – VIII ZR 96/87, ZIP 1988, 917, 919; *Beckmann*, § 8 Rz. 194 d.
3 BGH v. 7.1.2004 – VIII ZR 103/03, NJW-RR 2004, 558, 559.
4 BGH v. 13.4.2005 – VIII ZR 377/03, NJW-RR 2005, 1081; *Palandt/Weidenkaff*, § 546 BGB Rz. 8; *Ehlert*, in Bamberger/Roth, § 546a BGB Rz. 6.
5 *Palandt/Weidenkaff*, § 546 BGB Rz. 8.

b) Teilweise Rückgabe

23 Gibt der Leasingnehmer nach Ablauf des Leasingvertrages nur einen **Teil des Leasingguts** zurück, dann hängt die Anwendbarkeit von § 546a BGB entscheidend davon ab, ob dies als ein Vorenthalten zu werten ist[1]. Hier kommt es stets auf die Umstände des Einzelfalls an[2]. Maßgebend ist danach, ob ein teilweises Zurücklassen des Leasingguts nach Sinn und Zwecks des Leasingvertrages noch als statthaft oder als nicht statthaft einzuordnen ist; im Zweifel ist von letzterem auszugehen[3].

c) Untergang des Leasingguts

24 Ist allerdings das Leasinggut vor Beendigung des Leasingvertrages untergegangen, dann liegt darin kein Vorenthalten i.S.v. § 546a Abs. 1 BGB, weil dieser Umstand nicht darauf abzielt, gegen den Rücknahmewillen des Leasinggebers gerichtet zu sein. Freilich fällt bei dieser Konstellation ins Gewicht, ob der Leasinggeber in seinen AGB in wirksamer Weise die **Sach- und Preisgefahr** auf den Leasingnehmer – wie auf einen Käufer gemäß § 446 BGB – abgewälzt hat. Trifft dies zu (Kap. I Rz. 3 ff.), dann beschränkt sich der Anspruch des Leasinggebers auf sein Amortisationsinteresse. Demgegenüber kann der Anspruch auf Nutzungsentschädigung gemäß § 546a Abs. 1 BGB über diesen Anspruch weit hinausreichen.

3. Klauselgestaltung

25 Es ist ganz und gar unverzichtbar, dass in den Leasing-AGB der Tatbestand des **Vorenthaltens** exakt widergespiegelt wird[4]. Dies trifft nicht zu, wenn die Klausel lediglich darauf abstellt, dass der Leasingnehmer auch dann die vereinbarte Nutzungsentschädigung in Höhe der jeweiligen Leasingrate schulde, wenn er das Leasinggut nicht oder nicht rechtzeitig „zurückgibt"[5]. Darauf kann keine auf § 546a Abs. 1 BGB abzielende Nutzungsentschädigung gestützt werden.

26 Die **Höhe** der nach § 546a Abs. 1 BGB geschuldeten Nutzungsentschädigung richtet sich nach der Höhe der jeweils im Leasingvertrag vereinbarten Leasingraten, einschließlich der entsprechenden Umsatzsteuer. Eine Reduktion der vom Leasingnehmer nach § 546a Abs. 1 BGB zu entrichtenden

1 *Wolf/Eckert/Ball*, Rz. 1027.
2 Vgl. BGH v. 11.5.1988 – VIII ZR 96/87, ZIP 1988, 917; *Wolf/Eckert/Ball*, Rz. 1027.
3 BGH v. 11.5.1988 – VIII ZR 96/87, ZIP 1988, 917, 918.
4 So ist es nicht ganz unwichtig, sich die Klauselgestaltung des BGH-Urteils v. 7.1.2004 – NJW-RR 2004, 558 – vor Augen zu führen. Sie lautete: „Gibt der Leasinggeber das Leasingobjekt nicht zurück, so hat er für jeden angefangenen Monat der nicht erfolgten Rückgabe die im Leasingvertrag vereinbarte Leasingrate als Nutzungsentschädigung zu bezahlen". Vgl. auch *Beckmann*, § 8 Rz. 200.
5 BGH v. 7.1.2004 – VIII ZR 103/03, NJW-RR 2004, 558.

Leasingraten findet grundsätzlich nicht statt; die Grenze ist lediglich durch ein treuwidriges Verhalten nach § 242 BGB markiert (Rz. 20).

a) Praktische Erwägungen

Schwierigkeiten ergeben sich häufig in den Fällen, in denen es sich um einen kündbaren Teilamortisationsvertrag handelt: Unterlässt nämlich hier der Leasingnehmer die rechtzeitige Kündigung, so stellt sich regelmäßig die Frage, ob allein darin ein Vorenthalten i.S.v. § 546a Abs. 1 BGB liegt[1]. Entscheidend ist nämlich, ob hier eine Nichtrückgabe vorliegt, die gegen den Willen des Leasinggebers gerichtet ist, wenn der Leasinggeber die Weiternutzung des Leasingguts einfach hinnimmt, aber keine konkreten Anstalten trifft, sein Herausgabeverlangen nach § 985 BGB überhaupt zu artikulieren. Das reicht indessen grundsätzlich nicht aus, um den aus § 546a Abs. 1 BGB abgeleiteten Entgeltanspruch in Höhe der ursprünglich vereinbarten Leasingraten zu stützen. 27

Noch schärfer sind die Konturen in den Fällen, in denen es sich um einen Teilamortisationsvertrag mit **Andienungsrecht** des Leasinggebers handelt: Unterlässt nämlich hier der Leasinggeber die Mitteilung, ob er von seinem Andienungsrecht Gebrauch macht, so dass der Leasingnehmer das Leasinggut weiterhin nutzt, wird man auch hier regelmäßig nicht von einem Vorenthalten i.S.v. § 546a Abs. 1 BGB ausgehen dürfen. Vielmehr ist stets zu bedenken: Das Vorenthalten des Leasingguts gegen den Willen des Leasinggebers ist wesentliche Voraussetzung für den Entschädigungsanspruch gemäß § 546a Abs. 1 BGB; es ist unverzichtbar[2]. Maßgebend ist also das individuelle Geschehen, dem i.S.v. § 546a Abs. 1 BGB die Klausel in den Leasing-AGB entsprechen muss. 28

Daher stellt sich i.S.v. § 307 Abs. 2 Nr. 1 BGB die Frage, ob es ausreicht, wenn in den Leasing-AGB auf den Tatbestand des „Vorenthaltens" abgestellt wird, sofern der Leasinggeber – nach Beendigung des Leasingvertrages – seinen Rücknahmewillen nicht ausdrücklich/individuell äußert (vgl. Rz. 27), sondern die Mietzahlungen weiterhin entgegennimmt. Dies dürfte – wenngleich mit einigen Restzweifeln – deswegen als ausreichend anzusehen sein, weil der erforderliche Rücknahmewille i.S.v. § 546a Abs. 1 BGB auch in einer – wirksamen – AGB-Klausel enthalten sein kann. Dies ist jedenfalls so lange zu bejahen, als nicht ein gegenläufiges individuelles Verhalten anzunehmen ist, welches dann entweder nach § 305b BGB oder unmittelbar nach § 546a Abs. 1 BGB deswegen beachtlich ist, weil der Tatbestand des „Vorenthaltens" in Fortfall gerät. 29

1 Hierzu allerdings BGH v. 11.5.1988 – VIII ZR 96/87, ZIP 1988, 917.
2 *Wolf/Eckert/Ball*, Rz. 1034.

b) Dauer und Höhe der Nutzungsentschädigung

30 Es ist allgemein anerkannt, dass der Leasinggeber das Recht hat, Nutzungsentschädigung gemäß § 546a Abs. 1 BGB trotz Beendigung des Leasingvertrages solange zu verlangen, bis das Leasinggut tatsächlich zurückgewährt worden ist[1]. Auf die ursprünglich vereinbarte Laufzeit des Vertrages kommt es jedenfalls dann nicht an, wenn der Leasingvertrag zuvor fristlos gekündigt worden ist, weil auch in diesem Fall die Nutzungsentschädigung gemäß § 546a Abs. 1 BGB lediglich bis zum Zeitpunkt der tatsächlichen Rückgabe des Leasingguts geschuldet wird[2]. Schwierig ist jedoch die Antwort auf die Frage, ob der Leasingnehmer gemäß § 546a Abs. 1 BGB auch für einen sehr langen Zeitraum noch Nutzungsentschädigung in Höhe der vollen Leasingrate schuldet, wenn die Vollamortisationsgrenze zugunsten des Leasinggebers durch Zahlung der Leasingraten bereits überschritten ist. Das OLG Köln hat in einer Entscheidung vom 16.9.1992[3] die Grenze gemäß § 242 BGB gezogen, wenn die Nutzungsentschädigung mehr als das Doppelte des verbleibenden „Restwerts" ausmacht. Der BGH hat diese Entscheidung im Grundsatz in seinem Urteil vom 13.4.2005[4] gebilligt: Wenn nämlich der Zeitwert des Leasingguts – alters- oder gebrauchsbedingt – soweit abgesunken ist, dass die Nutzungsentschädigung in Höhe der vereinbarten monatlichen Leasingrate zu dem verbliebenen Verkehrs- und Zeitwert des Leasingguts **völlig außer Verhältnis** steht[5], dann kann sich der Leasinggeber nicht mehr mit Erfolg auf § 546a Abs. 1 BGB berufen. Dieser Auffassung ist zu folgen, so dass es stets auf die Umstände des Einzelfalls ankommt.

31 Doch wird man bedenken müssen, dass die **Sperre des § 242 BGB** erst dann regelmäßig eingreift, wenn die nach § 546a Abs. 1 BGB geschuldete Nutzungsentschädigung das Doppelte des jeweiligen „Restwerts" des Leasingguts ausmacht. So gesehen wird man auch darauf abstellen müssen, wenn und soweit der Leasingnehmer dem Leasinggeber das Leasinggut vorenthält, dass er dies vor allem deswegen tut, weil er das Leasinggut weiterhin nutzen kann und auch nutzen will. Zahlt er also anstandslos die geschuldeten Leasingraten weiter, dann sprechen nahe liegende kaufmännische Erwägungen dafür, die Grenze der Rechtsmissbräuchlichkeit nicht wesentlich tiefer anzusetzen als hier geschehen, wenn also im Ergebnis die Vollamortisationsgrenze um das **Doppelte** überschritten ist. Denn der Leasingnehmer verzichtet ja dann auch darauf, i.S.v. § 254 Abs. 1 BGB den

---

1 OLG Rostock v. 18.3.2002 – 3 U 234/00, NJW-RR 2002, 1712; *Beckmann*, § 8 Rz. 195; *Wolf/Eckert/Ball*, Rz. 1035; *Palandt/Weidenkaff*, § 546a BGB Rz. 12.

2 OLG Rostock v. 18.3.2002 – 3 U 234/00, NJW-RR 2002, 1712; *Beckmann*, § 8 Rz. 195.

3 OLG Köln v. 16.9.1992 – 19 W 33/92, NJW-RR 1993, 121.

4 BGH v. 13.4.2005 – VIII ZR 377/03, NJW-RR 2005, 1081.

5 Vgl. auch *Weber*, NJW 2005, 2195, 2198; *Beckmann*, § 8 Rz. 194b; vgl. auch § 8 Rz. 197.

ihm entstehenden „Schaden" gering zu halten, indem er die Sache dem Leasinggeber nicht zurückgibt.

4. Bereicherungsansprüche gemäß §§ 812, 818 Abs. 2 BGB

Es entspricht der Rechtsprechung des BGH, dass im Anwendungsbereich 32
von § 546a Abs. 1 BGB Ansprüche wegen ungerechtfertigter Bereicherung gemäß §§ 812 ff. BGB nicht ausgeschlossen sind[1]. Soweit also kein Vorenthalten des Leasingguts i.S.v. § 546a Abs. 1 BGB vorliegt, der Leasingnehmer aber gleichwohl das Leasinggut – trotz Beendigung des Leasingvertrages – weiterhin nutzt, steht dem Leasinggeber gemäß §§ 812, 818 Abs. 2 BGB ein Anspruch auf **Nutzungsersatz** zu. Fraglich ist allerdings, ob der Leasinggeber auch bei Geltendmachung eines solchen Anspruchs berechtigt ist, dem Leasingnehmer weiterhin die ungekürzten Leasingraten in Rechnung zu stellen. Dies könnte deswegen zweifelhaft sein, weil der Maßstab des § 818 Abs. 2 BGB auf Wertersatz in Geld gerichtet ist; maßgebend ist danach der **objektive Verkehrswert**, den die Nutzung des Leasingguts nach ihrer tatsächlichen Beschaffenheit für jedermann hat, weil nur dieser Wert Gegenstand der Herausgabepflicht i.S.v. § 818 Abs. 2 BGB ist[2]. Es ist also grundsätzlich auf den Betrag abzustellen, den ein Dritter am Markt für die Nutzung des Leasingguts bereit wäre zu zahlen[3]. Unter dieser Perspektive fällt aber ins Gewicht, dass das Leasinggut nach Beendigung des Leasingvertrages regelmäßig einen **wesentlich niedrigeren** Verkehrswert/Zeitwert aufweist als zu dem Zeitpunkt, als der Leasinggeber die Leasingraten kalkuliert hat. Es ist daher keineswegs ohne weiteres davon auszugehen, dass der nach § 818 Abs. 2 BGB geschuldete Wertersatz der jeweils vereinbarten, weiterhin in Rechnung gestellten Leasingrate entspricht. Im Zweifel ist dies im Blick auf den wesentliche niedrigeren Verkehrswert/Zeitwert zu verneinen. Doch ist im selben Atemzug darauf hinzuweisen, dass der **Leasinggeber** als Bereicherungsgläubiger die Voraussetzungen des Bereicherungsanspruchs gemäß §§ 812, 818 Abs. 2 BGB beweisen muss[4]. Folglich reicht es aus, wenn der Leasingnehmer substantiiert bestreitet, dass ein Dritter bereit wäre, auf dem Markt für die (monatliche) Nutzung eines vergleichbaren Leasingguts eine Nutzungsentschädigung in Höhe der ursprünglich vereinbarten Leasingrate zu zahlen. Im Zweifel ist gemäß § 286 ZPO der objektive Verkehrswert i.S.v. § 818 Abs. 2 BGB durch Einholung eines Sachverständigengutachtens zu ermitteln.

1 BGH v. 15.12.1999 – XII ZR 154/97, NJW-RR 2000, 382, 383; *Palandt/Weidenkaff*, § 546a BGB Rz. 19.
2 *Palandt/Sprau*, § 818 BGB Rz. 18.
3 BGH v. 5.7.2006 – VIII ZR 172/05, NJW 2006, 2847, 2852.
4 *Palandt/Sprau*, § 812 BGB Rz. 113; § 818 BGB Rz. 55.

5. Ansprüche des Leasinggebers gemäß §§ 987 ff. BGB

33 Mangels eines Vorenthaltens i.S.v. § 546a Abs. 1 BGB ist des Weiteren stets zu untersuchen, ob der Leasinggeber gegenüber dem Leasingnehmer nicht Ansprüche aus dem Eigentümer-Besitzer-Verhältnis gemäß §§ 987 ff. BGB geltend machen kann. Es ist freilich in Rechtsprechung und Literatur umstritten, ob neben § 546a BGB auch die §§ 987 ff. BGB zur Anwendung gelangen. Nach der überwiegend vertretenen Auffassung sind die Ansprüche aus §§ 987 ff. BGB nicht ausgeschlossen[1]. Der BGH hat sich noch nicht abschließend festgelegt[2], hat aber die §§ 987 ff. BGB für die Zeit nach Rechtshängigkeit für anwendbar erklärt, im Übrigen aber Zweifel angemeldet. Indessen hat das OLG Hamm sich bei Beurteilung eines Leasingvertrags für die Anwendbarkeit der §§ 987 ff. BGB entschieden[3]. Dieser Auffassung ist zu folgen: Jedenfalls der wegen seines fehlenden Besitzrechts bösgläubige oder auf Rückgabe verklagte Leasingnehmer ist zur Herausgabe der Nutzungen gemäß §§ 987 ff. BGB verpflichtet. **Bösgläubigkeit** liegt bereits dann vor, wenn der Leasingnehmer aufgrund des Inhalts des Leasingvertrages davon Kenntnis hat, dass die Leasingdauer – und damit auch sein Besitzrecht – beendet ist, er folglich nicht weiter zur Nutzung des Leasingguts berechtigt ist. So gesehen bedarf es keiner ausdrücklichen Mahnung oder Fristsetzung des Leasinggebers, damit der Leasingnehmer das Leasinggut zurück gibt. Auch unter dieser Voraussetzung hat der Leasinggeber nicht ohne weiteres Anspruch auf Zahlung der vereinbarten Leasingraten als Nutzungsentschädigung, weil der Leasingnehmer lediglich verpflichtet ist, den objektiven Mietwert – ähnlich wie im Rahmen von § 818 Abs. 2 BGB – im Hinblick auf die jeweilige Nutzungsdauer zu erstatten[4].

6. Differenzierung in der Klauselgestaltung?

34 Liegt kein Vorenthalten i.S.v. § 546a Abs. 1 BGB vor, so bestehen Bedenken gemäß § 307 Abs. 2 Nr. 1 BGB, wenn eine Klausel in den Leasing-AGB – undifferenziert – an die nicht rechtzeitige Rückgabe des Leasingguts anknüpft und vom Leasingnehmer verlangt, dass dieser weiterhin die ungekürzten Leasingraten entrichtet, weil der Leasingvertrag beendet ist. Denn zwischen der Nutzungsentschädigung gemäß § 546a Abs. 1 BGB einerseits und der Nutzungsentschädigung gemäß § 818 Abs. 2 BGB oder gemäß § 987 BGB andererseits besteht – wie gezeigt – ein **substantieller Unterschied**. Dieser ist im Rahmen von § 307 Abs. 2 Nr. 1 BGB fruchtbar zu machen. Deshalb ist außerhalb des Anwendungsbereichs von § 546a Abs. 1 BGB eine AGB-Klausel nur dann mit § 307 Abs. 2 Nr. 1 BGB vereinbar, wenn sie den

1 *Erman/Jendrek*, § 546a BGB Rz. 1; *Palandt/Weidenkaff*, § 546a BGB Rz. 26; *Wolf/Eckert/Ball*, Rz. 1057; *Staudinger/Rolfs*, § 546a BGB Rz. 60, 62.
2 BGH v. 23.1.1974 – VIII ZR 219/72, WM 1974, 260, 261.
3 OLG Hamm v. 12.7.1988 – 7 W 30/88, ZIP 1989, 45, 46; a.M. OLG Düsseldorf v. 25.3.1994 – 19 U 136/93, NJW-RR 1994, 956.
4 OLG Hamm v. 12.7.1988 – 7 W 30/88, ZIP 1989, 45, 46.

Leasingnehmer nicht dazu verpflichtet, weiterhin Leasingraten zu zahlen, sondern wenn er lediglich verpflichtet ist, **Wertersatz** zu leisten.

V. Verzug – weitergehender Schadensersatzanspruch wegen Nichterfüllung der Rückgabepflicht

§ 546a Abs. 2 BGB besagt, dass der Leasinggeber berechtigt ist, einen weitergehenden Schaden geltend zu machen, der aus der nicht rechtzeitigen Rückgabe des Leasingguts resultiert. Anspruchsgrundlage ist insoweit § 280 Abs. 2 BGB i.V.m. § 286 BGB, wobei allerdings dem Leasingnehmer der Nachweis offen steht, dass er die verspätete Rückgabe i.S.v. § 280 Abs. 1 Satz 2 BGB nicht zu vertreten hat[1]. 35

1. Umfang des Schadensersatzanspruchs

a) Ausgangspunkt

Der über die Nutzungsentschädigung – vereinbarte Leasingrate – hinausreichende Schadensersatzanspruch gemäß § 546a Abs. 2 BGB setzt voraus, dass der Leasinggeber den Nachweis erbringt, er wäre in der Lage gewesen, bei rechtzeitiger Rückgabe das Leasinggut an einen Dritten zu veräußern und einen über der Leasingrate liegenden höheren Erlös zu erwirtschaften. Zwar ist der Schadensersatz dem Umfang nach nur durch die §§ 249 ff. BGB begrenzt. Doch ist zu bedenken, dass der Nachweis eines höheren, über der Leasingrate liegenden Schadens regelmäßig sehr schwer fallen wird. Denn bei einer erlasskonformen Vertragsgestaltung beträgt die Leasingdauer regelmäßig zwischen 40 % bis maximal 90 % der betriebsgewöhnlichen Nutzungsdauer des Leasingguts. Es ist daher nicht gerade wahrscheinlich, dass es dem Leasinggeber gelungen wäre, bei rechtzeitiger Rückgabe des Leasingguts eine **Weitervermietung** durchzuführen, die eine höhere Leasingrate zum Gegenstand hat. Doch auszuschließen ist dies jedenfalls dann nicht, wenn es sich z.B. um Flugzeuge, Großrechner oder sonstige Maschinen handelt, für die ein günstiger „Secondhand-Markt" besteht. 36

b) Schadensersatzanspruch wegen Schlechterfüllung der Rückgabepflicht

Hat der Leasingnehmer entgegen der Rechtsregel des § 546 Abs. 1 BGB das Leasinggut nicht in einem ordnungsgemäßen Zustand zurückgewährt, so haftet er gemäß § 280 Abs. 1 BGB auf Schadensersatz. Denn er hat dann seine Pflicht zur Rückgabe nicht ordnungsgemäß erfüllt, weil er das Leasinggut nicht in einem vertraglich vereinbarten oder ordnungsgemäßen Zustand zurückgegeben hat[2]. In Höhe der dann erforderlichen Reparatur- 37

1 *Palandt/Weidenkaff*, § 546a BGB Rz. 16.
2 *Palandt/Weidenkaff*, § 546a BGB Rz. 16.

kosten steht dem Leasinggeber gegenüber dem Leasingnehmer ein Schadensersatzanspruch zu. Dass dem Leasingnehmer auch insoweit gemäß § 280 Abs. 1 Satz 2 BGB der Nachweis offen steht, er habe die Schlechterfüllung nicht zu vertreten, bedarf keiner weiteren Begründung.

38 Doch ist insoweit eine **Differenzierung** angezeigt: Soweit Veränderungen oder Verschlechterungen des Leasingguts vorliegen, die nicht durch einen vertragsgemäßen Gebrauch herbeigeführt und vom Mieter zu vertreten sind, gelten die Rechtsregeln des § 538 BGB. Zur Konsequenz hat dies, dass der Leasinggeber berechtigt ist, bei schuldhaftem vertragswidrigem Gebrauch des Leasingguts Ersatz des ihm entstandenen Schadens zu verlangen[1]. Ersetzt wird danach der Schaden, der **während der Dauer des Leasingvertrages** durch einen vertragswidrigen Gebrauch des Leasingguts entstanden ist. Hingegen richtet sich der Schadensersatzanspruch auf § 546a Abs. 2 BGB auf Ersatz des Schadens, der durch Schlechterfüllung der **Rückgewährspflicht** entstanden ist[2].

2. Haftungsverschärfung gemäß § 287 BGB

39 Eine weitere Konsequenz der nicht rechtzeitigen Erfüllung der Rückgabepflicht – wegen eines Vorenthaltens gemäß § 546a Abs. 1 BGB – ist, dass der Leasingnehmer der Haftungsverschärfung des § 287 BGB unterworfen wird: Er haftet dann auch für die Verschlechterung sowie den Untergang des Leasingguts, die nach Ende des Leasingvertrages eintreten, und zwar auch dann, wenn diese durch Zufall verursacht worden sind, es sei denn, der Schaden wäre auch bei rechtzeitiger Rückgabe des Leasingguts eingetreten[3]. Daher stellt sich die Frage, ob in den Leasing-AGB die Überwälzung der Sach- und Preisgefahr – jedenfalls nach Beendigung des Leasingvertrages – dem Rechtsgedanken des § 287 BGB unterzuordnen ist. Klar ist nämlich, dass es – wie dargestellt – mit dem Grundgedanken des erlasskonformen Leasing vereinbar ist, dem Leasingnehmer die Sach- und Preisgefahr während der Dauer des Leasingvertrages gemäß § 446 BGB zu überwälzen (Kap. I Rz. 1 ff.), so dass der Leasingnehmer im Ergebnis die Rechtsstellung eines Käufers hat. Folglich haftet er auch für Zufall.

40 Daran ändert sich im Prinzip nichts, soweit die Haftungsverschärfung gemäß § 287 BGB als Folge der nicht rechtzeitigen Rückgabe des Leasingguts eingreift. Daraus folgt: Ist die Überwälzung der Sach- und Preisgefahr auf den Leasingnehmer nicht ausdrücklich auf die „Dauer des Leasingvertrages" beschränkt, dann erfasst diese Klausel, sofern keine anerkannten Auslegungsgrundsätze gemäß §§ 133, 157 BGB verletzt werden, auch den Tatbestand der zufälligen Verschlechterung nach § 287 BGB. Demzufolge besteht kein Anlass, den Klauselteil der Sach- und Preisgefahrtragung als

1 *Palandt/Weidenkaff*, § 538 BGB Rz. 8.
2 Vgl. auch *Erman/Jendrek*, § 546a BGB Rz. 10.
3 *Wolf/Eckert/Ball*, Rz. 1063.

nach § 307 Abs. 2 Nr. 1 BGB unwirksam zu erklären, der an den Tatbestand der verspäteten Rückgabe des Leasingguts anknüpft. Die den Leasingnehmer belastende Rechtsfolge ist mit den §§ 287, 446 BGB deckungsgleich.

Bezieht sich allerdings die Überwälzung der Sach- und Preisgefahr **ausschließlich** auf die „Dauer des Leasingvertrages", dann gilt die Haftungsverschärfung des § 287 BGB ohnedies, sofern der Leasingnehmer mit der rechtzeitigen Rückgabe des Leasingguts gemäß § 546 BGB in Verzug geraten ist. Denn die dann einsetzende Schadensersatzhaftung folgt aus § 546a Abs. 2 BGB i.V.m. § 280 Abs. 2 BGB, wobei der Schuldmaßstab aus § 287 BGB zu entnehmen ist. Risiko belastet ist also auch in diesem Fall allein der Leasingnehmer. 41

3. Verjährung

Die Ansprüche des Leasinggebers wegen **Veränderung** oder **Verschlechterung** des Leasingguts verjähren in sechs Monaten, beginnend mit dem Zeitpunkt, in welchem der Leasinggeber das Leasinggut wiedererhält (§ 548 BGB); vgl. auch Kap. K Rz. 52; Kap. H Rz. 123. Doch ist eine Verlängerung dieser Frist gemäß § 307 Abs. 2 Nr. 1 BGB jedenfalls dann bedenklich, wenn sie den Zeitraum von 12 Monaten erreicht oder überschreitet. 42

VI. Fortsetzung des Gebrauchs des Leasingguts – stillschweigende Verlängerung

Setzt der Leasingnehmer nach Ablauf der Grundmietzeit den Gebrauch des Leasingguts fort, folgt aus § 545 BGB, dass dann der Leasingvertrag auf **unbestimmte** Zeit verlängert wird, sofern nicht eine Vertragspartei ihren entgegenstehenden Willen innerhalb von zwei Wochen dem anderen Teil erklärt. Zweck dieser Bestimmung ist es, Klarheit zwischen den Vertragsparteien über den Fortbestand des Leasingvertrages zu schaffen[1]. Im Unterschied zu § 568 BGB a.F. handelt es sich nunmehr nicht um eine **Fortsetzungsfiktion**, sondern um eine **vertragliche Verlängerung** des Mietverhältnisses auf unbestimmte Zeit, so dass bei Fortsetzung des Gebrauchs ein vertragsloser Zustand verhindert wird[2]. 43

1. § 545 BGB – Anwendbarkeit auf Leasingverträge?

Auch wenn man davon ausgeht, dass auf Leasingverträge – wie hier im Einzelnen dargelegt – „in erster Linie" die mietrechtlichen Bestimmungen der §§ 535 ff. BGB Anwendung finden, so stellt sich doch die Frage, ob die Rechtsregel des § 545 BGB typischerweise auf Leasingverträge Anwendung 44

1 *Palandt/Weidenkaff*, § 545 BGB Rz. 1; *Erman/Jendrek*, § 545 BGB Rz. 2.
2 *Erman/Jendrek*, § 545 BGB Rz. 2.

finden kann. Diese Frage stellt sich natürlich erst dann, wenn in den Leasing-AGB keine Klausel vereinbart ist, welche die Rechtswirkung von § 545 BGB ausschließt. Die Antwort ist nach dem bereits Ausgeführten vorgegeben: Wenn man es mit der Rechtsprechung des BGH für richtig erachtet, § 546a BGB auf Leasingverträge zur Anwendung zu berufen[1], dann sind auch im Hinblick auf die Anwendbarkeit von § 545 BGB die Würfel gefallen. Wenn nämlich der Leasingnehmer i.S.v. § 546a Abs. 1 BGB das Leasinggut dem Leasinggeber **vorenthält** und dann verpflichtet ist, Nutzungsentschädigung in Höhe der jeweils vereinbarten Leasingrate zu zahlen, ist nicht einzusehen, dass sich der Leasingvertrag nicht stillschweigend fortsetzt, sofern der Leasingnehmer – trotz Beendigung des Leasingvertrages – den Gebrauch des Leasingguts fortsetzt. Auch in diesem Fall ist er verpflichtet, die jeweils vereinbarte Leasingrate als Nutzungsentschädigung zu zahlen.

45 Doch bleibt die Frage, ob es angemessen ist, auch die nach § 545 Abs. 2 BGB konstitutive Unterlassung der geschuldeten **Erklärung** auf Leasingverträge zu übertragen. Denn danach beginnt die Erklärungsfrist für den Leasingnehmer mit der Fortsetzung des Gebrauchs, für den Leasinggeber mit dem Zeitpunkt, in dem er von der Fortsetzung Kenntnis erlangt. Ausgehend von diesem Fristbeginn ist jede Vertragspartei berechtigt, ihren entgegenstehenden Willen innerhalb von zwei Wochen dem anderen Vertragsteil zu erklären. Doch auch die Anwendung dieses Teils von § 545 BGB auf Leasingverträge bereitet keine durchgreifenden Schwierigkeiten, wenn man – wie hier geschehen – von der Parallelität zu § 546a BGB ausgeht. Wenn also der Leasinggeber die in § 545 Satz 1 BGB geforderte Erklärung rechtzeitig dem Leasingnehmer gegenüber abgibt, dann folgt allemal aus diesem Tatbestand, dass sich dann ein Vorenthalten der Rückgabe des Leasingguts i.S.v. § 546a BGB anschließt. Es ist also ohne weiteres dem Leasinggeber zuzumuten, die nach § 545 Satz 1 BGB erforderliche Erklärung abzugeben, um seine Rechte als rechtlicher und wirtschaftlicher Eigentümer des Leasingguts zu wahren. Daher scheitert eine stillschweigende Abbedingung von § 545 BGB auf Leasingverträge, weil es der mietrechtlichen Rechtsnatur des Leasingvertrages nicht widerstreitet, die Regel des § 545 BGB – mangels ausdrücklicher Abbedingung – für anwendbar zu erklären.

2. Abbedingung von § 545 BGB

46 Es bestehen indessen i.S.v. § 307 Abs. 2 Nr. 1 BGB auch keine Bedenken, wenn der Leasinggeber in den Leasing-AGB die Rechtswirkungen von § 545

1 BGH v. 20.9.1989 – VIII ZR 239/88, NJW 1990, 247; BGH v. 8.11.1989 – VIII ZR 1/89, BB 1990, 234; BGH v. 7.1.2004 – VIII ZR 103/03, NJW-RR 2004, 558; BGH v. 13.4.2005 – VIII ZR 377/03, NJW-RR 2005, 1081; kritisch *Tiedtke*, WM 1990, 337 ff.; *Tiedtke*, ZIP 1989, 1437 ff.; *Canaris*, AcP 190 (1990), 410, 442 ff.; *Martinek*, Moderne Vertragstypen, Bd. 1, S. 93.

BGB abbedingt. Es verbleibt dann bei der allgemeinen Rechtsregel des § 546a BGB. Diese setzt jedoch – wie dargestellt – voraus, dass ein **Vorenthalten** der Rückgabe des Leasingguts vorliegt, weil nur dieser Tatbestand geeignet ist, die Nutzungsentschädigung in Höhe der jeweils vereinbarten Leasingraten zugunsten des Leasinggebers auszulösen. Geht man nämlich davon aus, dass die Regeln der §§ 545, 546a BGB zueinander in enger Relation stehen, dann spricht sogar vieles dafür, es bei der gesetzlichen Geltung von § 545 BGB zu belassen und keine entsprechende Klausel in den Leasing-AGB zu verankern. Zwar verlängert sich dann entsprechend der Regel von § 545 BGB das Vertragsverhältnis auf unbestimmte Zeit. Zur Konsequenz hat dies dann, dass dieses Vertragsverhältnis gemäß § 542 Abs. 1 BGB i.V.m. § 573 Abs. 1 BGB im Wege der **ordentlichen Kündigung** zu beenden ist. Die Kündigungsfrist richtet sich dann grundsätzlich nach § 573c Abs. 1 BGB. Sie ist spätestens am dritten Werktag eines Kalendermonats zum Ablauf des übernächsten Monats zulässig. Dass der Leasinggeber i.S.v. § 573 Abs. 1 Satz 1 BGB ein **berechtigtes Interesse** an einer ordentlichen Kündigung hat, folgt aus der Tatsache, dass er rechtlicher und wirtschaftlicher Eigentümer des Leasingguts i.S.v. § 39 Abs. 2 Nr. 1 AO ist. Dieser Tatbestand ist aber auch für den Leasingnehmer deswegen bedeutsam, weil auf diesem Wege die Zahlungen der Leasingraten sofort abzugsfähige Betriebsausgaben darstellen. Daher kommt es auf die weiteren Erwägungen zum berechtigten Interesse des zur Kündigung berechtigten Leasinggeber/Vermieters i.S.v. § 573 Abs. 2 BGB nicht entscheidend an. Diese Bestimmung ist auf die Kündigung von Wohnraum zugeschnitten und in ihrem Anwendungsbereich entsprechend begrenzt, also auf Leasingverträge keineswegs – außerhalb von § 573 Abs. 1 Satz 1 BGB – zu übertragen.

VII. Eintrittsrechte von Ehegatten/Erben in den Leasingvertrag

1. Rechtsregel des § 563 Abs. 1 Satz 1 BGB

§ 563 Abs. 1 Satz 1 BGB geht davon aus, dass beim Tod des Mieters sein 47
Ehegatte, der mit ihm in einem gemeinsamen Haushalt lebt, in das Mietverhältnis eintritt. Geht man davon aus, dass der Leasingvertrag „in erster Linie" den Bestimmungen der §§ 535 ff. BGB folgt, dann wirft dies sogleich die Frage auf, ob damit auch § 563 Abs. 1 Satz 1 BGB zur Anwendung berufen ist. Dies wird man vom Schutzzweck der Norm schon deswegen **verneinen** müssen, weil diese Bestimmung erkennbar auf den **Bestandsschutz** des Mietverhältnisses durch Sonderrechtsnachfolge für Ehegatten, Lebenspartner und Familienangehörige sowie Lebensgefährten bezogen ist[1]. Daraus folgt weiter, dass diese Bestimmung auf Leasingverträge betreffend **Mobilien** keine Anwendung findet, zumal das Tatbestandselement des gemeinsamen Haushalts hier erkennbar fehlt. Folglich ist es in den Leasing-

1 *Palandt/Weidenkaff*, § 563 BGB Rz. 1; *Erman/Jendrek*, § 563 BGB Rz. 1.

AGB nicht geboten, § 563 Abs. 1 Satz 1 BGB auszuschließen. Vielmehr ist diese Bestimmung von vornherein auf Leasingverträge nicht anwendbar.

2. Fortsetzung des Mietverhältnisses mit den Erben – § 564 BGB

48 Es entsprach früher üblicher Vertragsgestaltung[1], dass der Leasinggeber in den Leasing-AGB das Kündigungsrecht des Erben des Leasingnehmers – entgegen der Wertung von § 569 BGB a.F. – ausschloss. Dass diese Regelung mit § 307 Abs. 2 Nr. 1 BGB im Einklang stand, ergab sich schon aus der Erwägung, dass beim erlasskonformen Leasing die Vertragsgestaltung zwingend voraussetzt, dass die Grundmietzeit mindestens 40 % der betriebsgewöhnlichen Nutzungsdauer des Leasingguts betragen muss. Dieser steuerlich vorgegebene und durch die Finanzierung bedingte Vertragszweck würde jedoch erheblich gefährdet, möglicherweise sogar ausgeschlossen, wenn man das Kündigungsrecht des Erben gemäß § 569 BGB a.F. als auf Leasingverträge anwendbar und nicht ausschließbar anerkannt hätte. Vielmehr war es daher mit dem erbrechtlichen Grundsatz der **Universalsukzession** vereinbar, den Erben am Inhalt des Leasingvertrages bei gleichzeitiger Abbedingung des außerordentlichen Kündigungsrechts des § 569 BGB a.F. festzuhalten.

49 Zwar ist der Grundgedanke von § 569 BGB a.F. nunmehr auch in § 564 Satz 2 BGB verankert, weil sowohl dem Erben als auch dem Vermieter das außerordentliche Kündigungsrecht zusteht, nachdem sie vom Tod des Mieters Kenntnis erlangt haben. Doch fordert § 564 Satz 1 BGB, dass die Fortsetzung des Mietverhältnisses mit den Erben nur dann in Betracht kommt, wenn keine Person i.S.v. § 563 BGB in das Mietverhältnis eintritt und es daher auch nicht mit ihnen gemäß § 563a BGB fortgesetzt wird. Da aber nach der hier vertretenen Auffassung § 563 Abs. 1 BGB auf Leasingverträge keine Anwendung findet (Rz. 47), führt dies unmittelbar dazu, dass auch § 564 BGB das gleiche Schicksal erleidet: Auch diese Norm ist auf Leasingverträge nicht anwendbar. Folglich ist es nicht erforderlich, in den Leasing-AGB das fristlose Kündigungsrecht des Erben abzubedingen. Vielmehr bleibt es beim Grundgedanken der Universalsukzession gemäß § 1922 BGB.

VIII. Berechnung des Vollamortisationsanspruchs des Leasinggebers – Ordentliche Kündigung

1. Ausgangslage

50 Bei erlasskonformer Vertragsgestaltung kommt ein ordentliches Kündigungsrecht des Leasingnehmers nur beim **kündbaren Teilamortisationsvertrag** vor. Alle anderen Vertragstypen des Voll- oder Teilamorti-

---

1 Hierzu *Gerken*, DB 1997, 1703.

sationserlasses haben eine feste Grundmietzeit, so dass ein ordentliches Kündigungsrecht des Leasingnehmers grundsätzlich ausgeschlossen ist. Wird gleichwohl ein solches Kündigungsrecht der anderen Vertragstypen dem Leasingnehmer gewährt, so ist es nach § 307 Abs. 2 Nr. 1 BGB jedenfalls dann nicht zu beanstanden, wenn – steuerrechtlich bedingt – die Mindestgrundmietzeit von 40 % der betriebsgewöhnlichen Nutzungsdauer des jeweiligen Leasingguts als fest vereinbarte Laufzeit nicht unterschritten wird. Denn dann ist sichergestellt, dass der Leasinggeber rechtlicher und wirtschaftlicher Eigentümer des Leasingguts i.S.v. § 39 Abs. 2 Nr. 1 AO bleibt und dass der Leasingnehmer deshalb auch berechtigt ist, die von ihm entrichteten Leasingraten als sofort abzugsfähige Betriebsausgaben zu behandeln, ohne dass er gezwungen wird, das Leasinggut in seinem Anlagevermögen zu aktivieren. Gleichzeitig ist aber zu unterstreichen, dass die hier im Einzelnen darzustellenden **inhaltlichen Schranken** des dem Leasinggeber zustehenden Vollamortisationsanspruchs in gleicher Weise zu respektieren sind, wie dies hier nachfolgend für den Fall des kündbaren Teilamortisationsvertrages im Einzelnen erörtert wird.

2. Voraussetzungen des Vollamortisationsanspruchs des Leasinggebers

In ihrer wesentlichen Ausprägung ist die BGH-Judikatur im Hinblick auf 51
die Vollamortisationspflicht des Leasingnehmers im Fall einer ordentlichen Vertragsbeendigung festgefügt. Sie geht in der Sache davon aus, dass dann dem Leasinggeber gegenüber dem Leasingnehmer ein **leasingtypischer Ausgleichsanspruch** zusteht, der auf die volle Amortisation des Leasinggebers zielt[1]. Folglich ist zu unterstreichen, dass der BGH den Vollamortisationsanspruch des Leasinggebers als leasingtypisch und leasingimmanent charakterisiert, was auch von der Literatur überwiegend so gesehen wird[2]. Ob dem aus dogmatischen Gründen zu folgen ist, erscheint indessen fraglich.

a) Transparenzerfordernis – § 307 Abs. 1 Satz 2 BGB

Weiter oben (Kap. B Rz. 40 ff.) wurde bereits im Einzelnen die Meinung 52
entwickelt, dass der Vollamortisationsanspruch des Leasinggebers beim kündbaren Teilamortisationsvertrag nicht in dem mietrechtlich einzuordnenden Leasingvertrag seine Wurzeln hat, sondern in einem davon losge-

1 BGH v. 12.6.1985 – VIII ZR 148/84, WM 1985, 860, 862; BGH v. 19.3.1986 – VIII ZR 81/85, WM 1986, 673; BGH v. 15.10.1986 – VIII ZR 319/85, WM 1987, 39; BGH v. 26.11.1986 – VIII ZR 354/85, WM 1987, 288, 290; BGH v. 20.9.1989 – VIII ZR 239/88, NJW 1990, 247, 249; BGH v. 8.11.1989 – VIII ZR 1/89, BB 1990, 234, 235; BGH v. 16.5.1990 – VIII ZR 108/89, WM 1990, 1244, 1246; BGH v. 22.11.1995 – VIII ZR 57/95, WM 1996, 311; BGH v. 8.3.1995 – VIII ZR 313/93, WM 1995, 935.

2 *Wolf/Eckert/Ball*, Rz. 19, 57 ff.; *Beckmann* § 2 Rz. 35; MünchKomm./*Habersack*, Leasing Rz. 111; *Staudinger/Stoffels*, Leasing Rz. 290 ff.; *Palandt/Weidenkaff*, vor § 535 BGB Rz. 66.

lösten selbständigen **Garantieversprechen** des Leasingnehmers. Dieses setzt – und darin liegt ein Wirksamkeitserfordernis – eine transparente Vertragsgestaltung i.S.v. § 307 Abs. 1 Satz 2 BGB voraus. Der Leasingnehmer muss also in eindeutiger und transparenter Weise davon in Kenntnis gesetzt sein, dass er neben den Raten auch noch eine weitere, auf die Vollamortisation des Leasinggebers abzielende Entgeltpflicht zu erfüllen hat. Trifft dies nicht zu, weil die Klausel nicht hinreichend transparent i.S.d. § 307 Abs. 1 Satz 2 BGB ist, dann ist nach der hier vertretenen Auffassung der garantiemäßig abgesicherte Vollamortisationsanspruch des Leasinggebers nicht gegeben; er scheitert dann an der Sanktionsfolge des § 306 Abs. 2 BGB.

53 Doch gleichwohl bleibt die BGH-Judikatur für die Praxis ein Leitfaden: Es reicht nämlich danach für die wirksame Begründung des Vollamortisationsanspruchs des Leasinggebers aus, dass zwischen den Parteien Einvernehmen darüber bestand, dass ein Finanzierungsleasingvertrag gewollt war, der dem Vertragssystem des kündbaren Teilamortisationsvertrages zugeordnet ist. Dann kommt es auf eine Transparenz der Vertragsgestaltung nicht an, weil der Anspruch dem Leasinggeber in jedem Fall zusteht. Dabei macht es keinen entscheidenden Unterschied, ob es sich um eine ordentliche oder um eine fristlose Kündigung des Leasingvertrages durch den Leasinggeber handelt.

b) Inhaltskontrolle gemäß § 307 Abs. 2 Nr. 1 BGB

54 Als Obersatz gilt die Erkenntnis, die sowohl in rechtlicher als auch in mathematischer Hinsicht zu beachten ist: Auch bei einer ordentlichen Kündigung ist der Vollamortisationsanspruch des Leasinggebers durch sein **Erfüllungsinteresse** begrenzt. Es ist also bereits durch die **Klauselgestaltung** sicherzustellen, dass der Leasinggeber bei vorzeitiger Beendigung des Leasingvertrages keine höheren Erlöse erwirtschaftet und keinen höheren Gewinn erzielt, als wenn der Vertrag ordnungsgemäß beendet worden wäre (Rz. 55 ff.). Dies hat vor allem Auswirkungen im Hinblick auf die erforderliche **Abzinsung** des Restamortisationsanspruchs (Rz. 57 ff.) sowie im Hinblick auf die vom Leasinggeber wegen der vorzeitigen Beendigung des Leasingvertrages **ersparten Aufwendungen** (Rz. 76). Eine wie auch immer geartete Bereicherung des Leasinggebers muss daher – unter Berücksichtigung des Klauselinhalts und der einzelnen Berechnungsfaktoren – mathematisch sicher ausgeschlossen sein.

3. Konkrete Berechnungsmodalitäten

a) Möglichkeit einer abstrakten Klauselgestaltung

55 Alle Bemühungen des Leasinggebers, seinen Vollamortisationsanspruch in abstrakter Weise klauselmäßig festzuhalten, scheitern aus einem nahe lie-

genden Grund an § 307 Abs. 2 Nr. 1 BGB[1]. Der Restamortisationsanspruch ist nämlich entscheidend davon beeinflusst, in welcher Höhe ein tatsächlich erzielter **Verwertungserlös** des Leasingguts zur Anrechnung auf den Vollamortisationsanspruch zu bringen ist. Insofern handelt es sich um **künftige Marktdaten**; in der Klausel kann daher wenig mehr vorgesehen werden als die Verpflichtung des Leasinggebers, den tatsächlich erzielten Verwertungserlös auf den Restamortisationsanspruch anzurechnen. Hinzu kommt, dass der Leasinggeber verpflichtet ist, für eine optimale Verwertung des Leasingguts Sorge zu tragen (Rz. 84 ff.).

b) Zeitlich entsprechend den Kündigungsdaten gestaffelte Restamortisation

In kündbaren Teilamortisationsverträgen taucht nach wie vor immer wieder die Klausel auf, dass sich die Restamortisation des Leasinggebers – abhängig von der jeweiligen Kündigungsfrist – prozentual auf eine bestimmte Höhe der Restamortisation bezieht, ausgedrückt in **Prozentsätzen vom Anschaffungswert** des Leasingguts, die sich dann mit fortschreitender, störungsfreier Vertragsdauer auf Null reduziert[2]. Eine Sanktion wird an diese – intransparente – Vertragsgestaltung in der BGH-Judikatur nicht geknüpft; es verbleibt vielmehr auch hier beim vertragsimmanenten, leasingtypischen Ausgleichsanspruch, der auf Vollamortisation zielt[3]. Folglich ist der Leasinggeber – und darin erschöpft sich die jeweilige Sanktion nach der Rechtsprechung des BGH – verpflichtet, seinen Vollamortisationsanspruch konkret nachzuweisen und zu berechnen[4]. 56

4. Klauselgestaltung – Berechnungsmodalitäten

Folgende Parameter sind für die Berechnung des Ausgleichsanspruchs beim kündbaren Teilamortisationsvertrag zu beachten: 57

a) Keine Offenlegung der Kalkulation

Nach der zutreffenden Auffassung des BGH ist es nicht erforderlich, dass der Leasinggeber seine Kalkulation offen legt, um auf diese Weise dem Transparenzerfordernis von § 307 Abs. 1 Satz 2 BGB zu genügen[5]. Es reicht vielmehr aus, wenn er in den Leasing-AGB klar festlegt, welche **Berech-** 58

1 So auch mit Nachdruck *Groß*, DAR 1996, 438, 442.
2 BGH v. 12.6.1985 – VIII ZR 148/84, WM 1985, 860, 862; BGH v. 22.1.1986 – VIII ZR 318/84, WM 458, 460; BGH v. 19.3.1986 – VIII ZR 81/85, WM 1986, 673, 674; BGH v. 15.10.1986 – VIII ZR 319/85, WM 1987, 38, 40.
3 Vgl. BGH v. 11.1.1995 – VIII ZR 61/94, NJW 1995, 954; BGH v. 22.11.1995 – VIII ZR 57/95, NJW 1996, 455, 456.
4 BGH v. 19.3.1986 – VIII ZR 81/85, WM 1986, 673, 675; BGH v. 22.11.1995 – VIII ZR 57/95, NJW 1996, 455.
5 BGH v. 4.6.1997 – VIII ZR 312/96, NJW 1997, 3166.

nungsfaktoren für seinen Restamortisationsanspruch bei Beendigung des Leasingvertrages maßgebend sind[1]. Demzufolge muss an Hand der angegebenen – konkreten – Berechnungsfaktoren dem Leasingnehmer die Möglichkeit eröffnet werden, die Berechnung des Restamortisationsanspruchs des Leasinggebers nachzuprüfen. Das reicht aus; mehr ist nicht erforderlich.

b) Erfüllungsinteresse – Abzinsung

59 Für die konkrete Berechnung des Vollamortisationsanspruchs des Leasinggebers ist der bereits kurz apostrophierte Rechtssatz zentral, dass der Leasinggeber aufgrund der ordentlichen Kündigung des Leasingnehmers – und der damit ausgelösten Vollamortisationspflicht des Leasingnehmers – im Rahmen eines **Abwicklungsverhältnisses** nicht besser gestellt werden darf, als er stände, wenn der Leasingvertrag ordnungsgemäß erfüllt worden wäre[2]. Folglich ist das Erfüllungsinteresse des Leasinggebers die Messlatte, die im Fall der ordentlichen Kündigung unter entsprechender konkreter Berechnung des Vollamortisationsanspruchs unter keinen Umständen überschritten werden darf[3].

c) Erforderliche Abzinsung

60 Wie der der BGH[4] mit Recht festgestellt hat, dient die erforderliche und in jedem Fall auch zu berücksichtigende Abzinsung dazu, den durch vorzeitigen Rückfluss des Kapitals entstehenden Vorteil des Leasinggebers auszugleichen, „weil der Leasinggeber zwar keinen ungerechtfertigten Nachteil erleiden, gegenüber der vollständigen Vertragsdurchführung aber auch nicht besser gestellt werden soll"[5]. Daraus folgt, dass grundsätzlich der Abzinsungssatz dem Zinssatz entsprechen muss, den der Leasinggeber im Rahmen seiner Refinanzierung – bei Abschluss des Leasingvertrages – zu zahlen verpflichtet war[6]. Denn nur dieser methodische Ansatz ist interessengerecht, weil er verhindern hilft, dass eine Bereicherung beim Leasinggeber eintritt. Es reicht daher aus, ist aber auch erforderlich, dass genau dieser Gesichtspunkt in der Klausel angesprochen wird: Der Leasinggeber wird den ihm zustehenden Restamortisationsanspruch – bezogen auf den konkreten Zeitpunkt der Vertragsbeendigung – mit dem Zinssatz abzinsen,

---

1 BGH v. 4.6.1997 – VIII ZR 312/96, NJW 1997, 3166 f.; vgl. auch *Groß*, DAR 1996, 438, 441; MünchKomm./*Habersack*, Leasing Rz. 113; *Wolf/Eckert/Ball*, Rz. 1963 ff.
2 BGH v. 19.3.1986 – VIII ZR 81/85, WM 1986, 673, 675.
3 *Beckmann*, § 8 Rz. 38; *Wolf/Eckert/Ball*, Rz. 1963 ff.
4 BGH v. 22.11.1995 – VIII ZR 57/95, NJW 1996, 455, 456.
5 BGH v. 29.1.1986 – VIII ZR 49/85, WM 1986, 480, 483.
6 BGH v. 16.5.1990 – VIII ZR 108/89, WM 1990, 1244, 1246; BGH v. 22.11.1995 – VIII ZR 57/95, NJW 1996, 455, 456.

der der ursprünglich bei Abschluss des Vertrages vorgenommenen Refinanzierung entspricht.

d) Abzinsungsmethode

In seinem Urteil vom 10.10.1990[1] hat der BGH festgestellt, dass es für die Berechnung der Abzinsung keine allgemein gültige Formel gibt. Denn jede Berechnung eines Abzinsungsbetrages führt nur zu einem Annäherungswert, dessen Maßgeblichkeit der Richter dann gemäß § 287 ZPO zu schätzen verpflichtet ist. Was die Abzinsungsmethode betrifft, muss auch diese auf beiden Seiten hin interessegerecht sein[2]. Das ist dann der Fall, wenn der Abzinsungssatz dem ursprünglichen Refinanzierungssatz entspricht. Weiter besteht – so der BGH – in der Regel kein entscheidender Unterschied, ob die Abzinsung aufgrund der Barwertformel für nachschüssige Renten oder der mathematischen Methode, der sog. Annuitätenmethode entspricht[3]. Ob Gleiches auch für die Barwertformel für vorschüssige Renten gilt, ist vom BGH noch nicht abschließend entschieden; doch dürfte diese Formel grundsätzlich zu bevorzugen sein, weil in Leasingverträgen eine vorschüssige Zahlungsweise des Leasingnehmers – nämlich: zu Beginn eines jeden Kalendermonats – in aller Regel vereinbart wird[4]. 61

Dabei lautet die Rechenformel für die Ermittlung des **vorschüssigen Rentenbarwerts** wie folgt: 62

$$\text{Barwert} = \text{Rate} \times q \times \frac{1}{q^{n-1}} \times \frac{q^n - 1}{q - 1} q = 1 + \frac{p}{1200}$$

Dabei bedeutet:

$q = 1 + \frac{p}{1200}$

p = Abzinsungssatz

n = Zahl der Restlaufzeitmonate

Die von *Kranemann*[5] entwickelte Formel wendet hingegen nicht den sog. relativen Zinsfuß an, sondern den **konformen Zinsfuß**, um auf diese Weise zu vermeiden, dass durch Zinseszinseffekte im Ergebnis ein überhöhter Abzinsungssatz entsteht. Diese Methode begegnet keinen Bedenken.

e) Barwert – Restwert

Soweit in Leasing-AGB – **außerhalb des kündbaren Teilamortisationsvertrages** – ein Restwert für das Leasinggut bei Beendigung des Leasingvertra- 63

1 BGH v. 10.10.1990 – VIII ZR 296/89, WM 1990, 2043, 2045.
2 *Wolf/Eckert/Ball*, Rz. 1966.
3 BGH v. 10.10.1990 – VIII ZR 296/89, WM 1990, 2043, 2045.
4 *Kranemann*, ZIP 1997, 1404, 1405; vgl. auch OLG Köln v. 9.2.1994 – 19 U 261/93 ZIP 1995, 46, 49.
5 *Kranemann*, ZIP 1997, 1404, 1405.

ges festgelegt wird, was grundsätzlich nur beim Teilamortisationsvertrag mit Andienungsrecht des Leasinggebers zutrifft, dann gilt für die Ermittlung des Barwerts die Formel:

$$\text{Barwert} = \frac{\text{Restwert}}{q^n}$$

64 Diese Berechnungsformel wird von der Rechtsprechung häufig angewandt[1]. „n" bedeutet dabei Restlaufzeit in Monaten; „q" ist der Abzinsungssatz.

f) Nachschüssige Rentenbarwertformel

65 Werden hingegen die Leasingraten erst am Ende eines Kalendermonats fällig, so ist die nachschüssige Barwertformel anzusetzen[2]. Selbstverständlich ist diese Abzinsung lediglich bei den ausstehenden Leasingraten, nicht aber bei der Berechnung eines etwaigen „Restwerts" in Ansatz zu bringen, weil ja nur die Leasingraten am Ende eines Monats – d.h. nachschüssig – fällig werden[3]. Doch ist es auch in diesen Fällen ohne weiteres möglich (und auch zulässig), die Barwertformel für vorschüssige Renten in der Weise zu modifizieren, dass der Rentenbarwert auf eine um einen Monat längere Restlaufzeit berechnet und dann eine volle Monatsrate – unabgezinst – in Abzug gebracht wird[4].

66 Die Barwertformel für nachschüssige Renten lautet:

$$\text{Barwert} = \text{Rate} \times \frac{1}{q^n} \times \frac{q^n - 1}{q - 1}$$

g) Darlegungs- und Beweislast

67 Der vom Leasinggeber im Fall der ordentlichen Kündigung des Leasingvertrages geltend gemachte – abgezinste – Restamortisationsanspruch ist nur dann schlüssig dargelegt, wenn es dem Leasinggeber gelingt, die Einzelheiten der Berechnung so exakt darzulegen, dass sie mathematisch für den Leasingnehmer – und auch für das Gericht – nachvollziehbar sind. Dies schließt ein, dass der Leasinggeber mit Beweisantritt darlegt, mit welchem Refinanzierungssatz der Leasingvertrag – global oder durch Einzelverträge – refinanziert wurde. Sollte es auf die Ermittlung eines abgezinsten „Rest-

---

1 OLG Köln v. 9.2.1994 – 19 U 261/93 ZIP 1995, 46, 49; OLG Celle v. 5.1.1994 – 2 U 177/91 NJW-RR 1994, 743, 744; OLG Celle v. 3.11.1993 – 2 U 212/92, NJW-RR 1994, 1334, 1335.

2 *Kranemann*, ZIP 1997, 1404, 1406, 1408; OLG Celle v. 3.11.1993 – 2 U 212/92, NJW-RR 1994, 1334, 1335; vgl. auch OLG Stuttgart v. 8.9.1987 – 6 U 7/87, NJW-RR 1988, 501.

3 *Kranemann*, ZIP 1997, 1404, 1408; vgl. auch OLG Celle v. 3.11.1993 – 2 U 212/92, NJW-RR 1994, 1334, 1335.

4 *Kranemann*, ZIP 1997, 1404, 1408.

werts" ankommen, dann muss sich die Darlegungslast des Leasinggebers auch auf diesen Gesichtspunkt erstrecken. Soweit der Leasinggeber seine Berechnung auf Basis **standardisierter Computerprogramme** vorlegt, müssen die einzelnen Rechenschritte klar und eindeutig nachvollziehbar sein[1].

Die jeweilige Abzinsungsmethode – ob vor- oder nachschüssig – ist selbständig auch vom Gericht durch entsprechendes Nachrechnen zu überprüfen[2]. Bestreitet der Leasingnehmer die Richtigkeit der Abzinsungsmethode sowie die Richtigkeit der vorgenommenen Abzinsung, dann reicht es sicherlich nicht aus, wenn er lediglich die standardisierten Berechnungen des Leasinggebers pauschal angreift. Denn wenn die Darlegungen des Leasinggebers hinreichend substantiiert und auch nachvollziehbar sind, dann muss der Leasingnehmer ihre Richtigkeit konkret und substantiiert bei gleichzeitigem Beweisantritt bestreiten. Etwas anderes gilt allerdings unter der Perspektive von § 138 Abs. 4 ZPO insoweit, als der vom Leasinggeber eingesetzte **Refinanzierungszinssatz** in Rede steht. Dann ist der Leasinggeber zunächst verpflichtet, entweder die Vorlage der entsprechenden Refinanzierungsverträge zumindest durch Angebot eines Zeugenbeweises in seinem Sachvortrag zu untermauern. Dies schließt die Darlegung des Refinanzierungssatzes ein, der bei Abschluss des Leasingvertrages in Anwendung gebracht wurde. Dieser Weg ist jedoch dem Leasingnehmer deswegen versperrt, weil diese Tatsache ausschließlich der Sphäre des Leasinggebers zuzurechnen ist. Daher dürfte hier ein Bestreiten mit Nichtwissen ausreichend sein, um dem Beweisantritt des Leasinggebers nachzugehen. Dies kann regelmäßig nur in der Weise im Sinn der Gebote von § 286 ZPO geschehen, dass das Gericht dann einen **Sachverständigen** beauftragt, der die Richtigkeit der Behauptungen des Leasinggebers überprüft[3]. 68

Unerheblich ist es freilich, wenn der Leasingnehmer lediglich beanstandet, dass die vorgenommene Abzinsung nicht taggenau auf den Zeitpunkt der Kündigung, sondern auf den nächsten Monatsersten vorgenommen worden ist. Denn der Unterschied ist insoweit regelmäßig vernachlässigenswert[4]. 69

5. Einzelne Abzugspositionen

Der abgezinste Barwert des Vollamortisationsanspruchs des Leasinggebers ist **ohne Mehrwertsteuer** in die Rechnung einzustellen[5]. Abzuziehen sind sodann folgende Positionen: 70

---

1 *Beckmann*, § 8 Rz. 44.
2 Hierzu OLG Celle v. 17.12.1997 – 2 U 2/97, NJW-RR 1998, 704; OLG Celle v. 3.11.1993 – 2 U 212/92, NJW-RR 1994, 1334; *Beckmann*, § 8 Rz. 41 f.
3 Vgl. auch *Wolf/Eckert/Ball*, Rz. 1966; a.M. *Beckmann*, § 8 Rz. 41 – allerdings: ohne Differenzierung zwischen den einzelnen Schritten, die bei der Abzinsung und dem entsprechenden Bestreiten des Leasingnehmers nach § 286 ZPO zu ermitteln sind.
4 OLG Celle v. 3.11.1993 – 2 U 212/92, NJW-RR 1994, 1334, 1335.
5 OLG Köln v. 9.2.1994 – 19 U 261/93, ZIP 1995, 46, 49.

a) Entfallener Gewinnanspruch des Leasinggebers

71 Soweit der Leasingvertrag im Wege der ordentlichen Kündigung beendet worden ist, steht dem Leasinggeber nur der Gewinn zu, der in den Leasingraten enthalten ist, die vor der Kündigung fällig geworden sind. Dies ist die zwingende Konsequenz der Tatsache, dass der Leasingvertrag durch die Kündigung in ein Abwicklungsverhältnis umgewandelt wurde[1]. Daher ist es mit § 307 Abs. 2 Nr. 1 BGB unvereinbar, wenn der Leasinggeber – trotz ordentlicher Beendigung des Leasingvertrages – einen ungekürzten, den Gesamtgewinn einschließenden Restamortisationsanspruch reklamiert[2]. Denn:

„Wird der Vertrag vereinbarungsgemäß beendet, ist dem Leasingnehmer sowohl der weitere Sachgebrauch als auch die mittelbare Kapitalnutzung entzogen, während andererseits der Leasinggeber das zurückfließende Kapital anderweitig nutzt, also damit Gewinn erzielen kann".

72 Sodann ist zu lesen:

„Irgendein Grund, ihm auch für die verkürzte Laufzeit den auf die volle Vertragsdauer kalkulierten Gewinn ungeschmälert zuzusprechen, ist angesichts der Bedeutung des Zeitfaktors für die Leistung des Leasinggebers nicht ersichtlich. Insofern unterscheidet sich der in erster Linie nach Mietrecht zu behandelnde Leasingvertrag möglicherweise von einem reinen Austausch- oder Umsatzgeschäft, wie etwa einem Kaufvertrag. Der Wegfall des Gewinnanteils muss daher grundsätzlich ermittelt und vom Gesamtaufwand abgezogen werden."

73 Mit anderen Worten: Der durch die vorzeitige Vertragsbeendigung entstehende Vorteil der anderweitigen Kapitalnutzung ist zu berücksichtigen, weil er ein „wesentlicher Teil des leasingtypischen Amortisationsprinzips"[3] ist.

b) Vertriebs- und Verwaltungskosten

74 Bei der Berechnung des Restamortisationsanspruchs ist – wie stets in vergleichbaren Fällen – zwischen **laufzeitabhängigen und laufzeitunabhängigen Kosten** zu unterscheiden. Nach der Grundsatzentscheidung des BGH vom 19.3.1986[4] fallen insoweit folgende Kosten als sonstige Vertragskosten an: Vertriebskosten, Kosten der Bonitäts- und Vertragsprüfung, Beschaffungskosten, Vorfinanzierungskosten auf Anschaffungs- und Vertragsabschlusskosten[5]. Diese Kosten sind grundsätzlich als laufzeitunabhängig einzuordnen. Dabei beliefen sich die Vertriebskosten auf 3 % bis 4 % des Anschaffungswerts; die Bonitäts- und Vertragsprüfung machte 1,5 % bis 2,5 % des Anschaffungswertes aus; die Beschaffungskosten für das Leasinggut betrugen 0,5 % des Anschaffungswertes, während sich die Vorfinanzie-

1 BGH v. 12.6.1985 – VIII ZR 148/84, WM 1985, 860, 863.
2 BGH v. 19.3.1986 – VIII ZR 81/85, WM 1986, 673, 675.
3 BGH v. 19.3.1986 – VIII ZR 81/85, WM 1986, 673, 675.
4 BGH v. 19.3.1986 – VIII ZR 81/85, WM 1986, 673.
5 *Wolf/Eckert/Ball*, Rz. 1985.

rungskosten auf Anschaffungs- und Vertragsabschlusskosten 1,5 % des Anschaffungswertes addierten. Als **laufzeitunabhängige Kosten** sind sie von der Ausübung eines Kündigungsrechts – und damit: von der Entstehung eines Abwicklungsverhältnisses – losgelöst. Sie sind daher immer Teil des Restamortisationsanspruchs des Leasinggebers; eine Kürzung aufgrund einer vom Leasingnehmer ausgesprochenen – ordentlichen – Kündigung findet nicht statt.

Demgegenüber hat der BGH in seinem Urteil vom 19.3.1986[1] die weiteren 75
laufenden Verwaltungskosten mit 2,3 % vom Anschaffungswert, die Versicherungskosten mit jährlich 0,5 %, die Steuern als Objektsteuern mit jährlich 0,8 % sowie die Vorhaltekosten für Verwertung oder Weitervermietung in Höhe von 1–2 % vom Anschaffungswert als **laufzeitabhängige Kosten** eingestuft[2]. Allerdings hat *Eckstein*[3] mit guten Gründen darauf hingewiesen, es handele sich bei diesen laufzeitabhängigen Kosten regelmäßig um **Gemeinkosten**. Auch wenn ein Leasingvertrag im Wege der ordentlichen Kündigung beendet wird, erspart der Leasinggeber infolge dieses Ereignisses nicht notwendigerweise „laufende Verwaltungskosten"[4]. Es lässt sich jedenfalls nicht mit der erforderlichen Exaktheit begründen, dass mit der Betreuung des Leasingvertrages zusammenhängende Verwaltungsaufwendungen als **ersparte Aufwendungen** zu qualifizieren sind, etwa bei Einsatz der EDV[5].

c) Ersparte Aufwendungen – Darlegungs- und Beweislast: Versäumnisurteil

aa) Allgemeine Erwägungen

Ungeachtet entgegenstehender betriebswirtschaftlicher Erwägungen wird 76
man jedoch an der entscheidenden Tatsache nicht vorbeisehen dürfen, dass der BGH[6] grundsätzlich davon ausgegangen ist, dass bei einer ordentlichen Kündigung „der Wegfall gewisser Aufwendungen" auf der Hand liegt[7]. Dies führt zur doppelten Erkenntnis: Zunächst ist der Leasinggeber dafür darlegungs- und beweispflichtig, dass er als Folge der ordentlichen Kündigung des Leasingnehmers **keinen Verwaltungsaufwand** eingespart hat[8]. Dieser Gesichtspunkt ist möglicherweise dann **anders** zu beurteilen, wenn es sich um die gleiche Fragestellung handelt, aber keine ordentliche, son-

1 BGH v. 19.3.1986 – VIII ZR 81/85, WM 1986, 673, 675.
2 *Wolf/Eckert/Ball*, Rz. 1985.
3 *Eckstein*, BB 1986, 2144, 2147.
4 Hierzu allerdings auch BGH v. 22.11.1995 – VIII ZR 57/95, NJW 1996, 455, 456.
5 KG v. 15.4.1993 – 22 U 2960/92, BB 1994, 818, 819.
6 BGH v. 22.11.1995 – VIII ZR 57/95, NJW 1996, 455, 456.
7 BGH v. 22.11.1995 – VIII ZR 57/95, NJW 1996, 455, 456; *Wolf/Eckert/Ball*, Rz. 1933 f.; *Beckmann*, § 8 Rz. 48.
8 BGH v. 22.11.1995 – VIII ZR 57/95, NJW 1996, 455, 456; *Wolf/Eckert/Ball*, Rz. 1934.

dern eine **fristlose Kündigung** des Leasinggebers – etwa: wegen Zahlungsverzugs des Leasingnehmers – in Rede steht[1]. Denn dann kann es durchaus plausibel sein, dass Ausspruch und Durchführung einer fristlosen Kündigung zusätzliche Kosten und Aufwendungen verursacht. Das ist jedoch eine Frage des Einzelfalls und der nachvollziehbaren Begründung. Doch fällt des Weiteren entscheidend ins Gewicht, dass die ordentliche Kündigung eines Teilamortisationsvertrages ein **klassisches Vertragsrisiko** darstellt, welches der Leasinggeber kraft autonomer Vertragsgestaltung zugelassen hat, mit der Konsequenz, dass der Leasingnehmer nicht mit den dadurch verursachten Mehraufwendungen, sofern sie überhaupt nachweisbar sein sollten, belastet werden darf. Denn die insoweit entstehenden Kosten und Aufwendungen sind dem Leasingnehmer nicht zuzurechnen, da er lediglich von einem ihm vertraglich eingeräumten Recht Gebrauch macht. Deshalb ist davon auszugehen, dass bei der Berechnung des Restamortisationsanspruchs im Fall einer ordentlichen Kündigung eines Teilamortisationsvertrages in jedem Fall **ersparte Aufwendungen** in Anrechnung zu bringen sind.

77 Man wird deshalb in der Praxis gut daran tun, diese ersparten Aufwendungen in angemessener Weise zu berücksichtigen. Das OLG Celle[2] vertritt die Auffassung, dass die ersparten Aufwendungen mit 10,– Euro/Monat in Ansatz zu bringen sind. Ob damit alle ersparten Aufwendungen erfasst werden, könnte zweifelhaft sein, ist aber – hinreichende Darlegungen vorausgesetzt – dann im Rahmen der richterlichen Schadensschätzung gemäß § 287 ZPO zu berücksichtigen[3]. Denn es handelt sich darum, ob etwa das **Vertragsrisiko** für die gesamte Laufzeit des Versicherungsvertrages in der Kalkulation berücksichtigt wurde. Ob des Weiteren Versicherungsprämien und Objektsteuern Teil der Leasingkalkulation waren, die dann in Fortfall geraten, wenn eine ordentliche Kündigung wirksam wird, ist eine Frage des Einzelfalls und wird wohl nur selten praktisch. Trifft dies aber zu, dann sind die Versicherungsprämien als laufzeitabhängige Kosten – und damit als ersparte Aufwendungen – konkret zu berechnen. Auszugehen ist von einem linearen Verlauf der Prämienzahlung/Versicherungsjahr. Bezogen auf den Zeitpunkt der Kündigung ist daher nach der 360-Tage-Methode abzurechnen. Bei der Berechnung der Objektsteuern ist die amtliche AfA-Tabelle für das jeweilige Wirtschaftsgut zugrunde zu legen[4]. Soweit diese Steuern zeitanteilig erhoben werden, gilt auch die lineare Berechnung/Jahr unter Berücksichtigung der 360-Tage-Methode.

78 In der **instanzgerichtlichen Judikatur** wird im Übrigen vorgeschlagen, dass ein Abzug von ca. 30 % für den Abwicklungsaufwand – bezogen auf die

1 Vgl. *Beckmann*, § 8 Rz. 48.
2 OLG Celle v. 5.1.1994 – 2 U 177/91, NJW-RR 1994, 743, 744.
3 *Wolf/Eckert/Ball*, Rz. 1933.
4 BGH v. 19.3.1986 – VIII ZR 81/85, WM 1986, 673, 675.

Nichtfinanzierungskosten – zu berücksichtigen ist[1]. Das OLG Naumburg[2] kürzt die offenen Netto-Leasingraten um ersparte Verwaltungskosten von 2 % und erhöht diese mit einem weiteren Risikofaktor von 1 %[3]. Ob diese Ansätze zu verallgemeinern sind, erscheint zweifelhaft. Man wird in der Praxis gut daran tun, die Kosten- und Aufwandpositionen im Zusammenhang mit der Kündigung eines Teilamortisationsvertrages jeweils sorgsam unter die Lupe zu nehmen.

bb) Sonderproblem: Versäumnisurteil

Die in der Praxis entscheidende Frage ist jedoch oft die: Kann der Leasinggeber damit rechnen, ein Versäumnisurteil zu erstreiten, wenn er in seiner Berechnung des Restamortisationsanspruchs keine Position für ersparte Aufwendungen vorgesehen hat? Dies wird man unter Beachtung der Grundsätze, welche die Rechtsprechung zum Recht der richterlichen Schadensschätzung gemäß § 287 ZPO verankert hat[4], durchaus bejahen dürfen. Denn die Darlegungslast des Klägers ist im Rahmen von § 287 ZPO erleichtert[5]. Vor allem aber fällt ins Gewicht, dass Beweiserhebung und Umfang einer Beweisaufnahme im Ermessen des Gerichts stehen[6]. Daher ist es fehlerhaft, wenn das Gericht einen Leasinggeber, der einen Restamortisationsanspruch geltend macht, aber ersparte Aufwendungen nicht berücksichtigt hat, mit einem **unechten Versäumnisurteil** „bedient". Vielmehr muss lediglich eine anteilige Kürzung – unter voller Anwendung der Grundsätze des § 287 ZPO – stattfinden, so dass die ersparten Aufwendungen vom Gericht dann in Ausübung des eigenen Ermessens festgelegt werden, so dass das Versäumnisurteil im Übrigen antragsgemäß zu erlassen ist. 79

d) Vorhaltekosten für Weitervermietung/Verwertung des Leasingguts

Wenn der Leasingnehmer den kündbaren Teilamortisationsvertrag im Wege der **ordentlichen Kündigung** beendet, dann ist es in der Sache gleich, ob rechtlich gesehen der Restamortisationsanspruch als Garantieanspruch oder als leasingtypischer, vertragsimmanenter Amortisationsanspruch bewertet wird, weil in jedem Fall feststeht, dass der Leasinggeber durch die Weitervermietung/Verwertung des Leasingguts – entsprechend den steuerrechtlichen Vorgaben des Teilamortisationsvertrages – die **Chance der Wertsteigerung** erzielt. Daher sind die für die Vermietung oder Verwertung des Leasingguts kalkulierten Vorhaltekosten nicht als ersparte Aufwendungen zu qualifizieren. Sie sind vielmehr durch die vom Leasingnehmer 80

1 OLG Stuttgart v. 8.9.1987 – 6 U 7/87, NJW-RR 1988, 501, 502.
2 OLG Naumburg v. 23.10.1997 – 7 U 608/97, DAR 1998, 393.
3 Vgl. auch *Beckmann*, § 8 Rz. 49.
4 *Zöller/Greger*, § 287 ZPO Rz. 2.
5 BGH v. 28.10.1993 – III ZR 67/92, NJW 1994, 663.
6 BGH v. 23.10.1990 – VI ZR 310/89, MDR 1991, 423, 424.

ausgesprochene ordentliche Kündigung veranlasst. Gleichwohl führen diese Erwägungen nicht dazu, dem Leasinggeber das Recht einzuräumen, die Vorhaltekosten für Weitervermietung/Verwertung als Teil des Restamortisationsanspruchs anzusehen, der dem Leasinggeber gegenüber dem Leasingnehmer zusteht. Vielmehr handelt es sich bei diesen Vorhaltekosten um einen **eigenständigen Risikofaktor**, der dem Bereich des genuinen Geschäftsrisikos des Leasinggebers zuzuweisen ist. Es sind also weder ersparte Aufwendungen noch liegt eine Rechenposition vor, die Gegenstand des Restamortisationsanspruchs des Leasinggebers wäre. Entgegenstehende AGB-Klauseln scheitern daher an § 307 Abs. 2 Nr. 1 BGB; es ist – wie stets – eine **konkrete Berechnung** vorzunehmen, die Vorhaltekosten für Vermietung/Verwertung – jedenfalls: im Rahmen eines kündbaren Teilamortisationsvertrages – nicht berücksichtigen darf. **Anders** ist es allerdings in der Begründung, soweit der Leasinggeber von seinem fristlosen Kündigungsrecht gegenüber dem Leasingnehmer, etwa wegen Zahlungsverzugs des Leasingnehmers, Gebrauch macht (Kap. K Rz. 37 ff.).

e) Vorfälligkeitsentschädigung

81 Nach Auffassung des BGH[1] ist die von der Refinanzierungsbank des Leasinggebers im Fall der ordentlichen Kündigung reklamierte Vorfälligkeitsentschädigung Teil des Restamortisationsanspruchs, den der Leasingnehmer dem Leasinggeber schuldet. Vorausgesetzt wird freilich eine wirksame Vereinbarung zwischen Leasinggeber und Refinanzierungsbank, so dass der Leasinggeber – wegen der vorfristigen Ablösung der Refinanzierungsmittel – verpflichtet ist, an die Refinanzierungsbank eine Vorfälligkeitsentschädigung zu entrichten. Der BGH rechtfertigt seine Ansicht damit, dass zwischen den „anfänglich kalkulierten Kreditrisiken" und der „Vorfälligkeitsentschädigung" ein wirtschaftlicher Zusammenhang besteht[2]. Ferner meint der BGH, es sei leasingtypisch, eine Refinanzierung vorzunehmen, sei es durch Einzelfinanzierung oder durch Forfaitierung. Letztlich fügt der BGH an, es dürfe nicht zwischen dem Schadensersatzanspruch statt der Leistung und dem Vollamortisationsanspruch des Leasinggebers im Rahmen des ordentlichen Kündigungsrechts des Leasingnehmers unterschieden werden[3]. Daher ist die Vorfälligkeitsentschädigung – so der BGH – ein „besonderer Rechnungsposten bei der Ermittlung des Ausgleichsanspruchs"[4].

82 Ob dieser Auffassung zu folgen ist, erscheint **zweifelhaft**. Zu bedenken ist nämlich in erster Linie, dass die vom Leasinggeber an die refinanzierende

1 BGH v. 16.5.1990 – VIII ZR 108/89, WM 1990, 1244.
2 BGH v. 16.5.1990 – VIII ZR 108/89, WM 1990, 1244, 1247; vgl. auch *Groß*, DAR 1996, 438, 442.
3 BGH v. 16.5.1990 – VIII ZR 108/89, WM 1990, 1244, 1247.
4 BGH v. 16.5.1990 – VIII ZR 108/89, WM 1990, 1244, 1247; *Wolf/Eckert/Ball*, Rz. 1981 ff.; *Beckmann* § 8 Rz. 46; MünchKomm./*Habersack*, Leasing Rz. 115.

Bank zu entrichtende Vorfälligkeitsentschädigung Teil des von ihm freiwillig übernommenen **Geschäftsrisikos** ist. Dies gilt ganz allgemein, ist aber hier auf den Typus des **kündbaren** Teilamortisationsvertrages zu beziehen. Demzufolge ist auch das Risiko – und die Folgen –, welche sich aus der ordentlichen Kündigung des Leasingvertrages ergeben, nicht Teil des Restamortisationsanspruchs, sondern Teil des vom Leasinggeber autonom zu tragenden Risikos[1]. Es fehlt also an dem Kriterium der kausalen Zurechenbarkeit zulasten des Leasingnehmers; denn die von ihm ausgesprochene ordentliche Kündigung ist vertragsgemäß. Sicherlich ist einzuräumen, dass der Ausspruch der ordentlichen Kündigung auch im Interesse des Leasingnehmers liegt. Aber primär ist gleichwohl das Entstehen einer Vorfälligkeitsentschädigung dem Risikobereich des **Leasinggebers** zuzuordnen. Denn er ist es, der diesen Vertragstypus anbietet. Gleiches gilt für die Tatsache, dass der Leasinggeber sich refinanziert. Denn keiner zwingt ihn dazu. Er tut dies immer aus Gründen der eigenen Geschäftsraison.

Daher muss der Leasinggeber auch stets damit rechnen, dass der Leasing- 83
nehmer von der vertraglichen Möglichkeit Gebrauch macht, den Leasingvertrag im Wege der ordentlichen Kündigung zu beenden. Mehr noch: Die vom BGH ins Auge gefasste Argumentation zielt im Ergebnis darauf ab, dass **schadensersatzrechtliche Erwägungen** ins Spiel gebracht werden. Das wird deutlich, indem der BGH eine Parallele zur fristlosen Kündigung zielt. Doch ist der Unterschied zwischen einer ordentlichen und einer fristlosen Kündigung im Blick auf die kausale Zurechenbarkeit eklatant. Denn nur die fristlose Kündigung beruht auf einer vorangegangenen Vertragsverletzung des Leasingnehmers. Daher ist daran festzuhalten, dass die vom Leasinggeber gegenüber der refinanzierenden Bank zu zahlende Vorfälligkeitsentschädigung nicht dem Leasingnehmer in Rechnung gestellt werden darf. Alle darauf abzielenden AGB-Klauseln verstoßen daher gegen § 307 Abs. 2 Nr. 1 BGB und sind daher **unwirksam**. Die Vorfälligkeitsentschädigung ist nicht Teil des Restamortisationsanspruchs, sofern der Leasingnehmer von seinem ordentlichen Kündigungsrecht Gebrauch macht. **Anders** ist die Rechtslage dann, soweit der Leasinggeber – etwa: wegen Zahlungsverzugs des Leasingnehmers – auf sein fristloses Kündigungsrecht rekurriert (Kap. K Rz. 46).

IX. Verwertung des Leasingguts – Anrechnung des Verwertungserlöses

Erlasskonform ist es, dass bei einem **kündbaren** Teilamortisationsvertrag 84
lediglich 90 % des Verwertungserlöses auf den Vollamortisationsanspruch des Leasinggebers angerechnet werden. Handelt es sich hingegen um einen

1 Vgl. auch *Wolf/Eckert/Ball*, Rz. 1982, die es keineswegs als selbstverständlich bezeichnen, dass der BGH – wie dargestellt – entschieden hat.

Teilamortisationsvertrag mit **Mehrerlösbeteiligung**, dann ist der Leasinggeber verpflichtet, nach Ablauf der Grundmietzeit das Leasinggut optimal zu verwerten, weil der Leasingnehmer – erlasskonforme Vertragsgestaltung vorausgesetzt – mit 75 % an dem erzielten Mehrerlös partizipiert. Ist jedoch ein Teilamortisationsvertrag mit **Andienungsrecht** des Leasinggebers vereinbart, dann verwertet der Leasinggeber das Leasinggut, weil er auf diese Weise die Chance der Wertsteigerung realisiert. Das Andienungsrecht kommt nur dann zum Zuge, wenn das Leasinggut nach Ende der Grundmietzeit einen geringeren Verkehrswert/Zeitwert aufweist als im „Restwert" verkörpert. Denn nur dann wird ein Leasinggeber – wirtschaftlich vernünftiges Handeln vorausgesetzt – von seinem Andienungsrecht gegenüber dem Leasingnehmer Gebrauch machen, um auf diese Weise seinen Vollamortisationsanspruch zu realisieren.

85 Von diesem Verständnishorizont ausgehend sind folgende Gesichtspunkte bei der Verwertung des Leasingguts sowie bei der entsprechenden Anrechnung des Verwertungserlöses zu beachten:

1. Pflicht zur optimalen Verwertung

86 In der Rechtsprechung des BGH ist anerkannt, dass der Leasinggeber – gleichgültig, ob es sich um eine fristlose oder um eine ordentliche Beendigung des Leasingvertrages handelt – verpflichtet ist, das Leasinggut optimal zu verwerten[1]. Diese Pflicht folgt aus allgemeinen Erwägungen, die in § 241 Abs. 2 BGB verankert sind, aber auch aus der Tatsache, dass der Verwertungserlös integraler Bestandteil des Restamortisationsanspruchs des Leasinggebers ist, soweit es sich nicht um einen Teilamortisationsvertrag mit Andienungsrecht des Leasinggebers handelt. Diese Pflicht zur optimalen Bewertung des Leasingguts ist auch in der Literatur uneingeschränkt anerkannt[2]. Das Gleiche gilt für die instanzgerichtliche Judikatur[3].

a) Schadensminderungspflicht – Rücksichtnahmepflicht: § 241 Abs. 2 BGB

87 Folglich ist der Leasinggeber verpflichtet, im Hinblick auf Art, Ort und Zeitpunkt der Verwertung die Interessen des Leasingnehmers optimal zu wahren. Notwendigerweise bedingt dies, dass der Leasinggeber seinerseits verpflichtet ist, die erforderlichen **organisatorischen Voraussetzungen** da-

---

1 BGH v. 10.10.1990 – VIII ZR 296/89, WM 1990, 2043, 2046; BGH v. 22.11.1995 – VIII ZR 57/95, NJW 1996, 455; BGH v. 4.6.1997 – VIII ZR 312/96, ZIP 1997, 1457, 1458.

2 *Wolf/Eckert/Ball*, Rz. 1988; *Beckmann*, § 8 Rz. 226; AGB-Klauselwerke/*Graf von Westphalen*, Leasing Rz. 200.

3 OLG Koblenz v. 10.3.1994 – 5 U 1257/93, NJW 1995, 1227; teilweise abweichend betreffend „Händlereinkaufspreis" OLG Frankfurt v. 14.7.1995 – 24 U 5/94, NJW 1995, 3259.

für zu schaffen, dass eine den Umständen nach optimale Verwertung des Leasingguts – bezogen auf den jeweiligen Zeit- und Marktwert des Leasingguts – realisiert wird[1]. Rechtlich gewertet handelt es sich hierbei auch um die Konkretisierung der in § 254 BGB verankerten **Schadensminderungspflicht**[2]. Doch wird man einen Schritt weitergehen müssen und die Pflicht zur optimalen Verwertung des Leasingguts in erster Linie in § 241 Abs. 2 BGB verankern können[3]. Denn es handelt sich hier um die Pflicht des Leasinggebers, bei der geschuldeten optimalen Verwertung des Leasingguts die Interessen des Leasingnehmers zu beachten und auf diese angemessen Rücksicht zu nehmen[4]. Daraus folgt gleichzeitig: Verletzt der Leasinggeber diese Pflicht, macht er sich gegenüber dem Leasingnehmer gemäß § 280 Abs. 1 BGB schadensersatzpflichtig. Es ist dann Sache des geschädigten Leasingnehmers, den Nachweis zu führen, dass der Leasinggeber bei optimaler Verwertung des Leasingguts in der Lage gewesen wäre, einen höheren Verwertungserlös zu erzielen. Hierzu bedarf es aber konkreter und substantiierter Darlegungen; notfalls ist auf ein Sachverständigengutachten zurückzugreifen.

b) Benennung von Interessenten – Eintritt des Leasingnehmers

88 Der Leasinggeber ist stets verpflichtet, auch andere Möglichkeiten zur Erzielung eines optimalen Verwertungserlöses auszuschöpfen, insbesondere dann, wenn ihm vom Leasingnehmer weitere **Interessenten** genannt worden sind[5]. Wie viel Interessenten der Leasingnehmer berechtigt ist, dem Leasinggeber zu benennen, die dann der Leasinggeber „abarbeiten" muss, lässt sich nicht generell sagen. Hier sind jeweils die Umstände des Einzelfalls zu beachten; insbesondere ist zu bedenken, welche Zeit der Leasinggeber benötigt, um weitere Angebote beliebiger Interessenten, die ihm der Leasingnehmer benannt hat, prüfen zu können (im Einzelnen Rz. 90 f.). Zwar ist einzuräumen, dass die hier interessierende Rechtsprechung im Wesentlichen zum Kfz-Leasing ergangen ist (Kap. M Rz. 85 ff.). Doch bestehen keine Bedenken, sie aus grundsätzlichen Erwägungen auch für alle sonstigen Fälle parallel zu schalten, in denen der Leasinggeber gehalten ist, für eine optimale Verwertung des Leasingguts Sorge zu tragen.

aa) Konkretisierung des Benennungsrechts des Leasingnehmers

89 Zunächst ist daher festzuhalten, dass eine Formularklausel, die zugunsten des Leasingnehmers **kein Benennungsrecht** einräumt, gegen § 307 Abs. 2 Nr. 1 BGB verstößt und daher **unwirksam** ist[6]. Folglich muss eine Verwer-

1 BGH v. 12.6.1985 – VIII ZR 148/84, WM 1985, 860, 863.
2 BGH v. 8.3.1995 – VIII ZR 313/93, NJW 1995, 1541, 1543; *Beckmann*, § 8 Rz. 226.
3 So mit Recht *Beckmann*, § 8 Rz. 226.
4 Hierzu auch *Palandt/Heinrichs*, § 241 BGB Rz. 6.
5 BGH v. 10.10.1990 – VIII ZR 296/89, WM 1990, 2043, 2046.
6 BGH v. 4.6.1997 – VIII ZR 312/96, ZIP 1997, 1457, 1459.

tungsklausel dem Leasingnehmer immer das Recht einräumen, einen Dritten als potentiellen Käufer des Leasingguts zu benennen oder – alternativ – selbst das Leasinggut käuflich zu erwerben[1]. Notwendigerweise muss dieses Benennungsrecht dem Leasingnehmer in transparenter Weise gemäß § 307 Abs. 1 Satz 2 BGB mitgeteilt werden. Es muss also an einer Stelle der Leasing-AGB verankert sein, welche im Zusammenhang mit der ordentlichen bzw. fristlosen Kündigung des Leasingvertrages steht[2]. Doch bestehen keine Bedenken dagegen, in den Leasing-AGB die Zahl der vom Leasingnehmer zu benennenden und vom Leasinggeber zu berücksichtigenden Interessenten zu begrenzen. Denn es ist dem Leasinggeber – optimale Verwertung des Leasingguts als Pflicht vorausgesetzt – nicht zuzumuten, einer beliebigen Zahl von „Interessenten" nachzugehen. Dabei ist stets auch zu bedenken, dass der Leasingnehmer auch das Recht hat, sich selbst als Käufer des Leasingguts zu benennen, um sodann das Leasinggut zu einem höheren Preis weiter zu veräußern[3]. Die Berücksichtigung von drei Interessenten – einschließlich des Selbstbenennungsrechts des Leasingnehmers – erscheint daher angemessen und vertretbar.

bb) Zeitliche Anforderung

(1) Zu berücksichtigende Faktoren – Monatsfrist

90 Unter Berücksichtigung der Kriterien von § 241 Abs. 2 BGB wird man sicherlich auch in Rechnung stellen müssen, dass der Leasinggeber eine „angemessene Zeit" dafür in Anspruch nehmen kann, für eine optimale Verwertung des Leasingguts Sorge zu tragen. Daher stellt sich in der Praxis die Frage, welche Zeit im Einzelfall als angemessen zu beachten ist. In dieser Perspektive ist in erster Linie zu berücksichtigen, welchen **Aufwand** und welche **Kosten** der Leasinggeber einsetzen muss, um die aus § 241 Abs. 2 BGB folgende Pflicht zur optimalen Verwertung des Leasingguts ordnungsgemäß zu erfüllen[4]. Ein Zuwarten, welches bis zu acht Monaten andauert, ist sicherlich exzessiv und nicht einzufordern[5]. Für den Bereich des Kfz-Leasings wird eine Frist von zwei Monaten als angemessen angesehen[6]. Teilweise wird sie aber als zu kurz erachtet[7]. Auf die Einzelheiten ist später im Rahmen der Erörterung des Kfz-Leasings zurückzukommen (Kap. M Rz. 85 ff.).

---

1 OLG Köln v. 15.3.1993 – 12 U 56/92, NJW-RR 1993, 1016, 1017.
2 Hierzu auch BGH v. 22.11.1995 – VIII ZR 57/95, NJW 1996, 455; OLG Celle v. 5.1.1994 – 2 U 177/91, NJW-RR 1994, 743.
3 BGH v. 4.6.1997 – VIII ZR 312/96, ZIP 1997, 1457, 1459.
4 BGH v. 10.10.1990 – VIII ZR 296/89, WM 1990, 2043, 2047.
5 BGH v. 4.6.1997 – VIII ZR 312/96, ZIP 1997, 1457, 1459.
6 OLG Bremen v. 31.8.2000 – 5 U 38/00, DAR 2001, 161; OLG Dresden v. 11.11.1998 – 8 U 3066/97, NJW-RR 1999, 703.
7 OLG Düsseldorf v. 30.3.2004 – 24 U 193/03, NJW-RR 2004, 1208, 1210; vgl. auch *Beckmann*, § 8 Rz. 244.

Für gewöhnlich wird man daher, sofern keine besonderen Umstände gegeben sind, davon ausgehen dürfen, dass eine Frist von **einem Monat** als angemessen i.S.v. § 307 Abs. 1 BGB zu bewerten ist, um dem Leasingnehmer die Gelegenheit zu geben, ein Drittbenennungs- oder Selbstbenennungsrecht auszuüben[1]. In erster Linie kommt es hierbei – abgesehen von dem erforderlichen Aufwand und den entsprechenden Kosten des Leasinggebers – darauf an, welches **Marktsegment** in Rede steht, ob insbesondere der zu benennende Dritte oder der Leasingnehmer selbst darauf angewiesen sind, eine **Fremdfinanzierung** zu besorgen, weil das Leasinggut einen so hohen Verkehrswert/Marktwert besitzt, dass kaum zu erwarten ist, dass der Käufer Barmittel aufwenden kann[2]. Doch dies alles rechtfertigt in der Regel keine längere Frist als einen Monat. 91

(2) Angemessene Frist – Klauselgestaltung

Es könnte sich allerdings auch empfehlen, in Leasing-AGB davon Abstand zu nehmen, eine konkrete Frist zu benennen, innerhalb derer der Leasingnehmer von einem Dritt- oder Selbstbenennungsrecht Gebrauch macht. Denn es ist nicht auszuschließen, dass die Umstände des Einzelfalls derart sind, dass eine für gewöhnlich als angemessen einzustufende Einmonatsfrist doch als unangemessen kurz erscheint. Die vorsichtigere Vertragsgestaltung zielt daher darauf ab, von einer **„angemessenen"** Wartefrist auszugehen und diese auch so in die AGB einzustellen. Geschieht dies, dann ist naturgemäß der Leasinggeber berechtigt, dem Leasingnehmer nach Mitteilung der einzelnen Daten des Leasingguts, insbesondere des Schätzgutachtens, eine angemessene Frist zu setzen, so dass er dann nach Mahnung gemäß § 286 Abs. 1 BGB in der Lage ist, den Leasingnehmer in Verzug zu setzen[3]. 92

cc) Prüfung der Angebote

Wenn und soweit der Leasingnehmer von seinem Dritt- oder Selbstbenennungsrecht Gebrauch gemacht hat, ist der Leasinggeber selbstverständlich verpflichtet, diesen Personen alle einschlägigen Daten des Leasingguts, insbesondere aber auch etwaige **Schätzgutachten** zur Verfügung zu stellen, damit sie prüfen können, ob sie bereit sind, das Leasinggut zu dem angegebenen Preis tatsächlich zu erwerben[4]. Es ist allerdings einsichtig, dass der Leasinggeber nicht verpflichtet ist, einem Selbstbenennungsrecht des Leasingnehmers nachzugehen, wenn bereits feststeht, dass der Leasingnehmer 93

---

1 Frist von zwei Wochen ist allemal zu kurz, OLG Düsseldorf v. 9.2.1999 – 24 U 10/98, NJW-RR 1999, 1661, 1662.

2 So mit Recht OLG Düsseldorf, OLG Düsseldorf v. 30.3.2004 – 24 U 193/03, NJW-RR 2004, 1208, 1210.

3 Vgl. auch OLG Brandenburg v. 23.2.2000 – 13 U 209/99, NJW-RR 2001, 277: Die Frist von zwei Wochen wurde wegen der Weihnachtstage als zu kurz bewertet.

4 So auch *Beckmann*, § 8 Rz. 243.

hierzu offenkundig wirtschaftlich nicht in der Lage ist[1]. Doch das sind besondere Umstände des Einzelfalls. Sie rechtfertigen nicht den Schluss, dass eine **AGB-Klausel** auch dann mit § 307 Abs. 1 BGB im Einklang steht, wenn sie kein Selbstbenennungsrecht zugunsten des Leasingnehmers in transparenter Weise gemäß § 307 Abs. 1 Satz 2 BGB absichert. Wenn aber im Einzelfall – aus welchen berechtigten Gründen immer – der Leasinggeber nicht verpflichtet ist, dem Selbstbenennungsrecht des Leasingnehmers nachzugehen, um seiner Pflicht zur optimalen Verwertung des Leasingguts gemäß § 241 Abs. 2 BGB nachzukommen, dann steht dies auf einem anderen Blatt. Es sind dann die konkreten Umstände des Einzelfalls, die Maß geben – vorausgesetzt, die generell-abstrakte Bewertung der AGB-Klausel hat sichergestellt, dass nach § 307 Abs. 1 Satz 2 BGB überhaupt ein Dritt- und Selbstbenennungsrecht des Leasingnehmers verankert ist.

dd) Keine Gleichsetzung des abgezinsten Restamortisationsanspruchs mit dem Verkehrs- und Marktwert: Verwertungserlös

94 Da der Leasinggeber verpflichtet ist, sich für eine optimale Verwertung des Leasingguts einzusetzen, genügt er dieser Pflicht gemäß § 241 Abs. 2 BGB grundsätzlich nicht dadurch, dass er seinen Restamortisationsanspruch mit dem zu erzielenden Verwertungserlös einfach gleichsetzt. Denn dies würde den Leasinggeber in nicht zulässiger Weise von seiner Pflicht zur optimalen Verwertung des Leasingguts dispensieren. Hinzu kommt die Erwägung, dass beim **kündbaren Teilamortisationsvertrag** der Leasinggeber ohnehin nur verpflichtet ist, 90 % des Verwertungserlöses auf seinen Restamortisationsanspruch anzurechnen, so dass eine solche schematische Handhabung die vitalen Interessen des Leasingnehmers verletzt. Das Gleiche gilt dann, wenn es sich um einen Teilamortisationsvertrag mit **Mehrerlösbeteiligung** des Leasingnehmers handelt, weil dann die Chance des Leasingnehmers, 75 % des Mehrerlöses zu erzielen, von vornherein vereitelt wird. Handelt es sich hingegen um einen Teilamortisationsvertrag mit **Andienungsrecht** des Leasinggebers, dann ist diese Gleichsetzung – Restamortisation = Kaufpreis – zwar gerechtfertigt, widerstreitet aber den Grundbedingungen des erlasskonformen Leasings. Denn danach trägt der Leasinggeber die Chance der Wertsteigerung, so dass auch in diesen Fällen ein Schadensersatzanspruch des Leasingnehmers gemäß § 241 Abs. 2 BGB nicht von vornherein scheitert, wenn der Leasinggeber Restamortisationsanspruch und Kaufpreis gleichsetzt und damit auf die Chance der Wertsteigerung verzichtet.

ee) Kosten der Verwertung – Schätzgutachten

95 Es ist grundsätzlich nichts dagegen einzuwenden, wenn in den Leasing-AGB bestimmt wird, dass der Leasinggeber auf Basis eines von ihm eingeholten **Sachverständigengutachtens** den Marktwert/Verkehrswert – und da-

1 OLG Brandenburg v. 23.2.2000 – 13 U 209/99, NJW-RR 2001, 277.

mit den zu erzielenden Verwertungserlös – festlegt. Dass ein solches Vorgehen freilich nicht geeignet ist, das dem Leasingnehmer einzuräumende Dritt- oder Selbstbenennungsrecht auszuhebeln, sei der Vollständigkeit halber unter Berücksichtigung von § 307 Abs. 1 BGB erwähnt[1]. Dabei spielt es keine Rolle, ob die Verwertungsklausel so aufgebaut ist, dass der Leasingnehmer berechtigt ist, zu dem so ermittelten Schätzpreis das Leasinggut käuflich zu erwerben, oder ob ihm das Recht eingeräumt wird, einen Dritten zu benennen, der bereit ist, das Leasinggut zu einem höheren Preis zu erstehen[2]. Das alles ist hinzunehmen und nicht zu beanstanden.

Doch die entscheidende Frage in diesem Zusammenhang ist weiter, ob der Leasinggeber berechtigt ist, in den Leasing-AGB zu bestimmen, dass der Leasingnehmer – im Fall der ordentlichen Kündigung – verpflichtet ist, die **Kosten eines Sachverständigengutachtens** zu tragen. Dass diese Pflicht dann zu Lasten des Leasingnehmers entsteht, wenn es sich um eine **fristlose Kündigung** des Leasingvertrages handelt, ist evident (Kap. K Rz. 48), weil dann die Einschaltung des Sachverständigen – wirksame Vertragsgestaltung in den Leasing-AGB vorausgesetzt – erforderlich ist, um den Schaden festzustellen, der dem Leasinggeber entstanden ist. Sinkt jedoch der Marktwert unterhalb den vom Sachverständigen angegebenen „Marktpreis", dann ist der Leasingnehmer davon unverzüglich zu unterrichten[3]. Doch ist es im höchsten Maße **zweifelhaft**, ob diese Ergebnisse auch auf den hier interessierenden Fall der ordentlichen Beendigung eines Leasingvertrages anzuwenden sind[4]. Denn die in diesem Zusammenhang gelegentlich in Stellung gebrachte BGH-Entscheidung vom 4.6.1997[5] erweist sich nicht als einschlägig. Sie betrifft nämlich den Fall eines Pkw-Leasings, in welchem der Leasingnehmer eine „Restwertgarantie" übernommen hatte, so dass bei Beendigung des Leasingvertrages ein etwaiger Minderwert im Verhältnis zur übernommenen „Restwertgarantie" auszugleichen war. Dieser wurde durch einen öffentlich bestellten und vereidigten Sachverständigen oder einen unabhängigen Sachverständigen ermittelt. Diese Fallgestaltung liegt aber bei einer ordentlichen Beendigung eines Teilamortisationsvertrages nicht vor: Eine „Restwertgarantie" besteht nämlich in diesen Fällen – erlasskonforme Vertragsgestaltung vorausgesetzt – nicht. Soweit ein Teilamortisationsvertrag mit Andienungsrecht des Leasinggebers und ein vereinbarter „Restwert" des Leasingguts in Rede steht, entspricht der von vornherein vereinbarte „Restwert" dem vertraglich geschuldeten Kaufpreis, den der Leasingnehmer gemäß § 433 BGB dem Leasinggeber entrichtet. In allen anderen Fällen gibt es indessen keinen 96

1 Vgl. auch BGH v. 4.6.1997 – VIII ZR 312/96, ZIP 1997, 1457, 1459.
2 BGH v. 4.6.1997 – VIII ZR 312/96, ZIP 1997, 1457; vgl. auch OLG Köln v. 15.3.1993 – 12 U 56/92, NJW-RR 1993, 1016, 1017.
3 Mit Recht LG Halle v. 20.9.2002 – 1 S 279/01, NJW-RR 2003, 121.
4 Ohne Differenzierung *Beckmann*, § 2 Rz. 252.
5 BGH v. 4.6.1997 – VIII ZR 312/96, ZIP 1997, 1457.

vereinbarten „Restwert". Folglich besteht auch keine Notwendigkeit, dieser BGH-Entscheidung zu folgen[1].

97 Man wird auch – entgegen der in der Vorauflage vertretenen Auffassung – nicht die Meinung für richtig ansehen können, dass es entscheidend darauf ankommt, ob es sich bei den Kosten des vom Leasinggeber eingeschalteten Sachverständigen um geringe oder um höhere Kosten handelt[2]. Denn dieser Ansatz kann unter Berücksichtigung AGB-rechtlicher Erwägungen nicht verallgemeinert werden, weil er dem Grundsatz einer generell-abstrakten Bewertung widerstreitet[3]. Vielmehr ist – insoweit den weiteren Gedanken der Vorauflage aufgreifend[4] – entscheidend darauf abzustellen, dass die Verwertung des Leasingguts ein **Eigengeschäft** des Leasinggebers ist: Er realisiert durch die Verwertung des Leasingguts die ihm – erlasskonforme Vertragsgestaltung vorausgesetzt – zugewiesene **Chance der Wertsteigerung**. Hat er dann im Hinblick auf die angezeigte Verwertung des Leasingguts nicht die erforderlichen organisatorischen Ressourcen, um für eine optimale Verwertung Sorge zu tragen, dann ist dies sein eigenes Geschäftsrisiko, das gemäß § 307 Abs. 1 BGB nicht auf den Leasingnehmer abgewälzt werden darf. Demzufolge sind die anfallenden Kosten eines Sachverständigengutachtens, die im Zusammenhang mit einer ordentlichen Kündigung des Teilamortisationsvertrages anfallen, stets vom Leasinggeber zu tragen; sie dürfen nicht auf den Leasingnehmer überwälzt werden, ohne dass dies nach § 307 Abs. 1 BGB zu beanstanden wäre.

c) Verwertungserlös – Händlereinkaufspreis

98 In der Praxis stellt sich regelmäßig die weitere Frage, ob eine AGB-Klausel dann mit § 307 Abs. 2 Nr. 1 BGB im Einklang steht, wenn sie die Ermittlung des optimalen Verwertungserlöses gleichsetzt mit dem **„Händlereinkaufspreis"**. Dies ist im Zweifel zu verneinen[5]. Doch entscheiden immer die jeweiligen Marktdaten, weil es maßgeblich darauf ankommt, ob und welche Differenz zwischen dem „Händlereinkaufspreis" einerseits und dem tatsächlichen Verkehrswert/Zeitwert des Leasingguts entsteht. Denn die Verpflichtung des Leasinggebers, gemäß § 241 Abs. 2 BGB dafür Sorge zu tragen, dass eine optimale Verwertung stattfindet, zielt im Zweifel auf eine Verwertung zum aktuellen **Marktpreis** des Leasingguts[6].

---

1 BGH v. 4.6.1997 – VIII ZR 312/96, ZIP 1997, 1457.
2 Vorauflage Rz. 1095.
3 Hierzu *Palandt/Heinrichs*, § 307 BGB Rz. 4.
4 Vorauflage Rz. 1096.
5 Ausnahmsweise dürfte etwas anderes nur dann gelten, wenn das Leasinggut nur schwer marktgängig ist; hierzu auch BGH v. 22.11.1995 – VIII ZR 57/95, NJW 1996, 455; *Beckmann*, § 8 Rz. 235.
6 Hierzu OLG Brandenburg v. 10.12.1997 – 7 U 87/97, NJW-RR 1998, 1671 – markengebundener Leasingvertrag; so auch OLG Koblenz v. 10.3.1994 – 5 U 1257/93, NJW 1995, 1227.

Freilich löst dies beträchtliche praktische Probleme im Zusammenhang mit der noch zu erörternden **Darlegungs- und Beweislast** aus (Rz. 117). Doch kommt es wegen der Pflicht zur optimalen Verwertung letztlich darauf an, dass der Leasinggeber die Erfüllung der zuvor dargestellten Pflichten – Käuferbenennung – im Einzelnen konkret nachweist (Rz. 84 ff.)[1]. 99

d) Weitervermietung

Selbstverständlich erfüllt der Leasinggeber seine Pflicht zur optimalen Verwertung des Leasingguts auch in der Weise, dass er das Leasinggut an einen Dritten weiter vermietet. Die dann anstehende Frage bezieht sich indessen darauf, in welcher Weise der so erzielte „Verwertungserlös" in Anrechnung auf den Restamortisationsanspruch des Leasinggebers gelangt. Voraussetzung ist insoweit, dass die mit einem Dritten vereinbarte Miete **marktüblich** ist. Dies aber ist davon abhängig, dass ein entsprechender Zweitmarkt entsteht. Denn nur so ist die Vergleichbarkeit – im Verhältnis zu einer Verwertung/Veräußerung des Leasingguts gewährleistet. Trifft dies zu, so ist wie folgt zu differenzieren: 100

Der Verwertungserlös bei einem **kündbaren Teilamortisationsvertrag** ist dann der über die Zeitdauer des Mietvertrages abgezinste Betrag der Gesamtmieten[2]. Um eine Vergleichbarkeit zu erzielen, sind die Monatsmieten um die Mehrwertsteuer zu kürzen; einer angemessenen Abzinsung (§ 287 ZPO) sind die Nettomieten zugrunde zu legen. Etwaige Sonderzahlungen sind zu berücksichtigen. Ob als Abzinsungssatz der Zinssatz zu nehmen ist, zu dem sich der Leasinggeber – bei Abschluss des Leasingvertrages – refinanziert hat, erscheint zweifelhaft. Vorzugswürdig dürfte es sein, auf den Refinanzierungszinssatz abzustellen, der für vergleichbare Mietverträge bei Abschluss des Anschlussmietvertrages besteht. Denn es geht um die Bewertung einer Miete im Rahmen des Marktüblichen. 101

Hingegen kommt eine Weitervermietung bei einem kündbaren Teilamortisationsvertrag mit **Mehrerlösbeteiligung** ebenso wenig in Betracht wie bei dem kündbaren Teilamortisationsvertrag mit **Andienungsrecht** des Leasinggebers. Dass beim kündbaren Teilamortisationsvertrag auch nur 90 % des abgezinsten Betrages der Gesamtmieten auf den Restamortisationsanspruch anzurechnen sind, folgt aus der Typizität des Vertrages, sofern eine erlasskonforme Vertragsgestaltung gewählt ist. Dass jedoch die vorerwähnten Grundsätze auch dann Anwendung finden, wenn die Berechnung eines Schadensersatzanspruchs statt der Leistung – fristlose Kündigung des Leasingvertrages vorausgesetzt – in Rede steht, sei der Vollständigkeit halber erwähnt (Kap. K Rz. 37 ff.). 102

1 BGH v. 4.6.1997 – VIII ZR 312/96, NJW 1997, 3166.
2 Anders im Ergebnis OLG Köln v. 15.3.1993 – 12 U 56/92, NJW-RR 1993, 1016, 1017.

103 Selbstverständlich ist des Weiteren, dass auch im Kontext einer Weitervermietung das Dritt- und Selbstbenennungsrecht des Leasingnehmers – sowohl klauselmäßig als auch tatsächlich – zu berücksichtigen ist (Rz. 88 ff.).

2. Verbindlichkeit eines Schiedsgutachtens

104 Wenn in den Leasing-AGB bestimmt wird, dass der vom Leasinggeber eingeschaltete Sachverständige als Schiedsgutachter gemäß §§ 317, 319 BGB tätig werden soll, dann stellt sich sogleich die Frage, ob eine solche Vertragsgestaltung mit § 307 Abs. 1 BGB im Einklang steht. Wäre nämlich eine solche Vertragsgestaltung wirksam, dann wäre der Leasingnehmer an Inhalt und Ergebnis des Schiedsgutachtens praktisch immer gebunden. Dies folgt aus § 319 Abs. 1 BGB. Lediglich dann, wenn – selten genug – das Schiedsgutachten **offenbar unbillig** ist, ist es als unverbindlich anzusehen. Doch liegt dies nur dann vor, wenn die Bestimmung in grober Weise gegen Treu und Glauben verstößt und sich die Unbilligkeit – wenn auch nicht Jedermann – so doch einem sachkundigen und unbefangenen Beobachter sofort aufdrängt[1]. Nach der Rechtsprechung ist eine offenbare Unbilligkeit auch dann anzunehmen, wenn schwerwiegende Begründungsmängel vorliegen[2] oder wenn das Verfahren unter sehr erheblichen Mängeln leidet[3]. Folglich ist der Leasingnehmer, der sich auf § 319 Abs. 1 BGB beruft, gehalten, Tatsachen vorzutragen, aus denen sich – jedenfalls gegenüber dem Sachkundigen – die Erkenntnis offenbarer Unrichtigkeit unmittelbar aufdrängt[4]. Erforderlich ist insoweit ein substantiierter und schlüssiger Tatsachenvortrag[5].

105 Wenn jedoch eine Schiedsgutachterklausel im Zusammenhang mit der Pflicht des Leasinggebers vereinbart ist, den optimalen Verwertungserlös zu erzielen, dann stellt sich regelmäßig die Frage, ob eine solche Klausel im Rahmen von § 307 Abs. 1 BGB wirksam ist.

a) Gegenüber einem Verbraucher

106 Eine Schiedsgutachterklausel ist nach der zutreffenden Rechtsprechung des BGH nur dann mit § 307 Abs. 1 BGB vereinbar, wenn der AGB-Verwender hieran ein **berechtigtes Interesse** hat. Insoweit gelten hier die gleichen Grundsätze, die nach der Rechtsprechung für die Einräumung eines einsei-

---

1 *Palandt/Grüneberg*, § 319 BGB Rz. 3; *Erman/Hager*, § 319 BGB Rz. 3.
2 BGH v. 16.11.1987 – II ZR 111/87, NJW-RR 1988, 506, 507.
3 *Palandt/Grüneberg*, § 319 BGB Rz. 5a; *Erman/Hager*, § 319 BGB Rz. 9.
4 BGH v. 21.4.1993 – XII ZR 126/91, NJW-RR 1993, 1034, 1035; *Palandt/Grüneberg*, § 319 BGB Rz. 7.
5 BGH v. 21.9.1983 – VIII ZR 233/82, NJW 1984, 43, 45; *Erman/Hager*, § 319 BGB Rz. 10.

tigen Leistungsbestimmungsrechts erarbeitet worden sind[1]. Geht man deshalb davon aus, dass der Leasingnehmer ein uneingeschränktes Dritt- oder Selbstbenennungsrecht haben muss, um geltend zu machen, dass der Schätzwert unterhalb des Verkehrs- oder Marktwertes liegt[2], dann wird man im Bereich des Verbraucherleasings regelmäßig davon ausgehen müssen, dass die Bindung des Leasingnehmers an das Ergebnis eines Schätzgutachtens in der Sache dazu führt, das ihm eigentlich einzuräumende Dritt- oder Selbstbenennungsrecht zu ersetzen. Schon das widerstreitet dem Grundsatz des § 307 Abs. 1 BGB und führt zur Unwirksamkeit der Klausel. Mehr noch: Bedenkt man auch, welche Bindung des Leasingnehmers durch eine Schiedsgutachterklausel gemäß §§ 317, 319 Abs. 1 BGB eintritt, dann benachteiligt auch dies den Leasingnehmer in unangemessener Weise.

Deshalb kommt es auf weitergehende Fragestellungen im Zusammenhang 107 mit der Vereinbarung einer Schiedsgutachterklausel gar nicht mehr entscheidend an; sie spielen allerdings im Zusammenhang mit der Ermittlung des Zustandes des Leasingguts bei ordnungsgemäßer Rückgabe i.S.d. §§ 538, 546 BGB durchaus eine praktische Rolle. Denn es geht dann darum, ob es sich um einen vertragswidrigen Gebrauch i.S.v. § 538 BGB handelt, so dass beide Parteien durchaus ein legitimes und anerkennenswertes Interesse daran haben, die Ermittlung dieser Frage einem Schiedsgutachter anzuvertrauen (Rz. 10).

b) Leasingnehmer als Unternehmer

Auch wenn die Bewertungsmerkmale des § 307 Abs. 1 BGB im unter- 108 nehmerischen Verkehr herabgesetzt sind[3], so fällt doch hier der gleiche Grundsatz ins Gewicht, der zuvor erörtert worden ist: Gerade im unternehmerischen Verkehr ist das dem Leasingnehmer bei Beendigung des Leasingvertrages einzuräumende Dritt- und Selbstbenennungsrecht von entscheidender Wichtigkeit. Denn der Leasingnehmer hat regelmäßig eine höhere Marktkenntnis als der Leasinggeber, um sicherzustellen, dass ein optimaler Verwertungserlös erzielt wird. Dieses Recht kann nicht dadurch abgeschnitten werden, dass ein Schiedsgutachten diese Frage verbindlich i.S.d. §§ 317, 319 Abs. 1 BGB regelt. Folglich verstößt auch im unternehmerischen Verkehr eine Schiedsgutachterklausel in diesen Fällen gegen § 307 Abs. 1 BGB und ist unwirksam, weil sie – genau so wie gegenüber einem Leasingnehmer als Verbraucher – das Dritt- und Selbstbenennungsrecht des Leasingnehmers entscheidend einschränkt.

1 *Erman/Roloff*, § 309 BGB Rz. 140; AGB-Klauselwerke/*Graf von Westphalen*, Schiedsgutachten Rz. 7; *Wolf/Horn/Lindacher*, § 9 AGBG S 15.
2 BGH v. 4.6.1997 – VIII ZR 312/96, ZIP 1997, 1457, 1459.
3 Statt aller AGB-Klauselwerke/*Graf von Westphalen*, Schiedsgutachten Rz. 36.

3. Rückgriff auf Rückkaufvereinbarungen mit dem Lieferanten

109 Höchstrichterlich ist nach wie vor die Frage offen, ob der Leasinggeber berechtigt ist, die Pflicht zur optimalen Verwertung des Leasingguts auch in der Weise zu erfüllen, dass er auf den „Restwert" zurückgreift, den er im Rahmen einer Rückkaufvereinbarung mit dem Lieferanten des Leasingguts vorab vereinbart hat[1]. Hier bietet sich folgende Differenzierung an:

a) Durchsetzung der Rückkaufvereinbarung

110 Betrachtet man zwischen Leasinggeber und Lieferanten geschlossene Rückkaufvereinbarungen als wirksam, woran durchaus gewisse Zweifel bestehen können (Kap. D Rz. 10 ff.), dann führt dies unmittelbar dazu, dass der Leasinggeber im Rahmen der Rückkaufvereinbarung seinen Restamortisationsanspruch realisiert. Praktisch kann diese Vertragsgestaltung bei einer ordentlichen Beendigung des Leasingvertrages nur werden, wenn es sich um einen kündbaren Teilamortisationsvertrag handelt; bei allen anderen Teilamortisationsverträgen kommt diese Fallgestaltung nicht in Betracht. Denn beim Vertrag mit Mehrerlösbeteiligung des Leasingnehmers kommt es entscheidend auf die Realisierung eines solchen Mehrerlöses an, an dem der Leasingnehmer ja in Höhe von 75 % partizipiert. Beim Vertrag mit Andienungsrecht macht der Rückgriff auf eine Rückkaufvereinbarung mit dem Lieferanten auch praktisch keinen Sinn, weil sich ja der vereinbarte „Restwert" mit demjenigen deckt, den der Leasinggeber mit dem Leasingnehmer vereinbart hat. Daraus folgt die weitere Einsicht, dass die Realisierung von Rückkaufvereinbarungen ihren **praktischen Schwerpunkt** im Zusammenhang mit einer fristlosen Kündigung des Leasingvertrages hat, die regelmäßig wegen Zahlungsverzugs des Leasingnehmers eingreift. Dann verwirklicht der Leasinggeber auf diese Weise seinen Schadensersatzanspruch statt der Leistung (Kap. K Rz. 37 ff.).

111 Die Pflicht zur optimalen Verwertung wird jedoch bei Beendigung eines kündbaren Teilamortisationsvertrages nicht dadurch erfüllt, dass der Leasinggeber einfach auf die mit dem Lieferanten geschlossene Rückkaufvereinbarung zurückgreift. Denn die Erfüllung dieser Pflicht setzt nach der hier vertretenen Auffassung voraus, dass das dem Leasingnehmer zuzuweisende Dritt- oder Selbstbenennungsrecht integraler Bestandteil der nach § 241 Abs. 2 BGB zu beurteilenden Pflicht zur optimalen Verwertung des Leasingguts ist. Daher kann der Rückgriff auf ein **Wiederkaufsrecht** des Lieferanten nur dann zum Zuge kommen, wenn der Leasinggeber zuvor – sowohl klauselmäßig als auch tatbestandlich – das dem Leasingnehmer zuzuweisende Dritt- und Selbstbenennungsrecht tatsächlich erfolglos ausgeübt hat. Denn nur so erschöpft der Leasinggeber alle ihm zu Gebote stehenden Möglichkeiten einer optimalen Verwertung des Leasingguts.

---

1 Vgl. *Wolf/Eckert/Ball*, Rz. 1991; *Beckmann*, § 8 Rz. 250.

b) Nichtberücksichtigung einer Rückkaufvereinbarung

aa) Schutzwirkung der Rückkaufvereinbarung

Wenn aber der Leasinggeber – außerhalb eines fristlosen Kündigungsrechts 112 – davon Abstand nimmt, bei ordentlicher Beendigung des Leasingvertrages auf eine bestehende Rückkaufvereinbarung mit dem Lieferanten zu rekurrieren, dann stellt sich gleichwohl die gegenläufige Frage, ob darin eine schuldhafte Verletzung der Pflicht zur optimalen Verwertung i.S.d. §§ 241 Abs. 2, 254 Abs. 2 BGB liegt. Das ist im Grundsatz nicht auszuschließen. Doch kann von einer schuldhaften Verletzung der Pflicht zur optimalen Verwertung des Leasingguts i.S.d. §§ 241 Abs. 2, 254 Abs. 2 BGB nur dann gesprochen werden, wenn der Leasinggeber – wie zuvor dargestellt – das dem Leasingnehmer zuzuweisende Dritt- und Selbstbenennungsrecht klauselmäßig und tatbestandlich nicht beachtet hat und sich zu einer Verwertung des Leasingguts entschließt, indem er auf die Realisierung der Rückkaufvereinbarung mit dem Lieferanten zurückgreift. Geschieht dies, dann kann darin durchaus ein Pflichtverstoß nach § 241 Abs. 2 BGB liegen. Diese Folgerung wird teilweise jedoch mit dem Bemerken verneint, dass eine Rückkaufvereinbarung nicht den Leasingnehmer davor schützt, gegenüber dem Leasinggeber das Risiko der Restamortisation zu tragen[1].

Dieser Ansicht ist zu widersprechen. Eine nach den §§ 133, 157 BGB gebo- 113 tene Auslegung einer Rückkaufvereinbarung hat allemal **Schutzwirkung zugunsten des Leasingnehmers**. Dies wird deutlich, wenn man sich vor Augen führt, dass der Zweck einer solchen Abrede in erster Linie darin besteht, das Bonitäts- und Insolvenzrisiko des Leasingnehmers zugunsten des Leasinggebers abzusichern (Kap. D Rz. 23 ff.). Vorgeschaltet ist dem Eintritt dieses Risikos in der Regel eine fristlose Kündigung des Leasingvertrages durch den Leasinggeber. Daran fehlt es bei der hier zu diskutierenden Beendigung des **kündbaren Teilamortisationsvertrages**. Doch im Vordergrund steht gleichwohl das **Gebot der Rücksichtnahme** auf die Interessen des Leasingnehmers i.S.d. § 241 Abs. 2 BGB. Dieses ist schon deswegen eingefordert, weil – modellspezifisch – auf den vom Leasinggeber erzielten Veräußerungserlösen nur 90 % des Verwertungserlöses in Anrechnung gebracht werden, so dass dann der Leasingnehmer verpflichtet ist, in Höhe der Differenz eine Abschlusszahlung zu leisten. Anders gewendet und schärfer formuliert: Die Beachtung der Typizität des kündbaren Teilamortisationsvertrages i.V.m. der allgemeinen Regel des § 241 Abs. 2 BGB gebietet es, der Rückkaufvereinbarung zwischen Leasinggeber und Lieferant auch eine drittschützende Funktion zugunsten des Leasingnehmers zuzuweisen.

1 OLG Frankfurt v. 21.3.1997 – 25 U 145/96, WiB 1997, 1107; *Beckmann*, § 8 Rz. 350; *Reinking/Eggert*, Der Autokauf, Rz. 873; a.M. OLG Oldenburg v. 2.4.1998 – 14 U 48/97, NZV 1999, 335.

bb) Fristlose Kündigung – ordentliche Beendigung des Leasingvertrages – Wortlaut der Abrede

114 Auch ist darauf aufmerksam zu machen, dass in diesen Fällen auch der **Lieferant** Kenntnis davon hat, dass der abgeschlossenen Rückkaufvereinbarung ein Leasingvertrag zugrunde liegt. Er wird auch in der Regel die Typizität des betreffenden Vertrages kennen. Als Gläubiger der Rückkaufvereinbarung weiß er ferner, dass der Leasingnehmer als Dritter in den Schutzbereich der Rückkaufvereinbarung einbezogen ist, weil diese nur dann praktische Bedeutung entfaltet, wenn die Beendigung des Leasingvertrages in Rede steht[1]. Unter dieser Voraussetzung kommt dann alles entscheidend darauf an, ob die Rückkaufvereinbarung unter Berücksichtigung der §§ 133, 157 BGB dahin ausgelegt werden kann, dass sie auch im Fall einer **ordentlichen Beendigung** des Leasingvertrages, nicht nur im Fall der fristlosen Kündigung und damit bei Akutwerden des Bonitäts- und Insolvenzrisikos des Lieferanten, den Schutz des Leasingnehmers einbezieht[2]. Dies ist, wie stets bei Auslegungsfragen, letztlich entscheidend davon abhängig, wie die Rückkaufvereinbarung im Einzelnen formuliert ist.

115 Stellt sie ausschließlich auf das Risiko ab, das durch eine fristlose Kündigung verursacht wird, wird man wohl nur sehr schwer in der Lage sein, diesen Vertrag auch für den Fall mit Schutzwirkung zugunsten des Leasingnehmers als Dritten zu interpretieren, wenn eine ordentliche Kündigung – und darum geht es hier – in Rede steht. Gleichzeitig ist aber damit zum Ausdruck gebracht: Regelmäßig ist der Leasinggeber jedenfalls im Fall der **fristlosen Kündigung** des Leasingvertrages verpflichtet, auf eine Rückkaufvereinbarung mit dem Lieferanten des Leasingguts zurückzugreifen, um auf diese Weise eine optimale Verwertung des Leasingguts für den Fall sicherzustellen, dass – Drittbenennungs- und Selbstbenennungsrecht des Leasingnehmers vorausgesetzt – diese Rechte lediglich einen niedrigeren Verwertungserlös in Aussicht stellen als in der Rückkaufvereinbarung mit dem Lieferanten akkordiert (Rz. 112). Wenn sich jedoch keine eindeutige Bezugnahme auf ein fristloses Kündigungsrecht in der Rückkaufvereinbarung findet, so dass auch der Fall der ordentlichen Kündigung einbezogen ist, dann spricht nichts dagegen, die Schutzwirkung des § 241 Abs. 2 BGB zugunsten des Leasingnehmers zu entfalten. Folglich verletzt der Leasinggeber seine Pflicht zur optimalen Verwertung des Leasingguts, wenn er auf dem Markt einen geringeren Preis erzielt, als in der Rückkaufvereinbarung mit dem Lieferanten verankert. Er macht sich dann nach § 280 Abs. 1 BGB schadensersatzpflichtig.

---

1 Vgl. *Palandt/Grüneberg*, § 328 BGB Rz. 17a.
2 Vgl. BGH v. 15.12.2005 – III ZR 424/04, NJW-RR 2006, 611.

4. Freizeichnung des Leasinggebers

Unter Berücksichtigung der hier dargestellten Pflicht zur optimalen Verwertung des Leasingguts stellt sich die weitere Frage, ob der Leasinggeber berechtigt ist, in den Leasing-AGB zu bestimmen, dass ein Verstoß gegen diese Pflicht sanktionslos bleiben kann[1]. Geht man – wie hier geschehen – davon aus, dass diese Pflicht in den §§ 241 Abs. 2, 254 Abs. 2 BGB ihre Wurzel hat, dann sind damit im Hinblick auf die Wirksamkeitsgrenzen einer Freizeichnungsklausel in den Leasing-AGB die Würfel gefallen. Es gilt Folgendes: Soweit der Verbotstatbestand von § 309 Nr. 7b BGB in Rede steht, scheitert eine Freizeichnungsklausel zwangsläufig; sie ist aber auch im unternehmerischen Verkehr gemäß § 307 Abs. 1 BGB zu beanstanden[2]. Aber auch dann, wenn der Leasinggeber die Freizeichnungsklausel lediglich auf den Tatbestand **einfachen Verschuldens** erstreckt, wird man in diesen Fällen die Grundsätze von § 307 Abs. 2 Nr. 1 BGB in Stellung bringen dürfen. Danach ist es dem AGB-Verwender nicht gestattet, bei schuldhafter Verletzung einer wesentlichen Vertragspflicht eine Freizeichnung vorzusehen[3]. Denn die Pflicht zur optimalen Verwertung des Leasingguts dient in elementarer Weise dem Schutz des Leasingnehmers; seine Vermögensinteressen sind unmittelbar berührt[4]. Insoweit ist zu bedenken, dass die Pflicht zur optimalen Verwertung des Leasingguts tatbestandlich der Pflicht ähnelt, die ein Treuhänder innehat. Unmittelbar führt dies dann zu dem Resultat, dass sich der Leasinggeber nicht von der schuldhaften Verletzung dieser Pflicht wirksam freizeichnen kann[5]. Die Sperre des § 307 Abs. 1 BGB steht dem entgegen; man kann auch auf § 307 Abs. 2 Nr. 1 BGB zurückgreifen, was wohl deswegen vorzuziehen ist, weil die verletzte Norm des § 241 Abs. 2 BGB im Mittelpunkt steht. 116

5. Verteilung der Darlegungs- und Beweislast

a) Wirksames Dritt- und Selbstbenennungsrecht

aa) Bonitätsnachweise

Nach der hier vertretenen Auffassung ist zunächst zu prüfen, ob die Pflicht zur optimalen Verwertung des Leasingguts das Dritt- und Selbstbenennungsrecht des Leasingnehmers in hinreichend transparenter Weise berücksichtigt. Dies führt dazu, dass dann der Leasingnehmer verpflichtet ist, einen geeigneten Kaufinteressenten entweder als Dritten oder sich selbst als Eigeninteressent dem Leasinggeber namhaft zu machen. Der Leasinggeber muss also in der Lage sein, Recherchen darüber anzustellen, ob 117

---

1 Offen gelassen in BGH v. 22.11.1995 – VIII ZR 57/95, NJW 1996, 455.
2 *Palandt/Heinrichs*, § 309 BGB Rz. 48; *Erman/Roloff*, § 309 BGB Rz. 76.
3 AGB-Klauselwerke/*Graf von Westphalen*, Freizeichnungsklausel Rz. 33 ff.
4 AGB-Klauselwerke/*Graf von Westphalen*, Freizeichnungsklausel Rz. 79 f.
5 AGB-Klauselwerke/*Graf von Westphalen*, Freizeichnungsklausel Rz. 39.

der jeweils benannte Dritte überhaupt in der Lage ist, das Leasinggut käuflich zu erwerben. Hat der Leasingnehmer einen entsprechenden kaufbereiten Dritten benannt, wird man auch verlangen müssen, dass er dem Leasinggeber hinreichende Indizien dafür liefert, dass dieser Dritte über eine ausreichende Bonität verfügt. Doch reicht es im Zweifel auch aus, wenn der Leasinggeber diese Informationen von dem Dritten unmittelbar einholt. Bestehen begründete Zweifel an der Bonität des Dritten, dann hat der Leasinggeber diese nachzuweisen. Erst wenn dieser Nachweis gelungen ist, kann der Leasinggeber das Leasinggut anderweitig veräußern. Die gleichen Erwägungen gelten auch insoweit, als der Leasingnehmer sich selbst als Kaufinteressent benennt. Doch bestehen hier in der Praxis häufig berechtigte Zweifel an einer ausreichenden Bonität des Leasingnehmers, sofern der Vertrag aus Gründen, die der Leasingnehmer zu vertreten hat, fristlos beendet wurde.

bb) Geltendmachung des Restamortisationsanspruchs

118 Hat allerdings der Leasinggeber – nach Ausschöpfen der Marktsituation (Rz. 88 ff.) – dem Leasingnehmer mitgeteilt, dass er den Restamortisationsanspruch als **Mindestpreis** fordert, dann muss der Leasinggeber gleichzeitig in transparenter Weise deutlich machen, dass beim **kündbaren Teilamortisationsvertrag** nur 90 % des Verwertungserlöses zur Anrechnung gebracht werden. Denn dann ist ja der Leasingnehmer verpflichtet, in Höhe von 10 % weiterhin eine Restamortisation zu bewirken. Beim Teilamortisationsvertrag mit **Mehrerlösbeteiligung** reicht es allerdings aus, dass der Leasinggeber in diesem Zusammenhang deutlich macht, dass dem Leasingnehmer dann keine Mehrerlösbeteiligung zufließen wird, wenn es wirklich nicht gelingt, das Leasinggut zu einem höheren Preis zu veräußern. Ein solcher klarer und deutlicher Hinweis des Leasinggebers ist dann geeignet, in der Beschränkung der Pflicht zur optimalen Verwertung auf den Restamortisationsanspruch keine Pflichtverletzung i.S.d. §§ 241 Abs. 2, 254 Abs. 2 BGB zu sehen. Es kommt also darauf an, ob der Leasingnehmer ausreichend gewarnt ist[1].

b) Unwirksames Dritt- oder Selbstbenennungsrecht

119 Verstößt hingegen die AGB-Klausel gegen § 307 Abs. 1 BGB, weil sie kein hinreichend abgesichertes und transparentes Dritt- und Selbstbenennungsrecht des Leasingnehmers verankert, dann folgt diese Verpflichtung gleichwohl aus den Grundgedanken der §§ 241 Abs. 2, 254 Abs. 2 BGB. Deren Anwendbarkeit ist dann die unmittelbare Konsequenz der Sanktionswirkung von § 306 Abs. 2 BGB. Unterschiede zu dem zuvor Gesagten ergeben sich also insoweit nicht.

---

1 Hierzu *Palandt/Heinrichs*, § 254 BGB Rz. 38.

c) Substantiiertes Bestreiten

Hat der Leasingnehmer das ihm zugewiesene Dritt- oder Selbstbenennungsrecht nicht ausgeübt, dann genügt er seiner Darlegungs- und Beweislast im Rahmen der §§ 241 Abs. 2, 254 Abs. 2 BGB gegenüber dem Leasinggeber nur dann, wenn er substantiiert geltend macht, dass dieser die Pflicht zur optimalen Verwertung des Leasingguts verletzt hat. Insoweit ist stets ein substantiiertes Bestreiten erforderlich; ein Sachverständigengutachten ist als Beweismittel gemäß §§ 402 ff. ZPO unter Beachtung eines hinreichenden Sachvortrags zu benennen. Ein pauschales oder unsubstantiiertes Bestreiten reicht daher nicht aus, und zwar auch dann nicht, wenn als Beweismittel ein Sachverständigengutachten angeboten wurde. 120

d) Sachverständigengutachten – Mindererlös

Liegt das Schätzgutachten eines Sachverständigen vor, welches den Verkehrswert/Marktwert des Leasingguts ausweist, sprechen zunächst einmal gewichtige Indizien dafür, dass eine Verwertung zu eben diesem Preis als optimal anzusehen ist. Gelingt es dem Leasinggeber gleichwohl nicht, das Leasinggut zu diesem Preis zu verwerten, ist er verpflichtet, im Einzelnen darzulegen und nachzuweisen, welche besonderen Anstrengungen er unternommen hat, um den vom Sachverständigen geschätzten Preis zu erzielen[1]. Der Leasingnehmer kann sich in diesen Fällen gemäß § 138 Abs. 4 ZPO zunächst darauf beschränken, die Richtigkeit dieser Tatsache mit Nichtwissen zu bestreiten. Wenn aber dann der Leasingnehmer substantiierte Darlegungen unterbreitet, in welcher Weise er tätig geworden ist, ist substantiiertes Bestreiten des Leasingnehmers angezeigt und erforderlich. 121

6. Umsatzsteuerpflicht

Der Vollamortisationsanspruch des Leasinggebers ist kein steuerbarer Umsatz i.S.v. § 1 Abs. 1 Nr. 1 UStG. Also ist eine etwaige **Ausgleichszahlung** des Leasingnehmers ebenfalls kein steuerbarer Umsatz[2]. Daraus folgt: Beim Teilamortisationsvertrag mit **Mehrerlösbeteiligung** bestehen keine Besonderheiten; das Gleiche gilt für den Vertrag mit **Andienungsrecht**. 122

7. Verjährung

Der dem Leasinggeber zustehende Anspruch auf Restamortisation verjährt innerhalb der Regelfrist der §§ 195, 199 BGB. Daher gilt, dass nach der insoweit zutreffenden Rechtsprechung des BGH[3] die besondere Verjährungs- 123

1 Hierzu OLG Düsseldorf v. 9.2.1999 – 24 U 10/98, NJW-RR 1999, 1661, 1662.
2 BGH v. 14.3.2007 – VIII ZR 68/06, NJW-RR 2007, 1066; zustimmend *Weber*, NJW 2007, 2525, 2527.
3 BGH v. 1.3.2000 – VIII ZR 177/99, NJW-RR 2000, 1303.

frist des Mietrechts nach § 548 BGB keine Anwendung findet, denn es handelt sich bei der Geltendmachung des Anspruchs auf Restamortisation immer um einen Erfüllungsanspruch. Dies gilt auch dann, wenn man nach der hier vertretenen Ansicht zu dem Ergebnis gelangt, dass es sich bei diesem Anspruch nicht „nur" um einen leasingtypischen, leasingimmanenten Anspruch handelt, sondern dass dieser sich aus einem Garantievertrag ergibt, der auf die volle Amortisation des Leasinggebers gerichtet ist.

X. Andienungsrecht und Kaufoption des Leasingnehmers

124 In der Praxis ist es nicht selten, dass der Lieferant dem Leasingnehmer ein Erwerbsrecht nach Beendigung des Leasingvertrages einräumt. Hiervon zu unterscheiden sind die Konstellationen, in denen der Leasingnehmer – erlasskonform – entweder eine Kaufoption eingeräumt erhält oder in denen sich der Leasinggeber ein Andienungsrecht gewährt. Alle diese Fragen haben unterschiedliche Konsequenzen in Bezug auf die Rechte und Pflichten der Parteien bei Beendigung des Vertrages.

1. Vollamortisationsvertrag – Kaufoption des Leasingnehmers

125 Relativ selten ist die Vertragsgestaltung, wonach der Leasinggeber dem Leasingnehmer im Rahmen eines Vollamortisationsvertrages eine Kaufoption einräumt, das Leasinggut zum Restbuchwert oder zum Zeitwert – je nach dem, welcher Wert der niedrigere ist – käuflich zu erwerben. Diese Fallgestaltung ist **steuerrechtlich** unbedenklich; sie entspricht den Vorgaben des Vollamortisationserlasses vom 19.4.1971 (Anh. Rz. 1). In diesen Fällen kommt es entscheidend darauf an, dass die Höhe des vom Leasingnehmer zu entrichtenden Kaufpreises nicht niedriger ist als der unter Anwendung der linearen AfA nach der amtlichen AfA-Tabelle ermittelte Buchwert oder der niedrigere gemeine Wert im Zeitpunkt der Veräußerung. In allen anderen Fällen des erlasskonformen Leasings steht dem Leasingnehmer hingegen **keine Kaufoption** zu. Dies gilt insbesondere auch beim Teilamortisationsvertrag mit Andienungsrecht des Leasinggebers: Wird in diesen Fällen gleichwohl dem Leasingnehmer eine Kaufoption eingeräumt, dann bedeutet dies steuerrechtlich, dass Bedenken dagegen bestehen, dem Leasinggeber weiterhin das Leasinggut als wirtschaftlicher Eigentümer gemäß § 39 Abs. 2 Nr. 1 AO zuzurechnen[1]. Dabei gilt es zu bedenken, dass ein Teilamortisationsvertrag mit Andienungsrecht auf der wirtschaftlichen Überlegung beruht, dass der Leasinggeber nur dann von seinem Andienungsrecht Gebrauch machen wird, wenn er auf diese Weise sicher stellen kann, dass der Leasingnehmer das Risiko der Wertminderung trägt, weil das Leasinggut – aufgrund geänderter Markgegebenheiten – keinen höheren

1 *Spittler*, Leasing für die Praxis, S. 319; *Beckmann*, § 3 Rz. 209.

Kaufpreis erzielt als in der Vereinbarung des Restwertes vorgesehen. Hierzu aber steht die Kaufoption des Leasingnehmers quer; sie macht nämlich nur dann Sinn, wenn der Leasingnehmer in der Lage ist, einen wirtschaftlichen Vorteil dadurch zu erzielen, dass er die Kaufoption nach Beendigung des Leasingvertrages ausübt, indem er käuflich ein Leasinggut erwirbt, welches einen höheren Zeitwert aufweist als in der Kaufoption verankert. Dies aber bedeutet, dass der bürgerlich-rechtliche Herausgabeanspruch des Leasinggebers gemäß § 985 BGB lediglich auf dem Papier steht. Denn ein wirtschaftlich sinnvoll handelnder Leasingnehmer wird immer die Kaufoption ausüben, nicht aber darauf warten, dass der Leasinggeber von seinem Andienungsrecht Gebrauch macht[1].

2. Einräumung des Erwerbsrechtes durch den Lieferanten

Es entspricht gefestigter Rechtsprechung des BGH[2], dass der Leasinggeber 126
gegenüber dem Leasingnehmer nach den §§ 241 Abs. 2, 280 Abs. 1 BGB **schadensersatzpflichtig** wird, wenn der Lieferant – freilich: unter der Voraussetzung, dass er als **Erfüllungs- bzw. Verhandlungsgehilfe** des Leasinggebers gemäß § 278 BGB anzusehen ist (Kap. C Rz. 98 ff.) – dem Leasingnehmer ein Erwerbsrecht zusagt, obwohl dies nach den Leasing-AGB nicht vorgesehen ist[3]. In diesen Fällen ist der Leasinggeber gemäß § 249 BGB so zu stellen, wie er stände, wenn die Zusage tatsächlich wirksam geworden wäre. Dies bedeutet gleichzeitig, dass der Leasinggeber nicht verpflichtet ist, die Zusage des Lieferanten zu erfüllen und dem Leasingnehmer das Leasinggut und den mit dem Lieferanten vereinbarten Kaufpreis gemäß § 929 BGB zu übereignen. Denn dies würde voraussetzen, dass der Lieferant nicht nur Erfüllungsgehilfe des Leasinggebers, sondern auch berechtigt wäre, ihn rechtsgeschäftlich gemäß §§ 164 ff. BGB zu verpflichten, was grundsätzlich nicht zutrifft (Kap. C Rz. 76). Ist aber der Lieferant **nicht** als Erfüllungsgehilfe des Leasinggebers gemäß § 278 BGB tätig, dann verpflichten etwaige Zusagen des Lieferanten, der Leasingnehmer könne das Leasinggut nach Beendigung des Leasingvertrages käuflich erwerben, nur diesen selbst, nicht aber den Leasinggeber[4]. Weitere Einzelheiten sind an anderer Stelle umfassend abgehandelt (Kap. C Rz. 105 ff.).

3. Teilamortisationsvertrag – Andienungsrecht des Leasinggebers

Nach den hier im Einzelnen entwickelten Auffassungen (Kap. B Rz. 40 ff.) 127
beruht das Andienungsrecht – in seiner Form als **Gestaltungsrecht** – auf dem Grundgedanken des Garantievertrages gemäß § 311 Abs. 1 BGB. Denn

---

1 Die steuerrechtlichen Konsequenzen wohl nicht hinreichend würdigend MünchKomm./*Habersack*, Leasing Rz. 110.
2 BGH v. 4.11.1987 – VIII ZR 313/86, WM 1988, 84.
3 *Wolf/Eckert/Ball*, Rz. 1739; *Beckmann*, § 3 Rz. 215.
4 Hierzu *Müller-Sarnowski*, DAR 2002, 485, 492; *Beckmann*, § 3 Rz. 214.

der Leasingnehmer ist verpflichtet, das vom Leasinggeber ausgeübte Andienungsrecht anzunehmen und das Leasinggut käuflich zu erwerben, um auf diese Weise die **Vollamortisation** des Leasinggebers abzusichern. Der Leasinggeber wird nämlich nur dann von seinem Andienungsrecht gegenüber dem Leasingnehmer Gebrauch machen, wenn das Leasinggut – nach Ablauf der unkündbaren Grundmietzeit – auf dem Markt einen **niedrigeren** Wert verkörpert als im Andienungsrecht und den damit vereinbarten **Restwert** vorgesehen. Trifft dies nicht zu, ist also das Leasinggut werthaltiger als in dem jeweiligen Restwert angegeben, dann wird der Leasinggeber alles daran setzen, diese **Wertsteigerung** auf dem Markt dadurch zu realisieren, dass er entweder einen Anschlussmietvertrag abschließt oder das Leasinggut an einen Dritten veräußert.

a) Haftung des Leasinggebers für Mängel – § 475 BGB

128 Es besteht nicht der mindeste Zweifel daran, dass der Leasinggeber den strikten Bestimmungen der §§ 474 ff. BGB unterworfen ist, wenn er gegenüber dem Leasingnehmer von seinem Andienungsrecht Gebrauch macht, weil dann der Leasingnehmer aus der Rechtstellung des Mieters in die des **Käufers** eines gebrauchten Wirtschaftsgutes eintritt. Aus diesem Grund ist es zwingend, dass der Leasinggeber nicht berechtigt ist, etwaige Mängelansprüche gemäß §§ 434 ff. BGB abzubedingen, weil er nach § 475 Abs. 1 BGB nicht berechtigt ist, seine Haftung auszuschließen oder zu beschränken. Zulässig ist lediglich gemäß § 475 Abs. 2 BGB, dass der Leasinggeber in diesen Fällen seine Haftung auf die Dauer **eines Jahres** verkürzt[1]. Die damit angezeigte Haftung des Leasinggebers ist zwingender Natur; soweit die Mängelhaftung gemäß §§ 434 ff. BGB abbedungen ist, ist die Klausel wegen Verstoßes gegen § 475 Abs. 1 BGB unwirksam; sie verstößt darüber hinaus gegen § 307 Abs. 2 Nr. 1 BGB.

129 Dass eine etwaige Mängelhaftung des Leasinggebers dazu führt, den **Vollamortisationsanspruch** des Leasinggebers zu gefährden[2], ist hinzunehmen. Schließlich ist der Leasinggeber in zweifacher Hinsicht Herr des Geschehens: Zum einen ist er in der Lage, den Abschluss eines Teilamortisationsvertrages mit Andienungsrecht des Leasinggebers überhaupt zu vermeiden, wenn er das Risiko einer Mängelhaftung – nach Beendigung des Leasingvertrages – gegenüber einem Leasingnehmer als Verbraucher zu sehr fürchtet. Zum anderen ist der Leasinggeber keineswegs gezwungen, von seinem Andienungsrecht auch tatsächlich Gebrauch zu machen. Es ist also seiner Risikosphäre zuzurechnen, wenn und soweit sich die Mängelhaftung nach den zwingenden Bestimmungen der §§ 474 ff. BGB realisiert. Aus diesem Grund ist es auch verfehlt, auf die Rechtsgrundsätze der Störung der Ge-

---

1 Hierzu *Tiedtke/Möllmann*, DB 2004, 583, 588; *Habersack*, BB-Beilage Nr. 6/2003, 2, 6; *Beckmann*, § 3 Rz. 226; vgl. auch *Graf von Westphalen*, ZGS 2002, 89 ff.
2 Hierzu *Weber*, NJW 2003, 2348, 2350; so auch *Godefroid*, BB-Beilage Nr. 5/2002, 2, 9; vgl. auch *Beckmann*, § 3 Rz. 231 f.

schäftsgrundlage gemäß § 313 Abs. 1 BGB zurückzugreifen, zumal es sich um ein Risiko handelt, welches in die Sphäre des Leasinggebers fällt und von daher bereits den Rückgriff auf die Grundsätze des § 313 Abs. 1 BGB versperrt[1]. Deshalb ist es ausgeschlossen, wegen einer etwaigen Mängelhaftung des Leasinggebers die Leasingraten rückwirkend zu adjustieren, so dass der Vollamortisationsanspruch des Leasinggebers – ungeachtet der Mängelhaftung – in vollem Umfang erhalten bleibt[2].

b) Andienungsrecht – unternehmerischer Verkehr

Im unternehmerischen Verkehr ist es nach § 307 Abs. 2 Nr. 1 BGB allerdings unbedenklich, dass der Leasinggeber – wie auch vor Inkrafttreten der Schuldrechtsmodernisierung – seine Mängelhaftung gemäß § 437 BGB in vollem Umfang gegenüber dem Leasingnehmer als Käufer des Leasingguts abbedingt. Rechtfertigender Gesichtspunkt hierfür ist die Tatsache, dass der Leasingnehmer im Besitz des Leasingguts ist, also exakt weiß, in welchem Zustand sich das Leasinggut befindet, wenn der Leasinggeber von seinem Andienungsrecht Gebrauch macht. Folglich ist der Leasingnehmer in keiner Weise schutzbedürftig. Auch der Gedanke eines etwaigen treuwidrigen und widersprüchlichen Verhaltens nach § 242 BGB wäre hier in Rechnung zu stellen. Denn ein dem Leasingnehmer als Käufer potentiell bekanntes Mängelrisiko des Leasingguts kann und darf redlicherweise nicht auf den Leasinggeber abgewälzt werden, sofern dieser von seinem Andienungsrecht zum vereinbarten „Restwert" Gebrauch macht. Die einzige verbleibende Hürde ist § 444 BGB; doch steht sie lediglich als theoretisch zu bedenkendes Problem an. Denn es erscheint ausgeschlossen, dass der Leasinggeber eine Eigenschaftszusicherung/Garantie gegeben hat, die sich erst nach Beendigung des Leasingvertrages realisiert und zu einem Schadensersatzanspruch des Leasingnehmers führt, wenn und soweit die Zusicherung/Garantie nicht eingehalten wird. Daher ist grundsätzlich der Ausschluss aller Ansprüche und Rechte gegenüber dem Leasingnehmer bei Verwirklichung des Andienungsrechts durch den Leasinggeber nach § 307 BGB nicht zu beanstanden. 130

c) Ansprüche gegenüber dem Lieferanten

Sofern nach Beendigung des Leasingvertrages noch Mängelansprüche des Leasinggebers gegenüber dem Lieferanten bestehen sollten, gehen diese keineswegs ohne weiteres bei Ausübung des Andienungsrechts durch den Leasinggeber auf den Leasingnehmer über[3]. Auch bestehen Bedenken dagegen, insoweit den Rechtsgedanken des § 255 BGB in Stellung zu bringen. Denn die dem Leasinggeber gegenüber dem Lieferanten zustehenden Män- 131

1 *Palandt/Grüneberg*, § 313 BGB Rz. 19 ff.
2 A.M. *Weber*, NJW 2003, 2348, 2350.
3 So aber *Beckmann*, § 3 Rz. 229.

gelansprüche gemäß § 437 BGB sind keineswegs – praktisch ex lege – auf den Leasingnehmer zu übertragen, es sei denn, es besteht – wie stets bei der Abtretungskonstruktion – ein entsprechender ausdrücklicher Konsens zwischen Leasinggeber und Leasingnehmer. Insbesondere ist auch kein Anlass zu erkennen, einer solchen Konstruktion nachzusinnen: Falls nämlich der Leasinggeber gegenüber dem Leasingnehmer gemäß § 437 BGB – nach Ausübung des Andienungsrechts – haftet, dann kann er ohne weiteres gegenüber dem Lieferanten Regress nehmen, ohne dass auf eine – wie auch immer zu konstruierende – Abtretung reflektiert wird. Hat aber der Leasinggeber im Rahmen der leasingtypischen Abtretungskonstruktion seine Mängelansprüche gegenüber dem Lieferanten an den Leasingnehmer abgetreten, dann bleibt es dabei; die Ausübung des Andienungsrechts des Leasinggebers gegenüber dem Leasingnehmer ändert nichts an der Rechtsstellung des Leasingnehmers, die er aufgrund der leasingtypischen Abtretungskonstruktion gegenüber dem Lieferanten praktisch als Käufer erworben hat.

4. Vertragsbeendigung und Beteiligung am Mehrerlös

a) Allgemeine Erwägung

132 Nach den steuerlichen Vorgaben ist hier der Leasinggeber in Höhe von 25 % des Mehrerlöses an dem Verwertungserlös beteiligt; dem Leasingnehmer stehen 75 % des Mehrerlöses zu. Soweit allerdings kein Mehrerlös realisiert wird, obwohl der Leasinggeber seiner Pflicht, das Leasinggut optimal zu verwerten, ordnungsgemäß nachgekommen ist, ist der Leasingnehmer verpflichtet, in Höhe der Differenz eine **Abschlusszahlung** zu leisten. Eine von dieser Konstellation abweichende vertragliche Regelung, wonach der Leasinggeber in **geringerem Maße** an dem erzielten Verwertungserlös beteiligt ist, begegnet steuerrechtlichen Bedenken gemäß § 39 Abs. 2 Nr. 1 AO. Denn unter dieser Voraussetzung ist die Beteiligung nicht derart, dass mit Recht von einem wirtschaftlichen Eigentum des Leasinggebers ausgegangen werden kann. **Unbedenklich** ist allerdings eine Vertragskonstellation, wonach der Leasinggeber sich verpflichtet, 25 % des ihm zuzurechnenden Mehrerlöses dem Leasingnehmer gut zu bringen, sofern dieser einen **Anschlussleasingvertrag** abschließt. Denn in diesen Fällen spart der Leasinggeber Aufwendungen, die für den Abschluss eines Folgeleasingvertrages erforderlich sind; gleichzeitig erhöht er die Kundenbindung. Bei einer solchen Abrede ist auch nicht zu erkennen, dass das wirtschaftliche Eigentum des Leasinggebers i.S.v. § 39 Abs. 2 Nr. 1 AO beeinträchtigt oder gefährdet würde, weil der Leasinggeber darauf verzichtet, 25 % des Mehrerlöses zu erhalten, weil sich der Leasingnehmer bereit erklärt, einen Folgeleasingvertrag abzuschließen. Bedenken nach § 307 BGB sind daher nicht angezeigt, zumal kein Grund besteht, den Leasinggeber als AGB-Verwender davor zu schützen, dass er die Mehrerlösbeteiligung zugunsten des Leasingnehmers erhöht.

b) Ersatzlieferung

Die bei einer Ersatzlieferung gemäß § 439 Abs. 1 BGB auftauchenden Probleme (Kap. H Rz. 180 ff.) spielen vor allem beim Teilamortisationsvertrag mit Mehrerlösbeteiligung des Leasingnehmers eine wichtige Rolle. Denn nur in diesen Fällen ist der „Restwert" des Leasinggebers tendenziell eingeschränkt, weil der dem Leasingnehmer zustehende Mehrerlös in Höhe von 75 % bei einer Ersatzlieferung zwangsläufig wesentlich höher ausfällt als dann, wenn der Vertrag ohne eine Ersatzlieferung abgewickelt worden wäre. Im Hinblick auf die Bedenken gegen Klauseln, welche im Rahmen einer Ersatzlieferung das Risiko des **Vollamortisationsanspruchs** des Leasinggebers vertraglich bewältigen wollen, sei auf die früher im Einzelnen dargelegten Ausführungen verwiesen (vgl. Kap. H Rz. 191 ff.). 133

5. Kündbarer Teilamortisationsvertrag – Anrechnung von 90 % des Verwertungserlöses – Geringere Anrechnung

Es entspricht der Typizität des kündbaren Teilamortisationsvertrages, dass der Leasinggeber in diesen Fällen lediglich 90 % des Verwertungserlöses auf den ihm zustehenden Vollamortisationsanspruch zur Anrechnung bringt. In Höhe der Differenz zum Vollamortisationsanspruch ist daher der Leasingnehmer verpflichtet, eine Abschlusszahlung zu entrichten. Ungeachtet der Tatsache, dass es sich hierbei um ein Spezifikum des kündbaren Teilamortisationsvertrages handelt[1], ist darauf aufmerksam zu machen, das der BGH in seinem Urteil vom 26.6.2002[2] entschieden hat. dass eine AGB-Klausel an § 307 Abs. 2 Nr. 1 BGB scheitert, wenn sie darauf abzielt, dass lediglich 90 % des Verwertungserlöses zur Anrechnung auf den Vollamortisationsanspruch des Leasinggebers gelangen. Diese Aussage wird man – vor allem auch im Hinblick auf die Modalitäten, die im Rahmen einer ordentlichen Vertragsbeendigung zu bedenken sind – mit einiger Sicherheit verallgemeinern dürfen. Entscheidend fällt hier ins Gewicht, dass die steuerrechtlichen Vorgaben des Teilamortisationserlasses (Anh. Rz. 2) dem jeweiligen Leasingvertrag i.S.v. § 307 Abs. 2 Nr. 1 BGB das Gepräge geben. Deshalb ist eine Art AGB-Klausel nach § 307 Abs. 2 Nr. 1 BGB zu verwerfen, welche bei einem Teilamortisationsvertrag mit **Mehrerlösbeteiligung** des Leasingnehmers erreichen will, dass der Verwertungserlös dem Leasingnehmer nicht – wie steuerrechtlich vorgeben – in voller Höhe, sondern lediglich eingeschränkt zur Verfügung gestellt wird[3]. Beim Teilamortisationsvertrag mit Andienungsrecht des Leasinggebers kommt der Verwertungserlös ohnedies dem Leasinggeber in vollem Umfang zugute, wenn er von seinem Andienungsrecht keinen Gebrauch macht. Tut er dies aber, 134

1 *Graf von Westphalen*, BB 2004, 2025, 2029.
2 BGH v. 26.6.2002 – VIII ZR 147/01, BB 2002, 1614, 1615.
3 *Weber*, NJW 2003, 2348, 2352.

dann kommt es wegen des Eigentumserwerbs durch den Leasingnehmer überhaupt nicht zu einer Verwertung des Leasingguts.

135 Zur Konsequenz hat diese Auffassung, dass beim Teilamortisationsvertrag mit Mehrerlösbeteiligung der Leasingnehmer einen nicht durch AGB-Klausel entziehbaren Anspruch darauf hat, dass der Verwertungserlös in voller Höhe ihm zugute gebracht wird. Lediglich beim kündbaren Teilamortisationsvertrag beschränkt sich die Anrechnungspflicht – steuerrechtlich vorgegeben – auf 90 % des Verwertungserlöses. Zwar kann man dieser Argumentation unter Berücksichtigung von § 39 Abs. 2 Nr. 1 AO entgegenhalten, dass der Leasinggeber auch dann, möglicherweise sogar gerade auch dann wirtschaftlicher Eigentümer des Leassingguts ist, wenn und soweit lediglich ein prozentual geringerer Teil des Verwertungserlöses auf den Vollamortisationsanspruch zur Anrechnung gebracht würde. Denn unter dieser Voraussetzung ist der bürgerlich-rechtliche Herausgabeanspruch des Leasinggebers gemäß § 985 BGB geradezu betoniert. Kein vernünftig handelnder Leasinggeber würde unter dieser Voraussetzung nicht alles daran setzen, seinen Herausgabeanspruch gegenüber dem Leasingnehmer auch zu realisieren. Schließlich profitiert er davon, weil er einen außerordentlichen Ertrag neben dem Vollamortisationsanspruch realisiert. Doch sind diese steuerrechtlichen Besonderheiten gemäß § 39 Abs. 2 Nr. 1 AO im Verhältnis zu den Vorgaben des Teilamortisationserlasses (Anh. Rz. 2) eine Ausnahmeregelung, auf die sich ein Leasingnehmer weder im Rahmen eines Verbraucherleasings noch im unternehmerischen Verkehr einrichten muss. Vielmehr kann und darf er mit Recht davon ausgehen, dass die steuerrechtlichen Vorgaben des Teilamortisationserlasses (Anh. Rz. 2) in der Vertragsgestaltung berücksichtigt werden, soweit keine individualvertraglichen Abweichungen akkordiert werden.

K. Fristloses Kündigungsrecht des Leasinggebers

Auszugehen ist zunächst von der Erkenntnis, dass nach der hier vertretenen Auffassung Leasingverträge Dauerschuldverhältnisse darstellen, welche „in erster Linie" den mietrechtlichen Bestimmungen der §§ 535 ff. BGB folgen (Kap. B Rz. 10 ff.). Daraus ergibt sich, dass das fristlose Kündigungsrecht des Leasinggebers auf § 543 BGB gestützt werden kann. 1

I. Außerordentliche Kündigung: Wichtiger Grund

1. Allgemeines

Eindeutig ist, dass eine fristlose Kündigung des Leasingvertrages für beide Vertragsteile nach den gesetzlichen Regelungen des Mietrechts, also: nach § 543 BGB, in Betracht zu ziehen ist[1]. Dabei ist freilich zu bedenken, dass der Gesetzgeber in § 314 Abs. 1 BGB ganz allgemein ein fristloses Kündigungsrecht bei Dauerschuldverhältnissen aus wichtigem Grund vorgesehen hat. Die Frage, was ein wichtiger Grund für eine fristlose Kündigung ist, wird dabei in § 314 Abs. 1 Satz 2 BGB legal definiert[2]. Danach setzt ein solcher Grund voraus, dass dem kündigenden Teil unter Berücksichtigung aller Umstände des Einzelfalls und unter Abwägung der beiderseitigen Interessen die Fortsetzung des Vertrages bis zum Zeitpunkt der vereinbarten Beendigung oder bis zum Zeitablauf nicht mehr zugemutet werden kann[3]. Nach § 314 Abs 2 BGB ist eine Abmahnung oder Abhilfeaufforderung notwendig, wenn der wichtige Grund zur Kündigung darauf beruht, dass der Vertragspartner – gleichgültig, ob Leasinggeber oder Leasingnehmer – seine Vertragspflicht verletzt hat[4]. So gesehen ist von Wichtigkeit, dass § 543 Abs. 3 BGB – genauso wie § 314 Abs. 3 BGB – als Voraussetzung einer fristlosen Kündigung, welche auf eine Vertragsverletzung gestützt wird, grundsätzlich von der vorherigen Abhilfeaufforderung oder **Abmahnung** ausgeht. Bevor das fristlose Kündigungsrecht ausgeübt werden kann, muss zwischen der Abmahnung und dem Ausspruch der Kündigung darüber hinaus eine „angemessene" Frist liegen[5]. Wie stets ist hierbei zu bedenken: Ist sie im Einzelfall zu kurz bemessen, wird dann eine angemessene Frist in Lauf gesetzt[6]. Dabei ist weiterhin zu beachten, dass die Angemessenheit sich danach richtet, ob der Leasingnehmer in der Lage ist, innerhalb der gesetzten Frist die Vertragswidrigkeit zu beseitigen. Auf der anderen Seite ist zu 2

---

1 *Beckmann*, § 8 Rz. 23.
2 *Palandt/Grüneberg* § 314 BGB Rz. 1.
3 Statt aller *Palandt/Grüneberg*, § 314 BGB Rz. 7 ff.
4 *Wolf/Eckert/Ball*, Rz. 886.
5 *Palandt/Grüneberg*, § 314 BGB Rz. 10.
6 *Wolf/Eckert/Ball*, Rz. 887.

erwägen, ob die Frist so bemessen ist, dass sie auch geeignet ist, die berechtigten Interessen des Leasinggebers als Partei, welche zur Kündigung berechtigt ist, zu berücksichtigen, weil es ja dem Leasinggeber nicht uneingeschränkt zuzumuten ist, etwa den vertragswidrigen Gebrauch des Leasingguts sehenden Auges zuzulassen[1]. Gleichzeitig ist zu beachten, dass die Zweiwochenfrist des § 626 Abs. 2 BGB hier nicht gilt[2]. Doch kann auch das Kündigungsrecht wegen zu langen Zuwartens verwirkt sein, auch wenn § 314 Abs. 3 BGB – genauso wie § 543 BGB – diesen Tatbestand nicht ausdrücklich vorsehen[3]. Wenn aber der vertragswidrige Gebrauch derart ist, dass Fristsetzung oder Abmahnung offensichtlich keinen Erfolg verheißen, ist die sofortige Kündigung gestattet[4].

2. Mehrheit von Leasingnehmern

3 Haben mehrere Leasingnehmer einen einheitlichen Leasingvertrag abgeschlossen, ist zu bedenken, dass die Vertragsverletzung eines von mehreren Leasingnehmern auch dazu führt, die außerordentliche Kündigung des Leasingvertrages wegen vertragswidrigen Gebrauchs gemäß § 543 Abs. 2 Satz 1 Nr. 2 BGB zu rechtfertigen[5]. *Eckert* bemerkt jedoch zu Recht, dass dieses Ergebnis unter Berücksichtigung von § 425 BGB dogmatisch nur schwer zu begründen ist, weil das in der vertragswidrigen Nutzung des Leasingguts liegende schuldhafte Verhalten nur demjenigen Leasingnehmer zuzurechnen ist, bei dem es tatsächlich auch vorliegt, nicht aber dem anderen Leasingnehmer. Aus diesem Grund ist es geboten – und diese Sicht hat wichtige praktische Konsequenzen –, dass der Leasinggeber im Fall einer nach § 543 Abs. 2 Satz 1 Nr. 2 BGB ins Auge gefassten fristlosen Kündigung eine **Abmahnung** an alle Leasingnehmer richtet, weil er davon ausgehen kann und auch davon ausgehen muss, dass dann die übrigen Leasingnehmer alles daran setzen werden, um zu erreichen, dass das vertragswidrige (schuldhafte) Verhalten des „anderen" Leasingnehmers abgestellt wird[6].

4 Beruht die Kündigungserklärung des Leasinggebers jedoch auf dem Tatbestand des **Zahlungsverzugs** gemäß § 543 Abs. 2 Satz 1 Nr. 3 BGB, dann ist regelmäßig sogleich zu prüfen, ob nicht einer der Leasingnehmer die Rechtstellung eines **Verbrauchers** gemäß § 13 BGB genießt. Trifft dies nämlich zu, dann gelten insoweit die **Sonderregelungen** der §§ 500, 498 BGB. Auf die weiter unten dargestellten Ausführungen wird verwiesen (Kap. C Rz. 47 ff. und Rz. 58 ff.). Sind indessen die Leasingnehmer als **Un-**

1 Vgl. auch *Beckmann*, § 8 Rz. 96.
2 *Palandt/Weidenkaff*, vor § 535 BGB Rz. 61.
3 BGH v. 18.10.2001 – I ZR 91/99, ZIP 2002, 400; *Beckmann*, § 8 Rz. 97; *Wolf/Eckert/Ball*, Rz. 889.
4 Hierzu auch *Palandt/Grüneberg*, § 314 BGB Rz. 8.
5 *Wolf/Eckert/Ball*, Rz. 890.
6 OLG Düsseldorf v. 18.3.1987 – 15 U 183/86, NJW-RR 1987, 1370; *Wolf/Eckert/Ball*, Rz. 890.

ternehmer gemäß § 14 BGB zu qualifizieren, gelten die soeben angestellten Erwägungen entsprechend (Rz. 3).

3. Angabe des Kündigungsgrundes

Es ist anerkannt, dass die Wirksamkeit der fristlosen Kündigung nicht davon abhängig ist, dass der Leasinggeber – gleichgültig, ob es sich um den Tatbestand des vertragswidrigen Gebrauchs oder um den des Zahlungsverzugs handelt – verpflichtet ist, den Kündigungsgrund in der Kündigungserklärung anzugeben[1]. Eine entsprechende Pflicht ergibt sich auch nicht aus der allgemeinen Rücksichtnahmepflicht gemäß § 241 Abs. 2 BGB[2]. Gleichzeitig steht fest, dass der Leasinggeber berechtigt ist, Kündigungsgründe **nachzuschieben**; Voraussetzung ist hierfür freilich, dass diese Kündigungsgründe schon in dem Zeitpunkt bestanden haben, als die fristlose Kündigungserklärung abgegeben wurde[3]. Dies hat vor allem dann, wenn es sich um die vertragswidrige Nutzung des Leasingguts handelt, praktische Bedeutung. Im Fall des Zahlungsverzugs nach § 543 Abs. 2 Nr. 3 BGB wird ein etwaiges Nachschieben von Kündigungsgründen jedoch regelmäßig schon deswegen nicht praktisch werden, weil die Berechtigung dieser Kündigung eben darauf beruht, dass die in § 543 Abs. 2 Nr. 3 BGB vorgesehenen Tatbestände tatsächlich vorliegen. 5

II. Vertragswidriger Gebrauch des Leasingguts

1. Voraussetzungen

Im Zweifel ergeben sich die inhaltlichen Grenzen des vertragsgemäßen Gebrauchs des Leasingguts aus dem jeweiligen Leasingvertrag. Fehlen solche Angaben, so steht jedenfalls fest: Die Veränderung des Verwendungszwecks des Leasingguts ist immer eine vertragswidrige Nutzung, so dass ein entsprechender Unterlassungsanspruch – und als Folge hiervon: nach Abmahnung – eine fristlose Kündigung dann auf § 543 Abs. 2 Satz 1 Nr. 2 BGB gestützt werden kann. Dabei ist von entscheidender Bedeutung, dass es auf ein etwaiges Verschulden des Leasingnehmers nicht entscheidend ankommt; vielmehr ist allein maßgebend, dass der objektive Tatbestand des vertragswidrigen Gebrauchs des Leasingguts vorliegt. **Vertragswidrig** ist dabei jeder Gebrauch des Leasingguts, der zu Schäden am Leasinggut führt, welche nicht die zwangsläufige Folge der (ordnungsgemäßen) Nutzung des Leasingguts sind. 6

---

1 *Wolf/Eckert/Ball*, Rz. 891.
2 *Wolf/Eckert/Ball*, Rz. 891.
3 *Wolf/Eckert/Ball*, Rz. 891.

7 Es ist im Auge zu behalten, dass der Tatbestand von § 543 Abs. 2 Satz 1 Nr. 2 BGB **enger** ist als die frühere Rechtslage, die von § 553 BGB a.F. umschrieben wurde[1]. Das fristlose Kündigungsrecht des § 553 BGB a.F. war davon abhängig, dass der vertragswidrige Gebrauch des Leasingguts die Interessen des Leasinggebers erheblich beeinträchtigte. Das traf auch dann zu, wenn der Leasingnehmer die gebotene Sorgfalt missachtete, sofern dadurch die Rechte des Leasinggebers erheblich gefährdet wurden[2]. Nunmehr fordert das Gesetz eine erhebliche Verletzung der Rechte des Leasinggebers sowie eine erhebliche Gefährdung des Leasingguts[3]. Beide Tatbestandsvoraussetzungen sind im Streitfall vom Leasinggeber darzulegen und auch zu beweisen.

8 In der Leasingpraxis dürfte im Rahmen von § 543 Abs. 2 Satz 1 Nr. 2 BGB auch der Fall bedeutsam sein, dass der Leasingnehmer es vertragswidrig unterlässt, den gebotenen **Wartungsvertrag** für das Leasinggut rechtzeitig oder ordnungsgemäß abzuschließen. Darin kann ein berechtigter Grund zur fristlosen Kündigung – Abmahnung und angemessene Fristsetzung vorausgesetzt – liegen. Denn der Leasingnehmer hat als rechtlicher und wirtschaftlicher Eigentümer ein vitales Interesse daran, dass das Leasinggut ordnungsgemäß gewartet wird, weil ja der ihm zustehende „Restwert" (Buchwert/Zeitwert) des Leasingguts entscheidend von dessen Erhaltungszustand abhängig ist. Dass insoweit eine kontinuierliche und ordnungsgemäße Wartung erforderlich und auch geboten ist, liegt auf der Hand.

2. Einschränkende AGB-Klauseln

9 Gerade unter dem Eindruck der Verflechtung von § 314 BGB einerseits und § 543 Abs. 2 Satz 1 Nr. 2 BGB andererseits wird man unterstreichen müssen, dass es dem Leasinggeber als AGB-Verwender nach den Wertungskriterien von § 307 Abs. 2 Nr. 1 BGB nicht an die Hand gegeben ist, für das Eingreifen eines fristlosen Kündigungsrechts engere Grenzen in seinen AGB aufzustellen, als es der Gesetzeslage entspricht. Denn es ist und bleibt entscheidend, dass ein fristloses Kündigungsrecht bei einem Dauerschuldverhältnis gemäß § 314 Abs. 1 BGB nur dann eingreifen darf, wenn das Vertragsverhältnis als Folge des vertragswidrigen Gebrauchs des Leasingguts durch den Leasingnehmer so grundlegend und schwerwiegend gestört ist, dass es dem Leasinggeber nicht zuzumuten ist, das Vertragsverhältnis bis zur nächsten ordentlichen Kündigung fortzusetzen[4]. Daher verstoßen alle Klauseln, die unterhalb der „erheblichen" Verletzung der Rechte des Leasinggebers sowie der „erheblichen" Gefährdung des Leasingguts ansetzen, gegen § 307 Abs. 2 Nr. 1 BGB und sind unwirksam. **Unwirk-**

1 *Wolf/Eckert/Ball*, Rz. 903.
2 *Palandt/Putzo*, BGB, 62. Aufl. 2001, § 553 BGB Rz. 7.
3 *Wolf/Eckert/Ball*, Rz. 903.
4 *Palandt/Weidenkaff*, § 543 BGB Rz. 18 f.

sam sind aber auch alle Kündigungsklauseln, die davon Abstand nehmen, auf das Erfordernis einer angemessenen Fristsetzung mit einer entsprechenden **Abmahnung** abzustellen[1]. Es macht insoweit keinen Unterschied, ob der Leasingnehmer Verbraucher oder Unternehmer ist. Denn der Leasingnehmer hat ein vitales Interesse daran, davon unterrichtet zu werden, ob der von ihm geübte Gebrauch des Leasingguts aus der Perspektive des Leasinggebers – objektiv betrachtet – als vertragswidrig anzusehen ist. Dass in einer Klausel auf das Erfordernis einer Abmahnung und einer entsprechenden Fristsetzung nicht wirksam verzichtet werden kann, beruht wiederum auf dem allgemeinen Befund, dass nämlich AGB-Klauseln generell-abstrakt, ohne Berücksichtigung der Umstände des Einzelfalls auszulegen und auch zu bewerten sind[2]. Um sicherzugehen, wird aber der Leasinggeber grundsätzlich gut beraten sein, aufgrund einer an § 543 Abs. 2 Satz 1 Nr. 2 BGB angelehnten Klausel eine entsprechende Abmahnung mit angemessener Fristsetzung an die Adresse des Leasingnehmers zu richten, bevor er eine fristlose Kündigung gemäß § 543 Abs. 2 Satz 1 Nr. 2 BGB ins Werk setzt.

III. Zahlungsverzug des Leasingnehmers

Die Mehrzahl aller praktischen Fälle, in denen ein fristloses Kündigungsrecht des Leasinggebers zum Tragen gelangt, beruht allerdings auf dem Tatbestand, dass der Leasingnehmer – unter Berücksichtigung der Rechtsregel des § 543 Abs. 2 Satz 1 Nr. 3 BGB in Zahlungsverzug geraten ist. Die hier zu behandelnden Rechtsfragen beziehen sich nur auf die Konstellation, dass der Leasingnehmer Unternehmer i.S.v. § 14 BGB ist; die mit seinem Status als Verbraucher zusammenhängenden Probleme werden gesondert dargestellt (Kap. L Rz. 267 ff.). 10

1. Voraussetzungen

Der Verzug des Leasingnehmers mit den Leasingzahlungen berechtigt den Leasinggeber dann zur fristlosen Kündigung, wenn zwei Leasingraten oder ein nicht unerheblicher Teil für zwei aufeinander folgende Termine aussteht oder wenn der Leasingnehmer die Leasingraten mehrfach teilweise schuldig bleibt und der Rückstand die Höhe zwei monatlichen Leasingraten erreicht. Daraus folgt für die Praxis: Soweit der Leasingnehmer danach mit **zwei Leasingraten** in Verzug geraten ist, kann der Leasinggeber das Vertragsverhältnis fristlos kündigen. Offen ist allerdings die Antwort auf die Frage, was i.S.v. § 543 Abs. 2 Satz 1 Nr. 3a BGB als „nicht unerheblich" zu bezeichnen ist. Maßgebend ist anerkanntermaßen insoweit stets 11

1 *Wolf/Horn/Lindacher*, § 11 Nr. 4 AGBG Rz. 10.
2 *Palandt/Heinrichs*, § 307 BGB Rz. 4.

der Gesamtrückstand, bezogen auf die Summe der in § 543 Abs. 2 Satz 1 Nr. 3 BGB genannten Termine[1]. Nach der zutreffenden Auffassung des BGH reicht es insoweit aus, wenn der Leasingnehmer mit einer Leasingrate in Verzug geraten ist, welche die Höhe der Leasingschuld für einen Monat übersteigt[2].

2. Abänderung der Voraussetzungen von § 543 Abs. 2 Satz 1 Nr. 3 BGB

12 In der Praxis ist immer wieder zu beobachten, dass in den Leasing-AGB die Tatbestandsvoraussetzungen von § 543 Abs. 2 Satz 1 Nr. 3 BGB zugunsten des Leasinggebers abgeändert werden. Es stellt sich daher die Frage, ob dies unter Berücksichtigung von § 307 Abs. 2 Nr. 1 BGB sowohl im unternehmerischen Verkehr als auch im Verbraucherleasing wirksam ist.

a) Bezogen auf die Höhe des Zahlungsrückstandes

13 Nach der Rechtsprechung des BGH ist in einem **Hotelpachtvertrag** eine Kündigungsklausel mit § 307 Abs. 2 Nr. 1 BGB unvereinbar, die dem Verpächter ein Kündigungsrecht bei jedem Zahlungsverzug, mag dieser auch betragsgemäß geringfügig sein und nur kurze Zeit andauern, einräumt, weil dadurch die Interessen des Pächters unangemessen benachteiligt werden[3]. Dem ist allemal auch für den Leasingvertrag zu folgen. Weiterführend stellt sich jedoch die Frage, ob § 543 Abs. 2 Satz 1 Nr. 3 BGB i.S.v. § 307 Abs. 2 Nr. 1 BGB **Leitbildfunktion** entfalten kann. Dies wird in der Literatur mit Recht bejaht[4]. Dafür sind in der Sache folgende Erwägungen maßgebend: Es entspricht üblicher Textierung von Leasing-AGB, dass der Leasingnehmer verpflichtet ist, **monatlich** fällige Leasingraten an den Leasinggeber zu entrichten. Kommt dieser dann mit einer Rate in Verzug, so entspricht es der Praxis, dass er dann noch mindestens zwei- bis dreimal gemahnt wird, bevor eine fristlose Kündigung ausgesprochen wird. Auch wenn diese Mahnungen EDV-technisch bearbeitet werden, vergeht zwangsläufig nach Eintritt des Zahlungsverzugs von einem Monat ein weiterer Monat, bis die dritte Mahnung den Leasingnehmer erreicht und die fristlose Kündigung auslöst. Dann sind aber – rein faktisch betrachtet – in der Regel zwei Monate verstrichen, so dass der Leasingnehmer dann jedenfalls mit **einer Monatsrate** in Verzug ist. Hat er dann aber die (bereits überfällige) Monatsrate gezahlt, ist der fristlose Kündigungsgrund entfallen. Steht aber bei Ausbruch der zweiten/dritten Mahnung fest, dass der Leasingnehmer auch eine weitere Leasingrate ganz oder teilweise nicht gezahlt hat,

1 *Wolf/Eckert/Ball*, Rz. 906.
2 BGH v. 15.4.1987 – VIII ZR 126/86, NJW-RR 1987, 903.
3 BGH v. 25.3.1987 – VIII ZR 71/86, ZIP 1987, 916, 917; *Wolf/Horn/Lindacher*, § 9 AGBG B 46.
4 MünchKomm./*Habersack*, Leasing Rz. 122; a.M. *Wolf/Eckert/Ball*, Rz. 926; vgl. auch *Wolf/Horn/Lindacher*, § 9 AGBG B 46.

sind die Voraussetzungen von § 543 Abs. 2 Satz 1 Nr. 3 BGB erfüllt. Das ist der praktische Gesichtspunkt. Gleichzeitig ist – rechtlich gewertet – zu bedenken, dass die Rechtsregel des § 543 Abs. 2 Satz 1 Nr. 3 BGB eingebettet ist in die allgemeine Kündigungsregel des § 314 BGB, was allemal darauf hindeutet, eine Abweichung von den dort niedergelegten Voraussetzungen im Rahmen von § 307 Abs. 2 Nr. 1 BGB nur in sehr eingeschränktem Maße, wenn denn überhaupt, zuzulassen. Daraus folgt, dass § 543 Abs. 2 Satz 1 Nr. 3 BGB im Rahmen des Leasings Leitbildfunktion gemäß § 307 Abs. 2 Nr. 1 BGB entfaltet.

Knüpft also das fristlose Kündigungsrecht des Leasinggebers lediglich an 14 den Tatbestand an, dass der Leasingnehmer mit einer Monatsrate in Verzug geraten ist, ist eine solche Klausel mit § 307 Abs. 2 Nr. 1 BGB unvereinbar. Denn nach der auch auf den Leasingvertrag anwendbaren Rechtsprechung des BGH ist Voraussetzung, dass der Zahlungsbetrag, mit dem der Leasingnehmer in Verzug ist, mehr als eine Monatsrate ausmacht[1].

b) Nicht unerheblicher Zahlungsverzug

Unbedenklich gemäß § 307 Abs. 2 Nr. 1 BGB ist eine Klausel, die be- 15 stimmt, dass ein fristloses Kündigungsrecht auch dann eingreift, wenn der Leasingnehmer mit einem „nicht unerheblichen Teil des Mietzinses" in Verzug geraten ist, und zwar für zwei aufeinander folgende Termine. Das entspricht der gesetzlichen Terminologie. Was i.S.v. § 543 Abs. 2 Satz 1 Nr. 3a BGB als „nicht unerheblich" anzusehen ist, richtet sich nach der Rechtsprechung des BGH nach dem gesamten Mietrückstand; dieser muss mindestens den Betrag über eine monatliche Leasingrate übersteigen[2]. Fraglich ist, ob es i.S.d. **Transparenzgebots** des § 307 Abs. 1 Satz 2 BGB ausreicht, wenn in den Leasing-AGB schlicht der Wortlaut von § 543 Abs. 2 Satz 1 Nr. 3a BGB aufgenommen wird. Dies könnte deswegen zweifelhaft sein, weil die Übernahme des Gesetzeswortlauts für sich allein genommen noch nicht hinreichend klar macht, unter welchen Voraussetzungen dem Leasingnehmer als Folge des Zahlungsverzugs des Leasingnehmers ein fristloses Kündigungsrecht zusteht. Mit anderen Worten: Es spricht dann unter Beachtung der BGH-Judikatur zu § 307 Abs. 1 Satz 2 BGB einiges dafür, dass das **Verständlichkeitsgebot** verletzt ist[3]. Zwar ist in diesen Fällen die Rechtslage nicht fehlerhaft dargestellt[4], doch ist auch der unternehmerisch tätige Leasingnehmer – und dies ist entscheidend – ohne Einholung von Rechtsrat nicht in der Lage herauszufinden, ob die fristlose Kündigung des Leasinggebers in diesem Fall berechtigt ist. Dies reicht aus, um das Transparenzgebot von § 307 Abs. 1 Satz 2 BGB in Stellung zu bringen.

1 BGH v. 15.4.1987 – VIII ZR 126/86, NJW-RR 1987, 903.
2 BGH v. 15.4.1987 – VIII ZR 126/86, NJW-RR 1987, 903; *Wolf/Eckert/Ball*, Rz. 906.
3 *Palandt/Heinrichs*, § 307 BGB Rz. 22.
4 Hierzu BGH v. 27.9.2000 – VIII ZR 155/99, NJW 2001, 292, 296; BGH v. 5.10.2005 – VIII ZR 382/04, NJW 2006, 211.

Demzufolge ist es angezeigt und geboten, den Tatbestand von § 543 Abs. 2 Satz 1 Nr. 3a BGB dahin zu erweitern, dass der Zahlungsrückstand – entsprechend der BGH-Judikatur[1] sich auf zwei aufeinander folgende Termine bezieht und einen Gesamtbetrag ausmachen muss, der oberhalb der monatlichen Leasingrate liegt.

c) Wiederholt verspätete Zahlungen

16 In der Praxis ist immer wieder zu beobachten, dass der Leasingnehmer seine Zahlungen nur schleppend erbringt; er kommt immer wieder – häufig: mit Teilbeträgen – in Verzug. Der BGH hat mit seinem Urteil vom 24.2.1959[2] festgestellt, dass der Leasingnehmer, der fortgesetzt verspätet die Leasingraten leistet, jeweils in Zahlungsverzug gerät, und zwar auch dann, wenn der Leasinggeber die verspäteten Zahlungen unbeanstandet entgegennimmt. Darin kann nach der Rechtsprechung des BGH ein Grund zur fristlosen Kündigung i.S.v. § 543 Abs. 2 Nr. 3 BGB liegen[3]. Doch ist gleichwohl in diesen Fällen stets zu bedenken, dass eine **Abmahnung** gemäß § 543 Abs. 3 BGB im Zweifel erforderlich ist[4]. Hinzu kommt, dass der Zahlungsrückstand als erheblich einzustufen sein muss, weil nur so die Voraussetzungen von § 543 Abs. 2 Nr. 3a BGB erfüllt werden können[5].

17 Es erscheint technisch ausgeschlossen, diesen Tatbestand in AGB-Klauseln so zu erfassen, dass nicht das Transparenzgebot von § 307 Abs. 1 Satz 2 BGB missachtet wird. Dies hängt unmittelbar damit zusammen, dass es in diesen Fällen entscheidend darauf ankommt, die **Zumutbarkeitsgrenze** zu bestimmen, welche das fristlose Kündigungsrecht des Leasinggebers gemäß § 543 Abs. 1 BGB auslöst. Folglich ist es geboten, die jeweiligen Umstände des Einzelfalls in Rechnung zu stellen; sie aber können nicht Gegenstand einer AGB-Klausel sein, weil ihre Auslegung immer auf einer generell-abstrakten Bewertung beruht[6]. Deshalb ist davon abzuraten, eine entsprechende AGB-Klausel in die Leasing-AGB aufzunehmen. Es sollte daher bei der gesetzlichen Wertung bleiben.

IV. Verschlechterung der Vermögensverhältnisse des Leasingnehmers

18 Ausgangspunkt aller hier anzustellenden Erwägungen ist der erneute Befund, dass der Gesetzgeber in § 314 BGB den Tatbestand der **fristlosen Kündigung** bei Dauerschuldverhältnissen niedergelegt hat, der in § 543 Abs. 1 BGB seinen Niederschlag gefunden hat. Folglich ist es erforderlich, dass

1 BGH v. 15.4.1987 – VIII ZR 126/86, NJW-RR 1987, 903.
2 BGH v. 24.2.1959 – VIII ZR 33/58, NJW 1959, 766.
3 BGH v. 23.9.1987 – VIII ZR 265/86, NJW-RR 1988, 77; *Wolf/Eckert/Ball*, Rz. 917.
4 *Wolf/Eckert/Ball*, Rz. 906.
5 Rechtsprechungsübersicht bei *Wolf/Eckert/Ball*, Rz. 918 ff.
6 Vgl. *Palandt/Heinrichs*, § 307 BGB Rz. 4.

nur solche Gründe im Rahmen der Verschlechterung der Vermögensverhältnisse des Leasingnehmers geeignet sind, ein fristloses Kündigungsrecht des Leasinggebers auszulösen, welche es dem Leasinggeber unzumutbar machen, das Leasingverhältnis bis zur ordentlichen Kündigung fortzusetzen[1].

1. Hinreichend konkrete Gefährdung

a) Genereller Ausgangspunkt

Wie aus § 543 Abs. 1 BGB im Verhältnis zu § 543 Abs. 2 BGB zu ersehen 19
ist, können auch fristlose Kündigungsgründe dann vorliegen, wenn nicht die besonderen Tatbestände von § 543 Abs. 2 BGB, insbesondere von § 543 Abs. 2 Satz 1 Nr. 3 BGB erfüllt sind[2]. Doch stets kann es nur darum gehen, den Tatbestand des fristlosen Kündigungsrechts gemäß §§ 314 Abs. 1, 543 Abs. 1 BGB zu konkretisieren. Es verstößt daher von vornherein gegen § 307 Abs. 2 Nr. 1 BGB, wenn der Leasinggeber in den Leasing-AGB den Versuch unternimmt, die Kündigungsgründe so auszuweiten, dass der Tatbestand der §§ 314 Abs. 1, 543 Abs. 1 BGB nicht mehr voll erfüllt ist. Bezogen auf den Tatbestand der Verschlechterung der Vermögensverhältnisse des Leasingnehmers bedeutet dies: Es muss eine **hinreichend konkrete Gefährdung** der vollständigen Erfüllung des Leasingvertrages vorliegen, um ein daran anknüpfendes fristloses Kündigungsrecht zu rechtfertigen. Der einfache Tatbestand des Zahlungsverzugs reicht insoweit mit Sicherheit nicht aus, ebenso wenig ein wiederholter Verzug. Vielmehr müssen erschwerende, sonstige Umstände hinzutreten, wie z.B. eine höchst nachteilige Bankauskunft, mehrere Wechsel- und Scheckproteste, schleppende Zahlungsweise bei anderen Gläubigern[3]. Aus diesem Grund ist es auch mit § 307 Abs. 2 Nr. 1 BGB unvereinbar, wenn das fristlose Kündigungsrecht des Leasinggebers lediglich auf den Umstand abgestellt wird, dass sich die Vermögensverhältnisse des Leasingnehmers verschlechtert haben[4].

b) Erforderliche Konkretisierung

Ausgehend von dem Gebot, den Tatbestand der §§ 314 Abs. 1, 543 Abs. 1 20
BGB zu konkretisieren, ergeben sich folgende Gesichtspunkte: Stellt die Kündigungsklausel darauf ab, dass **Zwangsvollstreckungsmaßnahmen** in das Vermögen des Leasingnehmers betrieben werden, so ist eine darauf gestützte Kündigungsklausel nicht ohne weiteres mit § 307 Abs. 2 Nr. 1 BGB

1 Hierzu auch MünchKomm./*Habersack*, Leasing Rz. 123.
2 Hierzu BGH v. 7.12.1983 – VIII ZR 257/82, ZIP 1984, 185 – hochwertiges Leasinggut; BGH v. 6.6.1984 – VIII ZR 65/83, WM 1984, 1217, 1218; BGH v. 8.10.1990 – VIII ZR 247/89, WM 1990, 1967, 1970.
3 Hierzu BGH v. 8.10.1990 – VIII ZR 247/89, WM 1990, 1967, 1970.
4 BGH v. 8.10.1990 – VIII ZR 247/89, WM 1990, 1967, 1971.

vereinbar[1]. Man wird hier wohl vielmehr darauf abheben müssen, dass Zwangsvollstreckungsmaßnahmen nur dann geeignet sind, den Tatbestand von § 307 Abs. 2 Nr. 1 BGB auszufüllen, wenn es sich – entsprechend der Rechtsprechung des BGH – um besonders wertvolle Investitionsgüter handelt[2]. Denn nur unter dieser Voraussetzung handelt es sich um eine hinreichend konkrete und damit auch erhebliche Gefährdung der Vermögensinteressen des Leasinggebers, nicht aber dann, wenn „irgendwelche" Zwangsvollstreckungsmaßnahmen in das Vermögen des Leasingnehmers betrieben werden. Ob hier eine Differenzierung zwischen dem unternehmerischen Verkehr und dem **Verbraucherleasing** in Betracht zu ziehen ist, erscheint zweifelhaft, weil § 307 Abs. 2 Nr. 1 BGB auf die Grundnormen der §§ 314 Abs. 1, 543 Abs. 1 BGB reflektiert wird: Die darin bezeichnete Zumutbarkeitsgrenze des Festhaltens am Leasingvertrag ist für den Leasinggeber unabhängig davon, ob der Leasingnehmer Verbraucher oder Unternehmer ist. Unbedenklich gemäß § 307 Abs. 2 Nr. 1 BGB ist jedoch eine auf Zwangsvollstreckungsmaßnahmen hinweisende Kündigungsklausel, wenn diese noch das zusätzliche Tatbestandselement enthält, dass auch noch sonstige Umstände vorliegen müssen, welche erkennen lassen, der Leasingnehmer werde die geschuldete Gegenleistung zum Fälligkeitszeitpunkt nicht erbringen[3].

21 **Unwirksam** aber sind Kündigungsklauseln, welche allgemein und undifferenziert auf „sonstige Umstände" abstellen, aus denen sich eine „wesentliche Verschlechterung oder eine erhebliche Gefährdung des Vermögens des Leasingnehmers" ableiten lässt[4]. Denn ungünstige Umstände, die dem Leasinggeber über die Vermögensverhältnisse des Leasingnehmers bekannt werden, bewirken noch keineswegs und ohne weiteres, „dass dieser nicht in der Lage ist, die geschuldeten Gegenleistungen zum Fälligkeitszeitpunkt zu erbringen"[5].

2. Scheck- und Wechselproteste

22 Stellt allerdings die Kündigungsklausel darauf ab, dass **Scheck- und Wechselproteste** vorliegen, wird man differenzieren müssen: Knüpft das Kündigungsrecht des Leasinggebers an wiederholte Scheck- und Wechselproteste an, so ist dies mit § 307 Abs. 2 Nr. 1 BGB vereinbar[6]. Denn damit ist dem Erfordernis einer hinreichend konkreten Gefährdung der Vermögensinteressen des Leasinggebers Rechnung getragen. Anders ist es hingegen, wenn

1 A.M. MünchKomm./*Habersack*, Leasing Rz. 123.
2 BGH v. 7.12.1983 – VIII ZR 257/82, ZIP 1984, 185; hierzu auch *Staudinger/Stoffels*, Leasing Rz. 319.
3 BGH v. 8.10.1990 – VIII ZR 247/89, WM 1990, 1967, 1970.
4 BGH v. 8.10.1990 – VIII ZR 247/89, WM 1990, 1967; MünchKomm./*Habersack*, Leasing Rz. 123; *Staudinger/Stoffels*, Leasing Rz. 319.
5 BGH v. 8.10.1990 – VIII ZR 247/89, WM 1990, 1967, 1970.
6 MünchKomm./*Habersack*, Leasing Rz. 123.

die Klausel darauf abhebt, dass ein solches fristloses Kündigungsrecht bereits dann eingreift, wenn ein **erstmaliger** Scheck- oder Wechselprotest vorliegt. Denn ein solcher Sachverhalt kann – so *Habersack* mit Recht – auch dann eintreten, wenn geordnete Vermögensverhältnisse vorliegen[1]. Ob man hier – wie in der Vorauflage angeregt – zwischen Scheck- und Wechselprotest unterscheiden müssen wird, erscheint zweifelhaft, weil keineswegs sicher ist, ob das Vorliegen eines Scheckprotestes ein gravierenderes Anzeichen für eine Gefährdung der Vermögensinteressen des Leasinggebers darstellt als das Vorliegen eines einfachen Wechselprotestes. Immer kommt es in diesen Fällen auf die Umstände des Einzelfalls an. Man muss sich freilich dann darüber im Klaren sein, dass der Leasinggeber nicht mehr auf den Tatbestand des § 543 Abs. 1 BGB in diesen Fällen wird zurückgreifen können, wenn in den eigenen AGB ein abweichender Tatbestand geregelt ist, der etwa einen „wiederholten" Fall eines Scheck- oder Wechselprotestes vorschreibt, um die darauf beruhende Kündigung zu rechtfertigen. Daher könnte es sich auch empfehlen, auf die Textierung dieses Tatbestandes insgesamt in den AGB zu verzichten, so dass dann ein unmittelbarer Rückgriff auf § 543 Abs. 1 BGB möglich ist, sofern dessen Tatbestandsvoraussetzungen in der Tat im Einzelfall gegeben sind.

V. Gebrauchsüberlassung an Dritte

1. Ausdrücklicher Ausschluss des fristlosen Kündigungsrechts nach § 540 Abs. 1 Satz 2 BGB

Ob im Rahmen des konkreten Leasingvertrages eine Gebrauchsüberlassung an einen Dritten in Betracht kommt, ist i.S.d. § 540 Abs. 1 BGB davon abhängig, ob der Leasinggeber hierzu seine Erlaubnis erteilt. Das wird in der Praxis sehr selten der Fall sein. Verweigert indessen der Leasinggeber i.S.v. § 540 Abs. 1 Satz 2 BGB die erforderliche Erlaubnis zur Vermietung des Leasingguts an einen Dritten, stellt sich die Frage, ob dann dem Leasingnehmer mit gesetzlicher Frist ein außerordentliches Kündigungsrecht zusteht. Geht man von der mietvertraglichen Typologie des Leasings aus, dann wird in einem ersten Schritt zu erwägen sein, ob dem Leasinggeber wegen der ansonsten eingreifenden Maßgeblichkeit von § 540 BGB das Recht zusteht, dieses fristlose Kündigungsrecht des Leasingnehmers in wirksamer Weise abzubedingen. Dies ist grundsätzlich – so auch der BGH – zu bejahen[2]. Denn wenn man mit dem BGH insoweit auch die Finanzierungsfunktion des Leasinggebers (teilweise) in den Vordergrund rückt, spricht vieles dafür, dass es dem Leasinggeber nicht gleichgültig sein kann, mit wem er einen Leasingvertrag abgeschlossen hat. Daher ist der Ausschluss des fristlosen Kündigungsrechts nach § 540 Abs. 1 Satz 2 BGB in 23

1 MünchKomm./*Habersack*, Leasing Rz. 123.
2 BGH v. 4.7.1990 – VIII ZR 288/89, ZIP 1990, 1133, 1135.

den AGB nicht gemäß § 307 Abs. 2 Nr. 1 BGB zu beanstanden. Im Rahmen von § 307 Abs. 2 Nr. 1 BGB macht es hier keinen entscheidenden Unterschied, ob die Klausel gegenüber einem Unternehmer oder gegenüber einem **Verbraucher** verwendet wird.

2. Stillschweigende Abbedingung

24 Es ist nicht ohne weiteres zu sehen, dass das fristlose Kündigungsrecht des § 540 Abs. 1 Satz 2 BGB bei verweigerter Zustimmung zur Vermietung des Leasingguts an einen Dritten stillschweigend deswegen als ausgeschlossen anzusehen sein soll, weil die Typizität des Leasingvertrages dem entgegensteht. Auch wenn man das Amortisationsinteresse des Leasinggebers in den Vordergrund stellt[1], verbleibt es dabei, dass die Norm des § 540 Abs. 1 Satz 2 BGB durchaus eine hinreichende Schutzwirkung entfaltet. Denn der Leasinggeber kann dann sanktionslos seine Zustimmung zur Untervermietung oder zur Vermietung an einen Dritten verweigern und das fristlose Kündigungsrecht des Leasinggebers aushebeln, wenn in der Person des Dritten ein wichtiger Grund vorliegt. Dieser kann sowohl in der Person des Dritten als auch in seinen wirtschaftlichen Verhältnissen begründet sein[2]. Dadurch ist der Leasinggeber regelmäßig hinreichend geschützt, wenn er aus welchen Gründen immer darauf verzichtet hat, in seinen AGB § 540 BGB ausdrücklich auszuschließen. Doch vorzugswürdig ist es, § 540 BGB abzubedingen.

VI. Austausch des Leasingguts – Änderung des Standorts

25 Soweit Leasing-AGB ein fristloses Kündigungsrecht des Leasinggebers für die Fälle vorsiehen, dass der Leasingnehmer ohne die erforderliche Zustimmung des Leasinggebers das Leasinggut austauscht oder es an einen anderen Standort verbringt, ist folgende Differenzierung angezeigt: Da der Leasinggeber rechtlicher und wirtschaftlicher Eigentümer des Leasingguts ist, hat er notwendigerweise ein vitales Interesse daran, dass seine Eigentümerposition unangetastet bleibt[3]. Demzufolge ist ein fristloses Kündigungsrecht des Leasinggebers nach § 307 Abs 2 Nr. 1 BGB nicht zu beanstanden; denn ein **Austausch** des Leasingguts führt immer dazu, dass die Eigentümerposition des Leasinggebers beeinträchtigt wird.

26 Erbringt der Leasingnehmer – wiederum: ohne Zustimmung des Leasinggebers – das Leasinggut **an einen anderen Standort**, so beeinträchtigt dies die Interessen des Leasinggebers nicht notwendigerweise, solange jeden-

---

1 BGH v. 4.7.1990 – VIII ZR 288/89, ZIP 1990, 1133, 1135.
2 Vgl. *Erman/Jendrek*, § 540 BGB Rz. 16.
3 Hierzu LG Frankfurt v. 6.12.1978 – 3/3 O 129/78, BB 1979, 289, 290; OLG Frankfurt v. 22.10.1985 – 5 U 56/84, WM 1986, 916.

falls der Leasingnehmer weiterhin das Leasinggut im Rahmen des vorgesehenen Nutzungszwecks einsetzt und die Leasingraten pünktlich entrichtet. Es erscheint daher zweifelhaft, ob an diesen Tatbestand ein fristloses Kündigungsrecht des Leasinggebers geknüpft werden kann. Denn die insoweit stets zu beachtenden Tatbestände der § 314 Abs. 1, 543 Abs. 1 BGB sind nicht notwendigerweise erfüllt, insbesondere ist die **Zumutbarkeitsgrenze** nicht überschritten, soweit der Nutzungszweck weiterhin beachtet ist; dass dies an einem anderen Standort geschieht, ist für sich allein noch keine hinreichend konkrete Gefährdung der Vermögensinteressen des Leasinggebers. Allein die Tatsache, dass der Leasingnehmer die insoweit erforderliche Zustimmung des Leasinggebers nicht oder nicht rechtzeitig eingeholt hat, rechtfertigt es ebenfalls noch nicht, auf die Tatbestände §§ 314 Abs. 1, 543 Abs. 1 BGB zu rekurrieren.

VII. Verfallklausel

Nach ständiger Rechtsprechung des BGH sind Verfallklauseln in Leasing-AGB mit § 307 Abs. 2 Nr. 1 BGB unvereinbar, sofern sie an den Tatbestand des Zahlungsverzuges des Leasingnehmers anknüpfen und bestimmen, dass das Nutzungsrecht des Leasingnehmers dann beendet wird, so dass der Leasingnehmer erst dann wieder berechtigt ist, das Leasinggut zu nutzen, wenn er alle noch ausstehenden Leasingraten sofort beglichen hat[1]. Dies entspricht auch der BGH-Judikatur, die mit Recht davon ausgeht, dass eine Verfallklausel, welche mit dem fristlosen Kündigungsrecht gekoppelt ist, zwangsläufig an § 307 Abs. 2 Nr. 1 BGB scheitert[2]. Denn die Ausübung des fristlosen Kündigungsrechts führt dazu, dass der Leasingvertrag in ein Abwicklungsverhältnis umgestaltet wird; dem Leasinggeber steht dann kein wie auch immer gearteter Erfüllungsanspruch nach Wirksamwerden der fristlosen Kündigung zu[3]. Indessen bewirkt eine Verfallklausel, dass der Leasingnehmer weiterhin am Vertrag – trotz einer fristlosen Kündigung – festgehalten wird[4]. Dass eine Verfallklausel eine Abzinsungsvereinbarung vorzieht, ändert daran nichts. Auch ist es nicht zulässig, eine unwirksame Verfallklausel in eine wirksame Schadenspauschalierung umzudeuten[5]. 27

Inzwischen ist in der Leasingpraxis zu beobachten, dass Verfallklauseln praktisch nicht mehr verwendet werden. 28

1 Hierzu *Beckmann*, § 8 Rz. 82.
2 BGH v. 5.4.1978 – VIII ZR 49/77, WM 1978, 570, 573; BGH v. 28.10.1981 – VIII ZR 302/80, WM 1981, 1378,1380; BGH v. 28.10.1981 – VIII ZR 175/80, WM, 1982, 7, 8 f.; BGH v. 12.6.1985 – VIII ZR 142/84, WM 1985, 860, 863; BGH v. 16.5.1990 – VIII ZR 108/89, WM 1990, 1244, 1245; BGH v. 10.10.1990 – VIII ZR 296/89, WM 1990, 2043, 2045.
3 BGH v. 3.6.1992 – VIII ZR 138/91, NJW 1992, 2150.
4 Vgl. auch *Beckmann*, § 8 Rz. 82.
5 BGH v. 28.10.1981 – VIII ZR 175/80, WM, 1982, 7, 9.

VIII. Sicherstellung des Leasingguts

29 Mit Urteil vom 1.3.1978[1] hat der BGH festgestellt, dass der Leasinggeber berechtigt ist, in seinen AGB für den Fall des Verzugs des Leasingnehmers zu bestimmen, dass dieser verpflichtet ist, das Leasinggut **vorübergehend** herauszugeben, bis der Leasingnehmer seine Zahlungsverpflichtungen erfüllt hat. Trotz der Rückgabe des Leasingguts bleibt dann der Leasingnehmer weiterhin verpflichtet, die Leasingraten zu zahlen. Doch ist der Leasinggeber seinerseits verpflichtet, dem Leasingnehmer das Leasinggut wieder zur Nutzung zu überlassen, sobald der Zahlungsrückstand ausgeglichen ist. Hier dient die Rücknahme des Leasingguts dem Zweck, den Entgeltanspruch sicher zu stellen, sobald der Leasingnehmer in Verzug geraten ist.

30 **Unwirksam** ist hingegen eine Klausel, welche an Stelle eines fristlosen Kündigungsrechts des Leasinggebers das Recht vorsieht, dass der Leasinggeber das Leasinggut zur Sicherung seiner Zahlungsansprüche herausverlangen und gleichzeitig fordern kann, dass sämtliche noch ausstehenden Leasingraten **fälliggestellt** werden[2]. Eine Abzinsungsvereinbarung ändert nichts an der Unwirksamkeit dieser Klausel gemäß § 307 Abs. 2 Nr. 1 BGB. Denn die unangemessene Benachteiligung liegt hier darin, dass eine Verfallklausel eingreift wonach der Leasingnehmer nunmehr die gesamten Leasingraten zu entrichten hat, so dass das Synallagma des § 320 BGB aufgelöst wird[3].

31 Es erscheint darüber hinaus zweifelhaft, ob der Leasinggeber berechtigt ist, Herausgabe des Leasingguts zur Sicherheit zu verlangen, sofern der Leasingnehmer lediglich mit **einer** Leasingrate in Zahlungsverzug geraten ist. Denn das Herausgabeverlangen wirkt sich in der Sache wie der Ausspruch einer fristlosen Kündigung aus; diese aber erfordert gemäß § 543 Abs. 2 Nr. 3 BGB, dass ein qualifizierter Zahlungsverzug vorliegt. Unabhängig davon ist im Auge zu behalten, dass der Entzug der Gebrauchsnutzung den Leasingnehmer schwer trifft, weil die Leasingfinanzierung regelmäßig auf dem Prinzip des „pay as you earn" aufgebaut ist. Folglich wird dem Leasingnehmers die Möglichkeit entzogen, die durch Nutzung des Leasingguts erwirtschafteten Leasingraten zu begleichen.

IX. Herausgabe des Leasingguts – Einstweilige Verfügung

1. Tatsächliche Feststellung

32 Es ist in der Leasingbranche nicht selten, dass Leasinggeber im Zusammenhang mit der Kündigung eines Leasingvertrages die Rückgabe des

1 BGH v. 1.3.1978 – VIII ZR 183/76, BB 1978, 523, 524.
2 BGH v. 5.4.1978 – VIII ZR 49/77, WM 1978, 570.
3 Vgl. auch BGH v. 28.10.1981 – VIII ZR 175/80, WM 1982, 7.

Leasingguts selbständig – auch gegen den Willen des Leasingnehmers – vollziehen, indem sie ein autonomes Rücknahmerecht postulieren und durchsetzen. Auf der anderen Seite ist bemerkt worden, dass der einstweilige Rechtsschutz zu Gunsten des Leasinggebers bislang in der gerichtlichen Praxis nur unzureichend ausgeprägt ist[1]. Dies führt zu einer für den Leasinggeber oft misslichen Konsequenz: Ungeachtet der Kündigung des Leasingvertrages und der dadurch ausgelösten Rückgabepflicht entzieht sich der Leasingnehmer seinen rechtlichen Verpflichtungen und benutzt das Leasinggut – ohne Zahlung von Leasingraten – einfachhin (kostenlos) weiter. Es liegt auf der Hand, dass eine solche Praxis dazu führt, dass der **Wert** des Leasingguts oft erheblich, mitunter sogar drastisch abnimmt, was dann zwingend zur Konsequenz hat, dass sowohl der Vollamortisationsanspruch des Leasinggebers als auch sein Anspruch auf Verwertung des Leasingguts mehr oder weniger notleidend werden.

2. Möglichkeiten einer einstweiligen Verfügung

a) Verfügungsgrund

Zielt der nach § 940 ZPO maßgebende Verfügungsgrund darauf ab, dass der Leasinggeber das Leasinggut nach Kündigung – trotz der Weigerung des Leasingnehmers – wieder an sich nimmt, dann ist dies der klassische Fall einer **Befriedigungsverfügung**[2]. Es bedarf keiner weiteren Begründung, dass solche einstweiligen Verfügungen nur unter besonders einengenden, sehr strengen Voraussetzungen zulässig sind[3]. Notwenige Voraussetzung hierfür ist, dass der Leasinggeber als Gläubiger auf die sofortige Erfüllung dringend angewiesen ist[4] und inzwischen so erhebliche wirtschaftliche Nachteile drohen, dass dem Leasinggeber als Gläubiger ein Zuwarten oder eine Verweisung auf die spätere Geltendmachung von Schadenseratzansprüchen nicht mehr zumutbar ist[5]. Solche gewichtigen Gründe werden regelmäßig nicht vorliegen; sie sind daher auch nicht i.S.v. § 294 ZPO in erfolgreicher Weise glaubhaft zu machen. Vielmehr ist darauf hinzuweisen, dass ein weiterer Gesichtspunkt hinzutritt: Einstweilige Verfügungen gemäß § 940 ZPO sind grundsätzlich dann unzulässig, wenn sie darauf hinaus laufen, die Hauptsache vorwegzunehmen[6]. 33

Unter dieser Perspektive wird man auch berücksichtigen müssen, dass das **Bonitätsrisiko** des Leasingnehmers das originäre Risiko des Leasinggebers ist, welches dieser bei Abschluss des Leasingvertrages übernimmt. Dem- 34

1 *Saenger*, JZ 1999, 970 ff.; *Beckmann*, § 5 Rz. 70.
2 Statt aller *Zöller/Vollkommer*, § 940 ZPO Rz. 6.
3 OLG Köln v. 19.4.1996 – 25 U 13/95, NJW-RR 1997, 57, 58.
4 OLG Düsseldorf v. 13.6.1995 – U (Kart) 15/95; NJW-RR 1996, 123, 124.
5 OLG Düsseldorf v. 13.6.1995 – U (Kart) 15/95; NJW-RR 1996, 123, 124; *Zöller/Vollkommer*, § 940 ZPO Rz. 6.
6 *Saenger*, JZ 1999, 970, 975; *Beckmann*, § 5 Rz. 72.

zufolge kann der nach § 940 ZPO erforderliche Verfügungsgrund auch nicht darauf gestützt werden, dass die Nichtrückgabe des Leasingguts darauf schließen lässt, dass – möglicherweise sogar kurzfristig – **Solvenzprobleme** beim Leasingnehmer auftreten, so dass der Schadensersatzanspruch des Leasinggebers gefährdet ist. Daher liegt in diesem Umstand allemal **kein zulässiger Verfügungsgrund**, weil und soweit der Erlass einer einstweiligen Verfügung – die entsprechenden Umstände sind glaubhaft zu machen – dazu dienen muss, die wesentlichen Nachteile vom Leasinggeber abzuwenden[1].

b) Herausgabe an einen Sequester

35 Zu empfehlen ist daher, dass der Leasinggeber, sofern in der Tat ausnahmsweise wesentliche Nachteile glaubhaft gemacht werden können, einen Antrag auf Erlass einer einstweiligen Verfügung gemäß § 940 ZPO nicht auf Herausgabe an sich stellt – dies wäre als Leistungsverfügung unzulässig –, sondern dass er den Antrag stellt, das Leasinggut an einen Sequester herauszugeben[2]. Doch auch damit ist in der Sache nicht viel gewonnen, weil der Leasinggeber keineswegs in der Lage ist, vor rechtskräftigem Abschluss des **Hauptsachenverfahrens** das Leasinggut zu verwerten. Folglich trägt er ungeachtet einer zu seinen Gunsten erlassenen einstweiligen Verfügung weiterhin das Risiko der Wertminderung, einschließlich das der Bonität/Solvenz des Leasingnehmers.

c) Anbieten einer Sicherheitsleistung gemäß § 921 Abs. 2 ZPO

36 Da gemäß § 936 ZPO die Vorschriften über den Arrest auch auf die einstweilige Verfügung gemäß § 940 ZPO anwendbar sind, ist mit Recht in der Literatur vorgeschlagen worden[3], dass der Leasinggeber gemäß § 921 Abs. 2 ZPO eine Sicherheit anbietet, um auf diese Weise zu erreichen, dass das Leasinggut unmittelbar an ihn selbst herausgegeben wird. Dadurch werden sicherlich in berechtigerweise die Interessen des Leasingnehmers geschützt; und auch der Leasinggeber erfährt auf diese Weise den Schutz seiner Interessen. Doch die entscheidende Frage läuft darauf hinaus, ob § 921 Abs. 2 ZPO in der Tat den Zweck erfüllen kann, die an sich – wie gezeigt – unzulässige **Leistungsverfügung** zu unterlaufen und auf diese Weise auch die Hauptsache vorweg zu nehmen. Beide Argumente wiegen schwer, zumal der Leasinggeber wohl regelmäßig nicht in hinreichender Weise glaubhaft machen kann, dass unabweisbare Gründe dafür sprechen, die sofortige Verfügbarkeit über das Leasinggut – und damit dessen Verwertungsmög-

---

1 *Zöller/Vollkommer*, § 940 ZPO Rz. 4; vgl. auch, aber wohl abweichend *Beckmann*, § 5 Rz. 71.
2 OLG Köln v. 19.4.1996 – 25 U 13/95, NJW-RR 1997, 57 – Luftfahrt – Herausgabe der Lebenslaufakte; *Beckmann*, § 5 Rz. 73.
3 *Beckmann*, § 5 Rz. 74.

lichkeit – ausüben zu können[1]. Deshalb sprechen prozessual durchgreifende Argumente gegen die von *Beckmann* vorgetragene Auffassung[2]. Im Ergebnis bleibt es also dabei: Wenn und soweit der Leasingnehmer das Leasinggut – trotz wirksamer Kündigung – nicht zurück gibt, sondern weiter benutzt, sind die Möglichkeiten des Leasinggebers, auf das Instrument einer einstweiligen Verfügung gemäß § 940 ZPO erfolgreich zurückzugreifen, äußerst limitiert. Es bleibt kein anderer Ausweg als eine möglicherweise auch lang dauernde **Hauptsachenklage** zu erheben und die Rechtskraft der Entscheidung – sowie die anschließende Vollstreckung – abzuwarten.

X. Berechnung des Schadensersatzanspruchs statt der Leistung

1. Erfüllungsinteresse – Nichterfüllungsschaden

Hat der Leasinggeber den Vertrag mit dem Leasingnehmer fristlos gekündigt, so steht ihm ein Schadensersatzanspruch statt der Leistung nach § 281 BGB zu. Dieser ist jedoch – und dies ist für die tägliche Praxis ganz entscheidend – durch das jeweilige Erfüllungsinteresse des Leasinggebers begrenzt. Dabei ist zu bedenken, dass dieser Schadensersatzanspruch deswegen aus § 281 BGB folgt, weil und soweit die fristlose Kündigung des Leasinggebers auf einer schuldhaften Pflichtverletzung des Leasingnehmers – regelmäßig: auf einem Zahlungsverzug i.S.v. § 543 Abs. 2 Nr. 3 BGB – beruht[3]. Doch durch das **Wirksamwerden der Kündigung** wird der Leasingvertrag als Dauerschuldverhältnis in ein **Abwicklungsverhältnis** umgestaltet; erst in diesem Zeitpunkt entsteht der Schadensersatzanspruch statt der Leistung[4]. Es handelt sich daher um einen Kündigungsfolgeschaden[5]. Obergrenze für diesen Schadensersatzanspruch ist, um es zu wiederholen, das Erfüllungsinteresse bei ordnungsgemäßer Vertragsdurchführung[6]. 37

2. Unwirksamkeit von pauschalierten Schadensersatzklauseln

Daraus folgt bereits im Ansatz: Alle Klauseln in Leasing-AGB, die entweder auf einer Pauschalierung des Schadensersatzanspruchs des Leasinggebers beruhen, sind mit § 307 Abs. 2 Nr. 1 BGB unter Berücksichtigung von § 309 Nr. 5a BGB unvereinbar[7]. Denn diese Klauseln sind immer generell-abstrakt zu fassen; sie sind daher nicht geeignet, den von den jeweils konkreten Umständen des Einzelfalls abhängigen Schadensersatz statt der 38

1 Vgl. OLG Köln v. 19.4.1996 – 25 U 13/95, NJW-RR 1997, 57, 58.
2 *Beckmann*, § 5 Rz. 74.
3 *Wolf/Eckert/Ball*, Rz. 1913.
4 BGH v. 3.6.1992 – VIII ZR 138/91, NJW 1992, 2150.
5 *Beckmann*, § 8 Rz. 128.
6 BGH v. 26.6.2002 – VIII ZR 147/01, NJW 2002, 2713, 2714.
7 BGH v. 8.3.1995 – VIII ZR 313/93, NJW 1995, 1541, 1543.

Leistung mit hinreichender Genauigkeit zu berechnen. Spätestens an der Stelle, an der es darum geht, den konkret entstandenen Verwertungserlös in Anrechnung zu bringen, ist Farbe zu bekennen. Daher kann eine Klausel diesen Tatbestand nur bezeichnen, ihn aber nicht rechnerisch-konkret erfassen, ohne gegen § 309 Nr. 5a BGB zu verstoßen. Deshalb sind auch alle Klauseln, die darauf hinauslaufen, dass der Leasinggeber im Fall der fristlosen Kündigung einen höheren Erlös/Ertrag erwirtschaftet als bei ordnungsgemäßer Vertragsdurchführung, mit § 307 Abs. 2 Nr. 1 BGB nicht zu vereinbaren, weil die Begrenzung des Schadensersatzanspruchs auf das **Erfüllungsinteresse** des Leasinggebers ein wesentlicher Grundsatz des Schadensersatzrechts ist[1].

39 Soweit es sich um Fragen des **Verbraucherleasings** handelt, ist auf die gesonderte Darstellung unter Berücksichtigung der §§ 500, 498 BGB zu verweisen (Kap. L Rz. 414 ff.).

3. Gemeinsamkeiten bei Voll- und Teilamortisationsverträgen

40 Nachdem diese generellen Gesichtspunkte dargelegt worden sind, sollen nunmehr für die einzelnen Vertragstypen die Besonderheiten in der Berechnung des konkret nachzuweisenden Schadens erörtert werden.

a) Anspruch auf Zahlung der rückständigen Leasingraten

41 Im Fall der fristlosen Kündigung des Leasingvertrages ist es regelmäßig so, dass der Leasinggeber zunächst alles daran setzen wird, seinen Anspruch auf Zahlung der rückständigen Leasingraten zu verwirklichen[2]. Diese Zahlungspflicht schuldet der Leasingnehmer bis zu dem Zeitpunkt, in welchem er das Leasinggut an den Leasinggeber nachweislich zurückgewährt. Solange ein Vorenthalten vorliegt, erhält der Leasinggeber die Leasingraten als Nutzungsentschädigung gemäß § 546a BGB (Kap. J Rz. 22 ff.). Selbstverständlich werden diese Leasingraten unter Einschluss der **Mehrwertsteuer** geschuldet, weil es sich um eine klassische Entgeltpflicht, nicht aber um einen Schadensersatzanspruch nach der Leistung handelt, weil dieser erst gemäß § 1 Abs. 1 Nr. 1 UStG nicht mehr als steuerbare Leistung eingestuft wird[3].

b) Einzelheiten der Berechnung

aa) Grundsatz der konkreten Schadensberechnung

42 Geht man, wie bereits betont, davon aus, dass der Schadensersatzanspruch statt der Leistung immer im **Erfüllungsinteresse** des Leasinggebers seine

1 BGH v. 26.6.2002 – VIII ZR 147/01, NJW 2002, 2713, 2714.
2 Hierzu auch *Beckmann*, § 8 Rz. 130.
3 *Wolf/Eckert/Ball*, Rz. 1938.

tatsächliche Begrenzung erfährt und berücksichtigt man des Weiteren, dass der Leasinggeber regelmäßig nicht in der Lage ist, eine abstrakte Berechnung des Nichterfüllungsschadens in den AGB in wirksamer Weise vorzunehmen (Rz. 38), sind damit die Würfel gefallen: Der Leasinggeber ist auf eine konkrete Berechnung seines Schadensersatzanspruchs angewiesen[1]. Dieser Ansatz entspricht auch dem Befund, der sich aus der Judikatur ergibt[2]. Danach ist auch der **hypothetische Verwertungserlös** auf den Schadensersatzanspruch des Leasinggebers anzurechnen[3]. Dieser Gesichtspunkt ist immer dann zu beachten, wenn eine konkrete, optimale Verwertung noch nicht möglich oder zumutbar war.

bb) Gewinnanspruch

Die während der Grundmietzeit nach Wirksamwerden der fristlosen Kündigung anfallenden Leasingraten sind einschließlich des **Gewinnanspruchs** des Leasinggebers in Ansatz zu bringen. Beim **Vollamortisationsvertrag** ist es so, dass der Leasinggeber nicht nur einen Gewinnanspruch bis zur nächstmöglichen ordentlichen Kündigung hat, weil dieser Vertragstypus dadurch charakterisiert ist, dass eine unkündbare Grundmietzeit vereinbart worden ist, die mindestens 40 %, maximal 90 % der betriebsgewöhnlichen Nutzungsdauer des Leasingguts ausmacht. Folglich fehlt es hier – im Gegensatz zum kündbaren Teilamortisationsvertrag (Kap. J Rz. 57 ff.) – an der Möglichkeit und dem Recht einer ordentlichen Kündigung, welche naturgemäß dazu führt, den Gewinnanspruch des Leasinggebers bis zu diesem Zeitpunkt zu begrenzen. 43

cc) Netto-Leasingraten

Die Leasingraten sind als Netto-Leasingraten in Ansatz zu bringen[4]. Dabei ist erneut zu unterstreichen, dass die fristlose Kündigung – und damit die Geltendmachung von Schadensersatzansprüchen statt der Leistung – dazu führt, dass das ursprüngliche Synallagma des Leasingvertrages in ein Abwicklungsverhältnis umgewandelt wird[5]. Somit liegt hier ein echter Schadensersatzanspruch vor, der kein umsatzsteuerpflichtiges Entgelt darstellt[6]. Daraus folgt: Wenn der Leasinggeber wegen Zahlungsverzugs des Leasingnehmers das Vertragsverhältnis im Wege der fristlosen Kündigung beendet hat, erbringt er auch keine Leistung mehr, die im gegenseitigen 44

---

1 Hierzu *Wolf/Eckert/Ball*, Rz. 1986; *Reinking/Eggert*, Der Autokauf, Rz. 893 ff.; *Beckmann*, § 8 Rz. 136 ff.

2 BGH v. 12.6.1985 – VIII ZR 142/84, WM 1985, 860; BGH v. 24.4.1985 – VIII ZR 95/84, NJW 1995, 1539; insbesondere auch OLG Celle v. 5.1.1994 – 2 U 177/91, NJW-RR 1994, 743 – Kilometerabrechnungsvertrag.

3 OLG Dresden v. 7.8.2000 – 8 W 2306/99, NJW-RR 2003, 194.

4 *Wolf/Eckert/Ball*, Rz. 1938 f.; *Beckmann*, § 8 Rz. 137.

5 BGH v. 17.7.2001 – X ZR 71/99, NJW 2001, 3535, 3536.

6 BGH v. 22.10.1997 – XII ZR 142/95, NJW-RR 1998, 803, 805; BGH v. 17.7.2001 – X ZR 71/99, NJW 2001, 3535, 3536.

Austauschverhältnis steht[1]. Deshalb ist daran festzuhalten, dass der konkreten Berechnung des Schadensersatzanspruchs statt der Leistung die Netto-Leasingraten zugrunde zu legen sind, weil die Steuerpflicht die Leistung des Leasinggebers nach § 1 Abs. 1 Nr. 1, § 3 Abs. 9 UStG die Gebrauchsüberlassung auf Zeit ist, welche durch Ausspruch der fristlosen Kündigung beendet wurde[2], so dass kein ursächlicher Zusammenhang mehr zwischen Bezahlung des Schadensersatzes einerseits und der Leistung des steuerpflichtigen Leasinggebers andererseits besteht[3].

dd) Abzinsung

45 Die erforderliche Abzinsung bezieht sich auf die gesamten, nach Wirksamwerden der fristlosen Kündigung noch ausstehenden Netto-Leasingraten, einschließlich des entgangenen Gewinnanspruchs. Nicht abgezinst werden selbstverständlich die Leasingraten, welche bis zum Ausspruch der fristlosen Kündigung fällig waren. Nicht abgezinst werden des Weiteren die Leasingraten, die der Leasinggeber gemäß § 546a BGB deswegen ungekürzt geltend machen kann, weil der Leasingnehmer die Rückgabe des Leasingguts ihm vorenthalten hat. Soweit danach eine Abzinsung in Betracht kommt, gelten die weiter oben dargestellten Grundsätze (Kap. J Rz. 22 ff.): Der Leasinggeber ist verpflichtet, die als Schadensersatz statt der Leistung geltend gemachten Leasingraten mit dem Zinssatz abzuzinsen, welcher der Refinanzierung (Vertragszins) zugrunde lag[4].

ee) Vorfälligkeitsentschädigung

46 Es entspricht gesicherter Rechtsprechung, dass im Fall der fristlosen Kündigung der Leasinggeber berechtigt ist, eine etwa an die Refinanzierungsbank zu zahlende Vorfälligkeitsentschädigung als gesonderte Schadensersatzposition dem Leasingnehmer in Rechnung zu stellen[5]. Die weiter oben im Zusammenhang mit einer ordentlichen Kündigung angesprochenen Bedenken (Kap. J Rz. 81) verfangen hier allerdings nicht. Denn die Vorfälligkeitsentschädigung zu Lasten des Leasinggebers wird nur deswegen fällig, weil der Leasinggeber wegen des Zahlungsverzugs des Leasingnehmers gehalten war, den Leasingvertrag fristlos zu kündigen. Mithin liegt insoweit eine dem Leasingnehmer zurechenbare Vertragsverletzung vor, so dass die Vorfälligkeitsentschädigung eine adäquate Schadensfolge i.S.d. §§ 249 ff. BGB ist.

---

1 BGH v. 17.7.2001 – X ZR 71/99, NJW 2001, 3535, 3536.
2 *Wolf/Eckert/Ball*, Rz. 1939.
3 BGH v. 22.10.1997 – VIII ZR 142/95, NJW-RR 1998, 803, 805; BGH v. 17.7.2001 – X ZR 71/99, NJW 2001, 3535, 3536.
4 BGH v. 19.3.1986 – VIII ZR 81/85, WM 1986, 673.
5 BGH v. 28.3.1990 – VIII ZR 17/89, NJW 1990, 1785; *Wolf/Eckert/Ball*, Rz. 1981 ff.; *Beckmann*, § 8 Rz. 141.

ff) Anrechnung des Verwertungserlöses

47 Auch im Rahmen einer fristlosen Kündigung ist der Leasinggeber verpflichtet, das Leasinggut optimal zu verwerten; es gelten insoweit die gleichen Erwägungen, die zuvor im Zusammenhang mit der Erörterung einer ordentlichen Kündigung dargestellt worden sind (Kap. J Rz. 55 ff.). Von Wichtigkeit ist in diesem Kontext, dass der Leasinggeber grundsätzlich verpflichtet ist, den gesamten Verwertungserlös dem Leasingnehmer gutzubringen. Entgegenstehende AGB-Klauseln, welche nur eine eingegrenzte Anrechnungspflicht vorsehen, scheitern an § 307 Abs. 2 Nr. 1 BGB und sind unwirksam[1]. Dies gilt nach der zutreffenden Rechtsprechung des BGH insoweit, als in den Leasing-AGB bestimmt wird, dass lediglich 90 % des Verwertungserlöses auf den Schadensersatzanspruch des Leasinggebers gutgebracht werden. Denn es handelt sich hier um eine Fallkonstellation, die **ausschließlich** bei der rechtlichen Behandlung eines kündbaren Teilamortisationsvertrages eine Rolle spielt: Nur in diesem Fall ist lediglich 90 % des erzielten Verwertungserlöses – typusbedingt – auf den Vollamortisationsanspruch des Leasinggebers anzurechnen[2].

48 Dass das Leasinggut im Fall fristloser Kündigung und anschließender Weiterveräußerung einen **höheren Zeitwert/Verkehrswert** hat, als es bei ordnungsgemäßem Ablauf der vertraglich vorgesehenen Leasingdauer hätte, ist evident[3], aber schadensersatzrechtlich irrelevant. Denn es geht immer nur darum, in welcher Höhe der Verwertungserlös im Rahmen der Schadensersatzpflicht des Leasingnehmers angerechnet wird, wobei allerdings die noch ausstehenden – abgezinsten – Leasingraten die nicht zu überschreitende Obergrenze des Erfüllungsinteresses des Leasinggebers (unter gleichzeitiger Berücksichtigung der ersparten Aufwendungen) repräsentieren (Kap. J Rz. 55 ff.). Anders gewendet und schärfer formuliert: Erzielt der Leasinggeber einen die Grenze des Erfüllungsinteresses überschreitenden Verwertungserlös, so realisiert sich darin nichts anderes als der Befund, dass der Leasinggeber rechtlicher und wirtschaftlicher Eigentümer des Leasinguts ist; allein er ist berechtigt, einen etwaigen „Restwert" zu realisieren[4]. Dies gilt allerdings nicht, wenn es sich um einen Teilamortisationsvertrag mit Mehrerlösbeteiligung des Leasingnehmers handelt. Denn dann fließt der erzielte Mehrerlös – auch im Rahmen einer fristlosen Kündigung des Leasingvertrages – dem Leasingnehmer in Höhe von 75 % zu.

gg) Einsparung laufzeitabhängiger Kosten

49 Soweit als Folge der fristlosen Kündigung des Leasinggebers keine weiteren laufzeitabhängige Kosten anfallen (Kap. J Rz. 74), sind diese im Rahmen der Schadensberechnung zu berücksichtigen, wie etwa Objektsteuern, Kos-

1 BGH v. 26.6.2002 – VIII ZR 147/01, NJW 2002, 2713.
2 Hierzu auch *Beckmann*, § 8 Rz. 148.
3 Hierzu BGH v. 8.3.1995 – VIII ZR 313/93, NJW 1995, 1541, 1543.
4 So BGH v. 8.3.1995 – VIII ZR 313/93, NJW 1995, 1541, 1543.

ten der Vertragsüberwachung, Versicherungsprämien, die auf das Leasinggut entfallen etc. Darüber hinaus ist der Leasinggeber verpflichtet, **ersparte Aufwendungen** in Abzug zu bringen (Kap. J Rz. 76 ff.). Es handelt sich hier um nichts anderes als um den Tatbestand einer Vorteilsausgleichung[1].

hh) Kosten der Rechtsverfolgung

50 Soweit als adäquate Folge der fristlosen Kündigung des Leasingvertrages **Mehraufwendungen** beim Leasinggeber entstehen, sind diese im Rahmen der Schadensersatzpflicht der §§ 280, 249 ff. BGB gesondert geltend zu machen und konkret nachzuweisen. In erster Linie gilt dies im Hinblick auf die Kosten der Rechtsverfolgung, die Einschaltung eines **Sachverständigen** für die Schätzung des Verkehrswerts/Zeitwerts des Leasingguts. Auch die Kosten eines Schiedsgutachters zählen hierher (Kap. J Rz. 104 ff.). Schließlich fallen auch die Kosten der Verwertung des Leasingguts in diese Kategorie, soweit es sich hierbei nicht um Gemeinkosten des Leasinggebers handelt. Das dürfte selten der Fall sein; an die Erfüllung der entsprechenden Nachweispflichten sind hohe Anforderungen zu stellen. Grundsätzlich sind nur die Verwertungskosten eine Schadensersatzposition, die kausal durch die Vertragsverletzung verursacht worden sind, welche die fristlose Kündigung des Leasinggebers ausgelöst hat. Daher sind in der Regel auch alle die Aufwendungen als Gemeinkosten einzuordnen, die in dem Betrieb des Leasinggebers anfallen, wie etwa Einschaltung der Rechtsabteilung[2]. Etwas anderes gilt im Hinblick auf die Geltendmachung zusätzlicher **Mahnkosten**. Diese sind unter Berücksichtigung von § 309 Nr. 5a BGB allerdings lediglich in Höhe eines geringen Betrages bis zu max. 1,50 Euro zu erstatten[3]. Der Vorbehalt des § 309 Nr. 5b BGB ist zu beachten; im unternehmerischen Verkehr spricht sich die h.M. gegen die mittelbare und indizielle Anwendung dieser Norm im Rahmen von § 307 Abs. 2 Nr. 1 BGB aus[4]. Doch ist es allemal unwirksam, wenn der Gegenteilsnachweis abbedungen worden ist[5].

ii) Verzugszinsen

51 Soweit die fristlose Kündigung auf dem Tatbestand des Zahlungsverzugs des Leasingnehmers beruht, liegen grundsätzlich auch die Voraussetzungen von § 288 BGB vor: Die rückständigen Leasingraten sind daher als Entgeltforderung gemäß § 288 Abs. 2 BGB zu verzinsen. Verzugszinspauscha-

---

1 *Beckmann*, § 8 Rz. 147.
2 Mit Recht *Beckmann*, § 8 Rz. 145.
3 Vgl. OLG Hamm v. 16.12.1991 – 17 U 109/91, NJW-RR 1992, 444, 445; OLG Hamm v. 10.10.1991 – 17 U 2/91, NJW-RR 1992, 242; im Einzelnen auch AGB-Klauselwerke/*Graf von Westphalen*, Verzugszinsklauseln Rz. 18 ff.
4 BGH v. 20.3.2003 – I ZR 225/00, NJW-RR 2003, 1056; 1059; *Palandt/Heinrichs*, § 309 BGB Rz. 32; *Erman/Roloff*, § 308 BGB Rz. 51.
5 BGH v. 20.3.2003 – I ZR 225/00, NJW-RR 2003, 1056, 1059; BGH v. 12.1.1994 – VIII ZR 165/92, NJW 1994, 1060, 1068.

len sind jedoch – jedenfalls im unternehmerischen Verkehr – grundsätzlich nach § 309 Nr. 5a BGB i.V.m. § 307 Abs. 2 Nr. 1 BGB bedenklich, wenn sie höher liegen als 8 % über dem jeweiligen Basiszinssatz, weil derartige Schadenspauschalen grundsätzlich nicht dem gewöhnlichen Lauf der Dinge entsprechen. Denn diese Verzugszinspauschale ist grundsätzlich beträchtlich höher als der gewöhnliche Kontokorrentzins, den üblicherweise ein Leasinggeber – verzugsbedingt – in Anspruch nimmt[1]. Wenn freilich der Leasinggeber den aus der Kündigung folgenden Schadensersatzanspruch statt der Leistung fällig gestellt hat und der Leasingnehmer mit der Befriedigung dieses Anspruchs im Verzug ist, kann der Leasinggeber ohne Weiteres auch Verzugszinsen gemäß § 288 BGB für diesen Schadensersatzanspruch in Rechnung stellen[2].

4. Verjährung

Der Schadensersatzanspruch statt der Leistung, der als Folge der fristlosen Kündigung des Leasinggebers fällig ist, verjährt in der Regelverjährung der §§ 195, 199 BGB; Besonderheiten gelten insoweit nicht. 52

5. Besonderheiten bei Teilamortisationsverträgen

a) Teilamortisationsvertrag mit Andienungsrecht des Leasinggebers

Hier liegen die Dinge bei der erforderlichen Berechnung eines Kündigungsschadens relativ einfach: Der Vollamortisationsanspruch des Leasinggebers – transparente Vertragsgestaltung vorausgesetzt – besteht aus den während der Grundmietzeit zu zahlenden Leasingraten sowie dem jeweils schon bei Abschluss des Leasingvertrages vereinbarten „Restwert". Daraus folgt: Die im Zeitpunkt des Wirksamwerdens der fristlosen Kündigung noch ausstehenden Leasingraten sind mit dem Vertragszins abzuzinsen (Kap. J Rz. 60 ff.). Darüber hinaus ist der „Restwert" ebenfalls mit dem Vertragszins abzuzinsen[3]. Dies hängt ursächlich damit zusammen, dass der jeweils ausgewiesene „Restwert" dem Zweck dient, dass der Leasinggeber durch Ausübung seines Andienungsrechts den ihm zustehenden Vollamortisationsanspruch realisiert. 53

Im Übrigen gelten keine Besonderheiten; es sind die zuvor dargestellten Gesichtspunkte zu berücksichtigen. Doch ist entgegen einer in der Literatur vertretenen Auffassung[4] hinzuzusetzen, dass keineswegs nur 90 % des 54

1 A.M. *Beckmann*, § 8 Rz. 153.
2 Dies hat allerdings nichts damit zu tun, dass der Schadensersatzanspruch in diesem Kontext eine Entgeltforderung würde, so aber *Beckmann*, § 8 Rz. 153, unter wohl nicht zutreffender Berufung auf BGH v. 17.7.2001 – X ZR 71/99, NJW 2001, 3535, 3536.
3 *Wolf/Eckert/Ball*, Rz. 1986.
4 *Wolf/Eckert/Ball*, Rz. 1986.

Verwertungserlös bei erlasskonformer Vertragsgestaltung zur Anrechnung zu bringen sind, sondern stets 100 % des jeweils erzielten Verwertungserlöses – gleichgültig, ob es sich um die Veräußerung oder um eine Vermietung handelt. Der aus der fristlosen Kündigung resultierende Schadensersatz dient ja hier lediglich dem Zweck, den Leasinggeber im Hinblick auf den ihm zustehenden Vollamortisationsanspruch abzusichern; die Chance der **Wertsteigerung** genießt der Leasinggeber ohnedies. Dieses Risiko aber ist in dem jeweiligen „Restwert" des Leasingguts veranschlagt, welches zusammen mit den während der Grundmietzeit zu zahlenden Leasingraten den Vollamortisationsanspruch rechnerisch ergibt.

b) Teilamortisationsmodell mit Mehrerlösbeteiligung des Leasingnehmers

55 Hier ist zunächst daran zu erinnern, dass auch bei diesem Modell – ungeachtet der Mehrerlösbeteiligung des Leasingnehmers – der Leasingnehmer die Vollamortisation des Leasinggebers schuldet: Wenn nämlich unter Berücksichtigung des jeweils erzielten Verwertungserlöses die während der Grundmietzeit gezahlten Leasingraten nicht ausreichen, um die Vollamortisation des Leasingnehmers zu erreichen, dann schuldet auch bei diesem Modell der Leasingnehmer in Höhe der jeweiligen Differenz eine **Abschlusszahlung**. Daher sind die abgezinsten Leasingraten dem Schadensersatzanspruch (unter Beachtung der ersparten Aufwendungen) zugrunde zu legen, die während der verbleibenden Grundmietzeit, gerechnet vom Wirksamwerden der Kündigung an fällig werden. Ein „Restwert" ist bei diesem Modell nicht kalkuliert und folglich auch nicht abzuzinsen[1]. Insbesondere ist auch in diesem Zusammenhang darauf hinzuweisen, dass auch hier 100 % des Verwertungserlöses – erlasskonforme Vertragsgestaltung vorausgesetzt – zur Anrechnung berufen sind, keineswegs nur 90 %[2]. Denn die Anrechnung von 90 % des Verwertungserlöses ist, um es zu wiederholen, auf den Typus des kündbaren Teilamortisationsvertrages begrenzt. Soweit jedoch ein **Mehrerlös** im Rahmen der Verwertung des Leasingguts erzielt wird, steht dieser dem Leasingnehmer in Höhe von 75 % zu; 25 % erhält der Leasinggeber.

c) Teilamortisationsmodell mit Kündigungsrecht des Leasingnehmers

56 Auch hier gelten im Wesentlichen die gleichen Grundsätze, die zuvor erörtert worden sind. Doch ist hier der Leasinggeber verpflichtet, lediglich **90 % des Verwertungserlöses** auf seinen Vollamortisationsanspruch anzurechnen. 10 % verbleiben ihm. Dies ändert freilich nichts daran, dass der Schadensersatzanspruch statt der Leistung auch hier in gleicher Weise wie dargestellt zu berechnen ist, weil stets das Erfüllungsinteresse die Ober-

1 A.M. *Wolf/Eckert/Ball*, Rz. 1983.
2 A.M. *Wolf/Eckert/Ball*, Rz. 1983.

grenze für den Schadensersatzanspruch bildet, den der Leasinggeber als Folge der fristlosen Kündigung des Leasingvertrages zu reklamieren berechtigt ist. Indessen ist auch bei diesem Modell kein „Restwert" kalkuliert[1]. Demzufolge ist der Leasinggeber verpflichtet, seinen Vollamortisationsanspruch konkret darzulegen und die einzelnen Schadenspositionen konkret zu berechnen.

Doch fällt hier ein entscheidender **Unterschied** ins Gewicht: Der in den je- 57
weiligen Leasingraten enthaltene **Gewinn** des Leasinggebers ist hier nur in begrenztem Umfang erstattungsfähig. Dies hängt unmittelbar damit zusammen, dass der Leasingnehmer berechtigt ist, nach Ablauf von 40 % der betriebsgewöhnlichen Nutzungsdauer eine **ordentliche Kündigung** auszusprechen. Daher steht dem Leasinggeber nur der Gewinnanspruch zu, der nach Wirksamwerden der fristlosen Kündigung bis zu dem Zeitpunkt entsteht, in welchem der Leasingnehmer erstmals berechtigt gewesen wäre, den Leasingvertrag im Wege der ordentlichen Kündigung zu beenden[2]. Die vom Leasingnehmer ausgehende ordentliche Kündigung ist also bei der Berechnung des Schadensersatzanspruchs des Leasinggebers fiktiv zugrunde zu legen[3].

6. Sonderzahlungen des Leasingnehmers

Aus der BGH-Entscheidung vom 11.1.1995[4] folgt, dass eine vom Leasing- 58
nehmer bei Abschluss des Leasingvertrages geleistete Sonderzahlung im Zusammenhang mit der Berechnung des Schadensersatzanspruchs statt der Leistung nach § 281 BGB zu berücksichtigen ist. So gesehen hat der Leasinggeber – ungeachtet der von ihm ausgesprochenen fristlosen Kündigung – einen Anspruch darauf, so gestellt zu werden, wie er stände, wenn der Leasingvertrag ordnungsgemäß erfüllt worden wäre[5]. Dann aber hätte der Leasinggeber neben den vereinbarten Leasingraten auch die gesamte Sonderzahlung erhalten[6]. Die Berücksichtigung der vom Leasingnehmer geleisteten Sonderzahlung ist also Teil der Gesamtleistung des Leasingnehmers, welche ihrerseits auf die Erfüllung des Amortisationsanspruchs des Leasinggebers zielt[7].

Fraglich ist jedoch, in welcher Weise die Sonderzahlung bei der Berechnung 59
des Schadensersatzanspruchs statt der Leistung **rechnerisch** zu berücksichtigen ist. Zutreffend erscheint es, die jeweilige Sonderzahlung **zeitanteilig**

1 A.M. *Wolf/Eckert/Ball*, Rz. 1983.
2 BGH v. 10.10.1990 – VIII ZR 296/89, WM 1990, 2043.
3 *Wolf/Eckert/Ball*, Rz. 1983.
4 BGH v. 11.1.1995 – VIII ZR 61/94, NJW 1995, 954, 955.
5 BGH v. 11.1.1995 – VIII ZR 61/94, NJW 1995, 954, 955.
6 BGH v. 11.1.1995 – VIII ZR 61/94, NJW 1995, 954, 955; *Wolf/Eckert/Ball*, Rz. 1986.
7 BGH v. 11.1.1995 – VIII ZR 61/94, NJW 1995, 954, 955.

auf die entfallende Restlaufzeit des Leasingvertrages anzurechnen[1]. Dies deckt sich auch mit der bilanzrechtlichen und steuerrechtlichen Einordnung der Sonderzahlung. Sie ist nämlich als Rechnungsabgrenzungsposten zu behandeln. Dies bedeutet also konkret: Der Betrag der Sonderzahlung ist auf die Laufzeit des Leasingvertrages zu verteilen; in jedem Rechnungsjahr ist der anteilige Betrag Gewinn erhöhend zu berücksichtigen[2]. Daraus folgt: Wenn also bei der ordnungsgemäßen Erfüllung des Leasingvertrages eine solche ratierliche Aufteilung der Sonderzahlung notwendigerweise bilanz- und steuerrechtlich vorzunehmen ist, dann gilt das Gleiche auch für die Berechnung des Schadensersatzanspruchs statt der Leistung. Denn Nichterfüllungsschaden und Erfüllungsinteresse sind, wie mehrfach betont, deckungsgleich. Deshalb sind die nach dem Wirksamwerden der fristlosen Kündigung anfallenden Leasingraten zunächst um den anteiligen Betrag der geleisteten Sonderzahlung zu kürzen, bevor dieser Netto-Betrag mit dem Vertragszins abzuzinsen ist[3].

7. Umsatzsteuerpflichten

60 Bereits zuvor wurde betont, dass bei der Berechnung des Schadensersatzanspruchs statt der Leistung keine Mehrwertsteuer anzusetzen ist[4]. Deshalb sind auch die abgezinsten Leasingraten oder etwaige „Restwerte" jeweils ohne Mehrwertsteuer in Ansatz zu bringen. Das Gleiche gilt für eine Ausgleichszahlung, welche im Zusammenhang mit dem Restamortisationsanspruch des Leasinggebers zahlbar gestellt wird[5]. **Anders** ist jedoch der Teil der Leasingraten steuerrechtlich zu bewerten, für die der Leasinggeber gemäß § 546a BGB eine **Nutzungsentschädigung** deswegen mit Recht verlangt, weil der Leasingnehmer ihm das Leasinggut vorenthalten hat. Hier besteht nämlich weiterhin eine Gegenleistung des steuerpflichtigen Leasinggebers[6]. Denn das Vorenthalten des Leasingnehmers i.S.v. § 546a BGB führt dazu, dass das Synallagma – ungeachtet des Wirksamwerdens der fristlosen Kündigung – in wirtschaftlicher Weise weiter fortbesteht. Dies ist für das Entstehen einer steuerbaren Gegenleistung i.S.v. § 1 Abs. 1 Nr. 1 UStG entscheidend, weil dann eine Gegenleistung auch tatsächlich erbracht wird. Auch der anrechnungspflichtige Teil des **Verwertungserlöses**

1 OLG Rostock v. 13.9.1999 – 3 U 169/98, OLGR 2000, 2; *Wolf/Eckert/Ball*, Rz. 1986; *Beckmann*, § 8 Rz. 34.
2 So mit zutreffenden Argumenten in der Sache OLG Düsseldorf v. 16.1.1997 – 10 U 223/95, DB 1997, 1071, 1072.
3 Wohl ungenau im Ergebnis *Wolf/Eckert/Ball*, Rz. 1986, wo nicht klar zu erkennen ist, ob die Anrechnung der zeitanteiligen Sonderzahlung vor Berücksichtigung der Abzinsung vorgenommen wird, was indessen geboten ist
4 Hierzu BGH v. 14.3.2007 – VIII ZR 68/06, NJW-RR 2007, 1066, 1068; BGH v. 11.2.1987 – VIII ZR 27/86, ZIP 1987, 517.
5 BGH v. 14.3.2007 – VIII ZR 68/06, NJW-RR 2007, 1066, 1068
6 BGH v. 17.7.2001 – X ZR 71/99, NJW 2001, 3535, 3536.

ist im Rahmen der Schadensersatzberechnung netto auszuweisen und so zu berücksichtigen[1]. Es handelt sich insoweit um einen Rechnungsposten, der Teil eines Schadensersatzanspruchs statt der Leistung ist[2].

1 Vgl. BGH v. 12.6.1985 – VIII ZR 148/84, WM 1985, 860, 865.
2 OLG Hamm v. 5.6.1986 – 4 U 55/86, NJW 1987, 455.

L. Verbraucherleasing

1 Der Verbraucherleasingvertrag[1] ist dadurch gekennzeichnet, dass der Leasinggeber als **Unternehmer** i.S.d. § 14 BGB und der Leasingnehmer als **Verbraucher** i.S.d. § 13 BGB handelt.

2 In diesem Fall unterliegen die vom Leasinggeber verwendeten Allgemeinen Geschäftsbedingungen (AGB) der strengen Inhaltskontrolle nach den §§ 308, 309 BGB. Außerdem ist im Rahmen der rechtlichen Beurteilung der leasingtypischen Abtretungskonstruktion die Wertung des § 475 BGB zu berücksichtigen. Der Finanzierungsleasingnehmer wird über § 500 BGB in besonderer Weise geschützt. Bei Vorliegen der gesetzlichen Voraussetzungen sind zudem die Verbraucherschutzvorschriften gemäß §§ 312c, 312d BGB zu beachten.

I. Vertragsparteien

3 Typischerweise besteht beim Verbraucherleasing ein **Dreiecksverhältnis**: Der Leasinggeber erwirbt das Leasinggut von einem Dritten. Zwischen dem Lieferanten und dem Leasinggeber wird ein Kaufvertrag geschlossen, zwischen Leasinggeber und Leasingnehmer ein Leasingvertrag. Dieser Leasingvertrag ist insbesondere durch die Abtretungskonstruktion gekennzeichnet: Der Leasinggeber schließt seine primär mietvertragliche Haftung[2] aus und tritt dem Leasingnehmer im Gegenzug die gegenüber dem Lieferanten bestehenden kaufrechtlichen Gewährleistungsansprüche vorbehaltlos und unwiderrufbar ab[3].

4 Die leasingtypische Abtretungskonstruktion ist auch im Fall des Verbraucherleasings grundsätzlich zulässig[4], wobei der Leasinggeber das Risiko der Insolvenz des Lieferanten trägt[5]. Die Abtretungskonstruktion scheitert jedenfalls nicht an § 309 Nr. 8b BGB, der bei bloßen Gebrauchsüberlassungsverträgen keine Anwendung findet[6]. Die Abtretungskonstruktion ist im Verbraucherleasing unbedenklich, sofern der private Leasingnehmer nicht

---

1 *Beckmann*, Finanzierungsleasing, § 3 Rz. 259 bevorzugt den Begriff des „Privatleasing".

2 Zu den im Rahmen des Verbraucherleasings anwendbaren mietrechtlichen Vorschriften: *Martis/Meinhof*, Verbraucherschutzrecht – Verbraucherkreditrecht, Rz. 77 ff. m.w.N.

3 Vgl. aber OLG Rostock v. 18.3.2002 – 3 U 234/00, NJW-RR 2002, 1712, 1713: Widerruf möglich, sofern der Leasingnehmer vertragsbrüchig wird; hiergegen zu Recht *Graf von Westphalen*, BB 2004, 2025, 2029.

4 BGH v. 24.4.1985 – VIII ZR 65/84, NJW 1985, 1547, 1548.

5 BGH v. 20.6.1984 – VIII ZR 131/83, NJW 1985, 129, 130.

6 MünchKomm./*Habersack*, Leasing Rz. 84.

rechtlos gestellt wird[1]. Der formularmäßige Ausschluss der mietvertraglichen Haftung ist auch gegenüber privaten Leasingnehmern i.d.R. nicht **überraschend** i.S.d. § 305c Abs. 1 BGB[2]. Grundsätzlich ist die Abtretungskonstruktion auch angemessen, weil typischerweise der (spätere) Leasingnehmer die Ware beim Lieferanten aussucht und mit diesem in Vorverhandlung tritt. Der Leasinggeber, dessen Aufgabe sich in der nachträglichen Finanzierung des Geschäfts erschöpft, kann das Vorliegen eines Mangels schlechter als der Leasingnehmer und der Lieferant beurteilen; er soll daher aus diesbezüglichen Streitigkeiten weitestgehend heraus gehalten werden[3]. Eine unwirksame Abtretungskonstruktion ist ggf. in eine wirksame Ermächtigung zur Geltendmachung der fremden Gewährleistungsrechte umzudeuten[4].

1. Der Verkäufer

Der Verkäufer des Leasingguts ist entweder der Hersteller des Produkts 5
oder ein Händler. Der Lieferant des Leasingguts handelt somit als **Unternehmer**[5]. Im Fall des direkten Herstellerleasings ist der Hersteller/Händler ausnahmsweise mit dem Leasinggeber identisch; es besteht lediglich ein Zweipersonenverhältnis.

2. Der Leasinggeber

Da die Leasinggesellschaften bei Ausübung ihrer gewerblichen Tätigkeit 6
regelmäßig in der Form der GmbH oder AG auftreten, ist auch der Leasinggeber typischerweise **Unternehmer** i.S.d. § 14 Abs. 1 BGB[6]. Zwischen dem Leasinggeber und dem Lieferanten wird also **kein Verbrauchsgüterkauf** gemäß § 474 Abs. 1 BGB geschlossen; der Vertragsschluss erfolgt unter Kaufleuten. Hieraus folgt unter anderem, dass im Vertragsverhältnis zwischen Verkäufer und Leasinggeber die Vorschriften über Handelsgeschäfte (z.B. Untersuchungs- und Rügepflichten nach § 377 HGB) Anwendung finden. Die rechtliche Kontrolle der Verkaufsbestimmungen des Verkäufers – respektive der Einkaufsbedingungen des Leasinggebers – orientiert sich lediglich an § 307 BGB (vgl. § 310 Abs. 1 BGB); dies gilt insbesondere hinsichtlich etwaiger Beschränkungen der Gewährleistungsrechte des Käufers/Leasinggebers nach §§ 434 ff. BGB.

---

1 *Wolf/Eckert/Ball*, Handbuch des gewerblichen Miet-, Pacht- und Leasingrechts, Rz. 1831, 1833 ff. mit Beispielen für unwirksame Abtretungsklauseln.
2 *Wolf/Eckert/Ball*, Handbuch des gewerblichen Miet-, Pacht- und Leasingrechts, Rz. 1838.
3 Vgl. *Wolf/Eckert/Ball*, Handbuch des gewerblichen Miet-, Pacht- und Leasingrechts, Rz. 1857 ff.
4 BGH v. 9.7.2002 – X ZR 70/00, NJW-RR 2003, 51, 52.
5 *Reinicke/Tiedtke*, Kaufrecht, Rz. 1736.
6 *Reinicke/Tiedtke*, Kaufrecht, Rz. 1736.

7 Gegenüber dem Leasingnehmer handelt der gewerbliche Leasinggeber bei Vertragsabschluss regelmäßig in seiner Eigenschaft als Unternehmer (§ 344 HGB).

3. Der Leasingnehmer

8 Der Verbraucherleasingvertrag setzt voraus, dass der Leasingnehmer Verbraucher i.S.d. § 13 BGB ist. Schätzungsweise 10 % aller getätigten Leasinggeschäfte sind in den letzten Jahren mit Privatleuten abgeschlossen worden[1]. Insbesondere im Kraftfahrzeughandel ist der Anteil des Verbraucherleasings erheblich[2]. Die Bedeutung des Verbraucherleasings wächst; teure Elektronikartikel wie Flatscreenfernseher oder Personalcomputer werden zunehmend und teilweise via Internet zum Verbraucherleasing angeboten.

9 Die besonderen Verbraucherschutzvorschriften – beispielsweise §§ 312b Abs. 1, 475 Abs. 1 Satz 1, 500 BGB – stellen auf den Begriff des Verbrauchers ab. § 310 Abs. 1 Satz 1 BGB formuliert umgekehrt, dass die §§ 305 Abs. 2 und 3, 308 und 309 BGB keine Anwendung auf Allgemeine Geschäftsbedingungen finden, die gegenüber einem Unternehmer, einer juristischen Person des öffentlichen Rechts oder einem öffentlich-rechtlichen Sondervermögen verwendet werden. Zur Anwendbarkeit des § 310 Abs. 3 BGB bedarf es wiederum der Beteiligung eines „Verbrauchers" am jeweiligen Rechtsgeschäft.

a) Verbraucher

10 Verbraucher ist nach der gesetzlichen Legaldefinition jede natürliche Person, die ein Rechtsgeschäft zu einem Zwecke abschließt, der weder ihrer gewerblichen noch ihrer selbständigen beruflichen Tätigkeit zugerechnet werden kann (§ 13 BGB). Im Gegensatz zur Regelung des früheren AbzG können demnach auch Kaufleute, die ein Privatgeschäft tätigen, unter die Regelung des § 13 BGB fallen[3].

11 **Juristische Personen**, insbesondere auch Idealvereine und gemeinnützige Stiftungen, fallen nicht unter den Begriff der natürlichen Person[4]. Umgekehrt sind alle **natürlichen Personen** ohne Rücksicht auf ihren ökonomischen oder intellektuellen Status Verbraucher, sofern sie außerhalb ihres gewerblichen oder beruflichen Tätigkeitskreises handeln beziehungsweise derartigen Tätigkeiten überhaupt nicht nachgehen[5]. Vertritt ein Unternehmer den Verbraucher, so bleibt dessen Status als schutzbedürftige Vertrags-

1 *Schulz*, BB 2002, Beilage 5 zu Heft 27, 10, 13.
2 *Reinicke/Tiedtke*, Kaufrecht, Rz. 1664, 1813.
3 *Beckmann*, Finanzierungsleasing, § 3 Rz. 265.
4 *Palandt/Heinrichs*, § 13 BGB Rz. 2.
5 *Palandt/Heinrichs*, § 13 BGB Rz. 2.

partei hiervon unberührt[1]. Dagegen besteht kein Verbraucherschutz, wenn eine **natürliche Person als Strohmann** für einen Unternehmer fungiert[2].

12 Auch die **Gesellschaften bürgerlichen Rechts** (GbR) sind Verbraucher, sofern sie zu privaten Zwecken betrieben werden[3]. Gleiches gilt für Personengesellschaften in Form der **OHG** oder **KG**[4]. Freilich wird eine private Ausrichtung bei diesen Gesellschaftsformen in der Praxis nur selten gegeben sein.

13 Der weisungsgebundene **Arbeitnehmer** ist beim Leasing von Gütern, die er (auch) für seine Arbeitstätigkeit anschafft und verwendet, gleichfalls Verbraucher. Dies gilt insbesondere hinsichtlich des Leasings eines Pkw für die tägliche Fahrt zum Arbeitsplatz[5].

14 Abzugrenzen sind die **selbständigen Berufe**, die nicht unter den Begriff des Arbeitnehmers fallen. Nach herrschender Meinung handeln freiberuflich tätige Rechtsanwälte, Architekten oder Ärzte, die z.B. einen Kopierer für die Gemeinschaftspraxis leasen, nicht als Verbraucher[6]. Allerdings erscheint es bei materieller Betrachtungsweise wenig einleuchtend, weshalb der in einer Sozietät angestellte Rechtsanwalt, nicht aber der dort (formal) freiberuflich tätige Kollege den Schutz des § 13 BGB genießen soll.

15 Der **Geschäftsführer** einer GmbH handelt als Angestellter und somit als Verbraucher[7], und zwar auch dann, wenn er eine Schuld der GmbH mit übernimmt[8]. Wird vereinbart, dass der Geschäftsführer neben der GmbH Leasingnehmer ist (§ 427 BGB), sind bezüglich des gesondert zu betrachtenden Vertragsverhältnisses zum Geschäftsführer die verbraucherrechtlichen Vorschriften zu beachten[9]; dieser Umstand kann insbesondere im Fall der Vertragskündigung relevant werden. Auch der GmbH-Gesellschafter kann als natürliche Person ggf. Verbraucher sein[10]. Dagegen liegt kein Verbraucherhandeln vor, wenn lediglich eine **Einmann-GmbH** den Leasingvertrag schließt; denn in diesem Fall sind juristische und natürliche Person nicht voneinander zu trennen[11].

---

1 *Erman/Saenger*, § 13 BGB Rz. 11.
2 *Beckmann*, Finanzierungsleasing, § 3 Rz. 266, 271.
3 BGH v. 23.10.2001 – XI ZR 63/01, NJW 2002, 368, 369; a.A. *Mülbert*, WM 2004, 905, 910 ff.
4 *Erman/Saenger*, § 13 BGB Rz. 6; kritisch: *Dauner-Lieb/Dötsch*, DB 2003, 1666, 1668; wohl a.A. *Beckmann*, Finanzierungsleasing, § 3 Rz. 270.
5 Vgl. *Beckmann*, Finanzierungsleasing, § 3 Rz. 265; *Palandt/Heinrichs*, § 13 BGB Rz. 3; *Erman/Saenger*, § 13 BGB Rz. 15, str.
6 Vgl. *Erman/Saenger*, § 13 BGB Rz. 15.
7 BGH v. 15.7.2004 – III ZR 315/03, ZIP 2004, 1647, 1648 f.
8 BGH v. 5.6.1996 – VIII ZR 151/95, BGHZ 133, 71, 76 f.; kritisch: *Dauner-Lieb/Dötsch*, DB 2003, 1666, 1668.
9 BGH v. 28.6.2000 – VIII ZR 240/99, WM 2000, 1632, 1635 für Leasingvertrag.
10 *Beckmann*, Finanzierungsleasing, § 3 Rz. 270.
11 Vgl. *Palandt/Weidenkaff*, § 507 BGB Rz. 2.

16 Für die Qualifizierung des Leasingnehmers als „Verbraucher“ kommt es entscheidend darauf an, ob nach dem Inhalt des Leasingvertrags feststeht, dass das Leasinggut für keine bereits ausgeübte gewerbliche oder selbständige berufliche Tätigkeit des Leasingnehmers, sondern für **private Zwecke** bestimmt ist. Zur privaten Sphäre gehören beispielsweise Urlaub, Freizeit, Sport, Gesundheitsvorsorge und der Bereich der privaten Vermögensanlage und -verwaltung[1]. Gewerblich ist dagegen jede selbständige und auf Dauer angelegte entgeltliche Tätigkeit[2].

17 Über die Zuordnung zum privaten oder unternehmerischen Bereich entscheidet nicht der innere Wille des Handelnden, sondern der durch Auslegung gemäß §§ 133, 157 BGB zu ermittelnde Inhalt des Rechtsgeschäfts[3]. Bei einem **gemischten Zweck** des abgeschlossenen Leasingvertrags ist darauf abzustellen, ob der gewerbliche oder der private Nutzungszweck überwiegt[4]. **Im Zweifel** ist die Verbrauchereigenschaft des Leasingnehmers zu bejahen[5]. Denn der Begriff des Verbrauchers wurde in § 13 BGB durch eine negative Umschreibung definiert; grundsätzlich ist also „jede natürlichen Person“ Verbraucher i.S.d. Gesetzes, sofern sie nicht ausnahmsweise – und nachweislich – gewerblich orientiert gehandelt hat. Aus § 344 HGB ergibt sich insofern kein gegenteiliger Rückschluss[6].

18 Aus dem objektiv zu interpretierenden Leasingvertrag muss sich also ergeben, dass dieser für eine gewerbliche oder berufliche Tätigkeit des Leasingnehmers abgeschlossen wurde. Die maßgebliche Zweckbestimmung muss im Zeitpunkt des Vertragsschlusses mit der erforderlichen Eindeutigkeit aus dem Leasingvertrag oder den Umständen des Vertragsschlusses ablesbar sein. Es ist daher **empfehlenswert**, in der Vertragsurkunde festzuhalten, zu welchem Zweck der Leasingnehmer die Überlassung des Leasingguts erstrebt und welchen bisherigen Status der Kunde inne hat.

b) Formularmäßige Bestätigung der Unternehmereigenschaft

19 Hierbei ist jedoch Vorsicht geboten: Klauseln, in denen sich der Leasinggeber vom Leasingnehmer formularmäßig bestätigen lässt, dass dieser gleichfalls als „Unternehmer“ gehandelt habe bzw. das Leasinggut für sei-

---

1 *Palandt/Heinrichs*, § 13 BGB Rz. 3.

2 *Erman/Saenger*, § 13 BGB Rz. 14.

3 *Palandt/Heinrichs*, § 13 BGB Rz. 4; offen gelassen von BGH v. 22.12.2004 – VIII ZR 91/04, NJW 2005, 1045.

4 OLG Naumburg v. 11.12.1997 – 3 U 144/96, WM 1998, 2158, 2159; OLG Düsseldorf v. 18.4.2000 – 24 U 184/99, ZMR 2001, 104, 105 für Leasingvertrag; *Beckmann*, Finanzierungsleasing, § 3 Rz. 268.

5 Vgl. BT-Drucks. 11/5462, S. 17 zu § 1 VerbrKrG a.F.; Bejahung der Verbrauchereigenschaft unabhängig vom Grad der Mischform: *Graf von Westphalen*, BB 1996, 2101; *Schwerdtfeger*, DStR 1997, 499, 500 zu § 24a AGBG a.F.; a.A. *Heinrichs*, NJW 1996, 2190, 2191 zu § 24a AGBG a.F.; differenzierend: *Soergel/Pfeiffer*, § 13 BGB Rz 53 f.

6 *Erman/Saenger*, § 13 BGB Rz. 17; *Pfeiffer*, NJW 1999, 169, 173 f.

ne „bereits ausgeübte gewerbliche oder selbständige berufliche Tätigkeit" in Besitz nehmen wolle, verstoßen als **Tatsachenfiktion** gegen § 309 Nr. 12b BGB[1]. Da die Wertung des § 309 Nr. 12 BGB auch im Rahmen einer Prüfung nach § 307 BGB zu berücksichtigen ist[2], spielt es keine Rolle, dass der Leasingnehmer tatsächlich als Unternehmer gehandelt haben könnte und § 309 Nr. 12 BGB in diesem Fall keine unmittelbare Anwendung fände; denn die Klausel ist zumindest gemäß §§ 307 Abs. 2 Nr. 1, 306 Abs. 2 BGB unwirksam. Die tatsächliche Personenqualität des Leasingnehmers hat durch Auslegung des Bestimmungszwecks des Leasingvertrags zu erfolgen; allein aufgrund der Unwirksamkeit der die Personenqualität bestimmenden Klausel wird ein etwaiger Unternehmer nicht zum Verbraucher.

Eine unwirksame Tatsachenbestätigung liegt auch dann vor, wenn der Leasinggeber den Vertragszweck bei Abschluss des Leasingvertrags durch entsprechend formulierte **Wahlfelder** vorbestimmt[3]; dies gilt zumindest, sofern dem Leasingnehmer eine konkrete Einflussnahmemöglichkeit auf die Wahl des Verwendungszwecks tatsächlich vorenthalten bleibt[4]. Die Zweckbestimmung ist daher durch Individualvereinbarung zu treffen[5]. 20

Fraglich ist, ob die Unternehmereigenschaft des Leasingnehmers dadurch fingiert werden kann, dass der Leasinggeber in seinen AGB ausdrücklich erklärt, er wolle nur mit Unternehmern kontrahieren[6]. Zwar darf sich der Verbraucher, der dem Vertragspartner im Wege einer handschriftlichen Sondervereinbarung **arglistig** seine angebliche Unternehmereigenschaft vorspiegelt, nicht auf die Rechte aus § 13 BGB berufen[7]. Dass ein Verbraucher mit einem Leasinggeber kontrahiert, dessen AGB ein Verbraucherleasing ausschließen, ist jedoch unbeachtlich. Andernfalls bestünde die Gefahr, dass der zwingend ausgestaltete Verbraucherschutz durch entsprechende Klauselgestaltung umgangen würde. Zudem wird der Leasingnehmer die Klauseln vor Vertragsabschluss oftmals nicht gelesen und also nicht arglistig gehandelt haben. Der Leasinggeber ist somit gehalten, sich durch ausdrückliche Rückfrage den Status des Leasingnehmers individualvertraglich versichern zu lassen und dies entsprechend zu dokumentieren. 21

4. Leasing im Zuge der Existenzgründung

Streitig ist, ob Existenzgründer bis zum Beginn ihrer gewerblichen oder selbständigen beruflichen Tätigkeit noch als Verbraucher zu qualifizieren 22

1 *Palandt/Heinrichs*, § 13 BGB Rz. 4; a.A. wohl *Müller*, NJW 2003, 1975, 1979.
2 *Palandt/Grüneberg*, § 309 BGB Rz. 103.
3 Vgl. BGH v. 7.2.1996 – IV ZR 16/95, NJW 1996, 1676, 1677; BGH v. 10.3.1999 – VIII ZR 204/98, NJW 1999, 2180, 2181.
4 *Palandt/Heinrichs*, § 305 BGB Rz. 12 m.w.N.
5 *Beckmann*, Finanzierungsleasing, § 3 Rz. 267.
6 Vgl. *Reinicke/Tiedtke*, Kaufrecht, Rz. 763.
7 BGH v. 22.12.2004 – VIII ZR 91/04, NJW 2005, 1045.

sind. Diese Frage gewinnt beim Leasing besondere Bedeutung: Angehende Unternehmer leasen regelmäßig die zur Firmengründung erforderliche Ausstattung (Computer, Kopierer, Telekommunikationsanlagen, u.v.m.). Denn die Start-up-Unternehmen verfügen in der Regel nicht über genügend freies Kapital, um die gesamte Firmenhardware käuflich zu erwerben. Außerdem ist das Leasing aus steuerlichen Gründen attraktiv und begegnet durch entsprechende Laufzeitregelungen dem Risiko einer schnellen Veraltung der technischen Ausrüstung[1].

23 Die Notwendigkeit der Bewertung des Existenzgründerleasings ist aufgrund der Einführung des § 507 BGB nicht obsolet geworden. Denn die explizit normierte Anwendbarkeit des § 500 BGB – und also der §§ 358, 359, 492 Abs. 1 Satz 1 bis 4, 492 Abs. 2 und 3, 495 Abs. 1, 496, 497, 498 BGB – trifft keine Aussage darüber, ob der Leasingnehmer als Existenzgründer auch unter die §§ 312b, 475, 308 bis 309 i.V.m. § 310 Abs. 1 Satz 1 und Abs. 3 BGB zu subsumieren ist; entsprechende Verweisungen fehlen in § 507. Dort wird lediglich die Anwendbarkeit der §§ 491–506 BGB geregelt.

a) Herrschende Auffassung

24 Nach herrschender Ansicht ist der **Existenzgründer kein Verbraucher** i.S.d. § 13 BGB[2]: Gemäß der Verbraucherdefinition in § 13 BGB sei die objektiv zu bestimmende Zweckrichtung des Verhaltens entscheidend; auf das Vorhandensein geschäftlicher Erfahrung komme es nicht an. Es bestehe kein Anlass, demjenigen Verbraucherschutz zu gewähren, der sich für eine bestimmte gewerbliche oder selbständige berufliche Tätigkeit entschieden hat und diese vorbereitende oder unmittelbar eröffnende Geschäfte abschließt; denn der Existenzgründer gebe dem Rechtsverkehr zu erkennen, dass er sich nunmehr dem Recht der Unternehmer unterwerfe und dieses Recht seinerseits in Anspruch nehmen wolle. Es erscheine als künstliche Trennung, wollte man zwischen dem eigentlichen Vertragsschluss und der Folgezeit differenzieren; denn der Betreffende wäre im Zeitpunkt des Vertragsschlusses als Verbraucher und eine juristische Sekunde danach als Unternehmer anzusehen; vernünftige Gründe ließen sich für eine derartige Differenzierung nicht anführen, zumal die Geschäftsunerfahrenheit des Betreffenden nach Ablauf der juristischen Sekunde unverändert bliebe. Vielmehr seien Existenzgründungsverträge regelmäßig besonders bedeutsam, weshalb der Betreffende die Vertragskonditionen eingehend prüfen und sich entsprechende Geschäftskompetenz bereits vorab aneignen werde. Die pauschale Zuordnung der Existenzgründungsgeschäfte zur unter-

---

1 Vgl. *Reinicke/Tiedtke*, Kaufrecht, Rz. 1675.

2 BGH v. 24.2.2005 – III ZB 36/04, NJW 2005, 1273, 1274; OLG Düsseldorf v. 4.5.2004 – I-26 Sch 5/04, NJW 2004, 3192, 3193; OLG Rostock v. 17.3.2003 – 3 U 107/02, ZVI 2003, 332, 334; OLG Oldenburg v. 27.4.1989 – 1 U 256/88, NJW-RR 1989, 1081; *Erman/Saenger*, § 13 BGB Rz. 16; einschränkend *Soergel/Pfeiffer*, § 13 BGB Rz. 35.

nehmerischen Sphäre schaffe die erforderliche Rechtssicherheit, da komplizierte Abgrenzungsfragen, insbesondere hinsichtlich der Bewertung einer erneuten Existenzgründung, vermieden würden.

Aus der Existenz des § 507 BGB könne im **Umkehrschluss** gefolgert werden, dass der Existenzgründer grundsätzlich kein Verbraucher sei; ansonsten hätte die Existenzgründerproblematik in der allgemeinen Vorschrift des § 13 BGB verortet werden müssen. 25

b) Mindermeinung

Eine beachtliche Mindermeinung stellt dagegen auch den Existenzgründer unter den Schutz nach § 13 BGB[1]: Unternehmer nach § 14 BGB sei nur, wer in Ausübung seiner gewerblichen Tätigkeit handele, was eine bereits betriebene gewerbliche oder selbständige berufliche Tätigkeit impliziere. Der Existenzgründer agiere von seiner Rolle als Verbraucher her; seine Operationsbasis in der Existenzgründerphase läge in den eher häuslichen Aktivitäten, aus denen heraus er ein Geschäft aufbauen wolle. Die **situative Schutzbedürftigkeit** folge grundsätzlich aus dem transitorischen Stadium, in dem der Existenzgründer die erforderliche Geschäftserfahrenheit nicht besitze. 26

Aus § 507 BGB könne kein Umkehrschluss gezogen werden, da zum Zeitpunkt der Kodifizierung dieser Norm die §§ 13, 14 BGB bereits 1 ½ Jahre in das BGB integriert gewesen waren. Zudem differenziere der Gesetzestext zwischen den Begrifflichkeiten „in Ausübung" (§ 14 BGB) und „für die Aufnahme" (§ 507 BGB). 27

c) Eigene Stellungnahme

Meines Erachtens lässt sich die Frage nach der Verbrauchereigenschaft eines Existenzgründers nicht pauschal beantworten; vielmehr ist eine **zweifache Differenzierung** geboten: 28

aa) AGB-Kontrolle

Zunächst ist zu konstatieren, dass das Gesetz in § 310 BGB einen dreistufigen Aufbau vorsieht: § 310 Abs. 1, 2 und 4 BGB schränkt die gesetzliche AGB-Kontrolle ein, § 310 Abs. 3 BGB erweitert sie. Somit stützt die Vorschrift die These, dass es zwischen dem Begriff des Verbrauchers und dem 29

---

1 OLG Nürnberg v. 4.4.2003 – 6 U 625/02, OLGR 2003, 335; wohl auch OLG München v.11.9.2003 – 29 U 2681/03, NJW-RR 2004, 913, 914; OLG Koblenz v. 24.7.1986 – 6 U 677/85, NJW 1987, 74; MünchKomm./*Micklitz*, § 13 BGB Rz. 38 ff.; *Palandt/Heinrichs*, § 13 BGB Rz. 3; *Reinicke/Tiedtke*, Kaufrecht, Rz. 1434; *Prasse*, MDR 2005, 961, 962 f. und ZGS 2002, 354, 356; differenzierend *Staudinger/Weick*, § 13 BGB Rz. 55 ff. und *Weyer*, WM 2005, 490, 499 f.

des Unternehmers eine **„rechtliche Grauzone“**[1] gibt: Wer kein Verbraucher ist, ist nicht zwangsläufig Unternehmer[2]. Gerade der Existenzgründer hat diesen von den §§ 507, 655e Abs. 2 BGB gesondert erfassten Status zwischen Verbraucher- und Unternehmerdasein inne.

30 § 310 Abs. 1 Satz 1 BGB stellt mit negativer Regelungswirkung insbesondere auf Unternehmer ab. Ein Unternehmer i.S.d. § 14 BGB ist eine natürliche oder juristische Person oder eine rechtsfähige Personengesellschaft, die bei Abschluss eines Rechtsgeschäfts in Ausübung ihrer gewerblichen oder selbständigen beruflichen Tätigkeit handelt. Der Terminus „in Ausübung“ setzt **unternehmerisches Handeln zum Zeitpunkt des Rechtsgeschäfts** voraus. Wollte § 14 BGB auch Existenzgründungsgeschäfte erfassen, müsste es „zwecks“ Ausübung einer gewerblichen oder selbständigen beruflichen Tätigkeit heißen; der Begriff „in Ausübung“ ist dagegen nicht zukunftsorientiert.

31 Existenzgründungsgeschäfte fallen daher – unabhängig von der Art und dem Umfang des Geschäfts – niemals unter § 310 Abs. 1 Satz 1 BGB[3]; die gegenüber dem Existenzgründer verwendeten Klauseln unterliegen folglich der **unmittelbaren Inhaltskontrolle** nach den §§ 308 bis 309 BGB. Ob die verschärfte Kontrolle gemäß § 310 Abs. 3 BGB zusätzlich eingreift, bemisst sich daran, ob der Existenzgründer Verbraucher i.S.d. § 13 BGB ist (hierzu im Folgenden unter Rz. 34 ff.).

32 Auch im Regelungsbereich des § 307 BGB unterliegen gegenüber Existenzgründern verwendete Klauseln einer strengen, nicht bloß am Schutze des Unternehmers orientierten Prüfung. Gemäß § 307 BGB unwirksam sind beispielsweise **Gerichtsstands- oder Erfüllungsortklauseln** im nichtkaufmännischen Verkehr[4]. Auch die oftmals verwendeten[5] **Schriftformklauseln** verstoßen – im Gegensatz zu Vollständigkeitsklauseln – zumindest beim Verbraucherleasing gegen den Vorrang der Individualabrede gemäß § 305b BGB und sind daher unwirksam[6]. Gleiches gilt hinsichtlich einer mit § 306 Abs. 2 BGB kollidierenden **salvatorischen Klausel**[7]. Auch **Preisanpassungsklauseln** sind im Hinblick auf § 309 Nr. 1 BGB problematisch; dem Leasingnehmer muss im Fall der nachträglichen Anhebung der Leasingraten wegen zwischenzeitlicher Verteuerung des Leasingguts zumindest ein

---

1 MünchKomm./*Micklitz*, § 13 BGB Rz. 41.
2 Ähnlich *Weyer*, WM 2005, 490, 500 mit Fn. 159; *Prasse*, ZGS 2002, 354, 356; a.A. OLG Rostock v. 17.3.2003 – 3 U 107/02, ZVI 2003, 332, 337.
3 *Palandt/Grüneberg*, § 310 BGB Rz. 2; OLG Düsseldorf v. 23.11.1995 – 10 U 29/95, EWiR 1996, 97.
4 *Palandt/Heinrichs*, § 307 BGB Rz. 103, 107; *Beckmann*, Finanzierungsleasing, § 1 Rz. 164.
5 Vgl. § 15 der AGB der Deutschen Bundesbahn für das Verbraucherleasing (Stand Juli 2004).
6 AGB-Klauselwerke/*Graf von Westphalen*, Leasing Rz. 54; *Beckmann*, Finanzierungsleasing, § 1 Rz. 103 f., 109, 130 mit Formulierungsvorschlägen.
7 *Martis/Meinhof*, Verbraucherschutzrecht – Verbraucherkreditrecht, Rz. 231.

Rücktrittsrecht vorbehalten bleiben[1]. Die formularmäßige Verpflichtung des Leasingnehmers zum Abschluss einer Vollkaskoversicherung kann überraschend sein[2].

Viele Verbraucherleasingverträge sind insofern angreifbar und bergen das Risiko einer Konkurrentenabmahnung gemäß §§ 1, 3, 4 UWG oder einer Verbandsklage nach § 1 UKlaG. Den Leasinggesellschaften ist daher zu **empfehlen**, in ihren AGB zwischen kaufmännischen Leasingnehmern und privaten Leasingnehmern dezidiert zu differenzieren. 33

bb) Verbrauchereigenschaft

Aus § 507 BGB kann mitnichten der Umkehrschluss gezogen werden, dass Existenzgründer stets als Unternehmer handeln. Fragwürdig ist bereits, ob aus der Existenz einer verbraucherschützenden Norm eine Auslegung zu Lasten des Verbrauchers betrieben werden darf. Entscheidend ist jedoch, dass § 13 BGB davon ausgeht, dass natürliche Personen *grundsätzlich* Verbraucher sind. Sofern man den Existenzgründer pauschal als Verbraucher i.S.d. § 13 BGB bewertet, läuft § 507 BGB keinesfalls leer. Denn diese Sondervorschrift hat insbesondere zum Regelungsinhalt, dass der Existenzgründer hinsichtlich Darlehen, Zahlungsaufschüben und sonstigen Finanzierungshilfen nur bis zu einem Betrag in Höhe von 50 000 Euro schutzwürdig ist. Aus § 507 BGB lassen sich daher für die systematische Einordnung der Existenzgründungsgeschäfte weder zu Gunsten noch zu Ungunsten des Verbrauchers Rückschlüsse ziehen[3]. Auch aus der Auslegung des § 343 HGB ist aufgrund der speziell handelsrechtlichen Wertung kein verallgemeinernder Rückschluss zu folgern, zumal diese Vorschrift auf den engeren Begriff des Kaufmanns abstellt[4]. 34

Es ist zu beachten, dass sich die Entscheidungen der herrschenden Rechtsprechung insbesondere auf Rechtsgeschäfte bezogen, die objektiv und unzweideutig der unternehmerischen Sphäre zuzuordnen waren, nämlich: Gewerbemietvertrag, Franchisevertrag, Kauf eines Anteils an einer freiberuflichen Gemeinschaftspraxis[5]. Auch die *Benincasa*-Entscheidung des EuGH[6], welche die herrschende Meinung heranzieht, betraf einen Franchisevertrag. Der Gerichtshof betonte insofern, dass sich die Verbrauchereigenschaft nach der Stellung der Person „innerhalb des konkreten Vertrages in Verbindung mit dessen Natur und Zielsetzung" bemesse. 35

Zwischen der generellen Schutzbedürftigkeit des geschäftsunerfahrenen Verbrauchers und dem allgemeinen Verkehrsschutzinteresse aufgrund Rechtsscheinhandelns als Unternehmer gilt es einen angemessenen Aus- 36

1 OLG Düsseldorf v. 18.4.2000 – 24 U 184/99, ZMR 2001, 104, 105.
2 OLG Düsseldorf v. 23.11.2004 – 24 U 168/04, NJW-RR 2005, 1289.
3 Ähnlich *Staudinger/Weick*, § 13 BGB Rz. 57, 59.
4 *Staudinger/Weick*, § 13 BGB Rz. 58.
5 Vgl. BGH v. 24.2.2005 – III ZB 36/04, NJW 2005, 1273, 1274.
6 EuGH v. 3.7.1997 – Rs. C 269/95, WM 1997, 1549, 1550.

gleich zu finden. Meines Erachtens ist entscheidend, ob das betreffende Rechtsgeschäft die künftige Unternehmereigenschaft des Handelnden **nach außen hin objektiv konstituiert**. Dies ist bei Abschluss von Leasingverträgen nicht zwangsläufig der Fall. Denn Leasinggeschäfte können sowohl zu privaten als auch zu unternehmerischen Zwecken abgeschlossen werden. Aus der Natur des Vertrages ergibt sich – anders als bei Franchiseverträgen oder Unternehmenskäufen – keine eindeutige Zuordnung. Zu fragen ist daher, ob die beabsichtigte unternehmerische oder selbständige berufliche Tätigkeit den Abschluss des jeweiligen Leasingvertrags **zwingend** voraussetzt oder nicht. Es ist zu beurteilen, ob der beabsichtigte Geschäftsbetrieb auch ohne Abschluss des konkreten Leasingvertrags aufgenommen werden könnte. Sofern das jeweilige Leasinggut seiner Art nach auch für private Zwecke nutzbar ist, handelt es sich tendenziell um kein unternehmensbezogenes Geschäft, zumal der Existenzgründer den Leasingvertrag regelmäßig abschließt, bevor er nach außen hin als Unternehmer in Erscheinung tritt.

37 Somit dürfte beispielsweise der Leasingvertrag hinsichtlich eines kompletten EDV-Netzwerks als objektiv konstituierend für die beabsichtigte unternehmerische Tätigkeit bewertet werden, nicht aber der Leasingvertrag bezüglich eines einzelnen Personalcomputers. Das Leasing eines Personenkraftwagens mag für einen angestellten Taxifahrer hinsichtlich der beabsichtigten selbständigen Berufsausübung konstituierend sein, nicht jedoch hinsichtlich eines angehenden Rechtsanwalts, der bei Berufsantritt nicht zwingend ein Kraftfahrzeug für Mandanten- oder Gerichtsbesuche benötigt.

38 § 507 BGB trifft die Wertung, dass der Unternehmensgründer ab einem Geschäftsvolumen in Höhe von 50 000 Euro nicht mehr schutzbedürftig ist. Dies erscheint plausibel, weil man erwarten darf, dass sich der Darlehensnehmer vor Abschluss eines bedeutsamen Rechtsgeschäfts kompetenten Rat einholen wird. Die Begrenzung des sachlichen Schutzbereichs gilt gemäß §§ 507, 500 BGB auch für den Finanzierungsleasingvertrag. In Zweifelsfällen sollte daher darauf abgestellt werden, ob das Volumen des Leasingvertrags den gesetzlichen Grenzwert überschreitet[1]. Bei Leasingverträgen mit einem Geschäftsvolumen in Höhe von weniger als 50 000 Euro wird im Zweifel § 13 BGB auch im Hinblick auf die §§ 475, 312b, 310 Abs. 3 BGB Anwendung finden.

II. Anwendbarkeit der Vorschriften über den Verbrauchsgüterkauf

39 Die Gewährleistungsrechte des **Käufers** sind in den §§ 433 ff. BGB verortet. § 475 Abs. 1 Satz 1 BGB bestimmt für den Fall des Verbrauchsgüterkaufs, dass sich der Unternehmer auf eine vor Mitteilung eines Mangels getroffene Vereinbarung, die zum Nachteil des Verbrauchers von den §§ 433 bis 435, 437, 439 bis 443 BGB sowie von den Vorschriften über den Ver-

1 A.A. wohl OLG Rostock v. 17.3.2003 – 3 U 107/02, ZVI 2003, 332.

brauchsgüterkauf abweicht, nicht berufen kann. § 475 Abs. 1 Satz 2 BGB konstituiert ein entsprechendes Umgehungsverbot. Nach § 475 Abs. 2 BGB kann die Verjährung der in § 437 BGB bezeichneten Ansprüche vor Mitteilung eines Mangels an den Unternehmer nicht durch Rechtsgeschäft erleichtert werden, wenn die Vereinbarung zu einer Verjährungsfrist ab dem gesetzlichen Verjährungsbeginn von weniger als zwei Jahren, bei gebrauchten Sachen von weniger als einem Jahr führt. Hinsichtlich der formularmäßigen Beschränkung von Schadensersatzansprüchen genießt der Verbraucher gemäß § 475 Abs. 3 BGB den (eingeschränkten) Schutz nach den §§ 307 bis 309 BGB. § 474 Abs. 2 BGB bestimmt insbesondere, dass die Regelung der Beförderungsgefahr nach 447 BGB beim Verbrauchsgüterkauf keine Anwendung findet. § 476 BGB postuliert zu Gunsten des Käufers eine Beweislastumkehr, wenn der Mangel innerhalb der ersten sechs Monate nach Gefahrenübergang (§ 446 BGB) angezeigt wird.

Die gesetzlichen Gewährleistungsrechte nach §§ 437, 474 Abs. 2, 476 BGB sind im Fall des Verbrauchsgüterkaufs also **weitestgehend unabdingbar** und können insbesondere formularmäßig nur sehr eingeschränkt modifiziert werden[1]. 40

Gemäß § 474 Abs. 1 Satz 1 BGB ist der Verbrauchsgüterkauf dadurch gekennzeichnet, dass ein Verbraucher von einem Unternehmer eine bewegliche Sache kauft. Die Anwendbarkeit des § 475 BGB kommt demnach für das **Immobilienleasing** nicht in Betracht. 41

Der Verbrauchsgüterkauf muss gemäß §§ 145 ff. BGB wirksam abgeschlossen worden sein und den Inhalt des § 433 BGB aufweisen[2]. Wirksam abgeschlossen ist auch ein unter auflösender Bedingung (§ 158 Abs. 2 BGB) abgeschlossener Vertrag[3]. 42

Typischerweise kauft und erwirbt der Leasinggeber das Leasinggut vom Hersteller respektive Lieferanten, wobei der Leasinggeber als Unternehmer i.S.d. § 14 BGB handelt. Der Leasingnehmer schließt als Verbraucher mit dem Leasinggeber einen Vertrag über die zeitweilige Gebrauchsüberlassung des Leasingguts, der sich primär an den mietrechtlichen Vorschriften orientiert. Im Hinblick auf die Vertragsklassifizierung ist es nicht von Belang, ob der Leasingvertrag ggf. eine Kaufoption des Leasingnehmers beinhaltet[4]. 43

Die unmittelbare Anwendbarkeit der §§ 474 ff. BGB scheint beim Verbraucherleasing somit (formal) ausgeschlossen zu sein[5]. Da Leasinggeber und 44

---

1 Hierzu: *Staudinger/Matusche-Beckmann*, § 475 BGB Rz. 16 ff.
2 *Palandt/Weidenkaff*, § 474 BGB Rz. 3.
3 *Palandt/Heinrichs*, § 158 BGB Rz. 2.
4 *Palandt/Weidenkaff*, Einf v § 535 BGB Rz. 39, 45; *Reinicke/Tiedtke*, Kaufvertrag, Rz. 1682; a.A. wohl *Ebenroth*, DB 1978, 2109, 2110: Leasingvertrag entspricht Sachkauf.
5 Statt Vieler MünchKomm./*Lorenz*, § 474 BGB Rz. 4: „(Finanzierungs)Leasingverträge werden, weil sie nicht auf dauerhafte Überlassung der Sache gerichtet sind, als solche nicht vom Anwendungsbereich der §§ 474 ff. erfasst.".

Lieferant als Unternehmer i.S.d. § 14 BGB handeln, ist in diesem Verhältnis eine von den §§ 434 ff. BGB abweichende Vereinbarung grundsätzlich zulässig. Im Wege der Abtretungskonstruktion kann der Leasinggeber dem Leasingnehmer jedoch nur die (eingeschränkte) Rechtsposition übertragen, die ihm auf Basis der Vereinbarungen mit dem Lieferanten selbst eingeräumt wurde. Der Verbraucher erhält die **eingeschränkte Rechtsposition eines Unternehmers**.

45 Das Gefälle zwischen dem Verbraucherschutzrecht und den für Unternehmer geltenden Vorschriften ist auch im herkömmlichen AGB-Recht zu konstatieren. Denn einerseits hat der Leasinggeber im Verhältnis zum privaten Leasingnehmer die strengen Verbotstatbestände der §§ 308 bis 309 BGB zu beachten; andererseits ist der Lieferant als Verwender von Verkaufsbestimmungen im Verhältnis zum Leasinggeber nach § 310 Abs. 1 Satz 1 BGB lediglich an den Kontrollmaßstab der §§ 307 Abs. 1 und 2, 310 Abs. 1 Satz 2 gebunden; der Leasinggeber sieht sich also einer **AGB-rechtlichen Deckungslücke** ausgesetzt[1].

46 Somit stellen sich folgende Fragen: Darf dem Privatkunden, der eine Ware least, statt sie zu kaufen, der Verbraucherschutz vorenthalten bleiben, zumal in Fällen, in denen der Leasinggeber als hauseigene Leasingbank des Herstellers fungiert? Ist wertungsmäßig eine **Gleichstellung des privaten Leasingnehmers und des privaten Käufers** zumindest dann geboten, wenn sich der Interessent erst auf Anraten des Lieferanten/Leasinggebers für das Leasing des zunächst anvisierten Kaufgegenstands entschließt? Und schließlich: Ist formal danach zu differenzieren, in welcher zeitlichen Reihenfolge die jeweiligen Vertragsabschlüsse im leasingtypischen Dreiecksverhältnis tatsächlich erfolgen[2]?

1. Anwendbarkeit des § 475 Abs. 1 Satz 1 BGB beim „Eintrittsmodell"

47 Die zuletzt aufgeworfene Frage wird insbesondere beim so genannten Einsteige- oder Eintrittsmodell relevant. Nicht selten vollzieht sich die Anbahnung eines Leasinggeschäfts in der Weise, dass der interessierte Kunde mit dem von ihm aufgesuchten Lieferanten den Kaufvertrag nicht nur abschlussreif aushandelt, sondern sogleich rechtsverbindlich abschließt; die Finanzierung des Kaufpreises durch Einschaltung einer Leasinggesellschaft nehmen die Parteien zunächst nur in Aussicht[3].

48 Beim Eintrittsmodell werden in die Lieferverträge so genannte **Leasingfinanzierungsklauseln** aufgenommen, beispielsweise: „Finanzierung über Leasing", oder „Zahlung auf Leasingbasis". Durch die Verwendung derarti-

---

1 MünchKomm./*Habersack*, Leasing Rz. 43.
2 Vgl. *Staudinger/Stoffels*, Leasing Rz. 225.
3 *Staudinger/Stoffels*, Leasing Rz. 104; AGB-Klauselwerke/*Graf von Westphalen*, Leasing Rz. 32; vgl. auch die Fallgestaltung nach BGH v. 19.12.1979 – VIII ZR 95/79, WM 1980, 79, 80.

ger Klauseln bekunden die Parteien nicht nur ihre Absicht, die Investition durch Einschaltung einer Leasinggesellschaft zu finanzieren. Vielmehr sind die Klauseln im Regelfall in der Weise **auszulegen**, dass durch sie eine rechtliche Verknüpfung beider Geschäfte hergestellt werden soll, und zwar dergestalt, dass der Liefervertrag unter der **auflösenden Bedingung** des Nichtzustandekommens des Leasingvertrags steht[1].

Entscheidet sich die um Finanzierung des abgeschlossenen Liefergeschäfts ersuchte Leasinggesellschaft, in den Leasingvertrag (nachträglich) einzusteigen, kommt es rechtlich betrachtet zu einer Auswechslung der Vertragsparteien: An die Stelle des Käufers tritt im Wege der **Vertragsübernahme** die Leasinggesellschaft[2]. Die – gesetzlich nicht geregelte – Vertragsübernahme wird im Fall des Eintrittsmodells von den Parteien regelmäßig gewollt sein (§§ 133, 157 BGB). Denn der Leasinggeber will nicht nur die Pflichten, sondern auch die Rechte des Käufers erwerben, beispielsweise das Recht aus § 320 BGB; die Befugnis, auf kaufrechtliche Gewährleistungsansprüche zu verzichten, soll nicht beim Leasingnehmer verbleiben. 49

Von der Vertragsübernahme zu unterscheiden ist das (seltene) **Leasinggeschäft mit Erfüllungsübernahme** statt Kaufpreiszahlung (§ 329 BGB)[3]. In diesem Fall bleibt der Verbraucher Käufer des Leasinggegenstands. Der Leasinggeber übernimmt lediglich dessen Kaufpreiszahlungsverpflichtung ohne in den Kaufvertrag einzusteigen; der Lieferant hat gegenüber dem Leasinggeber jedoch keinen unmittelbaren Erfüllungsanspruch. Die §§ 434 ff., 474 ff. BGB finden in diesem Fall unmittelbare Anwendung, da der Verbraucher Partei des Kaufvertrags bleibt. Gleiches gilt, wenn der Leasinggeber *neben* dem Leasingnehmer in den Kaufvertrag eintritt und also eine **Gesamtschuldnerschaft** begründet wird (§§ 421 ff. BGB). Auch bei der befreienden **Schuldübernahme** nach §§ 414 f. BGB gelten die §§ 434 ff., 474 ff. BGB zu Gunsten des Leasingnehmers. Denn der Leasinggeber wird lediglich anstelle des Verbrauchers – auch im Außenverhältnis gegenüber dem Lieferanten – Schuldner des Kaufvertrags. Es verbleibt daher bei den aus der Stellung des privaten Leasingkunden als Gläubiger des Kaufvertrags folgenden Rechten. Insbesondere kommt bei Fernabsatzgeschäften ein Widerrufsrecht des Kunden wegen Verletzung von **Informationspflichten** nach den §§ 312c und e BGB und der BGB-InfoV in Betracht[4]. 50

Die mit der regelmäßig gewollten Vertragsübernahme herbeigeführte Rechtsnachfolge zielt auf die Auswechslung des Vertragspartners unter **Aufrechterhaltung der Identität des Vertrags** ab. Der Rechtsnachfolger erlangt die Rechtsstellung, die der ausscheidende Vertragspartner innehatte[5]. 51

1 *Staudinger/Stoffels*, Leasing Rz. 105.
2 BGH v. 9.5.1990 – VIII ZR 222/89, WM 1990, 1241, 1243; BGH v. 27.11.1985 – VIII ZR 316/84, NJW 1986, 918.
3 BGH v. 25.11.1992 – VIII ZR 176/91, NJW-RR 1993, 307, 308 f.
4 *Beckmann*, Finanzierungsleasing, § 1 Rz. 79.
5 BGH v. 10.5.1995 – VIII ZR 264/94, NJW 1995, 2290, 2291.

Folglich kann kein Zweifel bestehen, dass im Fall des beschriebenen Eintrittsmodells die §§ 474 ff. BGB zu Gunsten des Käufers und späteren Leasingnehmers unmittelbare Anwendung finden[1]: Weil der Kaufvertrag ursprünglich mit einem Verbraucher i.S.d. § 13 BGB abgeschlossen wurde und weil wegen des späteren Abschlusses des Leasingvertrags und der Vertragsübernahme durch den Leasinggeber die auflösende Bedingung des Scheiterns der Finanzierung nicht eingetreten ist, wird der ursprüngliche Verbrauchsgüterkauf dauerhaft wirksam[2].

52 Zu erwähnen bleibt, dass das Institut des **kaufmännischen Bestätigungsschreibens** im Fall des Eintrittsmodells beim Verbraucherleasing keine Anwendung findet; auf die Kaufmanneigenschaft des erst später eintretenden Leasinggebers kommt es nicht an[3].

a) Gewährleistungsausschluss bei Vertragsübernahme

53 Eine **nachträgliche Beschränkung** der ursprünglichen Rechte aus §§ 434 ff., 474 ff. BGB im Zeitpunkt der Vertragsübernahme scheidet demnach aus. Denn die Vertragsübernahme bedarf nach nahezu einhelliger Meinung der Zustimmung aller beteiligten Parteien[4]. Dass der ursprüngliche Käufer und spätere Leasingnehmer bei Abschluss des dreiseitigen Vertragsübernahmevertrages als Verbraucher handelt, ist im Fall des Verbraucherleasings evident.

54 Auch beim **Existenzgründerleasing** kommt dem Leasingnehmer bis zum Zeitpunkt des Übernahmevertrags seine bisherige Verbrauchereigenschaft zugute. Erst nach Abschluss des Leasingvertrags agiert er fortan als Unternehmer, sofern das Leasinggeschäft für den beabsichtigten Geschäftsbetrieb konstituierend ist (s.o. Rz. 36). Im Fall des Eintrittmodells stellt der vom zukünftigen Leasingnehmer abgeschlossene Kaufvertrag nämlich nur die Vorstufe des die Existenzgründung einleitenden Leasinggeschäfts dar.

55 Folglich ist beim Eintrittsmodell am dreiseitigen Übernahmevertrag ein Verbraucher i.S.d. § 13 BGB als Käufer beteiligt. Zum Nachteil des Verbrauchers können die gesetzlichen Gewährleistungsverpflichtungen des Lieferanten auch bei einvernehmlichem Handeln aller Beteiligten nachträglich nicht mehr beschränkt werden. § 475 Abs. 1 BGB steht auch individualvertraglichen Vereinbarungen zu Lasten des Verbrauchers zwingend entgegen. Lediglich die Ansprüche nach § 437 Nr. 3 BGB und die Verjährungsregelungen bezüglich gebrauchter Waren sind im dreiseitigen Übernahmevertrag bedingt modifizierbar (§ 475 Abs. 2 und 3 BGB). Eine Schlechterstellung des ursprünglichen Käufers und späteren Leasingnehmers ist somit nicht

1 *Reinking/Eggert*, Autokauf, Rz. 873; *Müller-Sarnowski*, DAR 2002, 485, 487; *Beckmann*, Finanzierungsleasing, § 1 Rz. 145 f. und § 2 Rz. 327.
2 Vgl. *Palandt/Heinrichs*, § 158 BGB Rz. 3.
3 *Beckmann*, Finanzierungsleasing, § 1 Rz. 66, 166.
4 *Palandt/Grüneberg*, § 398 BGB Rz. 38a.

möglich, wenn die Gewährleistungsbeschränkung in einem kombinierten Kaufvertragsübernahme- und Leasingvertrag erfolgen soll.

Für den Lieferanten ist es daher **empfehlenswert**, auf das beschriebene Eintrittsmodell zu verzichten. Sofern von Anfang an das Leasing der Ware beabsichtigt ist, sollte mit dem Verbraucher kein für den Fall des Scheiterns der Leasingfinanzierung auflösend bedingter Kaufvertrag geschlossen werden. Vielmehr ist dem Lieferanten zu raten, einen **aufschiebend bedingten** Kaufvertrag abzuschließen (§ 158 Abs. 1 BGB) und die Art der Bedingungswirkung im Vertragstext ausdrücklich zu klassifizieren. Die Vereinbarung einer aufschiebenden Bedingungswirkung entspräche der gesetzlichen Vermutungsregelung bezüglich des Kaufs auf Probe (vgl. § 454 Abs. 1 Satz 2 BGB) und dürfte für sich genommen unbedenklich sein. 56

Im Fall des Eintritts der Leasinggesellschaft in den zunächst **aufschiebend bedingten Vertrag** kommt der Kaufvertrag erst mit Bedingungseintritt und also im Zeitpunkt der Vertragsübernahme unmittelbar und originär zwischen Lieferant und Leasinggeber zustande. Da kein bereits rechtswirksam bestehender Verbrauchsgüterkauf übernommen wird, kann der Lieferant gegenüber dem Leasinggeber seine kaufrechtliche Gewährleistungshaftung begrenzen. 57

Es besteht jedoch das Risiko, dass ein zielgerichtet aufschiebend – statt auflösend – bedingter Vertragsabschluss im Einzelfall als **Umgehungsgeschäft** i.S.d. § 475 Abs. 1 Satz 2 BGB bewertet wird. Die entsprechende Rechtsprechung bleibt abzuwarten. 58

b) Gewährleistungsausschluss nach Vertragsübernahme

Fraglich ist, ob der Lieferant im Rahmen eines auf die Kaufvertragsübernahme zeitlich nachfolgenden Leasingvertrags die sich aus dem Verbrauchsgüterkauf ergebenden Verpflichtungen gegenüber dem eingetretenen Leasinggeber abbedingen kann. 59

Es wird vertreten, dass Lieferant und Leasinggeber nach der Vertragsübernahme grundsätzlich die Möglichkeit hätten, den Inhalt des übernommenen Kaufvertrags ohne Mitwirkung des Verbrauchers/Leasingnehmers zu ändern; zumindest mit Zustimmung aller Beteiligten könnten die gesetzlichen Gewährleistungsrechte beschränkt und insbesondere der Nacherfüllungsanspruch gemäß § 439 Abs. 1 BGB ausgeschlossen werden[1]. 60

Diese Ansicht ist abzulehnen: Durch die Vertragsübernahme tritt der gewerbliche Leasinggeber (im Fall des auflösend bedingten Vertragsschlusses) in den Verbraucherstatus des ursprünglichen Käufers und späteren Leasingnehmers ein. Denn die **Identität des Vertrags als Verbrauchsgüterkauf** bleibt trotz des Wechsels der Vertragsparteien erhalten. Folglich erlangt der 61

1 MünchKomm./*Habersack*, Leasing Rz. 41.

Leasinggeber gegenüber dem Lieferanten die rechtliche Stellung des ursprünglichen Verbrauchsgüterkäufers und kommt also automatisch in den Genuss des Privilegs nach § 475 BGB. Der Leasinggeber kann auf die sich aus diesem Privileg ergebende Rechtsstellung nicht rechtswirksam verzichten.

62 Zwar mag es befremden, den unzweifelhaft als Unternehmer agierenden Leasinggeber hinsichtlich des übernommenen Kaufvertrags wie einen Verbraucher zu behandeln. Dieser Schluss ist nach der Prämisse des BGH, wonach der eintretende Rechtsnachfolger die Rechtsstellung des Ausscheidenden erlange[1], jedoch zwingend geboten[2]. Der BGH hat in anderer Sache entschieden, dass ein ursprünglich bestehendes Widerrufsrecht zu Gunsten des den Vertrag Übernehmenden, der selbst kein Verbraucher ist, weiter besteht[3]. Außerdem erscheint es nicht sachgerecht, nach dem Zufallskriterium zu differenzieren, ob die nachträgliche Gewährleistungsbegrenzung *bei* Vertragsübernahme oder *nach* Vertragsübernahme erfolgt.

63 Vor Mitteilung eines Mangels kann der Leasinggeber gegenüber dem Lieferanten also grundsätzlich nicht auf die gesetzlichen Gewährleistungsrechte verzichten; von den §§ 434 ff., 474 ff. BGB abweichende Vereinbarungen haben keine Rechtswirksamkeit (§ 475 Abs. 1 Satz 1 BGB). Die Abtretungskonstruktion des Leasingvertrags erfasst im Fall des „Eintrittsmodells", bei dem zunächst der Verbraucher der Vertragspartner des Lieferanten ist, zwangsläufig sämtliche **gesetzlichen Rechte des Verbrauchsgüterkäufers**[4]. Der Lieferant kann sich gegenüber dem späteren Leasingnehmer nicht auf eine mit diesem oder dem Leasinggeber ausgehandelte Beschränkung der Rechte aus §§ 434 ff., 474 ff. BGB berufen. § 475 Abs. 1 Satz 1 BGB gilt im Verhältnis zwischen Lieferant und Leasingnehmer unmittelbar. Diese Auffassung wird nunmehr wohl auch vom BGH vertreten[5].

64 Folglich ist das beschriebene Eintrittsmodell für den Lieferanten von Nachteil; denn der Verkäufer bleibt zur Gewährleistung umfassend verpflichtet. Leasingnehmer und Leasinggeber profitieren von dem Modell der Vertragsübernahme, da dem Verbraucher im Wege der Abtretungskonstruktion alle gesetzlichen Gewährleistungsrechte verschafft werden. Unabhängig vom Inhalt der Verkaufsbedingungen des Lieferanten besteht für den Leasing-

1 BGH v. 10.5.1995 – VIII ZR 264/94, NJW 1995, 2290, 2291.
2 Vgl. *Bülow/Artz*, § 491 BGB Rz. 92, § 495 BGB Rz. 100 für Vertragsübernahme.
3 BGH v. 10.5.1995 – VIII ZR 264/94, NJW 1995, 2290, 2291; vgl. auch BGH v. 5.6.1996 – VIII ZR 151/95, NJW 1996, 2156, 2157: Schuldbeitritt zum Leasingvertrag; *Palandt/Grüneberg*, § 398 BGB Rz. 39.
4 *Godefroid*, BB-Beilage Nr. 5/2002, 2, 8; *Müller-Sarnowski*, DAR 2002, 485, 487.
5 BGH v. 21.12.2005 – VIII ZR 85/05, NJW 2006, 1066, 1067: „[...] Gleichwohl ist kein Verbrauchsgüterkauf gegeben, weil die Beklagte den Kaufvertrag über das Fahrzeug nicht, *auch nicht zunächst*, mit dem Kl., sondern *von vornherein* mit der Leasinggeberin, einer Unternehmerin, abgeschlossen hat. [...]", Hervorhebung durch den Verfasser.

geber keine Gefahr, dass der Ausschluss seiner mietvertraglichen Eigenhaftung an § 307 BGB scheitern könnte; andererseits ist der Leasingnehmer gemäß den §§ 434 ff., 474 ff. BGB bestmöglich geschützt.

2. Anwendung des § 475 Abs. 1 Satz 2 BGB

Das beschriebene Eintrittsmodell ist beim Verbraucherleasing keineswegs 65
der Regelfall. Oftmals wird der Kaufvertrag von Anfang an zwischen Leasinggeber und Lieferanten geschlossen. Sodann tritt der private Leasingnehmer in die Rechtsstellung des Leasinggebers ein (umgekehrtes Eintrittsmodell)[1]. Eine unmittelbare Anwendung des § 475 Abs. 1 Satz 1 BGB kommt in diesem Fall nicht in Betracht.

a) Umgehungsgeschäft

Allerdings könnte ein derartiger Kaufvertragsabschluss zum Zwecke des 66
anschließenden Verbraucherleasings generell als Umgehungsgeschäft i.S.d. § 475 Abs. 1 Satz 2 BGB zu bewerten sein: Ist der private Leasingnehmer dem privaten Käufer bei wertender Betrachtung gleichzustellen? Hierfür ließe sich anführen, dass es keinen Unterschied machen dürfe, ob der Leasinggeber in den Kaufvertrag des Leasingnehmers nachträglich eintritt oder diesen sogleich selbst abschließt; entscheidend sei die Beteiligung des Verbrauchers am Dreiecksgeschäft. Außerdem soll dem Leasingnehmer als Kompensation für den Ausschluss der mietrechtlichen Haftung des Leasinggebers die Stellung eines Käufers verschafft werden. Es erscheint insofern geboten, dem Leasingnehmer die vollen Rechte des privaten Käufers zu vermitteln, sofern den beteiligten Parteien die Verbraucherstellung des Leasingnehmers bekannt ist.

aa) Mindermeinung

Tatsächlich wird von Teilen der Literatur vertreten, dass zumindest § 475 67
Abs. 1 Satz 2 BGB beim Verbraucherleasing prinzipiell Anwendung finde: Der Lieferant könne sich nicht auf eine vertragliche Einschränkung der Rechte nach §§ 434 ff., 474 ff. BGB berufen, sofern ein Verbraucher am Leasinggeschäft beteiligt ist[2]. Es sei nicht gerechtfertigt, den Lieferanten besser zu stellen, als wenn er direkt mit dem Leasingnehmer kontrahiert hätte. Im Interesse des **effektiven Verbraucherschutzes** und im Hinblick auf das Umgehungsverbot wird von einem Lieferanten, der mit einer Leasing-

---

1 Vgl. *Staudinger/Beckmann*, Vorbem. zu §§ 433 ff. Rz. 164.

2 *Staudinger/Beckmann*, Vorbem. zu §§ 433 ff. Rz. 164; *Staudinger/Stoffels*, Leasing Rz. 225; *Beckmann*, Finanzierungsleasing, § 1 Rz. 175; *Wolf/Eckert/Ball*, Handbuch des gewerblichen Miet-, Pacht- und Leasingrechts, Rz. 1818; ähnlich *Reinking/Eggert*, Autokauf, Rz. 860, 864 ff. und *Graf von Westphalen*, ZGS 2002, 64, 66; AGB-Klauselwerke/*Graf von Westphalen*, Leasing Rz. 116.

gesellschaft im Privatleasinggeschäft kooperiert, verlangt, dass er seine Geschäftsbedingungen an der Person des Verbrauchers ausrichte.

68 Folgt man dieser Auffassung, muss der Leasingnehmer bei Mangelhaftigkeit des Leasingguts – auch bei Vorliegen eines in den Verkaufsbedingungen geregelten Ausschlusses der kaufrechtlichen Gewährleistungsrechte – gegenüber dem Lieferanten Klage erheben; denn dieser dürfe sich gemäß § 475 BGB auf den Ausschluss oder die Beschränkung der Gewährleistungshaftung nicht „berufen"[1]. Da die vertragliche Beschränkung der Gewährleistungsrechte im Liefervertrag tatsächlich unwirksam ist, hätte die Abtretungskonstruktion im Leasingvertrag Bestand. Eine gegen den Leasinggeber gerichtete Klage gemäß den §§ 536 ff. BGB verspräche also keine Aussicht auf Erfolg. Denn die Leasingvertragsparteien gäben durch die Ausgestaltung des Vertrags eindeutig zu erkennen, dass die Gewährleistungshaftung des Leasinggebers auch nicht subsidiär wieder aufleben soll; es bestünde kein Bedürfnis nach einer „Sprengung" der Vertragsbeziehungen.

69 Einige Stimmen in der Literatur bewerten dagegen die im Leasingvertrag enthaltene Abtretungsklausel gemäß § 307 Abs. 2 Nr. 1 BGB als unwirksam, sofern der Leasinggeber dem Leasingnehmer nicht ausdrücklich sämtliche Gewährleistungsrechte eines Verbrauchsgüterkäufers verschafft[2]. Hierfür spräche, dass die scheinbar wirksame Beschränkung der abgetretenen kaufvertraglichen Rechte die Abtretungskonstruktion zumindest intransparent i.S.d. § 307 Abs. 1 Satz 2 BGB erscheinen lässt. Demnach müsste der Leasingnehmer im Gewährleistungsfall bei vertraglicher Beschränkung seiner Rechte den Leasinggeber in die mietrechtliche Haftung nehmen. Richtiger Prozessgegner wäre also der Leasinggeber und nicht der Lieferant.

70 Folgt man der Mindermeinung, ist dem Leasingnehmer im Hinblick auf die **ungewisse Passivlegitimation** zu **empfehlen**, dem Lieferanten respektive Leasinggeber bei Klageerhebung den Streit zu verkünden (§ 72 ZPO). Eine Streitverkündung ist zulässig, da die Passivlegitimation des Beklagten in rechtlicher Hinsicht ungewiss ist und also ein Anspruch aus einem Alternativverhältnis bestehen könnte[3]. Außerdem sollte der Kläger das Gericht vor Anberaumung der mündlichen Verhandlung um Hinweis bitten, ob es den Beklagten als passivlegitimiert ansieht (§ 139 ZPO). Die Klage kann bei abschlägigen Hinweis bis zur mündlichen Verhandlung ohne Zustimmung des Beklagten auf den Lieferanten respektive Leasinggeber umgestellt werden (§§ 263, 269 ZPO)[4]. Freilich trägt der Kläger die Kosten be-

1 *Staudinger/Stoffels*, Leasing Rz. 226; *Beckmann*, Finanzierungsleasing, § 1 Rz. 174.
2 *Graf von Westphalen*, ZGS 2002, 64, 66; AGB-Klauselwerke/*Graf von Westphalen*, Leasing Rz. 116; *Reinking/Eggert*, Autokauf, Rz. 866, 872 f.
3 *Zöller/Vollkommer*, § 72 ZPO Rz. 8.
4 Hierzu *Zöller/Greger*, § 263 ZPO Rz. 23 ff.

züglich der einer Klageumstellung innewohnenden Klagerücknahme (§ 269 Abs. 1 ZPO).

bb) Herrschende Ansicht

Mit Urteil vom 21.12.2005 hat der **BGH**[1] der oben genannten Mindermeinung indirekt eine Absage erteilt und entgegen kritischer Stimmen in der Literatur[2] an der leasingtypischen Abtretungskonstruktion auch nach In-Kraft-Treten der Schuldrechtsreform festgehalten: 71

Ein Finanzierungsleasingvertrag zwischen einem Leasinggeber und einem Leasingnehmer mit Verbrauchereigenschaft, der im Rahmen der leasingtypischen Abtretungskonstruktion die Abtretung der kaufrechtlichen Gewährleistungsansprüche des Leasinggebers gegen den Lieferanten der Leasingsache an den Leasingnehmer vorsieht, sei kein Umgehungsgeschäft i.S.d. § 475 Abs. 1 Satz 2 BGB. Dem Lieferanten soll es aus diesem Grunde nicht verwehrt sein, sich gegenüber dem Verbraucher mit Verbrauchereigenschaft auf den mit dem Leasinggeber als Käufer der Leasingsache vereinbarten Gewährleistungsausschluss zu berufen. Zumindest bei **vollständigem Ausschluss** der kaufrechtlichen Gewährleistungsansprüchen stünden dem Leasingnehmer mit Verbrauchereigenschaft jedoch die mietrechtlichen Gewährleistungsansprüche gegen den Leasinggeber zu.

Der BGH begründet seine Auffassung wie folgt: Ein Umgehungsgeschäft liege selbst bei wirtschaftlicher Betrachtung nicht vor. Denn das Finanzierungsleasinggeschäft erfahre seine rechtliche Ausgestaltung, um der leasingtypischen Interessenslage der Beteiligten Rechnung zu tragen und nicht, um die Händlerhaftung beim Kauf zu vermeiden. Der Leasingnehmer trete in eine überwiegend mietrechtlich geprägte Beziehung zum Leasinggeber. Dieser handle bei dem Erwerb des Leasingguts nicht für den Verbraucher, sondern wolle sein vom Kauf grundlegend verschiedenes Geschäft zum Abschluss bringen. Die Abtretung kaufvertraglicher Gewährleistungsansprüche an den Leasingnehmer geschehe vor diesem Hintergrund, um sich von der eigenen Sachmängelhaftung frei zu zeichnen. Sie habe keineswegs das Ziel, die Zwischenschaltung des Leasinggebers wieder zu beseitigen und Lieferant und Verbraucher zusammen zu führen. Der Abschluss des Leasingvertrags zwischen dem Leasinggeber und dem Leasingnehmer verfolge nicht den Zweck, dem Lieferanten in dessen Kaufvertrag mit dem Leasinggeber den Gewährleistungsausschluss zu ermöglichen. Der Abschluss des Leasingvertrags beruhe vielmehr darauf, dass der Leasingnehmer aus wirtschaftlichen Gründen keinen Kaufvertrag mit dem Lieferanten schließen könne oder wolle. Die Abtretungskonstruktion erfolge allein, um den vom Leasinggeber angestrebten Ausschluss seiner 72

---

1 BGH v. 21.12.2005 – VIII ZR 85/05, NJW 2006, 1066.

2 Für Ermächtigungskonstruktion AGB-Klauselwerke/*Graf von Westphalen*, Leasing Rz. 116.

mietvertraglichen Gewährleistung auszugleichen und damit in rechtlicher Hinsicht zu ermöglichen; sie erfolge nicht, um dem Leasingnehmer eine ihm eigentlich zukommende Käuferposition zu verschaffen.

73 Die aktuelle Entscheidung des BGH entspricht der bislang wohl vorherrschenden Meinung zum Verbraucherleasing[1].

74 Folgt man der herrschenden Meinung, so ist der **Leasinggeber passivlegitimiert**. Im Gewährleistungsfall wäre bei Ausschluss oder der unzulässigen Beschränkung der kaufrechtlichen Gewährleistungsrechte der Lieferant zu verklagen. Sofern die angerufenen Gerichte der Ansicht des BGH folgen wollen, werden sie gehalten sein, den Leasingnehmer in einem gegenüber dem Lieferanten geführten Gewährleistungsprozess auf ihren Rechtsstandpunkt hinzuweisen; der Hinweis hat vor Anberaumung der mündlichen Verhandlung zu erfolgen, damit der Leasingnehmer ausreichende Gelegenheit zur Umstellung der Klage erhält.

cc) Eigene Stellungnahme

75 Meines Erachtens[2] vermag in der dargestellten Streitfrage nur eine **differenzierende Ansicht** zu überzeugen.

76 Eine Umgehung ist nach allgemeiner Definition eine rechtsgeschäftliche Vereinbarung, welche die Wirkungen einer Vorschrift auf einen anderen Weg beseitigt oder hervorruft, insbesondere außerhalb des Wortlauts des § 475 Abs. 1 Satz 1 BGB die Haftung des Verkäufers ohne wirtschaftlichen Grund verringert oder ausschließt[3]. Bei der Beurteilung ist darauf abzustellen, ob der Zweck der maßgeblichen Vorschrift beeinträchtigt wird. Eine besondere Umgehungsabsicht ist nicht erforderlich[4]. Die Frage nach dem Vorliegen eines Umgehungsgeschäfts kann niemals pauschal, sondern nur **anhand des konkreten Einzelfalls** beurteilt werden[5].

77 § 475 Abs. 1 Satz 2 BGB ist somit nicht generell auf alle Konstellationen des Verbraucherleasings anzuwenden. Sofern sich der Verbraucher unmittelbar an den Leasinggeber wendet, erscheint die Annahme eines Umgehungsgeschäfts fern liegend. Denn der Verbraucher tritt von Anfang an als (potentieller) Leasingnehmer und nicht als (potentieller) Käufer in Erscheinung. Manchmal hat der Leasinggeber das Leasinggut zum Zeitpunkt des Leasingvertragsabschlusses bereits zu bestimmten Konditionen eingekauft oder beim Lieferanten vorbestellt; denkbar ist auch, dass zwischen dem

---

1 OLG Naumburg v. 1.3.2005 – 11 U 132/04, ZGS 2005, 238; *Tiedtke/Möllmann*, DB 2004, 583, 586; *Zahn*, DB 2002, 985, 990 f.; *Reinicke/Tiedtke*, Kaufrecht, Rz. 1736.
2 *Woitkewitsch*, VuR 2006, 440, 441.
3 *Palandt/Weidenkaff*, § 475 BGB Rz. 6.
4 *Staudinger/Matusche-Beckmann*, § 475 BGB Rz. 41.
5 Vgl. *Müller*, NJW 2003, 1975, 1978 für Agenturgeschäft beim Verkauf gebrauchter Kfz.

Lieferanten und dem Leasinggeber ein andauerndes Rahmenvertragsverhältnis besteht, das die Konditionen des jeweiligen Verkaufs vorab regelt. Dem Lieferanten ist oftmals nicht vorab bekannt, ob der Leasinggeber die bestellte Ware später an einen Unternehmer oder einen Verbraucher zu verleasen beabsichtigt. In dieser Konstellation erscheint es abwegig, dass Lieferant und/oder Leasinggeber den Abschluss des späteren Leasingvertrags objektiv als Mittel benutzen, um dem Leasingnehmer die Rechte nach den §§ 434 ff., 474 ff. BGB vorzuenthalten.

Allerdings ist dem Leasinggeber grundsätzlich der Vorwurf zu machen, dass er die Ware nicht zu seinen – verbraucherfreundlichen – **Einkaufsbedingungen** erwirbt. Da die Leasinggesellschaften regelmäßig über eine hohe Finanzkraft verfügen und Großabnehmer von Waren sind, müssen sie sich die – verbraucherfeindlichen – Verkaufsbedingungen des Lieferanten an sich nicht diktieren lassen. Die Verwendung entsprechender Einkaufsbedingungen würde auch bei Verwendung entgegenstehender Verkaufsbedingungen helfen, die über die Abtretungskonstruktion wirkenden Verbraucherrechte abzusichern. Denn soweit die Einkaufs- von den Verkaufsbedingungen abweichen, besteht seit der Aufgabe der Theorie des letzten Wortes Dissens: Der Vertrag hat bei Vollzug Bestand und entfaltet im Anwendungsbereich der kollidierenden AGB seine Gültigkeit nach Maßgabe der gesetzlichen Vorschriften[1]. 78

Viele Verbraucherleasingfälle sind aber dadurch gekennzeichnet, dass sich der spätere Leasingnehmer zunächst als Kaufinteressent unmittelbar an den Lieferanten wendet. Im Rahmen eines Informationsgesprächs wird deutlich, dass der Interessent die anvisierte Ware nicht sogleich bezahlen kann; eine Ratenzahlungsvereinbarung kommt gleichfalls nicht zustande. Sofern der Lieferant dem Interessenten sodann aus eigener Initiative die Möglichkeiten eines Finanzierungsleasings unterbreitet, kommt die Anwendung des § 475 Abs. 1 Satz 2 BGB in Betracht. Dies gilt jedenfalls, wenn der Lieferant den zunächst skeptischen Interessenten zum Leasingvertragsabschluss drängt und die betreffenden Formulare des Leasinggebers sogleich bereithält. Eine etwaige Provisionsvereinbarung zwischen Lieferanten und der begünstigten Leasinggesellschaft kann ein Indiz dafür sein, dass die **maßgebliche Initiative zum Abschluss des Leasingvertrags** von Seiten des Lieferanten und nicht von Seiten des Kaufinteressenten und späteren Leasingnehmer ausging. 79

In der beschriebenen Situation weiß der Lieferant von Anfang an, dass der Interessent Verbraucher ist und die Ware an sich kaufen will. Wenn er dem Interessenten die Ware sodann über den Umweg eines Leasinggeschäfts verschafft, kann eine Begrenzung der kaufrechtlichen Gewährleistungshaftung gegenüber dem formal zwischengeschalteten Leasinggeber als zielgerichtete Beschränkung der Verbraucherrechte und also als unzulässiges 80

---

1 *Palandt/Heinrichs*, § 305 BGB Rz. 55.

Umgehungsgeschäft bewertet werden. Derartige Konstellationen finden sich insbesondere im Bereich des Kfz-Leasings[1] (unten Kap. M).

81 Dieser Auffassung steht das zitierte BGH-Urteil nicht zwingend entgegen. Der Entscheidung lag ein Sachverhalt zugrunde, in dem der Leasingnehmer den Leasingvertrag „aus eigenem Entschluss" tätigte[2]. Sicherlich wird kein Kaufinteressent jemals zum Abschluss eines Leasingvertrags gezwungen. Das BGH-Urteil lässt daher ausreichend Raum, entscheidend darauf abzustellen, in welchem Maße der Interessent aus **originär eigenem Antrieb** vom zunächst anvisierten Kaufvertragsschluss abrückt. Wäre diese Frage nicht entscheidungserheblich, hätte sie der BGH nicht gesondert hervorheben müssen.

82 Zudem bezog sich der BGH in der zitierten Entscheidung ausdrücklich auf seine neuere Rechtsprechung zum Agenturgeschäft beim Verkauf gebrauchter Kraftfahrzeuge. Demnach sei für die Frage nach dem Vorliegen eines Umgehungsgeschäfts relevant, wer das **wirtschaftliche Risiko** des Verkaufs zu tragen habe; derjenige sei im Zweifel auch Partei des Kaufvertrags[3]. Meines Erachtens gebietet gerade der Vergleich mit der Rechtsprechung zum Agenturgeschäft, dass der Leasingnehmer bei der gebotenen wirtschaftlichen Betrachtungsweise im Zweifel als Käufer agiert. Denn er trägt nach dem Willen der Vertragsparteien das Risiko des Verkaufsgeschäfts: Der Leasingnehmer ist hinsichtlich des Leasingguts zur Vollamortisation verpflichtet und muss nach dem Inhalt des Leasingvertrags die Sach- und Preisgefahr bezüglich des Leasingguts tragen. Dass der Leasinggeber den Kaufpreis vorab an den Lieferanten leistet, ist nicht entscheidend, da er insofern kein nennenswertes Risiko trägt: Zum einen prüft der Leasinggeber die Bonität des Leasingnehmers vor Vertragsabschluss sehr genau, zum anderen verbleibt ihm jederzeit das Eigentum an dem Leasinggut zur Sicherheit.

b) Indirektes Herstellerleasing

83 Beim Herstellerleasing ist zwischen dem direkten und dem indirekten Herstellerleasing zu differenzieren. Beim direkten Hersteller- oder Händlerleasing fehlt es an dem leasingtypischen Dreiecksverhältnis. Ein Ausschluss der Gewährleistung verbunden mit einer Drittverweisungsklausel ist nicht sinnvoll und in den Vertragswerken auch nicht vorgesehen. Den mit dem Hersteller identischen Leasinggeber trifft vielmehr von vornherein eine mietrechtliche Einstandspflicht für etwaige Mängel des Leasingguts[4].

84 Unter indirektem Herstellerleasing versteht man die Finanzierung des Absatzes durch eine mit dem Hersteller wirtschaftlich verbundene, aber

1 Vgl. *Reinking/Eggert*, Autokauf, Rz. 900.
2 Diesen Umstand betont auch *Graf von Westphalen*, ZIP 2006, 1653.
3 Vgl. BGH v. 26.1.2005 – VIII ZR 175/04, WM 2005, 807, 809.
4 *Staudinger/Stoffels*, Leasing Rz. 27, 223.

rechtlich selbständige Leasinggesellschaft. Diese ist – insbesondere im Bereich des Kfz-Vertriebs – oftmals eine Tochtergesellschaft des Herstellers.

Da beim indirekten Herstellerleasing die typische Dreiecksbeziehung zwischen Lieferant, Leasinggeber und Leasingnehmer gegeben ist, sollen nach herrschender Meinung die Regeln über das Finanzierungsleasing uneingeschränkte Anwendung finden[1]. Eine Mindermeinung[2] betont jedoch, dass wegen der tatsächlichen Verflechtung zwischen Lieferant und Leasinggeber die für das Leasinggeschäft typische Dreiecksbetrachtung allenfalls formal bestünde und der Hersteller/Leasinggeber ein primär **produktorientiertes Absatzinteresse** verfolgten; das leasingtypische Finanzierungsinteresse trete dagegen in den Hintergrund. 85

Somit ist zu überlegen, ob der Leasingnehmer im Fall des indirekten Herstellerleasings den Schutz des § 475 BGB genießen soll. Wenn nämlich Hersteller und die als Tochterfirma agierende Leasinggesellschaft bei wirtschaftlicher Betrachtung ein und dieselbe Person sind, erscheint eine zwischen diesen vereinbarte Beschränkung der kaufrechtlichen Gewährleistungsrechte per se verwerflich: Die zwischen Hersteller und Leasinggeber vereinbarte Beschränkung der Gewährleistungsrechte wirkt über die Abtretungskonstruktion unmittelbar zu Lasten des unbeteiligten Leasingnehmers. Da Hersteller und Leasinggesellschaft unter demselben Firmendach stehen, lässt sich schwerlich behaupten, dass der Leasinggeber lediglich die ihm vom Lieferanten oktroyierte Gewährleistungsbegrenzung an den Leasingnehmer weitergebe; vielmehr erscheint das Modell des indirekten Herstellerleasings als probates Mittel, um die Rechte des Verbrauchers über die Einschaltung einer formal eigenständigen Leasinggesellschaft zu minimieren. Hersteller und Leasinggeber verfolgen im Fall des indirekten Herstellerleasings bei wirtschaftlicher Betrachtung zumindest **keine gegenläufigen Interessen**. 86

Auch wenn man Hersteller und Leasinggeber als ein und denselben Vertragspartner des Leasingnehmers betrachtet, wird der Leasingnehmer jedoch nicht zum Käufer des Leasingguts. Die Zwischenschaltung der – rechtlich selbständigen – Leasinggesellschaft dient auch beim indirekten Herstellerleasing der Finanzierung des Geschäfts und verfolgt grundsätzlich nicht den illegitimen Zweck, die Rechte des Kunden zu begrenzen. Die *pauschale* Anwendung des § 475 Abs. 1 Satz 2 ist daher abzulehnen. 87

Allerdings ist die Abtretungsklausel beim indirekten Herstellerleasing aus den oben genannten Gründen einer **besonders strengen Prüfung** nach § 307 Abs. 1 Satz 1 BGB zu unterziehen. Sofern ein kollusives Zusammenwirken von Hersteller und Leasinggeber zu Lasten des Leasingnehmers nachweis- 88

1 BGH v. 20.12.1985 – V ZR 96/84, NJW 1986, 1335, 1336 f.; OLG Stuttgart v. 24.8.2005 – 6 W 39/04, WM 2005, 2188; *Staudinger/Stoffels*, Leasing Rz. 28.

2 *Graf von Westphalen*, DAR 1984, 337, 338; OLG Frankfurt v. 14.7.1981 – 5 U 210/03, WM 1982, 723, 725.

bar ist, kommt die Unwirksamkeit der vertraglichen Gewährleistungsbeschränkung gemäß §§ 138, 139 BGB in Betracht[1].

89 Beim indirekten Herstellerleasing sucht der Verbraucher den Lieferanten oftmals zunächst als Kaufinteressent auf. Sofern dem Kunden sodann auf Initiative des Lieferanten eine Finanzierung über die hauseigene Leasinggesellschaft angeraten und der potentielle Käufer also zum Leasingnehmer gemacht wird, kann im Einzelfall ein Umgehungsgeschäft nach § 475 Abs. 1 Satz 2 BGB vorliegen (s.o. Rz. 79).

c) Verdeckter Kauf

90 Die Anwendung des § 475 Abs. 1 Satz 2 BGB kommt in Betracht, wenn der Leasingvertrag nach dem Willen der Parteien von vornherein nicht bloß auf eine mittelfristige Gebrauchsüberlassung ausgerichtet ist, sondern eine Art **Zwischenfinanzierung** für den Erwerb der Sache durch den Leasingnehmer darstellt[2]. Allerdings kann das Vorliegen eines verdeckten Kaufs keinesfalls schon aus der Existenz einer Kaufoptionsklausel geschlossen werden. Vielmehr ist zu fordern, dass sich die Beteiligten einig sind, dass der Leasingnehmer die Sache letztendlich in jedem Fall erwerben soll. Hieran ist beispielsweise zu denken, wenn der Kaufvertrag unter der aufschiebenden Bedingung des Auslaufens des Leasingvertrags steht.

3. Kaufoption

91 Leasingverträge enthalten zuweilen eine Kaufoption des Leasingnehmers oder ein Andienungsrecht[3] des Leasinggebers. Die Kaufoption kann dergestalt erfolgen, dass dem Leasingnehmer jederzeit das Recht zum Kauf des Leasingguts eingeräumt wird oder er jedenfalls nach Auslaufen des Leasingvertrags dieses Optionsrecht besitzen soll. Hierbei ist freilich die – hier nicht näher zu beleuchtende – Problematik zu beachten, dass der Leasinggeber dem Leasingnehmer ein Erwerbsrecht an der Leasingsache aus steuerlichen Gründen nicht gewähren sollte[4]. Das Optionsrecht des Leasingnehmers besitzt daher – im Gegensatz zum Andienungsrecht des Leasinggebers – Ausnahmecharakter.

92 Es stellt sich die Frage, ob der Leasinggeber im Fall des Verkaufs des Leasingguts an den Leasingnehmer ein **zweites Mal für die Mangelfreiheit der Sache haftet**[5]. Problematisch ist, dass der beabsichtigte Verkauf des Lea-

---

1 Vgl. *Palandt/Heinrichts*, § 138 BGB Rz. 61.
2 *Reinking*, ZGS 2002, 229, 231.
3 Vgl. OLG Nürnberg v. 8.6.1999 – 1 U 480/99, NJW-RR 2000, 278.
4 *Reinking*, DAR 2002, 145, 146.
5 Dafür: *Graf von Westphalen*, BB 2002, 209, 212 und ZGS 2002, 89, 90; *Müller-Sarnowski*, DAR 2002, 485, 493; dagegen: *Reinking*, ZGS 2002, 229, 235; *Reinking/Eggert*, Autokauf, Rz. 1004; offen gelassen von *Wolf/Eckert/Ball*, Handbuch des gewerblichen Miet-, Pacht- und Leasingrechts, Rz. 1993 f.

singguts regelmäßig Bestandteil der Vollamortisierungsvereinbarung ist: Sofern der Leasinggeber für die Mangelfreiheit des verkauften Leasingguts haftet, realisiert sich wegen der Mangelbeseitigungskosten unter Umständen nicht die dem Leasinggeschäft zugrunde gelegte Gewinnerwartung, zumal der Leasinggeber den ursprünglichen Lieferanten typischerweise nicht in Regress nehmen kann. Denn das vom Lieferanten bezogene Leasinggut wird an den Verbraucher nicht mehr als *neue* Sache verkauft (vgl. § 478 Abs. 1 und 2 BGB). Zudem sind etwaige Regressansprüche wegen der langen Laufzeiten der Leasingverträge oftmals verjährt (vgl. § 479 BGB).

Ein der Absicherung der Vollamortisation dienender Kaufvertrag zwischen 93 Leasinggeber und dem als Verbraucher handelnden Leasingnehmer ist ein **Verbrauchsgüterkauf** gemäß §§ 474 ff. BGB hinsichtlich einer gebrauchten Sache[1]. Entsprechendes gilt für eine Vereinbarung des Inhalts, dass die Übereignung des Leasingguts nur gegen Zahlung des zur Herstellung der Vollamortisation offenen Betrags geschuldet ist. Die Folge ist, dass eine Vereinbarung, die dem Leasingnehmer eine ergänzende Amortisationsverpflichtung in Höhe der Kosten der Inanspruchnahme des Leasinggebers wegen Mängeln der Kaufsache auferlegt, nach § 475 Abs. 1 Satz 1 BGB unwirksam ist[2].

Der in der Literatur gemachte Vorschlag, dem Leasingnehmer im Gewähr- 94 leistungsfall eine **ergänzende Amortisationsverpflichtung** aufzuerlegen[3] übersieht, dass der Käufer nach ausgeübtem Andienungsrecht kein Leasingnehmer mehr ist, da der Leasingvertrag vollständig erfüllt wurde[4].

Die nach den §§ 434 ff., 474 ff. BGB zwingenden Rechtsvorschriften kön- 95 nen auch nicht durch eine verbraucherfeindliche Interpretation des **Zeitpunkts des Gefahrenübergangs** nach § 446 BGB umgangen werden: Eine Klausel, der zufolge die Gefahr bei erstmaliger, das heißt in Erfüllung der leasingvertraglichen Überlassungspflicht erfolgter Übergabe auf den Leasingnehmer übergeht, verstößt zumindest gegen §§ 475 Abs. 2, 438 Abs. 2 BGB[5]. Sie bewirkt das Leerlaufen der kaufrechtlichen Gewährleistungsansprüche des Verbrauchers bei Ausübung der Kaufoption, weil die Leasingvertragslaufzeiten regelmäßig über zwei Jahre hinausgehen. Außerdem stellt § 446 BGB auf die Übergabe der „verkauften" Sache ab; die dem Kaufvertragsabschluss vorangehende Übergabe der verleasten Sache ist daher nicht ausreichend. Der Leasingnehmer, der zunächst Fremdbesitzer war, wird erst im Zeitpunkt der Ausübung der Kaufoption Eigenbesitzer (vgl. §§ 854 Abs. 2, 868 BGB).

---

1 *Beckmann*, Finanzierungsleasing, § 3 Rz. 226.
2 MünchKomm./*Habersack*, Leasing Rz. 42; a.A. *Godefroid*, BB-Beilage Nr. 5/2002, 2, 9.
3 *Godefroid*, BB 2002, Beilage 5 zu Heft 27, 2, 9.
4 *Weber*, NJW 2003, 2348, 2349 f.
5 MünchKomm./*Habersack*, Leasing Rz. 42; *Habersack*, BB-Beilage Nr. 6/2003, 1, 6; a.A. *Reinking* ZGS 2002, 229, 234.

96 Gegen eine erneute Haftung spricht auch nicht, dass sich das zu veräußernde Leasinggut regelmäßig im ausschließlichen Gewahrsam des Leasingnehmers und späteren Käufers befunden haben wird und der Leasingnehmer bis zur Beendigung des Leasingvertrags zur Instandhaltung des Leasingguts verpflichtet ist: Ob ein Mangel im Zeitpunkt des Gefahrenübergangs besteht, ist Frage des Einzelfalls; eine rechtliche Instandhaltungsverpflichtung indiziert keineswegs, dass etwaige im Zeitpunkt der Ausübung des Optionsrechts vorhandene Mängel tatsächlich vom Leasingnehmer bewirkt wurden. Auch aus § 159 BGB kann eine Vorverlegung des Zeitpunkts des Gefahrenübergangs nicht abgeleitet werden (§ 475 Abs. 1 Satz 2 BGB)[1].

97 Im Ergebnis bedeutet dies, dass der Leasinggeber, wenn er Vollamortisation durch Veräußerung an den Leasingnehmer zu erzielen sucht, der kaufrechtlichen Mängelhaftung unterliegt und somit der **Eintritt der Vollamortisation ungewiss** ist. Dies ist hinzunehmen, zumal der Leasinggeber frei entscheiden kann, ob er dem Leasingnehmer eine Kaufoption gewährt oder nicht; von der Ausübung eines Andienungsrechts kann der Leasinggeber absehen. Im Fall der Ausübung des Optionsrechts haftet der Leasinggeber dem früheren Leasingnehmer gegenüber als Verkäufer einer **gebrauchten Sache**[2].

98 Der Leasinggeber ist als Verkäufer über § 442 BGB ausreichend geschützt: Denn der Käufer kann Mängel, deren Bestehen er während der Laufzeit des Leasingvertrags kannte oder grob fahrlässig nicht kannte, nicht mehr erfolgreich geltend machen. Freilich trägt die diesbezügliche Beweislast der Leasinggeber[3]. Außerdem sind die im Rahmen des Verkaufs einer gebrauchten Sache relevanten Verschleißerscheinungen kein Mangel i.S.d. Gesetzes. Da der Leasingnehmer eine gebrauchte Sache erwerben soll, kann die Gewährleistungsfrist – auch formularvertraglich – auf ein Jahr verkürzt werden (§ 475 Abs. 2 BGB). Ob § 476 BGB beim Verkauf gebrauchter Sachen Anwendung findet, ist Frage des Einzelfalls[4]. Gegen die Anwendung des § 476 BGB spricht der Umstand, dass der Leasingnehmer die Sache im Zeitpunkt des Verkaufs bereits jahrelang nutzte; etwaige Mängel können von ihm selbst bewirkt worden sein. Den Parteien des Kaufvertrages ist daher zu **empfehlen**, den tatsächlichen Zustand des zu veräußernden Leasingguts vor Ausübung des Optionsrechts genau zu protokollieren.

99 Dem Leasinggeber ist jedenfalls zu raten, die Dauer der kaufvertraglichen Gewährleistung formularvertraglich auf ein Jahr zu reduzieren; denn ohne entsprechende Vereinbarung unterliegen auch gebrauchte Kaufgegenstände der zweijährigen Gewährleistungsfrist. Zur sicheren Vermeidung einer

---

1 A.A. wohl *Beckmann*, Finanzierungsleasing, § 3 Rz. 227.
2 A.A. *Reinking*, ZGS 2002, 229, 234; ähnlich *Beckmann*, Finanzierungsleasing, § 3 Rz. 229, der eine etwaige Haftung des Lieferanten in Betracht zieht.
3 *Beckmann*, Finanzierungsleasing, § 3 Rz. 230.
4 Vgl. BGH v. 14.9.2005 – VIII ZR 363/04, MDR 2006, 253, 254 f.

Mängelhaftung aus der Kaufoption oder einer Andienung verbleibt dem Leasinggeber nur die Veräußerung an einen Unternehmer mit der Möglichkeit des vollständigen Ausschlusses der Sachmängelhaftung[1].

Die vor der Schuldrechtsreform abgeschlossenen **Altverträge** enthalten regelmäßig einen Gewährleistungsausschluss für den Fall der späteren Ausübung des Andienungsrechts des Leasinggebers bzw. der Ausübung der Kaufoption durch den Leasingnehmer. Gegenüber Verbrauchern scheitern die vorab vereinbarten Haftungsausschlüsse im Fall der Ausübung der Options- oder Andienungsrechte seit dem 1.1.2002 an § 475 Abs. 1 Satz 1 BGB (Art. 229 § 5 Satz 1 EGBGB). Denn der vollständige Entstehungstatbestand des Kaufvertrags entstand in diesem Fall nicht unter Geltung der alten Rechtslage[2]. Der Leasingnehmer genießt somit als Käufer des gebrauchten Leasingguts zwei Jahre lang die kaufrechtlichen Gewährleistungsrechte. Eine geltungserhaltende Reduktion der Gewährleistungslaufzeit auf zwölf Monate findet nicht statt. Der Leasinggeber trägt als AGB-Verwender das Risiko der veränderten Rechtslage, zumal er trotz der sich anbahnenden Veränderungen im Verbraucherrecht an lang laufenden Leasingverträgen mit Kaufoptionen festhielt. Eine Anpassung der Altverträge gemäß § 313 BGB kommt daher nicht in Betracht[3]. 100

4. Sale-and-lease-back

Unproblematisch finden die §§ 434 ff., 474 ff. BGB bei einem Sale-and-lease-back-Vertrag unmittelbare Anwendung. Bei einem derartigen – für das Verbraucherleasing jedoch ungewöhnlichen Vertragstypus – kauft der Leasinggeber die vom Leasingnehmer erworbene Sache diesem ab, um sie ihm anschließend im Wege des Leasings wieder zum Gebrauch zu überlassen (s.u. Kap. N). Der private Leasingnehmer bleibt Vertragspartner des ursprünglichen Kaufvertrags mit dem Lieferanten und besitzt weiterhin die Rechte eines Verbrauchers, wenn er den Kaufvertrag in dieser Eigenschaft abgeschlossen hat[4]. Ein Sale-and-lease-back-Verbraucherleasingvertrag dürfte praktisch nur im Bereich des Existenzgründerleasings in Betracht kommen[5]. 101

5. Mit § 475 BGB unvereinbare Klauseln

Die bisherigen Ausführungen werfen die praxisrelevante Frage auf, welche Klauselgestaltungen im *unmittelbaren* Anwendungsbereich der §§ 474 ff. 102

1 *Beckmann*, Finanzierungsleasing, § 3 Rz. 232.
2 Vgl. *Palandt/Heinrichs*, EG Art. 229 § 5 Rz. 3; *Palandt/Weidenkaff*, Vorb v § 463 BGB Rz. 17.
3 A.A. wohl *Weber*, NJW 2003, 2348, 2350.
4 *Reinking/Eggert*, Autokauf, Rz. 873.
5 Vgl. *Martis/Meinhof*, Verbraucherschutzrecht, S. 62, Rz. 75.

BGB unzulässig sind. Die **Auslegung** der zu bewertenden Klausel bemisst sich am Verständnis des durchschnittlichen privaten Leasingnehmers; auf den (erweiterten) Horizont des gewerblichen Leasinggebers ist nicht abzustellen. Dies gilt insbesondere hinsichtlich der vor einer Inhaltskontrolle gemäß den §§ 475 Abs. 1, 307 Abs. 2 Nr. 1 BGB zu beurteilenden Frage, ob eine **überraschende Klausel** i.S.d. § 305c Abs. 1 BGB vorliegt[1].

103 Einige Stimmen in der Literatur, die Verbraucherleasingverträge am „zwingenden Recht" des § 475 Abs. 1 BGB messen wollen, machen zu Gunsten des Lieferanten oder Leasinggebers überraschende Zugeständnisse: Beispielsweise wird die in den Verkaufsbedingungen des Lieferanten oftmals enthaltene Beschränkung der Gewährleistungsrechte auf Nachbesserung für zulässig erachtet[2].

104 Eine derartige Einschränkung mag praxisgerecht sein; sie ist jedoch inkonsequent und dogmatisch nicht haltbar. Sofern entsprechend den oben genannten Fallgruppen die Anwendbarkeit der §§ 474 ff. BGB zu Gunsten des Leasingnehmers *ausnahmsweise* zu bejahen ist, gilt dies **uneingeschränkt**. Der Leasingnehmer genießt dann die Rechte eines Verbrauchsgüterkäufers. § 475 Abs. 1 Satz 1 BGB lässt eine partielle Abdingbarkeit der gesetzlich zwingenden Normen nicht zu. Vielmehr sind die Vorschriften des Verbrauchsgüterkaufs in den genannten Fällen eins zu eins auf den Verbraucherleasingvertrag zu übertragen[3].

105 Bei unmittelbarer Anwendbarkeit des § 475 Abs. 1 Satz 1 oder Satz 2 BGB ergeben sich insbesondere folgende Konsequenzen:

a) Nutzungsersatz bei Ersatzlieferung

106 Klauseln, die dem Verkäufer im Fall der Ersatzlieferung gemäß § 439 Abs. 1 2. Alt. BGB einen – gegebenenfalls nach Nutzungsdauer pauschalierten – Anspruch auf Nutzungsersatz gemäß §§ 346 Abs. 1 2. Alt., 347 Abs. 1 BGB gewähren, sind im Hinblick auf § 475 Abs. 1 Satz 1 BGB angreifbar.

107 Zunächst erscheinen derartige Klauseln unproblematisch. Denn in § 439 Abs. 4 BGB könnte ein derartiger Anspruch bereits gesetzlich verortet sein. In der Tat wollte der Gesetzgeber[4] über § 439 Abs. 4 BGB dem Verkäufer einen Anspruch auf Nutzungsersatz ausdrücklich zugestehen: Der Käufer dürfe keinen praktischen Vorteil daraus ziehen, dass der nachträgliche Austausch der bereits gebrauchten Ware deren Lebenserwartung erhöht.

108 Der Wille des historischen Gesetzgebers hat im Wortlaut des § 439 Abs. 4 BGB jedoch keinen ausreichenden Niederschlag gefunden. Die Norm ist nach zutreffender Ansicht im Wege der **teleologischen Reduktion** dahin-

1 *Beckmann*, Finanzierungsleasing, § 1 Rz. 152, 162.
2 Vgl. *Staudinger/Stoffels*, Leasing Rz. 225.
3 *Reinking/Eggert*, Autokauf, Rz. 865.
4 BT-Drucks. 14/6040, S. 232 f.

gehend auszulegen, dass sie *keine* Verweisung auf die §§ 346 Abs. 1 2. Alt., 347 Abs. 1 BGB beinhaltet und dem Verkäufer also keinen Anspruch auf Nutzungsersatz im Fall der Ersatzlieferung gewährt[1]. Die **einschränkende Auslegung** ist geboten, weil der schlecht leistende Verkäufer durch die Zubilligung eines Nutzungsersatzanspruchs nicht einseitig privilegiert werden darf, zumal die Privilegierung gegenüber dem Geldschuldner auf einer Pflichtverletzung beruht. Außerdem entscheidet letztendlich der Verkäufer, ob er die mangelhafte Ware nachbessert oder aber Ersatzlieferung leistet (§ 439 Abs. 3 BGB).

Der **BGH** hat die Frage nach der Vereinbarkeit der gesetzlich intendierten Nutzungsentschädigung bei Ersatzlieferung mit dem Europäischen Gemeinschaftsrecht nunmehr dem EuGH vorgelegt[2]. Der VIII. Senat teilt die gegen einen Nutzungsersatzanspruch des schlecht leistenden Verkäufers geltend gemachten Bedenken, sieht sich aufgrund seiner Bindung an Recht und Gesetz jedoch außerstande, den eindeutigen Willen des Gesetzgebers zu ignorieren (Art. 20 GG). Ob das deutsche Recht den Vorgaben der einschlägigen EU-Richtlinie genüge, sei fraglich. Bis zu einer abschließenden Entscheidung im zunächst ruhenden BGH-Verfahren ist daher davon auszugehen, dass § 439 Abs. 4 BGB keine Verweisung auf § 346 Abs. 1 2. Alt. BGB enthält; die diesbezügliche Entscheidung des EuGH bleibt abzuwarten. 109

Die Frage nach dem Bestehen eines Nutzungsersatzanspruchs im Fall der Ersatzlieferung hat für das Leasingrecht eine herausragende Bedeutung. Denn die Literatur hat seit der Schuldrechtsreform in einer Vielzahl streitiger Fragen mit der vorgeblichen Nutzungserstattungspflicht des Leasingnehmers argumentiert[3]. Insbesondere die Frage nach der Zulässigkeit des Ausschlusses des Rechts auf Ersatzlieferung gemäß § 439 Abs. 1 BGB wird mit der Problematik der Nutzungsersatzverpflichtung des Leasinggebers verknüpft[4]. Denn die ursprüngliche Kalkulation des Leasinggebers (Amortisationsinteresse) würde durch eine etwaige Erstattungsverpflichtung empfindlich gestört werden[5]. 110

---

1 OLG Nürnberg v. 23.8.2005 – 3 U 991/05, NJW 2005, 3000, 3001; LG Nürnberg-Fürth v. 22.4.2005 – 7 O 10714/04, NJW 2005, 2558, 2560; *Woitkewitsch*, VuR 2005, 1, 5 und VuR 2006, 35; *Unberath*, ZEuP 2005, 1 ff.; *Kohler*, ZGS 2004, 48; a.A. *Erman/Grunewald*, § 439 BGB Rz. 11; *Jauernig/Berger*, § 439 BGB Rz. 18; *Faust* in Bamberger/Roth, § 439 BGB Rz. 32; *Graf von Westphalen* in Henssler/Graf von Westphalen, § 439 BGB Rz. 29; zweifelnd: *Palandt/Weidenkaff*, § 439 BGB Rz. 25.

2 BGH v. 16.8.2006 – VIII ZR 200/05, NJW 2006, 3200.

3 Vgl. *Godefroid*, BB-Beilage Nr. 5/2002, 2, 9 für Verbraucherleasing; *Jaggy*, DB 2002, Beilage 5 zu Heft 27, 14, 18 ff.; *Zahn*, DB 2002, 985, 987; *Reinking/Eggert*, Autokauf, Rz. 935.

4 Vgl. *Wolf/Eckert/Ball*, Handbuch des gewerblichen Miet-, Pacht- und Leasingrechts, Rz. 1819 ff.

5 Hierzu *Graf von Westphalen*, ZIP 2006, 1653, 1657 f.

111 Sofern man § 439 Abs. 4 BGB entsprechend der nunmehr wohl vorherrschenden Meinung restriktiv interpretiert, ist diese Auslegung gemäß § 475 Abs. 1 Satz 1 BGB zwingend. Weil § 439 Abs. 4 BGB nach zutreffender Ansicht gerade nicht auf den Nutzungsersatzanspruch gemäß §§ 346 Abs. 1 1. Alt., 347 Abs. 1 BGB verweist, kann ein derartiger Ersatzanspruch gegenüber Verbrauchern auch nicht rechtswirksam vereinbart werden.

112 Im Übrigen käme dem Leasingnehmer eine infolge der Ersatzlieferung ggf. bewirkte Verlängerung der Lebensdauer des Leasingguts nicht zugute. Vielmehr profitiert der Leasinggeber als formaler Eigentümer des Leasingguts vom Austausch der Ware. Der Verbraucher kann deshalb nicht der richtige Adressat eines etwaigen Nutzungsersatzanspruchs des Verkäufers sein. Zudem sollen dem Leasingnehmer im Wege der kompensatorischen Abtretungskonstruktion Forderungen, nicht aber Verpflichtungen des Leasinggebers abgetreten werden. Die Abtretung des Anspruchs gemäß § 439 Abs. 1 2. Alt. BGB ist im Zweifel dahingehend zu deuten, dass der **Leasinggeber Adressat eines etwaigen Nutzungsersatzanspruchs** des Verkäufers gemäß § 439 Abs. 4 BGB bleiben soll. Die Abwicklung nach erfolgreicher Geltendmachung der abgetretenen Gewährleistungsrechte durch den Leasingnehmer erfolgt zwischen den Parteien des Beschaffungsvertrags, also zwischen Lieferant und Leasinggeber[1].

113 Nach der hier vertretenen Ansicht steht dem Verkäufer ein Nutzungsersatzanspruch im Anwendungsbereich der §§ 474 ff. BGB indessen nicht zu[2].

Unwirksam sind im Rahmen des Verbraucherleasings Klauseln, die den Leasingnehmer für den Fall der Ersatzlieferung oder des Rücktritts zum **Wertersatz** verpflichten, soweit die Verschlechterung der Ware nicht auf dem Mangel beruht; denn der Leasingnehmer schuldet Wertersatz lediglich bei Nichtbeachtung der **Sorgfalt in eigenen Angelegenheiten** (§§ 346 Abs. 3 Nr. 3, 307 Abs. 2 Nr. 1 BGB)[3]; dies muss bei der Klauselgestaltung berücksichtigt werden.

b) Beschränkung auf Nachbesserung

114 In der Literatur zum Verbraucherleasing wird regelmäßig diskutiert, ob der dem Leasingnehmer abzutretende Anspruch auf Nacherfüllung vorab auf das Recht zur kostenlosen Reparatur beschränkt werden kann[4]. Man betont, dass eine Beschränkung auf das Nachbesserungsrecht bis zum Fehlschlagen der Nacherfüllung im Hinblick auf die Nutzungsersatzverpflich-

1 *Staudinger/Stoffels*, Leasing Rz. 228.
2 So auch *Beckmann*, Finanzierungsleasing, § 2 Rz. 339.
3 *Reinking*, DAR 2002, 496, 501.
4 Vgl. *Staudinger/Stoffels*, Leasing Rz. 221, 225; MünchKomm./*Habersack*, Leasing, Rz. 40; *Zahn*, DB 2002, 985, 990 ff.; *Tiedtke/Möllmann*, DB 2004, 583, 586; *Reinking*, ZGS 2002, 229, 232 f.; *Reiner/Kaune*, WM 2002, 2314, 2320.

tung des Leasinggebers gemäß § 439 Abs. 4 BGB gerechtfertigt und sinnvoll sei. Dieses Argument ist im Anwendungsbereich der §§ 474 ff. BGB nach der hier vertretenen Ansicht jedoch obsolet geworden (s.o. Rz. 104).

Die Stellungnahmen in der Literatur differenzieren nicht danach, ob eine der unter Rz. 47 bis 101 genannten Fallgruppen einschlägig und also eine *unmittelbare* Anwendung des § 475 BGB ausnahmsweise geboten ist. Eine derartige Unterscheidung ist jedoch zielführend: Sofern die §§ 434 ff., 474 ff. BGB im Rahmen des Verbraucherleasings unmittelbare Anwendung finden, verstößt ein Ausschluss des Ersatzlieferungsanspruchs gemäß § 439 Abs. 1 2. Alt. BGB **zwingend** gegen § 475 Abs. 1 BGB und ist also unwirksam[1]. Gleiches gilt, sofern das Bestehen eines Ersatzlieferungsanspruchs an die Voraussetzung des **Fehlschlagens der Nacherfüllung** geknüpft wird. Denn § 440 BGB erweitert die Rechte des Verbrauchers und kann daher nicht als Argument für eine Begrenzung der Rechte nach § 439 Abs. 1 BGB dienen[2]. 115

Der Leasingnehmer ist im unmittelbaren Anwendungsbereich der §§ 434 ff., 474 ff. BGB auch nicht verpflichtet, die **Ersatzlieferung eines Dritten** als vertragsgemäße Nacherfüllung zu akzeptieren. Unwirksam ist daher eine Klausel, nach der sich der Leasinggeber vorbehält, im Fall der Leistungsstörung dem Leasingnehmer zur Abwendung der drohenden Rückabwicklung des Leasingvertrags eine gleichwertige Ersatzsache zur Verfügung zu stellen. Sofern dem Leasingnehmer die Rechte eines Verbrauchsgüterkäufers ausnahmsweise zustehen, ist sein Interesse an der Entstehung des Rücktrittrechts gemäß §§ 437 Nr. 2 1. Alt., 475 Abs. 1 Satz 2 BGB schutzwürdig. 116

Abweichend zu beurteilen ist die Frage nach der Reichweite der mittelbaren Ausstrahlungswirkung des § 475 BGB auf einen von vornherein zwischen Leasinggeber und Lieferanten geschlossenen Kaufvertrag, der nicht als Umgehungsgeschäft gemäß § 475 Abs. 2 Satz 2 BGB zu bewerten ist. In diesem Fall kommt eine Beschränkung der Gewährleistungsrechte des gewerblichen Käufers durchaus in Betracht, wie im Einzelnen noch zu erörtern sein wird (s.u. Rz. 154 ff.). 117

c) Rügeobliegenheit

Die in den Verkaufsbedingungen des Lieferanten kodifizierte Rügeobliegenheit des Käufers wird im Rahmen der leasingtypischen Abtretungskonstruktion relevant. Hiervon zu unterscheiden sind etwaige Rügeobliegenheiten, die den Leasingnehmer unmittelbar gegenüber dem Leasinggeber treffen können und im Leasingvertrag selbst normiert sind. 118

---

1 *Staudinger/Matusche-Beckmann*, § 475 BGB Rz. 29.
2 *Woitkewitsch*, MDR 2005, 1268, 1269.

aa) In den Verkaufsbedingungen

119 Häufig bestimmen die Verkaufsbedingungen des Lieferanten, dass der Käufer Mängel und Transportschäden unverzüglich und verdeckte Mängel unverzüglich nach Kenntnisnahmemöglichkeit anzuzeigen habe.

120 Sofern derartige Abreden zwischen **offenkundigen und sonstigen Mängel** nicht dezidiert differenzieren, liegt im nichtkaufmännischen Verkehr zumindest ein Verstoß gegen § 309 Nr. 8b ee BGB vor. Gleiches gilt, sofern eine Anzeigefrist von weniger als 14 Tagen bestimmt wird und der Hinweis unterbleibt, dass die Rügefrist durch rechtzeitige Absendung der Rüge gewahrt bleibt[1]. Die Rügefrist soll sich nach Ansicht der Rechtsprechung nämlich an der Widerrufsfrist gemäß § 355 BGB orientieren.

121 Nach zutreffender Ansicht sind Rügeobliegenheitsvereinbarungen im Rahmen des Verbrauchsgüterkaufs gemäß § 475 Abs. 1 Satz 1 BGB **kategorisch unzulässig**[2]. Denn die §§ 434 ff. BGB sehen Anzeigepflichten des Käufers gerade nicht vor. Da bei Verstoß gegen die Rügeobliegenheit ein vollständiger Gewährleistungsausschluss in Betracht kommt, stellen derartige Klauseln einen massiven Eingriff in die gesetzlich vorgesehenen Rechte des Käufers dar. Nach der zu Grunde liegenden EU-Richtlinie wären allenfalls Ausschlussfristen von zwei Monaten ab positiver Kenntnisnahme vom Mangel diskutabel. Eine Rügeobliegenheitsvereinbarung bezüglich Transportschäden ist auch deshalb unwirksam, weil der Verkäufer die Beförderungsgefahr gemäß §§ 474 Abs. 2, 475 Abs. 1 BGB trägt und also auch für Transportschäden zwingend haftet[3].

122 Zulässig können Rügeobliegenheiten sein, die auf eine etwaige Minderung des Schadensersatzanspruchs des Käufers bei nicht rechtzeitiger Anzeige des Mangels abstellen (vgl. § 475 Abs. 3 BGB). Derartige Vereinbarungen konkretisieren die allgemeine **Schadensminderungspflicht** des Geschädigten gemäß § 254 Abs. 2 Satz 1 BGB. Zu beachten sind jedoch die nach §§ 307 bis 309 BGB gezogenen Grenzen einer formularvertraglichen Haftungsbegrenzung.

123 Unabhängig von der Wirksamkeit fristgebundener Rügeklauseln sollte der Leasingnehmer sein Nacherfüllungsverlangen spezifiziert ausüben und zwischen den Alternativen nach § 439 Abs. 1 BGB wählen; das Nacherfüllungsverlangen muss den **gerügten Mangel** in jedem Fall hinreichend **konkret bezeichnen**[4]. Da es ausreicht, dass der Verbraucher den Mangel form-

---

1 *Palandt/Grüneberg*, § 309 BGB Rz. 71.

2 *Woitkewitsch*, MDR 2005, 841, 843; *Graf von Westphalen*, ZGS 2005, 173; LG Hamburg v. 5.9.2003 – 324 O 224/03, ZGS 2004, 76; *Staudinger/Matusche-Beckmann*, § 475 BGB Rn. 23 f.; *Hoeren*, ZGS 2002, 10, 16 f.; a.A. *Palandt/Grüneberg*, § 309 BGB Rz. 71; *Jauernig/Stadler*, § 309 BGB Rz. 16.

3 LG Hamburg v. 10.2.2006 – 324 O 18/06, n.v.

4 *Beckmann*, Finanzierungsleasing, § 4 Rz. 62 f.

los rügt[1], kann er zur Übersendung des Leasingguts unter Vorlage der Rechnung oder sonstiger Belege nicht verpflichtet werden.

bb) Im Leasingvertrag

Die Bedingungen des Leasingvertrags enthalten oftmals eine Verpflichtung des Leasingnehmers, Mängel des Leasingguts unverzüglich anzuzeigen[2]. Hintergrund ist folgender: Den Leasinggeber trifft als gewerblicher Käufer des Leasingguts die Obliegenheit, die Ware bei Eingang zu untersuchen (§ 377 HGB). Versäumt er die rechtzeitige Anzeige der Mangelhaftigkeit des Leasingguts, stehen ihm gegenüber dem Lieferanten keine Gewährleistungsansprüche (mehr) zu. Somit kann er dem Leasingnehmer als Kompensation für den Ausschluss der mietrechtlichen Eigenhaftung keine kaufrechtlichen Gewährleistungsrechte abtreten; die formularvertragliche Abtretungskonstruktion wird unwirksam, was zum Wiederaufleben der mietrechtliche Eigenhaftung des Leasinggebers nach §§ 536 ff. BGB führt. Sofern das Leasinggut vom Lieferanten – wie üblich – unmittelbar an den Leasingnehmer ausgeliefert wird, steht der Leasinggeber vor einem praktischen Problem: Er kann die Sache vor Ort selbst nicht untersuchen und etwaige Mängel nicht rügen; hierzu fehlt dem Leasinggeber oftmals auch die erforderliche Sachkenntnis. Dennoch sollen den Leasinggeber nach Ansicht des BGH[3] im Fall des Verbraucherleasings die Obliegenheiten nach § 377 HGB treffen. Folglich sieht sich der Leasinggeber gezwungen, die ihn treffende Anzeigepflicht auf den Leasingnehmer mittels einer vertraglichen Anzeigeverpflichtung abzuwälzen. 124

Fraglich ist, ob der Verbraucher bei **nicht rechtzeitiger Mängelrüge** seine ihm zustehenden Rechte verlieren kann; hierfür könnte – zumindest auf den ersten Blick – die Schadensanzeigeverpflichtung gemäß § 536c BGB sprechen. 125

Zur Rüge nach § 377 HGB ist der nichtkaufmännische Leasingnehmer gegenüber dem Leasinggeber nicht verpflichtet. Im Leasingvertrag verwendete Rügeobliegenheitsklauseln verstoßen zumindest im *unmittelbaren* Anwendungsbereich des § 475 Abs. 1 BGB gegen § 307 Abs. 2 Nr. 1 BGB[4]: Sofern eine in den Verkaufsbedingungen des Lieferanten enthaltene Rügeklausel an § 475 BGB scheitern würde, kann eine entsprechende Rügeobliegenheit des Leasingnehmers auch nicht unmittelbar gegenüber dem Leasinggeber begründet werden. Zudem trifft den Leasinggeber keine Pflicht nach § 377 HGB, sofern die Beschaffung des Leasingguts entspre- 126

---

1 *Palandt/Weidenkaff*, § 437 BGB Rz. 10.

2 Vgl. beispielsweise § 2.8 Satz 1 ff. der AGB der Deutschen Bundesbahn für das Verbraucherleasing (Stand Juli 2004).

3 BGH v. 24.1.1990 – VIII ZR 22/89, BGHZ 110, 130, 140 ff.

4 Vgl. *Reinicke/Tiedtke*, Kaufrecht, Rz. 1799 f.; *Reinking/Eggert*, Der Autokauf, Rz. 918; *Palandt/Weidenkaff*, Einf v § 535 BGB Rz. 57; *Staudinger/Stoffels*, Leasing Rz. 181; *Beckmann*, Finanzierungsleasing, § 4 Rz. 83.

chend den unter Rz. 47 bis 101 genannten Fallgruppen als Verbrauchsgüterkauf zu bewerten ist[1]. Eine vertragliche Rügeobliegenheit des Leasingnehmers ist in diesem Fall sachlich nicht zu rechtfertigen. Denn der Lieferant kann sich auf einen etwaigen Verstoß gegen eine in den Verkaufsbedingungen oder den Bedingungen des Leasingvertrags enthaltene Rügeobliegenheitsvereinbarung nicht „berufen."

127 Die formularmäßige **Abwälzung der Rügeobliegenheit** des Leasinggebers auf den nichtkaufmännischen Leasingnehmer ist grundsätzlich **unwirksam**[2]. Dies gilt zumindest, wenn die Rügeklausel dem Leasingnehmer kategorisch eine Untersuchungs- und Rügeobliegenheit auferlegt und nicht zwischen dem unmittelbaren und mittelbaren Anwendungsbereich des § 475 BGB differenziert. Erforderlich ist also der **Zusatz**, dass die Obliegenheit entfällt, wenn der Leasinggeber erst nachträglich in den bereits abgeschlossenen oder zwischen Lieferant und dem Verbraucher abschlussreif ausgehandelten Kaufvertrag einsteigt. Andernfalls ist die Klausel im Hinblick auf § 305c Abs. 2 BGB unwirksam.

128 In den benannten Ausnahmefällen hat also der Lieferant und nicht der Leasinggeber das Risiko einer nicht rechtzeitigen Rüge durch den privaten Leasingnehmer zu tragen[3]. Denn es ist der Lieferant, der durch die Auslieferung der mangelhaften Ware den originären Pflichtverstoß begeht. Es kann nicht richtig sein, dass der Lieferant von seiner Gewährleistungsverpflichtung frei werden soll, wenn er die Sache im Wege des Geheißerwerbs direkt an den Verbraucher ausliefert und dieser sodann der postulierten Rügeverpflichtung nicht ausreichend nachkommt. Denn der Lieferant weiß, dass der Leasinggeber im Fall der unmittelbaren Auslieferung an den Leasingnehmer praktisch keine Möglichkeit hat, seiner Rügeobliegenheit nachzukommen. Zudem ist es dem Lieferanten grundsätzlich gleichgültig, ob er die Ware dem Leasingnehmer oder aber dem Leasinggeber verkauft; er sieht in dem Leasinggeber in erster Linie den Finanzier des Geschäfts, das er auch unmittelbar mit dem Leasingnehmer abgeschlossen hätte.

129 Es streiten daher gute Argumente für eine **teleologische Reduktion** des § 377 HGB[4]. Die unmittelbare Auslieferung der Ware an den Verbraucher impliziert zumindest einen stillschweigenden Verzicht des Lieferanten

---

1 A.A. MünchKomm./*Habersack*, Leasing Rz. 44 für das Eintrittsmodell.

2 *Baumbach/Hopt*, § 377 HGB Rz. 34, 59; *Graf von Westphalen*, BB 1990, 1, 6; *Marly*, Softwareüberlassungsverträge, 4. Aufl. 2004, Rz. 1395: nur durch Individualvereinbarung; a.A. *Beckmann*, Finanzierungsleasing, § 4 Rz. 77 ff., der aber einen deutlichen Hinweis auf die hervorzuhebende Rügeobliegenheit des privaten Leasingnehmers fordert und dem Leasinggeber in der Eintrittsvereinbarung empfiehlt, den Lieferanten zum Verzicht auf seine Rechte aus § 377 HGB zu bewegen.

3 *Reinicke/Tiedtke*, Kaufrecht, Rz. 1800; *Beckmann*, Finanzierungsleasing, § 4 Rz. 83; a.A. *Wolf/Eckert/Ball*, Handbuch des gewerblichen Miet-, Pacht- und Leasingrechts, Rz. 1875 ff.

4 *Staudinger/Stoffels*, Leasing Rz. 181.

auf die Einwendung gemäß § 377 HGB[1]. Zu fordern ist jedoch, dass der Lieferant weiß oder sich zumindest der Kenntnisnahme grob fahrlässig verschließt, dass der Leasingnehmer als Verbraucher i.S.d. § 13 BGB handelt.

Wegen der ungewissen Rechtslage ist dem Leasinggeber zu **empfehlen**, in seinen Einkaufsbedingungen eine Klausel zu verwenden, wonach sich der Lieferant des Leasingguts damit einverstanden erklärt, bei etwaigen Gewährleistungsansprüchen eines nichtkaufmännischen Leasingnehmers die Verletzung der Untersuchungs- und Rügepflicht nicht geltend zu machen[2]. 130

Nach Ansicht des BGH ergibt sich eine **Anzeigepflicht des Leasingnehmers** aus § 536c Abs. 1 BGB analog[3]. Unproblematisch erscheint eine Rügeobliegenheit des Leasingnehmers nach positiver Kenntnis vom Mangel. Ob jedoch die grob fahrlässige Unkenntnis vom Mangel[4] ebenfalls als Obliegenheitsverletzung zu bewerten ist, erscheint fraglich. Dies würde im Ergebnis dazu führen, dass der Leasingnehmer offenkundige Mängel rechtzeitig zu rügen hätte. Eine derartige Obliegenheit ist § 536c Abs. 1 BGB nicht zu entnehmen: Wenn der Leasinggeber seine mietrechtliche Gewährleistungshaftung ausschließt, hat er grundsätzlich kein unmittelbares Interesse an der Meldung eines Mangels. Jedenfalls wäre es unbillig, dem Leasingnehmer in diesem Fall eine gesteigerte Obliegenheitsverpflichtung aufzuerlegen. § 536c Abs. 1 BGB ist daher im Leasingvertragsrecht **restriktiv** auszulegen; der Wortlaut der Norm ist dahin zu interpretieren, dass sich der Mangel nicht objektiv, sondern subjektiv dem Leasingnehmer „zeigen" muss; die entsprechende Anwendung der Norm setzt also die positive Kenntnis des Leasingnehmers vom Mangel voraus, zumal die in § 536c Abs. 2 BGB kodifizierten Rechtsfolgen sehr weit reichen. 131

Rechtswirksame Rügeobliegenheitsvereinbarungen bezüglich offensichtlicher Mängel kommen jedoch im mittelbaren Anwendungsbereich des § 475 BGB in Betracht (s.u. Rz. 234 ff.). 132

d) Fehlschlagen der Nacherfüllung

In den Verkaufsbedingungen der Lieferanten findet sich zumeist der Hinweis, dass der Käufer im Gewährleistungsfall zunächst nur ein Recht auf kostenfreie Nachbesserung beziehungsweise Ersatzlieferung habe; dem Kunden soll ein Recht auf Rücktritt oder Minderung erst bei Fehlschlagen der Nacherfüllung zustehen. 133

1 *Beckmann*, Finanzierungsleasing, § 4 Rz. 83.
2 Vgl. *Graf von Westphalen*, DB 1993, 921, 924.
3 BGH v. 24.1.1990 – VIII ZR 22/89, NJW 1990, 1290, 1293.
4 Vgl. BGH v. 4.4.1977 – VIII ZR 143/75, BGHZ 68, 281, 284 f.

134 Derartige – an § 440 BGB orientierte – Klauseln sind problematisch. Denn sie suggerieren, dass die Rechte nach § 437 Nr. 2 BGB **frühestens** bei Fehlschlagen der Nacherfüllung bestünden, also nach zumindest zwei vergeblichen Nachbesserungsversuchen oder einem vergeblichen Ersatzlieferungsversuch. Tatsächlich kann der Käufer die Rechte nach § 437 Nr. 2 BGB – bei Vorliegen der gesetzlichen Voraussetzungen – bereits ab dem Zeitpunkt des Gefahrenübergangs geltend machen[1]; zumindest nach ergebnislosem Setzen einer angemessenen Frist zur Nacherfüllung stehen dem Käufer weiter gehende Rechte zu. Angemessen ist regelmäßig eine Zweiwochenfrist. § 440 BGB gibt dem Kunden ein zusätzliches Recht zum fristlosen Rücktritt oder zur fristlosen Minderung und **kein Recht des Verkäufers zur wiederholten Andienung**[2]. Eine Klausel, die dem Leasingnehmer zumindest zwei Nachbesserungsversuche zumutet, ist unwirksam[3]. Außerdem werden die Rechte nach § 437 Nr. 3 BGB im Formulartext regelmäßig nicht erwähnt, was einen vollständigen Ausschluss etwaiger Schadensersatzansprüche wegen Schlechtleistung impliziert (vgl. § 305c Abs. 2 BGB) und insofern unzulässig ist (vgl. §§ 475 Abs. 3, 309 Nr. 7 BGB).

135 Klauseln, die dem Kunden kein Rücktritts- beziehungsweise Minderungsrecht nach ergebnisloser Fristsetzung und keinen Schadensersatzanspruch wegen Schlechtleistung bei Vorliegen der gesetzlichen Voraussetzungen ausdrücklich einräumen, sind zumindest **intransparent** und also gemäß § 307 Abs. 1 Satz 2 BGB unwirksam[4]. Klauseln, die ein primäres Nacherfüllungsrecht des Verkäufers begründen, sind gegenüber Verbrauchern nicht rechtswirksam[5]. Die Unwirksamkeit ergibt sich daraus, dass der Käufer zwischen den Rechten nach § 437 Nr. 1 bis 3 BGB frei wählen darf und also nicht zwingend auf ein vorrangiges Recht auf Nacherfüllung verwiesen werden kann[6]. Zu beachten bleibt, dass die Fachbegriffe des Rücktritts und der Minderung zumindest gegenüber Verbrauchern durch die Umschreibungen „Rückgängigmachung des Kaufs" beziehungsweise „Herabsetzung des Kaufpreises" zu erläutern sind[7].

136 Gelegentlich wird formularvertraglich geregelt, dass Rücktritts- und Minderungsrechte nur nach Fehlschlagen der Nacherfüllung bei nicht unerheblichen Mängeln bestünden. Derartige Klauseln verstoßen unzweifelhaft gegen §§ 441 Abs. 1 Satz 2, 475 Abs. 1 Satz 1 BGB. Denn lediglich im Fall des Rücktritts fordert das Gesetz das Vorliegen eines nicht bloß unerheblichen Mangels (§§ 437 Nr. 2, 323 Abs. 5 Satz 2 BGB).

---

1 LG Hamburg v. 10.2.2006 – 324 O 18/06, n.v.
2 Auch *Palandt/Weidenkaff*, § 440 BGB Rz. 2.
3 *Reinking/Eggert*, Autokauf, Rz. 854.
4 *Woitkewitsch*, MDR 2005, 1268, 1269.
5 *Hoeren*, ZGS 2002, 10, 14.
6 LG Hamburg v. 10.2.2006 – 324 O 18/06, n.v.
7 BGH v. 7.10.1981 – VIII ZR 229/80, NJW 1982, 331, 333 zur alten Rechtslage.

e) Gefahrtragung bei Versendung

Umstritten ist die Frage, ob im Rahmen des Verbrauchsgüterkaufs vereinbart werden kann, dass die Gefahr des zufälligen Untergangs oder der zufälligen Verschlechterung der Ware während des Transports bereits mit Warenübergabe an den Spediteur auf den Käufer übergeht[1]. Eine derartige Regelung der Beförderungsgefahr sieht § 447 BGB zwar vor; nach § 474 Abs. 2 BGB findet § 447 BGB auf den Verbrauchsgüterkauf jedoch keine Anwendung. 137

Die Sonderregelung in § 474 Abs. 2 BGB hat zur Konsequenz, dass die Grundregel des § 446 BGB gegenüber Verbrauchern unabdingbar ist[2]. Denn § 475 Abs. 1 Satz 1 BGB betrifft auch und gerade die „Vorschriften dieses Untertitels", insbesondere also § 474 Abs. 2 BGB. Die dort verortete Nichtanwendung des § 447 BGB ist somit zwingendes Recht. Der Verkäufer trägt unabhängig von den Voraussetzungen des § 278 BGB das Risiko, dass die Ware auf dem Transportwege abhanden kommt oder beschädigt wird. Der **Erfüllungsort** für die Überlassung der Leasingsache liegt typischerweise am Sitz des Leasingnehmers[3]. 138

Im Übrigen haftet der Leasinggeber bis zum Zeitpunkt der Ablieferung und Abnahme des Leasingguts beim Verbraucher für ein etwaiges **Verschulden des Lieferanten** gemäß § 278 BGB[4]. In diesem Zusammenhang ist darauf hinzuweisen, dass ein Verstoß gegen § 307 Abs. 2 Nr. 1 BGB vorliegt, wenn in einer vorformulierten **Abnahme- oder Übernahmebestätigung** eine über § 368 BGB hinausgehenden Wirkung – insbesondere der Verzicht des Leasingnehmers auf Einwendungen wegen Schlechtleistung – geregelt wird[5]. 139

Schuldet der Leasinggeber die Überlassung der Waren am Sitz des Leasingnehmers (Bringschuld), so ist eine Klausel, wonach die **Anlieferung, Aufstellung und Montage** der Leasingsache auf Gefahr des Leasingnehmers durchgeführt wird, wegen Verstoßes gegen § 307 BGB unwirksam. Die Transportgefahr endet bei entsprechender Vertragsgestaltung nicht bereits im Moment der Übergabe des Leasingguts an den Verbraucher, sondern erst nach einwandfreier Montage des Leasingguts[6]. 140

Von der vertraglichen Übernahme der Beförderungsgefahr ist freilich die leasingtypische Abwälzung der **Sach- und Gegenleistungsgefahr** zu unterscheiden: Der Leasingnehmer soll die Gefahr des zufälligen Untergangs oder der zufälligen Verschlechterung der Ware nach Anlieferung/Montage 141

1 Vgl. beispielsweise § 2.7 Satz 1 der AGB der Deutschen Bundesbahn für das Verbraucherleasing (Stand Juli 2004).
2 *Staudinger/Matusche-Beckmann*, § 475 BGB Rz. 9; wohl auch BGH v. 16.7.2003 – VIII ZR 302/02, NJW 2003, 3341, 3342; a.A. *Palandt/Weidenkaff*, § 474 BGB Rz. 7.
3 *Beckmann*, Finanzierungsleasing, § 13 Rz. 16.
4 AGB-Klauselwerke/*Graf von Westphalen*, Leasing Rz. 55.
5 AGB-Klauselwerke/*Graf von Westphalen*, Leasing Rz. 58.
6 *Beckmann*, Finanzierungsleasing, § 2 Rz. 41, 299; AGB-Klauselwerke/*Graf von Westphalen*, Leasing Rz. 170.

des Leasingguts während der weiteren Vertragslaufzeit tragen; auch im nichtkaufmännischen Verkehr sind derartige Klauseln nach herrschender Ansicht zulässig[1].

f) Aliud-Lieferung

142 In vielen Leasingverträgen[2] bestimmt eine Klausel, dass Konstruktions- oder Formänderungen, Abweichungen im Farbton sowie Änderungen des Lieferumfangs seitens des Lieferanten vorbehalten bleiben, sofern das Leasinggut nicht erheblich verändert wird und die Änderungen für den Leasingnehmer zumutbar sind. Im Ergebnis wird also geregelt, dass der Lieferant/Leasinggeber auch eine (etwas) andere als die konkret bestellte und geschuldete Ware mit vertragserfüllender Wirkung liefern darf. Eine solche Klausel könnte im Hinblick auf den gesetzlichen Änderungsvorbehalt gemäß § 308 Nr. 4 BGB durchaus Bestand haben.

143 Nach zutreffender Ansicht verstoßen Klauseln, die dem Verwender ein Recht zur Aliud-Lieferung einräumen, jedoch gegen §§ 434 Abs. 3 1. Alt., 475 Abs. 1 Satz 1; 308 Nr. 4 BGB[3]. Seit der Schuldrechtsreform steht die Aliud-Lieferung dem Sachmangel gleich. Auf die **Erheblichkeit der Abweichung** kommt es lediglich bezüglich des Rücktrittrechts nach § 437 Nr. 2 BGB an (§ 323 Abs. 5 Satz 2 BGB); ansonsten ist jede Divergenz der Ist- von der Soll-Beschaffenheit als Mangel zu bewerten[4]. Der Kunde kann durchaus ein schützenswertes Interesse daran haben, statt des technisch verbesserten Nachfolgemodells die ursprünglich bestellte Ware zu erhalten, etwa aus Kompatibilitätsgründen bei Computerhardware oder aus ästhetischen Erwägungen.

144 Zu unterscheiden sind Klauseln, die darauf abstellen, dass der Lieferant dem Kunden *vor* Vertragsabschluss eine andere Ware als die bestellte anbieten darf. Ein derartiges Angebot i.S.d. §§ 150 Abs. 2, 151 BGB kann der Verbraucher durch widerspruchslose Ingebrauchnahme des Leasingguts konkludent akzeptieren.

g) Verjährung

145 Nach § 475 Abs. 2 BGB muss die Verjährungsfrist vor Mitteilung eines Mangels hinsichtlich einer neuen (beweglichen) Sache mindestens zwei Jahre und hinsichtlich einer gebrauchten (beweglichen) Ware zumindest zwölf Monate betragen. Im Fall einer weitergehenden Verjährungsbe-

1 *Wolf/Eckert/Ball*, Handbuch des gewerblichen Miet-, Pacht- und Leasingrechts, Rz. 1784 ff. m.w.N.; *Beckmann*, Finanzierungsleasing, § 13, Rz. 14.

2 Vgl. beispielsweise § 2.2 Satz 4 der AGB der Deutschen Bundesbahn für das Verbraucherleasing (Stand Juli 2004).

3 LG Hamburg v. 5.9.2003 – 324 O 224/03, ZGS 2004, 76, 78 ff.; BGH v. 21.9.2005 – VIII ZR 284/04, NJW 2005, 3567, 3568 f.

4 *Palandt/Weidenkaff*, § 434 BGB Rz. 56.

schränkung ist die Klausel unwirksam und es gilt die Verjährungsfrist nach § 438 Abs. 1 Nr. 3 BGB; insbesondere besteht die zweijährige Verjährungsfrist dann auch bezüglich gebrauchter Sachen. Zu beachten ist, dass die Verjährung beim Versendungskauf – abweichend vom Gefahrübergang – bereits mit **Ablieferung der Sache** und nicht mit Übergabe an den Käufer zu laufen beginnt (§ 438 Abs. 2 BGB).

Die Schadensersatzhaftung nach § 437 Nr. 3 BGB ist auch bei neuen Waren 146 beschränkbar[1]. Die formularmäßige Begrenzung der gesetzlichen Verjährungsfristen muss jedoch die Vorgabe nach § 475 Abs. 3 BGB i.V.m. §§ 307 bis 309 BGB berücksichtigen. Eine **pauschale Begrenzung der Gewährleistungsfrist** bezüglich einer gebrauchten Ware auf ein Jahr ist beispielsweise unzulässig, weil hiervon auch die formularvertraglich nicht begrenzbaren Schadensersatzansprüche wegen Personenschäden oder grob fahrlässigen Handels erfasst werden (§§ 437 Nr. 3, 309 Nr. 7 BGB)[2].

Eine Ersatzlieferung nach § 439 Abs. 1 2. Alt. BGB setzt die Verjährungs- 147 frist lediglich im Fall des **Anerkennens** nach § 212 BGB erneut in Gang[3]. Unwirksam dürfte eine Klausel sein, die jegliche Nacherfüllungshandlung pauschal zum Kulanzfall erklärt. Zulässig ist hingegen eine (deklaratorische) Bestimmung, nach der eine Nacherfüllungshandlung nur dann verjährungsunterbrechende Wirkung hat, wenn der Lieferant den Mangel ausnahmsweise anerkennt. Obgleich das Anerkenntnis eine einseitige geschäftsähnliche Handlung und keine zweiseitige Vertragsabrede ist, darf formularmäßig nicht bestimmt werden, dass nur ein schriftliches Anerkenntnis zur Verjährungsunterbrechung führt; § 309 Nr. 13 BGB ist nicht einschlägig, da es im Rahmen des § 212 BGB allein auf das tatsächliche Verhalten des Schuldners ankommt[4]. Zudem betrifft § 309 Nr. 13 BGB einseitige Willenserklärungen des AGB-Adressaten.

Oftmals wird auf Verbraucherseite übersehen, dass eine rechtzeitige **Man-** 148 **gelrüge** i.S.d. § 476 BGB lediglich die Beweislast hinsichtlich des anfänglichen Vorliegens des Mangels umkehrt, jedoch keine Verjährungshemmung nach § 204 BGB bewirkt. Hierauf sollte der Leasinggeber den Leasingnehmer hinweisen.

Es ist gemäß § 307 Abs. 2 Nr. 1 BGB nicht zu beanstanden, wenn der Lea- 149 singgeber in seinen AGB die Haftung gemäß §§ 536 ff. BGB auch insoweit ausschließt, als die dem Leasingnehmer abgetretenen kaufvertraglichen Mängelgewährleistungsansprüche gemäß § 438 BGB verjährt sind[5]. Die mietrechtliche Haftung des Leasinggebers lebt ab diesem Zeitpunkt nicht

1 *Staudinger/Matusche-Beckmann*, § 475 BGB Rz. 72; a.A. wohl *Palandt/Weidenkaff*, § 475 BGB Rz. 10 in Widerspruch zu Rz. 14.
2 *Palandt/Grüneberg*, § 309 BGB Rz. 44.
3 *Palandt/Heinrichs*, § 212 BGB Rz. 4.
4 *Palandt/Heinrichs*, § 212 BGB Rz. 2.
5 AGB-Klauselwerke/*Graf von Westphalen*, Leasing Rz. 164.

wieder auf; ein automatisches **Wiederaufleben der ursprünglichen Haftung** ist im Zweifel zwischen den Parteien nicht gewollt gewesen. Sofern man dem Leasinggeber das Recht zubilligt, den Leasingnehmer zur zeitnahen Geltendmachung der (abgetretenen) Gewährleistungsrechte anhalten zu dürfen, erscheint die Annahme einer entsprechenden Verpflichtung sachgerecht. Meines Erachtens muss der Leasinggeber den Leasingnehmer daher rechtzeitig auf die drohende Verjährung etwaiger Gewährleistungsrechte hinweisen. Versäumt der private Leasingnehmer bei nicht rechtzeitigem **Hinweis** die fristgemäße Klageeinreichung resp. Verjährungsunterbrechung, ist ein Wiederaufleben der mietrechtlichen Gewährleistungshaftung des Leasinggebers ausnahmsweise angemessen.

h) Schadensersatz

150 Nach § 475 Abs. 3 BGB kann die Haftung gemäß § 437 Nr. 3 und § 280 Abs. 1 BGB lediglich in den Grenzen der §§ 307 bis 309 BGB abbedungen werden. Dies bedeutet: Die Haftung für vorsätzliche Pflichtverstöße des Verkäufers beziehungsweise Leasinggebers ist zwingend (§ 276 Abs. 3 BGB), die Haftung für Personenschäden formularvertraglich nicht begrenzbar (§ 309 Nr. 7a BGB)[1]. Dieser Umstand wird bei Abschluss von Verbraucherleasingverträgen auf Seiten des Leasinggebers oftmals übersehen[2]. Eine etwaige Haftung nach dem Produkthaftungsgesetz ist gleichfalls zwingend (§ 14 ProdhaftG); die Haftung wegen grob fahrlässigen Verhaltens kann formularvertraglich nicht beschränkt werden (§ 309 Nr. 7b BGB). Die Haftung hinsichtlich wesentlicher Vertragspflichtverletzungen, die keine Personenschäden betreffen, darf indessen bei einfach fahrlässigem Handeln auf den bei Vertragsschluss typischerweise voraussehbaren Vermögensschaden begrenzt werden (§ 307 BGB)[3].

151 Oftmals wird auf Seiten des Lieferanten übersehen, dass die **Haftung wegen vorvertraglichen Verschuldens** (c.i.c.) formularvertraglich nicht ausgeschlossen werden kann, da es sich insofern um einen Anspruchsverzicht handelt[4]. Denn der Anspruch nach §§ 311 Abs. 2, 241 Abs. 2, 280 Abs. 1 BGB ist bei Vertragsabschluss bereits entstanden. Ob eine Haftungsausschlussklausel bei nicht ausdrücklicher Benennung auch die c.i.c.-Haftung erfasst, ist Auslegungsfrage und kann zur Unwirksamkeit der gesamten Haftungsklausel führen.

152 Im Fall der Nichtleistung trotz Fälligkeit schuldet der private Leasingnehmer grundsätzlich den gesetzlichen Zins in Höhe von fünf Prozentpunkten

1 *Beckmann*, Finanzierungsleasing, § 2 Rz. 46, 296.
2 Vgl. beispielsweise § 16.6 der AGB der Deutschen Bundesbahn für das Verbraucherleasing (Stand Juli 2004).
3 *Palandt/Heinrichs*, § 307 BGB Rz. 42 ff. und § 309 Rz. 40; *Beckmann*, Finanzierungsleasing, § 2 Rz. 47.
4 *Palandt/Heinrichs*, § 307 BGB Rz. 44.

über dem jeweiligen Basiszinssatz als **Verzugsschaden** (§ 288 Abs. 1 BGB). Der Leasinggeber kann nach § 288 Abs. 4 BGB einen höheren Schaden geltend machen. Der Leasingnehmer ist beim Verbrauchergeschäft jedoch berechtigt, einen niedrigeren Schaden nachzuweisen (§§ 500, 497 Abs. 1 Satz 3 BGB)[1]. Eine Klausel, die ausschließlich auf die Geltung des gesetzlichen Pauschalzinses abstellt und dem Verbraucher keine **Gegenbeweismöglichkeit** einräumt, dürfte daher unwirksam sein.

i) Praktische Konsequenzen

Abschließend ist festzuhalten: Im *unmittelbaren* Anwendungsbereich des § 475 BGB muss eine etwaige Wiedergabe des überwiegend zwingenden Gewährleistungsrechts präzise und vollumfänglich erfolgen. Für den Lieferanten ist es daher **empfehlenswert**, bei Beteiligung eines Verbrauchers am Leasinggeschäft auf die Verwendung von AGB weitestgehend zu verzichten. Er sollte in seinen – auf den Verkehr mit Unternehmern ausgerichteten – Verkaufsbedingungen darauf hinweisen, dass gegenüber Verbrauchern die gesetzlichen Gewährleistungsrechte Anwendung finden sollen. Denn die **ungenaue Wiedergabe** des unabdingbaren Gesetzestextes birgt für den Verwender erhebliche Risiken, ohne ihm im Gegenzug nennenswerte Vorteile zu verschaffen. Lediglich die Schadensersatzhaftung und die Verjährungsfrist kann der Verkäufer gegenüber Verbrauchern in Maßen modifizieren. Im Rahmen der gesamten Klauselgestaltung ist beim Verbraucherleasing das **Transparenzgebot nach § 307 Abs. 1 Satz 2 BGB** strikt zu beachten[2]. Die AGB von Lieferant und Leasinggeber sollten zwischen Verbrauchern und Unternehmern ausdrücklich differenzieren. 153

6. Umfang der dem Leasingnehmer zu verschaffenden Rechte

Oftmals wird § 475 Abs. 1 BGB im Rahmen der Prüfung des konkret zu beurteilenden Verbraucherleasingvertrags keine *unmittelbare* Anwendung finden. 154

Fraglich ist dann, ob und inwieweit die im Zuge der Schuldrechtsreform erfolgte Einführung der §§ 474 ff. BGB auf die Wirksamkeit der leasingtypischen Abtretungskonstruktion ausstrahlt. Ungewiss bleibt, ob der Lieferant oder der Leasinggeber **Adressat der Risikozuweisung** ist: Soll sich der Lieferant auf einen zu weit reichenden Ausschluss der kaufrechtlichen Gewährleistungshaftung gegenüber dem Leasingnehmer nicht berufen dürfen oder soll die Eigenhaftung des Leasinggebers bei mangelhafter Kompensation der ausgeschlossenen mietrechtlichen Gewährleistungshaftung wieder aufleben? Fest steht lediglich, dass die Position des Käufers durch die 155

1 *Beckmann*, Finanzierungsleasing, § 2 Rz. 55.
2 *Beckmann*, Finanzierungsleasing, § 2 Rz. 69.

Schuldrechtsreform insgesamt gestärkt wurde (vgl. §§ 433 Abs. 1 Satz 2, 434 ff. BGB)[1].

156 Sicherlich kann man sich auf den Standpunkt stellen, dass die veränderte Rechtslage das Leasingrecht überhaupt nicht betreffe[2]. Aus der Tatsache, dass es der Gesetzgeber 2002 unterließ, das auf Richterrecht basierende Leasingrecht zu kodifizieren und gegebenenfalls dem Kaufrecht anzupassen, ließe sich ableiten, dass an den bisherigen Bewertungen der Rechtsprechung festzuhalten ist.

157 Hiergegen mag man einwenden, dass der Leasingnehmer nach dem Willen der Parteien als Kompensation für den Ausschluss seiner mietrechtlichen Gewährleistungsansprüche die Rechte eines Käufers erhalten soll. Der Leasingnehmer erhält eine „Quasikäuferstellung"[3]. Sofern dem Käufer – und insbesondere dem Verbraucher – nunmehr von Gesetzes wegen weitergehende Rechte zugebilligt werden, könnte der Leasinggeber gehalten sein, dem Leasingnehmer die erweiterten Rechte im Wege der Abtretung tatsächlich zu verschaffen[4]. Dem Leasinggeber wäre es zudem durch entsprechende Gestaltung seiner Einkaufsbedingungen möglich, dem Leasingnehmer die gesetzlichen Gewährleistungsrechte in vollem Umfang zu vermitteln. Umgekehrt erscheint die uneingeschränkte Gewährleistungshaftung des Lieferanten geboten, da sich der künftige Leasingnehmer die Sache typischerweise beim Verkäufer aussucht und mit diesem die Vertragsbedingungen aushandelt[5].

158 Es überrascht, dass Stimmen in der Literatur einerseits eine unmittelbare oder mittelbare Anwendung des § 475 BGB bezüglich der Verkaufsbedingungen des Lieferanten verneinen[6], andererseits jedoch fordern, dass sich die Wirksamkeit dieser – gegenüber dem gewerblichen Leasingnehmer verwendeten – Bedingungen an der Person des privaten Leasingnehmers und also den §§ 308 bis 309 BGB zu orientieren habe[7]. Eine die Anwendung des § 475 BGB verneinende und die unmittelbare Anwendbarkeit der §§ 308 bis 309 BGB bejahende Ansicht ist jedoch inkonsequent; das Problem der AGB-rechtlichen Deckungslücke stellt sich für den Leasinggeber in beiden Fällen in gleicher Weise.

159 Die Wirksamkeit der leasingtypischen Abtretungsklausel wurde in der Vergangenheit an § 307 Abs. 2 Nr. 1 BGB (entspricht § 9 Abs. 2 Nr. 1 AGBG a.F.) beurteilt. Demnach liegt eine unangemessene Benachteiligung des Adressaten einer AGB vor, wenn die Bestimmung mit **wesentlichen**

1 Hierzu: *Palandt/Weidenkaff*, Überbl v § 433 BGB Rz. 5 ff.
2 Vgl. MünchKomm./*Habersack*, Leasing Rz. 39 f.
3 *Breitfeld*, FLF 2003, 215 ff.
4 Vgl. AGB-Klauselwerke/*Graf von Westphalen*, Leasing Rz. 97, 104; wohl auch *Müller-Sarnowski*, DAR 2002, 485, 488.
5 Vgl. *Reinicke/Tiedtke*, Kaufrecht, Rz. 1666.
6 MünchKomm./*Habersack*, Leasing Rz. 39 f.
7 MünchKomm./*Habersack*, Leasing Rz. 43.

Grundgedanken der gesetzlichen Regelung, von der abgewichen werden soll, nicht vereinbar ist. Bereits nach bisheriger Auffassung des BGH ist die Abtretungskonstruktion nur wirksam, wenn dem Leasingnehmer die Rechte des Käufers unmittelbar, unbedingt und vorbehaltlos übertragen werden[1]. Nach der Schuldrechtsreform hat der BGH bekräftigt, dass zumindest im Fall eines kaufvertraglichen Gewährleistungsausschlusses die Abtretungskonstruktion unwirksam ist und die mietvertragliche Haftung des Leasinggebers wieder auflebt[2].

160 Der **BGH** ließ in seiner aktuellen Entscheidung zum Verbraucherleasing die entscheidende Frage, in welchem Maße dem Leasingnehmer die Rechte eines (Verbrauchsgüter)käufers zu verschaffen sind, ausdrücklich offen:

„Keiner Entscheidung bedarf im vorliegenden Zusammenhang, ob der Ausschluss der mietrechtlichen Gewährleistung auch dann unwirksam ist, wenn der Leasinggeber einem Leasingnehmer mit Verbrauchereigenschaft nicht als Ersatz sämtliche Gewährleistungsrechte verschafft, die diesem bei einem Verbrauchsgüterkauf zustehen würden."

161 Bei Beurteilung eines Verbraucherleasingvertrags entschied der BGH zur alten Rechtslage, dass dem Leasingnehmer im Wege der Abtretungskonstruktion „sämtliche" kaufrechtlichen Gewährleistungsansprüche verschafft werden müssten[3]. Unklar ist jedoch, ob der Leasinggeber demnach lediglich gehalten ist, sämtliche ihm tatsächlich zustehenden Rechte an den Leasingnehmer abzutreten, oder ob er vielmehr verpflichtet ist, dem Leasingnehmer alle gesetzlichen Rechte zu verschaffen. „Sämtliche" Rechte verschafft der Leasinggeber dem Leasingnehmer terminologisch auch durch uneingeschränkte Abtretung seiner vertraglich eingeschränkten Rechtsposition.

162 Im Rahmen der Inhaltskontrolle dürfte entscheidend sein, ob dem Leasingnehmer ein ausreichender Ersatz für die ausgeschlossene und ihrer Natur nach mietvertragliche Mängelhaftung des Leasinggebers verschafft wird.

163 Eine etwaige **Ausstrahlungswirkung** des § 475 BGB kann meines Erachtens **nicht** so weit reichen, dass dem Leasingnehmer **sämtliche Rechte eines Verbrauchsgüterkäufers** zu verschaffen sind[4]. Ansonsten würde sich die

1 BGH v. 27.2.1985 – VIII ZR 328/83, BGHZ 94, 44.
2 BGH v. 21.12.2005 – VIII ZR 85/05, NJW 2006, 1066, 1068; hierzu *Woitkewitsch*, VuR 2006, 440.
3 BGH v. 23.2.1977 – VIII ZR 124/75, BGHZ 68, 118, 126.
4 So aber: *Wolf/Eckert/Ball*, Handbuch des gewerblichen Miet-, Pacht- und Leasingrechts, Rz. 1817 f.; AGB-Klauselwerke/*Graf von Westphalen*, Leasing Rz. 97, 117; *Graf von Westphalen*, ZIP 2006, 1653, 1655; *Beckmann*, Finanzierungsleasing, § 1 Rz. 169, 171 ff.; *Reinking/Eggert*, Autokauf, Rz. 864, 866, 871, die zusätzlich die Abtretung aller Garantieansprüche gegen den Lieferanten fordern, da dem Leasingnehmer umfassend die Rechtsposition eines Käufer zu vermitteln sei; differenzierend: *Müller-Sarnowski*, DAR 2002, 485, 487, die darauf abstellen, ob mit dem Lieferanten die Auslieferung an einem Verbraucher vereinbart wurde; a.A. *Habersack*, BB-Beilage 6/2003, 2, 5; *Gebler/Müller*, ZBB 2002, 111; *Engel*, NWB 2005, 1050.

unmittelbare Anwendung des § 475 BGB in den genannten Ausnahmefällen (s.o. Rz. 47 bis 101) von einer indirekten – und also denklogisch schwächeren – Anwendung des § 475 BGB nicht unterscheiden. Die Wirksamkeit der Abtretungsklausel setzt also nicht voraus, dass dem Verbraucher alle Rechte nach §§ 434 ff., 474 ff. BGB vollumfänglich abgetreten werden.

164 Da der gewerbliche Leasinggeber Käufer des Leasingguts ist, kann nicht gefordert werden, dass dem privaten Leasingnehmer im Wege der Abtretung die **spezifischen Verbraucherrechte** verschafft werden. Dies ist bereits dogmatisch nicht möglich, da der Zessionar lediglich die Rechte respektive Rechtsstellung des Zedenten erwirbt. Denn die Erweiterung der abzutretenden Gewährleistungsrechte des Käufers im Wege der Schuldrechtsreform macht aus dem Leasingnehmer im Verhältnis zum Lieferanten noch keinen Käufer und im Verhältnis zum Leasinggeber keinen Darlehensnehmer[1]. Folglich scheitert die Wirksamkeit der Abtretungsklausel jedenfalls nicht daran, dass dem privaten Leasingnehmer kein Recht nach § 476 BGB oder § 474 Abs. 2 BGB vermittelt wird: Verkaufsbedingungen, nach denen der Leasingnehmer das **Risiko des zufälligen Untergangs** oder der zufälligen Verschlechterung des Leasingguts auf dem Transportwege trägt, sind unbedenklich (§ 447 BGB). Der Leasingnehmer muss im Gewährleistungsprozess nachweisen, dass das Leasinggut bereits **im Zeitpunkt des Gefahrübergangs** mangelhaft gewesen ist (§ 446 BGB); eine binnen sechs Monaten nach Gefahrübergang erhobene Mangelrüge kehrt die diesbezügliche **Beweislast** nicht um[2]. Es ist im nicht unmittelbaren Anwendungsbereich der §§ 474 ff. BGB nicht zu fordern, dass der Leasinggeber dem privaten Leasingnehmer diese Rechte durch entsprechende Zusatzvereinbarungen mit dem Lieferanten verschafft[3].

165 Unstreitig ist, dass der Leasingnehmer **nicht rechtlos gestellt** werden darf. Dies ist beispielsweise bei einer Klausel der Fall, die dem Leasingnehmer das Recht gibt, vom Leasinggeber die Abtretung sämtlicher kaufrechtlicher Mängelansprüche zu verlangen, dies jedoch nur Zug um Zug gegen Zahlung sämtlicher noch ausstehender Leasingraten oder sonstiger Kosten[4].

166 Schwierig ist dagegen zu beurteilen, welche Rechte nach §§ 434 ff. BGB formularvertraglich abdingbar sind, ohne die Wirksamkeit der Abtretungsklausel scheitern zu lassen; die diesbezügliche Entwicklung der Rechtsprechung bleibt abzuwarten. Dennoch soll im Folgenden der Versuch einer **differenzierenden Ansicht** unternommen werden:

---

1 *Reiner/Kaune*, WM 2002, 2314, 2315.
2 Vgl. MünchKomm./*Habersack*, Leasing Rz. 40.
3 A.A. *Reinking/Eggert*, Autokauf, Rz. 872.
4 *Schmidt*, in Ulmer/Brandner/Hensen, Anh. § 310 BGB Rz. 531.

a) Verschaffung der Rechte nach §§ 459 ff. BGB a.F.

Da der BGH es vor In-Kraft-Treten der Schuldrechtsreform für ausreichend erachtete, dass dem Leasingnehmer als Ersatz für die mietrechtliche Haftung des Leasinggebers die Rechte nach §§ 459 ff. BGB a.F. abgetreten wurden[1], könnte man sich auf den Standpunkt stellen, dass eine formularvertragliche Haftungsbeschränkung auf dem Niveau der bisherigen kaufrechtlichen Gewährleistungshaftung ausreichend und i.S.d. § 307 BGB angemessen sei. Schließlich wurden die Rechte des Mieters im Zuge der Schuldrechtsreform nicht in vergleichbarer Weise wie die des Käufers gestärkt. Da sich das gemäß § 307 BGB zu berücksichtigende Interesse des Leasingnehmers primär am Standard des an sich einschlägigen Mietrechts orientiert, wäre die Verstärkung der Käuferstellung gemäß den §§ 434 ff. BGB n.F. irrelevant. Würde man einer derartigen Sichtweise folgen, könnte die im Rahmen der Abtretungskonstruktion wirkende Gewährleistungshaftung beispielsweise auch gegenüber Verbrauchern auf **sechs Monate** beschränkt werden (vgl. § 477 BGB a.F.). 167

Die Schuldrechtsreform beinhaltete allerdings die Korrektur eines aus heutiger Sicht unzureichenden und gegenüber anderen Vertragstypen, wie etwa dem Mietrecht, zu Unrecht qualitativ abfallenden Kundenschutzes. Ziel der Reform war gerade die Nivellierung der divergierenden Rechtsstandards. Die mit der Reform eingetretene Verschiebung des schuldrechtlichen Wertesystems muss daher im Rahmen der Inhaltskontrolle nach § 307 BGB berücksichtigt werden. Richtigerweise beurteilt sich die Inhaltskontrolle der leasingtypischen Abtretungskonstruktion seit dem 1.1.2002 am **Maßstab des heutigen kaufrechtlichen Standards**[2]. Im Übrigen sind die Rechte des Mieters bereits vor der Schuldrechtsreform, nämlich durch das Mietrechtsreformgesetz vom 1.9.2001, in Details verstärkt worden[3]. Die alte Rechtslage taugt daher nicht als Beurteilungsmaßstab heutiger Leasingverträge. 168

b) Nacherfüllung

Streitig ist, ob der Nacherfüllungsanspruch gemäß § 439 Abs. 1 BGB formularmäßig beschränkbar ist[4]. Von Gesetzes wegen steht dem Käufer im Gewährleistungsfall das Recht zur (kostenlosen) Nachbesserung alternativ neben dem Recht auf Ersatzlieferung zu. Der Verkäufer kann jedoch die vom Käufer gewählte Art der Nacherfüllung bei Vorliegen sachlich rechtfertigender Kriterien zurückweisen und die Ausübung des jeweils anderen Nacherfüllungsanspruchs fordern (§ 439 Abs. 3 BGB). 169

---

1 BGH v. 19.2.1986 – VIII ZR 91/85, BGHZ 97, 135, 140.
2 *Reiner/Kaume*, WM 2002, 2314, 2320.
3 Vgl. *Palandt/Weidenkaff*, Einf v § 535 BGB Rz. 77 ff.
4 Vgl. *Wolf/Eckert/Ball*, Handbuch des gewerblichen Miet-, Pacht- und Leasingrechts, Rz. 1813 ff.

aa) Recht zur Nachbesserung

170 Nach wohl **herrschender Literaturmeinung** muss dem Leasingnehmer im Wege der Abtretungskonstruktion das Recht zur Ersatzlieferung nicht verschafft werden; eine formularmäßige Begrenzung auf das Recht zur kostenlosen Nachbesserung soll ausreichend sein und die Wirksamkeit der Abtretungsklausel unberührt lassen. Allenfalls für den Fall des Fehlschlagens der Nachbesserung sei die Verschaffung des Rechts auf Ersatzlieferung angezeigt[1].

171 Hierbei wird wie folgt argumentiert: Die Wirksamkeit des Gewährleistungsausschlusses bemesse sich danach, ob dem Leasingnehmer im Verhältnis zu einem gewöhnlichen Mieter eine ähnlich starke Rechtsposition eingeräumt wird. Der Vergleich finde nicht statt zwischen der Rechtsposition des Leasingnehmers und der eines Verbrauchsgüterkäufers. Denn der Leasingnehmer habe sich darauf eingelassen, dass der Leasinggeber die Sache in seinem Interesse erwirbt. Das Mietrecht kenne hingegen keinen Nacherfüllungsanspruch. Der Leasingnehmer stehe im Fall einer Beschränkung auf das Recht zur Nachbesserung also nicht schlechter als jeder andere Mieter. Außerdem habe die Rechtsprechung zu § 480 BGB a.F. die Beschränkung auf ein vorrangiges Recht zur Nachbesserung in der Vergangenheit gebilligt. Beim Werkvertrag, der mitunter auch beim Leasing an die Stelle des Kaufvertrags treten könne, läge das Recht zwischen Neuherstellung und Nachbesserung frei zu wählen, von vornherein beim Unternehmer. Außerdem gefährde eine Ersatzlieferung wegen der Verpflichtung des Leasinggebers zum Nutzungsersatz gemäß §§ 439 Abs. 4, 346 Abs. 2 Nr. 1 BGB die Vollamortisation und somit den Vertragszweck des Leasinggeschäfts; ein formularvertraglicher Ausschluss des Rechts auf Ersatzlieferung sei daher sachlich gerechtfertigt. Die Zulässigkeit der Beschränkung des Anspruchs auf Nacherfüllung ergebe sich auch im Umkehrschluss aus § 309 Nr. 8b bb BGB, der lediglich vorsehe, dass dem Käufer „ein" Recht auf Nacherfüllung vorbehalten bleibe.

bb) Recht zur Ersatzlieferung

172 Nach **abweichender Literaturmeinung** ist der Leasinggeber dagegen gehalten, dem Leasingnehmer die Rechte aus § 439 BGB kumulativ zu verschaffen: Maßgeblich sei, dass die Sachmängelrechte des Verbrauchsgüterkäufers auch nach der Schuldrechtsreform hinter den Ansprüchen zurückbleiben, die dem Leasingnehmer als Mieter zustünden; das Recht

---

1 *Staudinger/Stoffels*, Leasing Rz. 221 und 225 a.E.; MünchKomm./*Habersack*, Leasing Rz. 40; *Zahn*, DB 2002, 985, 989/991; *Reinicke/Tiedtke*, Kaufrecht, Rz. 1736; *Tiedtke/Möllmann*, DB 2004, 583, 586; *Reiner/Kaune*, WM 2002, 2314, 2320; *Schmidt*, in Ulmer/Brandner/Hensen, Anh. § 310 BGB Rz. 531 mit Fn. 30; *Schmalenbach/Sester*, WM 2002, 2184, 2187/2192 a.E.

auf Nacherfüllung habe Leitbildfunktion und müsse dem Leasingnehmer daher uneingeschränkt verschafft werden[1].

cc) Eigene Stellungnahme

Meines Erachtens ist dem privaten Leasingnehmer im Wege der Abtretungskonstruktion der Ersatzlieferungsanspruch uneingeschränkt neben dem Anspruch auf Nachbesserung zu verschaffen. Das **Wahlrecht nach § 439 Abs. 1 BGB** ist unabdingbar[2]. 173

Es ist insbesondere nicht ausreichend, wenn dem Leasingnehmer der Anspruch nach § 439 Abs. 1 2. Alt. BGB lediglich im Fall des **Fehlschlagens der Nacherfüllung** nachrangig zustehen soll[3]. Denn ein Fehlschlagen im Sinne der §§ 309 Nr. 8b bb; 440 Satz 1 Alt. 3 BGB liegt unter Umständen erst nach dem zweiten erfolglosen Nachbesserungsversuch vor[4]. Da der Leasingnehmer nach herrschender Ansicht bis zum Zeitpunkt des Rücktritts zur Ratenzahlung verpflichtet bleiben soll, ist ihm das Erdulden des mit einer wiederholten Nachbesserung verbundenen Zeitablaufs nicht zuzumuten. Das Zeitmoment hat im Leasingrecht eine größere Bedeutung als im Kaufrecht, weil dem Leasingnehmer das Leasinggut nur während der begrenzten Vertragslaufzeit zur Verfügung steht. Der Leasingnehmer hat daher an der zeitnahen und endgültigen Mangelbeseitigung ein noch größeres Interesse als der Käufer. 174

Da § 309 Nr. 8b bb BGB einen Mindestschutzstandard postuliert, lässt sich nicht der Umkehrschluss bilden, dass die Versagung des Ersatzlieferungsanspruchs bis zum Zeitpunkt des Fehlschlagens der Nacherfüllung rechtmäßig sei; denn dies hieße, eine zum Schutze des Verbrauchers konzipierte Norm zu Ungunsten des Verbrauchers zu interpretieren. Außerdem ist § 309 Nr. 8b BGB seit Einführung des § 475 BGB weitestgehend obsolet geworden. Dass § 309 Nr. 8b bb BGB terminologisch auf „ein" Recht auf Nacherfüllung abstellt, hat historische Gründe: § 309 Nr. 8b bb BGB entspricht § 11 Nr. 10b AGBG a.F.; vor der Schuldrechtsreform kannte das Gesetz ein Recht auf Nachlieferung nur ausnahmsweise statt der Wandelung oder der Minderung (§ 480 Abs. 1 BGB a.F.); es existierte also primär das Recht auf Nachbesserung. Von daher kann seit Einführung des § 439 BGB n.F. auch nicht mehr auf die überholte Rechtsprechung zu § 480 BGB a.F[5]. verwiesen werden. Im Übrigen meint § 309 Nr. 8b bb BGB nicht eine Alter- 175

1 *Reinking*, ZGS 2002, 229, 231 ff.; *Reinking*, DAR 2002, 496, 498; *Reinking/Eggert*, Der Autokauf, Rz. 864 f.; *Graf von Westphalen*, ZIP 2001, 2258, 2259; *Graf von Westphalen*, Vertragsrecht, Rz. 98; *Graf von Westphalen*, ZGS 2002, 64, 65; *Wolf/Eckert/Ball*, Handbuch des gewerblichen Miet-, Pacht- und Leasingrechts, Rz. 1814 f.
2 *Reinking*, DAR 2002, 496, 500.
3 AGB-Klauselwerke/*Graf von Westphalen*, Leasing Rz. 98, 104.
4 Vgl. *Palandt/Grüneberg*, § 309 BGB Rz. 62.
5 BGH v. 23.2.1977 – VIII ZR 124/75, DB 1977, 813, 814.

native des Rechts auf Nacherfüllung, sondern „ein" Recht auf Nacherfüllung im Gegensatz zu den Rechten Rücktritt und Minderung.

176 Abzulehnen ist der Ansatz, dass sich der Schutzstandard des Leasingnehmers ausschließlich am Mietrecht zu orientieren habe: Vermietet wird typischerweise eine gebrauchte Sache und also eine Stückschuld. Denn die Miete ist auf wiederholte Gebrauchsüberlassung eines Gegenstands für begrenzte Zeit an unbestimmt viele Mieter gerichtet. Vor diesem Hintergrund verwundert es nicht, dass das Mietrecht das Recht auf Ersatzlieferung nicht kennt. Denn die Ersatzlieferung ist bei einer konkretisierten Stückschuld grundsätzlich unmöglich. Das Leasing unterscheidet sich von der Miete gerade dadurch, dass typischerweise eine neue Sache (einmalig) bis zum Zeitpunkt der Vollamortisierung verleast wird. Außerdem ist das Leasingrecht im **Grenzbereich zwischen Miet- und Kaufrecht** einzuordnen; eine ausschließliche Orientierung am Mietrecht wird dem Charakter des Leasings daher nicht gerecht.

177 Nach der hier vertretenen Ansicht (s.o. Rz. 106 ff.) ist das gegen den Nachlieferungsanspruch gerichtete Argument der den Vertragszweck gefährdenden Nutzungsentschädigung obsolet, da § 439 Abs. 4 BGB auf einen derartigen Anspruch nicht verweist. Im Zuge der Ersatzlieferung ist eine Vertragsanpassung des Leasingvertrags gemäß § 313 BGB nicht erforderlich. Im Ergebnis profitiert der Leasinggeber als Eigentümer des Leasingguts von der Ausübung des Nachlieferungsanspruchs durch den Leasingnehmer. Denn die Ersatzsache hat regelmäßig eine höhere Lebenserwartung als der ursprüngliche Leasinggegenstand im Zeitpunkt der Geltendmachung des Ersatzlieferungsanspruchs. Im Fall der Ersatzlieferung ist daher lediglich eine Vertragsanpassung zu Gunsten des Leasingnehmers, nicht aber zu Gunsten des Leasinggebers diskutabel.

178 Die Interessen des Lieferanten werden über § 439 Abs. 3 BGB ausreichend geschützt; in Bagatellfällen wird der Leasingnehmer lediglich die kostenlose Nachbesserung verlangen dürfen. In der Praxis der Finanzierungsleasinggeschäfte wird es nur in Ausnahmefällen zur Nachlieferung kommen, weil diese dem Lieferanten entweder §§ 439 Abs. 3, Satz 1, 275 BGB nicht möglich ist (z.B. bei mangelhafter Standardsoftware) oder der Lieferant sie wegen unverhältnismäßiger Kosten verweigern kann[1]. Allerdings bemisst sich die Beurteilung der Zumutbarkeit der Ersatzlieferung an der Person des Leasingnehmers und nicht der Person des Leasinggebers[2]. Sofern die Kosten der vom Leasingnehmer gewünschten Art der Nacherfüllung **10 % über den Kosten der vom Lieferanten gewählten Art der Nacherfüllung** liegen, kann bereits Unzumutbarkeit i.S.d. § 439 Abs. 3 BGB vorliegen[3]. Die

1 *Beckmann*, Finanzierungsleasing, § 2 Rz. 329.
2 *Reinking/Eggert*, Autokauf, Rz. 855.
3 *Graf von Westphalen*, ZIP 2006, 1653, 1657.

Existenz des § 439 Abs. 3 BGB impliziert die Unabdingbarkeit des Ersatzlieferungsanspruchs[1].

Mit der Ersatzlieferung entfällt keineswegs die **Geschäftsgrundlage des Leasingvertrags**[2], weil sich das Problem des die Vollamortisierung gefährdenden Nutzungsersatzes bei restriktiver Auslegung des § 439 Abs. 4 BGB nicht stellt (s.o. Rz. 106 ff.); außerdem schränkt der durch den Leasingnehmer ausgeübte Lieferungsanspruch die **Eigentümerstellung** des Leasinggebers nicht ein: Denn auch die Ersatzsache wird im Wege des Geheißerwerbs an den Leasinggeber übereignet; dieser hat bei Verneinung einer Nutzungsentschädigungsverpflichtung kein schutzwürdiges Interesse am Bestand seines Eigentums am ursprünglichen Leasinggegenstand. In der Abtretung des Rechts nach § 439 Abs. 1 2. Alt. BGB liegt zwangsläufig das sachenrechtliche Einverständnis des Berechtigten, über sein Eigentum am mangelhaften Kaufgegenstand durch Geltendmachung des Ersatzlieferungsanspruchs zu verfügen (§ 185 Abs. 1 BGB). 179

Das Risiko einer Verschlechterung des vom Leasingnehmer auf Verlangen des Verkäufers zurückzugebenden Leasingguts wird von einigen Leasinggesellschaften in der Art abgesichert, dass sie den Leasingnehmer zum Wertausgleich verpflichten, soweit die Verschlechterung nicht auf dem Mangel beruht. Eine derartige Klausel verstößt ihm Rahmen des Verbraucherleasings gegen die §§ 307 Abs. 2 Nr. 1, 439 Abs. 4, 346 Abs. 3 Nr. 3 BGB; der Leasingnehmer haftet bei Einhaltung der Sorgfalt in die eigenen Angelegenheiten nicht für Abnutzungsschäden[3]. 180

Abschließend ist darauf hinzuweisen, dass beim Leasing einer **gebrauchten Ware** der Ersatzlieferungsanspruch bereits von Gesetzes wegen entfallen kann[4]. Zwar ist bei Vorliegen einer **Stückschuld** eine Ersatzlieferung nicht per se unmöglich; anderes gilt jedoch, sofern ausnahmsweise ein Unikat geschuldet war[5]. In der Regel wird der Leasingnehmer lediglich ein Interesse an der Überlassung einer vergleichbaren Leasingsache haben, welche dieselben Funktionen wie die ursprünglich geschuldete Stückschuld erfüllt. 181

dd) Kosten und Gefahr der Nacherfüllung

Auch die Rechte nach § 439 Abs. 2 BGB sind dem Leasingnehmer uneingeschränkt zu verschaffen. Sämtliche mit dem berechtigten Nacherfüllungsersuchen im Zusammenhang stehenden Aufwendungen trägt der Lieferant des mangelhaften Leasingguts. Entgegenstehende Klauseln verstoßen ge- 182

1 *Graf von Westphalen*, ZIP 2001, 2258, 2259; a.A. *Zahn*, DB 2002, 985, 988.
2 *Jaggy*, BB 2002, Beilage 5 zu Heft 27, 14, 17; a.A. *Graf von Westphalen*, ZIP 2001, 2258, 2260.
3 *Reinking*, DAR 2002, 496, 501.
4 *Reinking/Eggert*, Autokauf, Rz. 934 für Kfz-Leasing.
5 *Graf von Westphalen*, ZIP 2006, 1653, 1656.

gen § 307 Abs. 1 Satz 1 BGB[1]. Der Leasingnehmer kann im Hinblick auf die getätigten Aufwendungen (z.B. Kosten hinsichtlich der Feststellung des Mangels, Transport-, Wege und Abschleppkosten, Porto- und Telefonkosten) Leistung an sich selbst verlangen[2].

183 Unwirksam sind insofern Klauseln, die dem Käufer respektive Leasingnehmer für den Fall der **unbegründeten Mängelrüge** die Verpflichtung zum Aufwendungsersatz bezüglich der im Rahmen der Überprüfung der Sache angefallenen Kosten auferlegen[3]. Denn die Überprüfung der Begründetheit einer Mangelrüge liegt auch im Interesse des Verkäufers, der nur durch rechtzeitige Abhilfe einer etwaigen Klage auf Nacherfüllung bzw. der Ausübung des Rücktrittrechts begegnen kann. Außerdem besteht die Gefahr, dass eine Verpflichtung zur Erstattung der Überprüfungskosten den Leasingnehmer von der Geltendmachung seiner Rechte abschreckt; als Laie wird der Leasingnehmer gerade bei komplizierten technischen Geräten schwerlich beurteilen können, ob ein anfänglicher Mangel i.S.d. § 434 BGB tatsächlich gegeben ist. Außerdem wird der Lieferant das Vorliegen eines Sachmangels schwerlich interessensneutral beurteilen können; die Überprüfung der Begründetheit einer Mangelrüge obliegt den Gerichten und nicht dem Verkäufer.

184 Eine Klausel, die bei unbegründeter Mangelrüge eine Aufwendungspauschale ohne Nachweismöglichkeit eines tatsächlich geringeren Schadens vorsieht, scheitert bereits an § 309 Nr. 5b BGB. Undifferenzierte Pauschalsätze betreffen oftmals auch denkbare Bagatellrügen, in denen die Aufwandspauschale überhöht erscheint; die Klausel ist dann mit § 308 Nr. 5a BGB nicht vereinbar.

185 Bei vorsätzlicher Vorspiegelung eines tatsächlich nicht gegebenen Mangels schuldet der Leasingnehmer dem Lieferanten gemäß den §§ 823 Abs. 2 BGB i.V.m. § 263 StGB, § 826 BGB Schadensersatz. Fraglich ist, ob eine Ersatzverpflichtung auch bei **grob fahrlässiger** Erhebung einer tatsächlich unbegründeten Mangelrüge in Betracht kommt. Da der Leasingnehmer nicht (mehr) der Vertragspartner des Lieferanten ist, scheidet eine Schadensersatzverpflichtung des Leasingnehmers aus positiver Forderungsverletzung (§§ 433, 280 Abs. 1, 241 Abs. 2 BGB) grundsätzlich aus. Die Konstruktion eines Anspruchs aus §§ 662, 280 Abs. 1, 241 Abs. 2 BGB muss aus diesem Grunde ebenfalls verneint werden; Ansprüche aus § 823 Abs. 1 BGB sind wegen bloßer Vermögensbeeinträchtigung nicht gegeben. Da der Leasingnehmer im Verhältnis zum Lieferanten als Erfüllungsgehilfe des Leasinggebers agiert[4], wäre allenfalls eine Erstattungsverpflichtung des Leasing*gebers* nach §§ 433, 280 Abs. 1, 241 Abs. 2, 278 BGB denkbar; die

1 *Reinking*, DAR 2002, 496, 500.
2 *Beckmann*, Finanzierungsleasing, § 2 Rz. 349; a.A. *Reinking/Eggert*, Autokauf, Rz. 836.
3 *Palandt/Heinrichs*, § 307 BGB Rz. 114.
4 *Palandt/Weidenkaff*, Einf v § 535 BGB Rz. 54.

primäre Verpflichtung des Leasinggebers müsste daher im Leasingvertrag durch entsprechende Klauselgestaltung auf den Leasingnehmer abgewälzt werden. Der Leasingnehmer hat jedoch ein Recht zur Erhebung einer Mangelrüge; das Risiko, dass er dieses zentrale Recht des Leasingvertrags versehentlich unbegründet ausübt, darf der Leasingnehmer nicht zu tragen haben. Schließlich ist er nach § 536c BGB dem Leasinggeber zur Anzeige jedes (vermeintlichen) Mangels verpflichtet und vertraglich oftmals gehalten, bestehende Mangelansprüche unverzüglich geltend zu machen. Die – zuweilen übereifrige – Befolgung dieser Obliegenheiten kann nicht zu Lasten des Verbrauchers gehen, zumal der Lieferant zu einer kostenintensiven Überprüfung des Leasingguts nicht verpflichtet ist.

Eine formularmäßig vereinbarte Verpflichtung des Leasingnehmers zur Aufwandsentschädigung für den Fall der grob fahrlässig zu Unrecht erhobenen Mangelrüge ist daher mit § 307 Abs. 2 Nr. 2 BGB unvereinbar[1]. 186

Grundsätzlich trägt der Leasingnehmer die **Sach- und Preisgefahr** hinsichtlich des Leasingguts. Die Gefahr für den zufälligen Untergang oder die zufällige Verschlechterung des Leasinggegenstandes kann dem Leasingnehmer allerdings nicht für Fälle auferlegt werden, in denen er den Leasinggegenstand vertragskonform Dritten überlässt, und es dort zum Untergang oder der Verschlechterung kommt; dies gilt namentlich für die Übergabe des Leasingguts an den Lieferanten zur Durchführung von Nachbesserungsarbeiten[2]. Eine Klausel, die die Beförderungsgefahr für Transportwege i.S.d. § 439 Abs. 2 BGB dem Leasingnehmer auferlegt, ist daher unwirksam. 187

Im nicht unmittelbaren Anwendungsbereich der §§ 474 ff. BGB können entsprechende **Versicherungskosten** des Lieferanten/Leasinggebers jedoch formularmäßig auf den Leasingnehmer abgewälzt werden. Denn die Preisgestaltung unterliegt grundsätzlich nicht der AGB-Kontrolle; § 475 Abs. 1 Satz 2 BGB findet im Hinblick auf § 439 Abs. 2 BGB keine Anwendung. 188

c) Rücktritt

Das Rücktrittsrecht nach § 437 Nr. 2 1. Alt. BGB hat der Leasinggeber dem Leasingnehmer **uneingeschränkt zu verschaffen**; andernfalls ist die Abtretungsklausel unwirksam[3]. Denn das Rücktrittsrecht ist nicht nur für den Leasingnehmer, sondern auch für die Dogmatik der Sekundäransprüche des Leasingvertrags entscheidend[4]: Die Vertragsgrundlage des Leasingver- 189

---

1 Ähnlich *Palandt/Heinrichs*, § 307 BGB Rz. 114; wohl a.A. OLG Düsseldorf v. 21.10.1999 – 6 U 161/98, NJW-RR 2000, 790 zur alten Rechtslage.

2 BGH v. 27.2.1985 – VIII ZR 328/83, BGHZ 94, 45, 54 f.; *Schmidt*, in Ulmer/Brandner/Hensen, Anh. § 310 BGB Rz. 540.

3 *Graf von Westphalen*, ZGS 2002, 64, 65.

4 Ähnlich *Beckmann*, Finanzierungsleasing, § 2 Rz. 250: „das wesentliche Recht des Kunden".

trags entfällt in dem Moment rückwirkend, in dem der Kaufvertrag durch wirksame Rücktrittserklärung gemäß §§ 437 Nr. 2 1. Alt., 323, 326 Abs. 5 BGB aufgelöst wird. Nach herrschender Ansicht wird der Leasingnehmer von seiner Verpflichtung zur Zahlung der Leasingraten bei Bestreiten eines erheblichen Mangels frei, wenn er Klage auf Rückgewähr erhoben hat[1]. Der (rechtswirksame) Rücktritt bleibt in Verbindung mit dem Institut des Wegfalls der Geschäftsgrundlage[2] also auch nach der Schuldrechtsreform das maßgebliche **Instrument zur Anpassung/Aufhebung des Leasingvertrags** bei Schlechtleistung[3]. Insbesondere macht die Anwendung der §§ 500, 358 BGB auf das Verbraucherleasing die Heranziehung des § 313 BGB auch nicht während der Dauer der Widerrufsfrist überflüssig; denn der Rücktritt nach §§ 437 Nr. 2 1. Alt., 323 Abs. 1 BGB ist kein Widerruf i.S.d. § 358 Abs. 1 BGB[4].

190 Die Abtretung des Rücktritts erfolgt nach §§ 413, 398, 439 BGB. Als unselbständiges Gestaltungsrecht folgt das Rücktrittsrecht dem primär abgetretenen Gewährleistungsanspruch gemäß § 439 BGB, sofern nichts Abweichendes vereinbart wird. Die Abtretung sekundärer **Gestaltungsrechte** im Wege der leasingtypischen Abtretungskonstruktion ist unproblematisch[5].

191 Zu berücksichtigen ist, dass der erklärte Rücktritt grundsätzlich nur nach **angemessener Fristsetzung** und bei **Erheblichkeit der Pflichtverletzung** rechtswirksam ist (§ 323 Abs. 1 und Abs. 5 Satz 2 BGB). Insofern verbleibt ein gewisser Spielraum zur formularvertraglichen Gestaltung des Rücktrittsrechts: Sofern dem Leasingnehmer während der Zeit des Nacherfüllungsverlangens ein das Leasinggut zeitweilig ersetzender Leihgegenstand zur Verfügung gestellt wird, dürften auch über einen Monat hinausgehende Nacherfüllungsfristen unbedenklich sein. Wann ein Mangel als erheblich gelten soll, kann vorab näherungsweise bestimmt werden. Allerdings darf eine formularmäßige Umschreibung der Erheblichkeit nicht so weit gehen, dass der Leasingnehmer trotz Beeinträchtigung der Funktionstauglichkeit des Leasingguts über längere Zeit zur vollumfänglichen Ratenzahlung verpflichtet bleibt. Da die Beurteilung des Vorliegens eines (erheblichen) Mangels den Gerichten obliegt, sind starre Klauseln, die den Begriff des Mangels zu Lasten des Leasingnehmers abschließend definieren, im Zweifel unwirksam[6].

---

1 BGH v. 19.2.1986 – VIII ZR 91/85, BGHZ 97, 135 für Wandelung; *Zahn*, DB 2002, 985, 987.
2 Kritisch: *Staudinger/Stoffels*, Leasing Rz. 239 ff.
3 *Reinicke/Tiedtke*, Kaufvertrag, Rz. 1717 ff.; a.A. *Graf von Westphalen*, ZIP 2001, 2258, 2260: Mit Geltendmachung des Nacherfüllungsanspruchs tritt Wegfall der Geschäftsgrundlage ein; dagegen: *Zahn*, DB 2002, 985, 987: Pendant zur Wandelung ist der Rücktritt und nicht die Nacherfüllung.
4 *Reinicke/Tiedtke*, Kaufvertrag, Rz. 1708.
5 *Reinking*, ZGS 2002, 229, 230 f.; *Beckmann*, Finanzierungsleasing, § 2 Rz. 103; a.A. *Graf von Westphalen*, ZIP 2001, 2258, 2263.
6 Vgl. *Staudinger/Matusche-Beckmann*, § 475 BGB Rz. 51 ff.

Zudem darf das sofortige Rücktrittsrecht in dem von § 440 BGB erfassten Anwendungsbereich nicht beschränkt werden, da der Rücktritt im Fall der **Erfüllungsverweigerung**, des **Fehlschlagens** der Nacherfüllung oder der **Unzumutbarkeit** des Festhaltens am Vertrag auf übergeordneten Billigkeitserwägungen beruht, die unabhängig vom Vertragstypus allgemeine Gültigkeit haben. Gleiches gilt für die in § 323 Abs. 2 BGB genannten Fallgruppen. Eine Klausel, die als Voraussetzung des Rücktrittsrechts kategorisch eine vorherige Fristsetzung postuliert, dürfte daher unwirksam sein: Gerade Verbraucher versäumen oftmals eine rechtzeitige und nachweisbare Fristsetzung. Eine Ausstrahlungswirkung des § 475 BGB ist zu Gunsten der unerfahrenen Leasingnehmers daher zu bejahen, zumal der Leasingnehmer bis zum Rücktritt trotz Mangelhaftigkeit des Leasingguts grundsätzlich zur Ratenzahlung verpflichtet bleibt; ein Ausschluss der **sofortigen Rücktrittrechte** wäre insofern unangemessen. 192

Nach der hier vertretenen Auffassung darf die Ausübung des Rücktrittsrechts im Rahmen des Verbraucherleasings auch nicht von dem **Fehlschlagen der Nacherfüllung** i.S.d. § 440 Satz 1 3. Alt. BGB abhängig gemacht werden[1]. Auch im Fall der Unzumutbarkeit der Nacherfüllung ist dem Leasingnehmer ein Rücktrittsrecht zuzubilligen, insbesondere bei lang andauernder Untätigkeit des Lieferanten. Da § 309 Nr. 8b bb BGB einen Mindestschutzstandard postuliert, lässt sich nicht der Umkehrschluss bilden, dass die formularvertragliche Versagung des Rücktrittsrechts bis zum Zeitpunkt des Fehlschlagens der Nacherfüllung rechtmäßig sei; denn dies hieße, eine zum Schutze des Verbrauchers konzipierte Norm, zu Ungunsten des Verbrauchers zu interpretieren. Außerdem ist § 309 Nr. 8b bb BGB seit Einführung des § 475 BGB weitestgehend obsolet geworden. Die Wertung des § 475 BGB überstrahlt jedenfalls die überholte Regelung des § 308 Nr. 8b bb BGB[2]. Da das Rücktrittsrecht für den Leasingnehmer das zentrale Druckmittel zur Durchsetzung seiner Rechte ist, erscheint es unangemessen, ihm dieses Recht erst nach wiederholtem Reparaturversuch oder gescheiterter Ersatzlieferung zuzubilligen, zumal die Ratenzahlungsverpflichtung des Leasingnehmers bis zur Ausübung des Rücktritts respektive Klageerhebung fortbestehen bleiben soll. Eine Klausel, die dem Leasingnehmer zwingend zumindest **zwei Nachbesserungsversuche** zumutet, ist als unwirksam zu bewerten[3]. 193

Unzulässig ist im Rahmen des Verbraucherleasings eine Klausel, nach der der Leasingnehmer *nach* fehlgeschlagener Nachbesserung des Lieferanten den Leasinggeber schriftlich zur eigenen Nachbesserung auffordern muss[4]. 194

---

1 So wohl auch: *Staudinger/Stoffels*, Leasing Rz. 237; a.A. *Reiner/Kaune*, WM 2002, 2314, 2320 f.; *Schmidt*, in Ulmer/Brandner/Hensen, Anh. § 310 BGB Rz. 530 f.

2 A.A. wohl *Beckmann*, Finanzierungsleasing, § 2 Rz. 250.

3 *Reinking/Eggert*, Autokauf, Rz. 854.

4 *Reinking/Eggert*, Autokauf, Rz. 791; a.A. *Beckmann*, Finanzierungsleasing, § 2 Rz. 91.

Eine Klausel, die es dem Leasinggeber gestattet, die Rückabwicklung nach Scheitern der Nacherfüllung durch den Lieferanten dadurch abzuwenden, dass er dem Leasingnehmer eine gleichwertige Ersatzsache anbietet, ist gleichfalls unwirksam[1]. Unangemessen erscheint erst recht eine Klausel, die die Geltendmachung des Rücktrittsrechts von dem Scheitern der Nacherfüllung durch den Lieferanten *und* dem Scheitern der sekundären Nacherfüllung durch den Leasinggeber abhängig macht[2].

195 Sicherlich wird man die hier vertretene Ansicht als zu leasingnehmerfreundlich und vertragsgefährdend kritisieren können: § 323 Abs. 5 Satz 2 BGB gewährleistet jedoch, dass die Rückabwicklung des Kaufvertrags und also das Scheitern des Leasingvertrags nicht voreilig und in bloßen Bagatellfällen bewirkt wird. Da der wirksame Rücktritt zum Wegfall der Geschäftsgrundlage des Leasingvertrags führt und insofern auch die Interessen des Leasinggebers erheblich beeinträchtigt, werden an die Erheblichkeit des Mangels im Einzelfall gesteigerte Voraussetzungen zu stellen sein. Die Interessen des Leasinggebers und des Lieferanten rechtfertigen jedoch nicht, den Rücktritt an die Voraussetzung des Fehlschlagens der Nacherfüllung i.S.d. § 440 Satz 1 3. Alt. BGB zu knüpfen. Eine Klausel, die auf das Fehlschlagen der Nacherfüllung abstellt, muss zumindest deutlich machen, dass mit dem Terminus des Fehlschlagens das Fehlschlagen im weiteren Sinne gemäß § 309 Nr. 8b bb BGB gemeint ist; der ursprünglich **weite Begriff des Fehlschlagens** erfasste nämlich auch die Alternativen der Unmöglichkeit, der Verweigerung, Unzumutbarkeit und erheblichen Verzögerung der Nacherfüllung[3].

196 **Zulässig** erscheint hingegen eine Klausel, nach der sich der Leasinggeber im Leistungsstörungsfall bis zum Zeitpunkt des Scheiterns der Nacherfüllung des Lieferanten vorbehält, dem Leasingnehmer zur Abwendung der drohenden Rückabwicklung des Vertragsverhältnisses für die restliche Leasingvertragszeit unverzüglich eine **gleichwertige Ersatzsache** zur Verfügung zu stellen[4]. Im *nicht* unmittelbaren Anwendungsbereich des § 475 BGB kann dem privaten Leasingnehmer kein schutzwürdiges Interesse an der schnellen Rückabwicklung des Leasingvertrags zugesprochen werden, sofern die Überlassung eines funktionstüchtigen Leasingguts sichergestellt wird; ob der Leasingnehmer dieses Gut vom Lieferanten oder dem – gemäß §§ 434 ff. BGB an sich nicht verpflichteten – Leasinggeber erhält, ist unbeachtlich (vgl. § 267 BGB). Da der Leasingnehmer lediglich an der Funktion des (austauschbaren) Leasingguts interessiert ist, kann er im Fall der vorübergehenden Ersatzlieferung durch den Leasinggeber (Leihsache) nicht darauf bestehen, dass weiter versucht wird, die ursprüngliche Leasingsache

1 So auch *Beckmann*, Finanzierungsleasing, § 2 Rz. 251.
2 *Reinking/Eggert*, Autokauf, Rz. 831; a.A. *Beckmann*, Finanzierungsleasing, § 2 Rz. 92 in gewissem Widerspruch zu Rz. 92.
3 *Palandt/Grüneberg*, § 309 BGB Rz. 62 m.w.N.
4 *Beckmann*, Finanzierungsleasing, § 2 Rz. 93.

reparieren zu lassen. Anders als ein Käufer hat der Leasingnehmer kein originäres Interesse an der Wiederherstellung seines mit Mängeln behafteten Eigentums (§ 439 Abs. 1 1. Alt. BGB). Freilich wird das sich abzeichnende Rücktrittsrecht des Leasingnehmers nur dann verhindert werden, wenn man diesem die Ersatzsache bis zum Zeitpunkt des Fehlschlagens und der wirksamen Rücktrittserklärung tatsächlich auch zur Verfügung stellt; unzulässig wäre insofern eine Klausel, wonach der Leasinggeber *nach* Scheitern der Nachbesserung durch den Lieferanten berechtigt sein soll, die Rückabwicklung durch Lieferung einer gleichwertigen Ersatzsache (nachträglich) abzuwenden (s.o. Rz. 194)[1].

Ein derartiger Bewertungsspielraum besteht im unmittelbaren Anwen- 197
dungsbereich des § 475 BGB freilich nicht: Der Leasingnehmer ist im Fall des Eintrittmodells nicht verpflichtet, die Ersatzlieferung eines Dritten als vertragsgemäße Nacherfüllung zu akzeptieren. Sofern dem Leasingnehmer in den benannten Ausnahmefällen die Rechte des Verbrauchsgüterkäufers unmittelbar zustehen, ist sein Interesse an der zeitnahen Entstehung des Rücktrittrechts gemäß §§ 437 Nr. 2 1. Alt., 475 Abs. 1 Satz 2 BGB zwingend zu respektieren; die Hoffnung auf das Scheitern der Nacherfüllung ist schutzwürdig.

Zu beachten bleibt, dass der Leasinggeber dem Leasingnehmer nicht vor- 198
schreiben darf, welche der abgetretenen Rechte im Gewährleistungsfall geltend zu machen sind. Die formularmäßige **Anweisung**, bei Vorliegen eines Mangels ausschließlich oder vorrangig das Rücktrittsrecht auszuüben, wäre unzulässig[2].

d) Minderung

Meines Erachtens ist es *nicht* zwingend notwendig, dem Leasingnehmer 199
auch das (sofortige) Recht auf Minderung gemäß §§ 437 Nr. 2 2. Alt., 441 BGB zu verschaffen[3]. Denn der Leasingnehmer hat lediglich ein Interesse an der zeitweiligen Gebrauchsüberlassung eines funktionstüchtigen Leasingguts. Die Minderung zielt jedoch auf einen Ausgleich bezüglich der Übereignung einer mangelhaften Sache bei voller Kaufpreiszahlung ab; Eigentümer des Leasingguts bleibt der Leasinggeber. Die Ausübung des Minderungsrechts nützt daher dem Leasingnehmer zumindest nicht unmittelbar. Denn den Kaufpreis zahlt der das Eigentum erwerbende Leasinggeber und nicht der Leasingnehmer.

Die Minderung entlastet vielmehr den Leasinggeber, der bei geleisteter 200
Zahlung einen Teil des Kaufpreises vom Lieferanten zurück erhält oder bei noch nicht geleisteter Zahlung von einem Teil seiner Zahlungsverpflich-

1 *Beckmann*, Finanzierungsleasing, § 2 Rz. 93a.
2 *Beckmann*, Finanzierungsleasing, § 2 Rz. 127.
3 A.A. wohl *Graf von Westphalen*, ZGS 2002, 64, 65; *Graf von Westphalen*, ZIP 2006, 1653, 1661.

tung frei wird. Diese Ersparnis müsste im Ergebnis auf den Leasingnehmer umgelegt werden, da die **Vollamortisation** bei unveränderter Zahlung der Leasingraten ansonsten früher als vertraglich vorausgesetzt einträte. Unklar ist insofern, ob eine mögliche Vertragsanpassung gemäß § 313 BGB über eine Reduzierung der Leasingraten oder über eine (unentgeltliche) Verlängerung des Zeitraums der Gebrauchsüberlassung umzusetzen wäre.

201 Nach Ansicht der Literatur soll die Minderung einer vorzeitigen Kreditrückzahlung gleichzustellen und der noch ausstehende Leasingzins „entsprechend" und im „gleichen Verhältnis" wie der Minderungsbetrag zu ermäßigen sein[1]. Die **konkrete Berechnung des Umfangs der Vertragsanpassung** ist jedoch problematisch. Denn der Bezugspunkt der kaufrechtlichen Minderung ist der Wert der Sache (§ 441 Abs. 3 BGB). Der Verkehrswert der Sache wird insbesondere durch deren Lebenserwartung bestimmt. Die Leasingdauer ist aber typischerweise geringer als die Lebenserwartung des Leasingguts; aus steuerlichen Gründen beträgt die Grundmietzeit 40–90 % der betriebsgewöhnlichen Nutzungsdauer[2]. Oftmals wird das Leasinggut nach Auslaufen des Leasingvertrags vom Leasinggeber an Dritte verkauft oder erneut verleast. Die Höhe des auf die Eigentumsbeeinträchtigung bezogenen Minderungsbetrags nach § 441 Abs. 3 BGB kann daher nicht eins zu eins auf den Leasingnehmer umgelegt werden; auch eine prozentuale Umlegung ist fragwürdig[3]. Es müsste beispielsweise Berücksichtigung finden, dass der Leasingnehmer freiwillig das Recht zur Minderung wählt, das Fortbestehen des Mangels am geleasten Objekt also nicht als unzumutbar empfindet und die maßgebliche Funktionalität als nicht eingeschränkt betrachtet. In der Praxis werden sich Leasingnehmer, Lieferant und Leasinggeber daher schwerlich auf die konkrete Höhe des angemessenen Minderungswerts verständigen können; dieser Wert ist nach entsprechendem Sachverständigengutachten wohl nur durch das Gericht feststellbar[4]. Die Abtretung des Minderungsrechts erscheint daher **unpraktikabel**, zumal der Leasingnehmer einen entsprechenden Teil der Leasingraten erst nach Erhebung einer Minderungsklage einzubehalten berechtigt sein soll[5]. Selbstverständlich steht es den Parteien im Gewährleistungsfall frei, sich einvernehmlich auf einen konkreten Minderungsbetrag zu einigen und den Vertrag sodann zu modifizierten Bedingungen fortlaufen zu lassen.

202 Es erscheint daher sachlich gerechtfertigt, die Abtretung des kaufvertraglichen Minderungsrechts formularvertraglich zu beschränken. Ob dem

1 *Staudinger/Stoffels*, Leasing Rz. 258 m.w.N.; AGB-Klauselwerke/*Graf von Westphalen*, Leasing Rz. 160.
2 Vgl. *Reinicke/Tiedtke*, Kaufrecht, Rz. 1666.
3 *Beckmann*, Finanzierungsleasing, § 7 Rz. 75; vgl. auch *Reinking/Eggert*, Autokauf, Rz. 949, die davon ausgehen, dass die Minderung des Leasingentgelts wegen weiterer Kostenfaktoren des Leasinggebers höher als die Minderung des Kaufpreises ausfalle.
4 Vgl. *Beckmann*, Finanzierungsleasing, § 2 Rz. 303 f.
5 Vgl. *Beckmann*, Finanzierungsleasing, § 5 Rz. 32.

Leasingnehmer das Minderungsrecht für den Fall des **Fehlschlagens der Nacherfüllung** vorbehalten bleiben muss, sei dahingestellt. Eine derartige Ansicht[1] kann jedenfalls nicht auf § 359 Satz 3 BGB rekurrieren, da diese Norm die Minderung nicht betrifft. Zwar soll trotz der missverständlichen Formulierung des § 309 Nr. 8b bb BGB („oder") dem Käufer das Minderungs- und Rücktrittsrecht kumulativ zu verschaffen sein („nach seiner Wahl")[2]. Die oben genannten Gründe sprechen jedoch dafür, die Wertung des § 309 Nr. 8b bb BGB hinsichtlich des Minderungsrechts nicht zwingend auf den Leasingnehmer zu übertragen. Dessen Interesse am Gebrauch eines mangelfreien Leasingguts wird durch die Gewährung der zentralen Rechte auf Nacherfüllung und Rücktritt ausreichend berücksichtigt.

Grundsätzlich kann das Minderungsrecht vom Gewährleistungsanspruch 203
nach § 439 BGB getrennt übertragen werden (§§ 413, 398 BGB); denn die Minderung ist wie der Rücktritt zwar als unselbständiges Gestaltungsrecht, nicht aber als bloßes Hilfsrecht zu qualifizieren[3]. Die Beschränkung der abzutretenden Gewährleistungsansprüche sollte in den Verkaufsbedingungen des Lieferanten geregelt werden. Eine Beschränkung der Gewährleistungsrechte im Kaufvertrag des Lieferanten und also gegenüber dem Leasinggeber ist unproblematisch. Dagegen dürfte es nicht zulässig sein, wenn der Leasinggeber dem Leasingnehmer seine kaufrechtlichen Gewährleistungsansprüche mit Ausnahme des vom Lieferanten nicht ausgeschlossenen Minderungsrechts abtritt. In diesem Fäll würde die Abtretung der Gewährleistungsrechte des Leasinggebers nämlich nicht **vorbehaltlos** erfolgen; Leasingnehmer und Leasinggeber könnten gegenüber dem Lieferanten als Anspruchsinhaber konkurrieren. Dem Leasinggeber wäre es insbesondere möglich, durch vorschnelle Ausübung des bei ihm verbleibenden Minderungsrechts die Ausübung des Rücktrittrechts durch den Leasingnehmer zu vereiteln und diesen insofern zur Fortzahlung der Leasingraten zu zwingen. Zulässig dürfte im Leasingvertrag dagegen ein **Verzicht des Leasinggebers** auf sein gegenüber dem Lieferanten bestehendes (sofortiges) Minderungsrecht sein; die gegenüber dem Leasingnehmer ausgesprochene Verzichtserklärung muss dem Lieferanten nicht zugehen (§ 151 BGB). Die verbleibenden Gewährleistungsrechte kann der Leasinggeber dem Leasingnehmer sodann unmittelbar, unbedingt und vorbehaltlos abtreten. Im Zweifel wird eine in einem Leasingvertrag enthaltene „Abtretung der kaufrechtlichen Gewährleistungsansprüche mit Ausnahme des Minderungsrechts" in diesem Sinne zu interpretieren sein (§ 140 BGB)[4].

Sofern dem Leasingnehmer das Recht zur Minderung abgetreten wird, soll- 204
te dieser Terminus durch die Ergänzung „Herabsetzung des Kaufpreises" erläutert werden; im Hinblick auf das Transparenzgebot ist die Verwen-

---

1 So *Reinking/Eggert*, Autokauf, Rz. 950.
2 *Palandt/Grüneberg*, § 309 BGB Rz. 63.
3 *Palandt/Grüneberg*, § 413 BGB Rz. 10.
4 Vgl. BGH v. 9.7.2002 – X ZR 70/00, MDR 2003, 145.

dung eines juristischen Fachbegriffs gegenüber Verbrauchern problematisch[1].

e) Schadensersatz

205 Im Hinblick auf die abzutretenden Schadensersatzansprüche gemäß § 437 Nr. 3 BGB ist eine Ausstrahlungswirkung des § 475 BGB zu verneinen[2]. Denn nach § 475 Abs. 3 BGB werden die Schadensersatzansprüche von dem Schutzbereich des § 475 Abs. 1 und 2 BGB ausdrücklich ausgenommen. Allerdings lässt § 475 Abs. 3 BGB die allgemeine Inhaltskontrolle nach §§ 307 bis 309 BGB unberührt.

206 Insofern ist zu beachten, dass der Lieferant gegenüber dem gewerblichen Leasinggeber seine Schadensersatzhaftung wegen Schlechtleistung nur eingeschränkt modifizieren kann: Auch im unternehmerischen Rechtsverkehr scheitert eine Haftungsbegrenzung wegen vorsätzlicher Schlechtleistung an §§ 307 Abs. 2 Nr. 1, 276 Abs. 3 BGB, eine Begrenzung der Produkthaftung (zumindest für Personenschäden) an § 14 ProdhaftG; eine formularmäßige Begrenzung der Haftung für Personenschäden oder wegen grob fahrlässigen Pflichtverstoßes ist aufgrund der gesetzgeberischen Wertung nach §§ 307 Abs. 2 Nr. 1, 309 Nr. 7 BGB selbst gegenüber Kaufleuten unwirksam; dies gilt auch bei einfach fahrlässigem Verstoß gegen wesentliche Vertragspflichten[3].

207 Somit wird der Leasinggeber dem Leasingnehmer im Wege der Abtretungskonstruktion zumindest die **wesentlichen Gewährleistungsrechte** nach § 437 Nr. 3 BGB verschaffen können. Hierbei ist zu bedenken, dass die – formularmäßig nicht auszuschließende, sondern bei einfach fahrlässigem Handeln allenfalls beschränkbare – Haftung wegen eines Verstoßes gegen Kardinalpflichten seit der Schuldrechtsreform auch bei Lieferung eines mit einem erheblichen oder besonders gefährlichen Mangel behafteten Kaufgegenstands in Betracht kommt. Denn nach § 433 Abs. 1 Satz 2 BGB ist die Übereignung einer mangelfreien Sache Hauptpflicht des Verkäufers[4]. Ob der Leasingnehmer aufgrund der Abtretungskonstruktion auch die originär in seiner Person entstandenen Schäden geltend machen darf, oder aber seine abgeleiteten Ansprüche auf die Geltendmachung der in der Person des Zessionars entstandenen Schäden beschränkt sind, ist umstritten[5].

208 Zu beachten bleibt, dass die gelegentlich in Leasingverträgen ausgenommene Abtretung von „Zahlungsansprüchen" lediglich die aus einem Rücktritt oder einer Minderung resultierenden Folgeansprüche – und nicht die

1 *Hoeren*, ZGS 2002, 10, 13.
2 A.A. wohl *Graf von Westphalen*, ZGS 2002, 154, 158.
3 *Palandt/Grüneberg*, § 309 BGB Rz. 48.
4 Vgl. *Graf von Westphalen*, BB 2002, 209, 214.
5 Hierzu: *Reiner/Kaune*, WM 2002, 2314, 2316 f.; *Staudinger/Stoffels*, Leasing Rz. 236.

Schadensersatzansprüche nach § 437 Nr. 3 BGB – erfassen soll[1]. Dies ist unproblematisch, da der Leasinggeber trotz der Abtretungskonstruktion Käufer bleibt; die Rückabwicklung des Vertragsverhältnisses gemäß §§ 346 ff. BGB erfolgt nach Erklärung des Rücktritts daher zwischen Lieferanten und Leasinggeber[2].

Der Leasinggeber haftet für das Verhalten des Lieferanten gegebenenfalls nach § 278 BGB, z.B. wenn dieser das Leasinggut im Zuge der Nacherfüllung beschädigt oder den Leasingnehmer bei Übergabe nicht auf die Unvollständigkeit des Leasingguts hinweist. Seine diesbezügliche Haftung kann der Leasinggeber nicht mit einer Klausel begrenzen, die uneingeschränkt jede **Haftung für Dritte** ausschließt[3]. Ein formularmäßiger Ausschluss für grob fahrlässig begangene Pflichtverletzungen von Erfüllungsgehilfen wäre gleichfalls unwirksam[4]. Ein Haftungsausschluss des Leasinggebers für nicht vollständige bzw. nicht rechtzeitige Gebrauchsverschaffung entfaltet wegen Verstoßes gegen § 307 Abs. 1 Satz 1 BGB keine Wirksamkeit[5]. So schuldet der Leasinggeber dem Leasingnehmer Schadensersatz, wenn das Leasinggut aufgrund **Verzugs des Lieferanten** dem Leasingnehmer nicht zum vereinbarten Zeitpunkt (in mangelfreiem Zustand) übergeben werden kann bzw. die Abnahme durch den Leasingnehmer berechtigt verweigert wird[6]. 209

Außerdem kann sich der Leasinggeber gegenüber dem Leasingnehmer nicht für einfach fahrlässiges **Verschulden bei Vertragsschluss** formularmäßig frei zeichnen[7]. Denn die Einschränkung der c.i.c.-Haftung käme einem Anspruchsverzicht gleich, weil der vorvertragliche Schadensersatzanspruch im Zeitpunkt der AGB-Verwendung bereits entstanden ist. Zudem bezieht sich dieser Haftungstatbestand auf die Inanspruchnahme fremden Vertrauens. Die c.i.c.-Haftung betrifft insbesondere die Haftung für unzutreffende oder irreführende Angaben bei Abschluss des Leasingvertrags und ist daher besonders praxisrelevant. Die Rechtsprechung tendiert dazu, einen Verstoß gegen § 307 BGB nur dann zu bejahen, wenn in einer umfassenden Haftungsfreizeichnungsklausel für einfach fahrlässiges Verschulden die c.i.c.-Haftung explizit erwähnt wird. Diese Ansicht ist abzulehnen, da Klauseln im Zweifel zu Lasten des Verwenders zu interpretieren sind (§ 305c Abs. 2 BGB). Wenn eine Klausel jegliche Haftung des Leasinggebers für einfach fahrlässiges Verhalten – ausgenommen bei wesentlichen Vertragspflichtverstößen oder Personenschäden – ausschließt, so erfasst sie im Zweifel auch die Haftung für vorvertragliches Verschulden und ist also 210

---

1 *Staudinger/Stoffels*, Leasing Rz. 234.
2 BGH v. 24.6.1992 – VIII ZR 188/91, WM 1992, 1609, 1611.
3 *Schmidt*, in Ulmer/Brandner/Hensen, Anh. § 310 BGB Rz. 538.
4 *Beckmann*, Finanzierungsleasing, § 2 Rz. 294.
5 *Reinking/Eggert*, Autokauf, Rz. 920.
6 *Schmidt*, in Ulmer/Brandner/Hensen, Anh. § 310 BGB Rz. 539.
7 AGB-Klauselwerke/*Graf von Westphalen*, Leasing Rz. 52; *Palandt/Heinrichs*, § 307 BGB Rz. 44.

unwirksam. Der Leasinggeber ist folglich gehalten, neben der Haftung für Personenschäden, grob fahrlässiges Verhalten usw. auch die Haftung wegen Verschuldens bei Vertragsschluss ausdrücklich von einer vorangehenden Haftungsfreizeichnung auszunehmen.

211 Sofern sich der Lieferant mit der Nacherfüllung im Verzug befindet, kann der Leasingnehmer die Kosten der durch einen Dritten bewirkten Mangelbeseitigung als Schadens- bzw. Aufwendungsersatz ersetzt verlangen; es besteht jedoch kein Recht des Leasingnehmers zur sofortigen und eigenmächtigen **Selbstvornahme**[1]. Umgekehrt muss der Lieferant dem Leasingnehmer unter Umständen den Nutzungsausfall während der Zeit der Nacherfüllung ersetzen[2].

f) Gewährleistungsfrist

212 Die Verweisung des Leasingnehmers auf die kaufrechtlichen Gewährleistungsrechte des Leasinggebers hat zur Folge, dass für den Leasingnehmer die Verjährungsfrist des § 438 BGB gilt. Hiernach verjähren die Mängelansprüche des Käufers beim Mobilienkauf regelmäßig in zwei Jahren ab Ablieferung der Sache. Ist die Verjährung eingetreten, können gemäß den §§ 438 Abs. 4 und 5, 218 BGB auch das Rücktritts- oder Minderungsrecht nicht mehr ausgeübt werden. Freilich muss der Gegner die Einrede der Verjährung ausdrücklich erheben.

213 Die Anhebung der Verjährungsfrist von ursprünglich sechs Monaten (§ 477 BGB a.F.) auf zwei Jahre beinhaltet die zentrale Verstärkung der kaufrechtlichen Gewährleistungsansprüche im Zuge der Schuldrechtreform. Eine **Ausstrahlungswirkung** des § 475 Abs. 2 BGB ist insofern zu bejahen; dem Leasingnehmer müssen die maßgeblichen Gewährleistungsrechte unter Zugrundelegung einer nicht verkürzten Gewährleistungsfrist vermittelt werden. Aufgrund der Ausstrahlungswirkung des § 475 Abs. 2 BGB kann der Wertung des § 309 Nr. 8b ff BGB nicht entnommen werden, dass die Gewährleistungsfrist sämtlicher Gewährleistungsrechte nach § 437 Nr. 1 bis 3 BGB auf zwölf Monate begrenzbar ist[3]. Insofern ist zu beachten, dass § 309 Nr. 8b BGB seit Einführung des strengeren § 475 BGB (weitestgehend) obsolet wurde[4].

214 Hierfür spricht auch der Vergleich mit der mietrechtlichen Eigenhaftung des Leasinggebers, die zeitlich unbegrenzt bestünde; die Verschaffung adäquater Gewährleistungsrechte für zumindest zwei Jahre erscheint daher als Ausgleich für den Ausschluss der mietrechtlichen Haftung angemessen. Schließlich lebt die mietrechtliche Haftung des Leasinggebers auch nach Eintritt der Verjährung der kompensatorisch abgetretenen Gewähr-

---

1 *Beckmann*, Finanzierungsleasing, § 2 Rz. 357 m.w.N.
2 *Beckmann*, Finanzierungsleasing, § 2 Rz. 358 m.w.N.
3 A.A. *Zahn*, DB 2002, 985, 989 und 992.
4 *Palandt/Grüneberg*, § 309 BGB Rz. 53 f., 74.

leistungsrechte nicht wieder auf[1]; es besteht kein Kündigungsrecht nach § 543 BGB[2]. Da der Leasingvertrag typischerweise zwei Jahre und länger läuft, ist sicher zu stellen, dass der private Leasingnehmer nicht vorzeitig rechtlos gestellt ist.

Allerdings sind die **Schadensersatzansprüche** auch bei neuen Leasinggütern zeitlich beschränkbar (§ 475 Abs. 3 BGB); die Ansprüche nach § 437 Nr. 3 BGB dürfen daher in Anlehnung an die gesetzlich vorgesehene Jahresfrist bezüglich gebrauchter Waren (§ 475 Abs. 2 BGB) teilweise auf zwölf Monate verkürzt werden. Die zweijährige Verjährungsfrist ist in den von § 309 Nr. 7 BGB und § 14 ProdhaftG erfassten Fällen jedoch nicht beschränkbar[3]. Sofern eine Klausel die Verjährung für alle Schadensersatzansprüche pauschal auf zwölf Monate beschränkt, ist die Haftungsbegrenzung insgesamt unwirksam. 215

Für den Leasinggeber besteht ein gewisses Risiko, dass der Lieferant im Prozess mit dem Leasingnehmer die **Einrede der Verjährung** nicht erhebt, obgleich er hierzu berechtigt wäre. Da der Leasinggeber auch in diesem Fall an das Gewährleistungsurteil gebunden ist[4], sollte er dem Streit auf Seiten des Lieferanten als Streithelfer beitreten, um gegebenenfalls die Verjährungseinrede selbst erheben zu können (§ 66 ZPO). 216

Bei zwischenzeitlichen Reparaturversuchen kommt zu Gunsten des Leasingnehmers eine Hemmung der Verjährungsfrist in Betracht (§ 203 BGB). Erkennt der Lieferant den gerügten Mangel gegenüber dem Leasingnehmer an, beginnt die Verjährung gemäß § 212 Abs. 1 Nr. 1 BGB erneut zu laufen[5]. Ein konkludentes **Anerkenntnis** kann unter Umständen auch die Ersatzlieferung gemäß § 439 Abs. 1 BGB sein. Unzulässig dürfte insofern eine Klausel sein, die jede künftige Nacherfüllungshandlung des Lieferanten pauschal als bloße Kulanzleistung deklariert. 217

g) Einrede nach § 320 BGB

Nach zutreffender Meinung verstoßen Klauseln, welche die Einrede des nicht erfüllten Vertrags bei Fehlerhaftigkeit des Leasingguts ausschließen, auch im Rahmen des Verbraucherleasings grundsätzlich nicht gegen § 309 Nr. 2a BGB[6]. Sofern der Lieferant das Vorliegen eines Mangels bestreitet oder auf seinem Recht zur vorrangigen Nacherfüllung besteht, kann in der Regel nur ein unverzüglich vom Leasingnehmer einzuleitender Gerichtsprozess Klärung hinsichtlich der Wirksamkeit des Rücktritts und des da- 218

1 BGH v. 25.1.1989 – VIII ZR 302/87, NJW 1989, 1279, 1280.
2 *Staudinger/Stoffels*, Leasing Rz. 260.
3 *Palandt/Grüneberg*, § 309 BGB Rz. 44.
4 BGH v. 13.3.1991 – VIII ZR 34/90, ZIP 1991, 519, 520.
5 *Reinicke/Tiedtke*, Kaufrecht, Rz. 1739.
6 *Schmidt*, in Ulmer/Brandner/Hensen, Anh. § 310 BGB Rz. 531 m.w.N.; a.A. wohl *Graf von Westphalen*, ZIP 2006, 1653, 1660.

mit im Zusammenhang stehenden Rechts zur Zahlungsverweigerung schaffen. Nach herrschender Ansicht soll das Recht zur Zahlungsverweigerung gegenüber dem Leasinggeber erst ab dem **Zeitpunkt der Klageerhebung** gegenüber dem Lieferanten – gerichtet auf Rückzahlung des Kaufpreises an den Leasinggeber – bestehen[1]. Die Initiative zur Klageerhebung wird dem Leasingnehmer auferlegt, der dadurch privilegiert wird, dass er die Zahlung bereits bei Klageerhebung und nicht erst ab Rechtskraft einer (positiven) Gerichtsentscheidung verweigern darf.

219 Die Gegenansicht[2], die unter Berufung auf § 439 Abs. 4 BGB ein Recht zur Zahlungsverweigerung gemäß §§ 433 Abs. 1 Satz 2, 320 BGB bereits bei Geltendmachung des Nacherfüllungsanspruchs bejaht, vermag in ihrer Radikalität nicht zu überzeugen: Denn § 439 Abs. 4 BGB beinhaltet nach der hier vertretenen Auffassung keine Verpflichtung zum Nutzungsersatz (s.o. Rz. 106 ff.). Die Einrede nach §§ 433 Abs. 1 Satz 2, 320 BGB steht lediglich dem Leasinggeber gegenüber dem schlecht leistenden Lieferanten zu[3]. Aus den §§ 500, 359 Satz 3 BGB ergibt sich der Umkehrschluss, dass eine Zahlungsverweigerung des (privaten) Leasingnehmers erst bei **Fehlschlagen der Nacherfüllung** in Betracht zu ziehen ist[4].

220 Es ist insofern zu berücksichtigen, dass das Leasing gerade darauf abzielt, den Leasinggeber von der Gewährleistungshaftung zu entbinden; der Leasingeber soll aus Streitigkeiten hinsichtlich der Mangelfreiheit des Leasingguts so weit wie möglich herausgehalten werden. Daher sind Regelungen in AGB **grundsätzlich wirksam**, die – sollte es im Verhältnis zwischen dem Leasingnehmer und Lieferanten nicht zu einer Einigung über die Wirksamkeit des Rücktritts kommen – dem Leasingnehmer ein Leistungsverweigerungsrecht hinsichtlich der Ratenzahlungsverpflichtung erst nach Klageerhebung gegen den Lieferanten zubilligen[5]. Diese Bewertung gilt auch im Rahmen des indirekten Herstellerleasings[6]. Schließlich ist der Leasingvertrag durch den Ausschluss der mietvertraglichen Gewährleistungshaftung des Leasinggebers gekennzeichnet. Der Leasingnehmer darf daher nicht die rechtliche Handhabe haben, das Zahlungsverlangen des Leasinggebers unter Berufung auf angebliche geringfügige Mängel des Leasingguts fortlaufend zu torpedieren. Hat der Leasingnehmer in der letzten mündlichen Verhandlung des Leasingprozesses die Rückgewährklage noch

---

1 *Wolf/Eckert/Ball*, Handbuch des gewerblichen Miet-, Pacht- und Leasingrechts, Rz. 1859 f. m.w.N.

2 *Graf von Westphalen*, ZIP 2001, 2258 2260; *Graf von Westphalen*, DB 2001, 1291, 1292; AGB-Klauselwerke/*Graf von Westphalen*, Leasing Rz. 145.

3 *Reinicke/Tiedtke*, Kaufvertrag, Rz. 1688.

4 *Staudinger/Stoffels*, Leasing Rz. 230; *Müller-Sarnowski*, DAR 2002, 485, 490; a.A. *Graf von Westphalen*, ZIP 2006, 1653, 1660, der § 359 BGB als „verbraucherfeindliche" Norm bewertet.

5 *Schmidt*, in Ulmer/Brandner/Hensen, Anh. § 310 Rz. 536; *Beckmann*, Finanzierungsleasing, § 5 Rz. 40.

6 OLG Stuttgart v. 24.8.2005 – 6 W 39/04, DB 2005, 2188.

nicht erhoben, so wird der Klage auf Zahlung der Leasingraten regelmäßig stattzugeben sein[1].

Ausnahmsweise kann bei Vorliegen eines verbundenen Geschäfts die Einrede des nicht erfüllten Vertrags jedoch bereits ab dem Zeitpunkt des Fehlschlagens der Nacherfüllung erhoben werden (§ 359 Satz 3 BGB). 221

Somit ist dem Lieferanten auch im Interesse des Leasinggebers zu empfehlen, jede Nacherfüllungshandlung ausdrücklich aus „**Kulanz**" und ohne Anerkenntnis einer entsprechenden Rechtsverpflichtung vorzunehmen. Denn solange der gerügte Mangel nicht anerkannt wird und ein Fehlschlagen der Nacherfüllung bei tatsächlich vorliegender Schlechtleistung nicht gegeben bzw. beweisbar ist, bleibt der Leasingnehmer zur Ratenzahlung grundsätzlich verpflichtet. 222

Der (leasinggeberfreundlichen) herrschenden Meinung ist jedoch nicht ausnahmslos zu folgen: Wird einvernehmlich vom Vorliegen eines anfänglichen Mangels ausgegangen und lediglich über die **angemessene Art der Nacherfüllung** (§ 439 Abs. 3 BGB) gestritten, besteht unter Umständen ein Recht zur Zahlungsverweigerung[2]. Denn die entscheidende Tatsache der Schlechtleistung ist unstreitig. Fehlschlagen der Nacherfüllung liegt bereits vor, wenn der Lieferant den (unstreitigen) Mangel binnen einer angemessen gesetzten Frist nicht behebt[3]. Unangemessene Verzögerungen der unstreitig geschuldeten Nacherfüllung können daher nicht zu Lasten des Leasingnehmers gehen. Insbesondere wenn der Leasingnehmer – in der Regel nach ergebnisloser Fristsetzung – Nacherfüllung in Gestalt der **Ersatzlieferung** einklagt, besteht zumindest nach Klageerhebung ein Zahlungsverweigerungsrecht gemäß § 320 BGB[4]. Dass die Klage nicht auf die Rückabwicklung des Kaufvertrags und also den Wegfall der Geschäftsgrundlage des Leasingvertrags gerichtet ist, kann im Rahmen des Verbraucherleasings nicht entscheidend sein[5]: § 359 Satz 3 BGB stellt lediglich auf das Fehlschlagen der Nacherfüllung und nicht auf die Erhebung einer Rückgewährklage ab; in Entsprechung zur älteren BGH-Rechtsprechung zur Wandelung muss das objektive Fehlschlagen der Nacherfüllung im Zeitpunkt der Zahlungsverweigerung noch nicht definitiv feststehen; das Erfordernis der unverzüglichen Klageerhebung ist ausreichend, um im Interesse des Leasinggebers eine vorschnelle Einstellung der monatlichen Ratenzahlungen zu verhindern. Wollte man hier anders entscheiden, würde wohl kaum ein Leasingnehmer das ihm zustehende primäre (!) Recht zur 223

---

1 *Reinicke/Tiedtke*, Kaufvertrag, Rz. 1723 m.w.N.

2 Vgl. *Mankowski/Knöpfel*, Bankrechtshandbuch, § 14, Rz. 63; *Löbbe*, BB-Beilage 6/2003, 12; a.A.: *Wolf/Eckert/Ball*, Handbuch des gewerblichen Miet-, Pacht- und Leasingrechts, Rz. 1861 f.; *Beckmann*, Finanzierungsleasing, § 5 Rz. 28.

3 *Palandt/Grüneberg*, § 309 BGB Rz. 62.

4 So wohl *Beckmann*, Finanzierungsleasing, § 5 Rz. 20b; a.A. *Wolf/Eckert/Ball*, Handbuch des gewerblichen Miet-, Pacht- und Leasingrechts, Rz. 1863.

5 A.A. wohl *Beckmann*, Finanzierungsleasing, § 5 Rz. 13 und Rz. 18 ff.: Unbestrittener Mangel und Einigung über Rückabwicklung erforderlich.

Nacherfüllung wählen und gegebenenfalls in einem langwierigen Gerichtsverfahren durchzusetzen versuchen. Allein um in den Genuss des Zahlungsverweigerungsrechts zu gelangen, dürfte der Leasingnehmer im Zweifel von seinem Rücktrittsrecht Gebrauch machen; dies entspräche nicht den Interessen von Lieferant und Leasinggeber. Der Lieferant hat es in der Hand, dem Mangel trotz Ersatzlieferungsverlangens durch bloße Nachbesserung rechtzeitig abzuhelfen, sofern er vom Vorliegen eines Verweigerungsrechts nach § 439 Abs. 3 BGB ausgeht. In diesem Fall erwächst dem Leasingnehmer zunächst kein Recht aus § 320 BGB. Ob der Leasingnehmer anschließend die reparierte Sache zurückweisen und einen Streit nach § 439 Abs. 3 BGB führen möchte, steht in seinem Ermessen.

224 Von der Schlechtleistung ist die **Nichtleistung** abzugrenzen: Sofern dem Leasingnehmer die vom Leasinggeber geschuldete Gebrauchsmöglichkeit überhaupt nicht eingeräumt bekommt, besteht ein Recht nach § 320 BGB[1]. Ein Fall der Schlechtleistung liegt nicht vor; vielmehr kommt der Leasinggeber seiner Hauptpflicht aus dem Leasingvertrag (Überlassung des Leasingguts zum freien Gebrauch für eine bestimmte Zeit) nicht nach. Der Leasingnehmer ist selbstverständlich berechtigt, die Ratenzahlung bis zum Zeitpunkt der (verspäteten) Anlieferung des Leasingguts zu verweigern. Dem Leasinggeber stehen gegenüber dem im Verzug befindlichen Lieferanten gegebenenfalls entsprechende Regressansprüche zu, zumal er sich seinerseits gegenüber dem Leasingnehmer schadensersatzpflichtig machen kann.

225 Verzögert sich die (erstmalige) Übergabe der Leasingsache, steht dem Leasingnehmer gemäß § 320 BGB die Einrede des nicht erfüllten Vertrages (s.o.) sowie ein Anspruch auf Ersatz des Verspätungsschadens (§§ 280, 286 BGB) und unter den Voraussetzungen der §§ 323, 543 Abs. 2 Satz 1 Nr. 1 ein Recht zum Rücktritt bzw. zur fristlosen Kündigung des Leasingvertrags zu. Eine Klausel, die diese Rechte des Leasingnehmers ausschließt, ist gemäß den §§ 309 Nr. 8a, 307 Abs. 1 BGB unwirksam[2].

226 Freilich bestehen zwischen den Fallgruppen der Nicht- und Schlechtleistung **Abgrenzungsschwierigkeiten**: Sofern dem Leasingnehmer statt des geschuldeten Pkw ein Lkw angeliefert wird, dürfte bei wertungsmäßiger Betrachtung unzweifelhaft eine Nichtleistung und keine Schlechtleistung vorliegen. Was soll aber gelten, wenn statt des geleasten Computersystems X das Computersystems Y geleistet wird, welches sich lediglich in bestimmten Funktionen vom geschuldeten Leasinggegenstand X unterscheidet? Nach § 434 Abs. 3 BGB stehen die Aliud- und die Zuwenig-Lieferung einem Sachmangel gleich. Dies spräche dafür, dem Leasingnehmer das Recht aus § 320 BGB erst nach Erhebung der auf Nacherfüllung gerichteten Klage zuzubilligen. Allerdings wird § 434 Abs. 3 2. Alt. BGB im Rahmen des Verbraucherleasings regelmäßig nicht einschlägig sein, da eine Zuwe-

1 *Reinicke/Tiedtke*, Kaufvertrag, Rz. 1687.
2 *Martis/Meinhof*, Verbraucherschutzrecht – Verbraucherkreditrecht, Rz. 116.

nig-Lieferung insbesondere bei Waren vorliegt, die nach Stück und Gewicht bemessen werden und also typischerweise nicht Gegenstand eines Leasingvertrags sind[1]. Grenzziehungsprobleme dürften daher nur bei der Aliud-Lieferung in Betracht kommen.

Meines Erachtens liegt ein Fall der (anfänglichen) Nichtleistung vor, wenn 227
die Beschaffenheit des tatsächlich angelieferten Leasingguts von der vertraglich geschuldeten Beschaffenheit so erheblich abweicht, dass das Gut für den Leasingnehmer ökonomisch sinnvoll nicht verwertbar ist; abzustellen ist also auf die **Aufhebung oder massive Einschränkung der Gebrauchstauglichkeit** der Leasingsache hinsichtlich des vom Leasingnehmer beabsichtigten und im Leasingvertrag vorausgesetzten Verwendungszwecks. Es kann keinen Unterschied machen, ob dem Leasingnehmer gar keine oder eine von Anfang an praktisch nicht verwertbare Sache angeliefert wird[2]. Die Äquivalenz zwischen Leistung und Gegenleistung ist gestört. Hierfür spricht auch die Hauptleistungsverpflichtung nach § 433 Abs. 1 Satz 2 BGB n.F.

Nur **geringfügige Funktionseinbußen** berechtigen den privaten Leasingneh- 228
mer dagegen nicht zur sofortigen Erhebung der Einrede nach § 320 BGB; diese besteht erst bei Fehlschlagen der Nacherfüllung (§§ 500, 359 Satz 3 BGB). Zu beachten bleibt aber, dass der Leasingnehmer während der Umtausch- oder Reparaturzeit von der Verpflichtung zur **Zahlung der Leasingraten** frei wird. Solange der Lieferant keine neue mangelfreie Sache geliefert hat und der Leasinggeber keine Leihsache zur Verfügung stellt, kann der Leasingnehmer bei Nichtbestreiten des Vorliegens eines anfänglichen Mangels die Zahlung der Leasingraten einstweilig verweigern (§ 320 BGB). Hier geht es nicht um die Haftung wegen Mangelhaftigkeit der Sache. Der Leasinggeber hat vielmehr seine Pflicht zur Gebrauchsüberlassung verletzt, die Mangelhaftigkeit war nur der Anlass der Pflichtverletzung[3]. Allerdings steht dem Leasingnehmer ein Recht zur Zahlungsverweigerung gemäß §§ 433 Abs. 1 Satz 2, 320 BGB ansonsten nicht schon ab dem Zeitpunkt der Übergabe des mangelhaften Leasingguts zu. Aus den §§ 500, 359 Satz 3 BGB folgt – per argumentum a maiore ad minus – das ein **Zurückbehaltungsrecht** aufgrund der Mangelhaftigkeit der Sache erst ab dem Zeitpunkt des Fehlschlagens der Nacherfüllung bestehen soll[4]. Solange der Leasingnehmer die mangelhafte Sache selbst noch in Gebrauch hat, bleibt er grundsätzlich zur Fortzahlung der Leasingraten verpflichtet.

Die vom Leasingnehmer unterzeichnete **Übernahmeerklärung** schließt die 229
Erhebung der Einrede der nicht ordnungsgemäßen Erfüllung nicht zwangs-

1 *Reinking/Eggert*, Autokauf, Rz. 920.
2 Wohl auch *Reinicke/Tiedtke*, Kaufrecht, Rz. 1753; vgl. *Beckmann*, Finanzierungsleasing, § 2 Rz. 193 in anderem Zusammenhang.
3 *Tiedtke/Möllmann*, DB 2004, 583, 584.
4 *Reinking*, ZGS 2002, 229, 232; *Zahn*, DB 2002, 985, 986; a.A. *Graf von Westphalen*, ZIP 2001, 2258.

läufig aus, da sie lediglich die Anlieferung der Sache quittiert und keinen Verzicht auf die Geltendmachung etwaiger Gewährleistungsansprüche beinhaltet. Eine Klausel, die den Leasingnehmer vom Zugang der Übernahmeerklärung an unbedingt und uneingeschränkt zur Zahlung der Leasingraten verpflichtet, verstößt gegen § 307 BGB; freilich wird der Leasingnehmer bei Quittierung der ordnungsgemäßen Anlieferung des Leasingguts die tatsächliche Unrichtigkeit seiner Bestätigung **beweisen** müssen[1].

230 Dagegen besteht kein Recht zur Verweigerung der Bezahlung der Leasingraten bei nachträglichem Eintritt der Gebrauchsuntauglichkeit des Leasingguts. Wenn die Sache zunächst monatelang einwandfrei funktionierte und sodann überraschend ausfällt, mag zwar eine massive Schlechtleistung in Form des versteckten Mangels gegeben sein; bei wertender Betrachtung liegt jedoch keine Nichtleistung vor. Ob die **nachträgliche Aufhebung der Funktionsfähigkeit** der Leasingsache tatsächlich auf das Vorliegen eines anfänglichen Mangels bei Gefahrübergang zurückzuführen ist, wird regelmäßig streitig sein, zumal der Leasingnehmer die Sach- und Preisgefahr trägt und die Anwendbarkeit des § 476 BGB im nicht unmittelbaren Anwendungsbereich der §§ 474 ff. BGB ausscheidet. Erst nach Fehlschlagen der Nacherfüllung steht dem privaten Leasingnehmer daher das Recht aus § 320 BGB zu (§§ 500, 359 Satz 3 BGB). Die Qualität des Mangels beeinflusst allenfalls die Voraussetzungen, die an das Fehlschlagen der Nacherfüllung zu stellen sind. So wird der Leasingnehmer bei einem (nachträglichen) Ausfall der Funktionsfähigkeit des Leasingguts mehrere unergiebige Nachbesserungsversuche nicht zu dulden haben, sofern man ihm keine Leihsache zur zeitweiligen Verfügung stellt. In derartigen Konstellationen wird das Leasinggut regelmäßig zur sofortigen Reparatur zum Lieferanten verbracht werden, weshalb ein Zahlungsverweigerungsrecht bei Nichtbestreiten des Mangels für die Dauer der (zeitweiligen) Nichtverfügbarkeit der geschuldeten Leistung besteht (s.u. Rz. 395); denn der Leasinggeber schuldet dem Leasingnehmer die fortdauernde Überlassung des Leasingguts zum Gebrauch. Lässt der Leasingnehmer trotz nachträglicher Aufhebung der Gebrauchstauglichkeit des Leasingguts dieses nicht zeitnah zum nachbesserungswilligen Lieferanten verbringen, wird er sich auf die Einrede gemäß § 320 BGB jedenfalls nach Treu und Glauben nicht berufen können (§ 242 BGB).

231 Nach zutreffender Ansicht steht dem Leasingnehmer während der Dauer der **Gebrauchsentziehung** infolge eines *einvernehmlichen* Reparaturversuchs oder des einvernehmlichen Umtausches gemäß § 439 Abs. 1 BGB die Einrede gemäß § 320 BGB ausnahmsweise zu[2]. Denn der Leasinggeber

1 *Reinicke/Tiedtke*, Kaufrecht, Rz. 1795, 1803.

2 *Tiedtke/Möllmann*, DB 2004, 583, 584; a.A. *Jaggy*, BB 2002, Beilage 5 zu Heft 27, 14, 18; *Beckmann*, Finanzierungsleasing, § 5 Rz. 22; differenzierend: *Reinking/Eggert*, Autokauf, Rz. 933: Ersatz des Ausfallschadens durch den Lieferanten bei Verschulden.

kommt in diesem Fall seiner Pflicht zur Gebrauchsüberlassung zeitweise nicht mehr nach. Es wäre unbillig, den Leasingnehmer zur fortwährenden Ratenzahlung zu verpflichten, wenn das Bestehen des gerügten Mangels zwischen Lieferant und Leasingnehmer unstreitig ist und der Lieferant sich insofern um alsbaldige Mangelbeseitigung bemüht. Zwar soll der Leasingnehmer nach herrschender Ansicht Einwendungen grundsätzlich erst ab dem Zeitpunkt der Klageerhebung geltend machen können. Hintergrund ist jedoch, dass der Leasinggeber davor geschützt werden soll, dass der Leasingnehmer aufgrund bloß vorgespiegelter oder leichthin behaupteter Mängel seine Ratenzahlung verweigert[1]. Dieses Missbrauchsrisiko besteht im Fall der einvernehmlichen Nacherfüllung gerade nicht. Der Leasinggeber kann sich schließlich auch nicht mit Erfolg auf die Abwälzung der Sach- und Preisgefahr auf den Leasingnehmer berufen, wenn sich die Sache vereinbarungsgemäß zum Zwecke der Mangelbeseitigung beim Lieferanten befindet, wo sie sodann beschädigt oder zerstört wird[2]. Das Recht aus § 320 BGB steht dem Leasingnehmer zumindest dann zu, wenn der Leasinggeber die Nachbesserung selbst veranlasst oder mit dieser ausdrücklich einverstanden ist[3]. Da die Beseitigung des Mangels am Eigentum des Leasinggebers in dessen Interesse liegt, unterfällt der Reparaturvorgang der Risikosphäre des Leasinggebers. Ausschlussklauseln, die diesen Umstand nicht berücksichtigen und keinen Hinweis enthalten, dass das Recht zur Erhebung der Einrede des nicht erfüllten Vertrags jedenfalls nach Fehlschlagen der Nacherfüllung (s.o. Rz. 135) unberührt bleibt, verstoßen daher gegen § 307 Abs. 1 Satz 2 BGB.

Das Risiko der ordnungsgemäßen und rechtzeitigen Geltendmachung der Sachmängelansprüche trägt der Leasingnehmer. Versäumt er die fristgemäße Geltendmachung seiner Rechte innerhalb der Verjährungsfrist, bleibt er trotz Mangelhaftigkeit des Leasingguts zur Zahlung der Leasingraten verpflichtet; es besteht kein Recht nach § 320 BGB[4]. 232

Hat der Leasinggeber seine Ansprüche gegen den Leasingnehmer an den Verkäufer abgetreten und klagt dieser die ihm nunmehr zustehenden Leasingraten ein, so kann der Leasingnehmer ihm die Einrede des nicht erfüllten Vertrags gemäß § 320 BGB zweifellos entgegensetzen[5]. 233

h) Rügeobliegenheit

Fraglich ist, ob Rügeobliegenheitsvereinbarungen zu Lasten des privaten Leasingnehmers (s.o. Rz. 118 ff.) auch im nicht unmittelbaren Anwendungsbereich des § 475 BGB unwirksam sind. 234

1 Vgl. *Staudinger/Stoffels*, Leasing Rz. 268 a.E.
2 AGB-Klauselwerke/*Graf von Westphalen*, Leasing Rz. 170.
3 *Beckmann*, Finanzierungsleasing, § 2 Rz. 37.
4 *Reinking/Eggert*, Autokauf, Rz. 859.
5 *Reinicke/Tiedtke*, Kaufvertrag, Rz. 1725.

235 Für die kategorische Unzulässigkeit[1] derartiger Rügeklauseln spricht deren bedenkliche Tragweite: Versäumt der Leasingnehmer die rechtzeitige Rüge, werden ihm sämtliche Gewährleistungsrechte vollumfänglich abgeschnitten. Allerdings kann auch der Leasinggeber ein evidentes Schutzbedürfnis geltend machen. Denn er lässt das Leasinggut absprachegemäß vom Hersteller an den Leasingnehmer ausliefern und ist also praktisch nicht in der Lage, seiner (etwaigen) Verpflichtung aus § 377 BGB persönlich nachzukommen. Schließlich könnte der Leasingnehmer verlangen, dass die Ware zunächst an den Leasinggeber ausgeliefert wird; in diesem Fall träfe den Leasinggeber die Rügeobliegenheit, ohne dass ein sachlicher Grund zur Abwälzung der Anzeigeverpflichtung auf den Leasingnehmer ersichtlich wäre. Außerdem ist zu berücksichtigen, dass der Leasingnehmer grundsätzlich zur Mangelanzeige verpflichtet ist (§ 536c BGB)[2]. Er hat oftmals eine größere Sachnähe zum Leasinggut, da er die Ware vorab beim Lieferanten nach seinen Vorstellungen aussucht und bestellt und also zumindest das Vorliegen eines subjektiven Mangels besser beurteilen kann als der unbeteiligte Leasinggeber.

236 Meines Erachtens ist daher eine **vermittelnde Ansicht** vorzugswürdig: Die Ausstrahlungswirkung des § 475 BGB reicht nicht so weit, dass Rügeobliegenheitsvereinbarungen zu Lasten des Verbrauchers im nicht unmittelbaren Anwendungsbereich nach §§ 474 ff. BGB kategorisch unzulässig sind. Vorformulierte Rügeobliegenheiten, die die Anzeigenpflichten des Leasinggebers nach § 377 HGB auf den nichtkaufmännischen Leasingnehmer abwälzen, führen zwar grundsätzlich zu einer unangemessenen Benachteiligung des Leasingnehmers. Unter Berücksichtigung der Wertung des § 309 Nr. 8b ee BGB sind (formularmäßige) Rügeobliegenheitsvereinbarungen bezüglich **offensichtlicher Mängel** jedoch wirksam, wenn auf diese im Leasingvertrag deutlich sichtbar hingewiesen wird[3]. Dem privaten Leasingnehmer ist in Anlehnung an das gesetzliche Widerrufsrecht eine Rügefrist von wenigstens zwei Wochen einzuräumen[4]. Die Klausel muss in Anlehnung an § 355 Abs. 1 BGB klarstellen, dass die Frist mit rechtzeitiger Absendung der Rüge gewahrt bleibt.

237 Auch nach einer Nacherfüllung durch Ersatzlieferung oder Nachbesserung ist eine Untersuchung der Sache und Rüge etwaiger Mängel zum Erhalt der Gewährleistungsrechte gegebenenfalls erforderlich[5].

---

1 So *Reinking/Eggert*, Autokauf, Rz. 918; wohl auch: *Martis/Meinhof*, Verbraucherschutzrecht – Verbraucherkreditrecht, Rz. 128 a.E.; unklar *Reinicke/Tiedtke*, Kaufrecht, Rz. 1799 und Rz. 1800.

2 Die Verpflichtung zur Anzeige sich zeigender Mängel beinhaltet jedoch keine entsprechende (präventive) Untersuchungsverpflichtung, vgl. *Reinicke/Tiedtke*, Kaufrecht, Rz. 1797.

3 *Schmidt*, in Ulmer/Brandner/Hensen, Anh. § 310 BGB Rz. 533; MünchKomm./*Habersack*, Leasing Rz. 45; wohl auch: *Martis/Meinhof*, Verbraucherschutzrecht – Verbraucherkreditrecht, Rz. 135.

4 *Palandt/Grüneberg*, § 309 BGB Rz. 71.

5 *Beckmann*, Finanzierungsleasing, § 4 Rz. 87.

Sofern der Leasingnehmer die angemessene Rügefrist im Hinblick auf offensichtliche Mängel versäumt, erlöschen seine (verschuldensunabhängigen) Gewährleistungsansprüche; die ursprünglichen Rechte des Leasingnehmers nach §§ 536 ff. BGB leben nicht wieder auf[1]. Der Leasingnehmer hat etwaige Mängel **gegenüber dem Lieferanten** zu rügen; er ist grundsätzlich nicht verpflichtet, die Mangelrüge auch an den Leasinggeber zu richten. Etwas anderes mag freilich im Zuge der Erhebung einer Rücktrittklage gelten, da dem Leasinggeber die praktische Möglichkeit zur Nebenintervention nach § 66 ZPO eingeräumt werden muss[2]. 238

Bei Verstoß gegen eine wirksam vereinbarte Rügeobliegenheit bleibt eine **verschuldensabhängige Haftung** des Lieferanten oder des Leasinggebers zu prüfen: Die Lieferung eines offensichtlich fehlerhaften Leasingguts kann eine wesentliche Vertragspflichtverletzung darstellen (vgl. § 433 Abs. 1 Satz 2 BGB). Unter Umständen trifft zumindest den Lieferanten ein Fahrlässigkeitsvorwurf, da er den offensichtlichen Mangel bei Versendung/Montage hätte bemerken können und müssen. Die Haftung wegen einfach fahrlässig begangener **Kardinalpflichtverletzungen** kann formularvertraglich nicht ausgeschlossen werden (s.o. Rz. 206). Diese Wertung darf durch den Abschluss einer Rügevereinbarung auch im mittelbaren Anwendungsbereich des § 475 BGB nicht umgangen werden. Zu beachten ist, dass das Verschulden des Lieferanten einer offenkundig fehlerhaften Ware vermutet wird und sich dieser exculpieren muss (§ 280 Abs. 1 Satz 2 BGB). Da der Schadensersatzanspruch auf Naturalrestitution gerichtet ist, schuldet der Lieferant bei schuldhafter Schlechtleistung in der Regel auch bei Versäumung der Rügefrist die kostenlose Beseitigung des Mangels (§ 249 BGB). 239

Bei Geltendmachung von Schadensersatzansprüchen ist ein Mitverschulden des Leasingnehmers wegen Verstoßes gegen seine Rügeobliegenheit zu prüfen (§ 254 BGB). 240

i) Rechtsfolgen

Aufgrund der Ausstrahlungswirkung des § 475 BGB hat der Leasinggeber dem Leasingnehmer im *nicht unmittelbaren* Anwendungsbereich des § 475 BGB den soeben skizzierten Standard an kaufrechtlichen Gewährleistungsrechten zu verschaffen. Selbstverständlich schuldet der Leasinggeber die materielle Verschaffung der benannten Rechte; unwirksam sind daher Klauseln, nach denen dem Leasingnehmer die Gewährleistungsrechte gegen den Lieferanten zwar vollumfänglich abgetreten werden, der Leasinggeber aber gegenüber dem Lieferanten zuvor auf die Gewährleistungsrechte verzichtet hat[3]. 241

1 A.A. *Martis/Meinhof*, Verbraucherschutzrecht – Verbraucherkreditrecht, Rz. 136.
2 AGB-Klauselwerke/*Graf von Westphalen*, Leasing Rz. 151.
3 *Martis/Meinhof*, Verbraucherschutzrecht – Verbraucherkreditrecht, Rz. 128.

242 Sofern dem Leasingnehmer der skizzierte Mindeststandard nicht vermittelt wird, ist die Abtretungskonstruktion unwirksam und der Leasinggeber haftet unmittelbar nach den §§ 536 ff. BGB[1]. Der **Leasinggeber** trägt im Ergebnis also das Risiko, dass der Leasingnehmer die Eigenschaft eines Verbrauchers hat; insbesondere haftet der Lieferant nicht bereits aufgrund der Tatsache, dass er vom Verbraucherstatus des Leasingnehmers Kenntnis hat[2]. Lediglich bei Vorliegen eines Umgehungsgeschäfts i.S.d. § 475 Abs. 1 Satz 1 BGB darf sich der Lieferant auf die Beschränkung seiner Gewährleistungshaftung nicht „berufen" (s.o. Rz. 63).

243 Der Leasinggeber ist gegenüber dem Leasingnehmer als **Verwender der Verkaufsbedingungen** des Lieferanten anzusehen[3]. Denn er macht sich im Rahmen des Ausschlusses seiner mietvertraglichen Haftung die verbraucherfeindlichen Klauseln des Lieferanten im Wege der Abtretungskonstruktion zu eigen. Der Leasinggeber trägt daher das Risiko, dass sein Lieferant die kaufrechtliche Gewährleistungshaftung zu stark einschränkt. Dies erscheint auch sachgerecht. Schließlich könnte der Leasinggeber Einkaufsbedingungen verwenden, die sich an den §§ 434 ff., 474 ff. BGB orientieren und somit die Gefahr des Scheiterns der Abtretungskonstruktion abwenden. Denn im Fall sich widersprechender Einkaufs- und Verkaufsbedingungen gilt die einschlägige gesetzliche Regelung, sofern die Parteien trotz Kollision der AGB einvernehmlich mit der Vertragsdurchführung beginnen[4]. Zudem ist eine Leasinggesellschaft regelmäßig Großkundin des Lieferanten und besitzt entsprechende Einflussmöglichkeiten. Für eine Risikozuweisung zu Lasten des Leasinggebers spricht auch § 310 BGB. § 310 Abs. 3 Nr. 1 BGB besagt, dass Allgemeine Geschäftsbedingungen als vom Unternehmer gestellt gelten, sofern sie nicht durch den Verbraucher in den Vertrag eingeführt wurden. Die Vorschrift zielt auf formularmäßige Bedingungen ab, die von dritter Seite in den Vertrag eingeführt werden[5]. Dies ist hinsichtlich der Lieferanten-AGB, die über die Abtretungskonstruktion Bestandteil des Leasingvertrags werden, der Fall; der Leasinggeber muss sich die Lieferanten-AGB zurechnen lassen.

244 Die Leasinggesellschaft kann und sollte daher mit dem Lieferanten Verkaufsbedingungen aushandeln, die zumindest dem oben skizzierten Mindeststandard des Verbraucherschutzes genügen. Sofern die Leasinggesell-

---

1 *Wolf/Eckert/Ball*, Handbuch des gewerblichen Miet-, Pacht- und Leasingrechts, Rz. 1891 ff.; ähnlich *Beckmann*, Finanzierungsleasing, § 2 Rz. 131 ff.: ergänzende Vertragsauslegung; MünchKomm./*Habersack*, Leasing Rz. 107: Haftung des Leasinggebers entsprechend den §§ 437 ff., 474 ff. BGB („fiktiver Liefervertrag").

2 So wohl auch BGH v. 21.12.2005 – VIII ZR 85/05, NJW 2006, 1066; a.A. *Graf von Westphalen*, ZIP 2006, 1653, 1655 unter Berufung auf *Wolf/Eckert/B*all, Handbuch des gewerblichen Miet-, Pacht- und Leasingrechts, Rz. 1817.

3 *Graf von Westphalen*, ZGS 2002, 64, 67; a.A. *Weber*, NJW 2003, 2348, 2349 für Altvertragsproblematik; *Beckmann*, Finanzierungsleasing, § 3 Rz. 8.

4 *Palandt/Heinrichs*, § 305 BGB Rz. 55.

5 *Palandt/Grüneberg*, § 310 BGB Rz. 12.

schaft auch mit Verbrauchern kontrahiert, sollte sie darauf achten, dass die Verkaufsbedingungen des Lieferanten zwischen Unternehmern und Verbrauchern differenzieren.

Der Lieferant kann gegenüber dem gewerblichen Leasinggeber im Fall der 245
nicht unmittelbaren Anwendung der §§ 474 ff. BGB seine kaufrechtliche Gewährleistungshaftung weitestgehend ausschließen. Sollten die dem Leasingnehmer abgetretenen Rechte hinter dem skizzierten Mindeststandard zurückbleiben, ist die Abtretungskonstruktion als Ganzes gemäß § 307 Abs. 2 Nr. 1 BGB unwirksam; eine **geltungserhaltende Reduktion** findet nicht statt. Der Leasinggeber haftet dem Leasingnehmer sodann grundsätzlich gemäß den §§ 536 ff. BGB[1]. Dies beinhaltet auch die Erstattung von Rechtsverfolgungskosten, wenn der Leasingnehmer zunächst gegen den Lieferanten klagt, weil sich ihm die Unwirksamkeit der Abtretungskonstruktion nicht erschließt[2]. Die Gegenansicht[3] verkennt, dass der Lieferant mit dem Leasinggeber und nicht mit dem Leasingnehmer in formaler Vertragsbeziehung steht; der Lieferant kann gegenüber dem Verbraucher grundsätzlich nicht als Verwender i.S.d. § 305 BGB betrachtet werden; vielmehr trägt der Leasinggeber das Risiko, dass er dem privaten Leasingnehmer als Kompensation für den Ausschluss seiner mietrechtlichen Haftung keine ausreichenden Gewährleistungsrechte vermittelt.

Lediglich bei unmittelbarer Geltung des § 475 BGB (Eintrittsmodell/Umge- 246
hungsgeschäft) darf sich der Lieferant ausnahmsweise nicht auf seine vom Gesetz abweichenden Lieferbedingungen „berufen“: Da die gesetzlichen Gewährleistungsrechte nach §§ 434 ff. BGB in diesem Fall vollumfänglich Anwendung finden, bleibt die Abtretungskonstruktion – unabhängig vom konkreten Inhalt der Lieferbedingungen – wirksam; der Leasingnehmer hat seine Rechte somit gegenüber dem Lieferanten geltend zu machen. Freilich ist insofern einzuräumen, dass für die Gegenansicht der Aspekt der **Rechtssicherheit** streitet: Denn der rechtliche Ansprechpartner des Leasingnehmers bleibt nach dieser Ansicht in jedem Fall der Lieferant, sofern diesem der Verbraucherstatus des Leasingnehmers bekannt war. Gegen diese praktikable Ansicht streitet jedoch § 475 Abs. 1 Satz 2 BGB: Ein Umgehungsgeschäft des Unternehmers liegt eben nicht bereits bei Kenntnis des Lieferanten vom Verbraucherstatus des Leasingnehmers vor. Hinzukommen muss zumindest, dass der Lieferant den Leasingvertragsabschluss unter Beschränkung seiner Gewährleistungshaftung selbst initiierte (s.o. Rz. 80).

Folglich ist es nach der hier vertretenden Ansicht hinsichtlich der Rechts- 247
stellung des privaten Leasingnehmers und der Passivlegitionation von Lieferant und Leasinggeber **entscheidend**, ob der Anwendungsbereich der

---

1 AGB-Klauselwerke/*Graf von Westphalen*, Leasing Rz. 41; a.A. *Beckmann*, Finanzierungsleasing, § 3 Rz. 8 a.E und § 3 Rz. 25 f.
2 AGB-Klauselwerke/*Graf von Westphalen*, Leasing Rz. 142; vgl. auch *Graf von Westphalen*, ZIP 2006, 1653, 1655: zusätzliche Haftung nach § 311 Abs. 2 BGB.
3 *Beckmann*, Finanzierungsleasing, § 3 Rz. 25 f.

§§ 474 ff. BGB unmittelbar eröffnet ist oder § 475 BGB lediglich mittelbar auf das Leasinggeschäft ausstrahlt. Diese Frage ist in jedem Fall vorab zu klären. Insbesondere die Beurteilung des Vorliegens eines Umgehungsgeschäfts i.S.d. § 475 Abs. 1 Satz 2 BGB dürfte in der Praxis somit maßgebliche Bedeutung erlangen.

248 Unwirksam sind „Schlussbestimmungen", wonach sich die Parteien für den Fall der Unwirksamkeit einer Klausel verpflichten, eine Einigung zu erzielen, die dem mit der Klausel bezweckten wirtschaftlichen Erfolg weitestgehend verwirklicht. Derartige Klausel sind zwar üblich; sie verstoßen aber als **salvatorische Klauseln** zumindest im Rahmen des Verbraucherleasings gegen die §§ 307 Abs. 2 Nr. 1, 306 Abs. 2 BGB[1]. Eine unwirksame Abtretungskonstruktion lässt sich über die salvatorische Klausel nicht retten.

249 Der bisweilen vertretene Auffassung, dass bei Unwirksamkeit nur einzelner AGB-Klauseln in den Lieferanten-AGB die Eigenhaftung des Leasinggebers nicht wieder auflebe, sondern vielmehr den Lieferanten die Rechtswirkungen des § 306 Abs. 2 BGB träfen[2], vermag nicht zu überzeugen: Es widerspräche dem Gebot der **Rechtssicherheit**, wenn der Leasingnehmer bei gravierender Einschränkung seiner Rechte den Leasinggeber und bei weniger gravierenden Einschränkungen, „abhängig vom Maß der Unwirksamkeit im Einzelfall", den Lieferanten zu verklagen hätte; der Leasingnehmer liefe Gefahr, die Kosten einer gegebenenfalls erforderlichen Klageumstellung zu tragen. Die prozessual bedeutsame Passivlegitimation sollte daher generalisierend bestimmt werden.

250 **Fazit:** Sofern § 475 BGB in den benannten Fallgruppen (s.o. Rz. 47 bis 101) ausnahmsweise *unmittelbare* Anwendung findet, ist eine mietrechtliche Haftung des Leasinggebers ausgeschlossen. Denn bei direkter Anwendung des § 475 BGB sind bereits die Lieferanten-AGB unwirksam; der Leasinggeber kann dem Leasingnehmer also die Rechte nach den §§ 434 ff., 474 ff. BGB vollumfänglich verschaffen; Ansprechpartner des Leasingnehmers ist der Lieferant. Dennoch kommt eine Haftung des Leasinggebers aus c.i.c. in Betracht, wenn der Leasingnehmer im Vertrauen auf die **scheinbare Wirksamkeit der Lieferanten-AGB** seine tatsächlich bestehenden Gewährleistungsrechte nicht (rechtzeitig) verfolgt; der Leasinggeber hat insofern intransparente AGB verwendet und den Leasingnehmer objektiv getäuscht.

7. Einbeziehung der Lieferanten-AGB

251 Die vorstehenden Ausführungen setzen die wirksame Einbeziehung der Lieferanten-AGB voraus. Denn im Fall der mangelhaften Einbeziehung werden AGB nicht Vertragsbestandteil (§ 305 Abs. 2 BGB); es gelten dann

---

1 Vgl. *Palandt/Heinrichs*, vor § 307 BGB Rz. 13.
2 *Graf von Westphalen*, ZGS 2002, 64, 67.

zu Gunsten des Leasingnehmers die gesetzlichen Vorschriften; die vorgenannten Probleme stellen sich also nicht.

Nach zutreffender Ansicht trifft den Leasinggeber die Obliegenheit gemäß § 305 Abs. 1 BGB, die AGB des Lieferanten in wirksamer Weise in den Leasingvertrag einzubeziehen[1]. 252

Gemäß § 310 Abs. 3 Nr. 1 BGB ist der **Leasinggeber als Verwender der Lieferanten-AGB** anzusehen (s.o. Rz. 243). Er trägt also nicht nur das Risiko der inhaltlichen Unwirksamkeit der Lieferanten-AGB, sondern auch das Risiko der wirksamen Einbeziehung der AGB. Beim Verbraucherleasing ist insofern § 305 Abs. 2 BGB zu beachten: Soweit der Leasinggeber auf die Lieferanten-AGB verweist, ist er verpflichtet, dem Leasingnehmer die Möglichkeit zu verschaffen, in zumutbarer Weise vom Inhalt der AGB Kenntnis zu nehmen. Grundsätzlich setzt die **Kenntnisnahmemöglichkeit** voraus, dass der Leasinggeber die einzubeziehenden AGB dem Leasinggeber in Kopie übermittelt; denn es wird sich typischerweise um einen Vertragsschluss unter Abwesenden handeln[2].

Dieses Erfordernis ist in der Praxis selten erfüllt[3]. Unter Berücksichtigung des § 305 Abs. 2 Nr. 2 BGB reicht es jedenfalls nicht aus, wenn der Leasinggeber innerhalb seiner Leasing-AGB unspezifisch auf die anwendbaren Lieferanten-AGB verweist. Vielmehr müssen bei Weiterverweisungen auf andere Klauselwerke die Obliegenheiten nach § 305 Abs. 2 Nr. 2 BGB auch hinsichtlich dieser erfüllt werden (zum Schriftformerfordernis nach § 492 BGB s.u. Rz. 307 ff.)[4]. 253

Typischerweise gibt zunächst der Leasingnehmer ein von Seiten des Leasinggebers vorformuliertes Angebot zum Abschluss des Leasingvertrags ab. Dieses Angebot kann der Leasinggeber nach einer angemessenen Überlegungsfrist i.S.d. § 308 Nr. 1 BGB annehmen oder ablehnen. Zu diesem Zeitpunkt sind dem Leasingnehmer die Lieferanten-AGB oftmals unbekannt. In diesem Fall reicht es nicht aus, wenn die AGB erst mit der Bestätigung des Leasingvertrags übersandt werden. Denn es liegt lediglich eine modifizierte Auftragsbestätigung i.S.d. § 150 Abs. 2 BGB vor. Für das nach § 305 Abs. 2 BGB erforderliche Einverständnis des Leasingnehmers mit der Geltung der Lieferanten-AGB genügt die **modifizierte Annahme** auch dann nicht, wenn der Leasingnehmer das Leasinggut vorbehaltlos entgegen und in Gebrauch nimmt. Denn das Schweigen des Leasingnehmers ist nicht zwangsläufig als Zustimmung zu der Geltung der erst im Rahmen der modifizierten Auftragsbestätigung einbezogenen AGB zu qualifizieren. Schweigen ist grundsätzlich keine Willenserklärung. Die modifizierte An- 254

---

1 *Beckmann*, Finanzierungsleasing, § 2 Rz. 107 und § 3 Rz. 14; *Graf von Westphalen*, ZGS 2002, 64, 66.
2 Vgl. *Palandt/Heinrichs*, § 305 BGB Rz. 35.
3 AGB-Klauselwerke/*Graf von Westphalen*, Leasing Rz. 38.
4 BGH v. 16.12.1982 – VII ZR 92/82, BGHZ 86, 135, 138.

nahme des Leasinggebers stellt ein neues Angebot dar. Dieses wird von Seiten des Leasingnehmers auch durch die Ingebrauchnahme des Leasingguts nicht durch schlüssiges Handeln angenommen. Denn das Schweigen bzw. das Handeln des privaten Leasingnehmers ist lediglich als Einverständnis hinsichtlich der Lieferung des Leasingguts und also als Abnahme zu bewerten, hat aber keinen hierüber hinausgehenden Erklärungswert[1].

255 Zur Folge hat dies, dass die AGB des Lieferanten nicht gelten. Die leasingtypische Abtretungskonstruktion scheitert mangels Einbeziehung der Lieferanten-AGB, so dass der Leasinggeber nach den §§ 536 ff. BGB eigenständig und für die Dauer des Leasingvertrags haftet[2].

256 Dem Leasinggeber ist daher zu **empfehlen**, die Lieferanten-AGB dem Antragsformular fest verbunden beizufügen oder diese Bedingungen in den eigenen Vertragstext wortwörtlich mit aufzunehmen. Hilfsweise ist zumindest die Aufnahme einer Klausel anzuraten, die ein beredtes Schweigen des Leasingnehmers für den Fall der Abnahme des Leasingguts nach Zugang einer modifizierten Annahmeerklärung gemäß § 150 Abs. 2 BGB konstituiert. Ob eine derartige Klausel im nicht kaufmännischen Verkehr rechtswirksam wäre, ist jedoch im Hinblick auf das Schriftformerfordernis gemäß §§ 500, 492 BGB zu bezweifeln (s.u. Rz. 311).

257 Hat der Leasingnehmer den Kaufvertrag selbst ausgehandelt oder – im Fall des Eintrittmodells – zunächst sogar selbst abgeschlossen, ist i.d.R. eine Einigung hinsichtlich der Geltung der AGB des Lieferanten bereits erfolgt. Freilich muss der Lieferant den künftigen Leasingnehmer auf seine Lieferbedingungen ausdrücklich hinweisen und ihm die Möglichkeit der Kenntnisnahme geben[3]. Es bedarf sodann keines weiteren Hinweises des Leasinggebers an den Leasingnehmer[4]. Dies gilt nur, sofern der Lieferant seine Verkaufsbedingungen nicht nachträglich gegenüber dem gewerblich handelnden Leasinggeber verschärft.

8. Gewährleistungsausschluss nach Mitteilung des Mangels

258 *Nach* Zugang der Mitteilung eines konkreten Mangels beim Lieferanten kann auf die diesbezüglichen Gewährleistungsrechte rechtswirksam verzichtet werden (§ 475 Abs. 1 Satz 1 BGB). Die Mitteilung muss die Tatsachen bezeichnen, die den angezeigten Mangel ausmachen und erkennen lassen, dass eine Vertragswidrigkeit gemäß § 433 Abs. 1 Satz 2 BGB geltend gemacht wird[5].

---

1 BGH v. 24.3.1988 – III ZR 21/87, NJW 1988, 2106, 2108; *Palandt/Heinrichs*, § 305 BGB Rz. 43; a.A. *Beckmann*, Finanzierungsleasing, § 1 Rz. 71.
2 AGB-Klauselwerke/*Graf von Westphalen*, Leasing Rz. 39; MünchKomm./*Habersack*, Leasing Rz. 84 a.E.; kritisch: *Beckmann*, Finanzierungsleasing, § 2 Rz. 107.
3 *Beckmann*, Finanzierungsleasing, § 3 Rz. 5 f.
4 *Beckmann*, Finanzierungsleasing, § 2 Rz. 106.
5 *Palandt/Weidenkaff*, § 475 BGB Rz. 3.

Fraglich ist, ob hinsichtlich der insofern zulässigen „Vereinbarung" zum Nachteil des Verbrauchers auf die Person des Leasingnehmers oder auf die Person des Leasinggebers abzustellen ist. Hierbei ist davon auszugehen, dass der Leasinggeber die ihm aus dem Kaufvertrag zustehenden Gewährleistungsrechte im Wege der leasingtypischen Abtretungskonstruktion zum Zeitpunkt der Vereinbarung bereits an den Leasingnehmer abgetreten hat. Denkbar ist der Fall, dass der Leasingnehmer einen Mangel zunächst dem Leasinggeber mitteilt und dieser sodann mit dem Lieferanten einen pragmatischen Kompromiss aushandelt, zum Beispiel das Recht auf Ersatzlieferung nachträglich zu einem Recht auf Nachbesserung beschränkt. 259

Für ein Abstellen auf die Person des Leasingnehmers als Partei des Vereinbarungsvertrages spricht dessen Schutzbedürftigkeit. Er hat den Leasingvertrag in Erwartung des Bestands der abgetretenen Gewährleistungsrechte abgeschlossen. Es erscheint unbillig, wenn es Lieferant und Leasinggeber durch einvernehmliches Handeln in der Hand hätten, seine Rechte nach Mitteilung eines Mangels einseitig zu verkürzen. Ein **Vertragsschluss zu Lasten Dritter** ist grundsätzlich unzulässig[1]. Dies spricht dafür, dass sich der Lieferant auf einen mit dem Leasinggeber nachträglich geschlossenen Vereinbarungsvertrag zu Lasten des Leasingnehmers nicht berufen kann (§ 475 Abs. 1 Satz 1 BGB). 260

Andererseits ist zu bedenken, dass der **Leasinggeber als Käufer wirtschaftlicher und formaler Eigentümer** der Leasingsache bleibt. Als solcher hat er das Recht, die ihm aus seiner formalen Stellung als Käufer erwachsenden Rechte nicht geltend zu machen; zwischen den Vertragsparteien gilt der Grundsatz der Privatautonomie. Trotz der Abtretung der Gewährleistungsrechte an den Leasingnehmer bleibt der Leasinggeber grundsätzlich befugt, über sein Leasinggut als Käufer frei zu verfügen. Hiervon zu trennen ist die Frage, ob er gegenüber dem Leasingnehmer vertragsbrüchig wird und sich gegebenenfalls regresspflichtig macht. Für ein **Abstellen auf die Person des Leasinggebers** spricht die bisherige Rechtsprechung des BGH: So soll der Leasinggeber dem Kaufpreisanspruch des Lieferanten die Einrede des § 320 BGB wegen Schlechterfüllung auch dann entgegenhalten dürfen, wenn er die Gewährleistungsrechte an den Leasingnehmer abgetreten hat[2]. Umtauschvereinbarungen zwischen Lieferanten und Leasingnehmer verpflichten dagegen nicht den Leasinggeber[3]. Umgekehrt ist der Leasingnehmer trotz Abtretung der Rechte nach §§ 434 ff. BGB nicht befugt, auf Gewährleistungsrechte ohne Zustimmung des Leasinggebers zu verzichten[4]. Da der Leasinggeber nach Abtretung der kaufrechtlichen Gewährleistungsansprüche seine Käuferstellung nicht verliert, verbleibt ihm nach dem 261

1 *Palandt/Grüneberg*, Einf v § 328 BGB Rz. 10.
2 BGH v. 10.10.1994 – VIII ZR 295/93, NJW 1995, 187, 188.
3 OLG Frankfurt v. 22.10.1985 – 5 U 56/84, NJW 1986, 2509.
4 BGH v. 24.6.1992 – VIII ZR 188/91, WM 1992, 1609, 1611.

Rücktritt des Leasingnehmers der Anspruch auf Rückzahlung des Kaufpreises[1].

262 Meines Erachtens kann der Leasinggeber nach Mitteilung eines konkreten Mangels und aufgrund einer entsprechenden Einigung mit dem Lieferanten die Gewährleistungsrechte des Leasingnehmers einseitig zu dessen Lasten modifizieren. Der Lieferant darf sich, sofern der Leasingnehmer sein abgetretenes Recht geltend macht, auf eine nachträgliche Vereinbarung i.S.d. § 475 Abs. 1 Satz 1 BGB **berufen**. Denn Käufer ist zum Zeitpunkt der nachträglichen Vereinbarung der Leasinggeber.

263 Entscheidend ist, dass der Leasingnehmer durch die nachträgliche Modifizierung der Gewährleistungsrechte nur scheinbar benachteiligt wird: Zwar bleibt die leasingtypische Abtretungskonstruktion wirksam; denn die Zulässigkeit der Abtretungsklausel gemäß §§ 307 bis 309 BGB ist im Zeitpunkt des Vertragsschlusses zu beurteilen[2]. Zum Zeitpunkt der Verwendung der Abtretungsklausel wurde aber noch keine Vereinbarung i.S.d. § 475 Abs. 1 BGB getroffen. Durch die nachträgliche Vereinbarung zum Nachteil des Verbrauchers verstößt der Leasinggeber jedoch gegen seine vertraglichen Verpflichtungen gegenüber dem Leasingnehmer. Da der Gewährleistungsausschluss hinsichtlich des Leasingguts gemäß den §§ 536 ff. BGB Zug um Zug gegen Abtretung der gegenüber dem Lieferanten bestehenden Gewährleistungsrechte nach §§ 434 ff. BGB erfolgen soll, verhält sich der Leasinggeber **treuwidrig**, wenn er die Rechte des Leasingnehmers durch sein Verhalten nachträglich beschneidet. Eine nachträgliche Änderung der tatsächlichen Umstände lässt im Rahmen des Formularvertragsrechts die Anwendung des § 242 BGB – **Einwand des Rechtsmissbrauchs** – zu[3]. Der Leasinggeber kann sich daher auf den formularvertraglichen Ausschluss seiner mietvertraglichen Haftung gegenüber dem Leasingnehmer dann nicht mehr berufen, wenn er die Rechte seines Vertragspartners durch eine nachträgliche Vereinbarung mit dem Lieferanten verkürzt hat. Sofern und soweit sich der Lieferant bei Inanspruchnahme auf eine nachträgliche Begrenzung seiner Gewährleistungshaftung beruft, lebt die mietvertragliche Haftung also wieder auf; richtiger Ansprechpartner des Leasingnehmers ist dann der Leasinggeber.

264 Der Leasingnehmer ist insofern bestmöglich geschützt. Denn die mietrechtliche Haftung des Leasinggebers gemäß §§ 536 ff. BGB reicht weiter als die im Wege der Abtretung Anwendung findenden Rechte nach §§ 434 ff., 474 ff. BGB. Insbesondere gilt die mietrechtliche Gewährleistungshaftung zeitlich unbegrenzt; im Fall eines Mangels mindern sich die

---

1 BGH v. 23.2.1977 – VIII ZR 124/75, BGHZ 68, 118, 125 f.; vgl. *Reinicke/Tiedtke*, Kaufvertrag, Rz. 1702, 1705.
2 *Medicus*, NJW 1995, 2577, 2580.
3 *Palandt/Heinrichs*, § 307 BGB Rz. 3.

geschuldeten Raten automatisch und unmittelbar. Der Vermieter schuldet die Mangelfreiheit der Sache nicht nur im Zeitpunkt des Gefahrenübergangs, sondern für den gesamten Zeitraum der Gebrauchsüberlassung.

Auf den **Grad der nachträglichen Modifikation** der kaufvertraglichen Gewährleistungsrechte kommt es nicht an. Anknüpfungspunkt des Treueverstoßes ist nicht das Kriterium der Unzumutbarkeit der nachträglichen Verkürzung der Rechte des Leasingnehmers, sondern die Tatsache, dass der Leasinggeber nach Vollzug der Abtretungskonstruktion einen Vertrag mit dem Lieferanten zu Lasten des Leasingnehmers abschließt. Abzustellen ist also auf das kollusive Handeln von Leasinggeber und Lieferant. 265

Zu beachten ist, dass der Rechtsmissbrauch gemäß § 242 BGB eine Einwendung darstellt und also im Verfahren **von Amts wegen** zu beachten ist[1]. Dennoch ist zu empfehlen, dass der Leasingnehmer in einem etwaigen Prozess gegenüber dem Leasinggeber ausdrücklich die Einrede geltend macht, dass die Berufung auf den formularmäßigen Ausschluss der mietrechtlichen Haftung wegen nachträglicher Beschneidung der kaufrechtlichen Gewährleistungshaftung treuwidrig sei. 266

III. Vorschriften über Verbraucherdarlehensverträge

Mit der Schuldrechtsreform wurden die Vorschriften des Verbraucherkreditgesetzes in das BGB inkorporiert (§§ 491 ff. BGB). § 499 BGB bestimmt insbesondere, dass für Finanzierungsleasingverträge und Verträge, die die Lieferung einer bestimmten Sache oder die Erbringung einer bestimmten anderen Leistung gegen Teilzahlung zum Gegenstand haben, die in den §§ 500 bis 505 BGB geregelten Besonderheiten gelten. § 500 BGB besagt, dass auf Finanzierungsverträge zwischen einem Unternehmer und einem Verbraucher die Vorschriften der §§ 358, 359, 492 Abs. 1 Satz 1 bis 4, § 492 Abs. 2 und 3 und § 495 Abs. 1 sowie der §§ 496 bis 498 BGB entsprechende Anwendung finden. Im Rahmen des Abschlusses von Verbraucherleasingverträgen sind also nicht sämtliche Vorschriften über das Verbraucherdarlehen einschlägig. 267

Diese Rechtslage ist mit der EG-Verbraucherkredit-Richtlinie[2], deren Umsetzung durch das VerbrKrG bzw. die §§ 491 ff. BGB verwirklicht wurde, vereinbar. Denn die Richtlinie geht davon aus, dass Finanzierungsleasingsverträge Mietverträge[3] sind, mit denen sie sich grundsätzlich nicht befasst. 268

1 *Palandt/Heinrichs*, § 242 BGB Rz. 15.
2 Vom 22.12.1986 des Rates der Europäischen Gemeinschaften zur Angleichung der Rechts- und Verwaltungsvorschriften der Mitgliedstaaten über den Verbraucherkredit, ABl.EG Nr. L 42/48 v. 12.2.1987.
3 *Zahn*, DB 1994, 617, 618 m.w.N.

Der deutsche Gesetzgeber hatte insofern bei der Ausgestaltung der gewöhnlichen Finanzierungsleasingverträge freie Hand[1].

269 § 506 BGB normiert die grundsätzliche Unabdingbarkeit der gesetzlichen Vorschriften, während § 507 BGB die Anwendbarkeit der Normen auf Existenzgründer eröffnet. Da Finanzierungsleasingverträge nicht zur Kategorie der Zahlungsaufschübe gehören, gilt die **Dreimonatsgrenze** nach § 499 Abs. 1 BGB nicht[2]. Zu beachten bleibt der nach § 499 Abs. 3 Satz 1 anwendbare Ausnahmetatbestand gemäß § 491 Abs. 2, 3 BGB. Demnach sind die besonderen Verbraucherschutzvorschriften insbesondere nicht anwendbar bei Verträgen mit einem Barzahlungspreis, der die **Bagatellgrenze** in Höhe von 200 Euro nicht übersteigt. Allerdings kommen Verbraucherleasingverträge mit einer bloß dreimonatigen Laufzeit oder einem Volumen von lediglich 200 Euro praktisch kaum vor.

1. Personeller Anwendungsbereich

270 Die besonderen Schutzvorschriften sind einschlägig, sofern der Leasingnehmer als Verbraucher i.S.d. § 13 BGB handelt (s.o. Rz. 10 ff.) und der Leasinggeber als Unternehmer i.S.d. § 14 BGB agiert[3]. § 500 BGB ist auf den **Schuldbeitritt** eines Vierten anwendbar, auch wenn der Leasingnehmer (als Hauptschuldner) Unternehmer ist. Umgekehrt entfällt der besondere Schutz zu Gunsten des Vierten, wenn lediglich der Leasingnehmer als Verbraucher handelt; es gilt insofern der **Grundsatz der Einzelbetrachtung ohne Gesamtwirkung**. Der Schuldmitübernehmer tritt zwar als Gesamtschuldner mit in das Schuldverhältnis ein, wird aber nicht Vertragspartner; es besteht daher keine Gesamtwirkung. Zu unterscheiden ist der Fall, dass mehrere Leasingnehmer als Gesamtschuldner mit gemeinsamen Nutzungsrecht Vertragspartner und also berechtigt und verpflichtet sind. Nach dem bloßen Beitritt können die Ansprüche gegen den Schuldner und den Beitretenden hingegen eine unterschiedliche Entwicklung nehmen[4].

271 § 507 BGB ergänzt, dass die §§ 491 bis 506 BGB auch für natürliche Personen gelten, die sich eine sonstige Finanzierungshilfe für die Aufnahme einer gewerblichen oder selbständigen Tätigkeit gewähren lassen, es sei denn, der Nettodarlehensbetrag oder Barzahlungspreis übersteigt 50 000 Euro. Finanzierungsleasinggeschäfte sind **sonstige Finanzierungshilfen** im Sinne der §§ 499 Abs. 1 2. Alt., 507 BGB. Das Gesetz ordnet dies

1 *Scholz*, MDR 1988, 730, 734; *Reinicke/Tiedtke*, Kaufrecht, Rz. 1818; OLG Frankfurt v. 18.11.1998 – 23 U 29/98, NJW-RR 1999, 494; a.A. *Graf von Westphalen*, NJW 1993, 3225, 3228 f.

2 *Bülow/Artz*, § 500 BGB Rz. 32.

3 Zur Beteiligung Dritter auf Verbraucherseite ausführlich: *Martis/Meinhof*, Verbraucherschutzrecht, S. 36, Rz. 93 ff. (Vertreter, Schuldbeitritt, Schuldübernahme, Bürgschaft, Vertragsübernahme).

4 *Beckmann*, Finanzierungsleasing, § 3 Rz. 254 m.w.N.

zwar nicht ausdrücklich an; es geht hiervon jedoch als selbstverständlich aus[1].

Ob **Existenzgründer** unter den allgemeinen Verbraucherbegriff nach § 13 BGB fallen, wurde bereits diskutiert (s.o. Rz. 22 ff.) und ist an dieser Stelle nicht zu problematisieren; denn § 507 BGB besagt zweifelsfrei, dass jedenfalls § 500 BGB nebst der im Folgenden zu behandelnden Verweisungsnormen auf Existenzgründungsgeschäfte anwendbar sind. 272

§ 507 BGB stellt auf die **Aufnahme** der unternehmerischen Tätigkeit ab. Die Schutzbestimmungen des Gesetzes finden daher keine Anwendung, wenn der Leasingnehmer eine gewerbliche oder selbständige berufliche Tätigkeit im Zeitpunkt des Vertragsschlusses bereits ausübt[2] und den Leasingvertrag also als Unternehmer abschließt[3]. 273

a) Bereits ausgeübte Tätigkeit

Die Aufnahme umfasst einen im Einzelfall zu bestimmenden Zeitraum und ist grundsätzlich kein punktuelles Ereignis[4]. Eine bereits ausgeübte gewerbliche Tätigkeit ist zu bejahen, wenn sich die Tätigkeit bereits **nach außen hin entfaltet** hat. Für Dritte muss objektiv erkennbar ein Stadium erreicht sein, welches mit der bloßen Existenzgründungsphase nicht mehr übereinstimmt[5]. Bereits ausgeübt ist die gewerbliche Tätigkeit nach der allgemeinen Verkehrsanschauung bei Eröffnung eines Ladenlokals oder bei Abschluss des ersten Geschäfts bzw. das planmäßige Anbieten der zu erbringenden Leistungen am Markt[6]. Auch die vorherige Anmietung von Geschäftsräumen kann nach Ansicht des BGH ausreichend sein[7]. Spätestens sieben Wochen nach Gewerbeanmeldung soll die Existenzgründungsphase als beendet gelten[8]. Ob die unternehmerische Tätigkeit bereits durch Werbung/Versendung von Prospektmaterial einsetzt[9], erscheint zweifelhaft, sofern die Werbung zukunftsorientiert ist und eine gewerbliche Tätigkeit lediglich in Aussicht stellt (z.B. Einladung zur Unternehmenseröffnung). 274

Der zu bewertende Leasingvertrag muss nicht zwingend vor dem Beginn der geschäftlichen Tätigkeit abgeschlossen worden sein; er muss aber mit der Aufnahme der Geschäftstätigkeit im **Zusammenhang** stehen. Es darf 275

---

1 *Reinicke/Tiedtke*, Kaufrecht, Rz. 1817.
2 *Wolf/Eckert/Ball*, Handbuch des gewerblichen Miet-, Pacht- und Leasingrechts, Rz. 2040.
3 Vgl. BGH v. 14.12.1994 – VIII ZR 46/94, NJW 1995, 722, 723.
4 *Palandt/Weidenkaff*, § 507 BGB Rz. 5.
5 OLG Celle v. 4.1.1995 – 2 U 262/93, NJW-RR 1996, 119, 120.
6 MünchKomm./*Habersack*, § 507 BGB Rz. 4.
7 BGH v. 24.2.2005 – III ZB 36/04, NJW 2005, 1273, 1275, jedoch in Bezugnahme auf die §§ 13 f. BGB und unter Bejahung der Existenzgründereigenschaft i.S.d. § 507 BGB.
8 BGH v. 13.3.2002 – VIII ZR 292/00, NJW 2002, 2030, 2031.
9 So *Staudinger/Kessal-Wulf*, § 507 BGB Rz. 7.

also keine nachträgliche Änderung oder Erweiterung der (bereits bestehenden) Geschäftstätigkeit vorliegen. Unerheblich ist jedenfalls die Eintragung im Handelsregister oder eine sonstige Konzessionserteilung[1]. Ein Rechtsanwalt handelt beispielsweise als Existenzgründer, wenn er den für die Praxiseröffnung benötigten Multifunktionskopierer erst nach der Zulassung zu seiner beabsichtigten freiberuflichen Tätigkeit least. Die Montage seines Anwaltsschilds vor Abschluss des Leasingvertrags im öffentlichen Raum – und also äußerlich sichtbar – wäre unbeachtlich, sofern die Praxis zu diesem Zeitpunkt noch nicht eröffnet war und keinerlei Mandatsaufnahmen oder Beratungstätigkeiten erfolgten[2].

276 Ein mehr als **zwei Wochen** nach der äußerlich erkennbaren Geschäftsaufnahme abgeschlossener Leasingvertrag dürfte der Existenzgründungsphase regelmäßig nicht mehr zuzuordnen sein. Diese Vermutung gilt nicht, wenn zuvor Vorverhandlungen zwischen dem Existenzgründer und dem Lieferanten/Leasinggeber geführt wurden und sich lediglich der endgültige Vertragsabschluss über die Betriebsaufnahme hinaus verzögert. In diesem Fall kann zwischen der Existenzgründung und dem späteren Vertragsabschluss durchaus ein unmittelbarer Zusammenhang bestehen. Sieben Wochen nach Anmeldung des Gewerbes soll der Leasingnehmer jedenfalls nicht mehr als Existenzgründer handeln[3].

b) Mehrfache Existenzgründung

277 Fraglich ist, ob § 507 BGB auch dann einschlägig ist, wenn der Leasingnehmer eine bestimmte gewerbliche oder selbständige berufliche Tätigkeit bereits ausgeübt hat und sodann im Rahmen einer zweiten Existenzgründung einen Leasingvertrag abschließt. Nach Ansicht des BGH[4] soll eine erneute Anwendung der verbraucherrechtlichen Schutzvorschriften in Betracht kommen, wenn zwischen der ersten und der zweiten Betriebsaufnahme kein **sachlicher Zusammenhang** besteht. Die Erweiterung eines bereits bestehenden Gewerbes fällt dagegen nicht unter den Schutz des § 507 BGB[5].

278 Die leasingnehmerfreundliche Auffassung des BGH begegnet Bedenken[6]: Zum einen besteht ein erhebliches Abgrenzungsproblem und also eine gewisse Rechtsunsicherheit, wenn man auf das Kriterium des Zusammenhangs zwischen den verschiedenen Existenzgründungen abstellt: Handelt ein Steuerberater, der nach Erlangung der Anwaltszulassung seine Tätig-

1 *Palandt/Weidenkaff*, § 507 BGB Rz. 5.
2 Vgl. *Martis*, MDR 1998, 1189, 1191.
3 BGH v. 13.3.2002 – VIII ZR 292/00, WM 2002, 1066.
4 BGH v. 22.12.1999 – VIII ZR 124/99, NJW-RR 2000, 1221, 1222; BGH v. 13.3.2002 – VIII ZR 292/00, NJW 2002, 2030, 2031; zustimmend: *Martis/Meinhof*, Verbraucherschutzrecht, S. 33, Rz. 83; MünchKomm./*Habersack*, § 507 BGB Rz. 5.
5 BGH v. 3.11.1999 – VIII ZR 35/99, ZMR 2000, 203, 204.
6 Zweifelnd auch *Wolf/Eckert/Ball*, Handbuch des gewerblichen Miet-, Pacht- und Leasingrechts, Rz. 2041: nicht unbedenklich.

keit als freier Rechtsanwalt fortsetzt als Existenzgründer? Besteht ein sachlicher Zusammenhang, wenn ein selbständiger Bäcker ins Schlosserhandwerk wechselt? Der Leasinggeber wird oftmals nicht beurteilen können, ob die zweite Existenzgründung mit einer ersten bei wertender Betrachtung im Zusammenhang steht und also eine Belehrung über das – nach Ansicht des BGH in diesem Fall bestehende Widerrufsrechts – erforderlich ist. Zum anderen ist primär auf die **Schutzbedürftigkeit** des Leasingnehmers abzustellen: Derjenige Leasingnehmer, der bereits mit einer ersten Betriebsaufnahme scheiterte oder nach Jahren das Metier wechselt, verfügt über ausreichende betriebswirtschaftliche und juristische Kenntnisse. Es erscheint nicht geboten, ihn im Fall der erneuten Betriebsaufnahme einem Verbraucher ein zweites Mal gleichzustellen. Zum Dritten ergäbe sich unter Zugrundelegung der Ansicht des BGH die absurde Konsequenz, dass ein (gewerblicher) Leasingnehmer beliebig oft die verbraucherschutzrechtlichen Vorschrift in Anspruch nehmen dürfte, wenn er von einer Betriebsaufnahme zur nächsten – nicht im sachlichen Zusammenhang stehenden – Betriebseröffnung wechseln würde. Ob der Leasingnehmer bei der ersten Betriebsaufnahme eine Backmaschine und bei der zweiten eine Metallstanzmaschine least, kann aber nicht entscheidend sein. Auch wenn das Schlosserhandwerk mit dem Bäckerhandwerk nicht im inhaltlichen Zusammenhang stehen sollte: Die im jeweiligen Handwerk abzuschließenden Leasingverträge ähneln sich – unabhängig von der Art des jeweiligen Leasinggegenstands und des jeweiligen Betriebszwecks – so stark, dass eine erneute Schutzbedürftigkeit im Fall der zweiten Existenzgründung regelmäßig nicht vorliegen dürfte. Der Anwendungsbereich des § 507 BGB darf nicht von der Person des Existenzgründers auf die von ihn jeweils ausgeübte Tätigkeit verlagert werden. Im Übrigen lässt sich der Wortlaut der Norm (Aufnahme „einer" gewerblichen Tätigkeit) dahin interpretieren, dass die Person des Existenzgründers unabhängig von der Anzahl der Betriebe, die sie in ihrem Leben eröffnen wird, nur einmal in den Genuss der Privilegierung nach § 507 BGB kommen soll[1].

Die Anwendbarkeit des § 507 BGB soll nach herrschender Ansicht sogar dann zu bejahen sein, wenn der Leasingnehmer eine früher ausgeübte und inzwischen **aufgegebene Tätigkeit in derselben Branche** wieder aufnimmt, sofern die Tätigkeit zwischenzeitlich aus persönlichen Gründen aufgegeben wurde[2]. Diese Auffassung ist aus den o.g. Gründen fragwürdig. § 507 BGB n.F. stellt auf die „Aufnahme", nicht aber auch auf die Wiederaufnahme der Tätigkeit ab. Ob der Geschäftsbetrieb – aus welchen Gründen auch immer – zeitweilig ruhen gelassen wird, erscheint unerheblich. § 507 BGB 279

1 Im Ergebnis auch: *Erman/Saenger*, § 507 BGB Rz. 5; *Scholz*, DB 1993, 261, 263; *Bülow/Artz*, § 507 BGB Rz. 7; *Staudinger/Kessal-Wulf*, § 507 BGB Rz. 9; OLG Nürnberg v. 17.1.1995 – 11 U 2737/94, WM 1995, 481, 482.

2 OLG Köln v. 5.12.1994 – 12 U 68/94, NJW-RR 1995, 816; OLG Celle v. 4.1.1995 – 2 U 262/93, NJW-RR 1996, 119, 120; zustimmend: *Palandt/Weidenkaff*, § 507 BGB Rz. 5; weiter gehend: MünchKomm./*Habersack*, § 507 BGB Rz. 6.

ist – anders als § 3 Abs. 1 Nr. 2 VerbrKrG a.F. – nicht als negativ formulierter Ausschlusstatbestand konzipiert; § 13 BGB stellt anders als noch § 1 Abs. 1 VerbrKrG a.F. nicht auf die „bereits ausgeübte gewerbliche oder selbständige berufliche Tätigkeit" ab, sondern postuliert ein für Wertungsfragen offenes Zurechnungskriterium. Die Wiederaufnahme einer zwischenzeitlich aufgegebenen Tätigkeit in derselben Branche begründet bei wertungsmäßiger Betrachtung jedoch kein schutzwürdiges Existenzgründungsgeschäft[1].

280 § 507 BGB findet meines Erachtens jedenfalls dann keine erneute Anwendung, wenn sowohl der Geschäftsabschluss im Rahmen der ersten, als auch der Geschäftsabschluss im Rahmen der zweiten Existenzgründung einen Leasingvertrag betrifft. Der **leasingerfahrene Geschäftsgründer** ist bei seiner zweiten Betriebsaufnahme zumindest im Hinblick auf Leasingvertragsabschlüsse nicht mehr schutzwürdig. Etwas anderes mag nach den Umständen des Einzelfalles gelten, wenn die erste und die zweite Existenzgründung in keinerlei sachlichen Zusammenhang stehen *und* im Rahmen der zweiten Existenzgründung Vertragstypen zur Disposition stehen, die nicht bereits im Rahmen der ersten Existenzgründung Gegenstand von Verhandlungen waren (z.B. erstmaliger Leasingvertragsabschluss bei zweiter Existenzgründung nachdem im Rahmen der ersten Existenzgründung lediglich Darlehensverträge abgeschlossen wurden).

281 Dem Leasinggeber ist zu **empfehlen**, den (mehrfachen) Existenzgründer **im Zweifel** auf sein (etwaiges) Widerrufsrecht ordnungsgemäß hinzuweisen. Denn eine unterlassene Widerrufsbelehrung nach §§ 500, 495 Abs. 1, 355 Abs. 2 BGB kann für den Leasinggeber fatale Konsequenzen haben (vgl. §§ 355 Abs. 3 Satz 3, 357 Abs. 3 Satz 1 und Abs. 4 BGB). Allerdings riskiert der Leasinggeber bei vorsorglicher Belehrung die Fingierung eines tatsächlich nicht bestehenden Widerrufsrechts, da der Anschein eines vertraglich vereinbarten Rechts erweckt wird[2].

282 Wenn der Leasingnehmer dem Leasinggeber bei Abschluss des Existenzgründungsgeschäfts die Tatsache einer früheren und im Zusammenhang stehenden Existenzgründung **arglistig verschweigt** und hierdurch die formale Einräumung eines tatsächlich unbegründeten Widerrufsrechts provoziert, wird er sich auf dieses Recht nicht berufen können (§ 242 BGB).

283 Der Leasinggeber sollte sich von einem Existenzgründer jedoch nicht formularmäßig bestätigen lassen, dass dieser in der Vergangenheit bereits gewerbliche oder selbständige Tätigkeiten ausgeübt habe bzw. der abzuschließende Vertrag einer bereits ausgeübten Tätigkeit dienen solle oder

---

1 Kritisch auch *Martis/Meinhof*, Verbraucherschutzrecht, S. 34, Rz. 85: Differenzierung zwischen persönlichen und wirtschaftlichen Gründen ist unpraktikabel und nicht gerechtfertig; *Staudinger/Kessal-Wulf*, § 507 BGB Rz. 10: zu weit fassende Instanzrechtsprechung.

2 *Palandt/Grüneberg*, § 355 BGB Rz. 13 und Einf v § 355 BGB Rz. 5.

der Leasingnehmer im Hinblick auf Leasingvertragsabschlüsse geschäftserfahren sei (vgl. § 309 Nr. 12 BGB). Eine **individualvertragliche Festlegung der Zweckbestimmung** des Kredits erscheint jedoch geboten; formularmäßig lässt sie sich indessen nicht wirksam vereinbaren[1].

c) Wertgrenze

Es wird kontrovers diskutiert, wie beim Finanzierungsleasing die gesetzliche Wertgrenze in Höhe von 50 000 Euro konkret zu ermitteln ist. Zutreffend erscheint es, auf den **Anschaffungswert** der dem Verbraucher zum Gebrauch überlassenen Sache als denjenigen Preis abzustellen, den der Verbraucher bei eigenem Erwerb der Sache gegen Barzahlung (grundsätzlich einschließlich Umsatzsteuer) hätte entrichten müssen[2]. Wie der gesetzlichen Bezugnahme auf den Nettodarlehensbetrag und den Barzahlungspreis zu entnehmen ist, ist wirtschaftlich abzustellen auf den unmittelbaren Liquiditätsvorteil, der dem Verbraucher durch das Leasing direkt zufließt; die einkalkulierten Gewinnmargen des Leasinggebers bleiben bei der Berechnung also außer Betracht[3]. Dies bedeutet aber auch, dass der Verbraucher nicht von Mengenrabatten des Leasinggebers profitieren darf und also nicht auf den zwischen Lieferant und Leasinggeber ausgehandelten (Netto)Anschaffungspreis abzustellen ist[4]. Allerdings muss der Mehrwertsteueranteil bei einem umsatzsteuervorabzugsberechtigten Existenzgründer als bloßer Durchlaufposten heraus gerechnet werden[5]. 284

Schließt ein Existenzgründer **mehrere Leasingverträge** ab, kommt eine Zusammenrechnung der jeweiligen Netto-Anschaffungspreise zur Bestimmung der gesetzlichen Wertgrenze nicht in Betracht, sofern ein Zusammenhang zwischen den einzelnen Geschäften besteht. § 507 BGB stellt durch seinen Verweis auf den Verbraucherschutz nach §§ 491 bis 506 BGB auf das Widerrufsrecht gemäß § 355 BGB ab. Dieses bezieht sich auf den Widerruf der auf einen einzelnen Vertragsabschluss gerichteten Willenserklärung des Verbrauchers. Die Einbeziehung weiterer Verträge führte zu einer erheblichen Rechtsunsicherheit im Hinblick auf die zeitlich fließende Grenze der Existenzgründungsphase. Auch wäre im jeweiligen Vertrag ein möglicher Warneffekt durch Signalwirkung der Wertgrenze nicht mehr 285

---

1 *Wolf/Eckert/Ball*, Handbuch des gewerblichen Miet-, Pacht- und Leasingrechts, Rz. 2044.

2 MünchKomm./*Habersack*, § 507 BGB Rz. 9 mit Nachweisen zur abweichenden Ansicht; OLG Karlsruhe v. 15.7.1998 – 1 U 49/98, WM 1998, 2156, 2157; a.A. *Martis/Meinhof*, Verbraucherschutzrecht, S. 35, Rz. 88: Nettoanschaffungspreis, den der „Leasinggeber" bei seinem Lieferanten zu entrichten hat; unklar *Bülow/Artz*, § 507 Rz. 17: Nettoanschaffungspreis des Leasingnehmers oder Leasinggebers.

3 OLG Brandenburg v. 31.8.2005 – 3 U 17/05, NJW 2006, 159, 160.

4 MünchKomm./*Habersack*, § 507 BGB Rz. 9 a.E.

5 *Martis/Meinhof*, Verbraucherschutzrecht, S. 35, Rz. 88; a.A. *Staudinger/Kessal-Wulf*, § 507 BGB Rz. 3.

gewährleistet. Eine wirtschaftliche Betrachtungsweise hat daher zu unterbleiben[1].

286 Dem Leasinggeber ist bei Verleasung mehrere Güter an einen Existenzgründer zu **empfehlen**, nach Möglichkeit einen einzigen Leasingvertrag über die unterschiedlichen Leasinggegenstände abzuschließen (z.B. Abschluss eines Vertrags über die Verleasung zweier Lkw statt des Abschlusses zweier Verträge über die Verleasung jeweils eines Lkw). Die (eine) Willenserklärung des Existenzgründers betrifft in diesem Fall die Endsumme der jeweiligen Anschaffungspreise und wird die 50 000-Euro-Grenze oftmals übersteigen.

d) Darlegungs- und Beweislast

287 Der Existenzgründer muss meines Erachtens – und entgegen weit verbreiteter Auffassung – nicht beweisen, dass das Leasinggeschäft der Aufnahme des Geschäftsbetriebs zu dienen bestimmt ist. Es ist nämlich grundsätzlich von der Geltung der §§ 491 bis 506 BGB auszugehen, wenn eine natürliche Person einen Leasingvertrag mit einem Unternehmer abschließt[2]. Die bisherige Beweislage hat sich durch die Transformation des § 1 Abs. 1 Satz 2 VerbrKrG in § 507 BGB nicht verändert; der Gesetzgeber wollte durch die positive Neuformulierung des Existenzgründungstatbestandes die bestehende Beweislastverteilung nicht zu Lasten des Verbrauchers modifizieren[3]. Der **Leasinggeber** hat daher im Streitfall zu beweisen, dass tatsächlich ein unternehmensbezogenes Geschäft vorliegt und der Anschaffungspreis die gesetzliche Wertgrenze nach § 507 BGB übersteigt, da nur in diesem Fall die Gleichstellung des Existenzgründers mit einem Verbraucher ausnahmsweise nicht gelten soll. Den Leasinggeber trifft des Weiteren die Beweislast dafür, dass das Leasinggut der Fortsetzung oder Erweiterung einer bereits aufgenommenen beruflichen oder gewerblichen Tätigkeit zu dienen bestimmt ist[4]. Maßgeblich ist der Zeitpunkt des Abschlusses des Leasingvertrags.

288 Bei Abschluss mehrerer Leasingverträge in der Existenzgründungsphase ist nicht auf den Zeitpunkt des Abschlusses des letzten Leasingvertrags abzustellen, sondern jeder Vertragsabschluss gesondert zu betrachten. Dem Leasingnehmer ist daher zu **empfehlen**, zeitlich gestaffelte Vertragsabschlüsse nach Möglichkeit zu vermeiden, da die ersten Vertragsabschlüsse unter

---

1 OLG Brandenburg v. 31.8.2005 – 3 U 17/05, NJW 2006, 159 f.; *Martis/Meinhof*, Verbraucherschutzrecht, S. 35, Rz. 89 f.; a.A. MünchKomm./*Habersack*, § 507 BGB Rz. 8.

2 So zu Recht *Palandt/Weidenkaff*, § 507 BGB Rz. 3, der gleichwohl meint, dass der Existenzgründer beweisen müsse, dass der Kredit der Aufnahme dient.

3 A.A. MünchKomm./*Habersack*, § 507 BGB Rz. 11 m.w.N.; *Martis/Meinhof*, Verbraucherschutzrecht, S. 35, Rz. 91 m.w.N.; *Palandt/Weidenkaff*, § 507 BGB Rz. 3; *Bülow/Artz*, § 507 BGB Rz. 9, 19; *Wolf/Eckert/Ball*, Handbuch des gewerblichen Miet-, Pacht- und Leasingrechts, Rz. 2044.

4 *Palandt/Weidenkaff*, § 507 BGB Rz. 3.

Umständen zur Bejahung der Unternehmereigenschaft führen können: Wer ein EDV-System geleast hat und also im Verkehr nach außen als Existenzgründer aufgetreten ist, könnte beim anschließenden Leasing eines weiteren Computers bereits als Unternehmer handeln, selbst wenn der geplante Betrieb noch nicht eröffnet wurde. Sofern die gesetzliche Wertgrenze auch bei Summierung der jeweiligen Anschaffungspreise unterschritten bleibt, sollte die Verleasung der einzelnen Güter in einer Vertragsurkunde geregelt werden.

2. Sachlicher Anwendungsbereich

Die **sonstige Finanzierungshilfen** i.S.d. § 499 Abs. 1 BGB sind definiert als 289
die zeitweilige entgeltliche Überlassung von Kaufkraft an den Verbraucher in einer nicht als Darlehen oder Zahlungsaufschub zu qualifizierenden Form zur vorgezogenen Verwendung künftigen Einkommens für konsumtive oder investive Zwecke[1]. Leasingverträge die dem Vollamortisationserlass vom 19.4.1971 (Anh. Rz. 1)[2] oder dem Teilamortisationserlass vom 22.12.1975 (Anh. Rz. 2)[3] unterfallen, sind sonstige Finanzierungshilfen[4]. Bei Teilamortisationsverträgen reicht aus, dass ein so wesentlicher Teil der Aufwendungen und Kosten des Leasinggebers durch die Zahlung der Leasingraten ausgeglichen wird, dass eine Vollamortisation durch eine Verwertung nach Rückgabe des Leasingguts erreicht wird und also keine Amortisationslücke für den Leasinggeber zu erwarten ist[5]. Die Anwendbarkeit des § 499 Abs. 1 BGB dürfte auch für den **Sale-and-lease-back-Vertrag** gelten, der im Rahmen des Verbraucherleasings jedoch kaum eine praktische Bedeutung hat[6] (s. Kap. N Rz. 275 ff.). Das **Hersteller- und Händlerleasing** beinhaltet ebenfalls eine sonstige Finanzierungshilfe, sofern der Leasingnehmer gegenüber dem Leasinggeber das Restwertrisiko trägt und also kein reiner Mietvertrag vorliegt. Dies ist beim indirekten Herstellerleasing der Fall, sofern nach dem Inhalt des Vertrags die volle Amortisation durch den Leasingnehmer gesichert wird[7]. Das **Operating-Leasing** ist als (kurzfristiger) Mietvertrag keine Finanzierungshilfe i.S.d. § 499 Abs. 1 BGB, da erst die mit verschiedenen Leasingnehmern nacheinander abgeschlossenen Verträge insgesamt die Vollamortisation bewirken, wofür der Leasinggeber das Risiko trägt[8]; es

---

1 *Martis/Meinhof*, Verbraucherschutzrecht, S. 58, Rz. 56.
2 BMF-Schreiben v. 19.4.1971 – IV B/2 – S 2170 – 31/1 (BStBl. 1971 I 264).
3 BMF-Schreiben v. 22.12.1975 – IV B/2 – S 2170 – 161/75 (EStH 1994, Anhang 21 III).
4 BGH v. 24.4.1996 – VIII ZR 150/95, NJW 1996, 2033, 2034; BGH v. 12.6.1996 – VIII ZR 248/95, ZIP 1996, 1336, 1337; *Reinicke/Tiedtke*, Kaufrecht, Rz. 1671.
5 *Martis/Meinhof*, Verbraucherschutzrecht, S. 60, Rz. 63; *Wolf/Eckert/Ball*, Handbuch des gewerblichen Miet-, Pacht- und Leasingrechts, Rz. 2036 f.
6 *Martis/Meinhof*, Verbraucherschutzrecht, S. 62, Rz. 73.
7 *Martis/Meinhof*, Verbraucherschutzrecht, S. 61, Rz. 71.
8 Vgl. BGH v. 11.3.1998 – VIII ZR 205/97, NJW 1998, 1637, 1638; *Reinicke/Tiedtke*, Kaufrecht, Rz. 1669; a.A. wohl *Graf von Westphalen*, ZIP 1991, 639, 640.

gelten allein die §§ 535 ff. BGB[1]. Auch das **Null-Leasing** ist keine Finanzierungshilfe, da es hier an der Entgeltlichkeit des kreditorischen Effekts fehlt[2].

a) Finanzierungsleasingvertrag

290 § 499 Abs. 1 BGB ordnet die Anwendbarkeit der §§ 358, 359, 492 Abs. 1 bis 3 BGB und der §§ 494 bis 498 BGB an. Für Finanzierungsleasingverträge wird gemäß den §§ 499 Abs. 2, 500 BGB der Umfang der Verweisungsnormen geringfügig abgeändert; insbesondere finden die § 492 Abs. 1 Satz 5 Nr. 1 bis 7, 494, 495 Abs. 2 BGB nach dem Wortlaut des Gesetzes keine Anwendung. Auch die in § 500 BGB zwar ausdrücklich angeordnete Verweisung auf § 492 Abs. 2 BGB läuft im Ergebnis leer, weil § 500 BGB nicht auf § 492 Abs. 1 Satz 5 (Nr. 5) BGB verweist; der effektive Jahreszins muss im Finanzierungsleasingvertrag daher nicht angegeben werden[3].

291 Der – gesetzlich nicht definierte – Finanzierungsleasingvertrag ist insbesondere dadurch gekennzeichnet, dass der Leasingnehmer für die **Vollamortisation** der vom Leasinggeber für die Anschaffung der Leasingsache gemachten Kosten und Aufwendungen einzustehen hat[4]. Auch der im Rahmen des Kfz-Leasings übliche **Kilometer-Abrechnungsvertrag** ist ein Finanzierungsleasingvertrag i.S.d. § 500 BGB[5] (Kap. M Rz. 48 ff.). Das Finanzierungsleasing setzt eine längere Festmietzeit voraus. Die Vertragslaufzeit beträgt i.d.R. zwei bis sieben Jahre und steuerrechtlich 40 bis 90 % der betriebsgewöhnlichen Nutzungsdauer; nach Ablauf dieser Zeit hat der Leasingnehmer durch die Ratenzahlung den Kaufpreis zuzüglich aller Kosten, Zinsen, Kreditrisiken und Gewinn in vollem Umfang vergütet[6]. Dies kann auch der Fall sein, wenn der Leasinggeber ausnahmsweise das Verwertungsrisiko der Sache selbst übernimmt; denn er wird auch in diesem Fall de facto seine Aufwendungen nebst Gewinn erstattet bekommen, weil er das Risiko nur dann übernehmen wird, wenn dieses sehr gering ist (also weder Preisverfall zu erwarten ist, noch zu befürchten ist, dass der technische Fortschritt eine lohnende Verwertung der Leasingsache verhindern wird)[7]. Würde man in diesem Fall das Vorliegen von Finanzierungsleasingverträgen verneinen, bestünde die Gefahr, dass die Leasinggeber das Verwertungsrisiko formal übernehmen würden, um der Anwendbarkeit der §§ 499 ff. BGB zu entgehen[8].

---

1 *Martis/Meinhof*, Verbraucherschutzrecht, S. 61, Rz. 70.
2 *Martis/Meinhof*, Verbraucherschutzrecht, S. 62, Rz. 72.
3 *Reinking*, DAR 2002, 145; *Martis/Meinhof*, Verbraucherschutzrecht, S. 69, Rz. 106.
4 *Palandt/Weidenkaff*, Einf v § 535 BGB Rz. 39.
5 BGH v. 11.3.1998 – VIII ZR 205/97, NJW 1998, 1637, 1638; *Beckmann*, Finanzierungsleasing, § 3 Rz. 263; a.A. *Seifert*, FLF 1991, 54.
6 *Reinicke/Tiedtke*, Kaufrecht, Rz. 1668.
7 *Schloßer*, MDR 2003, 70, 71; *Reinicke/Tiedtke*, Kaufrecht, Rz. 1671.
8 BGH v. 24.4.1996 – VIII ZR 150/95, NJW 1996, 2033, 2035.

Mietkaufverträge sind hingegen dadurch charakterisiert, dass der Mieter das unwiderrufliche Recht erhält, unter voller Anrechnung der bislang gezahlten Mietraten das Wirtschaftsgut käuflich zu erwerben. Derartige Mischverträge aus Kauf- und Mietrecht sind zwar als sonstige Finanzierungshilfen i.S.d. § 499 Abs. 1 BGB[1], nicht aber als Finanzierungsleasingverträge i.S.d. §§ 499 Abs. 2, 500 BGB einzuordnen. Denn sie führen nicht dazu, dass der Leasinggeber rechtlicher und wirtschaftlicher Eigentümer des Leasingguts ist und verpflichten den Leasingnehmer nicht zur Vollamortisation[2]. Außerdem liegt die Sachgefahr, Mängelhaftung und Instandhaltungspflicht beim Vermieter[3]. Es gelten die §§ 501 ff. BGB[4]. 292

b) Umfang der anwendbaren Vorschriften

Es wird vertreten, dass § 500 BGB den Umfang der im Fall des (reinen) Finanzierungsleasings anzuwenden Vorschriften nicht abschließend bezeichne. Insbesondere sei § 502 BGB auch bei Leasingverträgen, die keinen künftigen Eigentumserwerb des Leasingnehmers vorsehen, entsprechend anwendbar; dies soll aus dem Schriftformerfordernis gemäß § 492 BGB und dem von § 502 BGB intendierten Verbraucherschutz folgen[5]. Fehle eine der gesetzlich vorgeschriebenen Angaben (z.B. Gesamtbetrag der Leasingraten, An- und Schlusszahlung, Betrag, Zahl und Fälligkeit der Leasingraten, Vereinbarungen über Sicherheiten), sei der Leasingvertrag gemäß § 502 Abs. 3 BGB unwirksam, jedoch heilbar[6]. 293

Diese verbraucherfreundliche Ansicht greift zu weit: § 500 BGB regelt dezidiert, welche Vorschriften auf Finanzierungsleasingverträge anwendbar sind, woraus sich zugleich die Unanwendbarkeit der nicht genannten Normen ergibt[7]. Auf § 502 BGB oder die folgenden Vorschriften wird – anders als in § 501 Satz 2 BGB – gerade nicht verwiesen. Zwar nimmt § 499 Abs. 2 BGB auf die §§ 500 bis 504 BGB Bezug. Da § 500 BGB jedoch eine speziellere und eingrenzende Verweisung enthält, ist § 502 BGB auf Finanzierungsleasingverträge ohne Erwerbsoption des Leasingnehmers nicht anwendbar. Nicht alle der in § 502 BGB geregelten Pflichtangaben sind auf das gewöhnliche Finanzierungsleasing sinngemäß übertragbar (z.B. § 502 Abs. 1 Nr. 6 Alt. 1 BGB). Eine umfassende Analogiebildung scheidet mangels planwidriger Regelungslücke aus[8]. Hiervon unberührt bleibt die Frage, 294

---

1 BGH v. 12.9.2001 – VIII ZR 109/00, NJW 2002, 133, 135.
2 AGB-Klauselwerke/*Graf von Westphalen*, Leasing Rz. 266.
3 *Palandt/Weidenkaff*, Einf v § 535 BGB Rz. 30.
4 MünchKomm./*Habersack*, § 500 BGB Rz. 3; *Weber*, NJW 2003, 2348, 2350.
5 *Martis/Meinhof*, Verbraucherschutzrecht, S. 64 f., Rz. 83 f. m.w.N.
6 *Martis/Meinhof*, Verbraucherschutzrecht, S. 65, Rz. 87.
7 *Bülow/Artz*, § 500 BGB Rz. 9, 27.
8 Vgl. aber MünchKomm./*Habersack*, § 500 BGB Rz. 4, 12 f., der die Angabe des effektiven Jahreszinses gemäß § 6 Abs. 1 PAngV auch bei Fehlen einer Kaufoption für erforderlich hält, sofern der Leasinggeber nicht ausschließlich Leasinggeschäfte tätigt.

welche **Nebenabreden** im Einzelfall der Schriftform nach §§ 500, 492 Abs. 1 Satz 1 BGB bedürfen (s.u. Rz. 307 ff., 315 ff.).

295 Auch § 504 BGB findet auf den (reinen) Finanzierungsleasingvertrag keine Anwendung; eine **vorzeitige Zahlung** entbindet den Leasinggeber also nicht von der Entrichtung des vertraglich vorausgesetzten Kreditierungszinses. Allerdings bleibt § 271 Abs. 2 BGB einschlägig[1]. Infolge des Amortisationszwecks sind Leasingverträge jedoch entgegen der gesetzlichen Vermutung regelmäßig nicht oder nur gegen Ausgleichszahlung vor Ablauf der vereinbarten Laufzeit kündbar[2]. Auch § 492 Abs. 1 Satz 5 BGB ist aufgrund der mangelnden Verweisung in § 500 BGB unanwendbar[3]. Gleiches gilt für § 503 BGB[4]. Nimmt beispielsweise die finanzierende Bank, der das Leasinggut sicherungsübereignet worden war, dieses an sich, ohne dass die Rücktrittsvoraussetzungen erfüllt sind, so bleiben Leasingnehmer, Leasinggeber und die Bank an den Vertrag gebunden; es besteht keine **Rücktrittsfiktion**[5]. Gleiches gilt, sofern der Leasinggeber die Sache zurückholt[6].

c) Leasingverträge mit Kaufoption

296 Fraglich ist, welche der Vorschriften über das Verbraucherdarlehen gelten sollen, wenn sich der Finanzierungsleasingvertrag zugleich als **verdecktes Abzahlungsgeschäft** darstellt. Ein solches Geschäft ist dadurch gekennzeichnet, dass das Eigentum am Leasinggut zwar nicht automatisch bei Vertragsende auf den Leasingnehmer übergeht und dieser also kein Anwartschaftsrecht erlangt; dem Leasingnehmer wird jedoch ein Kaufrecht eingeräumt, das der Leasinggeber im Fall der Ausübung akzeptieren muss[7]; ein bloßes Andienungsrecht des Leasinggebers reicht dagegen nicht aus[8]. Dem Erwerbsrecht des Leasingnehmers steht es gleich, wenn dieser am Ende der Vertragslaufzeit berechtigt ist, einen beliebigen Käufer der Leasingsache zu bestimmen, den der Leasingnehmer sodann akzeptieren muss; denn der Leasingnehmer kann sich bei einer derartigen Option auch selbst benennen[9]. Die Ausweisung eines konkreten Kaufpreises im Leasingvertrag ist im Hinblick auf § 315 BGB nicht zwingend erforderlich[10]. Maßgeblich ist vielmehr, dass der Leasingnehmer damit rechnen kann, dass ihm

1 *Bülow/Artz*, § 500 BGB Rz. 31.
2 *Reinking*, DAR 2002, 145, 146.
3 *Reinking/Eggert*, Autokauf, Rz. 929; a.A. wohl OLG Düsseldorf v. 18.4.2000 – 24 U 184/99, OLGR 2001, 195, 197 zur alten Rechtslage.
4 Vgl. BGH v. 12.9.2001 – VIII ZR 109/00, NJW 2002, 133, 135 für Mietkauf.
5 *Bülow/Artz*, § 500 BGB Rn. 30.
6 *Reinicke/Tiedtke*, Kaufrecht, Rz. 1836.
7 BGH v. 26.5.1999 – VIII ZR 141/98, BGHZ 142, 23, 28.
8 *Reinicke/Tiedtke*, Kaufrecht, Rz. 1824; a.A. *Medicus*, in Prütting/Wegen/Weinreich § 500 BGB Rz. 4.
9 *Reinicke/Tiedtke*, Kaufrecht, Rz. 1826.
10 Vgl. BGH v. 9.3.1977 – VIII ZR 192/75, WM 1977, 473, 475.

die Sache bei störungsfreiem Verlauf verbleibt[1]. In diesem Fall kommt die Anwendung der §§ 491 ff., 501 ff. BGB in Betracht, da nicht einzusehen ist, weshalb das verdeckte Abzahlungsgeschäft anders als das offene beurteilt werden sollte[2]. Es dürfte insofern zu fordern sein, dass der Leasingvertrag nach dem Willen der Vertragsparteien von vornherein primär auf den späteren Eigentumsübergang abzielt und die leasingtypische Gebrauchsüberlassungsfunktion demgegenüber in den Hintergrund tritt (Anschaffungsfinanzierung)[3]. Die Einräumung einer Kaufoption nach Ablauf einer bestimmten, die Vollamortisation sicherstellenden, Vertragslaufzeit indiziert lediglich das Vorliegen eines verdeckten Abzahlungsgeschäfts. Andererseits kommt ein verdecktes Abzahlungsgeschäft in Betracht, wenn eine Kaufoption zwar nicht besteht, der Wert des Leasingguts während der Vertragslaufzeit jedoch vollständig aufgezehrt wird und dies für die Parteien bei Vertragsschluss erkennbar war[4].

Für die **Verneinung der Sperrwirkung** des § 500 BGB spricht insbesondere 297
Art. 2 Abs. 1b der EG-Verbraucherkreditrichtlinie[5]. Bereits vor der Schuldrechtsreform entschied der BGH richtlinienkonform, dass die §§ 4 Abs. 1 Satz 4 und 5; 6 VerbrKrG, die den heutigen §§ 492 Abs. 1 Satz 5 Nr. 1–7; 494; 502 Abs. 1, 3 BGB entsprachen, anwendbar seien, sofern der Leasingvertrag einen Eigentumserwerb des Leasingnehmers vorsah[6]. Zwar überrascht es, dass der Gesetzgeber im Rahmen der Schuldrechtsreform keine ausdrückliche Regelung über den Finanzierungsleasingvertrag mit Kaufoption getroffen und offenbar die gesetzlichen Unklarheiten in Kauf genommen hat. Es ist aber davon auszugehen, dass der seit Einführung des VerbrKrG bzw. AbzG bestehende Verbraucherschutz im Zuge der Reform nicht verringert werden sollte, zumal die Schuldrechtsreform insgesamt eine Stärkung des Verbraucherschutzes intendierte (vgl. etwa § 475 BGB).

§ 500 BGB findet daher auf Finanzierungsleasingverträge, die als verdecktes 298
Abzahlungsgeschäft zu bewerten sind, keine begrenzende Anwendung[7].

1 Vgl. BGH v. 24.4.1985 – VIII ZR 73/84, WM 1985, 634, 635.
2 Ausführlich: *Reinicke/Tiedtke*, Kaufrecht, Rz. 1819 ff. m.w.N.
3 Vgl. *Reinking/Eggert*, Autokauf, Rz. 843; *Reinking*, DAR 2002, 145, 146.
4 BGH v. 24.4.1985 – VIII ZR 31/84, WM 1985, 636, 637; *Reinicke/Tiedtke*, Kaufrecht, Rz. 1826.
5 87/102/EWG v. 22.12.1986 des Rates der Europäischen Gemeinschaften zur Angleichung der Rechts- und Verwaltungsvorschriften der Mitgliedstaaten über den Verbraucherkredit, ABl.EG Nr. L 42/48 v. 12.2.1987: Zwar sollen Mietverträge resp. Leasingverträge grundsätzlich nicht von der Richtlinie erfasst werden, „es sei denn, diese sehen vor, dass das Eigentum letzten Endes auf den Mieter übergeht".
6 Vgl. BGH v. 12.9.2001 – VIII ZR 109/00, NJW 2002, 133, 136 für automatischem Eigentumsübergang nach Ablauf der Vertragslaufzeit.
7 *Reinicke/Tiedtke*, Kaufrecht, Rz. 1827 f. unter Verweis auf BGH v. 17.4.1991 – VIII ZR 12/90, WM 1991, 1038, 1039; a.A. *Möller/Wendenhorst* in Bamberger/Roth, § 500 BGB Rz. 20: teleologische Reduktion des Anwendungsbereichs des § 500 BGB auf solche Leasingverträge, die einen Eigentumsübergang der Leasingsache auf den Leasingnehmer am Vertragsende vorsehen (!); dagegen zu Recht: *Reinking/*

Wegen der Nähe des Finanzierungsleasingvertrags zum Teilzahlungsgeschäft[1] dürfte die Anwendung der für dieses geltenden Vorschriften zur Erreichung der Richtlinienkonformität[2] geboten sein (§§ 501 ff. BGB). Es sind daher bei Vertragsschluss zumindest die Angaben nach § 502 Abs. 1 Satz 1 Nr. 2 (Teilzahlungspreis), Nr. 3 (Betrag, Zahl und Fälligkeit der einzelnen Teilzahlungen), Nr. 4 (effektiver Jahreszins)[3], Nr. 5 (Kosten einer Versicherung im Zusammenhang mit dem Abschluss des Finanzierungsleasingvertrags) BGB zu machen; die Angaben nach Nr. 1 (Barzahlungspreis) und Nr. 6 (Sicherheiten) sind indessen entbehrlich[4]. Welche einzelnen Vorschriften auf den Leasingvertrag mit Erwerbsrecht anwendbar sind, wird allerdings kontrovers beurteilt[5]. Dem Leasinggeber ist daher zu **empfehlen**, bei einem Leasingvertrag mit Kaufoption im Zweifel alle Angaben nach § 502 Abs. 1 Satz 1 BGB zu machen[6].

299 Der Angabe des Barzahlungspreises und des effektiven Jahreszinses bedarf es nicht, wenn der Leasinggeber die Sachen üblicherweise ausschließlich gegen Teilzahlung liefert (§ 502 Abs. 1 Satz 2 BGB)[7]. Dies wird bei Leasinggesellschaften, die typischerweise keine Bargeschäfte abschließen, oftmals der Fall sein. Der Freistellungstatbestand wird als richtlinienkonform bewertet[8].

300 Bei Fehlen der erforderlichen Angaben nach § 502 Abs. 1 Satz 1 Nr. 1 bis 5 BGB gilt der gesamte **Sanktions- und Heilungstatbestand** des § 502 Abs. 3 BGB[9]. Insbesondere wird der bei Fehlen einer der vorgeschriebenen Anga-

Eggert, Autokauf, Rz. 843, die i.E. einer analogen Anwendung der Vorschriften über Teilzahlungsgeschäfte den Vorzug geben, sofern der Leasingvertrag von vornherein auf den Sacherwerb abzielt; vgl. auch BGH v. 12.9.2001 – VIII ZR 109/00, NJW 2002, 133, 135.

1 Auch das Finanzierungsleasing ist auf Eigentumserwerb – und sei es durch Substanzverzehr – gegen Ratenzahlung gerichtet, vgl. *Bülow/Artz*, § 500 BGB Rz. 7.

2 Hierzu: *Bülow/Artz*, § 500 BGB Rn. 36 ff.

3 Vgl. Art 4 der Richtlinie 87/102/EWG.

4 *Martis/Meinhof*, Verbraucherschutzrecht, S. 69, Rz. 109; *Bülow/Artz*, § 500 BGB Rz. 37 und § 502 BGB Rz. 20; *Reinking/Eggert*, Autokauf, Rz. 843; vgl. aber BGH v. 24.4.1985 – VIII ZR 95/84, BGHZ 94, 195, 201 ff.; BGH v. 17.4.1991 – VIII ZR 12/90, WM 1991, 1038, 1039 zur alten Rechtslage.

5 Vgl. *Möller/Wendehorst* in Bamberger/Roth, § 500 BGB Rz. 21 (Angaben nach Nr. 2, 3, 6 erforderlich); MünchKomm./*Habersack*, § 500 BGB Rz. 4, 12 f. (Angaben nach Nr. 2, 3, 6 erforderlich nebst Angabe des effektiven Jahreszinses nach Nr. 4, wenn der Leasinggeber nicht nur Leasinggeschäfte tätigt); AnwKomm./*Reiff*, § 500 BGB Rz. 6 (alle Angaben nach Nr. 1–6).

6 Vgl. AnwKomm./*Reiff*, § 500 BGB Rn. 6; *Martis/Meinhof*, Verbraucherschutzrecht, S. 65, Rz. 86 (alle Angaben nach Nr. 1–6).

7 *Martis/Meinhof*, Verbraucherschutzrecht, S. 65, Rz. 86; zweifelnd: *Reinicke/Tiedtke*, Kaufrecht, Rz. 1828 unter Verweis auf BGH v. 17.4.1991 – VIII ZR 12/90, WM 1991, 1038.

8 *Bülow/Artz*, § 500 BGB Rz. 39.

9 *Bülow/Artz*, § 500 BGB Rz. 38; *Möller/Wendehorst* in Bamberger/Roth, § 500 BGB Rz. 21; wohl auch MünchKomm./*Habersack*, § 500, Rz. 2, 12 f.; teilweise a.A. *Staudinger/Kessal-Wulf*, § 500 BGB Rz. 12.

ben zunächst nichtige Leasingvertrag wirksam, wenn dem Leasingnehmer das Leasinggut übergeben wird (§ 502 Abs. 3 Satz 2 BGB); in diesem Fall besteht jedoch die Privilegierung nach § 502 Abs. 3 Satz 3 ff. BGB. Auf einen Formmangel kann sich der Leasinggeber unter Umständen nicht berufen, wenn er den Formfehler erst nach Ablauf einer erheblichen Nutzungsdauer rügt (§ 242 BGB)[1].

Nach herrschender Meinung sind auch die §§ 503 Abs. 2 Satz 4 und 5; 504 BGB (Rücktrittsfiktion nach Rücknahme des Leasingguts durch den Leasinggeber und vorzeitige Zahlung unter Verminderung der Zinsen) entgegen dem Wortlaut des § 500 BGB anwendbar, wenn der Finanzierungsleasingvertrag einen Eigentumserwerb des Leasingnehmers vorsieht und sich daher als Teilzahlungsgeschäft darstellt[2]. Die entsprechende Anwendung des § 503 Abs. 1 BGB ist angesichts § 356 Abs. 1 BGB auch bei richtlinienkonformer Auslegung nicht geboten, da die Ersetzung des Widerrufdurch ein Rückgaberecht im Gesetz ausdrücklich zugelassen sein muss[3]. 301

Auch wenn sich der Leasingvertrag als verdecktes Abzahlungsgeschäft erweist, bleibt § 492 Abs. 1 Satz 5 BGB unanwendbar (vgl. § 501 BGB i.V.m. § 492 Abs. 1 Satz 1 bis 4 BGB)[4]. 302

3. Der Vertragsabschluss

Wie jeder Vertragsschluss kommt der Leasingvertrag durch übereinstimmende Angebots- und Annahmeerklärung der Parteien zustande (§§ 145 ff. BGB). Sofern im vertraglichen Vorfeld die Solvenz des Leasingnehmers und die Fungibilität des Leasingguts bereits ausreichend geprüft wurden, kommt ein Vertragsabschluss unter Anwesenden in Betracht. Die Angebotserklärung kann in diesem Fall nur sofort angenommen werden, sofern es an einer Fristbestimmung des Antragenden fehlt (§§ 147 Abs. 1, 148 BGB). Bei einem Vertragsabschluss unter Abwesenden, muss das Angebot bei fehlender Fristbestimmung bis zu dem Zeitpunkt angenommen werden, zu dem der Eingang der Antwort unter regelmäßigen Umständen zu erwarten ist (§ 147 Abs. 2 BGB). 303

In der vom Leasinggeber vorformulierten Leasingvertragsurkunde findet sich typischerweise eine Regelung über **Bindungs- und Annahmefristen**. Sofern der Leasingnehmer das schriftliche Angebot zum Abschluss des Vertrags abgibt, will der Leasinggeber durch die formularmäßige „Verein- 304

---

1 BGH v. 26.5.1999 – VIII ZR 141/98, NJW 1999, 2664, 2666.

2 *Bülow/Artz*, § 500 BGB Rz. 27, 30 f., 38 und § 503 BGB Rz. 63, 83 sowie § 504 BGB Rz. 11; *Staudinger/Kessal-Wulf*, § 500 BGB Rz. 11; *Martis/Meinhof*, Verbraucherschutzrecht, S. 65, Rz. 88 und S. 70, Rz. 112; AnwKomm./*Reiff*, § 501 BGB Rz. 6; *Reinking/Eggert*, Autokauf, Rz. 843.

3 *Medicus*, in Prütting/Wegen/Weinreich, § 500 BGB Rz. 4.

4 *Reinking/Eggert*, Autokauf, Rz. 843 (Teilzahlungsgeschäft) in Widerspruch zu Rz. 893 a.E.; *Reinking*, DAR 2002, 145, 146; wohl a.A. *Beckmann*, Finanzierungsleasing, § 3 Rz. 262; *Bülow*, NJW 2005, 1145, 1150: keine Richtlinienkonformität.

barung" der Frist eine fortlaufende Bindung des Leasingnehmers an seine Angebotserklärung erreichen (§ 145 BGB). Gleichzeitig ist er bestrebt, sich selbst eine möglichst lange Überlegungsfrist einräumen, innerhalb derer er insbesondere die Solvenz des potentiellen Leasingnehmers und die Fungibilität des Leasingguts zu prüfen vermag. Die Zulässigkeit derartiger Klauseln, die streng genommen keine AGB darstellen, weil der Vertrag vor der Annahme noch nicht existiert, bemisst sich an § 308 Nr. 1 1. Alt. BGB; der Leasingnehmer wird davor geschützt, dass ihm der Leasingnehmer unangemessen lange Annahmefristen i.S.d. § 148 BGB oktroyiert. Da der Leasinggeber die Bonität des potentiellen Leasingnehmers und die Fungibilität des Leasingguts zu prüfen hat, erscheint eine formularmäßige Annahmefrist von **einem Monat** auch im Verbraucherleasing grundsätzlich unbedenklich, während eine Frist von zwei Monaten zu lang bemessen ist[1]. Allerdings kann ein Bindungszeitraum von einem Monat unangemessen lang sein, wenn es zuvor zu umfassenden Vorverhandlungen gekommen ist und alle vertragswesentlichen Umstände bereits fest stehen. Auch beim Leasing alltagstypischer Gebrauchsgegenstände von nicht erheblichem Wert, erscheint die für Verbraucherverträge typische Bindungszeit von zwei Wochen angezeigt. Angesichts der heutzutage vorhandenen Kommunikationsmöglichkeiten ist es auch im Rahmen des Verbraucherleasings möglich, erforderliche Auskünfte binnen kürzester Zeit einzuholen[2].

305 Dem Leasinggeber ist zu **empfehlen**, im Bestellschreiben gegenüber dem Lieferanten oder der Eintrittsvereinbarung festzulegen, dass der Liefervertrag nur bestehen soll, wenn auch der Leasingvertrag Bestand hat und nicht gemäß den §§ 500, 495 Abs. 1, 355 BGB widerrufen wird[3]. Grundsätzlich sollte die Ware beim Lieferanten erst nach Ablauf der zweiwöchigen Widerrufsfrist bestellt und ausgeliefert werden.

306 Es wurde bereits ausgeführt, dass die Lieferanten-AGB, die den Umfang der an den Leasingnehmer abzutretenden Gewährleistungsrechte bestimmen, in den Leasingvertrag wirksam einzubeziehen sind; andernfalls kommt bei Aufrechterhaltung des Leasingvertrags eine originäre Haftung des Leasinggebers gemäß §§ 535 ff. BGB in Betracht (s.o. Rz. 255). Diese Rechtsfolge wurde unter Zugrundelegung der allgemeinen Vorschriften entwickelt. Im Rahmen des Verbraucherleasings ist jedoch das besondere Schriftformerfordernis zu beachten:

a) Das Schriftformerfordernis

307 Nach § 500 BGB ist § 492 Abs. 1 Satz 1 bis 4 BGB auf den Finanzierungsleasingvertrag anwendbar. Der Vertrag bedarf bezüglich seines gesamten

1 *Beckmann*, Finanzierungsleasing, § 13 Rz. 9.
2 *Reinking/Eggert*, Autokauf, Rz. 898; vgl. auch *Palandt/Grüneberg*, § 308 BGB Rz. 4.
3 *Beckmann*, Finanzierungsleasing, § 1 Rz. 133.

Inhalts der Schriftform (§ 492 Abs. 1 Satz 1 BGB)[1]. Dies gilt sowohl hinsichtlich der Willenserklärungen des privaten Leasingnehmers als auch hinsichtlich der Erklärungen des gewerblichen Leasinggebers.

Dem Schriftformerfordernis unterliegt auch eine Vereinbarung, durch die ein Verbraucher die Stellung des ursprünglichen Leasingnehmers übernimmt[2]. Die **Vertragsübernahmevereinbarung** muss den gesamten Inhalt des zu übernehmenden Leasingvertrags wiedergeben[3]. Die Schriftform gilt ebenfalls für Mithaftungserklärungen eines Verbrauchers[4]. Da der **Schuldbeitritt** ein zweiseitiger Vertrag ist, sind schriftliche Erklärungen beider Vertragspartner zu fordern; es ist jedoch ausreichend, wenn der Leasinggeber ohne Wiedergabe des in der schriftlichen Angebotserklärung des Leasingnehmers enthaltenen Vertragsinhalts die bloße Annahme in Schriftform erklärt[5]. 308

Da § 500 BGB ausdrücklich nicht auf § 492 Abs. 4 BGB verweist, bedarf die von einem Verbraucher gegenüber dem Vertreter erteilte Vollmacht zum Abschluss eines Leasingvertrags nicht der Schriftform; die Vollmachtserteilung ist formlos möglich (§ 167 Abs. 2 BGB)[6].

§ 126 BGB besagt, dass die Leasingvertragsurkunde von dem Aussteller eigenhändig durch Namensunterschrift oder mittels notariell beglaubigten Handzeichens zu unterzeichnen ist. Die Art der Herstellung der Urkunde (handschriftlich, maschinenschriftlich, Vordruck) ist ohne Bedeutung. Die jeweilige Unterschrift muss jedoch eigenhändig auf die Urkunde gesetzt werden (Beweisfunktion) und den gesamten Vertragstext räumlich abschließen[7]. Ein ausschließlich per **Telefax** erfolgter Vertragsabschluss genügt daher nicht dem Schriftformerfordernis[8]. 309

Der Leasinggeber kann seine Vertragserklärung aber auch mit Hilfe einer automatischen Einrichtung erstellen und muss seine Erklärung also nicht zwingend eigenhändig unterzeichnen (§ 492 Abs. 1 Satz 4 BGB). Der beiderseitige Vertragsabschluss in elektronischer Form (§ 126a BGB) ist gemäß § 492 Abs. 1 Satz 2 BGB jedoch nicht zulässig. 310

Die Angebots- und Annahmeerklärungen (§§ 145 ff. BGB) müssen nicht zwangsläufig auf derselben Urkunde erfolgen. Es genügt nach § 492 Abs. 1 311

---

1 *Reinicke/Tiedtke*, Kaufrecht, Rz. 1829.
2 BGH v. 26.5.1999 – VIII ZR 141/98, BGHZ 142, 23, 31 f.
3 *Wolf/Eckert/Ball*, Handbuch des gewerblichen Miet-, Pacht- und Leasingrechts, Rz. 2080.
4 OLG Dresden v. 8.12.1999 – 8 U 2462/99, NJW-RR 2000, 1305, 1307; vgl. auch BGH v. 30.7.1997 – VIII ZR 244/96, NJW 1997, 3169.
5 *Wolf/Eckert/Ball*, Handbuch des gewerblichen Miet-, Pacht- und Leasingrechts, Rz. 2077.
6 *Palandt/Weidenkaff*, § 500 BGB Rz. 2.
7 *Reinking/Eggert*, Autokauf, Rz. 891.
8 BGH v. 28.1.1993 – IX ZR 259/91, BGHZ 121, 224, 229 f.; *Reinicke/Tiedtke*, Kaufrecht, Rz. 1829.

Satz 3 BGB, dass Leasingantrag und -annahme jeweils **getrennt** schriftlich erklärt werden. Selbstverständlich muss der wesentliche Inhalt der in diesen Urkunden dokumentierten Erklärungen übereinstimmen, da andernfalls Dissens vorliegt. Ob zuvor eine mündliche Einigung erzielt wurde, ist insofern unbeachtlich. Die unterzeichneten Urkunden müssen der jeweiligen Gegenseite im Original zugehen[1]; der Zugang einer Kopie der gegengezeichneten Vertragserklärung des Vertragspartners ist nicht ausreichend, wohl aber die Zusendung einer unterzeichneten Kopie[2]. Wegen des Schriftformerfordernisses ist eine konkludente Annahme einer inhaltlich vom Angebot abweichenden Annahmeerklärung des Leasinggebers (§ 150 Abs. 2 BGB) nicht möglich[3]. Unwirksam ist auch die schriftliche Annahme des (schriftlichen) Angebots des Leasingnehmers nach Ablauf der formularmäßig vereinbarten **Annahmefrist**. Hierin liegt eine neue Angebotserklärung, die vom Leasingnehmer entsprechend der Schriftform nach § 492 BGB zeitnah hätte angenommen werden müssen[4]. Im Allgemeinen wird der Leasinggeber die Vertragserklärung des Verbrauchers in doppelter Ausfertigung vorbereiten und diesem zur Unterschrift zugleich mit seiner eigenen Vertragserklärung aushändigen oder zusenden und eine unterschriebene Ausfertigung einbehalten oder sich zurücksenden lassen[5]. Eine in Leasingbedingungen enthaltene Regelung, nach der der Leasingnehmer auf den Zugang eines vom Leasinggeber gegengezeichneten Exemplars des Leasingantrags verzichtet, verstößt gegen § 307 Abs. 1 Satz 1 BGB, so dass das Schriftformgebot verletzt wird[6]. Im Verbrauchergeschäft muss sich der Leasinggeber verpflichten, den Leasingnehmer unverzüglich über die Annahme zu unterrichten[7].

312 Nach §§ 500, 492 Abs. 3 BGB ist dem Leasingnehmer eine **Abschrift** der Vertragserklärungen zur Verfügung zu stellen. Hierauf hat der Leasingnehmer einen Rechtsanspruch, weshalb dem Leasingnehmer gegenüber den Ansprüchen des Leasinggebers bis zur Abschrifterteilung ein **Zurückbehaltungsrecht** nach § 273 BGB zusteht[8]. Die Übersendung oder persönliche Aushändigung der Vertragskopie ist jedoch keine Wirksamkeitsvoraussetzungen (vgl. § 494 Abs. 1 BGB)[9]. Unterbleibt die Aushändigung, beginnt die Widerrufsfrist nach §§ 500, 495 Abs. 1, 355 Abs. 3 BGB erst ab dem Zeitpunkt der Übergabe der Abschrift zu laufen (!); die entsprechende Beweislast trägt der Leasinggeber[10]. Diesem ist daher zu **empfehlen**, sich die

1 *Beckmann*, Finanzierungsleasing, § 3, Rz. 274.
2 OLG Düsseldorf v. 30.4.2002 – 24 U 154/01, ZMR 2003, 98, 99.
3 OLG Düsseldorf v. 18.4.2000 – 24 U 184/99, OLGR 2001, 195, 196.
4 OLG Rostock v. 5.7.2005 – 3 U 191/04, ZIP 2005, 1835.
5 *Bülow/Artz*, § 492 BGB Rz. 58.
6 OLG Düsseldorf v. 30.4.2002 – 24 U 154/01, NJW-RR 2003, 126, 127.
7 *Beckmann*, Finanzierungsleasing, § 13 Rz. 8b.
8 *Bülow/Artz*, § 492 BGB Rz. 63 und § 500 BGB Rz. 17.
9 *Wolf/Eckert/Ball*, Handbuch des gewerblichen Miet-, Pacht- und Leasingrechts, Rz. 2049.
10 *Palandt/Weidenkaff*, § 492 BGB Rz. 18.

Aushändigung vom Leasinggeber mit gesonderter Unterschrift quittieren zu lassen oder den Nachweis der Übergabe der Abschrift auf andere Weise zu sichern (z.B. Übersendung per Einschreiben/Rückschein).

Eine Klausel, wonach der Leasingnehmer formularmäßig erklärt, eine Vertragsdurchschrift erhalten zu haben, verstößt als **Tatsachenfiktion** gegen § 309 Nr. 12b BGB[1]. Eine in Leasingbedingungen enthaltene Regelung, nach der der Leasingnehmer auf den Zugang eines vom Leasinggeber gegengezeichneten Exemplars des Leasingantrags verzichtet, verstößt gegen § 307 Abs. 1 Satz 1 BGB, so dass das Schriftformgebot nach § 492 Abs. 1 Satz 1 BGB verletzt wird[2]. 313

Sind die die Erklärungen des Leasinggebers und des Leasingnehmers in einer Urkunde zusammengefasst, etwa weil der Leasinggeber dem Leasingnehmer die Annahme des Vertrags durch Übersendung einer von ihm unterzeichneten Kopie bestätigt, ist dies ausreichend. Sofern der Verwendungszweck in der Originalurkunde angegeben wurde, muss er auch in der Abschrift wiedergegeben sein[3]. Wenn mehrere private Leasingnehmer den Vertrag gesamtschuldnerisch abschließen (§ 427 BGB) haben sie jeweils Anspruch auf Aushändigung einer gesonderten Abschrift. 314

b) Notwendiger schriftlicher Inhalt

Aus dem Schriftformerfordernis folgt, dass die **essentialia negotii und die wesentlichen Nebenabreden** in das Vertragsdokument aufzunehmen sind[4]. Zweifellos gehören hierzu die Beschreibung des konkreten Leasinggegenstands und die Festlegung der Dauer der Gebrauchsüberlassung[5]. Da § 500 BGB weder auf § 492 Abs. 1 Satz 5 Nr. 1 bis 7 BGB noch auf § 502 Abs. 1 Satz 1 Nr. 1 bis 6 BGB verweist, ist fraglich, welche weiteren Angaben zwingend in Schriftform zu vereinbaren sind. 315

Sicherlich wird der Gesamtbetrag der Leasingraten, sowie der Betrag, die Zahl und die Fälligkeit der Leasingraten anzugeben sein. Die Vertragsdauer muss mit der zahlungspflichtigen Nutzungsdauer korrespondieren[6]. Etwaige An- und Schlusszahlungen sind gleichfalls schriftlich niederzulegen. Beim **Restwertvertrag** muss der Vertragstext eindeutig und unmissverständlich zum Ausdruck bringen, dass der Leasingnehmer neben den Leasingraten noch zusätzlich das Restwertrisiko trägt; daher muss sich ein entsprechender Hinweis auf der Vorderseite des schriftlichen Vertrags be- 316

1 *Palandt/Grüneberg*, § 309 BGB Rz. 101 m.w.N.
2 *Weber*, NJW 2003, 2348, 2350.
3 *Bülow/Artz*, § 492 BGB Rz. 65 und § 500 BGB Rz. 17.
4 *Scherer/Mayer*, BB 1998, 2169, 2173; *Beckmann*, Finanzierungsleasing, § 1 Rz. 100.
5 *Reinking/Eggert*, Autokauf, Rz. 892.
6 Vgl. OLG Hamm v. 1.3.2004 – 13 U 223/03, BeckRS 2005, 02016.

finden[1]. Entbehrlich erscheint – sofern bei einem Leasingvertrag mit Kaufoption nicht tatsächlich ein Teilzahlungsgeschäft vorliegt – die Angabe des Barzahlungspreises. Die Versicherungskosten dürften gleichfalls von eher untergeordneter Bedeutung sein, da diese in der Regel in den Leasingraten aufgehen und der Leasingnehmer kein besonderes Interesse an der Kenntnis der Zusammensetzung der berechneten Endkosten hat. Sofern dem Leasingnehmer keine Erwerbsoption eingeräumt wird[2], ist der effektive Jahreszins nicht anzugeben. Dies ergibt sich aus § 500 BGB, der trotz Verweisung auf § 492 Abs. 2 BGB nicht auf § 491 Abs. 1 Satz Nr. 5 BGB abstellt; wird freiwillig der Jahreszins angegeben, hat sich dessen Berechnung an § 492 Abs. 2 BGB zu orientieren[3]. Auch eine schriftliche Niederlegung etwaiger Vereinbarungen über Sicherheiten ist meines Erachtens nicht zwingend geboten[4]. Denn die §§ 491 ff. BGB dienen dem Schutz des Verbrauchers; die schriftliche Fixierung der Bestellung von Sicherheiten liegt jedoch – aus Beweisgründen – im primären Interesse des Leasinggebers.

317 Die leasingtypische **Abtretungskonstruktion** muss vertraglich geregelt sein; gehen Leasingnehmer und Leasinggeber lediglich von der Abtretung der Gewährleistungsansprüche aus, reicht dies noch nicht[5].

318 Dem Leasinggeber ist sicherheitshalber zu **empfehlen**, alle nach dem jeweiligen Vertragsabschluss in Betracht kommenden Angaben schriftlich niederzulegen und sich diesbezüglich an den Vorgaben des § 502 Abs. 1 Satz 1 Nr. 1 bis 6 BGB zu orientieren. Abzulehnen ist jedenfalls die Auffassung, dass der Finanzierungsleasingvertrag keine der in § 502 Abs. 1 BGB enthaltenen Angaben (sinngemäß) zu enthalten braucht[6].

319 Allgemeine Geschäftsbedingungen müssen in den schriftlichen Vertrag mit aufgenommen werden; ein bloßer Hinweis in der Urkunde gemäß § 305 Abs. 2 Nr. 1 BGB genügt nicht. Dies gilt im Fall des Verbraucherleasingvertrags insbesondere hinsichtlich der **Lieferanten-AGB**[7]. Denn für den Leasingvertrag ist die Abtretungskonstruktion essentiell; aus den Lieferanten-AGB ergibt sich aber der konkrete Inhalt der dem Leasingnehmer abzutretenden Gewährleistungsrechte. Der Leasingnehmer muss daher die Möglichkeit haben, diese AGB bei Vertragsabschluss zur Kenntnis zu nehmen und sich fortan jederzeit vergegenwärtigen zu können. In diesem

---

1 *Müller-Sarnowski*, DAR 2002, 485, 486; OLG Dresden v. 28.6.2000 – 8 U 339/00, ZMR 2000, 601, 602; offen gelassen von BGH v. 9.5.2001 – VIII ZR 208/00, WM 2001, 2008, 2009 für Restwertausgleich.
2 *Bülow*, NJW 2002, 1145, 1150.
3 *Medicus*, in Prütting/Wegen/Weinreich, § 500 BGB Rz. 3.
4 A.A. *Bülow/Artz*, § 500 BGB Rz. 16.
5 OLG Köln v. 25.5.2004 – 22 U 210/03, BeckRS 2004, 11696 = VRS 107 (2004), 242.
6 So wohl *Reinicke/Tiedtke*, Kaufrecht, Rz. 1829.
7 *Schölermann/Schmid-Burg*, DB 1991, 1968, 1969; *Bülow/Artz*, § 492 BGB Rz. 53; AGB-Klauselwerke/*Graf von Westphalen*, Leasing Rz. 268; a.A. *Godefroid*, BB 1994, Beilage 6, 17; offengelassen von *Wolf/Eckert/Ball*, Handbuch des gewerblichen Miet-, Pacht- und Leasingrechts, Rz. 2047.

Punkte darf keine Rechtsunsicherheit bestehen. Es reicht beispielsweise nicht aus, wenn in dem Leasingvertrag auf die unter einer bestimmten web-Adresse abrufbaren **Lieferanten-AGB** verwiesen wird. Denn es ist dem Leasinggeber unschwer möglich, diese AGB zu einem integralen Bestandteil seiner eigenen Vertragsbedingungen zu machen. Ausnahmsweise reicht ein bloßer Hinweis auf die Geltung der Lieferanten-AGB im Leasingvertrag im Fall des Eintrittmodells aus, sofern die Lieferanten-AGB in den ursprünglichen Kaufvertrag des Leasingnehmers bereits wirksam einbezogen wurden und der Käufer/Leasingnehmer eine Abschrift der Vertragsurkunde vom Händler erhalten hat[1]. Unter diesen Umständen ist es nicht erforderlich, dass der schriftliche Kaufvertrag mitsamt den AGB dem schriftlichen Leasingvertrag nochmals beigefügt wird.

Da die AGB schriftlicher Bestandteil der Vertragsurkunde werden müssen, 320
ist es nicht ausreichend, diese dem Leasingnehmer bei Vertragsabschluss lediglich in Textform nach § 126b BGB gesondert zu überreichen. Die Vertragsurkunde muss vielmehr einheitlich gestaltet sein. Dies bedeutet, dass alle Seiten des schriftlichen Vertrags, einschließlich der AGB des Leasingnehmers und der hierin ggf. integrierten Lieferanten-AGB, **körperlich verbunden** sein müssen (z.B. durch feste Bindung, Anösung, fraglich bei bloßer Lochklammer)[2]. Die Zusammengehörigkeit kann auch auf andere Weise – wenngleich mit einer gewissen Rechtsunsicherheit – erkennbar gemacht werden (fortlaufende Paginierung/Nummerierung, einheitliches Druckbild/graphische Gestaltung, inhaltlicher Zusammenhang)[3]. Sind die Leasing-AGB auf der Rückseite des Leasingantrags abgedruckt, ist Schriftform gewahrt[4]. Auf deren Geltung ist vor der Unterschriftsrubrik jedoch deutlich hinzuweisen[5]. Der Leasingnehmer muss auf der Vorderseite des Vertrags auf eine Restwertgarantieverpflichtung aufmerksam gemacht werden; andernfalls ist eine in den Geschäftsbedingungen abgedrückte Erklärung, wonach der Leasingnehmer die Differenz zwischen Schätzwert und Rücknahmewert zu zahlen habe, intransparent[6]. **Preisanpassungsklauseln** sind im Rahmen des Verbraucherleasings regelmäßig überraschend i.S.d. § 305c Abs. 1 BGB. Da sich der Leasinggeber vor Vertragsabschluss über die Fungibilität des Leasingguts und die Bedingungen des Einkaufs bzw. der Refinanzierung ausreichend informieren kann, ist das Vertrauen des Verbrauchers auf den Bestand der ausgehandelten Leasingkonditionen schutzwürdig. Eine Preisanpassungsklausel verstößt zudem gegen § 307 BGB, wenn sie keine Pflicht zur Preisanpassung wegen veränderter Umstände auch zu Gunsten des Leasingnehmers ermöglicht und im Hinblick auf die

1 *Reinking/Eggert*, Autokauf, Rz. 892.
2 *Bülow/Artz*, § 492 BGB Rz. 54.
3 *Palandt/Heinrichs*, § 126 BGB Rz. 4 m.w.N.; *Beckmann*, Finanzierungsleasing, § 3 Rz. 273 m.w.N.
4 AGB-Klauselwerke/*Graf von Westphalen*, Leasing Rz. 267.
5 *Reinking/Eggert*, Autokauf, Rz. 891.
6 LG Oldenburg v. 31.7.1998 – 2 S 446/98, NJW-RR 1999, 1209, 1210.

Anpassungsgründe nicht hinreichend bestimmt ist; sie darf dem Leasinggeber keine Ausweitung des kalkulierten Gewinns ermöglichen[1].

321 Ob nach dem Schutzzweck des § 492 Abs. 1 Satz 1 BGB *alle* **Nebenabreden** der Schriftform unterliegen sollen, erscheint fraglich[2]. Es wird vertreten, dass vom Schriftformzwang solche Nebenabreden ausgenommen sind, die den Verbraucher ausschließlich **begünstigen**[3]. Andererseits profitiert der Leasingnehmer unter Umständen davon, dass eine zu seinen Lasten gehende Vertragsabrede aufgrund einer Nachlässigkeit des Leasinggebers nicht in den schriftlichen Vertrag aufgenommen wurde und somit schwer beweisbar ist; denn der schriftliche Vertrag begründet eine Vermutung für die Richtigkeit und Vollständigkeit der niedergelegten Regelungen[4]. Der Leasingnehmer kann in diesem Fall ein schutzwürdiges Interesse am Rechtsbestand des (unvollständig) dokumentierten Vertrags haben, insbesondere, wenn der Vertragsabschluss – ohne die Nebenabrede – für den Leasingnehmer einen günstigen Geschäftsabschluss bedeutet. Andererseits hat der Verbraucher grundsätzlich ein Interesse, dass gerade die ihn benachteiligenden Nebenabreden schriftlich und also zweifelsfrei und mit deutlicher Warnwirkung dokumentiert werden. Es erscheint daher eine **Interessensabwägung im Einzelfall** angezeigt. Praktisch wird sich das Problem der unvollständigen Dokumentation kaum stellen, da der Leasinggeber ein Interesse daran hat, alle getroffenen Abreden schriftlich festzuhalten.

322 **Unwesentliche Nebenabreden** können formlos getroffen werden. Andernfalls wäre die allgemeine Rechtssicherheit beeinträchtigt. Nicht jede nicht schriftlich dokumentierte Nebenabrede wiegt so schwer, dass sie die Unwirksamkeit des gesamten, ggf. in Vollzug gesetzten, Vertrags gefährden dürfte.

323 Eine mit dem Leasinggeber vereinbarte **Kaufoption** ist jedoch als wesentliche Nebenabrede zu bewerten. Denn wie aufgezeigt, beeinflusst die Vereinbarung eines Erwerbsrechts des Leasingnehmers die steuerrechtliche Bewertung des Leasingvertrags und dessen Klassifizierung bzw. den Anwendungsbereich der einschlägigen Normen. Die Kaufoptionsabrede unterliegt daher dem Schriftformerfordernis, obgleich sie den Verbraucher begünstigt[5]. Wegen der Vermutung der Richtigkeit und Vollständigkeit der Vertragsurkunde sind an die Schlüssigkeit der Behauptung, dass neben der im schriftlichen Vertrag dokumentierten noch andere Nebenabreden bestünden, strenge Anforderungen zu stellen. Hiervon ist freilich der Fall zu

---

1 *Beckmann*, Finanzierungsleasing, § 13 Rz. 19.
2 So: *Palandt/Heinrichs*, § 126 BGB Rz. 3; wohl auch *Engel*, MDR 2000, 797, 799; a.A. MünchKomm./*Ulmer*, § 492 BGB Rz. 26: nur die wesentlichen Nebenabreden.
3 *Reinking/Eggert*, Autokauf, Rz. 892 m.w.N.; MünchKomm./*Ulmer*, § 492 BGB Rz. 27.
4 BGH v. 5.2.1999 – V ZR 353/97, NJW 1999, 1702, 1703.
5 *Bülow/Artz*, § 492 BGB Rz. 50; a.A. wohl *Reinking/Eggert*, Autokauf, Rz. 892 in Widerspruch zu Rz. 893.

unterscheiden, dass der (nicht bevollmächtigte) Lieferant dem Leasingnehmer mündlich eine Kaufoption anbietet[1]. In diesem Fall wird der Leasinggeber nicht verpflichtet; dem Leasingnehmer kann jedoch ein Anspruch aus c.i.c. zustehen[2].

Gleiches gilt, sofern die Kaufoption vom Lieferanten eingeräumt wird und 324
dieser als **Erfüllungsgehilfe** des Leasinggebers handelt (§ 278 BGB) oder eine Zurechnung der Willenserklärung gemäß § 166 BGB erfolgt[3]. Die vom Lieferanten erklärten Nebenabreden werden regelmäßig bloß mündlich oder zumindest in nicht ausreichend verbundener Form erteilt und können daher bei entsprechender Beweisbarkeit zur Unwirksamkeit des gesamten Leasingvertrags führen[4].

c) Nichtigkeit und Teilunwirksamkeit

§ 500 BGB verweist nicht auf die §§ 494 Abs. 1, 502 Abs. 3 Satz 1 BGB. Hie- 325
raus folgt keineswegs, dass ein Verstoß gegen das Schriftformerfordernis rechtsfolgenlos bleibt. Die Nichtigkeit des Leasingvertrags ergibt sich vielmehr aus §§ 492 Abs. 1 Satz 1, 125 Satz 1 BGB, sofern nicht bloß unwesentliche Nebenabreden formlos getroffen wurden. Eine **Heilungsmöglichkeit** nach §§ 494 Abs. 2, 502 Abs. 3 Satz 2 BGB besteht nicht[5]. Der nichtige Leasingvertrag wird also nicht dadurch nachträglich wirksam, dass der Lieferant/Leasinggeber dem Leasingnehmer das Leasinggut übergibt und der Vertrag in Vollzug gesetzt wird. Zur Herstellung einer rechtswirksamen Vertragsbeziehung ist es vielmehr erforderlich, dass die Parteien einvernehmlich einen neuen schriftlichen Vertrag abschließen bzw. den unwirksamen Vertrag in der Form nach § 492 Abs. 1 Satz 1 bis 4 BGB bestätigen (§ 141 BGB)[6].

Falls beide Parteien aus der Durchführung des Leasingvertrags über längere 326
Zeit hinweg Vorteile gezogen haben, soll es dem Leasingnehmer nach Ansicht des BGH[7] verwehrt sein, sich gegenüber dem Leasinggeber auf das Fehlen der Schriftform zu berufen, was im Prozess von Amts wegen zu beachten sei (§ 242 BGB). Meines Erachtens darf die Rechtsfolge § 125 BGB nach **Treu und Glauben** jedoch nur dann nicht zur Anwendung kommen, sofern dem Leasingnehmer nachzuweisen ist, dass er arglistig die Geltendmachung der Formnichtigkeit verzögert habe, um sich Vorteile aus dem

---

1 Hierzu OLG Koblenz v. 29.7.2004 – 5 U 174/04, BB 2004, 2099.
2 OLG Dresden v. 8.3.2000 – 8 U 3010/99, VuR 2000, 250.
3 Vgl. OLG Köln v. 12.6.1995 – 12.6.1995, VersR 1996, 718.
4 Differenzierend: AGB-Klauselwerke/*Graf von Westphalen*, Leasing Rz. 269.
5 BGH v. 26.5.1999 – VIII ZR 141/98, BGHZ 142, 23, 24; *Reinicke/Tiedtke*, Kaufrecht, Rz. 1829; *Bülow/Artz*, § 500 BGB Rz. 29; *Wolf/Eckert/Ball*, Handbuch des gewerblichen Miet-, Pacht- und Leasingrechts, Rz. 2048.
6 *Reinking/Eggert*, Autokauf, Rz. 894; a.A. *Slama*, WM 1991, 569, 571.
7 BGH v. 26.5.1999 – VIII ZR 141/98, WM 1999, 1412, 1416 ohne abschließende Entscheidung.

(nichtigen) Geschäft zu verschaffen. Die Anwendung des § 242 BGB ist nicht bereits bei Ablauf eines gewissen Zeitmoments angezeigt; eine komplizierte Rückabwicklung im Fall der Unwirksamkeit des Vertrags kann gleichfalls kein Argument für die Nichtbeachtung der gesetzlich angeordneten Rechtsfolge sein, zumal der Gesetzgeber ausdrücklich von der Anwendung der Heilungsvorschriften abgesehen hat. Es ist äußerst fragwürdig, ob die späte Berufung des Verbrauchers auf die Nichtigkeit eines weitestgehend vollzogenen Leasingvertrags für die finanzstarken Leasinggesellschaften zu einem „schlechthin unerträglichen Ergebnis" führt[1].

327 Bei Nichtigkeit des Leasingvertrags – und Nichtzustandekommen eines bestätigenden formwirksamen Neuvertrags – sind die bereits erbrachten Leistungen ex tunc **rechtsgrundlos** erfolgt und also nach § 812 Abs. 1 Satz 1 BGB zurück zu gewähren[2]. Der Leasinggeber schuldet dem Leasingnehmer die Rückerstattung der bereits gezahlten Leasingraten inklusive Sonderzahlungen zuzüglich der erlangten Zinsen oder ersparten Schuldzinsen (§§ 818 Abs. 1, 100 BGB). Der Leasingnehmer schuldet die Herausgabe des erlangten Besitzes am Leasinggut. Bei Unmöglichkeit der Herausgabe der Sache sind die §§ 818 Abs. 3, 819 BGB zu beachten. Fraglich ist, ob der gutgläubige Leasingnehmer gemäß §§ 812 Abs. 1, 818 Abs. 1 BGB auch zum **Nutzungs- bzw. Wertersatz** verpflichtet ist, weil ihm das Leasinggut bis zum Zeitpunkt der Rückabwicklung zur Verfügung stand. Hiergegen spricht die Sperrwirkung nach §§ 993 Abs. 1, 990 Abs. 1, 987 Abs. 1 BGB[3]. Schließlich dient auch das missachtete Schriftformerfordernis nach § 492 BGB ausschließlich dem Schutz des Verbrauchers (Warn- und Informationsfunktion) und nicht der allgemeinen Beweissicherung zu Gunsten beider Vertragsparteien[4]. Eine Sanktionswirkung des § 125 BGB zu Lasten des den Leasingvertrag regelmäßig formulierenden Leasinggebers erscheint daher nicht unangemessen.

328 Der Leasinggeber wird sich seinerseits gegenüber dem Lieferanten nicht erfolgreich auf eine **Störung der Geschäftsgrundlage** nach § 313 BGB berufen können, da die Unwirksamkeit des für den Kaufvertragsabschluss relevanten Leasinggeschäfts in seinem eigenen Verantwortungsbereich fällt. Etwas anderes mag gelten, sofern der Abschluss des Kaufvertrags unter der Bedingung des rechtswirksamen Abschlusses des Leasinggeschäfts erfolgte und also der Lieferant das diesbezügliche Vertragsrisiko tragen sollte.

329 Gelingt der Nachweis, dass neben den im schriftlichen Leasingvertrag enthaltenden Abreden noch weitere – nicht gemäß § 492 Abs. 1 Satz 1 BGB dokumentierte – Nebenabreden bestehen, die im Zeitpunkt des Abschlusses des Leasingvertrags Vertragsbestandteil werden sollten (und also nicht nur

---

1 Vgl. auch die anerkannten Fallgruppen nach *Palandt/Heinrichs*, § 125 BGB Rz. 21 ff. m.w.N.
2 AGB-Klauselwerke/*Graf von Westphalen*, Leasing Rz. 269 a.E.
3 Vgl. *Palandt/Bassenge*, § 993 BGB Rz. 3.
4 *Bülow/Artz*, § 492 BGB Rz. 34.

zwischenzeitlicher Gegenstand von Vorverhandlungen waren), so stellt sich die Frage nach einer möglichen **Teilnichtigkeit** des Vertrags. In der Vergangenheit wurde vertreten, dass im Rahmen des § 6 Abs. 1 VerbrKrG a.F. § 139 BGB keine Anwendung finde. Eine schriftlich nicht dokumentierte (wesentliche) Nebenabrede führte demnach unweigerlich zur Nichtigkeit des gesamten Vertrags. Seit der Transformation des VerbrKrG in das BGB ist § 139 BGB im Fall der Nichtigkeit einer Abrede des Leasingvertrags gemäß §§ 500, 492 Abs. 1 Satz 1, 125 BGB jedoch einschlägig[1].

Sofern eine (wesentliche) Nebenabrede formnichtig ist, ist also das gesamte Rechtsgeschäft nur dann nichtig, wenn nicht anzunehmen ist, dass es auch ohne den nichtigen Teil vorgenommen worden wäre. Abzustellen ist auf den mutmaßlichen Willen der Parteien[2]. Sofern dem Verbraucher (mündliche) Zusagen über die Einräumung eines Erwerbs- oder vorzeitigen Kündigungsrechts gemacht wurden, wird die Nichtigkeit dieser Abrede regelmäßig auf den gesamten Vertrag durchschlagen. Denn derartige Zusicherungen sind oftmals der Beweggrund dafür, dass die Parteien – und insbesondere der Verbraucher – den Vertrag überhaupt abschließen; ein **Leasingvertrag mit Kaufoptionsrecht** ist qualitativ etwas anderes als ein Vertrag ohne Erwerbsoption. Sofern die **Lieferanten-AGB** nicht formwirksam in den Leasingvertrag einbezogen wurden, kann zumindest aus verbraucherschutzrechtlicher Perspektive eine Teilnichtigkeit in Betracht gezogen werden; der Leasinggeber würde dem Verbraucher also bei Aufrechterhaltung des Leasingvertrags gemäß den §§ 535 ff. BGB – und also umfassender als im Wege der Abtretungskonstruktion – haften[3]. Freilich erscheint auch die Annahme der Gesamtnichtigkeit vertretbar, da die Abtretungskonstruktion für den Leasingvertrag charakteristisch ist. 330

Es wird vertreten, dass dem Verbraucher im Fall der formnichtigen Nebenabrede ein **Wahlrecht** zustünde: Er könne sich frei entscheiden, ob er an dem Vertrag ohne die (nichtige) Nebenabrede festhalten wolle oder die Gesamtnichtigkeit des Rechtsgeschäfts wünscht, so beispielsweise bei formnichtiger Vereinbarung eines Kaufoptionsrechts des Leasingnehmers. Dies folge aus dem ausschließlich verbraucherschützenden Zweck der gesetzlichen Formvorschrift[4]. Diese verbraucherfreundliche Ansicht geht indessen zu weit: Sofern man dem Leasingnehmer ein freies und nicht einmal zeitlich begrenztes Wahlrecht zubilligt, bestünde bis zum Zeitpunkt der Ausübung keinerlei Gewähr für den Fortbestand des Vertrags und also 331

1 *Reinking/Eggert*, Autokauf, Rz. 894; AGB-Klauselwerke/*Graf von Westphalen*, Leasing Rz. 269; a.A. wohl *Beckmann*, Finanzierungsleasing, § 13 Rz. 4 und § 3 Rz. 272.

2 *Palandt/Heinrichs*, § 139 BGB Rz. 14 m.w.N.

3 Unklar AGB-Klauselwerke/*Graf von Westphalen*, Leasing Rz. 269, der einerseits die mietvertragliche Eigenhaftung bei nach § 492 BGB nicht wirksamer Einbeziehung der Lieferanten-AGB postuliert und andererseits bei Fehlen einer salvatorischen Klausel den gesamten Leasingvertrag als nichtig ansieht.

4 *Bülow/Artz*, § 494 BGB Rz. 14, 19, 29 f.

Rechtsunsicherheit; die Ausübung der Wahloption müsste gegebenenfalls eingeklagt werden. Außerdem kann die verbraucherschützende Ausrichtung des § 492 Abs. 1 Satz 1 BGB im Rahmen der Erforschung des vernünftigen Parteiwillens gemäß §§ 139, 157 BGB ausreichend berücksichtigt werden.

332 Nicht schriftlich getroffene Abreden mit dem Lieferanten, die nach dem Willen der Parteien Vertragsinhalt werden sollten, können ebenfalls zur Unwirksamkeit des gesamten Vertrags führen, wenn der Lieferant ausnahmsweise als Vertreter des Leasinggebers gehandelt hat[1].

333 Ist der **Schuldbeitritt** eines Vierten formnichtig, kann dies bei entsprechendem Willen der Vertragspartner zur Einheit über § 139 BGB und wegen Fehlens der Geschäftsgrundlage auch zur Rückabwicklung des Leasingvertrags führen[2].

4. Widerrufsrecht

334 Dem privaten Leasingnehmer steht gemäß §§ 500, 495 Abs. 1, 355 BGB ein Widerrufsrecht zu. Dem Leasinggeber ist es verwehrt, statt des Widerrufsrechts ein **Rückgaberecht** i.S.d. § 356 BGB zu vereinbaren; denn § 500 BGB enthält keinen Verweis auf § 503 Abs. 1 BGB[3]. Eine analoge Anwendung des § 503 Abs. 1 BGB ist ausgeschlossen, da der Gesetzgeber bei der Schuldrechtsreform bewusst auf die Einführung einer § 7 Abs. 1 Satz 2 VerbrKrG a.F. entsprechenden Regelung verzichtet hat. Die Vereinbarung eines Rückgaberechts kommt jedoch in Betracht, sofern der Finanzierungsleasingvertrag ausnahmsweise als verdecktes Abzahlungsgeschäft zu bewerten ist (s.o. Rz. 296 ff.).

335 § 355 Abs. 1 BGB bestimmt, dass der Verbraucher an seine auf den Abschluss des Vertrags gerichtete Willenserklärung nicht mehr gebunden ist, wenn er sie fristgerecht widerrufen hat. Der Widerruf muss keine Begründung enthalten und ist in Textform oder durch Rücksendung der Sache innerhalb von zwei Wochen gegenüber dem Unternehmer zu erklären; zur Fristwahrung genügt insofern die rechtzeitige Absendung.

a) Ausübung

336 Aus dem Wortlaut des § 355 Abs. 1 BGB folgt, dass das Widerrufsrecht des Leasingnehmers ausschließlich auf seine eigene, den Leasingvertrag betreffende Willenserklärung abzielt. Unerheblich ist, ob der Verbraucher seine Angebots- oder Annahmeerklärung widerrufen will.

---

1 *Reinking/Eggert*, Autokauf, Rz. 894.
2 *Beckmann*, Finanzierungsleasing, § 3 Rz. 276.
3 *Bülow/Artz*, § 500 BGB Rz. 18, 35.

Hieraus folgt, dass zwei Verbrauchern/Existenzgründern, die sich von Anfang an gesamtschuldnerisch als Leasingnehmer verpflichten (§ 427 BGB), jeweils ein Widerrufsrecht zusteht[1]. Obgleich das Widerrufsrecht (wie die Kündigung) nunmehr als Gestaltungsrecht[2] zu bewerten ist, kann jeder Schuldner sein Recht getrennt geltend machen (§ 425 BGB); eine **gemeinschaftliche Ausübung** des Widerrufs ist wegen des Schutzzwecks der §§ 495 Abs. 1, 355 BGB nicht zu fordern[3]. Andernfalls würde das Widerrufsrecht in den Fällen leerlaufen, in denen der jeweils andere Schuldner die Angabe seiner Widerrufserklärung verweigert oder die diesbezügliche Widerrufsfrist bereits abgelaufen ist. Sofern nur einer der **Gesamtschuldner** den Leasingvertrag rechtswirksam widerruft, wird regelmäßig der gesamte Vertrag gemäß § 139 BGB unwirksam[4]. Denn der Leasinggeber wollte den Leasingvertrag nur für den Fall schließen, dass ihm zwei solvente Schuldner zur Verfügung stehen; er hätte den Vertrag andernfalls nicht zu den vereinbarten Konditionen abgeschlossen. Aus diesem Grunde wird der verbleibende Schuldner in der Regel auch kein Fortbestehen des Vertrags zu modifizierten Konditionen verlangen können (§ 313 BGB). Eine salvatorische Klausel kann jedoch die gesetzliche Vermutung der Unwirksamkeit des gesamten Geschäfts entkräften[5]. 337

Bei Gesamtunwirksamkeit richtet sich die Rückabwicklung gegenüber allen Beteiligten nach den §§ 357, 346 ff. BGB[6]. Weist der andere Gesamtschuldner die Verbraucher-/Existenzgründereigenschaft selbst nicht auf, so entsteht ihm gegenüber ein gewöhnliches Kondiktionsverhältnis nach §§ 812 ff. BGB. 338

Etwas anderes gilt, sofern dem Verbraucherleasingvertrag ein weiterer Verbraucher/Existenzgründer auf Seiten des Leasingnehmers nachträglich beitritt. Auch hier steht dem Beitretenden, nach herrschender Ansicht nicht jedoch dem **Bürgen**[7], ein eigenes Widerrufsrecht zu[8]. Dies gilt auch, wenn der **Schuldbeitritt** auf Seiten eines gewerblichen Unternehmers erfolgt, der Beitretende aber Verbraucher/Existenzgründer ist. Die Anwendung der §§ 139, 313 BGB wird regelmäßig den Bestand des Vertrags im Fall des Widerrufs des Beitretenden unberührt lassen: Weil der Leasinggeber ursprünglich bereit war, den Leasingvertrag ohne Absicherung durch Dritte abzuschließen, ist es unbeachtlich, dass er nachträglich einen weiteren 339

1 Vgl. *Beckmann*, Finanzierungsleasing, § 3 Rz. 277.
2 *Palandt/Grüneberg*, § 355 BGB Rz. 3.
3 *Bülow/Artz*, § 495 BGB Rz. 81 und 162; vgl. aber *Palandt/Grüneberg*, § 425 BGB Rz. 16 für Kündigung.
4 *Beckmann*, Finanzierungsleasing, § 3 Rz. 291.
5 BGH v. 30.1.1997 – IX ZR 133/96, NJW-RR 1997, 684, 685.
6 *Bülow/Artz*, § 495 BGB Rz. 81, 162.
7 Vgl. BGH v. 21.4.1998 – IX ZR 258/97, BGHZ 138, 321, 323 ff. m.w.N.: keine analoge Anwendung der Verbraucherschutzvorschriften – zweifelhaft.
8 Vgl. BGH v. 27.6.2000 – XI ZR 322/98, NJW 2000, 3496, 3497.

Schuldner wieder verliert. Entsprechendes gilt für den Fall der (nachträglichen) **Vertragsübernahme** durch einen Verbraucher/Existenzgründer[1].

340 Im Gegensatz zur früheren Rechtslage ist der Vertragsabschluss bis zur Ausübung des Widerrufs nicht mehr schwebend unwirksam, sondern – durch die Ausübung des Widerrufs auflösend bedingt – wirksam. Der Widerruf wandelt den Leasingvertrag in ein Rückgewährschuldverhältnis um und wirkt wie ein Rücktritt lediglich ex nunc[2]. Folglich kommen bis zum Zeitpunkt der Ausübung des Widerrufsrechts **Erfüllungs- und Schadensersatzansprüche** des Leasingnehmers durchaus in Betracht[3]. Dies gilt insbesondere, wenn der Leasingnehmer bei Vertragsabschluss nicht oder nicht ordnungsgemäß über sein Widerrufsrecht belehrt wird.

341 Der Widerruf ist in **Textform** nach § 126b BGB (z.B. E-Mail) oder durch Rückgabe des Leasingguts zu erklären. Er muss dem Adressaten als empfangsbedürftige Willenserklärung zugehen, wofür der Leasingnehmer die Beweislast trägt (§ 130 BGB); Abweichendes gilt jedoch im Fall des Widerrufs durch Rücksendung der Sache (§ 357 Abs. 2 Satz 2 2. Alt. BGB)[4]. Dem Leasingnehmer ist daher zu **empfehlen**, sich (unter Anwesenden) den Zugang quittieren zu lassen bzw. (unter Abwesenden) den Widerruf per Einschreiben/Rückschein zu versenden. Bei einer Erklärung per Telefax ist Vorsicht geboten, da der positive Sendevermerk nach herrschender Auffassung keinen Anscheinsbeweis für den Zugang der Erklärung im Empfängerfaxgerät begründen soll. Gleiches gilt für (unbestätigte) E-Mail-Erklärungen[5]. Ausnahmsweise kommt es bezüglich der Einhaltung der Widerrufsfrist nicht auf den Zeitpunkt des Zugangs, sondern auf den der Absendung der Erklärung an (§ 355 Abs. 1 Satz 2 Halbs. 2 BGB). Beim Finanzierungsleasinggeschäft im Leasingdreieck sollte der Widerruf vorsorglich gegenüber dem Leasinggeber und dem Lieferanten erklärt werden[6].

342 Die Widerrufserklärung muss weder begründet noch als Widerruf bezeichnet werden. Eine fristgemäß erfolgte Widerrufserklärung wird auch bei zweifelhafter Bezeichnung nicht als Rücktritts-, sondern als Widerrufserklärung auszulegen sein; eine **falsche oder missverständliche Bezeichnung** ist grundsätzlich unbeachtlich (§§ 133, 157 BGB)[7]. Entscheidend ist, dass der Erklärende zu verstehen gibt, dass er sich vom Vertrag loslösen und diesen nicht mehr gelten lassen will[8]. Der Schutzzweck der §§ 491 ff.,

---

1 Vgl. BGH v. 17.4.1996 – VIII ZR 44/95, NJW 1996, 2094, 2095.
2 *Palandt/Grüneberg*, § 355 BGB Rn. 4; *Bülow/Artz*, § 495 BGB Rz. 45 ff.; a.A. *Wolf/Eckert/Ball*, Handbuch des gewerblichen Miet-, Pacht- und Leasingrechts, Rz. 2054.
3 A.A. BGH v. 12.6.1996 – VIII ZR 248/95, BGH ZIP 1996, 1336 zur alten Rechtslage (wohl obsolet).
4 *Palandt/Grüneberg*, § 355 BGB Rz. 10, 23.
5 *Palandt/Heinrichs*, § 130 BGB Rz. 21 m.w.N. – zweifelhaft.
6 *Müller-Sarnowski*, DAR 2002, 486.
7 OLG Düsseldorf v. 30.4.2002 – 24 U 154/01, ZMR 2003, 98, 99 für Leasingvertrag.
8 *Palandt/Grüneberg*, § 355 BGB Rz. 6 m.w.N.

355 ff. BGB gebietet eine laiengünstige Interpretation. Dies mag man im Einzelfall ausnahmsweise anders beurteilen. Sofern ein geschäftlich nicht unerfahrener Existenzgründer seine Erklärung ausdrücklich als **Rücktritt** bezeichnet, wird der Adressat aber zur sofortigen Nachfrage gehalten sein, ob die Erklärung tatsächlich als Rücktritt und nicht als Widerruf gelten soll (§ 242 BGB); dem Erklärenden muss Gelegenheit gegeben werden, seine Erklärung innerhalb der verstreichenden Frist klar zu stellen.

Auch ein gemäß §§ 500, 492 Abs. 1 Satz 1, 125 BGB **formnichtiger Leasingvertrag** ist widerrufbar[1]. Die Rückabwicklung richtet sich in diesem Fall nicht nach den §§ 812 ff. BGB, sondern nach den §§ 357, 346 ff. BGB. Die Kosten und Gefahr der Rückversendung trägt der Leasinggeber (§ 357 Abs. 2 Satz 2 BGB). Leistungsort für die Rückversendung ist der Wohnort des Verbrauchers, an dem sich die Sache vertragsgemäß befindet (§ 269 BGB)[2]. Der Gerichtsstand für eine Herausgabeklage liegt am Wohnsitz des Leasingnehmers[3]. Im Hinblick auf eine etwaige Nutzungserstattungsverpflichtung ist zu Gunsten des gutgläubigen Verbrauchers die Sperrwirkung nach § 993 BGB zu beachten (s.o. Rz. 327). Da sich die Rückabwicklung des formunwirksamen Vertrags nach dem Widerruf ausschließlich an § 357 BGB orientiert, kommen c.i.c.-Ansprüche des Leasinggebers nicht in Betracht (§ 357 Abs. 4 BGB)[4]. 343

b) Widerrufsfrist

Der Widerruf kann innerhalb der **zweiwöchigen** Widerrufsfrist ausgeübt werden. Diese Frist beginnt nach § 355 Abs. 2 Satz 1 BGB mit Erhalt einer ordnungsgemäßen Belehrung in **Textform**; die Einhaltung der Frist bestimmt sich im Übrigen nach den §§ 187 ff. BGB[5]. Sofern die ordnungsgemäße Belehrung in Textform erst nach Vertragsabschluss erfolgt, gilt gemäß § 355 Abs. 2 Satz 2 BGB ein **einmonatiges Widerrufsrecht** ab dem Zeitpunkt der nachträglichen Belehrung[6]. 344

Freilich erscheint es aufgrund des strengen **Schriftformerfordernisses** gemäß § 492 Abs. 1 Satz 1 BGB vertretbar, den (schriftlichen) Verbraucherleasingvertrag, der keine Widerrufsbelehrung enthält, bereits als formunwirksam zu bewerten[7]. Denn das Formerfordernis umfasst alle wesentlichen Nebenabreden des Verbraucherleasingvertrags. Die Monatsfrist nach § 355 Abs. 2 Satz 2 BGB hätte insofern keinen praktischen Anwendungsbereich. Für eine derartige Betrachtungsweise streitet die eminente Bedeutung des 345

1 Vgl. *Bülow/Artz*, § 495 BGB Rz. 88 f.
2 *Bülow/Artz*, § 495 BGB Rz. 174.
3 LG Lüneburg v. 27.5.2002 – 9 O 54/02, NJW-RR 2002, 1584.
4 *Möller/Wendehorst* in Bamberger/Roth, § 357 BGB Rz. 14; a.A. OLG Düsseldorf v. 30.4.2002 – 24 U 154/01, ZMR 2003, 98, 100 für Leasingvertrag.
5 Zu den Grenzfällen: *Palandt/Grüneberg*, § 355 BGB Rz. 14.
6 *Beckmann*, Finanzierungsleasing, § 3 Rz. 285.
7 Vgl. *Palandt/Grüneberg*, § 355 BGB Rz. 20.

Widerrufsrechts. Dagegen spricht jedoch, dass die Belehrung zwar wesentlich, aber keine Nebenabrede im eigentlichen Sinne ist. Denn das Widerrufsrecht beruht auf gesetzlicher und nicht auf vertraglicher Grundlage[1]. Meines Erachtens dürfte zumindest ein (schriftlicher) Verbraucherleasingvertrag, der überhaupt keinen Hinweis auf das gesetzliche Widerrufsrecht enthält oder mit einer separaten Widerrufsbelehrung in Textform nicht zusammenhängend verbunden ist, formunwirksam sein[2]. Schließlich ist das Widerrufsrecht vertraglich modifizierbar; es kann zu Gunsten des Verbrauchers verlängert[3] oder durch ein Rückgaberecht nach § 356 BGB grundsätzlich ersetzt werden. Es ist daher nicht entscheidend, dass das vertragswesentliche Widerrufsrecht auf gesetzlicher und nicht auf vertraglicher Grundlage beruht. Freilich wird man bei minimalen Belehrungsfehlern im schriftlichen Vertrag die Formunwirksamkeit nicht vorschnell bejahen dürfen. Im Hinblick auf das Schriftformerfordernis ist entscheidend, ob ein schriftlicher Hinweis auf das Bestehen des Widerrufrechts überhaupt erfolgt. Sollte die Belehrung lediglich mangelhaft sein, hat der Vertrag nach § 492 BGB Bestand, ist jedoch unbegrenzt widerrufbar (§ 355 Abs. 3 Satz 3 BGB). Erst wenn der Leasingnehmer nachträglich ordnungsgemäß belehrt wird, tritt ab dem Zeitpunkt des Erhalts der Belehrung in Textform die Monatsfrist nach § 355 Abs. 2 Satz 2 BGB in Kraft[4].

346 Eine Widerrufsbelehrung, die dem Leasingnehmer vor Abgabe seiner (schriftlichen) Willenserklärung in Textform erteilt wird, ist unwirksam[5]. Schließlich ist ungewiss, ob sich der Verbraucher zum Zeitpunkt des späteren Vertragsschlusses seiner Rechte noch zu vergegenwärtigen vermag. Auch das Umgehungsverbot nach §§ 312f, 506 BGB streitet dafür, dass der Unternehmer durch eine **vorab erteilte Widerrufsbelehrung** das Risiko des Vergessens nicht begründen darf.

347 Der Leasingvertrag betrifft die „Lieferung einer Ware" i.S.d. § 355 Abs. 3 Satz 2 BGB, wenn auch zu bloßen Gebrauchszwecken. Unwirksam sind Klauseln oder Individualabreden, die auf eine **Verkürzung** der gesetzlich vorgesehenen Fristbestimmungen abzielen (§§ 500, 495 Abs. 1, 355 Abs. 2 Satz 1 und Abs. 3 Satz 2, 506, 312f, 307 Abs. 2 Nr. 2 BGB)[6]. Eine Belehrung, nach der die Zweiwochenfrist bereits mit Übergabe der Widerrufsbelehrung einsetzen soll, könnte dem gesetzlichen Leitbild widersprechen. So-

1 *Bülow/Artz*, § 495 BGB Rz. 91: Geschäftsähnliche Handlung.

2 Weniger streng *Palandt/Grüneberg*, § 355 BGB Rz. 12: ausreichend, wenn Belehrung zusammen mit der nicht notwendigerweise verbundenen Vertragsurkunde oder einer Abschrift übergeben wird; a.A. wohl *Bülow/Artz*, § 495 BGB Rz. 91 allgemein zu § 495 und ohne Problematisierung, dass formunwirksame Leasingverträge nicht nach § 494 Abs. 2 BGB heilbar sind.

3 *Bülow/Artz*, § 495 BGB Rz. 89.

4 Vgl. *Bülow/Artz*, § 495 BGB Rz. 91.

5 BGH v. 4.7.2002 – I ZR 55/00, NJW 2002, 3396, 3398; *Bülow/Artz*, § 495 BGB Rz. 93 in Widerspruch zu Rz. 94a; *Palandt/Grüneberg*, § 355 BGB Rz. 19 in Widerspruch zu Rz. 12.

6 *Bülow/Artz*, § 495 BGB Rz. 89.

fern man § 355 Abs. 3 Satz 2 BGB eine allgemeine Wertung entnehmen wollte, wäre zu fordern, dass die Widerrufsfrist erst mit Übermittlung einer ordnungsgemäßen Widerrufsbelehrung in Textform *und* der Übergabe des Leasingguts beginnt[1]; der Leasinggeber müsste den Verbraucher insofern präzise belehren. Zwar hat der Leasinggeber ein schützenswertes Interesse, den Vertrag in Absprache mit dem Lieferanten erst zu einem Zeitpunkt zu vollziehen, in dem die nachträgliche Aufhebung des Vertrags ausgeschlossen ist; eine kostenintensive und unter Umständen sinnlose Vorfinanzierung und Überführung/Rücküberführung des Leasingguts soll vermieden werden. Andererseits kann der Leasingnehmer erst nach Erhalt des Leasingguts wirklich beurteilen, ob die Ware für seine Zwecke geeignet ist und er von seiner Widerrufsoption Gebrauch machen möchte. Allerdings spricht die spezielle Normierung in § 312d Abs. 2 BGB dafür, dass lediglich bei Abschluss eines Leasingvertrags im Wege des Fernabsatzgeschäfts die **Widerrufsfrist nicht vor Auslieferung der Ware** einsetzt.

Da der widerrufbare Vertrag schwebend wirksam ist, hat der Leasingnehmer vor Ausübung des Widerrufsrechts einen Erfüllungsanspruch. Eine Klausel, die dem Leasinggeber das Recht zubilligt, die **Leistung erst nach Ablauf der Widerrufsfrist** zu erbringen, soll weder gegen § 308 Nr. 1 BGB noch gegen § 307 Abs. 2 Nr. 1 BGB verstoßen[2]. Sofern man § 355 Abs. 3 Satz 2 BGB eine allgemeine Wertung entnehmen wollte (s.o. Rz. 347), erscheint diese Ansicht freilich angreifbar. Fehlerhaft ist jedenfalls eine Belehrung, wonach das Widerrufrecht spätestens zwei Wochen nach Aushändigung der Belehrung und des Antrags auf Abschluss des Leasingvertragsformulars an den Leasingnehmer enden soll (vgl. § 187 Abs. 1 BGB)[3]. 348

Selbstverständlich steht es dem Leasingnehmer frei, seine Vertragserklärung vor Zustandekommen des Vertrags und/oder Auslieferung des Leasingguts zu widerrufen; dem Verbraucher bleibt es unbenommen, auf den Schutz des § 355 Abs. 1 Satz 2 und Abs. 3 Satz 2 BGB zu verzichten[4]. Wird der **Widerruf durch einen Dritten**, insbesondere einem Rechtsanwalt erklärt, sollte dem Widerrufsschreiben im Hinblick auf § 174 BGB eine Originalvollmacht beigelegt werden. 349

Zur Wahrung der Widerrufsfrist genügt die rechtzeitige Absendung der Widerrufserklärung (§ 355 Abs. 1 Satz 2 BGB); wann der Widerruf dem Leasinggeber zugeht, ist unerheblich. Der Verbraucher muss im Bestreitensfall jedoch nachweisen, dass der Widerruf der Gegenseite überhaupt 350

1 So wohl *Staudinger/Kaiser*, § 355 BGB Rz. 54; a.A. *Palandt/Grüneberg*, § 355 BGB Rz. 12 a.E.; LG Dortmund v. 11.7.2003 – 17 S 30/03, NJW 2003, 3355, 3356 für Haustürgeschäft: § 355 Abs. 3 Satz 2 ist auf § 355 Abs. 1 Satz 1 BGB nicht anwendbar.

2 *Palandt/Grüneberg*, § 355 BGB Rz. 4.

3 OLG Düsseldorf v. 30.4.2002 – 24 U 154/01, ZMR 2003, 98, 99 f.

4 *Palandt/Grüneberg*, § 355 BGB Rz. 9.

zugegangen ist[1]. Der Widerruf sollte daher per Einwurf-Einschreiben oder Einschreiben-Rückschein erklärt werden. Der Leasingnehmer darf den Widerruf nach Erlangung der Kenntnis vom fehlenden Zugang jedoch unverzüglich wiederholen[2].

c) Ordnungsgemäße Widerrufsbelehrung

351 Die Widerrufsfrist beginnt frühestens ab dem Zeitpunkt zu laufen, in dem eine ordnungsgemäße Widerrufsbelehrung dem privaten Leasingnehmer als Adressaten der Belehrung zur Verfügung gestellt wird. Der Leasingnehmer hat einen Rechtsanspruch auf die Erteilung einer ordnungsgemäßen Belehrung[3]. Die Belehrung nach § 357 Abs. 3 BGB ist keine Voraussetzung für eine ordnungsgemäße Belehrung nach § 355 Abs. 2 BGB[4]. Im Fall der gleichgründigen **Gesamtschuld** ist jedem Schuldner gegenüber die Belehrung zu erteilen; ausreichend ist aber eine einzige Belehrung im jeweils zu unterzeichnenden Verbraucherleasingvertrag, vorausgesetzt dass jeder Leasingnehmer eine Abschrift des schriftlichen Vertrags erhält[5]. Im Fall des nachträglichen **Schuldbeitritts** eines Verbrauchers kann eine gesonderte Belehrung im Schuldbeitrittsvertrag und also auf getrennten Urkunden erforderlich werden[6].

352 In Abweichung zu § 7 Abs. 2 Satz 2 VerbrKrG a.F. bzw. § 355 Abs. 2 Satz 2 BGB a.F. ist die Widerrufsbelehrung nicht mehr gesondert zu unterzeichnen. Sie muss aber „deutlich gestaltet" und also **drucktechnisch hervorgehoben** sein (vgl. § 355 Abs. 2 Satz 1 BGB)[7]. Die gebotene Hervorhebung des Textes kann beispielsweise durch Umrahmung, Fettdruck oder andersfarbigen Hintergrund erfolgen[8]. Ob eine in den AGB versteckte – und dort unwesentlich hervorgehobene – Widerrufsbelehrung ausreichend ist, erscheint zweifelhaft[9].

353 Jedenfalls dürfte eine räumliche Trennung zwischen dem Vertrags-/AGB-Text und der Belehrung zu fordern sein[10].

354 Eine § 356 BGB entsprechende Rückgabebelehrung ist im Bereich des Verbraucherleasings nicht ordnungsgemäß, da § 500 BGB nicht auf § 503 Abs. 1 BGB verweist. Wird eine ordnungsgemäße Widerrufsbelehrung ne-

---

1 *Beckmann*, Finanzierungsleasing, § 3 Rz. 286.
2 *Beckmann*, Finanzierungsleasing, § 3 Rz. 287.
3 *Palandt/Grüneberg*, § 355 BGB Rz. 13.
4 *Staudinger/Kaiser*, § 355 BGB Rz. 37.
5 *Bülow/Artz*, § 495 BGB Rz. 96.
6 *Bülow/Artz*, § 495 BGB Rz. 97.
7 *Beckmann*, Finanzierungsleasing, § 3 Rz. 280.
8 BGH v. 20.12.1989 – VIII ZR 145/88, NJW-RR 1990, 368, 370.
9 Vgl. aber *Palandt/Grüneberg*, § 355 BGB Rz. 16: Belehrung auf Rückseite des Vertrags ausreichend.
10 BGH v. 25.4.1996 – X ZR 139/94, BB 1996, 1295.

ben einer – für sich genommen ebenfalls ordnungsgemäßen – Rückgabebelehrung erteilt, ist die Belehrung irreführend und also fehlerhaft[1].

Die Belehrung sollte sich inhaltlich an der **Mustererklärung** gemäß Anlage 2 zu § 14 BGB-InfoV orientieren, wenngleich diese unpräzise ist[2]. Insbesondere ist gemäß § 355 BGB auf die zweiwöchige Frist und den Fristbeginn hinzuweisen; der Leasingnehmer muss darüber informiert werden, dass er seine Willenserklärung ohne Angabe von Gründen in Textform widerrufen kann und zur Fristwahrung das rechtzeitige Absenden des Widerrufs ausreichend ist; der Adressat der Widerrufserklärung muss mit ladungsfähiger Anschrift benannt werden[3]; aufgrund der §§ 500, 358 BGB sollte neben der Adresse des Leasinggebers auch die Adresse des Lieferanten angegeben werden (s.u. Rz. 388). Auch auf die Wertersatzverpflichtung und Wege zu ihrer Vermeidung (§ 357 Abs. 3 BGB) sollte der Unternehmer im eigenen Interesse zusätzlich hinweisen[4]. 355

Die Belehrung darf keine Angaben enthalten, die als Einschränkung der gesetzlichen Rechte des Verbrauchers erscheinen könnten (vgl. auch § 305c Abs. 2 BGB); insbesondere verwirrende oder ablenkende **Zusatzangaben** sind unzulässig[5]. Als unwirksam kann beispielsweise der Hinweis bewertet werden, dass die Ware im Fall des Widerrufs per Retourenschein zurückzusenden ist[6]. Hierdurch wird dem Verbraucher nämlich zu Unrecht suggeriert, dass der Widerruf nur auf eine bestimmte und vom Verwender vorgeschriebene Art ausgeübt werden könne. 356

Eine AGB-Klausel, die die **formularmäßige Bestätigung** des Erhalts einer ordnungsgemäßen Widerrufsbelehrung enthält, ist gemäß § 309 Nr. 12b BGB grundsätzlich unwirksam[7]. Zulässig und dem Leasinggeber anzuraten ist die Verwendung einer gesondert zu unterzeichnenden Empfangsquittung; denn den Leasinggeber trifft hinsichtlich der rechtzeitigen Widerrufsbelehrung die Beweislast[8]. 357

d) Fehlerhafte Belehrung

Sofern der Leasinggeber den Leasingnehmer nicht oder nicht ordnungsgemäß über das Widerrufsrecht belehrt, hat dies gravierende Folgen: 358

Bei einer im Zeitpunkt des Vertragsschlusses vollständig **unterbliebener Belehrung** dürfte der Verbraucherleasingvertrag nach §§ 492 Abs. 1 Satz 1, 359

1 *Palandt/Grüneberg*, § 355 BGB Rz. 16.
2 Für Rechtswidrigkeit der Musterbelehrung: LG Halle v. 13.5.2005 – 1 S 28/05, VuR 2006, 411; *Kaufmann*, CR 2006, 764, 769 mit beachtlichen Argumenten.
3 OLG Koblenz v. 9.1.2006 – 12 U 740/04, NJW 2006, 919 für Leasingvertrag.
4 *Palandt/Grüneberg*, § 355 BGB Rz. 14 m.w.N.; *Bülow/Artz*, § 495 BGB Rz. 179 ff. m.w.N.
5 *Palandt/Grüneberg*, § 355 BGB Rz. 16.
6 OLG Hamm v. 10.12.2004 – 11 U 102/04, NJW-RR 2005, 1582.
7 OLG Koblenz v. 12.2.1993 – 2 U 527/91, NJW-RR 1993, 1078.
8 *Beckmann*, Finanzierungsleasing, § 3 Rz. 283 f.

125 BGB nichtig sein, da ein wesentlicher Vertragsinhalt in Schriftform nicht dokumentiert wurde (s.o. Rz. 325).

360 Im Fall der formal oder inhaltlich **nicht ordnungsgemäßen Belehrung** beginnt die Widerrufsfrist nicht zu laufen. Gemäß § 355 Abs. 3 Satz 3 BGB besteht das Widerrufsrecht des Leasingnehmers **zeitlich unbegrenzt**[1]. Ob der Vertrag in Vollzug gesetzt wurde, ist unbeachtlich. Da das Vorliegen eines konkludent geschlossenen Verzichtsvertrags ausscheidet (§ 506 BGB), ist die andauernde Ingebrauchnahme des Leasingguts irrelevant. Der nicht arglistig handelnde Leasingnehmer kann den Vertrag also noch nach Jahren zu Fall bringen (!). Die in § 7 Abs. 2 Satz 2 VerbrKrG a.F. normierte Jahresfrist wurde im Zuge der Schuldrechtsreform nicht übernommen. Die Sechsmonatsfrist nach § 357 Abs. 3 Satz 1 BGB ist regelmäßig nicht einschlägig[2]. Insofern ist zu beachten, dass die (nachträgliche) Widerrufserklärung eine Einwendung i.S.d. § 767 ZPO begründet; der rechtswirksame Widerruf kann also einem titulierten Zahlungsanspruch des Leasinggebers im Wege der **Zwangsvollstreckungsgegenklage** entgegengesetzt werden[3].

361 Sofern der Leasinggeber es bei Vertragsschluss unterließ, den Leasingnehmer über die Rechtsfolgen im Fall des Widerrufs ordnungsgemäß und zumindest in Textform aufzuklären, schuldet der Leasingnehmer bei Beachtung der Sorgfalt in eigenen Angelegenheiten im Hinblick auf das verschlechterte oder zwischenzeitlich untergegangene Leasinggut keinen **Wertersatz** (§§ 357 Abs. 3, 346 Abs. 2 Satz 1 Nr. 3 BGB). Dies gilt auch, wenn der Widerruf erst nach Jahren erfolgt und der Leasinggegenstand zu diesem Zeitpunkt infolge der durch die Ingebrauchnahme erfolgten Abnutzung praktisch nichts mehr wert ist (!)[4]. Zwar verweist weder § 500 noch § 495 Abs. 1 BGB ausdrücklich auf § 357 BGB; die Verweisung auf das Widerrufsrecht impliziert jedoch die Anwendung des § 357 BGB, der die Rechtsfolgen für den Fall des Widerrufs regelt[5].

362 Es wird vertreten, das eine unterbliebene oder fehlerhaften Belehrung nach § 357 Abs. 3 BGB einen **Nutzungsersatzanspruch** des Leasinggebers gemäß § 357 Abs. 1, 346 Abs. 1, 100 BGB nicht ausschließe. Der Leasingnehmer soll wegen der Ingebrauchnahme des Leasingguts zwar nicht zum Wertersatz wegen Verschlechterung/Wertminderung der Sache, wohl aber zum Ersatz der aus der Ingebrauchnahme gezogenen Nutzungen verpflichtet sein[6].

---

1 *Palandt/Grüneberg*, § 355 BGB Rz. 22; a.A. *Reinking*, DAR 2002, 145, 149: sechs Monate ab Auslieferung des Leasingguts; ebenso *Beckmann*, Finanzierungsleasing, § 3 Rz. 285.
2 *Palandt/Grüneberg*, § 355 BGB Rz. 22.
3 *Beckmann*, Finanzierungsleasing, § 3 Rz. 279.
4 *Bülow/Artz*, § 495 BGB Rz. 183.
5 *Reinicke/Tiedtke*, Kaufrecht, Rz. 1709 a.E.
6 *Reinking*, DAR 2002, 145, 150; *Bülow/Artz*, § 495 BGB Rz. 189 ff.

Diese Ansicht vermag nicht zu überzeugen[1]: Zwar ist zuzugestehen, dass eine Wertersatzverpflichtung wegen Verschlechterung der Sache (negative Abnutzung) etwas anderes sein kann als eine Nutzungsersatzverpflichtung (positive Nutzung): Im Ausnahmefall der Verpflichtung zur Erstattung nicht gezogener Nutzungen (§ 347 Abs. 1 Satz 1 BGB) besteht beispielsweise keine Wertminderung der Sache infolge nutzungsbedingter Abnutzung. § 357 Abs. 3 BGB versagt jedoch bei mangelnder Belehrung eine Ersatzpflicht des Leasingnehmers für die durch die bestimmungsgemäße Ingebrauchnahme der Sache entstandene Verschlechterung. Dieser Abnutzungsschaden steht dem Nutzungsgewinn im Regelfall spiegelbildlich gegenüber; Wertersatz- und Nutzungsersatzverpflichtung sind *deckungsgleich*. Denn die Höhe der Nutzungsvergütung würde sich am anteiligen linearen Wertverlust der Sache bemessen[2]. Sofern man dem Verbraucher im Fall der unterbliebenen oder fehlerhaften Belehrung eine Vergütungsverpflichtung für die gezogenen Nutzungen auferlegt, käme dies einer **Umgehung** des verbraucherschützenden Gesetzes gleich; § 357 Abs. 3 BGB liefe im Ergebnis leer, weil der Leasinggeber den (gesetzlich versagten) Wertersatz für die bestimmungsgemäße Ingebrauchnahme der Sache vollumfänglich als Nutzungsersatz erhielte. Es käme also lediglich auf die terminologische Deklarierung des Anspruchs an[3]. 363

Selbst wenn man sich auf den Standpunkt stellt, dass § 357 Abs. 3 BGB keine Aussage zu einer Nutzungsersatzverpflichtung enthalte, wäre ein Nutzungsersatzanspruch des Leasinggebers dennoch ausgeschlossen: Da dem Verbraucher im Zeitpunkt des Widerrufs die Herausgabe der in der Vergangenheit gezogenen Nutzungen regelmäßig unmöglich ist, schuldet er für die gezogenen Nutzungen allenfalls Wertersatz[4]. Auch § 346 Abs. 2 Nr. 3 Halbs. 2 BGB enthält die ausdrückliche Wertung, dass die durch die bestimmungsgemäße Ingebrauchnahme der Sache erfolgte Verschlechterung bei Beachtung der Sorgfalt in eigenen Angelegenheiten nicht zu erstatten ist. Ein möglicher Nutzungs-Wertersatzanspruch nach § 346 Abs. 2 Nr. 1 BGB wäre mit dem Abnutzungsschaden deckungsgleich und also ausgeschlossen; im Übrigen bliebe wegen der Kongruenz von Nutzungsgewinn und Abnutzungsschaden § 346 Abs. 3 Nr. 3 BGB zu beachten[5]. 364

Die durch die Nutzung erlangte **Bereicherung** verbleibt also beim Leasingnehmer (§ 357 Abs. 4 BGB). Dieses Ergebnis entspricht der Wertung des § 993 BGB: Der redliche rechtsgrundlose Besitzer schuldet grundsätzlich keinen Ersatz für die zwischenzeitlich aus der Sache gezogenen Nutzungen. Dass der Widerruf das Recht zum Besitz lediglich mit Wirkung ex nunc entfallen lässt – und also eine Vindikationslage bis zum Zeitpunkt 365

1 *Woitkewitsch/Pfitzer*, MDR 2007, 61, 66.
2 *Reinking/Eggert*, Autokauf, Rz. 897.
3 I.E. wohl auch *Medicus*, in Prütting/Wegen/Weinreich, § 357 BGB Rz. 7, 13.
4 *Palandt/Grüneberg*, § 357 BGB Rz. 7.
5 Unklar: *Palandt/Grüneberg*, § 346 BGB Rz. 14 („soweit noch vorhanden"; „gezogene Nutzungen nach I").

des Widerrufs dogmatisch nicht vorliegt – kann wertungsmäßig nicht von Bedeutung sein, zumal die ex nunc-Wirkung erst seit der Neufassung des Gesetzes gilt. Außerdem besagt die den §§ 355 ff. BGB zugrunde liegende EU-Richtlinie, dass dem Verbraucher im Fall des Widerrufs keine weiteren Kosten auferlegt werden dürfen, als die der unmittelbaren Rücksendung[1]. Auch dies streitet dafür, dass ein Nutzungsersatzanspruch des Leasinggebers ausgeschlossen ist, sofern und soweit dieser Anspruch mit dem gesetzlich ausgeschlossenen Wertersatzanspruch deckungsgleich ist. Im Übrigen macht sich der Unternehmer bei unterlassener oder fehlerhafter Belehrung schadensersatzpflichtig (c.i.c.)[2]. Der Nutzungsersatzanspruch des Leasinggebers entspräche insofern dem Schaden des Leasingnehmers, der behaupten kann, dass er das Gut bei ordnungsgemäßer Belehrung nicht in Gebrauch genommen hätte.

366 Der Leasingnehmer, der das Leasinggut in Kenntnis seines fortbestehenden Widerrufrechts weiter nutzt, handelt jedoch arglistig. Er kann sich nach **Treu und Glauben** ab dem Zeitpunkt der Kenntnis von dem Fehler der Widerrufsbelehrung bzw. des Fortbestehens seines Rechts nicht mehr auf die §§ 355 Abs. 3, 357 Abs. 3 BGB berufen (§ 242 BGB). Bis zum Zeitpunkt der Kenntnis genießt er jedoch die Privilegierung nach § 357 Abs. 3 BGB. Eine lang andauernde Nutzung des Leasingguts ist für sich genommen nicht ausreichend, um eine Heilung des formnichtigen Vertrags zu bewirken[3].

367 Belehrungsfehler bezüglich der Voraussetzungen des Widerrufsrechts sind von solchen bezüglich der Rechtsfolgen im Fall des Widerrufs zu unterscheiden[4]: Sofern die Belehrung nach § 355 BGB ordnungsgemäß, aber ohne bzw. mit fehlerhafter Belehrung nach § 357 Abs. 3 BGB erfolgt, besteht ein zweiwöchiges Widerrufsrecht. Übt der Leasingnehmer sein Recht am 14. Tag aus, so hat er weder den zwei Wochen lang genossenen Gebrauchsvorteil noch Wertersatz für die Abnutzung oder den unverschuldeten Untergang des Leasingguts zu zahlen (§ 346 Abs. 3 Satz 1 Nr. 3 BGB). Sofern die Belehrung nach § 355 BGB fehlerhaft ist, die Belehrung nach § 357 Abs. 3 BGB hingegen ordnungsgemäß erfolgte, kann der Leasingnehmer den Vertrag zwar unbegrenzt (genauer: bis einen Monat nach der etwaigen Nachholung der Belehrung gemäß § 355 Abs. 2 Satz 2 BGB) widerrufen; er schuldet in diesem Fall jedoch Wertersatz, sofern die Nutzung der Leasingsache über eine bloße Prüfung hinausging (vgl. § 357 Abs. 3 Satz 2 BGB).

368 Der bis zum 30.6.2005 in Kraft gebliebene § 506 Abs. 2 BGB a.F. fand auf Verbraucherleasingverträge keine (analoge) Anwendung[5]. Dies ergab sich

1 *Rott*, VuR 2001, 78, 85.
2 *Woitkewitsch*, MDR 2006, 241.
3 A.A. wohl BGH v. 26.5.1999 – VIII ZR 141/98, WM 1999, 1412, 1416 für Formnichtigkeit.
4 Vgl. *Palandt/Grüneberg*, § 355 BGB Rz. 14 a.E.
5 *Staudinger/Kessal-Wulf*, § 506 BGB Rz. 15 m.w.N.; a.A. *Slama*, WM 1991, 569, 572.

aus dem eindeutigen Wortlaut des § 506 Abs. 2 BGB a.F.; § 500 enthielt gerade keine klarstellende und eine entsprechende Anwendung begründende Verweisung. Diese gesetzgeberische Wertung wirkt auch nach dem Wegfall der Norm weiter fort: Es kann nicht rechtswirksam vereinbart werden, dass der Widerruf als nicht erfolgt gilt, wenn der Leasingnehmer das Leasinggut und den erlangten Gebrauchsvorteil nicht binnen zwei Wochen nach der Erklärung des Widerrufs zurück gibt bzw. zurückzahlt. Klauseln, die eine § 506 Abs. 2 BGB a.F. entsprechende Regelung enthalten, sind unwirksam.

Fazit: Der Leasinggeber sollte im Hinblick auf die Belehrungspflichten im eigenen Interesse keinerlei Experimente wagen, sondern sich streng am Wortlaut der Mustererklärung nach Anlage 2 zu § 14 BGB-InfoV orientieren[1]. Ihm ist insbesondere zu **empfehlen**, die Wiedergabe des § 357 Abs. 3 BGB zu beachten. Sofern der Leasinggeber nicht ausschließlich mit Unternehmern kontrahiert, sollten vorsichtshalber alle Vertragsformulare Widerrufsbelehrungen mit der einleitenden Klarstellung enthalten, dass das Recht lediglich Verbrauchern oder Existenzgründern zustehe. Außerdem sollte sich der Leasinggeber für den Fall des wirksamen Widerrufs des Leasingvertrags durch den Leasingnehmer im Liefervertrag ein außerordentliches Rücktrittsrecht vorbehalten[2]. 369

5. Verbundene Verträge

§ 500 BGB bestimmt ausdrücklich, dass die §§ 358, 359 BGB auf Finanzierungsleasingverträge anwendbar sind. Da die Verweisung uneingeschränkt erfolgt, sollen § 358 Abs. 1 bis 5 BGB und § 359 Satz 1 bis 3 BGB einschlägig sein. Dies ergibt sich aus einem Rückschluss, da in § 500 BGB auf § 492 BGB ausdrücklich nur eingeschränkt verwiesen wird. Auch in § 499 Abs. 1 BGB wird die uneingeschränkte Geltung der §§ 358, 359 BGB angeordnet; der Leasingvertrag ist eine sonstige Finanzierungshilfe im Sinne der Vorschrift (s.o. Rz. 271). 370

Die §§ 358, 359 BGB sollen den Verbraucher vor den Risiken schützen, die ihm durch die Aufspaltung eines wirtschaftlich einheitlichen Vertrags in ein Bargeschäft und einen damit verbundenen Kreditvertrag drohen. Dem Verbraucher nützt der Widerruf eines Darlehens wenig, wenn er nicht auch den darlehensfinanzierten Kaufvertrag widerrufen kann. § 358 Abs. 1 BGB erstreckt das für den Lieferungsvertrag geltende Widerrufsrecht daher auch auf den verbundenen Kreditvertrag; § 358 Abs. 2 BGB erstreckt umgekehrt das für den Verbraucherdarlehensvertrag geltende Widerrufsrecht auch auf den Liefervertrag. Der in § 359 BGB geregelte Einwendungsdurchgriff gestattet dem Verbraucher, Einwendungen, die sich aus dem Liefer- oder dem 371

---

1 *Müller-Sarnowski*, DAR 2002, 486.
2 *Beckmann*, Finanzierungsleasing, § 3 Rz. 290.

Finanzierungsvertrag ergeben, auch dem Anspruch aus dem jeweils anderem Vertrag entgegenzuhalten[1].

a) Verweisung auf § 358 BGB

372 Die pauschale Verweisung auf § 358 BGB ist im Fall des Verbraucherleasings nicht unproblematisch. Wie ein Blick auf den Wortlaut des § 358 Abs. 1 und 2 BGB zeigt, geht das Gesetz davon aus, dass der Verbraucher zwei (verbundene) Verträge geschlossen hat und an diese gebunden ist („seine ... Willenserklärung ... seine ... Willenserklärung). Ein **zweifacher Vertragsabschluss** des Verbrauchers ist beim Finanzierungsleasing jedoch regelmäßig nicht gegeben: Der Verbraucher schließt einen Vertrag mit dem Leasinggeber ab; dieser kontrahiert seinerseits mit dem Lieferanten. Nach allgemeiner Auffassung soll die Verweisung in § 500 BGB aus diesem Grund einen allenfalls minimalen Anwendungsbereich haben:

aa) Eintrittsmodell

373 Die ganz überwiegende Meinung sieht den Anwendungsbereich des § 358 BGB (nur) im Fall des Eintrittmodells als eröffnet an, sofern im Einzelfall ein verbundenes Geschäft i.S.d. § 358 Abs. 3 BGB vorliegt[2]. Zum Teil diskutiert man die Anwendbarkeit der Vorschrift auch für das – wenig praxisrelevante – Sale-and-lease-back-Leasing[3]. Mehrheitlich wird die Verweisung zwar als verfehlt betrachtet, aber aufgrund des eindeutigen Willens des Gesetzgebers zumindest eine entsprechende Anwendung der §§ 358, 359 BGB bejaht[4]. Man argumentiert dabei wie folgt:

374 Beim Leasingvertrag bestehe (mit Ausnahme des Eintrittmodells) das von § 358 BGB vorausgesetzte Dreipersonenverhältnis gerade nicht, da nur zwischen Verbraucher und Leasinggeber ein verbraucherkreditrelevantes Vertragsverhältnis gegeben sei. Der Lieferant trete gegenüber dem Leasingnehmer vor Vertragsabschluss nicht in Erscheinung, weshalb der Lieferant ein Dritter sei, der mit dem Leasinggeber keine wirtschaftliche Einheit i.S.v.

---

1 Vgl. *Palandt/Grüneberg*, § 358 BGB Rz. 1.

2 Statt vieler: *Reinking/Eggert*, Autokauf, Rz. 843; *Bülow/Artz*, § 500 BGB Rz. 10 ff.; *Reinicke/Tiedtke*, Kaufrecht, Rz. 1708 ff., 1837 ff.; *Tiedtke/Möllmann*, DB 2004, 583, 585; *Godefroid*, BB-Beilage Nr. 5/2002, 2, 8; strenger *Wolf/Eckert/Ball*, Handbuch des gewerblichen Miet-, Pacht- und Leasingrechts, Rz. 2059 f.: Leasingnehmer muss ursprünglich Kaufvertragspartei sein und nach Eintritt des Leasinggebers als Mitschuldner auch bleiben; a.A. MünchKomm./*Habersack*, § 358 BGB Rz. 16: „Redaktionsversehen"; ähnlich *Reinicke/Tiedtke*, Kaufrecht, Rz. 1840: „Schwerwiegende Bedenken"; *Beckmann*, FLF 2005, 261, 262; *Beckmann*, Finanzierungsleasing, § 2 Rz. 33 und § 5 Rz. 11 f: auch beim Eintrittsmodell keine Anwendung des § 358 f. BGB (!).

3 *Bülow/Artz*, § 500 BGB Rz. 12 und § 495 BGB Rz. 237.

4 Z.B. von *Reiner/Kaune*, WM 2002, 2314, 2322; a.A. *Beckmann*, Finanzierungsleasing, § 1 Rz. 38.

§ 358 Abs. 3 BGB bilde[1]. Weil der Leasinggeber den Kaufvertrag mit dem Lieferanten schließe, lägen zwei verbundene Geschäfte des Leasingnehmers nicht vor. Es sei auch nicht ersichtlich, welche Vorteile die §§ 500, 358 BGB dem Leasingnehmer bringen sollten: Widerruft er den Leasingvertrag, so hat er an der Rückabwicklung des ihn nicht betreffenden Kaufvertrags kein Interesse; umgekehrt könne sich der Leasingnehmer nicht nach § 358 BGB vom Kaufvertrag lösen, da der Rücktritt nach § 437 Nr. 2 BGB kein Widerruf sei. Über das Institut des Wegfalls der Geschäftsgrundlage bestünde in diesem Fall bereits ein erprobtes Instrument zur Rückabwicklung des Leasingvertrags[2]. Da ein Schutz des gewerblichen Leasinggebers nicht Sinn und Zweck des § 358 BGB sei, könne ein Widerruf des Leasingvertrags nicht auch den Kaufvertrag vernichten und also zu Gunsten des Leasinggebers als Käufer wirken[3].

Die Anwendung des § 358 BGB wird daher nur für den Fall bejaht, dass der 375 Verbraucher zunächst sowohl den Kaufvertrag mit dem Lieferanten als auch den Leasingvertrag mit dem Leasinggeber abschließt, welcher sodann in den Kaufvertrag einsteigt. Diese Form der Vertragsgestaltung sei insbesondere beim Kfz-Leasing nicht unüblich; ausschließlich das Eintrittsmodell habe den Gesetzgeber zu seiner Verweisung auf die §§ 358, 359 BGB veranlasst[4].

bb) Eigene Stellungnahme

Meines Erachtens besteht für eine restriktive Anwendung des § 358 BGB 376 entgegen der allgemeinen Auffassung kein hinreichender Grund:

Zunächst darf nicht verkannt werden, dass unter Zugrundelegung der herr- 377 schenden Meinung ein praktischer Anwendungsbereich für § 358 BGB de facto nicht besteht und die explizite Verweisung auf § 358 BGB (fast vollständig) leer läuft: Da das Eintrittsmodell durch eine Vertragsübernahme des Leasinggebers gekennzeichnet ist, schließt auch in diesem Fall der Verbraucher zunächst nur einen, nämlich den Kaufvertrag ab; der Abschluss des Leasingvertrags bzw. des Vertragsübernahmevertrags wird im Wege einer „Leasingfinanzierungsklausel" zunächst nur beabsichtigt. Erst zum Zeitpunkt der Vertragsübernahme tritt typischerweise der Leasingvertrag in Kraft; der Verbraucher hat also niemals (gleichzeitig) zwei miteinander verbundene Geschäfte abgeschlossen. Die Ausnahme bildet lediglich der praktisch nicht vorkommende Fall, in dem der Leasingnehmer nach Eintritt des Leasinggebers als Mitschuldner Partei des Kaufvertrages bleibt[5]. Außerdem setzt § 358 Abs. 1 und 2 BGB an sich voraus, dass der Verbrau-

1 *Bülow/Artz*, § 500 BGB Rz. 11.
2 *Reinicke/Tiedtke*, Kaufrecht, Rz. 1708.
3 *Reinicke/Tiedtke*, Kaufrecht, Rz. 1838.
4 *Reinking*, DAR 2002, 145, 147.
5 Vgl. *Beckmann*, Finanzierungsleasing, § 5 Rz. 12: nachträglicher Schuldbeitritt des Leasinggebers.

cher sowohl das Kaufgeschäft (z.B. gemäß den §§ 312d, 312 BGB) als auch das Kreditgeschäft (gemäß § 495 BGB) widerrufen kann. Eine derartige Fallgestaltung dürfte beim Verbraucherleasing kaum vorkommen; zumindest § 358 Abs. 1 BGB müsste nach Ansicht der herrschenden Meinung daher leer laufen. Ob es tatsächlich eine nennenswerte Anzahl an Fällen gibt, in denen der Verbraucher zeitgleich sowohl eine Angebotserklärung zum Abschluss des Kaufvertrags als auch eine Angebotserklärung zum Abschluss des Leasingvertrags abgibt[1], erscheint zweifelhaft, da sich der Verbraucher üblicherweise nicht zugleich als Schuldner des Kauf- und des Leasingvertrags zur Verfügung stellen wird. Selbst wenn es diese Fallgestaltung gäbe, wäre § 358 BGB nur solange einschlägig, bis der Leasinggeber den Eintritt vollzieht[2] und also nur für sehr kurze Zeit.

378 Ob der Gesetzgeber eine so verstandene und also praktisch überflüssige Regelung ausdrücklich (!) anordnen wollte, erscheint fraglich. Intention der Gesetzesnovelle war es, das Finanzierungsleasing dem finanzierten Kauf in verbraucherschutzrechtlicher Hinsicht grundsätzlich gleichzustellen[3]. Der Hinweis, dass ausschließlich das Kfz-Eintrittsmodell den Gesetzgeber zur Verweisung veranlasst habe, ist spekulativ, weil der Gesetzgeber seine Entscheidung gerade nicht im Detail begründete[4]. Zudem verweist § 500 BGB auch auf § 358 Abs. 1 BGB. Kaufverträge über Kraftfahrzeuge werden jedoch im Autohaus und nicht an der Haustür oder im Wege des Fernabsatzgeschäfts geschlossen; der Gesetzgeber wird daher nicht ausschließlich an das Kfz-Leasing gedacht haben, als er den Verweis auf § 358 BGB in § 500 BGB kodifizierte. Zwar ist nicht ausgeschlossen, dass der Gesetzgeber die Verweisung versehentlich und unbedacht vornahm[5]; in diesem Fall müsste der Verweisung dennoch eine vernünftige Bedeutung beigemessen werden. Gegen eine unbedachte Verweisung spricht, dass im Hinblick auf §§ 3 Abs. 2 Nr. 1, 9 Abs. 3 VerbrKrG a.F. bereits derselbe und nunmehr weiter geführte Streit zu konstatieren war[6]. Die Verweisung in den §§ 499 Abs. 1 und 500 BGB kann daher nicht als zweites und zweifaches Redaktionsversehen angesehen werden. Der Gesetzgeber entschied sich für eine umfassende Verweisung zu Gunsten des privaten Leasingnehmers, der die Rechte des Verbrauchers beim finanzierten Kauf erlangen sollte. Darauf, dass der

1 So *Reinking*, DAR 2002, 145, 147.
2 Zu Recht *Reinicke/Tiedtke*, Kaufrecht, Rz. 1838.
3 Vgl. die Stellungnahme des Bundesrates zum RegEVerbrKrG, BT-Drucks. 11/5462, S. 34: „Das Finanzierungsleasing hat auch in bestimmten Bereichen der Verbrauchergeschäfte den Abzahlungskauf und den finanzierten Kauf weitestgehend abgelöst, z.B. beim Autokauf. Solche Verträge haben für den Verbraucher wirtschaftlich dieselbe Funktion wie herkömmliche Formen der Kauffinanzierung [...] Wegen der Kompliziertheit solcher Verträge ist der Verbraucher nicht weniger schutzbedürftig als sonst bei Verbraucherkrediten.".
4 *Reinicke/Tiedtke*, Kaufrecht, Rz. 1709.
5 So: *Tiedtke/Möllmann*, DB 2004, 583, 585 mit Fn. 28.
6 Hierzu: *Staudinger/Stoffels*, Leasing Rz. 264.

Gesetzgeber lediglich das Eintrittsmodell regeln wollte, gibt es keinen Hinweis.

Im Übrigen ist es nicht richtig, dass § 358 BGB nur im Dreipersonenverhältnis Anwendung findet[1]. Zudem besteht beim Leasing ein hinreichendes Dreipersonenverhältnis[2]: Obgleich der Leasingnehmer nur mit dem Leasinggeber eine Vertragsbeziehung hat, ist er über die Abtretungskonstruktion mit dem Lieferanten geschäftlich verbunden. Leasingvertrag und Kaufvertrag sind im typischen Leasingdreieck als **wirtschaftliche Einheit** zu betrachten[3]. Nicht richtig ist auch die Annahme, dass der Verbraucher zu dem Lieferanten vor Abschluss des Leasinggeschäfts keinen Kontakt habe[4]. Vielmehr sucht sich der künftige Leasingnehmer das Leasinggut oftmals zunächst beim Lieferanten aus und vereinbart die Vertragskonditionen, ohne dass ein Kaufvertrag abgeschlossen würde Anschließend wird – über den als Erfüllungsgehilfen des Leasinggebers operierenden Lieferanten – der Leasingvertrag geschlossen. 379

Was ein verbundenes Geschäft ist, wird in § 358 Abs. 3 BGB legal definiert. Dieser maßgebliche Absatz stellt nicht darauf ab, dass der Verbraucher die beiden verbundenen Geschäfte selbst abgeschlossen haben müsste; vielmehr heißt es: Ein Vertrag über die Lieferung einer Ware und ein Verbraucherdarlehensvertrag sind verbunden, wenn das Darlehen ganz oder teilweise der Finanzierung des anderen Vertrags dient und beide Verträge eine wirtschaftliche Einheit bilden. Dies ist beim typischen Verbraucherleasingvertrag oftmals der Fall[5]. Hiergegen lässt sich nicht einwenden, dass der Leasingvertrag nicht der Finanzierung des Kaufvertrags diene, sondern primär auf eine Gebrauchsüberlassung abziele, der Kaufvertrag also nur „Grundlage" des Leasingvertrags sei[6]. Würde man dieser – sehr dogmatischen – Ansicht folgen, wäre auch § 359 BGB auf das Verbraucherleasing nicht anwendbar, da diese Norm ein einheitliches Geschäft i.S.d. § 358 Abs. 3 BGB voraussetzt. 380

Nach herrschender Ansicht ist die Anwendbarkeit des § 359 BGB jedoch nicht auf das Eintrittsmodell begrenzt (s.u. Rz. 392 ff.). 381

Meines Erachtens ist entscheidend, dass § 500 BGB einen Finanzierungsleasingvertrag voraussetzt und auf § 358 BGB lediglich verweist. § 358 BGB ist auf Verbraucherleasingverträge also nur **sinngemäß anwendbar**[7]. Von 382

1 *Palandt/Grüneberg*, § 358 BGB Rz. 2 a.E.
2 Vgl. auch *Wolf/Eckert/Ball*, Handbuch des gewerblichen Miet-, Pacht- und Leasingrechts, Rz. 2060, welche die Anwendung der §§ 358 f. BGB jedoch im Ergebnis ablehnen.
3 Vgl. *Beckmann*, Finanzierungsleasing, § 1 Rz. 53.
4 Vgl. *Beckmann*, Finanzierungsleasing, § 1 Rz. 67.
5 *Schmidt*, in Henssler/Graf vonWestphalen, § 500 BGB Rz. 4.
6 So aber *Reinicke/Tiedtke*, Kaufrecht, Rz. 1710.
7 Wohl auch *Staudinger/Stoffels*, Leasing Rz. 265 f. und *Erman/Saenger*, § 358 BGB Rz. 4, 12.

daher ist es nicht zulässig, die Anwendbarkeit der vom Gesetzgeber ausdrücklich für entsprechend anwendbar erklärten Norm mit der Begründung zu beschränken, dass sie auf das Finanzierungsleasing nicht zugeschnitten sei und also nicht „passe". Dass ein Finanzierungsleasingvertrag kein Darlehen ist, welches der Finanzierung eines separat vom Darlehensnehmer zu schließenden Kaufvertrags dient, versteht sich schließlich von selbst. Da der Gesetzgeber die sinngemäße Anwendung fordert, stellt sich auch nicht die im Wege der (richterlichen) Analogiebildung zu beachtende Frage nach der wertungsmäßigen Übertragbarkeit eines Rechtsgedankens oder eines dringenden Regelungsbedarfs[1]. Es ist vielmehr zu fragen, welche zentrale Bedeutung § 358 BGB beim Finanzierungsleasinggeschäft allgemein – und nicht nur in den seltenen Fällen des Eintrittsmodells – zukommen soll.

cc) Konsequenzen

383 Die Essenz der sinngemäßen Anwendbarkeit des § 358 BGB liegt darin, dass der Leasingnehmer den Leasingvertrag nicht nur durch rechtzeitigen Widerruf gegenüber dem Leasinggeber, sondern auch durch den rechtzeitigen **Widerruf gegenüber dem Lieferanten** auflösen kann und er diesbezüglich bei Vertragsabschluss zu **belehren** ist[2] (§ 358 Abs. 1 und 5 BGB). Es existieren zu Gunsten des Leasingnehmers **zwei empfangsverpflichtete Adressaten** des Widerrufsrechts.

384 Eine derartige Interpretation der in § 500 BGB verankerten Verweisung ist sachlich gerechtfertigt. Das Aufspaltungsrisiko, vor dem § 358 BGB schützen will, besteht nicht nur bei Abschluss zweier verbundener Geschäfte durch den Verbraucher. Es realisiert sich auch durch die leasingtypische Abtretungskonstruktion[3] und die im Leasing übliche und **verwirrende Dreiecksbeziehung**: Da der Verbraucher oftmals von Anfang an und fortlaufend mit dem Lieferanten in Kontakt tritt und sich bei Problemen während der Vertragslaufzeit an diesen zu wenden hat, erscheint es geboten, den Lieferanten als Adressaten des Widerrufs zu legitimieren. Andernfalls bestünde die nahe liegende Gefahr, dass sich der Leasingnehmer innerhalb der Widerrufsfrist nur gegenüber dem ihm bekannten Lieferanten erklärt und hierdurch seine Rechte verliert. Durch die Einbeziehung des Lieferanten in die Vertragsbeziehung zwischen Leasinggeber und Leasingnehmer – insbesondere durch die Einbeziehung der Lieferanten-AGB in den Vertrag des Leasinggebers – wird aus der Verbraucherperspektive der Anschein erweckt, dass auch der Lieferant empfangsberechtigter Adressat einer Wider-

---

1 So aber *Wolf/Eckert/Ball*, Handbuch des gewerblichen Miet-, Pacht- und Leasingrechts, Rz. 2060; ebenso *Beckmann*, Finanzierungsleasing, § 5 Rz. 12: kein Bedürfnis für analoge Anwendung.

2 Vgl. *Wolf/Eckert/Ball*, Handbuch des gewerblichen Miet-, Pacht- und Leasingrechts, Rz. 2056.

3 *Staudinger/Stoffels*, Leasing Rz. 266 im Hinblick auf § 359 BGB.

rufserklärung sei. Der Verbraucher muss seinen Widerruf daher auch – unabhängig von den Voraussetzungen des § 164 Abs. 3 BGB – gegenüber dem Lieferanten rechtswirksam erklären können.

Freilich gilt dies nur bei Vorliegen eines **verbundenen Geschäfts** i.S.d. § 358 Abs. 3 BGB[1]. Eine ausreichende Verbindung zwischen dem Leasingvertrag und dem Kaufvertrag kann nicht bereits aus der leasingtypischen Abtretungskonstruktion gefolgert werden, da § 358 BGB beim Finanzierungsleasing ansonsten zwingend und nicht mehr ausnahmsweise anwendbar wäre[2]. Eine **wirtschaftliche Einheit** besteht beim indirekten Herstellerleasing und ansonsten immer dann, wenn sich die Vertragsanbahnung unter aktiver Mithilfe des Verkäufers vollzieht. Ein verbundenes Geschäft dürfte vorliegen, sofern zwischen dem Lieferanten und der Leasinggesellschaft eine geschäftsmäßige Verbindung besteht und sich diese regelmäßige Zusammenarbeit auch organisatorisch niederschlägt; ein Indiz ist insofern das Bereithalten von Leasingvertragsformularen durch den Lieferanten und die Existenz von Rahmenvertragsvereinbarungen zwischen Lieferant und Leasinggeber. 385

Dass der Leasingnehmer den Leasingvertrag bei Vorliegen eines verbundenen Geschäfts auch gegenüber dem Lieferanten widerrufen kann, wird durch die Tatsache bekräftigt, dass der Lieferant in derlei Fallkonstellationen regelmäßig als **Erfüllungsgehilfe** des Leasinggebers fungieren wird. Bereits aus diesem Umstand rechtfertigt sich die Anwendung des § 358 BGB[3]. Der Lieferant handelt als Erfüllungsgehilfe, wenn er das Leasinggut auf Geheiß des Leasinggebers dem Leasingnehmer übergibt; allerdings soll diese Stellung nach vollständiger Erbringung der Leistung regelmäßig wieder erlöschen[4]. Dies gilt jedoch nicht, wenn der Händler auch bei den Vertragsverhandlungen als verlängerter Arm des Leasinggebers operierte. Wenn der Lieferant bereits zu diesem Zeitpunkt Erfüllungsgehilfe war, erscheint es konsequent, ihn auch im Hinblick auf das Widerrufsrecht als solchen zu behandeln; denn die nach Erbringung der Leistung erfolgte Widerrufserklärung bezieht sich auf den Vertragsabschluss als solchen und also auf den Zeitpunkt vor Leistungserbringung. Nach der Wertung der §§ 278, 164 Abs. 3 BGB ist die dem Lieferanten zugegangene Widerrufserklärung des Leasingnehmers dem Leasinggeber zuzurechnen. Zumindest wenn auf der Vorderseite des Leasingvertrags der Lieferant als „ihr Ansprechpartner" vermerkt wurde, ist dies als Bevollmächtigung der Zuständigkeit für Fragen der Vertragsabwicklung zu interpretieren[5]. 386

---

1 Zu den Voraussetzungen: *Staudinger/Stoffels*, Leasing Rz. 267.
2 *Staudinger/Stoffels*, Leasing Rz. 267; a.A. OLG Rostock v. 13.2.1996 – 4 U 1/95, DZWiR 1996, 425, 426.
3 *Bülow/Artz*, § 500 BGB Rn. 12; *Heermann*, AcP 200 (2000), 1, 38 ff.; *Martis*, MDR 1999, 65.
4 OLG Düsseldorf v. 17.6.2004 – I-10 U 185/03, MDR 2005, 24.
5 OLG Dresden v. 5.6.2002 – 8 U 280/02, NJW-RR 2003, 269.

387 Sofern der Leasingnehmer mit dem Lieferanten keinen Kaufvertrag geschlossen hat, kann sein gegenüber dem Lieferanten erklärter Widerruf den zwischen Leasinggeber und Lieferant geschlossenen Kaufvertrag nicht auflösen; die Erklärung wirkt lediglich gegenüber dem Leasinggeber und betrifft ausschließlich die auf den Leasingvertragsabschluss gerichtete Willenserklärung des Verbrauchers. Der Leasinggeber wird bei einer derartigen Interpretation des § 358 BGB also nicht begünstigt.

388 Liegt ein verbundenes Geschäft vor, muss der Leasinggeber den Leasingnehmer bei Vertragsabschluss in Textform darüber belehren, dass der Leasingnehmer den Vertrags auch gegenüber dem Lieferanten widerrufen kann (§§ 500, 358 Abs. 5 BGB). Die ordnungsgemäße Widerrufsbelehrung hat neben der Adresse des Leasinggebers auch die **ladungsfähige Anschrift des Lieferanten** zu enthalten. Der Leasinggeber sollte bis zur höchstrichterlichen Klärung der Bedeutung und Reichweite der §§ 500, 358 BGB in seiner Widerrufsbelehrung den verbundenen Liefervertrag mit einschließen[1].

389 Sofern ausnahmsweise das Eintrittsmodell vorliegt, bei dem der Leasingnehmer zunächst auch Partei des Kaufvertrags wird, ist in jedem Fall eine **qualifizierte Belehrung** zu erteilen; diese muss nach § 358 Abs. 5 BGB den zusätzlichen Hinweis enthalten, dass bei fristgemäßer Ausübung des Widerrufs der auf den Leasingvertragsabschluss gerichteten Willenserklärung des Verbrauchers auch der mit dem Leasingvertrag verbundene Kaufvertrag unwirksam wird (§ 358 Abs. 2 BGB)[2]. Sollte der vom Verbraucher zunächst abgeschlossene Kaufvertrag seinerseits (gemäß §§ 312, 312d BGB)[3] widerrufbar sein, ist der weitere Hinweis erforderlich, dass umgekehrt auch bei fristgemäßem Widerruf der auf den Kaufvertragsabschluss gerichteten Willenserklärung der verbundene Leasingvertrag unwirksam wird. Zudem ist der Leasingnehmer gemäß § 358 Abs. 2 Satz 2 BGB darauf hinzuweisen, dass das Widerrufsrecht aus § 495 BGB ausgeschlossen ist, wenn der Verbraucher den verbundenen Vertrag nach § 358 Abs. 1 BGB widerrufen kann[4]. Die Widerrufsoption nach § 358 Abs. 1 BGB wird es in der Praxis jedoch kaum geben.

390 Bis zu einer abschließenden Klärung der aufgeworfenen Problemstellung durch die Rechtsprechung ist dem Leasinggeber zu **empfehlen**, seine Widerrufsbelehrung vorsichtshalber in der dargestellten Weise zu erweitern[5]. Andernfalls riskiert er die Unwirksamkeit der Belehrung bei Vorliegen eines verbundenen Geschäfts. Dies kann über § 492 Abs. 1 Satz 1 BGB zur Unwirksamkeit des gesamten Vertrags führen (s.o. Rz. 325); zumindest

1 *Beckmann*, Finanzierungsleasing, § 3 Rz. 282.
2 *Bülow/Artz*, § 495 BGB Rz. 276; *Reinking*, ZGS 2002, 229, 235.
3 *Reinking*, DAR 2002, 145, 148.
4 *Reinking*, DAR 2002, 145, 149.
5 So auch *Wolf/Eckert/Ball*, Handbuch des gewerblichen Miet-, Pacht- und Leasingrechts, Rz. 2056, die indessen die Anwendbarkeit der §§ 358 f. BGB auf das Finanzierungsleasing grundsätzlich verneinen.

kommt bei Vorliegen einer fehlerhaften bzw. unvollständiger Widerrufsbelehrung ein zeitlich unbegrenztes Widerrufsrecht des Leasingnehmers in Betracht (§ 355 Abs. 3 Satz 3 BGB). Da es dem Leasingnehmer frei steht, jede beliebige Person als Empfangsboten der Widerrufserklärung zu bestellen[1], ist die Abgabe einer erweiterten Widerrufsbelehrung unproblematisch. Freilich darf sie den Widerrufsberechtigten nicht verwirren. Es muss also klargestellt sein, dass der Leasingnehmer den Widerruf **alternativ** gegenüber einer der in der Belehrung genannten Personen ohne Angabe von Gründen erklären kann. Keinesfalls darf der Eindruck des Erfordernisses eines kumulativen Widerrufs gegenüber Lieferant und Leasinggeber erweckt werden.

Hat der Leasinggeber vor Ausübung des Widerrufsrechts des Leasingneh- 391
mers den Kaufpreis bereits an den Lieferanten gezahlt, ist § 358 Abs. 4 Satz 3 BGB zu beachten. Es findet eine Rückabwicklung im Verhältnis zwischen Leasinggeber und Leasingnehmer statt; der Leasingnehmer schuldet dem Leasinggeber neben der Rückgabe des Leasingguts (bei ordnungsgemäßer Belehrung nach § 357 Abs. 3 BGB) Nutzungsersatz bis zum Zeitpunkt des Widerrufs Zug um Zug gegen Rückerstattung der bereits geleisteten Leasingraten.

b) Verweisung auf § 359 BGB

Umstritten ist, ob und inwieweit § 359 BGB im Rahmen des Verbraucher- 392
leasings Anwendung findet[2]. Wegen der eindeutigen Verweisung in § 500 BGB ist die umfassende Anwendbarkeit des Einwendungsdurchgriffs bei Vorliegen eines verbundenen Geschäfts[3] aus den o.g. Gründen zu bejahen.

Die Norm ist nicht einschlägig, wenn das Volumen des Leasingvertrags 393
200 Euro nicht überschreitet oder die Einwendung auf einer zwischen Unternehmer und Verbraucher nach Vertragsabschluss getätigten Vertragsänderung beruht (§ 359 Satz 2 BGB). Im Rahmen des Verbraucherleasings ist § 359 Satz 1 und 3 BGB von besonderer Praxisrelevanz. Demnach kann der Leasingnehmer, dem gegenüber dem Lieferanten die aus der Abtretungskonstruktion erwachsenden Gewährleistungsrechte des Leasinggebers zustehen, die Rückzahlung der Leasingraten erst verweigern, wenn die Nacherfüllung fehlgeschlagen ist.

1 *Bülow/Artz*, § 495 BGB Rz. 122; *Palandt/Grüneberg*, § 355 BGB Rz. 14.
2 Für die Anwendung: *Staudinger/Stoffels*, Leasing Rz. 263 ff.; *Erman/Saenger*, § 358 BGB Rz. 4, 12; *Jaggy*, BB 2002, Beilage 5 zu Heft 27, 14, 18; *Reinking/Eggert*, Autokauf, Rz. 933; *Reinking*, DAR 2002, 145, 147 und 496, 500; für eine eingeschränkte Anwendung *Bülow/Artz*, § 500 BGB Rz. 11, 12; *Martis/Meinhof*, Verbraucherschutzrecht, S. 67, Rz. 96 f.; *Tiedtke/Möllmann*, DB 2004, 583, 585 (Eintrittsmodell); gegen die Anwendung wohl: *Reinicke/Tiedtke*, Kaufrecht, Rz. 1840, 1710 f.
3 *Palandt/Grüneberg*, § 359 BGB Rz. 2.

394 Eine nach § 359 Satz 1 und 3 BGB gegenüber dem Leasinggeber bestehende Einwendung kann der Leasingnehmer gemäß § 404 BGB auch dem Abtretungsgläubiger des Leasinggebers entgegenhalten. § 496 Abs. 1 BGB findet im Verbraucherleasing uneingeschränkte Anwendung[1]. Ein formularmäßig vereinbarter **Einwendungsverzicht** wäre unwirksam.

aa) Fehlschlagen der Nacherfüllung

395 Der Begriff des Fehlschlagens der Nacherfüllung wird in § 440 Satz 2 BGB näher, wenn auch nicht abschließend, bestimmt: Eine Nachbesserung gilt nach dem erfolglosen zweiten Versuch als fehlgeschlagen, wenn sich nicht insbesondere aus der Art der Sache oder des Mangels oder den sonstigen Umständen etwas anderes ergibt. Gleichgültig ist, ob im Rahmen der zweiten Reparatur der Mangel wiederum nicht beseitigt werden kann oder aber ein neuer Mangel bewirkt wird[2]. Der Leasingnehmer darf nach dem Scheitern des **zweiten Nachbesserungsversuchs** die Zahlung der weiteren Leasingraten bis zur endgültigen und nachhaltigen Mangelbeseitigung einstweilig verweigern[3]. Sofern der Leasingnehmer bei Vorliegen eines nicht unerheblichen[4] Mangels den Rücktritt vom Kaufvertrag erklärt (§§ 437 Nr. 2, 440, 323 Abs. 5 BGB), kann die Zahlung der weiteren Leasingraten endgültig verweigert werden.

396 Ein Fehlschlagen der Nacherfüllung kommt unter besonderen Umständen erst bei Scheitern des **dritten Nachbesserungsversuchs** in Betracht. Nach „Art der Sache oder des Mangels" wird der Leasingnehmer bei geringfügigen Mängeln gegebenenfalls mehr als zwei Nachbesserungsversuche hinzunehmen haben. Dies gilt insbesondere bei technisch hochwertigen[5] und teuren Leasinggütern, zumal dem Leasingnehmer nach der hier vertretenen Ansicht ein Recht zur Verweigerung der Bezahlung der Leasingraten bei Gebrauchsentziehung gemäß §§ 535, 320 BGB zusteht (s.o. Rz. 230); eine vollständige Gebrauchsentziehung liegt vor, solange sich die Sache aufgrund einvernehmlichen Handelns beim Lieferanten zu Reparaturzwecken gemäß § 439 BGB befindet. Die Beweislast für das Vorliegen eines von der Vermutung nach § 440 Satz 2 BGB zu Gunsten des Verkäufers abweichenden Ausnahmefalls trägt der Leasinggeber[6]. Hegt der Leasingnehmer nach bloß einem vergeblichen Nachbesserungsversuch die begründete Erwartung, dass ein weiterer Nachbesserungsversuch ebenfalls zum Scheitern

1 *Bülow/Artz*, § 500 BGB Rz. 19.
2 *Palandt/Weidenkaff*, § 440 BGB Rz. 7; a.A. *Faust*, in Bamberger/Roth, § 440 BGB Rz. 33: Risikoprognose.
3 *Staudinger/Stoffels*, Leasing Rz. 269.
4 Sofern man §§ 437 Nr. 2, 440 BGB als eigenständige Anspruchsgrundlage betrachte, kommt ein Rücktritt im Fall des Fehlschlagens auch bei Vorliegen eines unerheblichen Mangels in Betracht, vgl. *Woitkewitsch*, MDR 2005, 1268, 1269.
5 MünchKomm./*Westermann*, § 440 BGB Rz. 10 f.
6 MünchKomm./*Westermann*, § 440 BGB Rz. 13.

verurteilt und also überflüssig sei[1], trägt er die Beweislast für das (vorzeitige) Fehlschlagen der Nacherfüllung.

Ein Fehlschlagen liegt im Fall der Ersatzlieferung nach § 439 Abs. 1 2. Alt. BGB vor, wenn auch die Ersatzsache denselben oder einen anderen Mangel aufweist; es ist regelmäßig nur ein (vergeblicher) **Ersatzlieferungsversuch** hinzunehmen[2]. Diese Einschränkung ist angemessen, da der Unternehmer dem Leasingnehmer im Einzelfall ein Ersatzlieferungsrecht nicht zwingend zubilligen muss (§ 439 Abs. 3 BGB). Zudem erschüttert die Mangelhaftigkeit auch der Ersatzsache die Vertrauensgrundlage, da der Anschein erweckt wird, dass die gesamte Produktionsreihe nicht frei von Fehlern ist. 397

Dem Fehlschlagen steht es gleich, wenn der Lieferant die Nacherfüllung (zu Unrecht) ernsthaft und endgültig verweigert oder diese für den Leasingnehmer unzumutbar wird[3]. **Unzumutbarkeit** kommt insbesondere in Betracht, wenn die Nacherfüllung zu lange andauert[4]. Da die Rechte nach § 437 Nr. 1 und 2 BGB verschuldensunabhängig sind, kommt es auf die im Rahmen der Reparatur auftretenden technischen Schwierigkeiten nicht an. Sofern dem Leasingnehmer während der an sich zu langen Reparaturzeit eine adäquate Leihsache zur Verfügung gestellt wird, liegt ein Fehlschlagen der Nacherfüllung aufgrund unzumutbaren Zuwartens regelmäßig nicht vor. 398

bb) Zeitpunkt des Einwendungsdurchgriffs

Streitig ist, ob der private Leasingnehmer die weitere Bezahlung der Leasingraten bereits ab dem Zeitpunkt der Entdeckung des Mangels[5], ab dem Zeitpunkt des Rücktritts oder der Minderung[6], respektive des Zugangs des Rücktrittserklärung beim Lieferanten[7] bzw. beim Leasinggeber[8] oder erst nach der Einlegung einer auf Nacherfüllung oder Rückabwicklung gerichteten Klage verweigern darf[9]. 399

Meines Erachtens gestattet § 359 Satz 3 BGB dem Leasingnehmer bei Vorliegen eines verbundenen Geschäfts, die weitere Leasingratenzahlung bereits ab dem Zeitpunkt des objektiven Fehlschlagens der Nacherfüllung verweigern; für den Verbraucher ergibt sich somit ein (geringfügiger) Zeitvorteil. Eine derartige Interpretation entspricht dem **Wortlaut** des § 359 400

1 Vgl. *Schubel*, JuS 2002, 313, 317.
2 *Palandt/Weidenkaff*, § 440 BGB Rz. 7.
3 *Palandt/Grüneberg*, § 359 BGB Rz. 3 a.E.
4 *Bitter/Meidt*, ZIP 2001, 2114.
5 So *Staudinger/Stoffels*, Leasing Rz. 269.
6 So *Reiner/Kaune*, WM 2002, 2314, 2323; *Reinking*, DAR 2002, 145, 148.
7 *Löbbe*, BB-Beilage 6/2003, 11; *Graf von Westphalen*, ZIP 2006, 1653, 1660; *Palandt/Weidenkaff*, Einf v § 535 BGB Rz. 58.
8 *Martis/Meinhof*, Verbraucherschutzrecht, S. 77, Rz. 140.
9 So *Beckmann*, WM 2006, 952, 958; *Beckmann*, Finanzierungsleasing, § 5 Rz. 26 f.; ähnlich restriktiv *Tiedtke/Möllmann*, DB 2004, 583, 585 und *Reinicke/Tiedtke*, Kaufrecht, Rz. 1711: „möglicherweise".

Satz 3 BGB. Da die Ausnahmebestimmung nach § 359 Satz 3 BGB bereits eine Einschränkung des weiter gefassten § 359 Satz 1 BGB darstellt, ist eine restriktive Auslegung nicht geboten. Auf den Zeitpunkt der Abgabe der Rücktrittserklärung kann es schon deshalb nicht ankommen, weil der Leasingnehmer bei Fehlschlagen der Nacherfüllung keineswegs gezwungen ist, den Rücktritt zu erklären und den Leasingvertrag über das Institut des Wegfalls der Geschäftsgrundlage in ein Rückgewährschuldverhältnis umzuwandeln. Andernfalls entstünde eine Schutzlücke[1]. Der Leasingnehmer darf auf Nacherfüllung bestehen und diese notfalls einklagen. Auf die Erhebung einer Klage kann es gleichfalls nicht zwingend ankommen; denn das Fehlschlagen der Mangelbeseitigung setzt typischerweise ein wiederholtes Tätigwerden des Lieferanten gemäß § 439 BGB voraus. Folglich läuft der Leasinggeber nicht Gefahr, dass der Leasingnehmer den Mangel nur vorspiegelt, um sich zeitweilig seiner Zahlungsverpflichtung zu entziehen; in diesen Fall wäre nämlich nicht wiederholt versucht worden, den offenbar vorhandenen Fehler zu beseitigen.

401 Ausnahmsweise besteht eine generelle Missbrauchsgefahr, wenn das Fehlschlagen der Nacherfüllung auf eine ernsthafte und endgültige **Erfüllungsverweigerung des Lieferanten** gestützt wird. Diese Verweigerung kann nämlich darin begründet sein, dass ein Mangel nicht vorliegt und also zu Unrecht gerügt wurde. Dennoch erscheint es auch in diesem Ausnahmefall vertretbar, den Einwendungsdurchgriff ab dem Zeitpunkt des (vorgeblichen) Fehlschlagens der Nacherfüllung zu bejahen: Denn der Leasinggeber wird in diesem Fall über eine etwaige Schadensersatzverpflichtung des Leasingnehmers ausreichend geschützt: Da der Leasingnehmer nach den Leasing-AGB gehalten ist, seine (vorgeblichen) Rechte gegenüber dem Lieferanten zeitnah durchzusetzen, droht der Verlust des einzuleitenden Gerichtsprozesses. Wenn sich der behauptete Mangel nicht bestätigt, riskiert der Leasingnehmer erhebliche Regressforderungen. Es dürfte daher kaum vorkommen, dass ein Leasingnehmer sein Einwendungsrecht rechtsmissbräuchlich einsetzt. Wenn der Lieferant ein Fehlschlagen der Nacherfüllung bestreitet, ist dem Leasingnehmer dennoch zu **empfehlen**, erst nach unverzüglicher Klageerhebung gegen den Verkäufer die Zahlung der Leasingraten auszusetzen; andernfalls riskiert er, sich gegenüber dem Leasinggeber schadensersatzpflichtig zu machen[2].

402 Unwirksam sind **Klauseln**, die dem Leasingnehmer ein Recht zur Zurückbehaltung der Leasingraten nur für den Fall zubilligen, dass der Lieferant die Nacherfüllung ablehnt und der Leasingnehmer innerhalb einer bestimmten Frist auf Nacherfüllung klagt (§§ 506, 500, 359 BGB)[3]. Der gesetzliche Einwendungsdurchgriff verpflichtet den Leasingnehmer nämlich nicht zur gerichtlichen Geltendmachung seiner Rechte; eine Klausel, die

1 *Staudinger/Kessal-Wulf*, § 358 BGB Rz. 45 a.E.
2 *Müller-Sarnowski*, DAR 2002, 485, 490.
3 *Reinking*, DAR 2002, 496, 500.

den Leasingnehmer zur gerichtlichen Geltendmachung der abgetretenen Gewährleistungsrechte verpflichtet, muss daher das Zurückbehaltungsrecht des § 359 BGB unberührt lassen. Außerdem darf die Klausel dem Leasingnehmer nicht vorschreiben, welches Recht nach § 437 Nr. 1 bis 3 BGB gegenüber dem Lieferanten einzuklagen ist; der Leasingnehmer kann im Fall des Fehlschlagens der Nacherfüllung zwischen seinen Rechten auf Nachbesserung, Ersatzlieferung, Rücktritt, Minderung und Schadensersatz frei wählen; der Leasinggeber hat im Hinblick auf den Einwendungsdurchgriff lediglich ein schützenswertes Interesse daran, dass im Rahmen des Gewährleistungsprozesses das Vorliegen des behaupteten Mangels geklärt und die Verjährung unterbrochen wird. Zulässig ist daher nur eine Klausel, die den Leasingnehmer allgemein anhält, im Fall der Mangelrüge seine behaupteten Gewährleistungsrechte nach freier Wahl und innerhalb einer angemessenen Frist gerichtlich geltend zu machen. Eine derartige Nebenpflicht erwächst bereits aus dem Leasingvertrag (pFV).

Dem Leasinggeber bleibt es unbenommen, den Leasingnehmer auf Raten- 403
zahlung zu verklagen, sofern sich dieser vor Erhebung der Klage auf § 359 Satz 3 BGB beruft. Der Leasingnehmer trägt in diesem Fall die volle Beweislast für die Begründetheit seiner Einwendung; er ist hinsichtlich des Vorliegens eines Mangels und des Fehlschlagens der Nacherfüllung darlegungspflichtig. Sofern nach Rechtshängigkeit des zwischen Leasinggeber und Leasingnehmer geführten Zahlungsprozesses zwischen Leasingnehmer und Lieferant Gewährleistungsklage erhoben wird, bleibt § 148 ZPO zu beachten. Der Zahlungsprozess ist vorübergehend auszusetzen[1]. Denn die Beweisfrage nach dem Vorliegen des behaupteten Mangels darf in den getrennten Verfahren nicht unterschiedlich beurteilt werden. Der Leasinggeber ist an das Ergebnis des Gewährleistungsprozesses gebunden[2].

cc) Kein Rückforderungsdurchgriff

Freilich wird der Leasingnehmer im Fall des Fehlschlagens der Nacherfül- 404
lung in der Regel den Rücktritt vom Kaufvertrag erklären und sodann den Lieferanten Zug um Zug gegen Aushändigung des Leasingguts auf Rückzahlung des Kaufpreises an den Leasinggeber verklagen.

Nach ganz herrschender Meinung zur früheren Rechtslage sollte durch die 405
begründete Erhebung der gegenüber dem Lieferanten erhobenen Wandelungsklage die Geschäftsgrundlage des Leasingvertrags mit Wirkung ex tunc entfallen; die Rückabwicklung richtete sich nach den §§ 812 ff. BGB[3]. Dem Leasingnehmer stand erst ab Erhebung der Wandelungsklage ein Recht zur Zahlungsverweigerung zu[4]. Fraglich ist, ob diese dogmatischen Konstruktion im Bereich des Verbraucherleasings durch die Verweisung

---

1 *Müller-Sarnowski*, DAR 2002, 485, 490 m.w.N.
2 OLG Köln v. 16.7.2002 – 15 U 30/02, MDR 2003, 212 m.w.N.
3 BGH v. 25.10.1989 – VIII ZR 105/88, BGHZ 109, 139, 142/144.
4 Z.B. BGH v. 19.2.1986 – VIII ZR 91/85, BGHZ 97, 135, 141 ff.

auf die §§ 358, 359 BGB in § 500 BGB obsolet geworden ist. Dem Verbraucher könnte gegenüber dem Leasinggeber ein Rückforderungsanspruch hinsichtlich der vor dem Fehlschlagen der Nacherfüllung bereits gezahlten Leasingraten zustehen.

406 Nach zutreffender Ansicht[1] ist am Institut der **Störung der Geschäftsgrundlage** gemäß § 313 Abs. 3, 346 ff. BGB festzuhalten. Der berechtigte Rücktritt bewirkt weiterhin und ausnahmsweise das Entfallen der Vertragsgrundlage mit Wirkung ex tunc[2]. § 359 BGB enthält keine Regelung, die das Schicksal des Leasingvertrags nach erfolgreich durchgesetzten Rücktritt vom Kaufvertrag betrifft, obgleich die aufgeworfene Fragestellung bereits unter der Geltung des § 9 Abs. 3 VerbrKrG a.F. hoch umstritten war. § 358 BGB stellt auf den Widerruf eines verbundenen Geschäfts, nicht aber auf den Rücktritt vom verbundenen Kaufvertrag gemäß § 437 Nr. 2 BGB ab[3]. Für eine (doppelt) analoge Anwendung der Verweisungsnorm besteht im Hinblick auf die ausdifferenzierte Rechtsprechung zum Wegfall der Geschäftsgrundlage kein Bedürfnis, zumal eine entsprechende Anwendung des § 358 BGB nur bei Verbraucherleasingverträgen diskutabel wäre. Deren Rückabwicklung sollte nicht mutwillig auf eine andere Rechtsgrundlage als die bei der Abwicklung der Leasinggeschäfte im unternehmerischen Geschäftsverkehr einschlägige gestellt werden. Im Übrigen würde der Verbraucher von einer analogen Anwendung nicht profitieren[4], zumal der private Leasingnehmer auch bei Anwendung des § 313 BGB das **Risiko der Insolvenz** des Lieferanten nicht trägt: „Scheitert beim Finanzierungsleasing die Durchsetzung der Wandelung an der Vermögenslosigkeit des Lieferanten, so muss der Leasingnehmer im Verhältnis zum Leasinggeber so gestellt werden, wie er stünde, wenn die Wandelung des Kaufvertrages vollzogen worden wäre"[5]. Aus den §§ 358, 359 BGB erwächst dem Leasingnehmer gegenüber dem Leasinggeber bei Fehlschlagen der Nacherfüllung also kein unmittelbarer Durchgriffsanspruch auf Rückzahlung der bereits gezahlten Leasingraten. Die Vorschriften über verbundene Verträge beschränken sich auf die Einräumung eines präventiven Leistungsverweigerungsrechts[6].

---

1 *Tiedtke/Möllmann*, DB 2004, 583, 585; *Reinicke/Tiedtke*, Kaufrecht, Rz. 1690, 1712 ff.; wohl a.A. *Reiner/Kaune*, WM 2002, 2314, 2322; *Medicus*, Bürgerliches Recht, 21. Aufl. 2007, Rz. 776b.

2 *Reinking*, DAR 2002, 145, 148 in Übereinstimmung zur bisherigen BGH-Rspr.; a.A. *Staudinger/Stoffels*, Leasing Rz. 270: ex nunc, wofür freilich die Bezugnahme auf die §§ 346 ff. BGB spricht.

3 Vgl. *Bülow/Artz*, § 495 BGB Rz. 331.

4 *Reinking*, DAR 2002, 145, 148.

5 BGH v. 25.10.1989 – VIII ZR 105/88, ZIP 1990, 175; dies verkennt offenbar *Staudinger/Stoffels*, Leasing Rz. 270; zur Insolvenzproblematik: *Canaris*, ZIP 1993, 401, 409 ff. und *Beckmann*, MDR 2005, 1207.

6 OLG Frankfurt v. 28.2.2001 – 9 U 117/00, WM 2002, 1275, 1279 für Bankvertrag; *Staudinger/Stoffels*, Leasing Rz. 270; a.A. LG Braunschweig v. 16.6.1994 – 7 S 7/94, NJW 1994, 2701 zur alten Rechtslage.

dd) Mithaftung

Verlangt der Leasinggeber von dem Mithaftenden Zahlung der rückständigen Leasingraten, kann sich grundsätzlich auch der Mithaftende auf die dem Leasingnehmer zustehenden Einwendungen nach §§ 359, 320 BGB berufen. Der Lieferant oder sein Inhaber können als Mithaftende dagegen die vom Leasingnehmer behauptete Schlechterfüllung nicht geltend machen (§ 242 BGB). Da der Lieferant die Leistungsstörung, aus der das Leistungsverweigerungsrecht hergeleitet wird, zu vertreten hat, wäre die Erhebung der Einwendung treuwidrig[1]. 407

6. Verzug

Der Leasinggeber kann sich gegen das Risiko des Zahlungsverzugs nicht 408 durch die **Vorausabtretung von Lohnansprüchen** des privaten Leasingnehmers zur Sicherheit wappnen. Eine entsprechende Klausel wäre gemäß § 307 BGB unwirksam, da der Leasinggeber als Eigentümer der Sache ausreichend gesichert ist und der wirtschaftliche Spielraum des Verbrauchers nicht unangemessen eingeschränkt werden darf[2].

Den Leasinggeber treffen gegenüber einem Mithaftenden in der Regel kei- 409 ne Hinweispflichten bezüglich der Bonität des Leasingnehmers und dem damit verbundenen Risiko eines Zahlungsverzugs des Hauptschuldners[3].

Zahlungsverzug tritt nach der üblichen Gestaltung der Leasingverträge au- 410 tomatisch ein, wenn die fällig gewordene Rate zum vereinbarten Termin dem Empfängerkonto nicht rechtzeitig angewiesen wurde; bei entsprechender Kontodeckung ist nicht auf den Zeitpunkt der **Gutschrift auf dem Empfängerkonto** des Gläubigers abzustellen[4]. Auch der bestehende Zahlungsverzug soll bereits bei rechtzeitiger Anweisung der ausstehenden Schuld enden[5].

Der Verzugseintritt bedarf in der Regel keiner gesonderten Mahnung, weil 411 im Leasingvertrag typischerweise ein kalendermäßig bestimmter Zahlungstermin vorgesehen ist (§ 286 Abs. 2 Nr. 1 BGB). Soweit der Leasingnehmer in Zahlungsverzug gerät, gelten die nachteiligen Rechtsfolgen für den mithaftenden **Gesamtschuldner** nicht automatisch; die verzugsbegründenden Voraussetzungen müssen auch in seiner Person gegeben sein (§ 425 BGB).

---

1 *Beckmann*, Finanzierungsleasing, § 3 Rz. 257.
2 *Beckmann*, Finanzierungsleasing, § 2 Rz. 56.
3 *Beckmann*, Finanzierungsleasing, § 3 Rz. 256.
4 *Palandt/Heinrichs*, § 270 BGB Rz. 6 f.
5 *Palandt/Heinrichs*, § 286 BGB Rz. 33 i.V.m. § 270 BGB Rz. 1, 6 – im Hinblick auf § 362 BGB (Erfüllung durch Gutschrift) fragwürdig.

a) Verzugszinsen

412 Verzugszinsen sind grundsätzlich mit fünf Prozentpunkten über dem jeweiligen Basiszinssatz zu verzinsen (§§ 288 Abs. 1, 247 BGB). Der niedrigere Zinssatz nach §§ 500, 497 Abs. 1 Satz 2 BGB gilt nur für Immobiliengeschäfte[1]. Die Verzugszinsen beziehen sich auf den geschuldeten Leasingzins und sind von diesem zu unterscheiden. Dem Gläubiger bleibt der Nachweis unbenommen, dass tatsächlich ein höherer Verzugsschaden, etwa wegen fortlaufender Kreditierung, entstanden ist (§ 288 Abs. 4 BGB). Bei formularmäßiger Pauschalierung des Verzugsschadens ist § 309 Nr. 5 BGB zu beachten. Dem Verbraucher bleibt demnach der Nachweis, dass tatsächlich ein geringerer als der pauschaliert vereinbarte Verzugsschaden entstanden ist, ausdrücklich vorzubehalten. Die Pauschale darf nicht unangemessen hoch angesetzt werden. Hinsichtlich des gesetzlich geltenden Pauschalzinses nach § 288 Abs. 1 BGB ist dem privaten Leasingnehmer der Nachweis zu gestatten, dass dem Leasinggeber tatsächlich ein geringere Verzugsschaden als pauschaliert veranschlagt entstanden ist (§§ 500, 497 Abs. 1 Satz 3 BGB)[2]. Eine Klausel, die ausschließlich auf die Geltung des gesetzlichen Pauschalzinses abstellt und dem Verbraucher keine **Gegenbeweismöglichkeit** einräumt, dürfte im Hinblick auf §§ 307 Abs. 1 Satz 2, 305c Abs. 2 BGB unwirksam sein.

413 Im Rahmen des Verbraucherleasings wird über die anwendbare[3] Spezialvorschrift des § 497 BGB ein zusätzlicher Schutz erreicht: § 497 Abs. 1 Satz 3 BGB ist eine Sonderregelung gegenüber § 286 Abs. 4 BGB. Der höhere Schaden muss vom Leasinggeber im Einzelfall nachgewiesen werden; eine Schätzung nach § 287 ZPO ist daher ausgeschlossen[4]. Wird der Schaden gemäß §§ 497 Abs. 1 Satz 1, 288 Abs. 1 BGB pauschaliert, kann daneben kein zusätzlicher Verzögerungsschaden gemäß § 280 Abs. 2 BGB verlangt werden[5]. Nach § 497 Abs. 2 BGB wird eine **Zinseszinsberechnung** weitestgehend ausgeschlossen; die Verzugszinsen müssen auf einem gesonderten Konto geführt und dürfen maximal in Höhe des gesetzlichen Zinssatzes nach § 246 BGB verzinst werden. Insofern ist jedoch eine vorangehende Zahlungsaufforderung hinsichtlich des konkret geschuldeten Zinseszinsbetrags erforderlich. Gemäß § 497 Abs. 3 Satz 1 BGB sind im Fall der **Teilleistung** – in Abänderung von § 367 BGB – die nach Verzugseintritt erfolgende Zahlung des Leasingnehmers zunächst mit etwaigen Rechtsverfolgungskosten, dann auf die noch offenen (fälligen) Leasingraten und erst zuletzt auf die Verzugszinsen zu verrechnen. Der Leasinggeber ist abwei-

1 *Beckmann*, Finanzierungsleasing, § 2 Rz. 54; a.A. *Reinking/Eggert*, Autokauf, Rz. 820.
2 *Beckmann*, Finanzierungsleasing, § 2 Rz. 55.
3 *Bülow/Artz*, § 500 BGB Rz. 20.
4 *Palandt/Weidenkaff*, § 497 BGB Rz. 6.
5 OLG Zweibrücken v. 24.7.2000 – 7 U 47/00, WM 2001, 24, 25.

chend von § 266 BGB nicht berechtigt, eine Teilleistung abzuweisen (§ 497 Abs. 3 Satz 2 BGB).

b) Gesamtfälligstellung

Leasingverträge haben i.d.R. eine bestimmte Laufzeit und sind daher nur außerordentlich kündbar (§ 542 Abs. 2 BGB). Die §§ 500, 498 BGB modifizieren das Kündigungsrecht des Leasinggebers nach § 543 BGB zu Gunsten des Verbrauchers. Die Voraussetzungen einer fristlosen Kündigung werden von § 498 BGB **abschließend** erfasst, sofern die Kündigung auf dem Zahlungsverzug des Leasingnehmers beruht[1]. Die Kündigungsmöglichkeit aus sonstigen wichtigen Gründen (§ 314 BGB) bleibt hingegen unberührt[2]. Gleiches gilt für eine Kündigung wegen Gefährdung der Leasingsache (§ 543 Abs. 2 BGB)[3]. 414

Die Wirksamkeitsvoraussetzungen der Kündigung müssen im Zeitpunkt des Zugangs der rechtsgestaltenden Erklärung beim Leasingnehmer zumindest zwischenzeitlich vorgelegen haben. Andernfalls wird die **unwirksame Kündigungserklärung** durch den nachträglichen Eintritt der Tatbestandsvoraussetzungen nicht geheilt; vielmehr ist gegenüber dem Leasingnehmer eine erneute Kündigung auszusprechen. Die Wirksamkeit der Kündigung wird jedoch nicht dadurch ausgeschlossen, dass der Verbraucher vor Ausspruch der ihm angedrohten Kündigung den rückständigen Betrag durch eine **Teilzahlung** wieder unter die Rückstandsquote von 10 oder 5 % zurückführt[4]. Der Verzug und also die Kündigungsmöglichkeit enden erst, wenn der Leasingnehmer bei ausreichender Kontodeckung die bereits fällig gewordenen Zinsen vor dem Zugang der Kündigungserklärung **vollumfänglich** nachgezahlt hat. Insofern soll gemäß den §§ 270 Abs. 4, 269 Abs. 1 BGB auf den **Zeitpunkt der rechtzeitigen Anweisung** der ausstehenden Geldschulden und nicht auf den Zeitpunkt der entsprechenden Gutschrift auf dem Empfängerkonto abzustellen sein[5]. 415

Besteht auf Leasingnehmerseite **Gesamtschuldnerschaft**, ist die Kündigung nur wirksam, wenn sie sämtlichen Schuldner gemeinschaftlich zugeht[6]. Die Kündigungsvoraussetzungen nach § 498 BGB sind im Fall des Schuld- 416

1 *Bülow/Artz*, § 500 BGB Rz. 21.
2 *Palandt/Weidenkaff*, § 500 BGB Rz. 3; *Beckmann*, Finanzierungsleasing, § 3 Rz. 304.
3 *Martis/Meinhof*, Verbraucherschutzrecht, S. 89, Rz. 212; vgl. OLG Koblenz v. 8.1.2002 – 3 U 406/01, MDR 2002, 694 für Kfz-Versicherung.
4 BGH v. 26.1.2005 – VIII ZR 90/04, ZMR 2005, 349, 351 – zweifelhaft; *Wolf/Eckert/Ball*, Handbuch des gewerblichen Miet-, Pacht- und Leasingrechts, Rz. 2071.
5 *Palandt/Heinrichs*, § 286 BGB Rz. 33 m.w.N., § 270 BGB Rz. 1, 6 in gewissem Widerspruch zu § 362 BGB Rz. 9 m.w.N.
6 BGH v. 28.6.2000 – VIII ZR 240/99, MDR 2000, 1235, 1236; BGH v. 27.11.1985 – VIII ZR 316/84, BGHZ 96, 302, 310; *Beckmann*, Finanzierungsleasing, § 3 Rz. 308.

beitritts auch gegenüber dem beitretenden Verbraucher zu erfüllen[1]. Insbesondere die Androhung nach § 498 Abs. 1 Satz 1 Nr. 2 BGB muss vor der Ausübung des Kündigungsrechts gesondert gegenüber beiden beteiligten Verbrauchern erfolgt sein. Eine einheitliche Kündigung ist auch dann zu fordern, wenn nur einer der beteiligten Leasingnehmer den Status eines Verbrauchers oder Existenzgründers aufweist; beispielsweise, wenn der Geschäftsführer einer GmbH neben dieser haften soll[2]. Aus Beweisgründen ist dem Leasinggeber die Versendung der Kündigungserklärung(en) per Einwurf-Einschreiben zu empfehlen.

417 § 498 Abs. 1 Nr. 1 BGB bestimmt, dass die Kündigung nur dann wirksam ist, wenn der Leasingnehmer mit mindestens zwei aufeinander folgenden Teilzahlungen ganz oder teilweise und mit mindestens **10 % bzw. mit 5 %** – bei einer Laufzeit des Leasingvertrags von über drei Jahren – des Nennbetrages des Kredits oder des Teilzahlungspreises in Verzug geraten ist.

418 Vor Ablauf der Widerrufsfrist kann der Leasinggeber dem Leasingnehmer weder rechtswirksam kündigen noch Schadensersatz wegen Nichterfüllung verlangen[3]. Im Hinblick auf § 355 Abs. 3 BGB sollte der Leasinggeber daher größte Sorgfalt auf rechtzeitige Aushändigung einer ordnungsgemäßen Widerrufsbelehrung in Textform legen.

aa) Vertragslaufzeit

419 Der einschlägige Quotient (5 oder 10 %) bemisst sich an der unkündbaren Grundmietzeit des Vertragsverhältnisses. Eine gegebenenfalls eingeräumte **Mietverlängerungsoption** bleibt außer Betracht, weil im maßgeblichen Zeitpunkt des Abschlusses des Leasingvertrags noch nicht feststeht, ob von diesem Recht Gebrauch gemacht werden wird. Da die Mietoption zu Gunsten des Leasingnehmers in den Vertrag aufgenommen wurde, darf sie im Rahmen des § 498 BGB keine Wirkung zu Lasten des Verbrauchers entfalten.

420 Diese Bewertung gilt auch für den kündbaren **Teilamortisationsvertrag mit Abschlusszahlung**. Hier kommt es entscheiden darauf an, zu welchem Zeitpunkt der Leasingnehmer erstmals sein ordentliches Kündigungsrecht ausüben konnte. Bei einer erlasskonformen Vertragsgestaltung wird dies nach frühestens 40 % der betriebsgewöhnlichen Nutzungsdauer des Leasingguts der Fall sein. Selbst wenn der Leasingnehmer während der Grundmietzeit von seinem Kündigungsrecht keinen Gebrauch gemacht hat und den Vertrag also weiterlaufen lässt, wird man bei dieser Bewertung bleiben müssen. Und zwar auch dann, wenn sich der Leasingnehmer erst nach Ab-

---

1 *Reinking/Eggert*, Autokauf, Rz. 1019; a.A. *Beckmann*, Finanzierungsleasing, § 3 Rz. 255, 311.

2 BGH v. 28.6.2000 – VIII ZR 240/99, NJW 2000, 3133, 3136; *Wolf/Eckert/Ball*, Handbuch des gewerblichen Miet-, Pacht- und Leasingrechts, Rz. 2063.

3 *Beckmann*, Finanzierungsleasing, § 3 Rz. 288 m.w.N.

lauf der Grundmietzeit und erstmaliger Kündigungsmöglichkeit im Verzug befindet. Denn nur so ist von vornherein bestimmbar, unter welchen Tatbestandsvoraussetzungen das fristlose Kündigungsrecht des Leasinggebers besteht. Es wird gewährleistet, dass sich die Kündigungsvoraussetzungen während der Vertragslaufzeit nicht ändern; der maßgebliche Quotient darf sich nach zwischenzeitlichem Verstreichenlassen der Kündigungsoption und dem Ablauf von drei Jahren nicht automatisch von 10 auf 5 % reduzieren. Hierfür sprechen insbesondere Transparenzerwägungen: Der Verbraucher muss im Zeitpunkt des Vertragsabschlusses Gelegenheit haben, das Risiko eines künftigen Zahlungsverzugs konkret einzuschätzen; überraschende Veränderungen der Kündigungsvoraussetzungen darf es aus Gründen der Rechtssicherheit nicht geben.

bb) Berechnung des Mindestrückstands

Problematisch ist, dass es beim Finanzierungsleasing weder einen Nennbetrag (wie beim Darlehen) noch einen Teilzahlungspreis (wie beim Abzahlungsgeschäft) gibt. Die Verweisung auf § 498 BGB ist somit interpretationsbedürftig und war lange Zeit umstritten[1]. 421

Die Frage, wie die Rückstandsquote von 10 bzw. 5 % konkret zu berechnen ist, wurde für die Praxis durch eine neuere BGH-Entscheidung weitestgehend geklärt: Es soll im Ergebnis allein auf die **Summe der Brutto-Leasingraten** als maßgebliche Berechnungsgröße abzustellen sein[2]. Hierfür sprechen Praktikabilitäts- und Rechtssicherheitserwägungen. Denn die in den Leasingraten enthaltenen Zinsen und Kosten sind regelmäßig schon deshalb nicht abzugsfähig, weil sie im Leasingvertrag üblicherweise nicht angegeben werden; § 500 BGB verweist gerade nicht auf § 491 Abs. 1 Satz 5 BGB. Der Leasingnehmer kennt also nur die Höhe der monatlich (insgesamt) geschuldeten Leasingrate; wie sich diese im Einzelnen berechnet, bleibt ihm verschlossen. Ohne dezidierte Aufschlüsselung der Zinsen und Kosten kann der Leasingnehmer nicht voraussehen, wann die kritische Rückstandsquote erreicht sein wird. 422

Auch der kalkulierte **Restwert** und oder eine abschließende Sonderzahlung sind nach Ansicht des BGH bei der Berechnung der Rückstandsquote nicht zu berücksichtigen. Ansonsten könnte die Zeit, die bei Ausbleiben der der monatlichen Leasingraten zur Erreichung der Rückstandsquote erforderlich ist, viele Monate betragen. Danach mögliche Wartezeiten von sechs und mehr Monaten wären dem Leasinggeber auch unter Berücksichtigung des von § 498 BGB bezweckten Verbraucherschutzes nicht zumutbar. 423

Eine Mindermeinung ergänzt, dass es bei der Berechnung des Rückstands auf das verzugsrelevante Leistungsvolumen ankomme[3]. Diesem entsprä- 424

1 Zum früheren Meinungsstand: *Engel*, BB 1997, Beilage 6, 24, 25.
2 BGH v. 14.2.2001 – VIII ZR 277/99, NJW 2001, 1349, 1351.
3 *Bülow/Artz*, § 500 BGB Rz. 22.

che die Summe aller vereinbarten Leasingraten, zuzüglich Sonder- und Schlusszahlungen, die der Leasingnehmer in jedem Fall leisten muss. Diese Zahlungen müssten auf die Laufzeit verteilt werden, so dass sich eine einzelne höhere fiktive Leasingrate im Vergleich zur realen Leasingrate ergäbe. Diese fiktive Rate sei Maß des Rückstands[1]. Nach **anderer Auffassung** sind bei Teilamortisationsverträgen sowohl die vom Leasingnehmer während der Grundlaufzeit zu zahlenden Leasingraten als auch der vom Leasingnehmer garantierte Restwert des Leasingguts bei der Ermittlung des Rückstandsbetrags einzubeziehen; maßgeblich soll die Höhe des Vollamortisationsanspruchs des Leasinggebers sein; wie der Leasinggeber die Relation zwischen Leasingraten, Restwert und Abschlusszahlung kalkuliere, sei unbeachtlich, da es auf die Summe der jeweiligen Beträge ankomme[2].

425 Der Ansicht des BGH ist grundsätzlich zu folgen[3]: Von den Leasingraten ist nicht der in ihnen versteckte Betrag abzuziehen, der auf die Verzinsung des dem Leasingnehmer gewährten Kredits fällt; es erfolgt keine Abzinsung[4]. Bei Teilzahlungsgeschäften, welche die Lieferung einer bestimmten Sache zum Gegenstand haben, ist der Teilzahlungspreis maßgebend, also der Gesamtbetrag einschließlich der Zinsen (vgl. § 502 Abs. 1 Nr. 2 BGB). Beim Leasingvertrag, der ebenfalls auf Überlassung einer Sache gerichtet ist, kann die Rechtslage schwerlich anders beurteilt werden. Zwar ist beim Kredit der Nennbetrag des Darlehens (ohne Kreditzinsen) die relevante Bezugsgröße; der Leasingvertrag steht dem Abzahlungsgeschäft jedoch näher als dem Verbraucherdarlehen. Die Gesamtfälligstellung ist daher nur gerechtfertigt, wenn der Betrag, mit welchem der Leasingnehmer im Verzug ist, eine zweifelsfrei bestimmte Höhe erreicht hat. Diese Höhe richtet sich nach dem Betrag, den der Leasingnehmer an den Leasinggeber zu zahlen hat. Das sind vor allem die Leasingraten, gleichgültig wie sie sich errechnen. Die in ihnen steckenden Zinsen sind ein Teil der vom Leasingnehmer zu entrichtenden Gegenleistung. Zwar ist auch beim Darlehen die Zinszahlungspflicht das Entgelt für die Gewährung des Darlehens. Der Darlehensnehmer kann sich dieser Pflicht jedoch jederzeit entziehen (§ 489 Abs. 1 BGB). Zahlt dagegen der Leasingnehmer die Leasingraten vorzeitig zurück, so kann er keine Verminderung in Höhe der in den Raten enthaltenen Zinsen gelten machen; denn § 500 BGB verweist gerade nicht auf § 504 BGB[5].

426 Der Abzug des Zinsgewinns und der Kosten bei der Bestimmung des Referenzbetrags, auf den sich der zehn- bzw. fünfprozentige Schuldrückstand

---

1 OLG Dresden v. 17.1.2001 – 8 U 2796/00, ZMR 2001, 442, 444.
2 *Groß*, DAR 1996, 438, 447; MünchKomm./*Habersack*, § 498 BGB Rz. 13.
3 Dagegen kritisch: *Reinking/Eggert*, Autokauf, Rz. 1021: § 498 BGB knüpft nicht an eine zeitliche Limitierung an; a.A. auch *Möller/Wendehorst*, in Bamberger/Roth, § 498 BGB Rz. 5.
4 A.A. *Slama*, WM 1991, 569, 573 f.; *Marloth-Sauerwein*, Leasing, S. 146 f.
5 *Reinicke/Tiedtke*, Kaufrecht, Rz. 1835.

bezieht, ist folglich auch dann ausgeschlossen, wenn der Leasinggeber die Zusammensetzung seiner Leasingraten im Leasingvertrag freiwillig aufschlüsselt. Zwar wird dem Leasingnehmer in diesem Fall die Möglichkeit gegeben, die Summe der bereinigten Leasingraten und also die konkreten Voraussetzungen der Gesamtfälligstellung im Voraus zu bestimmen. Dem Leasinggeber ist es aber verwehrt, durch seine jeweilige Vertragsgestaltung die Voraussetzungen des Kündigungsrechts nach § 498 BGB zu Ungunsten des Verbrauchers zu modifizieren (§ 506 BGB).

Der Brutto-Summe der Leasingraten ist also in jedem Fall die für die Be- 427
rechnung des prozentualen Zahlungsrückstands relevante Bezugsgröße. Dem Brutto-Betrag ist ein garantierter Restwert bzw. eine vom Leasingnehmer am Vertragsende zu erbringende Sonderleistung nicht pauschal hinzuzurechnen. Dadurch würde die Rückstandquote gegebenenfalls unangemessen hoch und die so genannte Wartezeit könnte sich über Monate hinziehen. Sie würde je länger ausfallen, desto größer der Restwert und desto geringer die kalkulierten Leasingraten wären. § 498 BGB liegt jedoch die Wertung zugrunde, dass der Leasinggeber spätestens nach 10 bis 5 % der Vertragslaufzeit, innerhalb derer sich der Leasingnehmer im Verzug befindet, zur Kündigung berechtigt sein soll[1].

Etwaige Sonder-, Einmal- oder **Anzahlungen**, die der Leasingnehmer bereits 428
beim Abschluss des Leasingvertrags an den Leasinggeber zu leisten hat, sind meines Erachtens in die Bezugsgröße einzubeziehen und den Leasingraten hinzuzurechnen[2]. Die Voraussetzungen der Gesamtfälligstellung dürfen nicht dadurch verringert werden, dass der Leasingnehmer statt höherer Leasingraten zu zahlen derartige Vorleistungen erbringt. Außerdem hat der Leasinggeber diese Zahlungen im Zeitpunkt der Kündigung bereits erhalten, weshalb eine Erleichterung der Kündigungsvoraussetzungen nicht geboten erscheint. Auch § 502 Abs. 1 Nr. 2 BGB („Anzahlung") spricht für die Einbeziehung bereits erfolgter Sonderzahlungen; insbesondere bei Verträgen mit Kaufoption steht der Leasingvertrag dem Teilzahlungsgeschäft näher als dem Darlehensvertrag.

Anders liegt es jedoch bei Rechnungsposten, die im Zeitpunkt einer nach 429
§ 498 BGB in Betracht kommenden Kündigung noch nicht feststehen. Der dem Kündigungsrecht inhärente Gedanke der besonderen Kreditgefährdung kann aus der ex-ante Betrachtung des Leasinggebers im Zeitpunkt seiner Entscheidung über die Kündigung keine Rolle spielen, weil offen ist, ob die fragliche Zahlung kreditiert werden muss. Im Fall eines Erwerbsrechts des Verbrauchers ist der **Optionspreis** deshalb außer Acht zu lassen. Gleiches gilt bei **Kilometerabrechnungsverträgen** (Kfz-Leasing) im Hinblick auf den

---

1 *Reinicke/Tiedtke*, Kaufrecht, Rz. 1833.
2 *Müller-Sarnowski*, BB 1994, 446, 447; a.A. *Wolf/Eckert/Ball*, Handbuch des gewerblichen Miet-, Pacht- und Leasingrechts, Rz. 2067; ob BGH v. 14.2.2001 – VIII ZR 277/99, NJW 2001, 1349, 1351 auch auf anfängliche, oder nur auf abschließende Sonderzahlungen abstellt, bleibt unklar.

zu erwartenden Verwertungserlös[1]. Aus diesem Grunde kann der Restwert der zurückzugebenden Sache bei ungewissem Verwertungserlös nicht berücksichtigt werden[2]. Es besteht im Zeitpunkt der möglichen Kündigung zumindest Unklarheit bezüglich der Höhe der zukünftig zu verrechnenden Größen. Außerdem steht nicht fest, ob das Leasinggut nach Ablauf der Vertragslaufzeit überhaupt noch vorhanden sein und also verwertet werden wird (Teilamortisationsvertrag mit Mehrerlösbeteiligung); das Risiko des zwischenzeitlichen Untergangs oder der zwischenzeitlichen Verschlechterung trägt bekanntlich der Leasingnehmer. Gegen die Einbeziehung des kalkulierten Restwerts spricht der bereits angesprochene Umstand, dass insofern lange Wartezeiten zu Lasten des Leasinggebers entstünden; dieser hat im Fall des nicht unerheblichen Zahlungsverzugs des Leasingnehmers ein schutzwürdiges Interesse an der zeitnahen Wiedererlangung seines Eigentums; denn das Leasinggut, das oftmals die einzige Sicherheit des Leasinggebers darstellt, droht durch den Weitergebrauch an Wert zu verlieren.

430 Problematisch ist, dass der Leasinggeber durch die Art der Vertragsgestaltung (z.B. Teilamortisationsvertrag mit Abschlusszahlung) die Voraussetzungen des Kündigungsrechts nach § 498 BGB im Ergebnis modifizieren kann. Dennoch dürfte die BGH-Rechtsprechung auch im Hinblick auf das **Umgehungsverbot** nach § 506 BGB unbedenklich sein. Es ist nicht erforderlich, dass der rückständige Zahlungsbetrag 10 oder 5 % des Vollamortisationsanspruchs des Leasinggebers ausmacht. Zwar ist der kalkulierte Restwert des Leasingguts Teil der für das Leasing kennzeichnenden Vollamortisation. Wenn bei der Berechnung der Bezugsgröße der Betrag der zukünftigen Abschlusszahlung des Leasingnehmer unberücksichtigt bleibt, wird jedoch **keine Regelung zu Lasten des Verbrauchers** getroffen; es erfolgt lediglich keine Regelung zu Gunsten des Leasingnehmers: Würde man nämlich den Restwert der maßgeblichen Bezugsgröße hinzu rechnen, könnte der Leasinggeber, der die Restzahlung noch nicht erhalten hat, erst relativ spät kündigen; dies erschiene als ungerechtfertigte Privilegierung des Leasingnehmers, zumal die monatlichen Leasingraten wegen der beabsichtigten Abschlusszahlung relativ gering bemessen wären und dennoch vom Leasingnehmer nicht fristgemäß aufgebracht werden. Anders gesagt: Zwar ist die Bezugsgröße ohne Hinzurechnung des kalkulierten Restwerts relativ gering und ein prozentualer Rückstand in Höhe von 10 oder 5 % also relativ schnell erreicht. Allerdings sind in diesem Fall auch die monatlichen Leasingraten relativ gering bemessen und dementsprechend das Risiko des Eintritts eines erheblichen Zahlungsverzugs gemindert.

431 Die Kündigung setzt voraus, dass sich der Leasingnehmer zumindest mit **zwei aufeinander folgenden Leasingraten** wenigstens teilweise im Verzug befindet. Der rückständige Gesamtbetrag ist aus allen offenen oder teil-

1 *Bülow/Artz*, § 500 BGB Rz. 22.
2 *Engel*, MDR 2000, 797, 801; *Reinicke/Tiedtke*, Kaufrecht, Rz. 1834; a.A. *Reinking/Nießen*, ZIP 1991, 634, 638.

weise offenen Raten zu berechnen und nicht bloß aus den jeweils aufeinander folgenden[1]. Das Vorliegen des Verzugs ist bezüglich jedes einzelnen Schuldpostens zu prüfen. Verzug setzt ein Verschulden des Schuldners voraus (§ 286 Abs. 4 BGB); ein bloßer Rückstand ist nicht ausreichend. Unwirksam ist daher eine Klausel, die dem Leasinggeber ein Kündigungsrecht gemäß den Voraussetzungen nach § 498 BGB bei verschuldensunabhängigem „Zahlungsrückstand" einräumt[2]. Zweifelhaft sind auch die beim Kfz-Leasing verwendeten Kündigungsklauseln entsprechend der VDA-Empfehlung (Abschnitt XIV). Diese orientieren sich nicht an § 498 BGB, sondern stellen lediglich auf einen Kündigungsgrund wegen Vermögensverschlechterung ab (Nr. 2)[3].

cc) Zahlungsfrist

Zu den Voraussetzungen der wirksamen Kündigung gehört, dass der Lea- 432
singgeber dem Leasingnehmer vor dem Ausspruch der Kündigung erfolglos eine qualifizierte Zahlungsfrist von **zwei Wochen** gesetzt hat. Der Verbraucher ist darauf hinzuweisen, dass bei Nichtzahlung innerhalb der Frist die gesamte Restschuld fällig gestellt werden wird. (§ 498 Abs. 1 Satz 1 Nr. 2 BGB). Es ist erforderlich, dass der Leasinggeber den rückständigen Betrag, von dessen Zahlung der Fortbestand des Vertrags abhängen soll, genau und **korrekt beziffert**[4]. Selbst ein geringfügig zuviel berechneter Zahlungsrückstand, auch fehlerhaft berechnete Mahngebühren, können zur Unwirksamkeit der Kündigungserklärung führen[5]. Riskant ist insofern die Einbeziehung von Kosten und sonstigen Nebenleistungen, die das Klauselwerk des Leasinggebers zwar vorsieht, die der Leasingnehmer aber aus rechtlichen Gründen nicht oder zumindest nicht in der vertraglich vorausgesetzten Höhe schuldet[6]. Mahnspesen oder die Kosten für Rücklastschriften sollte der Leasinggeber daher unberücksichtigt lassen; derartige Nebenkosten können nach Ausspruch der Abmahnung und Kündigung nachberechnet werden[7].

Keine Zuvielforderung von Verzugszinsen liegt jedoch vor, wenn der Lea- 433
singgeber die geforderten Zinsen nicht nur auf den Zeitpunkt der Nachfristsetzung berechnet, sondern bereits auf den Zeitpunkt bezieht, in welchem die zweiwöchige Frist abläuft. Allerdings muss die Berechnung hinreichend deutlich machen, dass sie auch diese zukünftig zu erwartenden Zinsenschulden erfasst. Dagegen ist nicht zu fordern, dass der Lea-

1 *Palandt/Weidenkaff*, § 498 BGB Rz. 5.
2 *Martis/Meinhof*, Verbraucherschutzrecht, S. 89 f., Rz. 213 ff.
3 Kritisch: *Müller-Sarnowski*, DAR 2004, 608, 611.
4 *Beckmann*, Finanzierungsleasing, § 8 Rz. 92; *Reinking/Eggert*, Autokauf, Rz. 1019.
5 BGH v. 26.1.2005 – VIII ZR 90/04, ZIP 2005, 406, 408.
6 *Wolf/Eckert/Ball*, Handbuch des gewerblichen Miet-, Pacht- und Leasingrechts, Rz. 2071.
7 *Moseschus*, FLR 2005, 122.

singgeber bereits im Androhungsschreiben die Restschuld nach Gesamtfälligstellung beziffert[1]. Denn diese Schuld wird erst im Zeitpunkt der Kündigung fällig. Ausreichend ist daher die Androhung, dass bei nicht fristgemäßer Zahlung der ausstehenden Zinsen die Restschuld fällig gestellt werden wird. Eine Verkürzung der zweiwöchigen Frist darf im Androhungsschreiben nicht ausgesprochen werden; eine Fristverlängerung ist nach § 506 BGB möglich.

434 Nicht ausreichend konkret ist jedenfalls die Aufforderung zur Bezahlung der rückständigen Leasingraten „für mehrere aufeinanderfolgende Fälligkeiten". In der Kündigungsandrohung sollte auch nicht der Zahlungseingang innerhalb der gesetzten Frist gefordert werden, da Geldschulden gemäß §§ 270 Abs. 4, 269 Abs. 1 BGB Schickschulden sind; maßgeblich ist also die rechtzeitige Zahlungsanweisung des Geldschuldners[2].

435 Der Zweck der Kündigungsandrohung liegt darin, dem Leasingnehmer unmissverständlich seine kritische Situation vor Augen zu führen. Ihm soll eine letzte Chance eröffnet werden, die Kündigung des Leasingvertrags abzuwenden. Die Kündigungsandrohung muss daher gesondert und vor der Kündigung ausgesprochen werden[3]. Die **Verbindung von Androhungs- und Kündigungsschreiben** ist schon deshalb nicht möglich, weil die Kündigung als rechtsgestaltende Willenserklärung bedingungsfeindlich ist. Das Androhungsschreiben kann also keine präventive Kündigungserklärung für den Fall der nicht rechtzeitigen Zahlung der angemahnten Leasingraten und Zinsbeträge enthalten.

436 Aus Beweisgründen ist dem Leasinggeber zu empfehlen, die Zahlungsaufforderung per Einschreiben/Rückschein versenden, da er die Darlegungslast hinsichtlich des Zugangs und des qualifizierten Inhalts der Mahnung trägt. Ein bloßes Einschreiben soll hinsichtlich des Zugangs noch keinen Anscheinsbeweis begründen[4]. Mängel der Erklärung führen zur Unwirksamkeit der Kündigung[5]. Ein **Gesprächsangebot** nach § 498 Abs. 1 Satz 2 BGB sollte in der Mahnung angeboten werden; es ist im Hinblick auf die Kündigung jedoch keine Wirksamkeitsvoraussetzung. Allerdings kann sich der Leasinggeber aus positiver Forderungsverletzung schadensersatzpflichtig machen, wenn er dem Leasingnehmer keine Gesprächsbereitschaft signalisiert. Freilich wird der Leasingnehmer kaum beweisen können, dass der durch die Gesamtfälligstellung eingetretene Schaden im Fall eines rechtzeitigen Gesprächsangebots abgewendet worden wäre. Denn der Leasinggeber ist im Fall des Verzugs nicht gehalten, dem Schuldner weiteren Zahlungsaufschub zu gewähren. Ein Gespräch kann daher nur den Sinn ha-

---

1 OLG Oldenburg v. 2.6.2003 – 15 U 29/03, DAR 2003, 460, 461.
2 *Beckmann*, Finanzierungsleasing, § 3 Rz. 302 m.w.N.
3 *Wolf/Eckert/Ball*, Handbuch des gewerblichen Miet-, Pacht- und Leasingrechts, Rz. 2062.
4 BGH v. 24.4.1996 – XI ZR 217/95, NJW 1996, 2033, 2035.
5 *Palandt/Weidenkaff*, § 498 BGB Rz. 6.

ben, gemeinsam zu eruieren, ob dem Leasingnehmer bislang nicht erkannte Finanzquellen kurzfristig eröffnet werden können.

Erst nach ergebnislosem Fristablauf steht es dem Leasinggeber frei, die Kündigung zu erklären, jedoch nur innerhalb einer **angemessenen Zeit**[1]. Andernfalls muss der Leasinggeber vor der Aufkündigung des Leasingvertrags vorab eine erneute Androhung erklären und sodann erneut kündigen. Angemessen dürfte in der Regel eine Kündigungsfrist von einer Woche nach Ablauf der Zweiwochenfrist sein, sofern das Gesprächsangebot lediglich für den Zeitraum der letzten Nachfrist gemacht wird. Bietet der Leasinggeber über den Ablauf der Zweiwochenfrist hinausgehende Gesprächsbereitschaft an, ist die angemessene Kündigungsfrist großzügiger zu bemessen. In Anlehnung an § 626 Abs. 2 Satz 1 BGB dürften zwei Wochen angemessen sein. 437

Die Möglichkeit der erneuten Kündigung hat der Leasinggeber auch dann, wenn die erste Androhungserklärung wegen eines Zustellungsfehlers oder inhaltlichen Mängeln unwirksam war. Nach Ansicht des BGH ist es *nicht* erforderlich, dass die Kündigungsvoraussetzungen im Zeitpunkt des Zugangs der zweiten Kündigungserklärung noch vorliegen. § 498 BGB sei dahin zu interpretieren, dass das Kündigungsrecht des Leasinggebers entsteht, sobald der Leasingnehmer mit einem Betrag in Verzug gerät, der die maßgebliche Rückstandsquote erreicht (s.o. Rz. 421 ff.). Der Leasingnehmer könne das Kündigungsrecht nur dann abwenden, wenn er den rückständigen Betrag vor Ausspruch der wirksamen Kündigung **vollständig zurückzahlt**[2]. Hierfür spräche, dass die vorherige Androhungserklärung den gesamten rückständigen Betrag zu konkretisieren hat. Es würde den Leasingnehmer verwirren, wenn er sich der Kündigung auch durch zwischenzeitliche Teilzahlung entziehen könne. Die zweifelhafte Ansicht des BGH korrespondiert mit der herrschenden Meinung zum Kündigungsrecht nach § 543 Abs. 2 Satz 1 Nr. 3, Abs. 2 Satz 1 BGB[3]. 438

Der Leasinggeber verliert seinen Anspruch auf die Leasingraten, wenn eine von ihm ausgesprochene Kündigung des Leasingvertrags tatsächlich unwirksam ist, der Leasingnehmer die Kündigung jedoch für wirksam hält und der Aufforderung des Leasinggebers folgend die Sache zurückgibt[4]. 439

dd) Zinsvergütung

Nach der (wirksamen) Kündigung eines Finanzierungsleasingvertrags durch den Leasinggeber kann die Abzinsung nicht allein anhand der Lea- 440

1 *Palandt/Weidenkaff*, § 498 BGB Rz. 7.
2 BGH v. 26.1.2005 – VIII ZR 90/04, ZIP 2005, 406, 407 mit Nachweisen zur abweichenden Ansicht; *Beckmann*, Finanzierungsleasing, § 8 Rz. 94.
3 *Palandt/Weidenkaff*, § 543 BGB Rz. 27; BGH v. 14.7.1970 – VIII ZR 12/69, ZMR 1971, 27, 28 f.
4 BGH v. 28.6.2000 – VIII ZR 240/99, NJW 2000, 2133, 3137.

singraten durchgeführt werden, weil und soweit Sonder- und Schlusszahlungen durch den Leasingnehmer zu berücksichtigen sind und das Leasinggut zurück zu geben ist. Zudem hat ein etwaiger Verwertungserlös in die Berechnung einzufließen.

441 Die mit der Kündigung sofort fällig gestellte Restschuld ist bei Vorliegen der Verzugsvoraussetzungen zu verzinsen. Dem Leasinggeber ist daher zu empfehlen, den Restschuldbetrag in der Kündigungserklärung konkret zu beziffern und den Leasingnehmer zur sofortigen Zahlung aufzufordern; die **Mahnung** kann und sollte mit der Kündigungserklärung verbunden werden. Verzug tritt nur bei korrekter Berechnung der Restschuld, nicht aber im Fall der Zuvielforderung ein.

442 Das Gesetz schreibt vor, dass für die Berechnung der infolge der fristlosen Kündigung nicht mehr geschuldeten zukünftigen Zinsen und sonstigen laufzeitabhängigen Kosten eine staffelmäßige Berechnung durchzuführen ist. Der Leasingnehmer schuldet gemäß § 498 Abs. 2 BGB nur die bis zum Zeitpunkt der Kündigung geschuldeten Leasingraten zuzüglich kündigungsunabhängiger Sonder- und Schlusszahlungen (z.B. Gebühren für den Leasingantrag, Bearbeitungskosten im Zusammenhang mit der Bonitätsprüfung, etwaige Vermittlungsprovisionen). Aus diesem der Restschuld entsprechenden Betrag sind die laufzeitabhängigen Kosten (Zinsen, Disagio, etwaige Kosten der Vertragsüberwachung, Objektsteuern, Versicherungsprämien) staffelmäßig herauszurechnen[1]. Die durch die vorzeitige Beendigung des Leasingvertrags nicht mehr verdienten **Gewinnanteile des Leasinggebers** bleiben also außer Betracht. Eine staffelmäßige Berechnung ist deshalb erforderlich, weil der Leasingnehmer nur den Gewinnanteil schuldet, der bis zur Vertragskündigung entstanden ist; die Leasingraten setzen sich jedoch aus einem Kapital- und einen Zinsanteil zusammen, wobei der Zinsanteil gegenüber dem Tilgungsanteil mit fortschreitender Laufzeit zurücktritt[2]. Auch beim Teilamortisationsvertrag mit Mehrerlösbeteiligung oder mit Abschlusszahlung ist der Restamortisationsanspruch abzuzinsen. Abschließend ist der Verwertungserlös für das Leasinggut anzurechnen, der bei bestmöglicher und zumutbarer Verwertung erzielt worden wäre. Dieser Betrag entspricht dem Nettosaldo, der mit Zugang der Kündigung fällig wird, ohne dass zugleich auch insoweit die Verzugsvoraussetzungen erfüllt sein müssten. Den der Kalkulation zugrunde liegende Zins muss der Leasinggeber offenlegen. Andernfalls tritt keine Fälligkeit ein, so dass der Anspruch des Leasinggebers nicht begründet ist[3]. Soweit im Zusammenhang mit einer fristlosen Kündigung eine Vorfälligkeitsentschädigung anfällt, weil sich der Leasinggeber kongruent zu der

1 Zur konkreten Berechnungsmethode: MünchKomm./*Habersack*, § 498 BGB Rz. 26 ff.
2 *Peters*, WM 1992, 1797, 1805.
3 *Bülow/Artz*, § 500 BGB Rz. 23.

Dauer des Leasingvertrags refinanzierte, bleibt diese Schadensposition nach dem Schutzzweck des § 498 BGB außer Betracht.

443 Das Gebot der **bestmöglichen Verwertung**[1] führt dazu, dass der Leasinggeber gehalten ist, das Leasinggut an einen vom Leasingnehmer vorgeschlagenen Drittkäufer oder auch an den Leasingnehmer selbst[2] zu veräußern, sofern dieser bereit und in der Lage ist, einen höheren Kaufpreis als den bei Veräußerung an den Fachhandel erzielbaren zu entrichten. Der Leasinggeber muss den Leasinggeber in jedem Fall informieren, bevor er die Sache unterhalb des vom Sachverständigen geschätzten Händlereinkaufswerts verkauft[3].

444 Unwirksam ist eine formularvertragliche Regelung, wonach der Leasingnehmer binnen kürzester Frist ab Bekanntgabe des Schätzwertgutachtens einen geeigneten Kaufinteressenten zu benennen hat (**Zweiwochenklausel**)[4]. Der Leasinggeber wird in diesem Fall von seiner Pflicht zur bestmöglichen Verwertung nicht entbunden, wenn der Leasingnehmer keinen Dritt-Käufer benennt, der für die Sache mehr als den Händlereinkaufspreis zahlen würde[5]. Eine ausreichende Frist für die Selbstbenennung muss dem Leasingnehmer jedoch nicht gewährt werden, wenn er zum Ankauf des Leasingguts wirtschaftlich offensichtlich nicht in der Lage ist[6]. Eine Geschäftsbedingung, nach welcher der Leasinggeber im Fall der fristlosen Kündigung nur einen Teil des tatsächlich erzielten Verwertungserlöses anrechnen muss, ist gleichfalls unzulässig (**90 %-Klausel**)[7].

445 Bei Beendigung des Leasingvertrags gelten gegenüber dem Mithaftenden die gleichen Abrechnungsgrundsätze wie gegenüber dem Leasingnehmer selbst. Der Leasinggeber muss im Rahmen seiner Pflicht zur bestmöglichen Verwertung dem Mithaftenden die Möglichkeit zur Verwertung einräumen[8].

446 Es wird seit der Einführung des § 475 BGB vertreten, dass der von einem privaten Drittkäufer angebotene numerisch höhere Preis deshalb unbeachtlich sei, weil der Leasinggeber im Rahmen des **Verbrauchsgüterkaufs** mit einer zumindest einjährigen Gewährleistungsverpflichtung nach §§ 434 ff. BGB belastet würde (vgl. § 475 Abs. 2 BGB). Ein höheres Angebot sei nur dann relevant, wenn es von Seiten eines Unternehmers stamme. Eine schuldhafte Pflichtverletzung des Leasinggebers könne im Zweifel nicht

1 Hierzu: *Tiedtke/Möllmann*, DB 2004, 915.
2 BGH v. 6.4.1997 – VIII ZR 312/96, BB 1997, 1758.
3 LG Halle v. 20.9.2002 – 1 S 279/01, NJW-RR 2003, 121.
4 OLG Düsseldorf v. 30.3.2004 – I-24 U 193/03, ZMR 2004, 571, 572 f.; OLG Dresden v. 11.11.1998 – 8 U 3066/97, NJW-RR 1999, 703, 704.
5 OLG Düsseldorf v. 9.2.1999 – 24 U 10/98, NJW-RR 1999, 1661.
6 OLG Brandenburg v. 23.2.2000 – 13 U 209/99, NJW-RR 2001, 277.
7 BGH v. 26.6.2002 – VIII ZR 147/01, ZMR 2002, 810, 811.
8 *Beckmann*, Finanzierungsleasing, § 3 Rz. 258.

angenommen werden, wenn dieser die Sache nur an einen unternehmerischen Käufer veräußern will[1].

447 Dieser Auffassung ist nicht zu folgen: Ob ein Gewährleistungsfall jemals eintreten und durchsetzbar sein wird, ist spekulativ und im Hinblick auf die Verschleißteilproblematik bei gebrauchten Sachen fraglich. Orientierungspunkt für die bestmögliche Verwertung muss grundsätzlich der objektiv zu schätzende Wert der Sache sein; diese Schätzung beinhaltet die Frage nach dem Vorliegen noch unentdeckter Mängel. Da der gewinnorientierte Fachhandel für das Leasinggut regelmäßig einen unterhalb des objektiven Werts der Sache liegenden Preis bieten wird, kann dessen Höchstgebot nicht maßgeblich sein. Entscheidend ist, dass der Leasinggeber die Sache vor dem Verkauf an den Meistbietenden eingehend prüfen kann. Er sollte mit dem potentiellen Käufer ein Zustandsprotokoll erstellen. Da § 476 BGB bei gebrauchten Sachen grundsätzlich keine Anwendung findet, ist das Risiko, dass der Käufer später das Vorliegen eines Mangels bei Gefahrenübergang beweisen kann, sehr gering. Es erscheint lediglich diskutabel, die Mehrkosten einer derartigen Prüfung oder die Kosten einer Gebrauchtgarantieversicherung[2] beim Preisvergleich zu berücksichtigen. Dagegen spricht jedoch, dass auch der Fachhandel vor dem Erwerb des Leasingguts eine eingehende Prüfung der Ware durch den Leasinggeber verlangen dürfte, zumal das Leasinggut dem Unternehmer ohne Gewährleistung verkauft würde. Gebrauchtgarantieversicherungen wird es nicht für alle denkbaren Leasinggüter geben. Die Problematik der potentiellen Gewährleistungskosten lässt sich aber im Streitfall über die **Begutachtung** des Leasingobjekts lösen: Ergibt das Sachverständigengutachten, dass die Sache zum Zeitpunkt der Verwertung frei von Mängeln ist, muss der Leasinggeber, der das niedrigere Gebot des Fachhandels annehmen und die Sache also unter Wert verkaufen wollte, die Kosten der Begutachtung tragen; bei der Verrechnung ist das höhere Gebot des Verbrauchers maßgeblich. Ergibt das Gutachten, dass die Sache (unerkannte) Fehler aufweist und die Befürchtungen des Leasinggebers also berechtigt waren, trägt der Leasingnehmer die Kosten; er riskiert zusätzlich, dass der Verwertungserlös in Kenntnis der tatsächlichen Produktbeschaffenheit erheblich sinkt.

448 Abschließend ist darauf hinzuweisen, dass ein auf Vollamortisation gerichteter Schadensersatzanspruch des Leasinggebers ausscheidet, wenn dieser während einer nach §§ 500, 355 BGB tatsächlich noch nicht abgelaufenen Widerrufsfrist (vgl. § 355 Abs. 3 Satz 3 BGB) den Leasingvertrag kündigt[3].

---

1 *Godefroid*, BB 2002, Beilage 5 zu Heft 27, 2, 9 f.; *Beckmann*, Finanzierungsleasing, § 8 Rz. 247 und Rz. 257 f.; kritisch auch: *Assies*, BKR 2002, 319: Gewährleistungsbürgschaft; *Müller-Sarnowski*, DAR 2002, 485, 492; offengelassen von *Wolf/Eckert/Ball*, Handbuch des gewerblichen Miet-, Pacht- und Leasingrechts, Rz. 1989.

2 Vgl. BGH v. 1.6.2005 – VIII ZR 234/04, ZGS 2005, 355, 357 für Anpassung eines Kaufoptionsrechts.

3 *Beckmann*, Finanzierungsleasing, § 8 Rz. 129.

IV. Fernabsatzgeschäfte

Nach den §§ 312b, 312d, 355 ff. BGB sind Fernabsatzverträge grundsätzlich frei widerrufbar. Gemäß §§ 312c, 312e BGB gelten besondere – durch die BGB-InfoV konkretisierte – Belehrungspflichten. Ausweislich der Legaldefinition in § 312b Abs. 1 und 2 BGB sind Fernabsatzgeschäfte Verträge über die Lieferung von Waren oder über die Erbringung von Dienstleistungen, einschließlich Finanzdienstleistungen, die zwischen einem Unternehmer und einem Verbraucher unter ausschließlicher Verwendung von Fernkommunikationsmitteln abgeschlossen werden, es sei denn, dass der Vertragsabschluss nicht im Rahmen eines für den Fernabsatz organisierten Vertriebs- oder Dienstleistungssystems erfolgt. Fernkommunikationsmittel sind Kommunikationsmittel, die zur Anbahnung oder zum Abschluss eines Vertrags zwischen einem Verbraucher und einem Unternehmer ohne gleichzeitige körperliche Anwesenheit der Vertragsparteien eingesetzt werden können, insbesondere Briefe, Kataloge, Telefonanrufe, Telekopien, E-Mails, sowie Rundfunk, Tele- und Mediendienste. 449

Tatsächlich erfreut sich das Verbraucherleasing im Internetverkehr einer wachsenden Bedeutung[1]. Dennoch bedarf das als Fernabsatzvertrag zustande gekommene Leasinggeschäft keiner ausführlichen Kommentierung. Dies hat folgende Gründe: 450

Da der Verbraucherleasingvertrag bei Nichteinhaltung der **Schriftform** nach §§ 500, 492, 126 BGB unwirksam ist, kommt ein fernvertraglicher Geschäftsabschluss nur sehr eingeschränkt in Betracht. Allein der unter Abwesenden per Brief zustande gekommene Leasingvertrag könnte ein wirksames Fernabsatzgeschäft begründen. Telefonisch geschlossene Verbraucherleasingverträge wären unwirksam; via Internet und E-Mail erfolgte Vertragsabschlüsse genügten allenfalls dem Textformerfordernis nach § 126b BGB oder der elektronischen Form nach § 126a BGB, nicht aber dem Schriftformerfordernis nach § 126 BGB. 451

Allerdings fällt nicht jeder brieflich erfolgte Vertragsabschluss unter den Begriff des Fernabsatzgeschäfts, da der Unternehmer im Rahmen eines auf den Fernabsatz ausgerichteten Organisationsbetriebs agieren muss. Praktisch denkbar sind Internetportale von Leasinghändlern, auf denen der Vertragsabschluss mit dem Verbraucher lediglich abschlussreif ausgehandelt wird. Nach Auswahl der Ware und Überprüfung der Bonität des Kunden übersendet der Leasinggeber dem Verbraucher eine Vertragsurkunde, die dieser unterzeichnet zurück schickt. Auf diese Weise kann ein formwirksamer Verbraucherleasingvertrag als Fernabsatzgeschäft per **Brief** abgeschlossen werden. 452

1 Vgl. *Grässle*, BB-Beilage Nr. 5/2002, 32; siehe auch www.leasing.de für Elektroleasing; www.ffs-leasing.de für Neuwagenleasing.

453 Nach dem Ausschlusstatbestand des § 312b Abs. 3 Nr. 3 BGB a.F. fanden die Vorschriften über Fernabsatzverträge keine Anwendung auf Verträge über „Finanzgeschäfte". Seit Inkrafttreten des FernAbsÄndG sollen „Finanzdienstleistungen" jedoch in den Anwendungsbereich des § 312b Abs. 1 Satz 1 BGB n.F. fallen; gemäß § 312b Abs. 1 Satz 2 BGB n.F. sind **Finanzdienstleistungen** Bankdienstleistungen, sowie Dienstleistungen im Zusammenhang mit einer Kreditgewährung, Versicherung, Altersversorgung von Einzelpersonen, Geldanlage oder Zahlung. Ob Finanzierungsleasingverträge „Finanzdienstleistungen" im Sinne der Vorschrift sind, war und ist umstritten[1]. Nach herrschender Ansicht sollen Verbraucherleasingverträge Finanzdienstleistungen i.S.d. § 312b Abs. 1 Satz 2 BGB sein und die §§ 312b ff. BGB also Anwendung finden.

454 Folgt man dieser Auffassung, ergeben sich gravierende Konsequenzen: Der Leasinggeber[2] müsste dem Verbraucher vor Abschluss des schriftlichen Vertrags die nach § 312c BGB Abs. 1 BGB i.V.m. § 1 BGB-InfoV angezeigten Informationen zukommen lassen. Er hätte beispielsweise über die ladungsfähige Anschrift (Nr. 3), die Mindestlaufzeit des Vertrags (Nr. 5) und das Bestehen eines Widerrufsrechts oder Rückgaberechts (Nr. 10) vorab zu informieren. Zudem blieben die Belehrungspflichten nach § 312c Abs. 2 BGB zu beachten, die bis zum Zeitpunkt der Warenanlieferung erfüllt werden könnten. Sollten die Informationsverpflichtungen nicht ordnungsgemäß erfolgen, käme ein unbegrenztes[3] Widerrufsrecht des Leasingnehmers in Betracht (§ 355 Abs. 3 Satz 3 BGB).

455 Zwar ordnet § 312d Abs. 5 BGB den grundsätzlichen **Vorrang** des Widerrufsrechts nach den §§ 500, 495, 355 BGB an. Dies gilt jedoch nur, sofern und solange ein Widerrufsrecht nach den genannten Vorschriften neben einem Widerrufsrecht gemäß §§ 312b, 312d, 355 BGB tatsächlich besteht und einen ausreichenden Schutz garantiert. Ab dem Zeitpunkt der Verfristung des bei ordnungsgemäßer Belehrung zwei Wochen lang bestehenden Rechts nach § 495 BGB würde daher das bei fehlender oder mangelhafter Belehrung nach § 312d BGB fortbestehende Widerrufsrecht wieder aufleben[4]. Entscheidend wäre, dass auf einen im Wege des Fernabsatzgeschäfts abgeschlossenen Verbraucherleassingvertrag § 312d Abs. 2 BGB Anwendung fände (§ 312d Abs. 5 Satz 2 BGB): Der Verbraucher müsste abweichend von den §§ 355 Abs. 2 Satz 1, 500, 495 BGB darüber belehrt werden,

---

1 Vgl. *Palandt/Grüneberg*, § 312b BGB Rz. 10b; MünchKomm./*Wendehorst*, § 312b BGB Rz. 74; *Martis/Meinhof*, Verbraucherschutzrecht, Rz. 25; *Weber*, NJW 2005, 2195; *Reinking/Eggert*, Autokauf, Rz. 844; *Reinking*, DAR 2002, 145, 148, der wohl versehentlich § 312 Abs. 3 Nr. 1 BGB zitiert; *Weber*, NJW 2005, 2195; *Reinking/Eggert*, Autokauf, Rz. 844.

2 A.A. wohl *Beckmann*, Finanzierungsleasing, § 1 Rz. 168a und § 2 Rz. 19, der auf etwaige Informationspflichten des Lieferanten abstellt.

3 *Reinking/Eggert*, Autokauf, Rz. 844; vgl. aber *Palandt/Grüneberg*, § 312c BGB Rz. 12.

4 Vgl. *Palandt/Grüneberg*, § 312a BGB Rz. 2.

dass die **Widerrufsfrist nicht vor Erhalt des Leasingguts** zu laufen beginnt; Belehrungen, die sich am ungenauen Wortlaut der Musterbelehrung gemäß Anlage 2 zu § 14 BGB-InfoV orientieren, wären nach zutreffender Ansicht unwirksam (!)[1].

Eine weitere Konsequenz wäre, dass der Verbraucher eine Rückzahlungsklage nach Widerruf gemäß § 312d BGB gemäß § 29c ZPO analog am **Gerichtsstand** seines Wohnsitzes führen dürfte[2]. 456

Meines Erachtens unterfallen Finanzierungsleasingverträge jedoch nicht dem § 312b Abs. 1 Satz 1 und 2[3]. Hierfür sprechen folgende Erwägungen: 457

Wie aufgezeigt, widerspricht das Schriftformerfordernis nach §§ 500, 492 BGB den meisten Typen des Fernabsatzgeschäfts; denn Fernabsatzgeschäfte zielen regelmäßig auf formfrei zu schließende Verträge ab (z.B. telefonische Vertragsabschlüsse). Ein Leasingvertrag ist als atypischer Mietvertrag (mit Elementen des Kaufsvertrags) zu klassifizieren und also weder als Dienstvertrag i.S.d. § 611 BGB, noch als Kreditvertrag i.S.d. §§ 488, 491 BGB zu bewerten. Denn der Leasinggeber schuldet dem Leasingnehmer lediglich die Gebrauchsüberlassung bezüglich des Leasingobjekts, das bei einem Dritten gekauft und erworben wird. Nach der (älteren) EG-Verbraucherkredit-Richtlinie[4], sind Finanzierungsleasingsverträge als Mietverträge zu klassifizieren[5]. In § 1 Abs. 1a Nr. 1 bis 8 KWG wird das Leasing gerade *nicht* als Finanzdienstleistung definiert. 458

Gegen eine **restriktive Auslegung** des § 312b Abs. 1 Satz 2 BGB sprechen keine zwingenden Gründe, da der Verbraucher über den spezielleren Tatbestand des § 500 BGB ausreichend geschützt ist. Vielmehr streiten systematische Erwägungen, dafür, dass der **Verbraucherleasingvertrag keine Finanzdienstleistung** i.S.d. § 312b Abs. 1 BGB ist: § 500 verweist nicht auf § 503 Abs. 1 BGB; das Widerrufsrecht soll im Rahmen des Verbraucherleasings durch ein Rückgaberecht nach § 356 BGB also gerade nicht ersetzbar sein. Die Ersetzungsmöglichkeit des Widerrufsrechts nach § 312d BGB wird für Fernabsatzverträge indessen ausdrücklich angeordnet (§ 312d Abs. 1 Satz 2 BGB). Die alternative Anwendbarkeit der §§ 312b ff. BGB neben den spezialgesetzlich einschlägigen §§ 500, 495 BGB würde daher zu einem Wertungswiderspruch und zu einer Verwirrung des ggf. zweigleisig zu belehrenden Verbrauchers führen (vgl. §§ 312c Abs. 1 BGB, 1 Nr. 10 BGB-InfoV). Die Konkurrenzvorschrift des § 312d Abs. 5 BGB vermag diesen Widerspruch nicht zufriedenstellend aufzulösen. 459

---

1 LG Halle v. 13.5.2005 – 1 S 28/05, VuR 2006, 411; *Kaufmann*, CR 2006, 764, 769 m.w.N.
2 *Zöller/Vollkommer*, § 29c ZPO Rz. 4; *Woitkewitsch*, CR 2006, 284 ff.
3 A.A. *Beckmann*, Finanzierungsleasing, § 3 Rz. 262a; *Weber*, NJW 2005, 2195.
4 V. 22.12.1986 des Rates der Europäischen Gemeinschaften zur Angleichung der Rechts- und Verwaltungsvorschriften der Mitgliedsstaaten über den Verbraucherkredit, ABl. Nr. L 42/48 v. 12.2.1987.
5 *Zahn*, DB 1994, 617, 618 m.w.N.

M. Pkw-Leasing

I. Erscheinungsformen

1 Nach wie vor ist das Auto das beliebteste Leasinggut. Im Jahr 2005 wurden insgesamt 1 030 500 Leasingverträge über Pkws und Kombis abgeschlossen. Während die Zahl der Zulassungen gegenüber 2004 um 2,3 % stieg, erhöhte sich damit die Zahl der Leasingverträge über diese Fahrzeuge um 8 %[1]. 2006 kam es zu einem – vorübergehenden (vgl. Rz. 2) – Rückgang des privaten Pkw-Leasing, da die Autobanken im Vorfeld der Mehrwertsteuererhöhung am 1.1.2007 ihren Privatkunden statt Leasing vermehrt Kredite angeboten haben[2]. Der Großteil der Leasingverträge über Pkw und Kombi wird von herstellereigenen oder herstellerverbundenen Leasinggesellschaften abgeschlossen. Bezogen auf alle geleasten Straßenfahrzeuge beträgt der Anteil markenunabhängiger Gesellschaften etwa 25 %[3].

2 Die Leasinggesellschaften des Pkw-Leasing-Markts bieten Konditionen an, die weit unter Marktniveau liegen. Das macht es **auch für Privatleute attraktiv**, einen Pkw zu leasen, obwohl ihnen die steuerlichen Vorteile (dazu Kap. A) nicht zugute kommen. Hinzu kommt der generelle Vorteil des Leasing, dass sich der Leasingnehmer nicht um die Verwertung des Fahrzeugs kümmern muss. Privatleute schließen häufig alle zwei bis drei Jahre einen Leasingvertrag über das neueste Modell ab[4].

1. Die Vertragsmodelle der Leasingerlasse

3 Beim Pkw-Leasing finden sich in erster Linie Vertragsmodelle des **Teilamortisationserlasses** vom 22.12.1975 (Anh. Rz. 2). Die Modelle des **Vollamortisationserlasses** vom 19.4.1971 (Anh. Rz. 1) trifft man vor allem in speziellen Segmenten des Kfz-Marktes an. Das gilt etwa für Leasingverträge über stark beanspruchte Nutzfahrzeuge, beispielsweise im Baustellenbetrieb, die einem schnellen Wertverfall unterliegen[5]. Gleiches gilt für ausgefallene Modelle, wie Liebhaberfahrzeuge, bei denen die Verwertungschance schwer abzuschätzen ist.

4 Der Vollamortisations-[6] wie der Teilamortisationserlass[7] geht davon aus, dass bei den in den Erlassen behandelten Vertragsmodellen der Leasingneh-

---

1 ifo Schnelldienst Nr. 23/2006, S. 22.
2 *Städtler*, FLF 2007, 29; dazu auch *Wassermann*, FLF 2007, 209, 211.
3 ifo Schnelldienst Nr. 23/2006, S. 24; *Wassermann*, FLF 2007, 209, 211.
4 Vgl. *Berninghaus* in Büschgen, Leasing-Handbuch, § 15 Rz. 1.
5 *Reinking/Eggert*, Rz. 823.
6 Erlass des Bundesministers der Finanzen v. 19.4.1971, abgedr. im Anh., Rz. 1.
7 Erlass des Bundesministers der Finanzen v. 22.12.1975, abgedr. im Anh., Rz. 2.

mer mit den geschuldeten Leistungen die **Amortisation der vertragsbedingten Kosten** des Leasinggebers bewirkt[1].

2. Nicht erlasskonforme Leasingverträge

a) Abgrenzung gegenüber den Vertragsmodellen der Leasingerlasse

Nicht unter die Modelle der Erlasse fallen Leasingverträge, bei denen weder – wie das der Vollamortisationserlass[2] voraussetzt – die Leistungen des Leasingnehmers während der Grundmietzeit die vertragsbedingten Kosten des Leasinggebers einschließlich seines kalkulierten Gewinns decken, noch – wie das die Vertragstypen des Teilamortisationserlasses[3] kennzeichnet – die dadurch erforderliche Restamortisation durch eine zusätzliche Einstandspflicht des Leasingnehmers für die Erzielung eines bestimmten Restwerts abgesichert ist. Zu den nicht erlasskonformen Varianten gehört beim Pkw-Leasing insbesondere der **Kilometerabrechnungs-Vertrag**, der vor allem im Verbraucherleasing verbreitet ist. Der Leasingnehmer tilgt mit den für die unkündbare Vertragsdauer vereinbarten Leistungen – den Leasingraten, einer eventuellen Sonderzahlung und einem eventuellen Entgelt für Mehrkilometer – nur einen Teil der Gesamtkosten des Leasinggebers. Darin erschöpfen sich die von ihm zu erbringenden Zahlungen. Ob der Leasinggeber mit der Verwertung des zurückgegebenen Fahrzeugs die Amortisation seines Kapitaleinsatzes und seines Gewinns realisieren kann, betrifft den Leasingnehmer nicht. Wie bei anderen Leasingverträgen, bei denen der Leasingnehmer nicht die Vollamortisation schuldet (Rz. 38 f.), trägt der Leasinggeber beim Kilometerabrechnungs-Vertrag das Restwertrisiko[4]. Dass der Leasingnehmer einen Minderwert ausgleichen muss[5], wenn das Fahrzeug bei der Rückgabe übermäßig abgenutzt, beschädigt oder mangelhaft ist, ändert daran nichts. Die Haftung für den vertragsgemäßen Zustand gehört zur leasingspezifischen Pflichtenlage, die den Leasingnehmer bei jedem Finanzierungsleasingvertrag trifft. Auch wenn die nach dem Vertrag geschuldeten Leistungen des Leasingnehmers die Vollamortisation herbeiführen sollen, führt ein Minderwert des Fahr- 5

1 Das bedeutet freilich nicht, dass der Leasingnehmer über die vertraglich vereinbarten Leistungen – wie Sonderzahlung, Leasingraten, Restwertgarantie – hinaus, dafür einzustehen hätte, dass der tatsächliche Aufwand des Leasinggebers getilgt wird; ausführlich dazu Rz. 41 ff.

2 Erlass des Bundesministers der Finanzen v. 19.4.1971, abgedr. im Anh., Rz. 1.

3 Erlass des Bundesministers der Finanzen v. 22.12.1975, abgedr. im Anh., Rz. 2.

4 Für derartige Verträge generell: *Reinking*, S. 33; für den Kilometervertrag: BGH v. 1.3.2000 – VIII ZR 177/99, NJW 2000, 1303, 1304 m.w.N.; MünchKomm./*Habersack*, § 506 BGB Rz. 12; *Wolf/Eckert/Ball*, Rz. 2019; *Graf von Westphalen*, Voraufl., Rz. 1207; *Groß*, DAR 1996, 438, 441.

5 Zu den Voraussetzungen einer Ausgleichsverpflichtung vgl. AG Korbach v. 27.7.1999 – 3 C 32/99, DAR 2001, 172; *Müller-Sarnowski*, DAR 2002, 485, 493.

zeugs zu einer – zusätzlichen – Ausgleichsverpflichtung des Leasingnehmers[1].

6 Nach der **Konzeption** des Kilometerabrechnungs-Vertrages decken eine Sonderzahlung, die während der Vertragslaufzeit zu zahlenden Leasingraten und die Vergütung eventueller Mehrkilometer den **Wertverlust** des Fahrzeugs, der während der Vertragslaufzeit voraussichtlich eintritt, wenn das Fahrzeug vertragsgemäß und im Umfang der Gesamtfahrleistung zzgl. eventueller Mehrkilometer genutzt wird. Hinzukommt der **Verwertungserlös**, den der Leasinggeber für das zurückgegebene Fahrzeug erzielt. Zusammen mit den Leistungen des Leasingnehmers soll er die volle Amortisation des vom Leasinggeber eingesetzten Kapitals einschließlich des kalkulierten Gewinns sicherstellen.

b) Das wirtschaftliche Eigentum beim Kilometerabrechnungs-Vertrag

7 Wer wirtschaftlicher Eigentümer des Leasinggegenstandes ist, bestimmt sich nach § 39 Abs. 2 Nr. 1 AO. Die Leasingerlasse sind Verwaltungsanweisungen, die § 39 Abs. 2 Nr. 1 AO für die in den Erlassen beschriebenen Modelle des Finanzierungsleasingvertrages auslegen[2]. Für Leasingverträge, die wie der Kilometerabrechnungs-Vertrag nicht zu diesen Modellen gehören, ist die Frage nach dem wirtschaftlichen Eigentum am Leasingfahrzeug unmittelbar durch **Auslegung des § 39 Abs. 2 Nr. 1 AO** zu beantworten[3]. Der Marktwert des Fahrzeugs am Vertragsende steht beim Kilometer-Vertrag allein dem Leasinggeber zu. Auf dessen Seite liegt sowohl die Chance einer Wertsteigerung wie das Risiko eines Wertverlusts[4]. Um den Restwert zu realisieren, muss der Leasinggeber bei Vertragsende von seinem Herausgabeanspruch Gebrauch machen. Dass der Leasinggeber beim Kilometerabrechnungs-Vertrag wirtschaftlicher Eigentümer des Leasingfahrzeugs i.S.d. § 39 Abs. 2 Nr. 1 AO ist, kann daher nicht in Frage gestellt werden[5].

8 Daran ändern auch die **Serviceleistungen** nichts, die der Leasinggeber beim Pkw-Leasing häufig übernimmt (Rz. 13 ff.). Aus der Sicht des Leasinggebers dienen sie – außer der Komplettierung des Leasingangebots und der Erzielung zusätzlicher Einnahmen – auch der Werterhaltung des Leasingobjekts[6].

---

1 Aus der Verpflichtung des Leasingnehmers zu einem Minderwertausgleich lässt sich daher kein reduziertes Restwertrisiko des Leasinggebers beim Kilometervertrag herleiten; so aber wohl BGH v. 1.3.2000 – VIII ZR 177/99, NJW 2000, 1303, 1304; vgl. dazu *Graf von Westphalen*, Voraufl., Rz. 963; vgl. auch Rz. 34 mit Fn. 1 und Rz. 39 mit Fn. 6.

2 Vgl. dazu *Bordewin/Tonner*, Rz. 86; *Spittler*, S. 153 ff.; MünchKomm./*Habersack*, Leasing Rz. 14; *Zahn/Bahmann*, Rz. 75 f.

3 *Bordewin/Tonner*, Rz. 86; *Spittler*, S. 155; *Graf von Westphalen*, BB 1988, 1829, 1830.

4 Vgl. etwa BGH v. 14.7.2004 – VIII ZR 367/03, NJW 2004, 2823, 2824; *Reinicke/Tiedtke*, Rz. 1671 m.w.N.

5 *Spittler*, S. 50, 153 ff.; *Graf von Westphalen*, Voraufl., Rz. 1208, 1232.

6 *Graf von Westphalen*, Voraufl., Rz. 1233.

3. Marktbedeutung der unterschiedlichen Vertragsmodelle des Pkw-Leasing

In der Praxis des Pkw-Leasing stehen im Vordergrund der **Kilometerabrechnungs-Vertrag** (Rz. 33 ff.) und der sog. **Leasingvertrag mit Mehrerlösbeteiligung** (Rz. 72 ff.), der zu den Vertragsmodellen des Teilamortisationserlasses[1] gehört. Den Rechten des Leasingnehmers auf die Beteiligung an einem Mehrerlös entspricht bei diesem Vertrag die Verpflichtung, einen Mindererlös auszugleichen, wenn der Verwertungserlös bei Vertragsende hinter dem vereinbarten Restwert zurückbleibt[2]. 9

Der **Vertrag mit Andienungsrecht** und der **kündbare Leasingvertrag**, beides ebenfalls Modelle des Teilamortisationserlasses[3], haben demgegenüber geringere Bedeutung. Verträge mit Andienungsrecht werden gelegentlich im privaten Pkw-Leasing abgeschlossen. Die Schuldrechtsreform hat die Abwicklung dieser Verträge kompliziert. Der BGH und die herrschende Meinung stellen den privaten Leasingnehmer, dem bei Vertragsende das Fahrzeug angedient wird, hinsichtlich etwaiger Mängel einem Verbraucher gleich, der einen ihm bis dahin nicht bekannten Gebrauchtwagen kauft[4] (Rz. 29 f.). 10

Diese **Haftung** gefährdet die Erzielung des kalkulierten Restwerts und damit die Amortisation der vertragsbedingten Kosten. Dagegen kann sich der Leasinggeber dadurch absichern, dass dem Leasingnehmer im Leasingver- 11

---

1 Erlass des Bundesministers der Finanzen v. 22.12.1975, abgedr. im Anh., Rz. 2.

2 Vgl. statt aller *Zahn/Bahmann*, Rz. 84 ff.

3 Erlass des Bundesministers der Finanzen v. 22.12.1975, abgedr. im Anh., Rz. 2.

4 Vgl. BGH v. 21.12.2005 – VIII ZR 85/05, NJW 2006, 1066, 1068 (ob dem Verbraucher-Leasingnehmer sämtliche kaufrechtlichen Gewährleistungsrechte eingeräumt werden müssen, hat der BGH allerdings offen gelassen); *Beckmann*, § 3 Rz. 223 f.; *Müller-Sarnowski*, DAR 2002, 485, 493; *Graf von Westphalen*, ZGS 2002, 89, 90; *Wolf/Eckert/Ball*, Rz. 1993 f.; a.A. *Reinking*, ZGS 2002, 229, 234 f., der eine erneute Haftung des Leasinggebers für Sachmängel zu Recht als eine groteske Konsequenz bezeichnet; dessen Überlegung, den Gefahrübergang zu Beginn des Leasingvertrages zugleich als Gefahrübergang im Rahmen des Kaufvertrages anzusehen, der nach Beendigung des Leasingvertrages abgeschlossen wird, lässt jedoch außer Acht, dass der Gefahrübergang im Rahmen eines Leasingvertrages eine andere Risikostruktur betrifft als der im Rahmen eines Kaufvertrages; vgl. auch *Reinking/Eggert*, Rz. 1004, mit dem Hinweis auf die Instandhaltungspflicht des Leasingnehmers, die dem späteren Käufer entgegengehalten werden kann; das gilt allerdings nur für Mängel, deren Beseitigung unter die leasingvertragliche Instandhaltungspflicht fiel. Eine interessengerechte Lösung, die zugleich das Leasing weder zusätzlich kompliziert noch teurer macht, müsste den Leasingvertrag und die Abwicklung eines Andienungsrechts oder einer Kaufoption als einheitliches Geschäft begreifen, mit der Konsequenz, dass nicht der Kaufvertrag des gesetzlichen Leitbilds vorliegt, sondern ein Vertrag, dessen interessengerechte Struktur von der Rechtsprechung zu entwickeln wäre – vergleichbar der Argumentation, mit der *Flume*, DB 1991, 265, 269, sich gegen die Auffassung gewandt hat, der Kaufvertrag zwischen Leasinggeber und Lieferant unterscheide sich in nichts vom Handelskauf des § 377 HGB (vgl. dazu Rz. 24 mit Fn. 7).

trag die Pflicht auferlegt wird, zu Gunsten des Leasinggebers eine Garantiekosten- oder eine Reparaturkostenversicherung abzuschließen oder deren Kosten zu tragen[1].

12 Der **kündbare Leasingvertrag** verbindet ein vorzeitiges Kündigungsrecht des Leasingnehmers mit der Verpflichtung, durch eine Abschlusszahlung den Leasinggeber so zu stellen, wie er bei Ende der regulären Vertragszeit gestanden hätte. In der Praxis ist dieser Vertragstyp selten zu finden. Die Rechtsprechung des BGH war ursprünglich gegenüber diesem Modell sehr restriktiv[2].

4. Zusätzliche Dienstleistungen des Leasinggebers beim Pkw-Leasing

13 In der Praxis des gewerblichen Pkw-Leasing haben **zusätzliche Dienstleistungen des Leasinggebers** heute großes Gewicht[3]. Die Palette der angebotenen Dienstleistungen reicht vom Teil-Service-Vertrag, bei dem der Leasinggeber etwa Abschluss und Aufrechterhaltung der Versicherungen, Zahlung der Kfz-Steuern und der GEZ-Gebühren übernimmt, bis zum Full-Service-Vertrag[4]. Insbesondere Hersteller-Leasinggesellschaften sind in der Lage, über die typischen Leistungen eines Teil-Service-Vertrages hinaus durch ihre Händler- und Werkstättennetze Dienstleistungen wie Verschleißreparaturen, Wartung, Inspektionen, Reifenersatz sowie TÜV-Abnahme und ASU-Prüfung günstig anzubieten.

14 Diese Dienstleistungen stellen eine dem Vertragszweck des Leasingvertrages – Nutzungsüberlassung von Fahrzeugen – zu- und **nachgeordnete Serviceleistung** dar. Das gilt auch heute, obwohl diese Dienstleistungen bis zum „Fuhrpark-Management-System" (Rz. 17) ausgeweitet wurden.

15 Beim sog. „**Flotten-Leasing**" oder „**Fuhrpark-Leasing**" können Leasingnehmer-Betriebe, die eine größere Zahl von Fahrzeugen vorhalten müssen, darüber hinaus Verwaltungs- und Controlling-Aufgaben auslagern, insbesondere an herstellereigene Leasinggesellschaften, die diesen Markt beherrschen[5]. Vorteile sind über die Einsparung von Personalkosten hinaus – der auf Fuhrparkverwaltung spezialisierte Leasinggeber bzw. der von ihm

---

1 Vgl. dazu BGH v. 1.6.2005 – VIII ZR 234/04, NJW-RR 2005, 1421, 1422, der die Vereinbarung einer Kaufoption ergänzend dahin ausgelegt hat, dass – als Folge des nach Abschluss des Vertrages in Kraft getretenen neuen Schuldrechts – der Käufer zusätzlich zu dem vereinbarten Kaufpreis die Kosten der Gebrauchtwagengarantieversicherung zu tragen hat.

2 Vgl. BGH v. 31.3.1982 – VIII ZR 125/81, NJW 1982, 1747 und – korrigierend – BGH v. 12.6.1985 – VIII ZR 148/84, BGHZ 95, 39, 54 f.; ausführlich dazu etwa *Zahn/Bahmann*, Rz. 98 ff.

3 Ausführlich *Lützenkirchen*, in Eckstein/Feinen, S. 241 ff.; *Engel*, § 1 Rz. 31 ff.; *Tacke*, S. 167 ff.

4 *Tacke*, S. 167 f.

5 *Tacke*, S. 168.

beauftragte Unternehmer kann diese Aufgabe kostengünstiger bewältigen –, dass das vereinbarte Full-Service-Paket eine feste Kalkulationsgrundlage für den Fuhrpark als Kostenfaktor bietet und über ein Berichtswesen mit Kostenanalyse zugleich das Kostenmanagement erleichtert.

Eine umfassende Kostenanalyse setzt insbesondere die Kontrolle des Treibstoffverbrauchs und der Reparaturkosten voraus. Mit **Tank- bzw. Servicekarten**, speziellen Kreditkarten, die Leasinggesellschaften etwa in Zusammenarbeit mit Mineralölgesellschaften in ihr Dienstleistungspaket integriert haben[1], lassen sich Treibstoffverbrauch und die Inanspruchnahme von Reparaturen erfassen. 16

Beim sog. „**Fuhrpark-Management-System**" werden alle beim Betrieb der Fahrzeuge anfallenden Dienstleistungen von der Leasinggesellschaft übernommen, einschließlich des Treibstoffmanagements, des Schadenmanagements und eines Mietwagenservices[2]. Je umfassender die ausgelagerten Serviceleistungen sind, umso ausgefeilter ist die Auswertung sämtlicher kostenverursachender Faktoren in einem EDV-generierten Berichtswesen, das dem Leasingnehmer allgemeine und individuelle Verbrauchs- und Wirtschaftlichkeitskontrollen ermöglicht. 17

Die auf dem Markt angebotenen **Dienstleistungspakete sind schwer zu vergleichen**, da sie unterschiedlich zusammengesetzt sind. Hinzu kommt ihre Verbindung mit unterschiedlichen Vertragsmodellen, die wiederum hinsichtlich Sonderzahlung und Restwert variieren können[3]. 18

An der **Rechtsnatur des Leasingvertrages** beim Pkw-Leasing ändert die zusätzliche Übernahme dieser Dienstleistungen nichts. Wird ein Kilometerabrechnungs-Vertrag oder ein Vertrag mit Gebrauchtwagenabrechnung – wie erwähnt (Rz. 9) sind das die vorherrschenden Vertragsmodelle des Leasingvertrages beim Pkw-Leasing – durch die Vereinbarung eines Full-Service-Pakets oder durch die Übernahme eines Teils der erwähnten Dienstleistungen ergänzt, liegen regelmäßig getrennte Verträge vor. Wird ein Service-Vertrag mit einem Leasingvertrag in einem Vertrag verbunden, liegt ein gemischter Vertrag vor. Bei diesem sog. **Kombinationsvertrag** gilt für die einzelnen Rechte und Pflichten das Recht des speziellen Vertragstyps[4]. 19

1 *Tacke*, S. 169.
2 *Lützenkirchen*, in Eckstein/Feinen, S. 248 f.; *Tacke*, S. 168 f.
3 *Tacke*, S. 170.
4 BGH v. 9.12.1974 – VII ZR 182/73, BGHZ 63, 306, 312; Hans. OLG Hamburg v. 12.8.1976 – 6 U 58/76, VersR 1977, 567; vgl. dazu *Palandt/Grüneberg*, Überbl. vor § 311 BGB Rz. 21, 25. Es gilt also entweder Leasingvertragsrecht oder – wenn es um die Erbringung der zusätzlichen Leistungen geht – das Recht der Dienstverträge (§§ 611 ff. BGB) oder der Werkverträge (§§ 632 ff. BGB).

II. Recht des Pkw-Leasingvertrages und Schuldrechtsreform

1. Allgemeines Leasingvertragsrecht

20 Die in den **Leasingerlassen** behandelten Vertragstypen des Pkw-Leasing – also alle erwähnten mit Ausnahme des Kilometerabrechnungs-Vertrages (Rz. 5 ff., 33 ff.) und anderer Verträge, bei denen die Amortisation des Kapitaleinsatzes des Leasinggebers durch die Kombination der Leistungen des Leasingnehmers mit der allein vom Leasinggeber zu verantworteten Realisierung des Restwerts angestrebt wird (Rz. 38 f.) – können **auch andere Leasingobjekte als Fahrzeuge** zum Gegenstand haben. Für diese Vertragstypen gilt daher das allgemeine Leasingvertragsrecht, auf das verwiesen werden kann (Kap. C–K).

2. Auswirkungen der Schuldrechtsreform

21 An dem spezifischen Recht des Leasingvertrages, das – orientiert an der Interessenlage der Parteien des Leasingvertrages und am leasingtypischen Dreiecksverhältnis, das den Lieferanten einbezieht – in der Rechtsprechung des BGH entwickelt wurde, hat das neue Schuldrecht nichts Wesentliches geändert (Kap. H Rz. 16)[1]. Soweit die Ansprüche der Parteien mietrechtlicher Natur sind – nach der Rechtsprechung des BGH ist der Leasingvertrag in erster Linie nach Mietrecht zu beurteilen (Kap. B Rz. 2) – ist das neue Verjährungsrecht zu beachten[2]. Das gilt jedoch für das Leasing allgemein. In ihren Auswirkungen speziell auf das Pkw-Leasing hervorzuheben sind jedoch die – ebenfalls für Leasingverträge generell geltenden – Veränderungen des kaufrechtlichen Mängelrechts, das über die leasingtypische Abtretungskonstruktion (Kap. H Rz. 1 ff.) in den Leasingvertrag einbezogen wird und das auch bei der Verwertung des Leasingfahrzeugs nach Vertragsende eine zentrale Rolle spielt.

a) Abtretung der kaufrechtlichen Mängelrechte

22 Ob dem Verbraucher im Rahmen der **Abtretungskonstruktion** (Kap. H Rz. 16) **sämtliche Mängelrechte** eingeräumt werden müssen, die ihm bei einem Verbrauchsgüterkauf zustünden, ist nicht geklärt[3]. Dass für Unter-

---

1 Vgl. BGH v. 21.12.2005 – VIII ZR 85/05, NJW 2006, 1066, 1067 f. (zum Ausschluss der mietrechtlichen Gewährleistung und zur Abtretungskonstruktion); OLG Stuttgart v. 24.8.2005 – VI W 39/04, DB 2005, 2188; *Reinking/Eggert*, Rz. 848; *Staudinger/Stoffels*, Leasing Rz. 216 ff.; MünchKomm./*Habersack*, Leasing Rz. 80; *Engel*, NWB 2005, 265 ff.; *Tiedtke/Möllmann*, DB 2004, 583 ff.; *Zahn*, DB 2002, 985 ff.

2 Vgl. dazu *Wolf/Eckert/Ball*, Rz. 1941, 1987, 1996.

3 Der BGH hat die Frage im Urt. v. 21.12.2005 – VIII 85/05, NJW 2006, 1066, 1068 offen gelassen; bejahend: *Reinking/Eggert*, Rz. 864 ff., 872 f.; *Graf von Westphalen*, Vertragsrecht und AGB-Klauselwerke, Leasing Rz. 97; *Godefroid*, BB-Beilage

nehmer ein anderes kaufrechtliches Mängelrecht gilt als für Verbraucher, wirkt sich in der Praxis des Kfz-Leasing bisher in erster Linie bei der Verwertung der Leasingfahrzeuge aus und bei der Gestaltung bzw. der Ausübung eines Andienungsrechts (Rz. 29) oder einer Kaufoption[1].

aa) Regelung der Mängelrechte in den Beschaffungsverträgen

Beim **Verkauf fabrikneuer Pkw** hat der Handel von der Möglichkeit, in Verträgen mit Unternehmern weniger weitgehende Mängelrechte vorzusehen, bisher kaum Gebrauch gemacht. Das ist auf die **Neuwagen-Verkaufsbedingungen (NWVB)**[2] zurückzuführen, die nicht zwischen Verbrauchern und Unternehmern differenzieren. So wird in dem zwischen Unternehmern abgeschlossenen Kaufvertrag über das Leasingfahrzeug generell weder die Haftung für Mängel auf ein Jahr begrenzt[3], noch abweichend von § 439 Abs. 1 BGB die Entscheidung zwischen Nachbesserung und Ersatzlieferung beim Verkäufer angesiedelt bzw. das Recht des Käufers zunächst auf Nachbesserung beschränkt[4] oder die Ersatzlieferung ausgeschlossen[5]. 23

Der Leasinggeber, für den das Kfz-Leasing nicht das Standardgeschäft ist bzw. der zu **anderen Kaufvertragsbedingungen als den NWVB** den Beschaffungsvertrag abschließt, muss darauf achten, dass ihm die kaufrechtlichen Rechte eingeräumt werden, die er an einen Verbraucher als Leasingnehmer weitergeben muss[6]. Dies kann in der Weise geschehen, dass für den Kaufvertrag zwischen ihm und dem gewerblichen Verkäufer – also einen Vertrag unter Unternehmern – das strenge Verbraucherkaufrecht gilt oder dass der Verkäufer sich verpflichtet, dieses Recht dann anzuwenden, wenn der Leasingnehmer Verbraucher ist[7]. Stehen dem Leasinggeber aus dem Be- 24

Nr. 2/2002, 8; a.A. MünchKomm./*Habersack*, Leasing Rz. 39 f.; *Reinicke/Tiedtke*, Rz. 1736; *Tiedtke/Möllmann*, DB 2004, 583, 589.

1 Vgl. dazu BGH v. 1.6.2005 – VIII ZR 234/04, NJW-RR 2005, 1421.

2 Die NWVB sind eine unverbindliche Empfehlung des Zentralverbandes Deutsches Kraftfahrzeuggewerbe e.V. (ZDK), des Verbandes der Automobilindustrie e.V. (VDA) und des Verbandes der Importeure von Kraftfahrzeugen (VDIK); abgedr. bei *Reinking/Eggert*, Anlage 1.

3 Vgl. dazu § 309 Nr. 8b ff i.V.m. § 438 Abs. 1 Nr. 3 BGB; zur Zulässigkeit der Begrenzung vgl. MünchKomm./*Basedow*, § 309 Nr. 8 BGB Rz. 69 ff.; *Zahn*, DB 2002, 985, 989 f.

4 Vgl. *Zahn*, DB 2002, 985, 988 f.

5 Zur Zulässigkeit der Beschränkung auf Nachbesserung ausführlich *Zahn*, DB 2002, 985, 988 f.; ebenso *Arnold* in Dauner-Lieb/Konzen/K. Schmidt, S. 605; *Pfeiffer* in Dauner-Lieb/Konzen/K. Schmidt, S. 242, mit der zutreffenden Einschränkung, dass der Übergang auf die Ersatzlieferung in den Fällen des § 439 Abs. 3 BGB nicht ausgeschlossen werden darf; *Schmalenbach/Sester*, WM 2002, 2184, 2189; a.A. *Reinking*, ZGS 2002, 229, 232 f.; *Graf von Westphalen*, ZIP 2001, 2258, 2259.

6 Wie ausgeführt (Rz. 22), ist noch unklar, ob die Rechtsprechung es akzeptieren wird, dass einem Verbraucher als Leasingnehmer nicht sämtliche kaufrechtlichen Mängelrechte eingeräumt werden, die ihm als Käufer zustehen würden. Die Frage stellt sich u.a. hinsichtlich der Beweislastumkehr des § 476 BGB; vgl. dazu Rz. 28.

7 Die Überlegung, dem Lieferanten als Verkäufer die Berufung auf den Ausschluss der Sachmängelhaftung dann zu versagen, wenn er wusste, dass der Leasingneh-

schaffungsvertrag nicht die Mängelrechte des Verbrauchsgüterkaufs zu, kann er diese auch nicht an den Leasingnehmer abtreten. Damit fehlt nach der Rechtsprechung des BGH die Voraussetzung für eine wirksame Freizeichnung von der mietrechtlichen Gewährleistung (Kap. L Rz. 71); der Leasinggeber haftet selbst nach den §§ 535, 536 ff. BGB für Mängel des Fahrzeugs[1].

25 Beschaffungsverträge über fabrikneue Fahrzeuge schließen die Leasinggeber jedoch weit überwiegend auf der Grundlage der **Neuwagenverkaufsbedingungen (NWVB)** ab, die dem Käufer die **Mängelrechte des Verbrauchsgüterkaufs** einräumen. Die Gefahr, dass dem Leasingnehmer über die Abtretungskonstruktion nicht in ausreichendem Umfang kaufrechtliche Mängelrechte eingeräumt werden, besteht bei Neufahrzeugen dann, wenn andere Kaufbedingungen zu Grunde gelegt werden, vor allem aber bei **Gebrauchtfahrzeugen**[2]. Auf diesem Markt sind die verwendeten Kaufvertragsbedingungen weniger vereinheitlicht[3]. Im Einzelfall kann darüber hinaus bei Abschluss des Beschaffungsvertrages Unklarheit oder ein Irrtum darüber bestehen, ob der Leasingnehmer den Vertrag als Unternehmer oder als Verbraucher abschließt. Wie erwähnt (Rz. 22), besteht auch Rechtsunsicherheit darüber, ob dem Verbraucher-Leasingnehmer sämtliche Mängel-

---

mer ein Verbraucher war, ist dann nicht zwingend, wenn dies auch dem Leasinggeber bekannt war und er dennoch den Haftungsausschluss akzeptiert hat. Eine Beweiserhebung über den Wissensstand der Beteiligten hat *Flume*, DB 1991, 265, 269, mit der grundsätzlichen Argumentation vermieden, die er dem BGH – Urt. v. 24.1.1990 – VIII ZR 22/89, BGHZ 110, 130 – entgegengehalten hat, als dieser die Rügeobliegenheit des § 377 HGB bei Auslieferung an einen nichtkaufmännischen Leasingnehmer mit der Begründung bejaht hatte, der Kaufvertrag zwischen Leasinggeber und Lieferant unterscheide sich in nichts von einem gewöhnlichen Handelskauf: Das Anschaffungsgeschäft des Leasinggebers sei nicht der Handelskauf des § 377 HGB; der Kauf und der Leasingvertrag bildeten zusammen die Rechtsfigur des Finanzierungsleasing und diese Zusammengehörigkeit gehe auch den Lieferanten an, der an dem Dreiecksgeschäft gemeinhin durch das Verhandeln mit dem Leasingnehmer und mit dem Leasinggeber beteiligt sei.

1 Vgl. BGH v. 21.12.2005 – VIII ZR 85/05, NJW 2006, 1066, 1068; zust. *Moseschus*, EWiR 2006, 299; ber. grundsätzliche Kritik an der isolierten Bewertung des zum Leasinggeschäft gehörenden Beschaffungsvertrages bei *Beckmann*, WuB I J 2 Leasing 1.06 und *Stoffels*, LMK 2006, 170499; differenzierend *Höpfner*, ZBB 2006, 200, 204 f., der in dem die Gewährleistung ausschließenden Beschaffungsvertrag ein Umgehungsgeschäft i.S.d. § 475 Abs. 1 Satz 2 BGB sieht, wenn der Leasingnehmer Verbraucher ist; vgl. dazu Kap. L Rz. 65 ff.

2 Vgl. dazu BGH v. 21.12.2005 – VIII ZR 85/05, NJW 2006, 1066. Der Haftungsausschluss für ein Gebrauchtfahrzeug schlägt sich erfahrungsgemäß im Preis nieder, den der Käufer zu zahlen hat (dazu *Höpfner*, ZBB 2006, 200, 205). Das relativiert den „unverdienten Genuss“, in den der Lieferant nach *Beckmann*, WuB I J2 Leasing 1.06, mit der Beschränkung der Sachmängelhaftung kommt. Für den Leasinggeber ist allerdings ein günstigerer Kaufpreis unter solchen Umständen ein in jeder Hinsicht nachteiliges Geschäft.

3 Obwohl es auch hier vom Zentralverband Deutsches Kraftfahrzeuggewerbe e.V. (ZDK) empfohlene Gebrauchtwagen-Verkaufsbedingungen (GWVB) gibt; abgedr. bei *Reinking/Eggert*, Anlage 4.

rechte des Verbrauchsgüterkaufs eingeräumt sein müssen, damit die mietrechtliche Gewährleistung wirksam ausgeschlossen ist[1].

bb) Eintritt des Leasinggebers in den Beschaffungsvertrag

Bisher steht der Leasinggeber selbst dann nicht auf der sicheren Seite, wenn er **in den Kaufvertrag** über das neue oder gebrauchte Fahrzeug **eintritt**, den zuvor der Verbraucher und Leasingnehmer mit dem Lieferanten abgeschlossen hat[2]. Werden in diesem Vertrag dem Leasingnehmer – dessen Eigenschaft als Verbraucher wird möglicherweise erst im Prozess verbindlich festgestellt – die kaufrechtlichen Mängelrechte nicht in einem Umfang eingeräumt, der den §§ 475 Abs. 1 Satz 1, 437 BGB genügt, ist der Ausschluss bzw. die Begrenzung der Mängelhaftung nach § 307 Abs. 2 BGB unwirksam, mit der Folge, dass nach § 306 Abs. 2 BGB das gesetzliche Mängelrecht gilt. Damit stehen dem Käufer und späteren Leasingnehmer die Rechte des Verbrauchsgüterkaufs zu. Tritt der Leasinggeber in diesen Kaufvertrag ein, müsste also er und damit über die Abtretungserklärung der Leasingnehmer die Mängelrechte erhalten, die diesem als Käufer nach dem Gesetz zustehen[3]. Dass dies auch die Auffassung des BGH sein könnte, muss nach dessen Entscheidung vom 21.12.2005[4] bezweifelt werden. Mit der isolierten Bewertung des Beschaffungsverhältnisses zwischen Leasinggeber und Lieferant auf der einen und der Leasingbeziehung zwischen Leasingnehmer und Leasinggeber auf der anderen Seite bleibt der BGH bei der Sichtweise, die auch zur Annahme der kaufmännischen Rügeobliegenheit des § 377 HGB trotz Auslieferung an den privaten Leasingnehmer geführt hat[5]. 26

cc) Konsequenzen für die Gestaltung des Beschaffungsvertrages

Der Leasinggeber muss sich also auch dann gegen eine **AGB-rechtliche Deckungslücke** absichern[6] – dagegen, dass die Mängelrechte des Kaufvertrags 27

---

1 Der BGH – Urt. v. 21.12.2005 – VIII ZR 85/05, NJW 2006, 1066, 1068 m.w.N. – hat diese Frage ausdrücklich offengelassen; vgl. Rz. 22.

2 Vgl. dazu *Engel*, § 1 Rz. 43, § 4 Rz. 4 m.ausf.N.; *Reinking*, Rz. 873.

3 Dazu *Stoffels*, LMK 2006, 170499.

4 BGH v. 21.12.2005 – VIII ZR 85/05, NJW 2006, 1066.

5 Vgl. BGH v. 24.1.1990 – VIII ZR 22/89, BGHZ 110, 130, 137 f.; abl. *Staudinger/Stoffels*, Leasing Rz. 181 m.w.N. und inbes. *Flume*, DB 1991, 265, 269 (vgl. bereits Rz. 24 mit Fn. 7).

6 Dazu MünchKomm./*Habersack*, Leasing Rz. 43; dessen Vorschlag, in der Begründung einer solchen Deckungslücke eine unangemessene Benachteiligung des Leasinggebers i.S.d. § 307 Abs. 1 BGB zu sehen, stellt den Beschaffungsvertrag zu Recht in den Zusammenhang des Leasinggeschäfts, sieht ihn also nicht isoliert als einen Kaufvertrag wie jeden anderen; das entspricht der in Rz. 24 mit Fn. 7 wiedergegebenen Argumentation von *Flume* zur Anwendbarkeit des § 377 HGB; es bleibt allerdings die Frage, ob der Weg über § 307 Abs. 1 BGB auch dann angemessen ist, wenn der Leasinggeber in Kenntnis der Verbrauchereigenschaft und der Deckungslücke kontrahiert (vgl. Rz. 24 mit Fn. 7); akzeptiert der Leasinggeber dagegen eine Deckungslücke, weil ihn der Lieferant über die Verbrauchereigenschaft des Lea-

zwar für einen Vertrag zwischen Unternehmern, nicht aber für einen Kaufvertrag mit einem Verbraucher ausreichen –, wenn der Beschaffungsvertrag über ein für einen Verbraucher bestimmtes Fahrzeug durch den Eintritt in einen Kaufvertrag zustande kommt, den dieser Verbraucher bereits mit dem Lieferanten abgeschlossen hatte. Wenn keine Gewissheit besteht, dass die vertraglichen Mängelrechte den Anforderungen der §§ 474 ff. BGB entsprechen, sollte stets zusätzlich vereinbart werden, dass in Fällen, in denen der Leasingnehmer Verbraucher ist, dem Leasinggeber oder jedenfalls dem Leasingnehmer alle Mängelrechte des Verbrauchsgüterkaufs zustehen.

28 Zu dieser Klausel ist auch in Fällen zu raten, in denen dem Käufer ausdrücklich die Rechte der §§ 437 ff. BGB eingeräumt werden. Denn mit der Abtretung dieser Rechte kommt dem Leasingnehmer noch nicht die Beweislastumkehr des § 476 BGB zugute[1].

b) Verträge mit Andienungsrecht oder Kaufoption

29 Beim **Verkauf eines Gebrauchtfahrzeuges an Privatpersonen** kann die Haftung für Mängel nicht mehr ausgeschlossen und die Verjährung nicht auf unter ein Jahr verkürzt werden, wenn der Verkäufer Unternehmer ist (§ 475 Abs. 1 und 2 BGB)[2]. Nach Rechtsprechung und herrschender Meinung (Kap. L Rz. 92 ff.) gilt das Mängelrecht des Verbrauchsgüterkaufs auch für einen Kaufvertrag, der in Ausübung eines Andienungsrechts oder einer Kaufoption abgeschlossen wird, obwohl diese Konsequenz nicht der Ratio der verschärften Haftung des Verkäufers für Sachmängel entspricht[3]. Der Leasingnehmer, der während der Laufzeit des Vertrages das Leasingobjekt

---

singnehmers täuscht, liegen die Voraussetzungen einer Anfechtung nach § 123 BGB bzw. eines Schadensersatzanspruchs wegen Verschuldens bei den Vertragsverhandlungen (§ 311 Abs. 2 und 3 BGB) vor.

1 Hierauf zu achten, empfiehlt sich, solange die höchstrichterliche Rechtsprechung nicht ausdrücklich darauf verzichtet, dass dem Leasingnehmer auch die Beweislastumkehr des § 476 BGB zugutekommen muss; vgl. dazu Rz. 22 mit Fn. 3.

2 Versuche, dies zu umgehen – die Praxis beweist hier Fantasie (vgl. *Müller*, NJW 2003, 1975) – scheitern am Umgehungsverbot des § 475 Abs. 1 Satz 2 BGB; für das sog. Agenturgeschäft – der Händler verkauft das Gebrauchtfahrzeug eines privaten Kunden nicht im eigenen Namen, sondern im Namen des Kunden, damit ein Kaufvertrag zwischen Verbrauchern vorliegt, für den das Verbrauchsgüterkaufrecht nicht gilt (§ 474 Abs. 1 BGB) – hat der BGH – Urt. v. 26.1.2005 – VIII ZR 175/04, NJW 2005, 1039, 1040 – ein Umgehungsgeschäft dann verneint, wenn bei wirtschaftlicher Betrachtungsweise der Kunde das Risiko des Verkaufs zu tragen hat.

3 Vgl. RegE z. SMG, BT-Drucks. 14/6040, 228 f. zu den Motiven für die generelle Verlängerung der mängelrechtlichen Verjährungsfristen; diese Überlegungen – dem Käufer soll eine „faire Chance" zur Geltendmachung von Mängeln gegeben werden – dürften auch der in § 475 Abs. 2 BGB getroffenen Regelung zu Grunde liegen, mit der der nationale Gesetzgeber – über die Vorgaben der Verbrauchsgüterkaufrichtlinie hinaus – auch für den Verkauf gebrauchter Sachen eine Untergrenze von einem Jahr eingeführt hat (in der Begründung zum RegE, BT-Drucks. 14/6040, S. 245, finden sich insoweit allerdings nur Ausführungen zum Viehkauf).

genutzt hat, kennt dieses Objekt besser als der Leasinggeber. Seine Position ist daher nicht die des Käufers, der durch das gesetzliche Sachmängelrecht geschützt werden soll. Die Haftung für Mängel des gebrauchten Leasingobjekts, die der Leasinggeber bei Ausübung eines Andienungsrechts ein Jahr lang zu tragen hat, erhöht die Kosten dieser Verträge.

30 Der Leasinggeber wird die Mehrkosten entweder dadurch auf den Leasingnehmer abwälzen, dass er einen **Risikozuschlag** bzw. eine **Gewährleistungs- oder eine Reparaturkostenversicherung** einkalkuliert, oder dass er im Leasingvertrag vom Leasingnehmer den Abschluss der Versicherung verlangt. Dass der BGH sich des Ausmaßes der Risiken bewusst ist, die sich für die Preiskalkulation des Verkäufers eines Gebrauchtwagens aus einer unabdingbaren Mängelhaftung ergeben, kommt in der Entscheidung vom 1.6.2005[1] zum Ausdruck, welche die Abwicklung einer vor Inkrafttreten des neuen Schuldrechts eingeräumten, aber danach ausgeübten Kaufoption zum Gegenstand hatte.

c) Verwertung des Leasing-Pkw

31 Die Verwertung der Leasingobjekte hat beim Kfz-Leasing herausragende Bedeutung. Die volle Amortisation des vertragsbedingten Kapitaleinsatzes des Leasinggebers kann ohne die Realisierung des Restwertes in aller Regel nicht erreicht werden. Zusammen mit den vom Leasingnehmer geschuldeten Leistungen, zu denen etwa beim Vertrag mit Mehrerlösbeteiligung (Rz. 72 ff.) die Einstandspflicht des Leasingnehmers für eine bestimmte Höhe des Verwertungserlöses hinzukommt, stellt sie die Amortisation der vertragsbedingten Gesamtkosten des Leasinggebers sicher[2]. Die **Haftung für Sachmängel**, die der verkaufende Leasinggeber für mindestens ein Jahr zu tragen hat, wenn er an einen Verbraucher verkauft (§ 475 Abs. 2 BGB), **erschwert und verteuert die Verwertung des Leasing-Pkw**. Nur beim Verkauf an Unternehmer kann die Haftung für Sachmängel ausgeschlossen werden[3].

32 Die Anforderungen der **Rechtsprechung** an die **bestmögliche Verwertung** des Leasingfahrzeugs – das gilt für alle Leasingobjekte – müssen die Män-

---

1 BGH v. 1.6.2005 – VIII ZR 234/04, NJW-RR 2005, 1421; über die ergänzende Auslegung des Kaufvertrages hat der BGH die Forderung des Verkäufers gebilligt, den Verkauf des gebrauchten Fahrzeugs zum vereinbarten Optionspreis davon abhängig zu machen, dass der Käufer auf seine Kosten eine Gebrauchtwagengarantieversicherung abschließt.

2 Zum Zusammenhang von Amortisationsverpflichtung des Leasingnehmers und der Pflicht des Leasinggebers zur bestmöglichen Verwertung vgl. *Graf von Westphalen*, Voraufl., Rz. 1077; dieser Zusammenhang setzt beim einzelnen Leasingvertrag jedoch voraus, dass den Leasingnehmer eine Einstandspflicht für die Höhe des Restwerts trifft bzw. dass sich – bei vorzeitiger Vertragsbeendigung – die Höhe des erzielten Verwertungserlöses auf die Zahlungsverpflichtung des Leasingnehmers auswirkt.

3 Vgl. § 475 Abs. 2 BGB.

gelhaftung des Verkäufers als zusätzlichen Kostenfaktor berücksichtigen. Die Auffassung, eine Veräußerung zum Händlereinkaufspreis sei keine pflichtgemäße Verwertung, wenn der Erlös mehr als 10 % unter dem Händlerverkaufspreis liege[1], dürfte nicht aufrecht zu erhalten sein[2]. Die erwähnte Entscheidung des BGH vom 1.6.2005[3] lässt erwarten, dass der BGH bei seinen Anforderungen an eine bestmögliche Verwertung deren Erschwerung durch das neue Verbraucher-Kaufrecht berücksichtigen wird.

III. Rechtsnatur und Restwert-Problematik des Kilometerabrechnungs-Vertrages

1. Rechtsnatur des Kilometerabrechnungs-Vertrages

a) Die Kontroverse

33 Ob der Kilometerabrechnungs-Vertrag als **Finanzierungsleasingvertrag** i.S.d. § 3 Abs. 2 Nr. 1 VerbrKrG (heute §§ 499 Abs. 2, 500 BGB) zu qualifizieren ist, war und ist im Schrifttum umstritten[4]. Nach der Auffassung des Rechtsausschusses des Bundestages im Gesetzgebungsverfahren zum VerbrKrG sollte der Finanzierungsleasingvertrag dadurch gekennzeichnet sein, dass der Leasingnehmer für die Amortisation der vertragsbedingten Kosten des Leasinggebers einzustehen hat[5]. Im Gesetz selbst, bei der Aufnahme dieses Begriffs in § 3 Abs. 2 Nr. 1 VerbrKrG, hat sich diese Interpretation jedoch nicht niedergeschlagen[6].

---

1 BGH v. 10.10.1990 – VIII ZR 296/89, NJW 1991, 221, 224; BGH v. 22.11.1995 – VIII ZR 57/95, NJW 1996, 455; OLG Dresden v. 11.11.1998 – 8 U 3066/97, NJW-RR 1993, 703.

2 Zweifelnd auch *Wolf/Eckert/Ball*, Rz. 1989.

3 BGH v. 1.6.2005 – VIII ZR 234/04, NJW-RR 2005, 1421.

4 Der BGH hat die Frage mit den Urteilen v. 24.4.1996 – VIII ZR 150/95, NJW 1996, 2033, 2035 und v. 11.3.1998 – VIII ZR 205/97, NJW 1998, 1637, 1639, bejaht und sie damit für die Praxis entschieden; zur Kontroverse ausführlich *Graf von Westphalen*, Voraufl., Rz. 1210 ff.

5 Beschlussempfehlung des Rechtsausschusses zum RegE VerbrKrG, BT-Drucks. 11/8274, 21.

6 Es gibt keinen Hinweis darauf, dass der Gesetzgeber mit dieser Regelung hinsichtlich des Kilometervertrages von der Rechtsprechung des BGH abweichen wollte, der den Kilometervertrag bereits als Finanzierungsleasingvertrag bezeichnet hatte (vgl. BGH v. 22.1.1986 – VIII 318/84, BGHZ 97, 65, 70 ff. und den Hinweis in BGH v. 11.3.1998 – VIII ZR 205/97, NJW 1998, 1637, 1639); es war im Gegenteil das Anliegen der Rechtsauschüsse des Bundesrates – BT-Drucks. 11/5462, 34 – wie des Bundestages – BT-Drucks. 11/8274, 20 f. –, die Anwendung des VerbrKrG auf Leasingverträge gegenüber dem AbzG auszudehnen; *Groß*, DAR 1996, 438, 446, interpretiert die Materialien des Gesetzgebungsverfahrens so, dass der Gesetzgeber die Abgrenzung des Begriffs der Rechtsprechung überlassen habe; a.A. *Graf von Westphalen*, NJW 1993, 3225; anscheinend auch *Palandt/Weidenkaff*, Einf. vor § 535 BGB Rz. 39, mit der Definition des Finanzierungsleasingvertrages als Vertrag, bei dem der Leasingnehmer für die Vollamortisation der dem Leasinggeber entstandenen Aufwendungen und Kosten einzustehen habe; das trifft jedoch nicht nur für

Der Leasingnehmer hat beim Kilometerabrechnungs-Vertrag seine Pflichten erfüllt, wenn er während der vereinbarten Vertragslaufzeit die Leasingraten gezahlt hat, danach das Fahrzeug in vertragsgemäßem Zustand zurückgibt und für eine evtl. Überschreitung der vereinbarten Gesamtfahrleistung das im Vertrag vorgesehene Entgelt entrichtet. Ob der Leasinggeber mit diesen Zahlungen oder erst unter Einbeziehung des Restwerts die **Vollamortisation** seiner vertragsbedingten Aufwendungen und seines kalkulierten Gewinns erreicht oder ob er sie verfehlt, weil sich herausstellt, dass er den Restwert zu optimistisch kalkuliert hat, **berührt die Pflichten des Leasingnehmers nicht**[1]. Auf diesen Befund vor allem stützt sich die Auffassung, der Kilometerabrechnungs-Vertrag falle nicht unter die Finanzierungsleasingverträge im Sinn des Verbraucherkreditrechts (§§ 499 Abs. 2, 500 BGB)[2], sondern sei als einfacher Mietvertrag i.S.d. §§ 535 ff. BGB zu qualifizieren[3]. 34

Der BGH hat diese Frage für den Kilometervertrag entschieden (Rz. 33). Sie stellt sich ebenso für andere Pkw-Leasingverträge, die ebenfalls weder Vollamortisationsverträge noch Teilamortisationsverträge im Sinn der Leasingerlasse sind. Es bleibt zu untersuchen, ob sich aus der Argumentation des BGH auch Konsequenzen für diese Verträge ergeben.

---

den Kilometerabrechnungs-Vertrag nicht zu, sondern auch nicht für zahlreiche andere Leasingverträge, die zu Recht als Finanzierungsleasingverträge behandelt werden (vgl. dazu Rz. 37 ff.).

1 Vgl. BGH v. 14.7.2004 – VIII ZR 367/03, NJW 2004, 2823, 2825; OLG Düsseldorf v. 22.11.2005 – I – 24 U 44/05, OLGR 2006, 347, 350; *Wolf/Eckert/Ball*, Rz. 2019 f.; *Zahn/Bahmann*, Rz. 354; dass in der leasingtypischen Haftung des Leasingnehmers für einen vertragsgemäßen Zustand des Fahrzeugs bei Rückgabe keine Beteiligung am Restamortisationsrisiko gesehen werden kann, hat *Graf von Westphalen*, Voraufl., Rz. 1217 f., überzeugend dargelegt; vgl. dazu auch Rz. 5 mit Fn. a.E. und Rz. 39 mit Fn. 6; im dogmatischen Ansatz nicht folgen kann man daher *Palandt/Weidenkaff*, § 499 BGB Rz. 6, der – unter Berufung auf BGH v. 24.4.1996 – VIII ZR 150/95, NJW 1996, 2033 und BGH v. 11.3.1998 – VIII ZR 205/97, NJW 1998, 1637 – den Kilometervertrag nur dann als Finanzierungsleasingvertrag i.S.d. §§ 499 Abs. 2, 500 BGB behandeln will, wenn den Leasingnehmer die Pflicht zum Ausgleich eines Minderwerts trifft; praktische Konsequenzen hat diese Einschränkung allerdings nicht, da diese Pflicht eine Konsequenz der Haftung für die Sachgefahr ist, die jeder Leasingnehmer zu tragen hat (vgl. auch Rz. 5).

2 Das ist auch die Auffassung von MünchKomm./*Habersack*, § 506 BGB Rz. 12, der allerdings über den Umgehungstatbestand des § 506 Satz 2 BGB dann zur Anwendung des § 500 BGB kommt, wenn sich das Risiko einer Amortisationslücke voraussichtlich nicht realisieren wird. In der Praxis dürfte das der unmittelbaren Geltung des § 500 BGB gleichkommen, da ein Leasinggeber im Regelfall Verträge nicht abschließen wird, für die im Zeitpunkt des Abschlusses anzunehmen ist, dass sie zu einem Verlust führen. Zu dem Weg über § 506 Satz 2 BGB vgl. auch Rz. 48 mit Fn. 7.

3 So mit ausführlicher Begründung *Graf von Westphalen*, Voraufl., Rz. 1210 ff.

b) Das Amortisationsprinzip – „leasingtypisch und damit vertragsimmanent"[1]

35 Das auf volle Amortisation der vom Leasinggeber aufgewandten Gesamtkosten (einschließlich des kalkulierten Gewinns) gerichtete Amortisationsprinzip ist die **Konsequenz der Finanzierungsfunktion**[2] des Leasingvertrages, die – neben der Überlassung zum Gebrauch[3] – das andere Grundelement dieses Vertrages ausmacht[4]. Wie beim Darlehen die Parteien darüber einig sind, dass es Zweck der vom Kreditnehmer übernommenen Zahlungsverpflichtungen ist, den zur Verfügung gestellten Betrag zuzüglich der Kosten und des veranschlagten Gewinns zurückzuführen, sind sich die Parteien des Leasingvertrages darüber einig, dass die Mittel, die der Leasinggeber zur Finanzierung der vom Leasingnehmer gewünschten Investition eingesetzt hat, einschließlich des kalkulierten Gewinns, an den Leasinggeber zurückfließen müssen[5].

36 Ein wesentlicher Unterschied zwischen diesen Formen der Kreditierung liegt jedoch darin, dass die **Leistung des Leasinggebers nicht voll in das Vermögen des Leasingnehmers übergeht**. Das Leasingobjekt gehört rechtlich und nach Ablauf der vereinbarten Dauer der Gebrauchsüberlassung mit dem verbliebenen Marktwert auch wirtschaftlich zum Vermögen des Leasinggebers. Mit dem Erlös aus der Verwertung des Leasingobjekts, den der Leasinggeber nach Vertragsende erzielen kann, wird der vertragsbedingte **Kapitaleinsatz zu einem Teil getilgt**. Je nach Umfang der vom Leasingnehmer geschuldeten Leistungen kann der Verwertungserlös zur Tilgung des Kapitaleinsatzes und des Gewinns erforderlich sein[6] oder auch ganz oder teilweise einen zusätzlichen, die Gesamtkosten einschließlich des kalkulierten Gewinns übersteigenden Ertrag darstellen.

37 Dass ein Teil des Kapitaleinsatzes durch Realisierung des Restwertes des zurückgegebenen Leasingobjektes erwirtschaftet werden kann, ist die Kon-

---

1 Grundlegend BGH v. 12.6.1985 – VIII ZR 148/84, BGHZ 95, 39, 52 ff., der diese Feststellung für die volle Amortisation der Gesamtkosten des Leasinggebers beim kündbaren Teilamortisationsvertrag (Kap. B Rz. 27 f.) trifft; vgl. dazu *Staudinger/Stoffels*, Leasing Rz. 93.

2 BGH v. 12.6.1985 – VIII ZR 148/84, BGHZ 95, 39, 53; BGH v. 11.1.1995 – VIII ZR 82/94, BGHZ 128, 255, 262; MünchKomm./*Habersack*, Leasing Rz. 23.

3 Diesem Grundelement des Leasingvertrages entspricht es, dass der BGH in ständiger Rechtsprechung auf den Leasingvertrag „in erster Linie" Mietrecht anwendet; vgl. BGH v. 8.10.1975 – VIII ZR 81/74, NJW 1977, 195, 196; BGH v. 11.1.1995 – VIII ZR 82/94, BGHZ 128, 255, 261; vgl. auch *Staudinger/Stoffels*, Leasing Rz. 12; *Wolf/Eckert/Ball*, Rz. 1674 f.; Überblick in Kap. B Rz. 2 ff.

4 Vgl. BGH v. 12.6.1985 – VIII ZR 148/84, BGHZ 95, 39, 53; *Staudinger/Stoffels*, Leasing Rz. 93, 95; dazu *Wolf/Eckert/Ball*, Rz. 1675; *Flume*, DB 1991, 209.

5 BGH v. 12.6.1985 – VIII ZR 148/84, BGHZ 95, 39, 53; *Staudinger/Stoffels*, Leasing Rz. 93.

6 Davon ging etwa der BGH – Urt. v. 22.1.1986 – VIII ZR 318/84, BGHZ 97, 65, 76 f. – bei einem nicht erlasskonformen, kündbaren Finanzierungsleasingvertrag aus, bei dem der Leasingnehmer keinen bestimmten Restwert garantiert hatte.

sequenz daraus, dass beim Finanzierungsleasingvertrag die **Finanzierungsfunktion mit der zeitlich begrenzten Gebrauchsüberlassung verbunden** wird (Rz. 35). Zugleich ist damit (mit der Werthaltigkeit des leasinggeberischen Herausgabeanspruchs nach Vertragsende) die Voraussetzung dafür gegeben, dass das **wirtschaftliche Eigentum** i.S.d. § 39 Abs. 2 Nr. 1 AO beim Leasinggeber liegt, so dass die mit dem Finanzierungsleasingvertrag angestrebten ertragsteuerrechtlichen Konsequenzen (Kap. A) eintreten.

Auch bei Verträgen, nach denen die Vollamortisation nicht – wie bei den idealtypischen Modellen des Vollamortisationserlasses[1] – bereits mit den Leistungen des Leasingnehmers während der Laufzeit des Vertrages erreicht ist, hängen die **Werthaltigkeit des Herausgabeanspruchs** des Leasinggebers nach Vertragsende und die Tilgungswirkung des Verwertungserlöses nicht davon ab, dass die Realisierung eines bestimmten Restwertes durch eine Einstandspflicht des Leasingnehmers abgesichert ist, wie das der Teilamortisationserlass[2] voraussetzt. Zu Recht hat der BGH[3] einen kündbaren Leasingvertrag als Finanzierungsleasingvertrag bezeichnet – allerdings missverständlich als (nicht erlasskonformen) „Teilamortisationsvertrag" –, bei dem weder die vereinbarten Leasingraten die Vollamortisation herbeiführen sollten, noch der Restwert durch eine Garantie abgesichert war. Das der Finanzierungsfunktion korrespondierende Vollamortisationsziel des Finanzierungsleasingvertrages als eines nur für begrenzte Zeit abgeschlossenen Gebrauchsüberlassungsvertrages setzt unter diesen Umständen weder voraus, dass der Leasingnehmer die Vollamortisation allein durch seine Zahlungen zustandebringt[4], noch dass er diese dadurch bewirkt, dass er zusätzlich die Realisierung eines bestimmten Restwerts garantiert[5]. Anders als bei einem Darlehensvertrag verlangt der Finanzierungscharakter des Leasingvertrages daher nicht die Vollamortisationspflicht des Leasingnehmers. 38

Dem entspricht – über die Kilometerabrechnungsverträge hinaus – die Vertragsgestaltung in der Praxis. Beim Pkw-Leasing, bei dem der Restwert besondere wirtschaftliche Bedeutung hat, finden sich häufig Verträge, bei denen die Leistungsverpflichtungen des Leasingnehmers auf die Zahlungen während der vereinbarten Vertragszeit beschränkt sind, obwohl der **Kapitaleinsatz** des Leasinggebers mit diesen Leistungen **nur zu einem Teil zu-** 39

1 Bundesminister der Finanzen v. 19.4.1971, abgedr. im Anh., Rz. 1.
2 Bundesminister der Finanzen v. 22.12.1975, abgedr. im Anh., Rz. 2.
3 BGH v. 22.1.1986 – VIII ZR 318/84, BGHZ 97, 65, 74 f., 76 f. Der Begriff des Finanzierungsleasingvertrages wurde zwar erst mit Inkrafttreten des VerbrKrG am 1.1.1991 in ein Gesetz aufgenommen, der Gesetzgeber hat sich dabei jedoch an der Rechtsprechung des BGH orientiert; zum Zustandekommen der Regelung des § 3 Abs. 2 Nr. 1 VerbrKrG vgl. *Zahn*, DB 1991, 81, 82.
4 Wie das der Vollamortisationserlasserlass des Bundesministers der Finanzen v. 19.4.1971, abgedr. im Anh., Rz. 1 – bei den dort behandelten Vertragsmodellen voraussetzt; dazu Kap. B Rz. 21.
5 So die Konstruktion der Modelle des Teilamortisationserlasses, Bundesminister der Finanzen v. 22.12.1975, abgedr. im Anh., Rz. 2; Kap. B Rz. 40 ff.

rückgeführt wird[1]. Der Leasinggeber erreicht bei diesen Verträgen die angestrebte Vollamortisation durch die Kombination des Amortisationsbeitrages des Leasingnehmers mit der vollen oder teilweisen Inanspruchnahme des Verwertungserlöses[2], ohne dass der Restwert – wie bei den Modellen des Teilamortisationserlasses[3] – vom Leasingnehmer garantiert wäre[4]. Anders als bei den Vertragstypen der Leasingerlasse[5] schuldet der Leasingnehmer bei dieser Vertragsgestaltung nicht die Vollamortisation. Das Restwertrisiko trägt der Leasinggeber[6]. Die Varianten dieser Verträge hängen davon ab, welche Vertragsmodelle der Leasinggeber anbieten und wie er kalkulieren muss, um sich am Markt durchzusetzen.

40 Festzuhalten ist, dass die grundsätzliche Voraussetzung für diese sog. „Mischkalkulation"[7] in der dargestellten Natur des Leasingvertrages (Rz. 36 f.) liegt: Ein Teil der Finanzierungsleistung des Leasinggebers wird leasingtypisch dadurch zurückgeführt, dass nach Vertragsende der verbliebene Marktwert des Leasinggegenstands realisiert werden kann.

---

1 Vgl. *Wolf/Eckert/Ball*, Rz. 1972.

2 „Mischkalkulation", vgl. BGH v. 22.1.1986 – VIII ZR 318/84, BGHZ 97, 65, 76 f.; BGH v. 1.3.2000 – VIII ZR 177/99, NJW-RR 2000, 1303, 1304; dazu *Wolf/Eckert/Ball*, Rz. 1972.

3 Bundesminister der Finanzen v. 22.12.1975, abgedr. im Anh., Rz. 2.

4 Vgl. die bereits erwähnte Gestaltung des Leasingvertrages in BGH v. 22.1.1986 – VIII ZR 318/84, BGHZ 97, 65.

5 Bundesminister der Finanzen v. 19.4.1971, abgedr. im Anh., Rz. 1 (Kap. B Rz. 21); Bundesminister der Finanzen v. 22.12.1975, abgedr. im Anh., Rz. 2 (Kap. B Rz. 40 ff.).

6 So auch *Reinking*, S. 33. Der Leasingnehmer schuldet jedoch die Rückgabe des Fahrzeugs in vertragsgemäßem Zustand. Ist es beschädigt, muss bei der konkreten Berechnung eines Ausgleichs- oder Schadensersatzanspruchs festgestellt werden, wie der Leasinggeber bei vertragsgemäßer Rückgabe stünde. Dazu muss der hypothetische Marktwert des Fahrzeugs in vertragsgemäßem Zustand bei störungsfreier Vertragsabwicklung dem tatsächlich erzielten Restwert gegenübergestellt werden. Das kann bedeuten, dass der Leasingnehmer im Ergebnis einen Differenzbetrag bis zur Höhe dieses hypothetischen Marktwerts schuldet – vgl. dazu BGH v. 22.1.1986 – VIII ZR 318/84, BGHZ 97, 65; das heißt jedoch weder, dass der Leasingnehmer die Vollamortisation schuldet, noch dass er das Restamortisationsrisiko trägt; es handelt sich vielmehr um das bereits angesprochene (Rz. 5 und Rz. 34 mit Fn. 1) Risiko des vertragsgemäßen Zustands des Leasingobjekts, das – als „Ausfluss der Sachgefahr" (*Müller-Sarnowski*, DAR 1997, 142, 146) – leasingtypisch beim Leasingnehmer liegt, während das Restwertrisiko des Leasinggebers den Marktwert betrifft, der sich für das Leasingobjekt in vertragsgemäßem Zustand realisieren lässt; vgl. dazu BGH v. 24.4.1996 – VIII ZR 150/95, NJW 1996, 2033, 2034. Unter dem Aspekt der Finanzierungsfunktion des Leasingvertrages gehört allerdings auch die Haftung für den Zustand der Sache zum leasingnehmerischen Pflichtenkreis, mit dem die Rückführung des gesamten Kapitaleinsatzes sichergestellt werden soll. Der BGH hat daher in der erwähnten Entscheidung vom 22.1.1986 auf den korrespondierenden Anspruch des Leasinggebers zu Recht nicht § 558 BGB a.F. angewandt hat; ebenso BGH v. 1.3.2000 – VIII ZR 177/99, NJW-RR 2000, 1303, 1304; krit. *Graf von Westphalen*, Voraufl., Rz. 1217 f.

7 Vgl. dazu BGH v. 22.1.1986 – VIII ZR 318/84, BGHZ 97, 65, 76 f.; BGH v. 1.3.2000 – VIII ZR 177/99, NJW-RR 2000, 1303, 1304; *Wolf/Eckert/Ball*, Rz. 1972.

c) Amortisationsprinzip und Erfüllungsinteresse

Der BGH geht zu Recht davon aus, dass der Leasingvertrag – dem Finanzierungscharakter entsprechend – auf volle Amortisation des vom Leasinggeber eingesetzten Kapitals ausgerichtet ist[1]. Er zieht daraus aber – folgerichtig – nicht den Schluss, bei vorzeitiger Vertragsbeendigung bzw. Unwirksamkeit vertraglicher Regelungen seien die geschuldeten Zahlungen auf der Grundlage des Amortisationsprinzips aus den vertragsbedingten Gesamtkosten des Leasinggebers zu berechnen. Das **„vertragsimmanente"**[2] **Amortisationsprinzip** ändert nichts daran, dass die Vereinbarung der Zahlungs- und Einstandspflichten des Leasingnehmers **„zivilrechtlichen Wirksamkeitsanforderungen"** genügen muss[3]. Anders gewendet: Nach ständiger Rechtsprechung des BGH führt der Amortisationsanspruch des Leasinggebers weder bei ordentlicher noch bei außerordentlicher Vertragsbeendigung zu Verpflichtungen des Leasingnehmers, die über das Erfüllungsinteresse des Leasinggebers hinausgehen[4]. 41

Bei der Ermittlung des **Erfüllungsinteresses** ist zwar der dem Leasingvertrag immanente Amortisationszweck[5] zu berücksichtigen. So hat der BGH in den grundlegenden Entscheidungen vom 12.6.1985[6] und vom 22.1.1986[7], welche die vorzeitige Beendigung eines kündbaren Teilamortisationsvertrages bzw. des bereits erwähnten (Rz. 38) kündbaren Vertrages mit „Mischkalkulation"[8] betrafen, dem Leasinggeber einen „auf volle Amortisation der Gesamtkosten nebst Gewinn" gerichteten Ausgleichsanspruch gegeben[9]. Es entspricht aber der Orientierung am Erfüllungsinteresse, dass der BGH dabei die „volle Amortisation" mit den Leistungen gleichgesetzt hat, die der Leasingnehmer bei kündigungsfreiem Ablauf des 42

1 So etwa – zum Kilometervertrag – BGH v. 1.3.2000 – VIII ZR 177/99, NJW-RR 2000, 1303, 1304; BGH v. 22.1.1986 – VIII ZR 318/84, BGHZ 97, 65, 72.
2 BGH v. 12.6.1985 – VIII ZR 148/84, BGHZ 95, 39, 54.
3 BGH v. 12.6.1985 – VIII ZR 148/84, BGHZ 95, 39, 50.
4 BGH v. 12.6.1985 – VIII ZR 148/84, BGHZ 95, 39, 50; BGH v. 22.1.1986 – VIII ZR 318/84, BGHZ 97, 65.
5 Dass nach Auffassung des BGH – Urt. v. 12.6.1985 – VIII ZR 148/84, BGHZ 95, 39, 55 – dem kündbaren Teilamortisationsvertrag „immanent" ist, dass jede Form vertragsgemäßer Beendigung die Vollamortisation sicherstellen soll, heißt demnach für den BGH, dass konkret festzustellen ist, welche Leistung der Leasingnehmer noch schuldete, wenn der Vertrag bis zur Erreichung der Vollamortisation fortgeführt worden wäre. Das wiederum richte sich nach der im Vertrag vereinbarten Amortisationsdauer.
6 BGH v. 12.6.1985 – VIII ZR 148/84, BGHZ 95, 39.
7 BGH v. 22.1.1986 – VIII ZR 318/84, BGHZ 97, 65.
8 Der BGH spricht zwar auch im Urt. v. 22.1.1986 – VIII ZR 318/84, BGHZ 97, 65, 74 von einem (nicht erlasskonformen) kündbaren Teilamortisationsvertrag. Das ist jedoch missverständlich, da der Leasingnehmer keine Garantie für einen bestimmten Restwert übernommen hatte, der Leasinggeber vielmehr Leistungen des Leasingnehmers durch den in eigener Verantwortung zu erzielenden Verwertungserlös zur Vollamortisation aufstocken musste.
9 BGH v. 22.1.1986 – VIII ZR 318/84, BGHZ 97, 65, 76.

Vertrages bzw. bis zum Ende der vereinbarten Amortisationsdauer[1] hätte erbringen müssen.

43 Der aus dem Amortisationsprinzip resultierende **Ausgleichsanspruch** führt dazu, dass das Erfüllungsinteresse des Leasinggebers nicht – wie es nach dem gesetzlichen Mietrecht der Fall wäre – auf die Leistungen beschränkt ist, die der Leasingnehmer bis zum nächsten ordentlichen Kündigungstermin hätte erbringen müssen[2]. Die Leistungspflichten des Leasingnehmers und damit das Erfüllungsinteresse des Leasinggebers sind vielmehr unter Berücksichtigung des Amortisationszwecks des Vertrages zu ermitteln[3]. Das ändert jedoch nichts daran, dass die Obergrenze des Anspruchs, mit dem der Leasinggeber die Vollamortisation anstrebt, in dem Amortisationsbeitrag des Leasingnehmers liegt, der vertraglich vereinbart ist, oder – bei Unwirksamkeit des vertraglich Vereinbarten – sich bei konkreter Berechnung des Erfüllungsinteresses ergibt[4].

44 Der auf Leistung des Leasingnehmers gerichtete **Anspruch des Leasinggebers auf Amortisation** beim Finanzierungsleasingvertrag wird also durch das **vertragliche Erfüllungsinteresse** bestimmt und begrenzt. Dieser Befund und die unterschiedliche Gestaltung von Leasingverträgen, die durch die Finanzierungsfunktion charakterisiert und daher insgesamt auf Vollamortisation angelegt sind, erlaubt es nicht, die Qualifizierung als Finanzierungsleasingvertrag i.S.d. § 500 BGB auf Fälle zu beschränken, in denen der Leasingnehmer die Vollamortisation der Gesamtkosten des Leasinggebers allein herbeiführen muss.

d) Amortisationsprinzip und wirtschaftliches Eigentum

45 In der Beschränkung der Amortisationspflicht des Leasingnehmers auf den Amortisationsbeitrag, der seinen im Leasingvertrag übernommenen Pflichten entspricht, liegt kein Widerspruch zu den **Wertungen der Leasingerlasse**[5]. Wie dargelegt (Rz. 7) schließen diese weder aus, dass bei anderen als den in den Erlassen geregelten Vertragstypen das wirtschaftliche Eigentum i.S.d. **§ 39 Abs. 2 Nr. 1 AO** beim Leasinggeber liegt, noch folgt aus dem Umstand, dass beide Mobilienerlasse nur Verträge mit Vollamortisationspflicht des Leasingnehmers behandeln[6], dass das wirtschaftliche Eigentum des Leasinggebers voraussetzt, dass der Leasingnehmer allein die volle

---

1 Sie ließ sich daraus entnehmen, dass der Vertrag erstmals zum 60. Monat hätte gekündigt werden können, ohne dass eine Ausgleichszahlung hätte anfallen sollen.
2 BGH v. 12.6.1985 – VIII ZR 148/84, BGHZ 95, 39, 49.
3 Wie grundsätzlich der Vertragszweck zur Auslegung heranzuziehen ist; *Palandt/Heinrichs*, § 133 BGB Rz. 18, § 157 BGB Rz. 1, jew. m.w.N.
4 BGH v. 12.6.1985 – VIII ZR 148/84, BGHZ 95, 39, 47 f.
5 Erlasse des Bundesministers der Finanzen v. 19.4.1971, abgedr. im Anh., Rz. 1, und v. 22.12.1975, abgedr. im Anh., Rz. 2.
6 Die Leasingwirtschaft hatte der Finanzverwaltung diese Verträge zur Prüfung vorgelegt; vgl. dazu BGH v. 12.6.1985 – VIII ZR 148/84, BGHZ 95, 39, 52.

Amortisation der vertragsbedingten Kosten des Leasinggebers schuldet[1]. Das ist unter dem Aspekt des § 39 Abs. 2 Nr. 1 AO offensichtlich: Der Leasinggeber, der auf den Verwertungserlös angewiesen ist, um die Vollamortisation zu erzielen, ist gezwungen, diesen werthaltigen, für § 39 Abs. 2 Nr. 1 AO konstitutiven Herausgabeanspruch durchzusetzen[2].

Die **Bedeutung der Leasingerlasse** liegt über die dort behandelten Vertragskonstellationen hinaus darin, dass sie – auf der Grundlage des Urteils des BFH v. 26.1.1970[3] – der Leasingpraxis umsetzbare und verlässliche Kriterien für eine **an § 39 AO orientierte Vertragsgestaltung** gegeben haben[4]. Für das Fahrzeugleasing bedeutet das, dass der Leasinggeber bei Vertragsende einen Anspruch auf Herausgabe des Fahrzeugs haben muss, der insoweit werthaltig ist, als er den Leasinggeber in die Lage versetzt, einen wirtschaftlich relevanten Restwert zu realisieren[5]. 46

Für das Eintreten der steuerrechtlichen und betriebswirtschaftlichen Vorteile (dazu Kap. A), die mit dem Finanzierungsleasingvertrag angestrebt werden, ist es daher ohne Bedeutung, ob der Leasingnehmer allein zur Herbeiführung der Vollamortisation verpflichtet ist oder ob diese durch die Kombination der Leistungen des Leasingnehmers mit dem aus der Verwertung des zurückgegebenen Fahrzeugs erzielten Erlös angestrebt wird, dessen Höhe im Risikobereich des Leasinggebers liegt.

Es ergibt sich mithin weder aus der Finanzierungsfunktion dieses Vertrages noch aus den Vorgaben, welche die Leasingerlasse bzw. § 39 AO für das den Charakter des Leasingvertrages mit ausmachende wirtschaftliche Eigentum des Leasinggebers machen, dass der Leasingnehmer bei einem Finanzierungsleasingvertrag die volle Amortisation – also eine vollständige Tilgung – des vertragsbedingten Kapitaleinsatzes schulden müsse. 47

e) Der Kilometerabrechnungs-Vertrag als Finanzierungsleasingvertrag

Wie sich gezeigt hat, steht die Rechtsprechung des BGH[6], die den Kilometerabrechnungs-Vertrag als **Finanzierungsleasingvertrag** im Sinne des Gesetzes qualifiziert, in Einklang sowohl mit dem aus der Finanzierungsfunktion dieses Vertrages resultierenden Amortisationsprinzip wie mit den zivilrechtlichen Anforderungen an die Vertragsgestaltung und den steuerrechtlichen, aus § 39 AO hergeleiteten Maßstäben, die den Leasingerlassen zugrundeliegen[7]. Die vom Leasingnehmer veranlasste Investitionsfinanzie- 48

---

1 *Graf von Westphalen*, BB 1988, 1829, 1830.
2 *Bordewin/Tonner*, Rz. 55; *Spittler*, S. 154.
3 BFH v. 26.1.1970 – VI R 144/66, DB 1970, 424.
4 *Spittler*, S. 156.
5 BFH v. 26.1.1970 – VI R 144/66, DB 1970, 424; *Spittler*, S. 154.
6 BGH v. 24.4.1996 – VIII ZR 150/95, NJW 1996, 2033, 2034 f.; BGH v. 11.3.1998 – VIII ZR 205/97, NJW 1998, 1637, 1639.
7 BGH v. 24.4.1996 – VIII ZR 150/95, NJW 1996, 2033, 2034 f.; BGH v. 11.3.1998 – VIII ZR 205/97, NJW 1998, 1637, 1639; *Staudinger/Stoffels*, Leasing Rz. 37; *Rein-*

rung macht die Amortisation dieses Kapitaleinsatzes zum Vertragszweck, der bei der Auslegung des Leasingvertrages zu berücksichtigen ist[1]. Darin liegt der entscheidende Unterschied zum Mietvertrag[2]. Dass es für die Annahme eines Finanzierungsleasingvertrages ausreicht, wenn der Leasinggeber die Vollamortisation durch die vertraglichen Leistungen des Leasingnehmers zusammen mit der allein vom Leasinggeber zu verantwortetenden Verwertung des Fahrzeugs realisieren kann – so die Argumentation des BGH zum Kilometerabrechnungs-Vertrag –[3], gilt nach dem Ausgeführten nicht nur für diesen Vertragstyp. Es gilt gleichermaßen für andere Leasingverträge, die ebenfalls auf einer „Mischkalkulation"[4] beruhen (Rz. 36 f.).

49 Dass mit den Entscheidungen des BGH[5] die gängigen **Kfz-Leasingverträge** übereinstimmend als **Finanzierungsleasingverträge** qualifiziert werden, entspricht ebenso der Interessenlage der Parteien des Leasingvertrages[6] wie der gesetzgeberischen Intention, bei der Aufnahme des Finanzierungsleasingvertrages in den damaligen § 3 Abs. 2 Nr. 1 VerbrKrG den Schutz des Verbrauchers bei Leasingverträgen nicht auf bestimmte Vertragstypen zu beschränken[7]. Mit dieser Zielsetzung wäre es nicht vereinbar, Leasingverträge deswegen nicht als Finanzierungsleasingverträge i.S.d. § 500 BGB an-

---

king/Eggert, Rz. 829; a.A. *Graf von Westphalen*, Voraufl., Rz. 1210 ff. mit ausführlicher Begründung; MünchKomm./*Habersack*, § 506 BGB Rz. 12, sieht im Kilometerabrechnungs-Vertrag zwar keinen Finanzierungsleasingvertrag „im Rechtssinne", will jedoch über das Umgehungsverbot des § 506 Satz 2 BGB, § 500 BGB dann anwenden, wenn sich das „Risiko einer Amortisationslücke aller Voraussicht nach nicht realisieren wird". Diese Konstruktion unterstellt, es handele sich beim Kilometerabrechnungsvertrag um eine „Normvermeidung zu Lasten des Verbrauchers", welche die Geltung des Verbraucherkreditrechts verschleiere. Der Vertragspraxis und der Übereinstimmung dieses Vertragsmodells mit den Interessen und den Wünschen der Leasingnehmer, die den Kilometervertrag zu einem vorherrschenden Vertragstyp gemacht haben, wird diese Wertung nicht gerecht.

1 Vgl. *Palandt/Heinrichs*, § 133 BGB Rz. 18.

2 *Staudinger/Stoffels*, Leasing Rz. 93; a.A. *Graf von Westphalen*, Voraufl., Rz. 1223.

3 BGH v. 11.3.1998 – VIII ZR 205/97, NJW 1998, 1637, 1639; das Vollamortisationsprinzip wird als Zweck des Leasingvertrages anerkannt, jedoch nicht mit einer Vollamortisationspflicht des Leasingnehmers verbunden. Die Vollamortisation wird vielmehr durch das Zusammenwirken von Amortisationsbeitrag des Leasingnehmers und realisierbarem Marktwert des Fahrzeugs bei Vertragsende herbeigeführt. Für die Bewertung als Finanzierungsleasingvertrag ist es unerheblich, ob die Vollamortisation beim einzelnen Vertrag tatsächlich erzielt wird. Das Risiko einer „Amortisationslücke" liegt beim Leasinggeber; vgl. dazu *Graf von Westphalen*, Voraufl., Rz. 1222, und NZM, 1998, 607, in Entgegnung auf die vorgenannte Entscheidung des BGH.

4 BGH v. 22.1.1986 – VIII ZR 318/84, BGHZ 97, 65, 76 f.; BGH v. 1.3.2000 – VIII ZR 177/99, NJW-RR 2000, 1303, 1304; *Wolf/Eckert/Ball*, Rz. 1972.

5 BGH v. 24.4.1996 – VIII ZR 150/95, NJW 1996, 2033 und BGH v. 11.3.1998 – VIII ZR 205/97, NJW 1998, 1637.

6 Vgl. dazu *Zahn/Bahmann*, Rz. 122 ff.

7 Beschlussempfehlung des Rechtsausschusses zum RegE. VerbrKrG, BT-Drucks. 11/8274, 21; vgl. Rz. 33 mit Fn. 6.

zusehen, weil der Leasingnehmer – wie beim Kilometervertrag – weder mit den während der Grundmietzeit zu erbringenden Leistungen[1] noch in Verbindung mit einer Garantie des Restwerts[2] die gesamten vertragsbedingten Kosten des Leasinggebers tilgt. Für die Schutzbedürftigkeit des Verbrauchers bei einem Finanzierungsvertrag sind das keine entscheidenden Kriterien.

Anders gewendet: Finanzierungsleasingverträge sind sowohl Verträge, bei denen der Leasingnehmer die Herbeiführung der Vollamortisation allein schuldet – das setzen etwa die Leasingerlasse[3] bei ihren idealtypischen Vertragsmodellen voraus –, wie solche Leasingverträge, bei denen der leasinggeberische Kapitaleinsatz einschließlich des Gewinns erst dadurch getilgt wird, dass es dem Leasinggeber gelingt, zusätzlich zum Amortisationsbeitrag des Leasingnehmers in eigener Verantwortung den kalkulierten Restwert zu erzielen. Auch bei diesen Verträgen ist der Vertragszweck durch die Finanzierungsfunktion bestimmt.

Nur dieses Ergebnis ist auch praktikabel. Würde man das Vorliegen eines Finanzierungsleasingvertrages davon abhängig machen, dass der Leasingnehmer verpflichtet ist, allein mit seinen Leistungen bzw. mit einer zusätzlichen Garantie für eine bestimmte Höhe des Restwerts die Vollamortisation herbeizuführen, hieße das: Bei einem Vertrag, der den Leasingnehmer zur Zahlung von Leasingraten während der Grundmietzeit und anschließender Rückgabe des Fahrzeuges verpflichtet – in der Praxis wird ein solcher Vertrag unbesehen als Vollamortisationsvertrag behandelt – müssten die Gerichte überprüfen, ob mit den während der Grundmietzeit geschuldeten Leistungen tatsächlich der gesamte Kapitaleinsatz des Leasinggebers amortisiert wird. 50

Die Alternative, dies zu unterstellen – also im Hinblick auf die Finanzierungsfunktion des Vertrages die Summe der vom Leasingnehmer geschuldeten Leistungen mit der Vollamortisation gleichzusetzen – würde der dargestellten Wirklichkeit des Finanzierungsleasing nicht gerecht.

2. Kilometerabrechnungs-Vertrag und Restwert des Fahrzeugs

a) Abrechnung von Kilometer- und von Restwertverträgen

Hat der Leasingnehmer die Gesamtfahrleistung überschritten oder ist er seiner vertraglichen Pflicht, das Fahrzeug in vertragsgemäßem Zustand zurückzugeben, nicht nachgekommen, wirkt sich das zwar auf den Markt- 51

1 Wie das der Vollamortisationserlass – Bundesminister der Finanzen v. 19.4.1971, abgedr. im Anh., Rz. 1 – voraussetzt.

2 Entsprechend dem Erlass des Bundesministers der Finanzen v. 22.12.1975, abgedr. im Anh., Rz. 2.

3 Bundesminister der Finanzen v. 19.4.1971, abgedr. im Anh., Rz. 1 und v. 22.12.1975, abgedr. im Anh, Rz. 2.

wert des Fahrzeugs aus. Den kalkulierten Restwert kann der Leasinggeber aber dennoch realisieren, wenn der Leasingnehmer seiner Pflicht nachkommt, die Mehrkilometer zu vergüten bzw. den Minderwert des Fahrzeugs auszugleichen. Die Pflicht des Leasingnehmers, **Mehrkilometer zu vergüten**, resultiert aus der – dem Kilometervertrag eigenen – Vereinbarung einer Gesamtfahrleistung, die Pflicht, einen **Minderwert auszugleichen**, – wie bereits dargelegt (Rz. 5, Rz. 34 mit Fn. 1 und Rz. 39 mit Fn. 6) – aus der Haftung für die Sachgefahr und der daraus folgenden Instandhaltungspflicht[1], wie sie leasingtypisch jedem Leasingnehmer obliegen. Er haftet damit nicht für die Realisierung der leasingspezifischen Restamortisation[2] – etwa im Sinne der Teilamortisationsverträge mit Mehrerlösbeteiligung (Kap. B Rz. 48) oder mit einem Andienungsrecht (Kap. B Rz. 41 ff.) –, die sich auf den Marktwert des Leasinggegenstandes in vertragsgemäßem Zustand bezieht.

52 Der Kilometerabrechnungs-Vertrag ist dadurch gekennzeichnet, dass das **Marktwertrisiko** und damit das Risiko der Erzielung des kalkulierten Restwerts beim Leasinggeber liegt[3]. Der Wert des in vertragsgemäßem Zustand zurückgegebenen Fahrzeugs wirkt sich allein auf das Vermögen des Leasinggebers aus, während der Leasingnehmer weder von einem hohen Restwert profitiert noch einen niedrigen auszugleichen hat. Ist dagegen Restwertabrechnung wirksam vereinbart (dazu unten Rz. 59 ff.), hängt es vom Verhältnis zwischen vereinbartem und tatsächlich erzieltem Restwert ab, ob sich für den Leasingnehmer ein Anspruch ergibt oder ob er einen Ausgleichsbetrag zu zahlen hat. Die Angabe eines Restwertes in einem Kilometerabrechnungs-Vertrag ist daher ebenso ein Fremdkörper wie die der Gesamtfahrleistung in einem Vertrag mit Restwertabrechnung, Beides kann zur Intransparenz der vertraglichen Regelung führen[4].

53 In der Praxis finden sich sowohl Leasingverträge, bei denen unklar ist, ob eine Kilometer- oder eine Restwertabrechnung gewollt ist (Rz. 54 ff.), als auch solche, die ausdrücklich vorsehen, dass bei vereinbarungsgemäßer Vertragsbeendigung die gefahrenen Kilometer abgerechnet werden, bei vorzeitiger Vertragsbeendigung dagegen eine Restwertabrechnung erfolgen soll (dazu Rz. 59 ff.).

---

1 *Müller-Sarnowski*, DAR 1997, 142, 146; weit. Nachw. vgl. Rz. 39 mit Fn. 6.
2 Vgl. Erlass des Bundesministers der Finanzen v. 22.12.1975, abgedr. im Anh., Rz. 2.
3 *Reinking/Eggert*, Rz. 828; missverständlich insoweit *Beckmann*, § 11 Rz. 9.
4 BGH v. 15.10.1986 – VIII ZR 319, 85, NJW 1987, 377, 379; SchlHOLG v. 19.5.1998 – 14 U 108/96, OLGR 1998, 410; *Reinking*, EWiR 2001, 1089; *Graf von Westphalen*, Voraufl., Rz. 1248; *Wolf/Eckert/Ball*, Rz. 1723.

b) Kilometer- oder Restwertabrechnung als Auslegungsproblem

aa) Die Entscheidung des BGH vom 9.5.2001[1]

Auf der Vorderseite des als Vertrag mit Restwertabrechnung bezeichneten Leasingvertrages waren sowohl eine **Gesamtfahrleistung** als auch ein bezifferter **Restwert** angegeben. Im Kleingedruckten befand sich je eine Klausel zur Abrechnung bei „Verträgen mit Kilometervereinbarung" und bei „Verträgen mit Restwertabrechnung". Für „Verträge mit Kilometervereinbarung" war bestimmt, dass Mehr- bzw. Minderkilometer „zu dem im Leasingvertrag genannten Satz" abgerechnet werden. Ein Satz war im Leasingvertrag jedoch nicht angegeben. 54

Der BGH kam zu dem Ergebnis, dass es angesichts dieser **widersprüchlichen Gestaltung** für den Leasingnehmer unklar bleibe, welche der beiden Abrechnungsarten – die für Verträge mit Kilometervereinbarung oder die für Verträge mit Restwertabrechnung – anzuwenden sei. Dass ausschließlich Restwertabrechnung gewollt sei und die Angabe der Gesamtfahrleistung ohne Bedeutung für die Verpflichtungen des Leasingnehmers sein solle, schloss er aus. Die Regelung könne nur so verstanden werden, dass ein Restwertausgleich nur bei Überschreitung der angegebenen Gesamtfahrleistung stattfinden solle. Diese war bei Rückgabe jedoch unterschritten, und eine andere Anspruchsgrundlage für einen Restwertausgleich ergab sich für den Senat wegen der Widersprüchlichkeit der vertraglichen Regelung nicht[2]. Aus dessen Sicht musste daher nicht darüber entschieden werden, ob die Verpflichtung des Leasingnehmers zum Restwertausgleich deswegen gegen das Transparenzgebot verstieß, weil die Klausel nicht hervorgehoben war.

Die Annahme des BGH, ein **Restwertausgleich** sei nur für den Fall vereinbart worden, dass die **Gesamtfahrleistung überschritten** werde, lässt sich mit dem vom Senat der Entscheidung zu Grunde gelegten Tatbestand jedoch kaum vereinbaren: Die Klausel für die Kilometerabrechnung verwies für die Abrechnung von Mehr- bzw. Minderkilometern auf einen im Leasingvertrag anzugebenden Satz. Wenn dennoch im Vertrag kein Satz angegeben ist, welcher einer Abrechnung hätte zu Grunde gelegt werden können[3], verträgt sich das nicht mit der Auslegung, (nur) im Fall von Mehrkilometern solle eine Restwertabrechnung erfolgen. 55

Waren für die Abrechnung von Mehr- und Minderkilometern keine Sätze angegeben, spricht das dafür, dass auch keine Minderkilometer abgerechnet werden sollten, sondern – in Übereinstimmung mit der Bezeichnung 56

1 BGH v. 9.5.2001 – VIII ZR 208/00, NJW 2001, 2165, 2166 f.; dazu EWiR 2001, 1089 (*Reinking*); *Schmid-Burgk*, WuB 2002, 427.
2 BGH v. 9.5.2001 – VIII ZR 208/00, NJW 2001, 2165, 2167.
3 Ausweislich des Tatbestandes; vgl. auch die Urteile der Vorinstanzen, OLG Dresden v. 28.6.2000 – 8 U 339/00, OLGR 2000, 356, und LG Leipzig v. 16.12.1999 – 4 O 4518/99, n.v.

des Vertrages – ausschließlich Restwertabrechnung gewollt war[1]. Die Frage nach der **Transparenz** der Regelung hätte gestellt und – mangels einer deutlichen Hervorhebung im Formularteil – verneint werden müssen[2], mit der Folge, dass der Leasingnehmer nicht verpflichtet gewesen wäre, für die Erzielung des kalkulierten Restwerts einzustehen[3].

bb) Konsequenzen für die Formularpraxis

57 **Unklarheiten** hinsichtlich des vereinbarten Vertragstyps können sich daraus ergeben, dass **Formulare** verwendet werden, die sowohl für den Abschluss eines Kilometerabrechnungs-Vertrages als auch den eines Vertrages mit Restwertabrechnung vorgesehen sind[4]. Der Leasinggeber, der solche Formulare verwendet, sollte nicht davon ausgehen, dass sein Vertrieb dadurch eine Intransparenz der vertraglichen Regelung vermeidet, dass er im einen Fall keinen Restwert angibt und im anderen die Gesamtfahrleistung weglässt. Wenn aus vertrieblichen Gründen solche Formulare verwendet werden sollen, ist zum einen darauf zu achten, dass die Entscheidung des Leasingnehmers sich eindeutig nur auf einen der beiden Vertragstypen beziehen kann. Zum anderen ist der Gefahr, dass dennoch sowohl eine Gesamtfahrleistung wie ein Restwert angegeben werden und zu Unklarheit führen, dadurch vorzubeugen, dass bei beiden Vertragstypen darauf hingewiesen wird, dass im Fall einer Entscheidung für einen dieser Verträge Angaben zur Gesamtfahrleistung bzw. zum Restwert keine Bedeutung haben[5].

58 Wie ausgeführt (Rz. 51 ff.), beruht die Gefahr der Intransparenz und Unwirksamkeit des Vereinbarten in diesen Fällen auf der Verwendung sich widersprechender Abrechnungssysteme. Wird dagegen ein Leasingvertrag, der eine bestimmte Laufzeit unter Angabe einer Gesamtfahrleistung zum Gegenstand hat, nicht mit einer Kilometerabrechnung, sondern ausschließlich mit einer (transparenten) Restwertgarantie verbunden, bestehen diese Bedenken nicht.

---

1 Konsequent die Auslegung eines Leasingvertrages durch das OLG Düsseldorf v. 22.11.2005 – I – 24 U 44/05, OLGR 2006, 347, 349, das die Angabe eines „kalkulierten Restwerts von 43 %" neben der Angabe der Gesamtlaufleistung und der für die Abrechnung von Mehr- und Minderkilometer vorgesehenen Sätze als Unklarheit gem. § 305c Abs. 2 BGB gewertet und als irrelevant behandelt hat.

2 So die Vorinstanz, OLG Dresden v. 28.6.2000 – 8 U 339/00, OLGR 2000, 356.

3 Für den entschiedenen Fall kommt allerdings auch der BGH, Urt. v. 9.5.2001 – VIII ZR 208/00, NJW 2001, 2165, 2167, zu diesem Ergebnis, da nach seiner Auslegung des Leasingvertrages eine Restwertabrechnung nur erfolgen sollte, wenn bei Vertragsende die Gesamtfahrleistung überschritten war. Das war jedoch nicht der Fall.

4 Solche Formulare wurden beispielsweise in den Fällen verwendet, die den Entscheidungen des BGH v. 9.5.2001 – VIII ZR 208/00, NJW 2001, 2165 und v. 15.10.1986 – VIII ZR 319/85, NJW 1987, 377 zu Grunde lagen.

5 So auch *Reinking*, EWiR 2001, 1089, 1090.

c) Restwertabrechnung bei vorzeitiger Beendigung des Kilometer-Vertrages

aa) Gestaltung der Klausel, AGB-rechtliche Risiken

Von dem widersprüchlichen Nebeneinander von Kilometerabrechnung und Restwertgarantie zu unterscheiden sind Klauseln, die vorsehen, dass für den Fall **vorzeitiger Vertragsbeendigung** an die Stelle der Kilometerabrechnung eine **Restwertabrechnung** tritt. Eine höchstrichterliche Entscheidung zur rechtlichen Zulässigkeit dieser Umstellung i.S.d. § 307 Abs. 1 Satz 1 BGB (früher § 9 Abs. 1 AGBG) ist bisher nicht ergangen[1]. Im Urteil vom 15.10.1986 hat der BGH[2] eine solche Regelung als überraschende Klausel i.S.d. § 3 AGBG (jetzt § 305c Abs. 1 BGB) qualifiziert. In zwei späteren Entscheidungen[3] hat er die Zulässigkeit der Klausel offen gelassen, da sich deren Unwirksamkeit aus anderen Gesichtspunkten ergab. In dem vom BGH am 15.10.1986 entschiedenen Fall fand sich die Regelung, dass für den Fall einer vorzeitigen ordentlichen Kündigung „eine Umstellung auf Restwertabrechnung" vorgesehen ist, erst in den AGB. Der BGH hat darin zu Recht einen Verstoß gegen § 3 AGBG (jetzt § 305c Abs. 1 BGB) gesehen, da der Leasingnehmer, der sich für einen Kilometerabrechnungs-Vertrag entschieden hat, nicht damit rechnen muss, dass in den AGB für den Fall einer vertragsgemäßen vorzeitigen Kündigung eine andere Abrechnungsart vorgesehen ist[4]. 59

Die Frage ist aber, ob die **Umstellung auf Restwertabrechnung** auch dann unzulässig ist, wenn sie deutlich hervorgehoben auf der Vorderseite als Regelung für den Fall einer vorzeitigen Vertragsbeendigung gebracht wird, wenn sie also den Anforderungen entspricht, die generell gelten, wenn der Leasingnehmer eine Restwertgarantie übernehmen soll[5]. 60

Mit der Umstellung eines Kilometerabrechnungs-Vertrages auf Restwertabrechnung werden die charakteristischen Merkmale dieses Vertrages hinfällig: Maßgeblichkeit der Gesamtfahrleistung und Ausgleich von Mehr- 61

---

1 Das OLG Düsseldorf – Urt. v. 22.11.2005 – I – 24 U 44/05, OLGR 2006, 347, 349 – hat in dieser Umstellung eine „unangemessene Regelung" i.S.d. § 307 Abs. 1 Satz 1 BGB gesehen.

2 BGH v. 15.10.1986 – VIII ZR 319/85, NJW 1987, 377.

3 BGH v. 14.7.2004 – VIII ZR 367/03, NJW 2004, 2823 und BGH v. 11.1.1995 – VIII ZR 61/94, NJW 1995, 954.

4 BGH v. 15.10.1986 – VIII ZR 319/85, NJW 1987, 377, 379; OLG Celle v. 5.1.1994 – 2 U 177/91, NJW-RR 1994, 743 (Vorinstanz zu BGH v. 11.1.1995 – VIII ZR 61/94, NJW 1995, 954); SchlHOLG v. 12.9.1997 – 14 U 108/96, OLGR 1997, 367; OLG Düsseldorf v. 22.11.2005 – I – 24 U 44/05, OLGR 2006, 347, 349; vgl. auch *Zahn/Bahmann*, Rz. 359.

5 Nach BGH v. 9.5.2001 – VIII ZR 208/00, 2165, 2166, entspricht dies der herrschenden Meinung, vgl. dazu die Vorinstanz, OLG Dresden v. 28.6.2000 – 8 U 339/00, OLGR 2000, 356; OLG Karlsruhe v. 23.4.1986 – 6 U 139/84, NJW-RR 1986, 1112, 1113; OLG Oldenburg v. 2.4.1998 – 14 U 48/97, NZV 1999, 335, 336; *Reinking*, S. 36.

und Minderkilometern als Vertragsgegenstand sowie die Freistellung des Leasingnehmers vom Restwertrisiko, das der Leasinggeber zu tragen hat. Dieser Wechsel zwischen miteinander **unvereinbaren Vertragstypen** spräche dafür, den Charakter als überraschende Klausel i.S.d. § 305c Abs. 1 BGB auch dann zu bejahen, wenn die Regelung in den Formularteil aufgenommen und dort hervorgehoben gestaltet ist. Auch § 307 Abs. 2 Nr. 1 BGB (früher § 9 Abs. 2 Nr. 1 AGBG) könnte gegen die Vermischung dieser beiden Vertragsmodelle sprechen[1]. In der Sache bewirkt die Umstellung der Abrechnungsart, dass das Restwertrisiko, das beim Kilometerabrechnungs-Vertrag der Leasinggeber trägt, vom Leasingnehmer zu tragen ist.

bb) Vertragsbeendigung durch fristlose Kündigung

62 Unterstellt man, es sei gelungen, in einem Kilometervertrag die **Umstellung auf Restwertabrechnung** im Fall einer fristlosen Kündigung – etwa durch eine Klausel auf der Vorderseite, in der die Restwertabrechnung inhaltlich und drucktechnisch als Ausnahmeregelung dargestellt ist – so zu gestalten, dass die Klausel weder als intransparent i.S.d. § 307 Abs. 1 Satz 2 BGB noch als überraschend i.S.d. § 305c Abs. 1 BGB angesehen werden müsste, so bleibt doch dies: Die Umstellung auf Restwertabrechung würde zu einer Diskrepanz zwischen dem Schadensersatzanspruch bei fristloser Kündigung und dem Erfüllungsinteresse des Leasinggebers bei ungestörter Abwicklung des Kilometervertrages führen.

63 Ginge es um die Berechnung des Schadensersatzanspruches bei vorzeitiger **fristloser Kündigung**, läge in der Umstellung auf Restwertabrechnung daher ein Verstoß gegen den Grundsatz des gesetzlichen Schadensersatzrechts, dass der zum Schadensersatz Berechtigte nicht besser gestellt werden darf, als er bei ordnungsgemäßer Vertragsbeendigung stünde[2]. Zwar sind Fälle denkbar, in denen der Leasingnehmer durch die Umstellung im Ergebnis nicht schlechter gestellt würde, als er stünde, wenn der Schadensersatzanspruch des Leasinggebers – nach dem Maßstab eines Kilometerabrechnungsvertrages – unter Berücksichtigung des hypothetischen Restwerts bei Vertragsende ermittelt würde[3]. In der Umstellung auf Restwertabrechnung im Fall einer fristlosen Kündigung liegt jedoch insoweit eine generelle Verschlechterung der Rechtsposition des Leasingnehmers

---

1 So SchlHOLG v. 12.9.1997 – 14 U 108/96, OLGR 1997, 367, 368; SchlHOLG v. 31.1.1997 – 14 U 111/95, OLGR 1997, 119, 120.

2 Vgl. statt aller BGH v. 14.7.2004 – VIII ZR 367/03, NJW 2004, 2823, 2824 m.w.N.; die grundsätzliche Zulässigkeit der Umstellung auf Restwertabrechnung offen lassen konnte OLG Dresden v. 9.2.2007 – 8 U 2197/06, n.v. (S. 7 ff.): Die Benachteiligung des Leasingnehmers i.S.d. § 307 Abs. 1 Satz 1, Abs. 2 Nr. 1 BGB ergab sich daraus, dass bei Kündigung wegen Zahlungsverzugs der Berechnung des Kündigungsschadens ein Restwert zu Grunde gelegt werden sollte, der höher war als der hypothetische Marktwert des Fahrzeugs bei regulärem Vertragsende.

3 Vgl. BGH v. 14.7.2004 – VIII ZR 367/03, NJW 2004, 2823; ausführlich dazu unten Rz. 66 ff.

gegenüber einer vereinbarungsgemäßen Vertragsbeendigung mit Kilometerabrechnung, als er mit dem Restwertrisiko belastet wird. Damit würde der Berechtigte besser gestellt, als er bei ordnungsgemäßer Vertragsbeendigung stünde[1]. Beim Kilometervertrag verstößt eine Umstellung auf Restwertabrechnung daher gegen § 307 Abs. 1 Satz 1, Abs. 2 Nr. 1 BGB.

cc) Vertragsbeendigung durch ordentliche Kündigung

Der Entscheidung des BGH vom 15.10.1986[2] lag ein Kilometerabrechnungs-Vertrag zu Grunde, bei dem für den Fall einer **ordentlichen vorzeitigen Vertragsbeendigung** auf Restwertabrechnung umgestellt werden sollte. Der BGH sah diese Klausel, die sich nur in den AGB fand, als überraschend i.S.d. § 3 AGBG (heute: § 305c Abs. 1 BGB) und daher als nicht wirksam vereinbart an[3]. Die Frage nach der Zulässigkeit dieser Klausel – bei unterstellt weder intransparenter noch überraschender Klauselgestaltung – ist oben für den Fall der fristlosen Kündigung gestellt und wegen Unvereinbarkeit mit dem gesetzlichen Schadensersatzrecht verneint worden (Rz. 60 f.). Bei der Abrechnung nach ordentlicher Kündigung geht es nicht um einen Schadensersatzanspruch, sondern um den Ausgleichsanspruch des Leasinggebers, den der BGH aus dem Finanzierungscharakter des Leasingvertrages und den diesem entsprechenden „Gesichtspunkt der Vollamortisation des Gesamtaufwandes"[4] herleitet[5] (vgl. auch Rz. 35 ff.). 64

Auch der auf die Herbeiführung der Vollamortisation gerichtete **Ausgleichsanspruch** des Leasinggebers kann diesem jedoch nicht mehr geben, als er bei kündigungsfreiem Ablauf des Vertrages erhalten hätte[6]. Der vom Leasingnehmer geschuldete Amortisationsbeitrag ist mit den im Leasingvertrag vereinbarten Leistungspflichten festgelegt. Der Ausgleichsanspruch des Leasinggebers bei ordentlicher vorzeitiger Vertragsbeendigung geht daher nicht über dessen Erfüllungsinteresse hinaus[7] (Rz. 41 ff.). Die mit der Restwertabrechnung verbundene Verlagerung des Restwertrisikos auf den Leasingnehmer verändert jedoch dessen vertraglich festgelegten Amortisationsbeitrag zum Nachteil des Leasingnehmers. Auch für den Fall einer Vertragsbeendigung durch ordentliche Kündigung kann daher beim Kilometerleasingvertrag die Umstellung auf Restwertabrechnung wegen unangemessener Benachteiligung des Leasingnehmers gem. § 307 Abs. 1 Satz 1, Abs. 2 Nr. 1 BGB nicht hingenommen werden. 65

---

1 Vgl. BGH v. 14.7.2004 – VIII ZR 367/03, NJW 2004, 2823, 2824 m.w.N.
2 BGH v. 15.10.1986 – VIII ZR 319/85, NJW 1987, 377.
3 BGH v. 15.10.1986 – VIII ZR 319/85, NJW 1987, 377, 379; dazu EWiR 1986, 1159, 1160 (*Graf von Westphalen*).
4 BGH v. 12.6.1985 – VIII ZR 148/84, NJW 1987, 377, 379.
5 Grundlegend BGH v. 12.6.1985 – VIII ZR 148/84, BGHZ 95, 39, 49 f.; BGH v. 22.1.1986 – VIII ZR 318/84, BGHZ 97, 65, 74 f.
6 Vgl. BGH v. 12.6.1985 – VIII ZR 148/84, BGHZ 95, 39, 46, 57.
7 Ausführlich dazu BGH v. 12.6.1985 – VIII ZR 148/84, BGHZ 95, 39, 46, 55, 57.

d) Der Schadensersatzanspruch des Leasinggebers bei vorzeitiger Beendigung des Kilometerabrechnungs-Vertrages – die Entscheidung des BGH vom 14.7.2004

66 Auch diese Entscheidung des BGH[1] zeigt, dass sich Fragen nach der Zusammensetzung eines Schadensersatzanspruchs bei vorzeitiger Vertragsbeendigung überzeugend beantworten lassen, wenn sich die Erwägungen an dem **Grundsatz des gesetzlichen Schadensersatzrechts** orientieren, dass derjenige, dem ein Schadensersatzanspruch wegen Nichterfüllung eines Vertrages zusteht, so zu stellen ist, wie er bei ordnungsgemäßer Vertragsdurchführung gestanden hätte[2]. Das schließt ein, dass der Berechtigte keinen Anspruch darauf hat, besser gestellt zu werden[3].

67 Der BGH stellt fest, dass es mit der zwischen den Parteien eines Kilometerabrechnungs-Vertrages vereinbarten Risikoverteilung nicht vereinbar ist, bei der konkreten[4] Berechnung des Kündigungsschadens auf den vom Leasinggeber intern kalkulierten Restwert abzustellen[5]. Maßgeblich sei der Wert, den bei vereinbarungsgemäßem Vertragsende das vom Leasingnehmer **zurückgegebene Fahrzeug in vertragsgemäßem Zustand** gehabt hätte. Denn bei Vertragsende hätte der Leasinggeber vom Leasingnehmer – vom Ausgleich etwaiger Mehrkilometer oder eines schadenbedingten Minderwerts abgesehen – lediglich die Rückgabe des Leasingfahrzeugs verlangen können[6]. Der anzusetzende Fahrzeugwert richte sich daher nach dem hypothetischen Verkaufserlös, den der Leasinggeber auf dem Gebrauchtwagenmarkt zum Zeitpunkt des Vertragsendes bei Erreichung der vereinbarten Gesamtfahrleistung hätte erzielen können, nicht jedoch nach dem Restwert, den der Leasinggeber seiner Kalkulation zu Grunde gelegt habe[7].

---

1 BGH v. 14.7.2004 – VIII ZR 367/03, NJW 2004, 2823; dazu *Becher*, FLF 2004, 279; vgl. etwa BGH v. 26.6.2002 – VIII ZR 147/01, BGHZ 151, 188, 192 f. m.w.N.; BGH v. 11.1.1995 – VIII ZR 61/04, NJW 1995, 954, 955.

2 Sog. Differenztheorie; BGH v. 19.6.1951 – I ZR 118/50, BGHZ 2, 310, 313 f.; BGH v. 9.5.1956 – VIII ZR 95/55, BGHZ 20, 338, 343; BGH v. 11.2.1983 – V ZR 191/81, WM 1983, 418.

3 BGH v. 4.6.1970 – VII ZR 187/68, BGHZ 54, 106, 109 ff.; BGH v. 14.7.2004 – VIII ZR 367/03, NJW 2004, 2823, 2824; vgl. auch Rz. 75.

4 Die klagende Leasinggesellschaft hatte ihrer Abrechnung als Restwert zunächst den vom Händler garantierten Rückkaufpreis zu Grunde gelegt; wegen der Bedenken des Berufungsgerichts – LG Landshut v. 14.11.2003 – 13 S 1594/03, S. 3 f., n.v. – legte sie eine neue Schadenberechnung vor, die zwar auf den voraussichtlichen Wert des Fahrzeugs bei Vertragsende abstellte, diesen jedoch mit dem „intern kalkulierten Restwert" gleichsetzte.

5 BGH v. 14.7.2004 – VIII ZR 367/03, NJW 2004, 2823, 2824; BGH v. 11.1.1995 – VIII ZR 61/94, NJW 1995, 954; vgl. dazu *Reinking/Eggert*, Rz. 904; *Wolf/Eckert/Ball*, Rz. 2019 f.; *Zahn/Bahmann*, Rz. 354.

6 BGH v. 14.7.2004 – VIII ZR 367/03, NJW 2004, 2823, 2825; OLG Celle v. 22.5.1996 – 2 U 172/95, OLGR 1996, 181, 182; KG v. 10.2.1997 – 22 U 2005/96, KGR 1997, 181, 182 f.

7 Vgl. auch BGH v. 11.1.1995 – VIII ZR 61/94, NJW 1995, 954; ausführlich OLG Celle v. 5.1.1994 – 2 U 177/91, NJW-RR 1994, 743, 744 (Vorinstanz).

Da der Leasinggeber bei vereinbarungsgemäßer Vertragsabwicklung nur Anspruch auf Rückgabe des Leasingfahrzeugs gehabt hätte und der hypothetische Verkaufserlös dem Marktwert des Fahrzeugs entsprochen hätte, ist auch die weitere Feststellung des BGH[1] zwingend: Eine den hypothetischen Restwert übersteigende Haftung des Leasingnehmers kann auch nicht dadurch begründet werden, dass der Leasinggeber den kalkulierten Restwert durch eine **Rücknahmeverpflichtung des Händlers** abgesichert hat[2]. Ermittelt man die hypothetische Vermögenslage des Leasinggebers im Fall störungsfreier Vertragsdurchführung, wäre ihm zwar der von der Lieferantin garantierte Kaufpreis zu Gute gekommen. Nach der Risikoverteilung des Kilometerabrechnungs-Vertrages ist aber das Risiko der Entwicklung des Marktwertes, und damit auch dessen Absicherung durch die Verlagerung auf den Händler, allein vom Leasinggeber zu tragen[3]. 68

Die Entscheidung macht deutlich, dass die Notwendigkeit, den hypothetischen Restwert in die Schadenberechnung einzustellen, sich nicht dadurch umgehen lässt, dass der hypothetische Restwert mit dem kalkulierten Restwert gleichgesetzt wird[4]. Die **schlüssige Darlegung eines hypothetischen Restwerts** verlangt konkrete Angaben – wie nachweisbare Erfahrungswerte des Leasinggebers, Fortschreibung der Marktentwicklung in der Vergangenheit[5], etwa unter Hinzuziehung der „Schwackeliste"[6]. Diese Darlegung sollte zwar mit einem Beweisantritt durch Sachverständigengutachten abgesichert sein. Je konkreter die Angaben sind, die zur Ermittlung des hypothetischen Marktwerts gemacht werden, umso größer ist aber die Chance, dass die Kosten eines Sachverständigengutachtens vermieden werden[7]. 69

Eine für die Praxis wichtige, die Abrechnung des vorzeitig beendeten Kilometerabrechnungs-Vertrages erleichternde Konsequenz ist, dass weder der Kilometerstand abgerechnet, noch der – häufig umstrittene – Zustand des Fahrzeugs festgestellt werden muss[8]. Der im Zeitpunkt der Kündigung erreichte Kilometerstand wirkt sich bei der Ermittlung des **tatsächlichen** 70

---

1 BGH v. 14.7.2004 – VIII ZR 367/03, NJW 2004, 2823, 2825.

2 A.A. OLG Braunschweig v. 23.7.1998 – 2 U 65/98, BB 1998, 2081[nur Ls., i.Ü. n.v.], m. zust. Anm. *Struppek*.

3 So ausführlich KG v. 10.2.1997 – 22 U 2005/96, KGR 1997, 181, 182.

4 So war die Klägerin in dem entschiedenen Fall vorgegangen; vgl. BGH v. 14.7.2004 – VIII ZR 367/03, NJW 2004, 2823, 2825.

5 Dazu OLG Celle v. 13.11.1996 – 2 U 272/95, OLGR 1997, 51, 52; OLG Celle v. 17,12.1997 – 2 U 2/97, NJW-RR 1998, 704, 706.

6 BGH v. 22.1.1986 – VIII ZR 318/84, BGHZ 97, 65, 77; vgl. auch LG Landshut v. 14.11.2003 – 13 S 1594/03, S. 4, n.v. (Vorinstanz zu BGH v. 14.7.2004 – VIII ZR 367/03, NJW 2004, 2823); OLG Celle v. 17.12.1997 – 2 U 2/97, NJW-RR 1998, 704, 706.

7 Vgl. den Hinweis in OLG Celle v. 17.12.1997 – 2 U 2/97, NJW-RR 1998, 704, 706.

8 Vgl. dazu jedoch *Nitsch*, NZV 2007, 62, 63 ff., mit dem Hinweis auf Konstellationen vorzeitig beendeter Verträge mit Kilometerabrechnung – der reale Fahrzeugwert liegt schadenbedingt unter dem hypothetischen Marktwert bei Vertragsende –, bei denen das in BGH v. 14.7.2004 – VIII ZR 367/03, NJW 2004, 2823, angewand-

Wertes des Fahrzeugs aus[1], so dass er nicht gesondert berücksichtigt zu werden braucht. Das Gleiche gilt für Schäden am Fahrzeug oder eine übermäßige Abnutzung. Auch sie schlagen sich im realen Wert des Fahrzeugs nieder und werden in der Schadenberechnung daher ebenfalls nicht angesetzt[2].

71 Dass der hypothetische Wert bei vertragsgemäßer Rückgabe auf den Zeitpunkt der Kündigung **abzuzinsen** ist, weil dem Leasinggeber durch die vorzeitige Möglichkeit der Verwertung des Fahrzeuges ein Zinsvorteil entsteht, entspricht ebenso ständiger Rechtsprechung[3], wie die Pflicht zur Anrechnung eines **kündigungsbedingten Vorteils**: Die Differenz zwischen einem (höheren) tatsächlichen Wert des Fahrzeuges bei vorzeitiger Rückgabe und dem hypothetischen Wert bei vertragsgemäßer Rückgabe muss im Rahmen der Schadenberechnung dem Leasingnehmer gutgebracht werden[4]. Auch die **weiteren Schadensposten** sind die beim Leasingvertrag üblichen (Kap. K Rz. 42 ff.).

IV. Der Vertrag mit Gebrauchtwagenabrechnung – die Garantie des Restwerts durch den Leasingnehmer

1. Transparenz der Vertragsgestaltung

72 Der sog. **Vertrag mit Mehrerlösbeteiligung** des Leasingnehmers gehört zu den Vertragsmodellen des Teilamortisationserlasses vom 22.12.1975[5] und ist unter diesen der im Pkw-Leasing vorherrschende Vertragstyp (Rz. 9 ff.). Nach dem Erlass ist er dadurch gekennzeichnet, dass die Amortisation der Gesamtkosten des Leasinggebers dadurch erreicht wird, dass der Leasingnehmer zusätzlich zu den Leasingraten und einer eventuellen Sonderzahlung die Garantie übernimmt, dass der Leasinggeber mit der Verwertung des Fahrzeugs am Vertragsende die vereinbarte „Restamortisation" erzielt.

73 Der Erlass geht davon aus, dass der Leasingnehmer an einem den vereinbarten Restwert übersteigenden Verwertungserlös mit 75 % beteiligt ist. Mit den dem Leasinggeber verbleibenden 25 % sieht die Finanzverwaltung

te Abrechnungsverfahren dem Erfüllungsinteresse des Leasinggebers nicht gerecht wird.

1 BGH v. 11.1.1995 – VIII ZR 61/94, NJW 1995, 954; OLG Celle v. 5.1.1994 – 2 U 177/91, NJW-RR 1994, 743, 744.

2 BGH v. 14.7.2004 – VIII ZR 367/03, NJW 2004, 2823, 2825; BGH v. 11.1.1995 – VIII ZR 61/94, NJW 1995, 954, 955; *Groß*, DAR 1996, 438, 445; a.A. OLG Braunschweig v. 23.7.1998 – 2 U 65/98, BB 98, 2081 (nur Ls., i.Ü. n.v.) mit zust. Anm. *Struppek*.

3 Vgl. BGH v. 14.7.2004 – VIII ZR 367/03, NJW 2004, 2823, 2824 f.

4 BGH v. 14.7.2004 – VIII ZR 367/03, NJW 2004, 2823, 2824; BGH v. 8.3.1995 – VIII ZR 313/93, NJW 1995, 1541; BGH v. 22.11.1995 – VIII ZR 57/95, NJW 1996, 455, 456 f. m.w.N.

5 Erlass des Bundesministers der Finanzen v. 22.12.1975, abgedr. im Anh., Rz. 2.

dessen Chance auf eine Wertsteigerung des Leasingobjekts gewahrt, so dass das wirtschaftliche Eigentum des Leasinggebers i.S.d. § 39 AO nicht in Frage gestellt ist[1].

Die Anforderungen, die an die Transparenz der vom Leasingnehmer zu übernehmenden Restwertgarantie zu stellen sind, haben die Rechtsprechung immer wieder beschäftigt[2]. Es muss der garantierte Restwert auf der Vorderseite des Vertrages angegeben und als solcher bezeichnet sein, und es muss hervorgehoben zum Ausdruck gebracht werden, dass den Leasingnehmer eine Ausgleichspflicht trifft, wenn der vereinbarte Restwert durch die Verwertung des Fahrzeugs bei Vertragsende nicht erzielt wird[3]. In der euphemistischen Bezeichnung „mit Mehrerlösbeteiligung" kommt diese Verpflichtung nicht ausreichend zum Ausdruck[4]. Der Hinweis auf eine Vollamortisationspflicht des Leasingnehmers reicht ebenfalls nicht aus, wenn er nicht durch den ausdrücklichen Hinweis ergänzt wird, dass ein hinter dem garantierten Restwert zurückbleibender Erlös auszugleichen ist[5]. Auch bei den Vertragsmodellen des Vollamortisationserlasses[6] – bei diesen wird vorausgesetzt, dass die Amortisation der Gesamtkosten des Leasinggebers bereits mit den Leistungen des Leasingnehmers während der Grundmietzeit erreicht wird – trifft den Leasingnehmer auch dann keine über die vereinbarten Leistungen hinausgehende Zahlungsverpflichtung oder Einstandspflicht hinsichtlich des Restamortisationswertes, wenn sich am Vertragsende ergeben sollte, dass der Leasinggeber mit dem während der Grundmietzeit vertragsgemäß erbrachten Leistungen oder sogar einschließlich des Verwertungserlöses die Vollamortisation verfehlt[7]. 74

1 Erlass des Bundesministers der Finanzen v. 22.12.1975, abgedr. im Anh., Rz. 2.

2 Überblick bei *Wolf/Eckert/Ball*, Rz. 1721 ff.

3 Der BGH, Urt. v. 9.5.2001 – VIII ZR 208/00, NJW 2001, 2165, 2166 m.w.N., brauchte über diese Anforderungen zwar nicht zu entscheiden, bezeichnete diese Auffassung aber als herrschende Meinung; OLG Dresden v. 28.6.2000 – 8 U 339/00, OLGR 2000, 356, 357 f. m.w.N. (Vorinstanz zu BGH v. 9.5.2001); vgl. auch die Klauselgestaltung in BGH v. 4.6.1997 – VIII ZR 312/96, NJW 1997, 3166, 3167, die das Gericht als wirksame Übernahme einer Restwertgarantie akzeptiert hat; OLG Karlsruhe v. 23.4.1986 – 6 U 139/84, NJW-RR 1986, 1112, 1113; LG Oldenburg v. 31.7.1998 – 2 S 446/98, NJW-RR 1999, 1209; *Reinking/Eggert*, Rz. 830 m.w.N.; *Graf von Westphalen*, Voraufl., Rz. 165, 1024 ff. m.w.N.

4 Dazu *Zahn/Bahmann*, Rz. 87.

5 BGH v. 9.5.2001 – VIII ZR 208/00, NJW 2001, 2165, 2166 m.w.N.; *Reinking/Eggert*, Rz. 830; *Wolf/Eckert/Ball*, Rz. 1721.

6 Erlass des Bundesministers der Finanzen v. 19.4.1971, abgedr. im Anh., Rz. 1.

7 Die Auffassung des SchlHOLG – Urt. v. 30.6.2000 – 14 U 80/99, OLGR 2001, 101 –, die Pflicht des Leasingnehmers, den Restwert zu garantieren, folge aus dem Anspruch des Leasinggebers auf Vollamortisation, trifft daher nicht zu. Dass eine Restwertgarantie „leasingtypisch und auch sonst rechtlich unbedenklich" ist – so BGH v. 4.6.1997 – VIII ZR 312/06, NJW 1997, 3166, 3167 –, bedeutet nicht, dass sie nicht AGB-rechtlich wirksam vereinbart sein muss; grundlegend BGH v. 12.6.1985 – VIII 148/84, BGHZ 95, 39, 50 ff.; Kap. B Rz. 55 ff. Die Vereinbarung der Einstandspflicht muss insbesondere dem Transparenzgebot (§ 307 Abs. 1 Satz 2 BGB) genügen und darf im Kontext des Vertrages auch nicht den Charakter einer überraschenden Klausel i.S.d. § 305c Abs. 1 BGB haben.

2. Der Restwert als Bestandteil des Schadensersatzanspruches bei außerordentlicher Kündigung

a) Anforderungen an die Berücksichtigung eines kalkulierten Restwerts

75 Wie erwähnt (Rz. 66), ist es einer der grundlegenden Maßstäbe des gesetzlichen Schadensersatzrechts, dass der zum **Schadensersatz wegen Nichterfüllung** eines Vertrages Berechtigte nicht besser gestellt werden darf, als er bei ungestörtem Vertragsablauf stünde[1]. Das hat zur Konsequenz, dass an die Verpflichtung des Leasingnehmers, für die Erzielung eines bestimmten Restwerts einzustehen, bei der Berechnung eines Schadensersatzanspruchs keine anderen Anforderungen gestellt werden können als bei ordnungsgemäßer Vertragsbeendigung. Für die Frage, ob eine Restwertgarantie bei der Berechnung des Schadensersatzes zu berücksichtigen ist, gilt daher das Ausgeführte (Rz. 74). Dass der Leasingnehmer für einen kalkulierten Restwert einzustehen hätte, folgt auch hier nicht bereits daraus, dass der Leasingvertrag auf Vollamortisation der vertragsbedingten Kosten des Leasinggebers angelegt ist; ausführlich dazu Rz. 41 ff.[2].

b) Die Entscheidung des BGH vom 26.6.2002[3]

76 In dieser Entscheidung wendet der BGH den erwähnten (Rz. 66, 75) Grundsatz des Schadensersatzrechts auf zwei Fragestellungen an: Zunächst auf die Anrechnung des erzielten Gebrauchtwagenerlöses – mit dem Ergebnis einer überzeugenden Klarstellung –, sodann auf die Berechnung des Schadens insgesamt – ohne allerdings die Orientierung am Erfüllungsinteresse durchzuhalten.

aa) Die Anrechnung des Gebrauchtwagenerlöses

77 Der Leasingvertrag sah eine Restwertabrechnung nach Maßgabe des sog. Leasingvertrages mit Mehrerlösbeteiligung (Rz. 72 f.) vor. Im Fall einer fristlosen Kündigung sollte bei der Schadensberechnung „als **Vorteilsausgleich**… der … tatsächlich erzielte Gebrauchtwagenerlös zu 90 % berücksichtigt" werden. Der BGH[4] führt aus, dass Obergrenze des Schadensersatzanspruches des Leasinggebers sein Erfüllungsinteresse bei ord-

1 BGH v. 4.6.1970 – VII ZR 187/68, BGHZ 54, 106, 109 ff.; BGH v. 14.7.2004 – VIII ZR 367/03, NJW 2004, 2823, 2824.

2 A.A. anscheinend *Beckmann*, § 8 Rz. 66, dessen Auffassung sich jedoch nicht auf die Entscheidungen des BGH v. 4.6.1997 – VIII ZR 312/96, NJW 1997, 3166 oder v. 10.7.1996 – VIII ZR 282/95, NJW 1996, 2860, stützen lässt; im ersten Fall enthielt der Leasingvertrag eine mustergültige Garantie des kalkulierten Restwerts, im zweiten Fall lag ebenfalls eine ausdrücklich vereinbarte Pflicht zum Restwertausgleich vor, die also nicht mit dem Vollamortisationsanspruch des Leasinggebers begründet zu werden brauchte.

3 BGH v. 26.6.2002 – VIII ZR 147/01, NJW 2002, 2713; dazu EWiR 2002, 787 f. (*Graf von Westphalen*).

4 BGH v. 26.6.2002 – VIII ZR 147/01, NJW 2002, 2713, 2714.

nungsgemäßer Vertragsdurchführung sei. Die Konsequenz, die der Senat zieht, ist überzeugend und beendet die Unsicherheit, die hinsichtlich der Anrechnung des Verwertungserlöses im Anschluss an die Entscheidung des BGH vom 12.6.1985[1] bestand[2]: Da bei ordentlicher Vertragsbeendigung der **Verwertungserlös zu 100 % anzurechnen** sei, werde der Leasinggeber durch eine Anrechnung von nur 90 % bei außerordentlicher Beendigung des Vertrages ungerechtfertigt besser gestellt, so dass diese Klausel gegen § 9 Abs. 1, Abs. 2 Nr. 1 AGBG (jetzt § 307 Abs. 1 Satz 1, Abs. 2 Nr. 1 BGB) verstoße und unwirksam sei[3].

bb) Kündigungsbedingter und hypothetischer Mehrerlös bei konkreter Schadensberechnung

Ausgehend von der festgestellten Unwirksamkeit der vertraglich vorgese- 78 henen Berechnung des Schadensersatzes nach fristloser Kündigung prüft der Senat die **konkrete Berechnung des Kündigungsschadens**[4]. Zutreffender Ausgangspunkt der Argumentation des Senats ist auch hier die Frage, wie nach der von den Parteien gewählten Vertragsgestaltung der Leasinggeber bei ordnungsgemäßer Durchführung des Vertrages gestanden hätte, einschließlich des Aspekts, ob ihm durch die vorzeitige Rückgabe des Fahrzeuges Vorteile erwachsen sind, die er sich anrechnen lassen muss[5].

Die Argumentation des BGH im Detail und das Ergebnis werden jedoch 79 diesem schadensersatzrechtlichen Grundsatz nicht gerecht. Ob die vorzeitige Verwertung einen zwischen den Parteien im Verhältnis 75 : 25 aufzuteilenden Mehrerlös erbracht hat[6] oder inwieweit ein kündigungsbedingter Mehrerlös vorliegt, hängt nach Auffassung des BGH[7] davon ab, ob der tatsächlich erzielte Verwertungserlös die Summe aus noch ausstehenden künftigen Leasingraten und kalkuliertem Restwert übersteigt. Im entschiedenen Fall betrugen die künftigen Leasingraten ca. 65 000 DM, der

1 BGH v. 12.6.1985 – VIII ZR 148/84, NJW 1985, 2253, 2257; diese Entscheidung betraf allerdings einen kündbaren Teilamortisationsvertrag.

2 Dazu *Graf von Westphalen*, Voraufl., Rz. 1183 ff. m.w.N.; auf diese Unsicherheit dürfte auch die Vertragsgestaltung zurückgehen, die Gegenstand der hier referierten Entscheidung war.

3 BGH v. 26.6.2002 – VIII ZR 147/01, NJW 2002, 2713, 2714; zustimmend *Freymann*, BGHReport 19/2002, 805, 808; *Graf von Westphalen*, EWiR 2002, 787 f.

4 BGH v. 26.6.2002 – VIII ZR 147/01, NJW 2002, 2713, 2715; ständige Rechtsprechung, grundlegend dazu BGH v. 12.6.1985 – VIII ZR 148/84, BGHZ 95, 39, 46.

5 BGH v. 26.6.2002 – VIII ZR 147/01, NJW 2002, 2713, 2715; zur Anrechnung eines kündigungsbedingt höheren Verwertungserlöses vgl. BGH v. 22.11.1995 – VIII ZR 57/95, NJW 1996, 455, 456 f.; *Reinking/Eggert*, Rz. 1042.

6 Beim Vertrag mit Mehrerlösbeteiligung im Sinn des Erlasses des Bundesministers der Finanzen vom 22.12.1975, abgedr. im Anh., Rz. 2, erhält der Leasingnehmer 75 %, der Leasinggeber 25 % eines Differenzbetrages, um den der Erlös einer Veräußerung nach Ende der Grundmietzeit den vom Leasingnehmer garantierten Restwert übersteigt; einen Mindererlös hat der Leasingnehmer demgegenüber auszugleichen.

7 BGH v. 26.6.2002 – VIII ZR 147/01, NJW 2002, 2713, 2715.

kalkulierte Restwert 71 000 DM. Der tatsächliche Verwertungserlös betrug 102 000 DM. Der BGH addiert die Summe der künftigen Raten und den kalkulierten Restwert, so dass sich – abgezinst – im Zeitpunkt der vorzeitigen Vertragsbeendigung ein **„Restamortisationsbetrag“** von ca. 129 000 DM ergibt. Da der erzielbare Verkaufserlös von 102 000 DM diesen Betrag nicht erreiche, sei weder ein Mehrerlös als Folge der vorzeitigen Vertragsbeendigung anzunehmen, noch ein Mehrerlös bei Vertragsende, der zwischen den Parteien aufzuteilen wäre.

80 Was den **kündigungsbedingten Mehrerlös** angeht, ist dem BGH im Ergebnis zuzustimmen: Ein Mehrerlös, der sich als Folge der vorzeitigen Vertragsbeendigung ergibt, ist dem Leasingnehmer im Rahmen der Vorteilsausgleichung[1] gutzubringen. Übersteigt der Restamortisationswert – also die Summe aus noch zu zahlenden Leasingraten und garantiertem Restwert – den tatsächlich erzielten Verwertungserlös, steht damit fest, dass der gesamte Verwertungserlös, also einschließlich eines kündigungsbedingten Mehrerlöses, bei der Berechnung des Schadensersatzanspruchs dem Leasingnehmer gutgebracht wird. Es kann daher darauf verzichtet werden, durch den Vergleich des tatsächlichen Verwertungserlöses mit dem hypothetischen Erlös bei Vertragsende die Höhe des kündigungsbedingten Mehrerlöses zu ermitteln.

81 Diese Berechnung des BGH lässt jedoch die Frage außer Acht, ob sich bei störungsfreiem Vertragsablauf ein **Verwertungserlös** ergeben hätte, der **höher als der kalkulierte Restwert** gewesen wäre. Der Differenzbetrag hätte Leasingnehmer und Leasinggeber im Verhältnis 75 : 25 zugestanden. Ein solcher Mehrerlös hängt jedoch allein davon ab, ob sich im Zeitpunkt des Vertragsendes, wie er nach dem Vertrag vorgesehen war, ein über dem garantierten Restwert liegender Verwertungserlös hätte erzielen lassen. Man könnte diese Möglichkeit im Einzelfall ausschließen, etwa wenn bereits die vorzeitige Verwertung des – unbeschädigten – Fahrzeugs einen Erlös erbracht hätte, der unter oder nur unwesentlich über dem vereinbarten Restwert liegt. Dafür kommt es jedoch nur auf den Erlös an, der am Gebrauchtwagenmarkt für das vorzeitig zurückgegebene Fahrzeug zu erzielen ist. Die Höhe der ausstehenden Leasingraten, die der BGH als Bestandteil des Restamortisationswerts in seine Berechnung einbezogen hat, spielt keine Rolle.

82 Die Annahme des BGH, nur ein den Restamortisationsbetrag – also die Summe aus künftigen Leasingraten und kalkuliertem Restwert – übersteigender Mehrerlös sei zwischen Leasinggeber und Leasingnehmer auf diese Weise aufzuteilen[2], stimmt nicht mit dem vertraglich Vereinbarten überein, das einem Teilamortisationsvertrag mit Mehrerlösbeteiligung im Sin-

---

1 BGH v. 28.10.1981 – VIII ZR 302/80, NJW 1982, 870, 872; BGH v. 8.3.1995 – VIII ZR 313/93, NJW 1995, 1541, 1543.

2 BGH v. 26.6.2002 – VIII ZR 147/01, NJW 2002, 2713, 2715; zust. *Graf von Westphalen*, EWiR 2002, 787, 788.

ne des Erlasses vom 22.12.1975[1] entspricht. Mit dieser Auffassung gibt der BGH die **Orientierung am Erfüllungsinteresse** auf.

Die Gegenüberstellung der Summe aus vereinbartem Restwert[2] und künftigen Raten und des tatsächlich erzielten vorzeitigen Verwertungserlöses lässt die Möglichkeit eines bei Vertragsende – hypothetisch – erzielten Mehrerlöses außer Betracht. Sie stellt daher **keine konkrete Schadensberechnung** dar. Darüber hinaus führt sie dazu, dass die Chance für die Annahme eines Mehrerlöses umso geringer ist, je früher der Vertrag beendet wird und je höher daher die Summe der künftigen Raten ist. Die zeitliche Entwicklung des Marktwertes eines geleasten Fahrzeuges verläuft nicht parallel zur Amortisationsleistung des Leasingnehmers durch Zahlung der Leasingraten und steht nicht in einem linearen Verhältnis zur verstrichenen Vertragslaufzeit[3]. 83

Die Argumentation des BGH würde dort zu unbilligen, mit dem Erfüllungsinteresse des Leasinggebers nicht übereinstimmenden Ergebnissen führen, wo die **Ermittlung des hypothetischen Verwertungserlöses bei Vertragsende** einen hypothetischen Mehrerlös ergäbe. Festzuhalten ist daher, dass bei Verträgen mit Mehrerlösbeteiligung die korrekte Ermittlung der Ansprüche der Vertragsparteien bei außerordentlicher vorzeitiger Vertragsbeendigung voraussetzt, dass der hypothetische Verwertungserlös bei Vertragsende ermittelt wird, es sei denn, es steht – etwa wegen der Höhe des bei der vorzeitigen Verwertung erzielten Erlöses – von vornherein fest, dass bei vereinbarungsgemäßem Vertragsende kein den vereinbarten Restwert übersteigender Erlös hätte erzielt werden können[4]. 84

V. Kündigungsrecht des Leasingnehmers im Schadensfall als Voraussetzung wirksamer Gefahrverlagerung

1. Voraussetzungen des kurzfristigen Kündigungsrechts

Es gehört zu den als leasingtypisch akzeptierten Charakteristika des Leasingvertrages, dass die **Sach- und die Gegenleistungsgefahr** vom Leasingnehmer zu tragen sind (Kap. I Rz. 1 ff.). Beim Kfz-Leasing sieht der BGH die 85

1 Erlass des Bundesministers der Finanzen, abgedr. im Anh., Rz. 2.

2 Der BGH – Urt. v. 26.6.2002 – VIII ZR 147/01, NJW 2002, 2713 ff. – spricht – der Formulierung des Leasingvertrages folgend – vom „kalkulierten Restwert“. In der Sache handelt es sich um den vereinbarten Restwert, der im Vertrag betragsmäßig ausgewiesen und vom Leasingnehmer garantiert ist.

3 Zum unverhältnismäßig hohen Wertverlust eines Fahrzeugs im ersten Betriebsjahr vgl. etwa BGH v. 22.1.1986 – VIII ZR 318/84, BGHZ 97, 65, 70 ff.; zu diesem Befund, der für Leasingobjekte generell gilt, vgl. *Zahn*, DB 1995, 1649, 1650 f.

4 Da das Urteil – BGH v. 26.6.2002 – VIII ZR 147/01, NJW 2002, 2713, 2715 – keinen dahingehenden Hinweis enthält, und der BGH die referierten Grundsätze in dieser Entscheidung uneingeschränkt formuliert hat, spricht nichts dafür, dass er für den zu entscheidenden Sachverhalt von dieser Prämisse ausgegangen ist.

Überwälzung dieser Risiken auf den Leasingnehmer jedoch nur dann als zulässig an, wenn diesem das Recht eingeräumt ist, in Fällen „des Unterganges oder nicht unerheblicher Beschädigung“ des Fahrzeugs, den Vertrag **kurzfristig zu kündigen**[1]. Der BGH begründet dies mit dem schützenswerten Interesse des Leasingnehmers, ein neues schadenfreies Fahrzeug zu nutzen und von dem Risiko befreit zu werden, dass eine erhebliche Beschädigung trotz qualifizierter Reparatur zu bleibenden Schäden des Fahrzeugs führt[2].

86 Macht ein Leasingnehmer von diesem Kündigungsrecht Gebrauch, hat der Leasinggeber einen **Ausgleichsanspruch**, der darauf gerichtet ist, ihn so zu stellen, als wenn der Vertrag ungestört abgewickelt worden wäre[3]. Er bekommt also die noch ausstehenden Raten und einen eventuell garantierten Restwert, beides abgezinst auf den Zeitpunkt der Kündigung.

87 In der Rechtsprechung des BGH noch nicht geklärt ist die Frage, ab welchem **Grad der Beschädigung** dem Leasingnehmer dieses Kündigungsrecht zustehen muss. Die in einem Leasingvertrag bei 80 % des Zeitwerts gesetzte Grenze hat der BGH als zu hoch bezeichnet[4]; in einem anderen Fall hat er Zweifel daran erkennen lassen, ob nicht auch die Voraussetzung eines Reparaturaufwands von über ⅔ des Zeitwertes die Schwelle zu hoch ansetze[5]. In der Praxis wird die Grenze meistens bei 60 % gezogen[6]. Das empfiehlt auch überwiegend die Literatur[7].

88 Legt man die zu Rz. 85 wiedergegebene Begründung des BGH für dieses Kündigungsrecht zugrunde, könnte jedoch bereits ein Schaden, dessen Beseitigung voraussichtlich nur 40 % des Wiederbeschaffungswerts kostet, eine „nicht unerhebliche“ Beeinträchtigung des Fahrzeugswertes für den Leasingnehmer bedeuten. Dass der BGH die Grenze so weit unten ansiedeln wird, ist nach der bisherigen Rechtsprechung zwar nicht anzunehmen. Der Leasinggeber, der auf der sicheren Seite sein will, sollte diese Grenze aber **nicht höher als 50 %** legen[8]. Da der Leasinggeber im Fall der schadensbedingten Kündigung das Erfüllungsinteresse erhält[9], ist er nicht darauf angewiesen, den Leasingnehmer am Vertrag festzuhalten. Auf den

1 Grundlegend BGH v. 15.10.1986 – VIII ZR 319/85, NJW 1987, 377, 378.
2 BGH v. 15.10.1986 – VIII ZR 319/85, NJW 1987, 377, 378.
3 BGH v. 22.1.1986 – VIII ZR 318/84, NJW 1986, 1335, 1336, 1337; BGH v. 12.6.1985 – VIII ZR 148/84, BGHZ 95, 39, 46 f.
4 BGH v. 25.3.1998 – VIII ZR 244/97, NJW 1998, 2284.
5 BGH v. 15.10.1986 – VIII ZR 319/85, NJW 1987, 377; dazu EWiR 1986, 1159 (*Graf von Westphalen*).
6 Vgl. Ziff. X.6. der vom Verband der Automobilindustrie empfohlenen Leasingbedingungen (abgedr. bei *Reinking/Eggert*, Anlage 2); *Reinking/Eggert*, Rz. 852; *Wolf/Eckert/Ball*, Rz. 2002.
7 *Beckmann*, § 11 Rz. 18; *Berninghaus*, in Büschgen, § 12 Rz. 119; *Reinking/Eggert*, Rz. 962.
8 Ebenso *Graf von Westphalen*, EWiR 1986, 1159; *Zahn/Bahmann*, Rz. 19.
9 BGH v. 22.1.1986 – VIII ZR 318/84, BGHZ 97, 65, 76; BGH v. 12.6.1985 – VIII ZR 148/84, BGHZ 95, 39, 46 f.

Ausgleichsanspruch des Leasinggebers sind der Verwertungserlös für das beschädigte Fahrzeug und eine Versicherungsleistung anzurechnen[1].

Dass bei Totalschaden oder Verlust des Fahrzeugs **auch der Leasinggeber** 89
den Leasingvertrag kündigen kann, hält der BGH in einer jüngeren Entscheidung[2] im Hinblick auf § 9 Abs. 1 AGBG (jetzt: § 307 Abs. 1 Satz 1 BGB) für unbedenklich. Die Begründung, der Leasingnehmer habe in diesen Fällen kein schützenswertes Interesse an einer Fortsetzung des Leasingvertrages, ist überzeugend, bedeutet jedoch zugleich, dass diese Feststellung des BGH **nicht auf das Kündigungsrecht wegen erheblicher Beschädigung** übertragen werden kann. Dort führt die Begründung des Kündigungsrechts aus der Interessenlage des Leasingnehmers (Rz. 85) dazu, dass diesem die Entscheidung überlassen bleiben muss, ob er den Leasingvertrag fortsetzt[3].

2. Lösungsrecht als Alternative zum kurzfristigen Kündigungsrecht

In dem vom BGH mit Urteil vom 15.7.1998[4] entschiedenen Fall ging es 90
zum einen um ein **gebrauchtes Fahrzeug**, zum anderen war dem Leasingnehmer für den Fall des Verlustes und der erheblichen Beschädigung **kein kurzfristiges Kündigungsrecht** eingeräumt. In diesen Fällen konnte er jedoch verlangen, dass ihm das Eigentum am Fahrzeug übertragen wird, Zug um Zug gegen Zahlung der restlichen Raten und des „kalkulierten Restbuchwertes"[5], beide Beträge abgezinst „mit dem kalkulierten Zinssatz des Vermieters auf den Zeitpunkt der Zahlung". Der BGH[6] ließ es genügen, dass mit diesem Recht des Leasingnehmers verhindert wird, dass er die vertraglich vereinbarten Leistungen unvermindert bis zum Vertragsende weiter zahlen muss, ohne den Leasinggegenstand seinen Erwartungen gemäß nutzen zu können. Damit träten dieselben Rechtsfolgen ein wie bei einem kurzfristigen Kündigungsrecht, das nach der Rechtsprechung des BGH beim Kfz-Leasing Voraussetzung für die wirksame Überwälzung der Sach- und Gegenleistungsgefahr auf den Leasingnehmer ist[7]. Dieses Kündigungsrecht oder ein vergleichbarer Ersatz muss nach Auffassung des BGH dem Leasingnehmer auch bei einem gebrauchten Fahrzeug zustehen, da er auch dort Anspruch auf einen im Wesentlichen ungestörten Gebrauch, zumindest bis zum Ablauf des dritten Betriebsjahres habe[8].

1 Vgl. etwa BGH v. 22.1.1986 – VIII ZR 318/84, BGHZ 97, 65, 71, 78.
2 BGH v. 8.10.2003 – VIII ZR 55/03, NJW 2004, 1041.
3 *Zahn/Bahmann*, Rz. 20 f.; a.A. *Berninghaus* in Büschgen, § 12 Rz. 121; *Reinking/Eggert*, Rz. 962, bezeichnen ein beiderseitiges Kündigungsrecht als üblich.
4 BGH v. 15.7.1998 – VIII ZR 348/97, NJW 1998, 3270.
5 Gemeint war der vereinbarte Restwert, dessen Betrag im Vertrag angegeben war.
6 BGH v. 15.7.1998 – VIII ZR 348/97, NJW 1998, 3270, 3271 f.
7 Grundlegend BGH v. 15.10.1986 – VIII ZR 319/85, NJW 1987, 377, 378, dazu EWiR 1986, 1159 (*Graf von Westphalen*); BGH v. 6.3.1996 – VIII ZR 98/95, NJW 1996, 1888 f.
8 BGH v. 15.7.1998 – VIII ZR 348/97, NJW 1998, 3270, 3271.

91 Der Auffassung des BGH[1], ein – wie auch immer bezeichnetes – **Lösungsrecht** des Leasingnehmers, das dieselben Rechtsfolgen habe wie ein vorzeitiges Kündigungsrecht, sei diesem gleichzustellen, ist sicher zuzustimmen. Der Senat korrigiert damit seine ein formelles Kündigungsrecht verlangende Auffassung, die dem Urteil vom 11.12.1991[2] zu Grunde lag. Die Bedenken der Vorinstanz[3] gegen Bestimmtheit und Klarheit der Regelung, aus der sich im entschiedenen Fall das Lösungsrecht ergibt, sind jedoch ebenso nachzuvollziehen wie deren Bedenken wegen der mangelnden Klarheit der in der Klausel beschriebenen Zahlungsverpflichtung. Auch stimmen – entgegen der Auffassung des BGH – die Rechtsfolgen, die mit der Geltendmachung dieses Lösungsrechts verbunden sind, nicht mit denen eines Kündigungsrechts überein[4]. Im Gegensatz zu diesem belastet die fragliche Klausel – der Leasingnehmer könne „verlangen, dass ihm das Eigentum am Mietgegenstand Zug um Zug gegen Zahlung ... übertragen wird" – den Leasingnehmer mit der Verwertung des Leasingobjekts[5]. Diese gehört aber im Leasingverhältnis zum Pflichtenkreis des Leasinggebers[6]. Die Pflicht, sich selbst um die Verwertung eines beschädigten Fahrzeugs zu kümmern, kann einen Leasingnehmer überdies von der Ausübung dieses Rechtes abhalten. Diese kritische Sicht der Entscheidung vom 15.7.1998[7] legt auch der Vergleich mit den Anforderungen nahe, die der BGH in der Entscheidung vom 6.3.1996[8] an einen gleichwertigen Ersatz für ein kurzfristiges Kündigungsrecht gestellt hatte.

92 Bei den Voraussetzungen eines Lösungsrechts trug der Leasingvertrag, welcher der Entscheidung vom 15.7.1998[9] zu Grunde lag, den Interessen des Leasingnehmers allerdings optimal Rechnung. Es genügte jede, auch „ausbesserungsfähige" Beschädigung und ein vorzeitiger Verschleiß, ohne Rücksicht auf den Aufwand, der mit einer Wiederherstellung verbunden gewesen wäre. Der BGH erwähnt diesen – für seine Argumentation unerheblichen – Aspekt nicht. Bemerkenswert ist jedoch, dass er das Vorliegen einer gleichwertigen Alternative zu einem kurzfristigen Kündigungsrecht nicht nur trotz der Verpflichtung zum Eigentumserwerb bejahte, sondern sie auch nicht daran scheitern ließ, dass der Leasingvertrag eine **Abzinsung**

---

1 BGH v. 15.7.1998 – VIII ZR 348/97, NJW 1998, 3270, 3271.
2 BGH v. 11.12.1991 – VIII ZR 31/91, BGHZ 116, 278, 287 f.
3 KG v. 29.9.1997 – 22 U 4094/96, S. 12, n.v.
4 Ebenso *Reinking*, LM 1998, Nr. 160 Bl. 5 zu § 535 BGB.
5 Im zu entscheidenden Fall war das Fahrzeug entwendet worden, was für die Inhaltskontrolle der Klausel jedoch ohne Bedeutung ist; vgl. BGH v. 8.10.2003 – VIII ZR 55/03, NJW 2004, 1041, 1042; BGH v. 28.10.1981 – VIII ZR 302/80, BGHZ 82, 121, 128.
6 BGH v. 10.10.1990 – VIII ZR 296/89, NJW 1991, 221, 224; *Reinking*, LM 1998, Nr. 160 Bl. 6 zu § 535 BGB; auch ist es aus der Sicht des Leasingnehmers ein Motiv für das Pkw-Leasing, dass er sich nicht um die Verwertung des Fahrzeugs zu kümmern braucht (Rz. 2).
7 BGH v. 15.7.1998 – VIII ZR 348/97, NJW 1998, 3270.
8 BGH v. 6.3.1996 – VIII ZR 98/95, NJW 1996, 1888.
9 BGH v. 15.7.1998 – VIII ZR 348/97, NJW 1998, 3270.

der als Ausgleichszahlung geschuldeten Beträge nicht **auf den Zeitpunkt der vorzeitigen Vertragsbeendigung**[1] vorsah, sondern erst auf den der Zahlung. Die Begründung, diese Abweichung von der rechtlich gebotenen Verzinsung wirke sich nicht nennenswert zum Nachteil des Leasingnehmers aus, ist zwar zutreffend. Sie dürfte sich aber nicht mit der ständigen Rechtsprechung des BGH vertragen, dass es für die Unangemessenheit einer Klausel allein auf deren Inhalt ankomme, nicht darauf, welche Auswirkungen sie im Einzelfall für den Vertragspartner tatsächlich hat[2].

3. Abtretung von Ansprüchen gegen Versicherer und Schädiger an den Leasingnehmer – die Entscheidung des BGH vom 8.10.2003

Bis zur Entscheidung des BGH vom 8.10.2003[3] war herrschende Meinung 93
in der obergerichtlichen Rechtsprechung und in der Literatur[4], im Leasingvertrag müsse ausdrücklich geregelt sein, dass die Ansprüche des Leasinggebers aus der Sachversicherung sowie die Ersatzansprüche des Leasinggebers aus der Verletzung seines Eigentums am Leasingobjekt, einschließlich der entsprechenden Leistungen, dem Leasingnehmer zugute kommen. Fehlte diese Regelung, wurde die **Abwälzung der Sach- und Gegenleistungsgefahr** als nach § 9 Abs. 1 AGBG (jetzt § 307 Abs. 1 Satz 1 BGB) unwirksam angesehen[5].

In der Entscheidung vom 8.10.2003 sieht der BGH im Fehlen einer solchen 94
Regelung keine unangemessene Benachteiligung des Leasingnehmers. Dass dem Leasingnehmer die Leistung aus der von ihm abgeschlossenen Sachversicherung zugute kommen müsse – durch Verwendung auf die Leasingsache, durch Anrechnung auf einen Ausgleichs- oder Schadensersatzanspruch oder durch Abtretung – ergebe sich zwingend aus der leasingvertraglichen **Zweckbindung der Versicherung**[6]. Im Ergebnis nichts anderes gelte für Ersatzansprüche des Leasinggebers aus der Verletzung seines Eigentums. Auch ohne besondere Vereinbarung folge aus dem Rechtsgedanken des § 255 BGB, der Ausdruck des schadensersatzrechtlichen Bereicherungsverbots sei, dass diese Leistungen zugunsten des Leasingnehmers anzurechnen sind, wenn der Leasinggeber gegen ihn den leasing-

---

1 Das ist nach ständiger Rechtsprechung des BGH erforderlich; vgl. BGH v. 12.6.1985 – VIII ZR 148/84, BGHZ 95, 39, 55; BGH v. 16.5.1990 – VIII ZR 108/89, BGHZ 111, 237, 243.

2 BGH v. 8.10.2003 – VIII ZR 55/03, NJW 2004, 1041, 1042; BGH v. 28.10.1981 – VIII ZR 302/80, BGHZ 82, 121, 128 m.w.N.

3 BGH v. 8.10.2003 – VIII ZR 55/03, NJW 2004, 1041.

4 OLG Düsseldorf v. 22.6.1983 – 15 U 168/82, ZIP 1983, 1092, 1093; Hans.OLG Hamburg v. 30.10.1998 – 14 U 97/98, MDR 1999, 420; MünchKomm./*Habersack*, BGB, Leasing Rz. 71, 143; *Reinking/Eggert*, Rz. 849 mit Verweis auf die 8. Aufl., Rz. 767; weitere Nachw. in BGH v. 8.10.2003 – VIII ZR 55/03, NJW 2004, 1041, 1042.

5 Vgl. statt aller Hans. OLG Hamburg v. 30.10.1998 – 14 U 97/98, MDR 1999, 420.

6 BGH v. 8.10.2003, VIII ZR 55/03, NJW 2004, 1041, 1042 m.w.N.

typischen Ausgleichsanspruch geltend macht[1]. Die Berücksichtigung dieser Leistungen sei eine „auch für den Laien selbstverständliche Verpflichtung des Leasinggebers".

95 Nach Auffassung des BGH besteht daher nicht die Gefahr, dass der Vertragspartner von der Durchsetzung bestehender Rechte abgehalten wird[2], wenn der Hinweis auf die Ersatzansprüche fehlt. Das Fehlen einer ausdrücklichen Wiedergabe sei daher auch unter dem Aspekt des – von § 9 Abs. 1 AGBG umfassten, jetzt in § 307 Abs. 1 Satz 2 BGB normierten – **Transparenzgebots** nicht zu beanstanden[3]. Der Kritik an dieser Entscheidung ist zuzugeben, dass der ausdrückliche Hinweis auf die Anrechnung von Ersatzansprüchen in einem Einzelfall ein Informationsdefizit[4] auf der Seite des Leasingnehmers beheben kann. Dass ein Ersatzberechtigter sich eine Versicherungsleistung oder Ersatzleistungen eines Dritten auf seinen Anspruch gegen den Ersatzverpflichteten anrechnen lassen muss, gilt jedoch generell. In der Sache handelt es sich daher um die Regelung einer Selbstverständlichkeit, so dass die Entlastung der AGB von dieser Regelung zu begrüßen ist.

4. Konsequenzen für die Formularpraxis

96 Die Entscheidungen des VIII. Senats vom 15.7.1998[5] (Rz. 90 ff.) und vom 8.10.2003[6] (Rz. 93 ff.) können den Eindruck erwecken, der Senat reduziere die Anforderungen an die Ausgestaltung des Kündigungsrechts bzw. eines vergleichbaren Rechts, die Voraussetzung für die wirksame Abwälzung der Sach- und der Gegenleistungsgefahr sind. Klare Vorgaben lassen sich diesen Entscheidungen jedoch nicht entnehmen. Der Praxis ist daher nach wie vor eine **eindeutige Formulierung des Lösungs- oder Kündigungsrechts** zu empfehlen, die den Leasingnehmer nicht über die Ausgleichspflicht hinaus belastet, die ihn als Folge einer wirksamen Kündigung treffen würde (dazu Rz. 86).

97 Sicherheitshalber sollte man als Voraussetzung für das Kündigungsrecht einen Reparaturaufwand von **nicht mehr als 50 %** des Zeitwertes genügen lassen (Rz. 88).

98 Die Erwägungen (Rz. 85), mit denen der BGH[7] beim Kfz-Leasing im Schadensfall ein kurzfristiges Kündigungsrecht des Leasingnehmers für erforderlich hält, können allerdings auch auf die Interessenlage des Leasingnehmers **bei anderen Leasingobjekten** zutreffen. Den Leasinggebern muss man

1 BGH v. 8.10.2003, VIII ZR 55/03, NJW 2004, 1041, 1042.
2 Zu diesem Gesichtspunkt vgl. BGH v. 27.9.2000 – VIII ZR 155/99, BGHZ 145, 203, 220 m.w.N.
3 BGH v. 8.10.2003 – VIII ZR 55/03, NJW 2004, 1041, 1043; krit. *Beckmann*, § 2 Rz. 481; *Reinking/Eggert*, Rz. 849; *Graf von Westphalen*, NJW 2004, 1993, 1998 f.
4 *Graf von Westphalen*, NJW 2004, 1993, 1998 f.
5 BGH v. 15.7.1998 – VIII ZR 348/97, NJW 1998, 3270.
6 BGH v. 8.10.2003 – VIII ZR 55/03, NJW 2004, 1041.
7 Grundlegend BGH v. 15.10.1986 – VIII ZR 319/05, NJW 1987, 377, 378.

daher empfehlen, ein vorzeitiges Kündigungsrecht bei Untergang oder erheblicher Beschädigung des Gegenstandes in Leasingverträgen generell vorzusehen. Sollte der BGH diese Rechtsprechung zum Kfz-Leasing auf andere Objekte erstrecken[1], wäre anderenfalls die Abwälzung der Sachgefahr auf den Leasingnehmer nicht wirksam[2]. Da sich der Ausgleichsanspruch des Leasinggebers an dessen Erfüllungsinteresse orientiert (Rz. 86), sprechen die Interessen des Leasinggebers nicht gegen die Einräumung des kurzfristigen Kündigungsrechts auch bei anderen Leasingobjekten (ausführlich dazu Kap. I Rz. 41 ff.).

VI. Gutgläubiger Erwerb des Eigentums am Leasingfahrzeug durch die Leasinggesellschaft

1. Gutgläubiger Eigentumserwerb bei Gebraucht- und Neufahrzeugen, überkommene Rechtsprechung

Wird ein gebrauchtes Fahrzeug **ohne Vorlage des Kfz-Briefes** verkauft, verneinen Rechtsprechung und herrschende Meinung in der Literatur grundsätzlich den guten Glauben des Erwerbers an das Eigentum (§ 932 BGB) oder die Verfügungsbefugnis (§ 366 Abs. 1 HGB) des Veräußerers[3]. Für den Verkauf von Neuwagen ohne Brief galt dies grundsätzlich nicht[4], jedenfalls dann nicht, wenn der Verkäufer ein autorisierter Händler[5] war und keine besonderen Umstände vorlagen, die Zweifel an seinem Eigentum oder seiner Verfügungsbefugnis erregen mussten[6]. Der Händler, der ein Neufahrzeug in Besitz hatte und es gegen Zahlung des Kaufpreises aus der Hand gab, galt als vom Vorlieferanten zur Verfügung über das Fahrzeug ermächtigt[7]. 99

In einer Entscheidung vom 30.10.1995[8] – eine Privatperson hatte zwei Neuwagen an einen autorisierten Händler eines anderen Herstellers gegen Barzahlung verkauft – hatte der BGH jedoch auch die **Übergabe des Briefs** nicht für einen gutgläubigen Erwerb genügen lassen, dies aus guten Grün- 100

---

1 Vgl. dazu die Formulierung „...bislang..." in BGH v. 15.7.1998 – VIII ZR 348/97, NJW 1998, 3270, 3271; dazu EWiR 1998, 931 (*Graf von Westphalen*); *Wolf/Eckert/Ball*, Rz. 2000; *Zahn/Bahmann*, Rz. 22 m.w.N.; vgl. auch *Reinking/Eggert*, Rz. 849.

2 Zu den Konsequenzen vgl. BGH v. 6.3.1996 – VIII ZR 98/95, NJW 1996, 1888.

3 Vgl. BGH v. 13.5.1996 – II ZR 222/95, NJW 1996, 2226, 2227; dazu *Heinrich*, WuB 1996, 1071, 1073; Überblick bei *Reinking/Eggert*, Rz. 1765.

4 BGH v. 21.5.1953 – IV ZR 192/52, BGHZ 10, 69, 74; BGH v. 21.9.1959 – III ZR 103/58, BGHZ 30, 374, 380; OLG Düsseldorf v. 16.5.1990 – 11 U 82/89, VuR 1991, 241 m.w.N.

5 „und nicht als unzuverlässig erkannter", so BGH v. 21.9.1959 – III ZR 103/58, BGHZ 30, 374, 380.

6 So bereits BGH v. 14.7.1965 – VIII ZR 216/63, WM 1965, 1136; vgl. die Kasuistik bei *Reinking/Eggert*, Rz. 220.

7 OLG Düsseldorf v. 16.5.1990 – 11 U 82/89, VuR 1991, 241, 242 f.

8 BGH v. 30.10.1995 – II ZR 254/94, NJW 1996, 314.

den: Nach Auffassung des Gerichts hätten das Fehlen der Haltereintragung – sie möge beim Neuwagenkauf von einem autorisierten Händler nicht zu beanstanden sein, sei jedoch beim Verkauf durch eine Privatperson nicht üblich –, die günstigen Fahrzeugpreise und die Barzahlung des Kaufpreises Anlass geben müssen, nach dem Voreigentümer der Neufahrzeuge zu forschen[1]. Angesichts der besonderen Umstände dieses Falls ergaben sich aus dieser Entscheidung noch keine Folgerungen für Fälle, in denen ein autorisierter Händler den Brief nicht vorlegt.

2. Gutgläubiger Eigentumserwerb der Leasinggesellschaft bei Neufahrzeugen – die Entscheidung des BGH v. 9.2.2005[2]

101 Für das Leasinggeschäft hatte das OLG Frankfurt in einer Entscheidung vom 25.4.1997[3] die Frage neu beantwortet: Eine Leasinggesellschaft, die „in einer **Vielzahl von Fällen gewerbliche Verträge** dieser Art abschließt und Fahrzeuge für ihr Leasinggeschäft in großer Stückzahl erwirbt", erwerbe weder nach § 932 BGB noch nach § 366 Abs. 1 HGB gutgläubig Eigentum an den gekauften Fahrzeugen, wenn der Händler den Brief nicht vorlegt. Nach der Vereinbarung zwischen dem Händler und seinem Lieferanten erhielt der Händler den Kfz-Brief erst und wurde erst dann Eigentümer des Fahrzeugs, wenn er den Kaufpreis an den Vorlieferanten gezahlt hatte. Nach Auffassung des Gerichts hat die Leasinggesellschaft angesichts ihrer Geschäftserfahrung und des Geschäftsvolumens dies entweder gewusst oder sie hätte es jedenfalls ohne Schwierigkeiten feststellen können. Dass ein Lieferant den Brief als Sicherheit zurückbehält und ihn erst nach Befriedigung seiner Ansprüche herausgibt, sei für Geschäfte dieser Art nicht unüblich. Die Leasinggesellschaft habe daher grob fahrlässig gehandelt, als sie den Kaufpreis zahlte, ohne auf Vorlage des Briefes zu bestehen und ohne sich hinsichtlich der Lieferbedingungen des Vorlieferanten zu vergewissern[4].

102 Im Ergebnis und in der Begründung mit dem OLG Frankfurt übereinstimmend, entschied der BGH am 9.2.2005[5] den Fall einer Leasinggesellschaft, die einen **fabrikneuen Lastkraftwagen** erworben und den Kaufpreis gezahlt hat, **ohne** dass der Händler den **Kfz-Brief** vorgelegt hatte. Wie das OLG Frankfurt war auch der BGH der Auffassung, die Leasinggesellschaft kenne auf Grund ihrer zahlreichen einschlägigen Geschäfte die Gepflogenheiten der Geschäftsabwicklung zwischen Vorlieferant und Händler oder hätte sie kennen müssen. Sie hätte daher jedenfalls wissen müssen, dass der Vorlieferant sich das Eigentum bis zur Weiterleitung des Kaufpreises vorbehielt,

---

1 BGH v. 30.10.1995 – II ZR 254/94, NJW 1996, 314, 315; krit. *Escher-Weingart*, WuB 1996, 375, 377.
2 BGH v. 9.2.2005 – VIII ZR 82/03, NJW 2005, 1365; dazu *Gölz*, WuB 2005, 441.
3 OLG Frankfurt v. 25.4.1997 – 24 U 139/95, OLGR 1997, 121, 122.
4 OLG Frankfurt v. 25.4.1997 – 24 U 139/95, OLGR 1997, 121, 122.
5 BGH v. 9.2.2005 – VIII ZR 82/03, NJW 2005, 1365.

und dass er den Kfz-Brief zurückhielt, um einen gutgläubigen Eigentumserwerb zu verhindern[1]. Die Leasinggesellschaft konnte daher weder nach § 932 BGB noch nach § 366 Abs. 1 HGB gutgläubig Eigentum erwerben.

In der Entscheidung[2] wird zwar darauf hingewiesen, dass der gutgläubige Erwerb des Eigentums an einem Neufahrzeug nicht in jedem Fall ausgeschlossen sein soll, wenn der Brief nicht vorgelegt wird. Der BGH denkt dabei jedoch an den „gelegentlichen Erwerb eines Lastkraftwagens" oder eines anderen Neufahrzeuges „von einem autorisierten und nicht als unzuverlässig erkannten Kraftfahrzeughändler". In diesen Fällen könne der Erwerber auf die Verfügungsbefugnis des Händlers vertrauen. Für die Leasinggesellschaft, die regelmäßig Fahrzeuge kauft, gilt das nicht. Nach dieser Rechtsprechung kann sie auch nicht nach § 366 Abs. 1 HGB gutgläubig Eigentum erwerben. 103

3. Konsequenzen für Leasinggesellschaften

Verlangt der Händler Zahlung des Kaufpreises, ohne den Kfz-Brief vorzulegen, muss der im Kfz-Leasing tätige Leasinggeber die **Bedingungen prüfen**, unter denen der Hersteller oder ein anderer **Vorlieferant** an den Händler liefert[3]. Verstößt der Leasinggeber gegen diese Obliegenheit und ist der Händler weder Eigentümer noch verfügungsbefugt, scheitert ein gutgläubiger Erwerb des ohne Vorlage des Briefes veräußerten Fahrzeuges daran, dass dem Leasinggeber das fehlende Eigentum (§ 932 BGB) oder – falls er davon ausging, der Händler sei jedenfalls zur Weiterveräußerung befugt – die fehlende Verfügungsbefugnis (§ 366 Abs. 1 HGB) in Folge grober Fahrlässigkeit nicht bekannt war. Eine von der Leasinggesellschaft eingeholte Bestätigung des Veräußerers, dass an den Fahrzeugen keine Rechte Dritter bestünden, ändert daran nichts. Mit einer Rückfrage beim Verkäufer genügt der Erwerber seiner Nachforschungspflicht nicht[4]. Erforderlich ist die Vergewisserung beim Vorlieferanten, auch wenn das Misstrauen gegenüber dem Händler, das in dieser Rückfrage zum Ausdruck kommt, vertriebspolitisch unerwünscht ist. 104

Steht ein Übergang des Eigentums bzw. die Verfügungsbefugnis des Verkäufers unter dem Vorbehalt, dass der vom Vorlieferanten in Rechnung gestellte Kaufpreis an diesen gezahlt ist, muss der Leasinggeber, der sichergehen will, in Höhe dieses Betrages Zug um Zug gegen Herausgabe des Briefes an den Vorlieferanten bzw. an einen mit der Abwicklung beauftragten **Treuhänder** leisten. Zu seiner Sicherheit kann er auch selbst einen Treuhänder beauftragen und an diesen leisten. 105

1 BGH v. 9.2.2005 – VIII ZR 82/03, NJW 2005, 1365, 1366.
2 BGH v. 9.2.2005 – VIII ZR 82/03, NJW 2005, 1364, 1365.
3 Ebenso *Gölz*, WuB 2005, 441, 442.
4 BGH v. 14.7.1965 – VIII ZR 216/63, WM 1965, 1136, 1138 (zur gebotenen Rückfrage beim Vorlieferanten); BGH v. 30.10.1995 – II ZR 254/94, NJW 1996, 314, 315.

N. Leasingverträge im Wege des Sale-and-lease-back

I. Einleitung

1 Die häufige Wortwahl „Sale-and-lease-back-Verträge" suggeriert, dass es sich um einen bestimmten Vertragstypus eigener Art handelt. Leasingverträge, die (zum Zwecke der Finanzierung eines Investionsobjektes) im Wege des Sale-and-lease-back abgeschlossen werden, unterscheiden sich jedoch – bezogen auf das Leasing – nicht von Finanzierungsleasingverträgen, die in der klassischen Form mittels Bestellübernahme mit den drei Beteiligten Leasinggeber, Leasingnehmer und Lieferant abgeschlossen werden.

2 Zutreffender ist es deshalb, von „**Leasingverträgen im Wege des Sale-and-lease-back**" zu sprechen, denn alle gängigen bekannten Leasingvertragstypen der Vollamortisation, der Teilamortisation und auch die sog. Operating-Leasingverträge lassen sich im Wege des Sale-and-lease-back darstellen.

3 Einzig und allein gilt dies nicht für den sog. **Sale-and-Mietkauf-back-Vertrag**. Beim Mietkaufvertrag handelt es sich gerade nicht um einen Leasingvertrag im klassischen Sinne, auch wenn dieser Vertrag von Leasinggesellschaften angeboten und abgeschlossen wird. Vielmehr ist der Mietkaufvertrag insbesondere in steuerlicher Hinsicht kein Leasingvertrag, denn in diesen Fällen erfolgt die Aktivierung des Leasingobjektes beim Leasingnehmer (Kap. B Rz. 79). Sale-and-Mietkauf-back ist umsatzsteuerlich nicht in der üblichen Weise darstellbar; es kann nur ohne Umsatzsteuerausweis durchgeführt werden (Rz. 263, 265). Rein zivilrechtlich ist ein Sale-and-Mietkauf-back selbstverständlich abschließbar.

4 Ein kürzlich hierzu ergangenes Urteil bestätigt diese Haltung[1]. Fälschlicherweise wird in dem Tenor und den Entscheidungsgründen der Begriff „Sale-and-lease-back" verwendet, obwohl es sich bei dem zugrundeliegenden Sachverhalt um einen Sale-and-Mietkauf-back-Vertrag handelt.

II. Das klassische Sale-and-lease-back zur Liquiditätsbeschaffung (Zwei-Personen-Sale-and-lease-back)

1. Allgemeines

5 Beim klassischen Sale-and-lease-back zum Zweck der Liquiditätsbeschaffung handelt es sich um ein reines Zweipersonenverhältnis. Der Eigentümer (im Folgenden „Leasingnehmer") einer Sache oder einer Immobilie

1 BFH v. 9.2.2006 – V R 22/03, BStBl. II 2006, 727.

verkauft das spätere Leasingobjekt an eine Leasinggesellschaft, ohne dass ein Übergang des unmittelbaren Besitzes an den Leasinggeber erfolgt[1]. Der Leasinggeber wird rechtlicher und wirtschaftlicher Eigentümer, soweit der abgeschlossene Leasingvertrag erlasskonform ist. Gleichzeitig schließt der Leasingnehmer mit der Leasinggesellschaft einen Leasingvertrag ab. Mit dem Leasingvertrag sichert sich der Leasingnehmer die mittel- oder langfristige Nutzungsmöglichkeit, die häufig mit einer Kaufoption zum Ende der Leasingdauer hin oder mit einer Leasingverlängerungsoption unterlegt ist[2].

Diese Form der **reinen Liquiditätsbeschaffung** ist abzugrenzen von den üb- 6
lichen Formen des Finanzierungsleasings, bei denen es i.d.R. um die Finanzierung einer Neuanschaffung im Wege des Leasings geht. Bei der Variante des Sale-and-lease-back zur Liquiditätsbeschaffung ist nämlich die Neuanschaffung bereits vor einem längeren Zeitraum abgeschlossen[3], so dass zahlreiche Probleme, die beim Finanzierungsleasing im Wege des Sale-and-lease-back auftreten können, nicht entstehen können (Rz. 54 ff.)

2. Bilanzielle Vorteile

Der Vorteil für den Leasingnehmer ist, dass mit dem Verkauf auf der Aktiv- 7
seite seiner Bilanz eine Vermögensposition wegfällt und sich auf der Passivseite seiner Bilanz eine Verbindlichkeit verringert. Seine Bilanzrelation verbessert sich. Weiterhin kann der Leasingnehmer das im Anlagevermögen gebundene Kapital freisetzen[4]. Der Leasingnehmer verschafft sich **Liquidität**. Möglicherweise tritt beim Leasingnehmer sogar eine **Rentabilitätsverbesserung** ein, wenn durch den Verkauf des Leasingobjektes über Buchwert stille Reserven realisiert werden können.

a) Immobilien

Das klassische Sale-and-lease-back zur Liquiditätsbeschaffung bietet sich 8
insbesondere beim Immobilienleasing an[5]. Bei dieser Variante verkauft der zukünftige Leasingnehmer ein Gebäude inklusive Grundstück an den Leasinggeber als Käufer unter gleichzeitigem Abschluss eines Leasingvertrages. An Stelle der Eigentumsübertragung des Grundstücks ist es auch möglich, dass sich der Leasinggeber ein Erbbaurecht einräumen lässt[6]. Da Gebäude und Grundstücke i.d.R. eine hohe Wertbeständigkeit und eine

1 Vgl. BGH v. 29.11.1989 – VIII ZR 323/88, NJW 1990, 829; *Schulze-Osterloh*, ZIP 2005, 1617.
2 *Kratzer*, Leasing Kompakt, S. 34.
3 *Beckmann*, § 3 Rz. 323; *Berninghaus*, in Büschgen, § 17 Rz. 2.
4 *Berninghaus*, in Büschgen, § 17 Rz. 3; *Kratzer*, Leasing Kompakt, S. 34; *Beckmann*, § 3 Rz. 323; *Engel*, Leasing in der anwaltlichen Praxis, § 6 Rz. 10.
5 *Beckmann*, § 1 Rz. 18.
6 *Beckmann*, § 1 Rz. 18; *Büschgen*, in Büschgen, § 4 Rz. 32.

langfristige Nutzungsdauer aufweisen, eignen sie sich besonders gut für Sale-and-lease-back-Transaktionen. Der besondere Vorteil für den Leasingnehmer besteht darin, dass durch den Verkauf des Wirtschaftsgutes das in diesem gebundene **Kapital einschließlich der stillen Reserven freigesetzt** werden und der Leasingnehmer aufgrund der hohen Werthaltigkeit **kurzfristig Liquidität erhalten** kann[1].

Allerdings ist im Bereich des Immobilienleasing-Geschäftes im Wege des Sale-and-lease-back in den letzten Jahren ein starker Rücklauf zu beobachten[2]. Dies ist insbesondere darauf zurückzuführen, dass der Leasingnehmer in einer wirtschaftlich guten Phase die beim Verkauf aus den freigesetzten stillen Reserven erzielten außerordentlichen Erträge nicht mit Verlusten aus dem übrigen Geschäftsbetrieb verrechnen kann[3]. Die Veräußerungsgewinne unterliegen aber der Ertragsteuer, so dass die Liquiditäts- und Eigenkapitalzuflüsse zu einem großen Teil wieder aufgezehrt würden. Darüber hinaus wird Immobilienleasing im Wege des Sale-and-lease-back wegen der fehlender Bonität- und Fungibilitätsvoraussetzungen zur Zeit eher zurückhaltend gewählt.

9 Auch Kommunen haben in der Vergangenheit des Öfteren Immobilienleasingverträge im Wege eines Sale-and-lease-back abgeschlossen. Die **öffentliche Hand** hat auf diese Art und Weise Verwaltungs- oder Schulgebäude oder sogar ganze Infrastrukturnetze an (oft ausländische) Investoren verkauft und zurückgemietet. Die internationale Variante war dabei besonders gefragt („Cross Border Leasing")[4], weil ausländische Unternehmen solche Projekte oft vergünstigt abschreiben können bzw. konnten. In den USA besteht seit dem 12.3.2004 diese Möglichkeit nicht mehr[5]. Dem Verkäufer (Leasingnehmer) dagegen verschafft das Geschäft einen kurzfristigen Liquiditätsvorteil in Millionenhöhe, der manche Kommunalkasse in der Vergangenheit vor dem Untergang gerettet hat.

Dies macht aber auch deutlich, dass für den Abschluss eines solchen Vertrages keine steuerliche Motivation vorliegt, denn gerade Kommunen betreiben Sale-and-lease-back: Sie sind aber nicht ertragsteuerpflichtig, haben also nur den Liquiditätsvorteil und keine Steuerargumente im Blick.

---

1 *Bordewin/Tonner*, Leasing im Steuerrecht, D Rz. 205; *Büschgen*, in Büschgen, § 4 Rz. 34; *Bremser*, Leasing, S. 185; *Pähler*, Risikopolitik, 1989, S. 57 ff.; *Tacke*, Leasing, S. 84.
2 *Weber*, NJW 2005, 2195; *Städtler*, FLF 2005, 18.
3 *Gabele/Dannenberg/Kroll*, Immobilienleasing, 4. Aufl. 2001, 1.3 S. 15.
4 *Beckmann*, § 1 Rz. 16; Sester, WM 2003, 1833.
5 *Beckmann*, § 1 Rz. 16; *Weber*, NJW 2005, 2195, 2200.

b) Mobilien

Aber auch Mobilien, die kürzere Nutzungsmöglichkeiten haben, kommen durchaus für eine solche Transaktion in Frage, wie z.B. der gesamte Fahrzeugpark eines Unternehmens oder aber dessen gesamte IT-Ausrüstung[1]. 10

3. Vertriebliche Gründe, Nutzung von Service-Angeboten

Häufig ist Sale-and-lease-back auch nur der erforderliche erste Schritt des Leasingnehmers, der bislang noch kein Leasing praktiziert hat, zum dauerhaften und revolvierenden Leasing. Leasingentscheidungen von Leasingnehmern werden oft als sog. Grundsatzentscheidungen getroffen. Der Leasingnehmer entscheidet sich grundsätzlich, Pkw, Lkw, Baumaschinen oder EDV nur noch im Wege des Leasings zu finanzieren. Schließlich möchte er damit auch eine bessere Vergleichbarkeit der Finanzierungskosten und eine Vereinheitlichung erreichen. 11

Um diese Ziele möglichst rasch zu erreichen, muss der Leasingnehmer, der in aller Regel schon über eigene Objekte dieser Art verfügt, diese im Wege des „Sale" an den Leasinggeber veräußern und anschließend zurückleasen.

Weiterer Grund ist häufig die Tatsache, dass der Leasingnehmer das **Full-Service-Angebot** eines Leasinggebers oder dessen Verwaltungs- und Kontrollleistungsangebot annehmen möchte. Insbesondere Leasinggeber, die Leasing im Wege des Full-Service anbieten, eröffnen dem Leasingnehmer eine große Anzahl von zusätzlichen Dienstleistungsangeboten[2]. Hierbei bietet sich das besonders serviceorientierte **Kfz-Flottenleasing** an (vgl. dazu Kap. M Rz. 15). 12

Gleiches findet Anwendung im Bereich des **IT-Equipments**. Hier finden sich Service-Angebote vieler in diesem Bereich tätigen Anbieter und Systemhäuser; die Service-Komponenten erstrecken sich i.d.R. auf die Bereiche Schulung, Einführung, Wartung, Updates und Erneuerung und Austausch von Hardware. Der Leasingnehmer muss zu Beginn der Zusammenarbeit mit dem Leasinggeber seinen kompletten IT-Bestand, bestehend aus Hardware und/oder Software, soweit urheberrechtlich möglich an den Leasinggeber verkaufen, um ihn dann wieder zurück zu leasen. 13

In diesen Fällen ist das Sale-and-lease-back nur das notwendige Vehikel, um den Eigenbestand des Leasingnehmers zum Leasinggeber zu transferieren mit dem Ziel, die angebotenen Dienstleistungen des Leasinggebers bezüglich der Leasingobjekte nutzen zu können. 14

---

1 *Beckmann*, § 1 Rz. 13.
2 *Büschgen*, in Büschgen, § 3 Rz. 23, 24.

Die nach dieser Übertragung des Bestandes abzuschließenden neuen Leasingverträge für neue Leasingobjekte werden i.d.R. nicht mehr als Leasingverträge im Wege des Sale-and-lease-back abgeschlossen; meistens liegt in den hier beschriebenen Fällen eine der angebotenen Dienstleistungen des Service-Leasinggebers gerade in der Schaffung von günstigen Einkaufsmöglichkeiten. So kaufen z.B. Auto-Leasinggesellschaften zentral ein, d.h. sie bestellen alle Fahrzeuge einer bestimmten Marke bei einem einzigen Händler in Deutschland und können so im Vergleich zu einzelnen Leasingnehmern günstigere Einkaufsmöglichkeiten bieten. Die Folgegeschäfte erfolgen nicht im Wege des Sale-and-lease-back; statt dessen kommt es vielfach noch nicht einmal zum Erwerb des Eigentums des Leasinggebers mittels Bestelleintritt, sondern der Leasinggeber kauft das Leasingobjekt, um es dann dem Leasingnehmer zur Verfügung zu stellen.

15 Sale-and-lease-back wird in diesen Fällen also nur „zum Einstieg" in das Leasing benötigt[1]. Es geht nicht um das klassische Sale-and-lease-back zur Liquiditätsbeschaffung, sondern es handelt sich um eine notwendige **Vorstufe** zum später folgenden Finanzierungsleasing. Weil aber die erstmalige Übertragung des Bestandes der Leasingobjekte an den Leasinggeber nicht im Zusammenhang mit einer Neuinvestition geschieht, die Leasingobjekte also schon ein gewisses Alter haben, sind diese vertrieblichen Gründe an dieser Stelle erläutert. Auch wenn die Liquiditätsbeschaffung nicht das ursächliche Motiv für Sale-and-lease-back ist, so tritt diese Wirkung dennoch ein, wenn auch nur als ungewollte „Nebenwirkung".

III. Das Finanzierungsleasing im Wege des Sale-and-lease-back

1. Abgrenzung zum Sale-and-lease-back zur Liquiditätsbeschaffung

16 Das Finanzierungsleasing im Wege des Sale-and-lease-back ist der **wirtschaftlich bedeutsamste Einsatz des Sale-and-lease-back**. Nur beim Sale-and-lease-back von „Neuanschaffungen von Investitionsgütern" treten die zahlreichen Problemstellungen im Zusammenhang mit Sale-and-lease-back auf, z.B. Fragen der Mängelhaftung, Lieferantenbonität, Spannungsverhältnis mit dem Lieferanten.

Dieser Bereich des Sale-and-lease-back lässt sich in zweierlei Hinsicht vom Sale-and-lease-back zum Zwecke der Liquiditätsbeschaffung abgrenzen:

a) Abgrenzung in zeitlicher Sicht

17 Die erste Abgrenzung findet in zeitlicher Sicht statt. Es fragt sich, wie „alt" ein Leasingobjekt noch sein darf, damit es um Finanzierungsleasing und nicht um Sale-and-lease-back zur Liquiditätsbeschaffung geht. Juris-

1 *Beckmann*, § 1 Rz. 13.

tisch betrachtet ist beides gleich, bei der Bonitätsprüfung des Leasinggebers kommen jedoch unterschiedliche Maßstäbe zur Anwendung; beim Sale-and-lease-back zur Liquiditätsbeschaffung sind die Anforderungen strenger.

Wichtig ist, dass eine zeitliche Begrenzungskomponente zur Abgrenzung vom Leasing zur Liquiditätsbeschaffung entwickelt wird. Die meisten Leasinggesellschaften wählen hierbei einen Zeitraum von **drei Monaten**. Zwar ist dies weder gesetzlich noch steuerrechtlich zwingend vorgeschrieben, in der Praxis hat sich jedoch ein solcher Zeitrahmen als branchenüblich durchgesetzt. 18

Dabei hat sich das Abstellen auf das **Rechnungsdatum** als der einfachste und unproblematischste Weg herausgestellt; zumindest ist dies einfacher, als das tatsächliche Alter eines Objektes zu ermitteln. Liegt das Datum der Rechnung des Lieferanten an den Leasingnehmer maximal drei Monate zurück, ist in der Praxis noch ein Finanzierungsleasing im Wege des Sale-and-lease-back anzunehmen. 19

b) Abgrenzung nach der Anzahl der Beteiligten

Die zweite Abgrenzung erfolgt durch die Anzahl der Beteiligten. Beim klassischen Sale-and-lease-back zur **Liquiditätsbeschaffung** kann es nur **zwei Beteiligte** geben, den Leasingnehmer und den Leasinggeber. 20

Beim **Finanzierungsleasing** im Wege des Sale-and-lease-back gibt es aber häufig **drei Beteiligte**. Als dritter Beteiligter kann der Lieferant hinzukommen. Sein Hinzukommen erfolgt aber nur indirekt, für das direkte Sale-and-lease-back wird er nicht benötigt. 21

Indirekt beteiligt ist er als Empfänger der Kaufpreiszahlung des Leasinggebers, wenn der Leasingnehmer das Leasingobjekt nicht schon bezahlt hat, oder als Aussteller eines Bezahltnachweises für eine bereits erfolgte Zahlung des Leasingnehmers. 22

Auch ist in aller Regel der Lieferant des Leasingobjekts beim Finanzierungsleasing im Wege des Sale-and-lease-back im Leasingvertrag als **(Vor)lieferant** angegeben. 23

Er ist also nur indirekt beteiligt im Sinne einer Erwähnung. Er wird nicht Vertragspartner des Leasinggebers.

2. Definitionen und Annahmen

a) Kaufvertrag 1

Zunächst liegt ein Vertragsabschluss zwischen dem Lieferanten und dem Leasingnehmer vor. Dieser Beschaffungsvertrag ist in aller Regel ein Kaufvertrag, aber auch ein Werkvertrag oder ein anderweitiger Vertrag kommen 24 in Betracht. In der Literatur werden neben dem Begriff Kaufvertrag die Begriffe Beschaffungsvertrag oder Liefervertrag[1] verwendet. Die Bezeichnung Beschaffungsvertrag ist durchaus sinnvoll, da sie nach allen Seiten des Vertragsinhaltes offen ist. Weil in der weit überwiegenden Anzahl der Fälle aber ein Kaufvertrag vorliegt, wird hier aus Gründen der bestmöglichen Verständlichkeit nur diese Bezeichnung („Kaufvertrag 1") verwendet.

b) Kaufvertrag 2

25 Der zeitlich danach folgende Übertragungsvertrag vom Leasingnehmer auf den Leasinggeber, wird bezeichnet als „Kaufvertrag 2" in Abgrenzung zum Kaufvertrag 1. Der Kaufvertrag 2 ist der „Sale".

c) Leasingvertrag

26 Der Gebrauchsüberlassungsvertrag zwischen Leasinggeber und Leasingnehmer ist der „Lease-back". Dieser Vertrag wird nur als Leasingvertrag bezeichnet.

d) Zusammenfassung

27 Somit gilt Folgendes:

Lieferant —Kaufvertrag 1→ Leasingnehmer

Leasingnehmer —Kaufvertrag 2→ Leasinggeber

Leasingnehmer —Leasingvertrag→ Leasinggeber

e) Leasingnehmer ist Unternehmer und kein Verbraucher

28 Im Übrigen setzen die nachfolgenden Erörterungen voraus, dass der Leasingnehmer kein Verbraucher ist. Auf die verbraucherspezifischen Belange wird in Rz. 275 ff. eingegangen.

f) Leasinggeber ist herstellerunabhängig

29 Darüber hinaus wird im Folgenden von einem herstellerunabhängigen Leasinggeber ausgegangen, da anderenfalls das Spannungsverhältnis zwischen Lieferant und Leasinggeber (Rz. 54 ff.) nicht entsteht.

---

1 *Beckmann*, § 3 Rz. 321; *Erman/Jendrek*, Anhang zu § 535 BGB Rz. 2.

3. Die Grundkonstruktion des Sale-and-lease-back

a) Finanzierungsleasing und Bestellübernahme

Beim Finanzierungsleasing geht es um die Finanzierung und Realisierung eines Investitionsvorhabens. In den häufigsten Fällen geschieht dies mit dem sog. Bestelleintritt bzw. der Bestellübernahme. Diese Grundkonstruktion sieht wie folgt aus: 30

Leasingnehmer und Lieferant haben einen Kaufvertrag 1 fertig ausgehandelt und abgeschlossen. Der Leasingnehmer beginnt jetzt oder schon kurz vor dem Abschluss des Kaufvertrages 1 mit der Auswahl eines Leasinggebers. Hat er sich entschieden, stellt er dort einen Leasingantrag. Nach positiver Bonitätsprüfung nimmt der Leasinggeber den Leasingantrag an, macht ihn somit zum Leasingvertrag und verschickt die Bestellübernahme an den Lieferanten. Damit tritt der Leasinggeber an Stelle des Leasingnehmers in dessen Käuferstellung aus dem Kaufvertrag 1. Es entsteht das sog. leasingtypische Dreieck (Kap. C Rz. 121 ff.).

b) Sale-and-lease-back und Kauf- und Übereignungsvertrag

Beim Sale-and-lease-back entsteht dieses leasingtypische Dreieck auf den ersten Blick nicht. Gleichwohl gibt drei Beteiligte, wobei der Lieferant jedoch im Verhältnis zum Leasinggeber nur mittelbar beteiligt ist (Rz. 21). Es gibt zwischen dem Lieferanten und dem Leasinggeber keine Verbindung. Eine Seite des leasingtypischen Dreiecks existiert also nicht. 31

Auch hier handeln der Leasingnehmer und der Lieferant zunächst den Kaufvertrag 1 aus. Der Leasingnehmer sucht sich einen Leasinggeber aus und stellt den Leasingantrag, der bei positiver Bonitätsprüfung durch den Leasinggeber angenommen wird. Bis dahin unterscheidet sich also nichts von dem zuvor beschriebenen Verfahren. Der Unterschied besteht jedoch darin, dass der Leasinggeber **keine Bestellübernahme** an den Lieferanten verschickt, er sich also nicht bemüht, in den schon abgeschlossenen Kaufvertrag als neuer Käufer einzutreten. Allerdings schließt der Leasinggeber mit dem Leasingnehmer jetzt einen Kauf- und Übereignungsvertrag ab, den Kaufvertrag 2. Dabei kann es sein, dass von Anfang an eine Sale-and-lease-back-Abwicklung geplant ist oder dass sich diese erst später ergibt (s. Rz. 36). 32

c) Leasingtypisches Dreieck auch bei Sale-and-lease-back?

Leasingverträge im Wege des Sale-and-lease-back werden dem typischen Finanzierungsleasing im Leasingdreieck zugeordnet[1]. Begründet wird dies damit, dass der einzige Unterschied zum üblichen Finanzierungsleasing darin 33

1 *Beckmann*, § 3 Rz. 326, *Berninghaus*, in Büschgen, § 17 Rz. 4; BGH v. 29.11.1989 – VIII ZR 328/88, NJW 1990, 829, 830; MünchKomm./*Habersack*, Leasing Rz. 12.

liegt, dass der Leasingnehmer für kurze Zeit selbst Eigentümer des Leasingobjektes wird[1]. Dieser Unterschied sei aber dann doch nicht so erheblich, weil auch beim Modell mit Bestellübernahme der Leasingnehmer aufgrund des schon vollzogenen Liefervertrages häufig schon Eigentümer des Objektes geworden ist.

34 Dieser Ansicht ist nicht zu folgen[2]. Gerade das Argument, dass auch bei der Bestellübernahme der Leasingnehmer i.d.R. schon Eigentümer ist, geht fehl, denn genau das Gegenteil ist der Fall. Der Leasinggeber will in diesen Fällen das unmittelbare und lastenfreie Eigentum vom Lieferanten erhalten. Deshalb unternimmt er Vieles, um einen Durchgangserwerb beim Leasingnehmer zu verhindern. Insofern belegt nicht das Argument, wohl aber die Tatsache genau das Gegenteil. Die bei der Bestellübernahme bewusst gewollte enge Bindung des Leasinggebers an den Lieferanten ist beim Sale-and-lease-back gerade nicht gewollt.

Auch das ebenfalls vorgetragene Argument, dass der Leasinggeber den Leasingvertrag und den Kaufvertrag 2 erst abschließen sollte, wenn feststeht, dass der Lieferant seine Verpflichtungen aus dem Liefervertrag vollständig und ordnungsgemäß erfüllt hat[3], überzeugt nicht. Zum einen ist nicht ersichtlich, weshalb ein solches Vorgehen zu einem leasingtypischen Dreieck führen soll, zum anderen lässt sich dieses Modell in der Praxis nicht darstellen. Kein Leasingnehmer wird bereit sein, so lange auf den Abschluss des Leasingvertrages zu warten, bis er selbst schon das Leasingobjekt übernommen hat und er sich jetzt auch schon dem Zahlungsanspruch des Lieferanten ausgesetzt sieht. Für den Leasinggeber besteht beim Sale-and-lease-back keine Notwendigkeit, die Kontrahierung noch so lange offen zu halten.

35 Der Streit ist ohnehin eher akademischer Natur und scheint sich aus der Frage entwickelt zu haben, ob Leasing in Wege des Sale-and-lease-back überhaupt Finanzierungsleasing sein kann[4]. Nur dann könne überhaupt das leasingtypische Dreieck vorliegen. Nach den hier geschilderten Grundlagen kann daran aber kein Zweifel bestehen. Es mag sein, dass in der Entwicklung des Leasing Sale-and-lease-back zunächst nur zur Liquiditätsbeschaffung eingesetzt wurde; diese Zeiten sind jedoch längst vorbei.

4. Anwendungsfälle des Sale-and-lease-back in der Praxis

a) Verspätete Entscheidung für Leasing

36 In nicht wenigen Fällen ist es so, dass der Leasingnehmer schlicht zu spät daran gedacht hat, dass er das Leasingobjekt im Wege des Leasing finanzie-

1 *Beckmann*, § 3 Rz. 326.
2 So auch *Erman/Jendrek*, Anhang zu § 535 BGB Rz. 7.
3 *Beckmann*, § 3 Rz. 328.
4 *Schulze-Osterloh*, ZIP 2005, 1617 ff.

ren wollte. Er hat also schon ein Objekt gekauft, in aller Regel hat er es auch schon bezahlt und wünscht nunmehr eine Finanzierung im Wege des Leasings.

b) Keine Rechungsumschreibung

In den meisten Fällen verhandelt zunächst einmal der Kunde und spätere Leasingnehmer mit dem Lieferanten. Häufig kommt es schon zu einer definitiven Bestellung des Kunden und zu einer durch den Lieferanten an den Leasingnehmer adressierten Auftragsbestätigung. 37

Gelegentlich ist in der EDV des Herstellers die Adresse des Kunden bei der Auftragsbestätigung schon fest gespeichert und verarbeitet, so dass der Hersteller später nicht mehr bereit ist, die auszustellende Rechnung auf jemand anderen zu fakturieren als auf denjenigen, der bereits in der Auftragsbestätigung genannt ist. Dieses Verfahren richtet sich nicht gezielt gegen den Leasinggeber, trifft ihn jedoch.

Auch wenn ein solcher Fall eintritt, ist eine Bestellübernahme des Leasinggebers nicht mehr möglich, so dass ein solches Leasinggeschäft nur noch als Sale-and-lease-back-Geschäft abgewickelt werden kann.

c) Mehrere Lieferanten

Häufig werden auch Leasingobjekte finanziert, die nicht aus einem einzelnen Stück oder aus einer einzelnen Komponente bestehen, sondern aus verschiedenen Teilen verschiedener Hersteller zusammengesetzt sind. Es kann sein, dass das Fahrgestell von einem Lkw-Hersteller kommt und mehrere andere Hersteller z.B. die Aufbauten zu einem Autokran liefern. Bei einer komplexen Anlage können durchaus viele Hersteller zusammenwirken, z.B. für einerseits die Maschine, andererseits für Versorgungsanschlüsse und Materialbeschaffung wie Strom, Zuführleitungen usw. Weitere Praxisbeispiele sind Rettungswagen, industrielle Fertigungsstraßen und Bio-Energie-Anlagen. Bei solch komplexen Leasingobjekten können ohne weiteres bis zu 30 verschiedene Lieferanten beteiligt sein. 38

Das Problematische an diesen Fällen ist nicht allein die Tatsache, dass es mehrere Hersteller gibt, sondern dass die Hersteller ihre Komponenten zu unterschiedlichen Zeitpunkten liefern. Von der Lieferung des ersten Lieferanten bis zur Lieferung des letzten Lieferanten können durchaus einige Monate vergehen. I.d.R. möchte der Erstlieferant nicht so lange warten, bis auch der letzte Lieferant geliefert hat und der Leasingnehmer das Objekt in toto abgenommen hat, um seinen Kaufpreis zu erhalten. Auch möchten Lieferanten nicht schon deshalb eine zeitliche Verzögerung der Bezahlung ihrer Rechnungen riskieren, weil z.B. ein Lieferant noch nicht ordnungsgemäß geliefert hat und somit vom Leasingnehmer die Schlussabnahme noch nicht erteilt werden kann. Insofern versteht sich jeder Lieferant als 39

Einzellieferant und möchte seinen Kaufpreis erhalten, wenn er seinen Teil der Lieferung ordnungsgemäß erbracht hat.

40 Die Leasinggesellschaft kann sich in diesen Fällen damit behelfen, dass sie mit sog. **Anzahlungsvereinbarungen** arbeitet. Sie zahlt auf Anweisung des Leasingnehmers die einzelnen Kaufpreise an die einzelnen Lieferanten und vereinbart mit dem Leasingnehmer, dass dieser die einzelnen gezahlten Kaufpreise wieder an die Leasinggesellschaft zurückzahlen muss, wenn nicht bis zu einem genau vorgegebenen Datum die Gesamtabnahme des Leasingobjektes erfolgt ist. Die Leasinggesellschaft muss sich für diese Fälle entsprechend absichern, da ihr – sollte der Leasingnehmer während dieser Lieferphase insolvent werden – nur ein halbfertiges Produkt zur Verwertung zur Verfügung steht.

41 Eine andere Möglichkeit ist, mit sog. **Teilabnahmen** zu arbeiten. Sobald in sich abgeschlossene Teile des Leasingobjektes nutzbar sind, kann der Leasingnehmer eine sog. Teilabnahme erklären. Der Leasinggeber zahlt dann den Kaufpreis für diesen Teil des Leasingobjektes, und der Leasingnehmer verpflichtet sich, das Teil-Leasingobjekt erst mit der Gesamtinbetriebnahme der Anlage zu nutzen. Bis dahin zahlt der Leasingnehmer auch noch keine Leasingraten, muss aber den vom Leasinggeber verauslagten Betrag bis zum Leasingbeginn verzinsen.

42 Ein Leasingvertrag im Wege des Sale-and-lease-back bietet sich hier an[1]. Der Leasingnehmer beschafft sich von den verschiedenen Lieferanten die unterschiedlichen Teile und Komponenten, er organisiert selbst die Komplettierung der einzelnen Teile bzw. der gesamten Anlage, und sobald diese fertiggestellt ist, wird sie in einem einzigen Kaufvertrag und in einer Summe an die Leasinggesellschaft verkauft und im Anschluss daran von dieser wieder geleast.

43 Ein zusätzlicher Vorteil dieser Vorgehensweise liegt für den Leasinggeber darin, dass er auf jeden Fall ein funktionstüchtiges Gesamtleasingobjekt erhält. Dadurch wird eine **Kongruenz der Mängelhaftung** für Sach- und Rechtsmängel erreicht[2]. Aus dem Leasingvertrag heraus schuldet der Leasinggeber die Gebrauchsüberlassung der funktionsfähigen Anlage; die einzelnen Mangelhaftungsansprüche gegen unterschiedliche Hersteller haben unterschiedliche Laufzeiten, so dass sie alle zusammen genommen u.U. doch nicht für die Funktionsfähigkeit der Gesamtanlage sorgen können.

44 Positiv für den Leasinggeber ist darüber hinaus, dass er sich die zusätzlichen Arbeitsschritte – wie zuvor beschrieben – ersparen kann. Er muss allerdings im Gegenzug die einzelnen Ursprungsrechnungen der Vorlieferanten genau kontrollieren, um sicherzustellen, dass der Leasingnehmer ihm keinen überhöhten Kaufpreis in Rechnung stellt; der Leasinggeber somit

---

1 *Berninghaus*, in Büschgen, § 17 Rz. 2.
2 *Berninghaus*, in Büschgen, § 17 Rz. 2.

also nur das bezahlt, was er auch seiner Kreditentscheidung zugrunde gelegt hat.

d) Sachgesamtheiten

Ein ähnliches Problem stellt sich auch bei den sog. Sachgesamtheiten. 45
Darunter ist insbesondere der Fall zu verstehen, dass zahlreiche gleichartige Leasingobjekte in einem Leasingvertrag zusammengefasst werden. Auch hierbei stellt sich häufig das Problem unterschiedlicher Liefertermine. Wenn ein Leasingnehmer 500 PCs ordert, werden diese in aller Regel nicht an einem Tag ausgeliefert, sondern in mehren Tranchen. Mehrere Tranchen können sich durchaus auf mehrere Monate verteilen. Auch hier ist es sinnvoll, ein Sale-and-lease-back-Geschäft abzuschließen.

e) Schwache Lieferantenbonität

Es ist mittlerweile aufgrund zahlreicher Urteile des BGH[1] gesicherte 46
Rechtskenntnis, dass der Leasinggeber das Risiko der Insolvenz des Lieferanten nicht mittels AGB auf den Leasingnehmer abwälzen darf. Der BGH begründet seine Entscheidung mit dem sog. Äquivalenzprinzip zwischen Leistung und Gegenleistung, das nicht einseitig zu Lasten des Leasingnehmers abgewandelt werden darf. Weil der Leasinggeber der Käufer ist, gehört der Rücktritt zu seinem Rechtsbereich. Der Leasinggeber muss dem Leasingnehmer ein funktionstüchtiges Leasingobjekt zur Nutzung überlassen; das ist die Hauptpflicht des Leasinggebers[2]. Das jeden gegenseitigen Vertrag beherrschende wesentliche Prinzip der Äquivalenz von Leistung und Gegenleistung darf nicht dadurch gestört werden, dass der Leasingnehmer formularmäßig das Insolvenzrisiko des Lieferanten übernimmt.

Es stellt sich die weitere Frage, wie der Leasinggeber die Bonität des Liefe- 47
ranten überprüfen soll, angesichts der Tatsache, dass er dem Lieferanten keinen Kredit gewährt; es verbietet sich also, den Lieferanten einer ebenso genauen Bonitätsprüfung zu unterziehen wie den Leasingnehmer.

Der Leasinggeber hat aber das „Standing" des Lieferanten zu überprüfen. 48
Aus Vereinfachungsgründen orientieren sich die meisten Leasinggesellschaften am sog. **Creditreform Bonitätsindex**, welcher ansonsten nur für die Kreditvergabe herangezogen wird, jedoch objektiv, schnell erhältlich und einfach zu handhaben ist. Weitere wichtige Kriterien sind die Zeitdauer des **Bestehens der Firma** des Lieferanten und die **Anzahl der Mitarbeiter**.

1 BGH v. 6.3.1996 – VIII ZR 98/95, NJW 1996, 1888; BGH v. 13.3.1991 – VIII ZR 34/90, NJW 1991, 1746; BGH v. 25.10.1989 – VIII ZR 105/88, NJW 1990, 314; BGH v. 20.6.1984 – VIII ZR 131/84, NJW 1985, 129.

2 BGH v. 6.3.1996 – VIII ZR 98/95, NJW 1996, 1888; BGH v. 13.3.1991 – VIII ZR 34/90, NJW 1991, 1746; BGH v. 25.10.1989 – VIII ZR 105/88, NJW 1990, 314; BGH v. 20.6.1984 – VIII ZR 131/84, NJW 1985, 129.

Bei großen und wirklich namhaften Herstellern erübrigt sich die Bonitätsprüfung ohnehin.

49 Ebenso sind die Leasinggeber gut beraten, ihre Produktkenntnisse einzusetzen und sich zuvor von der **Qualität des Produktes** einen Eindruck zu verschaffen, um aufgrund dieser Überprüfung die Wahrscheinlichkeit eines Falls der Mängelhaftung schon vorher feststellen zu können.

50 Ein **Lieferantenprüfung** kann **entbehrlich** sein, wenn:

- es sich bei dem Lieferanten um eine bekannte zuverlässige Adresse handelt, mit der der Leasinggeber bereits eine laufende Geschäftsbeziehung unterhält (z.B. aus anderen Leasingverträgen) oder
- der Lieferant zugleich renommierter Hersteller oder Vertragshändler des Herstellers ist.

51 Es müsste dann im Wege einer individuellen Vereinbarung mit dem Leasingnehmer geregelt werden, dass er die Haftung für die Lieferantenbonität übernimmt. Ein solches Verfahren ist jedoch relativ unpraktikabel und nicht einfach im Massengeschäft durchzuführen.

52 Bei unzureichender Bonität des Lieferanten sollte daher schriftlich mit dem Leasingnehmer in Kontakt getreten werden, um eine Lösung zu erreichen. Dabei empfiehlt es sich, dem Leasingnehmer aus AGB-rechtlichen Gründen mehrere Möglichkeiten zur Auswahl anzubieten.

53 Eine mögliche Lösung ist das Sale-and-lease-back, weil der Leasinggeber hierbei das Bonitätsrisiko für den Lieferanten nicht trägt (Rz. 153 ff.). Ein **Musterschreiben an den Leasingnehmer** könnte wie folgt lauten:

Beabsichtigtes Leasingengagement ...

Leasingobjekt: ...

Lieferant: ...

Sehr geehrter Leasingnehmer,

bekanntlich erfolgte die Auswahl des o.g. Lieferanten und des o.g. Leasingobjektes ohne unsere Mitwirkung ausschließlich durch Sie.

Wie bereits in dem Gespräch zwischen Ihre(r/m) ... und unsere(r/m) ... am ... erläutert, sehen wir uns außerstande, irgendwelche Risiken zu tragen, die mit Blick auf Erfüllungs-, Gewährleistungs- und sonstige, im Zusammenhang mit Lieferung, Wartung und Pflege des Leasingobjektes einhergehenden Verpflichtungen des Lieferanten entstehen und die Durchführung des Leasingvertrages beeinträchtigen können.

Die Auswahl des Lieferanten hat weit reichende Bedeutung:

So besteht für Sie etwa die Gefahr, im Falle einer Insolvenz des Lieferanten etwaige Mängelansprüche nicht mehr durchsetzen zu können.

Eine fehlende oder eingeschränkte Nutzbarkeit des Leasingobjektes kann aber ebenso nicht in unserem beiderseitigen Interesse sein wie ein eventuelles Scheitern bei der Realisierung geltend gemachter Ansprüche und Forderungen.

Vor diesem Hintergrund sehen wir uns daher leider nicht in der Lage, das beabsichtigte Leasingengagement mit diesem Lieferanten in der von Ihnen gewünschten Form durchzuführen.

Gleichwohl sind wir weiterhin daran interessiert, zusammen mit Ihnen das anstehende Leasingprojekt zu realisieren.

Alternativ könnten wir uns daher eine der nachfolgenden Möglichkeiten vorstellen:

1. Sie stellen uns von jeglichen Risiken frei, die im Zusammenhang mit dem von Ihnen ausgesuchten Lieferanten auftreten können.
2. Der Vertrag wird im sog. **Sale-and-lease-back-Verfahren** abgewickelt. Dies bedeutet, dass Sie zunächst in Vorlage treten und das Leasingobjekt beim Lieferanten käuflich erwerben. Sie verkaufen uns dann unter Überlassung geeigneter Bezahltnachweise das Leasingobjekt und erhalten von uns den Kaufpreis.

   Auch bei dieser Variante tragen Sie das Bonitätsrisiko für den Lieferanten.
3. Sie benennen uns einen anderen, mit Blick auf die erwähnte Problematik geeigneteren Lieferanten für das von Ihnen gewünschte Leasingobjekt.
4. Wir werden unter Berücksichtigung Ihrer Anforderungen an das Leasingobjekt – und, soweit von Ihnen gewünscht, unter Ihrer Mithilfe – binnen eines Zeitraums von ... versuchen, einen entsprechend geeigneten Lieferanten für Sie zu finden.

Sollte eine der aufgeführten Alternativen für Sie von Interesse sein, bitten wir um kurzfristige, **schriftliche** Mitteilung an uns.

Selbstverständlich steht es Ihnen frei, uns andere Vorschläge zur Behebung der geschilderten Problematik zu unterbreiten. Alternativvorschläge werden wir dabei zeitnah mit Ihnen abstimmen. Ihrer Stellungnahme sehen wir mit Interesse entgegen.

Mit freundlichen Grüßen

f) Lieferant akzeptiert die Bestellübernahme nicht

Zumindest im herstellerunabhängigen Bereich ist der Regelfall der, dass der Kunde und spätere Leasingnehmer zunächst selbst mit dem Lieferanten verhandelt, so als wenn er selbst der Käufer wäre[1]. Nicht selten ist der Lieferant später überrascht, wenn ihm eine Bestellübernahme einer Leasinggesellschaft zugeht. 54

Zunächst könnte es für den Lieferanten ohne Bedeutung sein, wenn er zur Rechnungsumschreibung bereit ist (Rz. 37), und wenn der Leasinggeber dem Lieferanten schriftlich mitteilt, dass er den Beschaffungsvertrag, den 55

1 *Büschgen*, in Büschgen, § 3 Rz. 4; *Beckmann*, in Büschgen, § 6 Rz. 3; *Stolterfoht*, in Münchener Vertragshandbuch, Band 3, 5. Aufl. 2003, II.1 Anm. 2.

der Leasingnehmer bereits abgeschlossen hat, als neuer Käufer im Verhältnis 1 : 1, also vollständig und ohne jede Änderung, übernimmt.

56 In aller Regel übermittelt der Leasinggeber aber dem Lieferanten eine **umfangreiche Bestellübernahme**. Der Umfang dieser Bestellübernahme ist nicht etwa zwingend vorgegeben, sondern jede Leasinggesellschaft legt diesen selbst nach eigenen Bedürfnissen und Erfahrungswerten fest.

Zwei Dinge will der Leasinggeber auf jeden Fall erreichen:

- er möchte erst dann zur Zahlung des Kaufpreises verpflichtet sein, wenn er die vom Leasingnehmer unterzeichnete Abnahmeerklärung in Händen hält und
- er möchte, dass auch erst zu diesem Zeitpunkt die sog. Sach- und Preisgefahr vom Lieferanten auf ihn übergeht.

aa) Übergang der Sach- und Preisgefahr

57 Lieferant und Leasingnehmer vereinbaren gerne einen möglichst frühen Zeitpunkt des Übergangs der Sach- und Preisgefahr, z.B. ab Auslieferung oder ab Bereitstellung des Objektes. In diesem Punkt kann sich häufig der Lieferant mit seinen Verkaufsbedingungen durchsetzten. Im Gegenzug hierzu wünscht der Leasinggeber erst einen möglichst späten Übergang der Sach- und Preisgefahr, nämlich immer erst dann, wenn die Übernahmebestätigung bei ihm eingegangen ist. Erst zu diesem Zeitpunkt beginnt das Leasingverhältnis, d.h. der bis dahin inaktive Leasingvertrag (ab Versand der Bestellübernahme) wird nun aktiviert.

Leasinggeber verstehen sich nämlich nicht als Finanzierer für Lieferphasen, sondern als Gebrauchsüberlasser, die im Gegenzug hierfür die Leasingraten erhalten. Die Gebrauchsüberlassung beginnt jedoch erst in dem Zeitpunkt, in dem die Übernahmebestätigung erteilt wird.

58 Dieser Zeitpunkt des Übergangs der Sach- und Preisgefahr hat für den Leasinggeber den Vorteil, dass er sich im Zeitpunkt der Auszahlung des Kaufpreises an den Lieferanten sicher sein kann, dass das sog. Lieferrisiko nicht mehr besteht; der Lieferant hat das vereinbarte Leasingobjekt dann tatsächlich ausgeliefert.

59 Das Risiko des zufälligen Untergangs des Leasingobjektes vor Erteilung der Übernahmebestätigung kann auch durch Abschluss entsprechender **Versicherungen** für die Dauer des Transportes und die Zeit bis zur Erteilung der Übernahmebestätigung abgesichert werden.

60 Auch im Fall einer **Forfaitierung** ist für den Leasinggeber der späte Zeitpunkt des Übergangs der Sach- und Preisgefahr von großer Bedeutung.

61 Viele Leasinggeber refinanzieren sich im Wege der Forfaitierung, d.h., sie verkaufen die zu erwartenden Leasingraten zu Beginn des Leasingvertrages an den Forfaiteur. Der Verkauf erfolgt regresslos, d.h. der Forfaiteur über-

nimmt das Bonitätsrisiko für die Einbringbarkeit der Leasingraten. Wird der Leasingnehmer insolvent, so fällt das in die Risikosphäre des Forfaiteurs[1].

Der Forfaiteur kauft aber **nur** die „Leasingraten". Diese entstehen erst in dem Moment, in welchem der Leasingvertrag aktiviert wird, d.h. also, wenn die Übernahmebestätigung beim Leasinggeber eingegangen ist. 62

Eine Forfaitierung wird in aller Regel schon frühzeitig verhandelt. Wegen des Risikoaspektes erfolgt die Zusage des Forfaiteurs gegenüber dem Leasinggeber schon vor der Annahme des Leasingantrages durch den Leasinggeber. 63

Für viele Leasinggeber ist ein forfaitiertes Geschäft gedanklich ein **Geschäft „ohne eigenes Risiko"**. Das ist zwar einerseits richtig, denn die Leasinggeber besorgen sich entsprechende Forfaitierungszusagen, bevor sie selbst ein solches Leasinggeschäft eingehen. Sie möchten schon zu diesem Zeitpunkt wissen, ob jemand anderes haftet oder ob sie dieses Leasinggeschäft selbst in ihren eigenen Büchern halten müssen. 64

Wichtig ist jedoch, dass der Forfaiteur lediglich das Bonitätsrisiko übernimmt. Er übernimmt keinesfalls pauschal alle Risiken im Zusammenhang mit dem Leasingvertrag. Das Risiko, dass der Leasingnehmer während der sog. Lieferphase insolvent wird – d.h. also, von dem Moment an, in welchem der Leasinggeber die Bestellübernahme gegenüber dem Lieferanten erklärt bis zur Erteilung der Abnahmeerklärung durch den Leasingnehmer –, verbleibt beim Leasinggeber. Er trägt also sehr wohl das **Bonitätsrisiko** für den Leasingnehmer, allerdings nur **während dieser Lieferphase**. Fällt während dieser Zeit der Leasingnehmer durch Insolvenz aus, so hat der Leasinggeber das Problem, dass er eine Bestellübernahme abgegeben hat, sein Leasingnehmer ihm aber jetzt „weggefallen" ist und er nun entweder einen anderen Leasingnehmer finden oder mit dem Lieferanten über eine Auflösung des Kaufvertrages verhandeln muss. Beides wird nur bei Objekten gelingen, die marktgängig und nachgefragt sind. Bei sehr komplexen Anlagen scheiden diese Möglichkeiten in aller Regel aus. Auch ist hier schon deshalb das Risiko viel höher, da die Lieferzeitdauer durchaus einen Zeitraum von mehreren Jahren ausmachen kann. 65

Dieses Risikos muss sich der Leasinggeber trotz einer vorliegenden Forfaitierungszusage bewusst sein. Zumindest bei forfaitierten Leasinggeschäften ist es für den Leasinggeber von allergrößtem Interesse, dass er die Sach- und Preisgefahr für das Leasingobjekt erst trägt, wenn er die Abnahmeerklärung in Händen hält. Nur dann ist das Geschäft für ihn – unter Berücksichtigung dieses Aspektes – in der Tat „ohne Risiko". 66

---

1 *Schütze*, in Münchener Vertragshandbuch, Band 3, 5. Aufl. 2003, II.5 Anm. 2; OLG Hamburg v. 9.3.1982 – 7 U 50/81, ZIP 1983, 46, 47; *Beckmann*, § 3 Rz. 356; *Reviol*, Refinanzierung von Leasingverträgen, S. 11.

bb) Anzahlungen/Vorauszahlungen vor Erteilung der Übernahmebestätigung

67 Ein weiterer Reibungspunkt zwischen Leasinggeber und Lieferant sind Teilzahlungen vor Erteilung der Übernahmeerklärung. Bei komplexen Leasingobjekten vereinbaren Lieferanten i.d.R. Teilzahlungen schon vor Auslieferung bzw. endgültiger Abnahme des Objektes durch den Leasingnehmer.

68 Die Situation ist vergleichbar mit der des Übergangs der Sach- und Preisgefahr (Rz. 57 ff.). Auch hier ist eine Risikoerhöhung für den Leasinggeber gegeben, wenn er Teile des Kaufpreises schon vorab auszahlt, ohne dass der Leasingnehmer zeitgleich mit der Zahlung der Leasingraten beginnt. In der Regel wird der Leasinggeber also aus Gründen äußerster Vorsicht in seiner Bestellübernahme fixieren, dass er solche Anzahlungen nicht übernimmt, es sei denn, es gibt hierüber separate Absprachen; Lieferanten fordern i.d.R. das Gegenteil.

69 Dieses Spannungsverhältnis ist aber nur ein scheinbares, denn der Leasinggeber kann sich über eine Sicherheit, die er vom Leasingnehmer erhält, absichern. Weil i.d.R. die Teilzahlungsbeträge an die Hausbank des Lieferanten fließen, ist es meist relativ einfach möglich, eine sog. **Vertragserfüllungsbürgschaft** der Hausbank des Lieferanten zu erhalten, wonach die Leasinggesellschaft sich wenigstens sicher sein kann, die von ihr erbrachten Anzahlungen zurück zu erhalten, wenn der Lieferant den zuvor fest zugesagten Liefertermin nicht einhält. Solche Bürgschaften sichern aber nur die Vertragserfüllung durch den Lieferanten, sie sichern nicht die Insolvenz des Leasingnehmers ab.

Hierfür muss sich der Leasinggeber eine Sicherheit gewähren lassen, die aus der Sphäre des Leasingnehmers kommt, wenn ihm der Leasingnehmer nicht „blanko" für diesen Betrag gut ist. Ansonsten muss der Leasingnehmer die Anzahlungen mit Eigenmitteln bestreiten.

cc) Geltung von AGB

70 Ein weiteres Spannungsverhältnis ergibt sich daraus, dass der Lieferant in aller Regel mit dem Leasingnehmer die Geltung seiner Allgemeinen Geschäftsbedingungen vereinbart hat, er also einen fertig abgeschlossenen Vertrag mit dem Leasingnehmer besitzt. Nunmehr versucht die Leasinggesellschaft, sich in diesen bereits abgeschlossenen Vertrag unter gleichzeitiger Vereinbarung ihrer eigenen Bestell-AGB mittels ihrer Bestellübernahme einzubringen.

Hier werden sich die AGB in zahlreichen Punkten widersprechen, jedenfalls im Punkt des Übergangs der Sach- und Preisgefahr und beim Zahlungszeitpunkt. Wenn die Vertragsparteien dies erkennen, sind Verhandlungen erforderlich; ggf. wird erst später in einem Rechtsstreit geklärt werden, welche AGB tatsächlich Vertragsbestandteil geworden sind.

dd) Bindung/Rücktritt

71 Ein weiteres Spannungsfeld ergibt sich daraus, dass der Leasinggeber wünscht, sich von der Bestellübernahme unter gewissen Voraussetzungen wieder lösen zu können, z.B. wenn der Leasingnehmer vor Erteilung der Abnahmeerklärung insolvent wird oder sich die Lieferung verzögert. Der Lieferant hingegen wird i.d.R. Wert legen auf einen unbedingten Eintritt des Leasinggebers. Den Nachteil, weitere Vertragsabwandlungen in Kauf zu nehmen, möchte er wenigstens dadurch kompensieren, dass er jetzt die Sicherheit besitzt, eine finanzkräftige Leasinggesellschaft als definitiven Vertragspartner zu wissen.

72 Auch hieraus ergibt sich ein Spannungsverhältnis. Der Leasinggeber berücksichtigt bei seiner Bonitätsprüfung einen Zeitrahmen, der die unkündbare Leasingdauer umfasst, zuzüglich dem bei Abschluss des Leasingvertrages bekannten Bestellzeitraum. Aus unterschiedlichen Gründen kommt es immer wieder zu **Verzögerungen während der Bestellphase**. Dies kann seinen Grund sowohl in der Sphäre des Lieferanten (Lieferengpässe, Streik) als auch in der Sphäre des Leasingnehmers haben, z.B. wenn der Leasingnehmer weitere Modifikationen am Objekt wünscht oder er die Bestellung um einige Monate nach hinten schieben möchte.

73 Der Leasinggeber möchte sicher sein, dass er den zeitlichen Höchstrahmen seines eigenen Risikos im Fall der Abgabe einer Bestellübernahme selbst bestimmen kann. Es kann dem Leasinggeber nicht zugemutet werden, an seine positive Kreditentscheidung zugunsten des Leasingnehmers zeitlich unbefristet gebunden zu sein. Deshalb besitzen Bestellübernahmen der Leasinggeber immer die Möglichkeit, sich bei der Überschreitung des Liefertermins wieder von der Bestellübernahme mittels eines Rücktritts lösen zu können. Die genaue Art der Lösungsmöglichkeit hängt von der zivilrechtlichen Konstruktion der vom Leasinggeber gewählten Bestellübernahme ab. Durchaus gängig ist es, dem Lieferanten mit der Bestellübernahme einen Austausch des Vertragspartners (Kunde des Lieferanten gegen Leasinggeber) anzubieten. Von diesem Austausch kann der Leasinggeber unter genau zu fixierenden Gründen wieder zurücktreten, so dass dann wieder der ursprüngliche Kaufvertrag zwischen dem Lieferanten und seinem Kunden besteht.

74 Auch wünschen Leasinggeber i.d.R. keine Risikoübernahme während der Bestellphase, also zwischen der Annahme des Leasingantrags und der tatsächlichen Auslieferung des Leasingobjektes. Die Leasinggesellschaft sieht sich als Objektvermieter und nicht als Investitionsvorfinanzierer.

75 Der Zeitraum der Bestellphase stellt für eine Leasinggesellschaft eine ungewöhnliche Situation des Zuwartens dar; sollte der Fall eintreten, dass der **Leasingnehmer** schon vor der Erteilung der Übernahmebestätigung **insolvent** wird, steht sie vor der unschönen Situation, dass sie zwar einerseits Partner eines Kaufvertrages geworden ist, ihr andererseits aber noch

vor der finalen Aktivierung des Leasingvertrages ihr Leasingnehmer wieder abhanden gekommen ist. Wäre nämlich der Leasingnehmer ursprünglicher Käufer geblieben, dann wäre die Situation zumindest für den Lieferanten genauso misslich, als wenn es die Leasinggesellschaft mittels des Bestelleintrittes nie gegeben hätte.

76 Also wird sich der Leasinggeber auch ein Rücktrittsrecht vorbehalten für den Fall, dass der Leasingnehmer vor Erteilung der Abnahmeerklärung insolvent wird.

77 Wegen der Haftung für die Lieferantenbonität sind Leasinggeber in aller Regel auch bemüht, sich ein solches Rücktrittsrecht vorzubehalten für den Fall der **Insolvenz des Lieferanten**. Ein solcher Fall stellt für die Leasinggeber eine enorme erhöhte Risikobetrachtung dar, denn jetzt weiß der Leasinggeber ja schon bei Aktivierung des Leasingvertrages, dass mögliche Mängelhaftungsansprüche des Leasingnehmers ins Leere laufen und sich somit wieder als Risiko der Leasinggesellschaft darstellen werden.

78 Zusammenfassung möglicher **Rücktrittsgründe**:
- Überschreitung des Liefertermins um zwei Wochen
- zwei Wochen nach erfolgter Lieferung liegt dem Leasinggeber immer noch keine Übernahmebestätigung des Leasingnehmers vor (Rz. 80 ff.)
- bis zum Eingang der Übernahmebestätigung wird der Leasingnehmer insolvent
- bis zum Eingang der Übernahmebestätigung wird der Lieferant insolvent.

79 Häufig treten Leasinggesellschaften nur unter der **aufschiebenden Bedingung des Eingangs der Abnahmeerklärung** in den bereits abgeschlossenen Kaufvertrag zwischen Lieferanten und Leasingnehmer ein. Auch in diesem Fall bleibt es bei einer gleichen Risikoverlagerung zwischen Lieferant und Leasingnehmer vergleichbar mit den zuvor dargestellten Rücktrittsmöglichkeiten, so dass sich insgesamt gesehen auch aus diesen Tatsachen heraus ein gewisses Spannungsverhältnis aufbaut.

ee) Leasingnehmer erteilt Übernahmebestätigung nicht

80 Häufig ist es auch so, dass der Lieferant behauptet, er habe das Leasingobjekt ordnungsgemäß geliefert und alle Voraussetzungen zur Erteilung der Abnahmeerklärung durch den Leasingnehmer lägen vor; der Leasingnehmer behauptet genau das Gegenteil. Er räumt zwar ein, das Leasinggut erhalten zu haben, das aber noch nicht so wie vertraglich vereinbart funktioniere, weshalb er die Übernahmebestätigung noch nicht unterzeichne. Viele Lieferanten empfinden auch die deutlichen Hinweise von umsichtigen Leasinggebern auf ihren Übernahmebestätigungen, dass der Leasingnehmer diese nur unterzeichnen möge, wenn er das Objekt auch wirklich geprüft habe und er sich absolut sicher sei, dass es in vollem Umfang funk-

tioniere, als eine Quasi-Aufforderung an den Leasingnehmer, überkritisch zu sein und somit auch bei geringen Mängeln die Abnahmeerklärung noch nicht zu erteilen.

Auch aus diesem Spannungsverhältnis heraus ergeben sich interessante 81 Konstellationen in der Praxis, wenn der Lieferant vom Leasinggeber die Zahlung des Kaufpreises fordert und diese ggf. einklagt. Der Leasinggeber findet sich in der misslichen Situation wieder, zwischen den Fronten zu stehen und ist sich zumindest in den Fällen, in denen ihm die wirklichen Objektkenntnisse fehlen, nicht darüber im Klaren, wer in dieser Situation die Wahrheit sagt. Er trägt das Risiko, in einen Prozess hineingezogen zu werden. Dem kann er sich nicht entziehen, es sei denn, er hat sich eine Rücktrittsmöglichkeit von der Bestellübernahme vorbehalten.

Die übrigen Bestandteile, die Leasinggesellschaften in ihrer Bestellüber- 82 nahmen regeln, wie z.B. Rechnungsstellung, Zahlung erst nach Erteilung der Übernahmebestätigung, Eigentumsübergang, Gerichtsstand, werden i.d.R. von den Lieferanten akzeptiert, so dass sich hieraus keine weiteren Spannungsverhältnisse herleiten.

ff) Zusammenfassung und Fazit

Alle diese Spannungsprobleme ergeben sich nicht beim Sale-and-lease- 83 back. Hier kommt es nicht zu einer Vertragsbeziehung zwischen Leasinggeber und Lieferant. Insbesondere kommt es auch nicht zu irgendeiner Beeinflussung oder Veränderung des Kaufvertrages 1. Der Kaufvertrag 1 bleibt trotz des Leasingvertrages so wie abgeschlossen in unveränderter Form bestehen. Für den Lieferanten ändert sich nichts.

Möglich ist lediglich eine Kontaktaufnahme zwischen Leasinggeber und 84 Lieferant. Hierzu kommt es nur dann, wenn der Leasinggeber die noch nicht erfolgte Zahlung des Kaufpreises aus dem Kaufvertrag 1 für den Leasingnehmer unmittelbar an den Lieferanten vornehmen möchte oder wenn er anderenfalls vom Lieferanten eine schriftliche Bestätigung der bereits erfolgten Zahlung des Kaufpreises durch den Leasingnehmer verlangt. Beide Arten der Kontaktaufnahme stellen aber keinen problematischen Bereich dar, sondern sind i.d.R. schnell und im besten Einvernehmen zu erzielen.

Wegen der vielen Spannungsverhältnisse und -momente werden beim Lea- 85 singgeber in erheblichem Umfang Arbeitskraft und Arbeitszeit gebunden. Dies alles entfällt, wenn man ein Geschäft im Wege des Sale-and-lease-back abwickelt.

Hauptvorteil für den Leasinggeber bleibt dabei, dass es keine Diskussionen über den Inhalt der Bestellübernahme gibt; Hauptvorteil für den Leasingnehmer ist, dass der von ihm abgeschlossene Vertrag nicht mehr durch den Leasinggeber verändert wird.

g) Ausländischer Lieferant

86 In Zeiten der fortschreitenden Globalisierung und des immer weiteren Zusammenwachsens innerhalb der EU kommt es immer häufiger dazu, dass Leasingnehmer deutscher Leasinggeber Produkte aus dem Ausland bestellen. Damit steigen die Probleme des Leasinggebers beim Beschaffungsvorgang wegen der unterschiedlichen Rechtssysteme, insbesondere wegen der unterschiedlichen juristischen Wege des Eigentumserwerbs, sowie in der Verständigung mit dem ausländischen Lieferanten. Selbst wenn sich ein ausländischer Lieferant mit der Bestellübernahme des deutschen Leasinggebers einverstanden erklärt, müsste der deutsche Leasinggeber stets auch noch überprüfen, ob er auch wirklich lastenfreies Eigentum am Leasingobjekt erlangt, wenn er so verfährt, wie er es normalerweise im Inlandsstandardgeschäft praktiziert. Die Frage des **Eigentumserwerbs** richtet sich bekanntermaßen immer nach dem Recht der belegenen Sache, also nach dem Recht des Landes, in dem sich das Objekt befindet zu dem Zeitpunkt, zu dem es zu einem Eigentumserwerb durch den Leasinggeber kommt. Sollte dieser Zeitpunkt erst dann gegeben sein, wenn der Leasingnehmer die Abnahmeerklärung erteilt, dann dürfte dies zumindest dann unproblematisch sein, wenn sich das Leasingobjekt zu diesem Zeitpunkt bereits in Deutschland befindet. Diese Rechtsfolge ist aber immer nur dann zwingend, wenn das Eigentum auch tatsächlich erst in diesem Moment, so wie in Deutschland üblicherweise beim Eigentumsvorbehalt, mit Bezahlung des Kaufpreises durch den Leasinggeber vom Lieferanten auf den Leasinggeber übergeht.

87 Es gibt zahlreiche Länder, nach deren Rechtsordnung der **Eigentumsübergang** nicht erst mit Zahlung des Kaufpreises, sondern schon bereits **mit Abschluss des Kaufvertrages** stattfindet. Wenn also eine Leasinggesellschaft in einem solchen Fall mittels Bestellübernahme in einen bereits abgeschlossenen Kaufvertrag eintritt, liegt der Zeitpunkt des Eigentumserwerbs vorher, also zu einem Zeitpunkt, in dem sich das Leasingobjekt noch nicht in Deutschland befindet. Für diese Fälle muss sich der Leasinggeber, jedes Mal im Einzelfall mittels einer *legal opinion* Gewissheit darüber verschaffen, wie er im konkreten Einzelgeschäft lastenfreies Eigentum unmittelbar vom Hersteller erwerben kann. Es mag dabei durchaus Konstellationen geben, in denen das überhaupt nicht möglich ist.

88 Auch zur Lösung dieses Problems bietet sich das Sale-and-lease-back an, weil sich dieser Fall für den Leasinggeber wie ein Inlandsgeschäft darstellt. Der Leasinggeber ist gut beraten, selbst bei der Einholung der Übernahmebestätigung anwesend zu sein, damit er sich auch wirklich sicher ist, dass alle vorhandenen Komponenten des Leasingobjektes zu diesem Zeitpunkt bereits in Deutschland sind, und dass der Leasingnehmer auch zu diesem Zeitpunkt schon den Lieferanten bezahlt hat. Nur so stellt sich das ganze Geschäft für den Leasinggeber wie ein reines Inlandsgeschäft dar und alle

zuvor beschriebenen Arbeitsschritte sowie juristischen Unwägbarkeiten sind eliminiert.

h) Produkthaftung

Hersteller haften nach dem Produkthaftungsgesetz (§ 1 Abs. 1 ProdHaftG) verschuldensunabhängig für fehlerhafte Produkte, die sie auf den Markt bringen. Sie sind zum Schadensersatz verpflichtet, wenn jemand durch einen Fehler am Produkt getötet, an Körper oder Gesundheit verletzt oder eine Sache beschädigt wird. Bei Sachbeschädigung ist der Hersteller allerdings nur dann zum Schadensersatz verpflichtet, wenn eine andere Sache als das fehlerhafte Produkt selbst beschädigt wird und die beschädigte Sache ihrer Art nach gewöhnlich zum privaten Ge- oder Verbrauch bestimmt ist sowie hierzu von dem Geschädigten hauptsächlich verwendet worden ist. Nach dem Produkthaftungsgesetz gilt als Hersteller (§ 4 ProdHaftG) nicht nur derjenige, der das Endprodukt herstellt, sondern u.a. auch, wer das Produkt als Importeur in die EU einführt. Von der Produkthaftung können daher grundsätzlich auch Leasinggeber betroffen sein, soweit aus Nicht-EU-Ländern eingeführte Leasingobjekte verleast werden. Neben das Produkthaftungsgesetz trat am 1.5.2004 das „Gesetz über technische Arbeitsmittel- und Verbraucherprodukte" (Geräte- und Produktsicherheitsgesetz-GPSG). Wie beim Produkthaftungsgesetz gilt nach dem GPSG jeder als „Einführer", der ein Produkt, z.B. eine Maschine, aus einem Drittland in den Europäischen Wirtschaftraum einführt oder dieses veranlasst und das Produkt damit in den Verkehr bringt. Dieser Einführer haftet wie der Hersteller für die Produktsicherheit. Die Regeln dieser Gesetze sind zwingend. Sie können weder durch individuelle Verträge noch durch Allgemeine Geschäftsbedingungen abbedungen werden. 89

Das Haftungsproblem des Leasinggebers kann vermieden werden, wenn der **Leasingnehmer** das Leasingobjekt im Rahmen eines Sale-and-lease-back-Vertrages **selbst importiert**. Da das Produkt dann zum Zeitpunkt des Imports voraussichtlich schon im Eigentum des Leasingnehmers steht, haftet nicht der Leasinggeber, sondern der Leasingnehmer als Quasi-Hersteller. In der Vergangenheit wurde jedoch mehrfach angezweifelt, ob diese Vorgehensweise nicht als unzulässige Umgehung der verbraucherschützenden Normen des Produkthaftungsgesetzes anzusehen ist[1]. 90

Dem ist jedoch entgegen zu halten, dass der Leasinggeber bei einer „Sale-and-lease-back"-Transaktion das Produkt nicht selbst in den Geltungsbereich der EU importiert, sondern vielmehr der Leasingnehmer als Importeur auftritt. Zum anderen ist aber auch die zweite Voraussetzung der gewerblichen Tätigkeit nicht erfüllt, da der Leasingnehmer den Leasing- 91

1 *Bruzka*, Das neue Produkthaftungsgesetz und Leasing, RIW-Beilage Nr. 8/1990, 12 ff.

gegenstand für seinen eigenen Bedarf einführt, der gewerbliche Eigenbedarf aber von der Haftung des Quasiherstellers ausgenommen ist.

92 Es kann daher festgehalten werden, dass bei Abschluss eines Sale-and-lease-back-Geschäftes die Haftung des Leasinggebers als Quasi-Hersteller i.S.d. Produkthaftungsgesetzes bzw. als Einführer i.S.d. Produktsicherheitsgesetzes ausgeschlossen werden kann.

i) Absatzleasing zur Miete

93 Sale-and-lease-back-Strukturen werden auch von Herstellern und Händlern genutzt, um Maschinen an Kunden zu vermieten. Zuerst verkauft der Hersteller/Händler das Objekt an den Leasinggeber, danach least er es zurück und lässt sich das Recht zur **Untervermietung** des Leasingobjekts einräumen[1]. Im Anschluss vermietet der Händler das Objekt an seine Kunden, häufig mit der Hoffnung, dass diese das Objekt nach einiger Zeit des Einsatzes erwerben möchten.

94 Der Hersteller/Händler erzielt durch den Verkauf eine Umsatzsteigerung; darüber hinaus verbessert sich seine Bilanzrelation.

95 Bei dieser Sale-and-lease-back-Anwendung geht es um eine Form des Absatzgeschäftes für Hersteller und Händler, die man nur mit Sale-and-lease-back erreichen kann; leasingspezifische anderweitige Gründe hierfür sind nicht gegeben.

j) Sale-and-lease-back bei selbst hergestellten und genutzten Objekten

96 Ein weiterer Anwendungsfall ist der, dass ein Unternehmen selbst Objekte oder Maschinen herstellt und diese in der eigenen Produktion oder im eigenen Gebrauch einsetzt. Es gibt Hersteller von Aufliegern, die eine große Zahl der hergestellten Auflieger im Eigeneinsatz haben, weil sie zugleich Spediteure sind. Auch gibt es Maschinenhersteller, die mit den eigens hergestellten Maschinen arbeiten, um weitere Produkte zu erzeugen.

Auch diese Hersteller und Nutzer von Objekten greifen zum Finanzierungsleasing im Wege des Sale-and-lease-back, um ihre Eigeninvestitionen zu finanzieren.

5. Auszahlung an Lieferant oder Leasingnehmer

97 Dem Leasinggeber stehen im Rahmen eines Sale-and-lease-back-Geschäftes zwei Auszahlungsvarianten zur Verfügung. Zumindest immer dann, wenn der Leasingnehmer noch nicht selbst den Kaufpreis für den Kaufver-

---

1 *Kratzer*, Leasing Kompakt, S. 35.

trag 1 an den Vorlieferanten entrichtet hat, kann der Leasinggeber an den Vorlieferanten oder an den Leasingnehmer zahlen.

a) Auszahlung an den Vorlieferanten

Der Leasinggeber wird stets bemüht sein, den Kaufpreis unmittelbar an den Vorlieferanten auszuzahlen. Dies hat für ihn den Vorteil eines gewissen Sicherheitszuwachses insofern, als dass der er wenigstens eine indirekte Möglichkeit erhält, einen Kontakt zum Vorlieferanten herzustellen. Er kann also zumindest im ersten Anschein erkennen, dass es diesen Lieferanten überhaupt gibt. Auch kann er davon ausgehen, dass sich der Vorlieferant beim ihm melden würde, wenn irgendetwas mit der Höhe des zu bezahlenden Kaufpreises nicht in Ordnung wäre, er also höher ist, als es der Vorlieferant mit dem Leasingnehmer vereinbart hat. Ein Scheinleasinggeschäft wird so erheblich erschwert. 98

Weiterer Vorteil der Auszahlung an den Vorlieferanten für den Leasinggeber ist, dass die Prüfung des sog. Bezahltnachweises entfällt. Wie in Rz. 217 ausgeführt, ist eine solche Prüfung, wenn sie wirklich gewissenhaft durchgeführt werden soll, arbeitsintensiv[1]; weil sie aber i.d.R. nur sehr oberflächlich durchgeführt wird, ist sie inhaltlich nicht besonders bedeutungsvoll. 99

b) Auszahlung an den Leasingnehmer

Die Auszahlung an den Leasingnehmer ist in jedem Fall notwendig, wenn er schon an den Vorlieferanten gezahlt hat, oder wenn der Leasingnehmer darauf bestehen sollte, dass der Kaufpreis an ihn ausgezahlt wird, damit sein Auftreten als Käufer gegenüber dem Vorlieferanten erhalten bleibt. Der **Vorteil** der Auszahlung an den Leasingnehmer liegt darin, dass der Leasinggeber in keinerlei Kontakt zum Vorlieferanten tritt und es insofern beim kompletten Leasingverhältnis nur um ein reines Zwei-Personen-Verhältnis geht. Für ein leasingtypisches Dreieck fehlt hier jeglicher Ansatzpunkt. 100

Der **Nachteil** dieser Variante für den Leasinggeber liegt darin, dass er den Bezahltnachweis des Leasingnehmers prüfen muss (Rz. 217). 101

6. Veräußerung im Wege des Sale-and-lease-back als Veräußerung im Rahmen des „ordnungsgemäßen Geschäftsbetriebes"?

a) Eigentumsvorbehalt im Rahmen des Kaufvertrages 1

Der Leasingnehmer erwirbt das zukünftige Leasingobjekt vom Lieferanten im Rahmen des Kaufvertrages 1 i.d.R. unter Eigentumsvorbehalt. In der 102

1 *Beckmann*, § 3 Rz. 333.

Praxis wird häufig entweder ein einfacher Eigentumsvorbehalt" oder ein sog. verlängerter Eigentumsvorbehalt vereinbart.

103 Beim **einfachen Eigentumsvorbehalt** i.S.d. § 449 BGB behält sich der Vorbehaltsverkäufer bis zur vollständigen Kaufpreiszahlung das Eigentum an der Ware vor. Der einfache Eigentumsvorbehalt erlischt entweder mit Zahlung des Kaufpreises oder, wenn das Eigentum auf einen Dritten übergeht, insbesondere durch Weiterveräußerung oder durch Realakte wie Verbindung, Vermischung und Verarbeitung[1].

104 Der **verlängerte Eigentumsvorbehalt** schützt den Vorbehaltsverkäufer dagegen weitreichender. Dabei vereinbaren Verkäufer und Käufer, dass bei Weiterveräußerung an die Stelle des Eigentumsvorbehaltes, die daraus entstehende Kaufpreisforderung treten soll[2]. Der Vorbehaltskäufer wird i.d.R. formularmäßig von seinem Lieferanten gemäß § 185 BGB ermächtigt, über das fremde Recht an dem Kaufobjekt wirksam zu verfügen.

105 Für den Leasinggeber ist die Vereinbarung eines Eigentumsvorbehaltes stets von Bedeutung:

Zum einen kann er mangels Übertragung des unmittelbaren Besitzes nie gutgläubig Eigentum an dem Leasingobjekt erwerben (§ 933 BGB). Darüber hinaus kann der Leasinggeber den Eigentumsvorbehalt nicht durch Zahlung des Kaufpreises an den Leasingnehmer zum Erlöschen bringen. Der Eigentumsvorbehalt wird vielmehr erst mit der Weiterleitung des Kaufpreises an den Lieferanten abgelöst. Solange der Eigentumsvorbehalt besteht, ist der Vorbehaltsverkäufer gemäß § 449 BGB zum Rücktritt berechtigt.

Zum anderen darf der Leasingnehmer eine unter Eigentumsvorbehalt gelieferten Ware **nur im Rahmen des ordnungsgemäßen Geschäftsbetriebs weiterveräußern**. Die Ermächtigung zur Weiterveräußerung gemäß § 185 BGB wird auf Veräußerungen im ordnungsgemäßen Geschäftsverkehr beschränkt. Diese Beschränkung gilt mittlerweile auch ohne ausdrückliche Abrede[3].

b) Veräußerungen im Rahmen des ordnungsgemäßen Geschäftsbetriebes

106 Von Veräußerungen im Rahmen des ordnungsgemäßen Geschäftsbetriebes sind nur solche erfasst, die mit dem Sicherungsbedürfnis des Vorbehaltsverkäufers/Vorlieferanten vereinbar sind.

aa) Weiterveräußerung

107 Bei der üblichen Weiterveräußerung von Vorbehaltsware tritt wirtschaftlich gesehen an die Stelle der Vorbehaltsware der Erlös, bzw. beim Kredit-

1 *Palandt/Weidenkaff*, § 449 BGB Rz. 12 ff.; *Erman/Grunewald*, § 449 BGB Rz. 39 f.
2 *Palandt/Weidenkaff*, § 449 BGB Rz. 18; *Erman/Grunewald*, § 449 BGB Rz. 42.
3 BGH v. 30.3.1988 – VIII ZR 340/86, NJW 1988, 1744,1775.

verkauf die an den Vorbehaltsverkäufer im Voraus abgetretene Kaufpreisforderung[1]. Der Warenkredit des Vorbehaltskäufers wird dabei – abgesehen von dem Fall des Weiterverkaufs unter dem Einstandspreis – wirtschaftlich nicht beeinträchtigt, sondern sogar durch den beim Weiterverkauf üblichen Aufschlag auf den Einkaufspreis noch gestärkt. Das Sicherungsinteresse des Vorbehaltsverkäufers wird daher durch eine solche Weiterveräußerung nicht beeinträchtigt, so dass diese **im Rahmen des ordnungsgemäßen Geschäftsbetriebes** erfolgt[2].

bb) Sicherungsübereignung oder Verpfändung

Bei der Sicherungsübereignung oder Verpfändung der Vorbehaltsware ist 108 dies jedoch anders zu beurteilen, da das Vorbehaltseigentum ersatzlos verloren geht bzw. ersatzlos mit einem Pfandrecht belastet wird. Erfolgt die Sicherungsübereignung oder Verpfändung in Verbindung mit der Aufnahme eines neuen Kredits, so tritt an die Stelle des verlorenen bzw. pfandrechtsbelasteten Eigentums an der Vorbehaltsware zwar die Darlehenssumme; deren Höhe liegt allerdings regelmäßig unter dem Wert des Vorbehaltsgutes. Ferner wird der Vorbehaltskäufer zusätzlich durch die Verpflichtungen aus dem Darlehensvertrag belastet. Durch dieses Hinzutreten eines weiteren Gläubigers des Vorbehaltskäufers wird das Risiko des Vorbehaltsverkäufers, im Krisenfall seine Forderung gegen den Vorbehaltskäufer realisieren zu können, erhöht und der Wert seines Warenkredits geschmälert[3]. Wegen dieser Beeinträchtigung der berechtigten Sicherungsinteressen des Vorbehaltsverkäufers stellt die Sicherungsübereignung oder Verpfändung von Vorbehaltsware zur Sicherung bestehender Schulden oder zur Erlangung eines neuen Kredits regelmäßig **keine Verfügung im ordnungsgemäßen Geschäftsbetrieb** dar[4].

cc) Veräußerungen im Rahmen des Sale-and-lease-back-Verfahrens

Ebenso wie die dem Vorbehaltskäufer/Leasingnehmer untersagte Siche- 109 rungsübereignung oder Verpfändung wird die Veräußerung von Vorbehaltsware im Sale-and-lease-back-Verfahren beurteilt[5]. Die Veräußerung im Rahmen des Sale-and-lease-back wird nicht durch die vom Vorbehaltsverkäufer/Vorlieferant erteilte Ermächtigung zu Veräußerungen im Rahmen des ordnungsgemäßen Geschäftsbetriebes gedeckt[6]. Dies ergibt sich nach Auffassung des BGH aus den folgenden Gesichtspunkten:

---

1 BGH v. 30.3.1988 – VIII ZR 340/86, NJW 1988, 1774, 1775.
2 BGH v. 30.3.1988 – VIII ZR 340/86, NJW 1988, 1744, 1775.
3 *Serick*, Eigentumsvorbehalt und Sicherungsübertragung, Bd. 1, 1963, S. 156.
4 BGH v. 23.11.1966 – VIII ZR 151/64, WM 1966, 1327, 1328; *Serick*, Eigentumsvorbehalt und Sicherungsübertragung, Bd. 1, 1963, S. 156; *Graf Lambsdorff*, Handbuch des Eigentumsvorbehalts, 1974, Rz. 188; *Palandt/Heinrichs*, § 185 BGB Rz. 9.
5 BGH v. 30.3.1988 – VIII ZR 340/86, BGHZ 104, 134.
6 *Beckmann*, § 3 Rz. 331; *Berninghaus*, in Büschgen, § 17 Rz. 6.

110 Durch die Veräußerung im Rahmen eines Sale-and-lease-back-Geschäftes erlangt der Vorbehaltskäufer/Leasingnehmer zwar einen Gegenwert für die Vorbehaltsware in Gestalt des Kaufpreises, die Veräußerung muss aber bei der hier gebotenen wirtschaftlichen Betrachtung im Zusammenhang mit dem gleichzeitig oder kurz darauf geschlossenen Sale-and-lease-back-Vertrag gesehen werden.

111 Durch den Leasingvertrag wird der Vorbehaltskäufer als Leasingnehmer einem neuen zusätzlichen Gläubiger, dem Leasinggeber, zur laufenden Zahlung von Leasingraten sowie von Kosten und Bearbeitungsgebühren verpflichtet. Hierdurch wird, in gleicher Weise wie durch die Darlehens-Rückzahlungspflicht im Falle der Sicherungsübereignung oder Verpfändung, das Risiko des Vorbehaltsverkäufers/Vorlieferanten erhöht und der Wert seines Warenkredits geschmälert[1].

112 Der Entscheidung des BGH lag ein Sachverhalt zugrunde, in dem zwischen Vorbehaltsverkäufer und Vorbehaltskäufer ein verlängerter Eigentumsvorbehalt vereinbart war. Für den verlängerten Eigentumsvorbehalt erscheint diese Ansicht auch gerechtfertigt, da ansonsten nach Tilgung der Kaufpreisforderung andere, durch den Eigentumsvorbehalt gesicherte Forderungen des Vorbehaltsverkäufers nicht mehr gesichert wären. Bei der Veräußerung von Vorbehaltsware im Wege des Sale-and-lease-back mag jedoch im Falle des einfachen Eigentumsvorbehalts dem Sicherungsbedürfnis des Vorbehaltslieferanten in ausreichendem Maße Rechnung getragen und die Veräußerung daher als im ordnungsgemäßen Geschäftsbetrieb erfolgt angesehen werden. Es muss sichergestellt werden, dass die jeweilige Restforderung des Lieferanten/Vorbehaltsverkäufers mit dem vom Leasinggeber gezahlten Kaufpreis getilgt wird, und dem Vorbehaltsverkäufer damit das Risiko der Weiterleitung des Erlöses aus dem Verkauf der Vorbehaltsware an ihn abgenommen wird.

113 Der Leasinggeber sichert sich also am besten ab durch einen Bezahltnachweis des Lieferanten unter gleichzeitigem Verzicht auf dessen verlängerten Eigentumsvorbehalt.

IV. Abwicklung des Sale-and-lease-back beim Finanzierungsleasing

1. Eigene Sale-and-lease-back-Verträge

114 Es wäre den Leasinggebern möglich, für jede Leasingvertragsart (Voll- oder Teilamortisation) auch eine Sale-and-lease-back-Variante vorzuhalten. Weil dies aber mit einem erhöhten Pflegeaufwand verbunden ist, findet sich in der Praxis hierfür kein bekanntes Beispiel. Es kommen also vom Grundsatz her die üblichen Vollamortisations- und Teilamortisationsver-

1 BGH v. 30.3.1988 – VIII ZR 340/86, BGHZ 104, 134.

träge zur Anwendung; wenn ein solches Geschäft im Wege des Sale-and-lease-back durchgeführt werden soll, schließt der Leasinggeber mit dem Leasingnehmer eine separate **Zusatzvereinbarung zum Leasingvertrag** ab (z.B. „Vereinbarung für Sale-and-lease-back-Geschäfte" oder einen „Kauf- und Übereignungsvertrag für Sale-and-lease-back-Geschäfte").

2. Zusatzvereinbarung für Sale-and-lease-back-Verträge

Dass es in der Praxis keine separaten Sale-and-lease-back-Leasingverträge gibt, hat seinen Grund auch darin, dass sich häufig erst nach Abschluss des Leasingvertrages herausstellt, dass auf eine Sale-and-lease-back-Konstruktion zurückgegriffen werden muss, z.B. wenn der Lieferant nicht bereit ist, die Bestellübernahmebedingungen des Leasinggebers zu akzeptieren, oder wenn er seine schon ausgestellte Rechnung nicht mehr umstellen will (vgl. Rz. 37, 70). 115

Es liegt im Interesse des Leasinggebers, dass er in einem solchen Fall keinen komplett neuen Leasingvertrag mit dem Leasingnehmer verhandeln möchte. Deshalb kann jedes bereits abgeschlossene Leasingvertragswerk, solange die Abnahmeerklärung noch nicht erfolgt und der Leasingvertrag somit noch nicht aktiviert ist, bis zu diesem Zeitpunkt mittels der Zusatzvereinbarung in ein Sale-and-lease-back-Geschäft umgewandelt werden. 116

Mit solch einer Zusatzvereinbarung muss der Leasinggeber nur die Dinge regeln, die in Abweichung zum üblichen Leasingvertrag vereinbart werden müssen. 117

3. Inhalt der Zusatzvereinbarung

Die folgenden Inhalte und Regelungen sollten in dieser Zusatzvereinbarung enthalten sein: 118

a) Überschrift Kaufvertrag

Die Zusatzvereinbarung stellt in aller Regel als wichtiges Dokument auch zugleich den Kaufvertrag für den Verkauf zwischen Leasingnehmer und Leasinggeber, also den sog. Kaufvertrag 2 dar. Von daher ist es der Transparenz dienlich, wenn diese Zusatzvereinbarung auch mit der Überschrift „Kaufvertrag", „Kaufvereinbarung" oder „Kauf- und Übereignungsvertrag" versehen wird. 119

b) Leasingnehmer/Verkäufer

Terminologisch sollte klargestellt werden, dass der Leasingnehmer bei einem Sale-and-lease-back-Geschäft zugleich Verkäufer des Leasingobjektes ist. Es empfiehlt sich allerdings, im Vertrag und in der Zusatzvereinbarung 120 nur vom Leasingnehmer zu sprechen; eingangs des Formulars sollte jedoch auf die „Doppeleigenschaft" des Leasingnehmers hingewiesen werden[1].

c) Lieferant/Vorlieferant

121 Um bei einem Sale-and-lease-back-Geschäft kein Verwechselungsrisiko einzugehen, was ja relativ leicht passieren kann, weil es zwei Verkäufer und damit auch zwei Lieferanten gibt, gehen viele Leasinggesellschaften den Weg, dass sie den ersten Lieferanten, also den des Kaufvertrages 1, als Vorlieferanten bezeichnen. Es taucht auch der Begriff des Ursprungslieferanten auf, doch der Vorlieferant hat sich insoweit als die geläufigste Bezeichnung etabliert.

122 Zu Beginn einer solchen Zusatzvereinbarung steht i.d.R. ein eindeutiger Hinweis auf den Kaufvertrag 1, wonach der Leasingnehmer/Verkäufer zum Zeitpunkt des Abschlusses der Zusatzvereinbarung bestätigt, dass er bereits einen Kaufvertrag 1 mit dem Vorlieferanten über das Leasingobjekt abgeschlossen hat[2].

d) Lieferung/Besitz des Leasingobjektes

123 Als nächstes wird in aller Regel fixiert, ob das Leasingobjekt schon vom Vorlieferanten an den Leasingnehmer geliefert wurde, d.h. also, ob letzterer schon im Besitz des Leasingobjektes ist oder ob die Auslieferung noch nicht erfolgt ist und sich das Objekt noch beim Vorlieferanten befindet[3].

e) Kaufpreis/Rechnung/Mehrwertsteuer

124 Weil das Dokument einen Kaufvertrag darstellt, ist es erforderlich, dass in dem Dokument selbst der Kaufpreis ausgewiesen ist. Sinnvollerweise lässt sich der Leasinggeber vom Leasingnehmer bestätigen, dass der Kaufpreis nur dem Selbstkostenpreis des Leasingnehmers entspricht und Verpackungs-, Fracht- und Transportversicherungskosten aus dem Kaufpreis herauszurechnen sind[4] (Rz. 180 f.).

125 Ist die Zusatzvereinbarung zugleich eine Rechnung i.S.d. Umsatzsteuergesetzes, muss auch die Mehrwertsteuer ausgewiesen werden, und es müssen die übrigen qualifizierten Rechnungsinhalte vorliegen. Ansonsten fin-

---

1 Der Leasingnehmer ist zugleich Verkäufer des Leasingobjekts.

2 Der Leasingnehmer hat das Leasingobjekt bereits vom Vorlieferanten gekauft. Der Vorlieferant ist zugleich Lieferant des Verkäufers.

3 Das Leasingobjekt ist bereits im Besitz des Leasingnehmers oder das Leasingobjekt ist noch nicht ausgeliefert.

4 Bsp.: Der o.a. Bruttokaufpreis ist der sog. Selbstkostenpreis des Leasingnehmers. Dies bedeutet, dass in diesem Preis keine Verpackungs-, Fracht- und Transportversicherungskosten sowie etwaige weitere Nebenkosten des Erwerbs enthalten sein dürfen.

det sich i.d.R. ein Hinweis auf die vom Leasingnehmer noch zu erstellende separate Rechnung. Die Mehrwertsteuer wird dann dort ausgewiesen.

f) Zahlung des Kaufpreises

Hier ist festzuhalten, ob der Kaufpreis vom Leasinggeber an den Leasingnehmer zu zahlen ist, wenn dieser selbst die Zahlung wiederum durch Vorlage eines Bezahltnachweises bestätigt hat, oder ob der Kaufpreis direkt an den Vorlieferanten zu zahlen ist. In den meisten Fällen erfolgt die **Auszahlung an den Vorlieferanten**[1]. 126

g) Abschluss des Kaufvertrages 2 zwischen Leasinggeber und Leasingnehmer

Der Leasingnehmer/Verkäufer verkauft mit Abschluss des Kaufvertrages 2 das Leasingobjekt unter der aufschiebenden Bedingung des Zustandekommens eines Leasingvertrages zwischen ihm und dem Leasinggeber an den Leasinggeber als Käufer. 127

aa) Übergabe

Die Übergabe des Leasingobjektes wird durch Abschluss des Leasingvertrages ersetzt. Der Leasingnehmer ist im Rahmen des Leasingverhältnisses Besitzmittler des Leasinggebers, der Leasinggeber erlangt den mittelbaren Besitz am Leasingobjekt. Sollte sich das Leasingobjekt bei einem Dritten befinden, wird die Übergabe des Leasingobjektes durch die **Abtretung des Herausgabeanspruchs** gegenüber dem unmittelbaren Besitzer ersetzt. 128

bb) Verpflichtung des Verkäufers

Der Verkäufer/Leasingnehmer ist verpflichtet, das Leasingobjekt ab dem Zeitpunkt des Entstehens des Anwartschaftsrechtes oder der Übertragung des Eigentums von Rechten Dritter, also von Pfandrechten (Grundpfandrechtsgläubigern oder Vermietern) freizustellen. Dies gilt auch für eventuelle Eigentumsvorbehalte. 129

---

1 Bsp.: Der Kaupreis ist im Auftrag des Leasingnehmers an den Vorlieferanten zu zahlen. Der Leasinggeber zahlt im Namen und für Rechnung des Leasingnehmers an den Vorlieferanten, wenn:
- der Leasingnehmer zur Überprüfung der Höhe des Kaufpreises eine Kopie der Rechnung des Vorlieferanten vorlegt,
- der Leasingnehmer dem Leasinggeber das Formular Abnahmeerklärung rechtsverbindlich unterzeichnet und bei diesem eingereicht hat und
- der Verkäufer dem Leasinggeber Pfandfreigabeerklärungen eventueller Grundpfandrechtsgläubiger und Vermieter sowie Freigabeerklärungen etwaiger Sicherungseigentümer vorgelegt hat.

cc) Übernahmebestätigung/Untersuchungs- und Rügepflicht

130 Beim Sale-and-lease-back erlangt der Leasinggeber zu keinem Zeitpunkt den unmittelbaren Besitz des Leasingobjektes. Deshalb ist der Leasinggeber gut beraten, noch einmal ausdrücklich festzuhalten, dass der Leasingnehmer mit Vorlage der Übernahmebestätigung versichert, dass das Leasingobjekt vollständig geliefert und mangelfrei ist. Weil diese Untersuchung schon vom Leasingnehmer durchgeführt wird, ist der Leasinggeber/Käufer 2 nicht verpflichtet, den Gegenstand zum Zeitpunkt des Wirksamwerdens dieses Kaufvertrages zu untersuchen und eventuelle Mängel dem Verkäufer/Leasingnehmer anzuzeigen. Der Leasingnehmer/Verkäufer verzichtet also insoweit ausdrücklich auf die etwaigen Rechte gem. § 377 HGB wegen unterlassener Untersuchung und Rüge.

h) Änderungen der ALB

131 Weil kein eigenes Vertragswerk zugrunde gelegt wird, gelten auch die üblichen ALB der Leasinggesellschaft. Der Leasinggeber muss also nicht nur diesen beschriebenen Kauf- und Übereignungsvertrag abschließen, sondern er muss auch dokumentieren, welche Passagen der Allgemeinen Leasingbedingungen nicht gelten bzw. welche Bedingungen stattdessen gelten sollen. Unabhängig davon, wie die jeweilige Leasinggesellschaft ihre Bedingungen formuliert hat, ergibt sich Änderungsbedarf an mindestens zwei Stellen. Dies ist zum einen der Teil der ALB, der sich mit der Beschaffung befasst und zum anderen der Teil der ALB, der sich mit dem Thema der Haftung für Sach- und Rechtsmängel befasst.

aa) Beschaffung

132 Es liegt im Ermessen des Leasinggebers, ob er seine ALB zum Thema der Beschaffung nur modifiziert oder ob er diese komplett neu fasst. Aus Gründen der Transparenz empfiehlt sich eine komplette **Neuformulierung** der jeweiligen ALB, die sich mit dem Thema der Beschaffung beschäftigen[1].

---

1 Entgegen dem in den ALB beschriebenen Procedere erfolgt die Beschaffung des Leasingobjekts nicht in der dort beschriebenen Weise des Bestelleintritts.
Der Leasingnehmer erklärt, dass er das schon erworbene Leasingobjekt oder das noch zu erwerbende Leasingobjekt dem Leasinggeber verkaufen und von diesem zurückleasen möchte. Es handelt sich also um ein sog. Sale-and-lease-back-Geschäft. Der Leasingnehmer schließt unter der aufschiebenden Bedingung des Zustandekommens des Leasingvertrages mit dem Leasinggeber einen Kaufvertrag über das Leasingobjekt ab.
Der Leasingnehmer wird den unmittelbaren Besitz am Leasingobjekt vom Vorlieferanten erhalten.
Bis zum Eingang der Abnahmeerklärung beim Leasinggeber trägt der Leasingnehmer die Sach- und Preisgefahr.
Der Leasingnehmer hat das Leasingobjekt bei Anlieferung unverzüglich sorgfältig – auch auf Vollständigkeit – zu untersuchen und etwaige Mängel unverzüglich schriftlich dem Lieferanten anzuzeigen. Ist das Leasingobjekt vertragsgemäß, voll-

bb) Haftung für Sach- und Rechtsmängel

Der zweite Punkt, der unbedingt in Abweichung zu den üblichen Allgemeinen Leasingbedingungen zu regeln ist, ist der der sog. Mängel des Leasingobjektes bzw. der Haftung für Sach- und Rechtsmängel (dazu sogleich Rz. 134 ff.). 133

V. Leistungsstörungen und Mängelhaftung

Im üblichen Leasing-Dreiecksverhältnis erklärt der Leasinggeber im Rahmen seiner Allgemeinen Leasingbedingungen (ALB), dass die mietrechtliche Gewährleistung des Leasinggebers ausgeschlossen ist und er dem Leasingnehmer zum Ausgleich hierfür sämtliche Ansprüche und Rechte wegen nicht vertragsgemäßer Leistung und Mängeln des Leasingobjekts aus dem Beschaffungsvertrag abtritt[1]. Dies ist bei einem Sale-and-lease-back-Geschäft nicht möglich[2], so dass die übliche Vertragsgestaltung abgewandelt werden muss. 134

1. Gesetzliche Gewährleistungsrechte beim Sale-and-lease-back

Bevor auf die Vertragsgestaltung bei einem Sale-lease-back-Geschäft eingegangen wird, werden zunächst die gesetzlich vorgegebenen Mängelhaftungsrechte im Rahmen des Kaufvertrages 1, 2 und des Leasingvertrages dargestellt: 135

Durch den Kaufvertrag 1 erhält der Leasingnehmer von seinem Lieferanten die kaufvertraglich vereinbarten Mängelhaftungsansprüche für das zukünftige Leasingobjekt.

Mit Abschluss des Kaufvertrages 2 erwirbt der Leasinggeber das Leasingobjekt vom Leasingnehmer grundsätzlich mit der gesetzlichen Haftung für Mängel.

Geht man mit der Rechtsprechung[3] davon aus, dass auch das Sale-and-lease-back-Geschäft als atypischer Mietvertrag einzuordnen ist, so sind grundsätzlich die **§§ 535 ff. BGB** anwendbar. Daraus folgt, dass der Leasinggeber nach den gesetzlichen Vorgaben (§§ 537 ff. BGB) die mietvertragliche Haftung für das Leasingobjekt trägt.

---

ständig und mangelfrei, hat der Leasingnehmer das Leasingobjekt abzunehmen und dies dem Leasinggeber unverzüglich schriftlich zu bestätigen. Die Abnahmeerklärung wird wesentlicher Bestandteil des Leasingvertrages.

1 *Stolterfoht*, in: Münchener Vertragshandbuch, Band 3, 5. Aufl. 2003, II.1 Anm. 16 (4); BGH v. 4.4.1984 – VIII ZR 312/82, NJW 1984, 2687.

2 *Berninghaus*, in Büschgen, § 17 Rz. 9.

3 BGH v. 29.11.1989 – VIII ZR 323/88, BB 1990, 232; vgl. *Graf von Westphalen* in der Vorauflage, Rz. 1425.

2. Vertragsgestaltung

a) Keine Abtretung der kaufvertraglichen Gewährleistungsansprüche

136 Die ansonsten leasingtypische Abtretung der kaufvertraglichen Mängelhaftungsansprüche des Leasinggebers an den Leasingnehmer aus dem Beschaffungsvertrag gegen Ausschluss der mietvertraglichen Haftung kommt bei einem Sale-and-lease-back-Geschäft nicht in Betracht[1].

137 Der Beschaffungsvertrag des Leasinggebers beim Sale-and-lease-back ist der Kaufvertrag 2. Im Kaufvertrag 2 räumt der Leasingnehmer dem Leasinggeber die gesetzliche Mängelhaftung ein. Der Leasinggeber erhält damit nur Haftungsansprüche gegen seinen Leasingnehmer, so dass er auch nur diese an den Leasingnehmer zurück abtreten kann. Eine Rückabtretung dieser Ansprüche an den Leasingnehmer führt jedoch dazu, dass der Leasingnehmer nun sowohl Gläubiger als auch Schuldner der Mängelhaftungsansprüche aus dem Kaufvertrag 2 wird. Die Folge eines solchen Zusammentreffens von Berechtigung und Verpflichtung aus einem Anspruch ist jedoch notwendigerweise das Erlöschen des Anspruches. Da die Abtretung der kaufvertraglichen Mängelhaftungsansprüche des Leasinggebers an den Leasingnehmer keiner Vertragspartei zu Gute kommen kann, bedarf es dieser Maßnahme nicht.

b) Freizeichnung von der mietvertraglichen Haftung

aa) Zulässigkeit des Haftungsausschlusses

138 Obwohl der Leasinggeber beim Sale-and-lease-back-Geschäft dem Leasingnehmer keine ihn stärkenden Rechte abtreten kann, stellt sich die Frage, ob er sich trotzdem von der mietvertraglichen Haftung im Rahmen des Leasingvertrages wirksam freizeichnen kann. Dies wird kontrovers diskutiert.

139 Eine Literaturansicht vertritt die Auffassung, der Leasinggeber könne sich beim Sale-and-lease-back-Vertrag nicht wirksam von der mietrechtlichen Gewährleistung befreien. Der BGH halte diese nur bei gleichzeitiger Abtretung der kaufrechtlichen Gewährleistung gegen den Lieferanten für wirksam, so dass ohne Abtretung ein Verstoß gegen §§ 307 ff. BGB vorliege[2].

140 Dem kann aber zutreffend entgegengehalten werden, dass auch vor dem Hintergrund dieser Rechtsprechung eine Freizeichnung von der mietvertraglichen Mängelhaftung zulässig sein muss[3], da dadurch keine Schlechterstellung des Leasingnehmers aufgrund des mietvertraglichen Mängelhaftungsausschlusses beim Sale-and-lease-back bedingt wird.

---

1 *Berninghaus*, in Büschgen, § 17 Rz. 9.
2 *Graf von Westphalen*, BB 1991, 153 sowie in der Vorauflage, Rz. 1080.
3 So auch *Berninghaus*, in Büschgen, § 17 Rz. 9 ff., allerdings mit anderer Begründung, *Beckmann*, § 3 Rz. 343.

Zum einen tritt, im Gegensatz zu der Situation beim typischen Finanzierungsleasing mit Bestellübernahme, durch den mietvertraglichen Mängelhaftungsausschluss beim Sale-and-lease-back keine Rechtlosstellung des Leasingnehmers ein. Er kann jederzeit aus seinen eigenen Rechten aus dem Kaufvertrag 1 gegen seinen Verkäufer/Lieferanten vorgehen. 141

Zum anderen ist der mietvertragliche Mängelhaftungsausschluss für die Vertragspartner auch interessengerecht und entspricht dem typischen, insoweit vom Leitbild des Mietvertrages abweichenden Gepräge des Leasingvertrages[1]. 142

So können sich Ansprüche des Leasingnehmers aus leasingtypischer Mängelhaftung für Sach- oder Rechtsmängel des Leasinggebers nur aus Mängeln ergeben, für die der Leasingnehmer seinerseits dem Leasinggeber vorrangig aus kaufvertraglicher Mängelhaftung im Rahmen des Kaufvertrages 2 einzustehen hätte. Eine Leistungsstörung im Leasingvertrag bedeutet nämlich zugleich eine Leistungsstörung im Kaufvertrag 2, so dass die gesetzliche kaufvertragliche Mängelhaftungspflicht des Leasingnehmers seine mietvertraglichen Ansprüche gegenüber dem Leasinggeber neutralisiert. Die Argumente[2], die vor der Schuldrechtsreform gegen eine Identität der wechselseitigen kauf- und mietrechtlichen Gewährleistungsansprüche angeführt wurden, greifen nun nicht mehr durch. Aufgrund der Schuldrechtsmodernisierung sind die kaufvertraglichen Regelungen nämlich erheblich verändert und die gravierendsten Unterschiede zwischen Kaufrecht und Mietrecht in Bezug auf die Mängelhaftung beseitigt worden. So ist das kaufrechtliche Zustimmungserfordernis zur Wandelung/Minderung (§ 465 BGB a.F.) ersatzlos entfallen. Die Minderung des Kaufpreises bzw. der nach neuem Recht vorgesehene Rücktritt vom Kaufvertrag sind nicht mehr von dem Einverständnis des Verkäufers abhängig, sondern erfolgen wie im Mietrecht automatisch. Zudem ist die regelmäßige kaufrechtliche Verjährungsfrist für Mängelansprüche von sechs Monaten auf zwei Jahre angehoben worden (§ 438 Abs. 1 Nr. 3 BGB). Darüber hinaus muss gerade bei konsequenter Übertragung der von der Rechtsprechung zur Abbedingung der mietvertraglichen Haftung im Rahmen des leasingtypischen Dreiecks aufgestellten Grundsätze ein mietvertraglicher Haftungsausschluss auch beim Sale-and-lease-back zulässig sein. 143

Der Leasingnehmer muss beim Finanzierungsleasing nur so gestellt werden, als sei er selbst der Käufer. Genau dies gibt dem Finanzierungsleasing sein typisches, insoweit vom Leitbild des Mietvertrages abweichendes Gepräge[3]. Denn beim Leasing trifft der Leasingnehmer die Investitionsentscheidung. Insbesondere hat der BGH ausdrücklich für das Finanzierungs- 144

1 *Berninghaus*, in Büschgen, § 17 Rz. 18.
2 Vgl. *Berninghaus*, in Büschgen, § 17 Rz. 11.
3 BGH v. 16.9.1981 – VIII ZR 265/80, NJW 1982, 105.

leasing anerkannt, dass die Freizeichnung von der mietvertraglichen Haftung auch nach Ablauf der kaufrechtlichen Gewährleistung wirksam bleibt. Es wird also deutlich, dass der Leasingnehmer im Gegenzug zu einem dauerhaften mietvertraglichen Mängelhaftungsausschluss allein die kaufvertraglichen Rechte erhalten soll.

145 Wenn aber die Übertragung von kaufrechtlichen Mängelhaftungsansprüchen als äquivalente Gegenleistung zum Ausschluss der mietvertraglichen Haftung angesehen wird, dann muss erst recht eine Haftungsfreizeichnung zulässig sein, wenn der Leasingnehmer, wie beim Sale-and-lease-back, auf eigene kaufrechtliche Mängelansprüche gegen seinen Vorlieferanten verwiesen werden kann. Da der Leasingnehmer beim Sale-and-lease-back ohnehin Käufer ist, bedarf er weder durch Abtretung noch aufgrund mietvertraglicher Mängelhaftung zusätzlicher Rechte.

146 Aufgrund des oben dargestellten Grundsatzes führt auch eine vollständige Freizeichnung des Leasinggebers bei Sale-and-lease-back-Geschäften über gebrauchte Gegenstände, welche bei Vertragsschluss schon im Eigentum des Leasingnehmers stehen und bezüglich derer keine Ansprüche gegen den Lieferanten bestehen, nicht zu einer Schlechterstellung des Leasingnehmers. Bestehen vor dem Abschluss des Sale-and-lease-back-Geschäftes keine Sachmängelansprüche des Leasingnehmers gegen seinen Lieferanten mehr, wird er durch den Abschluss des Leasingvertrages auch nicht schlechter gestellt, als er als Käufer ohnehin zu diesem Zeitpunkt steht. Bei interessengerechter Auslegung darf der Leasingnehmer, der sowohl das Leasingobjekt als auch den Lieferanten selbst ausgesucht und bestimmt hat, keine mietvertragliche Haftung des Leasinggebers erwarten.

147 Insgesamt lässt sich daher festhalten, dass gerade die Besonderheiten beim Sale-and-lease-back den mietvertraglichen Mängelhaftungsausschluss rechtfertigen. Insbesondere vor dem Hintergrund, dass sich der Leasingnehmer das Leasingobjekt selbst ausgesucht hat und darüber hinaus sogar Eigentümer war, ist dieses Ergebnis interessengerecht[1].

148 Mangels Benachteiligung des Leasingnehmers durch den Ausschluss der leasingtypischen Gewährleistung müsste diese Vertragsgestaltung daher auch einer AGB-Kontrolle gemäß §§ 307 ff. BGB standhalten.

bb) Erforderlichkeit des mietvertraglichen Haftungsausschlusses

149 Weil sich die mietvertraglichen und kaufvertraglichen Mängelansprüche neutralisieren, könnte überlegt werden, auf die Vereinbarung eines Haftungsausschlusses gänzlich zu verzichten und im Leasingvertrag auf eine entsprechende Regelung zu verzichten.

---

1 *Berninghaus*, in Büschgen, § 17 Rz. 18.

Allerdings sollte im Leasingvertrag aus Gründen der Transparenz die rechtliche Situation offen gelegt werden[1]. Empfehlenswert ist, deutlich zu machen, dass die mietrechtlichen Mängelhaftungsansprüche des Leasingnehmers und im Gegenzug auch die kaufrechtlichen Mängelhaftungsansprüche des Leasinggebers ausgeschlossen sind, so dass dem Leasingnehmer nur seine eigenen Rechte aus dem Kaufvertrag mit seinem Vorlieferanten zustehen. 150

Die Notwendigkeit einer Regelung ergibt sich schon aus einem praktischen Aspekt heraus. Weil die Leasinggeber für Sale-and-lease-back keine eigenen Vertragswerke vorhalten (Rz. 114 f.), sondern mit Zusatzvereinbarungen arbeiten, muss ohnehin die Abweichung vom Standardvertrag und den Standard-ALB erklärt werden. Ansonsten würde dem Leasingnehmer die übliche Abtretungskonstruktion mitgeteilt werden. Weil diese aber ohnehin außer Kraft gesetzt werden muss, kann dem Leasingnehmer auch gleich kundgetan werden, dass die mietrechtliche Haftung des Leasinggebers ausgeschlossen ist, weil ihm ja die kaufrechtliche Mängelhaftung aus dem Kaufvertrag 1 verbleibt, er also insoweit die echte originäre kaufrechtliche Mängelhaftung innehat und nicht nur die abgetretene, die ihm eine Quasi-Käuferstellung einräumt. Der Leasingvertrag wirkt sich auf sein Kaufgeschäft also in keiner Weise aus. 151

Ein **deutlicher Hinweis** gebietet sich auch aus allgemeinen Vertrauensgrundsätzen heraus. Viele Leasingnehmer wissen nicht um die Bedeutung und die Konsequenzen (Rz. 16 ff.) des Sale-and-lease-back im Blick auf die 152

---

1 Der Leasingnehmer und Leasinggeber sind sich darüber einig, dass die Gebrauchsüberlassung des Leasingobjekts im Wege des Sale-and-lease-back erfolgt.
Der Leasingnehmer hat bereits mit dem Lieferanten einen Kaufvertrag 1 über das Leasingobjekt abgeschlossen.
Der Leasingnehmer schließt jetzt mit dem Leasinggeber einen neuen Kaufvertrag 2 über dieses Objekt ab und least das Objekt vom Leasinggeber.
Die Parteien sind sich darüber einig, dass es sich bei dem abzuschließenden Leasingvertrag um ein sog. Sale-and-lease-back-Geschäft handelt, der Leasingnehmer also zugleich Verkäufer des Leasingobjektes ist.
Der Leasingnehmer wird ausdrücklich darauf hingewiesen, dass der Leasinggeber keine Bestellübernahme abgibt, also nicht als neuer Käufer in den Kaufvertrag 1 eintritt.
Der Leasingnehmer bleibt also selbst Käufer und Vertragspartner des Lieferanten aus dem Kaufvertrag 1.
Dieser Kaufvertrag 1 wird inhaltlich durch den Kaufvertrag 2 und den Leasingvertrag nicht tangiert. Weil der Kaufvertrag 1 schuldrechtlich unverändert bestehen bleibt und der Kaufvertrag 2 im Wege des Sale-and-lease-back erfolgt, werden dem Leasingnehmer keine Gewährleistungsansprüche durch den Leasinggeber abgetreten.
Dies ist auch nicht nötig, da der Leasingnehmer Kaufvertragspartner des Lieferanten bleibt und seine eigenen Mängelhaftungsansprüche gegenüber dem Lieferanten aus dem bereits abgeschlossenen Kaufvertrag 1 behält, ohne dass es einer Abtretung durch den Leasinggeber bedarf.
Der Leasingnehmer trägt also insoweit das Bonitätsrisiko für seinen Kaufvertragspartner.

Mängelhaftung. Häufig sind auch Leasingverträge zunächst als Bestellübernahme geplant, und es kommt erst später zu einem Sale-and-lease-back. Gerade in einem solchen Fall sollte der Leasinggeber den Leasingnehmer auf die inhaltliche Bedeutung des Sale-and-lease-back hinweisen, um sich nicht später einem Vorwurf des Leasingnehmers auszusetzen. Von der Sache her sollte dies kein Problem sein, da die meisten Leasingnehmer ohnehin davon ausgehen, dass das Risiko der Lieferantenbonität ihr eigenes Risiko sei, weil sie die Auswahl des Lieferanten getroffen haben.

cc) Keine Haftung des Leasinggebers für die Lieferantenbonität

153 Weil es keinen direkten Vertrag zwischen Leasinggeber und Vorlieferanten gibt, gibt es auch keinen Anlass, beim Sale-and-lease-back den Leasinggeber mit der sog. Haftung für die Lieferantenbonität zu belasten. Diese Haftung des Leasinggebers – eigentlich sowieso nicht leasingtypisch – ist ohnehin nur Ausfluss des Bestelleintritts des Leasinggebers in den abgeschlossenen Kaufvertrag zwischen Leasingnehmer und Lieferant.

154 Beim Sale-and-lease-back kommt es jedoch zu **keinem Bestelleintritt**. Dem Leasingnehmer wird sein Kaufvertragspartner nicht durch den Leasinggeber „entrissen", er bleibt ihm in vollem Umfang als Vertragspartner und somit auch als Anspruchsgegner für Mängelhaftungsansprüche erhalten. Vor diesem Hintergrund besteht für eine subsidiäre Haftung des Leasinggebers für die Lieferantenbonität beim Sale-and-lease-back kein rechtlicher Ansatzpunkt mehr. Der Leasinggeber greift in den Kaufvertrag 1 nicht ein, er wird nicht Vertragspartner des Lieferanten und ändert an den Rechten des Leasingnehmers nichts, er nimmt dem Leasingnehmer noch nicht einmal dessen Käuferposition. Der Leasingnehmer trägt also selbst das Risiko für die Durchsetzung von Mängelhaftungsansprüchen gegen den Vorlieferanten.

155 Das Ergebnis ist auch sachgerecht; die anderweitige Haftungsverteilung beim Bestelleintritt war immer schon sachfremd und von der Rechtsprechung nur damit begründet worden, dass dies dem Leasingnehmer als Kompensation dafür diene, dass ihm seine unmittelbare Käuferstellung durch den Bestelleintritt wieder genommen worden sei.

156 Aus Sicht der Leasingbranche bleibt zu hoffen, dass sich diese Rechtsansicht zumindest gegenüber gewerblichen Leasingnehmern in Zukunft ändern wird. Es ist nicht einzusehen, weshalb es „leasingtypisch" sein soll, dass der Leasinggeber das Insolvenzrisiko für den Lieferanten und damit die sog. Lieferantenbonität für die Zeit der Mängelhaftung übernimmt. Im gewerblichen Bereich ist es so, dass ausschließlich der Leasingnehmer sich den Lieferanten aussucht und mit diesem einen Kaufvertrag abschließt; entscheidet er sich im Nachhinein für eine Finanzierung im Wege des Leasing, ist nicht einzusehen, warum nun der Leasinggeber die Haftung für die Lieferantenbonität übernehmen sollte. Der Fall unterscheidet sich von der Konstellation her nicht von einer gewöhnlichen Finanzierung mittels

Kredit. Auch hier käme niemand auf die Idee, der kreditgebenden Bank die Haftung für die Lieferantenbonität aufzubürden. Dass dies beim Finanzierungsleasing anders sein soll, nur weil der Leasinggeber in den Kaufvertrag mit dem Lieferanten eintritt, mag zwar juristisch begründbar sein, vom wirtschaftlichen Ergebnis her ist es jedoch nicht nachvollziehbar.

Anders gewertet werden könnte evtl. im Rahmen sog. **Absatzfinanzierungen und Vertriebskooperationen**, d.h. also dann, wenn der Hersteller mit einer Leasinggesellschaft, mit der er eine Vertriebskooperation praktiziert, zusammenarbeitet. Hier ließe sich argumentieren, dass der Lieferant, der auf die Zusammenarbeit mit einer Leasinggesellschaft hinweist, einen gewissen Vertrauenstatbestand schafft. Nur in einem solchen Fall könnte der Leasingnehmer argumentieren, dass er sich in erster Line angesichts des guten Rufs des Leasinggebers auf diese Leasingkonstruktion eingelassen habe und davon ausgegangen sei, dass der Leasinggeber die Bonität und das Standing des Lieferanten vor der Kooperation hinreichend geprüft habe, und auch während der Dauer der Vertriebsvereinbarung weiterhin ständig prüfe. 157

c) Leistungsstörungen

Im Folgenden wird beschrieben, wie Leistungsstörungen des Kaufvertrages 1 im Rahmen des Sale-and-lease-back-Leasingvertrages zu behandeln sind. Dem Leasingnehmer stehen, soweit vertraglich nicht etwas anderes geregelt ist, die gesetzlichen Gewährleistungsrechte – Nacherfüllung, Minderung, Rücktritt und Schadensersatz statt der Leistung – gegen seinen Vorlieferanten zu. Für den Leasinggeber empfiehlt es sich, die folgenden Regelungsinhalte in die Sale-and-lease-back-Vereinbarung aufzunehmen: 158

aa) Nacherfüllung

Für den Fall, dass der Leasingnehmer im Wege der Nacherfüllung Anspruch auf **Lieferung eines neuen gleichwertigen Leasingobjektes** erhält, sollte geregelt werden, dass der Leasingvertrag mit diesem neuen Objekt unverändert fortgesetzt wird. 159

Zudem sollte bei einer Ersatzlieferung der **Austausch der Leasingobjekte**, also die Rückübereignung des alten Leasingobjektes gegen Übereignung des neuen Leasingobjektes, genau vereinbart werden. Es muss festgelegt werden, wie der Leasinggeber Eigentümer des neu zu liefernden Gegenstandes wird; in Betracht kommt eine direkte Übereignung durch den Lieferanten im Wege eines Besitzkonstituts. Dies ist bei einer Ersatzlieferung unproblematisch, da sich das neue Leasingobjekt noch beim Lieferanten befindet und somit Pfandrechte Dritter nicht entstehen dürften. 160

Zudem sollte der Leasinggeber den Leasingnehmer verpflichten, ihm eine **Bestätigung des Lieferanten über die Ersatzlieferung** vorzulegen, möglichst verbunden mit der Erklärung des Lieferanten, dass er die Übereignung un- 161 mittelbar auf den Leasinggeber vollzogen wissen möchte und der Leasingnehmer insoweit die Sache nur als Geheißperson in Empfang genommen hat[1].

162 Darüber hinaus muss der Leasingnehmer verpflichtet werden, den Leasinggeber rechtzeitig vor der Lieferung eines Ersatzleasingobjektes zu **informieren**.

163 Schließlich empfiehlt es sich, den Leasingnehmer zu verpflichten, unverzüglich die neue Maschinennummer bzw. Fahrzeug-Ident.-Nummer oder sonstige Unterscheidungskennzeichen des neuen Leasingobjektes mitzuteilen.

bb) Minderung

164 Bei einer Minderung des Kaufpreises, wird der Leasinggeber festlegen, dass sich der von ihm im Rahmen des Kaufvertrages 2 an den Leasingnehmer gezahlte Kaufpreis gleichermaßen reduziert. Gleichzeitig wird geregelt, dass sich nach Eingang des Minderungsbetrages beim Leasinggeber die Leasingraten des Leasingnehmers im Verhältnis zur Minderung des Anschaffungspreises verringern[2].

cc) Rücktritt/Schadensersatz statt der Lieferung

165 Für den Fall, dass der Leasingnehmer von seinem Rücktrittsrecht Gebrauch macht, sollte vertraglich fixiert werden, dass sowohl der Kaufvertrag 2 als auch die Rechtsgrundlage des Leasingvertrages entfallen. Der Leasingnehmer hat den Leasinggeber in diesem Fall so zu stellen, wie er stehen würde, wenn es nie zum Abschluss des Leasingvertrages gekommen wäre. Er hat also dem Leasinggeber nicht nur den Gesamtkaufpreis zurückzuzahlen, sondern muss darüber hinaus dem Leasinggeber die bis

---

1 Im Falle der Ersatzlieferung durch den Lieferanten des Leasingnehmers und der Fortsetzung des Vertrages erklärt der Leasinggeber schon jetzt sein Einverständnis mit einem Austausch des Leasingobjektes mit dem Ersatzleasingobjekt. Dies erfolgt unter der Voraussetzung, dass der Lieferant des Leasingnehmers das Eigentum an dem Ersatzleasingobjekt unmittelbar auf den Leasinggeber überträgt und das Ersatzleasingobjekt an den Leasingnehmer als Geheißperson des Leasinggebers übergibt. Der Leasingnehmer verpflichtet sich, eine entsprechende Bestätigung des Lieferanten vorzulegen, aus der sich ergibt, das dieser das Ersatzleasingobjekt an den Leasingnehmer zum Zwecke der Übereignung an den Leasinggeber übergeben hat.

2 Wird im Verhältnis zwischen dem Leasingnehmer und dessen Lieferanten die Minderung des Kaufpreises vollzogen, so ermäßigt sich der vom Leasinggeber an den Leasingnehmer im Rahmen des Sale-and-lease-back-Verfahrens gezahlte Gesamtkaufpreis entsprechend. Nach Eingang des Minderungsbetrages beim Leasinggeber ermäßigen sich die vereinbarten Zahlungen entsprechend der Minderung der Anschaffungskosten. Der Leasinggeber wird bei der Berechnung der Ermäßigungsbeiträge seine durch die Minderung erwachsenden Zinsvorteile anrechnen.

zum Zeitpunkt des Rücktritts entstandenen Vertragskosten, insbesondere die Finanzierungskosten erstatten[1].

Im Hinblick auf die weiteren Regelungen zur Rückabwicklung kann auf die Allgemeinen Leasingbedingungen verwiesen werden. 166

VI. Vor- und Nachteile des Sale-and-lease-back

1. Vorteile des Sale-and-lease-back für den Leasinggeber

a) Wegfall der vorvertraglichen Haftung des Leasinggebers

Ein wesentlicher Vorteil des Sale-and-lease-back gegenüber dem Leasing mit Bestellübernahme besteht darin, dass für den Leasinggeber keine vorvertragliche Haftung (vgl. Kap. G Rz. 99) bezüglich etwaiger Pflichtverletzungen des Lieferanten des Leasinggutes besteht. Beim Leasing außerhalb des Sale-and-lease-back schließt der Leasinggeber entweder unmittelbar einen Kaufvertrag mit dem Lieferanten, oder er tritt in den abgeschlossenen Kaufvertrag mittels Bestellübernahme ein, d.h. er begründet eigene vertragliche Beziehungen zu dem Lieferanten. 167

Der Leasingvertrag und die damit verbundene Abtretung der kaufvertraglichen Rechte an den Leasingnehmer wird dagegen erst mit der Abnahme des Leasingobjektes aktiviert, so dass in dem vorleasingvertraglichen Stadium der Leasinggeber zugleich Vertragspartner des Lieferanten und des Leasingnehmers ist. 168

In diesem Zusammenhang stellt sich die umstrittene Rechtsfrage, ob sich der Leasinggeber auch in dieser vorvertraglichen Leasing-Phase gegenüber dem Leasingnehmer wegen etwaiger Pflichtverletzungen des Lieferanten – z.B. wegen Lieferverzögerungen – freizeichnen kann (vgl. Kap. G Rz. 27), wenn er dem Leasingnehmer im Gegenzug seine diesbezüglichen Ansprüche abtritt. Diese Frage ist höchstrichterlich noch nicht entschieden. 169

Für den Bereich des Sale-and-lease-back ist die Klärung dieser Rechtsfrage unerheblich, da der Leasinggeber zu keiner Zeit vertragliche Beziehungen mit dem Vorlieferanten unterhält und somit keine Einstandspflicht für Obliegenheitsverletzungen des Vorlieferanten entstehen kann. 170

---

1 Hat der Leasingnehmer in seinem Verhältnis zum Vorlieferanten einen Rücktritt oder Schadensersatz statt der Leistung durchgesetzt, so entfallen der zwischen dem Leasinggeber und dem Leasingnehmer im Rahmen des Sale-and-lease-back-Verfahrens geschlossene Kaufvertrag 2 und der Leasingvertrag. Der Leasingnehmer hat den Leasinggeber so zu stellen, wie er ohne den Abschluss des Kauf- und Leasingvertrages stehen würde.

b) Keine Übernahme des Risikos für die Lieferantenbonität

171 Der wichtigste wirtschaftliche Vorteil auf Seiten des Leasinggebers ist, dass er kein wirtschaftliches Risiko für die sog. Lieferantenbonität übernehmen muss. Weil es keine rechtliche Beziehung zum Lieferanten gibt, kommt eine Haftungsübernahme nicht in Betracht, so dass der Leasinggeber hierdurch sein mögliches Ausfallrisiko gegenüber dem gewöhnlichen Finanzierungsleasing im Leasingdreieck reduzieren kann.

c) Keine Bonitätsprüfung des Lieferanten erforderlich

172 Kosten- und Arbeitsaufwand für die Prüfung der Lieferantenbonität entfallen. Zwar räumt der Leasinggeber dem Lieferanten keinen Kredit im eigentlichen Sinne ein und führt daher keine Bonitätsprüfung wie bei einem Kreditnehmer durch; gewisse Überprüfungshandlungen, für die Material-, Auskunfts- und Personalkosten anfallen, sind jedoch in jedem Fall erforderlich.

d) Entfallen der Bestellübernahme

173 Als zusätzlicher Arbeitsaufwand beim Leasing mit Bestelleintritt ist zu nennen, dass der Leasinggeber dem Lieferanten eine Bestellübernahme schicken muss. In diese sind zahlreiche Detailinformationen aufzunehmen, so dass die Bearbeitung zeitaufwändig ist. Darüber hinaus muss die Bestellübernahme an den Lieferanten übersandt werden und dessen Einverständnis mit der Bestellübernahme muss überwacht und kontrolliert werden.

e) Keine Auseinandersetzung mit dem Lieferanten

174 Das Entfallen möglicher Diskussionen mit dem Lieferanten ist sicherlich der wichtigste wirtschaftliche Vorteil für den Leasinggeber bei der Sale-and-lease-back-Abwicklung. Auch wenn nicht alle Lieferanten die Bestellübernahme im Detail kritisch prüfen, bleiben doch genügend Unternehmen, die dies durch ihre Rechtsabteilung vornehmen lassen, woraus sich erfahrungsgemäß häufig aufwändige Nachfragen ergeben.

175 Zwar bestimmt jeder Leasinggeber durch die inhaltliche Ausgestaltung seiner Bestellübernahme auch dieses Diskussionspotential selbst; weil aber die Leasinggeber in aller Regel in den Kaufvertrag zwischen Lieferant und Leasingnehmer mit der Bestellübernahme eintreten möchten, ohne diesen Kaufvertrag selbst nebst allen Anlagen und ALB von vorne bis hinten durcharbeiten zu müssen, verfügen die meisten Leasinggeber über relativ stark ausgeprägte Bestellübernahmen. Damit ist dann ein relativ einfacher Eintritt in den Kaufvertrag möglich, weil der Leasinggeber zu seinen Gunsten diesen Bestelleintritt so sicher wie möglich ausgestaltet hat. Es ist zu beachten, dass der Diskussionsbedarf sich häufig daran entzündet, dass

Lieferant und Leasingnehmer einen anderen Zeitpunkt des Gefahrübergangs vereinbart haben und dass in der Regel auch anderweitige Zahlungstermine fixiert sind als die der Vorlage einer unterzeichneten Abnahmeerklärung.

f) Keine Verständigungsprobleme mit ausländischen Lieferanten

Bestellungen deutscher Leasingnehmer bei ausländischen Lieferanten nehmen immer weiter zu. Nicht allen ausländischen Lieferanten ist das System des Bestelleintritts geläufig. Schon die Vermeidung eines sprachlichen Auseinandersetzungsproblems ist als Vorteil für das Sale-and-lease-back-Verfahren zu bewerten. 176

g) Keine Probleme bei der Einfuhr von Objekten aus dem Ausland

Auch hier bietet eine Sale-and-lease-back-Konstruktion den Vorteil der Vermeidung möglicher Auseinandersetzungen mit Problemen bei der Abwicklung des Leasinggeschäftes mit dem Zoll oder einer möglichen Mehrwertsteuererstattung. 177

h) Eigentumserwerb nach deutschem Recht

Ein großer Vorteil ist, dass auch bei Objekten aus dem Ausland die Sale-and-lease-back-Abwicklung voraussetzt, dass sich das Leasingobjekt zum Zeitpunkt des Abschlusses des Kaufvertrages 2 bzw. der Erteilung der Übernahmebestätigung schon in Deutschland beim Leasingnehmer befindet. Der Eigentumserwerb zwischen dem Leasingnehmer und dem Leasinggeber in Erfüllung des Kaufvertrages 2 richtet sich also allein nach deutschem Sachenrecht. 178

i) Keine Produkthaftung

Weil die Voraussetzungen des Produkthaftungsgesetzes beim Sale-and-lease-back-Geschäft nicht vorliegen, ist auch diesbezüglich eine mögliche Haftung des Leasinggebers ausgeschlossen. 179

j) Vermeidung von Installations-, Aufstell- und Montagekosten

Häufig sind im Kaufpreis des Leasingobjektes weitere Kosten enthalten, etwa Installations-, Aufstell-, Verpackungs- oder Montagekosten. Zwar wäre es auch bei einem Bestelleintritt möglich, zu regeln, dass der Leasinggeber gewisse im Bestellumfang enthaltene Positionen nicht mittels Leasing mitfinanziert, dies würde aber auf Seiten des Lieferanten voraussetzen, dass er seine Rechnung an die Adressaten Leasingnehmer und Leasinggeber aufspalten und damit die einzelnen Positionen transparent auseinander di- 180 vidieren muss, was zugleich einen höheren Bearbeitungsaufwand bedeuten würde.

181 Beim Leasingvertrag im Wege des Sale-and-lease-back verhandelt der Leasinggeber dagegen allein mit dem Leasingnehmer über den Inhalt des Kaufvertrages 2, ohne Beteiligung des Lieferanten. Es ist daher für den Leasinggeber einfacher, gewisse Positionen nicht in den Kaufvertrag 2 aufzunehmen, mit der Folge, dass der Leasingnehmer diese im Verhältnis zum Lieferanten selbst zu tragen hat.

k) Keine drohende Zahlungsklage des Lieferanten

182 Beim Leasing im Wege des Bestelleintritts ist es nicht unüblich, dass der Lieferant sich an den Leasinggeber wendet und um Auszahlung des Kaufpreises bittet. Er trägt vor, dass das Leasingobjekt ordnungsgemäß geliefert worden sei und einwandfrei funktioniere, der Leasingnehmer jedoch wegen einiger unbedeutender Kleinigkeiten die Erteilung der Abnahmeerklärung verweigere. Demgegenüber beruft sich der Leasingnehmer darauf, dass gewisse Komponenten noch nicht geliefert seien oder noch nicht richtig funktionierten, dass entsprechende Einweisungen oder Schulungen noch nicht stattgefunden hätten und/oder gewisse Bedienungsanleitungen usw. noch fehlten (Rz. 80 ff.). Diese Auseinandersetzung mit der Folge einer drohenden Zahlungsklage des Lieferanten ist beim Sale-and-lease-back nicht möglich.

2. Vorteile des Sale-and-lease-back für den Leasingnehmer

a) Keine Einflussnahme des Leasinggebers auf den abgeschlossen Kaufvertrag 1

183 Wie an anderer Stelle schon dargelegt (Rz. 154), ist es für den Leasingnehmer von Vorteil, dass der Kaufvertrag 1 vom Leasinggeber in keiner Weise modifiziert wird; er bleibt unverändert so, wie er abgeschlossen wurde.

b) Der Lieferant erfährt nichts von der Existenz des Leasinggebers

184 Häufig sind Leasingnehmer bemüht, nach außen wie ein Selbstkäufer aufzutreten und hohe Rabatte auszuhandeln. Dabei ist es hilfreich, als finanzstarker Käufer aufzutreten, und kontraproduktiv, dem Lieferanten von Anfang an mitzuteilen, dass ohnehin später eine Leasinggesellschaft den Vertrag übernehmen soll.

185 In der Praxis ist auch festzustellen, dass viele Lieferanten nicht bereit sind, eine spätere Bestellübernahme einer Leasinggesellschaft zu akzeptieren. Dies gilt insbesondere dann, wenn der Lieferant selbst über eine eigene oder konzerneigene Leasinggesellschaft verfügt. Er möchte dann gerne den Gewinn des Leasinggeschäftes in der eigenen Gruppe halten bzw. es ist

ihm nicht möglich, niedrigere Einkaufspreise von fremden Leasinggebern zu akzeptieren, als sie der konzerneigenen Leasinggesellschaft eingeräumt werden.

Diese Vorteile kann der Leasingnehmer nur dann nutzen, wenn er mit dem 186
Leasinggeber vereinbart, dass dieser nicht unmittelbar an den Lieferanten zahlt.

c) Mängelhaftung des Vorlieferanten

Beim Leasing mit Bestelleintritt haftet der Leasinggeber für die sog. Liefe- 187
rantenbonität. Je länger der Lieferant bereit ist, die Haftung für Mängel zu übernehmen, desto länger trägt der Leasinggeber auch diese Haftung mit. Der Leasinggeber wird also, weil er diese Haftung ungern länger als notwendig übernimmt, darauf achten, dass die Haftung des Lieferanten für Mängel des Leasingobjektes nicht länger eingeräumt wird, als es gesetzlich erforderlich ist. Möglicherweise wird der Leasinggeber bei der Bestellübernahme entsprechend Einfluss auf die Dauer der Mängelhafthaftung nehmen.

Beim Sale-and-lease-back berührt den Leasinggeber dieses Problem nicht, da er nicht für die Lieferantenbonität haftet. Die Dauer der Mängelhaftung, die Leasingnehmer und Lieferant vereinbart haben, betrifft ihn nicht, dem Leasingnehmer bleibt eine zu seinen Gunsten ausgehandelte längere als die gesetzliche Frist für die Mängelhaftung somit in vollem Umfang erhalten.

3. Nachteile des Sale-and-lease-back für den Leasinggeber

a) Risiken bei der Eigentumsübertragung

Wie bereits oben (Rz. 30 ff.) dargestellt, finden im Rahmen eines Sale-and- 188
lease-back-Geschäftes typischerweise zwei Übereignungen statt. Das Eigentum an dem Leasingobjekt wird zunächst von dem Lieferanten auf den Leasingnehmer und dann vom Leasingnehmer auf den Leasinggeber übertragen. Da der Leasingnehmer im Rahmen dieses Durchgangserwerbs, wenn auch nur für eine „juristische Sekunde", Eigentümer des Leasingobjektes wird, besteht für den Leasinggeber das Risiko, dass er kein unbelastetes Eigentum an dem Leasingobjekt mehr erwerben kann[1].

aa) Zubehörhaftung

Es besteht für den Leasinggeber zum einen die Gefahr, dass das Leasing- 189
objekt als Zubehör oder wesentlicher Bestandteil in den Haftungsverband einer Hypothek fällt. Die Zubehörhaftung wird immer dann relevant,

---

1 *Beckmann*, § 3 Rz. 330, 333; *Berninghaus*, in Büschgen, § 17 Rz. 5 ff.

wenn der Leasingnehmer seine Geschäfte auf eigenem, aber mit Grundpfandrechten belasteten Grund und Boden betreibt. Was **Zubehör** ist, richtet sich nach § 97 BGB. Beim Leasingnehmer tritt hinsichtlich des Leasingobjekts regelmäßig keine Enthaftung aus dem Hypothekenverband ein, weil das Leasingobjekt typischerweise nicht von dem belasteten Grundstück entfernt wird, sondern gerade ein Grund für die Sale-and-Lease-back-Transaktion darin liegt, dass der Leasingnehmer das Leasingobjekt auf dem Grundstück weiterhin nutzen möchte.

190 Allerdings kann die Zubehörhaftung durch eine entsprechende **Verzichtserklärung** des Grundpfandrechtsgläubigers beseitigt werden. Das Leasinggut steht dem Leasinggeber dann frei von Rechten des Grundpfandgläubigers als „Sicherheit" zur Verfügung.

191 Es ist allerdings darauf hinzuweisen, dass der rein schuldrechtliche Verzicht des Grundpfandrechtsgläubigers auf die Zubehörhaftung **nur für und gegen den jeweiligen Verzichtenden** wirkt. Rechtsnachfolger des aktuellen Grundpfandrechtsgläubigers sind an die Verzichtserklärung also nicht gebunden Bei einer Umschuldung muss der neue Grundpfandrechtsgläubiger somit einen erneuten Verzicht aussprechen. Der Schutz, den die Freigabe aus der Zubehörhaftung bietet, ist also nur relativ. Aus diesem Grunde sollte der Leasinggeber stets versuchen, dem jeweiligen Grundpfandrechtsgläubiger die Verpflichtung aufzuerlegen[1], seinerseits seinen Rechtsnachfolger zu verpflichten, eine erneute Verzichtserklärung abzugeben.

192 Banken lehnen eine solche Verpflichtung jedoch meist ab. Grundsätzlich hängt die „Werthaltigkeit" einer solchen Verpflichtung ohnehin von der Seriösität und Bonität des Grundpfandrechtsgläubigers ab, weil der Leasinggeber nur schwer nachhalten kann, ob sich der Grundpfandrechtsgläubiger an die Vereinbarung hält.

193 Im Falle der Nichtbeachtung ist der Leasinggeber ggf. auf die Geltendmachung von **Schadensersatzansprüchen** beschränkt, so dass insoweit immer ein Restrisiko für den Leasinggeber verbleibt.

---

1 **Pfandenthaftungserklärung des Grundpfandgläubigers wegen Zubehörhaftung**
„Hiermit erklären wir gegenüber dem Leasinggeber, dass wir das genannte Leasingobjekt zugunsten des Leasinggebers von der Zubehörhaftung unserer (insbesondere bereits eingetragenen bzw. evtl. noch einzutragenden oder abgetretenen) Grundpfandrechte (§ 1120 BGB) freistellen. Entsprechendes gilt für ein im Rahmen einer Nacherfüllung geliefertes Ersatzobjekt. Bezüglich des hiermit freigegebenen Zubehörstücks bewilligen und beantragen wir hiermit bereits im Voraus die Aufhebung einer eventuellen Zwangsversteigerung und/oder Zwangsverwaltung. Wir werden dem Leasinggeber unverzüglich Mitteilung machen, wenn wir von einem Antrag auf Zwangsversteigerung oder Zwangsverwaltung des belasteten Grundstücks Kenntnis erhalten.
Für den Fall, dass wir das Grundpfandrecht übertragen, werden wir dem neuen Grundpfandrechtsgläubiger die Verpflichtung auferlegen, gegenüber dem LG ebenfalls eine Pfandenthaftungserklärung abzugeben und diese Verpflichtung gegebenenfalls weiterzuübertragen."

Die Einholung einer **Freigabeerklärung** ist hingegen **nicht erforderlich**, wenn die Eigentumsübertragung an den Leasinggeber vor der Verbringung des Leasingobjektes auf das Grundstück erfolgt oder erst später nach der Übereignung eine neue Belastung in das Grundbuch eingetragen wird. Der neue Grundpfandrechtsgläubiger erwirbt dann das Recht an dem Grundstück ohne Zubehörhaftung an dem Leasingobjekt, da es sich im Zeitpunkt der Eintragung der dinglichen Belastung bereits im Fremdeigentum befand. Es kommt daher ausschließlich darauf an, in wessen Eigentum die Sache zum Zeitpunkt der Eintragung der neuen Belastung gestanden hat. 194

bb) Vermieterpfandrecht

Zum anderen besteht für den Leasinggeber das Risiko, dass er das Leasingobjekt nur mit einem Vermieterpfandrecht belastet erwerben kann. Dieses Problem wird für den Leasinggeber dann relevant, wenn der Leasingnehmer in angemieteten Räumen seine Geschäftstätigkeit ausübt. 195

Das Vermieterpfandrecht umfasst ausschließlich bewegliche Gegenstände, die dem Mieter gehören und von ihm in das angemietete Grundstück eingebracht wurden. Einbringen erfordert hierbei ein vom Mieter während der Mietzeit gewolltes Hineinschaffen des Gegenstandes in die Mieträume[1]. Das Leasingobjekt verbleibt i.d.R. nach Abschluss des Sale-and-lease-back-Vertrages in den angemieteten Räumen des Leasingnehmers, so dass das Vermieterpfandrecht auch nicht zum Erlöschen gebracht wird. 196

Auch hier bietet sich die Einholung einer **Vermieterpfandfreigabeerklärung**[2]an. Im Gegensatz zu der zuvor angesprochenen Zubehörhaftung ist ein neuer Vermieter allerdings an die Vermieterpfandfreigabeerklärung des Vorvermieters gebunden. Die Vermieterpfandfreigabe bleibt somit auch bei einem Eigentümerwechsel des Grundstücks bestandsfest. 197

Handelt es sich bei dem Leasingobjekt um ein **Firmenfahrzeug**, so stellt sich die Frage, ob durch das Ausfahren des Fahrzeuges von dem angemieteten Grundstück das Vermieterpfandrecht erlischt und damit der Leasinggeber unbelastetes Eigentum an dem Fahrzeug erwerben kann. 198

Nach einer weit verbreiteten Ansicht[3] erlischt das Vermieterpfandrecht an Fahrzeugen, wenn sie von dem gemieteten Grundstück im Rahmen des regelmäßigen Geschäftsbetriebes weggefahren werden. Während der Abwe- 199

---

1 *Erman/Jendrek*, § 562 BGB Rz. 7; *Palandt/Weidenkaff*, § 562 BGB Rz. 6.

2 **Verzicht auf Ausübung des Vermieter-/Verpächterpfandrechtes**
„Wir haben zur Kenntnis genommen, dass der Leasinggeber Eigentümer des ...-Objekts ist/wird und erklären hiermit, dass wir gegenüber dem Leasinggeber auf die Geltendmachung unseres Vermieter-/Verpächterpfandrechtes (§§ 562, 592 BGB) an diesem Objekt verzichten. Entsprechendes gilt für das im Rahmen einer Nacherfüllung gelieferte Ersatzobjekt."

3 OLG Karlsruhe v. 3.2.1971 – 1 U 159/70, NJW 1971, 624, 625; OLG Hamm v. 11.12.1980 – 4 U 131/80, ZIP 1981, 165, 166; *Palandt/Weidenkaff*, § 562a BGB Rz. 4; MünchKomm./*Schilling*, § 562a BGB Rz. 7.

senheit der Fahrzeuge vom Grundstück könne damit unbelastetes Eigentum erworben werden. Eine in diesem Zeitraum erfolgende Übereignung schließe dann die künftige Entstehung eines neuen Vermieterpfandrechts bei Rückkehr der Fahrzeuge auf das Grundstück aus. Selbst wenn die betroffenen Fahrzeuge während der Übereignung auf dem Grundstück ständen und damit zunächst also belastetes Eigentum erworben werde, würden diese Fahrzeuge mit der nächsten Ausfahrt pfandfrei. Ab diesem Zeitpunkt geht dann das Eigentum vor, so dass bei der nächsten Einfahrt kein Vermieterpfandrecht, mangels Mietereigentums, mehr entstehen könne[1].

200 Dagegen vertritt eine jüngere Ansicht, dass eine bestimmungsgemäße regelmäßige wie vorübergehende Verbringung aus dem örtlichen Machtbereich des Verpächters die Zuordnung zu dem Betriebsgrundstück nicht aufhebt und damit das Vermieterpfandrecht nicht zum Erlöschen bringe[2].

201 Begründet wird diese Ansicht damit, dass andernfalls mit jedem Wegfahren das Pfandrecht erlösche und mit jedem Einkehren wieder entstehe, wodurch dem Pfandrecht der Charakter eines langfristigen Rechts genommen werde. Zudem würde dem womöglich mehrfachen Wechsel der Rechtsverhältnisse die zeitliche Zuordnung des Sicherungsrechts und seine etwaige Konkurrenz mit anderen Sicherungsrechten dem blanken Zufall überlassen. Darüber hinaus hat das OLG Frankfurt in einer jüngeren Entscheidung[3] festgehalten, dass eine Entfernung der Fahrzeuge zum Zwecke der Sicherungsübereignung nicht den gewöhnlichen Lebensverhältnissen i.S.d. § 562a Satz 2 1. Halbs. BGB entspreche und damit der Vermieter auch nicht zur Duldung verpflichtet sei. Die Entfernung, die nur erfolge, um das Vermieterpfandrecht zum Erlöschen zu bringen, stelle vielmehr einen bewussten Eingriff in die Rechte des Vermieters dar.

202 Es kann festgehalten daher werden, dass gerade in den jüngsten Gerichtsentscheidungen zu diesem Thema ein Erlöschen des Vermieterpfandrechts an Firmenfahrzeugen aufgrund der regelmäßigen Ausfahrt im Rahmen des Geschäftsbetriebes abgelehnt wird. Ein Verzicht auf die Einholung einer Vermieterpfandfreigabe kann daher nicht empfohlen werden.

cc) Kein gutgläubiger Erwerb

203 Ein weiterer erheblicher Nachteil besteht für den Leasinggeber darin, dass er das Leasingobjekt nicht gutgläubig lastenfrei gemäß §§ 933, 936 Abs. 1 Satz 3 BGB erwerben kann, da er zu keiner Zeit unmittelbarer Besitzer des Leasingobjektes wird. Dies stellt sich insbesondere als problematisch dar, wenn die Waren vom Lieferanten unter **Eigentumsvorbehalt** an den Lea-

---

1 MünchKomm./*Schilling*, § 562a BGB Rz. 7.
2 LG Neuruppin v. 9.6.2000 – 4 S 272/99, NZM 2000, 962 f.; OLG Frankfurt a.M. v. 19.5.2006 – 24 U 11/06, OLGR 2006, 857.
3 OLG Frankfurt a.M. v. 19.5.2006 – 24 U 11/06, OLGR 2006, 857.

singnehmer verkauft worden sind[1]. Der verlängerte Eigentumsvorbehalt deckt nicht die Überlassung an einen Leasinggeber im Wege des Sale-and-lease-back-Geschäftes[2] (Rz. 109).

Weiterhin ist es für den Leasinggeber auch nicht ersichtlich, ob das Eigentum an dem Leasingobjekt bereits im Wege einer Sicherungsübereignung an eine Bank übertragen worden ist. 204

dd) Fazit

Zusammenfassend lässt sich daher festhalten, dass ein lastenfreier Übergang des Eigentums auf den Leasinggeber im Rahmen einer Sale-and-lease-back-Transaktion auf Grund von Pfandrechten, unerkannten Eigentumsvorbehalten oder Sicherungsübereignungen an Dritte nicht mit absoluter Sicherheit gewährleistet werden kann. 205

Es besteht zwar die Möglichkeit, das Risiko für den Leasinggeber durch die Einholung von Pfandfreigabeerklärungen des Grundpfandgläubigers bzw. des Vermieters sowie einer Verpflichtungserklärung des Lieferanten, lastenfreies Eigentum auf den Leasingnehmer zu übertragen, zu minimieren. 206

Allerdings verbleibt zumindest bei der Grundpfandrechtsfreigabeerklärung und der Verpflichtung des Lieferanten, lastenfreies Eigentum zu übertragen, ein **Restrisiko**, welches im Einzelfall auf Grundlage der Verlässlichkeit und Bonität des Leasingnehmers bzw. des Lieferanten von Seiten des Leasinggebers sorgfältig abgewogen werden muss. 207

b) Erhöhtes Betrugsrisiko

aa) Gefahr der Mehrfachübereignungen

Der Leasinggeber ist zudem nicht vor Mehrfachübereignungen des Leasingnehmers geschützt. Da der Leasinggeber keinen unmittelbaren Besitz an dem Leasinggegenstand erhält, ist für ihn nicht nachprüfbar, ob der Leasingnehmer den Gegenstand auch noch an eine andere Leasinggesellschaft verkauft und zurückgeleast hat. 208

Liegt eine solche Mehrfachübereignung vor, gilt das **Prioritätsprinzip**, so dass allein die zeitlich erste Übereignung wirksam ist und die anderen Leasinggesellschaften – mangels der Möglichkeit des gutgläubigen Erwerbs (Rz. 203) – kein Eigentum erwerben können. 209

bb) Gefahr von sog. Luftgeschäften

Weiterhin kann sich der Leasinggeber nur schwer davor schützen, dass der Leasingnehmer einen Leasinggegenstand verkauft, der nicht existiert. 210

---

1 BGH v. 30.3.1988 – VIII ZR 340/86, BGHZ 104, 134; *Beckmann*, § 3 Rz. 331; *Berninghaus*, in Büschgen, § 17 Rz. 6.

2 BGH v. 30.3.1988 – VIII ZR 340/86, BGHZ 104, 134.

211 Bekannter Beispielsfall ist der sog. **Flow-Tex-Fall**[1]. Dabei täuschte der Leasingnehmer im kollusiven Zusammenwirken mit seinem Lieferanten mehreren Leasinggebern die Existenz der Leasingobjekte (sog. Luftgeschäfte) in sehr großem Stil vor. Es gab zwar einige wenige Objekte, vorgetäuscht wurde aber eine um ein Hundertfaches höhere Stückzahl, so dass de facto die Situation so war, als hätte es kein einziges Objekt gegeben. Der Leasingbranche und auch dem Refinanzierungsbereich wurde ein erheblicher Schaden zugefügt.

cc) Überhöhter Kaufpreis

212 Schließlich stellt es sich für den Leasinggeber oft schwierig dar, den angemessenen Kaufpreis für den Leasinggegenstand zu überprüfen.

213 Zwar wird der Leasingnehmer i.d.R. eine den Leasinggegenstand betreffende Rechnung vorlegen. Allerdings stehen der Leasinggesellschaft nur begrenzte Möglichkeiten zur Verfügung, die Rechnung auf Plausibilität zu überprüfen. So ist es durchaus denkbar, dass in dem Rechnungsbetrag über einen Leasinggegenstand noch weitere Leistungen enthalten sind, welche aber in der Rechnung nicht separat aufgeschlüsselt sind. Auch besteht immer die Möglichkeit separater Gutschriften.

214 Sofern der Leasinggeber die Anschaffungsrechnung des Leasingnehmers der Kaufpreisberechnung ungeprüft zugrundelegt, besteht daher immer die Gefahr, dass der Leasinggeber für den Gegenstand einen zu hohen Kaufpreis zahlt.

c) Erhöhter Verwaltungsaufwand

215 Die Vorbereitung und Abwicklung eines Sale-and-lease-back-Geschäftes bedeutet für den Leasinggeber auch einen erhöhten Verwaltungsaufwand; das soll nicht unerwähnt bleiben:

aa) Einholung der Pfandfreigaben

216 Zum einen bedarf es i.d.R der Einholung von Pfandfreigaben.

bb) Prüfung des Bezahltnachweises

217 Diese ist erforderlich, wenn der Leasingnehmer bereits den Kaufpreis für den Kaufvertrag 1 an den Lieferanten gezahlt hat bzw. diese Zahlungsweise vereinbart ist. Der Leasinggeber ist gut beraten zu überprüfen, ob der Leasingnehmer den Kaufpreis an den Leasingnehmer auch bezahlt hat, bevor er selbst die Kaufpreiszahlung an den Leasingnehmer vornimmt.

---

1 BGH v. 10.11.2004 – VIII ZR 186/03, NJW 2005, 359; *Beckmann*, § 3 Rz. 331.

Der sicherste Weg zur Vermeidung von Betrugsfällen wäre, eine **schriftliche Bestätigung** des Lieferanten einzuholen, dass der Leasingnehmer den Kaufpreis gezahlt hat. Die Einholung einer solchen Bestätigung des Lieferanten läuft aber nicht selten den Interessen des Leasingnehmers zuwider, da auf diese Weise der Lieferant erfährt, dass der Leasingnehmer eine Finanzierung benötigt hat. Häufig werten Leasingnehmer diesen unmittelbar von Lieferanten geforderten Nachweis als Zeichen des Misstrauens. 218

In der Praxis bleibt dann nur noch die Prüfung des Bezahltnachweises anhand sog. begleitender Unterlagen. Hat also der Leasingnehmer den Kaufpreis überwiesen, dann begnügen sich die Leasinggesellschaften i.d.R. mit einer Vorlage der **Rechnungskopie** und der Vorlage der entsprechenden **Kontoauszüge** des Leasingnehmers, auf denen eine dazugehörige Belastungsbuchung dargestellt ist. Dass dies keine rechtlich haltbare Prüfung darstellt, liegt auf der Hand. Insofern wird in diesen Fällen häufig dem Leasingnehmer ein gehöriger Vertrauensvorschuss entgegengebracht. Möglich wäre noch, dass man den Leasingnehmer bittet, selbst einen schriftlichen Bezahltnachweis vom Lieferanten anzufordern. 219

d) Probleme und Mehraufwand bei der Forfaitierung

Die Refinanzierung gestaltet sich bei einem Sale-and-lease-back-Geschäft wesentlich schwieriger. Die Forfaiteure betrachten Sale-and-lease-back-Geschäfte risikomäßig häufig als „Blanko", weil aufgrund des Durchgangserwerbs beim Leasingnehmer eine lastenfreie Übertragung des Sicherungseigentums auf sie vom Leasinggeber nicht garantiert werden kann. 220

Bei einer Forfaitierung ist der Leasinggeber verpflichtet, dem Forfaiteur die Übertragung des Sicherungseigentums des Leasingobjektes zu garantieren. Bei einem Sale-and-lease-back-Geschäft kann der Leasinggeber dem Forfaiteur gegenüber diese Verpflichtung jedoch nicht erfüllen. 221

Der eine oder andere Forfaiteur wird daher geneigt sein, bei der Forfaitierung eines Sale-and-lease-back-Geschäftes den Forderungsankauf quasi, zumindest bezogen auf das Leasingobjekt und die damit verbundene Objektsicherheit, als „Blankogeschäft" anzusehen. Das gilt nicht für weitere Sicherheiten des Leasingvertrages. Diese werden auf den Forfaiteur übertragen. 222

Eine juristisch saubere Lösung zur Behandlung dieser Problematik existiert nicht. Auch in diesem Bereich ist Vertrauen – in diesem Fall des Forfaiteurs – in die Redlichkeit des Leasingnehmers erforderlich. 223

Es besteht nur die Möglichkeit, durch Auferlegung von entsprechenden Kontrollpflichten den „lastenfreien" Eigentumserwerb des Leasinggebers so wahrscheinlich wie möglich werden zu lassen. Damit erhält dann auch der Forfaiteur diese bestmögliche Position. 224

225 Weil die meisten Leasinggesellschaften Rahmenverträge mit ihren Forfaiteuren besitzen, bietet es sich an, diese Thematik im **Forfaitierungsrahmenvertrag** von vornherein zu regeln[1].

226 In jedem Fall dürfte es zu den Kardinalpflichten des Leasinggebers gehören, den Forfaiteur so frühzeitig wie möglich darauf hinzuweisen, dass das beabsichtigte Leasinggeschäft im Wege des Sale-and-lease-back dargestellt wird.

---

1 Der Erwerb des Eigentums am Leasingobjekt im Wege des Sale-and-lease-back bedeutet, dass der Leasinggeber das Eigentum nicht unmittelbar vom Lieferanten erwirbt, sondern vom Leasingnehmer.
Sollen ausnahmsweise Forderungen aus einem Leasingvertrag verkauft werden, bei dem der Erwerb des Eigentums am Leasingobjekt durch den Leasinggeber mit dessen Wissen und Wollen im Wege des Sale-and-lease-back erfolgt, wird der Leasinggeber den Forderungskäufer schon bei der Forfaitierungsanfrage hierauf hinweisen. Sollte sich die Tatsache, dass der Erwerb des Eigentums am Leasingobjekt durch den Leasinggeber im Wege des Sale-and-lease-back erfolgt, erst nach Versand der Forfaitierungsanfrage herausstellen, wird der Leasinggeber den Forderungskäufer hiervon unverzüglich unterrichten, nachdem er selbst hiervon Kenntnis erlangt hat.
Der Forderungskäufer nimmt zur Kenntnis, dass sich der Leasinggeber außerstande sieht, gegenüber dem Forderungskäufer eine Garantie für die (vollständige, uneingeschränkte und lastenfreie) Einräumung des Sicherungseigentums am Leasingobjekt zu übernehmen.
Der Leasinggeber wird sich jedoch nach besten Kräften bemühen, durch geeignete Prüfungshandlungen sicherzustellen, dass er selbst vollständiges und uneingeschränktes lastenfreies Eigentum am Leasingobjekt erwirbt und entsprechendes Sicherungseigentum auf den Forderungskäufer übergeht. Um welche Prüfungshandlungen es dabei geht, werden die Parteien – wenn nicht schon grundsätzlich fest vereinbart – dann im konkreten Einzelfall vor Erteilung jeder einzelnen Forfaitierungszusage durch den Forderungskäufer vereinbaren.
Folgende Möglichkeiten bestehen:
– *Leasingobjekt auf vermietetem Grundstück*
Sollte sich das Leasingobjekt auf einem vermieteten Grundstück befinden, wird der Leasinggeber, wenn es der Forderungskäufer wünscht, eine sog. Vermieterpfandfreigabe besorgen.
– *Leasingobjekt auf mit Grundpfandrechten belastetem Grundstück*
Sollte das Leasingobjekt auf einem mit Grundpfandrechten belasteten Grundstück stehen, wird der Leasinggeber auf Wunsch des Forderungskäufers eine Grundpfandgläubigerfreigabe besorgen.
– *Bezahltnachweis*
Zur weiteren Risikominimierung ist der Leasinggeber bereit, vom Leasingnehmer einen sog. „Bezahltnachweis" zu verlangen. Hierzu legt der Leasinggeber dem Forderungskäufer eine Rechnungskopie und eine Kopie des Kontoauszuges des Leasingnehmers vor, aus der sich ein entsprechender Zahlungsabgang in Höhe der Rechnungssumme ergibt.
Alternativ erklärt sich der Leasinggeber auf ausdrücklichen Wunsch des Forderungskäufers auch bereit, einen „Bezahltnachweis" unmittelbar beim Lieferanten einzuholen.
– *Anwesenheit des Leasinggebers und des Forderungskäufers bei Abnahme des Leasingobjektes*
Auf ausdrücklichen Wunsch des Forderungskäufers ist der Leasinggeber auch bereit, den finalen Termin zur Unterzeichnung der Abnahmeerklärung für das

4. Nachteile des Sale-and-lease-back für den Leasingnehmer

a) Nachteile tatsächlicher Natur

Ein möglicher Nachteil tatsächlicher Natur des Sale-and-lease-back für den Leasingnehmer liegt in zusätzlichen Aufwendungen, d.h. in Aktivitäten, die bei einem Leasing mit Bestellübernahme nicht erforderlich gewesen wären. 227

Ein solcher zusätzlicher Aufwand entsteht, wenn er zunächst mit der Bezahlung des Kaufpreises für den Kaufvertrag 1 in Vorlage treten muss. Er muss also die Liquidität bereithalten und die Zahlungen an den Lieferanten und die des Leasinggebers an ihn entsprechend verbuchen. 228

Ein weiterer Aufwand entsteht, wenn die Hereinholung von **Vermieter- oder Grundpfandgläubigerfreigabeerklärungen** erforderlich ist. Erfahrungsgemäß beauftragen die Leasinggeber hiermit den Leasingnehmer, der ja den besten Kontakt zu seinem Vermieter und den Grundpfandgläubigern besitzt. 229

b) Nachteile rechtlicher Natur

In rechtlicher Hinsicht entsteht für den Leasingnehmer in jedem Fall der Nachteil, dass er das **Bonitätsrisiko für den Lieferanten** zu tragen hat. 230

Letzten Endes wird aber so nur die **angemessene Risikoverteilung** erreicht, die aus Sicht des Leasinggebers ohnehin die richtige ist – und zwar immer – also auch beim Leasing mit Bestelleintritt. 231

Ist es jedoch der Leasingnehmer, der den Lieferanten auswählt und mit diesem den Kaufvertrag, die Zahlungsmodalitäten und auch die Haftung für 232

Leasingobjekt gemeinsam mit einem Mitarbeiter des Forderungskäufers durchzuführen. Gerade bei komplexen Maschinen oder Betriebsvorrichtungen als Leasingobjekt empfiehlt sich, selbstverständlich nur auf ausdrücklichen Wunsch des Forderungskäufers, die Hinzuziehung eines technisch sachverständigen Mitarbeiters der Lieferantenfirma oder eines externen Gutachters.
– *Sachgesamtheiten als Leasingobjekt*
Sollte es sich bei dem Leasingobjekt nicht um einen Gegenstand handeln, sondern um eine größere Anzahl gleichartiger Objekte oder um ein Objekt, das aus zahlreichen Komponenten besteht und/oder von diversen Lieferanten geliefert wird, nimmt der Forderungskäufer zur Kenntnis, dass sich der Leasinggeber außerstande sieht, gegenüber dem Forderungskäufer eine Haftung für die (vollständige, uneingeschränkte und lastenfreie) Einräumung des Sicherungseigentums am Leasingobjekt zu übernehmen. Insoweit verlässt sich der Leasinggeber auf die Angaben des Leasingnehmers und beschränkt sich darauf, dessen Angaben anhand der vorzulegenden Lieferantenrechnungen zu überprüfen. Außerdem ist der Leasinggeber auf ausdrücklichen Wunsch des Forderungskäufers bereit, eine sog. „Plausibilitätskontrolle" durchzuführen, d.h. zu überprüfen, ob die Anzahl der Objekte im Einklang steht mit dem vom Leasingnehmer mitgeteilten Verwendungszweck.

Mängel aushandelt, so soll er auch für die Seriosität des Lieferanten haften. Der Lieferant steht viel mehr im Lager des Leasingnehmers als im Lager des Leasinggebers, der ja eigentlich nur nolens volens mit dem Lieferanten den Kaufvertrag abschließt, um seinem Kunden, dem Leasingnehmer, das Objekt zur Verfügung zu stellen.

233 Auch wenn diese Risikoverteilung sachgerecht ist, ist doch ein Nachteil für den Leasingnehmer gegeben, zumindest so lange der Bundesgerichtshof seine Rechtsprechung zum Thema der Haftung für die Lieferantenbonität nicht doch noch ändert.

VII. Sale-and-lease-back mit unmittelbarem Eigentumsübergang vom Lieferanten auf den Leasinggeber

234 Zur Vermeidung zahlreicher Probleme, insbesondere zur Vermeidung des Durchgangserwerbs beim Leasingnehmer, ist zu überlegen, ob es nicht erreicht werden kann, dass trotz Sale-and-lease-back eine unmittelbare Übereignung vom Lieferanten auf den Leasinggeber stattfinden kann. Dies sollte zumindest beim Neuerwerb eines Leasingobjektes möglich sein, solange es der Leasingnehmer noch nicht bezahlt hat.

1. Dreiseitige Vereinbarung

235 Nach einer Ansicht wird vorgeschlagen, dass die Parteien eine dreiseitige Vereinbarung abschließen. In Erfüllung des Kaufvertrages 1 und des Kaufvertrages 2 soll das Eigentum gegen Zahlung des Kaufpreises vom Leasinggeber an den Lieferanten unmittelbar vom Lieferanten auf den Leasinggeber übergehen[1]. Die Situation sei vergleichbar mit dem sog. Streckengeschäft. Die Rechtsprechung geht dabei allerdings von mehreren Übereignungen aus, die Vertragsparteien hätten es aber in der Hand, durch vertragliche Vereinbarung zu regeln, dass nur eine unmittelbare Übereignung vom Lieferanten auf den Leasinggeber erfolgen soll[2].

236 Wegen des Numerus clausus des Typenzwangs im Sachenrechts müssen aber noch weitergehende Dinge ausgeführt werden.

237 In die dreiseitige Vereinbarung aufgenommen werden müsste,

- dass der Lieferant mit dem Leasingnehmer einen Kaufvertrag 1 unter Einschluss eines Eigentumsvorbehaltes abgeschlossen hat,
- dass der Leasingnehmer mit dem Leasinggeber den Kaufvertrag 2 ohne Eigentumsvorbehalt abgeschlossen hat,

---

1 *Beckmann*, § 3 Rz. 334.
2 *Beckmann*, § 3 Rz. 335.

- dass es das Ziel dieser Vereinbarung ist, das Eigentum an dem Objekt unmittelbar vom Lieferanten auf den Leasinggeber ohne Durchgangserwerb beim Leasingnehmer zu übertragen,
- dass sich das Objekt noch beim Lieferanten befindet,
- dass der Lieferant seinen Kaufvertrag 1 durch Lieferung an den Leasingnehmer erfüllt und
- dass sich der Lieferant verpflichtet, das Eigentum gegen Zahlung des Kaufpreises durch den Leasinggeber an diesen zu übereignen.

2. Übereignung

Bezüglich der Übereignung wäre Folgendes in der Vereinbarung festzuhalten: 238

- Der Lieferant liefert das Leasingobjekt an den Leasingnehmer.
- Dieser besitzt es jedoch nur für den Lieferanten, er ist dessen Besitzmittler.
- Der Lieferant tritt seinen (schuldrechtlichen) Herausgabeanspruch aufgrund des zwischen ihm und dem Leasingnehmer bestehenden Besitzmittlungsverhältnis gem. §§ 398, 870 BGB an den Leasinggeber ab.
- Nach Auslieferung wird der Leasingnehmer prüfen, ob das Leasingobjekt vertragsgemäß, vollständig und mangelfrei ist.
- Nach positiver Prüfung übermittelt der Leasingnehmer dem Leasinggeber die unterzeichnete Übernahmebestätigung.
- Nach deren Eingang beim Leasinggeber bezahlt dieser den Kaufpreis an den Lieferanten.
- Mit Zahlung des Kaufpreises erwirbt der Leasinggeber unmittelbar vom Lieferanten das Eigentum.

3. Vorteile

Damit sind alle oben in Rz. 188 ff. und 227 ff. beschriebenen Nachteile und Risken des Sale-and-lease-back in der hier beschriebenen Fallkonstellation nicht mehr gegeben. Ein unmittelbarer Eigentumsübergang vom Lieferanten auf den Leasinggeber ist erreicht. Es bleibt nach wie vor für den Leasingnehmer der Nachteil, dass er die Haftung für die Lieferantenbonität trägt, aber das ist auch sachgerecht. Es bleibt zu hoffen, dass sich dieser aufgezeigte Weg in der Praxis durchsetzt. 239

VIII. Sale-and-lease-back im Steuerrecht

1. Echtes Sale-and-lease-back

240 Zum Sale-and-lease-back im Steuerrecht ist relativ wenig Literatur vorhanden; auch begrifflich wird leider manches nicht mit der gebotenen Schärfe abgegrenzt (s. Rz. 254 ff.).

241 Auszugehen ist zunächst von dem Grundsatz, dass Sale-and-lease-back-Konstruktionen **steuerlich anerkannt** sind[1], soweit die Vorgaben der Leasingerlasse beachtet bleiben und sich im Leasingvertrag wiederfinden. Die Leasingerlasse sind insoweit neutral, als sie keine bestimmte Erwerbsart des Leasinggebers voraussetzen, sie also sowohl für das Leasing mit Bestellübernahme als auch für das Sale-and-lease-back gelten. Es muss ein Kaufvertrag vorliegen, aufgrund dessen das Leasingobjekt an den Leasinggeber übereignet worden ist und dieser wiederum dem Leasingnehmer ein entgeltliches Nutzungsrecht einräumt[2].

242 Nur bei hiervon abweichenden Vertragskonstruktionen mag sich ein anderes Ergebnis ableiten lassen.

243 Zu denken wäre etwa an ein **Darlehensgeschäft mit Sicherheitsleistung**. Auf den ersten Blick ist eine solche Parallele durchaus möglich. Dann müsste aber der Leasingvertrag vorsehen, dass der Leasingnehmer das Leasingobjekt am Ende der Nutzungsdauer in jedem Fall wieder zurückerhält. Der Verkauf des Leasingobjekts an den Leasinggeber hätte dann nur den Charakter einer Sicherheitsleistung. Eine solche Vertragskonstruktion existiert aber nur beim sog. **Sale-and-Mietkauf-back** (dazu unten Rz. 254 ff.).

244 Auch wenn man eine andere Konstruktion wählt, mag das Ergebnis trotzdem gleich sein, wenn dem Leasingnehmer im Nachhinein die Miete auf den Kaufpreis angerechnet oder ihm eine Erwerbsmöglichkeit eingeräumt wird, diese aber so formuliert ist, dass auf jeden Fall damit zu rechnen ist, dass der Leasingnehmer diese Option ausüben wird[3].

245 Zweifel am Leasing sind auch dann anzumelden, wenn es sich bei dem Leasingobjekt um „die zentrale Maschine" des Leasinggebers handelt, er also ohne diese seinen Betrieb nicht mehr fortführen könnte[4]. Auch in einem solche Fall wäre anzunehmen, dass Leasinggeber und Leasingnehmer mittels des Leasingvertrages oder einer anderweitigen Vereinbarung eine Regelung über den Rückerwerb durch den Leasingnehmer sichergestellt hätten.

---

1 *Berninghaus*, in Büschgen, § 17 Rz. 20.
2 *Schulze-Osterloh*, ZIP 2005, 1617, 1619.
3 *Schulze-Osterloh*, ZIP 2005, 1617, 1619.
4 *Kropff*, ZGR 1993, 41, 54.

Bei näherer Betrachtung stell sich jedoch schnell heraus, dass diese Fälle keine besondere Beziehung zum Sale-and-lease-back aufweisen. Die angesprochenen Konstellationen können auch beim Leasing mit Bestellübernahme mit der gleichen Problemstellung auftauchen. Diese Fälle haben nichts Spezifisches zum Sale-and-lease-back an sich. 246

Besondere Aufmerksamkeit sei auch dann geboten wenn es sich beim Leasinggeber und beim Leasingnehmer nicht um unabhängige Unternehmen handelt, sondern diese in irgendeiner Weise **voneinander abhängig** sind[1], z.B. bei Konzernunternehmen. 247

Aber auch dies ist wieder ein Sonderfall. Sale-and-lease-back ist in solchen Fällen die einzige Möglichkeit, um zu einem Leasing zu gelangen. Leasing mit Bestellübernahme wird kaum in Betracht kommen. Die Ermittlung des Kaufpreises ist in diesen Fällen ohnehin problematisch. Derartige Geschäfte sind eher dem Leasing zur Liquiditätsbeschaffung zuzurechnen und nicht dem Finanzierungsleasing. Steuerlich getriebene Geschäfte unter „verwandten Unternehmen" sind immer problematisch, nicht nur im Leasing.

Sale-and-lease-back-Geschäfte sind in steuerlicher und zivilrechtlicher Betrachtung aber zumindest kritisch zu betrachten. Es ist immer genau zu prüfen, ob tatsächlich Leasing beabsichtigt ist. Keinesfalls darf Sale-and-lease-back abqualifiziert werden, weil es möglicherweise eher zum steuerlichen Missbrauch geeignet ist als das Leasing mit Bestelleintritt. 248

Es ist darauf zu achten, dass das Eigentum in zivilrechtlicher Weise auch tatsächlich auf den Leasinggeber übergeht und der Leasingnehmer keine Einwirkungsmöglichkeit auf das Objekt nach Ablauf des Leasingvertrages besitzt. Auch dürfen der Vertrag und die Höhe der Leasingraten nicht so gestaltet sein, dass das Eigentum mit Vertragsende automatisch oder quasiautomatisch auf den Leasingnehmer übergeht. Dann war schon der erste Eigentumswechsel nicht wirklich gewollt und die steuerrechtlichen Voraussetzungen für Leasing liegen nicht vor. 249

Dies gilt gleichermaßen für alle Leasingverträge. Wenn die Vorgaben der Leasingerlasse beachtet werden, kann es keinen Zweifel daran gegen, dass Sale-and-lease-back steuerlich ebenso wie das Leasing mittels Bestellübernahme anerkannt ist[2]. 250

Eine weitere Frage ist, inwieweit gebrauchte Objekte noch den steuerlichen Vorgaben entsprechen können. Die ganz herrschende Meinung ist der Ansicht, dass bei **gebrauchten Leasingobjekten** bei Vertragsabschluss noch eine betriebsgewöhnliche Restnutzungsdauer von mindestens 40 % der ge- 251

1 *Schulze-Osterloh*, ZIP 2005, 1617, 1620.

2 *Schulze-Osterloh*, ZIP 2005, 1617, 1620; *Berninghaus*, in Büschgen, § 17 Rz. 20; *Beckmann*, Rz. 324.

samten Nutzungsdauer zu erwarten sein muss, um den Leasingerlassen zu entsprechen[1].

252 Dies ergibt sich aus den Vorgaben der Leasingerlasse, die stets eine Grundmietzeit in Höhe von **40 % der (ursprünglichen) betriebsgewöhnlichen Nutzungsdauer** voraussetzten. Auch wird es darum gehen, mehrfache Abschreibungen eines Objektes zu verhindern.

253 Zu achten ist auf die Einhaltung der steuerlichen Zeitgrenzen. 40 % der betriebgewöhnlichen Nutzungsdauer müssen bei Abschluss des Leasingvertrages noch vorhanden sein. Wenn die betriebsgewöhnliche Nutzungsdauer einer Maschine 60 Monate beträgt, dürfte ein Sale-and-lease-back-Vertrag längstens innerhalb von 36 Monaten nach dem Kauf durch den Leasingnehmer abgeschlossen werden.

Der **Restwert** nach Ablauf des Leasingvertrages muss **mindestens 10 %** des ursprünglichen Anschaffungspreises betragen.

2. Sale-and-Mietkauf-back

254 Bei einem Sale-and-Mietkauf-back liegen **keine umsatzsteuerbaren Lieferungen** vor. Es handelt sich somit definitiv steuerlich nicht um Leasing.

255 Hierzu ist im Jahre 2006 ein Urteil des **Bundesfinanzhofs** ergangen[2]. Der vereinfachte Sachverhalt stellt sich wie folgt dar:

256 Der Kläger (Mietkäufer) betreibt ein Unternehmen, das den Verkauf und die Vermietung von Kopiergeräten nebst Wartung zum Gegenstand hat.

Gegen Ende 1999 erwarb der Kläger sechs Digital-Kopiergeräte zu einem Gesamtkaufpreis von ca. 160 000 DM. Er wollte diese Kopiergeräte an Dritte vermieten.

Zum Zwecke der Finanzierung der Investition schloss der Kläger mit einer Leasinggesellschaft einen Mietkaufvertrag ab. Der Kläger veräußerte die Kopiergeräte unter Erteilung einer Rechnung mit Mehrwertsteuerausweis an die Leasinggesellschaft. Gleichzeitig unterzeichnete er den Vordruck über einen Mietkaufvertrag zum Erwerb der genannten Kopiergeräte mit einer Laufzeit von 38 Monaten.

Im Mietkaufvertrag war vorgesehen, dass das zivilrechtliche Eigentum an den Kopiergeräten mit Zahlung der letzten Mietkaufrate wieder auf den Kläger (Mietkäufer) übergehen sollte. Bis dahin trug er die Gefahr des Untergangs der Kopiergeräte und die Instandhaltungskosten. Im Mietkaufvertrag war ausdrücklich geregelt, dass der Kläger als wirtschaftlicher Eigentümer der Kopiergeräte anzusehen ist. Nachdem die Leasinggesellschaft den

---

1 *Berninghaus*, in Büschgen, § 17 Rz. 20; *Beckmann*, Rz. 324.
2 BFH v. 9.2.2006 – V R 22/03, BStBl. II 2006, 727.

Mietkaufvertrag gegengezeichnet hatte, stellte sie dem Kläger die Kopiergeräte wieder in Rechnung zum ursprünglichen Nettokaufpreis, hinzu berechnete sie die Mehrwertsteuer auf alle Mietkaufraten und auf den so ermittelten Betrag dann noch einmal die Mehrwertsteuer auf diesen Gesamtkaufpreis.

Der Kläger unterwarf in seiner Umsatzvorsteuererklärung für das Streitjahr 1999 die Übereignung der Kopiergeräte an die Leasinggesellschaft als steuerpflichtigen und steuerbaren Umsatz der Umsatzsteuer. Gleichzeitig machte er die ihm von der Leasinggesellschaft in Rechnung gestellte Mehrwertsteuer für den Rückverkauf als Vorsteuer geltend.

Das Gericht stellte fest, dass dem Kläger der Vorsteuerabzug aus dem Miet- 257
kauf der Kopiergeräte von der Leasinggesellschaft nicht zusteht, und begründete sein Urteil wie folgt: Die Leasinggesellschaft hat keine Lieferung an den Kläger ausgeführt. Lieferungen sind gem. § 3 Abs. 1 UStG 1999 Leistungen, durch die ein Unternehmer oder in seinem Auftrag ein Dritter den Abnehmer oder in dessen Auftrag einen Dritten befähigt, im eigenen Namen über einen Gegenstand zu verfügen (Verschaffung der Verfügungsmacht). Die Leasinggesellschaft hat dem Kläger zu keinem Zeitpunkt die Verfügungsmacht an den Kopiergeräten verschafft. Diese ist vielmehr nach dem Erwerb der Kopiergeräte von der Herstellerfirma durchgehend beim Kläger verblieben. Als Lieferung eines Gegenstandes gilt nur die Übertragung der Befähigung, wie ein Eigentümer über einen körperlichen Gegenstand zu verfügen. Die Verschaffung der Verfügungsmacht setzt die Übertragung von Substanz, Wert und Ertrag voraus. Sie ist in der Regel, aber nicht notwendig mit dem bürgerlich-rechtlichen Eigentum verbunden.

Im vorliegenden Fall wurde ein sog. **Sale-and-Mietkauf-back-Vertrag** abge- 258
schlossen. Das zivilrechtliche Eigentum wurde zunächst aufgrund des Kaufvertrages an die Leasinggesellschaft übertragen, diese verleaste es dann an den Mietkäufer und ist sich mit diesem einig, dass das Eigentum mit Ablauf der Vertragsdauer wieder an den Verkäufer (Mietkäufer) zurückfällt. Ungeachtet der zivilrechtlichen Eigentumsübertragung hat aber schon der Verkauf der Kopiergeräte seitens des Klägers an die Leasinggesellschaft nicht zu einer Verschaffung der Verfügungsmacht geführt mit der Folge, dass auch die Leasinggesellschaft dem Kläger keine Verfügungsmacht zum Ende des Vertrages verschaffen konnte.

Ob bei einem Leasinggeschäft eine Übertragung der Verfügungsmacht vor- 259
liegt, richtet sich nach dem Gesamtbild der Verhältnisse. Dabei ist auf den vorgesehenen normalen, d.h. den störungsfreien Ablauf des Vertrages abzustellen. Wenn man auf den ordnungsgemäßen Ablauf des Vertrages schaut, wird man jedoch feststellen, dass die Verfügungsmacht über die Objekte beim Kläger (Mietkäufer) verblieben ist, weil Substanz, Wert und Ertrag der Kopiergeräte nicht auf die Leasinggesellschaft übergegangen sind.

260 Die hier gewählte Konstellation ist vergleichbar mit der sog. Sicherungsübereignung beim Finanzierungsgeschäft. Auch bei der Sicherungsübereignung soll die Verfügungsmacht beim Sicherungsgeber verbleiben; genauso ist die Situation hier beim Sale-and-Mietkauf-back. Auch im Falle einer Sicherungsübereignung kommt es im Falle des störungsfreien Auslaufs der Finanzierung weder zu einer Lieferung des Sicherungsgebers an den Sicherungsnehmer noch zu einer (Rück-)Lieferung des Sicherungsgutes nach dem Fortfall des Sicherungszwecks[1].

261 Der wirtschaftliche Gehalt der Vereinbarung zwischen dem Kläger und der Leasinggesellschaft hat in der Finanzierung des Erwerbs der Kopiergeräte und in einer Sicherung der Leasinggesellschaft durch das zivilrechtliche Eigentum an diesen Kopiergeräten bestanden. Dafür spricht auch, dass der Kaufvertrag und der Leasingvertrag zwar formal selbständig sind, wie sich schon aus den unterschiedlichen Zeitpunkten des jeweiligen Vertragsabschlusses ergibt, andererseits aber **rechtlich und wirtschaftlich eine Einheit** bilden. Aus der Interessenlage der Vertragsparteien ergibt sich, dass der eine Vertrag nicht ohne den anderen abgeschlossen wäre.

262 Nach alledem hat die Übertragung des zivilrechtlichen Eigentums seitens des Klägers an die Leasinggesellschaft **nur Sicherungs- und Finanzierungsfunktion** gehabt; dem wesentlichen Inhalt des Gesamtkonzepts zufolge haben diese Vereinbarungen nur der Finanzierung des Kaufpreises gedient.

263 Man kann also im Ergebnis festhalten, dass bei einem Sale-and-Mietkauf-back sowohl der „Sale"-Teil als auch der „Mietkauf-back"-Teil **keine Lieferung im umsatzsteuerlichen Sinne** sind und somit beide Vorgänge auch nicht der Umsatzsteuer unterliegen.

264 Beim Sale-and-lease-back wird eine bilanzielle Zurechnung beim Leasingnehmer gewünscht. Deshalb sind die Leasingverträge so formuliert, dass nicht nur das zivilrechtliche, sondern auch das wirtschaftliche Eigentum vom Leasingnehmer auf den Leasinggeber übertragen wird. Auch der Lease-back-Teil des Leasingvertrages ist erlasskonform auszugestalten, da nur dann eine Zurechnung beim Leasinggeber erfolgen kann. Somit ist auch die Lieferung vom Leasingnehmer an den Leasinggeber, der Sale, eine Lieferung i.S.d. Umsatzsteuergesetzes und der Lease-back eine sonstige Leistung in Form der Gebrauchsüberlassung. Es liegen somit umsatzsteuerlich **zwei separat zu beurteilende Leistungen** vor[2].

265 Diese beiden erforderlichen Komponenten sind beim Sale-and-Mietkauf-back nicht erfüllt. Ein dauerhafter wirtschaftlicher Ausschluss des Mietkäufers „von seinen Kopierern" ist im vorliegenden Fall nicht gegeben. Substanz und Ertrag aus den Geräten sollten nämlich nicht auf Dauer der Leasinggesellschaft, sondern nur zeitweise der Leasinggesellschaft übertra-

1 Vgl. BFH v. 6.10.2005 – V R 20/04, UR 2006, 119.
2 *Vosseler*, FLF 2007, 26, 27.

gen werden, weil am Ende des Mietkaufvertrages die Geräte automatisch wieder an den Mietkäufer zurückfallen. Eine Zurechnung beim Leasinggeber konnte somit nicht erfolgen. Das wirtschaftliche Eigentum ist beim Mietkäufer geblieben, er hat nichts an den Leasinggeber i.S.d. Umsatzsteuerrechts geliefert. Der Sale hat nur zu einer Übertragung des juristischen, nicht aber zu einer Übertragung des wirtschaftlichen Eigentums geführt.

Somit hat das Urteil keine wirkliche Überraschung an den Tag gebracht. 266
Schon beim normalen Mietkauf liegt ja kein Leasing i.S.d. Leasingerlasse vor, denn auch dort aktiviert stets der Mietkäufer/Leasingnehmer das Objekt. Weshalb sollte das beim Sale-and-Mietkauf-back anders sein?

Unglücklich ist, dass der BFH in seinem Urteil Sale-and-lease-back und 267
Sale-and-Mietkauf-back gleichsetzt, ohne den gravierenden Unterschied zu beachten. In der Erklärung des Tatbestandes wird zutreffend von Mietkauf gesprochen; in der Urteilsbegründung wird der (richtige) Mietkauf zum Sale-and-lease-back. Insofern ist von einer Sprachverwirrung auszugehen[1]. Die Begriffe Mietkauf und Lease-back werden leider nicht richtig abgegerenzt.

Das Urteil ist inhaltlich schlüssig und völlig richtig, jedoch ist die „Über- 268
schrift" falsch zugeordnet, da der Inhalt des Urteils kein Sale-and-lease-back-Geschäft betrifft. Leider kommen solche unrichtigen Bezeichnungen häufig vor und führen zur Verunsicherung auf Seiten der Leasingnehmer und der Leser[2], da oft ohne Auseinandersetzung mit dem Inhalt nur die Überschriften übernommen werden. Es bleibt zu hoffen, dass die falsche Wahl der Überschrift schnell richtig gestellt wird[3].

IX. Sale-and-lease-back in der Insolvenz

1. Insolvenz des Leasingnehmers

a) Kein Unterschied zum Leasing mit Bestellübernahme

In der Insolvenz des Leasingnehmers gibt es keine Sale-and-lease-back-spe- 269
zifischen Besonderheiten zu beachten. Es richtet sich alles nach den üblichen Vorschriften. Sale-and-lease-back ist lediglich eine Variante beim Eigentumserwerb des Leasinggebers. Wenn alle Anregungen bedacht wurden, insbesondere alle Freigabeerklärungen eingeholt wurden, gibt es auf Seiten des Leasinggebers nichts Besonderes zu veranlassen. Wenn der Insolvenzverwalter den Vertrag nicht fortsetzen möchte, wird er in aller Regel vom Leasinggeber gekündigt, der dann sein Absonderungsrecht geltend machen wird.

---

1 *Vosseler*, FLF 2007, 26, 27.
2 *J. Weber*, NJW 2003, 2348, 2356.
3 *Vosseler*, FLF 2007, 26, 27.

b) Insolvenz zwischen Kauf- und Leasingvertrag

270 Möglich wäre folgende Situation: Bei einer größeren Leasing-Transaktion kann es vorkommen, dass der Sale und der Lease-back zeitlich auseinander fallen. Wenn beispielsweise der Leasingnehmer eine größere Maschine anschafft, die über mehrere Monate in verschiedenen Teillieferungen errichtet wird, findet an einem bestimmten Tag der Verkauf an den Leasinggeber statt. Es kann nun passieren, dass der Leasingnehmer insolvent wird, nachdem der Sale stattgefunden hat, und noch bevor der Leasingvertrag zu laufen begonnen hat. Man könnte in Erwägung ziehen, dass der Insolvenzverwalter jetzt den Kaufvertrag genehmigt, aber bezüglich des Leasingvertrages Nichterfüllung wählt[1]. Dies ist allerdings abzulehnen. Auch wenn zwei juristisch getrennte Verträge vorliegen, so kann der Insolvenzverwalter entsprechend § 139 BGB nur einheitlich vorgehen, also insgesamt ablehnen oder annehmen.

2. Insolvenz des Lieferanten

271 Die Insolvenz des Vorlieferanten lässt den Leasingvertrag grundsätzlich unberührt.

272 Problematisch wird es jedoch, wenn ein Fall der Mängelhaftung vorliegt. Wie oben unter Rz. 134 ff. dargestellt, trifft dieses Risiko allein den Leasingnehmer.

a) Minderung

273 Sollte er einen Anspruch auf Minderung des Kaufpreises geltend machen, der Vorlieferant diesen wegen der Insolvenz nicht zahlen können, so bleibt der Leasingvertrag unverändert bestehen und wird fortgeführt.

b) Nachlieferung, Rücktritt

274 Sollte der Leasingnehmer dagegen Nachlieferung verlangen oder vom Kaufvertrag zurücktreten und scheitert die Nachlieferung oder die Rückzahlung des Kaufpreises an den Leasingnehmer wegen der Insolvenz des Vorlieferanten, so müssen der Kaufvertrag 2 und der Leasingvertrag rückabgewickelt werden. Der Leasinggeber ist dabei so zu stellen, wie er stehen würde, wenn es nie zum Abschluss des Leasingvertrages gekommen wäre.

---

1 *Beckmann*, § 9 Rz. 38; *Wolf/Eckert/Ball*, Rz. 2092 m.w.N.

X. Sale-and-lease-back mit Verbrauchern

1. Kaum Anwendungsmöglichkeiten

In der juristischen Literatur wird auf das Thema des Sale-and-lease-back im Zusammenhang mit Verbrauchern als Leasingnehmern nicht eingegangen. 275

Ein Grund hierfür mag sein, dass bei Leasinggeschäften mit Verbrauchern das sog. herstellergebundene Leasinggeschäft weitaus überwiegt. Das Leasing mit Verbrauchern ist vor allem populär im Kfz- und EDV-Bereich. Hier stellt das Leasing eine für den Verbraucher sicherlich nicht aus steuerlichen, sondern aus rein finanzierungstechnischen Gründen heraus häufig interessante Variante dar. 276

Es handelt sich meist um das Leasing von neuwertigen Objekten, die unmittelbar von Hersteller-Leasingfirmen verleast werden, oder es findet ein sog. Vendoren-Leasing statt, d.h. der Leasingvertrag wird von einem herstellerunabhängigem Leasinggeber abgeschlossen, der aber mit dem Vendor/Verkäufer eine Verbleibskooperationsvereinbarung abgeschlossen hat. 277

In diesem Bereich besteht grundsätzlich **kein Bedarf** für ein Sale-and-lease-back-Geschäft. Insbesondere die gewährleistungsrechtliche Problematik stellt sich hier nicht, ebenso das Thema der Haftung für die Lieferantenbonität, da Lieferant und Leasinggeber dem Kunden in „einheitlicher Form" gegenüberstehen: Entweder ist der Leasinggeber das Schwesterunternehmen des Herstellers oder der Leasinggeber ist mit dem Lieferanten durch eine Vendor-Partnerschaft eng verbunden. Keiner der oben unter Rz 36 ff. genannten möglichen Gründe für ein Sale-and-lease-back-Geschäft liegt vor; Sale-and-lease-back existiert in diesem Bereich somit nicht. 278

Weil also bei Verbrauchern Sale-and-lease-back so gut wie keine Rolle spielt, findet sich hierzu auch keine Rechtsprechung und Literatur. 279

2. Empfehlungen

Aus dem Sale-and-lease-back-Gedanken heraus ergeben sich keine spezifischen Belange, die in Bezug auf den Verbraucher in besonderer Art und Weise zu regeln wären. 280

Es könnte jedoch geboten sein, den Verbraucher besonders deutlich auf ein Sale-and-lease-back-Verfahren hinzuweisen, wenn es im konkreten Fall gewünscht ist. Sicherlich wäre der Leasinggeber in einem solchen Fall auch gut beraten, den Leasingnehmer auf die Besonderheiten bezüglich des Mängelhaftungsrechts und der Lieferantenbonitätshaftung hinzuweisen. 281

Auch wenn es rechtlich nur schwer begründbar ist, könnte die Rechtsprechung geneigt sein, einem Verbraucher zuzugestehen, dass die Haftung für die Lieferantenbonität beim typischen Leasingdreieck beim Leasinggeber 282 liegt. Sie könnte so argumentieren, dass dem Verbraucher die Tatsache nicht richtig bewusst ist, dass beim Sale-and-lease-back eben kein leasingtypisches Dreieck vorliegt und deshalb eine andere Situation gegeben ist mit der Folge, dass der Leasingnehmer das Risiko der Lieferantenbonität zu tragen hat.

283 Mehr als einen deutlichen Hinweis und eine deutliche Erklärung dieser Situation wird man aber unter Berücksichtigung aller anderen Aspekte dem Leasinggeber nicht zumuten können. Der Vertrag muss trotzdem übersichtlich, lesbar und handhabbar sein.

284 Zusammenfassend kann festgestellt werden, dass bei einem Sale-and-lease-back-Vertrag mit einem Verbraucher grundsätzlich keine Besonderheiten gelten. Um auf die besondere Situation bei der Mängelhaftung hinzuweisen, empfiehlt es sich jedoch, dies dem Verbraucher mit aller Deutlichkeit klarzumachen. Der Leasinggeber ist gut beraten, den Verbraucher darauf hinzuweisen, dass er die Haftung für die Durchsetzung von Mängelhaftungsansprüchen trägt und er sich daher Gedanken über das Standing des Vorlieferanten machen sollte. Insofern gilt für ihn nichts anderes als für jeden anderen Käufer einer Sache.

O. Leasing in der Zwangsvollstreckung

Aufgrund der Ausgestaltung und Abwicklung von Leasingverträgen unterliegt die Zwangsvollstreckung gegen den Leasingnehmer und den Leasinggeber in deren leasingrechtlichen Positionen Beschränkungen. 1

I. Maßnahmen gegen den Leasingnehmer

Richtet sich die Zwangsvollstreckung gegen den Leasingnehmer, kommen als Gegenstände einer Zwangsvollstreckung insbesondere in Betracht: 2

- das Leasinggut,
- das Nutzungsrecht des Leasingnehmers,
- der Mehrerlös-/Restwertanspruch des Leasingnehmers,
- Kauf-/Verlängerungsoptionen des Leasingnehmers sowie
- abgetretene Rechte aus dem Kaufvertrag zwischen Leasinggeber und Lieferant.

1. Die Zwangsvollstreckung in das Leasinggut

a) Zwangsvollstreckung durch Dritte

aa) Bewegliches Leasinggut

Leasing ist dadurch gekennzeichnet, dass **Eigentum** und **unmittelbarer Besitz** am Leasinggut bis zum Vollzug einer eventuellen Kaufoption des Leasingnehmers **auseinander fallen**. Eigentümer ist entweder der Leasinggeber oder der Refinanzierer, auf den das Eigentum am Leasinggut im Zuge der Refinanzierung der Leasinginvestition zur Sicherheit übertragen worden ist. Unmittelbarer Besitzer ist der Leasingnehmer. Betreiben Gläubiger des Leasingnehmers die Zwangsvollstreckung in dessen Vermögen, stellt sich für den Leasinggeber die gleiche Problematik wie für Eigentumsvorbehaltsverkäufer oder Sicherungseigentümer. 3

(1) Besondere Gefährdungslage für den Leasinggeber

Einerseits kann der Leasinggeber die Pfändung des Leasingguts durch den Gerichtsvollzieher nicht verhindern, weil diese gemäß § 808 Abs. 1 ZPO allein an den **Gewahrsam des Vollstreckungsschuldners** anknüpft. Der Gerichtsvollzieher prüft im Allgemeinen nicht, ob die im Gewahrsam des Schuldners befindlichen Sachen zu dessen Vermögen gehören. Für den Gerichtsvollzieher kommt es nur auf den äußeren Befund an. Für ihn gilt als Vermögen des Schuldners alles, was sich in dessen Gewahrsam befindet. Insoweit ist der Hinweis geboten, dass sich der Leasinggeber auch nicht 4 durch Anbringen eines Hinweisschildes vor einer Pfändung schützen kann[1]. Denn der durch den Gewahrsam des Leasingnehmers begründete Schein der Zugehörigkeit des Leasingguts zum Schuldnervermögen wird hierdurch nicht zerstört. Der Gerichtsvollzieher kann in einem solchen Fall keineswegs mit zwingender Sicherheit ausschließen, dass nicht der Leasingnehmer doch Eigentümer des Leasingguts ist, so dass ein derartiges Hinweisschild genauso **unbeachtlich** ist wie der allgemeine Hinweis darauf, dass es sich um Leasinggut handelt[2].

5 Anderseits berechtigt allein die **drohende Zwangsvollstreckung** in das Vermögen des Leasingnehmers den Leasinggeber nicht, den Leasingvertrag fristlos zu kündigen und Herausgabe des Leasingguts zu verlangen. Zwar hat es der BGH in seinem Urteil aus dem Jahre 1984 im kaufmännischen Verkehr für zulässig gehalten, dass sich der Leasinggeber formularmäßig das Recht zur fristlosen Kündigung für den Fall von Zwangsvollstreckungsmaßnahmen in das Vermögen des Leasingnehmers vorbehält, zumindest insoweit es um Investitionsgüter von beträchtlichem Wert geht[3]. In seinem Urteil aus dem Jahre 1991 hat der BGH jedoch klargestellt, dass tragender Gesichtspunkt jenes Urteils nicht die Zwangsvollstreckung als solche, sondern die wesentliche Verschlechterung in den wirtschaftlichen Verhältnissen des Leasingnehmers war, die eine **Gefährdung der Erfüllungsansprüche des Leasinggebers** auf Zahlung der Leasingraten nach sich zog[4].

6 Von der Dogmatik entscheidend ist jedoch, dass sowohl § 543 BGB als auch § 314 BGB[5] eine **Zumutbarkeitsabwägung** erfordert, in die nicht nur der Wert des Leasingguts, sondern auch die wirtschaftlichen Verhältnisse des Leasingnehmers, dessen gesetzliche und vertragliche Anzeigepflichten im Fall der Zwangsvollstreckung, die Möglichkeit des Leasinggebers zur Erhebung der Drittwiderspruchsklage gemäß § 771 ZPO und die vertraglich begründete Pflicht des Leasingnehmers zur Tragung von Interventionskosten einzubeziehen sind. Kündigungsklauseln, die keinen Raum für eine solche umfassende Zumutbarkeitsabwägung zulassen, benachteiligen den Leasingnehmer im Zweifel unangemessen und halten einer Inhaltskontrolle

---

1 *Graf von Westphalen*, Voraufl., Rz. 1452; *Borggräfe*, Die Zwangsvollstreckung in bewegliches Leasinggut, S. 80 f.; *Berninghaus*, in Büschgen, Praxishandbuch Leasing, § 13 Rz. 3.

2 Vgl. LG Dortmund v. 6.3.1986 – 7 O 675/85, NJW-RR 1986, 1497, 1498.

3 BGH v. 7.12.1983 – VIII ZR 257/82, NJW 1984, 871, 872.

4 BGH v. 8.10.1990 – VIII ZR 247/89, NJW 1991, 102, 104; *Staudinger/Stoffels*, Leasing Rz. 319; *Wolf/Horn/Lindacher*, § 9 AGBG L 75.

5 Zu Recht weist MünchKomm./*Habersack*, Leasing Rz. 123, darauf hin, dass zwar § 543 BGB, soweit es um die außerordentliche Kündigung des Mietvertrages gehe, abschließenden Charakter habe, für das Finanzierungsleasing mit Blick auf dessen kreditvertraglichen Charakter ein ergänzender Rückgriff auf § 314 BGB jedoch nicht ausgeschlossen sei.

nach § 307 Abs. 2 Nr. 1 BGB nicht stand[1]. Zwischen dem refinanzierenden Sicherungseigentümer und dem Leasingnehmer bestehen ohnehin keine Vertragsbeziehungen.

(2) Mitwirkungspflichten des Leasingnehmers

Der Leasinggeber ist somit auf die **Unterstützung** des Leasingnehmers zur Wahrung seiner Eigentümerrechte angewiesen. In der Formularpraxis finden sich deshalb regelmäßig Klauseln, wonach der Leasingnehmer dem Leasinggeber unverzüglich eine drohende oder bewirkte **Zwangsvollstreckung** in das Leasinggut **anzuzeigen** und das Pfändungsprotokoll sowie Namen und Anschriften des die Zwangsvollstreckung betreibenden Gläubigers bekannt zu geben hat[2]. Der Leasinggeber wird dadurch in die Lage versetzt, der Pfändung durch den Gerichtsvollzieher mit der Erhebung der Drittwiderspruchsklage nach § 771 Abs. 1 ZPO entgegenzutreten[3]. Solche Anzeigeklauseln haben nur deklaratorischen Charakter, da der Leasingnehmer hierzu ohnehin nach dem Gesetz verpflichtet ist. Entsprechend der Regelung in § 536c Abs. 1 Satz 2 BGB hat der Leasingnehmer dem Leasinggeber nämlich unverzüglich Anzeige zu erstatten, wenn ein Dritter sich ein **Recht am Leasinggut** – hier also ein Pfändungspfandrecht – **anmaßt**[4]. 7

Im Übrigen lässt sich die Anzeigepflicht auch aus § 241 BGB herleiten. Dabei kann dahinstehen, ob es sich um eine **Nebenpflicht** des Leasingvertrages i.S.v. § 241 Abs. 1 BGB handelt, die der Durchführung und Sicherung der Rückgabe des Leasinggutes dient, oder um eine **Schutzpflicht** i.S.v. § 241 Abs. 2 BGB, deren Erfüllung der gebotenen Rücksichtnahme des Leasingnehmers auf die Rechtsgüter und Vermögensinteressen des Leasinggebers entspricht[5]. In dem einen wie dem anderen Fall ist der Leasingnehmer dem Leasinggeber nach § 280 Abs. 1 BGB zum Schadensersatz verpflichtet, wenn er seinen Informationspflichten nicht nachkommt. Entsprechende Formularklauseln sind von daher nicht zu beanstanden. Der Schaden besteht darin, dass der Leasinggeber bei nicht rechtzeitiger Drittwiderspruchsklage gemäß § 771 Abs. 1 ZPO sein Eigentum am Leasinggut einbüßt. Wird das gepfändete Leasinggut verwertet, erwirbt derjenige, der es ersteigert, kraft Hoheitsaktes unbelastetes Eigentum[6]. 8

---

1 Vgl. MünchKomm./*Habersack*, Leasing Rz. 123; *Palandt/Grüneberg*, § 314 BGB Rz. 3: § 314 BGB ist zwingendes Recht und kann durch AGB nicht eingeschränkt werden.

2 Vgl. *Stolterfoht*, in Münchener Vertragshandbuch, Form II.1 § 6 Abs. 5.

3 Allg. M.; vgl. *Graf von Westphalen*, Voraufl., Rz. 1451; MünchKomm./*Habersack*, Leasing Rz. 130; *Staudinger/Stoffels*, Leasing Rz. 332; *Berninghaus*, in Büschgen, Praxishandbuch Leasing, § 13 Rz. 4.

4 Vgl. MünchKomm./*Schilling*, § 536c BGB Rz. 8; *Palandt/Weidenkaff*, § 536c BGB Rz. 7 („Gleichgültig ist die Art des Rechts und ob es den Mieter berührt").

5 Vgl. *Wolf/Eckert/Ball*, Rz. 1397 („auch ohne vertragliche Regelung wird der Mieter im Rahmen seiner Obhutspflicht gehalten sein, den Vermieter von einer Pfändung der Mietsache zu verständigen").

6 Vgl. BGH v. 4.7.1990 – IV ZR 174/89, NJW 1990, 2744.

9 Darüber hinaus wird man den Leasingnehmer auch ohne Aufnahme einer entsprechenden Klausel in den Leasing-AGB als verpflichtet ansehen müssen, den **Leasingvertrag** dem Gerichtsvollzieher zur Abwendung der Pfändung **vorzulegen**. Wenngleich auch in der leasingrechtlichen[1] und zwangsvollstreckungsrechtlichen Literatur[2] die Ansicht vertreten wird, die Vorlage des Leasingvertrages sei nicht geeignet, die Vermutung zu entkräften, dass die im Gewahrsam des Schuldners stehenden Sachen ihm auch als Eigentümer gehören, so ist zu berücksichtigen, dass gemäß § 119 Nr. 2 GVGA eine Pfändung zu unterbleiben hat, wenn es **für den Gerichtsvollzieher offensichtlich** ist, dass die Sache nicht zum Schuldnervermögen gehört. Zwar ist die Geschäftsanweisung für die Gerichtsvollzieher (GVGA) nur beamtenrechtlich von Bedeutung und kann als Verwaltungsvorschrift nicht die Regeln der ZPO außer Kraft setzen[3].

10 Dass eine Pfändung zu unterbleiben hat, wenn ein Gegenstand offensichtlich zum Vermögen eines Dritten gehört, ergibt sich jedoch auch aus dem **Normzweck** von § 808 ZPO: einerseits soll nur das nach materiellem Recht festzustellende Vermögen des Schuldners der Befriedigung des Gläubigers dienen und andererseits der Gerichtsvollzieher davon befreit werden, die Eigentumsverhältnisse eingehend zu überprüfen[4]. Folgerichtig hat der BGH festgestellt, dass dieser nur dann ohne Rücksicht auf den Widerspruch Dritter die Pfändung von im Gewahrsam des Schuldners befindlichen Gegenständen durchzuführen hat, wenn „für ihn nach Lage der Dinge vernünftigerweise kein Zweifel daran bestehen kann, dass Rechte dritter Personen der Inanspruchnahme bestimmter Gegenstände entgegenstehen“[5]. Bei **Vorlage von Leasingverträgen im Original** ist dies – anders als bei Vorlage von Sicherungsübereignungsverträgen, denen nicht zu entnehmen ist, ob nicht zwischenzeitlich z.B. wegen Erlöschens der zu sichernden Forderung eine Rückübertragung des Eigentums stattgefunden hat – nach Lage der Dinge der Fall, da im Leasingvertrag die Vertragslaufzeit genannt ist. Die Pfändung hat deshalb zu unterbleiben. Pfändet der Gerichtsvollzieher – namentlich auf Verlangen des Gläubigers (vgl. § 119 Nr. 2 GVGA) – dennoch, so führt die Pfändung zur Verstrickung, kann aber Schadensersatzansprüche nach § 839 BGB, Art. 34 GG auslösen[6].

1 *Graf von Westphalen*, Voraufl., Rz. 1453; *Berninghaus*, in Büschgen, Praxishandbuch Leasing, § 13 Rz. 3; *Borggräfe*, Die Zwangsvollstreckung in bewegliches Leasinggut, S. 80 f.
2 Vgl. *Musielak/Becker*, § 808 ZPO Rz. 5.
3 Vgl. *Musielak/Becker*, § 753 ZPO Rz. 2; *Zöller/Stöber*, § 753 ZPO Rz. 4.
4 Vgl. MünchKomm./*Schilken*, § 808 ZPO Rz. 11.
5 Vgl. BGH v. 10.1.1957 – III ZR 108/55, NJW 1957, 544; AG Sinzig v. 8.1.1987 – 6 M 2659/86, NJW-RR 1987, 508 f.
6 Vgl. MünchKomm./*Schilken*, § 808 ZPO Rz. 11.

bb) Immobilien

Im Bereich des Immobilienleasings kommt eine Vollstreckung in das Leasinggut durch Gläubiger des Leasingnehmers nicht in Betracht, da eine Sicherungshypothek (§ 867 ZPO i.V.m. §§ 19, 40 GBO) nur eingetragen, eine Zwangsversteigerung oder eine Zwangsverwaltung (§§ 17, 20, 146 ZVG) nur angeordnet werden dürfen, wenn der Schuldner als Eigentümer des Grundstücks im **Grundbuch** eingetragen oder wenn er nachweislich Erbe des eingetragenen Eigentümers ist[1]. 11

b) Rechte des Leasinggebers

aa) Vor Verwertung des Leasingguts im Wege der Zwangsversteigerung

(1) Erhebung der Drittwiderspruchsklage

Wird das Leasinggut gepfändet, kann sich der Leasinggeber unter Berufung auf sein Eigentum als „ein die Veräußerung hinderndes Recht" mittels der **Drittwiderspruchsklage** nach § 771 Abs. 1 ZPO zu Wehr setzen und eine Versteigerung verhindern. Derselbe Rechtsbehelf steht dem refinanzierenden Sicherungseigentümer bis zur Versteigerung des Leasingguts zu[2]. Dabei spielt es keine Rolle, ob der Leasingnehmer – in Abweichung vom erlasskonformen Leasing – wirtschaftlicher Eigentümer des Leasingguts i.S. von § 39 AO ist. Maßgeblich im Rahmen der Drittwiderspruchsklage ist allein der zivilrechtliche Eigentumstitel[3]. Demgegenüber ist der Leasingnehmer nicht zur Erhebung der Drittwiderspruchsklage berechtigt, weil der Besitz des Leasingnehmers nicht als ein die Veräußerung hinderndes Recht i.S.v. § 771 ZPO anzusehen ist[4]. 12

Da die Klageerhebung die Zwangsvollstreckung nicht außer Kraft setzt, muss der Leasinggeber ggf. die **einstweilige Einstellung der Zwangsvoll-** 13

1 *Berninghaus*, in Büschgen, Praxishandbuch Leasing, § 13 Rz. 2.

2 Allg. M.; vgl. MünchKomm./*Habersack*, Leasing Rz. 130; *Staudinger/Stoffels*, Leasing Rz. 332; *Berninghaus*, in Büschgen, Praxishandbuch Leasing, § 13 Rz. 4.

3 *Graf von Westphalen*, Voraufl., Rz. 1451; *Berninghaus*, in Büschgen, Praxishandbuch Leasing, § 13 Rz. 4.

4 Zwar können auch schuldrechtliche Ansprüche unter bestimmten Voraussetzungen ein die Veräußerung hinderndes Recht i.S.v. § 771 ZPO begründen. Dies setzt allerdings voraus, dass das obligatorische Recht geeignet ist, „die Nichtzugehörigkeit des betreffenden Gegenstandes zum Vermögen des Schuldners zu begründen" (so *Rosenberg/Gaul/Schilken*, Zwangsvollstreckungsrecht, 11. Aufl. 1997, § 41 Nr. 7; ähnlich MünchKomm./*K. Schmidt*, § 771 ZPO Rz. 39, und im Ergebnis auch *Stein/Jonas/Münzberg*, § 771 ZPO Rz. 38). Daraus folgert das OLG Rostock (Urt. v. 6.5.2004 – 1 U 183/02, NZM 2005, 966, 967), dass obligatorische Ansprüche, die lediglich auf Verschaffung oder – wie hier – auf Belassung von Besitz gerichtet sind, nicht zum Widerspruch nach § 771 ZPO berechtigen. Denn insoweit gehöre der gepfändete Gegenstand nach wie vor zum Vermögen des Schuldners. Vgl. auch *Berninghaus* in Büschgen, Praxishandbuch Leasing, § 13 Rz. 20; a.A. *Canaris*, Bankvertragsrecht, Rz. 1780.

streckung nach §§ 771 Abs. 3, 769 ZPO beantragen[1]. Nach erfolgreicher Drittwiderspruchsklage kann der Leasinggeber vom Gerichtsvollzieher gemäß §§ 775 Nr. 1 Alt. 2, 776 Satz 1 ZPO die Aufhebung der Pfändung, d.h. die Rückgabe des Leasinggegenstandes bzw. die Entfernung des Pfandsiegels verlangen.

(2) Rechte bei Grundstückszugehörigkeit des Leasingguts

14 Die Leasing-AGB sehen regelmäßig für den Fall einer Verbindung des Leasingguts mit einem Grundstück oder Gebäude vor, dass diese nur zu einem **vorübergehenden Zweck** i.S.v. § 95 BGB mit der Absicht der Wiedertrennung nach Beendigung des Leasingvertrages erfolgt[2]. Eine solche Vereinbarung hat nur deklaratorische Bedeutung, da der Leasingnehmer zur Nutzung des Leasingguts nur während des Leasingvertrages berechtigt und nach Vertragsende zur Rückgabe verpflichtet ist. Es liegt somit in der Natur des Leasingvertrages als zeitlich begrenztes Nutzungsrecht, dass das Leasinggut durch eine solche Verbindung nicht nach §§ 946, 93, 94 BGB als wesentlicher Bestandteil eines Grundstücks oder Gebäudes in das Eigentum des Leasingnehmers übergeht[3].

15 Werden Gegenstände (z.B. Maschinen) in ein zum Zweck des gewerblichen Betriebes eingerichtetes Gebäude eingebracht, erlangen sie Zubehöreigenschaft i.S.v. §§ 97, 98 BGB[4]. Gemäß § 865 Abs. 2 Satz 1 ZPO unterliegen Gegenstände, welche als **Zubehör** eines Grundstücks (auch bei lastenfreien Grundstück, vgl. § 20 ZVG[5]) der **hypothekarischen Haftung** nach § 1120 BGB unterworfen sind, nicht der Mobiliar-, sondern der **Immobiliarzwangsvollstreckung.**

16 Die hypothekarische Haftung gemäß § 1120 a.E. BGB ergreift nicht im Eigentum Dritter stehendes Zubehör. Demzufolge zählt das Leasinggut an sich auch nicht zu den Gegenständen, die der Immobiliarzwangsvollstreckung unterworfen sind. Jedoch ist zu beachten, dass der Besitz des Zubehörs – wie bei der Mobiliarzwangsvollstreckung gemäß § 808 ZPO – im Fall der Zwangsversteigerung oder Zwangsverwaltung die Vermutung begründet, dass das Zubehör im Eigentum des Schuldners steht. Auf Grundlage dieser Vermutung bestimmt § 55 Abs. 2 ZVG, dass sich im Fall der Zwangsversteigerung die Versteigerung auch auf schuldnerfremde Zubehörstücke erstreckt, die sich im Besitz des Schuldners (Leasingnehmer) befinden. Durch den Zuschlag im Rahmen der Zwangsversteigerung verliert der Eigentümer (Leasinggeber) sein Eigentum an den Ersteigerer (§ 90 Abs. 2 ZVG). Dem Leasinggeber bleibt dann nur noch der Anspruch gegen

---

1 Vgl. *Staudinger/Stoffels*, Leasing Rz. 332.
2 Vgl. *Graf von Westphalen*, Voraufl., Rz. 1483.
3 Vgl. *Palandt/Heinrichs*, § 95 BGB Rz. 3.
4 Vgl. Beispiele bei *Helming/Krafft*, FLF 2000, 31 ff.
5 BGH v. 30.11.1995 – IX ZR 181/9, NJW 1996, 835, 836.

den Vollstreckungsgläubiger, der den Erlös hinsichtlich des Leasingguts, den er aus der Zwangsversteigerung erzielt hat, an den Leasinggeber abführen muss[1].

Die Erstreckung der Zwangsversteigerung auf das Leasinggut kann der Leasinggeber gemäß § 55 Abs. 2 ZVG letzter Halbs. i.V.m. § 37 Nr. 5 ZVG nur dadurch verhindern, dass er sein Eigentum rechtzeitig geltend macht, indem er beim Vollstreckungsgericht die **Aufhebung oder Einstellung des Verfahrens** für alle betreibenden Gläubiger herbeiführt. Geben die Gläubiger das Leasinggut nicht frei, ist Klage nach § 771 ZPO erforderlich[2]. Da die Klageerhebung die Zwangsvollstreckung nicht außer Kraft setzt, muss ggf. die einstweilige Einstellung der Zwangsvollstreckung gemäß §§ 769, 771 Abs. 3 ZPO beantragt werden[3]. Ebenso wie bei der Zwangsvollstreckung in bewegliches Leasinggut ist der Leasingnehmer dem Leasinggeber nach dem Gesetz und in der Formularpraxis zur Anzeige verpflichtet. 17

(3) Ansprüche gegen den Leasingnehmer auf Ersatz der Interventionskosten

Erleidet der Leasinggeber, dem es gelungen ist, die Versteigerung im Drittwiderspruchsverfahren abzuwehren, hinsichtlich der Kosten einen **Ausfall gegen den Vollstreckungsgläubiger**, berechtigen den Leasinggeber die Leasing-AGB regelmäßig zum Rückgriff beim Leasingnehmer[4]. Gegen die Wirksamkeit einer solchen Klausel bestehen keine Bedenken. Die Kostentragungsregel benachteiligt den Leasingnehmer nicht unangemessen, da der Leasinggeber mit seiner Intervention gleichermaßen im eigenen wie im Interesse des Leasingnehmers handelt. Insoweit ist zu berücksichtigen, dass der Leasingnehmer Vorteile aus der Intervention durch den weiteren Gebrauch der Sache ziehen kann. Auf der anderen Seite hat der Leasingnehmer die Pfändung erst ausgelöst, indem er die titulierte Forderung nicht erfüllt hat. Es entspricht daher einem **sachgerechten Interessenausgleich**, wenn die Kosten einer auch zugunsten des Leasingnehmers erfolgreichen Intervention des Leasinggebers von dem Leasingnehmer getragen werden. 18

Unabhängig davon ist die Kostenüberbürdung selbst bei fehlendem Verschulden des Leasingnehmers auch deswegen gerechtfertigt, weil er die Sach- und Preisgefahr nach den Leasing-AGB – entsprechend dem kaufrechtlichen Vorbild des § 446 BGB – trägt. Es ist deshalb sachgerecht, zugleich auch die Kostengefahr für die Verteidigung des Leasingguts übergehen zu lassen. Nachdem der Leasingnehmer nur subsidiär einstehen muss, 19

---

1 *Graf von Westphalen*, Voraufl., Rz. 1484; *Berninghaus*, in Büschgen, Praxishandbuch Leasing, § 13 Rz. 6.
2 Vgl. BGH v. 4.2.2002 – II ZR 37/00, NJW 2002, 2101, 2102; OLG Celle v. 21.10.1994 – 4 U 162/93, OLGR Celle 1995, 134.
3 Vgl. *Staudinger/Stoffels*, Leasing Rz. 332; *Zeller/Stöber*, Anm. 3.5 zu § 55 ZVG; *Berninghaus*, in Büschgen, Praxishandbuch Leasing, § 13 Rz. 6.
4 Vgl. *Stolterfoht*, in Münchener Vertragshandbuch, Form. II.1 § 6 Abs. 5 Satz 4.

er andererseits aber mit dem Erfolg der Intervention das Leasinggut wieder in Nutzung nehmen darf, sind auch seine berechtigten Interessen angemessen gewahrt. Insoweit greifen hier die gleichen Erwägungen ein, die den BGH dazu veranlasst haben, eine vergleichbare Regelung in Verkaufs-AGB, die den Vorbehaltskäufer im Verhältnis zum Vorbehaltsverkäufer zur Kostentragung verpflichtete, für wirksam zu erachten[1].

20 Insbesondere der Gesichtspunkt, dass der Leasingnehmer im Falle der Versteigerung des Leasingguts aufgrund der Abwälzung der Sachgefahr weiterhin zur Zahlung der Leasingraten verpflichtet bleibt und im Falle der Kündigung des Leasingvertrages dem Leasinggeber die Vollamortisation der aufgewandten Kosten schuldet, lässt es gerechtfertigt erscheinen, dem Leasinggeber einen Anspruch auf Ersatz der Interventionskosten nach den Grundsätzen der **Geschäftsführung ohne Auftrag** (§§ 677, 683, 670 BGB) zuzubilligen und ihm insoweit auch bei Fehlen einer ausdrücklichen Regelung zum Ersatz zu berechtigen[2].

21 Nach der Rechtsprechung des BGH greifen die Regeln über die Geschäftsführung ohne Auftrag bekanntlich auch dann ein, wenn der Geschäftsführer das Geschäft nicht (nur) als eigenes, sondern (auch) als fremdes führt, d.h. in dem Bewusstsein und mit dem Willen, zumindest auch im Interesse eines anderen zu handeln. Dabei kann es genügen, dass das Geschäft seiner äußeren Erscheinung nach nicht nur dem Besorger, sondern auch einem Dritten zugute kommt, insbesondere, wenn dessen Interesse an der Vornahme der Handlung im Vordergrund steht oder gar vordringlich ist[3]. So hat der BGH etwa die Beseitigung von Rückständen eingelagerten Milchpulvers durch den Grundstückseigentümer als Geschäftsführung ohne Auftrag bewertet[4].

bb) Nach der Zwangsversteigerung des Leasingguts

(1) Ansprüche gegen den Vollstreckungsgläubiger

22 Gegenüber dem Vollstreckungsgläubiger hat der Leasinggeber einen **Bereicherungsanspruch** gemäß § 812 Abs. 1 Satz 1 2. Alt. BGB auf Herausgabe des durch die Versteigerung erlangten Erlöses abzüglich der durch die Zwangsvollstreckung verursachten Kosten[5].

23 Hatte der Vollstreckungsgläubiger Kenntnis davon, dass es sich bei der gepfändeten Sache um Leasinggut handelte, ist er dem Leasinggeber nach

1 BGH v. 20.10.1992 – X ZR 74/91, NJW 1993, 657.
2 A.A. *Berninghaus*, in Büschgen, Praxishandbuch Leasing, § 13 Rz. 7.
3 Vgl. nur BGH v. 21.10.2003 – X ZR 66/01, NJW-RR 2004, 81, 82 m.w.N.
4 Vgl. BGH v. 8.3.1990 – III ZR 81/88, NJW 1990, 2058, 2059.
5 *Graf von Westphalen*, Voraufl., Rz. 1457; *Martinek*, Moderne Vertragstypen, Bd. I, S. 215; *Staudinger/Stoffels*, Leasing Rz. 332; *Borggräfe*, Die Zwangsvollstreckung in bewegliches Leasinggut, S. 94; *Wolf/Eckert/Ball*, Rz. 1398; LG Dortmund v. 6.3.1986 – 7 O 675/85, NJW-RR 1986, 1497, 1498.

§ 823 Abs. 1 BGB und **§ 826 BGB** zum Schadensersatz verpflichtet[1]. Dabei gilt es zweierlei zu beachten: Hatte der Leasinggeber Kenntnis von der Pfändung und er es trotzdem unterlassen, den Vollstreckungsgläubiger durch Erhebung einer Drittwiderspruchsklage an der Verwertung zu hindern, so kann erstens sein Schadensersatzanspruch durch Mitverschulden ausgeschlossen sein, wenn nicht der Gläubiger vorsätzlich, d.h. in Kenntnis der bestehenden Eigentumslage die Versteigerung betrieben hat, und dem Leasinggeber allenfalls Nachlässigkeit bei der Wahrung seiner Interessen vorzuwerfen ist[2].

Zweitens bleibt der Leasingnehmer dem Leasinggeber gegenüber aufgrund 24 der Abwälzung der Sachgefahr zur Vollamortisation verpflichtet. Der Vollstreckungsgläubiger kann dem Leasinggeber gegenüber folglich einwenden, dass ihm insoweit kein Schaden entstanden ist. Der Leasinggeber ist nur berechtigt, Ersatz des nach Ablauf der Grundmietzeit im Leasinggut verkörperten **Restwerts** (Zeitwert/Verkehrswert) zu verlangen, den er aufgrund der Versteigerung nicht mehr realisieren kann. Im Hinblick auf die Berechnung des Restwerts gelten die gleichen Erwägungen, die im Zusammenhang mit der Berechnung etwaiger Schadensersatzansprüche des Leasinggebers ausgebreitet wurden (vgl. Kap. I Rz. 34 ff.).

(2) Ansprüche gegen den Leasingnehmer wegen Anzeigepflichtverletzung

Kommt der Leasingnehmer seiner Anzeigepflicht nicht nach und verliert 25 der Leasinggeber deshalb sein Eigentum infolge der Versteigerung, ist der Leasinggeber gegenüber dem Leasingnehmer nach § 280 Abs. 1 BGB und § 823 Abs. 1 BGB zum Schadensersatz berechtigt. Davon unberührt bleiben aufgrund der Abwälzung der Sachgefahr der vertragliche Anspruch des Leasinggebers auf Fortentrichtung der Leasingraten gemäß § 326 Abs. 2 BGB und etwaig vereinbarte Abschlusszahlungen sowie der Anspruch auf Schadensersatz im Falle der Kündigung des Leasingvertrages, der auf Ersatz des zum Kündigungszeitpunkt noch nicht amortisierten Gesamtaufwands gerichtet ist.

Macht der Leasinggeber gegen den Leasingnehmer den fortbestehenden Er- 26 füllungsanspruch oder den mit einer Kündigung des Vertrages verbundenen Anspruch auf Restamortisation geltend, ist er allerdings dazu verpflichtet, den Bereicherungsanspruch gegen den Vollstreckungsgläubiger an den Leasingnehmer abzutreten und den Schadensersatzanspruch wegen der Verlet-

1 Vgl. BGH v. 12.5.1992 – VI ZR 257/91, NJW 1992, 2014, 2015 m.w.N. (zur Pfändung einer sicherungsübereigneten Sache beim Sicherungsnehmer). Der BGH hat in dem vorbezeichneten Urteil festgestellt, dass die Haftung (ggf. neben dem Gläubiger des Vollstreckungsverfahrens) auch dessen Prozessbevollmächtigten treffen kann, der namens des Gläubigers die Zwangsvollstreckung betreibt, es sei denn, er ist durch verbindliche Weisung im Rahmen des Mandatsverhältnisses rechtlich gehindert, sich anders als geschehen zu verhalten.

2 BGH v. 24.9.1992 – IX ZR 217/91, NJW 1993, 522, 524 f.

zung seines Eigentums gegen den Leasingnehmer in Anrechnung zu bringen[1]. Das folgt aus dem Rechtsgedanken des § 255 BGB, der Ausdruck des schadensersatzrechtlichen Bereicherungsverbots ist, wonach der Geschädigte nicht in unangemessener Weise zu Lasten des Schädigers besser gestellt werden soll, als er ohne das Schadensereignis stehen würde[2]. Deshalb ist bei Geltendmachung des Anspruchs auf Erfüllung oder Restamortisation der daneben bestehende Schadensersatzanspruch gegen den Leasingnehmer auf den **Restwert** beschränkt, den er im Falle der Veräußerung nach vertragsgemäßer Rückgabe des Leasingguts hätte erzielen können. Vollstreckungsgläubiger und Leasingnehmer haften insoweit als Gesamtschuldner.

c) Rechte des Leasingnehmers

aa) Rechte gegenüber dem Leasinggeber wegen Nichtintervention

27 Informiert der Leasingnehmer den Leasinggeber über die Pfändung und erhebt der Leasinggeber gleichwohl keine Drittwiderspruchsklage, so steht dieses Verhalten (Unterlassen) keiner Wiederansichnahme des Leasingguts gleich[3]. Unter diesem Gesichtspunkt entfällt die Pflicht des Leasingnehmers zur Zahlung der Leasingraten somit nicht. Jedoch ist der Leasingnehmer wegen **Verletzung der Pflicht des Leasinggebers zur Abwehr des dauerhaften Besitzentzuges am Leasinggut** berechtigt, seine Zahlungen ab dem Zeitpunkt, zu welchem der Leasinggeber frühestens den Antrag auf einstweilige Einstellung der Zwangsvollstreckung hätte beantragen können, gemäß § 326 Abs. 1 BGB auszusetzen.

28 Nach der Rechtsprechung beschränkt sich die den Leasinggeber treffende Gebrauchsüberlassungspflicht nach Übergabe der Sache an den Leasingnehmer wegen der Verlagerung der Sach- und Gegenleistungsgefahr auf die Verpflichtung, den Leasingnehmer nicht im Gebrauch zu stören und ihn bei Störungen durch Dritte zu unterstützen[4]. Die Pflicht zur Abwehr von Störungen ist somit nicht nur leasingvertragliche Nebenpflicht i.S.v. § 241 Abs. 2 BGB, sondern **Hauptleistungspflicht des Leasinggebers**.

29 An dieser Qualifikation vermag auch der Umstand, dass der Leasingnehmer die Pfändung selbst ausgelöst hat, indem er die titulierte Forderung nicht erfüllt hat, nichts zu ändern. Dieser Umstand begründet weder seine alleinige oder weit überwiegende Verantwortlichkeit[5], so dass § 326 Abs. 2

---

1 Vgl. BGH v. 8.10.2003 – VIII ZR 55/03, NJW 2004, 1041, 1042.
2 Vgl. BGH v. 8.10.2003 – VIII ZR 55/03, NJW 2004, 1041, 1042; BGH v. 20.11.1992 – V ZR 279/91, NJW 1993, 593; BGH v. 12.12.1996 – IX ZR 214/95, WM 1997, 335 (unter B II 1c), insoweit in BGHZ 134, 212, nicht abgedr., jew. m.w.N.
3 Vgl. MünchKomm./*Habersack*, Leasing Rz. 130 (in Bezug auf § 504 Abs. 2 Satz 4 BGB).
4 Vgl. BGH v. 30.9.1987 – VIII ZR 226/86, NJW 1988, 198, 199.
5 Vgl. *Palandt/Grüneberg*, § 326 BGB Rz. 9 (Verantwortungsquote von 90 %, mindestens aber 80 % erforderlich).

BGB nicht eingreift. Darüber hinaus ist der Leasingnehmer zur Kündigung des Leasingvertrages gemäß § 543 Abs. 3 BGB berechtigt, wenn der Leasinggeber nicht innerhalb angemessener Abhilfefrist ein gleichwertiges Ersatzleasinggut beschafft. Der Leasinggeber hat keinen Anspruch auf Restamortisation, da er die Kündigung zu vertreten hat.

Die Pflichtverletzung des Leasinggebers berechtigt den Leasingnehmer ferner gemäß § 280 BGB zum Schadensersatz. Er ist so stellen, wie er stehen würde, wenn der Leasinggeber rechtzeitig interveniert hätte. Hätte der Leasinggeber interveniert, wäre der Leasingnehmer nur vorübergehend, bis zur Wiedererlangung des Besitzes am Leasinggut an dessen Gebrauch gehindert worden. Der Leasingnehmer hat somit gemäß § 249 Abs. 2 Satz 1 BGB Anspruch auf Ersatz etwaiger steuerliche Nachteile und von Gewinnausfall sowie der Mietkosten (abzüglich ersparter Leasingraten) für den Zeitraum der voraussichtlichen Wiedererlangung des Leasingguts im Falle der Intervention des Leasinggeber bis zur Ersatzbeschaffung[1]. 30

bb) Schadensersatzansprüche gegen den Vollstreckungsgläubiger

Hatte der Vollstreckungsgläubiger Kenntnis davon, dass es sich bei der gepfändeten Sache um Leasinggut handelte, sind dem Leasingnehmer im Fall der Versteigerung Schadensersatzansprüche gegen den Vollstreckungsgläubiger nach § 823 Abs. 1 BGB zuzubilligen, und zwar unter dem Gesichtspunkt der Verletzung seines rechtmäßigen Besitzes. Zu ersetzen sind die Nachteile, die dem Leasingnehmer durch die Verhinderung der Gebrauchsmöglichkeit entstehen. Steuerliche Nachteile und der Gewinnausfall bzw. die Mietkosten für ein Ersatzleasinggut können nicht erst ab dem Zeitpunkt der voraussichtlichen Wiedererlangung des Leasingguts, sondern bereits ab der Pfändung bis zur Ersatzbeschaffung geltend gemacht werden[2]. 31

Entsprechend der zuvor geschilderten Rechtslage bei Ansprüchen des Leasinggebers gegen den Vollstreckungsgläubiger (Rz. 23) kommt auch hier eine Kürzung bis hin zum Wegfall des Schadensersatzanspruchs unter dem Gesichtspunkt des Mitverschuldens in Betracht, wenn und soweit der Leasingnehmer den Leasinggeber über die Pfändung nicht informiert hat. Hinsichtlich der Wiederbeschaffungskosten und der sonstigen Nachteile ab dem Zeitpunkt der voraussichtlichen Wiedererlangung haften Vollstreckungsgläubiger und Leasinggeber als Gesamtschuldner. 32

d) Zwangsvollstreckung in das Leasinggut durch den Leasinggeber

aa) Zwangsvollstreckung aufgrund eines Zahlungs- oder Herausgabetitels

Die vorstehend aufgezeigten Probleme stellen sich nicht, wenn der Leasinggeber selbst die Zwangsvollstreckung in sein Leasinggut betreibt. So- 33

---

1 Vgl. BGH v. 5.11.1991 – VI ZR 145/91, NJW 1992, 553, 554.
2 Vgl. BGH v. 5.11.1991 – VI ZR 145/91, NJW 1992, 553, 554.

weit sie auf einem Herausgabetitel z.B. nach erfolgter Kündigung des Leasingvertrages beruht, beurteilt sich die Vollstreckung nach § 883 ZPO. Erfolgt die Zwangsvollstreckung aufgrund einer titulierten Geldforderung z.B. wegen offener Leasingraten, geben §§ 803 ff. ZPO das Maß. Die Pfändung darf nicht mit der Begründung abgelehnt werden, das Rechtsschutzinteresse fehle, weil der Leasinggeber an seinen Sachen kein Pfandrecht erwerbe. Der Leasinggeber ist nämlich schon aufgrund der Verstrickung der Sache in der Lage, sie durch Versteigerung zu verwerten und sich den Erlös ausbezahlen zu lassen. Er erspart so sich und dem Leasingnehmer die teurere Herausgabeklage und eigene Verwertungsbemühen[1].

bb) Einstweiliger Rechtsschutz

34 Weigert sich der Leasingnehmer, das Leasinggut nach der Kündigung an den Leasinggeber herauszugeben, und nutzt er das Leasinggut weiter, so stellt sich die Frage, inwieweit der Leasinggeber im Wege des vorläufigen Rechtsschutzes eine einstweilige Verfügung auf Herausgabe des Leasingguts an den Sequester, z.B. den Gerichtsvollzieher als Verwahrer erwirken kann.

35 Maßgeblich für den Erlass einer einstweiligen Verfügung ist das Vorliegen eines Verfügungsgrundes. Entscheidend ist nach § 935 ZPO, ob die Besorgnis besteht, dass durch die Veränderung des bestehenden Zustandes die Verwirklichung der Rechte des Antragstellers vereitelt oder wesentlich erschwert werden könnte. Dies wird sowohl in der Instanzrechtsprechung[2] als auch in der Literatur[3] im Falle der schlichten Weiternutzung des Leasingguts mehrheitlich verneint. Eine Gefährdung des Herausgabeanspruches setze voraus, dass der Leasingnehmer die Sache übermäßig benutze und sie dadurch in ihrer Substanz verändert werde, da der Leasinggeber die mit der schlichten Weiternutzung des Fahrzeuges verbundenen Risiken vertraglich in Kauf nehme und sich durch die Nichtrückgabe nur die dem Leasingvertrag von vornherein innewohnende typische Gefahr einer Leistungsstörung verwirkliche[4].

---

1 H.M.; vgl. *Zöller/Stöber*, § 804 ZPO Rz. 3; *Musielak/Becker*, § 808 ZPO Rz. 5; *Schuschke/Walter*, Vollstreckung und vorläufiger Rechtsschutz, Bd. 2, 3. Aufl. 2005, § 808 ZPO Rz. 7.

2 Vgl. OLG Brandenburg v. v. 13.7.2001 – 6 W 138/01, NJW-RR 2002, 879; OLG Köln v. 25.1.1988 – 12 U 210/87, ZIP 1988, 445; OLG Düsseldorf v. 30.3.1995 – 11 W 10/95, MDR 1995, 635; OLG Dresden v. 21.10.1997 – 17 W 1513/97, MDR 1998, 305; OLG Köln v. 10.1.1997 – 1 W 113-96, NJW-RR 1998, 1588 f.

3 *Stein/Jonas/Grunsky*, § 935 ZPO Rz. 12; *Baumbach/Lauterbach/Albers/Hartmann*, § 935 ZPO Rz. 17; *Thomas/Putzo*, § 935 ZPO Rz. 7; *Schuschke/Walter*, Vollstreckung und vorläufiger Rechtsschutz, Bd. 2, 3. Aufl. 2005, § 935 ZPO Rz. 13 Fn. 57; weitergehend *Gölzenleuchter*, FLF 2004, 83 f.; *Schick*, FLF 2005, 268 ff.

4 Vgl. OLG Brandenburg v. 13.7.2001 – 6 W 138/01, NJW-RR 2002, 879; OLG Köln v. 25.1.1988 – 12 U 210/87, ZIP 1988, 445; OLG Düsseldorf v. 30.3.1995 – 11 W 10/95, MDR 1995, 635; OLG Dresden v. 21.10.1997 – 17 W 1513/97, MDR 1998, 305; OLG Köln v. 10.1.1997 – 1 W 113-96, NJW-RR 1998, 1588 f.; a.A. OLG Düs-

2. Die Zwangsvollstreckung in das Nutzungsrecht des Leasingnehmers

a) Anwendbarkeit von § 857 ZPO

36 Die herrschende Meinung qualifiziert das dem Leasingnehmer vertraglich eingeräumte Nutzungsrecht als selbständiges Vermögensrecht, welches vollstreckungsrechtlich gemäß § 857 Abs. 1 ZPO als **anderes Vermögensrecht** zu behandeln ist[1]. Dieser Ansicht hat sich das OLG Düsseldorf in einem Beschluss aus dem Jahr 1988 angeschlossen[2]. Soweit ersichtlich ist dieser Beschluss die einzige (veröffentlichte) Entscheidung zu dieser Problematik. *Canaris* vertritt dagegen die Auffassung, dass das Nutzungsrecht als Teil des Rechts des Leasingnehmers zum Besitz anzusehen sei, und wendet wegen dessen Verdinglichung §§ 808 ff. ZPO entsprechend an[3]. Zur Begründung führt er aus, bei einer Pfändung nach §§ 857, 835 ZPO sei nicht ersichtlich, in welcher Weise der Pfändungsgläubiger in den Besitz an der Leasingsache gelangen könne.

37 Diese Begründung wird der mietrechtlichen Einordnung des Leasingvertrages nicht gerecht. Wenngleich auch das Nutzungsrecht – worauf sogleich einzugehen sein wird – selbst nicht auf Dritte übertragbar ist, so handelt es sich dennoch um ein (selbständiges) Vermögensrecht i.S.v. § 857 Abs. 1 ZPO. Dies folgt zwingend daraus, dass die Ausübung des Nutzungsrechts in Form der tatsächlichen Gebrauchsüberlassung an Dritte gemäß § 540 Abs. 1 BGB bei Erlaubnis des Leasinggebers zulässig und als solche grundsätzlich der Pfändung nach § 857 Abs. 3 ZPO unterworfen ist.

b) Pfändbarkeit des Nutzungsrechts

38 Ein anderes Vermögensrecht i.S.v. § 857 Abs. 1 ZPO ist unpfändbar, wenn es weder übertragen (§ 851 ZPO), noch die Ausübung des Rechts einem anderen überlassen werden kann (§ 857 Abs. 3 ZPO).

aa) Übertragbarkeit des Nutzungsrechts

39 Die Unübertragbarkeit eines Vermögensrechts kann sich aus dem Gesetz (z.B. § 399 1. Alt. BGB) oder aus einer entsprechenden Vereinbarung mit dem Schuldner (§ 399 2. Alt. BGB) ergeben.

---

seldorf v. 7.12.1983 – 11 U 103/83, MDR 1984, 411 (bezüglich Möbelkauf); LG Ravensburg v. 10.4.1986 – 2 O 519/86, NJW 1987, 139 (bezüglich Computerleasing); LG Braunschweig-KreisG Arnstadt v. 21.1.1993 – 1 O 7/93, MDR 1993, 757.

1 *Borggräfe*, Die Zwangsvollstreckung in bewegliches Leasinggut, S. 96 ff.; *Berninghaus*, in Büschgen, Praxishandbuch Leasing, § 13 Rz. 8; *Wolf/Eckert/Ball*, Rz. 1386; *Zöller/Stöber*, § 857 ZPO Rz. 12; *Musielak/Becker*, § 857 ZPO Rz. 16; a.A. *Martinek/Oechsler* in Schimansky/Bunte/Lwowski, Bankrechts-Handbuch, § 101 Rz. 136; MünchKomm./*Habersack*, Leasing Rz. 131.

2 OLG Düsseldorf v. 17.2.1988 – 3 W 494/87, NJW 1988, 1676 f.

3 *Canaris*, Bankvertragsrecht, Rz. 1776.

(1) § 399 1. Alt. BGB

40 Nach § 399 1. Alt. BGB kann eine Forderung nicht abgetreten werden, wenn die Leistung an einen anderen als den ursprünglichen Gläubiger nicht ohne **Änderung des Leistungsinhalts** erfolgen kann. Eine solche Inhaltsänderung wird nicht nur bei höchstpersönlichen oder unselbständigen akzessorischen Ansprüchen, sondern auch dann angenommen, wenn ein Gläubigerwechsel zwar rechtlich vorstellbar, das Interesse des Schuldners an der Beibehaltung einer bestimmten Gläubigerperson aber besonders schutzwürdig ist[1]. Es muss für den Schuldner entscheidend darauf ankommen, wer die Leistung erbringt. So ist zum Beispiel für den Vermieter von besonderer Bedeutung, wem er den Gebrauch der Mietsache überlassen muss, weshalb der Mieter seine Rechte aus dem Mietvertrag, insbesondere den Anspruch auf Gebrauchsüberlassung, nicht abtreten kann[2]. Im Hinblick auf die Rechtsnatur des Leasingvertrages kann für den Leasingvertrag nichts anderes gelten, so dass das Nutzungsrecht des Leasingnehmers nach **§ 851 Abs. 1 ZPO** unpfändbar ist.

(2) § 399 2. Alt. BGB

41 Soweit in den Leasing-AGB – wie üblich – bestimmt wird, dass der Leasingnehmer die ihm aus dem Leasingvertrag zustehenden Rechte und Ansprüche weder abtreten noch sonst wie übertragen oder verpfänden kann, folgt die Unpfändbarkeit auch aus **§ 851 Abs. 2 ZPO**. Nach dieser Vorschrift kann eine nach § 399 2. Alt. BGB nicht übertragbare Forderung nur dann gepfändet und zur Einziehung überwiesen werden, wenn der geschuldete Gegenstand der Pfändung unterworfen ist. Durch diese Regelung soll verhindert werden, dass der Schuldner vermögenswerte Ansprüche durch Vereinbarung mit dem Drittschuldner der Zwangsvollstreckung entzieht[3]. Da das Leasinggut im Eigentum des Leasinggebers steht und insoweit nicht der auf das Vermögen des Leasingnehmers beschränkten Zwangsvollstreckung unterliegt, steht das vertragliche Übertragungsverbot einer Pfändung des Nutzungsrechts entgegen.

bb) Berechtigung zum Subleasing

42 **§ 857 Abs. 3 ZPO** bestimmt, dass ein unveräußerliches, d.h. unübertragbares Recht der Pfändung insoweit unterworfen ist, als die Ausübung einem anderen überlassen werden kann. Die Befugnis kann sich wie im Fall des Nießbrauchs aus dem Gesetz (vgl. § 1059 Satz 2 BGB) oder aus Vertrag ergeben. Im Fall des Leasings ergibt sich eine Berechtigung des Leasingneh-

1 BGH v. 2.7.2003 – XII ZR 34/02, NJW 2003, 2987; BGH v. 24.10.1985 – VII ZR 31/85, NJW 1986, 713, 714; MünchKomm./Roth, § 399 BGB Rz. 1, 8 ff.; *Staudinger/Busche*, § 399 BGB Rz. 8, 11 ff.

2 Vgl. MünchKomm./*Roth*, § 399 BGB Rz. 24; *Staudinger/Busche*, § 399 BGB Rz. 8; RG v. 26.10.1931 – VIII 117/31, RGZ 134, 91, 96.

3 BGH v. 21.6.1985 – V ZR 37/84, NJW 1985, 2927 f.

mers zur Gebrauchsüberlassung weder aus dem Gesetz noch aus Vertrag. Der Leasingnehmer ist entsprechend dem Untervermietungsverbot gemäß § 540 Abs. 1 Satz 1 BGB ohne Zustimmung des Leasinggebers nicht berechtigt, Dritten im Rahmen des Subleasings die Ausübung des Nutzungsrechts zu überlassen, m.a.W. Dritten den tatsächlichen Gebrauch des Leasingguts zu gewähren[1].

Ein Anspruch des Leasingnehmers gegen den Leasinggeber auf Zustim- 43
mung zum Subleasing aus Treu und Glauben gemäß § 242 BGB und eine daraus abzuleitende Pfändbarkeit des Gebrauchsgewährungsanspruchs sind abzulehnen[2], da die Interessen des Leasinggebers an der Nichtüberlassung grundsätzlich höher zu bewerten sind als die des Leasingnehmers am Subleasing. Der Leasinggeber hat ein rechtlich beachtliches Interesse daran, dass der Leasingnehmer nicht seinerseits im Wege der Untervermietung als Leasinggeber auf dem Markt in Erscheinung tritt. Durch eine Untervermietung würde das Leasinggut zudem einer erhöhten Abnutzung ausgesetzt sein, so dass seine Verwertung nach Ablauf der Grundmietzeit durch den Leasinggeber erschwert wäre[3].

Wollte man dem Leasingnehmer unter gewissen Umständen einen An- 44
spruch auf Zustimmung zum Subleasing zubilligen, hätte dies zudem zur Folge, dass der Leasingnehmer gemäß § 540 Abs. 1 Satz 2 BGB zur Kündigung des Leasingvertrages bei Verweigerung der Erlaubnis berechtigt wäre. Ein solches Kündigungsrecht ließe sich mit dem in der Finanzierungsfunktion wurzelnden Amortisationsprinzip, das den entscheidenden Unterschied zum reinen Mietvertrag ausmacht, nicht vereinbaren. Die volle Amortisation könnte nämlich nicht erreicht werden, wenn der Leasingnehmer schon während der Mindestmietzeit bei verweigerter Zustimmung des Leasinggebers zur Untervermietung das Vertragsverhältnis ohne Ausgleich der weiteren Ratenzahlung kündigen könnte[4]. Ein formularmäßig in den Leasing-AGB enthaltenes Verbot der Nutzungsüberlassung an Dritte benachteiligt den Leasingnehmer somit nicht in unangemessener Weise.

Der Gebrauchsgewährungsanspruch ist deshalb gemäß § 857 Abs. 3 ZPO 45
nur pfändbar, wenn und soweit der Leasinggeber dem Leasingnehmer ausdrücklich, sei es im Leasingvertrag oder im konkreten Einzelfall, die Befugnis eingeräumt hat, das Leasinggut Dritten zum selbständigen Gebrauch zu überlassen. In diesem Fall ist der pfändende Gläubiger verpflichtet, die Leasingraten zu zahlen[5]. Die grundsätzliche Unübertragbarkeit des Gebrauchsgewährungsanspruchs hat zur Folge, dass der Gläubiger das Ge-

1 OLG Düsseldorf v. 17.2.1988 – 3 W 494/87, NJW 1988, 1676; *Graf von Westphalen*, Voraufl., Rz. 1466; *Staudinger/Stoffels*, Leasing Rz. 333.
2 Vgl. *Seifert*, DB-Beilage Nr. 1/1983, 12.
3 Vgl. BGH v. 4.7.1990 – VIII ZR 288/89, NJW 1990, 3016, 3018.
4 Vgl. BGH v. 4.7.1990 – VIII ZR 288/89, NJW 1990, 3016, 3018.
5 Vgl. *Wolf/Eckert/Ball*, Handbuch des gewerblichen Miet-, Pacht- und Leasingrechts, Rz. 1386; *Graf von Westphalen*, Voraufl., Rz. 1468 Fn. 40.

brauchsrecht nicht wie einen veräußerlichen Gegenstand verwerten, sondern sich nur durch Nutzung des Leasingguts befriedigen darf[1].

3. Zwangsvollstreckung in den Mehrerlös-/Restwertanspruch des Leasingnehmers

46 Ist in einem (unkündbaren) Teilamortisationsvertrag eine Mehrerlösbeteiligung des Leasingnehmers vorgesehen, ist diese zukünftige, von der Erzielung eines Mehrerlöses abhängige Forderung gemäß §§ 829, 835 ZPO pfändbar[2]. Als Mehrerlös gilt der Teil des Verkaufserlöses, der bei der Verwertung des Objekts den vereinbarten Restwert oder eine Abschlusszahlung übersteigt. Erlasskonform können dem Leasingnehmer bis zu 75 % des Mehrerlöses vergütet werden. Haben die Parteien des Leasingvertrages eine höhere Beteiligung am Mehrerlös für den Fall vereinbart, dass sie nach Ablauf des Leasingvertrages einen neuen Leasingvertrag abschließen, so können die Gläubiger des Leasinggebers grundsätzlich auch in diese Forderung vollstrecken[3].

47 Sollte die Mehrerlösbeteiligung mit den Leasingraten des neuen Leasingvertrages jedoch verrechnet werden, so kann der Leasinggeber dem Pfändungsgläubiger diese Abrede analog §§ 1275, 412, 404 BGB entgegenhalten[4]. Vorstehendes gilt entsprechend hinsichtlich des Anspruches des Leasingnehmers auf Anrechnung des Verwertungserlöses (Restwert) aus der Veräußerung des Leasingguts auf den Schadensersatz-/Ausgleichsanspruchs des Leasinggebers im Falle vorzeitiger Beendigung des Voll-/Teilamortisationsvertrages[5].

4. Zwangsvollstreckung in das Optionsrecht des Leasingnehmers

48 Bei Leasingverträgen mit **Kauf- oder Verlängerungsoption** des Leasingnehmers stellt sich die Frage, ob und inwieweit Gläubiger des Leasingnehmers in dessen Optionsrecht die Zwangsvollstreckung betreiben können.

---

1 Vgl. BGH v. 20.2.1974 – VIII ZR 20/73, NJW 1974, 796 f. (zur Pfändung eines Grundstücksnießbrauchs).

2 *Graf von Westphalen*, Voraufl., Rz. 1469 ff.; *Staudinger/Stoffels*, Leasing Rz. 333; *Berninghaus*, in Büschgen, Praxishandbuch Leasing, § 13 Rz. 12; *Martinek/Oechsler*, in Schimansky/Bunte/Lwowski, Bankrechts-Handbuch § 101 Rn 136; Münch-Komm./*Habersack*, Leasing Rz. 131; *Canaris*, Bankvertragsrecht, Rz. 1777.

3 Vgl. *Graf von Westphalen*, Voraufl., Rz. 1472.

4 Vgl. *Graf von Westphalen*, Voraufl., Rz. 1473; *Berninghaus*, in Büschgen, Praxishandbuch Leasing, § 13 Rz. 12; *Canaris*, Bankvertragsrecht, Rz. 1177; *Zöller/Stöber*, ZPO, § 836 Rz. 6.

5 Vgl. *Graf von Westphalen*, in Röhricht/Graf von Westphalen, HGB, Leasing, Rz. 200.

a) Meinungsstand

Die Frage ist in der Literatur vor allem in Bezug auf das Kaufoptionsrecht diskutiert und mehrheitlich mit unterschiedlicher Begründung verneint worden. *Graf von Westphalen* ist der Ansicht, das Optionsrecht stelle nur eine künftige Erwerbsmöglichkeit dar, die nicht zum Vermögen des Leasingnehmers zu zählen sei[1]. Ferner hält er eine analoge Anwendung des § 473 BGB, der die Unübertragbarkeit des Vorkaufsrechts manifestiert, für geboten[2]. Schließlich stünde das in den Leasing-AGB enthaltene Übertragungsverbot gemäß § 399 2. Alt. BGB der Pfändung entgegen[3]. Nach *Martinek/Oechsler* und *Habersack* handelt es sich bei der Kaufoption um ein unselbständiges Gestaltungsrecht, das als solches unübertragbar und folglich nicht pfändbar sei[4]. 49

In der Rechtsprechung hat – soweit ersichtlich – bislang lediglich das LG Berlin die Frage nach Pfändbarkeit des Kaufoptionsrechts behandelt. Es hat hierzu festgestellt, dass ein Optionsrecht weder ein Anwartschaftsrecht sei, noch sonstiges pfändbares Vermögen des Schuldners darstelle. Vielmehr sei das Optionsrecht eine nicht zum Vermögen des Schuldners gehörende künftige Erwerbsmöglichkeit, von der der Schuldner Gebrauch machen könne, nicht aber Gebrauch machen müsse[5]. 50

b) Rechtsdogmatische Annäherung

aa) Rechtsnatur des Optionsrechts

In der Vertragspraxis ist das Optionsrecht in der Regel so ausgestaltet, dass sich der Leasingnehmer innerhalb einer bestimmten Frist vor Ablauf der Grundmietzeit entscheiden kann, ob er das Leasinggut zurückgeben oder eine ihm eingeräumte Kauf- oder Verlängerungsoption ausüben will. Der Kauf- oder Verlängerungsvertrag kommt sodann „mit Eingang der schriftlichen Erklärung beim Leasinggeber" zustande[6]. Das Recht, durch eine Wollenserklärung einen Anspruch – hier gerichtet entweder auf Übereignung des Leasingguts oder Fortsetzung der Gebrauchsüberlassung – als unbedingten Anspruch zur Entstehung zu bringen, ist als **Gestaltungsrecht** zu 51

---

1 Vgl. *Graf von Westphalen*, Voraufl., Rz. 1480; *Berninghaus*, in Büschgen, Praxishandbuch Leasing, § 13 Rz. 13.

2 Vgl. *Graf von Westphalen*, Voraufl., Rz. 1477; *Berninghaus*, in Büschgen, Praxishandbuch Leasing, § 13 Rz. 14. Dem ist *Canaris* mit dem Einwand entgegengetreten, die h.L. lasse auch die Pfändung von Wiederkaufs- und übertragbaren Vorkaufsrechten zu, so dass kein Grund ersichtlich sei, bei einem Optionsrecht anders zu entscheiden.

3 Vgl. *Graf von Westphalen*, Voraufl., Rz. 1478; *Berninghaus*, in Büschgen, Praxishandbuch Leasing, § 13 Rz. 15.

4 *Martinek/Oechsler* in Schimansky/Bunte/Lwowski, Bankrechts-Handbuch, § 101 Rn 136; MünchKomm./*Habersack*, Leasing Rz. 131.

5 LG Berlin v. 4.12.1975 – 81 T 536/75, MDR 1976, 409, 410.

6 Vgl. *Stolterfoht*, in Münchener Vertragshandbuch, Form. II.1 Anm. 72.

qualifizieren, weil es seinem Inhaber die „Befugnis zum rechtlichen Können" verleiht[1].

bb) Pfändbarkeit von Gestaltungsrechten

52 Hinsichtlich der Pfändbarkeit von Gestaltungsrechten ist zwischen unselbständigen (akzessorischen) und selbständigen (nicht akzessorischen) Gestaltungsrechten zu unterscheiden. **Akzessorische Gestaltungsrechte** sind nicht pfändbar. Solche Rechte erwirbt der Pfändungspfandgläubiger mit der Pfändung und Überweisung des Hauptrechts[2]. Ob und in welchem Umfang **nicht akzessorische Gestaltungsrechte** der Pfändung unterliegen, hat die Rechtsprechung für die verschiedenen Arten von Gestaltungsrechten unterschiedlich beantwortet[3]. Unpfändbar ist z.B. das Vorkaufsrecht nach § 473 BGB oder § 1094 Abs. 1 BGB, falls die Übertragbarkeit nicht besonders vereinbart ist[4]. Demgegenüber unterliegt das Recht, jederzeit die Rückübertragung und Rückauflassung zu verlangen ebenso wie das Wiederkaufsrecht (§ 456 BGB) der Pfändung[5]. Bei einem Dispositionskredit ist das Abrufsrecht nicht pfändbar[6]. Das Recht aus einem Vertragsangebot kann jedenfalls dann gepfändet werden, wenn dem Angebotsempfänger die Befugnis eingeräumt ist, jenes Recht an einen Dritten abzutreten[7].

cc) Stellungnahme

53 Letztlich bedarf es keiner Entscheidung, ob es sich bei der Kauf- oder Verlängerungsoption um ein akzessorisches Gestaltungsrecht handelt. Für eine solche Einordnung ließe sich anführen, dass es mit dem auf Nutzung des Leasingguts gerichteten Anspruch aus dem Leasingvertrag verbunden ist und es dem Leasingnehmer als Inhaber des Nutzungsrechts eingeräumt wird. Da das Nutzungsrecht unpfändbar ist, würde das Optionsrecht dieses Schicksal zwangsläufig teilen. Auf der anderen Seite bezieht sich die Kaufoption nicht auf das Nutzungsrecht, sondern auf den Erwerb des Leasingguts und ist insoweit gerade nicht als akzessorisches Gestaltungsrecht ausgestaltet, weil sie nicht vom Übereignungsanspruch, sondern umgekehrt der Übereignungsanspruch von der Ausübung der Kaufoption abhängt.

---

1 *Stein/Jonas/Brehm*, § 857 ZPO Rz. 76.
2 BGH v. 20.2.2003 – IX ZR 102/02, NJW 2003, 1858, 1859; BGH v. 21.6.1985 – V ZR 134/84, NJW 1985, 2640, 2641; BGH v. 1.6.1973 – V ZR 134/72, NJW 1973, 1793, 1794.
3 Vgl. BGH v. 20.2.2003 – IX ZR 102/02, NJW 2003, 1858, 1859 m.w.N.
4 RGZ 148, 105, 112.
5 Vgl. BGH v. 20.2.2003 – IX ZR 102/02, NJW 2003, 1858, 1859; *Staudinger/Busche*, § 413 BGB Rz. 11; MünchKomm./*Roth*, § 413 BGB Rz. 11; *Palandt/Grüneberg*, § 413 BGB Rz. 3.
6 Vgl. die Nachweise in BGH v. 22.1.2004 – IX ZR 39/03, NJW 2004, 1444, 1445.
7 RG v. 10.6.1925 – V 511/24, RGZ 111, 46, 47.

Selbst wenn man zumindest das Kaufoptionsrecht als selbständiges Gestaltungsrecht qualifizierte[1], sprächen die besseren Argumente dafür, es als unpfändbar zu anzusehen. Zunächst ist der Hinweis geboten, dass die Einräumung einer Kaufoption in einem Leasingvertrag zwar in ihren Wirkungen Ähnlichkeiten mit dem **Vorkaufs- und Wiederkaufsrecht** aufweist[2], jedoch keinesfalls mit der Vereinbarung eines Vorkaufs- und Wiederkaufsrechts gleichgesetzt werden kann. Weder aus der grundsätzlichen Übertragbarkeit des Wiederkaufsrechts noch aus der grundsätzlichen Unübertragbarkeit des Vorkaufsrechts (§ 473 BGB) lassen sich somit zwingende Schlussfolgerungen in die eine oder andere Richtung ziehen. 54

Die **Pfändbarkeit des ins Belieben des Schuldners gestellten Rechts, jederzeit vom Drittschuldner die Rückübertragung und Rückauflassung zu verlangen**, hat der BGH vor allem damit rechtfertigt, dass die Gläubiger auf das Grundstück hätten zugreifen können, wenn es im Eigentum des Schuldner verblieben wäre. Für das im Vermögen des Schuldners verbliebene uneingeschränkte Recht, die Rückauflassung zu verlangen, könne dann nichts anderes gelten. Andernfalls würde der Rückforderungsvorbehalt stärkeren Vollstreckungsschutz genießen als das Eigentum. Letztlich hat sich der BGH dabei von der ratio legis des § 851 Abs. 2 ZPO leiten lassen. Ebenso wenig wie der Schuldner eine Forderung durch Vereinbarung eines Abtretungsausschlusses mit dem Drittschuldner dem Vollstreckungszugriff seiner Gläubiger entziehen können soll, insoweit der geschuldete Gegenstand der Pfändung unterliegt, soll ein pfändbarer Gegenstand durch Übereignung an den Drittschuldner bei gleichzeitiger Vereinbarung eines jederzeit durch den Schuldner ausübbaren Rechts auf Rückübereignung dem Vollstreckungszugriff des Gläubigers entzogen werden können. 55

Abgesehen von Sale-and-lease-back-Konstellationen und beim sog. „Eintrittsmodell"[3] steht das Leasinggut nicht im Eigentum des Leasingnehmers, so dass der Gedanke des Gläubigerschutzes, der den BGH dazu veranlasst hat, die Pfändbarkeit des Rückforderungsvorbehalts zu bejahen, nicht zum Tragen kommt. Die Ausübung der Kaufoption ist zudem zeitlich auch nicht in das Belieben des Leasingnehmers gestellt. Beide Gestaltungsrechte lassen sich somit nicht miteinander vergleichen, so dass sich aus der Pfändbarkeit des Rückforderungsvorbehalts keine Rückschlüsse hinsichtlich der Zwangsvollstreckung in das Kaufoptionsrecht ziehen lassen. 56

Angesichts der zuvor aufgezeigten Vertragspraxis, die den Anspruch des Leasingnehmers auf Übereignung oder fortgesetzte Gebrauchsüberlassung mit der Ausübung der Option erst entstehen lässt, weist die tatsächliche und rechtliche Lage, in der sich der Leasingnehmer befindet, vielmehr Pa- 57

---

1 So *Teubner/Lelley*, ZMR 1999, 151, 153.
2 Vgl. OLG Köln v. 15.11.2002 – 19 U 74/02, NJW-RR 2003, 375 (zum Ankaufsrecht).
3 Vgl. hierzu MünchKomm./*Habersack*, Leasing Rz. 49 f.; *R. Koch*, in Bülow/Artz, Handbuch Verbraucherprivatrecht, 2003, Kap. 8 Rz. 20.

rallelen zur vereinbarten Einräumung eines Dispositionskredits und dessen Abruf durch den Kreditnehmer auf. Ebenso wie das Optionsrecht ist das Recht des Bankkunden zum Abruf des Kreditbetrages als einseitiges Gestaltungsrecht anzusehen, durch dessen Ausübung der Krediteröffnungsvertrag erst konkretisiert und inhaltlich ausgestaltet wird[1]. Hier wie dort hängt die Entstehung des Anspruchs allein von der persönlichen Entscheidung des Schuldners als Vertragspartner des Drittschuldners ab.

58 Insoweit ist ein Blick auf die **Pfändbarkeit des Rechts des Kreditnehmers zum Abruf eines Dispositionskredits** angezeigt. Nachdem der BGH es zunächst offen gelassen hatte, ob das Recht zum Abruf eines Dispositionskredits selbständig pfändbar ist, hat er in seiner Entscheidung aus dem Jahre 2004 mit der herrschenden Lehre klargestellt, dass der Gläubiger diese Befugnis nicht durch Pfändung des Abrufrechts auf sich übertragen und den Schuldner so zur Begründung einer neuen Verbindlichkeit zwingen könne[2]. Zwar begründe dieser Umstand kein Hindernis für eine wirksame Pfändung, wenn, wie im Falle des Krediteröffnungsvertrags, schon eine Rechtsbeziehung zwischen Schuldner und Drittschuldner bestehe, aus der die spätere Forderung nach ihrem Inhalt und der Person des Drittschuldners bestimmt werden könne[3]. Solange der Schuldner jedoch keine Verfügung über den ihm eingeräumten Kredit vorgenommen habe, habe die Pfändung für den Gläubiger keinen realisierbaren Wert[4].

59 Die vom BGH angeführten Argumente gegen die Pfändbarkeit des Abrufsrechts des Kreditnehmers lassen sich eins-zu-eins auf das Optionsrecht des Leasingnehmers übertragen. Durch dessen Ausübung würde der Vollstreckungsgläubiger in einen fremden Vertrag eingreifen. Die Folge wäre eine systemfremde Verpflichtungsermächtigung, im eigenen Namen eine andere Person zu verpflichten[5]. Ein solcher Eingriff in die Vertragsfreiheit des Schuldners, zu der auch die Freiheit zählt, einen Vertrag nicht abzuschließen, ist – wie das Verbot des Vertrages zu Lasten Dritter zum Ausdruck bringt[6] – mit dem Grundsatz der Privatautonomie nicht vereinbar[7]. Im Ergebnis ist das Optionsrecht somit nicht abtretbar und unpfändbar.

---

1 Vgl. BGH v. 22.1.2004 – IX ZR 39/03, NJW 2004, 1444, 1445; *Lwowski*, in Schimansky/Bunte/Lwowski, Bankrechts-Handbuch, § 77 Rz. 9.

2 BGH v. 22.1.2004 – IX ZR 39/03, NJW 2004, 1444, 1445.

3 Vgl. BGH v. 29.3.2001 – IX ZR 34/00, NJW 2001, 1937, 1938; BGH v. 31.10.2003 – IXa ZB 200/03, NJW 2004, 369.

4 Vgl. BGH v. 22.1.2004 – IX ZR 39/03, NJW 2004, 1444, 1445.

5 Vgl. *Felke*, WM 2002, 1632, 1636; *Bitter*, WM 2001, 889, 891; gegen die Verpflichtungsermächtigung: BGH v. 21.12.1960 – VIII ZR 89/59, BGHZ 34, 122, 125; MünchKomm./*Gottwald*, § 328 BGB Rz. 176; *Staudinger/Schilken*, Vorbem. zu §§ 164 ff. BGB Rz. 70; *Staudinger/Gursky*, § 185 BGB Rz. 104; *Palandt/Heinrichs*, § 185 BGB Rz. 3, jew. m.w.N.

6 Vgl. hierzu MünchKomm./*Gottwald*, § 328 BGB Rz. 172; *Staudinger/Jagmann*, § 328 BGB Rz. 77 ff., jew. m.w.N. auf die Rspr.

7 Vgl. *Bitter*, WM 2001, 889, 891; *Lwowski/Bitter*, in Schimansky/Bunte/Lwowski, Bankrechts-Handbuch, § 33 Rz. 47; *Wagner*, WM 1998, 1657, 1659 f.; *Ganter*,

c) Rechtslage nach Ausübung des Kaufoptionsrechts

Soweit der Leasingnehmer das Kaufoptionsrecht ausübt, erstreckt sich die Pfändung auch auf den daraus resultierenden Anspruch auf Übereignung des Leasingguts gemäß §§ 846 ff. ZPO[1]. Das in den Leasing-AGB enthaltene Abtretungsverbot steht gemäß § 851 Abs. 2 ZPO einer Pfändung nicht entgegen, da der geschuldete Gegenstand insoweit einer Pfändung nach §§ 846 ff. ZPO unterworfen ist. Allerdings stellt sich die Frage, nach der wirtschaftlichen Sinnhaftigkeit der Zwangsvollstreckung. 60

Graf von Westphalen weist zu Recht darauf hin, dass unter Berücksichtigung einer erlasskonformen Kalkulation und Vertragsgestaltung das Entgelt für die Ausübung der Kaufoption an dem gemeinen Wert des Leasingguts nach Ablauf der Grundmietzeit oder der niedrigeren Rest-AfA ausgerichtet ist. Ob unter diesen Verhältnissen ein Pfandgläubiger bereit ist, ein Optionsentgelt zu entrichten, um die Zwangsvollstreckung in den Anspruch auf Übereignung zu betreiben, erscheint fraglich, weil der Pfandgläubiger dadurch regelmäßig nichts „verdient"[2]. Insoweit ist der Hinweis geboten, dass der Leasinggeber materiell-rechtlich zur Abgabe der Übereignungserklärung selbstverständlich nur Zug-um-Zug gegen Zahlung des Kaufpreises verpflichtet ist. 61

5. Zwangsvollstreckung in die abgetretenen Rechte aus dem Kaufvertrag zwischen Leasinggeber und Lieferant

Die infolge der leasingtypischen Ersetzung der mietrechtlichen Sachmängelhaftung des Leasinggebers abgetretenen **kaufvertraglichen Gewährleistungsrechte** unterliegen als Geldforderung (vom Lieferanten zu tragende Aufwendungen im Rahmen der Nacherfüllung, Minderung, Rücktritt und Schadensersatz) insoweit der Pfändung nach §§ 829, 835 ZPO, als sie der Leasingnehmer ausübt, d.h. geltend macht. Die Pfändung und Überweisung der Ansprüche auf Minderung (§ 437 Nr. 2 2. Alt. BGB), Rückzahlung des Kaufpreises (§ 437 Nr. 2 1. Alt. BGB) oder Schadensersatz statt der Leistung (§§ 437 Nr. 3, 440, 281, 280 BGB) sind dem Gläubiger jedoch nicht dienlich, da der Leasingnehmer den Lieferanten nur auf **Rückzahlung an den Leasinggeber** in Anspruch nehmen kann[3]. 62

BankR 2000, 135; 139 ff.; *Bydlinski*, AcP 180 (1980), 1, 32; *Coester-Waltjen*, Jura 2006, 436, 438; BGH v. 14.7.2005 – V ZR 31/94, NJW 2005, 3183, 3184.

1 *Graf von Westphalen*, Voraufl., Rz. 1475; *Berninghaus*, in Büschgen, Praxishandbuch Leasing, § 13 Rz. 12; *Teubner/Lelley*, ZMR 1999, 151, 153.

2 *Graf von Westphalen*, Voraufl., Rz. 1479; *Berninghaus*, in Büschgen, Praxishandbuch Leasing, § 13 Rz. 16; *Canaris*, Bankvertragsrecht, Rz. 1778.

3 Vgl. *Staudinger/Stoffels*, Leasing Rz. 235 ff.; MünchKomm./*Habersack*, Leasing Rz. 81 ff., 103.

II. Zwangsvollstreckung gegen den Leasinggeber

63 Richtet sich die Zwangsvollstreckung gegen den Leasinggeber, kommen, soweit der Leasinggeber das Leasinggut und die Ansprüche aus dem Leasingvertrag nicht zu Refinanzierungszwecken übereignet und abgetreten hat, als Objekte einer Zwangsvollstreckung in Betracht

- das Leasinggut,
- der Rückgabeanspruch des Leasinggebers,
- der Anspruch des Leasinggebers auf Zahlung der Leasingraten und
- das Andienungsrecht des Leasinggebers.

1. Die Zwangsvollstreckung in das Leasinggut

a) Zwangsvollstreckung in bewegliches Leasinggut durch Dritte

64 In der Praxis wird das Leasinggut unmittelbar vom Hersteller/Lieferanten an den Leasingnehmer ausgeliefert wird. **Vor der Auslieferung** können die Gläubiger den Anspruch des Leasinggebers gegenüber dem Lieferanten auf Besitzverschaffung und Eigentumsübertragung nach § 433 Abs. 1 BGB gemäß §§ 829, 846 ZPO pfänden und sich überweisen lassen.

65 **Nach der Auslieferung** kann das Leasinggut beim Leasingnehmer nur gepfändet werden, wenn der Leasingnehmer seinerseits gemäß § 809 ZPO mit der Wegnahme der Sache zum Zwecke der Verwertung einverstanden ist, was der Gerichtsvollzieher durch Befragen festzustellen hat[1]. Da der Leasinggeber eine Investitionsentscheidung des Leasingnehmers ermöglicht hat, wird der Leasingnehmer hierzu regelmäßig nicht bereit sein[2]. Die bloße Duldung des Pfändungsakts reicht nicht aus[3].

66 Will der Gläubiger des Leasinggebers dennoch auf das Leasinggut zugreifen, bedarf es eines auf den Leasingnehmer als Drittgewahrsamsinhaber lautenden Titels, den sich der Gläubiger auf Grund seines Pfändungspfandrechts beschaffen muss. Nur ein solcher Titel vermag den Eingriff des Vollstreckungsorgans in die Rechtssphäre des – am Vollstreckungsverfahren bis dahin unbeteiligten – Leasingnehmers zu rechtfertigen[4].

67 Soweit der Gerichtsvollzieher aufgrund eines Titels gegen den Leasinggeber gleichwohl eine Pfändung in das Leasinggut ausbringt, ist der

---

1 BGH v. 31.10.2003 – IXa ZB 195/03, NJW-RR 2004, 352, 353; *Thomas/Putzo*, § 809 ZPO Rz. 3; *Musielak/Becker*, § 809 ZPO Rz. 4; *Zöller/Stöber*, § 809 ZPO Rz. 6; MünchKomm./*Schilken*, § 809 ZPO Rz. 7; *Baumbach/Lauterbach/Albers/Hartmann*, § 809 ZPO Rz. 6.

2 Vgl. *Staudinger/Stoffels*, Leasing Rz. 333; *Berninghaus*, in Büschgen, Praxishandbuch Leasing, § 13 Rz. 20; *Martinek/Oechsler*, in Schimansky/Bunte/Lwowski, Bankrechts-Handbuch, § 101 Rz. 139.

3 BGH v. 31.10.2003 – IXa ZB 195/03, NJW-RR 2004, 352, 353.

4 Vgl. BGH v. 31.10.2003 – IXa ZB 195/03, NJW-RR 2004, 352, 353.

Leasingnehmer nach § 766 ZPO wegen Verletzung seines Gewahrsams erinnerungs- und nach § 793 ZPO beschwerdebefugt[1]. Zur Erhebung der Drittwiderspruchsklage ist er nicht berechtigt, weil der Besitz des Leasingnehmers nicht als ein die Veräußerung hinderndes Recht i.S.v. § 771 ZPO anzusehen ist (Rz. 12). Demgegenüber kann die refinanzierende Bank, der das Leasinggut zur Sicherheit übereignet worden ist, gegen eine Pfändung erfolgreich mit der Drittwiderspruchsklage vorgehen[2].

b) Zwangsvollstreckung in Immobilien

Die Zwangsvollstreckung in ein Grundstück erfolgt gemäß § 866 Abs. 1 ZPO durch **Eintragung einer Sicherungshypothek** für die Forderung, durch **Zwangsversteigerung** und **Zwangsverwaltung**. Da die Eintragung einer Hypothek nur Vorstufe der Verwertung ist (§ 867 Abs. 3 ZPO), wird sie hier nicht weiter behandelt. 68

aa) Zwangsversteigerung

Während bewegliches Leasinggut während der Laufzeit des Leasingvertrages dem Vollstreckungszugriff durch Gläubiger des Leasinggebers entzogen ist, stellt sich die Rechtslage bei geleasten Immobilien anders dar. Zwar endet der Leasingvertrag gemäß § 57 ZVG i.V.m. § 566 BGB nicht automatisch mit dem Zuschlag des verleasten Grundstücks in einer von Gläubigern des Leasinggebers betriebenen Vollstreckungsversteigerung, sondern wird zwischen dem Ersteher und dem Leasingnehmer fortgesetzt[3]. Der Ersteher hat jedoch nach § 57a ZVG ein einmaliges **Sonderkündigungsrecht** für den ersten auf den Zuschlag folgenden Termin unter Einhaltung der gesetzlichen Kündigungsfrist[4]. Der gegenüber § 57a ZVG vorrangige Mieterschutz für Miet-Wohnräume (§§ 573, 574 BGB) kommt bei zu gewerblichen Zwecken geleasten Immobilien nicht zum Tragen. 69

Zu beachten ist, dass die **Kündigungsschutzregelung** in § 57c ZVG durch das 2. Justizmodernisierungsgesetz mit Wirkung vom 1.2.2007 aufgehoben worden ist[5]. Somit ist das Kündigungsrecht nicht mehr suspendiert, wenn der Leasingnehmer sich am Aufbau des Grundstücks finanziell beteiligt hat, sei es durch eine Vorauszahlung, ein Aufbaudarlehen oder einen verlorenen Baukostenzuschuss, solange die Vorauszahlung oder das Darlehen 70

---

1 Vgl. OLG Düsseldorf v. 8.11.1996 – 3 W 454/96, NJW-RR 1997, 998, 999.

2 Vgl. *Berninghaus*, in Büschgen, Praxishandbuch Leasing, § 13 Rz. 21; *Martinek*, Moderne Vertragstypen, Bd. I, S. 218; *Staudinger/Stoffels*, Leasing Rz. 334.

3 Vgl. *Berninghaus*, in Büschgen, Praxishandbuch Leasing, § 13 Rz. 23.

4 Vgl. auch MünchKomm./*Habersack*, Leasing Rz. 114; *Staudinger/Stoffels*, Leasing Rz. 335; *Martinek/Oechsler*, in Schimansky/Bunte/Lwowski, Bankrechts-Handbuch, § 101 Rz. 139.

5 BGBl. I, 3416.

auf fällige Leasingraten zu verrechnen oder ein verlorener Zuschuss nicht durch die bisherige Vertragsdauer als getilgt anzusehen ist[1].

71 Macht der Vollstreckungsgläubiger von seinem Kündigungsrecht Gebrauch und muss der Leasingnehmer deshalb räumen, schuldet der Leasinggeber dem Leasingnehmer **Schadensersatz wegen eines Rechtsmangels** gemäß § 536a BGB[2].

bb) Zwangsverwaltung

72 Durch die Anordnung der Zwangsverwaltung (Beschlagnahme) verliert der Leasinggeber sein Recht auf die Verwaltung und Nutzung des Grundstücks (§ 148 Abs. 2 ZVG). Dieses Recht geht auf den Verwalter über. Nach der Beschlagnahme abgeschlossene Leasingverträge sind gegenüber dem Zwangsverwalter nach §§ 135, 136 BGB relativ unwirksam. Im Zeitpunkt der Beschlagnahme bestehende Leasingverhältnisse sind nach § 152 Abs. 2 ZVG dem Verwalter gegenüber wirksam. Der mittelbare Besitz geht auf ihn über[3]. Er hat kein Sonderkündigungsrecht gemäß § 57a ZVG.

2. Zwangsvollstreckung in den Rückgabeanspruch

a) Bewegliches Leasinggut

73 Der Rückgabeanspruch des Leasinggebers gegen den Leasingnehmer ist nach §§ 846, 829 ff. ZPO – gleichgültig, ob dieser vertraglicher (§ 546 BGB) oder gesetzlicher Natur (§§ 812, 985 BGB) ist – pfändbar. Beruht der Rückgabeanspruch auf § 985 BGB, richtet sich die Pfändung nach § 857 Abs. 3 ZPO[4]. Analog §§ 535, 986 Abs. 1, 1275, 412, 404 BGB kann der Leasingnehmer den pfändenden Gläubigern unabhängig davon, ob es sich um einen Voll- oder Teilamortisationsvertrag handelt, sein Recht zum Besitz entgegenhalten. Dasselbe gilt im Falle der Ausübung einer leasingvertraglich vereinbarten Verlängerungsoption.

74 Übt der Leasingnehmer eine im Leasingvertrag vereinbarte Kaufoption aus, entfällt der Herausgabeanspruch des Leasinggebers und die Pfändung geht ins Leere[5]. Dass dieser Anspruch bei bestehendem Leasingverhältnis nicht fällig ist, steht der Pfändung nicht entgegen. Für den Rückgabeanspruch bleibt jedoch weiterhin die materielle Rechtslage maßgeblich. Erst nach Beendigung des Leasingvertrages ist der Gläubiger berechtigt, Herausgabe

1 Vgl. *Wolf/Eckert/Ball*, Handbuch des gewerblichen Miet-, Pacht- und Leasingrechts, Rz. 1403 ff.
2 Vgl. *Wolf/Eckert/Ball*, Handbuch des gewerblichen Miet-, Pacht- und Leasingrechts, Rz. 1411.
3 Vgl. OLG München v. 12.10.1990 – 21 U 2274/90, ZMR 1991, 106.
4 Vgl. *Palandt/Bassenge*, § 985 BGB Rz. 1.
5 *Graf von Westphalen*, Voraufl., Rz. 1491.

des Leasingguts zu verlangen. Ihm steht nicht das Recht zur (außer-)ordentlichen Kündigung des Leasingvertrages zu.

b) Immobilien

Der Anspruch des Leasinggebers auf Herausgabe des Grundstücks (Räumung) kann gemäß §§ 886, 829, 835 ZPO gepfändet und dem Gläubiger zur Einziehung überwiesen werden. Leistet der Leasingnehmer nach der Pfändung und Überweisung nicht, kann der Gläubiger gegen ihn auf Herausgabe klagen und bei Erhalt eines Titels aus diesem die Herausgabevollstreckung nach §§ 883 ff. ZPO betreiben. 75

3. Zwangsvollstreckung in den Anspruch auf Zahlung der Leasingraten

a) Bewegliches Leasinggut

Der Anspruch des Leasinggebers auf Zahlung der **Leasingraten** ist nach §§ 829, 835 ZPO pfändbar und zur Einziehung überweisbar. Die Pfändung umfasst im Zweifel auch den nach Vertragsende an die Stelle der Leasingraten tretenden Anspruch auf **Nutzungsentschädigung** für den Fall, dass der Leasingnehmer die Nutzung fortsetzt[1], nicht hingegen **Schadensersatzansprüche** des Leasinggebers nach vorzeitiger Vertragsbeendigung[2]. Die Pfändung nimmt dem Leasinggeber nach § 829 Abs. 3 ZPO grundsätzlich das Recht, gestaltend auf den Leasingvertrag einzuwirken[3]. 76

Zahlt der Leasingnehmer nicht freiwillig an den pfändenden Gläubiger, so kann dieser auch Leistung an sich erzwingen. Dabei ist zu beachten, dass der Anspruch sich nur auf die in aller Regel monatliche Zahlung der Leasingraten erstreckt. Die vorzeitige Fälligkeit von Leasingraten kann der pfändende Gläubiger des Leasingvertrages nur herbeiführen, wenn und soweit der Leasingvertrag für den Leasinggeber eine Kündigungsmöglichkeit mit dieser Rechtsfolge wirksam vorsieht und der Gläubiger gegenüber dem Leasingnehmer die Kündigung erklärt[4]. 77

Wie zu Eingang der Darstellung angemerkt, unterliegt der Anspruch auf Zahlung der Leasingraten nur selten dem Zugriff der Gläubiger, da der Leasinggeber diesen Zahlungsanspruch in der Regel als Sicherheit an die refinanzierende Bank abgetreten hat. Dies gilt nur dann nicht, wenn der Nachweis erbracht werden kann, dass die refinanzierende Bank übersichert ist, so dass dann ein Anspruch auf Freigabe besteht. Unter dieser Voraussetzung muss der Gläubiger des Leasinggebers dessen **Anspruch auf Freigabe** 78

---

1 Vgl. BGH v. 9.12.1998 – XII ZR 170/96, NJW 1999, 715, 716; *Zöller/Stöber*, § 829 ZPO Rz. 33.
2 Vgl. *Wolf/Eckert/Ball*, Rz. 1386 (bezogen auf Miete).
3 Vgl. *Zöller/Stöber*, § 829 ZPO Rz. 18.
4 Vgl. *Zöller/Stöber*, § 836 ZPO Rz. 4.

gleichzeitig mit den Leasingraten pfänden und sich zur Einziehung überweisen lassen (§§ 857, 829, 835 ZPO)[1].

79 Im Zeitpunkt der Pfändung bestehende **Einwendungen des Leasingnehmers** bleiben analog §§ 1275, 412, 404 BGB unberührt. Hinsichtlich der **Aufrechnung** gilt die Sonderregelung in § 392 BGB. Danach ist infolge der Pfändung die Aufrechnung gegen die Leasingforderung nur dann ausgeschlossen, wenn der Leasingnehmer seine Forderung gegen den Leasinggeber erst nach der Pfändung erworben hat oder seine Forderung erst nach der Pfändung oder später als die gepfändete Forderung fällig wird.

b) Immobilien

80 Beim Immobilienleasing gilt es hinsichtlich der Pfändung des Zahlungsanspruchs nachstehende Besonderheiten zu berücksichtigen.

aa) Verhältnis zur Immobiliarzwangsvollstreckung

81 Da die Ansprüche auf Zahlung der Leasingraten nach § 1123 BGB in die Haftung der Grundpfandrechte einbezogen sind, sind sie gemäß § 865 Abs. 1 ZPO Gegenstand der Immobiliarvollstreckung, und zwar ab dem Zeitpunkt, zu dem ihre Beschlagnahme angeordnet ist (§ 865 Abs. 2 Satz 2 ZPO). Sie bleiben somit pfändbar, solange nicht die **Zwangsverwaltung** des Grundstücks beschlossen ist (§ 148 Abs. 1 ZVG). Die Pfändung von Leasingraten bleibt hingegen zulässig, wenn das Grundstück zum Zweck der **Zwangsversteigerung** beschlagnahmt ist (§ 21 Abs. 2 ZVG). Erst ab Zuschlag steht dem Ersteigerer nach § 56 ZVG die Nutzung des ersteigerten Grundstücks zu. Er ist insbesondere berechtigt, Zahlung der Leasingraten an sich zu verlangen[2].

bb) Vollstreckungsschutz zugunsten des Leasinggebers beim Immobilienleasing

82 Zum Schutz des Vermieters oder Verpächters eines Grundstücks bestimmt **§ 851b ZPO**, dass die Pfändung von Mietforderungen auf seinen Antrag hin aufzuheben ist, soweit die Mieteinnahmen zur Unterhaltung des Grundstücks, zur Vornahme notwendiger Instandsetzungsarbeiten oder zur Befriedigung vorgehender Rechte (§ 10 ZVG), insbesondere zur Begleichung öffentlicher Lasten oder von Ansprüchen der Realgläubiger, unentbehrlich sind[3]. Diese Regelung greift aufgrund der materiellrechtlichen Gleichstellung des Leasings mit der Miete[4] auch zugunsten des Leasinggebers ein.

---

1 *Graf von Westphalen*, Voraufl., Rz. 1495; *Berninghaus*, in Büschgen, Praxishandbuch Leasing, § 13 Rz. 25.
2 Vgl. OLG Celle v. 27.1.1978 – 2 U 112/77, ZMR 1978, 342.
3 Zu den Voraussetzungen im Einzelnen siehe MünchKomm./*Smid*, § 851b ZPO Rz. 7 ff.; *Baumbach/Lauterbach/Albers/Hartmann*, § 857b ZPO Rz. 2 ff.; *Zöller/Stöber*, § 857b ZPO Rz. 3.
4 Vgl. BGH v. 5.4.1978 – VIII ZR 42/77, NJW 1978, 1383, 1384.

Unentbehrlichkeit ist zu bejahen, wenn dem Leasinggeber keine andere Mittel zur Verfügung stehen[1]. Dass er die Einnahmen regelmäßig zu den genannten Zwecken verwendet, reicht nicht aus. Der Leasinggeber muss also seine sonstigen Vermögensverhältnisse offen legen, wenn er den Antrag stellt[2]. Dies muss innerhalb einer Frist von zwei Wochen nach Zustellung des Pfändungs- und Überweisungsbeschlusses geschehen (§ 813b Abs. 2 ZPO). Der Leasinggeber wird sich nur in den Fällen, in denen er die Leasingraten zur Befriedigung vorgehender Rechte benötigt, auf § 851b ZPO berufen können, da er die Pflicht zur laufenden Unterhaltung des Grundstücks und Vornahme notwendiger Instandsetzungsarbeiten auf den Leasingnehmer abgewälzt hat. 83

4. Zwangsvollstreckung in das Andienungsrecht

Das Andienungsrecht des Leasinggebers ist das Gegenstück zur Kaufoption des Leasingnehmers. Es gelten deshalb die gleichen Grundsätze (Rz. 48 ff.). Das Andienungsrecht ist nicht selbständig pfändbar, sondern nur der in Ausübung des Andienungsrechts entstehende Kaufpreisanspruch gegen den Leasingnehmer. 84

1 KG v. 21.4.1969 – 1 W 1940/69, NJW 1969, 1860.
2 Vgl. *Wolf/Eckert/Ball*, Rz. 1388.

P. Leasing in der Insolvenz

1 Die Insolvenzordnung sieht keine speziellen Vorschriften für die Abwicklung von Leasingverträgen im Falle der Insolvenz des Leasingnehmers oder Leasinggebers vor. Es finden somit die allgemein für gegenseitige Verträge und – aufgrund der **insolvenzrechtlichen Gleichstellung des Leasings mit der Miete**[1] – die speziell für die Abwicklung von Mietverträgen geltenden Vorschriften der Insolvenzordnung Anwendung. Von besonderer praktischer Bedeutung für die Leasingpraxis sind folgende Regelungen:

- § 103 InsO (Wahlrecht des Insolvenzverwalters)
- § 105 InsO (Teilbare Leistungen)
- § 108 InsO (Fortbestehen von Dauerschuldverhältnissen)
- § 109 InsO (Schuldner als Mieter oder Pächter)
- § 110 InsO (Schuldner als Vermieter oder Verpächter)
- § 111 InsO (Veräußerung des Miet- oder Pachtobjekts)
- § 112 InsO (Kündigungssperre)
- § 119 InsO (Unwirksamkeit abweichender Vereinbarungen)

2 Im Folgenden soll zunächst die Abwicklung von Leasingverträgen im Falle der **Insolvenz des Leasingnehmers** behandelt werden. Sodann wird auf die **Insolvenz des Leasinggebers** eingegangen, soweit es nicht um die Stellung der ihn refinanzierenden Bank geht. Letztere ist Gegenstand des Kapitels „Refinanzierung" (Kap. Q Rz. 80 ff.). Schließlich werden die Auswirkungen der **Insolvenz des Herstellers/Lieferanten** auf den Leasingvertrag beleuchtet.

I. Insolvenz des Leasingnehmers

3 In der Insolvenz des Leasingnehmers stellt sich für den Leasinggeber vornehmlich die Frage, ob er zur **Kündigung des Leasingvertrages** berechtigt ist und **Rückgabe des Leasingguts** verlangen kann. Ferner ist für ihn von Bedeutung, ob er (rückständige) Leasingraten, Ansprüche auf Nutzungsentschädigung und/oder Schadensersatzforderungen als bloße **Insolvenzforderung** oder als **Masseverbindlichkeit** geltend machen kann. Die bezüglich dieser Fragen relevanten Regelungen der Insolvenzordnung knüpfen zum Teil an den Zeitpunkt der Stellung des Insolvenzantrages und zum Teil an die Eröffnung des Insolvenzverfahrens an.

---

1 Vgl. BGH v. 5.4.1978 – VIII ZR 42/77, NJW 1978, 1383, 1384.

1. Recht des Leasinggebers zur Beendigung des Leasingverhältnisses

a) Beschränkung des Kündigungsrechts des Leasinggebers

aa) Zäsurwirkung des Insolvenzantrags

Der Insolvenzantrag des Leasingnehmers oder ein gegen ihn gerichteter Antrag von dritter Seite beschränken das Kündigungsrecht des Leasinggebers gemäß § 112 InsO dahingehend, dass er auf Tatsachen, die an die finanzielle Leistungsfähigkeit des Leasingnehmers anknüpfen und **vor Antragstellung** eingetreten sind, weder während des Insolvenzantragsverfahrens noch nach Eröffnung des Insolvenzverfahrens zur Begründung einer fristlosen Kündigung zurückgreifen kann. 4

§ 112 InsO untersagt die Kündigung eines Miet- oder Pachtverhältnisses, das der Schuldner „eingegangen" war. Die **Kündigungssperre** greift somit bereits mit **Abschluss des Leasingvertrages** ein. Nicht erforderlich ist der Vollzug des Leasingvertrages, der mit der Überlassung des Leasingguts an den Leasingnehmer eintritt (zu den Besonderheiten beim Immobilienleasing s. Rz. 76 ff.)[1]. 5

Zweck der Kündigungssperre ist es, nachteilige Auswirkungen auf die Insolvenzabwicklung als Folge des Vermögensverfalls des Leasingnehmers abzuwenden. Der (vorläufige) Insolvenzverwalter soll davon ausgehen können, dass die wirtschaftliche Einheit der im Besitz des Leasingnehmers stehenden Güter nicht zur Unzeit auseinander gerissen wird und diese zunächst in seinem Verfügungsbereich bleiben[2]. Die Kündigungssperre gilt sowohl für **Leasingverträge über bewegliche Wirtschaftsgüter** als auch für **Immobilienleasingverträge**[3]. Sie endet, wenn der Antrag auf Eröffnung des Verfahrens rechtskräftig abgewiesen oder zurückgenommen wird[4]. Gleiches gilt im Falle der Rücknahme des Insolvenzantrags[5]. Zu beachten ist, dass eine **vor Antragstellung** zugegangene begründete Kündigung wirksam bleibt[6]. 6

(1) Verzug und Vermögensverschlechterung

Die Kündigungssperre des § 112 InsO betrifft den Verzug und die Vermögensverschlechterung des Schuldners. § 112 Nr. 1 InsO bestimmt, dass 7

---

1 Vgl. *Uhlenbruck/Sinz*, § 108 InsO Rz. 59; *Uhlenbruck/Berscheid*, § 112 Inso Rz. 9; *Wolf/Eckert/Ball*, Handbuch des gewerblichen Miet-, Pacht- und Leasingrechts, Rz. 1485; *Kübler/Prütting/Tintelnot*, § 112 Inso Rz. 4; a.A. HK/*Marotzke*, § 112 InsO Rz. 5 f.; *Eckert*, ZIP 1996, 897, 899; FK/*Wegener*, § 112 InsO Rz. 3; *Nerlich/Römermann/Balthasar*, § 112 InsO Rz. 11.

2 Begründung zu § 126 RegE, BT-Drucks. 12/2443, S. 148.

3 Vgl. *Uhlenbruck/Sinz*, § 108 InsO Rz. 51; *Eckert*, ZIP 1996, 897, 897.

4 Vgl. HK/*Marotzke*, § 112 InsO Rz. 14; *Uhlenbruck/Berscheid*, § 112 InsO Rz. 16.

5 Vgl. *Uhlenbruck/Berscheid*, § 112 InsO Rz. 16.

6 Vgl. *Uhlenbruck/Berscheid*, § 112 InsO Rz. 7; FK/*Wegener*, § 112 InsO Rz. 2; *Eckert*, ZIP 1996, 897, 898.

ab dem Zeitpunkt der Antragstellung der Leasinggeber nicht mehr berechtigt ist, den Leasingvertrag wegen **Verzuges** mit der Entrichtung der Leasingraten, der in der Zeit vor dem Insolvenzantrag eingetreten ist, zu kündigen. Diese Regelung bezieht sich in erster Linie auf § 543 Abs. 2 Satz 1 Nr. 3 BGB und entsprechende Kündigungsklauseln in den Leasing-AGB. Hat der Leasingnehmer nach Zugang der Kündigungserklärung, jedoch vor Fristablauf der (aufschiebenden) Bedingung der Begleichung des Rückstands einen Antrag auf Eröffnung des Insolvenzverfahrens eingereicht, wird die Kündigung wegen der Sperre des § 112 Nr. 1 InsO nicht wirksam[1]. Lagen die Voraussetzungen des § 543 Abs. 2 Satz 1 Nr. 3 BGB schon vor Antragstellung vor, war die Kündigung dem Leasingnehmer aber noch nicht zugegangen, greift die Sperre ebenfalls ein[2].

8 § 112 Nr. 2 InsO schließt darüber hinaus eine Kündigung wegen **Verschlechterung der Vermögensverhältnisse** des Leasingnehmers aus. Diese Vorschrift erfasst insbesondere die Kündigung aufgrund vertraglicher Kreditunwürdigkeitsklauseln sowie den für das nicht vollzogene Leasingverhältnis in Betracht zu ziehenden Rücktritt gemäß § 321 Abs. 2 BGB[3]. Von § 112 InsO abweichende Individual- oder Formularvereinbarungen sind gemäß **§ 119 InsO** unwirksam.

(2) Sonstige Vertragsverletzungen

9 Unberührt von § 112 InsO und folglich auch von § 119 InsO bleiben formularmäßig begründete Kündigungsrechte des Leasinggebers wegen sonstiger Vertragsverletzungen des Leasingnehmers wie z.B. die **Verwendung des Leasingguts als Kreditsicherheit**[4]. Der Leasinggeber ist auch nicht daran gehindert, den Leasingvertrag wegen **arglistiger Täuschung** nach § 123 BGB anzufechten, wenn der Leasingnehmer bei Vertragsschluss seine desolaten Vermögensverhältnisse verschwiegen hatte. Wegen der Unredlichkeit verdient der Leasingnehmer nicht den Schutz des § 112 InsO[5].

(3) Adressat der Kündigung

10 Die Kündigung ist an den **vorläufigen Insolvenzverwalter** zu richten, wenn das Insolvenzgericht dem vorläufigen Insolvenzverwalter gemäß §§ 21 Abs. 2 Nr. 2 1. Alt., 22 Abs. 1 InsO die Verwaltungs- und Verfügungsbefugnis übertragen hat (sog. „starker" vorläufiger Insolvenzverwalter). In aller

1 Vgl. KG v. 10.2.2003 – 8 U 140/02, GE 2003, 740.
2 Vgl. Begründung zu § 126 RegE/§ 112 InsO, BT-Drucks. 12/2443, S. 148, abgedruckt in: *Kübler/Prütting*, Das neue Insolvenzrecht, S. 304.
3 Vgl. *Wolf/Eckert/Ball*, Handbuch des gewerblichen Miet-, Pacht- und Leasingrechts, Rz. 1487; OLG Karlsruhe v. 26.7.2002 – 14 U 207/00 (zu § 8 Nr. 2 VOB/B).
4 Vgl. BGH v. 9.3.2005 – VIII ZR 394/03, NJW 2005, 2552, 2554; *Uhlenbruck/Sinz*, § 108 InsO Rz. 54; *Engel*, FLF 2005, 272, 275; *Obermüller/Livonius*, DB 1995, 27, 27; *Schwemer*, ZMR 2000, 348, 349.
5 Vgl. *Wolf/Eckert/Ball*, Handbuch des gewerblichen Miet-, Pacht- und Leasingrechts, Rz. 1484.

Regel bestimmt es jedoch einen vorläufigen Insolvenzverwalter ohne diese Befugnis (sog. „schwacher" vorläufiger Insolvenzverwalter, § 21 Abs. 2 Nr. 1 InsO), ordnet jedoch einen Zustimmungsvorbehalt an (§ 21 Abs. 2 Nr. 2 2. Alt. InsO) oder trifft sonstige Maßnahmen zur Sicherung der Masse (§ 21 Abs. 1 InsO)[1]. In diesem Fall ist die Kündigung an den **Leasingnehmer** zu richten[2].

bb) Rechtslage im Insolvenzantragsverfahren

(1) Verzugseintritt

Die Kündigungssperre des § 112 InsO bezweckt nur die Erhaltung des Zustandes, wie er bei Antragstellung bestand, und will die einseitige Veränderung der Rechtslage zugunsten des Leasinggebers verhindern[3]. Die **nach dem Eröffnungsantrag fällig werdenden Raten** müssen somit aus dem Schuldnervermögen wieder **vertragsgerecht gezahlt werden**, wenn die Nutzungsmöglichkeit für die Insolvenzmasse erhalten bleiben soll. Bei einem zum Zeitpunkt der Antragstellung noch nicht vollzogenen Leasingverhältnis ist der Leasinggeber deshalb nach § 321 BGB berechtigt, die von ihm geschuldete Überlassung des Leasingguts von einer Sicherheitsleistung abhängig zu machen[4]. 11

Gerät der Leasingnehmer/vorläufige Insolvenzverwalter **nach Antragstellung** mit der Entrichtung der Leasingraten in Verzug i.S.v. § 543 Abs. 2 Satz 1 Nr. 3 BGB, so ist der Leasinggeber deshalb berechtigt, den Leasingvertrag fristlos zu kündigen[5]. Der Verzug des Leasingnehmers/vorläufigen Insolvenzverwalters ist nicht etwa dadurch ausgeschlossen, dass regelmäßig erst der für das eröffnete Verfahren bestellte endgültige Insolvenzverwalter nach §§ 103 ff. InsO über das rechtliche Schicksal des Leasingvertrages in der Insolvenz entscheidet[6]. § 112 InsO mutet dem Leasinggeber somit äußerstenfalls einen (weiteren) Ausfall der Leasingraten für **zwei Monate** zu. 12

---

1 Zu dieser Praxis: BGH v. 18.7.2002 – IX ZR 195/01, NJW 2002, 3326, 3329; HK/*Kirchhof*, § 22 InsO Rz. 45; *Uhlenbruck/Uhlenbruck*, § 21 InsO Rz. 24; FK/*Schmerbach*, § 21 InsO Rz. 29a.

2 Vgl. *Wolf/Eckert/Ball*, Handbuch des gewerblichen Miet-, Pacht- und Leasingrechts, Rz. 1490, 1491.

3 Vgl. *Kübler/Prütting/Tintelnot*, § 112 InsO Rz. 4; HK/*Marotzke*, § 112 InsO Rz. 12; *Wolf/Eckert/Ball*, Handbuch des gewerblichen Miet-, Pacht- und Leasingrechts, Rz. 1491.

4 Vgl. *Wolf/Eckert/Ball*, Handbuch des gewerblichen Miet-, Pacht- und Leasingrechts, Rz. 1491; HK/*Marotzke*, § 112 InsO Rz. 12 f.

5 Vgl. BGH v. 21.12.2006 – IX ZR 66/05, NJW 2007, 1591, 1592; BGH v. 9.3.2005 – VIII ZR 394/03, NJW 2005, 2552, 2554; BGH v. 18.7.2002 – IX ZR 195/01, NJW 2002, 3326, 3330 f.; OLG Celle v. 24.6.2003 – 2 W 73-03, BeckRS 2003 06507; OLG Celle v. 6.2.2002 – 2 U 201/01, ZIP 2002, 993; Begr. RegE InsO, BT-Drucks. 12/2443, S. 71, 148.

6 BGH v. 18.7.2002 – IX ZR 195/01, NJW 2002, 3326, 3331; a.A. *Kübler/Prütting/Tintelnot*, § 112 InsO Rz. 12.

13 Da auf alle Verzugstatsachen, die vor Antragstellung eingetreten sind, zur Begründung einer fristlosen Kündigung während des vorläufigen Insolvenzverfahrens nicht mehr zurückgegriffen werden darf, müssen die Voraussetzungen für eine Kündigung wegen Verzuges **vollständig im Zeitraum nach dem Eröffnungsantrag erfüllt sein**. Zahlungsrückstände aus dem Zeitraum davor bleiben außer Betracht. Es genügt daher nicht, dass lediglich eine Leasingrate nach Insolvenzantragsstellung rückständig ist und der Tatbestand des § 543 Abs. 2 Satz 1 Nr. 3 BGB erst zusammen mit weiteren rückständigen Leasingraten vor Verfahrensbeginn erfüllt wird[1].

(2) Heilung des Verzugs

14 Zahlt der **Leasingnehmer/vorläufige Insolvenzverwalter** noch **vor Zugang der Kündigungserklärung** des Leasinggebers die rückständigen Leasingraten, so werden der eingetretene Verzug und damit auch das Kündigungsrecht des Leasinggebers gemäß § 543 Abs. 2 Satz 2 BGB wieder beseitigt. Der Leasinggeber muss jedoch mit der Anfechtung einer solchen Zahlung durch den endgültigen Insolvenzverwalter rechnen[2], wenn er die Zahlungen vom **Leasingnehmer/„schwachen" vorläufigen Insolvenzverwalter** annimmt[3].

15 Zwar ist nach der Rechtsprechung des BGH jeder Schuldner/„schwache" vorläufige Insolvenzverwalter im Rahmen seiner Verwaltungstätigkeit zur vertragsgerechten Zahlung der nach dem Eröffnungsantrag fällig werdenden Raten im Zweifel befugt, wenn die **Nutzungsmöglichkeit für die Insolvenzmasse** erhalten bleiben soll[4]. Dies gilt unabhängig davon, ob die Zahlungspflicht im Falle eines später eröffneten Insolvenzverfahrens den Charakter einer Masseverbindlichkeit gemäß § 55 Abs. 2 InsO erlangt, was nur bei Rechtshandlungen „starker" vorläufiger Insolvenzverwalter der Fall ist. Denn die **Erhaltung nützlicher Bestandteile** des Schuldnervermögens **gehört zu jeder ordnungsgemäßen vorläufigen Insolvenzverwaltung**[5].

16 Sind von der Aufrechterhaltung des Leasingvertrages **mehr Vor- als Nachteile** zu erwarten, so darf auch ein Leasingnehmer/„schwacher" vorläufiger

1 Vgl. *Eckert*, ZIP 1996, 897, 898; *Sinz* in Kölner Schrift zur InsO, S. 593 ff. Rz. 8; *Kalkschmid*, Immobilienleasing in der Insolvenz, Rz. 338.

2 Nach allg. M. kann der Insolvenzverwalter Rechtshandlungen nach den Vorschriften der §§ 130, 131 InsO anfechten, an denen er selbst als vorläufiger Insolvenzverwalter ohne allgemeine Verwaltungs- und Verfügungsbefugnis beteiligt war (vgl. BGH v. 15.12.2005 – XI ZR 156/04, NJW 2006, 1134; BGH v. 9.12.2004 – IX ZR 108/04, NJW 2005, 1118, 1119, jew. m.w.N.).

3 Vgl. *Obermüller/Livonius*, DB 1995, 27; *Hess/Weis/Wienberg*, § 112 InsO Rz. 29; *Uhlenbruck/Sinz*, § 108 InsO Rz. 57; *Schwemer*, ZMR 2000, 348, 351.

4 Vgl. BGH v. 9.3.2005 – VIII ZR 394/03, NJW 2005, 2552, 2554; BGH v. 18.4.2002 – VII ZR 70/01, NJW 2002, 3326, 3330.

5 Vgl. BGH v. 18.4.2002 – VII ZR 70/01, NJW 2002, 3326, 3330; *Braun/Kroth*, § 112 InsO Rz. 13.

Insolvenzverwalter die dazu nötigen Ausgaben erbringen. Eine spätere Anfechtung in einem eröffneten Insolvenzverfahren braucht der Leasinggeber gemäß § 142 InsO (**Bargeschäft**) nicht zu befürchten, wenn die Zahlung **zeitnah** erfolgt[1].

Anders stellt sich die Rechtslage dar, wenn der Leasinggeber die Deckung im Zeitpunkt der Leistung nicht oder nicht in der Art oder nicht zu der Zeit zu beanspruchen hatte[2]. Dann liegt ein Fall der **inkongruenten Deckung** vor und der Leasinggeber hat mit einer Anfechtung gemäß § 131 InsO zu rechnen. Nach der Rechtsprechung und herrschender Ansicht in der Literatur liegt bei Inkongruenz kein Bargeschäft i.S.v. § 142 InsO vor[3]. Insoweit erweist sich die Abtragung eines Zahlungsrückstandes zur Abwendung einer außerordentlichen Kündigung als kritisch, weil es an dem engen zeitlichen Zusammenhang zwischen Leistung und Gegenleistung zumeist fehlt[4]. 17

Der Leasinggeber muss die daraus für ihn resultierende **Rechtsunsicherheit** nicht hinnehmen. Er ist deshalb dazu berechtigt, die angebotene Zahlung zurückweisen, um sein Kündigungsrecht zu erhalten. Er gerät hierdurch gemäß § 297 BGB nicht in Annahmeverzug, weil der Leasingnehmer die Leistung nicht so wie geschuldet, nämlich anfechtungsfrei, bewirkt[5]. Die Anfechtung droht im Übrigen auch in den Fällen des nicht vollzogenen 18

---

1 Vgl. BGH v. 18.4.2002 – VII ZR 70/01, NJW 2002, 3326, 3330; HK/*Marotzke*, § 112 Rz. 8 a.E.; *Uhlenbruck/Berscheid*, § 112 InsO Rz. 13.

2 S. BGH v. 30.9.1993 – IX ZR 227/92, NJW 1993, 3267 3268 f.; BGH v. 7.3.2002 – IX ZR 223/01, NJW 2002, 1722, 1723; BGH v. 7.7.1997 – II ZB 7/97, ZIP 1997, 1553; BGH v. 25.2.1999 – II ZR 353/98, NJW 1999, 3264, 3265; vgl. auch BGH v. 19.3.1998 – IX ZR 22/97, NJW 1998, 2592, 2597; BGH v. 17.6.2004 – IX ZR 2/01, ZIP 2004, 1464; BGH v. 17.6.2004 – IX ZR 124/03, ZIP 2004, 1510; OLG Köln v. 29.9.2004 – 2 U 1/04, NZI 2005, 114; *Uhlenbruck/Hirte*, § 142 InsO Rz. 4; MünchKomm./*Kirchhof*, § 142 InsO Rz. 7; HK/*Kreft*, § 142 InsO Rz. 9; *Braun/Riggert*, § 142 InsO Rz. 12; zweifelnd *Bork*, FS Kirchhof, 2003, S. 67; *de Bra*, NZI 1999, 251 f.; *Eckardt*, ZIP 1999, 1422 ff.; a.A. *Kübler/Prütting/Paulus*, § 142 InsO Rz. 2; *Lwowski/Wunderlich*, FS Kirchhof, 2003, S. 304 ff.

3 S. BGH v. 30.9.1993 – IX ZR 227/92, NJW 1993, 3267, 3268 f.; BGH v. 25.2.1999 – II ZR 353/98, NJW 1999, 3264, 3266; BGH v. 17.6.2004 – IX ZR 2/01, ZIP 2004, 1464; BGH v. 17.6.2004 – IX ZR 124/03, ZIP 2004, 1510; OLG Köln v. 29.9.2004 – 2 U 1/04, NZI 2005, 114; *Uhlenbruck/Hirte*, § 142 InsO Rz. 4; MünchKomm./*Kirchhof*, § 142 InsO Rz. 7; HK/*Kreft*, § 142 InsO Rz. 9; *Braun/Riggert*, § 142 InsO Rz. 12; zweifelnd *Bork*, FS Kirchhof, 2003, S. 67; *de Bra*, NZI, 1999, 251 f.; *Eckardt*, ZIP 1999, 1422 ff.; a.A. *Kübler/Prütting/Paulus*, § 142 InsO Rz. 2; *Lwowski/Wunderlich*, FS Kirchhof, 2003, S. 304 ff.

4 Vgl. *Wolf/Eckert/Ball*, Handbuch des gewerblichen Miet-, Pacht- und Leasingrechts, Rz. 1491.

5 Vgl. *Obermüller/Livonius*, DB 1995, 27; *Hess/Weis/Wienberg*, § 112 InsO Rz. 29; *Uhlenbruck/Sinz*, § 108 InsO Rz. 57; *Schwemer*, ZMR 2000, 348, 351. Gegen die Auffassung, der Leasinggeber dürfe eine anfechtbare Zahlung zurückweisen und bleibe zur fristlosen Kündigung berechtigt, wird in der Literatur vorgebracht, dass der Rückstand nicht zu vertreten sei, also nicht den Verzug auslöse, wenn der vorläufige Verwalter mit dem Zahlungsangebot alles ihm Mögliche tue (vgl. MünchKomm./*Eckert*, § 112 InsO Rz. 38; *Kübler/Prütting/Tintelnot*, § 112 InsO Rz. 12;

Leasingvertrages, soweit der Leasinggeber die Stellung einer Sicherheit verlangt[1].

19 Bei Zahlungen durch einen „**starken**" **vorläufigen Insolvenzverwalter** zum Zwecke der Beendigung eines nach Antragstellung eingetretenen Verzuges muss der Leasinggeber im Grundsatz keine Anfechtung befürchten. Denn dieser ist verpflichtet, die Verbindlichkeiten aus Dauerschuldverhältnissen zu erfüllen, soweit er die Gegenleistung in Anspruch nimmt (§ 25 Abs. 2 Satz 2 InsO). Indem § 55 Abs. 2 Satz 2 InsO diese Rechtshandlung als Befriedigung einer künftigen Masseverbindlichkeit qualifiziert, wird sie zugleich vor einer späteren Insolvenzanfechtung geschützt[2]. Gleiches gilt für Zahlungen des „schwachen" vorläufigen Insolvenzverwalters, soweit ihn das Insolvenzgericht ermächtigt hat, Verbindlichkeiten zu Lasten der künftigen Insolvenzmasse zu begründen[3].

cc) Rechtslage nach Eröffnung des Insolvenzverfahrens

20 Gerät der Insolvenzverwalter nach Eröffnung des Insolvenzverfahrens mit der Entrichtung der Leasingraten in **Verzug** i.S.v. § 543 Abs. 2 Satz 1 Nr. 3 BGB, so ist der Leasinggeber berechtigt, den Leasingvertrag fristlos zu kündigen. Die Kündigungssperre des **§ 112 InsO greift** wiederum **nicht ein.** Das Kündigungsrecht des Leasinggebers ist auch nicht etwa bis zur Entscheidung des zur Ausübung seines Wahlrechts gemäß § 103 Abs. 2 Satz 2 InsO aufgeforderten Insolvenzverwalters suspendiert[4]. Will der Insolvenzverwalter eine fristlose Kündigung vermeiden, muss er die fälligen Leasingraten entrichten. Um nicht die Zahlungen als konkludente Erfüllungswahl i.S.v. § 103 Abs. 1 InsO gegen sich gelten lassen zu müssen(Rz. 59), hat der Insolvenzverwalter dabei einen entsprechenden Vorbehalt zu machen.

b) Insolvenzabhängige Lösungsklauseln

21 Als Lösungsklauseln werden Regelungen bezeichnet, die **(Leasing-) Vertragsverhältnisse** durch die **Eröffnung** oder die in einem **Eröffnungsantrag** zum Ausdruck kommende Vermögensverschlechterung **auflösend bedingen** oder dem anderen Teil (Leasinggeber) daran anknüpfende **Kündigungs-**

Wolf/Eckert/Ball, Handbuch des gewerblichen Miet-, Pacht- und Leasingrechts, Rz. 1494).

1 Vgl. *Wolf/Eckert/Ball*, Handbuch des gewerblichen Miet-, Pacht- und Leasingrechts, Rz. 1491.

2 Vgl. *Uhlenbruck/Sinz*, § 108 InsO Rz. 57.

3 Vgl. BGH v. 18.7.2001 – IX ZR 195/01, BGH v. 18.7.2002 – IX ZR 195/01, NJW 2002, 3326, 3327 f.; OLG Köln v. 29.6.2001 – 19 U 199/00, ZIP 2001, 1422, 1426; AG Duisburg v. 28.7.2002 – 62 IN 167/02, NJW-RR 2002, 1575; HK/*Kirchhof*, § 22 InsO Rz. 30; MünchKomm./*Hefermehl*, § 55 InsO Rz. 219.

4 Vgl. OLG Köln v. 2.12.2003 – 15 W 93/02, ZIP 2003, 543, 544; kritisch *Wolf/Eckert/Ball*, Handbuch des gewerblichen Miet-, Pacht- und Leasingrechts, Rz. 1539; *Runkel*, EWiR 2003, 717, 718.

oder Rücktrittsrechte einräumen[1]. Derartige Klauseln sind von dem Wortlaut des § 112 InsO nicht erfasst. Sie stellen jedoch eine Umgehung der Kündigungssperre dar[2]. Soweit sie an die Eröffnung anknüpfen, sind sie zudem geeignet, das in § 103 InsO statuierte Wahlrecht des Insolvenzverwalters, Erfüllung zu verlangen, wie den Fortbestand der in § 108 InsO genannten Schuldverhältnisse zu unterlaufen. Insolvenzabhängige Lösungsklauseln sind deshalb grundsätzlich unwirksam unter dem Gesichtspunkt der Abweichung von wesentlichen Grundgedanken gesetzlicher Regelungen (§ 307 Abs. 2 Nr. 1 BGB i.V.m. § 119 InsO)[3].

Eine Ausnahme von diesem Grundsatz ist geboten bei einer an die **Erfüllungsablehnung** anknüpfenden Lösungsklausel in den Leasing-AGB. Da der Vertragspartner der insolventen Partei nach dem Gesetz zur fristlosen Kündigung berechtigt ist, wenn der Insolvenzverwalter die Erfüllung des Vertrages ablehnt (Rz. 62), bestehen gegen die Wirksamkeit einer solchen Klausel keine Bedenken. 22

c) Insolvenzunabhängige Lösungsklauseln

Einer Inhaltskontrolle hält auch eine lediglich den **Wortlaut von § 543 Abs. 1 Satz 2 BGB und § 314 Abs. 1 Satz 2 BGB wiedergebende (Formular-)Klausel** stand, wonach der Vertrag von jedem Vertragsteil aus wichtigem Grund – ohne Einhaltung einer Frist – gekündigt werden kann, wenn Tatsachen gegeben sind, auf Grund derer dem Kündigenden unter Berücksichtigung aller Umstände des Einzelfalls und unter Abwägung der Interessen der Vertragsteile die Fortsetzung des Vertrages nicht mehr zugemutet werden kann. Eine solche Klausel beeinflusst weder die Insolvenzeröffnung noch die Erfüllungsablehnung durch den Insolvenzverwalter[4], noch knüpft sie an die Insolvenzeröffnung und auch nicht an die Ausübung des Wahlrechts aus § 103 InsO an[5]. 23

---

1 Vgl. *Pape,* in Kölner Schrift zur InsO, S. 531 ff. Rz. 60 ff.; *Engel/Völckers,* Leasing in der Insolvenz, Rz. 305.

2 Vgl. *Graf von Westphalen,* Voraufl., Rz. 1535 ff.; *Pape,* in Kölner Schrift zur InsO, S. 531 ff. Rz. 63; *Eckert,* ZIP 1996, 897, 900; *Kübler/Prütting/Tintelnot,* § 119 InsO Rz. 15 ff.; HK/Marotzke, § 199 InsO Rz. 3 ff.

3 Vgl. *Graf von Westphalen,* Voraufl., Rz. 1537 ff.; *Tintelnot,* ZIP 1995, 616, 623; *Pape,* in Kölner Schrift zur InsO, S. 531 ff. Rz. 63; *Kübler/Prütting/Tintelnot,* § 119 InsO Rz. 15 ff.

4 Vgl. BGH v. 17.11.2005 – IX ZR 162/04, NJW 2006, 915, 917; BGH v. 24.6.2003 – XI ZR 100/02, NJW 2003, 2744, 2746 f.; BGH v. 26.11.2003 – IV ZR 6/03, NJW-RR 2004, 458, 460; OLG Köln v. 2.12.2002 – 9 U 136/03, ZIP 2003, 543, 544; Hans.OLG Hamburg v. 11.5.2004 – 9 U 136/03, ZInsO 2004, 812, 813.

5 BGH v. 17.11.2005 – IX ZR 162/04, NJW 2006, 915, 917.

2. Pflicht zur Rückgabe des Leasingguts

a) Aussonderungsrecht des Leasinggebers

24 Nach der neueren Rechtsprechung des BGH bewirkt die Eröffnung des Insolvenzverfahrens nicht mehr, dass die noch offenen beiderseitigen vertraglichen Ansprüche erlöschen[1]. Sie hat vielmehr lediglich zur Folge, dass die noch ausstehenden Ansprüche des Vertragspartners, soweit es sich nicht um Ansprüche auf die Gegenleistung für schon erbrachte Leistungen handelt, gegen die Insolvenzmasse nicht mehr durchsetzbar sind (sog. **modifizierte Erlöschenstheorie**)[2]. Der Leasingvertrag bleibt deshalb in der Insolvenz des Leasingnehmers als solcher bestehen. Soweit er nicht durch Zeitablauf endet, bedarf es somit nicht nur vor und während des Insolvenzantragsverfahrens, sondern auch nach Insolvenzeröffnung der **wirksamen Kündigung** durch den Leasinggeber, um das Leasingverhältnis zu beenden.

25 Erst mit **Zugang der Kündigung** ist der Leasinggeber berechtigt, die Rückgabe des Leasingguts nach § 47 InsO verlangen, und zwar als Eigentümer aufgrund seines dinglichen Rechts (§ 985 BGB), im Übrigen aufgrund seines Rückgabeanspruchs gemäß § 546 BGB als „persönlichen Rechts" i.S.d. § 47 InsO[3]. Bei unbeweglichen Sachen tritt an die Stelle des Herausgabeanspruchs der Anspruch auf Räumung. An dieser Rechtslage ändert sich nichts, wenn der (vorläufige) Insolvenzverwalter den Zahlungsrückstand nach Zugang der Kündigung ausgleicht oder eine Sicherheitsleistung anbietet[4].

26 Da auch der leasingvertragliche Rückgabeanspruch nach § 546 BGB zur Aussonderung berechtigt, hindert die zu Zwecken der Refinanzierung erfolgte Übertragung des Eigentums am Leasinggut den Leasinggeber nicht daran, in der Insolvenz des Leasingnehmers das Leasinggut – aus eigenem Recht – auszusondern, ohne dass es hierzu einer Bevollmächtigung oder Ermächtigung durch den Sicherungsnehmer (refinanzierende Bank) bedarf[5].

---

1 So die früher vertretene „Erlöschenstheorie", vgl. hierzu etwa BGH v. 4.5.1995 – IX ZR 256/93, NJW 1995, 1966 f.; BGH v. 27.2.1997 – IX ZR 5/96, BGHZ 135, 25, 26.

2 Vgl. BGH v. 25.4.2002 – IX ZR 313/99, NJW 2002, 2783; BGH v. 24.6.2003 – XI ZR 100/62, NJW 2003, 2744, 2747; BGH v. 17.11.2005 – IX ZR 162/04, NJW 2006, 915, 916.

3 Vgl. BGH v. 5.10.1994 – XII ZR 53/93, NJW 1994, 3232; OLG Saarbrücken v. 9.3.2006 – 8 U 119/05, IBRRS 54748.

4 Vgl. *Wolf/Eckert/Ball*, Handbuch des gewerblichen Miet-, Pacht- und Leasingrechts, Rz. 1488 HK/*Marotzke*, § 112 InsO Rz. 15.

5 Vgl. *Uhlenbruck/Sinz*, § 108 InsO Rz. 94.

b) Kosten der Rücknahme/Räumung des Leasingguts

aa) Formularpraxis

Im Allgemeinen finden sich in den Leasing-AGB Klauseln, wonach der Leasingnehmer auf seine Kosten das Leasinggut nach Beendigung des Leasingvertrages unverzüglich zu räumen und an den Leasinggeber in bezugsfertigem Zustand (Immobilienleasing) oder in vertragsgemäßen Zustand (Mobilienleasing) zurückzugeben hat. Unterbleibt die Räumung oder Rückgabe, stellt sich die Frage, ob der Leasinggeber die ihm dadurch entstehenden Kosten als Insolvenzforderung oder Masseverbindlichkeit geltend machen kann. Bei der Antwort hierauf ist zu berücksichtigen, dass der leasingvertragliche Rückgabeanspruch aus § 546 BGB zwar einerseits weiter reicht als der dingliche Herausgabeanspruch des Leasinggebers, jedoch andererseits ein Aussonderungsrecht in der Insolvenz des Leasingnehmers nur in demselben Umfang wie derjenige nach § 985 BGB begründet[1]. 27

bb) Umfang des dinglichen Herausgabeanspruchs

Nach § 985 BGB hat der Besitzer dem Eigentümer grundsätzlich nur den unmittelbaren Besitz an der Sache zu verschaffen, bei unbeweglichen Sachen insbesondere den Zugang zu ermöglichen und die Wegnahme zu dulden. Dagegen erstreckt sich die Herausgabepflicht des rechtsgrundlosen Besitzers nicht auf die Wegnahme von Einrichtungen oder die Beseitigung von Veränderungen[2]. Somit ist der Insolvenzverwalter nur verpflichtet, dem Leasinggeber **den unmittelbaren Besitz an dem Leasinggut zu übertragen**. Mit diesem begrenzten Umfang begründet der Herausgabeanspruch des Leasinggebers ein **Aussonderungsrecht**, dessen (Nicht-)Erfüllung durch den Insolvenzverwalter zu Masseschulden führen kann[3]. 28

cc) Umfang des leasingvertraglichen Rückgabeanspruchs

Die insoweit weitergehende **leasingvertragliche Räumungspflicht** des Leasingnehmers beruht allein auf dem von ihm abgeschlossenen Leasingvertrag und ist deshalb grundsätzlich als **Insolvenzforderung** zu behandeln. Sie kann nur unter den hierfür allgemein geltenden Regeln des § 55 InsO zur Masseverbindlichkeit werden, etwa weil der („starke" vorläufige) Insolvenzverwalter Sachen in die geleasten Räumlichkeiten verbracht und deshalb den vertragswidrigen Zustand verursacht hat (§ 55 Abs. 1 Nr. 1 InsO)[4]. 29

---

1 Vgl. BGH v. 5.7.2001 – IX ZR 327/99, NJW 2001, 2966 f.; BGH v. 2.2.2006 – IX ZR 46/05, NZI 2006, 293; OLG Saarbrücken v. 9.3.2006 – 8 U 119/05, IBRRS 54748.

2 Vgl. BGH v. 5.7.2001 – IX ZR 327/99, NJW 2001, 2966 f.; BGH v. 2.2.2006 – IX ZR 46/05, NZI 2006, 293; MünchKomm./*Medicus*, § 985 BGB Rz. 18.

3 Vgl. BGH v. 5.7.2001 – IX ZR 327/99, NJW 2001, 2966 f.; OLG Saarbrücken v. 9.3.2006 – 8 U 119/05, IBRRS 54748.

4 Vgl. BGH v. 5.7.2001 – IX ZR 327/99, NJW 2001, 2966 f.; BGH v. 2.2.2006 – IX ZR 46/05, NZI 2006, 293.

30 Die vertragliche Räumungspflicht ist des Weiteren als Masseverbindlichkeit zu qualifizieren, wenn der **Leasingvertrag** vom Insolvenzverwalter nach § 55 Abs. 1 Nr. 2 InsO **fortgeführt** und erst nach Eröffnung des Insolvenzverfahrens beendet wird. Die Neubegründung der vertraglichen Ansprüche durch Erfüllungswahl schließt nämlich auch **Abwicklungsansprüche** ein[1]. Dies folgt daraus, dass nach der modifizierten Erlöschenstheorie der Leistungsanspruch des Vertragspartners, der bis zu Wahl nicht durchsetzbar war, wieder seine volle Wirksamkeit und Durchsetzbarkeit erhält. Er wird mit seinem bei Insolvenzeröffnung bestehenden, ursprünglichen Inhalt gleichsam als Masseschuld **neu** begründet. Die Erfüllungswahl hat damit die gleiche Wirkung wie ein mit dem Vertragspartner neu abgeschlossener Vertrag mit identischem Inhalt[2]. Als Folge dieser Betrachtung schuldet die Masse die ordnungsgemäße Rückgabe der Leasingsache oder Schadensersatz, falls der Insolvenzverwalter Abwicklungspflichten wie die vertraglich übernommene Demontage oder Rücksendung nicht befolgt. Anders als beim Immobilienleasing (Rz. 85) ist die Masse somit mit Abwicklungspflichten belastet.

31 Hat allein der Leasingnehmer oder „schwache" vorläufige Insolvenzverwalter den nachteiligen Zustand zu vertreten und wird der Leasingvertrag nicht fortgeführt, stellt der als Schadensersatz gemäß § 280 BGB geltend gemachte Anspruch des Leasinggebers auf Erstattung der durch die Räumung oder Abholung der Mietsache entstandenen Kosten eine reine Insolvenzforderung dar[3].

3. Folgen verspäteter Rückgabe des Leasinggutes

a) Ansprüche des Leasinggebers

aa) Nutzungsentschädigung gemäß § 546a BGB

32 Wird dem Leasinggeber das Leasinggut nach Beendigung des Leasingvertrages vorenthalten, ist in den Leasing-AGB regelmäßig vorgesehen, dass der Leasinggeber für die Dauer der Vorenthaltung als Entschädigung die vereinbarten Leasingraten verlangen kann. Hierbei handelt es sich um eine de-

1 Vgl. *Kübler/Prütting/Pape*, § 55 InsO Rz. 44; a.A. *Wolf/Eckert/Ball*, Handbuch des gewerblichen Miet-, Pacht- und Leasingrechts, Rz. 1544; *Henkel*, ZinsO 2005, 1311, 1312; *Braun*, NZI 2005, 255, 256.

2 Vgl. BGH v. 25.4.2002 – IX ZR 313/99, NJW 2002, 2783; BGH v. 24.6.2003 – XI ZR 100/62, NJW 2003, 2744, 2747; BGH v. 17.11.2005 – IX ZR 162/04, NJW 2006, 915, 916; FK/*Wegener*, § 103 InsO Rz. 67; MünchKomm./*Kreft*, § 103 InsO Rz. 40.

3 Vgl. BGH v. 3.7.2001 – IX ZR 327/99, NJW 2001, 2966 f.; BGH v. 6.11.1978 – VIII ZR 179/77, NJW 1979, 310 f.; OLG Saarbrücken v. 9.3.2006 – 8 U 119/05, IBRRS 54748; AG Berlin-Charlottenburg v. 23.3.2005 – 209 C 39/04, BeckRS 2006 03134; s. auch LG Hannover v. 3.6.1987 – 11 S 94/87, ZIP 1988, 116 (Kosten des Abrisses eines Messestandes nach Beendigung des Mietverhältnisses über den Standplatz); MünchKomm./*Eckert*, § 108 InsO Rz. 118; *Wolf/Eckert/Ball*, Handbuch des gewerblichen Miet-, Pacht- und Leasingrechts, Rz. 1528 f.

klaratorische, nach § 307 Abs. 3 Satz 1 BGB nicht der Inhaltskontrolle unterliegende Klausel, da sich diese Rechtsfolge aus § 546a BGB ergibt, der nach ständiger Rechtsprechung des BGH auf Finanzierungsleasingverträge anwendbar ist[1].

Geschuldet ist eine **Fortzahlung in Höhe der vereinbarten Leasingrate** selbst dann, wenn bei Vollamortisationsverträgen der Leasingnehmer bereits alle vereinbarten Leasingraten gezahlt hat[2]. An dieser Rechtsprechung hat der BGH trotz der in Teilen des Schrifttums geübten Kritik[3] festgehalten[4]. Das Verlangen nach Fortzahlung einer Nutzungsentschädigung in Höhe der vereinbarten Leasingrate ist nach Ansicht des BGH nur dann als unzulässige Rechtsausübung (§ 242 BGB) anzusehen, wenn der Zeitwert des Leasingguts alters- oder gebrauchsbedingt so weit abgesunken ist, dass eine Nutzungsentschädigung in Höhe der vereinbarten monatlichen Leasingrate zu dem verbliebenen Verkehrs- oder Gebrauchswert der Geräte **völlig außer Verhältnis** stünde[5]. 33

bb) Bereicherungsanspruch gemäß §§ 812, 818 Abs. 2 BGB

Soweit kein Vorenthalten des Leasingguts i.S.v. § 546a BGB vorliegt, der Leasingnehmer aber gleichwohl das Leasinggut benutzt, steht dem Leasinggeber ein Anspruch auf **Herausgabe des Leasingguts** gemäß § 812 Abs. 1 BGB sowie auf **Ersatz des objektiven Werts der Gebrauchsvorteile** gemäß § 818 Abs. 2 BGB zu[6]. Der **Begriff der Vorenthaltung** besagt nach der ständigen Rechtsprechung des BGH, dass der Mieter die Mietsache nicht zurückgibt und das Unterlassen der Herausgabe dem Willen des Vermieters widerspricht[7]. 34

Grundlage der Bestimmung des objektiven Leasingwerts ist jedoch nicht der Wert der Gebrauchsüberlassung (Kap. J Rz. 32), sondern die **Vollamorti-** 35

---

1 Vgl. BGH v. 22.3.1989 – VIII ZR 155/88, NJW 1989, 1730; zuletzt BGH v. 1.3.2007 – IX ZR 81/05, NJW 2007, 1594; BGH v. 13.4.2005 – VIII ZR 377/03, NJW-RR 2005, 1081 f.; BGH v. 7.1.2004 – VIII ZR 103/03, NJW-RR 2004, 558, 559 f.

2 Vgl. BGH v. 22.3.1989 – VIII ZR 155/88, NJW 1989, 1730; *Graf von Westphalen*, Voraufl., Rz. 1510.

3 Vgl. *Uhlenbruck/Sinz*, § 108 InsO Rz. 87 ff.; *Staudinger/Stoffels*, Leasing Rz. 286 m.w.N.

4 Vgl. BGH v. 13.4.2005 – VIII ZR 377/03, NJW-RR 2005, 1081 f.

5 Vgl. BGH v. 13.4.2005 – VIII ZR 377/03, NJW-RR 2005, 1081, 1082; OLG Köln v. 16.9.1992 – 19 U 33/92, NJW-RR 1993, 121, 122.

6 Umstr. ist, ob neben § 546a BGB Bestimmungen aus dem Eigentümer-Besitzer-Verhältnis (§§ 987 ff. BGB) anwendbar sind. Zum Streitstand s. *Palandt/Weidenkaff*, § 546a BGB Rz. 20.

7 Zuletzt BGH v. 1.3.2007 – IX ZR 81/05, NJW 2007, 1594, 1595; BGH v. 26.11.2003 – IV ZR 6/03, NJW-RR 2004, 558, 560; BGH v. 28.2.1996 – XII ZR 123/93, NJW 1996, 1886; BGH v. 13.2.1984 – VIII ZR 213/82, NJW 1984, 1527 m.w.N.; nach BGH v. 13.4.2005 – VIII ZR 377/03, NJW-RR 2005, 1081, 1082 setzt der Begriff des Vorenthaltens zudem voraus, dass der Mieter die Sache nicht zurückgibt, obwohl er dazu im Stande wäre.

sation des Leasingguts[1]. Bis zur Vollamortisation gebührt dem Leasinggeber deshalb ein Anspruch in Höhe der vereinbarten Leasingraten. Für den Zeitraum danach orientiert sich die Nutzungsentschädigung – soweit vertragliche Vereinbarungen über die Höhe der Anschlussleasingraten fehlen – am Wert der Gebrauchsüberlassung[2]. Zumindest bis zum Eintritt der Vollamortisation kommt es somit nicht darauf an, auf welche der vorgenannten Anspruchsgrundlagen der Leasinggeber seine Ansprüche auf Nutzungsentschädigung stützt.

36 Unabhängig davon stellt sich in dem einen wie dem anderen Falle wiederum die Frage, ob diese Forderungen als Insolvenzforderungen oder als Masseverbindlichkeiten zu qualifizieren sind.

b) Beendigung des Leasingverhältnisses vor der Insolvenzeröffnung

aa) Nutzungsentschädigung/Bereicherungsanspruch für den Zeitraum bis zur Verfahrenseröffnung

37 Endet der Leasingvertrag vor der Insolvenzeröffnung, hängt die Antwort auf diese Frage zunächst davon ab, ob ein „schwacher" oder „starker" vorläufiger Insolvenzverwalter bestellt worden ist. Im erstgenannten Fall ist der Anspruch auf Nutzungsentschädigung oder wegen ungerechtfertigter Bereicherung stets einfache Insolvenzforderung. Hat ein „starker" vorläufiger Insolvenzverwalter das Leasinggut i.S.v. § 55 Abs. 2 Satz 2 InsO in Anspruch genommen, ist der Anspruch auf Nutzungsentschädigung demgegenüber als Masseverbindlichkeit zu qualifizieren.

(1) Begriff der Inanspruchnahme im Lichte der Literatur

38 Wie der Begriff „Inanspruchnahme" zu verstehen ist, ist umstritten. Teilweise wird dafür eine auf die Nutzung gerichtete Willensbetätigung des Insolvenzverwalters im Sinne eines (Erfüllungs-)„Verlangens" vorausgesetzt[3]. Andere Stimmen wollen schon das bloße Erlangen der Gegenleistung ausreichen lassen[4], zum Teil allerdings mit der Einschränkung, dass der „starke" vorläufige Insolvenzverwalter die Mietsache tatsächlich nutze[5] oder die Nutzung nicht aufgebe[6]. Nach *Wolf/Eckert/Ball* soll die Masse nicht haften, wenn der „starke" vorläufige Insolvenzverwalter die Leasing-

1 Vgl. OLG Hamm v. 28.11.1990 – 31 U 124/89, NJW-RR 1992, 113; *Engel/Völckers*, Leasing in der Insolvenz, Rz. 321.
2 Vgl. *Engel/Völckers*, Leasing in der Insolvenz, Rz. 321.
3 Vgl. *Marotzke*, Gegenseitige Verträge im neuen Insolvenzrecht, 3. Aufl. 2001, Rz. 14.49 f.; *Spliedt*, ZIP 2001, 1941, 1946; *Mayer*, DZWiR 2001, 309, 312 f.
4 MünchKomm./*Hefermehl*, § 209 InsO Rz. 30; zu § 55 Abs. 2 Satz 2 InsO auch LG Essen v. 10.1.2001 – 16 O 534/00, NZI 2001, 217.
5 FK/*Schumacher*, § 55 InsO Rz. 35; *Kübler/Prütting/Pape*, § 55 InsO Rz. 69.
6 Vgl. *Sinz*, in Kölner Schrift zur InsO, S. 593 ff. Rz. 39 (in Bezug auf § 209 Abs. 2 Nr. 3 InsO).

sache in Unkenntnis des Leasingverhältnisses nutze, weil er vom Eigentum des Schuldners ausgehe[1].

(2) Begriff der Inanspruchnahme im Lichte der Rechtsprechung des BGH

Der BGH stellt demgegenüber auf die **Möglichkeit der Verhinderung der Masseverbindlichkeit** ab und bejaht eine Inanspruchnahme der Gegenleistung für die vorläufige Masse, wenn und soweit der „starke" vorläufige Insolvenzverwalter das Leasinggut nutzt, obwohl er dies verhindern könnte[2]. Eine Inanspruchnahme lässt sich somit nicht allein mit der Besitzergreifung des Leasingguts bejahen. Eine Nutzung, die der „starke" vorläufige Insolvenzverwalter nicht abwenden kann, stellt ebenfalls keine Inanspruchnahme dar. Eine solche Situation ist dann gegeben, wenn ihm die Rückgabe des Leasingguts wegen eines fortdauernden Subleasings unmöglich ist. In diesem Fall muss der „starke" vorläufig Insolvenzverwalter jedoch die Übergabe des mittelbaren Besitzes anzubieten. Hierzu gehört auch das Recht, die Leasingraten aus dem Subleasingverhältnis einzuziehen[3]. Demgegenüber wird man die Nutzung des Leasingguts in Unkenntnis des Leasingverhältnisses als Inanspruchnahme ansehen müssen. 39

bb) Nutzungsentschädigung für den Zeitraum nach der Verfahrenseröffnung

Setzt der Insolvenzverwalter die Nutzung des Leasingguts nach Eröffnung des Insolvenzverfahrens fort, ist der Anspruch auf Nutzungsentschädigung nicht als Masseverbindlichkeit i.S.v. § 55 Abs. 1 Nr. 2 InsO zu qualifizieren, da diese Vorschrift ein bestehendes Leasingverhältnis zum Zeitpunkt der Verfahrenseröffnung voraussetzt[4]. Der Anspruch des Leasinggebers aus § 546a BGB ist jedoch gemäß **§ 55 Abs. 1 Nr. 1 InsO** aus der Masse zu erfüllen, da er durch eine Handlung des Verwalters, die Vorenthaltung, begründet wird[5]. 40

Ergänzend sei an dieser Stelle darauf hingewiesen, dass es nach der Rechtsprechung des BGH nicht darauf ankommt, ob und in welchem Umfang die Masse die Mietsache tatsächlich nutzt. Wenn der Insolvenzverwalter das Leasinggut „für die Masse gerade gegenüber dem Leasinggeber aktiv in 41

1 *Wolf/Eckert/Ball*, Handbuch des gewerblichen Miet-, Pacht- und Leasingrechts, Rz. 1492.
2 Vgl. BGH v. 3.4.2003 – IX ZR 101/02, NJW 2003, 2454, 2455; BGH v. 4.12.2003 – IX ZR 222/02, NJW-RR 2004, 772, 774 (jew. zu § 209 Abs. 2 Nr. 3 InsO, jedoch mit der Parallelziehung zu § 55 Abs. 2 Satz 2 InsO); *Eckert*, NZM 2003, 41, 48 f.
3 Vgl. BGH v. 3.4.2003 – IX ZR 101/02, NJW 2003, 2454, 2455 f.
4 Vgl. BGH v. 24.11.1993 – VIII ZR 240/92, NJW 1994, 516, 517; s. auch BGH v. 6.11.1978 – VIII ZR 179/77, NJW 1979, 310; BGH v. 18.5.1995 – IX ZR 189/94, NJW 1995, 2783, 2785 (zu § 59 Abs. 1 KO).
5 Vgl. BGH v. 18.5.1995 – IX ZR 189/94, NJW 1995, 2783, 2785; BGH v. 21.12.2006 – IX ZR 66/05, NJW 2007, 1591, 1592 f.

Besitz nimmt und ihn gezielt vom Besitz ausschließt", z.B. beim Immobilienleasing die Schlösser auswechselt, reicht bereits die alleinige **Nutzungsmöglichkeit** aus, um eine Masseschuld zu begründen[1]. Das bloße Bestreben, die Sachen für den Leasinggeber sicher aufzubewahren, stellt jedoch keinen gezielten Besitzausschluss dar[2].

42 Liegen die Voraussetzungen der Vorenthaltung nicht vor, hat die Masse den bis zur Vollamortisation mit der Nutzungsentschädigung übereinstimmenden Wert der tatsächlichen Nutzung wegen ungerechtfertigter Bereicherung nach § 55 Abs. 1 Nr. 3 InsO zu ersetzen (Rz. 35)[3].

c) Beendigung des Leasingverhältnisses nach der Insolvenzeröffnung

43 Endet der Leasingvertrag nach der Insolvenzeröffnung und setzt der Insolvenzverwalter die Nutzung fort, nachdem er sich für die Fortsetzung des Leasingvertrages entschieden hat, ist er ab dem Zeitpunkt der Beendigung gemäß § 546a BGB zur Zahlung von Nutzungsentschädigung verpflichtet. Bei diesem Anspruch handelt es sich um eine Masseverbindlichkeit gemäß § 55 Abs. 1 Nr. 2 InsO, denn er ersetzt als vertraglicher Anspruch eigener Art den weggefallenen Anspruch auf Zahlung der Leasingraten[4]. Hat er die Fortsetzung abgelehnt und der Leasinggeber den Vertrag daraufhin gekündigt, ist die Nutzungsentschädigung unter den zuvor aufgezeigten Voraussetzungen des § 55 Abs. 1 Nr. 1 InsO gleichwohl als Masseschuld zu qualifizieren[5].

44 **Während des Überlegungszeitraums** zwischen der Insolvenzeröffnung und der ablehnenden Entscheidung des Insolvenzverwalters ist die Masse nicht zur Herausgabe verpflichtet, da der Leasingvertrag noch besteht. Ein Anspruch aus § 546a BGB scheidet folglich aus (soweit nicht die Voraussetzungen des § 543 Abs. 2 Nr. 3 BGB vorliegen und der Leasinggeber deshalb innerhalb des Überlegungszeitraums kündigt). Zudem fehlt es an der für diesen Anspruch erforderlichen Voraussetzung des Vorenthaltens, da der

---

1 Vgl. BGH v. 18.5.1995 – IX ZR 189/94, NJW 1995, 2783, 2785; OLG Dresden v. 13.8.1998 – 7 U 1192/98, ZIP 1998, 1725; OLG Hamm v. 26.10.1992 – 31 U 130/92, ZIP 1992, 1563; krit. MünchKomm./*Eckert*, § 108 InsO Rz. 199; HK/*Eickmann*, § 55 InsO Rz. 21; *Kübler/Prütting/Pape*, § 55 InsO Rz. 50; *Franken/Dahl*, Mietverhältnisse in der Insolvenz, 2. Aufl. 2006, Rz. 40; *Engel/Völckers*, Leasing in der Insolvenz, Rz. 324.

2 Vgl. BGH v. 18.5.1995 – IX ZR 189/94, NJW 1995, 2783, 2785.

3 Ansprüche aus § 55 Abs. 1 Nr. 3 InsO sind echte Bereicherungsansprüche, auf die die Vorschriften der §§ 812 ff. BGB Anwendung finden (vgl. *Nerlich/Römermann/Andres*, § 55 InsO Rz. 125; *Uhlenbruck/Berscheid*, § 55 InsO Rz. 79).

4 Vgl. BGH v. 15.2.1984 – VIII ZR 213/82, NJW 1984, 1527, 1528; *Staudinger/Rolfs*, § 546a BGB Rz. 34; MünchKomm./*Eckert*, § 108 InsO Rz. 124; *Wolf/Eckert/Ball*, Handbuch des gewerblichen Miet-, Pacht- und Leasingrechts, Rz. 1531.

5 Vgl. BGH v. 18.5.1995 – IX ZR 189/94, BGH v. 18.5.1995 – IX ZR 189/94, NJW 1995, 2783, 2785; BGH v. 3.7.2001 – IX ZR 327/99, NJW 2001, 2966, 2967.

Leasinggeber während dieses Zeitraums keinen Rücknahmewillen hat[1]. Der Leasinggeber kann jedoch den bis zur Vollamortisation mit der Nutzungsentschädigung übereinstimmenden Wert der tatsächlichen Nutzung nach den Vorschriften der ungerechtfertigten Bereicherung als Masseschuld gemäß § 55 Abs. 1 Nr. 3 InsO geltend machen[2].

d) Verzugsschadensersatz

Gemäß § 546a Abs. 2 BGB schließt der Anspruch auf Nutzungsentschädigung die Geltendmachung eines weiteren Schadens nicht aus. Verlangt der Leasinggeber bei einem vor Verfahrenseröffnung beendeten Leasingvertrag neben der Nutzungsentschädigung Ersatz des Verzugsschadens gemäß § 286 BGB, der ihm infolge einer verspäteten Rückgabe des Leasingguts entstanden ist, hängt die Einordnung dieses Anspruchs als Masseschuld oder Insolvenzforderung von der Qualifikation des Anspruchs auf Räumung des Leasingguts ab (Rz. 28 ff.). 45

4. Schadensersatzansprüche wegen Verschlechterung oder Veränderung der Leasingsache

Von dem Anspruch auf Nutzungsentschädigung im Falle der Beendigung des Leasingvertrages zu unterscheiden sind Schadensersatzansprüche des Leasinggebers gemäß § 280 BGB wegen Verschlechterung oder Veränderung des Leasingguts. Sie können nach Maßgabe von § 55 Abs. 1 Nr. 1 InsO zur Masseverbindlichkeit werden, wenn der **Insolvenzverwalter** den vertragswidrigen Zustand der Leasingsache **persönlich** oder durch **ihm selbst zuzurechnende Handlungen** zu verantworten hat[3]. Gleiches gilt gemäß § 55 Abs. 2 Satz 1 InsO bei Verschlechterungen oder Veränderungen im Antragsverfahren, die ein **„starker" vorläufiger Insolvenzverwalter** zu verantworten hat. 46

Ist der Schaden vom **Leasingnehmer** oder vom **vorläufigen „schwachen" Insolvenzverwalter** verursacht worden, begründen die Schadensersatzansprüche nur eine Insolvenzforderung[4]. Setzt der Insolvenzverwalter den 47

1 Vgl. *Graf von Westphalen*, Voraufl., Rz. 981 ff. und 1533; *Sinz* in Kölner Schrift zur InsO, 2. Aufl. 2000, S. 593 ff. Rz. 21.

2 H.M., vgl. *Wolf/Eckert/Ball*, Handbuch des gewerblichen Miet-, Pacht- und Leasingrechts, Rz. 1549; *Sinz* in Kölner Schrift zur InsO, 2. Aufl. 2000, S. 593 ff. Rz. 21. Teilweise wird die Auffassung vertreten, dass der Leasinggeber die auf den Überlegungszeitraum entfallenden Leasingraten als Masseschuld fordern kann, wenn der Verwalter die Erfüllung ablehnt (vgl. FK/*Wegener*, § 103 InsO Rz. 77; *Eckert*, ZIP 1996, 897, 904).

3 *Wolf/Eckert/Ball*, Handbuch des gewerblichen Miet-, Pacht- und Leasingrechts, Rz. 1533.

4 Verbindlichkeiten i.S.v. § 55 Abs. 2 Satz 1 InsO sind alle Verbindlichkeiten, die auf Handlungen des „starken" vorläufigen Insolvenzverwalters oder auf dessen Verwaltungs-, Verwertungs- oder Verteilungsmaßnahmen beruhen (vgl. *Hess/Weis/Wienberg*, § 55 InsO Rz. 197).

Leasingvertrag fort, indem er Erfüllung verlangt, ist die vertragliche Herstellungspflicht bei Ende des Leasingvertrages aufzuteilen (§§ 105, 108 Abs. 3 InsO n.F.). Dem Leasinggeber – der einen ungekürzten Wiederherstellungsanspruch geltend macht – obliegt hierbei die Beweislast dafür, dass die nachteiligen Veränderungen erst nach der Eröffnung des Insolvenzverfahrens eingetreten sind[1].

48 Eine im Falle des Untergangs, Verlusts oder der Beschädigung des Leasingguts vom (Kasko-) **Versicherer zu leistende Entschädigung** steht dem Leasinggeber zu, der ein Aussonderungsrecht geltend machen kann[2].

5. Behandlung der Leasingraten – Masseschulden oder Insolvenzforderungen?

a) Fälligkeit vor Stellung des Insolvenzantrages (Altverbindlichkeiten)

49 Bei Leasingraten, die vor Stellung des Insolvenzantrages fällig geworden sind, handelt es sich um einfache Insolvenzforderungen (§ 38 InsO), die nur quotal befriedigt werden dürfen. Zahlungen des Leasingnehmers/„schwachen" vorläufigen Insolvenzverwalters auf solche **Altverbindlichkeiten** sind gemäß § 130 Abs. 1 Satz 1 Nr. 2 InsO anfechtbar, so dass sich der Rückzahlungsanspruch aus § 143 Abs. 1 InsO ergibt.

50 Zwar kann die vorbehaltlose Zustimmung des „schwachen" vorläufigen Insolvenzverwalters zur Erfüllung von Altverbindlichkeiten einen Vertrauenstatbestand begründen, den er später bei der Vornahme der Erfüllungshandlung durch den Schuldner nicht mehr zerstören kann. Stimmt der „schwache" vorläufige Insolvenzverwalter einer Zahlung des Schuldners zu, die von keiner eigenen Leistung des Gläubigers an den Schuldner mehr abhängig ist, ist der Gläubiger jedoch nicht schutzwürdig. Damit entfällt der sachliche Grund, diese Erfüllungshandlungen des Schuldners gegenüber anderen Rechtshandlungen zu Lasten der Gläubigergesamtheit zu privilegieren[3]. Unter diesen Umständen ist die Tilgung von Altschulden wegen **Insolvenzzweckwidrigkeit** auch als unwirksam anzusehen[4]. Zu Recht

---

1 Vgl. BGH v. 2.2.2006 – IX ZR 46/05, BeckRS 2006 03134; BGH v. 3.7.2001 – IX ZR 327/99, NJW 2001, 2966 f.; OLG Saarbrücken v. 9.3.2006 – 8 U 119/05, IBRRS 54748; *Wolf/Eckert/Ball*, Handbuch des gewerblichen Miet-, Pacht- und Leasingrechts, Rz. 1534.

2 Vgl. OLG Frankfurt v. 7.8.2001 – 7 U 30/01, NZV 2002, 44.

3 BGH v. 15.12.2005 – IX ZR 156/04, NJW 2006, 1134 f.; BGH v. 9.12.2004 – IX ZR 108/04, NJW 2005, 1118, 1120; BAG v. 27.10.2004 – 10 AZR 123/04, NJW 2005, 1389, 1390; vgl. auch BGH v. 13.3.2003 – IX ZR 64/02, NJW 2003, 1865, 1866.

4 Vgl. BAG v. 27.10.2004 – 10 AZR 123/04, NJW 2005, 1389, 1390; BGH v. 13.3.2003 – IX ZR 64/02, NJW 2003, 1865, 1866. In den vorstehenden Urteilen haben BGH und BAG die Frage der Unwirksamkeit der Zahlungen wegen Insolvenzzweckwidrigkeit jeweils offengelassen, da der endgültige Insolvenzverwalter sowohl Nichtigkeit als auch Anfechtbarkeit eingewandt hatte und bereits feststand, dass er mit der einen oder der anderen Einwendung auf jeden Fall durchdringen würde.

hat deshalb auch das OLG Dresden die Befriedigung von Altverbindlichkeiten durch einen „starken" vorläufigen Insolvenzverwalter als unwirksam angesehen und einen Bereicherungsanspruch des endgültigen Insolvenzverwalters bejaht[1].

An der Qualifikation der Altverbindlichkeiten als Insolvenzforderung ändert sich auch dann nichts, wenn der Insolvenzverwalter nach Eröffnung des Insolvenzverfahrens wegen der noch ausstehenden Leistung **Erfüllung** gemäß § 103 Abs. 1 InsO **verlangt**. Dass nach Erfüllungswahl die Masse nicht mit den vor Verfahrenseröffnung fällig gewordenen Leasingraten – von Masseverbindlichkeiten gemäß § 55 Abs. 2 InsO abgesehen – belastet werden kann, ergibt sich aus § 105 InsO, der grundsätzlich auch für den Leasingvertrag gilt[2]. § 105 Satz 1 InsO sieht vor, dass der Vertragspartner bei Teilleistungen, die dieser bereits vor Verfahrenseröffnung erbracht hat, grundsätzlich den Anspruch auf die entsprechende Gegenleistung selbst dann nur als Insolvenzforderung gehend machen kann, wenn der Insolvenzverwalter wegen der noch ausstehenden Leistung Erfüllung verlangt. 51

b) Fälligkeit im Insolvenzantragsverfahren

aa) Nutzung des Leasingguts durch „starken" vorläufigen Insolvenzverwalter

Rückständige Leasingraten aus der Zeit nach Stellung des Insolvenzantrages und vor der Entscheidung über die Eröffnung des Verfahrens sind als **Insolvenzforderungen** einzuordnen, soweit sich nicht aus § 55 Abs. 2 InsO etwas anderes ergibt. Dementsprechend kommt § 108 Abs. 3 InsO n.F., der für den Bereich des Immobilienleasings diese Qualifikation ausdrücklich vornimmt, nur klarstellende Funktion zu[3]. 52

Gemäß § 55 Abs. 2 Satz 2 InsO sind rückständige Leasingraten als **Masseverbindlichkeit** zu befriedigen, wenn und soweit der „starke" vorläufige Insolvenzverwalter oder „schwache" vorläufige Insolvenzverwalter, der zur Fortsetzung des Leasingvertrages vom Insolvenzgericht ermächtigt (und insoweit „erstarkt") worden ist, das Leasinggut genutzt hat. Wird der Leasinggegenstand zwar nicht mehr insgesamt benötigt, aber während des Eröffnungsverfahrens dennoch teilweise genutzt, schuldet die Masse die 53

Sie konnten bei Behandlung der Anfechtungseinrede deshalb die Wirksamkeit des besagten Rechtsgeschäfts unterstellen, da es auf das Ergebnis des Klageanspruchs keinen Einfluss hatte (vgl. BGH v. 11.6.1992 – IX ZR 255/91, NJW 1992, 2483, 2484 zu § 41 Abs. 2 KO).

1 Vgl. OLG Dresden v. 29.1.2004 – 13 U 2163/03, IBRRS 49624, unter II.; vgl. auch HK/*Kreft*, § 129 InsO Rz. 31; MünchKomm./*Kirchhof*, § 129 InsO Rz. 45; *Ganter*, FS Gerhardt, 2004, S. 237 ff. (scheidet eine Anfechtbarkeit aus, kann die Rechtshandlung wegen Insolvenzzweckwidrigkeit unwirksam sein).

2 Vgl. Begründung zu § 122 Abs. 2 RegE/§ 108 Abs. 2 InsO, BT-Drucks. 12/2443, S. 146, abgedruckt in *Kübler/Prütting*, Das neue Insolvenzrecht, S. 300.

3 Vgl. *Uhlenbruck/Sinz*, § 108 InsO Rz. 62.

vereinbarten Leasingraten grundsätzlich gleichwohl in voller Höhe – und nicht nur anteilig – als Masseschuld[1].

54 Etwas anderes soll nach *Sinz* für die Fälle gelten, in denen die Leasingleistung ohne Wertminderung und ohne Beeinträchtigung des Leistungszwecks in Teilleistungen zerlegt werden könne, etwa wenn über mehrere Leasinggegenstände ein einheitlicher Leasingvertrag mit einer Gesamtleasingrate geschlossen worden sei. Dann sei nur der Teil der Leasingrate Masseschuld, der dem tatsächlichen Nutzungsumfang entspreche. Seien z.B. fünf (gleichwertige) Pkws zu einer monatlichen Gesamtleasingrate von 2500 Euro geleast worden, habe der vorläufige Insolvenzverwalter davon aber lediglich zwei Pkws genutzt, wovon ein Pkw nur eine Woche im Monat benötigt worden sei, so seien 1000 Euro als Masseschuld zu bedienen. Die verminderte Intensität der Nutzung spiele keine Rolle[2]. Unerheblich sei auch, ob der Leasingvertrag während des Eröffnungsverfahrens ende oder nicht[3].

bb) Nutzung des Leasingguts durch „schwachen" vorläufigen Insolvenzverwalter

55 Hat das Insolvenzgericht hingegen nur einen Zustimmungsvorbehalt angeordnet, so ist der Anspruch auf die Leasingraten grundsätzlich nur als **Insolvenzforderung** zu behandeln, selbst wenn der vorläufige „schwache" Insolvenzverwalter das Leasinggut im Antragsverfahren genutzt hat[4].

c) Fälligkeit nach Eröffnung des Insolvenzverfahrens

aa) Auswirkungen der Verfahrenseröffnung auf den Leasingvertrag

56 Nach der neueren Rechtsprechung des BGH bleibt der Leasingvertrag in der Insolvenz des Leasingnehmers als solcher bestehen (Rz. 24). Nicht oder nicht vollständig erfüllte Leasingverträge über bewegliche Wirtschaftsgüter unterliegen dem Anwendungsbereich des **§ 103 InsO**. Der Insolvenzverwalter hat also die (unwiderrufliche[5]) Wahl, ob er den Leasingvertrag erfüllen oder die weitere Erfüllung ablehnen will. Soweit **Nebenleistungspflichten** (z.B. Wartungspflichten beim Computerleasing) vereinbart sind, teilen auch diese das Schicksal des Leasingvertrages[6]. Nicht vollständig erfüllt ist

---

1 Vgl. *Uhlenbruck/Sinz*, § 108 InsO Rz. 62.
2 Vgl. *Uhlenbruck/Sinz*, § 108 InsO Rz. 62.
3 Vgl. *Eckert*, ZIP 1996, 897, 903; *Uhlenbruck/Sinz*, § 108 InsO Rz. 62.
4 Vgl. BGH v. 18.7.2002 – IX ZR 195/01, NJW 2002, 3326, 3327; *Uhlenbruck/Sinz*, § 108 InsO Rz. 61; *Breutigam*, in Breutigam/Blersch/Goetsch, § 55 InsO Rz. 57; *Nerlich/Römermann/Andres*, § 55 InsO Rz. 129; *Hess/Weis/Wienberg*, § 55 InsO Rz. 201; *Wolf/Eckert/Ball*, Handbuch. des gewerblichen Miet-, Pacht- u. Leasingrechts, Rz. 1553; *Engel*, FLF 2005, 272, 274.
5 H.M., vgl. nur HK/*Marotzke*, § 103 InsO Rz. 61.
6 Vgl. OLG Karlsruhe v. 15.3.1989 – 1 U 269/88, ZIP 1989, 659, 660; *Uhlenbruck/Sinz*, WM 1989, 1113, 1122.

der Leasingvertrag seitens des Leasingnehmers, solange er noch vertraglich geschuldete Zahlungen zu leisten hat.

Fordert der Leasinggeber den Insolvenzverwalter zur Ausübung seines Wahlrechts auf, so hat letzterer gemäß § 103 Abs. 2 Satz 2 InsO unverzüglich zu erklären, ob er die Erfüllung verlangen will. Unterlässt er dies, kann er auf Erfüllung nicht mehr bestehen. Zu beachten ist, dass unverzüglich nicht sofort bedeutet. Vielmehr steht dem Insolvenzverwalter eine **angemessene Überlegungsfrist** zur Klärung der Voraussetzungen für eine durchdachte Wahl zu, die der Leasinggeber nicht durch eine einseitige Fristbestimmung verkürzen kann[1]. 57

bb) Erfüllungswahl

(1) Herrschende Lehre

Entscheidet sich der Insolvenzverwalter für die Vertragserfüllung, so schuldet er die **nach Verfahrenseröffnung fällig werdenden Leasingraten** – einschließlich der in der Schwebezeit zwischen Verfahrenseröffnung und Insolvenzverwalterentscheidung fällig werdende Raten – als **Masseschuld** i.S.v. § 55 Abs. 1 Nr. 2 InsO, also in voller Höhe wie vertraglich vorgesehen[2]. Rückständige Leasingraten, die im Insolvenzantragsverfahren fällig geworden sind, sind nach § 105 Satz 1 InsO bloße Insolvenzforderungen, soweit nicht § 55 Abs. 2 Satz 2 InsO eingreift (Rz. 37 ff.)[3]. 58

Das Erfüllungsverlangen ist eine **einseitige empfangsbedürftige Willenserklärung**, die auch konkludent abgegeben werden kann. Ein konkludentes Erfüllungsverlangen liegt beispielsweise vor, wenn der Leasingvertrag noch nicht vollzogen ist und der Insolvenzverwalter die Überlassung der Leasingsache fordert. Leistet der Insolvenzverwalter Zahlungen mit Mitteln der Insolvenzmasse auf einen Leasingvertrag zum jeweiligen Fälligkeitszeitpunkt der Leasingraten ohne Vorbehalt, so wählt er konkludent die Erfüllung des Leasingvertrages[4]. Wählt der Insolvenzverwalter Erfüllung, ist 59

---

1 Vgl. OLG Köln v. 2.12.2002 – 15 U 93/02, ZIP 2003, 543; *Uhlenbruck/Sinz*, § 108 InsO Rz. 71; MünchKomm./*Eckert*, § 108 InsO Rz. 40; *Obermüller/Livonius*, DB 1995, 27, 28; *Graf von Westphalen*, Voraufl., Rz. 1533; *Engel*, FLF 2005, 272, 274; für eine analoge Anwendung der für Eigentumsvorbehaltskäufe geltenden Frist des § 107 Abs. 2 InsO treten ein: HK/*Marotzke*, § 107 InsO Rz. 37; *Nerlich/Römermann/Balthasar*, § 103 InsO Rz. 45; *Kübler/Prütting/Tintelnot*, § 103 Inso Rz. 72; *Runkel*, EWiR 2003, 714, 715.

2 Allg. M., vgl. *Uhlenbruck/Sinz*, § 108 InsO Rz. 71; *Wolf/Eckert/Ball*, Handbuch des gewerblichen Miet-, Pacht- und Leasingrechts, Rz. 1541; *Obermüller/Livonius*, DB 1995, 27, 28; a.A. nur *Eckert*, ZIP 1997, 2077, 2078.

3 Vgl. *Kübler/Prütting/Tintelnot*, §105 InsO Rz. 10; *Pape* in Kölner Schrift zur InsO, 2. Aufl. 2000, S. 531 ff., Rz. 69; *Schwemer*, ZMR 2000, 348, 349; a.A. – keine Teilbarkeit der Leistung: *Bien*, Die insolvenzrechtliche Stellung des Refinanzierers der Leasinggesellschaft beim Finanzierungsleasing nach der Insolvenzordnung, 2000, S. 92 ff.

4 Vgl. AG Zweibrücken v. 27.8.2004 – 1 C 385/04, ZIP 2005, 679; FK/*Wegener*, § 103 InsO Rz. 59.

eine etwaige Verpflichtung des Leasingnehmers zur **Abschlusszahlung** als Masseschuld zu erfüllen, da sie Bestandteil des Leasingvertrages ist[1].

(2) Die Auffassung *Eckerts*

60 Nicht gefolgt werden kann der von *Eckert* vertretenen Ansicht, die aus der Masse zu zahlende Vergütung für die Nutzung nach Verfahrenseröffnung reduziere sich auf einen Bruchteil der Leasingraten, nämlich den bloßen Gegenwert für das Belassen des ungestörten Gebrauchs[2]. Dies begründet er im Wesentlichen damit, dass der Leasinggeber die wesentliche vertragliche Leistung – die Anschaffung oder Herstellung des Leasingguts sowie dessen Finanzierung und Übergabe an den Leasingnehmer – schon bei Vertragsbeginn, also vor Verfahrenseröffnung erbringe. Bei Erfüllungswahl bleibe der Leasingeber deshalb mit dem die Anfangsleistung entgeltenden Teil der Leasingraten gemäß § 105 Satz 1 InsO Insolvenzgläubiger[3].

61 Gegen diese Ansicht spricht, dass für den Leasingnehmer die **Nutzung des** (nach seinen Vorgaben vom Leasinggeber zu erwerbenden) **Gegenstandes im Vordergrund steht** und die **Finanzierung nur Mittel zum Zweck** ist. Wie und wann der Leasinggeber die hierfür notwendige Finanzierungsleistung erbringt, ist allein Sache des Leasinggebers und berührt den Leistungsaustausch im Verhältnis zwischen Leasinggeber und Leasingnehmer nicht[4]. Nicht zuletzt deshalb qualifiziert die Rechtsprechung die Gebrauchsüberlassung als Hauptpflicht und wendet Mietvertragsrecht auf das Finanzierungsleasing an (Kap. B Rz. 2). Dass sich diese Pflicht des Leasinggebers nach Übergabe darauf reduziert, den Leasingnehmer nicht im Gebrauch zu stören und ihn bei Störungen durch Dritte zu unterstützen, ändert an dieser Beurteilung nichts, da diese Reduktion allein das Ergebnis der leasingformularvertraglichen Abwälzung der Sach- und Gegenleistungsgefahr auf den Leasingnehmer ist[5].

cc) Erfüllungsablehnung

62 Lehnt der Insolvenzverwalter die Erfüllung des Leasingvertrages ab, verbleibt es bei dem mit Verfahrenseröffnung eingetretenen Zustand, d.h. der Anspruch des Leasinggebers auf Zahlung der vereinbarten Raten ist nicht

---

1 Vgl. *Pape*, in Kölner Schrift zur InsO, S. 531 ff. Rz. 70.

2 *Graf von Westphalen*, der sich dieser Auffassung im Grundsatz angeschlossen hat, beziffert diesen Wert mit 5–10 % der monatlichen Leasingraten (Voraufl., Rz. 356).

3 Vgl. *Eckert*, ZIP 1997, 2077 ff.; MünchKomm./Eckert, § 108 InsO Rz. 96; *Wolf/Eckert/Ball*, Handbuch des gewerblichen Miet-, Pacht- und Leasingrechts, Rz. 2083; zur Kritik an dieser Ansicht: *Schmid-Burgk*, ZIP 1998, 1022 f.

4 Vgl. *Uhlenbruck/Sinz*, § 108 InsO Rz. 86; HK/*Marotzke*, § 105 InsO Rz. 12; *Kübler/Prütting/Tintelnot*, § 108 InsO Rz. 17; *Kalkschmid*, Immobilienleasing in der Insolvenz, Rz. 366 ff.; *Engel/Völckers*, Leasing in der Insolvenz, Rz. 331; *Schmid-Burgk*, ZIP 1998, 1022 f.; *Zahn*, DB 1998, 1701 ff.; *Schwemer*, ZMR 2000, 348, 349.

5 Vgl. BGH v. 30.9.1987 – VIII ZR 226/86, NJW 1988, 198, 199.

durchsetzbar[1]. Der **Leasinggeber ist berechtigt, den Leasingvertrag fristlos zu kündigen** und seinen **Anspruch auf Schadensersatz** gemäß § 103 Abs. 2 Satz 1 InsO als Insolvenzforderung geltend zu machen. Einer vorherigen Fristsetzung oder Abmahnung bedarf es aufgrund der Erfüllungsablehnung des Insolvenzverwalters gemäß § 543 Abs. 3 Nr. 1 BGB selbst dann nicht, wenn die Voraussetzungen des § 543 Abs. 2 Nr. 3 BGB nicht vorliegen[2]. Das Verlangen des Leasinggebers zur Herausgabe oder Räumung des Leasingguts stellt eine konkludente Kündigungserklärung dar, die das Besitzrecht des Leasingnehmers entfallen lässt[3].

Hinsichtlich der Berechnung des Schadensersatzanspruchs gelten die gleichen Grundsätze, die bei der fristlosen Kündigung des Leasingvertrages außerhalb der Insolvenz des Leasingnehmers maßgeblich sind (Kap. K Rz. 37 ff.). Haben Leasingnehmer und Leasinggeber zur Berechnung des Schadensersatzes bei vorzeitiger Beendigung des Leasingvertrages eine Vereinbarung getroffen, ist diese für den Fall der Erfüllungsablehnung entsprechend anzuwenden[4]. 63

6. Auswirkungen der Insolvenz des Leasingnehmers auf die verschiedenen Leasingvertragsmodelle

a) Kaufoption des Leasingnehmers

aa) Erfüllungswahl

Bei Vertragsgestaltungen mit Kaufoption des Leasinggebers ist zwischen Gebrauchsüberlassung und Optionsrecht zu differenzieren[5]: Wird der Leasingnehmer während der unkündbaren Grundleasingzeit (vor Ausübung des Optionsrechts) insolvent und wählt der Insolvenzverwalter **Erfüllung** des Leasingvertrages, so bleibt die Kaufoption hiervon unberührt. Dem Insolvenzverwalter steht es frei, ob er später das Leasinggut erwerben will oder nicht. Entscheidet er sich für die Optionsausübung, wird der Kaufpreis Masseschuld[6]. 64

bb) Nichterfüllungswahl

Wählt er hinsichtlich des Leasingvertrages die **Nichterfüllung**, stellt sich die Frage, ob er die Kaufoption noch ausüben kann, solange der Leasinggeber den Leasingvertrag nicht fristlos kündigt. Da die Erfüllungsablehnung den Bestand des Leasingvertrages nicht berührt, sondern zunächst 65

1 Vgl. BGH v. 25.4.2002 – IX ZR 313/99, NJW 2002, 2783; BGH v. 24.6.2003 – XI ZR 100/02, NJW 2003, 2744, 2748.
2 Vgl. BGH v. 9.3.2005 – VIII ZR 394/03, NJW 2005, 2552, 2553 f.
3 Vgl. BGH v. 1.3.2007 – IX ZR 81/05, NJW 2007, 1594.
4 OLG Schleswig v. 1.9.2006 – 14 U 213/05, NJW-RR 2007, 768.
5 Vgl. BGH v. 14.12.1989 – IX ZR 283/88, ZIP 1990, 180, 183.
6 Vgl. *Uhlenbruck/Sinz*, § 108 InsO Rz. 74; MünchKomm./*Eckert*, § 108 InsO Rz. 146; *Engel/Völckers*, Leasing in der Insolvenz, Rz. 333.

nur dazu führt, dass die gegenseitigen Ansprüche aus dem Leasingvertrag nicht mehr durchsetzbar sind, scheint die Ausübung der Kaufoption nicht von vornherein ausgeschlossen. Jedoch ist zu berücksichtigen, dass sich das Optionsrecht aus dem Leasingvertrag ableitet und von dessen Bestand abhängig ist. Diese **Akzessorietät** lässt es geboten erscheinen, entweder die Ausübung der Kaufoption als gemäß § 242 BGB unzulässig (Fall des *venire contra factum proprium*) oder die Ansprüche aus dem durch eine Optionsausübung zustande gekommenen Kaufvertrag jedenfalls als nicht durchsetzbar anzusehen. Der Insolvenzverwalter kann also nicht etwa Übereignung des Leasingguts gemäß § 433 Abs. 1 Satz 1 BGB gegen Zahlung des im Leasingvertrag vereinbarten Kaufpreises verlangen.

cc) Doppeltes Wahlrecht

66 Soweit Leasingverträge vorsehen, dass die Erklärung über die Optionsausübung schon mehrere Monate vor Ablauf der festen Grundleasingzeit zu erfolgen hat, können bei Insolvenzeröffnung beide Verträge in der Schwebe sein. Dem Insolvenzverwalter steht dann ein doppeltes Wahlrecht zu, das er unterschiedlich ausüben kann[1]. Der Unterschied zur vorangegangenen Fallkonstellation liegt darin, dass das ausgeübte Optionsrecht bereits einen selbständigen Kaufvertrag zustande gebracht hat, der einer eigenen Abwicklung nach § 103 InsO unterliegt, während die noch nicht ausgeübte Kaufoption vom Bestand des Leasingvertrages abhängig ist[2].

b) Verlängerungsoption des Leasingnehmers

67 Für Leasingvertragsmodelle mit Verlängerungsoption gilt stets § 103 InsO, unabhängig davon, ob das Insolvenzverfahren vor oder nach Optionsausübung eröffnet wird[3].

c) Andienungsrecht des Leasinggebers

aa) Erfüllungswahl

68 Bei Vertragsmodellen mit Andienungsrecht des Leasinggebers gilt Folgendes: Wird das Insolvenzverfahren in der unkündbaren Grundleasingzeit **vor Zugang** der Andienungserklärung eröffnet, geht es zunächst allein um die Abwicklung des Leasingvertrages nach § 103 InsO. Entscheidet sich der Insolvenzverwalter für die Erfüllung des Leasingvertrages und macht der Leasinggeber von seinem Andienungsrecht Gebrauch, kommt ein Kaufvertrag zustande. Der Kaufpreis aus der dadurch entstandenen Ankaufverpflich-

---

1 Vgl. *Uhlenbruck/Sinz*, § 108 InsO Rz. 75; MünchKomm./*Eckert*, § 108 InsO Rz. 146, 147.
2 Vgl. *Uhlenbruck/Sinz*, § 108 InsO Rz. 75; *Engel*, FLF 2005, 272, 274.
3 Vgl. *Uhlenbruck/Sinz*, § 108 InsO Rz. 76; MünchKomm./*Eckert*, § 108 InsO Rz. 145; *Engel*, FLF 2005, 272, 274.

tung wird Masseschuld[1]. Hatte der Leasinggeber zum Zeitpunkt der Insolvenzeröffnung das Andienungsrecht bereits ausgeübt, war der Leasingnehmer aber seiner Ankaufsverpflichtung noch nicht vollständig nachgekommen, steht die Erfüllung des Kaufvertrages zur Disposition des Insolvenzverwalters[2].

bb) Erfüllungsablehnung

Lehnt der Insolvenzverwalter die Erfüllung des Leasingvertrages ab, bleibt dadurch das Andienungsrecht des Leasinggebers in seinem Bestand unberührt, da der Leasingvertrag als solcher bestehen bleibt. Wie bei der Kaufoption des Leasingnehmers ist auch beim Gegenstück, dem Andienungsrecht des Leasinggebers, dessen Abhängigkeit vom Bestand des Leasingvertrages hervorzuheben. Da das Andienungsrecht jedoch nicht vom Insolvenzverwalter, sondern vom Leasinggeber ausgeübt wird, lässt sich eine Unzulässigkeit **nicht** unter dem Gesichtspunkt des widersprüchlichen Verhaltens begründen[3]. 69

Vielmehr sind die Ansprüche des Leasinggebers aus dem durch Ausübung des Andienungsrechts zustande gekommenen Kaufvertrag als nicht durchsetzbar anzusehen. Der nach Verwertung des Leasinggutes etwaig verbleibende restliche Amortisationsanspruch kann vom Leasinggeber nur zur Tabelle angemeldet werden. Dem kann der Leasinggeber auch nicht dadurch zuvorkommen, dass er seine Andienungserklärung noch vor Zugang der Entscheidung des Insolvenzverwalters übermittelt, da die Erfüllungsablehnung des Insolvenzverwalters keine Gestaltungswirkung hat[4]. 70

d) Abschlusszahlungspflicht des Leasingnehmers

Bei **kündbaren Teilamortisationsverträgen** mit Abschlusszahlungspflicht des Leasingnehmers teilt diese das Schicksal des Leasingvertrages und kann daher vom Leasinggeber nur als Insolvenzforderung geltend gemacht werden (§ 103 Abs. 2 Satz 1 InsO), falls der Insolvenzverwalter nicht Erfüllung des Leasingvertrages wählt. Entscheidet er sich für die Erfüllung, stellt sich die Frage, ob allein auf die vertragliche Fälligkeit abgestellt werden kann und die Abschlusszahlung in vollem Umfang oder nur zeitanteilig Masseschuld wird[5]. 71

Für eine **zeitanteilige Anrechnung** wird in der Literatur angeführt, dass durch die Abschlusszahlung auch ein Teil der Nutzungsüberlassung vor Verfahrenseröffnung vergütet werde und der Leasinggeber insoweit bewusst eine höhere Teilleistung erbracht habe, als sie der Höhe der verein- 72

---

1 Vgl. *Uhlenbruck/Sinz*, § 108 InsO Rz. 78.
2 Vgl. *Uhlenbruck/Sinz*, § 108 InsO Rz. 79.
3 Vgl. MünchKomm./*Eckert*, § 108 InsO Rz. 147.
4 Vgl. *Uhlenbruck/Sinz*, § 108 InsO Rz. 78.
5 So FK/*Wegener*, § 108 InsO Rz. 29.

barten Leasingrate entspreche. Er könne sich wegen des Differenzbetrages, der als Insolvenzforderung ausfalle, erst nach Beendigung des Leasingvertrages aus dem Eigentum am Leasinggut befriedigen[1]. Zudem sei der Masse eine vom Schuldner bei Vertragsbeginn erbrachte Sonderzahlung, die gleichfalls der Vollamortisation diene, anteilig unter Berücksichtigung ihrer Nutzungszeit gutzubringen[2].

73 Folgte man dieser Ansicht, müsste stets die Höhe der monatlichen Leasingraten ohne die Abschlusszahlung oder Vorauszahlung (fiktiv) ermittelt und der Differenzbetrag zwischen den fiktiven Raten und den tatsächlichen Raten bis zur Insolvenzeröffnung vom vereinbarten Abschlussbetrag oder der geleisteten Vorauszahlung in Abzug gebracht werden. Lediglich der verbleibende Betrag wäre Masseschuld. Diese Betrachtungsweise ist aus dogmatischen Gründen abzulehnen. Eine Anrechnung der Abschlusszahlung lässt sich mit der modifizierten Erfüllungstheorie nicht vereinbaren, die die Pflicht nicht nur zur Zahlung der Leasingraten, sondern auch eines Abschlussbetrages in der ursprünglich vereinbarten Höhe als Masseschuld **neu** begründet.

e) Mehrerlösbeteiligung des Leasingnehmers

74 Beim Vertragsmodell mit Aufteilung des Mehrerlöses verliert die Masse für den Fall der **Erfüllungsablehnung** durch den Insolvenzverwalter nicht ihren Anspruch auf einen etwaigen Mehrerlös. Verlangt der Leasinggeber die Herausgabe des Leasingguts (zum Zwecke der Verwertung), liegt darin eine fristlose Kündigung des Leasingvertrages, zu der der Leasinggeber berechtigt ist (Rz. 62). Wie im Parallelfall der fristlosen Kündigung des Leasingvertrages infolge Zahlungsverzuges des Leasingnehmers außerhalb der Insolvenz ist bei der Schadensberechnung der vertraglich vereinbarte Anteil am Mehrerlös dem Leasingnehmer gutzuschreiben (s. Kap. K Rz. 55)[3]. Die gleichen Grundsätze gelten bei einem Kfz-Leasingvertrag mit Kilometerabrechnung. Die vorzeitige Beendigung des Leasingvertrages aufgrund der Insolvenzeröffnung schließt eine etwaige Vergütungspflicht des Leasinggebers für Minderkilometer nicht aus[4].

7. Masseunzulänglichkeit

75 Unter den Voraussetzungen des § 209 Abs. 1 Nr. 2 und Abs. 2 Nr. 3 InsO sind Masseschulden, die nach Anzeige der Masseunzulänglichkeit durch den Insolvenzverwalter begründet werden, vor den übrigen Masseverbind-

1 Vgl. *Uhlenbruck/Sinz*, § 108 InsO Rz. 80; MünchKomm./*Eckert*, § 108 InsO Rz. 166; *Engel*, FLF 2005, 272, 274.
2 Vgl. MünchKomm./*Eckert*, § 108 InsO Rz. 166.
3 Vgl. *Reinking*, ZAP, 1989, Fach 4, 169, 176; *Graf von Westphalen*, in Röhricht/Graf von Westphalen, HGB, Leasing, Rz. 190.
4 Vgl. *Uhlenbruck/Sinz*, § 108 InsO Rz. 82.

lichkeiten, allerdings nach den Kosten des Insolvenzverfahrens zu befriedigen[1]. Im Falle der Erfüllungswahl gilt es zu berücksichtigen, dass der Leasingvertrag bis zum Ablauf der fest vereinbarten Laufzeit nicht mehr kündbar ist. Der Insolvenzverwalter kann die Entstehung einer Neumasseschuld deshalb nur abwenden, indem er die Nutzung aufgibt. Die Ansprüche aus dem Leasingverhältnis bleiben dann „Altmasseverbindlichkeiten" im Rang des § 209 Abs. 1 Nr. 3 InsO[2]. Innerhalb dieser Rangklasse sind die Masseverbindlichkeiten nach § 55 Abs. 1 und Abs. 2 InsO gleichrangig[3]. Vollstreckungsmaßnahmen wegen der Altmasseverbindlichkeiten sind gemäß § 210 InsO unzulässig.

8. Besonderheiten beim Immobilienleasing

a) Auswirkungen der Verfahrenseröffnung

Die Besonderheiten beim Immobilienleasing betreffen das Recht zur **Beendigung des Leasingvertrages**. Abweichend von § 103 InsO besteht der Leasingvertrag gemäß § 108 Abs. 1 Satz 1 InsO mit Wirkung für die Masse fort und ist sowohl vom Insolvenzverwalter als auch vom Leasinggeber ohne Rücksicht auf die Verfahrenseröffnung weiter zu erfüllen. Dies gilt auch für Leasingverträge über Schiffe und Flugzeuge, da es sich im Sinne des Gesetzes um unbewegliche Gegenstände handelt. Diese sind in § 49 InsO definiert als Gegenstände, die der Zwangsvollstreckung in das unbewegliche Vermögen unterliegen. Hierzu zählen gemäß §§ 864 Abs. 1, 870a ZPO und §§ 47, 99 Abs. 1 Gesetz über Rechte an Luftfahrzeugen die im Schiffsregister eingetragenen Schiffe und Schiffsbauwerke sowie die in der Luftfahrzeugrolle eingetragenen Luftfahrzeuge. 76

Soweit § 108 Abs. 3 InsO n.F. bestimmt, dass rückständige Leasingraten vor der Eröffnung des Insolvenzverfahrens als Insolvenzforderungen behandelt werden, wird diese Vorschrift durch die speziellere Regelung in § 55 Abs. 2 Satz 2 InsO **verdrängt**. Nutzt der vorläufige „starke" Insolvenzverwalter die Immobilie im Insolvenzantragsverfahren, werden die Leasingraten für die Dauer der Nutzung Masseverbindlichkeit[4]. 77

Hinsichtlich der Möglichkeiten zur Vertragsbeendigung trifft die InsO eine differenzierte Regelung, die an die Überlassung des Leasinggutes zur Zeit der Insolvenzeröffnung anknüpft. 78

---

1 Vgl. BGH v. 13.4.2006 – IX ZR 22/05, NZI 2006, 392 f.

2 Vgl. *Uhlenbruck/Sinz*, § 108 InsO Rz. 95; FK/*Schulz*, § 209 InsO Rz. 26 f.; *Eckert*, ZIP 1996, 897, 905 f.

3 Nicht hingegen Masseverbindlichkeiten aus ungerechtfertigter Bereicherung der Masse gemäß § 55 Abs. 1 Nr. 3 InsO (vgl. BGH v. 13.4.2006 – IX ZR 22/05, NZI 2006, 392, 393).

4 Vgl. BGH v. 18.7.2002 – IX ZR 195/01, NJW 2002, 3326, 3327.

b) Insolvenzeröffnung vor Überlassung des Leasinggutes

aa) Beiderseitige Rücktrittsrechte

79 War dem Leasingnehmer die Immobilie **zur Zeit der Eröffnung des Verfahrens** noch nicht überlassen, können nach § 109 Abs. 2 Satz 1 InsO sowohl Insolvenzverwalter als auch Leasinggeber **vom Vertrag zurücktreten**. Der Sache nach steht dieses insolvenzbedingte Rücktrittsrecht einem Recht zur fristlosen Kündigung gleich[1]. Jeder kann den anderen Teil auffordern, sich binnen zwei Wochen zu erklären. Unterlässt er dies, erlischt das Rücktrittsrecht. Erklärt der Leasinggeber, dass er nicht zurücktreten wolle, oder gibt er nach Aufforderung des Insolvenzverwalters keine Erklärung ab, so hindert dies den Insolvenzverwalter nicht, seinerseits von dem Gestaltungsrecht des § 109 Abs. 2 InsO Gebrauch zu machen[2].

80 Die Kündigungssperre des § 112 InsO steht der Ausübung dieses Rücktrittsrechts nicht entgegen. Insoweit wird § 112 InsO von dem spezielleren § 109 Abs. 2 Satz 1 InsO **verdrängt**. Dadurch ergeben sich beim Immobilienleasing im Vergleich zum Leasing beweglicher Sachen unterschiedliche Bindungswirkungen: im Insolvenzantragsverfahren ist der Leasinggeber an den nicht vollzogenen Leasingvertrag gebunden (§ 112 InsO), bei Eröffnung des Verfahrens vor Überlassung der Immobilie kann er sich lösen (§ 109 Abs. 2 lnsO), während er bei Verfahrenseröffnung nach Überlassung der Immobilie wieder gebunden ist (§ 109 Abs. l InsO)[3].

bb) Rechtsfolgen des Rücktritts

81 Erklärt der Insolvenzverwalter den Rücktritt vom Vertrag, erlöschen die beiderseitigen Leistungspflichten. Bereits erbrachte Vorleistungen des Leasingnehmers, etwa Vorauszahlungen auf die Leasingraten[4], können vom Verwalter zurückgefordert werden[5]. Nach *Kalkschmid* erstreckt sich die Rückgewährpflicht des Leasinggebers nicht auch auf eine vom Schuldner bei Vertragsschluss gezahlte Abschlussgebühr sowie bereits geleistete Vormieten[6], da sowohl die Abschlusszahlung als auch die Vormieten nicht Bestandteile des Nutzungsentgelts, sondern die Gegenleistung für eine vom Leasinggeber bereits erbrachte Leistung seien. Erstere decke den Planungsaufwand der Leasinggesellschaft ab, letztere deckten jedenfalls zum Teil die Kosten der Objekterrichtung[7].

---

1 Vgl. *Kalkschmid*, Immobilienleasing in der Insolvenz, Rz. 443.
2 Vgl. *Uhlenbruck/Sinz*, § 108 InsO Rz. 66; FK/*Wegener*, § 109 InsO Rz. 23.
3 Vgl. *Uhlenbruck/Sinz*, § 108 InsO Rz. 59.
4 FK/*Wegener*, § 109 InsO Rz. 26.
5 Zur Frage, ob die Rückabwicklung nach den §§ 346 ff. BGB oder den §§ 812 ff. BGB erfolgt, vgl. *Jaeger/Henckel*, § 20 KO Rz. 6, sowie HK/*Marotzke*, § 109 InsO Rz. 42 f.
6 Zur Entgeltgestaltung bei Immobilienleasing s. *Kalkschmid*, Immobilienleasing in der Insolvenz, Rz. 123 ff.
7 Vgl. *Kalkschmid*, Immobilienleasing in der Insolvenz, Rz. 446.

Der Rücktritt des Insolvenzverwalters löst (wie die Ablehnung der Erfüllung nach § 103 Abs. 2 InsO) einen Schadensersatzanspruch des Leasinggebers aus, der als Insolvenzforderung zu befriedigen ist (§ 109 Abs. 2 Satz 2 InsO)[1]. 82

c) Insolvenzeröffnung nach Überlassung des Leasinggutes

aa) Kündigungsrecht des Insolvenzverwalters

War dem Leasingnehmer die Immobilie **zur Zeit der Eröffnung des Verfahrens** bereits überlassen, kann der Insolvenzverwalter das Leasingverhältnis nach § 109 Abs. 1 Satz 1 InsO a.F. ohne Rücksicht auf eine vereinbarte Vertragsdauer unter Einhaltung der gesetzlichen Frist kündigen. Diese beträgt bei gewerblich genutzten unbebauten Grundstücken gemäß § 580a Abs. 1 Nr. 3, Abs. 4 BGB drei Monate zum Ablauf eines Kalendervierteljahres. Bei Mietverhältnissen über Geschäftsräume ist die Kündigung gemäß § 580a Abs. 2, Abs. 4 BGB spätestens am dritten Werktag eines Kalendervierteljahres zum Ablauf des nächsten Kalendervierteljahres zulässig. Praktisch beträgt die Frist somit sechs Monate. Durch die Neuregelung des Unternehmensinsolvenzrechts ist eine generelle Verkürzung der ordentlichen Kündigungsfrist auf drei Monate zum Monatsende erfolgt (§ 109 Abs. 1 Satz 1 InsO n.F.)[2]. 83

Die Kündigungsmöglichkeit des § 109 Abs. 1 Satz 1 InsO n.F. entspricht wirtschaftlich weitgehend dem Wahlrecht des § 103 InsO für Mobilienleasingverträge. Der Unterschied im Regelungsgehalt besteht hauptsächlich darin, dass der Leasinggeber bei Mobilienleasingverträgen dem Insolvenzverwalter das Wahlrecht nehmen kann, indem er ihn gemäß § 103 Abs. 2 Satz 2 InsO zur Erklärung über sein Wahlrecht auffordert, während er bei Immobilienleasingverträgen auf den Zeitpunkt der Kündigung keinen Einfluss hat. Der Insolvenzverwalter braucht nämlich nicht – entsprechend den § 566 Abs. 2 Satz 2 BGB, § 57a ZVG, § 111 Satz 2 InsO – zum erstmöglichen Zeitpunkt zu kündigen, sondern kann **zu jeder Zeit** von seinem Kündigungsrecht Gebrauch machen[3]. 84

bb) Schadensersatzanspruch des Leasinggebers

Im Falle einer Kündigung des Leasingvertrages durch den Insolvenzverwalter sind die Schadensersatzansprüche des Leasinggebers wegen vorzeitiger 85

1 *Uhlenbruck/Sinz*, § 108 InsO Rz. 67, kritisiert diese Regelung als systemwidrig, da die Ausübung eines gesetzlichen Rücktrittsrechts grundsätzlich keinen Schadensersatzanspruch des Vertragspartners wegen Nichterfüllung zur Folge haben könne. Vgl. auch *Tintelnot*, ZIP 1995, 616, 621; *Eckert*, ZIP 1996, 897, 900.

2 Gesetz zur Vereinfachung des Insolvenzverfahrens v. 13.4.2007, BGBl. I, 509; s. hierzu Anmerkungen von *Sternal*, NZI 2006, 185, 191.

3 *Wolf/Eckert/Ball*, Handbuch des gewerblichen Miet-, Pacht- und Leasingrechts, Rz. 1505.

Vertragsauflösung nach § 103 Abs. 2 Satz 1 BGB ebenso wie die Kosten für die Räumung des Grundstücks nach § 109 Abs. 1 Satz 3 InsO nur **Insolvenzforderung**, soweit sich aus § 55 InsO nichts anderes ergibt.

9. Leasing als Kapitalersatz

a) Gebrauchsüberlassung als kapitalersetzendes Gesellschafterdarlehen

86 Verleast ein **GmbH-Gesellschafter** (oder ein ihm gleichstehender Dritter) Immobilien oder bewegliche Sachen an die GmbH, sind im Insolvenzverfahren über das Vermögen der Gesellschaft die Grundsätze des kapitalersetzenden Darlehens (§ 32a GmbHG) heranzuziehen, wenn die Gesellschaft weder selbst über die zur Anschaffung einer solchen Betriebseinrichtung erforderlichen Mittel verfügt noch sich diese aus eigener Kraft auf dem Kapitalmarkt zu üblichen Bedingungen beschaffen konnte und ein vernünftig handelnder Leasinggeber, der nicht an der Gesellschaft beteiligt ist und sich auch nicht an ihr beteiligen will, mit dieser einen Leasingvertrag unter den gegebenen Umständen nicht schließen würde[1].

87 Stets ist Kapitalersatz anzunehmen, wenn die **Gebrauchsüberlassung trotz Überschuldung** der Gesellschaft **oder** erst **nach Eintritt der Krise** erfolgt, ohne dass es darauf ankommt, ob ein vernünftig handelnder Dritter dazu bereit gewesen wäre[2]. Im Übrigen darf entsprechend den §§ 30, 31 GmbHG der vertragliche Anspruch auf Zahlung der Leasingraten nicht aus dem zur Deckung des Stammkapitals erforderlichen Vermögen der Gesellschaft erfüllt werden[3].

88 Erfolgt die Überlassung zu einer Zeit, als die Gesellschaft noch gesund war, wird sie nach Eintritt der Krise unabhängig davon, ob die Voraussetzungen für eine Kündigung des Leasingvertrages seitens des Gesellschafters vorlagen, zu Eigenkapitalersatz, wenn er von der ihm **als Gesellschafter** gegebenen Möglichkeit, die Gesellschaft unter Entzug der ihr zur Verfügung gestellten Mittel zu liquidieren, keinen Gebrauch macht[4].

1 Nach dem RegE des Gesetzes zur Modernisierung des GmbH-Rechts und zur Bekämpfung von Missbräuchen (MoMiG) v. 25.5.2007 ist Eigenkapital nur noch das von den Gesellschaftern erklärte Stammkapital. §§ 32a, b GmbHG werden gestrichen (vgl. BR-Drucks. 354/07, ZIP 2007, Beil. zu Heft 7, S. 3).
2 Vgl. BGH v. 11.7.1994 – II ZR 146/92, NJW 1994, 2349, 2350; BGH v. 14.6.1993 – II ZR 252/92, NJW 1993, 2179, 2180.
3 Vgl. BGH v. 11.7.1994 – II ZR 146/92, NJW 1994, 2349, 2350; BGH v. 14.6.1993 – II ZR 252/92, NJW 1993, 2179, 2180.
4 Vgl. BGH v. 7.3.2005 – II ZR 138/03, NJW-RR 2005, 766, 767; BGH v. 11.7.1994 – II ZR 146/92, NJW 1994, 2349, 2350; BGH v. 14.12.1992 – II ZR 298/81, NJW 1993, 392, 393 f.

b) Rechtsfolgen

Sobald und solange die Nutzungsüberlassung kapitalersetzenden Charakter hat, stehen dem Leasinggeber keine **Leasingraten** zu. Entrichtet der Leasingnehmer während dieser Zeit Leasingraten, können diese Zahlungen, sofern sie im letzten Jahr vor dem Eröffnungsantrag erfolgt sind, vom Insolvenzverwalter gemäß § 135 Nr. 2 InsO angefochten und zurückverlangt werden. Stehen gebliebene oder gestundete Leasingraten unterliegen einem Auszahlungsverbot. Der Leasinggeber kann sie nicht einmal als Insolvenzgläubiger geltend machen. Für die Zeit nach Verfahrenseröffnung kann der Leasinggeber die Leasingraten nicht fordern, weil ein Gesellschafter für ein Darlehen, soweit dieses kapitalersetzend wirkt, nach Eröffnung ebenfalls keine Zinsen fordern könnte[1]. 89

Das **Eigentum des Gesellschafters** bleibt hingegen von der Umqualifizierung der Gebrauchsüberlassung in haftendes Eigenkapital unberührt[2]. Der Insolvenzverwalter ist deshalb nicht zur Verwertung des Leasinggutes berechtigt. Aus dem gleichen Grunde scheidet auch die Zubilligung eines Wertersatzanspruches nach dem Substanzwert aus[3]. Allerdings ist der Gesellschafter verpflichtet, der Masse das Nutzungsrecht weiter zur Verfügung zu stellen, d.h. die Sache – im Rahmen des Leasingvertrages – weiterhin **unentgeltlich** zu überlassen. Dieses Nutzungsrecht steht einer Aussonderung des Leasingguts entgegen[4]. 90

Die Dauer der Nutzung richtet sich nach den jeweiligen vertraglichen Konditionen, die ursprünglich vereinbart waren. Eine Verlängerung kann sich allerdings zu Lasten des Gesellschafters ergeben, wenn ein Vertrag mit einem Dritten längere Fristen vorgesehen hätte[5]. Bei Leasingverträgen ist zu fragen, auf welcher **Mindestdauer** des Vertrages ein außenstehender Leasinggeber hätte bestehen müssen, um die angestrebte Vollamortisation zu erreichen[6]. Solange der Insolvenzverwalter wegen des kapitalersetzenden Charakters zur unentgeltlichen Nutzung des Leasingguts berechtigt ist, kommt eine fristlose Kündigung des Leasingvertrages gemäß § 543 Abs. 2 Nr. 3 BGB nicht in Betracht. 91

---

1 Vgl. *Wolf/Eckert/Ball*, Handbuch des gewerblichen Miet-, Pacht- und Leasingrechts, Rz. 1555.

2 BGH v. 14.12.1992 – II ZR 298/81, NJW 1993, 392, 395; BGH v. 11.7.1994 – II ZR 146/92, NJW 1994, 2349, 2351.

3 BGH v. 14.12.1992 – II ZR 298/81, NJW 1993, 392, 393; BGH v. 11.7.1994 – II ZR 146/92, NJW 1994, 2349, 2350.

4 Vgl. BGH v. 14.12.1992 – II ZR 298/81, NJW 1993, 392, 393; BGH v. 11.7.1994 – II ZR 146/92, NJW 1994, 2349, 2351.

5 Vgl. BGH v. 14.12.1992 – II ZR 298/81, NJW 1993, 392, 393; BGH v. 11.7.1994 – II ZR 146/92, NJW 1994, 2349, 2350.

6 Vgl. BGH v. 11.7.1994 – II ZR 146/92, NJW 1994, 2349, 2350; BGH v. 14.12.1992 – II ZR 298/81, NJW 1993, 392, 393.

II. Insolvenz des Leasinggebers

92 In der Insolvenz des Leasinggebers stellt sich für den Leasingnehmer vornehmlich die Frage, ob er das Leasinggut weiter nutzen und von etwa vereinbarten Optionsrechten Gebrauch machen kann; beim Vertragsmodell mit Aufteilung des Mehrerlöses, ob er seinen Anspruch auf einen etwaigen Mehrerlös behält. Ferner ist für den Leasingnehmer von Bedeutung, ob er bei Mängeln des Leasingguts, die ihn zur Minderung oder Rücktritt vom Vertrag berechtigen, die Leasingraten (weiterhin) kürzen und/oder Rückerstattung von Leasingraten verlangen kann. Soweit Nebenpflichten, wie z.B. Wartungspflichten beim Kfz- oder Computerleasing vereinbart sind, stellt sich auch die Frage nach deren Schicksal. Hat der Leasinggeber die Leasingforderungen im Rahmen der Refinanzierung an eine Bank abgetreten, ist es für den Leasingnehmer bedeutsam, wer Inhaber der Leasingraten ist, wenn ihn die Bank auf Grund der Insolvenz des Leasinggebers auffordert, die Raten fortan an sie zu entrichten.

93 Die Antworten auf all diese Fragen hängen zum einen davon, ob es sich beim Leasinggut um bewegliche oder unbewegliche Sachen handelt. Bei beweglichen Sachen, deren Anschaffung finanziert wurde, kommt es zum anderen darauf an, ob sie der finanzierenden Bank zur Sicherheit übertragen wurden.

1. Leasing beweglicher Sachen

a) Ausgangspunkt

94 Nicht oder nicht vollständig erfüllte Leasingverträge über bewegliche Sachen unterliegen gemäß § 103 InsO dem Wahlrecht des Insolvenzverwalters, soweit es an einer für die Ausnahmeregelung des § 108 Abs. 1 Satz 2 InsO erforderlichen Sicherungsübertragung des Leasinggutes an einen Dritten, der die Anschaffung oder Herstellung finanziert hat, fehlt (Rz. 109 ff.). Nicht vollständig erfüllt ist der Vertrag seitens des Leasinggebers, solange er den Gebrauch zu gewähren hat[1].

aa) Erfüllung des Leasingvertrages

95 Entscheidet sich der Insolvenzverwalter für die Erfüllung des Leasingvertrages, ist der vor Verfahrenseröffnung vollzogene Vertrag einschließlich etwaig vereinbarter Nebenpflichten weiter zu erfüllen. Der noch nicht vollzogene Vertrag ist durch Überlassung des Leasingguts in Vollzug zu setzen[2].

---

1 *Wolf/Eckert/Ball*, Handbuch des gewerblichen Miet-, Pacht- und Leasingrechts, Rz. 1474.

2 *Wolf/Eckert/Ball*, Handbuch des gewerblichen Miet-, Pacht- und Leasingrechts, Rz. 1477.

(1) Qualifikation von Schadensersatzansprüchen

Schadensersatzansprüche des Leasingnehmers, die **vor Verfahrenseröffnung** entstanden sind, bleiben ungeachtet der positiven Erfüllungswahl Insolvenzforderungen, soweit sich nicht aus § 55 Abs. 2 InsO (vom „starken" vorläufigen Insolvenzverwalter zu vertretende Pflichtverletzungen) etwas anderes ergibt[1]. 96

(2) Rückforderungsansprüche im Zusammenhang mit Sach- oder Rechtsmängeln

Als Insolvenzforderung sind auch Rückforderungsansprüche zu qualifizieren, die daraus resultieren, dass der Leasingnehmer wegen eines Sach- oder Rechtsmangels bereits **vor Eröffnung des Insolvenzverfahrens** dem Lieferanten gegenüber den **Rücktritt** oder die **Minderung erklärt** hatte[2]. 97

Demgegenüber bleibt der Leasingnehmer im Fall der **Minderung** zur Kürzung der Leasingraten, die **nach Verfahrenseröffnung** fällig werden, berechtigt[3]. Der Anspruch auf Rückerstattung geleisteter Überzahlungen auf nach Eröffnung fällig gewordene Raten ist Masseverbindlichkeit nach § 55 Abs. 1 Nr. 2 InsO. 98

Tritt der Leasingnehmer nach Eröffnung des Verfahrens vom Kaufvertrag zurück, ist sein Anspruch auf Rückzahlung der Leasingraten unabhängig davon, ob der mangelhafte Zustand des Leasingguts vor oder nach Eröffnung des Insolvenzverfahrens entstanden ist, Insolvenzforderung, soweit die **Raten vor Eröffnung** fällig waren. Dieser Anspruch ist mit dem Anspruch der Masse auf Ersatz der vom Leasingnehmer tatsächlich gezogenen Nutzungen in ein einheitliches Abrechnungsverhältnis einzustellen. Der Anspruch auf Rückzahlung der **nach Eröffnung fälligen Leasingraten** ist demgegenüber Masseverbindlichkeit. Die tatsächlich gezogenen Nutzungen sind hiervon in Abzug zu bringen. 99

(3) Vorausverfügungen des Vermieters

Nach der modifizierten Erlöschenstheorie hat die Erfüllungswahl des Insolvenzverwalters die gleichen Wirkungen wie ein mit dem Vertragspartner neu abgeschossener Vertrag mit identischem Inhalt. Hat der Leasinggeber den Anspruch auf die Leasingraten (sicherungshalber) vor Insolvenzeröffnung abgetreten, verbleiben dem Zessionar somit nur **die bis zur Verfahrenseröffnung fällig gewordenen Leasingraten**, während die nach diesem 100

1 Vgl. *Wolf/Eckert/Ball*, Handbuch des gewerblichen Miet-, Pacht- und Leasingrechts, Rz. 1477.
2 Vgl. BGH v. 3.4.2003 – IX ZR 163/02, NZM 2003, 472.
3 Vgl. *Wolf/Eckert/Ball*, Handbuch des gewerblichen Miet-, Pacht- und Leasingrechts, Rz. 1477.

Zeitpunkt (neu) entstehenden Ansprüche der Masse zustehen[1]. Der Leasingnehmer, der die Leasingraten vor Verfahrenseröffnung im Voraus entrichtet hat, ist dann zur nochmaligen Zahlung verpflichtet[2].

bb) Erfüllungsablehnung

101 Dass der Insolvenzverwalter die Erfüllung eines Leasingvertrages in der Insolvenz des Leasinggebers ablehnt, dürfte der Ausnahmefall sein, da eine Fortsetzung des Vertrages für die Masse i.d.R. vorteilhafter ist als die Ablehnung und der Insolvenzverwalter im Fall des Zahlungsverzuges nach Maßgabe von § 543 Abs. 2 Nr. 3 BGB den Vertrag jederzeit beenden kann. Es verwundert daher nicht, dass veröffentlichte Entscheidungen fehlen, in denen der Insolvenzverwalter die Fortsetzung abgelehnt hat. Dennoch soll hier kurz die Rechtslage skizziert werden.

(1) Wegfall des Besitzrechts infolge Erfüllungsablehnung

102 Nach herrschender Ansicht hat der Leasingnehmer das Leasinggut nach Ablehnung der Erfüllung zurückzugeben, weil der Leasingnehmer dadurch sein Besitz- und Nutzungsrecht verloren[3]. Eine nähere Begründung hierfür wird nicht gegeben. Selbstverständlich ist dies auf der Grundlage der modifizierten Erlöschenstheorie nicht, da die Ablehnung nur die Rechtslage bestätigt, die durch die Eröffnung des Insolvenzverfahrens eingetreten ist. Die Verfahrenseröffnung bewirkt jedoch keine materiell-rechtliche Umgestaltung des Leasingvertrages, sondern hat wegen der beiderseitigen Nichterfüllungseinreden der Vertragspartner nur zur Folge, dass diese ihre noch ausstehenden Erfüllungsansprüche nicht durchsetzen können (§ 320 BGB).

103 Diese Rechtsprechung hat bei einem vollzogenen Leasingvertrag für den Insolvenzverwalter die Konsequenz, dass er einerseits die Ansprüche des Leasinggebers auf Zahlung der Leasingraten nicht mehr durchsetzen kann, er andererseits – und zwar solange das Leasingverhältnis nicht beendet worden ist – aber auch **nicht berechtigt ist, die Rückgabe der Leasingsache zu verlangen**[4].

104 Damit verbleibt dem Leasingnehmer eine Position, die sich weder mit den Wertungen des bürgerlichrechtlichen Eigentums noch denjenigen des Insolvenzrechts vereinbaren ließe und so vom Gesetze nicht gewollt sein

---

1 Vgl. *Uhlenbruck/Sinz*, § 108 InsO Rz. 112; *Wolf/Eckert/Ball*, Handbuch des gewerblichen Miet-, Pacht- und Leasingrechts, Rz. 1478.

2 Vgl. *Wolf/Eckert/Ball*, Handbuch des gewerblichen Miet-, Pacht- und Leasingrechts, Rz. 1478.

3 Z.B. *Wolf/Eckert/Ball*, Handbuch des gewerblichen Miet-, Pacht- und Leasingrechts, Rz. 1479; *Kübler/Prütting/Tintelnot*, § 103 InsO Rz. 93.

4 Vgl. HK/*Marotzke*, § 103 InsO Rz. 43; *Bärenz*, NZI 2006, 72 ff; vgl. BGH v. 1.3.2007 – IX ZR 81/05, NJW 2007, 1594 (in der Insolvenz des Mieters endet Besitzrecht, wenn der Insolvenzverwalter nicht die Erfüllung wählt).

kann. Denn der Besitz steht in seiner Natur vor dem Eigentum zurück[1]. Die Insolvenzordnung sieht wiederum vor, dass der Vertragspartner des Schuldners nur im Fall einer Erfüllungswahl des Insolvenzverwalters Vertragserfüllung beanspruchen und ansonsten nur noch Entschädigung wegen Nichterfüllung fordern darf. Es bleibt somit Aufgabe der Rechtsprechung, die Rechtswirkungen des insolvenzrechtlich modifizierten Vertrages in der Eigentümer-Insolvenz in sich widerspruchsfrei herauszuarbeiten und fortzuentwickeln.

Im Hinblick darauf, dass der Anspruch des Leasingnehmers auf Besitzgewährung bei nicht vollzogenem Leasingvertrag nach Verfahrenseröffnung nicht mehr durchsetzbar ist, kommt die Zubilligung eines Bereicherungsanspruches gemäß § 813 Abs. 1 BGB und bei insolvenzbedingter Zweckverfehlung nach § 812 Abs. 1 Satz 2 2. Alt. BGB in Betracht[2]. 105

(2) Wegfall des Besitzrechts infolge Geltendmachung von Schadensersatz

Das Besitzrecht des Leasingnehmers entfällt, wenn dieser nach § 103 Abs. 2 Satz 1 InsO Schadensersatz wegen der Nichterfüllung geltend macht. Der Insolvenzverwalter ist dann nach § 47 InsO i.V.m. § 985 BGB und § 546 BGB zur Herausgabe berechtigt. Etwaige Schadensersatzansprüche des Leasingnehmers wegen entgangener Vorteile, die er unter Einsatz der Leasingsache bei weiterer Erfüllung erzielt hätte, stellen anders als im Fall der Erfüllungswahl bloße Insolvenzforderungen dar. 106

b) Refinanzierte Leasingverhältnisse

aa) Formen der Refinanzierung

In der Praxis finanziert der Leasinggeber den Kauf des Leasingguts nicht aus eigenen Mitteln, sondern durch Beschaffung der Finanzmittel aus fremder Hand. Die Refinanzierung erfolgt heute überwiegend durch Forfaitierung. Bei der **Forfaitierung** verkauft der Leasinggeber seine Forderung gegen den Leasingnehmer auf Zahlung der Leasingraten an die refinanzierende Bank und übereignet der Bank das Leasinggut zur Sicherheit. Kaufpreis ist der Barwert der abgetretenen Leasingforderung[3]. Aus gewerbesteuerlichen Gründen erfolgt der Ankauf der Forderung regresslos. Die Bank trägt das Bonitätsrisiko des Leasingnehmers, der Leasinggeber trägt das Veritätsrisiko, d.h. er haftet für den rechtlichen Bestand der abgetretenen Forderung[4]. 107

In bestimmten Bereichen (Blockfinanzierungen, Finanzierung großvolumiger Leasinggüter) erfolgt die Refinanzierung noch durch **Darlehensaufnah-** 108

---

1 Vgl. RG v. 12.5.1917 – V 36/17, RGZ 90, 218, 220.
2 S. hierzu HK/*Marotzke*, § 103 InsO Rz. 43.
3 Vgl. *Uhlenbruck/Sinz*, WM 1989, 1113 f.
4 Vgl. *Engel/Völckers*, Leasing in der Insolvenz, Rz. 17; *Peters*, ZIP 2000, 1759.

me[1]. Als Sicherheit bei dieser Refinanzierungsform dient die Abtretung des Anspruchs des Leasinggebers auf das Leasingentgelt und die Sicherungsübereignung des Leasingguts an die Bank (zum Doppelstockmodell s. Kap. Q Rz. 80 ff.)[2].

bb) Insolvenzfestigkeit refinanzierter Leasingverträge

109 In dem einen wie dem anderen Falle ist für die refinanzierende Bank von wesentlicher Bedeutung, inwieweit sie in einer möglichen Insolvenz des Leasinggebers auf die Forderungen aus dem Leasingvertrag gegen den Leasingnehmer zurückgreifen kann. Die Antwort auf diese Frage gibt § 108 Abs. 1 Satz 2 InsO. Um die Refinanzierung zu erleichtern, unterliegen Leasingverträge über bewegliche Gegenstände in der Insolvenz des Leasinggebers nicht mehr dem Regime des § 103 InsO, wenn die Gegenstände einem Dritten, der ihre Anschaffung oder Herstellung finanziert hat, zur Sicherheit übertragen wurden. Sie bestehen vielmehr gemäß § 108 Abs. 1 Satz 2 InsO fort.

110 Die wirksame Zession erfasst nicht nur alle Raten, die während der Grundmietzeit zu zahlen sind, sondern auch diejenigen, die nach Vertragsverlängerung aufgrund einer im Vertrag vorgesehenen Option anfallen. An ein Erwerbsrecht des Leasingnehmers ist die Masse jedoch nicht gebunden, weil es einen eigenständigen kaufrechtlichen Charakter hat. Insoweit kann der Insolvenzverwalter die Erfüllung ablehnen[3].

(1) Sicherungsübertragung des Leasingguts

111 Der Begriff der „Sicherungsübertragung" erfasst nicht nur die Sicherungsübereignung von Sachen, sondern auch die **Sicherungsabtretung von Forderungen** sowie die **Sicherungsübertragung anderer Rechte**[4]. Auch die Refinanzierung eines Software-Leasingvertrages durch Sicherungsübertragung der Rechte an der Software fällt darunter[5]. Nicht ausreichend sind die bloße Besitzübertragung oder Verpfändung. Etwas anderes soll nach allgemeiner Ansicht für im Ausland belegene Leasingsachen gelten, wenn das ausländische Sachenrecht zwar eine Verpfändung, nicht jedoch eine Sicherungsübertragung zulässt[6].

---

1 Vgl. *Engel/Völckers*, Leasing in der Insolvenz, Rz. 19.
2 Vgl. *Engel/Völckers*, Leasing in der Insolvenz, Rz. 19.
3 Vgl. FK/*Wegener*, § 108 InsO Rz. 11; *Kübler/Prütting/Tintelnot*, § 108 InsO Rz. 6; MünchKomm./*Eckert*, § 108 InsO Rz. 63; *Kalkschmid*, Immobilienleasing in der Insolvenz, Rz. 301; a.A. *Peters*, ZIP 2000, 1759, 1765 f.
4 Vgl. Rechtsausschuss zum RegE AGBÄndG, BT-Drucks. 13/4699, S. 6; MünchKomm./*Eckert*, § 108 InsO Rz. 48; HK/*Marotzke*, § 108 InsO Rz. 11.
5 Vgl. *Schmid-Burgk/Ditz*, ZIP 1996, 1123, 1125.
6 Vgl. *Tintelnot*, § 108 InsO Rz. 22; HK/*Marotzke*, § 108 InsO Rz. 11; MünchKomm./*Eckert*, § 108 InsO Rz. 50 m.w.N.

Die Sicherungsübertragung muss **rechtswirksam vor Verfahrenseröffnung** vorgenommen worden sein[1]. Rechtliche Mängel, die zur Nichtigkeit führen, wie beispielsweise die fehlende Bestimmtheit des Sicherungsgutes, haben zur Folge, dass § 108 Abs. 1 Satz 2 InsO nicht eingreift[2]. Im Unterschied zu nicht refinanzierten Leasingverhältnissen bleibt der Zessionar (die refinanzierende Bank) auch nach Verfahrenseröffnung Inhaber des Anspruchs auf die Leasingraten, die ihm der Leasinggeber vor Eröffnung des Verfahrens zur Sicherung abgetreten hatte. 112

(2) Vollständige Finanzierung der Anschaffung

Der Leasingvertrag besteht gegenüber der Insolvenzmasse fort und die Abtretung der Leasingforderung ist insoweit insolvenzfest, als der Dritte die Anschaffung oder Herstellung des Leasinggutes finanziert hat. Aus der Formulierung „Finanzierung der Anschaffung oder Herstellung des Gegenstandes" folgert die einschlägige Literatur, dass ein **gewisser zeitlicher und sachlicher Zusammenhang** zwischen der Sicherungsübertragung und der Finanzierung bestehen muss[3]. Dieser ist immer dann gegeben, wenn sich das Finanzierungsgeschäft unmittelbar auf einen noch anzuschaffenden oder herzustellenden Gegenstand bezieht[4] und wird nicht durch nachträgliche Veränderungen bei der Refinanzierung berührt, wenn beispielsweise an die Stelle der ersten Bank eine zweite Bank tritt (zum Doppelstockmodell s. Kap. Q Rz. 80 ff.)[5]. Insoweit sind die Gegebenheiten bei Anschaffung des Leasingobjekts maßgeblich[6]. 113

Die Anwendung des § 108 Abs. 1 Satz 2 InsO hat im Übrigen weder zur Voraussetzung, dass die Anschaffung der Leasingsache aus der Kreditaufnahme oder im Falle des Forderungsverkaufs aus dem Erlös unmittelbar finanziert sein muss[7], noch dass die Leasingraten auf ein speziell zur Rückführung des Anschaffungskredits eröffnetes Konto gezahlt werden[8]. Soweit der Leasinggeber das Leasinggut zunächst aus Eigenmitteln selbst finanziert hat, ist ein sachlicher Zusammenhang dann noch gegeben, wenn durch den Kauf der Leasingsache ein Kapitalbedarf entstanden ist, der 114

1 Vgl. *Zahn* DB 1996, 1393, 1396; *Obermüller*, Insolvenzrecht in der Bankpraxis, 7. Aufl. 2007, Rz. 7.49.
2 Vgl. *Schwemer*, ZMR 2000, 348, 353.
3 Vgl. *Uhlenbruck/Sinz*, § 108 InsO Rz. 116; MünchKomm./*Eckert*, § 108 InsO Rz. 46; *Schwemer*, ZMR 2000, 348, 353.
4 Vgl. *Uhlenbruck/Sinz*, § 108 Rz. 116; *Obermüller*, Insolvenzrecht in der Bankpraxis, 7. Aufl. 2007, Rz. 7.51; *Schwemer*, ZMR 2000, 348, 353.
5 Vgl. BT-Drucks. 13/8534, S. 12 f.; *Schwemer*, ZMR 2000, 348, 353; *Schmidt-Burgk/Ditz*, ZIP 1996, 1123, 1125.
6 Vgl. MünchKomm./*Eckert*, § 108 InsO Rz. 46; HK/*Marotzke*, § 108 InsO Rz. 1; *Kübler/Prütting/Tintelnot*, § 112 InsO Rz. 1; *Smid*, § 108 InsO Rz. 22; *Peters*, ZIP 2000, 1759, 1763.
7 Vgl. *Uhlenbruck/Sinz*, § 108 InsO Rz. 116; *Zahn*, DB 2003, 2371, 2372.
8 So aber *Kübler/Prütting/Tintelnot*, § 108 InsO Rz. 21b; *Peters*, ZIP 2000, 1759, 1763.

durch die Refinanzierung ausgeglichen werden soll, und der refinanzierenden Bank zu diesem Zweck die Leasingsache zur Sicherheit übereignet und die Leasingforderungen abgetreten werden[1]. Darüber hinaus wird man verlangen müssen, dass die Fremdfinanzierung von vornherein beabsichtigt und die Eigenfinanzierung nur zur Überbrückung vorgeschaltet war[2].

115 Da die Voraussetzungen des § 108 Abs. 1 Satz 2 InsO für den Leasingnehmer nur schwer nachprüfbar sind[3], ist der Leasingnehmer gemäß § 372 BGB zur **Hinterlegung** der Leasingraten berechtigt, wenn sowohl Leasinggeber als auch die darlehensgewährende Bank Zahlung der Leasingraten verlangen.

(3) Teilweise Finanzierung der Anschaffung

116 In der Rechtsprechung bislang noch nicht behandelt ist die Frage, ob und inwieweit § 108 Abs. 1 Satz 2 InsO eingreift, wenn die Anschaffung des Leasingguts **nicht vollständig finanziert** wurde. *Eckert* verneint den Fortbestand des Leasingvertrages, wenn der Leasinggeber „einen nicht unwesentlichen Teil selbst finanziert" hat[4]. *Tintelnot* will § 108 Abs. 1 Satz 2 InsO zwar anwenden, jedoch die Insolvenzfestigkeit der Vorausabtretung beschränken auf eine Quote an den nach Eröffnung fälligen Raten, die dem finanzierten Anteil entspricht[5]. *Peters* stellt darauf ab, ob die Sicherungsübertragung der Absicherung des refinanzierten Kaufpreisanteils dient oder das im Wege der Zahlung aus Eigenmitteln durch den Leasinggeber mitfinanzierte Leasinggut auch für die Abdeckung von anderweitigen Forderungen der refinanzierenden Bank herangezogen werden soll. Im letztgenannten Fall verneint er den für die Anwendung des § 108 Abs. 1 Satz 2 InsO erforderlichen Zusammenhang zwischen Finanzierung und Mittelverwendung[6].

(4) Nebenleistungspflichten

117 Sind im Leasingvertrag Nebenleistungsverpflichtungen des Leasinggebers vorgesehen, beispielsweise die Übernahme der Wartung des Leasinggegenstandes oder die Reparatur von verschleißbedingten Schäden, werden diese von einer Abtretung der Leasingforderungen nicht berührt. Sie könnten gemäß §§ 414, 415 BGB nur mit Zustimmung des Leasingnehmers von der

---

1 Vgl. *Uhlenbruck/Sinz*, § 108 InsO Rz. 116; *Schmid-Burgk*, ZIP 1998, 1022 f.
2 Vgl. MünchKomm./*Eckert*, § 108 InsO Rz. 46; FK/*Wegener*, § 108 InsO Rz. 15a; *Schwemer*, ZMR 2000, 348, 353; *Peters*, ZIP 2000, 1759, 1764.
3 Krit. insoweit HK/*Marotzke*, § 108 InsO Rz. 10; *Kübler/Prütting/Tintelnot*, § 108 InsO Rz. 4.
4 Vgl. MünchKomm/*Eckert*, § 108 InsO Rz. 45; s. auch *Obermüller*, Insolvenzrecht in der Bankpraxis, 7. Aufl. 2007, Rz. 7.51b; weiter gehend: *Graf von Westphalen*, in Röhricht/Graf von Westphalen, HGB, Leasing Rz. 222 „zur Gänze – ‚finanziert'".
5 Vgl. *Kübler/Prütting/Tintelnot*, § 108 InsO Rz. 21a.
6 Vgl. *Peters*, ZIP 2000, 1759, 1763.

refinanzierenden Bank übernommen werden. Damit besteht die **Gefahr einer Schmälerung der Masse** dadurch, dass in der Insolvenz des Leasinggebers die Insolvenzmasse aufgrund der Wirksamkeit des Leasingvertrages die Nebenleistungen weiterhin erbringen muss, die Gegenleistung des Leasingnehmers in Form der Leasingraten aber an die refinanzierende Bank fließt[1].

Nach den Vorstellungen des Gesetzgebers sollte dieser Gefahr durch eine 118
Aufteilung des Leasingvertrages in einen hinsichtlich der Hauptleistungspflichten gemäß § 108 Abs. 1 Satz 2 InsO insolvenzfesten und bezüglich der Nebenleistungspflichten gemäß § 103 InsO nicht insolvenzfesten Teil begegnet werden[2]. Bei einer solchen Aufteilung wäre die Insolvenzfestigkeit des Leasingvertrages jedoch nicht mehr sichergestellt. Es bestünde für die refinanzierende Bank nämlich die Gefahr, dass der Leasingnehmer seine gesamte Gegenleistung nach § 320 BGB wegen der nicht erbrachten Nebenleistungen zurückhält[3] und/oder den Leasingvertrag fristlos kündigt, wenn der Leasinggeber die Erfüllung ablehnt[4].

Vor diesem Hintergrund hat *Zahn* vorgeschlagen, eine Klausel im Leasing- 119
vertrag aufzunehmen, wonach im Falle der Insolvenz des Leasinggebers die von diesem zu erbringenden Nebenleistungen auch von einem Dritten erbracht werden können, wenn der Insolvenzverwalter die Erfüllung dieser Pflichten ablehnt[5]. Die Kosten der Erfüllung gingen zu Lasten der refinanzierenden Bank[6]. Dadurch würde eine Schmälerung der Masse vermieden. Zugleich läge es in den Händen der Bank, die Insolvenzfestigkeit des (gesamten) Leasingvertrages sicherzustellen. Der gleiche Effekt ließe sich im Übrigen durch Aufnahme einer entsprechenden Klausel im Sicherungsvertrag mit der refinanzierenden Bank erzielen.

Ungeachtet dieser kautelarischen Empfehlung stellt sich die Frage der **in-** 120
solvenzgesetzlichen Konfliktlösung. Hier sprechen die besseren Argumente dafür, nicht zwischen der Hauptpflicht zur Gebrauchsüberlassung und etwaigen Nebenpflichten zu trennen mit der Folge, dass der Leasingvertrag nach § 108 Abs. 1 Satz 2 InsO insgesamt gegenüber der Masse wirksam bleibt. Abgesehen davon, dass in der Mehrzahl der Fälle Haupt- und Nebenverpflichtung ein einheitliches Rechtsgeschäft i.S.v. § 139 BGB bilden dürften und somit bürgerlichrechtlich unteilbar wären, hält das Insolvenzrecht keinerlei Maßstab für eine Bestimmung des Leasingratenanteils für

---

1 Vgl. *Bien*, ZIP 2000, 1017, 1018.
2 Vgl. Rechtsausschuss zum RegE AGBÄndG, BT-Drucks. 13/4699, S. 6, abgedruckt in *Kübler/Prütting*, Das neue Insolvenzrecht, S. 300.
3 Vgl. *Uhlenbruck/Sinz*, § 108 InsO Rz. 118; *Zahn*, DB 1996, 1393, 1397.
4 Vgl. *Bien*, ZIP 1998, 1017, 1018; *Schwemer*, ZMR 2000, 348, 354; ablehnend *Kübler/Prütting/Tintelnot*, § 108 Inso Rz. 26.
5 *Zahn*, DB 1996, 1393, 1397; *Zahn*, DB 2003, 2371, 2372 f.; *Schwemer*, ZMR 2000, 348, 354.
6 *Zahn*, DB 2003, 2371, 2372 f.

Gebrauchsüberlassung und Nebenleistung bereit[1]. Insoweit ist der Leasingvertrag als Einheit zu behandeln.

121 Aufwendungen des Leasinggebers zum Zwecke der Erfüllung von Nebenpflichten berechtigen diesen zum Ausgleich gemäß § 812 Abs. 1 Satz 1 2. Alt. BGB. Die Bereicherung der Bank ist darin zu erblicken, dass durch die Erfüllung die Einrede des Leasingnehmers aus § 320 BGB gegen den Bank auf Zahlung der Leasingraten beseitigt wird[2].

cc) Rechtsfolgen bei fehlendem Zusammenhang zwischen Finanzierung und Mittelverwendung

122 Fehlt es an dem für die Anwendbarkeit des § 108 Abs. 1 Satz 2 InsO notwendigen Zusammenhang zwischen Finanzierung und Mittelverwendung, sind die Erfüllungsansprüche aus dem Leasingvertrag mit Insolvenzeröffnung des Insolvenzverwalters nicht durchsetzbar. Insoweit entspricht die Rechtslage derjenigen, in der der Leasinggeber das Leasinggut aus eigenen Mitteln anschafft. Davon unberührt bleibt die Möglichkeit der Bank, ihren Rückgriffsanspruch gegen den Leasinggeber durch die Verwertung der Sicherheiten zu befriedigen.

123 Wählt der Insolvenzverwalter Erfüllung des Leasingvertrages, stellt sich die Frage, wer zum Einzug und zur **Verwertung der Leasingforderungen** berechtigt ist. Eine Verwertung des Sicherungseigentums kommt in dieser Konstellation nicht in Betracht, da dem Leasingnehmer nach § 986 Abs. 2 BGB ein Recht zum Besitz zusteht[3]. Lehnt der Insolvenzverwalter die Erfüllung ab, entfällt jedoch dessen Recht zum Besitz (Rz. 102 ff.) und es stellt sich die Frage, wer zur **Verwertung des Sicherungseigentums** berechtigt ist.

(1) Verwertungsrecht an den Leasingforderungen

124 Es gilt zwischen einem echten, regresslosen Forderungsverkauf und einer Leasingrefinanzierung im Wege der Darlehensfinanzierung zu unterscheiden. Geht mit dem **Forderungsverkauf** das Risiko der wirtschaftlichen Verwertbarkeit der Forderungen auf den Erwerber über, besteht für ein Verwertungsrecht des Insolvenzverwalters (und damit für einen Verfahrenskostenbeitrag gemäß §§ 170 f. InsO) keine gesetzliche Grundlage[4].

125 Erfolgt demgegenüber die Leasingrefinanzierung im Wege der **Darlehensfinanzierung**, ist das refinanzierende Kreditinstitut in der Insolvenz des Leasinggebers als Sicherungsnehmer anzusehen[5]. Dem Insolvenzverwalter

1 Vgl. MünchKomm./*Eckert*, § 108 InsO Rz. 61; *Bien*, ZIP 1998, 1017, 100 f.
2 Vgl. *Kübler/Prütting/Tintelnot*, § 108 Inso Rz. 24 f.; *Bien*, ZIP 1998, 1017, 1021; *Uhlenbruck/Sinz*, § 108 InsO Rz. 118; *Krämer*, Leasingverträge in der Insolvenz, 2005, S. 201 ff.
3 Vgl. *Uhlenbruck/Sinz*, § 108 InsO Rz. 117 m.w.N.
4 Vgl. *Schwemer*, ZMR 2000, 348, 354; *Michalski/Ruess*, NZI 2000, 250, 251.
5 Vgl. *Schwemer*, ZMR 2000, 348, 354.

steht damit gemäß § 166 Abs. 2 InsO das Verwertungsrecht hinsichtlich der verkauften Forderungen zu, und er ist zur Entnahme der Kostenbeiträge aus dem Verwertungserlös berechtigt. Ob die Abtretung der Forderung in stiller oder in offener Form erfolgte, ist ohne rechtliche Bedeutung. Beide Konstellationen begründen ein Verwertungsrecht des Insolvenzverwalters[1]. Etwas anderes gilt dann, wenn Bank und Leasinggeber neben der Sicherungsabtretung auch eine **Nutzungsberechtigung** der Bank vereinbart haben. In diesem Fall stehen die Nutzungen aus der Vermietung des Leasinggegenstandes, also die eingezogenen Leasingraten der Bank zu[2].

(2) Verwertungsrecht am Leasinggut

Gemäß § 166 Abs. 1 InsO steht dem Insolvenzverwalter ein Verwertungsrecht nur an solchen beweglichen Sachen zu, die sich in seinem Besitz befinden. Nach herrschender und im Ergebnis auch zutreffender Ansicht ist der Anwendungsbereich von § 166 Abs. 1 InsO zumindest bei Leasingverhältnissen teleologisch dahingehend zu reduzieren, dass der **mittelbare Besitz** des Leasinggebers nicht unter diese Vorschrift fällt[3]. 126

Nach den Vorstellungen des Gesetzgebers soll das Verwertungsrecht des Insolvenzverwalters nämlich verhindern, dass absonderungsberechtigte Gläubiger dem Betrieb Gegenstände entziehen, die für die Fortführung noch benötigt werden oder für die sich ein höherer Verwertungserlös erzielen ließe, wenn der Insolvenzverwalter sie im Verbund mit anderen Gegenständen veräußern könnte[4]. Das Leasinggut wird jedoch weder für die Fortführung der Leasinggesellschaft gebraucht, noch ist es Bestandteil eines Verbunds von Sachen, die sinnvoll nur zusammen verwertet werden können[5]. 127

2. Immobilienleasing

Leasingverträge über unbewegliche Gegenstände bestehen gemäß § 108 Abs. 1 Satz 1 InsO grundsätzlich mit Wirkung für die Masse fort. Vorausabtretungen der Leasingraten sind in den zeitlichen Grenzen des § 110 InsO der Masse gegenüber wirksam. Ebenso wie bei refinanzierten Leasingverhältnissen beweglicher Sachen steht dem Insolvenzverwalter kein Wahlrecht nach § 103 InsO zu. 128

---

1 Vgl. *Schwemer*, ZMR 2000, 348, 354.
2 Vgl. BGH v. 24.10.1979, VIII ZR 298/78, DB 1979, 2415, 2416; *Zahn*, DB 2003, 2371, 2375; *Zahn*, DB 1995, 1597, 1652; *Uhlenbruck/Sinz*, § 108 InsO Rz. 125.
3 Vgl. *Zahn*, DB 2003, 2371, 2375; *Uhlenbruck/Sinz*, § 108 InsO Rz. 121; *Michalski/Ruess*, NZI 2000, 250, 252, jew. m.w.N.
4 Vgl. BT-Drucks. 12/2443, S. 178 f.
5 Vgl. *Zahn*, DB 2003, 2371, 2376; *Zahn*, DB 1995, 1649.

a) Erfüllung des bei Verfahrenseröffnung noch nicht vollzogenen Leasingvertrages

129 § 108 Abs. 1 InsO differenziert nicht danach, ob der Leasinggeber dem Leasingnehmer das Leasinggut vor Verfahrenseröffnung überlassen hatte. Diese Bestimmung erfasst somit auch den nicht vollzogenen Vertrag. Die Masse schuldet die Überlassung nach Verfahrenseröffnung. Zur Erfüllung dieser Pflicht hat sie das Leasingverhältnis durch Überlassung des Leasingguts in Vollzug zu setzen[1].

b) Fortführung des Leasingverhältnisses durch die Insolvenzmasse

130 Der Anspruch des Leasingnehmers auf Überlassung des vertragsgemäßen Gebrauchs hat der Insolvenzverwalter gemäß § 55 Abs. 1 Nr. 2 InsO aus der Masse zu erfüllen. Hinsichtlich etwaiger Rückforderungsansprüche des Leasingnehmers wegen Sachmängeln, die ihn gegenüber dem Veräußerer zum Rücktritt oder zur Minderung berechtigen, sowie etwaiger Schadensersatzansprüche weist das Immobilienleasing gegenüber dem Mobilienleasing keine Besonderheit auf, weshalb auf die dortigen Ausführungen verwiesen wird (Rz. 97 ff.).

c) Vorausverfügungen und Rechtsgeschäfte über die Leasingraten

131 Vorausverfügungen des Leasinggebers und Rechtsgeschäfte zwischen ihm und dem Leasingnehmer über die Leasingforderungen sind in den Grenzen des **§ 110 Abs. 1 InsO** wirksam. Diese Bestimmung gilt auch bei einem zur Zeit der Verfahrenseröffnung noch nicht vollzogenen Vertrag[2]. Wirksam sind danach die vor Eröffnung vorgenommenen Verfügungen und Rechtsgeschäfte einschließlich der Vorauszahlungen des Leasingnehmers, soweit sie sich auf die Leasingraten für den zur Zeit der Verfahrenseröffnung laufenden Kalendermonat und, bei Eröffnung nach dem 15. Tag eines Monats, auf den nachfolgenden Monat beziehen.

132 Als Verfügung über die Leasingforderung gilt gemäß § 110 Abs. 2 Satz 1 InsO insbesondere der **Einzug der Leasingraten**. Der Leasingnehmer muss deshalb bei Vorauszahlung der Leasingraten damit rechnen, im Insolvenzfall des Leasinggebers erneut zahlen zu müssen. Gegenüber dem Schuldner steht ihm ein Bereicherungsanspruch zu, der als Insolvenzforderung zu qualifizieren ist[3].

---

1 *Wolf/Eckert/Ball*, Handbuch des gewerblichen Miet-, Pacht- und Leasingrechts, Rz. 1439; FK/*Wegener*, § 108 InsO Rz. 17; HK/*Marotzke*, § 108 InsO Rz. 2; *Nehrlich/Römermann/Balthasar*, § 108 InsO Rz. 9; *Zahn*, DB 1996, 1393, 1396; *Tintelnot*, ZIP 1995, 616, 621.

2 Vgl. *Wolf/Eckert/Ball*, Handbuch des gewerblichen Miet-, Pacht- und Leasingrechts, Rz. 1447.

3 *Wolf/Eckert/Ball*, Handbuch des gewerblichen Miet-, Pacht- und Leasingrechts, Rz. 1449.

Gemäß § 110 Abs. 2 Satz 2 InsO steht eine im Wege der Zwangsvollstreckung erfolgte Verfügung einer rechtsgeschäftlichen Verfügung gleich. Nach herrschender Ansicht ist diese Vorschrift nicht anwendbar auf **Vorausverfügungen zugunsten eines Grundrechtspfandgläubigers**[1]. Sowohl die zu seinen Gunsten vor Verfahrenseröffnung im Wege der Zwangsvollstreckung als auch im Wege der Abtretung erfolgten Verfügungen sind wirksam. Deshalb werden die Ansprüche auf die Leasingraten nach § 49 InsO trotz Insolvenzverfahrens über das Vermögen des Leasinggebers von der weiterhin wirksamen Zwangsverwaltung (vgl. § 153b ZVG) nach § 21 Abs. 2, § 148 Abs. 1 ZVG erfasst. Sie stehen dem Zwangsverwalter zu[2]. Ohne Zwangsverwaltung hat der Insolvenzverwalter die eingezogenen Leasingraten zur Befriedigung des Absonderungsrechts der Grundpfandrechtsgläubiger einzusetzen[3]. Zur Vereinfachung des Ablaufs kann er mit den Gläubigern Vereinbarungen zur Einziehung der Leasingraten treffen[4]. 133

d) Veräußerung des Leasingguts durch den Insolvenzverwalter

Veräußert der Insolvenzverwalter das Leasinggut, beurteilen sich die Rechtsfolgen nach § 111 InsO. 134

aa) Kündigungsrecht des Erwerbers

In Anlehnung an den für die Zwangsversteigerung eines Grundstücks geltenden § 57a ZVG kann der Erwerber das Vertragsverhältnis gemäß § 111 Satz 1 InsO unter Einhaltung der **gesetzlichen Frist** kündigen. Insoweit weist § 111 InsO Parallelen mit dem Kündigungsrecht des Insolvenzverwalters in der Insolvenz des Leasingnehmers nach § 109 InsO auf (Rz. 83 f.). Das Kündigungsrecht ist jedoch abweichend von § 109 Abs. 1 InsO gemäß § 111 Satz 2 InsO dahingehend eingeschränkt, dass die Kündigung nur für den ersten Termin erfolgen kann, für den sie zulässig ist. 135

Maßgeblicher Zeitpunkt für den Beginn der Frist ist das Datum der Veräußerung, also frühestens die **Eintragung des Erwerbers in das Grundbuch**[5]. Als erster zulässiger Termin ist derjenige anzusehen, für den die Kündigung dem Erwerber unter Berücksichtigung der Umstände des Einzelfalls ohne schuldhaftes Zögern möglich ist. Im Falle einer verspäteten Kündi- 136

1 Vgl. *Kalkschmid*, Immobilienleasing in der Insolvenz, Rz. 435; *Kübler/Prütting/Tintelnot*, § 110 InsO Rz. 7; HK/*Marotzke*, § 110 InsO Rz. 7; *Goetsch*, in Breutigam/Blersch/Goetsch, § 110 InsO Rz. 10.
2 Vgl. BGH v. 12.3.1986 – VIII ZR 64/85, NJW 1986, 3206; BGH v. 18.2.2004 – XII ZR 196/99, InsO 2004, 340.
3 Vgl. MünchKomm./*Eckert*, § 108 InsO Rz. 19.
4 Vgl. *Wolf/Eckert/Ball*, Handbuch des gewerblichen Miet-, Pacht- und Leasingrechts, Rz. 1444; *Derleder*, NZM 2004, 568, 579.
5 Vgl. *Kalkschmid*, Immobilienleasing in der Insolvenz, Rz. 400.

gung muss der Erwerber nachweisen, dass eine frühere Kündigung trotz Einhaltung der erforderlichen Sorgfalt nicht möglich war[1].

137 Gegenüber der vorzeitigen Kündigung des Erwerbers kann der Leasingnehmer nicht eine vertragliche Verlängerungsoption einwenden, da das Sonderkündigungsrecht gerade die Abkürzung der vertraglichen Laufzeit bezweckt[2].

138 Schließlich ist der Hinweis geboten, dass § 111 InsO eine **Veräußerung** des vom Schuldner vermieteten oder verpachteten Gegenstandes **durch den Insolvenzverwalter** voraussetzt. Nicht zur Anwendung kommt die Vorschrift daher dann, wenn der Leasingvertrag erst durch den Insolvenzverwalter abgeschlossen wurde[3]. Ferner setzt § 111 Satz 1 InsO voraus, dass der Erwerber anstelle des Schuldners in den Vertrag eintritt. Gemäß § 566 Abs. 1 BGB ist dies bei einem Grundstücksmietvertrag der Fall, wenn das Grundstück dem Mieter im Zeitpunkt der Veräußerung bereits überlassen war[4].

bb) Schadensersatzpflicht der Insolvenzmasse

139 Übt der Erwerber sein Sonderkündigungsrecht nach § 111 Satz 1 InsO nicht aus, stellt sich die Frage nach einem Schadensersatzanspruch des Leasingnehmers gegen die Insolvenzmasse nicht. Der Leasingnehmer kann nunmehr vom Erwerber die weitere Erfüllung des Vertrages verlangen. Die Frage nach einer Schadensersatzpflicht der Insolvenzmasse stellt sich allerdings dann, wenn der Verwalter das Leasingobjekt veräußert und der Erwerber rechtzeitig von dem Sonderkündigungsrecht Gebrauch macht.

(1) Rechtsgrundlage

140 § 111 InsO trifft im Gegensatz zu § 103 Abs. 2 Satz 1 und § 109 Abs. 1 Satz 3, Abs. 2 Satz 2 InsO keine Regelung zum Schadensersatzanspruch des Leasingnehmers. Gleichwohl wird von der ganz herrschenden Meinung eine Schadensersatzpflicht der Insolvenzmasse bejaht[5]. Dies wird damit begründet, dass der Leasinggeber durch die Veräußerung und den Vertragseintritt des Erwerbers einerseits nicht von seiner Gebrauchsgewährungspflicht befreit, andererseits dem Leasingnehmer durch die Kündigung des Leasingvertrages durch den Erwerber das Recht zur weiteren Nutzung des

---

1 Vgl. *Kalkschmid*, Immobilienleasing in der Insolvenz, Rz. 400; *Kübler/Prütting/Tintelnot*, § 111 InsO Rz. 6.
2 Vgl. *Wolf/Eckert/Ball*, Handbuch des gewerblichen Miet-, Pacht- und Leasingrechts, Rz. 1470.
3 Vgl. *Nerlich/Römermann/Balthasar*, § 111 InsO Rz. 6; *Hess/Weis/Wienberg*, § 111 InsO Rz. 4; HK/*Marotzke*, § 111 InsO Rz. 11; *Kalkschmid*, Immobilienleasing in der Insolvenz, Rz. 397.
4 Vgl. *Kalkschmid*, Immobilienleasing in der Insolvenz, Rz. 398; HK/*Marotzke*, § 111 InsO Rz. 5.
5 Vgl. *Kübler/Prütting/Tintelnot*, § 111 InsO Rz. 8; HK/*Marotzke*, § 111 InsO Rz. 7; *Wolf/Eckert/Ball*, Handbuch des gewerblichen Miet-, Pacht- und Leasingrechts, Rz. 1472; *Nerlich/Römermann/Balthasar*, § 111 InsO Rz. 14.

Leasingguts genommen werde. Insoweit liege ein Fall des vom Insolvenzverwalter zu vertretenden **nachträglichen Unvermögens i.S.d. § 275 Abs. 1 BGB** vor, der den Leasingnehmer nach § 275 Abs. 4 i.V.m. § 280 Abs. 1, 3, § 283 Satz 1 BGB zum Schadensersatz statt der Leistung berechtige.

Die Herleitung eines Schadensersatzanspruchs nach bürgerlichrechtlichen Vorschriften ist abzulehnen, da der Insolvenzverwalter nach dem Gesetz zur Veräußerung des Leasingguts berechtigt ist und der Masse das Verhalten des Erwerbers – hier die Kündigung – weder nach §§ 278, 831 noch nach § 166 BGB zugerechnet werden kann. Ein Schadensersatzanspruch lässt sich deshalb nur **insolvenzrechtlich**, und zwar im Wege der Analogie zu § 109 Abs. 1 Satz 3 InsO, begründen[1]. Es handelt sich mithin nicht um eine Masseverbindlichkeit, sondern um eine Insolvenzforderung[2]. 141

(2) Umfang des Schadensersatzanspruchs

Der Leasingnehmer ist so zu stellen, als wäre der Vertrag vom Erwerber nicht vorzeitig beendet, sondern ordnungsgemäß erfüllt worden. In diesem Falle hätte der Leasingnehmer das Objekt bis zum Ablauf der unkündbaren Grundmietzeit nutzen können, als Gegenleistung hierfür hätte er aber die vertraglich vereinbarten Leasingraten entrichten müssen. Der Schaden besteht somit in der **Differenz zwischen dem Marktwert der Überlassung bis zum Ablauf der Grundmietzeit und dem vertraglichen Nutzungsentgelt**. Diese dürfte dem Mehraufwand für ein vergleichbares Leasingobjekt entsprechen[3]. Ersatzfähig sind auch Folgeschäden, soweit sie bei einer vertragsmäßigen Beendigung des Vertragsverhältnisses nicht entstanden wären[4]. 142

Handelt es sich um einen Leasingvertrag mit einer Kauf- oder Verlängerungsoption zugunsten des Leasingnehmers, stellt sich die Frage, ob jener auch den Ersatz desjenigen Schadens verlangen kann, der dadurch entsteht, dass er infolge der Beendigung des Vertrages ein ihm eingeräumtes Opti- 143

---

1 In diesem Sinne wohl auch *Nerlich/Römermann/Balthasar*, § 111 InsO Rz. 14.

2 Die Frage der insolvenzrechtlichen Qualifikation des Schadensersatzanspruchs stellt sich nur für die Vertreter, die den Schadensersatzanspruch aus bürgerlichrechtlichen Vorschriften herleiten. Mehrheitlich ordnen sie diesen Anspruch als Insolvenforderung ein (vgl. *Kübler/Prütting/Tintelnot*, § 111 InsO Rz. 8; *Marotzke*, HK/Marotzke, § 111 InsO Rz. 7; FK/*Wegener*, § 111 InsO Rz. 13; MünchKomm./*Hefermehl*, § 55 InsO Rz. 156). Dies überzeugt nicht. Wenn man schon an die (mittelbare) Folge einer Handlung des Insolvenzverwalters (auf haftungsrechtlicher Ebene) anknüpft, muss dies auch auf insolvenzrechtlicher Ebene erfolgen. Dann aber ist der Schadensersatzanspruch Masseverbindlichkeit i.S.v. § 55 Abs. 1 Nr. 1 InsO (vgl. *Wolf/Eckert/Ball*, Handbuch des gewerblichen Miet-, Pacht- und Leasingrechts, Rz. 1473).

3 Vgl. *Kalkschmid*, Immobilienleasing in der Insolvenz, Rz. 398; HK/*Marotzke*, § 111 InsO Rz. 5.

4 Umstr.; dafür: *Marotzke*, Gegenseitige Verträge im neuen Insolvenzrecht, 3. Aufl. 2001, Rz. 6.35; *Kalkschmid*, Immobilienleasing in der Insolvenz, Rz. 412; ablehnend: *Kübler/Prütting/Tintelnot*, § 111 InsO Rz. 8.

onsrecht nicht mehr ausüben kann. Zu denken wäre etwa an den **Mehraufwand für die Anmietung eines gleichwertigen Objektes** während des vertraglich vereinbarten Verlängerungszeitraums oder an die Mehraufwendungen für den Erwerb eines gleichwertigen Objekts[1].

III. Insolvenz des Herstellers/Lieferanten

144 Unterbleibt die Lieferung des Leasingguts oder lassen sich Gewährleistungsansprüche wegen der Insolvenz des Herstellers/Lieferanten nicht realisieren, stellt sich sowohl für den Leasinggeber als auch für den Leasingnehmer die Frage nach den Auswirkungen auf das Leasingverhältnis.

1. Insolvenz vor Überlassung des Leasinggutes

145 Unterbleibt die Auslieferung des Leasingguts infolge der Insolvenz des Herstellers/Lieferanten, liegt ein Fall der subjektiven Unmöglichkeit i.S.v. § 275 Abs. 1 BGB vor. Der Leasinggeber kann in diesem Fall gemäß § 326 Abs. 1 BGB weder Zahlung von Leasingraten noch Ersatz seiner Aufwendungen beanspruchen, soweit nicht ausnahmsweise ein Fall des § 326 Abs. 2 BGB vorliegt[2]. Vom Leasingnehmer erbrachte Zahlungen sind nach §§ 326 Abs. 4, 346 ff. BGB vom Leasinggeber zurückzuerstatten. Darüber hinaus kann der Leasingnehmer nach § 326 Abs. 5 BGB zurücktreten[3] oder den Leasingvertrag nach § 543 Abs. 2 Satz 1 Nr. 1 BGB fristlos kündigen[4].

146 Rechnet man dem Leasinggeber im Hinblick darauf, dass der Lieferant Erfüllungsgehilfe des Leasinggebers ist, soweit es um die Beschaffung und Überlassung des Leasingguts geht, die Nichtlieferung gemäß § 278 BGB zu, kommt auch ein Schadensersatzanspruch nach §§ 280, 281, 283 BGB in Betracht[5].

2. Insolvenz nach Überlassung des Leasinggutes

147 Kommt es nach der Überlassung des Leasinggutes zu einer Insolvenz des Herstellers/Lieferanten, so hat dies keine unmittelbaren rechtlichen Auswirkungen auf den Leasingvertrag. Ist jedoch die Leasingsache mangelhaft und der Leasingnehmer deshalb zur Minderung oder zum Rücktritt berechtigt, ergeben sich zwangsläufig Besonderheiten.

1 Vgl. *Kalkschmid*, Immobilienleasing in der Insolvenz, Rz. 412.
2 Vgl. BGH v. 27.4.1988 – VIII ZR 84/87, NJW 1988, 2465.
3 Vgl. BGH v. 27.4.1988 – VIII ZR 84/87, NJW 1988, 2465.
4 Vgl. BGH v. 27.4.1988 – VIII ZR 84/87, NJW 1988, 2465; BGH v. 7.10.1992 – VIII ZR 182/91, NJW 1993, 122; BGH v. 30.7.1997 – VIII ZR 157/96, ZIP 1997, 1703.
5 Ablehnend *Uhlenbruck/Sinz*, § 108 InsO Rz. 148; MünchKomm./*Habersack*, Leasing Rz. 66; *Hager*, AcP 190 (1990), 324, 345.

a) Insolvenzverfahren wird eröffnet

Hat der Hersteller/Lieferant die Mängel bestritten und hat ihn deshalb der Leasingnehmer auf Zahlung an den Leasinggeber verklagt, **wird der Rechtsstreit** durch die Insolvenzeröffnung oder die Einsetzung eines vorläufig starken Insolvenzverwalters gemäß § 240 ZPO **unterbrochen**. In dieser Konstellation kann der Leasingnehmer im Verhältnis zum Leasinggeber die Leasingraten anteilig mindern oder Rückabwicklung des Leasingvertrages wegen Wegfalls der Geschäftsgrundlage verlangen (Kap. H Rz. 51), wenn die sich aus der Minderung oder dem Rücktritt ergebende Forderung **zur Tabelle festgestellt worden ist**[1]. 148

Bestreitet der Insolvenzverwalter den Anspruch, muss der Leasingnehmer gemäß § 180 Abs. 2 InsO den unterbrochenen Rechtsstreit gegen den Insolvenzverwalter aufnehmen (Parteiwechsel) und nunmehr gemäß § 179 Abs. 1 InsO auf Feststellung des Rückzahlungsanspruches zur Tabelle klagen, um sich gegenüber dem Leasinggeber auf den Wegfall der Geschäftsgrundlage berufen zu können[2]. 149

b) Insolvenzverfahren wird mangels Masse nicht eröffnet

Lediglich in den Fällen, in denen es mangels Masse erst gar nicht zur Verfahrenseröffnung kommt, kann auf die Durchführung der Rückabwicklung verzichtet werden, da dem Leasingnehmer die Führung eines Prozesses gegen den Lieferanten unzumutbar ist. In diesem Fall reicht es, dass der Leasingnehmer unmittelbar gegenüber dem Leasinggeber die Vermögenslosigkeit des Lieferanten und das Vorliegen der Rücktrittsvoraussetzungen nachweist[3]. 150

c) Unwirksamkeit der Abwälzung des Insolvenzrisikos auf Leasingnehmer

Das Insolvenzrisiko des Herstellers/Lieferanten hat demnach stets der Leasinggeber zu tragen. Weder im nichtunternehmerischen noch im unternehmerischen Verkehr kann das Risiko der Insolvenz des Lieferanten durch Allgemeine Geschäftsbedingungen auf den Leasingnehmer abgewälzt werden[4]. Eine solche Klausel verstößt gegen das **Äquivalenzprinzip** und damit gegen § 307 Abs. 2 Nr. 2 BGB, da der Leasingnehmer für eine Sache bezahlen müsste, die er nicht nutzen kann[5]. 151

1 Vgl. BGH v. 10.11.1993 – VIII ZR 119/92, NJW 1994, 576, 577.
2 Vgl. BGH v. 10.11.1993 – VIII ZR 119/92, NJW 1994, 576, 577.
3 Vgl. *Uhlenbruck/Sinz*, § 108 InsO Rz. 141; *Wolf/Eckert/Ball*, Handbuch des gewerblichen Miet-, Pacht- und Leasingrechts, Rz. 1872; *Wolf/Horn/Lindacher*, § 9 AGBG Rz. L 54; BGH v. 20.6.1984 – VIII ZR 131/83, NJW 1985, 129.
4 Vgl. BGH v. 13.3.1991 – VIII ZR 34/90, NJW 1991, 1746 m.w.N.
5 Vgl. BGH v. 13.3.1991 – VIII ZR 34/90, NJW 1991, 1746 m.w.N.

152 Soweit der Leasingnehmer für die **Kosten des Gewährleistungsprozesses** beim Hersteller/Lieferanten wegen dessen Insolvenz keine Erstattung erlangen kann, steht ihm ein Aufwendungsersatzanspruch gegen den Leasinggeber zu. Dieser ergibt sich bei wirksamer Gewährleistungsregelung aus § 670 BGB, bei unwirksamer Gewährleistungsregelung aus § 683 Satz 1 BGB, da der Leasinggeber stets Inhaber des Kaufpreisrückzahlungsanspruches bleibt[1]. Eine Formularklausel, die die Kosten der Rechtsverfolgung in jedem Fall dem Leasingnehmer anlastet, ist unwirksam[2]. Insoweit kann für das Insolvenzrisiko hinsichtlich der Realisierung der Rechtsverfolgungskosen keine andere Risikoverteilung gelten als für den materiellen Anspruch selbst.

1 Vgl. *Uhlenbruck/Sinz*, § 108 InsO Rz. 145.
2 Vgl. BGH v. 25.10.1989 – VIII ZR 105/88, ZIP 1990, 175, 179 f.

Q. Die Refinanzierung

I. Formen der Refinanzierung

Leasinggesellschaften beschaffen sich im Regelfall die Mittel zum Erwerb der Leasingobjekte nicht durch die Aufnahme von Krediten[1], sondern dadurch, dass sie ihre Forderungen aus Leasingverträgen im Rahmen einer **Forfaitierung**[2] an Banken veräußern. Bei der sog. **direkten Refinanzierung** sind es die Forderungen des Leasinggebers gegen den Leasingnehmer auf Zahlung der Leasingraten, die an eine Bank verkauft werden. 1

Demgegenüber liegt der indirekten Refinanzierung, auch **Doppelstock-Refinanzierung**[3] genannt, folgende Konstruktion zu Grunde: Auf Seiten der Leasinggesellschaft existiert eine Betriebsgesellschaft, die den Leasingvertrag mit dem Leasingnehmer abschließt, und eine Besitzgesellschaft, in deren Eigentum die Leasingobjekte stehen. Die Besitzgesellschaft schließt ihrerseits Leasingverträge mit der Betriebsgesellschaft ab, in deren Rahmen sie der Betriebsgesellschaft eine größere Zahl von Leasinggegenständen zu dem Zweck überlässt, diese den Endleasingnehmern zur Nutzung zur Verfügung zu stellen. Die Leasinggegenstände aus einer Vielzahl von Verträgen der Betriebsgesellschaft mit Endleasingnehmern und die zugehörigen Leasingentgelte werden in den Leasingverträgen zwischen Besitz- und Betriebsgesellschaft gebündelt. Die Forderungen der Besitzgesellschaft aus diesen Verträgen lassen sich – insbesondere wegen des hohen Finanzvolumens der einzelnen Forderungen – zu günstigeren Bedingungen an die Bank verkaufen als dies bei der Veräußerung der Vielzahl der Forderungen aus den Verträgen mit den Endleasingnehmern der Fall wäre. 2

In den letzten zehn Jahren an Bedeutung gewonnen hat die Refinanzierung von Leasinggesellschaften über **Asset Backed Securities** (ABS)[4]. Auch bei dieser Form der Refinanzierung verkauft die Leasinggesellschaft ihre Forderungen aus den Leasingverträgen. Käufer ist eine zu diesem Zweck gegründete „Single Purpose Company", die sich wiederum am Kapitalmarkt durch die Ausgabe von Wertpapieren refinanziert. Diese Form der Refinanzierung kommt nur für große oder größere Leasinggesellschaften in Frage, 3

---

1 Dazu *Tacke*, S. 102 f.; vgl. auch *Knöpfle*, in Eckstein/Feinen, S. 157 ff. Eine Refinanzierung über Kredite lag der in einem Folgeprozess der FlowTex-Affäre (vgl. dazu *Beckmann*, § 2 Rz. 443, 447, § 10 Rz. 26 f.) ergangenen Entscheidung des BGH v. 16.2.2006 – IX ZR 26/05, NJW 2006, 1873 zu Grunde; dazu *Zahn*, ZIP 2007, 365; finanziert hatte die Bank die Anschaffung von Nutzfahrzeugen, welche die inzwischen insolvente Vermieterin Dritten zum Gebrauch überließ.

2 Überblick bei *Tacke*, S. 103 ff.; *Berninghaus*, in Büschgen, § 30 Rz. 11 ff.

3 Dazu *Berninghaus*, in Büschgen, § 31 Rz. 1 m.w.N.; *Zahn*, DB 2003, 2371.

4 *Berninghaus*, in Büschgen, § 31 Rz. 24 ff.; *Knöpfle*, in Eckstein/Feinen, S. 182 f.; zur ABS-Finanzierung generell *Fahrholz*, S. 213 ff.

die selbst eine gute Bonität aufweisen und die ein Portfolio verkaufen können, dessen Bonität und Risiken objektivierbar und transparent sind. Von der Qualität des Portfolios und der Bonität der Leasinggesellschaft hängt der Abzinsungssatz ab, zu dem die Zweckgesellschaft die Forderungen ankauft.

4 Anders als bei der Leasinggesellschaft ist bei der Einzweckgesellschaft das Forderungsportfolio nicht mit den anderen Aktiva und Passiva des Unternehmens vermischt. Der **Wert des angekauften Portfolios** wird allein durch den Wert der Forderungen und deren Verwertbarkeit bestimmt. Diese Konzentrierung auf die angekauften Forderungen führt zum einen dazu, dass die Grenze angehoben wird, bis zu welcher der Nominalwert der Forderungen finanziert wird. Die Leasinggesellschaft hat dadurch mehr Mittel zur Verfügung. Zum anderen hat die Wertpapieremission der Einzweckgesellschaft häufig ein besseres Rating als das Unternehmen, das die Forderungen verkauft[1], weil das Risiko des herausgelösten Forderungspakets besser ist als das des verkaufenden Unternehmens insgesamt. Die Umwandlung der Leasingforderungen in Wertpapiere führt daher zu günstigeren Refinanzierungskosten für die Leasinggesellschaft.

5 Wird über **ABS** eine Vielzahl von Leasingverträgen mit verhältnismäßig geringem Finanzvolumen refinanziert, ist auch hier die **Doppelstockfinanzierung** die adäquate Konstruktion.

II. Der Forderungskaufvertrag nach dem neuen Schuldrecht

1. Der Verkauf der Leasingforderungen als Rechtskauf

6 Den dargestellten Formen der Refinanzierung ist gemeinsam, dass die Leasinggesellschaft ihre Forderungen auf das **Nutzungsentgelt** verkauft, um sich **Liquidität** zu beschaffen. Bei der direkten Finanzierung sind es die Forderungen des Leasinggebers gegen den Leasingnehmer, bei der Doppelstock-Konstruktion die Forderungen der Besitz- gegen die Betriebsgesellschaft.

7 Der Forderungskaufvertrag ist **Rechtskauf** im Sinne des BGB[2]. Das neue Schuldrecht hat die Regelung des Rechtskaufs im BGB gesetzestechnisch grundlegend und teilweise auch inhaltlich verändert. Nach § 453 Abs. 1 BGB sind auf den Kauf von Rechten die Vorschriften der §§ 433 ff. BGB über den Kauf von Sachen entsprechend anzuwenden. Das Verfügungsgeschäft, mit dem der Leasinggeber seine Verpflichtung aus dem Kaufvertrag – er hat dem Refinanzierer nach §§ 453 Abs. 1, 433 Abs. 1 Satz 2 BGB die Leasingforderungen frei von Rechtsmängeln zu verschaffen[3] – erfüllt,

1 *Fahrholz*, S. 215 f.; *Berninghaus*, in Büschgen, § 31 Rz. 24 ff.
2 Statt aller *Palandt/Weidenkaff*, § 453 BGB Rz. 2, 28.
3 *Palandt/Weidenkaff*, § 453 BGB Rz. 15; *Schellhammer*, MDR 2002, 485, 487.

ist ein **Abtretungsvertrag** i.S.d. § 398 BGB[1]. Die Leasingforderungen werden zwar erst künftig – zu den im Leasingvertrag vereinbarten Terminen – fällig, als sog. „betagte"[2] Forderungen sind sie aber bereits mit Abschluss des Leasingvertrages entstanden.

2. Die Haftung des Verkäufers für den Bestand der Forderung

a) Mängel der verkauften Forderung

Wie jeder **Verkäufer** eines Rechts **haftet** die Leasinggesellschaft nach dem 8
Gesetz **für den rechtlichen Bestand** der verkauften Forderung. Diese „Veritätshaftung" bedeutete nach § 437 BGB a.F.[3] und bedeutet nach § 453 Abs. 1 i.V.m. §§ 433 Abs. 1, 434 Abs. 1, 435 BGB die Haftung dafür, dass die Forderung besteht und übertragen werden kann und dass ihrer Geltendmachung keine Rechtsmängel, insbesondere keine Gegenrechte des Schuldners entgegenstehen[4].

Das neue Recht spricht jedoch nicht mehr von einer Haftung für den „Be- 9
stand" eines Rechts und definiert den Rechtsmangel nur in § 435 BGB ausdrücklich und nur als Rechte „Dritte(r) in Bezug auf die Sache". Das führt in der Literatur zu einer unbefriedigend weiten Auslegung des § 435 BGB und dieser Rechte Dritter[5]. § 453 Abs. 1 BGB verweist für Rechtsmängel auf das gesamte Sachmängelrecht, soweit es sich für eine entsprechende Anwendung eignet. Er zwingt daher nicht dazu, § 435 BGB so extensiv auszulegen, dass die Veritätshaftung, soweit sie das Einstehen für Rechtsmängel zum Gegenstand hat[6], in dieser Bestimmung untergebracht werden kann. Das wäre auch deshalb nicht sachgerecht, weil die Definition eines Rechtsmangels in § 435 BGB dem nach altem Recht für den Sach- und den

---

1 Statt aller *Palandt/Weidenkaff*, § 453 BGB Rz. 11.

2 BGH v. 14.12.1989 – IX ZR 283/88, BGHZ 109, 368, 372 f.; BGH v. 28.3.1990 – VIII ZR 17/89, NJW 1990, 1785, 1787 f.; mit dieser rechtlichen Bewertung der Leasingforderungen zieht der BGH die Konsequenz daraus, dass – der Finanzierungsfunktion des Leasingvertrages entsprechend – die vereinbarten Leasingraten der Rückführung des leasinggeberischen Kapitaleinsatzes dienen (vgl. auch Kap. B Rz. 4).

3 Grundlegend BGH v. 11.7.1963 –VII ZR 17/62, NJW 1963, 1971, 1972; BGH v. 10.11.2004 – VIII ZR 186/03, BGHZ 161, 90, 100; *Graf von Westphalen*, WM 2001, 1937.

4 *Palandt/Weidenkaff*, § 453 BGB Rz. 18, 21, 21b; *Schellhammer*, MDR 2002, 485, 487 f.

5 So sieht etwa *Brink*, WM 2003, 1355, 1357 f. – zust. *Palandt/Weidenkaff*, § 453 BGB Rz. 20a – auch den Debitor als „Dritten" i.S.d. § 435 BGB an und qualifiziert dementsprechend Gegenrechte des Schuldners als Rechte eines „Dritte(n) in Bezug auf die Sache" i.S.d. § 435 BGB; ebenso *Staudinger/Beckmann*, § 453 BGB Rz. 6, nach dessen Auffassung anscheinend alle Rechtsmängel beim Rechtskauf von § 435 BGB erfasst werden.

6 Ist die Forderung nicht entstanden oder nicht übertragbar, liegt kein Rechtsmangel vor, der dem Käufer die Rechte aus § 437 BGB gibt, sondern eine Pflichtverletzung, die unter das allgemeine Leistungsstörungsrecht fällt; *Faust*, in Bamberger/Roth, § 453 BGB Rz. 16; *Staudinger/Beckmann*, § 453 BGB Rz. 6.

Rechtskauf geltenden § 434 BGB a.F. nachgebildet ist[1], während der Gesetzgeber die ausdrückliche Regelung der Bestandshaftung beim Rechtskauf in § 437 BGB a.F. gesetzestechnisch unter den Tisch fallen ließ[2].

10 Unter diesen Umständen bedarf es einer analogen Anwendung des § 434 Abs. 1 BGB[3], der für das Vorliegen eines Sachmangels auf die vereinbarte Beschaffenheit bzw. die nach dem Vertrag vorausgesetzte oder gewöhnliche Verwendung des Kaufgegenstands abstellt. Der Weg über §§ 453 Abs. 1, 434 Abs. 1 BGB bietet auch für Mängel beim Rechtskauf eine angemessene, weil **„kaufgegenstandspezifisch(e)"**[4] **Regelung**: § 434 Abs. 1 BGB misst das Vorliegen eines Mangels daran, was die Parteien hinsichtlich des Kaufgegenstandes vereinbart oder vorausgesetzt haben. Das korrespondiert mit der Konsequenz des Neuen Schuldrechts für den Abschluss von Forderungskaufverträgen: Die Parteien sollten die Bestandshaftung des Verkäufers – sie umfasst nicht nur das Fehlen von Rechtsmängeln – nicht als selbstverständlich voraussetzen, sondern Inhalt und Umfang der Veritätshaftung im Vertrag festlegen[5].

b) Der Verschuldensmaßstab der Bestandshaftung

11 **Geändert** haben sich mit dem neuen Schuldrecht die gesetzlichen Voraussetzungen, unter denen der Verkäufer für Rechtsmängel und andere Pflichtverletzungen einzustehen hat. § 437 BGB a.F. sah eine **Garantiehaftung** des Verkäufers[6] vor. Jetzt verweist die Regelung des Rechtskaufs in § 453 Abs. 1 BGB über die entsprechende Anwendung der Regelungen des Sachkaufs auf das allgemeine Leistungsstörungsrecht. Das bedeutet, dass dem Käufer auch bei Rechtsmängeln die in § 437 Abs. 3 BGB vorgesehenen Rechte auf Schadensersatz (§§ 280, 281, 283 BGB) oder auf Ersatz vergeblicher Aufwendungen (§ 284 BGB) nur zustehen, wenn der Verkäufer den **Rechtsmangel zu vertreten** hat (§§ 280 Abs. 2, 276 Abs. 1 BGB)[7]. Liegt ein Rechtsmangel vor, wird nach dem Gesetz allerdings vermutet, dass der

---

1 *Graf von Westphalen*, WM 2001, 1837, 1842.

2 Vgl. dazu *Graf von Westphalen*, WM 2001, 1837, 1841; die Materialien der Gesetzgebung – GesetzE SMG, BT-Drucks. 14/6040, 242 – enthalten den Hinweis, eine – verschuldensunabhängige (Rz. 11 f., 18) – Bestandshaftung könne durch eine ausdrückliche oder stillschweigende Garantie des Verkäufers übernommen werden.

3 So auch *Faust*, in Bamberger/Roth, § 453 BGB Rz. 10; MünchKomm./*Westermann*, § 453 BGB Rz. 11.

4 *Eidenmüller*, ZGS 2002, 290, der zu Recht darauf hinweist, dass nur auf diese Weise die entsprechende Anwendung der Regelungen des Sachkaufs auf den Rechtskauf möglich ist.

5 *Graf von Westphalen*, WM 2001, 1837, 1841 f.

6 Statt aller *Palandt/Heinrichs*, 61. Aufl. 2002, § 437 BGB Rz. 2, 6.

7 Beschlussempfehlung und Bericht des Rechtsausschusses, BT-Drucks. 14/7052, S. 198; *Faust*, in Bamberger/Roth, § 453 BGB Rz. 17; MünchKomm./*Westermann*, § 453 BGB Rz. 10.

Verkäufer diese Pflichtverletzung verschuldet hat[1] (§ 280 Abs. 2 BGB). Den Verkäufer, der das bestreitet, trifft daher die Beweislast.

Dass der Schuldner für Vertragsverletzungen nur bei Verschulden haftet, ist jedoch **kein zwingendes Recht**[2]. Das gilt auch für Mängel beim Rechtskauf[3]. Die Parteien eines Forderungskaufvertrages haben es in der Hand, nach § 276 Abs. 1 Satz 1 BGB einen anderen Haftungsmaßstab, insbesondere eine Garantiehaftung zu vereinbaren[4] und insoweit die Rechtslage des § 437 BGB a.F. wieder herzustellen. 12

c) Die Verjährung der Ansprüche aus Rechtsmängeln

Geändert hat sich auch die **Verjährung** der Ansprüche des Käufers aus Rechtsmängeln. Anders als Sachmängel unterlagen sie nach dem alten Recht der Verjährungsfrist von 30 Jahren[5], so dass für die Praxis die Verjährung der Rechtsmängelgewährleistung ohne Bedeutung war[6]. Nach dem neuen Schuldrecht muss damit gerechnet werden, dass die Rechtsprechung auch beim Rechtskauf auf Mängelansprüche die zweijährige Verjährungsfrist des § 438 Abs. 1 Nr. 3 BGB anwendet[7]. Nachdem das Verlängerungsverbot des § 225 BGB a.F. entfallen ist, können die Parteien diese Frist jedoch – in den Grenzen der §§ 202 Abs. 2, 307 BGB – verlängern[8] und auch den Beginn der Verjährungsfrist der Interessenlage der Parteien beim Rechtskauf anpassen[9]. 13

3. Die Haftung des Forderungskäufers für die Bonität des Schuldners

Für die **Zahlungsfähigkeit und Zahlungswilligkeit des Schuldners** haftete der Forderungsverkäufer nach dem alten Recht (§ 438 BGB a.F.) nur, wenn er die Haftung für die **Bonität** im Kaufvertrag oder in einer gesonderten Abrede übernommen hatte[10]. § 438 BGB a.F. ist zwar ersatzlos entfallen, in 14

1 *Faust*, in Bamberger/Roth, § 453 BGB Rz. 17; vgl. *Eidenmüller*, ZGS 2002, 290, 292, zu einem Fall anfänglich-objektiver Unmöglichkeit.
2 Statt aller MünchKomm./*Grundmann*, § 276 BGB Rz. 26 ff.; *Palandt/Heinrichs*, § 276 BGB Rz. 25, 29.
3 *Eidenmüller*, ZGS 2002, 290, 292 f.
4 Begr. GesetzE SMG, BT-Drucks 14/6040, 242; *Faust*, in Bamberger/Roth, § 453 BGB Rz. 17 f.
5 OLG Köln v. 18.9.1998 – 19 U 63/98, OLGR 1999, 45; MünchKomm./*Westermann*, 2. Aufl. 1988, § 477 BGB, Rz. 4; RGZ 93, 71, 73 f.
6 *Brink*, WM 2003, 1355, 1360.
7 Vgl. dazu *Eidenmüller*, NJW 2002, 1625, 1626 m.w.N., der in Fällen, in denen das verkaufte Recht mit einem Drittrecht belastet ist, die Verjährungsfrist des § 438 Abs. 1 Nr. 1 BGB für sachgerechter hält.
8 RegE BT-Drucks. 14/6040, 110; *Brink*, WM 2003, 1355, 1361; *Eidenmüller*, NJW 2002, 1625, 1627.
9 Vgl. dazu *Eidenmüller*, NJW 2002, 1625 f.
10 Vgl. BGH v. 10.11.2004 – VIII ZR 186/03, BGHZ 161, 90, 102; *Palandt/Putzo*, 61. Aufl. 2002, § 438 BGB Rz. 2.

der Sache hat sich damit jedoch nichts geändert[1]: Ist nichts anderes vereinbart, begründet nach §§ 453 Abs. 1, 434 Abs. 1 Satz 2 BGB die Abweichung von der üblichen Beschaffenheit der verkauften Forderung einen Mangel. Kann oder will der Schuldner nicht zahlen, betrifft das jedoch nicht die Beschaffenheit des Rechts[2]. In beiden Fällen wird zwar der wirtschaftliche Wert der Forderung beeinträchtigt, nicht aber die Rechtsposition des Gläubigers. Denn der Schuldner ist zur Zahlung verpflichtet, die Durchsetzung der Forderung scheitert allein an seiner Zahlungsunfähigkeit[3] oder an seiner Zahlungsunwilligkeit.

15 In Übereinstimmung mit der typischen Interessenlage der Parteien beim Forderungskauf[4] bleibt es also auch nach dem neuen Recht bei der **überkommenen Verteilung von Veritäts- und Bonitätshaftung**[5]: Haben die Parteien nichts anderes vereinbart[6], haftet der Verkäufer für den Bestand der verkauften Forderung, während der Käufer das Risiko der Zahlungsunfähigkeit und der Zahlungsunwilligkeit des Schuldners trägt.

III. Der Forfaitierungsvertrag im Leasinggeschäft

1. Der Forfaitierungsvertrag als spezieller Forderungskaufvertrag

16 Bei der Veräußerung von Leasingforderungen zur Liquiditätsbeschaffung handelt es sich um einen Rechtskauf i.S.d. § 453 BGB, für den das unter Rz. 6–15 dargestellte neue Recht gilt[7]. Die Forderungskaufverträge zwischen der Leasinggesellschaft und der refinanzierenden Bank sind typischerweise sog. Forfaitierungsverträge[8]. Deren kennzeichnendes Merkmal ist der **„regresslose" Ankauf der Forderungen** durch den Refinanzierer. D.h.

---

1 Vgl. Beschlussempfehlung und Bericht des Rechtsausschusses, BT-Drucks., 14/7052, 198; MünchKomm./*Westermann*, § 453 BGB Rz. 11; *Palandt/Weidenkaff*, § 453 BGB Rz. 22; *Bennicke*, LMK 2005, 18, 19; *Eidenmüller*, ZGS 2002, 290, 293 f.; *Kummer*, jurisPR-BGHZivilR: 51/2004.

2 JurisPK-BGB/*Altmann-Pieper*, § 453 Rz. 13; *Eidenmüller*, ZGS 2002, 290, 293 f.; ebenso im Ergebnis *Brink*, WM 2003, 1355, 1357; a.A. *Dauner-Lieb/Arnold/Dötsch/Kitz*, Fälle zum Neuen Schuldrecht, 2002, S. 175 f., die eine eindeutigere Aussage des Gesetzgebers vermissen, dass mit dem neuen Recht insoweit keine inhaltliche Änderung beabsichtigt war.

3 So der BGH im FlowTex-Urteil v. 10.11.2004 – VIII ZR 186/03, BGHZ 161, 90, 105 zur Abgrenzung von Bestandshaftung und Bonitätsrisiko (nach altem Recht).

4 Dazu BGH v. 6.11.1991 – VIII ZR 241/90, NJW 1992, 1032, 1034.

5 *Palandt/Weidenkaff*, 453 BGB Rz. 22; *Staudinger/Beckmann*, 453 BGB Rz. 6 f.; *Bennicke*, LMK 2005, 18, 19, *Eidenmüller*, ZGS 2002, 292 ff.

6 Innerhalb der Grenzen gesetzlicher Verbote, insbesondere des AGB-Rechts – vgl. hierzu BGH v. 6.11.1991 – VIII ZR 241/90, NJW 1992,1032, 1034 – können die Parteien die Verteilung dieser Risiken abweichend vom Gesetz regeln; vgl. *Palandt/Weidenkaff*, § 453 BGB Rz. 22; *Eidenmüller*, ZGS 2002, 290, 294.

7 Überblick bei *Graf von Westphalen*, WM 2000, 1837.

8 *Graf von Westphalen/Lwowski*, WM-Skript 1986, S. 37 ff.; *Spittler*, S. 174; *Schölermann/Schmid-Burgk*, WM 1992, 993 ff.

die Bank oder ein anderer Refinanzierer, wie die Zweckgesellschaft bei ABS (Rz. 3 f.), kauft die Leasingforderungen „à forfait" an, indem sie selbst als der neue Gläubiger an die Stelle der verkaufenden Leasinggesellschaft tritt und das **Bonitätsrisiko des Schuldners** übernimmt[1]. Wenn sich Forderungen wegen Zahlungsunfähigkeit oder Zahlungsunwilligkeit des Schuldners als uneinbringlich erweisen, ist ein **Rückgriff** auf die Leasinggesellschaft ausgeschlossen. Die beiderseitigen Verpflichtungen aus dem Forfaitierungsvertrag sind mit der Forderungsabtretung und der Zahlung des Forfaitierungserlöses erfüllt[2]. Die Leasinggesellschaft haftet allein für den **rechtlichen Bestand** der Forderungen[3]. Die Vertragsgestaltung entspricht damit grundsätzlich dem gesetzlichen Leitbild des Forderungskaufvertrages[4].

In der Abgrenzung dieser **Risikosphären** liegen **Konfliktpunkte** zwischen Leasinggesellschaft und refinanzierender Bank und zugleich rechtliche Risiken des Forfaitierungsgeschäfts. Dessen Bedingungen werden in einem Rahmenvertrag zwischen Leasinggesellschaft und Refinanzierer festgelegt und gelten für die Einzelkaufverträge, die über die jeweils anzukaufende Leasingforderung oder über ein Paket von Forderungen abgeschlossen werden[5]. Führt die Vertragsgestaltung dazu, dass auch solche Forderungsausfälle, die auf mangelnder Leistungsfähigkeit oder -willigkeit des Schuldners beruhen, eine Inanspruchnahme der Leasinggesellschaft zu Folge haben können, spricht man von **„unechter" Forfaitierung**. Sie hat zur Folge, dass die wesentlichen Vorteile[6], die mit der Forfaitierung als Refinanzierungsinstrument für die Leasinggesellschaft verbunden sind, nicht erreicht werden: Die Leasinggesellschaft wird nicht völlig vom Risiko der Zahlungsunfähigkeit des Leasingnehmers befreit. Insbesondere entstehen Dauerschulden i.S.d. § 8 Nr. 1 GewStG, die zu einer höheren Gewerbesteuerlast der Leasinggesellschaft führen (ausführlich Rz. 33 f.). 17

2. Die Haftung des Forfaitisten für den Bestand der Forderung

a) Verschuldensunabhängige Veritätshaftung des Forfaitisten

Die **Garantiehaftung** der Leasinggesellschaft für den Bestand der verkauften Leasingforderungen, wie sie § 437 BGB a.F. vorsah, entspricht der Inte- 18

1 BGH v. 10.11.2004 – VIII ZR 186/03, BGHZ 161, 90, 100; BGH v. 21.6.1994 – XI ZR 183/93, BGHZ 126, 261, 263 f.; *Peters*, WM 1993, 1661; *Schölermann/Schmid-Burgk*, WM 1992, 933.
2 So etwa BFH v. 24.7.1996 – I R 94/95, DStR 1996, 1643; vgl. auch *Martinek/Oechsler*, in Bankrechts-Handbuch, § 103 Rz. 33 ff.
3 BGH v. 10.11.2004 – VIII ZR 186/03, BGHZ 161, 90, 101 f.; *Martinek/Oechsler*, in Bankrechts-Handbuch, § 103 Rz. 14, 31, 33.
4 *Martinek/Oechsler*, in Bankrechts-Handbuch, § 103 Rz. 14 (zu §§ 437, 438 BGB a.F.); vgl. auch *Brink*, WM 2003, 1355, 1358.
5 Vgl. dazu *Tacke*, S. 106 f.; *Berninghaus*, in Büschgen, § 30 Rz. 19 ff.
6 Vgl. *Schölermann/Schmid-Burgk*, WM 1992, 933.

ressenlage der Vertragsparteien: Der Leasinggeber gibt den Leasingvertrag nach Form und Inhalt vor, holt die Vertragserklärungen des Leasingnehmers ein, beschafft das Leasingobjekt und stellt es dem Leasingnehmer während der Laufzeit des Vertrages zur Verfügung. Insoweit hängt es daher von ihm ab, dass ein wirksamer Leasingvertrag zustande kommt und das Leasingobjekt dem Leasingnehmer zum ungestörten Gebrauch überlassen wird. Unter Geltung des Neuen Schuldrechts (Rz 11 f.) vereinbaren die Parteien des Forfaitierungsvertrages daher gemäß § 276 Abs. 1 BGB, dass die Leasinggesellschaft ohne Rücksicht auf ein Verschulden für den Bestand der Leasingforderungen haftet (Rz. 12)[1]. Es empfiehlt sich nicht, davon auszugehen, dass diese Garantiehaftung – weil dem Vertragszweck entsprechend – bereits als stillschweigend nach § 276 Abs. 1 BGB vereinbart anzusehen ist. Für den Maßstab der Bestandshaftung im Rahmen eines Forfaitierungsvertrages hat die Abschaffung des § 437 BGB a.F. daher nur die Konsequenz, dass die **verschuldensunabhängige Veritätshaftung** ausdrücklich vereinbart werden muss[2].

19 Wie dargelegt (Rz. 8) umfasst die Bestandshaftung sowohl das Einstehen für die Existenz und die Übertragbarkeit der Forderungen – insoweit gilt das allgemeine Leistungsstörungsrecht (Rz. 9 mit Fn. 6) – wie die Haftung für Rechtsmängel[3].

b) Dauer der Haftung

20 Ebenfalls klargestellt werden muss im Forfaitierungsvertrag, dass die Haftung der Leasinggesellschaft nicht mit der wirksamen Übertragung unbelasteter und einredefreier Forderungen[4] endet. Der Zweck dieses Vertrages verlangt, dass die verkauften Forderungen aus dem Dauerschuldverhältnis Leasingvertrag im Zeitpunkt ihrer Fälligkeit frei von Gegenrechten bestehen und „als solche(s) durchsetzbar" sind[5]. Die **Einstandspflicht** der Leasinggesellschaft für den rechtlichen Bestand wird daher für die **Dauer des Leasingvertrages**[6] vereinbart.

21 Vereinbart werden muss auch eine **Verlängerung der Verjährungsfrist** für Rechtsmängelansprüche. Die Zweijahresfrist des § 438 Abs. 1 Nr. 3 BGB,

1 *Graf von Westphalen*, WM 2001, 1837, 1841 f.

2 *Staudinger/Beckmann*, § 453 BGB Rz. 4; *Brink*, WM 2003, 1355, 1359; *Graf von Westphalen*, WM 2001, 1837, 1842.

3 *Palandt/Weidenkaff*, § 453 BGB Rz. 17 ff.; *Graf von Westphalen*, WM 2001, 1837, 1840 ff.

4 Dazu *Palandt/Weidenkaff*, § 453 BGB Rz. 29.

5 *Palandt/Weidenkaff*, § 453 BGB Rz. 29; BGH v. 10.11.2004 – VIII ZR 186/03, BGHZ 161, 90, 105; vgl. auch *Schölermann/Schmid-Burgk*, WM 1992, 933, 934 f., 936.

6 So auch die koordinierten Ländererlasse der Finanzverwaltung zur steuerrechtlichen Bewertung der Forderungskaufverträge, etwa Erlass des Finanzministeriums Nordrhein-Westfalen vom 13.2.1980 – S 32 32-41-V A 4; G 1422-35-V B 4, WPg 1980, 281.

deren Lauf mit der Übertragung der Forderung beginnt[1], entspricht nicht den Bedürfnissen des Forfaitierungsgeschäfts, das längerfristige Leasingforderungen zum Gegenstand hat[2]. Das gilt auch für die dreijährige Verjährungsfrist des § 195 BGB, die für das allgemeine Leistungsstörungsrecht gilt. Sie greift etwa ein, wenn die Forderung nicht existiert oder nicht übertragen werden konnte (Rz. 9 mit Fn. 6). Wie dargelegt (Rz. 13), kann die Verjährungsfrist in den Grenzen der §§ 202 Abs. 2, 307 BGB verlängert werden.

c) Forderungssurrogate

Mit den Leasingraten an den Refinanzierer abgetreten werden auch die künftigen Ansprüche, die an Stelle der Leasingforderungen treten können. Etwa der **Ausgleichsanspruch** des Leasinggebers, wenn ein Leasingnehmer von einem Recht zur vorzeitigen Kündigung Gebrauch macht (Kap. J Rz. 51), oder der **Schadensersatzanspruch** nach verzugsbedingter Kündigung (Kap. K Rz. 37). Diese **Surrogate** sollten als bedingte künftige Ansprüche ausdrücklich mit verkauft, also an Erfüllungs Statt übertragen werden. Dass diese Rechte, die an die Stelle der verkauften und übertragenen Leasingforderungen treten, wirksam entstanden sind und frei von Gegenrechten bestehen, ist ebenfalls **Gegenstand der Bestandshaftung** der Leasinggesellschaft[3]. 22

Die Bestandshaftung für die Surrogat-Ansprüche realisiert sich etwa dann, wenn der Erlös aus der Verwertung des Leasingobjekts ganz oder teilweise zu Gunsten des Leasingnehmers anzurechnen ist. Endet ein Leasingvertrag vorzeitig, hat der Leasingnehmer Anspruch darauf, dass der **kündigungsbedingte Mehrerlös** – der Differenzbetrag, um den der tatsächlich erzielte Verwertungserlös den Erlös übersteigt, der voraussichtlich nach Ablauf der vereinbarten Vertragsdauer erzielt worden wäre – zu seinen Gunsten auf die Schadensersatz- oder Ausgleichsforderung des Leasinggebers angerechnet wird[4]. Diese Pflicht zur **Vorteilsausgleichung** trifft den Leasinggeber gleichermaßen bei Vollamortisations- wie bei Teilamortisationsverträgen (Kap. J Rz. 72). In Höhe des anzurechnenden Betrages verringert sich der im Forfaitierungsvertrag mit verkaufte Schadensersatz- oder Ausgleichsanspruch des Leasinggebers; dem Leasingnehmer steht in dieser Höhe eine 23

---

1 Zur Überlegung, in bestimmten Fällen – etwa bei Rechten Dritter – statt § 438 Abs. 1 Nr. 3 BGB die Verjährungsfrist des § 438 Abs. 1 Nr. 1 BGB analog anzuwenden, vgl. *Eidenmüller*, NJW 2002, 1625, 1626.

2 *Graf von Westphalen*, WM 2001, 1837, 1842; *Eidenmüller*, NJW 2002, 1625, 1627; *Brink*, WM 2003, 1355, 1361.

3 Ausführlich *Schölermann/Schmid-Burgk*, WM 1992, 933, 935, die eine ausdrückliche Vereinbarung im Forderungskaufvertrag empfehlen; *Breitfeld*, FLF 2004, 168, 174.

4 Vgl. etwa BGH v. 8.3.1995 – VIII ZR 313/93, NJW 1995, 1541, 1543; BGH v. 28.10.1991 – VIII ZR 302/80, NJW 1982, 870, 872.

Einwendung gegen die Forderung zu[1]. Für den Differenzbetrag **haftet** daher **die Leasinggesellschaft**, auch wenn das nicht ausdrücklich vereinbart ist. Dieselbe Auswirkung hat die Verpflichtung des Leasinggebers, dem Leasingnehmer bei vorzeitiger Beendigung eines Teilamortisationsvertrages (Kap. K Rz. 53) den erzielten Verwertungserlös in Höhe des **garantierten Restwerts** gutzubringen[2] (dazu auch Rz. 44) – unter der Voraussetzung, dass auch der Anspruch auf den garantierten Restwert forfaitiert ist.

24 Auch wenn die Haftung des Forderungsverkäufers für diese Differenzbeträge bereits aus dem Forfaitierungsvertrag folgt, ist den Parteien grundsätzlich zu empfehlen, das mit der Haftung für den Bestand Gemeinte **im Vertrag festzulegen**[3].

3. Die Haftung des Forfaiteurs für die Bonität des Schuldners

25 Die gegenläufigen Interessen der Parteien des Forfaitierungsvertrages führen dazu, dass zur Notwendigkeit bzw. Zulässigkeit von Vertragsklauseln insbesondere insoweit **unterschiedliche Auffassungen** vertreten werden, als es um die Abgrenzung des vom Forfaiteur zu tragenden **Bonitätsrisikos** und des beim Forfaitisten verbleibenden **Veritätsrisikos** geht. Die betrügerischen Machenschaften zum Nachteil der Leasinggesellschaften und der refinanzierenden Banken in der FlowTex-Affäre[4] und die daraus resultierenden Entscheidungen des BGH[5] haben die Risiken des Leasing und des Forfaitierungsgeschäfts grell beleuchtet. Dabei haben die für die klagenden Banken nachteiligen Entscheidungen des BGH in der FlowTex-Affäre – die in der Abgrenzung von Bestands- und Bonitätshaftung allerdings konsequent und nicht überraschend waren – Forderungen der Banken ausgelöst, die auf eine Reduzierung des von der forfaitierenden Bank zu tragenden Bonitätsrisikos abzielen[6]. Wenn die gewerbesteuerrechtlichen Vorteile (Rz. 32 f.) der Forfaitierung erhalten werden sollen, sind bei diesen Überlegungen die Rechtsprechung des BFH (Rz. 33 f.) und die Erlasse der Finanzverwaltung (Rz. 33) zu beachten, die eindeutige und handhabbare Vorgaben für die Abgrenzung der Risiken im Forfaitierungsvertrag machen. Aber auch das Zivilrecht zieht der Gestaltung des Forfaitierungsvertrages Grenzen.

1 *Palandt/Heinrichs*, Vorb. v. § 249 BGB Rz. 123.

2 Der garantierte Restwert ist – abgezinst – Bestandteil der Schadensersatzforderung des Leasinggebers, vgl. den Überblick bei *Wolf/Eckert/Ball*, Rz. 1986, und Kap. K Rz. 53 ff.

3 Vgl. den Hinweis bei *Graf von Westphalen*, WM 1992, 1837, 1841 f.

4 Vgl. etwa *Beckmann*, § 2 Rz. 443, 447, § 10 Rz. 26 f.

5 BGH v. 10.11.2004 – VIII ZR 186/03, BGHZ 161, 90. Vgl. Rz. 29 mit Fn. 1.

6 Vgl. dazu *Schmid-Burgk*, WuB I J 2. – 1.05, 281, 284 ff.; *Schmidt*, ZGS 2006, 135.

a) Zivilrechtliche Vorgaben für die Verteilung der Risiken auf Forfaiteur und Forfaitist

Die schützenswerte Interessenlage der Parteien eines Forfaitierungsvertrages führt zu **zivilrechtlichen Risiken** bei Forfaitierungsverträgen, welche die Zuweisung der Bonitäts- und der Veritätsrisiken abweichend vom gesetzlichen Muster regeln. 26

So sah es der BGH[1] als **„grob interessewidrig"** und daher nach § 9 Abs. 1 AGBG (jetzt § 307 Abs. 1 Satz 1 BGB) unwirksam an, dass nach dem Forfaitierungsvertrag die bloße Behauptung des Leasingnehmers, der Leasinggeber habe vertragliche Pflichten verletzt, genügen sollte, um diesem die Beweislast dafür aufzuerlegen, dass kein Rechtsmangel bestehe. Die Folgerung des BGH, damit würden auf anderen Gründen beruhende Zahlungsverweigerungen „in das **äußere Gewand eines Rechtsmangels** gekleidet"[2], ist überzeugend[3]. Als zulässig sieht der BGH eine Verpflichtung des Leasinggebers, das Nichtvorliegen eines Rechtsmangels zu beweisen, jedoch für den Fall an, dass der Leasingnehmer einen solchen schlüssig behauptet hat[4]. Angesichts der Erfahrungen mit den rechtlichen und tatsächlichen Verteidigungsstrategien zahlungsunwilliger oder zahlungsunfähiger Leasingnehmer[5] stellt es jedoch immer noch eine erhebliche Belastung des Leasinggebers dar, wenn die schlüssige Behauptung eines Rechtsmangels durch den Leasingnehmer zu einer Beweislastumkehr im Verhältnis des Leasinggebers zum Forfaiteur führt[6]. 27

Das Bonitätsrisiko des Forfaiteurs umfasst nicht nur die Zahlungsfähigkeit[7], sondern **auch die Zahlungswilligkeit**[8] des Schuldners und damit alle Gründe, aus denen sich eine bestehende, von Gegenrechten freie, „als solche(s) durchsetzbar(e)"[9] Forderung als uneinbringlich erweist. Zu Recht ist daher der BGH in den FlowTex-Urteilen[10] der Auffassung entgegengetreten, der Forfaiteur hafte nur für die Zahlungsfähigkeit eines redlichen Schuldners, der seine Zahlungsverpflichtungen nicht mehr erfüllen könne, nicht aber für den Leistungswillen eines betrügerisch handelnden Schuldners. 28

---

1 BGH v. 6.11.1991 – VIII ZR 241/90, NJW 1992, 1032.
2 BGH v. 6.11.1991 – VIII ZR 241/90, NJW 1992, 1032, 1034.
3 A.A. *Schölermann/Schmid-Burgk*, WM 1992, 933, 939.
4 BGH v. 6.11.1991 – VIII ZR 241/90, NJW 1992, 1032, 1034.
5 Vgl. dazu *Berninghaus*, in Büschgen, § 30 Rz. 38.
6 Das lassen *Schölermann/Schmid-Burgk*, WM 1992, 933, 939, außer Acht.
7 So aber anscheinend *Schmidt*, ZGS 2006, 135, 136.
8 Allg. Meinung; BGH v. 6.11.1991 – VIII ZR 241/90, NJW 1992, 1032, 1034 m.w.N.; vgl. auch *Kummer*, jurisPR – BGHZivilRecht: 51/2004, S. 2, zu § 437 Abs. 1 BGB a.F.; *Peters*, DB 2002, 864.
9 *Palandt/Weidenkaff*, § 453 BGB Rz. 29.
10 BGH v. 10.11.2004 – VIII ZR 186/03, BGHZ 161, 90, 102.

29 Den Entscheidungen des BGH in den **FlowTex-Fällen**[1] lagen Fallgestaltungen zu Grunde, nach denen der Schuldner einerseits **zahlungsunfähig** war, so dass sich das Bonitätsrisiko realisierte, andererseits durch **betrügerisches Verhalten** den Leasinggeber in die Lage versetzt hatte, die Leasingverträge anzufechten oder von diesen zurückzutreten. Dass der Leasinggeber diese Rechte nicht ausübte und damit – nach der zutreffenden Auffassung des BGH[2] – eine Einstandspflicht aus seiner Haftung für den Bestand der Forderungen vermied, hat zu heftiger Kritik von Seiten der refinanzierenden Banken geführt[3]. Die Argumentation der Bankenseite, das **Betrugsrisiko** gehe zu Lasten des Forderungsverkäufers, ist nach Auffassung des BGH[4] mit der Interessenlage der Parteien des Forfaitierungsvertrages nicht zu vereinbaren. Das spricht auch gegen die Überlegung[5], das „anfängliche Betrugsrisiko" dem Forderungsverkäufer zuzuweisen. Der Leasingnehmer, der einen rechtswirksamen Leasingvertrag in der Absicht abschließt, ihn nicht zu erfüllen[6], ist eindeutig ein Fall des zahlungsunwilligen Schuldners. Ob die Leasingforderung bzw. die Schadensersatzforderung, die nach einer Kündigung wegen Zahlungsverzugs an deren Stelle tritt (Rz. 22 f.) gegen diesen Leasingnehmer realisiert werden kann, hängt allein von dessen Zahlungsfähigkeit ab.

30 Die von der klagenden Bank im FlowTex-Prozess[7] in Anspruch genommene **Rechtsposition** – mache der Leasinggeber von einem Recht zur Anfechtung des Leasingvertrages wegen arglistiger Täuschung keinen Gebrauch, sei der Forfaiteur so zu stellen, als hätte der Leasinggeber angefochten – wäre auch „**grob interessewidrig**" im Sinn der Entscheidung des BGH vom 6.11.1991[8]: Ohne die Ausübung des Anfechtungsrechts – dessen Zweck ist der Schutz der Interessen des Leasinggebers als Partei des Leasingvertrages – liegt in dieser Konstellation definitiv kein Fall der Bestandshaftung. Obwohl der Schuldner leisten muss und die Durchsetzung der Forderungen nur daran scheitert, dass er zahlungsunfähig ist[9], sollte

1 Vgl. BGH v. 10.11.2004 – VIII ZR 186/03, BGHZ 161, 90; zu den aus der FlowTex-Affäre resultierenden Streitfällen ergingen am selben Tag fünf weitere Urteile des BGH; vier davon sind Parallelfälle zu der hier zitierten Entscheidung, ein Urteil (VIII ZR 223/03, WM 2005, 23) weicht in einer hier nicht relevanten Frage von den anderen Entscheidungen ab, da der BGH einen abweichenden Tatbestand festgestellt hat; vgl. dazu *Schmid-Burgk*, WuB I J 2. – 1.05, 281, 283 ff.

2 BGH v. 10.11.2004 – VIII ZR 186/03, BGHZ 161, 90, 103.

3 Vgl. *Schmidt*, ZGS 2006, 135.

4 BGH v. 10.11.2004 – VIII ZR 186/03, BGHZ 161, 90, 102.

5 *Schmid-Burgk*, WuB I J 2. – 1.05, 281, 284, 286.

6 Dieser geheime Vorbehalt ist nach § 116 Satz 1 BGB unbeachtlich und ändert daher nichts an der Wirksamkeit der Vertragserklärung; vgl. den Hinweis in BGH v. 10.11.2004 – VIII ZR 186/03, BGHZ 161, 90, 103.

7 BGH v. 10.11.2004 – VIII ZR 186/03, BGHZ 161, 90, 101.

8 BGH v. 6.11.1991 – VIII ZR 241/90, NJW 1992, 1032.

9 Darauf stellt der BGH in den FlowTex-Fällen ab; vgl. BGH v. 10.11.2004 – VIII ZR 186/03, BGHZ 161, 90, 105.

nach Auffassung der Bank der Forfaiteur beim Leasinggeber Regress nehmen können[1].

Solange keine für beide Seiten annehmbare Lösung für diese Problematik gefunden ist[2], werden Verhandlungen über Forfaitierungsverträge schwieriger werden[3]. 31

b) Steuerrechtliche Vorgaben

Ein Forfaitierungsvertrag, der als „unechte Forfaitierung" zu qualifizieren ist, weil der Forderungsverkäufer in Teilbereichen des Bonitätsrisikos bzw. für einen Teil des bonitätsbedingten Forderungsausfalls haftet, kann zwar zivilrechtlich wirksam sein[4]. Andere Anforderungen gelten jedoch, wenn vermieden werden soll, dass der Forderungsverkauf zu Dauerschulden i.S.d. § 8 Nr. 1 GewStG und damit zu einer höheren Steuerlast der Leasinggesellschaft führt. 32

Die Rechtsprechung des **BFH und die Erlasse der Finanzverwaltung** sind eindeutig: Inhaltlich übereinstimmend mit dem Schreiben des Bundesministers der Finanzen vom 9.1.1996 (Anh. Rz. 5)[5] und den koordinierten Ländererlassen von 1980[6] hat der BFH in Urteilen vom 5.5.1999[7] und vom 8.11.2000[8] klargestellt, dass ein Forfaitierungsvertrag nur dann als (Forderungs-)Kaufvertrag zu qualifizieren ist, wenn das **Bonitätsrisiko „vollständig" auf den Käufer** übergeht[9]. Bleibt das Risiko der wirtschaftlichen Verwertbarkeit der „verkauften" Forderungen auch nur teilweise beim Verkäufer, stellt die Zahlung des „Kaufpreises" nach Auffassung des 33

1 Zu den gewerbesteuerrechtlichen Konsequenzen einer solchen Vertragsgestaltung vgl. Rz. 32.

2 Die steuerrechtlichen Grenzen sind allerdings eindeutig; vgl. Rz. 32 ff.

3 Zu Überlegungen aus der Sicht des forfaitierenden Forderungskäufers vgl. *Schmidt*, ZGS 2006, 135; (dazu Rz. 65 ff.); vgl. auch *Schmid-Burgk* WuB I J 2. – 1.05, 281, 284, 286, mit dem Hinweis auf eine Regelung der Frage, welche der Parteien das „anfängliche Betrugsrisiko" zu tragen hat; dieses dem Forderungsverkäufer zuzuweisen, würde bedeuten, in künftigen Forfaitierungsverträgen eine von der Auffassung des BGH v. 10.11.2004 – VIII ZR 186/03, BGHZ 161, 90, 102 abweichende Regelung zu treffen. Der BGH hat sich für seine Auffassung (Rz. 29) nicht nur auf den von den Parteien geschlossenen Rahmenvertrag, sondern auch auf das Gesetz und die Interessenlage der Parteien des Forfaitierungsvertrages berufen.

4 BFH v. 8.11.2000 – I R 37/99, DStR 2001, 77, 78; BFH v. 5.5.1999 – XI R 6/98, BStBl. 1999 II, 735, 737; beide BFH-Entscheidungen gehen davon aus, dass die Forfaitierungsverträge in diesen Fällen zwar zivilrechtlich wirksam, jedoch – wie im Steuerrecht – auch im Zivilrecht nicht als Kauf-, sondern als Darlehensverträge zu qualifizieren seien.

5 BMF-Schreiben v. 9.1.1996 – IV B 2 – S 2170 – 135/95, BStBl. 1996 I, 9.

6 Etwa FinMin Nordrhein-Westfalen v. 13.2.1980 – S 3232–41–V A 4; G 1422-35-V B 4, WPg 1980, 281.

7 BFH v. 5.5.1999 – XI R 6/98, BStBl. 1999 II, 735.

8 BFH v. 8.11.2000 – I R 37/99, DStR 2001, 77.

9 BFH v. 5.5.1999 – XI R 6/98, BStBl. 1999 II, 735, 736.

BFH[1] wirtschaftlich eine Vorfinanzierung der Forderungen dar, die nur erfüllungshalber abgetreten sind. Wie die Möglichkeit eines Regresses im Fall der Uneinbringlichkeit konstruiert ist – Einstandspflicht für den ganzen oder einen Teil des Forderungsausfalls, Rückkaufverpflichtung, Zugriff auf Sicherheiten[2] – ist unerheblich. Besteht sie, ist steuerrechtlich von einem Darlehensverhältnis und – im Hinblick auf die ein Jahr überschreitende Laufzeit der übertragenen Leasingforderungen[3] – von gewerbesteuerrechtlichen Dauerschulden auszugehen[4].

34 Den Parteien eines Forfaitierungsvertrages, die sich darin einig sind, dass Dauerschulden i.S.d. § 8 Nr. 1 GewStG vermieden werden müssen, gibt diese Rechtsprechung des BFH einen klaren Maßstab für die Vertragsgestaltung an die Hand: Die **synallagmatischen Verpflichtungen** des Forderungskaufvertrages müssen mit der Übertragung der Forderungen und der Zahlung des Kaufpreises **abschließend erfüllt** sein[5]. Hat der Verkäufer auf irgendeine Weise das Risiko der wirtschaftlichen Realisierbarkeit der rechtlich unangreifbaren Forderungen (mit) zu tragen, ist das nicht der Fall.

35 Von dieser Rechtsprechung des BFH ist auszugehen, wenn im Folgenden unterschiedliche Konstellationen der **Risikoabgrenzung** zwischen Leasinggesellschaft und forfaitierender Bank unter dem Aspekt der gewerbesteuerrechtlichen Auswirkungen untersucht werden.

4. Die Forfaitierung des im Leasingvertrag vereinbarten Restwerts

36 Im Urteil vom 8.11.2000[6] hat der I. Senat des BFH die Forfaitierung von Restwerten an den Anforderungen gemessen, die der XI. Senat in der Entscheidung vom 5.5.1999[7] der gewerbesteuerrechtlichen Beurteilung der Forfaitierung von Leasingforderungen zu Grunde gelegt hatte.

37 Die Leasinggesellschaft hatte außer den Leasingforderungen aus Teilamortisationsverträgen mit Andienungsrecht auch die Ansprüche in Höhe der vereinbarten **Restwerte** an die Bank **verkauft**, die ihr nach Ausübung ihres Andienungsrechts gegen die Leasingnehmer zustanden. Unter Berufung auf das Urteil vom 5.5.1999[8] verneint der BFH, dass mit der Übertragung des Anspruchs auf den Andienungskaufpreis und der Zahlung des Forfaitierungserlöses die synallagmatischen Verpflichtungen aus dieser Forfaitie-

1 BFH v. 5.5.1999 – XI R 6/98, BStBl. 1999 II, 735, 736.
2 Vgl. dazu den Sachverhalt in BFH v. 5.5.1999 – XI R 6/98, BStBl. 1999 II, 735.
3 BFH v. 9.4.1981 – IV R 24/78, BStBl. 1981 II, 481, 483 f.; BFH v. 8.11.2000 – I R 37/99, DStR 2001, 77, 79; *Bordewin/Tonner*, Rz. 155 m.w.N.
4 BFH v. 5.5.1999 – XI R 6/98, BStBl. 1999 II, 735, 736; BMF-Schreiben v. 9.1.1996, BStBl. 1996 I, 9 (abgedruckt im Anh., Rz. 5).
5 BFH v. 5.5.1999 – XI R 6/98, BStBl. 1999 II, 735, 736.
6 BFH v. 8.11.2000 – I R 37/99, DStR 2001, 77.
7 BFH v. 5.5.1999 – XI R 6/98, BStBl. 1999 II, 735, 736 f.
8 BFH v. 5.5.1999 – XI R 6/98, BStBl. 1999 II, 735, 736.

rungsvereinbarung erfüllt seien. Solange das Andienungsrecht, in dessen Inanspruchnahme der Leasinggeber frei sei, nicht ausgeübt worden sei und auch nicht ausgeübt werden konnte, habe der Leasinggeber seine Leistungspflicht nicht erfüllt. Es fehle noch die Forderung, die Gegenstand der Forfaitierung sein soll[1]. Übe der Leasinggeber das Andienungsrecht nicht aus, müsse er den Forfaiteur anderweitig schadlos halten. Die Zahlung des Forfaiteurs habe unter diesen Umständen wirtschaftlich die Wirkung einer Vorauszahlung auf den späteren Verwertungserlös, und der zukünftig entstehenden Forderung auf den Restwerterlös komme für den Forfaiteur nur der Charakter einer Sicherung zu[2]. Dass es betriebswirtschaftlich notwendig sei, das Leasingobjekt nach Vertragsende zu veräußern, mache die Nutzung des Leasingobjekts und die spätere Verwertung nicht zu einem einheitlichen Vorgang[3]. Gewerbesteuerrechtlich wird die Zahlung des Forfaitierungserlöses damit als Gewährung eines Darlehens qualifiziert, mit der Folge, dass bei der Restwertforfaitierung Dauerschulden i.S.d. § 8 Nr. 1 GewStG anfallen.

In der gewerbesteuerrechtlichen Konsequenz und ihrer Begründung folgt der BFH damit der **Auffassung der Finanzverwaltung** im Erlass vom 9.1.1996 (Anh., Rz. 5)[4] und in den koordinierten Ländererlassen von 1980[5]. 38

Nichts anderes kann danach gelten, wenn nicht der Kaufpreis aus der Ausübung eines Andienungsrechts, sondern der Kaufpreis aus der Ausübung einer **Kaufoption** des Leasingnehmers im Rahmen des Forfaitierungsvertra- 39

1 BFH v. 8.11.2000 – I R 37/99, DStR 2001, 77, 78.

2 BFH v. 8.11.2000 – I R 37/99, DStR 2001, 77, 78 f. m.ausführl.N.; a.A. etwa *Milatz*, DB 1996, 841, 842, 845, mit der Begründung, die Forfaitierung des Restwerts beim Teilamortisationsvertrag mit Andienungsrecht sei gewerbesteuerrechtlich nicht anders zu behandeln als die Forfaitierung der Leasingforderungen selbst; es handle sich „zivilrechtlich um einen einheitlichen Vertrag, der nicht aufzuspalten" sei, da es bei der Wahrnehmung der Verwertungsalternativen – etwa der Ausübung des Andienungsrechts – nicht um zusätzliche Geschäfte, sondern um diesen Verträgen „systemimmanente Entscheidungen" gehe, die der Amortisationszweck des Vertrages bedinge; vgl. auch *Reuter*, in Büschgen, § 25 Rz. 29, der den Dauerschuldcharakter mit der Begründung ablehnt, der Forfaitierungserlös stelle eine Vorauszahlung auf das Entgelt für die genau bestimmte künftige Lieferung des Leasingobjekts dar, diene also nicht der Finanzierung des Anlagevermögens der Leasinggesellschaft.

3 BFH v. 8.11.2000 – I R 37/99, DStR 2001, 77, 79; mit dieser Argumentation nimmt der BFH zu der Auffassung von *Milatz*, DB 1996, 841 (vgl. vorangehende Fn.) Stellung.

4 BMF-Schreiben v. 9.1.1996 – IV B 2 – S 2170 – 135/95, BStBl. 1996 I, 9.

5 Etwa FinMin Nordrhein-Westfalen v. 13.2.1980 – S 3232–41–V A 4; G 1422-35-V B 4, WPg 1980, 281.

ges mit verkauft wird[1]. Auch hier hat der Leasinggeber seine Leistungspflicht nicht erfüllt, so lange der Leasingnehmer von der Kaufoption keinen Gebrauch gemacht hat. Denn bis zu diesem Zeitpunkt existiert die Forderung noch nicht, die Gegenstand des Forderungskaufvertrages ist. Anders als beim Andienungsrecht hängt es überdies nicht vom Leasinggeber als Forderungsverkäufer selbst ab, ob die Option ausgeübt wird und damit der Anspruch entsteht.

5. Die Inanspruchnahme des Sicherungseigentums für bonitätsbedingte Zahlungsausfälle

40 Im Forfaitierungsvertrag wird dem Käufer **Sicherungseigentum an den Leasinggegenständen** eingeräumt. Wird nach dem Doppelstockmodell (Rz. 2) refinanziert, bei dem die Forderungen der Besitz- gegen die Betriebsgesellschaft Kaufgegenstand sind, werden dem Forfaiteur zusätzlich die Forderungen der Betriebsgesellschaft gegen den Endleasingnehmer zur Sicherheit übertragen. Wenn das Entstehen von Dauerschulden i.S.d. § 8 Nr. 1 GewStG vermieden werden soll, kann nach der Rechtsprechung des BFH (Rz. 33 f.) nicht zweifelhaft sein, dass das Vermögen des Forderungsverkäufers nur der Sicherheit seiner Haftung für den Bestand der Forderungen dienen darf.

a) Wirtschaftliche Zuordnung des Sicherungseigentums zum Forfaiteur?

41 Für das Sicherungseigentum ist das nicht unstreitig[2]. Es wird die Auffassung vertreten, die Bank könne bei Zahlungsunfähigkeit des Leasingnehmers auf das Sicherungseigentum am Leasingobjekt zugreifen, ohne dass dies dazu führe, dass kein regressloser Forderungsverkauf mehr vorliege und Dauerschulden i.S.d. § 8 Nr. 1 GewStG entstünden[3]. Eine „wirtschaftliche Betrachtung" ergebe, dass die refinanzierende Bank mit dem Zugriff auf das Leasingobjekt nicht auf **Vermögenswerte des Leasinggebers** zugreife, da ihr mit dem Sicherungseigentum nur das von ihr selbst bezahlte Leasingobjekt hafte[4]. In der Sache führt diese Argumentation bei Zahlungsunfähigkeit des Schuldners zu einer Rückabwicklung des Forderungskaufvertrages, wobei an Stelle des von der Bank gezahlten Forfaitierungserlöses der Leasinggegenstand tritt, den der Leasinggeber aus diesen Mitteln angeschafft hat und der ein werthaltiger Bestandteil des leasinggeberischen Ver-

1 Nach *Bordewin/Tonner*, Rz. 158, sind die Forfaitierung von Andienungsrechten und die von Ankaufrechten insoweit „wohl" gleich zu behandeln.
2 Dazu *Graf von Westphalen/Lwowski*, S. 39 ff.; ausführlich *Peters*, DB 2002, 864 m.w.N.
3 *Reuter*, in Büschgen, § 25 Rz. 22 m.w.N.; *Reviol*, S. 259; *Peters*, DB 2002, 864, 867 m.w.N.; a.A. *Graf von Westphalen/Lwowski*, S. 39 ff.; *Papperitz*, DStR 1993, 1841, 1843; *Graf von Westphalen*, Voraufl., Rz. 1862 f.
4 *Peters*, DB 2002, 864, 867 m.w.N.

mögens ist[1]. Mit der Rechtsprechung des BFH (Rz. 33 f.) verträgt sich diese Auffassung nicht: Könnte der Forfaiteur bei Uneinbringlichkeit der verkauften Forderung auf das Sicherungseigentum zugreifen, obwohl ihm der Leasinggeber eine bestehende und von Gegenrechten freie Forderung übertragen hat, hätte der Leasinggeber mit der Übertragung dieser Forderung seine Verpflichtung aus dem Forderungskaufvertrag nicht abschließend erfüllt[2].

b) Unangemessene Besserstellung der Leasinggesellschaft?

Dass die forfaitierende Bank bei Zahlungsunfähigkeit des Leasingnehmers 42 auf das Leasingobjekt bzw. den Verwertungserlös für das Leasingobjekt müsse zugreifen können, wird auch damit begründet, dass sonst der **Leasinggeber unangemessen günstig gestellt** sei[3]. Diese Argumentation lässt außer Acht, dass die leasingvertraglichen Abwicklungsmechanismen dazu führen, dass der Teil des Verwertungserlöses, der den Leasinggeber besser stellen würde, als er bei störungsfreiem Ablauf des Leasingvertrages stünde, nicht beim Leasinggeber bleibt, sondern dem Leasingnehmer gutgebracht werden muss:

Kommt es wegen Zahlungsunfähigkeit des Leasingnehmers zu einer **vorzeitigen Vertragsbeendigung**, kann der Leasinggeber zwar vom Leasingneh- 43 mer die Herausgabe des Leasingobjekts verlangen. Übersteigt jedoch der Wert des Leasingobjekts zu diesem Zeitpunkt den Wert, den das Leasingobjekt bei vereinbarungsgemäßer Vertragsbeendigung gehabt hätte, muss der Differenzbetrag im Rahmen der **Vorteilsausgleichung**[4] dem Leasingnehmer gutgebracht werden. Das führt zu einer Verringerung des der Bank zustehenden Schadensersatzanspruchs, mit der Folge, dass der Leasinggeber aus der Bestandshaftung den Differenzbetrag an die Bank zu erstatten hat (Rz. 23). Der Leasinggeber erhält also nur den Teil des Verwertungserlöses, der dem Marktwert des Leasingobjekts bei **störungsfreiem Vertragsablauf** entspricht.

1 Dass der Leasinggeber für diesen Rückgriff aus Bonitätsgründen nicht persönlich haftet, sondern nur mit dem Sicherungseigentum, ist unerheblich; a.A. *Reviol*, S. 158 f., nach dessen Auffassung diese beschränkte Rückgriffsmöglichkeit nichts am Vorliegen eines regresslosen Forderungskaufs ändern soll, vgl. dazu BFH v. 5.5.1999 – XI R 6/98, BStBl. 1999 II, 735, dessen Tatbestand von einem Rückgriff auf ein Grundstück des Forderungsverkäufers ausgeht.

2 BFH v. 8.11.2000 – I R 37/99, DStR 2001, 77; BFH v. 5.5.1999 – XI R 6/98, BStBl. 1999 II, 735, 736.

3 *Eckstein/Feinen*, S. 164 f.; *Lwowski*, ZIP 1983, 900, 901; *Peters*, DB 2002, 864, 867; diese Bedenken teilt auch *Graf von Westphalen*, Vorauflage, Rz. 1862 f., allerdings ohne daraus die Folgerung zu ziehen, die Bank müsse auch bei Bonitätsverfall des Leasingnehmers auf das Sicherungseigentum zugreifen können.

4 BGH v. 28.10.1981 – VIII ZR 302/80, NJW 1982, 870, 872; BGH v. 8.3.1995 – VIII ZR 313/93, NJW 1995, 1541, 1543.

44 Nichts anderes gilt bei vorzeitiger Beendigung eines sog. Teilamortisationsvertrages (Kap. K Rz. 53 ff.)[1], etwa eines Vertrages mit **Andienungsrecht** des Leasinggebers. Da der Leasingnehmer den Andienungskaufpreis garantiert hat, schließt der Schadensersatzanspruch des Leasinggebers bei vorzeitiger Vertragsbeendigung den **garantierten Restwert** ein[2]. Der vom Leasinggeber erzielte Verwertungserlös – er hat sich möglicherweise bereits um einen auf die vorzeitige Vertragsbeendigung zurückzuführenden Mehrerlös verringert (Rz. 43) – ist dem Leasingnehmer darüber hinaus bis zur Höhe des garantierten Restwerts gutzubringen. Hat die Bank die künftige Forderung auf den Andienungskaufpreis mit forfaitiert – wie dargelegt (Rz. 37), liegt nach der Auffassung des BFH in diesem Fall kein Forderungskaufvertrag, sondern ein Darlehen vor –, hat sie Anspruch auf den dem garantierten Restwert entsprechenden Teil des Verwertungserlöses. Das folgt aus der Haftung der Leasinggesellschaft für den Bestand des Anspruchs auf den Andienungskaufpreis (Rz. 22 ff.). Denn der auf den garantierten Restwert bezogene und mit forfaitierte Schadensersatzanspruch verringert sich durch die Anrechnung des Verwertungserlöses in dieser Höhe. Hat die Bank die künftige Forderung auf den Andienungskaufpreis nicht forfaitiert, erstreckt sich auch die Bestandsgarantie der Leasinggesellschaft für den Schadensersatzanspruch (Rz. 22 f.) nur auf den Teil des Anspruchs, der auf die verkauften Leasingraten entfällt.

45 Dass die forfaitierende Bank wegen des Ausfalls angekaufter Forderungen nur in Fällen der **Bestandshaftung** auf das **Sicherungseigentum** zugreifen kann, wie das gewerbesteuerrechtlich zwingend ist (Rz. 33 f.), hat also auch in Fällen eines garantierten Restwerts nicht zur Folge, dass die Leasinggesellschaft bei vorzeitiger Vertragsbeendigung wegen Zahlungsunfähigkeit besser gestellt wäre, als sie bei störungsfreier Abwicklung des Leasingvertrages gestanden hätte. Dass die forfaitierende Bank nicht auf das Sicherungseigentum zugreifen darf, obwohl sie den Kaufpreis für die Leasingforderungen gezahlt hat, ist daher keineswegs „widersinnig"[3].

c) Die Funktion der Sicherungsübereignung nach § 108 Abs. 1 Satz 2 InsO

46 Dass es gewerbersteuerrechtlich nicht zu Dauerschulden i.S.d. § 8 Nr. 1 GewStG führen soll, wenn das Bonitätsrisiko durch das Sicherungseigentum am Leasingobjekt abgesichert wird, wird auch aus § 108 Abs. 1 Satz 2 InsO hergeleitet[4]. Diese Bestimmung sollte den Leasinggesellschaften die Möglichkeit erhalten[5], sich durch Verkauf der Leasingforderungen zu refinanzieren (Kap. P Rz. 109)[6]. Die Norm beschränkt sich dementsprechend

1 Vgl. dazu *Breitfeld*, FLF 2004, 168, 174.
2 Vgl. den Überblick bei *Wolf/Eckert/Ball*, Rz. 1986, und Kap. K Rz. 53.
3 So aber *Peters*, DB 2002, 864, 867.
4 *Peters*, DB 2002, 864, 867 f.
5 Nach § 21 KO waren Leasingverträge insolvenzfest.
6 Ausführlich dazu *Zahn*, DB 1996, 1393 ff.; DB 1995, 1597 ff., 1649 ff., jew. m.w.N.

auf die Beschreibung des **leasingtypischen Refinanzierungsvorgangs** als Voraussetzung für die Insolvenzfestigkeit des Leasingvertrages. Weder nach ihrem Wortlaut noch nach der Intention des Gesetzgebers[1] sagt die Norm etwas zu den Risiken aus, welche die Sicherungsabrede umfassen darf.

§ 108 Abs. 1 Satz 2 InsO macht zwar das **Fortbestehen** eines Leasingvertra- 47
ges in der **Insolvenz** des Leasinggebers davon abhängig, dass das Leasingobjekt dem Refinanzierer zur Sicherheit übertragen wurde. Das macht die Auffassung, dass die Inanspruchnahme des Sicherungseigentums für Bonitätsrisiken Dauerschulden i.S.d. § 8 Nr. 1 GewStG auslöst, jedoch nicht zu einem Paradoxon[2]. Die Rechtsfolgen des § 108 Abs. 1 Satz 2 InsO knüpfen an die Tatsache der Sicherungsübereignung[3] an, verlangen jedoch nicht darüber hinaus einen bestimmten Inhalt der Sicherungsabrede. Dem gegenüber knüpft die gewerbesteuerrechtliche Beurteilung nicht an die Sicherungsübereignung an, sondern daran, dass trotz Forfaitierung der Forderung deren Uneinbringlichkeit einen Rückgriff auf Vermögenswerte des Forderungsverkäufers ermöglichen soll.

Refinanziert die Bank die Leasinggesellschaft nicht dadurch, dass sie die 48
Leasingforderungen in einem Forfaitierungsvertrag ankauft, sondern indem sie einen **Kredit** zur Verfügung stellt, hängt der **Fortbestand des Leasingvertrages** in der Insolvenz nach § 108 Abs. 1 Satz 2 InsO ebenfalls davon ab, dass das Leasingobjekt der Bank zur Sicherheit übereignet ist. Wegen der Kreditgewährung liegen gewerbesteuerrechtlich auf jeden Fall Dauerschulden vor, auch wenn sich die Sicherungsabrede nicht auf Bonitätsrisiken erstreckt.

Die Beschränkung der Sicherungsabrede auf Fälle der Bestandshaftung ist 49
eine zwingende Folge der mit dem Forfaitierungsvertrag angestrebten **Vermeidung von Dauerschulden** i.S.d. § 8 Nr. 1 GewStG. Mit der in § 108 Abs. 1 Satz 2 InsO getroffenen Regelung hat sie nichts zu tun.

d) Fazit

Wäre der Käufer berechtigt, bei Uneinbringlichkeit einer rechtlich unan- 50
greifbaren Forderung seinen Schaden durch Zugriff auf das im Eigentum des Leasinggebers stehende Leasingobjekt zu mindern, hieße das, dass die zum **Synallagma des Forderungskaufs** gehörende Verpflichtung des Verkäufers mit der Forderungsabtretung nicht erfüllt wäre[4]. Nach dem Kriterium

1 Bericht und Beschlussempfehlung des Rechtsausschusses, BT-Drucks. 13/4699, 8 f., 10.
2 So aber *Peters*, DB 2002, 864, 868.
3 Vgl. dazu MünchKomm./*Eckert*, § 108 InsO Rz. 48 f.; *Uhlenbruck*, § 108 InsO Rz. 113 ff.
4 Das gilt auch für den von *Berninghaus*, in Büschgen, § 30 Rz. 54 vorgeschlagenen Ausweg, wonach vereinbart werden sollte, dass bei Uneinbringlichkeit der Forderung „der Verwertungserlös als Nebenrecht an den Refinanzierer abgetreten wird".

des BFH[1] läge kein Kaufvertrag, sondern eine Dauerschulden begründende **Darlehensgewährung** vor[2].

51 Ein Rückgriff der Bank auf das Sicherungseigentum in diesen Fällen bedeutete, dass der Forderungsverkäufer außer dem Veritätsrisiko auch dem Bonitätsrisiko zuzuordnende Forderungsausfälle der Bank tragen müsste, wobei seine Haftung auf den Wert des zur Sicherung übereigneten Leasingobjekts beschränkt wäre. Das hieße, dass das mit dem Leasingvertrag angestrebte betriebswirtschaftliche Ergebnis – die kalkulierte Amortisation des leasinggeberischen Kapitaleinsatzes[3], die aus der Interessenlage des Leasinggebers Zweck des Forfaitierungsvertrages ist – verfehlt würde[4], obwohl der Leasinggeber seine vertraglichen Verpflichtungen aus dem Forfaitierungsvertrag erfüllt. Eine Regelung dieses Inhalts wäre mit der vertraglichen Äquivalenz des Forfaitierungsvertrages nicht vereinbar und dürfte daher nicht nur gewerbesteuerschädlich, sondern auch nach § 307 Abs. 1 Satz 1 BGB unwirksam sein[5].

e) Die Sicherungsabrede

52 In der Sicherungsabrede des Forfaitierungsvertrages muss daher deutlich werden, dass das Sicherungseigentum ausschließlich der Absicherung des Veritätsrisikos dient. Das Gleiche gilt bei einer Refinanzierung nach dem Doppelstockmodell (Rz. 2) auch für die Forderungen der Leasinggesellschaft als Betriebsgesellschaft gegen den Endleasingnehmer. Diese Forderungen tritt zunächst die Betriebsgesellschaft zur Sicherheit an die Besitzgesellschaft ab, die sie als Forderungsverkäufer im Forfaitierungsvertrag weiter zur Sicherheit auf die Bank überträgt[6].

1 Vgl. BFH v. 8.11.2000 – II R 37/99, DStR 2001, 77.

2 A.A. *Peters*, DB 2002, 864, 866 f., der allerdings bei der Interpretation des BFH-Urteils v. 5.5.1999 – XI R 6/98, BStBl. 1999 II, 735, übersieht, dass aus der vom Gericht festgestellten Gewerbesteuerschädlichkeit eines Zugriffs auf andere Vermögenswerte des Forderungsverkäufers nicht geschlossen werden kann, der Zugriff auf ein zur Sicherheit übereignetes Leasingobjekt sei nicht gewerbesteuerschädlich.

3 In der idealtypischen Gestaltung des Vollamortisationsvertrages, von welcher der Leasingerlass des Bundesministers der Finanzen v. 19.4.1971, abgedr. im Anhang, Rz. 1, ausgeht, soll der Leasinggeber die Vollamortisation zwar bereits mit den Leistungen erreichen, welche der Leasingnehmer während der Grundmietzeit schuldet. Es entspricht jedoch ökonomischem Handeln, dass der Leasinggeber seinen wirtschaftlichen Entscheidungen das betriebswirtschaftliche Ergebnis eines solchen Vertrages, einschließlich des erwarteten Restwertes, zu Grunde legt.

4 Wie sich gezeigt hat (Rz. 42 ff.), trifft die Auffassung nicht zu, der Leasinggeber werde besser gestellt, als er bei störungsfreiem Vertragsablauf stünde, wenn die Bank nicht auf das Sicherungseigentum zugreifen könne.

5 Vgl. dazu die Argumentation in BGH v. 6.11.1991 – VIII ZR 241/90, NJW 1992, 1032, 1034.

6 Vgl. dazu *Zahn*, DB 2003, 2371.

6. Die fehlgeschlagene Sicherungsübereignung

a) Das Rücktrittsrecht der forfaitierenden Bank

Wird das geschuldete Sicherungseigentum nicht verschafft, ist eine Leistungspflicht aus dem **Forfaitierungsvertrag verletzt**. Von den Rechten, die sich für die forfaitierende Bank daraus ergeben, ist besonders das Rücktrittsrecht nach § 323 BGB von Bedeutung. Nach dieser Bestimmung setzt ein Rücktritt nicht mehr[1] voraus, dass eine Hauptleistungspflicht verletzt ist[2]. Unabhängig davon, welches Gewicht nach den Umständen des jeweiligen Vertrages der Bestellung des Sicherungseigentums gegeben ist[3], genügt es daher für die Annahme einer „nicht oder nicht vertragsgemäß" erbrachten Leistung i.S.d. § 323 Abs. 1 BGB, dass die Bank das Sicherungseigentum nicht erworben hat. 53

Bei den Leasinggesellschaften besteht der Wunsch, dieses **Rücktrittsrecht auszuschließen**[4]. In zweiter Linie wird angestrebt, es auf die einzelne nicht abgesicherte Forderung zu beschränken bzw. seine Erstreckung auf ein ganzes Forderungspaket oder gar auf den Rahmenvertrag von einer massiven Pflichtverletzung der Leasinggesellschaft abhängig zu machen. 54

Versteht man die Übertragung des Sicherungseigentums als selbstständige vertragliche Leistungspflicht, kommt man unmittelbar zur Anwendung des § 323 BGB. Sieht man im fehlenden Sicherungseigentum einen Rechtsmangel der verkauften Forderung, führt der Weg auch zu § 323 BGB, jedoch über §§ 453 Abs. 1, 433 Abs. 1 Satz 2, 434 Abs. 1, 437 Nr. 2, 440 BGB. 55

Damit stellt sich die Frage nach der Konkurrenz der beiden Regelungen[5]. Das Problem erledigt sich nicht dadurch, dass beide Wege zu § 323 BGB führen. Das folgt bereits aus den **unterschiedlichen Verjährungsfristen** – zwei Jahre ab Übertragung der Forderung nach § 438 Nr. 3 BGB bei Mängeln, drei Jahre nach § 195 BGB bei unmittelbarer Anwendung des Leistungsstörungsrechts, zusätzlich verlängert dadurch, dass diese Verjährung erst am Ende des Jahres beginnt, in dem der Anspruch für den Berechtigten erkennbar war (§ 199 Abs. 1 Nr. 2 BGB). 56

b) Kaufrechtliches Mängelrecht

Im FlowTex-Fall[6] hatte sich der BGH mit den Rechtsfolgen einer **fehlgeschlagenen Sicherungsübereignung** der Leasingobjekte zu befassen. Das 57

1 Anders als nach § 326 BGB a.F.
2 *Palandt/Grüneberg*, § 323 BGB Rz. 1.
3 Davon hängt die Bewertung als Hauptleistungspflicht ab; *Palandt/Grüneberg*, Einf. v. § 320 BGB Rz. 17.
4 Vgl. *Schmid-Burgk*, WuB I J2. – 1.05, 281, 286.
5 Vgl. die Gegenüberstellung der Konkurrenzen zwischen allgemeinem Leistungsstörungsrecht und Mängelrecht nach bisherigem und neuem Schuldrecht bei *Buck*, in Westermann, Das Schuldrecht 2002, S. 178 f.
6 BGH v. 10.11.2004 – VIII ZR 186/03, BGHZ 161, 90.

Fehlen der vereinbarten Absicherung stellt nach seiner Auffassung einen **Rechtsmangel** der verkauften und abgetretenen Forderung dar[1]. Für Leasingforderungen und das begleitende Sicherungseigentum findet diese Auffassung ihre zwingende Rechtfertigung in § 108 Abs. 1 Satz 2 InsO[2]. Für das neue Recht (Rz. 9 ff.) gilt nichts anderes. Die Regelung des § 108 Abs. 1 Satz 2 InsO führt dazu, dass die Bedeutung des Sicherungseigentums am Leasingobjekt über die einer Absicherung der Bestandshaftung hinausgeht. Nur wenn eine wirksame Sicherungsübereignung des Leasingobjekts an den Refinanzierer erfolgt ist, besteht die übertragene Forderung in der Insolvenz des Leasinggebers fort[3]. Es stimmt mit der Ratio des § 108 Abs. 1 Satz 2 InsO überein – den Leasinggesellschaften soll auch unter der InsO die Refinanzierung durch Forderungsverkauf ermöglicht werden[4] –, dass die mit der Sicherungsübereignung erreichbare Insolvenzfestigkeit zur üblichen Beschaffenheit der Forderung i.S.d. §§ 453 Abs. 1, 434 Abs. 1 BGB gehört.

58 Ergibt sich, dass die im Forfaitierungsvertrag vereinbarte Sicherungsübereignung des Leasingobjekts unwirksam ist, stellt sich daher zunächst die Frage, ob kein Sicherungseigentum eingeräumt worden war, oder ob dieses nachträglich – etwa durch Unterschlagung und gutgläubigen Erwerb – verloren gegangen ist. Da der nachträgliche Wegfall des Sicherungseigentums an den Rechtsfolgen des § 108 Abs. 1 Satz 2 InsO nichts ändert[5], liegt in diesem Fall ein Rechtsmangel der verkauften Forderung nur vor, wenn die Leasinggesellschaft nach dem Forfaitierungsvertrag nicht nur die **Verschaffung des Sicherungseigentums**, sondern auch dessen **Fortbestehen** schuldete[6]. Das fehlende Sicherungseigentum stellt also dann einen Rechtsmangel dar, wenn entweder eine wirksame Sicherungsübereignung von vornherein unterblieben ist oder wenn es nachträglich weggefallen ist, die Leasinggesellschaft aber zur Aufrechterhaltung des Sicherungseigentums verpflichtet war.

---

1 Für diese Auffassung beruft sich der BGH – Urt. v. 10.11.2004 – VIII ZR 186/03, BGHZ 161, 90, 114 f. – auf das Urteil des OLG Frankfurt v. 16.12.1988 – 21 U 168/87, NJW-RR 1989, 762, 763, das die verkaufte Leasingforderung dadurch als in ihrem Bestand gefährdet und deshalb mangelbehaftet ansah, dass eines der in einem Leasingvertrag zusammengefassten Objekte im Eigentum eines Dritten stand; kritisch – jedenfalls für das neue Schuldrecht – *Hey*, JuS 2005, 402, 404, der die Annahme einer zum Rücktritt berechtigenden Pflichtverletzung für überzeugender hält.

2 *Schmid-Burgk*, WuB I J 2. – 1.05, 281, 285, a.A. *Kummer*, jurisPR-BGH ZivilRecht: 51/2004, S. 3.

3 *Uhlenbruck*, § 108 InsO Rz. 115; *Zahn*, DB 1996, 1393, 1396.

4 Bericht und Beschlussempfehlung des Rechtsausschusses, BT-Drucks. 13/4699, 8 f., 10.

5 Str., wie hier MünchKomm./*Eckert*, § 108 InsO Rz. 47 m.w.N.

6 Davon ist nur bei ausdrücklicher vertraglicher Vereinbarung auszugehen, vgl. BGH v. 10.11.2004 – VIII ZR 186/03, BGHZ 161, 90, 104.

Liegt danach ein Rechtsmangel vor, kommt es darauf an, ob dieser Mangel nach §§ 453 Abs. 1, 433 Abs. 1 Satz 2, 434 Abs. 1, 437 Nr. 1, 439 BGB durch **Nacherfüllung** beseitigt werden kann. Für den Fall des nachträglich verlorenen Sicherungseigentums ist das ohne weiteres zu bejahen, da die Voraussetzungen des § 108 Abs. 1 Satz 2 InsO mit der ursprünglich erfolgten Sicherungsübertragung erfüllt sind[1]. Hier kommt auch die Stellung einer Ersatzsicherheit in Betracht, wenn das im Forfaitierungsvertrag so vereinbart ist. 59

Wurde das Leasingobjekt bisher nicht zur Sicherheit übereignet, hängt die Möglichkeit einer Nacherfüllung nicht nur davon ab, dass der Leasinggeber in der Lage ist, der forfaitierenden Bank nachträglich Sicherungseigentum zu verschaffen. Zusätzlich ist im Einzelfall zu klären, ob auch eine **nachgeholte Sicherungsübereignung** die Voraussetzungen des § 108 Abs. 1 Satz 2 InsO erfüllen kann. Nach § 108 Abs. 1 Satz 2 InsO, der die Tatbestandsmerkmale der direkten Finanzierung als einen wirtschaftlichen Zusammenhang von Anschaffung, Finanzierung und Übertragung des Sicherungseigentums voraussetzt, wird man das jedenfalls dann bejahen müssen, wenn die Sicherungsübereignung von vornherein intendiert war[2] und die zugeflossenen Mittel innerhalb eines gewissen zeitlichen Zusammenhangs zur Anschaffung des Leasingguts verwendet worden sind[3]. Zur Beseitigung des Mangels kann der Forfaiteur Verschaffung des Sicherungseigentums an den zugehörigen Leasinggegenständen verlangen. Ist die Leasinggesellschaft dazu nicht in der Lage oder lassen sich mit einer nachträglichen Sicherungsübereignung die Voraussetzungen des § 108 Abs. 1 Satz 2 InsO nicht mehr erfüllen, stehen dem Forfaiteur die Rechte nach §§ 453 Abs. 1, 433 Abs. 1 Satz 2, 434 Abs. 1, 437 Nr. 2 und 3 BGB zu[4]. Er kann u.a. nach §§ 437 Nr. 2, 323 BGB vom Kaufvertrag über die nicht gesicherte Forderung zurücktreten. 60

c) Unmittelbare Anwendung des allgemeinen Leistungsstörungsrechts?

Das **kaufspezifische Gewährleistungsrecht** verweist den Käufer bei Sach- oder Rechtsmängeln für den Rücktritt mit **§§ 437 Nr. 2, 323 BGB** auf das allgemeine Leistungsstörungsrecht. Verletzt der Verkäufer eine vertragliche Leistungspflicht, hat der Käufer jedoch unmittelbar – also nicht über das Gewährleistungsrecht – Zugang zum Rücktrittsrecht des § 323 BGB. Der neue § 323 BGB setzt nur voraus, dass der Schuldner eine fällige Leis- 61

1 Str., wie hier MünchKomm./*Eckert*, § 108 InsO Rz. 47 m.w.N.

2 Dieses Kriterium betont auch *Seifert*, NZM 1998, 217, 219.

3 *Uhlenbruck*, § 108 InsO Rz. 117; *Kübler/Prütting/Tintelnot*, § 108 InsO Rz. 21; MünchKomm./*Eckert*, § 108 InsO Rz. 46; *Sinz*, Kölner Schrift zur InsO, 2. Aufl. 2000, S. 614 f.

4 Vgl. dazu *Brink*, WM 2003, 1355, 1359, 1360; nach dem alten Recht hat das Urteil des BGH v. 10.11.2004 – VIII ZR 186/03, BGHZ 161, 90, 115 dem Forfaiteur die Rechte aus §§ 437, 440 Abs. 1, 320 – 327 BGB a.F. gegeben.

tung nicht oder nicht vertragsgemäß erbracht hat. Im Gegensatz zum früheren Recht ist nicht erforderlich, dass die verletzte Pflicht im vertraglichen Gegenseitigkeitsverhältnis steht (Rz. 53)[1]. Auch die Pflicht der Leasinggesellschaft, der forfaitierenden Bank Sicherungseigentum an den Leasinggegenständen zu bestellen, ist daher eine Leistungspflicht, deren Verletzung ein Rücktrittsrecht unmittelbar nach § 323 BGB auslösen könnte.

62 Der BGH[2] hat jedoch zu Recht die unterbliebene Sicherungsübereignung als **Rechtsmangel** der verkauften Leasingforderung qualifiziert (Rz. 57). Das bedeutet, dass dem Forfaiteur die **kaufrechtlichen Mängelrechte** nach §§ 453 Abs. 1, 433 Abs. 1 Satz 2, 434 Abs. 1, 437 BGB zustehen. Wenn eine Nacherfüllung für ihn noch von Interesse ist – wegen der Anforderungen, die § 108 Abs. 1 Satz 2 InsO an die Umstände der Bestellung des Sicherungseigentums stellt (Rz. 60), kann das zweifelhaft sein –, muss er dem Leasinggeber als Forderungsverkäufer zunächst die Möglichkeit der Nacherfüllung geben, bevor er nach § 437 Nr. 2 BGB zurücktreten oder – wenn der Leasinggeber das Unterbleiben der Sicherungsübereignung zu vertreten hat – über § 437 Nr. 3 BGB Schadensersatz verlangen kann.

63 Sowohl bei unmittelbarer Anwendung des § 323 BGB wie nach §§ 437 Nr. 2, 440, 323 BGB ist der Käufer zum **Rücktritt** berechtigt, wenn die vertragsgemäße Leistung – Sicherungsübereignung, die zur Insolvenzfestigkeit der verkauften Forderungen nach § 108 Abs. 1 Satz 2 InsO führt – nicht mehr möglich ist. Kann die vertragsgemäße Sicherheitsleistung noch erbracht werden – etwa weil dem Leasinggeber das Recht eingeräumt ist, eine Ersatzsicherheit zu stellen – muss die Bank in beiden Fällen – sowohl bei unmittelbarer Anwendung des § 323 BGB wie nach §§ 437 Nr. 2, 440, 323 BGB Gelegenheit zur Nacherfüllung durch Nachholung der unterbliebenen Sicherungsübereignung oder ggf. durch Stellung einer Ersatzsicherheit geben. Denn wie der Rücktritt nach §§ 437, 439, 440, 323 BGB voraussetzt, dass eine Nacherfüllung ausscheidet, setzt auch das Rücktrittsrecht bei unmittelbarer Anwendung des § 323 BGB voraus, dass dem Schuldner Gelegenheit zur Nacherfüllung gegeben worden ist.

64 Im Regelfall dürfte das dazu führen, dass bei fehlgeschlagener Sicherungsübereignung im Rahmen von Forfaitierungsverträgen die Voraussetzungen eines Rücktritts nach dem kaufrechtlichen Mängelrecht und bei unmittelbarer Anwendung des Leistungsstörungsrechts dieselben sind. Unterschiedlich sind allerdings die **Verjährungsfristen**. Die kaufrechtlichen Mängelrechte verjähren nach § 438 Abs. 1 Nr. 3 BGB in zwei Jahren. Wer unmittelbar nach § 323 BGB zurücktritt, kann sich mit der Fristsetzung für die Leistungserbringung bzw. die Nacherfüllung drei Jahre Zeit lassen (§ 195 BGB), und diese Verjährungsfrist beginnt nach § 199 Abs. 1 Nr. 2

1 Statt aller *Palandt/Grüneberg*, § 323 BGB Rz. 1.
2 BGH v. 10.11.2004 – VIII ZR 186/03, BGHZ 161, 90, 114 f.

BGB erst am Ende des Jahres, in dem der Anspruch für den Berechtigten erkennbar war. Im Hinblick auf die üblichen Laufzeiten der fortfaitierten Forderungen werden allerdings beide gesetzlichen Verjährungsfristen der Interessenlage der Parteien des Forfaitierungsvertrages nicht gerecht. Es empfiehlt sich daher eine vertragliche Verlängerung dieser Fristen (Rz. 21).

Von den unterschiedlichen Verjährungsfristen abgesehen, sprechen auch die **Ratio** und die **Dogmatik** des kaufrechtlichen Gewährleistungsrechtes dafür, ausschließlich das im Detail auf den Kauf zugeschnittene Mängelrecht der §§ 437 ff. BGB anzuwenden, wenn man mit dem BGH in der unterbliebenen Sicherungsübereignung einen Rechtsmangel der verkauften Forderung sieht[1]. Denn bei Lieferung eines mangelhaften Kaufgegenstandes ist Gegenstand der Fristsetzung nach § 323 Abs. 1 BGB nicht „Leistung oder Nacherfüllung" im Sinn dieser Bestimmung, sondern der in § 439 BGB für das Kaufrecht spezifizierte Nacherfüllungsanspruch des Käufers[2]. So sind etwa die Interessen des zur Nacherfüllung verpflichteten Verkäufers, die § 439 Abs. 3 BGB schützen will, bei unmittelbarer Anwendung des § 323 Abs. 1 BGB nicht in gleicher Weise gewahrt. 65

d) Regelung im Forfaitierungsvertrag

Zur **Klarstellung** empfiehlt sich, die Wirksamkeit der Sicherungsübereignung der zugehörigen Leasingobjekte im Forfaitierungsvertrag als **Beschaffenheitsmerkmal** der Leasingforderung zu vereinbaren. Ob gleichzeitig das Recht und die Pflicht – bzw. nur die von einem Verlangen des Forfaiteurs abhängige Pflicht – des Leasinggebers vorzusehen ist, eine gleichwertige Ersatzsicherheit zu stellen, hängt davon ab, welches Gewicht der Forfaiteur im Einzelfall der Sicherung durch § 108 Abs. 1 Satz 2 InsO beimisst[3]. 66

---

1 Dazu, dass dies für den Forfaitierungsvertrag konsequent ist, vgl. Rz. 57; ausführliche Begründung für den Vorrang der kaufrechtlichen Gewährleistung bei *Malzer*, in Hoeren/Martinek, Systematischer Kommentar zum Kaufrecht, 2002, Vorbemerkung zu den §§ 434 ff. BGB Rz. 14; ebenso *Dauner-Lieb/Arnold/Dötsch/Kitz*, Fälle zum Neuen Schuldrecht, 2002, S. 120; *Graf von Westphalen* in Henssler/Graf von Westphalen, § 437 BGB Rz. 1; für die unmittelbare Anwendung des § 323 BGB wohl *Schmid-Burgk*, WuB I J 2. – 1.05, S. 286.

2 GesetzE SMG, BT-Drucks. 14/6040, 221; darauf, dass – bei unmittelbarer Anwendung des allgemeinen Leistungsstörungsrecht – der im neuen Kaufrecht geltende Vorrang der Nacherfüllung nicht beachtet würde, weist *Buck*, in Westermann, Das Schuldrecht 2002, S. 179, am Beispiel des Rechts zur sofortigen Vertragsaufhebung nach §§ 280 Abs. 1, 311 Abs. 2, 241 Abs. 2 BGB hin; ebenso *Dauner-Lieb/Arnold/Dötsch/Kitz*, Fälle zum Neuen Schuldrecht, 2002, S. 120.

3 § 108 Abs. 1 Satz 2 InsO setzt voraus, dass das Leasingobjekt, aus dessen Nutzung die verkaufte Forderung resultiert und das der Leasinggeber mit dem Forfaitierungserlös beschafft hat, zur Sicherung übereignet worden ist; ein nachträglicher Verlust des Sicherungseigentums ändert nichts an der Fortgeltung des Vertrages nach § 108 Abs. 1 Satz 2 InsO (vgl. dazu MünchKomm./*Eckert*, § 108 InsO Rz. 47), eine gleichwertige Ersatzsicherheit würde den Forfaiteur in diesem Fall daher ebenso stellen wie das Fortbestehen des ursprünglich eingeräumten Sicherungseigentums; war das Leasingobjekt demgegenüber von vornherein dem Forfaiteur

Vorbeugend geregelt werden sollte, dass das Scheitern einer Sicherungsübereignung dem Käufer Rechte jeder Art nur hinsichtlich der Leasingforderungen gibt, die entgegen dem vertraglich Vereinbarten nicht abgesichert sind[1] – jedenfalls so lange, wie die Unwirksamkeit der Sicherungsübereignung oder sonstige in diesem Zusammenhang stehende Umstände, wie Verhaltensweisen des Leasinggebers, die Fortsetzung des Forfaitierungsvertrages für den Forfaiteur nicht unzumutbar machen[2].

7. Die Wahrnehmung leasingvertraglicher Gestaltungsrechte

a) Übertragung der Gestaltungsrechte auf den Forfaiteur?

67 Im FlowTex-Fall[3] waren die abgetretenen Forderungen wegen **Zahlungsunfähigkeit** des Leasingnehmers uneinbringlich. Dieses Risiko hatte im Forfaitierungsvertrag die Bank übernommen. **Zugleich** wäre aber die **Veritätshaftung** der verkaufenden Leasinggesellschaft ausgelöst worden, wenn diese nicht wegen einer Verschlechterung der wirtschaftlichen Verhältnisse des Leasingnehmers gekündigt[4], sondern die Leasingverträge wegen arglistiger Täuschung angefochten hätte[5] oder wenn sie wegen Fehlen der Geschäftsgrundlage zurückgetreten wäre[6]. Die verkauften Leasingforderungen wären damit weggefallen[7], und die Bank hätte die Leasinggesellschaft aus der Bestandshaftung in Anspruch nehmen können. Nach Auffassung der Bank hätte in diesem Fall die Anfechtung oder der Rücktritt

---

nicht zur Sicherung übereignet, kann eine Ersatzsicherheit zwar – ebenso wie das Leasingobjekt – das Veritätsrisiko abdecken, sie ändert aber nichts daran, dass der Leasingvertrag in der Insolvenz des Leasinggebers nicht nach § 108 Abs. 1 Satz 2 InsO fortbesteht, sondern dem Wahlrecht des Verwalters nach § 103 InsO unterliegt.

1 *Schölermann/Schmid-Burgk*, WM 1992, 933, 939.

2 *Schölermann/Schmid-Burgk*, WM 1992, 933, 939; vgl. dazu den vom OLG Frankfurt v. 16.12.1988 – 21 U 168/87, NJW-RR 1989, 762 entschiedenen Fall, in dem im Rahmen eines Sale-and-lease-back-Geschäfts vier Maschinen in einem Leasingvertrag „als Bündel verleast" waren, wobei der Leasinggeber an einem der Leasingobjekte – auf Grund einer betrügerischen Manipulation des Leasingnehmers – kein Eigentum erworben hatte; das Gericht, das in dem Leasinggeschäft „ein einheitliches, nicht mehr in einzelne Teile zerlegbares Rechtsgeschäft" sah, qualifizierte das Eigentum eines Dritten an der einen Maschine als Mangel der verkauften Leasingforderungen, der die forfaitierende Bank zum Rücktritt von dem Forderungskaufvertrag berechtigte (S. 763 f.).

3 BGH v. 10.11.2004 – VIII ZR 186/03, BGHZ 161, 90.

4 Die daraus folgende Schadensersatzforderung des Leasinggebers – vgl. dazu *Wolf/Eckert/Ball*, Rz. 1914 m.w.N. – tritt in diesem Fall an die Stelle der verkauften Leasingforderung (Rz. 22 f., 71).

5 BGH v. 10.11.2004 – VIII ZR 186/03, BGHZ 161, 90, 103.

6 BGH v. 10.11.2004 – VIII ZR 186/03, BGHZ 161, 90, 104 f.

7 Das ist zwar auch bei der Kündigung wegen Verschlechterung der wirtschaftlichen Verhältnisse der Fall. Deren Grund fällt jedoch unter das Bonitätsrisiko, also in den Verantwortungsbereich des Forfaiteurs (Rz. 71), und an die Stelle der Leasingforderungen tritt die Schadensersatzforderung des Leasinggebers (vgl. vorangeh. Fn. 4).

näher gelegen als die Kündigung wegen verschlechterter Bonität. Wenn – wie hier – der Leasingnehmer zahlungsunfähig sei, lasse es sich nicht mit der Interessenlage der Vertragsparteien vereinbaren, dass dem Forderungsverkäufer gestattet werde, sich das für ihn günstigere Gestaltungsrecht auszusuchen[1].

Auf der Seite der Banken hat diese Argumentation zu der Forderung geführt, **künftig** müssten in Forfaitierungsverträgen sämtliche Anfechtungs-, Kündigungs- und Rücktrittsrechte auf den Forderungskäufer übertragen bzw. diesem die **Ausübung der Gestaltungsrechte** – und damit das Recht, unter mehreren Rechtspositionen die für ihn vorteilhafte zu wählen – überlassen werden[2]. Damit sollen die Rechte der Bank in der folgenden Konstellation ausgeweitet werden: Die Uneinbringlichkeit der Forderung steht fest oder ist zu befürchten, das **Bonitätsrisiko** hat sich also realisiert oder droht, sich zu verwirklichen. Zugleich hat aber das Verhalten des Leasingnehmers dazu geführt, dass der Leasinggeber berechtigt ist, sich – etwa durch Anfechtung – vom Leasingvertrag zu lösen. Die **Anfechtbarkeit** des Leasingvertrages gibt dem Leasinggeber zwar das Recht, den Vertrag und 68

1 So die Argumentation der klagenden Bank in BGH v. 10.11.2004 – VIII ZR 186/03, BGHZ 161, 90, 101; ebenso *Schmidt*, ZGS 2006, 135, 138.

2 Vgl. *Schmidt*, ZGS 2006, 135, 138, 140; *Schmid-Burgk*, WuB I F 4. – 1.01, 87, 88 f., der jedoch von einer Sicherungsübertragung ausgeht, mit der Folge, dass die Bank die Gestaltungsrechte nur ausüben könne, wenn der Sicherungsfall eingetreten sei (was das für die Verteilung der Risiken bedeutet, hängt davon ab, wie der Sicherungsfall definiert ist); ob unselbständige Gestaltungsrechte wie das Kündigungs-, das Rücktritts- oder das Anfechtungsrecht nach §§ 413, 398 BGB übertragen werden können, braucht hier nicht geklärt zu werden; für das Kündigungsrecht ist das hier schon deshalb nicht zu bezweifeln, weil beim Forderungskaufvertrag die Gläubigerstellung hinsichtlich der Leasingforderung auf den Käufer übertragen wird; vgl. OLG Naumburg v. 10.12.1999 – 6 U 1107/97, NJW-RR 2001, 423; für das gesetzliche und vertragliche Rücktrittsrecht vgl. BGH v. 1.6.1973 – V ZR 134/72, NJW 1973, 1793 und BGH v. 21.6.1985 – V ZR 134/84, NJW 1985, 2640; umstritten ist, ob auch das Anfechtungsrecht übertragen werden kann, für das eine „höchstpersönliche Natur" angenommen wird (so *Palandt/Grüneberg*, § 413 BGB Rz. 5 m.w.N.; bejahend *Staudinger/Busche*, § 413 BGB Rz. 13 f.). Die Abtretbarkeit der Gestaltungsrechte kann aus mehreren Gründen dahinstehen. Notfalls könnte an Stelle der Übertragung eine Ermächtigung erfolgen (so für das Kündigungsrecht BGH v. 10.12.1997 – XII ZR 119/96, NJW 1998, 896), wobei eine Abtretung auch in eine Ermächtigung umgedeutet werden könnte (so BGH v. 23.2.1977 – VIII ZR 124/75, BGHZ 68, 118, 124 f. für die Wandelungsbefugnis, deren Abtretbarkeit umstritten war); zur Abtretbarkeit von Gestaltungsrechten im Rahmen der leasingvertraglichen Abtretungskonstruktion nach dem neuen Mängelrecht vgl. *Zahn*, DB 2002, 985 f.; eine weitere Variante wäre die Verpflichtung des Forderungsverkäufers, bestimmte Gestaltungsrechte sofort bei Entstehen oder auf Verlangen des Forderungskäufers bzw. nur mit dessen Zustimmung (*Schmidt*, ZGS, 135, 137) auszuüben. Unter dem hier interessierenden Aspekt – der Abgrenzung des Bonitäts- und des Veritätsrisikos – wären diese rechtstechnischen Varianten nicht anders als eine Abtretung zu beurteilen (Rz. 68 f.). Das gilt auch für eine Übertragung, die nur sicherungshalber erfolgt (Rz. 70; dazu *Schmid-Burgk*, WuB I F 4. – 1.01, 87, 88 f.).

damit die verkaufte Forderung rückwirkend zu vernichten[1]. So lange nicht angefochten ist, hat diese Rechtsposition des Leasinggebers aber keine Auswirkungen auf den Bestand der verkauften Forderung. Die „bloße Anfechtbarkeit" kann daher nicht die Bestandshaftung des Forderungsverkäufers auslösen[2]. Bei dieser Konstellation soll es die Bank in der Hand haben, das Gestaltungsrecht auszuüben und damit über den Bestand der Forderung zu entscheiden[3].

69 Hätte also ein Leasingnehmer – wie im FlowTex-Fall[4] – den Leasinggeber durch arglistige Täuschung zum Abschluss des Leasingvertrages veranlasst, läge die Entscheidung, ob der Leasingvertrag wegen arglistiger Täuschung angefochten wird (§ 123 BGB) oder ob der Leasinggeber seine Rechte auf andere Weise weiter verfolgt, nicht beim Leasinggeber, sondern bei der Bank. Da die **Anfechtung** die **Bestandshaftung** der Leasinggesellschaft auslöst, würde die Bank von dem Anfechtungsrecht jedenfalls dann Gebrauch machen, wenn der Leasingnehmer zahlungsunfähig wäre oder wenn Zweifel an seiner Zahlungsfähigkeit bestünden, also in Fällen, die eindeutig unter das Bonitätsrisiko fallen. Wäre der Leasinggeber in der Lage, durch Ausübung eines Gestaltungsrechts die verkaufte Forderung wegfallen zu lassen, hätte die uneingeschränkte Übertragung dieses Gestaltungsrechts auf die Bank bzw. deren freie Entscheidung über die Ausübung des Rechts zur Folge, dass diese das Risiko der Uneinbringlichkeit der Forderung dadurch auf den Verkäufer verlagern könnte, dass sie durch ihren Eingriff die Bestandshaftung auslöst. In der Sache führt damit eine Rechtsposition der Bank, kraft derer sie bestimmen kann, ob bzw. welche Gestaltungsrechte ausgeübt werden, dazu, dass – im Fall der Anfechtbarkeit oder einer sonstigen Angreifbarkeit des Vertrages – das Bonitätsrisiko bei der Leasinggesellschaft als Forderungsverkäufer liegt.

70 Nach der Rechtsprechung des BFH[5] (Rz. 33) hat diese Möglichkeit eines Rückgriffs bei Uneinbringlichkeit der Forderung zur Folge, dass kein regressloser Forderungskauf, sondern eine zu Dauerschulden i.S.d. § 8 Nr. 1 GewStG führende **Darlehensgewährung** vorliegt. Hat es der Forderungskäufer in der Hand, bei der dargestellten Konstellation (Rz. 67) das Eingreifen der Bestandshaftung herbeizuführen, heißt das, dass das Bonitätsrisiko nicht „vollständig" auf ihn übergegangen ist[6]. Dass nicht die Tatsache der Zahlungsunfähigkeit des Schuldners dem Käufer das Recht des Rückgriffs auf den Forderungsverkäufer gibt, sondern dass der Käufer nur mittelbar

1 *Palandt/Heinrichs*, § 123 BGB Rz. 25.
2 BGH v. 10.11.2004 – VIII ZR 186/03, BGHZ 161, 90, 103; die klagende Bank hatte die gegenteilige Auffassung vertreten.
3 *Schmidt*, ZGS 2006, 135, 137 f.
4 BGH v. 10.11.2004 – VIII ZR 186/03, BGHZ 161, 90; BFH v. 8.11.2000 – I R 37/99, DStR 2001, 77, 78; BFH v. 5.5.1999 – XI R 6/98, BStBl. 1999 II, S. 735, 737.
5 BFH v. 5.5.1999 – XI R 6/98, BStBl. 1999 II, 735; BFH v. 8.11.2000 – I R 37/99, DStR 2000, 77.
6 Im Sinn der Entscheidung des BFH v. 5.5.1999 – XI R 6/98, BStBl. 1999 II, 735, 736.

über ein ihm abgetretenes Gestaltungsrecht die Bestandshaftung auslösen und damit der eigenen Haftung für die Bonität ausweichen kann, ändert daran nichts. Das folgt bereits aus der für das Steuerrecht maßgeblichen wirtschaftlichen Betrachtungsweise[1], die eine formale Umgehung der Delcrederehaftung nicht toleriert[2].

Die Leasinggesellschaft, die den Vertrag wegen Zahlungsverzugs oder – wie im FlowTex-Fall[3] – wegen Verschlechterung der wirtschaftlichen Verhältnisse kündigt, führt zwar auch den **Wegfall der Leasingforderungen** für die Zukunft herbei[4], weil sie den Leasingvertrags ex nunc beendet[5]. Dieser Eingriff in den Bestand der Forderungen ist jedoch **bonitätsbedingt**. Entsprechend der Risikozuweisung im Forfaitierungsvertrag bestimmen diese Verträge, dass das Risiko einer Rückabwicklung des Leasingvertrages dann unter das Bonitätsrisiko fällt, wenn die Rückabwicklung „mittelbar oder unmittelbar durch Zahlungsunfähigkeit des Mieters verursacht wird"[6]. Forderungen – wie Schadensersatzansprüche oder Ausgleichsansprüche bei vorzeitiger Vertragsbeendigung –, die an die Stelle der verkauften und in Folge der bonitätsbedingten Kündigung weggefallenen Forderungen treten, werden daher als künftige Forderungen im Forfaitierungsvertrag mit verkauft. Sie gehen im Zeitpunkt ihres Entstehens auf den Forderungskäufer über. Auch für die Verität dieser **Surrogatforderungen** hat der Verkäufer einzustehen (Rz. 22 f.). Da das Risiko ihrer Einbringlichkeit jedoch der Käufer zu tragen hat, werden diese Forderungen an Erfüllungs statt übertragen. Auch wenn das aus der Natur der Sache folgt, empfiehlt es sich, dies ausdrücklich im Forfaitierungsvertrag klarzustellen. 71

b) Sicherungsabtretung von Gestaltungsrechten

Werden Gestaltungsrechte, die zum Wegfall der verkauften Forderung führen, nur sicherungshalber abgetreten[7], ändert das nichts an diesem Befund. Wie eine uneingeschränkte Übertragung solcher Rechte führt dies gewerbesteuerrechtlich nur dann nicht zu Dauerschulden (Rz. 33 f.), wenn nach der Sicherungsabrede feststeht, dass der Käufer von diesem Gestaltungsrecht nur Gebrauch machen darf, wenn der **Sicherungsfall** – im Sinn der Veritätshaftung – bereits eingetreten ist[8], nicht jedoch, um diesen selbst herbeizuführen. 72

1 Vgl. etwa das sog. Leasing-Urteil des BFH v. 26.1.1970 – IV R 144/66, DB 1970, 424, 425.
2 Vgl. dazu *Papperitz*, DStR 1993, 1841, 1843, 1844.
3 BGH v. 10.11.2004 – VIII ZR 186/03, BGHZ 161, 90.
4 Darauf weist *Schmidt*, ZGS 2006, 135, 136, hin.
5 *Palandt/Grüneberg*, Einf. v. § 346 BGB Rz. 12.
6 So etwa Ziff. 3.4 des Forfaitierungsvertrages in BGH v. 10.11.2004 – VIII ZR 186/03, BGHZ 161, 90, 93; *Schmidt*, ZGS 2006, 135, 136.
7 Vgl. *Schmid-Burgk*, WuB I F 4. – 1.01, 88 f.
8 So auch *Schmid-Burgk*, WuB I F 4. – 1.01 88 f.

c) Vertragliche und treuhänderische Bindung der Leasinggesellschaft bei der Ausübung von Gestaltungsrechten

73 Werden die Gestaltungsrechte nicht auf den Forderungskäufer übertragen oder wird der Verkäufer im Rahmen der Übertragung ermächtigt, sie auszuüben, gilt nichts anderes, wenn der Verkäufer im Forfaitierungsvertrag dazu verpflichtet wird, die Rechte auszuüben, sobald sie entstanden sind[1] oder sobald er **vom Forderungskäufer angewiesen** wird. Könnte die Bank bestimmen, ob ein Gestaltungsrecht und welches ausgeübt wird, hätte sie es in der Hand, die Bestandshaftung auszulösen. Nach dem Ausgeführten (Rz. 70 f.) läge kein regressloser Forderungsverkauf vor.

74 Müsste die Leasinggesellschaft jedes sich ergebende Kündigungs-, Rücktritts- oder Anfechtungsrecht sofort ausüben – weil ihr die Rechte zustehen oder auf Grund einer Ermächtigung durch die Bank[2] – wären die Auseinandersetzungen um die Frage vorauszusehen, ob nicht zu einem früheren Zeitpunkt ein anderes Recht hätte ausgeübt werden können – etwa die Anfechtung nach § 123 BGB wegen arglistiger Täuschung über die Vermögensverhältnisse (Bestandshaftung) –, bevor wegen Schuldnerverzug gem. § 543 Abs. 2 Nr. 3 BGB gekündigt wurde (Bonitätsrisiko). Tendenziell würde auch dies zu einer **Verlagerung des Bonitätsrisikos** auf die Leasinggesellschaft führen, da Machenschaften unredlicher Leasingnehmer im Regelfall vor dem Zeitpunkt liegen, zu dem wegen Zahlungsverzugs gekündigt werden könnte. Zum anderen läge in der Verpflichtung, von diesen Gestaltungsrechten sofort Gebrauch zu machen, wenn sie vorliegen, eine Entmündigung des Forderungsverkäufers. Er wäre nicht nur gezwungen, aus seiner Sicht unnötige tatsächliche und rechtliche Auseinandersetzungen zu führen, sondern auch die eigene Veritätshaftung auszulösen, auch wenn er sich damit selbst schädigen würde. Mit den schutzwürdigen Interessen des Forderungsverkäufers wäre das nicht zu vereinbaren[3].

---

1 So der Vorschlag von *Schmidt*, ZGS 2006, 135, 137, 138.

2 So *Schmidt*, ZGS, 135, 137, 138.

3 Vgl. dazu OLG Frankfurt v. 20.5.2003 – 5 U 230/01, WM 2003, 1850, 1856; abzulehnen ist daher die vom BFH im Urteil v. 5.5.1999 – XI R 6/98, BStBl. 1999 II 735, 737 behandelte Regelung des Forfaitierungsvertrages, die den Forderungsverkäufer verpflichtete, ein eventuelles Kündigungsrecht, das aus der Verletzung von Vertragspflichten des Mieters resultierte, unverzüglich auszuüben (durch den Zusatz „in Abstimmung mit der Bank" in ihrer Verbindlichkeit unwesentlich gemildert). Im entschiedenen Fall knüpfte der Vertrag an diese Kündigung, auch wenn sie bonitätsbedingt erfolgte, das Recht, notfalls das Mietobjekt zu verwerten. Die Folgerung des BFH, der Forderungsverkäufer sei von der Delcrederehaftung nicht vollständig befreit worden, so dass Dauerschulden vorlägen, ist zwingend. Die Konstellation war allerdings offensichtlicher als die hier (Rz. 67 ff.) erörterte, weil dort die Möglichkeit eines Rückgriffs auf das Vermögen des Verkäufers unmittelbar an eine bonitätsbedingte Kündigung anknüpfte, während es hier um ein Recht der Bank geht, im Fall der Zahlungsunfähigkeit die Bestandshaftung des Verkäufers auszulösen, falls dieser berechtigt wäre, durch Ausübung eines – nicht bonitätsbezogenen – Gestaltungsrechts die verkauften Forderungen wegfallen zu lassen.

Zwar ergibt sich – auch ohne ausdrückliche vertragliche Vereinbarung – aus dem Forfaitierungsverhältnis für die Leasinggesellschaft die Pflicht, bei einem Vorgehen gegenüber dem Leasingnehmer auch die **Interessen der Bank** als Gläubigerin der Leasingforderungen wahrzunehmen[1]. Daraus folgt jedoch nicht generell, dass sich die Leasinggesellschaft für die Ausübung des Gestaltungsrechts entscheiden müsste, das für die Bank am vorteilhaftesten ist. Denn die Pflicht, die Interessen des Vertragspartners wahrzunehmen, besteht nur im Rahmen des Zumutbaren und schließt nicht die Pflicht ein, sich selbst zu schädigen[2]. Dass sich aus dieser grundsätzlichen Pflicht der Leasinggesellschaft keine Legitimation herleiten lässt für die Forderung, die Ausübung der Gestaltungsrechte der Bank zu überlassen[3], zeigt gerade der FlowTex-Fall: Bei der Anfechtung des Leasingvertrags hätte die Leasinggesellschaft ihre eigene Bestandshaftung ausgelöst und sich damit Schaden zugefügt, abgesehen davon, dass die Anfechtung die Bank im Verhältnis zum Leasingnehmer nicht besser gestellt hätte[4]. 75

8. Gleichzeitige Verwirklichung des Veritäts- und des Bonitätsrisikos

Von der zu Rz. 67 ff. erörterten Konstellation, in der die forfaitierende Bank – nach der abzulehnenden Auffassung (Rz. 68) – durch Ausübung eines Gestaltungsrechts die Bestandshaftung soll auslösen können, ist der folgende Fall zu unterscheiden: Der Leasingnehmer ist **zahlungsunfähig** und gleichzeitig liegt ein **Rechtsmangel** vor, der die Einstandspflicht der Leasinggesellschaft als Forderungsverkäufer zur Folge hat. In diesem Fall – die Bestandshaftung ist bereits ausgelöst – kann die forfaitierende Bank die Leasinggesellschaft aus der Bestandshaftung in Anspruch nehmen – etwa vom Kaufvertrag zurücktreten und Rückzahlung des Kaufpreises verlangen –, obwohl die verkaufte Forderung wegen der Zahlungsunfähigkeit des Schuldners wirtschaftlich wertlos ist[5]. 76

Für die **Abgrenzung** der beiden Konstellationen (Rz. 67 ff. und 76) bietet sich die vom BGH in der FlowTex-Entscheidung[6] verwandte **Formel** an: Ist der Schuldner der verkauften Forderung rechtlich verpflichtet zu zahlen – daran ändert ein bestehendes Anfechtungs- oder Rücktrittsrecht nichts, so lange es nicht ausgeübt ist –, und scheitert die Durchsetzung der Forderung 77

1 Dazu etwa OLG Frankfurt v. 16.12.1988 – 21 U 168/87, NJW-RR 1989, 762, 764.
2 OLG Frankfurt v. 20.5.2003 – 5 U 230/01, WM 2003, 1850, 1856 (Vorinstanz im FlowTex-Fall).
3 So aber *Schmidt*, ZGS 2006, 135, 137.
4 Darauf weist die Vorinstanz im FlowTex-Fall hin: OLG Frankfurt v. 20.5.2003 – 5 U 230/01, WM 2003 1850, 1856.
5 OLG Frankfurt v. 16.12.1988 – 21 U 168/87, NJW-RR 1989, 762, 764; vgl. dazu *Soergel/Huber*, 12. Aufl. 1991, § 437 BGB Rz. 11; *Schölermann/Schmid-Burgk*, WM 1992, 933, 938.
6 BGH v. 10.11.2004 – VIII ZR 186/03, BGHZ 161, 90, 105.

allein an seiner Zahlungsunfähigkeit, liegt kein Fall der Bestandshaftung vor. Könnte der Forderungskäufer bei dieser Konstellation – beispielsweise durch Ausübung eines Anfechtungsrechts – den Wegfall der Forderung herbeiführen und beim Käufer Rückgriff nehmen, läge keine echte Forfaitierung vor. Ausgehend von der Risikoverteilung des Forfaitierungsvertrages und der Rechtsprechung des BFH (Rz. 70) ist dieses Ergebnis zwingend. Bei Zahlungsunfähigkeit des Leasingnehmers und weniger eindeutiger Fallgestaltung als in der FlowTex-Affäre[1] erspart dieses Ergebnis überdies die sonst zu erwartenden Auseinandersetzungen zwischen refinanzierender Bank und Leasinggesellschaft darüber, ob in den Angaben, die der Leasingnehmer zu seiner wirtschaftlichen Lage vor Vertragsschluss gemacht hat, nicht eine arglistige Täuschung lag.

IV. Echte Forfaitierung – Kreditgewährung an den Leasingnehmer im Sinne des KWG

78 Der regresslose Ankauf der Leasingforderungen gilt nach § 19 Abs. 5 KWG als **Kreditgewährung an den Leasingnehmer**. Der Refinanzierer muss daher im Verhältnis zum Leasingnehmer § 18 KWG (Offenlegung der wirtschaftlichen Verhältnisse bei Krediten von über 750 000 Euro), § 13 KWG (Begrenzung von Großkrediten) und § 14 KWG (Meldung von sog. Millionenkrediten) beachten.

79 Kauft die Bank im Rahmen eines **Doppelstockmodells** (Rz. 2) die Forderungen regresslos an, gelten diese Bestimmungen im Verhältnis der Bank zur **Betriebsgesellschaft**[2]. Liegt dagegen keine echte, regresslose Forfaitierung vor, hat das zur Folge, dass bei der direkten Refinanzierung der Leasinggeber und bei Doppelstock-Refinanzierung die Besitzgesellschaft als Kreditnehmer gelten.

V. Forfaitierung nach dem Doppelstockmodell: Die Stellung der Bank in der Insolvenz des Leasinggebers

80 Bei der Refinanzierung nach dem Doppelstockmodell ist die Leasinggeberseite in eine Besitz- und eine Betriebsgesellschaft aufgespalten (Rz. 2)[3]. Die refinanzierende Bank kauft die **Forderungen der Besitz- gegen die Betriebsgesellschaft** in einem Forfaitierungsvertrag (Rz. 16 ff.) an. Diese Forderungen resultieren aus einem Leasingvertrag, der zwischen den beiden Gesellschaften abgeschlossen wurde und der die Nutzungsüberlassung der im Eigentum der Besitzgesellschaft stehenden Leasinggegenstände an die Be-

1 BGH v. 10.11.2004 – VIII ZR 186/03, BGHZ 161, 90.
2 *Eckstein/Feinen*, S. 261 f.
3 Ausführlich etwa *Zahn*, DB 2003, 2371.

triebsgesellschaft zum Gegenstand hat. Diese – die eigentliche Leasinggesellschaft – überlässt die Gegenstände im Rahmen der typischen Leasingverträge den Leasingnehmern – oft als „Untermieter" bezeichnet – zum Gebrauch. Zur Absicherung des Bestandsrisikos (Rz. 18 ff.) der verkauften Forderungen räumt die Besitzgesellschaft als Eigentümerin der Leasingobjekte der refinanzierenden Bank das Sicherungseigentum an den Leasinggegenständen ein und überträgt ihr als weitere Sicherheit die Forderungen der Betriebsgesellschaft gegen die End-Leasingnehmer, die ihr selbst von der Betriebsgesellschaft zur Sicherung abgetreten sind.

1. Fortgeltung der Leasingverträge nach § 108 Abs. 1 Satz 2 InsO?

Während nach dem Recht der Konkursordnung Leasingverträge in der Insolvenz des Leasinggebers fortbestanden (§ 21 KO) und eine Abtretung auch der nach Verfahrenseröffnung fällig werdenden Leasingforderungen wirksam blieb[1], hat die Insolvenzordnung **Dauerschuldverhältnisse** generell dem **Wahlrecht des Verwalters** nach § 103 InsO unterworfen. Nur unter den in § 108 Abs. 1 Satz 2 InsO normierten Voraussetzungen einer leasingtypischen Refinanzierung bestehen Leasingverträge mit Wirkung gegenüber der Masse fort (vgl. im Einzelnen Kap. P Rz. 109 ff.). Liegen diese Voraussetzungen vor, behält auch die Bank – wie früher nach § 21 KO – die an sie verkauften Forderungen[2]. 81

Der in § 108 Abs. 1 Satz 2 InsO getroffenen Regelung liegt der Ablauf einer **direkten Refinanzierung** zu Grunde, bei der keine Betriebsaufspaltung vorliegt: Der Leasinggeber erhält die Mittel zur Beschaffung der Leasingobjekte unmittelbar von der Bank und übereignet dieser das vom Leasingnehmer genutzte Leasingobjekt zur Sicherung. Ob § 108 Abs. 1 Satz 2 InsO auch bei der **Doppelstock-Refinanzierung** dazu führt, dass die Bank die angekauften Leasingraten behält, ist umstritten[3]. Die Intention des Gesetzgebers (Rz. 83) und die Interessenlage aller Beteiligten (Rz. 86) sprechen dafür, der Wortlaut der Bestimmung auf der einen und die Existenz unterschiedlicher Rechtssubjekte und Leasingverträge auf der anderen Seite bei dieser Form der Refinanzierung bilden jedoch eine dogmatische Hürde (Rz. 84). 82

---

1 Leasingforderungen entstehen als „betagte" Forderungen – anders als Mietforderungen – bereits mit Abschluss des Vertrages, so dass § 15 KO, der – wie heute § 91 InsO – den Erwerb von Rechten zu Lasten der Masse nach Eröffnung des Verfahrens ausschloss, dem nicht im Wege stand (grundlegend BGH v. 14.12.1989 – IX ZR 283/88, BGHZ 109, 366, 372 f.).

2 Vgl. dazu *Uhlenbruck/Sinz*, § 108 InsO Rz. 109 ff. m.w.N.; *Bork*, Einführung in das Insolvenzrecht, 4. Aufl. 2005, Rz. 169 m.w.N.

3 Bejahend: MünchKomm./*Eckert*, § 108 InsO Rz. 52; *Nerlich/Römermann/Balthasar*, (Standpunkte) § 108 InsO Rz. 13; *Schmid-Burgk/Ditz*, ZIP 1996, 1123, 1124; *Seifert*, NZM 1998, 217, 218; *Breitfeld*, FLF 2004, 168, 174 f.; a.A. *Kübler/Prütting/Tintelnot*, § 108 InsO Rz. 22; ausführliche Darstellung der Problematik bei *Zahn*, DB 2003, 2371 ff.

a) Die Intention des Gesetzgebers

83 Der novellierende Gesetzgeber wollte mit der Regelung des § 108 Abs. 1 Satz 2 InsO die **Erschwerung der Refinanzierung beseitigen**, die sich insbesondere für mittelständische Leasinggesellschaften mit der InsO ergab[1]. Da diese für Leasingverträge das Wahlrecht des Verwalters nach § 103 InsO einführte, war die Abtretung der an die refinanzierende Bank verkauften Leasingraten nicht mehr insolvenzfest. Verglichen mit der Zielsetzung des Gesetzgebers ist der Wortlaut des § 108 Abs. 1 Satz 2 InsO zu eng ausgefallen[2]. Denn zum Zeitpunkt der Novellierung der InsO – 1995 – war das Doppelstockmodell längst ein verbreitetes Instrument zur Refinanzierung von Leasinggesellschaften[3]. Der Zweck des § 108 Abs. 1 Satz 2 InsO kann beim Doppelstockmodell nur dadurch erreicht werden, dass sowohl der Leasingvertrag zwischen Besitz- und Betriebsgesellschaft – dessen Leasingforderungen an die Bank verkauft sind – als auch der Leasingvertrag zwischen Betriebsgesellschaft und End-Leasingnehmer fortbestehen.

b) Dogmatik des § 108 Abs. 1 Satz 2 InsO und rechtliche Konstruktion der Doppelstock-Refinanzierung

84 Beschafft die Besitzgesellschaft die Leasingobjekte mit den vom Refinanzierer zur Verfügung gestellten Mitteln und überträgt sie ihm das Sicherungseigentum an den Objekten, führte das in der Insolvenz der Besitzgesellschaft – isoliert betrachtet – zu einer Fortgeltung des **zwischen Besitz- und Betriebsgesellschaft abgeschlossenen Leasingvertrages** nach § 108 Abs. 1 Satz 2 InsO[4]. Geht man davon aus, es lägen auch bei der Betriebsgesellschaft die Voraussetzungen für die Eröffnung eines Insolvenzverfahrens vor, müssten über die Vermögen beider Gesellschaften – es handelt sich trotz des wirtschaftlichen Zusammenhangs und der üblichen Beteiligungsverhältnisse[5] um selbständige Rechtssubjekte – **getrennte Insolvenzverfahren** durchgeführt werden[6]. Dem Insolvenzverwalter der Betriebsgesellschaft – im Verhältnis von Besitz- und Betriebsgesellschaft ist sie der Leasingnehmer – stünde daher hinsichtlich des zwischen den Gesellschaften abgeschlossenen Leasingvertrages das Wahlrecht nach § 103

1 Begr. Beschlussempfehlung des Rechtsausschusses, BT-Drucks. 13/4699, 1, 8 f.
2 *Schmid-Burgk/Ditz*, ZIP 1996, 1123, 1124 f.; *Seifert*, NZM 1998, 217, 218; *Zahn*, DB 2003, 2371, 2372.
3 Vgl. *Spittler*, S. 177.
4 *Zahn*, DB 2003, 2371, 2373.
5 Die Betriebsgesellschaft ist an der Besitzgesellschaft beteiligt, mit der Folge, dass diese Anteile in der Insolvenz der Betriebsgesellschaft Massebestandteil sind; bei einer Beteiligung der Besitz- an der Betriebsgesellschaft läge keine echte Forfaitierung vor (Rz. 16 f.), da die Besitzgesellschaft das Bonitätsrisiko des Drittschuldners mit trüge; vgl. dazu *Zahn*, DB 2003, 2371, 2373.
6 Ein einheitliches, gemeinsames Insolvenzverfahren für verbundene Unternehmen gibt es auch nach der InsO nicht; *Uhlenbruck/Hirte*, § 11 InsO Rz. 394; vgl. dazu *Zahn*, DB 2003, 2371, 2373.

InsO zu[1]. Bezogen auf den Leasingvertrag zwischen der Betriebsgesellschaft als Leasinggeber und dem End-Leasingnehmer käme man – ebenfalls bei isolierter Betrachtung – nur zu einem Fortbestehen des Vertrages nach § 108 Abs. 1 Satz 2 InsO, wenn zunächst die Betriebsgesellschaft das Leasingobjekt angekauft hätte und der Weiterverkauf an die Besitzgesellschaft der Finanzierung i.S.d. § 108 Abs. 1 Satz 2 InsO und die Übereignung des Leasingobjekts der Einräumung des Sicherungseigentums an den Refinanzierer gleichstellt werden könnten.

Ungeachtet der **dogmatischen Hürden**, die sich bei isolierter Betrachtung dieser Rechtsverhältnisse ergeben, entspräche es dem vom **Gesetzgeber** mit der Regelung des § 108 Abs. 1 Satz 2 InsO verfolgten Zweck (Rz. 83), die beiden Leasingverträge, die im Rahmen einer Doppelstock-Refinanzierung auf Leasinggeberseite abgeschlossenen werden, – im Einklang mit der **wirtschaftlichen Zielsetzung** dieser Konstruktion – auch rechtlich als einen einheitlichen Vorgang zu begreifen, auf den sich der zwischen Besitzgesellschaft und Bank abgeschlossene Refinanzierungsvertrag bezieht, und sie nach § 108 Abs. 1 Satz 2 InsO fortbestehen zu lassen[2]. Diese Betrachtungsweise ermöglichte es auch, die Gegenleistung des Refinanzierers, die formell an die Besitzgesellschaft erfolgte, wirtschaftlich als beiden Gesellschaften zugeflossen anzusehen. Dass diese Gegenleistung dem schuldnerischen Unternehmen bereits zugute gekommen ist, hat der Gesetzgeber hervorgehoben, als er § 108 Abs. 1 Satz 2 InsO in das Gesetz eingefügt hat[3]. Rechtlich und wirtschaftlich würde damit das Ergebnis erzielt, das der novellierende Gesetzgeber – er sah allerdings nur die Auswirkungen der InsO auf die direkte Refinanzierung[4] – angestrebt hat. 85

c) Interessenlage der Beteiligten

Unter dem Aspekt der Interessenlage der Beteiligten wäre die **Anwendung des § 108 Abs. 1 Satz 2 InsO sachgerecht**. Sie würde – anders als die Geltung des Verwalterwahlrechts nach § 103 InsO – die Refinanzierung der mittelständischen Leasinggesellschaften nicht erschweren und damit die Interessen wahren, die der Gesetzgeber mit der Novellierung schützen wollte[5]. Die refinanzierende Bank, deren Leistungen dem schuldnerischen Unternehmen zugeflossen sind, behielte das Nutzungsentgelt, und für den Leasingnehmer würde es die Rechtssicherheit bedeuten, das Leasinggut auch bei Insolvenz des Leasinggebers über die vereinbarte Vertragszeit wei- 86

1 Darauf weisen *Kübler/Prütting/Tintelnot*, § 108 Rz. 22, hin.
2 So MünchKomm./*Eckert*, § 108 InsO Rz. 52; *Seifert* NZM 1998, 217, 219; *Engel/Völckers*, Leasing in der Insolvenz, 1999, Rz. 358; *Zahn*, DB 2003, 2371, 2374; *Breitfeld*, FLF 2004, 168, 175; im Ergebnis ebenso *Nerlich/Römermann/Balthasar*, § 108 InsO Rz. 13; a.A. *Kübler/Prütting/Tintelnot*, § 108 InsO Rz. 22.
3 Begr. Beschlussempfehlung des Rechtsausschusses, BT-Drucks. 13/4699, 9.
4 Vgl. Begr. Beschlussempfehlung des Rechtsausschusses, BT-Drucks. 13/4699, 9.
5 Begr. Beschlussempfehlung des Rechtsausschusses, BT-Drucks. 13/4699, 1, 8.

ter nutzen zu können[1]. Die rechtlichen und wirtschaftlichen Konsequenzen, welche der Bruch mit dem überkommenen Recht für den Mieter, Pächter oder Leasingnehmer hat, wurden ausweislich der Materialien im Gesetzgebungsverfahren zur InsO nicht gesehen[2].

87 Auch die **Insolvenzgläubiger** wären durch eine Fortgeltung der Leasingverträge bei Doppelstock-Refinanzierung **nicht schlechter gestellt, im Regelfall vielmehr besser**, als sie bei einer Zerschlagung der Verträge stünden. Der Insolvenzmasse – bzw. den Massen in getrennten Insolvenzverfahren – blieben die Schadensersatzansprüche der Leasingnehmer erspart, die ihre Leasingobjekte vorzeitig herausgeben müssten, und insbesondere die hohen Schadensersatzansprüche der refinanzierenden Bank[3]. Der Erlös aus einer vorzeitigen Verwertung des Leasingobjekts käme nicht etwa der Masse zugute, sondern dem Sicherungseigentümer (Rz. 88)[4]. Der Masse stünde außer dem – von der Auslegung des § 166 Abs. 1 InsO (Rz. 96 ff.) abhängigen – Kostenbeitrag der §§ 170 f. InsO nur der Betrag zu, um den der Erlös die Höhe der gesicherten Forderung überstiege. Die vorzeitige Verwertung eines Leasingobjekts ergibt in aller Regel einen niedrigeren Erlös als die Fortführung des Leasingvertrages[5] und stellt daher eine Vernichtung wirtschaftlicher Werte dar, die nicht nur zu Lasten des Sicherungseigentümers und des Leasingnehmers, sondern auch zu Lasten der Insolvenzgläubiger und des Schuldners geht. Mit einem Überschuss zu Gunsten der Masse ist bei vorzeitiger Verwertung generell nicht zu rechnen.

88 Auch eine Fortführung allein des Leasingvertrages zwischen Betriebsgesellschaft und End-Leasingnehmer könnte nicht dazu führen, dass die Leasing-

---

1 Vgl. den Hinweis von *Bornholdt*, Leasingnehmer und refinanzierende Bank in der Insolvenz des Leasinggebers nach der InsO, 1999, S. 170, auf „katastrophale Folgen" für den Betrieb des Leasingnehmers, die sich aus einer Zerschlagung des Leasingvertrages in der Insolvenz des Leasinggebers ergeben können.

2 Begr. RegE, BT-Drucks. 12/2443, 146 f.; diese Regelung, die weder von der Insolvenzrechts-Kommission empfohlen worden noch im Referentenentwurf von 1988 (BMJ, AG Ins 3760/7) enthalten war, wurde in ihren Auswirkungen im Rechtsausschuss des Bundestages übersehen (so *de With*, seinerzeit stellvertretender Vorsitzender dieses Ausschusses, in einem Vortrag, gehalten auf der Mitgliederversammlung des Interessenverbandes deutscher Leasing-Unternehmen e.V., am 6.5.1995 in Dresden). Ausweislich der Begründung des Regierungsentwurfs (BT-Drucks. 12/2443, 147) geht dieser Bruch mit dem Recht der KO offenbar auf die unzutreffende Vorstellung zurück, die Zerschlagung von Nutzungsverträgen und die sofortige Verwertung der Objekte seien für die Masse günstiger als die Fortführung der Verträge und die anschließende Verwertung; ausführlich dazu *Zahn*, DB 1995, 1649, 1655 f.

3 *Uhlenbruck/Sinz*, § 108 InsO Rz. 123; ausführlich *Sinz*, in Kölner Schrift zur InsO, S. 593, 617 f.; *Zahn*, DB 1995, 1649, 1650 f.

4 *Uhlenbruck/Sinz*, § 108 InsO Rz. 117; *Schwemer*, ZMR 2000, 348, 353; allenfalls die Kostenpauschale nach §§ 170 f. InsO würde – je nach Auslegung des § 166 Abs. 1 InsO (Rz. 96 ff.) – der Masse zufließen.

5 So auch – im Zusammenhang mit der Fortführung des Leasingvertrages bei Geltung des § 103 InsO – *Uhlenbruck/Sinz*, § 108 InsO Rz. 123; ausführlich *Sinz*, in Kölner Schrift zur InsO, S. 593, 617 f.; *Zahn*, DB 1995, 1649, 1650 f.

raten der Masse und damit den Insolvenzgläubigern zugute kommen. Die **Bank als Sicherungseigentümer** hätte nicht nur Anspruch auf den Erlös aus einer vorzeitigen **Verwertung** des Leasingobjektes, sondern – bis zur Höhe der gesicherten Forderung – auch auf das **Nutzungsentgelt**, das bei einer Fortführung des Vertrages erzielt würde[1]. Andererseits bedeutet in aller Regel nicht eine Veräußerung des Leasingguts, sondern nur eine Fortsetzung des Leasingvertrages die Chance, dass ein über die gesicherten Ansprüche des Sicherungseigentümers hinausgehender Erlös erzielt wird, welcher der Masse zugute kommt[2].

d) Ergebnis

Die Anwendung des § 108 Abs. 1 Satz 2 InsO auch bei der Doppelstock-Refinanzierung entspräche daher ebenso **der gesetzgeberischen Ratio** wie den **Interessen der Beteiligten**, auch denen der Insolvenzgläubiger[3]. 89

2. Die Rechte der refinanzierenden Bank aus dem Sicherungseigentum bei Geltung des Verwalterwahlrechts nach § 103 InsO

a) Die Auffassung des novellierenden Gesetzgebers

Für den Gesetzgeber, der § 108 Abs. 1 Satz 2 in die InsO einfügte, stand fest, dass die **Masse** durch diese Regelung **nicht nennenswert schlechter gestellt** wird als sie nach der InsO ohne diese Regelung stünde[4]. Bei dieser Annahme ging der Gesetzgeber davon aus, dass das Sicherungseigentum an den Leasinggegenständen dem Refinanzierer – auch unter den Bedingungen des Verwalterwahlrechts nach § 103 InsO – Zugriff auf das Leasingobjekt bzw. auf das Nutzungsentgelt für das Leasingobjekt gebe (Rz. 92 ff., 100 ff.)[5]. Diese Überlegung, die der Gesetzgeber für die direkte Refinanzierung angestellt hat, trifft auch für die Refinanzierung nach dem Doppelstockmodell zu, wenn man § 108 Abs. 1 Satz 2 InsO für nicht anwendbar hält. 90

Gilt in der Insolvenz der Betriebsgesellschaft für die beiden Leasingverträge § 103 InsO, stünde dem Verwalter das Recht, zwischen Erfüllung und deren Ablehnung zu wählen, nicht nur im Verhältnis zur Besitzgesellschaft, sondern auch im Verhältnis zum End-Leasingnehmer zu. Das **Wahlrecht des Verwalters** hätte – nach der ständigen, inzwischen etwas modifizierten 91

---

1 Vgl. BGH v. 24.10.1979 – VIII ZR 298/78, NJW 1980, 226 f.; MünchKomm./*Eckert*, § 110 InsO Rz. 27, 29; *Uhlenbruck/Sinz*, § 108 InsO Rz. 117.

2 *Uhlenbruck/Sinz*, § 108 InsO Rz. 123; *Schwemer*, ZMR 2000, 348, 352; *Zahn*, DB 1995, 1649, 1650 f.

3 Die Kritik von *Häsemeyer*, Insolvenzrecht, 3. Aufl. 2003, Rz. 20.56, an der Regelung des § 108 Abs. 1 Satz 2 InsO lässt diese Auswirkungen der Bestimmung, die auch bei der direkten Refinanzierung eintreten, außer Acht.

4 Begr. Beschlussempfehlung des Rechtsausschusses, BT-Drucks. 13/4699, 1, 9.

5 Vgl. dazu *Uhlenbruck/Sinz*, § 108 InsO Rz. 113, 125.

Rechtsprechung des BGH[1] – zur Folge, dass mit Eröffnung des Insolvenzverfahrens die refinanzierende Bank sowohl die angekauften Leasingforderungen der Besitz- gegen die Betriebsgesellschaft als auch die ihr zur Sicherung übertragenen Leasingforderungen gegen den End-Leasingnehmer verliert. Daran würde auch ein Erfüllungsverlangen des Verwalters nichts ändern. Es hätte zwar die Fortführung der Leasingverträge zur Folge, Leasingforderungen wären jedoch „originäre Masseforderungen"[2]. Einem Wiederaufleben der Abtretungsverträge stünde daher § 91 Abs. 1 InsO entgegen, der den Erwerb von Rechten an Gegenständen der Insolvenzmasse nach Eröffnung des Verfahrens ausschließt. Auch bei Geltung des § 103 InsO bleiben der refinanzierenden Bank jedoch die Rechte aus dem Sicherungseigentum an den Leasinggegenständen (Rz. 87 f.)[3]. Mit dem Verlust der angekauften Forderungen wäre der Sicherungsfall eingetreten.

b) Aussonderungsrecht oder Absonderungsrecht der Bank als Sicherungseigentümer

92 Behandelt man **Besitz- und Betriebsgesellschaft als gesonderte Rechtssubjekte**, ist im Verhältnis zur Bank als Sicherungseigentümer allein die Besitzgesellschaft der Sicherungsgeber. Die **Betriebsgesellschaft** hat die **Stellung eines Dritten**, so dass der Bank in deren Insolvenz ein **Aussonderungsrecht** an den Leasingobjekten zusteht. Sie kann vom Insolvenzverwalter bzw. vom Leasingnehmer Herausgabe der Leasingobjekte verlangen. Mit Eröffnung des Insolvenzverfahrens ist der Leasingnehmer nicht mehr nach § 986 Abs. 1 BGB zum Besitz berechtigt, wenn der Leasingvertrag dem Wahlrecht des Verwalters unterliegt[4].

93 Die aussonderungsberechtigte Bank kann vom Leasingnehmer jedoch **Fortsetzung bzw. Neuabschluss des Leasingvertrages** und Zahlung der Leasingraten verlangen, wenn ihr dieses Recht im Leasingvertrag eingeräumt[5] und dieses Vorgehen von der Sicherungsabrede gedeckt ist[6].

94 Die Bank muss in der Lage sein, gegenüber dem Verwalter kurzfristig Klarheit über die Eigentumsverhältnisse zu schaffen. Ein Verwalter, der in

1 Vgl. BGH v. 25.4.2002 – IX ZR 313/99, BGHZ 150, 354, 359.

2 BGH v. 25.4.2002 – IX ZR 313/99, BGHZ 150, 354, 359; MünchKomm./*Kreft*, § 103 InsO Rz. 41.

3 Vgl. dazu *Uhlenbruck/Sinz*, § 108 InsO Rz. 117.

4 Dazu etwa *Sinz*, in Kölner Schrift zur InsO, S. 503, 613, 615 f.; zur Erfüllungswahl des Verwalters vgl. Rz. 104 f.

5 *Uhlenbruck/Sinz*, § 108 InsO Rz. 122 ff.; *Zahn*, DB 2003, 2371, 2377; DB 1995, 1649, 1650 f.

6 Davon ist schon deshalb auszugehen, weil die bestimmungsgemäße Verwendung des Sicherungsguts in der Nutzung durch den Leasingnehmer besteht (*Uhlenbruck/Sinz*, § 108 InsO Rz. 122 m.w.N.), insbesondere aber, wenn der Leasinggeber dieses Recht der Bank im Leasingvertrag wirksam hat einräumen lassen. Zur Maßgeblichkeit der Sicherungsabrede vgl. BGH v. 24.10.1979 – VIII ZR 298/78, NJW 1980, 226.

Kenntnis des bestehenden Aussonderungsrechts Gegenstände zur Masse zieht bzw. deren Herausgabe verweigert, begründet eine **Schadensersatzpflicht der Masse** nach § 55 Abs. 1 Nr. 1 InsO, u.U. auch eine **persönliche Haftung** nach § 60 InsO[1].

Verlangt der Verwalter **trotz des Aussonderungsrechts** der Bank am Leasingobjekt vom Leasingnehmer **Erfüllung des Vertrages**, steht der Bank ein Anspruch auf Auskehrung der Leasingraten zu, u.a. aus §§ 990 Abs. 1 Satz 2, 987 BGB[2]. Den Kostenbeitrag der §§ 170 f. InsO schuldet der Aussonderungsberechtigte nicht. 95

c) Absonderungsrecht der refinanzierenden Bank[3]

Würden im Verhältnis zur Bank **Betriebs- und Besitzgesellschaft als Einheit** angesehen, so dass die Betriebsgesellschaft nicht als Dritter, sondern ebenfalls als Sicherungsgeber zu behandeln wäre – ohne dass deswegen die Voraussetzungen des § 108 Abs. 1 Satz 2 InsO bejaht würden (Rz. 82)[4] –, stünde der Bank das Absonderungsrecht des Sicherungseigentümers nach §§ 50 Abs. 1, 51 Nr. 1, 166 ff. InsO zu. Nach § 166 Abs. 1 InsO ist der Insolvenzverwalter berechtigt, einen zur Sicherung übereigneten Gegenstand zu verwerten, „wenn er die Sache in seinem **Besitz** hat". Ob das in der Insolvenz des Leasinggebers der Fall ist, solange sich die Leasingobjekte im unmittelbaren Besitz der Leasingnehmer befinden, ist **umstritten**[5]. 96

Der BGH[6] hat dies allerdings bejaht[7]. Seine Auffassung, sich damit in Übereinstimmung mit der herrschenden Meinung zu befinden, dürfte allerdings nicht zutreffen[8]. Der Gesetzgeber hat den Voraussetzungen und den Konsequenzen des § 166 Abs. 1 InsO große Aufmerksamkeit gewidmet[9]. 97

1 Vgl. BGH v. 8.1.1998 – IX ZR 131/97, NJW 1998, 992, 993 f. (zu § 59 Abs. 1 Nr. 1 KO); MünchKomm./*Ganter*, § 47 InsO Rz. 446, 453; *Uhlenbruck/Uhlenbruck*, § 60 InsO Rz. 2, 8, 21 m.w.N.

2 Vgl. BGH v. 8.1.1998 – IX ZR 131/97, NJW 1998, 992, 993 f.; MünchKomm./*Ganter*, § 47 InsO Rz. 446, 453; zur Abgrenzung gegenüber der Ersatzaussonderung gem. § 48 InsO vgl. *Zahn*, DB 2003, 2371, 2376 mit Fußn. 71.

3 Zur Rechtslage bei der direkten Refinanzierung vgl. *Zahn*, DB 1995, 1649 ff.

4 Würde man die beiden auf der Leasinggeberseite abgeschlossenen Leasingverträge wegen ihres Zweckzusammenhangs als nach § 108 Abs. 1 Satz 2 InsO wirksam behandeln, stellte sich die Frage nach einem Verwertungsrecht i.S.d. § 166 ff. InsO nicht; das übersieht der BGH in der – einen Fall direkter Refinanzierung betreffenden – Entscheidung v. 16.2.2006 – IX ZR 26/05, NJW 2006, 1873, 1875; vgl. dazu *Zahn*, ZIP 2007, 365, 369 f.

5 Ausführl. Nachw. bei *Zahn*, ZIP 2007, 365, 367 f.

6 BGH v. 16.2.2006 – IX ZR 26/05, NJW 2006, 1873, 1875 m.w.N.

7 Vgl. jedoch abl. Anm. *Zahn*, ZIP 2007, 365. 366 ff.

8 Vgl. *Uhlenbruck/Uhlenbruck*, § 166 InsO Rz. 4 ff.; ausführlich *Zahn*, ZIP 2007, 365, 367 f.

9 Der Gesetzgeber wollte die Sanierung schuldnerischer Unternehmen dadurch erleichtern, dass die dafür erforderlichen Güter zusammengehalten werden (RegE InsO, BT-Drucks. 12/2443, 87 f.); gleichzeitig sollte aber vermieden werden, dass

Gegenstände, an denen ein Absonderungsrecht wie das Sicherungseigentum besteht, wurden in erster Linie deshalb in das Insolvenzverfahren einbezogen, weil unter Geltung der KO die erwünschte **Fortführung des schuldnerischen Betriebs** dadurch erschwert oder verhindert wurde, dass Absonderungsberechtigte Gegenstände, die für die Fortführung gebraucht worden wären, dem technisch-organisatorischen Verbund dieses Betriebs entzogen haben[1]. Diese **Ratio** hat sich in der Voraussetzung des Verwertungsrechts nach § 166 Abs. 1 InsO niedergeschlagen, dass der Verwalter die Gegenstände in seinem Besitz haben muss[2].

98 An den Besitz des Verwalters knüpft der Gesetzgeber die Vermutung, dass diese Gegenstände in einem „**technisch-organisatorischen Verbund mit dem verbleibenden Schuldnervermögen**" stehen und daher für die Fortführung des Betriebs oder für eine „Gesamtveräußerung" benötigt werden[3]. Da diese Ratio die Auslegung des Tatbestandsmerkmals „Besitz" bestimmt, sind in der Insolvenz des Leasinggebers Leasingobjekte, die sich im unmittelbaren Besitz der Leasingnehmer befinden, nicht im „Besitz"

---

durch die Entwertung von Sicherheiten die Kreditversorgung erschwert wird (RegE InsO, BT-Drucks. 12/2443, 86, 180 f.). Den letztgenannten Aspekt hat der Bundesgesetzgeber bei der Einfügung der Nr. 5 in § 21 Abs. 2 Satz 1 InsO durch das „Gesetz zur Vereinfachung des Insolvenzverfahrens" (BGBl. 2007 I 509) aus den Augen verloren. Dieses Gesetz führt die Möglichkeit einer pauschalen Anordnung des Gerichts ein – sie wird erfahrungsgemäß zur Routine werden –, dass bereits im Eröffnungsverfahren Aus- und Absonderungsrechte generell blockiert werden können, ohne Rücksicht darauf, ob die Gegenstände für Zwecke des Insolvenzverfahrens benötigt werden (vgl. etwa *Ganter*, NZI 2007, 549, 550 m.w.N.; demgegenüber vertritt *Pape*, NZI 2007, 425, 429 wohl die Auffassung, die Anordnung dürfe nur unter dieser Voraussetzung ergehen.). Ob das Volleigentum in dieser Weise eingeschränkt werden kann, ohne dass dies durch im Einzelfall vorgehende Interessen der Gläubigergesamtheit geboten ist, scheint verfassungsrechtlich zweifelhaft (vgl. auch die Kritik an der Einbeziehung von Aussonderungsrechten bei *Kirchhof*, ZInsO 2007, 227 ff. und bei *Ganter*, NZI 2007, 549, 552 f.). Das Sicherungseigentum wird durch die Novellierung über die §§ 166 ff. InsO hinaus entwertet, die Finanzierung verteuert sich damit. Die Regelung ist umso weniger verständlich, als das Insolvenzgericht bereits nach § 21 Abs. 1 InsO einen Verwertungsstopp anordnen kann, wenn Gegenstände für die Fortführung oder Sanierung eines Betriebs tatsächlich gebraucht werden. Von dieser Ratio, die der Einbeziehung der Mobiliarsicherheiten in die InsO zu Grunde lag (vgl. etwa RegE InsO, BT-Drucks. 12/2443, 73, 78 f.), hat sich der Gesetzgeber mit der Neuregelung gelöst. Die neue Bestimmung gilt für Objekte von Absonderungsrechten i.S.d. § 166 InsO, nach herrschender Meinung also nicht für sicherungsübereignete Leasingobjekte, die sich im Besitz des Leasingnehmers befinden (Rz. 96 ff.). Der BGH – BGH v. 16.2.2006 – IX ZR 26/05, NJW 2006, 1873, 1875 – ist insoweit allerdings anderer Auffassung (Rz. 97,99); abl. Anm. *Zahn*, ZIP 2007, 365 ff.

1 RegE InsO, BT-Drucks. 12/2443, 87 f., 178.

2 Zur Auslegung des § 166 Abs. 1 InsO aus dem gesetzgeberischen Willen ausführlich *Bornholdt*, Leasingnehmer und refinanzierende Bank in der Insolvenz des Leasinggebers nach der InsO, 1999, S. 164 ff.

3 Begr. RegE InsO, BT-Drucks. 12/2443, 87 f.; vgl. dazu *B. Gaul*, ZInsO 2000, 256, 263.

des Verwalters i.S.d. § 166 Abs. 1 InsO[1]. Denn Leasingobjekte, die typischerweise allein für die Nutzung durch den Leasingnehmer angeschafft werden, sind für den Gebrauch durch diesen bzw. in dessen Betrieb, nicht aber für die Verwendung im Betrieb der Leasinggesellschaft bestimmt[2].

99 Die auch für Leasingobjekte getroffene **Feststellung des BGH**[3], sie würden „regelmäßig sowohl für eine Unternehmensfortführung als auch für eine geordnete Abwicklung benötigt", **trifft für Leasingobjekte daher nicht zu**. Nach dem Gesetzeszweck des dem Verwalter in § 166 Abs. 1 InsO eingeräumten Verwertungsrechts ist der mittelbare Besitz des Verwalters an den Leasinggegenständen, die sich im unmittelbaren Besitz des Leasingnehmers befinden, daher kein Besitz im Sinne dieser Bestimmung.

aa) Verwertungsberechtigung der Bank nach § 166 Abs. 1 InsO

100 Die wirtschaftlich **optimale Verwertung** bestünde im Neuabschluss des Leasingvertrages durch den Refinanzierer (vgl. Rz. 87 zur Fortgeltung der Leasingverträge nach § 108 Abs. 1 Satz 2 InsO). Dies setzt voraus, dass die Bank berechtigt ist, dies vom Leasingnehmer zu verlangen (Rz. 93)[4] und dass sie nicht insolvenzrechtlich zu einer umgehenden Verwertung durch Veräußerung verpflichtet ist. Wäre dies der Fall, könnte sogar ein nicht zur Verwertung berechtigter Verwalter die Bank nach § 173 Abs. 2 InsO zur Veräußerung zwingen oder das Verwertungsrecht an sich ziehen.

101 Die von der InsO intendierte alsbaldige Verwertung der Sicherungen – vgl. § 173 Abs. 2 und § 169 InsO – soll das Interesse der Gläubiger an einem

1 *Uhlenbruck/Uhlenbruck*, § 166 InsO Rz. 6; das entspricht der in der Literatur überwiegend vertretenen Auffassung; ausf. Nachw. dazu bei *Zahn*, ZIP 2007, 365, 367 f.

2 Vgl. auch *Schwemer*, ZMR 2000, 348, 352; zu Recht bejaht der BGH in BGH v. 16.11.2006 – IX ZR 135/05, ZIP 2006, 2390, 2391, dagegen die Zugehörigkeit zum technisch organisatorischen Verbund des Schuldnervermögens bei einem Bagger, der für den schuldnerischen Betrieb beschafft, dort auch benutzt, später jedoch vermietet worden war.

3 BGH v. 16.2.2006 – IX ZR 26/05, NJW 2006, 1873, 1875; diese pauschale Aussage für sicherungsübereignete Sachen, die „gewerblich vermietet oder verleast" sind, findet sich zwar auch in der Entscheidung des BGH v. 16.11.2006 – IX ZR 135/05, ZIP 2006, 2390, 2391; in der Sache wird dort jedoch der Besitz des Verwalters i.S.d. § 166 Abs. 1 InsO am streitgegenständlichen Objekt zu Recht bejaht (vgl. voranstehende Fn.).

4 Es empfiehlt sich für den Refinanzierer, die Aufnahme einer solchen Klausel in die Leasingverträge zu verlangen; vgl. dazu *Sinz*, in Kölner Schrift zur InsO, S. 593, 617 f.; *Zahn*, DB 1995, 1649, 1650 f.; um dem Risiko zu begegnen, dass mit der Insolvenz des Leasinggebers von diesem selbst oder einem Dritten zu erbringende Nebenleistungen – z.B. Wartung – nicht mehr durchgeführt werden können und der Leasingvertrag daran scheitert, sollte dem Refinanzierer auch das Recht eingeräumt werden, eventuelle Nebenleistungen durch einen Dritten erbringen zu lassen; *Kübler/Prütting/Tintelnot*, § 108 Rz. 24 ff. m.w.N.; *Zahn*, DB 1995, 1649, 1655 (mit Klauselvorschlag); DB 1996, 1393, 1397.

möglichst hohen Verwertungserlös schützen[1]. Wie ausgeführt werden durch einen Neuabschluss des Leasingvertrages im Regelfall auch die Insolvenzgläubiger besser gestellt (Rz. 87)[2]. Der Insolvenzverwalter wäre daher nicht berechtigt, dem absonderungsberechtigten Sicherungseigentümer den **Neuabschluss des Leasingvertrages** mit dem ursprünglichen Leasingnehmer zu verwehren, wenn auf diese Weise ein höherer Erlös erzielt würde[3]. Eine Vereitelung dieses Vorhabens durch den Verwalter würde ohne Not die Vernichtung von Vermögenswerten des Sicherungseigentümers herbeiführen und überdies gegen die Interessen der Insolvenzgläubiger verstoßen (Rz. 87 f.).

bb) Verwertungsberechtigung des Insolvenzverwalters nach § 166 Abs. 1 InsO

102 Wie sich bereits aus § 168 Abs. 2 und 3 InsO ergibt, hätte auch ein nach § 166 Abs. 1 InsO verwertungsberechtigter Verwalter **keinen Entscheidungsspielraum**, wenn eine Fortsetzung des Leasingvertrages durch den Sicherungseigentümer zu einem eindeutig **höheren Verwertungserlös** führen würde[4]. Die günstigere Verwertung entlastet die Masse und reduziert den Umfang der Haftung des Schuldners (Rz. 87 f.)[5]. Nähme der Verwalter einen wesentlich geringeren Erlös in Kauf, würde er Ersatzansprüche des Absonderungsberechtigten gegen die Masse begründen[6] und sich außerdem diesem[7] gegenüber sowie gegenüber den Insolvenzgläubigern und dem Schuldner[8] nach § 60 Abs. 1 InsO schadensersatzpflichtig machen.

103 Sähe man den Verwalter als nach § 166 Abs. 1 InsO verwertungsberechtigt an, müsste der den Leasingvertrag fortsetzende Refinanzierer allerdings den **Kostenbeitrag** nach §§ 170 f. InsO an die Masse abführen.

cc) Erfüllungswahl des Verwalters

104 Verlangt der Verwalter Erfüllung, ist der Leasingnehmer aus dem fortgeführten Leasingvertrag nach § 986 Abs. 2 BGB zum Besitz des Leasingobjekts berechtigt[9], das dem Absonderungsrecht der Bank unterliegt. Nach

1 *Kübler/Prütting/Kemper*, § 168 InsO Rz. 8; vgl. auch RegE InsO, BT-Drucks. 12/2443, 179; zu § 127 Abs. 2 KO, dem Vorbild des § 173 Abs. 2 InsO, vgl. die Nachweise bei *Zahn*, DB 2003, 2371, 2377.
2 Ausführlich *Zahn*, DB 2003, 2371, 2377; DB 1995, 1649, 1650 f.
3 *Uhlenbruck/Uhlenbruck*, § 166 InsO Rz. 6; *Uhlenbruck*/Sinz, § 108 InsO Rz. 123; *Sinz*, in Kölner Schrift zur InsO, S. 593, 617; *Zahn*, DB 1995, 1649 f.
4 *Uhlenbruck/Uhlenbruck*, § 166 InsO Rz. 6; *Uhlenbruck/Sinz*, § 108 InsO Rz. 124; *Sinz*, in Kölner Schrift zur InsO, S. 593, 617 f.; *Zahn*, DB 1995, 1649, 1650.
5 Ausf. dazu *Zahn*, DB 1995, 1649, 1650 f.
6 *Uhlenbruck/Uhlenbruck*, § 60 InsO Rz. 2 m.w.N.
7 *Uhlenbruck/Uhlenbruck*, § 60 InsO Rz. 5, 8 f., 25 m.w.N.; zu § 82 KO: BGH v. 29.9.1988 – IX ZR 39/88, BGHZ 105, 230, 234 f.
8 *Uhlenbruck/Uhlenbruck*, § 60 InsO Rz. 12 m.w.N.; zu § 82 KO: BGH v. 5.10.1989 – IX ZR 233/87, NJW-RR 1990, 45, 47 f.
9 Vgl. *Uhlenbruck/Sinz*, § 108 InsO Rz. 117.

der **Sicherungsabrede**[1] steht der Wert des Gegenstandes und – dem bestimmungsgemäßen Verwendungszweck des sicherungsübereigneten Leasingobjektes entsprechend[2] – ein Entgelt für dessen Nutzung bis zur Höhe der gesicherten Forderung dem Sicherungseigentümer zu[3]. Aus dem **„Rechtszuweisungsgehalt" des Sicherungseigentums**[4] folgt daher, dass die Bank Herausgabe der vom Verwalter eingezogenen Leasingraten verlangen kann[5]. So wird vermieden, dass Vermögenswerte gesicherter Gläubiger auf ungesicherte Gläubiger verlagert werden[6].

Dieser Anspruch steht dem **Sicherungseigentümer** unabhängig davon zu, 105
ob man bezogen auf das Leasingobjekt den Verwalter oder den Sicherungseigentümer als verwertungsberechtigt i.S.d. § 166 Abs. 1 InsO ansieht.

---

1 Zur Maßgeblichkeit der Sicherungsabrede für die Rechte des Sicherungseigentümers vgl. BGH v. 24.10.1979 – VIII ZR 298/78, NJW 1980, 226 f. (zu § 17 KO).

2 Dieser Zweck dürfte die ausdrückliche Vereinbarung eines Rechts zur Nutzung überflüssig machen; vgl. *Uhlenbruck/Sinz*, § 108 Rz. 122 m.w.N.

3 *Uhlenbruck/Sinz*, § 108 InsO Rz. 125; *Sinz*, Factoring in der Insolvenz, 1997, Rz. 569; *Zahn*, DB 2003, 2371, 2375; ebenso zur Rechtslage nach der KO: BGH v. 24.10.1979 – VIII ZR 298/78, NJW 1980, 226 f.; *Merz*, WM 1983, 106, 112; *Ullrich/Irmen*, WuB VI B, § 21 KO 1.89, S. 522, 524.

4 *Uhlenbruck/Sinz*, § 108 InsO Rz. 117; *Uhlenbruck/Sinz*, WM 1989, 1113, 1121; dazu auch MünchKomm./*Eckert*, § 110 InsO Rz. 27, 29.

5 Dazu *Obermüller*, Insolvenzrecht in der Bankpraxis, 7. Aufl. 2007, Rz. 7.46; ebenso für das Recht der KO: BGH v. 24.10.1979 – VIII ZR 298/78, NJW 1980, 226 f.

6 Diese Konsequenz hat der Gesetzgeber ausdrücklich abgelehnt: RegE InsO, BT-Drucks. 12/2443, 86 f.

Anhang: Leasingerlasse der Finanzverwaltung

1. Mobilienerlass/Vollamortisation, BMF-Schreiben vom 19.4.1971 – IV B/2 – S 2170 – 31/1 (BStBl. 1971 I 264)

Ertragsteuerliche Behandlung von Leasing-Verträgen über bewegliche Wirtschaftsgüter

Unter Bezugnahme auf das Ergebnis der Erörterungen mit den obersten Finanzbehörden der Länder wird zu der Frage der steuerlichen Behandlung von Leasing-Verträgen über bewegliche Wirtschaftsgüter wie folgt Stellung genommen: 1

I. Allgemeines

Der Bundesfinanzhof hat mit Urteil vom 26.1.1970 (BStBl. 1970 II 264) zur steuerlichen Behandlung von sogenannten Finanzierungs-Leasing-Verträgen über bewegliche Wirtschaftsgüter Stellung genommen:

Um eine einheitliche Rechtsanwendung durch die Finanzverwaltung zu gewährleisten, kann bei vor dem 24.4.1970 abgeschlossenen Leasing-Verträgen aus Vereinfachungsgründen von dem wirtschaftlichen Eigentum des Leasing-Gebers am Leasing-Gut und einer Vermietung oder Verpachtung an den Leasing-Nehmer ausgegangen werden, wenn die Vertragsparteien in der Vergangenheit übereinstimmend eine derartige Zurechnung zugrunde gelegt haben und auch in Zukunft daran festhalten. Das gilt auch, wenn die Vertragslaufzeit über den genannten Stichtag hinausreicht (vgl. Schreiben vom 21.7.1970, BStBl. 1970 I 913).

Für die steuerliche Behandlung von nach dem 23.4.1970 abgeschlossenen Leasing-Verträgen über bewegliche Wirtschaftsgüter sind die folgenden Grundsätze zu beachten. Dabei ist als betriebsgewöhnliche Nutzungsdauer der in den amtlichen AfA-Tabellen angegebene Zeitraum zugrunde zu legen.

II. Begriff und Abgrenzung des Finanzierungs-Leasing-Vertrages bei beweglichen Wirtschaftsgütern

1. Finanzierungs-Leasing im Sinne dieses Schreibens ist nur dann anzunehmen, wenn

a) der Vertrag über eine bestimmte Zeit abgeschlossen wird, während der Vertrag bei vertragsgemäßer Erfüllung von beiden Vertragsparteien nicht gekündigt werden kann (Grundmietzeit), und

b) Der Leasing-Nehmer mit den in der Grundmietzeit zu entrichtenden Raten mindestens die Anschaffungs- oder Herstellungskosten sowie alle Nebenkosten einschl. Finanzierungskosten des Leasing-Gebers deckt.

2. Beim Finanzierungs-Leasing von beweglichen Wirtschaftsgütern sind im Wesentlichen folgende Vertragstypen festzustellen:

a) Leasing-Verträge ohne Kauf- oder Verlängerungsoption

Bei diesem Vertragstyp sind zwei Fälle zu unterscheiden:

Die Grundmietzeit

aa) deckt sich mit der betriebsgewöhnlichen Nutzungsdauer des Leasing-Gegenstandes,

bb) ist geringer als die betriebsgewöhnliche Nutzungsdauer des Leasing-Gegenstandes.

Der Leasing-Nehmer hat nicht das Recht, nach Ablauf der Grundmietzeit den Leasing-Gegenstand zu erwerben oder den Leasing-Vertrag zu verlängern.

b) Leasing-Verträge mit Kaufoption

Der Leasing-Nehmer hat das Recht, nach Ablauf der Grundmietzeit, die regelmäßig kürzer ist als die betriebsgewöhnliche Nutzungsdauer des Leasing-Gegenstandes, den Leasing-Gegenstand zu erwerben.

c) Leasing-Verträge mit Mietverlängerungsoption

Der Leasing-Nehmer hat das Recht, nach Ablauf der Grundmietzeit, die regelmäßig kürzer ist als die betriebsgewöhnliche Nutzungsdauer des Leasing-Gegenstandes, das Vertragsverhältnis auf bestimmte Zeit zu verlängern.

Leasing-Verträge ohne Mietverlängerungsoption, bei denen nach Ablauf der Grundmietzeit eine Vertragsverlängerung für den Fall vorgesehen ist, dass der Mietvertrag nicht von einer der Vertragsparteien gekündigt wird, sind steuerlich grundsätzlich ebenso wenig wie Leasing-Verträge mit Mietverlängerungsoption zu behandeln. Etwas anderes gilt nur dann, wenn nachgewiesen wird, dass der Leasing-Geber bei Verträgen über gleiche Wirtschaftsgüter innerhalb eines Zeitraumes von neun Zehnteln der betriebsgewöhnlichen Nutzungsdauer in einer Vielzahl von Fällen das Vertragsverhältnis auf Grund seines Kündigungsrechts beendet.

d) Verträge über Spezial-Leasing

Es handelt sich hierbei um Verträge über Leasing-Gegenstände, die speziell auf die Verhältnisse des Leasing-Nehmers zugeschnitten und nach Ablauf der Grundmietzeit regelmäßig nur noch beim Leasing-Nehmer wirtschaftlich sinnvoll verwendbar sind. Die Verträge kommen mit oder ohne Optionsklausel vor.

III. Steuerliche Zurechnung des Leasing-Gegenstandes

Die Zurechnung des Leasing-Gegenstandes ist von der von den Parteien gewählten Vertragsgestaltung und deren tatsächlicher Durchführung abhängig. Unter Würdigung der gesamten Umstände ist im Einzelfall zu entscheiden, wem der Leasing-Gegenstand steuerlich zuzurechnen ist. Bei den unter II.2 genannten Grundvertragstypen gilt für die Zurechnung das Folgende:

1. Leasing-Verträge ohne Kauf- oder Verlängerungsoption

Bei Leasing-Verträgen ohne Optionsrecht ist der Leasinggegenstand regelmäßig zuzurechnen

a) dem Leasing-Geber,

wenn die Grundmietzeit mindestens 40 v.H. und höchstens 90 v.H. der betriebsgewöhnlichen Nutzungsdauer des Leasing-Gegenstandes beträgt,

b) dem Leasing-Nehmer,

wenn die Grundmietzeit weniger als 40 v.H. oder mehr als 90 v.H. der betriebsgewöhnlichen Nutzungsdauer beträgt.

2. Leasing-Verträge mit Kaufoption

Bei Leasing-Verträgen mit Kaufoption ist der Leasing-Gegenstand regelmäßig zuzurechnen

a) dem Leasing-Geber,

wenn die Grundmietzeit mindestens 40 v.H. und höchstens 90 v.H. der betriebsgewöhnlichen Nutzungsdauer des Leasing-Gegenstandes beträgt und der für den Fall der Ausübung des Optionsrechts vorgesehene Kaufpreis nicht niedriger ist als der unter Anwendung der linearen AfA nach der amtlichen AfA-Tabelle ermittelte Buchwert oder der niedrigere gemeine Wert im Zeitpunkt der Veräußerung,

b) dem Leasing-Nehmer,

aa) wenn die Grundmietzeit weniger als 40 v.H. oder mehr als 90 v.H. der betriebsgewöhnlichen Nutzungsdauer beträgt oder

bb) wenn bei einer Grundmietzeit von mindestens 40 v.H. und höchstens 90 v.H. der betriebsgewöhnlichen Nutzungsdauer der für den Fall der Ausübung des Optionsrechts vorgesehene Kaufpreis niedriger ist als der unter Anwendung der linearen AfA nach der amtlichen AfA-Tabelle ermittelte Buchwert oder der niedrigere gemeine Wert im Zeitpunkt der Veräußerung.

Wird die Höhe des Kaufpreises für den Fall der Ausübung des Optionsrechts während oder nach Ablauf der Grundmietzeit festgelegt oder verändert, so gilt entsprechendes. Die Veranlagungen sind gegebenenfalls zu berichtigen.

3. Leasing-Verträge mit Mietverlängerungsoption

Bei Leasing-Verträgen mit Mietverlängerungsoption ist der Leasing-Gegenstand regelmäßig zuzurechnen

a) dem Leasing-Geber,

wenn die Grundmietzeit mindestens 40 v.H. und höchstens 90 v.H. der betriebsgewöhnlichen Nutzungsdauer des Leasing-Gegenstandes beträgt und die Anschlussmiete so bemessen ist, dass sie den Wertverzehr für den Leasing-Gegenstand deckt, der sich auf der Basis des unter Berücksichtigung der linearen Absetzung für Abnutzung nach der amtlichen AfA-Tabelle ermittelten Buchwerts oder des niedrigeren gemeinen Werts und der Restnutzungsdauer lt. AfA-Tabelle ergibt.

b) dem Leasing-Nehmer,

aa) wenn die Grundmietzeit weniger als 40 v.H. der betriebsgewöhnlichen Nutzungsdauer des Leasing-Gegenstandes beträgt oder

bb) wenn bei einer Grundmietzeit von mindestens 40 v.H. und höchstens 90 v.H. der betriebsgewöhnlichen Nutzungsdauer die Anschlussmiete so bemessen ist, dass sie den Wertverzehr für den Leasing-Gegenstand nicht deckt, der sich auf der Basis des unter Berücksichtigung der linearen AfA nach der amtlichen AfA-Tabelle ermittelten Buchwerts oder des niedrigeren gemeinen Werts und der Restnutzungsdauer lt. AfA-Tabelle ergibt.

Wird die Höhe der Leasing-Raten für den Verlängerungszeitraum während oder nach Ablauf der Grundmietzeit festgelegt oder verändert, so gilt entsprechendes.

Abschnitt II Nr. 2 Buchstabe c Sätze 2 und 3 sind zu beachten.

4. Verträge über Spezial-Leasing

Bei Spezial-Leasing-Verträgen ist der Leasing-Gegenstand regelmäßig dem Leasing-Nehmer ohne Rücksicht auf das Verhältnis von Grundmietzeit und Nutzungsdauer und auf Optionsklauseln zuzurechnen.

IV. Bilanzmäßige Darstellung von Leasing-Verträgen bei Zurechnung des Leasing-Gegenstandes beim Leasing-Geber

1. Beim Leasing-Geber

Der Leasing-Geber hat den Leasing-Gegenstand mit seinen Anschaffungs- oder Herstellungskosten zu aktivieren. Die Absetzung für Abnutzung ist nach der betriebsgewöhnlichen Nutzungsdauer vorzunehmen. Die Leasing-Raten sind Betriebseinnahmen.

2. Beim Leasing-Nehmer

Die Leasing-Raten sind Betriebsausgaben.

V. Bilanzmäßige Darstellung von Leasing-Verträgen bei Zurechnung des Leasing-Gegenstandes beim Leasing-Nehmer

1. Beim Leasing-Nehmer

Der Leasing-Nehmer hat den Leasing-Gegenstand mit seinen Anschaffungs- oder Herstellungskosten zu aktivieren. Als Anschaffungs- oder Herstellungskosten gelten die Anschaffungs- oder Herstellungskosten des Leasing-Gebers, die der Berechnung der Leasing-Raten zugrunde gelegt worden sind, zuzüglich etwaiger Anschaffungs- oder Herstellungskosten, die nicht in den Leasing-Raten enthalten sind (vgl. Schreiben vom 5.5.1970 – IV B/2. – S 2170 – 4/70 –).

Dem Leasing-Nehmer steht die AfA nach der betriebsgewöhnlichen Nutzungsdauer des Leasing-Gegenstandes zu.

In Höhe der aktivierten Anschaffungs- oder Herstellungskosten mit Ausnahme der nicht in den Leasing-Raten berücksichtigten Anschaffungs- oder Herstellungskosten des Leasing-Nehmers ist eine Verbindlichkeit gegenüber dem Leasing-Geber zu passivieren.

Die Leasing-Raten sind in einem Zins- und Kostenanteil sowie einen Tilgungsanteil aufzuteilen. Bei der Aufteilung ist zu berücksichtigen, dass sich infolge der laufenden Tilgung der Zinsanteil verringert und der Tilgungsanteil entsprechend erhöht.

Der Zins- und Kostenanteil stellt eine sofort abzugsfähige Betriebsausgabe dar, während der andere Teil der Leasing-Rate als Tilgung der Kaufpreisschuld erfolgsneutral zu behandeln ist.

2. Beim Leasing-Geber

Der Leasing-Geber aktiviert eine Kaufpreisforderung an den Leasing-Nehmer in Höhe der den Leasing-Raten zugrunde gelegten Anschaffungs- oder Herstellungskosten. Dieser Betrag ist grundsätzlich mit der vom Leasing-Nehmer ausgewiesenen Verbindlichkeit identisch.

Die Leasing-Raten sind in einen Zins- und Kostenanteil sowie in einen Anteil Tilgung der Kaufpreisforderung aufzuteilen. Wegen der Aufteilung Leasing-Raten und deren steuerlicher Behandlung gelten die Ausführungen unter V. 1. entsprechend.

VI. Die vorstehenden Grundsätze gelten entsprechend auch für Verträge mit Leasing-Nehmern, die ihren Gewinn nicht durch Bestandsvergleich ermitteln.

2. Mobilienerlass/Teilamortisation, BMF-Schreiben vom 22.12.1975 – IV B 2 – S 2170 – 161/75 (EStH 1994, Anhang 21 III)

Steuerrechtliche Zurechnung des Leasing-Gegenstandes beim Leasing-Geber

2 Unter Bezugnahme auf das Ergebnis der Erörterung mit den obersten Finanzbehörden der Länder hat der Bundesminister der Finanzen zu einem Schreiben des Deutschen Leasing-Verbandes vom 24.7.1975 wie folgt Stellung genommen:

1. Gemeinsames Merkmal der dargestellten Vertragsmodelle ist, dass eine unkündbare Grundmietzeit vereinbart wird, die mehr als 40 %, jedoch nicht mehr als 90 % der betriebsgewöhnlichen Nutzungsdauer des Leasing-Gegenstandes beträgt und dass die Anschaffungs- oder Herstellungskosten des Leasing-Gebers sowie alle Nebenkosten einschließlich der Finanzierungskosten des Leasing-Gebers in der Grundmietzeit durch die Leasing-Raten nur zum Teil gedeckt werden. Da mithin Finanzierungs-Leasing im Sinne des BdF-Schreibens über die ertragsteuerrechtliche Behandlung von Leasing-Verträgen über bewegliche Wirtschaftsgüter vom 19.4.1971 (BStBl I 264) nicht vorliegt, ist die Frage, wem der Leasing-Gegenstand zuzurechnen ist, nach den allgemeinen Grundsätzen zu entscheiden.

2. Die Prüfung der Zurechnungsfrage hat Folgendes ergeben:

a) Vertragsmodell mit Andienungsrecht des Leasing-Gebers, jedoch ohne Optionsrecht des Leasing-Nehmers

Bei diesem Vertragsmodell hat der Leasing-Geber ein Andienungsrecht. Danach ist der Leasing-Nehmer, sofern ein Verlängerungsvertrag nicht zustande kommt, auf Verlangen des Leasing-Gebers verpflichtet, den Leasing-Gegenstand zu einem Preis zu kaufen, der bereits bei Abschluss des Leasing-Vertrages fest vereinbart wird. Der Leasing-Nehmer hat kein Recht, den Leasing-Gegenstand zu erwerben.

Der Leasing-Nehmer trägt bei dieser Vertragsgestaltung das Risiko der Wertminderung, weil er auf Verlangen des Leasing-Gebers den Leasing-Gegenstand auch dann zum vereinbarten Preis kaufen muss, wenn der Wiederbeschaffungspreis für ein gleichwertiges Wirtschaftsgut geringer als der vereinbarte Preis ist. Der Leasing-Geber hat jedoch die Chance der Wertsteigerung, weil er sein Andienungsrecht nicht ausüben muss, sondern das Wirtschaftsgut zu einem über den Andienungspreis liegenden Preis verkaufen kann, wenn ein über dem Andienungspreis liegender Preis am Markt erzielt werden kann.

Der Leasing-Nehmer kann unter diesen Umständen nicht als wirtschaftlicher Eigentümer des Leasing-Gegenstandes angesehen werden.

b) Vertragsmodell mit Aufteilung des Mehrerlöses

Nach Ablauf der Grundmietzeit wird der Leasing-Gegenstand durch den Leasing-Geber veräußert. Ist der Veräußerungserlös niedriger als die Differenz zwischen den Gesamtkosten des Leasing-Gebers und den in der Grundmietzeit entrichteten Leasing-Raten (Restamortisation), so muss der Leasing-Nehmer eine Abschlusszahlung in Höhe der Differenz zwischen Restamortisation und Veräußerungserlös zahlen. Ist der Veräußerungserlös hingegen höher als die Restamortisation, so erhält der Leasing-Geber 25 %, der Leasing-Nehmer 75 % des die Restamortisation übersteigenden Teils des Veräußerungserlöses.

Durch die Vereinbarung, dass der Leasing-Geber 25 % des die Restamortisation übersteigenden Teils des Veräußerungserlöses erhält, wird bewirkt, dass der Leasing-Geber noch in einem wirtschaftlich ins Gewicht fallenden Umfang an etwaigen Wertsteigerungen des Leasing-Gegenstandes beteiligt ist. Der Leasing-Gegenstand ist daher dem Leasing-Geber zuzurechnen.

Eine ins Gewicht fallende Beteiligung des Leasing-Gebers an Wertsteigerungen des Leasing-Gegenstandes ist in solchen Fällen dem Leasing-Nehmer zuzurechnen.

c) Kündbarer Mietvertrag mit Anrechnung des Veräußerungserlöses auf die vom Leasing-Nehmer zu leistende Schlusszahlung

Der Leasing-Nehmer kann den Leasing-Vertrag frühestens nach Ablauf einer Grundmietzeit, die 40 % der betriebsgewöhnlichen Nutzungsdauer beträgt, kündigen. Bei Kündigung ist eine Abschlusszahlung in Höhe der durch die Leasing-Raten nicht gedeckten Gesamtkosten des Leasing-Gebers zu entrichten. Auf die Abschlusszahlung werden 90 % des vom Leasing-Geber erzielten Veräußerungserlöses angerechnet. Ist der anzurechnende Teil des Veräußerungserlöses zuzüglich der vom Leasing-Nehmer bis zur Veräußerung entrichteten Leasing-Raten niedriger als die Gesamtkosten des Leasinggebers, so muss der Leasing-Nehmer in Höhe der Differenz eine Abschlusszahlung leisten. Ist jedoch der Veräußerungserlös höher als die Differenz zwischen Gesamtkosten des Leasing-Gebers und den bis zur Veräußerung entrichteten Leasing-Raten, so behält der Leasing-Geber diesen Differenzbetrag in vollem Umfang.

Bei diesem Vertragsmodell kommt eine während der Mietzeit eingetretene Wertsteigerung in vollem Umfang dem Leasing-Geber zugute. Der Leasing-Geber ist daher nicht nur rechtlicher, sondern auch wirtschaftlicher Eigentümer des Leasing-Gegenstandes.

Die vorstehenden Ausführungen gelten nur grundsätzlich, d.h. nur insoweit, wie besondere Regelungen in Einzelverträgen nicht zu einer anderen Beurteilung zwingen.

3. Immobilienerlass/Vollamortisation, BMF-Schreiben vom 21.3.1972 – F/IV B 2 – S 2170 – 11/72 (BStBl. 1972 I 188)

Ertragsteuerliche Behandlung von Finanzierungs-Leasing-Verträgen über unbewegliche Wirtschaftsgüter

3 Unter Bezugnahme auf das Ergebnis der Erörterungen mit den obersten Finanzbehörden der Länder wird zu der Frage der ertragsteuerlichen Behandlung von Finanzierungs-Leasing-Verträgen über unbewegliche Wirtschaftsgüter wie folgt Stellung genommen:

I. Finanzierungs-Leasing-Verträge

1. Allgemeines

a) In meinem Schreiben vom 19.4.1971 – IV B/2 – S 2170 – 31/71 – habe ich unter Berücksichtigung des BFH-Urteils vom 26.1.1970 (BStBl. II 264) zur steuerlichen Behandlung von Finanzierungs-Leasing-Verträgen über bewegliche Wirtschaftsgüter Stellung genommen. Die in Abschnitt II dieses Schreibens enthaltenen Ausführungen über den Begriff und die Abgrenzung des Finanzierungs-Leasing-Vertrages bei beweglichen Wirtschaftsgütern entsprechend für Finanzierungs-Leasing-Verträge über unbewegliche Wirtschaftsgüter.

b) Ebenso wie bei den Finanzierungs-Leasing-Verträgen über bewegliche Wirtschaftsgüter kann bei vor dem 24.4.1970 abgeschlossenen Finanzierungs-Leasing-Verträgen über unbewegliche Wirtschaftsgüter zur Gewährleistung einer einheitlichen Rechtsanwendung und aus Vereinfachungsgründen von dem wirtschaftlichen Eigentum des Leasing-Gebers am Leasing-Gegenstand, einer Vermietung an den Leasing-Nehmer und von der bisherigen steuerlichen Behandlung ausgegangen werden, wenn die Vertragsparteien in der Vergangenheit übereinstimmend eine derartige Zurechnung zugrunde gelegt haben und auch in Zukunft daran festhalten. Das gilt auch, wenn die Vertragslaufzeit über den genannten Stichtag hinausreicht.

c) Für die steuerliche Zurechnung von unbeweglichen Wirtschaftsgütern bei Finanzierungs-Leasing-Verträgen, die nach dem 23.4.1970 abgeschlossen wurden, gelten unter Berücksichtigung der in Abschnitt III meines Schreibens vom 19.4.1971 aufgestellten Grundsätze und des BFH-Urteils vom 18.11.1970 (BStBl. 1971 II 133) über Mietkaufverträge bei unbeweglichen Wirtschaftsgütern die in Nummer 2 aufgeführten Kriterien.

d) Die Grundsätze für die Behandlung von unbeweglichen Wirtschaftsgütern gelten nicht für Betriebsvorrichtungen, auch wenn sie wesentliche Bestandteile eines Grundstücks sind (§ 50 Abs. 1 Satz 2 BewG a.F.). Die Zurechnung von Betriebsvorrichtungen, die Gegenstand eines Finanzierungs-Leasing-Vertrages sind, ist vielmehr nach den Grundsätzen für die ertragsteuerliche Behandlung von beweglichen Wirtschaftsgütern zu beurteilen.

Für die Abgrenzung der Betriebsvorrichtungen von den Gebäuden sind die Anweisungen in dem übereinstimmenden Ländererlass über die Abgrenzung der Betriebsvorrichtungen vom Grundvermögen vom 28.3.1960 (BStBl. 1960 II 93) maßgebend.

2. Steuerliche Zurechnung unbeweglicher Leasing-Gegenstände

a) Die Zurechnung des unbeweglichen Leasing-Gegenstandes ist von der von den Parteien gewählten Vertragsgestaltung und deren tatsächlicher Durchführung abhängig. Unter Würdigung der gesamten Umstände ist im Einzelfall zu entscheiden, wem der Leasing-Gegenstand zuzurechnen ist.

Die Zurechnungs-Kriterien sind dabei für Gebäude und Grund und Boden getrennt zu prüfen.

b) Bei Finanzierungs-Leasing-Verträgen ohne Kauf- oder Verlängerungsoption und Finanzierungs-Leasing-Verträgen mit Mietverlängerungsoption ist der Grund und Boden grundsätzlich dem Leasinggeber zuzurechnen, bei Finanzierungs-Leasing-Verträgen mit Kaufoption dagegen regelmäßig dem Leasing-Nehmer, wenn nach Buchstabe c auch das Gebäude dem Leasing-Nehmer zugerechnet wird. Für die Zurechnung des Grund und Bodens in Fällen des Spezial-Leasings ist entsprechend zu verfahren.

c) Für die Zurechnung der Gebäude gilt im Einzelnen das Folgende:

aa) Ist die Grundmietzeit kürzer als 40 v.H. oder länger als 90 v.H. der betriebsgewöhnlichen Nutzungsdauer des Gebäudes, so ist das Gebäude regelmäßig dem Leasing-Nehmer zuzurechnen. Wird die Absetzung für Abnutzung des Gebäudes nach § 7 Abs. 4 Satz 1 oder 5 EStG bemessen, so gilt als betriebsgewöhnliche Nutzungsdauer ein Zeitraum von 50 Jahren (*geändert durch Nr. 1/15*). Hat der Leasing-Nehmer dem Leasing-Geber an dem Grundstück, das Gegenstand des Finanzierungs-Leasing-Vertrags ist, ein Erbbaurecht eingeräumt und ist der Erbbaurechtszeitraum kürzer als die betriebsgewöhnliche Nutzungsdauer des Gebäudes, so tritt bei Anwendung des vorstehenden Satzes an die Stelle der betriebsgewöhnlichen Nutzungsdauer des Gebäudes der kürzere Erbbaurechtszeitraum.

bb) Beträgt die Grundmietzeit mindestens 40 v.H. und höchstens 90 v.H. der betriebsgewöhnlichen Nutzungsdauer, so gilt unter Berücksichtigung der Sätze 2 und 3 des vorstehenden Doppelbuchstabens aa Folgendes:

Bei Finanzierungs-Leasing-Verträgen ohne Kauf- oder Mietverlängerungsoption ist das Gebäude regelmäßig dem Leasing-Geber zuzurechnen.

Bei Finanzierungs-Leasing-Verträgen mit Kaufoption kann das Gebäude regelmäßig nur dann dem Leasing-Geber zugerechnet werden, wenn der für den Fall der Ausübung des Optionsrechtes vorgesehene Gesamtkaufpreis nicht niedriger ist als der unter Anwendung der linearen AfA ermittelte Buchwert des Gebäudes zuzüglich des Buchwertes für den Grund und Boden oder der niedrigere gemeine Wert des Grundstücks im Zeitpunkt der

Veräußerung. Wird die Höhe des Kaufpreises für den Fall der Ausübung des Optionsrechts während oder nach Ablauf der Grundmietzeit festgelegt oder verändert, so gilt entsprechendes. Die Veranlagungen sind ggf. zu berichtigen.

Bei Finanzierungs-Leasing-Verträgen mit Mietverlängerungsoption kann das Gebäude regelmäßig nur dann dem Leasing-Geber zugerechnet werden, wenn die Anschlussmiete mehr als 75 v.H. des Mietentgeltes beträgt, das für ein nach Art, Lage und Ausstattung vergleichbares Grundstück üblicherweise gezahlt wird. Wird die Höhe der Leasing-Raten für den Veranlagungszeitraum während oder nach Ablauf der Grundmietzeit festgelegt oder verändert, so gilt entsprechendes. Die Veranlagungen sind ggf. zu berichtigen.

Verträge ohne Mietverlängerungsoption, bei denen nach Ablauf der Grundmietzeit eine Vertragsverlängerung für den Fall vorgehen ist, dass der Mietvertrag nicht von einer der Vertragsparteien gekündigt wird, sind steuerlich grundsätzlich ebenso wie Finanzierungs-Leasing-Verträge mit Mietverlängerungsoption zu behandeln.

d) Bei Spezial-Leasing-Verträgen ist das Gebäude stets dem Leasing-Nehmer zuzurechnen.

II. Bilanzmäßige Darstellung

1. Zurechnung des Leasing-Gegenstandes beim Leasing-Geber

a) Darstellung beim Leasing-Geber

Der Leasing-Geber hat den Leasing-Gegenstand mit seinen Anschaffungs- oder Herstellungskosten zu aktivieren. Die Leasing-Raten sind Betriebseinnahmen.

b) Darstellung beim Leasing-Nehmer

Die Leasing-Raten sind grundsätzlich Betriebsausgaben.

2. Zurechnung des Leasing-Gegenstandes beim Leasing-Nehmer

a) Bilanzierung beim Leasing-Nehmer

Der Leasing-Nehmer hat den Leasing-Gegenstand mit seinen Anschaffungs- oder Herstellungskosten zu aktivieren. Als Anschaffungs- oder Herstellungskosten gelten die Anschaffungs- oder Herstellungskosten des Leasing-Gebers, die der Berechnung der Leasing-Raten zugrunde gelegt worden sind, zuzüglich etwaiger Anschaffungs- oder Herstellungskosten, die nicht in den Leasing-Raten enthalten sind (vgl. Schreiben vom 5.5.1970 – IV B/2 – S 2170 – 4/70).

In Höhe der aktivierten Anschaffungs- oder Herstellungskosten mit Ausnahme der nicht in den Leasing-Raten berücksichtigten Anschaffungs-

oder Herstellungskosten des Leasing-Nehmers ist eine Verbindlichkeit gegenüber dem Leasing-Geber zu passivieren.

Die Leasing-Raten sind in einen Zins- und Kostenanteil sowie einen Tilgungsanteil aufzuteilen. Bei der Aufteilung ist zu berücksichtigen, dass sich infolge der laufenden Tilgung der Zinsanteil verringert und der Tilgungsanteil entsprechend erhöht.

Der Zins- und Kostenanteil stellt sofort abzugsfähige Betriebsausgabe dar, während der andere Teil der Leasing-Rate als Tilgung der Kaufpreisschuld erfolgsneutral zu behandeln ist.

b) Bilanzierung beim Leasing-Geber

Der Leasing-Geber aktiviert eine Kaufpreisforderung an den Leasing-Nehmer in Höhe der den Leasing-Raten zugrunde gelegten Anschaffungs- oder Herstellungskosten. Dieser Betrag ist grundsätzlich mit der vom Leasing-Nehmer ausgewiesenen Verbindlichkeit identisch.

Die Leasing-Raten sind in einen Zins- und Kostenanteil sowie in einen Anteil Tilgung der Kaufpreisforderung aufzuteilen. Wegen der Aufteilung der Leasing-Raten und deren steuerlicher Behandlung gelten die Ausführungen unter a entsprechend.

III. Andere Verträge

Erfüllen Verträge über unbewegliche Wirtschaftsgüter nicht die Merkmale, die als Voraussetzung für den Begriff des Finanzierungs-Leasings in Abschnitt II meines Schreibens vom 19.4.1971 aufgeführt sind, so ist nach allgemeinen Grundsätzen, insbesondere auch nach den von der Rechtsprechung aufgestellten Grundsätzen über Mietkaufverträge zu entscheiden, wem der Leasing- oder Mietgegenstand zuzurechnen ist (vgl. hierzu insbesondere BFH-Urteile vom 5.11.1957 – BStBl. 1957 III 445 –, 25.10.1963 – BStBl. 1964 III 44 –, 2.8.1966 – BStBl. 1967 III 63 – und 18.11.1970 – BStBl. 1971 II 133).

4. Immobilienerlass/Teilamortisation, BMF-Schreiben vom 23.12.1991 – IV B 2 – S 2170 – 115/91 (BStBl. 1992 I 13)

Ertragsteuerliche Behandlung von Teilamortisations-Leasing-Verträgen über unbewegliche Wirtschaftsgüter

In meinem Schreiben vom 21.3.1972 (BStBl. I 188) habe ich zur ertragsteuerlichen Behandlung von Finanzierungs-Leasing-Verträgen über unbewegliche Wirtschaftsgüter Stellung genommen. Dabei ist unter Finanzierungs-Leasing das Vollamortisations-Leasing verstanden worden. Zu der Frage der ertragsteuerlichen Behandlung von Teilamortisations-Leasing-Verträgen über unbewegliche Wirtschaftsgüter wird unter Bezugnahme auf das 4

Ergebnis der Erörterung mit den obersten Finanzbehörden der Länder wie folgt Stellung genommen:

I. Begriff und Abgrenzung des Teilamortisations-Leasing-Vertrages bei unbeweglichen Wirtschaftsgütern

1. Teilamortisations-Leasing im Sinne dieses Schreibens ist nur dann anzunehmen, wenn

a) der Vertrag über eine bestimmte Zeit abgeschlossen wird, während der er bei vertragsgemäßer Erfüllung von beiden Vertragsparteien nur aus wichtigem Grund gekündigt werden kann (Grundmietzeit),

und

b) Der Leasing-Nehmer mit den in der Grundmietzeit zu entrichtenden Raten die Anschaffungs- oder Herstellungskosten sowie alle Nebenkosten einschließlich der Finanzierungskosten des Leasing-Gebers nur zum Teil deckt.

2. Wegen der möglichen Vertragstypen weise ich auf Abschnitt II Ziffer 2 meines Schreibens vom 19.4.1971 (BStBl. I 264) hin. Die dortigen Ausführungen gelten beim Teilamortisations-Leasing von unbeweglichen Wirtschaftsgütern entsprechend.

II. Steuerrechtliche Zurechnung des Leasing-Gegenstandes

1. Die Zurechnung des unbeweglichen Leasing-Gegenstandes hängt von der Vertragsgestaltung und deren tatsächlicher Durchführung ab. Unter Würdigung der gesamten Umstände ist im Einzelfall zu entscheiden, wem der Leasing-Gegenstand zuzurechnen ist. Dabei ist zwischen Gebäude sowie Grund und Boden zu unterscheiden.

2. Für die Zurechnung der **Gebäude** gilt im Einzelnen Folgendes:

a) Der Leasing-Gegenstand ist – vorbehaltlich der nachfolgenden Ausführungen – grundsätzlich dem **Leasing-Geber** zuzurechnen.

b) Der Leasing-Gegenstand ist in den nachfolgenden Fällen ausnahmsweise dem **Leasing-Nehmer** zuzurechnen.

aa) Verträge über Spezial-Leasing

Bei Spezial-Leasing-Verträgen ist der Leasing-Gegenstand regelmäßig dem Leasing-Nehmer ohne Rücksicht auf das Verhältnis von Grundmietzeit und Nutzungsdauer und auf etwaige Optionsklauseln zuzurechnen.

bb) Verträge mit Kaufoption

Bei Leasing-Verträgen mit Kaufoption ist der Leasing-Gegenstand regelmäßig dem Leasing-Nehmer zuzurechnen, wenn die Grundmietzeit mehr als 90 v.H. der betriebsgewöhnlichen Nutzungsdauer beträgt oder der vorgesehene Kaufpreis geringer ist als der Restbuchwert des Leasing-Gegenstandes unter Berücksichtigung der AfA gemäß § 7 Abs. 4 EStG nach Ablauf der Grundmietzeit.

Die betriebsgewöhnliche Nutzungsdauer berechnet sich nach der Zeitspanne, für die AfA nach § 7 Abs. 4 Satz 1 EStG vorzunehmen ist, in den Fällen des § 7 Abs. 4 Satz 2 EStG nach der tatsächlichen Nutzungsdauer.

cc) Verträge mit Mietverlängerungsoption

Bei Leasing-Verträgen mit Mietverlängerungsoption ist der Leasing-Gegenstand regelmäßig dem Leasing-Nehmer zuzurechnen,

wenn die Grundmietzeit mehr als 90 v.H. der betriebsgewöhnlichen Nutzungsdauer des Leasing-Gegenstandes beträgt oder die Anschlussmiete nicht mindestens 75 v.H. des Mietentgelts beträgt, das für ein nach Art, Lage und Ausstattung vergleichbares Grundstück üblicherweise gezahlt wird.

Wegen der Berechnung der betriebsgewöhnlichen Nutzungsdauer vgl. unter Tz. 9.

dd) Verträge mit Kauf- oder Mietverlängerungsoption und besonderen Verpflichtungen

Der Leasing-Gegenstand ist bei Verträgen mit Kauf- oder Mietverlängerungsoption dem Leasing-Nehmer stets zuzurechnen, wenn ihm eine der nachfolgenden Verpflichtungen auferlegt wird:

Der Leasing-Nehmer trägt die Gefahr des zufälligen ganzen oder teilweisen Untergangs des Leasing-Gegenstandes. Die Leistungspflicht aus dem Mietvertrag mindert sich in diesen Fällen nicht.

Der Leasing-Nehmer ist bei ganzer oder teilweiser Zerstörung des Leasing-Gegenstandes, die nicht von ihm zu vertreten ist, dennoch auf Verlangen des Leasing-Gebers zur Wiederherstellung bzw. zum Wiederaufbau auf seine Kosten verpflichtet oder die Leistungspflicht aus dem Mietvertrag mindert sich trotz der Zerstörung nicht.

Für den Leasing-Nehmer mindert sich die Leistungspflicht aus dem Mietvertrag nicht, wenn die Nutzung des Leasing-Gegenstandes aufgrund eines nicht von ihm zu vertretenden Umstands ausgeschlossen ist.

Der Leasing-Nehmer hat dem Leasing-Geber die bisher nicht gedeckten Kosten ggf. auch einschließlich einer Pauschalgebühr zur Abgeltung von Verwaltungskosten zu erstatten, wenn es zu einer vorzeitigen Vertragsbeendigung kommt, die der Leasing-Nehmer nicht zu vertreten hat.

Der Leasing-Nehmer stellt den Leasing-Geber von sämtlichen Ansprüchen Dritter frei, die diese hinsichtlich des Leasing-Gegenstandes gegenüber dem Leasing-Geber geltend machen, es sei denn, das der Anspruch des Dritten von dem Leasing-Nehmer verursacht worden ist.

Der Leasing-Nehmer als Eigentümer des Grund und Bodens, auf dem der Leasing-Geber als Erbbauberechtigter den Leasing-Gegenstand errichtet, ist aufgrund des Erbbaurechtsvertrags unter wirtschaftlichen Gesichtspunkten gezwungen, den Leasing-Gegenstand nach Ablauf der Grundmietzeit zu erwerben.

Der **Grund und Boden** ist grundsätzlich demjenigen zuzurechnen, dem nach den Ausführungen unter Tz. 6 bis 17 das Gebäude zugerechnet wird.

III. Bilanzmäßige Darstellung

Die bilanzmäßige Darstellung erfolgt nach den Grundsätzen unter Abschnitt II meines Schreibens vom 21.3.1972 (BStBl. I 188).

IV. Übergangsregelung

Soweit die vorstehend aufgeführten Grundsätze zu einer Änderung der bisherigen Verwaltungspraxis für die Zurechnung des Leasing-Gegenstandes bei Teilamortisations-Leasing-Verträgen über unbewegliche Wirtschaftsgüter führen, sind sie nur auf Leasing-Verträge anzuwenden, die nach dem 31.1.1992 abgeschlossen werden.

5. Forfaitierung/Behandlung in der Bilanz und bei der Gewerbesteuer, BMF-Schreiben vom 9.1.1996 – IV B 2 – S 2170 – 135/95 (BStBl. 1996 I 9)

5 Forfaitiert der Leasing-Geber künftige Forderungen auf Leasing-Raten, die vom Leasing-Nehmer zu entrichten sind, oder forfaitiert er den künftigen Anspruch auf den Erlös aus der nach Ablauf der Grundmietzeit anstehenden Verwertung des Leasing-Gegenstandes an eine Bank, so dies nach dem Ergebnis einer Erörterung mit den obersten Finanzbehörden der Länder folgende Auswirkungen:

I. Allgemeine Rechtsfolgen der Forfaitierung einer Forderung

Die Abtretung der künftigen Forderungen aus Leasing-Verträgen liegt in schuldrechtlicher Hinsicht eine Forfaitierung zugrunde. Es handelt sich um einen Kaufvertrag zwischen einem Forderungsverkäufer (Forfaitist) und einer Bank oder einem Spezialinstitut als Forderungskäufer (Forfaiteur). Aufgrund der Forfaitierung gehen alle Rechte aus der Forderung, aber auch das Risiko der Zahlungsunfähigkeit des Schuldners auf den Forderungskäufer über. Der Forderungsverkäufer trägt bei einer Forfaitierung lediglich das Risiko des rechtlichen Bestands der Forderung.

II. Zurechnung des Leasing-Gegenstands

Die Forfaitierung der künftigen Forderung auf Leasing-Raten beeinflusst die Zurechnung des Leasing-Gegenstandes nicht. Entsprechendes gilt grundsätzlich auch dann, wenn der künftige Anspruch auf den Erlös aus der Verwertung des Leasing-Gegenstandes nach Ablauf der Grundmietzeit forfaitiert wird.

III. Bilanzierung der Erlöses

1. Übernimmt der Leasing-Geber auch die Haftung für die Zahlungsfähigkeit des Leasing-Nehmers oder verpflichtet er sich zum Rückkauf der Forderung im Falle der Uneinbringlichkeit, so ist dieser Vorgang als Darlehensgewährung der Bank an den Leasing-Geber zu beurteilen. Der Leasing-Geber hat die erhaltenen Erlöse als Darlehensschuld zu passivieren. Dies gilt auch, wenn der Vorgang als Forfaitierung der künftigen Forderungen aus der Verwertung des Leasing-Gegenstandes bezeichnet wird.

2. Steht der Leasing-Geber nur für den rechtlichen Bestand der Forderung und für die Freiheit von Einreden im Zeitpunkt des Verkaufs bzw. bis zum Ablauf der Grundmietzeit ein, so ist diese Forderung forfaitiert und daher wie folgt zu bilanzieren:

a) im Falle der Forfaitierung der künftigen Forderung auf Leasing-Raten erhält der Leasing-Geber von dem Forderungsläufer den Betrag der Leasing-Raten als Forfaitierungserlös. Wegen seiner Verpflichtung zur Nutzungsüberlassung gegenüber dem Leasing-Nehmer hat der Leasing-Geber den Forfaitierungserlös in einen passiven Rechnungsabgrenzungsposten einzustellen und diesen verteilt auf die restliche Grundmietzeit linear gewinnerhöhend aufzulösen;

b) im Falle der Forfaitierung des künftigen Anspruchs auf den Erlös aus der Verwertung des Leasing-Gegenstands (Restwertforfaitierung) hat der Leasing-Geber den Forfaitierungserlös wie eine Anzahlung zu passivieren, und zwar wegen seiner künftigen Verpflichtung zur Verschaffung des Eigentums an dem Leasing-Gegenstand. Der Passivposten ist verteilt über die Zeitspanne bis zum Ablauf der Grundmietzeit linear auf den Wert aufzustocken, der Grundlage für die Festlegung des Forfaitierungserlöses war. Dies ist grundsätzlich der im Leasing-Vertrag vereinbarte Andienungspreis. Nach Ablauf der Grundmietzeit ist der Passivposten gewinnerhöhend aufzulösen.

IV. Gewerbesteuerrechtliche Behandlung

Der Passivposten aus der Forfaitierung des Anspruchs auf die Leasing-Raten (vgl. unter III. 2. Buchstabe a) ist nicht als Dauerschuld gemäß § 12 Abs. 2 Nr. 1 GewStG zu behandeln. Dagegen handelt es sich bei der unter III. 1. beschriebenen Darlehensgewährung sowie bei dem Passivposten aus der Restwertforfaitierung für die Verpflichtung zur Verschaffung des Eigentums aus dem Leasing-Gegenstand (vgl. unter III. 2 Buchstabe b) um eine Dauerschuld. Das für die Darlehensgewährung vereinbarte Entgelt sowie der dem jährlichen Aufstockungsbetrag unter III. 2. Buchstabe b entsprechende Aufwand sind als Entgelt für eine Dauerschuld im Sinne des § 8 Nr. 1 GewStG anzusehen.

6. Immobilien-Leasing/Erweiterte Kürzung nach § 9 Nr. 1 Satz 2 GewStG, BMF-Schreiben vom 30.12.1980 – IV B 7 – G 1425 – 14/80

Erweiterte Kürzung nach § 9 Nr. 1 GewStG beim Immobilien-Leasing

6 Unternehmen, die auf Grund von Leasing-Verträgen anderen Personen unbewegliche Wirtschaftsgüter zum Gebrauch überlassen, können die erweiterte Kürzung nach § 9 Nr. 1 Satz 2 GewStG in Anspruch nehmen, wenn ihre Betätigung für sich betrachtet ihrer Natur nach keinen Gewerbebetrieb darstellt, sondern als Vermögensverwaltung anzusehen ist. Bei der Beurteilung von sog. Aufspaltungsfällen, in denen sich eine Besitzgesellschaft lediglich mit der Gebrauchsüberlassung des Objekts befasst (Objektgesellschaft), während die für das Immobilienleasing erforderlichen sonstigen Tätigkeiten von anderen beteiligungsgemäß verbundenen Betriebsgesellschaften vorgenommen werden, bitten wir folgende Auflassung zu vertreten:

Die Aufspaltung bestimmter Tätigkeiten auf Dienstleistungsgesellschaften und Objektgesellschaften, bei der sich die Objektgesellschaft der Mithilfe anderer, rechtlich selbständiger Gesellschaften desselben Konzernkreises bedient, macht die an sich vermögensverwaltende Tätigkeit der Objektgesellschaft nicht zu einer gewerblichen Tätigkeit.

Bei der Beurteilung der Rechtsfrage wird davon ausgegangen, dass die Verträge zwischen der Leasing-Gesellschaft (Objektgesellschaft) und dem Leasing-Nehmer so ausgestaltet sind, dass sie Objektgesellschaft wirtschaftliche Eigentümerin ist.

Danach handelt es sich bei dem Vertrag zwischen Objektgesellschaft und Leasing-Nehmer um einem Mietvertrag. Die dadurch begründete vermögensverwaltende Tätigkeit der Objektgesellschaft wird durch die Inanspruchnahme Dritter zu Grundstücksbeschaffung, Suche eines Mieters, Bauplanung, Finanzierung und Bauüberwachung nicht zu einer gewerblichen Tätigkeit. Dies muss auch dann gelten, wenn die Objektgesellschaft und die Unternehmen, deren Leistungen sie in Anspruch nimmt, konzerngemäß verbunden sind (BFH-Urt. v. 30.7.1969, BStBl. 1969 II 629).

Fundstellennachweise der zitierten BGH-Entscheidungen

Datum	Aktenzeichen	BB	DB	MDR	NJW(-RR)	WM	ZIP
1971							
22.9.	VIII ZR 135/70					1971, 1439	
1973							
16.3.	V ZR 118/71	1973, 680	1973, 1062	1973, 569	1973, 1234	1973, 641	
12.12.	VIII ZR 183/72	1974, 155	1974, 471	1974, 484	1974, 365	1974, 96	
1975							
8.10.	VIII ZR 81/74	1976, 157		1976, 216	1977, 195	1975, 1203	
1976							
13.7.	VI ZR 78/75		1976, 1858	1976, 1009		1976, 1133	
23.11.	VI ZR 191/74		1977, 395	1977, 384			
1977							
23.2.	VIII ZR 124/75	1977, 513	1977, 813	1977, 834	1977, 848	1977, 447	
23.2.	VIII ZR 312/75		1977, 1136	1977, 660	1977, 847	1977, 390	
9.3.	VIII ZR 192/75		1977, 815	1977, 836	1977, 1058	1977, 473	
1978							
1.3.	VIII ZR 183/76	1978, 523	1978, 1338	1978, 835	1978, 1519	1978, 406	
5.4.	VIII ZR 45/77	1978, 682	1978, 1334	1978, 660	1978, 1383	1978, 510	
5.4.	VIII ZR 49/77	1978, 729	1978, 1337	1978, 836	1978, 1432	1978, 570	
1979							
24.10.	VIII ZR 235/78	1979, 1789	1980, 395	1980, 307	1980, 234	1979, 1385	
19.12.	VIII ZR 95/79	1980, 226	1980, 633	1980, 483		1980, 79	
1980							
18.11.	VI ZR 215/78			1981, 396	1981, 750		
1981							
16.9.	VIII ZR 265/80	1981, 2093	1982, 40	1982, 223	1982, 105	1981, 1219	1981, 1215
28.10.	VIII ZR 302/80	1982, 695	1982, 480	1982, 485	1982, 870	1981, 1378	1982, 64

Datum	Aktenzeichen	BB	DB	MDR	NJW(-RR)	WM	ZIP
28.10.	VIII ZR 175/80	1982, 698				1982, 7	1982, 67
2.12.	VIII ZR 273/80	1982, 151	1982, 482	1982, 483	1982, 873	1982, 151	1982, 186
1982							
31.3.	VIII ZR 125/81	1982, 1078	1982, 1318	1982, 1012	1982, 1747	1982, 666	1982, 700
24.5.	VIII ZR 105/81	1982, 1139	1982, 2028	1982, 923	1982, 2249	1982, 873	1982, 842
1983							
29.6.	VIII ZR 141/82	1984, 876	1983, 2569	1984, 572		1983, 931	1983, 1084
13.7.	VIII ZR 112/82		1983, 2130	1983, 928	1983, 2697	1983, 987	1983, 1076
7.12.	VIII ZR 257/85		1984, 608	1984, 573	1984, 871	1984, 163	1984, 185
1984							
14.3.	VIII ZR 284/82	1984, 1125	1984, 1341	1984, 838	1984, 2034	1984, 694	
4.4.	VIII ZR 313/82	1984, 1641	1984, 1979	1985, 135	1984, 2687	1984, 933	1984, 1107
6.6.	VIII ZR 65/83		1984, 2132	1985, 316		1984, 1217	1984, 1114
6.6.	VIII ZR 83/83	1984, 1895	1984, 2132	1985, 316	1984, 2938	1984, 1092	1984, 962
20.6.	VIII ZR 131/83	1984, 2019	1984, 1231	1985, 315	1985, 129	1984, 1089	1984, 1101
5.12.	VIII ZR 87/83					1985, 263	
5.12.	VIII ZR 277/83	1985, 354	1985, 909	1985, 572	1985, 796	1985, 226	1984, A 91 (136)
1985							
12.2.	X ZR 31/84	1985, 1879	1985, 1392	1985, 90	1985, 1537	1985, 602	1985, 1004
27.2.	VIII ZR 328/83	1985, 826	1985, 1981	1985, 664	1985, 1535	1985, 573	1985, 546
24.4.	VIII ZR 31/84	1985, 1018	1985, 1392	1985, 670	1985, 1546	1985, 636	1985, A 33 (052)
24.4.	VIII ZR 65/84	1985, 1087	1985, 1125	1985, 757	1985, 1547	1985, 638	1985, 682
24.4.	VIII ZR 73/84	1985, 1019	1985, 1123	1985, 756	1985, 1544	1985, 634	1985, 807
24.4.	VIII ZR 95/84	1985, 1014	1985, 1120	1985, 754	1985, 1539	1985, 628	1985, 615
12.6.	VIII ZR 148/84		1985, 1730	1985, 1018	1985, 2253	1985, 860	1985, 868
3.7.	VIII ZR 102/84	1985, 1624	1985, 2092	1985, 929	1985, 2258	1985, 906	1985, 935
9.10.	VIII ZR 217/84	1986, 19	1985, 2253	1986, 228	1986, 179	1985, 1447	1985, 1398
6.11.	VIII ZR 170/84				RR 1986, 472	1986, 228	
27.11.	VIII ZR 316/84	1986, 422	1986, 475	1986, 401	1986, 918	1986, 163	1986, 164

Datum	Aktenzeichen	BB	DB	MDR	NJW(-RR)	WM	ZIP
1986							
22.1.	VIII ZR 317/84	1986, 693	1986, 904	1986, 747	1986, 1335	1986, 458	1986, 439
29.1.	VIII ZR 49/85	1986, 690	1986, 906	1986, 748	1986, 1681	1986, 480	1986, 512
19.2.	VIII ZR 91/85	1986, 900	1986, 1168	1986, 668	1986, 1744	1986, 591	1986, 716
19.3.	VIII ZR 81/85	1986, 1112	1986, 1170	1986, 927	1986, 1746	1986, 673	1986, 576
30.4.	VIII ZR 90/85				RR 1986, 1110	1986, 1024	
15.10.	VIII ZR 319/85	1987, 150	1987, 371	1987, 314	1987, 377	1987, 38	1986, 1566
29.10.	VIII ZR 144/85		1988, 495	1987, 312	1987, 432	1987, 219	1987, 312
5.11.	VIII ZR 151/85		1987, 731	1987, 836	RR 1987, 305	1987, 108	1987, 38
26.11.	VIII ZR 354/85		1987, 431	1987, 402	1987, 842	1987, 288	1987, 172
29.11.	VIII ZR 49/85	1986, 690	1986, 906	1986, 748	RR 1986, 594	1986, 480	1986, 512
17.12.	VIII ZR 279/85	1987, 926	1987, 631	1987, 575	1987, 1027	1987, 349	1987, 240
1987							
29.1.	IX ZR 205/85		1987, 1250	1987, 579	1987, 1702	1987, 380	1987, 304
11.2.	VIII ZR 27/86	1987, 1349	1987, 928	1987, 664	1987, 1690	1987, 562	1987, 517
5.3.	III ZR 43/86	1987, 1557	1987, 1678	1987, 822	1987, 2220	1987, 613	1987, 903
11.3.	VIII ZR 215/86	1987, 1137	1987, 1137	1987, 837	1987, 2082	1987, 627	1987, 716
25.3.	VIII ZR 43/86	1987, 1277	1987, 1290	1987, 926	1987, 2004	1987, 818	1987, 788
15.4.	VIII ZR 126/86	1987, 1281	1987, 2403	1987, 928	RR 1987, 903	1987, 932	
1.7.	VIII ZR 117/86	1987, 1972	1987, 2142	1988, 137	1988, 204	1987, 1131	1987, 1187
1.7.	VIII ZR 167/86		1988, 441	1987, 1020	1987, 2821	1987, 1082	1987, 1132
8.7.	VIII ZR 274/86	1987, 1904	1987, 2197	1988, 138	1988, 254	1987, 1200	1987, 1320
30.9.	VIII ZR 226/86	1987, 2260	1987, 2451	1988, 224	1988, 198	1987, 1338	1987, 1390
4.11.	VIII ZR 313/86		1988, 108	1988, 310	RR 1988, 241	1988, 84	1988, 165
4.11.	VIII ZR 314/86	1988, 20	1988, 105	1988, 223	1988, 406	1987, 1492	1987, 1567
1988							
23.3.	VIII ZR 175/87	1988, 1136	1988, 1442	1988, 856	1988, 1908	1988, 874	1988, 851
30.3.	VIII ZR 340/86	1988, 1065	1988, 1382	1988, 769	1988, 1774	1988, 740	1988, 781
27.4.	VIII ZR 84/87	1988, 1480	1988, 1540	1988, 856	1988, 2465	1988, 979	1988, 974
11.5.	VIII ZR 96/87		1988, 2248	1988, 855	1988, 2665	1988, 1277	1988, 917
15.6.	VIII ZR 316/87	1988, 1622	1988, 1848	1988, 954	1988, 2463	1988, 1122	1988, 971

Datum	Aktenzeichen	BB	DB	MDR	NJW(-RR)	WM	ZIP
28.9.	VIII ZR 160/87	1988, 2273	1988, 2508	1989, 57	1989, 287	1988, 1669	1988, 1578
2.11.	VIII ZR 121/88	1989, 23	1989, 104	1989, 249	1989, 460	1988, 1845	1989, 44
1989							
25.1.	VIII ZR 302/87	1989, 579	1989, 872	1989, 628	1989, 1279	1989, 442	1989, 377
22.3.	VIII ZR 155/88	1989, 1012	1989, 1229	1989, 808	1989, 1730	1989, 742	1989, 647
31.5.	VIII ZR 97/88	1989, 1501	1989, 1720	1989, 986	RR 1989, 1140	1989, 1142	1989, 1337
5.7.	VIII ZR 334/88		1989, 2163	1990, 146	1989, 3222	1989, 1574	1989, 1333
19.9.	VI ZR 349/88	1989, 1954	1989, 2215	1990, 142	1989, 3273	1989, 1772	1989, 1483
20.9.	VIII ZR 239/88	1989, 2136	1989, 2371	1990, 145	1990, 247	1989, 1694	1989, 1461
18.10.	VIII ZR 325/88		1989, 2596	1990, 236	1990, 320	1989, 1890	1990, 1138
25.10.	VIII ZR 105/88	1990, 18	1990, 106	1990, 330	1990, 314	1990, 25	1990, 175
8.11.	VIII ZR 1/89	1990, 234	1990, 207	1990, 536	RR 1990, 182	1990, 23	1990, 173
29.11.	VIII ZR 323/88	1990, 232	1990, 270	1990, 332	1990, 829	1990, 103	1990, 656
13.12.	VIII ZR 168/88	1990, 952	1990, 418	1990, 535	1990, 1902	1990, 268	1990, A 100 (36)
14.12.	IX ZR 283/88	1990, 307	1990, 372	1990, 432	1990, 1113	1990, 197	1990, 180
1990							
24.1.	VIII ZR 22/89	1990, 510	1990, 625	1990, 537	1990, 1290	1990, 510	1990, 650
31.1.	VIII ZR 280/88	1990, 1087	1990, 1555	1990, 1104	1990, 2546	1990, 882	1990, 866
7.3.	VIII ZR 56/89	Beil. 1991, 18/H 26	1990, 1122	1990, 1103	1990, 3011	1990, 987	
28.3.	VIII ZR 17/89	1990, 1228	1990, 1228	1990, 911	1990, 1785	1990, 1017	1990, 646
9.5.	VIII ZR 222/89	1990, 1296	1990, 1402	1991, 41	RR 1990, 1009	1990, 1241	
16.5.	VIII ZR 108/89	1990, 1309	1990, 1609	1990, 912	1990, 2377	1990, 1244	1990, 863
30.5.	VIII ZR 233/89	1990, 1728	1990, 2116	1991, 43	RR 1990, 1205	1990, 1299	1990, 1136
27.6.	VIII ZR 72/89	1990, 2003	1990, 2016	1991, 237	RR 1990, 1462	1990, 2000	
4.7.	VIII ZR 288/89	1990, 1796	1990, 2061	1990, 1105	1990, 3061	1990, 1620	1990, 1133
8.10.	VIII ZR 247/89	1990, 2214	1990, 2367	1991, 143	1991, 102	1990, 1967	1990, 1406
10.10.	VIII ZR 296/89	1990, 2359	1990, 2463	1991, 430	1991, 221	1990, 2043	1990, 1582
23.10.	VI ZR 310/89	1990, 2441	1991, 161	1991, 423	RR 1991, 280	1991, 74	

Datum	Aktenzeichen	BB	DB	MDR	NJW(-RR)	WM	ZIP
1991							
13.3.	VIII ZR 34/90	1991, 1073	1991, 1113	1991, 718	1991, 1746	1991, 954	1991, 519
17.4.	VIII ZR 12/90	1991, 1521	1991, 1928	1991, 1038	RR 1991, 1011	1991, 1038	1991, 662
29.5.	VIII ZR 125/90	Beil. 1992, 10/H 14	1991, 1828	1991, 718	1991, 2135	1991, 1416	
21.11.	IX ZR 290/90	1992, 172	1992, 1824	1992, 150	1992, 507	1992, 75	1992, 48
11.12.	VIII ZR 31/91	1992, 807	1992, 470	1992, 227	1992, 683	1992, 239	1992, 179
1992							
3.6.	VIII ZR 138/91		1992, 1570	1992, 847	1992, 2150	1993, 606	1992, 930
7.10.	VIII ZR 182/91	1992, 2246	1992, 2439	1993, 317	1993, 122	1992, 2063	1993, 130
1.11.	VIII ZR 165/91		1993, 424		1993, 461	1993, 111	
1993							
17.2.	VIII ZR 37/92	1993, 1036	1993, 1028	1993, 512	1993, 1381	1993, 955	1993, 436
10.3.	XII ZR 253/91	1993, 1171		1993, 624	1993, 1578	1993, 1150	1993, 1008
14.7.	I ZR 47/91	1993, 2106	1993, 2226	1994, 364	1993, 3136		1994, 364
14.7.	IV ZR 181/92	1993, 1831	1993, 1968	1994, 42	1993, 2870		1993, 1315
10.11.	VIII ZR 119/92	1994, 167	1994, 136	1994, 273	1994, 576	1994, 208	1994, 1876
11.11.	IX ZR 257/92		1994, 668	1994, 468	1994, 449	1994, 171	1994, 40
24.11.	VIII ZR 240/92	1994, 239	1994, 137	1994, 272	1994, 516	1994, 242	1993, 1874
1994							
27.4.	VIII ZR 154/93		1994, 1671	1994, 769	1994, 1720	1994, 1339	
10.10.	VIII ZR 295/93				1995, 187	1995, 111	
1995							
11.1.	VIII ZR 82/94	1995, 582	1995, 668	1995, 998	1995, 1019	1995, 490	1995, 383
11.1.	VIII ZR 61/94	1995, 428	1995, 467	1995, 243	1995, 954	1995, 438	1995, 286
30.1.	VIII ZR 316/93	1995, 585	1995, 1072	1996, 36	1995, 1146	1995, 495	1995, 380
8.3.	VIII ZR 313/93	1995, 894	1995, 1073	1995, 563	1995, 1541	1995, 935	1995, 451
30.3.	IX ZR 98/94	1995, 1104	1995, 1394	1995, 892	1995, 1886	1995, 900	1995, 812
22.11.	VIII ZR 57/95	1996, 180	1996, 423	1996, 349	1996, 455	1996, 311	1996, 235

Datum	Aktenzeichen	BB	DB	MDR	NJW(-RR)	WM	ZIP
1996							
6.3.	VIII ZR 98/95	1996, 1190	1996, 1181	1996, 1014	1996, 1888	1996, 1320	1996, 1172
24.4.	VIII ZR 150/95	1996, 1460	1996, 1465	1997, 38	1996, 2033	1996, 1146	1996, 1170
5.6.	VIII ZR 151/95	1996, 1522	1996, 2069	1996, 890	1996, 2156	1996, 1258	1996, 1209
12.6.	VIII ZR 248/95	1996, 1630	1996, 1749	1996, 1228	1996, 2367	1996, 1688	1996, 1336
10.7.	VIII ZR 282/95	1996, 1794	1996, 2071	1996, 1119	1996, 2860	1996, 1690	1996, 1512
10.7.	VIII ZR 213/95	1996, 2006	1996, 2071	1996, 1106	1996, 2865	1996, 1781	1996, 1657
24.9.	IX ZR 316/95				1996, 3205		1997, 449
10.10.	IX ZR 333/95	1996, 2485	1996, 2432	1997, 154	1997, 52	1996, 2194	1996, 1977
1997							
23.1.	IX ZR 69/96	1997, 541	1997, 621	1997, 359	1997, 1003	1997, 467	1997, 406
4.6.	VIII ZR 312/96	1997, 1758	1997, 1664	1997, 912	1997, 3166	1997, 1904	1997, 1457
18.6.	XII ZR 192/95		1997, 2320	1997, 921	1997, 2813	1997, 2005	1997, 1594
1998							
11.3.	VIII ZR 205/97	1998, 1125	1998, 921	1998, 648	1998, 1697	1998, 928	1998, 698
25.3.	VIII ZR 244/97	1998, 1126				1998, 1452	1998, 1003
21.4.	IX ZR 258/97	1998, 1175	1998, 1179	1998, 823	1998, 1939	1998, 1120	1998, 949
1999							
26.5.	VIII ZR 141/98	1999, 2157	1999, 1749	1999, 982	1999, 2664	1999, 1412	1999, 1169
2000							
17.2.	IX ZR 32/99	2000, 948	2000, 1167	2000, 714	2000, 1569	2000, 886	2000, 740
1.3.	VIII ZR 177/99	2000, 899	2000, 1068	2000, 637	2000, 1303	2000, 1009	2000, 797
28.6.	VIII ZR 240/99	2000, 1693	2000, 1809	2000, 1235	2000, 3133	2000, 1632	2000, 1493
6.12.	IV ZR 28/00			2001, 507	2001, 314	2001, 243	2001, 75
2001							
14.2.	VIII ZR 277/99	2001, 800	2001, 807	2001, 678	2001, 1349	2001, 646	2001, 641
19.7.	IX ZR 411/00	2001, 2021	2001, 2444	2001, 1366	2001, 3186	2001, 1683	2001, 1544
5.9.	VIII ZR 208/00	2001, 1378	2001, 1827	2001, 865	2001, 2165	2001, 2008	
12.9.	VIII ZR 109/00	2001, 2283	2001, 2544	2001, 1342	2002, 133	2001, 2162	2001, 1992

Datum	Aktenzeichen	BB	DB	MDR	NJW(-RR)	WM	ZIP
2002							
26.6.	VIII ZR 147/01	2002, 1614	2002, 1604	2002, 1246	2002, 2713	2002, 1765	2002, 1402
9.7.	X ZR 70/00		2002, 2529	2003, 145	2003, 51	2003, 798	
4.9.	VIII ZR 251/01	2002, 2248	2002, 2530	2002, 1423	2002, 3464	2003, 257	
2003							
19.3.	VIII ZR 135/02	2003, 1303	2003, 1430	2003, 799	2003, 2607	2003, 1092	2003, 1095
22.10.	VIII ZR 361/02				2004, 628		
2004							
7.1.	VIII ZR 103/03		2004, 376	2004, 433	2004, 354	2004, 1187	2004, 858
14.7.	VIII ZR 367/03		2004, 2041	2004, 1294	2004, 2823	2005, 996	
20.10.	VIII ZR 36/03		2004, 2528	2005, 201	2005, 365	2005, 756	2005, 220
10.11.	VIII ZR 186/03	2004, 2769	2004, 2746	2005, 380	2005, 359	2005, 15	2004, 2384
2005							
13.4.	VIII ZR 377/03		2005, 1328		2005, 1081	2005, 1332	2005, 1154
1.6.	VIII ZR 234/04				2005, 1421	2005, 1863	
2.11.	VIII ZR 39/04	2006, 124			2006, 364	2006, 347	
21.12.	VIII ZR 85/05	2006, 348		2006, 736	2006, 1066	2006, 495	2006, 1001
2006							
8.2.	VIII ZR 45/05	2006, 737			2006, 824	2006, 875	2006, 712
27.9.	VIII ZR 217/05	2006, 2663		2007, 324	2007, 290	2006, 2378	
2007							
1.3.	IX ZR 81/05	2007, 1020	2007, 967	2007, 910	2007, 1594	2007, 840	2007, 778
14.3.	VIII ZR 68/06	2007, 1022	2007, 1023		2007, 1066	2007, 990	

Stichwortverzeichnis

Die fetten Buchstaben verweisen auf die Kapitel, **Anh.** auf den Anhang und die Zahlen auf die Randzahlen.

Notizen

Notizen

Notizen

Notizen

Notizen

Notizen

Notizen

Graf von Westphalen, **Der Leasingvertrag**, 6. Auflage

- Hinweise und Anregungen: ______________________________

- Auf Seite ________ Teil ________ Rz. ________ Zeile ________ von oben/unten

muss es statt ______________________________

richtig heißen ______________________________

Graf von Westphalen, **Der Leasingvertrag**, 6. Auflage

- Hinweise und Anregungen: ______________________________

- Auf Seite ________ Teil ________ Rz. ________ Zeile ________ von oben/unten

muss es statt ______________________________

richtig heißen ______________________________